2022年版

进出口税则
商品及品目注释（上）

海关总署关税征管司　编著

中国海关出版社有限公司

图书在版编目（CIP）数据

进出口税则商品及品目注释：2022 年版 / 海关总署关税征管司编著.
—北京：中国海关出版社有限公司，2022.1
ISBN 978 -7 -5175 -0546 -4

Ⅰ.①进… Ⅱ.①海… Ⅲ.①进出口贸易—关税—税则—注释—中国
Ⅳ.①D922.221

中国版本图书馆 CIP 数据核字（2021）第 265140 号

进出口税则商品及品目注释（2022 年版）
JINCHUKOU SHUIZE SHANGPIN JI PINMU ZHUSHI（2022 NIAN BAN）

作　　者：海关总署关税征管司
责任编辑：史　娜　吴　婷　刘白雪　景小卫　刘　婧　夏淑婷
助理编辑：衣尚书　李　萌
出版发行：中国海关出版社有限公司
社　　址：北京市朝阳区东四环南路甲 1 号　　邮政编码：100023
网　　址：www.hgcbs.com.cn
编 辑 部：01065194252（电话）　　01065194231（传真）
发 行 部：01065194238/4246/4254/5127（电话）　　01065194233（传真）
社办书店：01065195616（电话）　　01065195127（传真）
https：//weidian.com/?userid=319526934
印　　刷：北京新华印刷有限公司　　经　　销：新华书店
开　　本：889mm×1194mm　1/16
印　　张：94.5　　字　　数：2860 千字
版　　次：2022 年 1 月第 1 版
印　　次：2022 年 2 月第 2 次印刷
书　　号：ISBN　978-7-5175-0546-4
定　　价：600.00 元（上、下册）

前　言

《协调制度》全称为《商品名称及编码协调制度》（英文全称 Harmonized Commodity Description and Coding System，缩写 HS），是世界海关组织（WCO）主持编制的一部多用途国际贸易商品分类目录，1988 年 1 月 1 日起实施。为确保《协调制度》跟上科学技术进步的步伐和适应不断变化的国际贸易发展需要，《协调制度》每 4～6 年修订一次，迄今已经过 6 次修订，分别形成 1996 年版、2002 年版、2007 年版、2012 年版、2017 年版和 2022 年版《协调制度》。最新修订的 2022 年版《协调制度》定于 2022 年 1 月 1 日实施。

《协调制度》被称为国际贸易的"标准语言"。目前包括中国在内，有 200 多个国家/地区将《协调制度》作为本国/地区编制税则和贸易统计目录的基础；众多国际经济贸易联盟及国际组织（如欧盟等）采用《协调制度》作为经济贸易统计分析和贸易监控的重要工具。全球贸易总量 98% 以上的货物都是以《协调制度》目录进行商品分类和统计的。

世界海关组织（World Customs Organization，简称 WCO）为使各缔约方能够统一理解、准确执行《协调制度》，主持编制了《商品名称及编码协调制度注释》（Explanatory Notes to the Harmonized Commodity Description and Coding System，简称《协调制度注释》）。《协调制度》自 1988 年 1 月 1 日起实施以来，WCO 主持编制了 1988 年版、1992 年版、1996 年版、2002 年版、2007 年版、2012 年版、2017 年版和 2022 年版《协调制度注释》。《协调制度注释》是《协调制度》所列商品及品目范围的最权威解释，是《协调制度》实施的重要组成部分。

2022 年版《协调制度注释》不仅涵盖了 2022 年版《协调制度》的 351 组修订内容，还涵盖了 2017 年版《协调制度注释》第 1～8 期修订意见，是 2022 年版《协调制度》最权威解释之集大成。

我国自 1992 年 1 月 1 日起实施《协调制度》，据此编制《中华人民共和国进出口税则》及《中华人民共和国海关统计商品目录》。海关总署关税征管司以《协调制度注释》为基础，同步编译出版《进出口税则商品及品目注释》（简称《税则注释》），作为进出口商品归类的法律依据。《税则注释》对我国海关和有关进出口管理等部门以及从事国际贸易的进出口企业正确进行商品归类发挥了积极指导和规范作用。

2022 年版《税则注释》是由海关总署关税征管司根据 2022 年版《协调制度注释》编译而成，分为上、下两册。上册包括归类总规则及其解释，以及第一章至第四十九章的商品范围及其归类规则解释；下册包括第五十章至第九十七章的商品范围及其归类规则解释，并随附《商品名称及编码协调制度的国际公约》（International Covention on the Harmonized Commodity Description and Coding System）条文，供读者学习研究参考。

参加本书编译工作的有：姜峰、王雯、谭武、刘小威、刘唐、夏阳、甘露、毛雅君、李志、张旭、郭正民、宋彦魁、李鹏、崔小雷、李旭辉、郑琦、李媛、刘川、陶琳、丁林伟、陈绮虹、黄蕙珍、陈雄杰、臧华、温朝柱、王伟、韩洁、穆雪梅、陈超、袁中元、沈诣、杨博、林虹、殷菲、李亚杰、张峰、廖春华、陈征科、刘红栋、赵龙刚、王毅、王雅敏、屈李翀、唐澜心、邝杰炜、王小康、孙亚飞、尹亿平、宗慧民、蔡荔菽、肖晖、杨宇、宋慧玲、陈静婉、杜勇、张楠等。全书由甘露、李鹏统稿。

海关总署关税征管司

二〇二二年一月

目　录

上册

下册

归类总规则

货品在协调制度中的归类，应遵循以下规则：

规则一

类、章及分章的标题，仅为查找方便而设；具有法律效力的归类，应按品目条文和有关类注或章注确定，如品目、类注或章注无其他规定，则按以下规则确定。

注释：

一、本协调制度系统地列出了国际贸易的货品，将这些货品分为类、章及分章，每类、章或分章都有标题，尽可能确切地列明所包括货品种类的范围。但在许多情况下，归入某类或某章的货品种类繁多，类、章标题不可能将其一一列出，全都包括进去。

二、因此，本规则一开始就说明，标题“仅为查找方便而设”。据此，标题对商品归类不具有法律效力。

三、本规则第二部分规定，商品归类应按以下原则确定：

（一）按照品目条文及任何相关的类、章注释确定；

（二）如品目或类、章注释无其他规定，则按规则二、三、四及五的规定确定。

四、以上三（一）所规定的已很明确，许多货品无须借助归类总规则的其他条款即可归入协调制度中［例如，活马（品目 01.01）、第三十章注释四所述的医药用品（品目 30.06）］。

五、以上三（二）中：

（一）所称“如品目或类、章注释无其他规定”，旨在明确品目条文及任何相关的类、章注释是最重要的，换言之，它们是在确定归类时应首先考虑的规定。例如，第三十一章的注释规定该章某些品目仅包括特定的货品，因此，这些品目就不能够扩大为包括根据规则二（二）的规定可归入这些品目的货品。

（二）所称“按规则二、三、四及五的规定”中提及的规则二是指：

1. 货品报验时为不完整品或未制成品（例如，未装有鞍座和轮胎的自行车），以及

2. 货品报验时为未组装件或拆散件（例如，所有部件一同报验的自行车未组装件或拆散件），其部件可按其自身属性单独归类（例如，外胎、内胎）或者作为这些货品的“零件”归类。

只要符合规则二（一）的规定，并且品目条文或类、章注释无其他专门规定，上述货品应按完整品或制成品归类。

规则二

（一）品目所列货品，应视为包括该项货品的不完整品或未制成品，只要在报验时该项不完整品或未制成品具有完整品或制成品的基本特征；还应视为包括该项货品的完整品或制成品（或按本款规则可作为完整品或制成品归类的货品）在报验时的未组装件或拆散件。

（二）品目中所列材料或物质，应视为包括该种材料或物质与其他材料或物质混合或组合的物品。品目所列某种材料或物质构成的货品，应视为包括全部或部分由该种材料或物质构成的货品。由一种以上材料或物质构成的货品，应按规则三的原则归类。

注释：

规则二（一）
（不完整品或未制成品）

一、规则二（一）第一部分将所有列出某一些物品的品目范围扩大为不仅包括完整的物品，而且还包括该物品的不完整品或未制成品，只要报验时它们具有完整品或制成品的基本特征。

二、本款规则的规定也适用于毛坯，除非该毛坯已在某一品目具体列名。所称“毛坯”，是指已具有制成品或零件的大概形状或轮廓，但还不能直接使用的物品。除极个别的情况外，它们仅可用于加工成制成品或零件（例如，初制成型的塑料瓶，为管状的中间产品，其一端封闭而另一端为带螺纹的瓶口，瓶口可用带螺纹的盖子封闭，螺纹瓶口下面的部分准备膨胀成所需尺寸和形状）。

尚未具有制成品基本形状的半制成品（例如，常见的杆、盘、管等）不应视为“毛坯”。

三、鉴于第一类至第六类各品目的商品范围，本款规则这一部分的规定一般不适用于这六类所包括的货品。

四、运用本款规则的几个实例，参见有关类、章（例如，第十六类和第六十一章、第六十二章、第八十六章、第八十七章及第九十章）的总注释。

规则二（一）
（物品的未组装件或拆散件）

五、规则二（一）的第二部分规定，完整品或制成品的未组装件或拆散件应归入已组装物品的同一品目。货品以未组装或拆散形式报验，通常是由于包装、装卸或运输上的需要，或是为了便于包装、装卸或运输。

六、本款规则也适用于以未组装或拆散形式报验的不完整品或未制成品，只要按照本规则第一部分的规定，它们可作为完整品或制成品看待。

七、本款规则所称“报验时的未组装件或拆散件”，是指其各种部件仅仅通过紧固件（螺钉、螺母、螺栓等），或通过铆接、焊接等组装方法即可装配起来的物品。

组装方法的复杂性可不予考虑，但其各种部件无须进一步加工成制成品。

某一物品的未组装部件如超出组装成品所需数量的，超出部分应单独归类。

八、运用本款规则的实例，参见有关类、章（例如，第十六类和第四十四章、第八十六章、第八十七章及第八十九章）的总注释。

九、鉴于第一类至第六类各品目的商品范围，本款规则这一部分的规定一般不适用于这六类所包括的货品。

规则二（二）
（不同材料或物质的混合品或组合品）

十、规则二（二）是关于材料或物质的混合品及组合品，以及由两种或多种材料或物质构成的货品。它所适用的品目是列出某种材料或物质的品目（例如，品目05.07列出“象牙”）和列出某种材料或物质制成的货品的品目（例如，品目45.03列出“天然软木制品”）。应注意到，只有在品目条文和类、章注释无其他规定的情况下才能运用本款规则（例如，品目15.03列出“液体猪油，未经混合”，这就不能运用本款规则）。

在类、章注释或品目条文中列为调制品的混合物，应按规则一的规定进行归类。

十一、本款规则旨在将列出某种材料或物质的任何品目扩大为包括该种材料或物质与其他材料或物质的混合品或组合品，同时旨在将列出某种材料或物质构成的货品的任何品目扩大为包括部分由该种材料或物质构成的货品。

十二、但是，不应将这些品目扩大到包括按规则一的规定不符合品目条文要求的货品；当添加了另外一种材料或物质，使货品丧失了原品目所列货品特征时，就会出现这种情况。

十三、本规则最后规定，不同材料或物质的混合品及组合品，以及由一种以上材料或物质构成的货品，如果看起来可归入两个或两个以上品目的，必须按规则三的原则进行归类。

规则三

当货品按规则二（二）或由于其他原因看起来可归入两个或两个以上品目时，应按以下规则归类：

（一）列名比较具体的品目，优先于列名一般的品目。但是，如果两个或两个以上品目都仅述及混合或组合货品所含的某部分材料或物质，或零售的成套货品中的部分货品，即使其中某个品目对该货品描述得更为全面、详细，这些货品在有关品目的列名应视为同样具体。

（二）混合物、不同材料构成或不同部件组成的组合物以及零售的成套货品，如果不能按照规则三（一）归类时，在本款可适用的条件下，应按构成货品基本特征的材料或部件归类。

（三）货品不能按照规则三（一）或（二）归类时，应按号列顺序归入其可归入的最末一个品目。

注释：

一、对于根据规则二（二）或由于其他原因看起来可归入两个或两个以上品目的货品，本规则规定了三种归类方法。这三种方法应按其在本规则的先后次序加以运用。据此，只有在不能按照规则三（一）归类时，才能运用规则三（二）；不能按照规则三（一）和（二）归类时，才能运用规则三（三）。因此，它们的优先次序为：（1）具体列名；（2）基本特征；（3）从后归类。

二、只有在品目条文或类、章注释无其他规定的情况下，才能运用本规则。例如，第九十七章章注四（二）规定，根据品目条文既可归入品目97.01至97.05中的一个品目，又可归入品目97.06的货品，应归入品目97.01至97.05中的其中一个品目。这些货品应按第九十七章注释五（二）的规定归类，而不应根据本规则进行归类。

规则三（一）

三、规则三（一）规定了第一种归类方法，它规定列名比较具体的品目优先于列名一般的品目。

四、通过制订几条一刀切的规则来确定哪个品目比其他品目列名更为具体是行不通的。但作为一般原则可以这样说：

（一）列出品名比列出类名更为具体（例如，电动剃须刀及电动理发推子应归入品目85.10，而不应作为本身装有电动机的手提式工具归入品目84.67或作为家用电动机械器具归入品目85.09）。

（二）如果某一品目所列名称更为明确地述及某一货品，则该品目要比所列名称不那么明确述及该货品的其他品目更为具体。

后一类货品举例如下：

1. 确定为用于小汽车的簇绒地毯，不应作为小汽车附件归入品目87.08，而应归入品目57.03，因品目57.03所列地毯更为具体。

2. 钢化或层压玻璃制的未镶框安全玻璃，确定用于飞机上，但未制成特定形状。该货品不应作为品目88.01、88.02或88.06所列货品的零件归入品目88.07，而应归入品目70.07，因品目70.07所列安全玻璃更为具体。

五、但是，如果两个或两个以上品目都仅述及混合或组合货品所含的某部分材料或物质，或零售成套货品中的部分货品，即使其中某个品目比其他品目描述得更为全面、详细，这些货品在有关品目的列名应视为同样具体。在这种情况下，货品的归类应按规则三（二）或（三）的规定加以确定。

规则三（二）

六、第二种归类方法仅涉及：

（一）混合物。

（二）不同材料的组合货品。

（三）不同部件的组合货品。

（四）零售的成套货品。

只有在不能按照规则三（一）归类时，才能运用本款规则。

七、无论如何，在本款可适用的条件下，这些货品应按构成货品基本特征的材料或部件归类。

八、对于不同的货品，确定其基本特征的因素会有所不同。例如，可根据其所含材料或部件的性质、体积、数量、重量或价值来确定货品的基本特征，也可根据所含材料对货品用途的作用来确定货品的基本特征。

九、本款规则所称“不同部件组成的组合物”，不仅包括各部件相互固定组合在一起，构成了实际不可分离整体的货品，还包括其部件可相互分离的货品，但这些部件必须是相互补足，配合使用，构成一体并且通常不单独销售的。

后一类货品举例如下：

（一）由一个带活动烟灰盘的架子构成的烟灰盅。

（二）由一个特制的架子（通常为木制的）及几个形状、规格相配的装调味料的空瓶子组成的家用调味架。

这类组合货品的各件一般都装于同一包装内。

十、本款规则所称“零售的成套货品”，是指同时符合以下三个条件的货品：

（一）由至少两种看起来可归入不同品目的不同物品构成的。因此，例如，六把乳酪叉不能视为本款规则所称的成套货品；

（二）为了迎合某项需求或开展某项专门活动而将几件产品或物品包装在一起的；以及

（三）其包装形式适于直接销售给最终用户而无须重新包装的（例如，装于盒、箱内或固定于板上）。

“零售”不包括那些旨在经进一步加工、制作、重新包装、与其他货品组合或加入其他货品后再销售的货品。

因此，所称“零售的成套货品”，仅包括由各项货品组成、旨在销售给最终用户一起使用的成套货品。例如，将不同食品配在一起制作而成，一起打包，供消费者食用的即食饭菜，属于“零售的成套货品”。

可按规则三（二）的规定进行归类的成套货品举例如下：

（一）1. 由一个夹牛肉（不论是否夹奶酪）的小圆面包构成的三明治（品目 16.02）和法式炸土豆片（品目 20.04）包装在一起的成套货品。

该货品应归入品目 16.02。

2. 配制一餐面条的成套货品，由装于一纸盒内的一包未煮的面条（品目 19.02）、一小袋乳酪粉（品目 04.06）及一小罐蕃茄酱（品目 21.03）组成。

该货品应归入品目 19.02。

但本规则不适用于将可选择的不同产品包装在一起组成的货品。例如：

—— 一罐小虾（品目 16.05）、一罐肝酱（品目 16.02）、一罐乳酪（品目 04.06）、一罐火腿肉片（品目16.02）及一罐开胃香肠（品目16.01）；

—— 一瓶品目22.08的烈性酒及一瓶品目22.04的葡萄酒。

对于以上两例所列及类似货品，应将每种产品分别归入其相应品目。以及，例如，包装在同一纸盒中供零售用的玻璃瓶装速溶咖啡（品目21.01），陶瓷杯（品目69.12）及陶瓷杯托（品目69.12）。

（二）由一个电动理发推子（品目85.10）、一把梳子（品目96.15）、一把剪子（品目82.13）、一把刷子（品目96.03）及一条毛巾（品目63.02）装在一个皮匣子（品目42.02）内所组成的成套理发工具。

该货品应归入品目85.10。

（三）由一把尺子（品目90.17）、一个圆盘计算器（品目90.17）、一个绘图圆规（品目90.17）、一支铅笔（品目96.09）及一个卷笔刀（品目82.14）装在一个塑料片制的盒子（品目42.02）内所组成的成套绘图器具。

该货品应归入品目90.17。

以上成套货品应按其构成整套货品基本特征的部件进行归类。

十一、本款规则不适用于按规定比例将分别包装的各种组分包装在一起，供生产饮料等用的货品，不论其是否装在一个共同包装内。

规则三（三）

十二、货品如果不能按照规则三（一）或（二）归类时，应按号列顺序归入其可归入的最后一个品目。

规则四

根据上述规则无法归类的货品，应归入与其最相类似的货品的品目。

注释：

一、本规则适用于不能按照规则一至三归类的货品。它规定，这些货品应归入与其最相类似的货品的品目中。

二、在按照规则四归类时，有必要将报验货品与类似货品加以比较，以确定其与哪种货品最相类似。所报验的货品应归入与其最相类似的货品的同一品目。

三、当然，所谓“类似”取决于许多因素，例如，货品名称、特征、用途。

规则五

除上述规则外，本规则适用于下列货品的归类：

（一）制成特殊形状或适用于盛装某一或某套物品，适合长期使用的照像机套、乐器盒、枪套、绘图仪器盒、项链盒及类似容器，如果与所装物品同时报验，并通常与所装物品一同出售的，应与所装物品一并归类。但本款不适用于本身构成整个货品基本特征的容器。

（二）除规则五（一）规定的以外，与所装货品同时报验的包装材料或包装容器，如果通常是用来包装这类货品的，应与所装货品一并归类。但明显可重复使用的包装材料和包装容器不受本款限制。

注释：

规则五（一）
（箱、盒及类似容器）

一、本款规则仅适用于同时符合以下各条规定的容器：

（一）制成特定形状或适用于盛装某一或某套物品的，即按所要盛装的物品专门设计的。有些容器还制成所装物品的特殊形状；

（二）适合长期使用的，即在设计上容器的使用期限与所盛装的物品相称。在物品不使用期间（例如，运输或储藏期间），这些容器还起到保护物品的作用。本条标准使其与简单包装区别开来；

（三）与所装物品一同报验的，不论其是否为了运输方便而与所装物品分开包装。单独报验的容器应归入其相应品目；

（四）通常与所装物品一同出售的；以及

（五）本身并不构成整个货品基本特征的。

二、与所装物品一同报验并可按照本规则进行归类的容器的举例如下：

（一）首饰盒及箱（品目71.13）；

（二）电动剃须刀套（品目85.10）；

（三）望远镜盒（品目90.05）；

（四）乐器盒、箱及袋（例如，品目92.02）；

（五）枪套（例如，品目93.03）。

三、本款规则不包括某些容器，例如，装有茶叶的银质茶叶罐或装有糖果的装饰性瓷碗。

规则五（二）
（包装材料及包装容器）

四、本款规则对通常用于包装有关货品的包装材料及包装容器的归类作了规定。但明显可重复使用的包装材料和包装容器，例如，某些金属桶及装压缩或液化气体的钢铁容器，不受本款限制。

五、规则五（一）优先于本款规则，因此，规则五（一）所述的箱、盒及类似容器的归类，应按该款规定确定。

规则六

货品在某一品目项下各子目的法定归类，应按子目条文或有关的子目注释以及以上各条规则（在必要的地方稍加修改后）来确定，但子目的比较只能在同一数级上进行。除条文另有规定的以外，有关的类注、章注也适用于本规则。

注释：

一、以上规则一至五在必要的地方稍加修改后，可适用于同一品目项下的各级子目。

二、规则六所用有关词语解释如下：

（一）“同一数级”子目，是指五位数级子目（一级子目）或六位数级子目（二级子目）。

据此，当按照规则三（一）规定考虑某一物品在同一品目项下的两个或两个以上五位数级子目的归类时，只能依据对应的五位数级子目条文来确定哪个五位数级子目所列名称更为具体或更为类似。选定了哪个五位数级子目列名更为具体后，该子目本身又再细分了六位数级子目，只有在这种情况下，才能根据有关的六位数级子目条文考虑物品应归入这些六位数级子目中的哪个子目。

（二）“除条文另有规定的以外”，是指“除类、章注释与子目条文或子目注释不相一致的以外”。

例如，第七十一章注释四（二）所规定“铂”的范围与子目注释二所规定“铂”的范围不同，因此，在解释子目 7110.11 及 7110.19 范围时，应采用子目注释二，而不应考虑该章注释四（二）。

三、六位数级子目的范围不得超出其所属的五位数级子目的范围；同样，五位数级子目的范围也不得超出其所属品目的范围。

第一类 活动物；动物产品

注释：

一、本类所称的各属种动物，除条文另有规定的以外，均包括其幼仔在内。

二、除条文另有规定的以外，本协调制度所称干的产品，均包括经脱水、蒸发或冷冻干燥的产品。

第一章 活动物

注释：

本章包括所有活动物，但下列各项除外：

一、品目03.01、03.06、03.07或03.08的鱼、甲壳动物、软体动物及其他水生无脊椎动物；

二、品目30.02的培养微生物及其他产品；以及

三、品目95.08的动物。

总 注 释

本章包括所有活的动物（食用或其他用途），但下列各项除外：

一、鱼、甲壳动物、软体动物及其他水生无脊椎动物；

二、品目30.02的培养微生物及其他产品；

三、流动马戏团、动物园或其他类似巡回展出用的动物（品目95.08）。

运输途中死亡的动物，包括昆虫，如果适合供人食用的归入品目02.01至02.05、02.07、02.08或04.10，其余的归入品目05.11。

01.01 马、驴、骡：

— 马：

21 — — 改良种用

29 — — 其他

30 — 驴

90 — 其他

本品目包括马（母马、未阉雄马、已阉雄马、马驹、矮种马）、驴、马骡及驴骡，不论是畜养或野生的。

马骡是公驴和母马杂交所生。驴骡是公马和母驴杂交所生。

○

○ ○

子目注释：

子目0101.21

子目0101.21所称“改良种用动物”，仅包括由本国主管部门认定为“纯种”的种用动物。

01.02　**牛：**

　　　　—　　家牛：
21　——改良种用
29　——其他
　　　　—　　水牛：
31　——改良种用
39　——其他
90　—　　其他

本品目包括所有的牛亚科动物，不论是否畜养，也不论其用途如何（例如，繁殖、饲养、育肥、育种、屠宰）。它们主要包括：

一、家牛：

本类包括牛属动物，分为四个亚属：牛亚属、犍牛亚属、林牛亚属和牦牛亚属。主要包括：

（一）普通黄牛、瘤牛（驼牛）及瓦图西牛。

（二）亚洲犍亚属牛，例如，白肢野牛、大额牛及白臀野牛（爪哇野牛）。

（三）牦牛亚属动物，例如，西藏牦牛。

二、水牛：

本类包括水牛属、非洲野牛属和美洲野牛属动物。主要包括：

（一）水牛属动物，包括印度水牛、亚洲水牛、野水牛、印尼西里伯斯小型野牛、俾格米矮水牛。

（二）非洲野牛属动物，例如，刚果水牛及非洲水牛。

（三）美洲野牛属动物，例如，美洲野牛或“北美水牛”及欧洲野牛。

（四）肉封牛（野牛和家用肉牛的杂交牛）。

三、其他，包括四角羚和扭角羚羊属及薮羚属。

○
○　○

子目注释：

子目0102.21及0102.31

子目0102.21及0102.31所称“改良种用动物”，仅包括由本国主管部门认定为“纯种”的种用动物。

01.03　**猪：**

10　—　　改良种用
　　　　—　　其他：
91　——重量在50千克以下
92　——重量在50千克及以上

本品目包括畜养及野生的猪（例如，野公猪）。

○
○　○

子目注释：

子目0103.10

子目0103.10所称“改良种用动物”，仅包括由本国主管部门认定为“纯种”的种用动物。

子目0103.91及0103.92

子目0103.91及0103.92所列重量是指每一头猪的重量。

01.04　绵羊、山羊：

10　—　　绵羊
20　—　　山羊

本品目包括畜养或野生的绵羊（牡羊、牝羊及羔羊）、山羊及小山羊。

01.05　家禽，即鸡、鸭、鹅、火鸡及珍珠鸡（+）：

—　　重量不超过185克：
11　——鸡
12　——火鸡
13　——鸭
14　——鹅
15　——珍珠鸡
—　　其他：
94　——鸡
99　——其他

本品目仅包括所列的各种活家禽。鸡属家禽包括普通家鸡及阉鸡，但不包括其他活禽［例如，鹧鸪、野鸡、鸽、野鸭、大雁（品目01.06）］。

○
○　○

子目注释：

子目0105.11、0105.12、0105.13、0105.14及0105.15

子目0105.11、0105.12、0105.13、0105.14及0105.15所列重量是指每一只家禽的重量。

01.06　其他活动物：

—　　哺乳动物：
11　——灵长目
12　——鲸、海豚及鼠海豚（鲸目哺乳动物）；海牛及儒艮（海牛目哺乳动物）；海豹、海狮及海象（鳍足亚目哺乳动物）
13　——骆驼及其他骆驼科动物
14　——家兔及野兔
19　——其他
20　—　　爬行动物（包括蛇及龟鳖）
—　　鸟：
31　——猛禽
32　——鹦形目（包括普通鹦鹉、长尾鹦鹉、金刚鹦鹉及美冠鹦鹉）
33　——鸵鸟；鸸鹋
39　——其他

　　—　　**昆虫：**
41　——**蜂**
49　——**其他**
90　—　　**其他**

本品目主要包括以下家养或野生动物：

一、哺乳动物：

（一）灵长目。

（二）鲸、海豚及鼠海豚（鲸目哺乳动物）；海牛及儒艮（海牛目哺乳动物）；海豹、海狮及海象（鳍足亚目哺乳动物）。

（三）其他［例如，驯鹿、猫、狗、狮、虎、熊、象、骆驼（包括单峰骆驼）、斑马、家兔、野兔、鹿、羚羊（牛亚科动物除外）、岩羚羊、狐、貂及其他饲养的毛皮动物］。

二、爬行动物（包括蛇及龟鳖）。

三、鸟：

（一）猛禽。

（二）鹦形目（包括普通鹦鹉、长尾鹦鹉、金刚鹦鹉及美冠鹦鹉）。

（三）其他（例如，鹧鸪、野鸡、鹌鹑、丘鹬、沙锥鸟、鸽、松鸡、圃鹀、野鸭、大雁、鸫、乌鸫、云雀、燕雀、山雀、蜂鸟、孔雀、天鹅及品目01.05未列名的其他禽鸟）。

四、昆虫，例如，蜂（不论是否在流动蜂箱、蜂笼或蜂房内）。

五、其他，例如，蛙。

本品目不包括马戏团、流动动物园或其他类似巡回展出用的动物（品目95.08）。

第二章　肉及食用杂碎

注释：

本章不包括：

一、品目 02.01 至 02.08 或 02.10 的不适合供人食用的产品；

二、可食用的死昆虫（品目 04.10）；

三、动物的肠、膀胱、胃（品目 05.04）或动物血（品目 05.11、30.02）；或

四、品目 02.09 所列产品以外的动物脂肪（第十五章）。

总　注　释

本章包括所有适合供人食用的整头动物（即有头或无头的动物躯体）、半头动物（整头纵向切开而得）、连腿块肉、肉块等，还包括食用杂碎、肉及食用杂碎粗粉或细粉（第三章的鱼、甲壳动物、软体动物及其他水生无脊椎动物除外）。

本章不包括不适合供人食用的肉及杂碎（品目 05.11），也不包括不适合供人食用的肉及杂碎的细粉、粗粉和团粒（品目 23.01）。

杂碎通常可以分为以下四类：

一、主要供人食用的杂碎［例如，头及头块（包括耳）、脚、尾、心、舌、厚横隔膜、薄横隔膜、胎膜、咽喉、胸腺］。

二、专供制药用的杂碎（例如，胆囊、肾上腺、胎盘）。

三、既可供人食用，又可供制药用的杂碎（例如，肝、肾、肺、脑、胰腺、脾、脊髓、卵巢、子宫、睾丸、乳房、甲状腺、脑下腺）。

四、可供人食用或有其他用途的杂碎（例如，皮张，供制革用）。

以上第一款所述的鲜、冷、冻、干、熏、盐腌或盐渍的杂碎，除不适合供人食用的应归入品目 05.11 以外，其余均归入本章。

以上第二款所述的杂碎，如为鲜、冷、冻或用其他方法临时保藏的，归入品目 05.10；如经干制的，则归入品目 30.01。

以上第三款所述的杂碎，其归类如下：

（一）临时保藏（例如，用甘油、丙酮、酒精、甲醛、硼酸钠临时保藏）以供药用的，归入品目 05.10。

（二）干制的归入品目 30.01。

（三）适合供人食用的，归入本章；不适合供人食用的，归入品目 05.11。

以上第四款所述的杂碎，如果适合供人食用的可归入本章；如果不适合供人食用的一般归入品目 05.11 或第四十一章。

动物（鱼除外）的肠、膀胱、胃不论是否可供食用，均归入品目 05.04。

本章不包括单独报验的动物脂肪（第十五章）（未炼制或用其他方法提取的不带瘦肉的肥猪肉、猪脂肪及家禽脂肪，即使仅适于工业用途，仍归入品目 02.09），但报验时仍在动物躯体内的脂肪或附在肉上的脂肪，应视为肉的组成部分。

本章与第十六章的肉及食用杂碎的区别：

本章仅包括下列状态的肉及食用杂碎（不论其是否烫洗或作类似处理，但未经烹煮的）：

一、鲜的（包括运输途中用盐临时保藏的肉及食用杂碎）。

二、冷的，即产品温度一般降至0℃左右，但未冻结的。

三、冻的，即冷却到产品的冰点以下，使产品全部冻结的。

四、盐腌、盐渍、干制或熏制的。

面上撒糖或糖水的肉及食用杂碎，也归入本章。

以上第一至四款所述的肉及食用杂碎，不论是否用解朊酶（例如，木瓜酶）进行过嫩化处理，也不论是否切割、剁碎（绞碎），均归入本章。此外，本章内不同品目产品的混合（组合）物（例如，品目02.07的家禽肉用品目02.09的肥猪肉包裹）仍归入本章。

不能归入本章任何品目的肉及食用杂碎应归入第十六章，例如：

（一）香肠及类似产品，不论是否烹煮（品目16.01）。

（二）用任何方法烹煮（煮、蒸、烤、炸、炒）及用非本章所列加工方法制作或保藏的肉或食用杂碎，包括仅用面糊或面包屑包裹、加香草或用胡椒和盐等调味的肉及食用杂碎，以及肝酱（品目16.02）。

本章还包括适合供人食用的肉及食用杂碎细粉或粗粉，不论其是否经烹煮。

必须注意，本章的肉及食用杂碎，即使经密封包装（例如，听装干肉），也归入本章。但在大多数情形下，密封包装的产品一般用本章各品目所列加工范围以外的方法制作或保藏，因此，它们应归入第十六章。

同样，本章的肉及食用杂碎，经过改性空气包装（MAP）加工方法包装的，仍归入本章（例如，鲜或冷藏的牛肉）。在采用MAP方法进行加工时，产品周围的气体已被改变或受到控制（例如，通过抽去或减少氧气的含量，并将其置换成氮气或二氧化碳，或增加氮气或二氧化碳的含量）。

○

○　○

子目注释：

带骨的

所称“带骨的”既指带整块骨头的肉，也指已剔除一些或部分骨头的肉（例如，不带胫骨及半去骨的后腿）。但不包括骨头被剔除后又被重新插入，骨与肉组织不再相连的产品。

02.01　鲜、冷牛肉：

10　—　整头及半头

20　—　带骨肉

30　—　去骨肉

本品目包括鲜或冷藏的品目01.02所列畜养或野生牛属动物的肉。

02.02　冻牛肉：

10　—　整头及半头

20　—　带骨肉

30　—　去骨肉

本品目包括冻藏的品目01.02所列畜养或野生牛属动物的肉。

02.03　鲜、冷、冻猪肉：

—　鲜或冷的：

11　——整头及半头
12　——带骨的前腿、后腿及其肉块
19　——其他
　　—　冻的：
21　——整头及半头
22　——带骨的前腿、后腿及其肉块
29　——其他

本品目包括鲜、冷、冻猪肉，不论是畜养或野生猪（例如，野公猪）的肉。本品目也包括五花肉和带有大量肥肉的类似猪肉，以及带有一层瘦肉的肥猪肉。

02.04　鲜、冷、冻绵羊肉或山羊肉（＋）：
10　—　鲜或冷的整头及半头羔羊
　　—　其他鲜或冷的绵羊肉：
21　——整头及半头
22　——带骨肉
23　——去骨肉
30　—　冻的整头及半头羔羊
　　—　其他冻的绵羊肉：
41　——整头及半头
42　——带骨肉
43　——去骨肉
50　—　山羊肉

本品目包括鲜、冷、冻绵羊肉（公羊肉、母羊肉和羔羊肉）、山羊肉及小山羊肉，不论家羊或野羊的肉。

○
○　○

子目注释：

子目0204.10及0204.30

子目0204.10及0204.30所称羔羊肉，是指从不超过12个月大的绵羊身上所得的肉，其肉质纹理细嫩，外观柔软光滑，呈粉红色。宰好后每头重量不超过26千克。

02.05　鲜、冷、冻马、驴、骡肉

本品目包括品目01.01所列活动物的鲜、冷、冻肉。

02.06　鲜、冷、冻牛、猪、绵羊、山羊、马、驴、骡的食用杂碎：
10　—　鲜、冷牛杂碎
　　—　冻牛杂碎：
21　——舌
22　——肝
29　——其他

30 — 鲜、冷猪杂碎
— 冻猪杂碎：
41 —— 肝
49 —— 其他
80 — 其他鲜或冷杂碎
90 — 其他冻杂碎

本品目的食用杂碎包括：头及头块（包括耳）、脚、尾、心、乳房、肝、肾、胰脏（胸腺及胰腺）、脑、肺、咽喉、厚横隔膜、薄横隔膜、脾、舌、胎膜、脊髓、食用皮、生殖器官（例如，子宫、卵巢及睾丸）、甲状腺、脑下腺。杂碎归类的原则，可参见本章的总注释。

02.07 品目01.05所列家禽的鲜、冷、冻肉及食用杂碎：
— 鸡：
11 —— 整只，鲜或冷的
12 —— 整只，冻的
13 —— 块及杂碎，鲜或冷的
14 —— 块及杂碎，冻的
— 火鸡：
24 —— 整只，鲜或冷的
25 —— 整只，冻的
26 —— 块及杂碎，鲜或冷的
27 —— 块及杂碎，冻的
— 鸭：
41 —— 整只，鲜或冷的
42 —— 整只，冻的
43 —— 肥肝，鲜或冷的
44 —— 其他，鲜或冷的
45 —— 其他，冻的
— 鹅：
51 —— 整只，鲜或冷的
52 —— 整只，冻的
53 —— 肥肝，鲜或冷的
54 —— 其他，鲜或冷的
55 —— 其他，冻的
60 — 珍珠鸡

本品目仅包括品目01.05所列活家禽的鲜、冷、冻肉及食用杂碎。

在国际贸易中最重要的家禽杂碎是鸡、鹅或鸭的肝，包括鹅或鸭的“肥肝”。肥肝与其他肝的区别在于它个大、量重、结实、脂肪多，其颜色从米白色至淡栗色不等，而其他肝通常是深红色或淡红色。

02.08　其他鲜、冷、冻肉及食用杂碎：

10　—　家兔或野兔的

30　—　灵长目的

40　—　鲸、海豚及鼠海豚（鲸目哺乳动物）的；海牛及儒艮（海牛目哺乳动物）的；海豹、海狮及海象（鳍足亚目哺乳动物）的

50　—　爬行动物（包括蛇及龟鳖）的

60　—　骆驼及其他骆驼科动物的

90　—　其他

本品目包括品目01.06所列动物（例如，家兔、野兔、蛙、驯鹿、河狸、鲸鱼、甲鱼）的适合供人食用的肉及杂碎。

02.09　未炼制或用其他方法提取的不带瘦肉的肥猪肉、猪脂肪及家禽脂肪，鲜、冷、冻、干、熏、盐腌或盐渍的：

10　—　猪的

90　—　其他

本品目的猪脂肪限于不带瘦肉的脂肪，即使仅适于工业用途的也应归入本品目。正常供食用的肉不归入本品目（酌情归入品目02.03或02.10，例如，五花肉和带有大量肥肉的类似肉，以及带有一层瘦肉的肥肉）。

本品目主要包括猪脏腑周围的脂肪。这种脂肪如经炼制或用其他方法提取则归入品目15.01。

本品目也包括未经炼制或用其他方法提取的家禽或野禽（例如，鹅或雁）脂肪，但不包括经炼制或用其他方法提取的脂肪（品目15.01）。

本品目不包括海生哺乳动物的脂肪（第十五章）。

02.10　肉及食用杂碎，干、熏、盐腌或盐渍的；可供食用的肉或杂碎的细粉、粗粉：

—　猪肉：

11　——　带骨的前腿、后腿及其肉块

12　——　腹肉（五花肉）

19　——　其他

20　—　牛肉

—　其他，包括可供食用的肉或杂碎的细粉、粗粉：

91　——　灵长目的

92　——　鲸、海豚及鼠海豚（鲸目哺乳动物）的；海牛及儒艮（海牛目哺乳动物）的；海豹、海狮及海象（鳍足亚目哺乳动物）的

93　——　爬行动物（包括蛇及龟鳖）的

99　——　其他

本品目包括按本品目所列方法制作的各种肉及食用杂碎，但不包括未炼制或用其他方法提取的不带瘦肉的肥猪肉、猪脂肪或家禽脂肪（品目02.09）。本品目也同样包括按本品目所列方法制作的五花肉和带有大量肥肉的类似肉，以及带有一层瘦肉的肥肉。

盐腌、干制（包括脱水或冻干）或熏制的肉（例如，熏腌肉、火腿），如果未经剁碎或绞碎并加有其他配料就灌入肠、肚、膀胱、皮囊或类似肠衣（天然或人造）内，仍应归入本品目（否则归入品目 16. 01）。

本品目包括食用肉或食用杂碎的粗粉或细粉，但不包括不适合供人食用的（例如，喂养动物的）肉或杂碎的粗粉或细粉（品目 23. 01）。

品目 02. 06 的注释条文在必要的地方稍加修改后，适用于本品目的食用杂碎。

第三章　鱼、甲壳动物、软体动物及其他水生无脊椎动物

注释：

一、本章不包括：

（一）品目 01.06 的哺乳动物；

（二）品目 01.06 的哺乳动物的肉（品目 02.08 或 02.10）；

（三）因品种或鲜度不适合供人食用的死鱼（包括鱼肝、鱼卵及鱼精等）、死甲壳动物、死软体动物及其他死水生无脊椎动物（第五章）；不适合供人食用的鱼、甲壳动物、软体动物、其他水生无脊椎动物的粉、粒（品目 23.01）；或

（四）鲟鱼子酱及用鱼卵制成的鲟鱼子酱代用品（品目 16.04）。

二、本章所称“团粒”，是指直接挤压或加入少量粘合剂制成的粒状产品。

三、品目 03.05 至 03.08 不包括适合供人食用的细粉、粗粉及团粒（品目 03.09）。

总　注　释

本章包括所有活的或死的鱼、甲壳动物、软体动物及其他水生无脊椎动物。这些动物可供直接食用、工业用（罐头工业等）、产卵用或观赏用。但不包括因其种类或鲜度不适合供人食用的死鱼（包括其肝及卵）、甲壳动物、软体动物及其他水生无脊椎动物（第五章）。

所称“冷”，是指产品的温度一般降至0℃左右，但产品尚未冻结的。所称“冻”，是指温度降至产品的冰点以下，使产品全部冻结的。

本章也包括未经制作、保藏或仅经本章规定方法制作、保藏的可食用鱼卵及鱼精。经其他方法制作或保藏的可食用鱼卵及鱼精，或作为鲟鱼子酱或鲟鱼子酱代用品适合直接食用的鱼卵及鱼精，均归入品目 16.04。

本章货品与第十六章货品的区别：

本章仅限于本章各品目所列状况的鱼（包括肝及卵）、甲壳动物，软体动物及其他水生无脊椎动物。受此条件限制，上述货品不论是否切割、剁碎、绞碎、磨碎等，均应归入本章。此外，本章不同品目产品的混合（组合）物（例如，品目 03.02 至 03.04 的鱼与品目 03.06 的甲壳动物相混合）也归入本章。

然而，烹煮或未按本章规定方法制作或保藏的鱼、甲壳动物、软体动物及其他水生无脊椎动物（例如，仅用面糊或面包屑包裹的鱼片、煮过的鱼）应归入第十六章。但必须注意，在熏制前或熏制过程中烹煮了的熏鱼及熏制的甲壳动物、软体动物或其他水生无脊椎动物，以及蒸过或用水煮过的带壳甲壳动物，仍应分别归入品目 03.05、03.06、03.07 及 03.08。仅经过在运输或冷冻之前为打开外壳或使其保持稳定的烫洗或其他类型的瞬时热处理（但并不致其烹煮）的软体动物，仍归入本章。烹煮过的鱼、甲壳动物、软体动物或其他水生无脊椎动物制得的细粉、粗粉及团粒也仍应归入品目 03.09。

还须注意，本章的鱼、甲壳动物、软体动物及其他水生无脊椎动物，即使采用密封包装（例如，听装熏鲑鱼），仍归入本章。但在大多数情况下，密封包装的产品，一般用本章各品目所列加工范围以外的方法制作或保藏，因此，它们应归入第十六章。

同样，本章的鱼、甲壳动物、软体动物及其他水生无脊椎动物，经过改性空气包装（MAP）加工方法包装的，仍归入本章（例如，鲜或冷藏的鱼）。在采用 MAP 方法进行加工时，产品周围的气体已被改变或受到控制（例如，通过抽去或减少氧气的含量，并将其置换成氮气或二氧化碳，或增加氮气

或二氧化碳的含量）。

除上述情况外，本章也不包括：

（一）品目01.06的哺乳动物；

（二）品目01.06的哺乳动物的肉（品目02.08或02.10）；

（三）鱼废料及不能食用的鱼卵（例如，用作鱼饵的咸鳕鱼卵）（品目05.11）；

（四）不适合供人食用的鱼、甲壳动物、软体动物及其他水生无脊椎动物的细粉、粗粉及团粒（品目23.01）。

03.01　活鱼：

—　观赏鱼：

11　——淡水鱼

19　——其他

—　其他活鱼：

91　——鳟鱼（河鳟、虹鳟、克拉克大麻哈鱼、阿瓜大麻哈鱼、吉雨大麻哈鱼、亚利桑那大麻哈鱼、金腹大麻哈鱼）

92　——鳗鱼（鳗鲡属）

93　——鲤科鱼（鲤属、鲫属、草鱼、鲢属、鲮属、青鱼、卡特拉鲃、野鲮属、哈氏纹唇鱼、何氏细须鲃、鲂属）

94　——大西洋及太平洋蓝鳍金枪鱼

95　——南方蓝鳍金枪鱼

99　——其他

本品目包括不论其用途如何的各种活鱼（例如，观赏鱼）。

本品目的鱼运输时通常是被置于适合鱼类生存的与自然环境相似的容器（水族箱、鱼槽等）中。

○

○　○

子目注释：

子目0301.11及0301.19

所称“观赏鱼”，是指因其色彩或形态特殊而通常养于水族箱中以供观赏的活鱼。

03.02　鲜、冷鱼，但品目03.04的鱼片及其他鱼肉除外（+）：

—　鲑科鱼，但子目0302.91至0302.99的可食用鱼杂碎除外：

11　——鳟鱼（河鳟、虹鳟、克拉克大麻哈鱼、阿瓜大麻哈鱼、吉雨大麻哈鱼、亚利桑那大麻哈鱼、金腹大麻哈鱼）

13　——大麻哈鱼［红大麻哈鱼、细磷大麻哈鱼、大麻哈鱼（种）、大鳞大麻哈鱼、银大麻哈鱼、马苏大麻哈鱼、玫瑰大麻哈鱼］

14　——大西洋鲑鱼及多瑙哲罗鱼

19　——其他

—　比目鱼（鲽科、鲆科、舌鳎科、鳎科、菱鲆科、刺鲆科），但子目0302.91至0302.99的可食用鱼杂碎除外：

21　——庸鲽鱼

22　——鲽鱼

23　——鳎鱼
24　——大菱鲆（瘤棘鲆）
29　——其他
　　—　金枪鱼（金枪鱼属）、鲣，但子目0302.91至0302.99的可食用鱼杂碎除外：
31　——长鳍金枪鱼
32　——黄鳍金枪鱼
33　——鲣
34　——大眼金枪鱼
35　——大西洋及太平洋蓝鳍金枪鱼
36　——南方蓝鳍金枪鱼
39　——其他
　　—　鲱鱼（大西洋鲱鱼、太平洋鲱鱼）、鳀鱼（鳀属）、沙丁鱼（沙丁鱼、沙瑙鱼属）、小沙丁鱼属、黍鲱或西鲱、鲭鱼［大西洋鲭、澳洲鲭（鲐）、日本鲭（鲐）］、印度鲭（羽鳃鲐属）、马鲛鱼（马鲛属）、对称竹荚鱼、新西兰竹荚鱼及竹荚鱼（竹荚鱼属）、鲹鱼（鲹属）、军曹鱼、银鲳（鲳属）、秋刀鱼、圆鲹（圆鲹属）、多春鱼（毛鳞鱼）、剑鱼、鲔鱼、狐鲣（狐鲣属）、枪鱼、旗鱼、四鳍旗鱼（旗鱼科），但子目0302.91至0302.99的可食用鱼杂碎除外：
41　——鲱鱼（大西洋鲱鱼、太平洋鲱鱼）
42　——鳀鱼（鳀属）
43　——沙丁鱼（沙丁鱼、沙瑙鱼属）、小沙丁鱼属、黍鲱或西鲱
44　——鲭鱼［大西洋鲭、澳洲鲭（鲐）、日本鲭（鲐）］
45　——对称竹荚鱼、新西兰竹荚鱼及竹荚鱼（竹荚鱼属）
46　——军曹鱼
47　——剑鱼
49　——其他
　　—　犀鳕科、多丝真鳕科、鳕科、长尾鳕科、黑鳕科、无须鳕科、深海鳕科及南极鳕科鱼，但子目0302.91至0302.99的可食用鱼杂碎除外：
51　——鳕鱼（大西洋鳕鱼、格陵兰鳕鱼、太平洋鳕鱼）
52　——黑线鳕鱼（黑线鳕）
53　——绿青鳕鱼
54　——狗鳕鱼（无须鳕属、长鳍鳕属）
55　——阿拉斯加狭鳕鱼
56　——蓝鳕鱼（小鳍鳕、南蓝鳕）
59　——其他
　　—　罗非鱼（口孵非鲫属）、鲶鱼（𩷶鲶属、鲶属、胡鲶属、真鮰属）、鲤科鱼（鲤属、鲫属、草鱼、鲢属、鲮属、青鱼、卡特拉鲃、野鲮属、哈氏纹唇鱼、何氏细须鲃、鲂属）、鳗鱼（鳗鲡属）、尼罗河鲈鱼（尼罗尖吻鲈）及黑鱼（鳢属），但子目0302.91至0302.99的可食用鱼杂碎除外：
71　——罗非鱼（口孵非鲫属）
72　——鲶鱼（𩷶鲶属、鲶属、胡鲶属、真鮰属）
73　——鲤科鱼（鲤属、鲫属、草鱼、鲢属、鲮属、青鱼、卡特拉鲃、野鲮属、哈氏纹唇鱼、何氏细须鲃、鲂属）

74　——鳗鱼（鳗鲡属）
79　——其他
　　—　其他鱼，但子目0302.91至0302.99的可食用鱼杂碎除外：
81　——角鲨及其他鲨鱼
82　——魟鱼及鳐鱼（鳐科）
83　——南极犬牙鱼（南极犬牙鱼属）
84　——尖吻鲈鱼（舌齿鲈属）
85　——菱羊鲷（鲷科）
89　——其他
　　—　鱼肝、鱼卵、鱼精、鱼鳍、鱼头、鱼尾、鱼鳔及其他可食用鱼杂碎：
91　——　鱼肝、鱼卵及鱼精
92　——　鲨鱼翅
99　——　其他

本品目包括鲜或冷的鱼，不论是否整条、去头、去肚或切成带骨或带软骨鱼块的，但不包括品目03.04的鱼片及其他鱼肉。为了运输途中临时保鲜，这些鱼可以加盐、加冰或喷洒盐水。

加有少许糖或包装时加入几片月桂叶的鱼仍归入本品目。

与鱼身其他部分分离的鲜或冷的可食用鱼杂碎［例如，鱼皮、鱼尾、鱼鳔、整个或半个鱼头（带或不带鱼脑、鱼颊、鱼舌、鱼眼、鱼颌或鱼唇）、鱼胃、鱼鳍、鱼舌］，以及鱼肝、鱼卵及鱼精也归入本品目。

○
○　○

子目注释：

子目0302.92

子目0302.92所称“鲨鱼翅”，包括鲨鱼的背鳍、胸鳍、腹鳍、臀鳍以及尾部（尾鳍）的下半部分。但鲨鱼尾部的上半部分不视为鲨鱼翅。

03.03　冻鱼，但品目03.04的鱼片及其他鱼肉除外（+）：
　　—　鲑科鱼，但子目0303.91至0303.99的可食用鱼杂碎除外：
11　——红大麻哈鱼
12　——其他大麻哈鱼［细磷大麻哈鱼、大麻哈鱼（种）、大鳞大麻哈鱼、银大麻哈鱼、马苏大麻哈鱼、玫瑰大麻哈鱼］
13　——大西洋鲑鱼及多瑙哲罗鱼
14　——鳟鱼（河鳟、虹鳟、克拉克大麻哈鱼、阿瓜大麻哈鱼、吉雨大麻哈鱼、亚利桑那大麻哈鱼、金腹大麻哈鱼）
19　——其他
　　—　罗非鱼（口孵非鲫属）、鲶鱼（鮰鲶属、鲶属、胡鲶属、真鮰属）、鲤科鱼（鲤属、鲫属、草鱼、鲢属、鲮属、青鱼、卡特拉鲃、野鲮属、哈氏纹唇鱼、何氏细须鲃、鲂属）、鳗鱼（鳗鲡属）、尼罗河鲈鱼（尼罗尖吻鲈）及黑鱼（鳢属），但子目0303.91至0303.99的可食用鱼杂碎除外：
23　——罗非鱼（口孵非鲫属）
24　——鲶鱼（鮰鲶属、鲶属、胡鲶属、真鮰属）

25 —— 鲤科鱼（鲤属、鲫属、草鱼、鲢属、鲮属、青鱼、卡特拉鲃、野鲮属、哈氏纹唇鱼、何氏细须鲃、鲂属）
26 —— 鳗鱼（鳗鲡属）
29 —— 其他
— 比目鱼（鲽科、鲆科、舌鳎科、鳎科、菱鲆科、刺鲆科），但子目 0303.91 至 0303.99 的可食用鱼杂碎除外：
31 —— 庸鲽鱼（马舌鲽、庸鲽、狭鳞庸鲽）
32 —— 鲽鱼（鲽）
33 —— 鳎鱼（鳎属）
34 —— 大菱鲆（瘤棘鲆）
39 —— 其他
— 金枪鱼（金枪鱼属）、鲣，但子目 0303.91 至 0303.99 的可食用鱼杂碎除外：
41 —— 长鳍金枪鱼
42 —— 黄鳍金枪鱼
43 —— 鲣
44 —— 大眼金枪鱼
45 —— 大西洋及太平洋蓝鳍金枪鱼
46 —— 南方蓝鳍金枪鱼
49 —— 其他
— 鲱鱼（大西洋鲱鱼、太平洋鲱鱼）、鳀鱼（鳀属）、沙丁鱼（沙丁鱼、沙瑙鱼属）、小沙丁鱼属、黍鲱或西鲱、鲭鱼［大西洋鲭、澳洲鲭（鲐）、日本鲭（鲐）］、印度鲭（羽鳃鲐属）、马鲛鱼（马鲛属）、对称竹荚鱼、新西兰竹荚鱼及竹荚鱼（竹荚鱼属）、鲹鱼（鲹属）、军曹鱼、银鲳（鲳属）、秋刀鱼、圆鲹（圆鲹属）、多春鱼（毛鳞鱼）、剑鱼、鲔鱼、狐鲣（狐鲣属）、枪鱼、旗鱼、四鳍旗鱼（旗鱼科），但子目 0303.91 至 0303.99 的可食用鱼杂碎除外：
51 —— 鲱鱼（大西洋鲱鱼、太平洋鲱鱼）
53 —— 沙丁鱼（沙丁鱼、沙瑙鱼属）、小沙丁鱼属、黍鲱或西鲱
54 —— 鲭鱼［大西洋鲭、澳洲鲭（鲐）、日本鲭（鲐）］
55 —— 对称竹荚鱼、新西兰竹荚鱼及竹荚鱼（竹荚鱼属）
56 —— 军曹鱼
57 —— 剑鱼
59 —— 其他
— 犀鳕科、多丝真鳕科、鳕科、长尾鳕科、黑鳕科、无须鳕科、深海鳕科及南极鳕科鱼，但子目 0303.91 至 0303.99 的可食用鱼杂碎除外：
63 —— 鳕鱼（大西洋鳕鱼、太平洋鳕鱼、格陵兰鳕鱼）
64 —— 黑线鳕鱼（黑线鳕）
65 —— 绿青鳕鱼
66 —— 狗鳕鱼（无须鳕属、长鳍鳕属）
67 —— 阿拉斯加狭鳕鱼
68 —— 蓝鳕鱼（小鳍鳕、南蓝鳕）
69 —— 其他
— 其他鱼，但子目 0303.91 至 0303.99 的可食用鱼杂碎除外：

81 —— 角鲨及其他鲨鱼
82 —— 魟鱼及鳐鱼（鳐科）
83 —— 南极犬牙鱼（南极犬牙鱼属）
84 —— 尖吻鲈鱼（舌齿鲈属）
89 —— 其他
— 鱼肝、鱼卵、鱼精、鱼鳍、鱼头、鱼尾、鱼鳔及其他可食用杂碎：
91 —— 鱼肝、鱼卵及鱼精
92 —— 鲨鱼翅
99 —— 其他

品目 03.02 的注释条文在必要的地方稍加修改后，适用于本品目的产品。

○

○ ○

子目注释：

子目 0303.92

子目 0302.92 的子目注释在必要的地方稍加修改后，适用于本子目的产品。

03.04 鲜、冷、冻鱼片及其他鱼肉（不论是否绞碎）：
— 鲜或冷的罗非鱼（口孵非鲫属）、鲶鱼（鲑鲶属、鲶属、胡鲶属、真鮰属）、鲤科鱼（鲤属、鲫属、草鱼、鲢属、鲮属、青鱼、卡特拉鲃、野鲮属、哈氏纹唇鱼、何氏细须鲃、鲂属）、鳗鱼（鳗鲡属）、尼罗河鲈鱼（尼罗尖吻鲈）及黑鱼（鳢属）的鱼片：
31 —— 罗非鱼（口孵非鲫属）
32 —— 鲶鱼（鲑鲶属、鲶属、胡鲶属、真鮰属）
33 —— 尼罗河鲈鱼（尼罗尖吻鲈）
39 —— 其他
— 鲜或冷的其他鱼片：
41 —— 大麻哈鱼［红大麻哈鱼、细磷大麻哈鱼、大麻哈鱼（种）、大鳞大麻哈鱼、银大麻哈鱼、马苏大麻哈鱼、玫瑰大麻哈鱼］、大西洋鲑鱼及多瑙哲罗鱼
42 —— 鳟鱼（河鳟、虹鳟、克拉克大麻哈鱼、阿瓜大麻哈鱼、吉雨大麻哈鱼、亚利桑那大麻哈鱼、金腹大麻哈鱼）
43 —— 比目鱼（鲽科、鲆科、舌鳎科、鳎科、菱鲆科、刺鲆科）
44 —— 犀鳕科、多丝真鳕科、鳕科、长尾鳕科、黑鳕科、无须鳕科、深海鳕科及南极鳕科鱼
45 —— 剑鱼
46 —— 南极犬牙鱼（南极犬牙鱼属）
47 —— 角鲨及其他鲨鱼
48 —— 魟鱼及鳐鱼（鳐科）
49 —— 其他
— 其他，鲜或冷的：
51 —— 罗非鱼（口孵非鲫属）、鲶鱼（鲑鲶属、鲶属、胡鲶属、真鮰属）、鲤科鱼（鲤属、鲫属、草鱼、鲢属、鲮属、青鱼、卡特拉鲃、野鲮属、哈氏纹唇鱼、何氏细须鲃、鲂属）、鳗鱼（鳗鲡属）、尼罗河鲈鱼（尼罗尖吻鲈）及黑鱼（醴属）

52　——鲑科鱼
53　——犀鳕科、多丝真鳕科、鳕科、长尾鳕科、黑鳕科、无须鳕科、深海鳕科及南极鳕科鱼
54　——剑鱼
55　——南极犬牙鱼（南极犬牙鱼属）
56　——角鲨及其他鲨鱼
57　——魟鱼及鳐鱼（鳐科）
59　——其他
—　冻的罗非鱼（口孵非鲫属）、鲶鱼（鲑鲶属、鲶属、胡鲶属、真鮰属）、鲤科鱼（鲤属、鲫属、草鱼、鲢属、鲮属、青鱼、卡特拉鲃、野鲮属、哈氏纹唇鱼、何氏细须鲃、鲂属）、鳗鱼（鳗鲡属）、尼罗河鲈鱼（尼罗尖吻鲈）及黑鱼（鳢属）的鱼片：
61　——罗非鱼（口孵非鲫属）
62　——鲶鱼（鲑鲶属、鲶属、胡鲶属、真鮰属）
63　——尼罗河鲈鱼（尼罗尖吻鲈）
69　——其他
—　冻的犀鳕科、多丝真鳕科、鳕科、长尾鳕科、黑鳕科、无须鳕科、深海鳕科及南极鳕科鱼的鱼片：
71　——鳕鱼（大西洋鳕鱼、格陵兰鳕鱼、太平洋鳕鱼）
72　——黑线鳕鱼（黑线鳕）
73　——绿青鳕鱼
74　——狗鳕鱼（无须鳕属、长鳍鳕属）
75　——阿拉斯加狭鳕鱼
79　——其他
—　其他冻鱼片：
81　——大麻哈鱼［红大麻哈鱼、细磷大麻哈鱼、大麻哈鱼（种）、大鳞大麻哈鱼、银大麻哈鱼、马苏大麻哈鱼、玫瑰大麻哈鱼］、大西洋鲑鱼及多瑙哲罗鱼
82　——鳟鱼（河鳟、虹鳟、克拉克大麻哈鱼、阿瓜大麻哈鱼、吉雨大麻哈鱼、亚利桑那大麻哈鱼、金腹大麻哈鱼）
83　——比目鱼（鲽科、鲆科、舌鳎科、鳎科、菱鲆科、刺鲆科）
84　——剑鱼
85　——南极犬牙鱼（南极犬牙鱼属）
86　——鲱鱼（大西洋鲱鱼、太平洋鲱鱼）
87　——金枪鱼（金枪鱼属）、鲣
88　——角鲨、其他鲨鱼、魟鱼及鳐鱼（鳐科）
89　——其他
—　其他，冻的：
91　——剑鱼
92　——南极犬牙鱼（南极犬牙鱼属）
93　——罗非鱼（口孵非鲫属）、鲶鱼（鲑鲶属、鲶属、胡鲶属、真鮰属）、鲤科鱼（鲤属、鲫属、草鱼、鲢属、鲮属、青鱼、卡特拉鲃、野鲮属、哈氏纹唇鱼、何氏细须鲃、鲂属）、鳗鱼（鳗鲡属）、尼罗河鲈鱼（尼罗尖吻鲈）及黑鱼（鳢属）

94　——阿拉斯加狭鳕鱼
95　——犀鳕科、多丝真鳕科、鳕科、长尾鳕科、黑鳕科、无须鳕科、深海鳕科及南极鳕科鱼，阿拉斯加狭鳕鱼除外
96　——角鲨及其他鲨鱼
97　——魟鱼及鳐鱼（鳐科）
99　——其他

本品目包括：

一、鱼片

本品目所称“鱼片”，是指顺鱼脊骨平切的长条肉片。它们构成鱼的左边或右边，但鱼头、鱼肠、鱼鳍（脊鳍、臀鳍、尾鳍、腹鳍、胸鳍）和鱼骨（脊骨，胸骨或肋骨、鳃骨或镫骨等）已去除，两边也不连接（例如，在背部或腹部连接）。

有时为了使肉成片或便于随后切成薄片，鱼片会带有鱼皮，这不影响它的商品归类。同样，由于清理不彻底而残存的细刺骨或其他细鱼骨也不影响它的商品归类。

切割成块的鱼片也作为鱼片归入本品目。

烹煮过的鱼片，以及仅以面糊或面包屑包裹的鱼片，不论是否冷冻均归入品目16.04。

二、其他鱼肉（不论是否绞碎），即去骨鱼肉。与鱼片一样，由于清理不彻底而残存的少量鱼骨不影响鱼肉的商品归类。

*

*　*

本品目仅包括下列状态的鱼片及其他鱼肉（不论是否绞碎）：

（一）鲜或冷的，不论是否为运输途中临时保鲜而加了盐、冰或喷洒了盐水。

（二）冻的，报验时常成冻块。

加有少许糖或包装时加入几片月桂叶的鱼片及其他鱼肉（不论是否绞碎）仍归入本品目。

03.05　干、盐腌或盐渍的鱼；熏鱼，不论在熏制前或熏制过程中是否烹煮（+）：

20　—　干、熏、盐腌或盐渍的鱼肝、鱼卵及鱼精
　　—　干、盐腌或盐渍的鱼片，但熏制的除外：
31　——罗非鱼（口孵非鲫属）、鲶鱼（鲑鲶属、鲶属、胡鲶属、真鮰属）、鲤科鱼（鲤属、鲫属、草鱼、鲢属、鲮属、青鱼、卡特拉鲃、野鲮属、哈氏纹唇鱼、何氏细须鲃、鲂属）、鳗鱼（鳗鲡属）、尼罗河鲈鱼（尼罗尖吻鲈）及黑鱼（鳢属）
32　——犀鳕科、多丝真鳕科、鳕科、长尾鳕科、黑鳕科、无须鳕科、深海鳕科及南极鳕科鱼
39　——其他
　　—　熏鱼，包括鱼片，但食用杂碎除外：
41　——大麻哈鱼［红大麻哈鱼、细磷大麻哈鱼、大麻哈鱼（种）、大鳞大麻哈鱼、银大麻哈鱼、马苏大麻哈鱼、玫瑰大麻哈鱼］、大西洋鲑鱼及多瑙哲罗鱼
42　——鲱鱼（大西洋鲱鱼、太平洋鲱鱼）
43　——鳟鱼（河鳟、虹鳟、克拉克大麻哈鱼、阿瓜大麻哈鱼、吉雨大麻哈鱼、亚利桑那大麻哈鱼、金腹大麻哈鱼）
44　——罗非鱼（口孵非鲫属）、鲶鱼（鲑鲶属、鲶属、胡鲶属、真鮰属）、鲤科鱼（鲤属、鲫属、草鱼、鲢属、鲮属、青鱼、卡特拉鲃、野鲮属、哈氏纹唇鱼、何氏细须鲃、鲂属）、鳗鱼（鳗鲡属）、尼罗河鲈鱼（尼罗尖吻鲈）及黑鱼（鳢属）

49　—— 其他
—　干鱼（不包括食用杂碎），不论是否盐腌，但熏制的除外：
51　—— 鳕鱼（大西洋鳕鱼、格陵兰鳕鱼、太平洋鳕鱼）
52　—— 罗非鱼（口孵非鲫属）、鲶鱼（鲑鲶属、鲶属、胡鲶属、真鮰属）、鲤科鱼（鲤属、鲫属、草鱼、鲢属、鲮属、青鱼、卡特拉鲃、野鲮属、哈氏纹唇鱼、何氏细须鲃、鲂属）、鳗鱼（鳗鲡属）、尼罗河鲈鱼（尼罗尖吻鲈）及黑鱼（鳢属）
53　—— 犀鳕科、多丝真鳕科、鳕科、长尾鳕科、黑鳕科、无须鳕科、深海鳕科及南极鳕科鱼，鳕鱼（大西洋鳕鱼、格陵兰鳕鱼、太平洋鳕鱼）除外
54　—— 鲱鱼（大西洋鲱鱼、太平洋鲱鱼）、鳀鱼（鳀属）、沙丁鱼（沙丁鱼、沙瑙鱼属）、小沙丁鱼属、黍鲱或西鲱、鲭鱼［大西洋鲭、澳洲鲭（鲐）、日本鲭（鲐）］、印度鲭（羽鳃鲐属）、马鲛鱼（马鲛属）、对称竹荚鱼、新西兰竹荚鱼及竹荚鱼（竹荚鱼属）、鲹鱼（鲹属）、军曹鱼、银鲳（鲳属）、秋刀鱼、圆鲹（圆鲹属）、多春鱼（毛鳞鱼）、剑鱼、鲔鱼、狐鲣（狐鲣属）、枪鱼、旗鱼、四鳍旗鱼（旗鱼科）
59　—— 其他
—　盐腌及盐渍的鱼（不包括食用杂碎），但干或熏制的除外：
61　—— 鲱鱼（大西洋鲱鱼、太平洋鲱鱼）
62　—— 鳕鱼（大西洋鳕鱼、格陵兰鳕鱼、太平洋鳕鱼）
63　——鳀鱼（鳀属）
64　—— 罗非鱼（口孵非鲫属）、鲶鱼（鲑鲶属、鲶属、胡鲶属、真鮰属）、鲤科鱼（鲤属、鲫属、草鱼、鲢属、鲮属、青鱼、卡特拉鲃、野鲮属、哈氏纹唇鱼、何氏细须鲃、鲂属）、鳗鱼（鳗鲡属）、尼罗河鲈鱼（尼罗尖吻鲈）及黑鱼（鳢属）
69　—— 其他
—　鱼鳍、鱼头、鱼尾、鱼鳔及其他可食用杂碎：
71　—— 鲨鱼翅
72　—— 鱼头、鱼尾、鱼鳔
79　——其他

本品目包括下列状态的鱼（整条、去头、成块、成片或肉碎）及食用鱼杂碎：

一、干的；

二、盐腌或盐渍的；

三、熏制的。

用以腌制成盐渍鱼的盐可以加有亚硝酸钠或硝酸钠。腌咸鱼时可用少量糖，它不影响其归入本品目。

适合供人食用的经过两种或两种以上本品目所列方法制作的鱼，应归入本品目。

熏鱼在熏制前或熏制中（热熏）有时进行热处理，使鱼肉部分或全部煮熟，如果未经其他任何使其失去熏鱼特征的加工，其归类不受影响，仍归入本品目。

本品目所列方法制作的主要鱼类有沙丁鱼、鳀鱼、沙脑鱼、西鲱鱼、金枪鱼、鲭鱼、鲑鱼、鲱鱼、鳕鱼、黑线鳕鱼及庸鲽鱼。

干制、盐腌、盐渍或熏制的已与鱼身其他部分分离的食用鱼杂碎［例如，鱼皮、鱼尾、鱼鳔、整个或半个鱼头（带或不带脑、颊、舌、眼、颌或唇）、鱼胃、鱼鳍、鱼舌］，以及鱼肝、鱼卵及鱼精也归入本品目。

本品目不包括：

（一）不适合供人食用（例如，工业用）的鱼杂碎及鱼废料（品目05.11）。

（二）烹煮过的鱼（上述熏鱼除外）、用其他方法制作（例如，油泡、醋腌或调味汁腌泡）的鱼，以及鲟鱼子酱和鲟鱼子酱代用品（品目16.04）。

（三）鱼汤（品目21.04）。

○

○　○

子目注释：

子目0305.71

子目0302.92的子目注释在必要的地方稍加修改后，适用于本子目的产品。

本子目主要包括简单干制但未去皮的鲨鱼翅以及干制前浸泡热水、去皮或撕丝的不完整鲨鱼翅。

03.06　带壳或去壳的甲壳动物，活、鲜、冷、冻、干、盐腌或盐渍的；熏制的带壳或去壳甲壳动物，不论在熏制前或熏制过程中是否烹煮；蒸过或用水煮过的带壳甲壳动物，不论是否冷、冻、干、盐腌或盐渍的：

—　冻的：

11　——岩礁虾及其他龙虾（真龙虾属、龙虾属、岩龙虾属）

12　——螯龙虾（螯龙虾属）

14　——蟹

15　——挪威海螯虾

16　——冷水小虾及对虾（长额虾属、褐虾）

17　——其他小虾及对虾

19　——其他

—　活、鲜或冷的：

31　——岩礁虾及其他龙虾（真龙虾属、龙虾属、岩龙虾属）

32　——螯龙虾（螯龙虾属）

33　——蟹

34　——挪威海螯虾

35　——冷水小虾及对虾（长额虾属、褐虾）

36　——其他小虾及对虾

39　——其他

—　其他：

91　——岩礁虾及其他龙虾（真龙虾属、龙虾属、岩龙虾属）

92　——螯龙虾（螯龙虾属）

93　——蟹

94　——挪威海螯虾

95　——小虾及对虾

99　——其他

本品目包括：

一、活、鲜、冷、冻、干、盐腌或盐渍的甲壳动物，不论是否带壳。

二、熏制的带壳或去壳甲壳动物，不论在熏制前或熏制过程中是否经烹煮。

三、蒸过或用水煮过的带壳甲壳动物（不论是否加有少量临时保藏用的化学防腐剂），它们也可以是冷、冻、干、盐腌或盐渍的。

甲壳动物的主要种类是龙虾、大螯虾、淡水小龙虾、蟹、小虾及对虾。

本品目也包括不完整的甲壳动物（例如，龙虾及淡水小龙虾的“尾部”，蟹钳），只要这些去壳产品的加工方法未超出上述第一款所列范围。

本品目不包括：

（一）品目03.08的海胆及其他水生无脊椎动物。

（二）用非本品目所列方法制作或保藏的甲壳动物（包括不完整的在内）（例如，用水煮过的去壳甲壳动物）（品目16.05）。

03.07　带壳或去壳的软体动物，活、鲜、冷、冻、干、盐腌或盐渍的；熏制的带壳或去壳软体动物，不论在熏制前或熏制过程中是否烹煮：

—　牡蛎（蚝）：

11　——活、鲜或冷的

12　——冻的

19　——其他

—　扇贝及其他扇贝科的软体动物：

21　——活、鲜或冷的

22　——冻的

29　——其他

—　贻贝：

31　——活、鲜或冷的

32　——冻的

39　——其他

—　墨鱼及鱿鱼：

42　——活、鲜或冷的

43　——冻的

49　——其他

—　章鱼：

51　——活、鲜或冷的

52　——冻的

59　——其他

60　—　蜗牛及螺，海螺除外

—　蛤、鸟蛤及舟贝（蚶科、北极蛤科、鸟蛤科、斧蛤科、缝栖蛤科、蛤蜊科、中带蛤科、海螂科、双带蛤科、截蛏科、竹蛏科、砗磲科、帘蛤科）：

71　——活、鲜或冷的

72　——冻的

79　——其他

—　鲍鱼（鲍属）及凤螺（凤螺属）：

81　——活、鲜或冷的鲍鱼（鲍属）

82　——活、鲜或冷的凤螺（凤螺属）

83　——冻的鲍鱼（鲍属）

84　——冻的凤螺（凤螺属）
87　——其他鲍鱼（鲍属）
88　——其他凤螺（凤螺属）
　　—　其他：
91　——活、鲜或冷的
92　——冻的
99　——其他

本品目包括：

一、活、鲜、冷、冻、干、盐腌或盐渍的软体动物，不论是否去壳。

二、熏制的带壳或去壳软体动物，不论在熏制前或熏制过程中是否烹煮。

软体动物的主要品种是牡蛎（蚝）、海扇、贻贝、墨鱼、鱿鱼、章鱼、蜗牛、螺、蛤、乌蛤、舟贝、鲍鱼及凤螺。

本品目也包括仅经过在运输或冷冻之前为打开外壳或使其保持稳定的烫洗或其他类型的瞬时热处理（但并不致其烹煮）的软体动物。

本品目也包括不完整的软体动物，只要它们的加工方法未超出上述一、二两款所列范围。

本品目还包括适合供人食用的牡蛎苗（即养殖用的小牡蛎）。

本品目不包括用非本品目所列方法制作或保藏的软体动物（例如，用沸水烹煮过或用醋腌制的软体动物）（品目 16. 05）。

03. 08　不属于甲壳动物及软体动物的水生无脊椎动物，活、鲜、冷、冻、干、盐腌或盐渍的；熏制的不属于甲壳动物及软体动物的水生无脊椎动物，不论在熏制前或熏制过程中是否烹煮：

　　—　海参（仿刺参、海参纲）：
11　——活、鲜或冷的
12　——冻的
19　——其他
　　—　海胆（球海胆属、拟球海胆、智利海胆、食用正海胆）：
21　——活、鲜或冷的
22　——冻的
29　——其他
30　—　海蜇（海蜇属）
90　—　其他

本品目包括：

一、活、鲜、冷、冻、干、盐腌或盐渍的水生无脊椎动物，甲壳动物及软体动物除外。

二、熏制的水生无脊椎动物，不论在熏制前或熏制过程中是否烹煮，甲壳动物及软体动物除外。

水生无脊椎动物的主要品种是海胆、海参及海蜇。

本品目也包括不完整的上述水生无脊椎动物（例如，海胆的性腺），只要它们的加工方法未超出上述一、二两款所列范围。

本品目不包括用非本品目所列方法制作或保藏的水生无脊椎动物（例如，用水煮过或用醋腌制的水生无脊椎动物）（品目 16. 05）。

03.09　适合供人食用的鱼、甲壳动物、软体动物和其他水生无脊椎动物的细粉、粗粉及团粒：

10　—　鱼的

90　—　其他

本品目包括从鱼、甲壳动物、软体动物和其他水生无脊椎动物制得的细粉、粗粉及团粒，不论是否经过烹煮。

经脱脂（例如，用溶剂提取法）或热处理的鱼的细粉或粗粉，适合供人食用的，仍归入本品目。

本品目不包括不适合供人食用的鱼、甲壳动物、软体动物和其他水生无脊椎动物的细粉、粗粉及团粒（品目23.01）。

第四章　乳品；蛋品；天然蜂蜜；其他食用动物产品

注释：

一、所称“乳”，是指全脂乳及半脱脂或全脱脂的乳。

二、品目 04.03 所称“酸乳”可以浓缩或调味，可以含糖或其他甜味物质、水果、坚果、可可、巧克力、调味香料、咖啡或咖啡提取物、其他植物或植物的部分、谷物或面包制品，但添加的任何物质不能用于全部或部分取代任何乳成分，而且产品需保留酸乳的基本特征。

三、品目 04.05 所称：

（一）“黄油”，仅指从乳中提取的天然黄油、乳清黄油及调制黄油（新鲜、加盐或酸败的，包括罐装黄油），按重量计乳脂含量在 80% 及以上，但不超过 95%，乳的无脂固形物最大含量不超过 2%，以及水的最大含量不超过 16%。黄油中不含添加的乳化剂，但可含有氯化钠、食用色素、中和盐及无害乳酸菌的培养物。

（二）“乳酱”是一种油包水型可涂抹的乳状物，乳脂是该制品所含的唯一脂肪，按重量计其含量在 39% 及以上，但小于 80%。

四、乳清经浓缩并加入乳或乳脂制成的产品，若同时具有下列三种特性，则视为乳酪归入品目 04.06：

（一）按干重计乳脂含量在 5% 及以上的；

（二）按重量计干质成分至少为 70%，但不超过 85% 的；以及

（三）已成型或可以成型的。

五、本章不包括：

（一）不适合供人食用的死昆虫（品目 05.11）；

（二）按重量计乳糖含量（以干燥无水乳糖计）超过 95% 的乳清制品（品目 17.02）；

（三）以一种物质（例如，油酸酯）代替乳中一种或多种天然成分（例如，丁酸酯）而制得的产品（品目 19.01 或 21.06）；或

（四）白蛋白（包括按重量计干质成分的乳清蛋白含量超过 80% 的两种或两种以上的乳清蛋白浓缩物）（品目 35.02）及球蛋白（品目 35.04）。

六、品目 04.10 所称“昆虫”是指全部或部分可食用的死昆虫，新鲜的、冷藏的、冷冻的、干燥的、烟熏的、盐腌或盐渍的；以及适合供人食用的昆虫的细粉和粗粉。但本品目不包括用其他方法制作或保藏的食用的死昆虫（第四类）。

○
○ ○

子目注释：

一、子目 0404.10 所称“改性乳清”，是指由乳清成分构成的制品，即全部或部分去除乳糖、蛋白或矿物质的乳清、加入天然乳清成分的乳清及由混入天然乳清成分制成的产品。

二、子目 0405.10 所称“黄油”，不包括脱水黄油及印度酥油（子目 0405.90）。

总　注　释

本章包括：

一、乳品。

（一）乳，例如，全脂乳及半脱脂或全脱脂的乳。

（二）奶油。
（三）酪乳、结块的乳及奶油、酸乳、酸乳酒及其他发酵或酸化的乳和奶油。
（四）乳清。
（五）天然乳为基本成分的未列名产品。
（六）黄油及其他从乳制得的脂和油；乳酱。
（七）乳酪及凝乳。

上述第（一）项至第（五）项的产品，除含有天然乳成分（例如，添加维生素或天然盐的乳）外，还可以含有乳品液态运输时为保持其天然浓度而加入的少量稳定剂（例如，磷酸二钠、柠檬酸三钠、氯化钙）及少量抗氧剂或乳中一般没有的维生素。这些乳品还可含有加工所需的少量化学品（例如，碳酸氢钠）；成粉状或粒状的乳品可含有防结素（例如，磷脂、无定形二氧化硅）。

本章章注五（三）所称“丁酸酯”是指乳脂；所称“油酸酯”是指除乳脂以外的油脂，特别是指植物油脂（例如，橄榄油）。

但是本章不包括按重量计乳糖含量（以干燥无水乳糖计）超过95%的乳清制品（品目17.02）。在计算某一产品的乳糖重量百分比时，所称“干燥无水”，是指既不含游离水，也不含结晶水。

此外，本章也不包括下列各项：
（一）以乳品为基本成分制成的食品（主要归入品目19.01）。
（二）以一种物质（例如，油酸酯）代替乳中一种或多种天然成分（例如，丁酸酯）而制得的产品（品目19.01或21.06）。
（三）冰淇淋及其他冰制食品（品目21.05）。
（四）第三十章的药品。
（五）酪蛋白（品目35.01）、乳清蛋白（品目35.02）及硬化蛋白（品目39.13）。

二、禽蛋及蛋黄。

三、天然蜂蜜。

四、其他品目未列名的昆虫及其他食用动物产品。

04.01　未浓缩及未加糖或其他甜物质的乳及稀奶油：

10　—　按重量计脂肪含量不超过1%
20　—　按重量计脂肪含量超过1%，但不超过6%
40　—　按重量计脂肪含量超过6%，但不超过10%
50　—　按重量计脂肪含量超过10%

本品目包括乳（本章注释一所规定的乳）及稀奶油，不论是否消毒、杀菌、用其他方法保藏、均脂或胨化；但不包括浓缩或加糖或其他甜物质的乳和稀奶油（品目04.02）及凝结、发酵或酸化的乳和稀奶油（品目04.03）。

本品目产品可以是冰冻的，也可以含有本章总注释所述的添加剂。本品目还包括从成分上看其质和量都与天然产品完全一样的再造乳及稀奶油。

04.02　浓缩、加糖或其他甜物质的乳及稀奶油（+）：

10　—　粉状、粒状或其他固体形状，按重量计脂肪含量不超过1.5%
—　粉状、粒状或其他固体形状，按重量计脂肪含量超过1.5%：
21　——未加糖或其他甜物质
29　——其他

　　—　其他：
91　——未加糖或其他甜物质
99　——其他

本品目包括浓缩（例如，蒸发）、加糖或其他甜物质的乳（本章注释一所规定的乳）及稀奶油，不论是否液状、浆状或固体（块、粉或粒），也不论是否经保藏或再造。

奶粉可含有添加的少量淀粉（重量不超过5%）。添加淀粉主要是为了保持再造乳的正常物理状态。

本品目不包括：

（一）凝结、发酵或酸化的乳及稀奶油（品目04.03）。

（二）加可可或其他香料的乳品饮料（品目22.02）。

子目注释：

子目0402.10、0402.21及0402.29

这些子目不包括浆状的浓缩乳或稀奶油（子目0402.91及0402.99）。

04.03　酸乳；酪乳、结块的乳及稀奶油、酸乳、酸乳酒及其他发酵或酸化的乳和稀奶油，不论是否浓缩、加糖、加其他甜物质、加香料、加水果、加坚果或加可可：

20　—　酸乳
90　—　其他

本品目包括酪乳、所有发酵或酸化的乳和稀奶油、结块的乳及稀奶油、酸乳及酸乳酒。本品目的乳品可以是液状、浆状或固体（包括冰冻）的，也可以是浓缩（例如，蒸发、制成块状、粉状或粒状）或保藏的。

本品目的发酵乳可由品目04.02的乳粉组成，并加有少量乳酵素，用于制作肉类产品或作为动物饲料添加剂。

本品目的酸化乳可由品目04.02的乳粉组成，并加有少量晶体状酸味物质（包括柠檬汁），加水后可制结块的乳。

除了本章总注释所述的添加剂外，本品目的乳品还可含有糖或其他甜物质、香料、坚果、水果（包括果肉及果酱）或可可。

此外，酸乳还可以添加巧克力、调味香料、咖啡或咖啡提取物、其他植物或植物的部分、谷物或面包制品，但添加的任何物质不能用于全部或部分代替任何乳成分，而且产品需保留酸乳的基本特征。

04.04　乳清，不论是否浓缩、加糖或其他甜物质；其他品目未列名的含天然乳的产品，不论是否加糖或其他甜物质：

10　—　乳清及改性乳清，不论是否浓缩、加糖或其他甜物质
90　—　其他

本品目包括乳清（例如，去除乳脂及酪朊后留下的天然乳成分）及改性乳清（参见本章子目注释一）。这些产品可以是液状、浆状或固体形状（包括冰冻的），也可以是浓缩（例如，粉状）或保藏的。

本品目还包括鲜的或保藏的以乳为基本成分的产品。这些产品与天然乳品构成不同，并且在其他品目未列名。因此，本品目包括缺少天然乳中一种或多种要素的产品，即添加有天然乳要素的乳（以获得高蛋白产品等）。

除了天然乳要素及本章总注释所述的添加剂外，本品目产品还可含有添加的糖或其他甜物质。

本品目的粉状产品，尤其是乳清，可含有添加的少量乳酵素，用于制作肉类产品或作动物饲料添加剂。

本品目不包括：

（一）从成分上看其质和量都与天然产品完全一样的脱脂乳或再造乳（品目04.01或04.02）。

（二）乳清酪（品目04.06）。

（三）按重量计乳糖含量（以干燥无水乳糖计）超过95%的乳清制品（品目17.02）。

（四）以天然乳为基本成分的食品，但含有本章规定不能添加的物质（品目19.01）。

（五）白蛋白（包括按重量计干质成分的乳清蛋白质含量大于80%的两种及两种以上乳清蛋白的浓缩物）（品目35.02）或球蛋白（品目35.04）。

04.05　黄油及其他从乳中提取的脂和油；乳酱：

10　—　黄油

20　—　乳酱

90　—　其他

本品目包括：

一、黄油

本类包括天然黄油、乳清黄油及调制黄油（淡的、加盐或酸败的，包括罐装黄油）。黄油必须是完全用乳制得的，按重量计其乳脂含量必须占80%及以上，但不超过95%，乳的无脂固形物最大含量不得超过2%，以及水的含量最大不得超过16%。黄油中不含添加的乳化剂，但可含有氯化钠、食用色素、中和盐及无害乳酸菌的培养物［参见本章注释三（一）］。

本类还包括用山羊或绵羊乳制成的黄油。

二、乳酱

本类包括的乳酱，是指一种油包水型可涂抹的乳状物，乳脂是该制品所含的唯一的脂肪，按重量计其含量在39%及以上，但小于80%［参见本章注释三（二）］。乳酱可含有某些配料，例如，无害乳酸菌培养物、维生素、氯化钠、糖、动物胶、淀粉、食用色素、香料、乳化剂、增稠剂和防腐剂。

三、其他从乳提取的脂和油

本类包括从乳提取的脂和油（例如，乳脂、乳油）。乳油是从黄油或奶油中提取的水及非脂成分。

本类还包括脱水黄油、印度酥油（通常用水牛或黄牛乳制成的一种黄油）和用黄油和少量草本植物、调味料、香料、大蒜等混合制成的产品（但这些产品必须具有本品目所列产品的特征）。

本品目不包括含乳脂以外其他脂的油脂酱和按重量计含乳脂少于39%的油脂酱（通常归入品目15.17或21.06）。

04.06　乳酪及凝乳（＋）：

10　—　鲜乳酪（未熟化或未固化的），包括乳清乳酪；凝乳

20　—　各种磨碎或粉化的乳酪

30　—　经加工的乳酪，但磨碎或粉化的除外

40　—　蓝纹乳酪和娄地青霉生产的带有纹理的其他乳酪

90　—　其他乳酪

本品目包括各种乳酪，即：

一、鲜乳酪（包括从乳清或酪乳制得的乳酪）及凝乳。鲜乳酪是一种供在加工后短期内食用的未熟化或未固化的乳酪（例如，文火乳酪、布洛西乳酪、未腌乳酪、乳脂乳酪、无盐乳酪）。

二、磨碎或磨粉的乳酪。

三、加工乳酪。它是用加热及加入乳化剂或酸化剂（包括溶解盐）将一种或多种乳酪及下列的一种或多种物质研成粉末、混合、溶化和乳化制作而成：奶油或其他乳品、盐、调味香料、香精、色素及水。

四、蓝纹乳酪和娄地青霉生产的带有纹理的其他乳酪。

五、软乳酪（例如，法国卡孟培尔干酪、布里干酪）。

六、半硬乳酪及硬乳酪（例如，蹇达干酪、古达干酪、格律耶尔干酪、巴马干酪）。

乳清乳酪是将乳清浓缩并加入乳或乳脂制得。它们必须同时具有下列三个特征才能归入本品目：

（一）乳脂含量干重在5%及以上；

（二）所含干质成分重量在70%以上，但不超过85%；

（三）已成型或可以成型。

乳酪加有肉、鱼、甲壳动物、草本植物、调味香料、蔬菜、水果、坚果、维生素、脱脂奶粉等后，如果仍保持乳酪特征的，其归类不受影响。

裹面糊或面包屑的乳酪，不论是否预煮，只要仍保持乳酪的特征，仍应归入本品目。

○

○ ○

子目注释：

子目0406.40

本子目包括在乳酪体上有可见纹理的乳酪，其纹理可呈蓝色、绿色、绿光蓝色或灰白色，例如，奥佛涅蓝纹乳酪、高斯蓝纹乳酪、凯尔西蓝纹乳酪、柴郡蓝纹乳酪、多西特蓝纹乳酪、温斯利代蓝纹乳酪、卡伯瑞勒斯乳酪、丹麦青纹乳酪（达娜厄）、戈贡左拉乳酪、米瑟拉乳酪、罗奎福特羊乳干酪、圣戈龙乳酪及斯第尔顿乳酪，也包括符合上述标准的具有专利商品名或商标名称的乳酪。

04.07 带壳禽蛋，鲜、腌制或煮过的：

— 孵化用受精禽蛋：

11 —— 鸡的

19 —— 其他

— 其他鲜蛋：

21 —— 鸡的

29 —— 其他

90 — 其他

本品目包括孵化用受精禽蛋及其他各种鲜（包括冷的）禽蛋，还包括腌制或烹煮的带壳禽蛋。

04.08 去壳禽蛋及蛋黄，鲜、干、冻、蒸过或水煮、制成型或用其他方法保藏的，不论是否加糖或其他甜物质：

— 蛋黄：

11 —— 干的

19 —— 其他

— 其他：

91　——干的
99　——其他

本品目包括各种禽整蛋及蛋黄。本品目的蛋品可以是鲜、干、蒸过或用水煮过、模制成型（例如，圆柱形“长蛋”）、冰冻或用其他方法腌制的。以上蛋品不论其是否加糖或其他甜物质，也不论是否供食用或工业用（例如，鞣皮），均归入本品目。

本品目不包括：

（一）蛋黄油（品目15.06）。

（二）含有调味品、调味香料或其他添加剂的蛋制品（品目21.06）。

（三）卵磷脂（品目29.23）。

（四）分离蛋白（禽蛋白）（品目35.02）。

04.09　天然蜂蜜

本品目包括蜜蜂或其他昆虫所产的蜂蜜，不论是离心分离、仍存于蜂巢内或是带有蜂巢碎块，但不得加糖或其他任何物质。蜂蜜可根据花源、产地或颜色来命名。

本品目不包括人造蜜及天然蜜和人造蜜的混合制品（品目17.02）。

04.10　其他品目未列名的昆虫及其他食用动物产品：

10　—　昆虫
90　—　其他

本品目包括昆虫（本章注释六定义的）和其他适合供人食用的协调制度未列名的动物产品。然而，不适合供人食用的死昆虫（包括细粉、粗粉）应归入品目05.11。

本品目包括：

一、鳖或海龟蛋，即河鳖或海龟所产的蛋，鲜、干或用其他方法保藏的。

海龟蛋油不归入本品目（品目15.06）。

二、金丝燕的窝（燕窝），即金丝燕的一种分泌物，这种分泌物一经与空气接触，很快变硬。

燕窝报验时可以未经处理，也可以将羽毛、绒毛、灰尘或其他杂物除去以使其适于食用。它们一般为白色条状或丝状。

燕窝含有高蛋白，通常专用于作汤或作其他食品。

本品目不包括液态或干制的动物血，不论是否可供食用（品目05.11或30.02）。

第五章　其他动物产品

注释：

一、本章不包括：

（一）食用产品（整个或切块的动物肠、膀胱和胃以及液态或干制的动物血除外）；

（二）生皮或毛皮（第四十一章、第四十三章），但品目05.05的货品及品目05.11的生皮或毛皮的边角废料仍归入本章；

（三）马毛及废马毛以外的动物纺织原料（第十一类）；或

（四）供制帚、制刷用的成束、成簇的材料（品目96.03）。

二、仅按长度而未按发根和发梢整理的人发，视为未加工品，归入品目05.01。

三、本协调制度所称“兽牙”，是指象、河马、海象、一角鲸和野猪的长牙、犀角及其他动物的牙齿。

四、本协调制度所称“马毛”，是指马科、牛科动物的鬃毛和尾毛。品目05.11主要包括马毛及废马毛，不论是否制成带衬垫或不带衬垫的毛片。

总　注　释

本章包括各种未经加工或仅经简单加工的各种动物质材料。这些材料一般不作食品（某些动物的肠、膀胱及胃除外），而且协调制度的其他章也不包括它们。

本章不包括：

一、动物脂肪（第二章或第十五章）。

二、未烹煮的食用动物皮（第二章）或鱼皮（第三章）（烹煮的皮归入第十六章）。

三、食用鱼鳍、鱼头、鱼尾、鱼鳔及其他食用鱼杂碎（第三章）。

四、已干燥的治疗用腺体及其他器官，不论已否制成粉末（第三十章）。

五、动物肥料（第三十一章）。

六、生皮及皮张（未加工或经洗涤、消毒或为了保藏而作过处理但未进一步加工的带有羽毛或羽绒的整张鸟皮或不完整鸟皮（第四十一章）。

七、毛皮（第四十三章）。

八、蚕丝、羊毛及其他动物纺织原料（马毛及废马毛除外）（第十一类）。

九、天然或养殖珍珠（第七十一章）。

05.01　未经加工的人发，不论是否洗涤；废人发

本品目包括未加工的人发，不论是否已洗涤，包括未按发根和发梢整理的平行排放人发，以及人发废料。

本品目不包括经过简单洗涤以外加工（例如，稀疏、染色、漂白、卷曲或为制作假发进行加工）的人发（人发废料除外）以及已按发根和发梢整理的人发（品目67.03，参见该品目的注释）。但本款不适用于废人发，废人发（即使是漂白或染色发等的废料）一律归入本品目。

本品目也不包括：

（一）人发制的滤布（品目59.11）。

（二）人发制的发网（品目65.05）。

（三）其他人发制品（品目67.04）。

05.02　猪鬃、猪毛；獾毛及其他制刷用兽毛；上述鬃毛的废料：

10　—　猪鬃、猪毛及其废料

90　—　其他

本品目货品可以散装、松扎成捆或紧扎成束（鬃毛平行排放、根端较为平齐），也可以未经加工，或经洗涤、漂白、染色或消毒。

其他制刷用兽毛包括黄鼬、松鼠及貂的毛。

但本品目不包括成束或成簇的鬃毛（即制成不需分开或仅经简单加工即可直接装于帚或刷上的鬃毛束）。它们归入品目96.03（参见第九十六章注释三）。

【05.03】

05.04　整个或切块的动物（鱼除外）的肠、膀胱及胃，鲜、冷、冻、干、熏、盐腌或盐渍的

本品目包括动物的肠、膀胱及胃（品目05.11所列鱼的内脏除外），不论是否整个或切块，也不论可否供食用或鲜、冷、冻、干、熏、盐腌或盐渍的。但经其他加工或保藏的不归入本品目（一般归入第十六章）。

本品目也包括：

一、皱胃膜（小牛、小羊等的），不论是否切割或干制，用于提取凝乳酶。

二、肚及瘤胃（烹煮的归入第十六章）。

三、未加工的金箔肠衣，即牛或羊盲肠的外膜。

本品目还包括纵向撕或割成长条的肠及金箔肠衣（主要是牛的肠衣），不论内膜是否刮去。

肠主要用于制香肠肠衣，也可用于制无菌外科肠线（品目30.06）、网球拍弦（品目42.06）或乐器弦（品目92.09）。

本品目也不包括将皮纤维浆挤出后，用甲醛和苯酚溶液硬化的“人造肠”（品目39.17）及将破裂天然肠胶合在一起的“人造”肠（品目42.06）。

05.05　带有羽毛或羽绒的鸟皮及鸟体其他部分；羽毛及不完整羽毛（不论是否修边）、羽绒，仅经洗涤、消毒或为了保藏而作过处理，但未经进一步加工；羽毛或不完整羽毛的粉末及废料（+）：

10　—　填充用羽毛；羽绒

90　—　其他

本品目包括：

一、带有羽毛或羽绒的鸟皮及鸟体其他部分（例如，头、翅）；以及

二、羽毛和不完整羽毛（不论是否修边）及羽绒。

只要这些货品未经加工，或仅经洗净、消毒、为保藏而进行处理，但未进一步加工或制成标本。

本品目也包括羽毛或不完整羽毛的碎屑、粗粉及废料。

本品目的货品可供制被褥、装饰（通常须进一步加工）或其他用途。不同种类羽毛在协调制度的归类上并无区别。

本品目所称“不完整羽毛”，包括沿羽毛直撕开来的羽毛片、从羽轴上切割下来或附着在羽轴削片上的羽支（不论是否修边）、羽管及羽轴。

羽毛或羽绒用布袋作零售包装但明显不是制成坐垫、枕头的仍归入本品目。简单捆扎在一起以便于运输的羽毛也归入本品目。

本品目不包括加工程度超出本品目所列范围（例如，漂白、染色、卷曲）或制成标本的鸟皮及鸟体其他部分、羽毛及不完整羽毛制品等。这类物品一般归入品目67.01（参见该品目注释）。但已加工羽管及其制品应按其主要特征归类（例如，钓鱼浮子——品目95.07；牙签——品目96.01）。

○

○　○

子目注释：

子目0505.10

所称“填充用羽毛”，是指家禽（特别是鹅或鸭）、鸽子、鹧鸪或类似禽类的羽毛，但粗大的翼毛或尾毛及分级时摒弃的粗大的羽毛除外。所称“羽绒”，主要指鹅或鸭毛中最为细小、柔软的绒毛，它与羽毛的区别在于没有硬羽轴。上述羽毛及羽绒主要用于填充被褥及其他制品，例如，坐垫及保暖服装（例如，带风帽的防寒短上衣）。

05.06　骨及角柱，未经加工或经脱脂、简单整理（但未切割成形）、酸处理或脱胶；上述产品的粉末及废料：

10　—　经酸处理的骨胶原及骨

90　—　其他

本品目的产品主要用于雕刻、制胶或作肥料。

本品目包括：

一、骨及角柱（角内骨），未经加工或已去脂（用各种方法去骨脂）。

二、简单整理但未切割成形的骨，即将骨简单加以锯割，除去其多余部分，或加以横切或直切，有时还粗刨或漂白，但除这些工序外，未进行其他加工。因此，矩形（包括正方形）板、片或其他形状的骨（不论是否抛光或经其他加工）及骨粉模制产品均不归入本品目，而应归入品目96.01或其他列名更为具体的品目。

三、酸处理的骨，即骨的石灰质已用盐酸溶解，骨的原形不变，但仅保有蜂窝状组织及软骨部分（骨胶原），易于转化为胶。

四、脱胶骨，即已用蒸汽脱胶的骨，通常成粉状（蒸汽骨粉）。

五、骨粉及骨废料（包括骨碎屑），例如，加工骨时所产生的粉末及废料。

05.07　兽牙、龟壳、鲸须、鲸须毛、角、鹿角、蹄、甲、爪及喙，未经加工或仅简单整理但未切割成形；上述产品的粉末及废料：

10　—　兽牙；兽牙粉末及废料

90　—　其他

本品目包括未经加工或虽经简单整理但未切割成形（即除锉磨、刮削、洗净、除去多余部分、整饰、劈开、非成形切割、粗刨、拉直及平整工序外，未进一步加工）的下列产品：

一、兽牙

本协调制度所称“兽牙”，是指下列骨质物体：

（一）象、河马、海象、一角鲸或野猪的长牙。

（二）犀角。

（三）任何陆上或海上动物的牙齿。

二、龟壳

商业上的龟壳通常为海龟壳（一般为坎普斯龟、蠵龟及玳瑁的壳）。所称龟壳，包括海龟壳在内。龟壳是一种角质材料，为大小厚度不同的板状物（甲）。它保护着包裹龟体的角质躯架。

本品目所称“龟壳”是指：

（一）完整或不完整的龟壳。

（二）龟甲（几乎都是捕获后就地剥下），为厚薄不匀、表面弯曲的板状物。龟甲按照其所在的龟体部位而分别称为背甲及腹甲。覆盖在肚和胸的那部分称为腹甲。

三、鲸须及鲸须毛

鲸须（鲸的或其他海生哺乳动物的）在天然状态时为弧形角质薄片，表面附有一层浅灰色的皮，朝里一边刃角上长有一种如流苏状的鲸须毛，其质与鲸须相同。

四、角、鹿角、蹄、甲、爪及喙

本类所述的角不论是否带有角柱及额骨。鹿角是鹿、麋鹿等的岔角。

本品目还包括上述产品的粉末及废料（包括碎屑）。

本品目不包括已切割成矩形（包括正方形）或为杆、管或其他半制成形状的产品，以及模制产品（品目96.01或其他更为具体列名的品目）。

05.08　珊瑚及类似品，未经加工或仅简单整理但未经进一步加工；软体动物壳、甲壳动物壳、棘皮动物壳、墨鱼骨，未经加工或仅简单整理但未切割成形，上述壳、骨的粉末及废料

珊瑚是海生珊瑚虫的石灰质骨骼，一般用于制造珠宝首饰。

工业上最重要的贝壳是珍珠母。

本品目包括：

一、未加工或仅去外层的珊瑚。

二、仅简单整理而未用其他方法加工的珊瑚，即除简单切削外未进行其他加工的珊瑚。

三、未加工或仅简单整理但未切割成形的贝壳，即除洁净或简单切割外未进行其他加工的贝壳。

本品目还包括墨鱼骨、用作动物饲料的贝壳粉末及贝壳废料。

本品目不包括制成杆或矩形（包括正方形）板、片及其他形状的产品，不论是否抛光或经其他加工。这些产品应归入品目96.01或其他更为具体列名的品目。

【05.09】

05.10　龙涎香、海狸香、灵猫香及麝香；斑蝥；胆汁，不论是否干制；供配制药用的腺体及其他动物产品，鲜、冷、冻或用其他方法暂时保藏的

龙涎香为抹香鲸分泌出来的一种物质，由同一圆心的多层分泌物凝聚而成，重达上百千克。稠度似蜡，擦之散发出一股香甜味。颜色从灰到黑，密度小于水。切勿将龙涎香与琥珀相混淆。琥珀是一种矿物树脂，应归入品目25.30。

海狸香是一种树脂物质，呈棕色、浅红色或淡黄色，味苦，有一股刺鼻的气味，为海狸的分泌物，通常与其所赖以形成的腺囊（一般两头连在一起）一同报验。这些腺囊通常编成辫状，长度为5～10厘米不等。

灵猫香是由灵猫所分泌的树脂状物质，棕黄色或褐色，呈浆状或油状，有象天然麝香那样的浓烈气味。

麝香是某种鹿的分泌物，包藏于其所赖以形成的腺囊（一面扁平无毛，一面外凸，表面长满灰色的毛）中。分泌物为暗棕色，有强烈气味。切勿将麝香与第二十九章的人造麝香（二甲苯麝香、合成麝香等）相混淆。

斑蝥是一种甲虫，主要利用其起疱或反刺激的特性。报验时通常已干制或呈粉末状。

本品目还包括：

一、制造器官治疗药品用的动物腺体及其他动物器官，其性质或制作方法不适合供人食用（胰腺、睾丸、卵巢、胆囊、甲状腺、脑下腺等），鲜、冷、冻或为了运输、储存需要用其他方法临时保藏（例如，浸在甘油、丙酮或酒精中）。干制或萃取产品不归入本品目（品目30.01）。［参见本章注释一（一）关于食用产品的规定］。

二、不论是否干制的胆汁（胆汁精除外）（品目30.01）。

本品目不包括制成干片后用安瓿封装的蛇或蜂的毒液（品目30.01）。

05.11　其他品目未列名的动物产品；不适合供人食用的第一章或第三章的死动物：

10　—　牛的精液

—　其他：

91　——鱼、甲壳动物、软体动物、其他水生无脊椎动物的产品；第三章的死动物

99　——其他

本品目包括：

一、动物精液。

二、动物胚胎，冷冻装运用以移植入接受母体。

三、液态或干制的动物血，不论是否可供食用。

本品目不包括制成供治疗、预防或诊断用的动物血（品目30.02）。

四、胭脂虫及类似昆虫，不适合供人食用的。胭脂虫是寄生于某些仙人掌的一种昆虫。商业上的胭脂虫有黑色、灰色或银色及淡红色三种。胭脂虫可作为一种红色染料（胭脂虫精）（品目32.03），用以制造胭脂红色淀（品目32.05）。

所有与胭脂虫类似的昆虫中，最主要的是雌性介壳虫。它寄生于一种矮橡树，用于制造鲜艳耐久的红色染料。此种染料归入品目32.03。

切勿将雌性介壳虫染料与红锑粉（品目38.24）相混淆。

胭脂虫及雌性介壳虫报验时一般干制，可以是整只，也可以是粉状。

五、不能食用的鱼卵及鱼精。它们包括：

（一）供孵化的受精卵，卵内有显示胚胎的黑斑点。

（二）用作鱼饵的咸鱼卵（例如，鳕鱼卵、鲭鱼卵）。这种腌鱼卵有恶臭味，通常为散装，因此可与鲟鱼子酱代用品（品目16.04）区分开来。

本品目不包括食用鱼卵及鱼精（第三章）。

六、鱼、甲壳动物、软体动物、其他水生无脊椎动物的废料。

本类主要包括：

（一）小鲱鱼或类似鱼的鳞，新鲜或保藏（但不是在溶液中）的；这些鳞用以制造涂仿珍珠用的珠光粉。

（二）生、干、咸鱼鳔，用于调制鱼鳔胶。

（三）用以制胶等的鱼肠及废鱼皮。

（四）鱼废料。

本品目不包括：

（一）食用鱼肝、鱼鳍、鱼头、鱼尾、鱼鳔及其他食用鱼杂碎（第三章）。

（二）品目 05.08 的甲壳动物壳、软体动物壳或棘皮动物壳。

（三）用以制药的非食用鱼肝（品目 05.10）。

七、蚕卵，形如小籽，颜色淡黄，会逐渐变成灰色或土黄色。报验时通常用盒（蜂房状盒）或小布袋装运。

八、蚁卵。

九、筋腱，如以下十、十一两款所列货品一样，主要用作制胶原料。

十、生皮或皮张的边角料及类似废料。

十一、明显不能用于加工皮货的生毛皮废料。

十二、死的第一章或第三章所列动物及其不适合供人食用的肉或杂碎，但品目 02.09 或本章其他品目所列的除外。

十三、马毛及废马毛，不论是否制成有或无衬垫的毛片。本类包括马科或牛科动物的鬃毛或尾毛；除包括未经加工的马毛外，还包括经洗涤、漂白、染色、卷曲或其他加工的马毛。它们可以散装、成束或成绞等。

本品目还包括在纺织物或纸等衬料上铺成一层的马毛，或夹放在两层纺织物或纸等材料当中并用钉书钉钉上或简单缝上的马毛。

本品目不包括经纺制或发梢打结连接的马毛（第五十一章）。

十四、动物质天然海绵。本类既包括天然海绵（含仅经洗涤的），也包括已制过（例如，去除石灰物质或漂白）的海绵，还包括海绵废料。

丝瓜络，亦称植物海绵，归入品目 14.04。

本品目也不包括：

（一）虫胶片、原胶、梗胶及其他虫胶（品目 13.01）。

（二）第十五章的动物脂肪。

（三）供动物学研究用的收集品，即剥制或用其他方法保藏的动物、蝴蝶及其他昆虫、蛋、卵等（品目 97.05）。

第二类　植物产品

注释：

本类所称“团粒”，是指直接挤压或加入按重量计比例不超过3%的粘合剂制成的粒状产品。

第六章　活树及其他活植物；鳞茎、根及类似品；插花及装饰用簇叶

注释：

一、除品目06.01的菊苣植物及其根以外，本章只包括通常由苗圃或花店供应为种植或装饰用的活树及其他货品（包括植物秧苗）；但不包括马铃薯、洋葱、青葱、大蒜及其他第七章的产品。

二、品目06.03、06.04的各种货品，包括全部或部分用这些货品制成的花束、花篮、花圈及类似品，不论是否有其他材料制成的附件。但这些货品不包括品目97.01的拼贴画或类似的装饰板。

总　注　释

本章包括由苗圃（包括园林）或花店供应的适于种植或装饰用的各种活植物以及菊苣植物及其根（即使其通常不由苗圃或花店提供），但不包括品目12.12的根。上述植物包括树、灌木、植物幼苗，还包括药用植物。本章不包括种子和水果以及某些不能区别其为食用或种植用的块茎、鳞茎（马铃薯、洋葱、青葱及大蒜）。

本章还包括：

一、装饰用的插花和花蕾、簇叶、枝干及植物其他部分，鲜、干、染色、漂白、浸渍或用其他方法处理的。

二、花束、花圈、花篮及类似的花店制品。

06.01　鳞茎、块茎、块根、球茎、根颈及根茎，休眠、生长或开花的；菊苣植物及其根，但品目12.12的根除外：

10　—　休眠的鳞茎、块茎、块根、球茎、根颈及根茎

20　—　生长或开花的鳞茎、块茎、块根、球茎、根颈及根茎；菊苣植物及其根

本品目主要包括下列植物的鳞茎等，不论其报验时是否装于盆、盒：

孤挺花、银莲花（鳞茎类）、秋海棠、美人蕉、窄叶小草、铃兰、藏红花、仙客来、大丽花、独尾草、小苍兰、贝母、雪花莲、唐菖蒲、大岩桐、风信子、鸢尾、百合花、观音兰、水仙、虎眼万年青、酢浆草、晚香玉、毛茛、茜草、老虎莲及郁金香。

本品目还包括非供装饰用的植物鳞茎等（例如，大黄根颈）及芦笋根颈。

本品目不包括第七章的某些鳞茎、块茎、块根、球茎、根颈及根茎（例如，洋葱、青葱、大蒜、马铃薯、洋蓟）和生姜（品目09.10）。

本品目也包括菊苣植物及其根，但未焙制的可作咖啡代用品的菊苣根除外（品目12.12）。

06.02　其他活植物（包括其根）、插枝及接穗；蘑菇菌丝（+）：

　　10　—　无根插枝及接穗

　　20　—　食用水果或食用坚果的树、灌木，不论是否嫁接

　　30　—　杜鹃，不论是否嫁接

　　40　—　玫瑰，不论是否嫁接

　　90　—　其他

本品目包括：

一、各种树木及灌木（林木、果木、装饰木等），包括嫁接的。

二、品目06.01所列货品以外的各种供种植用植物及幼苗。

三、活的植物根。

四、无根插枝；接枝（嫁接用枝或芽）；纤匐枝及嫩枝。

五、蘑菇菌丝，不论是否与泥土或植物物质混合。

本品目的树木、灌木及其他植物报验时，其根部可以裸露或用泥包成球形，也可以栽在盆、桶、盒或类似品中。

本品目不包括块根（例如，大丽花根品目06.01）及品目06.01或12.12的菊苣根。

○

○　○

子目注释：

子目0602.20

子目0602.20所称“树、灌木”，包括具有木质梗的藤本植物（例如，葡萄、杂交草莓、悬钩子属植物、猕猴桃树）及其带根插枝。

本子目不包括野玫瑰（子目0602.40）。

子目0602.20、0602.30、0602.40及0602.90

活根应按植物归入其相应的子目。

06.03　制花束或装饰用的插花及花蕾，鲜、干、染色、漂白、浸渍或用其他方法处理的：

　　　—　鲜的：

　　11　——玫瑰

　　12　——康乃馨

　　13　——兰花

　　14　——菊花

　　15　——百合花（百合属）

　　19　——其他

　　90　—　其他

本品目不仅包括插花及花蕾本身，而且还包括用花或花蕾制成的花束、花圈、花篮及类似品（例如，小花束及钮孔胸花）。这些花束等如果具有花卉商品的基本特征，即使带有其他材料制成的配件（丝带、纸饰物等），仍归入本品目。

带有花或花蕾（例如，木兰花及某种蔷薇花）的树枝、灌木枝可视同插花或花蕾归入本品目。

主要用作香料、药料、杀虫、杀菌或类似用途的花、花瓣及花蕾，如果其报验时的状态已不适合制花束或作装饰用，不能归入本品目（品目12.11）。本品目也不包括品目97.01的拼贴画及类似的装饰板。

06.04　制花束或装饰用的不带花及花蕾的植物枝、叶或其他部分、草、苔藓及地衣，鲜、干、染色、漂白、浸渍或用其他方法处理的：

20　—　鲜的

90　—　其他

本品目不仅包括未加工的簇叶、树枝等，而且还包括用簇叶、树木、灌木、其他植物或由苔藓、地衣制成的花束、花圈、花篮及类似品。这些花束如果具有花卉商品的基本特征，即使带有其他材料制成的配件（丝带、金属丝框架等），仍归入本品目。

归入本品目的货品可带有装饰性水果，但带花或花蕾的不归入本品目（品目06.03）。

本品目包括明显不适合再栽种（例如，根被锯除或根被沸水灼死）的天然圣诞树。

主要用作香料、药料、杀虫、杀菌或类似用途的植物及其部分品（包括草、苔藓及地衣）（品目12.11）或供编结用的植物及其部分品（品目14.01），如果其报验时的状态已不适合制花束或作装饰用，不能归入本品目。本品目也不包括品目97.01的拼贴画及类似的装饰板。

第七章　食用蔬菜、根及块茎

注释：

一、本章不包括品目12.14的草料。

二、品目07.09、07.10、07.11及07.12所称"蔬菜"，包括食用的蘑菇、块菌、油橄榄、刺山柑、菜葫芦、南瓜、茄子、甜玉米、辣椒、茴香菜、欧芹、细叶芹、龙蒿、水芹、甜茉乔栾那。

三、品目07.12包括干制的归入品目07.01至07.11的各种蔬菜，但下列各项除外：

（一）作蔬菜用的脱荚干豆（品目07.13）；

（二）品目11.02至11.04所列形状的甜玉米；

（三）马铃薯细粉、粗粉、粉末、粉片、颗粒及团粒（品目11.05）；

（四）用品目07.13的干豆制成的细粉、粗粉及粉末（品目11.06）。

四、本章不包括辣椒干及辣椒粉（品目09.04）。

五、品目07.11适用于使用前在运输或贮存时仅为暂时保藏而进行处理（例如，使用二氧化硫气体、盐水、亚硫酸水或其他防腐液）的蔬菜，但不适于直接食用的。

总　注　释

本章的蔬菜，包括本章注释二所列各种蔬菜，不论是否鲜、冷、冻（未烹煮、蒸过或水煮）、干（包括脱水、蒸干或冻干）或经临时保藏处理的。必须注意，某些干制或研粉的蔬菜，虽有时用作香料，但仍归入品目07.12。

所称"冷藏"，是指产品的温度一般已降至0℃左右，但未冻结。然而，某些产品，例如，马铃薯，当温度降至并维持在10℃时，也可视作"冷藏"。

所称"冷冻"，是指产品已冷却到本身冰点以下并且已经全部冻结。

除条文另有规定的以外，本章的蔬菜可以是完整的，也可以是切片、切碎、切丝、捣碎、磨碎、去皮或去壳的。

本章还包括某些鲜、冷、冻或干的高淀粉或高菊粉块茎及块根，不论是否切片或制成团粒。

报验时不属于本章任何品目所列状态的蔬菜，应归入第十一章或第四类。例如，干豆的细粉、粗粉及粉末和马铃薯的细粉、粗粉、粉末、粉片、颗粒及团粒归入第十一章，超出本章所列加工方法制作或保藏的蔬菜归入第二十章。

但是必须注意，本身经均化的产品不能作为本章产品归类，而应归入第二十章的制品。

还必须注意，本章的蔬菜即使用密封容器包装（例如，听装洋葱粉），仍应归入本章。但多数这类包装的产品都经过超出本章各品目所列加工方法制作或保藏，因此不能归入本章（第二十章）。

同样，本章的产品经过改性空气包装（MAP）加工方法包装的，仍归入本章（例如，鲜或冷藏的蔬菜）。在采用MAP方法进行加工时，产品周围的气体已被改变或受到控制（例如，通过抽去或减少氧气的含量，并将其置换成氮气或二氧化碳，或增加氮气或二氧化碳的含量）。

归入本章的鲜或干的蔬菜，可以供食用、种用或种植（例如，马铃薯、洋葱、青葱、大蒜、豆类蔬菜）。但本身不包括移植用的蔬菜秧（品目06.02）。

除上文及本章注释述及的以外，本章还不包括：

（一）菊苣植物或菊苣根（品目06.01或12.12）。

（二）食品工业中某些用作原料的植物产品，例如，谷物（第十章）、甜菜及甘蔗（品目12.12）。

（三）用品目07.14的根及块茎制成的细粉、粗粉及粉末（品目11.06）。

（四）有时也用于烹饪的某些草本植物（例如，罗勒、琉璃苣、海索草、各种薄荷、迷迭香、芸香、鼠尾草及牛蒡干根）（品目12.11）。

（五）食用海草及其他海藻（品目12.12）。

（六）芜菁甘蓝、饲料甜菜、饲料用根茎、干草、紫苜蓿、三叶草、驴喜豆、羽衣甘蓝、羽扇豆、巢菜及类似饲料（品目12.14）。

（七）甜菜叶或胡萝卜叶（品目23.08）。

07.01 鲜或冷藏的马铃薯（+）：

10 — 种用

90 — 其他

本品目包括各种鲜或冷藏的马铃薯（品目07.14的甘薯除外）。本品目还包括种用马铃薯。

○

○ ○

子目注释：

子目0701.10

子目0701.10所称“种用”，仅指经本国主管部门认定为作种用的马铃薯。

07.02 鲜或冷藏的番茄

本品目包括各种鲜或冷藏的番茄。

07.03 鲜或冷藏的洋葱、青葱、大蒜、韭葱及其他葱属蔬菜：

10 — 洋葱及青葱

20 — 大蒜

90 — 韭葱及其他葱属蔬菜

本品目包括下列鲜或冷藏的葱属蔬菜：

一、洋葱（包括洋葱头和春洋葱）及青葱。

二、大蒜。

三、韭葱、细香葱及其他葱属蔬菜。

07.04 鲜或冷藏的卷心菜、菜花、球茎甘蓝、羽衣甘蓝及类似的食用芥菜类蔬菜：

10 — 菜花及西兰花

20 — 抱子甘蓝

90 — 其他

本品目鲜或冷藏的产品包括下列品种：

一、菜花及西兰花（例如，*Brassica oleracea var. botrytis* 和 *Brassica oleracea var. italica*）。

二、抱子甘蓝。

三、其他硬花芥属蔬菜（例如，白卷心菜、皱叶卷心菜、红卷心菜、大白菜）、羽衣甘蓝和其他阔叶芥属蔬菜、以及发芽芥属蔬菜及球茎甘蓝。

本品目不包括其他根状芥属蔬菜（例如，品目 07.06 的芜菁、品目 12.14 的芜菁甘蓝）。

07.05　鲜或冷藏的莴苣及菊苣：

—　莴苣：

11　——结球莴苣（包心生菜）

19　——其他

—　菊苣：

21　——维特罗夫菊苣

29　——其他

本品目包括鲜或冷藏的莴苣，其主要品种有结球莴苣（包心生菜）。此外，本品目还包括鲜或冷藏的菜用菊苣，其品种主要如下：

一、维特罗夫（已白化）菊苣。

二、伊斯卡罗尔菊苣。

三、卷叶菊苣。

本品目不包括菊苣植物及菊苣根（品目 06.01 或 12.12）。

07.06　鲜或冷藏的胡萝卜、芜菁、色拉甜菜根、婆罗门参、块根芹、萝卜及类似的食用根茎：

10　—　胡萝卜及芜菁

90　—　其他

本品目鲜或冷藏的根包括胡萝卜、芜菁、色拉甜菜根（色拉甜菜）、婆罗门参、块根芹（萝卜根芹或德国芹菜）、萝卜、雅葱、辣根、甘露子、牛蒡及防风根。上述产品不论其叶是否已去除，均归入本品目。

本品目不包括：

（一）品目 07.09 的芹菜。

（二）临时保藏的牛蒡根（品目 07.11）。

（三）品目 12.14 的饲料。

07.07　鲜或冷藏的黄瓜及小黄瓜

本品目仅包括鲜或冷藏的黄瓜及小黄瓜。

07.08　鲜或冷藏的豆类蔬菜，不论是否脱荚：

10　—　豌豆

20　—　豇豆属及菜豆属

90　—　其他豆类蔬菜

本品目的豆类蔬菜包括：

一、豌豆，包括青豌豆及饲料豌豆。

二、豇豆、菜豆，包括利马豆、绿豆、可连荚食用的豆（亦称肾形菜豆、法国菜豆、红花菜豆、豆角、蜡豆或劈啪豆）及牛豆（包括黑眼豆）。

三、蚕豆、马蚕豆及扁豆。

四、鹰嘴豆（格巴恩韶豆）。
五、兵豆。
六、瓜尔豆。
本品目不包括：
（一）大豆（品目 12. 01）。
（二）稻子豆（品目 12. 12）。

07. 09　鲜或冷藏的其他蔬菜：

20　—　芦笋
30　—　茄子
40　—　芹菜，但块根芹除外
—　蘑菇及块菌：
51　——　伞菌属蘑菇
52　——　牛肝菌属蘑菇
53　——　鸡油菌属蘑菇
54　——　香菇
55　——　松茸（松口蘑、美洲松口蘑、雪松口蘑、甜味松口蘑、欧洲松口蘑）
56　——　块菌（松露属）
59　——　其他
60　—　辣椒属及多香果属的果实
70　—　菠菜
—　其他：
91　——　洋蓟
92　——　油橄榄
93　——　南瓜、笋瓜及瓠瓜（南瓜属）
99　——　其他

本品目的蔬菜包括：
一、芦笋。
二、茄子。
三、芹菜（品目 07. 06 的块根芹除外）。
四、蘑菇｛包括伞菌属蘑菇，例如，普通的白蘑菇、牛肝菌属蘑菇、鸡油菌属蘑菇、香菇属香菇和松茸［松口蘑（*Tricholoma matsutake*）、美洲松口蘑（*Tricholoma magnivelare*）、雪松口蘑（*Tricholoma anatolicum*）、甜味松口蘑（*Tricholoma dulciolens*）、欧洲松口蘑（*Tricholoma caligatum*）］｝及块菌（*Tuber spp.*）。
五、辣椒属或多香果属植物的果实，通常称为“辣椒”。辣椒属植物果实的范围，从该属中辣味最淡但个头最大的青色或红色的甜椒或柿子椒（通常作色拉菜食用），到辛辣的长辣椒及小辣椒（多用作食品调味）。多香果属植物果实包括牙买加辣椒（又称为丁香胡椒、多香果或英国胡椒）。干的、捣碎或研粉的上述产品不归入本品目（品目 09. 04）。
六、菠菜，包括新西兰菠菜及滨藜（庭园）菠菜。
七、洋蓟。
八、甜玉米，不论是否带芯。

九、南瓜、菜葫芦、笋瓜及瓠瓜（南瓜属）。

十、油橄榄。

十一、大黄、食用菜蓟、茴香、刺山柑及酸模。

十二、莙荙菜（白甜菜）及秋葵。

十三、欧芹、细叶芹、龙蒿、水芹、香薄荷、芫荽、莳萝、甜茉乔栾那。但野茉乔栾那除外（品目12.11）。

十四、竹笋及大豆芽。

本品目也不包括荸荠属植物的可食用球茎，该产品通称为荸荠（品目07.14）。

07.10　冷冻蔬菜（不论是否蒸煮）：

10　—　马铃薯

—　豆类蔬菜，不论是否脱荚：

21　——　豌豆

22　——　豇豆属及菜豆属

29　——　其他

30　—　菠菜

40　—　甜玉米

80　—　其他蔬菜

90　—　什锦蔬菜

本品目包括鲜或冷藏时归入品目07.01至07.09的冷冻蔬菜。

“冷冻”的定义参见本章总注释。

本品目的冷冻蔬菜通常是以工业速冻法制得。采用速冻法是为了将蔬菜快速通过最大结晶度所需的温幅，使其细胞组织免遭破坏，从而使蔬菜在解冻后仍能保持其鲜度。

冻前加有盐或糖的蔬菜和冻前蒸过或用水煮过的蔬菜仍归入本品目。但本品目不包括以其他方法烹煮过的蔬菜（第二十章）或与其他物料一起制作的蔬菜，例如，“配餐”（第四类）。

冷冻蔬菜的主要品种有马铃薯、豌豆、菜豆、菠菜、甜玉米、芦笋、胡萝卜及甜菜根。

本品目还包括冷冻什锦蔬菜。

07.11　暂时保藏的蔬菜，但不适于直接食用的：

20　—　油橄榄

40　—　黄瓜及小黄瓜

—　蘑菇及块菌：

51　——　伞菌属蘑菇

59　——　其他

90　—　其他蔬菜；什锦蔬菜

本品目适用于使用前在运输或贮存时仅为暂时保藏而进行处理（例如，使用二氧化硫气体、盐水、亚硫酸水或其他防腐液）的蔬菜，但不适于直接食用的蔬菜。

本品目的蔬菜通常是以木桶或琵琶桶包装，主要用作食品工业的原材料。其主要品种有洋葱、油橄榄、刺山柑、黄瓜、小黄瓜、蘑菇、块菌及番茄。

但本品目不包括除暂时盐渍外，还经特别处理（例如，用苏打液或经乳酸发酵处理）的货品，这些货品归入第二十章（例如，油橄榄、泡菜、小黄瓜及青豆）。

07.12　干蔬菜，整个、切块、切片、破碎或制成粉状，但未经进一步加工的：

20　—　洋葱
　　—　蘑菇、木耳、银耳及块菌：
31　——　伞菌属蘑菇
32　——　木耳
33　——　银耳
34　——　香菇
39　——　其他
90　—　其他蔬菜；什锦蔬菜

本品目包括经干制（包括脱水、蒸干或冻干），即用各种方法使其所含天然水分去掉的品目07.01至07.11的蔬菜。其主要品种有马铃薯、洋葱、蘑菇、木耳、银耳、块菌、胡萝卜、卷心菜及菠菜。通常制成条、片，有的单一品种，有的数种混合。

本品目还包括干菜碎片或干菜粉，例如，芦笋、菜花，欧芹、细叶芹、洋葱、大蒜、芹菜，一般作调味料或制汤料。

本品目主要不包括：

（一）脱荚的干豆（品目07.13）。

（二）辣椒干、辣椒粉（品目09.04），马铃薯细粉、粗粉、粉末、粉片、颗粒及团粒（品目11.05），用品目07.13的干豆磨成的细粉、粗粉及粉末（品目11.06）。

（三）混合调味品（品目21.03）。

（四）以干菜为基料的汤料（品目21.04）。

07.13　脱荚的干豆，不论是否去皮或分瓣：

10　—　豌豆
20　—　鹰嘴豆
　　—　豇豆属及菜豆属：
31　——　绿豆
32　——　红小豆（赤豆）
33　——　芸豆
34　——　巴姆巴拉豆
35　——　牛豆（豇豆）
39　——　其他
40　—　扁豆
50　—　蚕豆
60　—　木豆（木豆属）
90　—　其他

供人或动物食用的脱荚干豆（例如，豌豆、鹰嘴豆、赤豆及其他菜豆、兵豆、蚕豆、马蚕豆、瓜尔豆），即使作种用（不论是否用化学方法处理使其不能食用）或其他用途，仍应归入本品目。这些干豆可进行适度热处理，主要是使酶（特别是氧化酶）失去活性，并部分失水，以便保存。但热处理不应影响其子叶的内部特征。

本品目的干豆可去皮或分瓣。

本品目不包括：

（一）脱荚干豆的细粉、粗粉及粉末（品目 11.06）。

（二）大豆（品目 12.01）。

（三）巢菜子（蚕豆及马豆除外）、小巢菜子及白羽扇豆（品目 12.09）。

（四）刺槐豆（品目 12.12）。

○
○　○

子目注释：

子目 0713.31

本子目仅包括绿豆，即黑绿豆和青绿豆。绿豆广泛用于发豆芽。

07.14　鲜、冷、冻或干的木薯、竹芋、兰科植物块茎、菊芋、甘薯及含有高淀粉或菊粉的类似根茎，不论是否切片或制成团粒；西谷茎髓：

10　—　木薯

20　—　甘薯

30　—　山药

40　—　芋头（芋属）

50　—　箭叶黄体芋（黄肉芋属）

90　—　其他

本品目包括因含有高淀粉或高菊粉而用于生产食品或其他工业产品的块茎及根，还包括西谷茎髓。在某些情况下，这些块茎及根直接供人或动物食用。

本品目包括鲜、冷、冻或干制的上述产品，不论是否切片，也不论是否用本品目的根或块茎片，（例如，片屑）或用品目 11.06 的细粉、粗粉或粉末制成团粒。团粒可直接挤压或通过加入粘合剂（糖蜜、浓缩亚硫酸盐碱液等）制成，但所加粘合剂比例按重量计不得超过 3%。木薯团粒可以散碎，只要仍能辨出是木薯粒，则应归入本品目。散碎的木薯团粒可以通过观察其物理性质来辨别，例如，带木薯团粒碎块的非均质微粒，浅棕色带黑点，肉眼可见的纤维体及少量残留的砂或硅石。

除本品目条文列名植物［木薯、甘薯（番薯）］等的块茎及根外，本品目还包括荸荠属植物的可食用球茎（通称为荸荠）。

经其他加工的本品目产品应归入其他章内，例如，细粉、粗粉及粉末（品目 11.06）、淀粉（品目 11.08）及珍粉（品目 19.03）。

本品目也不包括大丽花块茎（品目 06.01）及鲜或干的马铃薯（分别归入品目 07.01、07.12）。

第八章　食用水果及坚果；柑橘属水果或甜瓜的果皮

注释：

一、本章不包括非供食用的坚果或水果。

二、冷藏的水果和坚果应按相应的鲜果品目归类。

三、本章的干果可以部分复水或为下列目的进行其他处理，但必须保持干果的特征：

（一）为保藏或保持其稳定性（例如，经适度热处理或硫化处理、添加山梨酸或山梨酸钾）；

（二）为改进或保持其外观（例如，添加植物油或少量葡萄糖浆）。

四、品目 08.12 适用于使用前在运输或贮存时仅为暂时保藏而进行处理（例如，使用二氧化硫气体、盐水、亚硫酸水或其他防腐液）的水果及坚果，但不适于直接食用的。

总　注　释

本章包括通常供人食用（不论是报验时即可食用或经加工后方可食用）的水果、坚果及柑橘属果皮或甜瓜（包括西瓜）皮。它们可以是新鲜的（包括冷藏的）、冻的（不论是否事先蒸过或用水煮过或含有甜物质）或干制的（包括脱水、蒸干或冻干）；也可以作不适合直接食用的暂时保藏（例如，使用二氧化硫气体、盐水、亚硫酸水或其他防腐液）。

所称“冷藏”，是指产品的温度一般降至 0℃ 左右，但未冻结的。但是有些产品（例如，甜瓜及某些柑橘属果实），其温度降至并维持在 10℃ 时，也可视作“冷藏”。所称“冷冻”，是指温度降至产品的冰点以下，产品已全部冻结。

本章的水果及坚果可以是完整的，也可以切片、切碎、切丝、去核、捣浆、磨碎、去皮或去壳。

必须注意，本身经均化的产品不能作为本章产品归类，而应归入第二十章的制品。

本章的果实如果仅加入少量的糖，不影响其商品归类。本章还包括干果（例如，椰枣及梅脯），干果外部覆有一层干的天然糖粉，外表看上去与品目 20.06 的裹糖果实有些相似。

但本章不包括用渗透脱水法保藏的水果。所称“渗透脱水”，是指将果块浸入浓缩糖浆中较长一段时间，从而使水果中的大部分水分及天然糖分被糖浆中的糖分所取代的加工过程。随后可将水果风干以进一步降低其水分。这些水果应归入第二十章（品目 20.08）。

但本章不包括在其他章已具体列名的植物产品，虽然其在植物学上也作为果实。例如：

（一）油橄榄、番茄、黄瓜、小黄瓜、菜葫芦、南瓜、茄子及辣椒（第七章）。

（二）第九章的咖啡、香草果、杜松果及其他产品。

（三）花生及其他含油果实，主要供药用或制香料用的果实、刺槐豆、杏仁及类似果实（第十二章）。

（四）可可豆（品目 18.01）。

本章也不包括：

（一）果粉（品目 11.06）。

（二）超出上述方法制作或保藏的食用水果、坚果、甜瓜皮及柑橘属的果皮（第二十章）。

（三）烘焙果实及坚果（例如，栗子、杏仁及无花果），不论是否磨碎，一般用作咖啡代用品（品目 21.01）。

必须注意，本章的水果及坚果即使用密封包装（例如，听装梅脯或干坚果），仍应归入本章。但在多数情况下，密封包装的果品是经过超出本章各品目所列范围以外的方法加工或保藏的，因而不能归入本章（第二十章）。

本章的产品经过改性空气包装（MAP）加工方法包装的，仍归入本章（例如，鲜草莓）。在采用MAP方法进行加工时，产品周围的气体已被改变或受到控制（例如，通过抽去或减少氧气的含量，并将其置换成氮气或二氧化碳，或增加氮气或二氧化碳的含量）。

08.01 鲜或干的椰子、巴西果及腰果，不论是否去壳或去皮（+）：

— 椰子：
11 —— 干的
12 —— 未去内壳（内果皮）
19 —— 其他
— 巴西果：
21 —— 未去壳
22 —— 去壳
— 腰果：
31 —— 未去壳
32 —— 去壳

本品目包括干椰子肉，即干制并且切成丝条状的椰肉，但不包括用于榨取椰子油而不适合供人食用的干椰肉（品目12.03）。

○
○ ○

子目注释：

子目0801.12

本子目仅包括部分或全部去除纤维外壳（中果皮）的椰子。

08.02 鲜或干的其他坚果，不论是否去壳或去皮：

— 扁桃核及仁：
11 —— 未去壳
12 —— 去壳
— 榛子：
21 —— 未去壳
22 —— 去壳
— 核桃：
31 —— 未去壳
32 —— 去壳
— 栗子：
41 —— 未去壳
42 —— 去壳
— 阿月浑子果（开心果）：
51 —— 未去壳
52 —— 去壳
— 马卡达姆坚果（夏威夷果）：

61　——未去壳
62　——去壳
70　—　可乐果（可乐果属）
80　—　槟榔果
　　—　其他：
91　——未去壳松子
92　——去壳松子
99　——其他

本品目的坚果主要有扁桃核及仁（甜的或苦的）、榛子或榛果、核桃、栗子、阿月浑子果、马卡达姆坚果（也称夏威夷果或澳洲坚果）、山核桃及松子（意大利五叶松果）。

本品目还包括主要供咀嚼用的槟榔果，既可供咀嚼用，又可作饮料基料用的可乐果，以及菱属植物的一种坚果状带尖角的可食用果实（人们有时称之为菱角）。

本品目不包括：

（一）荸荠属植物的可食用球茎（通称为荸荠）（品目 07.14）。

（二）核桃壳及杏仁壳（品目 14.04）。

（三）花生（品目 12.02）、焙炒的花生或花生酱（品目 20.08）。

（四）七叶树（欧洲七叶树）果（品目 23.08）。

08.03　鲜或干的香蕉，包括芭蕉：
10　—　芭蕉
90　—　其他

本品目包括所有香蕉属植物的食用果实。

芭蕉是一种富含淀粉的蕉，甜度低于其他蕉。与其他蕉不同，芭蕉成熟时其所含的淀粉不会变甜。芭蕉主要经煎、炸、烤、蒸、煮或其他方法烹饪后食用。

08.04　鲜或干的椰枣、无花果、菠萝、鳄梨、番石榴、芒果及山竹果：
10　—　椰枣
20　—　无花果
30　—　菠萝
40　—　鳄梨
50　—　番石榴、芒果及山竹果

本品目所称“无花果”，仅指无花果树的果实，不论是否供蒸馏用。因此，本品目不包括归入品目 08.10 的梨果仙人掌（霸王树）的果实。

08.05　鲜或干的柑橘属水果（＋）：
10　—　橙
　　—　柑橘（包括小蜜橘及萨摩蜜柑橘）；克里曼丁橘、韦尔金橘及类似的杂交柑橘：
21　——柑橘（包括小蜜橘及萨摩蜜柑橘）

22 —— 克里曼丁橘
29 —— 其他
40 — 葡萄柚及柚
50 — 柠檬及酸橙
90 — 其他

所称“柑橘属水果”，主要指：

一、甜的或苦的柑、橙（塞维利亚橙）。

二、柑橘（包括小蜜橘及萨摩蜜柑橘）。柑橘主要分类如下：

（一）萨摩蜜柑橘（温州蜜柑）（*Citrus unshiu* Marcovitch），品种繁多；

（二）帝皇柑（*Citrus nobilis* Loureiro），品种较少；

（三）地中海橘（*Citrus deliciosa* Tenore），又名柳叶橘；

（四）普通柑橘（宽皮柑橘）（*Citrus reticulata* Blanco），品种繁多；

（五）小果型橘类，品种繁多。

三、克里曼丁橘、韦尔金橘及类似的杂交柑橘。

四、葡萄柚及柚。

五、柠檬及酸橙。

六、香橼、金橘及佛手柑等。

本品目也包括供腌制用的小青橘及小青柠檬。

本品目不包括：

（一）柑橘皮（品目 08.14）。

（二）“橘豆”，即橘树开花后不久即坠落，但尚未成熟不能食用的果实。这些果实干后收集起来主要用于提取精油（品目 12.11）。

○

○ ○

子目注释：

子目 0805.21

本子目包括柑橘（包括小蜜橘及萨摩蜜柑橘）。

普通柑橘（宽皮柑橘）（*Citrus reticulata* Blanco）与普通橙子的区别在于其个头较小，扁球形，果皮易剥，果肉易于分离，更甜且富有香气。柑橘果心是中空的（比任何橙子都空心得多），其种子子叶多为绿色（少数例外）。

小蜜橘果实圆形，比橙子稍小。其果皮为鲜橙色或红色，果皮易剥，品尝时酸性口感较其他柑橘果实轻微。

萨摩蜜柑橘（温州蜜柑）（*Citrus unshiu* Marcovitch）为早熟柑橘品种，果大，橙黄色，多汁，不酸且无核。

杂交柑橘（包括小蜜橘及萨摩蜜柑橘的杂交品种）归入子目 0805.29。

子目 0805.22

本子目包括克里曼丁橘。

克里曼丁橘（*Citrus reticulate* “Clementina”）与柑橘的区别在于其果皮为橙色或橙红色。表皮光滑，但略带皱纹。此外，其果形不像柑橘的扁球形，而是呈圆球形，且个头较小。与柑橘一样，克里曼丁橘果皮易剥，果肉易于分离。品尝时口感甜，微酸，富有香气，更像橙子。

子目 0805.29

本子目包括韦尔金橘及类似的杂交柑橘。

韦尔金橘是由两种不同的柑橘（柳叶橘与帝皇柑）杂交得到的。其果实个头小至中等，略呈扁球形。成熟后其果皮为橙色，光滑或略带皱纹。果皮中等偏薄，易碎，粘连，但易剥皮。其果肉为深橙色，果核较多。韦尔金橘多汁，并带有独特的芳香气味。

其他主要的杂交柑橘包括橘柚（柑橘与葡萄柚或柚子杂交）、橘柑（小蜜橘与甜橙杂交）、加利蒙地亚橘、伊予柑及越南椪柑。

08.06　鲜或干的葡萄：

10　—　鲜的

20　—　干的

本品目包括鲜葡萄，不论做饭后果或酿酒用（包括用桶粗装的），也不论是在户外栽种的，还是在温室栽种的。

本品目还包括葡萄干，其主要品种有：基本无籽小葡萄干，通称为“无籽小葡萄干”“苏丹无籽小葡萄干”“伊兹密尔葡萄干”“汤姆生葡萄干”或“无籽葡萄干”；有籽大葡萄干，例如，“拟麝香葡萄干”“马拉加葡萄干”“丹尼亚葡萄干”“大马士革葡萄干”“苛性液葡萄干”或“乔多葡萄干”。

08.07　鲜的甜瓜（包括西瓜）及番木瓜：

—　甜瓜，包括西瓜：

11　——西瓜

19　——其他

20　—　番木瓜

本品目包括鲜的西瓜属或香瓜属甜瓜，其品种主要有西瓜、变种西瓜、麝香甜瓜、罗马甜瓜、香瓜及蜜露甜瓜。本品目还包括类似甜瓜的番木瓜属果实，俗名叫木瓜。但本品目不包括英文也称之为木瓜的巴婆果（品目 08.10）。

08.08　鲜的苹果、梨及榅桲：

10　—　苹果

30　—　梨

40　—　榅桲

苹果及梨均归入本品目，不论是否适于做饭后果或供制造饮料（例如，苹果酒或梨酒）及其他工业用途（例如，制苹果膏、苹果酱、苹果冻或提取果胶）。

榅桲主要供制果酱或果冻用。

08.09 鲜的杏、樱桃、桃（包括油桃）、李及黑刺李：

10 — 杏

— 樱桃：

21 — — 欧洲酸樱桃

29 — — 其他

30 — 桃，包括油桃

40 — 李及黑刺李

本品目包括杏子、各种樱桃（白心樱桃、黑樱桃等）、桃子（包括油桃）、各种李子（青梅、洋李、布拉斯李等）及黑刺李。

08.10 其他鲜果：

10 — 草莓

20 — 木莓、黑莓、桑椹及罗甘莓

30 — 黑、白或红的穗醋栗（加仑子）及醋栗

40 — 蔓越橘、越橘及其他越橘属植物果实

50 — 猕猴桃

60 — 榴莲

70 — 柿子

90 — 其他

本品目包括所有本品目以前的本章各品目及协调制度各章未包括的食用水果（参见本章总注释“不包括”部分）。

因此，本品目包括：

一、草莓。

二、木莓、黑莓、桑椹及罗甘莓。

三、黑、白或红的穗醋栗（加仑子）及醋栗。

四、蔓越橘、乌饭树越橘、越橘、桃金娘浆果（岗棯）及其他越橘属植物果实。

五、猕猴桃。

六、榴莲。

七、柿子。

八、波伊森莓、花楸果、接骨木果、大常青树果、石榴、梨果仙人掌（霸王树）的果实、蔷薇果、枣子、欧楂果、龙眼、荔枝、刺果蕃荔枝、蕃荔枝及巴婆果。

本品目不包括杜松果（品目09.09）。

08.11 冷冻水果及坚果，不论是否蒸煮、加糖或其他甜物质：

10 — 草莓

20 — 木莓、黑莓、桑椹、罗甘莓、黑、白或红的穗醋栗（加仑子）及醋栗

90 — 其他

本品目适用于新鲜或冷藏时归入本章以上各品目的冻水果及坚果（所称“冷藏”及“冷冻”的含义，参见本章总注释）。

冻前蒸过或用水煮过的水果及坚果仍归入本品目，但冻前用其他方法烹煮的冻水果及坚果除外（第二十章）。

为了抑制氧化，防止解冻时变色而加有糖或其他甜物质的冷冻水果及坚果也归入本品目。本品目的产品还可以加盐。

08.12　暂时保藏的水果及坚果，但不适于直接食用的：

10　—　樱桃

90　—　其他

本品目适用于使用前在运输或储存过程中仅为暂时保藏而进行处理（例如，用二氧化硫气体、盐水、亚硫酸水或其他防腐液处理）过的水果及坚果（不论是否去皮或烫漂），这些果实所处状态不适合直接食用。

上述产品主要用于食品工业（制果酱、蜜饯水果等）。报验时最通常处于这种状态的产品有樱桃、草莓、橙子、枸橼、杏子及青梅。它们通常用桶、盘或敞开式板条箱包装。

08.13　品目08.01至08.06以外的干果；本章的什锦坚果或干果：

10　—　杏

20　—　梅及李

30　—　苹果

40　—　其他干果

50　—　本章的什锦坚果或干果

一、干果

本品目包括新鲜时归入品目08.07至08.10的干果，它们是通过直接在阳光下晒干或通过工业加工（例如，隧道式风干）制得。

通常采用这种制法的水果有杏、梅、桃、梨及苹果。苹果干、梨干用于制苹果酒或梨酒，也用于烹饪。除梅脯外，其他果品通常都切为两半或切片、去核、去心或去籽。报验时也有将果肉（特别是杏脯及梅脯）晒干或蒸干，并制成片状或块状。

本品目包括罗望子果，还包括未加糖或其他物质，也未经其他方法制作的罗望子果肉，不论是否带籽、内果皮纤维、碎块。

二、什锦坚果或干果

本品目也包括本章各种坚果或干果的混合品（包括归入同一品目的坚果或干果的混合品）。因而它包括鲜或干的什锦坚果、什锦干果（坚果除外）以及鲜或干的坚果与干果混合品。这些什锦果品报验时常采用盒子、纤维袋等包装。

本品目的某些干果或什锦干果可包装（例如，用小香袋包装）为草本植物浸泡剂或草本植物“茶”。这些产品仍归入本品目。

然而，本品目不包括由本品目的一种或多种干果与其他章的植物或植物部分品，或与一种或多种植物精汁等其他物质组成的混合物（通常归入品目21.06）。

08.14　柑橘属水果或甜瓜（包括西瓜）的果皮，鲜、冻、干或用盐水、亚硫酸水或其他防腐液暂时保藏的

最常见的食用柑橘属果皮为柑橘（包括苦橘或塞维利亚橘）皮、柠檬皮及香橼皮。这些果皮主要用于制蜜饯或提取精油。

本品目不包括果皮粉（品目 11.06）及蜜饯果皮（品目 20.06）。

第九章 咖啡、茶、马黛茶及调味香料

注释：

一、品目09.04至09.10所列产品的混合物，应按下列规定归类：

（一）同一品目的两种或两种以上产品的混合物仍应归入该品目；

（二）不同品目的两种或两种以上产品的混合物应归入品目09.10。

品目09.04至09.10的产品［或上述（一）或（二）项的混合物］如添加了其他物质，只要所得的混合物保持了原产品的基本特性，其归类应不受影响。基本特性已经改变的，则不应归入本章；构成混合调味品的，应归入品目21.03。

二、本章不包括荜澄茄椒或品目12.11的其他产品。

总 注 释

本章包括：

一、咖啡、茶及马黛茶。

二、调味香料，即富含精油及芳香素的一组植物产品（包括籽仁等），由于其特有的味道，主要用作调味品。

这类产品可以是完整的，也可以捣碎或制成粉末。

关于品目09.04至09.10所列产品的混合物如何归类问题，参见本章注释一。该注释规定，品目09.04至09.10所列的产品［或该注释（一）或（二）项内的混合物］如果加添了其他物质，只要所得的混合物保持了这些品目所列产品的基本特性，其归类应不受影响。

这一规定主要适用于加有以下物质的调味香料及混合调味香料：

（一）稀释剂（干剂）（例如，谷物粉、面包干粉、右旋糖等），加入后便于调制食品时确定所加份量及香料均匀度。

（二）食物着色剂（例如，叶黄素）。

（三）增强香料味道的物质（增效剂），例如，谷氨酸钠。

（四）盐或化学抗氧剂等，通常少量加入，用以保存香料并延长其调味效力。

加有本身有调味作用的其他章所列物质的调味香料（包括混合调味香料），如果所加物质份量并不影响其调味香料的基本特征，仍应归入本章。

本章还包括由归入不同章（例如，第七章、第九章、第十一章、第十二章）的香料作物及其部分品、香料子仁或香料果实（完整、切开、捣碎、磨碎或研粉）组成的混合物。这些混合物可直接用作饮料香精或用于制造饮料的调制精汁，并且：

1. 其基本特征来源于品目09.04至09.10中某一品目所列的一种或多种产品（酌情归入品目09.04至09.10）。

2. 其基本特征来源于品目09.04至09.10所列两种及两种以上产品的混合物（品目09.10）。

但本章不包括其基本特征不是来源于以上1项所述产品或2项所述混合物的混合品（品目21.06）。

本章也不包括：

（一）第七章的蔬菜（例如，欧芹、细叶芹、龙蒿、水芹、甜茉乔栾那、芫荽及莳萝）。

（二）芥末籽（品目12.07）；芥末粉，不论是否调制（品目21.03）。

（三）啤酒花（品目12.10）。

（四）虽能用作调味香料，但多用于制造香料及药物的某些果实、籽仁及植物部分（品目12.11）（例如，肉桂果、迷迭香、野苿乔栾那、罗勒、琉璃苣、海索草、各种薄荷、芸香及鼠尾草）。

（五）混合调味品（品目21.03）。

09.01 咖啡，不论是否焙炒或浸除咖啡碱；咖啡豆荚及咖啡豆皮；含咖啡的咖啡代用品：

— 未焙炒的咖啡：

11 —— 未浸除咖啡碱

12 —— 已浸除咖啡碱

— 已焙炒的咖啡：

21 —— 未浸除咖啡碱

22 —— 已浸除咖啡碱

90 — 其他

本品目包括：

一、各种形状的生咖啡，即从灌木采集下来的浆果；带淡黄色皮的整粒咖啡豆或籽；去皮咖啡豆或籽。

二、将生咖啡豆浸入各种溶剂提取了咖啡碱的咖啡。

三、已焙炒咖啡（含或不含咖啡碱），不论是否磨碎。

四、咖啡壳及咖啡皮。

五、含有任何比例咖啡的咖啡代用品。

本品目不包括：

（一）咖啡蜡（品目15.21）。

（二）咖啡精汁或浓缩物（有时称为速溶咖啡）及以这些汁、精或浓缩物为基本成分的制品；不含咖啡的焙炒咖啡代用品（品目21.01）。

（三）咖啡碱，即咖啡中的生物碱（品目29.39）。

09.02 茶，不论是否加香料：

10 — 绿茶（未发酵），内包装每件净重不超过3千克

20 — 其他绿茶（未发酵）

30 — 红茶（已发酵）及部分发酵茶，内包装每件净重不超过3千克

40 — 其他红茶（已发酵）及部分发酵茶

本品目包括从茶属（山茶属）植物获得的各种不同的茶。

绿茶主要是鲜茶叶经加热、揉捻、干燥等工序制得。而红茶则是先将茶叶揉捻、发酵，然后再烘焙或干燥制得。

本品目也包括部分发酵的茶（例如，乌龙茶）。

本品目包括茶花、茶芽、茶渣、结成小球或小片的茶末（叶、花、芽的碎末）以及压制成各种形状和尺寸的茶。

在蒸制过程（例如，发酵过程）加入精油（例如，柠檬油或佛手柑油）、人造香精（可呈晶体状或粉末状）、各种芳香植物的某部分或果实（例如，茉莉花、干橙皮或干丁香）的茶，也应归入本品目。

本品目包括浸除咖啡碱的茶，但不包括咖啡碱本身（品目29.39）。

本品目也不包括虽名为“茶”，但却不是用茶属植物的叶制得的产品，例如：

（一）马黛茶（巴拉圭茶）（品目09.03）。

（二）供制草本植物浸泡剂或草本植物“茶”的产品。它们应归入品目08.13、09.09、12.11或21.06等。

（三）人参“茶”（一种掺乳糖或葡萄糖的人参精混合品）（品目21.06）。

09.03　马黛茶

马黛茶是生长在南美洲的冬青属灌木的干树叶，有时称为“巴拉圭茶”或“耶苏兹茶”。马黛茶用于泡制仅含少量咖啡的饮料。

09.04　胡椒；辣椒干及辣椒粉：

　　—　胡椒：

11　——未磨

12　——已磨

　　—　辣椒：

21　——干，未磨

22　——已磨

一、胡椒

所称“胡椒”，包括槟榔胡椒属的所有胡椒植物的籽或果，但爪哇胡椒（荜澄茄）除外（品目12.11）。商业上主要品种有胡椒属胡椒，即黑胡椒及白胡椒。将未成熟胡椒果加以曝晒或烟熏（有时用沸水处理后再晒或熏），即成为黑胡椒。白胡椒是将已近成熟的胡椒果通过水浸或轻微发酵除去其果肉及外皮制得；通常也有将黑胡椒外层磨去制得的。白胡椒实际上为黄灰色，不如黑胡椒那样辛辣。

长椒为胡椒的另一种。

本品目还包括胡椒粉末和地脚料。

某些产品被误称为胡椒，而实际上是辣椒，例如，印度辣椒、土耳其辣椒、西班牙辣椒、长辣椒及牙买加辣椒。

二、辣椒（包括多香果）干及辣椒粉

辣椒是辣椒属植物果实，包括两个主要类别——墨西哥红辣椒和匈牙利红辣椒，其中又有许多品种（例如，卡宴辣椒、塞拉利昂及桑给巴尔辣椒、西班牙及匈牙利红辣椒等）。

多香果属果实包括牙买加胡椒（又称丁香胡椒、英国胡椒或多香果）。

以上这些果实的共同特点是都有一种持久的强烈辛辣味道，但有些种类的辣椒并不具辛辣味（例如，甜椒）。

本品目不包括未捣碎或未磨碎的辣椒属或多香果属植物的鲜果实（品目07.09）。

09.05　香子兰豆：

10　—　未磨

20　—　已磨

香子兰果为兰属攀缘植物的果实（或豆），浅黑色，味浓香。香子兰豆有两种，一种长，一种短。还有一种很低级的香子兰豆，称为墨西哥香子兰豆（从香子兰属植物而得），质软，具粘性，常张开。

本品目不包括：

（一）香草油树脂（人们有时误称为“香草香膏”或“香草浸膏”）（品目13.02）。
（二）香草糖（品目17.01或17.02）。
（三）香草醛（香草的香素）（品目29.12）。

09.06　肉桂及肉桂花（＋）：

—　未磨：
11　——锡兰肉桂
19　——其他
20　—　已磨

肉桂是月桂属植物某些树种嫩枝的内皮。斯里兰卡（锡兰）肉桂、塞舌尔肉桂及马达加斯加肉桂（以上肉桂的学名均为 *Cinnamomum zeylanicum Blume*），又称优质桂皮，报验时一般为捆扎成卷的灰白色树皮条。中国肉桂［*Cinnamomum cassia*（*Nees*）*ex Blume*］、印度尼西亚肉桂［*Cinnamomum burmanii*（*C. G. Nees*）］及越南肉桂（*Cinnamomum loureirii Nees*），也称桂皮或普通肉桂，为棕色条纹的厚层树皮，报验时一般成单层卷状。其他种类的肉桂包括大叶山桂（*Cinnamomum obtusifolium*）、柴桂（*Cinnamomum tamala*）及辛脱克桂（*Cinnamomum sintok*）。

本品目还包括肉桂废料，人称“桂碎”，主要用于制造肉桂香精。

肉桂花是筛选过的干肉桂花，成杵状，正常长度不超过1厘米，磨碎后掺入桂皮中。

本品目还包括肉桂果实。

○
○　○

子目注释：

子目0906.11

本子目的范围仅限于锡兰肉桂，为锡兰肉桂树（*Cinnamomum zeylanicum Blume*）或灌木幼枝的内皮，一般称为斯里兰卡（锡兰）肉桂、塞舌尔肉桂及马达加斯加肉桂。

一般的商业等级分为桂通、复卷桂通、企边桂及桂碎。

09.07　丁香（母丁香、公丁香及丁香梗）：

10　—　未磨
20　—　已磨

本品目包括：

一、完整的母丁香（具有公丁香的特殊味道及香气，但不如公丁香味浓）。

二、公丁香（从丁香树摘下并晒干的丁香花蕾）。

三、灰白色并有浓郁香味的优质丁香花梗。

本品目不包括丁香树皮及树叶（品目12.11）。

09.08　肉豆蔻、肉豆蔻衣及豆蔻：

—　肉豆蔻：
11　——未磨
12　——已磨
—　肉豆蔻衣：

21　——未磨
22　——已磨
　　—　豆蔻：
31　——未磨
32　——已磨

本品目包括：

一、圆的或长的肉豆蔻，不论是否去壳。

二、肉豆蔻衣，即肉豆蔻的膜质假种皮，长于外壳与果仁之间，通常切成条形，与肉豆蔻功用相同甚至更为显著。新鲜时颜色鲜红，时间长了颜色逐渐变黄，而且变脆并像角质物质那样半透明。有些肉豆蔻衣呈亚麻色，甚至白色。

三、豆蔻：

（一）葡萄豆蔻，因其象葡萄那样成簇地密集生长而得名。报验时有时成簇，但更多的是各粒分开，每粒象葡萄籽那样大小。葡萄豆蔻为灰白色，圆而三面凸出，粒轻带膜。果内分三部分，含有许多芳香而带辛辣味的籽。

（二）小豆蔻及中豆蔻，结构和功用与葡萄豆蔻相似，但三个角更明显、更细长。

（三）大豆蔻，呈三角形，27～40毫米长，有棕色外壳。

（四）非洲豆蔻，报验时几乎都是去壳的，粒小细长，带角。籽粒表面虽然粗糙，但有如涂过清漆一样的光泽。本身无气味，但辛辣如胡椒。

09.09　茴芹子、八角茴香、小茴香子、芫荽子、枯茗子及贲蒿子；杜松果：

　　—　芫荽子：
21　——未磨
22　——已磨
　　—　枯茗子：
31　——未磨
32　——已磨
　　—　茴芹子或八角茴香、贲蒿子或小茴香子；杜松果：
61　——未磨
62　——已磨

这些果实或籽仁用作香料或供工业（例如，酒厂）及医药用途。它们（特别是茴芹子）即使另行包装（例如，装成小袋），供制成草本植物浸泡剂或草本植物“茶”，也仍应归入本品目。

本品目的茴芹子是青茴芹子，形如卵形，颜色灰绿，有丝向条纹，具有非常特别的芳香气味。八角茴香即大茴香。

芫荽子、枯茗子及贲蒿子为某些伞形花序属植物的芳香籽仁，主要用于酿制利口酒。

小茴香子是从烹饪用草本植物中所得，有的呈深灰色，散发出好闻的强烈气味；有的呈浅绿色，具有独特的香甜味。

杜松果呈深棕色，稍带淡紫蓝色，表面有一层树脂状粉末。其果肉有芳香味，呈浅红色，苦中略带甜味，肉内有三个细小的但很硬的核。杜松果用于各种含酒精饮料（例如，杜松子酒）、泡菜及各种食品的调味并用于提取精油。

09.10　姜、番红花、姜黄、麝香草、月桂叶、咖喱及其他调味香料：

—　姜：

11　——未磨

12　——已磨

20　—　番红花

30　—　姜黄

—　其他调味香料：

91　——本章注释一（二）所述的混合物

99　——其他

本品目包括：

一、姜（包括不宜即供食用的鲜姜、暂时盐渍的姜）；用糖浆腌制的姜除外（品目20.08）。

二、番红花，即番红花植物的花的已干柱头及花柱。报验时番红花也可呈桔红色粉末状，它具有一股强烈刺鼻的香味，含有稳定性很差的色素，用于调味，也用于制糖果及医药。

三、姜黄或郁金，有时又因其鲜艳的黄色而被误称为“红花”。贸易上姜黄根茎有时为整根，更多的为粉状。

四、麝香草（包括野麝香草）及**月桂叶**，不论是否干制。

五、咖喱粉，用不同比例的姜黄（郁金）、各种调味香料（例如，芫荽、黑胡椒、枯茗子、姜、丁香）及其他一些虽不归入本章，但常作为香料用的调味料（例如，大蒜粉）混合而成。

六、莳萝子及胡芦巴子。

七、品目09.04至09.10所列产品的混合物，例如，胡椒（品目09.04）与品目09.08所列产品的混合物。当以上混合物的配料单独报验时，它们应分别归入不同品目。

第十章　谷物

注释：

一、

（一）本章各品目所列产品必须带有谷粒，不论是否成穗或带杆。

（二）本章不包括已去壳或经其他加工的谷物。但去壳、碾磨、磨光、上光、半熟或破碎的稻米仍应归入品目 10.06。同样，已全部或部分去皮以分离皂苷，但没有经过任何其他加工的昆诺阿藜（藜麦）仍应归入品目 10.08。

二、品目 10.05 不包括甜玉米（第七章）。

○

○　○

子目注释：

所称“硬粒小麦”，是指硬粒小麦属的小麦及以该属具有相同染色体数目（28）的小麦种间杂交所得的小麦。

总　注　释

本章仅包括谷物，不论是否成捆或成穗。从未成熟的谷类植物打下的带壳谷粒按普通谷粒归类。新鲜谷物（第七章的甜玉米除外），不论是否适合作蔬菜用，仍归入本品目。

去壳、碾磨、上光、磨光、半熟或破碎的稻米，如果未经其他加工，仍归入品目 10.06。同样，已全部或部分去皮以分离皂苷，但没有经过任何其他加工的昆诺阿藜（藜麦）仍应归入品目 10.08。但其他谷物，如果去壳或经其他加工，例如，经品目 11.04 所列的加工，则不归入本章（参见相应的注释）。

10.01　小麦及混合麦（+）：

—　硬粒小麦：

11　——种用

19　——其他

—　其他：

91　——种用

99　——其他

小麦可分为两个主要品种：

一、普通小麦，软质、半硬质或硬质的，有一条胚乳粉质。

二、硬粒小麦（参见本章的子目注释）。硬粒小麦通常是琥珀黄色至棕色，并且胚乳角质呈半透明。

斯佩耳特小麦，一种棕色小颗粒的小麦，脱粒后仍能保有其外皮。该小麦归入本品目。

混合麦为小麦与黑麦的混合物，其混合比率一般为二比一。

○

○　○

子目注释：

子目 1001.11 及 1001.91

子目 1001.11 及 1001.91 所称“种用”，仅包括由本国主管部门认可作为播种用的小麦及混合麦。

10.02　黑麦（+）：

10　—　种用

90　—　其他

黑麦麦粒细长，呈灰绿色或浅灰色，其粉为灰色。

有麦角寄生的黑麦不归入本品目（品目 12.11）。

○

○　○

子目注释：

子目 1002.10

子目 1002.10 所称“种用”，仅包括由本国主管部门认可作为播种用的黑麦。

10.03　大麦（+）：

10　—　种用

90　—　其他

大麦麦粒比小麦麦粒更为饱满，主要用作牲畜饲料、制麦芽；精碾或制成珠粒后，用于做汤或烹饪食品。

青稞与大多数谷物不同，其稃与麦粒在生长过程中紧密相连，一般脱粒或扬簸不能使其分开。青稞为草黄色，两端较尖，只有在报验时仍未脱壳，才归入本品目；如果已脱壳，则归入品目 11.04。脱壳需经过一种碾磨工序，这种碾磨有时将麦皮亦碾磨掉一部分。

天生就无稃的大麦，如果未经脱粒或扬簸以外的其他加工，仍归入本品目。

本品目不包括：

（一）发芽大麦（麦芽）、烘焙麦芽（参见品目 11.07 的注释）。

（二）烘焙大麦（咖啡代用品）（品目 21.01）。

（三）在烘焙过程中从发芽麦粒分出来的麦芽新芽及其他酿造废料（粮食、啤酒花等的渣滓）（品目 23.03）。

○

○　○

子目注释：

子目 1003.10

子目 1003.10 所称“种用”，仅包括由本国主管部门认可作为播种用的大麦。

10.04　燕麦（+）：

10　—　种用

90　—　其他

燕麦有两个主要品种：灰（或黑）色燕麦及白（或黄）色燕麦。

本品目包括未经脱粒或扬簸以外其他加工的带壳燕麦及天生就无壳的燕麦。

本品目也包括在正常加工或处理（例如，脱粒、运输、装卸等）时其颖片已去除的燕麦。

○

○　○

子目注释：

子目 1004.10

子目 1004.10 所称“种用”，仅包括由本国主管部门认可作为播种用的燕麦。

10.05　玉米（+）：

10　—　种用

90　—　其他

玉米有好几个品种，颗粒的颜色不同（金黄色、白色，有时棕红色或杂色），形状各异（圆形、犬齿形、扁平形等）。

本品目不包括甜玉米（第七章）。

○

○　○

子目注释：

子目 1005.10

子目 1005.10 所称“种用”，仅包括由本国主管部门认可作为播种用的玉米。

10.06　稻谷、大米：

10　—　稻谷

20　—　糙米

30　—　精米，不论是否磨光或上光

40　—　碎米

本品目包括：

一、稻谷，即未脱壳的大米。

二、糙米，虽经机械脱壳，但仍包有一层米皮。糙米几乎总有少量的稻谷混杂在内。

三、半精米，即部分去皮的大米。

四、全精米（白米），即通过特殊的锥形滚筒已全部去皮的大米。

全精米可经磨光后再上光，以改善其外观。磨光工序是采用毛刷机或磨光锥筒进行，以修整粗碾大米的糙面。上光是用特制的上光圆筒将葡萄糖与滑石粉的混合物给磨光大米裹上一层外衣。

本品目也包括“卡末里罗”米，即涂上一层油膜的精米。

五、碎米，即在加工过程中弄碎了的大米。

本品目还包括：

（一）营养米，用普通精米和很小比例（1%左右）的涂或浸有维生素物质的大米混合而成。

（二）半熟米，这些大米在稻谷时未经其他加工（例如，脱壳、碾磨、磨光等）就用热水浸过或蒸过，然后再干燥。在半煮熟加工过程中，可将大米进行加压、全真空或半真空处理。

半熟米经加工后其米粒结构变化甚小，经碾磨、磨光后，煮 20～35 分钟即熟。

处理后米粒结构有很大变化的大米不归入本品目。全煮熟或半煮熟的大米经脱水制成的速食米归入品目 19.04。半煮熟的速食米需 5～12 分钟烧煮才能食用；而全煮熟的速食米只需放入水中烧沸即可食用。经膨化加工可即供食用的爆米花也归入品目19.04。

10.07　食用高粱（+）：

10　—　种用

90　—　其他

本品目仅包括名为食用高粱的品种，其子实可供人作为谷物食用。本品目包括的高粱如喀菲尔高粱、白高粱、棕高粱及中国高粱。

本品目不包括饲料高粱（用于制干草或青贮饲料）；草高粱（用作牧草），例如，苏丹草；甜高粱（主要用于制糖浆），例如，糖用高粱。上述产品如作种用，应归入品目12.09；否则，饲料高粱及草高粱应归入品目12.14，而甜高粱则应归入品目12.12。本品目也不包括帚用高粱，它归入品目14.04。

○

○　○

子目注释：

子目1007.10

子目1007.10所称"种用"，仅包括由本国主管部门认可作为播种用的食用高粱。

10.08　荞麦、谷子及加那利草子；其他谷物（+）：

10　—　荞麦

—　谷子：

21　——种用

29　——其他

30　—　加那利草子

40　—　直长马唐（马唐属）

50　—　昆诺阿藜

60　—　黑小麦

90　—　其他谷物

一、荞麦、谷子及加那利草子

本组包括：

（一）荞麦，又称甜荞麦，属蓼科，与其他大多数谷物所属的禾本科差异甚大。

（二）谷子，米粒滚圆，淡黄色。它包括以下属种：狗尾草属、狼尾草属、稗属、蟋蟀草属（包括龙爪稷）、意大利小米、马唐属及画眉草属。

（三）加那利草子，鲜艳金黄色，子细长，两头尖。

二、其他谷物

本组包括某些杂交谷物，例如，黑小麦，即一种小麦与黑麦的杂交品种。

○

○　○

子目注释：

子目1008.21

子目1008.21所称"种用"，仅包括由本国主管部门认可作为播种用的谷子。

第十一章　制粉工业产品；麦芽；淀粉；菊粉；面筋

注释：

一、本章不包括：

（一）作为咖啡代用品的焙制麦芽（品目 09.01 或 21.01）；

（二）品目 19.01 的经制作的细粉、粗粒、粗粉或淀粉；

（三）品目 19.04 的玉米片及其他产品；

（四）品目 20.01、20.04 或 20.05 的经制作或保藏的蔬菜；

（五）药品（第三十章）；或

（六）具有芳香料制品或化妆盥洗品性质的淀粉（第三十三章）。

二、

（一）下表所列谷物碾磨产品按干制品重量计如果同时符合以下两个条件，应归入本章；但是，整粒、滚压、制片或磨碎的谷物胚芽均归入品目 11.04：

1. 淀粉含量（按修订的尤艾斯旋光法测定）超过表列第（2）栏的比例；以及

2. 灰分含量（除去任何添加的矿物质）不超过表列第（3）栏的比例。

否则，应归入品目 23.02。

（二）符合上述规定归入本章的产品，如果用表列第（4）或第（5）栏规定孔径的金属丝网筛过筛，其通过率按重量计不低于表列比例的，应归入品目 11.01 或 11.02。

否则，应归入品目 11.03 或 11.04。

谷物 （1）	淀粉含量 （2）	灰分含量 （3）	通过下列孔径筛子的比率	
			315 微米 （4）	500 微米 （5）
小麦及黑麦	45%	2.5%	80%	—
大麦	45%	3%	80%	—
燕麦	45%	5%	80%	—
玉米及高粱	45%	2%	—	90%
大米	45%	1.6%	80%	—
荞麦	45%	4%	80%	—

三、品目 11.03 所称"粗粒"及"粗粉"，是指谷物经碾碎所得的下列产品：

（一）玉米产品，用 2 毫米孔径的金属丝网筛过筛，通过率按重量计不低于 95% 的；

（二）其他谷物产品，用 1.25 毫米孔径的金属丝网筛过筛，通过率按重量计不低于 95% 的。

总　注　释

本章包括：

一、碾磨第十章的谷物及第七章的甜玉米所得的产品，但品目23.02的制粉工业残渣除外。归入本章的小麦、黑麦、大麦、燕麦、玉米（包括带或不带子粒皮连芯碾磨的）、食用高粱、大米及荞麦的碾磨产品，应按照本章注释二（一）规定的淀粉及灰分含量标准与品目23.02的残渣区别开来。

对于本章内以上列名的谷物，品目11.01或11.02的细粉与品目11.03或11.04所列产品的区别，应按照本章注释二（二）规定过筛率指标来确定。同时，品目11.03的所有谷物粗粒及粗粉必须符合本章注释三规定的过筛率指标。

二、将第十章的谷物按本章各品目所列方法（例如，麦粒发芽、提取淀粉或面筋等）加工的产品。

三、其他各章的原材料（干豆类、马铃薯、果实等）经过类似以上一款或二款所述方法加工的产品。

本章主要不包括：

（一）作咖啡代用品的烘焙麦芽（品目09.01或21.01）。

（二）谷壳（品目12.13）。

（三）品目19.01的经制作的细粉、粗粒、粗粉或淀粉。

（四）珍粉（品目19.03）。

（五）经膨化或烘炒而得的爆米花、玉米片及类似产品和成谷物加工形状的布尔古小麦（品目19.04）。

（六）品目20.01、20.04及20.05的经制作或保藏的蔬菜。

（七）谷物或豆类植物在筛、碾或其他加工过程中所剩的残渣（品目23.02）。

（八）药品（第三十章）。

（九）第三十三章的产品（参见第三十三章的注释三及四）。

11.01　小麦或混合麦的细粉

本品目包括的小麦或混合麦细粉，即碾磨品目10.01的谷物所得的粉末，必须符合本章注释二（一）规定的淀粉及灰分含量（参见本章总注释），并符合本章注释二（二）规定的过筛率指标。

本品目的细粉可加有改良用的很少量的矿物磷酸盐、抗氧剂、乳化剂、维生素或发酵粉。面粉还可加有一般不超过10%的面筋以进一步提高其营养价值。

本品目还包括经过热处理使淀粉预胶化的“膨胀”粉。这种粉用于制作品目19.01的食品、面包烘焙改良剂、动物饲料或用于某些工业，例如，纺织业、造纸业或冶金工业（制铸模芯粘合剂）。

经进一步加工或为使其成为食品而加入了其他物质的细粉不包括在本品目内（通常归入品目19.01）。

本品目也不包括掺有可可的细粉（按重量计全脱脂可可含量在40%及以上的归入品目18.06，低于40%的归入品目19.01）。

11.02　其他谷物细粉，但小麦或混合麦的细粉除外：

20　—　玉米细粉

90　—　其他

本品目包括除小麦或混合麦细粉以外的其他谷物细粉（即碾磨第十章的谷物所得的细粉末）。

黑麦、大麦、燕麦、玉米（包括带或不带子粒皮连芯碾磨的）、食用高粱、大米或荞麦的碾磨产品，如果符合本章注释二（一）规定的淀粉及灰分含量（参见总注释），并且符合本章注释二（二）规定的过筛率指标，可作为谷物细粉归入本品目。

本品目的细粉可加有改良用的极少量矿物磷酸盐、抗氧剂、乳化剂、维生素或发酵粉。

本品目还包括经过热处理使淀粉预胶化的“膨胀”粉。这些粉用于制作品目19.01的食品、面包烘焙改良剂、动物饲料或用于某些工业，例如，纺织业、造纸业或冶金工业（制铸模芯粘合剂）。

经进一步加工或为使其成为食品而加入了其他物质的细粉不包括在本品目内（通常归入品目19.01）。

本品目也不包括掺有可可的细粉（按重量计全脱脂可可含量在40%及以上的归入品目18.06，低于40%的归入品目19.01）。

11.03 谷物的粗粒、粗粉及团粒：

— 粗粒及粗粉：

11 — — 小麦的

13 — — 玉米的

19 — — 其他

20 — 团粒

本品目的谷物粗粒及粗粉是用谷物颗粒破碎（包括玉米带或不带子粒皮连芯破碎）而得的产品。这些产品一般应符合本章注释二（一）规定的淀粉及灰分含量，并且完全符合本章注释三规定的过筛率指标。

关于品目11.01或11.02所列细粉与本品目的粗粒和粗粉及与品目11.04所列产品的区别，参见本章总注释（第一款的第二段）。

谷物粗粒是谷物粗磨所得的碎粒或粉粒。

粗粉是比细粉颗粒大的产品，为初磨后第一次过筛时所得或初磨后将粗粒进行再磨再筛所得。

硬粒小麦粗粉，又称粗面粉，是制通心粉、面条及类似产品的主要原料。粗面粉也直接用作食物（例如，做粗面布丁）。

本品目还包括经热处理使其预胶化的粗粉（例如，玉米粉），在酿造中用作添加剂等。

团粒是本章的碾磨谷物通过直接挤压或加入重量不超过3%的粘合剂制成的产品（参见第二类注释）。本品目不包括谷物碾磨加工所剩的成团粒状的残渣（第二十三章）。

11.04 经其他加工的谷物（例如，去壳、滚压、制片、制成粒状、切片或粗磨），但品目10.06的稻谷、大米除外；谷物胚芽，整粒、滚压、制片或磨碎的：

— 滚压或制片的谷物：

12 — — 燕麦的

19 — — 其他

— 经其他加工的谷物（例如，去壳、制成粒状、切片或粗磨）：

22 — — 燕麦的

23 — — 玉米的

29 — — 其他

30 — 谷物胚芽，整粒、滚压、制片或磨碎的

本品目包括所有未制作的谷物碾磨产品，但细粉（品目11.01及11.02）、粗粒、粗粉和团粒（品目11.03）及残渣（品目23.02）除外。关于本品目包括的产品与本品目不包括的产品之间的区别，参见本章总注释的第一款。

本品目包括：

一、谷物片（例如，大麦片或燕麦片），通过对整颗谷粒（不论是否去壳）、粗磨谷粒、下列二、三两款及品目10.06注释二至五所列产品进行碾压制得。加工时谷粒通常用蒸气加热或在加热滚筒之间碾轧。玉米片之类的早餐食品是可即供食用的熟食，与类似的熟谷物制品一样，归入品目19.04。

二、已脱壳但未去皮的燕麦、荞麦及小米。

但本品目不包括除脱粒或扬簸外未经其他加工的天生无壳的燕麦（品目10.04）。

三、去壳或经其他加工除去其全部或部分谷皮（即壳下的衣）的谷物。加工后可见其粉质子实。青稞如果已经去壳，也归入本品目（这种谷物因壳紧附于子实上，仅经脱粒或扬簸不能使壳脱离，只有碾磨才能去壳，参见品目10.03的注释）。

四、制成珠粒的谷物（主要是大麦），即整个谷皮几乎全部去除，谷粒两端较圆的谷物。

五、粗磨谷物，即经斩切或破碎的谷物碎粒（不论是否去壳），它不同于谷物粗粒，碎粒较粗糙，而且形状更加不规则。

六、谷物胚芽，在碾磨第一阶段即从谷物脱出的完整或稍为扁平（滚压）的胚芽。为了便于保存，胚芽可以部分脱脂或作热处理。根据不同用途，胚芽可制片或磨碎（粗磨或精磨），也可以加入维生素，以补偿加工中失去的营养成分等。

完整或滚压胚芽一般用于提取油类。制片或磨碎胚芽用于制食物（饼干、其他烘焙糕饼及营养食品）、动物饲料（补充饲料）或药物。

谷物胚芽提取油类后的残渣归入品目23.06。

本品目也不包括：

（一）去壳、半碾磨或全碾磨的大米（不论是否磨光、上光、半煮）及碎米（品目10.06）。

（二）已全部或部分去皮以分离皂苷，但没有经过其他加工的昆诺阿藜（藜麦）（品目10.08）。

（三）成谷物加工形状的布尔古小麦（品目19.04）。

11.05　马铃薯的细粉、粗粉、粉末、粉片、颗粒及团粒：

10　—　细粉、粗粉及粉末

20　—　粉片、颗粒及团粒

本品目适用于干马铃薯的细粉、粗粉、粉末、粉片、颗粒或团粒。本品目的细粉、粉末、粉片及颗粒可通过将生马铃薯蒸煮并捣碎，然后将薯泥干燥制成细粉、粉末或颗粒，也可制成薄片，再将薄片切成细小粉片。而本品目的团粒通常通过将马铃薯细粉、粗粉、粉末或小片粘结制成。

本品目的产品可加入改良用的极少量抗氧剂、乳化剂或维生素。

但本品目不包括加有其他物质使其具有马铃薯食品特征的产品。

本品目也不包括：

（一）仅简单干燥、脱水或蒸干但未进一步加工的马铃薯（品目07.12）。

（二）马铃薯淀粉（品目11.08）。

（三）马铃薯淀粉制得的珍粉代用品（品目19.03）。

11.06　用品目07.13的干豆或品目07.14的西谷茎髓及植物根茎、块茎制成的细粉、粗粉及粉末；用第八章的产品制成的细粉、粗粉及粉末：

10　—　用品目 07.13 的干豆制成的

20　—　用品目 07.14 的西谷茎髓及植物根茎、块茎制成的

30　—　用第八章的产品制成的

一、用品目 07.13 干豆制成的细粉、粗粉及粉末

本品目包括以豌豆、菜豆、扁豆、豇豆或兵豆制得的细粉、粗粉及粉末，主要用于做汤或豆泥。

本品目不包括：

（一）未脱脂大豆细粉（品目 12.08）。

（二）稻子豆细粉（品目 12.12）。

（三）以蔬菜细粉或粗粉为基料的汤料（不论液状、固体或粉状）（品目 21.04）。

二、用品目 07.14 的西谷茎髓及植物根茎、块茎制成的细粉、粗粉及粉末

这些产品是通过研磨或粗磨西谷茎髓或木薯干等所得。在制造过程中有些产品通常需要热处理，以清除其有害毒素。热处理会引起淀粉预胶化。

本品目不包括用以上原料制得的淀粉（应该注意，从西谷茎髓中制得的淀粉有时称为“西米粉”）。这类淀粉归入品目 11.08。它与本品目的细粉可以区分开来，因为细粉不象淀粉那样，用手指搓捏时，不会发出轻微爆破声。品目 07.14 的西米、根或块茎的细粉、粗粉及粉末团粒也不包括在本品目内（品目 07.14）。

三、用第八章的产品制成的细粉、粗粉

第八章的水果或坚果用于制粉的主要品种有栗子、杏仁、椰枣、香蕉、椰子及罗望子果。

本品目也包括果皮粉。

但本品目不包括供预防或治疗疾病用的零售包装罗望子果粉（品目 30.04）。

本品目的产品可加有改良用的极少量抗氧剂或乳化剂。

本品目也不包括：

（一）西谷茎髓（品目 07.14）。

（二）名为珍粉的调制食品（品目 19.03）。

11.07　麦芽，不论是否焙制：

10　—　未焙制

20　—　已焙制

麦芽是发芽的麦粒（通常为大麦粒），发芽后在热气窑（麦芽窑）内加以烘干制得。

麦芽两端间有不明显的纵向皱纹，外表为淡棕黄色，内部为白色。划之留下象粉笔一样的痕迹；与未发芽的麦粒不同，它能浮于水面并且很脆。麦芽具有谷物煮过的特有气味，并略带甜味。

本品目包括完整的麦芽、粗磨麦芽及麦芽细粉，还包括焙制麦芽（例如，啤酒着色用的麦芽），但不包括进一步加工的麦芽，例如，品目 19.01 的麦精及其食品和作为咖啡代用品的焙制麦芽（品目 21.01）。

11.08　淀粉；菊粉：

　　—　淀粉：

11　——　小麦淀粉

12　——　玉米淀粉

13　——　马铃薯淀粉

14　——木薯淀粉
19　——其他
20　—　菊粉

淀粉的化学成分为碳水化合物，许多植物的细胞内均含有淀粉。淀粉最主要的原料是谷物（例如，玉米、小麦及大米）、某些地衣、某些块茎和根（例如，马铃薯、木薯、竹竽等）及西谷茎髓。

淀粉为白色无味微细粉末，用手指搓捏时会发轻微爆破声。遇碘通常呈深蓝色（支链淀粉则呈浅红棕色）。在偏光下用显微镜观察，其颗粒呈特有的暗交叉偏振化现象。淀粉在冷水中不溶化，但如果在水中加热超过其凝胶温度（大多数淀粉为60℃左右），其颗粒爆裂并形成淀粉糊。商业上淀粉可加工成一系列归入其他品目的产品，例如，改性淀粉、焙制的可溶淀粉、糊精、麦芽糖及葡萄糖。淀粉本身还可以在工业上广泛使用，尤其是用于食品、造纸、纸制品及纺织工业。

本品目还包括菊粉。菊粉化学成分与淀粉类似，但遇碘不呈蓝色而呈浅黄棕色。它从菊芋、大丽花根及菊苣根提取而得。经长时间在沸水中煎煮水解后成为果糖（左旋糖）。

本品目主要不包括：

（一）品目19.01的淀粉制品。

（二）以淀粉制得的珍粉及其代用品（参见品目19.03的注释）。

（三）制成香粉及盥洗用品的淀粉（第三十三章）。

（四）品目35.05的糊精及其他改性淀粉。

（五）以淀粉为基料的胶（品目35.05或35.06）。

（六）用淀粉制成的上光料或浆料（品目38.09）。

（七）分离淀粉所得的离析支链淀粉及离析直链淀粉（品目39.13）。

11.09　面筋，不论是否干制

面筋是用面粉通过简单水分法使其与其他成分（淀粉等）分离制得。面筋形成时为一种白色的粘性液体或浆糊（湿面筋）或乳白色粉末（干面筋）。

面筋实质上是各种蛋白质的混合体，主要为麸朊及麦谷朊（占蛋白质总量的85%～95%），含有这两种蛋白质是面筋的特征，它们能使面筋加入适量的水并混合后产生弹性与塑性。

面筋主要用于提高面粉的蛋白成分，以便制作某些类型的面包或饼干、通心粉及类似营养食品；也用作某些肉类食品的粘合剂，用于制某些胶及生产硫酸谷朊或磷酸谷朊、水解植物蛋白和谷氨酸钠之类的物品。

本品目主要不包括：

（一）加有面筋的营养面粉（品目11.01）。

（二）从面筋中提取的蛋白质（一般归入品目35.04）。

（三）作胶用或作纺织工业上光料或浆料用的面筋（品目35.06或38.09）。

第十二章 含油子仁及果实；杂项子仁及果实；工业用或药用植物；稻草、秸秆及饲料

注释：

一、品目12.07主要包括棕榈果及棕榈仁、棉子、蓖麻子、芝麻、芥子、红花子、罂粟子、牛油树果，但不包括品目08.01或08.02的产品及油橄榄（第七章或第二十章）。

二、品目12.08不仅包括未脱脂的细粉和粗粉，而且包括部分或全部脱脂以及用其本身的油料全部或部分复脂的细粉和粗粉。但不包括品目23.04至23.06的残渣。

三、甜菜子、草子及其他草本植物种子、观赏用花的种子、蔬菜种子、林木种子、果树种子、巢菜子（蚕豆除外）、羽扇豆属植物种子，可一律视为种植用种子，归入品目12.09。

但下列各项即使作种子用，也不归入品目12.09：

（一）豆类蔬菜或甜玉米（第七章）；

（二）第九章的调味香料及其他产品；

（三）谷物（第十章）；或

（四）品目12.01至12.07或12.11的产品。

四、品目12.11主要包括下列植物或这些植物的某部分：

罗勒、琉璃苣、人参、海索草、甘草、薄荷、迷迭香、芸香、鼠尾草及苦艾。

但品目12.11不包括：

（一）第三十章的药品；

（二）第三十三章的芳香料制品及化妆盥洗品；或

（三）品目38.08的杀虫剂、杀菌剂、除草剂、消毒剂及类似产品。

五、品目12.12的“海草及其他藻类”不包括：

（一）品目21.02的已死的单细胞微生物；

（二）品目30.02的培养微生物；或

（三）品目31.01或31.05的肥料。

○
○ ○

子目注释：

子目1205.10所称“低芥子酸油菜子”，是指所榨取的固定油中芥子酸含量按重量计低于2%，以及所得的固体成分每克葡萄糖苷酸（酯）含量低于30微摩尔的油菜子。

总 注 释

品目12.01至12.07包括供提取（用压榨或溶剂方法提取）食用或工业用油脂的各种子仁及果实，不论其报验时是否准备用于榨油、播种或其他用途。但不包括品目08.01或08.02的产品、油橄榄（第七章或第二十章）或某些可以榨油但主要作其他用途的子仁及果实，例如，杏仁、桃仁、李仁（品目12.12）及可可豆（品目18.01）。

本章各品目包括的子仁及果实可以是完整的，也可以是破碎、压碎、去衣或去壳的。它们也可以进行热处理，主要是为了便于储存（例如，使解脂酶失去活性并部分除湿）、去苦味、钝化抗营养因子或便于使用。但热处理后子仁及果实的天然特征不得改变，也不得使子仁及果实改变一般用途而适

用于某一特定用途。

本章各品目不包括从含油子仁及果实提取植物油后剩下的固体残渣（包括脱脂细粉及粗粉）（品目23.04、23.05或23.06）。

12.01　大豆，不论是否破碎（+）：

10　—　种用

90　—　其他

大豆是植物油的一种重要原料。本品目的大豆可以进行去苦味的热处理（参见总注释）。

但本品目不包括作为咖啡代用品的烘焙大豆（品目21.01）。

○

○　○

子目注释：

子目1201.10

子目1201.10所称“种用”，仅包括由本国主管部门认可作为播种用的大豆。

12.02　未焙炒或未烹煮的花生，不论是否去壳或破碎（+）：

30　—　种用

—　其他：

41　——　未去壳

42　——　去壳，不论是否破碎

本品目包括未焙炒或未烹煮的花生，不论是否去壳或破碎。本品目的花生为了便于保藏，可以进行热处理（参见总注释）。已焙炒或已烹煮的花生归入第二十章。

○

○　○

子目注释：

子目1202.30

子目1202.30所称“种用”，仅包括由本国主管部门认可作为播种用的花生。

12.03　干椰子肉

干椰子肉是用于榨取椰子油而不适合供人食用的干制椰子肉。

本品目不包括椰子干，即供人食用的干椰丝（品目08.01）。

12.04　亚麻子，不论是否破碎

亚麻子，即亚麻属植物的籽，是干性油的重要原料之一。

12.05　油菜子，不论是否破碎：

10　—　低芥子酸油菜子

90　—　其他

本品目包括各种油菜子（几种芥属植物的籽）。本品目既包括传统的油菜子，也包括低芥子酸油菜子。低芥子酸油菜子（例如，加拿大油菜籽或欧洲的“双零”油菜子）可榨取芥子酸含量按重量计低于2%的固定油，并可产生每克葡萄糖苷酯含量低于30微摩尔的固体成分。

12.06　葵花子，不论是否破碎

本品目包括普通葵花（向日葵属植物）的籽。

12.07　其他含油子仁及果实，不论是否破碎（+）：

10　—　棕榈果及棕榈仁
—　棉子：
21　——种用
29　——其他
30　—　蓖麻子
40　—　芝麻
50　—　芥子
60　—　红花子
70　—　甜瓜的子
—　其他：
91　——罂粟子
99　——其他

本品目包括提取食用或工业用油、脂的子仁及果实。但品目12.01至12.06所列的除外（参见总注释）。

本品目主要包括：

巴巴苏果仁
卡瑞帕坚果
棉子
葡萄种子
木棉子
盏金花子
苏子
红花子
乌臼子
木斛果
蓖麻子
巴豆子
大麻子
莫子
臭气乔木子
麻风子
芝麻
茶子
石栗果
大风子种子
月见草子
紫荆子
芥子
棕榈果及棕榈仁
罂粟子
牛油果子
油桐子

○
○　○

子目注释：

子目1207.21

子目1207.21所称“种用”，仅包括由本国主管部门认可作为播种用的棉子。

12.08　含油子仁或果实的细粉及粗粉，但芥子粉除外：

10　—　大豆粉

90　—　其他

本品目包括用品目12.01至12.07的含油子仁及果实碾磨后制得的未脱脂或半脱脂细粉及粗粉，也包括脱脂的或用其本身的油料全部或部分复脂的细粉及粗粉（参见本章注释二）。

本品目不包括：

（一）花生酱（品目20.08）。

（二）芥子细粉及粗粉，不论是否脱脂、调制（品目21.03）。

（三）脱脂细粉及粗粉（芥子粉除外）（品目23.04至23.06）。

12.09　种植用的种子、果实及孢子：

10　—　糖甜菜子

—　饲料植物种子：

21　——紫苜蓿子

22　——三叶草子

23　——羊茅子

24　——草地早熟禾子

25　——黑麦草种子

29　——其他

30　—　草本花卉植物种子

—　其他：

91　——蔬菜种子

99　——其他

本品目包括所有种植用的子仁、果实及孢子，这些产品即使不能发芽的，也归入本品目。但不包括那些在本注释末所列的产品。这些产品因为通常是不作种用的，即使报验后要作种用，也应归入协调制度的其他品目。

本品目包括甜菜子、草子及其他草本植物种子（紫苜蓿子、驴喜豆、三叶草子、羊茅子、黑麦草子、草地早熟禾子、梯牧草子等）、观赏花卉的种子、菜子、林木种子（包括含子松果）、果树种子、巢菜子（蚕豆及马豆除外）、羽扇豆、罗望果子、烟草子以及生产品目12.11所列产品的植物种子（但本身不是主要用作香料、药料、杀虫、杀菌或类似用途的）。

本品目的产品（特别是草子）可与肥料微粒混合后铺于衬纸上面、然后盖上一层薄絮胎，并用一张塑料加强网固定。

本品目不包括：

（一）蘑菇菌丝（品目06.02）。

（二）豆类蔬菜及甜玉米（第七章）。

（三）第八章的果实。

（四）第九章的调味香料及其他产品。

（五）谷物（第十章）。

（六）品目12.01至12.07的含油子仁及果实。

（七）本身主要用作香料、药料、杀虫、杀菌或类似用途的子仁及果实（品目12.11）。

（八）刺槐豆（品目12.12）。

12.10 鲜或干的啤酒花，不论是否研磨或制成团粒；蛇麻腺：

10 — 啤酒花，未经研磨也未制成团粒

20 — 啤酒花，经研磨或制成团粒；蛇麻腺

啤酒花为蛇麻植物的鳞片状圆锥花序或花朵，主要用于酿酒业，可使啤酒别具风味。也有用于医药的。啤酒花不论鲜或干，也不论是否研磨或制成团粒（即直接挤压或加入重量比例不超过3%的粘合剂制成的团粒），均归入本品目。

蛇麻腺是覆盖在啤酒花上的一层黄色粉状香脂腺，其所含苦味素和芳香素使啤酒花具有特性。它可在酿酒业上作为啤酒花的部分代用品，也用于医药。干制后通过机械方法可以把它从啤酒花中分离出来。

本品目不包括：

（一）啤酒花浸膏（品目13.02）。

（二）废啤酒花（品目23.03）。

（三）蛇麻精油（品目33.01）。

12.11 主要用作香料、药料、杀虫、杀菌或类似用途的植物或这些植物的某部分（包括子仁及果实），鲜、冷、冻或干的，不论是否切割、压碎或研磨成粉：

20 — 人参

30 — 古柯叶

40 — 罂粟秆

50 — 麻黄

60 — 非洲李的树皮

90 — 其他

本品目包括主要用作香料、药料、杀虫、杀菌、杀寄生虫或类似用途的植物产品。它们可以是完整的植物、苔藓或地衣，也可以是部分品，例如，木、皮、根、梗、叶、花朵、花瓣、果实及子仁（但品目12.01至12.07的含油子仁及果实除外），还可以是机械处理后所剩的废料。上述产品不论鲜、冷、冻、干、完整、切割、捣碎、磨碎、研粉或去壳的，均归入本品目。用酒精浸渍的这些产品也同样归入本品目。

树、灌木或其他植物及其部分品（包括子仁及果实），如果直接用于上述用途或用于生产上述用途所需的浸膏、生物碱或精油，应归入本品目。另一方面，用于提取固定油类的子仁及果实不归入本品目，即使其油类要用于本品目所述用途，也仍归入品目12.01至12.07。

还须注意，在协调制度其他品目列名更为具体的植物产品，即使其适于用作香料、药料等，也不归入本品目。例如，柑橘属果皮（品目08.14），香草豆、丁香、茴芹子、八角茴香及第九章的其他产品，啤酒花（品目12.10），菊苣根（品目12.12），天然树胶、树脂、树胶脂及香树脂（品目13.01）。

明显用于种植的活菊苣植物及其根和其他活植物苗、鳞茎、根茎等以及装饰用花、簇叶等，应归入第六章。

必须注意，主要用作香料、药料、杀虫、杀菌或类似用途的木料只有成为削片、刨片、碎片或粉末状才归入本品目，其他形状的不应归入本品目（第四十四章）。

本品目的某些植物或植物的某部分（包括子仁及果实）可包装（例如，用小袋包装）成草本植物浸泡剂或草本植物“茶”。由单一品种的植物或植物某部分（包括子仁及果实）构成的这些产品（例如，薄荷“茶”）仍归入本品目。

然而，本品目不包括由不同种类的植物或植物某部分（包括子仁及果实，不论是否含有其他品目的植物或植物某部分）组成的产品，或由单一品种或不同种类的植物或植物某部分与其他物质混合组成的产品，例如，一种或多种植物精汁（品目21.06）。

必须注意，下列产品应酌情归入品目30.03、30.04、33.03至33.07或38.08：

（一）本品目的产品，虽未混合但已制成一定剂量或作为零售包装的，不论是否治疗或预防疾病用，或零售包装作为香料产品、杀虫药、杀菌剂或类似产品出售的。

（二）供以上（一）项所述用途的混合产品。

有些植物产品因主要用于制药而归入本品目，但这并不意味着当这些植物产品混合后或虽未混合但已制成一定剂量或作为零售包装后，就可作为药品归入品目30.03或30.04。品目30.03或30.04所称“药品”，仅指具有治疗或预防疾病作用的产品，而广义的“药品”含义较广，既包括药品，又包括无治疗或预防疾病作用的产品（例如，滋补饮料、营养食品、血型试剂）。

本品目也不包括下列产品：

（一）由本品目的不同种类植物或植物某部分构成的用于调味汁的混合物（品目21.03）；

（二）直接用作饮料香精或用于制造饮料的调制精汁的下列产品：

1. 由本品目的不同种类植物或植物某部分构成的混合物（品目21.06）；

2. 由本品目的植物或植物某部分与其他章（例如，第七章、第九章、第十一章）的植物产品构成的混合物（第九章或品目21.06）。

下列植物产品归入本品目：

乌头属植物（舟形乌头）：根及叶

麝香植物（黄葵）：子

当归：根及子

安古树：皮

假瓦泰里树：粉

山金草花（山金车）：根、秆、叶及花

罗勒：花及叶

熊果属植物：叶

颠茄：草、根、果、叶及花

博尔多树：叶

琉璃苣：秆及花

泻根属植物（异株泻根）：根

南非香叶木属植物：叶

睡菜：叶

牛蒡：子及干根

加拉巴豆属植物（青扁豆）：豆

菖蒲：根

南非防己：根

大麻：草

药鼠李树：皮

卡藜树：皮

决明：荚果及未纯净的果肉［纯净空决明果肉（浸膏）归入品目13.02］
百金花：草
沙巴草：子
母菊及青黄菊：花
藜属植物：子
樱桃树：梗
樱桃肉桂（桂樱）：果
金鸡纳树：皮
丁香树：皮及叶
古柯树：叶
印度小浆果：果
可西拉纳树：树皮
秋水仙：球茎及子
药西瓜：果
合生花：根
南美牛奶菜：皮
匍匐草：根
尖果属植物：树皮及根
荜澄茄：粉
特纳草：叶
蒲公英：根
曼陀罗属植物：叶及子
鱼藤（毛鱼藤及三叶鱼藤）：根
毛地：叶及籽
接骨木：花及树皮
麻黄：干及枝
黑麦麦角
桉树：叶
鼠李树：皮
球果紫堇：叶及花
高良姜：根茎
龙胆（黄龙胆）：根
人参（包括西洋参）：根
白毛茛：根愈
创树：木
金缕梅树（美洲金缕梅）：皮及叶
藜芦（白藜芦及绿藜芦）：根
天仙子：根、子及叶
白夏至草（普通夏至草）：草及秆
海索草：花及叶
吐根：根
旋花科甘薯属植物：根

毛果芸香树：叶
刺巴根树：根
熏衣草：花及草
弗吉尼亚草本威灵仙：根
榄香树（裂榄）：木
椴树（欧椴）：花及叶
甘草（洋甘草）：根
半边莲（半边莲路单利草）：草及花
长椒：根、地下茎
雄蕨（绵马）：根
锦葵属植物：叶及花
曼德拉草：根或根茎
药用蜀葵：花、叶及根
滇荆芥属（蜜蜂花）：叶、花及秆
薄荷属
栎扁枝衣（栎地衣）（粉屑扁枝衣）（一种地衣）
艾蒿：根
马钱子（番木鳖）：子
橘树：叶及花
鸢尾科植物（香菖）：根
三色紫罗兰：花
广藿香（海恩氏刺蕊草）：叶
胡椒薄荷（参见“薄荷”）
松树：芽
蚤草：香草、子
鬼臼属植物（盾叶鬼臼）：根或根茎
罂粟：头状叶丛（未成熟，干的）
白头翁属（银莲花白头翁）：香草
白花除虫菊：叶、秆及花
回环草除虫菊：根
苦木：木及皮
榅桲：子
孔裂药豆植物：根
大黄：根
玫瑰：花
迷迭香：草、花及叶
芸香：叶
鼠尾草：叶及花
圣衣马钱子豆
檀香木：削片（白色及黄色）
菝葜：根
黄樟树：皮、根及木

墨牵牛子：根
美远至：根
番泻树：荚果及叶
赤榆树：皮
龙葵
海葱：球茎
曼陀罗：叶及英子
羊角拗属植物（毒毛旋花）：子
艾菊：根、叶及子
零陵香：豆
缬草（白花缬草）：根
毛蕊花属植物（毒鱼草及花茎毛蕊花）：叶及花
马鞭草：叶及地面茎
婆婆纳属植物（药用婆婆纳）：叶
荚蒾属植物（樱叶荚蒾）：根皮
紫罗兰（香堇菜）：根及干花
胡桃树：叶
牛至，但甘牛至（马郁兰）除外（第七章）
车叶草：草
山道年：花
洋艾（苦艾）：叶及花
育享倍（Yohimbe）：皮

上表所列各种植物名称并不完全，只是为了有助于各种植物的辨别，表内列出某一种属植物，并不意味未列出的同科其他种属植物就一定不归入本品目。

根据国际文件作为麻醉药物对待的本品目植物产品，另列在第二十九章末的附表上。

12.12　鲜、冷、冻或干的刺槐豆、海草及其他藻类、甜菜及甘蔗，不论是否碾磨；主要供人食用的其他品目未列名的果核、果仁及植物产品（包括未焙制的菊苣根）：

—　海草及其他藻类：
21　——适合供人食用的
29　——其他
—　其他：
91　——甜菜
92　——刺槐豆
93　——甘蔗
94　——菊苣根
99　——其他

一、海草及其他藻类

本品目包括各种不论是否可供食用的海草及其他藻类。它们可以是新鲜的、冷或冻的、干制的或磨碎的。海草及其他藻类用途广泛（例如，制造药品、化妆品，供人食用，作动物饲料或肥料）。

本品目也包括海草粗粉及其他藻类粗粉，不论是否由各种不同的海草及其他藻类的粉混合而成。

本品目不包括：

（一）琼脂及角叉藻胶（品目13.02）。

（二）已死的单细胞藻类（品目21.02）。

（三）品目30.02的培养微生物。

（四）品目31.01或31.05的肥料。

二、甜菜及甘蔗

本品目还包括品目所列状态的甜菜及甘蔗。本品目不包括蔗渣，即甘蔗榨汁后剩下的纤维部分（品目23.03）。

三、刺槐豆

刺槐豆（或稻子豆）为地中海地区生长的一种小常青树（角豆树）的荚果，其荚棕色，内有大量子粒，主要用作蒸馏原料或作动物饲料。

刺槐豆含糖量颇高，有时作为甜食。

本品目包括刺槐豆胚乳、胚芽、子及胚芽粉，不论是否与其皮粉混合。

本品目不包括作为胶粘剂或增稠剂而归入品目13.02的刺槐豆胚乳粉。

四、主要供人食用的其他品目未列名的果核、果仁及其他植物产品（包括未烘焙的菊苣根）

本组包括协调制度其他品目未列名的直接或间接供人食用的果核、果仁及其他植物产品。

因此，本品目包括桃（含油桃）、杏及李的果仁（主要用作巴旦杏仁代用品），尽管这些果仁可用于提取植物油，但仍归入本品目。

本品目还包括未烘焙的可作咖啡代用品的菊苣根，不论是鲜或干的，整个或切碎的。作为咖啡代用品的烘焙菊苣根不包括在本品目内（品目21.01）。其他未烘焙菊苣根归入品目06.01。

主要用于制蜜饯的当归梗茎也归入本品目。它们一般先临时用盐水浸渍保藏。

本品目还包括主要用于制糖浆的糖用高粱。

本品目不包括雕刻用的果核（例如，椰枣核）（品目14.04）及烘焙果仁（一般作为咖啡代用品归入品目21.01）。

12.13 未经处理的谷类植物的茎、秆及谷壳，不论是否切碎、碾磨、挤压或制成团粒

本品目仅限于从谷物脱粒后未经加工而得的或剁碎、碾磨、压制或制成团粒（即直接挤压或加入按重量计比例不超过3%的粘合剂制成的粒状产品）但未进一步加工的谷类植物的草、秆及谷壳，但不包括已净、漂白或染色的谷类植物草、秆（品目14.01）。

12.14 芜菁甘蓝、饲料甜菜、饲料用根、干草、紫苜蓿、三叶草、驴喜豆、饲料羽衣甘蓝、羽扇豆、巢菜及类似饲料，不论是否制成团粒：

10 — 紫苜蓿粗粉及团粒

90 — 其他

本品目包括：

一、芜菁甘蓝、饲料甜菜、饲料萝卜、饲料胡萝卜（白色或淡黄色）及其他饲料用根。这些根即使其中某些品种适合供人食用，仍归入本品目。

二、鲜或干、完整、切开、剁碎或压制的干草、紫苜蓿、三叶草、驴喜豆、饲料羽衣甘蓝、羽扇豆、巢菜及类似饲料。这些产品不论是否盐腌或在地窖进行其他防止发酵或变质处理，均归入本品目。

所称“类似饲料”，仅指专门为饲养动物而种植的植物，但不包括用途相同的植物废料（品目23.08）。

本品目的饲料也可制成团粒状，即直接挤压或加入按重量计比例不超过3%的粘合剂制成的粒状产品。

本品目不包括：

（一）品目07.06的胡萝卜（桔黄色）。

（二）谷类植物的草、秆及壳（品目12.13）。

（三）虽然用作动物饲料，但并非专为饲养动物而种植的植物产品，例如，甜菜、胡萝卜叶及玉米叶（品目23.08）。

（四）配制的动物饲料（例如，甜饲料）（品目23.09）。

第十三章　虫胶；树胶、树脂及其他植物液、汁

注释：

品目13.02主要包括甘草、除虫菊、啤酒花、芦荟的浸膏及鸦片，但不包括：

一、按重量计蔗糖含量在10%以上或制成糖食的甘草浸膏（品目17.04）；

二、麦芽膏（品目19.01）；

三、咖啡精、茶精、马黛茶精（品目21.01）；

四、构成含酒精饮料的植物汁、液（第二十二章）；

五、樟脑、甘草甜及品目29.14或29.38的其他产品；

六、按重量计生物碱含量不低于50%的罂粟秆的浓缩物（品目29.39）；

七、品目30.03或30.04的药品及品目38.22的血型试剂；

八、鞣料或染料的浸膏（品目32.01或32.03）；

九、精油、浸膏、净油、香膏、提取的油树脂或精油的水馏液及水溶液；饮料制造业用的以芳香物质为基料的制剂（第三十三章）；或

十、天然橡胶、巴拉塔胶、古塔波胶、银胶菊胶、糖胶树胶或类似的天然树胶（品目40.01）。

13.01　虫胶；天然树胶、树脂、树胶脂及油树脂（例如，香树脂）：

20　—　阿拉伯胶

90　—　其他

一、虫胶

虫胶是由一种与胭脂虫同科的昆虫（紫胶虫）在几种热带树上分泌的树脂物质。

商业上最重要的几种虫胶如下：

（一）梗胶，通常为积有相当厚一层虫胶的细树枝，颜色紫红，为虫胶中颜色最深的一种。

（二）原胶，从树枝上剥下的碎虫胶，通常用水冲洗，部分色素会被冲掉。

（三）片胶，又称虫胶片或虫胶板，通过热滤法使原胶纯净制成，为透明脆片状，琥珀色或浅红色。圆盘状的类似产品称为“钮胶”。

片胶多用于制清漆或用于电器工业及制火漆。

（四）废虫胶（石榴色虫胶），从制片胶所剩残渣而得。

虫胶可以脱色或漂白，然后扭成绞状。

接触空气即硬化成为一种抗性薄膜的某些东方树木的树液（名为“日本漆”、“中国漆”等）不归入本品目（品目13.02）。

二、天然树胶、树脂、树胶脂及油树脂

天然树胶、树脂、树胶脂及油树脂都是植物分泌液，它们遇空气会固化，而且名称经常相互混用。这些产品具有以下特点：

（一）真树胶为粘性物质，无气味，无味道，稍溶于水，燃烧时不熔化，无气味。

（二）树脂不溶于水，稍有气味，导电性能差，带有负电荷，加热即变软，甚至可完全熔化。烧之火焰带烟，有特殊气味。

（三）树胶脂，顾名思义，是不同比例的树胶和树脂的天然物，因而可部分溶于水，一般具有刺激的特殊气味和味道。

（四）油树脂是一种渗出液，其成分主要为易挥发的树脂物质。香树脂则是以安息香酸或肉桂酸

化合物含量高为特征的油树脂。

这些产品的主要品种有：

1. 阿拉伯树胶（得自金合欢植物）（有时也称尼罗河胶、亚丁胶、塞内加尔胶）；黄蓍胶（得自某些黄蓍属植物）；巴士拉胶；槚如树胶（腰果树胶）；印度胶；某些所谓的“土”胶。得自各种蔷薇科植物，例如，樱桃、李、杏、桃或巴旦杏树。

2. 松、枞或其他针叶树的新鲜油树脂（液状）（天然或精制），包括松油，以及在树上切口处凝集干化含有植物废料的针叶树树脂（海松树脂等）。

3. 柯巴树脂（印度胶、巴西胶、刚果胶等），包括黄脂石、贝壳松脂、达玛脂、乳香脂、榄香脂、山达脂、龙血树脂。

4. 藤黄树脂、氨草胶、阿魏胶、黑牵牛子树脂、大戟脂、波斯树脂、苦树脂、乳香、浸药树脂、草树树脂、愈创树脂。

5. 安息香胶、苏合香脂（固体或液体）、妥鲁香脂、秘鲁香脂、加拿大香脂、柯巴香脂、麦加香脂、塔普香脂。

6. 从大麻植物获得的大麻树脂（天然或提纯）（大麻树脂为麻醉药——参见第二十九章末的附表）。

本品目的天然树胶、树脂、树胶脂、油树脂可以是天然的，也可以经洗涤、提纯、漂白、捣碎或研粉，但不包括加水加压处理、无机酸处理或热处理的，例如，加水加压处理成为可溶于水的树胶和树胶脂（品目13.02）；经硫酸处理成为可溶性树胶（品目35.06）；经热处理成为可溶于干性油的树脂（品目38.06）。

本品目不包括：

（一）琥珀（品目25.30）。

（二）含有天然香树脂的药品及名为香脂的各种制成药品（品目30.03或30.04）。

（三）虫胶染料，即从虫胶提取的色料（品目32.03）。

（四）香膏（从本品目物质中提取的）及提取的油树脂（品目33.01）。

（五）妥尔油（有时称为“液体松香”）（品目38.03）。

（六）松节油（品目38.05）。

（七）松香、树脂酸、松香精和松香油、树脂酸盐、松香沥青、以松香为基本成分的啤酒桶沥青及类似制品（第三十八章）。

13.02　植物液汁及浸膏；果胶、果胶酸盐及果胶酸酯；从植物产品制得的琼脂、其他胶液及增稠剂，不论是否改性：

—　植物液汁及浸膏：

11　——鸦片

12　——甘草的

13　——啤酒花的

14　——麻黄的

19　——其他

20　—　果胶、果胶酸盐及果胶酸酯

—　从植物产品制得的胶液及增稠剂，不论是否改性：

31　——琼脂

32　——从刺槐豆、刺槐豆子或瓜尔豆制得的胶液及增稠剂，不论是否改性

39　——其他

一、植物液汁及浸膏

本品目包括协调制度其他品目未列名的植物液汁（通常为自然渗出或从切口流出的植物产品）及植物浸膏（用溶剂从植物中提取的植物产品）（参见本注释一款末所列的不包括产品）。

这些液汁和浸膏不同于品目33.01的精油、香膏及提取的油树脂，除了挥发性的芳香成分以外，它们所含的其他植物物质（例如，叶绿素、鞣酸、苦味素、碳酸化合物和其他提取物）的比例也高得多。

归入本品目的植物液、汁包括：

（一）鸦片，为罂粟未成熟蒴果的干燥乳汁，从罂粟茎或蒴果切口流出或提取制得，一般成丸状或饼状，大小不一，形状各异。但是，按重量计生物碱含量不低于50%的罂粟秆的浓缩物不归入本品目（参见本章注释六）。

（二）甘草，对一种豆科植物（洋甘草）的干根用热水加压提汁后加以浓缩制得，可以是液状、块状、饼状、条状、片状或粉状。（按重量计含蔗糖超过10%的甘草或不论糖分多少的甘草糖食，均不归入本品目。参见品目17.04）。

（三）啤酒花浸膏。

（四）除虫菊浸膏，用有机溶剂（例如，已烷或“石油醚”）主要从各种除虫菊植物（例如，白花除虫菊）的花中提取而得。

（五）从含有毒鱼藤酮的植物（鱼藤、枯杷木、泡林藤、巴巴斯可植物等）根提取的浸膏。

（六）大麻属植物汁和酊剂。

大麻树脂，不论天然或提纯的都不归入本品目（品目13.01）。

（七）人参精，用水或酒精提取，不论是否零售包装。

用作配制人参茶或饮料的人参精和其他配料（例如，乳糖或葡萄糖）的混合物不包括在本品目（品目21.06）。

（八）芦荟浸膏，从同名的几种植物（百合科）所得的味很苦的增稠树液。

（九）鬼臼浸膏，用酒精从盾叶鬼臼的干燥根茎提取的树脂物质。

（十）马钱子浸膏，用水从马钱科各种植物的叶和皮提取的汁。

（十一）苦木浸膏，从生长于南美的同名灌木（苦木）所得。

苦木素是从苦木提取的主要苦萃，为品目29.32的杂环化合物。

（十二）其他医药浸膏，例如，颠茄、黑桤木（药炭鼠李）、药鼠李、大蒜、龙胆、刺巴根、金鸡纳、大黄、菝葜、罗望子、缬草、松芽、古柯、药西瓜、雄蕨、金缕梅、天仙子、黑麦麦角。

（十三）花白蜡树浸膏，由某些花白蜡树切口处所得的一种固体甜树液。

（十四）粘鸟胶，从槲寄生浆果或冬青提取的浅绿色粘性胶。

（十五）决明肉的浸膏，但决明果荚及决明肉除外（品目12.11）。

（十六）基诺胶，用于鞣革及制药的某些热带树的增稠树液。

（十七）日本（或中国）漆（天然漆），从生长于远东名为漆树的某些灌木切口处所得的树液，用于涂布或装饰各种物品（盘、箱等）。

（十八）巴婆汁，不论是否干制但未提纯为木瓜酶（用显微镜检验时仍可看到凝聚的胶乳球）。木瓜酶不归入本品目（品目35.07）。

（十九）可乐果浸膏，从可乐果（各种可乐果树的子，例如，苏丹可乐果）所得，主要用于制某些类型的饮料。

（二十）腰果壳浸膏，但腰果壳流浸膏的聚合物除外（一般归入品目39.11）。

（二十一）香草油树脂（人们有时误称为“香草香膏”或“香草浸膏”）。

液汁通常经增稠或固化。浸膏可以是液状、浆状或固体。“酊剂”是指用酒精提取而且仍溶解于酒精中的植物膏。所谓“流浸膏”，是指酒精、甘油或矿物油等的浸膏溶液。酊剂及流浸膏一般是有标准的（例如，除虫菊浸膏可通过加入矿物油达到商业级标准，即标准除虫菊酯含量，例如，2%、20%或25%的含量）。固体膏是将溶剂蒸干而得。有时将惰性物质加入某些浸膏内以便于研粉（例如，将阿拉伯胶粉加入颠茄浸膏）或达到一定的标准浓度（例如，为了得到一种已知吗啡含量的产品，将一定量的淀粉加入鸦片内）。加入这些物质并不影响固体浸膏的归类。但植物浸膏不能经附加提取或提纯工艺制得，如色谱纯化等的工艺，会增减某种或某类化合物的成分达到初始溶剂提取无法达到的程度。

浸膏有单一的，也有复合的。单一浸膏是用一种植物制得。复合浸膏是将几种单一浸膏加以混合制得或是用不同植物的混合物加工制得。因此，复合浸膏（不论是酊剂或其他形式）含有几种植物成分，它们有刺巴根复合浸膏、芦荟复合浸膏、金鸡纳复合浸膏等。

本品目的植物液汁及浸膏通常为多种产品的原料。如果加入了其他物质使其具有食品、药品等的性质，则不能归入本品目。如果经高度精炼和提纯，也不能归入本品目。比如，在初始提取后经过色谱纯化、超滤或附加提取（如液－液萃取）。

本品目某些被国际文件作为麻醉药的产品列在第二十九章末的附表上。

不归入本品目的制品举例如下：

（一）含有植物浸膏的加味糖浆（品目21.06）。

（二）制饮料用的制品，由本品目植物浸膏与乳酸、酒石酸、柠檬酸、磷酸、防腐剂、泡沫剂、果子汁等（有时与精油）混合而成。上述制品一般归入品目21.06或品目33.02。

（三）由植物浸膏与其他产品混合制成的药品（其中某些也称为“酊剂”）（例如，辣椒浸膏、松节油、樟脑及水杨酸甲酯的混合制品或鸦片酊、茴香油、樟脑及苯甲酸的混合制品）（品目30.03或30.04）。

（四）生产杀虫剂的中间产品，用矿物油稀释除虫菊浸膏，使除虫菊酯含量少于2%的，或加入增效剂之类的其他物质（例如，胡椒基丁醚）的（品目38.08）。

本品目也不包括为治疗或预防疾病用而混合或复合（不加其他物质）的植物浸膏。这些混合物及用植物混合物加工制成的类似药用复合浸膏，归入品目30.03或30.04。单一植物浸膏（不论是否标定或溶于任何溶剂），如果制成一定剂量或零售包装以供治疗或预防疾病用的，也归入品目30.04。

本品目不包括精油、香膏和提取的油树脂（品目33.01）。精油（也可通过溶剂提取所得）不同于归入本品目的浸膏，因为精油基本上由挥发性芳香物质所组成。香膏不同于本品目的浸膏在于前者是通过有机溶剂或超临界流体（例如，加压下的二氧化碳气体）从干燥的天然非细胞植物或动物质树脂材料提取而得。提取的油树脂不同于本品目所列的浸膏则在于：1. 前者是通过有机溶剂或超临界流体从天然植物原料（几乎都是调味香料或芳香植物）提取而得的；2. 前者含有挥发性芳香素的同时，也含有不挥发性的芳香素，这些芳香素可确定有关调味香料或芳香植物的气味或香味特征。

本品目还不包括下列植物产品（归入协调制度其他列名更为具体的品目）：

（一）天然树胶、树脂、树胶脂及油树脂（品目13.01）。

（二）麦精（品目19.01）。

（三）咖啡、茶或马黛茶的精汁（品目21.01）。

（四）制酒精饮料的植物液汁及浸膏（第二十二章）。

（五）烟草精（品目24.03）。

（六）樟脑（品目29.14）、甘草甜及甘草酸（品目29.38）。

（七）作血型试剂用的浸膏（品目38.22）。

（八）鞣料膏（品目32.01）。

（九）染料膏（品目32.03）。

（十）天然橡胶、巴拉塔胶、古塔波胶、银胶菊胶，糖胶树胶及类似天然树胶（品目40.01）。

二、果胶、果胶酸盐及果胶酸酯

果胶物质（商业上通称为“果胶”）是多糖，其基本构造为多半乳糖醛酸，天然存在于植物，特别是水果及蔬菜的细胞中，商业上多从苹果、梨、榅桲、柑橘、甜菜等的余渣中提取。果胶在制果酱及其他蜜饯中主要作凝固剂。它可以是液状或粉状，不论是否加糖（例如，葡萄糖、蔗糖等）使其标准化，或加入其他产品以保证其使用时的永久活性，均归入本品目。它有时含有柠檬酸钠或其他缓冲盐。

果胶酸盐为果胶酯酸（部分甲氧基化的多半乳糖醛酸）的盐，而果胶酸酯为果胶酸（去甲氧基的果胶质酸）的盐。它们的性能和用途与果胶大致相同。

三、用植物产品制得的琼脂、其他胶液及增稠剂，不论是否改性

用植物产品制得的胶液及增稠剂在冷水中会膨胀，在热水中会溶解，并且冷却后会生成均质无味的胶体。它们主要代替明胶用于制造食品、纺织品浆料和纸张上光料，澄清某些液体，培养细菌，制药及制化妆品。它们可经化学处理加以改性（例如，酯化、醚化，用硼砂、酸或碱处理）。

这些产品不论是否加糖（葡萄糖、蔗糖等）或其他产品（以保证其使用时的永久活性）以使其标准化的，仍归入本品目。

最重要的产品有：

（一）琼脂，从主要生长于印度洋及太平洋的某些海藻提制而成，报验时通常为干的纤维状、薄片状、粉状或用酸处理后形成的凝胶状，商业上称为“琼脂糖”，也称日本植物胶（或苔）或冻粉。

（二）刺槐豆或瓜尔籽胚乳粉，这些粉不论是否通过化学处理改性以改善或稳定其胶的特性（例如，粘性、可溶性等），都归入本品目。

（三）角叉胶，从角叉菜（又称爱尔兰苔或珍珠苔）提制而成，通常为纤维丝状、片状或粉状。本品目也包括通过改变角叉胶的化学性质制得的粘性物质（例如，角叉酸钠）。

（四）增稠剂，由用水加压或其他方式处理使其可溶于水的树胶或树胶脂制成。

（五）罗望子的子叶粉，这种粉即使经热处理或化学处理改性的，仍归入本品目。

本品目不包括：

（一）未制过或已干燥的海草及其他藻类（一般归入品目12.12）。

（二）藻酸及藻酸盐（品目39.13）。

第十四章　编结用植物材料；其他植物产品

注释：

一、本章不包括归入第十一类的下列产品：

主要供纺织用的植物材料或植物纤维，不论其加工程度如何；或经过处理使其只能作为纺织原料用的其他植物材料。

二、品目 14.01 主要包括竹（不论是否劈开、纵锯、切段、圆端、漂白、磨光、染色或进行不燃处理）、劈开的柳条、芦苇及类似品和藤心、藤丝、藤片。但不包括木片条（品目 44.04）。

三、品目 14.04 不包括木丝（品目 44.05）及供制帚、制刷用成束、成簇的材料（品目 96.03）。

总　注　释

本章包括：

一、主要用于编结、制帚、制刷或作填塞、衬垫用的未经加工或简单加工的植物材料。

二、用于雕刻、制扣及其他花哨小商品的子、核、壳、果。

三、未列名的其他植物产品。

本章不包括主要用于制造纺织品的植物材料（不管如何制过）及其他加工成纺织材料用的植物物料（第十一类）。

14.01　主要作编结用的植物材料（例如，竹、藤、芦苇、灯芯草、柳条、酒椰叶，已净、漂白或染色的谷类植物的茎秆，椴树皮）：

10　—　竹

20　—　藤

90　—　其他

本品目包括主要用于编结草席、盘、各种篮筐（包括盛水果、蔬菜、牡蛎等的篮筐）、有盖大篮、袋、家具（例如，桌、椅）、帽子等物品的植物原料。这些植物原料也可用于制造刷、伞柄、手杖、钓竿、烟斗柄、粗绳等和纸浆，还可用作铺圈材料。

本品目主要包括以下原材料：

一、竹子，禾本科植物的特别种类，大量生长于中国、日本和印度等一些地区。竹竿轻，皮发亮，中空，有的在交错两节之间有一条槽。竹子不论是否劈开、纵锯、切段、圆端、漂白、磨光、染色或进行不燃处理，均归入本品目。

二、藤，通常为省藤属攀缘棕榈的茎，主要产自亚洲南部，为圆柱体状，实心，柔韧，直径一般在0.3~6厘米之间，颜色从黄色至棕色不等，表面有滑有糙。本品目包括藤芯及藤皮，也包括对藤芯、藤皮或整条藤纵切而形成的长条。

三、芦苇及灯心草，生长于温带和热带潮湿地区的多种草本植物的统称。芦苇的杆通常较为坚硬，笔直，空心，每节间隔相当规则，芦叶在节上生长。最著名的种类有蔗草；普通或野生芦苇（芦竹及芦苇）；莎草属的各个种类（例如，咸水草、中国席草）；灯心草属的各个种类（例如，灯心草、日本席草）。

四、柳条（白色、黄色、绿色或红色），即某些种类柳树的长条柔韧的嫩枝或树枝。

五、酒椰叶，酒椰属某些棕榈树叶纤细条的商业名称。最重要的酒椰属棕榈树为马达加斯加酒椰，主要生长于马达加斯加。酒椰叶用于编结，也用于园艺捆扎材料，非纺制的酒椰叶织物不归入本品目（品目46.01）。本品目包括与酒椰叶用途相同及用于制帽的其他叶和草（例如，巴拿马棕及拉坦棕的叶和草）。

六、带穗或不带穗的谷物草秆，已净、漂白或染色（见下）。

七、几种欧椴（椴属）的内皮（韧皮），其纤维极坚韧，用于制造绳索、包装布、粗席，也用于捆扎植物。本品目包括有类似用途的猴面包树皮、某些柳树皮或白杨树皮。

除未加工谷物草秆不归入本品目外（品目12.13），植物编结材料，不论是否未经加工或经洗涤、劈条、剥皮、磨光、漂白、染前处理、染色、涂漆或进行不燃处理，均归入本品目。本品目的货品也可以切段，不论是否圆端（例如，制饮料吸管的草、制钓杆的棒、准备染色的竹子等），或分成便于包装、储存、运输等的稍有扭绞的捆或束。捻搓成条用以代替缏条的本品目所列植物材料应归入品目46.01。

本品目也不包括：

（一）木片条（品目44.04）。

（二）经碾轧、捣碎、梳理或其他纺前加工的上述植物材料（品目53.03或53.05）。

【14.02】

【14.03】

14.04　其他品目未列名的植物产品：

20　—　棉短绒

90　—　其他

本品目包括协调制度其他品目未列名的所有植物产品。

它包括：

一、棉短绒

棉属植物某些品种的种籽经轧棉将棉纤维分离后，仍裹有一层纤细绒毛（通常不到5毫米长）。这些纤维也称为棉籽绒。

棉短绒因太短，不能纺纱，但由于纤维素含量高，是理想的无烟火药、人造纤维（例如，人造丝）及纤维素塑料的原料。它们有时也用于制造某些种类的纸张、滤块及在橡胶工业中用作填料。

棉短绒不论其用途如何，也不论是天然或已净、漂白、染色、脱脂的，均归入本品目。报验时可以是散装的，也可以是压成板片状的。

本品目不包括：

（一）棉絮，药用的或医疗、外科、牙科或兽医用零售包装的（品目30.05）。

（二）其他棉絮胎（品目56.01）。

二、主要供染料或鞣料用的植物原料

这类产品主要直接用于染色或鞣革，或用于制造染料膏或鞣料膏。这些材料可以未经处理，也可以洁净、干燥、磨碎或研粉（不论已否压紧）。

较重要的品种有：

（一）木：漆树、染料桑树（包括所谓“幼桑”）、洋苏木、白雀树、巴西木（包括伯南布哥木和苏木）、栗树、红檀香木。

必须注意，主要用于染色或鞣革的木料，只有成为削片、刨片、碎片或粉末状才归入本品目，其他形状的木料不归入本品目（第四十四章）。

（二）树皮：各种橡树［包括黑栎（槲树）以及栓皮槠的第二层树皮］、栗树、白桦、漆树，幼染料桑树、金合欢树、含羞草、美洲红树、铁杉及柳树。

（三）根及类似物：茜草、膜萼酸模、小檗灌木及紫朱草。

（四）果实、浆果及种子：牧豆树荚果、橡碗、诃子、南美云实荚果、鼠李浆果（又称波斯浆果、土耳其浆果、黄浆果等）、胭脂树蒴果种子及果肉、胡桃壳及杏仁壳。

（五）五倍子：阿勒颇五倍子、中国五倍子、匈牙利五倍子、松树五倍子等。

五倍子为各种橡树或其他树的叶或枝被某些昆虫（例如，瘿蜂种昆虫）叮后形成的瘿，含有鞣酸及没食子酸，用于染色和制造某种墨水。

（六）茎、梗、叶及花：菘蓝、漆树、“幼桑”、冬青、桃金娘、向日葵、无刺指甲花、木犀草、靛蓝植物的茎、梗及叶，乳香树的叶，红花（红蓝菊）及木蜡的花。

应该注意，番红花的柱头及花柱不归入本品目（品目09.10）。

（七）地衣：可提取苔素色、地衣赤染料萃、石蕊等染料的地衣（染料衣、浓泡地衣、石脐地衣等）。

本品目不包括：

（一）植物鞣料膏及鞣酸，包括水萃没食子酸（品目32.01）。

（二）染料木及其他染料植物浸膏（品目32.03）。

三、用于雕刻的硬种子、硬果核、硬果壳、坚果

这些物料主要用于制造钮扣、珠子、念珠及其他花哨小商品，主要包括：

（一）象牙果，即主要生长于南美洲的几种棕榈树的种子（“坚果”），其纹理、硬度、颜色与象牙相似，因而俗称为“植物象牙”。

（二）非洲姜果棕的种子，这种棕榈树主要生长于东非、中非（厄立特里亚、索马里兰、苏丹等）。

（三）其他类似的棕榈树子［例如，帕尔迈拉或塔希提棕榈（Tahiti）的种子］。

（四）美人蕉种子、相思树种子（又称相思豆）、椰枣核、巴西棕果。

（五）椰子壳。

以上产品不论是完整的或切片的（例如，象牙果或非洲姜果棕种子通常切割成片），只要未进行其他加工，均可归入本品目，经其他加工的不能归入本品目（一般归入品目96.02或96.06）。

四、主要作填充或衬垫用的植物材料（例如，木棉、植物毛及大叶藻），不论是否制成有或无支承材料的层片

本类包括主要用于填塞家具、坐垫、床垫、枕头、鞍具及挽具、救生圈等的植物材料。这些植物材料即使有其他附带用途，仍归入本品目。

本品目不包括其他品目列名的填塞材料或主要作其他用途的植物物料，例如，木丝（品目44.05）、软木毛（品目45.01）、椰壳纤维（椰子皮纤维）（品目53.05）以及植物纺织纤维废料（第五十二章或第五十三章）。

本组产品主要包括：

（一）木棉，木棉科植物各种树的种籽外面包裹的淡黄色或浅棕色绒毛，木棉是其商业名称。根据品种不同，其纤维长度在15～30毫米之间不等。有弹性，不透水，质轻但易碎。

（二）某些其他植物绒毛（有时称为植物丝），在某些热带植物（例如，马利筋属植物）种籽上形成的单细胞绒毛。

（三）名为植物毛的产品，包括阿尔及利亚纤维，从某些矮棕榈树（特别是地中海灌棕）的树叶所得。

（四）大叶藻，一种海产植物，形状如毛或草。

（五）一种自然卷曲植物毛，从苔草属某些苇草的叶所得。

本品目包括未加工或已净、漂白、染色、粗梳或经其他加工（纺前处理的除外）的这些材料，进口时成绞的也归入本品目。

铺在织物、纸等之上或夹在织物、纸等之间并用钉书钉或缝线固定的上述植物材料，亦归入本品目。

五、主要供制帚、制刷用的植物材料（例如，帚用高粱、纤维榈纤维、匍匐须芒草及龙舌兰纤维），不论是否成绞或成捆

本组包括主要供制帚、制刷等用的植物材料，即使它们有其他附带用途；但不包括其他品目已列名的或主要不作制帚、制刷用的植物材料，例如，竹，不论是否劈开；芦苇及灯心草（品目 14.01）；针茅草、北非茅草及金雀花茎，已作纺前加工的［品目 53.03（金雀花）或 53.05（针茅草及北非茅草）］；椰壳纤维（椰子皮纤维）（品目 53.05）。

本组产品主要包括：

（一）稻、帚用高粱（工艺蜀黍）及某种粟的脱子圆锥花序。

（二）纤维榈纤维，从某些热带棕榈树叶所得的纤维。最著名的品种有巴西及非洲派沙伐纤维。

（三）匍匐须芒草根。匍匐须芒草为生长于旱沙质土壤的禾本科须芒草属植物，有时称作“刷子草”，生长在欧洲，特别是在匈牙利和意大利。匍匐须芒草根不应与可制精油的芳香须芒草根（香梯否须芒草或印度须芒草的根）相混淆，也不应与有医疗效能的药用匍匐草根相混淆（品目 12.11）。

（四）中美洲某些其他禾本科植物的根，例如，帚根草属植物（帚根草或羊草根）。

（五）桄榔纤维，从桄榔树所得。

（六）龙舌兰纤维（坦皮科、坦皮科纤维或墨西哥纤维），包括墨西哥短叶龙舌兰的短硬纤维。

所有这些植物材料，不论是否切割、漂白、染色或梳理（纺前梳理除外），也不论是否成绞成束，一律归入本品目。

但本品目不包括不用分拆（或仅需简单加工）即可配装于帚或刷之上的制好的纤维束或簇。这些物品归入品目 96.03（参见第九十六章注释三）。

六、其他植物产品

这些产品包括：

（一）针茅，即生长于非洲和西班牙的针茅及西班牙草，主要用于制造纸浆，也用于制绳、网或编结品，例如，地毯、地席、篮、鞋等，还用作椅垫、床垫的填塞料。

本品目仅包括针茅的茎及叶，不论是否天然、漂白或染色，但不包括经辊轧、捣碎或作为纺织纤维进行梳理的针茅茎、叶（品目 53.05）。

（二）针茅草，未作纺前加工的。

（三）金雀花茎。金雀花为豆科植物，其纤维用于纺织工业，已梳理的金雀花纤维或落纤不归入本品目（品目 53.03）。

（四）丝瓜络，又称植物海绵，为一种葫芦瓜（普通丝瓜）的多孔组织。

动物质海绵不归入本品目（品目 05.11）。

（五）象牙果细粉、非洲姜果棕种子的细粉、椰壳细粉及类似粉。

（六）地衣｛染料用［参见以上一（七）］、药用或装饰用的除外｝。琼脂、角叉胶或其他从植物材料中提取的天然胶及增稠剂不归入本品目（品目 13.02）。海草和品目 12.12 的其他藻类及已死的单细胞藻类（品目 21.02）也不归入本品目。

（七）未镶嵌的绒草头，包括用于纺织品整理的。

（八）日本米纸（通称），将远东生长的某些树的木髓削片制成，用于制人造花、绘画等。日本米纸不论是否表面压平或切成矩形（包括正方形），均归入本品目。

（九）蒌叶，为胡椒科藤蔓植物的新鲜绿叶，因其具有提神兴奋作用，通常供饭后咀嚼。

（十）皂树皮（皂树树皮或巴拿马树皮）。

（十一）无患子浆果或种子（无患子属植物）。

铺在织物、纸等之上或夹在织物、纸等之间并用钉书钉或缝线固定的一层本品目植物材料，也归入本品目。

第三类　动、植物或微生物油、脂及其分解产品；精制的食用油脂；动、植物蜡

第十五章　动、植物或微生物油、脂及其分解产品；精制的食用油脂；动、植物蜡

注释：

一、本章不包括：

（一）品目02.09的猪脂肪及家禽脂肪；

（二）可可脂、可可油（品目18.04）；

（三）按重量计品目04.05所列产品的含量超过15%的食品（通常归入第二十一章）；

（四）品目23.01的油渣或品目23.04至23.06的残渣；

（五）第六类的脂肪酸、精制蜡、药品、油漆、清漆、肥皂、芳香料制品、化妆盥洗品、磺化油及其他货品；或

（六）从油类提取的油膏（品目40.02）。

二、品目15.09不包括用溶剂提取的橄榄油（品目15.10）。

三、品目15.18不包括变性的油、脂及其分离品，这些货品应归入其相应的未变性油、脂及其分离品的品目。

四、皂料、油脚、硬脂沥青、甘油沥青及羊毛脂残渣，归入品目15.22。

○

○　○

子目注释：

一、子目1509.30所称"初榨油橄榄油"，游离酸度（以油酸计）不超过2.0克/100克，可根据《食品法典标准》（33—1981）与其他初榨油橄榄油类别加以区分。

二、子目1514.11及1514.19所称"低芥子酸菜子油"，是指按重量计芥子酸含量低于2%的固定油。

总　注　释

一、本章包括：

（一）动、植物或微生物油、脂，不论是否初榨、纯净、精制或用某些方法处理的（例如，熟炼、硫化或氢化）。

（二）从油、脂所得的某些产品，特别是油、脂的分解产品（例如，粗甘油）。

（三）混合食用油、脂（例如，人造黄油）。

（四）动、植物蜡。

（五）处理油脂物质或动、植物蜡所剩的残渣。

但不包括：

（一）品目02.09的未炼制或用其他方法提取的不带瘦肉的肥猪肉、猪脂肪及家禽脂肪。

（二）黄油及其他从乳提取的脂和油（品目04.05）；品目04.05的乳酱。

（三）可可油及可可脂（品目18.04）。

（四）油渣（品目23.01）；提取植物或微生物油脂所剩的油渣饼、橄榄渣及其他残渣（油脚除外）（品目23.04至23.06）。

（五）脂肪酸、精炼所得的酸性油、脂肪醇、甘油（粗甘油除外）、调制蜡、药品、涂料、清漆、肥皂、芳香料制品、化妆盥洗品、磺化油或其他第六类的货品。

（六）从油类提取的油膏（品目40.02）。

除鲸油及希蒙得木油以外，动、植物或微生物油、脂都是含脂肪酸（例如，软脂酸、硬脂酸及油酸）甘油的酯类。

它们呈固态或液态，而且都比水轻，长期暴露于空气中会因水解和氧化而酸败。加热会分解，发出一股辛辣刺鼻的气味。不溶于水，但可完全溶于二乙醚、二硫化碳、四氯化碳、苯等。蓖麻油可溶于酒精，而其他动、植物或微生物油、脂仅稍溶于酒精。它们在纸上会留下难以除去的油迹。

构成含甘油三酯脂肪的酯类可通过过热蒸汽、稀酸、酶或催化剂的作用分解产生甘油及脂肪酸，或者通过碱的作用分解产生甘油及脂肪酸碱金属盐（肥皂）。

品目15.04及15.06至15.15还包括这些品目所列油脂的分离品，只要这些分离品在协调制度其他品目未具体列名（例如，鲸蜡应归入品目15.21）。以下是分离的主要方法：

1. 通过压榨、倾析、冬化及过滤进行干分离；

2. 溶剂分离；

3. 借助表面活性剂分离。

分离不会引起上述油、脂化学结构的任何变化。

本章注释三所述“变性的油、脂及其分离品”，是指加入了变性剂，例如，鱼油、酚、石油、松节油、甲苯、水杨酸甲酯（冬青油）、迷迭香油，使其不能供食用的油、脂。所加物质剂量很小（通常不超过1%），但能使油、脂或其分离品酸败、发酸、发苦、刺鼻。应注意到，本章注释三不适用于油、脂或其分离品的变性混合物及制品（品目15.18）。

除本章注释一所列不包括的货品外，动、植物或微生物油、脂及其分离品不论是供食用，或是供技术或工业用（例如，供制肥皂、蜡烛、润滑剂、清漆或涂料用），均归入本章。

动、植物蜡主要由含有某些醇（鲸蜡醇之类的丙三醇除外）的某些高级脂肪酸（软脂酸、蜡酸、肉豆蔻酸）的酯类组成，并含有一定比例的游离状态的上述酸和醇，还含有某些碳氢化合物。

这些蜡水解时不产生甘油，加热时不散发油脂加热应有的辛辣味，也不会酸败。蜡通常比油脂硬。

二、品目15.07至15.15包括这些品目所列的单一（即未与其他性质的油、脂混合）固定植物或微生物油、脂及其分离品，不论是否精制，但未经化学改性。

植物油、脂广泛存在于自然界中，含于植物某些部分（例如，子仁和果实）的细胞内，通过压榨或溶剂可将其提取出来。

归入这些品目的植物或微生物油、脂是固定油、脂，即具有不分解不易被蒸馏、不会挥发以及不被过热蒸汽带走（但会被分解及皂化）等特征。

除了诸如希蒙得木油之类的油以外，其他植物油、脂都是甘油酯的混合物。固体油主要含常温下呈固态的软脂及硬脂甘油酯；而液体油主要含常温下呈液态的甘油酯（例如，油酸、亚油酸、亚麻酸的甘油酯）。

微生物油脂也是甘油酯的混合物，其主要含有多不饱和脂肪酸（例如，花生四烯酸和亚油酸），它们在室温下是液态。

这些品目包括初榨油、脂或其分离品，精制或纯净的（例如，澄清、洗涤、过滤、脱色、脱酸、脱臭的）也包括在内。

炼油副产品，如“油脚”及皂料，归入品目15.22。精炼所得的酸性油归入品目38.23。酸性油是对精炼初榨油过程中所得的皂料用无机酸分解制得。

这些品目所包括的植物油、脂主要来源于品目12.01至12.07的含油子仁及果实，也有从归入其他品目的植物原料制得（例如，橄榄油、从品目12.12的桃、杏或李的仁制取的油、从品目08.02的杏仁、核桃、食用松子、阿月浑子果等制得的油及从谷物胚芽制得的油）。

品目15.15的微生物油脂是通过从产油微生物中提取油脂获得的。微生物油脂也被称为单细胞油脂（SCO）。

这些品目不包括食用或非食用的混合物及制品和经化学改性的植物或微生物油、脂［归入品目15.16、15.17或15.18；如果已经具有其他品目（例如，品目30.03、30.04、33.03至33.07、34.03）所列货品的特征，则应分别归入有关品目］。

15.01 猪脂肪（包括已炼制的猪油）及家禽脂肪，但品目02.09及15.03的货品除外：

10 — 猪油

20 — 其他猪脂肪

90 — 其他

本品目的脂肪可经任何方法加工（例如，炼制、压榨或溶剂提取）而得。最常见的加工方法是湿炼（用蒸汽或低温）及干炼。在干炼过程中，由高温炼出部分脂肪，然后再压榨压出部分脂肪，两部分脂肪汇在一起。有时，残存在油渣里的脂肪还可用溶剂提取。

根据以上所述，本品目包括：

——猪油，一种柔软乳白色固态或半固态食用脂肪，从猪的脂肪组织制得。根据所用的生产方法和脂肪组织不同，所得的猪油也不同。例如，最高级的食用猪脂肪一般是用猪腹部内的板油通过干炼制得。大部分猪油已除异味，有时还可能加入抗氧化剂以防酸败。

加有少量月桂叶或其他调味香料的猪油，如基本特征未改变的，仍归入本品目。可是，含猪油的食用混合物或食品不归入本品目（归入品目15.17）。

——其他猪脂肪，包括骨脂、从废料制得的脂肪及其他不适合供人食用的脂肪，例如，工业用及动物饲料用脂肪。

——家禽脂肪，包括骨脂及从废料制得的脂肪。

从新鲜骨头制得的骨脂呈白色或淡黄色，稠度和气味象牛脂；而从不新鲜的骨头制得的骨脂柔软，呈颗粒状，土黄色或棕褐色，有一股难闻的气味。骨脂用于制肥皂、蜡烛或作润滑剂。

从废料制得的油脂是牲油脂，即从动物其他废料及剩料（舌、肚、碎料等）或从废碎皮制得的脂肪。它们通常具有以下特征：色深、味难闻，游离脂肪酸（油酸、软脂酸等）、胆固醇及杂质等含量高，熔点低于本品目的猪油及其他脂肪。主要用于技术方面。

这些脂肪可以是初榨的，也可以是精制的。精制油要通过中和、用漂白土处理、吹入过热蒸汽、过滤等工序。

这些产品用于制食品、膏药、肥皂等。

本品目也不包括：

（一）品目02.09的未炼制或用其他方法提取的不带瘦肉的肥猪肉、猪脂肪及家禽脂肪。

（二）猪油硬脂及液体猪油（品目15.03）。

（三）非从本品目所述的动物制得的脂肪（品目15.02、15.04或15.06）。

（四）品目15.06的骨油。

（五）人造猪油（品目15.17）。

15.02　牛、羊脂肪，但品目 15.03 的货品除外：

10　—　牛、羊油脂

90　—　其他

本品目包括牛、山羊或绵羊内脏及肌肉周围的脂肪，其中以牛脂为最重要。这些脂肪可以是生的（鲜、冷或冻的）、干的、熏的、盐腌或盐渍的，也可以是炼制的油脂状（牛羊脂）。其炼制方法与品目 15.01 的相同。本品目还包括压榨或溶剂提取的脂肪。

“原汁”是最高级的食用牛羊脂。它是白色或淡黄色固体产品。新鲜时无味，暴露于空气后会产生一种特殊的酸败气味。

牛羊脂几乎全部由油酸、硬脂酸及软脂酸的甘油脂组成。

牛羊脂用于制食用油脂、润滑剂、肥皂、蜡烛、皮革鞣料、动物饲料等。

本品目还包括从牛、山羊或绵羊骨头及废料制得的脂肪。品目 15.01 的相应注释同样适用于本品目的骨脂及脂肪。

本品目不包括：

（一）油硬脂、食用或非食用脂油（品目 15.03）。

（二）马脂（品目 15.06）。

（三）非本品目所述动物废料制得的骨脂及脂肪（品目 15.01、15.04、15.06）。

（四）动物油类（例如，品目 15.06 的牛脚油及骨油）。

（五）某些名为“植物牛脂”的植物脂，例如，乌桕脂及婆罗洲柏脂（品目 15.15）。

15.03　猪油硬脂、液体猪油、油硬脂、食用或非食用脂油，未经乳化、混合或其他方法制作

本品目包括压榨猪油（即猪油硬脂及液体猪油）或压榨牛羊油（即食用或非食用脂油、油硬脂）。在加工过程中，猪油或牛羊油在加热的油槽中放置 3～4 天，使猪油硬脂或油硬脂的晶体形成，然后将这些晶粒团块进行压榨，使油和硬脂分开。这种压榨不同于干炼过程中的压榨，后者是通过高温把残余的脂肪从其他动物材料（例如，蛋白质及相连组织等）分离出来。本品目的产品也可用其他方法分解制得。

猪油硬脂是猪油或其他炼制猪脂肪被压榨后所剩的白色固体脂肪。本品目包括供食用或非供食用的猪油硬脂。食用猪油硬脂有时与软猪油混合，使其稠度提高，更为硬实（品目 15.17）。非供食用猪油硬脂可作为润滑剂，或作为生产甘油、油精或硬脂精的原料。

液体猪油是用猪油或炼制过的猪脂肪冷榨而得，为淡黄色液体，有少许油腻气味，味道尚可。用于某些工业（例如，加工羊毛、生产肥皂等）或作润滑剂，有时也用于制造食品。

食用脂油，一种白色或淡黄色固态软稠脂肪，气味较好并稍带牛脂味，呈晶体状。如经碾、压，则成粒状。主要由油酸（甘油三油酸酯）的甘油酯组成。食用脂油主要用于生产人造黄油及人造猪油之类的食品，也用作润滑剂。

非食用脂油，一种淡黄色液体产品，有牛脂气味，暴露于空气中极易酸败，用于制皂。与矿物油混合后可作润滑剂。

提取食用或非食用脂油后所剩较硬的物质，是一种主要由硬脂酸及软脂酸甘油酯（三硬脂精及三棕榈精）组成的混合物。这种脂称为油硬脂（“压制脂”），通常为坚硬易碎的饼状或片状，白色无味。

本品目不包括乳化、混合或经其他制作的产品（品目 15.16、15.17 或 15.18）。

15.04　鱼或海生哺乳动物的油、脂及其分离品，不论是否精制，但未经化学改性：

10　—　鱼肝油及其分离品

20　—　除鱼肝油以外的鱼油、脂及其分离品

30　—　海生哺乳动物的油、脂及其分离品

本品目包括从某些鱼类（例如，鳕鱼、庸鲽鱼、步鱼、鲱鱼、沙丁鱼、鳀鱼、沙脑鱼等）或海生哺乳动物（鲸鱼、海豚、海豹等）的躯体、肝或废料中制得的油、脂及其分离品。它们都有一股独特的鱼腥味，难以入口，颜色为黄色到棕红色不等。

鳕鱼、庸鲽鱼及其他鱼的肝脏所产的油富含维生素及其他有机物质，因而主要用于医药。鱼肝油不论是否通过辐照或用其他方法提高维生素含量的均归入本品目，但制成药品、经乳化或加有其他物质以供治疗疾病用的应归入第三十章。

本品目也包括“鱼硬脂精”。它是通过压榨及倾析冷鱼油所得的一种固体产品，为淡黄色或棕褐色，有鱼腥味，用于制造麂皮脂、润滑剂及低级肥皂。

精制的鱼及海生哺乳动物油、脂仍归入本品目，但部分或全部氢化、相互酯化、再酯化或反油酸化的除外（品目15.16）。

15.05　羊毛脂及从羊毛脂制得的脂肪物质（包括纯净的羊毛脂）

羊毛脂具有胶粘性，气味难闻，从洗毛的肥皂液中回收而得，也可通过挥发性溶剂（例如，二硫化碳等）从汗羊毛中制取。羊毛脂不含甘油的酯类，因此，从化学成分上看，它应作为蜡而不应作为脂。羊毛脂用于制造润滑剂，也可用于其他工业方面，但最多用作精羊毛脂（羊毛脂的精制产品）或供提取羊毛脂油精或羊毛脂硬脂精。

精羊毛脂是通过净化羊毛脂制得，稠如软膏：根据精制程度不同，颜色为黄白色至棕褐色，稍露于空气即变质，有淡淡的特殊气味，精羊毛脂极易溶于煮沸的酒精，不溶于水，但能大量吸水，吸水后成为油性乳剂，称为水合羊毛脂。

无水羊毛脂用于制造润滑剂、可乳化的油或熟皮料；水合或乳化羊毛脂主要用于制造软膏或化妆品。

本品目还包括稍加改性但仍保持本身基本特征的精羊毛脂，以及羊毛醇（也称羊毛脂醇，为胆固醇、异胆固醇及其他高级醇的混合物）。

本品目不包括已有化学定义的醇（通常归入第二十九章）及以精羊毛脂为基料的制品，例如，加入了药料或香料的精羊毛脂（品目30.03、30.04或第三十三章），也不包括经化学改性后已失去本身基本特征的精羊毛脂，例如，羟乙基化后可溶于水的精羊毛脂（通常归入品目34.02）。

羊毛脂经蒸汽蒸馏并压榨后，就分离成液体、固体及残渣三个部分。

液体部分即羊毛脂油精，为混浊棕红色产品，有淡羊毛脂气味。可溶于乙醇、二乙醚、车用汽油等。用作纺织工业的纺织品润滑剂。

固体部分（羊毛脂硬脂精）为蜡质，黄褐色，有强烈的羊毛脂气味，溶于煮沸的酒精及其他有机溶剂，用于皮革工业或制造润滑剂、粘性油、蜡烛或肥皂。

本品目不包括羊毛脂残渣（品目15.22）。

15.06　其他动物油、脂及其分离品，不论是否精制，但未经化学改性

本品目包括所有的动物油、脂及其分离品，但品目02.09及本品目以前本章各品目所列的除外。

因此，本品目包括除猪、牛、家禽、山羊、绵羊、鱼、海生哺乳动物以外的所有动物脂肪，以及除液体猪油、食用或非食用脂油、鱼油、海生哺乳动物油、羊毛脂油以外的所有动物油。

本品目主要包括：

一、从马、河马、熊、兔、陆栖蟹、海龟等制取的脂肪（包括从这些动物的骨、骨髓及废料制取的脂肪）。

二、牛脚油及类似油，用烹煮牛、马、绵羊的脚或胫骨所得的油脂通过冷榨制得。

这类油呈米黄色，略带甜味，接触空气也不易变质，主要用作精密机械（例如，手表、缝纫机、火器等）的润滑剂。

三、骨油，通过压榨骨脂或用热水处理骨头所制得，呈淡黄色液态，无气味，不易酸败，用于精密机械的润滑及皮张的整理。

四、骨髓油，为白色或淡黄色产品，用于制药或制香料。

五、蛋黄油，通过压榨或用溶剂从煮熟的蛋黄中制得，油清澈，金黄色或浅红色，有熟蛋的气味。

六、海龟蛋油，为米黄色，无气味，用于食品。

七、金蛹油，从蚕蛹制得，为棕红色，有非常难闻的特殊气味，用于制皂。

本品目不包括：

（一）猪脂肪及家禽脂肪（品目02.09或15.01）。

（二）牛、绵羊或山羊脂肪（品目15.02）。

（三）鱼或海生哺乳动物的油、脂及其分离品（品目15.04）。

（四）主要同吡啶基组成的产品（通称为骨焦油，有时也称骨油）（品目38.24）。

15.07　豆油及其分离品，不论是否精制，但未经化学改性（+）：

10　—　初榨的，不论是否脱胶

90　—　其他

豆油是通过液压、螺杆压或用溶剂从大豆中提取的一种淡黄色固定干性油，可供食用及工业用，例如，制人造黄油或沙拉油、肥皂、涂料、清漆、增塑剂及醇酸树脂。

本品目还包括豆油分离品。但在初榨豆油精制过程中制得的大豆卵磷脂应归入品目29.23。

○

○　○

子目注释：

子目1507.10

压榨的固定植物油，不论是液体还是固体，如果只经过倾析、离心分离或过滤加工，都应视为初榨油。初榨油只是使用重力、压力、离心力等的机械力将油和固体物质分离，不包括使用吸收过滤法、分馏法及任何其他物理或化学方法制取的油。通过萃取法所制得的油，如其颜色、气味、味道与压榨油无异，也可视为初榨油。

15.08　花生油及其分离品，不论是否精制，但未经化学改性（+）：

10　—　初榨的

90　—　其他

花生油是一种非干性油，通过压榨或用溶剂萃取普通花生仁制得。

过滤或精制花生油可作沙拉油或用于烹饪及制人造黄油等。低级花生油用于制皂或润滑剂。

○
○　○

子目注释：

子目 1508.10

参见子目 1507.10 的注释。

15.09　油橄榄油及其分离品，不论是否精制，但未经化学改性：

20　—　特级初榨油橄榄油

30　—　初榨油橄榄油

40　—　其他初榨油橄榄油

90　—　其他

油橄榄油是从油橄榄树（*Olea europaea* L.）的油橄榄制得的。

初榨的油橄榄油是指在未改变油脂的条件下（主要是加热的状态），仅用机械或其他物理方法处理油橄榄制得的油，所经过的处理不得超过洗涤、倾析、离心分离或过滤范围。

一、特级初榨油橄榄油，是在特定条件下获得的油，特别是对油橄榄的加工前处理和在加工、储存期间的温度控制，不会导致油的任何变化。就感官特征而言，其果味浓郁，无缺陷，颜色为清澈的浅黄到绿色，适合在天然状态下食用。特级初榨油橄榄油的游离酸度（以油酸计）每 100 克不超过 0.8 克，可根据《食品法典标准》（33—1981）所述特征与其他种类的油橄榄油区分。

二、初榨油橄榄油，是在特定条件下获得的油，特别是在加工、储存期间的温热条件下，可能会导致油的轻微变化，产生不超过《食品法典标准》（33—1981）规定的感官缺陷。它具有独特的果味，颜色为清澈的浅黄到绿色，适合在天然状态下食用。初榨油橄榄油的游离酸度（以油酸计）每 100 克不超过 2.0 克，可根据《食品法典标准》（33—1981）所述特征与其他种类的油橄榄油区分。

三、其他初榨油橄榄油，在未经进一步精炼的条件下可能不适合供人食用，包括以下两种，即灯油橄榄油和普通初榨油橄榄油。

四、其他，用上述子目所列的初榨的油橄榄油精炼而得的油，不改变其原来的甘油酯结构。它包括以下两类：

（一）精炼油橄榄油，游离酸度（以油酸计）每 100 克不超过 0.3 克，且其他特征与《食品法典标准》（33—1981）所述特征相对应。它是一种清澈、透明的油，不含沉淀物，颜色为浅黄色，没有特定的气味或味道，可能适合供人食用。

（二）精炼油橄榄油和初榨的油橄榄油的混合油，是由精炼油橄榄油和适合食用的初榨油橄榄油混合而成的油。它的游离酸度（以油酸计）每 100 克不超过 1 克，其他特性与《食品法典标准》（33—1981）第三部分所述一致。它的颜色为浅黄至绿色，气味、口感好。

五、分离品及以上一至四所述油的混合物。

本品目不包括油橄榄果渣油和它与初榨油橄榄油的混合物（品目 15.10）或从橄榄油制取的再酯化油（品目 15.16）。

15.10　其他橄榄油及其分离品，不论是否精制，但未经化学改性，包括掺有品目 15.09 的油或分离品的混合物：

10　—　粗提油橄榄果渣油

90　—　其他

本品目包括品目 15.09 以外的从橄榄制得的其他橄榄油。

本品目包括从油橄榄果渣中获得的油。油橄榄果渣是提取品目 15.09 的油橄榄油后的固体残渣。这种残渣仍然含有一定量的水和油。

本品目的油可以是初榨的，也可以是精炼的，或经其他方法处理但没有改变其原甘油酯结构的。

本品目还包括油的分离品，及本品目的油或分离品与品目 15.09 的油或分离品的混合油。最常见的混合油是精炼油橄榄果渣油与初榨油橄榄油的混合物。

一、粗提油橄榄果渣油，是对提取品目 15.09 的油橄榄油后的残渣进行溶剂萃取或其他物理方法处理获得的油。可根据《国际橄榄油理事会标准》（COI/T. 15/NC No. 3）所述这类油的特性，将其与品目 15.09 的油进行区分。此产品用于技术用途或精炼后供人食用。

二、精炼油橄榄果渣油，是由粗提油橄榄果渣油通过精炼得到的不改变原甘油酯结构的油。

精炼油橄榄果渣油包括：

1. **精炼油橄榄果渣油：**其游离酸度（以油酸计）每 100 克不超过 0.3 克，其他特征与《食品法典标准》（33—1981）中这一类油的相关特征相对应。它的颜色为浅黄色至棕黄色，气味和口感均可接受，适合供人食用；但是，只有在允许零售的国家，它才能直接销售给消费者。

2. **油橄榄果渣油，**是由精炼油橄榄果渣油与特级初榨油橄榄油或初榨油橄榄油混合制成的油。其游离酸度（以油酸计）每 100 克不超过 1 克，其他特征与《食品法典标准》（33—1981）中这一类油的相关特征相对应。它的颜色为浅黄至绿色，气味、口感好，适合供人食用。

*

* *

本品目不包括从橄榄油制取的再酯化油（品目 15.16）。

15.11 棕榈油及其分离品，不论是否精制，但未经化学改性（+）：

10 — 初榨的

90 — 其他

棕榈油是从油棕果的果肉制取的一种植物脂肪，主要来源于非洲油棕榈。该油棕榈原产于热带非洲，也生长在中美洲、马来西亚和印度尼西亚。其他来源有，例如，原产于南美洲的黑可卡油棕榈（也称为诺利棕榈）及各种垂花榈属的棕榈，包括巴拉圭棕榈。棕榈油是通过萃取或压榨而得，其颜色会按不同的状态和是否精炼而有所不同。它们不同于棕榈仁油（品目 15.13），后者虽也用同样的油棕果制得，但其棕榈酸和油酸的含量极高。

棕榈油可作润滑剂或用于制皂、蜡烛、化妆品、盥洗品或热镀锡工艺和棕榈酸生产等。精制棕榈油用于制食品，例如，作煎炸油脂或制人造黄油。

本品目不包括棕榈仁油或巴巴苏棕榈果油（品目 15.13）。

○

○ ○

子目注释：

子目 1511.10

参见子目 1507.10 的注释。

15.12 葵花油、红花油或棉子油及其分离品，不论是否精制，但未经化学改性（+）：

— 葵花油或红花油及其分离品：

11 —— 初榨的

19 —— 其他

— 棉子油及其分离品：

21 —— 初榨的，不论是否去除棉子酚

29 —— 其他

一、葵花油

这类油是从普通向日葵花制得，呈淡金黄色，用作沙拉油或制人造黄油及猪油代用品，由于具有半干性质，也用于涂料、清漆工业。

二、红花油

红花是一种非常重要的染料植物，其种子可产干性食用油、用于制食品、药品、醇酸树脂、涂料及清漆。

三、棉子油

棉子油是一种最为重要的半干性油类，从棉子仁中制得，有广泛的工业用途，例如，处理皮革，制造肥皂、润滑剂、甘油、防水剂以及作润肤膏的基料。纯净的精制棉子油其具有很高的价值，用作沙拉油或烹饪油，也可制造人造黄油及猪油代用品。

○

○ ○

子目注释：

子目 1512.11 及 1512.21

参见子目 1507.10 的注释。

15.13 椰子油、棕榈仁油或巴巴苏棕榈果油及其分离品，不论是否精制，但未经化学改性（+）：

— 椰子油及其分离品：

11 —— 初榨的

19 —— 其他

— 棕榈仁油或巴巴苏棕榈果油及其分离品：

21 —— 初榨的

29 —— 其他

一、椰子油

这类油从干椰子肉中制得，也有从鲜椰子制得。这种非干性油为米黄色或无色，在温度25℃以下呈固态。椰子油用于制皂、化妆品或盥洗品、润滑油脂、合成洗涤剂、洗衣粉或清洁剂，也可作为提取脂肪酸、脂肪醇及甲酯的原料。

精制椰子油可食用，用于制食品，例如，人造黄油、膳食补充剂。

二、棕榈仁油

这类白色的油主要从非洲油棕榈（参见品目 15.11 的注释）的果实仁而不是果肉制得。因其有好闻的坚果香味，故广泛用于人造黄油及糖果糕饼工业，也用于制甘油、洗发剂、肥皂及蜡烛。

三、巴巴苏棕榈果油

这是一种从巴巴苏棕榈树（羽状叶棕榈）的坚果仁中压榨制得的非干性油。

巴巴苏棕榈果油用于制造工业产品，例如，制皂。精制后用于替代棕榈仁油制食品。

○
○　○

子目注释：

子目 1513.11 及 1513.21

参见子目 1507.10 的注释。

15.14　菜子油或芥子油及其分离品，不论是否精制，但未经化学改性（+）：

—　低芥子酸菜子油及其分离品：

11　——初榨的

19　——其他

—　其他：

91　——初榨的

99　——其他

一、菜子油

菜子油，特别是北方油菜子和胜利油菜子所产的特征相似的半干性油，商业上都作为菜子油。

这类油一般富含芥子酸。本品目也包括低芥子酸菜子油（从专门培育的油菜产的低芥子酸油菜子中制得），例如，加拿大菜子油或欧洲“双零”菜子油。

这类油用作沙拉油或制人造黄油等，也用于生产工业产品，例如，作润滑添加剂。精制油还可食用。

二、芥子油

这是一种从白芥子、黑芥子及印度芥子等所获得的固定植物油，通常富含芥酸，用于制药、烹饪或制造工业产品。

○
○　○

子目注释：

子目 1514.11 及 1514.91

参见子目 1507.10 的注释。

15.15　其他固定植物或微生物油、脂（包括希蒙得木油）及其分离品，不论是否精制，但未经化学改性（+）：

—　亚麻子油及其分离品：

11　——初榨的

19　——其他

—　玉米油及其分离品：

21　——初榨的

29　——其他

30　—　蓖麻油及其分离品

50　—　芝麻油及其分离品

60　—　微生物油、脂及其分离品

90　—　其他

本品目包括单一的固定植物或微生物油、脂及其分离品（参见总注释第二款），但品目 15.07 至

15.14 所列货品除外。在商业上特别重要的有以下几种：

一、亚麻子油，从亚麻植物的种子制得，是最重要的干性油之一。为黄色至浅棕色，味辛辣，氧化后形成韧性很强的弹性薄膜。主要用于制涂料、清漆、油布、油灰、软皂、油墨、药品或醇酸树脂。冷榨亚麻子油可食用。

二、玉米油，从玉米仁制得，大部分油脂（约 80%）存在于胚芽中。初榨油在工业上用途广泛，例如，制皂及润滑剂或整理皮革等。精制油可食用，用于烹饪、制糕点，也可与其他油混合。玉米油是一种半干性油。

三、蓖麻油，从蓖麻子制得，一种不干性油，粘稠，无色或稍微带色，过去主要用作泻药，现在则主要用于工业上，在制漆或硝化纤维素中用作增塑剂，也可用于制二元酸、弹性体、胶粘剂、表面活性剂、液压流体等。

四、芝麻油，从一年生草本植物芝麻的种子制得的一种半干性油。质优的用于制糕点油、沙拉油、人造黄油和类似的食品及制药品。质次的供工业用途。

五、微生物油、脂，又称为单细胞油脂（SCOs），是通过从真菌（包括酵母）、细菌和微藻等产油微生物中提取的脂类。这些脂类含有高百分比的三酰基甘油（TAGs），主要是多不饱和脂肪酸，如花生四烯酸和亚油酸，它们在室温下是液体。它们可用于植物油相同的用途范围。从其他产油多细胞微生物获得的油也包括在本品目中。例如：

（一）花生四烯酸（ARA）油，一种黄色或橙黄色液体，从真菌（*Mortierella alpina*）中提取，可作为食品、动物饲料、药品或化妆品成分。

（二）裂壶藻油，从一种名为“裂壶藻（裂殖壶菌）（*Schizochytrium* sp.）”的微藻中提取，可作为食品成分。

可获得微生物油脂的产油微生物包括酵母、真菌、微藻和细菌等。

六、桐油，从油桐子制得，为米黄色至深棕色，快干，有防腐、防水性能，主要用于制涂料及清漆。

七、希蒙得木油（霍霍巴油），常被称为液体蜡，无色或淡黄色，无味，液状，主要由高级脂肪醇的酯组成，是从一种黄杨科沙漠灌木的种子制得，用作鲸蜡油的代用品，例如，制化妆品。

八、名为植物牛脂的产品（主要为婆罗洲柏脂及乌桕脂），通过加工某些含油子仁所得。婆罗洲柏脂为晶体或颗粒饼状，外白内黄绿色。乌桕脂是一种固态蜡质物，浅绿色，有淡淡的芳香味，手感油腻。

九、贸易上名为桃金娘蜡及漆蜡的产品，实为植物脂。桃金娘蜡是从各种桃金娘浆果（岗棯）提取的，呈黄绿色硬饼状，表面蜡质，有似香脂的特殊气味。漆蜡是从几种中国或日本漆树的果实提取的，为浅绿色、淡黄色或白色，蜡状晶体块，易碎，略带树脂气味。

○
○○

子目注释：

子目 1515.11 及 1515.21

参见子目 1507.10 的注释。

15.16　动、植物或微生物油、脂及其分离品，全部或部分氢化、相互酯化、再酯化或反油酸化，不论是否精制，但未经进一步加工：

10 — 动物油、脂及其分离品
20 — 植物油、脂及其分离品
30 — 微生物油、脂及其分离品

本品目包括用下列某一种化学方法改性但未进一步加工的动、植物或微生物油、脂。

本品目还包括用类似方法处理的动、植物或微生物油、脂的分离品。

一、氢化油、脂

所称氢化，是指在适当的温度和压力下并在催化剂（通常为细小镍粒）的存在下使油、脂与纯氢接触，提高脂的熔点及增加油的稠度，使不饱和甘油酯（例如，油酸或亚油酸等的甘油酯）成为高熔点的饱和甘油酯（例如，软脂酸、硬脂酸等的甘油酯）。氢化程度及产品的最终稠度要由加工时的条件如何和处理的时间长短来定。本品目包括不论是否经以下处理的这类产品：

（一）部分氢化（包括这些产品要分离成糊状层及液状层），其效果是将不饱和脂肪酸的顺式转变为反式以提高其熔点。

（二）全部氢化（例如，将油转化为糊状或固体脂）。

最常见的氢化油是鱼油、海生哺乳动物油及某些植物油（棉子油、芝麻油、花生油、菜子油、豆油、玉米油等）。这类全部或部分氢化的油常用于制造品目 15.17 食用脂的配料，因为氢化不仅使油增加稠度，还可使油在空气氧化下不易变质，并能改善油的气味及味道。油经漂白，外表也更为雅观。

本部分还包括通称为“乳白油”的氢化蓖麻油。

二、相互酯化、再酯化或反酸化的油、脂

（一）相互酯化（或酯基转移）的油、脂。通过适当重排油、脂所含甘油三酯中的脂肪酸根，可以提高油、脂的稠度。使用催化剂可刺激酯的必要相互作用和重排。

（二）再酯化的油、酯（也称酯化油、脂），即用甘油与游离脂肪酸混合物直接合成的或从精制过程中所得酸性油制成的甘油三酯。在甘油三酯中，脂肪酸根的排列与一般的天然油类排列不同。

含有再酯化油的橄榄油归入本品目。

（三）反油酸油、脂是经过加工，使未饱和脂肪酸根的顺式基本转为相应反式的一种油、脂。

本品目包括上述各种产品，不论是否具有蜡质特性或已经脱臭，以及经过类似的精制加工，也不论是否可直接作为食品。但不包括经进一步加工（例如，改变组织及晶体结构）作食品用的氢化等油、脂及其分离品（品目 15.17）。本品目也不包括氢化、相互酯化、再酯化或反油酸化的油、脂及其分离品，其中超过一种油或脂发生改性的（品目 15.17 或 15.18）。

15.17　人造黄油；本章各种动、植物或微生物油、脂及其分离品混合制成的食用油、脂或制品，但品目 15.16 的食用油、脂及其分离品除外（+）：
10 — 人造黄油，但不包括液态的
90 — 其他

本品目包括本章的各种动、植物或微生物油、脂及其分离品混合制成的人造黄油及其他食用油脂或制品，但品目 15.16 所列的除外。这类混合食用油脂或制品通常为液体或固体，由以下成分组成：

一、不同的动物油、脂及其分离品；

二、不同的植物油、脂及其分离品；

三、不同的微生物油、脂及其分离品；或

四、两种或两种以上动、植物或微生物油、脂及其分离品。

本品目的产品，其油、脂可预先经氢化，也可经乳化（例如，加脱脂乳）、搅拌、改变结构（改变组织或晶体结构）等，还可含有少量添加的卵磷脂、淀粉、色料、香料、维生素、黄油或其他乳脂［但必须符合本章注释一（三）的规定］。

本品目还包括不论是否氢化，但经乳化、搅拌、改变结构等的单一油、脂（或其分离品）制成的食品。

本品目包括氢化、相互酯化、再酯化或反油酸化的油、脂及其分离品，其中超过一种油或脂发生改性的。

本品目的产品主要有：

一、人造黄油（液态人造黄油除外）。塑性物体，通常为淡黄色，从动、植物油、脂或其混合物制得，是一种油包水的乳浊液，其外表、稠度、颜色等一般制成象黄油状。

二、本章各种动、植物或微生物油、脂及其分离品混合制成的食用油、脂或食品，但品目 15.16 所列食用油、脂或其分离品除外；例如，人造猪油、液态人造黄油及糕饼油（从改变结构的油、脂制得）。

本品目还包括作下模剂用的本章各种动、植物或微生物油、脂或其分离品制成的食用混合品或制剂。

本品目不包括仅经精制而未进一步处理的单一油、脂；这类油脂即使零售包装，也应各自归入其相应品目项下。本品目也不包括按重量计含黄油或其他乳脂超过15%的制品（通常归入第二十一章）。

本品目还不包括用压榨牛羊脂或猪油制得的产品（品目 15.03），以及氢化、相互酯化、再酯化或反油酸化的油、脂及其分离品，仅有一种油或脂发生改性的（品目 15.16）。

○

○　○

子目注释：

子目 1517.10 及 1517.90

在子目 1517.10 及 1517.90 中，人造黄油的物理性质应当在 10℃ 下通过表观检查的方法加以确定。

15.18　动、植物或微生物油、脂及其分离品，经过熟炼、氧化、脱水、硫化、吹制或在真空、惰性气体中加热聚合及用其他化学方法改性的，但品目 15.16 的产品除外；本章各种油、脂及其分离品混合制成的其他品目未列名的非食用油、脂或制品

一、动、植物或微生物油、脂及其分离品，经过熟炼、氧化、脱水、硫化、吹制或在真空、惰性气体中加热聚合及其他化学方法改性的，但品目 15.16 的产品除外

本部分包括经加工后改变了化学结构以改善其粘性、干性（即暴露于空气中具有吸氧并形成弹性薄膜的性质）或改变其他性质的动、植物或微生物油、脂及其分离品，但这些产品必须仍然保持其原有的基本结构，而且在其他品目又未具体列名。例如：

（一）熟炼或氧化油，通过加热（通常加入少量氧化剂）制得。用于涂料及清漆工业。

（二）吹制油，通过加热并在油中吹入空气制得的部分氧化及聚合油。用于制造绝缘清漆、仿皮革，与矿物油混合后可制造润滑剂（复合油）。

氧化亚麻油，一种半固体橡胶状产品，即用于生产亚麻油地毡的高度氧化亚麻子油，也归入本品目。

（三）脱水蓖麻油，在催化剂存在下将蓖麻油脱水制得，用于制造涂料或清漆。

（四）硫化油，用硫或氯化硫处理使其分子聚合而制得的油类。经硫化加工的油干得快，形成的薄膜比其他油干后形成的普通薄膜吸水更少，机械强度更大。硫化油用于制造防锈涂料及清漆。

如果硫化工序继续进行下去，就制得一种固体产品（从油类提取的油膏）（品目 40.02）。

（五）在真空或惰性气体中加热聚合的油，在温度250～300℃的真空或惰性二氧化碳气体中不经氧化反应，只通过加热聚合而成的某些油类（特别是亚麻子油及桐油）。经上述加工生产出的稠油，通称为“熟油”，用于生产能形成特别柔软并具有防水性能薄膜的清漆。

不聚合部分已被提取的熟油（达卡油）及熟油混合物均归入本品目。

（六）本品目包括的其他改性油类如下：

1. 马来油，在温度200℃及以上时用限量的马来酐与足量的多元醇处理豆油等油类，将其额外的酸根酯化而制得。如此制得的马来油干性好。

2. 干性油（如亚麻子油），在凉的状态下加入了少量干燥剂（例如，硼酸铅、环烷酸锌、树脂酸钴）以提高其干燥性能。这类油在制造涂料和清漆上可替代熟炼油。它们与品目32.11制成的液体催干剂（干燥剂的浓缩液）不同，切勿与之混淆。

3. 环氧油，在催化剂存在下通过过氧化氢和醋酸之间反应在原地预形成或形成的过醋酸来处理豆油等制得，用作乙烯基树脂等的增塑剂或稳定剂。

4. 溴化油，用作制药工业等方面精油的乳浊液或悬浮液稳定剂。

二、本章各种油、脂及其分离品混合制成的未列名的非食用油、脂或制品

本部分主要包括使用过的煎炸油，含有如菜子油、豆油及少量动物脂之类的油脂，用于制动物饲料。

本品目也包括氢化、相互酯化、再酯化或反油酸化的油、脂及其分离品，其中超过一种油或脂发生改性的。

本品目不包括：

（一）变性的油、脂（参见本章注释三）。

（二）氢化、相互酯化、再酯化或反油酸化的油、脂及其分离品，仅有一种油或脂发生改性的（品目15.16）。

（三）配制的动物饲料（品目23.09）。

（四）磺化油（即用硫酸处理过的油）（品目34.02）。

【15.19】

15.20 粗甘油；甘油水及甘油碱液

粗甘油是一种纯度在95%以下（以干燥产品的重量计）的产品。它可从油、脂分解或丙烯合成制得。根据不同的生产方法质量上有所差别，例如：

（一）通过用水、酸或碱水解制得，呈液态，略带甜味，为淡黄色至棕褐色，有一股不太难闻的气味。

（二）从甘油碱液制得，为米黄色液体，味涩，有一股难闻的气味。

（三）从制皂残渣中制得，为黄黑色液状，味略甜（不纯品有时带蒜味），有一股不太好闻的气味。

（四）通过催化水解或酶催水解制得，呈液状，有异味，含有大量有机物质及矿物质。

粗甘油也可用油、脂和其他醇相互酯化制得。

本品目还包括甘油水（制脂肪酸的副产品）及甘油碱液（制皂的副产品）。

本品目不包括：

（一）纯度在95%及以上（以干燥产品的重量计）的甘油（品目29.05）。

（二）制成药品或加有药料的甘油（品目30.03或30.04）。

（三）加有香水或化妆品的甘油（第三十三章）。

15.21　植物蜡（甘油三酯除外）、蜂蜡、其他虫蜡及鲸蜡，不论是否精制或着色：

10　—　植物蜡

90　—　其他

一、植物蜡（甘油三酯除外），不论是否精制或着色

植物蜡有以下主要品种：

（一）巴西棕榈蜡，一种从巴西棕榈叶渗出的物体，淡绿色、浅灰色或淡黄色，略觉油腻，近乎晶体结构，非常易碎，有一股干草香味。

（二）小冠巴西棕榈蜡，从一种棕榈树（巴西棕属）的叶中获得。

（三）棕榈蜡，从另一种棕榈树（莱洛克西龙属）的叶柄基部自然渗出，在其树干上收集而得。通常为奶黄色多孔易碎的珠状物。

（四）小烛树蜡，通过水煮一种墨西哥植物（蜡大戟或蜡拖鞋花）制得，是一种半透明棕色硬物质。

（五）甘蔗蜡，天然状态的甘蔗蜡，存在于甘蔗的表面，工业上制得的甘蔗蜡来自制糖过程中澄清浮渣。原状呈灰黑色，柔软，有甘蔗糖蜜般的气味。

（六）棉蜡及亚麻蜡，含于植物纤维中，通过溶剂提取而得。

（七）墨西哥树蜡，通过溶剂从一种在墨西哥生长的树的树皮中提取而得。

（八）皮桑蜡，用爪哇岛某种蕉树叶上的粉末制得。

（九）西班牙草蜡，打开西班牙干草包，收集其中粉末状物质而得。

本品目包括天然或精制、漂白或着色的植物蜡，不论是否块、条等形状。

但本品目不包括：

（一）希蒙得木油（品目 15.15）。

（二）商品名称为桃金娘蜡及漆蜡的产品（品目 15.15）。

（三）植物蜡的混合物。

（四）与动物蜡、矿物蜡或人造蜡混合的植物蜡。

（五）与脂肪、树脂、矿物或其他材料（颜料除外）混合的植物蜡。

这些混合物通常归入第三十四章（一般归入品目 34.04 或 34.05）。

二、蜂蜡及其他虫蜡，不论是否精制或着色

蜂蜡是蜜蜂用于建造蜂箱内蜂房六角巢室的物质。天然蜂蜡呈颗粒状，淡黄色、橙黄色，有时为棕褐色，有一股好闻的特殊气味；漂白精制后色白或稍黄，几乎无味。

蜂蜡主要用于制造蜡烛、蜡布、蜡纸、胶粘剂、上光剂等。

其他虫蜡中最著名的有：

（一）虫胶蜡，用酒精从虫胶提取制成，呈棕色块状，有虫胶气味。

（二）白蜡（也称虫蜡或树蜡），主要产于中国，是通过收集、精制（将其溶于沸水并过滤）昆虫在女贞树或白蜡树树枝上分泌积存的灰白色粉化物而得，为白色或淡黄色结晶物质，有光泽，无味道，气味近似牛脂。

蜂蜡及其他虫蜡，不论是否天然状态（包括天然蜂巢）或经熔化、压制、精制，也不论是否漂白或着色，均归入本品目。

本品目不包括：

（一）虫蜡混合物，与鲸蜡、植物蜡、矿物蜡或人造蜡混合的虫蜡，或与脂肪、树脂、矿物或其他材料（颜料除外）混合的虫蜡。这些混合物通常归入第三十四章（例如，品目34.04或34.05）。

（二）蜂箱用的人造蜡蜂房（品目96.02）。

三、鲸蜡，天然、压制或精制，不论是否着色

鲸蜡，一种从抹香鲸或鲸目动物头腔或皮下导管所存油、脂提取的蜡状物质。

天然鲸蜡，由约三分之一的纯鲸蜡及三分之二的脂肪组成，浅黄色或棕褐色块状，有一股难闻的气味。

压制鲸蜡，将所有脂肪提取后制得，小块固体鳞片状，棕黄色，几乎不会玷污纸张。

精制鲸蜡，通过用稀释苛性苏打水处理压制鲸蜡制得，长条状，颜色雪白透亮，有珍珠光泽。

鲸蜡用于制造某种蜡烛、香料、药料或作润滑剂。

以上所有产品不论是否着色，均归入本品目。

本品目不包括鲸蜡油，不论是天然的或是通过分离鲸蜡精制的（品目15.04）。

15.22　油鞣回收脂；加工处理油脂物质及动、植物蜡所剩的残渣

一、油鞣回收脂

本品目包括用于皮革工业上油（加脂）的天然或人造回收废脂。

天然油鞣回收脂（也称“麂皮脂”及“回收废脂”），一种油鞣革的油鞣料残渣，通过压制或用溶剂萃取制得，其成分含有由于油氧化而酸败的海洋动物油、树脂状物质，还含有水、矿物质（苏打、石灰、硫酸盐）以及废毛、废膜及废皮。

天然油鞣回收脂为均匀的极稠糊状液体，鱼油味很浓，黄色或深棕色。

人造油鞣回收脂，主要由氧化、乳化或聚合鱼油（包括这些油的混合物）与羊毛脂、牛羊脂、松香油等混合组成，有时与天然油鞣回收脂混合组成，黄色浓稠液体（比天然油鞣回收脂稀），有鱼油的特殊气味，不含毛发、膜、皮的废料。静态时往往分为两层，水在底层。

本品目不包括仅经氧化或聚合的鱼油（品目15.18）、磺化油（品目34.02）及脂化皮革用的制剂（品目34.03）。

本品目也包括用碱性溶液处理麂皮及通过脂肪羟基硫酸的沉淀制得的油鞣回收脂。这些产品作为商品呈乳浊液状。

二、处理油脂物质或动、植物蜡所剩的残渣

本品目主要包括：

（一）油脚，提纯油类时所剩的油状粘稠残余物，用于制皂或润滑剂。

（二）皂料，精制油副产品，用碱（氢氧化钠）中和游离脂肪酸而得，由粗皂与中性油、脂混合组成，呈稠浆状，根据提取油类所用原料的不同而颜色各异（棕黄色、灰白色、棕绿色等）。用于制皂。

（三）硬脂沥青，蒸馏脂肪而得。呈黑灰块状，有粘性，相当硬，有时还有弹性，部分溶于石油醚。用于制造胶粘剂、防水纸板及绝缘子。

（四）蒸馏羊毛脂所剩的残渣。外形似硬脂精残渣，用途也相同。

（五）甘油沥青，蒸馏甘油所剩的残渣，用于整理织物和抄造防水纸。

（六）使用过的含脂肪或动、植物蜡的脱色土。

（七）过滤动、植物蜡所得的残渣，由含蜡杂质组成。

本品目不包括：

（一）从已炼制的猪脂肪或其他动物脂肪中所得的脂渣及膜渣（品目23.01）。

（二）提取植物油所得的油渣饼、油粕及其他残渣（油脚除外）（品目23.04至23.06）。

第四类　食品；饮料、酒及醋；烟草、烟草及烟草代用品的制品；非经燃烧吸用的产品，不论是否含有尼古丁；其他供人体摄入尼古丁的含尼古丁的产品

注释：

本类所称“团粒”，是指直接挤压或加入按重量计比例不超过3%的粘合剂制成的粒状产品。

第十六章　肉、鱼、甲壳动物、软体动物及其他水生无脊椎动物、以及昆虫的制品

注释：

一、本章不包括用第二章、第三章及品目05.04所列方法制作或保藏的肉、食用杂碎、鱼、甲壳动物、软体动物或其他水生无脊椎动物及昆虫。

二、本章的食品按重量计必须含有20%以上的香肠、肉、食用杂碎、血、昆虫、鱼、甲壳动物、软体动物或其他水生无脊椎动物及其混合物。对于含有两种或两种以上前述产品的食品，则应按其中重量最大的产品归入第十六章的相应品目。但本条规定不适用于品目19.02的包馅食品和品目21.03及21.04的食品。

○

○　○

子目注释：

一、子目1602.10的“均化食品”，是指用肉、食用杂碎、血或昆虫经精细均化制成适合供婴幼儿食用或营养用的零售包装食品（每件净重不超过250克）。为了调味、保藏或其他目的，均化食品中可以加入少量其他配料，还可以含有少量可见的肉粒、食用杂碎粒或昆虫碎粒。归类时该子目优先于品目16.02的其他子目。

二、品目16.04或16.05项下各子目所列的是鱼、甲壳动物、软体动物及其他水生无脊椎动物的俗名，它们与第三章中相同名称的鱼、甲壳动物、软体动物及其他水生无脊椎动物种类范围相同。

总　注　释

本章包括通过加工肉、食用杂碎（例如，脚、皮、心、舌、肝、肠、胃）、血、昆虫、鱼（包括鱼皮）、甲壳动物、软体动物及其他水生无脊椎动物所得的食品。本章包括超出第二章、第三章及品目05.04所列加工范围以外的经制作或保藏的产品，其加工方法列举如下：

一、香肠及类似产品的制作。

二、煮、蒸、烤、煎、炸、炒或其他方法烹饪，但在熏制前或熏制过程中制熟的熏鱼、熏制的甲壳动物、软体动物或其他水生无脊椎动物（品目03.05、03.06、03.07及03.08）、蒸过或用水煮过的

带壳甲壳动物（品目03.06）、仅经过在运输或冷冻之前为打开外壳或使其保持稳定的烫洗或其他类型的瞬时热处理（但并不致其烹煮）的软体动物（品目03.07）以及从制熟的鱼、甲壳动物、软体动物或其他水生无脊椎动物制得的细粉、粗粉及团粒（品目03.09）除外。

三、加工成精、汁，制成鲟鱼子酱或鲟鱼子酱代用品，表面仅涂面浆、撒面包屑、加香蕈、放佐料（例如，放胡椒和盐）等。

四、精细均化及仅以本章所列产品为基料制成（即，经制作或保藏的肉、食用杂碎、血、昆虫、鱼、甲壳动物、软体动物或其他水生无脊椎动物）。这些均化食品可含有少量可见的肉、鱼等碎块和少量为调味、保藏或其他目的加入的配料。但是，均化本身并不是产品可作为第十六章食品归类的依据。

第二章或第三章的产品与第十六章所列产品的区分界限，参见第二章及第三章的总注释。

本章还包括由香肠、肉、食用杂碎、血、昆虫、鱼、甲壳动物、软体动物或其他水生无脊椎动物与蔬菜、面条、调味汁等组成的配制食品（包括所谓“配餐”），所含香肠、肉、食用杂碎、血、昆虫、鱼、甲壳动物、软体动物或其他水生无脊椎动物及其混合物按重量计必须超过20%。对于含有两种或两种以上所述产品的配制食品（例如，含肉和鱼），应按其所含重量最大的配料归入第十六章的相应品目。所述的重量，是指报验时配制食品所含肉、鱼等的重量，而不是配制前肉、鱼等的重量。但应注意，品目19.02所列的包馅食品、品目21.03所列的调味汁及其制品、混合调味品和品目21.04所列的汤料及其制品、均化混合食品，仍应分别归入上述有关品目。

本章也不包括：

（一）适合供人食用的肉或食用杂碎的细粉及粗粉（包括海生哺乳动物的在内）（品目02.10）、鱼粉（品目03.09）及昆虫粉（品目04.10）。

（二）不适合供人食用的昆虫粉及团粒（品目05.11）、肉粉及团粒（包括海生哺乳动物的在内）及鱼、甲壳动物、软体动物或其他水生无脊椎动物的粉及团粒（品目23.01）。

（三）以肉、杂碎、鱼等为基料的配制动物饲料（品目23.09）。

（四）第三十章的药品。

16.01　肉、食用杂碎、动物血或昆虫制成的香肠及类似产品；用香肠制成的食品

本品目包括香肠及类似品，即将血或剁碎、绞碎的肉、食用杂碎（包括肠及胃）或昆虫灌入肠子、胃、膀胱、皮或类似肠衣（天然或人造）内制成的食品。有的并无肠衣，仅压成香肠特有的形状，即圆条状或类似形状，其截面为圆的、椭圆的或矩形的（边角多少有点圆）。

香肠及类似品可生可熟，不论是否熏制，还可加入脂肪、淀粉、调味料、香料等等。除此之外，还可含有相当大块（例如，一口量）的肉或食用杂碎。香肠及类似品不论是否切成片或用密封罐装，均归入本品目。

本品目主要包括：

一、以肉为基料的香肠及类似品（例如，法兰克福香肠、意大利香肠）。

二、肝肠（包括家禽肝肠）。

三、“黑肠”（血香肠）及“白肠”（浅色香肠）。

四、猪小肠制的小香肠、熟的干香肠、大红肠及类似风味香肠。

五、灌入肠衣或压成香肠特有形状的肉泥、肉酱、肉冻及肉糜。

本品目也包括某些以香肠为基料的配制食品（包括所谓“配餐”）（参见本章总注释第三段）。

但本品目不包括：

（一）未经剁碎或绞碎即灌入膀胱、肠或类似肠衣的肉，例如，腿肉卷（通常归入品目02.10或16.02）。

（二）剁碎或绞碎但不含其他配料的生肉，不论是否已灌入肠衣（第二章）。

（三）灌入通常不作为肠衣使用的肠衣状物品内的食品，但如无肠衣状物品时该食品仍然归入本品目的除外（一般归入品目16.02）。

（四）煮熟后仅去骨的家禽，例如，火鸡卷（品目16.02）。

16.02 其他方法制作或保藏的肉、食用杂碎、动物血或昆虫：

10 — 均化食品

20 — 动物肝

— 品目01.05的家禽的：

31 —— 火鸡的

32 —— 鸡的

39 —— 其他

— 猪的：

41 —— 后腿及其肉块

42 —— 前腿及其肉块

49 —— 其他，包括混合的肉

50 — 牛的

90 — 其他，包括动物血的食品

本品目包括所有归入本章的经制作或保藏的肉、食用杂碎、血或昆虫，但香肠及类似品（品目16.01）或肉精及肉汁（品目16.03）除外。

本品目包括：

一、经煮（不包括烫洗或类似处理参见第二章总注释）、蒸、烤、煎、炸、炒或其他方法烹饪的肉或食用杂碎。

二、肉泥、肉酱、肉冻及肉糜，其特征不同于品目16.01所列香肠及类似品的。

三、第二章或品目05.04所列加工范围以外的经制作或保藏的肉及食用杂碎，包括仅涂面浆、撒面包屑、加香蕈、放佐料（例如，放胡椒和盐）或经精细均化的在内（参见本章总注释第四款）。

四、动物血食品，但品目16.01的血香肠及类似品除外。

五、按重量计含有20%的肉、食用杂碎、血或昆虫的配制食品（包括所谓“配餐”）（参见本章总注释）。

本品目不包括：

（一）包馅面食（饺子等），以肉或食用杂碎做馅的（品目19.02）。

（二）调味汁及其制品、混合调味品（品目21.03）。

（三）汤料及其制品、均化混合食品（品目21.04）。

16.03 肉、鱼、甲壳动物、软体动物或其他水生无脊椎动物的精及汁

本品目的精虽然用不同的原料制成，但物理特征（外形、味道、气味等）及化学成分都非常相似。

本品目包括：

一、肉精，肉类经加压蒸煮后，其液汁通过过滤或离心分离脱脂所得的浓缩品。肉精根据浓缩程度不同，可以是固体，也可以是液体。

二、肉汁，通过压榨生肉而得。

三、鱼、甲壳动物、软体动物及其他水生无脊椎动物的精。鱼精通过浓缩鲱鱼肉汁、其他鱼汁或鱼粉汁（不论是否脱脂）而得；在生产过程中，可全部或部分去除有鱼味（例如，海鱼的三甲胺味）的部分，因而，鱼精的特征与肉精的特征相似。

四、通过压榨生的鱼、甲壳动物、软体动物或其他水生无脊椎动物所得的汁。

所有这些产品可含有盐或保藏所必需的其他适量物质。

"精"用于制造某些配制食品，例如，汤料（不论是否浓缩）及调味汁。而"汁"主要作为营养食品。

本品目不包括：

（一）含肉、鱼等精的汤料及其制品和均化混合食品（包括片状或方块状的汤料），其所含物质除肉、鱼等精外，还含有其他物质，例如，脂肪、动物胶及大量的盐（品目21.04）。

（二）品目23.09的鱼或海生哺乳动物的可溶性物质。

（三）药品，其中所含本品目所述产品仅作为药物辅料或赋形剂的（第三十章）。

（四）胨及胨化品（品目35.04）。

16.04 制作或保藏的鱼；鲟鱼子酱及鱼卵制的鲟鱼子酱代用品：

— 鱼，整条或切块，但未绞碎：

11 —— 鲑鱼

12 —— 鲱鱼

13 —— 沙丁鱼、小沙丁鱼属、黍鲱或西鲱

14 —— 金枪鱼、鲣及狐鲣（狐鲣属）

15 —— 鲭鱼

16 —— 鳀鱼

17 —— 鳗鱼

18 —— 鲨鱼翅

19 —— 其他

20 — 其他制作或保藏的鱼

— 鲟鱼子酱及鲟鱼子酱代用品：

31 —— 鲟鱼子酱

32 —— 鲟鱼子酱代用品

本品目包括：

一、经煮、蒸、烤、煎、炸、炒或其他方法烹煮的鱼；但应注意，熏制前或熏制过程中制熟的熏鱼如果未再经其他方法制作，仍应归入品目03.05。

二、用醋、油等制作或保藏的鱼；腌泡鱼（用酒、醋等加调味香料或其他配料制作的鱼）。鱼香肠；鱼酱；鳀鱼酱及鲑鱼酱（用鳀鱼或鲑鱼加脂肪制成）等。

三、在品目03.02至03.05所列加工范围以外经制作或保藏的鱼，例如，仅涂面浆或撒面包屑的鱼片，经制作的充精生殖腺及鱼肝，精细均化的鱼（参见本章总注释第四款）及经杀菌或消毒的鱼。

四、某些含鱼的配制食品（包括所谓"配餐"）（参见本章总注释）。

五、鲟鱼子酱，用鲟鱼子制作而成。鲟鱼生长在某些地区（意大利、阿拉斯加、土耳其、伊朗及俄罗斯）的河流，主要品种有白鲟、希克普鲟（Schirp）、奥斯奥特鲟（Ossiotr）、塞鲁日鲟（Sewruge)。鱼子酱呈颗粒软块状，由2～4毫米直径的鱼卵组成，颜色由银灰至墨绿不等。气味强烈，味道稍咸。也有经压制的，即将其压制成均化膏状。有时制成细圆条状或装于小容器内。

六、鲟鱼子酱代用品，作为鱼子酱食用的产品，但不用鲟鱼子而用其他鱼子（例如，鲑鱼子、鲤鱼子、狗鱼子、金枪鱼子、鲻鱼子、鳘鱼子、圆鳍鱼子）制得。鱼子经洗涤、除净粘附器官、加盐，有时还压制或干制。这些鱼子还可加佐料及色料。

所有上述产品不论是否装于密封容器，均归入本品目。

本品目不包括：

（一）未经制作、保藏或者仅经第三章所列方法制作、保藏的鱼子（即鱼卵及鱼精），但作为鲟鱼子酱或鲟鱼子酱代用品适合直接食用的鱼卵及鱼精除外（第三章）。

（二）鱼精及鱼汁（品目16.03）。

（三）鱼馅面食（品目19.02）。

（四）调味汁及其制品、混合调味料（品目21.03）。

（五）汤料及其制品和均化混合食品（品目21.04）。

16.05　制作或保藏的甲壳动物、软体动物及其他水生无脊椎动物：

10　—　蟹

—　小虾及对虾：

21　——　非密封包装

29　——　其他

30　—　龙虾

40　—　其他甲壳动物

—　软体动物：

51　——　牡蛎（蚝）

52　——　扇贝，包括海扇

53　——　贻贝

54　——　墨鱼及鱿鱼

55　——　章鱼

56　——　蛤、鸟蛤及舟贝

57　——　鲍鱼

58　——　蜗牛及螺，海螺除外

59　——　其他

—　其他水生无脊椎动物：

61　——　海参

62　——　海胆

63　——　海蜇

69　——　其他

品目16.04的注释所述及的归入该品目产品的各种状态，在必要的地方稍加修改后，适用于甲壳动物、软体动物及其他水生无脊椎动物。但品目03.06所列蒸过或用水煮过（不论是否加入少量的临时性化学防腐剂）的带壳甲壳动物除外。

最常见的经制作或保藏的甲壳动物和软体动物是蟹、小虾、对虾、龙虾、大螯虾、贻贝、章鱼、鱿鱼及蜗牛。本品目所列经制作或保藏的其他水生无脊椎动物主要有海胆、海参及海蜇。

然而，本品目不包括蒸过或用水煮过（不论是否加入少量的临时性化学防腐剂）的带壳甲壳动物（品目 03.06）、仅经过在运输或冷冻之前为打开外壳或使其保持稳定的烫洗或其他类型的瞬时热处理（但并不致其烹煮）的软体动物（品目 03.07）。

第十七章　糖及糖食

注释：

本章不包括：

一、含有可可的糖食（品目18.06）；

二、品目29.40的化学纯糖（蔗糖、乳糖、麦芽糖、葡萄糖及果糖除外）及其他产品；或

三、第三十章的药品及其他产品。

○

○　○

子目注释：

一、子目1701.12、1701.13及1701.14所称“原糖”，是指按重量计干燥状态的蔗糖含量对应的旋光读数低于99.5°的糖。

二、子目1701.13仅包括非离心甘蔗糖，其按重量计干燥状态的蔗糖含量对应的旋光读数不低于69°但低于93°。该产品仅含肉眼不可见的不规则形状天然他形微晶，外被糖蜜残余及其他甘蔗成分。

总　注　释

本章不仅包括糖本身（例如，蔗糖、乳糖、麦芽糖、葡萄糖及果糖），还包括糖浆、人造蜜、焦糖、提取或精炼糖时所剩的糖蜜以及糖食。本章的固体糖及糖蜜可添加着色剂、香料（例如，柠檬酸或香草精）或人造甜味剂（例如，阿斯巴甜或甜叶菊），只要其仍保留糖或糖蜜的原有特征。

本章不包括：

（一）含任何比例可可或巧克力（白巧克力除外）的糖食及甜可可粉（品目18.06）。

（二）第十九章至第二十二章的甜食品。

（三）甜饲料（品目23.09）。

（四）化学纯糖（蔗糖、乳糖、麦芽糖、葡萄糖及果糖除外）及其水溶液（品目29.40）。

（五）含糖药品（第三十章）。

17.01　固体甘蔗糖、甜菜糖及化学纯蔗糖（+）：

—　未加香料或着色剂的原糖：

12　——甜菜糖

13　——本章子目注释二所述的甘蔗糖

14　——其他甘蔗糖

—　其他：

91　——加有香料或着色剂

99　——其他

甘蔗糖是从甘蔗茎部的汁制得。甜菜糖则是通过提取甜菜根部的汁制得。

甘蔗或甜菜的原糖呈棕色晶体或其他固体形状，其颜色是所含杂质所致。它的蔗糖含量以干燥时的重量计，对应的旋光读数低于99.5°（参见子目注释）。一般用于加工精制糖。但原糖也有纯度较高，不需精制即可供人食用的。

甘蔗或甜菜的精制糖是通过进一步加工原糖制得，通常为白色结晶物质。市场上销售的糖，粗细

不一，或呈小方块状、塔状、片状、棒状或规则的模制及切割块状。

除以上所述的原糖或精制糖外，本品目还包括由白糖和少量焦糖或糖蜜等混合而成的黄糖以及糖浓缩液经缓慢结晶所得的大颗粒晶体糖果。

应注意到，本品目仅包括固体（粉末状在内）的甘蔗糖和甜菜糖；这些糖可含添加的香料或色料。

由糖水溶液组成的甘蔗或甜菜糖浆如果不含添加香料或色料，应归入品目17.02，否则归入品目21.06。

本品目也不包括已失去糖的特征的制饮料用固体（包括粒状或粉状）制品（品目21.06）。

本品目还包括固体化学纯蔗糖，不论其用何种原料制成。从甘蔗或甜菜以外其他原料提取的蔗糖（化学纯蔗糖除外）不归入本品目（品目17.02）。

○

○　○

子目注释：

子目1701.12、1701.13及1701.14

商业上的甘蔗原糖所含转化糖都是超过0.1%的，而甜菜原糖通常则少于0.1%。这两种原糖还可在带塞子的样品容器中以水溶液状态搁置一夜，通过其各自产生的不同味道来区分。

17.02　其他固体糖，包括化学纯乳糖、麦芽糖、葡萄糖及果糖；未加香料或着色剂的糖浆；人造蜜，不论是否掺有天然蜂蜜；焦糖：

—　乳糖及乳糖浆：

11　——　按重量计干燥无水乳糖含量在99%及以上

19　——　其他

20　—　槭糖及槭糖浆

30　—　葡萄糖及葡萄糖浆，不含果糖或按重量计干燥状态的果糖含量在20%以下

40　—　葡萄糖及葡萄糖浆，按重量计干燥状态的果糖含量在20%及以上，但在50%以下，转化糖除外

50　—　化学纯果糖

60　—　其他果糖及果糖浆，按重量计干燥状态的果糖含量在50%以上，转化糖除外

90　—　其他，包括转化糖及其他按重量计干燥状态的果糖含量为50%的糖及糖浆混合物

本品目包括其他固体糖、糖浆及人造蜜和焦糖。

一、其他糖

本部分包括各种固体（粉末状在内）的糖，不论是否含有添加的香料或色料，但品目17.01的糖及品目29.40的化学纯糖除外。本品目的糖主要有：

（一）乳糖（$C_{12}H_{22}O_{11}$），存在于乳中，商品乳糖从乳清制得。本品目包括商品乳糖及化学纯乳糖。按干物质计，这类产品必须含有重量95%以上的无水乳糖。为了计算某一产品中乳糖的重量百分比，所称“干物质”应当去除游离水及结晶水。按干物质计，从乳清制得的产品含有重量95%及以下无水乳糖的，不归入本品目（通常归入品目04.04）。

精制商品乳糖为白色晶体粉末，味微甜。化学纯乳糖，无水或水合的，为坚硬无色晶体，吸味。

乳糖与乳一起广泛用于制婴幼儿食品；也用于制糖食、果酱及药品。

（二）转化糖，天然蜂蜜的主要成分。商品转化糖一般通过水解精制蔗糖溶液制得，按重量计所含葡萄糖和果糖的比例相同。报验时可为固体，也可为胶粘浆状（参见第二部分）。用于制药、制面包、制蜜饯果品、人造蜜以及用于酿造业。

（三）葡萄糖，天然存在于水果和蜂蜜中。与等量的果糖可组成转化糖。

本品目包括右旋糖（化学纯葡萄糖）及商品葡萄糖。

右旋糖（$C_6H_{12}O_6$）为白色晶体粉末，用于食品和药品工业。

商品葡萄糖通过用酸及/或酶水解淀粉制得，除右旋糖外，均含不同比例的双糖、三糖及其他多糖（麦芽糖、麦芽三糖等），其还原糖成分按干燥右旋糖计不低于20%的，通常呈无色稍粘的液状（葡萄糖浆，参见第二部分）或块状、饼状（葡萄糖聚集体）及无定形粉末状。主要用于食品工业、制药工业、酿造业和用于烟草发酵。

（四）果糖（$C_6H_{12}O_6$），与葡萄糖一起，大量存在于甜果及蜂蜜之中。商品果糖从商品葡萄糖（例如，玉米糖浆）、蔗糖制得或通过水解菊粉（一种主要从大丽花或菊芋的块茎中制得的物质）制得。为白色晶体粉末或胶粘浆状（参见第二部分）；比一般糖（蔗糖）甜，特别适合糖尿病患者食用。本品目包括商品果糖及化学纯果糖。

（五）蔗糖，从甘蔗及甜菜以外的原料制得。最重要的是槭糖。它是从主要生长在加拿大和美国东北部的糖槭树的液汁制得。此种树液通常经浓缩结晶，但不精制，借以保留其某些非糖成分的可口香味，商业上亦有糖浆状态的（参见第二部分）。其他蔗糖浆（参见第二部分）从糖用高粱、刺槐豆和某种棕榈等中制得。

（六）麦芽糖糊精（糊精麦芽糖），通过与制商品葡萄糖相同的方法制得。含有各种比例的麦芽糖及多糖。但由于水解作用较小，还原糖含量低于商品葡萄糖。本品目仅包括还原糖含量以干燥右旋糖计超过10%但低于20%的上述产品。还原糖含量不超过10%的归入品目35.05。麦芽糖糊精通常为白色粉末，商业上也有糖浆状态的（参见第二部分）。主要用于生产婴儿食品、低热量的营养食品或作为芳香料及食品着色剂的填充剂和制药工业的载体。

（七）麦芽糖（$C_{12}H_{22}O_{11}$），工业上通过用麦芽糖淀粉酶水解淀粉制得，为白色晶体粉末，用于酿酒业。本品目包括商品麦芽糖和化学纯麦芽糖。

二、糖浆

本部分包括各种糖的糖浆（乳糖浆及其水溶液也包括在内，但不包括品目29.40的化学纯糖水溶液），但这些糖浆不得含有添加的香料和色料（参见品目21.06的注释）。

除以上第一款所述的糖浆［即葡萄糖（淀粉）浆、果糖浆、麦芽糖糊精浆、转化糖浆以及蔗糖浆］外，本品目还包括：

（一）单一糖浆，将本章的糖溶于水制得。

（二）在甘蔗、甜菜等提纯糖的过程中所得的糖汁及糖浆。这种糖浆可含有果胶、硬朊物质、天然盐等杂质。

（三）佐餐糖浆，含蔗糖及转化糖的佐餐或烹饪用糖浆。佐餐糖浆是用精炼糖时结晶及分离工序完了后余下的糖浆制得，或用甘蔗及甜菜制得糖浆后，再通过转化部分蔗糖或加入转化糖制得。

三、人造蜜

所称“人造蜜”，适用于以蔗糖、葡萄糖或转化糖为基料，通常还加入香料或色料混合制成的仿天然蜂蜜的产品。天然蜜和人造蜜混合品也归入本品目。

四、焦糖

焦糖是棕色非结晶物体，有芳香气味，为似糖浆状的液体或多为粉末状的固体。

焦糖是通过对糖（通常为葡萄糖或蔗糖）或糖蜜在温度120～180℃之间稍为延长熬煮时间制得。

根据加工程序，可制得焦化糖（或糖蜜）本身到着色焦糖等一系列产品。焦化糖以干燥产品计含糖量通常很高（可达90%），而着色焦糖则含糖量很低。

焦化糖或糖蜜用作香料，尤其是用于制造餐后甜点、冰淇淋或糕点。着色焦糖因其有相当大量的糖转化为黑色素（颜料），故用作着色物质，例如，用于饼干制造业、酿酒业或生产某些非酒精饮料。

17.03　制糖后所剩的糖蜜（+）：

10　—　甘蔗糖蜜

90　—　其他

本品目的糖蜜是提取或精制糖后所剩的物质，最常见的是在甜菜糖或甘蔗糖提取或精制后，或在玉米提取果糖后所剩的正常副产品，为棕色或黑灰色胶粘物质，含有相当大量不易结晶的糖。然而，糖蜜也可呈粉末状。

甜菜糖蜜一般不能直接供食用，但某些甘蔗糖蜜和玉米糖蜜可供人食用，作佐餐糖浆出售。糖蜜的主要用途是作为蒸馏酒精或酒精饮料（例如，从甘蔗糖蜜制得的朗姆酒）的原料，用作牲口饲料及咖啡代用品。有时也用于提取糖。

本品目糖蜜可以脱色、着色或加香料。

○
○　○

子目注释：

子目1703.10

甘蔗糖蜜可根据气味及化学成分与品目17.03的其他糖蜜加以区分。

17.04　不含可可的糖食（包括白巧克力）：

10　—　口香糖，不论是否裹糖

90　—　其他

本品目包括大部分通常可供直接食用的糖制食品。该类食品商业上为固体或半固体形状，统称为糖食或糖果。

本品目主要包括：

一、含糖胶（包括甜味口香糖及类似品）。

二、硬糖（包括含麦精的在内）。

三、硬糖果、口香片、砂糖糖果、果仁糖、软糖、糖衣杏仁、拌砂软糖。

四、蛋白杏仁糖果。

五、喉片或止咳糖，主要含糖（不论是否加有明胶、淀粉或细粉等其他食物）及香料（包括具有药性的物质，例如，苯甲基醇、薄荷、桉树脑及吐鲁香脂）。但如果喉片或止咳糖所含具有药性的物质并非香料，而且其含量比例足以起到预防或治疗疾病作用的，应归入第三十章。

六、白巧克力，由糖、可可脂、奶粉及香料组成，绝不含可可（可可脂不应视为可可）。

七、含蔗糖重量在10%以上的甘草精（饼状、块状、条状、锭状等）。如果制成糖食，不论是否加香料，也不论其含糖量多少，均归入本品目。

八、糖果包装的果子冻及果子膏。

九、以糖为基料但不含（或稍含）脂肪的糖膏，不仅可直接制作本品目的糖果，而且还可做本品目或其他品目产品的糖馅，例如：

（一）用蔗糖、蔗糖浆、葡萄糖浆或转化糖浆制得的软糖膏，不论是否加香料，用于制软糖，或糖果及巧克力等的糖馅。

（二）果仁糖膏，即糖、水及胶状物（例如，蛋清）的充气混合物，有时也加有少量脂肪，不论是否加有果仁、水果或其他适当的植物产品，用于制果仁糖或作巧克力的夹心馅等。

（三）杏仁糖膏，主要用杏仁及糖制得，基本上用于制蛋白杏仁糖果。

十、以天然蜂蜜为基料制成的糖食（例如，“哈尔瓦甜食”）。

本品目不包括：

（一）含蔗糖重量在10%及以下的甘草精（未制成糖果的）（品目13.02）。

（二）含可可糖食（品目18.06）（可可脂在此不视为可可）。

（三）糖渍蔬菜、果实、果皮等的糖食（品目20.06）及果酱、果子冻等（品目20.07）。

（四）含替代糖的合成甜味剂（例如，山梨醇）的糖果、口香糖及类似品（主要供糖尿病患者用）；加有大量脂肪，有时还加有乳、果仁的糖膏，不适合供直接制糖食的（品目21.06）。

（五）第三十章的药品。

第十八章 可可及可可制品

注释：

一、本章不包括：

（一）按重量计含香肠、肉、食用杂碎、动物血、昆虫、鱼、甲壳动物、软体动物或其他水生无脊椎动物及其混合物超过20%的食品（第十六章）；

（二）品目04.03、19.01、19.02、19.04、19.05、21.05、22.02、22.08、30.03、30.04的制品。

二、品目18.06包括含有可可的糖食及注释一以外的其他含可可的食品。

总 注 释

本章包括各种形状的可可（包括可可豆）、可可脂、可可油及任何含量的可可食品，但不包括：

（一）品目04.03的酸奶及其他产品。

（二）白巧克力（品目17.04）。

（三）按重量计含全脱脂可可在40%以下的细粉、粗粒、粗粉、淀粉或麦精食品，以及按重量计含全脱脂可可在5%以下的品目04.01至04.04所列食品（品目19.01）。

（四）按重量计含全脱脂可可不超过6%的膨化或焙炒谷物（品目19.04）。

（五）含可可的糕饼点心、饼干及类似焙烘品（品目19.05）。

（六）含有任何比例可可的冰淇淋及其他冰制食品（品目21.05）。

（七）即可饮用的含可可饮料（例如，可可奶油），不论是否含酒精（第二十二章）。

（八）药品（品目30.03或30.04）。

本品目也不包括从可可提取的一种生物碱，即可可碱（品目29.39）。

18.01 整颗或破碎的可可豆，生的或焙炒的

可可豆是可可树的种子，大量存在于可可果内（一般每果25~28颗），呈扁平卵形，一般为紫色或淡红色，外壳硬而脆，仁被一层极薄的白色内皮包裹，将仁分成几瓣。

可可豆要进行发酵以减少其淡苦味，诱发其香味及便于其去壳。还可将可可豆用蒸汽处理和干制。可可豆经焙炒易于去壳，仁易粉碎，便于浓缩及改善香味。可可豆焙炒后，用带平行沟纹的滚筒破碎，并将其胚芽分离；然后将壳、皮、胚芽和破碎的可可仁（可可碎粒）分开。

本品目包括生的或焙炒的可可豆，整颗（不论是否已和壳、皮或胚芽分离）或破碎的。

本品目不包括：

（一）壳、皮及其他可可废料（品目18.02）。

（二）磨成膏状的可可豆（品目18.03）。

18.02 可可荚、壳、皮及废料

本品目包括生产可可粉或可可脂所剩的废料。某些废料可用于进一步提取可可脂，所有废料可用于提取可可碱。动物饲料中可加入少量的可可废料。废料研磨后有时也用来替代可可粉，但这些粉虽有可可气味，却无可可香味。

本品目包括：

一、壳及皮，在焙炒及破碎可可豆过程中分离而得，含有可提取可可脂的可可仁碎（仍附于壳或皮上，不易将其分离）。

二、可可胚芽，可可豆通过除芽机后获得，几乎不含脂肪。

三、可可末，在分选机清洗可可外壳时产生；脂肪含量一般较高，经济上有提取价值。

四、可可饼（附于壳、皮等废料的可可仁碎或整颗可可豆提取可可脂后制得）。可可饼含有小块的壳及皮，因而不适合制可可粉或巧克力。

本品目不包括从可可膏提取可可脂后，所剩不含可可壳及皮的可可饼（品目 18.03）。

18.03　可可膏，不论是否脱脂：

10　—　未脱脂

20　—　全脱脂或部分脱脂

可可膏通过加热石碾或盘式破碎机碾磨焙炒可可豆（已除净壳、皮和胚芽）而得；其产品呈固态片状、团状或块状。这种状态的可可膏虽可制糖食，但却通常用于生产可可脂、可可粉及巧克力。

本品目也包括全脱脂或半脱脂的可可膏（可可饼）。这种可可膏用于生产可可粉和巧克力，有时也用于提取可可碱。

本品目不包括含糖或其他甜物质的可可膏（品目 18.06）。

18.04　可可脂、可可油

可可脂，可可豆中的脂肪物质，通常用热压可可膏或整颗可可豆制得。通称为可可脂肪的低级可可脂，也可通过对次可可豆或各种可可废料（壳、皮等）进行压榨或用适当的溶剂提取制得。

可可脂常温下一般为固体，稍觉油腻，黄白色；味似可可，有好闻的气味。通常以块状报验。用于制巧克力（加入可可膏内）、糖食（制某种糖果）、香料（用花香吸取法提取香料）、化妆品及药品（配制软膏、栓剂等）。

18.05　未加糖或其他甜物质的可可粉

可可粉通过粉化品目 18.03 的半脱脂可可膏而得。

本品目仅包括未加糖或其他甜物质的可可粉，主要为溶性可可粉。本品目主要包括用碱性物质（碳酸钠或碳酸钾等）对可可碎、膏、粉进行处理（以提高其可溶性）后制得的可可粉（溶性可可）。

加糖或其他甜物质的可可粉及加奶粉或胨的可可粉均归入品目 18.06。但含有仅作为药物赋形剂或载体可可粉的药品归入品目 30.03 或 30.04。

18.06　巧克力及其他含可可的食品（＋）：

10　—　加糖或其他甜物质的可可粉

20　—　其他重量超过 2 千克的块状或条状含可可食品，或液状、膏状、粉状、粒状或其他散装形状的含可可食品，容器包装或内包装每件净重超过 2 千克的

—　其他块状或条状的含可可食品：

31　——　夹心

32　——　不夹心

90 — 其他

巧克力主要由可可膏及糖或其他甜物质组成，通常加有香料及可可脂，也有用可可粉及植物油替代可可膏的，有时还加入乳、咖啡、榛子、杏仁、橘皮等。

巧克力及巧克力食品可制成块、片、条、锭、丸、粒、粉等形状，也有用奶油、果子、酒等夹心的。

本品目还包括各种含有任何比例可可的糖食（包括巧克力果仁糖食）、甜可可粉、巧克力粉、巧克力酱及所有含可可食品（但本章总注释规定不包括的除外）。

添加维生素的巧克力也归入本品目。

本品目不包括：

（1）白巧克力（由可可脂、糖及奶粉组成）（品目17.04）。

（2）裹巧克力的饼干及其他烘焙糕饼（品目19.05）。

○

○　○

子目注释：

子目1806.31

本子目所称“夹心”，包括用巧克力包裹，中心有馅（例如，用奶油、糖壳、干椰子肉、水果、果子膏、酒、蛋白杏仁糖果、坚果、牛轧糖、焦糖或上述产品的混合物做馅）的块或条状食品。谷物、水果或坚果（不论是否成块）嵌于整个巧克力当中的实心块状或条状巧克力，不视为“夹心”。

子目1806.20

子目1806.20所称“其他散装形状”包括丸、豆、圆形、粒、球、切片、薄片、碎屑、刨花及类似形状。本子目的产品通常用于生产巧克力产品、烘焙产品、糖食、冰淇淋等，或者用于装饰。

第十九章　谷物、粮食粉、淀粉或乳的制品；糕饼点心

注释：

一、本章不包括：

（一）按重量计含香肠、肉、食用杂碎、动物血、昆虫、鱼、甲壳动物、软体动物、其他水生无脊椎动物及其混合物超过20%的食品（第十六章），但品目19.02的包馅食品除外；

（二）用粮食粉或淀粉制的专作动物饲料用的饼干及其他制品（品目23.09）；或

（三）第三十章的药品及其他产品。

二、品目19.01所称：

（一）“粗粒”是指第十一章的谷物粗粒；

（二）“细粉”及“粗粉”，是指：

1. 第十一章的谷物细粉及粗粉；以及

2. 其他章所列植物的细粉、粗粉及粉末，但不包括干蔬菜、马铃薯和干豆类的细粉、粗粉及粉末（应分别归入品目07.12、11.05和11.06）。

三、品目19.04不包括按重量计全脱脂可可含量超过6%或用巧克力完全包裹的食品或品目18.06的其他含可可食品（品目18.06）。

四、品目19.04所称“其他方法制作的”，是指制作或加工程度超过第十章或第十一章各品目或注释所规定范围的。

总　注　释

本品目包括通常用作食品的许多调制产品，这些调制产品直接从第十章的谷物、第十一章的产品、其他章的植物质食物粉（例如，谷物细粉、粗粒及粗粉、淀粉、果粉、其他植物粉）或品目04.01至04.04的货品制得。本章还包括糕饼点心及饼干，不论是否含细粉、淀粉或其他谷物产品。

对于本章注释三及品目19.01，产品的可可含量一般可通过将可可碱和咖啡因含量相加后乘以因数31而计算出来。必须注意，所称“可可”，适用于各种形态的可可，包括膏状和固体形状。

本章不包括：

（一）含香肠、肉、食用杂碎、血、昆虫、鱼、甲壳动物、软体动物或其他水生无脊椎动物及其混合物重量超过20%的调制食品（品目19.02所列包馅产品除外）（第十六章）。

（二）按重量计含脱脂可可在40%及以上的细粉、粗粒、粗粉、淀粉或麦精调制食品和按重量计含脱脂可可在5%及以上的品目04.01至04.04所列产品的调制食品（品目18.06）。

（三）含任何比例咖啡的焙炒咖啡代用品（品目09.01）及其他焙炒咖啡代用品（例如，焙炒大麦）（品目21.01）。

（四）非以细粉、粗粉、淀粉、麦精或品目04.01至04.04所列产品为基料的奶制蛋糕、餐末甜点、冰淇淋或类似食品的食用粉（通常归入品目21.06）。

（五）用细粉或淀粉专门配制的动物饲料（例如，狗食饼干）（品目23.09）。

（六）第三十章的药品及其他产品。

19.01　麦精；细粉、粗粒、粗粉、淀粉或麦精制的其他品目未列名的食品，不含可可或按重量计全脱脂可可含量低于40%；品目04.01至04.04所列货品制的其他品目未列名的食品，不含可

可或按重量计全脱脂可可含量低于5%：

10 —　适合供婴幼儿食用的零售包装食品

20 —　供烘焙品目19.05所列面包糕饼用的调制品及面团

90 —　其他

一、麦精

麦精是通过浓缩麦芽水溶液制得。

不论是块状、粉状或稍粘液状的麦精均归入本品目。

加有卵磷脂、维生素、盐等的麦精，只要未成为第三十章的药品，仍归入本品目。

麦精主要用于配制适合供婴幼儿食用的食品、营养食品或烹饪用品，并可用于制药。胶粘状的可不需进一步加工，直接用于烘烤食品或用于纺织工业。

本品目不包括：

（一）品目17.04的含麦精糖食。

（二）用麦芽制成的啤酒及其他饮料（例如，麦芽酒）（第二十二章）。

（三）麦芽酶（品目35.07）。

二、细粉、粗粒、粗粉、淀粉或麦精制的其他品目未列名的食品，不含可可或按重量计含全脱脂可可低于40%

本品目包括许多种以细粉、粗粒、粗粉、淀粉或麦精为基料的调制食品，不论其所含的这些基料是否重量最重或体积最大，但这些基料构成了调制食品的基本特征。

其他物质可作为辅料加入，例如，加入乳、糖、蛋、脂、油、酪蛋白、白蛋白、谷朊、香料、色料、维生素、果子或其他物质以增强其营养价值，也可加入可可，但按重量计全脱脂可可占整个食品含量应低于40%（参见本章总注释）。

应注意到，按重量计含香肠、肉、食用杂碎、血、昆虫、鱼、甲壳动物、软体动物或其他水生无脊椎动物及其混合物重量超过20%的食品除外（第十六章）。

本品目内下列术语含义如下：

（一）所称"细粉"及"粗粉"，不仅指第十一章的粮食细粉及粗粉，还指各章所列植物质食物细粉、粗粉及粉末，例如，豆粉。但不包括干蔬菜的细粉、粗粉或粉末（品目07.12）、马铃薯的细粉、粗粉或粉末（品目11.05）及干豆类的细粉、粗粉或粉末（品目11.06）。

（二）所称"淀粉"，包括未转变淀粉及预糊化或溶性淀粉。但不包括进一步加工的淀粉产品，例如，麦芽糖糊精。

本品目的食品可以是液状，也可以是粉状、粒状、面团状或其他固体形状，例如，条状或盘状。

这类调制食品通常通过用乳或水简单混合或煮开，就可制成饮料、稀粥、适合供婴幼儿食用的食品、营养食品等，也可用于做饼、布丁、乳蛋糕或类似食品。

本品目的调制食品还可作为食品工业的中间产品。

本品目主要包括：

1. 通过蒸发加了糖和细粉的乳所得的细粉。

2. 由蛋粉、奶粉、麦精及可可粉组成的调制食品。

3. 米粉香饼，由米粉、各种淀粉、甜橡果粉、糖及可可粉组成并用香草加味的调制食品。

4. 由谷物细粉与果子细粉（通常还含有添加的可可粉）或由果子细粉与添加的可可粉混合组成的调制食品。

5. 用奶粉和麦精（不论是否加糖）制成的麦精乳及类似食品。

6. 德式团子，其成分有硬麦粗粉、谷物细粉、面包屑、脂肪、糖、蛋、调味香料、酵母、果酱或水果。但以马铃薯细粉做基料的食品归入第二十章。

7. 揉好的面团，主要由谷物细粉加糖、蛋、脂肪、水果组成（包括已模制或已制成最终产品形状的）。

8. 在比萨饼基料（面团）的表面放上奶酪、西红柿、油、肉、鳀鱼等其他各种配料制成的未烘烤比萨饼。但预烘烤或已烘烤的比萨饼应归入品目19.05。

除本章总注释列明不包括的食品外，本品目还不包括：

（一）品目11.01或11.02的自行发酵及“膨胀”（预胶化）细粉。

（二）未经调制的混合谷物细粉（品目11.01或11.02）、混合豆粉及混合果子粉（品目11.06）。

（三）品目19.02的包馅面食及古斯古斯粉。

（四）珍粉及其代用品（品目19.03）。

（五）全熟或半熟的烘焙糕饼，后者需要进一步烘熟才能食用（品目19.05）。

（六）调味酱及其制品（品目21.03）。

（七）汤料及其制品或均化混合食品（品目21.04）。

（八）人造植物蛋白产品（品目21.06）。

（九）第二十二章的饮料。

三、品目04.01至04.04所列货品制的其他品目未列名食品，不含可可或按重量计含全脱脂可可低于5%

本品目的食品不同于品目04.01至04.04所列的产品，它除含天然乳外，还含有品目04.01至04.04所不允许添加的配料。品目19.01包括：

（一）适合供婴幼儿食用或营养用的粉状或液状食品，除含乳以外，还含有添加的辅料（例如，谷物片、酵母）。

（二）用某种物质（例如，油酸酯）替代一种或多种乳成分（例如，丁酸酯）制得的含乳食品。

本品目的产品可含糖或可可。但本品目不包括具有糖食特征的产品（品目17.04）、按重量计含全脱脂可可在5%及以上的产品（品目18.06）及饮料（第二十二章）。

本品目还包括制冰淇淋用的混合物及基料（例如，冰淇淋粉），但不包括用牛奶做基料的冰淇淋及其他冰制食品（品目21.05）。

19.02 面食，不论是否煮熟、包馅（肉馅或其他馅）或其他方法制作，例如，通心粉、面条、汤团、馄饨、饺子、奶油面卷；古斯古斯面食，不论是否制作：

— 生的面食，未包馅或未经其他方法制作：

11 —— 含蛋

19 —— 其他

20 — 包馅面食，不论是否烹煮或经其他方法制作

30 — 其他面食

40 — 古斯古斯面食

本品目的面食是用硬麦粗粉或用面粉、玉米粉、米粉、土豆粉等制成的未发酵产品。

这些粉（或混合粉）先用水混合，然后揉成面团，也可加入其他配料（例如，菜蓉、菜汁、菜泥、蛋、乳、谷朊、淀粉酶、维生素、色料、香料）。

揉好的面团通过挤出后切割、滚轧后切割、压制、模制、在旋转筒内成团等方法加工成为特定形状（例如，管状、条状、丝状、蛤壳状、珠粒状、颗粒状、星状、弯肘状、字母状），加工过程中有时加少量的油。产品常因其形状而得名（例如，通心粉、面条等）。

这些产品出售前通常经干制以便于运输、储藏及保存，但干制品很脆。本品目还包括湿的（即潮润的或刚做好的）及冻藏的产品，例如，新鲜的意大利汤团及冻饺子。

本品目的面食可以煮熟、包有任何比例的肉馅、鱼馅、奶酪馅或其他料馅，或经其他方法制作（例如，制成含蔬菜、调味汁、肉等其他配料的菜式）。烹煮只是使面食松软，并不改变其原来的基本形状。

包馅面食可完全包裹（例如，饺子）、尾端张开（例如，锥形奶油面卷）或层叠（例如，千层饼）。

本品目还包括古斯古斯面食，一种经热处理的硬麦粗粉。本品目的古斯古斯面食可经烹煮或用其他方法制作（例如，与肉、蔬菜及其他配料一起作为一个同样名为古斯古斯面食的菜式）。

本品目不包括：

（一）除包馅面食外的其他含香肠、肉、食用杂碎、血、昆虫、鱼、甲壳动物、软体动物或其他水生无脊椎动物及其混合物重量超过20%的食品（第十六章）。

（二）带面食的汤料及其制品（品目21.04）。

19.03　珍粉及淀粉制成的珍粉代用品，片、粒、珠、粉或类似形状的

本品目包括用木薯淀粉、西米淀粉、马铃薯淀粉或类似淀粉（例如，从木薯、欧白及和丝兰植物提取的淀粉）制取的食用产品。

用水将淀粉调至稠浆状，倒入滤网或带孔盘中，浆一滴滴漏出时落入温度为120～150℃的金属板上，成为小圆粒或小粉片。有时还将这些小圆粒或小粉片压碎或制成粒状。另一种方法是将淀粉浆倒入蒸汽加热的容器内使其凝结成形。

作为商品的本品目产品呈粉片状、颗粒状、珠状、粉屑状或类似形状，用于做汤、布丁或营养食品。

19.04　谷物或谷物产品经膨化或烘炒制成的食品（例如，玉米片）；其他品目未列名的预煮或经其他方法制作的谷粒（玉米除外）、谷物片或经其他加工的谷粒（细粉、粗粒及粗粉除外）：

10　—　谷物或谷物产品经膨化或烘炒制成的食品

20　—　未烘炒谷物片制成的食品及未烘炒的谷物片与烘炒的谷物片或膨化的谷物混合制成的食品

30　—　碾碎的干小麦

90　—　其他

一、谷物或谷物产品经膨化或烘炒所得的食品（例如，玉米片）

本组包括用经膨化或烘炒处理变得松脆的谷粒（玉米、小麦、大米、大麦等）制得的一系列食品，主要用作加乳或不加乳的早餐食品。产品生产过程中或生产后可加入盐、糖、糖蜜、麦精、水果或可可（参见本章注释三及总注释）等。

本组还包括用膨化或烘炒细粉或糠麸制得的类似食物。

玉米片是用去皮和去胚芽的玉米粒，加入糖、盐及麦精，用蒸汽蒸软，然后轧成片状，最后在旋转炉内焙烤而得。小麦粒或其他谷粒也可用同样方法加工。

爆米花及爆麦花也属于本组范围。它们的加工方法是将谷粒放入一加压的潮湿热箱内，突然减压并将谷粒射入冷空气中，谷粒即膨胀至原体积的好几倍。

本组也包括把潮湿的谷粒（整粒或碎粒）通过热处理使其膨化，然后在这些食品撒上植物油、奶酪、酵母膏、盐和谷氨酸单钠混合而成的调味料所制成的咸脆食品。用油炸面团制成的类似食品不归入本品目（品目19.05）。

二、未烘炒谷物片制成的食品及未烘炒的谷物片与烘炒的谷物片或膨化的谷物混合制成的食品

本组包括未烘炒谷物片制成的食品及未烘炒的谷物片与烘炒的谷物片或与膨化的谷物混合制成的食品。这些产品（经常称作“穆斯利”）可含有干果、坚果、糖、蜜等。它们通常作为早餐食品。

三、布尔古小麦（碾碎的干小麦）

本组包括麦粒为加工形状的布尔古小麦。制作时将硬麦粒先煮熟，然后干燥、去壳或去皮、破碎、粗磨或精磨，最后筛选出大粒或小粒的布尔古小麦。布尔古小麦也可为完整麦粒状。

四、预煮或经其他方法制作的其他谷粒，但玉米除外

本组包括速食谷粒或其他方法加工的谷粒（包括碎谷粒），因而，本组包括完全或部分煮熟后脱水从而改变米粒结构的大米。全煮熟大米只须泡入水中煮沸即可食用，而半煮熟大米则须煮沸5～12分钟方能食用。同时，本组包括在速食大米中加入了蔬菜、调味料等配料的产品，但所加配料不得改变其大米食品的特征。

本品目不包括仅经第十章或第十一章所列加工范围的谷粒。

*

*　*

本品目也不包括：

（一）裹糖或用其他方法制成含糖的谷物，其含糖比例已使其具有糖食的特征（品目17.04）。

（二）按重量计全脱脂可可含量超过6%或用巧克力完全包裹的食品或品目18.06的其他含可可食品（品目18.06）。

（三）经制作供食用的玉米棒子及玉米粒（第二十章）。

19.05　面包、糕点、饼干及其他烘焙糕饼，不论是否含可可；圣餐饼、装药空囊、封缄、糯米纸及类似制品：

10 —　黑麦脆面包片

20 —　姜饼及类似品

— 甜饼干；华夫饼及圣餐饼：

31 — — 甜饼干

32 — — 华夫饼及圣餐饼

40 —　面包干、吐司及类似的烤面包

90 —　其他

一、面包、糕点、饼干及其他烘焙糕饼，不论是否含可可

本品目包括各式烘焙的面包糕点。它们最常见的成分有谷物细粉、酵素及盐，也可含有其他成分，例如，谷朊、淀粉、豆粉、麦精、乳、罂粟子、芫荽子、八角茴香、糖、蜜、蛋、脂肪、奶酪、水果、任何含量的可可、肉、鱼、烘焙“助发剂”等。烘焙“助发剂”主要是有助于面团的制作，加速发酵，改进产品的特征及外形，使产品更耐保存。本品目的产品也可用马铃薯的细粉、粗粉或粉末和成的面团制成。

本品目包括：

（一）普通面包，通常只含谷物细粉、酵素及盐。

（二）糖尿病患者食用的谷蛋白面包。

（三）未发酵的面包。

（四）黑麦脆面包片（也称“黑面包圈”），一种刺有小孔的长方形或圆形的干脆薄饼。黑麦脆面包片是用黑麦、燕麦、大麦或小麦的细粉、粗粉、谷物碎片、未去麸粗面粉和成的面团通过酵母、发面、其他酵素或通过压缩气体发酵制成，其水分含量按重量计不超过10%。

（五）面包干、吐司及类似的烤面包，不论是否切片或磨碎，也不论是否加有黄油或其他脂肪、糖、蛋或其他营养物质。

（六）姜饼及类似品，一种松软，通常还富有弹性的产品，用裸麦或小麦的细粉制成，加糖（例如，蜂蜜、葡萄糖、转化糖、精制糖蜜）、加香料或调味香料，不论是否还含有蛋黄或水果。某些姜饼还裹巧克力、脂肪或可可。另一些则含糖或裹糖。

（七）椒盐脆饼，即一种浇糖浆咸脆食品，通常用长条圆形面团扭成麻花状。

（八）饼干，通常用面粉，加上脂肪、糖及以下第（十）项所述的某些物质制成。为了使产品耐于保存，其烘焙时间一般较长，而且往往还使用密封包装。饼干有以下品种：

1. 淡饼干，不含或几乎不含糖或甜物质，但含脂肪比例很高；这类饼干有奶油饼干及硬饼干。

2. 甜饼干，一种精细烘焙食品，其保存期限长。用细粉、糖或其他甜物质及脂肪为基料（以上各项至少占产品重量的50%）制成，不论是否含添加的盐、杏仁、榛子、香料、巧克力、咖啡等。成品中所含水分按重量计必须在12%及以下，所含脂肪最高不超过35%（夹心或裹面的水分和脂肪不计在内）。市场上销售的饼干一般无馅，但有时中间有固体物或其他夹心（例如，糖、植物脂肪、巧克力等）。饼干几乎全是工业化生产的产品。

3. 咸饼干，其含蔗糖量很低。

（九）华夫饼及薄脆饼，一些份量极轻的精细烘烤食品，夹在有图案的金属盘中烤制而成。这类食品还包括滚压制成的夹心华夫饼，即每层中间有美味夹心的两层或多层华夫饼，以及用专门机器挤压华夫面团制成的华夫饼（例如，冰淇淋用的锥形蛋筒）。华夫饼也可用巧克力包裹。薄脆饼与华夫饼相类似。

（十）糕饼点心，所含成分有细粉、淀粉、黄油或其他脂肪、糖、乳、奶油、蛋、可可、巧克力、咖啡、蜜、水果、利口酒、白兰地、白蛋白、奶酪、肉、鱼、香料、酵母或其他发酵剂。

（十一）某些不含细粉的烘焙产品（例如，用蛋清及糖制的奶白酥皮筒）。

（十二）小薄烤饼及薄煎饼。

（十三）馅饼，用点心皮包馅制成。可用各种材料制馅，例如，奶酪、蛋、奶油、黄油、盐、胡椒、肉豆蔻，如果是“洛林馅饼”，馅中还有咸肉或火腿。

（十四）比萨饼（预烘烤或已烘烤的），在比萨饼基料（面团）表面放上奶酪、西红柿、油、肉、鳀鱼等其他各种配料制成。但未烘烤的比萨饼应归入品目19.01。

（十五）咸脆食品，例如，用马铃薯的细粉、粗粉、粉末或玉米粗粉和成面团并加奶酪、味精及盐调味，然后用植物油烹炸，制成后可即供食用。

本品目不包括：

（一）含香肠、肉、食用杂碎、血、昆虫、鱼、甲壳动物、软体动物、其他水生无脊椎动物及其混合物重量超过20%的食品（例如，肉包子）（第十六章）。

（二）品目20.05的产品。

二、圣餐饼、装药空囊、封缄、糯米纸及类似制品

本品目包括一系列用细粉浆或淀粉浆制成的产品。这类产品通常烘焙成圆片状或其他薄片状，用途各异。

圣餐饼，将非常纯的面粉浆置于两块铁板中间烘焙制成的圆片状薄饼。

装药空囊，用细粉浆或淀粉浆制成的小浅杯状产品，用时将两头套在一块构成一个容器。

封缄，一种把粉浆烘制、干制（有时还着色）成薄片后切割成形的产品，这类产品还含有胶粘物质。

糯米纸，将细粉浆或淀粉浆烘制或干制成薄片状的产品，用于作某些糖果（特别是果仁糖）的包装纸。这种纸不应与名为“米纸”（将某些棕榈木髓切成薄片制成）的产品混淆（参见品目 14.04 的注释）。

第二十章　蔬菜、水果、坚果或植物其他部分的制品

注释：

一、本章不包括：

（一）用第七章、第八章或第十一章所列方法制作或保藏的蔬菜、水果或坚果；

（二）植物油、脂（第十五章）；

（三）按重量计含香肠、肉、食用杂碎、动物血、昆虫、鱼、甲壳动物、软体动物、其他水生无脊椎动物及其混合物超过20%的食品（第十六章）；

（四）品目19.05的烘焙糕饼及其他制品；或

（五）品目21.04的均化混合食品。

二、品目20.07及20.08不包括制成糖食的果冻、果膏、糖衣杏仁或类似品（品目17.04）及巧克力糖食（品目18.06）。

三、品目20.01、20.04及20.05仅酌情包括用本章注释一（一）以外的方法制作或保藏的第七章或品目11.05、11.06的产品（第八章产品的细粉、粗粉除外）。

四、干重量在7%及以上的番茄汁归入品目20.02。

五、品目20.07所称"烹煮制成的"，是指在常压或减压状态下，通过减少产品中的水分或其他方法增加产品粘稠度的热处理制得的。

六、品目20.09所称"未发酵及未加酒精的水果汁"，是指按容量计酒精浓度（标准见第二十二章注释二）不超过0.5%的水果汁。

○

○　○

子目注释：

一、子目2005.10所称"均化蔬菜"，是指蔬菜经精细均化制成适合供婴幼儿食用或营养用的零售包装食品（每件净重不超过250克）。出于调味、保藏或其他目的，均化蔬菜中可以加入少量其他配料，还可以含有少量可见的蔬菜粒。归类时，子目2005.10优先于品目20.05的其他子目。

二、子目2007.10所称"均化食品"，是指果实经精细均化制成适合供婴幼儿食用或营养用的零售包装食品（每件净重不超过250克）。出于调味、保藏或其他目的，均化食品中可以加入少量其他配料，还可以含有少量可见的果粒。归类时，子目2007.10优先于品目20.07的其他子目。

三、子目2009.12、2009.21、2009.31、2009.41、2009.61及2009.71所称"白利糖度值"，是指在20℃时直接从白利糖度计读取的度数或从折射计直接读取的以蔗糖百分比含量计的折射率，在其他温度下读取的数值应折算为20℃时的数值。

总　注　释

本章包括：

一、用醋或醋酸制作或保藏的蔬菜、水果、坚果及植物其他食用部分。

二、用糖保藏的蔬菜、水果、坚果、果皮及植物其他部分。

三、烹煮制成的果酱、果冻、柑橘酱、果（包括坚果）泥、果（包括坚果）膏。

四、经均化的制作或保藏蔬菜及水果。

五、水果汁或蔬菜汁，未经发酵，也未加酒精的，或所含酒精浓度按容量计不超过0.5%的。

六、蔬菜、水果、坚果及植物其他食用部分，其制作或保藏程度超出第七章、第八章、第十一章

及协调制度其他章所列加工范围的。

七、用品目07.14、11.05或11.06所列货品制成的产品（用第八章的产品制成的细粉、粗粉及粉末除外），其制作或保藏程度超出第七章或第十一章所列加工范围的。

八、用渗透脱水法保藏的水果。

上述产品可以是完整的，也可以是切开或捣碎的。

本章不包括：

（一）按重量计含香肠、肉、食用杂碎、血、昆虫、鱼、甲壳动物、软体动物、其他水生无脊动物及其混合物超过20%的食品（第十六章）。

（二）用面粉制的糕点，例如，果馅饼（品目19.05）。

（三）品目21.04的汤料及其制品和均化混合食品。

（四）按容量计酒精浓度超过0.5%的水果汁或蔬菜汁（第二十二章）。

20.01　蔬菜、水果、坚果及植物的其他食用部分，用醋或醋酸制作或保藏的：

10　—　黄瓜及小黄瓜

90　—　其他

本品目包括用醋或醋酸制作或保藏的蔬菜（参见本章注释三）、水果、坚果及植物其他食用部分，不论是否含有盐、调味香料、芥末、糖或其他甜物质，还可含有油或其他添加剂。这类产品可以是散装（例如，大桶装），也可以是供零售用的坛、瓶、罐或密封容器包装。本品目包括某些名为腌菜、芥末泡菜等的腌制品。

本品目所列货品与品目21.03的调味汁不同。调味汁主要为液体、乳浊液或悬浮液状，本身不供直接食用，而是用来作食物的配料或调制某些菜肴。

本品目所述方法保藏的主要产品有黄瓜、小黄瓜、洋葱、青葱、西红柿、菜花、油橄榄、刺山柑、甜玉米、洋蓟芯、棕榈芯、薯蓣、核桃及芒果。

20.02　番茄，用醋或醋酸以外的其他方法制作或保藏的：

10　—　番茄，整个或切片

90　—　其他

本品目包括不论是整个或切开的番茄，但不包括用醋或醋酸制作或保藏的番茄（品目20.01）以及第七章所列范围的番茄。归入本品目的番茄可不论其包装形式如何。

本品目还包括经制作或保藏的均化番茄（例如，番茄泥、番茄膏或番茄精）和番茄干量在7%及以上的番茄汁。但本品目不包括番茄沙司及其他番茄调味汁（品目21.03）和番茄汤料及其制品（品目21.04）。

20.03　蘑菇及块菌，用醋或醋酸以外的其他方法制作或保藏的：

10　—　伞菌属蘑菇

90　—　其他

本品目包括各种蘑菇（梗在内）及块菌，但用醋或醋酸制作或保藏的（品目20.01）及第七章所列范围的除外。本品目的产品可以是整朵、切开（例如，切片）或均化的。

20.04　其他冷冻蔬菜，用醋或醋酸以外的其他方法制作或保藏的，但品目20.06的产品除外：

10　—　马铃薯
90　—　其他蔬菜及什锦蔬菜

本品目的冷冻蔬菜是指未冷冻时归入品目20.05的蔬菜（参见品目20.05的注释）。所称“冷冻”的含义，已在第七章总注释内加以说明。

贸易上常见的归入本品目的产品举例如下：

一、马铃薯片或法式马铃薯条，用油炸或半炸后冻藏的。

二、冷冻的甜玉米棒子或甜玉米粒、胡萝卜、豌豆等，不论是否预煮，与黄油或其他调味汁一同装入密封容器（例如，塑料袋）内。

三、冷冻德式团子，以马铃薯细粉做基料的。

20.05　其他未冷冻蔬菜，用醋或醋酸以外的其他方法制作或保藏的，但品目20.06的产品除外：

10　—　均化蔬菜
20　—　马铃薯
40　—　豌豆
　　—　豇豆属及菜豆属：
51　——　脱荚的
59　——　其他
60　—　芦笋
70　—　油橄榄
80　—　甜玉米
　　—　其他蔬菜及什锦蔬菜：
91　——　竹笋
99　——　其他

本品目所称“蔬菜”，仅限于本章注释三所列产品。这些产品（不包括品目20.01用醋或醋酸制作或保藏的蔬菜、品目20.04的冷冻蔬菜及品目20.06的糖渍蔬菜）如果制作或保藏程度超过第七章或第十一章所列范围的，应归入本品目。

这类产品不论用何种容器包装（常见的是罐头装或其他密封容器装）均归入本品目。

这类产品不论是整个、切开或破碎的，可用水或番茄调味汁浸渍，也可加有其他配料，可即供食用；还可均化或混合（沙拉）。

归入本品目的食品举例如下：

一、食用油橄榄，用苏打溶液专门处理或长时间用盐水浸泡制得（仅用盐水临时保藏的油橄榄仍归入品目07.11，参见该品目的注释）。

二、德式泡菜，通过将盐腌卷心菜丝半发酵制得。

三、甜玉米棒子及甜玉米粒、胡萝卜、豌豆等，经过预煮或与黄油或调味汁一同包装的。

四、马铃薯细粉制成的长方形薄片产品，加盐和少量味精以及连续增湿、增稠使其部分糊精化制成。本产品在油里炸上几秒钟即可成为食用炸土豆片。

本品目不包括：

（一）品目19.05的咸脆食品。

（二）品目20.09的植物汁。

（三）按容量计酒精浓度超过0.5%的植物汁（第二十二章）。

20.06　糖渍蔬菜、水果、坚果、果皮及植物的其他部分（沥干、糖渍或裹糖的）

本品目的产品是用下列方法制得：先用开水处理蔬菜、水果、坚果、果皮或植物其他部分（可将产品软化以利于糖的渗透），然后将产品放入糖浆中反复加热至沸点，使糖浆逐渐浓缩，直至完全浸透产品，使其耐于保藏。

用糖保藏的主要产品有整果［樱桃、杏、梨、李、栗（香草蜜饯栗子）、核桃等］、果瓣或果块（柑橘、柠檬、菠萝等）、果皮（香橼皮、柠檬皮、柑橘皮、甜瓜皮等）、植物其他部分（当归、姜、薯蓣、甘薯等）及花（紫罗兰、含羞草等）。

沥干品，用暴露于空气中不结晶的糖浆（例如，转化糖或葡萄糖与一定比例蔗糖混合的糖浆）浸渍，浸糖后将多余的糖浆沥掉即得。产品粘手。

糖渍品，将沥干品浸入蔗糖浆，干后表面有一层薄薄晶亮的糖衣。

饯糖品，让蔗糖浆渗入产品，干后糖在产品表面或整个产品中结晶。

用糖保藏并浸于糖浆中的货品，不论包装如何，均不归入本品目（糖泡蔬菜归入品目 20.02、20.03 或 20.05；糖泡水果、坚果、果皮或植物其他食用部分，例如，糖泡栗子或姜，归入品目 20.08）。

干果（例如，椰枣及梅），即使制时加有少量的糖或裹有一层干的天然糖，外表看起来有点类似于本品目的饯糖品，仍归入第八章。

20.07　烹煮制得的果酱、果冻、柑橘酱、果泥及果膏，不论是否加糖或其他甜物质：

10　—　均化食品

　　—　其他：

91　——　柑橘属水果的

99　——　其他

果酱是通过将整果、果肉、某些蔬菜（例如，南瓜、茄子）或其他产品（例如，姜、玫瑰花瓣）用几乎等量的糖来烹煮制得。冷却后为浓厚酱状物，带有果肉碎块。

柑橘酱是果酱的一种，通常用柑橘属水果制成。

果冻是用糖和水果汁（压榨生果或烹煮水果而得）煮沸后冷凝而成，呈冻状，透明，无果肉碎块。

果泥是用过筛果肉或坚果粉加糖或不加糖烹煮后制成，呈较浓的酱状物。果泥不同于果酱，其果子含量更高，质地更为细腻。

果膏（苹果、榅桲、梨、杏、杏仁等）是用果泥经蒸发加工制得固体或接近固体的产品。

本品目的产品通常用糖制成，也可用替代糖的合成甜味剂（例如，山梨醇）制成。

本品目也包括均化制品。

本品目不包括：

（一）作为糖食或巧克力糖食的果冻及果膏（分别归入品目 17.04 或 18.06）。

（二）用明胶、糖及果汁或人造果精制成的餐用果冻（品目 21.06）。

20.08　用其他方法制作或保藏的其他品目未列名水果、坚果及植物的其他食用部分，不论是否加酒、加糖或其他甜物质：

　　—　坚果、花生及其他子仁，不论是否混合：

11　——　花生

19　——　其他，包括什锦坚果及其他子仁

20 —　菠萝
30 —　柑橘属水果
40 —　梨
50 —　杏
60 —　樱桃
70 —　桃，包括油桃
80 —　草莓
—　其他，包括子目 2008.19 以外的什锦果实：
91 ——棕榈芯
93 ——蔓越橘（大果蔓越橘、小果蔓越橘）、越橘
97 ——什锦果实
99 ——其他

本品目包括在其他章或本品目以前本章各品目所列加工范围以外的经制作或保藏的水果、坚果及植物其他食用部分，整个、切开或破碎的，混合品也包括在内。

本品目主要包括：

一、干炒、用油或脂肪烘炒的杏仁、花生、槟榔子及其他坚果，不论是否含或裹植物油、盐、香料、调味香料及其他添加剂。

二、花生酱，用磨碎的炒花生制成的膏，不论是否加盐或加油。

三、用水、糖浆、化学品或酒精浸渍保藏的水果（包括果皮及子仁）。

四、消毒的果肉，不论是否烹煮。

五、捣碎及消毒的整个果子，例如，桃（包括油桃）、杏、橘（不论是否去皮、去核、去子），不论是否加水或糖浆，但所加水或糖浆不足以使产品成为饮料供直接饮用的。能作为饮料直接饮用的归入品目 22.02。

六、烹煮水果。但用汽蒸或水煮后冻藏的水果应归品目 08.11。

七、浸于糖浆中或用其他方法制作或保藏的植物梗、根及其他食用部分（例如，姜、当归、薯蓣、甘薯、忽布苗、葡萄叶、棕榈芯）。

八、浸于糖浆中的罗望子果。

九、用糖保藏并浸于糖浆中的水果、坚果及植物其他食用部分（例如，糖泡栗子或姜，但不包括糖泡蔬菜），不论其包装如何。

十、用渗透脱水法保藏的水果。所称“渗透脱水”，是指将果块浸入浓缩糖浆中较长一段时间，从而使水果中的大部分水分及天然糖分被糖浆中的糖分所取代的加工过程。随后可将水果风干以进一步降低其水分。

本品目的产品可以用合成甜味剂（例如，山梨醇）替代糖来制作。本品目的产品还可加入其他物质（例如，淀粉），但所加入的物质不应改变水果、坚果或植物的其他食用部分的基本特征。

本品目的产品通常用罐、坛或其他密封容器包装，也有用大桶、琵琶桶或类似容器包装。

本品目也不包括由不同种类的植物或植物某部分（含子仁及果实）组成的产品，或由单一品种或不同种类的植物或植物某部分与一种或多种植物精汁等其他物质混合组成的产品，它们不能直接食用，而是用于制造草本植物浸泡剂或草本植物“茶”（例如，品目 08.13、09.09 或 21.06）。

本品目不包括品目 17.04 的已制成糖食（包括以天然蜂蜜为基料的糖食）的水果、坚果及植物的其他可食用部分。

本品目还不包括归入不同章（例如，第七章、第九章、第十一章、第十二章）的各种植物、植物

某部分、子仁或果实（完整、切割、捣碎、磨碎或研粉）的混合物，它们不能直接食用，而是直接用作饮料香料或用于制造饮料的调制精汁（第九章或品目21.06）。

20.09　未发酵及未加酒精的水果汁（包括酿酒葡萄汁及椰子水）、蔬菜汁，不论是否加糖或其他甜物质（+）：

—　橙汁：

11　——冷冻的

12　——非冷冻的，白利糖度值不超过20

19　——其他

—　葡萄柚汁；柚汁：

21　——白利糖度值不超过20的

29　——其他

—　其他未混合的柑橘属水果汁：

31　——白利糖度值不超过20的

39　——其他

—　菠萝汁：

41　——白利糖度值不超过20的

49　——其他

50　—　番茄汁

—　葡萄汁，包括酿酒葡萄汁：

61　——白利糖度值不超过30的

69　——其他

—　苹果汁：

71　——白利糖度值不超过20的

79　——其他

—　其他未混合的水果汁、坚果汁或蔬菜汁：

81　——蔓越橘汁（大果蔓越橘、小果蔓越橘）、越橘汁

89　——其他

90　—　混合汁

关于未发酵及未加酒精的说明，参见本章注释六。

本品目的水果汁及蔬菜汁一般通过压榨成熟的而且质量好的新鲜水果或蔬菜制得。制作上可用机械“提取器”榨取（例如，压榨的柑橘属水果汁），其操作原理与家庭型柠檬榨取器相同。也可用压榨法榨取，不论压榨前是否经破碎或碾磨（尤其是对苹果）或用冷水、热水或蒸汽［例如，番茄、黑醋栗（黑加仑子）及某些如胡萝卜、芹菜之类的蔬菜］处理制得。本品目的水果汁还包括椰子水。

所得的液汁通常经以下方法加工：

一、澄清，用澄清物质（明胶、蛋白、硅藻土等）、酶、离心或超滤等方法将液汁与大部分的固体分开，其中超滤还可对产品起到杀菌的作用。

二、过滤，一般采用硅藻土、纤维素等盖面的过滤板过滤。

三、除气，排除会影响其颜色或香味的氧气。

四、均化，仅适用于从某种非常新鲜的水果（番茄、桃子等）制得的汁。

五、消毒，用以防止发酵。消毒有各种不同方法，例如，巴氏灭菌（长时间或瞬间），用装有电极的机器进行电气消毒，通过过滤、用二氧化碳加压储藏、冷藏来进行消毒，用化学品［例如，二氧化硫、苯（甲）酸钠］消毒，或用紫外线、离子交换剂处理。

通过上述各种不同的处理后，水果汁、坚果汁或蔬菜汁成为清澈透明未发酵的液体。然而，某些液汁（特别是从杏、桃、番茄等肉质水果制得的液汁）仍含有悬浮或沉淀的纤细果肉。

本品目还包括非常罕见的从干果中制取的果汁，这些干果必须是新鲜时含有果汁的果实。例如，“梅脯汁”，将梅脯放入浸提器，放水加热几小时将汁提出。但本品目不包括从那些几乎不含果汁的新鲜果实或干果实（例如，刺柏果、蔷薇果）用水加热制得的稍呈液状的产品。这类产品通常归入品目21.06。

本品目的液汁可以浓缩（不论是否冷冻）；也可以为结晶体或粉末状，但其晶体和粉末必须完全或几乎完全溶于水。这类产品一般是通过热加工（不论是否在真空中加热）或冷加工（冻干）制得。

某些浓缩果汁可根据其白利糖度值与相应的非浓缩果汁区分开来（参见本章子目注释三）。

本品目的水果汁、坚果汁或植物汁，只要仍保持其原有特征，可含有下列物质，不论这些物质是生产过程所产生的或是专门加入的：

（一）糖。

（二）其他天然或合成的甜味剂，但所加剂量不得超过正常的甜度所需，液汁在其他方面也符合本品目的规定，尤其是各种不同成分的比例应该平衡［参见以下第（四）项］。

（三）为保存液汁或防止液汁发酵的添加产品（例如，二氧化硫、二氧化碳、酶）。

（四）标准剂（例如，柠檬酸、酒石酸）、为恢复生产过程毁损的成分而添加的产品（例如，维生素、色素）及为“固定”香味而添加的产品（例如，在柑橘粉或柑橘晶内加山梨醇）。但本品目不包括加入了某种成分（柠檬酸、从果子提取的精油等），其量明显不同于天然果汁中各种成分之间正常比例的水果汁，在这种情况下，该水果汁已失去其原有特征。

本品目蔬菜汁可含有添加的盐（氯化钠）、调味香料或香料。

同时，同类或不同类的水果汁、坚果汁和蔬菜汁之间的混合汁仍归入本品目。复制汁（即在浓缩汁中加入不超过非浓缩汁正常含量的水制得的汁）也归入本品目。

但在正常的水果汁、坚果汁或蔬菜汁中加入的水，或在浓缩汁中加入的水超出复制原天然汁所需的量，其稀释品即具有品目22.02所列饮料的特征。二氧化碳含量超过处理时所需正常含量的水果汁、坚果汁（充气水果汁、坚果汁）或蔬菜汁、柠檬水和加入水果汁、坚果汁调味的汽水都不归入本品目（品目22.02）。

本品目还包括各种用途的未发酵酿酒葡萄汁，酿酒葡萄汁因为加工方法与其他水果汁非常相似，所以与普通葡萄汁极为相像。酿酒葡萄汁可为浓缩液或晶体（其晶体商业上称为“葡萄糖”或“葡萄蜜”，用于制姜饼、糖果等精细点心或糖食）。

半发酵的酿酒葡萄汁，不论其发酵是否已经中止，以及加酒精的未发酵酿酒葡萄汁，如果按容量计酒精浓度已超过0.5%的，应归入品目22.04。

本品目也不包括：

（一）番茄汁，其干量在7%及以上的（品目20.02）。

（二）按容量计酒精浓度已超过0.5%的水果汁、坚果汁或蔬菜汁（第二十二章）。

○

○　○

子目注释：

子目2009.11

所称“冷冻的橙汁”，还包括冷冻温度在－18℃左右但未完全冻结的浓缩橙汁。

第二十一章　杂项食品

注释：

一、本章不包括：

（一）品目07.12的什锦蔬菜；

（二）含咖啡的焙炒咖啡代用品（品目09.01）；

（三）加香料的茶（品目09.02）；

（四）品目09.04至09.10的调味香料或其他产品；

（五）按重量计含香肠、肉、食用杂碎、动物血、昆虫、鱼、甲壳动物、软体动物、其他水生无脊椎动物及其混合物超过20%的食品（第十六章），但品目21.03或21.04的产品除外；

（六）品目24.04的产品；

（七）品目30.03或30.04的药用酵母及其他产品；或

（八）品目35.07的酶制品。

二、上述注释一（二）所述咖啡代用品的精汁归入品目21.01。

三、品目21.04所称“均化混合食品”，是指两种或两种以上的基本配料，例如，肉、鱼、蔬菜或果实等，经精细均化制成适合供婴幼儿食用或营养用的零售包装食品（每件净重不超过250克）。为了调味、保藏或其他目的，可以加入少量其他配料，还可以含有少量可见的小块配料。

21.01　咖啡、茶、马黛茶的浓缩精汁及以其为基本成分或以咖啡、茶、马黛茶为基本成分的制品；烘焙菊苣和其他烘焙咖啡代用品及其浓缩精汁：

—　咖啡浓缩精汁及以其为基本成分或以咖啡为基本成分的制品：

11　——浓缩精汁

12　——以浓缩精汁或咖啡为基本成分的制品

20　—　茶、马黛茶浓缩精汁及以其为基本成分或以茶、马黛茶为基本成分的制品

30　—　烘焙菊苣和其他烘焙咖啡代用品及其浓缩精汁

本品目包括：

一、咖啡精汁及浓缩品，可用真咖啡（不论是否去咖啡碱）制得或用真咖啡与任何比例的咖啡代用品混合制得，呈液状或粉状，通常浓缩程度很高。这类产品还包括名为速溶咖啡的产品，即经浸提并脱水或经浸提后冷冻及真空干燥的咖啡。

二、茶或马黛茶的精汁及浓缩品，其加工方法在必要的地方稍加修改后，与以上第一款所述情况相同。

三、以上述一、二两款的咖啡、茶或马黛茶精汁或浓缩品为基本成分的制品。它们是以咖啡、茶、马黛茶的精汁或浓缩品（而不是以咖啡、茶、马黛茶本身）为基本原料制成的制品，包括加有淀粉或其他碳水化合物的精汁等。

四、以咖啡、茶、马黛茶为基本成分的制品，主要有：

（一）“咖啡膏”，由磨碎、烘炒咖啡和植物脂肪，有时还加其他配料混合组成。

（二）茶制品，由茶、奶粉及糖混合组成。

五、烘焙菊苣和其他烘焙咖啡代用品及其精汁和浓缩品。它们是用于替代、仿制咖啡（用热水冲开）或用于掺入咖啡内的各种烘炒产品，有时人们把它们称为“咖啡”，但在“咖啡”两字之前加上其基本物料的名称（例如，大麦“咖啡”、麦芽“咖啡”、橡果“咖啡”）。

烘焙菊苣是通过烘炒品目12.12的菊苣根制得，为棕黑色，有苦香味。

其他的烘焙咖啡代用品包括用甜菜、胡萝卜、无花果、谷物（特别是大麦、小麦及裸麦）、分瓣的豌豆、白羽扇豆、食用橡果、大豆、椰枣核、杏仁、薄公英根或栗子制得的产品。本品目还包括其包装式样明显看得出是用作咖啡代用品的烘炒麦芽。

这些产品可呈块状、粒状、粉末状或浓缩的液体或固体状，它们之间可以混合或与其他配料（例如，碳酸盐或碳酸碱）混合，也可用各种容器包装。

本品目不包括：

（一）含任何比例咖啡的烘焙咖啡代用品（品目09.01）。

（二）加香料的茶（品目09.02）。

（三）焦糖（焦糖化的糖蜜及糖）（品目17.02）。

（四）第二十二章的产品。

21.02 酵母（活性或非活性）；已死的其他单细胞微生物（不包括品目30.02的疫苗）；发酵粉：

10 — 活性酵母

20 — 非活性酵母；已死的其他单细胞微生物

30 — 发酵粉

一、酵母

本品目的酵母可以处于活性或非活性状态。

活性酵母一般可引起发酵。它主要由某些种类（几乎全都是酵母菌属）的微生物组成，在酒精发酵时，这些微生物会成倍繁殖。根据充气工艺的不同，还可通过部分或全部防止发酵而制得酵母。

活性酵母包括：

（一）啤酒酵母，在啤酒发酵桶内形成，呈棕黄色膏状或固体，通常有啤酒花苦味及啤酒气味。

（二）酿酒酵母，在酒厂中粮食、马铃薯或水果等发酵时产生，呈乳白色硬膏状，根据所蒸馏的产品不同，气味各异。

（三）发面酵母，在特殊条件下用糖蜜之类的碳水化合物做培养基专门培养的酵母菌繁殖而得。商业上通常压成灰黄色饼状（压榨酵母）出售，这些产品有时有酒精味；也有以干状（一般为颗粒状）或液状出售。

（四）培养酵母，一种实验室中培养的纯种酵母，可悬浮于蒸馏水、明胶或琼脂中。商业上通常以标定剂量装于密封容器内销售，以防污染。

（五）种用酵母，从连续发酵工序的培养酵母中制得，用于繁殖商品酵母。商业上通常以压制的塑性湿润块状或悬浮液状出售。

非活性酵母，用活性不够，因而有关工业不能再使用的啤酒酵母、酿酒酵母、发面酵母干制而得，供人食用（维生素B原料）或作动物饲料用。由于干酵母需求量日益增加，现在也有直接用专门培养的活性酵母来制造上述干酵母以适应需求。

本品目还包括其他类型的干酵母（例如，某些假丝酵母属酵母），它们不是用酵母菌属酵母制得的，而是用在含碳氢化合物（例如，汽油或石蜡）或碳水化合物的基质上培养的酵母干制而成的。这种干酵母特别富含蛋白质，用于动物饲料，通称为“石油蛋白质”或“酵母生化蛋白质”。

二、其他已死的单细胞微生物

本类包括已死去的单细胞微生物，例如，死细菌及死的单细胞藻类，特别是在含碳氢化合物或二氧化碳基质中培养的已死单细胞微生物。这些产品蛋白质含量特别高，通常用于动物饲料。

本组某些产品可作为供人食用的食品补充剂或动物饲料添加剂（例如，呈粉状或片状）加以出售，并可含有少量的赋形剂，例如，稳定剂及抗氧化剂。只要所加的上述成分未改变其作为微生物的特征，此类产品仍应归入本品目。

三、发酵粉

归入本品目的发酵粉由化工产品（例如，碳酸氢钠、酒石酸、碳酸铵、磷酸盐）混合而成，不论是否加淀粉。在适当的条件下，发酵粉会释放出二氧化碳，因而用于面团的发酵。市面上通常以零售包装（例如，小袋、听等）出售，名称也不一样（发酵粉、阿尔萨斯发酵剂等）。

本品目主要不包括：

（一）自发谷物细粉，例如，加有发酵粉的细粉（品目11.01或11.02）。

（二）自溶酵母（品目21.06）。

（三）培养微生物（酵母除外）及疫苗（品目30.02）。

（四）品目30.03或30.04的药品。

（五）酶（淀粉酶、胃朊酶、粗制凝乳酶等）（品目35.07）。

21.03　调味汁及其制品；混合调味品；芥子粉及其调制品：

10　—　酱油

20　—　番茄沙司及其他番茄调味汁

30　—　芥子粉及其调制品

90　—　其他

一、调味汁及其制品；混合调味品

本品目所包括的制品，通常具有调味香料重的特点。它们用不同的配料（例如，蛋、蔬菜、肉、水果、细粉、淀粉、油、醋、糖、调味香料、芥末、香料等）制成，用于某些菜肴（肉、鱼、沙拉等）的调味。调味汁一般为液状，而调味制品一般为粉状，将其制成调味汁时只需加入乳、水等即可。

调味汁通常在烹饪或提供食物时加入。调味汁可以赋予食物香味、润泽和鲜明的质感和色泽。调味汁也可作包裹食物的介质，例如，奶油鸡的白汁沙司，调料汁（酱油、辣椒酱、鱼露）既可作烹饪配料，又可作餐桌调味品。

本品目也包括某些以蔬菜或水果为基料的调制品，它们主要为液体、乳浊液或悬浮液状，有时含有可见的蔬菜和水果屑粒。这些调制品与第二十章的制作或保藏的蔬菜或水果不同，它们是用作调味汁，即用来作食物的配料或用来制作某些菜肴，但其本身不直接供食用。

混合调味品不同于品目09.04至09.10的调味香料及混合调味香料。混合调味品虽然也含有一种或多种归入第九章以外其他章的香料或调味料，但各种香料比例表明其基本特征已超出第九章所规定范围之外（参见第九章总注释）。

现将本品目所包括的产品列举如下：蛋黄酱、沙拉油、荷兰式调味汁、波伦亚调味汁（由肉粒、番茄泥、调味香料等组成）、酱油、蘑菇酱油、辣酱油（通常用稠酱油作基料，注入加了香料的醋，然后加盐、糖、焦糖及芥末制成）、番茄沙司（用番茄泥、糖、醋、盐及调味香料制成）及其他番茄调味酱、芹盐（一种用食盐及精细研磨的芹菜子混合而成的盐）、某些制香肠用的混合调味品，以及第二十二章的产品（品目22.09的产品除外）经配制后用于烹饪而不适于作为饮料的制品（例如，料酒及烹饪用干邑酒）。本品目还包括由品目12.11的不同种类植物或植物某部分构成的用于调味汁的混合物。

除在第九章及第二十章各品目已列名的以外，本品目还不包括：

（一）肉、鱼、甲壳动物、软体动物或其他水生无脊椎动物的精汁（品目16.03）。

（二）汤料及制品（品目21.04）。

（三）水解蛋白质，主要为氨基酸和氯化钠的混合物，用作食品添加剂（品目21.06）。

（四）自溶酵母（品目21.06）。

二、芥子粉及其调制品

芥子细粉及粗粉是通过研磨及筛选品目12.07的芥子制得。原料有幽芥子、白芥子或两者的混合物。芥子粉不论是否研磨前脱脂或去皮，也不论其作何种用途，均归入本品目。

本品目还包括用芥子细粉与少量其他配料（谷物细粉、姜黄、肉桂、胡椒等）混合制成的调制芥末，或用芥子细粉与醋、酿酒葡萄汁或葡萄酒混合制成的芥末酱。芥末酱可加盐、糖、调味香料或其他调味品。

本品目主要不包括：

（一）芥子（品目12.07）。

（二）固定芥子油（品目15.14）。

（三）芥子油饼，即从芥子提取固定油后所剩的产品（品目23.06）。

（四）芥子精油（品目33.01）。

21.04 汤料及其制品；均化混合食品：

10 — 汤料及其制品

20 — 均化混合食品

一、汤料及其制品

本类包括：

（一）只要加水或乳等即可制成汤的汤料制品。

（二）加热后即可供食用的汤料。

这些产品通常以植物产品（蔬菜、细粉、淀粉、木薯淀粉、通心粉、面条及类似品、大米、植物精汁等）、肉、肉的精汁、脂肪、鱼、甲壳动物、软体动物或其他水生无脊椎动物、蛋白胨、氨基酸或酵母萃为基料，还可含有相当大量的盐。

它们一般制成片状、饼状、方块状、粉状或液状。

二、均质混合食品

根据本章注释三的规定，本品目的均化混合食品是指两种或两种以上的基本配料，例如，肉、鱼、蔬菜或果实等，经精细均化混合制成适合供幼婴儿食用或营养用的零售包装食品（每件净重不超过250克）。除以上基本配料外，这类食品可含有少量奶酪、蛋黄、淀粉、糊精、盐或维生素等。含有这些添加物质是为了增加营养（饮食疗法用）、调味、保存或其他目的。这类食品还可含有可见的少量小块配料，但所加配料不得改变均化食品的特征。

均化混合食品一般用作适合供婴幼儿食用的食品，呈细腻糊状，稠度不一，适于直接食用或加热后食用，通常装于密封的瓶或罐内，其量相当于一餐。

本品目不包括非零售包装或每件净重超过250克的营养或适合供婴幼儿用均化混合食品，也不包括单一基料（例如，肉、食用杂碎、鱼、蔬菜或水果）的均化食品，不论其是否含有为调味、保存或其他目的加入的少量任何配料（通常归入第十六章或第二十章）。

本品目还不包括：

（一）干蔬菜的混合品，不论是否粉状（品目07.12）。

（二）干豆类的细粉、粗粉及粉末（品目11.06）。

（三）第十六章所列肉、鱼等的精汁及其他产品。

（四）含可可食品（一般归入品目18.06或19.01）。

（五）品目 20.04 或 20.05 的保藏蔬菜，包括什锦蔬菜（菜丝、沙拉等），用于配制汤料的也包括在内。

（六）自溶酵母（品目 21.06）。

21.05 冰淇淋及其他冰制食品，不论是否含可可

本品目包括通常用乳或奶油做基料的冰淇淋及其他冰制食品（例如，冰糕、冰棍），不论是否含任何比例的可可。但本品目不包括制冰淇淋用的混合物及基料，它们应按其基本材料归类（例如，归入品目 18.06、19.01 或 21.06）。

21.06 其他品目未列名的食品：

10 — 浓缩蛋白质及组织化蛋白质

90 — 其他

本品目包括不能归入协调制度其他品目的食品，主要有：

一、直接供人食用或加工（例如，用水或乳等烹煮、溶解）后供人食用的制品。

二、全部或部分由食物组成的用于制造饮料或食品的制品。本品目包括由化学品（有机酸、钙盐等）与食物（细粉、糖、奶粉等）混合而成，可作为配料或改善食品特征（外形、耐储性等）掺入食品的制品（参见第三十八章总注释）。

但本品目不包括含食物的酶制剂（例如，由加了右旋糖或其他食物的解朊酶组成的嫩肉粉）。这类制剂如果在协调制度其他品目未具体列名，则可归入品目 35.07。

本品目主要包括：

（一）制造餐用奶油、果冻、冰淇淋或类似食品的粉，不论是否甜的。

以细粉、粗粉、淀粉、麦精或品目 04.01 至 04.04 所列货品作基料的粉，不论是否含可可，应按其可可含量酌情归入品目 18.06 或 19.01（参见第十九章总注释）。其他含可可的粉归入品目 18.06。具有加味糖或着色糖特征、用作甜味剂的粉则酌情归入品目 17.01 或 17.02。

（二）制饮料的香料粉，以碳酸氢钠、甘草甜或甘草精为基料，不论是否甜的（作“可可粉”出售）。

（三）以黄油或其他乳脂或乳油为基料的制品，用于制面包等。

（四）以糖为基料的膏，加有相当大量的脂肪，有时还加乳或坚果，不适于直接制糖食，但可作巧克力、夹心饼干、馅饼、糕点等的馅或夹心料。

（五）加蜂王浆的天然蜂蜜。

（六）主要由氨基酸和氯化钠混合组成的水解蛋白质，用于制食品（例如，调味）；通过去除脱脂豆粉的某些成分而制得的浓缩蛋白质，用于增强食品中的蛋白质；改善了组织结构的大豆粉及其他蛋白质。但本品目不包括非组织化的脱脂大豆粉，不论是否适于供人食用（品目 23.04）及蛋白质纯分离体（品目 35.04）。

（七）制造各种无酒精饮料或酒精饮料用的无酒精或酒精制品（不是以芳香物质为基料的）。这些制品是用品目 13.02 的植物精汁与乳酸、酒石酸、柠檬酸、磷酸、防腐剂、发泡剂、果汁等混合制成，全部或部分含有某种饮料特有味道的香料组分，因此，有关饮料通常可以仅用水、葡萄酒或酒精对制品进行稀释即可制得，不论是否添加诸如糖或二氧化碳气体等物质。这些产品有的专门制成供家庭使用的，但更为广泛的是用于工业，以避免大量的水、酒精等作不必要的运输。这些制品报验时并不适于作饮料饮用，因而可与第二十二章的饮料区别开来。

本品目不包括以一种或多种芳香物质为基料的制造饮料用的制品（品目33.02）。

（八）以天然或人造香料（例如，香草）为基料的食用香片。

（九）含替代糖的合成甜味剂（例如，山梨醇）的甜食、橡皮糖及类似品（特别是供糖尿病人用）。

（十）由糖精及某种食物（例如，乳糖）组成的制品（例如，甜味片），用于增加甜味。

（十一）自溶酵母及其他酵母萃，通过水解酵母制得。这些产品不能引起发酵，但含朊值很高，主要用于食品工业（例如，制某些调味品用）。

（十二）制柠檬水或其他饮料用的制品，例如：

1. 香味或着色糖浆，即加有天然或人造香料的糖溶液，其香味类似于某些水果或植物等（木莓、黑醋栗、柠檬、薄荷等），不论是否含有添加的柠檬酸及防腐剂。

2. 用本品目［参见以上第（七）项］所述复合制品来调香味的糖浆，特别是含有焦糖着色的可乐果精及柠檬酸或含有柠檬酸及水果精油（例如，柠檬或柑橘的精油）的糖浆。

3. 用水果汁或坚果汁加香味的糖浆，其水果汁或坚果汁中添加物质（例如，柠檬酸、从水果中提取的精油等）的量明显破坏了天然果汁中所含各种成分的平衡状态。

4. 加有柠檬酸（其总含量明显大于天然果汁的柠檬酸含量）、水果精油、合成甜味剂等的浓缩果汁。

这类制品仅简单用水稀释或作进一步处理即可作饮料饮用。某些这类制品则用于加入其他食品中。

（十三）人参精与其他配料（例如，乳糖或葡萄糖）的混合物，用于制造人参“茶”或其他饮料。

（十四）由不同种类的植物或植物某部分（包括子仁或果实）组成的产品，或由单一品种或不同种类的植物或植物某部分（包括子仁或果实）与一种或多种植物精汁等其他物质混合组成的产品，它们不能直接食用，而是用于制造草本植物浸泡剂或草本植物“茶”，例如，具有通便、催泻、利尿或驱风作用的产品，包括那些宣传能消除病痛或强身健体的上述产品。

本品目不包括服（使）用一定剂量后对某种病痛具有防治作用的药剂（品目30.03或30.04）。

本品目也不包括归入品目08.13或第九章的产品。

（十五）归入不同章（例如，第七章、第九章、第十一章、第十二章）或归入品目12.11的不同种类的植物、植物某部分、子仁、果实（完整、切割、捣碎、磨碎或研粉）混合制成的产品，它们不能直接食用，而是直接用作饮料香精或用于制造饮料的调制精汁。

但是，以所含第九章的货品构成基本特征的上述产品，不应归入本品目（第九章）。

（十六）通常称为食品补充剂或膳食补充剂的制品，含有或主要含有一种或多种维生素、矿物质、氨基酸、浓缩物、提取物、分离物或类似的食物成分，以及其人工合成物质，用于日常膳食的补充，不论是否含有甜味剂、着色剂、香料、芳香物质、载体、填充剂、稳定剂或其他改善性状的添加剂。这种产品的包装通常标明本产品用于强身健体、提高身体机能、预防可能的营养不足或改善营养不良。

这种制品不含有足够剂量的能够治疗或预防疾病（营养缺乏引起的疾病除外）的活性成分。本品目不包括含有足够剂量活性成分的能够治疗或预防疾病（营养缺乏引起的疾病除外）的制品（品目30.03或30.04）。

（十七）含有糖、香料或着色剂（例如，植物提取物，橙、黑醋栗等水果或植物）、抗氧化剂（例如，抗坏血酸或柠檬酸，或两者兼有）、防腐剂等，用于制造饮料的粒状或粉状制品。但是，具有糖特征的制品应酌情归入品目17.01或17.02。

本品目还不包括：

（一）品目20.08所列用水果、坚果或植物的其他食用部分制作的食品，因为这些食品已经具有上述水果、坚果或植物的其他食用部分的基本特征（品目20.08）。

（二）品目 21.02 所列作为供人食用的食品补充剂出售的微生物（品目 21.02）。

（三）作为供人食用的食品补充剂的含可可制品（品目 18.06）。

（四）含尼古丁的口香糖（品目 24.04）。

第二十二章　饮料、酒及醋

注释：

一、本章不包括：

（一）本章的产品（品目 22.09 的货品除外）经配制后，用于烹饪而不适于作为饮料的制品（通常归入品目 21.03）；

（二）海水（品目 25.01）；

（三）蒸馏水、导电水及类似的纯净水（品目 28.53）；

（四）按重量计浓度超过 10% 的醋酸（品目 29.15）；

（五）品目 30.03 或 30.04 的药品；或

（六）芳香料制品及盥洗品（第三十三章）。

二、本章及第二十章和第二十一章所称“按容量计酒精浓度”，应是温度在 20℃ 时测得的浓度。

三、品目 22.02 所称“无酒精饮料”，是指按容量计酒精浓度不超过 0.5% 的饮料。含酒精饮料应分别归入品目 22.03 至 22.06 或品目 22.08。

○

○　○

子目注释：

子目 2204.10 所称“汽酒”，是指温度在 20℃ 时装在密封容器中超过大气压力 3 巴及以上的酒。

总　注　释

本章所包括的产品与协调制度本章以前各章的食品种类完全不同。

它们分为四个大类：

一、水、其他无酒精饮料及冰。

二、经发酵的酒精饮料（啤酒、葡萄酒、苹果酒等）。

三、经蒸馏的酒和酒精饮料（利口酒、烈性酒等）及乙醇。

四、醋及其代用品。

本章不包括：

（一）第四章的液体乳制品。

（二）本章的产品（品目 22.09 的产品除外）经配制后，用于烹饪而不适于作为饮料的制品（例如，料酒及烹饪用干邑酒）（通常归入品目 21.03）。

（三）品目 30.03 或 30.04 的药品。

（四）香水或盥洗品（第三十三章）。

22.01　未加糖或其他甜物质及未加味的水，包括天然或人造矿泉水及汽水；冰及雪：

10　—　矿泉水及汽水

90　—　其他

本品目包括：

一、各种普通天然水（海水除外，参见品目 25.01）。这些水不论是否澄清或纯净，均归入本品目，然而蒸馏水或导电水及类似的纯净水归入品目 28.53。

本品目不包括加甜物质或香料的水（品目22.02）。

二、天然或人造的矿泉水。

含天然盐类或气体的天然矿泉水。这些矿泉水的成分各不相同，差异甚大，通常按其盐类的化学特征来分类，例如：

（一）碱性矿泉水。

（二）硫酸盐矿泉水。

（三）卤化矿泉水。

（四）硫化矿泉水。

（五）含砷矿泉水。

（六）含铁矿泉水。

这类天然矿泉水也可含有天然或添加的二氧化碳。

人造矿泉水，即用普通饮用水加入天然矿泉水中含有的有效成分（天然盐类或气体）生产出与天然矿泉水性质相同的水。

本品目不包括加有甜物质或香料（柑橘、柠檬等香料）的矿泉水（天然或人造）（品目22.02）。

三、汽水（充碳酸气的水），即在压力下充入二氧化碳气体的普通饮用水。人们通常称之为“苏打水”或“假矿泉水”，而真矿泉水则是天然矿泉水。

本品目不包括加了甜物质或香料的汽水（品目22.02）。

四、冰及雪，即天然雪和冰，以及人造冰。

本品目不包括品目21.05的冰制食品及“碳酸雪”或“干冰”（即固体二氧化碳）（品目28.11）。

22.02　加味、加糖或其他甜物质的水，包括矿泉水及汽水，其他无酒精饮料，但不包括品目20.09的水果汁、坚果汁或蔬菜汁：

10　—　加味、加糖或其他甜物质的水，包括矿泉水及汽水

—　其他：

91　——　无醇啤酒

99　——　其他

本品目包括本章注释三所规定范围的无酒精饮料，它们不归入其他品目，尤其不归入品目20.09或22.01。

一、加味、加糖或其他甜物质的水，包括矿泉水及汽水

本组主要包括：

（一）加甜物质或香料的矿泉水（天然或人造）。

（二）饮料，例如，柠檬水、橘子水、可乐，即加有水果汁、坚果汁、果子精或加复合精汁的香味普通饮用水，不论是否甜的。香味剂中有时加入柠檬酸或酒石酸。这些饮料通常充入二氧化碳气体，用瓶子或其他密封容器包装。

二、无醇啤酒

本组包括：

（一）由麦芽酿制的啤酒，其酒精浓度按容量计已降至0.5%及以下。

（二）姜汁啤酒及草本啤酒，其酒精浓度按容量计不超过0.5%。

（三）啤酒与无酒精饮料（例如，柠檬水）的混合物，其酒精浓度按容量计不超过0.5%。

三、其他无酒精饮料，但不包括品目20.09的水果汁或蔬菜汁

本组主要包括：

（一）罗望子果饮料，加有水、糖并经过滤，可即供饮用。

（二）某些可即供饮用的饮料，例如，用乳及可可为基料制成的饮料。

本品目不包括：

（一）含可可、水果或香料的液状酸乳及其他发酵或酸化乳及奶油（品目 04.03）。

（二）品目 17.02 的糖浆及品目 21.06 的加香料糖浆。

（三）水果汁、坚果汁及蔬菜汁，不论是否用作饮料（品目 20.09）。

（四）品目 30.03 或 30.04 的药品。

22.03 麦芽酿造的啤酒

啤酒是一种酒精饮料，通过用发芽的谷物（最常见的是大麦或小麦）、水，一般还有啤酒花制成麦芽汁，然后再经发酵制成。某些无麦芽的谷物（例如，玉米或大米）也可用于配制“麦芽汁”。加有啤酒花可使啤酒产生一股苦的芳香味，并能改善啤酒的耐储性。有时在发酵过程中加入樱桃或其他芳香物质。

也可加糖（特别是蔗糖）、着色料、二氧化碳及其他物质。

根据所采用的不同发酵工序，分为底面发酵啤酒，即用底面酵母在较低温度下发酵制得的啤酒，或表面发酵啤酒，即用表面酵母在较高的温度下发酵制得的啤酒。

啤酒有浅色或深色，甜味或苦味，淡的或烈性的，用桶、瓶或密封罐包装。市场上销售的有淡色啤酒、烈性黑啤酒等。

本品目还包括低酒精度（但高麦精含量）的浓缩啤酒，它是将啤酒真空浓缩至原体积的五分之一至六分之一制得。

本品目不包括：

（一）某些虽然有时也称为啤酒，却不含酒精的饮料（例如，用水和焦糖制得的饮料）（品目 22.02）。

（二）名为无醇啤酒的饮料，含麦芽酿制的啤酒，其酒精浓度按容量计已降至 0.5% 及以下的（品目 22.02）。

（三）品目 30.03 或 30.04 的药品。

22.04 鲜葡萄酿造的酒，包括加酒精的；品目 20.09 以外的酿酒葡萄汁：

10 — 汽酒

— 其他酒；加酒精抑制发酵的酿酒葡萄汁：

21 —— 装入 2 升及以下容器的

22 —— 装入 2 升以上但不超过 10 升容器的

29 —— 其他

30 — 其他酿酒葡萄汁

一、鲜葡萄酒

归入本品目的葡萄酒是新鲜葡萄汁经酒精发酵制得的最终产品。

本品目包括：

（一）普通葡萄酒（红色、白色或玫瑰色）。

（二）掺酒精葡萄酒。

（三）汽酒，这类葡萄酒中含有二氧化碳，二氧化碳是在密封容器中最后发酵产生（原生起泡酒），或装瓶后人工充入（充汽酒）。

（四）餐后葡萄酒（有时称为利口酒），其酒精含量高，通常从含糖量很高（仅有部分的糖通过发酵转化为酒精）的葡萄汁制得，也有在酒中或浓缩葡萄汁中掺入酒精以增加这些酒的酒精浓度。餐后葡萄酒（利口酒）主要有加那利葡萄酒、塞浦路斯葡萄酒、基督眼泪酒、马德拉岛白葡萄酒、马尔加什葡萄酒、马沙拉白葡萄酒、葡萄牙葡萄酒、浓烈白葡萄甜酒、萨摩斯葡萄酒及雪利酒。

本品目不包括：

（一）以品目 22.05 的葡萄酒作基料的饮料。

（二）品目 30.03 或 30.04 的药品。

二、酿酒葡萄汁

酿酒葡萄汁是用新鲜葡萄压榨而得，为青黄色浑浊液体，有香甜味。该汁是一种由糖（葡萄糖及果糖）、酸（酒石酸、苹果酸等）、白朊、矿物质、粘液物质及芳香素混合组成的溶液。芳香素可使酒具有本身特有的芳香味。

酿酒葡萄汁如果不加抑制，会自然发酵（糖分会转化为酒精）；经发酵的最终产品是葡萄酒。

酿酒葡萄汁的自然发酵趋向可通过称为诱变的方法加以抑制。诱变可使发酵延迟甚至完全中止。

诱变方法有以下几种：

（一）通过水杨酸或其他防腐剂的作用。

（二）用二氧化硫渗透到葡萄汁中去。

（三）通过添加酒精。这类产品一般无须进一步加工就可作葡萄酒饮用，也有的叫作混成葡萄酒，主要用于制利口酒及开胃酒等。

（四）通过冷藏。

应注意到，本款包括半发酵的葡萄汁（不论其发酵是否已经中止）以及加酒精的未发酵葡萄汁，但两者的酒精浓度按容量计均须超过 0.5%。

本品目不包括未发酵或按容量计酒精浓度不超过 0.5% 的葡萄汁，不论其是否浓缩（品目 20.09）。

22.05　味美思酒及其他加植物或香料的用鲜葡萄酿造的酒：

10　—　装入 2 升及以下容器的

90　—　其他

本品目包括用品目 22.04 的鲜葡萄酒和植物叶、根、果子等浸剂或芳香料浸剂制成的各种饮料（一般用作开胃酒或健身酒）。

本品目还包括添加了维生素或铁质化合物的上述饮料。这些饮料有时称为“保健饮料”，用于强身健体。

本品目不包括：

（一）用葡萄干和芳香植物或物料制得的酒（品目 22.06）。

（二）品目 30.03 或 30.04 的药品。

22.06　其他发酵饮料（例如，苹果酒、梨酒、蜂蜜酒、清酒）；其他品目未列名的发酵饮料的混合物及发酵饮料与无酒精饮料的混合物

本品目包括除品目 22.03 至 22.05 所列以外的各种发酵饮料。

它主要包括：

一、苹果酒，用苹果汁发酵而成的一种酒精饮料。

二、梨酒，用梨汁制得类似苹果酒的一种发酵饮料。

三、蜂蜜酒，用蜂蜜水溶液发酵而成的一种饮料（本品目包括掺白葡萄酒、芳香料及其他物质的蜂蜜酒）。

四、葡萄干酒。

五、用鲜葡萄汁以外的果汁（无花果汁、椰枣汁、浆果汁）、坚果汁或蔬菜汁发酵而成的酒，按容量计酒精浓度超过0.5%的。

六、麦芽酒，用麦精及酒糟制得的一种发酵饮料。

七、云杉酒，用云杉的树叶和小枝或云杉精制得的一种饮料。

八、清酒或米酒。

九、棕榈酒，用某些棕榈树的液汁制得。

十、姜啤酒及草药啤酒，用糖、水及姜或草药通过酵母发酵制得。

所有上述饮料都可自然发泡或人工充二氧化碳气体，不论是加入酒精或是进一步发酵以提高其酒精含量的，只要这些产品保留本品目所列产品的基本特征，仍归入本品目。

本品目还包括无酒精饮料与发酵饮料的混合物及第二十二章本品目以前各品目的发酵饮料的混合物，例如，柠檬水与啤酒或酿造酒的混合物、啤酒与酿造酒的混合物，按容量计酒精浓度超过0.5%。

这类饮料中有些还可含有添加的维生素或铁质化合物以有助于强身健体，人们有时称之为“保健饮料”。

本品目不包括水果汁（苹果汁、梨汁等）、坚果汁及其他饮料，按容量计酒精浓度不超过0.5%的（分别归入品目20.09或品目22.02）。

22.07　未改性乙醇，按容量计酒精浓度在80%及以上；任何浓度的改性乙醇及其他酒精：

10　—　未改性乙醇，按容量计酒精浓度在80%及以上

20　—　任何浓度的改性乙醇及其他酒精

乙醇不作为其他无环醇归入品目29.05。根据第二十九章注释二第（二）款的规定，第二十九章不包括它。

本品目包括：

一、按容量计酒精浓度在80%及以上的未改性乙醇。

二、任何浓度的改性乙醇及其他酒精。

发酵饮料及酒精饮料中含有乙醇，这些乙醇是用酵母或其他发酵剂使某些糖发酵得到的。发酵产品随后经提纯（例如，分馏、过滤等）使其失去发酵产品的特征，得到清澈、无色、无泡、只有乙醇气味及口味的液体，即制得品目22.07或22.08的未改性乙醇。乙醇也可人工合成制得。

改性的乙醇及其他酒精是在酒精中掺有其他物质，使其不适合供人饮用，但其工业用途并不受影响。所用的改性剂各国根据本国立法而定，它们有木石脑油、甲醇、丙酮、吡啶、芳烃（苯等）、色料。

本品目还包括中性酒精，即含水乙醇，其首次馏出物所含的次要成分（高级醇、酯、醛、酸等）经提纯（例如，分馏）几乎全部除去。

乙醇有广泛的工业用途，例如，在生产化工品、清漆等中作溶剂，用于加热、照明或配制酒精饮料。

本品目不包括：

（一）按容量计酒精浓度低于80%的未改性酒精（品目22.08）。

（二）其他酒精（改性的除外）（品目22.08）。

（三）以酒精为基料的固体或半固体燃料（通常作为“固体酒精”出售）（品目36.06）。

22. 08　未改性乙醇，按容量计酒精浓度在80%以下；蒸馏酒、利口酒及其他酒精饮料：

20　—　蒸馏葡萄酒制得的烈性酒

30　—　威士忌酒

40　—　朗姆酒及蒸馏已发酵甘蔗产品制得的其他烈性酒

50　—　杜松子酒

60　—　伏特加酒

70　—　利口酒及柯迪尔酒

90　—　其他

本品目包括不论其酒精浓度如何的下列产品：

一、通过蒸馏葡萄酒、苹果酒、其他发酵饮料、发酵粮食或发酵的其他植物产品但不加香料制得的烈性酒。该酒部分或全部保留次要成分（酯、醛、酸、高级醇等），因而各自具有独特的香味。

二、利口酒及柯迪尔酒，为已添加糖、蜂蜜或其他天然甜料以及精汁或香精的酒精饮料（例如，通过蒸馏或混合乙醇或蒸馏酒及下列一种或多种材料制得的酒精饮料：果子、花卉或植物的其他部分、精汁、香料、精油或液汁，不论其是否已经浓缩）。这些产品也包括含有结晶糖的利口酒及柯迪尔酒、水果汁、坚果汁利口酒、蛋利口酒、香草利口酒、浆果利口酒、香料利口酒、茶利口酒、巧克力利口酒、乳利口酒及蜂蜜利口酒。

三、不归入以上本章其他各品目的其他所有酒精饮料。

本品目还包括按容量计酒精浓度不超过80%的未改性酒精（乙醇及中性酒精），这些酒精与以上一、二、三项所列产品刚好相反，它们是以缺少产生独特香味的次要成分为特征的。不论其是供人饮用或供工业用途的，都归入本品目。

本品目除包括按容量计酒精浓度在80%以下的未改性乙醇外，还主要包括：

（一）蒸馏葡萄酒或葡萄残渣酿制的烈性酒［科尼亚克酒（干邑）、阿尔马尼亚酒、白兰地酒、格拉巴酒、皮斯科酒、辛加尼酒等］。

（二）威士忌及其他蒸馏已发酵的谷物（大麦、燕麦、黑麦、小麦、玉米等）浆制得的烈性酒。

（三）专门通过蒸馏已发酵甘蔗产品（甘蔗汁、甘蔗浆、甘蔗糖蜜）制得的烈性酒，例如，朗姆酒、塔菲亚酒、巴西卡莎萨酒。

（四）名为锦酒或热内瓦酒的含杜松果芳香素的酒精饮料。

（五）伏特加酒，蒸馏已发酵的农产品（例如，谷物、马铃薯）浆制得，有时用活性炭作进一步处理。

（六）酒精饮料（通称为利口酒），例如，茴香酒（用嫩八角茴香制得）、库拉索酒（用酸橙皮制得）、香旱芹白酒（用贳蒿子或枯茗子加香味制得）。

（七）“奶油”利口酒，因其稠度或颜色而得名，通常为低酒精含量但很甜的酒（例如，可可利口酒、香蕉利口酒、香草利口酒、咖啡利口酒）。本品目还包括由蛋黄、奶油之类的产品和酒精制成的乳浊液状的烈性酒。

（八）果酒，用果汁制得的利口酒；通常含有少量添加的香料（例如，樱桃果酒、黑醋栗果酒、木莓果酒、杏酒等）。

（九）双蒸烧酒及用果子或植物的其他部分品蒸馏酒精而制得的其他酒精饮料。

（十）用苹果、李子、樱桃或其他水果制得的烈性酒（例如，苹果烈酒、李子烈酒、樱桃烈酒等）。

（十一）阿拉克烧酒，用酿造的米酒或棕榈酒制得的烈性酒。

（十二）蒸馏已发酵的刺槐豆汁制得的烈性酒。

（十三）含酒精的开胃酒（艾酒、苦味酒等），但不包括以品目22.05的鲜葡萄酒为基料的开胃酒。

（十四）含酒精的柠檬水（不加药料的）。

（十五）含有添加酒精，其酒精浓度按容量计超过0.5%的水果汁、坚果汁或蔬菜汁，但品目22.04的产品除外。

（十六）用于强身健体的酒精饮料，有时称作保健饮料。可以植物膏、浓缩果汁、卵磷脂、化学品等为基料，并可含有添加的维生素和铁质化合物。

（十七）用果汁及/或水、糖、色料、香料或其他配料加蒸馏酒精混合调制的仿酿造酒饮料，但品目22.04的产品除外。

（十八）蒸馏已发酵甜菜糖蜜制得的烈性酒。

但本品目不包括：

（一）味美思酒及其他以鲜葡萄酒为基料的开胃酒（品目22.05）。

（二）已改性的乙醇及其他酒精（任何浓度在内）或按容量计酒精浓度在80%及以上的未改性乙醇（品目22.07）。

22.09 醋及用醋酸制得的醋代用品

一、醋

醋是一种酸性液体，它是用任何原料（包括各种糖或淀粉的溶液）经酒精发酵制得的酒精液体，在空气存在下和通常不超过20～30℃的恒定温度中，在醋杆菌的作用下，通过醋酸发酵制得。

本品目包括下列各类不同的醋（按其原料分类）：

（一）酒醋，根据制醋所用的不同酿造酒，其颜色从米黄色至红色不等。由于有酒酯等的存在，酒醋有一股特殊的酒醇香味。

（二）啤酒醋和麦芽醋；苹果醋、梨醋或其他发酵水果醋。它们一般为淡黄色。

（三）酒精醋，天然状态时为无色。

（四）用谷物、糖蜜、水解马铃薯、乳糖清液等制得的醋。

二、醋代用品

醋代用品是用水稀释醋酸制得，通常用焦糖或其他有机色料着色［另参见以下（一）款不包括的产品］。

*

* *

醋及其代用品可用于食物的调味和腌制，本身也可用龙蒿等蔬菜或调味香料增加香味。

本品目不包括：

（一）含醋酸重量超过10%的水溶液（品目29.15）。但第二十二章注释一第（四）款的规定不适用于含醋酸重量一般在10%～15%之间的溶液。这类溶液加有香料和色料，可用作食物的醋代用品，仍归入本品目。

（二）品目30.03或30.04的药品。

（三）盥洗用醋（品目33.04）。

第二十三章　食品工业的残渣及废料；配制的动物饲料

注释：

品目23.09包括其他品目未列名的配制动物饲料，这些饲料是由动、植物原料加工而成的，并且已改变了原料的基本特性，但加工过程中的植物废料、植物残渣及副产品除外。

○

○　○

子目注释：

子目2306.41所称的“低芥子酸油菜子”，是指第十二章子目注释一所定义的菜子。

总　注　释

本章包括食品加工业所用植物原料的残渣及废料，还包括某些动物质产品。这些产品的大部分单独或与其他物料混合，主要用作动物饲料，但有些也适于供人食用。某些产品（例如，酒糟、粗酒石、油渣饼）则用于工业。

本章所称的“团粒”，是指直接挤压或加入按重量计比例不超过3%的粘合剂（糖蜜、淀粉物质等）制成的粒状产品。

23.01　不适于供人食用的肉、杂碎、鱼、甲壳动物、软体动物或其他水生无脊椎动物的渣粉及团粒；油渣：

10　—　肉、杂碎的渣粉及团粒；油渣

20　—　鱼、甲壳动物、软体动物或其他水生无脊椎动物的渣粉及团粒

本品目包括：

一、不适于供人食用的细粉及粗粉，加工完整的动物（包括家禽、海生哺乳动物、鱼、甲壳动物、软体动物或其他水生无脊椎动物）或除骨、角、壳等的其他动物产品（例如，肉或杂碎）所得，其原料主要来自屠宰场、水上渔业加工厂、罐头厂或食品加工厂等，通常经蒸汽加热后压制或用溶剂处理以脱去其油、脂。处理过的产品要经长时间加热使其干燥和消毒，最后经碾磨成粉。

本品目也包括呈团粒状的上述产品（参见本章总注释）。

本品目的细粉、粗粉及团粒主要用作动物饲料，也有用于其他方面（例如，作肥料）。

二、油渣，猪脂肪或其他动物脂肪煎熬后所剩的膜组织，主要用于制动物饲料（例如，狗食饼干），但适于供人食用的油渣也归入本品目。

本品目不包括不适合供人食用的昆虫的细粉及粗粉（品目05.11）。

23.02　谷物或豆类植物在筛、碾或其他加工过程中所产生的糠、麸及其他残渣，不论是否制成团粒：

10　—　玉米的

30　—　小麦的

40　—　其他谷物的

50　—　豆类植物的

本品目包括：

一、谷粒在碾磨过程中所产生的糠、麸及其他下脚料。本类产品主要包括小麦、黑麦、大麦、燕麦、玉米、稻米、高粱或荞麦在碾磨过程中所产生的副产品，它们的淀粉和灰分含量与第十一章注释二第（一）款所列指标不符，其品种主要有：

（一）糠，即含有少量粘附胚乳及粉末的谷物外皮。

（二）麸（粗粉），碾磨谷物时所得，作为一种生产细粉的副产品，其大部分为过筛后的精细壳（皮），同时带有少许细粉。

二、谷粒过筛或经其他加工后所剩的下脚料。在预碾工序中所得的过筛下脚料主要由以下组成：

（一）主要为颗粒较小、不成形状、破碎或成粉屑的谷物粒。

（二）和谷物粒混在一起的各种其他植物种子。

（三）叶、梗、矿物质等的碎屑。

本类还包括：

1. 粮仓、船仓等清扫时所得的残留谷物，其组成与上述下脚料相似。
2. 大米漂白时脱出的皮。
3. 谷物脱壳、碾压、制片、切片、粗磨或制成珠粒加工时产生的下脚料。

三、豆类植物在碾磨或其他加工时产生的下脚料及废料。

本品目也包括成团粒状的上述产品（参见本章总注释）。

本品目还包括带或不带苞米皮的碾磨玉米棒子，其淀粉和灰分含量不符合第十一章注释二（一）对玉米粉所规定的指标的。

谷物脱粒时产生的谷壳，应归入品目12.13。

本品目不包括提取植物、微生物油、脂所剩的油渣饼或其他固体残渣（品目23.04至23.06）。

23.03　制造淀粉过程中的残渣及类似的残渣，甜菜渣、甘蔗渣及制糖过程中的其他残渣，酿造及蒸馏过程中的糟粕及残渣，不论是否制成团粒：

10　—　制造淀粉过程中的残渣及类似的残渣

20　—　甜菜渣、甘蔗渣及制糖过程中的其他残渣

30　—　酿造及蒸馏过程中的糟粕及残渣

本品目主要包括：

一、制造淀粉所剩的残渣及类似残渣（例如，玉米、大米、马铃薯等的残渣），含有大量纤维物质及蛋白物质，通常呈团粒状或粗粉状，偶尔也有呈饼状的，用作动物饲料或肥料，某些残渣（例如，玉米浸渍液）则用于生产培养微生物的培养基。

二、甜菜浆，甜菜根提取糖后所剩的残渣。甜菜浆不论干或湿的，均归入本品目。但如果加糖蜜或经其他方法制作成为动物饲料的，则归入品目23.09。

三、蔗渣，甘蔗榨汁后所剩的纤维部分，用于造纸及配制动物饲料。

四、本品目所包括的其他制糖过程中所剩废料，包括澄清渣、压滤渣等。

五、酿造或蒸馏过程中的糟粕及残渣，主要有：

（一）谷物（大麦、黑麦等）渣滓，生产啤酒过程中所得，是麦芽汁被提取后所剩的废麦粒。

（二）麦芽，在入窑烘焙时从发芽的麦粒上掉下的。

（三）废啤酒花。

（四）用谷物、子仁、马铃薯等蒸馏烈性酒所剩的渣滓。

（五）甜菜浆泔脚（蒸馏甜菜糖蜜所剩的残渣）。

（所有这类产品不论是干的还是湿的，都归入本品目）。

本品目还包括呈团粒状的上述产品（参见本章总注释）。

本品目不包括：

（一）提取或精炼糖所剩的糖蜜（品目17.03）。

（二）非活性酵母或废酵母（品目21.02）。

（三）焚烧并洗涤甜菜糖蜜残渣所得的粗钾盐（品目26.21）。

（四）蔗渣浆（品目47.06）。

23.04　提炼豆油所得的油渣饼及其他固体残渣，不论是否碾磨或制成团粒

本品目包括大豆经溶剂、挤压或螺杆压提取豆油后所剩的油渣饼及其他固体残渣，这些残渣是很好的动物饲料。

归入本品目的残渣可以为块（饼）状，也可以为粗粉或团粒状（参见本章总注释）。

本品目也包括适于供人食用的非组织化脱脂大豆粉。

本品目不包括：

（一）油脚（品目15.22）。

（二）通过去除脱脂大豆粉的某些成分制得的浓缩蛋白质（用作食品添加剂）及改善了组织结构的大豆粉（品目21.06）。

23.05　提炼花生油所得的油渣饼及其他固体残渣，不论是否碾磨或制成团粒

品目23.04的注释在必要的地方稍加修改后，适用于本品目。

23.06　品目23.04或23.05以外的提炼植物或微生物油脂所得的油渣饼及其他固体残渣，不论是否碾磨或制成团粒（+）：

10　—　棉子的

20　—　亚麻子的

30　—　葵花子的

　　—　油菜子的：

41　——低芥子酸的

49　——其他

50　—　椰子或干椰肉的

60　—　棕榈果或棕榈仁的

90　—　其他

本品目包括提取微生物油脂或含油子仁及果实、谷物胚芽经溶剂、液压或螺旋榨油机提取油类后所剩的油渣饼及其他固体残渣，但品目23.04或23.05所列产品除外。

本品目也包括作为稻米谷糠榨油后所剩残渣的脱油谷糠。

某些油渣饼及其他固体残渣（亚麻子、棉子、芝麻、椰子肉等的油渣饼及残渣）是非常好的动物饲料；另一些（例如，蓖麻子的油渣饼及残渣）则不适于做动物饲料，但却可用作肥料；还有一些（例如，苦杏仁及芥子饼）用于提取精油。

归入本品目的残渣可以为块（饼）状，也可以为粗粉或团粒状（参见本章总注释）。

本品目也包括适于供人食用的非组织化脱脂细粉。

本品目不包括油脚（品目15.22）。

子目注释：

子目2306.41

关于“低芥子酸油菜子”的定义，参见第十二章子目注释一及品目12.05的注释。

23.07 葡萄酒渣；粗酒石

葡萄酒渣来自于葡萄酒发酵和成酒过程中的泥浆状沉淀物。该沉淀物经压滤后呈固体形状。干葡萄酒渣可呈粉状、粒状或不规则碎块状。

粗酒石是葡萄汁发酵过程中在酿酒缸形成的固结物质或在储存葡萄酒的大桶内形成的固结物质，呈粉状、粉片状或不规则的晶体状，颜色由灰至暗红不等。首次洗涤后，粗酒石为黄灰色或棕红色晶体，其颜色要看其从何种颜色的酒所得。这种洗涤粗酒石也归入本品目。

葡萄酒渣及粗酒石（包括洗涤粗酒石）都是粗酒石酸氢钾，所含酒石酸钙比例相当高，是制酒石酸氢钾（酒石）的原料。酒石酸氢钾呈白色晶体状或晶体粉末状，闻之无味，尝之发酸，在空气中性质稳定。葡萄酒渣用于制动物饲料，而粗酒石则用作媒染剂。

本品目不包括酒石（品目29.18）及酒石酸钙（酌情归入品目29.18或38.24）。

23.08 动物饲料用的其他品目未列名的植物原料、废料、残渣及副产品，不论是否制成团粒

植物产品、植物废料和残渣以及植物原材料加工中在提取植物原材料的某些成分后所产生的副产品，如果可作为动物饲料，而且在协调制度其他品目又未列名，则应归入本品目。

本品目主要包括：

一、橡果及七叶树果。

二、已脱粒的玉米芯；玉米秆及叶。

三、甜菜叶或胡萝卜叶。

四、蔬菜皮（豌豆或菜豆荚等）。

五、水果废料（苹果或梨的皮或芯）及水果渣（压榨葡萄、苹果、梨、柑橘等所得），用于提取果胶的也包括在内。

六、作为破碎芥子副产品的糠。

七、用谷物或其他植物材料制咖啡代用品（或其精）所剩的残渣。

八、通过浓缩生产柑橘属果汁所剩残液制得的副产品，有时称为“柑橘糖蜜”。

九、水解玉米芯以制取2－糠醛所剩的残渣，通称为“水解玉米芯粉”。

本品目产品可呈团粒状（参见本章总注释）。

23.09 配制的动物饲料：

10 — 零售包装的狗食或猫食

90 — 其他

本品目包括甜饲料及由数种营养物质混合而成的配制动物饲料，其用途如下：

1. 给动物提供合理均衡的日常食物（完全饲料）。

2. 用有机或无机物质补充以农作物为主的饲料以使日常食物更为理想（补充饲料）。

3. 用于配制完全或补充饲料。

本品目包括动、植物原材料经加工后，已经丧失其原有基本特征的动物饲料用产品，例如，用植

物材料制成的产品，经加工后其原有的细胞结构通过显微镜也无法辨认的。

一、甜饲料

甜饲料是用糖蜜或其他类似的甜物质（一般超过总量10%）和一种或多种其他营养物质混合而成，主要用于饲养牛、羊、马、猪。

除了富有营养外，糖蜜还使饲料变得更为可口，使得一些动物不爱吃的营养价值低的产品，例如，稻草、谷壳、亚麻子粉片、水果渣等，也能用于饲料。

一般情况下，甜饲料可直接饲养动物。然而，某些糖蜜和富含营养成分食物（例如，麦麸、棕榈仁或椰油渣饼等）混合制成的饲料则用于制完全或补充饲料。

二、其他配制饲料

（一）给动物提供各种合理均衡营养成分的日常配制饲料（完全饲料）。

本类配制饲料的特点是饲料内含有以下三种类型营养物质的一种：

1. “能量”型营养物质，由淀粉、糖、纤维素及脂肪之类的高碳水化合物质（高热量物质）组成，动物有机体将其消耗后能产生生命所必需的能量，并达到繁殖后代的目的。这些物质有谷物、半含糖分的饲料甜菜、牛羊脂、稻草、麦秸。

2. “健体”型高蛋白营养物质或矿物质。这些营养物质与“能量”型物质不同，它并不是被动物有机体消耗掉，而是促进动物身体组织以及各种动物产品（乳、蛋等）的形成。它们主要含蛋白质或矿物质。例如，豆类植物的种子、酒糟、油渣饼、乳制品的副产品，即为上述目的用的富含蛋白质物质。

矿物质主要是为骨骼生长，对于家禽，则有助于蛋壳形成。最常采用的是钙、磷、氯、钠、钾、铁、碘等。

3. “功能”型营养物质。它能促进碳水化合物、蛋白质及矿物质的吸收，包括维生素、微量元素及抗菌素。这些物质的缺少或不足常会引起疾病。

以上三种类型的营养物质能满足动物饲料的全部需要，其混合及比例则要视所饲养的动物而定。

（二）补充（均衡）农作物饲料的制品（补充饲料）。

农作物饲料通常含蛋白质、矿物质或维生素相当低。为了补偿营养物质的不足，保证动物饲料营养成分的均衡，这类制品含有蛋白质、矿物质或维生素，再加上作为其他成分载体的附加能量饲料（碳水化合物）。

虽然本款制品从质量上看与第（一）款的制品成分几乎一样，但其某种营养物质的含量很高，因而可与第（一）款制品区别开来。

本类包括：

1. 液状、粘液状、浆状或干的鱼或海生哺乳动物的可溶性物质，用生产鱼或海生哺乳动物的粉或油时所剩残液（含水溶性物质，即蛋白质、维生素B、盐等）经浓缩及稳定制得。

2. 完整或破碎的浓缩青叶蛋白质，通过热处理紫苜蓿汁而得。

（三）用于生产以上（一）或（二）款所述完全或补充饲料的制品。

本类制品在贸易上称为“预配料”，一般说来，是由多种物质（有时称为添加剂）混合组成。这些物质的性质及比例要视所饲养的动物需要而定，它们有以下三种类型：

1. 能帮助消化，更多的是促进动物对饲料的食欲及保障其身体健康的物质，例如，维生素或维生素原、氨基酸、抗菌素、抑制球虫剂、微量元素、乳化剂、香料及开胃剂等。

2. 有助于饲料（特别是所含脂肪成分）供动物食用前良好保存的物质，例如，稳定剂、抗氧剂等。

3. 作载体用的物质，可含有一种或多种有机营养物质（木薯粉、大豆粉、麦麸、酵母、食品工业的各种残渣等）或含有无机物质（例如，菱镁矿、白垩、高岭土、盐、磷酸盐）。

以上第1项所述的物质浓度及载体性质是确定的，以保证这些物质在混合饲料中能均匀地分布及混合。

本组还包括动物饲料用的下列制品：

（1）含有多种矿物质的制品。

（2）由以上第1项所述类型的某种活性物质和某种载体组成的制剂，例如，在抗菌素生产过程中整体简单干燥（即在发酵器内全部物品干燥）所得的产品（主要为菌丝体、培养基及抗菌素）。所得干燥物质，不论是否加入有机或无机物质以使其标准化，其抗菌素含量一般在8%～16%之间，是“预配料”的基本原料。

本类制品不应和某些兽医制品混淆。兽医制品具有药物性质，其活性物质的浓度比本类制品高得多，包装往往也不一样，一般是可以区分的。

*

*　*

本品目还包括：

一、配制的猫食、狗食等，用肉、杂碎及其他配料混合制成，用密封容器包装，每件大约一餐的量。

二、狗或其他动物的饲料饼干，通常用细粉、淀粉或谷物产品和油渣或肉粉混合制成。

三、甜味配制饲料，不论是否含可可，专门用于喂狗或其他动物。

四、配制的鸟食（例如，用谷子、加那利草子、去壳的燕麦及亚麻子混合制成，用作鸟的主食或完全饲料）或鱼食。

本品目的配制动物饲料常常制成团粒状（参见本章总注释）。

本品目不包括：

（一）单一材料制成的团粒或归入同一具体列名品目的多种材料混合制成的团粒，不论是否加入了按重量计不超过3%的粘合剂（糖蜜、淀粉物质等）（品目07.14、12.14、23.01等）。

（二）谷粒的简单混合物（第十章）或谷物细粉、豆类细粉的简单混合物（第十一章）。

（三）从其性质、纯度及配料比例、生产过程中的卫生条件、包装上的说明以及有关使用的其他情况来看，既可用于喂动物，又可供人食用的制品（主要归入品目19.01及21.06）。

（四）品目23.08的植物废料、残渣及副产品。

（五）维生素，不论是否已有化学定义或相互混合，是否溶于任何溶剂或是否用抗氧化剂、抗结块剂加以稳定，也不论是否吸附于基质上或涂上明胶、蜡、脂肪等保护层加以稳定，只要这些添加剂、基质或保护层不超出保存、运输所需的范围，不至于改变维生素的特性，也不使维生素改变一般用途而适合于某些特殊用途（品目29.36）。

（六）第二十九章的产品。

（七）品目30.03或30.04的药品。

（八）第三十五章的蛋白物质。

（九）在动物饲料的生产上用以抑制不良微生物的抗菌消毒制剂（品目38.08）。

（十）抗菌素生产过程中过滤及第一阶段提取时产生的中间产品及残渣，所含抗菌素一般不超过70%（品目38.24）。

第二十四章 烟草、烟草及烟草代用品的制品；非经燃烧吸用的产品，不论是否含有尼古丁；其他供人体摄入尼古丁的含尼古丁的产品

注释：

一、本章不包括药用卷烟（第三十章）。

二、既可归入品目 24.04 又可归入本章其他品目的产品，应归入品目 24.04。

三、品目 24.04 所称“非经燃烧吸用”，是指不通过燃烧，而是通过加热或其他方式吸用。

○

○ ○

子目注释：

子目 2403.11 所称“水烟料”，是指由烟草和甘油混合而成用水烟筒吸用的烟草，不论是否含有芳香油及提取物、糖蜜或糖，也不论是否用水果调味，但供在水烟筒中吸用的非烟草产品除外。

总 注 释

烟草是从各种种植的茄科植物所得。不同种属的烟草，其烟叶的大小和形状各异。

烟草的收获方法及烤制工艺，要视烟草种类而定。有在烟草普遍成熟时将植物整株砍下的（割茎），也有按烟叶成熟情况将叶分别摘下的（摘叶）。因而，烟草有整株（叶连茎）制作，也有烟叶（不连茎）制作。

制作方法有多种，有晒烟（露天晒制）、晾烟（在空气自由流通的封闭棚内制得）、烘烤烟（通过热气烟道烤制）、熏烤烟（用明火烤制）。

在包装发运前，干烟叶需经处理，以防变质。有用经控制的自然发酵方法进行处理（例如，爪哇、苏门答腊、哈瓦那、巴西、远东等地的烟），也有用人工再干燥方法进行处理。这些处理和制作会影响烟草的香味，包装后会自然陈化。

处理过的烟草捆成扎、打成包（各种形状）或装入大桶或板条箱。经包装的烟草，其烟叶或并排（远东烟），或成束（几张烟叶用绳子或另一张烟叶扎起），或不加捆绑。烟叶总是压得很紧，以防变质。

有时除发酵外，还加入香料或湿润物质（加香混合剂），以提高烟草香味或保持烟草质量，也有用此法代替发酵的。

本章不仅包括烟草及烟草制品，还包括不含烟草的烟草代用品的制品。

24.01 烟草；烟草废料：

10 — 未去梗的烟草

20 — 部分或全部去梗的烟草

30 — 烟草废料

本品目包括：

一、烟草，为天然状态（整株或烟叶）、已制过或已发酵的烟叶，整片或去梗、修剪或未修剪、破碎或剪切（包括切成一定形状但不能即供吸用的）。

烟叶经混合、去梗并用适当混合的液体香料加味（“调味”或“浸泡”）以防发霉、发干及保持香味的也归入本品目。

二、烟草废料，例如，在收拣烟叶或制造烟草产品时所剩的废料（烟草的茎、柄、梗、切边、末等）。

24.02　烟草或烟草代用品制成的雪茄烟及卷烟：

10　—　烟草制的雪茄烟

20　—　烟草制的卷烟

90　—　其他

本品目仅包括用烟草或烟草代用品制的大雪茄（包裹或未包裹）、方头雪茄、小雪茄及卷烟。其他供吸用的烟草，不论是否含有任何比例的烟草代用品，都不归入本品目（品目24.03）。

本品目包括：

一、含烟草的大雪茄、方头雪茄及小雪茄。

这些产品可全部用烟草制成，也可用烟草和烟草代用品混合制成，不论烟草及其代用品各自所占比例多少。

二、含有烟草的卷烟。

本品目除包括烟草制的卷烟外，还包括用烟草和烟草代用品混合制成的卷烟，不论烟草及其代用品各自所占比例多少。

三、用烟草代用品制的大雪茄、方头雪茄、小雪茄及卷烟。例如，用经专门加工既不含烟草，也不含尼古丁的某种莴苣叶制成的“卷烟”（“香烟”）。

本品目不包括药用卷烟（第三十章），但用专门配制的某些不具药物性质的产品制成的戒烟用卷烟仍归入本品目。

本品目不包括与上述产品形式相似的非经燃烧吸用的含烟草、再造烟草或烟草代用品的制品（品目24.04）。

24.03　其他烟草及烟草代用品的制品；“均化”或“再造”烟草；烟草精汁（+）：

—　供吸用的烟草，不论是否含有任何比例的烟草代用品：

11　——　本章子目注释所述的水烟料

19　——　其他

—　其他：

91　——“均化”或“再造”烟草

99　——　其他

本品目包括：

一、供吸用的烟草，不论是否含有任何比例的烟草代用品，例如，制成的烟斗或卷烟用烟。

二、咀嚼烟，通常是经高度发酵并加有大量香料。

三、鼻烟，多少加有香料。

四、制鼻烟用的加压或浸酒烟草。

五、制成的烟草代用品，例如，不含烟草的吸用烟混合品。但大麻之类的产品除外（品目12.11）。

六、“均化”或“再造”烟草，将精细切磨的烟叶、烟草废料或粉末聚合而成，不论是否附在衬背上（例如，用烟柄的纤维素片做衬背），通常为矩形片状或条状，可整片使用（作为包皮）或切丝、切碎（作为烟丝）。

七、烟草精汁，用潮润烟叶通过压力或用水煮废烟所提取的液汁，主要用于制杀昆虫或寄生虫的药物。

本品目不包括：

（一）尼古丁（从烟草提取的有毒生物碱）（品目29.39）。

（二）品目38.08的杀虫剂。

○
○　○

子目注释：

子目2403.11

本子目主要包括由烟草、糖蜜或糖的混合物组成的产品，用水果、甘油、芳香油及提取物调味（例如，“果味水烟”）。本子目还包括不含糖蜜或糖的产品（例如，图巴克水烟或阿贾米水烟）。但本子目不包括用于水烟筒的、不含烟草的产品（例如，杰拉克水烟）（子目2403.99）。

水烟筒还有其他名字，例如，“印度水烟袋”“水烟管”“阿拉伯水烟壶”“埃及水烟管”或“水烟袋”等。

24.04　含烟草、再造烟草、尼古丁、或烟草或尼古丁代用品，非经燃烧吸用的产品；其他供人体摄入尼古丁的含尼古丁的产品：

—　非经燃烧吸用的产品：

11　——含有烟草或再造烟草的

12　——其他，含有尼古丁的

19　——其他

—　其他：

91　——经口腔摄入的

92　——经皮肤摄入的

99　——其他

本品目包括：

一、本章注释三定义的非经燃烧吸用的含有烟草、再造烟草、尼古丁、或烟草或尼古丁代用品的产品。

这些产品包括：

1. 用于电子烟及类似的个人电子雾化设备的含尼古丁溶液；

2. 不同形式的（例如条状或颗粒状的）用于烟草加热系统的含烟草或再造烟草的产品，其中加热是指通过电气设备（EHTS）、化学反应、碳热源（CHTP）或其他方式；

3. 设计用于电子烟及类似的个人电子雾化设备的含烟草代用品或尼古丁代用品但不含烟草、再造烟草或尼古丁的产品；

4. 设计用于非加热方式（例如，化学工艺或超声雾化）产生可吸入气溶胶的设备的类似产品；

5. 一次性电子烟和类似的一次性个人电子雾化设备，该设备集成了用于非经燃烧吸用的产品（如电子烟油或凝胶）和传输装置，设计为产品或电池耗尽后即丢弃的商品（不可反复充填或充电）。

二、除吸用外，通过咀嚼、溶解、嗅闻、透皮吸收等其他任何方式将尼古丁摄入人体的含尼古丁但不含烟草或再造烟草的其他产品。

这类产品包括娱乐性使用的含尼古丁产品，以及旨在帮助戒烟的尼古丁替代疗法（NRT）产品，用于尼古丁摄入减量计划，以减少人体对这种物质的依赖。

本品目不包括：

（一）经燃烧吸用的含有烟草、再造烟草或烟草代用品的产品（品目24.02或24.03），以及咀嚼烟和鼻烟（品目24.03）。

（二）尼古丁（从烟草提取或合成的生物碱）（品目29.39）。

第五类 矿产品

第二十五章 盐；硫磺；泥土及石料；石膏料、石灰及水泥

注释：

一、除条文及注释四另有规定的以外，本章各品目只包括原产状态的矿产品，或只经过洗涤（包括用化学物质清除杂质而未改变产品结构的）、破碎、磨碎、研粉、淘洗、筛分以及用浮选、磁选和其他机械物理方法（不包括结晶法）精选过的货品，但不得经过焙烧、煅烧、混合或超过品目所列的加工范围。

本章产品可含有添加的抗尘剂，但所加剂料并不使原产品改变其一般用途而适合于某些特殊用途。

二、本章不包括：

（一）升华硫磺、沉淀硫磺及胶态硫磺（品目28.02）；

（二）土色料，按重量计三氧化二铁含量在70%及以上（品目28.21）；

（三）第三十章的药品及其他产品；

（四）芳香料制品及化妆盥洗品（第三十三章）；

（五）夯混白云石（品目38.16）；

（六）长方砌石、路缘石、扁平石（品目68.01）、镶嵌石或类似石料（品目68.02）及铺屋顶、饰墙面或防潮用的板岩（品目68.03）；

（七）宝石或半宝石（品目71.02或71.03）；

（八）每颗重量不低于2.5克的氯化钠或氧化镁培养晶体（光学元件除外）（品目38.24）；氯化钠或氧化镁制的光学元件（品目90.01）；

（九）台球用粉块（品目95.04）；或

（十）书写或绘画用粉笔及裁缝划粉（品目96.09）。

三、既可归入品目25.17，又可归入本章其他品目的产品，应归入品目25.17。

四、品目25.30主要包括：未膨胀的蛭石、珍珠岩及绿泥石；不论是否煅烧或混合的土色料；天然云母氧化铁；海泡石（不论是否磨光成块）；琥珀；模制后未经进一步加工的片、条、杆或类似形状的粘聚海泡石及粘聚琥珀；黑玉；菱锶矿（不论是否煅烧），但不包括氧化锶；陶器、砖或混凝土的碎块。

总 注 释

正如本章注释一所规定的，一般来说，本章仅包括天然的或经洗涤（包括用化学物质清除杂质但不改变产品本身结构的洗涤）、砸碎、磨碎、研粉、淘洗、细筛、粗筛以及用浮选、磁选或其他机械或物理方法（不包括结晶法）精选的矿产品。本章产品可经加热，以除去水分、杂质或达到其他目的，但此种热处理不应改变产品的化学或晶形结构。但是，除了品目条文有明确规定的以外，其他热处理（例如，焙烧、熔融或煅烧）是不允许的。据此，譬如，促使品目25.13及品目25.17的产品发生化学或晶形结构变化的热处理是允许的，因为这些品目的品目条文已列明可进行热处理。

本章产品可含有添加的防尘剂，其所加剂料并不使产品改变其一般用途而适用于某种特殊用途。

经其他方法加工的矿物（例如，通过再结晶法提纯的产品、将本章同品目或不同品目的矿物加以混合获得的产品、经模制或雕刻的产品等）一般归入以后的各章（例如，第二十八章或第六十八章）。

但是在特定情况下，有关品目仍包括：

一、天然状态就已超出本章注释一所述加工方法的具体列名货品。例如，纯氯化钠（品目25.01）、某些形状的精制硫（品目25.03）、陶渣（品目25.08）、熟石膏（品目25.20）、生石灰（品目25.22）及水凝水泥（品目25.23）。

二、其状况或加工方法虽然已超出本章注释一所允许范围，但在品目上已列名的货品。例如，毒重石（品目25.11）、硅质化石粗粉和类似的硅质土（品目25.12）及白云石（品目25.18）可经煅烧；菱镁矿及镁氧矿（品目25.19）可经熔凝或煅烧［僵烧（烧结）或轻烧］。对于僵烧（烧结）镁氧矿，为了便于烧结，可加入其他氧化物（例如，氧化铁、氧化铬）。同样，品目25.06、25.14、25.15、25.16、25.18及25.26的材料可用锯或其他工具修整或简单切割成矩形（包括正方形）板、块状。

对于既可归入品目25.17，又可归入本章其他品目的产品，一律归入品目25.17。

本章不包括第七十一章的宝石或半宝石。

25.01 盐（包括精制盐及变性盐）及纯氯化钠，不论是否为水溶液，也不论是否添加抗结块剂或松散剂；海水

本品目所称的氯化钠，俗名称为盐。盐除用于烹饪（厨房或佐餐用食盐）外，还有许多其他用途。必要时还可改性，使其不适于供人食用。

本品目包括：

一、从地下提取的盐：

（一）用常规采矿法开采（岩盐），或

（二）用溶液采矿法开采（将水用压力注入盐层，然后将饱和盐水抽出地面）。

二、蒸发盐：

（一）日晒盐（海盐），用日光蒸发海水制得。

（二）精制盐，通过蒸发饱和盐水制得。

三、海水、盐水及其他含盐溶液。

本品目还包括：

（一）稍经碘化、磷酸盐化等或作其他处理使其不潮的盐（例如，佐餐食盐）。

（二）加有防止结块剂或自由流动剂的盐。

（三）用任何方法改性的盐。

（四）残留氯化钠，特别是化学加工（例如，电解）后剩余的或作为处理某些矿砂副产品的氯化钠。

本品目不包括：

（一）加调味料的盐，例如，芹盐（品目21.03）。

（二）装于安瓿的氯化钠溶液，包括海水，以及其他制成药品的氯化钠（第三十章），以及制成零售包装的卫生用氯化钠溶液（医药用的除外），无论是否经消毒（品目33.07）。

（三）每颗重量不低于2.5克的培养氯化钠晶体（光学元件除外）（品目38.24）。

（四）氯化钠光学元件（品目90.01）。

25.02　未焙烧的黄铁矿

本品目适用于各种未焙烧的黄铁矿，包括未焙烧的含铜黄铁矿。

黄铁矿主要由硫化铁组成，为灰色或淡黄色，清除其杂质后有金属光泽。粉状时通常为浅灰色。

未焙烧的黄铁矿主要用于提炼硫，但某些含铜黄铁矿以回收铜作为副产品。

本品目不包括各种已焙烧的黄铁矿（品目26.01）。

本品目也不包括：

（一）黄铜矿（铜铁混合的硫化物）（品目26.03）。

（二）白铁矿（半宝石）（品目71.03）。

25.03　各种硫磺，但升华硫磺、沉淀硫磺及胶态硫磺除外

本品目包括：

一、游离状态的自然硫，不论是否已用机械法除去石质杂物。

二、通过熔融自然硫提炼的未精制硫，熔融工序可在烧硫窑（卡尔卡罗尼窑）、烧硫炉（吉尔炉）等内进行，也可在矿床中进行，即通过打入矿床的管子将过热蒸汽强行压入进行采矿（弗拉什热水采硫法）。

三、焙烧黄铁矿或处理其他含硫矿物而得的未精制硫。

四、净化煤气或洗涤含硫炉气时作为副产品回收的未精制硫，以及从酸性天然气和精制含硫矿物原油等回收的未精制硫。这些回收硫有时也称为“净化硫磺”或“沉淀硫磺”，但切勿与品目28.02注释所述的沉淀硫磺混淆。

以上第二、三、四款未精制硫有时纯度是相当高的，特别是用弗拉什热水采硫法提取的硫所含杂质甚少，几乎从不精制。这些硫为粗块状或粉末状。

五、精制硫，快速蒸馏自然硫，然后将液状硫冷凝制得；所得的精制硫可模制成条状或饼状，也可固化后压成碎块。

六、研磨硫，通过研磨，然后用机械法或气吸法过筛制得的精细粉末状硫（不纯或精制）。根据所用加工方法及颗粒的粗细，这些产品称为“筛选硫”“风选硫”“雾化硫”等。

七、气化的硫不通过液相就被迅速冷却制得的硫，它特别是不溶于二硫化碳（硫 μ）。

归入本品目的各种硫用于化学工业（制造各种硫化物、硫化染料等）、硫化橡胶，用作葡萄栽培的杀菌剂，以及用于制造火柴、灯芯、烛芯、漂染业的二氧化硫等。

本品目不包括升华硫磺、沉淀硫磺及胶态硫磺（品目28.02）。作为杀菌剂等并制成零售形状或包装的硫归入品目38.08。

25.04　天然石墨：

10　—　粉末或粉片

90　—　其他

天然石墨（又称“黑铅”）是碳的一种，其特别之处是有光泽并且能在纸上留有明显印迹（因而被人用作铅笔芯）。根据纯度不同，其表观比重各异，一般在1.9～2.26之间；最纯的天然石墨含碳量在90%～96%之间，而较差的则在40%～80%之间。

为了去除杂质而进行过热处理的天然石墨仍归入本品目。

天然石墨除了用于制铅笔外，还用作抛光剂和用于制坩埚、其他耐火制品、炉用电极及其他电气

零件。

本品目不包括人造石墨（与天然石墨极为相似，但纯度较高而表观比重较低）。胶态或半胶态石墨及以石墨为基料的膏状、块状、板状材料及其他形状的半制品（品目38.01），也不包括天然石墨制品（通常归入品目68.15、69.02、69.03或85.45）。

25.05　各种天然砂，不论是否着色，但第二十六章的含金属矿砂除外：

10　—　硅砂及石英砂

90　—　其他

除了有商业提取价值的金属矿砂归入第二十六章以外，本品目包括各种天然海沙、湖沙、河沙或碎石砂（即矿物天然分裂为细小的砂粒），但不包括人工（例如，破碎）制得的砂及粉（归入品目25.17或按有关石料归类）。

本品目主要包括：

一、硅砂及石英砂，用于建筑业、玻璃工业或清洁金属等。

二、土质砂，包括高岭土砂，主要用于制浇铸模及耐火产品。

三、长石砂，用于陶瓷工业。

为了去除杂质而进行热处理的天然砂仍归入本品目。

但本品目不包括金矿砂、铂矿砂、锆石砂、金红石砂、钛铁矿砂，也不包括作为钍矿砂归类的独居石砂；这些矿砂均归入第二十六章。本品目还不包括焦油砂或沥青砂（品目27.14）。

25.06　石英（天然砂除外）；石英岩，不论是否粗加修整或仅用锯或其他方法切割成矩形（包括正方形）的板、块：

10　—　石英

20　—　石英岩

石英是硅石的天然结晶体。

归入本品目的石英必须同时符合下列两个条件：

一、天然状态或加工范围未超出本章注释一所列范围；对此，为了便于石英破碎而进行的热处理应视为本章注释一所允许的加工范围。

二、品种和质量都不适合于制造宝石（例如，岩晶及烟晶、紫晶及芙蓉石）。适合于制造宝石的石英即使用于技术上，例如，用于制造压电石英或工具零件，也不归入本品目（品目71.03）。

石英岩是一种质密坚硬的岩石，由硅质粘合物凝集的石英砂组成。

本品目包括天然状态或加工范围未超出本章注释一所列范围的石英岩，以及用锯或其他方法粗加修整或简单切割成矩形（包括正方形）块、板状的石英岩。应该注意，本品目不包括形状明显是作筑路及铺地用长方砌石、路缘石、扁平石的石英岩（品目68.01），即使其仅制成本品目所述形状的。

本品目也不包括：

（一）天然石英砂（品目25.05）。

（二）品目25.17的燧石及其他产品。

（三）石英制的光学元件（品目90.01）。

25.07　高岭土及类似土，不论是否煅烧

本品目包括高岭土及其他陶土，其主要成分为高岭矿物，例如，高岭石、地开石及珍珠陶土、富硅高岭石及埃洛石。经煅烧的这些陶土也归入本品目。

高岭土，也称陶土，是一种高级白色或近乎白色的粘土，用于陶瓷和造纸工业。含高岭土的砂不包括在内（品目25.05）。

25.08　其他粘土（不包括品目68.06的膨胀粘土）、红柱石、蓝晶石及硅线石，不论是否煅烧；富铝红柱石；火泥及第纳斯土（+）：

10　—　膨润土

30　—　耐火粘土

40　—　其他粘土

50　—　红柱石、蓝晶石及硅线石

60　—　富铝红柱石

70　—　火泥及第纳斯土

本品目包括各种由硅酸铝为基本成分的沉积土或沉积岩组成的天然粘土物质（品目25.07的高岭土及其他陶土除外）。这些物质具有可塑、烧后坚硬、耐热等特性，因而用作陶瓷工业的原料（例如，制砖、瓦、陶器、瓷器、耐火砖及其他耐火材料等）；普通粘土也可用于改良土壤。

这些粘土物质即使经加热以去除其所含的某些或大部分水分（以生产吸水粘土）或完全煅烧，仍归入本品目。

除普通粘土外，下列特殊产品也归入本品目：

一、膨润土，从火山灰所得的粘土；主要用作型砂的配料、精炼油料的过滤剂和脱色剂以及纺织品的脱脂剂。

二、漂白土，一种有高度吸收能力的天然泥土，主要由绿坡缕石组成，用于油料脱色或纺织品脱脂等。

三、红柱石、蓝晶石及硅线石，用作耐火材料的天然无水硅酸铝。

四、富铝红柱石，在电气熔炉内热处理硅线石、蓝晶石、红柱石或熔融硅石或粘土及氧化铝的混合物制得；用于制耐高温的耐火产品。

五、火泥，也称“耐火陶渣”，通过粉碎耐火砖或粘土与其他耐火材料的煅烧混合物制得。

六、第纳斯土，一种含粘土的石英土耐火材料，可通过将粘土与石英粉或石英砂混合制成。

本品目不包括：

（一）作为品目25.30所述颜料土范围的粘土。

（二）活性粘土（品目38.02）。

（三）制造某些陶瓷产品用的特殊制品（品目38.24）。

（四）膨胀粘土（用作轻质混凝土的集料或隔热材料），包括仅煅烧天然粘土制得的在内（品目68.06）。

○
○　○

子目注释：

子目2508.10

子目2508.10包括钠质膨润土（膨胀膨润土）及钙质膨润土（非膨胀膨润土）。

子目2508.30

子目2508.30不包括高岭土为主要成分的粘土，其中有些为“耐火泥”。这些粘土应归入品目25.07。

25.09　白垩

白垩是一种天然碳酸钙，主要成分为水生微生物的壳。

本品目不包括：

（一）磷酸白垩（品目 25.10）。

（二）块滑石或滑石（有时也称为“法国白垩”或“威尼斯白垩”）（品目 25.26）。

（三）制成牙粉的白垩粉（品目 33.06）。

（四）品目 34.05 的金属抛光剂及类似制剂。

（五）粉状碳酸钙，其粉粒为脂肪酸（硬脂酸等）防水膜包裹的（品目 38.24）。

（六）桌球粉块（品目 95.04）。

（七）书写用粉笔及裁缝用粉块（品目 96.09）。

25.10　天然磷酸钙、天然磷酸铝钙及磷酸盐白垩：

10　—　未碾磨

20　—　已碾磨

本品目仅包括磷灰石及其他天然磷酸钙（磷酸三钙或磷钙石）、天然磷酸钙铝及磷酸盐白垩（白垩与磷酸钙天然混合物）。

这些产品不论是已磨成粉以供肥料用或仅加热处理清除杂质的，均归入本品目。但本品目不包括经超出清除杂质范围的煅烧或进一步热处理的产品（品目 31.03 或 31.05）。

25.11　天然硫酸钡（重晶石）；天然碳酸钡（毒重石），不论是否煅烧，但品目 28.16 的氧化钡除外：

10　—　天然硫酸钡（重晶石）

20　—　天然碳酸钡（毒重石）

本品目仅包括天然硫酸钡（重晶石）及碳酸钡（毒重石），但不包括精制或用化学方法制取的硫酸钡及碳酸钡（分别归入品目 28.33 及 28.36）。

含有大量不纯氧化钡的煅烧毒重石仍归入本品目。

本品目不包括纯净氧化钡（品目 28.16）。

25.12　硅质化石粗粉（例如，各种硅藻土）及类似的硅质土，不论是否煅烧，其表观比重不超过 1

这些材料是由微小化石有机物（硅藻等）构成的硅质土，质量很轻，表观比重不得超过 1。如果以未挤压的状态报验时，其作为有效重量的表观比重应为每 1000 立方厘米 1 千克。

硅质土主要有恺塞古尔硅藻土、的利波里硅藻土、代亚脱迈硅藻土及莫勒硅藻土。虽然归入本品目的某些硅藻土有时称为“的利波里土”，但切勿与名为“风化石”的真正的利波里土混淆。这些风化石是由某些岩石解体而成，并不含硅藻成分，主要用作低强度抛光磨料，归入品目 25.13。

本品目的各种硅质土有时被人误称为“纤毛虫土”。

大多数的硅质土用于生产品目 68.06 或 69.01 的隔热或隔热/隔音制品。因此，锯成块状的代亚脱迈硅藻土，如果是未经烧制，归入品目 68.06；否则归入品目 69.01。

本品目的某些产品用作研磨粉或抛光粉。

本品目不包括活性代亚脱迈硅藻土，例如，用氯化钠或碳酸钠之类的烧结剂煅烧的代亚脱迈硅藻土（品目38.02）。但为了去除杂质而经煅烧（不加任何其他产品）或酸洗的代亚脱迈硅藻土，如果产品本身结构并未改变，仍归入本品目。

25.13 浮石；刚玉岩；天然刚玉砂；天然石榴石及其他天然磨料，不论是否热处理：

10 — 浮石

20 — 刚玉岩、天然刚玉砂、天然石榴石及其他天然磨料

浮石是一种多孔的火山岩，表面粗糙，份量极轻，一般为苍白色或灰色，有的为棕色或红色。本品目也包括破碎浮石。

刚玉岩是一种高密度岩石，由细小的坚硬氧化铝晶体与氧化铁及云母粒混合组成。报验时通常为石块状，经简单破碎后可作为研磨粉。破碎刚玉岩为一种泥褐色粉末，其中偶有一些闪亮的颗粒，磁铁可将其氧化铁微粒吸出。

天然刚玉砂也主要由氧化铝组成，但与刚玉岩不同，报验时通常呈精细颗粒状，用袋包装。研磨或破碎刚玉砂主要为白色小颗粒，并带有一些黑色或黄色微粒。天然刚玉砂即使经热处理，仍归入本品目。

其他天然磨料包括名为“风化石”的利波里土，一种深灰色产品，用作低强度磨料或抛光料；还包括石榴石（其粉末在内），但第七十一章的产品除外。本段所述的天然磨料即使经热处理，仍归入本品目；例如，天然石榴石有时在分级后要进行热处理，以改善其毛细现象及硬度。

本品目不包括：

（一）本章其他品目所列的磨料。

（二）品目71.03的宝石或半宝石（例如，红宝石、蓝宝石）。

（三）人造磨料，例如，人造刚玉（品目28.18）、碳化硅（品目28.49）及合成宝石或半宝石（品目71.04）。

（四）天然或合成宝石及半宝石的粉末（品目71.05）。

25.14 板岩，不论是否粗加修整或仅用锯或其他方法切割成矩形（包括正方形）的板、块

板岩易于剥成薄板，通常为蓝灰色，但有时也为黑色或紫黑色。

本品目包括原状板岩、粗加修整的板岩以及仅用锯或其他方法（例如，绞线）剥成矩形（包括正方形）块状、板状的板岩。本品目还包括板岩粉末及废料。

另一方面，本品目不包括品目68.02的镶嵌石（马赛克）及下列归入品目68.03的货品：

（一）超出上述加工范围的块、板及片，例如，切或锯成矩形（包括正方形）以外其他形状，研磨、抛光、斜切或经其他加工。

（二）铺屋顶、饰墙面及防潮用的板石，不论是否加工成本品目所列形状的。

（三）粘聚板岩的制品。

本品目也不包括加工成书写或绘画用的板石及板石黑板，不论是否镶框（品目96.10）及石笔（品目96.09）。

25.15 大理石、石灰华及其他石灰质碑用或建筑用石，表观比重为2.5及以上，蜡石，不论是否粗加修整或仅用锯或其他方法切割成矩形（包括正方形）的板、块（+）：

— 大理石及石灰华：

11 —— 原状或粗加修整

12 —— 用锯或其他方法切割成矩形，包括正方形

20 — 其他石灰质碑用或建筑用石；蜡石

大理石是一种硬质的石灰质石，结构均匀，颗粒精细，通常为结晶体，不透明或半透明。大理石常因含氧化矿物质而有各种不同的颜色（颜色纹理的大理石、条纹大理石等），但也有纯白色的。

石灰华是一种石灰质石，由疏松多孔的石层组成。

“埃卡辛”钙质石采自比利时，特别是埃卡辛地区的石场。该石为蓝灰色，晶体结构不规则，含有许多化石贝壳，断面呈现与花岗岩相似的粒状表面，因而有人称之为“比利时花岗岩”、“弗郎德花岗岩”或“小花岗岩”。

本品目包括其他类似的碑用或建筑用坚硬石灰质石，但其表观比重（即每1000立方厘米的实际千克数）须在2.5及以上。表观比重低于2.5的碑用或建筑用石灰质石归入品目25.16。

本品目还包括石膏质蜡石及石灰质蜡石，前者通常为白色的均匀半透明体，后者则为淡黄色的带条纹石料。

本品目仅限于列名的石料，报验时为原状、粗加修整或仅切、锯或用其他方法加工成矩形（包括正方形）的块状、板状。粒状、碎片状或粉状的则归入品目25.17。

石块等如果经进一步加工，即经浮雕、用镐、锤、凿等修琢、砂光、磨光、抛光、切角等，归入品目68.02。制品的坯件亦应按此归类。

本品目也不包括：

（一）蛇纹石或辉绿石（一种硅酸镁石，有时也称为大理石）（品目25.16）。

（二）石灰石（通称为“石印石”，用于印刷工业）（天然状态的归入品目25.30）。

（三）明显用作马赛克砖或铺路石板的石料，不论是否制成本品目所列形状的（分别归入品目68.02或68.01）。

○
○ ○

子目注释：

子目2515.11

本子目所称“原状”，是指仅按石料天然解理面劈开的石块或石板，其表面通常起伏凹凸不平，一般还带有劈解石料时所用工具（铁挺、楔、镐等）的印记。

本子目也包括用镐或炸药等从原开石面上开采出来的不成型石料（粗石、毛石）。这些石料表面坑洼，凹凸不平，边缘不整，参差不一，而且常常带有开采时的印记（爆破孔、楔撬印等）。不成型石料用于修坝、建防浪堤和筑路基等。

现场开采或后来加工所产生的形状不规则的废石料（粗石、锯解废料等），如果体积较大，可供切割成材或建筑之用，则仍可归入本子目；否则应归入品目25.17。

所称“粗加修整”的石料，是指开采后经粗略加工成表面仍有些地方粗糙不平的石块或石板。上述加工包括用锤、凿之类的工具削去多余的突起部分。

本子目不包括切割成矩形（含正方形）的石块或石板。

子目2515.12

本子目所包括的石块或石板，必须是仅经锯解而成并在其表面能明显看到锯解（用钢丝锯或其他锯锯解）痕迹的。如果锯解得十分精细，这些痕迹就极不明显。对于这样的情况，可在石头上铺一张薄纸，然后用铅笔轻轻地平着往上涂。即使是很精细的锯解，用这种方法也往往可以拓出锯痕或极为精细的粒面。

本子目还包括不是用锯（例如，用锤或凿）加工成矩形（含正方形）的石块或石板。

25.16　花岗岩、斑岩、玄武岩、砂岩以及其他碑用或建筑用石，不论是否粗加修整或仅用锯或其他方法切割成矩形（包括正方形）的板、块（+）：

—　花岗岩：

11　——　原状或粗加修整

12　——　仅用锯或其他方法切割成矩形，包括正方形

20　—　砂岩

90　—　其他碑用或建筑用石

花岗岩是一种非常坚硬的粒状结构火成岩，由石英晶体与长石和云母集块而成。由于所含以上三种物质的比例不同，以及氧化铁或氧化镁的含量不一，其颜色各异（有灰色、绿色、粉红色、红色等）。

斑岩是一种微小粒状结构，稍为半透明的花岗岩。

沙岩是一种沉积岩，由细小的石英粒或硅粒通过石灰质或硅质物料天然集块而成。

玄武岩也是一种火成岩，灰黑色，质致密，极坚硬。

本品目还包括其他坚硬的火成岩（例如，正长石、片麻岩、粗面岩、溶岩、辉绿岩、闪长岩、响岩）以及不归入品目25.15的碑用或建筑用石灰质石（包括建筑用石灰石或卜特兰石）和蛇纹石或辉绿石（因其是天然的硅酸镁，故不能归入品目25.15）。

本品目石料的加工方法和形状与品目25.15的相同（参见该品目的注释）。应注意到，制成铺路碎石的石头归入品目25.17，而明显为铺路用的长方砌石、路缘石、扁平石，即使仅制成本品目所列的形状，也应归入品目68.01。

有时称为“小花岗岩”“比利时花岗岩”或“弗郎德花岗岩”的埃卡辛钙质石应归入品目25.15。溶凝玄武岩应归入品目68.15。

本品目的石料如果呈粒状、碎片状或粉状的，应归入品目25.17。

○
○　○

子目注释：

子目2516.11

参见子目2515.11的注释。

子目2516.12

参见子目2515.12的注释。

25.17　通常作混凝土粒料、铺路、铁道路基或其他路基用的卵石、砾石及碎石，圆石子及燧石，不论是否热处理；矿渣、浮渣及类似的工业残渣，不论是否混有本品目第一部分所列的材料；沥青碎石；品目25.15、25.16所列各种石料的碎粒、碎屑及粉末，不论是否热处理：

10　—　通常作混凝土粒料、铺路、铁道路基或其他路基用的卵石、砾石及碎石，圆石子及燧石，不论是否热处理

20　—　矿渣、浮渣及类似的工业残渣，不论是否混有子目2517.10所列的材料

30　—　沥青碎石

—　品目25.15及25.16所列各种石料的碎粒、碎屑及粉末，不论是否热处理：

41　——　大理石的

49　——　其他

本品目包括通常作混凝土集料、铺路、铁道路基或其他路基的卵石、砾石及破碎或砸碎的石料（含混合的各种石料）。建筑用分隔材料及主要由碎石组成的具有相同用途的拆建废料，不论是保持原状还是已经压碎，也均应归入本品目。

本品目也包括圆石子及燧石。圆燧石用于球磨机，用来磨碎石灰、水泥等。但燧石则在破碎后主要用于陶瓷工业或用作磨料。其他圆石子用于球磨机（例如，用来磨碎石灰、水泥等）或用于筑路。

应注意到，本品目不包括切成块的燧石或人工磨圆的球磨机用卵石。这些产品归入品目68.02。

本品目还包括铺路用碎石及沥青碎石。

铺路碎石由粗略分级的碎石、卵石、矿渣、浮渣或类似的工业废料及其混合物组成。铺路碎石如果和柏油或沥青等混合，则称为“沥青碎石”。

铺在路面以增强其硬度、能见度、防滑性能等的特制产品（例如，熔融的混合矿物质）不归入本品目（通常归入品目38.24）。

本品目还包括品目25.15或25.16所列石料的颗粒、碎片及粉末；但如果经人工着色（例如，供商店橱窗摆设），这些颗粒和碎片则归入品目68.02。

下列产品即使经热处理，也仍归入本品目：

一、卵石、砾石及破碎或砸碎的石料。

二、圆石子及燧石。

三、品目25.15或25.16所列石料的颗粒及粉末。

根据本章注释三的规定，任何既可归入本品目，又可归入本章其他任何品目的产品，应一律归入本品目。

25.18　白云石，不论是否煅烧或烧结、粗加修整或仅用锯或其他方法切割成矩形（包括正方形）的板、块：

10　—　未煅烧或未烧结的白云石

20　—　已煅烧或烧结的白云石

白云石是一种碳酸钙及碳酸镁的复盐。

本品目包括天然白云石及煅烧和烧结的白云石。白云石在700～1000℃温度下煅烧转变成氧化镁及氧化钙并释放出二氧化碳。另一方面，通过对白云石加热至1700～1900℃的高温下即生成烧结白云石，一种耐火材料。本品目还包括粗加修整或仅用锯或其他方法切割成矩形（包括正方形）的块状、板状白云石。

但本品目不包括混凝土集料、铺路或铁道路基用的砸碎白云石（品目25.17）或夯混白云石（品目38.16）。

25.19　天然碳酸镁（菱镁矿）；熔凝镁氧矿；烧结镁氧矿，不论烧结前是否加入少量其他氧化物；其他氧化镁，不论是否纯净：

10　—　天然碳酸镁（菱镁矿）

90　—　其他

本品目包括菱镁矿，即含各种比例杂质的天然碳酸镁。

本品目也包括从天然碳酸镁、碱式碳酸镁、海水沉淀氢氧化镁等制得的各种镁氧矿（氧化镁）。其主要品种如下：

一、熔凝镁氧矿是通过熔化制得，通常为无色，但也有淡黄色或淡绿色的，比其他镁氧矿更难溶解，用于生产坩埚及电炉的发热元件等。

二、僵烧（烧结）镁氧矿是通过高温（约1400～1800℃）煅烧制得。在烧结前可加入少量的其他氧化物（例如，氧化铁或氧化铬），以降低煅烧温度。该产品用于制造耐火砖。

三、碱烧镁氧矿一般是通过相对低温（900℃以下）煅烧菱镁矿制得。其化学性质较熔凝镁氧矿和烧结镁氧矿更为活泼，用于镁的化合物、脱色剂或氯氧水泥等。

轻质及重质氧化镁一般通过在600℃～900℃之间的温度煅烧纯的沉淀氢氧化镁或碱式碳酸镁制得。这些氧化镁几乎不溶于水，但易溶于稀释酸，其化学性质比其他镁氧矿（即烧结镁氧矿及熔凝镁氧矿）更为活泼，用于制药和化妆品等。

本品目不包括：

（一）水合碱式碳酸镁，有时也称为“药店白镁氧矿”（品目28.36）。

（二）氧化镁的培养晶体（光学元件除外），每颗重量不低于2.5克（品目38.24）；氧化镁光学元件（品目90.01）。

25.20　生石膏；硬石膏；熟石膏（由煅烧的生石膏或硫酸钙构成），不论是否着色，也不论是否带有少量促凝剂或缓凝剂：

10　—　生石膏；硬石膏

20　—　熟石膏

生石膏是一种天然水合硫酸钙，通常为白色，性脆。

硬石膏是一种天然无水硫酸钙，用于生产硫酸或某种类型的熟石膏。

熟石膏是煅烧后部分或全部脱水的生石膏。

生石膏的特征是，煅烧后失去部分所含的水，成为熟石膏；而熟石膏再和水混合则会硬化。为了阻止硬化过快，熟石膏中常常加有少量的缓凝剂。为了某些特殊用途，生石膏所含的所有水分要煅烧殆尽，然后加入少量明矾之类的促凝剂（干固水泥或英国水泥）。也有在天然硬石膏中加入明矾制得类似的熟石膏。以上各种熟石膏均归入本品目。

本品目还包括：

一、制成粉质浆状的熟石膏，用于织物的整理或纸张表面的处理。

二、含有添加色料的熟石膏。

三、经特殊煅烧或精细研磨的牙科用熟石膏，不论是否含有少量促凝剂或缓凝剂。本品目不包括以熟石膏为基本成分的牙科用制品（品目34.07）。

25.21　石灰石助熔剂；通常用于制造石灰或水泥的石灰石及其他钙质石

本品目包括石灰石助熔剂和通常用于制造石灰或水泥的石灰石及其他石灰质石，但碑用或建筑用石除外（品目25.15或25.16）。白云石归入品目25.18，而白垩则归入品目25.09。

石灰石助熔剂主要用作钢铁工业的助熔剂。

本品目也包括用于改良土壤的这些材料的粉末。但是，本品目不包括混凝土集料、铺路或铁道路基用的砸碎或破碎石料（品目25.17）。

25.22　生石灰、熟石灰及水硬石灰，但品目28.25的氧化钙及氢氧化钙除外：

10　—　生石灰

20　—　熟石灰

30　—　水硬石灰

生石灰（一种不纯的氧化钙）是用不含或含极少量粘土的石灰石煅烧而成，它能非常迅速地与水化合，产生相当的热量后，成为熟石灰（氢氧化钙）。熟石灰通常用于土壤改良或制糖工业。

水硬石灰是用含足量粘土的石灰石在低温中煅烧而成。所含粘土的量虽然通常在20%以下，但足以使水硬石灰在水下硬化。水硬石灰不同于天然水泥。天然水泥仍含有相当大量的能和水消化的未化合生石灰。

本品目不包括纯净的氧化钙及氢氧化钙（品目28.25）。

25.23　硅酸盐水泥、矾土水泥、矿渣水泥、富硫酸盐水泥及类似的水凝水泥，不论是否着色，包括水泥熟料（+）：

10　—　水泥熟料

—　硅酸盐水泥：

21　——　白水泥，不论是否人工着色

29　——　其他

30　—　矾土水泥

90　—　其他水凝水泥

硅酸盐水泥用天然含有或人工掺入适当比例粘土的石灰石烧结而得，也可加入其他材料，例如，硅石、矾土或含铁物质。烧结后所得的半成品称为水泥熟料。熟料经磨细后制成硅酸盐水泥。为了改良其水凝性质，水泥中可加有添加剂和促凝剂。硅酸盐水泥主要有普通水泥、中等水泥及白水泥等几种。

本品目还包括矾土水泥、矿渣水泥、富硫酸盐水泥（磨细的高炉矿渣与促凝剂及熟石膏混合制成）、火山灰水泥、天然水泥等及以上水泥的混合物。

本品目的水泥可经着色。

本品目不包括某些名为水泥的产品，例如，干固水泥或英国水泥（加明矾的熟石膏）（品目25.20），以及有时也叫做天然水泥的产品，例如，火山灰土、圣多林土及类似物质（品目25.30）。

本品目也不包括：

（一）配制时须加入少量促进剂的精研高炉矿渣（品目26.19）；但可即供使用的研磨矿渣与促进剂的混合物仍归入本品目。

（二）牙科粘固剂及骨骼粘固剂（品目30.06）。

（三）品目32.14的胶粘剂。

（四）以火泥或第纳斯土等为基料的耐火水泥及灰泥（品目38.16）。

（五）非耐火的灰泥及混凝土（品目38.24）。

○

○　○

子目注释：

子目2523.21及2523.29

子目2523.21及2523.29所称“硅酸盐水泥”，是指用加有少量硫酸钙的硅酸盐水泥熟料磨细而成的水泥，应注意到：

——硅酸盐水泥熟料是子目2523.10所列的一种主要含硅酸钙的产品。这种产品主要用预定比例配好并均匀混合的石灰（氧化钙）、硅石（二氧化硅）及比例较小的矾土（三氧化二铝）和氧化铁（三氧化二铁）加热后部分熔凝制得；

——所称“硫酸钙”，包括适合制造水泥的生石膏及其衍生物、硬石膏及其他硫酸钙产品。

25.24　石棉：

10　—　青石棉

90　—　其他

石棉是用某些岩石分解而成的一种天然矿物质，其纤维结构非常特别，有时有丝绢光泽，颜色差异甚大，通常为白色，也有为灰色、青色、蓝色或深棕色的。主要性能为耐热及耐酸。

青石棉是钠闪石的石棉形态。其以纤维束形态存在于碱含量高的酸性火成岩及变质岩中，呈深蓝色至黑色或深绿色，半透明至部分不透明。青石棉也称作蓝石棉，与其他形态的石棉相比，其拉伸强度更大，但耐热性较差，弹性纤维较少，并且耐酸而不耐碱，被视为最危险的石棉形态。

本品目适用于岩石状的天然石棉、天然石棉纤维及搅打或洗涤石棉纤维，不论是否按长度进行分拣，还适用于石棉粉片、粉末及废料。但不包括经进一步加工（梳理、染色等）的石棉纤维及石棉制品（品目68.12）。

25.25　云母，包括云母片；云母废料：

10　—　原状云母及劈开的云母片

20　—　云母粉

30　—　云母废料

云母（白云母、金云母、黑云母等）是天然的复杂硅酸铝类，其特点是易于剥成有光泽的各种颜色透明弹性薄片。

本品目包括：

一、天然云母，由云母晶体组成，其形状、大小、厚薄均不规则，为土覆盖（“云母聚集块”）。

二、云母厚片，通过劈开经打碎及整理的云母聚集块而得。云母厚片为不规则多边形，与天然状态时的晶体相似，其边粗加修整或斜切，厚度通常从200～750微米不等。

三、云母薄片，通过云母厚片剥层而得。与云母厚片相同，也是不规则的多边形，其边粗加修整。

商业上的云母薄片有：

（一）电容膜片，通常为厚度25～200微米。

（二）薄片，通常为厚度12～30微米，仅用于生产组合云母（例如，层合云母板）。

本品目也包括云母废料及粉末。

本品目不包括用云母厚片或薄片切割或模冲成形的产品（品目68.14或第八十五章）、粘合（组合）云母片（例如，层合云母板、组合云母片）或复制云母的制品（品目68.14）。

蛭石，一种与云母近似的矿物，应归入品目25.30，珍珠岩及绿泥石（化学成分与蛭石近似）也归入品目25.30。

25.26　天然冻石，不论是否粗加修整或仅用锯或其他方法切割成矩形（包括正方形）的板、块；滑石：

10　—　未破碎及未研粉

20　—　已破碎或已研粉

天然冻石及滑石都是富含水合硅酸镁的矿物质，而冻石较为密质、粗大；滑石为页片状，手感更为柔软、滑腻。

本品目的天然冻石可按品目25.15所列石料的形状或加工方法加工成形（参见该品目的注释），也可按本章注释一所列的加工方法进行加工。皂石是一种天然冻石。

本品目的滑石可经本章注释一所列的加工方法进行加工。最常见的滑石为原状或粉状。

所称“法国白垩”，是指某些冻石粉或滑石粉。

本品目不包括冻石制的“裁缝划粉”（品目96.09）。

【25.27】

25.28　天然硼酸盐及其精矿（不论是否煅烧），但不包括从天然盐水析离的硼酸盐；天然粗硼酸，含硼酸干重不超过85%

本品目仅包括开采出来的天然硼酸盐矿石及其精矿（不论是否煅烧），以及用某些地区（意大利的索菲欧尼地区）地壳逸出的汽体冷凝成水后再蒸发制得的或用这些地区地下抽出的水蒸发制得的天然硼酸。然而，本品目不包括所含硼酸干重超过85%的硼酸（品目28.10）。

归入本品目的天然硼酸盐包括：

一、四水硼砂，也称“天然硼砂”的硼酸钠。

二、白硼钙石，即硼酸钙。

三、方硼石，即氯硼酸镁。

本品目不包括通过化学方法处理四水硼砂制得的硼酸钠（精制硼砂）以及通过蒸发某些盐湖的复盐水制得的硼酸钠（品目28.40）。

25.29　长石；白榴石；霞石及霞石正长岩；萤石（氟石）：

10　—　长石

—　萤石：

21　—　—按重量计氟化钙含量在97%及以下

22　—　—按重量计氟化钙含量在97%以上

30　—　白榴石；霞石及霞石正长岩

长石、白榴石、霞石及霞石正长岩是由复合硅酸铝及碱金属或碱土金属组成，在陶瓷工业中用作助熔剂。本品目不包括长石砂（品目25.05）。

萤石（氟石）是一种天然氟化钙，为带有不同颜色条纹的硬石块或为各种颜色的集块晶体，主要用于提取氢氟酸及在冶炼工业中用作助熔剂。

本品目还包括通过热处理已碎为微粒的萤石粉；由于其与硅石的大小不一，简单筛分即可除去所含的部分硅石。

本品目不包括作为宝石或半宝石的长石或萤石（第七十一章）。

25.30　其他品目未列名的矿产品：

10　—　未膨胀的蛭石、珍珠岩及绿泥石

20　—　硫镁矾矿及泻盐矿（天然硫酸镁）

90　—　其他

一、土色料，不论是否煅烧或混合；天然云母氧化铁

归入本品目的土色料通常为天然混有白色或其他颜色矿物质（特别是氧化铁）的粘土；因其具有着色的特性，所以通常用作颜料。

它们包括：

（一）赭石（黄色、棕色、红色、大红色等）。

（二）黄土（意大利黄土，褐色；富铁煅黄土，橙棕色等）。

（三）棕土（包括煅棕土），棕色或深棕色。

（四）黑钙土及天然铁棕（卡塞尔土及科隆土）。可溶性铁棕是一种配制颜料，应归入品目32.06。

（五）佛罗纳土及塞浦路斯土（绿色）。

煅烧或各种土色料的混合并不影响这些商品的归类。但与其他物质混合或制成水剂或油剂等的土色料应归入第三十二章。

本品目不包括铁矿砂（品目26.01）及按重量计含化合铁（以三氧化二铁计）达70%及以上的土色料（品目28.21）。

但是，主要用作防锈颜料的云母氧化铁尽管天然含有化合铁（按重量计）达70%以上，仍归入本品目。

二、海泡石（不论是否磨光成块）及琥珀；粘聚海泡石及粘聚琥珀，模制后未进一步加工的板、条、杆或类似形状；黑玉

（一）天然海泡石质极轻，是一种多孔的水合硅酸镁矿，有白色、淡黄色、灰色或粉红色。该矿几乎只存在于小亚细亚地区，为小块状（石块各边很少有超过30厘米的）。石块先经洗涤、刮擦、呢绒抛光及干燥（晒干或烘干），然后再用法兰绒及蜡进一步抛光以改善其外观，最后确定其等级或质量。

粘聚海泡石是用粘合剂（油、明矾等）将天然海泡石的刨片及其他废料加热粘聚制得。本品目只包括模制后未经加工的板、条、杆或类似形状的粘聚海泡石。

（二）琥珀是一种树脂化石，颜色一般为黄色至深橙色不等。应该注意，切勿将琥珀和龙涎香混淆。龙涎香是鲸鱼的分泌物，归入品目05.10。

粘聚琥珀（再造琥珀）是一种不透明的矿物质，用废琥珀粘聚而成。本品目只包括模制后未经加工的板、条、杆或类似形状的粘聚琥珀。

（三）黑玉是一种密质的褐煤，颜色墨黑，容易雕琢，光泽度高。虽然黑玉用于制造珠宝首饰，但在协调制度中它不作为是一种宝石看待。

三、菱锶矿（不论是否煅烧），但氧化锶除外

本组包括菱锶矿（天然碳酸锶）及煅烧菱锶矿（主要由不纯的氧化锶组成）。

本品目不包括纯氧化锶（品目28.16）。

四、未列名矿物质；破碎陶瓷

本组主要包括：

（一）天然硫化砷，其主要的两类如下：

1. 雄黄，即二硫化二砷，鲜红色，用于制烟火。

2. 雌黄，即三硫化二砷，金黄色，用于制漆。

本品目也包括毒砂（砷黄铁矿砂或硫代亚砷酸铁）。

（二）明矾石，因其用于提取明矾而得名，石质，灰红色或浅黄色，摸后其色玷指。

（三）蛭石，一种与云母相关的矿物，其色与云母类似，但粉片通常小于云母；还有珍珠岩及绿泥石，其化学性质与蛭石相近。这些矿物质加热即膨胀，成为隔热料。膨胀的上述矿物（剥落鳞片状）应归入品目68.06。

（四）燧石板岩，一种坚硬异常、表面粗糙、纹理细致、颗粒均匀的深颜色石头，不怕酸。用燧石板岩制成的试金石（用于测试贵金属）应归入品目68.15。

（五）天青石（天然硫酸锶）；冰洲晶石（或方解石）及霰石，即晶体碳酸钙；鳞云母（锂云母）

（氟硅铝酸钾及锂）及磷铝石（磷酸铝－氟化锂）。

（六）花园土、荒地土、沼泽土、泥灰土、冲积土、沃土、挖掘土及底土，这些土壤不论是否天然含有少量氮、磷、钾，虽然用于农业或园林，但不归入第三十一章（肥料）。但本品目不包括各种挖掘的天然砂（品目25.05）。

（七）火山灰、圣多林土、粗面凝灰岩及类似泥土，因其用于水泥生产，有时也称为天然水泥。

（八）天然状态的石灰石（通称为“石印石”，用于印刷业）。

（九）破碎陶器、破碎砖块及破碎混凝土块。

（十）稀土金属的矿砂（例如，氟碳铈镧矿、磷钇矿、硅铍钇矿），但不包括独居石及专门用于或主要用于提取铀或钍的其他矿砂（品目26.12）。

（十一）搪瓷用遮光料，通过处理（用盐酸提纯后微化）锆砂制得。

（十二）辉钼“精矿”，用洗涤、研磨、浮选等某些物理方法处理并通过热处理（煅烧除外）以除去其微量的油及水制得，非供冶炼用（润滑用）。

（十三）软锰矿，一种含氧化锰重量不低于79%的锰矿砂，不是用于提取锰的冶金工业上，而是用于制电池。

（十四）天然冰晶石，主要产自格陵兰，颜色雪白，偶尔带色，有光泽，近乎透明，主要用作生产电解铝的助熔剂；锥冰晶石，与冰晶石一样，可视为一种氟代铝酸钠。本品目不包括化学合成的具有与冰晶石及锥冰晶石成分类似的氟化物（品目28.26）。

本品目不包括第七十一章的宝石或半宝石。

第二十六章　矿砂、矿渣及矿灰

注释：

一、本章不包括：

（一）供铺路用的矿渣及类似的工业废渣（品目 25.17）；

（二）天然碳酸镁（菱镁矿），不论是否煅烧（品目 25.19）；

（三）主要含有石油的石油储罐的淤渣（品目 27.10）；

（四）第三十一章的碱性熔渣；

（五）矿物棉（品目 68.06）；

（六）贵金属或包贵金属的废碎料；主要用于回收贵金属的含贵金属或贵金属化合物的其他废碎料（品目 71.12 或 85.49）；或

（七）通过熔炼所产生的铜锍、镍锍或钴锍（第十五类）。

二、品目 26.01 至 26.17 所称"矿砂"，是指冶金工业中提炼汞、品目 28.44 的金属以及第十四类、第十五类金属的矿物，即使这些矿物不用于冶金工业，也包括在内。但品目 26.01 至 26.17 不包括不是以冶金工业正常加工方法处理的各种矿物。

三、品目 26.20 仅适用于：

（一）在工业上提炼金属或作为生产金属化合物基本原料的矿渣、矿灰及残渣，但焚化城市垃圾所产生的灰、渣除外（品目 26.21）；以及

（二）含有砷的矿渣、矿灰及残渣，不论其是否含有金属，用于提取或生产砷或金属及其化合物。

○

○　○

子目注释：

一、子目 2620.21 所称"含铅汽油的淤渣及含铅抗震化合物的淤渣"，是指含铅汽油及含铅抗震化合物（例如，四乙基铅）储罐的淤渣，主要含有铅、铅化合物以及铁的氧化物。

二、含有砷、汞、铊及其混合物的矿渣、矿灰及残渣，用于提取或生产砷、汞、铊及其化合物，归入子目 2620.60。

总　注　释

品目 26.01 至 26.17 仅限于下列金属矿砂及精矿：

一、其种类用于冶金工业中提炼第十四类或第十五类的金属、水银及品目 28.44 所列金属的矿物，即使这些矿物实际上不用于冶金工业；以及

二、未经非冶金工业正常方法处理的。

所称"矿砂"，适用于含金属矿物。这些矿物与相关的物质共存于矿藏之中并被一起开采出来。同时还适用于在脉石中的天然金属（例如，含金属砂）。

矿砂极少未经冶炼前预加工就出售的。最重要的预加工是矿砂的精选。

品目 26.01 至 26.17 所称"精矿"，适用于用专门方法部分或全部除去异物的矿砂。这样做是因为异物有可能影响日后的冶炼或增加运输费用。

品目 26.01 至 26.17 的产品可经过包括物理、物理—化学或化学加工，只要这些工序在提炼金属上是正常的。除煅烧、焙烧或燃烧（不论是否烧结）引起的变化外，这类加工不得改变所要提炼金属的基本化合物的化学成分。

物理或物理—化学加工包括破碎、磨碎、磁选、重力分离、浮选、筛选、分级、矿粉造块（例如，通过烧结或挤压等制成粒、球、砖、块状，不论是否加入少量粘合剂）、干燥、煅烧、焙烧以使矿砂氧化、还原或使矿砂磁化等（但不得使矿砂硫酸盐化或氯化等）。

化学加工（例如，溶解加工）主要为了清除不需要的物质。

本品目不包括经煅烧或焙烧以外其他处理后改变了基本矿砂的化学成分或晶体结构的精矿（通常归入第二十八章），也不包括由于多次物理变化（分级结晶、升华作用等）制得的几乎纯净的产品，即使其基本矿砂的化学成分并未发生变化。

品目26.01至26.17的矿砂在商业上用于提取：

（一）第七十一章所述的贵金属（即，银、金、铂、铱、锇、钯、铑或钌）。

（二）第十五类所述冶金工业的贱金属［即，铁、铜、镍、铝、铅、锌、锡、钨、钼、钽、钴、铋、镉、钛、锆、锑、锰、铬、锗、钒、铍、镓、铪、铟、铌（钶）、铼、铊］。

（三）品目28.05的水银。

（四）品目28.44的金属。

在某些情况下，矿砂用于提取锰铁或铬铁之类的合金。

除条文另有规定的以外，含有一种以上矿物的矿砂及精矿，应根据归类总规则第三条（二）款或（三）款归入品目26.01至26.17中的相应品目。

品目26.01至26.17不包括：

（一）虽含上述金属，但属以下情况的矿砂：

1. 其他品目已经列名的，例如，未焙烧黄铁矿（品目25.02）、天然冰晶石及天然锥冰晶石（品目25.30）。

2. 所含金属无商业提炼价值的，例如，土色料、明矾石（品目25.30）、宝石或半宝石（第七十一章）。

（二）报验时为用于提炼镁的矿物，即白云石（品目25.18）、菱镁矿（品目25.19）及光卤石（品目31.04）。

（三）品目28.05所列碱金属或碱土金属（即，锂、钠、钾、铷、铯、钙、锶及钡）的矿物；含盐的上述矿物（品目25.01）、重晶石及毒重石（品目25.11）、菱锶矿、天青石、冰洲晶石及霰石（品目25.30）。

（四）从其脉石或杂矿石中分选出来的天然金属（例如，金属块或金属粒）及天然合金，它们归入第十四类或第十五类。

（五）品目25.30的稀土金属矿砂。

26.01 铁矿砂及其精矿，包括焙烧黄铁矿：

	—	**铁矿砂及其精矿，但焙烧黄铁矿除外：**
11	— —	**未烧结**
12	— —	**已烧结**
20	—	**焙烧黄铁矿**

通常归入本品目的矿砂主要有：

一、红赤铁矿，包括镜铁矿及假象赤铁矿（氧化铁）及棕赤铁矿（鲕褐铁矿）（含铁及碳酸钙的水合氧化铁）。

二、褐铁矿，水合氧化铁。

三、磁铁矿，磁性氧化铁。

四、菱铁矿或球菱铁矿，碳酸铁。

五、焙烧黄铁矿或黄铁矿烬滓，不论是否烧结。

本品目也包括以干重（将矿砂及精矿加热至温度105～110℃所得的重量）计锰含量低于20%的铁矿砂及其精矿（参见品目26.02的注释）。根据其锰含量的多少，这些矿砂称作含锰铁矿或含铁锰矿。

本品目不包括作颜料用的精细研磨磁粉铁矿及其他铁矿（第三十二章）。

26.02　锰矿砂及其精矿，包括以干重计含锰量在20%及以上的锰铁矿及其精矿

通常归入本品目的矿砂主要有：

一、褐锰矿，氧化锰。

二、菱锰矿，碳酸锰。

三、黑锰矿，盐水氧化锰。

四、水锰矿，水合氧化锰。

五、硬锰矿，水合二氧化锰。

六、软锰矿（或黝锰矿），二氧化锰。

本品目也包括含铁锰矿砂及精砂，只要这些矿砂及精矿以干重（将矿砂及精矿加热至温度105～110℃所得的重量）计锰含量达20%及以上；以干重计锰含量低于20%的不包括在内（品目26.01）。

本品目也不包括用于干电池的调制软锰矿（品目25.30）。

26.03　铜矿砂及其精矿

通常归入本品目的矿砂主要有：

一、氯铜矿，天然羟基氯化铜。

二、蓝铜矿，碱式碳酸铜。

三、斑铜矿，铜铁硫化物。

四、车轮矿，铜铅锑硫化物。

五、水硫酸铜矿（水胆矾），碱式硫酸铜。

六、辉铜矿，硫化铜。

七、黄铜矿，铜铁硫化物。

八、硅孔雀石、水合硅酸铜。

九、靛铜矿，硫化铜。

十、赤铜矿，氧化亚铜。

十一、透视石，硅酸铜。

十二、黝铜矿（通常含银），一种铜锑硫化物（黝铜矿）或铜砷硫化物（砷黝铜矿、硫砷铜矿）。

十三、孔雀石，碱式碳酸铜。

十四、黑铜矿，氧化正铜。

26.04　镍矿砂及其精矿

通常归入本品目的矿砂主要有：

一、硅镁镍矿，镍镁硅酸复盐。

二、红砷镍矿，砷化镍。

三、硫镍铁矿，镍铁硫化物。
四、含镍磁黄铁矿，含镍硫化铁。

26.05 钴矿砂及其精矿

通常归入本品目的矿砂主要有：
一、辉钴矿，钴的硫化物及砷化物。
二、水钴矿，水合氧化钴。
三、硫钴矿，钴镍硫化物。
四、砷钴矿，砷化钴。

26.06 铝矿砂及其精矿

本品目包括铝土矿（水合氧化铝，含有不同比例的氧化铁、硅石等）。

本品目也包括经热处理（温度为1200～1400℃）的铝土矿，适于冶金工业上提取铝（电炉内用碳热还原法提取、用格鲁斯法提取等）或用于其他方面（主要用于制造磨料）。

26.07 铅矿砂及其精矿

通常归入本品目的矿砂主要有：
一、铅矾，硫酸铅。
二、白铅矿，碳酸铅。
三、方铅矿，硫酸铅，通常含银。
四、磷氯铅矿，铅的硫酸盐及氯化物。

26.08 锌矿砂及其精矿

通常归入本品目的矿砂主要有：
一、闪锌矿，硫化锌。
二、异极矿，氢化硅酸锌。
三、菱锌矿，碳酸锌。
四、红锌矿，氧化锌。

26.09 锡矿砂及其精矿

通常归入本品目的矿砂主要有：
一、锡石，氧化锡。
二、黄锡矿，锡铜铁硫化物。

26.10 铬矿砂及其精矿

本品目包括铬矿（或铬铁矿），即铬铁氧化物。

26.11 钨矿砂及其精矿

通常归入本品目的矿砂主要有：
一、钨铁矿，钨酸铁。
二、钨锰矿，钨酸锰。
三、白钨矿，钨酸钙。
四、黑钨矿，铁锰钨酸盐。

26.12 铀或钍矿砂及其精矿：
10 — 铀矿砂及其精矿
20 — 钍矿砂及其精矿

通常归入本品目的铀矿砂主要有：
一、钙铀云母，水合铀钙磷酸盐。
二、钛铀矿，钛酸铀。
三、钒钾铀矿，水合铀钾钒酸盐。
四、水硅铀矿，硅酸铀。
五、铈铀钛铁矿，钛酸铀铁。
六、斜磷铅铀矿，水合铀铅磷酸盐。
七、沥青铀矿，盐水氧化铀。
八、铜铀云母，水合铀铜磷酸盐。
九、钒钙铀矿，水合铀钙钒酸盐。
十、硅钙铀矿，硅酸钙铀。
十一、方铀钍矿，铀钍氧化物。
通常归入本品目的钍矿砂主要有：
一、独居石，钍及稀土的磷酸盐。
二、钍石，水合硅酸钍。
本品目不包括不是通过冶金工业的正常加工方法提取的，但商业上也称之为铀“精矿”的产品（品目28.44）。

26.13 钼矿砂及其精矿：
10 — 已焙烧
90 — 其他

通常归入本品目的钼矿砂主要有：
一、辉钼矿，硫化钼。
二、钼铅矿，钼酸铅。
本品目也包括焙烧辉钼精矿（“工业三氧化钼”，通过焙烧辉钼精矿所得）。
本品目不包括用作润滑剂的辉钼矿（品目25.30）。

26.14 钛矿砂及其精矿

通常归入本品目的矿砂主要有：

一、钛铁矿，钛酸铁。
二、金红石、锐钛矿及板钛矿，氧化钛。
本品目不包括用作颜料的钛矿粉末（第三十二章）。

26.15　铌、钽、钒或锆矿砂及其精矿：
10　—　锆矿砂及其精矿
90　—　其他

通常归入本品目的锆矿砂主要有：
一、斜锆矿，氧化锆。
二、锆石及锆砂，硅酸锆（如果为宝石形态，锆石应归入品目 71.03）。
通常归入本品目的钽矿砂及铌（钶）矿砂有钽铁矿及铌（钶）铁矿（即铁锰的钽铌酸盐）。
通常归入本品目的钒矿砂主要有：
一、钒铅锌矿，碱式钒酸铅锌。
二、绿硫钒矿，硫化钒。
三、钒云母，铝镁钒硅酸络盐。
四、钒铅矿，铅的钒酸盐及硫化物。
熔融氧化钒，如果通过煅烧或焙烧以外其他方法处理后改变了基本矿物的化学成分或晶体结构的，不归入本品目（通常归入第二十八章）。
本品目也不包括搪瓷生产上用作遮光料的微化锆砂（品目 25.30）。

26.16　贵金属矿砂及其精矿：
10　—　银矿砂及其精矿
90　—　其他

通常归入本品目的矿砂主要有：
一、辉银矿，硫化银。
二、碲金矿，金银碲化物。
三、角银矿，银的氯化物及碘化物。
四、硫锑铜银矿，银锑硫化物。
五、淡红银矿，银砷硫化物。
六、深红银矿，银锑硫化物。
七、脆银矿，银锑硫化物。
八、含金或铂的矿砂；含铂矿砂常含有其他铂属金属（即，铱、锇、钯、铑及钌）。

26.17　其他矿砂及其精矿：
10　—　锑矿砂及其精矿
90　—　其他

通常归入本品目的矿砂主要有：
一、锑矿砂
（一）黄锑矿，氧化锑。

（二）桔红硫锑矿，硫酸氧化锑。
（三）方锑矿，氧化锑。
（四）辉锑矿，硫化锑。
（五）锑华，氧化锑。

二、铍矿砂

（一）绿柱石，铍铝硅酸复盐（如果为宝石形态，绿柱石或祖母绿应归入品目71.03）。
（二）硅铍石。

三、铋矿砂

（一）辉铋矿，硫化铋。
（二）泡铋矿，水合碳酸铋。
（三）赭铋矿（铋华），水合氧化铋。

四、锗矿砂

锗石，铜锗硫化物。

本品目不包括不是通过冶金工业的正常加工方法提取的，但商业上也称之为锗“精矿”的产品（品目28.25）。

五、汞矿

朱砂，汞硫化物。

铟、镓、铼、铪、铊或镉都不是直接从某一种矿砂中提炼出来的，而是在提炼其他金属（例如，锌、铅、铜、铝、锆、钼）时作为副产品获得的。

26.18　冶炼钢铁所产生的粒状熔渣（熔渣砂）

本品目包括粒状熔渣（熔渣砂），例如，用出高炉后就倒入水中的液体浮渣制得。

但本品目不包括对熔化炉渣吹入蒸汽或压缩空气而制得的矿渣棉和在熔化的炉渣中加入少量水而制得的泡沫矿渣（品目68.06）。本品目也不包括矿渣水泥（品目25.23）。

26.19　冶炼钢铁所产生的熔渣、浮渣（粒状熔渣除外）、氧化皮及其他废料

本品目包括的熔渣是在熔炼铁矿砂时或冶炼生铁或钢时所得的铝、钙或铁的硅酸盐（高炉渣或转炉渣）。本品目包括不论是否含有足以回收金属铁的熔渣，但不包括含磷熔渣（“碱性熔渣”或“托马斯炉渣”）。这些熔渣是重要的肥料，应归入第三十一章。

熔渣及浮渣用于制造水泥，作路基或筑路用。经破碎并粗略分级的筑路熔渣归入品目25.17。本品目也不包括归入品目26.18的粒状熔渣（熔渣砂）。

氧化皮是钢铁在锻打、热轧等工序所产生的氧化铁皮。

本品目也包括高炉灰及冶炼钢铁所产生的其他废料，但不包括剪切、成形或其他金属加工工序中所产生的金属碎料。这些碎料归入品目72.04。

26.20　含有金属、砷及其化合物的矿渣、矿灰及残渣（冶炼钢铁所产生的灰、渣除外）：

	—	主要含锌：
11	——	含硬锌
19	——	其他
	—	主要含铅：
21	——	含铅汽油的淤渣及含铅抗震化合物的淤渣

29 ——　其他
30 —　主要含铜
40 —　主要含铅
60 —　含有砷、汞、铊及其混合物，用于提取或生产砷、汞、铊及其化合物
—　其他：
91 ——　含有锑、铍、镉、铬或其混合物
99 ——　其他

本品目包括含有金属、砷（不论是否含有金属）或其化合物，以及用于提取或生产砷或金属或其化合物的矿渣、矿灰及残渣（品目26.18、26.19或71.12的灰、渣除外）。这些矿灰、残渣是处理矿砂或冶金中间产品（例如，锍）时所得或从不属机械加工金属的电解、化学或其他工序所得，在工业上，它们用于提取金属或作为生产金属化合物的基本原料。但机械加工金属所剩的废料及残旧破烂的金属制品碎料不包括在内（第十四类、第十五类或第十六类）。而另一方面，机械加工有色金属时所产生的主要为氧化物的金属皮仍归入本品目。

本品目包括：

一、锍［铜锍、镍锍或钴锍除外（第十五类）］及炉渣或浮渣，例如，富含铜、锌、锡、铅等的渣。

二、硬锌块，镀锌时浸锌所剩的残渣。

三、制取或精炼金属后所剩的电解槽泥渣及电镀泥渣。

四、蓄电池淤渣。

五、金属电解精炼所产生的块状残渣，干的或浓缩的。

六、生产硫酸铜所产生的残渣。

七、处理含银矿砂所产生的杂质氧化钴。

八、仅适合于提取金属或生产化工品的废催化剂。

九、主要用于提取氯化镁的光卤石碱液残渣。

十、含铅汽油及含铅抗震化合物储罐的含铅汽油淤渣及含铅抗震化合物的淤渣，主要含有铅、铅化合物（包括四乙基铅及四甲基铅）以及铁的氧化物（因储罐生锈而产生）。这些淤渣实际上不含石油，一般用于回收铅或铅化合物。

十一、熔炼锌、铅或铜时产生的烟道尘。一般来说，砷存在于熔炼铜及铅时产生的烟道尘当中，而铊则存在于熔炼铅及锌时产生的烟道尘当中。

十二、熔炼锌、铅或铜时产生的矿渣、矿灰及残渣，通常为富含汞的氧化物、硫化物或含其他金属的汞齐。

十三、含有锑、铍、镉、铬或其混合物的矿渣、矿灰及残渣。这些灰、渣通常为加工（例如，热处理）含有上述金属的产品的过程中产生的废料。

十四、从生产、配制及使用油墨、染料、颜料、油漆、大漆及清漆所产生的废物中得到的、用于回收金属及其化合物的矿渣、矿灰及残渣。

本品目还不包括：

（一）焚化城市垃圾所产生的灰、渣（品目26.21）。

（二）主要含有石油的石油储罐的淤渣（品目27.10）。

（三）第二十八章的已有化学定义的化合物。

（四）贵金属或包贵金属的废碎料（包括废或破的铂合金网催化剂及主要用于回收贵金属的含贵金属或贵金属化合物的废碎料）（品目71.12或85.49）。

（五）机械加工第十五类的金属所产生的金属碎料。

（六）锌粉（品目79.03）。

26.21 其他矿渣及矿灰，包括海藻灰（海草灰）；焚化城市垃圾所产生的灰、渣：

10 — 焚化城市垃圾所产生的灰、渣

90 — 其他

本品目包括不归入品目26.18、26.19或26.20的熔渣及矿灰，这些渣、灰是通过加工矿砂或冶炼金属所得，也可通过加工其他材料或用其他方法所得。虽然这些产品很多都用作肥料，但它们归入本品目而不归入第三十一章（碱性熔渣除外）。

本品目的产品包括：

一、矿质（例如，煤、褐煤或泥煤）灰及烧结块。煤灰主要是在公共锅炉中燃烧煤粉而产生，为粉末状或沙子般大小的粒状材料，主要用作生产水泥的原料，在混凝土及矿井回填材料中用作水泥添加剂，在塑料及油漆中用作矿物填充剂，在建材生产及城市建筑物（例如，公路斜坡及桥墩）中用作轻质混凝料。其中包括：

1. 飞灰——存在于熔炉烟道气体中，并通过集尘袋或静电过滤器由气流带走的细分微粒；

2. 底灰——随气流离开熔炉后立即沉降所带走的更粗粒灰烬；

3. 炉渣——从炉底除去的粗渣；

4. 流化床炉膛灰（FBC－灰）——在石灰石或白云石的流化床中燃烧煤或油所得的无机残渣。

二、海草灰及其他植物灰。本品目的海草灰是焚烧某些种类的海草所得的物质。原状海草灰粗糙，份量重，为黑灰色，但精制后为暗白色粉末，主要用来提取碘或用于玻璃工业。

本组还包括几乎完全由二氧化硅组成的稻壳灰。该灰主要用于制造隔音砖或其他隔音产品。

三、骨灰，从露天煅烧的骨头获得，除用于改良土壤外，还可用作铸铜锭模的涂料。但本品目不包括在闭合容器内煅烧骨头所得的动物炭黑（品目38.02）。

四、粗钾盐，在榨糖工业中通过焚烧、洗涤等方法处理甜菜糖蜜残渣所得。

五、焚化城市垃圾所产生的灰、渣（参见第三十八章注释四）。这些灰、渣通常为熔渣与有毒金属（例如，铅）的混合物，一般用作垃圾填埋场临时路面建筑集料的代用品。这些灰、渣中所含的金属成分并不能保证对这些金属或金属化合物的回收。

本品目不包括作为副产品从硅、硅铁及氧化锆生产中收集的单独已有化学定义的微硅粉，其通常用作混凝土、纤维水泥或耐火浇注料的火山质添加剂，以及聚合物的添加剂（品目28.11）。

第二十七章　矿物燃料、矿物油及其蒸馏产品；沥青物质；矿物蜡

注释：

一、本章不包括：

（一）单独的已有化学定义的有机化合物，但纯甲烷及纯丙烷应归入品目27.11；

（二）品目30.03及30.04的药品；或

（三）品目33.01、33.02及38.05的不饱和烃混合物。

二、品目27.10所称"石油及从沥青矿物提取的油类"，不仅包括石油、从沥青矿物提取的油及类似油，还包括那些用任何方法提取的主要含有不饱和烃混合物的油，但其非芳族成分的重量必须超过芳族成分。

然而，它不包括采用减压蒸馏法，在压力转换为1013毫巴下的温度300℃时，以体积计馏出量小于60%的液体合成聚烯烃（第三十九章）。

三、品目27.10所称"废油"，是指主要含石油及从沥青矿物提取的油类（参见本章注释二）的废油，不论其是否与水混合。它们包括：

（一）不再适于作为原产品使用的废油（例如，用过的润滑油、液压油及变压器油）；

（二）石油储罐的淤渣油，主要含废油及高浓度的在生产原产品时使用的添加剂（例如，化学品）；以及

（三）水乳浊液状的或与水混合的废油，例如，浮油、清洗油罐所得的油或机械加工中已用过的切削油。

○

○　○

子目注释：

一、子目2701.11所称"无烟煤"，是指含挥发物（以干燥、无矿物质计）不超过14%的煤。

二、子目2701.12所称"烟煤"，是指含挥发物（以干燥、无矿物质计）超过14%，并且热值（以潮湿、无矿物质计）等于或大于5833大卡/千克的煤。

三、子目2707.10、2707.20、2707.30及2707.40所称"粗苯""粗甲苯""粗二甲苯"及"萘"，是分别指按重量计苯、甲苯、二甲苯或萘的含量在50%以上的产品。

四、子目2710.12所称"轻油及其制品"，是指根据ISO 3405方法（等同于ASTM D86方法），温度在210℃时以体积计馏出量（包括损耗）在90%及以上的产品（以美国标准试验法D86为准）。

五、品目27.10的子目所称"生物柴油"，是指从动植物或微生物油脂（不论是否使用过）得到的用作燃料的脂肪酸单烷基酯。

总　注　释

总的来说，本章包括煤及其他天然矿物燃料、石油及从沥青矿物提取的油、这些油的蒸馏产品以及用任何其他方法获得的类似产品，也包括矿物蜡及天然沥青物质。本章的货品可以是天然的，也可以是精制的；除甲烷及丙烷以外，其余的如果是单独的已有化学定义的有机化合物或处于商业纯状态的，应归入第二十九章。对于某些这类化合物（例如，乙烷、苯、酚、吡啶），品目29.01、29.07及29.33的注释列有其具体纯度标准。甲烷及丙烷，即使是纯净的，也归入品目27.11。

本章注释二及品目27.07所称“芳族成分”，是指含有芳香素的整个分子（不论其侧链多少及长短）而不是仅指这些分子的芳香部分。

本章不包括：

（一）品目30.03或30.04的药品。

（二）芳香料制品、化妆品或盥洗品（品目33.03至33.07）。

（三）香烟打火机及类似打火器充气用的液体燃料或液化气体燃料，其包装容器的容量不超过300立方厘米的（品目36.06）。

27.01　煤；煤砖、煤球及用煤制成的类似固体燃料：

—　煤，不论是否粉化，但未制成型：

11　——　无烟煤

12　——　烟煤

19　——　其他煤

20　—　煤砖、煤球及用煤制成的类似固体燃料

本品目包括各种煤，不论是否粉化或粘聚（煤球、煤砖等），也包括碳化后无烟的煤砖及类似的成品燃料。

本品目还包括加入少量分散剂（主要是表面活性剂）并用水和好的粉化煤。

本品目不包括黑玉（品目25.30）、褐煤（品目27.02）、焦炭及半焦炭（品目27.04）。

27.02　褐煤，不论是否制成型，但不包括黑玉：

10　—　褐煤，不论是否粉化，但未制成型

20　—　制成型的褐煤

本品目包括褐煤，一种处于煤及泥煤之间的燃料，不论是否脱水、粉化或粘聚。

本品目不包括黑玉，尽管它也是褐煤的一种（品目25.30）。

27.03　泥煤（包括肥料用泥煤），不论是否制成型

泥煤，由部分碳化的植物材料组成，一般份量很轻，纤维质。

本品目包括各种泥煤，含燃料用的干制或粘聚泥煤、用于厩圈、改良土壤或其他方面的碎泥煤、泥煤料等。

本品目还包括具有泥煤基本特征的泥煤与沙或粘土混合物，不论是否含有少量的肥料元素氮、磷或钾。这类产品一般用作花泥。

但本品目不包括：

（一）制成供纺织用的泥煤纤维（名为“贝兰丁”纤维）（第十一类）。

（二）花盘或其他泥煤制品，包括切割或模制成形的建筑用绝热片（第六十八章）。

27.04　煤、褐煤或泥煤制成的焦炭及半焦炭，不论是否制成型；甑炭

焦炭是在无空气存在下干馏（或碳化、气化）煤、褐煤或泥煤制得的固体产物。它用各种质量的烟煤在炼焦炉内炼得。

半焦炭是低温干馏煤或褐煤制得。

本品目的焦炭及半焦炭可经粉化或粘聚。

甑炭（气碳）是一种质硬、色黑、易碎的碳，敲之有金属响声，是从煤气厂或炼焦炉内所得的一种副产品。它积聚于炉壁或甑壁上，通常为不规则团块状。这些团块的表面根据甑的形状不同，可为平面或略呈弧形。

在某些国家，甑炭被称为“人造石墨”，但将品目 38.01 的人工生产的石墨称为人造石墨才更为确切。

本品目不包括：

（一）沥青焦及石油焦（分别归入品目 27.08 或 27.13）。

（二）电气用甑炭制品（品目 85.45）。

27.05　煤气、水煤气、炉煤气及类似气体，但石油气及其他烃类气除外

煤气通常是在煤气厂或炼焦炉内在无空气存在下干馏煤制得。它是一种氢、甲烷、一氧化碳等的复杂混合物，用于照明和加热。

本品目包括地下气化作用产生的煤气，也包括水煤气、炉煤气及类似气体，例如，高炉煤气。本品目还包括通常在蒸汽存在下裂化或重整矿物油、石油气或天然气所得的混合气体。这些混合气体与煤气的成分相似，用于加热、照明及合成化学品（例如，甲醇、氨）。用于合成化学品时，有时称为“合成气”。但本品目不包括品目 27.11 所列的气体。

27.06　从煤、褐煤或泥煤蒸馏所得的焦油及其他矿物焦油，不论是否脱水或部分蒸馏，包括再造焦油

本品目的焦油是由各种比例的芳族及脂族成分组成的复杂混合物，通常为干馏煤、褐煤或泥煤的产物。

归入本品目的焦油包括：

一、高温干馏煤所制得的焦油，主要含芳族成分，例如，苯、酚、萘、蒽及酚同系物、吡啶碱。

二、干馏褐煤或泥煤或低温干馏煤所制得的焦油，其成分与以上一款所述焦油相似，但含有更为大量的脂族化合物、环烷化合物及酚化合物。

三、其他矿物焦油，包括煤在水煤气炉内气化时所产生的焦油。

本品目也包括脱水或部分干馏的焦油以及将沥青与杂酚油或其他煤焦油干馏物混合制得的再造焦油。

焦油主要用于进一步蒸馏，以产生一系列的油及其他煤焦油产品，也可用于制防水材料及铺路面等。

本品目不包括用非矿物原料提取的焦油，例如，木焦油（品目 38.07）。

27.07　蒸馏高温煤焦油所得的油类及其他产品；芳族成分重量超过非芳族成分的类似产品：

10　—　粗苯

20　—　粗甲苯

30　—　粗二甲苯

40　—　萘

50　—　其他芳烃混合物，根据 ISO 3405 方法（等同于 ASTM D 86 方法），温度在 250℃时的馏出量以体积计（包括损耗）在 65%及以上（以美国标准试验法 D86 为准）

　　—　其他：

91　——　**杂酚油**
99　——　**其他**

本品目包括：

一、用稍宽馏分的高温煤焦油精馏制得的油及其他产品，这类煤焦油能产生以芳族烃及其他芳族化合物为主要成分的混合物。

上述油及其他产品包括：

（一）苯、甲苯、混合二甲苯及溶剂石脑油。

（二）萘油及粗萘。

（三）蒽油及粗蒽。

（四）酚油（酚、甲酚、二甲苯酚等）。

（五）吡啶、喹啉及吖啶碱。

（六）杂酚油。

二、以芳族成分为主的类似油及产品，通过精馏低温煤焦油及其他矿物焦油制得或通过汽提煤气、加工石油或其他方法制得。

本品目包括粗制或精制的上述油及产品，但不包括单独的已有化学定义的纯净化合物或商品纯化合物（第二十九章），这些化合物是通过对焦油进一步精馏或用其他方法加工制得。对于苯、甲苯、二甲苯、萘、蒽、酚、甲酚、二甲苯酚、吡啶及某些吡啶衍生物，品目29.02、29.07及29.33注释的有关部分列有其纯度的具体标准。

木焦油归入第三十八章。

本品目不包括苯或萘烷基化后具有相当长支链的混合烷基苯或混合烷基萘（品目38.17）。

27.08　从煤焦油或其他矿物焦油所得的沥青及沥青焦：

10　—　**沥青**
20　—　**沥青焦**

本品目所包括的沥青是蒸馏高温煤焦油或其他矿物焦油时所剩的一种残余物，它含有少量的重焦油，为黑色或棕色，质地柔软或易碎，用于制造电极、铺路焦油、防水混合物或粘聚煤粉等。

经吹气氧化稍为改性的沥青与未吹气沥青相似，仍归入本品目。

沥青焦是蒸馏高温煤焦油、低温煤焦油、其他矿物焦油及其沥青后残留的最终产品，用于制造电极或用作燃料。

27.09　石油原油及从沥青矿物提取的原油

本品目包括石油及沥青矿物（例如，页岩、石灰质石、矿砂）油的原油，即不论其成分如何，也不论其是否从正常油田、凝液油田或干馏沥青矿物获得的天然产品。所得原油即使经以下方法加工，仍归入本品目：

一、倾析。

二、脱盐。

三、脱水。

四、稳定以使蒸汽压力正常化。

五、消去极轻馏分，使这些馏分重返油藏以利排放及保持压力。

六、仅加入已在上述加工过程中用物理方法回收的碳氢化合物。

七、任何次要的加工方法，只要这些方法不改变产品的基本特性。

本品目还包括凝析油，即天然气提取稳定过程中所得的原油。这一操作包括主要通过冷却和降压从含大量石油气的天然气中制得可凝析烃（C4 至大约 C20）。

27.10　石油及从沥青矿物提取的油类，但原油除外；以上述油为基本成分（按重量计不低于 70%）的其他品目未列名制品；废油：

—　石油及从沥青矿物提取的油类（但原油除外）以及以上述油为基本成分（按重量计不低于 70%）的其他品目未列名制品，不含有生物柴油，但废油除外：

12　——　轻油及其制品

19　——　其他

20　—　石油及从沥青矿物提取的油类（但原油除外）以及以上述油为基本成分（按重量计不低于 70%）的其他品目未列名制品，含有生物柴油，但废油除外

—　废油：

91　——　含多氯联苯（PCBs）、多氯三联苯（PCTs）或多溴联苯（PBBs）的

99　——　其他

一、初级产品

本品目第一部分包括的产品可经过除品目 27.09 注释所列范围以外的任何加工。

本品目包括：

一、“拔顶原油”（蒸去了某些较轻馏分的原油）以及蒸馏稍宽馏分或炼制石油及沥青矿物的原油所得的轻油、中油及重油。这些油呈液状或半固体状，主要含非芳族烃，例如，链烷烃、环烷烃。

这些油包括：

（一）汽油。

（二）石油溶剂。

（三）煤油。

（四）粗柴油。

（五）燃料油。

（六）锭子油及润滑油。

（七）白油。

本品目包括经进一步加工以清除杂质（例如，用酸或碱处理、用选择性溶剂、氯化锌、吸收土等处理或经再蒸馏加工）的上述馏分，只要处理后的产品不是纯的或商品纯的已有化学定义的单独化合物（第二十九章）。

二、非芳族成分以重量计超过芳族成分的类似油。它们通过低温干馏煤或经氢化及其他任何加工（例如，裂化、重整）制得。

本品目包括混合烯烃，也称三聚丙烯、四聚丙烯、二异丁烯、三异丁烯等。这些混合物是由不饱和无环烃（辛烯、壬烯及其同系物和异构体等）及饱和无环烃混合组成。

它们通过极低度聚合丙烯、异丁烯或其他烯烃制得，或通过分离（例如，分馏）某些矿物油裂化产品制得。

混合烯烃主要在化学合成中用作溶剂或稀释剂。由于其辛烷值高，在加入适当添加剂后，它们也可掺入汽油使用。

但本品目不包括采用减压蒸馏法，在压力转换为 1013 毫巴（101.3 千帕）下的温度 300℃时，以体积计馏出量小于60%的液体合成聚烯烃（第三十九章）。

而且，本品目也不包括加工石油或用其他方法制得的按重量计以芳族成分为主的油（品目27.07）。

三、加有不同物质以适合某些专门用途的以上一、二两款所述的油，只要这些产品含有按重量计在70%及以上的石油或沥青矿物油，而且协调制度的其他品目也未明确将其包括在内。

以上所述的产品包括：

（一）含有少量添加的抗爆产品（例如，四乙铅、二溴乙烷）及抗氧剂（例如，对－丁基氨基苯酚）的汽油。

（二）由润滑油及各种不同数量的其他产品［例如，改良润滑性能的产品（如植物油、脂）、抗氧剂、防锈剂、防沫剂（如硅氧烷）］混合组成的润滑剂。这些润滑油包括复合油、重负荷机油、掺石墨油（浸于石油或沥青矿物油的石墨悬浮液）、上部气缸润滑剂、纺织用油及由润滑油和大约10%～15%的铝皂、钙皂、锂皂等组成的固体润滑剂（润滑脂）。

（三）变压器油及绝缘油（不是利用其润滑性能），加有抗氧剂（如二叔丁基对甲苯酚）并经稳定和特制的油。

（四）用于冷却切削工具及工件的切削油，由加入大约10%～15%乳化剂（例如，碱式磺化蓖麻醇油酸盐）的重油组成，在水中作为乳剂使用。

（五）清洁电动机、发动机及其他器具的清洗油，由重油组成，通常含有少量添加的胶溶剂，用以清除机器运转时积聚下来的胶、碳等物质。

（六）为便于将陶瓷制品、混凝土支柱等从模子上脱离下来的脱模油，包括含有约10%植物脂肪等的重油。

（七）闸用液压油等，由重油加入增强其润滑性能的产品、抗氧剂、防锈剂、防沫剂等组成。

四、生物柴油混合物，含有按重量计不低于70%的石油或从沥青矿物提取的油类。但生物柴油及其混合物，含有按重量计低于70%的石油或从沥青矿物提取的油类的，应归入品目38.26。

二、废油

废油为主要含石油及从沥青矿物提取的油类（参见本注释二）的废料，不论其是否与水混合。它们包括：

（一）不再适于作为原产品使用的石油废油及类似废油（例如，用过的润滑油、液压油及变压器油）。废油含有多氯联苯（PCBs）、多氯三联苯（PCTs）及多溴联苯（PBBs），主要来自热交换器、变压器或开关装置等电器设备中上述化学品的流出物；

（二）石油储罐的淤渣油，主要含废油及高浓度的在生产原产品时使用的添加剂（例如，化学品）；

（三）水乳浊液状的或与水混合的废油，例如，浮油、清洗油罐所得的油或机械加工中已用过的切削油。

（四）生产、配制及使用油墨、染料、颜料、油漆、大漆及清漆所产生的废油。

本品目不包括：

（一）含铅汽油及含铅抗震化合物储罐的含铅汽油淤渣及含铅抗震化合物的淤渣，主要含有铅、铅化合物以及铁的氧化物，它们实际上不含石油，一般用于回收铅或铅化合物（品目26.20）。

（二）含石油或沥青矿物油重量低于70%的制剂，例如，品目34.03的纺织材料油脂处理制剂及其他润滑剂和品目38.19的闸用液压油。

（三）协调制度其他品目已列名的含任何比例（包括按重量计超过70%的）石油或沥青矿物油的制剂或非以石油及沥青矿物油为基料的制剂。它们有品目34.03的防锈剂，一种溶于石油溶剂的羊毛脂溶液（羊毛脂为基料，石油溶剂仅作为溶剂，使用后石油溶剂即挥发掉）；还有消毒剂、杀虫剂、杀菌剂等（品目38.08）；矿物油用的配制添加剂（品目38.11）；清漆用的复合溶剂及稀释剂（品目

38.14）及品目38.24的某些制剂，例如，汽油机用起动燃料，含石油重量在70%及以上的乙醚或以乙醚为基料的其他成分。

27.11　石油气及其他烃类气：

—　液化的：

11　——　天然气

12　——　丙烷

13　——　丁烷

14　——　乙烯、丙烯、丁烯及丁二烯

19　——　其他

—　气态的：

21　——　天然气

29　——　其他

本品目包括从天然气或石油制得的气态粗制烃以及用化学方法生产的气态粗制烃。甲烷及丙烷不论是否纯净的，均归入本品目。

这些烃在温度15℃，压力1013毫巴（101.3千帕）时为气态，在压力下可以液态装于金属容器内报验，为了安全起见，通常加入少量有强烈气味的物质，一旦渗透，即可察觉。

它们主要包括不论是否液化的以下气体：

一、甲烷及丙烷，不论是否纯净。

二、乙烷及乙烯，纯度低于95%的（纯度在95%及以上的乙烷及乙烯归入品目29.01）。

三、丙烯，纯度低于90%的（纯度在90%及以上的丙烯归入品目29.01）。

四、含正丁烷低于95%及含异丁烷低于95%的丁烷（含正丁烷或异丁烷在95%及以上的丁烷归入品目29.01）。

五、丁烯及丁二烯，纯度低于90%的（纯度在90%及以上的丁烯及丁二烯归入品目29.01）。

六、丙烷及丁烷的相互混合物。

本品目还包括其他气体如液化石油气（LPG）。

以上百分比，气态的按容量计算，液态的按重量计算。

本品目不包括：

（一）单独的已有化学定义的烃（甲烷及丙烷除外），纯的或商品纯的（品目29.01）（对于加有强烈气味物质的烃，参见第二十九章总注释第一节第五段。对于乙烷、乙烯、丙烯、丁烷、丁烯及丁二烯，以上二、三、四及五款已列出其具体纯度标准）。

（二）包装容器的容量不超过300立方厘米的香烟打火机及类似打火器充气用的液化丁烷（构成香烟打火机及类似打火器零件的除外）（品目36.06）。

（三）装有液化丁烷的香烟打火机或类似打火器的零件（品目96.13）。

27.12　凡士林；石蜡、微晶石蜡、疏松石蜡、地蜡、褐煤蜡、泥煤蜡、其他矿物蜡及用合成或其他方法制得的类似产品，不论是否着色：

10　—　凡士林

20　—　石蜡，按重量计含油量小于0.75%

90　—　其他

一、凡士林

凡士林手感油滑，为白色、淡黄色或深棕色，从某些石油原油的蒸馏残渣制得，也有用上述残渣与高粘度石油或用充分精制的矿物油与石蜡或地蜡混合制得。本品目包括粗制凡士林（有时称为“矿脂”）和脱色或精制凡士林，也包括通过合成制得的凡士林。

归入本品目的凡士林，其冻点按旋转温度计法（ISO 2207 方法，等同于 ASTM D 938 方法）测定不得低于30℃，在70℃时其密度低于0.942 克每立方厘米，其工作锥入度在25℃时按 ISO 2137 方法（等同于 ASTM D 217 方法）测得低于350，其锥入度在25℃时按 ISO 2137 方法（等同于 ASTM D 937 方法）测得不低于80 的。

但本品目不包括零售包装的适于作护肤用的凡士林（品目33.04）。

二、不论是否着色的石蜡、微晶石蜡、疏松石蜡、地蜡、褐煤蜡、泥煤蜡、其他矿物蜡及用合成或其他方法制得的类似产品

石蜡是从石油、页岩油或其他沥青矿物油的某些馏出物提取出来的一种烃类蜡，为白色或淡黄色半透明物，具有相当明显的晶体结构。

微晶石蜡也是一种烃类蜡，从石油残渣或真空蒸馏的润滑油馏分提取而得；其透明度不如石蜡，晶体结构较细，但不如石蜡明显；一般比石蜡熔点高；性质从柔软可塑至坚硬易碎不一，颜色也从深棕至白色不等。

地蜡是一种天然矿物蜡，提纯后称纯地蜡。

褐煤蜡及名为“褐煤沥青”的产品均为从褐煤提取的酯蜡。原蜡质硬色深，精制后为白色。

泥煤蜡在物理及化学性质上近似于褐煤蜡，但稍软。

本品目其他矿物蜡（疏松石蜡及鳞状蜡）是在润滑油脱蜡过程中制得，其精制程度不如石蜡，油含量亦较高，颜色为白至浅棕。

本品目还包括与本品目产品相类似但通过合成或其他方法制得的产品（例如，合成石蜡及合成微晶石蜡），但品目不包括高聚物蜡，例如，聚乙烯蜡。这些蜡归入品目34.04。

本品目包括上述的各种蜡，不论是原蜡或精制蜡，相互混合蜡或着色蜡。它们可用于制蜡烛（特别是石蜡）、抛光剂等，也可用于纺织品的绝缘或上光处理、火柴的浸渍以及用于防锈方面等。

然而，下列产品归入品目34.04：

（一）用褐煤蜡或其他矿物蜡经化学改性制得的人造蜡。

（二）未乳化或不含溶剂的下列混合物：

1. 本品目的蜡与动物蜡（包括鲸蜡）、植物蜡或人造蜡的混合物。

2. 本品目的蜡与脂肪、树脂、矿物质或其他材料的混合物，具有蜡的特征的。

27.13　石油焦、石油沥青及其他石油或从沥青矿物提取的油类的残渣：

	—	石油焦：
11	——	未煅烧
12	——	已煅烧
20	—	石油沥青
90	—	其他石油或从沥青矿物提取的油类的残渣

一、石油焦（绿焦或煅烧焦）是裂化或干馏石油或沥青矿物油所剩的一种黑色多孔固体残余物，主要用作制造电极的原料（煅烧焦）或用作燃料（绿焦）。

二、石油沥青是蒸馏原油所剩的一种残余物，为棕色或黑色，有的柔软，有的易碎，用于铺路或防水等方面。经吹气稍加改性的石油沥青与未吹气沥青相类似，仍归入本品目。

三、其他石油残渣包括：

（一）用某种选择溶剂处理润滑油所得的提出物。

（二）从石油制得的石油树胶及其他树脂状物质。

（三）含有一定比例石油的酸性残渣及废漂白土。

处理页岩油及其他沥青矿物油所得的沥青、焦炭及其他残余物均归入本品目。

本品目不包括：

（一）水溶性环烷酸盐或水溶性石油磺酸盐（包括含有一定比例矿物油的），例如，碱金属、铵或乙醇胺的这类盐（品目34.02）。

（二）水不溶性环烷酸盐或水不溶性石油磺酸盐（如果无具体列名的品目，则应归入品目38.24）。

（三）粗制或精制的环烷酸（品目38.24）。

27.14 天然沥青（地沥青）；沥青页岩、油页岩及焦油砂；沥青岩（+）：

10 — 沥青页岩、油页岩及焦油砂

90 — 其他

本品目包括天然沥青脉及沥青（含“特立尼达湖沥青”及有些国家称之为“沥青砂”的材料）。它是一种天然存在的含惰性矿物的烃混合物，为棕色或黑色固体或粘性很大的混合体，而地沥青所含的惰性矿物质更为大量。

本品目还包括：

一、沥青页岩、油页岩及焦油砂。

二、地沥青石。

三、沥青石灰岩及其他沥青岩。

以上矿物不论是否进行脱水或除脉石处理，也不论是否粉化或相互混合，均归入本品目。仅在天然沥青上加水并不能改变有关产品归入品目27.14。另外，本品目也包括分散于水中的脱水并粉化的天然沥青，它们含有为有利于安全、装卸或运输而添加的少量乳化剂（表面活化剂）。

它们用于铺路面或制造防水材料、清漆或搪瓷等。沥青页岩及焦油砂用作提取矿物油的原料。

本品目不包括：

（一）柏油碎石（品目25.17）。

（二）烟煤（品目27.01）。

（三）沥青褐煤（品目27.02）。

（四）从石油所得的沥青（品目27.13）。

（五）以天然沥青为基料的沥青混合物，添加了其他物质［仅为安全、装卸或运输原因而添加水及乳化剂（表面活化剂）除外］的（品目27.15）。

（六）品目68.07的沥青制品。

○

○ ○

子目注释：

子目2714.10

本子目包括含烃沉积岩或砂。这些岩石或砂可直接或间接提取品目27.09的产品（石油原油及沥青矿物原油），还可提取煤气及其他产品。其提取方法有加热法或其他提取法（例如，蒸馏法、甑馏法或机械法）。从页岩所提取的烃可为有机材料状，称为油母质。

27.15　以天然沥青（地沥青）、石油沥青、矿物焦油或矿物焦油沥青为基本成分的沥青混合物（例如，沥青胶粘剂、稀释沥青）

本品目的沥青混合物包括：

一、稀释沥青，通常含有溶剂和60%及以上的沥青，用于铺路面。

二、沥青或焦油与水的乳状液或稳定悬浮液，专用于铺路面。

三、沥青胶粘剂及混有砂、石棉等矿物质的类似沥青混合物。这些物质用于嵌缝或用作铸模材料等。

本品目还包括使用前需要再熔化的块状粘聚沥青混合物，但不包括规则形状的制成品（例如，铺路面用的石板、石片及地砖）（品目68.07）。

本品目也不包括：

（一）柏油碎石（混有柏油的碎石）（品目25.17）。

（二）柏油粘聚白云石（品目25.18）。

（三）沥青与杂酚油或其他煤焦油蒸馏产品的混合物（品目27.06）。

（四）分散于水中的脱水并粉化的天然沥青，含有仅为有利于安全、装卸或运输而添加的少量乳化剂（表面活化剂）（品目27.14）。

（五）沥青涂料及清漆（品目32.10）。它们与本品目的某些混合物不同，例如，使用的填料更为细腻；可含有一种或数种成膜剂（沥青或焦油除外）；在空气中能象涂料或清漆般地干燥成膜，其成膜厚度及硬度也与涂料或清漆相同。

（六）品目34.03的润滑制剂。

27.16　电力（选择性品目）

无注释。

第六类　化学工业及其相关工业的产品

注释：

一、

（一）凡符合品目 28.44 或 28.45 规定的货品（放射性矿砂除外），应分别归入这两个品目而不归入本协调制度的其他品目。

（二）除上述（一）款另有规定的以外，凡符合品目 28.43、28.46 或 28.52 规定的货品，应分别归入以上品目而不归入本类的其他品目。

二、除上述注释一另有规定的以外，凡由于按一定剂量或作为零售包装而可归入品目 30.04、30.05、30.06、32.12、33.03、33.04、33.05、33.06、33.07、35.06、37.07 或 38.08 的货品，应分别归入以上品目，而不归入本协调制度的其他品目。

三、由两种或两种以上单独成分配套的货品，其部分或全部成分属于本类范围以内，混合后则构成第六类或第七类的货品，应按混合后产品归入相应的品目，但其组成成分必须符合下列条件：

（一）其包装形式足以表明这些成分不需经过改装就可一起使用的；

（二）一起报验的；以及

（三）这些成分的属性及相互比例足以表明是相互配用的。

四、其列名或功能既符合第六类中一个或多个品目的规定，又符合品目 38.27 的规定的产品，应按列名或功能归入相应品目，而不归入品目 38.27。

总　注　释

注释一：

按照本注释（一）款的规定，所有的放射性化学元素、放射性同位素及这些元素与同位素的化合物（不论是无机或有机，也不论是否已有化学定义）即使本来可以归入协调制度的其他品目，也一律归入品目 28.44。因此，例如，放射性氯化钠及放射性甘油应归入品目 28.44 而不分别归入品目 25.01 或 29.05。同样，放射性乙醇、放射性金及放射性钴也都一律归入品目 28.44。但应注意，放射性矿砂则归入协调制度的第五类。

对于非放射性同位素及其化合物，本注释规定它们（不论无机或有机，也不论是否已有化学定义）只归入品目 28.45 而不归入协调制度的其他品目。因此，碳的同位素应归入品目 28.45，而不归入品目 28.03。

本注释（二）款规定，品目 28.43、28.46 或 28.52 所述货品如果不是放射性的或不是同位素形式的（放射性的或同位素形式的则归入品目 28.44 或品目 28.45），应归入以上品目中最合适的一个，而不应归入第六类的其他品目。根据本注释该款的规定，酪朊酸银应归入品目 28.43 而不归入品目 35.01；硝酸银，即使已制成零售包装供摄影用，也应归入品目 28.43 而不归入品目 37.07。

应注意到品目 28.43、28.46 及 28.52 只在第六类中优先于其他品目。如果品目 28.43、28.46 或 28.52 所述货品也可归入协调制度的其他类时，其归类取决于有关类或章的注释以及协调制度的归类总规则。因此，硅铍钇矿，一种稀土金属化合物，本应归入品目 28.46，却因为第二十八章的注释三（一）规定该章不包括所有归入第五类的矿产品而归入了品目 25.30。

注释二：

注释二规定，由于制成一定剂量或零售包装而归入品目 30.04、30.05、30.06、32.12、33.03、33.04、33.05、33.06、33.07、35.06、37.07 或 38.08 的货品，不论是否可归入协调制度的其他品目，应一律归入上述品目（品目 28.43 至 28.46 或 28.52 的货品除外）。例如，供治疗疾病用的零售包装硫应归入品目 30.04，而不归入品目 25.03 或 28.02；作为胶用的零售包装糊精应归入品目 35.06，而不归入品目 35.05。

注释三：

本注释涉及由两种或两种以上独立组分（部分或全部归入第六类）的配套货品的归类问题，它仅限于混合后构成第六类或第七类所列产品的配套货品。这些配套货品的组分如果符合本注释（一）至（三）款的规定，则按混合后产品归入相应的品目。

例如，这些配套货品有品目 30.06 的牙科粘固剂及其他牙科填料，品目 32.08 至 32.10 的某些油漆及清漆以及品目 32.14 的胶粘剂等。至于未带必要的硬化剂的配套货品，其归类请参见第三十二章的总注释和品目 32.14 的注释。

必须注意，由两种或两种以上独立组分（部分或全部归入第六类）组成的配套货品，如果组分不需事先混合而是逐个连续使用的，不属本类注释三的规定范围。制成零售包装的这类货品，应按协调制度归类总规则［一般是规则三（二）］的规定进行归类；对于那些未制成零售包装的则应分别归类。

注释四：

注释四规定，第六类中列名或功能符合的其他品目优先于品目 38.27。因此，例如，既可作为“有机复合溶剂”归入品目 38.14，又可归入品目 38.27 的产品应归入品目 38.14，即使品目 38.14 条文第一部分和品目 38.27 条文都有“其他品目未列名”的相同表述。但应注意，品目 38.27 优先于品目 38.24，因为品目 38.24 没有列名或列明功能的相关产品。

第二十八章　无机化学品；贵金属、稀土金属、放射性元素及其同位素的有机及无机化合物

注释：

一、除条文另有规定的以外，本章各品目只适用于：

（一）单独的化学元素及单独的已有化学定义的化合物，不论是否含有杂质；

（二）上述（一）款产品的水溶液；

（三）溶于其他溶剂的上述（一）款产品，但该产品处于溶液状态只是为了安全或运输所采取的正常必要方法，其所用溶剂并不使该产品改变其一般用途而适合于某些特殊用途；

（四）为了保存或运输需要，加入稳定剂（包括抗结块剂）的上述（一）、（二）、（三）款产品；

（五）为了便于识别或安全起见，加入抗尘剂或着色剂的上述（一）、（二）、（三）、（四）款产品，但所加剂料并不使原产品改变其一般用途而适合于某些特殊用途。

二、除以有机物质稳定的连二亚硫酸盐及次硫酸盐（品目28.31），无机碱的碳酸盐及过碳酸盐（品目28.36），无机碱的氰化物、氧氰化物及氰络合物（品目28.37），无机碱的雷酸盐、氰酸盐及硫氰酸盐（品目28.42），品目28.43至28.46及28.52的有机产品，以及碳化物（品目28.49）之外，本章仅包括下列碳化合物：

（一）碳的氧化物，氰化氢及雷酸、异氰酸、硫氰酸及其他简单或络合氰酸（品目28.11）；

（二）碳的卤氧化物（品目28.12）；

（三）二硫化碳（品目28.13）；

（四）硫代碳酸盐、硒代碳酸盐、碲代碳酸盐、硒代氰酸盐、碲代氰酸盐、四氰硫基二氨基络酸盐及其他无机碱络合氰酸盐（品目28.42）；

（五）用尿素固化的过氧化氢（品目28.47）、氧硫化碳、硫代羰基卤化物、氰、卤化氰、氨基氰及其金属衍生物（品目28.53），不论是否纯净，但氰氨化钙除外（第三十一章）。

三、除第六类注释一另有规定的以外，本章不包括：

（一）氯化钠或氧化镁（不论是否纯净）及第五类的其他产品；

（二）上述注释二所述以外的有机－无机化合物；

（三）第三十一章注释二、三、四或五所述的产品；

（四）品目32.06的用作发光剂的无机产品；品目32.07的搪瓷玻璃料及其他玻璃，呈粉、粒或粉片状的；

（五）人造石墨（品目38.01）；品目38.13的灭火器的装配药及已装药的灭火弹；品目38.24的零售包装的除墨剂；品目38.24的每颗重量不少于2.5克的碱金属或碱土金属卤化物的培养晶体（光学元件除外）；

（六）宝石或半宝石（天然、合成或再造）及这些宝石、半宝石的粉末（品目71.02至71.05），第七十一章的贵金属及贵金属合金；

（七）第十五类的金属（不论是否纯净）、金属合金或金属陶瓷，包括硬质合金（与金属烧结的金属碳化物）；或

（八）光学元件，例如，用碱金属或碱土金属卤化物制成的（品目90.01）。

四、由本章第二分章的非金属酸和第四分章的金属酸所构成的已有化学定义的络酸，应归入品目28.11。

五、品目28.26至28.42只适用于金属盐、铵盐及过氧酸盐。

除条文另有规定的以外，复盐及络盐应归入品目28.42。

六、品目28.44只适用于：

（一）锝（原子序数43）、钷（原子序数61）、钋（原子序数84）及原子序数大于84的所有化学元素；

（二）天然或人造放射性同位素（包括第十四类及第十五类的贵金属和贱金属的放射性同位素），不论是否混合；

（三）上述元素或同位素的无机或有机化合物，不论是否已有化学定义或是否混合；

（四）含有上述元素或同位素及其无机或有机化合物并且具有某种放射性强度超过74贝克勒尔/克（0.002微居里/克）的合金、分散体（包括金属陶瓷）、陶瓷产品及混合物；

（五）核反应堆已耗尽（已辐照）的燃料元件（释热元件）；

（六）放射性的残渣，不论是否有用。

品目28.44、28.45及本注释所称“同位素”，是指：

1. 单独的核素，但不包括自然界中以单一同位素状态存在的核素；

2. 同一元素的同位素混合物，其中一种或几种同位素已被浓缩，即人工地改变了该元素同位素的自然构成。

七、品目28.53包括按重量计含磷量超过15%的磷化铜（磷铜）。

八、经掺杂用于电子工业的化学元素（例如，硅、硒），如果拉制后未经加工或呈圆筒形、棒形，应归入本章；如果已切成圆片、薄片或类似形状，则归入品目38.18。

○

○ ○

子目注释：

子目2852.10所称“已有化学定义”是指符合第二十八章注释一（一）至（五）或第二十九章注释一（一）至（八）规定的汞的无机或有机化合物。

总　注　释

除条文另有规定的以外，第二十八章仅限于单独的化学元素及单独的已有化学定义的化合物。

单独的已有化学定义的化合物是由一分子种类（例如，通过共价键或离子键结合）组成的物质，此种物质的各种组成元素的比例是固定的而且可以用确定的结构图进行表示。在晶格化合物中，其分子种类相当于重复单元晶胞。

单独的已有化学定义的化合物，其各种元素是以特定比例化合的，此种比例取决于各独立原子的化合价及键合环境。每种化合物中各种元素的比例是专一的和固定不变的，故此种比例称作化学计量比。

由于晶格间有间隙或插入物，因此化学数量比可能出现小偏差。这些化合物被称作似化学计量化合物，只要这些偏差不是故意造成的，它们仍允许作为单独的已有化学定义的化合物。

一、已有化学定义的元素及化合物

（本章注释一）

含有杂质或溶于水的单独的化学元素和单独的已有化学定义的化合物仍归入第二十八章。

所称“杂质”，仅指那些在制造（包括净化）单一化合物过程中残留的物质。这些物质可以因为制造时的任何因素而残留下来，主要有下列几种：

（一）未转化的原料。

（二）原料的杂质。

（三）制造（包括净化）过程中所使用的试剂。

（四）副产品。

应该注意，这些物质并非在任何情况下都可以一概视为注释一（一）所允许含有的“杂质”。当这些物质是故意残留在产品中旨在使该产品除具有一般用途外还专门适合某些特殊用途时，他们不得被视为允许含有的杂质。

这些元素和化合物如果溶于水以外的溶剂，就不得归入第二十八章，除非它们处于溶液状态完全是为了安全或运输所采取的一种正常必要方法（在这种情况下，所用溶剂不得使产品改变其一般用途而专门适合于某些特殊用途）。

因此，溶于苯的氯氧化碳、氨的酒精溶液及氢氧化铝的胶态溶液不归入本章而应归入品目38.24。一般来说，胶态分散体如果没有具体列名的品目，应归入品目38.24。

上述单独的已有化学定义的元素及化合物，如果为了保存或运输的需要加入了稳定剂，仍应归入本章。例如，加入硼酸稳定的过氧化氢仍归入品目28.47；但与催化剂混合的过氧化钠（为了产生过氧化氢用）不归入第二十八章而应归入品目38.24。

为保持某些化学品原有的物理状态而添加的产品，也可视为稳定剂，但所加入的量不得超过为达到预期效果而必需的量，且添加的产品不得改变基本产品的性质，使之专门适合于某些特殊用途而不是适合于一般用途。根据本组规定，本章产品可加有抗结块剂。另一方面，加进了防水剂的产品不归入本章，因为防水剂改变了产品原有的性质。

如果所添加的物品并不改变产品的一般用途而使之专门适合某些特殊用途，本章的产品还可含有：

（一）抗尘剂（例如，对某些有毒的化学品加入矿物油以防止搬运时尘土飞扬）。

（二）着色物质，添加后使产品便于识别或者基于安全原因，添加到危险或有毒化学品（例如，品目28.42的砷酸铅）中，用以提醒或告诫接触这些产品的人。但是，基于其他原因添加着色物质的产品［例如，添加了钴盐作为湿度指示剂的硅胶（品目38.24）］，不归入本章。

二、第二十八章化合物与第二十九章化合物之间的区别

（本章注释二）

以下是归入第二十八章的所有含碳化合物的品目一览表：

品目28.11 碳的氧化物。
　氢氰酸、六氰合亚铁酸及六氰合铁酸。
　异氰酸、雷酸、硫氰酸、氰基钼酸及其他简单或络合氰酸。

品目28.12 碳的卤氧化物。

品目28.13 二硫化碳。

品目28.31 经有机物稳定的金属连二亚硫酸盐及次硫酸盐。

品目28.36 无机碱的碳酸盐及过碳酸盐。

品目28.37 无机碱的氰化物、氰氧化物、复氰化物（六氰合亚铁酸盐、六氰合铁酸盐、亚硝基五氰合亚铁酸盐、亚硝基五氰合铁酸盐、氰基锰酸盐、氰基镉酸盐、氰基铬酸盐、氰基钴酸盐、氰基镍酸盐、氰基铜酸盐等）。

品目28.42 无机碱的硫代酸盐、硒代碳酸盐、碲代碳酸盐、硒代氰酸盐、碲代氰酸盐、四氰硫基二氨基铬酸盐（雷纳克酸盐）及其他复合或络合氰酸盐。

品目28.43 下列各项的无机及有机化合物：
至28.46 1. 贵金属。

2. 放射性元素。
3. 同位素。
4. 稀土金属、钇或钪。

品目 28.47　用尿素固化的过氧化氢，不论是否稳定。
品目 28.49　碳化物（二元碳化物、硼碳化物、碳氮化物等），但不包括碳氢化合物。
品目 28.52　汞的无机及有机化合物，不论是否已有化学定义，汞齐除外。
品目 28.53　碳氧硫化物。
硫代羰基卤化物。
氰及氰卤化合物。
氨基氰及其金属衍生物（不包括氰氨化钙，不论是否纯净，参见第三十一章）。

所有其他碳化物都不归入第二十八章。

三、归入第二十八章的既不是单独化学元素，也不是单独的已有化学定义的化合物的产品

按照规定，本章只限于单独的化学元素及单独的已有化学定义的化合物，但以下产品例外：

品目 28.02　胶态硫磺。
品目 28.03　碳黑。
品目 28.07　发烟硫酸。
品目 28.08　磺硝酸。
品目 28.09　多磷酸。
品目 28.13　三硫化磷。
品目 28.18　人造刚玉。
品目 28.21　含氧化铁重量在 70% 及以上的土色料。
品目 28.22　商品氧化钴。
品目 28.24　铅丹及铅橙。
品目 28.28　商品次氯酸钙。
品目 28.30　多硫化物。
品目 28.31　经有机物稳定的连二亚硫酸盐及次硫酸盐。
品目 28.35　多磷酸盐。
品目 28.36　含氨基甲酸铵的商品碳酸铵。
品目 28.39　商品碱金属硅酸盐。
品目 28.42　硅铝酸盐
品目 28.43　胶态贵金属。
贵金属汞齐。
贵金属的有机或无机化合物。
品目 28.44　放射性元素、放射性同位素或含这些物质的化合物（有机或无机）及混合物。
品目 28.45　其他同位素及其化合物（有机或无机）。
品目 28.46　稀土金属、钇、钪及其混合物的有机或无机化合物。
品目 28.49　碳化物。
品目 28.50　氢化物、氮化物、叠氮化物、硅化物及硼化物。
品目 28.52　汞的无机及有机化合物，汞齐除外。
品目 28.53　磷化物，液态空气及压缩空气。
贵金属以外的汞齐（贵金属汞齐，参见以上品目 28.43）。

四、第二十八章不包括某些单独的化学元素及单独的已有化学定义的无机化合物

（本章注释三及八）

某些单独的化学元素及某些单独的已有化学定义的无机化合物，即使是纯净的，也一律不得归入第二十八章。

例如：

（一）第二十五章的某些产品（即氯化钠及氧化镁）。

（二）第三十一章的某些无机盐［即硝酸钠、硝酸铵、硫酸铵及硝酸铵的复盐、硫酸铵、硝酸钙及硝酸铵的复盐、硝酸钙及硝酸镁的复盐、正磷酸二氢铵及正磷酸氢二铵（磷酸一铵及磷酸二铵）；还有氯化钾，但在某些情况下归入品目 38.24 或 90.01］。

（三）品目 38.01 的人造石墨。

（四）第七十一章的宝石或半宝石（天然、合成或再造）及其粉末。

（五）第十四类或第十五类的贵金属及贱金属，包括其合金。某些其他单独的元素或单独的已有化学定义的化合物，本来可归入第二十八章，但如果制成某些形状，或经过某种不改变其化学成分的处理，则不能归入第二十八章*。

例如：

1. 适合于治疗或预防疾病用并制成一定剂量或零售包装的产品（品目 30.04）。
2. 处理后能发冷光的用作发光体的产品（例如，钨酸钙）（品目 32.06）。
3. 制成零售包装的香水、化妆品及盥洗品（例如，矾）（品目 33.03 至 33.07）。
4. 零售包装的适于作胶或粘合剂用的产品（例如，溶于水的硅酸钠），零售包装每件不超过 1 千克（品目 35.06）。
5. 定量包装或零售包装可即供照相使用的产品（例如，硫代硫酸钠）（品目 37.07）。
6. 品目 38.08 所述包装的杀虫剂等（例如，四硼酸钠）。
7. 制成灭火器装料或装于灭火弹内的产品（例如，硫酸）（品目 38.13）。
8. 经掺杂用于电子工业的化学元素（例如，硅及硒），圆片及类似切片（品目 38.18）。
9. 零售包装的除墨剂（品目 38.24）。
10. 碱金属或碱土金属卤化物（例如，氟化锂、氟化钙、溴化钾、溴碘化钾等）制成光学元件形状（品目 90.01）或为每颗重量不低于 2.5 克的培养晶体（品目 38.24）。

五、可归入第二十八章两个或两个以上品目的产品

第六类注释一明确了有关产品在以下品目的归类问题：

（一）可归入品目 28.44 或 28.45，也可归入第二十八章的其他品目。

（二）品目 28.43、28.46 或 28.52，也可归入第二十八章的其他品目（品目 28.44 或 28.45 除外）。

由一个非金属酸（属于第二分章）和一个金属酸（属于第四分章）组成的已有化学定义的络酸应归入品目 28.11（参见第二十八章注释四及品目 28.11 的注释）。

除条文另有规定的以外，复合或络合无机酸盐应归入品目 28.42（参见第二十八章注释五及品目 28.42 的注释）。

---

* 本规定不影响品目 28.43 至 28.46 及 28.52 所列产品的归类，参见第六类注释一及二。

第一分章　化学元素

总　注　释

化学元素可分为两类，非金属元素及金属元素。一般来说，本分章包括所有非金属元素，至少包括某些形态的非金属元素，而许多金属元素则归入其他章，例如，贵金属（第七十一章及品目28.43）、贱金属（第七十二章至第七十六章及第七十八章至第八十一章）、放射性化学元素和同位素（品目28.44）及稳定同位素（品目28.45）。

以下是按英文字母排列并标明其归类的各种已知元素一览表。有些元素，例如，锑，既作为金属元素，也作为非金属元素，应特别注意其在协调制度中的归类。

元素	符号	原子序数	分类
锕	Ac	89	放射性元素（28.44）
铝	Al	13	贱金属（第七十六章）
镅	Am	95	放射性元素（28.44）
锑	Sb	51	贱金属（81.10）
氩	Ar	18	稀有气体（28.04）
砷	As	33	非金属（28.04）
砹	At	85	放射性元素（28.44）
钡	Ba	56	碱土金属（28.05）
锫	Bk	97	放射性元素（28.44）
铍	Be	4	贱金属（81.12）
铋	Bi	83	贱金属（81.06）
硼	B	5	非金属（28.04）
溴	Br	35	非金属（28.01）
镉	Cd	48	贱金属（81.07）
铯	Cs	55	碱金属（28.05）
钙	Ca	20	碱土金属（28.05）
锎	Cf	98	放射性元素（28.44）
碳	C	6	非金属（28.03）（参见38.01的人造石墨）
铈	Ce	58	稀土金属（28.05）
氯	Cl	17	非金属（28.01）
铬	Cr	24	贱金属（81.12）
钴	Co	27	贱金属（81.05）
铜	Cu	29	贱金属（第七十四章）
锔	Cm	96	放射性元素（28.44）
镝	Dy	66	稀土金属（28.05）
锿	Es	99	放射性元素（28.44）
铒	Er	68	稀土金属（28.05）
铕	Eu	63	稀土金属（28.05）
镄	Fm	100	放射性元素（28.44）
氟	F	9	非金属（28.01）
钫	Fr	87	放射性元素（28.44）

元素	符号	原子序数	分类
钆	Gd	64	稀土金属（28.05）
镓	Ga	31	贱金属（81.12）
锗	Ge	32	贱金属（81.12）
金	Au	79	贵金属（71.08）
铪	Hf	72	贱金属（81.12）
氦	He	2	稀有气体（28.04）
钬	Ho	67	稀土金属（28.05）
氢	H	1	非金属（28.04）
铟	In	49	贱金属（81.12）
碘	I	53	非金属（28.01）
铱	Ir	77	金属（71.10）
铁	Fe	26	贱金属（第七十二章）
氪	Kr	36	稀有气体（28.04）
镧	La	57	稀土金属（28.05）
铹	Lr	103	放射性元素（28.44）
铅	Pb	82	贱金属（第七十八章）
锂	Li	3	碱金属（28.05）
镥	Lu	71	稀土金属（28.05）
镁	Mg	12	贱金属（81.04）
锰	Mn	25	贱金属（81.11）
钔	Md	101	放射性元素（28.44）
汞	Hg	80	金属（28.05）
钼	Mo	42	贱金属（81.02）
钕	Nd	60	稀土金属（28.05）
氖	Ne	10	稀有气体（28.04）
镎	Np	93	放射性元素（28.44）
镍	Ni	28	贱金属（第七十五章）
铌	Nb	41	贱金属（81.12）
氮	N	7	非金属（28.04）
锘	No	102	放射性元素（28.44）
锇	Os	76	贵金属（71.10）
氧	O	8	非金属（28.04）
钯	Pd	46	贵金属（71.10）
磷	P	15	非金属（28.04）
铂	Pt	78	贵金属（71.10）
钚	Pu	94	放射性元素（28.44）
钋	Po	84	放射性元素（28.44）
钾	K	19	碱金属（28.05）
镨	Pr	59	稀土金属（28.05）
钷	Pm	61	放射性元素（28.44）
镤	Pa	91	放射性元素（28.44）
镭	Ra	88	放射性元素（28.44）
氡	Rn	86	放射性元素（28.44）
铼	Re	75	贱金属（81.12）

元素	符号	原子序数	分类
铑	Rh	45	贵金属（71.10）
铷	Rb	37	碱金属（28.05）
钌	Ru	44	贵金属（71.10）
钐	Sm	62	稀土金属（28.05）
钪	Sc	21	按稀土金属归类（28.05）
硒	Se	34	非金属（28.04）
硅	Si	14	非金属（28.04）
银	Ag	47	贵金属（71.06）
钠	Na	11	碱金属（28.05）
锶	Sr	38	碱土金属（28.05）
硫	S	16	非金属（28.02）（参见25.03的天然硫）
钽	Ta	73	贱金属（81.03）
锝	Tc	43	放射性元素（28.44）
碲	Te	52	非金属（28.04）
铽	Tb	65	稀土金属（28.05）
铊	Tl	81	贱金属（81.12）
钍	Th	90	放射性元素（28.44）
铥	Tm	69	稀土金属（28.05）
锡	Sn	50	贱金属（第八十章）
钛	Ti	22	贱金属（81.08）
钨	W	74	贱金属（81.01）
铀	U	92	放射性元素（28.44）
钒	V	23	贱金属（81.12）
氙	Xe	54	稀有气体（28.04）
镱	Yb	70	稀土金属（28.05）
钇	Y	39	按稀土金属归类（28.05）
锌	Zn	30	贱金属（第七十九章）
锆	Zr	40	贱金属（81.09）

28.01　氟、氯、溴及碘：

10　—　氯

20　—　碘

30　—　氟；溴

本品目包括称为卤素的非金属，但砹除外（品目28.44）。

一、氟

氟是一种淡黄绿色气体，有刺鼻的气味；由于它会刺激粘膜并具有腐蚀性，因此将其吸入是很危险的。报验时装于高压钢瓶中。氟是一种非常活泼的元素，能引燃有机体，特别是木材、油脂及纺织品。

氟用于制某种氟化物及有机氟衍生物。

二、氯

氯通常是通过电解碱金属氯化物，特别是氯化钠取得。

氯是一种黄绿色气体，具有窒息性及腐蚀性，密度是空气的2.5倍，微溶于水并易于液化。通常有钢瓶、大罐、铁路槽车或驳船运输。

氯能破坏色素及有机体，用于漂白植物（非动物）纤维及制造木浆。由于其具有消毒及防腐性能，也用于水的消毒灭菌（氯化）。氯还用于黄金、锡、镉的冶炼，次氯酸盐、金属氯化物、光气的生产及有机合成（例如，合成染料、人造蜡、氯化橡胶）。

三、溴

溴可以通过氯作用于含盐母液中的碱金属溴化物获得，或者通过电解溴化物获得。

溴是一种粉红色或深棕色重质液体（0℃时比重为3.18），有腐蚀性，微溶于水，即使在冰冷的条件下也散发出令人窒息的刺眼红色烟雾。它使皮肤灼伤变黄，并能引燃有机物质，例如，使锯末燃烧。报验时装于玻璃或陶瓷容器。本品目不包括溶于醋酸的溴溶液（品目38.24）。

溴用于制药（例如，镇静剂）、染料（例如，曙红、靛蓝的溴化衍生物）、摄影用化学品（溴化银）、催泪产品（溴丙酮）及用于金属冶炼等。

四、碘

碘是用二氧化硫或亚硫酸氢钠处理天然硝酸钠母液时获得，也可通过干燥、焚烧后化学处理海藻灰获得。

碘是一种密质固体（0℃时比重为4.95），带有氯及溴的气味；吸入体内有危险。在室温下升华变成淀粉湖蓝色。不纯时呈微粒或粗糙颗粒状。经升华提纯后呈光亮灰色粉片状或带金属光泽的晶体，通常装在玻璃容器内。

碘用于医药和制造摄影用化学品（碘化钠）、染料（例如，四碘荧光素）及药物，也用作有机合成催化剂、试剂等。

28.02 升华硫磺、沉淀硫磺；胶态硫磺

一、升华硫磺或沉淀硫磺

这两类硫的纯度通常是99.5%左右。

升华硫磺（或称硫华）是通过慢慢蒸馏粗硫或不纯硫后接着使其冷凝成固态（或升华）所得的精细质轻的粒子。主要用于葡萄栽培、化学工业及硫化高级橡胶。

本品目也包括经过氨溶液处理以去除二氧化硫的“洗净升华硫”。它主要用于医药上。

本品目的沉淀硫磺都是用盐酸沉淀硫化物溶液、碱金属或碱土金属多硫化物溶液而获得。它比升华硫磺更精细，更淡黄色。气味与硫化氢有点相似，日久会变质。几乎全部供医药用。

本品目的沉淀硫磺不得与有时称为“沉淀硫”的某种“回收”硫（粉末或微小粒子）相混淆，后者应归入品目25.03。

二、胶态硫磺

胶态硫磺是以硫化氢作用于含明胶的二氧化硫溶液制得的，也可以无机酸作用于硫代硫酸钠或者通过阴极粉碎作用制得。胶态硫磺为白色粉末，与水混合后成乳剂。这种乳剂状态只有加入保护胶体（白朊或明胶）才能保持，而且仅能在有限的时间内保持不变。本品目包括这类配制的胶态溶液。如同所有的胶态分散体一样，硫的分散体有一个很大的吸附表面，能吸收着色物质；它们也是很有效的抗菌剂，医药上作内服用。

本品目不包括用弗拉兹法制得的未精制硫，以及精制硫，这些硫往往纯度很高（品目25.03）。

28.03 碳（碳黑及其他品目未列名的其他形态的碳）

碳是一种固体非金属。

本品目包括下列种类的碳。

碳黑是通过对富含碳的有机物质进行不完全燃烧或裂化（加热、电弧或电火花）所得，这些有机物质有：

一、天然气，例如，甲烷、蒽气（即以蒽增碳的气体）及乙炔。乙炔黑是一种精细纯净的产品，用电火花对压缩乙炔进行瞬时分解所得。

二、萘、树脂、油（灯黑）。

碳黑也可按照其生产方法称为槽法碳黑或炉黑。

碳黑可以含有油性杂质。

碳黑是用作制造涂料、油墨、鞋油等的颜料，也用于制复写纸及橡胶工业中的增强剂。

本品目不包括：

（一）天然石墨（品目25.04）。

（二）固体燃料形式的天然碳（无烟煤、煤、褐煤）；焦碳、粘聚燃料及气碳（第二十七章）。

（三）品目32.06的某些黑色矿物着色料（例如，阿鲁黑、页岩黑、硅黑）。

（四）人造石墨；胶态及半胶态石墨（例如，品目38.01）。

（五）活性碳及动物黑（品目38.02）。

（六）木炭（品目44.02）。

（七）具有金刚石形态的晶体碳（品目71.02及71.04）。

28.04　氢、稀有气体及其他非金属：

10	—	氢
	—	稀有气体：
21	——	氩
29	——	其他
30	—	氮
40	—	氧
50	—	硼；碲
	—	硅：
61	——	按重量计含硅量不少于99.99%
69	——	其他
70	—	磷
80	—	砷
90	—	硒

一、氢

氢通过电解水制得，或从水煤气、焦煤气或碳氢化合物中制得。

氢一般被认为是一种非金属。报验时装于加压厚钢瓶中。

氢用于氢化油类（制固体脂肪）、裂化石油产品、合成氨及切割或焊接金属（氢氧喷灯）等。

本品目不包括归入品目28.45的氘（稳定的氢同位素）及归入品目28.44的氚（放射性氢同位素）。

二、稀有气体

所称“稀有气体”（惰性气体），适用于下列元素。值得注意的是，这些元素缺少化学亲合力并具有电性能，特别是在高压放电作用下放射出有色光线（例如，用于霓虹灯广告牌）。

（一）氦（不易燃气体，例如，用于气球充气）。

（二）氖（产生带玫瑰红色的桔黄光，或与汞气混合后产生“日光”）。

（三）氩（无色无味气体，用于灯泡中作惰性保护气体）。

（四）氪（与氩气用途相同，或产生淡紫色光）。

（五）氙（产生蓝光）。

稀有气体是通过液态空气的分馏制得，也有从某些天然气体制得（例如，氦气）。报验时都已加压。

氡是品目28.44的一种放射性惰性气体，由镭的放射衰变所形成。

三、其他非金属

本品目包括的其他非金属有：

（一）氮

氮是一种不但不燃烧，不助燃，而且还能灭火的气体。它可通过液态空气的分馏制得，报验时装于加压钢瓶内。

氮主要用于制造氨及氰氨化钙，也有充入电灯泡等中作惰性保护气体等。

（二）氧

氧是一种助燃气体，主要从液态空气的分馏制得。

氧报验时装于加压钢瓶内，有时以液状装入双层壁的容器中。

压缩氧气用于氢氧及乙炔氧喷灯，用于焊接（自熔焊接）或切割铁等金属，也用于钢铁冶炼及医疗（吸入用）。

本品目也包括臭氧，一种氧的同素异形体，通过电火花或放电作用而产生。它用于水的消毒（臭氧化作用），干性油的氧化，棉花的漂白，也作为防腐剂，还用于治疗疾病。

（三）硼

硼通常是一种粉状的栗色固体，用于冶金和制造热量调节器及高灵敏度温度计。

由于它对慢中子的吸收率极高，纯硼或硼钢合金也用于制造核反应堆的活动控制棒。

（四）碲

碲是一种无定形或结晶固体（比重为6.2），是一种较好的热和电的导体，具有某些金属性质。它用于某些合金（例如，碲铅合金），也用作硫化剂。

（五）硅

硅几乎都是用电弧炉通过碳高温还原二氧化硅制得。它是热和电的不良导体，比玻璃硬，呈栗色粉末状，但更为常见的是无定形块状。结晶时为灰色针状，有金属光泽。

硅是电子工业中最重要的原料之一。通过拉晶等制得高纯硅可呈未加工的拉拔形状，或者呈圆柱或棒状；掺有硼、磷等的硅可用于制造，例如，二极管、晶体管及其他半导体元器件和太阳能电池。

硅还用于冶金工业（例如，铁合金及铝合金）及化工工业中硅化合物（例如，四氯化硅）的制备。

（六）磷

磷是一种柔软固体，通过在电炉内处理砂、碳和矿物磷酸盐混合物制得。

磷主要有两种：

1. 白磷，透明，淡黄色，有毒，接触有危险，高度易燃。经模制成棒状装于充满水的黑色玻璃容器、陶容器，而更多的是金属容器内。这类容器不能受冻。

2. 赤磷，也称“无定形磷”，但实际上可为结晶体。赤磷是一种不透明固体，无毒，无磷光，比白磷密度大、活性低。用于制造火柴磷化物、焰火或用作催化剂（例如，用作无环酸的氯化催化剂）。

某些药物含有磷（例如，磷化鱼肝油）。磷也用作鼠毒及制磷酸、次磷酸盐、二磷化三钙等。

（七）砷

砷（砷块）是从天然砷黄铁矿中提取的一种固体物。

砷主要以两种形式存在：

1. 普通砷也称“金属”砷，光亮钢灰色晶体，易碎，不溶于水。
2. 黄砷，结晶体，较不稳定。
砷用于制造二硫化二砷、大号铅弹、硬青铜及其他合金（锡、铜等）。
（八）硒
硒颇似硫，有几种形态：
1. 无定形硒，淡红色粉片状（硒华）。
2. 玻璃硒，热和电的不良导体，断面光亮，为棕色或淡红色。
3. 晶体硒，呈灰色或红色晶体，特别是在光线的照射下时，是一种较好的电和热的导体。用于制造光电池，掺杂后用于制半导体元件，用于照相业。粉状的（红硒），用于制造橡胶及特殊镜片等。
本品目不包括胶态悬浮硒（用于药品）（第三十章）。
在本协调制度中，锑作为金属归类（品目81.10）。
本类有些非金属（例如，硅及硒）为了应用于电子方面，可以按百万分之一的比例掺入一些如硼、磷等的元素。只要它们是处于未加工的拉拔形状或呈圆柱状或棒状，应归入本品目。如果已切割成圆片状或类似形状，则应归入品目38.18。

28.05　碱金属、碱土金属；稀土金属、钪及钇，不论是否相互混合或相互熔合；汞：

	—	**碱金属及碱土金属：**
11	——	**钠**
12	——	**钙**
19	——	**其他**
30	—	**稀土金属、钪及钇，不论是否相互混合或相互熔合**
40	—	**汞**

一、碱金属
下列碱金属有五种，都是柔软质轻，均能分解冷水；在空气中变质成为氢氧化物。
（一）锂
锂是这类金属中最轻（比重为0.54）最硬的，储存于矿物油或惰性气体中。
锂能改善金属的性质，用于多种不同合金中（例如，耐磨合金）。由于它对其他元素有很大的亲合力，因此除了其他用途外，也用于制取纯态的其他金属。
（二）钠
一种带金属光泽的固体（比重为0.97），切割后切面即失去光泽，储存于矿物油或密封焊缝罐中。
钠是从电解熔融的氯化钠或氢氧化钠制得。
钠用于制造过氧化钠（“二氧化物”）、氰化钠、氨基钠等；靛蓝工业；制造炸药（化学起爆器及导火线）；聚合丁二烯；耐磨合金或冶炼钛及锆。
本品目不包括钠汞齐（品目28.53）。
（三）钾
一种银白色金属（比重为0.85），能用普通小刀切割。储存于矿物油或密封安瓿中。
钾用于制造光电池，也用于耐磨合金。
（四）铷
一种银白色固体（比重为1.5），比钠易熔。储存于密封安瓿或浸于矿物油中。
铷同钠一样，用于耐磨合金。

（五）铯

一种银白色或淡黄色金属（比重为1.9），与空气接触即燃烧，为最易氧化的金属；报验时储存于密封安瓿或矿物油中。

本品目不包括放射性碱金属钫（品目28.44）。

二、碱土金属

下列碱土金属有三种，都具有延展性，能相当快地分解冷水；在潮湿空气中会变质。

（一）钙

钙是通过铝热还原氧化钙或电解熔融氯化钙制得，为一种白色金属（比重为1.57），用于氩的提纯，铜或钢的精炼以及制造锆、氢化钙、耐磨合金等。

（二）锶

白色或浅黄色金属，有延展性，比重为2.5。

（三）钡

白色金属（比重为4.2）；用于某些耐磨合金及制造真空管的吸气剂（品目38.24）。

本品目不包括镭，一种放射性元素（品目28.44）、镁（品目81.04）及铍（品目81.12）；它们在某些方面都象碱土金属。

三、稀土金属；钪及钇，不论是否相互混合或相互熔合

稀土金属（所称“稀土”，适用于它们的氧化物）或镧系元素包括周期系中原子序数*为57～71的元素，即：

铈类	铽类	铒类
57 镧 58 铈 59 镨 60 钕 62 钐	63 铕 64 钆 65 铽	66 镝 67 钬 68 铒 69 铥 70 镱 71 镥

放射性的钷（元素61）归入品目28.44。

上述稀土金属一般是浅灰色或淡黄色，具有延性和展性。

铈是这类金属中最重要的一种，是从独居石（稀土磷酸盐）或钍石（稀土硅酸盐）去除钍后所得。铈是通过用钙或锂作还原剂使卤化物金属热还原制得或电解熔融氯化物制得。它是一种灰色延性金属，比铅稍硬，在粗糙的表面上摩擦时会产生火花。

镧以非纯态存在于高铈盐中，用于制造蓝色玻璃。

本品目也包括很像稀土金属的钇及除像稀土金属外还像铁类金属的钪。这两种金属是从含有钇及其他元素的钪的硅酸盐——钪钇矿石中所得。

这些元素不论是否相互混合或相互熔合均归入本品目。例如，本品目包括含有45%～55%的铈、22%～27%的镧、其他镧系元素、钇及各种杂质（最高可达5%的铁及微量的硅、钙、铝）的“铈合金”。它主要用于冶金及制造打火机用的打火石。如果与超过5%以上的铁、镁或其他金属熔合时，应归入其他品目（例如，如果具有引火合金的特征，就应归入品目36.06）。

本品目不包括稀土金属、钇和钪的盐及其他化合物（品目28.46）。

四、汞

汞（水银）是唯一在室温下呈液态的金属。

---

* 元素的原子序数为该元素的一个原子所含的核外电子总数。

它是通过焙烧天然硫化汞（朱砂）并在真空中过滤、蒸馏使之与矿砂中所含其他金属（铅、锌、锡、铋）分离开来，然后用稀硝酸处理而制得。

汞是一种非常光亮的银白色液体，质重（比重为13.59），有毒，会浸蚀贵金属。在室温下，纯汞接触空气不受影响，但不纯的汞会在其表面结成一层浅棕色氧化汞。报验时汞装于特种铁容器中（“长颈瓶”）。

汞用于制造品目28.43或28.53的汞齐、金和银的冶炼及镀金、镀银工业，也用于制造氯、氢氧化钠、汞盐、银朱和雷酸盐，还用于制造水银灯、各种物理仪器及医药等。

第二分章　无机酸及非金属无机氧化物

总　注　释

酸含有可以全部或部分被金属［或具有类似性质的离子，例如，铵根离子（NH_4^+）］取代的氢；氢被取代后生成盐。酸与碱反应生成盐，与醇反应生成酯。酸在液态或在溶液中时是电解质，可在阴极上产生氢。当一个或数个水分子从这些含氧酸中被消去时，就产生了酐。大部分非金属氧化物都是酐。

本分章包括非金属无机氧化物（酐或其他），也包括无机酸，它的阳极基是一种非金属。

但是，本分章不包括分别由金属氧化物或氢氧化物形成的酐及酸；它们一般归入第四分章（例如，金属氧化物、氢氧化物及过氧化物，诸如铬、钼、钨及钒的酸及酐）。但在某些情况下，它们归入其他品目，例如，品目28.43（贵金属化合物）、品目28.44或28.45（放射性元素及同位素的化合物）或品目28.46（稀土金属、钪及钇的化合物）。

氢的氧化物也不归入本分章内，而是归入品目22.01（水），品目28.45（重水），品目28.47（过氧化氢）或品目28.53（蒸馏水、导电水及类似的纯净水，包括经过离子交换剂处理的水）。

28.06　氯化氢（盐酸）；氯磺酸：

10　—　氯化氢（盐酸）

20　—　氯磺酸

一、氯化氢（盐酸）

氯化氢（HCl）是一种带有窒息气味的无色发烟气体，通过氢（或水及焦碳）作用于氯，或硫酸作用于氯化钠所制得。

氯化氢在加压下易液化，极易溶于水。报验时经加压成液态后装入钢瓶，也有以高浓度水溶液（通常为28%～38%）（盐酸）装入玻璃或陶瓷容器或装入以橡胶衬里的油罐车或铁路槽车内。这些刺鼻溶液含有杂质（氯化铁、砷、二氧化硫、硫酸）时呈淡黄色，纯净时则无色。高浓度溶液在潮湿空气中会散发出白烟。

盐酸有很多用途：例如，酸洗铁、锌及其他金属，从骨质中提胶，纯化动物黑，制备金属氯化物等。氯化氢气体常用于有机合成（例如，用于制造氯丁二烯、氯二烯、人造樟脑、氢氯化橡胶）。

二、氯代硫酸（氯磺酸）

氯代硫酸，商业上称作氯磺酸（“氯硫醇”），化学结构式为$ClSO_2OH$，是将氯化氢与三氧化硫或发烟硫酸干燥结合而得的。

它是一种具有强烈腐蚀性的无色或淡棕色液体，有刺激气味，在潮湿空气中会发烟，与水接触或加热时会分解。

它用于有机合成（制造糖精、硫靛及溶靛素等）。

本品目不包括次氯酸、氯酸及高氯酸（品目28.11）；也不包括有时误称为“氯磺酸”的二氯二氧化硫（磺酰氯）（品目28.12）。

28.07　硫酸；发烟硫酸

一、硫酸

硫酸（H_2SO_4）主要是从氧及二氧化硫通过一种催化剂（铂、氧化铁、五氧化二钒等）制得，其杂质（氮化物、砷或硒产品、硫酸铅）可经过硫化氢或硫化铵处理剔除。

硫酸是一种非常强的腐蚀性物质，是一种无色（如不含杂质）、黄色或棕色（其他情况下）的稠油状液体，与水接触起剧烈反应，能破坏皮肤和大部分有机物质，使它们碳化。

商品硫酸含硫酸77%～100%之间。报验时装于玻璃坛或其他玻璃容器、钢桶、油罐车、铁路槽车或油轮。

硫酸用于多种工业，特别是用于制造化肥、炸药、无机颜料，除此之外，还用于石油工业和钢铁工业。

二、发烟硫酸

发烟硫酸是含有超量（最高可达80%）三氧化硫的硫酸，液体或固体，深棕色；与水接触起剧烈反应，腐蚀皮肤和衣着，散发出危险烟雾（特别是游离三氧化硫）。报验时装于玻璃、陶瓷或铁皮容器。

发烟硫酸主要用于有机化学的磺化反应（制造萘磺酸、羟基蒽醌、硫靛、茜素衍生物等）。

本品目不包括：

（一）氯磺酸（“氯硫醇”）及磺硝酸（分别归入品目28.06及28.08）。

（二）三氧化硫、硫化氢、过硫酸、氨基磺酸及硫酸系无机酸（连多硫酸）（品目28.11）。

（三）亚硫酸或磺酰氯化物（品目28.12）。

28.08　硝酸；磺硝酸

一、硝酸

硝酸（HNO_3）主要是在一种催化剂（铂、铁、铬、铋或锰的氧化物等）的存在下对氮进行氧化而制得的。另一方法是在电弧炉中将氮和氧直接结合形成一氧化氮，然后再氧化。硝酸还可以从硫酸（单独或与硫酸氢钠一起）作用于天然硝酸钠制得，其杂质（硫酸、盐酸、亚硝烟）可通过蒸馏及热空气除去。

硝酸是一种无色或浅黄色有毒液体。浓度高时（发烟硝酸）会放出淡黄色亚硝酸烟雾，腐蚀皮肤，破坏有机物质；是一种强氧化剂。报验时装于玻璃坛、陶瓷坛或铝容器中。

它可用于制造硝酸盐（银、汞、铅、铜等）、有机染料、炸药（硝化甘油、胶棉、三硝基甲苯、苦味酸、雷酸汞等）；也用于金属的酸洗（特别是铸铁的酸洗）、铜板的雕刻、金和银的精炼。

二、磺硝酸

磺硝酸是定比（如同等量）浓硝酸和硫酸的混合物，为具有强烈腐蚀性的粘稠液体，报验时通常装于铁桶中。

磺硝酸特别用于合成染料工业中硝化有机化合物和制造硝酸纤维及炸药。

本品目不包括：

（一）氨基磺酸（品目28.11）（切勿与上述磺硝酸混淆）。

（二）叠氮酸、亚硝酸及各种氮氧化物（也归入品目 28.11）。

28.09　五氧化二磷；磷酸；多磷酸，不论是否已有化学定义：

10　—　五氧化二磷

20　—　磷酸及多磷酸

本品目包括五氧化二磷、磷酸（正磷酸或普通磷酸）、焦磷酸、偏磷酸及其他多磷酸。

一、五氧化二磷

五氧化二磷［氧化磷（Ⅴ）、五氧化磷、磷酸酐］（P_2O_5）是将从天然磷酸盐中提得的磷放在干燥的空气中加以燃烧而制得，是一种强腐蚀性的白色粉末，吸水性强，运输时密封包装。用于气体干燥及有机合成。

五氧化二磷以三种形态存在：结晶体、无定形或透明体。这三种形态相混合后产生“磷雪”，仍归入本品目。

二、磷酸

磷酸［（正）磷酸或普通磷酸］（H_3PO_4）是将硫酸作用于天然磷酸三钙而制得。这样制得的商品磷酸含有五氧化二磷、磷酸二氢钙、三氧化磷、硫酸、氟硅酸等杂质。纯的磷酸是通过五氧化二磷的水合作用而制得的。

磷酸为易于潮解的斜方晶体，由于难以保持固体状态，因此，通常配制成水熔液（例如，65%或90%的水溶液）。在室温下仍保持过饱和状态的高浓溶液有时被称为“糖浆磷酸”。

磷酸用于制造浓（3倍）过磷酸盐；也用于纺织工业并用作酸洗（去锈）剂。

磷酸在高温下浓缩产生几种聚合酸：焦磷酸、偏磷酸及其他多磷酸。

三、多磷酸

（一）用交替 P－O－P 原子表征的酸归入本组。

它们形式上可以通过缩合两个及以上的磷酸分子同时失去水分子后制得。用这种方法能制得一系列酸：通式为 $H_{n+2}P_nO_{3n+1}$（n≥2）的线型酸及通式为（HPO_3）$_n$（n≥3）的环状酸。

1. 焦磷酸（$H_4P_2O_7$）是通过有控制地加热正磷酸而得。在潮湿空气中不稳定并很快变成正磷酸。

2. 偏磷酸。这些酸都是环状酸，例如，环状三磷酸（HPO_3）$_3$及环状四磷酸（HPO_3）$_4$，它们作为含五氧化二磷大于86%的混合多磷酸的次要组分存在。冰状的多磷酸（商品偏磷酸）是一种没有化学定义的多磷酸（主要为线型）混合物，它有可能含有钠盐。归入本组的这些混合物呈透明块状，在炽热时挥发，不能结晶。

它们吸水性强，用于干燥气体。

3. P－O－P 型的其他多磷酸。这些都是普通混合物，商业上称为“多磷”酸或“过磷”酸，它们含有较高原子数，例如，三磷酸（$H_5P_3O_{10}$）及四磷酸（$H_6P_4O_{13}$），这些混合物也归入本品目。

（二）其他多磷酸。

本组主要包括连二磷酸［焦磷（Ⅳ）酸］（$H_4P_2O_6$）。这种化合物是一种二水合物结晶体，必须存于干燥处，于稀溶液中更为稳定。

本品目不包括：

（一）其他亚磷酸及酐（亚磷酸及其酐、次磷酸）（品目 28.11）。

（二）磷化氢（品目 28.53）。

28.10 硼的氧化物；硼酸

一、硼的氧化物

三氧化二硼（B_2O_3）呈透明玻璃块状、晶体或白色鳞片状。

通过它对挥发性金属氟化物的作用，用于制造合成宝石或半宝石（刚玉、蓝宝石等）。

本品目也包括所有其他硼的氧化物。

二、硼酸

硼酸（原硼酸）（H_3BO_3）可以从天然硼酸盐的酸分解制得，也可以通过物理化学处理粗硼酸制得。

硼酸呈粉末状或小鳞片状、云母粉片状或玻璃块状，边透明，灰色或浅蓝色（晶化酸）。无气味，手感油滑。

它的用途包括：作为防腐剂（硼酸水）；制造硼硅酸盐玻璃（低膨胀系数）、玻璃化化合物、吉勒特绿（水合氧化铬）、人造硼酸盐（硼砂）、羟基及氨基蒽醌；烛芯的浸渍；制防火布。

天然粗硼酸按干重量计含硼酸不超过85%的归入品目25.28，超过85%的应归入本品目。偏硼酸（HBO_2）$_n$也归入本品目。

本品目不包括：

（一）四氟硼酸（氟硼酸）（品目28.11）。

（二）甘油硼酸（品目29.20）。

28.11 其他无机酸及非金属无机氧化物：

	—	其他无机酸：
11	——	氟化氢（氢氟酸）
12	——	氰化氢（氢氰酸）
19	——	其他
	—	其他非金属无机氧化物：
21	——	二氧化碳
22	——	二氧化硅
29	——	其他

本品目包括无机酸及其酐和非金属氧化物，其中最主要的品种按照它们的非金属组分列举如下*：

一、氟化合物

（一）氟化氢（HF）。通过硫酸作用于天然氟化钙（萤石）或冰晶石制得，并用碳酸钾处理或者经过蒸馏来纯化（有时含有少量的硅酸盐及氟硅酸盐杂质）。在无水状态下，氟化氢是一种极强的吸湿液体（沸点为18~20℃）；在潮湿空气中释放出烟雾。在无水状态及成浓液时（氢氟酸），它能严重灼烧皮肤并使有机物碳化。报验时装于以铅、古塔波胶或地蜡衬里的金属瓶内或装于橡胶、塑料容器中；极纯的氢氟酸装于银质瓶内。

它的用途包括：蚀刻玻璃；制造无灰滤纸、钽、氟化物；酸洗铸件；有机合成；或作为发酵过程的控制剂。

（二）氟化酸，包括：

1. 四氟硼酸（氟硼酸）（HBF_4）。

2. 六氟硅酸（氟硅酸）（H_2SiF_6），例如，在制造过磷酸钙中作为副产品而得的或从氟化硅制得的氟硅酸水溶液。用于锡及铅的电解精炼及制造氟硅酸盐等。

---

* 按以下顺序列举，氟、氯、溴、碘、硫、硒、碲、氮、磷、砷、碳、硅。

二、氯化合物

这些化合物最主要的几种都是强氧化剂和强氯化剂，用于漂白及有机合成，其性质一般是不稳定的。它们包括：

（一）次氯酸（HClO），是一种吸入有危险，与有机物接触会爆炸的产品。报验时这种气体存于水溶液中，为黄色，或偶尔为淡红色。

（二）氯酸（$HClO_3$）。这种酸仅以无色或淡黄色的水溶液存在。

（三）高氯酸（$HClO_4$）。这是一种高浓度产品，产生许多不同水合物，会腐蚀皮肤，用于分析。

三、溴化合物

（一）溴化氢（HBr），一种具有强烈刺激气味的无色气体，可以加压包装或调成水溶液状（氢溴酸），但容易在空气中慢慢分解（尤其在光线的作用下）。用于制溴化物及有机合成。

（二）溴酸（$HBrO_3$），仅以水溶液状存在，用于有机合成。

四、碘化物

（一）碘化氢（HI），一种无色窒息性气体，易于分解。存在于水溶液中（氢碘酸），具腐蚀性，浓溶液在潮湿空气中会产生烟雾。在有机合成中用作还原剂及作为固定碘的媒介物。

（二）碘酸（HIO_3）及其酐（I_2O_5），斜方晶体或水溶液，用于医药及防毒面具中作吸收剂。

（三）高碘酸（$HIO_4 \cdot 2H_2O$），性质同碘酸。

五、硫化物

（一）硫化氢（H_2S），一种剧毒的无色气体，散发出臭鸡蛋的恶臭味，报验时加压装入钢瓶或配成水溶液（氢硫酸）。用于分析、纯化硫酸或盐酸及制取二氧化硫或再生硫等。

（二）过硫酸，呈结晶状：

1. 过二硫酸（$H_2S_2O_8$）及其酐（S_2O_7）。

2. 过一硫酸（H_2SO_5），吸湿性非常强，是一种强氧化剂。

（三）连多硫酸。它们仅以水溶液状存在：连二硫酸（$H_2S_2O_6$）；连三硫酸（$H_2S_3O_6$）；连四硫酸（$H_2S_4O_6$）；连五硫酸（$H_2S_5O_6$）。

（四）氨基磺酸［$SO_2(OH)NH_2$］，将尿素溶解于硫酸、三氧化硫或发烟硫酸而得；呈结晶体，微溶于水，易溶于醇。用于制造防火纺织品整理剂、鞣革、电镀及有机合成。

（五）二氧化硫（SO_2），通过硫的燃烧、天然硫化物（特别是黄铁矿）的焙烧或天然硫酸钙（例如，硬石膏）混入粘土与焦碳后焙烧而得，是一种无色但使人窒息的气体。

二氧化硫报验时或是经加压装入钢瓶，或是配成水溶液；后一种状态商业上常被误称为“亚硫酸”。

二氧化硫是一种强还原剂及漂白剂。它有着许多用途，例如，漂白动物质纺织纤维、秸秆、羽毛或明胶；精制糖的硫化加工；保藏水果蔬菜；制备处理木浆用的亚硫酸盐；制造硫酸或作为消毒剂（酿酒）。液态二氧化硫蒸发时能降低温度，用于冷藏设备。

（六）三氧化硫（硫酸酐）（SO_3），一种外形似石棉的白色针状结晶固体。在潮湿空气中发烟；吸水并遇水发生强烈反应。报验时装于配备有无机体吸收装置的密封铁皮容器、玻璃坛或陶制坛内。用于制发烟硫酸（品目28.07）及明矾（品目28.33）。

（七）三氧化二硫（S_2O_3），容易潮解的绿色结晶体，遇水即分解，溶于醇；在制造合成染料中用作还原剂。

六、硒化合物

（一）硒化氢（H_2Se），一种有恶臭的气体，由于它能麻痹嗅觉神经，吸入体内有危险。存于不稳定水溶液中。

（二）亚硒酸（H_2SeO_3）及其酐（SeO_2）。白色六方晶体，易潮解，极易溶于水；用于搪瓷工业。

（三）硒酸（H_2SeO_4），无水或水合的白色晶体。

七、碲化合物

碲化合物有碲化氢（H_2Te）（水溶液）、亚碲酸（H_2TeO_3）及其酐（TeO_2）（白色固体）、碲酸（H_2TeO_4）（无色结晶体）及其酐（TeO_3）（桔红色固体）。

八、氮化合物

（一）叠氮酸（HN_3）。无色、有毒液体；带有使人窒息的气味；极易溶于水；不稳定；具有爆炸性。其盐（叠氮化物）归入品目28.50，而不归入第五分章。

（二）一氧化二氮［氧化亚氮（N_2O）］。具有甜味的气体，溶于水，报验时呈液态。气态时用作麻醉剂，液态或固态时用作冷冻剂。

（三）二氧化氮（硝酰、亚硝蒸气、过氧化氮）（NO_2）。温度0℃时为无色液体，高于0℃时为桔棕色；沸点约22℃（此时散发出红色烟雾），为最稳定的氮氧化物，是一种强氧化剂。

九、磷化合物

（一）次磷酸（H_3PO_2），薄片状结晶体，熔点约在25℃，暴露于空气中即氧化；是一种强还原剂。

（二）亚磷酸（H_3PO_3），为易潮解的晶体，熔点约在71℃，溶于水。还有它的酐（P_2O_3或P_4O_6），呈结晶体，熔点约在24℃。暴露于光线下先发黄然后变红，并逐渐分解。

十、砷化合物

（一）三氧化二砷（砒霜）（As_2O_3），常被误称为“亚砷酸”，是从焙烧镍及银的砷矿砂或砷黄铁矿所得，有时含有杂质（亚硫化二砷、硫、氧化亚锑等）。

商品三氧化二砷通常是一种结晶状的白色粉末，无气味，但剧毒（砷华）。玻璃状的酐呈透明的无定形块状；瓷状的酐呈不透明的连结八面结晶体。

它的用途包括：保藏皮革及动物标本（有时与肥皂混合使用）；作为鼠毒；制捕蝇纸；配制某些遮光剂、玻璃釉料及诸如亚砷酸氢铜、乙酸铜－亚砷酸铜复盐的矿物绿；可小量作药剂（治疗皮炎、疟疾及气喘）。

（二）五氧化二砷（As_2O_5），通过三氧化二砷的氧化或砷酸的脱水而得；是一种剧毒的白色晶体。可缓慢地溶解于水，产生砷酸。用于制造砷酸或作为氧化剂等。

（三）砷酸。“砷酸”这个名称用于原砷酸（$H_3AsO_4 \cdot 1/2H_2O$）及五氧化二砷（焦砷酸或偏砷酸等）的其他水合物。呈无色针状结晶体，是致命毒药。

砷酸用于制造合成染料（品红等），砷酸盐及砷的有机衍生物用作药物及杀虫剂。

本品目不包括砷的氢化物（例如，砷化三氢）（品目28.50）。

十一、碳化物

（一）一氧化碳（CO）。为有毒的无色无味气体；经加压包装。由于其具有还原性，主要用于冶金。

（二）二氧化碳（CO_2）。常被误称为“碳酸”，通过碳的燃烧或对含石灰物质的加热或酸处理制得。

二氧化碳是无色气体，比重是空气的1.5倍；能灭火。报验时二氧化碳可呈液态（加压装入钢瓶），也可呈固态（压缩成立方形固体装入绝热容器，称为“碳雪”或“碳冰”）。

二氧化碳用于冶金、制糖及饮料充气。液体二氧化碳用于啤酒充气、配制水杨酸、灭火剂等。固体二氧化碳用作制冷剂（冷～－80℃）。

（三）氰化氢（氢氰酸）（HCN），通过硫酸作用于氰化物或催化剂作用于氨和烃的混合物制得。

氰化氢是一种剧毒的无色液体，常有苦杏仁的气味。容易与水混溶，密度比水小；不纯或在稀溶液中时不易保藏。

氢氰酸用于有机合成（例如，与乙炔反应生成丙烯腈）及用作杀寄生虫药。

（四）异氰酸，硫氰酸及雷酸。

十二、硅化合物

二氧化硅（纯硅石、硅酐等）（SiO_2）。用酸处理硅酸盐溶液或在水和热的作用下分解硅的卤化物制得。

二氧化硅可为无定形，（为白色粉末，即“硅白”“硅华”“煅硅”；为玻璃粒状，即“玻璃硅”；为凝胶状，即“硅霜”“水合硅”），也可为结晶体（鳞石英状及方石英状）。

二氧化硅不溶于酸；熔融硅石因此用于制造骤热、骤冷而不破裂的实验室玻璃器及工业设备（参见第七十章的注释）。例如，细粉状的二氧化硅在各种天然橡胶及合成橡胶和其他弹性材料中用作填料，在各种塑料、油墨、油漆、涂料及粘合剂中用作增稠剂或触变剂。气相（火法）二氧化硅（在氢氧炉中燃烧四氯化硅或三氯硅烷制得）还可用于硅圆片的化学－机械抛光加工，以及用作各种材料的防结块剂或抗沉降剂。微硅粉（硅、硅铁及氧化锆生产中收集的副产品）通常还用作混凝土、纤维素水泥或耐火浇注料的火山质添加剂，以及聚合物的添加剂。活性硅胶用于干燥气体。

本品目不包括：

（一）天然硅石（例如，石英和硅藻土）（归入第二十五章，但供作宝石或半宝石的品种除外，参见品目71.03和71.05的注释）。

（二）二氧化硅的胶态分散体一般归入品目38.24，但专供特定用途的除外（例如，作纺织品整理剂的归入品目38.09）。

（三）加有钴盐的硅胶（用作湿度指示剂）（品目38.24）。

十三、络酸

本品目也包括本章其他品目未列名的已有化学定义的络酸，这些酸含有两种或多种非金属无机酸（例如，氯代酸）或含有一种非金属酸和一种金属酸（例如，钨硅酸、钨硼酸）。

因为锑在协调制度中是作为一种金属，因此锑酸及氧化锑归入品目28.25。

第三分章　非金属卤化物及硫化物

总　注　释

本分章包括那些虽然名称（氯化物、硫化物等）上与第五分章所列氢酸的金属盐相似，而实际上却是非金属化合体的产品，例如：

一、卤素与氧或氢以外的一种其他非金属结合的化合物（卤化物）。

二、与氧结合的相同于上述一款的化合物（卤氧化物）。

三、硫与氧或氢以外的一种其他非金属结合的化合物（硫化物）。

非金属的硫氧化物（硫＋氧＋非金属）不归入本分章，它们归入品目28.53。

卤化物、卤氧化物及金属或铵根离子（NH_4^+）的硫化物（参见第一分章的总注释）归入第五分章，但贵金属化合物（品目28.43）以及品目28.44、28.45、28.46或28.52的化合物除外。

28.12　非金属卤化物及卤氧化物：

　　　—　　氯化物及氯氧化物：

11　——　碳酰二氯（光气）

12　——　氧氯化磷

13　——　三氯化磷

14　——　五氯化磷
15　——　一氯化硫
16　——　二氯化硫
17　——　亚硫酰氯
19　——　其他
90　—　其他

一、非金属氯化物

这类二元化合物中最重要的化合物有：

（一）碘的氯化物：

1. 氯化碘（ICl），通过氯直接作用于碘制得。在温度27℃以上时为深棕色液体；低于这个温度时为浅红色结晶体。比重约为3。遇水分解；能严重灼烧皮肤。用于有机合成中作为碘化剂。

2. 三氯化碘（ICl_3），产生方法同一氯化物或从氢碘酸获得。黄色针状，溶于水。比重约为3。用途同一氯化物，也用于医药。

（二）硫的氯化物：

1. 一氯化硫（S_2Cl_2）（因其结构式为 Cl－S－S－Cl，故又称“二氯化二硫”），通过氯作用于硫制得，为商品氯化硫，一种黄色或浅红色液体，暴露于空气中时会散发出使人窒息气味的烟雾；遇水分解。比重约为1.7。作为一种硫的溶剂，用于橡胶和古塔波胶的冷硫化。

2. 二氯化硫（SCl_2），从一氯化物制得。浅红棕色液体，遇水也分解；相当不稳定。比重约为1.6。用途包括：橡胶的冷硫化、在制造合成染料（特别是硫靛蓝）中作为氯化剂。

（三）磷的氯化物：

1. 三氯化磷（PCl_3）。通过氯直接作用于磷而得，为无色液体，比重约为1.6；具有腐蚀性及催泪作用，并有刺激气味。在潮湿空气中发烟，遇水分解。主要在有机合成（例如，制造氯化酸、染料等）中作为一种氯化剂；也用于制造陶瓷，能使陶瓷表面光亮。

2. 五氯化磷（PCl_5），从三氯化磷制得，白色或浅黄色晶体。比重约为3.6。和三氯化磷一样，在潮湿空气中发烟；遇水分解，具催泪性。用于有机化学中作为氯化剂或催化剂（例如，配制氯化靛红）。

本品目不包括氯化磷（PH_4Cl）（品目28.53）。

（四）砷的氯化物：

三氯化砷（$AsCl_3$），通过氯作用于砷或盐酸作用于三氧化砷制得。油状无色液体，在潮湿空气中发烟；剧毒。

（五）硅的氯化物：

四氯化硅（$SiCl_4$），通过氯气作用于硅石和煤的混合体，或作用于硅、硅青铜或硅铁而制得。无色液体，比重约为1.5。在潮湿空气中会释放出令人窒息的白色烟雾［氯化氢（HCl）］。遇水分解生成胶凝硅，并放出 HCl 烟雾。用于制二氧化硅及高纯硅、硅酮及烟幕。

本品目不包括硅化氢的替代产品，例如，三氯硅烷（$SiHCl_3$）（品目28.53）。

本品目还不包括四氯化碳（四氯代甲烷）（CCl_4）、六氯乙烷（六氯化碳）（C_2Cl_6）、六氯化苯（ISO）（C_6Cl_6）、八氯化萘（$C_{10}Cl_8$）及类似氯化碳；它们都是碳氢化合物的氯化衍生物（品目29.03）。

二、非金属氯氧化物

这些三元化合物主要包括：

（一）硫的氯氧化物：

1. 亚硫酰氯（二氯氧化硫、亚磺酰氯）（$SOCl_2$），通过用三氧化硫或磺酰氯氧化二氯化硫制得，为无色液体；比重约为1.7。会散发出令人窒息的烟雾；遇水分解。用于制造有机氯化物。

2. 二氯二氧化硫（磺酰氯）（“二氯磺酸”）（SO_2Cl_2），通过曝露于日光下或有催化剂（樟脑或活性碳）存在下氯作用于二氧化硫制得。为无色液体，比重约为1.7。在空气中发烟；遇水分解；有腐蚀性。在有机合成（例如，在酰基氯的制造）中作为氯化剂及磺化剂。

本品目不包括氯磺酸（$ClSO_2 \cdot OH$）（品目28.06）。

（二）二氯氧化硒

二氯氧化硒（$SeOCl_2$）与亚硫酰氯相类似。通过四氯化硒作用于二氧化硒而得。在温度10℃以上时为黄色液体，在空气中发烟；低于10℃时为无色结晶体；比重约为2.4。遇水分解。用于有机合成或内燃发动机气缸的脱碳处理。

（三）亚硝酰氯（氯氧化氮）（NOCl）

桔黄色具有窒息气味气体；有毒；用作氧化剂。

（四）磷酰氯（三氯氧化磷、氯化磷酰）（$POCl_3$）

通过氯酸钾处理三氯化磷，硼酸处理五氯化磷或碳酰氯作用于磷酸三钙制得。无色液体，比重为1.7。具有刺激气味，在潮湿空气中发烟，遇水分解。在有机合成中作为氯化剂，也用于制造无水醋酸或氯磺酸。

（五）碳酰二氯（光气、氯氧化碳、碳酰氯）（$COCl_2$）

在兽碳黑或木炭存在下氯作用于一氧化碳，或发烟硫酸作用于四氯化碳制得。无色，8℃及以下时呈液态，高于8℃时为气态；报验时为液化气或加压后装于重型钢容器内。当溶于甲苯或苯时，应归入品目38.24。

它是一种剧毒催泪产品。作为氯化剂广泛用于有机合成（例如，制造酰基氯、氨基衍生物、米蚩酮以及有机染料工业的中间体）。

三、其他非金属卤化物及卤氧化物

本组包括所有其他非金属卤化物（氟化物、溴化物及碘化物）。

（一）氟化物

1. 五氟化碘（IF_5），一种发烟液体。

2. 氟化磷及氟化硅。

3. 三氟化硼（BF_3）。在硫酸存在下对氟化钙及粉状氧化硼加热制得。为无色气体，在潮湿空气中发烟；对有机产品起碳化作用。吸水性强，吸水后形成氟硼酸。用作脱水剂并在有机合成中作为催化剂，与有机物（例如，二乙基醚、醋酸或酚）一起生成络合物；这些化合物也用作催化剂，归入品目29.42。

（二）溴化物

1. 溴化碘（一溴化物）（IBr），由溴和碘两种元素化合生成。黑红色晶体块，与碘相似，溶于水。用于有机合成。

2. 磷的溴化物

三溴化磷（PBr_3），通过溴作用于溶于二硫化碳的磷而得，为无色液体。在潮湿空气中发烟；遇水分解，比重约为2.8，用于有机合成。

本品目不包括溴化磷（PH_4Br）（品目28.53）及溴化碳（29.03）。

（三）碘化物

1. 磷的碘化物

二碘化磷（P_2I_4），通过碘作用于溶于二硫化碳的磷而得，为桔红色晶体，散发出有色烟雾。

三碘化磷（PI_3），用类似的方法制得；为暗红色结晶片。

碘化磷（PH_4I）归入品目28.53。

2. 砷的碘化物

三碘化砷（AsI_3），红色结晶体；由碘和砷生成。有毒，具有挥发性。用于医药及在化验室中作试剂。

3. 碘与其他卤素的化合物，参见以上一（一）、三（一）1及三（二）1。

（四）除氯氧化物外的卤氧化物。

1. 氟氧化物，例如，三氟氧化磷（磷酰氟）（POF_3）。

2. 溴氧化物，例如，二溴氧化硫（亚硫酰溴）（$SOBr_2$），一种桔红色液体，以及三溴氧化磷（磷酰溴）（$POBr_3$），为薄片状晶体。

3. 碘氧化物。

28.13　非金属硫化物；商品三硫化二磷：

10　—　二硫化碳

90　—　其他

这些二元化合物中最重要的有：

一、二硫化碳（CS_2）

通过硫蒸气作用于燃烧的碳制得，无色，有毒液体（比重约为1.3）。不溶于水，不纯时有臭鸡蛋味。极易挥发和燃烧，吸入及接触皆有危险。报验时装于外包稻草或柳条且严密塞盖的陶制、金属或玻璃容器中。

它可作为一种多用途溶剂。例如，提取油、脂及精油；骨类去脂；用于医药、化学纤维纺织业及橡胶工业。也用于农业上，将其注入泥土以消灭害虫，根瘤虫等。对于后一种用途，有时使用其衍生物硫代碳酸钾（品目28.42）（参见品目38.08的注释）。

二、二硫化硅（SiS_2）

通过硫蒸气作用于高热硅制得，为白色固体；结晶后为挥发性针状物，分解于水成为胶凝硅。

三、砷的硫化物

本品目包括从天然硫化物制得，或用硫或硫化氢处理五氧化二砷或三氧化二砷制得的人造硫化物。

（一）二硫化二砷（人造雄黄、假雄黄、硫化红）（As_2S_2或As_4S_4）。有毒产品，为透明红色或橙色晶体，比重约为3.5。不经熔化即挥发。用于制造烟火（与硝酸钾及硫混合）、油漆（宝石红砷）及制革中用于脱毛。

（二）三硫化二砷（人造雌黄、假金颜料、硫化黄）（As_2S_3）。有毒黄色粉末，比重约为2.7；无气味，不溶于水。用途同二硫化砷，也作皮革和橡胶的颜料，还用作杀寄生虫药及用于医药（因它能破坏致病物质的生长）。与碱金属硫化物化合，即生成品目28.42的硫亚砷酸盐。

（三）五硫化二砷（As_2S_5），该产品在自然界不存在，是一种淡黄色无定形固体，不溶于水，用作颜料。与碱金属硫化物化合，可生成品目28.42的硫砷酸盐。

本品目不包括天然硫化砷（二硫化物或雄黄、三硫化物或雌黄）（品目25.30）。

四、磷的硫化物

（一）三硫化四磷（P_4S_3），用其组成元素制得。灰色或黄色固体。比重约为2.1。呈无定形块状或结晶体。具有大蒜气味，毒性较小，但吸入其粉末相当危险。分解于沸水，但不受空气影响。这是一种最稳定的硫化磷。用于制造五硫化物，在制造安全火柴上可代替磷；也用于有机合成。

（二）五硫化二磷（P_2S_5或P_4S_{10}），为黄色结晶体，比重为2.03～2.09。用途同三硫化四磷，也用于配制矿砂的浮选剂。

（三）商品三硫化磷。这种称作三硫化磷的产品是一种混合物，其分子式接近于 P_2S_3；为淡黄灰色结晶块，遇水分解，用于有机合成。

本品目不包括：

（一）硫和卤素的二元化合物（例如，氯化硫）（品目28.12）。

（二）硫氧化物（例如，砷、硫及硅的硫氧化物）及非金属硫代卤化物（例如，氯代硫化磷及二氯硫化碳）（品目28.53）。

第四分章　无机碱和金属氧化物、氢氧化物及过氧化物

总　注　释

碱是以含有氢氧根（OH）为特征的化合物，它与酸反应生成盐。碱在液态或溶液时是电解质，在阴极产生金属或类似离子［铵离子（NH_4^+）］。

金属氧化物是一种金属和氧的化合物。很多金属氧化物可以和一个或多个水分子结合形成氢氧化物。

大多数氧化物是碱性的，因为其氢氧化物起碱的作用。但某些氧化物（氧化酐）只与强碱或其他碱起反应生成盐，而另一些较为普遍的氧化物（两性氧化物）既能起氧化酐的作用，又能起碱的作用，这类氧化物必须作为与其氢氧化物相对应的酸类（真的或假的）的酐。

某些氧化物（含盐氧化物）可以视为是一种碱性氧化物和一种酐氧化物化合而成的产品。

本分章包括：

一、一种金属的氧化物、氢氧化物及过氧化物，不论是否碱性、酸性、两性或含盐的。

二、其他不含氧的无机碱，例如，氨（品目28.14）或肼（品目28.25）；及那些不含金属的无机碱，例如，羟胺（品目28.25）。

本分章不包括：

（一）第二十五章的氧化物及氢氧化物，特别是镁氧（氧化镁），不论是否纯净；生石灰和熟石灰（粗氧化钙及氢氧化钙）。

（二）构成矿石的氧化物及氢氧化物（品目26.01至26.17），氧化皮、灰、熔渣、浮渣或其他金属残渣（品目26.18至26.20）。

（三）贵金属的氧化物、过氧化物及氢氧化物（品目28.43），放射性元素的氧化物、过氧化物及氢氧化物（品目28.44），稀土金属、钇、钪及其混合物的氧化物、过氧化物及氢氧化物（品目28.46），或汞的氧化物、过氧化物及氢氧化物（品目28.52）。

（四）氢的氧化物，品目22.01（水）、品目28.45（重水）、品目28.47（过氧化氢）或品目28.53（蒸馏水、导电水及类似的纯净水，包括用离子交换剂处理的水）。

（五）以金属氧化物为基料的着色料（品目32.06）、调制颜料、遮光剂、着色剂、珐琅、釉料及用于陶瓷、搪瓷或玻璃工业的类似产品（品目32.07）；由氧化物、氢氧化物或碱与其他产品混合配制而成的第三十二章货品。

（六）供化学纤维去光的遮光制剂（品目38.09）及金属表面酸洗制剂（品目38.10）。

（七）天然或合成宝石或半宝石（品目71.02至71.05）。

28.14　氨及氨水：

10　—　氨

20 — 氨水

氨既可以从煤气纯化厂或炼焦厂生产的不纯氨气水溶液中制得［参见品目38.25的注释一、(三)项］，也可由氢和氮的合成制得。

本品目包括：

一、无水氨（NH_3），一种无色气体。密度比空气小，加压后易液化，报验时装于金属筒中。

二、氨水（NH_4OH），一种假设“元素”铵（NH_4）的氢氧化物。这些溶液（通常含有20%、27%或34%的无水氨）是无色或淡黄色液体。报验时装于紧密封闭的容器中，氨的酒精溶液不归入本品目（品目38.24）。

氨有多种用途，例如，制造硝酸及硝酸盐、硫酸铵、其他铵盐及氮肥、碳酸钠、氰化物、胺（例如，苯胺）。它能使脂肪体及树脂乳化，还能作为去除污渍的去垢剂，并用于制擦亮剂、处理胶乳、去除清漆等。液氨用于冷冻厂。

28.15　氢氧化钠（烧碱）；氢氧化钾（苛性钾）；过氧化钠及过氧化钾：

—　氢氧化钠（烧碱）：

11　——　固体

12　——　水溶液（氢氧化钠浓溶液及液体烧碱）

20　—　氢氧化钾（苛性钾）

30　—　过氧化钠及过氧化钾

一、氢氧化钠（烧碱）

氢氧化钠（烧碱）（NaOH）不应与商品纯碱混淆，纯碱是碳酸钠（品目28.36）。

氢氧化钠可以通过石灰乳苛化碳酸钠制得，也可以通过电解氯化钠制得。报验时可以是液体，也可以是无水固体。氢氧化钠水溶液蒸发后便产生粉片状或块状的固体氢氧化钠。纯的氢氧化钠是团粒状或立方块状，装于广口玻璃瓶中。

固体氢氧化钠能侵蚀皮肤，破坏粘膜。易潮解，极易溶于水；因此必须保藏在封闭严密的钢容器内。

氢氧化钠是一种强碱，有着许多工业用途：去除木质素以制备某些化学木浆；制造再生纤维素；棉花的丝光处理；钽和铌的冶炼；生产硬肥皂及制备许多化学产品，包括酚化合物（苯酚、间苯二酚、茜素等）。

本品目不包括通过从碱法或硫酸盐法制木浆时所剩残余产品中获得的剩余碱液（氢氧化钠溶液）（品目38.04）；从这些碱液中可得到品目38.03的妥尔油，也可以再生氢氧化钠。

本品目不包括称作“碱石灰”的氢氧化钠和石灰的混合物（品目38.24）。

二、氢氧化钾（苛性钾）

氢氧化钾（苛性钾）（KOH）与上述氢氧化钠非常相似，它必须与碳酸钾（品目28.36）或商品钾碱（在某些国家中，这是一个对任何钾盐，特别是氯化钾盐所赋予的笼统名称）区别开来。

氢氧化钾是通过电解天然氯化钾溶液（品目31.04）而获得，也可以用石灰乳苛化碳酸钾获得（产生“石灰钾碱”）。纯氢氧化钾是通过用酒精处理所得，或通过氢氧化钡和硫酸钾的复分解反应所得。

报验时氢氧化钾可以为稍高浓度的水溶液（氢氧化钾溶液）（通常在50%左右），也可以为除其他杂质以外还含有氯化钾的固体。储藏方法同氢氧化钠，性质也相类似。

它用于软肥皂的制造；对需要敷金属或再漆的零件进行酸酰；漂白；高锰酸钾的生产等。也用于医药作为烧灼剂（条状），作该用途时，有时与石灰混合，与石灰混合的归入品目30.03或30.04。

三、过氧化钠

过氧化钠（二氧化二钠）（Na_2O_2），通过钠的燃烧制得，是一种极易潮解的白色或淡黄色粉末，比重约为2.8。遇水分解，同时放热并生成过氧化氢。报验时制成饼状，装于焊缝金属容器内。

过氧化钠用于制肥皂；织物漂白；在有机合成中作氧化剂；并用于净化密闭空间的空气（例如，在潜水艇中）。为了快速产生过氧化氢而与催化剂（微量铜或镍盐等）混合时，就成为归入品目38.24的一种制剂。

四、过氧化钾

过氧化钾（二氧化二钾）（K_2O_2）在生产工艺、性质、用途等方面与过氧化钠非常相似。

28.16 氢氧化镁及过氧化镁；锶或钡的氧化物、氢氧化物及过氧化物：

10 — 氢氧化镁及过氧化镁

40 — 锶或钡的氧化物、氢氧化物及过氧化物

一、氢氧化镁及过氧化镁

（一）氢氧化镁［$Mg(OH)_2$］。白色粉末，比氧化镁重；稳定，但暴露于空气中即慢慢生成碳酸盐。用于制药。

（二）过氧化镁（MgO_2）。通过过氧化氢作用于氢氧化镁制得。白色粉末，含有作为杂质的氧化物；几乎不溶于水。用于漂白羽毛、配制洁齿品以及作为一种肠胃消炎剂。

本品目不包括氧化镁（品目25.19，如果为每颗重量不低于2.5克的培养晶体则归入品目38.24）。

二、氧化锶、氢氧化锶及过氧化锶

（一）氧化锶（无水或苛性氧化锶）（SrO）。通过焙烧沉淀碳酸锶制得。多孔白色的吸湿粉末，溶于水，暴露于空气中时生成碳酸盐。用于制造烟火、医药、氢氧化锶和颜料。

（二）氢氧化锶［$Sr(OH)_2$］，呈无水无定形状态或结合8个水分子的结晶体；暴露于空气中即生成碳酸盐。用于制玻璃、锶盐及发光颜料。

（三）过氧化锶（SrO_2），通过氧作用于氧化锶制得。白色粉末，分解于热水。用于制烟火。

三、氧化钡、氢氧化钡及过氧化钡

（一）氧化钡（无水氧化钡）（BaO）。本品切勿与有时称为“重晶石”的天然硫酸钡相混淆。通过焙烧沉淀硝酸钡或沉淀碳酸钡或水解硅酸钡制得。氧化钡在外形上像氧化锶，但较重（比重约5.5），能结晶。用于制氢氧钡、过氧化钡和金属钡。

本品目不包括仅焙烧碳酸钡矿所得的粗制产品（品目25.11）。

（二）氢氧化钡［$Ba(OH)_2$］，通常为白色粉化薄片状晶体（结合8个水分子）或水溶液（氢氧化钡水溶液）。用于玻璃工业；生产X光玻璃遮护板；陶器工业；净化水；制造氢氧化钾及各种钡化合物。

（三）过氧化钡（BaO_2），在无二氧化碳的空气中对氧化钡进行加热制得。白色粉末或不溶解的灰色块（比重约为5），遇水分解并产生过氧化氢；用于生产过氧化氢。

28.17 氧化锌及过氧化锌

一、氧化锌

氧化锌（锌白）（ZnO）由锌蒸气与空气中的氧燃烧而得。锌蒸气是由蒸发金属锌而得（非直接法或法国法），或由锌矿（经焙烧的闪锌矿、菱锌矿——品目26.08）之类的氧化锌原料经碳还原得到（直接法或美国法）。在这些工艺中，集尘袋或集尘室中形成越来越纯的氧化物沉积物，从而得到氧化物。

湿法工艺中，锌从含锌原料中沥出后，沉淀为氢氧化锌或碳酸盐。沉淀物经过滤、洗涤、干燥及焙烧，得到氧化锌。氧化锌为白色细粉，加热后变为黄色。氧化锌是两性的，可溶于酸及碱。

氧化锌主要用于油漆工业。其也用于橡胶工业、陶瓷、玻璃制造、电子工业及制药。氧化锌还是塑料制造中所用的许多无机或有机盐的前体。

品目28.41的锌酸盐与此类两性氧化物相对应。

二、过氧化锌

过氧化锌（ZnO_2），白色粉末，不溶于水。用于医药，纯净或带有氧化锌杂质；也用于制化妆品。

本品目不包括：

（一）天然氧化锌或红锌矿（26.08）。

（二）在锌冶炼过程中称作锌屑或锌浮渣的残余物，这些残余物也含有不纯的氧化锌（品目26.20）。

（三）氢氧化锌［$Zn(OH)_2$］或锌胶白或氢过氧化锌（品目28.25）。

（四）不纯的氧化锌，有时称作锌灰白（品目32.06）。

28.18　人造刚玉，不论是否已有化学定义；氧化铝；氢氧化铝：

10　—　人造刚玉，不论是否已有化学定义

20　—　氧化铝，但人造刚玉除外

30　—　氢氧化铝

一、人造刚玉，不论是否已有化学定义

人造刚玉是在电炉中熔融氧化铝而得。这些氧化铝可含有少量的其他氧化物（例如，二氧化钛、三氧化二铬）。这些其他氧化物有的是从天然原料（铝土矿）转化而来，有的是为提高熔融粒子的硬度或改变其颜色所添加的物质所致。但本品目不包括人造刚玉和其他物质（例如，与二氧化锆）的机械混合物（品目38.24）。

人造刚玉制成小块、团块、碎块或颗粒；比普通氧化铝更能抵抗空气和酸的作用，异常坚硬。它的用途有：例如，作为磨料；制耐火混合物（诸如富铝红柱石及硅线石、金刚砂与纯耐火粘土及金刚砂与无水硅酸铝的混合物）及实验室用具；用于电气工业。

二、氧化铝，但人造刚玉除外

氧化铝（无水或煅烧矾土）（Al_2O_3）是通过煅烧下述氢氧化铝制得，或从铵矾获得，是一种轻质白色粉末，不溶于水，比重约为3.7。

它的用途包括：冶炼铝；油漆的填料；制磨料及合成宝石或半宝石（红宝石、蓝宝石、祖母绿、紫石英、海蓝宝石等）；作脱水剂（供气体干燥用）或作催化剂（制造丙酮及醋酸或裂化处理等）。

三、氢氧化铝

氢氧化铝（水合矾土）（$Al_2O_3 \cdot 3H_2O$），从冶炼铝的铝土矿（含氢氧化铝的混合物）中制得（参见第七十六章总注释）。

干的氢氧化铝是一种无定形、易碎的白色粉末，不溶于水，潮湿时成为胶团（氢氧化铝凝胶）。

氢氧化铝用于制陶瓷釉料、油墨、医药产品、明矾及上述的人造刚玉，也用于澄清液体，与碳混合时可制造防锈漆；由于它对有机着色剂有亲合力，也用于配制品目32.05的色淀以及纺织品的媒染剂。

品目28.41的铝酸盐与本组的两性氢氧化物相对应。

本品目也包括通过控制加热处理水合氧化铝，使其失去大部分所含水分而制得的活性矾土；它主要用作吸附剂或催化剂。

本品目不包括：

（一）天然金刚砂（天然氧化铝）及刚砂（含氧化铁的氧化铝）（品目 25.13）。

（二）铝土矿，不论是否洗涤及煅烧，但未经化学纯化（例如，用纯碱处理），用作电解质的（品目 26.06）。

（三）活性铝土矿（品目 38.02）。

（四）氢氧化铝胶体溶液（可溶矾土）（品目 38.24）。

（五）以纸、纸板或其他材料为背衬的人造刚玉（品目 68.05），或者粘聚成砂轮、磨石、衍磨石或品目 68.04 的其他货品。

（六）以氧化铝为基料的天然宝石或半宝石（品目 71.03 或 71.05）。

（七）以氧化铝为基料的合成宝石或半宝石（例如，人造红宝石）（品目 71.04 或 71.05）。

28.19　铬的氧化物及氢氧化物：

10　—　三氧化铬

90　—　其他

一、铬的氧化物

（一）三氧化铬或铬酸酐（CrO_3）（因为它能产生品目 28.41 的铬酸盐，故被人误称为“铬酸”），呈橙色或红色板状或针状；易潮解；极易溶于水；比重约为 2.8。与酒精混合后产生爆炸性混合物。在有机化学中作氧化剂（制造靛红、靛蓝类染料等）；也用于医药，当与硅藻土混合时，用于纯化乙炔。

（二）三氧化二铬，氧化铬（Ⅲ）（Cr_2O_3），用铵盐煅烧铬酸盐或还原重铬酸盐获得，是一种非常坚硬的橄榄绿产品，呈粉末状或晶体状；不溶于水；比重约为 5。其纯的氧化物用作一种称为“氧化铬绿”的颜料，但切勿与名为“铬绿”的铬酸铅及铁蓝相混淆，也用于制造油漆、油墨以及用于瓷器、玻璃（有色光学玻璃）或橡胶工业。由于它的硬度及抗热性能，适用于配制研磨化合物及金属熔炉的耐火砖；还用于制防锈产品以及冶炼铬。

本品目不包括含铁的天然氧化铬（铬铁矿）（品目 26.10）。

二、氢氧化铬

所称“氢氧化铬”，适用于上述氧化铬的各种水合物，特别是以硼酸处理重铬酸钾所得的氧化铬绿色水合物（$Cr_2O_3 \cdot 2H_2O$）；名为“铬绿”的氢氧化铬用作着色料，或者用于制造吉勒特绿，还有一种是紫色氢氧化铬。

28.20　锰的氧化物：

10　—　二氧化锰

90　—　其他

一、二氧化锰（锰酐）（MnO_2），一种最重要的氧化锰。用高锰酸钾的稀硝酸溶液作用于锰盐（例如，硫酸锰）制得，呈棕色或浅黑色块状或粉末状（比重约为 5），不溶于水。

它是一种极强的氧化剂。用途包括：焰火制造；有机合成（制羟基蒽醌、氨基蒽醌等）；防毒面具制造；电池上用作一种去极剂；陶瓷工业；制干燥剂、印刷油墨（锰黑）、色料（矿质褐色颜料、锰沥青）、某种胶粘剂及合成半宝石（人造石榴石）。也用于玻璃工业（玻璃厂肥皂），通常用于校正玻璃的黄色色泽。

二氧化锰具有酐的性质，这种酐能衍生品目 28.41 的亚锰酸盐。

本品目不包括无水天然二氧化锰（软锰矿）及水合天然二氧化锰（硬锰矿）（品目26.02）。

二、氧化锰（MnO），浅灰色或浅绿色粉末，不溶于水。比重约为5.1。用于纺织品的印染。

本品目不包括氢氧化锰（品目28.25）。

三、三氧化二锰（Mn_2O_3），这种氧化物是碱性的，为棕色或黑色粉末（比重约为4.8），不溶于水。用途包括：纺织品印染；作为陶瓷色料；用于玻璃工业；制干燥剂（亚油酸锰）；在无机（制硝酸）或有机化学工业中作为一种催化剂。

本品目不包括天然氧化锰（褐锰矿品目26.02），也不包括氢氧化锰（品目28.25）。

四、四氧化三锰（含盐氧化锰）（Mn_3O_4）。在某些方面与含盐氧化铁相似。

本品目不包括天然含盐氧化锰（黑锰矿）（品目26.02）。

五、高锰酸酐（Mn_2O_7），深棕色液体，吸收水分，接近40℃时会爆炸。

这种酐用于生产品目28.41的高锰酸盐。

本品目不包括高锰酸（品目28.25）。

28.21 铁的氧化物及氢氧化物；土色料，按重量计三氧化二铁含量在70%及以上：

10 — 铁的氧化物及氢氧化物

20 — 土色料

以天然铁氧化物为基料的土色料，按重量计含70%及以上化合铁（以三氧化二铁计）的，归入本品目。在确定上述70%限度时，必须按以氧化铁表示的铁的总含量来计算。因此，一种含有84%氧化铁（相当于58.8%的纯铁）的天然亚铁土色料仍归入本品目。

本品目也包括下列人造氧化物及氢氧化物：

一、铁的氧化物

氧化铁（Fe_2O_3），用脱水的硫酸亚铁或天然氧化铁制得。精细粉末，通常为红色，但有时为紫色、淡黄色或黑色（紫、黄或黑色氧化物）。用作颜料（赭土、高级胭脂料或铁丹），可为纯态（归入本品目），也可混有粘土、硫酸钙（威尼斯红）等（归入第三十二章）。用于制普通油漆或防锈油漆、金属或玻璃抛光剂以及在制玻璃瓶工业中用作使块料易熔的玻璃化制剂，也用于制铝热剂（与铝粉混合）及纯化煤气等。

二、铁的氢氧化物

（一）氢氧化亚铁［$Fe(OH)_2$］。通过碱金属碱作用于亚铁盐获得，白色固体，遇氧时变色并转化成氢氧化铁。

（二）氢氧化铁（棕色氧化铁）［$Fe(OH)_3$］。通过碱金属碱作用于铁盐获得，铁锈色、浅红棕色或亮紫色产品。可单独用作颜料（归入本品目）；也可与碳、普鲁士棕等混合（桔黄色或火星黄色）（归入品目32.06）。氢氧化铁用于制复合色料（铁棕、铁红、“英国棕”“瑞典棕”）。纯态时用作砷中毒的解毒药。

它是一种两性氢氧化物，氧化作用后能产生品目28.41的高铁酸盐。

本品目不包括：

（一）按重量计含化合铁（以三氧化二铁计）少于70%的亚铁土色料或与其他土色料混合的亚铁土色料；云母氧化铁（品目25.30）。

（二）品目26.01的铁矿砂，例如，红铁矿（包括镜铁矿和假象赤铁矿）、棕铁矿（鲕褐铁矿，即含铁及碳酸钙的水合氧化物）、褐铁矿（水合氧化物）、磁铁矿（磁性氧化物）。

（三）氧化铁皮，即铁烧红时或锤击时表皮裂开的粗氧化物（品目26.19）。

（四）用于纯化气体的碱性化氧化铁（品目38.25）。

（五）半宝石状的氧化铁（红铁矿）（品目71.03或71.05）。

28.22 钴的氧化物及氢氧化物；商品氧化钴

一、钴氧化物

（一）一氧化钴（氧化钴、灰钴）（CoO）。一种灰色、棕色或浅绿色粉末。

（二）三氧化二钴（倍半氧化钴、氧化高钴）（Co_2O_3），黑色粉末。

（三）四氧化三钴（含盐氧化钴）（Co_3O_4），黑色粉末。

（四）商品氧化钴。通常为浅灰色或黑色粉末，由不同比例的一氧化钴及含盐氧化钴组成。

这些产品用于搪瓷厂调制亮蓝色料，在玻璃工业上用于光学玻璃的着色。它们可转化为硅酸盐（例如，硅酸钴），供制品目32.07的玻璃化色料；这些化合物被人称为大青、不透明玻璃、天青、搪瓷蓝及塞弗尔蓝。所称“大青”，可包括上述氧化物及其硅酸盐，它们都得自天然砷化钴（砷钴矿），一种归入品目26.05的矿砂。相当一部分艺术家用的蓝色、绿色或紫色颜料是由钴氧化物、铝酸盐、锌酸盐及磷酸盐（天蓝、青天蓝、钴绿、钴紫）组成。

本品目不包括处理含银矿物所得的粗钴氧化物（品目26.20）。

二、钴的氢氧化物

所称的“氢氧化钴”，不仅包括用于制干燥剂的氢氧化亚钴［$Co(OH)_2$］及从钴冶金工业所得的氢氧化钴［$Co(OH)_3$］，也包括含盐的水合氧化物。它们的用途与钴的氧化物相类似。

本品目不包括天然水合氧化钴（品目26.05）。

28.23 钛的氧化物

唯一有商业价值的钛氧化物是二氧化钛或钛酐（TiO_2），它们能产生品目28.41的钛酸盐。

二氧化钛是一种无定形粉末，比重约为4；白色，但加热后变为黄色。

本品目包括未经混合或表面处理的二氧化钛，但不包括在生产过程中故意加入了化合物的二氧化钛，所加入的化合物使其获得某种物理特性，以适合作颜料（品目32.06）或其他用途（例如，品目38.15、品目38.24）。

本品目也不包括：

（一）作为矿石的天然二氧化钛（金红石、锐钛矿、板钛矿）（品目26.14）。

（二）原钛酸［$Ti(OH)_4$］及偏钛酸［$TiO(OH)_2$］（品目28.25）。

28.24 铅的氧化物；铅丹及铅橙：

10 — 一氧化铅（铅黄、黄丹）

90 — 其他

一、氧化铅（一氧化铅、密佗僧、铅黄）（PbO）。铅或白铅矿（碳酸氢铅）在空气中加热时首先产生未熔化的氧化铅或铅黄，一种浅黄色的粉末；而当温度超过血红热点时，便生成熔融氧化物，呈橙黄或浅红色粉末状或鳞片状。所称“氧化铅”，包括上述两种产品，尤指后者。也有作为从含银铅提取白银的副产品而得的氧化铅。氧化铅用于玻璃工业（制造铅玻璃和水晶玻璃）、搪瓷工业及制火柴、色料、干燥剂等。

二、四氧化三铅（含盐氧化铅、红丹、铅丹）（近似化学式 Pb_3O_4），从未熔化的一氧化铅（铅黄）制得，是一种有毒的桔红色粉末（比重为8~9）。所称“铅橙”，包括一种极纯的比普通氧化铅色度高、密度低的含盐氧化物，也包括那些仍含有碳酸铅（从用于制氧化铅的白铅矿中获得）的氧化铅。红丹用于增充别的色料（醋酸红），调制防锈漆和胶粘剂及用于火漆上色。也用作陶器釉料。由于它具有较高的折射率，能生产一种光彩夺目的易熔玻璃，因而在制造水晶玻璃及光学玻璃方面，它甚至比一氧化物用得更多。

三、二氧化铅（紫褐色氧化物、高铅酐）（PbO_2），通过硝酸处理含盐氧化铅或电解硝酸铅制得，是一种棕色粉末，不溶于水，与有机物接触能起火燃烧。在焰火制造中用作氧化剂；也用于制造火柴及蓄电池极板；还在纺织工业中用作媒染剂。

这种两性氧化物能产生品目28.41的高铅酸盐。

28.25 肼（联氨）、胲（羟胺）及其无机盐；其他无机碱；其他金属氧化物、氢氧化物及过氧化物：

10 — 肼（联氨）、胲（羟胺）及其无机盐
20 — 锂的氧化物及氢氧化物
30 — 钒的氧化物及氢氧化物
40 — 镍的氧化物及氢氧化物
50 — 铜的氧化物及氢氧化物
60 — 锗的氧化物及二氧化锆
70 — 钼的氧化物及氢氧化物
80 — 锑的氧化物
90 — 其他

本品目包括：

一、肼和胲及其无机盐。

二、本品目以前的本章其他品目未列名的金属氧化物、氢氧化物及过氧化物。

最重要的产品有：

（一）肼及其无机盐。

肼（$NH_2 \cdot NH_2$），一种碱性产品，用次氯酸钠氧化氨而得。也有以水合物（$NH_2 \cdot NH_2 \cdot H_2O$）存在的。为在空气中发烟的催泪性无色液体。是一种强还原剂，用于制起爆炸药及用于化学合成。

肼的无机盐（通过与无机酸反应获得）也归入本品目。最重要的品种是硫酸肼，为无色结晶体，微溶于冷水，加热后强烈分解；这种硫酸盐用于分析中作为一种试剂，并用于冶金（将碲和钋分离）。

本品目不包括肼的有机衍生物（品目29.28）。

（二）胲及其无机盐。

胲（NH_2OH）是通过水解硝基甲烷所得的一种碱性产品；为无色易潮解晶体，极易溶于水，于33℃时即熔化，在130℃时强烈分解。

胲的无机盐（通过与无机酸的反应获得）也归入本品目。最重要的品种是氯化胲、硫酸胲及硝酸胲，白色或无色溶于水的晶体。在有机合成中用作还原剂，用作脂肪酸的抗氧剂，用于纺织品的漂白、染色或印染，也用作试剂等。

本品目不包括胲的有机衍生物（品目29.28）。

（三）锂的氧化物（Li_2O）**及氢氧化物**（LiOH）得自硝酸锂。它们是白色粉末，溶于水，用于摄影及制备锂盐。

（四）钒的氧化物及氢氧化物。最重要的钒氧化物是五氧化二钒（钒酐）（V_2O_5），得自天然钒酸盐、钒铅矿（品目26.15）及钒钾铀矿（品目26.12）。可为无定形或晶体，块状或粉末状。颜色从黄到红棕不等；加热后变红，几乎不溶于水。用于制备钒盐、某些墨水及用作催化剂（制硫酸、苯二甲酸或合成乙醇）。

有几种钒的氢氧化物可组成酸，这些酸能生成品目28.41的各种钒酸盐。

（五）镍的氧化物及氢氧化物。

1. 氧化镍（NiO），通过彻底煅烧硝酸盐或碳酸盐所得，为一种浅绿灰色粉末，密度及色调因生产方法不同而有差别。在搪瓷工业、玻璃工业上用作着色剂，在有机合成中作为催化剂。它是一种碱性氧化物。

2. 氧化高镍（三氧化二镍化合物）（Ni_2O_3），一种黑色粉末，搪瓷工业中用作着色料及用于制碱性蓄电池的栅极板。

3. 氢氧化镍［$Ni(OH)_2$］，一种精细的绿色粉末，用于电镀，用作碱性蓄电池的极板组分，并用于制镍催化剂。

本品目不包括：

（一）天然氧化镍（绿镍矿）（品目25.30）。

（二）不纯氧化镍，例如，氧化镍熔渣、粒状氧化镍（“绿色氧化镍”）（品目75.01）。

（六）铜的氧化物及氢氧化物。

1. 氧化亚铜（红氧化铜）（Cu_2O），得自醋酸铜及硫酸铜；是一种结晶红色粉末，不溶于水。用于玻璃染色，使之变红（信号玻璃）；制防污漆及合成宝石（人造祖母绿），农业上用作杀菌剂。

2. 氧化铜（黑色氧化铜）（CuO），从硝酸铜或碳酸铜制得，或通过氧化金属铜制得，为黑色粉末或颗粒，有栗色光泽，不溶于水。这种颜料用于搪瓷、玻璃（绿色玻璃）或陶瓷工业及调制油漆。也用于电池的去极化以及在有机化学上用作氧化剂或催化剂。

3. 铜的氢氧化物。其中最普通的是氢氧化铜［$Cu(OH)_2$］，为蓝色固体，单独或混合组成一种颜料（布勒门蓝）。也用于制颜料（例如，佩利果特蓝，在人造光照射下是永久不褪色的）及名为“施惠泽试剂”的氨溶液，这种氨溶液是制造铜氨人造丝的溶剂。

本品目不包括天然氧化亚铜（赤铜矿）及天然氧化铜（黑铜矿）（品目26.03）。

（七）锗的氧化物，最重要的氧化锗是从天然硫化锗铜（亚锗酸盐）（品目26.17）的金属冶炼或水解氯化物所得的二氧化锗（GeO_2）。它是一种白色粉末，微溶于水。用于制造锗金属（供晶体管等用）、医药及特种玻璃。

（八）钼的氧化物及氢氧化物。最主要的氧化钼是三氧化钼（MoO_3），得自天然硫化物辉钼矿（品目26.13）。它是一种白色晶体产品，加热时变黄色；几乎不溶于水。在有机合成上用作催化剂（制邻苯二甲酸酐）。

还有蓝色的钼氧化物，直接为画家使用或混合后使用（混合后归入第三十二章），名为钼蓝及矿靛。

氢氧化物包括钼酸（H_2MoO_4），一种白色或淡黄色粉末，微溶于水，用于陶瓷工业（釉）或作为催化剂。品目28.41的钼酸盐是从这些氢氧化物衍变而来。

本品目不包括天然氧化钼（钼赭石、钼华）（品目25.30）。

（九）锑的氧化物。

1. 三氧化锑或亚锑酐（Sb_2O_3），通过氧化金属锑或从天然硫化锑（辉锑矿）制得。白色粉末或针状结晶体；几乎不溶于水。所称“锑白”，既指归入本品目的纯氧化锑，也指归入第三十二章的纯氧化锑与氧化锌的混合物。三氧化锑用于制油漆，在搪瓷工业（铁搪瓷）及陶器工业（釉）上用作遮光剂，用于制造低膨胀系数的玻璃（灯玻璃），及生产合成宝石或半宝石（人造红宝石、托帕石、石榴石）。它能产生品目28.41的亚锑酸盐。

2. 五氧化锑及锑酐（Sb_2O_5），通过氧化金属锑或煅烧硝酸锑制得，为黄色粉末，也用作搪瓷工业的遮光剂，能生产品目28.41的锑酸盐。

3. 四氧化锑（Sb_2O_4），为白色粉末，通过加热五氧化锑制得。

本品目不包括矿砂，即天然三氧化锑（方锑矿及锑华）及天然四氧化锑（锑赭石）（品目26.17）。

（十）氧化铍及氢氧化铍。

1. 氧化铍（BeO），得自硝酸铍或硫酸铍。白色粉末，不溶于水；能结晶。用于制造铍盐、合成宝石或半宝石及用作催化剂。

2. 氢氧化铍［$Be(OH)_2$］，白色粉末，外表与钒土相类似。

（十一）氧化钙、氢氧化钙及过氧化钙。本品目仅包括纯态（即几乎不含粘土、氧化铁、氧化锰等）的氧化钙（CaO）及氢氧化钙［$Ca(OH)_2$］，诸如从煅烧沉淀碳酸钙所得的产品。

本品目也包括在电炉中熔融普通生石灰所得的熔融石灰。这种产品具有很高纯度（约98%的氧化钙）；通常为一种无色晶体。主要用于炉膛的耐火内衬、制坩锅及在混凝土中加入小块石灰以增加其耐磨性。

过氧化钙（CaO_2）是一种白色或黄色粉末，为水合物（通常结合8个水分子），微溶于水。用作杀菌剂及去垢剂，并用于医药及配制化妆品。

本品目不包括生石灰（氧化钙）及熟石灰（氢氧化钙）（品目25.22）。

（十二）锰的氢氧化物。

1. 二氢氧化锰［$Mn(OH)_2$］，为白色粉末，不溶于水。

2. 三氢氧化锰［$Mn(OH)_3$］，从三氧化二锰（Mn_2O_3）衍变而得。棕色粉末，用于调制色料（锰棕）及亚油酸锰。

3. 含盐氢氧化锰，从含盐氧化锰（Mn_3O_4）衍变而得。

本品目不包括作为品目26.02所列一种矿石的天然水合氧化锰（天然三氢氧化锰）（亚锰酸盐）及非水合氧化锰（品目28.20）。

（十三）二氧化锆（氧化锆）（ZrO_2），切勿与锆石（品目26.15或71.03）相混淆，锆石是一种晶体状的天然硅酸锆。

人造氧化锆是从上述矿石或锆盐获得，为一种熔点约2600℃的耐火白色粉末。氧化锆用作抗化学试剂作用的耐火产品，用作颜料及陶瓷遮光剂（锆白）、摩擦料、玻璃的组分及催化剂。

天然氧化锆或二氧化锆矿是品目26.15的一种矿石。

（十四）氧化镉及氢氧化镉。

1. 氧化镉（CdO），从其碳酸盐或氢氧化物制得的一种棕黄色粉末，根据制备过程中煅烧温度的不同而呈不同色调。用于陶瓷工业及用作催化剂。

2. 氢氧化镉［$Cd(OH)_2$］，白色粉末。

（十五）锡的氧化物及氢氧化物。

1. 氧化亚锡（棕色氧化锡）（SnO）。不溶于水。根据制备方法的不同，它可呈灰色或黑色结晶体，或呈带闪光浅蓝、浅红或浅绿色的橄榄棕色粉末。

这是一种两性的氧化物，可产生品目28.41的亚锡酸盐，用在有机合成中作还原剂或催化剂。

2. 氧化锡（锡酸酐、二氧化锡）（SnO_2），也不溶于水，是一种粉末，呈白色（锡白）或灰色（锡灰）。这种白色氧化锡用于陶瓷或玻璃工业作遮光剂；而灰色粉末用于金属或镜子等的抛光，也用于制取玻璃化混合物。这种氧化锡有时称作“油灰粉”，但“油灰粉”也指归入品目38.24的这种氧化物和氧化铅的混合体。

氧化锡是两性的，可产生品目28.41的锡酸盐。

3. 锡酸或氢氧化锡，［$Sn(OH)_4$］，通过碱金属氢氧化物作用于锡酸盐获得，是一种白色粉末，可转变成偏锡酸。

4. 偏锡酸，得自锡酸；粉末状，不溶于水。用于陶瓷工业中作遮光色料及玻璃工业中作研磨料。

这些锡酸产生品目28.41的锡酸盐。

本品目不包括：

1. 天然氧化锡（锡石），一种矿石（品目26.09）。

2. 锡渣，锡熔炼过程所得的一种氧化锡和金属锡的混合物（品目26.20）。

（十六）钨的氧化物及氢氧化物。最重要的氧化钨是三氧化钨（钨酸酐）（WO_3），通过在钨冶炼中处理天然钨酸盐（黑钨矿或白钨矿）（品目26.11）制得，为一种柠檬黄晶体，加热时变橙色，不溶于水。用于制电灯泡钨丝及陶瓷油漆。

有几种氢氧化钨，包括钨酸（H_2WO_4）（黄色水合物），它能产生品目28.41的正常钨酸盐。

本品目不包括天然氧化钨（钨赭石矿、钨华）（品目25.30）。

（十七）铋的氧化物及氢氧化物。

1. 三氧化二铋（Bi_2O_3）。得自硝酸铋或碳酸铋。米黄色粉末，不溶于水，加热后变为红色。用在玻璃或陶瓷工业上。

2. 五氧化二铋（红色氧化铋）（Bi_2O_5），棕红色粉末。

3. 氢氧化铋［$Bi(OH)_3$］。

本品目不包括主要由三氧化铋组成的天然铋赭石（品目26.17）。

本品目不包括汞的氧化物（品目28.52）。

第五分章　无机酸盐、无机过氧酸盐及金属酸盐、金属过氧酸盐

总　注　释

金属盐是通过以一种金属或铵根离子（NH_4^+）取代酸中的氢原子而得的，在液态或溶液中时，它们是电解质，在阴极产生金属（或金属离子）。

在中性盐中，所有氢原子都被金属取代，但在酸性盐中仍含有部分可被金属取代的氢；碱性盐含有碱性氧化物，其数量比中和酸所必需的数量多［例如，碱式硫酸镉（$CdSO_4 \cdot CdO$）］。

第五分章包括归入第二分章（从非金属衍生的酸）或第四分章（具酸性的金属氢氧化物）的酸的金属盐。

复盐及络盐：

某些复盐或络盐在品目28.26至28.41中已具体列名，例如，氟硅酸盐、氟硼酸盐及其他氟络盐（品目28.26）、矾（品目28.33）、络氰化物（品目28.37）。关于其他未列名的复盐或络盐，参见品目28.42的注释。

本分章主要不包括：

（一）第二十五章的盐（例如，氯化钠）。

（二）构成第二十六章矿砂的盐及其他产品。

（三）贵金属化合物（品目28.43），放射性元素的化合物（品目28.44），稀土金属、钇、钪及其混合物的化合物（品目28.46），或汞的化合物（品目28.52）。

（四）磷化物、碳化物、氢化物、氮化物、叠氮化物、硅化物及硼化物（品目28.49、28.50及28.53）及磷铁（第十五类）。

（五）第三十一章的盐。

（六）第三十二章的颜料、色料、遮光剂、珐琅及其他产品。本分章包括适于直接用作颜料的未混合金属盐（发光体除外）；当相互混合或与其他产品混合制成颜料时，这类盐应归入第三十二章。发光体，不论混合与否，都归入品目32.06。

（七）品目38.08的消毒剂、杀虫剂、杀菌剂、除草剂等。

（八）助焊剂及其他焊接等用的辅助剂（品目38.10）。

（九）每颗重量不少于2.5克的碱金属或碱土金属卤化物的培养晶体（光学元件除外）（品目38.24）；制成光学元件的归入品目90.01。

（十）天然或合成的宝石或半宝石（品目71.02至71.05）。

28.26　氟化物；氟硅酸盐、氟铝酸盐及其他氟络盐：

	—	氟化物：
12	——	氟化铝
19	——	其他
30	—	六氟铝酸钠（人造冰晶石）
90	—	其他

一、氟化物

本品目包括氟化物（即品目28.11的氢氟酸的金属盐），但本分章总注释列明不包括的货品除外。

最重要的氟化物有：

（一）铵的氟化物，即中性氟化铵（NH_4F）及酸式氟化铵（$NH_4F \cdot HF$）。它们都是易潮解、无色、有毒的晶体，溶于水。用途包括：作防腐剂（保藏皮革或木材）；控制发酵（代替氢氟酸）；染色（媒染剂）；蚀刻玻璃（主要是酸式氟化铵）；酸洗铜；冶金（分解矿石、制铂）等。

（二）钠的氟化物，即中性氟化钠（NaF）及酸式氟化钠（$NaF \cdot HF$），通过加钠盐煅烧品目25.29的天然氟化钙（氟石或萤石）制得。无色晶体，不易溶于水，有毒。像氟化铵一样，它们用作防腐剂（保藏皮革、木材、禽蛋），并用于控制发酵、蚀刻或毛化玻璃，也用于制玻璃釉料或杀寄生虫药。

（三）氟化铝（AlF_3），由铝土矿及氢氟酸制得。无色晶体，不溶于水。在搪瓷及陶瓷工业中用作助熔剂，并用于纯化过氧化氢。

（四）钾的氟化物，即中性氟化钾（$KF \cdot 2H_2O$），为无色、易潮解、有毒的晶体，极易溶于水。还有一种酸式氟化钾（$KF \cdot HF$）。它们的用途与氟化钠相同。此外，酸式氟化钾还用于锆或锂的冶炼。

（五）氟化钙（CaF_2），得自品目25.29的天然氟化钙（萤石、氟石），为无色晶体，不溶于水；也可以呈胶态。用作金属冶炼中的助熔剂（特别是用于电解光卤石以制取镁）及制玻璃或陶瓷。

（六）三氟化铬（$CrF_3 \cdot 4H_2O$）。深绿色粉末，溶于水。在水溶液中会浸蚀玻璃。染色中用作媒染剂。

（七）氟化锌（ZnF_2）。白色粉末，不溶于水。用于浸渍木材、配制珐琅及电镀。

（八）锑的氟化物，通过氢氟酸作用于锑氧化物制得三氟化锑（SbF_3）及五氟化锑（SbF_5）。三氟化锑为易潮解白色针状晶体，溶于水；五氟化锑为一种粘稠液体，溶于水时发出嘶嘶声并生成水合物（结合2个水分子），这些盐用于陶瓷制品，在染色工艺或纺织品印染中作媒染剂。

（九）氟化钡（BaF_2），得自氢氟酸及氧化钡、硫酸钡或碳酸钡。一种白色粉末，微溶于水；有毒。在陶瓷或搪瓷工业中用作颜料、尸体防腐中作防腐剂及作杀虫剂等。

本品目不包括本分章总注释中所规定的氟化物及非金属氟化物（品目28.12）。

二、氟硅酸盐

氟硅酸盐是品目28.11的六氟硅酸（H_2SiF_6）的盐。

（一）六氟硅酸二钠（氟硅酸钠）（Na_2SiF_6），得自生产过磷酸盐的副产品氟化硅。白色粉末，仅微溶于冷水。用途包括：制不透明玻璃及搪瓷产品、人造石料、防酸水泥、鼠毒、杀虫药；提取铍金属（电解法）；电解精炼锡；凝结胶乳；作防腐剂。

（二）六氟硅酸二钾（氟硅酸钾）（K_2SiF_6）。白色，无味，结晶粉末，微溶于水，溶于盐酸。用途包括制造透明的搪瓷玻璃料、陶瓷产品、杀虫剂、合成云母以及铅和镁的冶炼。

（三）六氟硅酸钙（氟硅酸钙）（$CaSiF_6$）。白色结晶粉末，几乎不溶于水；在陶瓷工业中用作白色颜料。

（四）六氟硅酸铜（氟硅酸铜）（$CuSiF_6 \cdot 6H_2O$）。蓝色结晶粉末，溶于水，有毒。用于产生斑点效应或作为杀菌剂。

（五）六氟硅酸锌（氟硅酸锌）（$ZnSiF_6 \cdot 6H_2O$）。结晶粉末，溶于水；与钙化合物反应生成一层氟化钙涂盖层。用于硬化混凝土，电镀锌，并用作防腐剂及杀菌剂（木材防腐）。

（六）六氟硅酸钡（氟硅酸钡）（$BaSiF_6$）白色粉末，用作防冶科罗拉多甲虫及其他害虫，并用于消灭有害动物。

（七）其他氟硅酸盐，即氟硅酸镁及氟硅酸铝；像氟硅酸锌一样，用于硬化混凝土。氟硅酸铬及氟硅酸铁用于染料工业。

本品目不包括托帕石，一种天然氟硅酸铝（第七十一章）。

三、氟代铝酸盐及其他氟络盐

（一）六氟合铝酸三钠（六氟合铝酸钠）（Na_3AlF_6），即人造冰晶石，将溶于氢氟酸的氧化铝与氯化钠相混合后生成的沉淀物，或通过熔融硫酸铝与氟化钠的混合物制得。呈白色结晶块。在铝的冶炼中替代天然冰晶石（品目25.30），也用于焰火、搪瓷、玻璃制造或作为杀虫剂。

（二）氟硼酸盐，即氟硼酸钠（消毒剂）、氟硼酸钾（用于搪瓷）、氟硼酸铬及氟硼酸镍（用于电镀）等。

（三）氟硫酸盐，特别是氟硫酸锑铵［$(NH_4)_2SO_4SbF_3$］或“哈恩盐”；可溶解的结晶体，能腐蚀玻璃和金属，用作染色媒染剂。

（四）氟磷酸盐，例如，从天然氟磷酸镁（磷镁石）（品目25.30）或氟磷酸铝锂（磷铝石）（品目25.30）所得的产品。

（五）氟钽酸盐（在钽的冶炼中获得）：氟钛酸盐、氟锗酸盐、氟铌酸盐、氟锆酸盐（在锆的冶炼中获得）、氟锡酸盐等。

本品目包括金属氟氧化物（铍的氟氧化物等）及络合氟氧盐，但不包括非金属氟氧化物（品目28.12）。

本品目不包括氟甲酸盐、氟乙酸盐或其他有机氟络盐（第二十九章）。

28.27 氯化物、氯氧化物及氢氧基氯化物；溴化物及溴氧化物；碘化物及碘氧化物：

10 — 氯化铵
20 — 氯化钙
— 其他氯化物：
31 —— 氯化镁
32 —— 氯化铝
35 —— 氯化镍
39 —— 其他
— 氯氧化物及氢氧基氯化物：
41 —— 铜的氯氧化物及氢氧基氯化物
49 —— 其他
— 溴化物及溴氧化物：
51 —— 溴化钠及溴化钾

59 —— **其他**

60 — **碘化物及碘氧化物**

除本分章总注释所列出不包括的以外，本品目包括金属或铵根离子（NH_4^+）的氯化物、氯氧化物、氢氧基氯化物、溴化物、溴氧化物、碘化物及碘氧化物。但本品目不包括非金属的卤化物及卤氧化物（品目28.12）。

一、氯化物

本组包括氯化氢（品目28.06）的盐。

本组主要的氯化物有：

（一）氯化铵（硇砂）（NH_4Cl）。用氨中和氯化氢制得。可为结晶块，也可为升华后制得的粉末状、晶粒状或饼状。纯态时无色，否则为淡黄色；溶于水。用途包括：金属酸洗、纺织印染工业、鞣革、作为肥料、制作勒克兰瑟电池、硬化清漆及胶水、电镀、摄影（定影液）等。

关于含氯化铵的肥料，参见品目31.02的注释。

（二）氯化钙（$CaCl_2$）。这种化合物可从天然的斯塔斯弗特盐中提取，也可从制碳酸钠的副产品中制取。根据纯度不同，可呈白色、淡黄色或棕色。它是一种吸湿性产品，可以是浇铸体或熔化体，多孔块状或粉片状，也可以与6个水分子结合（晶体或粒状）。用于致冷混合物、天气寒冷时的混凝土作业、作为公路抗尘土或坚土地的铺面材料、催化剂、有机合成中作为脱水或浓缩剂（例如，从苯酚中提取胺）并用于干燥气体，也用于医药。

（三）氯化镁（$MgCl_2$），提取钾盐时的副产品。为无水的半透明块状、圆筒状、片状或棱柱状或水合的无色针状，溶于水。用于制极硬水泥（例如，浇成整块供作地板用）、棉或其他纺织品的上浆，医药上用作消毒剂或防腐剂，及木材的防火剂。

本品目不包括天然氯化镁（水氯镁石）（品目25.30）。

（四）氯化铝（$AlCl_3$），通过氯作用于铝或氯化氢作用于氧化铝制得。无水或结晶体；或成糖浆浓度的水溶液。无水盐暴露于空气中会发烟。固体氯化物用于有机合成，作为染色用的媒染剂等。成水溶液时，用于保藏木材、酸浸羊毛及作消毒剂等。

（五）铁的氯化物。

1. 氯化亚铁（$FeCl_2$）无水（鳞片、粉片或黄绿色粉末）或水合，例如，与4个水分子结合（绿色或浅蓝色晶体）；也可为绿色水溶液。在空气中氧化并变黄色。通常小心地装于用塞子塞住的瓶中，并加上几滴酒精以防止氧化。它是一种还原剂及媒染剂。

2. 氯化铁（$FeCl_3$），通过用盐酸或王水溶解氧化铁、碳酸铁或金属铁制得，或将氯气通过赤热的铁获得，无水时为黄色、棕色或紫酱色块体，易潮解，溶于水。水合时（结合5或12个水分子）为橙色、红色或紫色晶体；市场上的液态氯化铁是深红色的水溶液。应用较氯化亚铁广泛，例如，用于净化工业水，作为媒染剂，用于摄影及照相制版、在铁上加一层绿锈、用于医药（止血及血管缩小制剂）及主要作为氧化剂。

（六）二氯化钴（氯化亚钴）（$CoCl_2 \cdot 6H_2O$）。粉红、大红或紫色晶体，加热后变蓝色；溶于水。用于制湿度计，用作一种隐显墨水及防毒面具中的吸附剂。

（七）二氯化镍（$NiCl_2$）。无水时为黄色鳞片或粉片状，水合时（结合6个水分子）为易潮解的绿色结晶体；极易溶于水。用于电解（镀镍电解液）或用作染色的媒染剂和防毒面具中的吸附剂。

（八）氯化锌（$ZnCl_2$），将氯化氢通过焙烧的锌矿物（闪锌矿或菱锌矿）（品目26.08）制得；也可从品目26.20的矿灰及残渣中提取。熔融的或粒状的白色结晶块（氯化锌）。极易潮解，溶于水，具腐蚀性，剧毒。用作防腐剂、杀菌剂、脱水剂；用于木材的防火、皮革的保藏、纤维素（制造钢纸）的硬化及有机合成。也用作软钎焊的助熔剂、印染中的媒染剂。还用于净化油类；制造牙科用粘固剂或药剂（烧灼抗菌剂）。

（九）锡的氯化物。

1. 氯化亚锡（二氯化锡）（$SnCl_2$）。为具有树脂状断面的块状或为白色或浅黄色结晶体（结合2个水分子）。也可成为同样颜色的溶液。具有腐蚀性；在空气中会变质。用作纺织品染色的还原剂或媒染剂、用于还原染料（染料锡盐）、用作丝绸加工用的锡胶料及用于电镀锡。

2. 氯化锡（四氯化锡）（$SnCl_4$）。无水状态时为一种无色或淡黄色液体，在潮湿大气中会发出烟雾。水合后为无色晶体；也有为胶质块状的（氯化锡）。用作纺织品的媒染剂或胶料（丝绸加工用锡胶料），或与氯化亚锡及金盐相混合，可调制瓷器装饰用的金锡紫。

（十）氯化钡（$BaCl_2$），得自天然碳酸钡（碳酸钡矿）或硫酸钡（重晶石）。溶于水；可以是无水的、熔融的（黄色粉末）或与2个水分子结合（呈薄片晶体或小片）。用于染料、陶瓷工业，也用作杀寄生虫药或鼠毒和用于净化工业水等。

（十一）钛的氯化物，其中最重要的是四氯化钛（$TiCl_4$），在钛的冶炼过程中以氯作用于碳和天然二氧化钛（金红石、板钛矿、锐钛矿）的混合物制得。无色或淡黄色液体，有刺鼻气味；在潮湿空气中发烟；吸水并水解。用于制染色用媒染剂（钛媒染剂），能在搪瓷表面上添上彩虹色泽，也用于制烟幕及有机合成。

（十二）铬的氯化物。

1. 氯化亚铬（$CrCl_2$），针状晶体或天蓝色溶液，是一种还原剂。

2. 氯化铬（$CrCl_3$）粉红或橙色结晶鳞片，水合（结合6个水分子或12个水分子）时为绿色或紫色结晶体。用作纺织染色中的媒染剂、用于鞣革、电镀铬、有机合成及制烧结铬。

（十三）二氯化锰（$MnCl_2$），用盐酸处理天然碳酸锰（菱锰矿）（品目26.02）制得。无水时为玫瑰色结晶块；水合时（例如，结合4个水分子）为玫瑰色结晶体，易潮解，溶于水。用于制棕色着色剂或某些药剂及纺织品印花，也用作催化剂。

（十四）铜的氯化物。

1. 氯化亚铜（一氯化铜）（CuCl）。结晶粉末或无色晶体，几乎不溶于水，在空气中氧化。用于镍和银的冶炼或用作催化剂。

2. 氯化铜（$CuCl_2 \cdot 2H_2O$）。易潮解的绿色晶体，溶于水。用于纺织品印花、摄影及电解；用作催化剂、防腐剂、消毒剂及杀虫剂；用于染料工业及焰火制造（孟加拉焰火）。

氯化亚铜矿，即天然氯化铜，应归入品目25.30。

（十五）锑的氯化物。

1. 三氯化锑（$SbCl_3$），用盐酸处理天然硫化锑（辉锑矿）（品目26.17）制得。为无色半透明块；吸收大气中的水分后外表呈油状，具有腐蚀性。用于“镀青铜色”或酸浸金属，作媒染剂，制色淀，用于皮革处理及制氧化锑或兽用药物。

2. 五氯化锑（$SbCl_5$）。无色液体，在潮湿空气中发烟；遇水分解。用在有机合成中作为氯的载体及用作熏蒸剂。

本组不包括即使是纯态的氯化钠和氯化钾（品目25.01、31.04或31.05）。本品目也不包括误称为“漂白粉”的化合物，此种化合物是商品次氯酸钙（品目28.28）。汞的氯化物（氯化亚汞及氯化汞）归入品目28.52。

二、氯氧化物及氢氧基氯化物

本组包括金属的氯氧化物及氢氧基氯化物。

它包括：

（一）铜的氯氧化物及氢氧基氯化物。蓝色结晶粉末，用作杀虫剂、杀菌剂或颜料。

本品目不包括天然氢氧基氯化铜（氯铜矿）（品目26.03）。

（二）氢氧基氯化铝［$Al_2Cl(OH)_5 \cdot XH_2O$］，黄白色粉末，用作化妆品中的防汗剂。

（三）氯氧化铬（铬酰氯）（$CrCl_2O_2$），具有刺激气味的红色液体；在潮湿空气中发烟，遇水分解，用于鞣革，还用作媒染剂及氧化剂。

（四）氯氧化锡，灰色或白色无定形块状，溶于水，用作媒染剂。

（五）氯氧化锑（SbClO），白色粉末，用于制烟雾、颜料及药物。

（六）铅的氯氧化物及氢氧基氯化物，用碱金属氯化物处理氧化铅（铅黄）制得的白色粉末。用于制铬酸铅，用作水彩画、油画或胶画的颜料（氯化铅黄）以及用于调制其他更复杂的颜料。

（七）氯氧化铋（BiClO），白色粉末，在制人造珍珠中用作颜料（“珍珠白”）。

三、溴化物及溴氧化物

本组包括氢溴酸（品目28.11）的盐及溴氧化物。

（一）溴化钠（NaBr），制备方法同溴化铵，也可通过钠盐处理由溴直接作用于铁屑所得的溴化铁制得。可在51℃以上结晶得到相当不稳定的无水溴化钠，而在低于51℃时结晶所得到的是水合物（结合2个水分子），呈大块立方晶体。无色，吸湿，溶于水。用于医药及摄影。

（二）溴化钾（KBr）。与溴化钠的制备方法类似，用途相同。无水、大颗粒晶体。

（三）溴化铵（NH_4Br），通过溴化氢作用于氨制得，为无色结晶体，溶于水、暴露于空气中即变黄并慢慢分解，加热会挥发。在医药上用作镇痛剂，用于摄影（在显影液中作为抑制剂）及用作防火材料。

（四）溴化钙（$CaBr_2 \cdot 6H_2O$）。得自碳酸钙及溴化氢；为易潮解无色结晶体，极易溶于水，用于医药及摄影。

（五）铜的溴化物。

1. 溴化亚铜（CuBr），通过溴化铜的还原制得，为无色结晶体，不溶于水，用于有机合成。

2. 溴化铜（$CuBr_2$），通过溴直接作用于铜制得，为易潮解晶体，溶于水，用于有机合成及摄影。

（六）其他溴化物及溴氧化物，包括溴化锶（用于医药上）及溴化钡。

四、碘化物及碘氧化物

本组包括氢碘酸（品目28.11）的盐及碘氧化物。

（一）碘化铵（NH_4I），通过碘化氢作用于氨或碳酸铵制得，为白色吸湿性结晶粉末，极易溶于水，用于医药（循环失调及肺气肿）及摄影。

（二）碘化钠（NaI），通过碘化氢作用于氢氧化钠或碳酸钠制得，或用钠盐处理由碘直接作用于铁屑所得的碘化铁制得，也可通过煅烧碘酸盐制得。为无色结晶体，易潮解，极易溶于水，暴露于空气中及见光即分解。用于医药、碘化食盐及摄影。

（三）碘化钾（KI），制备方法及用途与碘化钠相似，但较易储存，为无水、无色或不透明晶体。

（四）碘化钙（CaI_2），得自碳酸钙和碘化氢，为无色有光泽晶体或珍珠白鳞片，溶于水，在空气中变黄，用于摄影。

（五）其他碘化物及碘氧化物。它们包括：

1. 锂碘化物（用于医药）、锶碘化物、锑碘化物、锌或铁的碘化物（两者都用于医药及作为抗菌剂）、铅碘化物（具有金属光泽，用于调制橡胶色料）、铋碘化物（试剂）。

2. 碘氧化锑、碘氧化铜及碘氧化铅。

本品目不包括汞的碘化物（碘化亚汞及碘化汞）（品目28.52）。

28.28 次氯酸盐；商品次氯酸钙；亚氯酸盐；次溴酸盐：

10 — 商品次氯酸钙及其他钙的次氯酸盐

90 — 其他

除本分章总注释规定不包括的以外，本品目包括金属的次氯酸盐、亚氯酸盐、次溴酸盐及商品次氯酸钙。

一、次氯酸盐

它是本品目中最重要的产品，主要用于漂白（“漂白亚氯酸盐”）。它是不稳定的盐，在空气中会变质；即使是遇上弱酸也会产生次氯酸。次氯酸能立即放出氯气，是一种强氧化剂及漂白剂。

（一）次氯酸钠（$NaClO \cdot 6H_2O$），制成水溶液，商业上流行叫作漂白水。它通过电解氯化钠水溶液或以硫酸钠或碳酸钠作用于次氯酸钙制得，也可用氯处理氢氧化钠（苛性苏打）制得。这种盐极易溶于水，没有无水状态；相当不稳定，对热和光都很敏感。次氯酸钠水溶液为无色或浅黄色，有氯的气味。它们通常含有少量的氯化钠杂质。用于漂白植物纤维和木浆、消毒居室、净化水质及制备肼。也用于摄影，作反晕光底片的快速显影剂，及医药上用作防腐剂（与硼酸混合，被称为达金溶液）。

（二）次氯酸钾（$KClO \cdot 6H_2O$）。这种盐的水溶液过去被称作“漂白水”；它各方面都与次氯酸钠相类似。

（三）其他次氯酸盐，包括次氯酸铵（比漂白粉更强的消毒剂）、次氯酸钡、次氯酸镁及氯酸锌；它们都是漂白剂及消毒剂。

二、商品次氯酸钙

次氯酸钙，这个商业上误称为“漂白粉”的产品，主要由不纯的次氯酸钙、氯化钙，有时还有氧化钙或氢氧化钙组成。通过使氢氧化钙饱含氯而制得。为一种白色无定形粉状物，当含氯化钙时能吸湿，溶于水，对光、热及二氧化碳的作用敏感。它能影响动物纤维和有机物质，破坏有色物质。用于漂白植物纤维和木浆，用作消毒剂及防腐剂（“消毒净水法”净化水质），并用来喷撒在被致死性毒气污染的地面。纯次氯酸钙是晶体块状物或是散发出氯气味的溶液；它比不纯产品稍稳定。

本品目不包括氯化钙（$CaCl_2$）（品目28.27）。

三、亚氯酸盐

本组包括亚氯酸（$HClO_2$）的盐：

（一）亚氯酸钠（$NaClO_2$），无水或水合（结合3个水分子）的块状或水溶液，在温度100℃以下可以稳定，是一种强氧化剂，具有极强腐蚀性，用以染色及漂白。

（二）亚氯酸铝，用途与亚氯酸钠相同。

四、次溴酸盐

本组包括次溴酸（HBrO）（品目28.11）的盐。

次溴酸钾用于测定某些有机化合物中氮的含量。

28.29　氯酸盐及高氯酸盐；溴酸盐及过溴酸盐；碘酸盐及高碘酸盐：

	—	氯酸盐：
11	——	氯酸钠
19	——	其他
90	—	其他

除本分章总注释规定不包括的以外，本品目包括金属的氯酸盐、高氯酸盐、溴酸盐、高溴酸盐、碘酸盐及高碘酸盐。

一、氯酸盐

本类包括氯酸（$HClO_3$）（品目28.11）的盐。

（一）氯酸钠（$NaClO_3$），通过电解氯化钠水溶液制得。为有光泽的无色晶体（片）；极易溶于水；易于放氧。常含有杂质（例如，碱金属的氯化物）。用作氧化剂；用于有机合成、纺织品印花（苯胺黑染料）；制雷汞引火药及火柴头制剂；也作为除莠剂等。

（二）氯酸钾（$KClO_3$）。制备方法与氯酸钠相似。为无色晶体，微溶于水，其他性质与氯酸钠相似。也用于医药及制轰炸药（例如，谢德炸药）。

（三）氯酸钡［$Ba(ClO_3)_2$］，通过电解氯化钡溶液制得；为无色晶体，溶于水，用作焰火中的绿色着色物，还用于制炸药及某种其他氯酸盐。

（四）其他氯酸盐，包括氯酸铵，用于制炸药；氯酸锶，用于制炸药及焰火中产生红光；氯酸铬，染料中用作媒染剂；氯酸铜，为绿色晶体，用于染料、制炸药及用于焰火产生绿色光。

二、高氯酸盐

本组包括高氯酸（$HClO_4$）（品目28.11）的盐。这些强氧化剂用于制焰火及炸药。

（一）高氯酸铵（NH_4ClO_4），得自高氯酸钠。为无色晶体，溶于水，特别是热水；遇热分解，有时会爆炸。

（二）高氯酸钠（$NaClO_4$），通过电解冷的氯酸钠溶液制得，为易潮解的无色晶体。

（三）高氯酸钾（$KClO_4$），得自高氯酸钠。无色结晶粉末，具较低溶解度，受震动会爆炸。化学工业中用作比氯酸盐更强的氧化剂。

（四）其他高氯酸盐，包括：高氯酸钡（水合粉）及高氯酸铅；高氯酸铅的饱和溶液是用于浮选的一种重液体（比重为2.6）。

三、溴酸盐及高溴酸盐

本组包括溴酸（$HBrO_3$）（品目28.11）的盐，例如，溴酸钾（$KBrO_3$）及高溴酸（$HBrO_4$）的盐。

四、碘酸盐及高碘酸盐

本组包括碘酸（HIO_3）（品目28.11）的盐及高碘酸（品目28.11）的盐。

碘酸钠（$NaIO_3$）、碘酸钾（KIO_3）及二碘酸氢钾［$KH(IO_3)_2$］，用于医药及在化学分析中用作试剂。碘酸钡，为结晶体，用于制碘酸。

高碘酸钡（单钠与二钠）通过氯作用于碘酸钠的碱性溶液制得。

28.30 硫化物；多硫化物，不论是否已有化学定义：

10 — 钠的硫化物

90 — 其他

除本分章总注释规定不包括的以外，本品目包括金属硫化物［品目28.11的硫化氢（H_2S）的盐］。过去称为“氢硫化物”的有时候也适用于酸式硫化物。本品目不包括非金属硫化物（品目28.13）。

一、钠的硫化物。

（一）硫化钠（Na_2S），用煤还原硫酸钠制得。无水时呈白色块状或板状（浓缩或熔融硫化物），溶于水，在空气中硫酸化；水合晶体（结合9个水分子）时，根据其纯度的不同，可呈无色或浅绿色。是一种中强还原剂，用于制备有机化合物。在浮选工序中，这种硫化物通过硫化可以促进矿石表面油分的吸收。也用作去毛剂（在鞣革及盥洗品配制中）及作杀寄生虫药。

（二）硫氢化钠（氢硫化钠）（NaHS），通过硫化氢作用于中性硫化物制得，为无色结晶体，溶于水。用于鞣革中作脱毛剂，用于染色工业，在精炼镍过程中用作铜的吸收剂，在有机合成中用作还原剂等。

二、硫化锌（ZnS）。人造硫化锌是使用硫化钠对碱金属锌酸盐进行沉淀所得的水合体，白色浆状或粉状，常含有氧化锌或其他杂质。可单独或与氧化镁混合作为橡胶工业中的颜料。与硫酸钡共沉淀可以产生锌钡白（品目32.06）。用银、铜等活化后可产生品目32.06的发光体。应当注意，硫化锌只有在未混合和未活化时才归入本品目。

本品目不包括闪锌矿（一种天然硫化锌）（品目 26.08）及纤锌矿（也是一种天然硫化锌）（品目 25.30）。

三、硫化镉（CdS）。人造硫化镉是用硫化氢或碱金属硫化物作用于镉盐（例如，硫酸镉）溶液所得的沉淀物。美术家用作黄色颜料（镉黄），也用于制防眩玻璃；与硫酸钡共沉淀可产生用于油漆及陶瓷的亮黄色料（品目 32.06）。

本品目不包括天然硫化镉（硫镉矿）（品目 25.30）。

四、硫化氢铵（氢硫化铵）（$NH_4 \cdot HS$）。为结晶粉片状或针状；极易挥发。用于摄影及有机合成。

五、硫化钙（CaS），通过焙烧硫酸钙和碳的混合物制得。浅灰色或浅黄色块状，有时会发光，几乎不溶于水。常含硫酸盐及其他杂质。可以单独使用，或者用氧化砷或石灰处理后供皮革去毛用。也在盥洗品中用作脱毛剂，医药上用作杀菌剂和用于冶金及制发光漆。

六、铁的硫化物。最重要的人造硫化铁是通过熔融硫和铁屑混合物所得的硫化亚铁（FeS），一种浅黑色具有金属光泽的片、条或块，用于制硫化氢或用于陶瓷工业。

本品目不包括天然铁硫化物。参见品目 25.02（未焙烧的黄铁矿）及 71.03 或 71.05（白铁矿）。含有砷（砷黄铁矿）或铜（斑铜矿、黄铜矿）的天然铁的复硫化物，应分别归入品目 25.30 及 26.03。

七、硫化锶（SrS）。浅灰色产品，与空气接触即变黄。在鞣革工业中用作去毛剂，并用于化妆品及制发光漆。

八、锡的硫化物。人造硫化锡（二硫化锡）（SnS_2），通过加热硫和氯化铵的混合物及氧化锡或锡汞齐制得。金黄色粉片或粉末，不溶于水，加热后升华。用于木材及熟石膏等的镀青铜色。

九、锑硫化物。

（一）人造三硫化锑（Sb_2S_3）。通过一种酸作用于溶入氢氧化钠的天然硫化锑，即产生一种红色或橙色粉末（沉淀三硫化锑）。单独或与五硫化物或其他产品混合后用作橡胶工业中的颜料（锑朱红、锑绯红）。熔化的天然硫化锑可产生黑色的三硫化锑，用于制焰火、火柴头料、雷管（与氯酸钾混合）及照相用闪光灯粉（与氯酸钾混合）等。与碳酸钠混合进行热处理产生主要由三硫化锑及焦锑酸钠组成的“红锑”，用于医药上（品目 38.24）。

（二）五硫化锑（金色硫化锑）（Sb_2S_5），对硫化钠锑（全硫锑酸钠）溶液进行酸化而得。橙色粉末，即使置于暗处经过一段时间也会分解。用于制雷管、硫化橡胶或橡胶着色及用于制造供人（祛痰剂）或畜用药物。

本品目不包括天然硫化锑（辉锑矿）及硫氧化锑（桔红硫锑矿）（品目 26.17）。

十、硫化钡（BaS），用煤还原天然硫酸钡（品目 25.11 的重晶石）而得。纯净时为白色粉末或团块，不纯时为浅灰色或浅黄色。有毒，用途与硫化锶相同。

十一、其他硫化物，包括：

（一）钾的硫化物（中性或酸性）。氢硫化钾，用于制造硫醇。

（二）铜的硫化物，用于制电极及抗海水作用的油漆，但不包括天然硫化铜（靛铜矿、辉铜矿）（品目 26.03）。

（三）硫化铅，用于陶瓷；但不包括天然硫化铅（方铅矿）（品目 26.07）。

天然硫化汞（朱砂、天然银朱）及人造硫化汞不归入本品目，而应分别归入品目 26.17 及 28.52。

十二、多硫化物。归入本品目的多硫化物是同一种金属的各种硫化物的混合物。

（一）多硫化钠，通过对硫和硫酸钠或中性硫化钠进行加热制得。主要含有二硫化钠（Na_2S_2）、三硫化钠及四硫化钠和杂质（硫酸钠、硫化钠等）。为浅绿色片状，溶于水，在空气中会氧化。吸湿性强；保存于紧塞的容器内。主要在有机合成中用作还原剂（制硫化染料）；也用于浮选；制备乙烯多硫化物、人造硫化汞、硫浴及疥疮治疗药物。

（二）多硫化钾（“硫肝”），用途与多硫化钠相同，特别用于硫浴。

本品目也不包括下列天然硫化物：

（一）硫化镍（针镍矿）（品目25.30）。

（二）硫化钼（辉钼矿）（品目26.13）。

（三）硫化钒（绿硫钒矿）（品目26.15）。

（四）硫化铋（辉秘矿）（品目26.17）。

28.31 连二亚硫酸盐及次硫酸盐：

10 — 钠的连二亚硫酸盐及次硫酸盐

90 — 其他

连二亚硫酸盐是在游离态中未离析的连二亚硫（“氢亚硫”）酸（$H_2S_2O_4$）的盐，用锌粉对饱含二氟化硫的亚硫酸氢盐溶液进行还原而得。它们是用在化学、纺织及制糖工业方面的还原剂，主要供漂白用。

最重要的品种之一是连二亚硫酸钠（$Na_2S_2O_4$），无水白色粉末，溶于水；或水合（结合2个水分子）的无色晶体。用于有机合成、染料工业及造纸工业。即使结成晶体也会很快就变质。对某些用途（例如，在纺织工业中用作漂白剂），连二亚硫酸必须用甲醛加以稳定，有时加入氧化锌或甘油。也可用丙酮加以稳定。

钾、钙、镁、锌的连二亚硫酸盐，也可以用类似的方法加以稳定。它们是连二亚硫酸钠的类似产品，有着相似的性质及用途。

本品目包括所有这些经稳定的连二亚硫酸盐，也包括其类似产品甲醛次硫酸盐。

本品目不包括亚硫酸盐及硫代硫酸盐（品目28.32）。

28.32 亚硫酸盐；硫代硫酸盐：

10 — 钠的亚硫酸盐

20 — 其他亚硫酸盐

30 — 硫代硫酸盐

除本分章总注释规定不包括的以外，本品目包括：

（一）**金属亚硫酸盐**，亚硫酸（H_2SO_3）的盐（只以水溶液状态存在，相当于品目28.11的二氧化硫）。

（二）**金属硫代硫酸盐**，硫代硫酸（$H_2S_2O_3$）的盐，不存在纯态。

本品目不包括浓缩的亚硫酸盐碱液（品目38.04）及用有机物稳定并称作“亚硫酸氢盐”的工业产品（品目28.31）。

一、亚硫酸盐

本品目包括中性和酸性亚硫酸盐。

（一）钠的亚硫酸盐，它们包括：亚硫酸氢钠（$NaHSO_3$）、二亚硫酸二钠（$Na_2SO_3 \cdot SO_2$或$Na_2S_2O_5$）及亚硫酸钠（Na_2SO_3）。

1. 亚硫酸氢钠（酸式亚硫酸钠），通过二氧化硫作用于碳酸钠水溶液制得。无色粉末或晶体，相当不稳定，带有二氧化硫气味，极易溶于水；也有为淡黄的浓溶液。在有机合成中用作还原剂，用于制靛蓝、漂白羊毛及生丝、处理胶乳的硫化剂、鞣革工业、酿酒工业（作防腐剂以保存酒）以及在浮选中减低矿物的浮力。

2. 二亚硫酸二钠（偏二亚硫酸钠、焦亚硫酸钠、干亚硫酸钠及在有些语言中误称为“二亚硫酸钠晶体”），得自硫化氢；特别在潮湿的大气中会迅速氧化。用途与酸式亚硫酸钠相同，并用于葡萄栽培及摄影。

3. 亚硫酸钠（中性亚硫酸钠），通过用碳酸钠中和亚硫酸氢盐溶液制得。无水（粉状）或结成晶体（结合7个水分子），无色，溶于水。用于摄影业、酿酒业、树脂加工或作为防腐剂及漂白剂，也用于制备其他亚硫酸盐、硫代硫酸盐及有机染料等。

（二）亚硫酸铵［$(NH_4)_2SO_3 \cdot H_2O$］，通过二氧化硫与氨反应获得。为无色晶体，溶于水，在空气中氧化。用于有机合成。

（三）钾的亚硫酸盐，外形与钠的亚硫酸盐相同。

1. 亚硫酸氢钾，结晶体，用于染料及酿酒。

2. 二亚硫酸二钾（偏二亚硫酸钾），为白色粉末或鳞片，用于摄影业及毡帽业中处理毛发并用作防腐剂。

3. 中性亚硫酸钾，结成晶体（结合2个水分子），用于纺织品印花。

（四）钙的亚硫酸盐，包括：

1. 二亚硫酸二氢钙（亚硫酸氢钙）［$Ca(HSO_3)_2$］，通过二氧化硫作用于氢氧化钙制得。在制化学木浆时用于分解木素，用于漂白（例如，海绵），用作脱氯剂及用于防止啤酒浑浊。

2. 中性亚硫酸钙（$CaSO_3$），为白色结晶粉末或水合针状（结合2个水分子），微溶于水，在空气中风化，用于医药及酿酒。

（五）其他亚硫酸盐。它们包括镁的亚硫酸盐（用途同钙的亚硫酸盐）、亚硫酸锌（防腐剂及媒染剂）及亚硫酸氢铬（媒染剂）。

二、硫代硫酸盐

（一）硫代硫酸铵［$(NH_4)_2S_2O_3$］，得自硫代硫酸钠。为无色结晶体，易潮解，溶于水。用于摄影的定影液及作防腐剂。

（二）硫代硫酸钠（$Na_2S_2O_3 \cdot 5H_2O$），通过硫作用于亚硫酸钠溶液而得。呈无色晶体状，极易溶于水。不受空气影响。用作摄影的定影剂、纺织品和纸张漂白的脱氯剂，并用于铬鞣及有机合成。

（三）硫代硫酸钙（$CaS_2O_3 \cdot H_2O$），通过亚硫酸钙的氧化制得，为白色结晶粉末，溶于水，用于医药及制备其他硫代硫酸盐。

（四）其他硫代硫酸盐。它们包括：硫代硫酸钡（具有珍珠光泽的颜料）；硫代硫酸铝（用于有机合成）；硫代硫酸铅（用于制无磷火柴）。

28.33　硫酸盐；矾；过硫酸盐：

—　钠的硫酸盐：

11　——　硫酸钠

19　——　其他

—　其他硫酸盐：

21　——　硫酸镁

22　——　硫酸铝

24　——　镍的硫酸盐

25　——　铜的硫酸盐

27　——　硫酸钡

29　——　其他

30 —　　矾

40 —　　过硫酸盐

一、硫酸盐

除本分章总注释规定不包括的以外，本品目包括硫酸（H_2SO_4）（品目28.07）的金属盐，但不包括汞的硫酸盐（应归入品目28.52）、硫酸铵（即使是纯净的硫酸铵均应归入品目31.02或31.05）和硫酸钾（不论是否纯净均应归入品目31.04或31.05）。

（一）钠的硫酸盐包括：

1. 硫酸钠（中性硫酸钠）（Na_2SO_4）。为无水或水合的粉状或大颗粒透明晶体。温度下降时在空气中风化并溶于水。十水硫酸钠（$Na_2SO_4 \cdot 10H_2O$）称为芒硝。不纯的硫酸钠（纯度90%～99%）通常为各种制备过程的副产品，常被人称为“盐饼”，这种物质也归入本品目。硫酸钠可用作助染剂；在玻璃制造中作玻璃化用料的助熔剂（制造瓶玻璃、水晶及光学玻璃）；在鞣革中用于保藏生皮；用于造纸（制某种化学纸浆）；在纺织工业中作为上浆料；医学上作为泻药等。

本品目不包括天然的钠的硫酸盐（钙芒硝矿、白钠镁石、白钠镁矾、芒硝）（品目25.30）。

2. 硫酸氢钠（酸式硫酸钠）（$NaHSO_4$）。它是制硝酸过程中的残渣盐，为易潮解熔融的白色团块。用于代替硫酸，特别用于酸浸金属，还用于再生橡胶、锑及钽的冶炼及作为除莠剂。

3. 二硫酸二钠（焦硫酸钠）（$Na_2S_2O_7$）。

（二）硫酸镁。本品目包括人造硫酸镁（$MgSO_4 \cdot 7H_2O$）（泻盐、塞得利兹盐）。通过纯化硫镁矾矿或用硫酸作用于白云石矿而得。无色结晶体，在空气中轻度风化，溶于水。用作纺织品上浆中的填料，并用于鞣革、防火及作为泻药。

本品目不包括天然硫酸镁（硫镁矾矿）（品目25.30）。

（三）硫酸铝［$Al_2(SO_4)_3$］。用硫酸处理铝土矿或天然铝硅酸盐制得。其杂质主要是铁化合物。水合（结合18个水分子）时为白色晶体，溶于水，根据制备时所用溶液浓度不同，该产品易碎并能用指甲轻易划痕，或坚硬易碎。稍加热即溶解在其结晶水中，最后形成无水硫酸铝。在染料中作媒染剂；鞣革工业中用于保藏生皮及用于矾鞣；造纸中用作纸浆的胶料；染料工业中用于制色淀、亚甲基蓝或其他噻唑染料。也用于澄清动物脂、净化工业用水、灭火器等。

用于染料的碱性硫酸铝也归入本品目。

（四）铬的硫酸盐。最著名的品种是从硝酸铬和硫酸制得的硫酸铬［$Cr_2(SO_4)_3$］。为结晶粉末，紫色或绿色，溶解在水溶液中。在染料中用作媒染剂（铬媒染）或用于鞣革（铬鞣）。用于鞣革的主要产品是从硫酸铬或硫酸亚铬（$CrSO_4$）产生的相当不稳定的碱性硫酸铬溶液。这些硫酸盐均归入本品目。

（五）镍的硫酸盐。这些硫酸盐中最普通的品种是硫酸镍（$NiSO_4$）。无水黄色晶体或水合的祖母绿色晶体（结合7个水分子）或浅蓝色晶体（结合6个水分子）；溶于水。用于电镀镍、在染色中作媒染剂、用于制防毒面具及作为催化剂。

（六）铜的硫酸盐。

1. 硫酸亚铜（Cu_2SO_4），是制合成乙醇的催化剂。

2. 硫酸铜（$CuSO_4 \cdot 5H_2O$），是电解精炼铜时的副产品；也可用稀硫酸溶液处理废碎铜获得。蓝色结晶体或结晶粉末，溶于水。煅烧后即变成白色的无水硫酸铜，吸收水分并与之亲合。农业上用作杀菌剂（参见品目38.08的注释）；用于调制喷雾剂、氧化亚铜或无机铜色料；用于染色（将蚕丝或羊毛染成黑、紫或淡紫色）、电解精炼铜及电镀铜；用作浮选调节剂（供恢复矿砂天然浮力）及防腐剂等。

本品目不包括天然水合硫酸铜（水胆矾）（品目26.03）。

（七）硫酸锌（$ZnSO_4 \cdot 7H_2O$），通过稀硫酸作用于锌、氧化锌、碳酸锌或焙烧闪锌矿制得。为白色玻璃化块体或针状晶体。用在浮选中减少矿石的天然浮力；作为染色的媒染剂；用于电解电镀锌；作为防腐剂；用于保藏木材；制干燥剂、锌钡白（品目32.06）、发光体（用铜活化的硫酸锌）（品目32.06）及其他各种锌的化合物。

（八）硫酸钡。本品目包括人造或沉淀硫酸钡（$BaSO_4$），用硫酸或碱金属硫酸盐沉淀氯化钡溶液获得。呈白色粉末状，质极重（比重约为4.4），不溶于水，或呈厚浆糊状。用作白色颜料、纺织品上浆填充料或用于制橡胶、涂料纸及纸板、封泥、色淀、色料等。它对X光线具有不可穿透性，因而用于射线摄影。

本品目不包括天然硫酸钡（重晶石）（品目25.11）。

（九）铁的硫酸盐。

1. 硫酸亚铁（$FeSO_4$），用稀硫酸处理铁削片或作为制造二氧化钛的副产品而得；常含有铜、硫酸铁及砷等杂质。极易溶于水；主要为水合物（通常结合7个水分子），淡绿色结晶体，暴露于空气中即变成棕色；加热后变成白色无水硫酸盐。水溶液为绿色，暴露于空气中变成浅棕色：硫酸亚铁用于制墨水（铁墨水）、色料（普鲁士蓝）及净化煤气的混合剂（与熟石灰及锯屑混合）；用于染色；作消毒剂、防腐剂及除草剂。

2. 硫酸铁［$Fe_2(SO_4)_3$］，得自硫酸亚铁。粉状或棕色块。极易溶于水，与水结合形成一种白色水合物（结合9个水分子）。用于净化天然水或污水、凝结屠宰场血液、用于铁鞣及作杀菌剂。由于它能减少矿物的浮力，因此用作浮选调节剂。也用作染色的媒染剂及用于铜或锌的电解生产。

（十）硫酸钴（$CoSO_4 \cdot 7H_2O$），得自氧化亚钴和硫酸；为红色晶体，溶于水。用于电解法电镀钴；作为陶瓷色料、催化剂；还用于配制沉淀树脂酸钴（干燥剂）。

（十一）硫酸锶，从氯化物溶液中沉淀出来的人造硫酸锶（$SrSO_4$），一种白色粉末，微溶于水。用于制焰火、陶瓷及制备各种锶盐。

本品目不包括天然硫酸锶（天青石）（品目25.30）。

（十二）硫酸镉（$CdSO_4$），为无色晶体，溶于水。无水或水合（结合8个水分子）。用于制镉黄（硫化镉）或其他着色料、医药产品；标准电池（韦斯顿电池）；也用于电镀及染色工业。

（十三）铅的硫酸盐。

1. 人造硫酸铅（$PbSO_4$），用硫酸沉淀硝酸铅或醋酸铅制得；白色粉末或晶体，不溶于水，用于制铅盐。

2. 碱式硫酸铅，将一氧化铅、氯化钠和硫酸一起加热所得的浅灰色粉末，也可通过冶金方法制得，所得的为白色粉末，用于制颜料、粘合剂和橡胶工业用的混合剂。

本品目不包括天然硫酸铅（硫酸铅矿）（品目26.07）。

二、明矾

明矾是含有三价金属（铝、铬、锰、铁或铟）的硫酸盐和一价金属硫酸盐（碱金属硫酸盐或硫酸铵）的水合硫酸复盐。用于染色、作防腐剂及配制化学品，但目前倾向于以简单硫酸盐来代替明矾。

（一）铝矾

1. 硫酸铝钾（普通矾或钾矾）［$Al_2(SO_4)_3 \cdot K_2SO_4 \cdot 24H_2O$］，得自天然明矾石（矾石）（品目25.30）（即混有氢氧化铝的碱式硫酸铝钾）。明矾也可以从其两种硫酸盐组分中制得。为白色结晶固体，溶于水。煅烧后成为轻质的无水结晶白色粉末（煅烧矾）。用途同硫酸铝，特别用于制色淀、染色及鞣革（矾鞣），也用于摄影、盥洗品等。

2. 硫酸铝铵（铵矾）［$Al_2(SO_4)_3 \cdot (NH_4)_2SO_4 \cdot 24H_2O$］，为无色晶体，溶于水，特别是热水，用于制纯氧化铝及医药。

3. 硫酸铝钠（钠矾）［$Al_2(SO_4)_3 \cdot Na_2SO_4 \cdot 24H_2O$］。与钾矾相似，为风化晶体，溶于水。在

染色中用作媒染剂。

（二）铬矾

1. 硫酸铬钾（铬矾）[$Cr_2(SO_2)_3 \cdot K_2SO_4 \cdot 24H_2O$]。用二氧化硫还原重铬酸钾的硫酸溶液制得。为紫红色晶体，溶于水并在空气中风化。用于染色中的媒染剂、鞣革（铬鞣）、摄影等。

2. 硫酸铬铵（铬铵矾），为蓝色结晶粉末，用于鞣革及陶瓷工业。

（三）铁矾。双硫酸铁铵[$(NH_4)_2SO_4 \cdot Fe_2(SO_4)_3 \cdot 24H_2O$]，为紫色晶体，在空气中脱水并变成白色；硫酸铁（Ⅲ）钾也是紫色晶体。两者皆用于染色。

三、过硫酸盐

所称“过硫酸盐”，是指品目28.11的过硫酸的盐。它们在干燥时相当稳定，但在水溶液时加热即行分解，是强氧化剂。

（一）过二硫酸二铵[$(NH_4)_2S_2O_8$]，通过电解硫酸铵与硫酸的浓溶液获得；为无色晶体，溶于水，遇潮及遇热都即行分解，用于摄影、纺织品漂染；制可溶性淀粉；制其他过二硫酸盐及某种电解液；并用于有机合成等。

（二）过二硫酸二钠（$Na_2S_2O_8$），为无色晶体，极易溶于水。用作消毒剂、去极剂（蓄电池）及用于漂白和铜合金的雕刻。

（三）过二硫酸二钾（$K_2S_2O_8$），为无色晶体，极易溶于水。用于漂白、制皂、摄影及作防腐剂等。

本品目不包括天然硫酸钙（石膏、无水石膏、硬石膏）（品目25.20）。

28.34 亚硝酸盐；硝酸盐：

10 — 亚硝酸盐

— 硝酸盐：

21 —— 硝酸钾

29 —— 其他

一、亚硝酸盐

除本分章总注释规定不包括的以外，本品目包括亚硝酸盐，即亚硝酸（HNO_2）（品目28.11）的金属盐。

（一）亚硝酸钠（$NaNO_2$），用铅还原硝酸钠制得；也可在制一氧化铅时获得。为无色晶体，吸湿并极易溶于水。用作还原染料的氧化剂；用于有机合成；酸浸金属；摄影业；及作鼠毒等。

（二）亚硝酸钾（KNO_2），制备方法同亚硝酸钠，也可用二氧化硫作用于氧化钙和硝酸钾的混合物获得。为白色结晶粉末或淡黄色条杆；常含有其他盐杂质。溶于水，极易潮解并在空气中变质。用途同硝酸钠。

（三）亚硝酸钡[$Ba(NO_2)_2$]，结晶体，用于制焰火。

（四）其他亚硝酸盐。它们包括亚硝酸铵，不稳定且会爆炸；其溶液在实验室内用于制取氮气。

本品目不包括亚硝酸根合高钴酸盐（品目28.42）。

二、硝酸盐

除本分章总注释规定不包括的以外，本品目包括硝酸盐，即硝酸（品目28.08）的金属盐，但不包括硝酸铵及硝酸钠，不论是否纯净（品目31.02或31.05）（参见以下所列不包括的产品）。

碱式硝酸盐也归入本品目。

（一）硝酸钾（KNO_3）（也称钾硝或硝石），得自硝酸钠和氯化钾。为无色晶体、玻璃化团块或白色晶体粉末，溶于水，不纯时能吸湿。用途与硝酸钠相似；也用于制火药、化学始爆器、焰火、火柴及冶金助熔剂。

（二）铋的硝酸盐。

1. 中性硝酸铋［Bi（NO_3）$_3$·$5H_2O$］，通过硝酸与金属铋反应制得。大颗粒晶体，无色，易潮解。用于制铋氧化物、铋盐及某些清漆。

2. 碱式硝酸铋［$BiNO_3$（OH）$_2$］，得自中性硝酸铋；为珠光白色粉末，不溶于水。用于医药（治疗肠胃疾病）、陶瓷业（彩虹色料）、化妆品及制造雷酸盐始爆器等。

（三）硝酸镁［Mg（NO_3）$_2$·$6H_2O$］，为无色结晶体，溶于水。用于制造焰火、耐火产品（与氧化镁混合）、煤气灯的白炽罩等。

（四）硝酸钙［Ca（NO_3）$_2$］，用硝酸处理碾碎的石灰石制得。白色易潮解块，溶于水、乙醇及丙酮。用于制焰火、炸药、火柴、化肥等。

（五）硝酸铁［Fe（NO_3）$_3$·6或$9H_2O$］，为蓝色晶体。在印染中用作媒染剂（单独或与醋酸盐混合），其纯的水溶液用于医药上。

（六）硝酸钴［Co（NO_3）$_2$·$6H_2O$］，为紫色、淡红或浅棕色晶体，溶于水，易潮解。用于制钴蓝、钴黄及隐显墨水；陶瓷彩饰及电镀钴等。

（七）硝酸镍［Ni（NO_3）$_2$·$6H_2O$］，为水溶性的易潮解绿色晶体。用于陶瓷工业（棕色颜料）；染色（作为媒染剂）；电镀镍；制取氧化镍或纯镍催化剂。

（八）硝酸铜［Cu（NO_3）$_2$］。铜溶解于硝酸经结晶产生硝酸铜（根据温度的不同可结合3或6个水分子）。为蓝色或绿色晶体，溶于水，吸湿，有毒。用于制焰火、染料、纺织品印染（媒染剂）、氧化铜及照相纸、电镀（给金属镀一层铜绿）等。

（九）硝酸锶［Sr（NO_3）$_2$］。氧化锶或硫化锶作用于硝酸，在温热条件下生成无水盐，而冷却时为水合盐（结合4个水分子）。为无色晶体粉末，易潮解，溶于水，遇热分解。用于焰火制造中产生红色光，也用于制火柴。

（十）硝酸镉［Cd（NO_3）$_2$·$4H_2O$］。得自氧化镉。为无色针状体，溶于水，易潮解。在陶瓷及玻璃制造中用作色料。

（十一）硝酸钡［Ba（NO_3）$_2$］。得自天然碳酸钡（毒重石）（品目25.11），无色或白色结晶体或结晶粉末，溶于水，有毒。用于焰火制造中产生绿色光；制炸药、光学玻璃、陶瓷釉料、钡盐或硝酸盐等。

（十二）硝酸铅［Pb（NO_3）$_2$］。硝酸铅是硝酸作用于红丹以制备二氧化铅时所得的副产品。为无色晶体，溶于水，有毒。用于制焰火（黄色光）、火柴、炸药及某些色料，也用于鞣革、摄影及石印，供制铅盐及有机合成中作为氧化剂。

除了以上所述的不包括产品外，下列产品也不归入本品目：

（一）汞的硝酸盐（品目28.52）。

（二）乙酰硝酸盐（第二十九章）（例如，用作媒染剂的乙酰硝酸铁）。

（三）硫酸铵和硝酸铵的复盐，不论是否纯净（品目31.02或31.05）。

（四）由金属硝酸盐混合物组成的炸药（品目36.02）。

28.35　次磷酸盐、亚磷酸盐及磷酸盐；多磷酸盐，不论是否已有化学定义：

10	—	次磷酸盐及亚磷酸盐
	—	磷酸盐：
22	——	磷酸一钠及磷酸二钠
24	——	钾的磷酸盐
25	——	正磷酸氢钙（磷酸二钙）

26　——　其他磷酸钙
29　——　其他
　　—　多磷酸盐：
31　——　三磷酸钠（三聚磷酸钠）
39　——　其他

一、次磷酸盐

除本分章总注释规定不包括的以外，本品目包括次磷酸盐，即次磷酸（H_3PO_2）（品目28.11）的金属盐。

这些物质溶于水，加热即分解，同时释放能自燃的磷化氢。碱金属磷酸盐是还原剂。

最重要的品种有：

（一）次磷酸钠（$NaPH_2O_2$），白色片状或结晶粉末，有吸湿性。

（二）次磷酸钙［$Ca(PH_2O_2)_2$］，无色晶体或白色粉末（用白磷作用于沸腾的石灰乳获得）。

以上两种产品都用于医药上作为滋补品或营养补品。

（三）次磷酸铵、次磷酸铁、次磷酸铅。

二、亚磷酸盐

除本分章总注释规定不包括的以外，本品目包括亚磷酸盐，即亚磷酸（H_3PO_3）（品目28.11）的金属盐（中性或酸性）。

最重要的亚磷酸盐是亚磷酸铵、亚磷酸钠、亚磷酸钾及亚磷酸钙，溶于水，作为还原剂。

三、磷酸盐及多磷酸盐

除本分章总注释规定不包括的以外，本品目包括从品目28.09的酸衍变而得的金属磷酸盐及多磷酸盐，即：

（一）正磷酸盐，即正磷酸（H_3PO_4）的金属盐。它们是最主要的品种，通常称为“磷酸盐”，不再冠以“正”字。磷酸与一价金属所形成的盐可以是单、双或三代的（即含一个、两个或三个金属原子）；例如，三种磷酸钠：正磷酸二氢钠［单代磷酸盐（NaH_2PO_4）］、正磷酸氢二钠［二代磷酸盐（Na_2HPO_4）］及正磷酸三钠［三代磷酸盐（Na_3PO_4）］。

（二）焦磷酸盐（二磷酸盐），即焦磷酸（$H_4P_2O_7$）的金属盐。

（三）偏磷酸盐，即偏磷酸（$(HPO_3)_n$）的金属盐。

（四）其他多磷酸盐，即高聚合度的多磷酸的金属盐。

最重要的磷酸盐及多磷酸盐有：

（一）铵的磷酸及多磷酸盐

1. 正磷酸三铵［$(NH_4)_3PO_4$］，仅在水溶液中才稳定。

2. 多磷酸铵。有几种磷酸铵，其聚合度从几个单位到几千个单位。

它们为白色结晶粉末，可溶于水或不溶于水；用于配制肥料，作清漆的防火添加剂或配制防火剂。

这些物质即使其聚合度没有确定也仍归入本品目。

本品目不包括正磷酸二氢铵（磷酸一铵）、正磷酸氢二铵（磷酸二铵），不论是否纯净或相互混合（品目31.05）。

（二）钠的磷酸盐及多磷酸盐

1. 正磷酸二氢钠（单代磷酸钠）（$NaH_2PO_4 \cdot 2H_2O$）。为无色晶体，溶于水，加热时失水（粉化磷酸盐）变成焦磷酸钠，最后转变成偏磷酸钠。用于医药、化学纤维工业或作为蛋白质的凝结剂，也用于电镀等。

2. 正磷酸氢二钠（双代磷酸钠）（Na_2HPO_4），无水（白色粉末）或结成晶体（结合2个、7个或12个水分子)。溶于水。用作丝绸的上浆剂（与氯化锡一起）或纺织品的媒染剂，用于防火织物、木材及纸张、铬鞣、制光学玻璃、瓷器上釉、制发酵粉、着色料及焊接助熔剂、电镀及医药等。

3. 正磷酸三钠（三代磷酸钠）（$Na_3PO_4 \cdot 12H_2O$），为无色晶体，溶于水，升温时失去其中的部分结晶水。用作融化金属氧化物的助熔剂，也用作去垢剂，用于摄影、软化工业用水及锅炉除垢、澄清食糖及酒、鞣革及医药等。

4. 焦磷酸钠（二磷酸钠）。焦磷酸四钠（中性二磷酸钠）（$Na_4P_2O_7$），为不吸湿的白色粉末，溶于水。用于洗衣、制洗涤剂、血液阻凝剂、制冷剂、消毒剂以及乳酪等。

焦磷酸二氢二钠（酸式二磷酸盐）（$Na_2H_2P_2O_7$），外形同焦磷酸钠，用作搪瓷工业中的助熔剂，也用于沉淀乳中的酪朊、制发酵粉及某种麦乳粉等。

5. 三磷酸钠（$Na_5P_3O_{10}$）（三磷酸五钠，也称为三聚磷酸钠），为白色结晶粉末；用作软水剂、乳化剂或用于食物保藏。

6. 偏磷酸钠［通式（$NaPO_3$）$_n$］。符合本规格的两种偏磷酸盐是环三磷酸钠及环四磷酸钠。

7. 多磷酸钠，具有高聚合度。一些多磷酸钠被人误称为偏磷酸钠。有一些线性多磷酸钠具有从几十到几百单位的聚合度。虽然它们通常呈不固定聚合度的聚合态，但仍归入本品目。

它们包括：

被人误称为六偏磷酸钠的产品［一种通式为（$NaPO_3$）$_n$的聚合混合物］，也被称为格雷姆盐，为透明或白色粉末，溶于水。这种产品能与水中的钙、镁螯合，因此用作软水剂。也用于制洗涤剂及酪朊胶、乳化香精油、摄影及加工干酪等。

（三）钾的磷酸盐。最有名的是正磷酸二氢钾（磷酸一钾）（KH_2PO_4），用正磷酸及硫酸钾处理磷酸盐化的白垩获得。为无色晶体，溶于水。用作一种酵母营养素及肥料。

（四）钙的磷酸盐

1. 正磷酸氢钙（“磷酸二钙”）（$CaHPO_4 \cdot 2H_2O$），通过酸化的氯化钙溶液作用于正磷酸氢二钠制得，白色粉末，不溶于水。用作肥料、动物饲料中的矿物质补充剂，并用于制玻璃、药物等。

本品目不包括以干的无水产品重量计含氟不少于0.2%的正磷酸氢钙（品目31.03或31.05）。

2. 二正磷酸四氢钙（单磷酸钙）［$CaH_4(PO_4)_2 \cdot 1$或$2H_2O$］，用硫酸或盐酸处理动物骨制得。为稠溶液，加热后失去其结晶水。它是唯一溶于水的磷酸钙。用于制发酵粉，作药剂等。

3. 二正磷酸三钙（中性磷酸钙）［$Ca_3(PO_4)_2$］。本品目包括沉淀磷酸钙（即普通磷酸钙）。首先用盐酸然后用氢氧化钠处理含在骨内的磷酸三钙获得；或者在有氨存在下用氯化钙沉淀正磷酸三钠溶液制得。为无定形白色粉末，无味，不溶于水。用于染色中作媒染剂、澄清糖浆、浸洗金属、制玻璃及陶器，也用于制磷及药剂（例如，乳磷酸盐，甘油磷酸盐）等。

本品目不包括天然磷酸钙（品目25.10）。

（五）磷酸铝。人造正磷酸铝（$AlPO_4$），得自正磷酸三钠和硫酸铝，为白色、浅灰或粉红色粉末。用作陶瓷业中的助熔剂，用于丝绸上浆（与氧化锡混合）及制作牙科粘固剂。

本品目不包括天然硫酸铝（银星石）（品目25.30）。

（六）磷酸锰［$Mn_3(PO_4)_2 \cdot 7H_2O$］。得自氯化锰及磷酸。为紫色粉末，单独或与其他产品混合构成纽伦堡紫，供画家及搪瓷工业用。与磷酸铵结合即生成勃艮第紫。

（七）磷酸钴。二正磷酸三钴［$Co_3(PO_4)_2 \cdot 2$或$8H_2O$］得自正磷酸钠和醋酸钴。无定形粉红色粉末，不溶于水。当与氧化铝一起加热时即生成用于搪瓷的甲纳德蓝。与磷酸铝结合可用于制钴紫。

（八）其他磷酸盐。它们包括磷酸钡（遮光剂）、磷酸铬（陶瓷色料）、磷酸锌（陶瓷色料、牙科粘固剂、控制发酵、医药）、磷酸铁（医药）及磷酸铜（陶瓷色料）。

本品目也不包括某些磷酸盐，即：

（一）天然磷酸钙、磷灰石、天然磷酸铝钙（品目25.10）。

（二）第二十五章及第二十六章的其他天然磷酸盐矿。
（三）正磷酸二氢铵（磷酸一铵）及正磷酸氢二铵（磷酸二铵）、不论是否纯净（品目31.05）。
（四）宝石或半宝石（品目71.03或71.05）。

28.36　碳酸盐；过碳酸盐；含氨基甲酸铵的商品碳酸铵：

20　—　碳酸钠（纯碱）
30　—　碳酸氢钠（小苏打）
40　—　钾的碳酸盐
50　—　碳酸钙
60　—　碳酸钡
　　—　其他：
91　——　锂的碳酸盐
92　——　锶的碳酸盐
99　——　其他

除本分章总注释规定不包括的以外，本品目包括：

（1）碳酸盐（中性碳酸盐、碳酸氢盐或双碳酸盐、碱式碳酸盐），即非离析碳酸（H_2CO_3）的金属盐。非离析碳酸酐（CO_2）应归入品目28.11。

（2）过氧化碳酸盐（过碳酸盐），即含有过量氧的碳酸盐，例如，单过氧碳酸盐（Na_2CO_4）或双过氧碳酸盐（$Na_2C_2O_6$），这些过碳酸盐是通过二氧化碳作用于金属过氧化物制得。

一、碳酸盐

（一）碳酸铵，通过加热处理白垩和硫酸铵（或氯化铵）的混合物制得，或在蒸汽中使二氧化碳与气态氨化合而得。

通过上述工序所得的商品碳酸铵除含有各种杂质（氯化物、硫酸盐、有机物）外，还含有碳酸氢铵及氨基甲酸铵（NH_2COONH_4）。商品碳酸铵（归入本品目）呈白色晶体团块或粉末状，溶于热水。它在潮湿的大气中变质，其表面形成酸式碳酸盐，但在这种状况下仍可使用。

碳酸铵用作纺织品印染中的媒染剂；作羊毛的洗涤剂；在医药上用作祛痰剂；制鼻盐及发酵粉；鞣革；橡胶工业；冶炼钙；有机合成等。

（二）钠的碳酸盐。

1. 碳酸钠（中性碳酸钠）（Na_2CO_3）。有人误称为“苏打碳酸盐”或“商品苏打”；切勿与品目28.15的氢氧化钠（苛性钠）相混淆。将氨和氯化钠溶液与二氧化碳一起加热生成酸式碳酸钠，然后再加热分解而得。

本品为一种无水的（或脱了水的）粉末，或结合10个水分子的水合晶体（苏打晶体、晶碱），在空气中风化后即生成一水合化合物（结合1个水分子）。用于许多工业：在玻璃制造及陶瓷工业中作助熔剂；纺织工业；制洗涤剂；染色；丝绸的锡浆（与氯化锡一起）；作防垢剂（参见品目38.24的注释）；制氢氧化钠、钠盐及靛蓝；钨、铋、锑、钒的冶炼；摄影；净化工业用水（石灰苏打法），与石灰混合后用于净化煤气。

2. 碳酸氢钠（酸式碳酸钠、小苏打）（$NaHCO_3$）。通常为结晶粉末或白色晶体，溶于水，特别易溶于热水。在潮湿空气中会变质。用于医药（治疗肾及膀胱结石）；制助消化药片及汽水饮料；制发酵粉；用于瓷器工业等。

本品目不包括天然碳酸钠（泡碱等）（品目25.30）。

（三）钾的碳酸盐。

1. 碳酸钾（中性碳酸钾）（K_2CO_3）。有人误称为“钾碱”；切勿与品目28.15的氢氧化钾（苛性钾）相混淆。可得自植物灰、洗涤甜菜的残渣及羊毛粗脂，但主要得自氯化钾。为白色晶体块，极易潮解，溶于水。用于制玻璃或陶瓷；漂白亚麻布或洗净纺织品；清洗油漆；制钾盐、氰化物、普鲁士蓝；并用作防垢剂等。

2. 碳酸氢钾（酸式碳酸钾）（$KHCO_3$），通过二氧化碳作用于中性碳酸钾制得，为白色晶体，溶于水，稍潮解。用作灭火剂；制发酵粉；用于医药及酿酒工业（抗酸）。

（四）沉淀碳酸钙。本品目的沉淀碳酸钙（$CaCO_3$）是用二氧化碳处理钙盐溶液制得。用作增充剂，用于制牙膏及脂粉，也用作医药（治疗软骨病）等。

本品目不包括天然的石灰石（第二十五章）及白垩（天然碳酸钙），不论是否洗涤或磨碎（品目25.09）；也不包括其微粒裹上一层防水脂肪酸（例如，硬脂酸）膜的粉状碳酸钙（品目38.24）。

（五）沉淀碳酸钡。本品目的沉淀碳酸钡（$BaCO_3$）得自碳酸钠及硫化钡。为不溶于水的白色粉末。用于纯化工业用水；制杀寄生虫药、光学玻璃及纯氧化钡；用作搪瓷制品的色料及助熔剂；用于橡胶、造纸、肥皂及榨糖工业；也用于焰火制造（绿色光）。

本品目不包括天然碳酸钡（毒重石）（品目25.11）。

（六）铅的碳酸盐。

归入本品目的人造铅碳酸盐有：

1. 中性碳酸铅（$PbCO_3$）。晶体或无定形的白色粉末，不溶于水。用于陶瓷业，制造颜料、胶粘剂及靛蓝。

2. 属于$2PbCO_3 \cdot Pb(OH)_2$类型的碱式碳酸铅，呈粉状、饼状、鳞片状或糊状，均称为“铅白”。铅白是从醋酸作用于铅皮或铅黄（一氧化铅）形成的醋酸铅中制得；是一种干性颜料。用于制油涂料、助熔剂、特殊胶粘剂（例如，粘合蒸汽管接头）及铅橙。铅白（单独使用或与硫酸钡、氧化锌、石膏、高岭土等混合后使用）能生产克里姆白、威尼斯白、汉堡白等。

本品目不包括天然碳酸铅（白铅矿）（品目26.07）。

（七）锂的碳酸盐。中性碳酸锂（Li_2CO_3），用碳酸钠沉淀硫酸锂制得；为白色粉末，无气味，不受空气影响，微溶于水。用于医药（尿素质）及制人工矿泉水所需的混合剂。

（八）沉淀碳酸锶。本品目的沉淀碳酸锶（$SrCO_3$）是一种极细的白色粉末，不溶于水，用于制造焰火（红光）及制造虹彩玻璃、发光漆、氧化锶及锶盐。

本品目不包括天然碳酸锶（菱锶矿）（品目25.30）。

（九）碳酸铋。本品目的人造碳酸铋基本上是碱式碳酸铋（碳酸氧铋）[$(BiO)_2CO_3$]，白色或淡黄色无定形粉末，不溶于水，用于医药及制化妆品。

本品目不包括天然的碳酸铋（泡铋矿）（品目26.17）。

（十）沉淀碳酸镁。本品目的沉淀碳酸镁是一种碱式的水合碳酸镁。通过碳酸钠与硫酸镁的复分解反应制得。为无气味的白色产品，几乎不溶于水。轻质碳酸镁为药店的白色镁氧，是一种常以方块状报验的轻泻剂。重质碳酸镁是一种粒状的白色粉末。碳酸镁被用作纸和橡胶的填料，也用于化妆品及作为隔热材料。

本品目不包括天然碳酸镁（菱镁矿）（品目25.19）。

（十一）锰的碳酸盐。本品目的无水或水合（结合1个水分子）人造碳酸锰（$MnCO_3$）是一种黄色、粉红色或浅棕色的精细粉末，不溶于水。用作油漆、橡胶及陶瓷的颜料；也用于医药。

本品目不包括天然碳酸锰（菱锰矿）（品目26.02）。

（十二）铁的碳酸盐。本品目的无水或水合（结合1个水分子）人造碳酸亚铁（$FeCO_3$）是通过硫酸亚铁与碳酸钠的复分解反应制得。为浅灰色晶体，不溶于水；易被空气氧化，特别是在潮湿空气中更易氧化。用于制铁盐及药剂。

本品目不包括天然碳酸铁（菱铁矿或球菱铁矿）（品目26.01）。

（十三）钴的碳酸盐。碳酸钴（$CoCO_3$），不论无水或水合（结合6个水分子），都是一种粉红色、大红色或浅绿色的结晶粉末，不溶于水。用作搪瓷的颜料及制钴氧化物或钴盐。

（十四）镍的碳酸盐。正常的人造碳酸镍（$NiCO_3$）是一种浅绿色粉末。不溶于水；用作陶瓷的颜料及制备氧化镍。水合的碱式碳酸镍，呈浅绿色结晶体，用于陶瓷业、玻璃制造业及电镀等。

本品目不包括天然的碱式碳酸镍（翠镍矿）（品目25.30）。

（十五）铜的碳酸盐，人造碳酸铜又称人造孔雀石或人造天青铜，是一种蓝绿色粉末，有毒，不溶于水，由中性碳酸铜（$CuCO_3$）或各种碱式碳酸铜组成。得自碳酸钠及硫酸铜。可单独或混合后作颜料（蓝或绿色碳酸铜，矿山蓝或矿山绿）；作杀虫剂或杀菌剂；用于医药（收敛剂及磷中毒的解毒剂）、电镀及焰火制造等。

本品目不包括天然碳酸铜，不论水合或非水合（孔雀石、蓝铜矿）（品目26.03）。

（十六）沉淀碳酸锌。本品目的沉淀碳酸锌（$ZnCO_3$）是通过碳酸钠和碳酸锌的复分解反应获得的；白色结晶粉末。几乎不溶于水。在油漆、橡胶、陶瓷及化妆品中作颜料。

本品目不包括天然碳酸锌（菱锌矿）（品目26.08）。

二、过氧化碳酸盐（过碳酸盐）

（一）过碳酸钠，用液态二氧化碳处理水合或非水合的过氧化钠制得。为白色粉末，溶于水后生成氧气及中性碳酸钠。用于漂白，制家用洗涤剂及用于摄影。

（二）过碳酸钾，在-10℃或-15℃时电解饱和的中性碳酸钾溶液获得，为白色晶体，吸湿性强，在潮湿空气中变成蓝色，溶于水，是一种强氧化剂，有时用于漂白。

（三）其他过碳酸盐，例如，过碳酸铵及过碳酸钡。

28.37 氰化物、氧氰化物及氰络合物：

	—	氰化物及氧氰化物：
11	——	氰化钠及氧氰化钠
19	——	其他
20	—	氰络合物

除本分章总注释规定不包括的以外，本品目包括氰化物、氧氰化物及氰络合物。

一、氰化物

氰化物是氰化氢（氢氰酸）（HCN）（品目28.11）的金属盐。这些盐都是剧毒物。

（一）氰化钠（NaCN）。通过焦炭或气态烃及大气中的氮作用于碳酸钠，用木炭处理氰氨化钙（参见品目31.02），或由粉化煤、钠及气态氨的相互作用而得。呈结晶的白色粉末、片状或糊状。吸湿，极易溶于水，具有苦杏仁的气味。当加热到熔点时能吸收氧气；能生成水合物。报验时装于密封的容器中。用于冶炼金、银，或镀金及镀银、摄影、石版印刷或作杀寄生虫药及杀虫剂等；也用于制氰化氢、其他氰化物及靛蓝；还用于浮选法（尤其用于分离方铅矿及闪锌矿、黄铁矿及黄铜矿）。

（二）氰化钾（KCN）。制备方法、性质、用途与氰化钠相似。

（三）氰化钙［$Ca(CN)_2$］。根据纯度不同，分别为白色或浅灰色粉末，溶于水，用于杀昆虫、真菌及有害动物。

（四）氰化镍［$Ni(CN)_2$］。水合的氰化镍是浅绿色片或粉末；无定形的氰化镍是一种黄色粉末，用于冶金及电镀。

（五）铜的氰化物。

1. 氰化亚铜（CuCN），为白色或浅灰色粉末，不溶于水。与氰化铜的用途相同，并用于医药。

2. 氰化铜［$Cu(CN)_2$］，为无定形粉末，不溶于水。易分解，用于铁上镀铜及有机合成。

（六）氰化锌［$Zn(CN)_2$］，为白色粉末，不溶于水，用于电镀。

本品目不包括汞的氰化物（品目28.52）及非金属氰化物，例如，溴化氰（品目28.53）。

二、六氰合亚铁酸盐（亚铁氰化物）

六氰合亚铁酸盐（亚铁氰化物）是六氰合亚铁酸［$H_4Fe(CN)_6$］（品目28.11）的金属盐。用氢氧化钙处理废氧化铁或通过氢氧化亚铁作用于氰化物制得。遇热分解。

最重要的亚铁氰化物有：

（一）六氰合亚铁酸四铵［$(NH_4)_4Fe(CN)_6$］，为可溶于水的结晶体。用于"黑色镀镍"及在合成氨中作催化剂。

（二）六氰合亚铁酸四钠［$Na_4Fe(CN)_6 \cdot 10H_2O$］，为黄色晶体，不受空气影响，溶于水，尤易溶于热水。用于制氰化氢、普鲁士蓝、硫靛蓝等；使钢表层硬化；用于摄影、染色（作媒染剂或作蓝色染料）、印刷（在苯胺黑印刷中作为氧化剂）及用作杀真菌剂。

（三）六氰合亚铁酸四钾［$K_4Fe(CN)_6 \cdot 3H_2O$］，为黄色晶体，易风化，溶于水，尤易溶于热水。其用途与六氰合亚铁酸四钠相同。

（四）六氰合亚铁酸二铜［$Cu_2Fe(CN)_6 \cdot XH_2O$］，为紫棕色粉末，不溶于水。用于制艺术家颜料用的佛罗伦萨棕或铁棕。

（五）复合六氰合亚铁酸盐｛例如，六氰合亚铁酸二锂二钾 Li_2K_2［$Fe(CN)_6 \cdot 3H_2O$］｝。

本品目不包括普鲁士蓝（柏林蓝）及其他六氰合亚铁酸盐颜料（品目32.06）。

三、六氰合铁（Ⅲ）酸盐（铁氰化物）

六氰合铁酸盐（铁氰化物）是六氰合铁（Ⅲ）酸［$H_3Fe(CN)_6$］（品目28.11）的金属盐。

最重要的铁氰化物有：

（一）六氰合铁酸三钠［$Na_3Fe(CN)_6 \cdot H_2O$］，将氯作用于六氰合亚铁酸钠制得；为紫酱色晶体，易潮解，溶于水，有毒；在水溶液中呈浅绿色，见光分解。用于印染业、摄影业、表面硬化处理、电镀；也用作有机合成中的氧化剂。

（二）六氰合铁酸三钾［$K_3Fe(CN)_6$］。外观与六氰合铁酸三钠相似，用途也相同，但较难潮解。

四、其他化合物

本品目包括无机碱的亚硝基五氰合铁（Ⅱ）酸盐、亚硝基五氰合铁（Ⅲ）酸盐、氰基镉酸盐、氰基铬酸盐、氰基锰酸盐、氰基钴酸盐、氰基镍酸盐、氰基铜酸盐等。

本组包括，例如，亚硝基五氰合铁（Ⅲ）酸钠（硝普钠或亚硝基铁氰化钠）［$Na_2Fe(CN)_5NO \cdot 2H_2O$］，用于化学分析。

但本品目不包括氰基汞酸盐（品目28.52）。

【28.38】

28.39		**硅酸盐；商品碱金属硅酸盐：**
	—	**钠盐：**
11	——	**偏硅酸钠**
19	——	**其他**
90	—	**其他**

除本分章总注释规定不包括的以外，本品目包括硅酸盐，即各种硅酸的金属盐。这些硅酸盐在游离状态下是非离析的，从二氧化硅（品目28.11）衍生而来。

一、硅酸钠，将砂粒和碳酸钠或硫酸钠一起熔融而得。其组成成分是多种多样的（单硅酸盐、偏硅酸盐、多硅酸盐等），其水合度及溶解度由于制备方法及纯度各异而不同。为无色晶体、粉末、玻璃状块料（水玻璃）或稍粘的水溶液。它们均对矿石的脉石有抗絮凝作用，因而用作浮选调节剂；也用作硅酸盐皂的填料、纸板或煤的粘合剂、防火材料；用于保存鸡蛋、制不腐胶粘剂；在制耐蚀水泥、封泥或人造石料时作为硬化剂；用于制洗涤剂、酸浸金属或作为防垢产品（参见品目38.24的注释）。

二、硅酸钾，其用途与硅酸钠相似。

三、硅酸锰（$MnSiO_3$）。橙色粉末，不溶于水，用作陶瓷色料及作为油漆及清漆的干燥剂。

四、沉淀硅酸钙，得自硅酸钠或硅酸钾，为白色粉末，用于制耐火泥及牙科粘固剂。

五、硅酸钡。为白色粉末，用于制氧化钡及光学玻璃。

六、硅酸铅。为粉末状或玻璃状白色团块；用作陶瓷釉料。

七、其他硅酸盐，包括商品碱金属硅酸盐，但不包括以上所述各项产品。它们包括硅酸铯（黄色粉末，用于陶瓷业）、硅酸锌（用作荧光管的涂料）、硅酸铝（用于制瓷器及耐火产品）。

本品目不包括天然硅酸盐，例如：

（一）硅灰石（硅酸钙）、蔷薇辉石（硅酸锰）、硅铍石（硅酸铍）及榍石（硅酸钛）（品目25.30）

（二）硅酸铜（硅孔雀石、透视石）、氢化硅酸锌（异极矿）及硅酸锆（锆石）等矿石（品目26.03、26.08及26.15）。

（三）第七十一章的宝石。

28.40　硼酸盐及过硼酸盐：

	—	四硼酸钠（精炼硼砂）：
11	——	无水四硼酸钠
19	——	其他
20	—	其他硼酸盐
30	—	过硼酸盐

一、硼酸盐

除本分章总注释规定不包括的以外，本品目包括各类硼酸盐，即各类硼酸的金属盐，但主要是原硼酸（H_3BO_3）（品目28.10）的金属盐。

本品目包括通过结晶法或化学方法制得的硼酸盐，也包括通过蒸发某些盐湖中的络合盐水而获得的天然硼酸盐。

（一）钠的硼酸盐，最重要的是四硼酸钠（四硼酸二钠、精制硼砂）（$Na_2B_4O_7$）。用天然硼酸钠溶液结晶制得，或者用碳酸钠处理天然硼酸钙或硼酸制得。为无水物或者结合5个或10个水分子的水合物。加热后冷却即形成玻璃状团块（熔融硼砂、硼砂玻璃、硼砂珠）。用于硬化亚麻布及纸张；焊接金属（作硬焊料的助熔剂）；用作搪瓷的助熔剂；用于制玻璃化色料、特种玻璃（光学玻璃、电灯泡玻璃）、胶水或擦亮剂；精炼金；用于制硼酸盐及蒽醌染料。

另有供实验室用的钠硼酸盐（偏硼酸盐、连二硼酸氢盐）。

（二）铵的硼酸盐。其中最重要的是偏硼酸铵（$NH_4BO_2 \cdot 2H_2O$），为无色晶体，极易溶于水，易风化。遇热分解生成一层可熔化的硼酸酐漆，因此用作防火材料，也用作发型水的固定剂；作为电解电容器的电解液组分和纸的涂料。

（三）沉淀硼酸钙，用氯化钙处理天然硼酸获得；为白色粉末，用于防火剂制品、防冻剂及用于陶瓷绝缘子，也可用作防腐剂。

（四）锰的硼酸盐，主要是四硼酸锰（MnB_4O_7），桃红色粉末，微溶于水，用作油漆及清漆的干燥剂。

（五）硼酸镍，为淡绿色晶体，用作催化剂。

（六）硼酸铜，为蓝色晶体，坚硬异常，不溶于水，用作颜料（陶瓷色料）、防腐剂及杀虫剂。

（七）硼酸铅，为浅灰色粉末，不溶于水，用于制干燥剂、玻璃，也用作瓷器颜料及用于电镀。

（八）其他硼酸盐。硼酸镉用作荧光管的涂料；硼酸钴用作干燥剂；硼酸锌用作防腐剂，用于耐火纺织品及作为陶瓷产品的助熔剂；硼酸锆用作遮光剂。

本品目不包括用于制本品目硼酸盐的天然硼酸钠（四水硼砂、硼砂），用于制硼酸的天然硼酸钙（白硼钙石）（品目25.28）。

二、过氧化硼酸盐（过硼酸盐）

除本分章总注释规定不包括的以外，本品目包括过硼酸的金属盐，其氧化度高于硼酸盐，并随时释放出其所含的氧气，

这些硼酸盐通常是络合物，其相应的酸的分子式为HBO_3或HBO_4。

主要的过硼酸盐有：

（一）过硼酸钠（过硼砂），通过过氧化钠作用于硼酸水溶液制得，或用过氧化氢处理硼酸钠水溶液而得，白色无定形粉末或晶体（结合1个或4个水分子）。用于漂白亚麻布、纺织品及秸秆；保藏生皮；制家用洗涤剂、去垢剂及防腐剂。

（二）过硼酸镁，为白色粉末，不溶于水，用于医药或制造牙膏。

（三）过硼酸钾。性质及用途均与过硼酸钠相似。

（四）其他过硼酸盐。过硼酸铵、过硼酸铝、过硼酸钙及过硼酸锌，均为白色粉末，用于医药及制造牙膏。

28.41　金属酸盐及过金属酸盐：

30	**—**	**重铬酸钠**
50	**—**	**其他铬酸盐及重铬酸盐；过铬酸盐**
	—	**亚锰酸盐、锰酸盐及高锰酸盐：**
61	**——**	**高锰酸钾**
69	**——**	**其他**
70	**—**	**钼酸盐**
80	**—**	**钨酸盐**
90	**—**	**其他**

本品目包括含氧金属酸及过氧金属酸（相当于构成酐的金属氧化物）的盐。

归入本品目的主要化合物有：

一、铝酸盐，氢氧化铝的衍生物。

（一）铝酸钠，用氢氧化钠溶液处理铝土矿制得。呈可溶于水的白色粉末状、水溶液或浆状。用作染色媒染剂（强碱性媒染剂）；用于制色淀；纸张上胶；肥皂填料；硬化熟石膏；制不透明玻璃；净化工业用水等。

（二）铝酸钾，将铝土矿溶解于氢氧化钾中而得。呈白色微晶块状，具有吸湿性，溶于水，用途同铝酸钠。

（三）铝酸钙，在电炉中使铝土矿及氧化钙熔化而得；为白色粉末，不溶于水。用于染色（媒染剂）；净化工业用水（离子交换剂）、造纸（上胶）、制玻璃、肥皂、特种水泥、抛光剂及其他铝酸盐。

（四）铝酸铬，通过加热处理氧化铝、氟化钙及重铬酸铵的混合物制得。为陶瓷色料。

（五）铝酸钴，得自铝酸钠及钴盐，可单独或与氧化铝混合构成钴蓝（特纳德蓝），用于制天蓝（与铝酸锌混合）、天青蓝、大青蓝、萨克森蓝、塞弗尔蓝等。

（六）铝酸锌，为白色粉，用途与铝酸钠相似。

（七）铝酸钡，得自铝土矿、重晶石及煤，为白色或棕色块，用于净化工业用水及用作防垢制剂。

（八）铝酸铅，通过加热处理氧化铅和氧化铝混合物制得，固体，不易溶化，用作白色颜料及用于制耐火砖和耐火衬料。

本品目不包括天然铝酸铍（金绿宝石），酌情分别归入品目25.30、71.03或71.05。

二、铬酸盐。中性铬酸盐或酸性铬酸盐（重铬酸盐）、三价铬酸盐、四价铬酸盐及过铬酸盐均以各种铬酸衍生而得，尤其从正酸（H_2CrO_4）或纯态非离析的重铬酸（$H_2Cr_2O_7$）衍生而得。

这些铬酸盐大多数有毒，最重要的有：

（一）铬酸锌。用重铬酸钾处理锌盐后生成水合的或碱式的铬酸锌。呈粉末状，不溶于水。为一种颜料，单独或混合后构成锌黄。与普鲁士蓝混合后构成锌绿。

（二）铬酸铅。中性人造铬酸铅用醋酸铅作用于重铬酸钠制得。根据不同的沉淀方法可呈黄色、橙色或红色粉末。这种颜料单独或混合后均可构成铬黄，用于搪瓷业、陶瓷业及用于制油漆、清漆等。

碱式铬酸铅，单独或混合后可构成铬红或波斯红等。

（三）钠的铬酸盐。铬酸钠（$Na_2CrO_4 \cdot 10H_2O$）是在制铬的过程中将天然氧化铬铁（铬铁矿）与煤及碳酸钠混合后一起焙烧而得。为黄色大晶体，易潮解，极易溶于水。用于染色（媒染剂）、鞣革；制墨水、颜料或其他铬酸盐及重铬酸盐。与硫化锑混合后用于制摄影的闪光粉。

重铬酸钠（$Na_2Cr_2O_7 \cdot 2H_2O$），得自铬酸钠，为易潮解的红色晶体，溶于水。加热后转变成无水的不易潮解的重铬酸钠（即熔融或铸铬酸钠），常含有少量的硫酸钠。用于鞣革（铬鞣）；染色（媒染剂及氧化剂）；在有机合成中作氧化剂；摄影、印刷、焰火制造；脂肪净化或脱色；制重铬酸盐电池及重铬酸盐明胶（这种重铬酸盐明胶在光线的影响下转变成不溶于热水的产品）；浮选工序（减低浮力）；石油提炼厂；作防腐剂。

（四）钾的铬酸盐。铬酸钾（K_2CrO_4）（黄色铬酸钾）是从铬铁矿中制得，为黄色晶体，溶于水，有毒。

重铬酸钾（$K_2Cr_2O_7$）（红色铬酸钾），也得自铬铁矿。橙色晶体，溶于水，剧毒。重铬酸钾的尘粉及蒸汽能侵蚀鼻骨及软骨；其溶液会使伤口感染。

铬酸钾和重铬酸钾的用途与铬酸钠和重铬酸钠的用途相类似。

（五）铵的铬酸盐。铬酸铵［$(NH_4)_2CrO_4$］，用氨使三氧化铬溶液饱和而得，为黄色晶体，溶于水，用于摄影及染色。

重铬酸铵［$(NH_4)_2Cr_2O_7$］，得自天然氧化铬铁（铬铁矿）；为红色晶体，溶于水。用于摄影、染色（媒染剂）、鞣革、净化油脂、有机合成等。

（六）铬酸钙（$CaCrO_4 \cdot 2H_2O$）。得自重铬酸钠及白垩；加热后成为无水化合物并变成黄色。用于制“柠檬黄”等黄色色料，“柠檬黄”一名也适用于铬酸钙本身。

（七）铬酸锰。中性铬酸锰（$MnCrO_4$）得自氧化锰及铬酸酐。为浅棕色晶体，溶于水。在染色中用作媒染剂。

碱式铬酸锰，为棕色粉末，不溶于水，用于水浆涂料。

（八）铁的铬酸盐。铬酸铁［$Fe_2(CrO_4)_3$］得自氯化铁溶液及铬酸钾，是一种黄色粉末，不溶于水。

还有一种碱式铬酸铁，可以单独或作为混合剂用于名叫菱铁黄的涂料。与普鲁士蓝合用可生成假锌绿的绿色颜料，也用于冶金。

（九）铬酸锶（$SrCrO_4$）。类似于铬酸钙；单独或混合后组成锶黄，用于制艺术家用颜料。

（十）铬酸钡（$BaCrO_4$），通过铬酸钠沉淀氯化钡溶液制得；为艳黄色粉末，不溶于水，有毒。单独或混合后构成钡黄，与得自铬酸钙的类似产品一样有时也称作“柠檬黄”。用于艺术家的油涂料并用于搪瓷及玻璃工业；也用于制火柴及染色中的媒染剂。

本品目不包括：

（一）天然铬酸铅（铬铅矿）（品目25.30）。

（二）用铬酸盐制成的颜料（品目32.06）。

三、锰酸盐、高锰酸盐。它们是锰酸（H_2MnO_4）（非离析的）、高锰酸（$HMnO_4$）（仅存在于水溶液中）的盐。

（一）锰酸盐。锰酸钠（Na_2MnO_4），将天然二氧化锰（品目26.02——软锰矿）及氢氧化钠的混合物熔融而得；为绿色晶体，溶于冷水，在热水中分解；用于金的冶炼。

锰酸钾（K_2MnO_4），呈小粒墨绿色晶体，用于制高锰酸盐。

锰酸钡（$BaMnO_4$），由二氧化锰与硝酸钡混合后加热而得，为翠绿色粉末，与硫酸钡混合后构成锰蓝，用于艺术家的油涂料。

（二）高锰酸盐。高锰酸钠（$NaMnO_4 \cdot 3H_2O$），得自锰酸钠，为红黑色晶体，易潮解，溶于水。用作消毒剂，用于有机合成及漂白羊毛。

高锰酸钾（$KMnO_4$），用锰酸钾制得，或将二氧化锰和氢氧化钾混合物进行氧化而得。为带金属光泽的紫色晶体，溶于水，能使皮肤着色；也为紫红色水溶液或小片。一种强氧化剂，用作光学试剂，用于有机合成（制糖精）、金属冶炼（镍精炼）；漂白脂肪物质、树脂、丝线、织物或秸秆；净化水质；作防腐剂、染料（染羊毛、木材、头发）；用于制防毒面具及医药。

高锰酸钙［$Ca(MnO_4)_2 \cdot 5H_2O$］，通过电解碱金属锰酸盐及氯化钙的溶液制得；为紫黑色晶体，溶于水。为氧化剂及消毒剂。用于染色、有机合成、净化水质、漂白纸浆。

四、钼酸盐。钼酸盐、仲钼酸盐、多钼酸盐（二、三、四钼酸盐）都来自正钼酸（H_2MoO_4）或其他钼酸。在某些方面，钼酸盐与铬酸盐相似。

最重要的钼酸盐有：

（一）钼酸铵，在钼的冶炼过程中获得。为水合晶体，淡绿色或浅黄色，遇热分解，用作化学试剂，也用于制颜料或防火材料和玻璃工业等。

（二）钼酸钠，为水合晶体，有光泽，溶于水，用作试剂，也用于制颜料及医药。

（三）钼酸钙，为白色粉末，不溶于水；用于冶金。

（四）钼酸铅。人造钼酸铅与铬酸铅共沉淀后生成猩红色铬颜料。

本品目不包括天然钼酸铅（彩钼铅矿）（品目26.13）。

五、钨酸盐。钨酸盐、仲钨酸盐及过钨酸盐均来自正钨酸（H_2WO_4）及其他钨酸。

主要的钨酸盐有：

（一）钨酸铵，将钨酸溶解于氨中获得，为白色结晶粉末，水合物，溶于水；用于防火织物及制其他钨酸盐。

（二）钨酸钠，在钨的冶炼过程中，从黑钨矿（品目26.11）及碳酸钠中制得；为白色叶状体或结晶体，水合物，具有珍珠光泽，溶于水。用途与钨酸铵相同；也用作纺织品印花的媒染剂，还用于制色淀、催化剂及有机合成。

（三）钨酸钙，为白色有光泽的鳞片物，不溶于水；用以制X射线屏及萤光管。

（四）钨酸钡，为白色粉末，单独或混合后用于艺术家的油涂料，称为钨白或钨酸盐白。

（五）其他钨酸盐，包括钨酸钾（用于防火织物）、钨酸镁（用于X射线屏）、钨酸铬（绿色颜料）及钨酸铅（颜料）。

本品目不包括：

（一）天然钨酸钙（白钨矿），一种矿石（品目26.11）。

（二）天然钨酸锰（钨锰矿）及钨酸铁（钨铁矿）（品目26.11）。

（三）作为无机发光体归类的发光钨酸盐（例如，钨酸钙或钨酸镁）（品目32.06）。

六、钛酸盐（中性或酸式的原钛酸盐、偏钛酸盐及过钛酸盐）均来自以二氧化钛（TiO_2）为主的各种钛酸及氢氧化钛。

钡及铅的钛酸盐均为白色粉末，用作颜料。

本品目不包括天然钛酸铁（钛铁矿）（品目26.14）及无机氟代钛酸盐（品目28.26）。

七、钒酸盐（中性或酸式的原钒酸盐、偏钒酸盐、焦钒酸盐及次钒酸盐），从五氧化二钒（V_2O_5）或其他氧化钒衍生的各种钒酸中制得。

（一）钒酸铵（偏钒酸铵）（NH_4VO_3），为黄白色结晶粉，微溶于冷水，极易溶于热水并形成黄色溶液。用作催化剂、纺织品印染的媒染剂、油漆或清漆的干燥剂、陶器的色料，也用于制书写墨水及印刷油墨等。

（二）钠钒酸盐（原钒酸钠及偏钒酸钠），为水合的白色结晶粉末，溶于水，用于苯胺黑的染色印刷。

八、高铁酸盐及铁酸盐：高铁酸盐及铁酸盐分别来自氢氧化铁［$Fe(OH)_3$］及氢氧化亚铁［$Fe(OH)_2$］。高铁酸钾是一种黑色粉末，溶解于水中变成红色液体。

由氧化铁和其他金属氧化物组成的简单混合物可构成陶瓷色料，应归入品目32.07，把这种混合物称作“高铁酸盐”是错误的。

本品目也不包括实际上是磁性氧化铁（Fe_3O_4）的铁酸亚铁（品目26.01）及铁盾（品目26.19）。

九、锌酸盐，来自两性氢氧化锌［$Zn(OH)_2$］的化合物。

（一）锌酸钠，通过碳酸钠作用于氧化锌，或氢氧化钠作用于锌获得，用于制备油漆用的硫化锌。

（二）锌酸铁，用作陶瓷色料。

（三）锌酸钴，单独或与氧化钴或其他盐混合后构成钴绿或林曼绿。

（四）锌酸钡，用硫酸锌的氨液沉淀氢氧化钡水溶液制得；为白色粉末，溶于水，用于制备油漆用的硫化锌。

十、锡酸盐（原锡酸盐及偏锡酸盐）均从锡酸衍变而来。

（一）锡酸钠（$Na_2SnO_3 \cdot 3H_2O$），将锡、氢氧化钠、氯化钠、硝酸钠混合物进行熔融而得；呈硬块状或不规则块状，可溶于水，根据所含杂质（钠盐或铁盐）的比例，可呈白色或其他颜色。用于纺织品印染（媒染剂）；玻璃及陶瓷工业；分离铅和砷；丝的锡胶及有机合成。

（二）锡酸铝，将硫酸锡和硫酸铝混合物加热处理而得。为白色粉末。在搪瓷或陶瓷工业中用作遮光剂。

（三）锡酸铬，是陶瓷颜料及画家油涂料中粉红色料的主要成分，还用于丝的锡胶。

（四）锡酸钴，单独或混合后可构成天蓝色颜料，用于油漆。

（五）锡酸铜，单独或混合后使用，名为“锡绿”。

十一、锑酸盐。这是对应于氧化锑（Sb_2O_5）的各种酸的盐；与砷酸盐有些相似。

（一）偏锑酸钠，得自氢氧化钠及五氧化锑；一种白色结晶粉末，微溶于水。是搪瓷及玻璃工业的遮光剂；用于制硫代锑酸钠（全硫锑酸钠）（品目28.42）。

（二）钾的锑酸盐。最重要的品种是锑酸氢钾，将金属锑与硝酸钾混合后煅烧而得；为一种白色结晶粉末，用于医药（作为泻药）并用作陶瓷颜料。

（三）锑酸铅，将五氧化锑与铅丹一起熔融而得；为黄色粉末，不溶于水。单独或与氯氧化铅混合后构成拿浦黄（锑黄），一种供陶瓷、玻璃或艺术家用的颜料。

本品目不包括锑化物（品目28.53）。

十二、高铅酸盐，来自两性二氧化铅（PbO_2）。

高铅酸钠用作一种着色料。高铅酸钙（黄色）、高铅酸锶（栗色）及高铅酸钡（黑色）均用于制火柴及焰火。

十三、其他含氧金属酸盐及过氧金属酸盐。它们包括：

（一）钽酸盐及铌酸盐。

（二）锗酸盐。

（三）铼酸盐及高铼酸盐。

（四）锆酸盐。

（五）铋酸盐。

但本品目不包括下列化合物：

（一）贵金属化合物（品目28.43）。

（二）放射性化学元素及放射性同位素的化合物（品目28.44）。

（三）钇、钪及稀土金属的化合物（品目28.46）。

（四）汞（品目28.52）。

络合氟盐，例如，氟代钛酸盐，归入品目28.26。

28.42 其他无机酸盐或过氧酸盐（包括不论是否已有化学定义的硅铝酸盐），但叠氮化物除外：

10 — 硅酸复盐或硅酸络盐，包括不论是否已有化学定义的硅铝酸盐

90 — 其他

除本分章总注释规定不包括的以外，本品目包括：

一、未列名的非金属无机酸盐及过氧酸盐

例如：

（一）雷酸盐、氰酸盐、异氰酸盐及硫氰酸盐，非离析氰酸（$HO-C\equiv N$）或异氰酸（$HN=C=O$）的金属盐，或氰酸的另一异构体雷酸（$H-C\equiv N^+-O^-$）的金属盐，或硫氰酸（$HS-C\equiv N$）的金属盐。

1. 雷酸盐。雷酸盐是组分不太清楚的化合物，极不稳定，在轻微震动或热的作用下（例如，火花）即行爆炸。用作起爆药并用于制火帽或雷管。

2. 氰酸盐。氰酸铵、氰酸钠或氰酸钾用于制各种有机化合物。此外还有碱土金属氰酸盐。

3. 硫氰酸盐。硫氰酸盐（硫代氰化物）是非离析硫氰酸（$HS-C\equiv N$）的金属盐。最重要的硫氰酸盐有：

（1）硫氰酸铵（NH_4SCN）。无色结晶体，易潮解，极易溶于水，在空气和光线的作用下变成红色，遇热分解。用于电镀、摄影、印染（尤其用于防止上浆后的丝织品变质）；并用于配制混合致冷剂、氰化物或六氰合亚铁酸盐（Ⅱ）、硫脲、胍、塑料、胶粘剂、除草剂等。

（2）硫氰酸钠（NaSCN）。外观同硫氰酸铵，或呈粉状。有毒。用于摄影、印染（媒染剂）、医药；也用作实验室试剂；还用于电镀、制人造芥子油以及橡胶工业等。

（3）硫氰化钾（KSCN）。性质与硫氰酸钠相同。用于纺织工业、摄影、有机合成（例如，硫脲、人造芥子油及染料），也用于制硫氰酸盐、混合致冷剂、杀寄生虫剂等。

（4）硫氰酸钙［$Ca(SCN)_2 \cdot 3H_2O$］。为无色晶体，易潮解，溶于水。用作印染中的媒染剂及纤维素的溶剂；用于棉花的丝光处理；在医药上用作碘化钾的替代品（防治动脉硬化）；制六氰合亚铁酸盐或其他硫氰酸盐；制羊皮纸。

（5）铜的硫氰酸盐。

硫氰酸亚铜（CuSCN），为略带白色、浅灰色或浅黄色粉末或浆糊状，不溶于水，在纺织品印花、船舶漆制造以及有机合成上用作媒染剂。

硫氰酸铜［$Cu(SCN)_2$］，为黑色粉末，不溶于水。很易转变成硫氰酸亚铜，用于制发火帽及火柴。

本品目不包括雷酸汞及硫氰酸汞（品目28.52）。

（二）亚砷酸盐及砷酸盐。

它们是砷酸的金属盐；亚砷酸盐是亚砷酸的盐，砷酸盐是砷酸（品目28.11）的盐。它们都是剧毒物。例如：

1. 亚砷酸钠（$NaAsO_2$），将碳酸钠及氧化亚砷一起熔融而得。为白色或浅灰色厚块或粉末，溶于水。用于葡萄栽培（杀虫剂）、皮革保藏、制医药、肥皂及防腐剂等。

2. 亚砷酸钙（$CaHAsO_3$），为白色粉末，不溶于水。用作杀虫剂。

3. 亚砷酸铜（$CuHAsO_3$），得自亚砷酸钠及硫酸铜。绿色粉末，不溶于水。用作杀虫剂、色料（希尔氏绿）及用于制某些绿色颜料（参见品目32.06的注释）。

4. 亚砷酸锌［$Zn(AsO_2)_2$］。其外观与用途与亚砷酸钙相似。

5. 亚砷酸铅［$Pb(AsO_2)_2$］，为白色粉末，仅微溶于水。用于葡萄栽培（杀虫剂）。

6. 钠的砷酸盐（正砷酸钠、偏砷酸钠及焦砷酸钠）。其中最重要的是正砷酸氢二钠（Na_2HAsO_4）（根据不同的结晶温度，可结合7个或12个水分子）及正砷酸三钠（无水或结合12个水分子）。得自氧化亚砷和硝酸钠。为无色晶体或浅绿色粉末。用于配制药剂（皮尔逊氏溶液）、防腐剂、杀虫剂及其他砷酸盐；也用于纺织印花。

7. 钾的砷酸盐。正砷酸一钾及正砷酸二钾，制备方法同钠砷酸盐。为无色晶体，溶于水。用作防腐剂及杀虫剂；用于鞣革、纺织品印花等。

8. 钙的砷酸盐。二正砷酸三钙［$Ca_3(AsO_4)_2$］，通常含有其他砷酸钙杂质，通过氯化钙及砷酸钠的相互作用而得，为白色粉末，不溶于水。在农业上用作杀虫剂。

9. 铜的砷酸盐。正砷酸铜［$Cu_3(AsO_4)_2$］，得自正砷酸钠及硫酸铜（或氯化铜），为绿色粉末，不溶于水。在葡萄栽培中用作杀寄生虫药及用于制防污油漆。

10. 铅的砷酸盐。二正砷酸铅［$Pb_3(AsO_4)_2$］及酸式正砷酸铅。仅微溶于水。呈白色粉末状、糊浆状或乳胶状。用于制杀虫剂。

11. 其他砷酸盐，包括砷酸铝（杀虫剂）或砷酸钴（粉红色粉末，用于陶瓷业）。

本品目不包括：

1. 天然砷酸镍（例如，镍华等）（品目25.30）。

2. 砷化物（品目28.53）。

3. 乙酰亚砷酸盐（第二十九章）。

（三）硒酸的盐：硒化物、亚硒酸盐、硒酸盐。它们包括：

1. 硒化镉，用于制防眩玻璃及颜料。

2. 亚硒酸钠，用于使玻璃具有红色色泽或掩饰玻璃的浅绿色调。

3. 硒酸铵和硒酸钠，用作杀虫剂；硒酸钠也用于医药。

4. 硒酸钾，用于摄影。

本品目不包括硒铅铜石，即天然的硒化铅铜（品目25.30）。

（四）碲酸的盐：碲化物、亚碲酸盐、碲酸盐。它们包括：

1. 碲化铋，为一种供热电堆用的半导体。

2. 碲酸钠和碲酸钾，用于医药。

二、复盐或络盐

本组包括未列名的复盐及络盐。

归入本品目的复盐及络盐主要包括：

（一）复合或络合氯化物（氯代盐）。

1. 铵与下列金属的氯化物：

（1）镁。为易潮解晶体；用于软钎焊。

（2）铁（氯化亚铁铵及氯化铁铵）。呈块状或吸湿性晶体；用于电镀及医药。

（3）镍。黄色粉末或水合绿色晶体。用作媒染剂及用于镀锌。

（4）铜（氯化铜铵）。为蓝色或浅绿色晶体，溶于水。用作着色剂及用于焰火制造。

（5）锌（氯化锌铵）。为白色结晶粉末，溶于水。用于软钎焊（“焊盐”）、干电池及用于镀锌（电解镀锌）。

（6）锡，尤其是氯代锡酸铵。为白色或粉红色晶体或水溶液。有时称为“锡盐”；用于染色及作为丝的胶料。

2. 钠与铝的氯化物，为白色结晶粉末，具吸湿性，用于鞣革。

3. 钙与镁的氯化物，为白色易潮解晶体，用于造纸、纺织、马铃薯淀粉及油漆工业。

4. 氯代盐。例如，氯代溴化物，氯代碘化物、氯代碘酸盐、氯代磷酸盐、氯代铬酸盐及氯代钒酸盐。

它们包括氯代铬酸钾（佩利果特盐），为红色晶体，在水中分解，是一种氧化剂，用于有机合成。

磷氯铅矿（磷酸铅及氯化铅）及钒铅矿（钒酸铅及氯化铅）不归入本品目，因为它们分别是品目26.07或26.15的天然金属矿石。

（二）复合或络合碘化物（碘代盐）。

1. 碘化铋钠，为红色晶体，遇水分解，用于医药。

2. 碘化镉钾，一种白色易潮解粉末，暴露于空气中变成黄色，也用于医药。

（三）复合或络合的含硫盐（硫代盐）。

1. 铵与下列金属的硫酸盐：

（1）铁。硫酸亚铁铵（莫尔盐）$[FeSO_4 \cdot (NH_4)_2SO_4 \cdot 6H_2O]$。浅绿色晶体，溶于水，用于冶金及医药。

（2）钴。硫酸钴铵$[CoSO_4 \cdot (NH_4)_2SO_4 \cdot 6H_2O]$，为红色晶体，溶于水，用于镀钴及陶瓷业。

（3）镍。硫酸镍铵$[NiSO_4 \cdot (NH_4)_2SO_4 \cdot 6H_2O]$，为绿色晶体，遇热分解；极易溶于水，主要用于电解法镀镍。

（4）铜。硫酸铜铵，为蓝色结晶粉末，溶于水，在空气中风化。用作杀寄生虫剂，用于纺织品印花及加工，还用于制亚砷酸铜等。

2. 硫酸锆钠，为白色固体，用于锌的冶炼。

3. “硫代盐”及其他复合或络合含硫盐，例如，硒代硫化物、硒代硫酸盐、硫代碲酸盐、硫代砷酸盐、硫代亚砷酸盐、砷代硫化物、硫代碳酸盐、锗代硫化物、硫代锑酸盐、硫代钼酸盐、硫代锡酸盐、雷纳克酸盐。

本组包括：

（1）硫代碳酸钾，为黄色晶体，溶于水。用于农业（杀葡蚜）及用于化学分析。

（2）碱金属硫代钼酸盐，用于金属磷化（制磷酸化物保护膜法）浴中作加速剂。

（3）四硫氰酸根二氨合铬酸铵（二氨四硫氰酸根合铬酸铵、雷酸铵或雷纳克盐）$\{NH_4[Cr(NH_3)_2(SCN)_4] \cdot H_2O\}$，为结晶粉末或暗红色晶体，用作试剂。

（4）硫氰酸亚铁钾及硫氰酸铁钾。

辉钴矿（钴的硫代物及砷化物）及亚锗酸盐（锗代硫化铜）不归入本品目，因为它们分别是品目26.05或26.17的天然矿石。

（四）复合或络合硒盐（硒代碳酸盐、硒代氰酸盐等）。

（五）复合或络合碲盐（碲代碳酸盐、碲代氰酸盐等）。

（六）亚硝酸根合高钴酸盐（硝基钙酸盐）。

亚硝酸根合高钴酸钾（亚硝酸根钴钾、费歇尔黄）［$K_3Co(NO_2)_6$］，为微晶粉末，颇溶于水，是一种颜料，单独或混合后称为钴黄。

（七）复合或络合硝酸盐（硝酸四氨合镍及硝酸六氨合镍）。

硝酸氨合镍，为蓝色或绿色水溶性晶体，用作氧化剂及用以制纯镍催化剂。

（八）复合或络合磷酸盐（磷酸盐）。

1. 正磷酸铵钠（$NaNH_4HPO_4 \cdot 4H_2O$）（磷酸氢铵钠），为无色易潮解晶体，溶于水，用作熔融金属氧化物的助熔剂。

2. 正磷酸镁铵，为白色粉末，仅极微溶于水，用于制防火纺织品及医药。

3. 含磷的络盐。例如，磷钼酸盐、磷硅酸盐、磷钨酸盐、磷锡酸盐。

本组包括：

（1）磷钼酸盐，用于显微研究。

（2）磷硅酸盐及磷锡酸盐，用于丝绸上胶。

（九）钨硼酸盐（硼钨酸盐）。

硼钨酸镉，为黄色晶体或存于水溶液中，用于按密度分离矿石。

（十）复合或络合氰酸盐。

（十一）复合或络合硅酸盐。

本组包括硅铝酸盐，不论其是否单独的已有化学定义的化合物。硅铝酸盐用于玻璃工业并作为绝缘体、离子交换剂、催化剂和分子筛等。

本类包括合成沸石，它们的通式为 $M_{2/n}O \cdot Al_2O_3 \cdot ySiO_2 \cdot wH_2O$，M为n价阳离子（通常为钠、钾、镁或钙），y≥2，w为水的分子数。

然而，含粘结料的硅铝酸盐（例如，包含硅土粘土的硅酸盐）不包括在本品目内（品目38.24通常用颗粒大小来判别含粘结料的硅酸盐（颗粒通常在5微米以上）。

（十二）金属氧化物的复盐及络盐。

它们是铬酸钙钾之类的盐。

本品目不包括：

（一）络合氟盐（品目28.26）。

（二）矾类（品目28.33）。

（三）络合氰化物（品目28.37）。

（四）叠氮酸的盐（叠氮化物）（品目28.50）。

（五）铵与汞的氯化物（氯化汞铵或氯代汞酸铵）及碘化汞铜（品目28.52）。

（六）硫酸镁钾，不论是否纯净（第三十一章）。

第六分章　杂项产品

28.43　胶态贵金属；贵金属的无机或有机化合物，不论是否已有化学定义；贵金属汞齐：

10　—　胶态贵金属

—　银化合物：

21 —— 硝酸银
29 —— 其他
30 — 金化合物
90 — 其他贵金属化合物；贵金属汞齐

一、胶态贵金属

本品目包括第七十一章所列各种贵金属（即：银、金、铂、铱、锇、钯、铑及钌）的胶态悬浮体。

这些胶态贵金属可以通过分散法或阴极粉碎法获得，也可以通过还原其无机盐中的一种获得。

胶态银呈微粒状或粉片状，浅蓝色、浅棕色或绿灰色，具有金属光泽。在医药上用作防腐剂。

胶态金，可呈红色、紫色、蓝色或绿色，用途与胶态银相同。

胶态铂，为灰色微粒，具有很强的催化性能。

这些胶态金属（例如，金），如果制成含有保护胶体（例如，明胶、酪蛋白、鱼胶）的胶体溶液时仍归入本品目。

二、贵金属的无机或有机化合物，不论是否已有化学定义

它们是：

（一）与第四分章的化合物相似的贵金属氧化物、过氧化物及氢氧化物。

（二）与第五分章的化合物相似的贵金属无机盐。

（三）与品目28.49、28.50及28.53的化合物相似的贵金属磷化物、碳化物、氢化物、氮化物、硅化物及硼化物（例如，磷化铂、氢化铂、氮化银、硅化铂）。

（四）与第二十九章的化合物相似的贵金属有机化合物。

同时含有贵金属和其他金属的化合物（例如，某种贱金属和某种贵金属的复盐、含有贵金属的络酯）也归入本品目。

以下是每一种贵金属的最常见化合物：

1. 银化合物。

（1）银的氧化物。氧化二银（Ag_2O）是一种棕黑色粉末，微溶于水，曝露在光线下即变成黑色。

氧化一银（AgO）是一种灰黑色粉末。

银的氧化物主要用于制电池。

（2）卤化银。氯化银（AgCl）是一种白色团块或密质粉末，不溶于水，曝露在光线下颜色变深；装于暗色的不透明容器中，用于摄影、制陶瓷、医药及镀银。

本品目不包括角银矿（或角银）、天然的氯化银及碘化银（品目26.16）。

溴化银（浅黄色）、碘化银（黄色）及氟化银的用途均与氯化银相似。

（3）硫化银。人造硫化银（Ag_2S）是一种重质灰黑色粉末，不溶于水，用于制造玻璃。

本品目不包括天然硫化银（辉银矿）、天然硫化银锑（深红银矿、脆银矿、硫锑铜银矿）及硫化银砷（淡红银矿）（品目26.16）。

（4）硝酸银（$AgNO_3$），为白色晶体，溶于水，有毒，会损伤皮肤。用于玻璃或金属的镀银；染丝及染角质品；摄影；制不灭墨水；也用作防腐剂和杀寄生虫剂。它有时被人称为"银丹"，但"银丹"这个名字也用于与少量硝酸钠或硝酸钾，有时则与少量氯化银熔合的硝酸银。这种硝酸银构成了第三十章的烧灼剂。

（5）其他盐及无机化合物。

硫酸银（Ag_2SO_4），为结晶体。

磷酸银（Ag_3PO_4），为淡黄色晶体，微溶于水；用于医药、摄影及光学方面。

氰化银（AgCN），一种白色粉末，见光颜色渐深，不溶于水；用于医药及镀银。硫氰化银（Ag-

SCN）具有相似的外观，在摄影中用作增厚剂。

银和钾的络氰化盐［$KAg(CN)_2$］或银和钠的络氰化盐［$NaAg(CN)_2$］均是可溶的白色盐，用于电镀。

雷酸银，为白色晶体，轻微震动即行爆炸，搬运有危险；用以制发火帽（雷管）。

重铬酸银（$Ag_2Cr_2O_7$），为宝石红色结晶粉末，微溶于水；用于绘袖珍画（银红色、紫红色）。

高锰酸银，一种深紫色结晶粉末，可溶于水，用于防毒面具。

叠氮化银，一种爆炸物。

（6）有机化合物，包括：

A. 乳酸银（白色粉末）及柠檬酸银（淡黄色粉末）；用于摄影并用作防腐剂。

B. 草酸银，加热后分解并爆炸。

C. 醋酸银、苯甲酸银、丁酸银、肉桂酸银、苦味酸银、水杨酸银、酒石酸银及戊酸银。

D. 银的蛋白盐、有核物、核酸盐、清蛋白化物、胨酸盐、卵黄磷蛋白酸盐、单宁酸盐。

2. 金化合物。

（1）氧化物。氧化亚金（Au_2O），不溶于水，深紫色粉末。氧化金（Au_2O_3）（金酸酐）是棕色粉末；对应的酸是氢氧化金或金酸［$Au(OH)_3$］，一种黑色产品，见光分解，从碱金属金酸盐衍生而得。

（2）氯化物。氯化亚金（AuCl），为浅黄色或浅红色结晶粉末。三氯化金（$AuCl_3$）（氯化金，棕色氯化物），一种红棕色粉末或结晶块，吸湿性强，报验时常装于密封的烧瓶或管中。四氯金（Ⅲ）酸（$AuCl_3 \cdot HCl \cdot 4H_2O$）（黄色氯化物）为黄色晶体，水合物；碱金属氯金酸盐是红黄色晶体；它们也归入本品目。这些产品用于摄影（制调色浴）、陶瓷及玻璃工业，也用于医药。

本品目不包括由氢氧化锡与胶态金混合而成的金锡紫（第三十二章）；该品用于制油漆及清漆，特别是用于陶器着色。

（3）其他化合物。硫化金（Au_2S_3），一种浅黑色物质与碱金属硫化物化合形成硫金酸盐。

金和钠的复合亚硫酸盐［$NaAu(SO_3)$］及金和铵的复合亚硫酸盐［$NH_4Au(SO_3)$］，作为商品销售时为无色溶液，用于电镀。

亚金基硫代硫酸钠，用于医药。

氰化金（AuCN），一种结晶黄色粉末，遇热分解，用于电解法镀金及医药。与碱金属氰化物反应生成氰金酸盐，例如，四氰金酸钾［$KAu(CN)_4$］，为可溶于水的白色盐，用于电镀。

硫氰亚金酸钠，为橙黄色针状晶体，用于医药及摄影（调色液）。

3. 钌化合物。二氧化钌（RuO_2）为蓝色产品，而四氧化钌（RuO_4）为橙色产品。三氯化钌（$RuCl_3$）及四氯化钌（$RuCl_4$）与碱金属氯化物、氨络合物或亚硝基络合物可生成复合氯化物。还有钌或碱金属的复合亚硝酸盐。

4. 铑化合物。氯氧化铑［$Rh(OH)_3$］相对应于氧化铑（Rh_2O_3），为黑色粉末。三氯化铑（$RhCl_3$）与碱金属氯化物可产生氯代亚铑酸盐。另外还有带络矾或磷酸盐的硫酸铑、硝酸铑及络合亚硝酸铑；还有氰基亚铑酸盐与络合氨基或络合草酸的衍生物。

5. 钯化合物。其中最稳定的氧化物是氧化钯（PdO），唯一的碱式化合物，为黑色粉末，遇热分解。

氯化钯（$PdCl_2$），为棕色易潮解粉末，溶于水，结合 2 个水分子的结晶体，用于陶瓷工业、摄影及电镀。

氯亚钯酸钾（K_2PdCl_4），一种棕色盐，颇溶于水，用作一氧化碳的检测剂，也归入本品目。还有氯钯酸盐、氨络化合物（二氨钯）、硫代钯酸盐、亚硝亚钯酸盐、氰基亚钯酸盐、草亚钯酸盐及硫酸亚钯。

6. 锇化合物。二氧化锇（OsO_2）是一种深棕色粉末。四氧化锇（OsO_4）是一种挥发性固体，白色针状晶体，侵害眼及肺，用于组织学及显微摄影。四氧化锇可生成诸如锇酸钾（红色晶体）的锇酸盐，用氨及碱金属氢氧化物处理四氧化锇可生成亚锇酸盐，例如，钠或钾的亚锇酸盐（黄色晶体）等。

四氯化锇（$OsCl_4$）及三氯化锇（$OsCl_3$）生成碱金属氯锇酸盐及氯代亚锇酸盐。

7. 铱化合物。除氧化铱外，还有四氢氧化铱［$Ir(OH)_4$］（蓝色固体，一种氯化物）、氯铱酸盐、氯亚铱酸盐、铱复合硫酸盐及铱氨络化合物。

8. 铂化合物。

（1）氧化物。氧化亚铂（PtO）是一种紫色或浅黑色粉末。氧化铂（PtO_2）可形成多种水合物，其中之一即四水合物［$H_2Pt(OH)_6$］，是一种络酸（六氢氧基铂酸），其相应的盐如碱金属六氢氧基铂酸盐。还有相应的氨络合物。

（2）其他化合物。氯化铂（$PtCl_4$）呈棕色粉状或黄色溶液；用作试剂。商品氯化铂（氯铂酸）（H_2PtCl_6），为易潮解的斜方晶体，棕红色，溶于水；用于摄影（铂调色）、镀铂、陶瓷上釉或用以制海绵铂。还有相应的铂氨络合物。

还有与氯亚铂酸（H_2PtCl_4）相应的氨络合物，氯亚铂酸为红色固体。氰基亚铂酸钾及氰基亚铂酸钡用于制备射线摄影所需的荧光屏。

三、贵金属汞齐

它们是贵金属与汞的合金。金或银汞齐是最常见的汞齐，用作获得金和银的中间产品。

本品目包括同时含有贵金属和贱金属的汞齐（例如，某些用于牙科的汞齐）；但不包括仅含贱金属的汞齐（品目28.53）。

本品目不包括汞齐以外的汞化合物，不论是否已有化学定义（品目28.52）。

28.44 放射性化学元素及放射性同位素（包括可裂变或可转换的化学元素及同位素）及其化合物；含上述产品的混合物及残渣：

10 — 天然铀及其化合物；含天然铀或天然铀化合物的合金、分散体（包括金属陶瓷）、陶瓷产品及混合物

20 — U_{235}浓缩铀及其化合物；钚及其化合物；含U_{235}浓缩铀、钚或它们的化合物的合金、分散体（包括金属陶瓷）、陶瓷产品及混合物

30 — U_{235}贫化铀及其化合物；钍及其化合物；含U_{235}贫化铀、钍或它们的化合物的合金、分散体（包括金属陶瓷）、陶瓷产品及混合物

— 除子目2844.10、2844.20及2844.30以外的放射性元素、同位素及其化合物；含这些元素、同位素及其化合物的合金、分散体（包括金属陶瓷）、陶瓷产品及混合物；放射性残渣：

41 —— 氚及其化合物；含氚及其化合物的合金、分散体（包括金属陶瓷）、陶瓷产品及混合物

42 —— 锕-225、锕-227、锎-253、锔-240、锔-241、锔-242、锔-243、锔-244、锿-253、锿-254、钆-148、钋-208、钋-209、钋-210、镭-223、铀-230或铀-232及其化合物；含这些元素及其化合物的合金、分散体（包括金属陶瓷）、陶瓷产品及混合物

43 —— 其他放射性元素、同位素及其化合物；其他含这些元素、同位素及其化合物的合金、分散体（包括金属陶瓷）、陶瓷产品及混合物

44 —— 放射性残渣

50 — 核反应堆已耗尽（已辐照）的燃料元件（释热元件）

一、同位素

一种元素的原子核，是以其原子序数划分的，总是有固定的相同质子数，但可能有不同的中子数，因此可能有不同的质量（不同的质量数）。

原子序数相同而质量数不同的核素，称为元素的同位素。比如，有几种原子序数同为92且都被称为铀的核素，而它们的质量数范围则从227～240；例如，它们被称作铀233、铀235、铀238等。同样，氢1、氢2或氘（归入品目28.45）及氢3或氚都是氢的同位素。

一种元素化学行为的重要因数是与核中的正电荷数（质子数）紧密相关的；它决定了能实际影响其化学性质的核外电子数目。

因此，对于某种元素的各种同位素，因为该元素的核所含电荷数相同但质量数不同，所以这些同位素将具有相同的化学性质，而物理性质则各不相同。

化学元素既可以由单一核素组成（单种同位素元素），也可由两种或更多种同位素按已知不变的比率组合的混合物所组成。例如，天然氯，不论是否呈游离态或化合态，总是由含75.4%的氯35及24.6%的氯37的混合物构成（形成原子量为35.457的氯）。

当一种元素是由多种同位素的混合物组成时，其组分可以被分离开来，例如，通过素烧瓷管扩散、电磁分离或分级电解等法加以分离。同位素也可以通过用具有大动能的中子或带电粒子轰击天然元素而制得。

本章注释六及品目28.44和28.45所称“同位素”，不仅包括纯态的同位素，而且包括其天然同位素组分已被人工改良的化学元素，改良方法可以是富集其中的一些同位素（与贫化其中的另外一些同位素一样），也可以是通过核反应将一些同位素转变成为其他同位素，即人造同位素。例如，通过富集氯元素使其含85%的氯35（并因此贫化氯元素使其含15%的氯37）而获得的原子量为35.30的氯可作为一种同位素。

应注意的是以单种同位素态存在于自然界的元素，例如，铍9、氟19、铝27、磷31、锰55等均不作为同位素，而应根据其所呈游离态或化合态，归入相应的化学元素或化合物的具体品目。

通过人工获得的这些相同元素的放射性同位素（例如，铍10、氟18、铝29、磷32、锰54）均应作为同位素。

因为人造化学元素（通常原子序数大于92，或铀后元素）没有固定的同位素组分，而每种组分根据获得这种元素的不同方法而各不相同，因此在这种情况下是无法区分本章注释六所述的化学元素和它们的同位素。

本品目仅包括那些具有放射性现象的同位素（参见以下注释）；另一方面，稳定同位素应归入品目28.45。

二、放射性

某些核素的原子核不稳定，不论是呈纯态还是呈化合态，均放射出复杂的射线，产生诸如下列现象的物理或化学效应：

（一）气体的离子化。

（二）荧光。

（三）使照相底片模糊。

上述效应使我们有可能探测出这些射线并测量其强度，例如，通过利用盖革－米勒计数管、比例计数器、电离室、威尔逊室、气泡流量计、闪烁计数器、感光软片或硬片来测定。

这就是放射性现象；化学元素、同位素、化合物，总的来说，能呈现出这种现象的物质都是放射性的物质。

三、放射性化学元素、放射性同位素及其化合物；含有这些产品的混合物及残渣

（一）放射性元素

本品目的放射性元素是指本章注释六（一）所述的放射性化学元素，即：锝、钷、钋及原子数序数大于84的元素，例如，砹、氡、钫、镭、锕、钍、镤、铀、镎、钚、镅、锔、锫、锎、锿、镄、钔、锘及铹。

这些元素通常是由许多种放射性同位素组成的元素。

然而，有些元素是由稳定同位素和放射性同位素混合组成的，例如，钾、铷、钐及镥（品目28.05），因为它们具有低放射性且组成相对低百分比的混合物，可以作为实际上是稳定的元素，因此不归入本品目。

另一方面，同样元素（钾、铷、钐、镥），如果其放射性同位素经浓缩（钾40、铷87、钐147、镥176），则应作为本品目的放射性同位素。

（二）放射性同位素

对于上述天然放射性同位素钾40、铷87、钐147、镥176，可加上铀235及铀238（详见以下第四款）及铊、铅、铋、钋、镭、锕或钍的某些同位素，这些同位素往往不以与其相对应的元素名称来命名，而往往以放射性转变前的元素来命名。因此，铋210命名为镭E、钋212命名为钍C′、锕228命名为新钍Ⅱ。

在正常情况下稳定的化学元素也可能在粒子加速器（回旋加速器、同步加速器等）产生的高动能粒子（质子、氘核）的轰击下变放射性元素或在核反应中吸收中子后变成放射性元素。

通过上述方法改性的元素称作人造放射性同位素。到目前为止已知的放射性同位素约500种，其中近200种已被用于实际应用中。除铀233及钚同位素（详见下面）外，最重要的一些放射性同位素有氢3（氚）、碳14、钠24、磷32、硫35、钾42、钙45、铬51、铁59、钴60、氪85、锶90、钇90、钯109、碘131及碘132、氙133、铯137、铥170、铱192、金198及钋210。

放射性化学元素及放射性同位素可自然地转变为更稳定的元素或同位素。

某种放射性同位素的数量减少至原有数量一半所需的时间，称为该种同位素的半衰期或衰变率。半衰期从高度放射性同位素的瞬间（对钍C’，为0.3×10^{-6}秒）到几十亿年（对钐147，为1.5×10^{11}年）各不相同，从而构成有关核素统计上的不稳定性的有利尺度。

放射性化学元素及同位素，即便相互混合或与放射性化合物、非放射性物质（例如，未经处理的辐射目标及放射源）混合，只要这种产品的放射性比度大于74贝克勒尔/克（0.002微居里/克），仍应归入本品目。

（三）放射性化合物；含放射性物质的混合物及残渣

本品目的放射性化学元素及放射性同位素常以“示踪”的化合物或“示踪”的成品（即含有一个或多个放射性原子的分子）形式付诸使用。即使此类化合物溶解于或分散于其他放射性或非放射性物料，或天然或人工与其他放射性或非放射性物料相混合，也应归入本品目。这些元素及同位素如果为合金、分散体或金属陶瓷时也应归入本品目。

放射性化学元素或放射性同位素通过化学方法或其他方法构成的无机或有机化合物及其溶液，即使放射性比度低于74贝克勒尔/克（0.002微居里/克），仍应归入本品目；另一方面，合金、分散体（包括金属陶瓷）、陶瓷产品及含有放射性物质（元素、同位素及其化合物）的混合物，如果放射性比度大于74贝克勒尔/克（0.002微居里/克），应归入本品目。放射性元素及同位素很少在游离态时使用，商业上都是制成化学化合物或合金。除以下第四款中由于其特性及重要性另行描述的可裂变化合物和可裂变化学元素及同位素外，最重要的放射性化合物还有：

1. 镭盐（氯化镭、溴化镭、硫酸镭等），用作治疗癌症的辐射源并用于某些物理试验。

2. 上述三（二）项所指的放射性同位素的化合物。

人造放射性同位素及其化合物用于：

（1）工业上，例如，用于金属射线摄影；测量片、板等的厚度；测量难测容器内液体的液面高度；加速硬化（硫化）；引发一些有机化合物的聚合或接枝；制发光漆（例如，与硫化锌混合）；钟表刻度盘及各种工具等。

（2）医药上，例如，用于诊断或治疗某些疾病（钴 60、碘 131、金 198、磷 32 等）。

（3）农业上，例如，用于农产品杀菌；阻止发芽；肥料应用及植物吸收肥料的研究；引起遗传变异以改良品种等（钴 60、铯 137、磷 32 等）。

（4）生物学上，例如，用于研究某些动植物器官的功能与发展（氚、碳 14、钠 24、磷 32、硫 35、钾 42、钙 45、铁 59、锶 90、碘 131 等）。

（5）物理或化学研究。

放射性同位素及其化合物通常制成粉状、溶液、针状、丝状或片状，它们一般装于玻璃安瓿、空心铂针管或不锈钢管等容器内，容器外面要包上防辐射金属（一般是铅），所用金属的厚度取决于该种同位素的放射强度。根据有关的国际协议，容器外必须贴上特殊标签，标明所装同位素的详细情况及其放射强度。

混合物可以包括某些中子源，这些中子源是通过产生一个（γ，n）或（α，n）反应（分别引进一个 γ 光子或一个 α 粒子，同时放出一个中子）的方式使一种放射性元素或同位素（镭、氡、锑 124、镅 241 等）与另外一种元素（铍、氟等）缔合（呈混合物、合金、化合态等）所形成的。

但所有已装配的，准备插入核反应堆以诱发裂变链反应的中子源，应作为反应堆元件归入品目 84.01。

为引入圆球形或棱柱形的燃料元件而镀有多层碳或碳化硅的核燃料微球体，应归入本品目。

本品目的产品也包括为使自身发光而加入少量放射性物质的发光体产品，只要这些产品的放射性比度大于 74 贝克勒尔/克（0.002 微居里/克）。

能重复使用的放射性残渣，最重要的有：

1. 辐射或氚化重水：在核反应堆中停留一段时间后，重水中的一些氘吸收中子后转变成氚，因此重水便具有放射性了。

2. 已耗尽（已辐照）的燃料元件（释热元件），通常具有极高的放射性，主要用于回收其中易裂变及可转换的物质（参见第四款）。

四、可裂变和可转换的化学元素和同位素及其化合物；含有这些物质的混合物及残渣

（一）可裂变及可转换的化学元素及同位素。

以上第三节所述的某些放射性化学元素及同位素具有很高的原子量，例如，钍、铀、钚及镅等，这些元素的原子核结构极为复杂。当这些核素受逊原子微粒（中子、质子、氘、氚、α 粒子等）的作用后，可吸收这些微粒，并因此变得更不稳定，以致使自身分裂成两个带周围物质的中等重量核子（极少数分裂成为三或四部分碎片）。这种裂变释放出相当大的能量并伴随着第二代中子的产生。这一过程称作裂变过程或核对分过程。

仅有很少数的裂变会自发发生或在光子的作用下发生。

裂变过程释放的第二代中子可导致第二级裂变的产生并因此又产生第二代中子等。这一过程的重复出现成为连锁反应。

对于某些核素（铀 233、铀 235、钚 239）来说，如果使用慢中子，即中子的平均速度约为每秒 2200 米［或能量在 1/40 电子伏特（eV）］，则裂变的可能性一般更大。由于这个速度约相当于液体分子（热运动）的速度，慢中子有时也叫做热能中子。

目前，热能中子引起的裂变大部分用于核反应堆。

由于这种原因，“裂变”一词普遍用于描述在热能中子作用下进行裂变的同位素，尤指铀 233、铀 235、钚 239 及含有这些同位素（特别是铀和钚）的化学元素。

其他核素，诸如铀 238、钍 232，仅在快速中子的轰击下才能进行直接裂变，这些核素通常不称作可裂变核素而称作可转换核素。所称“可转换性”，是指这些核素能吸收慢中子，并分别生成具可裂变性的钚239及铀233。

在热核反应堆（带减速中子）中，因为裂变释放的第二代中子的能量非常大（约200万电子伏特），如果要发生连锁反应，必须把这些中子的速度减下来。为此可使用“减速剂”，即低原子量的产品（例如，水、重水、某些碳氢化合物、石墨、铍等）。这些减速剂虽然能通过连续冲击吸收这些中子的部分能量，但并不吸收中子本身或仅吸收可略量的中子。

为了引起并保持连锁反应，裂变所产生的第二代中子的平均数目必须超过因被俘获或逃逸以致未引起裂变而损失的中子数量。

可裂变及可转换的化学元素列举如下：

1. 天然铀

天然态的铀由三种同位素组成：铀238构成其总量的99.28%，铀235占0.71%及微量（约0.006%）的铀234。因此，铀可被认为既是可裂变元素（因含有铀235），又是可转换元素（因含有铀238）。

铀主要是从沥青铀矿、天然氧化铀、钙铀云母、钛铀矿、钾矾铀矿或铜铀云母中提取而得。也可以从诸如制造过磷酸盐的残渣或金矿废料等次要来源中获得。正常的加工方法是通过用钙或镁，或用电解法来还原其四氟化物。

铀是一种略具放射性的元素，很重（比重为19）、很硬。具有金属光泽的银灰色表面，但接触空气中的氧后失去光泽并生成氧化物。其粉末一遇空气即迅速氧化并燃烧。

铀通常以锭状形式销售，以便于抛光、磨锉或滚轧等（制成竿、棒、管、片、丝等）。

2. 钍

虽然钍石及橙黄石富含钍，但却非常稀少，因此钍主要从作为提取稀土金属原料的独居石中获得。

不纯的钍金属为极易引火的灰色粉末，通过电解其氟化物或还原其氟化物、氯化物或氧化物而得。所生成的金属在惰性气体中纯化烧结后成为钢灰色的重质锭块（比重为11.5）；坚硬（但比铀软），与空气接触迅速氧化。

这些锭块经滚轧、挤压、拉伸后形成片、棒、管、丝等形状。天然钍主要由同位素钍232组成。

钍及某些钍合金主要用作核反应堆的可转换材料。而钍镁合金及钍钨合金用于航空工业及制热离子元件。

本品目不包括由钍制成的归入第十六类至第十九类的制品及其零件。

3. 钚

工业钚是在核反应堆中照射铀238而得。

钚很重（比重为19.8），具放射性，剧毒。外观及氧化倾向均与铀相似。

商品钚的式样与浓缩铀相同，接触时必须万分小心。

可裂变同位素包括：

（1）铀233：在核反应堆中得自钍232，这种元素依次转变成钍233、镤233及铀233。

（2）铀235：这是存在于自然界中的唯一可裂变的铀同位素，在天然铀中占0.71%的比例。

为了获得铀235浓缩的铀和铀235贫化的铀（浓缩于铀238），须用电磁法、离心分离法或气体分离法将六氟化铀的同位素分离。

（3）钚239：在核反应堆中得自铀238，这种元素依次转化成铀239、镎239及钚239。

另外，值得一提的是某些钚后元素的同位素，例如，锎252、镅241、锔242及锔244，这些元素能引起裂变（不论是自发的还是人为的）并可用作强中子源。

对于可转换同位素，除钍232外，值得一提的是贫化铀（即U_{235}贫化后浓缩于U_{238}的铀）。这种金属是U_{235}浓缩的铀的副产品。由于其成本低廉，数量较大，因而用以代替天然铀，尤其用作可转换的物料、防放射线的安全屏、制飞轮用的重金属或净化某些气体用的吸附剂（真空吸气剂）。

本品目不包括用 U_{235} 贫化的铀制成的归入第十六类至第十九类的制品及其零件。

（二）可裂变及可转换化学元素或同位素的化合物。

本品目主要包括下列化合物：

1. 铀化合物：

（1）氧化物：二氧化铀（UO_2）、八氧化三铀（U_3O_8）及三氧化铀（UO_3）。

（2）氟化物：四氟化铀（UF_4）及六氟化铀（UF_6）（六氟化铀在56℃时升华）。

（3）碳化物：一碳化铀（UC）及二碳化铀（UC_2）。

（4）铀酸盐：铀酸钠（$Na_2U_2O_7$）及铀酸铵［（NH_4）$_2U_2O_7$］。

（5）硝酸双氧铀：六水合硝酸铀酰［UO_2（NO_3）$_2$·$6H_2O$］。

（6）硫酸双氧铀：三水合硫酸铀酰［UO_2SO_4·$3H_2O$］。

2. 钚的化合物：

（1）四氟化钚（PuF_4）。

（2）二氧化钚（PuO_2）。

（3）硝酸盐：硝酸双氧钚［PuO_2（NO_3）$_2$］。

（4）碳化物：碳化钚（PuC）及三碳化二钚（Pu_2C_3）。

（5）氮化钚（PuN）。

铀和钚的化合物主要用于核工业，作为中间产品或最终产品。六氟化铀通常装于密封的容器；相当毒，接触时须小心。

3. 钍的化合物：

（1）氧化物及氢氧化物。氧化钍（ThO_2）是一种黄白色粉末，不溶于水。氢氧化钍［Th（OH）$_4$］是一种水合氧化钍。两者均得自独居石。它们都用于煤气灯罩，作为耐火产品或催化剂（乙酮合成）。氧化钍用于核反应堆中作为可转换原料。

（2）无机盐。这些盐通常为白色，其中最重要的有：

A. 硝酸钍，为多少有些水合态的结晶体，或粉末（煅烧硝酸盐）。用于制发光漆。与硝酸铈混合后用于浸渍煤气灯罩。

B. 硫酸钍，一种结晶粉末，溶于冷水；硫酸氢钍及碱金属复硫酸盐。

C. 氯化钍（$ThCl_4$）（无水或水合的）及氯氧化钍。

D. 亚硝酸钍及碳化钍，用作耐火产品、研磨剂或核反堆中的可转换原料。

（3）有机化合物。最熟悉的有机化合物是甲酸钍、乙酸钍、酒石酸钍及苯甲酸钍，均用于医药上。

（三）含可裂变或可转换元素或同位素及其有机或无机化合物的合金、分散体（包括金属陶瓷）、陶瓷产品、混合物或残渣。

本类最主要的产品是：

1. 铀或钚与铝、铬、锆、钼、钛、铌或钒的合金。还有铀钚及铀铁合金。

2. 二氧化铀（UO_2）或碳化铀（UC）分散于石墨或聚乙烯中的分散体（不论是否与氧化钍或碳化钍混合）。

3. 由各种金属（例如，不锈钢）与二氧化铀（UO_2）、二氧化钚（PuO_2）、碳化铀（UC）或碳化钚（PuC）（或这些化合物与氧化钍或碳化钍的混合物）组成的金属陶瓷。

这些产品呈条、片、球、丝、粉末等形状，均用于制燃料元件，有时则直接用于反应堆。

装于护套中并且为装卸方便而配有特殊附加装置的上述条、片或球状产品，应归入品目84.01。

4. 已耗尽或已辐照的燃料元件（释热元件），即经充分利用后须更换的燃料元件（例如，因裂变产品的积聚使链反应受到阻碍或者其护套已退化而需更换）。于深水中长时间存放使其冷却并使其放射性能减弱后，装于铅容器中运往装备有专门设施的地方，以便回收残余的可裂变物质、由可转换元素（通常含于燃料元件中）转变而成的可裂变物质以及裂变产品。

28.45　品目 28.44 以外的同位素；这些同位素的无机或有机化合物，不论是否已有化学定义：

10　—　重水（氧化氘）

20　—　硼-10 浓缩硼及其化合物

30　—　锂-6 浓缩锂及其化合物

40　—　氦-3

90　—　其他

所称“同位素”的定义，参见品目 28.44 的注释第一款。

本品目包括稳定的同位素，即非放射性同位素及其无机或有机化合物，不论是否已有化学定义。

本品目包括下列同位素及其化合物：

一、重氢或氘。重氢从正常氢中分离而得，它在正常氢中占 1/6500。

二、重水，是氘的氧化物。在普通水中，其含量为 1/6500。通常作为电解水的残余物而获得。用作氘的来源，并用于核反应堆中使分裂铀原子的中子减速。

三、用氘制成的其他化合物，例如，重乙炔、重甲烷、重醋酸及重石蜡。

四、锂的同位素，称为锂 6 或锂 7，及其化合物。

五、碳的同位素，称为碳 13，及其化合物。

28.46　稀土金属、钇、钪及其混合物的无机或有机化合物：

10　—　铈的化合物

90　—　其他

本品目包括钇、钪及品目 28.05 所列稀土金属（镧、铈、镨、钕、钐、铕、钆、铽、镝、钬、铒、铥、镱、镥）的无机或有机化合物。本品目也包括通过化学处理这些元素的混合物而直接衍生的化合物，即本品目包括这些元素的氧化物或氢氧化物的混合物，或含有相同阴离子的盐的混合物（例如，稀土金属氯化物），但不包括含有不同阴离子的盐的混合物，不论其阳离子是否相同。因此，本品目不包括硝酸铕和硝酸钐与草酸盐的混合物，也不包括氯化铈和硫酸铈的混合物，因为它们均不是从各种元素的混合物直接衍生的化合物，而是为适应某些特殊用途而专门制造的化合物混合体，因此应归入品目 38.24。

本品目包括这些金属与其他金属的复盐或络盐。

本品目包括下列化合物：

一、铈化合物。

（一）氧化物及氢氧化物。二氧化铈为白色粉末，不溶于水，得自硝酸铈；用于陶瓷产品中作遮光剂、玻璃上色、制弧光灯碳棒及在硝酸及氨的制造中作催化剂。还有氢氧化高铈。三氧化二铈及氢氧化铈均不太稳定。

（二）铈盐。硝酸铈［$Ce(NO_3)_3$］，用于制气灯纱罩。硝酸高铈铵为红色晶体。

铈的硫酸盐（硫酸铈及其水合物，水合硫酸高铈，橙色斜方晶体，溶于水），在摄影业中用作还原剂。还有铈的复硫酸盐。

除三氯化铈（$CeCl_3$）以外，还有其他各种无色铈盐及黄色或橙色高铈盐。

草酸铈为粉末或淡黄色水合晶体，几乎不溶于水；用于铈族金属的分离或医药。

二、其他稀土金属化合物。氧化钇（三氧化二钇）、氧化铽（三氧化二铽）、镱氧化物（镱氧）的混合物及其他商业稀土金属氧化物的混合物是相当纯净的。本品目包括从这些氧化物的混合物中直接衍生而得的盐的混合物。

铕、钐等的氧化物在核反应堆中用以吸收慢中子。

本品目不包括：

（一）稀土金属的天然化合物，例如，磷钇矿（络合磷酸盐）、硅铍钇矿、铈硅石（络硅酸盐）（品目25.30）及独居石（钍及稀土金属的磷酸盐）（品目26.12）。

（二）钷的无机或有机盐及其他化合物（品目28.44）。

28.47　过氧化氢，不论是否用尿素固化

过氧化氢（H_2O_2）是将硫酸电解氧化后经过蒸馏而得，或用一种酸处理过氧化钡、过氧化钠或过硫酸钾而得。过氧化氢是一种无色液体，具普通水的外观，也可有糖浆般的稠度，浓缩后能侵蚀皮肤。装于坛中运输。

过氧化氢在碱性介质中很不稳定，尤其是见光或受热时更是这样。为防止分解，过氧化氢几乎都含有少量稳定剂（硼酸或柠檬酸等），这类混合物也归入本品目。

本品目还包括用尿素固化的过氧化氢，不论是否稳定。

过氧化氢用于漂白纺织物、羽毛、秸秆、海绵、象牙、毛发等，也用于瓮染、纯化水、修复旧画、摄影及医药（作防腐剂及止血剂）。

制成一定剂量或零售形状或包装用作药剂的过氧化氢归入品目30.04。

【28.48】

28.49　碳化物，不论是否已有化学定义：

10　—　碳化钙

20　—　碳化硅

90　—　其他

本品目包括：

一、二元碳化物，为碳与电正性比碳大的另一种元素的化合物。乙炔化合物也归入本品目。

最有名的二元碳化物是：

（一）碳化钙（CaC_2），纯态为透明无色固体，不纯时为不透明灰色固体。遇水分解生成乙炔；用于制乙炔气及氰氨化钙。

（二）碳化硅（SiC）（硅化碳），在电炉中处理碳和硅石而得。为碾碎或小粒的黑色晶体、团块或无定形块。难熔；耐化学试剂；具有一定的折射力，几乎和钻石一样硬，但较脆。广泛用作磨料及耐火产品，与石墨混合后可用作电炉及高温炉的衬里，也用于制硅。本品目不包括以织物、纸、纸板或其他物料为衬背的粉状或粒状碳化硅（品目68.05），也不包括制成砂轮、手工磨石形状等的碳化硅（品目68.04）。

（三）碳化硼，在电炉中处理石墨和硼酸而得；为亮黑色坚硬晶体，用作磨料和用于凿岩或制冲模及电极。

（四）碳化铝（Al_4C_3），在电炉中用焦碳加热氧化铝而得；为透明黄色晶体或粉片。遇水分解生成甲烷。

（五）碳化锆（ZrC），在电炉中处理氧化锆和碳黑而得；接触空气或水后即行分解，用于制灯丝。

（六）碳化钡（BaC_2），通常在电炉中制得；浅棕色，结晶块。遇水分解生成乙炔。

（七）钨碳化物，在电炉中处理钨金属粉或氧化钨及碳黑而得；呈粉末状，遇水不分解，具有很高的化学稳定性。高熔点；极硬，耐热。其导电性与金属相似。易与铁类金属缔合。用于硬烧结体，例如，工具刀头的烧结体（通常与钴或镍等粘合剂相缔合）。

（八）其他碳化物。钼、钒、钛、钽或铌的碳化物，在电炉中处理上述金属粉末或其氧化物与碳黑而得；用途与碳化钨相同。还有铬及锰的碳化物。

二、由碳与一种以上金属元素化合组成的碳化物，例如，钛、钨碳化物［（Ti，W）C］。

三、由一种或多种金属元素与碳及其他非金属元素化合组成的化合物。例如，硼碳化铝、碳氮化锆、碳氮化钛。

以上某些化合物所含各种元素的比例虽不一定符合化学数量，但机械混合物不归入本品目。

本品目还不包括：

（一）碳与下列元素结合的二元化合物：氧（品目28.11）、卤素（品目28.12或29.03）、硫（品目28.13）、贵金属（品目28.43）、氮（品目28.53）、氢（品目29.01）。

（二）虽未经粘聚，但也用以制工具的板、杆、刀头等的金属碳化物的混合物（品目38.24）。

（三）第七十二章的铁碳合金，例如，白生铁，不论其碳化铁含量如何。

（四）粘聚金属碳化物的混合物，已制成作工具用的板、杆、刀头及类似品（品目82.09）。

28.50　氢化物、氮化物、叠氮化物、硅化物及硼化物，不论是否已有化学定义，但可归入品目28.49的碳化物除外

本品目包括四类化合物，每种化合物含有两个及两个以上元素，其中一个元素用以命名该类化合物（氢、氮、硅或碳），其他元素为非金属或金属。

一、氢化物

最重要的氢化物是氢化钙（CaH_2），通过钙和氢元素的直接化合而得，具有晶体断面的白色块，在低温条件下与水接触即分解并放出氢气。是一种还原剂，用以从氯化铬中提炼烧结铬。

此外还有氢化砷、氢化硅、氢化硼（包括硼氢化钠）、氢化锂（及氢化铝锂）、氢化钠、氢化钾、氢化锶、氢化锑、氢化镍、氢化钛、氢化锆、氢化锡、氢化铅等。

本品目不包括氢与下列元素的化合物：氧（品目22.01、28.45、28.47及28.53）、氮（品目28.11、28.14及28.25）、磷（品目28.53）、碳（品目29.01）及某些其他非金属（品目28.06及28.11）。氢化钯及其他贵金属氢化物归入品目28.43。

二、氮化物

（一）非金属氮化物。氮化硼（BN）是一种白色粉末，高度耐火，是热和电的绝缘体；用于电炉衬里或制坩埚。氮化硅（Si_3N_4）是一种灰白色粉末。

（二）金属氮化物。铝、钛、锆、铪、钒、钽或铌的氮化物，是在1100℃或者1200℃温度下将上述各种纯金属置于氮气中进行热处理而得，或在更高的温度下将上述各种金属的氧化物和碳的混合物置于氮和氨气流中进行热处理而得。

本品目不包括氮与下列元素的化合物：氧（品目28.11）、卤素（品目28.12）、硫（品目28.13）、氢（品目28.14）、碳（品目28.53）。银的氮化物及其他贵金属氮化物归入品目28.43，钍和铀的氮化物归入品目28.44。

三、叠氮化物

金属叠氮化物可视为叠氮酸（HN_3）的盐。

（一）叠氮化钠（NaN_3），通过一氧化氮作用于氨基钠而得或从联氨、亚硝酸乙酯及氢氧化钠中制得，为无色结晶粉片。溶于水，在潮湿空气中会轻度变质。受空气中的二氧化碳强烈影响。象雷酸汞一样，叠氮化钠对震动很敏感，但对热的敏感性不如雷酸汞。用于制雷管的起爆炸药。

（二）叠氮化铅（PbN_6），得自叠氮化钠及醋酸铅，为白色结晶粉末，对震动非常敏感，保存于水下。用于代替雷酸汞作爆炸物。

四、硅化物

（一）硅化钙，为极硬的灰色结晶块，用于冶金中的局部产生氢并用于制烟幕弹。

（二）铬的硅化物。有几种铬的硅化物；这些硅化物是极硬物质，用作研磨料。

（三）硅化铜（品目74.05的硅铜母合金除外），常呈易碎的板状。用作精炼铜的还原剂，使铜便于模制及增进铜的硬度及抗裂力；硅化铜还能降低铜合金的腐蚀倾向，也用于制硅青铜或镍铜合金。

（四）硅化镁及硅化锰。

本品目不包括硅与下列元素的化合物：氧（品目28.11）、卤素（品目28.12）、硫（品目28.13）、磷（品目28.53）。硅化碳（碳化硅）归入品目28.49，铂及其他贵金属的硅化物归入品目28.43，含硅的铁合金及母合金归入品目72.02或74.05，铝硅合金归入第七十六章。关于硅和氢的化合物，参见以上第一款。

五、硼化物

（一）硼化钙（CaB_6），通过电解硼酸盐与氯化钙的混合物制得；为浅黑色结晶粉末，一种冶金的强还原剂。

（二）硼化铝，在电炉中制得；呈结晶块状，用于制玻璃。

（三）钛、锆、钒、铌、钽及钨的硼化物，均是在1800～2200℃的温度及真空的条件下加热处理上述金属粉末及纯硼粉的混合物而得，或用硼处理已汽化的上述金属而得。这些产品非常坚硬，均是电的优良导体，用于硬烧结体。

（四）镁、锑、锰及铁的硼化物等。

本品目不包括硼与下列元素的化合物：氧（品目28.10）、卤素（品目28.12）、硫（品目28.13）、贵金属（品目28.43）、磷（品目28.53）、碳（品目28.49）。关于硼与氢、氮、硅的化合物，参见以上一、二、四款的内容。

本品目不包括铜硼母合金（参见品目74.05的注释）。

【28.51】

28.52　汞的无机或有机化合物，不论是否已有化学定义，汞齐除外：

10　—　已有化学定义的

90　—　其他

本品目包括汞的无机或有机化合物，不论是否已有化学定义，汞齐除外。最常见的汞的化合物列举如下：

一、**汞的氧化物**。氧化汞（HgO）是最重要的汞氧化物。呈鲜红色结晶体粉末状（红色氧化汞）或以密度大的橙黄色无定形粉末状（黄色氧化汞）。这些氧化物均有毒，遇光会变成黑色。它们用于调制船舶漆或汞盐，还用作催化剂。

二、汞的氯化物。

（一）氯化亚汞（甘汞）（Hg_2Cl_2）。可呈无定形块状、粉末状或白色晶体；不溶于水。氯化亚汞用于制造焰火，或用于制瓷工业等。

（二）氯化汞（二氯化汞、升汞）（$HgCl_2$）。为斜方晶体或白色长针状晶体。溶于水（特别是热水）；剧毒。用于在铁的表面镀上青铜色，浸渍木材以使其耐火，在摄影中用作增厚剂，在有机化学中用作催化剂以及制造氧化汞。

三、汞的碘化物。

（一）碘化亚汞（HgI 或 Hg_2I_2）。呈粉末状，常为无定形，但有时为结晶体；通常为黄色，但有时为浅绿色或浅红色；微溶于水，剧毒。用于有机合成。

（二）碘化汞（二碘化汞、红色碘化物）（HgI_2）。为结晶体红色粉末，几乎不溶于水。剧毒。用于摄影（作为增厚剂）及分析。

四、汞的硫化物。人造硫化汞（HgS）为黑色。升华后或与碱性多硫化物一起加热后，黑色硫化汞会变成红色粉末（红色硫化汞、人造银朱），用作油漆或火漆的颜料。通过湿法制得的产品颜色较为鲜亮，但抗光作用较差。这种盐有毒。

本品目不包括天然硫化汞（朱砂、天然银朱）（品目26.17）。

五、汞的硫酸盐。

（一）硫酸亚汞（Hg_2SO_4）。白色结晶粉末，遇水分解生成碱式硫酸盐。用于制甘汞及标准电池。

（二）硫酸汞（$HgSO_4$）。白色无水结晶块（遇光即变黑色），或水合成结晶粉片（结合1个水分子）。用于制氯化汞或其他汞盐，也用于金或银的冶炼等。

（三）二氧硫酸三汞（$HgSO_4 \cdot 2HgO$）（碱式硫酸汞）。

六、汞的硝酸盐。

（一）硝酸亚汞（$HgNO_3 \cdot H_2O$），有毒，为无色结晶体。用于镀金、医药、制帽业中在制毡工序前的毛发处理（制帽的硝酸处理）、制醋酸亚汞等。

（二）硝酸汞［$Hg(NO_3)_2$］，为水合盐（一般结合2个水分子），无色晶体或者白色或淡黄色板块，易潮解，有毒。用于制帽业及镀金材料；也用作硝化助剂、有机合成中的催化剂以及用于制雷酸汞或氧化汞等。

（三）碱式硝酸汞。

七、汞的氰化物。

（一）氰化汞［$Hg(CN)_2$］。

（二）氧氰化汞［$Hg(CN)_2 \cdot HgO$］。

八、无机碱的氰基汞酸盐。氰基汞酸钾。为无色晶体，溶于水，有毒。用于镜子镀银。

九、雷酸汞［分子式大概是 $Hg(ONC)_2$］。为白色或浅黄色的针状晶体，溶于沸水，有毒。爆炸时发出红色烟雾。报验时装于盛满水的非金属容器中。

十、硫氰酸汞［$Hg(SCN)_2$］。为白色结晶粉末，微溶于水，在摄影中用作增厚底片的毒性盐。

十一、汞的砷酸盐。正砷酸汞［$Hg_3(AsO_4)_2$］。为淡黄色粉末，不溶于水，用于防污油漆。

十二、复盐或络盐。

（一）铵与汞的氯化物（氯化汞铵或氯代汞酸铵）。为白色结晶粉末，在热水中较易溶解；有毒。用于制造焰火。

（二）碘化汞铜。一种暗红色粉末，不溶于水，有毒，用于测温器。

十三、氨基氯化汞（$HgNH_2Cl$）。为白色粉末，见光变成浅灰色或浅黄色，不溶于水；有毒。用于制造焰火。

十四、乳酸汞，乳酸的盐。

十五、有机－无机汞化合物。这些化合物可以含有一个或数个汞原子，特别是（$-Hg \cdot X$）基，其中X是无机酸或有机酸的酸根。

（一）二乙基汞。

（二）二苯基汞。
（三）乙酸苯汞。
十六、氢化汞二溴荧光素。
十七、无化学定义的汞化合物（鞣酸汞盐、白蛋白汞盐、核蛋白汞盐等）。
本品目不包括：
（一）汞（品目28.05或第三十章）。
（二）贵金属汞齐、同时含有贵金属及贱金属的汞齐（品目28.43）及仅含贱金属的汞齐（品目28.53）。

28.53　磷化物，不论是否已有化学定义，但磷铁除外；其他无机化合物（包括蒸馏水、导电水及类似的纯净水）；液态空气（不论是否除去稀有气体）；压缩空气；汞齐，但贵金属汞齐除外：
10　—　氯化氰
90　—　其他

一、磷化物，不论是否已有化学定义，但磷铁除外
磷化物是磷与另外一种元素的化合物。
本品目最重要的磷化物是由其组成的元素直接作用而成；它们包括：
（一）磷化铜（亚磷化亚铜、黄磷铜），在反射炉或坩埚中炼制而得，常呈黄灰色团块或晶体结构的极脆锭状小块。本品目仅包括磷化铜及按重量计磷含量在15%以上的铜母合金，低于该限值的铜母合金通常归入第七十四章。磷化铜是铜的极好脱氧剂，能提高铜的硬度；它能改进熔融金属的流动性，并用于制造磷青铜。
（二）磷化钙（Ca_3P_2），为栗色晶体小块或灰色粒状小块，遇水后产生可自燃的磷化氢气体，与碳化钙一起用于发出海上信号（浮标上的自然闪光信号）。
（三）磷化锌（Zn_3P_2），为带玻璃状断面的有毒灰色粉末，在潮湿空气中变质并放出磷化氢，用于灭杀啮齿动物及蝗虫，也用于医药上（代替磷）。
（四）磷化锡，为极脆的银白色固体，用于制造合金。
（五）其他磷化物。例如，磷化氢（固体、液体、气体）及砷、硼、硅、钡、镉的磷化物。
本品目不包括：
（一）磷与氧的化合物（品目28.09）、磷与卤素的化合物（品目28.12）或磷与硫的化合物（品目28.13）。
（二）铂及其他贵金属的磷化物（品目28.43）。
（三）磷铁（磷化铁）（品目72.02）。
二、蒸馏水、导电水及类似的纯净水
本品目只包括蒸馏、再蒸馏或电渗的水，导电水及类似纯度的水，也包括经离子交换介质处理的水。
本品目不包括天然水，不论是否经过滤、消毒、纯化或软化（品目22.01）。作为药物并制成一定剂量或零售包装的水应归入品目30.04。
三、杂项无机化合物
本品目也包括未列名的无机化学产品（包括本章注释二所列的某些碳化物）。
本品目包括：
（一）氰及氰的卤化物，例如，氯化氰（氯甲腈）（CNCl）；氨基氰及其金属衍生物［氰氨化钙除外（品目31.02或31.05）］。

（二）非金属氧硫化物（氧硫化砷、氧硫化碳、氧硫化硅）及非金属氯硫化物（氯硫化磷、氯硫化碳等）。硫光气（$CSCl_2$）（二氯硫化碳），通过氯作用于二硫化碳制得，是一种具有窒息性及催泪性的红色液体，遇水分解，用于有机合成。

（三）碱金属氨基化物，氨基化钠（$NaNH_2$）是通过加热的氨作用于钠铅合金制得，或用气态氨通过熔融钠制得。为桃红色或浅绿色结晶块，遇水分解。用于有机合成、制叠氮化物、氰化物等。

另外还有氨基化钾及其他金属氨基化物。

（四）碘化磷，可通过磷、碘及水的相互作用等方法制得；是一种还原剂。

（五）三氯硅烷（$SiHCl_3$）。由氯化氢（HCl）与硅反应制得，用于生产气相二氧化硅及高纯硅。

四、液态空气及压缩空气

商业上，液化空气装于钢或黄铜的真空套层容器，它能引起严重烧伤并使柔软的有机材料脆化。用于分馏法制备氧、氮及稀有气体。由于液态空气有快速蒸发作用，可用于实验室中作冷却剂。与木炭及其他产品混合后可构成一种用于矿业的烈性爆炸物。

本品目还包括：

（一）已除去稀有气体的液态空气。

（二）压缩空气。

五、汞齐，但贵金属汞齐除外

汞可与许多贱金属（碱金属、碱土金属、锌、镉、锑、铝、锡、铜、铅、铋等）形成汞齐。

汞齐可通过以下方法制得：汞直接作用于上述金属；用汞作阴极电解上述金属的盐；或电解汞盐（用上述金属作阴极）。

在低温下电解并蒸馏获得的汞齐用于制引火金属，这种引火金属较高温下所得的汞齐更具活性。它们也用于贵金属冶炼。

（一）碱金属汞齐。能分解水，所产生的热量比纯碱金属分解水时产生的热量少。因此碱金属汞齐是一种较纯碱金属更常用的还原剂。钠汞齐可用于制氢气。

（二）铝汞齐，在有机合成中用作还原剂。

（三）铜汞齐，含有少量添加的锡，用于牙科。铜汞齐是一种金属陶瓷，加热后变软，适于模制及修补瓷器。

（四）锌汞齐，用于电池中以防止腐蚀。

（五）镉汞齐，用于牙科及从烧结金属中制取钨丝。

（六）锑-锡汞齐，用于给熟石膏镀上青铜色。

本品目不包括含有贵金属的汞齐，不论是否与贱金属缔合（品目28.43）。除汞齐以外的汞化合物，不论是否已有化学定义，归入品目28.52。

第二十九章　有机化学品

注释：

一、除条文另有规定的以外，本章各品目只适用于：

（一）单独的已有化学定义的有机化合物，不论是否含有杂质；

（二）同一有机化合物的两种或两种以上异构体的混合物（不论是否含有杂质），但无环烃异构体的混合物（立体异构体除外），不论是否饱和，应归入第二十七章；

（三）品目29.36至29.39的产品，品目29.40的糖醚、糖缩醛、糖酯及其盐类和品目29.41的产品，不论是否已有化学定义；

（四）上述（一）、（二）、（三）款产品的水溶液；

（五）溶于其他溶剂的上述（一）、（二）、（三）款的产品，但该产品处于溶液状态只是为了安全或运输所采取的正常必要方法，其所用溶剂并不使该产品改变其一般用途而适合于某些特殊用途；

（六）为了保存或运输的需要，加入稳定剂（包括抗结块剂）的上述（一）、（二）、（三）、（四）、（五）各款产品；

（七）为了便于识别或安全起见，加入抗尘剂、着色剂、气味剂或催吐剂的上述（一）、（二）、（三）、（四）、（五）、（六）各款产品，但所加剂料并不使原产品改变其一般用途而适合于某些特殊用途；

（八）为生产偶氮染料而稀释至标准浓度的下列产品：重氮盐，用于重氮盐、可重氮化的胺及其盐类的耦合剂。

二、本章不包括：

（一）品目15.04的货品及品目15.20的粗甘油；

（二）乙醇（品目22.07或22.08）；

（三）甲烷及丙烷（品目27.11）；

（四）第二十八章注释二所述的碳化合物；

（五）品目30.02的免疫制品；

（六）尿素（品目31.02或31.05）；

（七）植物性或动物性着色料（品目32.03）、合成有机着色料、用作荧光增白剂或发光体的合成有机产品（品目为32.04）及零售包装的染料或其他着色料（品目32.12）；

（八）酶（品目35.07）；

（九）聚乙醛、六亚甲基四胺（乌洛托品）及类似物质，制成片、条或类似形状作为燃料用的，以及包装容器的容积不超过300立方厘米的直接灌注香烟打火机及类似打火器用的液体燃料或液化气体燃料（品目36.06）；

（十）灭火器的装配药及已装药的灭火弹（品目38.13）；零售包装的除墨剂（品目38.24）；或

（十一）光学元件，例如，用酒石酸乙二胺制成的（品目90.01）。

三、可以归入本章两个或两个以上品目的货品，应归入有关品目中的最后一个品目。

四、品目29.04至29.06、29.08至29.11及29.13至29.20的卤化、磺化、硝化或亚硝化衍生物均包括复合衍生物，例如，卤磺化、卤硝化、磺硝化及卤磺硝化衍生物。

硝基及亚硝基不作为品目29.29的含氮基官能团。

品目29.11、29.12、29.14、29.18及29.22所称“含氧基”，仅限于品目29.05至29.20的各种含氧基（其特征为有机含氧基）。

五、

（一）本章第一分章至第七分章的酸基有机化合物与这些分章的有机化合物构成的酯，应归入有关分章的最后一个品目。

（二）乙醇与本章第一分章至第七分章的酸基有机化合物所构成的酯，应按有关酸基化合物归类。

（三）除第六类注释一及第二十八章注释二另有规定的以外：

1. 第一分章至第十分章及品目29.42的有机化合物的无机盐，例如，含酸基、酚基或烯醇基的化合物及有机碱的无机盐，应归入相应的有机化合物的品目；

2. 第一分章至第十分章及品目29.42的有机化合物之间生成的盐，应按生成该盐的碱或酸（包括酚基或烯醇基化合物）归入本章有关品目中的最后一个品目；以及

3. 除第十一分章或品目29.41的产品外，配位化合物应按该化合物所有金属键（金属－碳键除外）“断开”所形成的片段归入第二十九章有关品目中的最后一个品目。

（四）除乙醇外，金属醇化物应按相应的醇归类（品目29.05）。

（五）羧酸酰卤化物应按相应的酸归类。

六、品目29.30及29.31的化合物是指有机化合物，其分子中除含氢、氧或氮原子外，还含有与碳原子直接连接的其他非金属或金属原子（例如，硫、砷或铅）。

品目29.30（有机硫化合物）及品目29.31（其他有机－无机化合物）不包括某些磺化或卤化衍生物（含复合衍生物）。这些衍生物分子中除氢、氧、氮之外，只有具有磺化或卤化衍生物（或复合衍生物）性质的硫原子或卤素原子与碳原子直接连接。

七、品目29.32、29.33及29.34不包括三节环环氧化物、过氧化酮、醛或硫醛的环聚合物、多元羧酸酐、多元醇或酚与多元酸构成的环酯及多元酸酰亚胺。

本条规定只适用于由本条所列环化功能形成环内杂原子的化合物。

八、品目29.37所称：

（一）“激素”，包括激素释放因子、激素刺激和释放因子、激素抑制剂以及激素抗体；

（二）“主要用作激素的”，不仅适用于主要起激素作用的激素衍生物及结构类似物，也适用于在本品目所列产品合成过程中主要用作中间体的激素衍生物及结构类似物。

○
○　○

子目注释：

一、属于本章任一品目项下的一种（组）化合物的衍生物，如果该品目其他子目未明确将其包括在内，而且有关的子目中又无列名为“其他”的子目，则应与该种（组）化合物归入同一子目。

二、第二十九章注释三不适用于本章的子目。

总　注　释

总的来说，除本章注释一另有规定的以外，本章仅限于单独的已有化学定义的化合物。

一、已有化学定义的化合物

（本章注释一）

单独的已有化学定义的化合物是由一分子种类（例如，通过共价键或离子键结合）组成的物质，此种物质的各种组成元素的比例是固定的而且可以用确定的结构图进行表示。在晶格化合物中，其分子种类相当于重复单元晶胞。

单独的已有化学定义的化合物如含有在其制造（包括纯化）过程中或制造后故意加入的其他物质，不归入本章。因此，如果为了使糖精适于作甜味剂而掺入乳糖，所得的产品不归入本章（参见品

目 29.25 的注释）。

本章的单独的已有化学定义的化合物可含有杂质［注释一（一）］。但品目 29.40 所述的糖是这项规定的一个例外，该品目的糖仅限于化学纯糖。

所称“杂质”，仅适用于只在制造过程（包括纯化过程）中直接产生的存在于单项化学化合物中的物质。这些物质是由于制造过程中的种种原因而产生的，主要有：

（一）未转化的原料。

（二）存在于原料中的杂质。

（三）制造过程（包括纯化过程）中所使用的试剂。

（四）副产品。

但应注意，这些物质并非在任何情况下都可视为本章注释一（一）所允许存在的杂质。当这些物质是故意残留在产品中旨在使该产品除具有一般用途外还专门适合某些特殊用途时，他们不得被视为允许含有的杂质。例如，为使乙酸甲酯更适合于作溶剂之用而故意留有甲醇，这种产品即不归入本章（品目 38.14）。某些化合物（例如，乙烷、苯、苯酚、吡啶）在品目 29.01、29.02、29.07 及 29.33 的注释中列有特定的纯度标准。

本章所列单独的已有化学定义的化合物可以是溶于水中的。与第二十八章总注释规定的条件一样，本章也包括非水溶液及已加入稳定剂、抗尘剂或着色剂的化合物（及其溶液）。例如，苯乙烯加入作为抑制用的叔丁基邻苯二酚后仍归入品目 29.02。第二十八章总注释关于加入稳定剂、抗尘剂及着色剂的规定，一般也适用于本章的化学化合物。这些化合物还可按加入着色剂相同的条件加入有味物质（例如，在品目 29.03 的溴甲烷中加入少量的三氯硝基甲烷）或催吐剂。

本章还包括同一有机化合物的异构体混合物，不论是否含有杂质。本规定仅适用于化学功能相同的化合物的混合物，这些化合物可以是天然共存的，也可以是在同一合成过程中同时获得的。但无环碳氢异构体（立体异构体除外）的混合物，不论是否饱和，均不归入本章（第二十七章）。

二、第二十八章化合物与第二十九章化合物的区别

贵金属、放射性元素、同位素、稀土金属、钇、钪的有机化合物，以及第二十八章总注释第二款所列的其他含碳化合物不归入第二十九章（参见第六类注释一以及第二十八章注释二）。

除第二十八章注释二所列的以外，有机－无机化合物应归入第二十九章。

三、不是单独的已有化学定义的化合物但仍归入第二十九章的产品

第二十九章仅适用于单独的已有化学定义的化合物，这一规定也有例外。这些例外包括下列产品：

29.09 —— 过氧化酮

29.12 —— 环聚醛；多聚甲醛

29.19 —— 乳磷酸盐

29.23 —— 卵磷脂及其他磷氨基类脂

29.34 —— 核酸及其盐

29.36 —— 维生素原及维生素（包括浓缩物及相互混合物），不论是否溶于溶剂

29.37 —— 激素

29.38 —— 苷及其衍生物

29.39 —— 植物碱及其衍生物

29.40 —— 糖醚、糖缩醛和糖酯以及它们的盐

29.41 —— 抗菌素

本章还包括以中性盐等物稀释至标准浓度的重氮盐（参见品目 29.27 注释第一款），用作重氮盐、可重氮化的胺类及其盐的耦合剂。这些产品供生产偶氮染料之用。它们有固体也有液体。

本章还包括品目 29.36 至 29.39 及 29.41 产品的聚乙二醇化［聚乙二醇（PEGs）聚合物］衍生

物。对于这些产品，聚乙二醇化衍生物与其未聚乙二醇化的产品归入同一品目。但是，第二十九章其他品目所列产品的聚乙二醇化衍生物不归入本章（通常归入品目39.07）。

四、不包括在第二十九章内的单独的已有化学定义的化合物

（本章注释二）

（一）某些单独的已有化学定义的化合物即使是纯净的，也一律不归入第二十九章。这些化合物除归入第二十八章的产品外（参见第二十八章总注释第二款），还有：

1. 蔗糖（品目17.01）；乳糖、麦芽糖、葡萄糖及果糖（品目17.02）。
2. 乙醇（品目22.07或22.08）。
3. 甲烷及丙烷（品目27.11）。
4. 免疫制品（品目30.02）。
5. 尿素（品目31.02或31.05）。
6. 动、植物着色料（例如，叶绿素）（品目32.03）。
7. 合成有机染料（包括颜料）以及用作萤光增白剂（例如，某些芪衍生物）的合成有机产品（品目32.04）。

（二）某些原应归入第二十九章的单独的已有化学定义的有机产品，如果制成一定形状或经过某些不改变其化学成分的处理后，就不能再归入第二十九章。例如：

1. 制成一定剂量或制成零售形状或包装的治疗或预防疾病用的产品（品目30.04）。
2. 经过处理使其发光后用作发光体的产品（例如，邻羟苄基醛连氮）（品目32.04）。
3. 制成零售形状或包装的染料及其他色料（品目32.12）。
4. 制成零售形状或包装的香水、化妆品及盥洗品（例如，丙酮）（品目33.03至33.07）。
5. 制成净重不超过1千克的零售包装胶或胶粘产品（品目35.06）。
6. 制成一定形状的固体燃料（例如，聚乙醛、六亚甲基四胺）或包装容器的容积不超过300立方厘米的直接灌注香烟打火机及类似打火器用的液体或液化气体燃料（例如，液体丁烷）（品目36.06）。
7. 制成标准份额或零售形式供摄影用的氢醌及其他未混合产品（品目37.07）。
8. 制成品目38.08所列形式的消毒剂、杀虫剂等。
9. 制成灭火器用的装配药或装于灭火弹的产品（例如，四氯化碳）（品目38.13）。
10. 制成零售包装的除墨剂（例如，品目29.35氯胺的水溶液）（品目38.24）。
11. 光学元件（例如，酒石酸乙二胺）（品目90.01）。

五、可归入第二十九章内两个及两个以上品目的产品

（本章注释三）

这类产品应按序号归入有关品目中的最后一个品目。例如，抗坏血酸既可作为内酯（品目29.32），也可作为维生素（品目29.36），因此应归入品目29.36。同样道理，烯丙雌醇是一种环醇（品目29.06），但也是一种具有原甾烷结构的甾族化合物，主要用作激素（品目29.37），因此应归入品目29.37。

但必须注意，品目29.40条文最后一句明确地规定不包括品目29.37、29.38及29.39的产品。

六、卤化、磺化、硝化或亚硝化衍生物及其复合衍生物；品目29.11、29.12、29.14、29.18及29.22所称“含氧基”

（本章注释四）

第二十九章某些品目包括有关的卤化、磺化、硝化及亚硝化衍生物。这些衍生物包括复合衍生物。例如，磺卤化、硝卤化、硝磺化、硝磺卤化衍生物等。

硝基及亚硝基不应作为品目29.29的含氮基。

卤化、磺化、硝化及亚硝化衍生物是母体化合物中的一个或多个氢原子被一个或多个卤素、磺酸基（$-SO_3H$）、硝基（$-NO_2$）、亚硝基（$-NO$）或其任何复合基取代而得的。影响其归类的任何功能基团（例如，醛、羧酸、胺）在这类衍生物中应保持完整。

本章注释四最后一段和品目29.11、29.12、29.14、29.18及29.22条文中所称“含氧基”，仅限于品目29.05至29.20的有机含氧基。影响其归入29.11、29.12、29.14及29.18的含氧官能团应保持完整。

七、酯类、盐类、配位化合物及某些卤化物的归类

（本章注释五）

（一）酯类

第一分章至第七分章的含酸基有机化合物与这些分章的有机化合物所形成的酯，应与有关分章的最后一个品目所列的化合物一同归类。

例如：

1. 乙酸二甘醇酯（品目29.15的乙酸与品目29.09的二甘醇反应所生成的酯）应归入品目29.15。

2. 苯磺酸甲酯（品目29.04的苯磺酸与品目29.05的甲醇反应所生成的酯）应归入品目29.05。

3. 邻苯二甲酸一丁酯［多元酸的一个酸基（COOH）中的氢被取代的酯］应归入品目29.17。

4. 例如丁基苯二甲酰乙醇酸丁酯（品目29.17的邻苯二甲酸及品目29.18的乙醇酸与品目29.05的丁醇反应所形成的酯）应归入品目29.18。

但这一规定不适用于酸基化合物与乙醇反应所生成的酯，因为乙醇不归入第二十九章。这类酯应与其衍生前的酸基化合物一同归类。

例如，乙酸乙酯（品目29.15的乙酸与乙醇反应所生成的酯）应归入品目29.15。

但还应注意，糖酯及其盐应归入品目29.40。

（二）盐类

除第六类注释一及第二十八章注释二另有规定的以外：

1. 第一分章至第十分章或品目29.42的有机化合物（例如，酸、酚或烯醇基化合物或有机碱）的无机盐，应归入相应的有机化合物的品目。

这些盐可通过下列反应制得：

（1）酸、酚或烯醇有机化合物与无机碱反应。

例如，甲氧基苯甲酸钠（品目29.18的甲氧基苯甲酸与氢氧化钠反应所生成的盐）应归入品目29.18。

这类酯的盐也可以通过上述类型的酸酯与无机碱反应生成。

例如，邻苯二甲酸正丁酯铜（品目29.17的邻苯二甲酸一丁酯与氢氧化铜反应所生成的盐）应归入品目29.17。

（2）有机碱与无机酸反应。

例如，盐酸乙二胺（品目29.21的乙二胺与品目28.06的盐酸反应所生成的盐）应归入品目29.21。

2. 第一分章至第十分章或品目29.42的有机化合物之间反应生成的盐，应按生成这种盐的相应碱或酸（包括酚或烯醇基化合物）归入本章有关品目的最后一个品目中。

例如：

（1）乙酸苯胺（品目29.15的乙酸与品目29.21的苯胺反应所生成的盐）应归入品目29.21。

（2）苯氧基乙酸甲胺（品目29.21的甲胺与品目29.18的苯氧基乙酸反应生成的盐）应归入品目29.21。

（三）配位化合物

金属配位化合物通常包括各种类型，无论是否带有电荷，其中某一金属与一个或多个配位体所提供的几个原子（一般为2～9个）相键合。由金属和与其键合的原子所形成的几何结构，以及与金属连接的数目，通常体现了该特定金属的特征。

除可归入第十一分章或品目 29.41 的产品外，配位化合物应视为该化合物所有金属键（金属－碳键除外）“断开”所形成的片段，并应按该片段（在归类上可视为一种真实的化合物）归入第二十九章有关品目中的最后一个品目。

本章注释五（三）3 所称“片段”，包括配位体及从断开中得到的含有金属－碳键的各部分。

举例如下：

三草酸根合铁酸钾（Ⅲ）可归入草酸所归入的品目（品目 29.17），与金属键断开后所形成的片段相对应。

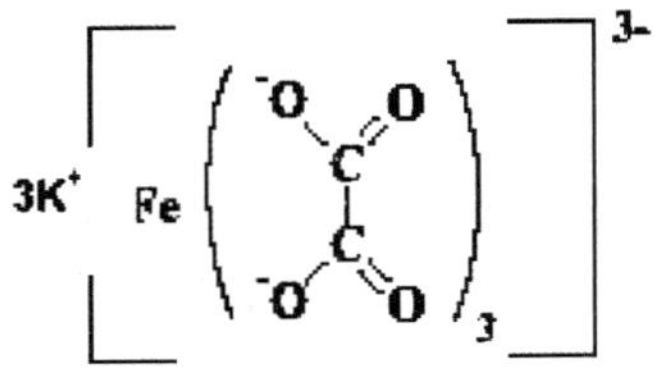

枸橼酸铁胆碱（INN）可归入包括胆碱的品目（品目 29.23），即归入有关品目中的最后一个品目，而不归入在归类上可以考虑的与另一片断相对应的柠檬酸的品目。

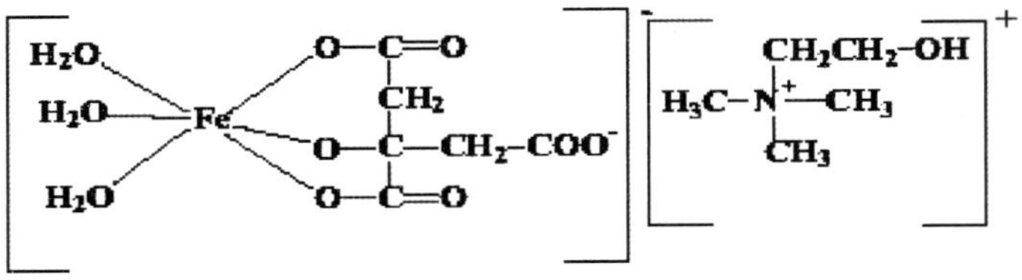

布多替钛（INN）：金属键断开后得到两个片断，其中一个与乙醇相对应（第二十二章），另一个与归入品目 29.14 的苯甲酰丙酮（及其烯醇功能）相对应。因此，布多替钛（INN）应归入品目 29.14。

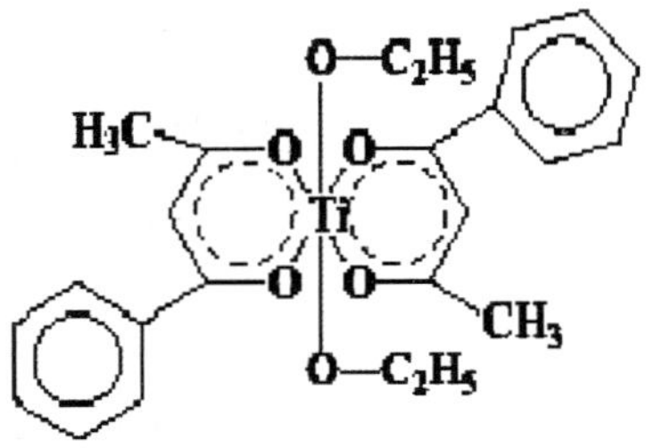

（四）羧酸的卤化物

这类卤化物应按相应的酸一同归类。例如，异丁酰氯应按相应的异丁酸归入品目 29.15。

八、品目 29.32、29.33 及 29.34 的归类

（本章注释七）

如果环内杂原子仅是本条所列的环化官能团，品目 29.32、29.33 及 29.34 不包括三元环环氧化物、过氧化酮、醛或硫醛的环聚合物、多元羧酸酐、多元醇或酚与多元酸形成的环酯及多元酸酰亚胺。

如果除了第二十九章注释七第一句所列的官能团外，结构式中还含有其他的环杂原子，在进行归类时应该考虑到所有的环化官能团。因此，例如，阿那昔酮（INN）及帕拉德福韦（INN）应按含两个或以上不同杂原子的杂环化合物归入品目 29.34，而不是作为仅含氮杂原子的杂环化合物归入品目 29.33。

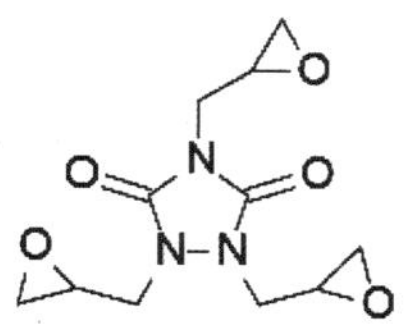

Anaxirone (INN)
阿那昔酮（INN）

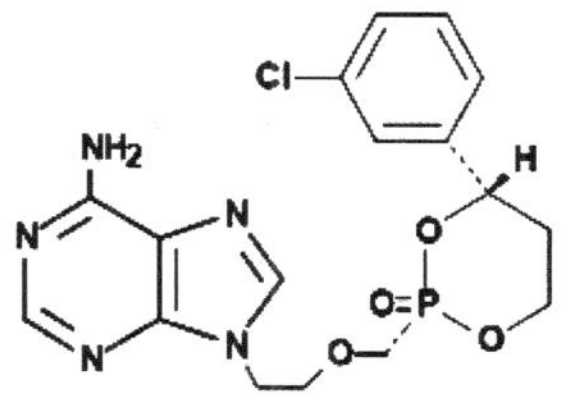

Pradefovir (INN)
帕拉德福韦（INN）

九、衍生物的归类

化学化合物的衍生物在品目一级的归类，应根据归类总规则来确定。当一个衍生物可能归入两个或多个品目时，应运用本章注释三来确定其归类。

衍生物在本章任一品目项下的归类，应根据本章的子目注释来确定。

十、稠环系

稠环系是一个至少由两个环构成的环系，其中每两个环仅含有一个公共键和两个共用原子。

稠环系存在于多环化合物（例如，多环烃、杂环化合物）的分子中，其分子中两个环由一条包含两个相邻原子的公共边连结。例子见下图：

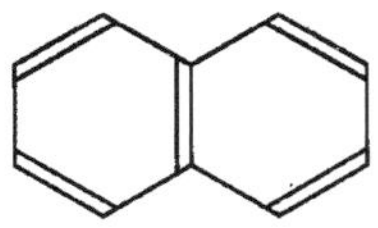

萘

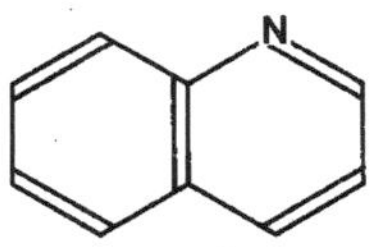

喹啉

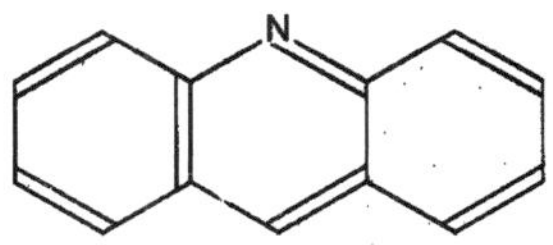

稠合喹啉

在复杂的环系中，稠合可能在任何独立环的多条边上发生。多环化合物的分子中两个环仅含有两个共用原子的称为“单边稠”。另外，多环化合物的分子中一个环与相邻两个或多个环的每个环一起仅含有两个共用原子的称为“单边互稠”。这两种不同类型的稠环系图解说明如下：

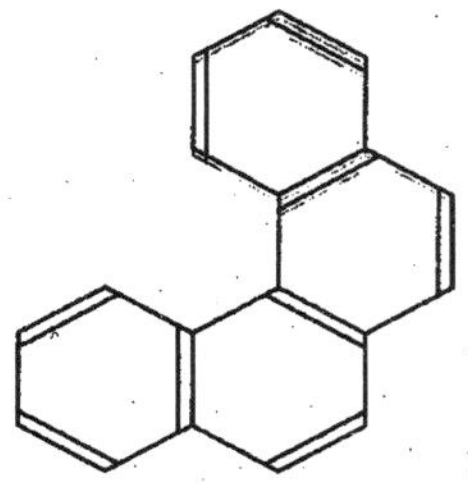

3 个公共面
6 个共用原子
“单边稠”系

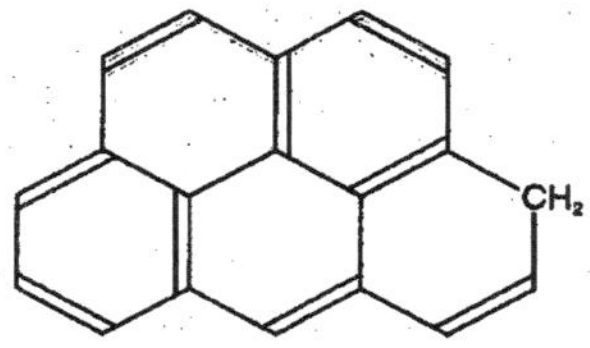

7 个公共面
8 个共用原子

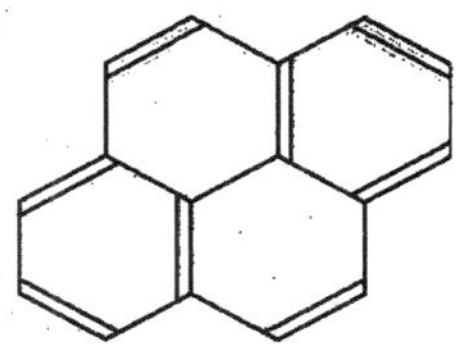

5 个公共面
6 个共用原子
“单边互稠”系

另一方面，下面是一个桥式（非稠合）喹啉的例子：

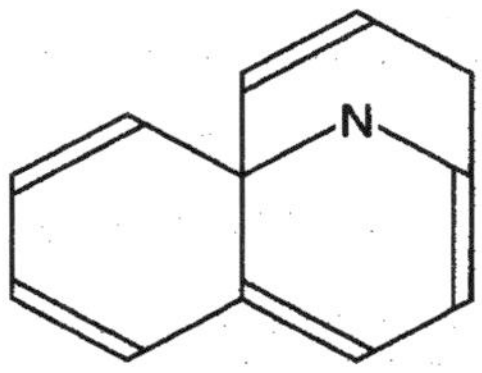

桥式喹啉

本章注释中带有“＊”的化合物意即其化学结构可参见第二十九章注释的附表。

第一分章　烃类及其卤化、磺化、硝化或亚硝化衍生物

29.01　无环烃：

10　—　饱和

　　—　不饱和：

21　——　乙烯

22　——　丙烯

23　——　丁烯及其异构体

24　——　1，3－丁二烯及异戊二烯

29　——　其他

无环烃是仅含碳和氢而且分子结构中无环的化合物。它可分为两类：

（一）饱和无环烃。

（二）不饱和无环烃。

一、饱和无环烃

这些化合物构成通式为 C_nH_{2n+2} 的一系列同系物，大量存在于自然界中，是石油的主要组分。

最基本的烃是具有一个碳原子的甲烷（CH_4）。但甲烷及具有三个碳原子的丙烷（C_3H_8）即使是纯净的，也应归入品目 27.11。

本品目的饱和无环烃包括：

（一）乙烷（C_2H_6），含有两个碳原子。

归入本品目乙烷按体积计算必须达到 95% 及以上的纯度，低于此纯度的乙烷不归入本品目（品目 27.11）。

（二）丁烷（C_4H_{10}），含有四个碳原子。

（三）戊烷，含有五个碳原子。

（四）己烷，含有六个碳原子。

（五）庚烷，含有七个碳原子。

（六）辛烷，含有八个碳原子。

（七）壬烷，含有九个碳原子。

（八）癸烷，含有十个碳原子。

（九）十五烷，含有十五个碳原子。

（十）三十烷，含有三十个碳原子。

（十一）六十烷，含有六十个碳原子。

这些饱和烃均不溶于水。在常温常压下，含有四个及以下碳原子的烃均为气态；含有五至十五个碳原子的烃均为液态；含有十五个以上碳原子的烃通常为固态。

这些烃分子中的一个或数个氢原子可被烷基（例如，甲基、乙基、丙基）所取代；因此异丁烷

（2－甲基丙烷，三甲基甲烷）与正丁烷的分子式相同。

在工、商业上，本品目最重要的烃是乙烷和丁烷气，两者皆从石油或天然气中获得。

归入本品目的饱和无环烃，不论是从提炼石油或天然气中获得，还是合成制得，都必须是单独的已有化学定义的化合物［关于乙烷纯度的标准，参见以上第（一）项］。但本品目不包括品目27.11的粗丁烷、粗石油气及类似的粗气态烃。

二、不饱和无环烃

这些不饱和烃所含氢原子数比相同碳原子数的饱和无环烃少二个、四个、六个等。这些化合物含有双键或三键。

（一）单烯烃

这些化合物组成通式为 C_nH_{2n} 的一系列同系物。它们存在于许多有机物质（煤气、石油的裂化产品等）热裂解后的产品中，也可通过合成制得。

1. 这一系列中低碳数的化合物为气态，它们有：

（1）乙烯（C_2H_4），为稍带乙醚气味的无色气体，具有强烈麻醉性。用于制备多种有机化合物（例如，氧化乙烯、乙苯、合成乙醇、聚乙烯）。

归入本品目的乙烯，按体积计算纯度必须在95%及以上。低于此纯度的乙烯不归入本品目（品目27.11）。

（2）丙烯（C_3H_6），为无色高度易燃气体，是一种窒息剂。

归入本品目的丙烯，按体积计算纯度必须在90%及以上。低于此纯度的丙烯不归入本品目（品目27.11）。

（3）丁烯（C_4H_8）。

归入本品目的这类不饱和无环烃必须为单独的已有化学定义的化合物。但本品目不包括品目27.11的粗气态烃。

在一般贸易中，所有这些产品均加压成液态。

2. 含有五个至十五个碳原子的单烯烃为液态。其中最重要的产品包括：

（1）戊烯。

（2）己烯。

（3）庚烯。

（4）辛烯。

3. 含有十五个以上碳原子的烯烃为固体。

（二）多烯烃

这些化合物组成一系列具有两个或多个双键的化合物。它们包括：

1. 丙二烯（C_3H_4）。

2. 1，2－丁二烯（甲基丙二烯）（C_4H_6）。

3. 1，3－丁二烯（C_4H_6），为无色高度易燃气体。

4. 2－甲基－1，3－丁二烯（异戊二烯）（C_5H_8），为无色高度易燃液体。

（三）炔烃系

炔烃含有一个三键（单炔，通式为 C_nH_{2n-2}）或多个三键（多炔）。

最重要的产品是乙炔（C_2H_2），为具有特殊气味的无色气体。乙炔可合成很多产品（例如，乙酸、丙酮、异戊二烯、氯乙酸、乙醇）。

报验时，加压溶于丙酮后混于盛有硅藻土的特种钢筒中的乙炔，仍归入本品目［参见本章注释一（五）］。

炔烃系的其他化合物有：

1. 丙炔（甲基乙炔）。

2. 丁炔（乙基乙炔）。

（四）烯炔烃

此类化合物的分子中含有烯键和炔键。其中最重要的是乙烯基乙炔（乙炔中的一个氢原子被乙烯基取代）及甲基乙烯基乙炔（乙炔中的二个氢原子均被取代——一个被乙烯基取代，另一个被甲基取代）。

29.02 环烃：

	—	环烷烃、环烯及环萜烯：
11	——	环己烷
19	——	其他
20	—	苯
30	—	甲苯
	—	二甲苯：
41	——	邻二甲苯
42	——	间二甲苯
43	——	对二甲苯
44	——	混合二甲苯异构体
50	—	苯乙烯
60	—	乙苯
70	—	异丙基苯
90	—	其他

环烃是仅含有碳和氢而且分子结构中最少有一个环的化合物。它可分成三类：

（一）环烷及环烯。

（二）环萜烯。

（三）芳香烃。

一、环烷及环烯

饱和单环烷是通式为 C_nH_{2n} 的环烃，而多环烷或不饱和环烷（环烯）则是通式为 C_nH_{2n-X}（X 可为 2、4、6 等）的环烃。

（一）单环烷包括存在于某些石油中的聚亚甲基及环烷烃。例如：

1. 环丙烷（C_3H_6）（气体）。

2. 环丁烷（C_4H_8）（气体）。

3. 环戊烷（C_5H_{10}）（液体）。

4. 环己烷（C_6H_{12}）（液体）。

（二）多环烷包括：

1. 十氢化萘（$C_{10}H_{18}$），为无色液体，用作油漆、真漆、擦亮剂的溶剂。

2. 桥式联接化合物。例如，1，4，4a，5，6，7，8，8a－八氢化－挂－1，4－桥－5，8－二甲桥萘（$C_{12}H_{16}$），用于制 HEOD 杀虫药。

3. 具有“笼型”结构的化合物。例如，五环［5.2.1.$O^{2,6}$.$O^{3,9}$.$O^{5,8}$］癸烷（$C_{10}H_{12}$），可用以生

成十二氯五环［5.2.1.$O^{2,6}$.$O^{3,9}$.$O^{5,8}$］癸烷。

（三）环烯包括：

1. 环丁烯（C_4H_6）（气体）。

2. 环戊烯（C_5H_8）（液体）。

3. 环已烯（C_6H_{10}）（液体）。

4. 环辛四烯（C_8H_8）（液体）。

5. 甘菊环烃（$C_{10}H_8$）（固体）。

但本品目不包括归入品目32.04的合成胡萝卜素。

二、环萜烯

这类烃在化学结构上与环烯类没有什么不同，其通式为（C_5H_8）$_n$，而n必须为2或大于2。它们以有味易挥发的液体形式存在于天然植物界中。例如：

（一）蒎烯，是松节油、松木油、肉桂油等的组分；是一种无色液体。

（二）莰烯，含于肉豆蔻油、橙叶油等中。

（三）苧烯（柠檬烯），存在于柠檬油中；双戊烯是苧烯的混合光学异构体。本品目不包括粗双戊烯（品目38.05）。

本品目不包括精油（品目33.01）、脂松节油、木松节油、硫酸盐松节油及用蒸馏或其他方法处理针叶木所得的其他松节油（品目38.05）。

三、芳香烃

这类化合物含有1个或数个稠合或非稠合苯环。苯是一种由6个碳原子和6个氢原子所组成的烃，由6个（CH）原子群构成一个六方形环。

（一）含有1个苯环的烃。它们包括苯及其同系物。

1. 苯（C_6H_6），存在于煤气、某些石油之中，以及干馏富含碳的多种有机化合物（煤、褐煤等）所得的液体产品中；也可通过合成制得。纯态时是一种无色、流动、有折射性的液体。易挥发，易燃，具有芳香气味。苯能迅速溶解树脂、脂肪、精油、橡胶等，还可以合成很多产品。

归入本品目的苯，按重量计纯度必须在95%及以上，低于此纯度的苯不归入本品目（品目27.07）。

2. 甲苯（$C_6H_5CH_3$）。苯的衍生物，苯分子中的一个氢原子被甲基取代。通过蒸馏轻质煤焦油或环化无环烃而得。为无色流动液体，能折射，易燃烧，具有类似于苯的芳香气味。

归入本品目的甲苯，按重量计纯度必须在95%及以上，低于此纯度的甲苯不归入本品目（品目27.07）。

3. 二甲苯［C_6H_4（CH_3）$_2$］。苯的衍生物，苯分子中的二个氢原子被二个甲基所取代。它有三种异构体：邻二甲苯、间二甲苯及对二甲苯。二甲苯是一种清澈的易燃液体，存在于煤焦油中。

归入本品目的二甲苯必须按重量计含95%及以上的二甲苯异构体，所有异构体一律计入，低于此纯度的二甲苯不归入本品目（品目27.07）。

4. 本组其他芳香烃是由一个苯环及一个或多个侧链（开链或闭链）构成，它们包括：

（1）苯乙烯（$C_6H_5CH=CH_2$），为无色油状液体，主要用于制塑料（聚苯乙烯）及合成橡胶。

（2）乙苯（$C_6H_5C_2H_5$），为无色流动液体，易燃，含于煤焦油中，通常用苯及乙烯制得。

（3）异丙苯［C_6H_5CH（CH_3）$_2$］，为无色液体，存在于石油中。主要用于制苯酚、丙酮、α-甲基苯乙烯或作溶剂。

（4）对甲基异丙基苯［$CH_3C_6H_4CH$（CH_3）$_2$］，大量存在于多种精油中，为无色液体，具有好闻的气味。

本品目不包括粗对甲基异丙苯（品目38.05）。

（5）四氢化萘（萘满）（$C_{10}H_{12}$），用萘经催化氢化而得。为无色液体，具有萜烯般的气味，用作溶剂等。

（二）具有两个或多个非稠合苯环的烃，它们包括：

1. 联苯（$C_6H_5C_6H_5$），为闪光的白色晶体，带有好闻的气味；特别用于制氯化衍生物（增塑剂），用作冷却剂（单独或与二苯醚混合使用）以及在核反应堆中作缓和剂。

2. 二苯甲烷（$C_6H_5CH_2C_6H_5$）。两个苯环与一个亚甲基（CH_2）键合所形成的烃，为无色针状晶体，具有强烈的老鹳草气味；用于有机合成。

3. 三苯甲烷［$CH(C_6H_5)_3$］。甲烷中的三个氢原子被三个苯环所取代。

4. 三联苯，三联苯各种异构体的混合物用作冷却剂及核反应堆的缓和剂。

（三）具有两个或多个稠合苯环的烃。

1. 萘（$C_{10}H_8$），由两个苯环稠合而得，存在于煤焦油、石油、煤气、褐煤焦油等中。为白色精细结晶粉片，具有特殊气味。

归入本品目的萘，其结晶点必须在79.4℃及以上。低于此纯度的萘不归入本品目（品目27.07）。

2. 菲（$C_{14}H_{10}$），由三个苯环稠合而成，是蒸馏煤焦油所得的产品之一。为精细晶体，无色，发荧光。

归入本品目的菲必须是单独的已有化学定义的纯或商品纯化合物。本品目不包括粗菲（品目27.07）。

3. 蒽（$C_{14}H_{10}$），也是由三个苯环稠合而成，存在于煤焦油中，为无色晶体或淡黄色粉末，发出紫蓝色荧光。

归入本品目的蒽按重量计纯度必须在90%及以上。低于此纯度的蒽不归入本品目（品目27.07）。

本组还包括下列烃：

1. 二氢苊。

2. 甲基蒽。

3. 芴。

4. 荧蒽。

5. 芘。

但本品目不包括作为烷基芳烃混合物的十二烷基苯及壬萘（品目38.17）。

29.03　烃的卤化衍生物：

	—	无环烃的饱和氯化衍生物：
11	——	一氯甲烷及氯乙烷
12	——	二氯甲烷
13	——	氯仿（三氯甲烷）
14	——	四氯化碳
15	——	1，2－二氯乙烷（ISO）
19	——	其他
	—	无环烃的不饱和氯化衍生物：
21	——	氯乙烯
22	——	三氯乙烯
23	——	四氯乙烯（全氯乙烯）
29	——	其他
	—	无环烃的饱和氟化衍生物：
41	——	三氟甲烷（HFC－23）

42 —— 二氟甲烷（HFC－32）
43 —— 一氟甲烷（HFC－41）、1，2－二氟乙烷（HFC－152）及1，1－二氟乙烷（HFC－152a）
44 —— 五氟乙烷（HFC－125）、1，1，1－三氟乙烷（HFC－143a）及1，1，2－三氟乙烷（HFC－143）
45 —— 1，1，1，2－四氟乙烷（HFC－134a）及1，1，2，2－四氟乙烷（HFC－134）
46 —— 1，1，1，2，3，3，3－七氟丙烷（HFC－227ea）、1，1，1，2，2，3－六氟丙烷（HFC－236cb）、1，1，1，2，3，3－六氟丙烷（HFC－236ea）、1，1，1，3，3，3－六氟丙烷（HFC－236fa）
47 —— 1，1，1，3，3－五氟丙烷（HFC－245fa）及1，1，2，2，3－五氟丙烷（HFC－245ca）
48 —— 1，1，1，3，3－五氟丁烷（HFC－365mfc）及1，1，1，2，2，3，4，5，5，5－十氟戊烷（HFC－43－10mee）
49 —— 其他
— 无环烃的不饱和氟化衍生物：
51 —— 2，3，3，3－四氟丙烯（HFO－1234yf）、1，3，3，3－四氟丙烯（HFO－1234ze）及（Z）－1，1，1，4，4，4－六氟－2－丁烯（HFO－1336mzz）
59 —— 其他
— 无环烃的溴化或碘化衍生物：
61 —— 甲基溴（溴甲烷）
62 —— 二溴乙烷（ISO）（1，2－二溴乙烷）
69 —— 其他
— 含有两种或两种以上不同卤素的无环烃卤化衍生物：
71 —— 一氯二氟甲烷（HCFC－22）
72 —— 二氯三氟乙烷（HCFC－123）
73 —— 二氯一氟乙烷（HCFC－141，141b）
74 —— 一氯二氟乙烷（HCFC－142，142b）
75 —— 二氯五氟丙烷（HCFC－225，225ca，225cb）
76 —— 溴氯二氟甲烷（Halon－1211）、溴三氟甲烷（Halon－1301）及二溴四氟乙烷（Halon－2402）
77 —— 其他，仅含氟及氯的全卤化物
78 —— 其他全卤化衍生物
79 —— 其他
— 环烷烃、环烯烃或环萜烯烃的卤化衍生物：
81 —— 1，2，3，4，5，6－六氯环己烷［六六六（ISO）］，包括林丹（ISO，INN）
82 —— 艾氏剂（ISO）、氯丹（ISO）及七氯（ISO）
83 —— 灭蚁灵（ISO）
89 —— 其他
— 芳烃卤化衍生物：
91 —— 氯苯、邻二氯苯及对二氯苯
92 —— 六氯苯（ISO）及滴滴涕（ISO，INN）［1，1，1－三氯－2，2－双（4－氯苯基）乙烷］
93 —— 五氯苯（ISO）
94 —— 六溴联苯
99 —— 其他

这些化合物是烃分子结构中的一个或多个氢原子被相同数量的卤素原子（氟、氯、溴、碘）所取代而得的。

一、饱和无环烃的氯代衍生物

（一）一氯甲烷，为无色气体，报验时通常是液化后装于钢筒中，用作冷冻剂、麻醉剂及用于有机合成。

（二）二氯甲烷，为无色挥发性液体，有毒；用于有机合成。

（三）三氯甲烷，为无色挥发性液体，带有特殊气味；用作麻醉剂、溶剂及用于有机合成。

（四）四氯化碳，为无色液体；用于灭火器中，也用作硫磺、油类、脂类、清漆、石油、树脂等的溶剂。

（五）一氯乙烷，气体，液化后装于特种容器中；用作麻醉剂。

（六）1，2－二氯乙烷（ISO），为无色液体，有毒，用作溶剂。

（七）1，2－二氯丙烷，为无色稳定性液体。气味象三氯甲烷。用于有机合成，也用作脂类、油类、蜡、树脂及树胶等的溶剂。

（八）二氯丁烷。

本品目不包括：

（一）作为氯化衍生物混合物的氯化石蜡，具有人造蜡特征的固体氯化石蜡归入品目34.04，而液体氯化石蜡则归入品目38.24。

（二）品目38.13的灭火器装配药或已装药的灭火弹。

二、不饱和无环烃的氯化衍生物

（一）氯乙烯，气体，具有三氯甲烷的气味；报验时以液态形式装于钢容器中；用于制品目39.04的聚氯乙烯。

（二）三氯乙烯，为无色液体，具有三氯甲烷的气味；用作清漆、油类、脂类的溶剂；也用于有机合成。

（三）四氯乙烯（全氯乙烯），为无色液体，用作干洗溶剂。

（四）亚乙烯基二氯。

三、无环烃的饱和氟化衍生物

三氟甲烷（HFC-23）、二氟甲烷（HFC-32）、一氟甲烷（HFC-41）、1，2-二氟乙烷（HFC-152）、1，1-二氟乙烷（HFC-152a）、五氟乙烷（HFC-125）、1，1，1-三氟乙烷（HFC-143a）、1，1，2-三氟乙烷（HFC-143）、1，1，1，2-四氟乙烷（HFC-134a）、1，1，2，2-四氟乙烷（HFC-134）、1，1，1，2，3，3，3-七氟丙烷（HFC-227ea）、1，1，1，2，2，3-六氟丙烷（HFC-236cb）、1，1，2，3，3-六氟丙烷（HFC-236ea）、1，1，1，3，3，3-六氟丙烷（HFC-236fa）、1，1，1，3，3-五氟丙烷（HFC-245fa）、1，1，2，2，3-五氟丙烷（HFC-245ca）、1，1，1，3，3-五氟丁烷（HFC-365mfc）及1，1，1，2，2，3，4，5，5，5-十氟戊烷（HFC-43-10mee）的贸易受《关于消耗臭氧层物质的蒙特利尔议定书》的管制。

四、无环烃的不饱和氟化衍生物

2，3，3，3-四氟丙烯（HFO-1234yf）、1，3，3，3-四氟丙烯（HFO-1234ze）及（Z）-1，1，1，4，4，4-六氟-2-丁烯（HFO-1336mzz）。氢氟烯烃（HFOs）是不饱和的氟碳化合物（即，两个碳原子之间有双键的分子）。双键的存在使得分子拥有很短的寿命和很低的全球变暖潜能值（GWP）。大部分氢氟烯烃是不饱和的氢氟烃，其全球变暖潜能值（GWP）为4—9，且不受《关于消耗臭氧层物质的蒙特利尔议定书》的管制。例如，HFO-1234yf被越来越广泛地用于可移动空调系统，其全球变暖潜能值为4。

五、无环烃的溴化或碘化衍生物

（一）溴甲烷（甲基溴），气体，液化后装于特种容器中；用于灭火器及用作致冷剂。

（二）溴乙烷（乙基溴），为无色液体，具有类似于三氯甲烷的气味。用于有机合成。

（三）三溴甲烷（溴仿），为无色液体，具有特殊气味，用作镇静剂。

（四）烯丙基溴。

（五）碘代甲烷（甲基碘）及碘代乙烷（乙基碘），液体，用于有机合成。

（六）二碘代甲烷（亚甲基碘）。

（七）三碘代甲烷（碘仿），为黄色粉末或黄色晶体，具有特殊气味；在医药上用作防腐剂。

（八）烯丙基碘（3－碘代丙烯）。

本品目不包括品目38.13的灭火器的装配药及已装药的灭火弹。

六、含有二个或多个不同卤素无环烃的卤化衍生物

一氯二氟甲烷（HCFC－22）、二氯三氟乙烷（HCFC－123）、二氯一氟乙烷（HCFC－141，141b）、一氯二氟乙烷（HCFC－142，142b）、二氯五氟丙烷（HCFC－225，225ca，225cb）、溴氯二氟甲烷（Halon－1211）、溴三氟甲烷（Halon－1301）、二溴四氟乙烷（Halon－2402）、三氯氟甲烷（CFC－11）、二氯二氟甲烷（CFC－12）、三氯三氟乙烷、二氯四氟乙烷、氯五氟乙烷的贸易受到《关于消耗臭氧层物质的蒙特利尔议定书》的管制。

本品目不包括品目38.13的灭火器的装配药及已装药的灭火弹。

七、环烷、环烯及环萜烯烃的卤化衍生物

（一）1，2，3，4，5，6－六氯环已烷［六六六（ISO）］，包括林丹（ISO，INN），为白色或黄色粉末或粉片；一种强力杀虫剂。

（二）环丙烷或环丁烷的卤化衍生物。

（三）八氯四氢－4，7－桥亚甲基－1，2－二氢化茚，也是一种强力杀虫剂。

（四）“笼型”结构烃的卤化衍生物，例如，十二氯五环［5.2.1.$O^{2,6}$.$O^{3,9}$.$O^{5,8}$］癸烷。

（五）环萜烯的卤化衍生物。例如，氯化莰烯、冰片基氯。

八、芳香烃的卤化衍生物

（一）氯苯，为易燃液体，略带芳香气味；用于有机合成，也用作清漆、树脂及沥青的溶剂。

（二）邻二氯苯，为无色液体。

（三）间二氯苯，为无色液体。

（四）对二氯苯，为白色晶体，主要用作杀虫剂、空气清新剂及染料中间体。

（五）六氯化苯（ISO）及五氯苯（ISO），为白色针状晶体，不溶于水。

（六）滴滴涕（ISO）（INN），1，1，1－三氯－2，2－双（对氯苯基）乙烷或双（对氯苯基）三氯乙烷），为无色晶体或灰白色粉末。一种杀虫剂。

（七）苄基氯，为无色液体，气味好闻，具有强烈的催泪作用。用于有机合成。

（八）一氯代萘。α－氯代萘（流动液体）或β－氯代萘（挥发性结晶体）。具有萘的气味；用于有机合成及作为增塑剂等。

（九）1，4－二氯萘，耀眼的无色晶体；八氯萘，耀眼的黄色晶体，二者均用作杀虫剂。

未混合的液体多氯萘应归入本品目；但具有人造蜡特征的混合液态多氯萘不归入本品目（品目34.04）。

（十）溴苯乙烯。

（十一）六溴联苯。例如，2，2′，4，4′，5，5′－六溴联苯及3，3′，4，4′，5，5′－六溴联苯。为无色至灰白色固体。

本品目不包括六溴联苯异构体的混合物（品目38.24）。本品目也不包括氯化衍生物混合物的多氯代联苯；具有人造蜡特征的固体多氯联苯归入品目34.04，而液态多氯联苯应归入品目38.24。

29.04　烃的磺化、硝化或亚硝化衍生物，不论是否卤化：

10　—　仅含磺基的衍生物及其盐和乙酯

20　—　仅含硝基或亚硝基的衍生物

—　全氟辛基磺酸及其盐和全氟辛基磺酰氟：

31　——　全氟辛基磺酸

32 —— 全氟辛基磺酸铵
33 —— 全氟辛基磺酸锂
34 —— 全氟辛基磺酸钾
35 —— 其他全氟辛基磺酸盐
36 —— 全氟辛基磺酰氟
— 其他：
91 —— 三氯硝基甲烷（氯化苦）
99 —— 其他

一、磺化衍生物

它们是烃中的一个或多个氢原子被相同数量的磺酸基（$-SO_3H$）所取代的化合物；人们一般称之为磺酸。本品目也包括磺酸盐及磺酸乙酯［参见本章注释五（二）］。

（一）无环烃的磺化衍生物

1. 乙烯磺酸。

2. 乙烷磺酸。

（二）环烃的磺化衍生物

1. 苯磺酸。

2. 甲苯磺酸（有时误称为苄磺酸）。

3. 二甲苯磺酸。

4. 苯二磺酸。

5. 萘磺酸。

二、硝化衍生物

它们是烃分子中一个或多个氢原子被相同数量的硝基（$-NO_2$）所取代的化合物。

（一）无环烃的硝化衍生物

1. 硝基甲烷。

2. 硝基乙烷。

3. 硝基丙烷。

4. 三硝基甲烷。

（二）环烃的硝化衍生物

1. 硝基苯（密斑油），为发亮的黄色晶体或油状的淡黄色液体，具有苦杏仁气味；用于制香料、肥皂、有机合成，也用作变性剂等。

2. 间二硝基苯，为无色针状物或粉片；用于制造炸药。

3. 硝基甲苯（邻－、间－、对－）。

4. 2，4－二硝基甲苯，为结晶体，用于制炸药。

5. 2，4，6－三硝基甲苯。烈性炸药。

本品目不包括这些衍生物混合制成的炸药（品目36.02）。

6. 5－叔丁基－2，4，6－三硝基间二甲苯（二甲苯麝香）；用于制香料。

7. 硝基二甲苯，3－叔丁基－2，6－二硝基－对伞花烃（伞花烃麝香），硝基萘等。

三、亚硝化衍生物

它们是烃中的一个或多个氢原子被相同数量的亚硝基（$-NO$）所取代的化合物。

（一）亚硝基苯。

（二）亚硝基甲苯（邻－、间－、对－）。

四、卤磺化衍生物

这些烃衍生物的分子中含有一个或多个的磺基（$-SO_3H$）、磺酸盐或磺酸乙酯及一个或数个卤素原子，或是含有一个卤磺酰基。

（一）氯－，溴－及碘代苯磺酸（邻－、间－、对－）。

（二）氯－，溴－及碘代苯二磺酸。

（三）氯代萘磺酸。

（四）对甲苯磺酰氯。

（五）全氟辛基磺酸（PFOS）*。全氟辛基磺酸及其盐和全氟辛基磺酰氟的生产和使用，受到《关于持久性有机污染物的斯德哥尔摩公约》及《关于在国际贸易中对某些危险化学品及农药采用事先知情同意程序的鹿特丹公约》的管制（同时参见品目29.22、29.23、29.35、38.08及38.24）。

五、卤硝化衍生物

这些烃衍生物的分子中含有一个或数个硝基（$-NO_2$）及一个或数个卤素原子。

（一）三氯代硝基甲烷或氯化苦味碱。

（二）碘代三硝基甲烷（碘代苦味碱）。

（三）氯代三硝基甲烷。

（四）溴代硝基甲烷。

（五）碘代硝基甲烷。

（六）氯代硝基苯。

（七）氯代硝基甲苯。

六、硝磺化衍生物

这些烃衍生物的分子中含有一个或数个硝基（$-NO_2$）及一个或数个磺酸基（$-SO_3H$）或其盐或乙酯。

（一）硝基苯磺酸及二硝基苯磺酸、三硝基苯磺酸。

（二）硝基甲基苯磺酸及二硝基甲基苯磺酸、三硝基甲基苯磺酸。

（三）硝基萘磺酸。

（四）二硝基芪二磺酸。

七、卤硝磺化或其他复合衍生物

这些化合物是以上未列出的复合衍生物，例如，含有一个或数个硝基（$-NO_2$），磺酸基（$-SO_3H$）或其盐或其乙酯及一个或数个卤素原子的复合衍生物。例如，氯代硝基苯的磺化衍生物、氯代硝基甲苯的磺化衍生物等。

第二分章 醇类及其卤化、磺化、硝化或亚硝化衍生物

29.05 无环醇及其卤化、磺化、硝化或亚硝化衍生物：

－ 饱和一元醇：

11 －－ 甲醇

12 －－ 丙醇及异丙醇

13 －－ 正丁醇

14 －－ 其他丁醇

16 －－ 辛醇及其异构体

* 参见本章末所附“在第二十九章注释中述及的某些产品的化学结构”。

17　——　十二醇、十六醇及十八醇
19　——　其他
　　—　不饱和一元醇：
22　——　无环萜烯醇
29　——　其他
　　—　二元醇：
31　——　1，2－乙二醇
32　——　1，2－丙二醇
39　——　其他
　　—　其他多元醇：
41　——　2－乙基－2－（羟甲基）丙烷－1，3－二醇（三羟甲基丙烷）
42　——　季戊四醇
43　——　甘露糖醇
44　——　山梨醇
45　——　丙三醇（甘油）
49　——　其他
　　—　无环醇的卤化、磺化、硝化或亚硝化衍生物：
51　——　乙氯维诺（INN）
59　——　其他

无环醇是无环烃的衍生物，通过烃中的一个或数个氢原子被羟基取代后而得。无环醇是一种含氧化合物，与酸反应生成酯。

无环醇可以是伯醇（含有特征基团 $-CH_2OH$）、仲醇（含有特征基团 $>CHOH$）或叔醇（含有特征基团 $\geqslant COH$）。

本品目包括下述各种无环醇及其卤化、磺化、硝化、亚硝化、卤磺化、卤硝化、硝磺化、卤硝磺化及其他复合衍生物（例如，一氯代甘油及一氯代乙二醇）。醛的酸式亚硫酸盐及酮的酸式亚硫酸盐，例如，乙醛硫酸氢钠、甲醛硫酸氢钠、戊醛硫酸氢钠及丙酮硫酸氢钠应作为醇的磺化衍生物归类。本品目也包括本品目所列醇的金属醇化物及金属乙醇化物。

本品目不包括乙醇，不论是否纯净（参见品目 22.07 及 22.08 的注释）。

一、饱和一元醇

（一）甲醇，通过干馏木材或合成制得。纯的甲醇是无色易燃的流动性液体，具有特殊气味；用于有机合成，作溶剂，也用于染料工业、制作炸药、药品等。本品目不包括干馏木材而得的粗木精（粗甲醇）（品目 38.07）。

（二）1－丙醇（正丙醇）及 2－丙醇（异丙醇）。这两种产品均为无色液体。2－丙醇是由丙烯合成而得，用于制丙酮及异丁烯酸盐，也作溶剂等。

（三）1－丁醇（正丁醇）及其他丁醇（4 种异构体）。为无色液体，用于有机合成及用作溶剂。

（四）戊醇及其异构体。戊醇可有八种异构体。发酵戊醇主要得自杂醇油（也称作谷物油、糖蜜油、马铃薯油等，应归入品目 38.24），而杂醇油则通过乙醇的精馏制得。戊醇也可由石油裂化过程产生的烃气合成而得。

（五）己醇及庚醇。

（六）辛醇及其异构体。

（七）1－十二烷醇（月桂醇）、1－十六烷醇（鲸蜡醇）及1－十八烷醇。

本品目不包括纯度在90%以下（以干燥产品的重量计）的脂肪醇（品目38.23）。

二、不饱和一元醇

（一）烯丙醇。

（二）乙基丙基烯丙醇（2－乙基－2－己烯－1－醇）。

（三）油醇。

（四）无环萜烯醇，例如，叶绿醇。萜烯醇相当容易转化成氢化芳族化合物并存在于某些精油中，例如，香叶醇、香茅醇、芳樟醇、玫瑰醇及橙花醇，它们均用于香料工业。

三、二元醇及其他多元醇

（一）二元醇。

1. 乙二醇，为无色糖浆状液体，略有刺鼻气味。用于制硝化甘油（炸药）或有机合成，也用作清漆的溶剂，防冻剂。

2. 丙二醇（1，2－丙二醇）。无色胶粘液体，具吸湿性。

（二）其他多元醇。

1. 甘油（1，2，3－丙三醇）。甘油可以通过纯化（例如，蒸馏、离子交换）粗甘油制得或用丙烯作原料合成制得。

甘油具有甜味，通常是无色无气味的，但有时会微微发黄。

归入本品目的甘油，纯度必须在95%及以上（以干燥产品重量计），低于此纯度的甘油（即粗甘油）不归入本品目（品目15.20）。

2. 2－乙基－2－（羟甲基）丙烷－1，3－二醇（三羟甲基丙烷）。用于制清漆及聚酯树脂、合成干性油、聚氨酯泡沫塑料及涂料。

3. 季戊四醇，为白色结晶粉末，用于制炸药及塑料。

4. 甘露糖醇，为白色结晶粉末或颗粒，存在于植物界（白蜡树的树液中）；也可合成而得。用作温和泻剂及用于制炸药（六硝基甘露糖醇）。

5. 山梨醇，为白色结晶粉末，具吸湿性。用于香料制造业、制抗坏血酸（用于医药）及制表面活性剂，用作甘油代用品及湿润剂（即湿度调节剂）。

6. 戊三醇、己三醇等。

本品目不包括品目38.24山梨醇。

四、无环醇的卤化、磺化、硝化、亚硝化衍生物

（一）水合三氯乙醛［$CCl_3CH(OH)_2$］（2，2，2－三氯乙烷－1，1－二醇），为无色有毒晶体，用作安眠剂及用于有机合成。

（二）三氯化叔丁醇，用于医药。

（三）乙氯戊烯炔醇。治疗精神病药物——参见第二十九章末的附表。

29.06 环醇及其卤化、磺化、硝化或亚硝化衍生物：

	—	环烷醇、环烯醇及环萜烯醇：
11	——	薄荷醇
12	——	环己醇、甲基环己醇及二甲基环己醇
13	——	固醇及肌醇
19	——	其他
	—	芳香醇：
21	——	苄醇

29 —— 其他

一、环烷醇、环烯醇、环萜烯醇及其卤化、磺化、硝化和亚硝化衍生物

（一）薄荷醇，一种仲醇，是薄荷油的主要组分，晶体。用作防腐剂、局部麻醉剂，也可以解除鼻塞。

（二）环己醇、甲基环己醇及二甲基环己醇均是具有类似樟脑特殊气味的化合物。它们用作清漆的溶剂。二甲基环己醇用于制肥皂。

（三）甾醇，是饱和或不饱和的脂肪族醇，其结构是从1，2－环戊并全氢化菲衍生的，羟基连于第3碳位上，第10、13碳位上各有一个甲基，第17碳位上联着一个8～10个碳原子烃的侧链。它们大量存在于动物界（动物甾醇）及植物界（植物甾醇）。最重要的是胆甾醇（胆固醇），主要得自牛脊髓及羊毛油脂。也可从胆汁获得，或作为从蛋黄提取卵磷脂的副产品而获得。呈无色片状，有光泽，不溶于水。

本品目不包括存在于真菌（蘑菇）及麦角中的麦角甾醇，一种维生素原，在紫外线照射下可产生维生素 D_2。麦角甾醇及维生素 D_2 均归入品目29.36。

（四）肌醇（环己六醇）是肌体组织的组成成分。肌醇有九种异构体形式，为白色晶体。广泛分布于植物及动物中。

（五）萜品醇是一种极重要的醇，用作西洋丁香等香料的重要成分。以游离态或酯化于精油中（例如，小豆蔻、甜橙、橙花、卑柠、甜茉乔栾那、肉豆蔻、松节油、桂樱、樟脑等的精油中），存在于自然界。

商品萜品醇是各种异构体的混合物，但仍归入本品目［参见第二十九章注释一（二）］。它是一种无色、油状液体，有时用作杀菌剂。固态异构体用于医药，也可用作杀菌剂。

（六）萜品（1，8－萜二醇），通过合成制得，为白色晶体。无水萜品得自松节油；为无色晶体，具芳香性。用于医药，也用于制萜品醇。

（七）2－莰醇（龙脑），这种醇对应于酮樟脑。外观及气味象天然樟脑，白色或有时为浅棕色结晶块；在室温下易挥发。

（八）异冰片，为薄片状晶体，是 α－蒎烯转变成樟脑的中间产品。

（九）檀香醇，是檀香油的主要成分。

二、芳香醇及其卤化、磺化、硝化和亚硝化衍生物

芳香醇所含的羟基（－OH）不是连在芳环上，而是连在侧链上。

（一）苯甲醇。以游离态存在或酯化于茉莉油、晚香玉油中，也有酯化于苏合香脂及吐鲁香脂中。为无色液体，具有幽香气味；用于有机合成及制清漆、染料、人造香料等。

（二）2－苯基乙醇，一种液体，是玫瑰油的主要成分。

（三）3－苯基丙醇，存在于苏合香脂、苏门答腊安息香胶、桂油及肉桂油中，一种稠密的无色液体，略带风信子气味。

（四）肉桂醇，存在于液体苏合香脂及秘鲁香脂中，为结晶针状，具有风信子气味。

（五）二苯基甲醇，为针状晶体。

（六）三苯基甲醇，为晶体状。这种醇是包括玫瑰红酸、蔷薇苯胺等在内的一组重要染料的母体物质。

*

*　*

在本品目内，醛－亚硫酸氢盐及酮－亚硫酸氢盐应作为醇的磺化衍生物归类。本品目也包括环醇的金属醇化物。

第三分章　酚、酚醇及其卤化、磺化、硝化或亚硝化衍生物

29.07　酚；酚醇：

—　一元酚：

11　——　苯酚及其盐

12　——　甲酚及其盐

13　——　辛基酚、壬基酚及其异构体以及它们的盐

15　——　萘酚及其盐

19　——　其他

—　多元酚；酚醇：

21　——　间苯二酚及其盐

22　——　对苯二酚及其盐

23　——　4，4′-异亚丙基联苯酚（双酚A，二苯基酚丙烷）及其盐

29　——　其他

苯环中的一个或数个氢原子被羟基（-OH）取代后即得酚。

一个氢原子被取代即生成单羟酚（一元酚）；二个或多个氢原子被取代即生成多羟酚（多元酚）。

羟基取代氢原子后可能影响一个或数个苯环；影响一个苯环的生成单环酚，影响多个的生成多环酚。

羟基也可取代苯同系物中的氢原子。甲苯中苯环的氢原子被羟基取代后，即产生苯酚的同系物——甲苯酚，二甲苯则产生二甲苯酚。

本品目也包括酚或酚醇的盐及金属醇化物。

一、单环一元酚

（一）苯酚（羟基苯）（C_6H_5OH），通过煤焦油的分馏或合成而得，为白色晶体，具有特殊气味，见光后变成淡红色，也可为水溶液。在制药业中用作防腐剂，也用于制炸药、合成树脂、塑料、增塑剂及染料。

归入本品目的苯酚，按重量计纯度必须在90%及以上，低于此纯度的苯酚不归入本品目（品目27.07）。

（二）甲（苯）酚（$CH_3C_6H_4OH$）。这些酚从甲苯衍变而成，以不同比例存在于各种煤焦油中。

邻甲酚是一种白色结晶粉末，具有苯酚的特殊气味，易潮解，久置后会变成棕色；间甲酚是一种无色或浅黄色油状液体，折射性很强，具有杂酚油的气味；对甲酚是一种无色结晶块，见光后变成淡红色，最后变成浅棕色；具有苯酚的气味。

归入本品目的单独或混合甲酚以重量计须含有95%及以上的甲酚（所含甲酚异构体全部计入）。低于此纯度的甲酚不归入本品目（品目27.07）。

（三）辛基苯酚、壬基苯酚及其异构体。

（四）二甲基苯酚［$(CH_3)_2C_6H_3OH$］。这些是二甲苯的酚衍生物。已知的异构体有六种；它们均得自煤焦油。

归入本品目的单独或混合二甲苯酚，以二甲苯酚重量计必须含95%及以上（所有二甲苯酚的异构体均计在内）。低于此纯度的二甲苯酚不归入本品目（品目27.07）。

（五）百里酚（5-甲基-2-异丙基苯酚），存在于百里油中，为无色晶体，带有百里香气味，用于医药、香料等。

（六）香芹酚（2-甲基-5-异丙基苯酚），是从牛至油中提得的一种百里酚异构体，一种粘滞

性液体，具有刺激气味。

二、多环一元酚

（一）萘酚（$C_{10}H_7OH$），即从萘衍变而得的酚，有两种异构体：

1. α－萘酚，为无色有光泽的针状晶体、灰色团块或白色粉末，具有略似苯酚的难闻气味，有毒，用于有机合成（染料等）。

2. β－萘酚，为耀眼无色粉片或白色或略带粉红色结晶粉末，具极微弱的苯酚气味。用途同α－萘酚，并用于医药及作橡胶等的抗氧剂。

（二）邻苯基苯酚。

三、多元酚

（一）间苯二酚。二羟酚；呈结晶片状或针状；无色，但与空气接触后变成棕色。略具苯酚气味。用于制合成染料及炸药，并用于医药及摄影。

（二）对苯二酚（氢醌）。耀眼的结晶小粉片。用于制造有机染料、医药及用于摄影，特别在橡胶制造中作氧化剂。

（三）4，4′－异亚丙基联苯酚（双酚A，二苯基酚丙烷），为白色粉片。

（四）焦儿茶酚（邻苯二酚），为无色而有光泽的针状晶体或片状晶体，略具苯酚气味；用于制药品及摄影用品等。

（五）己基间苯二酚。

（六）庚基间苯二酚。

（七）2，5－二甲基氢化苯醌（2，5－二甲基醌醇）。

（八）焦棓酚（1，2，3－苯三酚），为小鳞片状或白色有光泽的结晶粉末，质轻而无气味；与空气接触或见光会迅速转变成棕色，有毒。用于制染料、作媒染剂，也用于摄影等。

（九）间苯三酚，大颗粒无色晶体，在水溶液中发荧光；在化学分析中作试剂，也用于医药及摄影等。

（十）羟基氢醌（1，2，4－苯三酚）。极微细的无色结晶体或粉末，见光后颜色变深。

（十一）二羟基萘［$C_{10}H_6(OH)_2$］。二羟基萘类共有十种化合物，均是以两个羟基取代萘环中的二个氢原子而得，其中有些用于制染料。

四、酚醇

酚醇是芳烃分子中苯环上的一个氢原子被一个酚羟基取代，而另一个不在苯环上的氢原子被一个醇羟基取代而得；因此，它既具有酚的特性，又具有醇的特性。

其中最重要的是水杨醇（$HOC_6H_4CH_2OH$），为白色晶体，在医药上作止痛药及退热剂。

29.08 酚及酚醇的卤化、磺化、硝化或亚硝化衍生物：

— 仅含卤素取代基的衍生物及其盐：

11 —— 五氯苯酚（ISO）

19 —— 其他

— 其他：

91 —— 地乐酚（ISO）及其盐

92 —— 4，6－二硝基邻甲酚［二硝酚（ISO）］及其盐

99 —— 其他

酚及酚醇中一个或数个氢原子被卤素原子、磺基（$-SO_3H$），硝基（$-NO_2$）、亚硝基（$-NO$）或它们的复合基所取代，即得此类衍生物。

一、卤化衍生物

（一）邻氯苯酚，为液体，具有强烈气味。

（二）间氯苯酚，为无色晶体。

（三）对氯苯酚，为结晶块，具有难闻的气味。

上述三种化合物均用于有机合成（例如，合成染料）。

（四）对－氯－间甲基苯酚（4－氯－3－甲基苯酚），一种无气味的消毒产品，微溶于水，易皂化。

（五）氯代氢醌（氯醌醇）。

二、磺化衍生物

（一）苯酚磺酸（$HOC_6H_4SO_3H$），将苯酚予以磺化而得。

（二）萘酚磺酸，直接将萘酯磺化而得，或通过其他合成方法制得。萘酚磺酸类组成了用于制染料的一大类化合物，它们包括：

1. 1－萘酚－4－磺酸（奈温酸），为耀眼而透明的粉片或黄白色粉末。

2. 2－萘酚－6－磺酸（薛佛氏酸），为粉红白色粉末。

3. 2－萘酚－7－磺酸（F 酸），为白色粉末。

4. 1－萘酚－5－磺酸，为易潮解晶体。

5. 2－萘酚－8－磺酸（渺羟萘磺酸），为黄白色粉末。

三、硝化衍生物

（一）邻－、间－、对－硝基苯酚（$HOC_6H_4NO_2$），为淡黄色晶体；用于制有机染料及医药产品。

（二）二硝基苯酚［$HOC_6H_3(NO_2)_2$］。为结晶粉末，用于制炸药、硫化染料等。

（三）三硝基苯酚（苦味酸）［$HOC_6H_2(NO_2)_3$］。为耀眼的黄色晶体，无气味，有毒。用于治疗烧伤，也用作炸药，其盐称为苦味酸盐。

（四）二硝基邻甲苯酚。

（五）三硝基二甲苯酚。

四、亚硝化衍生物

（一）邻－、间－、对－亚硝基苯酚。亚硝基苯酚起互变异构而成的醌肟，仍归入本品目。

（二）亚硝基萘酚。

第四分章　醚、过氧化醇、过氧化醚、缩醛及半缩醛过氧化物、过氧化酮、三节环环氧化物、缩醛及半缩醛及其卤化、磺化、硝化或亚硝化衍生物

29.09　醚、醚醇、醚酚、醚醇酚、过氧化醇、过氧化醚、缩醛及半缩醛过氧化物、过氧化酮（不论是否已有化学定义）及其卤化、磺化、硝化或亚硝化衍生物：

	—	无环醚及其卤化、磺化、硝化或亚硝化衍生物：
11	——	乙醚
19	——	其他
20	—	环烷醚、环烯醚或环萜烯醚及其卤化、磺化、硝化或亚硝化衍生物
30	—	芳香醚及其卤化、磺化、硝化或亚硝化衍生物
	—	醚醇及其卤化、磺化、硝化或亚硝化衍生物：
41	——	2，2′－氧联二乙醇（二甘醇）

43　——　乙二醇或二甘醇的单丁醚
44　——　乙二醇或二甘醇的其他单烷基醚
49　——　其他
50　—　醚酚、醚醇酚及其卤化、磺化、硝化或亚硝化衍生物
60　—　过氧化醇、过氧化醚、缩醛及半缩醛过氧化物、过氧化酮及其卤化、磺化、硝化或亚硝化衍生物

一、醚

醇或酚羟基中的氢原子被烃基（烷基或芳基）所取代即得醚。其通式为 $R-O-R^1$，式中的 R 与 R^1 可以相同，也可以不同。

这些醚是极稳定的中性物质。

如果烃基是无环系的，则相应的醚也是无环的；而环状烃基产生环状醚。

无环系的第一个醚是气态的，而其他醚是挥发性液体，具有醚的特殊气味；高碳数的醚是液体，有时是固体。

（一）对称的无环醚

1. 乙醚（$C_2H_5OC_2H_5$），为无色折射性液体，具有特殊的燃烧气味，极易挥发及燃烧，用作麻醉剂及用于有机合成。

2. 二氯乙醚。

3. 二异丙醚。

4. 二丁醚。

5. 二戊醚。

（二）非对称的无环醚

1. 甲乙醚。

2. 乙基异丙基醚。

3. 乙基丁基醚。

4. 乙基戊基醚。

（三）环烷、环烯及环萜烯醚。

（四）芳醚

1. 茴香醚（$C_6H_5OCH_3$）（甲基苯基醚），为无色液体，具有好闻气味，用于有机合成（例如，合成香料），也用作溶剂及驱虫药。

2. 苯乙醚（$C_6H_5OC_2H_5$）。

3. 二苯醚（$C_6H_5OC_6H_5$），为无色针状晶体，具有老鹳草的气味；用于香料。

4. 1，2－二苯氧基乙烷（乙二醇二苯基醚）。

5. 茴香脑（对丙烯基茴香醚），含于茴香油中。温度低于20℃时呈小粒晶体；高于20℃时为流动液体，带有强烈的茴香油气味。

6. 二苄醚。

7. 硝基苯乙醚，为苯乙醚的硝化衍生物。邻硝基苯乙醚为黄色油状液体，对硝基苯乙醚为结晶体。

8. 硝基茴香醚，为茴香醚的硝化衍生物。邻硝基茴香醚是液体，间硝基茴香醚及对硝基茴香醚均是薄片形晶体。三硝基茴香醚是一种极为烈性的炸药。

9. 2－叔丁基－5－甲基－4，6－二硝基茴香醚（葵子麝香），为浅黄色晶体，兼有葵黄油及天然麝香的香味。

10. β－萘基甲醚及β－萘基乙醚（人造苦橙花油），为无色结晶粉末，具有类似橙花油气味。

11. 间甲酚甲醚及丁基间甲酚甲醚。

12. 苯基甲苯基醚。

13. 二甲苯基醚。

14. 苄基乙基醚。

二、醚醇

它们是多元醇或酚醇的衍生物，酚醇中的酚羟基的氢原子或多元醇中某一醇羟基的氢原子被一个烷基或芳基取代而得。

（一）2，2′－氧化二乙二醇（二甘醇），为无色液体；用于有机合成，作为树胶及树脂的溶剂，也用于制造炸药和塑料。

（二）乙二醇或二甘醇的单甲醚、单乙醚、单丁醚及其他单烷基醚。

（三）乙二醇或二甘醇的单苯醚。

（四）茴香醇。

（五）甘油乙氧苯醚（INN）［甘油单（2－乙氧苯基）醚］；愈创甘油醚（INN）［甘油单（2－甲氧苯基）醚］。

三、醚酚及醚醇酚

这些化合物是二元酚或酚醇的衍生物。酚醇中醇羟基的氢原子或二元酚中某一酚羟基的氢原子被一个烷基或芳基所取代，即得醚酚或醚醇酚。

（一）愈创木酚（邻甲氧基苯酚），存在于山毛榉焦油中，是木杂酚油的主要成分。无色晶体，具有特殊的芳香气味；但一经熔化后，愈创木酚保持液体状态。用于医药及有机合成。

（二）磺基愈创木酚（INN）（愈创木酚磺酸钾），为精细粉末，广泛用于医药上。

（三）丁子香酚，从丁子香中获得。为无色液体，具有麝香石竹的气味。

（四）异丁子香酚，从丁子香酚合成而得，是肉豆蔻油的一个组分。

（五）焦儿茶酚单乙醚，存在于瑞典松木油中。为具腐蚀性的无色晶体，带有芳香气味。

四、过氧化醇、过氧化醚、缩醛及半缩醛过氧化物及过氧化酮

这些化合物是通式为 ROOH 及 $ROOR^1$ 的化合物，其中 R 和 R^1 是有机基团。

例如，乙基过氧化氢及过氧化二乙基。

本品目也包括过缩醛及半缩醛过氧化物（包括过氧缩酮），例如，1，1－二（过氧化叔丁基）环己烷*；以及过氧化环己酮（1－氢过氧化环己基－1－羟基环己基过氧化物）*。

*

*　*

本品目也包括醚、醚醇、醚酚、醚醇酚、过氧化醇、过氧化醚、过氧化酮的卤化、磺化、硝化、亚硝化衍生物及其复合衍生物（例如，硝磺化、磺卤化、硝卤化、硝磺卤化衍生物）。

29.10　三节环环氧化物、环氧醇、环氧酚、环氧醚及其卤化、磺化、硝化或亚硝化衍生物：

10　—　环氧乙烷（氧化乙烯）

20　—　甲基环氧乙烷（氧化丙烯）

30　—　1－氯－2，3－环氧丙烷（表氯醇）

40　—　狄氏剂（ISO，INN）

50　——　异狄氏剂（ISO）

90　—　其他

* 参见本章末所附“在第二十九章注释中述及的某些产品的化学结构”。

分子中含有两个羟基的有机化合物（二醇、二酚），如果脱去一水分子，就形成了稳定的内醚。

因此，乙二醇脱去一水分子即生成环氧乙烷（氧化乙烯）：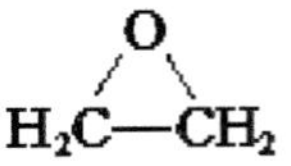

从丙二醇［即乙二醇分子中的一个氢原子被甲基（CH_3）所取代］衍生的环氧化物称为甲基环氧乙烷（1，2－环氧丙烷或氧化丙烯）：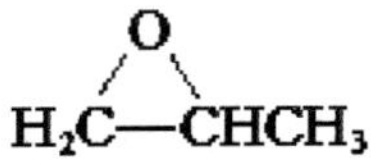

乙二醇分子中的一个氢原子被苯基（$-C_6H_5$）取代后而衍生的环氧化物称为氧化苯乙烯（α－β－环氧乙苯）：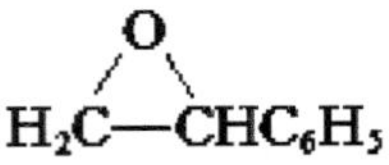

本品目仅包括三节环的环氧化物。例如：

一、环氧乙烷（氧化乙烯）。在室温下为无色气体，温度低于12℃时为液体。对从裂化气所产生的乙烯进行催化氧化而得。它是一种杀虫剂及杀真菌剂；广泛用于保存水果和其他食物，也用于有机合成及制增塑剂和表面活性剂。

二、甲基环氧乙烷（氧化丙烯），为无色液体，具有醚的气味；用作硝酸纤维、醋酸纤维、树胶、树脂的溶剂及用作杀虫剂；也用于有机合成（制增塑剂及表面活性剂等）。

三、氧化苯乙烯。

本品目包括：

（一）环氧醇、环氧酚及环氧醚。这些化合物除含有环氧基外，相应地还含有醇、酚、醚基。

（二）环氧化物的卤化、磺化、硝化、亚硝化衍生物及其任何复合衍生物（例如，磺硝化、卤磺化、卤硝化及卤磺硝化衍生物）。

这些卤化衍生物包括：1－氯－2，3－环氧丙烷（表氯醇），一种极易挥发，很不稳定的液体。

本品目不包括四节环的环氧化物（品目29.32）。

29.11　缩醛及半缩醛，不论是否含有其他含氧基，及其卤化、磺化、硝化或亚硝化衍生物

一、缩醛及半缩醛

缩醛可作为醛及酮的水合物（通常是假设的）所形成的二醚。

半缩醛是一醚，其分子中与醚氧原子相连的碳原子仍连着羟基。

所称“含有其他含氧基的缩醛及半缩醛”，是指含有一个或数个归入本章本品目前面各品目的含氧基（例如，醇基）的缩醛及半缩醛。

（一）缩甲醛［$CH_2(OCH_3)_2$］是甲醛的假设性水合物的二甲醚。为无色液体，具有类似醚的气味；用作溶剂、麻醉剂及用于有机合成。

（二）二甲基缩乙醛［$CH_3CH(OCH_3)_2$］。乙醛的假设性水合物的二甲醚；用作麻醉剂。

（三）二乙基缩乙醛［$CH_3CH(OC_2H_5)_2$］，也是从乙醛的假设性水合物衍生而得，为无色液体，具有似醚的好闻气味；用作溶剂及麻醉剂。

本品目不包括聚乙烯醇缩醛（品目39.05）。

二、缩醛及半缩醛的卤化、磺化、硝化、亚硝化衍生物

缩醛分子中的一个或数个氢原子全部或部分被卤素原子取代而得的化合物（例如，氯醛醇酯、氯丙缩乙醛）或被磺基（$-SO_3H$）、硝基（$-NO_2$）或亚硝基（$-NO$）取代而得的化合物。

本品目也包括这些衍生物的复合物（例如，卤硝化、磺硝化、卤磺化及卤磺硝化衍生物）。

第五分章　醛基化合物

29.12　醛，不论是否含有其他含氧基；环聚醛；多聚甲醛：

	—	不含其他含氧基的无环醛：
11	——	甲醛
12	——	乙醛
19	——	其他
	—	不含其他含氧基的环醛：
21	——	苯甲醛
29	——	其他
	—	醛醇、醛醚、醛酚及含其他含氧基的醛：
41	——	香草醛（3－甲氧基－4－羟基苯甲醛）
42	——	乙基香草醛（3－乙氧基－4－羟基苯甲醛）
49	——	其他
50	—	环聚醛
60	—	多聚甲醛

这些化合物是将伯醇加以氧化而得，均含有特征功能团： 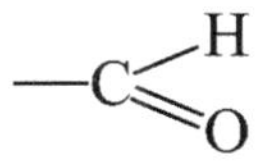

这些化合物通常是无色液体，具有强烈刺鼻气味；许多芳香醛与空气接触会迅速氧化并转化成酸。

所称“含有其他含氧基的醛”，是指含有一个或数个前面各分章　所述的含氧基（醇、酚、醚等基团）的醛。

一、醛

（一）饱和无环醛

1. 甲醛（HCHO），将甲醇催化氧化而得，为无色气体，有刺鼻气味。极易溶于水。其40%的水溶液被人称为福尔马林或甲醛水，为无色液体，有一股令人窒息的刺鼻气味，这些溶液可加入甲醇作为稳定剂。

甲醛有多种用途：用于有机合成（染料、炸药、医药品、合成鞣剂、塑料等），用作防腐剂、除臭剂及还原剂。

2. 乙醛（CH_3CHO），将乙醇氧化而得或由乙炔制得，为无色的流动液体，具有刺鼻的水果香味；有腐蚀性，极易挥发，易燃；可与水、醇及醚相混溶。用于有机合成以制造塑料、清漆或用于医药上作防腐剂。

3. 丁醛（$CH_3CH_2CH_2CHO$），为无色液体，可与水、醇及醚混溶；用于制塑料、香料及硫化橡胶的促进剂。

4. 庚醛［$CH_3(CH_2)_5CHO$］，将蓖麻油蒸馏而得；为无色液体，具有刺鼻气味。

5. 辛醛（$C_8H_{16}O$）；壬醛（$C_9H_{18}O$）；癸醛（$C_{10}H_{20}O$）；十一醛（$C_{11}H_{22}O$）；十二醛（$C_{12}H_{24}O$）等，这些均用作香料工业的原料。

（二）不饱和无环醛

1. 丙烯醛（丙烯酰基醛、丙炔醛）（$CH_2=CHCHO$）。脂肪物质烧焦后即生成丙烯醛；是一种液体，有特殊的苦味和刺激气味；用于有机合成。

2. 2－丁烯醛（巴豆醛）（$CH_3CH=CHCHO$）。存在于粗醇的第一次蒸馏产品中，为无色液体，具有刺鼻气味。

3. 柠檬醛，液体，具有好闻的气味，存在于红橘、香橼（枸橼）、柠檬的精油中，尤其存在于柠檬草油中。

4. 香茅醛，存在于香橼油中。

（三）环烷、环烯及环萜烯醛

1. 水芹醛或四氢枯茗醛，存在于小茴香油及桉树油中。

2. 环柠檬醛 A 及环柠檬醛 B，得自柠檬醛。

3. 紫苏醛，存在于紫苏子精油中。

4. 藏花醛。

（四）芳族醛

1. 苯甲醛（C_6H_5CHO），为无色液体，具高度折射性，带有苦杏仁的特殊气味；用于有机合成及医药等。

2. 肉桂醛（$C_6H_5CH=CHCHO$），为浅黄色油状液体，具有强烈的肉桂气味；用于香料工业。

3. α－戊基肉桂醛。

4. 3－对枯烯基－2－甲基丙醛。

5. 苯乙醛（$C_6H_5CH_2CHO$），液体，具有明显的风信子气味；用于香料工业。

二、醛醇、醛醚、醛酚及含有其他含氧基的醛

醛醇是既含有醛基，又含有醇基的化合物。

醛醚是含有醛基（－CHO）的醚。

醛酚是既含有酚羟基（C_6H_5OH）又含有醛基（－CHO）的化合物。

最重要的醛醇、醛酚及醛醚有：

（一）3－羟基丁醛［$CH_3CH(OH)CH_2CHO$］，将乙醛进行醛醇缩合而得，为无色液体，不搅动会聚合成结晶块（二聚间羟丁醛）。用于有机合成、制塑料及矿石浮选。

（二）羟基香茅醛（$C_{10}H_{20}O_2$），为无色液体，略呈糖浆状，具有极明显的铃兰气味，用作香料定香剂。

（三）乙醇醛（$HOCH_2CHO$），无色晶体。

（四）香草醛（4－羟基－3－甲氧基苯甲醛），即 3，4－二羟基苯甲醛（原儿茶醛）的甲基醚；存在于香子兰中，为耀眼针状物或白色结晶粉末。

（五）乙基香草醛（3－乙氧基－4－羟基苯甲醛），为精细白色晶体。

（六）水杨醛（邻羟基苯甲醛）（HOC_6H_4CHO），为无色油状液体，具有苦杏仁的特殊气味；用于制合成香料。

（七）3，4－二羟基苯甲醛（原儿茶醛）［$(HO)_2C_6H_3CHO$］，为耀眼的无色晶体。

（八）茴香醛（$CH_3OC_6H_4CHO$）（对甲氧基苯甲醛），存在于茴芹子油及小茴香油中；为无色液体，用于香料工业，人称为“山楂精”。

三、醛的环状聚合物

（一）三噁烷（三聚甲醛），甲醛的一种固体聚合物，为白色结晶物质，溶于水、醇及醚。

（二）仲乙醛（三聚乙醛），乙醛的一种聚合物；为无色液体，具有醚般的好闻气味；高度易燃，用于有机合成，在医药上用作安眠药及消毒剂等。

（三）四聚乙醛，也是乙醛的一种聚合物；为白色结晶粉末，不溶于水。本品目仅包括晶体或粉末形式的四聚乙醛。

本品目不包括制成一定形状（例如，片、条或类似形状）供用作燃料的四聚乙醛（品目 36.06）［参见第三十六章的注释二（一）］。

四、多聚甲醛

这种聚合物［HO（CH_2O）$_n$H］通过蒸发甲醛的水溶液制得。为白色粉片或粉末，具有明显的甲醛气味。用于制塑料、防水胶及医药品，也用作消毒剂及保藏剂。

本品目不包括醛－酸式亚硫酸盐化合物。这种化合物应作为醇的磺化衍生物归类（品目29.05至29.11）。

29.13　品目29.12所列产品的卤化、磺化、硝化或亚硝化衍生物

这些衍生物来自醛类，通过醛分子中的一个或数个氢原子［醛基（－CHO）上的氢原子除外］被一个或数个卤素、磺酸基（$-SO_3H$）、硝基（$-NO_2$）、亚硝基（－NO）或这些基团的任何复合基取代而得。

其中最重要的有三氯乙醛（Cl_3CCHO）；为无水无色易流动液体，具有刺鼻气味；是一种安眠药。

本品目不包括水合三氯乙醛［$Cl_3CCH(OH)_2$］（2，2，2－三氯乙烷－1，1－二醇）。它应归入品目29.05。

本品目也不包括醛－酸式亚硫酸盐化合物。这种化合物应按醇的磺化衍生物归类（品目29.05至29.11）。

第六分章　酮基化合物及醌基化合物

29.14　酮及醌，不论是否含有其他含氧基，及其卤化、磺化、硝化或亚硝化衍生物：

	—	不含其他含氧基的无环酮：
11	——	丙酮
12	——	丁酮［甲基乙基（甲）酮］
13	——	4－甲基－2－戊酮［甲基异丁基（甲）酮］
19	——	其他
	—	不含其他含氧基的环烷酮、环烯酮或环萜烯酮：
22	——	环己酮及甲基环己酮
23	——	芷香酮及甲基芷香酮
29	——	其他
	—	不含其他含氧基的芳香酮：
31	——	苯丙酮（苯基丙－2－酮）
39	——	其他
40	—	酮醇及酮醛
50	—	酮酚及含有其他含氧基的酮
	—	醌：
61	——	蒽醌
62	——	辅酶Q10［癸烯醌（INN）］
69	——	其他
	—	卤化、磺化、硝化或亚硝化衍生物：
71	——	十氯酮（ISO）
79	——	其他

所称“含有其他含氧基的酮及醌”，是指含有一个或数个以上各分章所述氧基（醇、醚、酚、醛

等基团）的酮及醌。

一、酮

酮是含有羰基（$>C=O$）的化合物，并可以用通式 R－CO－R^1 来表示，这里 R 及 R^1 代表烷基或芳基（甲基、乙基、丙基、苯基等）。

酮可有两种互变异构形式，真酮形式（－CO－）及烯醇形式［＝C（OH）－］，这两种形式的酮均归入本品目。

（一）无环酮

1. 丙酮（CH_3COCH_3），存在于木材的干馏产品（甲醇及粗焦木酸）中，但主要是通过合成而得。为无色液体，具有类似醚的好闻气味。用于多种有机合成，用以制塑料，并用作乙炔、乙酰纤维素及树脂等的溶剂。

2. 丁酮（甲基乙基酮）（$CH_3COC_2H_5$），为无色液体，存在于从甜菜糖蜜蒸馏醇过程所得的副产品中。也可通过仲丁醇的氧化获得。

3. 4－甲基－2－戊酮（甲基异丁基酮）［$(CH_3)_2CHCH_2COCH_3$］。液体，具有好闻的气味；用作硝酸纤维素、树胶和树脂的溶剂。

4. 基化氧（异亚丙基丙酮），为无色液体，由两个丙酮分子缩合而得。

5. 佛尔酮，由三个丙酮分子缩合而成的化合物。

6. 假紫罗酮，一种络合酮，为浅黄色液体，具有紫罗兰的香味；用以制紫罗酮（人造紫罗兰油）。

7. 假甲基紫罗酮。液体，性质与紫罗酮相同，有类似紫罗兰的气味，用于香料工业。

8. 联乙酰（丁二酮）（$CH_3COCOCH_3$）。黄绿色液体，具有类似醌的刺鼻气味。用于黄油及人造黄油的调味。

9. 乙酰丙酮（$CH_3COCH_2COCH_3$），为无色液体，具有好闻的气味；用于有机合成。

10. 丙酮基丙酮（$CH_3COCH_2CH_2COCH_3$），为无色液体，具有好闻的气味；用于有机合成。

（二）环烷、环烯或环萜烯酮

1. 樟脑（$C_{10}H_{16}O$）。本品目既包括天然樟脑，也包括合成樟脑。天然樟脑是从原产于中国及日本的樟脑树获得。合成樟脑是蒎烯（得自松节油）的衍生物。两者均为无色结晶块，半透明，手感柔软，有特殊气味。天然及合成樟脑在医药上作防腐剂，也用于制赛璐珞及卫生球。

本品目不包括冰片，所谓冰片其实不是酮而是醇，是将樟脑还原而得（品目 29.06）。

2. 环己酮（$C_6H_{10}O$），通过合成而得；一种液体，气味类似丙酮。为乙酰纤维素及天然或人造树脂的强溶剂。

3. 甲基环己酮。液体，不溶于水。

4. 紫罗兰酮（$C_{13}H_{20}O$），柠檬醛与丙酮缩合而成。它们包括：

（1）α－紫罗兰酮，为无色液体，具有强烈的类似紫罗兰的气味。

（2）β－紫罗兰酮，为无色液体，其紫罗兰香味没 α－紫罗兰酮好闻。

上述两种紫罗兰酮均用于香料工业。

5. 甲基紫罗兰酮，为无色至琥珀黄色液体。

6. 葑酮（$C_{10}H_{16}O$），存在于小茴香油及苎油中，一种澄清的无色液体，具有类似樟脑气味；用作樟脑的代用品。

7. 鸢尾酮，存在于几种从鸢尾属植物根提取的精油中。为一种无色油状液体，气味似鸢尾；高度稀释后，具有类似紫罗兰的好闻气味，用于香料工业。

8. 茉莉酮（$C_{11}H_{16}O$），从茉莉花提炼而得。一种浅黄色油状液体，具有强烈的茉莉花香气，用于香料工业。

9. 香芹酮（$C_{10}H_{14}O$），存在于蒿子油、茴香子油及薄荷油中，为无色液体，具强烈的芳香气味。

10. 环戊酮（C_4H_8CO），存在于木材的蒸馏产品中，液体，气味似薄荷。

11. 薄荷酮（$C_{10}H_{18}O$），存在于薄荷及其他精油中，通过合成法氧化薄荷醇而得，是一种无色液体，不稳定，具折射性，有薄荷气味。

（三）芳香酮

1. 甲基萘基酮。

2. 亚苄基丙酮（$C_6H_5CH=CHCOCH_3$），为无色晶体，具有甜豌豆气味。

3. 苯乙酮（$CH_3COC_6H_5$），为无色或黄色油状液体，具有好闻的芳香气味；用于香料工业及有机合成。

4. 苯基乙基（甲）酮。

5. 甲基苯乙酮（$CH_3C_6H_4COCH_3$），为无色或浅黄色液体，具有好闻的气味。

6. 丁基二甲基苯乙酮。

7. 二苯（甲）酮（$C_6H_5COC_6H_5$），为无色或微黄色结晶体，具有好闻的醚气味，用于制合成香料及有机合成。

8. 苯并蒽酮，为浅黄色针状晶体。

9. 苯基丙酮（苯基丙－2－酮），为无色至浅黄色液体，主要用于有机合成并用作生产苯异丙胺的母体（参见第二十九章末的前体表）。

二、酮醇

酮醇是分子中既含有醇基，又含有酮基的化合物。

（一）4－羟基－4－甲基－2－戊酮（双丙酮醇），为无色液体。

（二）丙酮醇（乙酰甲醇）（CH_3COCH_2OH），为无色液体，具有刺鼻气味；用作纤维素、清漆及树脂的溶剂。

三、酮醛

酮醛是分子中既含有酮基，又含有醛基的化合物。

四、酮酚

酮酚是分子中既含有酮基，又含有酚基的化合物。

五、醌

醌是从芳香化合物衍生的二酮，芳香化合物分子中两个 $\gg$CH 基转变成 $>$C=O 基，同时进行必要的双键重排后而得。

（一）蒽醌［$C_6H_4(CO)_2C_6H_4$］，为黄色针状晶体，研磨后形成白色粉末。用于制染料。

（二）对苯醌（苯醌）（$C_6H_4O_2$），为黄色晶体，有刺鼻气味。

（三）1，4－萘醌（$C_{10}H_6 \cdot O_2$），为黄色针状晶体。

（四）2－甲基蒽醌，为白色针状晶体。

（五）二氢苊醌，为黄色针状晶体。

（六）菲醌，为黄色针状晶体。

六、醌醇、醌酚、醌醛及其他含氧基的醌

醌醇、醌酚及醌醛分别是其分子中含有醇、酚及醛基的醌。

（一）α－羟基蒽醌。

（二）醌茜。

（三）柯嗪。

（四）辅酶 Q10* ［癸烯醌（INN）］。

七、酮、醌、酮醇等、醌醇等的卤化、磺化、硝化及亚硝化衍生物

（一）溴樟脑（$C_{10}H_{15}OBr$），针状晶体，具有强烈的樟脑气味，用作镇静剂。

（二）4′-叔丁基-2′，6′-二甲基-3′，5′-二硝基苯乙酮（麝香酮）。

（三）樟脑磺酸。

（四）十氯酮（ISO）。

*

*　*

本品目也包括卤化、磺化、硝化或亚硝化的复合衍生物（例如，卤磺化、卤硝化、磺硝化及卤磺亚硝化衍生物）。

本品目不包括有机色料（第三十二章），也不包括酮-亚硫酸氢盐化合物，这种化合物应作为醇的磺化衍生物归类（品目 29.05 至 29.11）。

第七分章　羧酸及其酸酐、酰卤化物、过氧化物和过氧酸以及它们的卤化、磺化、硝化或亚硝化衍生物

总　注　释

本分章包括含有特征基团-羧基（-COOH）的羧酸。理论上，本品目也包括原酸［$RC(OH)_3$］，因为这些化合物可以视作是水合羧酸［$RCOOH + H_2O = RC(OH)_3$］。但实际上，原酸并无游离态，可形成稳定的酯类（原酸酯，可作为水合羧酸的酯）。

羧酸可含有一个或数个羟基（-COOH）（分别为一元羧酸或多元羧酸）。

如果除去羧酸中的羟基（-OH），则残余物是可用化学式（RCO-）表示的酰基，式中的 R 为烷基或芳基（甲基、乙基、苯基等）。酸酐、酰卤化物、过氧化物、过氧酸、酯及盐的化学式中都有酰基。

分子中含有 $-SO_3H$ 基团的磺酸完全不同于羧酸，应作为磺化衍生物归入不同的分章。本分章仅包括归入本分章的化学品的磺化衍生物。

一、酸酐

从两个一元酸分子中消去一个水分子或从一个二元酸分子中消去一个水分子后即得酸酐。酸酐的特点是含有［-C（O）OC（O）-］基团。

二、羧酸的酰卤化物

羧酸的酰卤化物（例如，酰氯及酰溴）的通式为 RCOX，式中的 X 为卤素，即酰卤是酰基与氯、溴或其他卤素原子结合的化合物。

三、羧酸的过氧化物

羧酸的过氧化物，也称为二酰基过氧化物，是两个酰基与两个氧原子相键合的化合物；其通式是 RC（O）OOC（O）R^1，其中 R 和 R^1 可以是相同的，也可以是不同的。

四、过酸类

过酸的通式为 RC（O）OOH。*

五、羧酸酯

羧酸酯是通过其羧基（-COOH）中的氢原子被烷基或芳基取代后获得的，可用通式 RC（O）

* 参见本章末所附“在第二十九章注释中述及的某些产品的化学结构”。

OR^1来表示，式中 R 及 R^1为烷基或芳基（甲基、乙基、苯基等）。

六、过氧化酯类

过氧化酯的通式为 RC（O）OOR^1，其中 R 和 R^1为有机基团，可以是相同的，也可以是不同的。

七、羧酸盐

羧酸盐是通过其羧基（-COOH）的氢原子被一个无机阳离子（例如，钠、钾、铵）取代后获得的，可用通式 RC（O）OM 来表示，式中 R 为烷基、芳基或烷代芳基，而 M 为金属阳离子或其他无机阳离子。

八、羧酸的卤化、磺化、硝化及亚硝化衍生物

在以上第一款至第六款所述化合物的卤化、磺化、硝化或亚硝化衍生物中，其含氧基团保持不变，而基团 R 或 R^1中的一个或数个氢原子已分别被卤素、磺酸基（$-SO_3H$）、硝基（$-NO_2$）、亚硝基（-NO）或它们的任何复合基所取代。

29.15 饱和无环一元羧酸及其酸酐、酰卤化物、过氧化物和过氧酸以及它们的卤化、磺化、硝化或亚硝化衍生物：

— 甲酸及其盐和酯：

11 —— 甲酸

12 —— 甲酸盐

13 —— 甲酸酯

— 乙酸及其盐；乙酸酐：

21 —— 乙酸

24 —— 乙酸酐

29 —— 其他

— 乙酸酯：

31 —— 乙酸乙酯

32 —— 乙酸乙烯酯

33 —— 乙酸（正）丁酯

36 —— 地乐酚（ISO）乙酸酯

39 —— 其他

40 — 一氯代乙酸、二氯乙酸或三氯乙酸及其盐和酯

50 — 丙酸及其盐和酯

60 — 丁酸、戊酸及其盐和酯

70 — 棕榈酸、硬脂酸及其盐和酯

90 — 其他

本品目包括饱和无环一元羧酸及其酸酐、酰卤化物、过氧化物、过氧酸、酯及盐等，也包括这些产品的卤化、磺化、硝化或亚硝化衍生物（包括复合衍生物）。

一、甲酸（HCOOH）及其盐和酯

（一）甲酸存在于自然界中，也可合成而得，为无色流动性液体，暴露于空气中会发出微薄烟雾；具有刺激气味，有腐蚀性。用于染色、鞣革、凝结胶乳，在医药上作防腐剂或有机合成。

（二）主要的甲酸盐有：

1. 甲酸钠（HCOONa），为易潮解的白色结晶粉末；用于医药、鞣革及有机合成。

2. 甲酸钙［$(HCOO)_2Ca$］，结晶体。

3. 甲酸铝［$(HCOO)_3Al$］，为白色粉末，用于纺织工业作媒染剂及使纺织品具有防水性能。还有一种碱式甲酸盐，通常制成水溶液。

4. 甲酸镍［$(HCOO)_2Ni$］。用作油氢化反应的催化剂。

（三）主要的甲酸酯有：

1. 甲酸甲酯（$HCOOCH_3$），为无色液体，具有好闻的气味。

2. 甲酸乙酯（$HCOOC_2H_5$），为无色流动性液体，易挥发，易燃，具有朗姆酒气味。

3. 甲酸苄酯、甲酸冰片酯、香茅醇甲酸酯、牻牛儿醇甲酸酯、甲酸异冰片酯、里哪醇甲酸酯、甲酸薄荷醇酯、甲酸苯乙酯、甲酸玫瑰醇酯及甲酸萜烯酯，主要用于香料工业。

二、乙酸（醋酸）（CH_3COOH）及其盐和酯

（一）乙酸，通过木材干馏而得或通过合成而得。一种极酸的液体，具有醋的腐蚀性和醋的刺鼻气味。冷却后，乙酸固化成无色晶体（冰乙酸）。它是磷、硫黄及许多有机物质的溶剂。

商品乙酸呈淡黄色，通常带有轻微的烧焦臭味。用于纺织工业、鞣革工业，用作胶乳的凝结剂，也用于制乙酸盐、合成增塑剂、医药品等。

（二）主要的乙酸盐有：

1. 乙酸钠（CH_3COONa），为无色无气味结晶体，或无水的白色或淡黄色粉末。用作媒染剂及用以制备多种化学产品。

2. 乙酸钴［$(CH_3COO)_2Co$］，为紫红色结晶体，易潮解，带有乙酸气味。

3. 乙酸钙［$(CH_3COO)_2Ca$］。纯净的乙酸钙为无色结晶体。

4. 碱式乙酸铜（$CH_3COOCuOH$），针状或结晶状粉片，蓝色；与空气接触后分解并变成浅绿色。

5. 中性乙酸铜［$(CH_3COO)_2Cu$］，蓝绿色粉末或小块晶体；与空气接触后分解并变成白色。

6. 乙酸铅，中性［$(CH_3COO)_2Pb$］或碱式［例如，$Pb(CH_3COO)_2 \cdot 3PbO \cdot H_2O$］。中性乙酸铅为无色、淡黄色或蓝色晶体，有毒。碱式乙酸铅是一种密质的白色粉末，用于医药上及用作化学分析试剂。

7. 乙酸锂及乙酸钾，用于医药上；铬、铝及铁的乙酸盐，用作媒染剂。

（三）主要的乙酸酯有：

1. 乙酸甲酯（CH_3COOCH_3），存在于木材的干馏产品中。液体，具有水果气味；用于制人造水果香精，也用作脂肪、树脂及硝酸纤维素等的溶剂。

2. 乙酸乙酯（$CH_3COOC_2H_5$），为无色易流动液体，高度易燃，具有水果气味；可能含有杂质乙醇。用作硝酸纤维素、清漆等的溶剂；也用于医药上作镇痉药及止痛药。

3. 乙酸乙烯酯（$CH_3COOCH=CH_2$），为无色液体，带有特殊气味；是一种单体，用以制聚乙酸乙烯酯（品目39.05的塑料）。

4. 乙酸正丙酯及乙酸异丙酯；用以制人造水果香精。

5. 乙酸正丁酯，为无色液体；用以制人造水果香精及用作溶剂。

6. 乙酸异丁酯，为无色液体；用以制人造水果香精及用作溶剂。

7. 乙酸正戊酯及3－甲基丁基乙酸酯（醋酯异戊酯），用以制人造水果香精。

8. 乙酸－2－乙氧基乙酯。

9. 乙酸苄酯、乙酸萜烯酯、乙酸里哪酯、乙酸牻牛儿酯、乙酸香茅酯、乙酸茴香酯、乙酸对甲苯酯、乙酸肉桂酯、乙酸苯乙酯、乙酸冰片酯及乙酸异冰片酯。它们均用于香料工业。

10. 乙酸甘油酯（单乙酸甘油酯、二乙酸甘油酯、三乙酸甘油酯）。

本品目也包括乙酸酐［$(CH_3CO)_2O$］，它是一种无色液体，具有强烈刺激气味；有腐蚀性；用于化学合成。

三、一氯代、二氯代、三氯代乙酸及其盐和酯

（一）一氯代乙酸（$Cl\ CH_2COOH$），为无色晶体。

（二）二氯代乙酸（$Cl_2CHCOOH$），为无色液体。
（三）三氯代乙酸（Cl_3CCOOH），为无色晶体，具有刺鼻的气味；用于有机合成及医药。

四、丙酸（CH_3CH_2COOH）及其盐和酯。

丙酸是一种液体，气味似乙酸。

五、丁酸及其盐和酯

（一）丁酸是一种稠密的油状液体，具有难闻的酸败气味，无色，用以使生皮脱灰。
（二）异丁酸（2－甲基丙酸）。

六、戊酸及其盐和酯

（一）戊酸是一种无色透明的油状液体，具有难闻的酸败气味。
（二）异戊酸（3－甲基丁酸）
（三）新戊酸（2，2－二甲基丙酸）
（四）2－甲基丁酸

七、棕榈酸［$CH_3(CH_2)_{14}COOH$］及其盐和酯

（一）棕榈酸作为一种甘油酯存在于脂肪中，是一种白色粉末、耀眼晶体或无色粉片。
（二）主要的棕榈酸盐有：
1. 棕榈酸钙，用于香料工业。
2. 棕榈酸铝，用以制防水纺织品及稠化润滑油。
可溶于水的棕榈酸盐（例如，棕榈酸钠、棕榈酸钾及棕榈酸铵）是肥皂，但仍归入本品目。

八、硬脂酸［$CH_3(CH_2)_{16}COOH$］及其盐和酯

（一）硬脂酸作为甘油酯存在于脂肪中；白色、无定形，与蜡相似。
（二）主要硬脂酸盐有：
1. 硬脂酸钙，用于防水纺织品。
2. 硬脂酸镁，用于制清漆。
3. 硬脂酸锌，用于医药、橡胶及塑料工业，也用于制油布。
4. 硬脂酸铝，用途同棕榈酸铝。
5. 硬脂酸铜，用以制镀青铜石膏及作防污剂。
6. 硬脂酸铅，用作干燥剂。
可溶于水的硬脂酸盐（例如，硬脂酸钠、硬脂酸钾及硬脂酸铵）是肥皂，但仍归入本品目。
（三）硬脂酸酯还包括硬脂酸乙酯、硬脂酸丁酯（用作增塑剂）及硬脂酸甘油酯（用作天然蜡的代用品）。

九、本品目包括下列其他产品：

（一）氯甲酸乙酯，一种无色的催泪性液体，气味令人窒息；易燃，用于有机合成。
（二）乙酰氯（CH_3COCl），为无色液体，暴露于空气时散发出刺眼烟雾；具有强烈气味。
（三）乙酰溴（CH_3COBr），性质同乙酰氯；用于有机合成。
（四）一溴乙酸、二溴乙酸和三溴乙酸及其盐和酯。
（五）正己酸和2－乙基丁酸及其盐和酯。
（六）正辛酸和2－乙基己酸及其盐和酯。

*
*　*

本品目不包括：
（一）可饮用的醋酸水溶液，含醋酸重量在10%及以下（品目22.09）。
（二）粗硬脂酸的盐及酯（通常归入品目34.01、34.04或38.24）。

（三）甘油单硬脂酸酯、甘油双硬脂酸酯及甘油三硬脂酸酯、脂肪乳化剂的混合物（如果这些混合物具有人造蜡的特征，应归入品目34.04，否则应归入品目38.24）。

（四）纯度在90%以下（按干燥产品的重量计）的脂肪酸（品目38.23）。

29.16　不饱和无环一元羧酸、环一元羧酸及其酸酐、酰卤化物、过氧化物和过氧酸以及它们的卤化、磺化、硝化或亚硝化衍生物：

	—	不饱和无环一元羧酸及其酸酐、酰卤化物、过氧化物和过氧酸以及它们的衍生物：
11	——	丙烯酸及其盐
12	——	丙烯酸酯
13	——	甲基丙烯酸及其盐
14	——	甲基丙烯酸酯
15	——	油酸、亚油酸或亚麻酸及其盐和酯
16	——	乐杀螨（ISO）
19	——	其他
20	—	环烷一元羧酸、环烯一元羧酸或环萜烯一元羧酸及其酸酐、酰卤化物、过氧化物和过氧酸以及它们的衍生物
	—	芳香一元羧酸及其酸酐、酰卤化物、过氧化物和过氧酸以及它们的衍生物：
31	——	苯甲酸及其盐和酯
32	——	过氧化苯甲酰及苯甲酰氯
34	——	苯乙酸及其盐
39	——	其他

本品目包括不饱和无环一元羧酸及环一元羧酸及其酸酐、酰卤化物、过氧化物、过氧酸、酯和盐，也包括它们的卤化、磺化、硝化或亚硝化衍生物（包括复合衍生物）。

一、不饱和无环一元羧酸及其盐、酯和其他衍生物

（一）丙烯酸（$CH_2=CHCOOH$），为无色液体，具有恶臭气味。极易聚合；是聚丙烯酸及其他丙烯酸聚合物的单体。

（二）甲基丙烯酸，这种酸的酯的聚合物是塑料（第三十九章）。

（三）油酸（$C_{18}H_{34}O_2$），以甘油酯形式存在于脂肪及油中，为无色无味液体，在约4℃时结成针状晶体。

可溶于水的油酸盐（例如，油酸钠、油酸钾及油酸铵）是肥皂，但它们仍归入本品目。

（四）反亚油酸（$C_{18}H_{32}O_2$），以甘油酯形式存在于亚麻子油中；是一种干性酸。

（五）亚麻酸（$C_{18}H_{30}O_2$）。

（六）庚炔酸及辛炔酸。

二、环烷、环烯或环萜烯的一元羧酸及其盐、酯和其他衍生物

（一）环己烷羧酸（六氢化苯甲酸）。

（二）环戊烯基乙酸。

三、芳族饱和一元羧酸及其盐、酯和其他衍生物

（一）苯甲酸（C_6H_5COOH），存在于某些树脂及香脂中。合成制得；为白色针状晶体或耀眼白色粉片，纯净时无味；是一种防腐剂。

其主要盐类是苯甲酸铵、苯甲酸钠、苯甲酸钾及苯甲酸钙。

其主要酯类是苯甲酸苄酯、苯甲酸萘酯、苯甲酸甲酯、苯甲酸乙酯、苯甲酸牻牛儿酯、苯甲酸香茅酯、苯甲酸里哪酯及苯甲酸玫瑰酯。

此外，本品目还包括下列苯甲酸衍生物：

1. 过氧化苯甲酰，为固体的白色结晶粒，用于医药、橡胶及塑料工业，用于漂白油、脂肪、面粉等。

2. 苯甲酰氯（C_6H_5COCl），白色晶体。它是无色液体，具有特殊气味，有催泪性；与空气接触时散发出烟雾。

3. 硝基苯甲酸（邻－、间－、对－）（$O_2NC_6H_4COOH$）。

4. 硝基苯甲酰氯（邻－、间－、对－）（$O_2NC_6H_4COCl$）。

5. 氯代苯甲酸（ClC_6H_4COOH）。

6. 二氯代苯甲酸（$Cl_2C_6H_3COOH$）。

（二）苯乙酸（$C_6H_5CH_2COOH$），为白色耀眼结晶片，具有花香气味。用于制香水及调味料、青霉素G及杀真菌剂，用于有机合成和生产苯异丙胺的母体（参见第二十九章末的前体表）。

本品主要酯类有苯乙酸乙酯、苯乙酸甲酯及苯乙酸邻－甲氧苯酯（愈创木酚苯乙酸酯）。

（三）苯丙酸及萘酸。

四、芳族不饱和一元羧酸及其盐、酯和其他衍生物

肉桂酸（$C_6H_5CH=CHCOOH$），存在于肉桂油、吐鲁香脂、秘鲁香脂中，为无色晶体。

其主要盐类是肉桂酸钠及肉桂酸钾。

其主要酯类是肉桂酸甲酯、肉桂酸乙酯、肉桂酸苄酯和肉桂酸丙酯，用于香料工业。

*

*　*

本品目不包括纯度在85%以下（按干燥产品的重量计）的油酸及纯度在90%以下（按干燥产品的重量计）的其他脂肪酸（品目38.23）。

29.17　多元羧酸及其酸酐、酰卤化物、过氧化物和过氧酸以及它们的卤化、磺化、硝化或亚硝化衍生物：

	—	无环多元羧酸及其酸酐、酰卤化物、过氧化物和过氧酸以及它们的衍生物：
11	——	草酸及其盐和酯
12	——	己二酸及其盐和酯
13	——	壬二酸、癸二酸及其盐和酯
14	——	马来酐
19	——	其他
20	—	环烷多元羧酸、环烯多元羧酸、环萜烯多元羧酸及其酸酐、酰卤化物、过氧化物和过氧酸以及它们的衍生物
	—	芳香多元羧酸及其酸酐、酰卤化物、过氧化物和过氧酸以及它们的衍生物：
32	——	邻苯二甲酸二辛酯
33	——	邻苯二甲酸二壬酯及邻苯二甲酸二癸酯
34	——	其他邻苯二甲酸酯
35	——	邻苯二甲酸酐
36	——	对苯二甲酸及其盐
37	——	对苯二甲酸二甲酯
39	——	其他

本品目包括多元羧酸及其酸酐、酰卤化物、过氧化物、过氧酸、酯和盐，也包括这些产品的卤

化、磺化、硝化或亚硝化衍生物（包括复合衍生物）。

一、无环多元羧酸及其酯、盐和其他衍生物

（一）草酸（HOOCCOOH），精细晶体，无色，透明，无气味；有毒。用作纺织品和皮革漂白剂，在纺织工业上用作媒染剂，还用于有机合成。

其主要盐有草酸铵、草酸钾、草酸钠、草酸钙、草酸铁和草酸铁铵。

其主要酯有草酸二甲酯和草酸二乙酯。

（二）己二酸［$HOOC(CH_2)_4COOH$］，为无色针状晶体，主要用于制某些塑料，例如，聚酰胺类。

（三）壬二酸，为黄色至白色结晶粉末；主要用于制塑料（醇酸树脂、聚酰胺、聚氨酯），也用于其他有机合成。

（四）癸二酸，为白色叶状体，主要用作塑料（醇酸树脂、聚丁烯二酸酯及其他聚酯、聚氨酯）的稳定剂；用于制塑料。

（五）马来酐，为无色结晶块；用于制塑料（聚酯）及其他有机合成。

（六）马来酸（HOOCCH＝CHCOOH），为无色大颗粒晶体或铸块；主要用于制某些塑料（例如，聚酯）。

（七）丙二酸（$HOOCCH_2COOH$），结晶成无色大块粉片。

丙二酸最重要的酯包括丙二酸二乙酯，用于有机合成（例如，巴比妥酸盐类药物）。

（八）琥珀酸［$HOOC(CH_2)_2COOH$］，为无色无味的透明晶体，用于有机合成。

二、环烷、环烯或环萜烯多元酸及其酯、盐和其他衍生物

三、芳族多元羧酸及其酯、盐和其他衍生物

（一）邻苯二甲酸酐［$C_6H_4(CO)_2O$］，为半透明白色针状晶体、结晶块或白色粉片；质轻但体积大，具有特殊气味。用于有机合成［合成塑料（聚酯树酯）］及增塑剂等。

（二）苯二甲酸（邻－、间－、对－）［$C_6H_4(COOH)_2$］。邻苯二甲酸通常称为酞酸；间苯二甲酸通常称为异酞酸；对苯二甲酸通常称为对苯二酸。它们均为结晶体，都用于制合成色料、塑料（聚酯树脂）及增塑剂。

苯二甲酸的酯包括邻苯二甲酸二甲酯、邻苯二甲酸二乙酯、邻苯二甲酸二丁酯（邻苯二甲酸二正丁酯、邻苯二甲酸二异丁酯等）、邻苯二甲酸二辛酯［邻苯二甲酸二正辛酯、邻苯二甲酸二异辛酯、邻苯二甲酸双（2－乙基已基）酯等］、邻苯二甲酸二壬酯（邻苯二甲酸二正壬酯、邻苯二甲酸二异壬酯等）、邻苯二甲酸二癸酯（邻苯二甲酸二正癸酯等）、邻苯二甲酸二环已酯及其他邻苯二甲酸酯。例如，苯二甲酸乙二酯，还有对苯二甲酸二甲酯及其他对苯二甲酸酯。

（三）二氯代苯二甲酸、四氯代苯二甲酸以及它们的酐。

29.18　含附加含氧基的羧酸及其酸酐、酰卤化物、过氧化物和过氧酸以及它们的卤化、磺化、硝化或亚硝化衍生物：

—　含醇基但不含其他含氧基的羧酸及其酸酐、酰卤化物、过氧化物和过氧酸以及它们的衍生物：

11　——　乳酸及其盐和酯

12　——　酒石酸

13　——　酒石酸盐及酒石酸酯

14　——　柠檬酸

15　——　柠檬酸盐及柠檬酸酯

16　——　葡糖酸及其盐和酯

17　——　2，2－二苯基－2－羟基乙酸（二苯基乙醇酸）

18　——　乙酯杀螨醇（ISO）

19　——　其他

　　—　含酚基但不含其他含氧基的羧酸及其酸酐、酰卤化物、过氧化物和过氧酸以及它们的衍生物：

21　——　水杨酸及其盐

22　——　邻乙酰水杨酸及其盐和酯

23　——　水杨酸的其他酯及其盐

29　——　其他

30　—　含醛基或酮基但不含其他含氧基的羧酸及其酸酐、酰卤化物、过氧化物和过氧酸以及它们的衍生物

　　—　其他：

91　——　2，4，5-涕（ISO）（2，4，5-三氯苯氧基乙酸）及其盐和酯

99　——　其他

本品目包括含有附加含氧基的羧酸及其酸酐、酰卤化物、过氧化物、过氧酸、酯及盐，也包括它们的卤化、磺化、硝化或亚硝化衍生物（包括复合衍生物）。

所称“附加含氧基”，是指羧酸分子中还含有一个或数个以上各分章所述的含氧基（醇、醚、酚、醛、酮等功能团）。

一、含醇基的羧酸及其酯、盐和其他衍生物

这些化合物含有醇基（$-CH_2OH$、>CHOH或≥COH）和酸基（-COOH）。这两个功能团可起各自属性的反应，因此作为醇，这些化合物可形成醚、酯和其他衍生物；作为酸，可形成盐、酯等。主要的醇酸包括：

（一）乳酸（丙醇酸）［$CH_3CH(OH)COOH$］，用乳酸发酵法使葡萄糖或已转化的蔗糖发酵而得。为极易吸湿的结晶块或稠密的糖浆液体，无色或淡黄色。用于医药、染色及生皮脱灰。本品目包括工业、商业及药用乳酸。工业乳酸呈黄至棕色，具有难闻的酸味。商业或医药用的乳酸含量通常在75%及以上。

主要的乳酸盐是乳酸钙（用于医药）、乳酸锶、乳酸镁、乳酸锌、乳酸锑、乳酸铁及乳酸铋。

乳酸的酯包括乳酸乙酯及乳酸丁酯，用作清漆的溶剂。

本组不包括乳酸汞（品目28.52）。

（二）酒石酸［$HOOCCH(OH)CH(OH)COOH$］，为透明无色晶体，用于染色、摄影、制酵粉、酿酒及医药。

酒石酸盐包括：

1. 酒石酸钠。
2. 酒石酸钾。
3. 精炼酒石酸氢钾（酒石）。

本品目不包括粗酒石（品目23.07）。

4. 酒石酸钙，小粒晶体。

本品目不包括粗酒石酸钙（品目38.24）。

5. 酒石酸锑钾（催吐药）、酒石酸钠钾及酒石酸铁钾。

酒石酸的酯包括：

1. 酒石酸乙酯。
2. 酒石酸丁酯。
3. 酒石酸戊酯。

（三）柠檬酸，以游离态存在于柑橘属果汁中；也可用柠檬菌使葡萄糖或蔗糖发酵而得。结晶成无色、透明的大块斜方晶体或白色无气味结晶粉末。用于制饮料，也用于纺织工业、酿酒业、医药业及制柠檬酸盐等。

柠檬酸的盐包括：

1. 柠檬酸锂。

2. 柠檬酸钙。

本品目不包括粗柠檬酸钙（品目 38.24）。

3. 柠檬酸铝，用作染料媒染剂。

4. 柠檬酸铁，用于摄影。

主要的柠檬酸酯包括：

1. 柠檬酸三乙酯。

2. 柠檬酸三丁酯。

（四）葡糖酸及其盐。葡糖酸通常以水溶液形式存在。其钙盐用于医药、制清洁剂及作为混凝土添加剂等。

（五）葡庚糖酸及其盐。例如，葡庚糖酸钙。

（六）苯乙醇酸（扁桃酸）。

（七）苹果酸［HOOCCH（OH）CH_2COOH］，为易潮解的无色结晶块；用于有机合成及医药等。

（八）2，2－二苯基－2－羟基乙酸（二苯基乙醇酸）*，为白色晶体状的芳族酸，可溶于多种伯醇；用于有机合成、医药及作为生产化学武器制剂的前体。

二、含酚基的羧酸及其酯、盐和其他衍生物

酚酸是环中含有酸基（－COOH）及一个或数个羟基（－OH）的环状（芳族）酸。最简单的酚酸分子式为 HOC_6H_4COOH。

（一）水杨酸（邻羟基苯甲酸）（HOC_6H_4COOH），为结晶成白色大块粉片或白色轻质的无气味粉末。广泛用于医药，也用于制偶氮染料等。

最重要的水杨酸盐有：

1. 水杨酸钠，为结晶粉末或白色无气味粉片，用于医药。

2. 水杨酸铋，为无气味的白色粉末，用于医药。

最重要的水杨酸酯有：

1. 水杨酸甲酯，是冬青油的组分，为无色油状液体，具有强烈持久的芳香气味；用于医药。

2. 水杨酸苯酯（萨罗），结晶成无色粉片，具有微弱的芳香气味；用于医药并用作防腐剂。

3. 水杨酸乙酯、水杨酸萘酯、水杨酸丁酯、水杨酸戊酯、水杨酸苄酯、水杨酸冰片酯、水杨酸香茅酯、水杨酸牻牛儿酯、水杨酸薄荷酯、水杨酸玫瑰酯。

（二）邻乙酰水杨酸［CH_3C（O）OC_6H_4COOH］，为白色结晶粉末；无气味；用于医药。

（三）磺基水杨酸。

（四）对羟基苯甲酸，为结晶体。

主要对羟基苯甲酸的酯包括：

1. 对羟基苯甲酸甲酯。

2. 对羟基苯甲酸乙酯。

3. 对羟基苯甲酸丙酯。

这些酯均用作防腐剂。

（五）甲基水杨酸（甲酚酸）。

---

* 参见本章末所附“在第二十九章注释中述及的某些产品的化学结构”。

（六）乙酰邻甲酚酸。

（七）五倍子酸（没食子酸）[$(HO)_3C_6H_2COOH$]，得自五倍子。精细丝状光亮晶体，无色或淡黄色，无气味。用于制染料及墨水，也用于摄影，在鞣革工业中作媒染剂等。

其主要的盐及酯包括：

1. 碱式五倍子酸铋，为无定形粉末，柠檬黄色，无气味，是一种收敛剂及吸附剂；用于医药。
2. 五倍子酸甲酯，为结晶体。用作消毒剂及收敛剂，也用于眼科医学上。
3. 五倍子酸丙酯。

（八）羟基萘酸。

（九）羟基蒽甲酸。

三、含有醛或酮基的羧酸及其酯、盐和其他衍生物

（一）醛酸，为既含有醛基（－CHO），又含有酸基（－COOH）的化合物。

（二）酮酸，为既含有酮基（>C=O），又含有酸基（－COOH）的化合物。

它们最重要的酯是乙酰乙酸乙酯及其钠衍生物。

四、含附加含氧基的其他羧酸及其酯、盐和其他衍生物

茴香酸（$CH_3OC_6H_4COOH$），通过氧化茴香醚、茴香脑及茴香油而得。为无色晶体，具有微弱的茴香脑气味；用作防腐剂，也用于医药及制染料。

第八分章　非金属无机酸酯及其盐以及它们的卤化、磺化、硝化或亚硝化衍生物

总　注　释

一、非金属无机酸酯

这些化合物通常是由醇或酚与非金属无机酸反应生成的，其通式为 ROX，式中 R 表示醇基或酚基，X 表示无机酸分子中的残余物，称作酸基。

硝酸的酸基是 $-NO_2$、硫酸的酸基是 $=SO_2$、磷酸的酸基是 $\equiv PO$、碳酸的酸基是 $=CO$。

本分章不包括归入本分章以后本章各品目的酯。

二、非金属无机酸酯的盐

这些化合物仅得自非金属无机多元酸酯（硫酸、磷酸、硅酸等）。多元酸含有数个可被取代的酸单元，当这些酸单元没有被全部酯化时即生成酸酯。

对这些酸酯进行适当的处理即生成非金属无机酸酯盐。

另一方面，硝酸及亚硝酸均为一元酸，只能生成中性酯。

29.19　磷酸酯及其盐，包括乳磷酸盐，以及它们的卤化、磺化、硝化或亚硝化衍生物：

10　—　三（2，3－二溴丙基）磷酸酯

90　—　其他

磷酸是三元酸，根据其分子中是否有一个、二个或全部酸基已被酯化而生成三种类型的磷酸酯。

这些酯包括：

一、甘油磷酸，甘油分子中的一个伯醇基被磷酸基取代而得。

这些酯最重要的盐均用于医药上作滋补剂。例如：

（一）甘油磷酸钙。

（二）甘油磷酸铁。

（三）甘油磷酸钠。

二、肌醇六磷酸及肌醇六磷酸盐。

三、磷酸三丁酯，为无色无气味液体；用作增塑剂。

四、磷酸三苯酯，为无色无气味晶体；用于制塑料（例如，赛璐珞）和使纸张不透水等。

五、磷酸三甲苯酯，为无色或淡黄色液体，用作纤维素产品及合成树脂的增塑剂，也用于矿石浮选等。

六、磷酸三（二甲苯）酯。

七、磷酸愈创木酯。

八、乳磷酸盐。例如，乳磷酸钙，不论是否已有化学定义。

29.20　其他非金属无机酸酯（不包括卤化氢的酯）及其盐以及它们的卤化、磺化、硝化或亚硝化衍生物：

	—	**硫代磷酸酯及其盐以及它们的卤化、磺化、硝化或亚硝化衍生物：**
11	——	**对硫磷（ISO）及甲基对硫磷（ISO）**
19	——	**其他**
	—	**亚磷酸酯及其盐以及它们的卤化、磺化、硝化或亚硝化衍生物：**
21	——	**亚磷酸二甲酯**
22	——	**亚磷酸二乙酯**
23	——	**亚磷酸三甲酯**
24	——	**亚磷酸三乙酯**
29	——	**其他**
30	—	**硫丹（ISO）**
90	—	**其他**

本品目包括其他非金属无机酸酯及其盐，即酸中阴离子仅包含非金属元素。本品目不包括：

（一）氢卤酸的“酯”（一般归入品目29.03）。

（二）归入本分章以后本章各品目的酯类，例如，异氰酸的“酯”（品目29.29）及硫化氢的“酯”（一般归入品目29.30）。

本品目包括下列酯：

一、硫代磷酸酯及其盐，包括*O*，*O*－二丁基二硫代磷酸钠及*O*，*O*－二甲苯基二硫代磷酸钠。

二、亚磷酸酯及其盐。亚磷酸酯或有机亚磷酸酯都含有化学结构P（OR）$_3$，可视为亚磷酸H_3PO_3的酯。亚磷酸的甲基酯及乙基酯*可化学合成神经毒气。

三、硫酸酯及其盐

硫酸酯可以是中性的，也可以是酸性的。

（一）硫酸氢甲酯（CH_3OSO_2OH），为油状液体。

（二）硫酸二甲酯［（$CH_3O)_2SO_2$］，为无色或浅黄色液体，具有淡淡的薄荷气味；有毒并有腐蚀性、催泪性和对呼吸道有刺激性。用于有机合成。

（三）硫酸氢乙酯（$C_2H_5OSO_2OH$），为糖浆状液体。

（四）硫酸二乙酯［（$C_2H_5O)_2SO_2$］，液体，具有薄荷气味。

* 参见本章末所附“在第二十九章注释中述及的某些产品的化学结构”。

四、亚硝酸酯及硝酸酯

亚硝酸酯是液体，具有芳香气味。例如，亚硝酸甲酯、亚硝酸乙酯、亚硝酸丙酯、亚硝酸丁酯及亚硝酸戊酯。

硝酸酯是流动性液体，具有好闻的气味；突然加热即分解，包括硝酸甲酯、硝酸乙酯、硝酸丙酯、硝酸丁酯及硝酸戊酯。

未经混合的硝化甘油、四硝酸季戊四醇（季戊四醇四硝酸酯）及硝化甘醇均归入本品目；如果报验时为制成炸药形式，则不归入本品目（品目36.02）。

五、碳酸酯、过碳酸酯及其盐

碳酸酯可以是中性的，也可以是酸性的。

（一）碳酸二愈创木酯，为白色结晶粉末，带有淡淡的愈创木酚气味，用于医药及作合成香料的中间体。

（二）原碳酸四乙酯［$C(OC_2H_5)_4$］。

（三）碳酸二乙酯［$CO(OC_2H_5)_2$］。

（四）过氧化二碳酸双（4－叔丁基环己）酯。

（五）过氧化叔丁基－2－乙基已基碳酸酯。

本品目不包括氯代碳酸乙酯（氯代甲酸乙酯）（品目29.15）。

六、硅酸酯及其盐（硅酸四乙酯等）

本品目不包括酸基金属氢氧化物的醇化物或酯，例如，四正丁醇钛（也称作钛酸四丁醇酯）（品目29.05）。

第九分章　含氮基化合物

总　注　释

本分章包括含氮基化合物，例如，胺、酰胺、酰亚胺。但不包括仅以所含的硝基或亚硝基作为其氮基的化合物。

29.21　氨基化合物（＋）：

	—	无环单胺及其衍生物以及它们的盐：
11	——	甲胺、二甲胺或三甲胺及其盐
12	——	2－（N，N－二甲基氨基）氯乙烷盐酸盐
13	——	2－（N，N－二乙基氨基）氯乙烷盐酸盐
14	——	2－（N，N－二异丙基氨基）氯乙烷盐酸盐
19	——	其他
	—	无环多胺及其衍生物以及它们的盐：
21	——	乙二胺及其盐
22	——	六亚甲基二胺及其盐
29	——	其他
30	—	环烷单胺或多胺、环烯单胺或多胺、环萜烯单胺或多胺及其衍生物以及它们的盐
	—	芳香单胺及其衍生物以及它们的盐：
41	——	苯胺及其盐

42 —— 苯胺衍生物及其盐
43 —— 甲苯胺及其衍生物以及它们的盐
44 —— 二苯胺及其衍生物以及它们的盐
45 —— 1－萘胺（α－萘胺）、2－萘胺（β－萘胺）及其衍生物以及它们的盐
46 —— 安非他明（INN）、苄非他明（INN）、右苯丙胺（INN）、乙非他明（INN）、芬坎法明（INN）、利非他明（INN）、左苯丙胺（INN）、美芬雷司（INN）、苯丁胺（INN）以及它们的盐
49 —— 其他
— 芳香多胺及其衍生物以及它们的盐：
51 —— 邻－、间－、对－苯二胺、二氨基甲苯及其衍生物以及它们的盐
59 —— 其他

胺类是含有胺基［即，氨中的一个、二个或三个氢原子分别被一个、二个或三个烷基或芳基 R（甲基、乙基、苯基等）所取代而衍生的基团］的有机氮化合物。

如果氨中只有一个氢原子被取代，则衍生为伯胺（RNH_2）；二个氢原子被取代则衍生为仲胺（R－NH－R）；三个氢原子被取代则衍生为叔胺（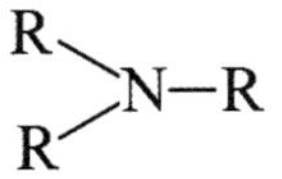）。

可以反应成为醌亚胺肟类互变异构体的亚硝胺，也应归入本品目。

本品目也包括胺类的盐（例如，硝酸盐、乙酸盐、柠檬酸盐）及胺类的取代衍生物（例如，卤化、磺化、硝化或亚硝化衍生物）；但不包括含有品目 29.05 至 29.20 的含氧基取代衍生物及其盐（品目 29.22）。本品目也不包括胺基中的一个或多个氢原子被一个或多个卤素、磺基（$-SO_3H$）、硝基（$-NO_2$）、亚硝基（－NO）或这些基团的复合基团所取代的取代衍生物。

稀释至标准浓度用以生产偶氮染料的可重氮化胺及其盐也应归入本品目。

一、无环一元胺、无环一元胺衍生物及其盐

（一）甲胺（CH_3NH_2），为无色易燃气体，具有强烈的氨气味；用于制有机染料，也用于鞣革工业等。

（二）二甲胺［（CH_3）$_2$NH］，与甲胺相似；用于有机合成或作为橡胶硫化的促进剂。

（三）三甲胺［（CH_3）$_3$N］，与甲胺相似；用于有机合成。

（四）乙胺。

（五）二乙胺。

（六）烯丙基异丙胺。

（七）2－（N，N－二甲基氨基）氯乙烷盐酸盐、2－（N，N－二乙基氨基）氯乙烷盐酸盐及 2－（N，N－二异丙基氨基）氯乙烷盐酸盐。

二、无环多元胺、无环多元胺衍生物及其盐

（一）乙二胺（$H_2NCH_2CH_2NH_2$），为无色的腐蚀性液体，具微弱氨气味；乙二胺的盐。

（二）六亚甲基二胺［H_2N（CH_2）$_6NH_2$］及其盐。针状晶体或长片晶体，具有特殊气味。对皮肤有毒，能引起严重灼伤；用以制化学纤维（聚酰胺）。

三、环烷、环烯或环萜烯的一元或多元胺及其衍生物和盐

它们包括环己胺、二甲氨基环己烷等。

四、芳族一元胺及其衍生物和盐

（一）苯胺（$C_6H_5NH_2$）及其盐。苯胺是一种无色油状液体，具有淡淡的芳香气味，广泛用于制染料、药品等。

苯胺衍生物大部分用作制染料的中间体，它包括：

1. 卤化衍生物：氯代苯胺。

2. 磺化衍生物：间－及对－氨基苯磺酸（例如，磺胺酸）。

3. 硝化衍生物：硝基苯胺等。

4. 亚硝化衍生物：即其分子中的一个或多个氢原子（氨基中的氢原子除外）被一个或多个亚硝基取代而得的化合物（例如，亚硝基苯胺、甲基亚硝基苯胺）。

5. 卤磺化、卤硝化及磺硝化衍生物。

6. 烷基衍生物（N－甲基苯胺及N，N－二甲基苯胺；N－乙基苯胺及N，N－二乙基苯胺）。

（二）甲苯胺。

（三）二苯胺［$(C_6H_5)_2NH$］，一种仲胺，为无色小叶片状晶体；用于有机合成（染料等）。

（四）1－萘胺（α－萘胺）（$C_{10}H_7NH_2$）。为白色针状晶体，但也可呈白色或浅棕色的堆块或结晶粉片；具有刺鼻的好闻气味。见光后变成淡紫色。用于有机合成及铜矿石浮选等。

（五）2－萘胺（β－萘胺）（$C_{10}H_7NH_2$），为白色粉末或有珍珠光彩的粉片，无气味；用于有机合成（染料等）。本品有致癌性，接触时应小心。

（六）二甲代苯胺。

（七）苯异丙胺（安非他明）（INN）。

五、芳香族多元胺、芳香族多元胺衍生物及其盐

（一）邻－、间－或对－苯二胺［$C_6H_4(NH_2)_2$］。

1. 邻苯二胺，为无色单斜晶体；在空气中颜色变深。

2. 间苯二胺，为无色针状晶体，在空气中变红色。

3. 对苯二胺，为白色至浅紫色晶体。

（二）甲苯二胺［$CH_3C_6H_3(NH_2)_2$］。

（三）N－烷基苯二胺，例如，N，N－二甲基－对苯二胺。

（四）N－烷基甲苯二胺，例如，N，N－二乙基－3，4－甲苯二胺。

（五）4，4′－二氨基联二苯（联苯胺）（$H_2NC_6H_4C_6H_4NH_2$），为白色有光泽的结晶粉片，具有好闻的气味，用于制染料，并用于分析化学。

（六）聚胺类，从二苯基甲烷或三苯基甲烷及其同系物获得；它们的衍生物（四甲代二氨基二苯基甲烷及四乙代二氨基二苯基甲烷等）。

（七）氨基及二氨基二苯胺。

（八）二氨基芪。

第二十九章末附表列有在国际文件中作为精神治疗药物的归入本品目的某些物质。

○

○ ○

子目注释：

子目2921.42至2921.49

芳香一元胺的烃化衍生物是胺基氮原子上的一个或两个氢原子被一个烷基或环烷基所取代而得的衍生物。因此，本类不包括用一个或多个芳香核取代的衍生物，不论其是否通过烷基链与胺基氮原子相连接。

据此，二甲代苯胺应作为“其他”芳香一元胺归入子目2921.49项下，而不应视作苯胺的衍生物（子目2921.42）或甲苯胺的衍生物（子目2921.43）。

29.22 含氧基氨基化合物（+）：

— 氨基醇（但含有一种以上含氧基的除外）及其醚和酯，以及它们的盐：

11　——　单乙醇胺及其盐
12　——　二乙醇胺及其盐
14　——　右丙氧吩（INN）及其盐
15　——　三乙醇胺
16　——　全氟辛基磺酸二乙醇铵
17　——　甲基二乙醇胺及乙基二乙醇胺
18　——　2－（N，N－二异丙基氨基）乙醇
19　——　其他
　　—　氨基萘酚和其他氨基酚（但含有一种以上含氧基的除外）及其醚和酯，以及它们的盐：
21　——　氨基羟基萘磺酸及其盐
29　——　其他
　　—　氨基醛、氨基酮和氨基醌，但含有一种以上含氧基的除外，以及它们的盐：
31　——　安非拉酮（INN）、美沙酮（INN）和去甲美沙酮（INN）以及它们的盐
39　——　其他
　　—　氨基酸（但含有一种以上含氧基的除外）及其酯以及它们的盐：
41　——　赖氨酸及其酯以及它们的盐
42　——　谷氨酸及其盐
43　——　邻氨基苯甲酸（氨茴酸）及其盐
44　——　替利定（INN）及其盐
49　——　其他
50　—　氨基醇酚、氨基酸酚及其他含氧基氨基化合物

所称"含氧基氨基化合物"是指除含有一个氨基外，还含有一个或数个第二十九章注释四所述的含氧基（醇、醚、酚、缩醛、醛、酮等基）的氨基化合物以及它们的有机及无机酸酯。因此，本品目还包括含有品目29.05至29.20所列含氧基的胺的取代衍生物以及它们的酯和盐。

本品目包括稀释至标准浓度用以生产偶氮染料的可重氮化胺及其盐。

本品目不包括有机染料（第三十二章）。

一、氨基醇及其醚和酯以及它们的盐

这些化合物含有一个或多个与碳原子相连接的醇羟基及氨基。这些化合物仅含有醇、其醚、其酯或这些基团的复合基作为其含氧基。与母体氨基醇相连的非母体片断上的任何含氧基，归类时不作为考虑因素。

（一）单乙醇胺［NH_2（CH_2CH_2OH）］，为相当粘稠的无色液体；用以制医药品及肥皂等。

（二）二乙醇胺［NH（CH_2CH_2OH）$_2$］，为无色晶体或灰白色液体；用于吸收酸气、鞣革时软化皮革及有机合成。

（三）三乙醇胺［N（CH_2CH_2OH）$_3$］，为非常粘稠液体，在肥皂及乳胶工业中作基料，也用于修饰及整理织物。

（四）全氟辛基磺酸二乙醇铵。全氟辛基磺酸（PFOS）的一种铵盐（参见品目29.04、29.23、29.35、38.08及38.24）。

（五）甲基二乙醇胺及乙基二乙醇胺。

（六）2－（N，N－二异丙基氨基）乙醇或N，N－二异丙基乙醇胺［（（CH_3）$_2$CH）$_2$$NCH_2CH_2$OH］。为无色或淡黄色液体。

（七）氯化（2－苯甲酸基－2－甲基丁基）二甲铵，为白色结晶粉末；用作局部麻醉剂。
（八）氯酯醒。
（九）阿诺老尔（Arnolol）。
（十）沙格雷酯。
（十一）芳基乙醇胺。
（十二）四甲基二氨基二苯基甲醇及四乙基二氨基二苯基甲醇。
（十三）氨基乙醇硝酸酯。

二、氨基萘酚和其他氨基酚及其醚和酯以及它们的盐

这些物质是酚的化合物中一个或数个氢原子被一个氨基（$-NH_2$）所取代而得。它们仅含有酚基及其醚或酯，或这些基团的复合基团作为其含氧基。与母体氨基萘酚或其他氨基酚连结的非母体片段上的任何含氧基不作为归类时考虑的因素。

（一）氨基羟基萘磺酸，例如：
1.7－氨基－1－萘酚－3－磺酸（咖马酸）。
2. 8－氨基－1－萘酚－3，6－二磺酸（H 酸）。
（二）邻－、间－及对－氨基苯酚。
（三）氨基邻甲酚、氨基间甲酚及氨基对甲酚。
（四）二氨基苯酚。
氨基苯酚的醚包括：
1. 甲氧基苯胺（茴香胺）。
2. 联茴香胺。
3. 乙氧基苯胺（苯乙定）。
4.3－氨基对甲苯甲醚（甲酚定）。
5.5－硝基－2－丙氧基苯胺（2－氨基－4－硝基苯酚正丙醚）。
二苯胺的羟基衍生物及其盐也归入本品目。

三、氨基醛类、氨基酮类、氨基醌类及其盐

这些化合物分别含有氨基及醛基（－CHO）、氨基及酮基（$>C=O$）或氨基及醌基（参见品目29.14的注释）。

（一）氨基苯甲醛。
（二）四甲基二氨基二苯甲酮及四乙基二氨基二苯甲酮。
（三）氨基蒽醌及二氨基蒽醌。
（四）蒽酰亚胺。

四、氨基酸、氨基酸酯及其盐

这些化合物含有一个或数个羧酸基及一个或数个氨基。羧酸的酐、酰卤化物、过氧化物及过氧酸也视作酸基。

这些化合物仅含有酸基及其酯或酐、酰卤化物、过氧化物、过氧酸或这些基团的复合基团作为其含氧基。与母体氨基酸连结的非母体片段上的任何含氧基不作为归类时考虑的因素。

与其酯类、盐类及取代衍生物一同归入本品目的氨基酸有：

（一）赖氨酸（二氨基－正己酸），为无色晶体，是丝胶及其他蛋白质的裂解产品。

（二）谷氨酸（2－氨基戊二酸），蛋白质的裂解产品，从谷蛋白中制得；为结晶体，用于医药或食品工业。

（三）甘氨酸（氨基乙酸）（H_2NCH_2COOH），为大块无色的规则晶体，用于有机合成等。

（四）肌氨酸（N－甲基甘氨酸）（CH_3NHCH_2COOH），甘氨酸的甲基衍生物，为斜方晶体。

（五）丙氨酸（2－氨基丙酸），为坚硬针状晶体。

（六）β－丙氨酸（3－氨基丙酸），为结晶体。

（七）苯丙氨酸。

（八）缬氨酸（α－氨基异戊酸），为结晶体。

（九）亮氨酸（α－氨基己酸），通过水解蛋白质制得；为乳白色晶体。异亮氨酸。

（十）天冬氨酸，为结晶体。

（十一）邻氨基苯甲酸（氨茴酸），通过合成而得，用以合成靛蓝，其衍生物之一是邻氨基苯甲酸甲酯。

（十二）间氨基苯甲酸。

（十三）对氨基苯甲酸，用以制合成染料、人造香料及麻醉剂；由于它有维生素作用，也用于医药上。其衍生物包括对氨基苯甲酸乙酯及对氨基苯甲酸丁酯。盐酸普鲁卡因（盐酸对氨基苯甲酸二乙基氨基乙酯），为细小无色无气味晶体，被眼科医生用作局部麻醉剂。

（十四）苯基甘氨酸。

（十五）利沙地酯。

五、氨基醇酚、氨基酸酚及含氧基的其他氨基化合物

本部分主要包括：

（一）酪氨酸（对羟苯基丙氨酸）。

（二）丝氨酸（α－氨基－β－羟基丙酸），为丝胶及其他蛋白质的裂解产品。

（三）氨基水杨酸，包括5－氨基水杨酸及4－氨基水杨酸，为结晶粉末。5－氨基水杨酸用于有机合成（例如，用于制偶氮染料及硫化染料）；4－氨基水杨酸钠用于医疗上治疗肺结核。

（四）甲二苯氧胺（N，N－二甲基－2，2－二苯氧基乙胺），一种含缩醛基的胺基化合物。

（五）盐酸丙氧卡因。

*

*　*

第二十九章末附表列有国际文件中作为麻醉或精神治疗药物的归入本品目的某些物质。

○

○　○

子目注释：

子目2922.11至2922.50

在进行子目归类时，根据相对于胺基的含氧基位置，醚、有机或无机酸酯基也被视为醇、酚或酸基。在这种情况下，归类时只考虑位于胺基和醚或酯基氧原子之间那个分子的含氧基。含有胺基的片段则称作“母体”片段。例如，在3－（2－氨基乙氧基）丙酸化合物中，其母体片段是氨基乙醇，而羧酸基不作为归类时考虑的因素；作为氨基醇醚，该化合物应归入子目2922.19。

如果一种化合物含有两个或两个以上的醚或酯基，为了归类的需要，在每一醚或酯基的氧原子位置将分子分割开来，仅考虑位于与胺基同一片段上的含氧基。

如果一种化合物含有两个或两个以上的连接于同一醚基或酯基上的胺基，则这种化合物应按号列顺序归入其可归入的最后一个子目；这一子目是通过考虑相对于每一氨基并作为一种醇、酚或酸基的醚或酯基来确定的。

29.23　季铵盐及季铵碱；卵磷脂及其他磷氨基类脂，不论是否已有化学定义：

10　—　胆碱及其盐

20　—　卵磷脂及其他磷氨基类脂

30 — **全氟辛基磺酸四乙基铵**
40 — **全氟辛基磺酸二癸基二甲基铵**
90 — **其他**

有机季铵盐含有一个四价氮阳离子 $R^1R^2R^3R^4N^+$，其中 R^1、R^2、R^3、R^4可以是相同的也可以是不同的烷基或芳基（甲基、乙基、甲苯基等）。

这些阳离子可与氢氧根离子（OH^-）结合生成通式为 $R_4N^+OH^-$的季铵碱，它相当于无机母体氢氧化铵 NH_4OH。

剩余的价可以被其他阴离子（氯、溴、碘等）所填补生成季铵盐。

季铵碱最重要的盐及取代衍生物有：

一、胆碱、胆碱的盐及衍生物，存在于胆、脑、蛋黄及所有新鲜种子中的氢氧化羟乙基三甲铵，从中可衍生出其他重要有的生物物质（例如，乙酰胆碱、甲基胆碱）。

二、卵磷脂及其他磷氨基类酯。它们均为酯类（磷脂），由油酸、棕榈酸及其他脂肪酸与甘油磷酸及诸如胆碱的有机氮碱化合而成，通常为棕黄色的蜡状块，溶于乙醇。卵磷脂存在于蛋黄（蛋卵磷脂）及动物和植物组织中。

归入本品目的商品卵磷脂主要是大豆卵磷脂，是由不溶于丙酮的磷脂（一般按重量计占60%～70%）、大豆油、脂肪酸及碳水化合物组成的混合物。商品大豆卵磷脂稍有粘稠，呈浅棕色到淡颜色，如果作丙酮将大豆油提出，则所得卵磷脂为淡黄色颗粒。

蛋卵磷脂用于医药。商品大豆卵磷脂在食品工业、动物饲料工业、油漆工业及石油工业中用作乳化剂、分散剂等。

三、全氟辛基磺酸四乙基铵及全氟辛基磺酸二癸基二甲基铵。为全氟辛基磺酸（PFOS）的季铵盐（参见品目29.04、29.23、29.35、38.08及38.24）。

四、碘化四甲铵[$(CH_3)_4NI$]。

五、氢氧化四甲铵[$(CH_3)_4NOH$]。

六、甲酸四甲铵[$HCOON(CH_3)_4$]，用于医药上。

七、甜菜碱（三甲铵乙内酯），一种四价的分子内盐。还有盐酸甜菜碱，用于医药、化妆品及动物饲料等。

29.24 羧基酰胺基化合物；碳酸酰胺基化合物：

— **无环酰胺（包括无环氨基甲酸酯）及其衍生物以及它们的盐：**
11 —— **甲丙氨酯（INN）**
12 —— **氟乙酰胺（ISO）、久效磷（ISO）及磷胺（ISO）**
19 —— **其他**
— **环酰胺（包括环氨基甲酸酯）及其衍生物以及它们的盐：**
21 —— **烷基脲及其衍生物以及它们的盐**
23 —— **2-乙酰氨基苯甲酸（N-乙酰邻氨基苯甲酸）及其盐**
24 —— **炔己蚁胺（INN）**
25 —— **甲草胺（ISO）**
29 —— **其他**

本品目包括羧酸及碳酸的酰胺衍生物（不包括其他无机酸的酰胺衍生物——品目29.29）。

酰胺是含有下列特征基团的化合物：

($-CONH_2$) [($-CO)_2NH$] [($-CO)_3N$]
伯酰胺 仲酰胺 叔酰胺

($-NH_2$) 或 (>NH) 中的氢可以被烷基或芳基取代，所产生的产品是 N－取代酰胺。

本品目的一些酰胺也含有可重氮化胺基。稀释至标准浓度用于生产偶氮染料的上述酰胺及其盐也归入本品目。

脲分子的－NH_2基中的一个或数个氢原子被脂肪族基或芳基所取代后即得烷基脲。

脲分子的－NH_2基中的一个或数个氢原子被酸基取代后即得酰脲。

但本品目不包括尿素（H_2NCONH_2），即碳酸二酰胺。该产品主要用作肥料，即使是纯态的，也应归入品目31.02或31.05。

一、无环酰胺

（一）乙酰胺。

（二）天冬酰胺（α－氨基丁二酸一酰胺），即天冬氨酸的一酰胺，从某些植物中提取，为结晶体。

（三）开链酰脲类（溴化二乙基乙酰脲、溴化异戊酰脲）。

（四）氨基甲酸乙酯（尿烷）。

（五）谷氨酰胺。

本品目不包括1－氰基胍（双氰胺）（品目29.26）。

二、环酰胺

（一）烷基脲及酰脲类

主要的烷基脲包括：

1. 对乙氧基苯脲（甘素）。
2. 二乙基二苯脲（中定剂）。

（二）N－乙酰苯胺、甲基乙酰苯胺、乙基乙酰苯胺、乙酰基对乙氧苯胺（非那西汀）、对乙酰氨基苯酚及对乙酰氨基水杨酸苯酯，它们均用于医药上。

（三）苯乙酰胺。

（四）环胺的N－乙酰乙酰基衍生物，例如，N－乙酰乙酰苯胺；羟基苯甲酸的酰胺，例如，3－羟基－2－萘甲酰苯胺；泛影酸及其盐，用作射线摄影的遮光剂，其中有些化合物在商业上称作"芳基化物"。

（五）2－乙酰氨基苯甲酸，呈针状、片状或长菱形状结晶体，无色至淡黄色，用作生产安眠酮（INN）的母体（参见第二十九章末的前体表）。

（六）甲草胺（ISO）[2－氯－N－(2，6－二乙基苯基)－N－(甲氧基甲基)乙酰胺（$C_{14}H_{20}ClNO_2$）]。

本品目不包括杂环酰脲，例如，马来酰脲（巴比土酸）及乙内酰脲（品目29.33）。

*

* *

第二十九章末附表列有在国际文件中作为麻醉药或精神治疗药物的归入本品目的某些物质。

29.25 羧基酰亚胺化合物（包括糖精及其盐）及亚胺基化合物：

— 酰亚胺及其衍生物以及它们的盐：

11 —— 糖精及其盐

12 —— 格鲁米特（INN）

19 —— 其他

— 亚胺及其衍生物以及它们的盐：

21 —— 杀虫脒（ISO）

29 —— 其他

一、酰亚胺类

酰亚胺类的通式为 $R=NH$，式中 R 是一个二元酰基。

（一）糖精或1，2－苯并异噻唑啉－3－酮－1，1－二氧化物及其盐。糖精是一种无气味的白色结晶粉末，味极甜；其钠盐及铵盐甜味稍逊，但更易溶化。仅含此类产品之一的片剂仍归入本品目。

以糖精或其盐类与另一种食物（例如，乳糖）混合制成供人食用的产品不归入本品目而归入品目21.06［参见第三十八章注释一（二）］。以糖精或其盐类与非食用物质（例如，碳酸氢钠及酒石酸）制成的产品，归入品目38.24。

（二）琥珀酰亚胺，用于化学合成。

（三）邻苯二甲酰亚胺，用于化学合成。

（四）多睡丹（苯乙哌啶酮），一种精神治疗药物 —— 参见第二十九章附表。

无机酸的酰亚胺有机衍生物应归入品目29.29。

二、亚胺类

亚胺与酰亚胺一样，具有特征基团 $=NH$，但它是与一个非有机酸根相键合：（$R_2C=NH$）。

（一）胍。氨基氰作用于氨产生一种亚胺脲，称作胍；胍可以作为脲分子中羰基（$>C=O$）的氧被亚胺基（$=NH$）取代而衍生的物质：

$$\underset{\text{脲}}{H_2NCONH_2}\cdots\cdots\cdots\cdots\underset{\text{胍}}{(H_2N)_2C=NH}$$

胍也可由蛋白质氧化而成；还可通过合成而得，为无色易潮解的结晶体。

胍的衍生物包括：

1. 二苯胍，橡胶促进剂。

2. 二邻甲苯基胍，橡胶促进剂。

3. 邻甲苯基胍，橡胶促进剂。

（二）醛亚胺。具有通式 $RCH=NR^1$，式中 R 及 R^1 代表烷基或芳基（甲基、乙基、苯基等），有时代表氢。

它们构成名为“席夫碱”的产品，其中最重要的有：

1. N－亚乙基苯胺。

2. 亚丁基苯胺。

3. 2－羟基丁醛－α－萘胺及2－羟基丁醛－β－萘胺。

4. 亚乙基对甲苯胺。

上述产品均用于橡胶工业。

（三）亚胺醚类。

（四）脒类。

（五）2，6－二氯苯酚基靛酚。

但本品目不包括醛亚胺的环状聚合物（品目29.33）。

29.26 腈基化合物：

10 — 丙烯腈

20 — 1－氰基胍（双氰胺）

30 — 芬普雷司（INN）及其盐；美沙酮（INN）中间体（4－氰基－2－二甲氨基－4，4－二苯基丁烷）

40 — α－苯基乙酰基乙腈

90 — 其他

腈的通式为 RC≡N 式中的 R 代表烷基或芳基，有时代表氮。单、双或三腈的每个分子内分别含有一个、两个或三个氰基（－CN）。

本品目包括：

一、丙烯腈，为无色流动性液体。

本品目不包括丙烯腈的聚合物及共聚物；它们构成塑料（第三十九章）或合成橡胶（第四十章）。

二、1－腈基胍（双氰胺），为纯净的白色晶体。

三、2－羟基丙脂（乙醛合氰化氢）。

四、乙腈。

五、己二腈。

六、氨基苯乙腈。

七、苯基腈（苄腈）。

八、2－甲基－2－羟基丙腈（丙酮合氰化氢）。

九、氰基乙酰胺。

十、氰基频哪酮。

十一、羟苯基乙腈。

十二、亚氨基二乙腈。

十三、硝基苯甲腈。

十四、萘甲腈。

十五、硝基苯乙腈。

十六、苯氨腈。

十七、三聚氰基三甲胺。

十八、美舍东中间体（INN）—— 参见第二十九章末的附表。

十九、α－苯基乙酰基乙腈（APAAN）*、（3－羰基－2－苯基正丁腈）。参见第二十九章末的附表Ⅲ——前体。

29.27 重氮化合物、偶氮化合物及氧化偶氮化合物

这些化合物最重要的应属芳族系列，其特征基团为两个氮原子以双键键合。

一、重氮化合物

本类产品包括：

（一）重氮盐。这些产品的通式为：$RN_2^+X^-$，式中 R 为有机基，X^-为阴离子。例如：

1. 氯化重氮苯。

2. 重氮苯四氟硼酸盐。

本品目包括重氮盐，不论是否稳定。

---

* 参见本章末所附“在第二十九章注释中述及的某些产品的化学结构”。

本品目也包括稀释至标准浓度（例如，加入硫酸钠等中性盐）用以生产偶氮染料的重氮盐。

（二）通式为 RN_2 的化合物，式中 R 为有机基，例如：

1. 重氮甲烷。
2. 重氮基乙酸乙酯。

（三）通式为 $R^1—N=N\begin{cases}R^2\\R^3\end{cases}$ 的化合物，式中 R^1 及 R^2 均为有机基，R^3 可以为有机基，也可以为氢，例如：

1. 重氮氨基苯。
2. N－甲基重氮氨基苯。
3. 3，3－二苯基－1－对甲苯甲酰三氮烯。

（这里 $R^1=R^2$）

二、偶氮化合物

这些化合物含有基团 $R^1—N=N—R^2$，式中 R^1 和 R^2 均为有机基，有机基中的一个碳原子直接与氮原子连接，例如：

（一）偶氮苯。
（二）偶氮甲苯。
（三）偶氮萘。
（四）2，2′－二甲基－2，2′－偶氮基二丙腈。

（这里 $R^1=R^2$）

（五）氨基偶氮苯磺酸。
（六）对氨基偶氮苯。

R^1 及 R^2 基团本身还可含有－N＝N－基（二偶氮、三偶氮等化合物）。

三、氧化偶氮化合物

这些是通式 $R^1-N_2O-R^2$ 的化合物，其中的一个氧原子与两个氮原子中的一个相连接，这里 R^1 及 R^2 通常为芳基。

氧化偶氮化合物通常为浅黄色结晶物。它们包括：

（一）氧化偶氮苯。
（二）氧化偶氮甲苯。
（三）对氧化偶氮甲氧基苯。
（四）对氧化偶氮乙氧基苯。
（五）氧化偶氮苯甲酸。
（六）氧化偶氮肉桂酸。
（七）氧化偶氮甲苯胺。

*
* *

重氮及偶氮化合物是偶氮染料的原料。它们所生成的取代衍生物也归入本品目。

本品目不包括有机色料，它们应归入第三十二章。

29.28　肼（联氨）及胲（羟胺）的有机衍生物

本品目不包括联氨（肼）或羟胺（胲）本身及其无机盐（品目 28.25），仅包括它们的有机衍生物。

肼（H_2NNH_2）分子中的一个或数个氢原子被取代即生成肼衍生物，例如，$RHNNH_2$ 及

RHNNHR[1]，式中 R 及 R[1]代表有机基。

胲（H_2NOH）分子中一个或数个氢原子被取代也可生成多种衍生物。

亚硝基苯酚是醌肟的互变异构体，亚硝胺是醌亚胺肟的互变异构体，它们均不包括在本品目内（参见品目 29.08 及品目 29.21 的注释）。

肼及胲的有机衍生物包括：

一、苯肼。

二、甲苯肼。

三、甲基苯基肼。

四、溴苯肼。

五、苄基苯肼。

六、萘肼。

七、苯胲。

八、亚硝基苯胲。

九、丁二酮肟。

十、苯基葡糖脎。

十一、苯酮肟。

十二、乙醛苯腙。

十三、乙醛肟。

十四、乙酰苯肟。

十五、丙酮肟。

十六、苯醛半缩（对称）二氨基脲（苯醛半卡巴腙）。

十七、苯甲醛肟。

十八、苯亚甲基丙酮肟。

十九、异羟肟酸。

二十、二苯卡巴肼。

二十一、氨基脲（氨基甲酰肼）。

二十二、N－酰基苯氨基脲（1－氨基甲酰－2－苯肼）。

二十三、四元肼盐及碱。

二十四、羧酸的酰肼。

二十五、酰肼定。

29.29　其他含氮基化合物：

10　—　异氰酸酯

90　—　其他

本品目包括：

一、异氰酸酯。

本组化学品包括单官能团或多官能团异氰酸酯。二异氰酸酯或多官能团异氰酸酯（例如，亚甲基二苯基异氰酸酯（MDI）、六亚甲基二异氰酸酯（HDI）、甲苯二异氰酸酯（TDI）和甲苯二异氰酸酯二聚物）广泛用于聚氨酯的生产。

本品目不包括聚（亚甲基苯基异氰酸酯）（粗 MDI 或聚合 MDI）（品目 39.09）。

二、异氰化物（胩）。

三、羧酸的叠氮化物。
四、无机酸（碳酸除外）的有机取代酰胺衍生物及无机酸的有机取代酰亚胺衍生物。
五、环己烷氨基磺酸钙。
六、八甲基焦磷酰胺（OMPA）。
七、二甲基亚硝胺。
八、甲基三硝基苯硝胺（特屈儿）等，用作炸药。
九、硝基胍，炸药。

第十分章　有机－无机化合物、杂环化合物、核酸及其盐以及磺（酰）胺

总　注　释

归入品目 29.30 及 29.31 的有机－无机化合物是分子中除含有氢、氧或氮外，还含有直接与碳原子相连的金属或其他非金属（例如，硫、砷、铅、铁等）的有机化合物。

品目 29.30（有机硫化合物）及品目 29.31（其他有机－无机化合物）不包括某些磺化或卤化衍生物（含复合衍生物），这些衍生物分子中除含有氢、氧、氮之外，只有具有磺化或卤化衍生物（含复合衍生物）性质的硫原子或卤素原子与碳原子直接连接。

品目 29.32 至 29.34 包括杂环化合物。

所称“杂环化合物”，是指由一个或数个环组成的有机化合物，这些化合物的环中除含有碳原子外，还含有其他原子，例如，氧、氮或硫。这样便产生了下列杂环化合物：

一、五元环化合物

（一）含有一个杂原子的化合物

1. 氧原子的杂环化合物：呋喃类（品目 29.32）。
2. 硫原子的杂环化合物：噻吩类（品目 29.34）。
3. 氮原子的杂环化合物：吡咯类（品目 29.33）。

（二）含有两个杂原子的化合物：

1. 一个氧、一个氮：噁唑及异噁唑类（品目 29.34）。
2. 一个硫、一个氮：噻唑类（品目 29.34）。
3. 两个氮：咪唑及吡唑类（品目 29.33）。

（三）含有三个或更多个杂原子的化合物：

1. 一个氧、两个氮：呋咱类（品目 29.34）。
2. 三个氮：三唑类（品目 29.33）。
3. 四个氮：四唑类（品目 29.33）。

二、六元环化合物

（一）含有一个杂原子的化合物：

1. 氧原子的杂环化合物：吡喃类（品目 29.32）。
2. 硫原子的杂环化合物：噻喃类（品目 29.34）。
3. 氮原子的杂环化合物：吡啶类（品目 29.33）。

（二）含有两个杂原子的化合物：

1. 一个氧、一个氮：噁嗪类（品目 29.34）。

2. 一个硫、一个氮：噻嗪类（品目29.34）。
3. 两个氮：哒嗪、嘧啶、吡嗪及哌嗪类（品目29.33）。

三、其他更复杂的杂环化合物

这些化合物是由五元或六元杂环化合物与其他碳环化合物缩合而成的。

例如：

（一）香豆冉酮（品目29.32）。
（二）苯并吡喃（品目29.32）。
（三）呫吨（品目29.32）。
（四）吲哚（品目29.33）。
（五）喹啉及异喹啉（品目29.33）。
（六）吖啶（品目29.33）。
（七）苯并噻吩（品目29.34）。
（八）吲唑（品目29.33）。
（九）苯并咪唑（品目29.33）。
（十）吩嗪（品目29.33）。
（十一）吩噁嗪（品目29.34）。
（十二）苯并噁唑（品目29.34）。
（十三）咔唑（品目29.33）。
（十四）喹唑啉（品目29.33）。
（十五）苯并噻唑（品目29.34）。

归入品目29.32至29.34的含有一个以上杂环的化合物，如果仅有其中一个杂环在品目29.32至29.34的子目中有具体列名，则该化合物应归入该列名的子目；但是如果有两个或两个以上的杂环在品目29.32至29.34的同级子目中有具体列名的，则该化合物应归入最后一个列名的子目。

*

*　*

29.30　有机硫化合物：

10　—　2-（N，N-二甲基氨基）乙硫醇
20　—　硫代氨基甲酸盐（或酯）及二硫代氨基甲酸盐
30　—　一硫化二烃氨基硫羰、二硫化二烃氨基硫羰及四硫化二烃氨基硫羰
40　—　甲硫氨酸（蛋氨酸）
50　—　敌菌丹（ISO）及甲胺磷（ISO）
60　—　2-（N，N-二乙基氨基）乙硫醇
70　—　二（2-羟乙基）硫醚［硫二甘醇（INN）］
80　—　涕灭威（ISO）、敌菌丹（ISO）及甲胺磷（ISO）
90　—　其他

本品目包括其分子含有直接与碳原子相连接的硫原子的有机硫化合物（参见本章注释六）。本品目还包括其分子除含有硫原子外，还含有直接与碳原子相连接的其他非金属原子的化合物。

一、二硫代碳酸酯（或酯盐）［黄原酸酯（或酯盐）］

它们是二硫代碳酸二酯或二硫代碳酸单酯盐；相应的通式为［ROC（S）SR^1］，式中R为一个有机基团，而R^1为一个金属（钠、钾等）或一个有机基团。

（一）黄原酸乙酯钠，无定形；用于制合成靛蓝及矿石浮选。

（二）黄原酸乙酯钾，为油腻的淡黄色结晶体；用作铅和锌矿的浮选剂、杀寄生虫药及抗隐花植物剂。

（三）黄原酸甲酯盐、黄原酸丁酯盐、黄原酸戊酯盐及黄原酸苄酯盐。

二、硫代氨基甲酸盐（或酯）、二硫代氨基甲酸盐及硫化二烃氨基硫羰

（一）硫代氨基甲酸盐（酯），包括硫代氨基甲酸（H_2NCOSH 或 H_2NCSOH）的盐和酯（它们不存在游离状态），不论是否 NH_2 基上的氢原子被烷基或芳基所取代。

（二）二硫代氨基甲酸盐（酯），包括二硫代氨基甲酸的盐和酯，不论是否 NH_2 基上的氢原子被烷基或芳基所取代。取代的二硫代氨基甲酸的金属盐（例如，二丁基二硫代氨基甲酸锌）用作橡胶工业的硫化促进剂。

（三）一硫化、二硫化或四硫化二烃氨基硫羰，为烷基取代衍生物（例如，二硫化四乙基二烃氨基硫羰），用作硫化促进剂。

三、硫化物（或硫醚）

这些化合物可作为氧原子被一个硫原子所取代的醚。

$$\underset{\text{醚}}{(ROR^1)} \cdots\cdots \underset{\text{硫化物}}{(RSR^1)}$$

（一）蛋氨酸（甲硫氨酸），为白色片状或粉末，是一种氨基酸。人体营养的主要成分，体内不能合成。

（二）二甲硫、二苯硫，为无色液体，气味极难闻。

（三）2，2′－二羟基二乙硫或硫代二甘醇（INN）；一种在纺织品印染中用作染料溶剂的液体。

（四）硫代苯胺或4，4′－二氨基苯基硫。

四、硫代酰胺类

（一）硫脲（H_2NCSNH_2）是硫代碳酸的二酰胺，因此是脲的硫类似物，为闪光的白色晶体，用于摄影，也用作染色辅助剂，在染料及药品工业中用以制中间体化合物。

（二）对称二苯硫脲（二苯硫脲），为无色结晶片或无定形白色粉末。在染料中用于制造中间体化合物（硫化染料、靛蓝）及合成药物；也作为橡胶硫化的促进剂，还用于矿石浮选。

（三）二邻甲苯硫脲，为白色粉末，不溶于水；用作橡胶硫化的促进剂。

五、硫醇类

这些硫的化合物对应于醇和酚，但其中的氧原子被硫原子所取代。

$$\underset{\text{醇或酚}}{(ROH)} \cdots\cdots \underset{\text{硫醇}}{(RSH)}$$

（一）硫醇，像醇一样，有伯醇、仲醇或叔醇，分别含有 $-CH_2SH$，$>$CHSH 或 $\geqslant$CSH 基团。

它们通常是无色或浅黄色液体，气味难闻。

1. 甲硫醇。
2. 乙硫醇。
3. 丁硫醇。
4. 戊硫醇。

（二）硫酚类。

1. 苯硫酚（C_6H_5SH）。
2. 邻巯基苯甲酸，有时称为硫代水杨酸。

六、硫醛类

硫醛类的通式为 RCSH。

七、硫酮类

硫酮类的通式为 $RCSR^1$

八、硫代酸类

通式为 RCOSH 或 RCSOH，也可以是 RCSSH。

例如，二硫代水杨酸［HOC_6H_4CSSH］，但这一名称常用于二（邻－羧苯基）二硫化物。

九、亚磺酸、亚砜及砜

这些化合物的通式分别为 RSO_2H、$RSOR^1$ 及 RSO_2R^1。

例如，二乙眠砜（索佛那），为无色晶体，用于医药。

十、异硫氰酸酯

通式为（RN＝CS）。

它们可以作为异硫氰酸的“酯”，包括：异硫氰酸乙酯；异硫氰酸苯酯；异硫氰酸烯丙酯（或人造芥菜油）。

29.31　其他有机－无机化合物：

10	—	四甲基铅及四乙基铅
20	—	三丁基锡化合物
	—	非卤化有机磷衍生物：
41	——	甲基膦酸二甲酯
42	——	丙基膦酸二甲酯
43	——	乙基膦酸二乙酯
44	——	甲基膦酸
45	——	甲基膦酸和脒基尿素（1：1）生成的盐
46	——	1－丙基磷酸环酐
47	——	（5－乙基－2－甲基－2－氧代－1，3，2－二氧磷杂环己－5－基）甲基膦酸二甲酯
48	——	3，9－二甲基－2，4，8，10－四氧杂－3，9－二磷杂螺［5，5］十一烷－3，9 二氧化物
49	——	其他
	—	卤化有机磷衍生物：
51	——	甲基膦酰二氯
52	——	丙基膦酰二氯
53	——	O－（3－氯丙基）－O－［4－硝基－3－（三氟甲基）苯基］甲基硫代膦酸酯
54	——	敌百虫（ISO）
59	——	其他
90	—	其他

一、四甲基铅（$Pb(CH_3)_4$）及四乙基铅［$Pb(C_2H_5)_4$］，为挥发性液体，纯态时无色，工业产品为黄色；有毒；高效抗爆剂。

二、三丁基锡化合物。

三、有机磷化合物。

这些有机化合物含有至少一个直接与碳原子连接的磷原子。

本组包括：

（一）非卤化有机磷衍生物，例如：

1. 甲基膦酸二甲酯*、丙基膦酸二甲酯、乙基膦酸二乙酯及甲基膦酸。

2. 甲基膦酸和脒基尿素（1∶1）生成的盐。

3. 1－丙基磷酸环酐。

---

* 参见本章末所附“在第二十九章注释中述及的某些产品的化学结构”。

4.（5－乙基－2－甲基－2－氧代－1，3，2－二氧磷杂环已－5－基）甲基膦酸二甲酯。

5.3，9－二甲基－2，4，8，10－四氧杂－3，9－二磷杂螺［5，5］十一烷－3，9二氧化物。

6.3－（三羟基硅基）丙基甲基膦酸酯钠盐。

（二）卤化有机磷衍生物，例如：

1. 甲基膦酰二氯。

2. 丙基膦酰二氯。

3. O－（3－氯丙基）－O－［4－硝基－3－（三氟甲基）苯基］甲基硫代膦酸酯。

4. 敌百虫（ISO）。

5. 邻－甲氟膦酸异丙酯（沙林）。

6. 邻－甲氟膦酸叔已酯（梭曼）。

上述第（一）、（二）点中列举的化学品，除敌百虫（ISO）的贸易受《鹿特丹公约》的管制外，其余化学品的贸易均受《关于禁止发展、生产、储存和使用化学武器及销毁此种武器的公约》（《禁止化学武器公约》）的管制。

四、有机硅化合物。这是单独的已有化学定义的化合物，其硅原子与至少一个有机基碳原子直接相连。这些化合物包括有机硅烷及硅氧烷；在某些情况下，这些产品经聚合可用于制造硅树脂。硅烷包括氯硅烷（例如，二甲基二氯硅烷）、烷氧硅烷（例如，甲基三甲氧基硅烷）、甲基或芳基硅烷（例如，二苯基硅烷二醇、四甲基硅烷）及其他多功能团（氨基、腈基、环氧乙烷基、肟基、乙酸基等）硅烷。硅氧烷包括六甲基二硅氧烷、八甲基三硅氧烷、八甲基环四硅氧烷、十甲基环五硅氧烷及十二甲基环六硅氧烷。本品目也包括六甲基二硅氮烷及有机金属乙硅烷。

本品目不包括无机硅化合物，它们通常归入第二十八章［例如，四氯化硅（$SiCl_4$）归入品目28.12，三氯硅烷（$SiHCl_3$）归入品目28.53］。硅酸酯及其盐应归入品目29.20。单独的已有化学定义的有机硅化合物如果是人为混合物，则应归入《协调制度》的其他品目，通常归入品目38.24。此外，本品目不包括无化学定义的化合物，这些化合物的分子中含有一个以上硅－氧－硅键，其中的有机基团通过硅碳键直接连接于硅原子上，即品目39.10的聚硅氧烷。

五、羰基铁、羰基镍等。

六、有机砷化合物。

（一）甲胂酸［$CH_3AsO(OH)_2$］及其盐。为粉片状晶体，并形成结晶盐。例如，甲基胂酸钠（无色，用于医药上）。

（二）二甲次胂酸（卡可基酸）及其盐。这些化合物含有称作卡可基［$-As(CH_3)_2$］的基团，用于医药上。

卡可基酸为无气味无色晶体，其主要的盐是卡可基酸钠，一种白色结晶粉末。

（三）对氨基苯胂酸［$H_2NC_6H_4AsO(OH)_2$］及其盐。为白色闪光针状结晶体。其主要的盐是对氨基苯胂酸钠，一种无气味的白色结晶粉末；用于医药上，尤其用于治疗昏睡病。

（四）氨基羟基苯胂酸及其甲酰或乙酰衍生物和它们的盐。

（五）偶砷苯（$C_6H_5As=AsC_6H_5$）及其衍生物，与偶氮化合物类似的化合物，但含有偶砷基（$-As=As-$），而不是偶氮基（$-N=N-$）。

七、邻亚碘酰基苯甲酸。

八、金属烷基化合物、金属富勒烯及金属茂合物。

本品目不包括其分子含有直接与碳原子相连接的硫原子的有机硫化合物（参见本章注释六），也不包括其分子除含有直接与碳原子相连接的硫原子外，还包括有直接与碳原子相连接的其他非金属或金属原子的化合物［例如，地虫磷（ISO）］（品目29.30）。

本品目也不包括含有一个或多个汞原子的有机汞化合物，特别是含有（$-HgX$）基团（其中X是无机酸或有机酸的酸根）的有机汞化合物（品目28.52）。

29.32　仅含氧杂原子的杂环化合物（+）：

—　结构上含有一个非稠合呋喃环（不论是否氢化）的化合物：

11　——　四氢呋喃

12　——　2－糠醛

13　——　糠醇及四氢糠醇

14　——　三氯蔗糖

19　——　其他

20　—　内酯

—　其他：

91　——　4－丙烯基－1，2－亚甲二氧基苯（异黄樟脑）

92　——　1－（1，3－苯并二噁茂－5－基）丙烷－2－酮

93　——　3，4－亚甲二氧基苯甲醛（胡椒醛）

94　——　4－烯丙基－1，2－亚甲二氧基苯（黄樟脑）

95　——　四氢大麻酚（所有的异构体）

96　——　克百威（ISO）

99　——　其他

归入本品目的杂环化合物包括：

一、结构中含有一个非稠合呋喃环（不论是否氢化）的化合物

本部分主要包括：

（一）四氢呋喃，为无色液体。

（二）2－糠醛，用谷物糠加硫酸蒸馏而得。为无色液体，具有特殊的芳香气味；暴露于空气中先变成黄色，然后再变成棕色。用于纯化矿物油、制合成树脂、用作硝酸纤维及清漆的溶剂和杀虫剂。

（三）糠醇，为无色液体，暴露在空气中颜色会变深。与浓无机酸剧烈反应。用作硝酸纤维素的溶剂，并用于制清漆及防水涂层。

（四）四氢糠醇，为无色液体。

（五）三氯蔗糖*（1，6－二氯－1，6－脱氧－β－D－呋喃果糖基－4－氯－4－脱氧－α－D－吡喃半乳糖苷）。无味，为白色或接近白色的粉状晶体。作为人造甜味剂，主要用于医药和食品，特别是糖尿病患者的治疗和饮食中。

（六）呋喃。

二、内酯

这些化合物可以作为羧酸与醇或酚基经脱水而成的内酯，其分子可能在同一个环上含有一个或数个酯基。根据酯基的数量，它们被称作单、双或三内酯。但是多元醇与多元酸形成的环酯不归入本品目（参见本章注释七）。

内酯是相当稳定的化合物，但具有内酯环遇碱易断开的特征。

本部分主要包括：

（一）香豆素（1，2－苯并吡喃酮），为原香豆素酸的内酯，结晶成为白色片状。用于香料及医药，并用于黄油、蓖麻油、药物等的调味。也用于抑制植物发芽。

（二）甲基香豆素，外观同香豆素，也用于香料。

（三）乙基香豆素。

（四）败坏翘摇素。结晶体。外科手术中用作阻凝剂。

---

* 参见本章末所附“在第二十九章注释中述及的某些产品的化学结构”。

（五）7－羟基香豆素（伞形酮），为白色晶体。能吸收紫外线，因此用于制晒黑油及晒黑膏。

（六）二羟基香豆素（七叶亭及瑞香素）。结晶体，溶于热水。

二羟基香豆素的葡糖苷（七叶灵及瑞香苷）归入品目29.38。

（七）壬内酯，为无色或浅黄色液体；用于香料。

（八）十一内酯。外观似壬内酯，用途与壬内酯相同。

（九）丁内酯（羟基丁酸内酯），为无色液体，具有好闻的气味；可与水混溶。用作合成树脂的中间产品及溶剂。用于制除漆污剂，并用于石油工业。

（十）丙酰基内酯。液体，溶于水。为一种消毒剂、杀菌剂。

（十一）葡糖醛酸内酯，为白色粉末，极易溶于水。用于医药上及作为生长素。

（十二）D－葡糖酸内酯（葡糖酸δ－内酯）。结晶体，溶于水。在食品中作酸化剂。

（十三）泛内酯。结晶体，溶于水。用于精馏泛酸。

（十四）山道年，从山道年草的干花蕾提取的山道年酸内酯，为无色晶体，无气味；一种相当强的驱虫药。

（十五）酚酞，由邻苯二甲酸酐与苯酚缩合而成，为白色或黄白色结晶粉末，无气味，溶于乙醇。与碱反应呈樱桃红色，将渗液加以酸化后樱桃红色即消失。用作化学试剂和轻泻剂。

本组包括碘苯酚酞，一种黄色粉末，也用作轻泻药。

但本品目不包括；

1. 四卤化酞钠（品目29.18）。

2. 荧光素（间苯二酚酞）（品目32.04）。

（十六）百里酚酞，为白色晶体，用作分析试剂，并用于医药。

（十七）异抗坏血酸，为粒状晶体。

但应注意，本品目不包括抗坏血酸（品目29.36）。

（十八）脱氢乙酸，为无色晶体，不溶于水。

（十九）黄葵内酯，为无色液体，具麝香味，用于香料。

（二十）双烯酮，为无色不吸湿液体。

（二十一）3，6－二甲基－1，4－二氧杂环己烷－2，5－二酮。

三、仅含氧杂原子的其他杂环化合物

本部分主要包括：

（一）苯并呋喃，存在于蒸馏煤焦油所得的轻质油中，为无色液体，用于制人造塑料（苯并呋喃树脂）等。

（二）1，3－二氧戊环。

（三）1，4－二噁烷（二氧化二亚乙基），用作溶剂。

（四）1，3－二噁烷。

（五）黄樟脑，得自黄樟油。无色液体，可变成浅黄色；用于香料并用作生产亚甲二氧基苯异丙胺及亚甲二氧基脱氧麻黄碱的母体（参见第二十九章末的前体表）。

（六）异黄樟脑，得自黄樟脑；用于香料并用作生产亚甲二氧基苯异丙胺及亚甲二氧基脱氧麻黄碱的母体（参见第二十九章末的前体表）。

（七）四氢大麻酚。

（八）胡椒醛（$CH_2O_2C_6H_3CHO$），为白色晶体或粉片，具有鸡血石气味；用于香料及给甜酒加味并用作生产亚甲二氧基苯异丙胺及亚甲二氧基脱氧麻黄碱的母体（参见第二十九章末的前体表）。

（九）胡椒基酸。

（十）1－（1，3－苯并二噁茂－5－基）丙烷－2－酮（3，4－亚甲二氧基苯基丙酮）。白色至淡黄色晶体。用作生产亚甲二氧基苯异丙胺及亚甲二氧基脱氧麻黄碱的母体（参见第二十九章末的前体表）。

（十一）克百威（ISO），是一种剧毒的氨基甲酸酯类杀虫剂。其贸易受《鹿特丹公约》的管制。

氢汞二溴荧光素应归入品目 28.52。

*

*　*

第二十九章末附表列有在国际文件中作为麻醉药或精神治疗药物的归入本品目的某些物质。

本品目不包括：

（一）过氧化酮类（品目 29.09）。

（二）具有三元环的环氧化物（品目 29.10）。

（三）醛的环状聚合物（品目 29.12）或硫醛的环状聚合物（品目 29.30）。

（四）多元羧酸的酸酐及多元醇和多元酸的环酯（品目 29.17）。

○

○　○

子目注释：

子目 2932.20

在同一环中含有一个附加杂原子［含有内酯基（例如，双内酯）的氧原子除外］的内酯不应归入内酯的子目内。这种内酯的归类，应视其所含的附加杂原子而定。例如，脱水亚甲基柠檬酸应归入子目 2932.99 而不应归入子目 2932.20。

如果酯基是两个或数个环的一部分，而且如果其中一个环不含有附加杂原子（内酯基的氧原子除外），这种分子应视作一种内酯。

归入子目 2932.20 的内酯必须含有不同的在每端被至少一个碳原子分开的内酯基。然而本品目不包括其碳原子分开后紧接于内酯基而形成氧代基（>C=O）、亚氨基（>C=NH）或硫代基（>C=S）的产品。

29.33　仅含氮杂原子的杂环化合物：

— 结构上含有一个非稠合吡唑环（不论是否氢化）的化合物：

11 —— 二甲基苯基吡唑酮（安替比林）及其衍生物

19 —— 其他

— 结构上含有一个非稠合咪唑环（不论是否氢化）的化合物：

21 —— 乙内酰脲及其衍生物

29 —— 其他

— 结构上含有一个非稠合吡啶环（不论是否氢化）的化合物：

31 —— 吡啶及其盐

32 —— 六氢吡啶（哌啶）及其盐

33 —— 阿芬太尼（INN）、阿尼利定（INN）、苯氰米特（INN）、溴西泮（INN）、卡芬太尼（INN）、地芬诺新（INN）、地芬诺酯（INN）、地匹哌酮（INN）、芬太尼（INN）、凯托米酮（INN）、哌醋甲酯（INN）、喷他左辛（INN）、哌替啶（INN）、哌替啶中间体 A（INN）、苯环利定（INN）、苯哌利定（INN）、哌苯甲醇（INN）、哌氰米特（INN）、哌丙吡胺（INN）、瑞芬太尼（INN）和三甲利定（INN）以及它们的盐

34 —— 其他芬太尼及它们的衍生物

35 —— 奎宁环－3－醇（3－奎宁醇）

36 —— 4－苯氨基－N－苯乙基哌啶（ANPP）

37　——　N－苯乙基－4－哌啶酮（NPP）
39　——　其他
—　结构上含有一个喹啉或异喹啉环系（不论是否氢化）的化合物，但未经进一步稠合的：
41　——　左非诺（INN）及其盐
49　——　其他
—　结构上含有一个嘧啶环（不论是否氢化）或哌嗪环的化合物：
52　——　丙二酰脲（巴比土酸）及其盐
53　——　阿洛巴比妥（INN）、异戊巴比妥（INN）、巴比妥（INN）、布他比妥（INN）、正丁巴比妥（INN）、环己巴比妥（INN）、甲苯巴比妥（INN）、戊巴比妥（INN）、苯巴比妥（INN）、仲丁巴比妥（INN）、司可巴比妥（INN）和乙烯比妥（INN）以及它们的盐
54　——　其他丙二酰脲（巴比土酸）的衍生物以及它们的盐
55　——　氯普唑仑（INN）、甲氯喹酮（INN）、甲喹酮（INN）和齐培丙醇（INN）以及它们的盐
59　——　其他
—　结构上含有一个非稠合三嗪环（不论是否氢化）的化合物：
61　——　三聚氰胺（蜜胺）
69　——　其他
—　内酰胺：
71　——　6－己内酰胺
72　——　氯巴占（INN）和甲乙哌酮（INN）
79　——　其他内酰胺
—　其他：
91　——　阿普唑仑（INN）、卡马西泮（INN）、氯氮卓（INN）、氯硝西泮（INN）、氯拉卓酸、地洛西泮（INN）、地西泮（INN）、艾司唑仑（INN）、氯氟卓乙酯（INN）、氟地西泮（INN）、氟硝西泮（INN）、氟西泮（INN）、哈拉西泮（INN）、劳拉西泮（INN）、氯甲西泮（INN）、马吲哚（INN）、美达西泮（INN）、咪达唑仑（INN）、硝甲西泮（INN）、硝西泮（INN）、去甲西泮（INN）、奥沙西泮（INN）、匹那西泮（INN）、普拉西泮（INN）、吡咯戊酮（INN）、替马西泮（INN）、四氢西泮（INN）和三唑仑（INN）以及它们的盐
92　——　甲基谷硫磷（ISO）
99　——　其他

归入本品目的杂环化合物包括：

一、结构中含有一个非稠合吡唑环（不论是否氢化）的化合物

本部分主要包括：

（一）非那宗（安替比林、二甲基苯基吡唑酮），为无色结晶粉末或粉片，无气味。在医药上作退热剂及治神经痛药。

（二）氨基非那宗（4－二甲基氨基－2，3－二甲基－1－苯基－5－吡唑啉酮）（酰氨基比林、二甲基氨替比林）及其盐。为无色的叶片状晶体，是较安替比林强的退热药及治神经痛药。

（三）1－苯基－3－吡唑烷酮。

二、结构中含有一个非稠合咪唑环（不论是否氢化）的化合物

本部分主要包括：

（一）乙内酰脲（海因）及其取代衍生物（例如，硝基乙内酰脲、甲基乙内酰脲及苯基乙内酰

脲)，由乙醇酸与尿素缩合而得。

（二）赖西丁，为吸湿性白色晶体；在医药上作为尿酸的溶剂。

三、结构中含有一个非稠合吡啶环（不论是否氢化）的化合物

本部分主要包括：

（一）吡啶，含于煤焦油、骨油等之中，为无色或浅黄色液体，具有强烈的难闻气味。用于有机合成、橡胶工业、纺织品印染，用作乙醇的变性剂，还用于医药等。

归入本品目的吡啶，按重量计纯度必须在95%及以上。低于此纯度的吡啶不归入本品目（品目27.07）。

（二）吡啶的衍生物主要包括：

1. 甲基吡啶、5－乙基－2－甲基吡啶及2－乙烯基吡啶。

归入本品目的这些衍生物按重量计纯度必须达到90%及以上（对于甲基吡啶，所有的异构体必须一并计入）。低于此纯度的衍生物不归入本品目（品目27.07）。

2. 吡啶羧酸。

这些化合物包括吡啶－γ－羧酸（异烟酸）。它是无色晶体，由γ－甲基吡啶氧化而得，或合成而得。其酰肼用于治疗结核病。

本品目不包括称为烟酸的吡啶－β－羧酸（品目29.36）。

3. 吡啶－β－羧酸二乙酰胺，为油状液体，几乎无色；医疗上用于刺激循环及呼吸。

4. 内消旋肌醇六烟酸酯。

（三）哌啶衍生物包括：

1. 1－甲基－4－苯基哌啶羧酸。

2. 1－甲基－3－苯基哌啶－3－羧酸乙酯。

3. 1－甲基－4－苯基哌啶－4－羧酸乙酯（哌替丁）。

4. 酚哌丙酮（INN）{1－［4－（间羟苯基）－1－甲基－4－哌啶基］丙烷－1－酮}。

（四）芬太尼（INN），是一种含有苯基哌啶环的人工合成的阿片类镇痛剂和麻醉剂，属于麻醉药物。

（五）芬太尼衍生物，包括但不限于阿芬太尼（INN）、卡芬太尼（INN）、瑞芬太尼（INN）。

结构上除了含有未稠合的哌啶环外，还含有氧或硫杂环（如呋喃环或噻吩环）的芬太尼衍生物，不归入本品目（品目29.34）。

四、含有一个不再稠合的喹啉或异喹啉环系（不论是否氢化）的化合物

喹啉、异喹啉及其衍生物，由一个苯环和一个吡啶环稠合而成的2－环系。喹啉及异喹啉存在于煤焦油中，但也可合成而得。为无色液体，高折射性，具有难闻的刺鼻气味。用于有机合成（例如，染料、医药）。

这些衍生物主要包括：

（一）甲基喹啉。

（二）异丁基喹啉。

（三）异丙基喹啉。

（四）四氢甲基喹啉。

（五）3－、4－、5－、6－、7－和8－羟基喹啉及其盐。喹啉分子的两环之一引入一个羟基衍生而成。

本组包括8－羟基喹啉的金属络合物。

（六）苯基喹啉羧酸（苯基辛可宁酸），为无色针状物或黄白色粉末，一种治疗痛风及风湿病药物。

（七）苯基异喹啉衍生物（INN）［6，7－二甲氧基－1－（3，4，5－三乙氧苯基）异喹啉］。

（八）N－甲基吗啡喃。

（九）3－羟基－N－甲基吗啡喃。

五、结构中含一个嘧啶环（不论是否氢化）或哌嗪环的化合物

本部分主要包括：

（一）丙二酰脲（巴比土酸）及其衍生物。巴比土衍生物。这是嘧啶化合物的重要一类。它们可生成水溶性钠盐，巴比土酸的烷基取代衍生物及其盐均在医药上作安眠剂及镇静剂。代表这类化合物的有巴比妥（INN）（二乙基丙二酰脲）、苯巴比妥（INN）（乙基苯基丙二酰脲）、阿莫巴比妥（INN）（乙基异戊基丙二酰脲）、断巴比妥（INN）（烯丙基－1－甲基丁基丙二酰脲）及环巴比妥（INN）（5－环己－1－烯基－5－乙基巴比土酸）。

（二）硫喷妥钠（戊硫巴比妥钠），是一种环状硫脲，为黄白色水溶性粉末，具吸湿性，有一股难闻气味。在医药上用作一种麻醉剂。

（三）哌嗪（二亚乙基二胺），为白色结晶块，具吸湿性，具独特气味。医药上用作治痛风的药物。

（四）2，5－二甲基哌嗪，为无色油状液体或糊状，用作尿酸的溶剂。

六、结构中含有一个非稠合三嗪环（不论是否氢化）的化合物

本部分主要包括：

（一）蜜胺（三氨基三嗪），为闪耀的白色晶体，用于制塑料。

（二）三亚甲基三硝胺（六素精），一种炸药，为白色结晶粉末，对震动敏感。

（三）氰尿酸（由烯醇和酮构成）。

（四）乌洛托品（INN）（六亚甲基四胺）及其盐和衍生物。为规则形状的白色晶体，极易溶于水。医药上作尿酸（尿防腐剂）的溶剂，用于制合成树脂，也用作橡胶硫化促进剂、防发酵剂等。

本品目不包括供医药用的乌洛托品（INN）锭剂或片剂（品目30.04）及制成作燃料使用形状（例如，片、条或类似形状）的乌洛托品（品目36.06）

七、内酰胺类

这些化合物可作为类似于内酯的内酰胺，由氨基酸脱水而得，其分子的一个环上可含有一个或数个酰胺基。根据其酰胺基的数目，它们被称作单、双或三内酰胺等。

本品目还包括内酰亚胺类，它是内酰胺的烯醇互变异构体（这些物质是酮的异构体）。

本部分主要包括：

（一）6－己内酰胺（ε－己内酰胺），为白色晶体；溶于水；散发出刺鼻烟雾，用于制塑料及化学纤维。

（二）靛红（靛红酸的内酰胺），为亮黄棕色晶体，用于制染料及医药。

（三）2－羟基喹啉（喹诺酮），一种邻氨基肉桂酸的内酰胺。

（四）3，3－二（对乙酰氧基苯基）羟吲哚（二乙酰二羟基二苯基靛红），为白色结晶粉末，不溶于水，用作轻泻药。

（五）1－乙烯基－2－吡咯烷酮，为浅黄色结晶粉末，具有好闻的气味，用于制聚乙烯吡咯烷酮（归入第三十九章内），也用于医药上。

（六）普奈米东（INN）（5－乙基－5－苯基全氢化嘧啶－4，6－二酮），为白色晶体，溶于水。

（七）1，5，9－三氮杂环十二烷－2，6，10－三酮。

本品目不包括甜菜碱（三甲基甘氨酸），一种分子内的季铵盐（品目29.23）。

八、仅含有氮杂原子的其他杂环化合物

本部分主要包括：

（一）咔唑（9－氮杂芴）及其衍生物，由两个苯环及一个吡咯环稠合而成。存在于煤焦油的重馏分中，也可合成而得。闪亮结晶粉片，用于制塑料及染料。

（二）吖啶及其衍生物。吖啶是由两个苯环与一个吖啶环缩合而成。煤焦油中有少量存在，也可通过合成而得。用于制染料及某些药剂。

本品目包括下列吖啶衍生物（构成染料的除外）：

1. 硫酸原黄素（3，6－二氨基吖啶硫酸氢盐），为棕红色结晶粉末。

2. 2，5－二氨基－7－乙氧基吖啶乳酸盐，为黄色粉末。

这两种衍生物均具有防腐及杀菌性能。

（三）吲哚，存在于煤焦油中，但常通过合成而得。为小结晶叶片状，无色或极浅黄色，遇空气或见光即变红色。不纯时有明显的粪臭味，但纯化后有强烈的花香气味。用于制合成香料及用于医药上。

（四）β－甲基吲哚（粪臭素），为无色结晶粉片；不纯时有粪臭味。

（五）巯基苯并咪唑。

（六）邻苯二甲酰肼（邻苯二甲酸的酰肼）。

（七）氮丙啶（1－氮杂环丙烷）及其N－取代衍生物。

（八）卟啉（卟吩的衍生物）。

（九）甲基谷硫磷（ISO）｛*O*，*O*－二甲基－S－［（4－羰基－1，2，3－苯并三嗪－3（4H）－基）甲基］二硫代磷酸｝（$C_{10}H_{12}N_3O_3PS_2$）。

但是，紫菜碱（一种生物碱）应归入品目29.39。

*

*　*

第二十九章末附表列有在国际文件中作为麻醉药或精神治疗药物的归入本品目的某些物质。

本品目不包括多元酸的酰亚胺。

○

○　○

子目注释：

子目2933.11、2933.21及2933.54

二甲基苯基吡唑酮（子目2933.11）、乙内酰脲（子目2933.21）及丙二酰脲（子目2933.52）是带有杂环结构特征的化合物。归入相应子目的这些化合物的衍生物仍应保持母体化合物的基本结构。因此，与母体化合物比较，这些衍生物通常具有下列特征：

（一）具有未改性的功能基（例如，桥氧基）；

（二）保留原有双键的数量和位置；

（三）保留原有的取代物（例如，二甲基苯基吡唑酮的苯基及两个甲基）；

（四）仅在氢原子上具有进一步的取代物（例如，丙二酰脲的吡啶环上的氢原子被一个烷基所取代）。

然而，从烯醇式母体化合物制得的盐应视作酮式衍生物。

子目2933.79

在同一环中含有一个附加杂原子［含有内酰胺基（例如，双内酰胺）的氮原子除外］的内酰胺不应归入内酰胺的子目内。这种内酰胺的归类，应视其所含的附加杂原子而定。例如，去甲羟基安定（INN）应归入子目2933.91而不应归入子目2933.79。

如果酰胺基是两个或数个环的一部分，而且如果其中一个环不含有附加杂原子（内酰胺基的氮原子除外），这种分子应视作一种内酰胺。

归入子目2933.79的内酰胺必须含有不同的在每端被至少一个碳原子分开的内酰胺基。然而本子目不包括其碳原子分开后紧接于内酰胺基而形成氧代基（>C=O）、亚氨基（>C=NH）或硫代基（>C=S）的产品。例如，巴比土酸不归入子目2933.79（子目2933.52）。

29.34 核酸及其盐，不论是否已有化学定义；其他杂环化合物：

10 — 结构上含有一个非稠合噻唑环（不论是否氢化）的化合物

20 — 结构上含有一个苯并噻唑环系（不论是否氢化）的化合物，但未经进一步稠合的

30 — 结构上含有一个吩噻嗪环系（不论是否氢化）的化合物，但未经进一步稠合的

— 其他：

91 —— 阿米雷司（INN）、溴替唑仑（INN）、氯噻西泮（INN）、氯噁唑仑（INN）、右吗拉胺（INN）、卤噁唑仑（INN）、凯他唑仑（INN）、美索卡（INN）、噁唑仑（INN）、匹莫林（INN）、苯巴曲嗪（INN）、芬美曲嗪（INN）和舒芬太尼（INN）以及它们的盐

92 —— 其他芬太尼以及它们的衍生物

99 —— 其他

本品目包括核酸及其盐。它们是复杂化合物，当与蛋白质化合后，形成动植物细胞核中的核蛋白。由磷酸与糖及嘧啶或嘌呤化合而成。通常呈白色粉末状，溶于水。

核酸或更通常是它的盐（例如，核酸钠及核酸铜）用作补药、神经兴奋剂及尿酸的溶剂。

归入本品目的杂环化合物有：

一、结构上含有一个非稠合噻唑环（不论是否氢化）的化合物

"噻唑"一词包括1，3－噻唑及1，2－噻唑（异噻唑）两种化合物。

二、含有一个苯并噻唑环系（不论是否氢化）的化合物，但未经进一步稠合的

"苯并噻唑"一词包括1，3－苯并噻唑及1，2－苯并噻唑（异苯并噻唑）两种化合物。

本部分主要包括：

（一）巯基苯并噻唑，为黄白色精细粉末，在橡胶工业中作促进剂。

（二）二硫化二苯并噻唑，在橡胶工业中作促进剂。

（三）哎沙匹龙（Ipsapirone）（INN）{2－[4－（4－嘧啶－2－基－哌嗪－1－基）丁基]－1，2－苯并噻唑－3（2H）－酮1，1－二氧化物}，用作抗焦虑药。

（四）脱氢硫代对甲苯胺[4－（6－甲基－1，3－苯并噻唑－2－基）苯胺]。

三、含有一个吩噻嗪环系（不论是否氢化）的化合物，但未经进一步稠合的

本部分主要包括：

吩噻嗪（硫化二苯胺），为闪亮浅黄色粉片或灰绿色粉末，用于制染料等。

四、其他杂环化合物

本部分主要包括：

（一）磺内酯。这些化合物可以作为羟基磺酸的内酯。它们包括磺酞类，例如：

1. 酚红（苯酚磺酞），用于医药及作为分析指示剂。

2. 百里酚蓝（百里酚磺酞），用作试剂。

3. 1，3－丙磺酸内酯。

（二）磺内酰胺类。这些化合物可以作为氨基磺酸的内酰胺。它们包括萘并磺内酰胺－2，4－二磺酸，得自8－氨基－1－萘磺酸，并用于制SS酸（8－氨基－1－萘酚－5，7－二磺酸或1－氨基－8－萘酚－2，4－二磺酸）。

（三）噻吩，存在于煤焦油及褐煤焦油中，也可通过合成而得。一种无色的流动性液体，气味象苯。
（四）呋喃唑酮（INN）[3－（5－硝基呋喃亚甲基氨基）噁唑烷酮－2]。
（五）腺苷三磷酸或腺苷焦磷酸。
（六）3－甲基－6，7－亚甲二氧基－1－（3，4－亚甲二氧基苄基）异喹啉盐酸盐。
（七）3－甲基－6，7－亚甲二氧基－1－（3，4－亚甲二氧基苯基）异喹啉。
（八）芬太尼衍生物包括舒芬太尼（INN），几乎不溶于水的白色粉末，是一种人工合成的阿片类镇痛剂。本品目的衍生物结构上除了含有未稠合的哌啶环外，还含有氧或硫杂环，如呋喃环或噻吩环。

仅含有含氮杂环的芬太尼衍生物不归入本品目（品目29.33）。

本品目不包括符合品目28.52规定的核酸汞，以及硫醛的环状聚合物（品目29.30）。

*

*　*

第二十九章末附表列有在国际文件中作为麻醉药或精神治疗药物的归入本品目的某些物质。

29.35　磺（酰）胺
10　—　N－甲基全氟辛基磺酰胺
20　—　N－乙基全氟辛基磺酰胺
30　—　N－乙基－N－（2－羟乙基）全氟辛基磺酰胺
40　—　N－（2－羟乙基）－N－甲基全氟辛基磺酰胺
50　—　其他全氟辛基磺酰胺
90　—　其他

磺（酰）胺的通式为（$R^1SO_2NR^2R^3$），式中R^1是一个复杂多样的有机基，其中有一个碳原子直接连接SO_2基团，R^2和R^3为氢原子、其他原子或者为复杂多样的无机或有机基团（包括双键或环）。它们很多在医药上作强力杀菌剂，主要包括：

一、N－烷基全氟辛基磺酰胺*。例如，N－甲基全氟辛基磺酰胺或N－乙基－N－（2－羟乙基）全氟辛基磺酰胺。这些化学品分解后可得到全氟辛基磺酸（PFOS）（同时参见品目29.04、29.22、29.23、38.08及38.24）。

二、邻甲苯磺酰胺。

三、邻氨磺酰基苯甲酸。

四、对氨磺酰基苄胺。

五、对氨基苯磺酰胺（$H_2NC_6H_4SO_2NH_2$）（磺胺）。

六、对氨基苯磺乙酰胺。

七、枸橼酸西地拉非。

八、磺胺吡啶（INN）或对氨基苯亚磺酰氨基吡啶。

九、磺胺嘧啶（INN）或对氨基苯亚磺酰氨基嘧啶。

十、磺胺二甲基嘧啶（INN）或对氨基苯亚磺酰氨基甲基嘧啶。

十一、磺胺硫脲（INN）或对氨基苯亚磺酰氨基硫脲。

十二、磺胺噻唑（INN）或对氨基苯亚磺酰氨基噻唑。

十三、氯化氨磺酰化物，不论氯原子是否直接与氮原子相连接（例如，磺氯酰胺或N－氯代磺酰胺，称为“氯胺”，“氯化噻嗪”或6－氯代－7－氨磺酰苯并－1，2，4－噻二嗪1，1－二氧化物；6－氯代－3，4－二氢－7－氨磺酰苯并－1，2，4－噻二嗪1，1－二氧化物）。

---

* 参见本章末所附“在第二十九章注释中述及的某些产品的化学结构”。

本品目不包括磺（酰）胺基团中所有S－N键为环的一部分的化合物。它们属于品目29.34的其他杂环化合物（磺内酰胺类）。

第十一分章　维生素原、维生素及激素

总　注　释

本分章包括动植物机体正常活动及协调发展所必需的、化学成分相当复杂的一类活性物质。

这类物质主要具有生理作用，因为它们具有独特的性质，因此用于医药及工业上。

在本分章中，所称“衍生物”是指可通过相关品目的初始化合物制得的化学化合物，这种化合物仍保留母体化合物的基本特征，包括其基本的化学结构。

29.36　天然或合成再制的维生素原和维生素（包括天然浓缩物）及其主要用作维生素的衍生物，上述产品的混合物，不论是否溶于溶剂（＋）：

—　未混合的维生素及其衍生物：

21　——　维生素A及其衍生物

22　——　维生素B_1及其衍生物

23　——　维生素B_2及其衍生物

24　——　D或DL－泛酸（维生素B_5）及其衍生物

25　——　维生素B_6及其衍生物

26　——　维生素B_{12}及其衍生物

27　——　维生素C及其衍生物

28　——　维生素E及其衍生物

29　——　其他维生素及其衍生物

90　—　其他，包括天然浓缩物

维生素是人类或其他动物机体正常活动所必需的活性剂，它们得自外界，其化学成分很复杂。这些物质人体内不能合成，因此，从外界获得的必须是其最终形式或接近最终形式（维生素原）。微量的维生素就有足够效力，可作为外源性的生物催化剂，若缺乏此种物质会引起新陈代谢的混乱或“维生素缺乏症”。

本品目包括：

一、天然或合成再制的维生素原和维生素及其主要用作维生素的衍生物。

二、天然维生素浓缩物（例如，维生素A或维素D浓缩物）；这些物质是有关维生素的浓缩态。这些浓缩物可以直接使用（例如，添加到动物饲料中），也可加工后分离出维生素。

三、各种维生素、维生素原及其浓缩物的相互混合物。例如，在不同比例的维生素A和D的天然浓缩物中加入维生素A或D混合而成。

四、溶于任何溶剂（例如，油酸乙酯、1，2－丙二醇、乙二醇、植物油）的上述产品。

为了保藏或运输的需要，本品目的产品可以用下列方法加以稳定：

——加入抗氧剂；

——加入抗结块剂（例如，碳水化合物）；

——用适当的物质（例如，明胶、蜡或脂肪）加以包覆，不论是否增塑；

——用适当的物质（例如，硅酸）加以吸附。

但添加的量或处理的方法不得超出保藏或运输所需，而且不得改变产品的基本特性并使其改变一般用途而专门适合于某些特殊用途。

品目29.36的应作为维生素原或维生素归类的产品表

（本表所列以下各类产品并不详尽，仅作例子而已）

一、维生素原

维生素D原

（一）未经照射的麦角甾醇或维生素D_2原。麦角甾醇存在于黑麦麦角、酒酵母、蘑菇及其他真菌中，它没有维生素活性，为白色片状，暴露于空气中变黄；不溶于水，但可溶于醇及苯。

（二）未经照射的7－脱氢胆甾醇或维生素D_3原，存在于动物皮肤中。从羊毛脂或制卵磷脂的副产品中提得。呈小片状，不溶于水，但可溶于有机溶剂。

（三）未经照射的22，23－二氢麦角甾醇或维生素D_4原。

（四）未经照射的7－脱氢－β－谷甾醇或维生素D_5原。

（五）未经照射的乙酸麦角甾醇酯。

（六）未经照射的7－脱氢胆甾醇乙酸酯。

（七）未经照射的22，23－二氢麦角甾醇乙酸酯。

二、维生素A及其主要用作维生素的衍生物

维生素A（生长或抗眼病维生素）为人体尤其是皮肤、骨骼及视网膜的正常发育所需。帮助上皮组织维持正常抗感染力，同时也是正常生殖及乳汁分泌所需的物质。可溶于脂肪，但一般不溶于水。

（一）维生素A_1醇［抗干眼醇、视黄醇（INN）］

维生素A_1醛（视黄素－1，视黄醛）。

维生素A_1酸［视网偶烟（INN），视黄酸］。

维生素A_1以醇或脂肪酸酯形式存在于动物产品（咸水鱼、乳制品、蛋）中，主要从鲜鱼肝油中提得，但也可通过合成而得。在室温下为油腻的黄色固体，冷却后形成黄色晶体。因为其在空气中不稳定，常加入抗氧剂加以稳定。

（二）维生素A_2醇（3－脱氢抗干眼醇、3－脱氢视黄醇）。

维生素A_2醛（视黄素－2，3－脱氢视黄醛）。

维生素A_2不象维生素A_1那样广泛存在于自然界中，可从淡水鱼中获得。维生素A_2醇不会结晶；而维生素A_2醛可呈橙黄晶体。

（三）维生素A的乙酸酯、棕榈酸酯及其他脂肪酸酯。这些产品均可从合成维生素A取得；它们均对氧化作用敏感。维生素A乙酸酯为黄色粉末，维生素A棕榈酸酯为黄色液体，纯态时两者均可结晶。

三、维生素B_1及其主要用作维生素的衍生物

维生素B_1是防止脚气病所必需的抗神经炎维生素。对碳水化合物的代谢很重要。用于治疗多发性神经炎、胃病并用以增强食欲。这些维生素可溶于水，热时不够稳定。

（一）维生素B_1［硫胺素（INN），抗神经炎素］硫胺素存在于大部分动物及植物组织中（例如，存在于谷物外皮、酒酵母、猪肉、肝脏、乳制品、蛋类等中）；通常由合成而得，是一种白色结晶粉末，在空气中稳定。

（二）盐酸硫胺素，一种白色结晶粉末，具有吸湿性，不够稳定。

（三）单硝酸硫胺素，为白色结晶粉末，相当稳定。

（四）硫胺素－1，5－盐（抗神经炎素－1，5－盐、抗神经炎素萘－1，5－二磺酸盐）。

（五）盐酸硫胺水杨酸素（盐酸抗神经炎水杨酸素）。

（六）氢溴酸硫胺水杨酸素（氢溴酸抗神经炎水杨酸素）。

（七）碘化硫胺素。

（八）盐酸碘化硫胺素。

（九）碘酸碘化硫胺素。

（十）维生素 B_1的原磷酸酯或硫胺原磷酸素及这种酯的二盐酸盐和单磷酸盐。

（十一）维生素 B_1的烟酸酯。

四、维生素 B_2及其主要用作维生素的衍生物

维生素 B_2是一种促进生长的营养性维生素；它作为碳水化合物的利用因素具有重要的生物作用。溶于水，对热稳定。

（一）维生素 B_2［核黄素（INN）、乳黄素］。核黄素以与维生素 B_1缔合的形式存在于很多产品及食品中。从酿酒及发酵残余物以及牛肝中提得，但常通过合成制得。为橙黄色结晶体，对光相当敏感。

（二）核黄素的5′－正磷酸酯及其钠或二乙醇胺盐。这些产品比核黄素更易溶于水。

（三）羟甲基核黄素。

五、D－或 DL－泛酸（也称作维生素 B_5）及其主要用作维生素的衍生物

这些化合物在防止头发变白、皮肤发育及脂肪和碳水化合物的代谢中起一定作用，为腺、肝、肠胃及呼吸道的活动所必需，溶于水。

（一）D 或 DL－泛酸［N－（α，γ－二羟基－β，β－二甲基丁酰基）－β－氨基丙酸］。这种维生素也称维生素 B_5，存在于所有的生物细胞及组织中（例如，存在于哺乳动物的肝及肾、米皮、酒酵母、牛奶、粗糖蜜等中）。通常是合成而得。黄色粘性油；可慢慢溶于水及大部分有机溶剂中。

（二）D－泛酸钠及 DL－泛酸钠。

（三）D－泛酸钙及 DL－泛酸钙，为白色粉末，溶于水，是维生素 B_5的最普通形式。

（四）D－泛醇及 DL－泛醇（α，γ－二羟基－N－3－羟丙基－β，β－二甲基丁酰胺），为粘性液体，溶于水。

（五）D－泛醇乙醚（D－α，γ－二羟基－N－3－乙氧丙基－β，β－二甲基丁酰胺），为粘性液体，可与水混溶，易溶于有机溶剂。

六、维生素 B_6及其主要用作维生素的衍生物

维生素 B_6是一种抗皮炎维生素（保护皮肤）。它对神经系统、营养及氨基酸、蛋白质、脂肪的新陈代谢起一定作用。它能缓解妊娠引起的或手术后产生的疾病，溶于水，对光相当敏感。

（一）吡哆素（INN）或抗皮炎素（吡哆醇）［3－羟基－4，5－二（羟甲基）－2－甲基吡啶］。

吡哆醛（4－甲酰基－3－羟基－5－羟甲基－2－甲基吡啶）。

吡哆胺（4－氨甲基－3－羟基－5－羟甲基－2－甲基吡啶）。

这三种形式的维生素 B_6存在于酒酵母、蔗糖、谷物外皮、米糠、麦胚油、亚麻子油、哺乳动物及鱼的肝、肉及脂肪中。这些维生素几乎全部由合成而得。

（二）盐酸吡哆素。

原磷酸吡哆素。

三棕榈酸吡哆素（吡哆素的三棕榈酸酯）。

盐酸吡哆醛。

二盐酸吡哆胺。

磷酸吡哆胺。

以上物品均是维生素 B_6的正常形式，为无色结晶体或粉片。

（三）原磷酸吡哆素酯及其钠盐。

原磷酸吡哆醛酯及其钠盐。

原磷酸吡哆胺酯及其钠盐。

七、维生素 B_9 及其主要用作维生素的衍生物

维生素 B_9 是血细胞生长所必需的，是治疗恶性贫血的有效物质。存在于菠菜、绿色植物、酒酵母及动物肝中，但常由合成而得。

（一）维生素 B_9［叶酸（INN）或蝶酰谷氨酸］及其钠盐和钙盐。

（二）亚叶酸（INNM）（5－甲酰基－5，6，7，8－四氢蝶酰谷氨酸）。

八、维生素 B_{12}［氰钴胺素（INN）］和其他钴胺素［羟钴胺素（INN）、甲基钴胺素、亚硝酸钴胺素、亚硫酸钴胺素等］及其衍生物

维生素 B_{12} 治疗恶性贫血比维生素 B_9 更有效。它分子量高，含有钴，以各种形式存在于哺乳动物及鱼的肝及皮中，也存在于蛋类及乳中。可从废抗生素液、甜菜糖蜜、乳清等提取。为暗红色晶体，溶于水。

九、维生素 C 及其主要用作维生素的衍生物

维生素 C 是抗坏血症维生素，能增强抗感染能力，溶于水。

（一）维生素 C［L－或 DL－抗坏血酸（INN）］。抗坏血酸存在于多种植物性食物（水果、青菜、土豆等）及动物器官（肝、脾、肾上腺、脑、乳等）中；可从柠檬汁、青色及红色辣椒、青色茴芹叶提取，也可从处理龙舌兰的残液中提取。但目前几乎全部通过合成制得。一种白色结晶粉末，在干燥空气中相当稳定，用作强还原剂。

（二）抗坏血酸钠。

（三）抗坏血酸钙及抗坏血酸镁。

（四）（L）抗坏血酸辛可尼辛锶［（L）抗坏血酸－2－苯基喹啉－4－羧酸锶］。

（五）肌氨酸抗坏血酸。

（六）L－精氨酸抗坏血酸。

（七）棕榈酸抗坏血酸酯。这种脂溶形式的维生素 C 也用作脂肪及油类的乳化剂和抗氧剂。

（八）次磷酸抗坏血酸钙。

（九）抗坏血酸谷氨酸钠。

（十）抗坏血酸谷氨酸钙。

十、维生素 D 及其主要用作维生素的衍生物

维生素 D 是抗佝偻病维生素。它们能调节机体内磷和钙的利用并有助于牙齿和骨骼的生长；可溶于脂肪。将各种维生素 D 原加以活化或照射而得，它们均为机体内正常产生及转化的甾醇或甾醇衍生物。

（一）维生素 D_2 及其具有类似活性作用的衍生物。

1. 维生素 D_2 或经活化或照射的麦角甾醇（钙化醇、麦角钙化醇），为白色结晶粉末，暴露于空气、光或热中时逐渐变成黄色；不溶于水、可溶于脂肪。存在于可可豆及鱼肝中；通常是将维生素 D_2 原加以活化或照射而得。

2. 维生素 D_2 的乙酸酯及其他脂肪酸酯。

（二）维生素 D_3 及其具有类似活性作用的衍生物。

1. 维生素 D_3 或经活化或照射的 7－脱氢胆甾醇（胆钙化甾醇），为白色结晶粉末。暴露在空气中会慢慢变质；不溶于水，可溶于脂肪。可从鱼油及鱼肝油中提得，但通常是将维生素 D_3 原加以活化或照射而得，其活性比维生素 D_2 更强。

2. 经过活化或照射的 7－脱氢胆甾醇乙酸酯及维生素 D_3 的其他脂肪酸酯。

3. 维生素 D_3 －胆甾醇分子化合物。

（三）维生素 D_4或经活化或照射的 22，23 －二氢麦角甾醇。为白色粉片；其生理活性比维生素 D_2低。

（四）维生素 D_5或经活化或照射的 7 －脱氢 －β －谷甾醇。

十一、维生素 E 及其主要用作维生素的衍生物

维生素 E 是抗不育维生素，对神经系统及肌肉系统很重要，可溶于脂肪中。

（一）维生素 E 或（D －及 DL －）α －生育酚；β －生育酚及 γ －生育酚。生育酚存在于各种植物及动物产品（例如，可可及棉子、植物油、豆科植物叶、生菜叶、紫花苜蓿、乳制品）中。但主要从麦胚油中提取。其外消旋异构体通过合成制得。为无色油状。不溶于水，可溶于醇、苯及脂肪中；在无氧、无光的条件下对热稳定。由于其具有抗氧化性能，因此也适于用作脂肪及食物的抑制剂。

（二）α －生育酚乙酸酯及 α －生育酚琥珀酸氢酯；α －生育酚聚（氧乙烯基）琥珀酸酯（也称为 α －生育酚聚乙二醇琥珀酸酯）。

（三）α －生育酚磷酸酯二钠。

（四）二氨基乙酸生育酚酯。

十二、维生素 H 及其主要用作维生素的衍生物

维生素 H 为某些微生物生长所必需；也是人体皮肤、肌肉及神经系统的健康所不可缺少的。溶于水，对热稳定。

（一）维生素 H 或生物素。生物素存在于蛋黄、肾、肝、乳、酒酵母、糖蜜等中，通过合成而得。

（二）生物素甲酯。

十三、维生素 K 及其主要用作维生素的衍生物

维生素 K 是抗出血因素；通过维持凝血酶原的含量及提高毛细血管阻力，从而加速血液凝结。

（一）维生素 K_1

1. 维生素 K_1（INN），叶绿醌或 3 －叶绿基甲萘醌（2 －甲基 －3 －叶绿基 －1，4 －萘醌），从干的紫花苜蓿中提取；也存在于榛子及栗子的树叶、大麦及燕麦的芽、卷心菜、菜花、菠菜、西红柿、植物油等中，也可通过合成而得。为浅黄色油状物，可溶于脂肪；对热稳定，但对日光不稳定。

2. 氧化（环氧化）维生素 K_1（2 －甲基 －3 －叶绿基 －1，4 －萘醌 －2，3 －氧化物或 2 －甲基 －3 －叶绿基 －2，3 －环氧 －2，3 －二氢 －1，4 －萘醌）。

3. 二氢叶绿醌（3 －二氢叶绿基 －2 －甲基 －1，4 －萘醌）。

（二）维生素 K_2或法呢醌（3 －二法呢基 －2 －甲基 －1，4 －萘醌）。从腐败的沙丁鱼肉中提取，其活性比维生素 K_1弱。黄色晶体，对光极不稳定。

十四、维生素 PP（也称作烟酸和烟酰胺，或维生素 B_3）及其主要用作维生素的衍生物

维生素 PP 是抗癞皮病维生素，为生长、氧化作用、细胞呼吸、蛋白质及碳水化合物的新陈代谢所需要。

（一）烟酸（INN）（吡啶 －β －羧酸、尼克酸）。来源于动物（例如，哺乳动物及某种鱼的肝、肾、新鲜肉）及植物（酒酵母、谷物胚芽及果皮等），通过合成而得。为无色晶体，可溶于醇和脂肪；对热及氧化相当稳定。

（二）烟酸钠。

（三）烟酸钙。

（四）烟酰胺（INN）（烟酸酰胺、尼克酰胺）。来源、性质及用途同烟酸，通过合成而得。溶于水，对热稳定。

（五）盐酸烟酰胺。

（六）烟酰吗啉。

不归入本品目的产品

本品目不包括：

（一）虽有时名为维生素，但没有维生素活性或其维生素活性与其他用途相比处于次要地位的下列产品：

1. 内消旋肌醇、肌醇、i－肌醇（品目29.06），用于治疗肠胃病及肝病（尤其是其六磷酸钙或六磷酸镁）。

2. 维生素H_1：对氨基苯甲酸（品目29.22），是生长素，可诱导及中和某些磺胺药的抗抑菌作用。

3. 胆碱（品目29.23），它能稳定脂肪的代谢作用。

4. 维生素B_4：腺嘌呤或6－氨基嘌呤（品目29.33），用于服药后的出血性事故及肿瘤治疗。

5. 维生素C_2或P：柯檬素、橙皮苷、芸香苷、七叶灵（品目29.38），用作抗出血因素及提高毛细血管阻力。

6. 维生素F：亚油酸（α－及β－）、亚麻酸、花生四烯酸（品目38.23），用于治疗皮炎及肝病。

（二）维生素合成代用品：

1. 维生素K_3：甲萘醌或2－甲基－1，4－萘醌；2－甲基－1，4－萘醌二亚硫酸衍生物的钠盐（品目29.14）；二氢萘醌或1，4－二羟基－2－甲基萘（品目29.07）。

2. 维生素K_6：1，4－二氨基－2－甲基萘（品目29.21）。

3. 维生素K_5：4－氨基－2－甲基－1－萘酚盐酸盐（品目29.22）。

4. 半胱氨酸，一种维生素B的代用品（品目29.30）。

5. 结核萘醌：2－羟基－3－甲基－1，4－萘醌，一种维生素K的代用品（品目29.41）。

（三）甾醇，但麦角甾醇除外：胆甾醇、谷甾醇、豆甾醇及制维生素D_2过程中获得的甾醇（速甾醇、光甾醇、毒甾醇、超甾醇）（品目29.06）。

（四）品目30.03或品目30.04的药品。

（五）叶黄素、天然胡萝卜素（品目32.03）。

（六）维生素A原（α－，β－及γ－胡萝卜素及隐黄质），用作色料（品目32.03或品目32.04）。

○

○　○

子目注释：

子目2936.90

本子目主要包括两种或多种维生素衍生物混合而成的混合物。因此，例如，通过化学合成制得，即通过D－泛内酯、3－氨基丙醇及3－乙氧基丙胺按一定比例发生反应制得的D－泛醇乙醚与D－泛醇的混合物，应作为“其他”归入子目2936.90，而不作为未混合的D或DL－泛酸衍生物进行归类（子目2936.24）。

29.37　天然或合成再制的激素、前列腺素、血栓烷、血细胞三烯及其衍生物和结构类似物，包括主要用作激素的改性链多肽（＋）：

	—	多肽激素、蛋白激素、糖蛋白激素及其衍生物和结构类似物：
11	——	生长激素及其衍生物及结构类似物
12	——	胰岛素及其盐
19	——	其他
	—	甾族激素及其衍生物及结构类似物：
21	——	可的松、氢化可的松、脱氢可的松及脱氢皮质醇
22	——	皮质甾类激素的卤化衍生物
23	——	雌激素及孕激素

29　——　**其他**
50　—　**前列腺素、血栓烷和白细胞三烯及其衍生物和结构类似物**
90　—　**其他**

本品目包括：

一、天然激素，一种从人及动物活体组织中产生的活性物质，极少量激素能够通过直接作用于特定器官以抑制或激发它们的功能，或者控制第二、第三激素系统的合成或分泌。激素一个最基本的定义特征，就是它连接一个能激活反应的立体定向分子受体。这些物质通常是由内分泌腺在交感神经或副交感神经系统控制下分泌的。激素在体内由血液、淋巴液或其他液体输送。激素也可产生于内分泌腺及外分泌腺体或各种细胞组织。激素在血液中的输送并不是激素反应的必备条件。在激素释放到间质性液体与附近细胞受体结合（旁分泌控制）或与释放激素的细胞受体结合后（自分泌控制），就能产生激素反应。

二、天然前列腺素、血栓烷及白细胞三烯，由体内分泌的化合物，与局部作用激素的反应相似。前列腺素是一种激素或类激素物质，它们由组织合成，通过与特定细胞受体结合在组织（或在局部细胞环境）中起作用，是许多组织的重要细胞活性调节剂。这三种相关的化学物质（花生四烯酸的衍生物）据报道具有"类激素作用"。

三、经合成（包括生物工艺）法再制的天然激素、前列腺素、血栓烷及白细胞三烯，即与天然物质化学结构完全相同的上述物质。

四、天然激素或合成再制激素、前列腺素、血栓烷及白细胞三烯的衍生物，例如，它们的盐、卤化衍生物、环缩醛、酯及酯盐等，包括混合的衍生物（例如，卤化衍生物的酯），只要这些衍生物主要用作激素。

五、激素、前列腺素、血栓烷及白细胞三烯的类似物。所称"类似物"是指虽具有与母体化合物相近结构关系，但又不能作为衍生物的化学品。类似物包括虽与天然化合物具有相似结构，但结构中的一个或多个原子被其他原子所取代的化合物。

（一）多肽激素的类似物是由天然多肽链的某氨基酸被增加、分离、取代或改变而得到的。甲硫氨酰基人类生长激素（INN），一种名为"生长素"的生长激素的类似物，是在天然生长素分子中增加一个末端氨基酸产生的。鸟氨酸加压素（INN），一种天然精氨酸加压素（INN）及赖氨酸加压素（INN）的类似物，是由天然精氨酸加压素（INN）或赖氨酸加压素（INN）分子中内氨基酸被取代所产生的。合成促性腺激素释放素、布舍瑞林（INN）、萘弗瑞林（INN）、夫替瑞林（INN）、亮丙瑞林（INN）及黄体瑞林（INN）是促性腺激素释放因子（INN）的类似物，通过改变及取代天然促性腺激素释放因子多肽链上的某些氨基酸而产生。吉拉克肽（INN）是一种促肾上腺皮质激素（INN）的类似物，除第一个氨基酸被取代外，具有与天然促肾上腺皮质激素相同的十八氨基酸结构。重组的甲二磺硫人类瘦素（metreleptin）（INN），为瘦素的类似物，即重组的甲硫氨酰衍生物人类瘦素。肌丙增压素（INN）与血管紧缩素 II 的分子相比，有三个不同的氨基酸，尽管具有与血管紧缩素 II（前者为降压剂，后者为增压剂）相反的功效，仍应视为血管紧缩素 II 的结构类似物。

（二）类固醇激素的类似物必须有甾烷结构，这种结构可以通过环的收缩、扩展或环上原子被其他原子（杂原子）取代而改变。多泼尼酯（INN）及氧甲氢龙（INN）是这种类似物的两个代表性例子。保持上述甾烷基本结构的类似物及衍生物族包含许多作为激素抑制剂及对抗剂（抗激素剂）的物质。例如，去乙酰环丙氯地孕酮（INN），一种抗雄激素；达那唑（INN），一种抗促性腺激素；环氧司担（INN），可抑制黄体酮的产生。

（三）前列腺素、血栓烷及白细胞三烯的类似物可由链上的原子被替换而形成，或者成环或开环而形成。替舒前列素（INN），一种前列腺素的类似物，氧原子及碳原子被氮原子及硫原子所取代，并形成一个环。

六、激素、激素衍生物或具有激素作用的甾族化合物的天然混合物（例如，皮质甾类激素或共轭雌激素的天然混合物），但不包括人工制成的混合物或制品（通常归入品目30.03或30.04）。

本品目也包括激素释放素（激素刺激素）、激素抑制素及激素对抗剂（抗激素）（参见本章注释八）。本品目还包括激素的衍生物及结构类似物，但它们应以天然激素或合成再制的激素为基本成分，并具有与激素相似的作用机理。

现根据化学结构将归入本品目的产品表列如下（本表所列产品并不详尽）：

*

*　*

归入品目29.37的产品表*

一、多肽激素、蛋白激素和糖蛋白激素以及它们的衍生物和结构类似物：

本部分主要包括：

（一）生长激素及其衍生物和结构类似物。生长激素（GH或STH），水溶性蛋白质，能促进组织生长并参与调节蛋白质的新陈代谢，由脑下垂体前叶的生长细胞分泌。生长激素的分泌由释放素（生长激素释放素）和抑制素（生长激素抑制素）来调节。人类的生长激素（hGH）是几乎专门由DNA技术重组得到的一条含191个氨基酸的多肽链。本部分也包括衍生物及结构类似物，例如，甲硫氨酰基人类生长激素（INN）、乙酰基人类生长激素、脱酰胺基人类生长激素及猪诺生长素（INN），以及生长激素受体阻断剂，例如，培维索孟（INN）。

（二）胰岛素及其盐。胰岛素是含有51个氨基酸基团的多肽，由众多动物的胰腺的胰岛产生。人类胰岛素可由胰腺提取得到，也可由牛或猪的胰岛素改良后得到，或用细菌、酵母等的生物方法制成重组的人胰岛素。胰岛素可促使细胞吸收葡萄糖及其他营养物质，也可使这些物质转化为糖原及脂肪储存起来。纯的胰岛素是白色的、不吸潮的无定形粉末或光亮的晶体，溶于水。它临床应用于治疗糖尿病。胰岛素的盐包括盐酸胰岛素。

（三）促皮质素（INN）[ACTH（促肾上腺皮质激素）]，一种多肽，可溶于水，可促进肾上腺甾族化合物的增生。吉拉克肽（INN）是它的一种类似物。

（四）催乳激素（LTH，半乳多糖激素、促黄体激素、促乳泌素），一种能结晶的多肽，刺激乳的分泌并影响黄体的活力。

（五）促甲状腺激素（INN）（TSH），一种糖蛋白，能调节甲状腺体对血液的作用及碘的释放。它影响生长及分泌。

（六）促卵泡激素（FSH）。一种糖蛋白，溶于水，能促进性功能。

（七）促黄体（生成）激素[LH，ICSH（间质细胞刺激素），促黄体素]，一种糖蛋白，溶于水，通过刺激类固醇的分泌、排卵及间质细胞的发展来刺激性功能。

（八）绒膜促性腺激素（INN）[hCG（人体绒膜促性腺激素）]。在胎盘内形成；它是一种从孕妇小便中提取的糖蛋白。白色晶体，在水溶液中相对不稳定。刺激卵泡成熟。

（九）血清促性腺激素（INN）[（孕马血清促性腺激素）（eCG）]。这是一种产自孕马的胎盘及子宫内膜的刺激性腺的糖蛋白。其最初称作孕马血清促性腺激素。

（十）催产素（INN）（α-垂体胺）。一种多肽，溶于水，主要对子宫收缩及乳腺排乳起作用。本组也包括类似物卡贝缩宫素（INN）、去氨缩宫素（INN）等。

（十一）后叶加压素（INN）：精氨加压素（INN）和赖氨酸加压素及其衍生物和结构类似物。它是一种能提高血压并使肾脏滞留水分增加的多肽。本组也包括多肽的类似物，例如，特利加压素（INN）、去氨加压素（INN）等。

（十二）降血钙素（INN）（TCA）。一种降低血钙及磷含量的多肽。

---

* 凡被列入世界卫生组织出版的《国际药品非专利商标名称表》的名称，本表将其列出时都注明（INN）。INNM是《国际药品非专利商标名称表》修订本的缩写。

（十三）胰高血糖素（INN）［HGF（高血糖素）］。一种具有增高血液葡萄糖浓度功能的多肽。

（十四）促甲状腺素释放因子（TRF，TRH）。这种多肽刺激促甲状腺素的分泌。

（十五）促性腺激素释放因子（INN）（促性腺激素释放的激素，LRF，GnRH）。这种多肽促进脑下垂体中促卵泡及促黄体激素的分泌。本组也包括多肽的类似物，即布舍瑞林（INN）、戈舍瑞林（INN）、夫替瑞林（INN）、舍莫瑞林（INN）等。

（十六）生长激素释放抑制因子（INN）（SS，SRIH，SRIF）。这种多肽抑制生长激素及脑下垂体中 TSH 的释放并具有亲神经的作用。

（十七）心房促钠排泄激素（ANH，ANF），一种从心脏的心房分泌的多肽激素。当心脏的心房随血液量增加而扩张时，刺激 ANH 的分泌。ANH 依次增加盐及水的排泄并降低血压。

（十八）内皮素，一种遍及血管系统的内皮细胞分泌的多肽激素。尽管内皮素被释放进血液循环，但它仅以旁分泌方式局部起作用，收缩临近的血管平滑肌并增加血压。

（十九）抑制素及酪蛋白碘化物，在性腺组织中发现的激素。

（二十）瘦素，是由脂肪组织产生的一种多肽荷尔蒙，据信能作用于大脑中调节体重和脂肪沉积的感应区域。此外还包括重组的甲二磺硫人类瘦素（美曲普汀）（INN），是重组的甲硫氨酰衍生物瘦素，与瘦素的活性相似，被认为是瘦素的类似物。

二、甾族激素及其衍生物及结构类似物

（一）皮质甾类激素，存在于肾上腺皮质区，对人体的新陈代谢起非常重要的作用。它们也称为肾上腺皮质激素或肾上腺皮质类脂醇，并根据其生理作用通常可分为两类：（1）糖（肾上腺）皮质激素，其调节蛋白质及碳水化合物的新陈代谢；（2）盐皮质激素，它保持体内的钠及水，加速钾的排泄。盐皮质激素用于治疗肾病及阿狄森氏病。皮质甾类激素包括如下一些激素、衍生物及结构类似物：

1. 可的松（INN）。一种调节蛋白质及碳水化合物新陈代谢的糖（肾上腺）皮质激素，并具有局部消炎作用。

2. 氢化可的松（INN）。一种与可的松具有相似作用的糖（肾上腺）皮质激素。

3. 强的松（INN）（脱氢可的松）。糖（肾上腺）皮质激素。一种可的松的衍生物。

4. 脱氢皮质醇（INN）（脱氢氢化可的松）。糖（肾上腺）皮质激素。一种氢化可的松的衍生物。

5. 醛甾酮（INN）。一种盐皮质激素。

6. 氧可的松（INN）。

一些衍生物被改良，抑制其皮质激素作用以更利于其消炎功效，这也被认为是一种激素作用。主要包括可的松（INN）、氢化可的松（INN）、强的松（INN）、脱氢皮质醇（INN）的衍生物，它们作为消炎剂及抗风湿药剂使用。

（二）皮质甾类激素的卤化衍生物，属甾族化合物，通常甾烷环上 6 位或 9 位的氢原子被氯原子或氟原子取代［例如，地塞米松（INN）］，从而大大增强糖（肾上腺）皮质激素及类皮质激素的消炎作用，这些衍生物是从类皮质激素衍生而来的，能常作进一步改性，在市场上以酯、丙酮化合物的形式销售［例如，肤轻松（INN）］。

（三）雌（甾）激素及孕激素。这是由雌性及雄性性器官分泌的两种主要性激素，它们也可由合成制得，这些激素也称为黄体助剂及助孕剂。

雌（甾）激素是雌性性激素，产生于卵巢、睾丸、肾上腺、胎盘及其他能产生甾类化合物的组织。它们的特性是具有能造成雌性哺乳动物产生动情的能力，雌（甾）激素主宰雌性性特征的发育，用于更年期的治疗及避孕药的制备。它们包括如下雌（甾）激素及其衍生物和其类似物：

1. 雌（甾）酮（INN）：一种人体中的主要雌（甾）激素。

2. 雌（甾）二醇（INN）：一种重要的天然雌（甾）激素。

3. 雌（甾）三醇（INN）：一种天然雌（甾）激素。

4. 乙炔基雌（甾）二醇（INN）：一种重要的合成雌（甾）激素，它口服有效，被用作级合口服避孕药的主要雌激素组分。

5. 乙炔基雌（甾）二醇醚（INN）：乙炔基雌（甾）二醇的醚类衍生物，用作口服避孕药。

孕激素是一类因具有促孕作用而得名的甾族化合物，它对怀孕的由始到末都是十分重要的。这些雌性性激素能使子宫做好怀孕的准备，并维持子宫怀孕。因为它们抑制排卵，许多孕（甾）酮用作避孕药的成分。它们包括：

1. 黄体酮（INN）：人体中主要的黄体制剂，是雌（甾）激素、雄激素、皮质甾类激素生物合成过程的一种中间产物。由排卵后的黄体产生，存在于肾上腺、胎盘及睾丸中。

2. 孕（甾）二醇（INN）：天然产生的黄体制剂，生物活性远弱于黄体酮。

（四）其他甾类激素。

雄性激素是以上未述及的一类主要的性激素，主要由睾丸产生，卵巢、肾上腺及胎盘等也能产生，但比睾丸少。它主宰着男性性特征的发育，雄性激素影响新陈代谢，起着组成代谢的作用。睾（甾）酮（INN）是最重要的雄性激素之一。

本部分也包括合成的用于抑制或阻碍激素作用的甾类化合物，例如，抗雌激素、抗雄激素及抗孕激素。甾类的抗孕激素可作为孕激素的逆向药物用于治疗某些疾病。例如，奥拉泼力斯酮（onapristone）（INN）及艾格拉泼力斯酮（aglepristone）（INN）。

现将国际贸易中最重要的上述甾族化合物列于下表。产品按其简称的英文字母次序排列，并说明其主要的激素作用。对于同时有几个名称的，则采用世界卫生组织出版的《国际药品非专利商标名称表》（INN）或《国际药品非专利商标名称表修订本》（INNM）内所刊用的名称。表中化学名称则按国际理论和应用化学联合会于1957年公布的《甾族化合物命名规则》的规定列出。

*

*　*

主要用作激素的甾族化合物

简　　称（化学名称）	主要激素作用
肾上腺雄甾酮（Adrenosterone）	雄性激素
（雄甾-4-烯-3，11，17-三酮）	
醛甾酮（Aldosterone）（INN）	皮质甾类
（11β，21-二羟基-3，20-二氧代孕甾-4-烯-18-醛）	
烯丙基雌烯三醇（Allylestrenol）（INN）	孕激素
（17α-烯丙雌甾-4-烯-17β-醇）	
（无简称）	雄性激素中间体
（5α-雄甾烷-3，17-二酮）	
雄甾烷醇酮（Androstanolone）（INN）	雄性激素
（17β-羟基-5α-雄甾烷-3-酮）	
雄甾烯二醇（Androstenediols）	合成代谢中间体
（雄甾-5-烯-3β，17β-二醇）	
（雄甾-5-烯-3β，17α-二醇）	
（无简称）	
（雄甾-4-烯-3，17-二酮）	雄性激素中间体
雄甾酮（Androsterone）	雄性激素
（3α-羟基-5α-雄甾烷-17-酮）	
β米松（Betamethasone）（INN）	皮质甾类
（9α-氟-11β，17α，21-三羟基-16β-甲基孕甾-1，4-二烯-3，20-二酮）	

简　　称（化学名称）	主要激素作用
17α，17－二甲睾酮（Bolasterone）（INN） （17β－羟基－7α，17α－二甲基雄甾－4－烯－3－酮）	合成代谢激素
氯地孕酮（Chlormadinone）（INN） （6－氯－17α－羟基孕甾－4，6－二烯－3，20－二酮）	孕激素
氯泼尼松（氯代去氢可的松）（Chloroprednisone）（INN） （6α－氯－17α，21－二羟孕甾－1，4－二烯－3，11，20－三酮）	皮质甾类
氯氟吐龙（Clocortolone）（INN） （9α－氯－6α－氟－11β，21－二羟基－16α－甲基孕甾－1，4－二烯－3，20－二酮）	皮质甾类
氯睾酮（Clostebol）（INN） （4－氯－17β－羟基雄甾－4－烯－3－酮）	合成代谢激素
皮质甾酮（Corticosterone） （11β，21－二羟基孕－4－烯－3，20－二酮）	皮质甾类
皮质（甾）醇（Cortisol）——**参见氢化可的松**（Hydro－cortisone）	
可的松（Cortisone）（INN） （17α，21－二羟孕－4－烯－3，11，20－三酮）	皮质甾类
11－**脱氢皮质甾酮**（11－Dehydrocorticosterone） （21－羟孕－4－烯－3，11，20－三酮）	皮质甾类
脱氧皮质（甾）酮（Desoxycortone）（INN） （21－羟孕－4－烯－3，20－二酮）	皮质甾类
地塞米松（Dexamethasone）（INN） （9α－氟－11β，17α，21－三羟基－16α－甲孕－1，4－二烯－3，20－二酮）	皮质甾类
二氢雄甾酮（Dihydroandrosterone） （5α－雄甾烷－3α，17β－二醇）	雄性激素中间体
6－**去氢逆孕酮**（Dydrogesterone）（INN） （9β，10α－孕－4，6－二烯－3，20－二酮）	孕激素
马萘雌酮（Equilenin） [3－羟基雌－1，3，5（10），6，8－五烯－17－酮]	雌激素
马烯雌酮（Equilin） [3－羟基雌－1，3，5（10），7－四烯－17－酮]	雌激素
雌二醇（Estradiol）（INN） [雌－1，3，5（10）－三烯－3，17β－二醇]	雌激素
雌三醇（Estriol）（INNM） [雌－1，3，5（10）－三烯－3，16α，17β－三醇]	雌激素
雌酮（Estrone）（INN） [3－羟基雌－1，3，5（10）－三烯－17－酮]	雌激素
乙炔基雌二醇（Ethinylestradiol）（INN） [17α－乙炔雌－1，3，5（10）－三烯－3，17β－二醇]	雌激素
乙炔睾酮（Ethisterone）（INN） （17α－乙炔基－17β－羟雄甾－4－烯－3－酮）	孕激素
乙基雌烯三醇（Ethylestrenol）（INN） （17α－乙基雌－4－烯－17β－醇）	合成代谢激素
炔诺醇（Etynodiol）（INN） （17α－乙炔基雌甾－4－烯－3β，17β－二醇）	孕激素

简　　称（化学名称）	主要激素作用
氟氢可的松（Fludrocortisone）（INN） （9α－氟－11β，17α，21－三羟孕甾－4－烯－3，20－二酮）	皮质甾类
二氟美松（Flumetasone）（INN） （6α，9α－二氟－11β，17α，21－三羟－16α－甲基孕甾－1，4－二烯－3，20－二酮）	皮质甾类
肤轻松（Fluocinolone）（INNM） （6α，9α－二氟－11β，16α，17α，21－四羟孕甾－1，4－二烯－3，20－二酮）	皮质甾类
氟考龙（Fluocortolone）（INN） （6α－氟－11β，21－二羟基－16α－甲基孕甾－1，4－二烯－3，20－二酮）	皮质甾类
氟甲松龙（Fluorometholone）（INN） （9α－氟－11β，17α－二羟基－6α－甲基孕甾－1，4－二烯－3，20－二酮）	皮质甾类
9α－氟脱氢皮质甾醇（9α－Fluoroprednisolone） （9α－氟－11β，17α，21－三羟孕甾－1，4－二烯－3，20－二酮）	皮质甾类
氟羟甲基睾丸素（Fluoxymesterone）（INN） （9α－氟－11β，17β－二羟－17α－雄甾－4－烯－3－酮）	雄性激素
乙酸氟甲叉龙（Fluprednidene）（INN） （9α－氟－11β，17α，21－三羟基－16－亚甲基孕甾－1，4－二烯－3，20－二酮）	皮质甾类
氟强的松龙（Fluprednisolone）（INN） （6α－氟－11β，17α，21－三羟基孕甾－1，4－二烯－3，20－二酮）	皮质甾类
丙酮缩氟氢羟龙（Flurandrenolone） （6α－氟－11β，16α，17α，21－四羟基孕甾－4－烯－3，20－二酮）	皮质甾类
氟甲酰龙（Formocortal）（INN） [3－（2－氯乙氧基）－9α－氟－6－甲酰基－11β，21－二羟基－16α，17α－异亚丙基二氧孕甾－3，5－二烯－20－酮－21－乙酸酯]	皮质甾类
己酸孕诺酮（Gestonorone）（INNM） （17β－乙基－17α－羟雌－4－烯－3，20－二酮）	孕激素
氢化可的松（Hydrocortisone）（INN） （11β，17α，21－三羟基孕甾－4－烯－3，20－二酮）	皮质甾类
羟孕酮（Hydroxyprogesterone）（INN） （17α－羟孕甾－4－烯－3，20－二酮）	孕激素
炔雌烯醇（Lynestrenol）（INN） （17α－乙炔基雌甾－4－烯－17β－醇）	孕激素
6α－甲－17－羟孕酮（Medroxyprogesterone）（INN） （17α－羟基－6α－甲基孕甾－4－烯－3，20－二酮）	孕激素
甲地孕酮（Megestrol）（INN） （17α－羟基－6－甲基孕甾－4，6－二烯－3，20－二酮）	孕激素
17－甲氢睾酮（Mestanolone）（INN） （17β－羟基－17α－甲基－5α－雄甾－3－酮）	合成代谢激素
1－甲氢睾酮（Mesterolone）（INN） （17β－羟基－1α－甲基－5α－雄甾－3－酮）	雄性激素
炔雌醇甲醚（Mestranol）（INN） [17α－乙炔基－3－甲氧基雌甾－1，3，5（10）－三烯－17β－醇]	雌激素
去氢甲睾酮（Metandienone）（INN） （17β－羟基－17α－甲基雌甾－1，4－二烯－3－酮）	合成代谢激素

简　　称（化学名称）	主要激素作用
甲基异睾酮（Metenolone）（INN） （17β - 羟基 - 1 - 甲基 - 5α - 雄甾 - 1 - 烯 - 3 - 酮）	合成代谢激素
甲雄烯二醇（Methandriol） （17α - 甲基雄甾 - 5 - 烯 - 3β，17β - 二醇）	合成代谢激素
2 - 甲基氢化可的松（2 - Methylhydrocortisone） （11β，17α，21 - 三羟基 - 2β - 甲基孕甾 - 4 - 烯 - 3，20 - 二酮）	皮质甾类
6α - 甲基氢化可的松（6α - Methylhydrocortisone） （11β，17α，21 - 三羟基 - 6α - 甲基孕甾 - 4 - 烯 - 3，20 - 二酮）	皮质甾类
甲诺酮（Methylnortestosterone） （17β - 羟基 - 17α - 甲基雌甾 - 4 - 烯 - 3 - 酮）	孕激素
17α - 甲基雌二醇（17α - Methyloestradiol） ［17α - 甲基雌甾 - 1，3，5（10） - 三烯 - 3，17β - 二醇］	雌激素
甲基泼尼松龙（Methylprednisolone）（INN） （11β，17α，21 - 三羟基 - 6α - 甲基孕甾 - 1，4 - 二烯 - 3，20 - 二酮）	皮质甾类
甲基睾甾酮（Methyltestosterone）（INN） （17β - 羟基 - 17α - 甲基雄甾 - 4 - 烯 - 3 - 酮）	雄性激素
19 - 去甲睾酮（Nandrolone）（INN） （17β - 羟基雌甾 - 4 - 烯 - 3 - 酮）	合成代谢激素
诺生卓隆（Norethandrolone）（INN） （17α - 乙基 - 17β - 羟基雌甾 - 4 - 烯 - 3 - 酮）	合成代谢激素
诺塞甾酮（Norethisterone）（INN） （17α - 乙炔基 - 17β - 羟基雌甾 - 4 - 烯 - 3 - 酮）	孕激素
异炔诺酮（Noretynodrel）（INN） （17α - 乙炔基 - 17β - 羟基雌甾 - 5（10） - 烯 - 3 - 酮）	孕激素
18 - 甲炔诺酮（Norgestrel）（INN） （13β - 乙基 - 17α - 乙炔基 - 17β - 羟基甾 - 4 - 烯 - 3 - 酮）	孕激素
甲诺酮（Normethandrone）——参见**甲基降睾酮**（Methyl - nortestosterone）	
降睾酮（Nortestosterone）——参见 **19 - 去甲睾酮**（Nandrolone）	
羟诺酮（Oxabolone）（INNM） （4，17β - 二羟基雌甾 - 4 - 烯 - 3 - 酮）	合成代谢激素
羟甲睾酮（Oxymesterone）（INN） （4，17β - 二羟基 - 17α - 甲基雄甾 - 4 - 烯 - 3 - 酮）	合成代谢激素
羟次甲氢龙（Oxymetholone）（INN） （17β - 羟基 - 2 - 羟亚甲基 - 17α - 甲基 - 5α - 雄甾三酮）	合成代谢激素
对氟米松（Paramethasone）（INN） （6α - 氟 - 11β，17α，21 - 三羟基 - 16α - 甲基孕甾 - 1，4 - 二烯 - 3，20 - 二酮）	皮质甾类
去氢表雄酮（Prasterone）（INN） （3β - 羟基雄甾 - 5 - 烯 - 17 - 酮）	雄性激素
氢化泼尼松（脱氢皮质甾醇）（Prednisolone）（INN） （11β，17α，21 - 三羟基孕甾 - 1，4 - 二烯 - 3，20 - 二酮）	皮质甾类
泼尼松（脱氢可的松）（Prednisone）（INN） （17α，21 - 二羟孕甾 - 1，4 - 二烯 - 3，11，20 - 三酮）	皮质甾类

简　　称（化学名称）	主要激素作用
甲烯强的松龙（Prednylidene）（INN） （11β，17α，21－三羟基－16－亚甲孕甾－1，4－二烯－3，20－二酮）	皮质甾类
孕甾烯醇酮（Pregnenolone）（INN） （3β－羟基孕甾－5－烯－20－酮）	皮质甾类
黄体酮（孕甾酮）（Progesterone）（INN） （孕甾－4－烯－3，20－二酮）	孕激素
二氢睾酮（Stanolone）——参见**雄甾烷醇酮**（Androstanolone）	
睾甾酮（Testosterone）（INN） （17β－羟基雄甾－4－烯－3－酮）	雄性激素
硫甲睾酮（Tiomesterone）（INN） ［1α，7α－二（乙酰硫基）－17β－羟基－17α－甲基雄甾－4－烯－3－酮］	合成代谢激素
氟羟脱氢皮质醇（Triamcinoline）（INN） （9α－氟－11β，16α，17α，21－四羟基孕甾－1，4－二烯－3，20－二酮）	皮质甾类

三、前列腺素、血栓烷和白细胞三烯以及它们衍生物和结构类似物

这些均为花生四烯酸的衍生物。

（一）前列腺素

花生四烯酸最重要的衍生物为前列腺素，它是像激素般微量即可起效的内源性物质，含有前列腺酸的基本结构。前列腺能影响血液循环的调节、肾脏的功能及内分泌系统（例如，通过减少黄体孕酮的生成），也能促进平滑肌收缩或血管的舒张，抑制血小板的聚集并调节胃腺的分泌。这些物质包括下述前列腺素、衍生物及类似物：

1. 前列地平（前列腺素 E1）（INN）：一种从生物提取物中结晶产生的原前列腺素，作为血管舒张药使用，也有促进肾上腺皮质红细胞生成素释放及抑制血小板聚集的功能。

2. 阿法前列醇（INN）：一种合成的前列腺素类似物，用于治疗雌性马科动物的不育症。

3. 替舒前列素（INN）：一种前列腺素类似物，通过将前列腺素分子中一个氧原子及一个碳原子用一个氮原子及一个硫原子取代并闭环而得。一种合成的前列腺素及前列腺素受体激动剂。

本组物质也包括其他合成产品，例如，前列他林（前列烯）（INN）、地诺前列素（INN）等，它们都保留了天然产品的基本结构并具有相同的生理活性。

（二）血栓烷及白细胞三烯

血栓烷及白细胞三烯与前列腺素一样，也是在细胞中由花生四烯酸合成；虽然它们的功能与前列腺素类似，其结构也极相似，但却不含有前列腺酸的基本结构。血栓烷由前列腺素生物合成，能导致血小板聚集及动脉血管的收缩，而且也是多元不饱脂肪酸功能的重要调节剂。白细胞三烯由于其起源于白细胞及其共轭三烯结构而得名，是有效的支气管收缩药及对过敏反应很起作用。

1. 血栓烷 B_2：一种血管收缩药、支气管收缩药及血小板凝聚诱导剂。

2. 白细胞三烯 C_4：对肺部气体通过的有效作用比组胺或前列腺素高 100～1000 倍。

四、其他激素

本组包括结构不同于上述激素的其他激素。例如，褪黑激素，存在于松果腺中，可视为吲哚的一种衍生物。归入本品目的其他激素有：

（一）儿茶酚胺激素及其衍生物和结构类似物

这类激素包括存在于肾上腺髓质区的激素。

1. 肾上腺素（INN）｛（－）－3，4－二羟基－α－［（甲氨基）甲基］苯乙醇｝及消旋肾上腺素（INN）｛（±）－3，4－二羟基－α－［（甲氨基）甲基］苯乙醇｝，这两种激素结构与化学式 1－

（3，4－二羟苯基）－2－甲氨基乙醇相当。肾上腺素是一种浅棕色或近白色的结晶粉末，易受光影响；微溶于水及有机溶剂。可从马的肾上腺中提取，但大部分通过合成制得。它是一种高血压激素，刺激交感神经系统，增多血液中的血球数及糖分含量；也有较强的血管收缩作用。

2. 去甲肾上腺素（INN）（左旋去甲肾上腺素）（－）－降肾上腺素，（－）－2－氨基－1－（3，4－二羟苯基）乙醇]。为白色晶体，溶于水。其生理活性介于肾上腺素与麻黄素之间。

（二）氨基酸衍生物

1. 左旋甲状腺素（INNM）及 DL－甲状腺素｛3－［4－（4－羟基－3，5－二碘化苯氧基）－3，5－二碘代苯基］－丙胺酸或 3，5，3′，5′－四碘代甲状腺原氨酸｝。甲状腺素是从甲状腺体中提取或通过合成制得。它是一种芳香族氨基酸；为白色或浅黄色晶体，不溶于水或任何普通溶剂。它能加速基本代谢率及氧的消耗，作用于交感神经系统，控制蛋白质及脂肪的作用，补充生物体碘的不足；用于治疗甲状腺肿及矮呆病。L－异构体是其活性形式。其钠盐为白色粉末，微溶于水，具有类似活性。

2. 左旋三碘甲状腺原氨酸钠（INN）及 DL－3，5，3′－三碘代甲状腺原氨酸（INN）｛3－［4－（4－羟基－3－碘苯氧基）－3，5－二碘苯基］－丙胺酸｝。三碘代甲状腺原氨酸也从甲状腺体中提取；其生理活性大于甲状腺素。

不归入本品目的产品

本品目不包括：

（一）没有激素作用但具有类似激素结构的产品：

1. 雄甾－5－烯－3α，17α－二醇、雄甾－5－烯－3α，17β－二醇（品目 29.06）及其二乙酸酯（品目 29.15）。

2. 肾上腺酮（INN）（3′，4′－二羟基－2－甲氨基苯乙酮）（品目 29.22）。

3. 以下产品归入品目 29.22：

（1）2－氨基－1－（3，4－二羟苯基）丁－1－醇；

（2）异肾上腺素（INN）［2－氨基－1－（3，4－二羟苯基）丙－1－醇，3，4－二羟基去甲麻黄碱，高去甲肾上腺素］；

（3）去氧肾上腺素［1－（3，4－二羟苯基）－2－甲氨基乙烷，伊平宁］；

（4）3′，4′－二羟基－2－乙氨基苯乙酮（4－乙氨基乙酰基儿茶酚）；

（5）1－（3，4－二羟苯基）－2－甲氨基丙－1－醇（3，4－二羟基麻黄碱）；

（6）（±）－N－甲基肾上腺素［（±）－1－（3，4－二羟苯基）－2－二甲氨基乙醇，消旋 N－甲肾上腺素，（±）－N－甲基肾上腺素］。

（二）有激素作用但不具有类似激素结构的产品：

1. 双烯雌酚（INN）［3，4－双（对－羟苯基）己－2，4－二烯］（品目 29.07）。

2. 己雌酚（INN）［3，4－双（对－羟苯基）己烷］（品目 29.07）。

3. 二乙基己烯雌酚（INN）［反式－3，4－（4－羟苯基）己－3－烯］（品目 29.07），二乙基己烯雌酚二甲醚（品目 29.09），二乙基己烯雌酚二丙酯（品目 29.15）及二乙基己烯雌酚糖酸酯（品目 29.32）。

4. 氯米芬（抗雌激素）（品目 29.22）。

5. 他莫昔芬（抗雌激素）（品目 29.22）。

6. 氟他胺（抗雄激素）（品目 29.24）。

7. 内皮素阻抗剂，例如，选择性内皮素 A 受体阻抗剂（达卢生坦）（INN）（品目 29.33）、内皮素－A 受体抑制剂（阿曲生坦）（INN）（品目 29.34）和选择性内皮素受体 A 拮抗剂（西他生坦）（INN）（品目 29.35）。

（三）有激素作用的天然物质，但不是由人或动物分泌的：

1. 玉米烯酮，一种组成代谢剂（品目 29.32）。

2. 阿司利辛，一种促胰酶素（cholecistoquinine）的阻抗剂（品目 29.33）。

（四）下列产物有时被认为是激素，但并没有真正的激素活性：

1. 胱氨酸、半胱氨酸及其盐酸盐（品目 29.30）。

2. 蛋氨酸及其钙盐（品目 29.30）。

3. 神经传递素和神经调节素，例如，异孕烷醇酮（INN）（品目 29.14）、多巴胺（品目 29.22）、乙酰胆碱（品目 29.23）、血清素［5－羟色胺或 5－羟基－3－（ß－氨乙基）吲哚］（品目 29.33）、组织胺（品目 29.33）及其相关产品（例如，受体促进剂和阻抗剂）。

4. 白血病抑制因子（人体）生长因子安非勒明（emfilermin）（INN）（品目 29.33）和纤维原细胞角质化细胞生长因子瑞比弗明（repifermin）（INN）（品目 29.33）。

5. NMDA（N—甲基—D—天冬氨酸）受体阻抗剂，例如，拉尼西明（lanicemine）（INN）（品目 29.33）和 奈波替奈（nebostinel）（INN）（品目 29.24）。

6. 肝素（品目 30.01）。

7. 改性的免疫产品（品目 30.02）。

（五）天然或合成的植物生长调节剂（例如，植物激素），它们的归类如下：

1. 未经混合也未制成零售包装的，按其化学成分归类，例如：

（1）α－萘乙酸及其钠盐（品目 29.16）。

（2）2，4－二氯苯氧基乙酸（2，4－D）；2，4，5－涕（ISO）（2，4，5－三氯苯氧基乙酸）及 4－氯－2－甲基苯氧基乙酸（MCPA）（品目 29.18）。

（3）β－吲哚乙酸及其钠盐（品目 29.33）。

2. 制成零售形状或包装或配成制剂或制品的，归入品目 38.08。

（六）血栓烷和白细胞三烯化合物阻抗剂，应按照其结构进行归类（例如，塞曲司特（seratrodast）（INN）（品目 29.18）和白三烯受体阻抗剂（montelukast）（INN）（品目 29.33）））。

（七）肿瘤坏死因子阻抗剂，例如，阿奎司特（ataquimast）（INN）（品目 29.33）。

（八）品目 30.02 的免疫产品。

（九）归入品目 30.03 或 30.04 的药品，尤其是“阻滞胰岛素”（锌胰岛素、钾锌胰岛素、珠蛋白胰岛素、锌珠蛋白胰岛素、组蛋白胰岛素）。

○
○ ○

子目注释：

子目 2937.11 至 2937.19

这些子目包括含两个及两个以上氨基酸的肽类激素。

第十二分章　天然或合成再制的苷（配糖物）、生物碱及其盐、醚、酯和其他衍生物

总　注　释

在本分章中，所称“衍生物”是指可通过相关品目的初始化合物制得的化学化合物，这种化合物仍保留母体化合物的基本特征，包括其基本的化学结构。

29.38　天然或合成再制的苷（配糖物）及其盐、醚、酯和其他衍生物：

10　—　芸香苷（芦丁）及其衍生物

90　—　其他

苷类主要存在于植物界中，在酸、碱或酶的作用下，分裂为糖及非糖（糖苷配基）。这两部分通过糖的异头碳原子相互连接。因此，品目29.40的6-苯甲酰葡糖及金缕梅单宁不属苷类。

最常见的天然苷类是氧苷类，其分子中的糖及糖苷配基通常通过一个缩醛基相连接。另外，还有天然的氮苷类、硫苷类及碳苷类，其分子中的异头碳原子分别通过一个氮原子、一个硫原子或一个碳原子连接于糖苷配基上［例如，卡西定（一种氮苷）、黑芥子硫苷酸钾（一种硫苷）及葡糖基蒽酮（一种碳苷）］。有时候糖苷配基通过酯基连接于糖上。

苷通常为无色的固体化合物；它们构成植物机体内储备物或充当刺激剂。很多可作治疗之用。

一、芸香糖苷（芸香苷），存在于多种植物中，特别是存在于荞麦植物中，其含量约3%（干量）。

二、毛地黄苷，存在于毛地黄属植物中（例如，希腊毛地黄、紫毛地黄）。某些在医药上作为重要的强心剂。本组包括：毛地黄毒苷，为白色结晶粉末，无味，剧毒；地高辛（异羟基洋地黄毒苷）；毛地黄皂苷，为毛地黄类的皂草苷，用作化学试剂。

三、甘草甜及甘草酸盐，存在于甘草根中；为无色晶体。甘草酸铵为红棕色块，用于制饮料。甘草酸盐用于医药上。

四、毒毛旋花苷，这类苷存在于夹竹桃科植物毒毛旋花属的多种植物中，是极为有效的强心药。已知的有几种，其中有乌本苷或毒毛旋花苷G，为无色晶体；剧毒。

五、皂草苷，为无定形苷，植物界中含量相当丰富；具有催嚏性质。其水溶液摇动时会产生泡沫。用于医药，也用于制清洁剂及泡沫灭火剂。

六、芦荟素，存在于各种芦荟树的树叶中。

七、扁桃苷，存在于苦杏仁及各种果核中，用作祛痰剂。

八、浆果苷，存在于浆果莓属植物的叶中，用作利尿剂。

九、黑芥子素，存在于黑芥子及辣根中，用于医药上。

本品目包括某些天然或合成再制的单宁酸衍生物。

本品目也包括各种苷及其衍生物的天然混合物（例如，含有紫花苷A和B、毛地黄毒苷、芰毒素、芰它毒等的毛地黄苷天然混合物）；但人工制成的混合物或制剂不归入本品目。

本品目还不包括：

（一）核苷及核苷酸（品目29.34）。

（二）生物碱（例如，番茄苷）（品目29.39）。

（三）其配糖键是一个通过醚化作用在异头碳原子上形成乙缩醛基的非天然苷（品目29.37或29.39的产品除外）［三苄葡苷（INN）］（品目29.40）。

（四）抗菌素（例如，丰加霉素）（品目29.41）。

29.39 天然或合成再制的生物碱及其盐、醚、酯和其他衍生物：

— 鸦片碱及其衍生物以及它们的盐：

11 —— 罂粟秆浓缩物、丁丙诺啡（INN）、可待因、双氢可待因（INN）、乙基吗啡、埃托啡（INN）、海洛因、氢可酮（INN）、氢吗啡酮（INN）、吗啡、尼可吗啡（INN）、羟考酮（INN）、羟吗啡酮（INN）、福尔可定（INN）、醋氢可酮（INN）及蒂巴因，以及它们的盐

19 —— 其他

20 — 金鸡纳生物碱及其衍生物以及它们的盐

30 — 咖啡因及其盐

— 麻黄生物碱及其衍生物，以及它们的盐：

41 —— 麻黄碱及其盐
42 —— 假麻黄碱（INN）及其盐
43 —— d-去甲假麻黄碱（INN）及其盐
44 —— 去甲麻黄碱及其盐
45 —— 左甲苯丙胺、去氧麻黄碱（INN）、去氧麻黄碱外消旋体以及它们的盐
49 —— 其他
— 茶碱和氨茶碱及其衍生物以及它们的盐：
51 —— 芬乙茶碱（INN）及其盐
59 —— 其他
— 麦角生物碱及其衍生物以及它们的盐：
61 —— 麦角新碱（INN）及其盐
62 —— 麦角胺（INN）及其盐
63 —— 麦角酸及其盐
69 —— 其他
— 其他，植物来源的：
72 —— 可卡因、芽子碱，它们的盐、酯及其他衍生物
79 —— 其他
80 — 其他

这些碱是复杂的有机碱；具有很强的生理作用，其中有些通过合成制得。它们具有不同程度的毒性。

本品目包括未经混合的生物碱及生物碱的天然混合物（例如，藜芦碱及鸦片所有生物碱）；但不包括人工制成的混合物或制剂。本品目也不包括植物液汁的提取物，例如，鸦片膏（品目13.02）。

本品目包括氢化、脱氢、氧化及脱氧的生物碱衍生物，一般也包括其结构与衍生前的天然生物碱基本相同的任何生物碱衍生物。

一、鸦片碱及其衍生物以及它们的盐

（一）吗啡、存在于鸦片内；为无色晶体，一种强力麻醉剂，剧毒。

（二）二氢吗啡、脱氧吗啡（INN）（二氢脱氧吗啡）、氢化吗啡酮（INN）（二氢吗啡酮）及甲基二氢吗啡酮（INN）（5-甲基二氢吗啡酮）。

（三）二乙酰吗啡（海洛因），为白色结晶粉末；代替可待因及吗啡作镇静剂。

（四）乙基吗啡，为白色结晶粉末，无气味；内服作催眠药及止痛药，外用作局部麻醉剂。

（五）可待因（甲基吗啡、吗啡单甲基醚）。与吗啡一同存在于鸦片内。为结晶体；代替吗啡用作镇静剂。

（六）二氢可待因（INN）、二氢可待因酮（INN）、羟氢可待酮（INN）（二氢羟可待因酮）。

（七）那碎因。鸦片中的次要生物碱；为结晶体，一种催眠药及止痛药。

（八）那可汀（INN），鸦片中的次要生物碱；为结晶体，功效比吗啡差，毒性微弱。

（九）可它宁及氢化可它宁，从那可汀衍生而来。

（十）罂粟碱，鸦片中的次要生物碱；为结晶体；具有麻醉和镇静作用，但不及吗啡强。

（十一）盐酸乙基罂粟碱（INNM）[1-（3，4-二羟苯基）-6，7-二乙氧基异喹啉盐酸盐]。

（十二）蒂巴因，鸦片中的次要生物碱，为无色结晶体；有毒。

（十三）罂粟秆浓缩物，通过萃取罂粟属植物部分，然后纯化制得的一种天然生物碱混合物，按重量计生物碱的含量不低于50%。

鸦片碱的衍生物只要仍保留环氧－桥接吗啡结构，不论其是否氢化，均应归入本品目。

二、金鸡纳生物碱及其衍生物以及它们的盐

（一）奎宁，存在于金鸡纳属植物的树皮中，特别是棕金鸡纳树、黄金鸡纳树及红金鸡纳树的树皮中。为白色结晶粉末。奎宁及其盐对血液中原生动物门的原生质具有麻痹作用，因此被用作退热药及抗疟药。

（二）奎尼丁，存在于金鸡纳属植物的树皮中。为结晶体；可从硫酸奎宁的母液中提得。

（三）辛可宁，在金鸡纳树皮所含的各种生物碱中，重要性仅次于奎宁而居第二位；为结晶体。

（四）辛可尼丁，存在于金鸡纳树皮中，为结晶体。

（五）单宁酸奎宁。

三、咖啡碱及其盐

咖啡碱，由咖啡豆、茶叶、柯拉子中提取；或合成而得，为丝状晶体；用于医药。

四、麻黄生物碱及其衍生物以及它们的盐

麻黄生物碱包括存在于麻黄属植物的，也包括人工合成的。

（一）麻黄碱，存在于麻黄中，也可合成而得；为无色结晶体，用于医药。

（二）伪麻黄碱（INN）。

（三）去甲伪麻黄碱（INN）。

（四）去甲麻黄碱。

（五）甲基麻黄碱。

（六）甲基伪麻黄碱。

（七）麻黄生物碱衍生物，例如，左甲苯丙胺、甲基苯丙胺（INN）、甲基苯丙胺外消旋体、乙基麻黄碱（INN）。

五、茶碱、氨茶碱（茶碱乙二胺）及其衍生物以及它们的盐

茶碱，存在于茶叶中，但也可合成而得，为结晶体，常用作利尿剂。氨茶碱（茶碱乙二胺）与茶碱同。

六、麦角生物碱及其衍生物以及它们的盐

（一）麦角新碱（INN）{9，10－二脱氢－N－［（S）－2－羟基－1－甲基乙基］－6－甲基麦角灵－8β－羧酸酰胺}（麦角诺文），呈四面体或细针状体，用作催产药和生产麦卤酰二乙胺（INN）的前体（参见第二十九章末的前体表）。它的一种重要衍生物是马来酸麦角新碱，也称作马来酸麦角诺文。

（二）麦角胺（INN）［12′－羟基－2′－甲基－5′α－（苯基甲基）麦角烷－3′，6′，18－三酮］。用作血管收缩剂和生产麦卤酰二乙胺（INN）的前体（参见第二十九章末的前体表）。它的主要衍生物包括琥珀酸麦角胺及酒石酸麦角胺。

（三）麦角酸（9，10－二脱氢－6－甲基麦角灵－8－羧酸），通过麦角生物碱的碱解制得，也可用麦角菌制得。其晶体为六方形片状或鳞片状。用作幻觉药及生产麦卤酰二胺（INN）的前体（参见第二十九章末的前体表）。

（四）其他麦角生物碱，例如，麦角僧、麦角日亭、麦角隐亭、麦角考宁及甲基麦角新碱。

七、烟碱（尼古丁）及其盐

烟碱，存在于烟草叶中的生物碱；但也可合成而得。为无色液体，暴露在空气中逐渐变成棕色；具有特殊的刺鼻气味。一种强碱，有毒，可形成结晶盐；可用作植物的杀菌剂及杀虫剂。

八、其他植物来源的生物碱及其衍生物以及它们的盐

（一）槟榔碱，存在于槟榔子中的生物碱。

（二）乌头碱，是已知的最剧烈的毒物之一；从干欧乌头根中提取而得。在医药上作强力镇静剂。

（三）毒扁豆碱，存在于卡拉巴豆中；为无色晶体，暴露在空气中会变成黄红色；用于医药。

（四）毛果芸香碱，毛果芸香树中的主要生物碱，为无色块状，暴露于空气中时会变成棕色。毛果芸香碱及其盐用于医药（用于催汗），也用于眼科；还用于制生发水。

（五）金雀花碱（鹰爪豆碱），存在于金雀花属植物中的生物碱，为无色液体。金雀花碱硫酸盐用作强心剂。

（六）阿托品，主要从曼陀罗植物中提取，也可通过合成制得；为结晶体，剧毒，可使瞳孔放大。

（七）后马托品，为无色晶体；其化学及生理作用与阿托品相同。

（八）天仙子胺，存在于颠茄及天仙子属多种植物中的主要生物碱，为无色晶体；极毒。其盐（例如，天仙子胺硫酸盐及天仙子胺氢溴酸盐）用于医药上。

（九）莨菪胺（天仙子碱），存在于曼陀罗属的多种植物中；为无色糖浆状液体或无色晶体。其盐（例如，莨菪胺氢溴酸盐及莨菪胺硫酸盐）为结晶体；用于医药上。

（十）秋水仙碱（秋水仙素），存在于秋水仙植物中，为胶水块、黄色粉末、结晶体或粉片；用于医药上；剧毒。

（十一）藜芦碱，从沙巴草籽中提取的一种天然混合生物碱；为无定形白色粉末；具有吸湿性，刺激性和高度催嚏性；有毒；用于医药上。

（十二）瑟瓦定，相当于结晶藜芦碱。

（十三）可卡因，为结晶体；从几种古柯叶特别是玻利维亚古柯叶中提取而得；可通过合成制得。商品粗可卡因都是不纯的，约含 80% ～94% 的可卡因；即使如此也均归入本品目。可卡因的水溶液可起碱性反应；可形成多种盐；是一种强麻醉剂。

（十四）吐根碱（依米丁），存在于吐根的根部中。为无定形白色粉末，见光后会变成黄色；用作祛痰剂及催吐剂；其盐用于治疗阿米巴痢疾。

（十五）马钱子碱，从马钱子属的多种植物（马钱子、圣伊格拉提斯豆）中提取。为丝状晶体；是一种剧毒品。可形成结晶盐，用于医药上。

（十六）可可碱，从可可中提取，也可通过合成而得。为白色结晶粉末，在医药上作利尿剂及强心剂。

（十七）胡椒碱，从胡椒中提取，为结晶体。

（十八）毒芹碱，存在于毒芹属植物中，也可合成而得。为无色油状液体，具有刺激气味；剧毒；用于医药上。

（十九）箭毒碱，从箭毒中提取；用于医药上。

（二十）紫菜碱（生物碱）。

（二十一）番茄碱。

（二十二）生物碱单宁酸盐（白屈菜碱单宁酸盐、秋水仙碱单宁酸盐、石榴碱单宁酸盐等）。

（二十三）白毛茛碱。

（二十四）白毛茛分碱。

（二十五）氢化白毛茛分碱。

（二十六）氧化白毛茛分碱。

（二十七）托品（托烷-3-醇）。

（二十八）托品酮（颠茄酮）。

（二十九）吐根酚碱。

九、其他非植物来源的生物碱

非植物来源的生物碱来自某些种类的真菌（例如，裸盖菇碱来自裸盖菇属的真菌）即动物（例如，蟾毒色胺来自于某些蟾蜍的皮肤）。许多海洋有机物中也含有生物碱。

（一）来自真菌的生物碱：纯绿青霉素*（青霉菌 *Penicillium viridicatum*）；鲁古罗瓦辛 A（青霉菌

生物碱）；葚孢菌素（一种能导致动物面部湿疹的毒素）；细胞松弛素 b；杀鱼菌素 B4（吲哚类生物碱促癌剂）；青霉震颤素 D（震颤真菌毒素）；娄地青霉素（蓝纹乳酪）。

（二）来自动物的生物碱：小丑箭毒蛙毒素*（南美箭毒蛙螺环哌啶）；蝾螈碱；地棘蛙素（蛙皮素）；海狸碱及麝香吡啶（从加拿大海狸及麝香鹿中分离得到）。

（三）来自昆虫的生物碱：七星瓢虫碱*（七星瓢虫）；2－异丙基－3－甲氧基吡嗪（异色瓢虫）；斑蝶素（非洲君主蝶的荷尔蒙）；球马陆碱（欧洲马陆）；墨西哥豆瓢虫碱（墨西哥豆瓢虫中的氮杂内酯）；二十四星瓢虫碱（二十四星瓢虫）。

（四）来自海洋有机物的生物碱：维若辛*（海鞘）；支海绵胺（冲绳海绵）；康维路他命（苔藓动物）；河豚毒素（日本河豚）；蕈状海鞘素（主要从有被囊的蕈状海鞘属生物中分离得到）。

（五）来自细菌的生物碱：自然界中十分罕见，普罗希安宁*。

*

*　*

第二十九章末附表列有在国际文件中作为麻醉药或精神治疗药物的归入本品目的某些物质。

第十三分章　其他有机化合物

29.40　化学纯糖，但蔗糖、乳糖、麦芽糖、葡萄糖及果糖除外；糖醚、糖缩醛和糖酯及其盐，但不包括品目 29.37、29.38 及 29.39 的产品

一、化学纯糖

本品目仅包括化学纯的糖。所称“糖”，包括单糖、二糖及低聚糖。每一糖单元必须由至少四个，但最多不超过八个碳原子所构成，而且起码必须含有一个可还原的羰基（醛基或酮基），同时至少必须含有一个用以承载一个羟基及一个氢原子的不对称碳原子。本品目不包括：

（一）蔗糖，即使是化学纯的也应归入品目 17.01。

（二）葡萄糖及乳糖，即使是化学纯的也应归入品目 17.02。

（三）麦芽糖，即使是化学纯的也应归入品目 17.02。它是蔗糖的异构体，为结晶块状，用于医药。

（四）果糖（左旋糖），即使是化学纯的也应归入品目 17.02，它是葡萄糖的异构体。纯态时为浅黄色晶体。用于医药（供糖尿病患者食用）。

（五）3－羟基丁醛（品目 29.12）及乙偶姻（3－羟基－2－丁酮）（品目 29.14），它们尽管符合糖单元的标准，但不是糖。

归入本品目的化学纯糖包括下列各项：

（一）半乳糖，葡萄糖的异构体。通过水解乳糖而得。存在于果胶物质及胶浆中。纯态时为结晶体。

（二）山梨糖，葡萄糖的异构体。为白色结晶粉末，极易溶于水。用于合成抗坏血酸（维生素 C）及制造培养基。

（三）木糖（$C_5H_{10}O_5$），为白色晶体，用于制药。

（四）海藻糖，蔗糖的异构体。核糖及阿拉伯糖，均为木糖的异构体。棉子糖（$C_{18}H_{32}O_{16}$）。岩藻糖及鼠李糖（$C_6H_{12}O_5$），毛地黄毒素糖（$C_6H_{12}O_4$）及其他脱氧糖。这些糖基本上都是在实验室内合成的产品。

本品目的糖可以呈水溶液状态。

二、糖醚、糖缩醛和糖酯及其盐

品目 29.40 也包括糖醚、糖缩醛和糖酯及其盐。糖缩醛可在糖中的任何两个羟基间形成或在异头

* 参见本章末所附“在第二十九章注释中述及的某些产品的化学结构”。

碳原子上生成苷形成。但天然苷不归入本品目（品目29.38）。构成品目29.37、29.38、29.39或29.40以后任何品目所列产品成分的糖醚、糖缩醛及糖酯也不归入本品目（参见本章总注释第五部分）。

归入本品目的不论是否已有化学定义的产品包括：

（一）羟丙基蔗糖，为一种糖醚。

（二）糖类的磷酸酯（例如，葡萄糖磷酸酯及果糖磷酸酯）及其盐（例如，它们的钡盐、钾盐等）。为结晶体或无定形粉末，用于有机合成。

（三）蔗糖八乙酸酯，为白色吸湿性粉末。用作酒精的变性剂，用于制胶粘剂、增塑剂及杀虫剂，也用于造纸业及用作纺织品的硬化剂。

（四）蔗糖单乙酸酯。具有表面活性性能。

（五）蔗糖乙酸异丁酸酯。用作清漆的改良剂。

（六）乳糖醇（INN）（4－O－β－D－吡喃半乳糖基－D－葡糖醇），用作一种甜味剂。

（七）非天然苷（品目29.37、29.38及29.39的产品除外），这些苷的配糖键是一个通过醚化作用在其异头碳原子上形成的缩醛基［例如，α－甲基苷、三苄葡苷（INN）］。

但本品目不包括人工将糖醚、糖缩醛、糖酯或它们的盐相互混合的产品，也不包括原料中故意混入非糖组分而制成的产品，例如，从品目38.23的脂肪酸制得的糖酯。另外，本品目不包括糖酐、硫代糖、氨基糖、糖醛酸及其他糖衍生物，这些化合物通常根据各自的化学结构，归入第二十九章的其他品目。

29.41　抗菌素（＋）：

10　—　青霉素和具有青霉烷酸结构的青霉素衍生物及其盐

20　—　链霉素及其衍生物以及它们的盐

30　—　四环素及其衍生物以及它们的盐

40　—　氯霉素及其衍生物以及它们的盐

50　—　红霉素及其衍生物以及它们的盐

90　—　其他

抗菌素是活微生物分泌出来的具有杀死其他微生物或抑制其他微生物生长的物质。它们主要用于对致病微生物，特别是细菌或真菌进行强有力的抑制，有时对肿瘤也有抑制作用。血液中每毫升含有几微克抗菌素时就能起作用。

抗菌素可能由单种物质，也可能由一系列相关物质所组成，其化学结构可能是已知的，也可能是未知的；可能已有化学定义，也可能未有化学定义。它们化学上是多种多样的，包括下列各类：

一、杂环类抗菌素，例如，新生霉素、头孢霉素类、链丝菌素、法罗培南（faropenem）（INN）、多尼培南（Doripenem）（INN）、单内酰环类（monobactams）［例如，氨曲南（Aztreonam）（INN）］。本类最重要的是青霉素类，它是几种青霉素真菌的分泌物。本类还包括普鲁卡因青霉素。

二、相关糖类抗菌素，例如，链霉素类。

三、四环素类及其衍生物，例如，氯四环素（金霉素）（INN）、氧四环素（土霉素）（INN）。

四、氯霉素及其衍生物，例如，甲砜霉素和氟苯尼考。

五、大环内酯类抗菌素，例如，红霉素、两性霉素B、泰乐菌素。

六、多肽类抗菌素，例如，放线菌素、杆菌肽、短杆菌肽、短杆菌酪肽。

七、其他抗菌素，例如，肉瘤霉素、万古霉素。

本品目也包括具有同样用途的化学改性抗菌素。这些抗菌素的制备方法是将微生物自然生长过程所产生的物质加以分离，然后通过化学反应或在生长培养基中加入侧链前体改变其化学结构，使所需要的基团通过细胞法掺入分子中（半合成青霉素）；也可通过生物合成法制得（例如，从特定氨基酸所产生的青霉素）。

通过合成法再生的天然抗菌素（例如，氯霉素）应归入本品目，与天然抗菌素紧密相关并用作抗菌素的某些合成产品（例如，甲砜霉素）也归入本品目。

本品目中，所称“衍生物”是指活性抗菌化合物，其可从本品目的化合物制得，并保留了母体化合物的基本特征，包括其基本的化学结构。

本品目不包括：

（一）用于动物饲料的抗菌素制剂（例如，干的及标准化的完整菌丝体）（品目 23. 09）。

（二）抗菌素活性很低的已有化学定义的化合物，用于制抗菌素的中间体（根据其化学结构归入本章前面品目）。

（三）喹啉羧酸衍生物、硝基呋喃、磺酰胺及其他归入本章前面各品目所列具有抗菌作用并且已有化学定义的有机化合物。

（四）将各种抗菌素人工加以混合（例如，青霉素与链霉素的混合物）用于治疗或预防疾病的产品（品目 30. 03 或 30. 04）。

（五）在制备抗菌素过程中过滤及初步提取而得的中间产品，其抗菌素含量一般不超过 70%（品目 38. 24）。

○
○　○

子目注释：

子目 2941. 10

本品目包括所有青霉素，即其分子含有盘宁（penin）或一个带氨基－（4－羧基－5，5－二甲基噻唑烷－2－基）乙酸的β－内酰胺的 6－氨基青霉烷酸骨架的所有活性抗菌素化合物，这类化合物的内酰胺环中的胺基是通过酰胺键连接于有机酸上的。这些有机酸的结构，或噻唑环的羧基上盐的生成或其他取代物均不影响其归类。但是，盘宁（penin）的基本结构应保持不变。

本子目主要包括氨苄青霉素（INN）、阿莫西林（INN）及酞氨苄西林（INN）。

但本子目不包括含有一个β－内酰胺环的头孢菌素［例如，头孢唑啉（INN）、头孢克罗（INN）］、头霉素类［（例如，头孢西丁（INN）］、氧头孢烯、青霉烯、碳青霉烯等其他抗生素。

子目 2941. 20

链霉素衍生物是指在其分子结构中含有所有下述三种链霉素骨架成分的活性抗菌素：连接 5－脱氧来苏糖的链霉胺及甲基葡萄糖胺。任何位置上的酯及葡萄苷也视为衍生物。

本子目主要包括硫酸双氢链霉素（INN）及链异烟肼（INN）。但无论是不保留链霉胺的两个氨基基团的布隆索霉素（INN），还是包含链霉胺衍生物的其他氨基葡萄苷，例如，新霉素（INN），均不视为链霉素衍生物。

子目 2941. 30

四环素衍生物是指其分子中含有四环素骨架的部分氢化 4－二甲基氨基－萘并萘－2－羧氨基的活性抗菌素。其酯类也视为衍生物。

本子目主要包括氯四环素（INN）、7－氯代四环素（INN）及氢吡四环素（INN）。但“柔比（柔红霉素类抗肿瘤抗生素）”之类的蒽基渐变群，例如，阿克拉霉素（INN）及阿霉素（INN），不视为四环素衍生物。

子目 2941. 40

氯霉素衍生物是指其分子中含有氯霉素骨架的 N－（2－羟基－1－甲基－2－苯乙基）乙酰胺的活性抗菌素。

本子目主要包括甲砜霉素（INN）及氟砜尼可（INN）。但乙酰氯霉素（INN）并不属于本组，因其不是活性抗菌素。

子目 2941.50

红霉素衍生物是指其分子中含有下述红霉素骨架成分的活性抗菌素：13－乙基－13－十三烷基交酯以脱氧糖胺和碳霉糖连接（或红霉糖）。其酯类也视为衍生物。

本子目主要包括甲氧基红霉素（INN）及地利兹霉素（INN）。但含有一个15－碳原子中心环的阿奇霉素（INN）及不含脱氧糖胺和碳霉糖的苦霉素，不视为红霉素衍生物。

29.42　其他有机化合物

本品目包括未列名的已有化学定义的单独有机化合物。

一、烯酮类。它们象酮类一样，具有羰基（$>C=O$）的特点，但与相邻的碳原子是以双键连接的（例如，乙烯酮、二苯基乙烯酮）。

但本品目不包括双烯酮。它是归入品目 29.32 的一种内酯。

二、三氟化硼与乙酸、二乙醚或苯酚的络合物。

三、碘化麝香草酚。

麻醉药与精神治疗药物表

（根据药物类别按字母顺序排列）

Ⅰ经1972年协议修订的受《1961年麻醉药物单项公约》管制的麻醉药物

名　　称	HS编码	CAS编号	公约附表编号
醋托啡（INN）	2939.19	25333－77－1	4
盐酸醋托咖	2939.19	25333－78－2	4
醋氢可待因	2939.19	3861－72－1	2
盐酸醋氢可待因	2939.19		2
乙酰芬太尼	2933.34	3258－84－2	1
醋美沙朵（INN）	2922.19	509－74－0	1
乙酰阿法甲基芬太尼	2933.34	101860－00－8	1
乙酰吗啡	2939.19		1
3－乙酰吗啡	2939.19		1
6－乙酰吗啡	2939.19	2784－73－8	1
丙烯酰芬太尼	2933.34	82003－75－6	1
AH－7921	2924.29		1
阿芬太尼（INN）	2933.33	71195－58－9	1
盐酸阿芬太尼	2933.33	69049－06－5	1
烯丙罗定（INN）	2933.39	25384－17－2	1
盐酸烯丙罗定	2933.39		1
阿醋美沙朵（INN）	2922.19	17199－58－5	1
L－阿醋美沙朵	2922.19		
盐酸阿醋美沙朵	2922.19		1
阿法美罗定（INN）	2933.39	468－51－9	1
阿法美沙朵（INN）	2922.19	17199－54－1	1
阿法罗定（INN）	2933.39	77－20－3	1
盐酸阿法罗定	2933.39	561－78－4	1
阿尼利定（INN）	2933.33	144－14－9	1
盐酸阿尼利定	2933.33	126－12－5	1
磷酸阿尼利定	2933.39	4268－37－5	1
苄替啶（INN）	2933.39	3691－78－9	1
氢溴酸苄替啶	2933.39		1
苯甲酰吗啡	2939.19		1
苄吗啡	2939.19	14297－87－1	1
盐酸苄吗啡	2939.19	630－86－4	1
甲磺酸苄吗啡	2939.19		1
倍醋美沙朵（INN）	2922.19	17199－59－6	1
倍他美罗定（INN）	2933.39	468－50－8	1
倍他美沙朵（INN）	2922.19	17199－55－2	1

倍他罗定（INN）	2933.39	468－59－7	1
盐酸倍他罗定	2933.39		1
贝齐米特（INN）	2933.33	15301－48－1	1
盐酸贝齐米特	2933.33		1
丁苯芬	2933.34	1169－70－6	1
大麻	1211.90		4
大麻树脂与大麻浸膏和酊	1302.19		
大麻油	1302.19		
大麻树脂	1301.90		
卡芬太尼（INN）	2933.33	59708－52－0	1
氯尼他秦（INN）	2933.99	3861－76－5	1
盐酸氯尼他秦	2933.99		1
甲磺酸氯尼他秦	2933.99		1
古柯叶	1211.30		
可卡因	2939.72	50－36－2	1
d－可卡因	2939.72	478－73－9	1
苯甲酸可卡因	2939.72		1
硼酸可卡因	2939.72		1
柠檬酸可卡因	2939.72		1
甲酸可卡因	2939.72		1
氢碘酸可卡因	2939.72		1
氢溴酸可卡因	2939.72		1
盐酸可卡因	2939.72	53－21－4	1
乳酸可卡因	2939.72		1
硝酸可卡因	2939.72	5913－62－2	1
水杨酸可卡因	2939.72	5913－64－4	1
硫酸可卡因	2939.72		1
酒石酸可卡因	2939.72		1
可待因	2939.11	76－57－3	2
醋酸可待因	2939.11		2
双烯丙巴比妥可待因	2939.11		2
巴比妥可待因	2939.11		2
樟脑磺酸可待因	2939.11		2
柠檬酸可待因	2939.11	5913－73－5	2
环巴比妥可待因	2939.11		2
烯丙环戊烯巴比妥可待因	2939.11		2
6－葡萄糖醛酸甙可待因	2939.19		2
氢溴酸可待因	2939.11	125－25－7	2
盐酸可待因	2939.11	1422－07－7	2
氢碘酸可待因	2939.11	125－26－8	2

溴甲可待因	2939.19	125－27－9	2
苯巴比妥可待因	2939.11		2
磷酸可待因	2939.11	52－28－8	2
树脂酸可待因	3003.49		2
水杨酸可待因	2939.11		2
硫酸可待因	2939.11	1420－53－7	2
N－氧化可待因	2939.19	3688－65－1	
盐酸氧化可待因	2939.19		
可多克辛（INN）	2939.19	7125－76－0	1
罂粟秆浓缩物	1302.11		1
	2939.11		
环丙基芬太尼	2933.34	1169－68－2	1
地索吗啡（INN）	2939.19	427－00－9	4
氢溴酸地索吗啡	2939.19		4
盐酸地索吗啡	2939.19		4
硫酸地索吗啡	2939.19		4
右吗拉胺（INN）	2934.91	357－56－2	1
双盐酸右吗拉胺	2934.91		1
盐酸右吗拉胺	2934.91		1
重酒石酸右吗拉胺	2934.99	2922－44－3	1
右丙氧芬（INN）	2922.14	469－62－5	2
盐酸右丙氧芬	2922.14	1639－60－7	2
奈磺酸右丙氧芬	2922.19	17140－78－2	2
树脂酸右丙氧芬	3003.90		2
地恩丙胺（INN）	2924.29	552－25－0	1
硫酸地恩丙胺	2924.29		1
二乙噻丁（INN）	2934.99	86－14－6	1
盐酸二乙噻丁	2934.99	132－19－4	1
地芬诺辛（INN）	2933.33	28782－42－5	1
盐酸地芬诺辛	2933.33	35607－36－4	1
双氢可待因（INN）	2939.11	125－28－0	2
盐酸双氢可待因	2939.11		2
酒石酸双氢可待因	2939.11	5965－13－9	2
磷酸双氢可待因	2939.11	24204－13－5	2
树脂酸双氢可待因	3003.49		2
硫氰酸双氢可待因	2939.11		2
二氢埃托啡	2939.19		1
二氢异吗啡	2939.19		
葡萄糖苷酸二氢异吗啡	2939.19		
双氢吗啡	2939.19	509－60－4	2

氢碘酸双氢吗啡	2939.19		2
盐酸双氢吗啡	2939.19	1421－28－9	2
苦味酸双氢吗啡	2939.19		2
地美沙朵（INN）	2922.19	509－78－4	1
盐酸地美沙朵	2922.19	242－75－1	1
地美庚醇（INN）	2922.19	545－90－4	1
盐酸地美庚醇	2922.19		1
二甲噻丁（INN）	2934.99	524－84－5	1
盐酸二甲噻丁	2934.99		1
吗苯丁酯（INN）	2934.99	467－86－7	1
盐酸吗苯丁酯	2934.99		1
地芬诺酯（INN）	2933.33	915－30－0	1
盐酸地芬诺酯	2933.33	3810－80－8	1
地匹哌酮（INN）	2933.33	467－83－4	1
氢溴酸地匹哌酮	2933.33		1
盐酸地匹哌酮	2933.33	75783－06－1	1
羟蒂巴酚（INN）	2933.49	3176－03－2	1
芽子碱，及其可转化为芽子碱和可卡因的酯和衍生物	2939.72	481－37－8	1
芽子碱苯酰乙酯	2939.72		1
芽子碱苯酰丙酯	2939.72		1
芽子碱肉桂酰甲酯	2939.72		1
芽子碱－2，6－二甲基苯酰甲酯	2939.72		1
盐酸芽子碱	2939.72		1
芽子碱羟苯甲酯	2939.72		1
芽子碱甲酯	2939.72		1
盐酸芽子碱甲酯	2939.72		1
芽子碱苯乙酰甲酯	2939.72		1
乙甲噻丁（INN）	2934.99	441－61－2	1
盐酸乙甲噻丁	2934.99		1
乙基吗啡	2939.11	76－58－4	2
樟脑磺酸乙基吗啡	2939.11		2
氢溴酸乙基吗啡	2939.11		2
盐酸乙基吗啡	2939.11	125－30－4	2
碘甲乙基吗啡	2939.19		2
苯巴比妥酸乙基吗啡	2939.11		2
依托尼秦（INN）	2933.99	911－65－9	1
盐酸依托尼秦	2933.99		1
埃托啡（INN）	2939.11	14521－96－1	4
盐酸埃托啡	2939.11	13764－49－3	4

3－甲醚埃托啡	2939. 19		4
依托利定（INN）	2933. 39	469－82－9	1
盐酸依托利定	2933. 39		1
芬太尼（INN）	2933. 33	437－38－7	1
柠檬酸芬太尼	2933. 33	990－73－8	1
对氟丁酰芬太尼	2933. 34	244195－31－1	1
邻氟芬太尼	2933. 34	910616－29－4	1
对氟芬太尼	2933. 34		4
盐酸对氟芬太尼	2933. 34		4
4－氟异丁基芬太尼（4－FIBF，pFIBF）	2933. 34	244195－32－2	1
呋喃芬太尼	2934. 94	101345－66－8	1
呋替啶（INN）	2934. 99	2385－81－1	1
氢溴酸呋替啶	2934. 99		1
氢溴酸呋替啶	2934. 99		1
苦味酸呋替啶	2934. 99		1
海洛因	2939. 11	561－27－3	4
盐酸海洛因	2939. 11	1502－95－0	4
碘甲海洛因	2939. 19		4
氢可酮（INN）	2939. 11	125－29－1	1
柠檬酸氢可酮	2939. 11		1
氢碘酸氢可酮	2939. 11		1
盐酸氢可酮	2939. 11	25968－91－6	1
重重酒石酸可酮	2939. 11	143－71－5	1
碘甲氢可酮	2939. 19		1
磷酸氢可酮	2939. 11	34366－67－1	1
树脂酸氢可酮	3003. 49		1
对苯二甲酸氢可酮	2939. 11		1
氢吗啡醇（INN）	2939. 19	2183－56－4	1
盐酸氢吗啡醇	2939. 19		1
重酒石酸吗啡醇	2939. 19		1
氢吗啡酮（INN）	2939. 11	466－99－9	1
3－葡萄糖苷酸氢吗啡酮	2939. 11		1
盐酸氢吗啡酮	2939. 11	71－68－1	1
硫酸氢吗啡酮	2939. 11		1
对苯二甲酸氢吗啡酮	2939. 11		1
倍他羟基芬太尼	2933. 34		4
盐酸倍他羟基芬太尼	2933. 34		4
（＋）顺式－β－羟基－3－间－甲基芬太尼	2933. 34		4
倍他羟基－3－甲基芬太尼	2933. 34		4
盐酸倍他羟基－3－甲基芬太尼	2933. 34		4

羟哌替啶（INN）	2933.39	468－56－4	1
盐酸羟哌替啶	2933.39		1
异美沙酮（INN）	2922.39	466－40－0	1
d－异美沙酮	2922.39		
l－异美沙酮	2922.39		
氢溴酸异美沙酮	2922.39		1
盐酸异美沙酮	2922.39		1
凯托米酮（INN）	2933.33	469－79－4	4
盐酸凯托米酮	2933.33	5965－49－1	4
左旋乙酰美沙酮（INN）	2922.19	34433－66－4	1
左美沙芬（INN）[1]	2933.49	125－70－2	1
氢溴酸左美沙芬	2933.49		1
重酒石酸左美沙芬	2933.49		1
左吗拉胺（INN）	2934.99	5666－11－5	1
盐酸左吗拉胺	2934.99		1
左芬啡烷（INN）	2933.49	10061－32－2	1
盐酸左芬啡烷	2933.49		1
甲磺酸左芬啡烷	2933.49		1
左丙氧芬（INN）	2922.19	2338－37－6	
左啡诺（INN）[2]	2933.41	77－07－6	1
重酒石酸左啡诺	2933.41	125－72－4	1
盐酸左啡诺	2933.41		1
美他佐辛（INN）	2933.39	3734－52－9	1
氢溴酸美他佐辛	2933.39		1
盐酸美他佐辛	2933.39		1
1－美沙醇	2922.19		
美沙酮（INN）	2922.31	76－99－3	1
d－美沙酮	2922.31		
l－美沙酮	2922.31		1
氢溴酸美沙酮	2922.31		1
盐酸美沙酮	2922.31	1095－90－5	1
重酒石酸美沙酮	2922.31		1
d－盐酸美沙酮	2922.31		
l－盐酸美沙酮	2922.31		
l－重酒石酸美沙酮	2922.31		1
美沙酮（INN）中间体：4－氰基－2－二甲氨基－4，4－二苯丁烷或2－二甲氨基－4，4－二苯基－4－氰丁烷	2926.30		1
甲氧基乙酰芬太尼	2933.34	101345－67－9	1

1 右甲吗喃（INN）［（＋）3－甲氧基－N－甲基吗啡喃］被明确排除在此清单之外。

2 羟甲右吗喃（INN）［（＋）3－羟基－N－甲基吗啡喃］被明确排除在此清单之外。

甲地索啡（INN）	2939.19	16008－36－9	1
盐酸甲地索啡	2939.19		1
甲二氢吗啡（INN）	2939.19	509－56－8	1
3－甲基芬太尼	2933.34		4
3－甲基芬太尼盐酸盐	2933.34		4
阿法甲基芬太尼	2933.34		4
盐酸阿法甲基芬太尼	2933.34		4
阿法甲基硫代芬太尼	2934.92		1
阿法甲基硫代芬太尼盐酸盐	2934.92		1
3－甲基硫代芬太尼	2934.92		4
3－甲基硫代芬太尼	2934.92		4
（＋）－顺式－3－甲基硫代芬太尼	2934.92		4
（＋）－顺式－3－甲基硫代芬太尼盐酸盐	2934.92		
美托酮（INN）	2939.19	143－52－2	1
盐酸美托酮	2939.19		1
吗拉胺中间体	2934.99		1
吗哌利定（INN）	2934.99	469－81－8	1
盐酸吗哌利定	2934.99		1
苦味酸吗哌利定	2934.99		1
吗啡	2939.11	57－27－2	1
醋酸吗啡	2939.11	596－15－6	1
柠檬酸吗啡	2939.11		1
3，6－二葡萄糖醛酸甙吗啡	2939.19		1
二甲基醚吗啡	2939.19		
葡萄糖醛酸甙吗啡	2939.19		1
3－葡萄糖苷酸吗啡	2939.19		1
6－葡萄糖苷酸吗啡	2939.19		1
3－β－D－葡萄糖苷酸吗啡	2939.19		1
6－β－D－葡萄糖苷酸吗啡	2939.19		1
氢碘酸吗啡	2939.11		1
氢溴酸吗啡	2939.11	630－81－9	1
盐酸吗啡	2939.11	52－26－6	1
次磷酸吗啡	2939.11		1
异丁酸吗啡	2939.11		1
乳酸吗啡	2939.11		1
袂康酸吗啡	2939.11		1
溴甲吗啡	2939.19		1
氯甲吗啡	2939.19		1
碘甲吗啡	2939.19		1
甲磺酸吗啡	2939.11		1

溴甲基吗啡	2939.19		1
粘酸吗啡	2939.11		1
硝酸吗啡	2939.11	596-16-7	1
苯丙酸吗啡	2939.11		1
磷酸吗啡	2939.11		1
邻苯二甲酸吗啡	2939.11		1
硬脂酸吗啡	2939.11		1
硫酸吗啡	2939.11	64-31-3	1
酒石酸吗啡	2939.11	302-31-8	1
戊酸吗啡	2939.11		1
吗啡-N-氧化物	2939.19	639-46-3	1
吗啡-N-氧化物奎宁酸盐	2939.19		1
1-甲基-4-苯基-4-哌啶丙酸酯	2933.39		4
1-甲基-4-苯基-4-哌啶丙酸酯盐酸盐	2933.39		4
MT - 45	2933.59		1
麦罗啡（INN）	2939.19	467-18-5	1
盐酸麦罗啡	2939.19		1
尼可待因（INN）	2939.19	3688-66-2	2
盐酸尼可待因	2939.19		2
尼二氢可待因（INN）	2939.19	808-24-2	2
尼可吗啡（INN）	2939.11	639-48-5	1
尼可吗啡	2939.11		1
诺美沙朵（INN）	2922.19	1477-39-0	1
葡萄糖酸诺美沙朵	2922.19		1
盐酸诺美沙朵	2922.19		1
去甲可待因（INN）	2939.19	467-15-2	2
醋酸去甲可待因	2939.19		2
氢碘酸去甲可待因	2939.19		2
盐酸去甲可待因	2939.19	14648-14-7	2
硝酸去甲可待因	2939.19		2
氯铂酸去甲可待因	2843.90		2
硫酸去甲可待因	2939.19		2
去甲左啡诺（INN）	2933.49	1531-12-0	1
氢溴酸去甲左啡诺	2933.49		1
盐酸去甲左啡诺	2933.49		1
去甲美沙酮（INN）	2922.31	467-85-6	1
2，6-二叔丁基萘二磺酸去甲美沙酮	2922.31		1
氢溴酸去甲美沙酮	2922.31		1
盐酸去甲美沙酮	2922.31	847-84-7	1
氢碘酸去甲美沙酮	2922.39		1

草酸去甲美沙酮	2922.31		1
苦味酸去甲美沙酮	2922.31		1
去甲美沙酮（INN）中间体	2926.90		
去甲吗啡（INN）	2939.19	466－97－7	1
盐酸去甲吗啡	2939.19		1
诺匹哌酮（INN）	2933.39	561－48－8	1
氢溴酸诺匹哌酮	2933.39		1
盐酸诺匹哌酮	2933.39		1
奥芬太尼（INN）	2933.34	101343－69－5	1
阿片	1302.11		1
混有生物碱的阿片	1302.11[3]		
	2939.11[4]		
已配制的阿片	1302.19		
	2939.11		
奥列巴文	2939.19		1
盐酸奥列巴文	2939.19		1
羟考酮（INN）	2939.11	76－42－6	1
羟考酮	2939.11		1
樟脑磺酸羟考酮	2939.11	124－90－3	1
重酒石酸羟考酮	2939.11		1
果胶酸羟考酮	2939.11		1
苯丙酸羟考酮	2939.11		1
磷酸羟考酮	2939.11		1
对苯二甲酸羟考酮	2939.11		1
羟吗啡酮（INN）	2939.11	76－41－5	1
盐酸羟吗啡酮	2939.11	357－07－3	1
大红罂粟（*Papaver bracteatum*）	1211.90		
1－苯乙基－4－苯基－4－哌啶 乙酸酯	2933.39		4
1－苯乙基－4－苯基－4－哌啶乙酸酯盐酸盐	2933.39		4
哌替啶（INN）	2933.33	57－42－1	1
盐酸哌替啶	2933.33	50－13－5	1
哌替啶（INN）中间体 A	2933.33		1
哌替啶（INN）中间体 B	2933.39		1
哌替啶中间体 B 氢溴酸盐	2933.39		1
哌替啶中间体 B 盐酸盐	2933.39		1
哌替啶（INN）中间体 C	2933.39		1
苯吗庚酮（INN）	2934.99	467－84－5	1
盐酸苯吗庚酮	2934.99	545－91－5	1

3　没有加入其他物质。

4　天然混合物，除生物碱外，其他组分全部去除，且没有加入其他物质。

非那丙胺（INN）	2933.39	129－83－9	1
盐酸非那丙胺	2933.39		1
非那佐辛（INN）	2933.39	127－35－5	1
氢溴酸非那佐辛	2933.39		1
盐酸非那佐辛	2933.39	7303－75－5	1
甲磺酸非那佐辛	2933.39		1
非诺啡烷（INN）	2933.49	468－07－5	1
氢溴酸非诺啡烷	2933.49		1
重酒石酸非诺啡烷	2933.49		1
溴甲非诺啡烷	2933.49		1
苯哌利定（INN）	2933.33	562－26－5	1
盐酸苯哌利定	2933.33	3627－49－4	1
福尔可定（INN）	2939.11	509－67－1	2
重酒石酸福尔可定	2939.11		2
柠檬酸福尔可定	2939.11		2
愈创木酚磺酸福尔可定	2939.11		2
盐酸福尔可定	2939.11		2
苯乙酸福尔可定	2939.11		2
磷酸福尔可定	2939.11		2
磺酸福尔可定	2939.11		2
酒石酸福尔可定	2939.11	7369－11－1	2
匹米诺定（INN）	2933.39	13495－09－5	1
盐酸匹米诺定	2933.39		1
乙磺酸匹米诺定	2933.39	7081－52－9	1
哌腈米特（INN）	2933.33	302－41－0	1
罂粟秆	1211.40		
普罗庚嗪（INN）	2933.99	77－14－5	1
乙磺酸普罗庚嗪	2933.99		1
氢溴酸普罗庚嗪	2933.99		1
盐酸普罗庚嗪	2933.99		1
丙哌利定（INN）	2933.39	561－76－2	1
盐酸丙哌利定	2933.39		1
丙吡胺（INN）	2933.33	15686－91－6	2
延胡索酸丙吡胺	2933.33		2
消旋甲啡烷（INN）	2933.49	510－53－2	1
盐酸消旋甲啡烷	2933.49		1
重酒石酸消旋甲啡烷	2933.49		1
外消旋吗拉胺（INN）	2934.99	545－59－5	1
盐酸外消旋吗拉胺	2934.99		1
重酒石酸外消旋吗拉胺	2934.99		1

酒石酸外消旋吗拉胺	2934.99		1
消旋啡烷（INN）	2933.49	297-90-5	1
氢溴酸消旋啡烷	2933.49		1
盐酸消旋啡烷	2933.49		1
重酒石酸消旋啡烷	2933.49		1
瑞芬太尼（INN）	2933.33	132875-61-7	1
盐酸瑞芬太尼	2933.33		1
舒芬太尼（INN）	2934.91	56030-54-7	1
柠檬酸舒芬太尼	2934.91		1
醋氢可酮（INN）	2939.11	466-90-0	1
盐酸醋氢可酮	2939.11	20236-82-2	1
蒂巴因	2939.11	115-37-7	1
盐酸蒂巴因	2939.11		1
重酒石酸蒂巴因	2939.11		1
草酸蒂巴因	2939.11		1
水杨酸蒂巴因	2939.11		1
四氢呋喃芬太尼	2934.92		1
硫代芬太尼	2934.92	1165-22-6	4
醋酸硫代芬太尼	2934.92		1
盐酸硫代芬太尼	2934.92		4
替利定（INN）	2922.44	20380-58-9	1
盐酸替利定	2922.44	27107-79-5	1
三甲利定（INN）	2933.33	64-39-1	1
盐酸三甲利定	2933.33	125-80-4	1
U-47700	2924.29		1

Ⅱ受《1971年精神治疗药物公约》管制的精神治疗药物

名　称	HS编码	CAS编号	公约附表编号
N－（1－氨甲酰基－2－甲基丙基）－1－（环己基甲基）－吲唑－3－甲酰胺）	2933.99		2
N－（1－氨甲酰基－2－甲基丙基）－1－戊基吲唑－3－甲酰胺	2933.99		2
阿洛巴比妥（INN）	2933.53	52－43－7	4
氨基比林阿洛巴比妥	2933.54		4
阿普唑仑（INN）	2933.91	28981－97－7	4
AM－2201；JWH－2201	2933.99		2
安非拉酮（INN）	2922.31	90－84－6	4
谷氨酸安非拉酮	2922.42		4
盐酸安非拉酮	2922.31	134－80－5	4
树脂酸安非拉酮	3003.90		4
苯丙胺（INN）	2921.46	300－62－9	2
乙酰水杨酸苯丙胺	2921.46		2
己二酸苯丙胺	2921.46		2
对氨基苯乙酸苯丙胺	2922.49		2
天冬氨酸苯丙胺	2922.49		2
对氯苯氧乙酸苯丙胺	2921.46		2
盐酸苯丙胺	2921.46		2
重酒石酸苯丙胺	2921.46		2
苯丙胺戊巴比妥酸盐	2933.54		2
磷酸苯丙胺	2921.46	139－10－6	2
树脂酸苯丙胺	3003.90		2
硫酸苯丙胺	2921.46	60－13－9	2
单宁酸苯丙胺	3201.90		2
酒石酸苯丙胺	2921.46		2
安咪奈丁（INN）	2922.49		2
盐酸安咪奈丁	2922.49		2
阿米雷司（INN）	2934.91	2207－50－3	4
延胡索酸阿米雷司	2934.91		4
盐酸阿米雷司	2934.91		4
异戊巴比妥（INN）	2933.53	57－43－2	3
树脂酸异戊巴比妥	3003.90		3
异戊巴比妥钠	2933.53	64－43－7	3
巴比妥（INN）	2933.53	57－44－3	4
巴比妥钙	2933.53		4
巴比妥镁	2933.53		4
巴比妥钠	2933.53	144－02－5	4
苄非他明（INN）	2921.46	156－08－1	4
盐酸苄非他明	2921.46	5411－22－3	4
N－苄基哌嗪	2933.59		2
N－苄基哌嗪二盐酸盐	2933.59		2
N－苄基哌嗪盐酸盐	2933.59		2
25B－NBOMe；2C－B－NBOMe	2922.29		1
25B－NBOMe盐酸盐	2922.29		1
布苯丙胺（INN）	2922.29	64638－07－9	1

盐酸布苯丙胺	2922.29		1
溴西泮（INN）	2933.33	1812－30－2	4
溴替唑仑（INN）	2934.91	57801－81－7	4
丁丙诺啡（INN）	2939.11	52485－79－7	3
盐酸丁丙诺啡	2939.11	53152－21－9	3
重酒石酸丁丙诺啡	2939.11		3
硫酸丁丙诺啡	2939.11		3
布他比妥（INN）	2933.53	77－26－9	3
丁巴比妥	2933.53	77－28－1	4
卡马西泮（INN）	2933.91	36104－80－0	4
去甲伪麻黄碱（INN）	2939.43	492－39－7	3
盐酸去甲伪麻黄碱	2939.43	2153－98－2	3
去甲伪麻黄碱戊巴比妥酸盐	2939.43		3
树脂酸去甲伪麻黄碱	3003.49		3
硫酸去甲伪麻黄碱	2939.43		3
卡西酮（INN）	2939.79	71031－15－7	1
盐酸卡西酮	2939.79		1
4－溴－2，5－二甲基苯乙胺	2922.29		2
4－溴－2，5－二甲基苯乙胺盐酸盐	2922.29		2
氯氮卓（INN）	2933.91	58－25－3	4
双－甲乙基萘磺酸氯氮卓	2933.91		4
盐酸氯氮卓	2933.91	438－41－5	4
氯巴占（INN）	2933.72	22316－47－8	4
氯硝西泮（INN）	2933.91	1622－61－3	4
氯拉卓酸	2933.91		4
氯拉卓酸二钾	2933.91	57109－90－7	4
氯拉卓酸钾	2933.91	5991－71－9	4
氯噁唑仑（INN）	2934.91	24166－13－0	4
25C－NBOMe；2C－C－NBOMe	2922.29		1
25C－NBOMe 盐酸盐	2922.29		1
环己巴比妥（INN）	2933.53	52－31－3	3
环己巴比妥钙	2933.53	5897－20－1	3
地洛西泮（INN）	2933.91	2894－67－9	4
二乙基色胺	2939.79	61－51－8	1
盐酸二乙基色胺	2939.79		1
右苯丙胺（INN）	2921.46	51－64－9	2
己二酸右苯丙胺	2921.46		2
羧甲基纤维素右苯丙胺	3912.31		2
盐酸右苯丙胺	2921.46	405－41－4	2
重酒石酸右苯丙胺	2921.46		2
右苯丙胺戊巴比妥酸盐	2933.54		2
磷酸右苯丙胺	2921.46	7528－00－9	2
树脂酸右苯丙胺	3003.90		2
糖酸右苯丙胺	2921.49		2
硫酸右苯丙胺	2921.46	51－63－8	2
单宁酸右苯丙胺	3201.90		2
地西泮（INN）	2933.91	439－14－5	4
二甲氧基苯丙胺	2922.29		1
盐酸二甲氧基苯丙胺	2922.29		1

副甲基甲米雷司	2934.99		2
(1, 2-二甲基庚基) 羟基 四氢甲基二苯吡喃	2932.99		1
二甲基色胺	2939.79	61-50-7	1
盐酸二甲基色胺	2939.79		1
甲碘二甲基色胺	2939.79		1
二甲氧基乙基苯丙胺	2922.29		1
盐酸二甲氧基乙基苯丙胺	2922.29		1
屈大麻酚 (INN)	2932.95		2
艾司唑仑 (INN)	2933.91	29975-16-4	4
乙氯维诺 (INN)	2905.51	113-18-8	4
炔己蚁胺 (INN)	2924.24	126-52-3	4
氯氟卓乙酯 (INN)	2933.91	29177-84-2	4
哌乙酯	2933.39		2
3, 4-亚甲二氧基乙卡西酮	2932.99		2
乙芬胺	2932.99		1
盐酸乙芬胺	2932.99		1
乙环利定 (INN)	2921.49	2201-15-2	1
盐酸乙环利定	2921.49		1
乙非他明 (INN)	2921.46	457-87-4	4
盐酸乙非他明	2921.46		4
乙色胺 (INN)	2939.79		1
醋酸乙色胺	2939.79		1
盐酸乙色胺	2939.79		1
5F-ADB; 5F-MDMB-PINACA	2933.99		2
N-(1-金刚烷基)-1-(5-氟戊基) 吲唑-3-甲酰胺)	2933.99		2
1-(5-氟戊基) 吲哚-3-甲酸-8-喹啉酯	2933.49		2
芬坎法明 (INN)	2921.46	1209-98-9	4
盐酸芬坎法明	2921.46	2240-14-4	4
芬乙茶碱 (INN)	2939.51	3736-08-1	2
盐酸芬乙茶碱	2939.51	1892-80-4	2
芬普雷斯 (INN)	2926.30	15686-61-0	4
二苯乙酸芬普雷斯	2926.30		4
盐酸芬普雷斯	2926.30	18305-29-8	4
树脂酸芬普雷斯	3003.90		4
氟地西泮 (INN)	2933.91	3900-31-0	4
氟硝西泮 (INN)	2933.91	1622-62-4	4
4-FA (4-氟苯丙胺)	2921.49		2
氟西泮 (INN)	2933.91	17617-23-1	4
二盐酸氟西泮	2933.91	1172-18-5	4
盐酸氟西泮	2933.91	36105-20-1	4
γ-羟丁酸	2918.19		2
γ-羟丁酸钠	2918.19		2
格鲁米特 (INN)	2925.12	77-21-4	3
哈拉西泮 (INN)	2933.91	23092-17-3	4
卤沙唑仑 (INN)	2934.91	59128-97-1	4
羟芬胺	2932.99		1
盐酸羟芬胺	2932.99		1
25I-NBOMe; 2C-I-NBOMe	2922.29		1
25I-NBOMe 的盐酸盐	2922.29		1

JWH－018；AM－678	2933.99		2
凯他唑仑（INN）	2934.91	27223－35－4	4
利非他明（INN）	2921.46	7262－75－1	4
盐酸利非他明	2921.46	14148－99－3	4
左苯丙胺（INN）	2921.46	156－34－3	2
藻酸左苯丙胺	3913.10		2
琥珀酸左苯丙胺	2921.49	5634－40－2	2
硫酸左苯丙胺	2921.49		2
左甲苯丙胺	2939.45		2
盐酸左甲苯丙胺	2939.45		2
氯普唑仑（INN）	2933.55	61197－73－7	4
甲磺酸氯普唑仑	2933.55		4
甲磺酸氯普唑仑	2933.55		4
劳拉西泮（INN）	2933.91	846－49－1	4
醋酸劳拉西泮	2933.91		4
甲磺酸劳拉西泮	2933.91		4
三甲基醋酸劳拉西泮	2933.91		4
氯甲西泮（INN）	2933.91	848－75－9	4
麦角二乙胺（INN）	2939.69	50－37－3	1
(＋) 麦角二乙胺酒石酸盐	2939.69		1
马吲哚（INN）	2933.91	22232－71－9	4
MDE、乙芬胺	2932.99		1
二亚甲基双氧苯丙胺	2932.99		1
盐酸二亚甲基双氧苯丙胺	2932.99		1
N－（1－甲氧基羰基－2，2－二甲基丙基）－1－（环已基甲基）吲哚－3－甲酰胺	2933.99		2
亚甲基二氧吡咯戊酮	2934.99		2
盐酸亚甲基二氧吡咯戊酮	2934.99		2
甲氯喹酮（INN）	2933.55	340－57－8	2
盐酸甲氯喹酮	2933.55		2
美达西泮（INN）	2933.91	2898－12－6	4
二丁萘磺酸美达西泮	2933.91		4
盐酸美达西泮	2933.91		4
美芬雷斯（INN）	2921.46	17243－57－1	4
盐酸美芬雷斯	2921.46		4
甲氧麻黄酮	2939.79		2
盐酸甲氧麻黄酮	2939.79		2
甲丙氨酯（INN）	2924.11	57－53－4	4
麦司卡林	2939.79	54－04－6	1
氯金酸麦司卡林	2843.30		1
盐酸麦司卡林	2939.79	832－92－8	1
苦味酸麦司卡林	2939.79		1
氯铂酸麦司卡林	2843.90		1
硫酸麦司卡林	2939.79	1152－76－7	1
美索卡（INN）	2934.71	34262－84－5	4
甲基苯丙胺（INN）	2939.45	537－46－2	2
盐酸甲基苯丙胺	2939.45	51－57－0	2
重酒石酸甲基苯丙胺	2939.45		2
甲基苯丙胺外消旋体	2939.45	7632－10－2	2

盐酸甲基苯丙胺外消旋体	2939.45		2
硫酸甲基苯丙胺	2939.45		2
甲喹酮（INN）	2933.55	72－44－6	2
盐酸甲喹酮	2933.55	340－56－7	2
树脂酸甲喹酮	3003.90		2
甲卡西酮	2939.79		1
盐酸甲卡西酮	2939.79		1
1－（2－噻吩基）－N－甲基－2－丙胺	2934.99		2
2－（3－甲氧基苯基）－2－乙氨基环己酮	2922.50		2
2－（3－甲氧基苯基）－2－乙氨基环己酮盐酸盐	2922.50		2
甲米雷司	2934.99		1
盐酸甲米雷司	2934.99		1
4－甲基乙卡西酮	2939.79		2
敏疫朗（β－酮－替甲基苯丙胺）	2932.99		2
盐酸敏疫朗	2932.99		2
哌醋甲酯（INN）	2933.33	113－45－1	2
盐酸哌醋甲酯	2933.33	298－59－9	2
甲苯巴比妥（INN）	2933.53	115－38－8	4
甲苯巴比妥钠	2933.53		4
甲乙哌酮（INN）	2933.72	125－64－4	4
咪达唑仑（INN）	2933.91	59467－70－8	4
盐酸咪达唑仑	2933.91		4
甲磺酸咪达唑仑	2933.91		4
甲羟芬胺	2932.99		1
盐酸甲羟芬胺	2932.99		1
4－甲硫苯丙胺	2930.90		1
4－甲硫苯丙胺盐酸盐	2930.90		1
尼美西泮（INN）	2933.91	2011－67－8	4
硝西泮（INN）	2933.91	146－22－5	4
去甲西泮（INN）	2933.91	1088－11－5	4
奥沙西泮（INN）	2933.91	604－75－1	4
醋酸奥沙西泮	2933.91		4
半琥珀酸奥沙西泮	2933.91		4
琥珀酸奥沙西泮	2933.91		4
丙戊酸奥沙西泮	2933.91		4
奥沙唑仑（INN）	2934.91	24143－17－7	4
六氢大麻酚	2932.99		1
匹莫林（INN）	2934.91	2152－34－3	4
匹莫林铜	2934.91		4
匹莫林铁	2934.91		4
匹莫林镁	2934.91		4
匹莫林镍	2934.91		4
喷他佐辛（INN）	2933.33	359－83－1	3
盐酸喷他佐辛	2933.33		3
乳酸喷他佐辛	2933.33	17146－95－1	3
1－苯基－2－甲氨基－1－戊酮	2939.79		2
戊巴比妥（INN）	2933.53	76－74－4	3
戊巴比妥钙	2933.53	7563－42－0	3
戊巴比妥钠	2933.53	57－33－0	3

芬纳西泮	2933.99		4
苯环利定（INN）	2933.33	77－10－1	2
氢溴酸苯环利定	2933.33		2
盐酸苯环利定	2933.33	956－90－1	2
苯甲曲秦（INN）	2934.91	634－03－7	4
盐酸苯甲曲秦	2934.91		4
重酒石酸苯甲曲秦	2934.91		4
双羟萘酸苯甲曲秦	2934.91		4
芬美曲秦（INN）	2934.91	134－49－6	2
盐酸芬美曲秦	2934.91	1707－14－8	2
重酒石酸芬美曲秦	2934.91		2
硫酸芬美曲秦	2934.91		2
茶氯酸芬美曲秦	2939.59	13931－75－4	2
苯巴比妥（INN）	2933.53	50－6－6	4
苯巴比妥铵	2933.53		4
苯巴比妥钙	2933.53	58766－25－9	4
苯巴比妥二乙胺	2933.53		4
二乙氨基乙醇苯巴比妥	2933.53		4
苯巴比妥赖西丁	2933.53		4
苯巴比妥镁	2933.53		4
环己丙甲胺苯巴比妥	2933.53		4
奎尼丁苯巴比妥	2939.20		4
苯巴比妥钠镁	2933.53		4
苯巴比妥钠（INN）	2933.53	57－30－7	4
鹰爪豆碱苯巴比妥	2939.79		4
四甲铵苯巴比妥	2933.53		4
育亨宾苯巴比妥	2939.79		4
芬特明（INN）	2921.46	122－09－8	4
盐酸芬特明	2921.46	1197－21－3	4
树脂酸芬特明	3003.90		4
匹那西泮（INN）	2933.91	52463－83－9	4
哌苯甲醇（INN）	2933.33	467－60－7	4
盐酸哌苯甲醇	2933.33	71－78－3	4
副甲氧基苯丙胺	2922.29		1
盐酸副甲氧基苯丙胺	2922.29		1
副甲氧基甲基苯丙胺	2922.29		1
盐酸副甲氧基甲基苯丙胺	2922.29		1
普拉西泮（INN）	2933.91	2955－38－6	4
赛洛新	2939.79		1
盐酸赛洛新	2939.79		1
赛洛西宾（INN）	2939.79	520－52－5	1
盐酸赛洛西宾	2939.79		1
α－吡咯烷基苯戊酮	2939.79		2
α－吡咯烷基苯戊酮盐酸盐	2939.79		2
吡咯戊酮（INN）	2933.91	3563－49－3	4
盐酸吡咯戊酮	2933.91	1147－62－2	4
咯环利定（INN）	2933.99	2201－39－0	1
仲丁比妥（INN）	2933.53	125－40－6	4
仲丁比妥钠	2933.53		4

司可巴比妥（INN）	2933.53	76-73-3	2
司可巴比妥钙	2933.53		2
树脂酸司可巴比妥	3003.90		2
司可巴比妥钠	2933.53	309-43-3	2
二甲氧基甲苯异丙胺	2922.29	15588-95-1	1
盐酸二甲氧基甲苯异丙胺	2922.29		1
替马西泮（INN）	2933.91	846-50-4	4
替苯丙胺（INN）	2932.99	51497-09-7	1
盐酸替苯丙胺	2932.99		1
替诺环定（INN）	2934.99	21500-98-1	1
盐酸替诺环定	2934.99		1
四氢大麻酚，及其所有同分异构体	2932.95	多个	2
d-9-四氢大麻酚	2932.95	1972-08-3	2
四氢西泮（INN）	2933.91	10379-14-3	4
三甲氧基苯丙胺	2922.29		1
盐酸三甲氧基苯丙胺	2922.29		1
三唑仑（INN）	2933.91	28911-01-5	4
1-戊基-3-（2，2，3，3-四甲基环丙甲酰基）吲哚	2933.99		2
乙烯比妥（INN）	2933.53	2430-49-1	4
[1-（5-氟戊基）-1H-吲哚-3-基]（2，2，3，3-四甲基环 丙基）甲酮	2933.99		2
齐培丙醇（INN）	2933.55	34758-83-3	2
二盐酸齐培丙醇	2933.55		2
唑吡旦（INN）	2933.99		4
半酒石酸唑吡旦	2933.99		4

Ⅲ前体

名　称	HS 编码	CAS 编号
醋酸酐	2915.24	108－24－7
丙酮	2914.11	67－64－1
N－乙酰邻氨基苯酸	2924.23	89－52－1
a－苯乙酰乙腈（APAAN）	2926.40	4468－48－8
4－苯胺－N－苯乙基哌啶（ANPP）	2933.36	21409－26－7
邻氨基苯甲酸	2922.43	118－92－3
丁酮（甲乙酮）	2914.12	78－93－3
二乙醚	2909.11	60－29－7
麻黄碱	2939.41	299－42－3
盐酸麻黄碱	2939.41	50－98－6
硝酸麻黄碱	2939.41	81012－98－8
硫酸麻黄碱	2939.41	134－72－5
麦角新碱（INN）	2939.61	60－79－7
盐酸麦角新碱	2939.61	74283－21－9
马来氢酸麦角新碱	2939.61	129－51－1
草酸麦角新碱	2939.61	
酒石酸麦角新碱	2939.61	129－50－0
麦角胺（INN）	2939.62	113－15－5
盐酸麦角胺	2939.62	
琥珀酸麦角胺	2939.62	
酒石酸麦角胺	2939.62	379－79－3
氯化氢（盐酸）	2806.10	7647－01－0
异黄樟脑	2932.91	120－58－1
麦角酸	2939.63	82－58－6
3，4－亚甲基二氧苯基－2－丙酮	2932.92	4676－39－5
去甲麻黄碱	2939.44	14838－15－4
盐酸去甲麻黄碱	2939.44	154－41－6
N－苯乙基－4－哌啶酮（NPP）	2933.37	39742－60－4
苯丙酮（苄基甲基酮，苯丙－2－酮）	2914.31	103－79－7
苯乙酸	2916.34	103－82－2
哌啶	2933.32	110－89－4
氯金酸哌啶	2843.30	
盐酸哌啶	2933.32	6091－44－7
重酒石酸哌啶	2933.32	6091－46－9
硝酸哌啶	2933.32	6091－45－8
硝酸哌啶	2933.32	
苦味酸哌啶	2933.32	6091－49－2

铂氯酸哌啶	2843.90	
硫氰酸哌啶	2933.32	22205－64－7
胡椒醛	2932.93	120－57－0
高锰酸钾	2841.61	7722－64－7
伪麻黄碱（INN）	2939.42	90－82－4
盐酸伪麻黄碱	2939.42	345－78－8
硫酸伪麻黄碱	2939.42	7460－12－0
黄樟脑	2932.94	94－59－7
硫酸	2807.00	7664－93－9
甲苯	2902.30	108－88－3

非法生产某些管制物质的最常见前体及主要化学品表

管制物质(子目)	前体(P)主要化学品(E)(子目)	同义词	(P)或(E)及其盐(S)的CAS编号
海洛因或二乙酰码啡（2939.11）	(1)可待因(P)（2939.11）	可滴塞浦特(Codicept)	76-57-3
		可都塞浦特(Coducept)	52-28-8(S)
		7,8-二脱氢-4,5-环氧-3-甲氧基-17-甲基吗啡喃-6-醇	
		甲基吗啡碱	
		3-O-甲基吗啡碱	
		吗啡喃-6-醇,7,8-二脱氢-4,5-环氧-3-甲氧基-17-甲基	
		吗啡,3-甲醚	
		吗啡单甲醚	
	(2)吗啡(P)（2939.11）	7,8-二脱氢-4,5-环氧-17-甲基-吗啡喃-3,6-二醇	57-27-2(无水的)
		吗啡-3,6-二醇,7,8-二脱氢-4,5-环氧-17-甲基	6009-81-0(单水合的)
	(3)乙酸酐(E)（2915.24）		108-24-7
		氧化乙酸	
		乙酰化氧	
		乙酸酐	
	(4)乙酰氯(E)（2915.90）	氯化乙酰	75-36-5
	(5)亚乙基二醋酸酯(E)（2915.39）	乙酸,亚乙基酯	542-10-9
		1,1-二乙酰氧基乙烷	
可卡因或甲基苯甲酰芽子碱			

管制物质(子目)	前体(P)主要化学品(E)(子目)	同义词	(P)或(E)及其盐(S)的CAS编号
（2939.72）	(1)丙酮(E)（2914.11）	2-丙酮	
		二甲基甲酮	67-64-1
		β-酮丙烷	
		焦木醚	
		丙-2-酮	
	(2)二乙醚(E)（2909.11）	乙醚	60-29-7
		醚	
		乙氧基乙烷	
		二乙基醚	
		麻醉醚	
	(3)甲基乙基酮(MEK)(E)（2914.12）	丁酮	78-93-3
麦角酰二乙胺(INN)或N,N-二乙基麦角酰（2939.69）	(1)麦角胺(INN)(P)（2939.62）	5′-苯基-12-′-羟基-2′-甲基麦角烷-3′,6′,18-三酮	113-15-5 379-79-3(S)
		麦角烷-3′,6′,18-三酮,12′-羟基-2′-甲基-5′-(苯基甲基)	
		12′-羟基-2′-甲基-5′-(苯基甲基)麦角烷-3′,6,18-三酮	
		吲哚并(4-3-fg)喹啉，麦角烷-3′,6′,18-三酮衍生物	
		8H-噁唑并(3,2-a)吡咯(2,1-c)吡嗪，麦角烷-3′6′,18-三酮衍生物	

管制物质(子目)	前体(P)主要化学品(E)(子目)	同义词	(P)或(E)及其盐(S)的CAS编号
		N-〔5-(苄基-10b-羟基)-2-甲基-3,6-二氧代全氢化噁唑并(3,2-a)-吡咯并(2,1-c)-吡嗪-2-基〕-D-麦角酰胺	
		乙磺酸麦角毒	
		酒石酸麦角胺	
		麦角甾烷	
		麦角胺酒石酸氢盐	
		麦角胺酒石酸盐(2：1)(S)	
		麦角烷-3′,6′,18-三酮,12′-羟基-2′-甲基-5′-(苯基-甲基)-,-2,3-二羟基-丁二酸盐(2：1)(S)	
		新麦角碱	
		里格他命(Rigetamin)	
		麦角精(Secagyn)	
		麦角平(Secapan)	
	(2)麦角酰胺(P)（2939.69）	9,10-二脱氢-6-甲基麦角灵-8-羧酸酰胺	478-94-4
		麦碱	
		麦角宁-8-羧酸酰胺,9,10-二脱氢-6-甲基	
		吲哚并(4,3-fg)喹啉,麦角宁-8-羧酸酰胺衍生物	
	(3)麦角酸(P)（2939.63）	麦角宁-8-羧酸,9,10-二脱氢-6-甲基	82-58-6

管制物质(子目)	前体(P)主要化学品(E)(子目)	同义词	(P)或(E)及其盐(S)的CAS编号
		吲哚并(4,3-fg)喹啉,麦角宁-8-羧酸衍生物	
		4,6,6a,7,8,9-六氢化-7-甲基吲哚并〔4,3-fg〕喹啉-9-羧酸	
		9,10-二脱氢-6-甲基麦角宁-8-羧酸	
	(4)6-甲基烟酸甲酯(P)（2933.39）	6-甲基吡啶-3-羧酸甲酯	5470-70-2
		6-甲基烟酸甲酯	
		烟酸,6-甲基-,甲酯	
		3-吡啶羧酸,6-甲基,甲酯	
	(5)麦角新碱(INN)(P)（2939.61）	麦角诺文	60-79-7
		麦角巴生宁	
		麦角妥生	
		麦角甾春	
		9,10-二脱氢-N-(2-羟基-1-甲基乙基)-6-甲基麦角宁-8-羧酸酰胺	60-79-7
		N-(2-羟基-1-甲基-乙基)-麦角酰胺	
		麦角酸,2-丙醇酰胺	
		麦角酸,2-羟基-1-甲基乙基酰胺	
		羟基丙基麦角酰胺	
		酒石酸麦角新碱	129-50-0(S)

管制物质(子目)	前体(P)主要化学品(E)(子目)	同义词	(P)或(E)及其盐(S)的CAS编号
		酒石酸麦角新胺	
		马来酸麦角新碱	129-51-1(S)
苯异丙胺(INN)或 α-甲基苯乙胺（2921.43）	(1)烯丙基苯(P)（2902.90）	3-苯基丙-1-烯	300-57-2
	(2)苯丙酮(P)（2914.31）	P-2-P	103-79-7
		苯丙烷-2-酮	
		1-苯基-2-氧代丙烷	
		苯基甲基酮	
		BMK	
	(3)阿苯碱(INN)(P)（2939.43）	去甲伪麻黄碱	37577-07-04
		埃地浦西丁 N (Adiposetten N)	36393-56-3
		2-氨基-1-羟基-1-苯丙烷	492-39-7
		2-氨基-2-甲基-1-苯乙醇	
		2-氨基-1-苯基丙-1-醇	
		苯甲醇, α -(1-氨乙基)	
		E 50	
		伊浦西特(Exponcit)	
		福高-特浦特(Fugoa-Depot)	
		阿拉伯茶碱	
		美尼斯卡浦 M.D.(Miniscap M.D.）	

管制物质(子目)	前体(P)主要化学品(E)(子目)	同义词	(P)或(E)及其盐(S)的CAS编号
		美纽辛(Minusin)	
		降异麻黄碱	
		1-苯基-2-氨基丙-1-醇	
		苯基丙醇胺	
		假原麻黄素	
		雷都风(Reduform)	
	(4)苯乙酸(P)（2916.34）	苯乙酸	103-82-2
		α-甲苯甲酸	
	(5)甲酰胺(P)（2924.19）	甲酰胺	75-12-7
		氨基甲醛	
	(6)苯甲醛(P)（2912.21）	苯甲醛	100-52-7
	(7)甲酸铵(E)（2915.12）		540-69-2
	(8)硝基乙烷(E)（2904.20）		79-24-3
	(9)氯化羟铵(E)（2825.10）	羟胺盐酸盐	5470-11-1
		盐酸羟胺	
	(10)反式-β-甲基苯乙烯(P)（2902.90）	1-苯基丙烯	873-66-5
		丙-1-烯基苯	
亚甲基-二氧基苯异丙胺或MDA或α-甲基-3,4-亚甲基-二氧苯乙胺（2932.99）	(1)胡椒醛(P)（2932.93）	1,3-苯并间二氧杂环戊烯-5-甲醛	120-57-0

管制物质(子目)	前体(P)主要化学品(E)(子目)	同义词	(P)或(E)及其盐(S)的CAS 编号
		原儿茶醛,亚甲基醚	
		3,4-(亚甲基二氧基)-苯甲醛	
		天芥菜精	
		胡椒基醛	
		二氧代亚甲基原儿茶醛	
	(2)黄樟脑(P)（2932.94）	5-烯丙基-1,3-苯并间二氧杂环戊烯	94-59-7
		1,2-亚甲基二氧-4-丙烯-2-基苯	
		5-丙烯-2-基-1,3-苯并间二氧杂环戊烯	
	(3)异黄樟脑(P)（2932.91）	5-丙烯-1-基-1,3-苯并间二氧杂环戊烯	120-58-1
		1,2-亚甲基二氧-4-丙烯-1-基苯	
	(4)硝基乙烷(E)（2904.20）		79-24-3
	(5)1-(1,3-苯并间二氧杂环戊烯-5-基)丙烷-2-酮(P)（2932.92）	3,4-亚甲基二氧代苯丙酮	4676-39-5
		3,4-亚甲基二氧代苯基丙-2-酮	
	(6)甲酸铵(E)（2915.12）		540-69-2
	(7)氯化羟铵(E)（2825.10）	羟胺盐酸盐	5470-11-1
		盐酸羟胺	
	(8)甲酰胺(E)（2924.19）		75-12-7

管制物质(子目)	前体(P)主要化学品(E)(子目)	同义词	(P)或(E)及其盐(S)的 CAS 编号
		氨基甲醛	
甲基苯丙酮（INN）或 2-甲氨基-1-苯基丙烷或去氧麻黄碱（2939.45）	(1)苯丙酮(P)（2914.31）	P-2-P	103-79-7
		苯丙烷-2-酮	
		1-苯基-2-氧代丙烷	
		苄基甲基酮	
		BMK	
	(2)N-甲基-甲酰胺(P)（2924.19）	甲基甲酰胺	123-39-7
	(3)苄基氯(P)（2903.69）	氯代甲基苯	100-44-7
		α-氯代甲基苯	
	(4)麻黄碱(P)（2939.41）	1-苯基-1-羟基-2-甲基氨基丙烷	299-42-3
		2-甲氨基-1-苯基丙-1-醇	
	(5)甲胺(P)（2921.11）	氨基甲烷	74-89-5
		单甲基胺	
	(6)苯乙酸(P)（2916.34）		103-82-2
		α-甲苯甲酸	
	(7)苯甲醛(P)（2912.21）		100-52-7
亚甲基-二氧代脱氧麻黄碱或 MDMA 或 α-甲基-3,4-亚甲基-二氧苯-(甲基)胺或 XTC（2932.99）	(1)甲胺(E)（2921.11）	氨基甲烷	74-89-5
		单甲基胺	

管制物质(子目)	前体(P)主要化学品(E)(子目)	同义词	(P)或(E)及其盐(S)的CAS 编号
	(2)胡椒醛(P) （2932.93）	1,3-苯并间二氧杂环戊烯-5-甲醛	120-57-0
		原儿茶醛,亚甲醚	
		3,4-(亚甲基二氧代)-苯甲醛	
		天芥菜精	
		胡椒基醛	
		二氧代亚甲基原儿茶醛	
	(3)黄樟脑(P) （2932.94）	5-烯丙基-1,3-苯并间二氧杂环戊烯	94-59-7
		1,2-亚甲基二氧代-4-丙烯-2-基苯	
		5-丙烯-2-基-1,3-苯并间二氧杂环戊烯	
	(4)异黄樟脑(P) （2932.91）	5-丙烯-1-基-1,3-苯并间二氧杂环戊烯	120-58-1
		1,2-亚甲基二氧代-4-丙烯-1-基苯	
	(5)硝基乙烷(E) （2904.20）		79-24-3
	(6)1-(1,3-苯并间二氧杂环烯-5-基）丙烷-2-酮(P) （2932.90）	3,4-亚甲基二氧代苯基丙酮	4676-39-5
		3,4-亚甲基二氧代苯基丙-2-酮	

管制物质(子目)	前体(P)主要化学品(E)(子目)	同义词	(P)或(E)及其盐(S)的 CAS 编号
安眠酮(INN)或 2-甲基-3-邻甲苯基-4-(3H)-喹唑啉酮（2933.55）	(1)氨茴酸(P)（2922.43）	邻氨基苯甲酸	118-92-3
		2-氨基苯甲酸	
	(2)邻甲苯胺(P)（2921.43）	邻氨基甲苯	95-53-4
		2-氨基甲苯	
	(3)邻硝基甲苯(P)（2904.20）	1-甲基-2-硝基苯 2-硝基甲苯	88-72-2
	(4)乙酸酐(E)（2915.24）	醋酸酐	108-24-7
		氧化乙酰	
		乙酰化氧	
	(5)2-甲基-1,3-苯噁唑(P)（2934.99）		95-21-6
	(6)2-乙酰氨基苯甲酸(P)（2924.23）	2-乙酰氨基苯甲酸	89-52-1
		邻-乙酰氨基苯甲酸	
		N-乙酰氨茴酸	
墨斯卡灵或 3,4,5-甲氧基苯乙胺（2939.79）	(1)3,4,5-三甲氧基苯甲醛(P)（2912.49）	3,4,5-三甲氧基甲酰苯	86-81-7
	（2）3,4,5-三甲氧基苯甲酸（P）（2918.99）	棓酸，三甲基	118-41-2
	（3）3,4,5-甲氧基苯甲酰氯（P）（2918.99）		4521-61-3
	(4)3,4,5-三甲氧基苄醇(P)		3840-31-1

管制物质(子目)	前体(P)主要化学品(E)(子目)	同义词	(P)或(E)及其盐(S)的CAS编号
	（2909.49）		
	(5)硝基甲烷(E)（2904.20）		75-52-5
苯环己哌啶(INN)或 PCP 或 1-(1-苯基环己基)-哌啶（2939.33）	(1)哌啶(P)（2933.32）	六氢吡啶	110-89-4
		五甲亚胺	
	(2)环己酮(P)（2914.22）	环己酮	108-94-1
		氧化环己烷	
		海特罗(Hytrol o)	
		环己醇	
		纳顿(Nadone)	
	(3)溴苯(P)（2903.69）	单溴代苯	108-86-1
		苯基溴	

在第二十九章注释中述及的某些产品的化学结构

页码	品目	段落			注释描述	化学结构
	总注释	七、			酯类、盐类、配位化合物及某些卤化物的归类	
			（一）		酯类	
285				1.		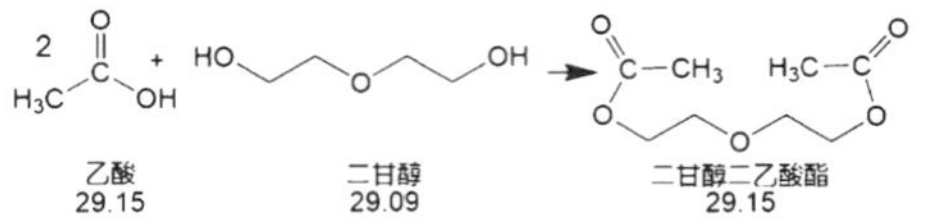
				2.		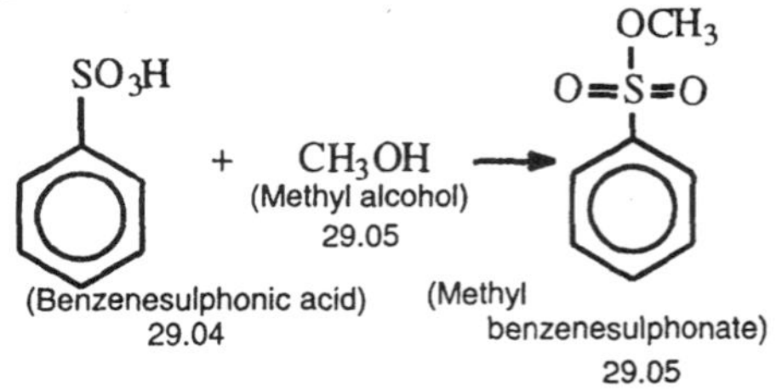 苯磺酸(29.04)+甲醇(29.05)→苯磺酸甲酯(29.05)
				3.		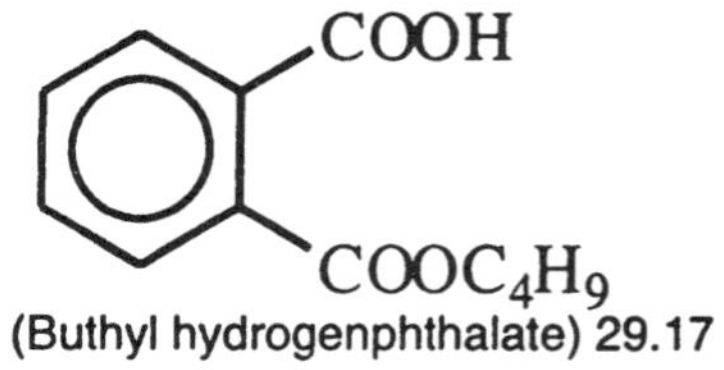 邻苯二甲酸一丁酯(29.17)
				4.		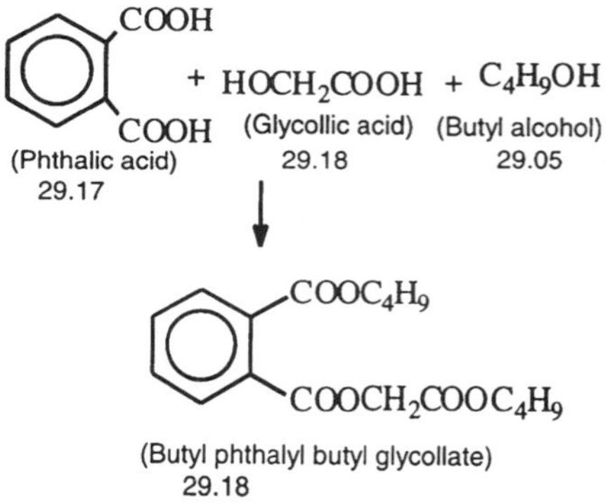 邻苯二甲酸(29.17)+乙醇酸(29.18)+丁醇(29.05)→ 丁基苯二甲酰乙醇酸丁酯(29.18)
						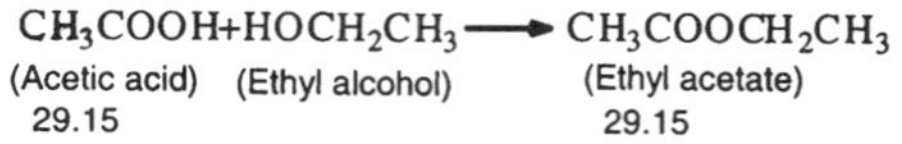 乙酸(29.15)+乙醇(29.15)→乙酸乙酯(29.15)
			（二）		盐类	

页码	品目	段落			注释描述	化学结构
(285)				1. (1)		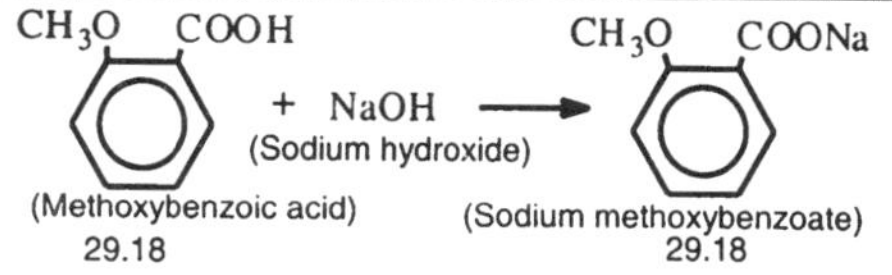 甲氧基苯甲酸(29.18)+氢氧化钠→甲氧基苯甲酸钠(29.18)
						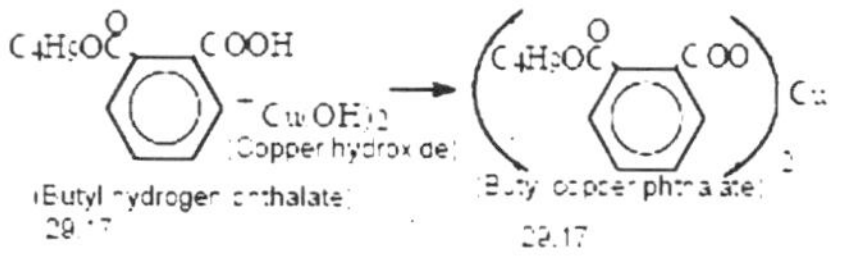 邻苯二甲酸一丁酯(29.17)+氢氧化铜→邻苯二甲酸正丁酯铜
				1. (2)		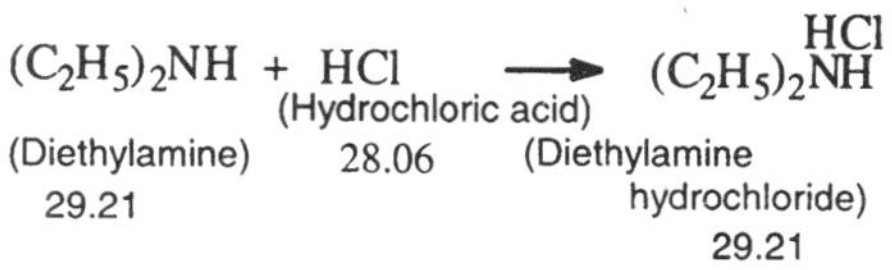 乙二胺(29.21)+盐酸(28.06)→盐酸乙二胺(29.21)
				2. (1)		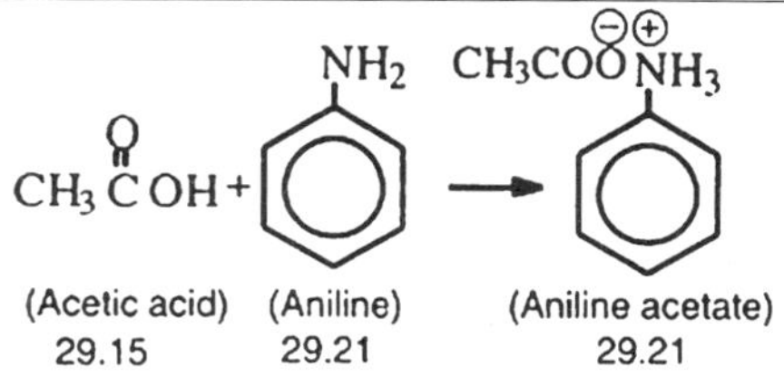 乙酸(29.15)+苯胺(29.21)→乙酸苯胺(29.21)
				2. (2)		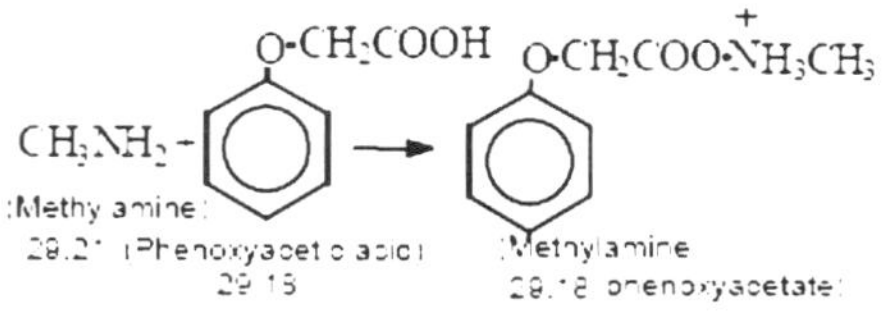 甲胺(29.21)+苯氧基乙酸(29.18)→苯氧基乙酸甲胺(29.18)
286			(四)		羧酸的卤化物(异丁酰氯：29.15)	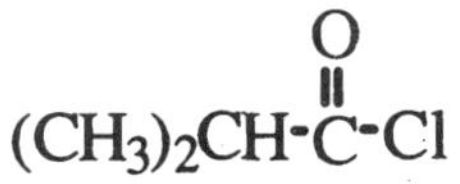
	29.02				环烃	
		二、			环萜烯	
291			(三)		柠檬烯	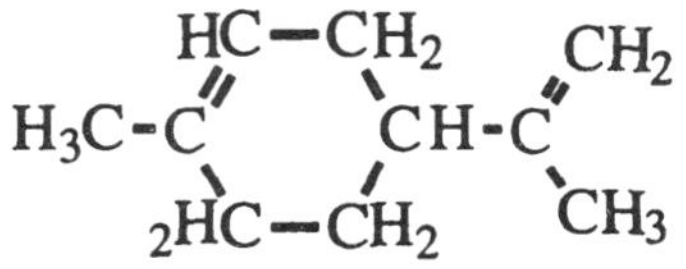
		三、			芳香烃	
			(一)	3.	邻二甲苯	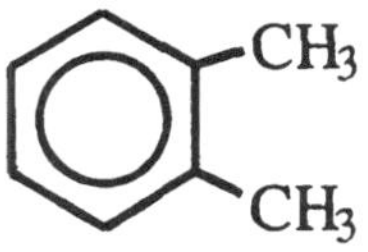

页码	品目	段落			注释描述	化学结构
(291)				4. (1)	苯乙烯	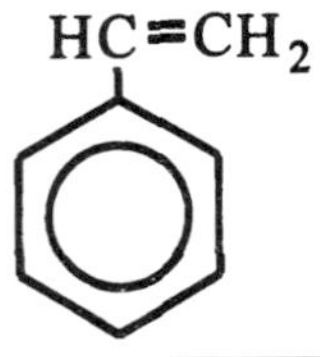
				4. (4)	对甲基异丙基苯	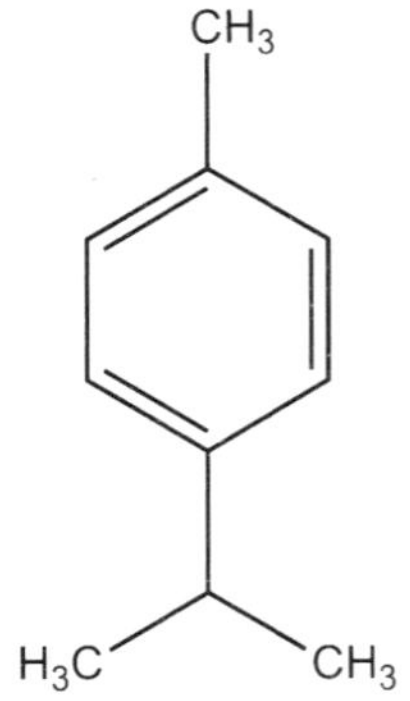
	29.03				烃的卤化衍生物	
		八、			芳香烃的卤化衍生物	
295			（六）		DDT(ISO)［滴滴涕（INN）,1,1,1-三氯－2,2－二（对氯苯基）乙烷或二氯二苯基三氯乙烷］	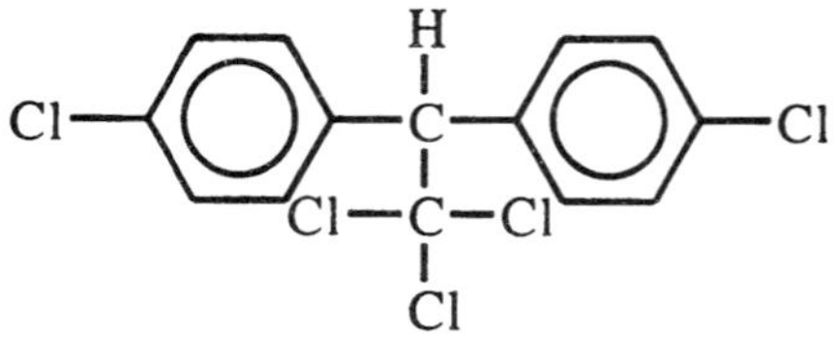
			（十一）		2,2′,4,4′,5,5′-六溴联苯	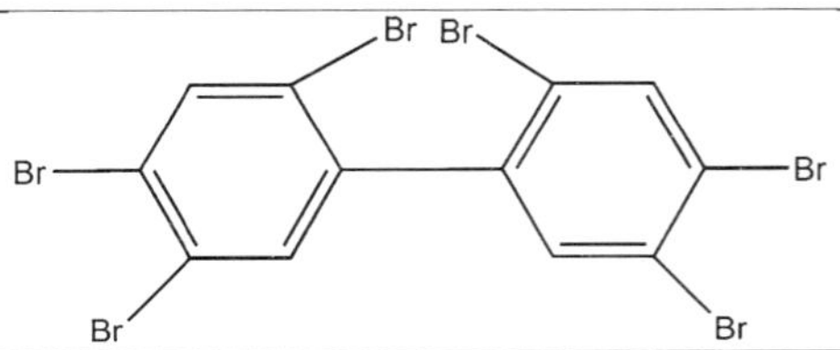
	29.04				烃的磺化、硝化或亚硝化衍生物，不论是否卤化	
		一、			磺化衍生物	
296			（一）	1.	乙烯磺酸	$CH_2{=}CHSO_3H$
		二、			硝化衍生物	
			（一）	4.	三硝基甲烷	$CH(NO_2)_3$
		三、			亚硝化衍生物	
296			（二）		亚硝基甲苯	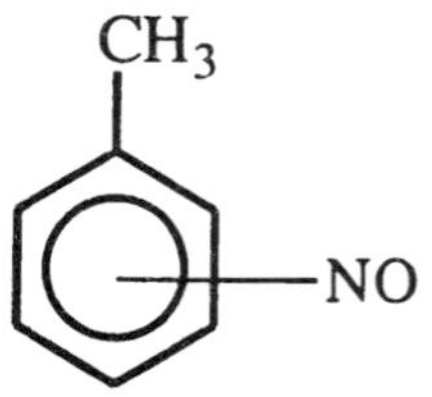
		四、			卤磺化衍生物	

页码	品目	段落			注释描述	化学结构
(297)			(一)		氯代苯磺酸	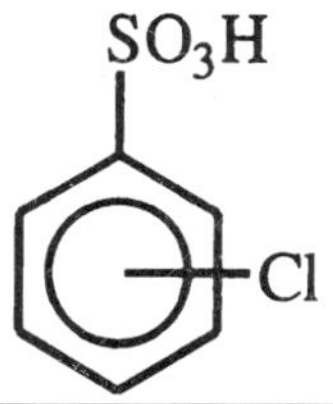
			(五)		全氟辛基磺酸(PFOS)	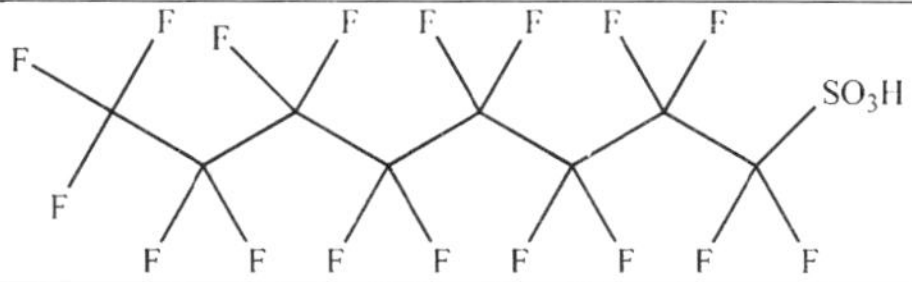
	29.05				无环醇及其卤化、磺化、硝化或亚硝化衍生物	
		二、			不饱和一元醇	
299			(一)		烯丙醇	$H_2C{=}CHCH_2OH$
		三、			二元醇及其他多元醇	
			(二)	4.	甘露糖醇	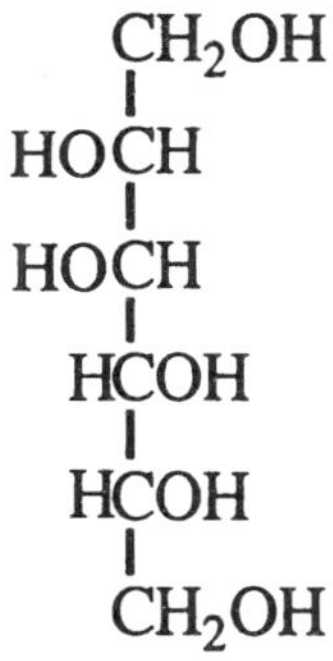
	29.06				环醇及其卤化、磺化、硝化或亚硝化衍生物	
		一、			环烷醇、环烯醇、环萜烯醇及其卤化、磺化、硝化或亚硝化衍生物	
300			(一)		薄荷醇	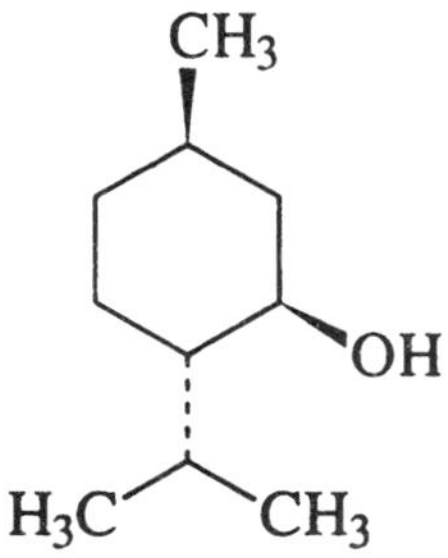
	29.07				酚、酚醇	
		一、			单环一元酚	

页码	品目	段落			注释描述	化学结构
301			（二）		甲(苯)酚	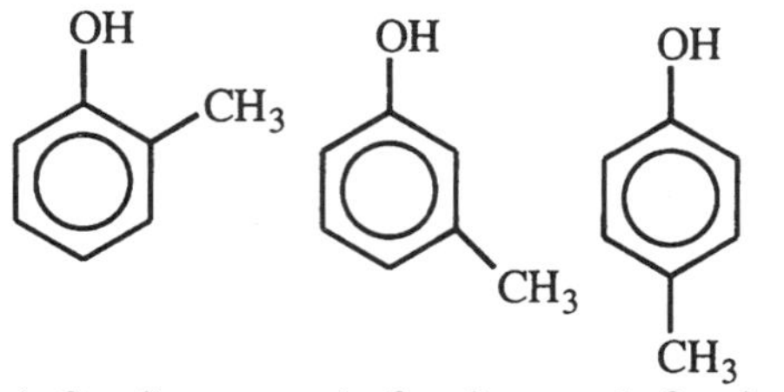 (o-Cresol) (m-Cresol) (p-Cresol)
		二、			多环一元酚	
302			（一）		萘酚	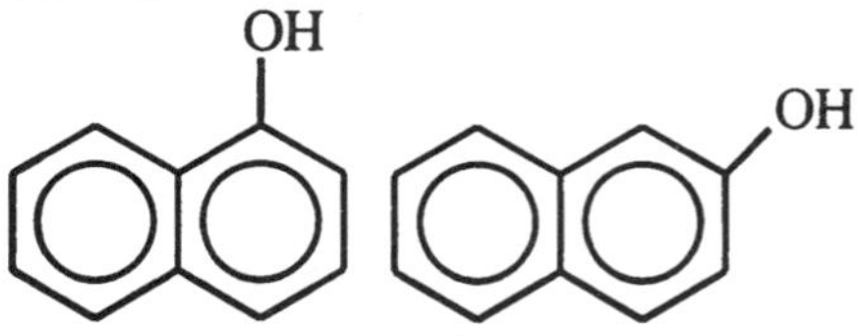 (α-Naphthol) (β-Naphthol)
		三、			多元酚	
			（一）		间苯二酚	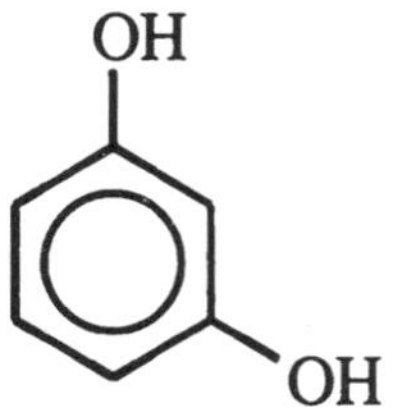
			（三）		双酚A	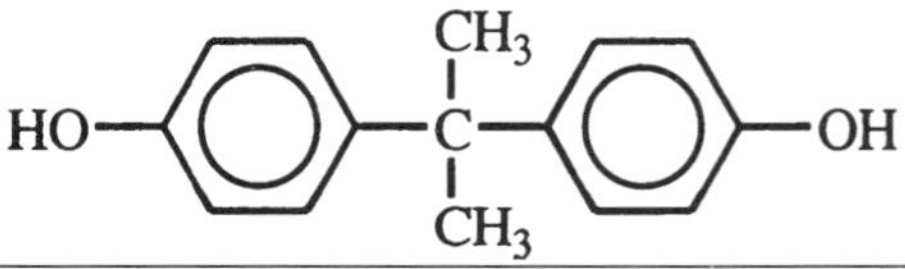
	29.09				醚、醚醇、醚酚、醚醇酚、过氧化醇、过氧化醚、过氧化酮(不论是否已有化学定义)及其卤化、磺化、硝化或亚硝化衍生物	
		三、			醚酚及醚醇酚	
305			（一）		愈创木酚	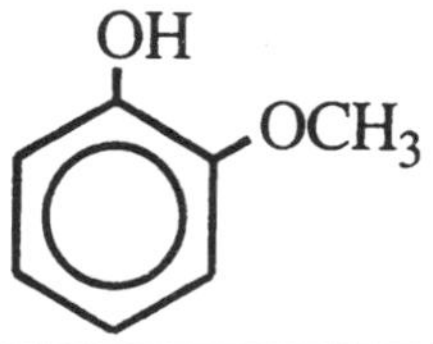
		四、			过氧化醇、过氧化醚、过氧化酮	
					过氧化酮(过氧化环己酮)	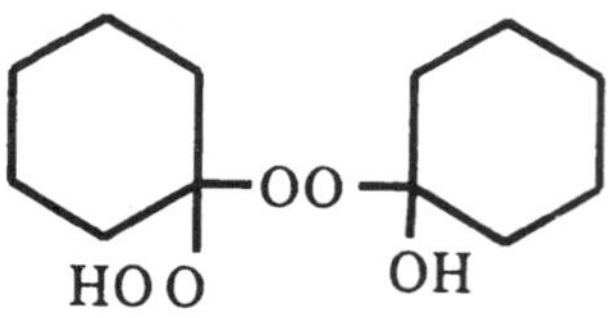

页码	品目	段落			注释描述	化学结构
					1,1-二(叔丁基过氧化)环己烷	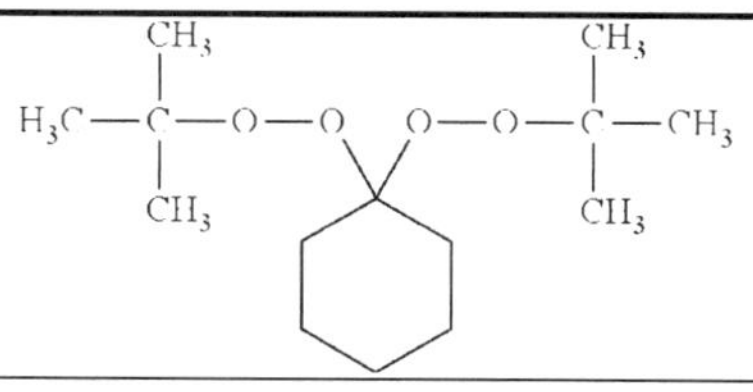
	29.10				三节环环氧化物、环氧醇、环氧酚、环氧醚及其卤化、磺化、硝化或亚硝化衍生物	
306		一、			环氧乙烷	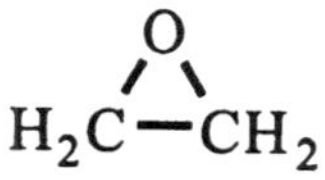
	29.11				缩醛及半缩醛，不论是否含有其他含氧基，及其卤化、磺化、硝化或亚硝化衍生物	
306		一、			缩醛及半缩醛	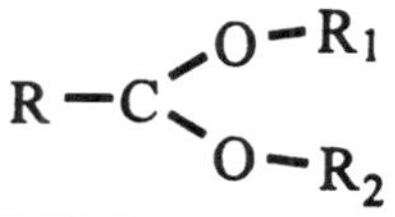 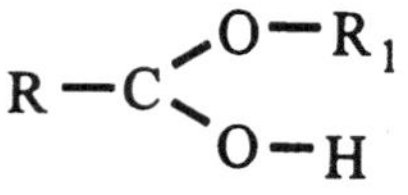
	29.12				醛，不论是否含有其他含氧基，环聚醛；多聚甲醛	
307		一、			醛	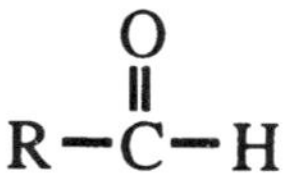
308			（四）	1.	苯甲醛	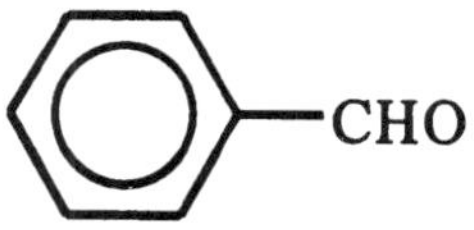
		二、			醛醚、醛酚及含有其他含氧基的醛	
			（四）		香草醛	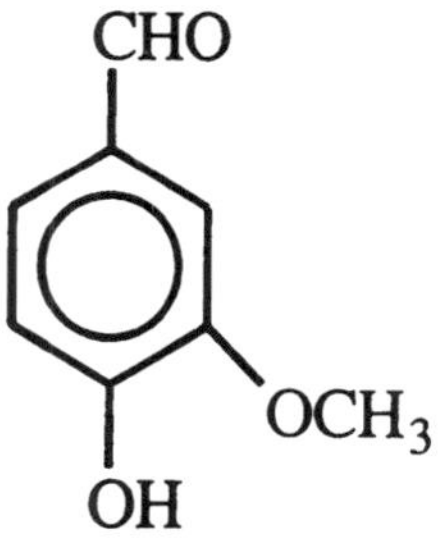
		三、			醛的环状聚合物	
308			（一）		三噁烷	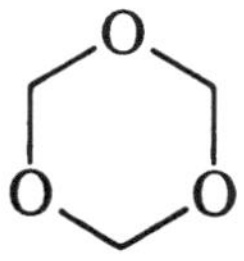
	29.14				酮及醌，不论是否含有其他含氧基，及其卤	

页码	品目	段落			注释描述	化学结构
					化、磺化、硝化或亚硝化衍生物	
310		一、			酮	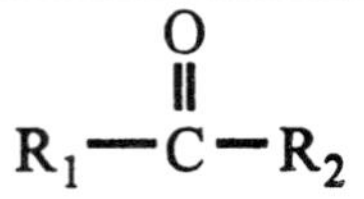
				8	丁二酮	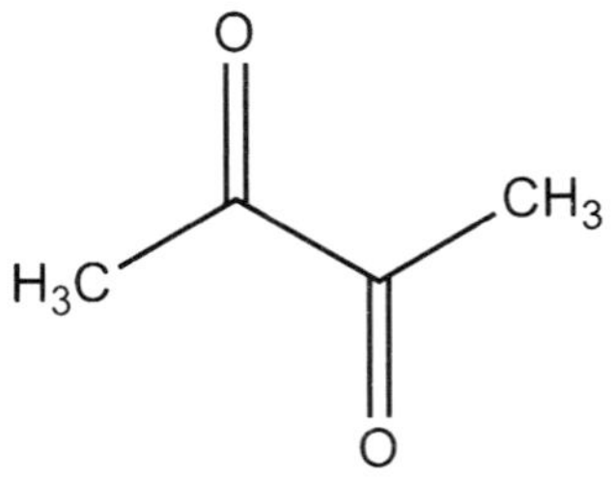
				9	乙酰丙酮	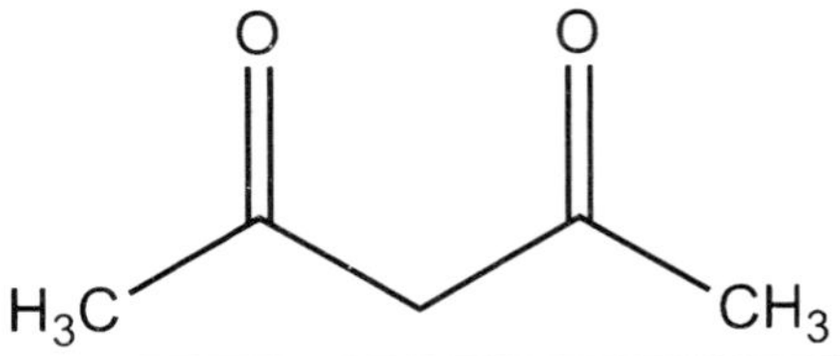
				10	丙酮基丙酮	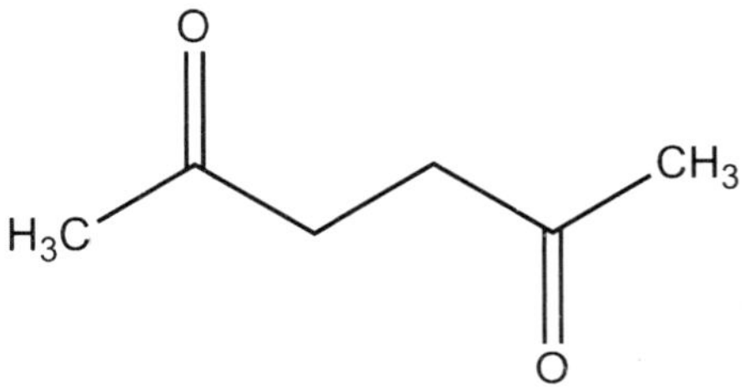
			（二）	1.	樟脑	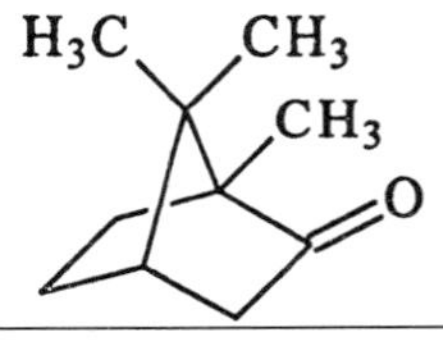
		五、			醌	
311			（一）		蒽醌	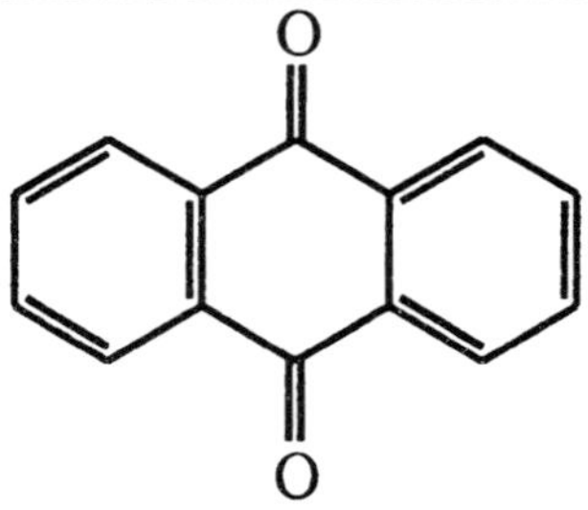
		六、			醌醇、醌酚、醌醛及其他含氧基的醌	

页码	品目	段落			注释描述	化学结构
			（四）		辅酶 Q10（癸烯醌(INN)）	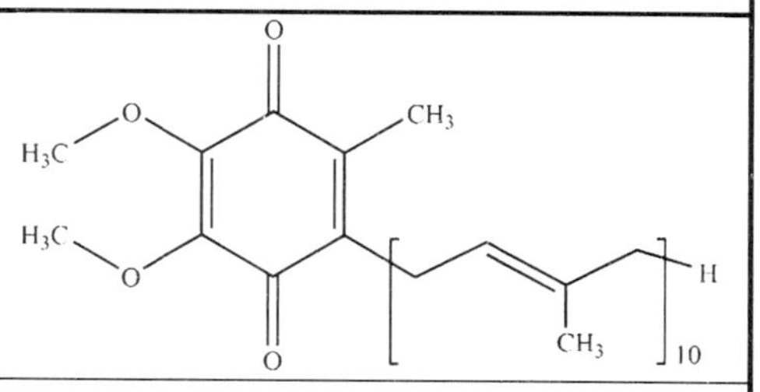
	29.15				饱和无环一元羧酸及其酸酐、酰卤化物、过氧化物和过氧酸以及它们的卤化、磺化、硝化或亚硝化衍生物	
314		三、			羧酸的过氧化物	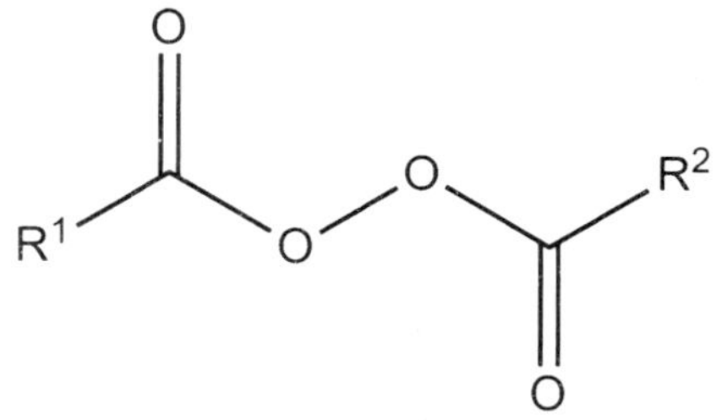
		五、	（一）		正丁酸	$CH_3CH_2CH_2COOH$
	29.16				不饱和无环一元羧酸、环一元羧酸及其酸酐、酰卤化物、过氧化物和过氧酸以及它们的卤化、磺化、硝化或亚硝化衍生物	
		一、			不饱和无环一元羧酸及其盐、酯和其他衍生物	
316			（一）		丙烯酸	$CH_2{=}CHCOOH$
		三、			芳香族饱和一元羧酸及其盐、酯和其他衍生物	
			（一）		苯甲酸	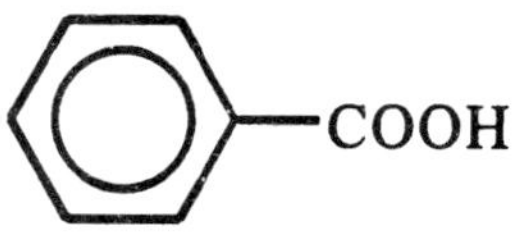
				1.	过氧化苯甲酰	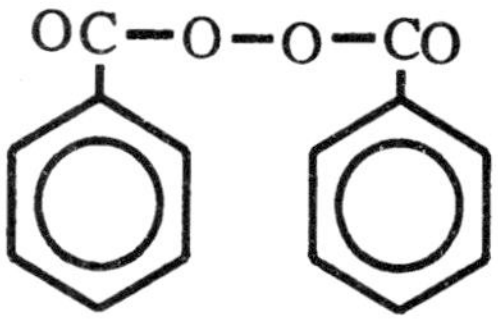
				2.	苯甲酰氯	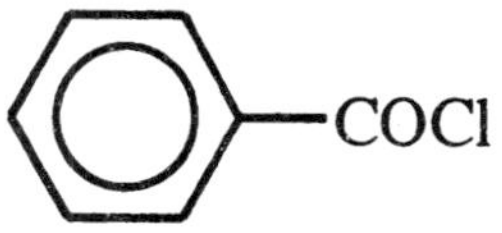

页码	品目	段落			注释描述	化学结构
	29.17				多元羧酸及其酸酐、酰卤化物、过氧化物和过氧酸以及它们的卤化、磺化、硝化或亚硝化衍生物	
		一、			无环多元羧酸及其酯、盐和其他衍生物	
318			（三）		壬二酸	$HOOC(CH_2)_7COOH$
			（五）		马来酐	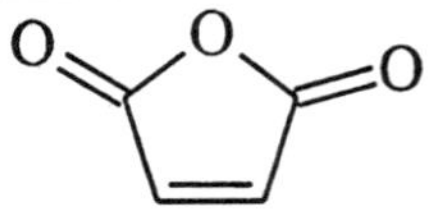
		三、			芳香族多元羧酸及其酯、盐和其他衍生物	
			（一）		邻苯二甲酸酐	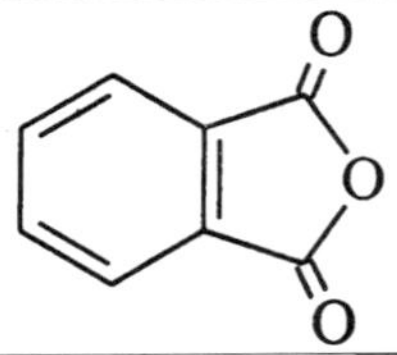
			（二）		对苯二甲酸	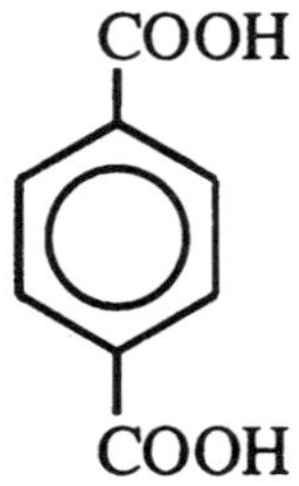
	29.18				含附加含氧基的羧酸及其酸酐、酰卤化物、过氧化物和过氧酸以及它们的卤化、磺化、硝化或亚硝化衍生物	
		一、			含醇基的羧酸及其酯、盐和其他衍生物	
320			（三）		柠檬酸	CH_2COOH | $C(OH)COOH$ | CH_2COOH
			（六）		苯乙醇酸	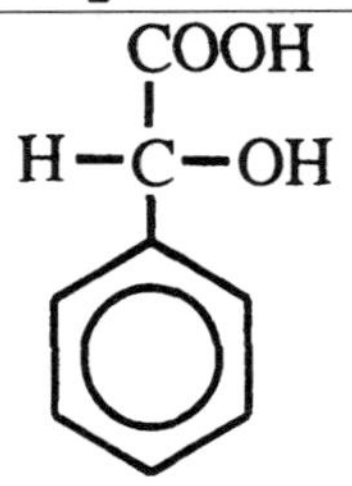

页码	品目	段落			注释描述	化学结构
			(八)		2,2-二苯基-2-羟基乙酸(二苯基乙醇酸)	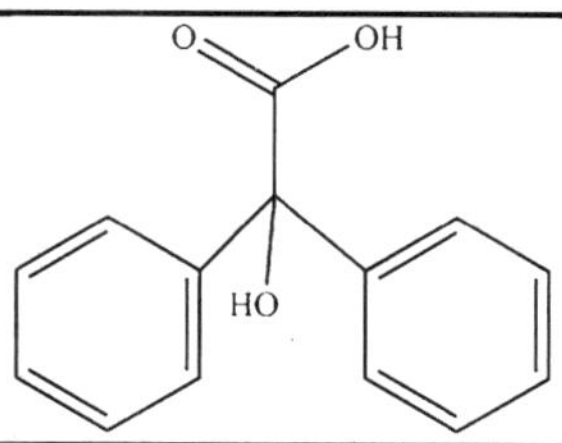
		二、			含酚基的羧酸及其酯、盐和其他衍生物	
320			(一)		水杨酸	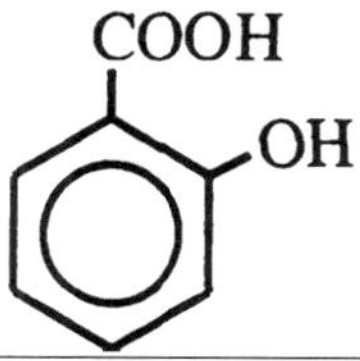
321	29.19				磷酸酯及其盐,包括乳磷酸盐,以及它们的卤化、磺化、硝化或亚硝化衍生物	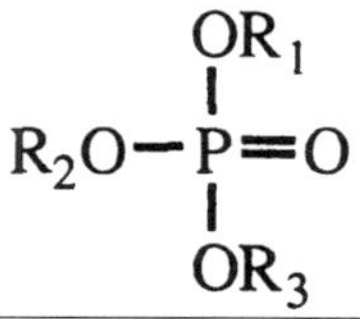
		三、			磷酸三丁酯	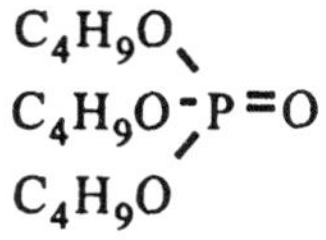
	29.20				其他无机酸酯(不包括卤化氢的酯)及其盐以及它们的卤化、磺化、硝化或亚硝化衍生物	
		一、			硫代磷酸酯	
322		二、			亚磷酸酯及其盐	
					亚磷酸二甲酯	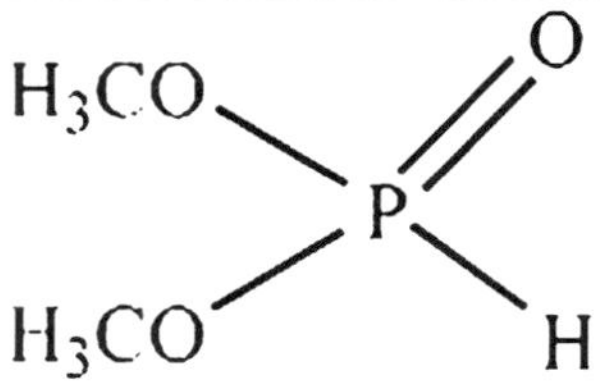
					O,O-二丁基硫代磷酸钠	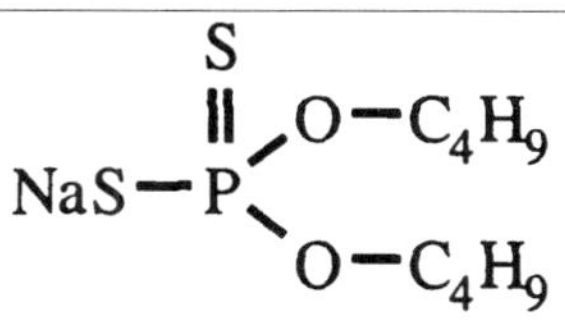
		四、			亚硝酸酯及硝酸酯	
					亚硝酸甲酯	CH_3ONO
					硝化甘油	CH_2ONO_2 | $CHONO_2$ | CH_2ONO_2
		五、			碳酸酯、过碳酸酯及其盐	

页码	品目	段落			注释描述	化学结构
			（一）		碳酸二愈创木酯	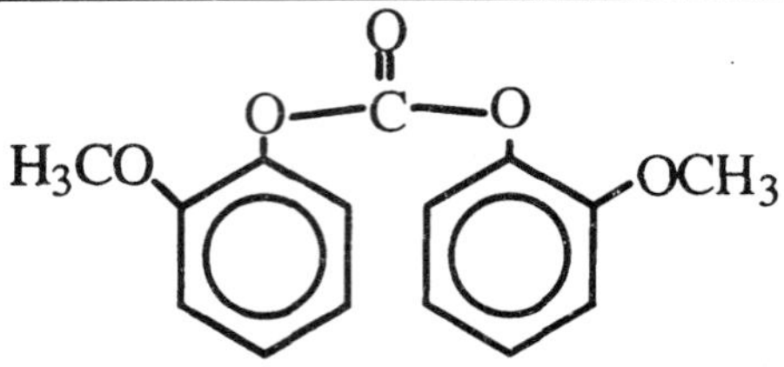
		六、			硅酸酯及其盐	
（323）					硅酸四乙酯	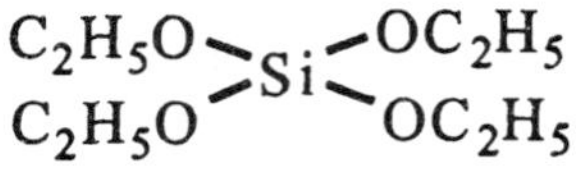
323	29.21				氨基化合物	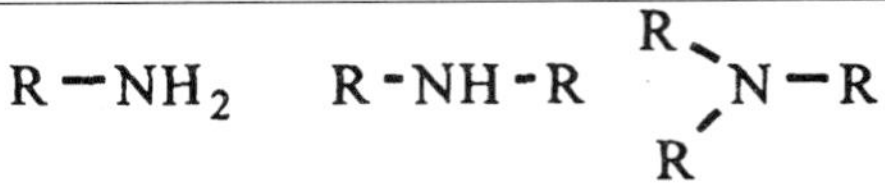
		一、			无环一元胺及其衍生物和它们的盐	
324			（四）		乙胺	$CH_3–CH_2–NH_2$
		二、			无环多元胺及其衍生物和它们的盐	
			（二）		六亚甲基二胺	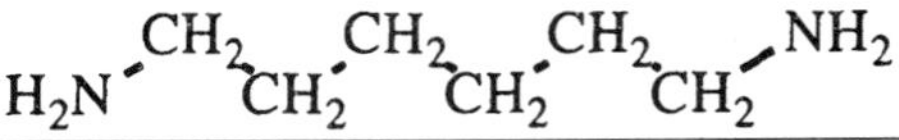
		四、			芳香族一元胺及其衍生物和它们的盐	
			（一）		苯胺	
			（二）		甲苯胺	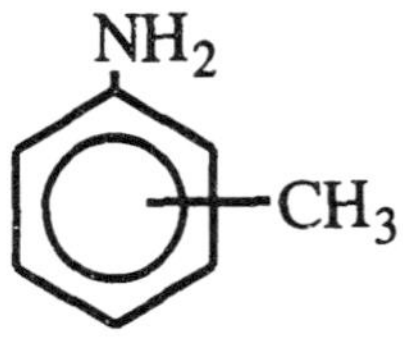
			（四）		1-萘胺	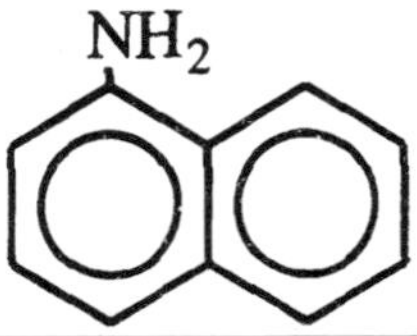
		五、			芳香族多元胺及其衍生物和它们的盐	
			（一）		苯二胺	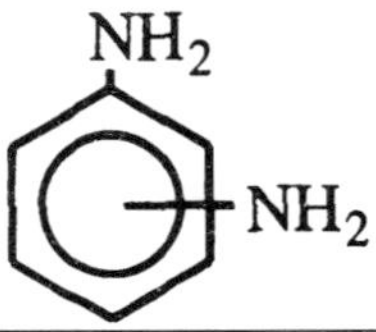
	29.22				含氧基氨基化合物	
		一、			氨基醇及其醚和酯以及它们的盐	

页码	品目	段落			注释描述	化学结构
326			（一）		单乙醇胺	$H_2N-CH_2CH_2OH$
		二、			氨基萘酚和其他氨基酚及其醚和酯以及它们的盐	
（327）			（一）		氨基羟基萘磺酸	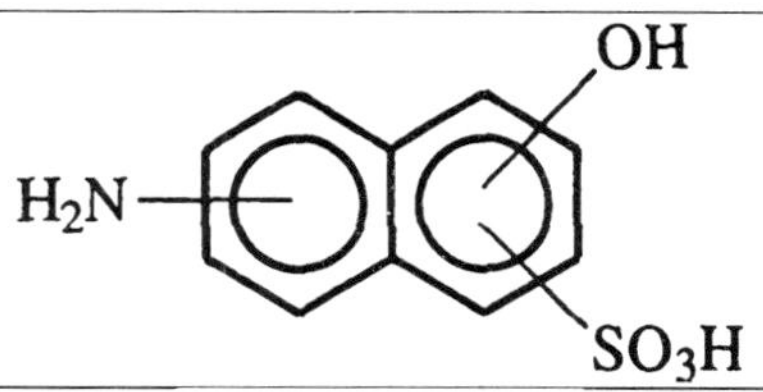
327			（四）	1.	茴香胺	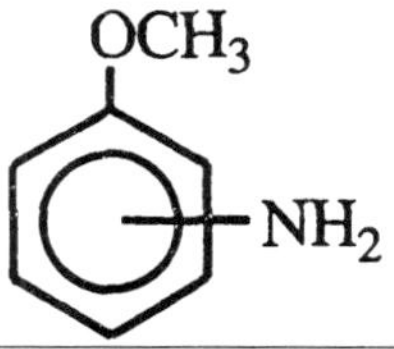
				2.	联茴香胺	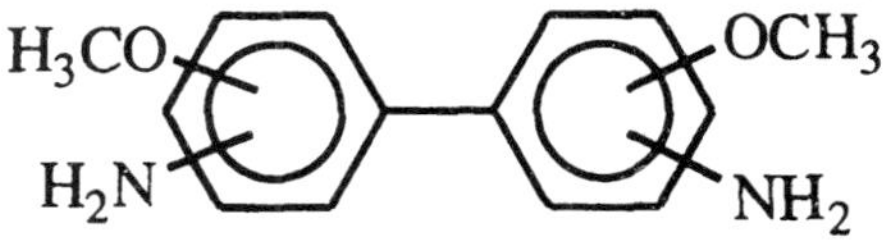
		四、			氨基酸及其酯以及它们的盐	
			（一）		赖氨酸	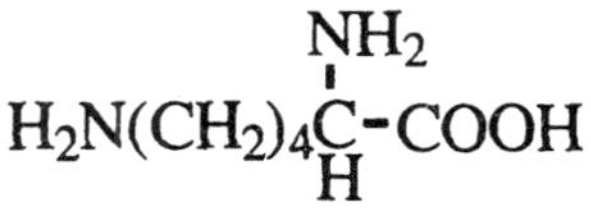
	29.23				季铵盐及季铵碱；卵磷脂及其他磷氨基类脂	
329		一、			胆碱(氢氧化胆碱)	$[(CH_3)_3\overset{\oplus}{N}CH_2CH_2OH]\overset{\ominus}{O}H$
		二、			卵磷脂	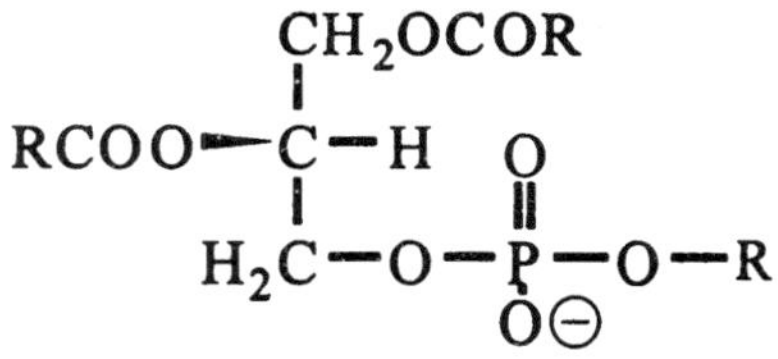
	29.24				羧基酰胺基化合物；碳酸酰胺基化合物	
		二、			环酰胺	
330			（一）	2.	二乙基二苯脲	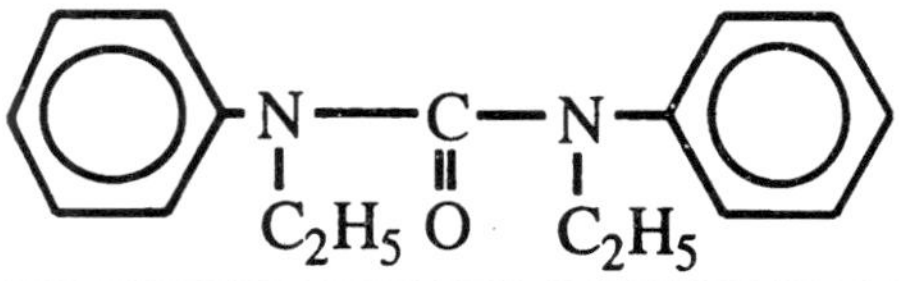
	29.25				羧基酰亚胺化合物(包括糖精及其盐)及亚胺基化合物	
		一、			酰亚胺类	

页码	品目	段落			注释描述	化学结构
331			（一）		糖精	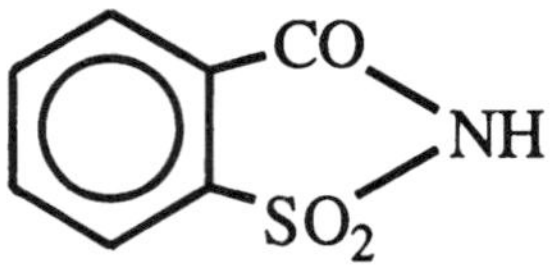
		二、			亚胺类	
331			（一）		胍	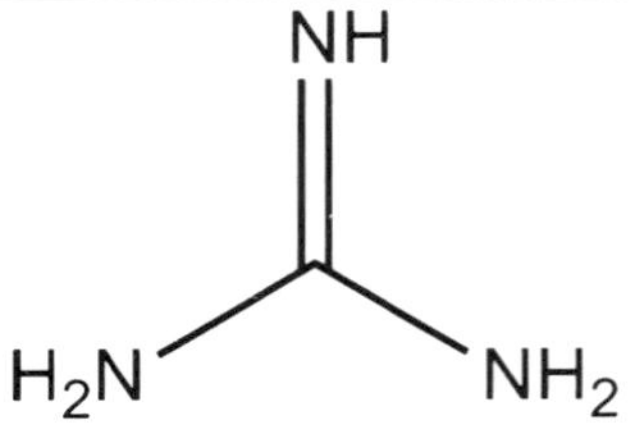
			（一）	1.	二苯胍	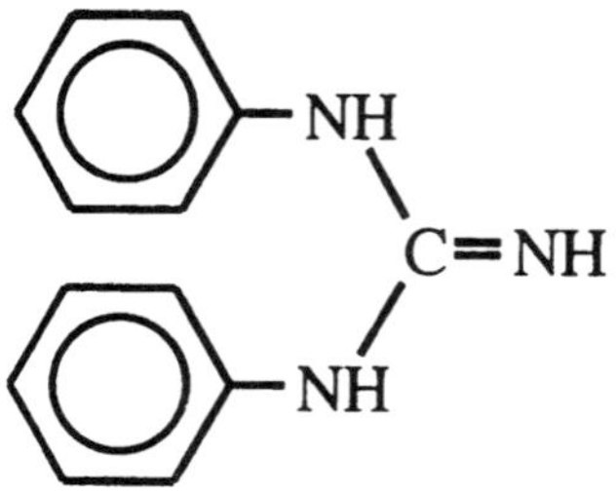
			（三）		亚胺醚类	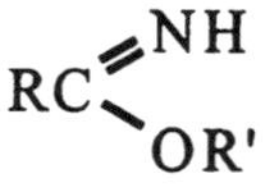
	29.26				腈基化合物	
332		一、			丙烯腈	$CH_2{=}CHCN$
		二、			1-腈基胍	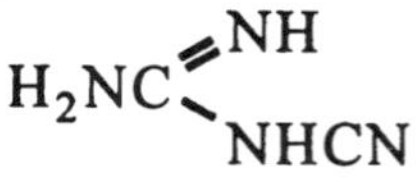
332		十九、			α-苯基乙酰基乙腈（APAAN）	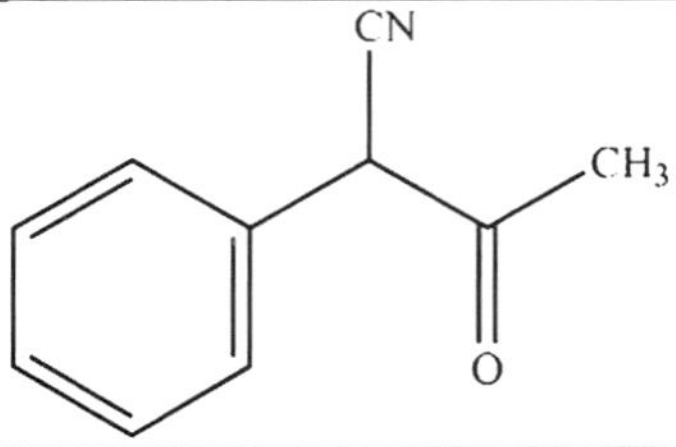
	29.27				重氮化合物、偶氮化合物及氧化偶氮化合物	
		一、			重氮化合物	
332			（一）	1.	氯化重氮苯	
		二、			偶氮化合物	$R_1N{=}NR_2$
333		三、			氧化偶氮化合物	$R_1{-}N_2O{-}R_2$

页码	品目	段落			注释描述	化学结构
			（一）		氧化偶氮苯	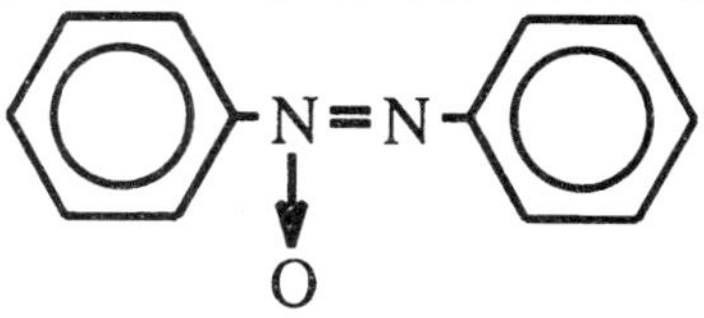
	29.28				肼和胲的有机化合物	
334		一、			苯肼	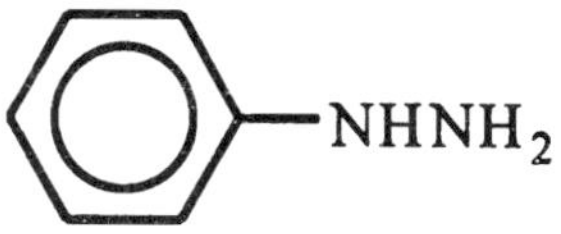
334		十一、			苯酮肟	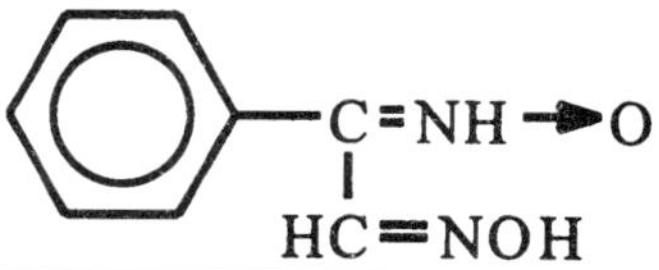
	29.29				其他含氮基化合物	
334		一、			异氰酸酯	R−N=C=O
	第十分章				有机－无机化合物、杂环化合物、核酸及其盐以及磺(酰)胺	
		一、			五元环化合物	
335			（一）	1.	呋喃	
				2.	噻吩	
				3.	吡咯	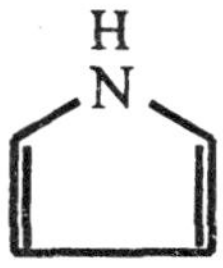
			（二）	1.	噁唑	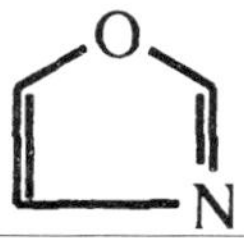
					异噁唑	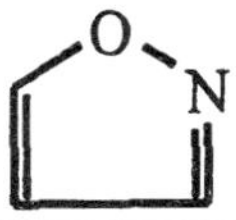
				2.	噻唑	
				3.	咪唑	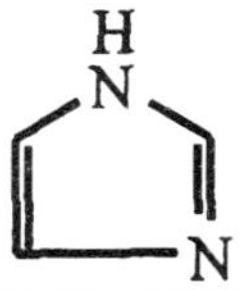

页码	品目	段落			注释描述	化学结构
				3.	吡唑	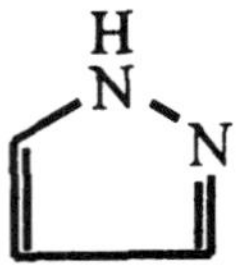
(335)			(三)	1.	呋咱	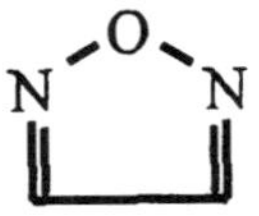
				2.	三唑(1,2,4-三唑)	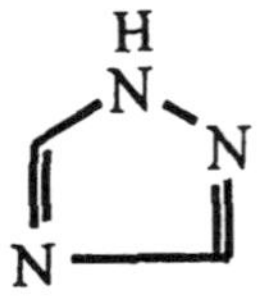
				3.	四唑	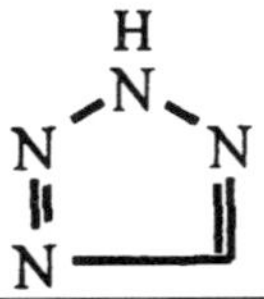
		二、			六元环化合物	
			(一)	1.	吡喃	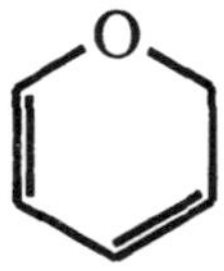
				2.	噻喃	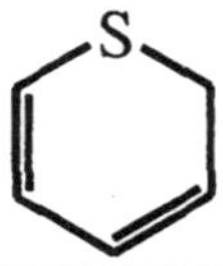
				3.	吡啶	
			(二)	1.	噁嗪(1,4-噁嗪)	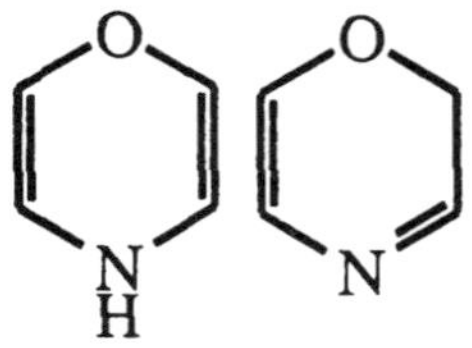
				2.	噻嗪	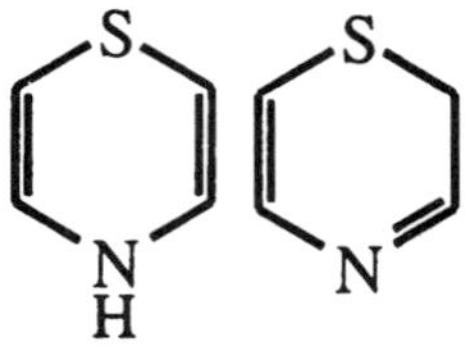
				3.	哒嗪	

页码	品目	段落			注释描述	化学结构
					嘧啶	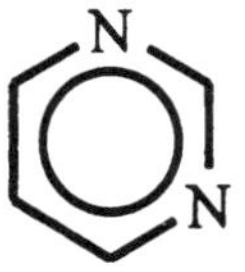
（336）					吡嗪	
					哌嗪	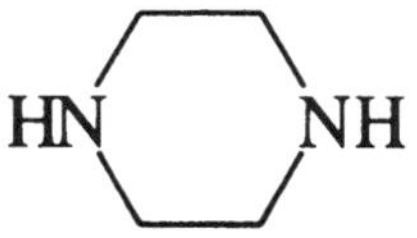
		三、			其他更复杂的杂环化合物	
			（一）		香豆冉酮	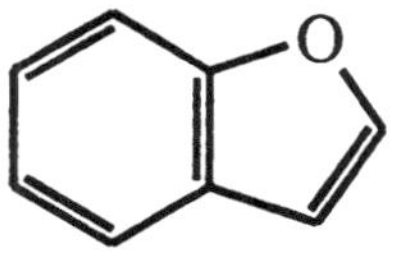
			（二）		苯并吡喃	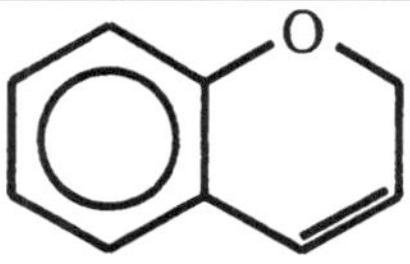
			（三）		呫吨	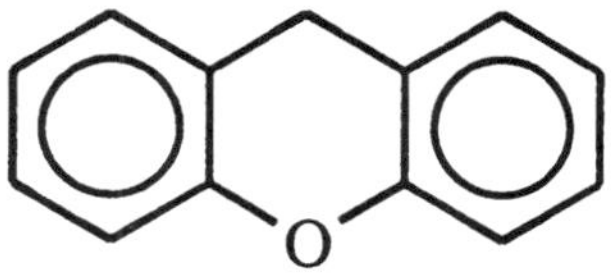
			（四）		吲哚	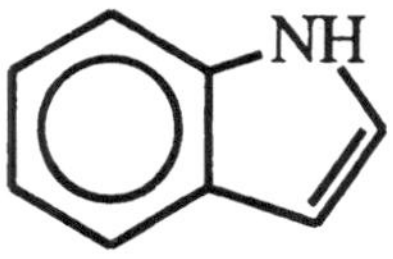
			（五）		喹啉和异喹啉	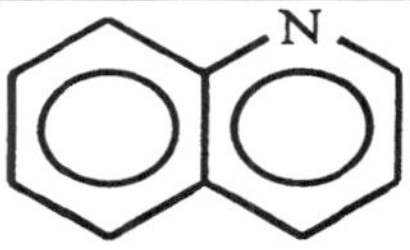 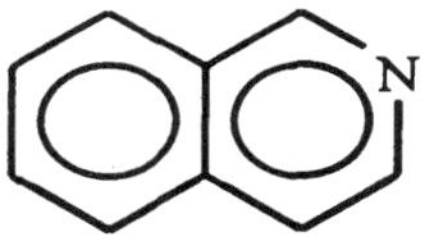
			（六）		吖啶	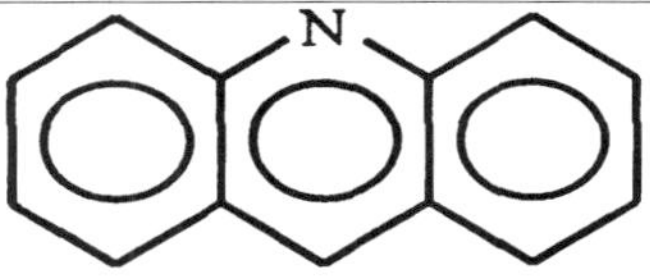
			（七）		苯并噻吩	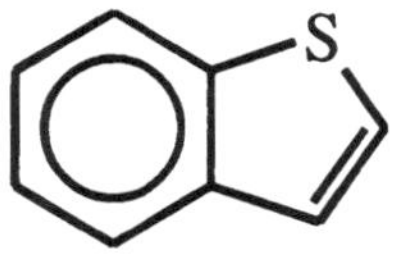
			（八）		吲唑	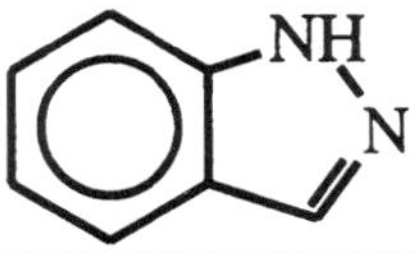

页码	品目	段落			注释描述	化学结构
336			（九）		苯并咪唑	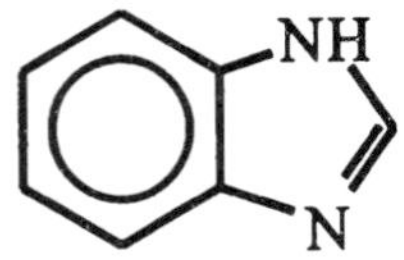
（336）			（十）		吩嗪	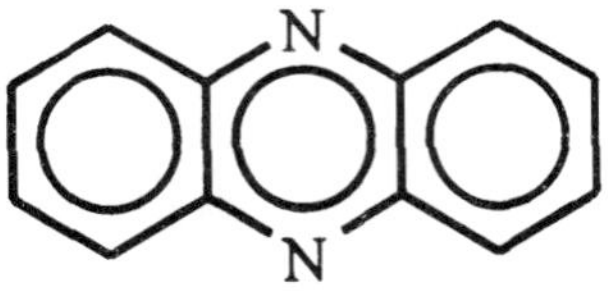
			(十一)		吩噁嗪	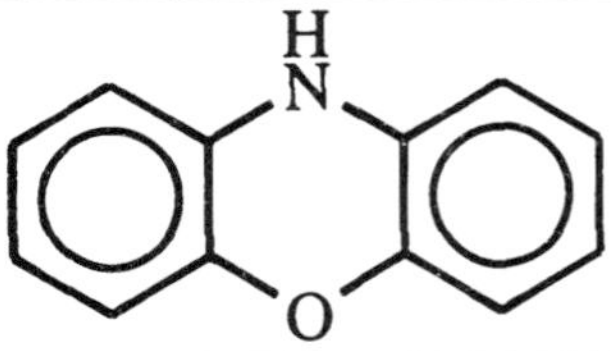
			(十二)		苯并噁唑	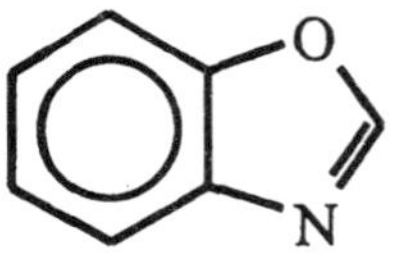
			(十三)		咔唑	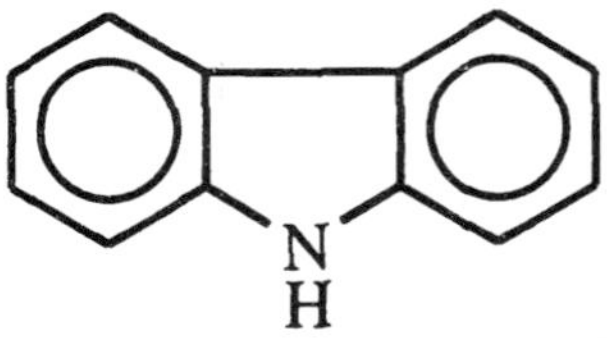
			(十四)		喹唑啉	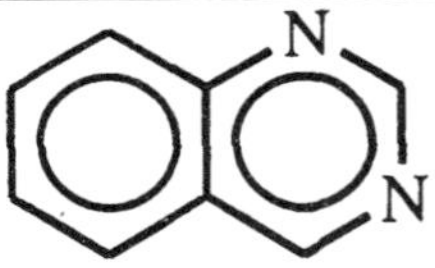
			(十五)		苯并噻唑	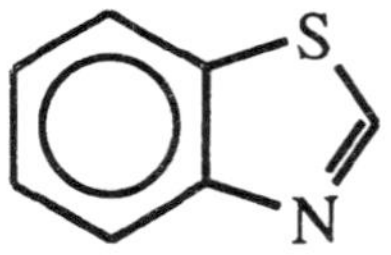
	29.30				有机硫化物	具有 C-S 键的化合物
336		一、			二硫代碳酸酯(黄原酸酯)	CS(OR)(SR') R'=Metal
			（一）		黄原酸乙酯钠	$C_2H_5O-CS_2Na$
		二、			硫代氨基甲酸盐(或酯)、二硫代氨基甲酸盐及硫化二烃氨基硫羰	
			（二）		二硫代氨基甲酸盐类	$>N-C(=S)-SM$
		三、			硫化物	$R.S.R_1$
337			（一）		蛋氨酸	$CH_3SCH_2CH_2CH(NH_2)COOH$

页码	品目	段落			注释描述	化学结构
		四、			硫代酰胺类	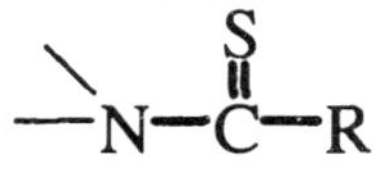
(337)			(二)		对称二苯硫脲	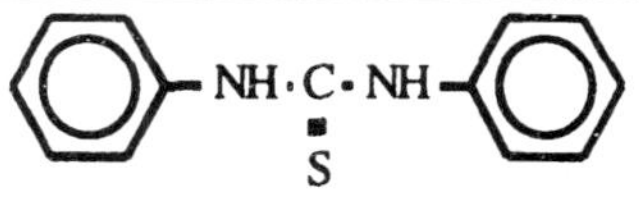
	29.31				其他有机－无机化合物	
338		三、			有机磷化合物	具有 C-P 键的化合物
					甲基膦酸二甲酯	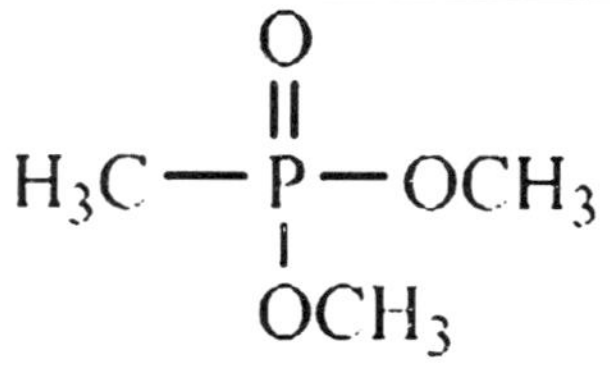
		四、			有机硅化合物	具有具有 C-S 键的化合物
					六甲基二硅氧烷	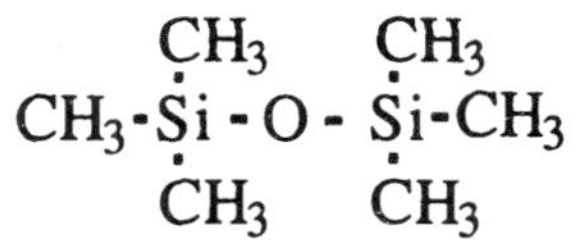
	29.32				仅含氧杂原子的杂环化合物	
		一、			结构中含有一个非稠合呋喃环(不论是否氢化)的化合物	[见第 314 页第十分章一(一)1 中有关呋喃的结构]
340			(二)		2－糠醛	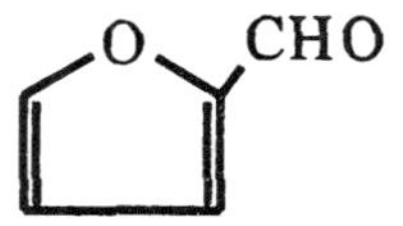
			(三)		糠醇	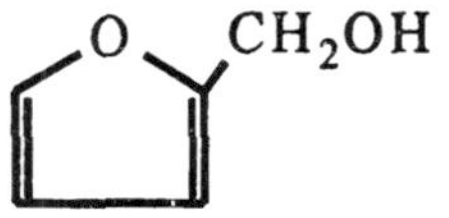
340			(五)		三氯蔗糖	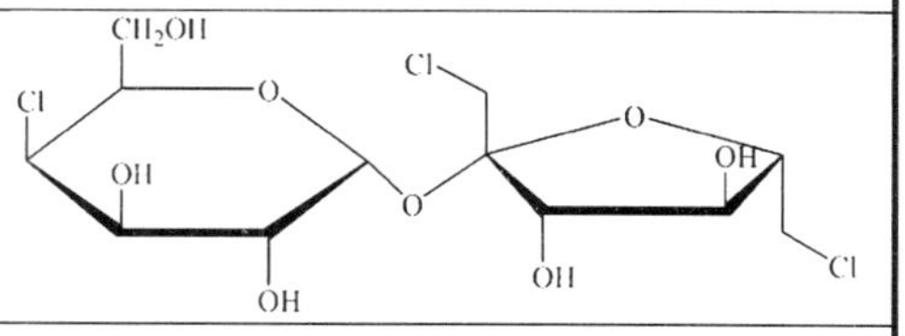
		二、			内酯	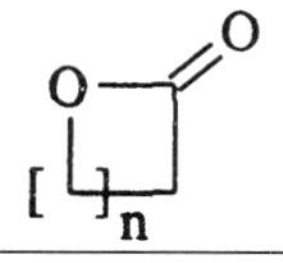
			(一)		香豆素	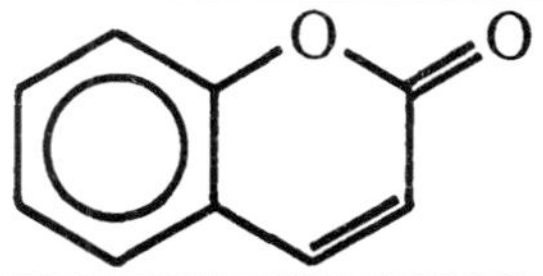

页码	品目	段落			注释描述	化学结构
(341)			(十五)		酚酞	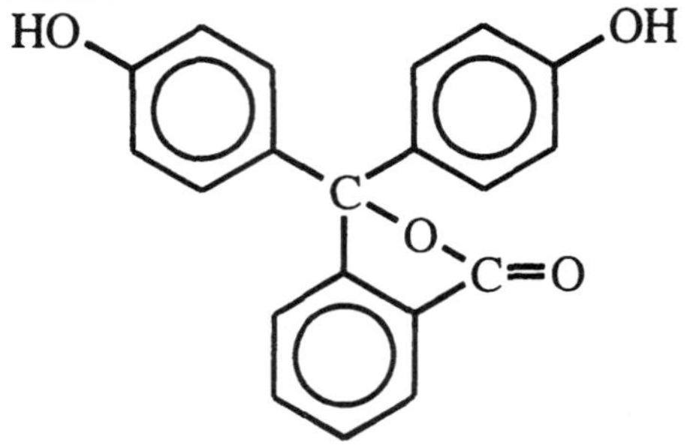
		三、			仅含氧杂原子的其他杂环化合物	
341			（五）		黄樟脑	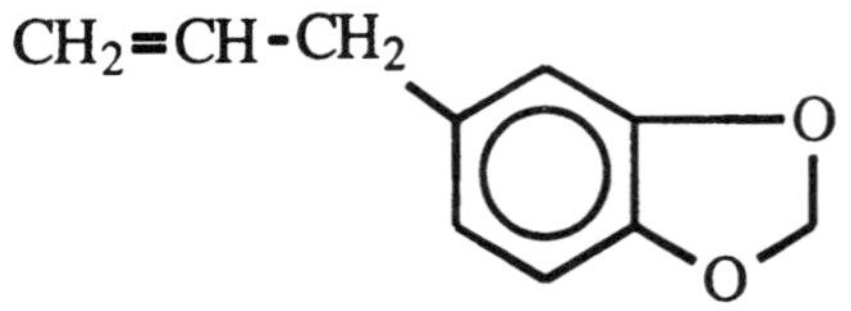
			（八）		胡椒醛	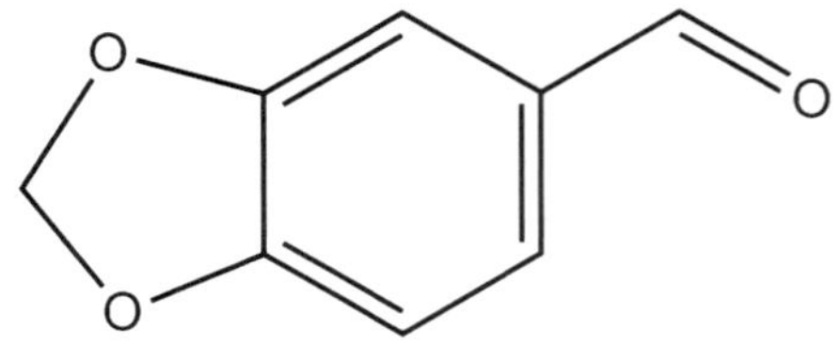
			(十)		1-(1,3-苯并二噁茂-5-基)丙烷-2-酮	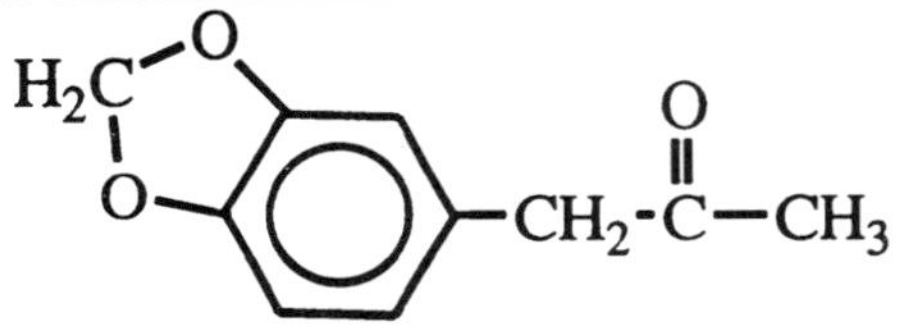
					由两个环形成的内酯范例（子目注释）	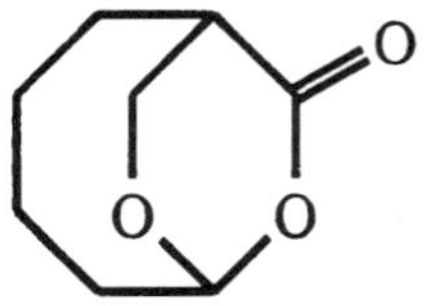
					双内酯的范例(子目注释)	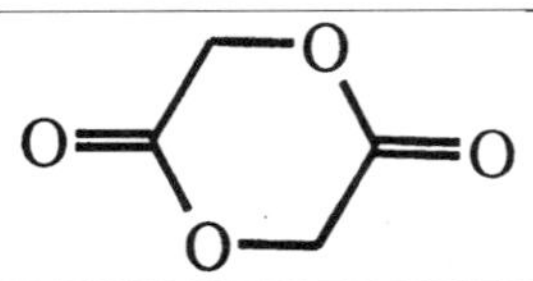
					内半缩醛	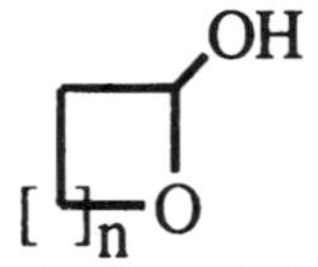
					过氧化酮(除外)－见品目29.09	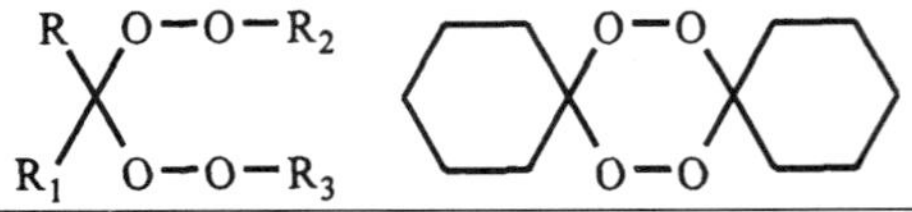
	29.33				仅含氮杂原子的杂环化合物	
		一、			结构中含有一个非稠合吡唑环(不论是否氢化)的化合物	［见第312页第十分章一（二）3中有关吡唑的结构］

页码	品目	段落			注释描述	化学结构
343			（一）		非那宗	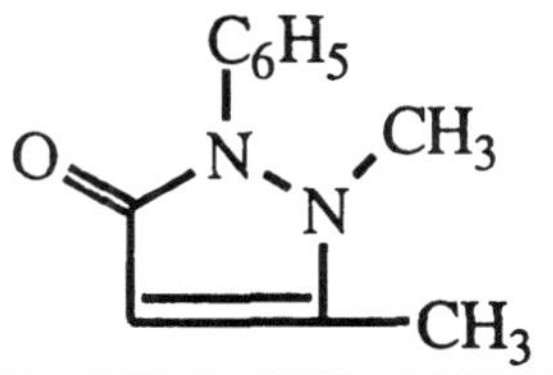
		二、			结构中含有一个非稠合咪唑环(不论是否氢化)的化合物	［见第 312 页第十分章一（二）3 中有关咪唑的结构］
			（一）		乙内酰脲	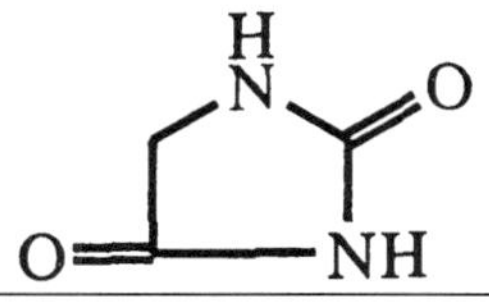
		三、			结构中含有一个非稠合吡啶环(不论是否氢化)的化合物	［见第 313 页第十分章二（一）3 中有关吡啶的结构］
					芬太尼（INN）	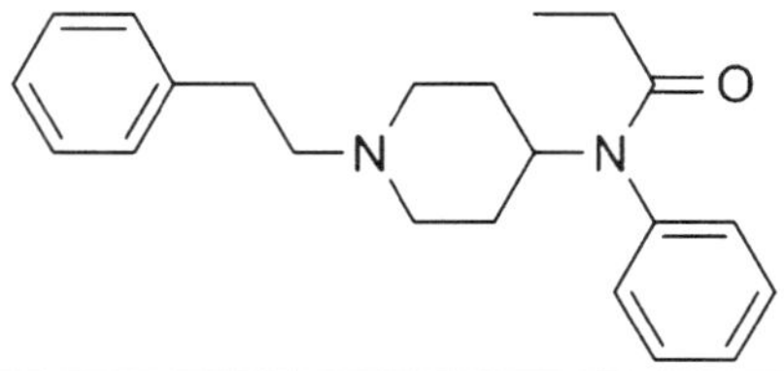
		四、			含有一个不再稠合的喹啉或异喹啉环系(不论是否氢化)的化合物	［见第 313 页第十分章三（五）中有关喹啉或异喹啉环的结构］
344			（四）		四氢甲基喹啉	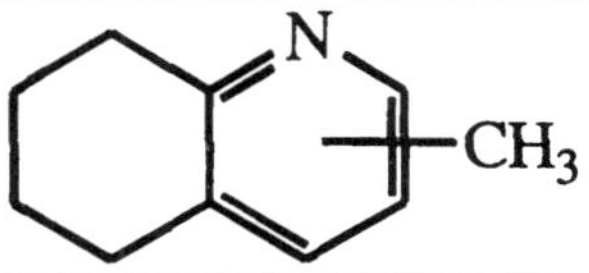
		五、			结构中含有一个嘧啶环(不论是否氢化)或哌嗪环的化合物	［见第 313 页第十分章二（二）3 中有关嘧啶的结构］
			（一）		丙二酰脲(巴比土酸)	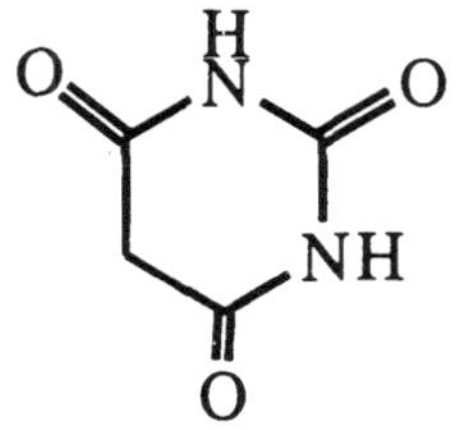
		六、			结构中含有一个非稠合三嗪环(不论是否氢化)的化合物	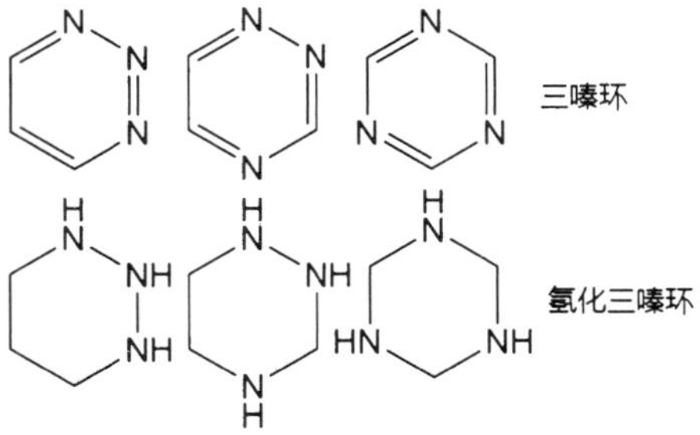

页码	品目	段落			注释描述	化学结构
			（一）		蜜胺	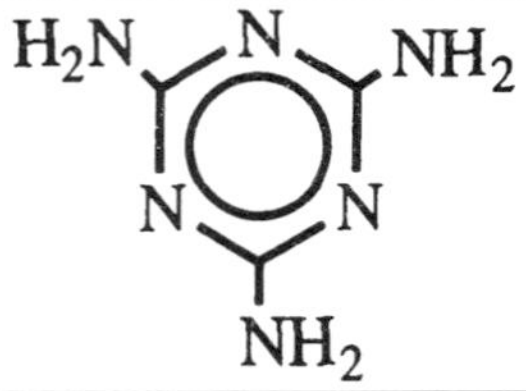
		七、			内酰胺类	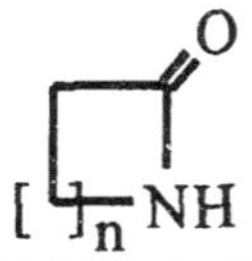
		八、			仅含氮杂原子的其他杂环化合物	
345			（一）		咔唑	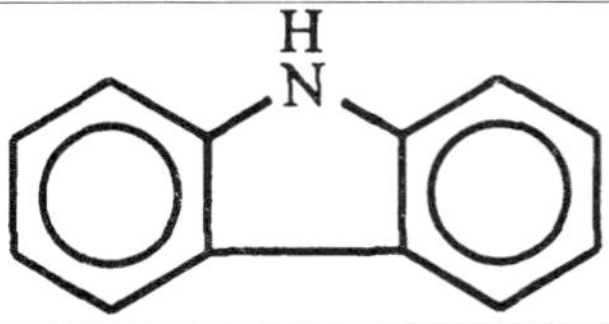
			（二）		吖啶	［见第 313 页第十分章三（六）中有关吖啶的结构］
					去甲羟安定（子目注释）	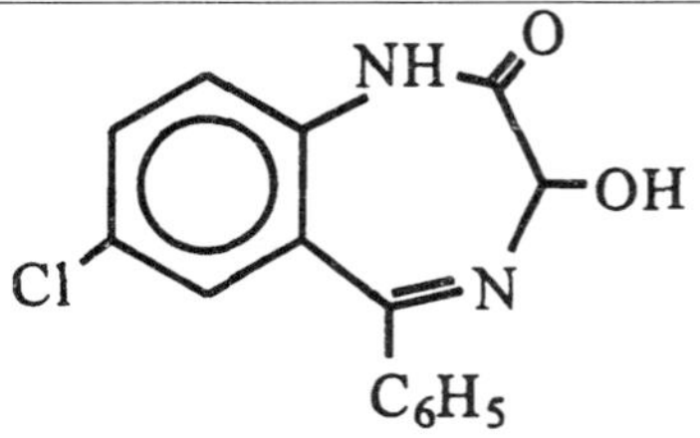
					由两个环形成的内酰胺范例（子目注释）	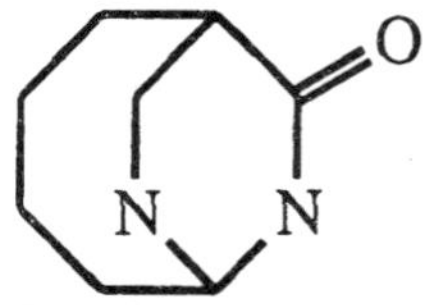
	29.34				核酸及其盐；其他杂环化合物	
347		一、			结构中含有一个非稠合噻唑环(不论是否氢化)的化合物	［见第 312 页第十分章一（二）2 中有关噻唑的结构］
		二、			含有一个苯并噻唑环系(不论是否氢化)的化合物，但未经进一步稠合的	［见第 313 页第十分章三(十五)中有关苯并噻唑的结构］
		三、			含有一个吩噻嗪环系(不论是否氢化)的化合物，但未经进一步稠合的	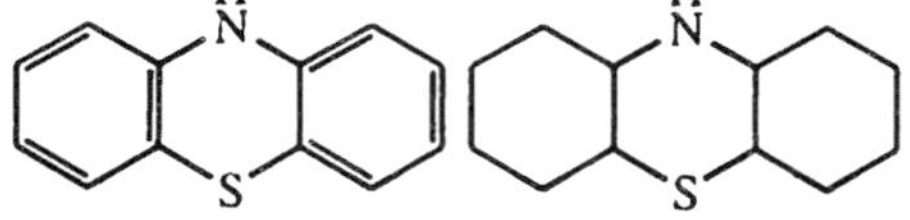
		四、			其他杂环化合物	

页码	品目	段落			注释描述	化学结构
347			（一）		磺内酯	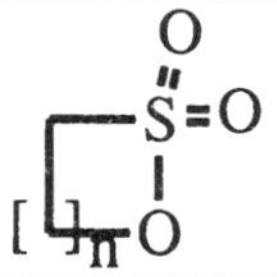
				1.	酚红	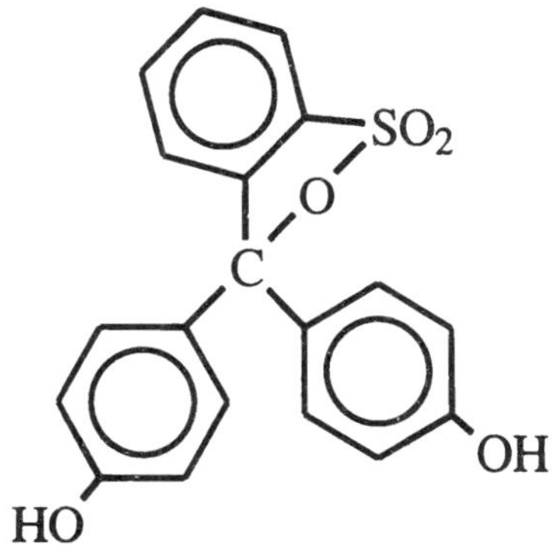
			（二）		磺内酰胺类	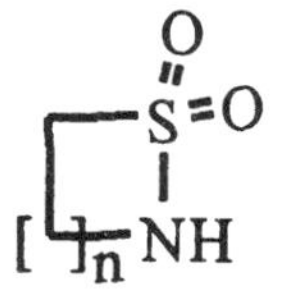
			（四）		呋喃唑酮(INN)	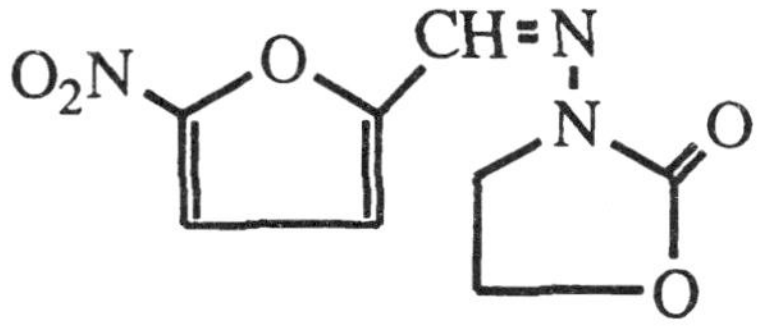
	29.35				磺(酰)胺	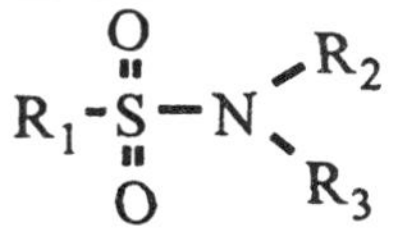
348		一、			全氟辛基磺酰胺	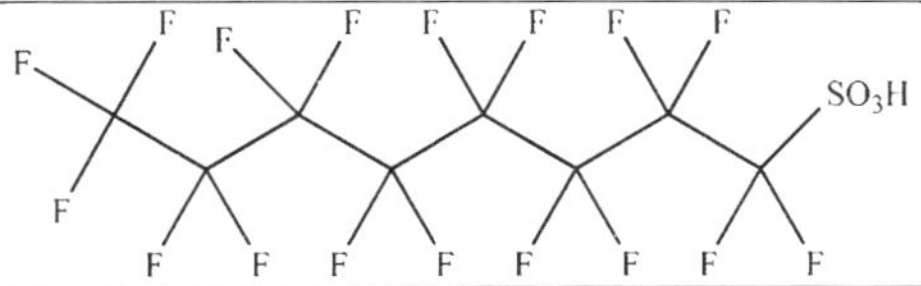
		五、			对氨基苯磺酰胺	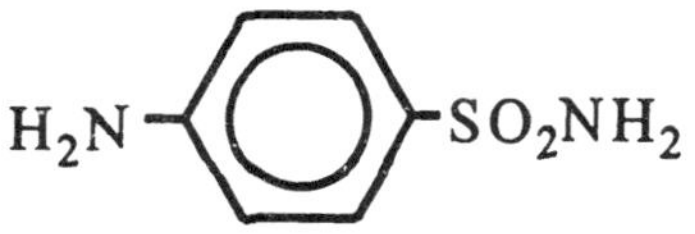
	29.37				天然或合成再制的激素及其主要用作激素的衍生物；其他主要用作激素的甾族化合物	
		五、			激素，前列腺素，血栓烷及血细胞三烯的类似物	

页码	品目	段落			注释描述	化学结构
355			（二）		甾烷	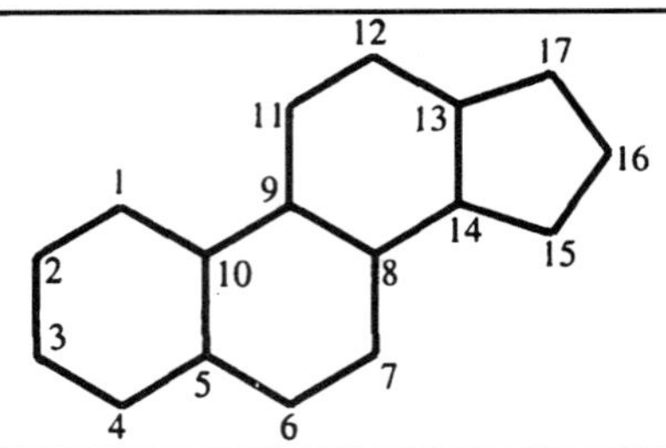
		二、			甾族激素及其衍生物及结构类似物	
			（一）		皮质甾类激素	
357					可的松(INN)	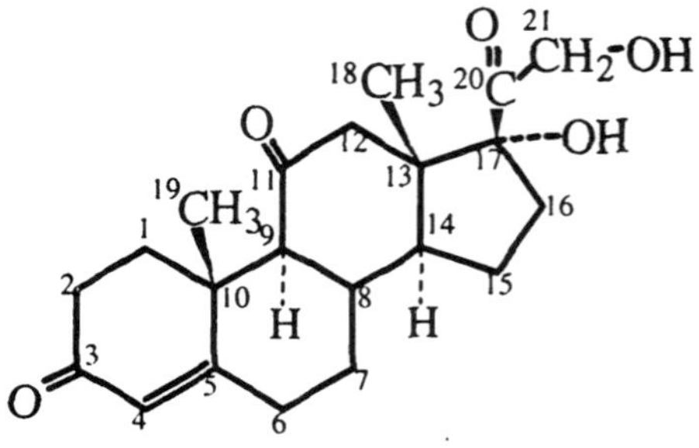
					氢化可的松(INN)	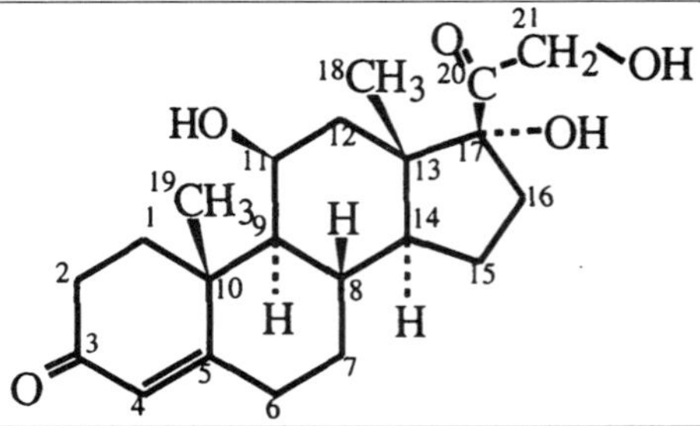
			（三）		雌（甾）激素及孕激素	
357			（三）		黄体酮(INN)	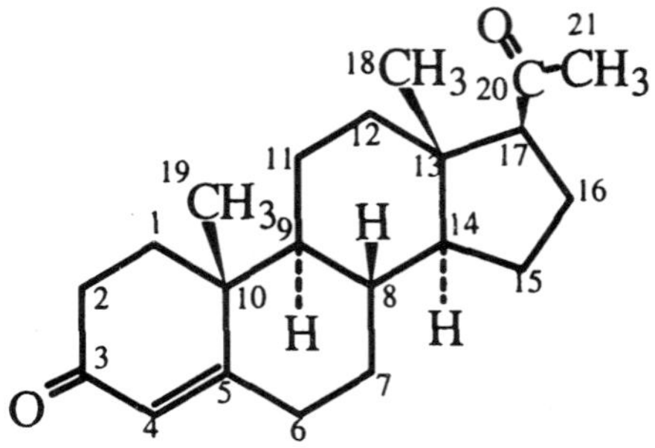
357					雄甾烷	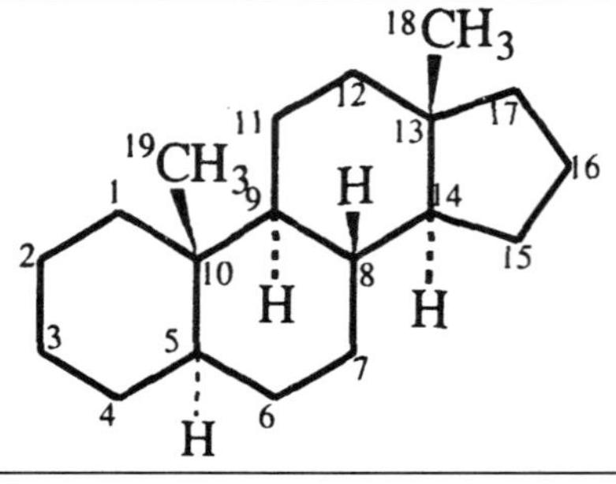

页码	品目	段落			注释描述	化学结构
					雌甾酮(INN) （雌酮）	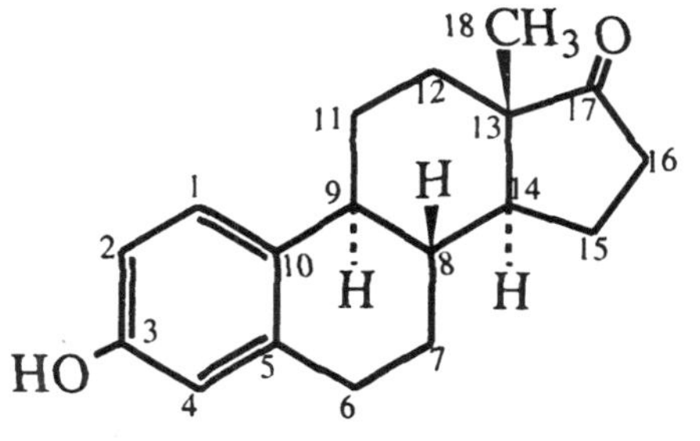
358					强的松龙(INN) （氢化泼尼松）	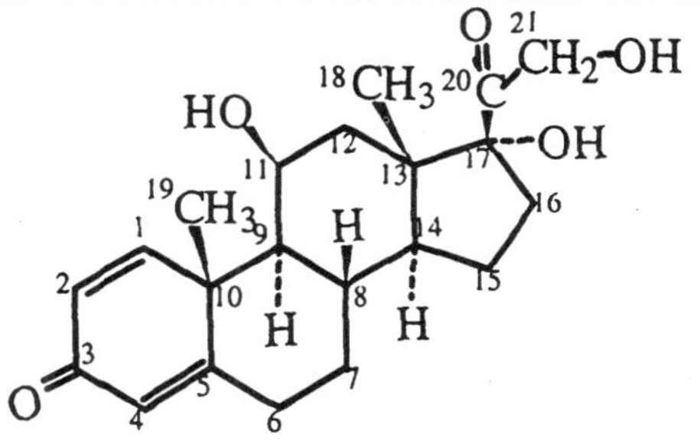
					强的松(INN) （泼尼松）	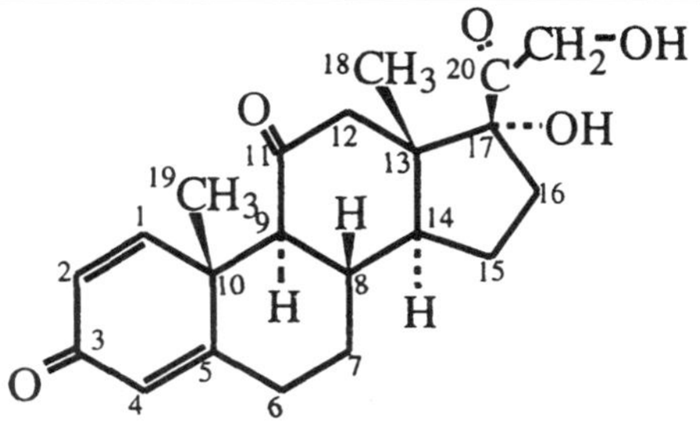
					睾甾酮(INN)	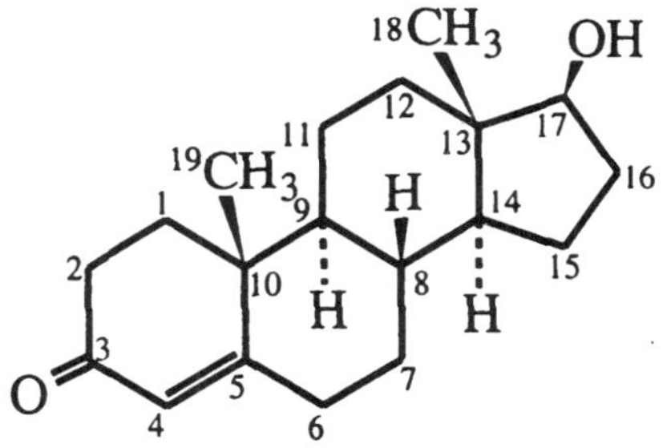
					雌甾烷	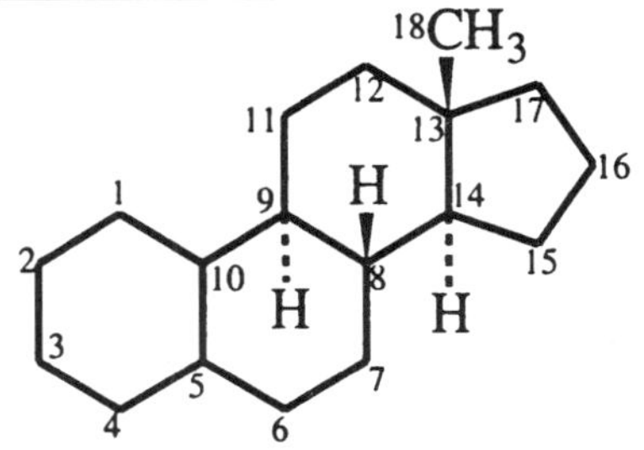

页码	品目	段落			注释描述	化学结构
					孕甾烷	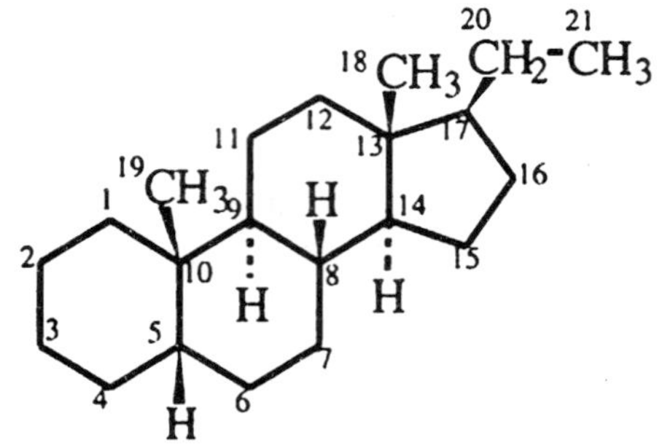
	29.38				天然或合成再制的苷及其盐、醚、酯和其他衍生物	
365		一、			芸香苷（芦丁）	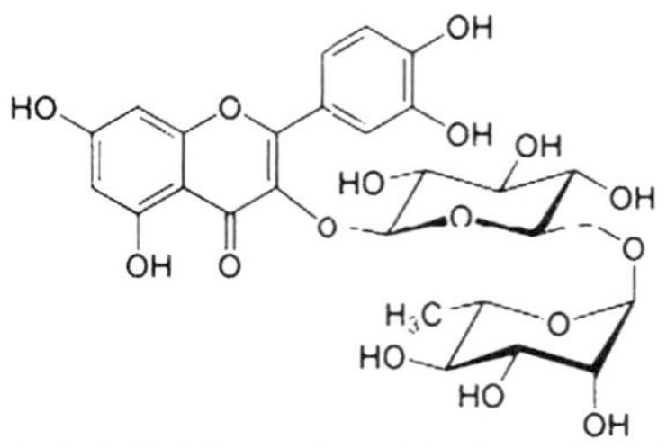
	29.39				天然或合成再制的生物碱及其盐、醚、酯和其他衍生物	
		一、			鸦片碱及其衍生物以及它们的盐	
366			（一）		吗啡	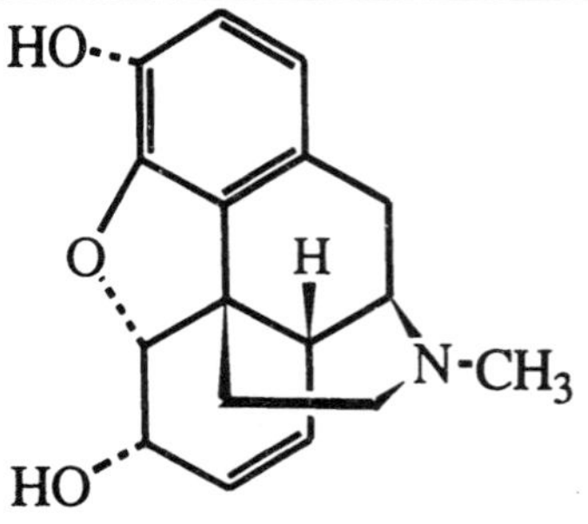
		二、			金鸡纳生物碱及其衍生物以及它们的盐	
			（一）		奎宁	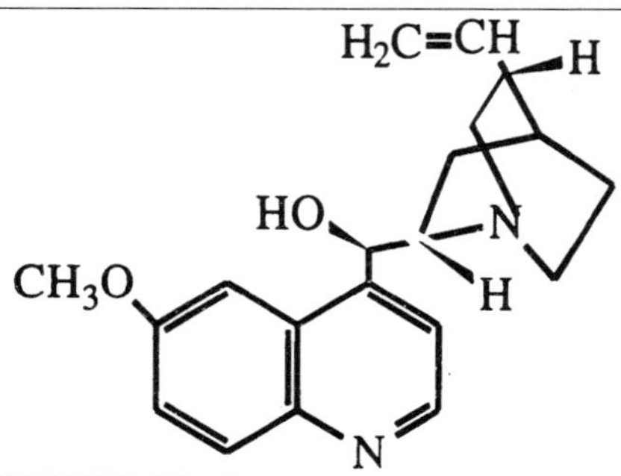
		三、			咖啡碱及其盐	

页码	品目	段落			注释描述	化学结构
					咖啡因	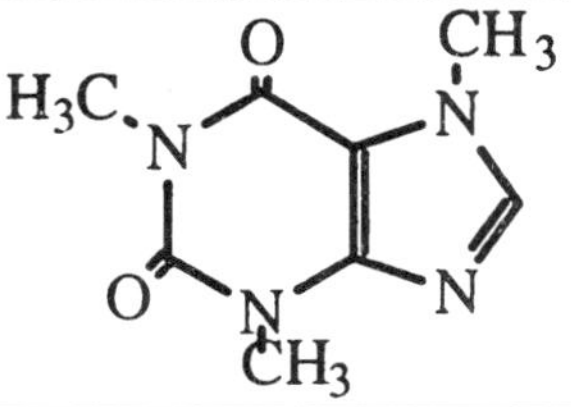
		四、			麻黄生物碱及其衍生物以及它们的盐	
			（一）		麻黄碱	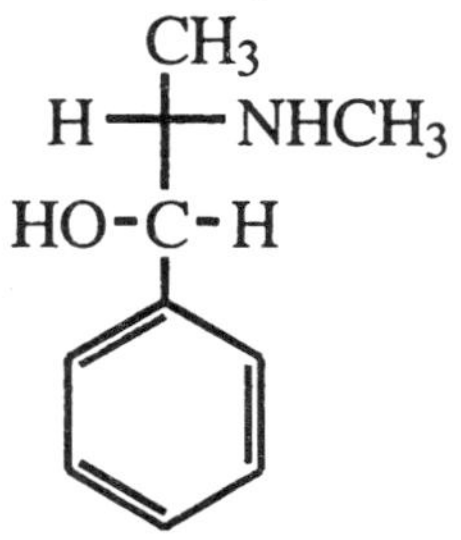
		五、			茶碱、氨茶碱(茶碱乙二胺)及其衍生物以及它们的盐	
（367）					茶碱	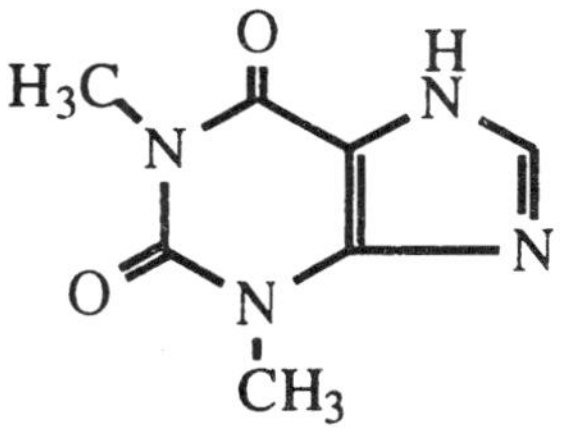
		七、			烟碱及其盐	
367					烟碱	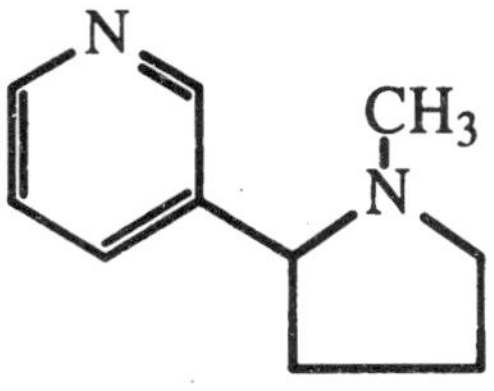
		九、			其他非植物来源的生物碱	
368					纯绿青霉素（真菌）、小丑箭毒蛙毒素（动物）、七星瓢虫碱（昆虫）、维若辛（海洋生物）、普罗希安宁（细菌）	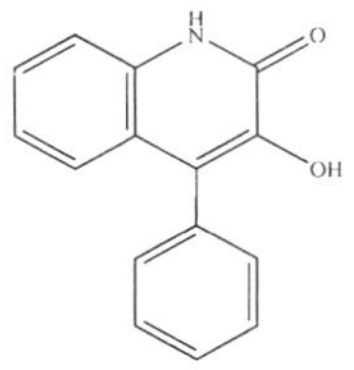 纯绿青霉素 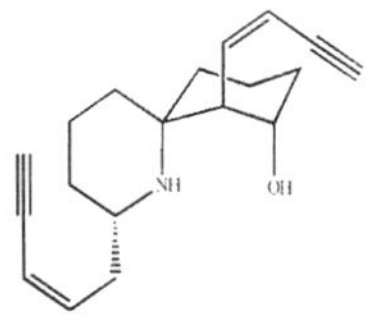 小丑箭毒蛙毒素

页码	品目	段落			注释描述	化学结构
						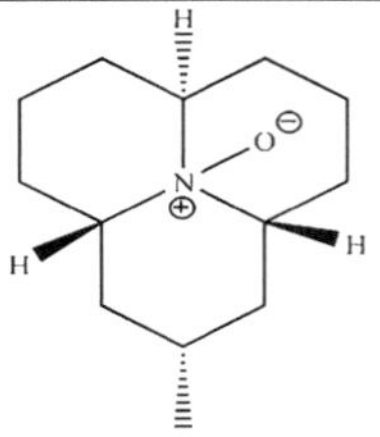 七星瓢虫碱 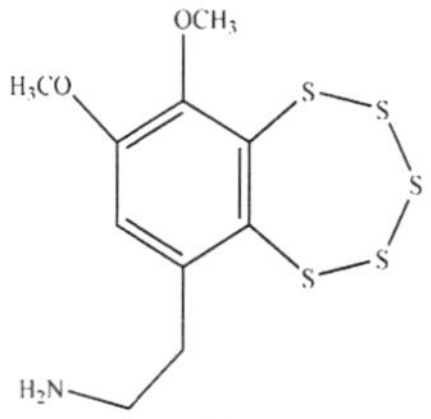 维若辛 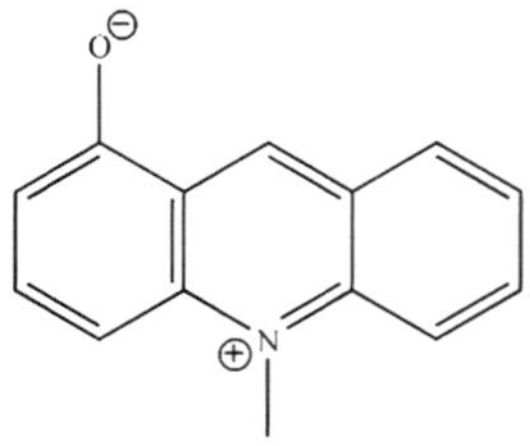 普罗希安宁
	29.40				化学纯糖，但蔗糖、乳糖、麦芽糖、葡萄糖及果糖除外；糖醚、糖酯及其盐，但不包括品目 29.37、29.38 及 29.39 的产品	
		一、			化学纯糖	
369			（一）		半乳糖	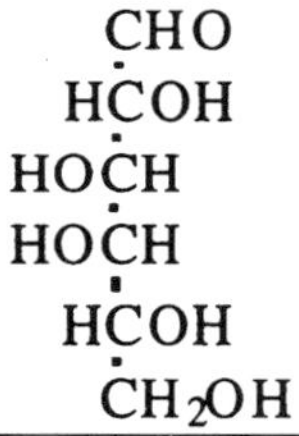 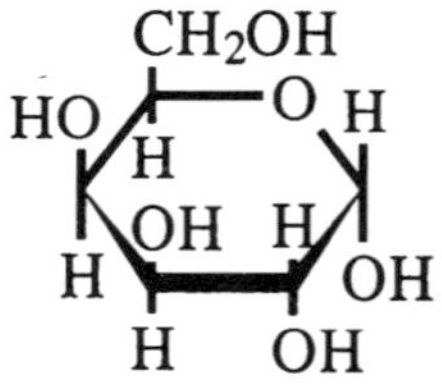
		二、			糖醚、糖酯及其盐	
			（一）		羟丙基蔗糖	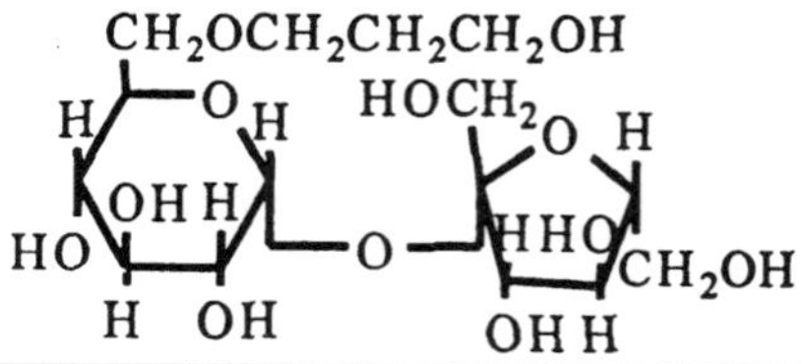
	29.41				抗菌素	
370		一、			青霉素	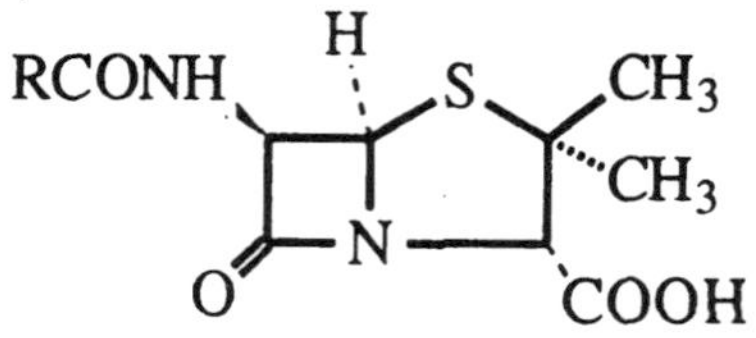

页码	品目	段落			注释描述	化学结构
		二、			链霉素	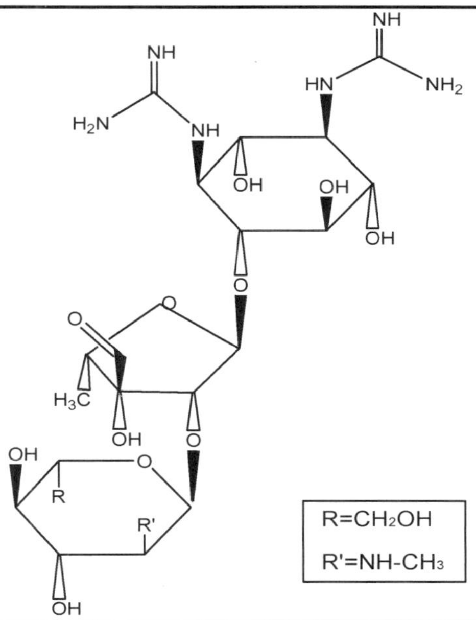
					链霉胺(链霉素骨架的组分)(子目注释)	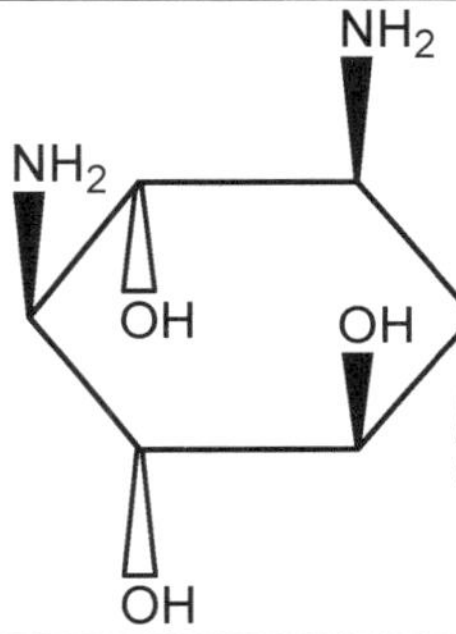
(370)					链霉胍(链霉素骨架的组分)(子目注释)	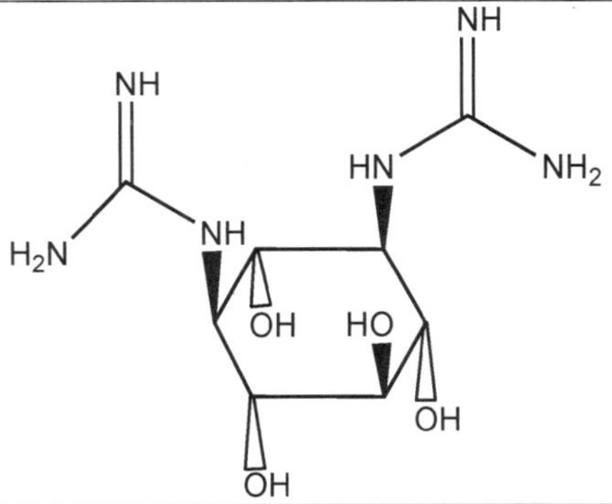
					甲基葡萄胺(链霉素骨架的组分)(子目注释)	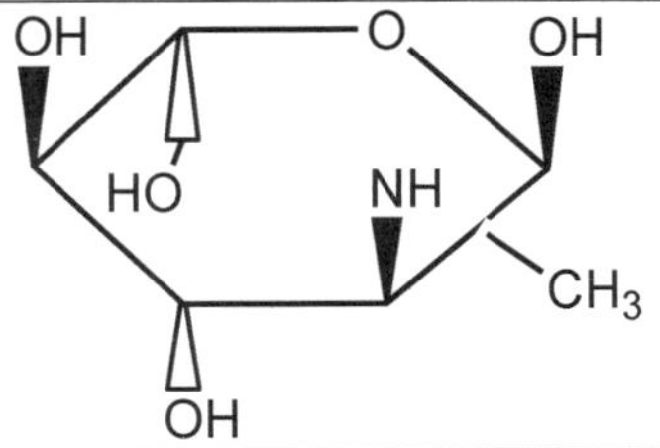

页码	品目	段落			注释描述	化学结构
					5—脱氧来苏糖（链霉素骨架的组分）（子目注释）	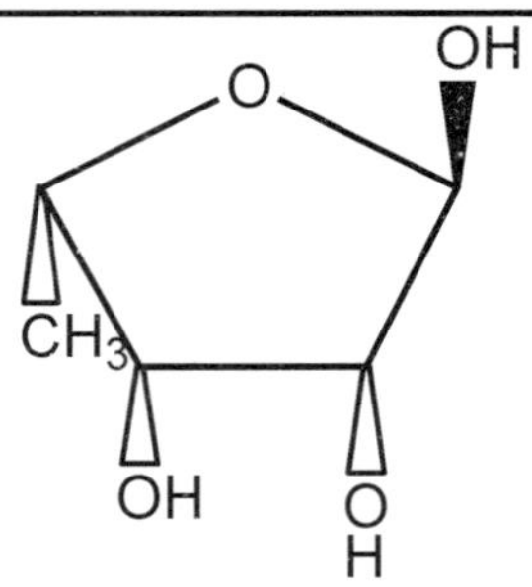
		三、			四环素	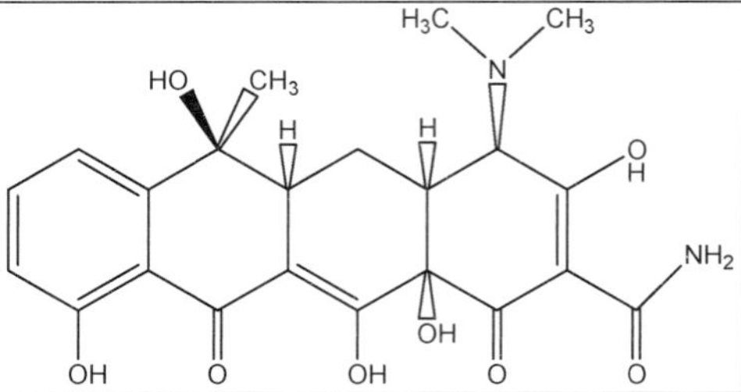
					4—二甲基氨基—萘并萘—2—甲酰胺（全氢化）（四环素骨架的组分）（子目注释）	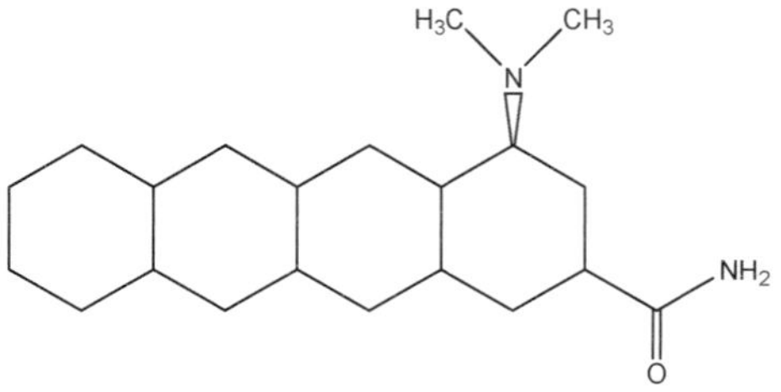
					N—（2—羟基—1—甲基—2—苯乙基）乙酰胺（氯霉素骨架的组分）（子目注释）	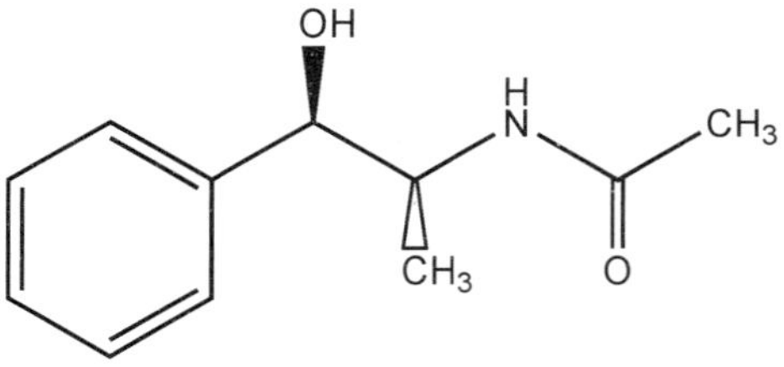
（370）		五、			红霉素	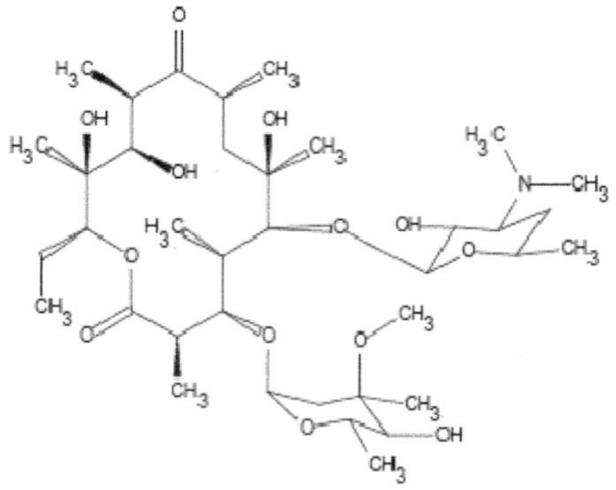

页码	品目	段落			注释描述	化学结构
370					13－乙基－13－三癸内酯（红霉素骨架的组分）（子目注释）	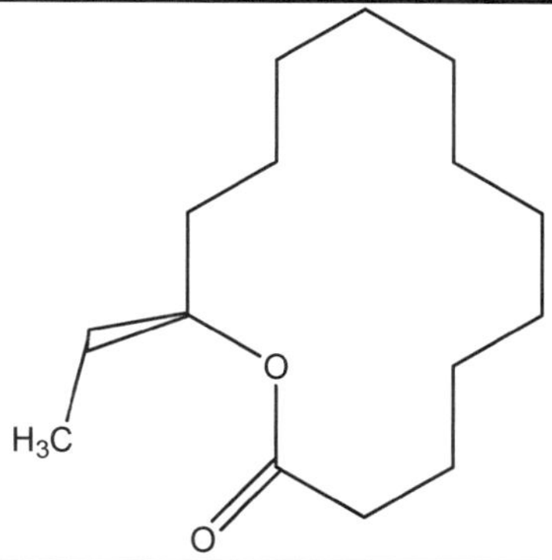
					脱氧糖胺（红霉素骨架的组分）（子目注释）	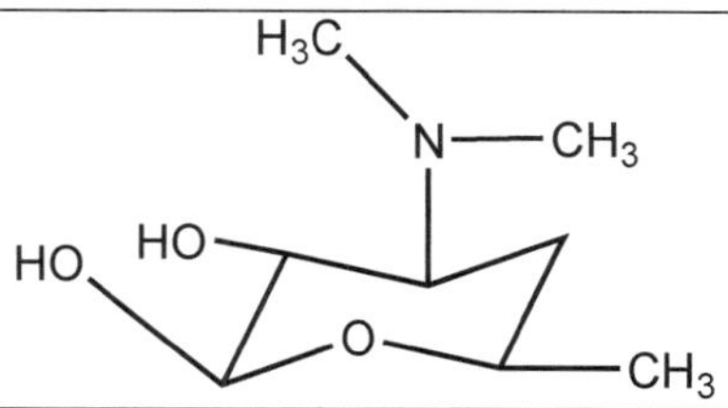
					碳霉糖（红霉素骨架的组分）（子目注释）	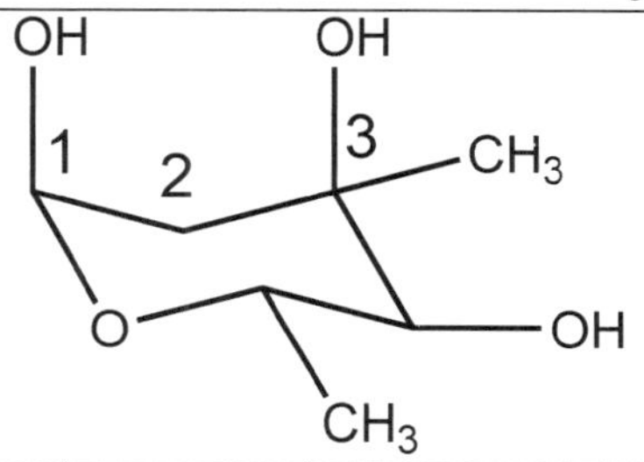
	29.42				其他有机化合物	
372		一、			烯酮类	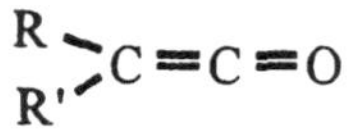
		二、			三氟化硼与二乙醚的络合物	$(C_2H_5)_2O\cdot BF_3$

第三十章　药　　品

注释：

一、本章不包括：

（一）食品及饮料（例如，营养品、糖尿病食品、强化食品、保健食品、滋补饮料及矿泉水），但不包括供静脉摄入用的滋养品（第四类）；

（二）含尼古丁并用于帮助吸烟者戒烟的产品，例如，片剂、咀嚼胶或透皮贴片（品目24.04）；

（三）经特殊煅烧或精细研磨的牙科用熟石膏（品目25.20）；

（四）适合医药用的精油水馏液及水溶液（品目33.01）；

（五）品目33.03至33.07的制品，不论是否具有治疗及预防疾病的作用；

（六）加有药料的肥皂及品目34.01的其他产品；

（七）以熟石膏为基本成分的牙科用制品（品目34.07）；

（八）不作治疗及预防疾病用的血清蛋白（品目35.02）；或

（九）品目38.22的诊断试剂。

二、品目30.02所称的"免疫制品"是指直接参与免疫过程调节的多肽及蛋白质（品目29.37的货品除外），例如，单克隆抗体（MAB）、抗体片段、抗体偶联物及抗体片段偶联物、白介素、干扰素（IFN）、趋化因子及特定的肿瘤坏死因子（TNF）、生长因子（GF）、促红细胞生成素及集落刺激因子（CSF）。

三、品目30.03及30.04以及本章注释四（四）所述的非混合产品及混合产品，按下列规定处理：

（一）非混合产品：

1. 溶于水的非混合产品；

2. 第二十八章及第二十九章的所有货品；以及

3. 品目13.02的单一植物浸膏，只经标定或溶于溶剂的。

（二）混合产品：

1. 胶体溶液及悬浮液（胶态硫磺除外）；

2. 从植物性混合物加工所得的植物浸膏；以及

3. 蒸发天然矿质水所得的盐及浓缩物。

四、品目30.06仅适用于下列物品（这些物品只能归入品目30.06而不得归入本协调制度其他品目）：

（一）无菌外科肠线、类似的无菌缝合材料（包括外科或牙科用无菌可吸收缝线）及外伤创口闭合用的无菌粘合胶布；

（二）无菌昆布及无菌昆布塞条；

（三）外科或牙科用无菌吸收性止血材料；外科或牙科用无菌抗粘连阻隔材料，不论是否可吸收；

（四）用于病人的X光检查造影剂及其他诊断试剂，这些药剂是由单一产品配定剂量或由两种以上成分混合而成的；

（五）安慰剂和盲法（或双盲法）临床试验试剂盒，用于经许可的临床试验，已配定剂量，即使它们可能含有活性药物；

（六）牙科粘固剂及其他牙科填料；骨骼粘固剂；

（七）急救药箱、药包；

（八）以激素、品目29.37的其他产品或杀精子剂为基本成分的化学避孕药物。

（九）专用于人类或作兽药用的凝胶制品，作为外科手术或体检时躯体部位的润滑剂，或者作为躯体和医疗器械之间的耦合剂；

（十）废药物，即因超过有效保存期等原因而不适合作原用途的药品；以及

（十一）可确定用于造口术的用具，即裁切成型的结肠造口术、回肠造口术、尿道造口术用袋及其具有粘性的片或底盘。

○
○ ○

子目注释：

一、子目3002.13及3002.14所述的非混合产品、纯物质及混合产品，按下列规定处理：

（一）非混合产品或纯物质，不论是否含有杂质；

（二）混合产品：

1. 上述（一）款所述的产品溶于水或其他溶剂的；

2. 为保存或运输需要，上述（一）款及（二）1. 项所述的产品加入稳定剂的；以及

3. 上述（一）款、（二）1. 项及（二）2. 项所述的产品添加其他添加剂的。

二、子目3003.60及3004.60包括的药品含有与其他药用活性成分配伍的口服用青蒿素（INN），或者含有下列任何一种活性成分，不论是否与其他药用活性成分配伍：阿莫地喹（INN）、蒿醚林酸及其盐（INN）、双氢青蒿素（INN）、蒿乙醚（INN）、蒿甲醚（INN）、青蒿琥酯（INN）、氯喹（INN）、二氢青蒿素（INN）、苯芴醇（INN）、甲氟喹（INN）、哌喹（INN）、乙胺嘧啶（INN）或磺胺多辛（INN）。

总 注 释

本章包括为改进药效将聚乙二醇（PEGs）聚合物与第三十章的药品（例如，功能性蛋白质及多肽、抗体片段）连结而成的聚乙二醇化产品。本章品目的聚乙二醇化产品与其未聚乙二醇化的产品归入同一品目［例如，品目30.02的聚乙二醇化干扰素（INN）］。

30.01 已干燥的器官疗法用腺体及其他器官，不论是否制成粉末；器官疗法用腺体、其他器官及其分泌物的提取物；肝素及其盐；其他供治疗或预防疾病用的其他品目未列名的人体或动物制品：

20 — 腺体、其他器官及其分泌物的提取物

90 — 其他

本品目包括：

一、已干燥的器官疗法用动物腺体及其他器官（例如，脑、脊髓、肝、肾、脾、胰腺、乳腺、睾丸、卵巢），不论是否制成粉末。

二、器官疗法用腺体、其他器官及其分泌物的提取物，通过溶剂提取、沉淀、凝结或其他方法制得。这些提取物可呈固态、半固态或液态，为了保存的需要也可溶于任何溶剂，呈溶液或悬浮液状。

器官疗法用腺体或器官分泌物的提取物，包括胆汁提取物。

三、肝素及其盐。肝素由得自哺乳动物组织的复杂有机酸（粘多糖）混合物组成，其组成成分根据不同的组织而各不相同。肝素及其盐主要用于医药，特别用作抗血液凝结剂，不论其活度如何，均归入本品目。

四、协调制度其他品目未列名的供治疗或预防疾病用的其他人体或动物制品，它包括：

（一）保存于甘油中的红骨髓。

（二）制成干粉片的蛇毒液或蜂毒液及由这类毒液形成的非微生物隐毒素。

已配定剂量或制成零售形式或包装作药用的这些产品［上述（一）及（二）款产品］，应归入品目30.04。

（三）活的或保藏的骨骼、器官及其他人体或动物组织，适合于永久移植用，装入无菌包装并标有使用说明等。

本品目不包括：

（一）鲜、冷、冻或其他方法暂时保藏的腺体及其他动物器官（第二章或第五章）。

（二）胆汁，不论是否干燥（品目05.10）。

（三）通过处理腺体或其他器官提取物所得的已有化学定义的单独化合物及第二十九章的其他产品，例如，氨基酸（品目29.22）、维生素（品目29.36）、激素（品目29.37）。

（四）供治病、防病或诊断用的人血、动物血，抗血清（包括特异性免疫球蛋白）及其他血液组分（例如，“正常”血清、人体正常免疫球蛋白、血浆、纤维蛋白原、纤维蛋白）（品目30.02）。

（五）细胞培养物（品目30.02）。

（六）具有品目30.03或30.04所列药物特征的产品（参见相应的注释）。

（七）非供治疗或预防疾病用的球蛋白及球蛋白组分（血液或血清的除外）（品目35.04）。

（八）酶（品目35.07）。

30.02 人血；治病、防病或诊断用的动物血制品；抗血清、其他血份及免疫制品，不论是否修饰或通过生物工艺加工制得；疫苗、毒素、培养微生物（不包括酵母）及类似产品；细胞培养物，不论是否修饰（+）：

— 抗血清、其他血份及免疫制品，不论是否修饰或通过生物工艺加工制得：

12 —— 抗血清及其他血份

13 —— 非混合的免疫制品，未配定剂量或制成零售包装

14 —— 混合的免疫制品，未配定剂量或制成零售包装

15 —— 免疫制品，已配定剂量或制成零售包装

— 疫苗、毒素、培养微生物（不包括酵母）及类似产品：

41 —— 人用疫苗

42 —— 兽用疫苗

49 —— 其他

— 细胞培养物，不论是否修饰：

51 —— 细胞治疗产品

59 —— 其他

90 — 其他

本品目包括：

一、人血（例如，装于密封安瓿的人血）。

二、供治病、防病或诊断用动物血制品。

其他用途的动物血归入品目05.11。

三、抗血清、其他血份及免疫制品，不论是否修饰或通过生物工艺加工制得。

这些产品包括：

（一）抗血清及其他血份，不论是否修饰或通过生物工艺加工制得。

血清是从血液凝块后分离出来的液体血份。

本品目主要包括从血液（包括血管内皮细胞）制得的下列产品：“正常”血清、人体正常免疫球蛋白、血份及具有酶特性或酶活性的截断变体（部分）、血浆、凝血酶、纤维蛋白原、纤维蛋白、其他血液凝固因子、血栓调节素、血液球蛋白、血清球蛋白及血红蛋白。本组也包括通过生物工艺加工制得的改性血栓调节素及改性血红蛋白，例如，可溶性血栓调节素（INN）及α血栓调节素（INN），以及交富血红蛋白（INN）、聚戊二醛血红蛋白（INN）及交聚血红蛋白（INN）等交联血红蛋白。

本品目还包括供治疗或防治疾病用的血清白蛋白（例如，通过分馏人血血浆制得的人体白蛋白）。

抗血清是从对某些疾病（不论这些疾病是由病原细菌及病毒、毒素所致或由过敏现象等所致）具有免疫力或已获免疫力的人或动物血液中制得的。抗血清用于治疗白喉症、痢疾、坏疽、脑膜炎、肺炎、破伤风、葡萄球菌或链球菌感染、毒蛇咬伤、植物中毒及过敏性疾病等。抗血清也用于诊断，包括玻璃试管试验。特异性免疫球蛋白是提纯的抗血清制剂。

本品目不包括非供治病或防病用的血清白蛋白（品目35.02）及球蛋白（血液球蛋白及血清球蛋白除外）（品目35.04）。本品目也不包括某些国家称之为“血清”或“人造血清”的非从血液中分离出来的药品。用于治疗过敏症的以氯化钠或其他化学品为基本成分的等渗溶液及花粉悬浮液也不归入本品目。

（二）免疫制品，不论是否修饰或通过生物工艺加工制得。

供诊断或治疗疾病用或作免疫试验用的产品应归入本组。这些产品解释如下：

1. 单克隆抗体（MAB）——在培养基或腹水中培养的无性繁殖杂交瘤细胞经精选后制得的特异性免疫球蛋白。

2. 抗体片段——抗体蛋白的活性部分，例如，通过专门的酶裂解法制得。本组特别包括单链（scFv）抗体。

3. 抗体偶联物及抗体片段偶联物——至少含有一个抗体或抗体片段的偶联物。最简单的类型为以下组合：

（1）抗体－抗体；

（2）抗体片段－抗体片段；

（3）抗体－抗体片段；

（4）抗体－其他物质；

（5）抗体片段－其他物质。

第（4）种及（5）种的偶联物类型包括，例如：与蛋白结构共价偶联的酶［例如，碱性磷酸（酯）酶、过氧化物酶或β－半乳糖苷酶］或染料（荧光素），用于直接检测反应。

本品目还包括白介素、干扰素（IFN）、趋化因子及特定的肿瘤坏死因子（TNF）、生长因子（GF）、促红细胞生成素及集落刺激因子（CSF）。

四、疫苗、毒素、培养微生物（不包括酵母）及类似产品。

这些产品包括：

（一）疫苗。

最典型的疫苗是悬浮于盐溶液、油（脂制疫苗）或其他介质中的含病毒或细菌微生物源的具有预防疾病作用的制剂。这些制剂通常在不破坏其免疫性的条件下被加以处理以降低其毒性。

其他疫苗包括重组疫苗、多肽疫苗及糖类疫苗。这些疫苗通常包含一个抗原，一个抗原识别片断或一个作抗原识别片断的基因代码（多肽、重组体或蛋白质偶联物及其他物质）。“抗原识别片断”是抗体的一部分，在生物体中起到激发免疫反应的作用。这类疫苗中多数对某种特定的病毒或细菌具有靶向作用。这些疫苗用于治疗或预防疾病。

此外，本品目还包括核酸疫苗。例如包括DNA质粒疫苗和mRNA疫苗。DNA质粒疫苗携带来自目标病原体的蛋白质编码基因，而mRNA编码为病原体的特异性蛋白质。DNA质粒和mRNA在体内复制或向身体发出信号，使其复制所需的抗原，从而使机体产生免疫应答。

本品目也包括由疫苗或类毒素组成的混合物［例如，白喉疫苗、破伤风疫苗及百日咳（DPT）疫苗］。

本品目不包括用于经许可临床试验的成套疫苗（品目30.06），不论其是作为待测疫苗，还是在试验中作为对照物质（有时称为“安慰剂”）与另一种待测疫苗进行比对。

（二）毒素（毒物）、类毒素、隐毒素、原毒素［例如，妥普赛来辛（INN）］及抗毒素。本品目的毒素是多肽或蛋白质。这些毒素不包括生物碱（品目29.39）。

（三）培养微生物（不包括酵母）。这些微生物包括酵素，例如，制乳的衍生物（酸乳酒、酸乳、乳酸）的乳酵素、制醋的醋酵素以及制青霉素及其他抗菌素的霉菌等；也包括用于技术方面（例如，帮助植物生长）的培养微生物。

含有少量乳酵素的乳及乳清归入第四章。

（四）人体、动物及植物病毒及抗病毒。

（五）噬菌体。

除本章注释四（四）另有规定的以外（参见品目30.06），本品目也包括微生物诊断试剂。但不包括酶（粗制凝乳酶、淀粉酶等），即使是微生物酶（链激酶、链道酶等）（品目35.07），也不包括坏死的单细胞微生物（疫苗除外）（品目21.02）。

五、细胞培养物，不论是否修饰。

细胞培养物是在受控条件下，通常是在其自然环境之外生长的细胞。在这种情况下，细胞培养物是指多细胞生物的细胞培养物，特别是人类或动物的细胞。培养微生物（不包括酵母）应归入子目3002.49。

细胞治疗产品是指经细胞操作修饰的，用于注射、移植或植入患者体内的细胞材料。

细胞治疗在许多疾病中都有应用。其中最重要的是在神经系统疾病和癌症上的应用。其他应用包括：心脏疾病（心肌梗塞和心力衰竭）、糖尿病、骨骼和关节疾病、遗传疾病及皮肤和软组织创伤。

细胞治疗产品包括干细胞和干细胞衍生产品（如来自造血、间充质、胚胎和脐带血的上述产品）、癌症疫苗与免疫疗法产品（如树突状细胞疫苗、活化T或B淋巴细胞、单核细胞、经修饰或未经修饰的癌细胞）、同种异体胰岛细胞、用于软骨修复的软骨细胞、角质形成细胞、成纤维细胞和肝细胞。

○
○　○

子目注释：

子目3002.13

3002.13项下的非混合免疫产品可含有杂质。所称“杂质”，仅适用于完全直接在制造过程（包括纯化过程）中产生的存在于产品中的物质。这些物质是由于制造过程中的各种原因而产生的，主要有以下几种：

（一）未转化的原料。

（二）存在于原料中的杂质。

（三）制造过程（包括纯化过程）中所使用的试剂。

（四）副产品。

子目3002.51

子目3002.51所称的“细胞治疗产品”是指通过操作（选择性去除、富集、扩增或功能性地改变细胞的活体外操作）使其生物特性被实质性改变的活细胞，用于体内以达到为受体治疗或预防疾病的效果。细胞治疗产品可以包括源于人类或动物的细胞。

子目3002.51不包括未经过上述操作或仅经最小程度、不改变细胞相关生物特性的操作的细胞。

30.03　两种或两种以上成分混合而成的治病或防病用药品（不包括品目30.02、30.05或30.06的货品），未配定剂量或制成零售包装：

10　—　含有青霉素及具有青霉烷酸结构的青霉素衍生物或链霉素及其衍生物

20　—　其他，含有抗菌素

—　其他，含有激素或品目29.37的其他产品：

31　——　含有胰岛素

39　——　其他

—　其他，含有生物碱及其衍生物：
41　——　含有麻黄碱及其盐
42　——　含有伪麻黄碱（INN）及其盐
43　——　含有去甲麻黄碱及其盐
49　——　其他
60　—　其他，含有本章子目注释二所列抗疟疾活性成分的
90　—　其他

本品目包括用以防治人类或动物疾病的内服或外用药品。这些药品是通过将两种或两种以上物质混合制成。但如果已配定剂量或制成零售形式或包装的，应归入品目30.04。

本品目包括：

一、混合药剂，例如，在药典中列名的混合药剂、特许专卖药等，包括不归入品目30.02、30.05或30.06的含漱剂、眼药水、药膏、搽剂、注射剂、反刺激剂及其他混合制剂。

但不能认为凡列于药典的制剂及特许专卖药等都一律归入品目30.03。例如，主要用以清洁皮肤，并不含具有治疗或预防粉刺作用的有效高度活性成分的抗粉刺制剂应归入品目33.04。

二、含有一种单独的药物和一种赋形剂、甜味剂、聚结剂、载体等混合的制剂。

三、仅供静脉摄入（静脉注射或静脉滴注）用的滋养品。

四、药用的胶态溶液及悬浮液（例如，胶体硒），但不包括胶态硫磺及单一胶态贵金属。已配定剂量或制成零售包装供治病或防病用的胶态硫磺归入品目30.04，否则归入品目28.02。单一胶态贵金属归入品目28.43，不论是否制成药用。但供治病、防病用的多种胶态贵金属混合物或者由一种或一种以上胶态贵金属与其他物质混合的混合物应归入本品目。

五、药用混合植物浸膏，包括从植物性混合物加工所得的植物浸膏。

六、品目12.11的植物及其部分品的药用混合物。

七、通过蒸发天然矿泉水所得的药用盐及类似的人造产品。

八、从制盐原料获得的供治病用的浓缩水（例如，克劳氏矿泉水等）；药浴（硫浴、碘浴等）用混合盐，不论是否加有香料。

九、药用保健盐（例如，由碳酸氢钠、酒石酸、硫酸镁及糖组成的混合剂）及类似的混合泡腾盐。

十、樟脑油、酚油等。

十一、止喘药品，例如，止喘纸、止喘粉等。

十二、“阻滞药”，例如，由一种药物成分固定于聚合离子交换剂上而成的药物。

十三、人体、兽医或外科用麻醉药。

*
*　*

本品目条文不适用于食物或饮料，例如，营养品、糖尿病食品、强化食品、滋补饮料或矿泉水（天然或人造），尤其是仅含营养物质的食品，它们应分别归入各自的适当品目。食品中主要的营养物质是蛋白质、碳水化合物及脂肪。维生素及天然盐也有营养作用。

同样，加有药性物质的食品和饮料，如果所加入的药性物质仅仅是为了保证产品的营养平衡、增加能量供给和营养价值或改善产品的味道，而且还保持着食品或饮料的特征，也不归入本品目。

再者，由植物或植物部分品混合构成的产品或由植物或植物部分品与其他物质混合构成的产品，用于制草药浸剂或草本植物“茶”，例如，具有通便、催泻、利尿或驱风作用的产品，虽然标明能够解除某些病痛或能强身健体，也不归入本品目（归入品目21.06）。

另外，本品目还不包括含有维生素或矿物质的通常称为食品补充剂的制品，这种制品用于强身健体、提高身体机能、预防可能的营养缺乏或改善营养不良。这种制品可以是液态、粉状或类似形状，

一般归入品目21.06或第二十二章。

另一方面，若制品中的食物或饮料部分仅仅是药性物质的支持剂、载体、甜味剂或加工助剂（例如，为了便于服用），则仍应归入本品目。

除食物和饮料外，本品目还不包括：

（一）品目30.02、30.05或30.06的货品。

（二）精油的水馏液和水溶液及品目33.03至33.07的制剂，即使它们具有治病或防病作用（第三十三章）。

（三）药皂（品目34.01）。

（四）品目38.08的杀虫剂、消毒剂等。

30.04 由混合或非混合产品构成的治病或防病用药品（不包括品目30.02、30.05或30.06的货品），已配定剂量（包括制成皮肤摄入形式的）或制成零售包装：

10 — 含有青霉素及具有青霉烷酸结构的青霉素衍生物或链霉素及其衍生物

20 — 其他，含有抗菌素

— 其他，含有激素或品目29.37的其他产品：

31 —— 含有胰岛素

32 —— 含有皮质甾类激素及其衍生物或结构类似物

39 —— 其他

— 其他，含有生物碱及其衍生物：

41 —— 含有麻黄碱及其盐

42 —— 含有伪麻黄碱（INN）及其盐

43 —— 含有去甲麻黄碱及其盐

49 —— 其他

50 — 其他，含有维生素或品目29.36所列产品

60 — 其他，含有本章子目注释二所列抗疟疾活性成分的

90 — 其他

本品目包括由混合或非混合产品构成的下列药品：

一、已配定剂量或为片剂、安瓿（例如，1.25～10立方厘米安瓿装的再蒸馏水，供直接治疗酒精中毒、糖尿病昏迷等疾病用或作注射药溶剂用）、胶囊剂、扁囊剂、滴剂、锭剂、制成皮肤摄入形式的制剂或小量粉剂的药品，已制成一次使用剂量供治病或防病用。

本品目还包括已配成一定剂量的通过皮肤摄入的药品。这些药品通常制成自粘贴片形状（一般为长方形或圆形），直接施敷于患者皮肤上。装有活性物质的药囊由一多孔膜包覆，包覆面与皮肤接触。药囊释放出的活性物质通过分子扩散经皮肤而被吸收并进入血液当中。这些货品不应与品目30.05的医疗用橡皮膏相混淆。

本品目包括上述一次使用剂量的药品，不论是散装的或零售包装的；或

二、供治病或防病用零售包装的药品，即其包装形式，尤其是所附的说明（注明适应症、用法、用量）明显为不需重新包装即可直接售给用户（个人、医院等）的防病或治病用产品（例如，碳酸氢钠及罗望子果粉）。

所附说明（任何文字）可采用标签、说明书或其他形式。但单有药性或纯度的说明是不足以表明产品可归入本品目。

另一方面，即使没有说明，非混合产品只要制成零售包装而且明显专供防病治病用也可作为本节所列的药品归类。

由混合产品构成的供治病或防病用药品，如果未配定剂量或未制成零售形式或包装，应归入品目30.03（参见相应的注释）。

按照本章注释三的规定，下列产品可作为非混合产品对待：

（一）溶于水的非混合产品。

（二）归入第二十八章或第二十九章的所有产品。这些产品包括胶态硫磺及已稳定的过氧化氢溶液。

（三）仅标准化或溶于任何溶剂的品目13.02所列的单一植物浸膏（参见品目13.02的注释）。

但必须注意，品目28.43至28.46及28.52的未混合产品，即使符合上述一或二节所述条件，也不归入品目30.04。例如，胶态银，即使已配定剂量或包装成药物形式，仍应归入品目28.43。

*

*　*

本品目还包括仅适于作药用的锭剂、片剂、滴剂等，例如，以硫磺、炭、四硼酸钠、苯甲酸钠、氯酸钾或氧化镁为基本成分的药品等。

但主要由糖（不论是否含有明胶、淀粉、谷物细粉等食品）和芳香剂（包括具有药物性质的物质，例如，苯甲醇、薄荷醇、桉叶油素及吐鲁香脂）组成的喉糖、咳嗽糖应归入品目17.04。含有药性物质（芳香剂除外）的喉糖、咳嗽糖，如果已配定剂量或制成零售包装，而且每粒糖所含的药性物质已具有治病或防病的作用，则仍应归入本品目。

本品目也包括制成以上一或二节所述形式的下列产品：

1. 含有活性阳离子（例如，季铵盐）的有机表面活性剂及其制品，它们具有抗菌、消毒、杀菌作用。

2. 聚乙烯吡咯烷酮碘，为碘与聚乙烯吡咯烷酮反应所得的产品。

3. 骨移植替代品，例如，由外科级硫酸钙制得的骨移植替代品，可注入断裂的骨腔，能被自然吸收并被骨组织代替；这些产品具有晶质基质，当基质被吸收后，在其上面可长成新骨。

但本品目不包括通常含有硬化剂（固化剂）和活化剂的骨骼粘固剂，这些产品用于现有骨骼的移植修复等（品目30.06）。

*

*　*

本品目条文不适用于食物或饮料，例如，营养品、糖尿病食品、强化食品、滋补饮料或矿泉水（天然或人造），尤其是仅含营养物质的食品，它们应分别归入各自的适当品目。食品中主要的营养物质是蛋白质、碳水化合物及脂肪。维生素及天然盐也有营养作用。

同样，加有药性物质的食品和饮料，如果所加入的药性物质仅仅是为了保证产品的营养平衡、增加能量供给和营养价值，或改善产品的味道，而且还保持着食品或饮料的特征，也不归入本品目。

再者，由植物或植物部分品混合构成的产品或由植物或植物部分品与其他物质混合构成的产品，用于制草药浸剂或草本植物"茶"，例如，具有通便、催泻、利尿或驱风作用的产品，虽然标明能够解除某些病痛或能强身健体，也不归入本品目（归入品目21.06）。

另外，本品目还不包括含有维生素或矿物质的通常称为食品补充剂的制品，这种制品用于保健、提高身体机能、预防可能的营养不足或改善营养不良。这种产品可以是液态、粉状、片状、胶囊状或类似形状，一般归入品目21.06或第二十二章。

另一方面，若制品中的食物或饮料部分仅仅是药性物质的支持剂、载体、甜味剂或加工助剂（例如，为了便于服用），则仍应归入本品目。

本品目也不包括：

（一）未制成药剂的蛇毒液及蜂毒液（品目30.01）。

（二）品目30.02、30.05或30.06的货品，不论如何包装。

（三）精油水馏液及水溶液和品目33.03至33.07的制剂，即使它们具有治病或防病作用（第三十三章）。

（四）药皂，不论如何包装（品目34.01）。

（五）未制成内服或外用药品的品目38.08的杀虫剂、消毒剂等。

（六）含尼古丁并用于帮助吸烟者戒烟的产品，例如，片剂、咀嚼胶或透皮贴片（品目24.04）。

30.05　软填料、纱布、绷带及类似物品（例如，敷料、橡皮膏、泥罨剂），经过药物浸涂或制成零售包装供医疗、外科、牙科或兽医用：

10　—　胶粘敷料及有胶粘涂层的其他物品

90　—　其他

本品目包括用药物（反刺激剂、杀菌剂等）浸、涂的织物、纸、塑料等制成的软填料、纱布、绷带及类似物品，供医疗、外科、牙科或兽医用。

这些物品包括浸渍碘或水杨酸甲酯等的软填料、各种调好的敷料和泥罨剂（例如，亚麻子或芥子泥罨剂）、药物橡皮膏等。它们可以成张，也可以为圆片状或其他任何形状。

未经药物浸涂，供作敷料（通常为脱脂棉花）和绷带等用的软填料及纱布，倘若它们制成零售包装，无需重新包装而直接出售给个人、诊所、医院等，具有易于识别的特征（报验时呈卷状或折叠状、保护性包装、标签等），只能用于医疗、外科、牙科或兽医方面，仍应归入本品目。

本品目也包括下列类型的敷料：

一、皮肤敷料，由制好的成条冰冻或冻干动物皮组织（通常是猪的）构成，用作临时性生物敷料，直接敷于失去皮肤的创伤面、暴露的组织创伤及外科感染面等。它们有各种不同的规格，装于外面贴有使用说明的无菌容器中（零售包装）。

二、液体敷料，装于喷罐（零售包装）中，用以在创口上覆盖一层透明的保护性薄膜。这种敷料由一种溶于挥发性有机溶剂（例如，乙酸乙酯）的塑料（例如，改性乙烯共聚物或甲基丙烯酸塑料）无菌溶液及一种推进剂组成，不论是否添加了药物（特别是消毒剂）。

本品目不包括未制成零售形式或包装的供医疗、外科、牙科或兽医用的含氧化锌绷带、橡皮膏以及骨折用石膏绷带。

本品目也不包括：

（一）经过特殊煅烧或精细研磨的牙科用熟石膏及以熟石膏为基本成分的牙科用制品（分别归入品目25.20及34.07）。

（二）通过皮肤摄入的药品（品目30.04）。

（三）本章注释四所列的货品（品目30.06）。

（四）品目96.19的卫生巾（护垫）及卫生棉条、婴儿尿布及尿布衬里和类似品。

30.06　本章注释四所规定的医药用品（+）：

10　—　无菌外科肠线、类似的无菌缝合材料（包括外科或牙科用无菌可吸收缝线）及外伤创口闭合用的无菌粘合胶布；无菌昆布及无菌昆布塞条；外科或牙科用无菌吸收性止血材料；外科或牙科用无菌抗粘连阻隔材料，不论是否可吸收

30　—　X光检查造影剂；用于病人的诊断试剂

40　—　牙科粘固剂及其他牙科填料；骨骼粘固剂

50　—　急救药箱、药包

60　—　以激素、品目29.37的其他产品或杀精子剂为基本成分的化学避孕药物

70 — 专用于人类或兽药的凝胶制剂，作为外科手术或体检时躯体部位的润滑剂，或者作为躯体和医疗器械之间的耦合剂

— 其他：

91 —— 可确定用于造口术的用具

92 —— 废药物

93 —— 安慰剂和盲法（或双盲法）临床试验试剂盒，用于经许可的临床试验，已配定剂量

本品目仅包括下列货品：

一、无菌外科肠线、类似的无菌缝合材料及外伤用的无菌粘合胶布

本组包括各种外科缝合用的无菌缝合材料。这些缝合材料通常装于消毒液中或密封无菌容器内。

它们包括：

（一）肠线（用牛肠、羊肠或其他动物肠子制得的已加工胶质）。

（二）天然纤维（棉、丝、亚麻）。

（三）聚酰胺（尼龙）、聚酯等的合成聚合纤维。

（四）金属（不锈钢、钽、银、青铜）。

本组还包括诸如由氰基丙烯酸丁酯及染料组成的粘合胶布；由于敷用后这种单体会聚合，因此该产品用于代替人体内外创伤缝合用的普通缝合材料。

本品目不包括未消毒的缝合材料。这些货品应按其属性归类，例如，肠线（品目42.06）、蚕肠线、纺织纱线等（第十一类）、金属丝（第七十一章或第十五类）。

二、无菌昆布及无菌昆布塞条

本组范围仅限于无菌昆布及无菌昆布塞条（小段海藻，有时为棕色，表面粗糙且带有沟纹）。它们与潮湿物质接触后大为膨胀并变得平滑柔韧。

因此，它们用于外科作为扩张的手段。

本品目不包括未消毒的产品（品目12.12）。

三、外科及牙科用无菌吸收性止血材料

本组包括供外科或牙科用作止血材料且具有被体液吸收特性的无菌产品。它包括常制成纱布或纤维（“毛”）、垫块、小拭子或带状的氧化纤维素；明胶海绵或泡沫；“毛发”或“薄膜”状的藻酸钙纱布。

四、外科或牙科用无菌抗粘连阻隔材料，不论是否可吸收。

五、X光检查造影剂及用于病人的诊断试剂，为已配定剂量的非混合产品或由两种及以上成分相互混合组成的产品

造影剂用于内脏器官、动脉、尿道及胆道等的X光检查。它们主要是硫酸钡或对X光不透光的其他物质，可制成注射剂或口服剂（例如，钡餐）。

本品目的诊断试剂（包括微生物诊断试剂）为口服剂、注射剂等。

本品目不包括非病人用的诊断试剂（例如，病人体外验血、验尿等用的试剂或实验室用试剂）；它们应按其制成的材料归入相应的品目（例如，第二十八章、第二十九章、品目30.02或38.22）。

六、牙科用粘固剂及填料、骨骼粘固剂

牙科粘固剂及填料通常是以金属盐（氯化锌、磷酸锌等）、金属氧化物、古塔波胶或塑料为基料的。它们也可由专作牙科填料用的金属合金（包括贵金属合金）组成。这类合金有时称作“汞齐”，尽管它们不含汞。本品目包括临时性和永久性填料，也包括加有药物成分且具有防病作用的粘固剂和填料。

它们通常制成粉状或片状，有时还配有调配时需用的液体，并在包装上标明供牙科用。

本品目也包括用以填塞牙根管的尖子（例如，由银、古塔波胶、纸制成的）。

本品目还包括骨骼粘固剂，通常含有硬化剂（固化剂）和活化剂，这些产品供现有骨骼的移植修复之用等；这些粘固剂通常在体温下固化。

本品目不包括经特殊煅烧或精细研磨的牙科用熟石膏及以熟石膏为基本成分的牙科用制品（分别归入品目 25.20 及 34.07）。

本品目也不包括骨移植替代品，例如，由外科用硫酸钙制得的骨移植替代品，这些产品具有晶体基质，当基质被吸收后，在其上面可长成新骨（品目 30.04）。

七、急救药箱、药包

这些药箱、药包内装有几样少量普通药品（双氧水、碘酊、红汞、山金车花酊剂等），少量敷料、绷带、膏药等，偶尔还有一些剪刀、镊子等器具。

本品目不包括医生用的较复杂的医药包。

八、以激素、品目 29.37 其他产品或杀精子剂为基本成分的化学避孕药物，不论是否零售包装。

九、专用于人类或兽药的凝胶制剂，作为外科手术或体检时躯体部位的润滑剂，或者作为躯体和医疗器械之间的耦合剂

这些制剂通常含有多元醇（甘油、丙二醇等）、水及增稠剂，一般在医疗或兽医方面用作体检时躯体部位的润滑剂（例如，阴道润滑）或躯体部位与外科医生的手、手套或医疗器材之间的润滑剂，还可用作躯体和医疗器械（例如，心电描记器、超声波扫描仪）之间的耦合剂。

十、可确定用于造口术的用具，即裁切成型的结肠造口术、回肠造口术、尿道造口术用袋及其具有粘性的片或底盘。

十一、废药物

本品目包括因超过有效保存期等而不适合于作原用途的药品。

十二、安慰剂

归入本品目的安慰剂在外观上模仿药品，用于经许可的临床试验。一般情况下，安慰剂是一种药物惰性产品，通常由被研究的药品的成分去除活性成分所组成。归入本品目的安慰剂还包括已获准用于经许可临床试验作对照物质的疫苗。安慰剂有多种形式，包括但不限于片剂、液体、注射剂和贴片。药品中的成分（赋形剂）必须通常被认为对人体是安全的，否则不能使用。

十三、盲法（或双盲法）临床试验试剂盒（即成套的临床试验药物）

盲法（或双盲法）临床试验试剂盒（即成套的临床试验药物）仅用于盲法医学试验，包括试验药物、相关安慰剂或者两者皆有，其目的是对药物进行隐匿。对于新药试验，通常使用随机双盲法。关于双盲试验试剂盒的确切信息，如它是否含有活性药物或安慰剂或两者皆有，都不会随附于套盒，也无法提供给海关。

套盒可能包括仅为安全运输或储存货物所需的任何物品或包装，如温度记录器、篡改检测器或冷却包，以及任何相关或必要的文件及表格，不论是纸质的还是电子的。

归入本品目的安慰剂、盲法（或双盲法）临床试验试剂盒（成套药物）为用于经许可临床试验的已配定剂量产品。

临床试验的目的是进行人体或动物药物试验，其中研究对象是一种含待测活性成分的药物或是用作临床试验对照物的安慰剂。被测试的活性成分可以包括用于治疗或预防疾病的草药产品。

经许可的临床试验，须符合进口国（地区）关于临床试验研究产品进口的所有相关监管要求。

非用于经许可的临床试验的“安慰剂”和“盲法（或双盲法）临床试验试剂盒”产品，应根据其不同的成分和形式，分别归入其他品目（例如，品目 17.04、21.06 等）。

第三十一章　肥料

注释：

一、本章不包括：

（一）品目05.11的动物血；

（二）单独的已有化学定义的化合物［符合下列注释二（一）、三（一）、四（一）或五所规定的化合物除外］；或

（三）品目38.24的每颗重量不低于2.5克的氯化钾培养晶体（光学元件除外）；氯化钾光学元件（品目90.01）。

二、品目31.02只适用于下列货品，但未制成品目31.05所述形状或包装：

（一）符合下列任何一条规定的货品：

1. 硝酸钠，不论是否纯净；
2. 硝酸铵，不论是否纯净；
3. 硫酸铵及硝酸铵的复盐，不论是否纯净；
4. 硫酸铵，不论是否纯净；
5. 硝酸钙及硝酸铵的复盐（不论是否纯净）或硝酸钙及硝酸铵的混合物；
6. 硝酸钙及硝酸镁的复盐（不论是否纯净）或硝酸钙及硝酸镁的混合物；
7. 氰氨化钙，不论是否纯净或用油处理；
8. 尿素，不论是否纯净。

（二）由上述（一）款任何货品相互混合的肥料；

（三）由氯化铵或上述（一）或（二）款任何货品与白垩、石膏或其他无肥效无机物混合而成的肥料；

（四）由上述（一）2或8项的货品或其混合物溶于水或液氨的液体肥料。

三、品目31.03只适用于下列货品，但未制成品目31.05所述形状或包装：

（一）符合下列任何一条规定的货品：

1. 碱性熔渣；
2. 品目25.10的天然磷酸盐，已焙烧或经过超出清除杂质范围的热处理；
3. 过磷酸钙（一过磷酸钙、二过磷酸钙或三过磷酸钙）；
4. 磷酸氢钙，按干燥无水产品重量计含氟量不低于0.2%。

（二）由上述（一）款的任何货品相互混合的肥料，不论含氟量多少。

（三）由上述（一）或（二）款的任何货品与白垩、石膏或其他无肥效无机物混合而成的肥料，不论含氟量多少。

四、品目31.04只适用于下列货品，但未制成品目31.05所述形状或包装：

（一）符合下列任何一条规定的货品：

1. 天然粗钾盐（例如，光卤石、钾盐镁矾及钾盐）；
2. 氯化钾，不论是否纯净，但上述注释一（三）所述的产品除外；
3. 硫酸钾，不论是否纯净；
4. 硫酸镁钾，不论是否纯净。

（二）由上述（一）款任何货品相互混合的肥料。

五、磷酸二氢铵及磷酸氢二铵（不论是否纯净）及其相互之间的混合物应归入品目31.05。

六、品目31.05所称“其他肥料”，仅适用于其基本成分至少含有氮、磷、钾中一种肥效元素的

肥料用产品。

总 注 释

本章包括通常作天然或人造肥料用的绝大多数产品。

另一方面，本章不包括用于改良土壤，而非使土壤肥沃的产品，例如：

（一）石灰（品目 25.22）。

（二）泥灰及沃土（不论是否天然含有少量的肥效元素氮、磷或钾）（品目 25.30）。

（三）泥煤（品目 27.03）

本章也不包括适用于种子、植物或土壤中用以帮助种子发芽及植物生长的微量营养素制品。它们可含有少量的肥效元素氮、磷、钾，但不作为基本成分（例如，品目 38.24）。

本章还不包括已制成的植物生长培养介质，例如，盆栽土，以泥煤、泥煤与砂的混合物、泥煤与粘土的混合物（品目 27.03）或泥土、砂、粘土等的混合物（品目 38.24）为基料制成。所有这些产品均可含有少量的氮、磷或钾肥效元素。

31.01 动物或植物肥料，不论是否相互混合或经化学处理；动植物产品经混合或化学处理制成的肥料

本品目包括：

一、动植物肥料，不论是否相互混合或经化学处理；

二、动植物产品经相互混合或化学化处理制成的肥料（品目 31.03 的骨骼过磷酸盐除外）。

但当这些产品制成品目 31.05 所述形状或包装时，应归入品目 31.05。

本品目主要包括：

（一）海鸟粪，即海鸟排泄物及尸体的堆积物，大量存在于某些海岛或沿海地区。它含有氮和磷，通常是一种具有强烈氨气味的浅黄色粉末。

（二）只适于作肥料用的排泄物、人畜粪肥及污秽废羊毛等。

（三）只适于作肥料用的腐烂植物产品。

（四）已粉碎的海鸟粪。

（五）用硫酸处理皮革后剩余的产品。

（六）由已腐烂废植物和其他物质组成并用石灰等进行加速或控制腐烂的堆肥。

（七）羊毛洗刷残渣。

（八）干血和骨粉的混合物。

（九）经城市污水处理厂处理的性质稳定的下水道淤泥。这些淤泥是通过以下方法制得的：通过对下水道污水进行筛分处理，除去较大的物体，并使粗砂石及较重的非生物成分沉淀；然后可对剩余的淤泥进行风干或过滤。所获得的淤泥含有较高比例的有机物质及一些肥效元素（例如，磷及氮）。但是，其他物质（例如，重金属）含量很高而不适合作为肥料使用的上述淤泥不归入本品目（品目 38.25）。

本品目不包括：

（一）动物血，不论是液体的还是干燥的（品目 05.11）。

（二）已粉碎的骨、角、蹄或鱼废料（第五章）。

（三）不适合供人食用的肉、杂碎、鱼、甲壳动物、软体动物或其他水生无脊椎动物的细粉、粗粉及团粒（品目 23.01）以及归入第二十三章的其他产品（油渣饼、酿造或蒸馏糟粕等）。

（四）骨、木材、泥煤或煤烧成的灰（品目26.21）。
（五）本品目的天然肥料与化学肥料混合而成的混合物（品目31.05）。
（六）性质稳定的下水道淤泥与硝酸钾或硝酸铵的混合物（品目31.05）。
（七）皮革边脚废料；皮革屑、粉（品目41.15）。

31.02 矿物氮肥及化学氮肥：

10	—	尿素，不论是否水溶液
	—	硫酸铵；硫酸铵和硝酸铵的复盐及混合物：
21	——	硫酸铵
29	——	其他
30	—	硝酸铵，不论是否水溶液
40	—	硝酸铵与碳酸钙或其他无肥效无机物的混合物
50	—	硝酸钠
60	—	硝酸钙和硝酸铵的复盐及混合物
80	—	尿素及硝酸铵混合物的水溶液或氨水溶液
90	—	其他，包括上述子目未列名的混合物

本品目仅包括未制成品目31.05所述形状或包装的下列货品：

一、符合下列任何一条规定的货品：

（一）硝酸钠，不论是否纯净。

（二）硝酸铵，不论是否纯净。

（三）硫酸铵和硝酸铵的复盐（不论是否纯净）。

（四）硫酸铵，不论是否纯净。

（五）硝酸钙和硝酸铵的复盐（不论是否纯净）或混合物。硝酸钙和硝酸铵的某些混合物可作为"硝酸钙化肥"出售。

（六）硝酸钙和硝酸镁的复盐（不论是否纯净）或混合物。这些产品是通过用硝酸处理白云石制得的。

（七）氰氨化钙，不论是否纯净或用油处理。

（八）尿素（碳酸二酰胺），不论是否纯净。主要作肥料用，但也可作为动物饲料，还可用于制脲甲醛树脂、有机合成等。

必须注意，以上列出的矿产品或化学产品，即使明显不作为肥料使用，也应归入本品目。

另一方面，以上未列出的含氮产品，即使作为肥料使用，也不归入本品目（例如，氯化铵应归入品目28.27）。

二、由以上第一款所述任何产品相互混合而成的肥料（例如，由硫酸铵和硝酸铵混合而成的肥料）。

三、由氯化铵或以上第一或第二款所述任何产品与白垩、石膏或其他无肥效无机物混合而成的肥料（例如，通过将硝酸铵混入或附于上述无肥效无机物而制得的肥料）。

四、液体肥料，由硝酸铵（不论是否纯净）、尿素（不论是否纯净）或这些产品混合物的水溶液或氨溶液构成。

但应注意，与以上第一款相反，第二、三或四款所述的混合物只有在作肥料用时才归入本品目。

31.03 矿物磷肥及化学磷肥：

— 过磷酸钙：

11　——　按重量计五氧化二磷（P_2O_5）含量在35%及以上
19　——　其他
90　—　其他

本品目仅适用于未制成品目31.05所述形状或包装的下列货品：

一、符合下列任何一条规定的货品：

（一）过磷酸钙（一过磷酸钙、二过磷酸钙或三过磷酸钙）（可溶磷酸钙）。一过磷酸钙是通过硫酸作用于天然磷酸盐或骨粉制得的。二过磷酸钙或三过磷酸钙是通过磷酸作用于天然磷酸盐或骨粉制得的。

（二）碱性熔渣（也称作“托马斯炉渣”“托马斯磷酸盐”“含磷熔渣”或“冶金磷酸盐”）。它是在碱性熔炉或碱性转炉中用磷铁炼钢时所得的副产品。

（三）品目25.10的天然磷酸盐，已焙烧或超出清除杂质范围的热处理。

（四）以干燥无水产品计含氟重量不少于0.2%的磷酸氢钙。以干燥无水产品计含氟重量少于0.2%的磷酸氢钙归入品目28.35。

必须注意，上述的矿物或化学产品，即使明显不作为肥料使用，也应归入本品目。

另一方面，以上未列出的含磷产品（例如，品目28.35的磷酸钠），即使作为肥料使用，也不归入本品目。

二、由以上第一款所述任何货品相互混合而成的肥料（例如，由过磷酸钙与磷酸氢钙混合而成的肥料），不受以上第一款第（四）项所述氟含量的限制。

三、由以上第一或二款所述任何货品与白垩、石膏或其他无肥效无机物混合而成的肥料（例如，由过磷酸钙与白云石或过磷酸钙与硼砂混合而成的肥料），不受以上第一款第（四）项所述氟含量的限制。

必须注意，与以上第一款所述情况相反，第二或第三款的混合物只有是用作肥料的才归入本品目。据此，这些混合物可以是按任何比例混合而成的，且不受以上第一款第（四）项所述氟含量的限制。

31.04　矿物钾肥及化学钾肥：

20　—　氯化钾
30　—　硫酸钾
90　—　其他

本品目仅包括未制成品目31.05所述形状或包装的下列货品：

一、符合下列任何一条规定的货品：

（一）氯化钾，不论是否纯净，但不包括品目38.24所列每颗重量不低于2.5克的氯化钾培养晶体（光学元件除外），也不包括氯化钾光学元件（品目90.01）。

（二）硫酸钾，不论是否纯净。

（三）天然粗钾盐（光卤石、钾盐镁矾、钾盐等）。

（四）硫酸镁钾，不论是否纯净。

必须注意，以上列出的矿物或化学产品，即使明显不作为肥料使用，也应归入本品目。

另一方面，以上未列出的含钾产品，不论是已有化学定义（例如，品目28.36的碳酸钾），还是未有化学定义，即使作为肥料使用，也不归入本品目。

二、由以上第一款所述任何货品相互混合而成的肥料（例如，由氯化钾与硫酸钾混合而成的肥料）。

必须注意，与以上第一款所述情况相反，第二款所述的混合物只有是用作肥料的才归入本品目。

31.05　含氮、磷、钾中两种或三种肥效元素的矿物肥料或化学肥料；其他肥料；制成片及类似形状或每包毛重不超过 10 千克的本章各项货品：

10　—　制成片及类似形状或每包毛重不超过 10 千克的本章各项货品
20　—　含氮、磷、钾三种肥效元素的矿物肥料或化学肥料
30　—　磷酸氢二铵
40　—　磷酸二氢铵及磷酸二氢铵与磷酸氢二铵的混合物
—　其他含氮、磷两种肥效元素的矿物肥料或化学肥料：
51　——　含有硝酸盐及磷酸盐
59　——　其他
60　—　含磷、钾两种肥效元素的矿物肥料或化学肥料
90　—　其他

本品目包括：

一、磷酸二氢铵和磷酸氢二铵，不论是否纯净，及其相互之间的混合物，不论是否作为肥料使用。

必须注意，本品目不包括品目 31.02 至 31.04 未列名的其他已有化学定义的化合物，即使它们也可作肥料用［例如，硝酸钾（品目 28.34）、磷酸钾（品目 28.35）］。

二、混合及复合肥料（单独的已有化学定义的化合物除外），即：由氮、磷及钾肥效元素中的两种或三种组成的矿物肥料或化学肥料。它们是通过下列方法制得的：

（一）将两种或多种肥料产品加以混合（即使这些产品混合前不归入品目 31.02 至 31.04）。这类混合物包括：

1. 已焙烧的天然磷酸盐和氯化钾。
2. 过磷酸钙和硫酸钾。
3. 氰氨化钙和碱性熔渣。
4. 硫酸铵、过磷酸钙和磷酸钾。
5. 硝酸铵、过磷酸钙和硫酸钾或氯化钾。

（二）化学处理法，例如，用硝酸处理天然磷酸钙，并通过冷却和离心分离除去硝酸钙，然后用氨中和分离后的溶液，再加入钾盐，最后蒸发至干燥而制得的肥料（这种肥料有时被误称为硝磷酸钾，但实际上并不是一种单独的已有化学定义的化合物）。

（三）混合和化学处理法并用。

必须注意，品目 31.02、31.03 及 31.04 包括含有微量非该品目所列其他肥效元素（氮、磷、钾）的肥料，这些微量元素仅作为杂质存在；这些货品不应作为本品目的混合肥料或复合肥料归类。

三、所有其他肥料（单独的已有化学定义的化合物除外），例如：

（一）肥料物质（即含有氮、磷或钾的物质）与硫等无肥效物质的混合物。其中含氮或磷的许多混合肥料归入品目 31.02 或 31.03（参见这些品目的注释），而其他混合肥料则归入本品目。

（二）天然硝酸钠钾肥，为一种硝酸钠和硝酸钾的天然混合物。

（三）动物或植物肥料与化学或矿物肥料的混合物。

本品目不包括：

（一）本章注释二至注释五未列出，但可作肥料用的单独的已有化学定义的化合物，例如，归入品目 28.27 的氯化铵。

（二）废氧化物（品目 38.25）。

本品目也包括制成片及类似形状或每包毛重不超过 10 千克的本章各项货品。

第三十二章　鞣料浸膏及染料浸膏；鞣酸及其衍生物；染料、颜料及其他着色料；油漆及清漆；油灰及其他类似胶粘剂；墨水、油墨

注释：

一、本章不包括：

（一）单独的已有化学定义的化学元素及化合物（品目 32.03 及 32.04 的货品、品目 32.06 的用作发光体的无机产品、品目 32.07 所述形状的熔融石英或其他熔融硅石制成的玻璃及品目 32.12 的零售形状或零售包装的染料及其他着色料除外）；

（二）品目 29.36 至 29.39、29.41 及 35.01 至 35.04 的鞣酸盐及其他鞣酸衍生物；或

（三）沥青胶粘剂（品目 27.15）。

二、品目 32.04 包括生产偶氮染料用的稳定重氮盐与耦合物的混合物。

三、品目 32.03、32.04、32.05 及 32.06 也包括以着色料为基本成分的制品（例如，品目 32.06 包括以品目 25.30 或第二十八章的颜料，金属粉片及金属粉末为基本成分的制品）。该制品是用作原材料着色剂的拼料。但以上品目不包括分散在非水介质中呈液状或浆状的制漆用颜料，例如，品目 32.12 的瓷漆及品目 32.07、32.08、32.09、32.10、32.12、32.13 及 32.15 的其他制品。

四、品目 32.08 包括由品目 39.01 至 39.13 所列产品溶于挥发性有机溶剂的溶液（胶棉除外），但溶剂重量必须超过溶液重量的 50%。

五、本章所称“着色料”，不包括作为油漆填料的产品，不论这些产品能否用于水浆涂料的着色。

六、品目 32.12 所称“压印箔”，只包括用以压印诸如书本封面或帽带之类的薄片，这些薄片由以下材料构成：

（一）金属粉（包括贵金属粉）或颜料经胶水、明胶及其他粘合剂凝结而成的；或

（二）金属（包括贵金属）或颜料沉积于任何材料衬片上的。

总　注　释

本章包括用于鞣制及软化皮革的制剂［植物鞣膏、合成鞣料（不论是否与天然鞣料混合）以及人造脱灰碱液］。

本章也包括植物、动物或矿物着色料及有机合成着色料；以及用这些着色料制成的大部分制剂（油漆、陶瓷着色颜料、墨水等）。还包括清漆、干燥剂及油灰等各种其他制品。

除品目 32.03 及 32.04 的货品、用作发光体的无机产品（品目 32.06）、品目 32.07 所述形状的熔融石英或其他熔融硅石制成的玻璃、制成零售形式或包装的染料及其他着色料（品目 32.12）外，本章不包括由已有化学定义的化学元素或化合物构成的产品，这些产品一般归入第二十八章或第二十九章。

品目 32.08 至 32.10 的某些油漆及清漆或品目 32.14 的胶粘剂，如果各种混合组分或某些添加组分（例如，硬化剂）必须在使用时才进行调配的，其组分若符合下列条件仍应归入上述品目：

一、其包装形式足以表明这些成分不需经过改装就可一起使用的；

二、一起报验的；

三、这些成分的属性及相互比例足以表明是相互配用的。

但是对于使用时应加入硬化剂的产品，如报验时无硬化剂，只要这些产品的组分或包装形式足以表明用于调制油漆、清漆或胶粘剂，则仍应归入这些品目。

32.01　植物鞣料浸膏；鞣酸及其盐、醚、酯和其他衍生物：

10　—　坚木浸膏

20　—　荆树皮浸膏

90　—　其他

一、植物鞣料浸膏

这些植物鞣料浸膏主要用于鞣制皮革。它们通常是用温水（有时经酸化）对预先粉碎或切丝的植物材料（木、树皮、树叶、果实、树根等）进行萃取而制得。所得的液体先经过滤或离心分离，然后进行浓缩，有时还用亚硫酸盐等进行处理。这样制得的萃取物为液状，但可进一步浓缩成浆状或固体状。所有这些萃取物含有不同比例的鞣酸及糖、天然盐、有机酸等物，通常为棕色、黄色或浅红色。

主要的鞣料浸膏来自栎树、栗树、白雀树、松树、荆树、漆树、槚仁树、橡碗、黑儿茶、红树及鞣料云实。

本品目不包括：

（一）主要用于生产植物鞣膏的植物原料，不论是否制干、切丝及粉碎（品目14.04）。

（二）与合成鞣料物质混合的鞣料浸膏（品目32.02）。

（三）制木浆时所得的残余碱液，不论是否浓缩（品目38.04）。

二、鞣酸及其盐、醚、酯和其他衍生物

鞣酸是植物鞣料的主要活性组分。它们是通过醚或醇对品目14.04的植物原料或对上述第一款所述的浸膏进行萃取制得。本品目也包括棓子浸膏（用水浸取的棓子鞣酸），此种浸膏浓度低于用有机溶剂萃取的提取物。

本品目包括各种鞣酸（焦棓酸及儿茶酚鞣酸），不论是否含有萃取过程中残留的杂质。

最常见的鞣酸是棓子鞣酸。

其他鞣酸包括栎树皮鞣酸（栎单宁酸）、栗木鞣酸（齿栗单宁酸）、坚木鞣酸、荆树鞣酸等。

所有这些鞣酸通常呈白色或浅黄色无定形粉末状，与空气接触会变成棕色，有时也会呈鳞片状或针状晶体等，主要用作媒染剂，用于制墨水、澄清葡萄酒或啤酒，还用于制药及照相业。

归入本品目的鞣酸盐包括铝、铋、钙、铁、锰、锌、六亚甲基四胺、非那宗或阿立新的鞣酸盐。鞣酸的其他衍生物包括乙酰单宁（乙酰鞣酸）及亚甲醛二单宁酸。这些衍生物主要用于医药上。

本品目不包括：

（一）贵金属鞣酸盐、其他贵金属化合物（品目28.43）或品目28.44至28.46及28.52的鞣酸衍生物。

（二）棓酸（品目29.18）。

（三）品目29.36至29.39或29.41所列产品的鞣酸盐或其他鞣酸衍生物。

（四）合成鞣料，不论是否与天然鞣料混合（品目32.02）。

（五）品目35.01至35.04的蛋白质鞣酸盐及其他鞣酸衍生物，例如，鞣酸酪蛋白（品目35.01）、鞣酸白蛋白（品目35.02）、鞣酸明胶（品目35.03）。

32.02　有机合成鞣料；无机鞣料；鞣料制剂，不论是否含有天然鞣料；预鞣用酶制剂：

10　—　有机合成鞣料

90　—　其他

本品目包括：

一、鞣料产品

本品目包括不构成第二十八章或第二十九章所列单独的已有化学定义的化合物的下列鞣料产品：

（一）合成有机鞣料（有时称作“合成鞣剂”）。

这些产品虽能单独使用，将皮革鞣成淡色，但常与天然鞣料混合或联合使用，以帮助其渗入皮内。它们包括：

1. 芳香性合成鞣剂，例如，甲醛与酚酸、甲酚酸或萘磺酸的缩合产品；高分子量磺化芳香烃；多磺酰胺及多羟基多芳基砜磺酸。

2. 烷基磺酰氯（有时称作“合成油基鞣料”）。

3. 树脂鞣料产品，全部或绝大部分溶于水。这些产品包括甲醛与双氰胺、尿素或二聚氰胺的某些缩合产品。

（二）无机鞣料或“矿物鞣料”（例如，以铬、铝、铁或锆盐为基料的鞣料）。

上述第（一）项及第（二）项所述产品，即使相互混合（例如，与铬盐或铝盐混合的有机合成鞣剂）或与天然鞣料混合，仍应归入本品目。

本品目还包括除主要用作合成鞣料外还具有次要用途（例如，染料的均染性及漂白性）的产品。

二、人造脱灰碱液

这些是复杂制品，它有助于除去纤维间的蛋白质，并除去透入刮皮张内的石灰，使皮软化，更易接受随后的鞣料作用。脱灰碱液通常以特定的酶或胰液素等为基料，还可混有一些脱灰物质或糠、木粉等增充剂。

本品目不包括：

（一）制木浆所得的残余碱液，不论是否浓缩（品目38.04）。

（二）皮革工业上主要不用作鞣料的整理剂、加速染料着色或固色的染料载体及其他产品和制剂（例如，熟皮料和媒染剂）（品目38.09）。

32.03　动植物质着色料（包括染料浸膏，但动物碳黑除外），不论是否已有化学定义；本章注释三所述的以动植物质着色料为基本成分的制品

本品目包括主要用作着色料的大部分动植物产品。这些产品通常是用水、弱酸或氨溶液浸取植物原料（木材、树皮、根、籽、花及地衣等）或动物原料制得；对于某些植物原料还可通过发酵制得；其所含物料比较复杂，通常含有一种或几种染色要素和从原料或浸取过程中残留下来的少量其他物质（糖、鞣酸等）。它们不论是否已有化学定义均归入本品目。

本品目包括：

一、植物质着色料及染料浸膏，这些物质是从苏木（氧化苏木精、苏木精等）、黄木（黄颜木、染色桑及坦皮科木等）、红木（棘云实红木、利马木、巴西红木等）、檀香木、栎皮粉木、黑儿茶（儿茶）、胭脂树橙、茜草、紫朱草、指甲花、姜黄、波斯浆果、红花、藏红花等制得。本品目也包括由某些地衣制成的苔色素及石蕊；从各种葡萄皮制得的葡萄霜；从荨麻及其他植物提取而得的叶绿素，也包括叶绿素钠、叶绿素铜及叶黄素；部分分解山毛榉树皮及软木等植物而得的仿铁棕：从靛蓝植物（主要为木蓝）制得的天然靛蓝。它通常呈深蓝色粉末、浆状、饼状或团状等。

二、动物质着色料，例如，胭脂虫浸膏，用酸化了的水或氨水溶液浸取美洲胭脂虫而得；虫胭脂，从地中海胭脂虫取得的一种红色提取物；乌贼染料，从某些种类乌贼的墨囊制得的棕色色料；从虫胶制得的色料浸膏，其中主要的一种称作紫胶染料；天然真珠颜料，从鱼鳞制得，主要成分为鸟嘌

呤及次黄嘌呤，呈晶体状。

本品目也包括以动植物色料为基料，用于任何物料着色的或用作色料制剂拼料的制剂。它们包括：

（一）某些国家用于奶油着色的胭脂树橙植物油溶液。

（二）分散于水介质或水与水溶溶剂混合组成的介质中的天然真珠颜料。这些产品有时称为“珠光粉”，用于制水溶性涂料或化妆品。

但本品目不包括本章注释三最后一句所指的制剂。

本品目也不包括：

（一）碳黑（品目28.03）。

（二）实际上对其染色性不加利用的物质，例如，桑色素、羟高铁血红素及氯高铁血红素（第二十九章）。

（三）有机合成着色料（品目32.04）。

（四）将天然动植物着色料固定在底料上而制成的色淀（例如，胭脂红色淀、苏木色淀、黄木及红木色淀）（品目32.05）。

（五）制成零售形式或包装的染料或其他着色料（品目32.12）。

（六）象牙黑及其他动物黑（品目38.02）。

32.04　有机合成着色料，不论是否已有化学定义；本章注释三所述的以有机合成着色料为基本成分的制品；用作荧光增白剂或发光体的有机合成产品，不论是否已有化学定义：

	—	有机合成着色料及本章注释三所述的以有机合成着色料为基本成分的制品：
11	——	分散染料及以其为基本成分的制品
12	——	酸性染料（不论是否预金属络合）及以其为基本成分的制品；媒染染料及以其为基本成分的制品
13	——	碱性染料及以其为基本成分的制品
14	——	直接染料及以其为基本成分的制品
15	——	瓮染料（包括颜料用的）及以其为基本成分的制品
16	——	活性染料及以其为基本成分的制品
17	——	颜料及以其为基本成分的制品
18	——	类胡萝卜素着色料及以其为基本成分的制品
19	——	其他，包括由子目3204.11至3204.19中两个或多个子目所列着色料组成的混合物
20	—	用作荧光增白剂的有机合成产品
90	—	其他

一、有机合成着色料，不论是否已有化学定义；本章注释三所列的以有机合成着色料为基本成分的制品

有机合成着色料一般从油类或蒸馏煤焦油的其他产品中取得。

本品目主要包括：

（一）未混合的有机合成着色料（不论是否为已有化学定义的化合物），及由无染色性能物质（例如，无水硫酸钠、氯化钠、糊精、淀粉）稀释以降低其染色功能或使其标准化的有机合成着色料。添加少量的表面活性产品以增进着色料的渗透性或固着性并不影响其归类。这类染料通常为粉末、晶体、浆状等。

制成零售形式或包装的有机合成色料应归入品目32.12（参见该品目注释第三款）。

（二）不同类型的有机合成着色料的混合物。

（三）以塑料、天然橡胶、合成橡胶、增塑剂或其他材料为介质的浓缩分散体。这些分散体通常为小片状或团块状，作为橡胶、塑料等的整体着色的原料。

（四）有机合成着色料与较大量的表面活性产品或有机粘合剂混合的混合物，这些混合物用于塑料的整体着色或作为织物印花制品的拼料。它们通常呈浆糊状。

（五）以有机合成着色料为基本成分并用于任何物料的着色或用作色料制剂拼料的其他制品，但不包括本章注释三最后一句所指的制剂。

归入本品目的各类有机合成着色料（不论作染料还是作颜料）包括：

1. 亚硝基及硝基化合物染料。

2. 单或多偶氮化合物染料。

3. 芪染料。

4. 噻唑染料（例如，硫黄素）。

5. 咔唑染料。

6. 亚胺醌染料，例如，吖嗪染料（引杜林染料、尼格染料、二氨吖嗪染料、碱性藏红染料等）、恶嗪染料（培花青等）及噻嗪染料（亚甲蓝等）；以及靛酚及吲达胺染料。

7. 呫吨染料（焦宁染料、荧光素、曙红、罗丹明等）。

8. 吖啶、喹啉染料（例如，花青、异花青、隐花青）。

9. 二苯甲烷或三苯甲烷染料，例如，槐黄及品红。

10. 羟基醌及蒽醌染料，例如，茜素。

11. 磺化靛类染料。

12. 其他瓮染料或颜料（例如，合成靛蓝），其他硫化染料或颜料，溶靛素染料等。

13. 磷钨绿等（参见品目 32.05 注释第三段）。

14. 酞菁染料（天然的在内）及其金属化合物，包括其磺化衍生物。

15. 合成而得的类胡萝卜素（例如，β 类胡萝卜素，8’－脱辅基－β－胡萝卜醇，8’－脱辅基－β－胡萝卜酸，8’－脱辅基－β－胡萝卜酸乙酯，8’－脱辅基－胡萝卜酸甲酯及隐黄质）。

某些偶氮着色料常制成混合物形式，由稳定重氮盐与耦合剂组成，可直接在织物纤维上产生不溶性偶氮染料。这些混合物也归入本品目。

本品目不包括不和耦合剂一起使用就可以直接将织物纤维着色的单独重氮盐（不论是否已被稳定或稀释至标准浓度）（第二十九章）。

本品目也不包括在制着色料过程的不同阶段中获得的本身不是染料的中间产品。这些中间产品（例如，一氯代乙酸、苯磺酸及萘磺酸、间苯二酚、氯代硝基苯、硝基苯酚及亚硝基苯酚、亚硝胺、苯胺、硝胺及磺胺衍生物、联苯胺、氨基萘磺酸、蒽醌、甲苯胺）应归入第二十九章。这些产品与归入本品目某些初级产品差异甚大，例如，酞菁染料，化学上已是“最终产品”，只需简单的物理加工即可获得其最佳染色能力。

有机合成着色料有的可溶于水，有的不溶于水。它们几乎全部取代了天然有机着色料，尤其是在织物印染，皮革、纸张或木材染色方面。它们也用于制色淀（品目 32.05），品目 32.08 至 32.10、32.12 及 32.13 的着色料，以及品目 32.15 的墨水，并用于塑料、橡胶、蜡、油类、照相用感光乳剂等的着色。

上述某些物质也用作实验室试剂或用于医药方面。

本品目不包括实际上对其染色性能不加利用的物质，例如，甘菊环烃（品目 29.02）；三硝基苯酚（苦味酸）及二硝基邻甲酚（品目 29.08）；六硝基二苯胺（品目 29.21）；甲基橙（品目 29.27）；胆红素、胆绿素及卟啉（品目 29.33）；吖啶黄素（品目 38.24）。

二、用作荧光增白剂或发光体的有机合成产品，不论是否已有化学定义

（一）用作荧光增白剂的有机产品是一种能吸收紫外线后产生蓝色可见光并因此使白色产品增白的有机合成产品。它们通常由芪的衍生物构成。

（二）用作发光体的有机产品是一种在光线作用下能发光或产生荧光效应的有机产品。

其中有些产品也具有着色料的特性。例如，塑料中的罗丹明B，能产生一种红色荧光，通常呈粉末状。

大多数用作发光体的有机产品（例如，二羟基对苯二酸二乙酯及水杨醛连氮）并非着色料，将它们加到颜料中可使颜料更为鲜艳。这些产品不论是否已化学定义均应归入本品目，但没有发光作用（例如，不纯、晶体结构不同）的除外（第二十九章）。因此用作橡胶发泡剂的水杨醛连氮应归入品目29.28。

相互混合的或与有机合成色料混合的发光体有机产品仍归入本品目。与无机颜料混合时则不归入本品目（品目32.06）。

○

○　○

子目注释：

子目3204.11至3204.19

有机合成着色料及本章注释三所述的以有机合成着色料为基本成分的制剂是根据其应用方法或用途列出子目的。这些子目所列的产品详述如下：

分散染料是基本上不溶于水的非离子型染料，以水分散体形式适用于疏水性纤维的染色。它们用于聚酯、尼龙及其他聚酰胺、乙酸纤维及丙烯酸纤维的染色，也用于某些热塑性塑料的表面染色。

酸性染料是水溶性的阴离子型染料，适用于尼龙、羊毛、丝绸、改性丙烯酸纤维及皮革的染色。

媒染染料是水溶性染料，应用时需用媒染剂（例如，铬盐）使其粘附于织物纤维之上。

碱性染料是水溶性阳离子型染料，适用于改性丙烯酸纤维、改性尼龙纤维、改性聚酯纤维或未漂白纸张的着色。它们最初用于丝绸、羊毛及鞣酸媒染棉花的着色，色泽鲜艳但牢度较差。某些碱性染料具有微生物活性，因而也用于医药上作防腐剂。

直接染料为水溶性阴离子型染料，于水溶液中在电解质存在下，能对纤维素纤维直接染色。它们用于棉花、再生纤维素、纸、皮革的染色，偶尔也用于尼龙的染色。为了改善它们的染色牢度，直接染色织物通常须进行后处理，例如，就地重氮化和耦合，与金属盐螯合或用甲醛处理。

瓮染料为不溶于水的染料，在碱浴中还原成水溶性隐色体，这种隐色体主要被纤维素纤维吸收后再经氧化成为不溶性的有色酮。

活性染料为能与纤维（通常为棉花、羊毛或尼龙）分子的基团反应形成一个共价键的染料。

颜料为在整个染色过程中能保留其结晶或微粒形状的有机合成色料（与染料相反，染料在溶解或蒸发过程中晶体结构会消失，尽管在染色的后阶段晶体结构会恢复）。它们包括某些以上所述染料的不溶性金属盐。

子目3204.19主要包括：

——本章注释二所述混合物；

——溶剂染料，能溶于有机溶剂，适用于合成纤维（例如，尼龙、聚酯、丙烯酸纤维）的染色，或用于汽油、清漆、着色剂、墨水、蜡等。

对于某些因具有两种或多种使用方法而可归入不同子目的有机合成着色料，应按下列原则归类：

——报验时处于既可用作瓮染料，也可用作颜料的，应按瓮染料归入子目3204.15。

——其他可归入子目3204.11至3204.18中两个或多个具体列名子目的，应按顺序归入其可归入的最后一个子目。

——既可归入子目3204.11至3204.18中的某一具体列名子目，又可归入“其他”子目3204.19的有机合成着色料，应归入具体列名的有关子目项下。

有机合成着色料混合物及以其为基本成分的制剂应按下列原则归类：

——归入同一子目的两种及以上产品的混合物，应归入相同的子目内。

——归入不同子目（3204.11 至 3204.19）的两种及以上产品的混合物，应归入“其他”子目 3204.19 项下。

荧光增白剂，有时也称为“白色染料”，因其已在子目 3204.20 中具体列名，所以不归入子目 3204.11 至 3204.19。

32.05　色淀；本章注释三所述的以色淀为基本成分的制品

色淀是不溶于水的制品。它是将天然着色料（动物质或植物质）或有机合成着色料（不论是否能溶于水）固定在一种通常为矿物质（例如，硫酸钡、硫酸钙、氧化铝、瓷土、滑石、硅石、硅质化石土、碳酸钙等）的基底上而制成。

将着色料固定在基底上通常采用下列方法：

一、用沉淀剂（鞣酸、氯化钡等）将着色料沉淀在基底上，或通过色料与基料共沉淀制得。

二、用着色料溶液对基料进行染色。

三、不溶着色料与惰性基料的机械紧密混合。

切勿将色淀与某些不溶于水的有机合成着色料等其他产品相混淆。这些产品的矿物元素是分子的组成部分，例如，已生成不溶性金属盐形式的有机合成着色料（例如，磺化染料的钙盐，碱性染料与磷、钼、钨等络酸的盐）（品目 32.04）。

色淀大多数由具有高度抗氧化能力的有机合成着色料（例如，偶氮染料、从蒽醌衍生的瓮染料或茜素染料）（品目 32.04）制成。这些色淀用于制印刷油墨、糊墙纸及油画颜料。

色淀也可由动植物质有机着色料（即品目 32.03 所列货品）制得。它们主要有：胭脂虫红色淀，通常用明矾处理胭脂虫浸膏水溶液而得，大多数用于制水合颜料，也用于糖浆、糖果及甜酒的着色；苏木色淀、黄木色淀及红木色淀等。

这些产品常呈粉状。

本品目包括色淀分散于塑料、橡胶、增塑剂或其他介质中的浓缩分散体。这些分散体通常呈小片或小块状，并大量用作橡胶、塑料等本体染色的原料。

本品目也包括某些以色淀为基料的其他制剂，这些色淀可用于任何物料的着色或用作制着色料制剂的拼料。但不包括本章注释三所述的制剂。

本品目不包括日本（或中国）漆（品目 13.02）。

32.06　其他着色料；本章注释三所述的制品，但品目 32.03、32.04 及 32.05 的货品除外；用作发光体的无机产品，不论是否已有化学定义（+）：

	—	以二氧化钛为基本成分的颜料及制品：
11	——	以干物质计二氧化钛含量在 80% 及以上的
19	——	其他
20	—	以铬化合物为基本成分的颜料及制品
	—	其他着色料及其他制品：
41	——	群青及以其为基本成分的制品
42	——	锌钡白及以硫化锌为基本成分的其他颜料和制品
49	——	其他
50	—	用作发光体的无机产品

一、其他着色料；本章注释三所述的制剂，但品目 32. 03、32. 04 或 32. 05 的货品除外

本品目包括无机着色料及矿物着色料。

但本品目不包括：

（一）天然云母氧化铁；土色料，不论是否焙烧或相互混合（参见品目 25. 30 的注释）。

（二）单独的已有化学定义的无机着色料［例如，碱式碳酸铅；铁、铅、铬或锌的氧化物；锌或汞的硫化物；铬酸铅（第二十八章）］；施温福特绿（乙酰亚砷酸铜）（品目 29. 42）。

（三）金属粉片及粉末（第十四类或第十五类）。

本品目的着色料包括：

（一）以二氧化钛为基本成分的颜料。这些产品包括经表面处理的或与硫酸钙、硫酸钡或其他物质混合的二氧化钛，还包括为使其获得适合作颜料用的特定物理性质而在生产过程中故意加入化合物的二氧化钛。特性不适合作颜料用的其他特制的二氧化钛应归入其他品目（例如，品目 38. 15、品目 38. 24）。未经混合及未经表面处理的二氧化钛归入品目 28. 23。

（二）以铬化合物为基本成分的颜料。这些包括由铬酸铅与其他无机产品（例如，硫酸铅）混合组成的黄色色料，由氧化铬与其他物料混合组成的绿色色料。

（三）群青。群青是一种络合物，过去从天青石中获得，但现在通过人工处理各种硅酸盐、铝酸盐、碳酸钠、硫等的混合物制得。本品目也包括群青绿、群青红及群青紫，但不包括有时称作群青黄的某些未混合铬酸盐（品目 28. 41）。

（四）锌钡白及以硫化锌为基本成分的其他颜料，例如，由不同比例的硫化锌及硫酸钡混合组成的白色颜料。

（五）以镉化合物为基本成分的颜料，例如，由硫化镉和硫酸钡混合组成的黄色颜料，由硫化镉和硒化镉混合组成的镉红。

（六）普鲁士蓝（柏林蓝）及其他以六氰合高铁酸盐（氰亚铁酸盐及氰铁酸盐）为基本成分的颜料。普鲁士蓝由亚铁氰化铁组成，未有化学定义。它是通过用亚铁盐沉淀碱金属亚铁酸盐后再用次氯酸盐氧化制得。它是一种无定形蓝色固体，用于制归入本品目的多种颜料。这些产品包括矿物蓝（含有硫酸钡和高岭土）、铬绿或英国绿（含有铬黄，有时还有硫酸钡）、锌绿（含有铬酸锌）及用于颜色墨水的化合物（含有草酸）。特恩布尔蓝，由氰铁酸亚铁组成，未有化学定义，单独或混合的。

（七）矿物黑（归入品目 25. 30 或 28. 03 的碳黑除外），例如：

1. 页岩黑，为各种硅酸盐与碳的混合物，通过将沥青页岩加以不完全煅烧制得。

2. 硅黑，将煤和硅藻土混合物加以煅烧制得。

3. “阿鲁黑”，通过煅烧铝土矿和煤焦油沥青或油脂的混合物而制得的一种氧化铝和碳的混合物。

（八）含有极少量有机合成染料的发光色土［不会发光的色土，不论是否相互混合，通常归入品目 25. 30（参见有关的注释）］。

（九）可溶性铁棕及类似产品，通常用氢氧化铵或氢氧化钾溶液处理品目 25. 30 的土色料（铁棕、煅棕土或卡色尔土等）而得。

（十）以钴化合物为基本成分的颜料，例如，青天蓝。

（十一）由精细矿物（例如，钛铁矿）粉构成的颜料。

（十二）锌灰（很不纯的氧化锌）。

（十三）合成珠光颜料，即无机珠母颜料，例如：

1. 加有少量有机表面活性剂的氯氧化铋；

2. 用氯氧化铋、二氧化钛或二氧化钛和氧化铁涂布的云母。

这些产品用于生产各种化妆品。

添加了有机着色料的无机颜料也归入本品目。

这些产品均是原材料，主要用于生产：陶瓷工业用的色料或颜料（参见品目32.07的注释），品目32.08至32.10和32.12的色料、油漆、瓷漆及大漆，品目32.13的艺术家、学生用色料或文娱颜料，以及印刷油墨（归入品目32.15）。

本品目还包括以上面所述色料为基本成分的制品；也包括用于任何物料着色或用作生产色料制品拼料并呈下列形式的品目25.30或第二十八章的颜料及金属粉片和粉末：

1. 分散在塑料、天然橡胶、合成橡胶、增塑剂或其他介质中的浓缩分散体。这些分散体用作塑料、橡胶等本体着色的原材料。或

2. 与相当大量表面活性产品或与有机粘合剂混合的混合物。这些产品用于塑料等的本体着色，或作为纺织品印花制剂的拼料。它们通常呈膏状。

但本品目不包括本章注释三最后一句所列的制品。

本品目也不包括：

用作油性涂料填料的产品，不论其是否也可用于水浆涂料的着色，例如：

（一）高岭土（品目25.07）。

（二）碳酸钙（品目25.09或28.36）。

（三）硫酸钡（品目25.11或28.33）。

（四）硅藻土（品目25.12）。

（五）板岩（品目25.14）。

（六）白云石（品目25.18）。

（七）碳酸镁（品目25.19或28.36）。

（八）石膏（品目25.20）。

（九）石棉（品目25.24）。

（十）云母（品目25.25）。

（十一）滑石（品目25.26）。

（十二）方解石（冰洲晶石）（品目25.30）。

（十三）氢氧化铝（品目28.18）。

（十四）两种或多种以上（一）至（十三）项所列产品的混合物（通常归入品目38.24）。

二、用作发光体的无机产品，不论是否已有化学定义

用作发光体的无机产品是指在可见或不可见射线（太阳光线、紫外线、阴极射线、X射线等）的作用下能产生发光效应（荧光或磷光）的产品。

这些产品的大多数由已被所含极少量“活性”产品（例如，银、铜或锰）所活化的金属盐组成。例如，被银或铜活化的硫化锌、被铜活化的硫酸锌及被锰活化的硅酸锌铍。

另外一些发光体产品的发光性能不是来自所存在的活性剂，而是由于其金属盐经过处理后形成了特殊的晶体结构。这些产品是不含其他物质的已有化学定义的化合物，包括钨酸钙及钨酸镁。本品目不包括不具有发光性能（例如，不纯，晶体结构不同）的相同化学品（第二十八章）。因此用作试剂的“无定形”钨酸钙应归入品目28.41。

用作发光体的无机产品有时加入微量的放射性盐以使其自身发光。如果其放射性比度超过74贝克勒尔/克（0.002微居里/克），则应作为含有放射性物质的混合物归入品目28.44。

用作发光体的无机产品相互混合（例如，被铜活化的硫化锌与被铜活化的硫化锌镉相互混合）或与无机颜料（属于第二十八章或以上第一部分的产品）相混合，其产品仍应归入本品目。

发光体用于制发光涂料，用于电视机、示波器、放射仪、射线检查设备、雷达设备或荧光灯管的荧屏涂层。

本品目不包括品目28.43至28.46及28.52所述的货品（例如，氧化钇与氧化铕的混合物），不论其包装形式或用途如何。

○
○　○

子目注释：

子目3206.19

二氧化钛含量低于80%的制品，包括分散于塑料、天然橡胶、合成橡胶或增塑剂中的浓缩分散体（通常称作母炼胶），用于塑料、橡胶等的本着色。

32.07　陶瓷、搪瓷及玻璃工业用的调制颜料、遮光剂、着色剂、珐琅和釉料、釉底料（泥釉）、光瓷釉以及类似产品；搪瓷玻璃料及其他玻璃，呈粉、粒或粉片状的：

10　—　调制颜料、遮光剂、着色剂及类似制品

20　—　珐琅和釉料、釉底料（泥釉）及类似制品

30　—　光瓷釉及类似制品

40　—　搪瓷玻璃料及其他玻璃，呈粉、粒或粉片状的

本品目包括一系列用于陶瓷工业（瓷器、陶器等）、玻璃工业或供金属物品着色或修饰用的制品。

一、已调制的颜料、遮光剂及着色剂，是通过加入或不加入助熔剂或其他物质并热处理氧化物（锑、银、砷、铜、铬及钴等的氧化物）或盐（氟化物、磷酸盐等）所制得的干燥混合物，涂布后通常在300℃以上进行高温煅烧。在陶瓷烧制过程中，此类货品会形成彩色或不透明表面。它们可渗入釉料或瓷漆中使用，也可在上釉之前作为涂层先行涂布。

二、珐琅及釉料，为硅石与其他产品（长石、高岭土、碱类、碳酸钠、碱土金属化合物、氧化铅、硼酸等）的混合物，加热玻璃化后可形成无光泽或有光泽的平滑表面。在多数情况下其部分组分在预备阶段已相互熔合并以粉状玻璃料形式存于混合物中（参见下文）。

它们可以是透明的（不论是否着色），也可以在加入遮光剂或颜料后变成不透明；有时加入某些物质（例如，氧化钛或氧化锌），烧制后冷却可产生水晶状的装饰性效果。这类珐琅及釉料通常呈粉或粒状。

三、釉底料（泥釉），是以粘土为基本成分的半流质糊状，不论是否着色，用以涂布瓷器的全部表面或某一图案。它们或在陶瓷烧制前涂布，或在第一次预烧后涂布。

四、光瓷釉，为金属化合物在松节油或其他有机溶剂中的溶液或悬浮液，用于装饰陶瓷器或玻璃器。用途最广的有金、银、铝或铬的光瓷釉。

五、粉状、粒状或粉片状的搪瓷玻璃料及其他各种玻璃（包括从熔融石英或其他熔融硅石制得的玻璃料及玻璃），不论是否着色或镀银。

这些产品用于制陶瓷器、玻璃器及金属器的涂料，也可供其他用途。例如，玻璃料用于以上第二款所述的玻璃化产品的制剂。玻璃粉及玻璃粒有时熔结成圆盘、板、管等状，供实验室使用。

玻璃料通常用作电气零件的绝缘体（例如，电灯泡帽上的接触端）。

其他粉状玻璃用作研磨料，用于装饰明信片及圣诞树饰品，也用于制彩色玻璃品等。

以上第五款所述的产品如果不是粉状、粒状或粉片状，则不归入本品目，而通常归入第七十章。这一规定尤其适用于块状的玻璃料及“瓷漆”玻璃（品目70.01），条、棒或管状的“瓷漆”玻璃（品目70.02）及供电影屏幕、路标等涂层用的细小规则圆球形玻璃粒（微球体）（品目70.18）。

32.08　以合成聚合物或化学改性天然聚合物为基本成分的油漆及清漆（包括瓷漆及大漆），分散于或溶于非水介质的；本章注释四所述的溶液：

10　—　**以聚酯为基本成分**

20　—　**以丙烯酸聚合物或乙烯聚合物为基本成分**

90　—　**其他**

一、油漆（包括瓷漆）

本品目的油漆是不溶性着色料（主要为矿物有机颜料或色淀）或金属粉片或粉末的分散体。它们悬浮于一种由粘合剂分散或溶解于非水介质所组成的载体中。这种粘合剂是一种成膜剂，由合成聚合物（例如，酚醛树脂、氨基树脂、热固性或其他丙烯酸聚合物、醇酸或其他聚酯、乙烯聚合物、聚硅氧烷、环氧树脂及合成橡胶）或由化学改性天然聚合物（例如，纤维素化学衍生物或天然橡胶的化学衍生物）组成。

其他产品，例如，干燥剂（以钴、锰、铅或锌化合物为基本成分）、增稠剂（铝皂及锌皂）、表面活性剂、稀释剂或填充剂（硫酸钡、碳酸钙、滑石等）及防结皮剂（例如，丁酮肟）可根据具体用途适量加入到载体中。

在溶剂稀释油漆中，溶剂和稀释剂是挥发性液体（例如，石油溶剂、甲苯、树胶、木松节油、硫酸盐松节油、混合合成溶剂等），添加后可将固体粘合剂溶化，使其具有适当的流动稠度以便于施用。

载体由清漆组成的油漆称作瓷漆；干燥后可生成一层有光泽的或无光泽的特殊光滑硬膜。

溶剂稀释油漆和瓷漆的配制方法根据其实际用途而定，通常都含有几种颜料和几种粘合剂。它们干燥后在涂面上形成一层不粘、不透明、有光泽或无光泽的彩色薄膜。

二、清漆（包括大漆）

本品目的清漆和大漆是用以保护或装饰物体表面的液体制品。它们以合成聚合物（包括合成橡胶）或化学改性的天然聚合物（例如，硝酸纤维素或其他纤维素衍生物、酚醛清漆或其他酚醛树脂、氨基树脂、聚硅氧烷等）为基本成分，并加有溶剂和稀释剂。它们形成一层干燥防水，光洁平滑（不论是否有光泽）而且略带透明或半透明的连续性硬质薄膜。

它们可以通过加入一种能溶于其组分的色料而成为彩色（在油漆及瓷漆中，色料称作“颜料”，但不溶于介质中——参见以上第一部分）。

*

*　*

涂布油漆、清漆及大漆的最常见方法是使用漆刷或漆滚。工业中使用的主要方法有喷涂、浸涂及机械涂布。

本品目还包括：

（一）使用时须进行稀释的清漆。它们由溶于少量溶剂的树脂和使其仅适于作清漆用的拼料（例如，防结皮剂、某些第三触变剂或干燥剂）组成。这里所述的清漆，其溶液中也含有次要组分，它与本章注释四所述溶液的区别，主要是根据两类溶液中所含不同化学性质的次要组分及由这些次要组分产生的不同作用来加以确定的。

（二）可幅射的清漆，由低聚物（即由2、3或4个单体单元组成的聚合物）及交联单体溶于挥发性溶剂中构成，含有或不含有光引发剂。这种清漆在紫外光、红外光、X射线、电子束或其他射线的作用下形成交联的不溶于溶剂的网状结构（一种干硬膜）。这类产品除非明显地只能作清漆使用，否则不归入本品目。作摄影乳剂用的类似产品归入品目37.07。

（三）由下述第三部分所述聚合物溶液构成的清漆，即品目39.01至39.13的货品，不论其溶剂重量多少，含有添加物质（生产品目39.01至39.13所述产品所需的添加物除外），例如，防结皮剂及某些触变剂或干燥剂，这些添加剂使它们仅适于作清漆用。

本部分不包括本章注释四所述的溶液（参见以下第三部分）。

三、第三十二章注释四所述的溶液

根据本章注释四，含有下列组分的溶液（胶体溶液除外）应归入本品目：

——溶于挥发性有机溶剂中的一种或多种品目39.01至39.13所述产品和制造这些产品所需的溶解拼料，例如，促进剂、缓硬剂及交联剂（不包括染料等可溶性拼料及填充剂或颜料等不溶性拼料，也不包括根据协调制度的其他规定似可归入这些品目的所有产品），但溶剂的重量须超过溶液重量的50%；

——溶于挥发性有机溶剂中的一种或多种上述产品和增塑剂，但溶剂重量须超过溶液重量的50%。

如果挥发性有机溶剂的重量不超过溶液重量的50%，这些溶液应归入第三十九章。

所称“挥发性有机溶剂”，包括沸点相对较高的溶剂，例如，松节油。

*

*　*

本品目不包括组成成分与以上第二部分倒数第二段所述制品相似或制成零售形式、净重不超过1千克的胶水（品目35.06）。

本品目也不包括：

（一）墙、地板等用的饰面制剂。它们以塑料为基料，并加有大量的填充料，与普通嵌缝胶一样使用抹刀、泥刀等加以涂抹（品目32.14）。

（二）与油漆质地成分相似，但不适于象油漆般施用的印刷油墨（品目32.15）。

（三）制成品目33.04注释所述形状的指甲油类清漆。

（四）改正液，主要由颜料、粘合剂和溶剂组成，制成零售包装，用以抹去打字稿、手稿、复印件、胶印模板及类似品上面的错误或不想要的符号；制成零售包装用作蜡纸修正液的纤维素清漆（品目38.24）。

（五）胶棉，不论其溶剂比例如何（品目39.12）。

32.09　以合成聚合物或化学改性天然聚合物为基本成分的油漆及清漆（包括瓷漆及大漆），分散于或溶于水介质的：

10　—　以丙烯酸聚合物或乙烯聚合物为基本成分

90　—　其他

本品目的油漆是由粘合剂分散体或溶液（以合成聚合物或化学改性天然聚合物为基本成分并溶于水介质构成）与不溶性色料（主要是矿物颜料、有机颜料或色淀）及填料混合组成，并加入表面活性剂和保护胶体以稳定产品。本品目的清漆与油漆相似，只是不含颜料而已；但它们可含有能溶于粘合剂的色料。

粘合剂是一种成膜剂，由聚合体，例如，聚丙烯酸酯、聚乙酸乙烯酯及聚氯乙烯，或苯乙烯与丁二烯的共聚产品所组成。

所称“水介质”，是指由水或水与水溶性溶剂的混合物组成的介质。

本品目不包括：

（一）墙、地板等用的饰面制剂，它们以塑料为基料，并加有大量的填充料。与普通嵌缝胶一样使用抹刀、泥刀等加以涂抹（品目32.14）。

（二）与油漆质地成分相似，但不适于象油漆般施用的印刷油墨（品目32.15）。

32.10　其他油漆及清漆（包括瓷漆、大漆及水浆涂料）；加工皮革用的水性颜料

一、油漆（包括瓷漆）

本品目的油漆（含瓷漆）包括：

（一）干性油（例如，亚麻子油），不论是否改性；分散或溶于水介质或非水介质并加有颜料的天然树脂。

（二）含有硬化剂及颜料但不含任何溶剂或其他介质的液体粘合剂（包括合成或化学改性的天然聚合物）。

（三）以橡胶（合成橡胶除外）为基料的油漆，分散或溶于非水介质或分散于水溶液中，并加有颜料。这种类型的油漆用于薄层涂布，涂层柔韧。

二、清漆（包括大漆）

本品目的清漆包括：

（一）油性漆，油性中的成膜剂是一种干性油（例如，亚麻子油）或干性油与虫胶、天然树胶或树脂的混合物。

（二）以虫胶、天然树胶或树脂为基本成分的清漆及大漆，主要由虫胶、天然树胶或树脂（紫胶、柯巴树脂、松香、达玛树脂等）溶于（或分散于）醇（醇溶性清漆）、树脂、木松节油或硫酸盐松节油、石油溶剂、丙酮等中所成的溶液或分散体组成。

（三）以沥青或类似产品为基本成分的清漆（有时称作黑色日本漆、黑色假漆等）［对于以地沥青等为基本成分的清漆与品目27.15的某些混合物的区别，参见品目27.15注释所列不包括部分的第（五）款］。

（四）不含溶剂的液体漆，这类漆可由下列成分构成：

1. 液体塑料（通常是环氧树脂或聚氨酯）及一种称作“硬化剂”的成膜剂。对于某些清漆，硬化剂必须在使用时加入，因而这两种组分必须分别装入不同容器内。这些容器可以配套装入一个大包装内；

2. 一种单一成分的树脂，使用时不是依靠所添加的硬化剂，而是依靠加热或空气中湿气的作用形成薄膜；

3. 低聚物（即由2、3或4个单体单元组成的聚合物）及交联单体，含有或不含有光引发剂。这种清漆在紫外光、红外光、X射线、电子束或其他射线的作用下形成交联的不溶于溶剂的网状结构（一种干硬膜）。

本组所述产品除非明显地只能作清漆使用，否则不归入本品目。不符合这一条件的上述1、2两项产品归入第三十九章。类似于上述第3项所述并作摄影乳剂用的产品归入品目37.07。

（五）以橡胶（合成橡胶除外）为基本成分的清漆及大漆，这些物品是橡胶分散于或溶于非介质中或分散于水介质中，并加入溶于粘合剂的色料。本组所述清漆必须含有使其适于专作清漆用途的其他拼料，否则这些产品通常应归入第四十章。

三、水浆涂料（包括供清洁鞋靴用的白鞋粉）及加工皮革用的水性颜料

（一）水浆涂料主要由着色颜料或矿物质（例如，白粉）与极少量的粘合剂（例如，皮胶或酪蛋白）组成。有的还加有填料、除虫剂或防腐剂。

水浆涂料包括胶凝刷白剂、酪蛋白水浆涂料及硅酸盐水浆涂料。它们通常为粉状，但也有以浆糊状或乳胶状形式报验的。

（二）用于清洁鞋靴的白鞋粉，用粘合剂（例如，糊精或皮胶）将白粉凝聚成片制成。它们也属水浆涂料的一种。它们也可呈浆糊状或分散体形式。

（三）加工皮革用的水性颜料。它是一种与普通水浆涂料类似的制品，由矿物颜料或有机颜料与

一定量的粘合剂（例如，酪蛋白酸盐）混合组成。它们呈粉状、浆糊状或水中分散体状，有时还加有使皮革光亮的物质。

本品目还不包括：

（一）墙壁、地板等用的饰面制剂，它们以塑料或橡胶为基料，并加有大量填充料，与嵌缝胶一样使用抹刀、泥刀等加以涂抹（品目32.14）。

（二）与油漆质地成分相似，但不适于象油漆般施用的印刷油墨（品目32.15）。

（三）粉状油漆，主要由塑料组成，并含有添加剂和颜料，通过热作用（不论是否同时施加静电）将其涂于物体之上（第三十九章）。

32.11 配制的催干剂

配制的催干剂是一种能使干性油更易氧化从而加速油漆或清漆干燥的混合物。这些产品通常由一种化学干燥剂（硼酸铅、环烷酸锌、油酸锌、二氧化锰、树脂酸钴等）和一种填充剂（例如，石膏）组成（固体干燥剂）；或由这些产品在树胶、木松节油或硫酸盐松节油、石油溶剂等中的浓缩溶液（例如，环烷酸钙或环烷酸钴在石油溶剂中的浓缩溶液）组成，含有或不含有干性油（液体或浆状干燥剂）。

本品目不包括：

（一）品目15.18的熟炼油或其他化学改性油。

（二）单独的已有化学定义的化合物（通常归入第二十八章或第二十九章）。

（三）树脂酸盐（品目38.06）。

32.12 制造油漆（含瓷漆）用的颜料（包括金属粉末或金属粉片），分散于非水介质中呈液状或浆状的；压印箔；零售形状及零售包装的染料或其他着色料：

10 — 压印箔

90 — 其他

一、制造油漆（含瓷漆）用的颜料（包括金属粉末或金属粉片），分散于非水介质中呈液状或浆状的

这些是颜料（包括铝或其他金属粉末及粉片）在非水介质（例如，干性油、石油溶剂、树胶、木松节油、硫酸盐松节油或清漆）中的浓缩分散体，呈液状或浆状，用于制油漆或瓷漆。

本组还包括在清漆、真漆（例如，硝化纤维素真漆）或在合成聚合物溶液中的下列浓缩分散体（有时称作“珠光粉”）：

（一）含有鸟嘌呤及次黄嘌呤的天然真珠质颜料，从某些鱼的鳞制得；

（二）合成真珠颜料（例如，涂有氯氧化铋或二氧化钛涂层的云母）。

这些产品用于制人造珍珠、指甲油或其他油漆或瓷漆。

二、压印箔

这些产品（也称转印箔）由下列薄片组成：

（一）用胶水、明胶或其他粘合剂将金属粉末（包括贵金属粉末）或颜料粘结而成的薄片。

（二）通过蒸发、阴极溅散等方法将金属（包括贵金属）或颜料附着在任何衬基（例如，纸、塑料）上而成的薄片。

它们用于印制书籍封面及帽圈等，通过用手工或机械加压方法（并通常加热）施用。

通过滚压或锤击而成的金属箔应按金属成分归类（例如，金箔归入品目71.08，铜箔归入品目74.10，铝箔归入品目76.07）。

三、制成零售形状及零售包装的染料或其他着色料

这些是非成膜产品，通常由着色料和其他物质（例如，惰性稀释剂、能促进着色剂的渗透性和固着性的表面活性产品）混合组成，有时还加有媒染剂。

只有具备下列条件，它们才可归入本品目：

（一）零售包装的染料（例如，袋装粉、瓶装液）；或

（二）明显为零售形状的（例如，球、片及类似形状）。

归入本品目的染料主要是供家庭用的，并通常作为“家庭染料”（例如，染衣服、染鞋、染家具用的染料）销售。本品目也包括实验室用的特种染料，例如，对显微制剂染色的染料。

本品目不包括：

（一）片状、管装、罐装、瓶装、扁盒装及类似形状或包装的艺术家、学生或广告美工用颜料、调色料、文娱颜料及类似品（品目32.13）。

（二）印刷油墨（品目32.15）。

（三）演员化妆用油彩及其他化妆用制剂（品目33.04）。

（四）品目33.05的染发用“染料”。

（五）彩色蜡笔及粉笔（品目96.09）。

32.13　艺术家、学生和广告美工用的颜料、调色料、文娱颜料及类似品，片状、管装、罐装、瓶装、扁盒装以及类似形状或包装的：

10　—　成套的颜料

90　—　其他

本品目包括艺术家、学生或美工广告用的制成色料、颜料，以及调色料、文娱颜料及类似品（水彩、树胶水彩画颜料、油涂料等），但它们必呈片状或制成管装、小罐装、瓶装、扁盒装及类似形状或包装。

本品目也包括成套销售的颜料，不论是否附带画笔、调色板、调色刀、擦笔及扁盘等。

本品目不包括印刷油墨（或色料）、墨（不论液体或固体）或品目32.15的其他产品，也不包括蜡笔、彩色粉笔或类似物品（品目96.09）。

32.14　安装玻璃用油灰、接缝用油灰、树脂胶泥、嵌缝胶及其他类似胶粘剂；漆工用填料；非耐火涂面制剂，涂门面、内墙、地板、天花板等用：

10　—　安装玻璃用油灰、接缝用油灰、树脂胶泥、嵌缝胶及其他类似胶粘剂；漆工用填料

90　—　其他

本品目产品是一些组成成分差异甚大的制剂，这些制剂都是通过其用途显示出基本特征的。

这些制剂通常呈浆糊状，一般在施用后即行硬化或凝结。但有的呈固体状或粉末状，使用时加热（例如，熔化）或加入液体（例如，水）调制成浆糊状。

本品目的产品施用时通常使用嵌缝枪、抹刀、灰匙、抹灰工镘刀或类似工具。

一、安装玻璃用油灰、接缝用油灰、树脂胶泥、嵌缝胶及其他类似胶粘剂

这些制品主要用于堵塞、封闭或嵌填缝隙，在某些情况下用以将物体的组成部分牢固地粘结起来。它们与胶水及其他胶粘物不同之处在于它们施用时以厚层涂敷。但必须注意，本组还包括在病人身上的永久性开口及瘘管皮肤周围施敷的胶粘剂。

本组物品包括：

（一）以油为基本成分的胶粘剂。这些产品主要由干性油、填料（不论是与油产生反应或是惰性的）及硬化剂组成。最常见的这类产品是安装玻璃用油灰。

（二）以蜡（密封蜡）为基本成分的胶粘剂。这些产品由各种蜡组成，并加有树脂、虫胶、橡胶、树脂酯等以增加其粘着力。胶粘剂中的蜡全部或部分地被十六烷醇或十八烷醇等产品所取代的，仍可视为以蜡为基本成分的胶粘剂。本组胶粘剂包括接缝油灰及涂在木桶上的密封剂等。

（三）树脂胶粘剂及胶泥。这些产品由天然树脂（虫胶、达玛树脂、松香）或塑料（醇酸树脂、聚酯、苯并呋喃－茚树脂等）各自相互混合而成，并通常加有其他物质（例如，蜡、油、地沥青、橡胶、砖粉、石灰、水泥或其他矿物填料）。但应注意，其中某些本组所述胶粘剂也属于以下所列类型的胶粘剂（例如，以塑料或橡胶为基本成分的胶粘剂）。本组的胶粘剂及胶泥具有广泛的用途，例如，在电气技术工业中作填充料或用于密封玻璃物品、金属物品或瓷制品。它们通常是先熔化成液体后再使用。

（四）以水玻璃（硅酸钠）为基本成分的胶粘剂。这些物品通常是在使用时将两种组分混合制成的。其中一种物质是硅酸钠及硅酸钠钾的水溶液，另一种是填料（石英粉、砂、石棉纤维等）。它们主要用以密封火花塞、发动机汽缸铸件及油盘、排气管、散热器等，并用于填塞某些接头。

（五）以氯氧化锌为基本成分的胶粘剂。在氧化锌及氯化锌中加入阻滞剂并在某些情况下加入填充剂制成。它们用以填补木材、陶瓷等的孔眼及裂缝。

（六）以氯氧化镁为基本成分的胶粘剂。在氯化镁及氧化镁中加入填充料（例如，木粉）而制得。它们主要用以填塞或封闭木制品上的裂缝。

（七）以硫为基本成分的胶粘剂。这些物品是由硫与惰性填料混合组成的。它们制成固态，并用以产生坚硬、防水、抗酸的填塞料，也用以粘接碎片或将其固定在位。

（八）以熟石膏为基本成分的胶粘剂。它们制成纤维及絮状粉末，由50%左右的熟石膏与其他物料（例如，石棉纤维、木纤维素、玻璃纤维或砂）组成。加水制成浆糊状，用以固定螺丝、舵枢针、销钉、挂钩等。

（九）以塑料（例如，聚酯、聚氨酯、聚硅氧烷及环氧树脂）为基料的粘合剂，无论是否添加了高比例（高达80%）的填料（例如，粘土、砂及其他硅酸盐、二氧化钛、金属粉末）。这些粘合剂中有些要在加入硬化剂后使用，有些在使用后不会硬化，而会保持粘性（例如，隔音密封剂）。其他一些粘合剂会随溶剂蒸发、凝固（热熔粘合剂）、暴露在空气中凝结或者因不同成分发生混合反应（多组分粘合剂）而硬化。

这些产品只有在完全配比用作粘合剂时才归入本品目。这些粘合剂可在建筑物或家庭装修中用于封闭某些接缝，用于密封或修补玻璃、金属或瓷器，用作汽车车身的填料或密封剂，或者作为密封粘合剂，用于将不同材料的表面粘合起来。

（十）以氧化锌和甘油为基料的胶粘剂。用以制防酸涂层，将铁件粘接到瓷器上，并用以粘接管子。

（十一）以橡胶为基本成分的胶粘剂。例如，可由一种硫塑料加入填料（石墨、硅酸盐、碳酸盐等）组成，在某些情况下还可加入有机溶剂。它们有时在加入硬化剂后使用，可生成韧性保护层（抗化学试剂和溶剂），也用于嵌缝。这些胶粘剂还可由含有添加色料、增塑剂、填料、粘结剂或抗氧化剂的橡胶水分散体构成，用于金属罐的密封。

（十二）施敷于皮肤上的胶粘剂。它们可由，例如，溶于异丙醇等溶剂的羧甲基纤维素钠盐、果胶、明胶及聚异丁烯组成，施敷于病人身上的永久性开口及瘘管皮肤周围以作为皮肤与排泄物收集袋之间的防漏密封剂等，但不具有防治疾病作用。

（十三）封蜡。它们主要由树脂物料（例如，虫胶、松香）与一定比例（通常较高）的矿物填料和色料混合组成。它们用以填塞孔眼，用于密封不漏水的玻璃器具，以及用于密封文件等。

二、漆工用填料；非耐火涂面制剂，涂门面、内墙、地板、天花板等用

这些产品与以上所述的胶粘剂等产品不同，它们通常是涂布在较大面积的表面上。它们与油漆、清漆及类似产品的差别在于含有大量的填料及颜料（若含有颜料的话）；且这些物料的含量一般大大超过粘合剂、溶剂或分散液。

（一）漆工用填料。

漆工用填料通常用于物体表面（例如，室内墙面）上漆前准备工序，即填平凹凸不平的表面，如有必要还可用于填塞表面的缝隙、孔洞或砂眼。当填料硬化并打磨后，便可涂上油漆。

本类也包括以油、橡胶、胶水等为基本成分的填料。以塑料为基本成分的填料，它们与某些同类胶粘剂的组成成分相似，也用于汽车车身终饰等。

（二）非耐火涂面制剂。

非耐火涂面制剂用于涂门面、内墙、地板、天花板、游泳池壁及池底等，使其防水并改善外观。它们通常是作为可直接看见的最表层。

本组包括：

1. 由等量的石膏和加有增塑剂的砂组成的粉末制剂。

2. 以石英及水泥为基本成分并加有少量增塑剂而制成的粉状制品。加水后用于砌墙砖、地砖等。

3. 用粘合剂（塑料或树脂）裹矿物填料（例如，粉碎大理石、石英或石英和硅酸盐的混合物）并加入颜料，必要时还加水或溶剂制成的浆状制品。

4. 液体制剂，例如，由合成橡胶或丙烯酸聚合物、混有颜料的石棉纤维及水组成。用漆刷或喷枪将其涂布在房屋的正面上，所形成的涂层要比油漆厚得多。

上述某些产品，如果使用前必须将各种成分进行混合或必须加入某些成分才能使用的，若其组成成分同时符合下列条件，仍应归入本品目：

（1）其包装形式足以表明这些成分不需经过改装就可一起使用的；

（2）一起报验的；

（3）这些成分的属性及相互比例足以表明是相互配用的。

但使用时必须加入硬化剂的产品，报验时没有硬化剂也仍归入本品目，只要其组分或包装足以表明它们是用于制油灰、胶粘剂、填料或涂面制剂。

本品目不包括：

（一）在某些国家称为“胶粘剂”的天然树脂（品目13.01）。

（二）品目25.20、25.22或25.23的石膏、石灰及水泥。

（三）沥青胶粘剂及其他含沥青的胶粘剂（品目27.15）。

（四）牙科粘固剂及其他牙科用填料（品目30.06）。

（五）啤酒桶沥青及品目38.07的其他产品。

（六）耐火水泥及灰泥（品目38.16）。

（七）铸模及铸芯用的调制粘合剂（品目38.24）。

32.15　印刷油墨、书写或绘图墨水及其他墨类，不论是否固体或浓缩：

	—	印刷油墨：
11	——	黑色
19	——	其他
90	—	其他

一、印刷油墨（或色料），是不同稠度的浆料，通过将颗粒精细的黑色或有色颜料与一种载色剂混合制得。黑色油墨所用的颜料通常是碳黑，彩色油墨则为有机或无机颜料。载体可由天然树脂或合成聚合体组成，分散于油或溶于有机溶剂中，为了使其具有所要求的性能，还含有少量的添加剂。

二、普通书写用或绘图用墨水，是一种黑色或彩色物质在水中的溶液或分散体，通常加有树胶及其他产品（例如，保存剂）。这些物品包括以铁盐为基本成分的墨水和以苏木浸膏或合成有机色料为基本成分的墨水。墨汁，主要用于绘画，常由碳黑悬浮于水中（并加有阿拉伯树胶、虫胶等）或某些动物胶中构成。

三、归入本品目的其他墨水包括：

（一）拷贝墨水及胶版誊写墨水（用甘油、糖等增稠的普通墨水）。

（二）圆珠笔用油墨。

（三）油印机用墨、印台或打印色带用墨水。

（四）标记用不褪色墨水（例如，以硝酸银为基本成分的墨水）。

（五）金属墨水（颗粒精细的金属或合金在树胶溶液中的悬浮体，例如，金、银或青铜墨水）。

（六）配制的隐显墨水（例如，以氯化钴为基本成分的墨水）。

这些产品常呈液体或浆状，但经简单稀释或分散后即可用作墨水的浓缩体或固体（即粉末、片、条等）也应归入本品目。

本品目不包括：

（一）显影剂，由一种调色剂（碳黑和热塑树脂的一种混合物）与载体（外包乙基纤维素的砂粒）混合组成，用于照相复印机（品目37.07）。

（二）由圆珠笔头和墨水管构成的圆珠笔替换笔芯（品目96.08）。另一方面，供普通自来水笔用的装满墨水的小管仍应归入本品目。

（三）打字机用色带或印台（品目96.12）。

第三十三章　精油及香膏；芳香料制品及化妆盥洗品

注释：

一、本章不包括：

（一）品目13.01或13.02的天然油树脂或植物浸膏；

（二）品目34.01的肥皂及其他产品；或

（三）品目38.05的脂松节油、木松节油和硫酸盐松节油及其他产品。

二、品目33.02所称"香料"，仅指品目33.01所列的物质、从这些物质离析出来的香料组分以及合成芳香剂。

三、品目33.03至33.07主要包括适合作这些品目所列用途的零售包装产品，不论其是否混合（精油水馏液及水溶液除外）。

四、品目33.07所称"芳香料制品及化妆盥洗品"，主要适用于下列产品：香袋；通过燃烧散发香气的制品；香纸及用化妆品浸渍或涂布的纸；隐形眼镜片或假眼用的溶液；用香水或化妆品浸渍、涂布、包覆的絮胎、毡呢及无纺织物；动物用盥洗品。

总　注　释

品目33.01的精油及提取的油树脂全部是从植物材料中提取制得的。所用的提取方法将决定所得产品的种类。例如，用蒸汽蒸馏或有机溶剂处理某些植物（例如，肉桂）即可制得精油或提取的油树脂。

品目33.03至33.07包括适合作这些品目所列用途的零售包装产品；不论是否混合（精油水馏液及水溶液除外）（参见本章注释三）。

品目33.03至33.07的产品，不论是否含有起辅助作用的药物或消毒成分，也不论是否具有辅助治疗或预防作用，都应归入这些品目［参见第三十章注释一（五）］。但室内除臭剂即使其消毒性能已超出辅助作用，仍应归入品目33.07。

除适合作上述用途外还适合作其他用途的制剂（例如，清漆）及未混合产品（例如，未加香料的滑石粉、漂白土、丙酮、明矾），如果符合下列任一条件，仍应归入上述品目：

一、零售包装并贴有标签、说明或其他标志，表明用作芳香料制品、化妆盥洗品或室内除臭剂。

二、包装形式足以表明专供这些用途的（例如，配有涂指甲用小刷子的小瓶装指甲油）。

本章不包括：

（一）凡士林，但制成零售包装供润肤用的除外（品目27.12）。

（二）具有芳香料制品、化妆品或盥洗品等辅助用途的药品（品目30.03或30.04）。

（三）用于人类或兽药的凝胶制剂，作为外科手术或体检时躯体部位的润滑剂，或者作为躯体和医疗器械之间的耦合剂（品目30.06）。

（四）肥皂及用肥皂或洗涤剂浸渍、涂布、包覆的纸、絮胎、毡呢及无纺织物（品目34.01）。

33.01　精油（无萜或含萜），包括浸膏及净油；香膏；提取的油树脂；用花香吸取法或浸渍法制成的含浓缩精油的脂肪、固定油、蜡及类似品；精油脱萜时所得的萜烯副产品；精油水馏液及水溶液（+）：

—　　柑橘属果实的精油：

12　——　橙油
13　——　柠檬油
19　——　其他
　　—　非柑橘属果实的精油：
24　——　胡椒薄荷油
25　——　其他薄荷油
29　——　其他
30　—　香膏
90　—　其他

一、精油，包括浸膏及净油；香膏；提取的油树脂

精油来自于植物，是香料、食品及其他工业的原料。它们通常具有复杂的组分，含有各种比例的醇、醛、酮、酚、酯、醚及萜烯。这些精油不论是否因去萜而改变香味，仍应归入本品目。其中大多数精油是挥发性的，其沾于纸上的污点通常很快消失。

它们可通过多种方法制得，例如：

（一）压榨法（例如，从柠檬皮制取柠檬油）。

（二）蒸气蒸馏法。

（三）用有机溶剂（例如，石油醚、苯、丙酮、甲苯）或超临界流体（例如，加压下的二氧化碳气体）萃取新鲜的植物原料。

（四）萃取由花香吸取法或浸渍法所得的浓缩物（参见以下第二部分）。

本品目也包括通过以上第（三）款所述方法制得的浸膏。由于浸膏含有植物蜡，所以为固体或半固体。除去其中的植物蜡即得净油，净油也归入本品目。

香膏主要在香料、化妆品、肥皂或表面活性剂等工业中用作定香剂。它们主要由不挥发性物质构成，是通过用有机溶剂或超临界流体萃取下列渗出物制得：

1. 干燥的非多孔天然植物树脂材料（例如，天然油树脂或油胶树脂）；

2. 干燥的天然动物树脂状材料（例如，海狸香、灵猫香或麝香）。

提取的油树脂在商业上也称作“调制油树脂”或“香味油树脂”，是通过用有机溶剂或超临界流体萃取天然的多孔植物原料（通常是芳香植物）制得的。这些萃取物含有挥发性的芳香素（例如，精油）及不挥发性的芳香素（例如，树脂、脂油、刺激性组分），这些芳香素使芳香植物具有特征香味。根据不同的芳香植物，这些提取的油树脂中所含的精油成分相差甚远。它们主要用于食品工业作香味剂。

本品目不包括：

（一）天然油树脂（品目13.01）。

（二）其他品目未列名的植物浸膏（例如，水萃取的油树脂），这种浸膏含有挥发性组分及通常比例极高的其他植物物质（芳香物质除外）（品目13.02）。

（三）动植物质着色料（品目32.03）。

精油、香膏及提取的油树脂有时含有少量萃取过程的溶剂（例如，乙醇），但仍应归入本品目。

通过除去或添加部分主要组分从而被标准化的精油、香膏及提取的油树脂，如果所含成分仍在其天然状态的正常范围之内，仍归入本品目。但进行分馏或其他改性（脱萜处理除外）以致所得产品的组分与初始产品明显不同的精油、香膏及提取的油树脂，则不归入本品目（通常归入品目33.02）。本品目也不包括与稀释剂或载体（例如，植物油、葡萄糖或淀粉）配制的产品（通常归入品目33.02）。

主要的精油、香膏及提取的油树脂列于本章注释的附表中。

二、含浓缩精油的脂肪、固定油、蜡或类似品

这些浓缩物是在制精油过程中，通过低温或加热（花香吸取法、浸渍法或浸煮法）用脂肪、固定油、凡士林、石蜡等萃取植物或花朵制得的。因此，它们成为了含浓缩精油的脂肪、固定油等产品。含浓缩精油的脂肪商业上称作“花香膏”。用于护发的制剂也有称作“花香膏”，但它不归入本品目（品目33.05）。

三、萜烯副产品

本品目包括用分馏法或其他方法从精油分离出来的萜烯副产品。这些副产品常用于某些香皂的增香或某些食物的调味。

四、精油水馏液及水溶液

水馏液是在用蒸汽蒸馏植物提取精油时所得馏出物的含水部分。精油被倾析之后，由于少量精油的存在，水馏液仍具有香味。用酒精保存的植物产品蒸馏后所得的某些馏出物仍含有少量的酒精；其他馏出物可含有一定量的保藏所需的酒精（例如，金缕梅馏出物）。

本品目也包括精油的水溶液。

这些产品在不加入其他物料的情况下即使相互混合或通常制成香水或药料，均应归入本品目。

较常见的有橙花、玫瑰、蜂花、薄荷、小茴香、桂樱、酸柠檬及金缕梅等的水馏液及水溶液。

除上述不包括的物品外，本品目还不包括：

（一）香草油树脂（有时误称为“香草香膏”或“香草浸膏”）（品目13.02）。

（二）从精油中离析（例如，离析萜烯）或从香膏中离析（天然离析物）或通过合成制得的单独的已有化学定义的化合物（第二十九章）。

（三）精油混合物、香膏混合物、提取的油树脂混合物、精油与香膏或提取的油树脂或任何它们之间的混合物混合而成的产品，以及以精油、香膏或提取的油树脂为基本成分的混合物（参见品目33.02的注释）。

（四）通过蒸馏或其他方法处理针叶木所得的树胶、木松节油、硫酸盐松节油及其他萜烃油（品目38.05）。

○
○　○

子目注释：

子目3301.12

子目3301.12所称“橙”，不包括橘（含蜜橘及莎摩橘）、克莱芒柑、威尔金斯柑橘及类似的杂交柑橘。

33.02　工业原料用的芳香物质的混合物及以一种或多种芳香物质为基本成分的混合物（包括酒精溶液）；生产饮料用的以芳香物质为基本成分的其他制品：

10　—　食品或饮料工业用

90　—　其他

本品目包括在香料、食品、饮料工业上用作原料（例如，在糖果、食品或饮料中加入的芳香物质）或在其他工业（例如，制皂）上作原料用的下列混合物：

一、精油混合物。

二、香膏混合物。

三、提取的油树脂混合物。

四、合成芳香剂的混合物。

五、由两种或多种芳香物质组成的混合物（精油、香膏、提取的油树脂或合成芳香剂）。

六、一种或多种芳香物质（精油、香膏、提取的油树脂或合成芳香剂）与添加的稀释剂或载体（例如，植物油、葡萄糖或淀粉）的混合物。

七、其他章的产品（例如，调味香料）与一种或多种芳香物质（精油、香膏、提取的油树脂或合成芳香剂）的混合物，不论是否与稀释剂或载体混合，也不论是否含有酒精，但这些芳香物质必须构成混合物的基本成分。

通过除去精油、香膏或提取的油树脂中的一种或数种组分，以致所得产品的组分与原来产品明显不同，这种产品仍作为本品目的混合物归类。例如，薄荷酮油（通过冷冻胡椒薄荷油，然后用硼酸处理除去大部分薄荷醇而得，主要含有63%的薄荷酮及16%的薄荷醇）、白樟油（通过冷冻并蒸馏樟脑油以除去樟脑和黄樟脑而得，含有30%～40%的桉树脑及苎烯、蒎烯、莰烯等）和牻牛儿醇（通过分馏香茅油而得，含有50%～77%的牻牛儿醇和不同量的香茅醇及橙花醇）。

本品目尤其包括精油与定香剂混合组成的香料原料，这种香料原料在加入酒精后就能使用。本品目也包括一种或数种芳香物质的醇（例如，乙醇、异丙醇）溶液，只要这些溶液是用作香料、食品、饮料或其他工业的原料。

本品目还包括生产饮料用的以香料为基本成分的其他制品。这些制品可以是酒精制品，也可以是非酒精制品，可以用于制酒精饮料，也可用于制无酒精饮料。它们必须是以一种或多种本章注释二所述的香料作为基本成分，主要作用是使饮料发出某种香味，其次才是给饮料增加某种味道。这些制品通常所含香料的剂量相当微小，但却能散发出某种饮料的特别香味；它们只要仍然保留着香料的特性，还可以含有果汁、着色物质、酸化剂、甜味剂等。报验时，这些制品不适于直接作饮料饮用，因此可以与第二十二章的饮料区分开来。

本品目不包括用于制饮料的复合酒精或非酒精制品，以本章注释二所述的芳香物质以外的其他物质为基本成分的（如果本协调制度的其他品目未具体列名的，应归入品目21.06）。

33.03　香水及花露水

本品目包括液态、膏状或固态（包括条状）的香水及花露水。这些产品主要用于使人体散发香气。

香水通常由精油、花浸膏、净油或合成芳香物质的混合物溶于高浓度的醇中构成的。它们通常与淡香助料及定香剂或稳定剂混合组成。

花露水，例如，熏衣草水、古龙香水（切勿与品目33.01的精油水馏液及水溶液相混淆），通常其醇溶液的浓度及所含精油等的比例均比上述的香水为低。

本品目不包括：

（一）盥洗用醋（品目33.04）。

（二）剃须后用的洗净剂及身体除臭剂（品目33.07）。

33.04　美容品或化妆品及护肤品（药品除外），包括防晒油或晒黑油；指（趾）甲化妆品：

10　—　唇用化妆品

20　—　眼用化妆品

30　—　指（趾）甲化妆品

　　—　其他：

91　——　粉，不论是否压紧

99　——　其他

一、美容品或化妆品及护肤品，包括防晒油或晒黑油

本部分包括：

（一）唇膏及其他唇用化妆品。

（二）眼睑膏、染眉毛（或睫毛）油、画眉笔及其他眼用化妆品。

（三）其他美容品或化妆品及护肤品（药品除外），例如，扑面粉（不论是否压紧）、婴儿爽身粉（包括零售包装的未混合、未加香料的滑石粉）、其他香粉及油彩；美容霜、冷霜、粉底霜、卸妆膏、营养霜（包括含蜂皇浆的营养霜）、润肤油或润肤露；制成零售包装的护肤用凡士林；防痒膏；用于消除皱纹、美化唇型的可注射皮内凝胶（包括含有透明质酸的制剂）；抗粉刺制剂（品目34.01的肥皂除外），这种制剂主要用以清洁皮肤，所含活性组分不足以从根本上防治粉刺；盥洗用醋，醋或醋酸与香味醇的混合物。

本品目还包括防晒油或晒黑油。

二、指（趾）甲化妆品

本部分包括指（趾）甲膏、指（趾）甲油、去（趾）指甲油、指（趾）甲清洗剂及其他指（趾）甲用制剂。

本品目不包括：

（一）用于治疗某些皮肤疾病的药剂，例如，治疗湿疹用膏（品目30.03或30.04）。

（二）供治疗动物爪子用的制剂及除脚臭剂（品目33.07）。

（三）人造指甲（塑料制的归入品目39.26；其他材料制的按其构成材料归入相应品目）。

33.05　护发品：

10　—　洗发剂（香波）

20　—　烫发剂

30　—　定型剂

90　—　其他

本品目包括：

一、含有肥皂或其他有机表面活性剂的洗发剂［参见第三十四章注释一（三）］及其他洗发香波。所有这些香波可含有辅助性的药效及消毒成分，即使这些成分具有治疗和预防疾病的作用［参见第三十章注释一（五）］。

二、烫发剂。

三、定型剂（有时也称作“硬发胶”）。

四、其他护发品，例如，润发油；发油、发乳及头发梳妆用品；染发水及头发用漂白剂；染发霜。

本品目不包括用于头发以外人体其他部位毛发的制剂（品目33.07）。

33.06　口腔及牙齿清洁剂，包括假牙稳固剂及粉；清洁牙缝用的纱线（牙线），单独零售包装的：

10　—　洁齿品

20　—　清洁牙缝用的纱线（牙线）

90　—　其他

本品目包括口腔或牙齿卫生用制剂，例如：

一、各种类型的洁齿品：

（一）牙膏及其他牙齿用制剂。这些是与牙刷一起使用的物质或制剂，不论是用于清洁、擦亮牙齿表面，还是用于其他用途（例如，防龋治疗）。

牙膏及其他牙齿用制剂，不论是否含有研磨料，也不论是否供牙科医生使用，仍应归入本品目。

（二）假牙清洗剂，即供假牙清洗或擦亮用制剂，不论是否含有研磨料。

二、漱口剂、口腔香水。

三、假牙稳固剂、粉及片。

本品目还包括单独零售包装的清洁牙缝用纱线（牙线）。

33.07　剃须用制剂、人体除臭剂、泡澡用制剂、脱毛剂和其他品目未列名的芳香料制品及化妆盥洗品；室内除臭剂，不论是否加香水或消毒剂：

10　—　剃须用制剂

20　—　人体除臭剂及止汗剂

30　—　香浴盐及其他泡澡用制剂

—　室内散香或除臭制品，包括宗教仪式用的香：

41　——　神香及其他通过燃烧散发香气的制品

49　——　其他

90　—　其他

本品目包括：

一、剃须用制剂，例如，含有肥皂或其他有机表面活性剂的剃须膏及泡沫剂［参见第三十四章注释一（三）］；剃须后用的洗净剂、明矾块及止血笔。

本品目不包括块状的剃须肥皂（品目 34.01）。

二、人体除臭剂及止汗剂。

三、泡澡用制剂，例如，香浴盐及泡沫浴用制剂，不论是否含有肥皂或其他有机表面活性剂［参见第三十四章注释一（三）］。

其活性成分全部或部分由合成有机表面活性剂（可含有任何比例的肥皂）组成，液状或膏状并制成零售包装的洁肤用制剂，归入品目 34.01；未制成零售包装的上述产品应归入品目 34.02。

四、室内散香或除臭制品，包括宗教仪式用的香。

（一）室内散香用制品及宗教仪式用的散发香气的制品。它们通常是通过蒸发或燃烧散香的，例如，“神香”；也可制成液体、粉末、锥体、香纸等形式。其中某些制剂被用于清除臭气。

本品目不包括香烛（品目 34.06）。

（二）室内除臭剂，不论是否加有香料或具有消毒作用。

室内除臭剂，主要含有能与需要清除的气味起化学反应的物质（例如，异丁烯酸月桂酯）或对气味能起物理吸附作用的其他物质（例如，范德华键）。供零售用的这类制品通常装入喷雾罐内。

供冰箱、汽车等用的零售包装除臭剂，例如，活性炭，也归入本品目。

五、其他产品，例如：

（一）脱毛剂。

（二）内装芳香植物的香袋，用于被服橱内散香。

（三）香纸及用化妆品浸渍或涂布的纸。

（四）隐形眼镜片或假眼用药水。它们用以清洁、消毒、浸泡隐形眼镜片或假眼，或改善配戴的舒适感。

（五）用香水或化妆品浸渍、涂布或包覆的絮胎、毡呢及无纺织物。

（六）动物用盥洗品，例如，狗用洗毛剂及鸟类羽毛增美洗涤剂。

（七）制成零售包装的卫生用氯化钠溶液（医药用的除外），无论是否经消毒。

*

*　*

附表
品目33.01的主要精油、香膏及提取的油树脂一览表

精油：

当归根油	栀子油	洋葱油
茴芹子油	蒜油	牛至油
八角茴香油	老鹳草油	鸢尾油
罗勒油	姜油	玫瑰草油
月桂子油	柚皮油	欧芹油
安息香油	愈创木油	广霍香油
佛手柑油	荷（水）油	除蚤薄荷油
桦木子油	酒花油	胡椒油
苦杏仁油	风信子油	胡椒薄荷油
苦橙油	海索油	橙叶油
蔷薇木油	茉莉花油	多香果油
染料木子油	长寿花油	松针油（但不包括松油——品目38.05）
白千层油	杜松油	玫瑰油
白菖油	大叶钓樟油	迷迭香油
樟木油	月桂油	芸香油
依兰油	熏衣类油	鼠尾草油
白桂皮油	熏衣草油	檀香油
蒿子油	柠檬油	黄樟油
桂油	柠檬草油	桧油
金合欢油	白柠檬油	留兰香油
雪松油	沉香油	宽叶熏衣草油
橙（橘）皮油	肉豆蔻干皮油	艾菊油
芹菜油	橘皮（红橘）油	龙蒿油
春黄菊油	甘牛至油	金钟柏油
土荆芥油	肯尼亚老鹳草油	百里香油
肉桂油	蜂花油	吐鲁油
香茅油	含羞草油	缬草油
丁香油	薄荷油	马鞭草油
苦配巴油	芥子油	芳香须芒草油
芫荽油	没药油	香堇油
枯茗油	桃金娘油	冬青油
柏木油	水仙油	苦艾油
莳萝油	橙花油	衣兰油
桉树油	袅莉油	
小茴香油	肉豆蔻油	
高良姜油	栎扁枝衣油	

香膏：

阿魏香膏	古篷香膏	没药香膏 白乳香膏
安息香膏	岩蔷薇香膏	苦树香膏
河狸香膏	乳香膏	秘鲁香膏
香猫香膏	麦加香膏	苏合香膏

香膏：		
苦配巴香膏	麝香膏	吐鲁香膏
榄香膏		
提取的油树脂：		
茴芹子油树脂	荜澄茄油树脂	芥子油树脂
八角茴香油树脂	枯茗油树脂	肉豆蔻油树脂
罗勒油树脂	香拟蛇鞭菊油树脂	牛至油树脂
月桂子油树脂	莳萝油树脂	滇香薷油树脂
白桂皮油树脂	小茴香油树脂	红辣椒油树脂
辣椒油树脂	葫芦巴油树脂	乐园树籽油树脂
贳蒿子油树脂	高良姜油树脂	黑胡椒油树脂
小豆蔻油树脂	生姜油树脂	多香果油树脂
胡萝卜油树脂	酒花油树脂	迷迭香油树脂
桂皮油树脂	辣根油树脂	鼠尾草油树脂
芹菜油树脂	桧树油树脂	香薄荷油树脂
肉桂油树脂	月桂油树脂	龙蒿油树脂
丁香油树脂	拉维纪草油树脂	百里香油树脂
苦配巴油树脂	肉豆蔻干皮油树脂	姜黄油树脂
芫荽油树脂	甘牛至油树脂	

第三十四章 肥皂、有机表面活性剂、洗涤剂、润滑剂、人造蜡、调制蜡、光洁剂、蜡烛及类似品、塑型用膏、“牙科用蜡”及牙科用熟石膏制剂

注释：

一、本章不包括：

（一）用作脱模剂的食用动植物或微生物油、脂混合物或制品（品目15.17）；

（二）单独的已有化学定义的化合物；或

（三）含肥皂或其他有机表面活性剂的洗发剂、洁齿品、剃须膏及泡澡用制剂（品目33.05、33.06及33.07）。

二、品目34.01所称“肥皂”，只适用于水溶性肥皂。品目34.01的肥皂及其他产品可以含有添加料（例如，消毒剂、磨料粉、填料或药料）。含磨料粉的产品，只有条状、块状或模制形状可以归入品目34.01。其他形状的应作为“去污粉及类似品”归入品目34.05。

三、品目34.02所称“有机表面活性剂”，是指温度在20℃时与水混合配成0.5%浓度的水溶液，并在同样温度下搁置一小时后与下列规定相符的产品：

（一）成为透明或半透明的液体或稳定的乳浊液而未离析出不溶解物质；以及

（二）将水的表面张力减低到每厘米45达因及以下。

四、品目34.03所称“石油及从沥青矿物提取的油类”，适用于第二十七章注释二所规定的产品。

五、品目34.04所称“人造蜡及调制蜡”，仅适用于：

（一）用化学方法生产的具有蜡质特性的有机产品，不论是否为水溶性的；

（二）各种蜡混合制成的产品；

（三）以一种或几种蜡为基本原料并含有油脂、树脂、矿物质或其他原料的具有蜡质特性的产品。

本品目不包括：

（一）品目15.16、34.02或38.23的产品，不论是否具有蜡质特性；

（二）品目15.21的未混合的动物蜡或未混合的植物蜡，不论是否精制或着色；

（三）品目27.12的矿物蜡或类似产品，不论是否相互混合或仅经着色；或

（四）混合、分散或溶解于液体溶剂的蜡（品目34.05、38.09等）。

总 注 释

本章主要包括通过工业处理各种油、脂或蜡而得的产品（例如，肥皂、某些润滑剂、调制蜡、某些光洁剂、蜡烛），也包括某些人造产品，例如，表面活性剂、表面活性制品及人造蜡。

本章不包括单独的已有化学定义的化合物，也不包括未混合或未经处理的天然产品。

34.01 肥皂；作肥皂用的有机表面活性产品及制品，条状、块状或模制形状的，不论是否含有肥皂；洁肤用的有机表面活性产品及制剂，液状或膏状并制成零售包装的，不论是否含有肥皂；用肥皂或洗涤剂浸渍、涂面或包覆的纸、絮胎、毡呢及无纺织物：

— 肥皂及有机表面活性产品及制品，条状、块状或模制形状的，以及用肥皂或洗涤剂浸渍、涂面或包覆的纸、絮胎、毡呢及无纺织物：

11 ——　**盥洗用（包括含有药物的产品）**
19 ——　**其他**
20 —　**其他形状的肥皂**
30 —　**洁肤用的有机表面活性产品及制剂，液状或膏状并制成零售包装的，不论是否含有肥皂**

一、肥皂

肥皂是一种碱性盐（无机的或有机的），从至少含有八个碳原子的脂肪酸或脂肪酸混合物中获得。实际上可用松香酸代替部分脂肪酸。

本品目仅包括水溶性肥皂，也就是说一般的肥皂。肥皂是一类阴离子表面活性剂，可起碱性反应，在水溶液中会产生大量泡沫。

肥皂有三种类型：

硬皂，通常用氢氧化钠或碳酸钠制得。普通肥皂一般都是硬皂，有本色、其他颜色或斑纹的。

软皂，用氢氧化钾或碳酸钾制得，本身粘滑，通常呈绿色、棕色或浅黄色。可含少量（通常不超过5%）的合成有机表面活性产品。

液体皂，为肥皂在水中的溶液，在某些情况下可加入少量（通常不超过5%）的乙醇或甘油，但不含合成有机表面活性产品。

本部分主要包括：

（一）盥洗皂，一般都着色并加香料，它们包括浮水皂及除臭皂，还包括甘油皂、剃须皂、药皂、某些消毒皂及磨蚀皂，具体情况如下：

1. 浮水皂及除臭皂。

2. 甘油皂，半透明状，用乙醇、甘油或糖处理本色皂而制得。

3. 剃须皂（剃须膏归入品目33.07）。

4. 药皂，含有硼酸、水杨酸、硫、硫酰胺或其他药物。

5. 消毒皂，含有少量的苯酚、甲苯酚、萘酚、甲醛或其他杀菌、抑菌物质等。切勿将这些肥皂与品目38.08的含同样组分的消毒剂相混淆，它们的区别在于组分（即一方面是肥皂的组分和另一方面是苯酚、甲苯酚等组分）的比例不同。品目38.08的消毒剂含有大量的苯酚、甲苯酚等，呈液状；而消毒皂通常为固体。

6. 磨蚀皂，在肥皂中加入砂、硅石粉、浮石粉、板岩粉、锯屑或类似产品制得。本品目仅包括呈条状、块状或模制形状的磨蚀皂。磨蚀擦洗膏及粉，不论是否含有肥皂，都应归入品目34.05。

（二）家用皂，可以着色或加入香料、磨料或消毒剂。

（三）松香、妥尔油或环烷酸盐皂，不仅含有碱性脂肪酸盐，而且含有品目38.06的碱性树脂酸盐或品目34.02的碱性环烷酸盐。

（四）工业用皂，用于特殊用途，例如，用于拉丝、合成橡胶的聚合或洗衣店。

除以上第（一）款第6项所述的产品以外，本品目的肥皂通常呈条状、块状、模制形状、粉片状、粉末状、膏状或水溶液状。

二、有机表面活性产品及作肥皂用的制剂，条状、块状、模制形状，不论是否含有肥皂

本部分包括盥洗产品及制剂，它们的活性组分全部或部分由合成表面活性剂组成（这些产品可含任何比例的肥皂），但必须制成条状、块状或模制形状，也就是说，必须呈同样用途的普通肥皂的形状。

本部分还包括加有砂、硅石粉、浮石粉等从而具有磨蚀性的产品及制剂，但它们也必须制成上述形状。

三、洁肤用的有机表面活性产品及制剂，液状或膏状并制成零售包装的，不论是否含有肥皂

本部分包括其活性成分全部或部分由合成有机表面活性剂组成（可含有任何比例的肥皂）的洁肤用制剂。这些制剂必须呈液状或膏状，并制成零售包装。未制成零售包装的上述产品应归入品目34.02。

四、用肥皂或洗涤剂浸渍、涂布或包覆的纸、絮胎、毡呢及无纺织物

本部分包括用肥皂或洗涤剂浸渍、涂面或包覆的纸、絮胎、毡呢及无纺织物，不论是否加有香料或制成零售包装。这些产品通常用于洗手或洗脸。

除上述规定不包括的产品以外，本品目也不包括：

（一）皂料（品目15.22）。

（二）仅在化学意义上称为"肥皂"的水不溶性产品及制剂，例如，钙"皂"或其他金属"皂"（酌情归入第二十九章、第三十章、第三十八章等）。

（三）仅加香料的纸、絮胎、毡呢及无纺织物（第三十三章）。

（四）洗发剂及洁齿品（分别归入品目33.05及33.06）。

（五）品目34.02的有机表面活性剂（肥皂除外）、有机表面活性制剂及洗涤制剂（不论是否含有肥皂）、肥皂在一种有机溶剂中的溶液或分散体。

（六）用肥皂或洗涤剂浸渍、涂布或包覆的泡沫塑料、海绵橡胶、纺织材料（絮胎、毡呢、无纺织物除外）及金属垫（这些货品通常按底基的属性归入相应的品目）。

34.02　有机表面活性剂（肥皂除外）；表面活性剂制品、洗涤剂（包括助洗剂）及清洁剂，不论是否含有肥皂，但品目34.01的产品除外：

	—	**阴离子型有机表面活性剂，不论是否零售包装：**
31	——	**直链烷基苯磺酸及其盐**
39	——	**其他**
	—	**其他有机表面活性剂，不论是否零售包装：**
41	——	**阳离子型**
42	——	**非离子型**
49	——	**其他**
50	—	**零售包装的制品**
90	—	**其他**

一、有机表面活性剂（肥皂除外）

本品目的有机表面活性剂是没有化学定义的化合物，含有一个或数个亲水及疏水基团，在温度20℃时与水混合配成0.5%浓度水溶液，并在相同的温度下放置一小时后，即可生成透明或半透明的液体或稳定的乳浊液而不会离析出不溶性物质［参见本章注释三（一）］。引用本品目的规定时，乳浊液如果在20℃下放置一小时后出现下列现象，则不能视为具有稳定特征：①用肉眼可见到固体微粒；②分离成眼睛可以辨别的不同相态；③分离成用肉眼可以辨别的透明及半透明两部分。

它们能在界面上起吸附作用；从而显示出多种物理化学性质，特别是表面活性（例如，降低表面张力、起泡、乳化或湿润），这就是为什么人们通常把它称作为"表面活性剂"的原因。

但是，在温度20℃时浓度为0.5%的条件下不能将水的表面张力减至每厘米45达因（4.5×10^{-2} N/m）的产品，不应作为表面活性剂，因此不归入本品目。

有机表面活性剂包括：

（一）阴离子型，它在水溶液中离子化产生具有表面活性的有机阴离子。例如，脂肪、植物油（甘油三酯）或树脂酸的硫酸盐或磺酸盐；以脂肪醇衍生的硫酸盐及磺酸盐；石油磺酸盐，如碱金属石油磺酸盐（包括含适量矿物油的产品）、铵或乙醇胺的石油磺酸盐；烷基聚醚硫酸盐；烷基磺酸盐或烷基苯基醚磺酸盐；烷基硫酸盐、烷基芳基磺酸盐（例如，工业十二烷基苯磺酸盐）。

这些表面活性剂可含有制造过程中残留下来的某些少量杂质，即少量未硫酸盐化或磺酸盐化的脂肪醇、烷基化物或其他疏水原料。它们还可含有按无水盐计通常不超过15%的硫酸钠或其他残留无机盐。

（二）阳离子型，它在水溶液中离子化产生具有表面活性的有机阳离子。例如，脂肪胺盐及季铵碱。

（三）非离子型，它在水中不产生离子。这种类型的活性剂由于含有亲水性极强的功能团分子，所以能溶解于水。例如，脂肪醇、脂肪酸或烷基苯酚与氧化乙烯的缩合产品；乙氧基脂肪酸酰胺。

（四）两性型，根据介质的不同，两性型表面活性剂可在水溶液中离子化并生成具有阳离子或阴离子表面活性剂特征的化合物。

这种离子的特征在广义上与两性化合物的离子相似。它们有，例如，烷基甜菜碱或磺基甜菜碱蛋白及其分解产品和氨基羧酸、氨基磺酸、氨基硫酸及氨基磷酸的取代衍生物。

二、表面活性剂制品、洗涤剂（包括助洗剂）及清洁剂，不论是否含有肥皂，但品目34.01的产品除外

本组包括三种类型制品：

（一）表面活性剂制品

这些物品包括：

1. 以上第一部分表面活性剂的相互混合物（例如，磺基蓖麻醇酸酯与磺化烷基萘或硫酸化脂肪醇的混合物）。

2. 以上第一部分的表面活性剂在一种有机溶剂中的溶液或分散体（例如，溶于环己醇或四氢化萘中的硫酸化脂肪醇溶液）。

3. 以第一部分的表面活性剂为基本成分的其他混合物（例如，含有一定比例肥皂的表面活性剂制品，如含有硬脂酸钠的烷基苯磺酸盐）。

4. 在环己醇等某种有机溶剂中的肥皂溶液或分散体［肥皂水溶液，包括含有少量（通常不超过5%）添加了乙醇或甘油的肥皂水溶液，应归入品目34.01］。

表面活性剂制品具有清洁、润湿、乳化或分散作用，因而用在许多工业上，例如：

（1）纺织工业用的洗涤剂，用以消除制造及处理过程中织物上的油脂及污物。

（2）纺织工业用的润湿剂、乳化剂、缩绒助剂及增艳剂。

（3）皮革或毛皮工业用的浸渍剂（供生皮用）、脱脂剂、湿润剂（供染色用）、均染剂或有机调色剂。

（4）用作制造以下第（二）款所述洗涤剂的基本原料（例如，含有相当大量硫酸钠或其他无机盐的阴离子型表面活性剂制品，这些无机盐是在制表面活性剂过程中残留或故意加入的）。

（5）造纸或合成橡胶工业用的分散剂。

（6）采矿工业用的浮选助剂。

（7）配制药剂或化妆品用的乳化剂。

本组不包括其活性成分全部或部分由有机表面活性剂组成（可含有任何比例的肥皂），液状或膏状并制成零售包装的洁肤用制剂（品目34.01）。

（二）以肥皂或其他有机表面活性剂为基料的洗涤剂（包括助洗剂）及清洁剂

本类包括洗涤剂、助洗剂及某些清洁剂。这些制剂通常含有主要组分和一种或数种辅助组分。这些制剂由于含有辅助组分，因此与以上第（一）款所述的制品不同。

这种主要组分是合成有机表面活性剂或肥皂或它们之间的混合物。

而辅助组分是：

1. 增效助剂［例如，聚磷酸钠、碳酸盐、硅酸盐、硼酸盐、次氮基三乙酸盐（NTA）］。

2. 助促进剂（例如，链烷醇酰胺、脂肪酸酰胺、氧化脂肪胺）。

3. 填料（例如，硫酸钠或氯化钠）。

4. 辅助剂（例如，化学漂白剂或荧光增白剂、抗再沉积剂、腐蚀抑制剂、抗静电剂、着色剂、香料、杀菌剂、酶）。

这些制品在表面起反应，从而将表面上的污垢带到溶液中或成为分散体。

以表面活性剂为基本成分的洗涤剂也称为去垢剂。这类制剂用于洗衣服、碗、碟或厨房用具。

它们为液体、粉末或膏状，供家庭或工业使用。呈条状、块状、模制形状的盥洗产品应归入品目34.01。

助洗剂用于浸泡（预洗）、漂洗或漂白衣服及家庭用纺织品等。

清洁剂用于清洁地板、窗户或其他表面。它们可含有少量的芳香物质。

（三）不以肥皂或其他有机表面活性剂为基料的清洁剂或去油污剂

它们包括：

1. 专用于清洁卫生设备、煎炸锅等的酸性或碱性清洁剂，例如，含有硫酸氢钠或次氯酸钠与磷酸三钠混合物的清洁剂。

2. 以下列物质之一为基料，用于乳品厂或酿酒厂的去油污剂或清洁剂：

（1）碳酸钠或苛性苏打等碱性物质；

（2）溶剂及乳化剂。

本组产品可含有少量的肥皂或其他表面活性剂。

本品目不包括：

（一）洗发剂或泡沫浴，不论是否含有肥皂或其他表面活性剂（第三十三章）。

（二）用洗涤剂浸渍、涂布或包覆的纸、絮胎、毡呢及无纺织物（品目34.01）。

（三）含有表面活性剂的制品，但本身并不需要表面活性功能或表面活性功能仅起辅助作用的（酌情分别归入品目34.03、34.05、38.08、38.09或38.24等）。

（四）含有表面活性剂的磨蚀剂（擦洗膏及擦洗粉）（品目34.05）。

（五）不溶于水的环烷酸盐、石油磺酸盐以及其他水不溶性表面活性产品及制品。如果它们在其他品目未具体列名，则应归入品目38.24。

34.03　润滑剂（包括以润滑剂为基本成分的切削油制剂、螺栓或螺母松开剂、防锈或防腐蚀制剂及脱模剂）及用于纺织材料、皮革、毛皮或其他材料油脂处理的制剂，但不包括以石油或从沥青矿物提取的油类为基本成分（按重量计不低于70%）的制剂：

—　含有石油或从沥青矿物提取的油类：

11　——　处理纺织材料、皮革、毛皮或其他材料的制剂

19　——　其他

—　其他：

91　——　处理纺织材料、皮革、毛皮或其他材料的制剂

99　——　其他

本品目主要包括所含作为基本成分的石油或从沥青矿物提取的油类重量未达到70%及以上（参见品目27.10）的下列混合制剂：

一、用以减少机器、车辆、飞机或其他器具、装置或仪器的动件之间的摩擦力的润滑剂。这类润滑剂完全由或主要由动、植、矿物油、脂组成，一般都加入添加剂（例如，石墨、二硫化钼、滑石粉、碳黑、钙皂或其他金属皂、沥青或防锈剂、氧化抑制剂等）。但本品目也包括以癸二酸二辛酯、癸二酸二壬酯、磷酸酯、多氯联苯、聚乙二醇或聚丙二醇等为基料的合成润滑剂。这些合成润滑剂，包括在以聚硅氧烷或喷射润滑油（或合成酯润滑剂）为基料的润滑剂，一般供要求特别严格的条件下使用（例如，耐火润滑剂、精密仪器轴承或喷气发动机用润滑剂）。

二、用于拉丝中保证盘条易于通过拉丝模的润滑剂。它包括动物脂及硫酸的水乳浊液；钠皂、硬脂酸铝、矿物油及水的混合物；油、脂肪及磺化油酸盐的混合物；钙皂及石灰的粉状混合物。

三、切削油剂。它们通常以动、植物油或矿物油为基料，一般还加有表面活性剂。

用于制切削油，但一般不适于直接作切削油用的制剂（例如，以石油磺酸盐或其他表面活性产品为基料的制剂），不应归入本品目（品目34.02）。

四、螺栓或螺母松开剂。这些制剂用以松开螺栓、螺母或其他零件。它们通常以润滑油为基料，也可含有固体润滑油、溶剂、表面活性剂、除锈剂等。

五、主要含润滑剂的防锈或防腐蚀剂。

六、各种工业用（例如，塑料、橡胶、建筑、铸造等工业用）的以润滑剂为基料的脱模剂，例如：

（一）矿物、植物或动物油或其他脂肪物质（包括经磺化、氧化或氢化处理的）与蜡、卵磷脂或抗氧化剂混合或乳化而成的制剂。

（二）含有聚硅氧烷脂或油的混合物。

（三）石墨粉、滑石粉、云母粉、膨润土粉或铝粉与油、脂肪物质、蜡等的混合物。

但本品目不包括用作脱模剂的食用动、植物油、脂混合物或制剂（例如，糕点脱模剂）（品目15.17）。

七、用于润滑、油化或脂化纺织品、皮革、生皮、毛皮等的制剂。它们用以润滑或软化纺纱过程中的纺织纤维，也用以皮革的“加脂”等。它们包括矿物油或脂肪物质与表面活性剂（例如，磺基蓖麻醇酸盐）的混合物；含有很大比例表面活性剂与矿物油及其他化学品的水分散性纺织润滑剂。

本品目也包括：

（一）二硫化钼在矿物油中的稳定悬浮液，含有按重量计达到70%及以上的矿物油，由于二硫化钼具有特殊润滑性能，因此加有少量作为基料的二硫化钼，供发动机等作润滑油。

（二）防锈剂，以羊毛脂为基料并溶于石油溶剂中，不论石油溶剂的含量按重量计是否达到70%及以上。

（三）不硬化膏，由凡士林及钙皂组成，装配真空机动闸时用于润滑及密封接头及螺纹。

本品目不包括：

（一）人造油鞣回收脂（品目15.22）。

（二）用于人类或兽药的凝胶制剂，作为外科手术或体检时躯体部位的润滑剂，或者作为躯体和医疗器械之间的耦合剂（品目30.06）。

（三）品目38.01的胶态或半胶态石墨或石墨膏。

（四）传动带防滑剂（品目38.24）及品目38.24的防锈剂。

34.04　人造蜡及调制蜡：

20　—　聚氧乙烯（聚乙二醇）蜡

90　—　其他

本品目包括本章注释五所规定的人造蜡（工业上有时称为“合成蜡”）及调制蜡。这些蜡含有分子量相当高的有机物，不是单独的已有化学定义的化合物。这些蜡有：

一、由化学法制得的具有蜡特性的有机产品，不论是否水溶性。但本品目不包括用合成或其他方法制得的品目27.12所列的蜡（例如，主要由烃组成的费－托合成蜡），也不包括具有表面活性性能的水溶性蜡（品目34.02）。

二、将两种或两种以上不同种类的动物蜡、植物蜡、其他蜡或不同种类的蜡（动物蜡、植物蜡或其他蜡）混合而得的产品（例如，不同种类的植物蜡的混合物及某种矿物蜡与某种植物蜡的混合物）。但本品目不包括不同种类的矿物蜡的混合物（品目27.12）。

三、以一种或多种蜡为基料并含有脂肪、树脂、矿物质或其他物料的具有蜡质特性的产品。但不包括未混合的动、植物蜡，不论是否精制或着色（品目15.21），也不包括不论是否着色的未混合矿物蜡及矿物蜡的混合物（品目27.12）。

但本品目不包括以上一、二及三款所述产品混于、分散于（悬浮或乳化于）或溶解于某种液体介质中所形成的物质（品目34.05、38.09等）。

以上一或三款所述的蜡必须同时符合下列两个条件：

（一）滴点在40℃以上；

（二）在温度高出滴点10℃时用旋转粘度测定法测定其粘度不超过10帕·秒（或10000厘泊）。

另外，这些产品通常具有下列性质：

（一）轻轻擦磨即出现光泽；

（二）其稠度及溶解度主要取决于温度；

（三）温度为20℃时：

1. 一些蜡已柔软并可揉捏（但不粘手，也不呈液态）（软蜡），另一些蜡为脆性（硬蜡）；

2. 它们并不透明，但可为半透明体；

（四）温度高于40℃时，熔化而不分解；

（五）温度刚高出熔点时不易拉成丝；

（六）它们是电和热的不良导体。

归入本品目的蜡的化学组分各不相同，它们包括：

（一）聚亚烃蜡（例如，聚乙烯蜡）。它们用于包装物料、织物润滑剂、抛光剂等。

（二）烃蜡（例如，合成或天然石蜡）经不完全氧化而得的蜡。它们广泛用于抛光剂、涂料、润滑剂等。

（三）由氯化石蜡、多氯联苯或聚氯萘混合物组成的蜡。它们用于耐火剂、用作绝缘体、电容器浸渍料、润滑剂、木材防腐剂等。

（四）聚氧乙烯（聚乙二醇）蜡。它们为水溶性蜡，用于制化妆品或药品，用作粘结剂、软化剂及防腐剂，还用于纺织品或纸张的粘合剂和用于制墨水、橡胶等。

（五）由脂肪族酮、脂肪族酯（例如，用少量肥皂改性的丙二醇单硬脂酸酯，用酒石酸及乙酸酯化的混合甘油单硬脂酸酯和甘油双硬脂酸酯）、脂肪族胺或脂肪酸酰胺混合组成的蜡。它们用于制化妆品、抛光剂、油漆等。

（六）天然蜡（例如，褐煤蜡）经部分或全部化学改性而得的蜡。

（七）由两种或多种不同蜡混合组成的蜡（品目27.12的混合矿物蜡除外）或者由一种或多种蜡与其他材料混合而成的蜡。例如，由石蜡和聚乙烯混合而成的蜡，用作涂料；由石蜡和硬脂酸混合而成的蜡，用作制蜡烛的原料；由氧化烃蜡和乳化剂混合而成的蜡；不论包装如何的封蜡及类似组分的蜡，但制成品目32.14的产品除外。

上述各种蜡即使已着色，也应归入本品目。

除上述规定不包括的货品以外，本品目还不包括：

（一）羊毛脂醇，即使具有蜡质特性（品目15.05）。

（二）氢化油，即使具有蜡质特性（品目15.16）。

（三）单独的已有化学定义的有机化合物（第二十九章）。

（四）“牙科用蜡”及“牙科造形膏”，成套、零售包装、片状、马蹄形、条状及类似形状的（品目34.07）。

（五）工业单羧酸脂肪酸及工业脂肪醇，即使具有蜡质特性（品目38.23）。

（六）不具蜡质特性的甘油单脂肪酸酯、甘油双脂肪酸酯及甘油三脂肪酸酯的混合物（通常归入品目38.24）。

（七）不具蜡质特性的多氯联苯混合物及氯化石蜡混合物（品目38.24）。

（八）不具蜡质特性的聚氧乙烯（聚乙二醇）（例如，归入品目38.24或39.07）。

（九）不具蜡质特性的聚乙烯（例如，归入品目39.01）。

34.05 鞋靴、家具、地板、车身、玻璃或金属用的光洁剂、擦洗膏、去污粉及类似制品（包括用这类制剂浸渍、涂面或包覆的纸、絮胎、毡呢、无纺织物、泡沫塑料或海绵橡胶），但不包括品目34.04的蜡：

10 — 鞋靴或皮革用的上光剂及类似制品

20 — 保养木制家具、地板或其他木制品用的上光剂及类似制品

30 — 车身用的上光剂及类似制品，但金属用的光洁剂除外

40 — 擦洗膏、去污粉及类似制品

90 — 其他

本品目包括供鞋靴、家具、地板、车身、玻璃或金属（银器、铜器等）用的光洁剂，擦洗炊具、洗涤盆、瓷砖、炉具等用的擦洗膏及去污粉，以及皮革上光等用的类似制剂。本品目也包括具有防腐性能的光洁剂。

这些制剂可以蜡、研磨料或其他物料为基料。例如：

一、由浸渍于松节油或乳化于水中的蜡组成并通常加有着色料的抛光蜡及光洁剂。

二、金属及玻璃光洁剂，由极软的抛光材料组成，例如，白垩或硅藻土悬浮于石油溶剂及液体肥皂的乳浊液中组成。

三、金属等的抛光、加工或精磨产品，含有金刚石粉或末。

四、去污粉，由极为精细的砂末与碳酸钠及肥皂的混合物组成。擦洗膏是用这些去污粉与溶于矿物润滑油的蜡溶液等混合粘聚而制得。

这些制品常常制成零售包装，并通常呈液态、膏状、粉状、片状、条状等，可供家庭或工业用途。

本品目也包括用这些制剂浸渍、涂面或包覆的纸、絮胎、毡呢、无纺织物、泡沫塑料或海绵橡胶，但不包括类似浸渍、涂面或包覆的抹布及金属擦锅器（分别归入第十一类及第十五类）。

本品目还不包括：

（一）未混合的研磨粉（通常归入第二十五章或第二十八章）。

（二）鞋靴刷白片及麂皮鞋靴用的配制染色液（品目32.10）。

（三）油鞣回收脂及人造油鞣回收脂（品目15.22）；其他皮革修整用的油、脂（第十五章，品目27.10、34.03、38.24等）。

（四）衣服洗涤用的干洗液及去污渍剂，这类制剂应按组成成分归类（通常为品目27.10的石油溶剂油或品目38.14或38.24的产品）。

34.06 各种蜡烛及类似品

蜡烛（包括球形或盘卷形细蜡烛），通常由动物脂、硬脂精、石蜡或其他蜡制成。

本品目包括不论是否着色、装饰或加香料等的蜡烛。

本品目还包括装有浮座的夜明蜡烛。

本品目不包括：

（一）抗哮喘蜡烛（品目30.04）。

（二）蜡火柴或维斯塔火柴（品目36.05）。

（三）经硫处理的带子、灯芯、烛心及蜡烛（品目38.08）。

34.07 塑型用膏，包括供儿童娱乐用的在内；通称为“牙科用蜡”或“牙科造形膏”的制品，成套、零售包装或制成片状、马蹄形、条状及类似形状的；以熟石膏（煅烧石膏或硫酸钙）为基本成分的牙科用其他制品

一、塑型用膏

这些是塑料制剂，通常供美工或金工用以造模，也供儿童娱乐之用。

最为常见的是以油酸锌为基料的塑型用膏，这些产品也可含有蜡、白油及高岭土，手感略觉油腻。

其他塑型用膏是纤维素纸浆、高岭土与粘合剂的混合物。

这些塑型膏通常是有色的，报验时常呈散装形状或块状、条状、片状等。

本品目也适用于各式塑型用膏，包括儿童娱乐用的成套塑型用膏。

二、通称“牙科用蜡”或“牙科造形膏”的制品

它们是供牙科造形用的组分各异的制剂，一般由蜡、塑料或古塔波胶与松香、虫胶及填料（例如，云母粉）等混合组成，并通常着色，其质地坚硬或稍软。

只有成套、零售包装、片状、马蹄形状（实心或空心的）、条状及类似形状的制品才归入本品目，制成其他形状（例如，散装形状）的，则应按其组成成分归类（品目34.04、38.24等）。

三、以熟石膏（煅烧石膏或硫酸钙）为基本成分的牙科用其他制品

本品目包括以熟石膏为基本成分的牙科用制品，其通常含有按重量计2%以上的添加剂。可能加入的添加剂有作为白色颜料的二氧化钛、着色料、硅藻土、糊精和三聚氰胺甲醛树脂。它们也含有促凝剂或缓凝剂。

这类牙科用制品一般含有按重量计25%或以上的半水合硫酸钙或几乎全部用半水合硫酸钙制成，不会自然成型，但可通过将含有二水合硫酸钙成分的石膏沉淀物加以脱水等方法制得。

它们供牙科造形、制模或其他牙科用途，不论其形状或报验状态如何，均归入本品目。

切勿将这类制品与仅含少量促凝剂或缓凝剂的熟石膏相混淆（品目25.20）。

本品目不包括牙科粘固剂及其他牙科填料（品目30.06）。

第三十五章　蛋白类物质；改性淀粉；胶；酶

注释：

一、本章不包括：

（一）酵母（品目21.02）；

（二）第三十章的血份（非治病、防病用的血清白蛋白除外）、药品及其他产品；

（三）预鞣用酶制剂（品目32.02）；

（四）第三十四章的加酶的浸透剂、洗涤剂及其他产品；

（五）硬化蛋白（品目39.13）；或

（六）印刷工业用的明胶产品（第四十九章）。

二、品目35.05所称"糊精"，是指淀粉的降解产品，其还原糖含量以右旋糖的干重量计不超过10%。如果还原糖含量超过10%，应归入品目17.02。

35.01　酪蛋白、酪蛋白酸盐及其他酪蛋白衍生物；酪蛋白胶：

10　—　酪蛋白

90　—　其他

一、酪蛋白及酪蛋白衍生物

（一）酪蛋白是构成乳的主要蛋白，通常用酸或粗制凝乳酶沉淀（乳凝）脱脂奶而得。本品目包括各种类型的酪蛋白，这些酪蛋白因乳凝方法各异而不同，例如，酸酪蛋白、酪蛋白原及酶凝酪素（衍酪蛋白）。

酪蛋白通常是一种黄白色粉粒物质，溶于碱液但不溶于水，主要用于制胶水、油漆或水浆涂料，用于纸张涂面，还用于制酪蛋白塑料（硬化酪蛋白）、化学纤维、食品或药品。

（二）酪蛋白酸盐包括称为"可溶酪蛋白"的酪蛋白酸钠和酪蛋白酸铵：这些盐常用于配制浓缩食物和药品。酪蛋白酸钙根据其特性可用于配制食品或用作胶水。

（三）其他酪蛋白衍生物主要包括氯化酪蛋白、溴化酪蛋白、碘化酪蛋白及鞣酸（单宁酸）酪蛋白。它们用于医药。

二、酪蛋白胶

这些货品由酪蛋白酸钙（参见以上关于酪蛋白酸盐的注释）组成，或酪蛋白与白垩的混合物和少量硼砂或氯化铵等添加剂混合组成。它们通常呈粉末状。

本品目不包括：

（一）贵金属酪蛋白酸盐（品目28.43）或品目28.44至28.46及28.52的酪蛋白酸盐。

（二）误称为"植物酪蛋白"的产品（品目35.04）。

（三）净重不超过1千克的零售包装酪蛋白胶（品目35.06）。

（四）硬化酪蛋白（品目39.13）。

35.02　白蛋白（包括按重量计干质成分的乳清蛋白含量超过80%的两种或两种以上的乳清蛋白浓缩物）、白蛋白盐及其他白蛋白衍生物：

—　卵清蛋白：

11　——　干的

19　——　其他

20　—　乳白蛋白，包括两种或两种以上的乳清蛋白浓缩物

90　—　其他

一、白蛋白是动、植物蛋白质，尤以动物质为主，包括有蛋白（卵清蛋白）、血清蛋白、乳清蛋白及鱼白蛋白。与酪蛋白不同的是，白蛋白既溶于水，也溶于碱，且其溶液加热即凝结。

本品目还包括两种或两种以上的乳清蛋白浓缩物，按重量计干质成分的乳清蛋白含量超过80%的。乳清蛋白的含量用氮含量乘以转换因数6.38来计算。按重量计干质成分的乳清蛋白含量为80%及以下的乳清蛋白浓缩物应归入品目04.04。

白蛋白通常为粘滞状液体、透明黄色粉片或者无定形白色、浅红色或浅黄色粉末。

它们用于制胶水、食品、药品，加工皮革、处理纺织品或纸张（尤其是相纸）、澄清酒或其他饮料等。

二、白蛋白盐及其他白蛋白衍生物，尤其是铁白蛋白盐、溴化白蛋白、碘化白蛋白及鞣酸白蛋白。

本品目也不包括：

（一）干燥的血，有时被误称为“血清蛋白”（品目05.11）。

（二）贵金属白蛋白盐（品目28.43）或品目28.44至28.46及28.52的白蛋白盐。

（三）供治疗或预防疾病用的血清蛋白及人血浆（第三十章）。

35.03　明胶（包括长方形、正方形明胶薄片，不论是否表面加工或着色）及其衍生物；鱼鳔胶；其他动物胶，但不包括品目35.01的酪蛋白胶

本品目的明胶及其他各种胶是水溶蛋白物质，通常用温水（加酸或不加酸）处理皮张、软骨、硬骨、筋腱或类似动物物料而制得。

一、明胶的粘度比一般胶小，但纯度比一般胶高，加水后变成透明冻胶。用于配制食品、药品及感光乳剂，培养细菌及澄清啤酒和其他酿造酒，也可用于纸张或纺织品的施胶，还用于印刷工业、制塑料（硬化明胶）及制成物品。

明胶通常制成透明的薄片状，几乎无色无味，干燥后表面上仍带有网状印痕。但市面上销售的明胶也有制成板片状或粉片、粉末等形状的。

制成矩形（包括正方形）的明胶薄片，不论是否表面加工或着色［例如，压花纹、金属化、印制（明胶明信片及第四十九章所列的其他印刷品除外）］均归入本品目。如果切成长方形或正方形以外的其他形状（例如，圆盘状）的，应归入品目96.02。模制或雕刻的未硬化明胶也归入品目96.02。

二、明胶衍生物主要包括鞣酸明胶及溴化鞣酸明胶。

三、鱼鳔胶，用机械法处理某些鱼（尤其是鲟鱼）的鳔而得。报验时为固体，常呈半透明薄片状。主要用作啤酒、葡萄酒或其他酒精饮料的澄清剂，也用于医药上。

四、本品目所包括的其他动物胶是作胶用的不纯明胶。它们可以含有防腐剂、颜料或粘度控制剂等添加剂。

它们主要包括：

（一）骨胶、皮胶、筋胶、腱胶。这些胶颜色由黄至棕，具有强烈的气味，其薄片通常较原明胶更厚、更硬、更脆。它们也有呈珠粒、粉片等状。

（二）鱼胶（以上鱼鳔胶除外）。这些胶是通过用热水处理鱼废料（皮、软骨、硬骨、鳍等）而制得的，通常成胶状液体。

本品目不包括：

（一）酪蛋白胶（品目35.01）。

（二）净重不超过1千克的零售包装胶（品目35.06）。

（三）以明胶为基料的复印膏（品目38.24）。

（四）硬化明胶（品目39.13）。

35.04　蛋白胨及其衍生物；其他品目未列名的蛋白质及其衍生物；皮粉，不论是否加入铬矾

本品目包括：

一、蛋白胨及其衍生物。

（一）蛋白胨为蛋白质通过水解或在某些酶（胃蛋白酶、木瓜蛋白酶、胰酶等）的作用下所得的可溶性物质。它们通常是白色或浅黄色粉末，因其吸湿性很强，所以一般装于密封容器中。蛋白胨也可制成溶液。主要的品种有肉胨、酵母胨、血胨及酪蛋白胨。

它们用于医药、食品制造及细菌培养等方面。

（二）胨酸盐是蛋白胨的衍生物。它们主要用于制药；最主要的品种有铁胨酸盐及锰胨酸盐。

二、本协调制度其他品目未列名的其他蛋白质及其衍生物，主要包括：

（一）谷蛋白及醇溶谷蛋白（例如，从小麦或黑麦制得的麦醇溶蛋白和从玉米制得的玉米醇溶蛋白），均是谷类蛋白质。

（二）球蛋白，例如，乳球蛋白及卵球蛋白［参见本品目注释末不包括部分第（四）款］。

（三）大豆球蛋白，是主要的大豆蛋白质。

（四）角蛋白，从头发、指甲、角、蹄、羽毛等中制得。

（五）核蛋白，为蛋白质与核酸的化合物及其衍生物。核蛋白是从酒酵母等中离析出来的。核蛋白及其盐（铁盐、铜盐等）主要用于医药方面。

但符合品目28.52规定的核蛋白汞盐不包括在内。

（六）离析蛋白，从植物质（例如，脱脂大豆粉）中提取而得，其成分为该种植物质所含的各种蛋白质的混合物，所含离析蛋白一般不少于90%。

三、皮粉，不论是否加入铬矾。皮粉用以测定天然鞣料物质及植物鞣膏中的鞣酸。皮粉实际上是纯净的胶原蛋白，用新鲜皮张精制而得。皮粉可添加少量铬矾（铬矾皮粉），或报验时未加铬矾，而在使用前才加入铬矾。本组所述加铬矾的皮粉切勿与品目41.15的铬皮革粉末相混淆，后者不适于测定鞣酸且价格较低。

本品目不包括：

（一）主要由氨基酸及氯化钠混合物构成的水解蛋白质及除去脱脂大豆粉某些成分而制得的浓缩产品，它们均用作食品的添加剂（品目21.06）。

（二）贵金属蛋白盐（品目28.43）或品目28.44至28.46及28.52的蛋白盐。

（三）核酸及其盐（品目29.34）。

（四）血纤维蛋白原、血纤维蛋白、血球蛋白及血清球蛋白、人体正常免疫球蛋白及抗血清（特殊免疫球蛋白）及其他血份（品目30.02）。

（五）制成药品的本品目所述产品（品目30.03或30.04）。

（六）酶（品目35.07）。

（七）硬化蛋白质（品目39.13）。

35.05　糊精及其他改性淀粉（例如，预凝化淀粉或酯化淀粉）；以淀粉、糊精或其他改性淀粉为基本成分的胶：

10　—　糊精及其他改性淀粉

20　—　胶

本品目包括：

一、糊精及其他改性淀粉，即淀粉经热、化学品（例如，酸、碱）或淀粉酶的作用而转化的产品，及经氧化、酯化、醚化等处理的改性淀粉。交联淀粉（例如，磷酸二淀粉酯）是一种重要的改性淀粉。

（一）糊精，通过下列方法制得：

1. 通过用酸或酶使淀粉水解的降解法，所得产品称作麦芽糖糊精。但这种产品只有当所含还原糖以右旋糖的干量计不超过10%时才能按糊精归入本品目；

2. 通过加入或不加入少量化学试剂焙烤淀粉的方法。对于不使用化学试剂的，所得产品称为焙烤淀粉。

糊精根据其制法和所用淀粉的不同，呈白色、浅黄色或棕色粉末状。它们可溶于水（必要时加热），但不溶于醇。

（二）可溶性淀粉，一种在淀粉转化成糊精过程中所得的中间产品，将淀粉在水中煮沸而得或使淀粉与冷的稀酸长时间接触制得。本品目也包括含有极少量高岭土的可溶性淀粉，它们主要在造纸过程中加到纤维素纸浆中去。

（三）预凝化或“溶胀”淀粉，通过用水润湿淀粉并加热使其变成胶状团块，然后干燥并研磨成粉而制得，也可通过挤压后研磨成粉而制得。用于造纸、纺织、冶金（用于制铸芯粘合剂）、食品工业及动物食料等。

（四）醚化或酯化淀粉（通过醚化或酯化而得的改性淀粉）。醚化淀粉包括那些含有羟乙基、羟丙基或羧甲基的产品。酯化淀粉包括主要用于纺织及造纸工业的乙酸淀粉酯，以及用于制炸药的硝化淀粉。

（五）其他改性淀粉，例如：

1. 二醛基淀粉；

2. 用甲醛或表氯醇处理过的淀粉，用作外科手套滑粉等。

总的来说，本品目的改性淀粉可通过其性质（例如，溶解度、凝胶透明度、凝胶或结晶趋势、水结合量、冰冻－融化稳定性、胶凝温度或峰值粘度）的变化，与第十一章的未改性淀粉区别开来。

二、以淀粉、糊精或其他改性淀粉为基本成分的胶。

（一）糊精胶，由糊精水溶液组成或糊精与其他物质（例如，氯化镁）混合组成。

（二）淀粉胶，用碱（例如，氢氧化钠）处理淀粉而得。

（三）由未处理的淀粉、硼砂及水溶性纤维素衍生物组成或由未处理的淀粉、硼砂及淀粉醚组成的胶。

以上所述的产品通常呈白色、黄色或浅棕色无定形粉末状或胶块状，因此也有人把它们中的某些产品称为“英国胶”或“淀粉胶”。它们主要用作胶料，用于颜料工业、纺织工业、造纸工业及冶金工业。

本品目不包括：

（一）未加工淀粉（品目11.08）。

（二）所含还原糖以右旋糖的干量计超过10%的淀粉降解产品（品目17.02）。

（三）净重不超过1千克的零售包装胶（品目35.06）。

（四）用于造纸、纺织、皮革或类似工业的上光剂及调制浆料（以淀粉或糊精为基料的）（品目

38.09)。

35.06　其他品目未列名的调制胶及其他调制粘合剂；适于作胶或粘合剂用的产品，零售包装每件净重不超过1千克：

10　—　适于作胶或粘合剂用的产品，零售包装每件净重不超过1千克

—　其他：

91　——　以橡胶或品目39.01至39.13的聚合物为基本成分的粘合剂

99　——　其他

本品目包括：

一、适于作胶或粘合剂用的产品，零售包装每件净重不超过1千克

本组包括以下第二款所列的调制胶、调制粘合剂及适于作胶或粘合剂用的其他产品，但这些产品必须是零售包装，且每件净重不超过1千克的。

盛装胶或粘合剂的包装容器通常有玻璃瓶、玻璃罐、金属盒、金属软管、纸板盒、纸袋等；有时所用的“包装”仅是一条纸带包裹，例如，对骨胶块的包装。有时在胶或粘合剂包装中还配有一把类型般配的小刷子（例如，供直接使用的罐装胶水或粘合剂）。这类小刷子如已包装在胶水或粘合剂的容器内，则应与胶水或粘合剂一并归类。

除作胶或粘合剂用以外还具有其他用途的产品（例如，糊精、粒状甲基纤维素），只有在其包装上标明了出售后供作胶或粘合剂使用的，才能归入本品目。

二、协调制度其他品目未列名的调制胶及其他调制粘合剂，例如：

（一）谷蛋白胶（“维也纳胶”）正常方法是通过部分发酵使谷蛋白具有溶解性而制得。这些胶通常呈粉片或粉末状，颜色从浅黄到棕色不等。

（二）用化学方法处理天然树胶而得的胶或其他粘合剂。

（三）以硅酸盐等为基料的粘合剂。

（四）按配方配制专门作粘合剂用的制品，这种制品可由品目39.01至39.13的聚合物或其混合体组成，这些聚合物或其混合体除含有第三十九章产品所允许添加的物质（填料、增塑剂、溶剂、颜料等）以外，还含有不归入该章的其他添加物（例如，蜡、松香酯、未改性天然虫胶）。

（五）由橡胶、有机溶剂、填料、硫化剂及树脂的混合物组成的粘合剂。

除符合以上第一款规定的产品以外，本品目不包括协调制度其他品目已具体列名的产品，例如：

（一）酪蛋白胶（品目35.01）、动物胶（品目35.03）及以淀粉、糊精或其他改性淀粉为基料的胶（品目35.05）。

（二）可直接用作或处理后用作胶或其他粘合剂的其他产品，例如，粘鸟胶（品目13.02）、未混合的硅酸盐（品目28.39）、酪蛋白酸钙（品目35.01）、糊精（品目35.05）、品目39.01至39.13所列聚合物的分散体或溶液（第三十九章或品目32.08）及橡胶的分散体或溶液（第四十章）。

应注意到，归入本品目的一些产品可按销售时的状态直接作胶或粘合剂使用，而另一些产品则须溶解或分散于水后才能使用。

本品目不包括供纺织品等用的上光剂及调制浆料（品目38.09）及铸芯粘合剂（品目38.24）；在某些国家，这些物质有时也称为“胶”，但这些物质主要不是利用其胶粘性能。

本品目也不包括具有品目32.14所列胶粘剂填料等特性的产品。

35.07　酶；其他品目未列名的酶制品：

10　—　粗制凝乳酶及其浓缩物

90 — 其他

酶是活性细胞产生的有机物质；它们具有引起和调节活性细胞内外特殊化学反应的性能，但本身的化学结构不变。

酶可按下列分类：

一、按其化学结构，例如：

（一）酶分子仅由一个蛋白质组成（例如，胃蛋白酶、胰蛋白酶、尿素酶）。

（二）酶分子中由一个蛋白质结合一个起辅助因素作用的低分子量非蛋白质化合物组成。这个辅助因素既可以是一个金属离子（例如，抗坏血酸氧化酶中的铜、人体胎盘碱性磷酸酯酶中的锌），也可以是一个称作辅酶的复杂有机分子（例如，丙酮酸脱羧酶中的二磷酸硫胺素、谷氨酰胺氧化酸转氨酶中的磷酸吡哆醛）。有时两者都具备。

二、按其作用原理：

（一）根据化学活性分为：氧化还原酶、转移酶、水解酶、裂解酶、异构酶、连接酶。

（二）根据其生物活性分为：淀粉酶、脂（肪）酶、蛋白酶等。

*

*　*

本品目包括：

（一）“纯净”（离析）酶

这些酶常呈结晶状，主要用于医药及科研。在国际贸易中它们的重要性比不上酶催浓缩物及酶制品。

（二）酶催浓缩物

这些浓缩物通常得自动物器官、植物、微生物或培养肉汤（培养肉汤是从细菌、霉菌等取得的）的水提取物或溶剂提取物。这些产品可含有几种比例各不相同的酶，并可标准化或稳定化。

应注意到，从发酵溶液或从澄清、沉淀过程产生的标准化剂或稳定剂，或多或少地存在于浓缩体内。

这类浓缩物可以通过沉淀或冷冻干燥法制成粉末状等，也可通过用成粒剂或惰性载体制成粒状。

（三）其他品目未列名的酶制品

酶制品可以通过进一步稀释以上第（二）款所述的浓缩物而得，也可通过混合离析酶或酶催浓缩物而得。经加入一些物质使之适于某些特殊用途的酶制剂，如果协调制度的其他品目未具体列名的，则仍应归入本品目。

本组主要包括：

1. 嫩肉用的酶催制品，例如，由添加有葡萄糖或其他食物的分解蛋白酶（例如，木瓜蛋白酶）组成的制品。

2. 澄清啤酒、葡萄酒或果汁用的酶催制品（例如，含添加明胶、膨润土等的果胶酶）。

3. 纺织品脱浆用的酶催制品，例如，以细菌 α - 淀粉酶或蛋白酶为基料的制品。

本品目主要不包括下列制品：

（一）药品（品目30.03或30.04）。

（二）预糅用的酶催制品（品目32.02）。

（三）第三十四章的酶催浸渍剂、洗涤剂或其他产品。

*

*　*

下列产品是商业上最重要的酶：

一、粗制凝乳酶（凝乳酶）

粗制凝乳酶可从新鲜或干的小牛真胃取得，也可通过培养某些微生物制得。它是一种分解蛋白酶，能凝结酪蛋白从而使牛奶凝结。呈液态、粉状或片状。它可含有制造过程中残留的或为了标准化而添加的各种盐（例如，氯化钠、氯化钙、硫酸钠），并可含有防腐剂（例如，甘油）。

粗制凝乳酶主要用于乳酪工业。

二、胰酶

产自胰脏的最重要的酶是胰蛋白酶及胰凝乳蛋白酶（能分解蛋白质）、α-淀粉酶（能分解淀粉）以及脂肪酶（能分解脂肪物质），主要用于制药，能治疗消化系统失调。

胰脏的酶催浓缩物通常从新鲜或干的胰脏中取得。它们可含有高度吸收性盐（用以吸收结晶过程产生的部分水分而添加）及某些保护胶体（以便于保藏或运输）。它们用以制脱浆剂、洗涤剂、脱毛剂或鞣剂。

归入本品目的胰脏酶催制剂包括纺织品脱浆剂。

三、胃蛋白酶

胃蛋白酶是从猪或牛的胃粘膜制得的。为了使之稳定，有时保存在饱和硫酸镁溶液中或与蔗糖或乳糖相混合（粉状胃蛋白酶）。

胃蛋白酶与盐酸或盐酸甜菜碱结合或者制成胃蛋白酶酒，主要用于医药上。

四、麦芽糖酶

本组仅包括麦芽淀粉酶。

麦精应归入品目 19.01。

五、木瓜蛋白酶、菠萝蛋白酶、无花果蛋白酶

所称“木瓜蛋白酶”，是指番木瓜树的干胶乳及从这些产品中制得的两种馏分，也就是木瓜蛋白酶（狭义的木瓜蛋白酶）及木瓜凝乳蛋白酶。

木瓜蛋白酶用以制防冷冻浑浊啤酒、嫩肉剂［参见以上第（三）款第1项］及医药等。

作为干胶乳的部分水溶性木瓜蛋白酶应归入品目 13.02。

菠萝蛋白酶从菠萝植物取得。

无花果蛋白酶从某些种类的无花果树的胶乳中取得。

六、从微生物制取的淀粉酶及蛋白酶

某些微生物放在适当的培养基中培养后可分泌出大量淀粉酶及蛋白酶。

除去细胞及杂质后，所得溶液可在低温真空下蒸发浓缩制得，或者通过加入无机盐（例如，硫酸钠）或加入可与水溶混的有机溶剂（例如，丙酮）将其中的酶沉淀制得。

例如：

（一）细菌α-淀粉酶。

细菌α-淀粉酶（用枯草芽胞杆菌等制得）是淀粉液化酶，用以制胶粘剂及以淀粉为基料的纸张涂料，用于生产面包及其他食品工业以及供纺织品脱浆用。

（二）真菌淀粉酶。

真菌淀粉酶基本上是从霉菌培养物衍生的，这些霉菌主要是根霉菌或曲霉菌。

虽然其液化能力很强，但比细菌淀粉霉的液化能力差得远。

真菌淀粉酶在食品工业上有很多用途。

必须注意，真菌淀粉酶有时含有蛋白酶、葡糖氧化酶及蔗糖酶。

（三）淀粉葡萄苷酶。

这些酶是从根霉菌或曲霉菌等制得的，是一类强糖化试剂，但没有液化性能。它们可从淀粉物料中取得高产量的葡萄糖。

它们主要用于生产葡萄糖浆及葡萄糖，并作为酒精发酵浆的糖化剂。

（四）蛋白酶。

细菌蛋白酶（用枯草芽胞杆菌等制得）是分解蛋白酶，用以制纺织品脱浆剂，用作某些洗涤剂的拼料并用于酿造啤酒。从霉菌产生蛋白酶用于医药上。

七、β－淀粉酶

这些酶是从发芽大麦、小麦及大豆等植物物料制得的。它们能从淀粉及糊精中产生麦芽糖。

八、果胶酶

这些酶是通过培养各类霉菌（主要有根霉菌及曲霉菌）制得的。它们用于制造及加工水果汁及蔬菜汁（便于压榨及增加果汁回收）。

九、转化酶（β－呋喃果糖苷酶）

转化酶常从发酵力低的啤酒酵母取得。

这种酶可将蔗糖分解成葡萄糖和果糖。它用于制餐用糖浆、巧克力及蛋白杏仁糖果。

十、葡萄糖异构酶

这种酶是从某些培养微生物（主要有链霉菌或芽胞杆菌）制得的。用以在生产高甜度糖浆时将葡萄糖部分转化成果糖。

除以上所述不包括的产品以外，本品目也不包括：

（一）酵母（品目21.02）。

（二）辅酶，例如，辅羧酶（硫胺焦磷酸）及辅酶Ⅰ（烟酰胺腺嘌呤二核苷酸）（第二十九章）。

（三）品目30.01的干腺体及其他产品。

（四）品目30.02的培养微生物、血酶（例如，凝血酶）、血份及具有酶特性（活性）的截断变体（部分）和其他产品。

第三十六章　炸药；烟火制品；火柴；引火合金；易燃材料制品

注释：

一、本章不包括单独的已有化学定义的化合物，但下列注释二（一）、（二）所述物品除外。

二、品目36.06所称“易燃材料制品”，只适用于：

（一）聚乙醛、六亚甲基四胺（六甲撑四胺）及类似物质，已制成片、棒或类似形状作燃料用的；以酒精为基本成分的固体或半固体燃料及类似的配制燃料；

（二）直接灌注香烟打火机及类似打火器用的液体燃料或液化气体燃料，其包装容器的容积不超过300立方厘米；以及

（三）树脂火炬、引火物及类似品。

总　注　释

本章包括发射药及配制炸药，即以本身含有燃烧所必需的氧气并在燃烧中产生大量高温气体为特征的混合物。

本章还包括引爆时所需的辅助产品（雷管或火帽、引爆管等）。

用爆炸、发火、易燃或可燃的材料制成的用以产生光、声、烟、火焰或火花的制品（例如，烟火制品、火柴、铈铁及某些易燃材料制品）也归入本章。

除品目36.06注释二（一）、二（二）1及二（二）2所述的某些燃料外，本章不包括单独的已有化学定义的化合物（通常归入第二十八章或第二十九章）。本章也不包括第九十三章的弹药。

36.01　发射药

这些火药是燃烧时能产生大量炽热气体的混合物。这些气体可产生推进作用。

用于火器时，发射药是在容积几乎不变的有限空间内燃烧，火器筒内产生的压力使射弹以极高的速度射出。

用于火箭时，发射药燃烧时产生恒定的压力，气体从喷嘴喷出从而产生推进作用。

本品目的发射药含有可燃组分及助燃组分，还可含有用以控制燃烧速度的组分。

本品目包括：

一、黑色火药（火药）

黑色火药是由硝酸钾或硝酸钠、硫及木炭的紧密混合物组成。

这种火药色黑至棕不等，稍有吸湿性，用作猎枪火药及爆炸火药。作猎枪火药用时为标准圆粒状；作爆炸火药用时可以是大小不同的颗粒状或碎粉状（例如，采矿场用的爆炸火药）。

二、火器用的发射药（黑色火药除外）

（一）无烟药

这些火药是以硝化纤维素（硝酸纤维素）（一般是火棉或爆炸级硝化纤维素）为基料并与其他产品和二苯胺等稳定剂混合组成的。这些火药可从硝化纤维素及溶剂制得，或从加有硝酸钡或硝酸钾、碱性重铬酸盐及溶剂等的硝化纤维素制得，也可从硝化甘油与硝化纤维素的缔合物制得（巴里斯太火药、柯达火药等）。

无烟药通常呈条状、管状、圆盘状、粉片状或颗粒状。

（二）复合药

在复合药中，基料（硝化纤维素、硝化甘油）中可加入硝基胍、六素精（环三次甲基三硝胺）、八素精（环四次甲基三硝胺）以改善其燃烧性能。

聚合粘合剂与相同组分（但不含硝化纤维素）的缔合物也可用于制发射药。

三、火箭用发射药

（一）均相发射药

它们主要由硝化纤维素和有机硝酸酯与其他添加剂（稳定剂、冲击催化剂等）组成。报验时它们通常为筒装形式，它们可以象装子弹似的装入燃烧室内。

（二）复合发射药

这些产品是由一种助燃料物质（过氯酸铵、硝酸铵等）及一种还原剂（通常是合成橡胶）组成，还可含有金属还原剂（铝等）。

本品目不包括：

（一）单独的已有化学定义的化合物（通常归入第二十八章或第二十九章）。

（二）品目36.02的配制炸药。

（三）硝化纤维素（硝酸纤维素），例如，火棉（品目39.12）。

36.02　配制炸药，但发射药除外

本品目包括燃烧时反应比发射药更为剧烈的化学物质混合物。它们的燃烧释放出非常大量的高温气体，瞬间产生巨大压力。它们通常加有迟钝剂以减少其受震或受磨的敏感性。

本品目包括：

一、以硝酸甘油酯（硝化甘油）及乙二醇二硝酸酯（硝化甘醇）为基料的炸药。这些产品通常称作达纳炸药，并常含有硝化纤维素（火棉）、硝酸铵、泥炭、木粉、氯化钠或铝粒等。

二、以其他有机硝酸酯或硝基化合物为基料的混合物组成的炸药，例如，以TNT（2，4，6－三硝基甲苯）、六素精、八素精、特屈儿（N－甲基－N，2，4，6－四硝基苯胺）、四硝基赤藓醇（季戊四醇四硝酸酯，PETN）或TATB（1，3，5－三氨基－2，4，6－三硝基苯）为基料组成的炸药。

以TNT为基料的混合物，包括加入了蜡或聚合粘合剂等迟钝剂的黑索莱炸药（TNT ＋ 六素精）及喷妥莱炸药（TNT ＋ PETN）。

三、以硝酸铵为基料的炸药，非以硝化甘油或硝化甘醇为促爆剂的。本组的炸药与以上第一组所述的达纳炸药一起广泛用于采矿场、采石场及土木工程工地。

本组包括：

（一）硝胺炸药、阿马图炸药及硝酸铵燃料油炸药（铵油炸药）。

（二）特制炸药包、硝化炸药。

（三）浆状炸药，由碱金属硝酸盐和水的混合物组成，用氨基硝酸盐（酯）或精细铝粉促爆。

（四）“乳化”炸药，由碱金属硝酸盐水溶液在矿物油中乳化而成。

四、以氯酸盐或高氯酸盐为基料的混合物组成的炸药，例如，用于采矿场及采石场的谢德炸药。

五、起爆炸药，这种炸药在干燥状态下对震动及摩擦比以上所述的四类炸药更敏感。它们主要以叠氮化铅或三硝基间苯二酚（收敛酸）铅及四氮烯为基料的混合物。这些炸药通常用于配制发射药用的撞击起爆剂、摩擦起爆剂或火焰起爆剂或制炸药用雷管。

所有这些炸药报验时或为粉末状、粒状，或为膏状、浆状、乳状或半干胶状，既可散装，也可制成一次用量包装或装入筒内。

本品目不包括单独的已有化学定义的化合物，即使其具有爆炸性。这些化学品通常归入第二十八章或第二十九章，例如，无机硝酸盐（品目28.34）、雷酸汞（品目28.52）、三硝基甲苯（品目29.04）及三硝基苯酚（品目29.08）。

36.03　安全导火索；导爆索；火帽或雷管；引爆器；电雷管：

10 —　安全导火索
20 —　导爆索
30 —　火帽
40 —　雷管
50 —　引爆器
60 —　电雷管

这些产品通常称作爆炸配件，为火药及炸药引爆所需。

本品目包括：

一、安全导火索

安全导火索（缓燃导火索）是将火苗引向普通引爆器或雷管的装置。它们通常由内装黑色火药的涂焦油或者浸橡胶或塑料的织物薄层管子组成。

二、导爆索

导爆索（又称为导爆引信、起爆索或引爆索）用以起爆一个或多个装药，通常以太安（季戊四醇四硝酸酯）或其他炸药作芯子，外包防水织物或塑料（软导火线）制成。太安的爆速约为6.5千米（4英里）每秒。导爆索可以引爆大部分商用高爆炸药（达纳炸药、葛里炸药、敏化凝胶等），但无法单独引爆低感度炸药，如铵油炸药（硝酸铵燃料油炸药）。它们最常用于采矿场、采石场及土木工程工地。

三、火帽或雷管

（一）撞击火帽（底火），是由一个（通常为金属的）小容器内装有以三硝基间苯二酚铅（收敛酸铅）为基料并加入四氮烯及各种氧化剂、还原剂等的混合物所组成；这种炸药混合物装量通常在10～200毫克之间。这种火帽装在弹壳底部，用于点燃发射药。小尺寸的撞击火帽用于手枪，大尺寸的撞击火帽用于步枪或滑膛枪。

（二）摩擦火帽或发火管，通常由二只各装不同炸药的同心金属管或纸板管构成。锯齿形金属丝一拉出，内层管的炸药即被点燃，继而点燃了装在两管之间的炸药，这样便进行了引爆。如以上第（一）款所述的火帽一样，发火管用于使发射药爆炸。

四、雷管（电雷管和电子雷管除外）

雷管，在配有加强帽的金属或塑料管中装上少量起爆炸药和太安（四硝基赤藓醇）、六素精或特屈儿等炸药构成。它们用以点燃发射药以外的配制炸药，通常是在插入其中的安全导火索传来的火焰的作用下起爆的。

五、引爆器

（一）电引爆器由电雷管电桥及少量引爆火药（通常是黑色火药）构成。

电雷管电桥是由二段绝缘导体焊接于一条导电金属丝的两端所形成的一个电阻桥；这条金属丝嵌入到引爆器中。它们用于点燃装药或起爆炸药。

（二）化学引爆器，例如，由装有玻璃安瓿的圆筒组成的引爆器，玻璃安瓿中装满化学品（例如，硫酸），圆筒内装有氯酸钾火药，安瓿和火药用金属隔膜隔开。玻璃安瓿一旦破碎，酸便侵蚀金属隔片（起延迟元件作用）并与氯酸钾发生反应，产生高热，点燃火药或安全导火索。

六、电雷管（包括电子雷管）

（一）电雷管是在金属管（或塑料管）中装有以上第五组第（一）款所述的电雷管电桥并装入少量起爆炸药（通常为50～500毫克以叠氮化铅为主的混合物）及比较大量的另一种炸药（例如，四硝基赤藓醇、六素精或特屈儿）构成。

本组也包括名为电起爆器的某些电雷管。这些管通常是微型的，电雷管电桥可以用掺入组分取代，在起爆组分中加入添加剂使其导电并通过感应将其点燃。

（二）电子雷管，与以上第六组第（一）款中所述的传统电雷管不同，电子雷管具有集成电路（IC）计时器作为延时方法，能达到极其精准的延时引爆。

本品目不包括：

（一）矿灯用的石蜡点火带或卷，或玩具手枪用的砸炮（品目36.04）。

（二）未装任何炸药或易燃药的物品（小帽、管、电装置等），这些物品应根据其属性归入相应的品目。

（三）炮弹引信及弹壳，不论是否带有撞击帽（品目93.06）。

36.04 烟花、爆竹、信号弹、降雨火箭、浓雾信号弹及其他烟火制品：

10 — 烟花、爆竹

90 — 其他

本品目包括能够产生光、声、气、烟雾或燃烧效应的烟火制品。它们有：

一、娱乐用烟火制品

（一）烟火（焰花弹、火焰索、鞭炮、喷射烟火、烟雾弹、彩色火炬、孟加拉火柴及彩光等），这些产品通过燃烧产生声、光、烟雾以供娱乐。它们需用火药（例如，黑色火药）进行点火。烟火上装有火药，通过电引火电桥或引爆导火索将其点燃。

（二）烟火玩具，例如，玩具手枪用的砸炮（制成带状、片状、卷状、圆形塑料环状等）、魔烛及摔炮、拉炮。这些烟火玩具燃烧时产生的各种效应非常有限。

二、技术用烟火制品

（一）声或光信号制品，例如，航海用的遇险信号弹；飞机装备用的照相闪光弹；铁路用的维里闪光信号弹；浓雾信号弹及火炬；电影或电视等用的彩光弹；彩光元件；导向元件；烟火假目标及烟雾元件（可以是彩色的）。它们通常能产生较长持续性的光、声或烟雾效应。

（二）农业或工业用烟火制品，例如，抗冰雹火箭、抗冰雹弹、农业用烟雾发生器、恐吓动物用的雷鸣闪电器及检查管道漏泄用的烟雾发生器。

本品目还包括以上各组未列名的其他烟火制品（例如，救生索火箭、不作传导引爆用而作开凿用的涂铅爆炸芯）。

本品目不包括：

（一）照相用闪光灯材料（品目37.07）。

（二）通过化学发光现象而产生彩光效应的物品（品目38.24）。

（三）装有一种炸药的空包弹，用于铆焊工具或内燃活塞式发动机的起动压缩点火（品目93.06）。

36.05 火柴，但品目36.04的烟火制品除外

本品目包括在粗糙表面摩擦时能产生火焰（有时专门制成只能在粗糙表面摩擦才能起火）的火柴。它们通常是由一根木梗、纸板梗、纺织纱线梗经浸渍硬脂精蜡或石蜡等（蜡梗火柴或维斯塔火柴）及一个由各种可燃化学品制成的火柴头构成。

本品目不包括孟加拉火柴及其他烟火制品，即使它们能摩擦起火并具有火柴形状（品目36.04）。

36.06　各种形状的铈铁及其他引火合金；本章注释二所述的易燃材料制品：

10　—　直接灌注香烟打火机及类似打火器用的液体燃料或液化气体燃料，其包装容器的容积不超过300立方厘米

90　—　其他

一、各种形状的铈铁及其他引火合金

引火合金是在粗糙表面摩擦时能产生足以点燃煤气、汽油、火绒或其他易燃物料的合金。它们通常是铈与其他金属的合金，最常见的有铈铁。

这些合金不论是散装或制成机械打火机用的小条或小棒状（打火机火石），也不论是否装于小容器内以供零售使用，均归入本品目。

二、易燃材料制品

本组仅包括：

（一）液体或液化气体燃料（例如，汽油、液化丁烷），装于容积不超过300立方厘米的用于香烟打火机或类似打火器充气的容器（瓿瓶、瓶子、罐子等）内。

本品目不包括作为香烟打火机或类似打火器零件的可换芯子或其他容器（已充料或未充料）（品目96.13）。

（二）下列固体燃料：

1. 制成片、条或类似形状供作燃料用的聚乙醛（三聚乙醛片）及六亚甲基四胺（乌洛托品）。制成其他形状（例如，粉状或结晶状）的这些产品不归入本品目，而应分别归入品目29.12或29.33。

2. 制成片、条或类似形状供作燃料用的类似化学物质（不论是否已有化学定义）。

（三）下列固体或半固体燃料：

以酒精为基料并含有肥皂、胶凝物质、纤维素衍生物等的燃料（这些燃料通常以“固体酒精”的名称销售），以及呈固态或半固态的其他类似的配制燃料。

后一种固体配制燃料有，例如，由炭粉和少量作助燃剂用的硝酸钠、作粘合剂用的羧甲基纤维素混合制成的棒，这种产品可在几乎密封的容器内慢慢燃烧，可放在衣服内供保暖用。

但是，本品目不包括一次性的暖手器或暖脚器，这些器具通过不产生光或焰的放热反应（例如，在氧化催化剂的催化下铁粉的氧化作用）产生热量（品目38.24）。

（四）树脂火柜、引火物及类似物：

本组包括：

1. 树脂火炬，能燃烧较长时间以供照明，由易燃物料浸渍树脂、沥青等制成，通常装于木棍或手柄上或用纸、织物或其他物料包装。

2. 引火物，能在短时间内剧烈燃烧以引燃燃料（例如，木材、煤、焦炭、燃料油）。这些制品可由脲甲醛树脂及煤油和水构成或用纸浸渍矿物油或石蜡制成。

但本组不包括木屑粘结块等燃料（品目44.01）。

第三十七章　照相及电影用品

注释：

一、本章不包括废碎料。

二、本章所称“摄影”，是指光或其他射线作用于感光面（包括热敏面）上直接或间接形成可见影像的过程。

总　注　释

第三十七章的感光硬片、软片、纸、纸板及纺织物都涂有一层或多层对光线、其他具有足够能量使感光材料起必要反应的射线（即在电磁光谱中波长不超过1300纳米的射线，包括γ-射线、X-射线、紫外线及近红外线）及粒子（或核子）射线敏感的乳剂，不论其是单色还是彩色显像的。但某些感光硬片不涂感光乳剂而是全部或基本由可附于基板上的感光塑料构成。红外激光光敏硬片常被称为热敏/热硬片。

最普通的乳剂是以卤化银（溴化银、溴碘化银等）或其他贵金属盐为基本成分的，但也有使用其他材料的，例如，供蓝图用的铁氰酸钾或其他铁化合物，照相制版雕刻用的重铬酸钾及重铬酸铵，重氮乳剂用的重氮盐等。

一、归入本章的硬片及软片有：

（一）未曝光，即未受光或其他射线的作用；

（二）已曝光，不论是否冲洗（即经化学处理使图像显现）。

归入本章硬片及软片可以是负片（即明暗相反）、正片（包括用以复制正片用的翻正片）或反转片（即涂有特种乳剂直接产生正片的片子）。

二、未冲洗的感光纸、纸板及布，不论是未曝光或曝光（负片或正片），均归入本章；但它们冲洗后则应归入第四十九章或第十一类。

根据品目37.07的注释解释，本章也包括符合该注释规定条件的摄影用化学产品及闪光灯材料。

本章不包括废碎料。主要用于回收贵金属的含贵金属或贵金属化合物的摄影或电影废碎料应归入品目71.12。其他的摄影或电影废碎料应根据其构成材料归类（例如，塑料的应归入品目39.15，纸的应归入品目47.07）。

37.01　未曝光的摄影感光硬片及平面软片，用纸、纸板及纺织物以外任何材料制成；未曝光的一次成像感光平片，不论是否分装：

10　—　X光用

20　—　一次成像平片

30　—　其他硬片及软片，任何一边超过255毫米

—　其他：

91　——　彩色摄影用

99　——　其他

本品目包括：

一、用纸、纸板或布以外任何材料制成的感光硬片及软片

这类硬片及平面软片（即不呈卷状），包括制成圆盘状的在内，是未曝光的，并通常涂有感光乳剂。这些产品可由纸（例如，用于制负片的纸“硬片”）、纸板或纺织物（品目37.03）以外的任何物料制成。所用材料通常是玻璃、乙酸纤维素、聚对苯二甲酸乙二酯或其他塑料（用于合装软片或裁切软片）、金属或石板（用于照相制版工艺）。某些硬片是不涂感光乳剂的，它们全部或基本上由感光塑料制成。这些硬片可以附于金属或其他材料基板上。曝光及经处理后用于印刷业。有些硬片在曝光前必须增加其感光度，而有些硬片在照射后必须（加热法）提高受照射部分的硬化度。

以上货品可供多种用途，例如：

（一）硬片、裁切软片及合装软片可供业余或专业摄影用。

（二）X光硬片及平面软片，包括供牙科射线照相用的。这些货品通常是两面感光的。

（三）照相凸版、照相平版印刷等用的照相制版硬片。

（四）缩微照相、显微照相、天文照相、宇宙线照相、航空摄影等用的特种硬片及软片。

二、一次成像平面软片

这也是一种未曝光平面装的感光片。一次成像软片由一张任何材料制的感光片（底片）、一张经特殊处理的纸（正片）以及显影剂构成，用于当场拍成一张完整的正像照片。报验时，一次成像软片有可直接装于照相机的合式装（每合装有几张一次成像软片），也有将数张可分别使用的软片装于一合的。

但本品目不包括未曝光的一次成像感光胶卷（品目37.02）。

本品目也不包括：

（一）非感光的硬片及平面软片（根据其组成材料归类）。

（二）未曝光的胶卷（品目37.02）。

37.02 成卷的未曝光摄影感光胶片，用纸、纸板及纺织物以外任何材料制成；未曝光的一次成像感光卷片：

10	—	X光用
	—	无齿孔的其他胶片，宽度不超过105毫米：
31	——	彩色摄影用
32	——	其他涂卤化银乳液的
39	——	其他
	—	无齿孔的其他胶片，宽度超过105毫米：
41	——	彩色摄影用，宽度超过610毫米，长度超过200米
42	——	非彩色摄影用，宽度超过610毫米，长度超过200米
43	——	宽度超过610毫米，长度不超过200米
44	——	宽度超过105毫米，但不超过610毫米
	—	彩色摄影用的其他胶片：
52	——	宽度不超过16毫米
53	——	幻灯片用，宽度超过16毫米，但不超过35毫米，长度不超过30米
54	——	非幻灯片用，宽度超过16毫米，但不超过35毫米，长度不超过30米
55	——	宽度超过16毫米，但不超过35毫米，长度超过30米
56	——	宽度超过35毫米
	—	其他：

96　——　**宽度不超过35毫米，长度不超过30米**
97　——　**宽度不超过35毫米，长度超过30米**
98　——　**宽度超过35毫米**

本品目包括：

一、除纸、纸板或纺织物以外任何材料制的摄影胶卷

未曝光的感光胶卷（即平面装以外的胶片），通常由聚对苯二甲酸乙二酯、乙酸纤维素或类似的柔韧材料制成，一般每卷可拍多张照片。本品目不包括纸（例如，用于制底片的纸"胶卷"）、纸板或纺织物制的胶卷（品目37.03）。

归入本品目的胶卷不论是否有齿孔，但必须用纸衬背或使用其他适当的包装以防曝光。

本品目包括：

（一）电影胶片，标准宽度为35、16、9.5或8毫米。

（二）普通（静物）摄影胶卷。

未切成可直接使用尺寸的摄影胶卷仍归入本品目。

与品目37.01的感光硬片一样，这些胶卷可供业余或专业摄影、照相制版、科研、射线照相等用途。X光胶卷通常是两面感光的。

光电录音用的感光胶卷也归入本品目。

二、一次成像卷片

一次成像卷片可以当场拍成完整的正像像片。此类卷片由任何物料（例如，醋酸纤维素、聚对苯二甲酸乙二酯或其他塑料、纸、纸板或纺织物）（底片）制的感光胶片、经特殊处理的纸带（正片）以及显影剂构成。

但本品目不包括未曝光的平面一次成像感光软片（品目37.01）。

本品目也不包括：

（一）未曝光的摄影用硬片及平面软片（品目37.01）。

（二）未感光的塑料片（第三十九章）。

（三）机械录音用的已制成的未录制软片（品目85.23）。

37.03　未曝光的摄影感光纸、纸板及纺织物：

10　—　**成卷，宽度超过610毫米**
20　—　**其他，彩色摄影用**
90　—　**其他**

本品目包括所有的未曝光摄影用感光纸、纸板及纺织物，平面的或成卷的。

本品目包括：

一、用于印制正像相片的纸及布。它们可供业余或专业摄影、X光照相、心电图描记、记录、照相复制等用。

二、通常称为纸制的"硬片"及"软片"，用于在照相机内曝光成为底片。

三、用氰铁酸盐、铁酸盐等处理的纸，用于印制蓝图等。

本品目不包括：

（一）未曝光的一次成像感光平片及胶卷（品目37.01或37.02）。

（二）已曝光但未冲洗的照相纸、纸板或纺织物（品目37.04）。

（三）非感光的已加工纸、纸板或纺织物，例如，用白蛋白、明胶、硫酸钡、氧化锌等涂布的纸

（第四十八章或第十一类）。

（四）已冲洗的照相纸、纸板或纺织物（第四十九章或第十一类）。

37.04　已曝光未冲洗的摄影硬片、软片、纸、纸板及纺织物

本品目包括：已曝光但未冲洗的品目37.01、37.02或37.03所述的摄影硬片、软片、纸、纸板及纺织物。它们可以是负片或正片（不论是否反转片）。

但本品目不包括已冲洗的硬片、软片、纸、纸板及纺织物（品目37.05、37.06、第四十九章或第十一类）。

37.05　已曝光已冲洗的摄影硬片及软片，但电影胶片除外

本品目包括已曝光已冲洗的品目37.01或37.02的摄影硬片及软片，对于带齿孔的，则必须是供复印相片或放映静物图像用的。本品目包括负片及正片；由于正片是透明的，因此有时称作透明正片。

本品目包括透明基底的缩微本（缩微胶片）。

本品目包括分层（中间影调）软片接触网屏，它由在棋盘式方格图案上布满大量小点的及照相制取的网屏构成，用于版画艺术。

本品目不包括：

（一）用于电影放映以产生电影图像的已冲洗软片（品目37.06）。

（二）已冲洗的照相纸、纸板或纺织物（第四十九章或第十一类）。

（三）可直接使用的印刷用已冲洗硬片（例如，胶版）（品目84.42）。

37.06　已曝光已冲洗的电影胶片，不论是否配有声道或仅有声道：

10　—　宽度在35毫米及以上

90　—　其他

本品目包括已冲洗的标准宽度或标准宽度以下用以放映电影的电影软片（负片或正片），仅有影像的，或既有影像，又有声道的（声音不论是摄影录制还是非摄影录制的，例如，磁性录制的）。

本品目也包括已冲洗的标准宽度或标准宽度以下的没有影像而仅有一道或数道声道的电影软片，不论是负片还是正片。仅有一条声道的软片，其声道必须是光电录制的。而含有多声道的软片，其中的声道可以包括有磁性录制的，但最少须有一条声道是光电录制的。光电录制的声道象一条窄窄的录制带一样能根据声音振动重播声音。

本品目不包括完全采用光电法以外的其他方法录制（例如，机械蚀刻或磁性录制）的声道软片（品目85.23）。

37.07　摄影用化学制剂（不包括上光漆、胶水、粘合剂及类似制剂）；摄影用未混合产品，定量包装或零售包装可立即使用的（+）：

10　—　感光乳液

90　—　其他

本品目包括符合以下第（一）、（二）款所述条件的直接用以显现摄影图像的产品。它们包括：

一、乳剂（参见本章总注释）。

二、显影剂（例如，氢醌、儿茶酚、焦酚、碘阿芬东、对－N－甲氨基羟基苯磺酸盐及其衍生物)，能使潜在的影像显现出来。本品目还包括静电复制文件用的显影剂。

三、定影剂，使显影后的图像固定不变［例如，硫代硫酸钠（海波苏打）、偏亚硫酸氢钠、硫代硫酸铵、硫氰酸铵、硫氰酸钠或硫氰酸钾］。

四、增厚剂及减薄剂，用以增加或减小影像的强度（例如，重铬酸钾、过二硫酸铵）。

但应注意，氯化汞即使是供照相用，且为即可使用的定量包装或零售包装状态，仍应归入品目28.52。

五、调色剂，用以改善影像色彩（例如，硫化钠）。

六、去污渍剂，用以去除显影、定影等过程中产生的污渍（例如，钾矾）。

在符合以下第（一）、（二）款所述的条件下，本品目还包括闪光灯材料。此种材料通常由铝或镁的粉、片、箔等组成，有时与其他物料混合以促进燃烧。

以上所述所有产品只有在符合下列任一条件下才能归入本品目：

（一）未混合物质必须是：

1. 已配定剂量，即均等地分成可直接使用的剂量，例如，制成供一次冲洗用的片、小包装粉剂。

2. 零售包装并标有可立即用于摄影方面的说明，不论其说明是用标签、说明书或其他方式表示（例如，使用说明等）。

凡不按上述方式包装的未混合物质，应按其属性归类（例如，化学品归入第二十八章或第二十九章，金属粉末归入第十五类等）。

（二）将两种或两种以上物质混合或配合而成的摄影用制剂。此类制剂不论是散装或小包装，也不论是否以零售形式报验。

本品目不包括：

（一）非直接用于产生摄影影像、蓝图等的辅助产品（例如，贴相片的胶水、底片或正片保护及上光用的漆、修描用漆及铅笔等）。

（二）品目90.06的摄影用闪光灯泡。

（三）符合品目28.43至28.46及28.52规定的产品（例如，贵金属盐及其他产品），不论如何包装，也不论作何用途。

○

○　○

子目注释：

子目3707.90

子目3707.90包括用于半导体材料光刻制造的感光塑料树脂溶液（“光刻胶”）。这种产品由聚合物、光敏剂、非水溶剂和各种其他化学品组成。光刻胶用于覆盖在沉积了金属氧化物的硅片上，该硅片最终将被制造成半导体材料。

第三十八章　杂项化学产品

注释：

一、本章不包括：

（一）单独的已有化学定义的元素及化合物，但下列各项除外：

1. 人造石墨（品目38.01）；

2. 制成品目38.08所述的形状或包装的杀虫剂、杀鼠剂、杀菌剂、除草剂、抗萌剂、植物生长调节剂、消毒剂及类似产品；

3. 灭火器的装配药及已装药的灭火弹（品目38.13）；

4. 下列注释二所规定的有证标准样品；

5. 下列注释三（一）及三（三）所规定的产品。

（二）化学品与食品或其他营养物质的混合物，配制食品用的（一般归入品目21.06）；

（三）品目24.04的产品；

（四）含有金属、砷及其混合物，并符合第二十六章注释三（一）或三（二）的规定的矿渣、矿灰和残渣（包括淤渣，但下水道淤泥除外）（品目26.20）；

（五）药品（品目30.03及30.04）；或

（六）用于提取贱金属或生产贱金属化合物的废催化剂（品目26.20），主要用于回收贵金属的废催化剂（品目71.12），或某种形状（例如，精细粉末或纱网状）的金属或金属合金催化剂（第十四类或第十五类）。

二、

（一）品目38.22所称的“有证标准样品”，是指附有证书的参照物，该证书标明了参照物属性的指标、确定这些指标的方法以及与每一指标相关的确定度，这些参照物用于分析、校准和比较。

（二）除第二十八和二十九章的产品外，有证标准样品在本目录中应优先归入品目38.22。

三、品目38.24包括不归入本协调制度其他品目的下列货品：

（一）每颗重量不小于2.5克的氧化镁、碱金属或碱土金属卤化物制成的培养晶体（光学元件除外）；

（二）杂醇油；骨焦油；

（三）零售包装的除墨剂；

（四）零售包装的蜡纸改正液、其他改正液及改正带（品目96.12的产品除外）；以及

（五）可熔性陶瓷测温器（例如，塞格测温锥）。

四、本目录所称“城市垃圾”，是指从家庭、宾馆、餐厅、医院、商店、办公室等收集来的废物、马路和人行道的垃圾以及建筑垃圾或拆建垃圾。城市垃圾通常含有大量各种各样的材料，例如，塑料、橡胶、木材、纸张、纺织品、玻璃、金属、食物、破烂家具和其他已损坏或被丢弃的物品。但“城市垃圾”不包括：

（一）已从垃圾中分拣出来的单独的材料或物品，例如，废的塑料、橡胶、木材、纸张、纺织品、玻璃、金属和电池的废品和电子电气废弃物及碎料（包括废电池），这些材料或物品应归入本目录中适当品目；

（二）工业废物；

（三）第三十章注释四（十）所规定的废药物；或

（四）本章注释六（一）所规定的医疗废物。

五、品目38.25所称“下水道淤泥”，是指经城市污水处理厂处理的淤泥，包括预处理的废料、

刷洗污垢和性质不稳定的淤泥。但适合作为肥料用的性质稳定的淤泥除外（第三十一章）。

六、品目38.25所称的“其他废物”适用于：

（一）医疗废物，即医学研究、诊断、治疗以及其他内科、外科、牙科或兽医治疗所产生的被污染的废物，通常含有病菌和药物，需作专门处理（例如，脏的敷料、用过的手套及注射器）；

（二）废有机溶剂；

（三）废的金属酸洗液、液压油、制动油及防冻液；以及

（四）化学工业及相关工业的其他废物。

但不包括主要含有石油及从沥青矿物提取的油类的废油（品目27.10）。

七、品目38.26所称的“生物柴油”，是指从动植物或微生物油脂（不论是否使用过）得到的用作燃料的脂肪酸单烷基酯。

○

○ ○

子目注释：

一、子目3808.52及3808.59仅包括品目38.08的货品，含有一种或多种下列物质：甲草胺（ISO）；涕灭威（ISO）；艾氏剂（ISO）；谷硫磷（ISO）；乐杀螨（ISO）；毒杀芬（ISO）；敌菌丹（ISO）；克百威（ISO）；氯丹（ISO）；杀虫脒（ISO）；乙酯杀螨醇（ISO）；滴滴涕（ISO，INN）[1，1，1-三氯-2，2-双（4-氯苯基）乙烷]；狄氏剂（ISO，INN）；4，6-二硝基邻甲酚[二硝酚（ISO）]及其盐；地乐酚（ISO）及其盐或酯；硫丹（ISO）；1，2-二溴乙烷（ISO）；1，2-二氯乙烷（ISO）；氟乙酰胺（ISO）；七氯（ISO）；六氯苯（ISO）；1，2，3，4，5，6-六氯环己烷[六六六（ISO）]，包括林丹（ISO，INN）；汞化合物；甲胺磷（ISO）；久效磷（ISO）；环氧乙烷（氧化乙烯）；对硫磷（ISO）；甲基对硫磷（ISO）；五氯苯酚（ISO）及其盐或酯；全氟辛基磺酸及其盐；全氟辛基磺胺；全氟辛基磺酰氯；磷胺（ISO）；2，4，5-涕（ISO）（2，4，5-三氯苯氧基乙酸）及其盐或酯；三丁基锡化合物；敌百虫（ISO）。

二、子目3808.61至3808.69仅包括品目38.08项下含有下列物质的货品：α-氯氰菊酯（ISO）；恶虫威（ISO）；联苯菊酯（ISO）；虫螨腈（ISO）；氟氯氰菊酯（ISO）；溴氯菊酯（INN，ISO）；醚菊酯（INN）；杀螟硫磷（ISO）；高效氯氟氰菊酯（ISO）；马拉硫磷（ISO）；甲基嘧啶磷（ISO）；或残杀威（ISO）。

三、子目3824.81至3824.88仅包括含有下列一种或多种物质的混合物及制品：环氧乙烷（氧化乙烯）；多溴联苯（PBBs）；多氯联苯（PCBs）；多氯三联苯（PCTs）；三（2，3-二溴丙基）磷酸酯；艾氏剂（ISO）；毒杀芬（ISO）；氯丹（ISO）；十氯酮（ISO）；滴滴涕（ISO，INN）[1，1，1-三氯-2，2-双（4-氯苯基）乙烷]、；狄氏剂（ISO，INN）、硫丹（ISO）；异狄氏剂（ISO）；七氯（ISO）；灭蚁灵（ISO）；1，2，3，4，5，6-六氯环己烷[六六六（ISO）]；包括林丹（ISO，INN）；五氯苯（ISO）；六氯苯（ISO）；全氟辛基磺酸及其盐；全氟辛基磺胺；全氟辛基磺酰氯；或四、五、六、七或八溴联苯醚；短链氯化石蜡。

短链氯化石蜡是指分子式为$C_xH_{(2x-y+2)}Cl_y$（其中$x=10\sim13$，$y=1\sim13$），按重量计氯含量大于48%的化合物的混合物。

四、子目3825.41和3825.49所称“废有机溶剂”，是指主要含有有机溶剂的废物，不适合再作原产品使用，不论其是否用于回收溶剂。

总 注 释

本章包括许多化学产品及相关产品。

本章不包括单独的已有的化学定义的元素及化合物（通常归入第二十八章或第二十九章），但下

列除外：

（一）人造石墨（品目38.01）。

（二）制成品目38.08所述形状或包装的杀虫剂、杀鼠剂、杀菌剂、除草剂、抗萌剂、植物生长调节剂、消毒剂及类似产品。

（三）灭火器的装配药及已装药的灭火弹（品目38.13）。

（四）每颗重量不低于2.5克的氧化镁、碱金属或碱土金属卤化物制成的培养晶体（光学元件除外）（品目38.24）。

（五）零售包装的除墨剂（品目38.24）。

本章注释一（二）所称"食物或其他营养物质"，主要包括第一类至第四类的食用产品。

所称"食物或其他营养物质"，也包括某些其他产品，例如，用于食品中作矿物添加剂的第二十八章产品、品目29.05的糖醇、品目29.22的人体所需的氨基酸、品目29.23的卵磷脂、品目29.36的维生素原及维生素、品目29.40的糖、品目30.02的用于食品的动物血份、品目35.01的酪蛋白及酪蛋白酸盐、品目35.02的白蛋白、品目35.03的食用明胶、品目35.04的食用蛋白质、品目35.05的糊精及其他食用改性淀粉、品目38.24的山梨醇、第三十九章的食用产品（例如，品目39.13的支链淀粉及直链淀粉）。但应注意，上述所列产品仅是简单举例而已，不应视作有关产品已全部列出。

引用本章注释一（二）的规定时，混合物中含有"食物或其他营养物质"不一定就不能归入第三十八章。作为化工产品的物质（例如，食品添加剂或加工助剂），如具有的某种营养价值仅为次要于化工产品自身功能的，不应视为此注释所称的"食物或营养物质"。本章注释一（二）所限定不能归入第三十八章的仅是那些用于配制食品的以营养价值为主的混合物。

38.01　人造石墨；胶态或半胶态石墨；以石墨或其他碳为基本成分的糊状、块状、板状制品或其他半制品：

10　—　人造石墨

20　—　胶态或半胶态石墨

30　—　电极用碳糊及炉衬用的类似糊

90　—　其他

一、人造石墨（高温石墨）是一种碳，通常将经过精细研磨的焦炭（一般用石油焦炭，但有时用无烟煤焦炭、甑馏焦炭、沥青焦炭等）和含碳胶粘物（例如，沥青和焦油）的混合物，通过电炉用加热至很高的温度（2500～3200℃）以保证混合物在其本身所含催化剂（例如，硅石或氧化铁）的催化作用下能"石墨化"的产品。这种混合物可先在压力下挤压或模塑成方形或圆形截面的块坯；这些块坯可以进行1000℃左右的预烧后再石墨化，也可以直接进行石墨化处理。

用此方法制得的产品，其表观比重约为1.5～1.6，并具有均匀的微晶体结构，用X光检查可看出是石墨。化学分析也可证实是石墨（沉淀石墨酸）。

除普通品位的人造石墨外，本品目还包括：

（一）核品位人造石墨，即一种特制人造石墨。它的硼含量不大于百万分之一，每原子的总热能中子吸收显微截面不大于5毫靶。这种品级的人造石墨含灰量极低（不超过百万分之二十），并用作核反应堆的减速剂或反射剂。

（二）浸渍或不渗透性石墨，即为了增加其表观比重或其对气体的不透性，先把它放在盛有焦油、树脂、糖溶液或其他有机产品的真空容器中浸渍，然后再进行煅烧使这些添加物的碳质渣石墨化而制得的人造石墨。

此种浸渍法可反复进行几次以获得较高的表观比重（1.9及以上）或高度不透性。浸渍石墨也可以是核品位的。

本品目的人造石墨通常呈粉末状、粉片状、块状、板状、棒状、条状等。块状及板状人造石墨经切割及精细机械加工（细微公差及适当表面抛光）后可制得品目85.45的碳刷或其他电气碳精制品，及核反应堆零件。

本品目也包括仅适于作回收人造石墨用的废碎品及磨损物品。

本品目不包括：

（一）天然石墨（品目25.04）。

（二）甑炭（或气碳），它有时被误称为“人造石墨”（品目27.04）。

（三）经表面加工、表面抛光，切成特殊形状，经机床加工、钻孔、磨制等，或者制成成品的人造石墨。如果用于非电气用途的通常归入品目68.15（例如，过滤器、圆盘、轴承、模子、耐酸砖等）；如果用于电气用途的则归入品目85.45。

（四）象陶瓷一样煅烧并以人造石墨为基料的耐火材料（品目69.02或69.03）。

（五）含有银粉的人造石墨块、板、棒及类似半制品（品目71.06）。

二、胶态或半胶态石墨。

（一）胶态石墨，由精细的天然石墨粉或人造石墨粉在水或其他介质（例如，醇、矿物油）中的胶态悬浮液构成，并可加入少量其他产品（例如，鞣酸或氨）加以稳定。胶态石墨通常是半液态状，主要用于制润滑制品或利用其高度导电性。

（二）半胶态石墨（即石墨在水或其他介质中的半胶态悬浮液）。半胶态石墨可以用于配制石墨润滑油或用于形成石墨化表面。

本类仅包括以石墨为基料的石墨在任何介质中的胶态或半胶态悬浮液。

三、以石墨或其他碳为基料的糊状、块状、板状材料或其他半制品。

（一）由金属石墨或其他品级石墨制成的“碳”块、板、棒及类似半制品。

本组包括以含碳物料（单独或与其他物质混合）为基料的块、板等半制品，用以制电气或电工机械及器具用的“碳”刷，通常有下列类型：

1. 在低于真正“石墨化”的温度（1000～1200℃）下烧制焦碳细粉或灯黑和天然或人造石墨粉与沥青或煤焦油等含碳粘合物混合的材料而得的“碳”。

通过上述方法制得的产品，其结构是不均匀的；通过显微镜检验可发现它们是石墨微粒与无定形碳微粒的混合物，经化学分析可发现其石墨酸沉淀物比人造石墨的要少。

2. 金属－石墨级混合物，通过类同于烧结方法（凝结、模制，然后烧制）从石墨粉及贱金属粉（铜、镉或其合金）的混合物制得，其中金属含量为10%～95%。

3. 通过模制天然或人造石墨粉与塑料的混合物而得的制品。

这些块及板，尤其是通过用上述材料制得的块及板，其规格通常约为200×100×35毫米或150×70×30毫米。经切割及精细机械加工（细微公差及适当表面加工）后，它们主要用于制品目85.45的电刷。

上述半制品如果含有银粉，则应归入品目71.06。本品目也不包括切成特殊形状、经表面加工、表面抛光等的石墨块（通常归入品目68.15或85.45）及以无定形碳或天然石墨为基料的经陶瓷般烧制的耐火材料（品目69.02或69.03）。

（二）电极用碳糊。这些产品主要由无烟煤及煤焦油沥青（起粘合剂作用）的混合物构成。它们通常制成小块，并置放于金属容器上部加热变软，随后将它们放入容器内模制成电炉用的环形电极。这样就不需停炉来更换旧预制电极。最常见的这种化合物是“索德伯格电极糊”。

类似的糊浆用于制原地硬化炉衬。

本类还包括浆状石墨，由石墨微粒（通常超过5微米）和矿物油的混合物组成，同样适用于处理重型机械的表面或配制石墨润滑脂。

38.02　活性碳；活性天然矿产品；动物炭黑，包括废动物炭黑：

10　—　活性碳

90　—　其他

一、活性碳；活性天然矿产品

碳及矿物质为使其适应于某些用途（例如，脱色、吸气或吸湿、催化、离子交换或过滤）而经适当处理（用热、化学品等进行处理），使其表面结构改变后，即称为活性产品。

这些产品可分为两类：

（一）通常以具有特大比表面（每克几百平方米）及范德华键（物理吸附）或以具有可被有机或无机分子饱和的游离化学键（化学吸附）为特征的产品。

这些产品是在有天然杂质或外加其他物质的存在下用化学方法或热处理某些植物或矿物物质（粘土、铝土矿等）而得。这种热处理引起基本物质的结构发生变化，并使比表面随之增大；对于晶体物质，由于不同化合价原子的插入或替换而导致晶格的畸变。这些自由的化合价能使质子或中子凝聚于物质表面，使产品变成活性，例如，化学吸附剂、催化剂或离子交换剂。

（二）具有相当小比表面（每克1～100平方米）的产品。它们虽然具有高电荷密度，但没有明显的吸附能力，因此不是脱色剂。另一方面，在水悬浮液中，它们能与胶体物质相互产生很强的静电作用，促进或阻止胶体的凝结，因此适于作过滤剂。

这类产品通常也可通过适当的热处理制得。煅烧过程中存在的碱性物料有时能促进表面电荷的形成。

本品目包括：

1. 活性碳，通常在蒸气、二氧化碳或其他气体存在下高温热处理植物炭、矿物炭或其他炭（木炭、椰壳炭、泥炭、普通煤、无烟煤等）制得（气体活化），或干法煅烧浸过某些化学品溶液的纤维质物料制得（化学活化）。

粉状活性碳在许多工业（制糖及葡萄糖、炼油及酿酒工业、医药等）中用作液体脱色剂。粒状活性碳用于吸附蒸气（例如，在干洗工序中回收挥发溶剂、除去煤气中的苯）、净化水及空气、用作防毒气剂、催化剂，也用于去除电解时在电极的积聚气体（去极化作用）。

2. 其他活性天然矿产品，例如：

（1）活性硅藻土。由硅藻土或其他精选硅质化石土构成，必要时用酸处理脱钙，在与氯化钠或碳酸钠等烧结剂相接触下进行煅烧，然后磨成粉末并用适当方法分级。但不加烧结剂煅烧的硅藻土不归入本品目（品目25.12）。

（2）某些火山矿物，例如，珍珠岩，研磨后使之在极热火焰（1000℃及以上）承受热“冲击”，然后再磨粉分级。活性珍珠岩是一种极轻的闪亮粉末。用显微镜检验可发现其为具有弯曲表面的极薄透明粉片。

以上（1）、（2）两项所述的两种产品具有极小的表观比重，都是过滤媒剂，主要用于制化学或医药产品（尤其是抗生素）、糖及葡萄糖和加工饮料，并用于净化水等。

（3）活性粘土及其他活性土，由经精选的胶态粘土或泥粘土根据其用途用酸或碱进行活化处理，然后烘干磨粉制成。用碱活化的产品可作为乳化剂、悬浮剂及粘聚剂；主要用于制擦光剂或清洁剂，由于其具有溶胀性，因此还用于改良铸模砂及钻泥。用某种酸活化的产品主要用于动物、植物或矿物的油、脂或蜡的脱色。

（4）活化铝土矿。铝土矿通常是通过用碱或适当的热处理进行活化的，主要用作催化剂、干燥剂及脱色剂。

本品目不包括：

（一）未经改变表面结构处理的天然活性矿产品（例如，漂白土）（第二十五章）。

（二）活性化学产品，例如，活性矾土（品目28.18）、活性硅胶（品目28.11或38.24）、人造沸石离子交换剂（品目28.42，如含有粘合剂，则归入品目38.24）及磺化煤离子交换剂（品目38.24）。

（三）具有药物作用的活性碳（品目30.03或30.04）或零售包装的供汽车、冰箱等用作除臭剂的活性碳（品目33.07）。

（四）由化学品（例如，金属氧化物）固定于活性载体（例如，活性碳或活性硅藻土）上构成的催化剂（品目38.15）。

（五）呈轻质球形颗粒状的膨胀珍珠岩（品目68.06）。

二、动物炭黑，包括废动物炭黑

本组包括炭化动物材料所得的各种炭黑，它们主要有：

（一）骨炭黑，在密闭容器中煅烧脱脂骨而制得。它是一种多孔的黑色产品，纯碳含量很低（如未用酸处理约占总重的10%～20%，用酸处理后含碳量则高得多）。呈粉状、粒状、浆状或骨块状，也有呈制品所需的块状。骨炭黑是一种许多工业广泛采用的脱色剂，尤其是用于制糖工业，也用作黑色颜料，例如，用于制擦光剂及某些墨。

废骨炭黑用作肥料，也用于制黑色颜料。

（二）血炭黑，在密闭容器内煅烧干血而得，通常用作脱色剂。

（三）象牙炭黑，煅烧象牙废料而得。这种产品通常是一种极为细腻的光滑黑色粉末或是一种不规则的细小锥状物，用于美工颜料。

（所称“象牙炭黑”有时指特级骨炭黑。）

（四）皮炭黑、角炭黑、蹄炭黑、龟壳炭黑等。

38.03　妥尔油，不论是否精炼

妥尔油（有时称作液体松香）是从碱法（主要为硫酸盐法）制木浆时所残余的黑色溶液制得。当这种溶液倒入沉降瓮时，表面形成泡沫堆。将此泡沫堆加热并酸化（通常用稀硫酸酸化）后即得粗妥尔油。

粗妥尔油为深棕色半流体状，是脂肪酸（主要为油酸、亚油酸及其异构体）、树脂酸（特别是松香酸类）及少量非皂化产品（固醇、高级醇及各种杂质）的混合物，上述物质的比例则根据木浆不同的木质而异。

精炼妥尔油则可通过在极低压力下蒸馏粗妥尔油制得（蒸馏妥尔油）或用其他方法（例如，用选择性溶剂或活性土处理）制得。它是一种浅黄色液体，主要由脂肪酸及树脂酸构成。

妥尔油主要用于制路面乳胶；普通肥皂；金属皂；纺织及造纸工业用湿润剂和乳化剂；清漆、油漆或油地毡用的干性油；金属加工用的油；消毒剂或胶粘剂等。也用作橡胶增塑剂，并且越来越多地用作妥尔油脂肪酸及妥尔油树脂酸的原料。

本品目不包括：

（一）皂化妥尔油，用碱（氢氧化钠或氢氧化钾）中和蒸馏妥尔油而得（品目34.01）。

（二）碱法或硫酸盐法制木浆残留的液体，不论是否浓缩；于沉降瓮中从上述液体中分离出来的泡沫堆（品目38.04）。

（三）妥尔油树脂酸，主要由从妥尔油脂肪酸分离出来的树脂酸混合物构成（品目38.06）。

（四）硫酸盐沥青（妥尔油沥青），即妥尔油的蒸馏残渣（品目38.07）。

（五）脂肪酸含量在90%及以上（按干产品重量计）的妥尔油脂肪酸，这种脂肪酸是通过真空分馏或其他方法从大多数妥尔油树脂酸分离出来的（品目38.23）。

38.04　木浆残余碱液，不论是否浓缩、脱糖或经化学处理，包括木素磺酸盐，但不包括品目38.03的妥尔油

本品目包括：

一、亚硫酸盐木浆残余碱液，不论是否浓缩、脱糖或化学处理。浓缩亚硫酸盐碱液主要由木素磺酸盐与糖及其他产品混合组成。它通常呈粘性液体状、浅棕色胶粘浆状、具有玻璃断面的浅黑色块状（因此，它有时称为亚硫酸盐沥青或纤维素沥青）或干粉状。

浓缩亚硫酸盐碱液用作压块燃料或铸芯的粘合剂，用于制胶、浸渍剂、杀菌剂或鞣酸及生产酒精等。

本组还包括木素磺酸盐。它通常通过沉淀亚硫酸盐碱液制得。木素磺酸盐用作胶粘剂拼料、分散剂、混凝土掺合剂或钻探泥浆添加剂。

二、碱法或硫酸盐法生产木浆的残余碱液，不论是否浓缩、脱糖或化学处理（包括在沉降瓮中这些碱液表层所形成的泡沫堆）。这些碱液通常为黑色，是制妥尔油的原料，有时也用于生产氢氧化钠。

本品目不包括：

（一）氢氧化钠（品目28.15）。

（二）妥尔油（品目38.03）。

（三）硫酸盐沥青（妥尔油沥青）（品目38.07）。

38.05　脂松节油、木松节油和硫酸盐松节油及其他萜烯油，用蒸馏或其他方法从针叶木制得；粗制二聚戊烯；亚硫酸盐松节油及其他粗制对异丙基苯甲烷；以α萜品醇为基本成分的松油：

10　—　脂松节油、木松节油和硫酸盐松节油

90　—　其他

本品目主要包括从针叶树的渗出物或树脂制得的含有大量萜烯（蒎烯、β-蒎烯、苎烯等）的产品。

这些产品有：

一、蒸馏（通常通过蒸气提取）从松树或其他针叶树（冷杉、落叶松等）渗出的含油树脂（松油脂）而得的挥发性产品。有些国家称之为“松节油”。而在另一些国家，“松节油”一词专指沸点及密度在一定范围内的挥发性产品，这些产品是通过蒸馏从活松树渗出的新鲜含油树脂而得的。

这些产品都是无色流动性液体，不溶于水，高度折射并具有刺激气味。它们用作溶剂，主要用于制清漆、油漆及抛光剂，也用于制造药物、合成樟脑、水合萜品、萜品油等。

二、木松节油、硫酸盐松节油及其他萜烯油，用蒸馏或其他方法处理针叶木制得。

（一）木松节油是挥发性最强的产品，用蒸气蒸馏或干馏松树残干或富含树脂的松木而得。

（二）硫酸盐松节油是一种挥发性的萜烯副产品，为制木浆时用硫酸盐处理充脂木材而得。

本组所述产品是富含萜烯的液体，与从含油树脂渗出的松节油用途相同，主要用作清漆、油漆等的溶剂。

三、粗制二聚戊烯，一种萜烯油（含二聚戊烯高达80%左右），通过分馏木松节油制得，或制备合成樟脑时作为副产品获得。纯净或商品纯二聚戊烯归入品目29.02。

四、亚硫酸盐松节油，一种挥发性黄色液体，生产亚硫酸盐木浆时作为副产品获得。它是一种含有少量萜烯和其他产品的粗对甲基异丙基苯。本品目还包括所有粗对甲基异丙基苯，不论其用何种原料制成。

五、松油，通常为蒸气蒸馏或干馏松树含油残干制得木松节油后所得的馏分，也可通常化学合成（例如，α-蒎烯化学水解）制得。本品目仅包括主要组分为α-萜品醇的松油。松油是一种无色或琥珀色液体，富含α-萜品醇，主要用作纺织工业的湿润剂及溶剂，用于制清漆或油漆，用作消毒剂，以及用于浮选法精选金属矿砂。

本品目不包括：

（一）纯净或商品纯的萜烯烃、萜品醇及水合萜品（第二十九章）。

（二）松针油，为品目33.01的一种精油。

（三）松香油（品目38.06）。

38.06　松香和树脂酸及其衍生物；松香精及松香油；再熔胶：

10　—　松香及树脂酸

20　—　松香盐、树脂酸盐及松香或树脂酸衍生物的盐，但松香加合物的盐除外

30　—　酯胶

90　—　其他

一、松香及树脂酸

松香及树脂酸主要由松香酸和相关酸与少量非酸性组分构成的混合物。它们为固体，一般呈透明玻璃状，其颜色根据所含杂质的多少而呈浅黄到深棕色各不相同。

松香及树脂酸通过下列方法制得：

（一）在蒸馏从松树或其他针叶树渗出物制得的含油树脂物料（松树脂、海松树脂、毛松香树脂等）时分离出来的挥发性萜烯产品（松节油及类似的萜烯溶剂）。

（二）从松树根株材制得的溶剂提取物。

（三）分馏妥尔油而得的纸浆及造纸工业副产品。

松香及树脂酸用于制造某种肥皂；纸张上胶，制造清漆、抛光剂、胶粘剂、墨、封蜡、铸芯粘合剂、啤酒桶沥青等，并用作制造下述第二至第四部分所述衍生物及松香油的原料。

二、松香盐、树脂酸盐以及松香或树脂酸衍生物的盐，但松香加合物的盐除外

本组包括松香盐、树脂酸盐以及松香或树脂酸的衍生物的盐，但松香加合物的盐除外。树脂酸钠或树脂酸钾通常是将粉状的松香或树脂酸溶于氢氧化钠或氢氧化钾溶液中并加热煮沸制得。其他无机树脂酸盐通常是用金属盐溶液沉淀树脂酸钠或树脂酸钾溶液制得（沉淀树脂酸盐），或通过将松香或树脂酸与一种金属氧化物的混合物熔融后制得（熔融树脂酸盐）。例如，树脂酸铝、树脂酸钙、树脂酸钴、树脂酸铜、树脂酸锰、树脂酸铅及树脂酸锌。

树脂酸盐用于提高制清漆或油漆所用油类的催干性；也用于配制杀菌剂、消毒剂等。

本组还包括用氢氧化钙（大约6%的比例）等处理松香或树脂酸而得的硬化松香，氢氧化钙等使松香或树脂酸硬化并使其更适于配制清漆。

本品目不包括：

（一）贵金属树脂酸盐（品目28.43）及品目28.44至28.46的树脂酸盐。

（二）以树脂酸盐为基料的制成催干剂（品目32.11）。

（三）高级脂肪酸与松香或树脂酸的混合物经皂化后所得的树脂皂（品目34.01）及其他以树脂酸盐为基料的洗涤剂（品目34.02）。

三、酯胶

酯胶是通过用乙二醇、丙三醇或其他多元醇酯化松香或树脂酸或者它们的氧化物、氢化物、歧化物或聚合衍生物制得。这些酯胶比天然树脂具有更强的可塑性，因而适合于与颜料或其他物料混合。

四、其他

（一）松香及树脂酸的衍生物

1. 氧化松香及氧化树脂酸，通常作为蒸馏针叶树残干的残余产品而得，这些残干长期留在地下，所含树脂酸已自然氧化。松香或树脂酸也可经人工氧化。氧化松香及氧化树脂酸用于制胶水、乳化剂、清漆、油漆、墨及电器绝缘材料等。

2. 氢化松香及氢化树脂酸，在催化剂存在下用氢处理松香或树脂酸而得。与普通松香及普通树脂酸相比，其抗氧化能力较强，在光的作用下褪色也较慢，用于制清漆、肥皂等。

3. 歧化（脱氢）松香及歧化（脱氢）树脂酸，例如，可用中等温度或高温加热处理松香或树脂酸并用酸催化制得；硫和硒也是非常有用的催化剂。本组货品用于制清漆等。

4. 聚合松香及聚合树脂酸，用硫酸处理松香或树脂酸制得，主要用于制粘度高、稳定性好的清漆。聚合松香及聚合树脂酸的聚合度很低，通常由二聚物及未聚合酸构成，并且还可称作二聚松香。

5. 松香或树脂酸的一元醇酯。归入本品目的酯包括名为树脂酸酯或松香酯的货品，例如，甲酯、乙酯、苄酯及“氢化松香酸甲酯”，主要用作纤维素漆的增塑剂。

6. 二氢松香醇、四氢松香醇及脱氢松香醇的混合物（“松香醇”）。

7. 松香加成化合物及其衍生物，用富马酸、马来酸或它们的酐改性的松香或树脂酸制得，用于制醇酸树脂、松香胶料和墨。这些加成化合物可用乙二醇、丙三醇或其他多元醇进行酯化。本组还包括松香加成化合物的盐，例如，松香－马来酸加成化合物的盐或松香－富马酸加成化合物的盐。

（二）松香精及松香油

这些产品通常用过热蒸汽及催化剂蒸馏松香或树脂酸制得，或干馏松香或树脂酸制得。它们主要是烃的复杂混合物，并可含有有机酸，有机酸含量高低取决于蒸馏条件。

1. 松香精，为挥发性最大的馏分，是一种易流动的干草色液体，具有刺鼻气味，用作树脂溶剂并用于制清漆、油漆等。

2. 松香油，稍稠，颜色及质量不一（金黄色油状、白色油状、绿色或棕色油状），有烟味，主要用于配制润滑剂、切削油、印刷油墨、药膏、清漆、油漆等。

本品目不包括：

（1）磺化松香油（品目34.02）。

（2）蒸馏活松树或其他活针叶树的含油树脂渗出物所得的挥发性组分（品目38.05）。

（3）松香沥青（品目38.07）。

（三）再熔胶

再熔胶得自热带森林树木的含油树脂渗出物，通过用一种名为“树胶熔炼”的加工方法制得，此种加工方法包括加热处理渗出物，使其可溶于干性油。再熔胶的最普通原料是柯巴脂。

38.07　木焦油；精制木焦油；木杂酚油；粗木精；植物沥青；以松香、树脂酸或植物沥青为基本成分的啤酒桶沥青及类似制品

本品目包括在蒸馏（或碳化）充脂或非充脂的木材时所得的组分复杂的产品。在加工过程中除产生气体外，还产生焦木水、木焦油及木炭，其各自比例根据所用不同的木材和蒸馏速度而各不相同。焦木水（有时称为粗焦木酸）不是国际贸易商品，它含有乙酸、甲醇、丙酮、少量糖醛及烯丙醇。本品目还包括各种植物沥青、以松香、树脂酸或植物沥青为基料的啤酒桶沥青及类似制品。

归入本品目的产品有：

一、木焦油；精制木焦油，不论是否脱去杂酚油；木杂酚油。

（一）木焦油，为木材（针叶木或其他木）在炭窑中炭化时排出来的产品（例如，瑞典焦油或松焦油）或在蒸馏甑或蒸馏炉中蒸馏制得的产品（蒸馏焦油）。蒸馏焦油可直接从焦木水沉淀而得（沉淀焦油），也可通过蒸馏焦木水（焦油已部分溶解）制得（溶解焦油）。

经进一步蒸馏而除去其中的某些挥发性油后所得的部分蒸馏焦油也归入本品目。

所有这些焦油都是烃、酚及其同系物、糖醛、乙酸及其他各种产品的复杂混合物。

从充脂木材制得的焦油与从非充脂木材制得的含有树脂蒸馏产品（萜烯、松香油等）的焦油不同，它是粘滞产品，颜色从棕黄到深棕不一。经简单脱水或部分蒸馏所得的这些产品主要用于浸渍船用电缆、用作橡胶工业的增塑剂、用于制嵌缝胶及用于医药等。

从非充脂木材制得的焦油是棕黑色的稠液体，经蒸馏或其他方法处理后可制得各式各样的副产品（木杂酸油、愈创木酚等）。

杜松油也称作松焦油，用于制药及制皂，也归入本品目。

（二）精制木焦油，通过蒸馏木焦油而得。其中的轻油（含有脂族烃、萜烯及高级酮）用于制羊用药浴水及园艺喷剂，而重油（含有脂族烃及芳族烃、高级酮及高级酚）用于浸渍木材及提取木杂酚油。

提取杂酚油后所得的脱杂酚油根据其特性可用于浮选法精选矿物、制杀虫剂及用作溶剂及燃料等。

（三）木杂酚油，是木焦油的主要成分，通常把从非充脂木材制得的焦油加以蒸馏，用氢氧化钠处理、再酸化及再蒸馏使之与其他成分分离后制得。木杂酚油是无色液体，但在空气与光的作用下呈现颜色，有烟味，有腐蚀性，主要用作消毒剂及防腐剂。但切勿与杂酚油或矿物杂酚油相混淆，杂酚油或矿物杂酚油均归入品目27.07。

二、粗木精，通过处理焦木水而得。它是一种浅黄色液体，有焦臭味，通常含70%～90%的甲醇及不同比例的丙酮及其他酮（通常8%～20%），还含有其他杂质（乙酸甲酯、高级醇、焦油状物质等）。某些粗木精用作乙醇变性剂。

三、植物沥青。

它们是用蒸馏或其他方法处理植物物料所剩的残渣，包括：

（一）木沥青（木焦油沥青），蒸馏木焦油所剩的残渣。

（二）松香沥青，蒸馏松香制取松香精及松香油后所剩的残渣。

（三）硫酸盐沥青，蒸馏妥尔油等产品后所剩的残渣。

这些沥青通常是棕黑色、棕红色或棕黄色。手温可使其变软。根据其类型可用于填塞船舶缝隙、机织物的防水涂层、浸渍木材、配制防锈涂料和用作粘合材料等。

四、以松香、树脂酸或植物沥青为基料的啤酒桶沥青及类似制品。

（一）啤酒桶沥青，加热后用于啤酒桶的涂层。通常把松香、石蜡及松香油混合物或松香及植物油（例如，亚麻子油、棉子油或菜子油）混合物溶融制得。

（二）缝线蜡，供鞋靴及挽具的缝线上蜡用，一般由松香、松香油、石蜡、地蜡等组成，并含有粉状无机物（例如，滑石或高岭土）。通常呈块状、条状或圆片状。

（三）嵌缝沥青，用于填塞船舶缝隙，通常通过熔化木沥青、木焦油及松香混合物制得。

本品目不包括：

（一）天然白树脂（也称作“沃斯格斯沥青”），为一种从针叶树获得的天然树脂；黄沥青，一种经熔化过滤纯化的天然白树脂（品目13.01）。

（二）硬脂沥青、羊毛脂沥青及甘油沥青（品目15.22）。

（三）从煤、泥煤、石油等制得的矿物沥青（第二十七章）。

（四）纯净或商业纯的甲醇或通过再蒸馏或进一步处理木材蒸馏初级产品而得的单独的已有化学定义的化合物，例如，乙酸、丙酮、愈创木酚、甲醛、乙酸盐等（第二十九章）。

（五）封蜡（品目32.14或34.04）。

（六）制木浆时所得的残余碱液（品目38.04）。

（七）“松脂”（品目38.06）。

38.08 杀虫剂、杀鼠剂、杀菌剂、除草剂、抗萌剂、植物生长调节剂、消毒剂及类似产品，零售形状、零售包装或制成制剂及成品（例如，经硫磺处理的带子、杀虫灯芯、蜡烛及捕蝇纸）（+）：

— 本章子目注释一所列货品：

52 —— DDT（ISO）（滴滴涕（INN）），每包净重不超过300克

59 —— 其他

— 本章子目注释二所列货品：

61 —— 每包净重不超过300克

62 —— 每包净重超过300克，但不超过7.5千克

69 —— 其他

— 其他：

91 —— 杀虫剂

92 —— 杀菌剂

93 —— 除草剂、抗萌剂及植物生长调节剂

94 —— 消毒剂

99 —— 其他

本品目包括用以杀灭致病病菌、害虫（蚊子、飞蛾、科罗拉多甲虫、蟑螂等）、苔藓、霉菌、杂草、鼠类、野鸟等的一系列产品（不包括药剂及兽药——品目30.03或30.04）。用于驱赶害虫或种子杀菌的产品也归入本品目。

这些杀虫剂、消毒剂、除草剂、杀菌剂等是供喷射、撒粉、淋洒、涂抹、浸渍等用的，需要时也可供燃烧用。这些货品是通过毒害神经、毒害肠胃、窒息呼吸或散发气味等方法达到杀害或消灭目的的。

本品目还包括用以抑制或促进植物生理进程的抗萌剂及植物生长调节剂。这些制剂有各种各样的使用方法，其作用也从破坏植物生长至增强植物生长活力并提高作物收成各不相同。

这些产品只有在下列情况下才归入本品目：

一、制成零售包装（例如，金属容器或纸板盒）作消毒剂、杀虫剂等用，或其形状已明显表明通常供零售用（例如，圆球形、串球形、片剂形或板状）。

制成这些形状的产品可以是混合物，也可以是非混合物。非混合产品主要是已有化学定义的化合物，如果该化合物（例如，萘或1，4－二氯苯）不制成上述形状，则应归入第二十九章。

本品目还包括制成零售包装作消毒剂、杀菌剂等用的下列产品：

（一）有机表面活性产品及制品，含有活性阳离子（例如，季铵盐），具有防腐、消毒、杀菌作用。

（二）聚乙烯吡咯烷酮碘，为碘与聚乙烯吡咯烷酮反应的产品。

二、制成制剂，不论其形状如何（例如，呈液状或粉状）。它们是活性产品在水或其他液体中的悬浮液或分散体｛例如，DDT（ISO）［滴滴涕（INN），1，1，1－三氯代－2，2－双（对－氯苯）乙

烷］在水中的分散体｝，或由其他混合物组成。活性产品溶于溶剂（水除外）中的溶液也归入本品目［例如，除虫菊溶液（标准化的除虫菊萃除外）或溶于矿物油的环烷酸铜］。

需进一步混合才能用作杀虫剂、杀菌剂、消毒剂等的中间制剂，如果已具有杀虫、杀菌等作用的，也应归入本品目。

杀虫、消毒等制剂的基料可以是铜化合物（乙酸铜、硫酸铜、乙酰亚砷酸铜等）、硫或硫化合物（硫化钙、二硫化碳等）、矿质杂酚油或蒽油、DDT（ISO）［滴滴涕（INN），1，1，1－三氯代－2，2－双（对－氯苯）乙烷］、高丙体六六六（ISO、INN）、对硫磷、苯酚或甲苯酚衍生物、含砷产品（砷酸钙、砷酸铅等）、植物性物料（烟碱、烟草精及粉末、鱼藤酮、除虫菊、海葱、菜子油）、天然或合成的植物生长调节剂（例如，2，4－D）、培养微生物等。

食物（小麦粒、糠、糖蜜等）与毒剂混合而成的毒饵也是归入本品目的一例。

三、制成制品，例如，经硫处理的带条、杀虫灯芯及蜡烛（供瓮、住宅等的消毒、熏蒸用）；捕蝇纸（包括表面涂胶而不含毒物的纸）；果树用的涂油带（包括不含毒物的）；供保藏果酱用的水杨酸浸渍纸；用于燃烧灭虫的高丙体六六六（ISO、INN）涂布纸或小木梗，等等。

*

*　*

品目38.08的产品可分成下列种类：

（一）杀虫剂

杀虫剂不仅包括杀虫产品，而且还包括具有驱虫或诱虫作用的产品。这些产品可呈各种状态，例如，喷剂或块状（灭飞蛾）、油状或条状（灭蚊子）、粉末状（灭蚂蚁）、带状（灭苍蝇）、吸附氰气的硅藻土或纸板（灭蚤或虱）。

许多杀虫剂在作用方式或使用方法上具有独特之处，其中有：

——昆虫生长调节剂：干扰昆虫的生物化学及生理过程的化学品。

——熏蒸剂：作为气体散布在空气中的化学品。

——化学绝育剂：使一昆虫种群绝育的化学品。

——驱赶剂：使昆虫对其食物或生活条件不感兴趣或反感从而防止昆虫侵害的物质。

——引诱剂：用以引诱昆虫落入圈套或食毒饵的物质。

（二）杀菌剂

杀菌剂是防止真菌生长的产品（例如，以铜化合物为基料的制剂）或用以消灭已有真菌的物质（例如，以甲醛为基料的制剂）。

杀菌剂在作用方式或使用方法上具有独特之处。例如：

系统杀菌剂——这些化学品通过体液流动从使用部位转移到植物的其他部位进行杀菌。

熏蒸剂——将气态药剂施于受害材料上从而抑制真菌生长的化学品。

（三）除草剂、抗萌剂、植物生长调节剂

除草剂是用来控制或杀灭不想要的植物的化学品。有些除草剂施于植物某部分或种子上使其休眠，而另外一些除草剂则施于所有叶子上。它们可以是选择性产品（杀灭特定植物的除草剂）或非选择性产品（杀灭全部植物的除草剂）。

本组还包括脱叶剂。脱叶剂用以使植物的叶提前枯黄脱落的化学品。

抗萌剂，可用于抑制或推迟种子、球茎、块茎、牧草的发芽。

植物生长调节剂，用以改变植物生长过程，加速或抑止其生长，提高其产量，改良其质量或使其便于收获等。植物激素是植物生长调节剂的一类（例如，赤霉酸）。合成有机化学品也可用作植物生长调节剂。

（四）消毒剂

消毒剂是破坏或不可逆地灭活通常在无生命体上的不良细菌、病毒或其他微生物的制剂。

消毒剂用于清洁医院墙壁等或消毒器具，也用于农业上供种子灭菌，或在动物饲料的生产上用以抑制不良微生物。

本组包括卫生洗涤剂、抑菌剂及消毒剂。

本品目还包括用以控制壁虱及扁虱（杀螨剂）、软体动物（软体动物杀灭剂）、线虫（杀线虫剂）、鼠类（杀鼠剂）、鸟类（杀鸟剂）及其他有害动物（例如，杀灭七鳃鳗或食肉动物）的制剂。

本品目不包括：

（一）不符合上述规定的具有消毒、杀虫等作用的产品。这些产品应根据其属性归入相应的品目，例如：

1. 磨碎的除虫菊花（品目12.11）。

2. 除虫菊浸膏（不论是否已用矿物油标准化）（品目13.02）。

3. 杂酚油或矿物杂酚油（品目27.07）。

4. 萘、DDT（ISO）［滴滴涕（INN），1，1，1－三氯代－2，2－双（对－氯苯）乙烷］及其他单独的已有化学定义的化合物（包括水溶液）（第二十八章或第二十九章）。

5. 用作杀鼠剂基料的培养微生物（品目30.02）。

6. 废氧化物（品目38.25）。

（二）本协调制度其他品目更为具体列名的制品或消毒、杀虫等仅为辅助性能的制剂，例如：

1. 含有毒物的船壳防污漆（品目32.08、32.09或32.10）。

2. 消毒皂（品目34.01）。

3. DDT（ISO）［滴滴涕（INN），1，1，1－三氯代－2，2－双（对－氯苯）乙烷］擦光蜡（品目34.05）。

（三）具有药物（包括兽用药）基本特性的消毒剂、杀虫剂等（品目30.03或30.04）。

（四）室内除臭剂，不论是否具有消毒性质（品目33.07）。

○

○　○

子目注释：

子目3808.91至3808.99

因具有多种用途看起来可归入一个以上子目的货品，一般应按归类总规则第三条规定办理。

38.09　纺织、造纸、制革及类似工业用的其他品目未列名的整理剂、染料加速着色或固色助剂及其他产品和制剂（例如，修整剂及媒染剂）：

10　—　以淀粉物质为基本成分

—　其他：

91　——　纺织工业及类似工业用

92　——　造纸工业及类似工业用

93　——　制革工业及类似工业用

本品目包括通常用于纱线、织物、纸、纸板、皮革及类似材料的处理或整理的本协调制度其他品目未列名的一系列产品。

这些货品可根据其成分及外观，证明是专用于本品目所列各种工业及类似工业（例如，地毯纺织工业、钢纸制造工业及毛皮工业），因而归入本品目。供家庭用而不是供工业用的上述产品及制剂（例如，纺织品软化剂），也归入本品目。

本品目包括：

一、用于纺织工业及类似工业的产品及制剂

（一）改变产品手感的制剂，例如：上浆剂，一般以天然淀粉物质（例如，小麦淀粉、大米淀粉、玉米淀粉或马铃薯淀粉及糊精）、胶粘物质（地衣、藻酸盐等）、明胶、酪蛋白、植物胶（黄蓍树胶等）或松香为基料制成；增重剂；软化剂，以甘油、咪唑啉衍生物等为基料制成；填充剂，以天然或合成高分子量化合物为基料制成。

某些制剂除含有上述基料外，还可含有湿润剂（肥皂等）、润滑剂（亚麻子油、蜡等）、填充剂（高岭土、硫酸钡等）及保存剂（主要为锌盐、硫酸铜及苯酚）。

（二）防滑及防钩丝的整理剂。这些产品用以减少纤维的滑动性以防止袜子及针织品形成钩丝。它们一般以聚合物、天然树脂或硅酸为基料。

（三）防垢整理剂。这些制剂通常以硅酸、铝化合物或有机化合物为基料。

（四）防皱折及防收缩剂，为至少含有两个反应基并已有化学定义的化合物［例如，双（羟甲基）化合物、某些醛及乙缩醛］的混合物。

（五）褪光泽剂，用以减少纺织品的表面光泽。它们一般由颜料（氧化钛、氧化锌、锌钡白等）的悬浮液组成，并用纤维素醚、明胶、其他胶、表面活性剂等稳定的。

切勿将归入本品目的制剂与油漆（品目32.08、32.09或32.10）及油化或脂化羊毛用的润滑剂（品目27.10或34.03）相混淆。

（六）阻燃剂，以氨盐或硼、氮、溴或磷化合物为基料制成或以氯化有机物与氧化锑或其他氧化物为基料配制而成。

（七）增光剂，用以增强纺织品表面的光泽。它们通常是石蜡、蜡、聚烯烃或聚乙二醇的乳剂。

（八）媒染剂，在纺织品印染工序中用以固定染料。这些制剂溶于水，通常以金属盐（例如，铝、铵、铬或铁的硫酸盐或乙酸盐，重铬酸钾，酒石酸锑钾）或鞣酸为基料［另请参见本品目注释末尾不包括部分第（四）款］。

（九）染色助剂，能使合成纤维溶胀从而加速印染过程，包括以联苯或苯、苯酚、羟基甲苯甲酸衍生物（例如，三氯代苯、联苯－2－酚、羟基甲苯甲酸甲酯及其混合物）为基料的产品，不论是否含有表面活性剂。

（十）不毡合剂，用以减少动物纤维的毡合。它们通常是氯化剂或氧化剂或用合成树脂物质按特殊方法配制而成的制剂。

（十一）上浆剂，用以使纱线在纺织过程中更加坚韧。这些制剂通常以淀粉、淀粉衍生物或其他天然或合成聚合胶粘剂为基料，还可含有某些湿润剂、软化剂、脂肪、蜡或其他物料。本组还包括经纱上浆乳化蜡及上浆用的乳化脂肪制剂。

（十二）去油剂，用以使纺织物具有去油性。它们通常是有机氟化合物（例如，全氟化羧酸）的乳浊液或溶液，并可含有改性树脂（增充剂）。

（十三）抗水剂，通常由抗水产品（例如，蜡、羊毛脂）的水乳浊液构成，并用纤维素醚、明胶、其他胶、有机表面活性剂等加以稳定，还含有铝或锆等的可溶性盐添加剂。本组产品还包括以聚硅氧烷或氟衍生物为基料的制剂。

二、用于纸、纸板及类似工业的产品及制剂

（一）粘合剂，用以粘结涂料混合物中的颜料微粒。它们是以酪蛋白、淀粉、淀粉衍生物、大豆蛋白、动物胶、藻酸盐或纤维素衍生物等天然产品为基料的制品。

（二）上浆剂或上浆添加剂，用于纸张加工以改善其可印性、平滑度及光泽度并使纸张具有易书写性能。这些制剂可以用松香皂、强化树脂、蜡悬浮液、石蜡悬浮液、丙烯酸聚合物、淀粉及羧甲基纤维素或植物胶为基料。

（三）增湿剂。这些制剂用以增强抗张强度、抗撕裂强度、耐破度及湿纸或无纺织物的耐磨度。

三、用于制革及类似工业的产品及制剂

（一）粘合剂。此种制剂用以固定皮革中的颜料。它们是按特殊方法配制的，通常以蛋白物质、天然树脂或蜡等为基料。

（二）上光剂，按特殊配方配成，用作皮革加工的最后表面封剂，其结构及组分与以上第（一）项的粘合剂相类似。

（三）防水剂。它们通常由以下构成：1. 铬皂；2. 溶于溶剂（例如，异丙醇）的烷基琥珀酸或柠檬酸衍生物等；3. 含氟化合物的溶液或分散体。

除上述不包括的产品以外，本品目还不包括：

（一）用于纺织材料、皮革、毛皮或其他材料的油脂处理制剂（品目 27.10 或 34.03）。

（二）单独的已有化学定义的化学元素或化合物（通常归入第二十八章或第二十九章）。

（三）颜料、调制色料、油漆等（第三十二章）。

（四）品目 34.02 的有机表面活性剂或制品，例如，染料助剂。

（五）糊精及其他改性淀粉，以淀粉、糊精或其他改性淀粉为基料的胶（品目 35.05）。

（六）品目 38.08 的杀虫剂及其他制剂。

（七）聚合物的乳浊液、分散体或溶液（品目 32.09 或第三十九章）。

38.10　金属表面酸洗剂；焊接用的焊剂及其他辅助剂；金属及其他材料制成的焊粉或焊膏；作焊条芯子或焊条涂料用的制品：

10　—　金属表面酸洗剂；金属及其他材料制成的焊粉或焊膏

90　—　其他

一、金属表面酸洗剂。这些制剂用于除去金属表面氧化物、鳞片、锈斑及污点或使金属表面毛糙以便进行某些加工。酸洗加工可以是最后一个工序，也可以是一个加工前的工序（例如，金属拉丝或挤压前的工序），还可作为金属涂镀表面（例如，镀锌、镀锡、喷镀金属、包镀、电镀、油漆等）前的工序。

酸洗剂通常以稀酸（盐酸、硫酸、氢氟酸、硝酸、磷酸等）作为基料，且有时含有抗金属腐蚀的抑制剂。但有些制剂是用碱（例如，氢氧化钠）作为基料的。

本品目不包括金属清洁剂（品目 34.02）。

二、焊接用的焊剂及其他辅助剂。焊剂能保护待焊金属表面及焊料本身不被氧化，从而使焊接工序中的金属易于接合。焊剂具有溶解焊接过程中形成的氧化物的功能。最常用的产品有氯化锌、氯化铵、四硼酸钠、松香及羊毛脂。

本组还包括铝粒或铝粉与各种金属氧化物（例如，氧化铁）的混合物，这些混合物起熔接过程等中的强烈发热剂作用（铝热工序）。

三、金属及其他材料构成的焊粉及焊膏。这些制剂用于使金属表面彼此牢固接合。其基本成分是金属（通常是含锡、铅、铜等的合金）。这些制剂必须同时符合以下两个条件才归入本品目：

（一）除金属以外，它们须含有其他组分。这些组分必须是以上第二组所述的辅助剂；

（二）制成粉剂或膏剂。

本品目不包括仅由金属粉末构成的焊剂，不论其是否相互混合（根据其组分归入第七十一章或第十五类）。

四、作焊条芯子或焊条涂料用的制品。这些制品主要用以清除熔焊过程中所形成的氧化物（熔性熔渣）。它们通常由含有石灰及高岭土等耐火混合物构成。

本品目不包括涂有焊剂或以焊剂为芯子的贱金属或金属碳化物焊条（品目 83.11）。

38.11　抗震剂、抗氧剂、防胶剂、粘度改良剂、防腐蚀制剂及其他配制添加剂，用于矿物油（包括汽油）或与矿物油同样用途的其他液体：

	—	抗震剂：
11	——	以铅化合物为基本成分
19	——	其他
	—	润滑油添加剂：
21	——	含有石油或从沥青矿物提取的油类
29	——	其他
90	—	其他

归入本品目的制剂是用于矿物油或同样用途的其他液体的添加剂，用以消除或减少所不需要的性能，或者赋予或增强所需要的性能。

一、矿物油用的配制添加剂

（一）原油添加剂。本组包括防腐蚀添加剂，此种添加剂加入原油中用以保护金属结构（尤其是蒸馏柱），其活性组分通常是主要从咪唑啉衍生的氨基类物质。

（二）汽油用添加剂。本组包括：

1. 抗震剂，用于提高燃料早爆的阻力，并用此防止爆震现象。它们通常以四乙铅及四甲铅为基料，还含有如1，2－二溴乙烷或一氯萘等物质。本品目不包括含铅抗震化合物储罐的含铅抗震化合物的淤渣，主要含有铅、铅化合物以及铁的氧化物（品目26.20）。

2. 氧化抑制剂。其中最重要的是以酚类产品（例如，二甲基－叔丁基苯酚）及烷基苯二胺等芳族衍生物为基本成分的制剂。

3. 防冻剂，即常以醇类［例如，丙－2－醇（或异丙醇）］为基本成分的制剂，此类制剂加到汽油中以防止其在燃料系统中结冰。

4. 除垢剂。此类制剂用以保持汽化器及汽缸进出口的清洁。

5. 防胶剂。此类产品用于防止胶物质在汽化器及发动机入口中形成。

（三）润滑油用添加剂。本组包括：

1. 粘度改良剂，以聚合异丁烯酸酯、聚丁烯、聚烷基苯乙烯等聚合物为基料。

2. 倾点下降剂，防止晶体在低温下聚集。本类产品是以乙烯聚合物，乙烯基酯和乙烯基醚，或以丙烯酸酯为基本成分的。

3. 氧化抑制剂，通常以酚类或氨基化合物为基本成分。

4. 耐特压添加剂，以有机二硫代磷酸锌、硫化油、氯化烃、芳族磷酸盐及硫代磷酸盐为基本成分。

5. 去垢剂及分散剂，例如，以某些金属（例如，铝、钙、锌或钡）的烷基酚盐、环烷酸盐或石油磺酸盐为基本成分的制剂。

6. 防锈剂，以钙或钡的有机盐（磺酸盐）或以胺或烷基琥珀酸为基本成分。

7. 消泡剂，通常以聚硅氧烷为基本成分。

为了减少发动机汽缸的磨损等原因而在发动机燃料或润滑油中添加少量的润滑制剂不归入本品目（品目27.10或34.03）。

（四）其他矿物油用添加剂。本组包括：

1. 倾点下降剂。与供润滑剂用的以上第（三）组第2类的货品相似。

2. 氧化抑制剂。这些货品与用于汽油的氧化抑制剂相似。

3. 粗柴油用十六烷值改进剂，例如，以烷基硝酸盐及烷基亚硝酸盐为基本成分的十六烷值改进剂。

4. 具有表面活性作用的添加剂，此种添加剂能消除或防止库存油料沉降物（沥青质）的形成。

5. 用以防止或减少燃烧室或燃烧炉烟道中多余沉淀物（例如，灰、碳黑）的添加剂，以及用以减少传热结构或烟囱被挥发性产品（例如，二氧化硫及三氧化硫）腐蚀的添加剂。

6. 防冻剂，添加到燃料系统中以防止冰块形成。

二、与矿物油同样用途的其他液体用的配制添加剂

与矿物油同样用途的液体有：

（一）以醇类（例如，酒精－汽油混合燃料）为基料的燃料；以及

（二）合成润滑剂：

1. 以有机酸酯（己二酸酯、壬二酸酯、新戊基多元醇酯）或无机酸酯（磷酸三芳基酯）为基本成分；

2. 以聚醚［聚氧乙烯（聚乙二醇）或聚氧丙烯（聚丙二醇）］为基本成分；

3. 以聚硅氧烷为基本成分。

这些添加剂与用于相应的矿物油的添加剂相同。

本品目不适用于单独的已有化学定义的化学元素及化合物（通常归入第二十八章或第二十九章），也不适用于未配成制剂的石油磺酸盐。

本品目还不包括：

（一）以二硫化钼为基本成分的润滑制剂（品目34.03）。

（二）在油或其他介质中的胶态石墨悬浮液或半胶态石墨（品目38.01）。

38.12　配制的橡胶促进剂；其他品目未列名的橡胶或塑料用复合增塑剂；橡胶或塑料用抗氧制剂及其他复合稳定剂：

10　—　配制的橡胶促进剂

20　—　橡胶或塑料用复合增塑剂

—　橡胶或塑料用抗氧制剂及其他复合稳定剂：

31　——　2，2，4－三甲基－1，2－二氢化喹啉（TMQ）低聚体混合物

39　——　其他

本品目所称“复合”“配制”及“制剂”包括：

1. 人为混合或调配的混合物；

2. 反应混合物，包括从一同系物（例如，品目38.23的脂肪酸或脂肪醇）所得的产品。

一、配制的橡胶促进剂

本类产品在橡胶硫化前加入到橡胶之中使硫化后的制品具有更好的物理性质，并可减少和降低硫化工序中所需的时间和温度。它有时也用作增塑剂。本品目仅包括经混合的这类产品。

这些制剂通常以有机产品（二苯胍、二硫代氨基甲酸盐类、二硫化四烷基秋兰姆、六亚甲基四胺、巯基苯并噻唑等）为基本成分，并常与无机活化剂（氧化锌、氧化镁、氧化铅等）化合。

二、其他品目未列名的橡胶或塑料用复合增塑剂

本类包括用以使塑料达到所要求的柔韧度或提高橡胶混合物的可塑性的复合增塑剂。例如，人为地将两种或两种以上邻苯二甲酸酯混合的混合物，以及从品目38.23的混合脂肪醇所得的混合邻苯二甲酸二烃酯。增塑剂广泛用于聚氯乙烯及纤维素酯。

本品目不包括本协调制度其他品目具体列名的用作增塑剂或有时称作增塑剂的产品（参见本注释

末尾的不包括部分）。

三、橡胶或塑料用的抗氧剂及其他复合稳定剂

本类包括橡胶或塑料用的抗氧剂（例如，用于橡胶制造中以防止橡胶硬化或老化），例如，2，2，4－三甲基－1，2－二氢化喹啉（TMQ）低聚体混合物，混合的二烃基二苯胺及以 N－萘胺为基本成分的制剂。

本类还包括橡胶或塑料用的其他复合稳定剂。例如，人为地将两种或两种以上稳定剂混合的剂料，以及从品目 38.23 的混合脂肪醇所得的混合有机锡化合物等的反应混合物。塑料用复合稳定剂主要用于抑制某些如聚氯乙烯等聚合体脱去氯化氢，也可用作聚酰胺的热稳定剂。

本品目不包括：

（一）第二十七章的石油、凡士林、石蜡及沥青。

（二）第二十八章或第二十九章的单独的已有化学定义的化合物，例如，邻苯二甲酸二辛酯。

（三）用于矿物油或与矿物油同样用途的其他液体的抗氧化添加剂（品目 38.11）。

（四）橡胶加工用胶溶剂，尽管它也称作化学增塑剂（通常归入品目 38.24）。

（五）第三十九章的聚合物。

38.13　灭火器的装配药；已装药的灭火弹

本品目包括：

一、灭火器用调配药。这些产品包括以碳酸氢盐为基本成分的制剂，有时含有皂树皮浸膏、甘草浸膏或表面活性产品等以帮助产生覆盖泡沫。这些制剂可以是液体或无水干燥体。

二、灭火器用装药，即能直接装入灭火器的轻质容器（玻璃、金属片等制的容器），其所含装料须符合以下任一条件：

（一）第一款所述的制剂。或

（二）两种或两种以上未混合产品（例如，一种硫酸铝溶液及一种碳酸氢钠溶液），用隔板把它们隔开，使用时再使之接触。或

（三）单一种未混合产品（例如，四氯化碳、甲基溴或硫酸）。

三、已装药的灭火弹，即装有灭火产品（不论是否混合）的容器。它不需装入灭火器即可直接使用。它们是些玻璃或陶瓷制的容器，将这些容器扔进焰火的中心后即破裂并释放出灭火剂，某些玻璃容器可用手将容器末端捏碎后即喷射出灭火剂。

通过拔插销、翻转或扳触发器等操作方法使用的灭火器，不论是否手提式，也不论是否已装药，均应归入品目 84.24。

本品目还不包括制成以上第二款第（二）或（三）项所述形式以外任何形式的具有灭火性质的未混合化学产品（一般归入第二十八章及第二十九章）。

38.14　其他品目未列名的有机复合溶剂及稀释剂；除漆剂

本品目包括不是单独已有化学定义的其他品目未列名的有机溶剂及稀释剂（按重量计不论是否含有 70% 及以上的石油）。它们是有一定挥发性的液体，主要用于配制清漆或油漆或用作机械零件等的去油脂剂。

归入本品目的产品有，例如：

一、丙酮、乙酸甲酯、甲醇的混合物及乙酸乙酯、丁醇、甲苯的混合物。

二、机械零件等的去油脂剂，由下列物质混合构成：

（一）石油溶剂与三氯乙烯；

（二）石油溶剂油与氯化产品及二甲苯。

本品目还包括除漆剂，这种除漆剂由上述混合物与少量的石蜡（阻止溶剂挥发）、乳化剂、胶凝剂等添加剂组成。

本品目不包括：

（一）单独的已有化学定义的溶剂及稀释剂（通常归入第二十九章）及本协调制度其他品目已具体列名的作溶剂及稀释剂用的复杂成分产品，例如，溶剂石脑油（品目 27.07）、石油溶剂（品目 27.10）、脂松节油或木松节油或硫酸盐松节油（品目 38.05）、木焦油（品目 38.07）、无机复合溶剂（通常归入品目 38.24）。

（二）制成零售包装的去指甲油溶剂（品目 33.04）。

38.15 其他品目未列名的反应引发剂、反应促进剂、催化剂：

— 载体催化剂：

11 —— 以镍及其化合物为活性物的

12 —— 以贵金属及其化合物为活性物的

19 —— 其他

90 — 其他

本品目包括引起或促进某些化学反应的制剂。阻止化学反应的产品不归入本品目。

这些产品主要分成下列两类：

一、第一类货品主要是由一种或数种活性物质沉积于载体上构成（称作“载体催化剂”）或以活性物质为基料的混合物构成。在大多数情况下，这些活性物质是某些金属、金属氧化物、其他金属化合物及其混合物。经常单独使用或以化合物形式使用的金属是钴、镍、钯、铂、钼、铬、铜或锌。载体（有时可被活化）通常是由钒土、碳、硅胶、硅化石粉或陶瓷材料构成。载体催化剂有齐格勒催化剂及齐格勒－纳塔型催化剂等。

二、第二类货品是以某些化合物为基本成分的混合物，这些化合物的性质及所占比例按不同的催化化学反应而各不相同。这些制剂包括：

（一）自由基“催化剂”（例如，有机过氧化物或偶氮化合物的有机溶液、氧化还原混合物）；

（二）离子“催化剂”（例如，烷基锂催化剂）；

（三）“缩聚反应催化剂”（例如，乙酸钙与三氧化锑的混合物）。

第二类制剂通常在制聚合物过程中使用。

本品目不包括：

（一）用于提取贱金属或制备贱金属化合物的废催化剂（品目 26.20）及主要用于回收贵金属的废催化剂（品目 71.12）。

（二）单独的已有化学定义的化合物（第二十八章或第二十九章）。

（三）呈精细粉末或丝网织物等形状的纯金属或纯金属合金催化剂（第十四类或第十五类）。

（四）橡胶硫化用的配制橡胶促进剂（品目 38.12）。

38.16 耐火的水泥、灰泥、混凝土及类似耐火混合制品，包括夯混白云石，但品目 38.01 的产品除外

本品目包括某些以陶渣及第纳斯土、破碎或研粉的金刚砂、粉碎的石英岩、白垩、煅烧白云石等耐火材料为基本成分并含有添加耐火粘合剂（例如，硅酸钠、氟硅酸镁或氟硅酸锌）的制剂（例如，炉衬制剂）。本品目的很多产品也含有如水硬粘合剂等的非耐火粘合剂。

本品目也包括以硅石为基料的耐火制剂，这些制剂用于制熔模铸造法的牙科或首饰模具。

本品目也包括用作耐火材料的夯混白云石（例如，炉用衬料）。这些产品销售时呈粉状或小颗粒状，主要成分为砸碎的烧结白云石。根据夯混白云石使用范围及温度的不同，可加入不同的非水硬粘合剂（例如，焦油、沥青、树脂）。

本品目还包括由耐热水硬水泥（例如，高铝水泥）及耐火集料混合物构成的混凝土，用于熔炉、炼焦炉等的地基，或用于修补炉衬。同时也适用于下列制剂：

一、称为耐火“塑料”的制剂，即通常由耐火集料、粘土及少量添加剂组成并以潮湿块状销售的产品。

二、搪炉料，其组分与以上第一款所述产品相似，通过手持式风动捣砂机进行密实涂布或填塞。

三、喷涂混合物，为耐火集料与水硬材料或其他粘合剂混合的混合物，用作炉衬材料，有时即使在炉衬高温时也可使用特殊喷枪用压缩空气将混合物从喷嘴喷出，修补炉衬。

本品目不包括品目38.01的碳糊。

38.17　混合烷基苯及混合烷基萘，但品目27.07及29.02的货品除外

本品目包括通过苯和萘的烷基化作用制得的混合烷基苯和混合烷基萘。它们具有相当长的侧链且不属于品目27.07品目条文第二部分所述的货品范围。混合烷基苯主要用作溶剂，并用于制表面活性剂、润滑剂及绝缘油。混合烷基萘主要用于制烷基萘磺酸及其盐。

本品目不包括品目29.02的异构体混合物。

38.18　经掺杂用于电子工业的化学元素，已切成圆片、薄片或类似形状；经掺杂用于电子工业的化合物

本品目包括：

一、通常按百万分之一比例掺入硼、磷等的第二十八章所列化学元素（例如，硅和硒），只要这些元素呈圆片、薄片或类似形状。当呈拉制后未加工形状或呈圆筒状或棒状，则应归入第二十八章。

二、通常含有百分之几某些添加物（例如，锗、碘）的电子工业用硒化镉、硫化镉、砷化铟等化学化合物，不论呈圆筒状、棒状等，还是切成圆片、薄片或类似形状。

本品目包括抛光或未抛光晶体，不论是否涂有均匀外延层。

经进一步加工（例如，经选择扩散）的本品目货品应作为半导体元件归入品目85.41。

38.19　闸用液压油及其他液压传动用液体，不含石油或从沥青矿物提取的油类，或者按重量计石油或从沥青矿物提取的油类含量低于70%

本品目包括闸用液压油及其他液压传动用液体，例如，由蓖麻油、2－乙氧基乙醇或乙二醇双蓖酸酯及丁醇混合物组成的制剂，或由4－羟基－4－甲基戊－2－酮（双丙酮醇）、邻苯二甲酸二乙酯及1，2－丙二醇构成的制剂，以及乙二醇混合物构成的制剂。

本品目还包括以第三十九章的聚乙二醇、聚硅氧烷或其他聚合物为基本成分的液压用液体。

但本品目不包括按重量计石油或从沥青矿物提取的油类含量在70%及以上的类似液体（品目27.10）。

38.20　防冻剂及解冻剂

本品目包括防冻剂及解冻剂（例如，以乙二醇衍生物为基本成分的混合物）。

某些防冻剂也起到制冷剂或热交换剂的作用。

但本品目不包括用于矿物油或与矿物油同样用途的其他液体的配制添加剂（品目 38.11）。

38.21　制成的供微生物（包括病毒及类似品）或植物细胞、人体细胞、动物细胞生长或维持用的培养基

本品目包括能为细菌、真菌、病源菌、病毒及其他微生物和植物细胞、人体细胞或动物细胞提供营养及繁殖条件或维持其生长的各类制剂。它们用于医学（例如，用于制备抗菌素）、其他科研事业或工业（例如，制醋、乳酸、丁醇）。

它们通常是用肉汁、鲜血或血清、蛋、土豆、藻酸盐、琼脂、胨、明胶等配制而得的，并通常含有葡萄糖、甘油、氯化钠、酒石酸钠或染料等添加拼料。还可加入酸、消化酶或碱将其调至所需的酸度或碱度等。

另外还有其他培养基，例如，溶于蒸馏水中的氯化钠、氯化钙、硫酸镁、硫酸氢钾、天冬氨酸钾及乳酸铵混合物。

某种病毒培养基由活胚组成。

它们通常呈液态（肉汤）、膏状或粉状，但也有呈片状、粒状。消毒后装于密封的玻璃瓶、管、安瓶或罐中。

本品目不包括未制成培养基的产品，例如：

（一）琼脂（品目 13.02）。

（二）血蛋白及卵清蛋白（品目 35.02）。

（三）明胶（品目 35.03）。

（四）胨（品目 35.04）。

（五）藻酸盐（品目 39.13）。

38.22　附于衬背上的诊断或实验用试剂及不论是否附于衬背上的诊断或实验用配制试剂，不论是否制成试剂盒形式，但品目 30.06 的货品除外；有证标准样品：

—　附于衬背上的诊断或实验用试剂及不论是否附于衬背上的诊断或实验用配制试剂，不论是否制成试剂盒形式，但品目 30.06 的货品除外：

11　——　疟疾用

12　——　寨卡病毒及由伊蚊属蚊子传播的其他疾病用

13　——　血型鉴定用

19　——　其他

90　—　其他

本品目包括附于衬背上的诊断或实验室用试剂，以及不论是否附于衬背上的诊断或实验室用配制试剂，不论是否制成试剂盒形式，包括血型试剂，但品目 30.06 的诊断病人用的诊断试剂和血型试剂除外。本品目也包括有证标准样品。

诊断试剂用于对动物和人类体内物理、生物物理、生物化学过程及状况的评估；其功能是以构成试剂的生物或化学物质中所发生的可测量或可观察的变化为基础。本品目的诊断用配制试剂在功能上可能与病人用的诊断试剂（子目 3006.30）相似，其区别在于它们是用于体外而非用于体内。实验用

配制试剂不仅包括诊断试剂，还包括除了用于检测或诊断以外的其他分析试剂。诊断和实验室用配制试剂可用于医疗、兽医、科研或工业实验室，也可用于医院、工业、农田，在某些情况下，还可以在家庭使用。

本品目的试剂既可以附于衬背上，也可以制成配制试剂，因此它们含有一种以上成分。例如，它们可由两种或两种以上的试剂混合物所组成，或由溶解于除水以外的其他溶剂中的单一成分试剂所组成。它们也可以是浸渍或涂布了一种或多种诊断或实验用试剂的纸、塑料或者其他材料（作为衬背或载体），例如，石蕊试纸、pH 值试纸、极谱纸或预涂布的免疫测定板。本品目的试剂还可以配制成含有多种成分的试剂盒形式，即使其中一种或多种成分是第二十八章或第二十九章的已有化学定义的单独化合物，或是品目 32.04 的合成着色料，或是单独报验时应归入另一品目的其他物质，都不影响其归入本品目。例如，测试血液中的葡萄糖、尿液中的酮的试剂盒，以及酶基质试剂盒。

本品目的试剂必须可明显判别为仅可作诊断或实验室用试剂，可以清楚地根据产品的成分、标签、用于体外或实验室的使用说明、具体诊断测试的指示或物质形态（例如，附于衬背或载体上）加以判别。

基于如凝集、沉淀、中和、补体结合、血液凝集和酶联免疫吸附分析（ELISA）等反应的诊断试剂盒归入本品目。例如，基于 pLDH（疟原虫乳酸脱氢酶）单克隆抗体的疟疾诊断试剂盒应归入本品目。

但具有品目 30.06 产品特征的诊断试剂盒［例如，用于经许可的临床试验的，已配定剂量的盲法（或双盲法）临床试验试剂盒］除外。

血型试剂也归入本品目。归入本品目的试剂必须可直接用于血型试验。它们既可是人类或动物血清，也可是植物种子或植物其他部分的浸膏（植物凝集素）。这些试剂根据血细胞或血清的特征来确定血型。除活性成分外，它们可能还含有增强活性或起稳定作用的物质（防腐剂、抗菌素等）。

一、下列货品可作为根据血细胞的特征来确定血型的试剂：

（一）用来确定 A、B、O 及 AB 血型、A_1及 A_2亚型和 H 因子的制剂。

（二）用来确定 M、N、S 及 P 血型和其他如 Lu、K 及 Le 等型的制剂。

（三）用来确定 Rh 血型及 C^w、F、V 等亚型的制剂。

（四）用来确定动物血型的制剂。

二、用来测定血清特征的试剂是：

（一）用来测定 Gm、Km 等系统特征的制剂。

（二）来用测定 Gc、Ag 等血清类型的制剂。

三、为某些血型技术所需的抗人体球蛋白血清（库姆斯血清）也应作为本品目的试剂归类。

需进一步加工后方能作试剂用的粗血清和其他半制成物质应根据其组成物质归类。

四、用于确定 HLA 性质（HLA 抗原）的试剂归入本品目，但它们必须是可直接使用的。它们可以是人体血清，也可以是动物血清。这些试剂与试验物体的外周血液淋巴球反应以确定 HLA 抗原。试验物体的 HLA 抗原可根据不同的 HLA 试验血清反应方式加以确定。除活性成分外，试剂还含有起稳定及保存作用的添加剂。

它们包括：

（一）用来确定 HLA A、B 及 C 抗原的制剂。

（二）用来确定 HLA DR 抗原的制剂。

（三）用来确定 HLA D 抗原的制剂。

（四）含有一系列不同 HLA 抗血清，用来确定 HLA A、B 及 C 抗原的成品试剂（例如，试验板）。

（五）用来确定 HLA DR 位的成品试剂（例如，试验板）。

除第二十八章或第二十九章的产品外，有证标准样品在本目录中应优先归入品目 38.22。

本品目的有证标准样品为供校准仪器、评估测量方法或材料赋值用的参照物。这些参照物可由以下材料组成：

一、含有加入分析物的基质材料，其含量已经精确确定；

二、未掺杂材料，其某些成分的含量（例如，奶粉中的蛋白质及脂肪含量）已经精确确定；

三、不论是天然或合成的材料，其某些属性（例如，抗张强度、比重）已经精确确定。

这些参照物必须附有标明属性检定值、确定检定值的方法、每项检定值的可靠度及其检定机构的检定证书。

本品目也不包括下列试剂，不论其是否制成诊断或实验室用试剂形式：

（一）品目28.43至28.46及28.52的货品（参见第六类注释一）。

（二）第二十八章注释一或第二十九章注释一所包括的产品。

（三）品目32.04的着色料，包括第三十二章注释三所列产品。

（四）制成的供微生物（包括病毒及类似品）或植物细胞、人体细胞、动物细胞生长或维持用的培养基（品目38.21）。

38.23　工业用单羧脂肪酸；精炼所得的酸性油；工业用脂肪醇：

—　工业用单羧脂肪酸；精炼所得的酸性油：

11　——　硬脂酸

12　——　油酸

13　——　妥尔油脂肪酸

19　——　其他

70　—　工业用脂肪醇

一、工业用单羧脂肪酸；精炼所得的酸性油

工业用单羧脂肪酸一般通过皂化或水解天然油、脂制得。固体（饱和）和液体（不饱和）脂肪酸的分离，通常是通过结晶法（用溶剂或不用溶剂）来进行。液体部分（商业上称为油酸或油精）含有油酸、其他不饱和脂肪酸（例如，亚油酸及亚麻酸）和少量的饱和脂肪酸。固体部分（商业上称为硬脂酸或硬脂精）主要含有软脂酸及硬脂酸和少量的不饱和脂肪酸。

本品目主要包括：

（一）商品硬脂酸（硬脂精），白色固体物质，气味特殊，有一定的硬度，易碎，销售时呈珠状、粉片状或粉末状。也有加热后用等温油罐运送的，这种情况销售时呈液状。

（二）商品油酸（油精），无色至棕色油状液体，有特殊的气味。

（三）妥尔油脂肪酸（TOFA），主要由油酸及亚油酸组成，通过蒸馏初榨妥尔油制得，含脂肪酸以干燥产品的重量计在90%及以上。

（四）蒸馏脂肪酸，水解分离不同油、脂（例如，椰子油、棕榈油、牛羊脂）后再提纯（蒸馏）处理制得。

（五）脂肪酸馏出油，作为精制工序的一部分将油、脂加蒸汽真空蒸馏制得。脂肪酸馏出油的特征是游离脂肪酸（ffa）含量很高。

（六）通过高分子量合成烃的催化氧化作用制得的脂肪酸。

（七）精炼所得的酸性油，这种油的游离脂肪酸含量相当高，通过用无机酸分解精炼初榨油过程中所得的皂料制得。

本品目不包括：

（一）纯度在85%及以上（以干燥产品的重量计）的油酸（品目29.16）。

（二）纯度在90%及以上（以干燥产品的重量计）的其他脂肪酸（通常归入品目29. 15、29. 16或29. 18）。

二、工业用脂肪醇

归入本品目的脂肪醇是无环醇的混合物，它是通过下列方法制得：对本品目的混合脂肪酸（参见以上第一款）或其酯类催化还原；对鲸蜡油的皂化；在烯烃、一氧化碳及氢之间的催化反应（氧化法）；对烯烃的水合作用；对烃的氧化作用或其他方法。

脂肪醇通常为液态，但有时为固态。

本品目的脂肪醇主要有：

（一）月桂醇，一种饱和脂肪醇混合物，通过对椰子油的脂肪酸催化还原制得。常温下为液体，气温低时为半固体。

（二）鲸蜡醇，一种十六烷醇和十八烷醇的混合物，以十六烷醇为主，从鲸蜡和鲸蜡油制得。常温下为半透明固态结晶体。

（三）硬脂酰醇，一种十八烷醇和十六烷醇的混合物，通过还原硬脂精、富含硬脂酸的油或氢化、水解后再蒸馏鲸蜡油制得。常温下为白色固态结晶体。

（四）油醇，通过还原油精制得或从水压鲸蜡油所得的醇制得，常温下为液体。

（五）伯脂族醇的混合物，通常由含6～13个碳原子的醇所组成，一般通过氧化法制得，呈液状。

以上（一）至（四）项所述的脂肪醇主要用于制造脂肪醇磺化衍生物，这类衍生物的碱金属盐是品目34. 02的有机表面活性剂。以上第（五）项所述的脂肪醇主要用于生产聚氯乙烯的增塑剂。

本品目还包括具有蜡的特性的工业用脂肪醇。

本品目不包括已有化学定义的脂肪醇，纯度在90%及以上（以干燥产品的重量计）（通常归入品目29. 05）。

38. 24　铸模及铸芯用粘合剂；其他品目未列名的化学工业及其相关工业的化学产品及配制品（包括由天然产品混合组成的）（＋）：

10　—　铸模及铸芯用粘合剂

30　—　自身混合或与金属粘合剂混合的未烧结金属碳化物

40　—　水泥、灰泥及混凝土用添加剂

50　—　非耐火的灰泥及混凝土

60　—　子目2905. 44以外的山梨醇

—　本章子目注释三所列货品：

81　——　含环氧乙烷（氧化乙烯）的

82　——　含多氯联苯（PCBs）、多氯三联苯（PCTs）或多溴联苯（PBBs）的

83　——　含三（2，3－二溴丙基）磷酸酯的

84　——　含艾氏剂（ISO）、毒杀芬（ISO）、氯丹（ISO）、十氯酮（ISO）、DDT（ISO）[滴滴涕（INN）、1，1，1－三氯－2，2－双（4－氯苯基）乙烷]、狄氏剂（ISO，INN）、硫丹（ISO）、异狄氏剂（ISO）、七氯（ISO）或灭蚁灵（ISO）的

85　——　含1，2，3，4，5，6－六氯环己烷[六六六（ISO）]，包括林丹（ISO，INN）的

86　——　含五氯苯（ISO）或六氯苯（ISO）的

87　——　含全氟辛基磺酸及其盐，全氟辛基磺胺或全氟辛基磺酰氯的

88　——　含四、五、六、七或八溴联苯醚的

89　——　含短链氯化石蜡的

—　其他：

91　——　**主要由（5－乙基－2－甲基－2氧代－1，3，2－二氧磷杂环己－5－基）甲基膦酸二甲酯和双［（5－乙基－2－甲基－2氧代－1，3，2－二氧磷杂环己－5－基）甲基］甲基膦酸酯（阻燃剂FRC－1）组成的混合物及制品**
92　——　**甲基膦酸聚乙二醇酯**
99　——　**其他**

本品目包括：

一、铸模及铸芯用粘合剂

本品目包括以天然含树脂产品（例如，松香）、亚麻子油、植物粘质、糊精、糖蜜、第三十九章的聚合物等为基本成分的铸芯粘合剂。

这些制剂与铸造砂混合之后，可使铸造砂具有供铸模及铸芯用的粘稠度，而且便于铸件脱模去砂。

但糊精及其他改性淀粉、以淀粉、糊精或其他改性淀粉为基本成分的胶应归入品目35.05。

二、化学产品及化学制剂或其他制剂

除三项货品以外［参见以下第（七）款、第（十九）款及第（三十一）款］，本品目不包括单独的已有化学定义的化学元素及化合物。

因此，归入本品目的化学产品都是未有化学定义的产品，不论其是从制其他物质时所得的副产品（例如，环烷酸），还是直接配制而成的产品。

化学制剂或其他制剂可以是混合物（乳浊液及分散体是其特殊形式），有时也可以是溶液。第二十八章或第二十九章的化学产品的水溶液仍归入该两章内，但这些产品溶于水以外其他溶剂的溶液，除少数不归入本品目外，其余均不归入第二十八章或第二十九章，因而作为本品目的制剂归类。

归入本品目的制剂可以全部或部分是化学产品（一般情况），也可以全部由天然成分组成［参见以下第（二十四）款］。

但本品目不包括化学品与食品或其他营养物质的混合物，这些混合物或物质均以营养价值为主。这些混合物在制造某些供人食用的食品时作为拼料或改良食品特性用（例如，糕点、饼干或其他焙烘食品的改良剂）。上述产品通常归入品目21.06（参见第三十八章总注释）。

本品目也不包括汞化合物（品目28.52）。

根据以上条件，归入本品目的制品及化学产品包括：

（一）环烷酸（炼制某种石油或从沥青矿物提取的油类的副产品）及其盐，但品目34.02的水溶性环烷酸盐及品目28.43至28.46及28.52的盐除外。例如，本品目包括钙、钡、锌、锰、铝、钴、铬、铅等的环烷酸盐，其中有些盐用于配制干燥剂或矿物油添加剂，而环烷酸铜用于配制杀菌剂。

（二）未烧结金属碳化物（碳化钨、碳化钼等），通过自身混合或与金属粘合剂（例如，钴）混合而成的混合物，用于制品目82.09的刀尖及类似工具。

（三）水泥、灰泥及混凝土用添加剂，例如，以硅酸钠或硅酸钾及氟硅酸钠或氟硅酸钾为基本成分的抗酸添加剂及以氧化钙、脂肪酸等为基本成分的防水剂（不论是否含有肥皂）。

（四）非耐火灰泥及混凝土。

（五）山梨醇，但品目29.05的山梨醇除外。

本组主要包括含有其他多元醇的山梨醇（右旋－葡糖醇）糖浆，这些多元醇中的右旋－葡糖醇含量通常为干燥产品的60%～80%。这种产品是通过氢化二糖及多糖含量较高的葡萄糖浆，但未经任何分离过程制得的。这些产品具有难结晶的特点，广泛应用于各种工业（例如，食品、化妆品、医药、塑料、纺织等工业）。

符合第二十九章注释一规定的山梨醇应归入品目29.05。这种山梨醇通常通过氢化葡萄糖或转化糖而制得。

（六）碳化钙、碳酸钙（石灰石）及其他材料（例如，碳或氟石）的混合物，用作炼钢时的一种脱硫剂。

（七）每颗重量不小于2.5克的氧化镁、碱金属或碱土金属卤化物（氟化钙或氟化锂、氯化钾或氯化钠、溴化钾、溴碘化钾等）**的培养晶体**（光学元件除外）。光学元件培养晶体不归入本品目（品目90.01）。

每颗重量小于2.5克的培养晶体（光学元件除外）应归入第二十八章、品目25.01（氯化钠晶体）或品目31.04（氯化钾晶体）。

（八）非水溶性石油磺酸盐，用硫酸、发烟硫酸或溶于液态二氧化硫的三氧化硫磺化石油或石油馏分制得。磺化工序后一般要进行中和处理。但碱金属石油磺酸盐、石油磺酸铵或石油磺酸乙醇胺等水溶性石油磺酸盐不归入本品目（品目34.02）。

（九）多氯联苯（联苯氯化衍生物的混合物）**及氯化石蜡**。

但本组不包括具有人造蜡性质的固体多氯联苯及固体氯化石蜡（品目34.04）。

（十）极低分子量的聚氧乙烯（聚乙二醇），例如，二聚乙二醇、三聚乙二醇及四聚乙二醇的混合物。

但本组不包括所有其他类型的聚氧乙烯（聚乙二醇）（品目39.07，如具有人造蜡特性的，应归入品目34.04）。

（十一）甘油单脂肪酸酯、甘油双脂肪酸酯及甘油三脂肪酸酯的混合物，用作脂肪乳化剂。

但本组不包括具有人造蜡特性的混合物（品目34.04）。

（十二）杂醇油，精馏粗乙醇而得。

（十三）骨焦油（骨油、动物油），通过干馏骨或反刍类动物的角制得。它是一种黑色液体，极粘，具有恶臭气味，主要用于配制杀虫剂或吡啶碱类。

（十四）离子交换剂（包括碱或酸交换剂），但第三十九章的聚合物除外。这些物质是不溶化合物，当与电解质溶液接触时，它将自身的一个离子与溶于溶液中的物质的一个离子交换。这一性质具有工业价值，例如，除掉锅炉、纺织工业、印染工业或洗衣店等所用硬水中的钙盐或镁盐。也用于把海水制成淡水等。但是，除了含有粘合剂的人造沸石外，其他人造沸石（不论是否符合化学定义）不归入本品目（品目28.42）。

（十五）防垢剂，通常以碳酸钠、硅酸钠、鞣酸等为基料。这些防垢剂加到硬水中可沉淀大部分溶解的钙盐或镁盐，防止锅炉、蒸汽发生器管道及其他水循环设备中含钙沉积物的形成。

（十六）生氧剂（氧石），将少量铜盐或镍盐等产品加入到过氧化钠中制得。这种氧石浸入水中可以调节水中氧气的释放量。生氧剂常呈立方体状或厚块状。

（十七）清漆或胶的硬化添加剂，例如，氯化铵及尿素的混合物。

（十八）真空吸气剂，以钡、锆等为基料制成。这些吸气剂通常制成锭状、片状或类似形状，或装于金属管或丝上。

（十九）零售包装的除墨剂。这些制剂通常是已有化学定义化合物的水溶液。在某些情况下可用单一化合物（例如，氯胺水溶液）制成，但在其他情况下需用具有补充作用的两种化合物制成。在后一种情况下，同一包装内可装有两只瓶子，例如，其中一只装有亚硫酸氢钠水溶液，而另一只则装有高锰酸钾水溶液。

（二十）零售包装的油印蜡纸改正液。这些改正液通常是粉红色纤维素漆，装于瓶盖上一般配有一把小刷子的小瓶中。

作为油印蜡纸改正液的纤维素漆如果未制成零售包装的，不归入本品目。这些改正液用的有机复合稀释剂应归入品目38.14。

（二十一）零售包装的改正液。这些改正液是不透明（白色或其他颜色）液体，主要含有颜料、粘合剂及溶剂，用于涂抹打字稿、手稿、复印本、胶印印刷品及类似品上面的错误或其他多余的印记。一般制成小瓶装（瓶盖上常配有一把小刷子）、罐装或笔状。

这些改正液用的有机复合稀释剂归入品目38.14。

（二十二）零售包装的修正带。这些产品为成卷的修正条，通常装在一个塑料分配器内，用于掩盖打字稿、手稿、复印件、胶印印刷品及类似品上的手写及打字错误或其他多余印记。这些产品的带长及带宽不一。修正条的表面有不透明的颜料涂层。使用时，用手将转印头压在需要修正的部分上。

本品目不包括：

1. 带胶粘衬背的纸质修正带（第四十八章）。

2. 打字机色带或类似色带，已上油或经其他方法处理能着色的（品目96.12）。

（二十三）主要用于澄清葡萄酒及其他发酵饮料的制剂。它们通常以聚乙烯吡咯烷酮，或鱼鳔胶、明胶、角叉菜胶或卵清蛋白等胶凝物质或蛋白质为基料。但不包括含酶的制剂（品目35.07）。

（二十四）油漆用复合充量剂。通常为加入到油漆（水浆涂料除外）中以降低成本，同时在某种情况下能改进某些性能（例如，便利着色料的分布）的配制粉剂。它们也常用于制水浆涂料，但在这种情况下它们起颜料作用。这些制剂是由两种或两种以上天然产品（白垩、天然硫酸钡、板岩、白云石、天然碳酸镁、石膏、石棉、云母、滑石、方解石等）的混合物构成，或由这些天然产品与化学产品的混合物或化学产品之间的混合物（例如，氢氧化铝与硫酸钡的混合物）构成。

本类还包括精细研磨的天然碳酸钙（“香槟白”），微粒经特殊处理后均裹上硬脂酸防水膜。

（二十五）用于制某些陶瓷物品（假牙等）的制剂，例如，以高岭土、石英及长石为基本成分的混合物。

本组还包括以氧化锆（ZrO_2）和其他金属氧化物为基本成分的牙科用氧化锆产品。其在经过铣削、烧结和上釉等工序以制成最后形态的假牙或牙齿修补体前，不能应用于牙科。

（二十六）可熔性陶瓷测温器（例如，塞格示温锥）。它们通常呈小棱锥状，是一种混合剂，其组分与陶瓷糊及玻璃化制剂相似。在一定温度下会软化皱缩，因此可用于控制烧制陶瓷等物品的火候。

（二十七）碱石灰，用氢氧化钠浸渍纯石灰制得。用于吸附闭式呼吸麻醉系统或潜水艇等中的二氧化碳。本品目不包括制成实验室试剂的碱石灰（品目38.22）。

（二十八）用钴盐着色的水合硅胶，用作干燥剂，失效时即显示出异样颜色。

（二十九）防锈剂。本品是以能通过化学作用防止锈蚀的磷酸等为基料的制剂。

以润滑剂为基料的防锈剂酌情归入品目27.10或34.03。

（三十）由糖精及其盐、碳酸氢钠等物质及酒石酸组成的制剂（例如，片剂），未构成食品，但能用作食品甜味剂。

（三十一）腌制用的盐，由氯化钠添加亚硝酸钠（亚硝化盐）或硝酸钠（硝化盐）构成。

添加糖的同样产品应归入品目21.06。

（三十二）某些未装配但已切好的压电材料元件（品目71.03或71.04的石英、电气石等除外）。

用以生产本品目压电元件的最常见材料有：

1. 罗谢尔盐（或塞格涅特盐，即四水合酒石酸钾钠）；酒石酸乙二胺；磷酸铵、磷酸铷、磷酸铯及其混合晶体。

2. 钛酸钡；锆钛酸铅；偏铌酸铅；锆钛酸锶铅；钛酸钙等。

这些元件是用优质培养晶体精确地按与其X轴相对应的方向进行切割制成的。此种晶体如果是单独的已有化学定义的化合物，切割前应归入第二十八章或第二十九章的相应品目，切割后则归入本品目。

本品目还包括用上述第2项产品制成的未装配多晶极化元件。

（三十三）传动带防滑剂，由脂肪物质、研磨料等组成，即使其按重量计含有70%及以上的石油或从沥青矿物提取的油类。

（三十四）制某些治疗药物（例如，抗菌素）的中间产品，借助于微生物并进行发酵、过滤和在第一阶段萃取制得，通常含有不超过70%的活性物质；例如，“碱块”，制金霉素的中间产品，由没有活性的菌丝体、助滤剂及10%～15%的金霉素组成。

（三十五）因化学发光现象而产生光效应的物品，例如，在溶剂及荧光化合物存在下草酸酯和过氧化氢之间起化学反应而具有光效应的发光棒。

（三十六）汽油发动机用启动燃料，由二乙醚、70%及以上的石油（按重量计）及其他组分构成，其中二乙醚是基本组分。

（三十七）粉状的塑型膏（与水混合后使用）。这种粉剂由30%左右黑麦粉及30%左右木纤维素与水泥、胶及白垩组成。但本品目不包括品目34.07的塑型膏。

（三十八）“无光颜料”，由改性树脂酸铝盐构成。其微粒裹上纤维素醚以抗溶剂作用并防止沉积。

（三十九）“鱼鳞浆”或“鱼肥”，由用石油溶剂处理鱼鳞所提的粗银浆组成，由于其中含有鸟嘌呤，因此精炼后用于制珠光粉。

（四十）溴碘化铊晶体，由溴化物及碘化物固溶体组成，主要利用其光学性能（对红外线具有高透明度）。

（四十一）胶凝剂，为未有化学定义的产品，由经特殊处理以使其亲有机物的钙镁橄石组成，制成乳白粉状，用于制多种有机制剂（油漆、清漆、乙烯基分散体、蜡、粘着剂、胶粘混合物、化妆品等）。

（四十二）工业用脂肪酸：

1. 二聚的；
2. 三聚的；
3. 用戊醇酯化然后环氧化的。

（四十三）工业氧化钼、碳及硼酸的烧结混合物，用作炼钢的合金材料。

（四十四）商品名称为“氧化灰”或“氧化黑”并有时误称为“铅灰”的粉剂，为一氧化铅（65%～80%）及铅金属（平衡剂）的特殊配制混合剂，通过在球磨法中控制纯铅氧化制得，用于制蓄电池极板。

（四十五）两种不同的有机化合物异构体的混合物，即二乙烯基苯异构体（25%～80%）及乙基乙烯基苯异构体（19%～50%）的混合物，用作聚苯乙烯的交联剂，其中只有二乙烯基苯异构体参与交联反应。

（四十六）在化学制剂中用作增稠剂及乳化稳定剂或制磨石时用作粘合剂的混合物，由第二十五章不同品目或同一品目的产品构成，不论是否与其他章的产品混合，但含有下列组分之一：

——各种粘土的混合物；

——各种粘土及长石的混合物；

——粘土、长石粉及天然硼砂粉的混合物；

——粘土、长石及硅酸钠的混合物。

（四十七）用作植物生长介质的混合物（例如，盆栽土），由第二十五章的产品（土、砂、粘土）组成，不论是否含有氮、磷、钾等肥效元素。

但本品目不包括以泥煤为基本特征的泥煤及砂或粘土的混合物（品目27.03）。

（四十八）以明胶为基料的复写膏。这些制剂用于复制图案，涂布印刷机滚筒等。这些膏的组分不尽相同，但基本成分是明胶，并加入了不同比例的糊精及硫酸钡或甘油（用于制印刷机用油墨滚筒）或糖及填料（高岭土等）。

这些膏不论是以散装形式（箱装、桶装等）报验，还是以可即供使用形式（通常以纸或纺织物为衬背）报验，一律归入本品目。

本品目不包括印刷机用的涂有复印膏的油墨滚筒（品目84.43）。

（四十九）二乙酰酒石酸甘油单酯及二酯与磷酸三钙或碳酸钙的混合物，用作乳化剂。

本品目还不包括：

（一）作为副产品从硅、硅铁及氧化锆生产中收集的单独已有化学定义的微硅粉，通常用作混凝土、纤维水泥或耐火浇注料的火山灰质添加剂，以及聚合物的添加剂（品目28.11）。

（二）用于纺织、造纸、制革及类似工业的整理剂及其他产品或制剂（品目38.09）。

（三）品目68.06的隔热或吸音材料混合物及品目68.12的以石棉或石棉及碳酸镁为基本成分的混合物。

○

○　○

子目注释：

子目3824.89

含有短链氯化石蜡的混合物的贸易受《鹿特丹公约》和《斯德哥尔摩公约》的管制。

子目3824.91

子目3824.91所述混合物及制品的贸易受《关于禁止发展、生产、储存和使用化学武器及销毁此种武器的公约》（《禁止化学武器公约》）的管制。

子目3824.92

含有甲基膦酸聚乙二醇的混合物的贸易受《关于禁止发展、生产、储存和使用化学武器及销毁此种武器的公约》（《禁止化学武器公约》）的管制。

38.25　其他品目未列名的化学工业及其相关工业的副产品；城市垃圾；下水道淤泥；本章注释六所规定的其他废物：

10　—　城市垃圾

20　—　下水道淤泥

30　—　医疗废物

—　废有机溶剂：

41　——　卤化物的

49　——　其他

50　—　废的金属酸洗液、液压油、制动油及防冻液

—　其他化学工业及相关工业的废物：

61　——　主要含有有机成分的

69　——　其他

90　—　其他

一、其他品目未列名的化学工业及其相关工业的副产品

（一）碱性氧化铁，用于净化气体（尤其是煤气），含有不纯的三氧化铁，从铝土矿提取铝的某道工序中作为副产品获得。这些副产品还含有碳酸钠、硅石等。

（二）生产抗菌素时获得的残渣（称为“饼块”），其中抗菌素含量极低，适于配制复合动物饲料。

（三）氨液，从煤气浓缩而得的原煤焦油经沉淀后而得的水溶液部分，也可通过用洗涤煤气的水吸附氨气制得。在装运前通常加以浓缩。为浅棕色液体，用于制铵盐（特别是硫酸铵）及氨气的纯净浓缩水溶液。

（四）废氧化物。在用水提取煤气中大部分的氨后，煤气通过通常由沼铁矿或水合氧化铁、锯末及硫酸钙组成的块状物进行化学净化。这些块状物能除去煤气中的某些杂质（硫化氢、氢氰酸等）。当失效时，块状物含有硫、普鲁士蓝、少量铵盐及其他物质，人们称之为废氧化物。它们通常呈粉状或粒状，为浅绿色或浅棕色，气味难闻，主要用作硫及氰化物（尤其是普鲁士蓝）的原料并用作肥料或杀虫剂。

（五）通过所谓的石灰石膏烟道气脱硫（LG FGD）处理发电厂燃烧废气得到的残渣。这些残渣呈固态或浆状，能作进一步加工，在石膏板制作上用作天然石膏的替代品。但是，从这些残渣中分离出来的纯硫酸钙不包括在内（品目28.33）。

二、城市垃圾

本品目也包括从家庭、宾馆、餐厅、医院、商店、办公室等收集来的废物、马路和人行道的垃圾以及建筑垃圾或拆建垃圾。城市垃圾通常含有大量各种各样的材料，例如，塑料、橡胶、木材、纸张、纺织品、玻璃、金属、食物、破烂家具和其他已损坏或被丢弃的物品。

已从垃圾中分拣出来的单独的材料或物品（例如，废的塑料、橡胶、木材、纸张、纺织品、玻璃、金属和电池）不归入本品目而应归入本目录中的适当品目。（对化学工业及其相关工业的工业废料的归类，参见以下第四部分）。分类收集的上述废的材料或物品也应归入其适当品目。

三、下水道淤泥

下水道淤泥是经城市污水处理厂处理的淤泥，包括预处理的废料、洗涤污垢和性质不稳定的淤泥。

本品目不包括适合作为肥料用的性质稳定的淤泥（第三十一章）。但因含有对农业有害的其他材料（例如，重金属）而不适合作为肥料用的性质稳定的淤泥仍归入本品目。

四、本章注释六规定的其他废物

本品目包括本章章注六规定的一类范围广泛的废物。它们包括：

（一）医疗废物，即医学研究、诊断、治疗以及其他内科、外科、牙科或兽医治疗所产生的被污染的废物。这类废物通常含有病菌、药物和体液，需作专门处理（例如，脏的敷料，用过的手套及注射器）。

（二）废有机溶剂，通常来源于清洗过程，主要含有有机溶剂，不适合作原产品使用，不论其是否用于回收溶剂。

主要含有石油或从沥青矿物提取的油类的废油不归入本品目（品目27.10）。

（三）废的金属酸洗液、液压油、制动油及防冻液，不适合作原产品使用。它们通常用于回收原产品。

然而，本品目不包括用于回收金属或金属化合物的从废金属酸洗液制得的矿灰和残渣（品目26.20），以及主要含有石油或从沥青矿物提取的油类的废液压油和废制动油（品目27.10）；

（四）化学工业及其相关工业的其他废物。本组主要包括生产、配制及使用油墨、染料、颜料、油漆、大漆及清漆所产生的废物，城市垃圾及废有机溶剂除外。它们通常为多相混合物，可呈液态，也可呈半固态分散体，分散于水介质或非水介质中，粘度各有不同。它们在报验时不适合继续作为原产品使用。

然而，本品目不包括从生产、配制及使用油墨、染料、颜料、油漆、大漆及清漆所产生的废物中得到的、用于回收金属及其化合物的矿渣、矿灰及残渣（品目26.20），以及主要含有石油或从沥青矿物提取的油类的废油（品目27.10）。

38.26 生物柴油及其混合物，不含或含有按重量计低于70%的石油或从沥青矿物提取的油类

生物柴油由不同链长的脂肪酸单烷基酯组成，不溶于水，具有高沸点、低蒸发压，粘度与从石油得到的柴油相近。生物柴油的典型制法是由被称为酯交换反应的化学工艺制得，在催化剂作用下，油

脂中的脂肪酸与一种醇（通常是甲醇或乙醇）发生反应，生成所需的酯。

生物柴油可从植物油（例如，油菜籽、大豆、棕榈植物、向日葵、棉籽、小油桐）、动物脂肪（例如，猪油、牛脂）或者从已使用过的油脂（例如，煎炸油、回收烹饪油脂）制得。

生物柴油本身既不含石油也不含从沥青矿物中提取的油类，但可以与从石油或从沥青矿物中得到的馏分燃料（例如，柴油、煤油、燃油）混合。生物柴油可用作压燃式内燃机的燃料、供热或类似用途。

本品目不包括：

（一）含有按重量计70%或以上的石油或从沥青矿物中提取油类的混合物（品目27.10）。

（二）从植物油中得到的经完全脱氧仅含脂肪链烃的产品（品目27.10）。

38.27　其他品目未列名的，含甲烷、乙烷或丙烷的卤化衍生物的混合物：

— 含全氯氟烃（CFCs）的，不论是否含氢氯氟烃（HCFCs）、全氟烃（PFCs）或氢氟烃（HFCs）；含氢溴氟烃（HBFCs）的；含四氯化碳的；含1，1，1－三氯乙烷（甲基氯仿）的：

11　——　含全氯氟烃（CFCs）的，不论是否含氢氯氟烃（HCFCs）、全氟烃（PFCs）或氢氟烃（HFCs）

12　——　含氢溴氟烃（HBFCs）的

13　——　含四氯化碳的

14　——　含1，1，1－三氯乙烷（甲基氯仿）的

20　—　含溴氯二氟甲烷（Halon－1211）、三氟溴甲烷（Halon－1301）或二溴四氟乙烷（Halon－2402）的

— 含氢氯氟烃（HCFCs）的，不论是否含全氟烃（PFCs）或氢氟烃（HFCs），但不含全氯氟烃（CFCs）；

31　——　含子目2903.41至2903.48物质的

32　——　其他，含子目2903.71至2903.75物质的

39　——　其他

40　—　含溴化甲烷（甲基溴）或溴氯甲烷的

— 含三氟甲烷（HFC－23）或全氟烃（PFCs），但不含全氯氟烃（CFCs）或氢氯氟烃（HCFCs）的：

51　——　含三氟甲烷（HFC－23）的

59　——　其他

— 含其他氢氟烃（HFCs），但不含全氯氟烃（CFCs）或氢氯氟烃（HCFCs）的：

61　——　按重量计含15%及以上1，1，1－三氟乙烷（HFC－143a）的

62　——　其他，不归入上述子目，按重量计含55%及以上五氟乙烷（HFC－125），但不含无环烃的不饱和氟化衍生物（HFOs）的

63　——　其他，不归入上述子目，按重量计含40%及以上五氟乙烷（HFC－125）的

64　——　其他，不归入上述子目，按重量计含30%及以上1，1，1，2－四氟乙烷（HFC－134a）的，但不含无环烃的不饱和氟化衍生物（HFOs）

65　——　其他，不归入上述子目的，按重量计含20%及以上二氟甲烷（HFC－32）和20%及以上五氟乙烷（HFC－125）的

68　——　其他，不归入上述子目，含子目2903.41至2903.48所列物质的

69　——　其他

90 —　　其他

本品目包括含甲烷、乙烷或丙烷的卤化衍生物的混合物，也包括此类卤化衍生物与其他物质的混合物。

含甲烷、乙烷或丙烷的卤化衍生物的混合物的贸易受《关于消耗臭氧层物质的蒙特利尔议定书》的管制。

根据第六类注释四，其列名或功能既符合第六类中一个或多个品目的规定，又符合品目 38. 27 规定的产品，应按列名或功能归入相应品目，而不归入品目 38. 27。

第七类 塑料及其制品；橡胶及其制品

注释：

一、由两种或两种以上单独成分配套的货品，其部分或全部成分属于本类范围以内，混合后则构成第六类或第七类的货品，应按混合后产品归入相应的品目，但其组成成分必须同时符合下列条件：

（一）其包装形式足以表明这些成分不需经过改装就可以一起使用的；

（二）一起报验的；以及

（三）这些成分的属性及相互比例足以表明是相互配用的。

二、除品目 39.18 或 39.19 的货品外，印有花纹、文字、图画的塑料、橡胶及其制品，如果所印花纹、字画作为其主要用途，应归入第四十九章。

总 注 释

类注一：

本注释是关于由两种或两种以上单独成分配套而成，其部分或全部组分属于第七类的货品的归类问题；并仅适用于其各组分准备于混合后构成第六类或第七类产品的配套货品。这类配套货品只要其组分符合本类注释一（一）至（三）款的条件，则应按其混合后的产品归入相应的品目。

必须注意，本类注释一不包括虽由两种或两种以上单独成分配套而成，其部分或全部组分也属于第七类范围以内，但在使用时却是相继加入而不是预先混合的货品。这些货品如属零售包装，应按归类总规则［一般按规则三（二）］归类；如属非零售包装，则按各单独成分分别归类。

类注二：

品目 39.18 的货品（塑料地衣品或糊墙品）及品目 39.19 的货品（胶粘塑料板等），即使以所印的花纹、字符或图画为其主要用途，仍归入上述品目而不归入第四十九章。但所有其他本类所列的塑料或橡胶货品，如以所印花纹、字画作为主要用途，塑料或橡胶仅作为印刷品的载体的，均应归入第四十九章。

第三十九章 塑料及其制品

注释：

一、本协调制度所称“塑料”，是指品目 39.01 至 39.14 的材料，这些材料能够在聚合时或聚合后在外力（一般是热力和压力，必要时加入溶剂或增塑剂）作用下通过模制、浇铸、挤压、滚轧或其他工序制成一定的形状，成形后除去外力，其形状仍保持不变。

本协调制度所称“塑料”，还应包括钢纸，但不包括第十一类的纺织材料。

二、本章不包括：

（一）品目 27.10 或 34.03 的润滑剂；

（二）品目 27.12 或 34.04 的蜡；

（三）单独的已有化学定义的有机化合物（第二十九章）；

（四）肝素及其盐（品目 30.01）；

（五）品目 39.01 至 39.13 所列的任何产品溶于挥发性有机溶剂的溶液（胶棉除外），但溶剂的重量必须超过溶液重量的50%（品目32.08）；品目32.12的压印箔；

（六）有机表面活性剂或品目34.02的制剂；

（七）再熔胶及酯胶（品目38.06）；

（八）矿物油（包括汽油）或与矿物油用途相同的其他液体用的配制添加剂（品目38.11）；

（九）以第三十九章的聚乙二醇、聚硅氧烷或其他聚合物为基本成分配制的液压用液体（品目38.19）；

（十）附于塑料衬背上的诊断或实验用试剂（品目38.22）；

（十一）第四十章规定的合成橡胶及其制品；

（十二）鞍具及挽具（品目42.01）；品目42.02的衣箱、提箱、手提包及其他容器；

（十三）第四十六章的缏条、编结品及其他制品；

（十四）品目48.14的壁纸；

（十五）第十一类的货品（纺织原料及纺织制品）；

（十六）第十二类的物品（例如，鞋靴、帽类、雨伞、阳伞、手杖、鞭子、马鞭及其零件）；

（十七）品目71.17的仿首饰；

（十八）第十六类的物品（机器、机械器具或电气器具）；

（十九）第十七类的航空器零件及车辆零件；

（二十）第九十章的物品（例如，光学元件、眼镜架及绘图仪器）；

（二十一）第九十一章的物品（例如，钟壳及表壳）；

（二十二）第九十二章的物品（例如，乐器及其零件）；

（二十三）第九十四章的物品（例如，家具、灯具、照明装置、灯箱及活动房屋）；

（二十四）第九十五章的物品（例如，玩具、游戏品及运动用品）；或

（二十五）第九十六章的物品（例如，刷子、钮扣、拉链、梳子、烟斗的嘴及柄、香烟嘴及类似品、保温瓶的零件及类似品、钢笔、活动铅笔、独脚架、双脚架、三角架及类似品）。

三、品目39.01至39.11仅适用于化学合成的下列货品：

（一）采用减压蒸馏法，在压力转换为1013毫巴下的温度300℃时，以体积计馏出量小于60%的液体合成聚烯烃（品目39.01及39.02）；

（二）非高度聚合的苯并呋喃－茚树脂（品目39.11）；

（三）平均至少有五个单体单元的其他合成聚合物；

（四）聚硅氧烷（品目39.10）；

（五）甲阶酚醛树脂（品目39.09）及其他预聚物。

四、所称“共聚物”，包括在整个聚合物中按重量计没有一种单体单元的含量在95%及以上的各种聚合物。

在本章中，除条文另有规定的以外，共聚物（包括共缩聚物、共加聚物，嵌段共聚物及接枝共聚物）及聚合物混合体应按聚合物中重量最大的那种共聚单体单元所构成的聚合物归入相应品目。在本注释中，归入同一品目的聚合物的共聚单体单元应作为一种单体单元对待。

如果没有任何一种共聚单体单元重量为最大，共聚物或聚合物混合体应按号列顺序归入其可归入的最末一个品目。

五、化学改性聚合物，即聚合物主链上的支链通过化学反应发生了变化的聚合物，应按未改性的聚合物的相应品目归类。本规定不适用于接枝共聚物。

六、品目39.01至39.14所称“初级形状”，只限于下列各种形状：

（一）液状及糊状，包括分散体（乳浊液及悬浮液）及溶液；

（二）不规则形状的块，团、粉（包括压型粉）、颗粒、粉片及类似的散装形状。

七、品目 39.15 不适用于已制成初级形状的单一的热塑材料废碎料及下脚料（品目 39.01 至 39.14）。

八、品目 39.17 所称“管子”，是指通常用于输送或供给气体或液体的空心制品或半制品（例如，肋纹浇花软管、多孔管），还包括香肠用肠衣及其他扁平管。除肠衣及扁平管外，内截面如果不呈圆形、椭圆形、矩形（其长度不超过宽度的 1.5 倍）或正几何形，则不能视为管子，而应作为异型材。

九、品目 39.18 所称“塑料糊墙品”，适用于墙壁或天花板装饰用的宽度不小于 45 厘米的成卷产品，这类产品是将塑料牢固地附着在除纸张以外任何材料的衬背上，并且在塑料面起纹、压花、着色、印制图案或用其他方法装饰。

十、品目 39.20 及 39.21 所称“板、片、膜、箔、扁条”，只适用于未切割或仅切割成矩形（包括正方形）（含切割后即可供使用的），但未经进一步加工的板、片、膜、箔、扁条（第五十四章的物品除外）及正几何形块，不论是否经过印制或其他表面加工。

十一、品目 39.25 只适用于第二分章以前各品目未包括的下列物品：

（一）容积超过 300 升的囤、柜（包括化粪池）、罐、桶及类似容器；

（二）用于地板、墙壁、隔墙、天花板或屋顶等方面的结构件；

（三）槽管及其附件；

（四）门、窗及其框架和门槛；

（五）阳台、栏杆、栅栏、栅门及类似品；

（六）窗板、百叶窗（包括威尼斯式百叶窗）或类似品及其零件、附件；

（七）商店、工棚、仓库等用的拼装式固定大形货架；

（八）建筑用的特色（例如，凹槽、圆顶及鸽棚式）装饰件；以及

（九）固定装于门窗、楼梯、墙壁或建筑物其他部位的附件及架座，例如，球形把手、拉手、挂钩、托架、毛巾架、开关板及其他护板。

○

○ ○

子目注释：

一、属于本章任一品目项下的聚合物（包括共聚物）及化学改性聚合物应按下列规则归类：

（一）在同级子目中有一个“其他”子目的：

1. 子目所列聚合物名称冠有“聚（多）”的（例如，聚乙烯及聚酰胺 -6，6），是指列名的该种聚合物单体单元含量在整个聚合物中按重量计必须占 95% 及以上。

2. 子目 3901.30、3901.40、3903.20、3903.30 及 3904.30 所列的共聚物，如果该种共聚单体单元含量在整个聚合物中按重量计占 95% 及以上，即应归入上述子目。

3. 化学改性聚合物如未在其他子目具体列名，应归入列明为“其他”的子目内。

4. 不符合上述 1、2、3 款规定的聚合物，应按聚合物中重量最大的那种单体单元（与其他各种单一的共聚单体单元相比）所构成的聚合物归入该级其他相应子目。为此，归入同一子目的聚合物单体单元应作为一种单体单元对待。只有在同级子目中的聚合物共聚单体单元才可以进行比较。

（二）在同级子目中没有“其他”子目的：

1. 聚合物应按聚合物中重量最大的那种单体单元（与其他各种单一的共聚单体单元相比）所构成的聚合物归入该级相应子目。为此，归入同一子目的聚合物单体单元应作为一种单体单元对待。只有在同级子目中的聚合物共聚单体单元才可以进行比较。

2. 化学改性聚合物应按相应的未改性聚合物的子目归类。

聚合物混合体应按单体单元比例相等、种类相同的聚合物归入相应子目。

二、子目 3920.43 所称“增塑剂”，包括“次级增塑剂”。

总　注　释

一般来说，本章包括称为聚合物的物质及其半制品和制成品，但本章注释二所列不包括的除外。

聚合物

聚合物是由以一种或多种重复单体单元为特征的分子所组成。

聚合物可由化学结构相同或不同的多个分子相互反应形成，这一聚合物的形成过程称为聚合反应。广义来说，聚合反应包括以下几种主要类型的反应：

（一）加成聚合反应，一种不饱和烯烃分子通过相互简单加成而形成聚合物链为碳－碳键聚合物的反应，该反应过程不析出水或其他副产物。例如，由乙烯制得聚乙烯，以及由乙烯与乙烯基乙酸酯制得乙烯乙酸乙烯酯共聚物。此类聚合反应有时也称为简单聚合反应或共聚反应，即狭义的聚合或共聚反应。

（二）重排聚合反应，官能团中含有氧、氮或硫等原子的分子相互反应，在分子内重排及加成，形成以醚、酰胺、氨酯或其他键连接各链节的聚合物链的反应。反应中不析出水或其他副产物。例如，由甲醛制得聚甲醛、由己内酰胺制得聚酰胺－6及以多羟基化合物和二异氰酸制得聚氨基甲酸酯。此类聚合反应也称为聚合加成反应。

（三）缩合聚合反应，官能团中含有氧、氮或硫等原子的分子相互间产生缩合反应，形成以醚、酯、酰胺或其他键连接各单体单元的聚合物链的反应，反应中析出水或其他副产物。例如，由亚乙基二醇和对苯二酸制得的聚对苯二甲酸乙二酯、由六亚甲基二胺和己二酸制得的聚酰胺－6，6。此类聚合反应也称为缩合反应或缩聚反应。

聚合物可经化学改性，例如，聚乙烯或聚氯乙烯的氯化、聚乙烯的氯磺化、纤维素的乙酰化或硝化以及聚乙酸乙烯酯的水解。

聚合物的缩写名称

本章所述的许多聚合物的缩写名称是大家都熟知的。以下是部分常用缩写名称表：

ABS	丙烯腈－丁二烯－苯乙烯共聚物
CA	乙酸纤维素
CAB	乙酸丁酸纤维素
CP	丙醋纤维素
CMC	羧甲基纤维素
CPE	氯化聚乙烯
EVA	乙烯乙酸乙烯酯共聚物
HDPE	高密度聚乙烯
LDPE	低密度聚乙烯
LLDPE	线性低密度聚乙烯
PBT	聚对苯二甲酸丁二酯
PDMS	聚二甲基硅氧烷
PE	聚乙烯
PEOX	聚乙烯氧化物（聚氧乙烯）
PET	聚对苯二甲酸乙二酯
PIB	聚异丁烯

PMMA	聚甲基丙烯酸甲酯
PP	聚丙烯
PPO	聚苯醚
PPOX	聚丙烯氧化物（聚氧丙烯）
PPS	聚苯硫醚
PS	聚苯乙烯
PTFE	聚四氟乙烯
PVAC	聚乙酸乙烯酯
PVAL	聚乙烯醇
PVB	聚乙烯醇缩丁醛
PVC	聚氯乙烯
PVDF	聚偏二氟乙烯
PVP	聚乙烯吡咯烷酮
SAN	苯乙烯－丙烯腈共聚物

值得注意的是，商品聚合物有时含有比其缩写名称所述的单体单元要多［例如，线性低密度聚乙烯（LLDPE）基本上是乙烯聚合物，但含有少量（通常在5%以上）的α-烯烃单体单元］。此外，聚合物中单体单元的相对含量无须与其缩写名称所列次序相一致［例如，丙烯腈－丁二烯－苯乙烯（ABS）共聚物以苯乙烯为其主要单体单元］。

因此，聚合物缩写名称只起指南作用。在任何情况下，归类都应根据有关章注、子目注释的规定及聚合物中单体单元的构成来进行（参见本章注释四及子目注释）。

塑料

所称“塑料”，是指由本章注释一所规定的品目39.01至39.14的材料。这些材料能够在聚合时或聚合后在外力（一般是热力和压力，必要时加入溶剂或增塑剂）作用下通过模制、浇铸、挤压、滚轧或其他工序制成一定的形状，成形后除去外力，其形状仍保持不变。本协调制度所称“塑料”，还包括钢纸。

但所称“塑料”不适用于第十一类的纺织材料。必须注意，“塑料”这一定义适用于整个协调制度。

所称“聚合反应”，是指广义上的任何形成聚合物的反应方法，包括加成聚合反应、重排聚合反应及缩合聚合反应（缩聚反应）。

本章中的材料，如果可反复加热软化成形而制成制品（例如，浇铸后冷却固化），称为“热塑性塑料”。如果可通过或已通过化学或物理方法（例如，加热）制成不熔性产品，称为“热固性塑料”。

塑料的用途极为广泛，但以其为原料制得的许多物品并不归入本章（参见本章注释二）。

本章的一般安排

全章分为两个分章，第一分章包括初级形状的聚合物，第二分章包括废碎料及下脚料、半制品及制成品。

在第一分章中，品目39.01至39.11的初级形状产品是以化学合成制得的。品目39.12及39.13的初级形状产品则包括天然聚合物及经化学处理的天然聚合物。品目39.14包括以品目39.01至39.13的聚合物为基料制得的离子交换剂。

在第二分章中，品目39.15包括塑料的废碎料及下脚料。品目39.16至39.25包括塑料的半制品或列名的塑料制品。品目39.26是“篮子”品目，它包括其他品目未列名的塑料制品及品目39.01至39.14所列其他材料制成的物品。

品目 39.01 至 39.11 的范围

本章注释三规定了这些品目的范围。它们仅适用于通过化学合成制得并且属于下列种类的货品：

（一）液体合成聚烯烃，从乙烯、丙烯、丁烯及其他烯烃制得的聚合物。采用减压蒸馏法，在压力转换为 1013 毫巴下的温度 300℃时，以体积计馏出量如果小于 60% 的液体合成聚烯烃应归入品目 39.01 或 39.02。

（二）非高度聚合的苯并呋喃－茚树脂，由煤焦油中提取的混合单体（包括苯并呋喃或茚）共聚合所得（品目 39.11）。

（三）平均至少有一个连续不间断结构的五个单体单元的其他合成聚合物，包括本章注释一所规定的塑料。

在计算本章注释三（三）所述的单体单元平均数时，缩聚物及某些重排聚合物可具有不止一种单体单元，每种单体单元又具有不同的化学结构。单体单元是聚合过程中单个单体分子所产生的最大结构单元，但切勿将其与结构重复单元相混淆。结构重复单元是最小的结构单元，通过结构重复构成聚合物。同时也不应将其与所称的单体相混淆，单体是构成聚合物的单个分子。

例如：

1. 聚氯乙烯

下列聚合链表示三个单体单元：

$$—CH_2—CHCl—CH_2—CHCl—CH_2—CHCl—$$

1 2 3

单体	单体单元	结构重复单元
氯乙烯 ($CH_2=CHCl$)	$-CH_2-CHCl-$	$-CH_2-CHCl-$

（在这种情况下，单体单元与结构重复单元相同）

2. 聚酰胺—6，6

下列聚合链表示四个单体单元：

$$—NH—(CH_2)_6—NH—\overset{\overset{O}{\|}}{C}—(CH_2)_4—\overset{\overset{O}{\|}}{C}—NH—(CH_2)_6—NH—\overset{\overset{O}{\|}}{C}—(CH_2)_4—\overset{\overset{O}{\|}}{C}—$$

1 2 3 4

单体	单体单元
1，6－己二胺 $[NH_2-(CH_2)_6-NH_2]$	$-NH-(CH_2)_6-NH-$
及	及
1，6－己二酸 $[HOOC-(CH_2)_4-COOH]$	$-\overset{\overset{O}{\|}}{C}-(CH_2)_4-\overset{\overset{O}{\|}}{C}-$

结构重复单元

$$—NH—(CH_2)_6—NH—\overset{\overset{O}{\|}}{C}—(CH_2)_4—\overset{\overset{O}{\|}}{C}—$$

（在这种情况下，有两种不同的单体单元，而结构重复单元则由这两种不同的单体单元构成）。

3. 乙烯－乙酸乙烯酯共聚物

下列聚合链代表六个单体单元：

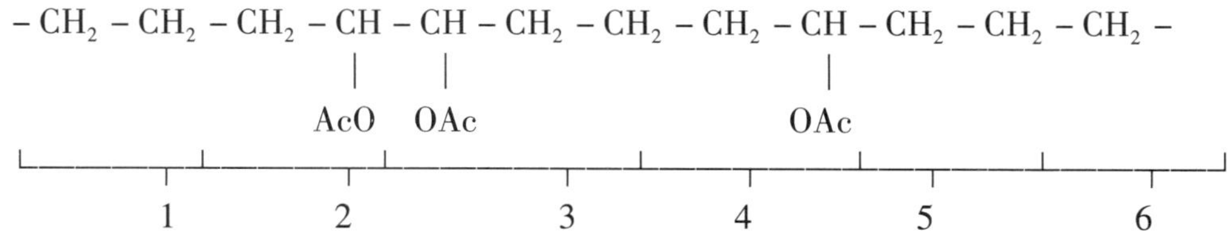

（这里的 Ac 相当于 $CH_3-C(=O)-$）

单体	单体单元	结构重复单元
乙烯 ($CH_2=CH_2$) 及 乙酸乙烯酯 ($CH_2=CH-OAc$)	$-CH_2-CH_2-$ 及 $-CH_2-CH(OAc)-$	(*)

（四）聚硅氧烷，未有化学定义的产品，分子中含有一个以上的硅－氧－硅键，其所含有机基团通过硅碳键与硅原子直接连接（品目 39.10）。

（五）甲阶酚醛树脂（品目 39.09）及其他预聚物。预聚物是以单体单元的某些重复为特征的产品，但也可以含有未起反应的单体。预聚物一般不直接使用，通常经进一步聚合后转变为更高分子量的聚合物。因此，所称预聚物不包括制成的产品，例如，二异丁烯（品目 27.10）或分子量非常低的聚氧乙烯（聚乙二醇）（品目 38.24）。预聚物的品种有，例如，以双酚 A 或酚醛为基本成分、用表氯醇环氧化而得的环氧化物，以及聚合异氰酸酯。

共聚物及聚合物混合体

“共聚物”一词已在本章注释四有了界定，即在整个聚合物中按重量计没有一种单体单元的含量在 95% 及以上的聚合物。

因此，由 96% 的丙烯单体单元及 4% 的其他烯烃单体单元组成的聚合物，不能视为是一种共聚物。

共聚物包括共缩聚产品、共加聚产品、嵌段共聚物及接枝共聚物。

嵌段共聚物是由至少两种在共聚主链成段存在的不同单体单元组分组成的共聚物（例如，含有聚乙烯与聚丙烯交替链段的乙烯与丙烯共聚物）。

接枝共聚物是由许多带具有一种不同单体单元成分聚合物枝链的聚合物主链组成的共聚物。例如，苯乙烯－丁二烯的接－聚苯乙烯共聚物（即聚苯乙烯接枝到苯乙烯－丁二烯共聚物上）以及聚丁二烯－接－苯乙烯－丙烯腈共聚物。

共聚物（包括共缩聚物、共加聚物，嵌段共聚物及接枝共聚物）及聚合物混合体的归类，应按本章注释四的规定办理。除条文另有规定的以外，这些产品应按聚合物中重量最大的那种共聚单体所构成的聚合物归入相应品目。为此，聚合物所含的归入同一品目的共聚单体单元，应整体视作一种单一的共聚单体单元对待。

如果没有任何一种共聚单体单元（或其各种聚合物均归入同一品目的多种共聚单体单元）重量为最大，共聚物或聚合物混合体应按号列顺序归入其可归入的最末一个品目。

例如，氯乙烯－乙酸乙烯酯共聚物，如果含有 55% 的氯乙烯单体单元应归入品目 39.04，但如果

* 在这种情况下，单体单元是无规则取向的，而结构重复单元概念不适用。

含有55%的乙酸乙烯酯单体单元则归入品目39.05。

同样，由45%乙烯、35%丙烯及20%异丁烯的单体单元组成的共聚物应归入品目39.02，因为丙烯及异丁烯单体单元的聚合物均归入品目39.02，两者合起来占共聚物的55%，超过了乙烯单体单元。

由55%的聚氨基甲酸酯（以二异氰酸甲苯及聚醚多羟基化合物为基料的）及45%聚亚二甲苯基氧化物组成的聚合物混合体应归入品目39.09，因为聚氨基甲酸酯的单体单元超过了聚亚二甲苯基氧化物的单体单元。根据聚氨基甲酸酯的定义，它的所有单体单元，包括构成聚氨基甲酸酯一部分的聚醚多羟基化合物的单体单元，均作为归入品目39.09的聚合物的单体单元对待。

化学改性聚合物

化学改性聚合物，即聚合物主链上的支链通过化学反应发生了变化的聚合物，应按未改性的聚合物的相应品目归类（参见本章注释五）。本规定不适用于接枝共聚物。

例如，氯化聚乙烯及氯磺化聚乙烯应归入品目39.01。

聚合物经化学改性形成活性环氧基团，成为环氧树脂（参见品目39.07的注释），应归入品目39.07。例如，用表氯醇进行化学改性的酚醛树脂应作为环氧树脂归类，而不应作为品目39.09的化学改性酚醛树脂归类。

聚合物混合体中所含任何一种聚合物如已化学改性，则整个混合体均视为已经化学改性。

初级形状

品目39.01至39.14仅包括初级形状的货品。所称“初级形状”的范围，本章注释六已有规定，仅适用于下列形状：

（一）液状及浆状。此类材料可以是需经加热或其他方法“熟化”以制成材料的基本聚合物，也可以是分散体（乳液及悬浮液）或未熟化或部分熟化材料的溶液。除了“熟化”所需的物质［例如，硬化剂（交联剂）或其他共反应剂及促进剂］外，此类材料可含有增塑剂、稳定剂、填料及着色料等主要使成品具有特殊的物理性能或其他所需特性的物质。这些液状和浆状材料可用于浇铸、压挤等，也可用作浸渍材料、表面涂料、清漆或油漆的基料、胶水、增稠剂及絮凝剂等。

如果加入了某种物质，所得产品更为具体地列入协调制度的其他品目的，这些产品则不归入第三十九章，例如：

1. 调制胶，参见本章总注释末尾所列不包括货品的第（二）款。

2. 制成的矿物油添加剂（品目38.11）。

还应注意，以品目39.01至39.13所列的任何产品溶解在挥发性有机溶剂中所构成的溶液（胶棉除外），如果溶剂重量超过溶液总重50%的，则不归入本章而应归入品目32.08［参见本章注释二（五）］。

不含溶剂的液状聚合物，明显只能作为清漆使用（靠加热、大气中水分或氧的作用而不需加入硬化剂来成膜），应归入品目32.10。不是明显只能作为清漆使用的归入本章。

配比了添加剂使产品适合专门用作粘合剂的初级形状聚合物应归入品目32.14。

（二）粉状、粒状及鳞片状。此类形状的材料可用于模型、制造清漆及胶水等，还用作增稠剂和絮凝剂等。它们由在模塑及熟化处理时变为塑料的未塑化材料构成，或由加入了增塑剂的材料构成；这些材料可以混有填料（例如，木粉、纤维素、纺织纤维、矿物质、淀粉）、着色料及上述第（一）款所列的其他物质。粉末可用于通过静电或非静电加热涂覆物品等。

（三）不规则块状、团状及类似散装形状，不论是否含有上述第（一）款所列的填料、着色料或其他物质。规则几何状的块料不属初级形状范围，应视为“板、片、膜、箔、带”（参见本章注释十）。

由单一种类的热塑性材料的废碎料及下脚料制得的初级形状材料，应归入品目39.01至39.14（根据构成材料归类），而不能归入品目39.15（参见本章注释七）。

管子

品目39.17所称“管子”，按本章注释八规定解释。

品目39.20或39.21的板、片、膜、箔、带

品目39.20及39.21所称“板、片、膜、箔、带”，按本章注释十规定解释。

此类板、片等，不论是否经表面加工（包括将板、片等切成矩形或正方形），如果经磨边、钻孔、铣削、卷边、绞拧、镶框及其他加工，或切成矩形（包括正方形）以外的其他形状，一般应归入品目39.18、39.19或39.22至39.26。

泡沫塑料

泡沫塑料是在整体内部遍布无数微孔（敞开、封闭或两者兼有）的塑料，包括多孔塑料、海绵塑料及微孔塑料。它们有软有硬。

泡沫塑料的生产方法有多种，包括在塑料中混入气体（例如，机械混合、低沸点溶剂蒸发、产气材料降解）、混入中空的微型球体（例如，玻璃或酚醛树脂球体）、烧结塑料微粒及混入可从塑料沥出后留下空洞的水或溶剂溶解材料。

塑料与纺织品的复合制品

符合本章注释九规定的糊墙品应归入品目39.18。其他塑料与纺织品的复合制品则主要按照第十一类注释一（八）款、第五十六章注释三和第五十九章注释二的规定进行归类。本章还包括下列产品：

（一）以塑料浸渍、涂布、包覆或层压的毡，其中纺织材料占总重量的50%及以下，以及完全嵌入塑料中的毡；

（二）完全嵌入塑料的或两面均完全涂以或覆以塑料的纺织物及无纺织物，但所涂覆的塑料须能够用肉眼分辨出来（涂覆引起的颜色变化不计在内）；

（三）经塑料浸渍、涂布、包覆或层压的纺织物，在温度15~30℃之间时用手将其绕在一个直径为7毫米的圆筒上会断裂的；

（四）泡沫塑料与纺织物（第五十九章注释一所规定的）、毡或无纺织物复合制成的板、片及带，其中的织物仅起增强作用的。

对此，无花式、未漂白、漂白或匀染的纺织物、毡或无纺织物如仅附在这些板、片及带的一面，应视为仅起增强作用。而使用花式、印花或更为精细加工（例如，拉绒）的纺织品及特种产品，如起绒织物、网眼薄纱、花边及品目58.11的纺织产品，均应视为超出仅起增强作用。

两面均用纺织物盖面的泡沫塑料板、片及带，不论织物的性质如何，都不归入本章（通常归入品目56.02、56.03或59.03）。

塑料与纺织品以外其他材料的复合制品

本章还包括由一道或多道工序制成的下列产品，只要这些产品仍保持塑料制品的基本特征：

（一）嵌有其他材料（金属丝、玻璃纤维等）制成的增强物或支撑网的塑料板、片等。

（二）用其他材料（例如，金属箔、纸板等）隔层的塑料板、片等。

两面均用一层薄塑料保护膜覆盖的纸或纸板制成的纸品，如仍保留纸或纸板的基本特征，不应归入本章（一般归入品目48.11）。

（三）纸质增强层压塑料片，以及在一层纸或纸板上涂以或覆以一层塑料，其塑料层厚度超过总厚度一半以上的产品，但品目48.14的壁纸除外。

（四）由浸渍了塑料的玻璃纤维或纸张压制而成的产品，但要具有硬挺的特征（如其只具有纸张或玻璃纤维制品的特征时，则应酌情归入第四十八章或第七十章）。

上述规定也适用于化纤单丝、条、杆、管等型材及制成品等。

必须注意，贱金属制成的纱、网仅简单地用塑料浸渍，即使由于浸渍网眼为塑料所填的，也不包括在本章内（第十五类）。

对于木片与塑料片夹层构成的板、片，如果木片仅起支撑或增强作用的，仍归入本章；但如果塑料仅起辅助作用（例如，作为高级贴面薄板的衬基），则不归入本章（第四十四章）。另外请注意，由木片与塑料片夹层构成的建筑用镶板，一般都归入第四十四章（参见该章总注释）。

*

*　*

除注释二所列的货品外，本章还不包括：

（一）具有第三十二章产品特征的含着色料浓缩分散体的塑料，详见品目32.04的注释［含着色料浓缩分散体的塑料参见第一节第（三）款；有机发光体，例如，含若丹明B的塑料，参见第二节第（二）款］，品目32.05的注释（含色淀浓缩分散体的塑料，参见第七段），以及品目32.06的注释［含其他着色料浓缩分散体的塑料，参见第一节第六段第（一）款］；

（二）以品目39.01至39.13的聚合物或混合体专门配制用作粘合剂的制品，这些制品除了含有本章允许添加的物质（填料、增塑剂、溶剂、颜料等）以外，还可含有不归入本章的其他添加物质（例如，蜡、松香酯、未改性天然虫胶）；以及用品目39.01至39.13所列产品制成零售包装的胶水或粘合剂，净重不超过1千克的（品目35.06）。

（三）印有花纹、字符或图画的塑料及其制品（品目39.18或39.19的货品除外），其所印花纹、字符或图画是作为主要用途的（第四十九章）。

○

○　○

子目注释：

本子目注释为聚合物（包括共聚物）、化学改性聚合物及聚合物混合体的子目归类规则。在产品归入子目前，必须首先根据本章注释四及注释五（参见本章总注释）的规定确定适当的品目。

聚合物（包括共聚物）、化学改性聚合物的归类

根据本子目注释的规定，聚合物（包括共聚物）及化学改性聚合物应视同级子目中有无列明为“其他”的子目，而分别按照本子目注释的第一条或第二条的规定确定归类。

列明为“其他”的子目，不包括诸如“其他聚酯”和“其他塑料制”之类的子目。

所称“同级”，是指同一数级的子目，即五位数级（一级）子目或六位数级（二级）子目（参见归类总规则第六条的注释）。

必须注意，某些品目（例如，品目39.07）下同时列有两种数级的子目。

一、在同级子目中有列明为“其他”的子目的归类

（一）本子目注释第一条（一）款规定，聚合物名称冠有“聚（多）”的（例如，聚乙烯及聚酰胺－6，6），是指列名的该种聚合物单体单元含量在整个聚合物中按重量计必须占95%及以上。对于以类列名的聚合物名称冠有“聚（多）”的（例如，子目3911.10的多萜树脂），所有该类的单体单元（例如，多萜树脂的各种单体单元）含量在聚合物中按重量计必须占95%及以上。

值得强调的是，这一规定仅适用于子目所列的聚合物，而它们的同级子目中又有一个列明为“其他”的子目。

例如，由96%的乙烯单体单元和4%的丙烯单体单元组成，比重在0.94及以上的聚合物（根据本章注释四的规定，它属于一种品目39.01的聚合物），应作为聚乙烯归入子目3901.20，因为乙烯单体单元含量在整个聚合物中已占95%以上，而在同级子目中又有一个列明为“其他”的子目。

上述关于聚合物名称冠有“聚（多）”的规定对于聚乙烯醇来说，并不要求名为乙烯醇的单体单元按重量计占95%及以上。然而，乙烯乙酸酯和乙烯醇两者的单体单元含量在聚合物中按重量计必须达到95%及以上。

（二）本子目注释第一条（二）款是关于子目3901.30、3901.40、3903.20、3903.30及3904.30所列产品的归类问题。

归入这五个子目的共聚物，其子目所列聚合物的单体单元含量按重量计必须占95%及以上。

例如，由61%的氯乙烯、35%的乙烯乙酸酯和4%的马来酐的单体单元组成的共聚物（一种品目39.04的聚合物），应作为氯乙烯-乙烯乙酸酯共聚物归入子目3904.30，因为氯乙烯和乙烯乙酸酯两者的单体单元含量在整个聚合物中已占96%。

另一方面，由60%的苯乙烯、30%的丙烯腈和10%的甲苯乙烯的单体单元组成的共聚物（一种品目39.03的聚合物），应归入子目3903.90（列明为“其他”的子目）而不归入子目3903.20，因为苯乙烯和丙烯腈两者的单体单元含量在整个聚合物中仅占90%。

（三）本子目注释第一条（三）款是关于化学改性聚合物的归类问题。这些聚合物如未在其他子目中具体列名，应归入列明为“其他”的子目内。本子目注释想说明，化学改性聚合物与未改性聚合物并非归入同一个子目，除非未改性聚合物本身也归入列明为“其他”的子目。

例如，氯化或氯磺化聚乙烯是品目39.01的化学改性聚乙烯，应归入子目3901.90（“其他”子目）。

另一方面，通过水解聚乙烯乙酸酯制取的聚乙烯醇应归入已具体列名的子目3905.30。

（四）本子目注释第一条（四）款：不能根据第一条（一）、（二）或（三）款规定归类的聚合物应归入列明为“其他”的子目，除非在该同级子目中有列名更为具体的子目，该子目包括了与其他各种单体单元相比重量最大的那种单体单元的聚合物。为此，归入同一子目的聚合物的单体单元应作为一种单体对待。只有在同级子目中的聚合物的单体单元才可以进行比较。

具体列名的子目所列名称具有一定格式，即聚XXX、XXX共聚物或XXX聚合物［例如，丙烯共聚物（子目3902.30）、含氟聚合物（子目3904.61及3904.69）］。

要归入这些子目，仅需要有关子目所列名的单体单元含量超过每种同级子目所列的其他单体单元即可，也就是说，有关子目所列名的单体单元在同级子目的聚合物总含量中不一定超过50%。

例如，由40%的乙烯和60%的丙烯的单体单元组成的乙烯-丙烯共聚物（一种品目39.02的聚合物），应作为一种丙烯共聚物归入子目3902.30，因为丙烯是归类时应考虑的唯一所含单体单元。

同样，由45%的乙烯、35%丙烯和20%异丁烯的单体单元组成的共聚物（一种品目39.02的聚合物）应归入子目3902.30，因为只有丙烯和异丁烯的单体单元进行比较（乙烯单体单元不参与比较），而丙烯单体单元超过了异丁烯单体单元。

另一方面，由45%的乙烯、35%异丁烯和20%丙烯的单体单元组成的共聚物（一种品目39.02的聚合物）应归入子目3902.90，因为只有异丁烯和丙烯的单体单元进行比较，而异丁烯单体单元超过了丙烯单体单元。

二、在同级子目中没有列明为“其他”的子目的归类

（一）本子目注释第二条（一）款规定了如果在同级子目中没有列明为“其他”的子目，按重量计超过其他各种单体单元并且在有关子目列名的那种单体单元的聚合物应如何归类的问题。为此，归入同一子目的单体单元应作为一种单体对待。

本规定与本章注释四所述的聚合物在品目的归类方法相类似。

所实行的最大单体单元的概念，不包括聚合物含有不归入有关同级子目中的单体单元的情况。因此，只有在有关同级子目中的聚合物单体单元才可以进行比较。

例如，由尿素和苯酚与甲醛缩聚而成的共缩聚物（品目39.09的聚合物），如果尿素单体单元超过了苯酚单体单元，应归入子目3909.10；如果苯酚单体单元超过了尿素单体单元，则应归入子目

3909.40，因为在同级子目中没有列明为“其他”的子目。

应该记住，本子目注释第一条（一）款关于聚合物名称冠有“聚（多）”的规定，不适用于这里所述的子目。

例如，含有聚碳酸酯和聚对苯二甲酸乙二酯的单体单元的共聚物，如果前者重量大于后者应归入品目3907.40；如果后者重量大于前者应归入子目3907.61或3907.69，因为在同级子目中没有列明为“其他”的子目。

（二）本子目注释第二条（二）款是关于化学改性聚合物的归类问题。如果在有关同级子目中没有列明为“其他”的子目，它们应与未改性聚合物归入同一子目。

例如，乙酰化的酚醛树脂（品目39.09的聚合物）应作为酚醛树脂归入子目3909.40，因为在同级子目中没有列明为“其他”的子目。

聚合物混合体的归类

本子目注释一的最后一段是关于聚合物混合体归类的规定。它们应按单体单元比例相等、种类相同的聚合物归入相应子目。

以下是说明聚合物混合体归类的例子：

——由96%的聚乙烯和4%的聚丙烯组成，比重大于0.94的聚合物混合体，应作为聚乙烯归入子目3901.20，因为乙烯单体单元占整个聚合物含量的95%以上。

——由60%的聚酰胺－6和40%的聚酰胺－6，6组成的聚合物混合体应归入子目3908.90（“其他”子目），因为聚合物中两者的单体单元含量均未达到整个聚合物含量的95%及以上。

——由聚丙烯（45%）、聚对苯二甲酸丁二酯（42%）和聚间苯二甲酸乙二酯（13%）组成的混合体应归入品目39.07，因为其所含两种聚酯单体单元合起来超过了聚丙烯单体单元。考虑聚对苯二甲酸丁二酯和聚间苯二甲酸乙二酯单体单元时，不应考虑其在混合体中如何化合成独立的聚合物。在这个例子中，一个聚对苯二甲酸丁二酯单体单元和另一个聚间苯二甲酸乙二酯单体单元均与聚对苯二甲酸乙二酯所含的单体单元为相同的单体单元。然而，该混合体应归入子目3907.99，因为在仅考虑聚酯的单体单元的情况下，按照正确的化学计量比，所含“其他聚酯”的单体单元超过了聚对苯二甲酸乙二酯的单体单元。

第一分章　初级形状

39.01　**初级形状的乙烯聚合物：**

10　—　**聚乙烯，比重小于0.94**

20　—　**聚乙烯，比重在0.94及以上**

30　—　**乙烯－乙酸乙烯酯共聚物**

40　—　**乙烯－α-烯烃共聚物，比重小于0.94**

90　—　**其他**

本品目包括聚乙烯及化学改性聚乙烯（例如，氯化聚乙烯及氯磺化聚乙烯），还包括乙烯为主要共聚单体单元的乙烯共聚物（例如，乙烯－乙酸乙烯酯共聚物及乙烯－丙烯共聚物）。有关聚合物（包括共聚物）、化学改性聚合物及聚合物混合体的归类，参见本章总注释。

聚乙烯是一种具有广泛用途的半透明材料。低密度聚乙烯（LDPE），即在温度20℃时比重低于0.94的聚乙烯（以不含任何添加剂的聚合物为基准测定），大量用作包装薄膜，特别是用于食品包装，以及作为纸张、纤维板、铝箔等的涂层、电器绝缘材料，还可用于制造各种日用品和玩具等。高密度聚乙烯（HDPE）是在温度20℃时比重为0.94及以上的聚乙烯（以不含任何添加剂的聚合物为基准测定），用于制造各种吹塑或注塑制品、编织袋、油罐，以及挤出成型的管材等。乙烯－乙酸乙烯乙酯共聚物适用于制造卡口盖、容器内包装衬里及拉伸包装薄膜。本品目还包括线型低密度聚乙烯（LLDPE），以及其他共聚物（热塑性弹性体），该类热塑性弹性体比重小于0.94，其中按重量计α-烯烃单体含量大于等于25%但小于50%。

本品目不包括：

（一）不符合本章注释三（一）款规定的液状合成聚乙烯（品目27.10）。

（二）聚乙烯蜡（品目34.04）。

39.02　初级形状的丙烯或其他烯烃聚合物：

10　—　聚丙烯

20　—　聚异丁烯

30　—　丙烯共聚物

90　—　其他

本品目包括除乙烯外的所有烯烃聚合物（即含一个或多个双键的无环烃）。本品目中重要的聚合物有：聚丙烯、聚异丁烯及丙烯共聚物。有关聚合物（包括共聚物）、化学改性聚合物及聚合物混合体的归类，参见本章总注释。

聚丙烯的一般物理性能与高密度聚乙烯相似。聚丙烯及丙烯共聚物也有着广泛的用途，用于制造，例如，包装薄膜，汽车、仪表及家用器具等的模制零件，电缆、电线的外皮，食物容器的封盖，涂层及层压制品，瓶，托盘，精密设备的包装容器，导管，槽罐衬里，化工厂的管道系统，以及簇绒地毯的衬背。

经充分聚合的聚异丁烯类似橡胶，但因不符合合成橡胶的定义而不能归入第四十章。它用作防水涂层及使其他塑料改性。

稍经聚合并符合本章注释三（一）款规定的聚异丁烯也归入本品目。它是一种粘滞的液体，可用于改进润滑油的性能。

本品目不包括与本章注释三（一）款规定不符的液状合成异丁烯或其他液状合成聚烯烃（品目27.10）。

39.03　初级形状的苯乙烯聚合物：

—　聚苯乙烯：

11　——　可发性的

19　——　其他

20　—　苯乙烯－丙烯腈（SAN）共聚物

30　—　丙烯腈－丁二烯－苯乙烯（ABS）共聚物

90　—　其他

本品目包括聚苯乙烯及苯乙烯共聚物。最主要的苯乙烯共聚物有苯乙烯－丙烯腈（SAN）共聚物、丙烯腈－丁二烯－苯乙烯（ABS）共聚物及苯乙烯－丁二烯共聚物。大部分以丁二烯为主要成分的苯乙烯－丁二烯共聚物都符合第四十章注释四的规定，因而作为合成橡胶归入第四十章。有关聚合物（包括共聚物）、化学改性聚合物及聚合物混合体的归类，参见本章总注释。

未发泡聚苯乙烯是一种无色透明的热塑材料，广泛应用于无线电和电器工业方面，也用于包装，例如，用作食品及化妆品的包装材料，还可用于制造玩具、钟壳及唱片。

发泡（微孔）聚苯乙烯由于含有发泡过程中产生的气体而具有较低的堆积密度，广泛地作为绝热材料用于电冰箱门、空调机隔套、冷藏装置、冷藏展销柜，以及应用于建筑业中，还可用于制造一次性包装及餐具。

某些苯乙烯化学改性共聚物是离子交换剂（品目39.14）。

具有高抗张强度、良好的可塑性及抗化学性的苯乙烯－丙烯腈（SAN）共聚物，可用于制杯子、打字机键、冰箱零件、滤油杯及某些厨房设备。具有高抗冲击强度及耐久性的丙烯腈－丁二烯－苯乙烯（ABS）共聚物可用于制造机动车车体、电冰箱门、电话机、瓶子、鞋跟、机器外壳、水管、建筑板材及船舶等的零、附件。

39.04　初级形状的氯乙烯或其他卤化烯烃聚合物：

10　—　聚氯乙烯，未掺其他物质

其他聚氯乙烯：

21　——　未塑化

22　——　已塑化

30　—　氯乙烯－乙酸乙烯酯共聚物

40　—　其他氯乙烯共聚物

50　—　偏二氯乙烯聚合物

—　氟聚合物：

61　——　聚四氟乙烯

69　——　其他

90　—　其他

本品目包括聚氯乙烯（PVC）、氯乙烯共聚物、亚乙烯基二氯聚合物、氟聚合物及其他卤化烯烃聚合物。有关聚合物（包括共聚物）、化学改性聚合物及聚合物混合体的归类，参见本章总注释。

聚氯乙烯（PVC）是一种无色硬质材料，热稳定性差并在加热时会粘附在金属表面，因而通常需要加入稳定剂、增塑剂、增量剂、填料等，使其成为有用的塑料。柔韧的聚氯乙烯（PVC）片材广泛地作为防水材料用于制造帘幕、围裙、雨衣等，以及作为高级人造革用于各种客运工具、家具及内部装饰。硬质聚氯乙烯（PVC）片材可用于制造盖子、管道、槽罐衬料及其他许多种类的化工厂设备，还有常见的聚氯乙烯地面砖。

最重要的氯乙烯共聚物是氯乙烯－乙酸乙烯酯共聚物，主要用于制造唱片和地衣品。

偏二氯乙烯共聚物大量用于制造食品包装材料、家具革、纤维、鬃丝、乳胶涂料及化工生产装置的管道。

聚四氟乙烯（PTFE）是最重要的氟聚合物之一，它广泛应用于电子、化工、机械工业中。由于具有耐高温性能，是优异的绝缘材料；同时又具有耐化学品性，基本不为化学物质毁损。

其他氟聚合物包括三氟氯乙烯、聚偏氟乙烯等。

39.05　初级形状的乙酸乙烯酯或其他乙烯酯聚合物；初级形状的其他乙烯基聚合物：

—　聚乙酸乙烯酯：

12　——　水分散体

19　——　其他

—　乙酸乙烯酯共聚物：

21　——　水分散体
29　——　其他
30　—　聚乙烯醇，不论是否含有未水解的乙酸酯基
　　—　其他：
91　——　共聚物
99　——　其他

本品目包括品目39.04所列货品以外的所有乙烯基聚合物。乙烯基聚合物是一种单体为下列分子式的聚合物：$CH_2=C\langle^{H}_{X}$，其中C—X键既不是碳－碳键，也不是碳－氢键。聚乙烯基甲酮中的C—X键是碳—碳键，因此不归入本品目（品目39.11）。

在乙酸乙烯酯及其他乙烯酯聚合物中，聚乙酸乙烯酯是最为重要的一种。这种聚合物因太软及弹性太大而不适合于制造物品，一般用于制造清漆、涂料、粘合剂、纺织用整理剂及浸渍剂等。聚乙酸乙烯酯的溶液及分散体（乳浊液和悬浮液）可作为粘合剂等使用。

聚乙烯醇通常由聚乙酸乙烯酯水解制得。聚乙烯醇根据其未水解乙酸乙烯酯基团的含量分为几级。此类聚合物是极好的乳化剂和分散剂，并可作为保护胶体、粘合剂，在制涂料、药品和化妆品时作增稠剂以及用于纺织工业。以聚乙烯醇制得的纤维适用于制造内衣、毯子和衣着等。

聚乙烯醇醛可由聚乙烯醇与醛（例如，甲醛、丁醛）反应制得，或者由聚乙酸乙烯酯与醛反应制得。

其他乙烯基聚合物包括聚乙烯醚、聚乙烯咔唑及聚乙烯吡咯烷酮。

有关聚合物（包括共聚物）、化学改性聚合物及聚合物混合体的归类，参见本章总注释。

39.06　初级形状的丙烯酸聚合物：
10　—　聚甲基丙烯酸甲酯
90　—　其他

所称“丙烯酸聚合物”，包括丙烯酸或甲基丙烯酸聚合物及其盐或酯，以及相应的醛类、酰胺类或腈类。

聚甲基丙烯酸甲酯是此类聚合物中最重要的一种。由于具有优良的光学性能和机械强度，它被作为上光材料，用于露天标志及其他展示物品，以及用于制造人造眼球、隐形镜片及人造假牙。

丙烯腈聚合物可用于制造合成纤维。

有关聚合物（包括共聚物）、化学改性聚合物及聚合物混合体的归类，参见本章总注释。

本品目不包括：

（一）作为离子交换剂的丙烯酸聚合物（品目39.14）。

（二）符合第四十章注释四规定的丙烯腈共聚物（第四十章）。

39.07　初级形状的聚缩醛、其他聚醚及环氧树脂；初级形状的聚碳酸酯、醇酸树脂、聚烯丙基酯及其他聚酯：
10　—　聚缩醛
　　—　其他聚醚：
21　——　双（聚氧乙烯）甲基膦酸酯
29　——　其他

30　—　　环氧树脂
40　—　　聚碳酸酯
50　—　　醇酸树脂
　　—　　聚对苯二甲酸乙二酯：
61　——　粘数在78毫升/克或以上
69　——　其他
70　—　　聚乳酸
　　—　　其他聚酯：
91　——　不饱和
99　——　其他

本品目包括：

一、聚缩醛。由醛（一般为甲醛）制得的聚合物，其特征是聚合物链中有缩醛基。但不要将其与品目39.05的聚乙烯醇缩乙醛混淆，后者在聚合物链上有作为取代基的缩醛基。此类塑料包括缩醛共聚物，作为工程塑料，用于制造套圈轴承、凸轮、汽车仪表壳、门把、泵及空气叶轮、鞋跟、机械玩具、管道部件等。

二、其他聚醚。由环氧化物、乙二醇或类似物质制得的聚合物，其特征是聚合物链中有醚基。但不要将其与品目39.05的聚乙烯醚混淆，后者在聚合物链上有作为取代基的醚基。这类塑料中最重要的是聚氧化乙烯（聚乙二醇）、聚氧化丙烯及聚苯醚（PPO）［更确切的名称为聚（二甲苯氧）］。这些产品有着各种用途。聚苯醚（PPO）象聚缩醛一样，可作为工程塑料，聚氧化丙烯是制造聚氨基甲酸乙酯泡沫的中间体。

本品目还包括第二十九章（第一分章至第十分章及品目29.40、29.42）所列产品的聚乙二醇化［聚乙二醇（PEGs）聚合物］衍生物。

其未聚乙二醇化产品同样归入第二十九章（品目29.36至29.39及29.41）或第三十章的聚乙二醇化产品不归入本品目，这些产品通常与其未聚乙二醇化产品归入同一品目。

三、环氧树脂。通过使环氧氯丙烷（1－氯－2，3－环氧丙烷）与双酚A（4，4′－异亚丙基联苯酚）、酚醛树脂或其他多羟基化合物缩合或使不饱和聚合物环氧化等方法制得。此类树脂的特征是不论其聚合物基本结构如何，都含有活性环氧基团，这些基团使树脂在使用时通过加入氨基化合物、有机酸或酸酐、三氟化硼络合物或有机聚合物马上发生交联反应。

环氧树脂从低粘度的液体到高熔点的固体有不同的种类，用作表面涂料、粘合剂、模塑及铸模树脂等。

环氧化动植物油应归入品目15.18。

四、聚碳酸酯，通过使双酚A与酰氯或碳酸二苯酯缩合制得的聚合物，特征是聚合物链中有碳酸酯基。具有多种工业用途，特别是用于制造模塑制品及用作上光材料。

五、聚酯。这些聚合物是以聚合物链中有羧酸酯基为特征的，它们由，例如，多元醇和聚羧酸缩聚而得，并因此区别于品目39.05的聚乙烯酯及品目39.06的聚丙烯酸酯，后者聚合物链上的酯基团是取代基。聚酯包括：

（一）醇酸树脂。多官能醇和多官能酸（或它们的酐）的缩聚产物，醇或酸中至少有一部分或全部具有三个及以上官能团，并用其他物质，例如，脂肪酸、动物或植物油，单官能酸或醇，松脂等予以改性。本类树脂不包括无油醇酸［参见以下第（四）款］。它们通常呈粘滞状或溶液状，主要用作涂料及配制高级清漆。

（二）聚烯丙酯。由烯丙醇和二元酸（例如，邻苯二甲酸二烯丙酯）衍生而得的一类特殊的不饱和聚酯［所称“不饱和”，参见以下第（五）款的说明］。用作层合胶粘剂、涂料、清漆以及要求具有微波穿透性的材料。

（三）聚对苯二甲酸乙二酯（PET）。通常通过对苯二甲酸与乙二醇的酯化作用而得的聚合物或者对苯二甲酸二甲酯与乙二醇反应生成的聚合物。除在纺织工业中具有非常重要的作用外，还可用于制造包装薄膜、录音带、软饮料瓶。

粘数在78毫升/克或以上的聚对苯二甲酸乙二酯通常用于生产瓶子。

粘数在78毫升/克或以上相当于特性粘度在0.7分升/克或以上。

粘数参照国际标准（ISO）1628－5计算。

（四）聚乳酸，也称为聚交酯。通常用乳酸合成或发酵制得（这种发酵方法使用的原材料主要为已糖或易被转化为已糖的化合物，例如，糖、糖蜜、甜菜汁、亚硫酸盐液、乳清或淀粉）。乳酸转化为环状的交酯二聚物，其环状结构在最后的聚合步骤中打开。用于制造纺织品纤维、包装材料及医用材料。

（五）其他不饱和或饱和的聚酯。

不饱和聚酯是具有足够的未饱和烯键的聚酯，它可和（或已和）含不饱和烯键的单体发生交联，形成热固性产品。不饱和聚酯包括聚烯丙酯［参见上述第（二）款］及其他由不饱和酸（例如，顺式或反式丁烯二酸）构成的聚酯（包括无油醇酸）。这些通常为液状的预聚物产品，主要用于制造玻璃钢和铸模的透明热固性产品。

饱和聚酯包括对苯二酸类聚合物，例如，聚对苯二甲酸丁二酯及饱和无油醇酸树酯。它们大量地用于制造纺织纤维和薄膜。

有关聚合物（包括共聚物）、化学改性聚合物及聚合物混合体的归类，参见本章总注释。

39.08 初级形状的聚酰胺：

10 — 聚酰胺－6、－11、－12、－6，6、－6，9、－6，10或－6，12

90 — 其他

本品目包括聚酰胺及其共聚物。线型聚酰胺俗称为尼龙。

聚酰胺由二元有机酸（例如，己二酸、癸二酸）与二元胺或某些氨基酸（例如，十一烷氨基酸）缩聚而成，也可通过内酰胺（例如，ε－己内酯胺）的重排聚合反应而成。

重要的尼龙类聚酰胺有：聚酰胺－6、聚酰胺－11、聚酰胺－12、聚酰胺－6，6、聚酰胺－6，9、聚酰胺－6，10及聚酰胺－6，12。作为非线型聚酰胺有二聚植物油酸与胺的缩聚产品等。

聚酰胺具有高抗张强度和耐冲击性，以及优良的耐化学品性，特别是对芳香族及脂族烃、酮及酯。

聚酰胺除用作纺织材料外，还作为热塑性塑料广泛应用于模塑方面，并可用作涂料、粘合剂、包装薄膜，其溶液可专门用作涂料。

有关聚合物（包括共聚物）、化学改性聚合物及聚合物混合体的归类，参见本章总注释。

39.09 初级形状的氨基树脂、酚醛树脂及聚氨酯类：

10 — 尿素树脂；硫脲树脂

20 — 蜜胺树脂

— 其他氨基树脂：

31 —— 聚（亚甲基苯基异氰酸酯）（粗MDI、聚合MDI）

39 —— 其他

40 — 酚醛树脂

50 — 聚氨基甲酸酯

本品目包括：

一、氨基树脂

本类树脂由胺或酰胺与醛（甲醛、糠醛等）缩聚而成。最重要的有尿素树脂（例如，脲甲醛）、硫脲树脂（例如，硫脲甲醛）、蜜胺树脂（例如，蜜胺甲醛）及苯胺树脂（例如，苯胺甲醛）。

本类树脂可用于制造透明、半透明或色彩鲜艳的塑料制品，并大量用于模制桌子、装饰物品及电气货品。其溶液和分散体（乳浊液及悬浮液，不论是否经用油、脂肪酸、醇或其他合成聚合物改性）用作胶水及纺织品浆料等［对于胶水的归类，参见本章总注释所列不包括货品的第（二）款］。

聚（亚甲基苯基异氰酸酯）［通常称为“粗 MDI”、“聚 MDI”或者聚（二苯基甲烷）二异氰酸酯］，是一种不透明、深褐色至无色或浅褐色液体，其合成过程是：由苯胺及甲醛反应形成（亚甲基苯胺）低聚物的混合物，该混合物随后与碳酰氯反应并加热，形成独立的异氰酸酯基官能团。该产品是一种经化学改性的苯胺与甲醛的聚合物（一种化学改性氨基树脂）。包括纯的 MDI 和 MDI 低聚物混合物。其结构式如下：

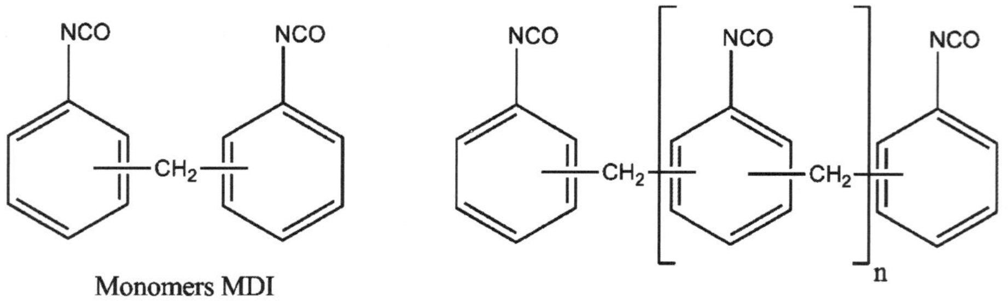

Monomers MDI

Oligomers MDI (n = 1 to 6)

聚胺树脂，例如，聚乙烯胺，如果符合本章注释三的规定，则不作为氨基树脂，应归入品目 39.11。

二、酚醛树脂

本类树脂为一系列的树脂状物质组成，它们由酚及其同系物（甲酚、二甲酚等）或取代酚与醛（例如，甲醛、乙醛、糠醛等）缩合而成，其性质根据反应条件的不同及是否为使其改性加入了其他物质而各异。

本类树脂包括：

（一）树脂（线型酚醛树脂），在酸性条件下制得，具有可熔性，并可溶于醇或其他有机溶剂中。可用于制备清漆及模塑粉等。

（二）热固性酚醛树脂，在碱性条件下制得。在其生产过程中可得到一系列产品，首先是液状、浆状或固体的甲阶酚醛树脂，可用作清漆基料、浸渍剂等；其次是模塑粉状的乙阶酚醛树脂；最后，在完全反应后所得的是丙阶酚醛树脂，这种树脂通常呈板、片、条及管状，或其他一般归入品目 39.16 至 39.26 的物品形状。

某些该类树脂是离子交换剂，应归入品目 39.14。

（三）油溶性酚醛树脂（溶于干性油），由丁基苯酚、戊基苯酚、对羟基二酚或其他取代酚制得，主要用于制造清漆。

（四）以上述（一）、（二）及（三）款的树脂为基料并经掺入松脂或其他天然树脂、合成树脂（特别是醇酸树脂）、植物油、乙醇、有机酸或其他能影响其在干性油中可溶性的化学品因而改性的产品。这些产品可用于制造清漆及油漆，并可作为表面涂料或浸渍剂。

三、聚氨酯类

本类物质包括所有由多官能异氰酸酯与多羟基化合物（例如，蓖麻油、丁烷－1，4－二醇、聚醚多元醇、聚酯多元醇等）反应生成的聚合物。聚氨基甲酸酯产品有各种形状，主要的品种有泡沫材料、弹性材料及涂料。本类物质还可用作粘合剂、模塑化合物及纤维。在贸易上，这些产品通常是作为多组分系统中或成套货品中的一部分。

本组还包括聚氨基甲酸酯与未反应的多官能二异氰酸酯（例如，甲苯二异氰酸酯）的混合物。

有关聚合物（包括共聚物）、化学改性聚合物及聚合物混合体的归类，参见本章总注释。

39.10　初级形状的聚硅氧烷

本品目的聚硅氧烷为无化学定义的产品，其分子中含有一个以上的硅－氧－硅键，其硅原子上有直接以硅碳键相连的有机基团。

本类物质具有高度稳定性，为液体、半液体或固体。产品有聚硅氧烷油、脂、树脂及弹性材料。

一、聚硅氧烷油及脂可用作具有良好高温或低温稳定性的润滑剂、防水浸渍剂、介电质产品、发泡抑制剂及脱模剂等。含聚硅氧烷脂或油混合物的润滑制剂应酌情归入品目27.10或34.03（参见有关注释）。

二、聚硅氧烷树脂主要用于制造能在高温下保持稳定性的清漆、绝缘及防水涂料等。还可与玻璃纤维、石棉及云母等增强材料一起用于制造层压板，以及作为挠性塑模和用于电气封装。

三、聚硅氧烷弹性材料虽不包括在第四十章的合成橡胶定义范围内，但具有不受温度高低变化影响的延伸性，这种性能使它适于制造在高温或低温下工作的装置所需的垫圈或密封件，在医疗方面可用于制造治疗脑积水的自动引流阀。

有关聚合物（包括共聚物）、化学改性聚合物及聚合物混合体的归类，参见本章总注释。

本品目不包括符合第三十四章注释三规定的聚硅氧烷（品目34.02）。

39.11　初级形状的石油树脂、苯并呋喃－茚树脂、多萜树脂、多硫化物、聚砜及本章注释三所规定的其他品目未列名产品：

10　—　石油树脂、苯并呋喃树脂、茚树脂、苯并呋喃－茚树脂及多萜树脂

20　—　聚（1，3－亚苯基甲基膦酸酯）

90　—　其他

本品目包括下列产品：

一、石油树脂、苯并呋喃树脂、茚树脂、苯并呋喃－茚树脂及多萜树脂等一类非高度聚合的树脂，由深度裂化的石油馏出液、煤焦油、松节油或其他制萜原料的不太纯净的馏分聚合制得。可用作粘合剂及涂料，并可作为柔软剂掺入橡胶或塑料中，例如，用于制造塑料地砖。

二、多硫化物，其特征是聚合物链上含有单硫链，例如，聚亚苯基硫醚。在多硫化物中，每一个硫原子都与两边的碳原子键合。与之相反，第四十章的聚硫橡胶则为硫－硫键。多硫化物用于制造涂料及模塑用品，例如，飞机和汽车的零件、泵机叶轮。

三、聚砜，其特征是聚合物链上含有砜基，例如，双酚A（4，4’－异亚丙基联苯酚）的钠盐与双（4－氯苯）砜反应所得的产品，可用于制造电器零件、家庭用具等。

四、其他品目未列名或未包括的异氰酸酯类聚合物，例如：

（一）基本成分为六亚甲基二异氰酸酯（HDI）的聚脲，是由HDI与水反应生成的所带单体单元平均数量介于3与4之间的预聚物。这种产品用于生产油漆及清漆。

（二）基本成分为六亚甲基二异氰酸酯（HDI）的聚异氰脲酸盐，经HDI反应生成单体单元之间连接有异氰脲酸盐的预聚物。预聚物单体单元的平均数量介于3与5之间。这种产品用于生产油漆及清漆。

五、其他本章注释三所规定的产品，包括聚对苯二亚甲基酯树脂、聚（1，4－二异丙基苯）、聚乙烯基甲酮、聚乙烯亚胺及聚酰亚胺。

有关聚合物（包括共聚物）、化学改性聚合物及聚合物混合体的归类，参见本章总注释。

39.12 初级形状的其他品目未列名的纤维素及其化学衍生物：

	—	乙酸纤维素：
11	——	未塑化
12	——	已塑化
20	—	硝酸纤维素（包括胶棉）
	—	纤维素醚：
31	——	羧甲基纤维素及其盐
39	——	其他
90	—	其他

一、纤维素

纤维素是一种高分子量的碳水化合物，它构成了植物的固体结构，棉花所含的纤维素几乎是纯态的，未列名的初级形状纤维素均归入本品目。

再生纤维素是一种有光泽的透明物质，一般是将黄原酸纤维素的碱性溶液挤入酸浴后沉淀并凝结而得。通常为透明薄片状，归入品目39.20或39.21；如为纺织长丝，则归入第五十四章或第五十五章。

钢纸是用氯化锌处理纤维素浆制的纸或纸板而制得，其形状一般为条、管、片、板及带状，因而不归入本品目（一般归入品目39.16、39.17、39.20或39.21）。

二、纤维素化学衍生物

本类包括作生产塑料基料或其他用途的纤维素化学衍生物。

纤维素化学衍生物（不论其是否塑化）主要有：

（一）乙酸纤维素，以乙酸酐和乙酸在催化剂（例如，硫酸）存在的情况下处理纤维素（通常是棉籽绒或溶解级化学木浆）而制得。加入增塑剂后它能成为不可燃并适于注射成型的塑料。这类产品的一般形态是粉状、颗粒状或溶液状。片、膜、条及管状的乙酸纤维素不归入本品目（一般归入品目39.16、39.17、39.20或39.21）。

（二）硝酸纤维素（硝化纤维素），以硝酸和硫酸组成的混合酸处理纤维素（通常是棉籽绒）而制得，极易燃烧，高度硝化的品种（火棉）可用于制造炸药。为安全起见，运输过程中须用醇（一般为乙醇、异丙醇、丁醇）使其湿润，或者用邻苯二甲酸酯进行湿润或塑化，在酒精的存在下以樟脑塑化硝酸纤维可制得赛璐珞。由于赛璐珞通常为片、膜、条、管及其他挤压成形形状，因此不归入本品目（一般归入品目39.16、39.17、39.20或39.21）；赛璐珞不适用于注射成型，所以不将其制成模塑粉。

硝酸纤维素与其他增塑剂混合后，广泛用作清漆基料，此类货品报验时可为干燥的浓缩固体状或粘稠浸膏状。本品目还包括由硝化纤维素与醚（二乙醚）和醇（乙醇）的混合物构成的溶液状胶棉。如果将溶液部分蒸发即可得到固体硝酸胶棉。

（三）乙酸丁酸纤维素及丙酸纤维素，此类纤维素酯制成的塑料，其一般特征与用乙酸纤维素制成的塑料相同。

（四）纤维素醚，最重要的有羧甲基纤维素、甲基纤维素及羟乙基纤维素。此类纤维素为水溶性纤维素。可用以制得增稠剂或胶水［胶水的归类，参见本章总注释所列不包括货品的第（二）款］，其他有重要商业价值的纤维素醚包括属于轻质塑料的乙基纤维素。

纤维素化学衍生所得的塑料一般均需加入增塑剂。

有关聚合物（包括共聚物）、化学改性聚合物及聚合物混合体的归类，参见本章总注释。

39.13　初级形状的其他品目未列名的天然聚合物（例如，藻酸）及改性天然聚合物（例如，硬化蛋白、天然橡胶的化学衍生物）：

10　—　　藻酸及其盐和酯

90　—　　其他

以下为归入本品目的一些主要天然聚合物及改性天然聚合物。

一、藻酸及其盐和酯

藻酸是一种多糖醛酸，从褐藻的碱性溶液浸渍物中萃取而得。将萃取物在无机酸中沉淀，或者将萃取物加工处理制得不纯的海藻酸钙，再经无机酸处理即可获得高纯藻酸。

藻酸不溶于水，但其铵盐和碱金属盐可即溶于冷水，形成粘稠溶液。这类粘稠溶液的性能因藻朊酸酯的来源及纯度各异而有所不同。水溶性藻朊酸酯作为增稠剂、稳定剂、胶凝剂及成膜剂应用于制药、食品、纺织及造纸工业等方面。

这类产品可含有防腐剂（例如，苯甲酸钠），并可加入胶凝剂（例如，钙盐）、阻滞剂（例如，磷酸盐、柠檬酸盐）、促进剂（例如，有机酸）及调节剂（例如，蔗糖、尿素）使之标准化，但加入上述剂料并不使产品改变其一般用途而只适用于某些特殊用途。

其酯类物中的丙二醇藻酸酯用于食品加工等方面。

二、硬化蛋白质

蛋白质是来源于动植物的高分子量含氮化合物，适于制塑料。本品目仅包括经化学处理而硬化的蛋白质，其中有商业价值的仅是少数几种。

硬化蛋白质的外形一般是规则块状及片、条或管状。此类形状的产品不归入本品目（一般归入品目 39.16、39.17、39.20 或 39.21）。

三、天然橡胶的化学衍生物

作为高聚物的天然橡胶经化学处理后可形成某些具有塑料特性的物质。

它们包括：

（一）氯化橡胶，通常制成白色小颗粒状。用以制造油漆及清漆；涂后所形成的可抗大气及化学侵蚀。

（二）盐酸橡胶，一般用作包装材料，经塑化后可用于制造防护服。

（三）氧化橡胶，在催化剂作用下将加热的橡胶氧化而得，是一种树脂状材料，用于制造某些品种的清漆。

（四）环化橡胶，用硫磺、氯磺酸及氯锡酸等处理橡胶而得，制成的一系列不同硬度的产品可作为制油漆的基料，用作防水涂层，有时还用于生产模塑制品。

四、葡聚糖、糖原（“牲粉”），壳多糖以及木质素制成的塑料

本品目也包括分离淀粉所得的离析支链淀粉及离析直链淀粉。

有关聚合物（包括共聚物）、化学改性聚合物及聚合物混合体的归类，参见本章总注释。

本品目不包括：

（一）未改性天然树脂（品目 13.01）。

（二）醚化或酯化的刺槐豆或瓜尔豆的胚乳粉（品目 13.02）。
（三）氧化亚麻油（品目 15.18）。
（四）肝素（品目 30.01）。
（五）淀粉醚及酯（品目 35.05）。
（六）松香、树脂酸及其衍生物（包括酯胶及再熔胶）（品目 38.06）。

39.14　初级形状的离子交换剂，以品目 39.01 至 39.13 的聚合物为基本成分的

本品目的离子交换剂是含有活性离子基团（通常有磺基、羧基、酚基或氨基）的交联聚合物，一般为颗粒状。这些活性离子基团使聚合物与电能溶液接触时能够用自己的离子与溶液中所含的离子（相同的正或负离子）交换。可用于水的软化、牛奶的软化、色谱分析、从酸溶液中回收铀、从肉汤培养基中回收链霉素，以及其他各种工业用途。

最常见的离子交换剂有化学改性的苯乙烯－二乙烯苯共聚物、丙烯酸聚合物及酚醛树脂。

本品目不包括由本品目离子交换剂填充的离子交换柱（品目 39.26）。

第二分章　废碎料及下脚料；半制品；制成品

39.15　塑料的废碎料及下脚料：

10　—　乙烯聚合物的
20　—　苯乙烯聚合物的
30　—　氯乙烯聚合物的
90　—　其他塑料的

本品目的货品包括明显不能再作为原用途使用的破损塑料物品，以及制造加工过程中产生的废料（刨花、粉屑、边角料等）。某些废料可用作模塑材料、清漆基料、填充料等。

但本品目不适用于制成初级形状的单一种类热塑性材料的废碎料及下脚料（品目 39.01 至 39.14）。

单一种类的热固性材料的废碎料及下脚料，或由两种或两种以上热塑性材料的废碎料及下脚料构成的混合物，即使加工成初级形状，仍归入在本品目内。

本品目也不包括主要用于回收贵金属的含贵金属或贵金属化合物的塑料废、碎料（品目 71.12）。

39.16　塑料制的单丝（截面直径超过 1 毫米）、条、杆、型材及异型材，不论是否经表面加工，但未经其他加工：

10　—　乙烯聚合物制
20　—　氯乙烯聚合物制
90　—　其他塑料制

本品目包括任一横截面直径超过 1 毫米的单丝、条、杆及异型材。它们是一次加工（一般为挤压）成整条，并且从一端至另一端具有相同或重复横截面的产品。中空异型材则具有与品目 39.17 的管子不同的横截面（参见本章注释八）。

本品目还包括仅切成一定长度，且长度超过了最大横截面直径的产品，或者表面加工（抛光、褪光等）后未经其他加工的产品。表面有胶粘剂用以密封窗框的异型材仍归入本品目。

被切割成长度未超过最大横截面直径的产品，或经其他加工（钻、铣、粘合或缝合等）的产品不归入本品目，这些产品如在协调制度的其他品目未具体列名，均应作为品目39.18至39.26所列的物品归类。

有关塑料与其他材料合制而成的单丝、条、杆及异型材的归类，参见本章总注释。

39.17 塑料制的管子及其附件（例如，接头、肘管、法兰）：

10 — 硬化蛋白或纤维素材料制的人造肠衣（香肠用肠衣）

— 硬管：

21 —— 乙烯聚合物制

22 —— 丙烯聚合物制

23 —— 氯乙烯聚合物制

29 —— 其他塑料制

— 其他管：

31 —— 软管，最小爆破压力为27.6兆帕斯卡

32 —— 其他未装有附件的管子，未经加强也未与其他材料合制

33 —— 其他装有附件的管子，未经加强也未与其他材料合制

39 —— 其他

40 — 管子附件

根据本章注释八，所称“管子”是指：

一、一般用于输送、引流或分配气体或液体的中空制品（例如，园艺用波纹管、多孔管），不论是半制品或制成品，只要其内横截面为圆形、椭圆形、矩形（长宽比不超过1.5倍）及正多边形；

二、香肠用肠衣（不论是否捆扎或经其他进一步加工的）及其他扁平管。

本品目还包括管子的塑料附件（例如，接头、肘管、法兰）。

管子及其附件可以硬质，也可以软质，可以用其他材料增强，也可以与其他材料合制（由塑料与其他材料合制而成的管子等的归类，参见本章总注释）。

39.18 块状或成卷的塑料铺地制品，不论是否胶粘；本章注释九所规定的塑料糊墙品：

10 — 氯乙烯聚合物制

90 — 其他塑料制

本品目第一部分包括通常作为铺地制品的成卷或砖瓦状的塑料制品。应该注意，本品目还包括胶粘的铺地制品。

本品目第二部分，其范围以本章注释九的规定为限，包括塑料糊墙品，以纺织物为衬基的也包括在内，但不包括以塑料涂覆的壁纸或类似的纸质糊墙品（品目48.14）。

必须注意，本品目包括印有花纹、字符或图画的物品，即使所印的花纹、字画作为其主要用途（参见第七类注释二）。

39.19 自粘的塑料板、片、膜、箔、带、扁条及其他扁平形状材料，不论是否成卷：

10 — 成卷，宽度不超过20厘米

90 — 其他

本品目包括除品目39.18的铺地制品、糊墙品以外的所有胶粘扁平状塑料，不论是否成卷。但本品目的货品仅限于在常温下无需润湿或加入其他助剂，一经与各种不同的表面接触，仅用手指或手按压，即可永久牢固地粘着（单面或双面）的扁平状材料。

应注意到，本品目包括印有花纹、字符或图画的物品，即使所印的花纹、字画作为其主要用途（参见第七类注释二）。

39.20　其他非泡沫塑料的板、片、膜、箔及扁条，未用其他材料强化、层压、支撑或用类似方法合制（+）：

10　—　乙烯聚合物制
20　—　丙烯聚合物制
30　—　苯乙烯聚合物制
—　氯乙烯聚合物制：
43　——　按重量计增塑剂含量不小于6%
49　——　其他
—　丙烯酸聚合物制：
51　——　聚甲基丙烯酸甲酯制
59　——　其他
—　聚碳酸酯、醇酸树脂、聚烯丙酯或其他聚酯制：
61　——　聚碳酸酯制
62　——　聚对苯二甲酸乙二酯制
63　——　不饱和聚酯制
69　——　其他聚酯制
—　纤维素及其化学衍生物制：
71　——　再生纤维素制
73　——　乙酸纤维素制
79　——　其他纤维素衍生物制
—　其他塑料制：
91　——　聚乙烯醇缩丁醛制
92　——　聚酰胺制
93　——　氨基树脂制
94　——　酚醛树脂制
99　——　其他塑料制

本品目包括除品目39.18或39.19所列货品以外的塑料板、片、膜、箔及扁条，未以其他材料增强、层压、支撑或以类似方法合制的。

本品目也包括平均1毫米长的松散聚乙烯或聚丙烯纤维（原纤维）组成的合成纸浆片，它们一般含有50%的水分。

本品目不包括以其他非塑料材料增强、层压、支撑或以类似方法合制的产品（品目39.21）。为此，所称“以类似方法合制”必须是用非塑料材料与塑料合制以提高塑料材料的强度（例如，嵌金属网及玻璃纤维机织物、矿物纤维、金属须及长丝）。

然而，用塑料与粉状、粒状、小圆球状或粉片状填料合制而成的产品可归入本品目。另外，简单的表面加工，例如，上色、印制（应符合第七类注释二的规定）、真空喷涂金属并不视为本品目所称的增强或以类似方法合制。

本品目也不包括泡沫塑料产品（品目39.21）及表观宽度不超过5毫米的塑料带（第五十四章）。

根据本章注释十，所称“板、片、膜、箔及扁条”仅指板、片、膜、箔、扁条及正几何形块，不论是否经印制或其他表面加工（例如，抛光、压纹、着色、简单弯曲或制成瓦楞形），以及未切割或切割成矩形（包括正方形）但未作进一步加工的（即使切割后成为可即供使用的制品，例如，桌布）。

经磨边、钻孔、铣削、卷边、搓捻、镶框或其他加工以及切成除矩形（包括正方形）以外其他形状的板、片等，不论是否经表面加工（包括切割成小块正方形或其他矩形），一般均作为品目39.18、39.19或39.22至39.26的物品归类。

○

○ ○

子目注释：

子目3920.43及3920.49

上述子目的产品可根据其增塑剂的含量加以区别。为此，主增塑剂与次级增塑剂应作为一种材料对待（参见本章的子目注释二）。

主增塑剂（例如，邻苯二甲酸酯、己二酸酯、偏苯三酸酯、磷酸酯、癸二酸酯、壬二酸酯）为低挥发性材料，当将其添加到聚合物中时，一般可增加其柔韧性。

次级增塑剂也称为增量剂，很少单独作为增塑剂使用。当与主增塑剂共同使用时，可起到改善或增强主增塑反应的作用。次级增塑剂也可用作阻燃剂（例如，氯化石蜡）或润滑剂（例如，环氧化豆油、环氧化亚麻油）。

39.21 其他塑料板、片、膜、箔、扁条：

— 泡沫塑料的：

11 —— 苯乙烯聚合物制

12 —— 氯乙烯聚合物制

13 —— 氨酯聚合物制

14 —— 再生纤维素制

19 —— 其他塑料制

90 — 其他

本品目包括除品目39.18、39.19、39.20或第五十四章货品以外的塑料板、片、膜、箔及扁条，即仅包括泡沫塑料产品及用其他材料增强、层压、支撑或以类似方法合制的产品（有关与其他材料合制而成的板等的归类，参见本章总注释）。

根据本章注释十，所称“板、片、膜、箔及扁条”仅适用于板、片、膜、箔、扁条及正几何形块，不论是否经印制或其他表面加工（例如，抛光、压纹、着色、简单弯曲或制成瓦楞形），以及未切割或切割成矩形（包括正方形）但未作进一步加工的（即使切割后成为可即供使用的制品）。

经磨边、钻孔、铣削、卷边、搓捻、镶框或其他加工，以及切割成除矩形（包括正方形）以外其他形状的板、片等，不论是否经表面加工（包括切割成小块正方形或其他矩形），一般均作为品目39.18、39.19或39.22至39.26的物品归类。

39.22 塑料浴缸、淋浴盘、洗涤槽、盥洗盆、坐浴盆、便盆、马桶座圈及盖、抽水箱及类似卫生洁具：

10 — 浴缸、淋浴盘、洗涤槽及盥洗盆

20 — 马桶座圈及盖

90 — 其他

本品目包括永久固定于房舍内或某一地点上的设备，它们通常与供水系统或下水道相连接；还包括类似规格及用途的其他卫生洁具。例如，便携式坐浴盘、婴儿浴盘及野营用的盥洗设备。

塑料的坐便器水箱，不论是否装有机械装置的仍归入本品目。

但本品目不包括：

（一）便携式的小型卫生器具，例如，便盘和便壶（品目39.24）。

（二）肥皂盘、毛巾架、牙刷架、卫生纸架、毛巾钩及类似的浴室、盥洗室和厨房器具；这些器具如果是供永久固定安装在墙内、墙上或建筑物的其他地方，应归入品目39.25，否则应归入品目39.24。

39.23 供运输或包装货物用的塑料制品；塑料制的塞子、盖子及类似品：

10 — 盒、箱（包括板条箱）及类似品

— 袋及包（包括锥形的）：

21 —— 乙烯聚合物制

29 —— 其他塑料制

30 — 坛、瓶及类似品

40 — 卷轴、纡子、筒管及类似品

50 — 塞子、盖子及类似品

90 — 其他

本品目包括所有通常用于包装或运输各种货物的塑料制品。这些制品有：

一、容器，例如，盒、箱、板条箱、包袋（包括锥形袋及垃圾袋）、桶、罐、坛及瓶。

本品目还包括：

（一）具有容器特征，用于盛装及运输某些食物的无把柄的杯，不论其是否可附带用作餐具或盥洗器具；

（二）初制成型的塑料瓶，为管状的中间产品，其一端封闭而另一端为带螺纹的瓶口，瓶口可用带螺纹的盖子封闭，螺纹瓶口下面的部分准备膨胀成所需尺寸和形状。

二、卷轴、纡子、筒管及类似品，包括无磁带的录像带盒或录音带盒。

三、塞子、盖子及类似品。

此外，本品目还不包括家庭用具，例如，垃圾箱和移动垃圾箱（包括用于室外的），和不具备盛装或运输货物容器特征的餐用或盥洗用杯子，不论其是否有时用作货物容器（归入品目39.24），以及品目42.02的容器和品目63.05的散装货物储运软袋。

39.24 塑料制的餐具、厨房用具、其他家庭用具及卫生或盥洗用具：

10 — 餐具及厨房用具

90 — 其他

本品目包括下列塑料制品：

一、餐具，例如，茶具或咖啡用具、餐盘、汤碗、沙拉碗、各种碟子及托盘、咖啡壶、茶壶、糖缸、啤酒杯、其他杯、酱油碟、水果盘、调味品瓶、盐瓶、芥末瓶、蛋杯、茶壶架、餐桌垫、餐刀架、餐巾环、刀、叉及汤匙。

二、厨房用具，例如，水盘、果子冻模子、厨用壶、贮藏罐、箱和盒（茶罐、面包箱等）、漏斗、长柄勺、刻度厨房量器及擀面杖。

三、其他家庭用具，例如，烟灰缸、热水瓶、火柴盒架、垃圾箱和移动垃圾箱（包括用于室外的）、桶、喷壶、食品储藏容器、窗帘、幕帘、台布及家具防尘罩套。

四、卫生及盥洗用具（不论是否家用），例如，盥洗物品（大口水壶、碗等）、卫生桶、便盘、尿壶、便壶、痰盂、冲洗罐、洗眼杯；婴儿奶瓶的奶嘴（哺乳奶嘴）和护手手指护套；肥皂盘、毛巾架、牙刷架、卫生纸架、毛巾钩及非供永久固定安装于或嵌入墙上的浴室、盥洗室或厨房用的类似物品。但是，本款不包括供永久固定安装在（例如，用螺丝钉、钉子、螺栓或胶粘剂）墙内、墙上或建筑物的其他地方的上述物品（品目39.25）。

*

*　*

本品目还包括不具备盛装或运输货物容器特征的餐用或盥洗用无把杯，不论其是否有时用作货物容器，但本品目不包括具有盛装或运输货物的容器特征的无把杯（品目39.23）。

39.25　其他品目未列名的建筑用塑料制品：

10　—　囤、柜、罐、桶及类似容器，容积超过300升

20　—　门、窗及其框架、门槛

30　—　窗板、百叶窗（包括威尼斯式百叶窗）或类似制品及其零件

90　—　其他

本品目仅适用于本章注释十一所述的物品。

○

○　○

子目注释：

子目3925.20

子目3925.20包括用于封闭建筑物、房间等出入口的铰链式或推拉式门，但不包括用于封闭场地、花园、庭院等出入口的栅栏（也称为“栅门”）（子目3925.90）。

39.26　其他塑料制品及品目39.01至39.14所列其他材料的制品：

10　—　办公室或学校用品

20　—　衣服及衣着附件（包括分指手套、连指手套及露指手套）

30　—　家具、车厢或类似品的附件

40　—　小雕塑品及其他装饰品

90　—　其他

本品目包括其他品目未列名的塑料（即本章注释一所述的材料）制品及品目39.01至39.14所列其他材料的制品。

它们包括：

一、用塑料片缝合或焊接而成的衣着及衣着附件（玩具除外），例如，围裙、腰带、婴儿围兜、雨衣、衣服腋下汗垫吸汗护垫等。可摘除的塑料兜帽和所属的塑料雨衣一起报验的，仍归入本品目。

二、家具、车厢或类似品的附件。

三、小雕塑品及其他装饰品。

四、挡尘片、防护袋、遮蓬、文件夹、公文套、书籍封面、读物封套及用塑料片缝合或粘合的类似防护用品。

五、镇纸、裁纸刀、吸墨水纸滚台、笔架、书签等。

六、螺丝、螺栓、垫圈及类似的通用紧固件。

七、环状、裁成一定长度并首尾相接或用紧固件连接的传动带、输送带或升降机带。

任何种类的传动带、输送带或升降机带及带料，只要和与其配套的机器设备一起报验，则不论其是否已经装配在机器设备上，均按所属机器设备归类（例如，归入第十六类）。此外，本品目也不包括用塑料浸渍、涂布、包覆或层压的纺织材料制成的传动带或输送带及带料（第十一类，例如，品目59.10）。

八、装有品目39.14的聚合物的离子交换柱。

九、装有羧甲基纤维素的塑料容器（用作冰袋）。

十、未制成特定形状或未在内部装有配件，专门适于盛装工具（带或不带附件）的工具箱、盒（参见品目42.02的注释）。

十一、婴儿奶嘴；冰袋；冲洗袋、灌肠袋及其附件；病残者残疾人及类似人士用的护理用垫；阴道环；避孕套；注射器用圆球洗肠用的胶球。

十二、其他各种物品，例如，手袋紧固件、衣箱包角、挂钩、装于家具底部的防护碗及滑轨、工具和刀叉等的手柄、穿孔小珠、表“玻璃”、数码及字母、行李标签夹。

十三、人造指甲。

本品目不包括家庭用具，例如垃圾箱和移动垃圾箱（包括用于室外的）。

第四十章　橡胶及其制品

注释：

一、除条文另有规定的以外，本协调制度所称“橡胶”，是指不论是否硫化或硬化的下列产品：天然橡胶、巴拉塔胶、古塔波胶、银胶菊胶、糖胶树胶及类似的天然树胶、合成橡胶、从油类中提取的油膏以及上述物品的再生品。

二、本章不包括：

（一）第十一类的货品（纺织原料及纺织制品）；

（二）第六十四章的鞋靴及其零件；

（三）第六十五章的帽类及其零件（包括游泳帽）；

（四）第十六类的硬质橡胶制的机械器具、电气器具及其零件（包括各种电气用品）；

（五）第九十章、第九十二章、第九十四章或第九十六章的物品；或

（六）第九十五章的物品（运动用分指手套、连指手套及露指手套及品目40.11至40.13的制品除外）。

三、品目40.01至40.03及40.05所称“初级形状”，只限于下列形状：

（一）液状及糊状，包括胶乳（不论是否预硫化）及其他分散体和溶液；

（二）不规则形状的块，团、包、粉、粒、碎屑及类似的散装形状。

四、本章注释一和品目40.02所称“合成橡胶”，适用于：

（一）不饱和合成物质，即用硫磺硫化能使其不可逆地变为非热塑物质，这种物质能在温度18～29℃之间被拉长到其原长度的3倍而不致断裂，拉长到原长度的2倍时，在五分钟内能回复到不超过原长度的1.5倍。为了进行上述试验，可以加入交联所需的硫化活化剂或促进剂；也允许含有注释五（二）2及3所述的物质。但不能加入非交联所需的物质，例如，增量剂、增塑剂及填料；

（二）聚硫橡胶（TM）；以及

（三）与塑料接枝共聚或混合而改性的天然橡胶、解聚天然橡胶以及不饱和合成物质与饱和合成高聚物的混合物，但这些产品必须符合以上（一）款关于硫化、延伸及回复的要求。

五、

（一）品目40.01及40.02不适用于任何凝结前或凝结后与下列物质相混合的橡胶或橡胶混合物：

1. 硫化剂、促进剂、防焦剂或活性剂（为制造预硫胶乳所加入的除外）；

2. 颜料或其他着色料，但仅为易于识别而加入的除外；

3. 增塑剂或增量剂（用油增量的橡胶中所加的矿物油除外）、填料、增强剂、有机溶剂或其他物质，但以下（二）款所述的除外；

（二）含有下列物质的橡胶或橡胶混合物，只要仍具有原料的基本特性，应归入品目40.01或40.02：

1. 乳化剂或防粘剂；

2. 少量的乳化剂分解产品；

3. 微量的下列物质：热敏剂（一般为制造热敏胶乳用）、阳离子表面活性剂（一般为制造阳性胶乳用）、抗氧剂、凝固剂、碎裂剂、抗冻剂、胶溶剂、保存剂、稳定剂、粘度控制剂或类似的特殊用途添加剂。

六、品目40.04所称“废碎料及下脚料”，是指在橡胶或橡胶制品生产或加工过程中由于切割、磨损或其他原因明显不能按橡胶或橡胶制品使用的废橡胶及下脚料。

七、全部用硫化橡胶制成的线，其任一截面的尺寸超过5毫米的，应作为带、杆或型材及异型材

归入品目40.08。

八、品目40.10包括用橡胶浸渍、涂布、包覆或层压的织物制成的或用橡胶浸渍、涂布、包覆或套裹的纱线或绳制成的传动带、输送带。

九、品目40.01、40.02、40.03、40.05及40.08所称“板”“片”“带”，仅指未切割或只简单切割成矩形（包括正方形）的板、片、带及正几何形块，不论是否具有成品的特征，也不论是否经过印制或其他表面加工，但未切割成其他形状或进一步加工。

品目40.08所称“杆”或“型材及异型材”，仅指不论是否切割成一定长度或表面加工，但未经进一步加工的该类产品。

总　注　释

橡胶的定义

所称“橡胶”，其定义见本章注释一。在协调制度的本章及其他章中如无特殊规定，所称“橡胶”仅指下列产品：

一、天然橡胶、巴拉塔胶、古塔波胶、银胶菊胶、糖胶树胶及类似（橡胶状）的天然树胶（参见品目40.01的注释）。

二、本章注释四所列的合成橡胶。此类不饱和合成物质或注释四（三）款所列物质（为未硫化原料）的胶样经用硫磺硫化后，应符合注释四所述试验的延伸及回复要求（参见品目40.02的注释）。如果进行试验的胶样含有注释四规定不能含有的物质，例如，矿物油，则必须以不含有关物质或已将这些物质除去的该种材料进行试验。对于不能进行前述试验的硫化橡胶制品，则应以制成该制品的未硫化原材料胶样进行试验。但根据定义，聚硫橡胶可视为合成橡胶，这种橡胶可免予试验。

三、从油类提取的油膏（参见品目40.02的注释）。

四、再生橡胶（参见品目40.03的注释）。

所称“橡胶”，包括未硫化、硫化或硬化的上述产品。

所称“硫化”，一般是指橡胶（包括合成橡胶）与硫磺或其他硫化剂（例如，氯化硫、某些多价金属氧化物、硒、碲、二硫化秋兰姆及四硫化秋兰姆、某些有机过氧化物及合成聚合物）反应而产生交联，使橡胶从主要为塑性状态转化为弹性状态，不论是否需加热、加压以及通过高能或辐射。必须注意，有关用硫磺硫化的标准仅适用于注释四，即为了确定一种物质是否合成橡胶。一旦某种物质被确定为合成橡胶，不论其是以硫磺还是其他硫化剂硫化的，其产品均可作为品目40.07至40.17的硫化橡胶产品对待。

为了进行硫化，除加入硫化剂外，通常还要加入其他物质，例如，促进剂、活化剂、防焦剂、增塑剂、增量剂、填料、增强剂及其他本章注释五（二）款所述的添加剂。此类可硫化混合物应视为复合橡胶，并根据其报验时所呈形状分别归入品目40.05或40.06。

硬质橡胶（例如，纯硬质胶）是用含硫磺比例较高而变得非常硬实和无弹性的硫化橡胶制得。

本章范围

本章包括符合上述定义的橡胶原料或半制品，不论是否硫化或硬化，以及完全由橡胶制成或以橡胶为基本特征的制品，但本章注释二所列不包括的产品除外。

各品目的一般安排如下：

一、除注释五另有规定的以外，品目40.01及40.02主要包括初级形状或板、片及带状的生橡胶。

二、品目40.03及40.04包括初级形状或板、片及带状的再生橡胶，以及橡胶（硬质橡胶除外）的废碎料及下脚料和由其制得的粉末及颗粒。

三、品目40.05包括初级形状或板、片及带状的未硫化复合橡胶。
四、品目40.06包括其他形状的未硫化橡胶及未硫化橡胶制品，不论未硫化橡胶是否混合。
五、品目40.07至40.16包括除硬质橡胶以外的硫化橡胶半制品及制成品。
六、品目40.17包括各种形状的硬质橡胶，以及硬质橡胶的废料、下脚料及制品。

初级形状（品目40.01至40.03及40.05）

所称“初级形状”，其定义见本章注释三。必须注意，“初级形状”的定义中特别包括了预硫化胶乳，因此，预硫化胶乳应作为未硫化对待。因为品目40.01及40.02不包括加有有机溶剂的橡胶或橡胶混合物（参见注释五），所以注释三所称“其他分散体和溶液”只适用于品目40.05。

板、片及带（品目40.01、40.02、40.03、40.05及40.08）

所称“板、片及带”的定义，参见本章注释九。它还包括正几何形块。这些板、片及带可经表面加工（印制、压纹、铣槽、起肋等）或仅简单地切割成矩形（包括正方形），不论其是否因此而具备制成品的特征，但不得切割成其他形状或进一步加工。

泡沫橡胶

泡沫橡胶是有大量微孔（可以开孔、闭孔或开闭孔兼有）分散于胶体中而形成的橡胶，包括海绵或泡沫橡胶、膨胀橡胶及微孔或多孔橡胶，并且可以是软质，也可以是硬质的（例如，纯硬质海绵橡胶）。

注释五

本章注释五规定了区分非复合（品目40.01及40.02）与复合（品目40.05）的初级形状、板、片或带状橡胶或橡胶混合物的标准。本注释对于是凝结前还是凝结后复合不加区别，并允许品目40.01及40.02的橡胶或橡胶混合物含有某些物质，只要这些橡胶或橡胶混合物仍保持原料的基本特征，允许含有的物质包括矿物油、乳化剂、防粘剂、少量（一般不超过5%）乳化剂的分解产物，以及非常少量（一般低于2%）的特殊添加剂。

橡胶与织物的复合物

橡胶与织物复合物的归类主要根据第十一类注释一（九）款、第五十六章注释三及第五十九章注释四的规定办理，其中传动带或输送带则按照第四十章注释八及第五十九章注释六（二）款的规定办理。下列产品归入本章：

一、以橡胶浸渍、涂布、包覆或层压的毡，其中纺织材料占总重量的50%及以下，以及完全嵌入橡胶的毡；

二、完全嵌入橡胶或两面均完全涂以或覆以橡胶的无纺织物，只要仅凭肉眼就可辨别出橡胶涂层或覆层（涂层或覆层引起的颜色变化不计在内）；

三、以橡胶浸渍、涂布、包覆或层压的第五十九章注释一所述的纺织物，其重量超过每平方米1500克，所含纺织材料的重量在50%及以下的；

四、泡沫橡胶与纺织物（如第五十九章注释一所述的）、毡或无纺织物复合制成的板、片或带，其中的织物仅起增强作用的。

*

*　*

本章不包括本章注释二所列的物品；其他不归入本章的各种物品参见本章有关品目的注释。

40.01　天然橡胶、巴拉塔胶、古塔波胶、银胶菊胶、糖胶树胶及类似的天然树胶，初级形状或板、片、带：

10　—　天然胶乳，不论是否预硫化

—　其他形状的天然橡胶：

21　——　烟胶片

22　——　技术分类天然橡胶（TSNR）

29　——　其他

30　—　巴拉塔胶、古塔波胶、银胶菊胶、糖胶树胶及类似的天然树胶

本品目包括：

一、天然胶乳（不论是否预硫化）

天然胶乳是主要从橡胶树，特别是巴西橡胶树分泌出来的液体。这种液体由橡胶（即高分子量的聚异戊二烯）固含量为30%～40%的有机物和矿物质（蛋白质、脂肪酸及其衍生物、盐类、糖类及葡糖苷）分散于水中，形成的水溶液构成。

本类物质包括：

（一）稳定或浓缩的天然胶乳。胶乳在割采后几小时便会自行凝结，为了使其稳定，防止变腐或凝结，以利保存，因此通常按每升胶乳加入5～7克氨的比例，制成称为“高氨”或FA型产品；另一种稳定方法是加入非常少量（每升胶乳加1～2克）低浓缩度的氨与二硫化四甲基秋兰姆及氧化锌等物质的混合物，使之成为“低氨”或LA型产品。

还有加入微量的水杨酸钠或甲醛而使之稳定的抗冻天然胶乳，这类胶乳可在寒冷地区使用。

天然胶乳可用各种方法（例如，离心法、蒸浓法、澄清法等）浓缩（主要为了便于运输）。

商品胶乳的橡胶含量为60%～62%，也有浓缩度更高的，某些浓缩胶乳的固含量超过70%。

（二）热敏性天然胶乳，加入热敏化剂制得。此类胶乳在受热时比非热敏性胶乳胶凝快，通常用于生产浸渍或注模制品以及泡沫或海绵橡胶。

（三）阳性胶乳，也称为“反电荷胶乳”，因为此类胶乳是使普通浓缩胶乳中粒子的电荷逆转，一般是通过加入阳离子表面活性剂使其逆转而制得。

使用这种胶乳能消除大多数纺织纤维的抗橡胶浸渍倾向（因为和普通胶乳一样，在碱性状况下纺织纤维所带的是负静电荷）。

（四）预硫化天然胶乳。将胶乳进行热处理（温度一般低于100℃），使胶乳中的硫化剂与胶乳反应而得。

乳胶中的橡胶微粒通过加入过量的沉淀或胶态硫磺、氧化锌及促进剂（例如，二硫代氨基甲酸盐）进行硫化。最终产品的硫化程度可通过使用不同的温度、不同的加热时间或不同的配料比例随意调节。一般情况下只是橡胶微粒的表层进行了硫化。为避免胶乳的过度硫化，在热处理后要用离心法除掉过剩的配料。

预硫化胶乳的外观与普通胶乳一样，含硫量通常约为1%。

使用预硫化胶乳可省掉一些工序（例如，研磨、混合）。它可用于制造浸渍及浇铸产品（医药及外科用品），以及越来越大量地用于纺织工业及作为胶粘剂，还用于制造某些种类的纸张及复制皮革。预硫化橡胶因为蛋白质和可溶性物质含量都很低，因此具有极好的电绝缘性能。

天然胶乳用内涂层圆桶（每桶约200升）或散装形式运送。

二、其他形状的天然橡胶

本品目所称“天然橡胶”，指一向以来从产地运来的三叶橡胶；为了便于运输、储存或使之具有某些特殊性能以便于随后的加工使用或提高最终产品的质量，天然橡胶一般先在种植园的工厂中进行加工处理后才运出。经处理的天然橡胶必须仍具有原料的基本特征才可归入本品目。这些橡胶不得含有任何添加的碳黑、硅石或其他注释五（一）款所不允许混入的物质。

天然胶乳一般在各种形状的槽内凝结，槽中可装有活动式隔板。为便于橡胶颗粒从含水乳清中分离出来，可将胶乳轻度酸化，例如，加入1%的乙酸或0.5%的甲酸，使其凝结。凝结工序完成后，即可获得板块状或连续带状的凝结胶乳。

嗣后的处理方法根据所要生产的是烟胶片、白绉片或褐绉片、再胶凝颗粒或散粒状粉料而各不相同。

（一）橡胶片及绉片

制造胶片时可将胶条送入滚轧机，该机的最后一组轧花辊筒在胶面上轧出特有的条纹（增加蒸发面以利于干燥）。当胶条（厚约3～4毫米）从滚轧机出来时即切成片，然后将胶片放入干燥棚或烟熏室，烟熏的目的是使胶片干燥并注入抗氧化及防腐的杂酚物质。

制造白绉片的程序是先将橡胶凝块送入绉片机，第一组机器的辊筒是有槽沟的，最后一组机器的辊筒是光滑的，它们具有不同转速；该道工序在不断流动的水流下进行，以使橡胶进行彻底的清洗。在该道工序后胶片放入通风的干燥棚内，在常温下或热空气中进行干燥。可将两层或多层绉胶叠合起来，制成鞋底绉片胶板。

胶片还可通过以下方法制得：胶乳在圆筒槽内凝结后，先将凝结胶块锯成长条，然后切片并干燥（一般不用烟熏）。

某些种类的橡胶（特别是白绉片以外的其他绉片胶）不是直接通过胶乳凝结制成，而是把在割胶或工厂加工时所得的凝结胶块在“绉胶机”中再胶凝并洗涤而得。所制得的各种厚度的胶片用与白绉片相同的方法干燥。

上述天然橡胶一般根据有关国际组织制定的外形和等级的国际标准在市场上进行交易。

最常见的种类有烟胶片及其切片、白绉片及其切片、褐绉片以及绉纹片和风干胶片。

（二）技术分类天然橡胶（TSNR）

这种干燥的天然生橡胶经加工、检验并按照下表规格分为五级（5L、5、10、20及50）：

技术分类天然橡胶的等级及参数最大允许值一览表

参数　　等级	5L	5	10	20	50
杂质，325筛目所留杂质量（最大%重量）	0.05	0.05	0.10	0.20	0.50
灰分含量（最大%重量）	0.60	0.60	0.75	1.00	1.50
氮含量（最大%重量）	0.70	0.70	0.70	0.70	0.70
挥发物（最大%重量）	1.00	1.00	1.00	1.00	1.00
快速华莱士可塑度最低初值（Po）	30	30	30	30	30
塑性保持指数，PRI（最低值%）	60	60	50	40	30
颜色限度（拉维邦色表，最高值）	6.00	—	—	—	—

技术分类天然橡胶必须随附生产国主管当局出具的检验证书，列明橡胶的等级、规格及检验结果。某些生产国订有比上表更严格的分级标准。技术分类天然橡胶用聚乙烯包裹，打成重$33\frac{1}{3}$千克

的胶包，通常每30或36包一托盘，覆以内层为聚乙烯衬里的包装或用聚乙烯膜收缩包装。每包或每盘附有标明等级、重量、货号等详细情况的标签。

（三）再胶凝颗粒橡胶

生产颗粒橡胶的加工工艺能使产品比胶片或绉片更为洁净、性能更为稳定和外观更为悦目。

制造工序由凝结胶乳成粒、彻底清洗、干燥及加压打包组成。成粒过程中要使用多种加工机器，例如，转刀切碎机、十字形锤磨机、造粒机及绉片机。在胶乳凝结前加入极少量（0.2%～0.7%）的蓖麻油、硬酯酸锌或其他碎裂剂，使之与胶乳混合，可增强上述机器的单纯机械作用。所加的碎裂剂对橡胶的性能及日后的使用没有影响。

颗粒使用半连续性推车型干燥器、输送带隧道式干燥室或压出干燥机进行干燥。

干燥过的颗粒最后通过高压加压打包，打成重约32～36千克平行六面体的大包。再胶凝颗粒橡胶在销售时通常附有技术规格保证书。

（四）天然橡胶的散粒状粉料

制造此类物料的方法与以上第（三）款所述相同，但不需加压。

为防止颗粒在自身重量的作用下再胶凝，制造过程中须掺入粉状惰性物质（例如，滑石粉）或其他防粘剂。

橡胶粉还可通过将胶乳与惰性物质（例如，硅藻土）注入干燥室而制成，所加入的惰性物质是为了防止微粒粘结。

（五）特种天然橡胶

特种天然橡胶可制成以上（一）至（四）款所述形状。主要种类有：

1. 恒粘（CV）橡胶及低粘（LV）橡胶

恒粘橡胶是在胶乳凝结前加入极少量（0.15%）的羟胺制得；低粘橡胶则是在胶乳凝结前加入少量的矿物油制得。

羟胺可以防止天然橡胶在储存期间粘度自行增加。使用这种橡胶能使生产厂家预测塑炼时间。

2. 增塑橡胶

在胶乳凝结前加入大约0.5%的塑解剂制得。塑解剂能减低在干燥工序中橡胶的粘度，因此这种橡胶只需较短的塑炼时间。

3. 易操作橡胶

这种橡胶是普通胶乳与预硫化胶乳混合凝结或将天然胶乳凝块与预硫化胶乳凝块混合而得。这种橡胶在加工中较易挤出及压延。

4. 纯化橡胶

这种橡胶制造时不需添加其他种物质，只是通过改变普通橡胶的生产加工工序（例如，离心处理胶乳）制得。

纯化橡胶用于制造氯化橡胶及其他即使橡胶中含有微量杂质也会损害其性能的硫化橡胶货品（电缆等）。

5. 胶清橡胶

胶清橡胶是以胶乳胶清的副产品凝结制得。

6. 抗结晶橡胶

这种橡胶是通过在胶乳凝结前加入硫代苯甲酸而制得，具有抗冻性。

三、巴拉塔胶

巴拉塔胶是从某些山榄科植物的胶乳，特别是主要生长于巴西的枪弹树的胶乳制得。

巴拉塔胶是一种淡红色的产品，运输时以重达50千克的块状为多，有时也制成厚度3～6毫米的片状。

巴拉塔胶主要用于制造传动带、输送带，与古塔波胶混合后也可用于制造海底电缆和高尔夫球。

四、古塔波胶

古塔波胶是从各种山榄科树（例如，胶木树及巴耶榄树）的胶乳提取制得，呈黄色或棕红色。

根据产地的不同，有制成0.5～3千克的饼状或25～28千克的块状运出。

除与巴拉塔胶混合用于制造海底电缆、高尔夫球及带料外，还可用于制成泵或阀门的密封圈、亚麻纺纱碎茎机辊、容器衬里、盛装氢氟酸的瓶子、胶粘剂等。

五、银胶菊胶

它是从一种生长在墨西哥的灌木植物银胶菊的胶乳提取制得。

银胶菊胶一般制成饼状或片状运出。

六、糖胶树胶

它是从生长于美洲热带地区的某些山榄科林木树皮中所含的胶乳提取制得。

这种树胶颜色淡红，一般制成大小不一的饼状或重约10千克的块状运出。

它主要用于制口香糖，还可用于制造某些外科用带及牙科用品。

七、类似的天然树胶，例如，节路顿胶

归入本品目的树胶必须具备类似橡胶的特征。

八、任何上述产品的相互混合物

本品目不包括：

（一）本品目产品与品目40.02产品的混合物（品目40.02）。

（二）在凝结前或凝结后，混有本章注释五（一）款所列不许含有的物质的天然橡胶、巴拉塔胶、古塔波胶、银胶菊胶、糖胶树胶及其他类似的天然树胶（品目40.05或40.06）。

40.02 合成橡胶及从油类提取的油膏，初级形状或板、片、带；品目40.01所列产品与本品目所列产品的混合物，初级形状或板、片、带：

	—	丁苯橡胶（SBR）；羧基丁苯橡胶（XSBR）：
11	——	胶乳
19	——	其他
20	—	丁二烯橡胶（BR）
	—	异丁烯－异戊二烯（丁基）橡胶（IIR）；卤代丁基橡胶（CIIR或BIIR）：
31	——	异丁烯－异戊二烯（丁基）橡胶（IIR）
39	——	其他
	—	氯丁二烯（氯丁）橡胶（CR）：
41	——	胶乳
49	——	其他
	—	丁腈橡胶（NBR）：
51	——	胶乳
59	——	其他
60	—	异戊二烯橡胶（IR）
70	—	乙丙非共轭二烯橡胶（EPDM）
80	—	品目40.01所列产品与本品目所列产品的混合物
	—	其他：
91	——	胶乳
99	——	其他

本品目包括：

一、本章注释四所规定的合成橡胶（参见以下说明），包括不论是否预硫化的合成胶乳及初级形状或板、片、带状的合成橡胶，还包括为了运输、储存或使之具有某些特殊性能以便于随后的加工使用或提高最终产品的质量而进行了处理的合成橡胶；但这些处理不得改变其原材料的基本性状，尤其是不得含有任何本章注释五（一）款所列的不许混入的物质。

在混合产品中，根据注释五的规定，含油约达50%的油充橡胶仍可归入本品目。

二、从油类提取的油膏。油膏是由某些植物油或鱼油（不论是否氧化或部分氢化）与硫磺或氯化硫反应而制得的产品。

油膏的物理性能较差，主要是与天然或合成橡胶配合使用，也可用于制造橡皮擦。

三、上述产品的相互混合物。

四、品目40.01所列产品与本品目所列产品的混合物。

注释四（合成橡胶的定义）

本注释有三款。第（一）和（三）款的物质必须符合第（一）款所述关于硫化、延伸及回复的要求，但第（二）款的聚硫橡胶除外。应该注意，合成橡胶的定义不仅适用于品目40.02，也同样适用于注释一，因此在协调制度中所称的橡胶，均包括注释四所述的合成橡胶。

所称“合成橡胶”包括：

（一）不饱和合成物质，符合本注释第（一）款关于硫化、延伸及回复要求的。为进行试验可加入交联所必须的物质，例如，硫化活性剂、促进剂或防焦剂，还允许含有少量乳化剂的降解产物［注释五（二）款2项］及微量的注释五（二）款3项所列的特殊用途添加剂。但不得含有任何非交联所必需的物质，例如，颜料（仅为起识别作用而加入的除外）、增塑剂、增量剂、填料、补强剂、有机溶剂。因此，试验时不得含有矿物油或邻苯二甲酸二辛酯。

相应地，如果材料含有注释四所不允许的物质（例如，矿物油），则必须使用不含或已除去这些物质的该种材料作为受检样品。对于硫化制品，不能直接试验，必须从制成该制品的未硫化原材料取样试验。

这些不饱和合成物质包括苯乙烯－丁二烯（丁苯）橡胶（SBR）、羧基丁苯橡胶（XSBR）、丁二烯橡胶（BR）、异丁烯－异戊二烯（丁基）橡胶（IIR）、卤代丁基橡胶（CIIR或BIIR）、氯丁二烯（氯丁）橡胶（CR）、丁腈橡胶（NBR）、异戊二烯橡胶（IR）、乙丙非共轭二烯橡胶（EPDM）、羧基丁腈橡胶（XNBR）、丙烯腈－异戊二烯橡胶（NIR）。所有这些物质必须符合上述关于硫化、延伸及回复的要求，才能作为合成橡胶归类。

（二）聚硫橡胶（TM），为饱和合成物质，由脂族二卤化物与多硫化钠反应制得。一般可用传统的硫化剂进行硫化。某些种类聚硫橡胶的机械性能比其他品种的合成橡胶差，但具有抗溶剂的优点。不要将此类物质与品目39.11的多硫化物相混淆（参见品目39.11的注释）

（三）下列各种产品，只要其符合前述第（一）款关于硫化、延伸及回复的要求：

1. 改性天然橡胶，将橡胶与塑料接枝共聚或混合而制得。

此类橡胶通常是在聚合催化剂作用下使可聚合单体固定在橡胶上，或使天然橡胶胶乳和合成聚合物胶乳共沉淀制得。

改性天然橡胶的主要特征是在某种程度上可“自补强”，这种性能和天然橡胶与碳黑混合后所具有的性能相类似。

2. 解聚天然橡胶，在特定的温度下进行机械加工（捶击）而制得。

3. 不饱和合成物质与饱和合成高聚物的混合物（例如，丁腈橡胶和聚氯乙烯的混合物）。

本品目不包括：

（一）不符合本章注释四所列条件的高弹体（一般归入第三十九章）；

（二）在凝固前或凝固后混入本章注释五（一）款所禁止混入的物质的本品目产品（品目 40.05 或 40.06）。

40.03　再生橡胶，初级形状或板、片、带

再生橡胶是以各种化学或机械方法使旧橡胶制品（特别是轮胎）或硫化橡胶废碎料软化（“脱硫”）并除去不需要的物质制得。这类产品因含有残留的硫磺或其他硫化剂而比新胶质量差，塑性及粘性也比新胶大，可制成片状，表面洒上滑石粉或隔以聚乙烯薄膜。

本品目包括初级形状或板、片、带状的再生橡胶，不论是否混有新胶或其他添加物质，只要产品具有再生橡胶的基本特征。

40.04　橡胶（硬质橡胶除外）的废碎料、下脚料及其粉、粒

所称“废碎料及下脚料”，其定义参见本章注释六。

本品目包括：

一、在未硫化或硫化橡胶（硬质橡胶除外）的生产或加工过程中产生的废碎料及下脚料。

二、因划切、磨损或其他原因明显不可再作为原用途使用的橡胶货品（硬质橡胶的除外）。

这类货品包括不能再翻新的磨损橡胶轮胎，以及由其制得的碎料。磨损橡胶轮胎碎料通常由以下工序制得：

（一）使用特殊的机器，尽可能贴近胎圈钢丝或胎圈切割轮胎；

（二）撕去胎面；

（三）切碎。

本品目不包括可翻新的旧轮胎（品目 40.12）。

三、用上述一、二两款货品制得的粉、粒。

由硫化橡胶的废胶末构成。可用作铺路面材料或以其他橡胶为基料的混合物的填料，以及直接注模制成不需太高强度的物品。

本品目不包括硬质橡胶的废碎料、下脚料、粉末及颗粒（品目 40.17）。

40.05　未硫化的复合橡胶，初级形状或板、片、带：

10　—　与碳黑或硅石混合

20　—　溶液；子目 4005.10 以外的分散体

—　其他：

91　——　板、片、带

99　——　其他

本品目包括初级形状或板、片及带状的未硫化复合橡胶。

所称“橡胶”的含意与本章注释一的相同，因此本品目包括已和其他物质混合的天然橡胶、巴拉塔胶、古塔波胶、银胶菊胶、糖胶树胶及类似的天然树胶、合成橡胶、从油类中提取的油膏以及上述物质的再生品。

根据本章注释五（一）款规定，品目 40.01 及 40.02 不适用于任何在凝结前或凝结后混入其他物质的橡胶或复合橡胶，这些其他物质有：硫化剂、促进剂、防焦剂、活化剂（为制造预硫化胶乳所加

入的上述物质除外）、颜料或其他着色料（仅为起识别作用而加入的除外）、增塑剂或增量剂（油充橡胶所含的矿物油除外）、填料、补强剂、有机溶剂或任何其他注释五（二）款允许范围以外的物质。

本品目包括：

一、混入碳黑或硅石的橡胶（加或未加矿物油或其他助剂的）

此类产品中包括以大约40～70份碳黑对100份干胶的比例配制而成的碳黑母炼胶，市场上通常以大包出售。

二、不含碳黑或硅石的复合橡胶

这类橡胶中含有有机溶剂、硫化剂、促进剂、增塑剂、增量剂、增稠剂及填料（碳黑、硅石除外），有些还含有红土或蛋白质。

上述两类橡胶的各种产品有：

（一）复合胶乳（包括预硫化胶乳），只要其混合后并未具有协调制度其他品目具体列名的制剂的特性。

因此本品目不包括胶乳清漆及涂料（第三十二章）。

（二）未硫化橡胶与有机溶剂构成的分散体及溶液，用于制造浸渍制品或制成品的涂层。

（三）复合橡胶与纺织物复合制成的板、片及带，重量为每平方米1500克以上，且所含纺织材料按重量计不超过50%的。

这些产品通过压延或“粘结”，或者两种方法并用制成，主要用于制造轮胎、管子等。

（四）其他复合橡胶的板、片及带，可用以修补轮胎及内胎（经热处理）、制造粘合补片、气密垫圈、橡胶粒及模制胶鞋底等。

（五）准备硫化的复合橡胶粒，供模压之用（例如，用于制鞋工业中）。

本品目的板、片及带（包括正几何形块）可以是经表面加工（印制、压纹、铣槽、起肋等）或仅简单切成矩形（包括正方形），不论其是否具备制品的特征；但不得切割成其他形状或进一步加工的。

本品目也不包括：

（一）作为橡胶着色原料的含着色剂（包括色淀）的橡胶浓缩分散体（品目32.04、32.05或32.06）。

（二）以胶乳或其他橡胶为基料制成近似糊状的产品，用作胶粘剂、漆工用填料或非耐火涂面制剂（品目32.14）。

（三）以加有填料、硫化剂及树脂的橡胶溶液或分散体制成的调制胶及其他调制粘合剂，以及用橡胶溶液和分散体制成的每件净重不超过1千克的零售包装胶水或粘合剂（品目35.06）。

（四）品目40.01所列产品与品目40.02所列产品的混合物（品目40.02）。

（五）混有新胶或加有其他添加剂并具有再生橡胶基本特征的再生橡胶（品目40.03）。

（六）经表面加工以外的其他加工或切成矩形（包括正方形）以外其他形状的未硫化橡胶板、片及带（品目40.06）。

（七）用橡胶粘合的平行纺织纱线构成的板、片及带（品目59.06）。

40.06　其他形状（例如，杆、管或型材及异型材）的未硫化橡胶及未硫化橡胶制品（例如，盘、环）：

10　—　轮胎翻新用胎面补料胎条

90　—　其他

本品目包括在本章本品目以前各品目中未列名的其他形状的未硫化橡胶及未硫化橡胶制品，不论是否复合的。

本品目包括：

一、未硫化橡胶异型材，例如，横截面为非矩形的板、带，一般为挤压制成。本品目特别包括翻新轮胎用的断面略呈梯形的胎面补料胎条。

二、挤压制成的未硫化橡胶管，特别是用作品目 59.09 的管子的衬管。

三、未硫化橡胶的其他制品，例如：

（一）旋切未硫化橡胶片制成或将以胶乳（包括预硫化胶乳）为基料的复合物喷挤制成的橡胶线。

（二）未硫化橡胶制成的环、圆片及垫圈，主要用于某些气密容器的密封及两个部件（通常是硬的）对接处的密封。

（三）经除表面加工以外其他加工或切成矩形（包括正方形）以外其他形状的未硫化橡胶板、片及带。

本品目不包括：

（一）胶粘带，不论其衬基为何种材料（根据衬基材料归类，例如，归入品目 39.19、40.08、48.23、56.03 或 59.06）。

（二）未硫化橡胶的圆片或环，与其他材料制成的密封垫或类似接口衬垫一起装于袋、套或类似包装内的（品目 84.84）。

40.07　硫化橡胶线及绳

橡胶线可通过切割硫化橡胶板、片或通过将挤出的橡胶线硫化而制成。

本品目包括：

一、完全由硫化橡胶制成的线（单股），其任一横截面尺寸不得超过 5 毫米，否则不归入本品目（品目 40.08）。

二、绳（多股），不论其每股线的粗细程度如何。

本品目不包括夹橡胶线纺织材料（第十一类），例如，以织物包覆的橡胶绳线归入品目 56.04。

40.08　硫化橡胶（硬质橡胶除外）制的板、片、带、杆或型材及异型材：

	—	海绵橡胶制：
11	——	板、片、带
19	——	其他
	—	非海绵橡胶制：
21	——	板、片、带
29	——	其他

本品目包括：

一、一定长度的板、片及带（任一横截面尺寸超过 5 毫米的），或仅切成一定长度及切成矩形（包括正方形）的板、片及带。

二、正几何形块。

三、杆及异型材（包括任何横截面形状的线，其任一横截面尺寸超过 5 毫米的）。异型材是经单一工序（一般是挤压）加工制成一定长度，并且从一端到另一端具有相同或重复横截面的产品，不论其是否切成一定长度的均归入本品目，但其所切成的长度不得小于横截面的最大尺寸。

本品目的制品可以经过表面加工（例如，印制、压纹、铣槽、起肋），也可以是素色或着色（整体着色或表面着色）的。具有粘合面、用于窗框密封的异型材也归入本品目。本品目还包括成匹的橡胶铺地材料、橡胶地砖、橡胶门垫及其他橡胶制品，但这些物品应是仅通过把橡胶板、片切成矩形（包括正方形）而制得的。

对于硫化橡胶（硬质橡胶除外）与纺织材料的复合制品（整体复合或表面复合）的归类，应按照第五十六章注释三及第五十九章注释四的规定办理。硫化橡胶（硬质橡胶除外）与其他材料的复合制品，如还保持橡胶的基本特征，仍归入本品目。

本品目因此包括：

一、泡沫塑料纺织物（第五十九章注释一所规定的）、毡或无纺织物与海绵橡胶复合制成的板、片、带，只要此类纺织材料仅起增强作用。

在这一点上，无花纹、未漂白、已漂白或均匀染色的纺织物、毡或无纺织物，如仅附于板、片或带的一面，可视作仅起增强作用；如果纺织物是有图案、印花或精心加工过的，以及特种织物，例如，绒面织物、薄纱或花边，则不视为仅起增强作用。

如果是两面均覆有纺织物的泡沫橡胶板、片及条，则不论纺织物的性质如何，均不归入本品目（品目 56.02、56.03 或 59.06）。

二、以硫化橡胶（硬质橡胶除外）浸渍、涂布、覆盖或层压的毡，所含纺织材料按重量计在50%及以下的，或纺织材料完全嵌入橡胶的。

三、完全嵌入橡胶中或两面均涂以或覆以橡胶的无纺织物，只要这些涂层或覆层不需从颜色的变化，而仅凭肉眼就可分辨出的。

本品目不包括的主要货品有：

（一）硫化橡胶制的传动带、输送带，不论是否切成一定长度（品目 40.10）。

（二）具有斜角切边或模制边、圆角、网眼滚边、经其他加工以及切成矩形（包括正方形）以外其他形状的板、片及带，不论是否经表面加工（包括从中切出正方形或矩形的物品）（品目 40.14、40.15 或 40.16）。

（三）与橡胶线合制的纺织物（第五十章至五十五章或第五十八章）。

（四）品目 56.02 或 56.03 的产品。

（五）以泡沫橡胶为衬底的纺织材料地毯及毯料（第五十七章）。

（六）轮胎帘子布（品目 59.02）。

（七）第五十九章注释四所规定的用橡胶处理的纺织物（品目 59.06）。

（八）与橡胶线合制的针织或钩编织物（第六十章）。

40.09　硫化橡胶（硬质橡胶除外）制的管子，不论是否装有附件（例如，接头、肘管、法兰）：

—　未经加强或未与其他材料合制：

11　——　未装有附件

12　——　装有附件

—　用金属加强或只与金属合制：

21　——　未装有附件

22　——　装有附件

—　用纺织材料加强或只与纺织材料合制：

31　——　未装有附件

32　——　装有附件

—　用其他材料加强或与其他材料合制：

41　——　未装有附件

42　——　装有附件

本品目包括完全由硫化橡胶（硬质橡胶除外）制成的管子，以及经多层材料增强，即橡胶中嵌有一层或多层纺织物、平行纺线或金属线的硫化橡胶管（包括水龙软管）。这类管子也可是外面包绕有薄的织物套及嵌心或编织纺线，还可在管外或管内加有金属螺旋线。

本品目不包括纺织材料制成的管子，为使其不透水而在管内用胶乳涂层或插入一根橡胶管。这种管有时称为“水龙带”。此类物品归入品目 59.09。

装有附件（例如，接头、肘管、法兰）的管子，如果保持管子的基本特征，仍归入本品目。

本品目还包括硫化橡胶管子，不论是否切成一定长度，但所切得的长度不得小于最大横截面尺寸。例如，切成一定长度用于制造内胎的管料。

40.10　硫化橡胶制的传动带或输送带及带料：

—　输送带及带料：

11　——　仅用金属加强的

12　——　仅用纺织材料加强的

19　——　其他

—　传动带及带料：

31　——　梯形截面的环形传动带（三角带），V 形肋状的，外周长超过 60 厘米，但不超过 180 厘米

32　——　梯形截面的环形传动带（三角带），外周长超过 60 厘米，但不超过 180 厘米，V 形肋状的除外

33　——　梯形截面的环形传动带（三角带），V 形肋状的，外周长超过 180 厘米，但不超过 240 厘米

34　——　梯形截面的环形传动带（三角带），外周长超过 180 厘米，但不超过 240 厘米，V 形肋状的除外

35　——　环形同步带，外周长超过 60 厘米，但不超过 150 厘米

36　——　环形同步带，外周长超过 150 厘米，但不超过 198 厘米

39　——　其他

本品目包括完全由硫化橡胶制成的或用橡胶浸渍、涂布、覆面或层压的纺织物制成的，以及用橡胶浸渍、涂布、覆面或铠包的纺织线、绳制成的传动带或输送带及带料（参见本章注释八），还包括用玻璃纤维织物、玻璃纤维或金属丝布增强的硫化橡胶带或带料。

带及带料（完全由硫化橡胶制成的除外）一般是由不论是否挂胶的多层织物（例如，经纬织物、针织或钩编织物及平行纱线敷层）做成的骨架完全覆以硫化橡胶构成，或者完全以硫化橡胶包覆的钢缆或带构成。

本品目包括长的带料（供以后切成一定长度）及已切成一定长度的带子（不论是否首尾相接或装有紧固件的），还包括环形带。

所有本类货品的横截面可以是矩形、梯形（三角带及带料）、圆形或其他形状的。

梯形截面带或带料是其横截面呈一个或多个 V 形的产品。设计成 V 形的表面是为了具有良好的楔紧作用，并使皮带轮缘的打滑现象减至最低程度。本类包括，例如，具有下列横截面的带或带料：

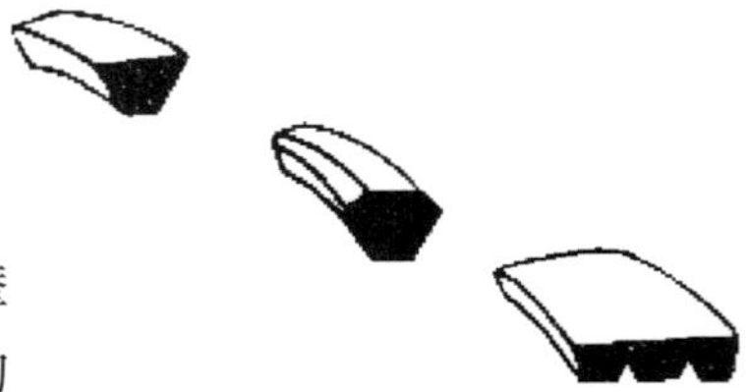

一、单一梯形的。

二、相对两边为梯形的。

三、同一面有两个或多个梯形（V形肋状）的。

V形肋状传动带为带有纵向肋状牵引面的环形带，牵引面可通过摩擦接合并夹紧具有类似形状的滑轮槽沟。V形肋状传动带属于三角带的一种。

三角带的槽沟（不论是模压或切割而成）可减低弯曲应力，有助于耗散因快速挠曲而产生的热量；这对靠传动带绕着高速转动的小皮带轮进行驱动是非常重要的。除了纵向槽沟以外，槽沟不影响三角带或带料的归类。

同步驱动带（见插图）设计成在传递动力的同时，可保持皮带轮之间恒定的旋转关系。其最终产品往往简称为牙轮皮带。通常在这些皮带的内面设有许多槽口，与皮带轮的槽口能够平稳顺利地运行。同步驱动带或带料的横截面并不为梯形的。

本品目的带子报验时可呈袖筒（管）状，需经切割才能制成最终产品；以这种形状报验的，其商品归类不受影响。

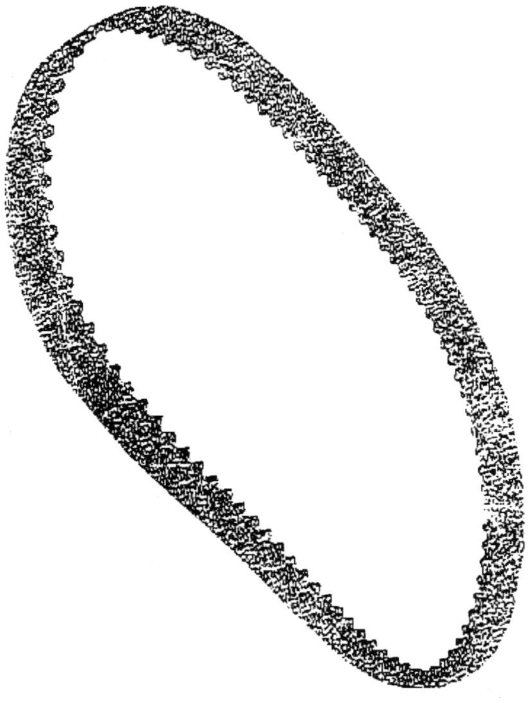

同步驱动带

传动带或输送带及带料，与配套的机器设备一起报验时，不论是否已实际装配，应按相应的机器设备进行归类（例如，归入第十六类）。

40.11 新的充气橡胶轮胎（+）：

10 — 机动小客车（包括旅行小客车及赛车）用

20 — 客运机动车辆或货运机动车辆用

30 — 航空器用

40　—　　摩托车用
50　—　　自行车用
70　—　农业或林业车辆及机器用
80　—　建筑业、采矿业或工业搬运车辆及机器用
90　—　其他

上述轮胎可用于各种车辆或航空器、带轮玩具、机械、火炮武器等，有或无内胎均可。

○
○　○

子目注释：

子目 4011.70

以下是展示归入本子目的某些种类轮胎的图片，仅供参考：

某些农业用车辆及机器用的轮胎：

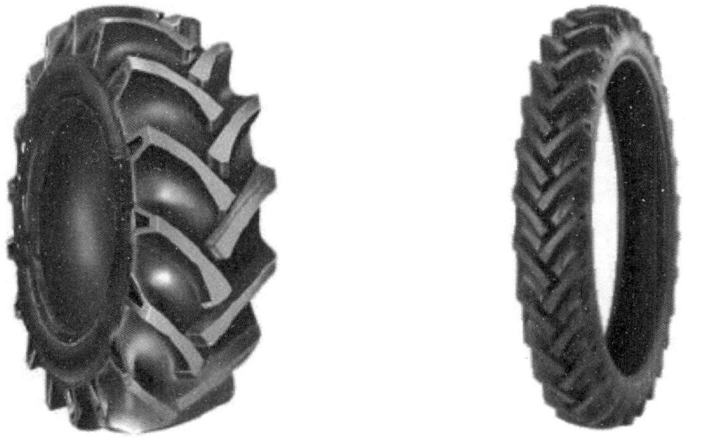

某些林业用车辆及机器用的轮胎：

子目 4011.80

以下是展示归入本子目的某些种类轮胎的图片，仅供参考：

某些建筑业、采矿业或工业用搬运车辆及机器用的轮胎：

40.12 翻新的或旧的充气橡胶轮胎；实心或半实心橡胶轮胎、橡胶胎面及橡胶轮胎衬带：

— 翻新轮胎：

11 —— 机动小客车（包括旅行小客车及赛车）用

12 —— 机动大客车或货运机动车用

13 —— 航空器用

19 —— 其他

20 — 旧的充气轮胎

90 — 其他

本品目包括翻新充气橡胶轮胎及可再使用或可进行翻新的旧充气橡胶轮胎。

实心轮胎可用于带轮玩具或移动式家具。半实心轮胎，即内有一个密封充气空间的实心轮胎，用于独轮、两轮或四轮手推车。胎面用以粘合在充气轮胎胎壳的外表上，它们通常有棱纹，用于翻新充气轮胎。本品目也包括可互换的胎面，呈环形，用以装配在专门设计的轮胎胎壳上。轮胎衬带用以保护内胎免受金属箍或轮辐末端的磨损。

○

○ ○

子目注释：

子目 4012.11、4012.12、4012.13、4012.19 及 4012.20

在子目 4012.11、4012.12、4012.13 及 4012.19 的条文中，所称“翻新轮胎”包括已经将轮胎胎壳上的旧胎面去除并用以下任何一种方法换上新胎面的轮胎：（1）将未硫化橡胶模制到轮胎胎壳上，或（2）将硫化橡胶条制成的硫化胎面附于轮胎胎壳上。这些轮胎可视为已经过盖补翻新（更换胎面）、重补翻新（用延伸至部分轮胎胎壁的新材料更换胎面）或“缘对缘”翻新（更换胎面并全部或部分对轮胎胎壁进行翻新）。

子目 4012.20 的旧轮胎可加以重切或重新刻槽处理，以将胎面的旧槽（仍显而易见）切深。这种重新刻槽处理一般用于加工重型机动车辆（例如，公共汽车及卡车）的轮胎。重切或重新刻槽处理的旧轮胎不归入子目 4012.11、4012.12、4012.13 及 4012.19。

子目4012.11、4012.12、4012.13、4012.19及4012.20的轮胎也可进行辅助性重切处理，以在原胎面式样上加刻上横向的或斜纹的槽沟。这种辅助性重切处理不影响它们作为子目4012.11、4012.12、4012.13、4012.19的翻新轮胎或子目4012.20的旧轮胎归类。

但是，经辅助性重切处理的新的充气轮胎仍应归入品目40.11项下的相应子目。

40.13　橡胶内胎：

10　—　机动小客车（包括旅行小客车及赛车）、客运机动车辆或货运机动车辆用

20　—　自行车用

90　—　其他

内胎是装配在汽车、挂车或自行车等外胎中的。

40.14　硫化橡胶（硬质橡胶除外）制的卫生及医疗用品（包括奶嘴），不论是否装有硬质橡胶制的附件：

10　—　避孕套

90　—　其他

本品目包括除硬质橡胶外的各种用于卫生及医疗用途的硫化橡胶制品（不论是否装有硬质橡胶或其他材料制的附件），品种主要有避孕套、插管、洗肠用的灌肠器及胶球、喷雾器、滴管、奶嘴（哺乳奶嘴）、奶头罩、冰袋、热水袋、氧气袋、护指套、护理用充气垫（例如，环形垫）等。

本品目不包括衣着用品及附件（例如，外科医生及放射科医生用的围裙及手套）（品目40.15）。

40.15　硫化橡胶（硬质橡胶除外）制的衣着用品及附件（包括分指手套、连指手套及露指手套）（+）：

—　分指手套、连指手套及露指手套：

12　——　医疗、外科、牙科或兽医用

19　——　其他

90　—　其他

本品目包括衣着用品及附件（包括分指手套、连指手套及露指手套），例如，外科和放射科医生以及潜水员等用的防护性手套及衣着等，不论是粘合、缝合或用其他方法制成。这些货品是：

一、完全以橡胶制成的。

二、用橡胶浸渍、涂布、覆面或层压的纺织物、针织物或钩编织物、毡、无纺织物等制成的，但归入第十一类的货品除外（参见第五十六章注释三及第五十九章注释四）。

三、橡胶制成但带有部分纺织物，而货品的基本性状是由橡胶构成的。

以上列举的三类货品包括斗篷、围裙、汗垫、围涎、带及胸衣带。

本品目不包括下列物品：

（一）橡胶线与纺织材料合制的衣着用品及附件（第六十一章或第六十二章）。

（二）第六十四章的鞋靴及其零件。

（三）第六十五章的帽类（包括游泳帽）及其零件。

○

○　○

子目注释：

子目 4015.12

医疗、外科、牙科或兽医用手套是一次性无菌包装或非无菌散装的，具有高防水性和拉伸性，以保护患者和使用者免受交叉感染。这些手套还可以用于诊断目的、科学和医学研究实验室，或用于处理受污染的医疗材料。

40.16　硫化橡胶（硬质橡胶除外）的其他制品：

10　—　海绵橡胶制

—　其他：

91　——　铺地制品及门垫

92　——　橡皮擦

93　——　垫片、垫圈及其他密封件

94　——　船舶或码头的碰垫，不论是否可充气

95　——　其他可充气制品

99　——　其他

本品目包括所有不归入本章其他品目或其他章的硫化橡胶（硬质橡胶除外）制品。

本品目包括：

一、泡沫橡胶制品。

二、铺地制品及门垫（包括浴室垫）。但将橡胶板、片切割成矩形（包括正方形）并且除表面加工以外未作进一步加工的垫片除外（参见品目 40.08 的注释）。

三、橡皮擦。

四、垫片、垫圈及其他密封件。

五、船舶或码头的碰垫，不论是否可充气的。

六、充气床垫、枕头、软垫及其他可充气制品（品目 40.14 或 63.06 的货品除外）；充水床垫。

七、橡胶箍条；烟丝袋；日期戳字粒及类似品。

八、瓶子的塞及封环。

九、泵机转子及活塞端头；挤奶机用的橡胶衬里；龙头、旋塞、阀门及类似器具；其他技术上用的物品（包括第十六类机器设备的零、部件及第九十章仪器、仪表的零、部件）。

十、汽车底盘衬垫橡胶、挡泥胶片及踏垫，自行车的制动胶、挡泥胶片及脚踏胶，以及第十七类的汽车、航空器或船舶用的其他零、附件。

十一、仅切割成非矩形的板、片及带，以及因为经铣削、车削、用胶水粘合、缝合或其他方式加工而不能归入品目 40.08 的物品。

十二、修补内胎的有斜削边的矩形（包括正方形）补胎片及其他任何形状的补片，经模压、切割或磨削制成，通常由一层常温硫化橡胶附在硫化橡胶衬基上构成，并在符合第五十九章注释四规定的条件下，由多层织物和橡胶组成。

十三、带橡胶锤头的锤子。

十四、小的吸力挂钩、碗盘垫、洗涤槽塞子、洗涤槽揣子、制门器、家具腿用的橡胶脚垫和其他家居用制品。

本品目不包括下列物品：

（一）归入第十一类的用橡胶浸渍、涂布、覆面或层压的纺织物、针织物、钩编织物、毡和无纺织物的制品（参见第五十六章注释三及第五十九章注释四），以及纺织材料与橡胶线合制的物品（第十一类）。

（二）第六十四章的鞋靴及其零件。

（三）第六十五章的帽类（包括游泳帽）及其零件。

（四）由贱金属制的基座、把柄、真空杆和橡胶盘构成的真空吸盘（吸盘）（第十五类）。

（五）橡皮艇及筏（第八十九章）。

（六）乐器零、附件（第九十二章）。

（七）泡沫橡胶床垫、枕头及软垫，不论是否有罩套，含品目 94.04 的填有泡沫橡胶的电热床褥。

（八）第九十五章的玩具、游戏品及运动用品的零件。

（九）手工操作的日期、封缄、编号戳和类似印戳，以及归入第九十六章的其他物品。

40.17　各种形状的硬质橡胶（例如，纯硬质胶），包括废碎料；硬质橡胶制品

硬质橡胶（例如，纯硬质胶）是用高比份（每 100 份橡胶对 15 份以上）的硫磺使橡胶硫化而制得。硬质橡胶还可含有颜料及高比份的填料，例如，煤、粘土、硅石。如果不含填料、颜料并且非泡沫状时，硬质橡胶是坚硬、棕黑色（有时呈红色）的物质，而且相对来讲是非挠性及缺乏弹性的；但可进行模塑、锯、钻、车削、打磨等加工，许多硬质橡胶经过打磨后可变得非常光亮。

本品目包括各种形状的硬质橡胶及泡沫硬质橡胶、硬质橡胶的废碎料。

本品目还包括所有其他章未列名的硬质橡胶制品，包括大桶、槽、管状物品、刀柄、球形柄、抓柄及各种类似物品、清洁及卫生用品。

本品目主要不包括：

（一）第十六类的硬质橡胶制机械或电气器具及其零件（包括各种电器用品）。

（二）第八十六章至第八十八章各品目的车辆、航空器等的硬质橡胶制零、附件。

（三）医疗、外科、牙科及兽医仪器和器具，以及其他属于第九十章的仪器、仪表设备。

（四）乐器及其零、附件（第九十二章）。

（五）枪托底板及其他武器零件（第九十三章）。

（六）家具、灯具、照明装置及其他归入第九十四章的物品。

（七）玩具、游戏品及运动用品（第九十五章）。

（八）第九十六章的刷子及其他物品。

第八类　生皮、皮革、毛皮及其制品；鞍具及挽具；旅行用品、手提包及类似容器；动物肠线（蚕胶丝除外）制品

第四十一章　生皮（毛皮除外）及皮革

注释：

一、本章不包括：

（一）生皮的边角废料（品目 05.11）；

（二）品目 05.05 或 67.01 的带羽毛或羽绒的整张或部分鸟皮；

（三）带毛生皮或已鞣的带毛皮张（第四十三章）；但下列动物的带毛生皮应归入第四十一章：牛（包括水牛）、马、绵羊及羔羊（不包括阿斯特拉罕羔羊、大尾羔羊、卡拉库尔羔羊、波斯羔羊或类似羔羊、印度羔羊、中国羔羊或蒙古羔羊）、山羊或小山羊（不包括也门或蒙古山羊及小山羊）、猪（包括野猪）、小羚羊、瞪羚、骆驼（包括单峰骆驼）、驯鹿、麋、鹿、狍或狗。

二、

（一）品目 41.04 至 41.06 不包括经逆鞣（包括预鞣）加工的皮（酌情归入品目 41.01 至 41.03）。

（二）品目 41.04 至 41.06 所称"坯革"，包括在干燥前经复鞣、染色或加油（加脂）的皮。

三、本协调制度所称"再生皮革"，仅指品目 41.15 的皮革。

总　注　释

本章包括：

一、生皮（指个头较大的四足动物的皮，但不包括带羽毛或羽绒的鸟皮及毛皮）（品目 41.01 至 41.03）。这些品目还包括本章注释一（三）和品目 41.01 至 41.03 所述的带毛的动物生皮。

鞣制之前，应先将皮张经过一系列预处理工序，包括在碱性溶液中浸泡（软化皮张并除去保藏时的盐分），去毛、脱肉（"刮肉"），然后除去在去毛工序中所残留的石灰及其他物质，最后进行漂洗。

品目 41.01 至 41.03 也包括经可逆性鞣制（包括预鞣）加工的不带毛生皮。这种加工可对皮张进行临时稳定化处理，以便进行剖层加工，并可临时防腐。在进行精加工之前，还需要进一步鞣制的皮张不能视为品目 41.04 至 41.06 的产品。

已经预鞣或进一步加工的带毛的皮张应按本章注释一（三）的规定不归入本章。

二、经鞣制或半硝处理但未经进一步加工的皮张（品目 41.04 至 41.06）。鞣制可使皮张不腐烂，提高其防水性能。鞣酸渗入生皮组织，与胶原质形成交联。这是一种不可逆化学反应，可使产品性质稳定，耐热、轻质、透气，同时使皮张容易成型、便于使用。

皮张可经"植物鞣制"（在装有某种木料、树皮、树叶等或其汁液的鞣池中鞣制）、"矿物鞣制"（用矿物盐，例如，铬盐、铁盐或明矾鞣制）或"化学鞣制"（用甲醛或某些合成化学品鞣制）。有时上述三种鞣法并用。用明矾与盐的混合物鞣制厚革，称为"匈牙利鞣法"，而在矾鞣中则使用盐、明矾、

蛋黄及面粉的混合物进行鞣制。经过矾鞣的皮张主要用于制手套、衣服及鞋靴。

经鞣制或鞣制后进一步加工的皮张在贸易上称为“皮革”。鞣制后经干燥的皮革称为“坯革”。在半硝处理工序，可加入油脂或油以使坯革稍显润滑及柔软，也可在干燥前通过浸渍（例如，在鼓形圆桶中）对皮张进行复鞣或着色。

羊皮经油鞣及整理制成的油鞣皮革（包括结合鞣制的油鞣皮革）应归入品目41.14。

三、鞣制或半硝处理后经进一步加工的皮革（品目41.07、41.12及41.13）。在鞣制或半硝处理后，皮革通常需作进一步处理（“加脂”）以清除表层疵斑，使之更加柔软及有更好的防水性等以供使用。这些工序包括软化、拉伸、削薄、搅打或使皮革表层变硬等处理，以及加油浸渍（“加脂”）。

皮革可再进一步加工，例如，采用表面着色剂或颜料着色、仿他种革的粒化或压花、上光、抛光、对肉面（有时粒面）磨光以产生绒面、打蜡、染黑、釉光、缎光、印花等。

羊皮纸化处理的皮革是生皮不经鞣制而用能保证其长期保存的方法制得的，即，将生皮加以柔化、去毛、刮肉、洗涤，然后绷紧固定在框架上，涂以含有白垩粉及苏打或熟石灰的粉浆，削刮至所需厚度，再用浮石磨平。最后可用明胶及淀粉加以处理。

质量较好的皮革称为“犊皮纸”，是用新生牛犊的皮制成的。这种皮用于精装书、重要文件或鼓面等。较厚的皮张（通常为大牛的皮）有时也用类似方法进行处理（较粗糙的产品称为“生牛皮”），用于制造机器零件、工具、旅行用品等。

四、油鞣皮革；漆皮及层压漆皮；镀金属皮革（品目41.14）。品目41.14包括品目条文列名并通过特种加工制成的具有特色的皮革。因此，本品目包括羊皮经油鞣及整理制成的油鞣皮革（包括结合鞣制的油鞣皮革）；涂有一层清漆或大漆，或在皮革表面覆盖一层塑料膜的皮革（漆皮及层压漆皮）；以及表面涂有或覆盖金属粉末或金属箔的皮革（镀金属皮革）。

五、以皮革或皮革纤维为基本成分的再生（粘合）皮革（品目41.15）。

六、皮革或再生皮革的边角废料（品目41.15）。本品目不包括生皮或毛皮的边角料及类似废料。

皮张和皮革，不论是整张（即具有动物轮廓的皮张和皮革，但可去掉头、脚部分）、还是部分（例如，半边皮、肩皮、整张或半张背皮、腹皮、颊皮）、成条或成块的，均归入本章。但切成特殊形状的小块皮革应作为其他章的制品归类，特别是归入第四十二章或第六十四章。

剖层皮和剖层革应按整张皮或整张革的相应品目归类。剖层是将皮张水平片割为一层以上的过程，可在鞣制前或鞣制后进行。剖层的目的是获得更为均匀的厚度以便于加工，并制得更为一致的成品革。皮张的外层或粒面层，称为“粒面剖层皮”，通过环状带式刀片对皮张进行平整，可达到几毫米的精度；底层称为“肉面剖层皮”，其形状和厚度是不规则的。特别厚的皮张，例如水牛皮，可以得到数层剖层皮，但这种剖层皮的中间层在结构上没有外层紧密。

41.01 生牛皮（包括水牛皮）、生马科动物皮（鲜的、盐渍的、干的、石灰浸渍的、浸酸的或以其他方法保藏，但未鞣制、未经羊皮纸化处理或进一步加工的），不论是否去毛或剖层：

20 — 未剖层的整张皮，简单干燥的每张重量不超过8千克，干盐腌的不超过10千克，鲜的、湿盐腌的或以其他方法保藏的不超过16千克

50 — 整张皮，重量超过16千克

90 — 其他，包括整张或半张的背皮及腹皮

本品目包括牛（包括水牛）（即品目01.02的动物，参见该品目的注释）或马科动物（马、骡、驴、斑马等）的生皮（不论是否已经去毛）。

上述生皮可以是新鲜的（未经处理的），也可以是经过盐渍、干燥、石灰浸渍、浸酸或用其他方法进行短期防腐处理的。还可对皮进行清洁、剖层、刮肉处理，或经可逆性鞣制（包括预鞣），但未经其他任何鞣制或类似处理（例如，羊皮纸化处理），也未经进一步加工。

皮张可以用盐干渍或用盐水湿渍。用盐干渍时有时加入少量其他物质以防产生污斑。在印度，有时加入含有硫酸钠的粘土。

生皮可直接干制或用盐渍后干制。皮张在干制过程中常用杀虫剂、灭菌剂或类似制剂加以处理。

石灰浸渍是将皮张泡于石灰水中或涂上一层熟石灰浆，以便于皮张脱毛，还能防腐。

浸酸是将皮张浸入加有普通盐的淡盐酸、淡硫酸或其他化学品溶液。这种处理对皮张能起到防腐作用。

本品目不包括：

（一）未烹煮的食用动物皮（品目02.06或02.10）（已烹煮的应归入品目16.02）；

（二）生皮的边角废料（品目05.11）。

41.02　绵羊或羔羊生皮（鲜的、盐渍的、干的、石灰浸渍的、浸酸的或经其他方法保藏，但未鞣制、未经羊皮纸化处理或进一步加工的），不论是否带毛或剖层，但本章注释一（三）所述不包括的生皮除外：

10　—　带毛

—　不带毛：

21　——　浸酸的

29　——　其他

本品目包括绵羊或羔羊的生皮，不论是否带毛，但不包括阿斯特拉罕羔羊、大尾羔羊、卡拉库尔羔羊、波斯羔羊或类似羔羊（例如，与卡拉库尔羔羊或波斯羔羊类似，但在世界各地叫法不同的羔羊）、印度羔羊、中国羔羊或蒙古羔羊的带毛生皮。

上述生皮可以是新鲜的（未经处理的），也可以是经过盐渍、干燥、石灰浸渍、浸酸或用其他方法进行短期防腐处理的（参见品目41.01的注释）。还可对皮进行清洁、剖层、刮肉处理，或经可逆性鞣制（包括预鞣），但未经其他任何鞣制或类似处理（例如，羊皮纸化处理），也未经进一步加工。

本品目不包括：

（一）未烹煮的食用动物皮（品目02.06或02.10）（已烹煮的应归入品目16.02）。

（二）生皮的边角废料（品目05.11）。

41.03　其他生皮（鲜的、盐渍的、干的、石灰浸渍的、浸酸的或以其他方法保藏，但未鞣制、未经羊皮纸化处理或进一步加工的），不论是否去毛或剖层，但本章注释一（二）或（三）所述不包括的生皮除外：

20　—　爬行动物皮

30　—　猪皮

90　—　其他

本品目包括：

一、各种不带毛或已去毛的生皮，但品目41.01或41.02的生皮除外。本品目还包括已去羽毛及羽绒的鸟皮、鱼皮、爬行动物皮和去毛的山羊及小山羊皮（包括也门或蒙古山羊及小山羊皮）。

二、下列动物未去毛的生皮：

（一）山羊及小山羊（也门或蒙古山羊及小山羊除外）。

（二）猪，包括野猪。

（三）小羚羊、瞪羚及骆驼（包括单峰骆驼）。
（四）麋、驯鹿、狍及其他鹿。
（五）狗。
上述生皮可以是新鲜的（未经处理的），也可以是经过盐渍、干燥、石灰浸渍、浸酸或用其他方法进行短期防腐处理的（参见品目41.01的注释）。还可对皮进行清洁、剖层、刮肉处理，或经可逆性鞣（包括预鞣），但未经其他任何鞣制或类似处理（例如，羊皮纸化处理），也未经进一步加工。
本品目不包括：
（一）未烹煮的食用动物皮（第二章）或鱼皮（第三章）（已烹煮的应归入第十六章）。
（二）生皮的边角废料（品目05.11）。
（三）品目05.05或67.01的带羽毛或羽绒的整张或部分鸟皮。

41.04　经鞣制的不带毛牛皮（包括水牛皮）、马科动物皮及其坯革，不论是否剖层，但未经进一步加工：
—　湿革（包括蓝湿皮）：
11　——　全粒面未剖层革；粒面剖层革
19　——　其他
—　干革（坯革）：
41　——　全粒面未剖层革；粒面剖层革
49　——　其他

本品目包括牛科动物（含水牛）或马科动物的已去毛皮张，这些皮已经鞣制或半硝处理，但未经进一步加工（参见本章总注释）。
本品目不包括：
（一）油鞣皮革（包括结合鞣制的油鞣皮革）（品目41.14）。
（二）经鞣制皮革或坯革的边角废料（品目41.15）。
（三）带毛鞣制或半硝处理的牛科动物（包括水牛）或马科动物的皮张（第四十三章）。

41.05　经鞣制的不带毛绵羊或羔羊皮革及其坯革，不论是否剖层，但未经进一步加工：
10　—　湿革（包括蓝湿皮）
30　—　干革（坯革）

本品目包括经鞣制或半硝处理，但未经进一步加工的绵羊或羔羊（包括绵羊与山羊杂交的羊）的不带毛皮张（参见本章总注释）。
绵羊及羔羊皮革虽与山羊及小山羊皮革有些相似，但质地较为松弛，粒面更不规则。
绵羊皮常用“矾鞣法”鞣制（参见本章总注释）。
绵羊皮的粒面剖层革经鞣制后称为“粒层革”；“熟羊皮”是绵羊皮用某种植物鞣剂鞣制而成。
本品目不包括：
（一）油鞣皮革（包括结合鞣制的油鞣皮革）（品目41.14）。
（二）经鞣制皮革或坯革的边角废料（品目41.15）。
（三）带毛鞣制或半硝处理的绵羊皮或羔羊皮（第四十三章）。

41.06　经鞣制的其他不带毛动物皮革及其坯革，不论是否剖层，但未经进一步加工：
—　山羊或小山羊的：

21 —— **湿革（包括蓝湿皮）**
22 —— **干革（坯革）**
— **猪的：**
31 —— **湿革（包括蓝湿皮）**
32 —— **干革（坯革）**
40 — **爬行动物的**
— **其他：**
91 —— **湿革（包括蓝湿皮）**
92 —— **干革（坯革）**

本品目包括经鞣制或半硝处理，但未经进一步加工的山羊或小山羊的不带毛皮张（参见本章总注释）。

区别绵羊皮与山羊皮的要点，参见品目41.05的注释。

山羊皮及小山羊皮也可用“矾鞣法”鞣制（参见本章总注释）。

本品目还包括品目41.04至41.05未列名的所有动物的无毛或去毛的皮张，这些皮张的加工方法与上述品目所述的皮张加工方法相同（参见本章总注释）。

因此，本品目包括猪、爬行动物（蜥蜴、蛇、鳄鱼等）、羚羊、大袋鼠、鹿、小羚羊、驯鹿、麋、象、骆驼（包括单峰骆驼）、河马、狗、鱼或水生哺乳动物等的皮革。

本品目不包括：

（一）油鞣皮革（包括结合鞣制的油鞣皮革）（品目41.14）。

（二）经鞣制皮革或坯革的边角废料（品目41.15）。

（三）带毛鞣制或半硝处理的皮张（第四十三章）。

41.07 经鞣制或半硝处理后进一步加工的不带毛的牛皮革（包括水牛皮革）或马科动物皮革，包括羊皮纸化处理的皮革，不论是否剖层，但品目41.14的皮革除外：

— **整张的：**
11 —— **全粒面未剖层革**
12 —— **粒面剖层革**
19 —— **其他**
— **其他，包括半张的：**
91 —— **全粒面未剖层革**
92 —— **粒面剖层革**
99 —— **其他**

本品目包括经羊皮纸化处理的牛科动物（含水牛）及马科动物的去毛皮张，也包括鞣制或半硝处理后经进一步加工的皮革（参见本章总注释）。

牛皮革或马皮革以结实耐用著称，因而一般用作鞋底革及机器皮带革。

鞋底革是一种经过重碾或锤制的皮革，通常采用植物鞣法或结合法鞣制，呈棕色，但有些品种用铬鞣法鞣制（呈带绿的蓝色）。

机器皮带革通常是用黄牛背皮制作，一般采用植物鞣法鞣制，经充分上油和整理使之结实、柔韧，抗拉伸性强。

牛皮革（包括水牛皮革）及马皮革也常用于制作靴面或鞋面，例如，名为“格纹犊皮”或“条纹犊皮”的皮革（一种着色上光的铬鞣小牛皮革，用铬鞣法，有时用结合法鞣制而成）。

本品目不包括：

（一）油鞣皮革（包括结合鞣制的油鞣皮革）、漆皮、层压漆皮及镀金属皮革（品目41.14）。

（二）皮革的边角废料（品目41.15）。

（三）带毛鞣制的牛科动物（包括水牛）或马科动物的皮张（第四十三章）。

【41.08】

【41.09】

【41.10】

【41.11】

41.12　经鞣制或半硝处理后进一步加工的不带毛的绵羊或羔羊皮革，包括羊皮纸化处理的皮革，不论是否剖层，但品目41.14的皮革除外

本品目包括经羊皮纸化处理的绵羊或羔羊（包括绵羊和山羊杂交的羊）的去毛皮张，也包括鞣制或半硝处理后经进一步加工的绵羊或羔羊皮革（参见本章总注释）。

绵羊或羔羊皮革虽与山羊或小山羊皮革有些相似，但质地较为松弛，粒面更不规则。

本品目不包括：

（一）油鞣皮革（包括结合鞣制的油鞣皮革）、漆皮、层压漆皮及镀金属皮革（品目41.14）。

（二）皮革的边角废料（品目41.15）。

（三）带毛鞣制的绵羊或羔羊皮张（第四十三章）。

41.13　经鞣制或半硝处理后进一步加工的不带毛的其他动物皮革，包括羊皮纸化处理的皮革，不论是否剖层，但品目41.14的皮革除外：

10　—　山羊或小山羊的

20　—　猪的

30　—　爬行动物的

90　—　其他

本品目包括经羊皮纸化处理的山羊或小山羊的去毛皮张，也包括鞣制或半硝处理后经进一步加工的山羊皮革（参见本章总注释）。

区别绵羊皮革与山羊皮革的要点，参见品目41.12的注释。

山羊或小山羊皮张也可用“矾鞣法”鞣制（参见本章总注释）。

本品目还包括品目41.07及41.12未列名的所有动物的无毛或去毛的皮张，这些皮张的加工方法与上述品目所述的皮张加工方法相同（参见本章总注释）。

因此，本品目包括猪、爬行动物（蜥蜴、蛇、鳄鱼等）、羚羊、大袋鼠、鹿、小羚羊、驯鹿、麋、象、骆驼（包括单峰骆驼）、河马、狗、鱼或水生哺乳动物等的皮革（品目41.14的皮革除外）。

本品目不包括商业上称之为“仿鹿皮”的皮革。它是一种将绵羊皮剖层后用甲醛或油鞣制而成的可洗皮革（品目41.12或41.14）。

本品目也不包括：

（一）油鞣皮革（包括结合鞣制的油鞣皮革）、漆皮、层压漆皮及镀金属皮革（品目41.14）。
（二）皮革的边角废料（品目41.15）。
（三）带毛鞣制的皮张（第四十三章）。

41.14　油鞣皮革（包括结合鞣制的油鞣皮革）；漆皮及层压漆皮；镀金属皮革：
10　—　油鞣皮革（包括结合鞣制的油鞣皮革）
20　—　漆皮及层压漆皮；镀金属皮革

一、油鞣皮革（包括结合鞣制的油鞣皮革）

油鞣皮革是通过用鱼油或动物油反复鞣制，然后加热烘干或晾干，用碱水洗去余油，最后清洁皮张的表面，并用浮石或其他磨料进行磨里加工制得。这样鞣制的皮革通常采用正面起绒除去粒层的绵羊或羔羊肉面剖层皮来做原料。

油鞣皮革的特点是柔软可洗，呈黄色（染色的除外），大部分用来制造手套、洗革等。大动物（鹿等）的皮经过类似处理后可用于制衣服、挽具或作某些工业用途。

上述仅用油鞣制的油鞣皮革有时称为全油鞣皮革。

与黄色油鞣皮革性质相似的白色可洗革是先以甲醛作不完全鞣制，然后再按上述方法加以油鞣制得，称为“结合鞣制的油鞣皮革”。本品目也包括这种皮革，但不包括其他可洗革（例如，用明矾及甲醛鞣制的皮革），也不包括用其他方法完全鞣制后仅用油“加脂”的皮革。

二、漆皮及层压漆皮；镀金属皮革

本组包括：

（一）漆皮，即涂有一层清漆或大漆，或在皮革表面覆盖一层塑料膜的皮革。这种皮革的表面光亮宛如镜面。

所用清漆或大漆可加色或不加色，其基本成分为：

1. 植物干性油（通常为亚麻子油）；
2. 纤维素衍生物（例如，硝化纤维素）；
3. 合成产品（不论是否热塑塑料），主要为聚氨酯。

覆盖在皮革表面的塑料膜一般是用聚氨酯或聚氯乙烯制成的。

这类产品的表面不一定平滑，可压花以模仿某种皮（鳄鱼皮、蜥蜴皮等），也可人工挤压、起绉或制成粒面，但必须像镜面般光亮。

涂层或塑料膜的厚度不得超过0.15毫米。

本组还包括用颜料（包括云母、硅石或类似的片状粉末）混合粘合剂（例如，塑料或植物干性油）组成的油漆或大漆涂覆，使其具有金属光泽的皮革（“仿镀金属皮革”）。

（二）层压漆皮，商业上称为特种漆革，这种皮革的表面覆盖了一层塑料片，其厚度超过0.15毫米，但不超过总厚度的一半，并且与漆皮一样有着镜面般的光洁表面（所覆盖的塑料片厚度超过0.15毫米，且不小于总厚度的一半的皮革，应归入第三十九章）。

（三）镀金属皮革，即表面涂有或覆盖金属（例如，银、金、青铜或铝）粉末或箔的皮革。

但本品目不包括涂漆或镀金属的再生皮革（品目41.15）。

41.15　以皮革或皮革纤维为基本成分的再生皮革，成块、成张或成条的，不论是否成卷；皮革或再生皮革的边角废料，不适宜作皮革制品用；皮革粉末：
10　—　以皮革或皮革纤维为基本成分的再生皮革，成块、成张或成条的，不论是否成卷
20　—　皮革或再生皮革的边角废料，不适宜作皮革制品用；皮革粉末

一、再生皮革

本组仅包括以真皮革或皮革纤维为基本成分的再生皮革，必须注意，本品目不包括以真皮革以外的其他材料为基本成分的仿皮革，例如，塑料仿皮革（第三十九章）、橡胶仿皮革（第四十章）、纸及纸板仿皮革（第四十八章）或涂布纺织品（第五十九章）。

再生皮革也被称为“粘合皮革”，可用下列方法制成：

（一）用胶水或其他粘合剂将皮革边角料及小块废料粘合而成。

（二）不用任何粘合剂而用高压将皮革边角料及小块废料压合而成。

（三）将皮革边角废料置于热水中加热后分解为细纤维（像纸一样不用粘合剂），所得的皮浆经过筛滤、滚压及研光制成皮张。

再生皮革可以染色、压花、抛光、粒面或压印，用金刚砂或刚玉砂起绒，也可涂清漆或镀金属。

成块、成张或成条的再生皮革，不论是否成卷，均应归入本品目；如果切割成正方形或长方形以外其他形状的，应归入其他章，主要归入第四十二章。

二、边角废料

本组包括：

（一）在加工皮革（包括再生皮革或羊皮纸化处理的皮革）货品过程中所产生的皮革边角废料，适于制再生皮革或胶水等，或用作肥料。

（二）废旧的皮革制品，不能再作原用途使用，也不能用于制造其他皮革制品。

（三）皮革粉屑（在皮革磨光及磨里所产生的废料），可用作肥料或用以制造人造起毛皮革、再生皮革铺地制品等。

（四）皮革细粉，研磨皮革废料而得，用于制造仿麂皮织物或作为塑料的填料等。

皮革碎片及破旧皮革货品（例如，旧机器皮带），凡可供制造皮革货品的，应作为皮革归入适当品目（品目41.07或41.12至41.14）。

本品目也不包括：

（一）生皮的边角废料（品目05.11）。

（二）品目63.09的旧鞋靴。

第四十二章　皮革制品；鞍具及挽具；旅行用品、手提包及类似容器；动物肠线（蚕胶丝除外）制品

注释：

一、本章所称的“皮革”包括油鞣皮革（含结合鞣制的油鞣皮革）、漆皮、层压漆皮和镀金属皮革。

二、本章不包括：

（一）外科用无菌肠线或类似的无菌缝合材料（品目30.06）；

（二）以毛皮或人造毛皮衬里或作面（仅饰边的除外）的衣服及衣着附件（分指手套、连指手套及露指手套除外）（品目43.03或43.04）；

（三）网线袋及类似品（品目56.08）；

（四）第六十四章的物品；

（五）第六十五章的帽类及其零件；

（六）品目66.02的鞭子、马鞭或其他物品；

（七）袖扣、手镯或其他仿首饰（品目71.17）；

（八）单独报验的挽具附件或装饰物，例如，马镫、马嚼子、马铃铛及类似品、带扣（一般归入第十五类）；

（九）弦线、鼓面皮或类似品及其他乐器零件（品目92.09）；

（十）第九十四章的物品（例如，家具，灯具及照明装置）；

（十一）第九十五章的物品（例如，玩具、游戏品及运动用品）；或

（十二）品目96.06的钮扣、揿扣、钮扣芯或这些物品的其他零件、钮扣坯。

三、

（一）除上述注释二所规定的以外，品目42.02也不包括：

1. 非供长期使用的带把手塑料薄膜袋，不论是否印制（品目39.23）；

2. 编结材料制品（品目46.02）。

（二）品目42.02及42.03的制品，如果装有用贵金属、包贵金属、天然或养殖珍珠、宝石或半宝石（天然、合成或再造）制的零件，即使这些零件不是仅作为小配件或小饰物的，只要其未构成物品的基本特征，仍应归入上述品目。但如果这些零件已构成物品的基本特征，则应归入第七十一章。

四、品目42.03所称“衣服及衣着附件”，主要适用于分指手套、连指手套及露指手套（包括运动手套及防护手套）、围裙及其他防护用衣着、裤吊带、腰带、子弹带及腕带，但不包括表带（品目91.13）。

总　注　释

本章主要包括皮革或再生皮革的制品。品目42.01及42.02也包括某些具有皮革业产品特征但是用其他材料制成的制品。本章还包括某些肠线、肠膜、膀胱或筋腱制品。

本章所称“皮革”的定义参见本章注释一。所称“皮革”包括油鞣皮革（包括结合鞣制的油鞣皮革）、漆皮、层压漆皮和镀金属皮革，即品目41.14所述的产品。

但某些皮革制品应归入其他各章，本章各品目项下的注释对此作了说明。

42.01　各种材料制成的鞍具及挽具（包括缰绳、挽绳、护膝垫、口套、鞍褥、马褡裢、狗外套及类似品），适合各种动物用

本品目包括适合各种动物用的皮革、再生皮革、毛皮、纺织物或其他材料制成的各种器具。

这些货品主要包括骑畜、挽畜、驮畜用的鞍具及挽具（包括缰绳、辔、挽绳），马用护膝垫、眼罩和护蹄，马戏团动物的装饰品、任何动物的口套、狗或猫的颈圈、挽绳及饰物，鞍褥、鞍垫及马褡裢，制成特殊形状专门供骑马用的毯子、狗外套。

本品目不包括：

（一）单独报验的挽具配件或装饰物，例如，马蹬、马嚼子、马铃铛及类似品、带扣（一般归入第十五类），马戏团动物用的羽饰等装饰品（应分别归入适当的品目）。

（二）儿童或成年人用的挽带或背带（品目 39.26、42.05、63.07 等）。

（三）鞭子、马鞭及品目 66.02 的其他物品。

42.02　衣箱、提箱、小手袋、公文箱、公文包、书包、眼镜盒、望远镜盒、照相机套、乐器盒、枪套及类似容器；旅行包、食品或饮料保温包、化妆包、帆布包、手提包、购物袋、钱夹、钱包、地图盒、烟盒、烟袋、工具包、运动包、瓶盒、首饰盒、粉盒、刀叉餐具盒及类似容器，用皮革或再生皮革、塑料片、纺织材料、钢纸或纸板制成，或者全部或主要用上述材料或纸包覆制成（+）：

—　衣箱、提箱、小手袋、公文箱、公文包、书包及类似容器：

11　——以皮革或再生皮革作面

12　——以塑料或纺织材料作面

19　——其他

—　手提包，不论是否有背带，包括无把手的：

21　——以皮革或再生皮革作面

22　——以塑料片或纺织材料作面

29　——其他

—　通常置于口袋或手提包内的物品：

31　——以皮革或再生皮革作面

32　——以塑料片或纺织材料作面

39　——其他

—　其他：

91　——以皮革或再生皮革作面

92　——以塑料片或纺织材料作面

99　——其他

本品目仅包括本品目具体列名的物品及类似容器。

这些容器可以是硬的或具有硬基底的，也可以是软的并且无基底的。

除本章注释二和三另有规定的以外，本品目第一部分所包括的物品可用任何材料制成。这里所指的“类似容器”，包括帽盒、相机附件套、弹药盒、猎刀鞘及野营刀鞘、制成专门形状或内部装有配件以适合盛装特定工具（不论是否带附件等）的手提式工具箱或工具盒等。

但本品目第二部分所包括的物品，必须是用本品目所列材料制成，或全部或主要用这些材料或纸（基底可以是木头、金属等）包覆的。所称“皮革”包括油鞣皮革（包括结合鞣制的油鞣皮革）、漆皮、层压漆皮和镀金属皮革（参见本章注释一）。这里所指的“类似容器”，包括皮夹子、文具盒、笔盒、票证盒、针线盒、钥匙袋、雪茄烟盒、烟斗盒、工具或珠宝卷包、鞋盒、刷盒等。

本品目的货品可装有贵金属、包贵金属、天然或养殖珍珠、宝石或半宝石（天然、合成或再造）制的零件，即使这些零件不是仅作为小配件或小饰物的，只要其未构成物品的基本特征，仍归入本品目。因此，装有缟玛瑙钩扣的银框皮手袋仍归入本品目［参见本章注释三（二）］。

所称“运动包”，包括高尔夫球袋、体操袋、网球拍提袋、滑雪袋和钓鱼袋。

所称“首饰盒”，不仅包括为存放首饰而专门设计的盒子，也包括其形状和配件专门适于盛装一件或多件首饰的各种规格的类似有盖容器，不论是否装有铰链或扣件。它们一般用纺织材料衬里。这些容器盛装首饰后可一同展示及出售，适于长期使用。

所称“食品或饮料保温包”，包括在运输或临时保存期间保持食物及饮料温度用的可重复使用的保温包。

本品目不包括：

（一）本章注释三（一）1所列的购物袋，包括由两层塑料外层夹住一层泡沫塑料内层构成的袋子，不适合长期使用。

（二）编结材料制品（品目46.02）。

（三）虽具有容器的特征，但与本品目所列货品不同的物品，例如，全部或主要用皮革、塑料片等包覆的书籍封皮及护套、卷宗皮、公文袋、吸墨水纸滚台、相框、糖果盒、烟草罐、烟灰缸、陶瓷或玻璃瓶等。这些物品如果用皮革或再生皮革制成（或包覆）的，应归入品目42.05；如果用其他材料制成（或包覆）则应归入其他章。

（四）网线袋及类似品（品目56.08）。

（五）仿首饰（品目71.17）。

（六）非制成专门形状或内部装有配件以适合盛装特定工具（不论是否带附件）的工具箱或工具盒（通常归入品目39.26或73.26）。

（七）剑、刺刀、匕首或类似兵器的鞘或套（品目93.07）。

（八）第九十五章的物品（例如，玩具、游戏品及运动用品）。

○
○ ○

子目注释：

子目4202.11、4202.21、4202.31及4202.91

在这些子目中，所称的“以皮革做面”包括涂布了一层薄的塑料或合成橡胶的皮革，该涂层无法用肉眼辨别（其厚度通常小于0.15毫米），用于保护皮革表面，不论其是否带来颜色或光泽上的变化。

子目4202.31、4202.32及4202.39

这些子目适用于通常置于口袋或手提包内的物品，包括眼镜盒、皮夹子、钱夹、钱包、钥匙包、香烟盒、雪茄烟盒、烟斗盒及烟袋。

42.03　皮革或再生皮革制的衣服及衣着附件（+）：

10　—　衣服

　　—　手套，包括连指或露指的：

21　——　专供运动用

29　——　其他

30　—　腰带及子弹带

40　—　其他衣着附件

本品目包括各种皮革或再生皮革制的衣服及衣着附件（以下列明不包括的除外），因此，本品目包括上衣、大衣、分指手套、连指手套及露指手套（包括运动手套及防护手套）、围裙、袖套及其他保护性衣着、背带、腰带、子弹带、紧身褡、领带及腕带。

本品目也包括一头已切成锥形，明显用于制腰带的皮带条。

用皮革和毛皮或皮革和人造毛皮制成的分指手套、连指手套及露指手套应一律归入本品目。

除分指手套、连指手套及露指手套以外，用皮革或再生皮革制成的衣服和衣着附件如果用毛皮或人造毛皮衬里或非装饰性地附于表面，应归入品目43.03或43.04。

上述货品不论是否装有电热元件均归入本品目。

本品目的货品可装有贵金属、包贵金属、天然或养殖珍珠、宝石或半宝石（天然、合成或再造）制的零件，即使这些零件不是仅作为小配件或小饰物的，只要其未构成物品的基本特征，仍归入本品目。因此，装有金皮带扣的皮带仍归入本品目［参见本章注释三（二）］。

本品目不包括：

（一）用已鞣制的毛皮，特别是羔羊皮或绵羊皮制成的衣服及衣着附件（第四十三章）。

（二）用有皮革增强的纺织材料制成的服装（第六十一章或第六十二章）。

（三）第六十四章的物品（例如，鞋靴及其零件）。

（四）第六十五章的帽类及其零件。

（五）链扣、手镯或其他仿首饰（品目71.17）。

（六）表带（品目91.13）。

（七）第九十五章的物品，例如，板球或曲棍球护胫等运动用品以及运动保护器具（击剑面罩及胸铠等）（但皮革制的运动服和分指、连指及露指的运动手套仍归入本品目）。

（八）钮扣、按扣、揿扣、钮扣芯及它们的零件，钮扣坯（品目96.06）。

○

○　○

子目注释：

子目4203.21

所称“专供运动用的手套，包括连指或露指的”，是指经特别设计，专门适用于某项体育运动的分指、连指或露指手套（例如，可保护手并帮助握牢曲棍的冰球手套以及拳击手套），不论是单只还是成对销售的。

【42.04】

42.05　皮革或再生皮革的其他制品

本品目包括不归入本章上述各品目或协调制度其他各章的皮革或再生皮革制品。

本品目包括以下用于机器、机械器具或具有其他专门技术用途的制品：

一、机器任何部位的传动带或输送带（包括编结带），不论是成品带或是一定长度的带子。扁皮带是由所选用的皮带条两端叠接胶合而成。圆皮带通常用扁皮革经卷圆胶合从而构成圆形截面。输送吊斗也包括在内。

与机器设备同时报验的专用传动带或输送带，不论是否已实际装配在机器设备上，均应与有关机器设备一同归类（例如，归入第十六类）。

二、纺织机械所用的肚档皮带、清棉皮带、精梳皮革、钢丝针布皮革（装有针的钢丝针布应归入品目84.48）、综丝皮条及其他皮革制品；齿轮、垫片、垫圈、阀门皮件、泵或压机的皮件、印刷机用的滚筒套、分类机用的穿孔皮革；生皮锤；煤气表膜片以及第九十章机械装置及仪器的其他皮革零件；皮管。

本品目还包括下列物品：

行李标签；磨剃刀的皮带；靴带；运送包裹用的把手；箱角加固件（用于衣箱、提箱等）；未填充的蒲团套（已填充的应归入品目94.04）；通用皮带（品目42.01的除外）；儿童或成人用的挽带或背带；成段的革条；皮垫子（归入品目42.01的鞍褥除外）；书籍封皮；吸墨水纸滚台；与品目42.02所列物品不同的皮革或山羊皮水瓶及其他容器（包括全部或主要用皮革或再生皮革包覆的）；背带的零件；皮革包面的扣子、钩扣及类似品；剑的饰结；具有锯齿边或已缝制的油鞣皮革［但未切割成特殊形状或没有锯齿边的油鞣皮革（例如，作揩布用的油鞣皮革）应归入品目41.14］；包鹿皮的指甲锉；切成一定形状用于制皮革或再生皮革制品（例如，衣服）的未列名皮革或再生皮革片。

本品目不包括：

（一）第六十四章的鞋靴零件。

（二）品目66.02的鞭子、马鞭或其他物品。

（三）人造花、叶、果实及其零件（品目67.02）。

（四）链扣、手镯或其他仿首饰（品目71.17）。

（五）第九十四章的物品（例如，家具及其零件、灯具及照明装置）。

（六）第九十五章的物品（例如，玩具、游戏品及运动用品）。

（七）品目96.06的钮扣、揿扣等。

42.06　肠线（蚕胶丝除外）、肠膜、膀胱或筋腱制品

本品目包括：

一、羊肠线，由洁净干燥的动物肠，尤其是羊肠的细条经过搓捻制成，主要用于制球拍、鱼具和机器零件。

但本品目不包括外科用无菌肠线或类似的无菌缝合材料（品目30.06）或制成乐器弦的肠线（品目92.09）。

二、制成矩形（包括正方形）或切成其他形状的肠膜及其他肠膜制品（肠膜是从绵羊或其他反刍动物的盲肠制得的）。

三、膀胱制品，例如，烟袋；筋腱制成的机器传动带及制传动带的编带等。用天然肠子撕片胶合而成的“人造”肠线也归入本品目。

第四十三章　毛皮、人造毛皮及其制品

注释：

一、本协调制度所称“毛皮”，是指已鞣的各种动物的带毛毛皮，但不包括品目43.01的生毛皮。

二、本章不包括：

（一）带羽毛或羽绒的整张或部分鸟皮（品目05.05或67.01）；

（二）第四十一章的带毛生皮［参见该章注释一（三）］；

（三）用皮革与毛皮或用皮革与人造毛皮制成的分指手套、连指手套及露指手套（品目42.03）；

（四）第六十四章的物品；

（五）第六十五章的帽件及其零件；或

（六）第九十五章的物品（例如，玩具、游戏品及运动用品）。

三、品目43.03包括加有其他材料缝合的毛皮和毛皮部分品，以及缝合成衣服、衣服部分品、衣着附件或其他制品的毛皮和毛皮部分品。

四、以毛皮或人造毛皮衬里或作面（仅饰边的除外）的衣服及衣着附件（不包括注释二所述的货品），应分别归入品目43.03或43.04，但毛皮或人造毛皮仅作为装饰的除外。

五、本协调制度所称“人造毛皮”，是指以毛、发或其他纤维粘附或缝合于皮革、织物或其他材料之上而构成的仿毛皮，但不包括以机织或针织方法制得的仿毛皮（一般应归入品目58.01或60.01）。

总　注　释

本章包括：

一、生毛皮，但不包括品目41.01、41.02及41.03的生皮和皮张。

二、未缝制或已缝制的已鞣带毛皮张。

三、毛皮制的衣服、衣着附件及其他制品（品目43.03注释中所列不包括的物品除外）。

四、人造毛皮及其制品。

应该注意，带羽毛或羽绒的整张或部分鸟皮，不能作为毛皮对待，应归入品目05.05或67.01。

必须注意，品目43.01至43.03包括某些种类的野生动物的毛皮及其制品，这些野生动物现在正濒临灭绝，或如果不在贸易上严加控制它们就有可能灭绝。这些动物的种类列在《1973年关于濒危野生动、植物国际贸易的公约》（《华盛顿公约》）附录里。

43.01　生毛皮（包括适合加工皮货用的头、尾、爪及其他块、片），但品目41.01、41.02或41.03的生皮除外：

10　—　整张水貂皮，不论是否带头、尾或爪

30　—　下列羔羊的整张毛皮，不论是否带头、尾或爪：阿斯特拉罕羔羊、大尾羔羊、卡拉库尔羔羊、波斯羔羊及类似羔羊、印度羔羊、中国羔羊或蒙古羔羊

60　—　整张狐皮，不论是否带头、尾或爪

80　—　整张的其他毛皮，不论是否带头、尾或爪

90　—　适合加工皮货用的头、尾、爪及其他块、片

本品目包括各种带毛的动物生皮（即未经鞣制的），但下列动物的生毛皮应归入品目41.01、41.02或41.03：

（一）牛亚科动物（包括水牛）（即品目01.02的动物，参见该品目的注释）。

（二）马科动物（马、驴、骡、斑马等）。

（三）绵羊及羔羊（阿斯特拉罕羔羊、大尾羔羊、卡拉库尔羔羊、波斯羔羊及类似羔羊、印度羔羊、中国羔羊或蒙古羔羊除外）。

阿斯特拉罕羔羊、大尾羔羊、卡拉库尔羔羊及波斯羔羊等名称用于泛指相似种类的羊，但是当这些名称指毛皮时，它就表示不同质量的毛皮。这些毛皮的质量要视羔羊的年龄等而定。

（四）山羊及小山羊（也门或蒙古山羊及小山羊除外）。

（五）猪，包括野猪。

（六）小羚羊、瞪羚及骆驼（包括单峰骆驼）。

（七）麋、驯鹿、狍及其他鹿。

（八）狗。

不论是天然状态的毛皮或是经过清洁及为了防腐而干制或盐渍（湿渍或干腌）等的毛皮，都应作为生毛皮归入本品目，毛皮可经“拔制”或“修剪”，即拔除或剪割其粗毛，也可对毛皮进行去肉或刮肉处理。

毛皮的碎片以及头、尾、爪等部分，只要是生皮，也归入本品目。但明显不能作皮货用的毛皮废料，不归入本品目（应归入品目05.11）。

43.02 未缝制或已缝制（不加其他材料）的已鞣毛皮（包括头、尾、爪及其他块、片），但品目43.03的货品除外：

	—	**未缝制的整张毛皮，不论是否带头、尾或爪：**
11	——	**水貂皮**
19	——	**其他**
20	—	**未缝制的头、尾、爪及其他块、片**
30	—	**已缝制的整张毛皮及其块、片**

本品目包括：

一、未缝制的已鞣毛皮（包括头、尾、爪及其他块、片），但以未根据特定用途切割成形的为限。已鞣制的整张毛皮，如果未经缝制，也未为特定用途切制成形或进行其他加工，即使能直接使用的（例如，作小地毯用），仍应归入本品目。

二、已鞣毛皮及其部分品的缝制品（含“剪接”毛皮），通常不加其他材料缝制成矩形（包括正方形）、梯形或十字形。

“剪接毛皮”是指剪成V形或W形条状、然后按其原状缝制成更长但是更窄的毛皮。

鞣制时肉面的处理与制革所用方法相同（参见第四十一章总注释）。经过鞣制的皮张一般松软柔顺，因而不同于生皮张。为了改善外观或使之仿充高级毛皮，还可对毛进行处理，例如，漂白、渗色或“套色（即用刷子作表面染色）、染色、梳理、修剪及上光，包括用人造树脂加工。

必须注意，不归入品目43.01的带毛牛皮（例如，小马皮、小牛皮及绵羊皮），经过鞣制后应归入本品目。

本品目的已鞣毛皮及其部分品的缝制品是一种半成品，由两张或多张皮或碎皮缝制而成，一般不加其他材料制成矩形（包括正方形）、梯形或十字形。这种半成品需要再进一步加工。

这些半成品称为：

（一）皮板、皮片及皮条：矩形（包括正方形）缝片。

（二）皮统：十字形缝片。

（三）皮袭（里子或披肩）：梯形缝片，有时缝成管筒形。

用于制作毛皮外衣或夹克的毛皮片也应归入本品目。它们一般由三部分单独分开的缝制毛皮构成，一部分为下摆呈长弧形的等边梯形（用于剪作后片）和另两部分为矩形（用于剪作前片和手袖）。

本品目不包括：

（一）毛皮或毛皮缝制品（包括头、爪、尾和其他块、片），已粗制成衣服、衣服部分品、衣着附件及其他制品、可供直接使用的成品饰边或仅需剪切成一定长度即可使用的饰边（品目43.03）。

（二）毛皮与其他材料（例如，尾皮与皮革或织物）缝制而成的物品（例如，金银镶边）（品目43.03）。

43.03　毛皮制的衣服、衣着附件及其他物品：

10　—　衣服及衣着附件

90　—　其他

除以下所列不包括的货品以外，本品目包括下列材料制成的各种衣服及其部分品和衣着附件（手筒、女用披肩、领带、衣领等）：

一、毛皮。

二、以毛皮作衬里的其他材料。

三、以毛皮作面的其他材料（仅以毛皮镶边的除外）。

凡衣服上的毛皮仅供下列用途的应视为镶边：衣领及翻领（衣领及翻领过大，实际上已成为披肩或无钮短上衣的除外），口袋、裙子、外套等的翻边或袖口等。

本品目也包括加了其他材料（例如，金银花边）缝制的已鞣带毛皮张，但所加的其他材料并未改变其作为毛皮的基本特征。

此外，本品目还包括由毛皮制成的或毛皮构成主要特征的各种其他制品及其零件。例如，小地毯、床罩、未装填的坐垫套、罩套、手提包、狩猎袋及干粮袋、供机器、机械器具或工业用的物品及附件（例如，抛光帽、涂色或装饰用滚筒的袖筒）。

本品目不包括：

（一）品目42.02第一部分所列的物品。

（二）皮革和毛皮制的分指手套、连指手套及露指手套（品目42.03）（全部用毛皮制成的手套仍归入本品目）。

（三）第六十四章的物品。

（四）第六十五章的帽类及其零件。

（五）第九十五章的物品（例如，玩具、游戏品及运动用品）。

43.04　人造毛皮及其制品

所称"人造毛皮"，是指将毛、发或其他纤维（包括绳绒纱线的纤维）粘附或缝合于皮革、织物或其他材料上以仿充毛皮的材料，但不包括有时也被人称为"毛皮织物"的纺织或针织长毛绒织物（一般归入品目58.01或60.01），也不包括"加毛"毛皮，即额外插毛的真毛皮。

本品目适用于成匹的材料及其制品（包括衣服及衣着附件），但范围与品目43.03的注释中对有关真毛皮制品的规定相同。

本品目也适用于人造兽尾，即在皮革芯或绳上附上毛皮纤维或毛发纤维。但不包括把多个真兽尾或许多毛皮碎片用线绑在一个芯子上而形成的组合兽尾（品目43.03）。

第九类　木及木制品；木炭；软木及软木制品；稻草、秸秆、针茅或其他编结材料制品；篮筐及柳条编结品

第四十四章　木及木制品；木炭

注释：

一、本章不包括：

（一）主要作香料、药料、杀虫、杀菌或类似用途的木片、刨花、碎木、木粒或木粉（品目 12.11）；

（二）竹或主要作编结用的其他木质材料，呈原木状，不论是否经劈开、纵锯或切段（品目 14.01）；

（三）主要作染料或鞣料用的木片、刨花、木粒或木粉（品目 14.04）；

（四）活性炭（品目 38.02）；

（五）品目 42.02 的物品；

（六）第四十六章的货品；

（七）第六十四章的鞋靴及其零件；

（八）第六十六章的货品（例如，伞、手杖及其零件）；

（九）品目 68.08 的货品；

（十）品目 71.17 的仿首饰；

（十一）第十六类或第十七类的货品（例如，机器零件，机器及器具的箱、罩、壳，车辆部件）；

（十二）第十八类的货品（例如，钟壳、乐器及其零件）；

（十三）火器的零件（品目 93.05）；

（十四）第九十四章的物品（例如，家具、灯具及照明装置、活动房屋）；

（十五）第九十五章的物品（例如，玩具、游戏品及运动用品）；

（十六）第九十六章的物品（例如，烟斗及其零件、钮扣、铅笔、独脚架、双脚架、三脚架及类似品），但品目 96.03 所列物品的木身及木柄除外；或

（十七）第九十七章的物品（例如，艺术品）。

二、本章所称“强化木”，是指经过化学或物理方法处理（对于多层粘合木材，其处理应超出一般粘合需要），从而增加了密度或硬度并改善了机械强度、抗化学或抗电性能的木材。

三、品目 44.14 至 44.21 适用于碎料板或类似木质材料板、纤维板、层压板或强化木的制品。

四、品目 44.10、44.11 或 44.12 的产品，可以加工成品目 44.09 所述的各种形状，也可以加工成弯曲、瓦楞、多孔或除正方形或矩形外的其他形状，或者经过其他任何加工，但未具有其他品目所列制品的特性。

五、品目 44.17 不包括装有第八十二章注释一所述材料制成的刀片、工作刃、工作面或其他工作部件的工具。

六、除上述注释一及其他条文另有规定的以外，本章品目中所称“木”，也包括竹及其他木质材料。

子目注释：

一、子目 4401.31 所称“木屑棒”是指由木材加工业、家具制造业及其他木材加工活动中产生的副产品（例如，刨花、锯末及碎木片）直接压制而成或加入按重量计不超过 3% 的粘合剂后粘聚而成的产品。此类产品呈圆柱状，其直径不超过 25 毫米，长度不超过 100 毫米。

二、子目 4401.32 所称的“木屑块”是指由木材加工业、家具制造业及其他木材加工活动中产生的副产品（例如，刨花、锯末及碎木片）直接压制而成或加入按重量计不超过 3% 的粘合剂后粘聚而成的产品。此类产品呈立方体、多面体或圆柱状，其最小横截面尺寸大于 25 毫米。

三、子目 4407.13 所称“云杉－松木－冷杉”是指来源于云杉、松木、冷杉混合林的木材，其各树种的比例是未知的。

四、子目 4407.14 所称“铁杉－冷杉”是指来源于西部铁杉、冷杉混合林的木材，其各树种的比例是未知的。

总　注　释

本章包括未加工的木材、木的半制成品及普通的木制品。

这些产品可大体分类如下：

一、原木（经砍伐、粗斩、粗锯成方、去皮等的木材）及薪柴、木废料及碎片、锯末、木片或木粒；箍木、木杆、木桩等；木炭；木丝及木粉；铁道及电车道用枕木（一般归入品目 44.01 至 44.06）。但本章不包括主要用作香料、药料、杀虫、杀菌或类似用途的木片、刨花、碎木、木粒及木粉（品目 12.11）以及主要作染料或鞣料的木片、刨花、木粒或木粉（品目 14.04）。

二、经锯、削、切片、旋切、刨平、砂光、端接，例如，指榫接合（即用类似交叉手指的拼接方法将短木块的两端粘合在一起，以获得较长的木材），以及制成连续形状的木材（品目 44.07 至 44.09）。

三、碎料板及类似木质材料板、纤维板、胶合板及强化木（品目 44.10 至 44.13）。

四、木制品（不包括本章注释一所列物品，以及下列各品目注释中所提及的其他制品）（品目 44.14 至 44.21）。

一般来说，凡属木板与塑料构成的建筑板材应归入本章。但这些板材应根据用途按其具有主要特性的表面进行归类。例如，用于屋顶、墙壁或地板作结构件的建筑板材，由一碎料板外层和一绝缘塑料层组成，不论塑料层有多厚，都应归入品目 44.10，因为是坚硬的木板部分使之能作为结构件，而塑料层只具有辅助的绝缘功能。另一方面，外层为塑料而木材仅起背衬支撑作用的板材则一般归入第三十九章。

未拼装或拆散的木制品，如果各部件同时报验，应按相应的完整木制品归类。同样，玻璃、大理石、金属或其他材料制的木制品的零、配件如果与木制品一同报验，则不论其是否装配在一起，均应按木制品归类。

品目 44.14 至 44.21 所列的木制品，适用于普通木材、碎料板及类似板、纤维板、胶合木或强化木所制得的物品（参见本章注释三）。

总的来说，在本协调制度中，木材的归类既不受因保存所需而进行处理的影响，例如，干燥、表面炭化、填缝及塞孔、浸杂酚油或其他木材防腐剂［例如，煤焦油、五氯苯酚（ISO）、加铬的砷酸铜或含氨的砷酸铜］，也不受涂油漆、着色剂或清漆的影响。然而，这些一般的规则不适用于品目 44.03 及 44.06 的子目，因为这些子目对某些涂油漆、着色剂或作防腐处理的木材在归类上作了明确的规定。

某些木质材料，例如，竹子及柳条，主要用于制造篮筐编结品。未加工状态的这些材料应归入品目 14.01，而制成篮筐的则归入第四十六章。但是，诸如竹片或竹粒之类的产品（用于制造碎料板、纤维板或植物纤维浆）及竹制品或其他木质材料制品（篮筐、家具或具体列入其他章的其他制品除外），除条文另有规定的以外（例如，品目 44.10 及 44.11），应与本章相应的木产品或木制品一并归类（参见本章注释六）。

○
○　○

子目注释：

某些热带木的名称

对于品目 44.03、44.07、44.08、44.09 及 44.12 的相关子目所列的热带木，是根据“热带木材国际技术协会”（ATIBT）、“法国国际农业发展研究中心”（CIRAD）、“国际热带木材组织”（ITTO）推荐的引导名称来命名。这些引导名称是依据其主要生产国或消费国使用的通俗名称来命名。

有关引导名称，连同与其相应的学名及地方名已在本章注释的附录中列出。

44.01　薪柴（圆木段、块、枝、成捆或类似形状）；木片或木粒；锯末、木废料及碎片，不论是否粘结成圆木段、块、片或类似形状：

—　薪柴（圆木段、块、枝、成捆或类似形状）：

11　——　针叶木

12　——　非针叶木

—　木片或木粒：

21　——　针叶木

22　——　非针叶木

—　锯末、木废料及碎片，粘结成圆木段、块、片或类似形状：

31　——　木屑棒

32　——　木屑块

39　——　其他

—　锯末、木废料及碎片，未粘结的：

41　——　锯末

49　——　其他

本品目包括：

一、薪柴，一般形状为：

（一）短圆木段，通常带有树皮。

（二）已劈圆木或薪柴块。

（三）细枝、柴捆、粗枝、蔓茎、树桩及树根。

二、木片或木粒，即用机械方法将木材制成小片（扁平刚硬且粗制成方形）或小粒（细小且有柔性），用于机械法、化学法或机械－化学法制纤维素浆，或制造纤维板或碎料板。根据本章注释六，本品目也包括用竹等制的类似产品。

本品目不包括作纸浆原材用的圆木或劈成四块的圆木（品目 44.03）。

三、锯末，不论是否粘聚成圆木段、块、片或类似形状。

四、木废碎料，不能作木材用。这些材料主要用于制纸浆（造纸）、碎料板、纤维板及作柴火用。这些木废碎料包括锯木厂或刨削车间的废品；生产中的废料；破碎板；不能再作原物使用的旧板条箱；树皮及刨花（不论是否粘聚成圆木段、块、片或类似形状）；木工及细木工的其他废碎料、废染料木及鞣料木或树皮。本品目也包括从建筑及拆建废料中分拣出来的不适于再作木材使用的木废碎料。但分拣出来能够重复使用的木制件（例如，梁、厚板、门），应归入其相应品目。

本品目不包括：

（一）涂有树脂或以其他方法制成点火物的木及木废料（品目36.06）。

（二）用于造纸浆或生产火柴梗的圆木（品目44.03）。它们与薪柴不同，是经过仔细分级并可去皮，但通常未破碎、劈开、弯曲、去节或去叉。

（三）用作编制筛子、片条盒、药丸盒等的木片条，以及用以制醋或澄清液体的刨花（品目44.04）。

（四）木丝及木粉（品目44.05）。

44.02　木炭（包括果壳炭及果核炭），不论是否结块：

10　—　竹的

20　—　果壳的或果核的

90　—　其他

木炭是木材在隔绝空气的条件下经炭化而得。归入本品目的木炭可以为块、条、粒或粉状，也可与焦油或其他物质粘聚成砖、片、球等形状。

木炭不同于动物炭黑或矿物炭黑，比水轻，段状的可见木材的纹理。

椰壳或其他果壳经炭化所得的类似产品也归入本品目。

本品目不包括：

（一）第三十章规定的制成药品形状的木炭。

（二）与香料混合后制成片状或其他形状的木炭（品目33.07）。

（三）活性炭（品目38.02）。

（四）绘图用木炭（炭笔）（品目96.09）。

44.03　原木，不论是否去皮、去边材或粗锯成方（+）：

　　—　用油漆、着色剂、杂酚油或其他防腐剂处理：

11　——　针叶木

12　——　非针叶木

　　—　其他，针叶木的：

21　——　松木（松属），最小截面尺寸在15厘米及以上

22　——　其他松木（松属）

23　——　冷杉及云杉，最小截面尺寸在15厘米及以上

24　——　其他冷杉及云杉

25　——　其他，最小截面尺寸在15厘米及以上

26　——　其他

　　—　其他，热带木：

41　——　深红色红柳桉木、浅红色红柳桉木及巴栲红柳桉木

42　——　柚木

49　——　其他

　　—　其他：

91　——　栎木（橡木）

93　——　水青冈木（山毛榉木），最小截面尺寸在15厘米及以上

94　——　其他水青冈木（山毛榉木）

95　——　桦木，最小截面尺寸在15厘米及以上

96　——　其他桦木

97　——杨木
98　——　桉木
99　——　其他

本品目包括砍伐后天然状态的木材。它们通常已被砍掉树枝，剥去外层树皮或内外层树皮，并削去隆凸部分。本品目还包括出于节省运输费用或防腐等目的除去了幼嫩的多余外层（边材）的木材。

上述归入本品目的主要产品包括：可锯木材；电话、电报或电力传输线用的电线杆；未削尖及未劈开的木桩、尖桩、标桩、杆柱及支柱；圆矿柱；木段，不论是否劈成四块，用于制纸浆；圆木段，用于生产贴面薄板等；用于制造火柴梗、木器等的木段。

经进一步用刮刀修理或经机械削皮机削刮后表面光滑，可即作电报、电话或电力传输用的电线杆也归入本品目。这些木杆通常涂上油漆、着色剂或清漆或者用杂酚油或其他物质浸渍。

特种树木的树桩及树根，以及用以制造贴面薄板或烟斗的某些木材也归入本品目。

本品目还包括由树干或树杆段经粗劈成方的木材，其圆形表面用斧劈平或用粗锯锯平，成为截面为矩形（包括正方形）的木材；粗劈成方木材的特征是有斑斑的粗糙面和丝丝的树皮。粗劈成半方形木材，即仅在两相对面按上述方法加工的木材也归入本品目。制成这类形状的木材主要用于锯木厂，也可供直接使用，例如，用作房梁。

某些木材（例如，柚木）是用楔块劈开，或顺木纹劈成方材；这些方材也归入本品目。

本品目不包括：

（一）适于制造手杖、伞柄、工具把柄及类似品的粗加修整木材（品目44.04）。

（二）制成铁道或电车道枕木（轨枕）的木材（品目44.06）。

（三）切成厚板、横梁等的木材（品目44.07或44.18）。

○
○　○

子目注释：

子目 4403.11 **及** 4403.12

子目4403.11和4403.12包括为了长期保存，用涂料、着色剂、杂酚油或其他防腐剂［例如，煤焦油、五氯苯酚（ISO）、加铬的砷酸铜或含氨的砷酸铜］处理的产品。

上述子目不包括仅为运输或仓储期间保存木材而用有关物质处理的产品。

子目 4403.21、4403.23、4403.25、4403.93 及 4403.95

这些子目所称的最小截面尺寸指在树干的上端（顶部）测量的。

44.04　**箍木；木劈条；已削尖但未经纵锯的木桩；粗加修整但未经车圆、弯曲或其他方式加工的木棒，适合制手杖、伞柄、工具把柄及类似品；木片条及类似品：**

10　—　针叶木的
20　—　非针叶木的

本品目包括：

一、箍木，为柳树、榛树、桦树等的木劈条，不论是带皮的或粗削的，用于制造桶箍、栅栏等。箍木一般成捆或成卷。

如果箍木切成一定长度，并在两端开有槽口以适于箍桶时的相互连结，则应归入品目44.16。

二、木劈条，为纵向劈开的树干或树枝。它们主要用作园艺或农业的支撑物，也用于栅栏，在某些情况下还用作天花板条或屋顶板条。

三、已削尖的木桩（包括栅栏桩），为圆木杆或劈开的木杆，其端部削尖但未经纵锯，不论是否去皮或用防腐剂浸渍。

四、粗加修整但未车圆、弯曲或经其他方式加工的木棒，其长度及粗细明显适于制造手杖、鞭子柄、高尔夫球棍、伞具、工具把柄、扫帚柄等、染色木棒及类似品。

已刨平、车圆（经普通车床或脚踏车床车制）、弯曲或经其他进一步加工明显用作伞柄、手杖、工具把柄等的物品，应按其各自有关品目归类。

五、木片条，经刨片、旋切，有时还用锯锯成柔软平整，又窄又薄的木片条，可用作编结材料，也可用于制筛、片条盒、片条篮、药丸盒、火柴盒等。此外还包括制火柴梗、鞋靴木钉的类似木片条。

本品目还包括类似于盘卷木片条的木刨片。它们通常为山毛榉木刨片或榛木刨片，用于制醋及过滤液体；这些木刨片不同于品目44.01的刨花废料，它们的厚度、宽度及长度完全一致，并且平整地盘成卷状。

刷子的身柄坯件或鞋靴的楦头坯件归入品目44.17。

44.05 木丝；木粉

木丝，为卷成或缠成团状的细薄丝条。这些丝条尺寸及厚度规则并有相当的长度（因而不同于品目44.01的一般木刨花），用特种刨床刨削圆木（白杨木、针叶木等）制得。木丝通常呈紧压大包状。

经染色、涂胶等的木丝，以及经粗扭在一起或制成夹在两层纸中薄薄一层的木丝，仍应归入本品目。它们主要供包装或填塞之用，也可用于制造粘聚板（例如，品目44.10或68.08的某些板材）。

木粉是锯末、刨花或其他木废料经碾磨或锯末经筛滤所得的粉末。大多用于塑料工业作为填料，也用于制碎料板及油地毡。木粉不同于品目44.01的锯末，其微粒更为细小、规则。

本品目不包括用椰子壳或类似物制得的类似粉末（品目14.04）。

44.06 铁道及电车道枕木（+）：

	—	未浸渍：
11	——	针叶木
12	——	针叶木
	—	其他：
91	——	针叶木
92	——	非针叶木

本品目包括通常用于支撑铁轨或电车道轨的基本成矩形截面的未刨木段。本品目还包括岔枕（比普通枕木长）及桥枕（比普通枕木宽、厚及长）。

枕木可制有固定铁轨及支座用的孔眼及底座，其边缘可粗略斜切。为防止枕木爆裂，有时还在两端用骑马钉、铁钉、螺栓或钢条进行加固。

为防护目的，本品目的产品可用杀虫剂或杀菌剂作表面处理。为了长期保存还可用杂酚油或其他物质进行浸透。

○
○ ○

子目注释：

子目4406.11**至**4406.92

本子目所称的“浸渍”，是指为了木材的长期保存，用杂酚油或其他防腐剂进行的处理。本品目不包括仅为运输或仓储期间不受真菌或寄生虫侵害而用杀菌剂或杀虫剂处理的枕木。这些枕木应作为“未浸渍”的货品归类。

44.07 经纵锯、纵切、刨切或旋切的木材，不论是否刨平、砂光或端部接合，厚度超过6毫米：

	—	针叶木：
11	——	松木（松属）
12	——	冷杉及云杉
13	——	云杉－松木－冷杉
14	——	铁杉－冷杉
19	——	其他
	—	热带木：
21	——	美洲桃花心木
22	——	苏里南肉豆蔻木、细孔绿心樟及美洲轻木
23	——	柚木
25	——	深红色红柳桉木、浅红色红柳桉木及巴栲红柳桉木
26	——	白柳桉木、白色红柳桉木、白色柳桉木、黄色红柳桉木及阿兰木
27	——	沙比利
28	——	伊罗科木
29	——	其他
	—	其他：
91	——	栎木（橡木）
92	——	水青冈木（山毛榉木）
93	——	槭木
94	——	樱桃木
95	——	白蜡木
96	——	桦木
97	——	杨木
99	——	其他

除个别的情况以外，本品目包括所有按基本纹理方向锯开或劈开，或经平切或旋切分开的厚度超过6毫米（但长度不限）的木材。它们包括锯成的梁、厚板、桁板、中厚板、板条等，以及用劈削机劈成尺寸极为精确的与已锯木材同类的产品。经劈削的木材表面比锯开的更为平滑，不必再进行刨光。本品目还包括平切或旋切的木片，以及作地板用的木块、木制板条及缘板，但任何一边、端或面制成连续形状的木材除外（品目44.09）。

应注意到本品目的木材既不需要一定是矩形（包括正方形）截面的，也不需要全长截面一定是一致的。

本品目的产品可经刨光（不论是否在刨光过程中边角稍加刨圆）、砂磨或端接，例如，指榫接合（参见本章总注释）。

本品目还不包括：

（一）粗劈成方（例如，用粗锯锯成）的木材（品目44.03）。

（二）木片条及类似品（品目44.04）。

（三）厚度不超过6毫米的饰面用薄板及制胶合板（及其他品目未列名的木材）用薄板（品目44.08）。

（四）品目44.09的任何一边、端或面制成连续形状的木材。

（五）品目 44.12 的木制板条及缘板。

（六）建筑用木工制品（品目 44.18）。

44.08 饰面用单板（包括刨切积层木获得的单板）、制胶合板或类似多层板用单板以及其他经纵锯、刨切或旋切的木材，不论是否刨平、砂光、拼接或端部接合，厚度不超过 6 毫米：

10 — 针叶木

— 热带木：

31 —— 深红色红柳桉木、浅红色红柳桉木及巴栲红柳桉木

39 —— 其他

90 — 其他

本品目适用于锯成、刨切或旋切制成厚度不超过 6 毫米的薄板，不论其是否实际用于饰面、制胶合板或其他方面（用于制小提琴、雪茄烟盒等），也不论其是否光滑、染色、涂布、浸渍、用纸或织物作背衬加强或制成仿镶嵌木的装饰薄板。

饰面用薄板也可通过刨切多层板材制得，以代替用传统方法制得的贴面薄板。

用于制造胶合板的木材一般是经旋切工序切割的，即通常先将圆木蒸煮或用热水浸泡，然后将圆木置于旋切机刀片下将其轴心转动，圆木便切成一片连续的薄板。

刨切时圆木通常先经蒸煮或用热水浸泡，然后将圆木放于与切刀相对的位置，每次圆木被推向切刀或切刀被推向圆木，切刀垂直或水平将圆木剪切成薄板。这类加工方法的一种是将圆木推向一把固定不动的切刀。采用这种方法可切出非常薄的木片。

本品目的薄板可经拼接（例如，将薄板的边与边用胶带、胶水粘合在一起制成大块的薄板，用于制胶合板及类似多层板）。另外，薄板可经刨平、砂光或端接，例如，指榫接合（参见本章总注释）。再者，用纸、塑料或木补片补于胶合板用的薄板以覆盖或加强其疵点（例如，节孔）并不影响薄板在本品目的归类。

用于家具饰面的木纹细腻的饰面用薄板多是用锯或刨切制得。

本品目还包括近似正方形截面及大约 3 毫米厚的短木材。它们用于制烟火、盒子、玩具、模型等。

本品目不包括经刨切或旋切成窄条，用作编织材料或制片条篮、药丸盒等的木片条（品目 44.04）。

44.09 任何一边、端或面制成连续形状（舌榫、槽榫、半槽榫、斜角、V 形接头、珠榫、缘饰、刨圆及类似形状）的木材（包括未装拼的拼花地板用板条及缘板），不论其任意一边或面是否刨平、砂光或端部接合：

10 — 针叶木

— 非针叶木：

21 —— 竹的

22 —— 热带木的

29 —— 其他

本品目包括锯开或劈方后在其任何一边、端或面制成连续形状，以便于日后装拼或成为以下第四款所列装饰线板或珠缘线板的木料，尤其是厚板、中厚板形状的木料，不论是否刨平、砂光或端接，例如，指榫接合（参见本章总注释）。连续形状的木材包括整个长度或宽度上截面均为一致的产品以及具有一种重复浮雕图案的产品。

舌榫及槽榫木材是指一边或端有槽沟（槽榫）而另一边或端有凸缘（舌榫）的木板，拼装时，

一木板的舌榫正好与另一块木板的槽榫接合。

半槽榫板是指一边（端）或多边（端）已切成一级楼梯形状的木板。

斜角板是指按面与边或端的一定角度将一个或多个角纵向切除的木板。

本品目还包括以下其他常见形状的木材：

一、圆边或圆端板。

二、V 形接头木料（即带有舌榫及槽榫的斜角木料），包括中间 V 形接头木料（即木板中间有一条 V 形槽，而在其边或端上通常有舌榫及槽榫，有时则为斜角）。

三、珠榫木料（即在边或端与舌榫之间有同一珠形凹凸榫头的木料），包括中间串珠形榫木料（即板面中间有一条同一珠形凹凸榫的木料）。

四、缘饰木料（也称装饰板条或串珠板条），即用机械或手工方法将边缘制成各种形状的木板条，用于制画框或装饰墙壁、家具、门户及其他木器及细木器。

五、刨圆木，例如，拉制木，为截面通常呈圆形的细小条杆，用以制造某种火柴梗、鞋靴木钉、某种木制遮帘（皮诺伦挂帘）、牙签、制酪筛等。本品目也包括制成一定长度的圆形木条或同样截面形状的木杆，其直经通常为 2～75 毫米，长度为 45～250 厘米，用于木制家具各部件的接合。

本品目还包括作地板用的窄板条及窄缘板，但这些物品的边或面须制成连续形状，例如，制舌榫及槽榫。如果仅经刨平、砂光或端接（例如，指榫接合）而未经其他加工则应归入品目 44.07。

用于拼花地板的胶合木板条或饰面木板条不归入本品目（品目 44.12）。

本品目还不包括：

（一）已刨平或经其他加工的配成整套报验的木箱板（品目 44.15）。

（二）端部制成雌雄榫、鸠尾榫或经类似加工的木料，以及已拼装成建筑用木工制品的木板（例如，由木块、板条、缘板等拼制的已装拼地板，包括拼花地板，不论是否置于一层或多层支撑木料之上）（品目 44.18）。

（三）由粗锯板条组成并为了便于运输或日后加工用胶水粘合的镶板（品目 44.21）。

（四）将一装饰板条叠放在另一装饰或非装饰木料上所制得的装饰木料（品目 44.18 或 44.21）。

（五）除刨平或砂光以外还经过其他表面加工（例如，饰面、抛光、镀青铜色或用金属片饰面，但不包括仅涂油漆、着色剂或清漆）的木料（通常归入品目 44.21）。

（六）明显为组装于家具上的木板条，例如，碗橱及书橱架等用的带槽木板条（品目 94.03）。

44.10　碎料板、定向刨花板（OSB）及类似板（例如，华夫板），木或其他木质材料制，不论是否用树脂或其他有机粘合剂粘合：

	—	**木制：**
11	——	**碎料板**
12	——	**定向刨花板（OSB）**
19	——	**其他**
90	—	**其他**

碎料板是经压紧或挤压而制得的各种长度、宽度、厚度的平板产品。它通常用圆木头或木废料经机械碾磨所得的木片或木粒制得，也可用其他木质材料（例如，蔗渣、竹子、稻草、秸秆、亚麻或大麻的碎片）制得。碎料板一般通过加入有机粘合剂（通常为热固性树脂）粘聚而成，粘合剂一般不超过碎料板总重量的 15%。

对于本品目的碎料板，通常可用肉眼在边缘上看出其所含的木片、木粒或其他碎片。然而在某些情况下，需要用显微镜才能区别这些微粒及碎片与品目 44.11 所列木纤维板的木质纤维素纤维。

本品目也包括：

1. 定向刨花板，由多层其长度至少是宽度两倍的薄木片条制得。这些木片条与异氰酸树脂或酚醛树脂等粘合剂（通常是防水的）混合后，互相迭在一起形成厚席片，木片条在表层通常按纵向取向，而在中间层则通常按横向取向或无定向，目的在于改善板材的机械弹性。席片经加热压制，成为尺寸一致、实心坚硬的结构板。

2. 华夫板，由多层其长度小于宽度两倍的横削薄木片制得。这些薄木片与异氰酸树脂或酚醛树脂等粘合剂（通常是防水的）混合后，互相交错无定向迭在一起形成厚席片。席片经加热压制，成为尺寸一致、实心坚硬、具有高强度和防水性能的结构板。

本品目的碎料板通常经砂光处理。此外，它们可用一种或多种物质浸渍。这些物质主要不是用于粘合其构成材料，而是赋予碎料板一种额外的性能，例如，不透水性、抗腐性、抗蛀性、不易燃性或耐火性、抗化学作用或不导电性、高密度等。高密度的碎料板中，浸渍物质占有较大的比例。

挤压出来的碎料板内部可有从一端通到另一端的孔眼。

以下层压结构板仍归入本品目：

一、单面或双面覆盖纤维板的碎料板。

二、由数块碎料板组成的板，不论是否单面或双面覆盖纤维板。

三、数块碎料板与数块纤维板以任何次序组合的板。

本品目的产品不论是否已经加工成品目 44.09 所列货品的形状，或经弯曲、穿孔、切割、制成瓦楞形或正方形或矩形以外的其他形状，也不论是否对表面、边缘或端头进行加工、涂层或包覆（例如，用织物、塑料、油漆、纸或金属涂层或包覆），或者进行其他加工，只要这些产品不具有其他品目所列货品的基本特征，仍应归入本品目。

本品目不包括：

（一）以木粉作为填料的塑料板或扁条（第三十九章）。

（二）饰面碎料板及类似板（例如，定向刨花板及华夫板），不论内部是否有从一端通到另一端的孔眼（品目 44.12）。

（三）两面为碎料板的蜂窝结构镶板（品目 44.18）。

（四）用水泥、石膏或其他无机粘合物质粘聚而成的木质材料板（品目 68.08）。

本品目不包括其他品目已具体列名的货物及其零件，不论其是直接经压紧、挤压或模压制得的，还是经其他工序制得的。

44.11 木纤维板或其他木质材料纤维板，不论是否用树脂或其他有机粘合剂粘合：

	—	**中密度纤维板（MDF）：**
12	——	**厚度不超过 5 毫米**
13	——	**厚度超过 5 毫米，但未超过 9 毫米**
14	——	**厚度超过 9 毫米**
	—	**其他：**
92	——	**密度超过每立方厘米 0.8 克**
93	——	**密度超过每立方厘米 0.5 克，但未超过每立方厘米 0.8 克**
94	——	**密度未超过每立方厘米 0.5 克**

纤维板最通常是用机械纤维分离或汽爆处理的小木片或用其他已纤维分离的木素纤维素材料（例如，以蔗渣或竹子制得的材料）制得。木纤维板的纤维在显微镜下才可辨认出来。木纤维板中的纤维通过毡合以及由于所含木素纤维自身的粘着特性相互紧密粘聚在一起。另外，也可加入树脂或其他有

机粘合物质将纤维加以粘聚。在纤维板制造过程中或制造之后，还可加入浸渍剂或用其他剂料以增加木板的性能，例如，不透水性、抗腐性、抗蛀性、不易燃性或耐火性。纤维板可以是单层板，也可以是几层板粘合在一起的多层板。

本品目的纤维板的种类可以根据其生产方法工艺加以区分。它们包括：

一、“干法生产工艺”制得的纤维板

本组主要包括中密度纤维板（MDF）。中密度纤维板的生产工艺是将热固性树脂添加到干木质纤维中以利于纤维在压机中进行粘合加工。其密度一般为0.45～1克/立方厘米。在未制成形的状态下，中密度纤维板的两个表面都光滑。这种板具有许多不同的用途，例如，用于家具、室内装饰及建筑上。

在贸易上，有时也将密度超过0.8克/立方厘米的中密度纤维板称为“高密度纤维板（HDF）”。

二、“湿法生产工艺”制得的纤维板

本组包括以下类型的纤维板：

（一）硬质纤维板，用湿法生产工艺制得。这种工艺是在高温、高压的条件下用金属网将悬浮在水中的木纤维压缩成板胚。在未制成形的状态下，这种纤维板一面光滑，另一面粗糙，带有网状图案。然而，经过特殊的表面处理或特殊的生产工艺，有时也可使到纤维板的两面光滑。其密度通常超过0.8克/立方厘米。硬质纤维板主要用于家具、汽车工业，用作门板及包装材料，特别是包装水果和蔬菜的材料。

（二）中质纤维板，其制作方法与硬质纤维板的制作方法相似，只是生产过程中所加的压力较低。其密度通常超过0.35克/立方厘米，但不超过0.8克/立方厘米。主要用于家具生产，用作内墙或外墙材料。

（三）软质纤维板，这种纤维板不象在湿法生产工艺中制得的其他类型的纤维板，未经压缩。其密度通常为0.35克/立方厘米及以下。这种板主要用作建筑中的隔热或隔音材料。特种类型的绝缘板用作覆盖或衬垫材料。

本品目的产品不论是否已经加工成品目44.09所列货品的形状，或经弯曲、穿孔、切割、制成瓦楞形或正方形或矩形以外的其他形状，也不论其是否对表面、边缘或端头进行加工、涂层或包覆（例如，用织物、塑料、油漆、纸或金属涂层或包覆），或者进行其他加工，只要这些产品不具有其他品目所列货品的基本特征，仍应归入本品目。

本品目不包括：

（一）不论是否与一层或几层纤维板胶合的碎料板（品目44.10）。

（二）由纤维板作芯层的多层胶合木（品目44.12）。

（三）两面为纤维板的蜂窝结构镶板（品目44.18）。

（四）纸板，例如，复合纸板、“压板”及草纸板，一般可通过它们切面明显的纸层结构与纤维板区分开来（第四十八章）。

（五）明显作为家具零件的纤维板镶板（一般为第九十四章）。

44.12　胶合板、单板饰面板及类似的多层板（＋）：

10　—　竹制的

—　仅由薄木板制的其他胶合板（竹制除外），每层厚度不超过6毫米：

31　——　至少有一表层是热带木

33　——　其他，至少有一表层是下列非针叶木：桤木、白蜡木、水青冈木（山毛榉木）、桦木、樱桃木、栗木、榆木、桉木、山核桃、七叶树、椴木、槭木、栎木（橡木）、悬铃木、杨木、刺槐木、鹅掌楸或核桃木

34　——　其他，至少有一表层为子目4412.33未具体列名的非针叶木

39　——　其他，上下表层均为针叶木
　　—　单板层积材：
41　——　至少有一表层是热带木
42　——　其他，至少有一表层是非针叶木
49　——　其他，上下表层均为针叶木
　　—　木块芯胶合板、侧板条芯胶合板及板条芯胶合板：
51　——　至少有一表层是热带木
52　——　其他，至少有一表层是非针叶木
59　——　其他，上下表层均为针叶木
　　—　其他：
91　——　至少有一表层是热带木
92　——　其他，至少有一表层是非针叶木
99　——　其他，上下表层均为针叶木

本品目包括：

一、胶合板，用三层及以上薄板层叠胶合及压合制得，通常上下层的纹理是成一定角度的，从而使木板具有更大强度，并可弥补木材收缩，减少翘曲。每层板都称为“夹板”，胶合板通常由单数的多层夹板组成，中间一层称为“芯板”。

二、单板饰面板，即由一层饰面用薄板在压力下胶粘于一块通常为较次木质的底板上而组成的木板。

在非木质底板（例如，用塑料板）上贴上木质饰面板的产品，如果木质饰面板构成该产品的基本特征，也应作为本组所列产品归类。

三、类似多层板。本组可分为两类：

——木块芯胶合板、侧板条芯胶合板及板条芯胶合板，其板芯较厚，由木块、木板条或小木方胶合在一起组成，表面盖有外层板。这类胶合板非常坚硬牢固，使用时无需框架和衬背。

——用其他材料代替木芯的胶合板，例如，用一层或多层的木碎料板、纤维板、胶合在一起的木废料、石棉或软木为芯层的胶合板。

但本品目不包括大型产品，例如，层积梁及层积拱（俗称“胶合层积材”的产品）（通常归入品目44.18）。

本品目的产品不论是否已经加工成品目44.09所列货品的形状，或经弯曲、穿孔、切割、制成瓦楞形或正方形或矩形以外的其他形状，也不论其是否对表面、边缘或端头进行加工、涂层或包覆（例如，用织物、塑料、油漆、纸或金属涂层或包覆），或者进行其他加工，只要这些产品不具有其他品目所列货品的基本特征，仍应归入本品目。

本品目还包括作室内地板用的胶合板、单板饰面板及类似的多层板，有些地板被称作“拼花地板”。这些板有一层薄薄的木质饰面板附于表面上，以仿效已装拼的地板。

本品目还不包括：

（一）经刨切多层板制得的饰面用薄木板（品目44.08）。

（二）多层强化木（品目44.13）。

（三）蜂窝结构木镶板及已装拼的地板（包括拼花地板）或地砖，包括用木块、木条、缘板等在一层或多层支撑木料上拼装而成的在内，通称为“多层”拼花地板（品目44.18）。

（四）镶嵌木（品目44.20）。

（五）明显作为家具零件的镶板（一般归入第九十四章）。

子目注释：

子目 4412.10、4412.31、4412.33、4412.34 **及** 4412.39

胶合板即使经品目44.12注释倒数第三段所述的盖面或进一步加工仍归入这些子目。

子目 4412.41、4412.42 及 4412.49

单板层积材是一种用于建筑结构、具有高“强度－重量比”的工程复合木材，然而，这些产品不是设计用于支撑建筑物的结构载荷。它由多层木单板构成，表层单板和全部或大部分内层单板的纹理与纵向轴平行。它由原木旋切制成的薄板在高温和压力下粘合而成，其单板通常采用斜接、平接或搭接方式，以提供连续的强度特性。

44.13 强化木，成块、板、条或异型的

本品目所包括的强化木是经化学或物理方法处理，从而增加了密度或硬度并改善了机械强度、抗化学或抗电性能。这种木可以是整块的，也可以是几层木粘合在一起的，对于粘合的，其处理应超出仅是各层之间粘合的需要。

生产本品目的产品主要有两道工序，浸渍和压缩。这两道工序可分别进行或同时进行。

在浸渍工序中，木材通常用热固性塑料或金属熔液完全浸透。

热固性塑料（例如，氨基树脂或酚醛树脂）通常用于浸渍胶合板用的超薄饰面板，很少用于浸渍实心材，因为薄板易渗透。

金属浸注木材是将事先加热的实心木块投入密闭的金属熔液（例如，锡、锑、铅、铋及其合金）浴槽中加压制得。金属浸注木的密度每立方厘米通常超过3.5克。

压缩工序能使木细胞收缩，它可以通过强大液力挤压或滚压的办法对木材作横向压缩，也可以通过压热器在高温下对木材作全向压缩。经过这种工序的强化木，其密度可达到每立方厘米1.4克。

浸渍及压缩两道工序可同时进行。即在高温高压下将超薄木片（通常为山毛榉木片）用热固性塑料粘合在一起，使得木料完全浸透、紧缩并粘合。

强化木通常用于制造齿轮、梭子、轴承及其他机械零件、推进器、绝缘体及其他电气货品，并用于制化学工业的容器等。

44.14 木制的画框、相框、镜框及类似品：

10 — 热带木的

90 — 其他

本品目包括各种形状及尺寸的木框架，不论是否用整块木头切割而成或用串珠状线板及装饰线板制得。本品目的框架还可用于制镶嵌木。

本品目的物品可由普通木材、碎料板或类似木质材料板、纤维板、层压板或强化木制成（参见本章注释三）。

装有衬背、支架及平面玻璃的框架仍归入本品目。

用木框装镶的印刷图画及照片，如果木框构成了物品基本特征的，也应归入本品目；否则应归入品目49.11。

镶框玻璃镜不应归入本品目（品目70.09）。

至于装有油画、绘画、粉画、拼贴画及类似装饰板、雕版画原本、印制画原本、石印画原本的框架是否应分别归类，参见第九十七章注释五和品目97.01及97.02的注释。

44.15　包装木箱、木盒、板条箱、圆桶及类似的包装容器；木制电缆卷筒；木托板、箱形托盘及其他装载用木板；木制的托盘护框：

10　—　箱、盒、板条箱、圆桶及类似的包装容器；电缆卷筒

20　—　木托板、箱形托盘及其他装载用木板；木制的托盘护框

本品目的物品可由普通木材、碎料板或类似木质材料板、纤维板、层压板或强化木制成（参见本章注释三）。

一、包装木箱、木盒、板条箱、圆桶及类似的包装容器

本部分包括：

（一）一般包装及运输用的具有固定箱边、盖子及底子的包装木箱及木盒。

（二）具有条板箱边，顶部无盖的板条箱、水果箱或蔬菜箱、蛋箱及其他容器（包括用于运输玻璃器皿、陶瓷产品、机器等的木制容器）。

（三）用刨切或旋切木片（编结用木片除外）制得的盒子，用于包装乳酪、药品等；火柴盒（包括带有摩擦面的火柴盒）及市面上卖黄油、水果等用的蛋筒形容器。

（四）非箍制的圆桶及琵琶桶形容器，例如，用于运输干的颜料、化学品等。

上述容器可以没有盖，如大箱、板条箱等“敞开”容器。它们可以未经组装或部分组装，但各部分必须是配成整套，可装成一个完整的容器，或装成一个具有完整容器基本特征的不完整容器。对于不成套的木料，则应酌情按已锯开或已刨平的木材或胶合板等进行归类。

本品目的包装箱等可经简单钉装、鸠尾榫接合或用其他方法组装，也可装有铰链、把手、扣闩、支脚、护角或用金属、纸张等衬里。

用过的木箱、板条箱等如能按原用途继续使用仍归入本品目。但本品目不包括那些只能作柴火用的木箱、板条箱等（品目44.01）。

本品目还不包括：

（一）品目42.02的物品。

（二）品目44.20的小匣子、盒子及类似品。

（三）经特殊设计，装备适于一种或多种运输方式的集装箱（品目86.09）。

二、电缆卷筒

电缆卷筒通常是直径超过1米的大圆筒，用于盛装及运输电力电缆、电话电缆及类似电缆。它们可以滚动以便于铺缆。

三、木托板、箱形托盘及其他装载用木板

装载用木板是供装载一批货物用的可移动平台，装货后可使用机械进行装卸、运输及贮存。

木托板是一种装载木板，由两层被垫块分开的木板构成，或由有支脚的单层木板构成，其式样主要适用于叉车或托板搬运车进行搬运。箱形托盘在底板之上有箱体结构，即至少有三个可固定、拆卸或折叠的箱边，可堆放双层式木托板或另一个箱形托盘。

平台、岗位平台、井筒箱形平台、边缘或端部有围栏的平台也属于装载用木板。

四、托盘护框

托盘护框由四块木板组成，木板的末端一般装有铰链，形成一个置于托盘之上的框架。

44.16　木制大桶、琵琶桶、盆和其他木制箍桶及其零件，包括桶板

本品目仅限于箍桶业所制的容器，即桶体是由开有槽沟的桶板组成，桶面和桶底固定于槽沟上，整个桶用木箍或金属箍箍紧制成的容器。

箍桶包括各种木桶（大酒桶、琵琶桶、大木桶等），不论是渗水（供干货用）或不渗水（供湿货用）的，还包括大木盘等。

这些容器可以拆开或经部分装配，有时还在内部衬里或涂层。

本品目也包括桶板以及所有可确定为箍桶零件的木制品或半成品（例如，琵琶桶盖、切成一定长度并在端头开槽口以供装配的箍木）。

本品目还包括未制成的桶板（桶板木），即用作桶边、桶盖、桶底及其他箍桶零件的木板条。这种桶板木可呈以下形状：

一、沿半圆形树干的髓射线方向劈开的木板条。这样劈开的木板条可将其一个正面除进一步的弦切加工，而另一面仅用斧子或刀子进行修整。

二、锯开的桶板，至少有一正面是弧形凹面或凸面，这种弧面是经圆柱锯锯得的。

本品目不包括：

（一）两个正面均经弦切加工的木材（品目 44.07 或 44.08）。

（二）用钉将桶板与桶面及桶底固定起来的容器（品目 44.15）。

（三）切割成桶等形状的家具（例如，桌及椅）（第九十四章）。

44.17　木制的工具、工具支架、工具柄、扫帚及刷子的身及柄；木制鞋靴楦及楦头

本品目包括：

一、木制工具，但不包括那些刀片、工作刃、工作面或其他工作部件是由第八十二章注释一所列任何材料制成的工具。

本品目的工具包括软膏刀（不包括品目 44.19 的厨房用具）、塑型刀、小木槌或大木槌、木耙、木叉、木铲、木台钳及木夹钳、砂纸板等。

二、未装金属工作部件（刀片及铁具）的木制工具座（例如，平刨座、辐刨座、弓锯架或类似工具架座）。

三、供各种工具用的木柄，不论是否车圆（例如，供铲、锹、耙、锤、螺丝刀、锯、锉、刀、烙铁、日戳及类似印戳的木柄）。

四、扫帚或刷子的木身。它们是些木块，不论是否成品，但已制成扫帚或刷子身的具体形状。有时还可由一个以上的木块组成。

五、刷子或扫帚的木柄，不论是否车圆，也不论是否准备在其一端装配纤维或鬃毛（例如，油漆刷）或固定于木身上（例如，扫帚柄）。

六、木制鞋靴楦（即用于制鞋靴的模型）及楦头，已制成或未制成，用于保存鞋形或撑大鞋靴。

本品目的物品可由普通木材、碎料板或类似木质材料板、纤维板、层压板或强化木制成（参见本章注释三）。

本品目不包括：

（一）用于制造工具柄的粗加修整或削圆的木材（品目 44.04）。

（二）为制造本品目的物品仅经锯开的木材（例如，锯成木块），但未加工成坯件形状的（品目 44.07）。

（三）餐刀、餐匙及餐叉用的木柄（品目 44.21）。

（四）帽模（品目 84.49）。

（五）品目 84.80 的木制铸模等。

（六）机器或机器零件（第八十四章）。

44.18　建筑用木工制品，包括蜂窝结构木镶板、已装拼的地板、木瓦及盖屋板（+）：

	—	窗、法兰西式（落地）窗及其框架：
11	——	热带木的
19	——	其他
	—	门及其框架和门槛：
21	——	热带木的
29	——	其他
30	—	柱及梁，子目4418.81至4418.89的货品除外
40	—	水泥构件的模板
50	—	木瓦及盖屋板
	—	已装拼的地板：
73	——	竹的或至少顶层（耐磨层）是竹的
74	——	其他，马赛克地板用
75	——	其他，多层的
79	——	其他
	—	工程结构木制品：
81	——	集成材
82	——	正交胶合木
83	——	工字梁
89	——	其他
	—	其他：
91	——	竹的
92	——	蜂窝结构木镶板
99	——	其他

本品目适用于建筑方面用的木制品，包括镶嵌木制品，已拼装或可确定为未装拼件的（例如，制有拼装时用的雌雄榫、鸠尾榫或其他类似接头），不论是否装配有金属紧固件，例如，铰链、闩等。

本品目的物品可由普通木材、碎料板或类似木质材料板、纤维板、层压板或强化木制成（参见本章注释三）。

木工制品包括细木工制品及普通木工制品。所称“细木工制品”，主要适用于建筑用的装配件（例如，门、窗、百叶窗、楼梯、门窗框架），而所称“普通木工制品”，是指用于建筑结构上的或用于脚手架、拱门支撑等的木工制品（例如，梁、椽、柱），包括已组装的水泥结构模板。但即使经表面处理用作水泥模板的胶合板也应归入品目44.12。

建筑用普通木工制品还包括胶合木构件，即由数块木料基本顺纹粘合而成的结构件，其中每件曲形构件的平面均与外加负载的平面成90度角，而一条笔直的胶合横梁是平置的。

本品目包括的蜂窝结构木镶板。它与品目44.12注释所述的木块芯胶合板及成材芯胶合板外观有些相似，但形成板芯的木方或板条彼此之间留有平行或格子形式的间隔。某些镶板仅由四边用一内部框架隔开的两片面板组成，中间的空隙可填塞隔音或隔热材料（例如，软木、玻璃棉、木浆或石棉）。面板可用木头、碎料板或类似板、纤维板或胶合板制成。镶板（与品目44.12的板相同）也可用贱金属盖面。这类镶板重量较轻，但很坚固，用作隔板、门板，有时还用于制造家具。

本品目也包括已拼装成地板（包括拼花地板）或地砖的实木块、板条及缘板等，不论是否有边。

本品目还包括用木块、板条、缘板等在一层或多层支撑木料上拼装而成的地板或地砖，通称为“多层”拼花地板，其顶层（耐磨层）通常由两排或多排板条拼装的地板制成。

木瓦是将木材纵锯制得，通常一端（下端）厚度超过5毫米而另一端（上端）厚度不超过5毫米。木瓦的两边可再锯成平行形状，下端也可再锯成与两边呈直角线或成弯曲线及其他形状。木瓦的一面可从下端至上端砂光或纵向开槽。

盖屋板是将短圆材或木块用手工或机械劈开的木料。板的表面由于劈木工序留下了木的自然纹理。盖屋板有时沿其厚段纵锯制得两块盖屋板，每块板均有一劈面（表面）和一锯面（背面）。

本品目不包括：

（一）作室内地板用的胶合板、单板饰面板及类似的多层板，这些板有一层薄薄的木质饰面板附于表面上，以仿效品目44.18的已装拼的地板（品目44.12）。

（二）有或无背板的壁橱，即使是做成可用钉或其他方法固定于天花板或墙上形式的（品目94.03）。

（三）活动房屋（品目94.06）。

○
○ ○

子目注释：

子目4418.74

马赛克地板用的已装拼地板是用许多单独的正方形或长方形组件组合而成的预制板，并可包含“镶嵌块”（已制成正方形、矩形、三角形、菱形或其他形状的小木块，用作镶嵌物，以获得所需图案）。板条可根据某一特定图案装拼成诸如方格状、织篮形及人字形（参见下列图例）。

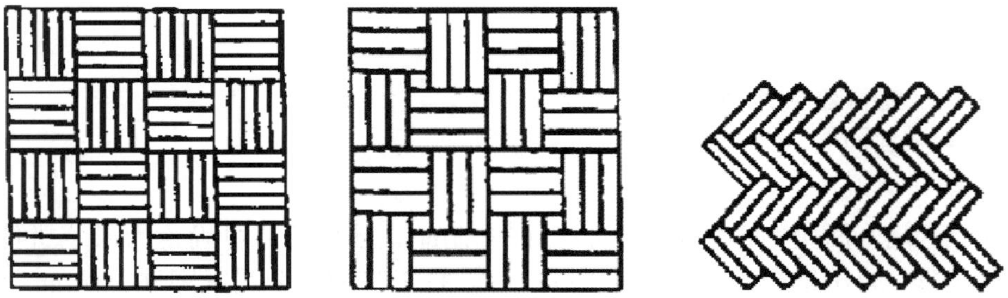

方格图案　　织篮图案　　人字形图案

子目4418.81、4418.82、4418.83及4418.89

这些子目所称“工程结构木制品”适用于由层积材或由木材、单板层积材、胶合板或定向刨花板组合制成的木制品，以提供比锯材更大的强度（品目44.07）。这些产品主要用于支撑建筑的结构载荷。

集成材是由每层与相邻层木纹平行的多层木材粘合而成的大型结构件。

正交胶合木（也称为X－层积木或交叉层积木）是由至少三层木材层压而成的大型结构建筑板。每一层都是由多个实木板（木材经纵锯、纵切、刨切或旋切，厚度超过6毫米）并排放置，不论是否粘合。每一层的木纹通常与相邻层的木纹成直角。

正交胶合木不同于胶合板，它是由多层实木而不是（每层厚度不超过6毫米的）单板构成。交替木纹结构能在纵向和横向上提供更大的结构刚度，并在承重应用中提供结构性支撑。

工字梁（也称为工字托梁）是“I”型工程木结构件，由顶部和底部翼板（水平构件），与腹板（垂直构件）组成。翼板材料通常由单板层积材或实木锯材制成，而腹板由胶合板或定向刨花板制成。

44.19 木制餐具及厨房用具

	—	竹的：
11	——	切面包板、砧板及类似板
12	——	筷子
19	——	其他
20	—	热带木的
90	—	其他

本品目仅包括作为餐具或厨房用具的木制家用器具，不论是否用车削木或镶嵌木制成。但不包括以装饰为主要特征的货品，也不包括家具。

本品目的物品可由普通木材、碎料板或类似木质材料板、纤维板、层压板或强化木制成（参见本章注释三）。

本品目包括：匙、叉、沙拉勺；大浅盘及小菜盘；罐、杯及茶托；普通调味料盒及其他厨房容器；不带刷的面包屑勺；餐巾环；擀面杖；糕饼模；黄油碟；杵；坚果钳；托盘；碗；面板；切板；餐具架；厨房用的容积量器。

本品目不包括：

（一）木制箍桶（品目44.16）。

（二）餐具或厨房用具的木制零件（品目44.21）。

（三）刷子及扫帚（品目96.03）。

（四）手用筛（品目96.04）。

44.20 镶嵌木（包括细工镶嵌木）；装珠宝或刀具用的木制盒子和小匣子及类似品；木制小雕像及其他装饰品；第九十四章以外的木制家具：

	—	木制小雕像及其他装饰品：
11	——	热带木的
19	——	其他
90	—	其他

本品目适用于镶嵌木（含细工镶嵌木）制的镶板，包括有部分为非木质材料制的镶板。

本品目的物品可由普通木材、碎料板或类似木质材料板、纤维板、层压板或强化木制成（参见本章注释三）。

本品目也包括通常经精细加工和饰面的种类繁多的木制品（包括镶嵌木制品），例如，精细小家具（例如，小匣子及首饰盒）；小陈设品；装饰品。装有镜子的这类物品，只要具有本品目所述物品的基本特征，也归入本品目。同样，本品目包括全部或部分用真皮革或再生皮革、纸板、塑料、纺织物等作衬里的物品，只要这些物品主要是木制的。

本品目包括：

一、漆器（中国式或日本式）盒；盛装刀子、刀具、科学仪器等的木盒及木箱；鼻烟盒及其他装于口袋、手袋或随身携带的小盒子；文具盒等；针线盒；香烟筒及糖果盒。但本品目不包括厨房用的普通调味料盒等（品目44.19）。

二、木制家具制品，但第九十四章的木家具除外（参见本章总注释）。本品目包括衣帽架、衣刷挂架、办公用信件盘、烟灰盅、笔盘及墨水台。

三、木制的小雕像（包括半身及全身雕像）、小动物及其他装饰品。

本品目不包括所列物品的木制零件（品目 44.12）。

本品目也不包括：

（一）盛装乐器或枪枝的木制箱、盒及包有皮革或再生皮革、纸或纸板、钢纸、塑料片或纺织材料的护套、箱、盒及类似容器（品目 42.02）。

（二）仿首饰（品目 71.17）。

（三）第九十一章的钟壳及其零件。

（四）第九十二章的乐器及其零件。

（五）随身武器用的鞘及护套（品目 93.07）。

（六）第九十四章的物品（例如，家具、灯具及照明装置）。

（七）烟斗及其零件、钮扣、铅笔及第九十六章的其他物品。

（八）第九十七章的艺术品或古物。

44.21　其他木制品：

10　—　衣架

20　—　棺材

　　—　其他：

91　——　竹的

99　——　其他

本品目包括所有经车制或任何其他方法制成的木制品和用镶嵌木（包括细工镶嵌木制成的物品，但在本品目以前各品目所列物品除外。同时也不包括不论材料属性如何，一律归入其他品目的物品（例如，参见本章注释一）。

本品目还包括以上各品目所列物品的木制零件，但品目 44.16 所列物品的零件除外。

本品目的物品可由普通木材、碎料板或类似木质材料板、纤维板、层压板或强化木制成（参见本章注释三）。

本品目包括：

一、卷轴、纡子、筒管、缝纫用线轴等。这些物品通常有车制的木芯以供纱线或细金属丝在上缠绕。木芯可以是圆柱体或圆锥形的，一般中心钻一孔眼，木芯的一端或两端可以有凸缘。本品目还包括在两端装有木或其他材料制的边的车制木芯，用于卷绕绝缘电线等。

二、兔笼、鸡笼、蜂箱、鸟笼、狗屋、饲料槽；畜用轭。

三、舞台背景；木匠工作台；带有可固定交叉线的旋紧装置的桌子，用于书籍的手工锁线装订；梯子及楼梯；搁凳；活字、路标、图案；招牌；园艺等用的标签牌；牙签；棚架及围栏板；平交路口栏木止挡；卷帘、威尼斯式或其他风格窗帘；塞子；模板；弹簧百叶窗用滚子；衣架；搓衣板；熨衣板；挂衣木钉；榫钉；橹、桨、舵；棺材。

四、一般有统一尺寸并且通常为长方形的铺地木块。它们是经万能圆锯机切割制成。

有时木块边上钉有间隔条，以备铺在地板的木块膨胀。

五、将拉拔木，而更多的是将刨切或旋切木切割成火柴尺寸的火柴梗。它们也可将单块木冲切制得批量制品。火柴梗可浸渍化学物质（例如，磷酸铵），但具有易燃物质火柴头的不应归入本章。本品目还包括在一边切成齿状或开缝的木条，它们用于制小书本型火柴梗。

六、用于鞋靴的木钉或木栓。它们的制作方法与火柴梗相同，但一端是尖的，截面可为圆形、正方形或三角形。在某些情况下，它们用以代替钉子来固定鞋靴的底部及后跟。

七、容积量器，品目 44.19 的厨房用具除外。

八、餐刀、餐匙及餐叉用的木柄。

九、为了便于运输或日后加工用胶合剂将粗锯木板条粘合而成的镶板。

十、将一造型叠放在另一已经模制或未经模制的木料上所制成的模压木料（品目44.18的货品除外）。

本品目不包括：

（一）用于制火柴梗的木条（品目44.04）。

（二）呈木条形状的未制成的鞋钉，其一端通过两边斜切成刃面，经切开即可制成木钉（品目44.09）。

（三）品目44.17的刀具（餐刀除外）及其他工具或用具的木柄。

（四）第四十六章的物品。

（五）第六十四章的鞋靴及其零件。

（六）手杖及其零件、伞或马鞭（第六十六章）。

（七）第十六类的机器及其零件和电气货品（例如，品目84.80的木制阳模）。

（八）第十七类的货品（例如，船、独轮车、两轮车及其他车辆、车辆部件）。

（九）数学或绘图器具、测量器具（测量容积的除外）及第九十章的其他货品。

（十）枪托及其他武器零件（品目93.05）。

（十一）玩具、游戏品及运动用品（第九十五章）。

*

*　*

附 录

某些热带木的名称[1]

引导名称	学名	地方名	
梨状卡林玉蕊（Abarco）	*Cariniana pyriformis* Miers.	委内瑞拉	Bacu
帽柱木（Abura）	*Hallea ciliata* Leroy (Syn. *Mitragyna ciliata* Aubr. & Pellegr.) *Hallea rubrostipulata* F. Leroy (Syn. *Mitragyna rubrostipulata* Harv.) *Hallea stipulosa* O. Kuntze (Syn. *Mitragyna stipulosa* O. Ktze)	安哥拉	Mivuku
		喀麦隆	Elolom
		刚果	Vuku
		科特迪瓦	Bahia
		赤道几内亚	Elelon
		加蓬	Elelom Nzam
		加纳	Subaha
		尼日利亚	Abura
		塞拉利昂	Mboi
		乌干达	Nzingu
		刚果民主共和国	Mvuku
		赞比亚	Nzingu
		法国	*Bahia*
相思木（Acacia）	*Acacia auriculiformis* A.Cunn. ex Benth. *Acacia mangium* Willd.	澳大利亚	Black Wattle, Brown Salwood
		印度尼西亚	Mangge Hutan, Tongke Hutan
		马来西亚	Kayu Safoda
		巴布亚新几内亚	Arr
		泰国	Kra Thin Tepa
		英国	*Brown Salwood, Black Wattle*
		美国	*Brown Salwood, Black Wattle*
卡雅楝（Acajou d' Afrique）	*Khaya* spp. *Khaya ivorensis* A. Chev. (Syn. *Khaya klainei* Pierre ex A.Chev.)	安哥拉	Undia Nunu
		喀麦隆	N'Gollon
		科特迪瓦	Acajou Bassam
		赤道几内亚	Caoba del Galón
		加蓬	Zaminguila
		加纳	Takoradi Mahogany
		尼日利亚	Ogwango
		法国	*Acajou Bassam*
		德国	*Khaya Mahagoni*
		英国	*African Mahogany*

[1]第三栏所列的为出口国所用的商业名称，也是出口国的名称。当进口国所用的商业名称与引导名称不相一致时，本表用斜体字列出。

引导名称	学名	地方名	
	Khaya anthotheca C. DC.	安哥拉	N'Dola
		喀麦隆	Mangona
		刚果	N'Dola
		科特迪瓦	Acajou Blanc, Acajou Krala
		加纳	Ahafo
		乌干达	Munyama
		法国	*Acajou Blanc*
		德国	*Khaya Mahagoni*
	Khaya grandifoliola C. DC.	科特迪瓦	Acajou à Grandes Feuilles
		尼日利亚	Akuk, Benin Mahogany,
		乌干达	Eri Kire
		法国	*Acajou à Grandes Feuilles*
		英国	*Heavy African Mahogany*
重蜡烛木（Adjouaba）	*Dacryodes klaineana* (Pierre) H. J. Lam (Syn. *Pahylobus deliciosa* Pellegr.)	刚果民主共和国	Mouguengueri
		刚果	Safukala
		加蓬	Assia, Igaganga, Ossabel
铁青木（Afina）	*Strombosia glaucescens* Engl.	科特迪瓦	Poe
	Strombosia pustulata Oliv.	尼日利亚	Itako, Otingbo
美木豆（Afrormosia）	*Pericopsis elata* Van Meeuwen (Syn. *Afrormosia elata* Harms)	喀麦隆	Obang
		中非共和国	Obang
		科特迪瓦	Assamela
		加纳	Kokrodua
		刚果民主共和国	Ole, Bohala, Mohole
		法国	*Assamela, Oleo Pardo*
非洲橄榄（Aielé）	*Canarium schweinfurtii* Engl.	安哥拉	M'bili
		喀麦隆	Abel
		中非共和国	Gberi
		刚果	M'bili
		加蓬	Abeul, Ovili
		加纳	Bediwunua, Eyere
		赤道几内亚	Abe
		尼日利亚	Elemi
		乌干达	Mwafu
		刚果民主共和国	Bidikala, M'bidikala
		塞拉利昂	Billi

引导名称	学名	地方名
		英国 *Canarium*
二型（雄蕊）苏木（Aiéouéko）	*Dimorphandra* spp.	
热非椴（Akak）	*Duboscia viridiflora* (K.Schum.) Mildbr.	
箭毒木（Ako）	*Antiaris toxicaria* subsp. *africana* (Engl.) C.C.Berg (Syn. *Antiaris africana* Engl.) *Antiaris toxicaria* subsp. *welwitschii* (Engl.) C.C.Berg. (Syn. *Antiaris welwitschii* Engl.)	安哥拉 Sansama 科特迪瓦 Ako, Akede 加纳 Chenchen, Kyenkyen 尼日利亚 Oro, Ogiovu 坦桑尼亚 Mlulu, Mkuzu 乌干达 Kirundu, Mumaka 刚果民主共和国 Bonkonko, Bonkongo *德国* *Antiaris* *英国* *Antiaris*
斯科大风子（Akossika）	*Scottellia* spp. *Scottellia coriacea* A. Chev.	喀麦隆 Ngobisolo 中非共和国 Kelembicho 加蓬 Bilogh-Bi-Nkele 加纳 Koroko, Kruku 利比里亚 Korokon 尼日利亚 Odoko *德国* *Odoko* *意大利* *Odoko* *英国* *Odoko*
沙捞越娑罗双（Alan）	*Shorea albida* Sym.	马来西亚 Alan-Batu, Red Selangan, Meraka, Selangan Merah, Alan-Paya
德斯木（Alep）	*Desbordesia glaucescens* A. Chev. ex Hutch. & Dalziel	喀麦隆 Omang 刚果 Benga 加蓬 Alep 尼日利亚 Kowo 刚果民主共和国 Benga
苦木裂榄（Almácigo）	*Bursera simaruba (L.) Sarg.*	南美洲 Almácigo, Almácigo Blanco, Chacaj Chaca-Jiote, Desnudo, Gumo-Limbo, Indio Desnudo, Indo Desnudo, Jiñocuave

引导名称	学名	地方名	
		法国	Bois d'encens, Chiboue, Chique, Gommier blanc
		英国	Gum tree, Mexican White Beach, Turpentine Tree, West Indian Birch
对生叶塔拉豆（Almendrillo）	*Taralea oppositifolia* Aubl. (Syn. *Coumarouna oppositifolia* (Willd.)Taub.)	南美洲	Cumaru Rana, Shihuahuaco, Tarala
热非豆（Alumbi）	*Julbernardia seretii* Troupin (Syn. *Berlinia seretii* De Wild.)		
帕氏饱食桑（Amapa）	*Brosimum parinarioides* Ducke	巴西	Amapá Doce
龟纹木棉（Amapola）	*Pseudobombax ellipticum* (Kunth) Dugand		
翅子树（Amberoi）	*Pterocymbium beccarii* K. Schum.	印度尼西亚	Kelumbuk, Papita
		马来西亚	Melembu, Teluto, Keluak
		缅甸	Sawbya
		菲律宾	Taluto
		泰国	Oi-chang, Po-ikeng, Po-kradang
圭亚那饱食桑木（Amourette）	*Brosimum guianense* (Aubl.) Huber	法属圭亚那	Lettre Mouchete, Mourette
		秘鲁	Cashiba Playa, Waira Caspi
		苏里南	Belokoro, Peni-Paia, Poevinga
		委内瑞拉	Palo de Oro
		英国	*Snakewood*
甘蓝豆（Andira）	*Andira* spp.	巴西	Acapurana, Almendo de Rio, Andira Uchi, Angelim
		哥伦比亚	Congo
		厄瓜多尔	Moton
		法属圭亚那	Saint Martin Rouge
		圭亚那	Bat Seed, Koraro
		墨西哥	Maquilla
		秘鲁	Quinillo Colorado
		苏里南	Rode Kabbes
		特立尼达多巴哥	Angelin

引导名称	学名	地方名	
		委内瑞拉	Sarrapio Montanero
蟹木楝 （Andiroba）	*Carapa guianensis* Aubl. *Carapa procera* DC.	巴西	Andiroba, Carapa, Andirobeira, Andiroba Branca, Andiroba Vermelha
		哥伦比亚	Masabalo, Mazabalo
		哥斯达黎加	Cedro Bateo, Cedro Macho
		厄瓜多尔	Tangare, Figueroa
		圭亚那	Crabwood
		法属圭亚那	Carapa
		洪都拉斯	Bastard Mahogany, Cedro Macho
		巴拿马	Cedro Bateo, Cedro Macho
		苏里南	Krappa
		特立尼达多巴哥	Crappo
		委内瑞拉	Carapa, Masabalo
单瓣豆木 （Andoung）	*Monopetalanthus* spp. *Monopetalanthus coriaceus* Morel *Monopetalanthus durandii* Hallé & Normand *Monopetalanthus hedinii* (A.Chev.) Aubrev. *Monopetalanthus heitzii* Pellegr. *Monopetalanthus letestui* Pellegr.	加蓬	Andjung, Andoung de heitz, Ekop, Ekop-mayo, N'Douma, Zoele
膜瓣豆 （Angelim）	*Hymenolobium* spp.	巴西	Angelim Amarelo, Angelim da Mata, Angelim Pedra, Angelim Rosa, Mirarena, Sapupira Amarella
		法属圭亚那	Saint Martin Gris, Saint Martin Jaune
		苏里南	Makkakabes, Saandoe
大理石豆木 （Angelim rajado）	*Marmaroxylon racemosum* (Ducke) Killip.	巴西	Angelim Rajado, Ingarana da Terra Firma, Ingarana,
		法属圭亚那	Bois Serpent

引导名称	学名	地方名	
		圭亚那 苏里南	Snakewood Bostamarinde Sneki Oedoe
异味豆（Angelim vermelho）	*Dinizia excelsa* Ducke	巴西 圭亚那	Angelim Falso, Angelim Ferro, Angelim Pedra, Faveira Grande, Faveira Preta, Gurupa, Parakwa
西非铁青木（Angueuk）	*Ongokea gore* Pierre	喀麦隆 科特迪瓦 加蓬 刚果民主共和国	Andjek, Angueuk Kouero Andjek, Angueuk Boleko
阿林山榄（Aniégré）(Aningré)	*Aningeria* spp. *Aningeria robusta* Aubr. & Pellegr. *Aningeria altissima* Aubr. & Pellegr. (Syn. *Sideroxylon altissimum* Hutch. & Dalz.) *Pouteria superba* A.Chev. (Syn. *Aningeria superba* A. Chev. Syn. *Malacantha superba* Verm.) *Chrysophyllum giganteum* A.Chev (Syn. *Gambeyobotrys gigantea* (A.Chev.) Aubrev.)	安哥拉 中非共和国 刚果 科特迪瓦 埃塞俄比亚 肯尼亚 尼日利亚 乌干达 刚果民主共和国 *德国* *意大利* *英国*	Mukali, Kali M'Boul Mukali, N'Kali Aningueri blanc, Aniegre Kararo Muna, Mukangu Landojan Osan Tutu *Aningré-Tanganyika Nuss* *Tanganyika Nuss* *Aningeria*
长籽山榄（Apobeaou）	*Breviea leptosperma* (Baehni) Heine		
刺片豆（Araribà）	*Centrolobium* spp.	巴西 哥伦比亚 厄瓜多尔 巴拿马 巴拉圭 委内瑞拉	Ararauba, Ararauva Guayacan Hobo, Balaustre Amarillo Guayaquil Amarillo Guayaquil Morosimo Balaustre, Guayacan Hobo
圭亚那瓦泰豆（Arisauro）	*Vatairea guianensis* Aubl.	巴西	Amargoso, Gele Kabbes, Inkassa, Yonko

引导名称	学名	地方名	
大果龙骨豆 （Aromata）	*Clathrotropis macrocarpa* Ducke	南美洲	Alma negra, Cabari, Sapan, Timbo Pau, Timbo Rana
沙箱大戟木 （Assacù）	*Hura crepitans* L.	玻利维亚	Ochoco
		巴西	Assacu
		哥伦比亚	Ceiba Lechosa
		厄瓜多尔	Habillo
		圭亚那	Sandbox
		法属圭亚那	Bois du Diable, Sablier
		秘鲁	Catahua
		苏里南	Possentrie, Possum, Ura Wood
		委内瑞拉	Ceiba Habillo, Jabillo
		美国	*Possumwood*
奥氏土密木 （Assas）	*Bridelia aubrevillei* Pellegr.		
杜花楝 （Avodiré）	*Turraeanthus africana* Pellegr.	科特迪瓦	Avodiré
		加纳	Apapaye
		利比里亚	Blimah-Pu
		尼日利亚	Apaya
		刚果民主共和国	M'Fube, Lusamba
		比利时	*Lusamba*
赛鞋木豆 （Awoura）	*Julbernardia pellegriniana* Troupin (Syn. *Paraberlinia bifoliolata* Pellegr.)	喀麦隆	Ekop-Beli
		加蓬	Awoura, Beli
		法国	*Zebrali*
		德国	*Zebrali*
白梧桐 （Ayous） (Obéché)	*Triplochiton scleroxylon* K. Schum.	喀麦隆	Ayous
		中非共和国	M'Bado
		科特迪瓦	Samba
		赤道几内亚	Ayus
		加纳	Wawa
		尼日利亚	Arere, Obeche
		法国	*Samba,*
		德国	*Abachi*
		英国	*Wawa*
		美国	*Obeche or Samba*
翼红铁木 （Azobé）	*Lophira alata* Banks ex Gaertn. (Syn. *Lophira procera* A. Chev.)	喀麦隆	Bongossi
		刚果	Bonkolé
		科特迪瓦	Azobé

引导名称	学名	地方名	
		赤道几内亚 加蓬 加纳 尼日利亚 塞拉利昂 *德国* *英国*	Akoga Akoga Kaku Ekki, Eba Hendui *Bonkole,* *Bongossi* *Ekki*
金叶木 （Balata pomme）	*Chrysophyllum sanguinolentum* (Pierre) Baehni	南美洲	Assopokballi, Balata Pommier, Balata Saignant, Barataballi, Bois Cochon, Suitiamini
重红娑罗双 （Balau red）	*Shorea* spp. *Shorea balangeran* (Korth.) Burck *Shorea collina* Ridl. *Shorea guiso* Blume *Shorea inaequilateralis* Sym. *Shorea kunstleri* King *Shorea ochrophloia* Strugnell ex Desch.	印度尼西亚 马来西亚 菲律宾 泰国 *德国* *英国*	Belangeran, Balau Merah Balau Laut Merah, Damar Laut Merah, Balau Membatu, Balau Merah, Red Selangan Batu, Membatu, Seri, Selangan Batu Merah, Seraya Sirup, Selangan Batu No. 1, Sengawan, Semayur, Empenit-Meraka Guijo, Gisok Makata, Chankhau *Red Balau* *Red Balau*
重黄娑罗双 （Balau yellow）	*Shorea* spp. *Shorea argentea* C.F.C. Fisher *Shorea atrinervosa* Sym. *Shorea balangeran* (Korth.) Burck *Shorea barbata* Brandis *Shorea ciliata* King	印度 印度尼西亚 马来西亚	Sal Bangkirai, Agelam, Benuas, Brunas, Selangan batu, Kumus, Kedawang, Pooti Damar laut Kumus, Sengkawan Darat, Balau Kumus, Balau Simantok, Selangan Batu No.1, Selangan Batu No.2

引导名称	学名	地方名	
	Shorea exelliptica W. Meijer *Shorea foxworthyi* Sym. *Shorea gisok* Foxw. *Shorea glauca* King *Shorea laevis* Ridl. *Shorea laevifolia* (Parijs.) Endert *Shorea materialis* Ridl. *Shorea maxwelliana* King *Shorea obtusa* Wall. ex Blume *Shorea roxburghii* G. Don *Shorea seminis* V. Sl. *Shorea* *submontana* Sym. *Shorea* *sumatrana* Sym. *Shorea* *scrobiculata* Burck *Shorea superba* Sym.	缅甸 菲律宾 泰国 *德国* *英国*	Thitya Yakal, Gisok, Malaykal Chan, Ak or Aek, Pa-Yom Dong *Balau* *Balau,* *Selangan Batu*
轻木 （Balsa）	*Ochroma lagopus* Sw. *Ochroma pyramidale* (Cav. ex Lam.) Urb.	玻利维亚 巴西 哥伦比亚 中美洲 厄瓜多尔 圣萨尔瓦多 危地马拉 洪都拉斯 尼加拉瓜 秘鲁 特立尼达多巴哥 委内瑞拉	Tami Pau de Balsa Lanu Balsa Balsa Algodon Lanilla Guano, Balsa Gatillo Balsa, Topa, Palo de Balsa Bois flot Balso
香脂木豆 （Balsamo）	*Myroxylon balsamum* Harms.	墨西哥 秘鲁 *法国*	Arbol del Bálsamo, Bálsamo, Bálsamo de Perú o de Tolu Myroxylon *Baumier du Pérou*

引导名称	学名	地方名	
钝棱豆木（Banga-wanga ）	*Amblygonocarpus andongensis* Exell & Torre (Syn. *Amblygonocarpus obtusangulus* (Oliv.) Harms)		
芳香垂冠木棉（Baromalli）	*Catostemma fragrans* Benth.	南美洲	Baramalli, Baraman, Baramanni, Flambeau Rouge, Kajoewaballi
双柱苏木（Basralocus）	*Dicorynia guianensis* Amshoff & Vouacapoua	巴西 法属圭亚那 苏里南	Angelica do Para, Tapainuna Angelique Basralokus, Barakaroeballi
南洋楹（Batai）	*Paraserianthes falcataria* (L.) I.C.Nielsen (Syn. *Albizia falcataria* (L.) Fosberg)	菲律宾 印度尼西亚 马来西亚 *英国*	Falcata, Moluccan sau Jeungjing, Sengon laut, Sikat Batai, Kayu machis, Puah *Indonesiaia*
尚氏象耳豆（Batibatra）	*Enterolobium schomburgkii* Benth.	巴西 法属圭亚那 苏里南	Batibatra, Fava de Rosca, Fava Orelha de Macaco, Fava Orelha de Negro, Timbauba, Timborana Acacia Franc, Bougou Bati Batra Tamaren Prokoni
苏门答腊八果木（Benuang）	*Octomeles sumatrana* Miq.	印度尼西亚 巴布亚新几内亚 菲律宾	Benuang, Binuang Bini, Winuang Erima, Irima, Ilimo Binuang
曼森梧桐（Bété）(Mansonia)	*Mansonia altissima* A. Chev.	喀麦隆 科特迪瓦 加纳 尼日利亚	Koul Bété Aprono Ofun
重黄胆木（Bilinga）	*Nauclea diderrichii* Merr. (Syn. *Sarcocephalus diderrichii* De Wild. Syn. *Nauclea trillesii* Merr.)	安哥拉 贝宁 喀麦隆 中非共和国	Engolo Opepe Akondoc Kilu Linzi,

引导名称	学名	地方名	
	Nauclea xanthoxylon (A.Chev.) Aubrév. (Syn. *Sarcocephalus xanthoxylon* A. Chev.) *Nauclea gilletii* De Wild. Merr.	刚果 科特迪瓦 刚果民主共和国 赤道几内亚 加纳 加蓬 尼日利亚 塞拉利昂 乌干达 *德国* *英国*	Mokesse, N'Gulu-Maza Badi Bonkingu, N'Gulu-Maza Aloma Kusia Bilinga Opepe Bundui Kilingi *Aloma* *Opepe*
坤甸铁樟木 （Billian）	*Eusideroxylon zwageri* Teijsm. & Binn.	印度尼西亚 菲律宾	Onglen, Un Tambulian
海棠木 （Bintangor）	*Calophyllum* spp.	印度尼西亚 马达加斯加 马来西亚 缅甸 新喀里多尼亚 巴布亚新几内亚 菲律宾 所罗门群岛 斯里兰卡 泰国 越南 瓦鲁阿图	Bintangur Vintanina Bintangor, Penaga Sultan Champa Tamanou Calophyllum Bansanghal, Vutalau Koila Domba-Gass Poon Cong, Mu-u Tamanou
比蒂山榄 （Bitis）	*Madhuca* spp.	东南亚	Belian, Betis
克莱小红树 （Bodioa）	*Anopyxis klaineana* Pierre ex Engl. (Syn. *Anopyxis ealaensis* (De Wild) Sprague)		
安尼樟 （Bois rose femelle）	*Aniba rosaeodora* Ducke (Syn. *Aniba duckei* Kosterm.)	巴西	Pau-Rosa
软短盖豆 （Bomanga）	*Brachystegia laurentii* Louis. *Brachystegia mildbraedii* Harms (Syn. *Brachystegia nzang* Pellegr.) *Brachystegia zenkeri* Harms	喀麦隆 刚果 刚果民主共和国 加蓬 *法国* *英国*	Ekop-Evene, Ekop-Leke Bomanga Bomanga, Nzang Yegna *Ariella* *Ariella*
白驼峰楝木 （Bossé clair）	*Guarea cedrata* Pellegr.	科特迪瓦	Bossé

引导名称	学名	地方名	
	Guarea laurentii De Wild.	加纳 尼日利亚 刚果民主共和国 *德国* *英国*	Kwabohoro Obobo Nofua Bosasa *Bossé* *Scented Guarea*
黑驼峰楝木（Bossé foncé）	*Guarea thompsonii* Sprague & Hutch.	科特迪瓦 肯尼亚 尼日利亚 刚果民主共和国 *德国* *英国*	Mutigbanaye Bolon Obobo Nekwi Diampi *Diampi* *Black Guarea*
滨玉蕊（Botong）	*Barringtonia asiatica* (L.) Kurz.	东南亚	Fish Poison Tree, Sea Poison Tree
特拉榄木（Breu-sucuruba）	*Trattinickia* spp.	巴西	Amesclão, Breu Preto, Mangue, Morcegueira, Ulu
古夷苏木（Bubinga）	*Guibourtia* spp. *Guibourtia demeusei* (Harms) J. Léon. *Guibourtia pellegriniana* J. Léon. *Guibourtia tessmannii* (Harms) J. Léon.	喀麦隆 加蓬 *英国*	Essingang Buvenga *Kevasingo*
平地姜饼木（Burada）	*Parinari campestris* Aubl.	巴西 法属圭亚那 圭亚那 苏里南 委内瑞拉	Parinari Fongouti Koko, Gaulette Blanc, Gris-Gris Blanc Broad-Leaved Burada, Burada, Candlewood, Kupisini, Mahaicaballi, Makarai, Wamuk, Wamuku Behoerada, Foengoe, Koebesini Guaray, Merecurillo
缅甸黄檀（Burmese Ebony）	*Diospyros burmanica* Kurz.	缅甸	Burmese Ebony, Hpunmang, Maimakho-Ling, Mia-Mate-Si, Te

引导名称	学名	地方名	
奥氏黄檀（Burmese Rosewood）	*Dalbergia oliveri* Gamble ex Prain	缅甸	Ching-Chan, Ket-Daeng
热非藤黄木（Busehi）	*Lebrunia bushaie* Staner		
多叶脂果豆（Cabreùva）	*Myrocarpus frondosus* Allem.	南美洲	Cabreùva Parda, Ibirà, Incienso, Oleo de Caboreiba, Oleo de Macaco, Oleo Pardo, Pagé, Payò
卡林玉蕊（Cachimbo）	*Cariniana decandra* Ducke		
轴独蕊（Cambara）(Jaboty)	*Erisma spp.* *Erisma uncinatum Warm.*	巴西 法属圭亚那 秘鲁 苏里南 委内瑞拉 德国	Quarubarana, Jaboty, Cedrinho, Cambara, Quarubatinga, Quaruba, Vermelha Jaboty, Manonti Kouali, Felli Kouali Cambara Singri-Kwari Mureillo Cambara
破布木（Canalete）	*Cordia* spp.	阿根廷 巴西 哥伦比亚 古巴 墨西哥 委内瑞拉	Loro Negro Louro Pardo Canalete Anacahuite, Baria Amapa Asta, Bocote, Cupane, Siricote Canalete
尼克樟属（绿心樟属）（Canelo）	*Nectandra* spp. *Ocotea* spp.	巴西 中美洲 哥伦比亚 厄瓜多尔 法属圭亚那 圭亚那 秘鲁 苏里南 特立尼达多巴哥	Louro Louro Branco, Louro Inhamui Aguacatillo Laurel Amarillo Laurel, Canelo Amarillo, Jigua Amarillo Tinchi Cedre Apici Kereti-Silverb a lli Moena Amarilla Pisi Laurier

引导名称	学名	地方名	
		委内瑞拉	Laurel
安尼樟 （Canelón）	*Aniba guianensis* Aubl.		
麦粉饱食桑 （Capomo）	*Brosimum alicastrum* Sw.	南美洲	Charo, Ramón
高腰果木 （Caracoli）	*Anacardium excelsum* Skeels	巴西 哥伦比亚 厄瓜多尔 尼加拉瓜 委内瑞拉	Caju Assu, Caju da Matta Caracoli Maranon Espavel Caracoli
栗油果木 （Castanheiro Para）	*Bertholletia excelsa* Humb. & Bonpl.	巴西 哥伦比亚 *法国* *英国*	Castanha-do-Brasil, Castanha-do Pará, Castanheira Canstana do Brasil, Canstana do Pará, Castaña, Castanha-do-Maranhao, Nuez del Brasil *Châtaigne du brésil,* *Noix du brésil* *Noix du pará* *Brazil nut,* *Butter nut,* *Cream nut,* *Para nut*
锥木 （Castanopsis）	*Castanopsis* spp.		
巴西海木 （Catiguà）	*Trichilia catigua A. Juss.*		
脂苏木 （Cativo）	*Prioria copaifera* Griseb.	哥伦比亚 哥斯达黎加 巴拿马 委内瑞拉	Cativo, Trementino Amasamujer Copachu Cativo, Camibar Cativo Muramo, Curucai
洋椿 （Cedro）	*Cedrela* spp. *Cedrela angustifolia* DC. (Syn. *Cedrela lilloi* C. de Candolle) *Cedrela fissilis* Vell. *Cedrela odorata* L.	巴西 法属圭亚那 圭亚那 洪都拉斯 苏里南	Cedro Cedrat, Cedro Red Cedar Cedro, Cigarbox Ceder
（圭亚那）塔皮漆木	*Tapirira* spp.	圭亚那	Warimia

引导名称	学名	地方名	
（Cedroi）	*Tapirira guianensis* Aubl.		
朴木 （Celtis d'Afrique） (Diania, Ohia)	*Celtis* spp. *Celtis adolfi-friderici* Engl. *Celtis brieyi* De Wild. *Celtis gomphophylla* Baker (Syn. *Celtis durandii* Engl.) *Celtis mildbraedii* Engl. *Celtis* *tessmannii* Rendle *Celtis* *zenkeri* Engl.	贝宁 喀麦隆 中非共和国 刚果民主共和国 刚果 科特迪瓦 加蓬 加纳 肯尼亚 利比里亚 尼日利亚 乌干达 *德国* *英国*	Bawe Odou, Odou Vrai Balze Bolunde, Diania, Kayombo Edou, Kiliakamba Asan, Ba, Lohonfe Engo, Celtis, Esa-Kokoo, Esa-Kosua Shiunza Lokonfi Dunki, Ita, Zuwo Ekembe-Bakaswa, Namanuka *Celtis* *Red-Fruited White-Stinkwood*
巴西良木豆 （Cerejeira）	*Amburana cearensis* (Allemão) A. C. Sm.	阿根廷 玻利维亚 巴西 巴拉圭 秘鲁	Roble Criollo, Roble del País, Roble, Palo Trébol, Trébol Roble Americano Amburana, Cerejeira, Cumarú de Cheiro, Umburana Trébol Ishipingo, Sorioco
白兰 （Champak）	*Michelia* spp. (Syn. *Magnolia* spp.)	缅甸 菲律宾	Saga, Sagawa, Sanga Hangilo, Sandit
黑毒漆木 （Checham）	*Metopium brownei* Roxb.	中美洲和南美洲	Black Poisonwood
新棒果香 （Chengal）	*Balanocarpus heimii* King.	印度尼西亚 马来西亚 泰国	Penak-Bunga, Penak-Sabut, Penak-Tembaga Chengal Takian Chan

引导名称	学名	地方名	
苹婆（Chicha / Xixa）	*Sterculia* spp. *Sterculia apetala* (Jacq.) Karst.	玻利维亚	Mani
		巴西	Achicha, Chicha, Tacacazeiro
		哥伦比亚	Camajura
		古巴	Anacaguita
		厄瓜多尔	Cacao de Mote, Sapote, Saput, Zapote
		法属圭亚那	Kobe
		圭亚那	Maho
		墨西哥	Bellota, Chiapas
		秘鲁	Huarmi-Caspi, Zapote Silvestre
		波多黎各	Anacaguita
		苏里南	Jahoballi, Kobehe, Okro-Oedoe
		特立尼达多巴哥	Mahoe
		委内瑞拉	Camoruco, Mayagua, Sunsun
微凹黄檀（Cocobolo）	*Dalbergia retusa* Hemsl.		
考姆安尼樟（Comino Crespo）	*Aniba perutilis* Hemsl.	玻利维亚	Coto, Coto Piquiante
		巴西	Laurel Amarelo, Pau Rosa
		哥伦比亚	Aceite de Palo, Caparrapi, Chachajo, Comino, Comino Canelo, Comino Real, Laurel Comino, Punte
		秘鲁	Comino, Ishpingo Chico, Moena Amarilla, Muena Negro
		英国	*Keriti*
莱特山榄（Congotali）	*Letestua durissima* Lecomte	刚果	Congotali
		加蓬	Kong-Afane
香脂树（Copaiba）	*Copaifera* spp.	阿根廷	Timbo-y-Ata
		巴西	Copaibarana, Copahyba
		哥伦比亚	Canime, Copaiba
		巴拿马	Cabino Blanco, Camiba

引导名称	学名	地方名	
		委内瑞拉	Cabimo, Palo de Aceite
非洲破布木 （Cordia d'Afrique）	*Cordia* spp. *Cordia africana* Lam. (Syn. *Cordia abyssinica* R. Br. Syn. *Cordia holstii* Gürke ex Engl.) *Cordia millenii* Baker *Cordia platythyrsa* Baker	喀麦隆 中非共和国 刚果 埃塞俄比亚 加蓬 尼日利亚 乌干达 *英国*	Ebais, Ebe Sumba Makobokobo, Mringamringa, Mringaringa, Mukumari Auhi, Awhi, Ekhi Ebais, Ebe Omo Mukebu *African Cordia,* *East African cordia,* *Large-leafed cordia,* *Sudan teak*
柯拉铁青木 （Coula）	*Coula edulis* Baill.		
蟹木楝 （Crabwood d'Afrique）	*Carapa* spp. *Carapa grandiflora* Sprague	科特迪瓦 加纳 利比里亚 尼日利亚 塞拉里昂 乌干达 *美国* *英国*	Alla, Dona Bete, Krupi Toon-kor-dah Agogo Gobi, Kowi Mujogo, Mutongana *African Crabwood* *African Crabwood*
阔变豆木 （Cristobal granadillo）	*Platymiscium pleiostachyum* Donn. Sm.	南美洲	Jacaranda do brejo
二翅豆 （Cumaru）	*Dipteryx* spp.	玻利维亚 巴西 哥伦比亚 圭亚那 法属圭亚那 洪都拉斯 秘鲁 苏里南	Almendrillo Cumaru, Cumaru Ferro, Cumarurana Sarrapia Kumaru, Tonka Bean Gaiac de Cayenne, Tonka Ebo Charapilla, Shihuahuaco Amarillo Koemaroe,

引导名称	学名	地方名	
		 委内瑞拉	Tonka Sarrapia
光毛药树 （Cupiuba）	*Goupia glabra* Aubl.	巴西 哥伦比亚 法属圭亚那 圭亚那 秘鲁 苏里南 委内瑞拉 *英国*	Cachaceiro, Copiuva, Cupiuba Chaquiro, Saino, Sapino Goupi Copi, Kabukalli Capricornia Koepi Congrio Blanco *Kabulalli*
蛇状柯拉豆 （Curupay）	*Anadenanthera colubrina* (Vell.) Brenan	南美洲	Angico, Cebil, Huilco, Vilca, Wilco
腺瘤豆 （Dabéma）	*Piptadeniastrum africanum* Brenan (Syn. *Piptadenia africana* Hook. f.)	喀麦隆 刚果 科特迪瓦 赤道几内亚 加蓬 加纳 利比里亚 尼日利亚 乌干达 塞拉利昂 刚果民主共和国 *英国*	Atui N'Singa Dabema Tom Toum Dahoma Mbeli Agboin, Ekhimi Mpewere Mbele, Guli Bokungu, Likundu *Dahoma,* *Ekhimi*
虎斑楝 （Dibétou）	*Lovoa* spp. *Lovoa brownii* Sprague *Lovoa swynnertonii* Baker f. *Lovoa trichilioides* Harms (Syn. *Lovoa klaineana* Pierre)	喀麦隆 科特迪瓦 赤道几内亚 加蓬 加纳 肯尼亚 尼日利亚 塞拉利昂 刚果民主共和国	Bibolo Dibétou Nivero, Embero Eyan Dubini-Biri, Mpengwa Mukongoro Mukusu Apopo, Sida, Anamenila Wnaimei Lifaki-Maindu,

引导名称	学名	地方名	
			Bombulu
		乌干达	Nkoba
		法国	*Noyer d'Afrique, Noyer du Gabon*
		英国	*African Walnut, Tigerwood*
		美国	*Tigerwood, Uganda Walnut Congowood*
乳白桑木（Difou）	*Morus lactea* Mildbr. *Morus mesozygia* Stapf	*葡萄牙* *法国* *英国*	*Chocobondo* *Mûrier du Sénégal* *East African mulberry, African mulberry, Uganda mulberry*
蒜皮苏木（Divida）	*Scorodophloeus zenkeri* Harms		
铁刀木（Djohar）	*Senna siamea* (Lam.) H.S.Irwin & Barneby. (Syn. *Cassia siamea* (Lam.) H.S.Irwin & Barneby)	东南亚 *法国*	Bombay Blackwood, Iron Wood, Kassod Tree, Siamese Senna, Thailand Shower, Yellow Cassia *Casse de Siam*
猴子果（Douka）(Makoré)	*Tieghemella* spp. *Tieghemella africana* Pierre (Syn. *Dumoria africana* Dubard) *Tieghemella heckelii* Pierre ex Dubard (Syn. *Mimusops heckelii* Hutch. & Dalz.)	科特迪瓦 加纳 赤道几内亚 加蓬	Makoré Baku, Abacu Okola Douka
缅茄木（Doussié）	*Afzelia africana* Smith *Afzelia pachyloba* Eggeling & Dale *Afzelia bipindensis* Harms (Syn. *Afzelia bella* Harms) *Afzelia cuanzensis* Oliv.	安哥拉 喀麦隆 刚果 科特迪瓦 加纳 莫桑比克 尼日利亚 塞内加尔 塞拉利昂 坦桑尼亚 刚果民主共和国	N'kokongo Uvala M'Banga, Doussié N'Kokongo Lingue, Azodau Papao Mussacossa, Chanfuta Apa, Aligna Lingue Kpendei Mkora, Mbembakofi Bolengu

引导名称	学名	地方名	
		德国 *葡萄牙* *英国* *美国*	*Afzelia* *Chafuta* *Afzelia* *Afzelia*
药用紫檀 （Drago）	*Pterocarpus officinalis* Jacq.	南美洲 *法国* *英国*	Lagunero, Pallo de Poyo, Sangre, Sangre de Drago, Sangrillo *Mangle-médaille,* *Mangle-rivière* *Palétuvier,* *Sang-dragon* *Blood-wood,* *Dragon's-blood*
八宝木 （Duabanga）	*Duabanga grandiflora* (Roxb. ex DC.) Walpers	印度 印度尼西亚 马来西亚 缅甸 巴布亚新几内亚 菲律宾 泰国 越南	Lampati Ramdala Kalam Magas, Magaswith, Phay-Sung, Tagahas Myaukngo Duabanga Loktob Linkwai Phay
簇生胶竹桃木 （Dukali）	*Parahancornia fasciculata* (Poir.) Benoist		
杜里木棉 （Durian）	*Durio* spp.	印度尼西亚 马来西亚 *法国* *英国*	Durian Apa-Apa, Bengang, Durian, Durian Isa, Punggai *Durion* *Durian*
乌木 （Ebène d'Afrique） (Ebène Madagascar)	*Diospyros* spp. *Diospyros crassiflora* Hiern. (Syn. *Diospyros evila* Pierre ex A.Chev.) *Diospyros perrieri* Jum.	贝宁 喀麦隆 中非共和国 刚果 赤道几内亚 加蓬 尼日利亚	Cubaga, Ebène Epinde-pinde, Mavini, Mevini, Ndou Bingo, Ngoubou Mopini Ébano Evila Abokpo, Kanran,

引导名称	学名	地方名	
		  德国 *英国*	Nyareti Osibin *Afrikanisches Ebenholz* *African ebony,* *Madagascar ebony*
乌木 （Ebène noire d'Asie）	*Diospyros ebenum* J. Koen. *Diosyros vera* (Lour.) A.Chev. (Syn. *Diospyros ferrea* Willd.) *Diospyros melanoxylon* Roxb. *Diospyros mollis* Griff. *Diospyros mun* A.Chev. & Lecomte		
乌木 （Ebène veinée d'Asie）	*Diospyros celebica* Bakh. *Diospyros marmorata* R.Park. *Diospyros rumphii* Bakh.		
鞋木 （Ebiara）	*Berlinia bracteosa* Benth. *Berlinia confusa* Hoyle. *Berlinia grandiflora* Hutch. & Delz.	安哥拉 贝宁 喀麦隆 刚果 刚果民主共和国 科特迪瓦 加蓬 加纳 尼日利亚 塞拉利昂 *德国* *英国*	M'possa Bagbe Abem, Essabem M' Possa M' Possa Melegba, Pocouli Ebiara Berlinia Ekpogoi Sarkpei *Berlinia* *Berlinia*
四鞋木 （Ekaba）	*Tetraberlinia* spp. *Tetraberlinia bifoliolata* (Harms) Hauman (Syn. *Berlinia bifoliolata* Harms) *Tetraberlinia tubmaniana* J. León.	喀麦隆 刚果 赤道几内亚 加蓬 利比里亚 *德国* *荷兰* *西班牙* *英国*	Ekop-Ribi Eko-Andoung Ekop Ekop-Andoung Hoh, Sikon *Ekop* *Ekop* *Ekaban* *Tetraberlinia*
凹果豆蔻 （Ekoune）	*Coelocaryon preussii* Warb.	喀麦隆 中非共和国	Nom Eteng Kolomeko

引导名称	学名	地方名	
		刚果 刚果民主共和国 赤道几内亚 加蓬 尼日利亚	Kikubi-Lomba Lomba-Kumbi Ekoune, Ekun Ekoune, Ekun Egbenrin
灯架木 （Emien）	*Alstonia boonei* De Wild. *Alstonia congensis* Engl. (Syn. *Alstonia gilletii* De Wild.)	尼日利亚 乌干达 *英国*	Awun, Egbu Mubajangalabi, Mujua, Mukoge, Musoga *Alstonia,* *Pattern wood,* *Stool wood*
乔蓖麻 （Essessang）	*Ricinodendron* spp. *Ricinodendron africanum* Müll. Arg. *Ricinodendron heudelotii* Pierre ex Henckel *Ricinodendron rautanenii* Schinz.	贝宁 刚果 科特迪瓦 加纳 莫桑比克 多哥 *英国*	Muawa Erimado Erimado Erimado Muawa Erimado *African Nut Tree,* *African Wood,* *African Wood-Oil Nut Tree,* *Cork Wood*
大果皮特玉蕊 （Essia）	*Petersianthus macrocarpus* Liben (Syn. *Petersia africana* Welw.)	*英国*	*Esia*
非洲斜柱戟木 （Essoula）	*Plagiostyles africana* Prain *ex De Wild.*		
香脂树 （Etimoé）	*Copaifera mildbraedii* Harms *Copaifera salikounda* Heckel	贝宁 喀麦隆 中非共和国 刚果 科特迪瓦 刚果民主共和国 加蓬 加纳 尼日利亚	Akpaflo Essak Bilombi Yama Etimoé Bofelele Andem-Evine Entedua Ovbialeke
克莱木 （Eveuss）	*Klainedoxa buesgenii* Engl. *Klainedoxa gabonensis* Pierre ex Engl.	喀麦隆 中非共和国 刚果 科特迪瓦 刚果民主共和国 赤道几内亚 加蓬	Ngon Oboro Kuma-kuma Kroma Ikele, Kuma-kuma Eves Eveuss

引导名称	学名	地方名	
		加纳 尼日利亚	Kruma Odudu
厚叶牡荆木 （Evino）	*Vitex ciliata* Pellegr. *Vitex pachyphylla* Baker		
厚腔苏木 （Eyek）	*Pachyelasma tessmannii* Harms		
黄苹婆 （Eyong）	*Eribroma oblongum* Pierre ex A.Chev. (Syn. *Sterculia oblonga* Masters)	喀麦隆 中非共和国 科特迪瓦 赤道几内亚 加蓬 加纳 尼日利亚 *英国*	Bongele, Eyong Bongo Bi N'Chong, N'Zong N'Chong, N'Zong Ohaa Okoko *White Sterculia, Yellow Sterculia*
摘亚木 （Eyoum）	*Dialium* spp. *Dialium bipindense* Harms. *Dialium dinklagei* Harms. *Dialium aubrevillei* Pellegr. *Dialium pachyphyllum* Harms.	喀麦隆 刚果 科特迪瓦 加蓬 几内亚比绍 利比里亚 莫桑比克 刚果民主共和国	Mfang, M'Fan Penzi Afambeou, Kofina Eyoum, Omvong Pau Veludo Ciania, Gbelle-Flu, Gia Kaba Ziba Bongola, Kasudu
西非苏木 （Faro）	*Daniellia* spp. *Daniellia klainei* Pierre *Daniellia ogea* Rolfe *Daniellia thurifera* Bennet	贝宁 喀麦隆 刚果 科特迪瓦 刚果民主共和国 赤道几内亚 加蓬 加纳 尼日利亚 塞拉利昂 *德国* *英国*	Jatin Nsou Singa N'Dola Faro Bolengu N'Su Lonlaviol Ogea Oziya Gnessi *Daniellia* *Ogea*
多叶球花豆 （Faveira）	*Parkia multijuga* Benth.	巴西	Fava Araba Tucupi, Fava Bolota, Faveira,

引导名称	学名	地方名	
			Parica, Visgueiro
		哥伦比亚	Huarango, Rayo
		厄瓜多尔	Tangama
		法属圭亚那	Dodomissinga, Kouatakaman
		圭亚那	Black Manariballi, Ipanai, Uya
		秘鲁	Goma Pashaco
		苏里南	Kwatakama
		委内瑞拉	Cascaron
巴西瓦泰豆 （Faveira Amargosa）	*Vatairea paraensis* Ducke	巴西	Angelim Amargoso, Aracuy, Fava Amarela, Fava Amargosa, Faveria Amarela, Faveira Amargosa, Faveria Bolacha
		哥伦比亚	Guerra, Maqui
		圭亚那	Arisauro, Bastard Purpleheart, Bauwau
		法属圭亚那	Inkassa, Yongo
		洪都拉斯	Amargo
		巴拿马	Amargo
		秘鲁	Mari-Mari, Marupa del Bajo
		苏里南	Arisoeroe, Gele Kabbes, Geli-Kabissi
苹婆木 （Fijian Sterculia）	*Sterculia vitiensis* Seem.	大洋洲	Waciwaci
科特迪瓦榄仁 （Framiré）	*Terminalia ivorensis* A. Chev.	喀麦隆	Lidia
		科特迪瓦	Framiré
		加纳	Emeri
		利比里亚	Baji
		尼日利亚	Idigbo, Black Afara
		塞拉利昂	Baji
		英国	*Idigbo*
蓼木 （Formigueiro）	*Triplaris cumingiana* Fisch. & C.A.Mey. (Syn. *Triplaris guayaquilensis* Wedd.)	厄瓜多尔	Fernansanchez
亚马逊破布木 （Freijo）	*Cordia goeldiana* Hub.	巴西	Freijo Frei-Jorge

引导名称	学名	地方名	
吉贝 （Fuma） (Fromager)	*Ceiba pentandra* (L.) Gaertn. (Syn. *Ceiba thonningii* A. Chev. Syn. *Bombax pentandrum* L.)	喀麦隆 刚果 科特迪瓦 加纳 利比里亚 尼日利亚 塞拉利昂 刚果民主共和国 *法国* *德国* *英国*	Doum Fuma Enia, Fromager Onyina Ghe Okha, Araba Ngwe, Banda Fuma *Fromager* *Ceiba* *Ceiba*
愈疮木 （Gaiac）	*Guaiacum* spp.	墨西哥 委内瑞拉 *法国* *德国* *荷兰* *西班牙* *英国*	Palo Santo, Guayacancillo Guayacán *Gaiac* *Mexiko-Pockholz* *Pockhout* *Guayacán* *Guaiacum Wood*
南美洲蒺藜木 （Galacwood）	*Bulnesia sarmientoi* Lorentz ex Griseb.		
白背安尼樟 （Gale Silverballi）	*Aniba hypoglauca* Sandwith (Syn. *Aniba ovalifolia* Mez.)	南美洲	Gale Silverballi, Garl, Kawioi, Kurero Shiruaballi, Kurero Silverballi, Moena Puchiri, Silverballi, Yellow Silverballi, Yellow Sweetwood
裂瓣苏木 （Gavilan）	*Schizolobium amazonicum* Huber ex Ducke		Pashaco, Pino Chuncho
翅果欧热胡桃 （Gavilán Blanco）	*Oreomunnea pterocarpa* Oerst.		
轻黄牛木 （Geronggang）	*Cratoxylum arborescens* (Vahl) Bl. *Cratoxylum arborescens* var. *miquelli* King *Cratoxylum glaucum* Korth. *Cratoxylum lingustrinum* Bl. *Cratoxylum polyanthum*	印度尼西亚 马来西亚	Gerunggang Mapat Mulu Selunus Gonggang Serungan

引导名称	学名	地方名	
	Korth.		
赛罗双 （Gerutu）	*Parashorea densiflora* Slooten & Sym. *Parashorea lucida* (Miq.) Kurz *Parashorea parvifolia* Wyatt-Smith ex P.S.Ashton *Parashorea smythiesii* Wyatt-Smith ex P.S.Ashton	印度 印度尼西亚 老挝 马来西亚 泰国	Tavoy Wood White Meranti Mai Hao Gerutu, Gerutu Pasir, Heavy White Seraya, Meranti Gerutu, Meruyun, Urat Mata Batu, Urat Mata Bukit, Urat Mata Daun Kechil, Khai Khieo
赛油楠 （Gheombi）	*Sindoropsis letestui* (Pellegr.) J. Léon. (Syn. *Copaifera letestui* Pellegr.)	喀麦隆 加蓬	Lumbandjii Gheombi, Ngom
黄山榄 （Goiabao）	*Chrysophyllum lucentifolium* Cronquist (Syn. *Planchonella pachycarpa* Pires Syn. *Pouteria pachycarpa* Pires Syn. *Syzygiopsis pachycarpa* Ducke)	巴西	Abiu Casca, Abiurana, Abiurana Amarela, Abiurana Goiaba, Goiabao, Goyabao
（重）代德苏木 （Gombé）	*Didelotia africana* Baill. *Didelotia idae* Oldem., de Wit & Léon. *Didelotia letouzeyi* Pellegr.	喀麦隆 科特迪瓦 加蓬 利比里亚 塞拉利昂	Ekop-Gombe, Gombe Broutou Angok Bondu Timba
绿心木 （Greenheart）	*Chlorocardium rodiei* (Schomb.) Rohwer, H.G.Richt. & van der Werff	巴西 圭亚那 苏里南 委内瑞拉	Bibiru, Itauba Branca Bibiru, Demerara, Greenheart Beeberoe Groenhart Sipiroe Viruviru
东非黑黄檀 （Grenadille d'Afrique）	*Dalbergia melanoxylon* Gutif. & Perr.	乍得 刚果民主共和国 埃塞俄比亚 肯尼亚 纳米比亚及南非	Tabum Kafundula Zobbi, Zebe Kikwaju, Mpingo, Poyi Driedoring Ebbehout, Mokelete, Sebrahout, Swartdriedoring, Umbambangwe

引导名称	学名	地方名	
			Motangu
		乌干达	Chinsale,
		赞比亚	Kasalusalu, Mfwankomo, Mkelete, Mkumudwe, Msalu, Mukelete, Musonkomo
		津巴布韦	Murwiti, Pulupulu
		英国	*African blackwood,* *African ebony,* *Mugembe,* *Poyi*
里卡木 （Grigri）	*Licania* spp.	巴西	Anauerá, Caraipé, Turiuva
		哥伦比亚	Carbonero
		哥斯达黎加	Zapote
		圭亚那	Kautaballi, Konoko,
		墨西哥	Zapote
		秘鲁	Carbonero, Zapote
		委内瑞拉	Carbonero
西印度箬棕 （Guágara）	*Sabal mauritiiformis* Griseb. & H.Wendl.	南美洲	Catarata, Palma Amarga, Palma de Guagara, Palma de Vaca, Palmiche
克拉桑 （Guariuba）	*Clarisia racemosa* Ruiz. & Pav.	玻利维亚	Murure
		巴西	Guariuba, Oiticica Amarela, Oiticica da Mata
		哥伦比亚	Aji, Guariuba
		厄瓜多尔	Mata Palo, Moral Bobo, Pituca
		秘鲁	Capinuri, Guariuba, Murere, Turupay Amarillo
护卫豆 （Haiari）	*Alexa* spp.	巴西	Melancieira
		圭亚那	Haiariballi
		苏里南	Nekoe-Oedoe
心叶水黄棉 （Hard Alstonia） （Pulaï）	*Haldina cordifolia* (Roxb.) Ridsdale (Syn. *Adina cordifolia* (Roxb.) Hook. f.)	柬埔寨	Khvao, Kwao
		印度	Haldu
		印度尼西亚	Lasi

引导名称	学名	地方名	
		老挝	Thom
		马来西亚	Meraga
		缅甸	Hnaw
		菲律宾	Adina, Haldu
		斯里兰卡	Kolon
		泰国	Kwao, Tong Lueang
		越南	Gao-Vang
灯架木 （Hard Alstonia (Pulaï)）	*Alstonia angustiloba* Miq. *Alstonia macrophylla* Wall. ex G.Don. *Alstonia spatulata* Bl. *Alstonia scholaris* (L.) R. Br. *Alstonia pneumatophora* Back. ex Den Berger	印度尼西亚	Pulai, Sepati
		马来西亚	Pulai
		缅甸	Letok, Sega
		巴布亚新几内亚	White Cheese Wood, Mike Wood
		菲律宾	Dita
		泰国	Thia
		越南	Mo-Cua
		澳大利亚	*White Cheese Wood, Mike Wood*
		印度	*Chaitanwood, Chatian*
		英国	*Pagoda Tree, Patternwood*
橡胶木 （Hevea）	*Hevea brasiliensis* (Willd. ex A.Juss.) Müll.Arg.	巴西	Mapalapa, Seringa, Seringueira
		圭亚那	Hatti
		马来西亚	Hevea Wood
		秘鲁	Jeve, Shirenga
		泰国	Rubber Tree
		委内瑞拉	Arbol de Caucho
		英国	*Para Rubber Tree*
		美国	*Rubber Wood*
亚马孙光亮蔓藓 （Higuerilla）	*Micandra spruceana* (Baill.) R. Shultes	哥伦比亚	Reventillo, Yetcha
		秘鲁	Carapacho, Higuerilla Negra, Shiringa Masha
		委内瑞拉	Cunuri
阿巴豆 （Huruasa）	*Abarema jupunba* (Willd.) Britton & Killip	圭亚那	Ingarana, Tento Azul
锈合欢 （Iatandza）	*Albizia angolensis* Welw. *Albizia ferruginea* Benth.	安哥拉	Zanzangue
		贝宁	Agla Nyinfun
		喀麦隆	Evouvous
		刚果	Sifou-Sifou
		科特迪瓦	Yatanza

引导名称	学名	地方名	
		加蓬	Iatandza
		加纳	Awiemfo-Samina, Okuro
		利比里亚	Musase
		尼日利亚	Ayinre-Ogo
		乌干达	Mugavu, Nongo
		刚果民主共和国	Elongwamba, Okuru
		英国	*West African Albizia*
双翼苏木 （Ibirà Pytâ）	*Peltophorum dubium* (Spreng.) Taub (Syn. *Peltophorum vogelianum* Benth.)	阿根廷	Canafístula
		巴西	Guarucaia
		巴拉圭	Yvyrapyta
单叶单链豆 （Idewa）	*Haplormosia monophylla* Harms	利比里亚	Black Gum, Liberian Black Gum
蜡烛木 （Igaganga）	*Dacryodes igaganga* Aubr. & Pell.		
安哥拉丛花树 （Ilomba）	*Pycnanthus angolensis* (Welw.) Warb. (Syn. *Pycnanthus kombo* Baill.) Warb.	安哥拉	Ilomba
		喀麦隆	Eteng
		刚果	Ilomba
		科特迪瓦	Walélé
		赤道几内亚	Calabo
		加蓬	Eteng
		加纳	Otié
		尼日利亚	Akomu
		塞拉利昂	Kpoyéi
		刚果民主共和国	Lolako, Lejonclo
细孔绿心樟 （Imbuia）	*Ocotea porosa* Barosso (Syn. *Phoebe porosa* (Nees & Mart.) Mez.)	巴西	Canela, Imbuia, Embuia
		南美洲	Laurel
		英国	*Brazilian Walnut*
		美国	*Imbuya,* *Brazilian Walnut*
因加豆 （Inga）	*Inga* spp.	阿根廷	Inga
		巴西	Inga, Ingazeira, Inga-Chi-Chi, Inga-Chi-Chica
		法属圭亚那	Bois Pagode, Bougouni, Lebi Oueko, Oueko
		圭亚那	Kurang, Kwari, Kwarye, Maporokon, Yokar

引导名称	学名	地方名	
		洪都拉斯 秘鲁 苏里南	Guama Shimbillo Abonkini, Prokonie
钝叶娑罗双（Ingyin）	*Pentacme siamensis* (Miq.) Kurz		
巴圭马钱木（Inyak）	*Antonia ovata* Pohl		
重蚁木（Ipé）	*Handroanthus heptaphyllus* (Vell.) Mattos (Syn. *Tabebuia ipe* (Mart.) Standl.) *Handroanthus capitatus* (Bur & K.Schum) Sanwith (Syn. *Tabebuia capitata* Sandw.) *Handroanthus serratifolius* (Vahl) S.O.Grose (Syn. *Tabebuia serratifolia* Nichols) *Handroanthus impetiginosus* (Mart. ex DC.) Mattos (Syn. *Tabebuia impetiginosa* (Mart.) Standl.)	阿根廷 玻利维亚 巴西 中美洲 哥伦比亚 法属圭亚那 圭亚那 巴拉圭 秘鲁 苏里南 特立尼达多巴哥 委内瑞拉	Lapacho Ipé, Lapacho, Tajibo Ipé, Ipé Roxo, Pau d'Arco Amapa, Prieta, Cortez, Guayacan, Cortés Canaguate, Polvillo, Roble Morado Ebene verte Hakia, Ironwood Lapacho Negro Tahuari Negro, Ebano Verde Groenhart Poui, Yellow Poui Acapro, Araguaney
绿柄桑（Iroko）	*Milicia* spp. *Milicia excelsa* C.C. Berg (Syn. *Chlorophora excelsa* (Welw.) Benth.) *Milicia regia* C.C. Berg (Syn. *Chlorophora regia* A. Chev.)	安哥拉 喀麦隆 刚果 科特迪瓦 东非 赤道几内亚 加蓬 加纳 利比里亚 莫桑比克 尼日利亚 塞拉利昂 刚果民主共和国	Moreira Abang Kambala Iroko Mvuli, Mvule Abang Abang, Mandji Odum Semli Tule Mufula Iroko Semli Lusanga, Molundu, Mokongo

引导名称	学名	地方名	
		比利时	*Kambala*
热美樟 （Itaùba）	*Mezilaurus* spp.	巴西 法属圭亚那 苏里南	Louro Itauba Taoub Jaune Kaneelhout
特斯金莲木 （Izombé）	*Testulea gabonensis* Pellegr.	喀麦隆 刚果 加蓬	Rone N'Gwaki Ake, Akewe, Izombe, N'Komi
巴西海棠木 （Jacareuba）	*Calophyllum brasiliense* Cambess.	巴西	Árbol de santa María, Calophylle du Brésil, Guanandi, Maria, Santa Maria
孪叶苏木 （Jatoba）	*Hymenaea courbaril* L.	巴西 法属圭亚那 中美洲和南美洲，加勒比海 苏里南 *英国*	Jatobá Gomme Animée, Pois Confiture Algarrobo, Algarrobo de la Antillas Algarrobo das Antilhas Azucar, Cuapinol, Curbaril, Guapinol, Huayo, Jataí, Jutaby Rode Lokus *Brazilian Cherry,* *Brazilian Copal,* *Cayenne Copal,* *Copal,* *Demarara Copal,* *Kerosene Tree,* *Stinking Toe,* *Latin American Locust,* *West Indian Locust*
夹竹桃木 （Jelutong）	*Dyera costulata* Hook. f. *Dyera polyphylla* (Miq.) Steenis (Syn. *Dyera lowii* Hook. f.)	印度尼西亚 马来西亚 新加坡	Jelutong, Djelutong, Melabuwai Jelutong, Andjaroetoeng, Letoeng, Pantoeng, Jelutong Bukit, Jelutong Paya Red and/or White Jelutong
卡林玉蕊 （Jequitiba）	*Cariniana legalis* O. Ktze (Syn. *Cariniana brasiliensis*	玻利维亚 巴西	Yesquero Jequitiba,

引导名称	学名	地方名	
	Casar.) *Allantoma integrifolia* (Ducke) S.A.Mori (Syn. *Cariniana integrifolia* Ducke)		Jequitiba Branco, Jequitiba Rosa, Jequitiba Vermelho, Estopeiro
拉美驼峰楝 （Jito）	*Guarea guidonia* (L.) Sleumer (Syn. *Guarea guara* (Jacq.) P. Wils. Syn. *Guarea trichilioides* L.)		
钟康木 （Jongkong）	*Dactylocladus stenostachys* Oliv.	印度尼西亚 马来西亚	Mentibu, Sampinur Medang-Tabak, Jongkong, Medang, Merubong
斯沃铁豆木 （Jorori）	*Swartzia jorori* Harms		
牛角拉美君木 （Jùraco）	*Bucida buceras* L.	墨西哥，中美洲和南美洲	Black Olive, Bois Gris-Gris, Bois Margot, Gregre, Júcaro, Oxhorn Bucida, Ucar
苞芽树 （Kabok）	*Irvingia malayana* Oliv. ex A. Benn.	马来西亚 泰国 *英国*	Pau Kijang Kabok *Wild Almond*
团花木 （Kadam）	*Neolamarckia* spp. *Neolamarckia cadamba* (Roxb.) Bosser (Syn. *Anthocephalus cadamba* (Roxb.) Miq.) *Neolamarckia macrophylla* (Roxb.) Bosser (Syn. *Anthocephalus macrophyllus* (Kuntze) Havil.)	印度尼西亚 马来西亚 缅甸 菲律宾	Jabon, Kelempajan Kalempayn Kelampo, Kelepayan, Ludai, Kelempayan Mau, Yemau, Maukad on, Mau-Lettan-She Kaatoan Bangkal
琼楠木 （Kanda） (Kanda brun, Kanda rose)	*Beilschmiedia* spp. *Beilschmiedia congolana* Robyns & Wilczek *Beilschmiedia gaboonensis* Benth. & Hook. *Beilschmiedia hutchinsoniana* Robyns & Wilczek	喀麦隆 中非共和国 科特迪瓦 加蓬 坦桑尼亚	Kanda Bonzale Bitehi Nkonengu Mfimbo

引导名称	学名	地方名	
	Beilschmiedia letouzeyi Robyns & Wilczek *Beilschmiedia mannii* Robyns & Wilczek *Beilschmiedia oblongifolia* Robyns & Wilczek		
西非木棉（Kapokier）	*Bombax buonopozense* P. Beauv. (Syn. *Bombax flammeum* Ulbr.)		
冰片香木（Kapur）	*Dryobalanops* spp. *Dryobalanops sumatrensis* (J.F.Gmel.) Kosterm. (Syn. *Dryobalanops aromatica* C.F. Gaertn.) *Dryobalanops beccarii* Dyer *Dryobalanops fusca* V. St. *Dryobalanops lanceolata* Burck *Dryobalanops oblongifolia* Dyer *Dryobalanops rappa* Becc.	文莱 印度尼西亚 马来西亚 *法国* *英国*	Kapur Bukit, Kapur Peringii, Kapur Anggi Kapur Singkel, Kapur Sintuk, Kapur Empedu, Kapur Tanduk, Kapur Kayatan, Petanang Kapur-Kejatan, Keladan, Swamp Kapur, Borneo Camphorwood- Paigie *Capur* *Borneo Camphor, Borneo Camphorwood, Borneo Camphorwood-Paigie*
黄油木（Karité）	*Vitellaria paradoxa* C.F.Gaertn. (Syn. *Butyrospermum paradoxum* (C.F. Gaertn.) Hepper Syn. *Butyrospermum parkii* (G. Don) Kotschy)	非洲	Shea Butter Tree, Shea Tree, Shi Tree
番龙眼木（Kasai）	*Pometia* spp.	巴布亚新几内亚 缅甸 菲律宾 越南 *法国* *西班牙* *英国*	Taun Sibu Malugai Truong *Bois de Pieux* *Longán de Fiji* *Fiji Longan, Island Lychee*
肉豆蔻木（Kaudamu）	*Myristica castaneifolia* A. Gray	东南亚	Fiji Nutmeg
橄榄木（Kedondong）	*Canarium* spp. *Dacryodes* spp.	印度	Dhuwhite, White Dhup

引导名称	学名	地方名	
	Santiria spp.	印度尼西亚	Kenari, Kiharpan
		马来西亚	Kedondong, Upi
		菲律宾	Dulit, Pili
		泰国	Ma-Kerm
		越南	Cham
喃喃果木（Kekatong）	*Cynometra* spp.	斐济	Moivi
		马来西亚	Belangkan, Kekatong
		缅甸	Myinga
		菲律宾	Oringen
		泰国	Mang-kha
古榆（Kékélé）	*Holoptelea grandis* Mildbr.	贝宁	Sayo
		喀麦隆	Avep-Ele
		中非共和国	Gomboul
		刚果	Mbosso
		科特迪瓦	Kékélé
		刚果民主共和国	Nemba-Mbobolo
		加纳	Onakwa
		尼日利亚	Olazo
		乌干达	Mumuli
番樱桃木（Kelat）	*Eugenia* spp.	印度	Jaman
		印度尼西亚	Jaman, Jambu, Jamun, Meralu, Nir-Naval
		马来西亚	Black Kelat, Common Kelat, Kelat
		缅甸	Tabye
		巴布亚新几内亚	Water Gum
		菲律宾	Makasin
		泰国	Chomphu
		越南	Plong, Tram
波罗蜜(桂木)（Keledang）(Terap)	*Artocarpus* spp.	印度尼西亚	Teureup
		马来西亚	Pudau, Terap
		菲律宾	Antipolo
		泰国	Ka-ok
船形木（ Kembang semangkok）	*Scaphium* spp.	马来西亚	Kembang semangkok, Selayar
		缅甸	Thitlaung
		泰国	Samrong
甘巴豆（Kempas）	*Koompassia malaccensis* Maing. ex Benth.	印度尼西亚	Menggeris, Toemaling
		马来西亚	Kempas,

引导名称	学名	地方名	
			Mengris, Impas
		巴布亚新几内亚	Kempas
		泰国	Yuan
摘亚木 （Keranji）	*Dialium* spp.	柬埔寨	Xoay, Kralanh
		印度尼西亚	Kerandji
		缅甸	Taung-Kaye
		泰国	Kaki-Khao, Khleng, Yi-Thongbung
		越南	Xoay
		英国	*Keranji,* *Kranji*
柔毛绿心樟 （Keriti Silverballi）	*Ocotea puberula* (Rich.) Nees	阿根廷	Canela Guaica, Guaicá
		巴西	Canela-de-Corvo, Guaica, Canela-Parda, Canela-Pimenta, Canela Pinho, Canela-Sebo
		秘鲁	Moraja Kaspi
		巴拉圭	Laurel Guaika, Guaika
		苏里南	Keretiballi
龙脑香 （Keruing）	*Dipterocarpus* spp. *Dipterocarpus acutangulus* Vesque *Dipterocarpus appendiculatus* Scheff. *Dipterocarpus alatus* A. DC. *Dipterocarpus baudii* Korth. *Diptrocarpus gracilis* Blume (Syn. *Dipterocarpus pilosus* Roxb.) *Dipterocarpus cornutus* Dyer *Dipterocarpus costulatus* V. Sl. *Dipterocarpus kerrii* King *Dipterocarpus verrucosus* Foxw. ex Slooten	柬埔寨	Chloeuteal, Dau, Khlong, Thbeng,
		印度	Gurjun
		印度尼西亚	Keroeing,
		老挝	Nhang,
		马来西亚	Keruing Gaga, Keruing Bajak, Keruing Beras
		缅甸	Yang, Kanyin
		菲律宾	Apitong
		斯里兰卡	Hora
		泰国	Yang
		越南	Dau (Yaou), Tro
奶油藤黄木 （Kiasose）	*Pentadesma butyracea* Sabine		

引导名称	学名	地方名	
	Pentadesma lebrunii Staner		
香大瓣苏木（Kibakoko）	*Anthonotha fragrans* (Baker f.) Exell & Hillc. (Syn. *Macrolobium fragrans* Baker f.)		
东非绿心樟（Kikenzi）	*Ocotea usambarensis* Engl.		
大叶合欢（Kokko）	*Albizia lebbek* (L.) Benth.	孟加拉国	Sirish, Sirisha
		菲律宾	Aninapla, Langil
		印度	Siris, Sirs
		印度尼西亚	Kitoke, Tarisi, Tekik
		马来西亚	Batai, Batai Batu, Kungkur, Oriang
		尼泊尔	Kalo Siris
		泰国	Cha Kham, Chamchuri, Kampu, Phruek, Suek
		越南	Lim Xanh
		法国	*Bois noir, Bois savane, Tcha Tcha*
		西班牙	*Acacia Chachá, Algarroba de Olor, Amor Plantónico, Aroma, Aroma Fracesca, Cabellos de Ángel, Faurestina, Florestina, Lengua de Mujer, Lengua Viperina*
		英国	*Acacia Amarilla, East Indian Walnut, English Woman's Tongue, Fry wood, Indian Siris, Lebbeck, Siris Tree, Woman's Tongue Tree*
红木棉（Kondroti）	*Rhodognaphalon brevicuspe* Roberty (Syn. *Bombax brevicuspe* Sprague)	贝宁	Kpatin Dehun
		喀麦隆	Ovong
		刚果	N'Demo

引导名称	学名	地方名	
	Rhodognaphalon schumannianum A. Robyns (Syn. *Bombax rhodognaphalon* K. Schum.) *Bombax chevalieri* Pellegr.	科特迪瓦	Kondroti
		加蓬	Alone, Ogumalanga
		加纳	Bombax
		莫桑比克	Meguza, Mungusa
		尼日利亚	Awori
		坦桑尼亚	Mfume
		英国	*East African Bombax*
大非洲楝 （Kosipo）	*Entandrophragma candollei* Harms	安哥拉	Lifuco
		喀麦隆	Atom-Assie
		科特迪瓦	Kosipo
		加纳	Penkwa-Akowaa
		尼日利亚	Omu, Heavy Sapelle
		刚果民主共和国	Impompo
		德国	*Kosipo-Mahagoni*
		英国	*Omu*
尼索桐 （Kotibé）	*Nesogordonia* spp. *Nesogordonia kabingaensis* var. *kabingaensis* (K.Schum.) Capuron (Syn. *Nesogordonia papaverifera* R. Capuron Syn. *Cistanthera papaverifera* A. Chev.)	安哥拉	Kissinhungo
		喀麦隆	Ovoe, Ovoui
		中非共和国	Naouya
		科特迪瓦	Kotibé
		加蓬	Aborbora
		加纳	Danta
		尼日利亚	Otutu
		刚果民主共和国	Kondofindo
		英国	*Danta*
翅苹婆 （Koto）	*Pterygota* spp. *Pterygota macrocarpa* K. Schum. *Pterygota bequaertii* De Wild.	中非共和国	Kakende
		科特迪瓦	Koto
		加蓬	Ake
		加纳	Kyere, Awari
		尼日利亚	Kefe, Poroposo
		刚果民主共和国	Ikame
		德国	*Anatolia*
		英国	*African Pterygota,* *Pterygota*
蒜果木 （Kulim）	*Scorodocarpus borneensis* (Baillon) Becc.	马来西亚	Bawang Hutan
韦氏厚皮树 （Kumbi）	*Lannea welwitschii* (Hiern) Engl.	科特迪瓦	Baiséguma, Kakoro, Loloti
		加纳	Kumenini
		尼日利亚	Ekika
雨木	*Albizia saman* (Jacq.) Merr.		

引导名称	学名	地方名	
（Kungkur）			
马蹄榄 （Kurokaï）	*Protium* spp.	玻利维亚 巴西 哥伦比亚 厄瓜多尔 法属圭亚那 圭亚那 秘鲁 苏里南 委内瑞拉	Carano Almecega, Aruru, Breu Anime, Carano, Currucay Anime Blanco Encens Blanc, Gris Rouge Haiawa, Kurokay, Porokay Copal-Caspi Tinguimoni Anime, Carano, Azucarito
曼氏古柯 （Landa）	*Erythroxylum mannii* Oliv.	喀麦隆 刚果 科特迪瓦 加蓬 刚果民主共和国 塞拉利昂	Landa Lukienzo Dabe Landa Nkanza Bimini
双雄苏木 （Lati）	*Amphimas* spp. *Amphimas pterocarpoides* Harms	喀麦隆 科特迪瓦 加纳 刚果	Edjin, Edzil Lati Edzui Muzui, Bokanga
毛榄仁 （Laurel, Indian）	*Terminalia tomentosa* (Roxb.) Wight & Arn.	柬埔寨 印度尼西亚 老挝 缅甸 菲律宾 泰国 越南	Chhlik Snaeng Arjun, Jaha, Jelawai, Talisai, Telinsi, Kumbuk Suak Dam Taukyan, Thinsein Indian Laurel Hok Fa Chieu-Lieu
艳丽榄仁 （Limba）	*Terminalia superba* Engl. & Diels	喀麦隆 中非共和国 刚果 科特迪瓦 赤道几内亚 加纳 尼日利亚	Akom N'Ganga Limba Fraké Akom Ofram Afara, White Afara

引导名称	学名	地方名	
		塞拉利昂 刚果民主共和国 *法国* *美国*	Kojagei Limba *Limbo, Fraké,* *Noyer du Mayombé* *Korina*
大瓣苏木（Limbali）	*Gilbertiodendron* spp. *Gilbertiodendron dewevrei* (De Wild.) J. Léon (Syn. *Macrolobium dewevrei* De Wild.) *Gilbertiodendron preussii* J. Léon	喀麦隆 中非共和国 刚果 科特迪瓦 刚果民主共和国 加蓬 加纳 利比里亚	Ekobem Molapa Epal Vaa Ditshipi, Ligudu Limbali Abeum Tetekon, Sehmeh
苹果金叶木（Limonaballi）	*Chrysophyllum pomiferum* (Eyma) T.D.Penn.		
韦氏木犀榄木（Loliondo）	*Olea welwitschii* (Knobl.) Gilg. & G.Schellenb. (Syn. *Steganthus welwitschii* Knobl.)	*英国*	*Elgon olive*
甘比山榄（Longhi）	*Chrysophyllum* spp. (Syn. *Gambeya* spp.) *Chrysophyllum africanum* G.Don, (Syn. *Gambeya africana* Pierre) *Chrysophyllum lacourtianum* De Wild.) (Syn. *Gambeya lacourtiana* Aubrev. & Pellegr.) *Chrysophyllum subnudum* Baker (Syn. *Gambeya subnuda* Pierre)	喀麦隆 中非共和国 刚果 科特迪瓦 加蓬 加纳 尼日利亚	Abam Bopambu Longhi Akatio, Anandio, Aningueri Rouge M'bebame Akasa Ekpiro, Osan
褐苹婆（Lotofa）	*Sterculia rhinopetala* Schum.	喀麦隆 科特迪瓦 加纳 尼日利亚 *英国*	N'Kanang Lotofa Wawabima Aye *Brown Sterculia*
红尼克樟（Louro vermelho）	*Ocotea rubra* Mez.	巴西 法属圭亚那 圭亚那	Gamela, Louro Gamela, Louro Vermelho Grignon Franc Baaka,

引导名称	学名	地方名	
			Determa, Red Louro, Wanu
		苏里南	Teteroma
		英国	*Determa*
郝瑞木棉 （Lupuna）	*Chorisia* spp.	南美洲	Árbol botella, Árbol de lana, Paina de seda, Painera, Palo Borracho, Palo Barrigudo, Palo Botella
老猫尾木 （Lusambya）	*Markhamia lutea* (Benth.) K. Schum. (Syn. *Markhamia platycalyx* Sprague)		
铁线子 （Maçaran-duba）	*Manilkara* spp. *Manilkara bidentata* A Chev. (Syn. *Manilkara surinamensis* (Miq.) Dubard) *Manilkara huberi* (Ducke) Standl. Dubard	巴西	Maçaranduba, Maparajuba, Paraju
		哥伦比亚	Balata, Nispero
		法属圭亚那	Balata franc, Balata rouge, Balata gomme,
		圭亚那	Balata, Bulletwood, Beefwood
		巴拿马	Nispero
		秘鲁	Pamashto, Quinilla Colorada
		苏里南	Bolletrie
		委内瑞拉	Balata Massarandu
		英国	*Bulletwood*
		美国	*Bulletwood,* *Beefwood*
杧果木 （Machang）	*Mangifera* spp.	印度	Mangga, Mango
		印度尼西亚	Membacang
		马来西亚	Asam, Machang, Sepam
		缅甸	Mangowood, Thayet
		巴基斯坦	Mango
		巴布亚新几内亚	Mango
		菲律宾	Ailai, Asai, Pahutan

引导名称	学名	地方名	
		所罗门群岛	Ma-Muang-Pa
		泰国	Ma-Muang-Pa, Pamutan
		越南	Xoai
		法国	*Manguier*
		英国	*Mangowood*
合生果木 （Machiche）	*Lonchocarpus lanceolatus* Benth.	中美洲	Black Cabbagebark, Chaprerno, Sindjaplé
楝状黄皮木 （类崖椒木） （Mafu）	*Clausena melioides* Hiern. *Fagaropsis angolensis* H.M.Gardn	坦桑尼亚	Mfu, Mkunguni, Mtongoti
		肯尼亚	Muyinja
布氏纽敦豆木 （Mafumati）	*Newtonia buchananii* Gilb. & Bout (Syn. *Piptadenia buchananii* Bak.)		
桃花心木 （Mahogany）	*Swietenia macrophylla* King (Syn. *Swietenia candollei* Pitt. Syn. *Swietenia tessmannii* Harms. Syn. *Swietenia krukovii* Gleason) *Swietenia mahagoni* (L.) Jacq. *Swietenia humilis* Zucc.	玻利维亚	Caoba, Mara
		巴西	Aguano, Mogno Araputanga
		中美洲	Caoba, Caoba del Sur, Caoba del Atlantica
		哥伦比亚	Caoba
		古巴	Caoba
		多米尼加共和国	Mahogani
		危地马拉	Chacalte
		海地	Mahogani
		墨西哥	Zopilote, Baywood
		尼加拉瓜	Mahogani
		秘鲁	Aguano, Caoba
		委内瑞拉	Caoba, Orura
		法国	*Acajou d'Amérique*
		意大利	*Mogano*
		荷兰	*Mahonie*
		西班牙	*Caoba*
		英国	*Mahogany,* *Brazilian Mahogany*
		美国	*Mahogany,* *Brazilian Mahogany*
铁樟木 （Malagangai）	*Eusideroxylon melagangai* (Symington) Kosterm.		
天料木 （Malas）	*Homalium* spp.	印度尼西亚	Dlingsem, Gia, Melmas, Momala

引导名称	学名	地方名	
		马来西亚	Banisian, Padang, Selimbar, Takaliu, Aranga
		菲律宾	Myaukchaw, Myaukugo
		缅甸	Khen Nang
		老挝	Kha Nang
荚髓苏木（Manbodé）	*Detarium macrocarpum* Harms *Detarium senegalense* J.F. Gmel.	中部和西部非洲	Dankh, Petit Détar, Sweet Dattock
夸雷木（Mandio-queira）	*Qualea* spp.	巴西	Mandio, Mandioqueira, Quaruba
		法属圭亚那	Gronfolo Gris Grignon Fou, Kouali
		苏里南	Gronfoeloe
		委内瑞拉	Florecillo
球花西姆藤黄（Manil）	*Symphonia globulifera* L.f.	玻利维亚	Azufre, Bolivia
		巴西	Anani, Canadi, Mani
		哥伦比亚	Azufre, Machare
		厄瓜多尔	Machare, Puenga, Zaputi
		法属圭亚那	Manil, Manil Marecage
		圭亚那	Manni
		秘鲁	Azufre, Brea-Caspi
		苏里南	Mani, Mataki
		特立尼达多巴哥	Mangue
		委内瑞拉	Mani, Paraman, Peramancillo
		美国	*Boarwood*
深红默罗（藤黄木）（Manil Montagne）	*Moronobea coccinea* Aubl.	巴西	Anani Da Terra Firme, Bacuri de Anta
		法属圭亚那	Manil Montagne, Manil Peou, Parcouri-Manil
		圭亚那	Coronobo, Morombo-Rai, Moronobo

引导名称	学名	地方名	
		苏里南	Manniballi, Matakkie
正苦木 （Marupa）	*Simarouba amara* Aubl.	玻利维亚 巴西 哥伦比亚 厄瓜多尔 法属圭亚那 圭亚那 秘鲁 苏里南 委内瑞拉 *英国*	Chiriuana Marupa, Marupauba, Parahyba, Paraiba, Tamanquiera Simaruba Cedro Amargo, Cuna, Guitarro Simarouba Simarupa Marupa Soemaroeba Cedro Blanco, Simarouba *Bitterwood*
拉美玉蕊 （Mata-Mata）	*Eschweilera* spp. *Eschweilera amara* Mart. ex O. Berg	巴西 法属圭亚那 圭亚那 苏里南	Mata-Mata, Matamata Preto Baakalaka, Baikaaki, Balibon, Kouanda, Maho, Mahot Noir, Mahou Black Kakaralli, Kakaralli Hoogland Barklak, Manbarklak
柯库木 （Mata Ulat）	*Kokoona* spp.		
雄穗戟 （Mecrussé）	*Androstachys johnsonii* Prain	莫桑比克 南非	Cimbirre Lebombo Ironwood, Nsimbitsi
木姜子 （Medang）	*Litsea* spp.	澳大利亚 马来西亚 缅甸 菲律宾 越南 印度尼西亚 老挝 缅甸	Bollywood Medang Padang Ondon Bagaoring, Batikuling Boi loi Huru Chick Dong Kyese
硬椴 （Melunak）	*Pentace* spp.	马来西亚 缅甸	Baru Baran, Melunak, Takalis Baru Baran

引导名称	学名	地方名	
		泰国	Sisiat
石栎 （Mempening）	*Lithocarpus* spp.		
软银叶树 （Mengkulang）	*Heritiera* spp. (Syn. *Tarrietia* spp.) *Heritiera albiflora* (Ridl.) Kosterm. *Heritiera borneensis* (Merr.) Kosterm. *Heritiera simplicifolia* (Mast.) Kosterm. *Heritiera javanica* (Bl.) Kosterm. *Heritiera kuenstleri* (King) Kosterm. *Heritiera sumatrana* (Miq.) Kosterm. *Tarrietia perakensis* King	柬埔寨 印度尼西亚 马来西亚 缅甸 菲律宾 泰国 越南 *澳大利亚*	Don-Chem Palapi, Teraling Mengkulang, Kembang Kanze Lumbayau Chumprag Huynh *Red or Brown Tulip Oak*
乌干达合欢木 （Mepepe）	*Albizia adianthifolia* W.F. Wight *Albizia gummifera* A.C. Sm. (Syn. *Albizia fastigiata* Oliv.) *Albizia zygia* J.F. Macbr.		
竹节木 （Meransi）	*Carallia* spp. *Carallia borneensis* Oliv.	东南亚	Karibas Kemuning Hutan Magtungod
深红娑罗双 （Meranti, Dark red）	*Shorea* spp. *Shorea curtisii* Dyer ex King *Shorea pauciflora* King *Shorea platyclados* Sloten ex Endert *Shorea argentifolia* Sym. *Shorea ovata* Dyer ex King *Shorea parvifolia* King *Shorea singkawang* (Miq.) Burck *Shorea pachyphylla* Ridl. ex	印度尼西亚 马来西亚 菲律宾	Red Meranti, Red Mertih, Meranti Ketung, Meranti Bunga, Meranti Merah-Tua Nemesu, Meranti Bukit, Meranti Daun Basar, Dark Red Seraya, Obar Suluk, Seraya Bukit, Seraya Daun, Binatoh, Engbang-Chenak, Meranti Bunga Sengawan Tanguile, Bataan, Red Lauan

引导名称	学名	地方名	
	Sym. *Shorea acuminata* Dyer *Shorea hemsleyana* King *Shorea leprosula* Miq. *Shorea macrantha* Brandis *Shorea hemsleyana* (King) King ex Foxw. *Shorea platycarpa* Heim. *Shorea polysperma* (Blanco) Merr.	*英国* *美国*	*Red Lauan,* *Dark Red Seraya* *Dark Meranti*
浅红娑罗双（Meranti, Light red）	*Shorea* spp. *Shorea acuminata* Dyer *Shorea dasyphylla* Foxw. *Shorea hemsleyana* (King) King ex Foxw. *Shorea macrantha* Brandis *Shorea johorensis* Foxw. *Shorea lepidota* (Korth.) Bl. *Shorea leprosula* Miq. *Shorea macroptera* Dyer *Shorea sandakanensis* Sym. *Shorea ovalis* (Korth.) Bl. *Shorea parvifolia* Dyer *Shorea palembanica* Miq. *Shorea platycarpa* Heim. *Shorea teysmanniana* Dyer ex Brandis *Shorea revoluta* Ashton *Shorea argentifolia* Sym. *Shorea leptoclados* Sym.	印度尼西亚 马来西亚 菲律宾 泰国	Red Meranti, Meranti Merah-Muda, Meranti Bunga Damar Siput, Meranti-Hantu, Meranti Kepong, Meranti Langgang, Meranti Melanthi, Meranti Paya, Meranti Rambai, Meranti Tembaga, Meranti Tengkawang, Meranti Sengkawang, Engkawang, Seraya Batu, Seraya Punai Seraya Bunga, Kawang Almon, Light Red Luan Saya Khao, Saya Lueang, Chan Hoi

引导名称	学名	地方名
	Shorea smithiana Sym. *Shorea albida* Sym. *Shorea macrophylla* (de Vriese) Ashton *Shorea quadrinervis* Slooten. *Shorea gysbertsiana* Burck *Shorea pachyphylla* Ridl. ex Sym.	
白娑罗双（Meranti, White）	*Shorea* spp. *Shorea agami* Ashton *Shorea* *assamica* Dyer *Shorea* *bracteolata* Dyer *Shorea* *dealbata* Foxw. *Shorea* *henryana* Lanessan *Shorea* *lamellata* Foxw. *Shorea* *resinosa* Foxw. *Shorea* *roxburghii* G. Don *Shorea* *stalura* Roxb. *Shorea* *hypochra* Hance *Shorea* *hentonyensis* Foxw. *Shorea sericeiflora* C.E.C. Fischer & Hutch. *Shorea farinosa* C.E.C. Fischer *Shorea gratissima* Dyer *Shorea ochracea* Sym. *Parashorea malaanonan* (Blco.) Merr. *Shorea polita* S. Vidal	柬埔寨 Lumber, Koki Phnom 印度尼西亚 Meranti Putih, Damar Puthi 马来西亚 Meranti Jerit, Meranti Lapis, Meranti Pa'ang or Kebon Tang, Meranti Temak, Melapi, White Meranti 缅甸 Makai 菲律宾 White Lauan, White Meranti 泰国 Pendan, Pa Nong, Sual, Kabak Kau, 越南 Xen, Chai
黄娑罗双（Meranti, Yellow）	*Shorea* spp. *Shorea faguetiana* Heim.	印度尼西亚 Meranti Kuning, Kunyit, Damar Hitam

引导名称	学名	地方名	
	Shorea dolichocarpa Slooten. *Shorea maxima* (King) Sym. *Shorea longisperma* Roxb. *Shorea gibbosa* Brandis *Shorea multiflora* (Burck) Sym. *Shorea hopeifolia* (Heim.) Sym. *Shorea resina-nigra* Foxw. *Shorea peltata* Sym. *Shorea acuminatissima* Sym. *Shorea blumutensis* Foxw. *Shorea faguetioides* Ashton	马来西亚 泰国	Meranti Telepok, Meranti Kelim, Yellow Meranti, Meranti Damar Hitam, Yellow Seraya, Seraya Kuning, Selangan Kuning, Selangan Kacha, Seraya Kuning, Lun Kuning, Lun Gajah, Lun Merat, Lun Siput Kalo
湿生娑罗双（Meranti Bakau）	*Shorea rugosa* F. Heim *Shorea uliginosa* Foxw.		
轻坡垒（Merawan）	*Hopea* spp. *Hopea apiculata* Sym. *Hopea griffithii* Kurz *Hopea lowii* Dyer *Hopea mengarawan* Miq. *Hopea nervosa* King *Hopea* *odorata* Roxb. *Hopea* *papuana* Diels *Hopea* *sangal* Korth. *Hopea sulcata* Sym.	柬埔寨 印度尼西亚 马来西亚 缅甸 巴布亚新几内亚 菲律宾 泰国 越南	Koki Merawan/Sengal Merawan/Sengal Gagil Selangan, Selangan-Kasha Thingan Light Hopea Manggachapui Takhian Sao, Sau
印茄木（Merbau）	*Intsia palembanica* Miq. (Syn. *Intsia bakeri* Prain.) *Intsia palembanica* (Miq.) *Intsia bijuga* (Colebr.) Kuntze (Syn. *Intsia retusa* (Kurz.) O.Kuntze.)	斐济 印度尼西亚 马达加斯加 马来西亚 新喀里多尼亚 巴布亚新几内亚 菲律宾	Vesi Merbau Hintsy Merbau Komu Kwila Ipil,

引导名称	学名	地方名	
			Ipil Laut
		泰国	Lum-Paw,
		越南	Gonuo
		澳大利亚	*Kwila*
		中国	*Kalabau*
		英国	*Moluccan Ironwood*
斯文漆木 （Merpauh）	*Swintonia* spp. *Swintonia floribunda* Griff. *Swintonia schwenkii* Teijsm. & Binn. ex Hook. f. *Swintonia penangiana* King *Swintonia pierrei* Hance *Swintonia spicifera* Hook. f.	柬埔寨 印度 马来西亚 缅甸 巴基斯坦 越南	Muom Thayet-Kin Merpau Merpauh Taung Thayet Civit Taungthayet Civit Muom
异翅香 （Mersawa）	*Anisoptera* spp. *Anisoptera curtisii* King *Anisoptera costata* Korth. (Syn. *Anisoptera oblonga* Dyer) *Anisoptera laevis* Ridl. *Anisoptera marginata* Korth. Anisoptera thurifera Blume	柬埔寨 印度尼西亚 老挝 马来西亚 缅甸 巴布亚新几内亚 菲律宾 泰国 *法国* *英国* *美国*	Phdiek Mersawa Mai Bak Mersawa, Pengiran Kaunghmu Mersawa Palosapis Krabak, Pik *Ven-Ven* *Krabak* *Bella Rosa*
种状短盖豆木 （Messassa）	*Brachystegia spiciformis* Benth.		
非洲棒状苏木 （Metondo）	*Cordyla africana* Lour.	坦桑尼亚	Mroma, Mpachamu, Mgwata
亚马孙格里大戟 （Mirindi ba-Doce）	*Glycydendron amazonicum* Ducke	巴西	Mirindiba-Doce, Pau-de-Casca-Doce
波氏短盖豆木 （Mjombo）	*Brachystegia boehmii* Taub.	非洲	Miombo
毒籽山榄 （Moabi）	*Baillonella toxisperma* Pierre (Syn. *Mimusops djave* Engl.)	喀麦隆 刚果 赤道几内亚 加蓬 刚果民主共和国	Adjap, Ayap Dimpampi Ayap M'Foi Muamba jaune

引导名称	学名	地方名	
		英国	*African Pearwood*
绿花恩南（番荔枝）（Moambé jaune）	*Enantia* spp. *Enantia chlorantha* Oliv.	*英国*	*African whitewood*
亚洲（小花）牡荆木（Molave）	*Vitex parviflora* Juss.	印度尼西亚 菲律宾	Fuli Kaa, Kayu Kula Amugauan, Molave, Sagat
泊氏苏木（Momoqui）	*Caesalpinia pluviosa* DC.	南美洲	False Brazilwood, Sibipiruna
马尼山揽（属）（Monghinza）	*Manilkara mabokeensis* Aubr. *Manilkara obovata* J.H. Hemsley *Manilkara sylvestris* Aubt. & Pellegr.		
可乐豆木（Mopaani）	*Colophospermum mopane* (J. Kirk ex Benth.) J. Léonard. (Syn. *Copaifera mopane* Kirk & Benth.)		
黄槟榔青（Mopé）	*Spondias mombin* L.	南美洲	Coolie Plum Gully Plum, Hog Plum, Jobo, Mopé, Prunier Mombin, Spanish Plum
鳕苏木（Mora）	*Mora* spp.	南美洲	Alcornoque, Morabukea, Nato, Nato Rojo, Pracuba Branca, Pracuuba
染料绿柄桑木（Moral）	*Maclura tinctoria* (L.) D. Don ex Steud. (Syn. *Chlorophora tinctoria* (L) Gaudich.)	阿根廷 玻利维亚 巴西 哥伦比亚 哥斯达黎加 墨西哥 特立尼达多巴哥	Tatayiva-Saiyu Amarillo Amarello, Taiuva Dinde, Palo Amarillo Palo de Mora Barossa, Moral Bois d'Orange
莫罗鸭脚木（Morototo）	*Schefflera morototoni* (Aubl.) Maguire, Steyerm. & Frodin	阿根廷 巴西 哥伦比亚	Ambayguazu Mandioqueira Yarumero

引导名称	学名	地方名	
	(Syn. *Didymopanax morototoni* (Aubl.) Decne. & Planch)	古巴 多米尼加共和国 墨西哥 波多黎各 苏里南 委内瑞拉	Yagrumo Macho Yagrumo Macho Chancaro Blanco Yagrumo Macho Kasavehout, Morototo Tinajero
两蕊苏木（Movingui）	*Distemonanthus benthamianus* Baill.	贝宁 喀麦隆 科特迪瓦 赤道几内亚 加蓬 加纳 尼日利亚 *英国*	Ayan Eyen Barre Eyen Eyen, Movingui Ayan Ayan, Ayanran *Ayan,* *Distemonanthus*
球花（肉豆）蔻木（Mtambara）	*Cephalosphaera usambarensis* Warb.		
（疣状）粗裂苏木（Mtandarusi）	*Trachylobium verrucosum* Oliv.	*英国*	*East African copal*
大叶五山柳苏木（Mubala）	*Pentaclethra macrophylla* Benth.		
非洲肾果木（Mueri）	*Prunus africana* (Hook.f.) Kalk. (Syn. *Pygeum africanum* Hook.f.)	*英国*	*Red Stinkwood* *Bitter almond*
杜鹃花状密花木（Mugaita）	*Rapanea rhododendroides* Mez.		
小球水团花木（Mugonha）	*Adina microcephala* Hiern. (Syn. *Brachylaena hutchinsii* Hutch.)	非洲 非洲	Matumi Rhodesian Redwood Angu Baira Bapa Bosengere Kahimbi Kampiniungu Lukuanga Mbombele Mubale Mubangu Mubindi Mudindi Muhindi Mupombe Tembwe Uganda Ironwood

引导名称	学名	地方名	
哈氏短被菊（Mühühü）	*Brachylaena huillensis* O.Hoffm. (Syn. *Brachylaena hutchinsii* Hutch.)	刚果	Mkalambaki, Mkarambati, Muhugu, Muhuhu, Mvumo
		肯尼亚	Mkalambaki, Mkarambati, Muhugu, Muhuhu, Mvumo
		南非	Laeveldvaalbos
		坦桑尼亚	Mkalambaki, Mkarambati, Muhugu, Muhuhu, Mvumo
		乌干达	Mkalambaki, Mkarambati, Muhugu, Muhuhu, Mvumo
		英国	*Low Veld Brachyleana, Low Veld Silver Oak, Silver Oak*
红饱食桑（Muira-piranga）	*Brosimum rubescens* Taub.	巴西	Amapa Rana, Conduru, Falso Pao Brasil, Muirapiranga, Pau Rainha
		法属圭亚那	Satine, Satine Rouge, Satine Rubaine, Siton Paya
		圭亚那	Satinwood
		苏里南	Doekaliballi, Satijnhout
		意大利	*Legno Satino, Ferolia*
		西班牙	*Palo de Oro*
		英国	*Bloodwood*
革叶马奎桑（Muiratinga）	*Maquira coriacea* (H.Karst.) C.C.Berg	巴西	Capinuri, Muiratinga
伯克苏木（Mukarati）	*Burkea africana* Hook.		
奥特山榄（Mukulungu）	*Autranella congolensis* A. Chev. (Syn. *Mimusops congolensis* De Wild.)	安哥拉	Kungulu
		喀麦隆	Elang, Elanzok
		中非共和国	Bouanga
		刚果	Mfua
		刚果民主共和国	Mukulungu
		加蓬	Akola

引导名称	学名	地方名	
		尼日利亚	Uku
安哥拉紫檀（Muninga）	*Pterocarpus angolensis* DC.		
坛罐花（木）（Muniridan）	*Siparuna spp.*		
东非木犀榄木（Musharagi）	*Olea hochstetteri* Baker	英国	East African olive
大果巴豆木（Musine）	*Croton megalocarpus* Hutch.		
阿诺（鞘籽）古夷苏木（Mussibi）(Mutenyé)	*Guibourtia coleosperma* J. Léon (Syn. *Copaifera coleosperma* Benth.) *Guibourtia arnoldiana* J. Léon	津巴布韦 *英国*	Muzaule *African Rosewood,* *Copalier,* *False Mopane,* *Mushibi,* *Musibi,* *Mussive,* *Muzaule,* *Muxibe,* *Rhodesian copalwood*
类坚非洲楝（Mutaco）	*Entandrophragma spicatum* (C.DC.) Sprague (Syn. *Entandrophragma ekebergioides (Harms)* Sprague Syn. *Wulfhorstia ekebergioides* Harms)		
野橡胶树（Mutondo）	*Funtumia africana* (Benth.) Stapf *Funtumia elastica* (P.Preuss) Stapf *Funtumia latifolia* (Stapf) Stapf		
乌干达类樟（Muziga）	*Warburgia ugandensis* Sprague		
神圣香脂树（N'téné）	*Copaifera religiosa* J. Léon.	非洲	Anzem, Bengi
短盖豆（Naga）	*Brachystegia cynometroides* Harms *Brachystegia eurycoma* Harms. *Brachystegia leonensis* Hutch. & Davy *Brachystegia nigerica* Hoyle & A.P.D. Jones	喀麦隆 科特迪瓦 加蓬 利比里亚 尼日利亚 塞拉利昂 *英国*	Ekop-Naga Meblo Mendou Tebako Okwen Bogdei *Okwen*
黄褐榄仁（Nargusta）	*Terminalia amazonia* (J.F.Gmel.) Exell.	巴西 哥伦比亚	Pau-Mulato Brancho Guayabo Leon

引导名称	学名	地方名	
	Terminalia guyanensis Eichler	洪都拉斯 墨西哥 巴拿马 委内瑞拉	Almendro Canshan Amarillo Carabazuelo Pardillo Negro
喀麦隆喃喃果（Nganga）	*Cynometra* spp. *Cynometra hankei* Harms		
银叶木（Niangon）	*Tarrietia utilis* (Sprague) Sprague (Syn. *Heritiera utilis* (Sprague) Sprague) *Tarrietia densiflora* Aubr. & Normand (Syn. *Heritiera densiflora* (Pellegr.) Kosterm.	科特迪瓦 加蓬 加纳 利比里亚 塞拉利昂	Niangon Ogoue Nyankom Whismore Yami
迪氏菲拉豆（Nieuk）	*Fillaeopsis discophora* Harms		
非洲肉豆蔻（Niové）	*Staudtia gabonensis* Warb. *Staudtia kamerunensis* Warb. *Staudtia stipitata* Warb.	安哥拉 喀麦隆 中非共和国 赤道几内亚 加蓬 刚果民主共和国	Menga-Menga M'Bonda, Menga-Menga Molanga Bokapi M'Boun, Niove Kamashi, Susumenga
纳托山榄（Nyatoh）	*Palaquium* spp. *Palaquium gutta* (Hook.) Burck (Syn. *Palaquium acuminatum* Burck) *Palaquium hexandrum* (Griff.) Baill. *Palaquium maingayi* Engl. *Palaquium rostratum* (Miq.) Burck *Palaquium xanthochymum* Pierre ex Burck *Payena* spp. *Payena maingayi* C.B. Clarke *Madhuca motleyana* (de Vriese) J.F.Macbr. (Syn. *Ganua motleyana* (de Vriese) Pierre ex Dubard)	印度 印度尼西亚 马来西亚 巴布亚新几内亚 菲律宾 泰国 越南 *荷兰* *英国*	Pali Nyatoh Nyatoh, Mayang Taban, Riam Pencil Cedar Nato Kha-Nunnok Chay *Balam* *Padang*

引导名称	学名	地方名	
光亮赤非竹桃木（Obéro）	*Picralima nitida* (Stapf) T.Durand (Syn. *Picralima klaineana* Pierre)		
萨托玉蕊（木）（Odzikouna）	*Scytopetalum* spp.		
加蓬圆盘豆（Okan）	*Cylicodiscus gabunensis* Harms	喀麦隆	Adoum, African Greenheart, Bokoka
		刚果	N'Duma
		科特迪瓦	Bouemon
		加蓬	Edoum, Oduma
		加纳	Adadua, Benya, Denya
		尼日利亚	Okan
杂色豆木（Okoué）	*Baphia nitida* Lodd. *Baphia pubescens* Hook.f.		
奥克榄（Okoumé）	*Aucoumea klaineana* Pierre	刚果	N'Kumi
		赤道几内亚	Okumé, N'Goumi
		加蓬	Okoumé, Angouma
		英国	*Gaboon*
软崖椒（Olon）	*Fagara heitzii* Aubrev. & Pellegr.	喀麦隆	Bongo
		刚果	M'Banza
		刚果民主共和国	Kamasumu
		赤道几内亚	Olong
		加蓬	Olon
硬崖椒（Olonvogo）	*Zanthoxylum gilletii* (De Wild.) P.G.Waterman (Syn. *Fagara inaequalis* Engl. Syn. *Fagara macrophylla* Engl. Syn. *Fagara tessmannii* Engl.)		
洞果漆（Onzabili）	*Antrocaryon micraster* A. Chev.& Guill. *Antrocaryon klaineanum* Pierre *Antrocaryon nannanii* De Wild.	安哥拉	N'Gongo
		喀麦隆	Angonga
		科特迪瓦	Akoua
		赤道几内亚	Anguekong
		加蓬	Onzabili
		加纳	Aprokuma
		刚果民主共和国	Mugongo
		葡萄牙	*Mongongo*
籽漆木（Orey）	*Campnosperma panamense* Standl.	喀麦隆	Sikon
		科特迪瓦	Koframire

引导名称	学名	地方名	
	Campnosperma gummifera (L). March. *Pteleopsis hylodendron* Mildbr.	刚果民主共和国	Osanga
（白果）紐敦豆木（Ossimiale）	*Newtonia leucocarpa* Gilb. & Bout. (Syn. *Piptadenia leucocarpa* Harms)		
杯头蔻（Ossoko）	*Scyphocephalium ochocoa* Warb. *Scyphocephalium mannii* Warb.	加蓬	Ossoko, Sogho
爱里古夷苏木（Ovengkol）	*Guibourtia ehie* (A.Chev.) J. Léonard	科特迪瓦 赤道几内亚 加蓬 加纳 *美国*	Amazakoue Palissandro Ovengkol Hyeduanini, Anokye *Mozambique*
（油）赤非红树木（Ovoga）	*Poga oleosa* Pierre	喀麦隆 加蓬 尼日利亚	Ngale Afo, Ovoga Inoi
蜡烛木（Ozigo）	*Dacryodes buettneri* (Engl.) H.J. Lam. (Syn. *Pachylobus buettneri* Engl.)	赤道几内亚 加蓬 *德国*	Assia Ozigo, Assia *Assia*
加蓬囊舌木（Ozouga）	*Sacoglottis gabonensis* Urb.	喀麦隆 刚果 科特迪瓦 加蓬 加纳 尼日利亚 塞拉利昂	Bedwa, Bidou, Bodoua, Edoue, Eloue Niuka Akouapo, Tougbi Essoua, Ozouga Ozouga, Atala, Tala, Ugu Kpowuli
喷嚏楝（Paco）	*Ptaeroxylon obliquum* Radlk.		
印度紫檀（Padauk Amboyna）	*Pterocarpus indicus* Willd. (Syn. *Pterocarpus vidalianus* Rolfe)	印度 印度尼西亚	*Andaman-Padauk* *Sena,* *Sonokembang* *Linggua* *Angsana*

引导名称	学名	地方名	
		马来西亚 缅甸 巴布亚新几内亚 菲律宾 *法国* *德国* *英国* *日本*	*Amboina* *Sena* *Pashu-Padauk* *Png-Rosewood* *Manila-Padouk,* *Narra* *Vitali* *Amboine/Amboyna or Padouk* *Amboine/Amboyna or Padouk* *Amboyna or Padouk* *Karin*
亚花梨或花梨（符合红木国标）（Padouk d'Afrique）	*Pterocarpus osun* Craib. *Pterocarpus soyauxii* Taub. *Pterocarpus tinctorius* Welw.	安哥拉 喀麦隆 刚果 赤道几内亚 加蓬 尼日利亚 中非共和国 刚果民主共和国 *德国* *比利时* *意大利* *荷兰* *英国*	Tacula Mbel Kisese Palo rojo Mbel Osun Padouk Mongola, Mukula, N'Gula *Padauk* *Corail* *Paduk* *Padoek* *African Padauk,* *Barwood,* *Camwood,* *Padauk*
人面子木（Paldao）	*Dracontomelon dao* (Blanco) Merr. & Rolfe *Dracontomelon edule* Skeeis. *Dracontomelon sylvestre* Bl.	马来西亚 菲律宾	Sengkulang Dao, Ulandug, Lamio
红酸枝（Palissandre d'Asie）	*Dalbergia bariensis* Pierre *Dalbergia cambodiana* Pierre *Dalbergia cochinchinensis* Pierre *Dalbergia latifolia* Roxb. *Dalbergia oliveri* Prain *Dalbergia sissoo* Roxb.	柬埔寨 老挝 泰国 越南	East Indian Palisander East Indian rosewood Neang Nuon Palissandre d'Asie Tamalan
危地马拉黄檀	*Dalbergia tucurensis* Donn. Sm.		

引导名称	学名	地方名	
（Palissandre de Guatemala）			
黄檀（Palissandre de Madagascar）	*Dalbergia* spp. *Dalbergia louveli* R.Vig. *Dalbergia monticola* Bosser & R. Rabev. *Dalbergia normandii* Bosser & R. Rabev. *Dalbergia purpurascens* Baill. *Dalbergia xerophila* Bosser & R. Rabev.	*法国* *英国*	*Bois de rose de Madagascar* *Madagascar rosewood*
巴西黄檀（Palissandre de Rose）	*Dalbergia decipularis* Rizz. & Matt.	巴西 法属圭亚那	Pau Rosa Bois de rose femelle
硬木军刀豆（Palissandre de Santos）	*Machaerium scleroxylon* Tul.	巴西 玻利维亚 法属圭亚那	Caviuna, Jacarand, Pau Ferro Morado Palissandre de Santos
洪都拉斯黄檀（Palissandre Honduras）	*Dalbergia stevensonii* Standl.		
达里黄檀（Palissandre Panama）	*Dalbergia darienensis* Rudd.		
亚马孙黄檀（Palissandre Para）	*Dalbergia spruceana* Benth.	巴西 法国 德国 西班牙 英国 美国 日本	Caviuna We-We Jacaranda Palissandre Rio Palissander Palisandro Brazilian Rosewood Jacaranda Pardo Brazilian Rosewood Shitan
巴西黑黄檀（Palissandre Rio）	*Dalbergia nigra* (Vell.) Allem. ex Benth.		
平萼铁木豆（Panacoco）	*Swartzia leiocalycina* Benth.	巴西 法属圭亚那	Carrapatinho, Coraçao de Negro, Gombeira Bois Perdrix, Ferreol,

引导名称	学名	地方名	
		 圭亚那 苏里南 *德国* *英国*	Panacoco Agui, Banya, Wamara Gandoe, Ijzerhart, Zwart Parelhout *Wamara* *Ironwood,* *Wamara*
葱叶斯沃（平滑果斯沃）铁木豆（Pao rosa）	*Bobgunnia fistuloides* (Harms) J.H. Kirkbr. & Wiersema (Syn. *Swartzia fistuloides* Harms) *Bobgunnia madagascariensis* (Desv.) J.H. Kirkbr. & Wiers. (Syn. *Swartzia madagascariensis* Desv.)	喀麦隆 刚果 科特迪瓦 中非共和国 刚果民主共和国 加蓬 莫桑比克 尼日利亚	Nom Nsas Kisasambra Boto N'Guessa Nsakala Oken Pau Ferro Udoghogho
柯比蓝花楹（Parapara）	*Jacaranda copaia* Aubl.	巴西 哥伦比亚 法属圭亚那 巴拿马 苏里南 委内瑞拉	Carnauba da Matta, Para-Para Chingale Copaia, Faux Simarouba Gualandai Goebaja Abey, Cupay
普拉藤黄（Parcouri）	*Platonia insignis* Mart.	巴西 厄瓜多尔 法属圭亚那 圭亚那 苏里南	Bacuri, Bacuri-Açu, Bacuriuba Matazama Parcouri Pakuri Goelhart, Pakoeli
短绒球花豆（Pashaco）	*Parkia velutina* Benoist		
帕拉州芸香木（Pau amarelo）	*Euxylophora paraensis* Huber		
盾籽木（Pau marfim）(Peroba rosa)	*Aspidosperma* spp.	伯利兹 玻利维亚 巴西 哥伦比亚 法属圭亚那	My Lady Gavetillo Araracanga, Ararauba, Jacamin Copachi Quillo Caspi Kiantioutiou,

引导名称	学名	地方名	
			Koumanti Oudou
		危地马拉	Chichica
		圭亚那	Shibadan
		洪都拉斯	Chaperna, Chapel
		墨西哥	Volador
		巴拿马	Alcarreto
		秘鲁	Pumaquiro
		苏里南	Kormanti kopi
		委内瑞拉	Nielillo Negro
萼叶茜草（Pau mulato）	*Calycophyllum spruceanum* (Benth.) K. Schum.	厄瓜多尔	Capirona
仔氏鼠李（Pau rosapau）	*Rhamnus zeyheri* Sond.	*英国*	*Pink Ivory*
巴西紫芯苏木（Pau Roxo）	*Peltogyne maranhensis* Ducke	巴西	Jatobazinho, Guarabu, Roxinho
		哥伦比亚	Tananeo
		圭亚那	Koroborelli, Merawayana, Saka
		墨西哥	Palo de Rosa, Pau Morado
		苏里南	Dastan, Kocolorelli, Malako
		法国	*Bois Pourpre Bois Violet*
		荷兰	*Purpurheart*
		英国	*Amarant, Purpleheart, Violetwood Amarant,*
		美国	*Purpleheart, Violetwood*
铁力木（Penaga）	*Mesua ferrea* L.	印度	Agacuram, Atha, Mallaynangai, Naga Sampige, Nagappu, Nangil, Nangu, Nangul, Suruli Churuli, Nagacampakam,
		马来西亚	Nagapoovu, Nanku, Vayanavu
		英国	*Iron wood tree*

引导名称	学名	地方名	
巴西苏木（Pernambouc）	*Caesalpinia echinata* Lam.	巴西	Brasileto, Ibirapitanga, Orabutá, Pernambuco, Pau Brasil, Pau Rosado
胡椒肖乳香木（Peruvian Pepper）	*Schinus molle* L.	南美洲	Arveira Pimienta Pirul
		法国	*Poivre Rosé*
		英国	*California Pepper Tree, Chilean Pepper Tree, Mastic Tree, Molle, Pepper Berry Tree, Pepper Tree, Peruvian Mastic, Peruvian Pepper Tree, Pink Pepper, Weeping Pepper*
柱红木（Pillarwood）	*Cassipourea* spp. *Cassipourea malosana* (Baker) Alston (Syn. *Cassipourea elliottii* (Engl.) Alston)		
海厄大戟木（Pilon）	*Hieronyma* spp.	伯利兹	Suradanni
		巴西	Acuarana, Sangue De Boi, Urucurana
		哥伦比亚	Mascarey
		厄瓜多尔	Mascaré
		洪都拉斯	Rosita
		尼加拉瓜	Nanciton
		委内瑞拉	Trompillo
油桃木（Piquia）	*Caryocar* spp. *Caryocar costaricense* Donn. Sm.	巴西	Piquia
		哥伦比亚	Almendrillo, Almendron, Cagui
		哥斯达黎加	Aji, Ajillo
		圭亚那	Pekia
		苏里南	Sawarie
桃榄（Platano）	*Pouteria* spp.		
灌状琴木（Pombeira）	*Citharexylum fruticosum* L.	东南亚	Fiddlewood
唐氏蚁木（Primavera）	*Tabebuia donnell-smithii* Rose	*英国*	*Gold Tree*
四籽木（Punah）	*Tetramerista glabra* Miq.	印度尼西亚	Punal, Bang Kalis, Paya

引导名称	学名	地方名	
		马来西亚	Punam, Ponga, Peda, Entuyut, Amat, Tuyut
木荚豆（Pyinkado）	*Xylia* spp.		
独蕊木（Quaruba）	*Vochysia* spp. *Vochysia guatemalensis* Don. Sm. *Vochysia schomburgkii* Warm.	圭亚那	Iteballi, San Juán
棱柱木（Ramin）	*Gonystylus bancanus* (Miq.) Kurz *Gonystylus macrophyllus* (Miq.) Airy Shaw (Syn. *Gonystylus philippinensis* Elm.) *Gonystylus reticulatus* (Elm.) Merr.	印度尼西亚 马来西亚 菲律宾 所罗门群岛 *瑞士*	Garu-Buaja, Akenia, Medang Keram Melawis, Ramin Batu, Ramin Telur, Ahmin Lantunan-Bagio Ainunura, Latareko, Petata, Fungunigalo *Akenia*
任嘎漆（Rengas）	*Gluta* spp.	马来西亚 缅甸 印度尼西亚 泰国 Rakban	Jalang, Kerbau, Rengas Thayet-Thitsi Rengas, Tembaga
青皮（Resak）	*Vatica* spp.		
异态木（Rikio）	*Uapaca* spp. *Uapaca guineensis* Müll. Arg.	喀麦隆 科特迪瓦 尼日利亚	Borikio, Rikio, Rikio Riviere Borikio, Rikio, Rikio Riviere Abo Emido, Yeye
斐济石梓（Rosawa）	*Gmelina vitiensis* (Seem) A.C. Sm.		
委内瑞拉玫瑰（Rose of the Mountain）	*Brownea* spp.		

引导名称	学名	地方名	
宽长果马肉豆木（Sabicu）	*Lysiloma latisiliquum (L.) Benth.*	中美洲	False Tamarind, Tsalam, Tzalam
铁木豆（Saboarana）	*Swartzia benthamiana* Miq.	圭亚那	Guyana Rosewood, Wamara
毛蜡烛木（Safukala）	*Dacryodes pubescens* H.J. Lam (Syn. *Pachylobus pubescens* Engl.)		
重黄娑罗双木（Sal）	*Shorea obtusa Wall.* *Shorea robusta* C.F. Gaertn.	东南亚	Rang
四榄木（Sali）	*Tetragastris* spp.	巴西 哥伦比亚 法属圭亚那 圭亚那 尼加拉瓜 波多黎各	Almesca Aguarras, Palo de Cerdo Encens rouge, Gommier Haiawaballi Kerosen Masa, Palo de aceite
檀香木(Sandalwood)	*Santalum album* L.	东南亚	Indian Sandalwood, Santal Blanc
筒状非洲楝（Sapelli）	*Entandrophragma cylindricum* Sprague	安哥拉 喀麦隆 中非共和国 刚果 科特迪瓦 加纳 尼日利亚 乌干达 刚果民主共和国 *德国* *英国*	Undianuno Assié-Sapelli M'Boyo Undianuno Aboudikro Penkwa Sapele Muyovu Lifaki *Sapelli-Mahagoni* *Sapele*
正玉蕊木（Sapucaia）	*Eschweilera grandiflora* (Aubl.) Sandwith (Syn. *Lecythis grandiflora* Aubl.) *Lecythis pisonis* Cambess.	南美洲	Sapucaia Sapukaina
类木棉（Saqui-Saqui）	*Bombacopsis quinata* (Jacq.) Dugand	中美洲 哥伦比亚 委内瑞拉	Cedro Espino, Cedro Espinoso, Cedro Tolua, Pochote Cedro Tolua, Ceiba Tolua, Cedro Macho Saqui Saqui, Cedro Dulce, Murea
缎绿木	*Chloroxylon swietenia* DC.	亚洲	Buruta,

引导名称	学名	地方名	
（Satin Ceylan）			Ceylon Satinwood, East Indian Satinwood
油楠 （Sepetir）	*Sindora* spp. *Sindora affinis* De Wit *Sindora coriacea* (Baker) Prain *Sindora echinocalyx* Prain *Sindora siamensis* Teijsm. ex Miq. *Sindora velutina* Baker (Syn. *Sindora parvifolia* Backer) *Pseudosindora palustris* Sym. (Syn. *Copaifera palustris* (Sym.) De Wit)	柬埔寨 印度尼西亚 马来西亚 菲律宾 泰国	Krakas Sindur Sepetir, Meketil, Saputi, Sepeteh, Petir, Petir-Sepetir Pay or Swamp-Sepetir, Sepetir Nin-Yaki Supa Krathon, Maka-Tea
轻赛罗双 （Seraya, white） (White Lauan)	*Parashorea malaanonan* Merr. *Parashorea plicata* Brandis *Parashorea macrophylla* Wyatt-Smith ex Ashton *Parashorea tomentella* Sym. Meijer	印度尼西亚 马来西亚 缅甸 菲律宾 越南	Pendan, Urat Mata, Belutu, White Seraya Urat Mata Thingadu Bagtikan, White Lauan Cho-Chi
黄桐 （Sesendok）	*Endospermum* spp.	斐济 印度尼西亚 马来西亚 菲律宾 巴布亚新几内亚	Kauvula Bakota, Sendok-Sendok Ekor, Sendok-Sendok, Terbulan Gubas Basswood, Endospermum
五桠果 （Simpoh）	*Dillenia* spp. *Dillenia aurea* Sm. *Dillenia eximia* Miq.	印度尼西亚 马来西亚 缅甸 菲律宾 泰国	Sempur, Simpur Simpor Mai-Masan, Zinbyum Katmon, Masan San,
良木非洲楝 （Sipo）	*Entandrophragma utile* Sprague	安哥拉 喀麦隆 科特迪瓦 赤道几内亚	Kalungi Asseng-Assié Sipo Abebay

引导名称	学名	地方名	
		加蓬 加纳 尼日利亚 乌干达 刚果民主共和国 *德国* *英国*	Assi Utile Utile Mufumbi Liboyo *Sipo-Mahagoni* *Utile*
蛇木歪翅漆 （Slangehout）	*Loxopterygium sagotii* Hook f.	苏里南	Hububalli
闭鳞番荔枝 （Sobu）	*Cleistopholis patens* Engl. & Diels. *Cleistopholis glauca* Pierre ex Engl.& Diels.		
大姜饼木 （Sougué）	*Parinari excelsa* A.Chev, ssp. *holsti* Engl. (Syn. *Parinari tenuifolia* A. Chev.)	利比里亚 尼日利亚 塞内加尔 坦桑尼亚 乌干达	Kpar Esagko, Inyi Mampata Mubura Mubura
鲍迪豆 （Sucupira）	*Bowdichia nitida* Benth. *Diplotropis martiusii* Benth. *Diplotropis purpurea* (Rich.) Amsh.	巴西 哥伦比亚 法属圭亚那 圭亚那 秘鲁 苏里南 委内瑞拉	Sucupira, Sapurira Arenillo, Zapan Negro Coeur dehors, Baaka Tatabu Chontaquiro, Huasai-Caspi Zwarte Kabbes Congrio, Alcornoque
吉贝 （Sumauma）	*Ceiba pentandra* (L.) Gaertn. *Ceiba samauma* (Mart. & Zucc.) K.Schum.	玻利维亚 巴西 中美洲 哥伦比亚 厄瓜多尔 法属圭亚那 圭亚那 秘鲁	Ceiba, Mapajo Toborochi, Sumauma Paneira Ceiba, Ceibon, Inup, Piton, Panya Ceiba, Bonga Ceiba Uchuputu, Guambush Mahot coton, Fromager, Bois coton Kumaka, Silk Cotton Ceiba,

引导名称	学名	地方名	
		苏里南	Huimba Kankantrie, Koemaka
		委内瑞拉	Ceiba Yucca, Ceiba
红椿 （Suren）	*Toona sureni* (Bl.) Merr. (Syn. Toona febrifuga Roem.) *Toona ciliata* M. Roem. (Syn. *Cedrela toona* (Roxb. ex Rottler) *Toona calantas* Merr. & Rolfe *Toona australis* (F. Muell.) Harms	柬埔寨	Chomcha
		印度	Toon
		印度尼西亚	Surian, Limpagna
		马来西亚	Surea-Bawang
		缅甸	Thitkado
		巴布亚新几内亚	Red Cedar
		菲律宾	Calantas,
		泰国	Toon, Yomham
		越南	Xoan-Moc
		澳大利亚	*Red Cedar,*
		英国	*Moulmein Cedar, Burma Cedar*
		美国	*Moulmein Cedar, Burma Cedar*
美丽桃榄木 （Suya）	*Pouteria speciosa* (Ducke) Baehni	巴西	Pajura, Pajura de Obidos
		圭亚那	Chuya, Durban Pine, Por, Suya
格木 （Tali）	*Erythrophleum* spp. *Erythrophleum suaveolens* Brenan (Syn. *Erythrophleum guineense* G. Don.) *Erythrophleum ivorense* A. Chev.	喀麦隆	Elone
		刚果	N'Kassa
		科特迪瓦	Alui, Tali
		刚果民主共和国	Eloun
		赤道几内亚	Elondo
		加蓬	Eloun
		加纳	Potrodom
		几内亚比绍	Mancone
		莫桑比克	Missanda
		尼日利亚	Sasswood
		塞内加尔	Tali
		塞拉利昂	Gogbei
		坦桑尼亚	Mwavi
		赞比亚	Muave
		英国	*Missandra*
非洲螺穗木 （Tamboti）	*Spirostachys africana* Sond.		
斯氏隐萼豆木 （Tani）	*Cryptosepalum staudtii* Harms		

引导名称	学名	地方名	
布肯使君子木（Tanimbuca）	*Buchenavia* spp.		
三脉山麻秆（Tapiá）	*Alchornea triplinervia* (Spreng.) Müll.Arg.	巴西	Kanakudiballi
阿摩楝（Tasua）	*Aglaia* spp. (Syn. *Amoora* spp.)		
圭亚那乳桑（Tatajuba）	*Bagassa guianensis* Aubl.	巴西	Amapa-Rana, Tatajuba
		法属圭亚那	Bagasse Jaune
		苏里南	Gele Bagasse
纤皮玉蕊（Tauari）	*Couratari* spp.	巴西	Imbirena
		圭亚那	Wadara
		法属圭亚那	Couatari, Inguipipa, Maho Cigare, Tabari
		苏里南	Ingipipa
		委内瑞拉	Capa de Tabaco, Tampipio
尖柱苏木（Tchitola）	*Oxystigma oxyphyllum* (Harms J. Léon.) (Syn. *Pterygopodium oxyphyllum* Harms)	安哥拉	Tola Chinfuta
		喀麦隆	Nom Sinedon
		刚果	Kitola, Tchitola
		刚果民主共和国	Akwakwa, Tshibudimbu
		加蓬	Emola, M'Babou
		尼日利亚	Lolagbola
柚木（Teak）	*Tectona grandis* L.f.	印度	Sagwan
		印度尼西亚	Jati, Tek
		老挝	May Sak
		缅甸	Kyun
		泰国	May Sak
		越南	Giati, Teck
		法国	*Teck*
		德国	*Burma-Rangoon-Java Teak*
香灰莉（Tembusu）	*Fagraea fragrans* Roxb.	柬埔寨	Tatro, Trai
		斐济	Buabua
		马来西亚	Temasuk
		缅甸	Anan, Ananma
		菲律宾	Urung
南美红豆木（Tento）	*Ormosia* spp.	巴西	Buiucu, Tento
	Ormosia coutinhoi Ducke	哥伦比亚	Chocho, Choco

<table>
<tr><th>引导名称</th><th>学名</th><th colspan="2">地方名</th></tr>
<tr><td></td><td></td><td>法属圭亚那

圭亚那

波多黎各
苏里南
委内瑞拉</td><td>Agui,
Caconnier Rouge,
Neko-Oudou
Barakaro Peru
Huaryoro
Palo de Matos
Kokriki
Peonia</td></tr>
<tr><td>安达曼榄仁
（Terminalia, brown）</td><td>Terminalia catappa L.</td><td></td><td></td></tr>
<tr><td>榄仁
（Terminalia, yellow）</td><td>Terminalia complanata Schum.

Terminalia longispicata V. Sl.

Terminalia sogerensis Baker f.</td><td></td><td></td></tr>
<tr><td>崖豆木
（Thinwin）</td><td>Phaseolodes pendulum (Benth.) Kuntze
(Syn. Millettia pendula Benth.)</td><td></td><td></td></tr>
<tr><td>非洲楝
（Tiama）</td><td>Entandrophragma angolense C. DC.

Entandrophragma congoense A. Chev.</td><td>安哥拉

刚果
科特迪瓦
赤道几内亚
加蓬
加纳
尼日利亚
乌干达
刚果民主共和国

德国
英国</td><td>Acuminata,
Livuité
Kiluka
Tiama
Dongomanguila
Abeubêgne
Edinam
Gêdu-Nohor
Mukusu
Lifaki,
Vovo

Tiama-Mahagoni
Gêdu-Nohor</td></tr>
<tr><td>旋果象耳豆
（Timbo）</td><td>Enterolobium contortisiliquum (Vell.) Morong</td><td>南美洲</td><td>Caro-Caro,
Orejero,
Pacara Earpod Tree,
Tamboril,
Timbo-Colorado,
Timbo</td></tr>
<tr><td>阿玻同名豆木
（Tipa）</td><td>Tipuana tipu O. Ktze</td><td></td><td></td></tr>
<tr><td>香脂苏木
（Tola）
(Oduma)</td><td>Gossweilerodendron balsamiferum Harms

Gossweilerodendron joveri Normand ex Aubrev.</td><td>安哥拉
喀麦隆
刚果

加蓬
尼日利亚
刚果民主共和国</td><td>Tola branca
Sinedon
Tola,
Tola blanc
Emolo
Agba
Ntola</td></tr>
</table>

引导名称	学名	地方名	
		德国 *英国*	*Agba,* *Tola branca* *Agba*
锥花代德苏木（Toubaouaté）	*Didelotia brevipaniculata* J. Léon.		
阔变豆（Trebol）	*Platymiscium* spp. *Platycyamus regnellii* Benth. *Platymiscium pinnatum* (Jacq.) Dugand *Platymiscium trinitatis* Benth. (Syn. *Platymiscium duckei* Hub.) *Platymiscium ulei* Harms.	伯利兹 巴西 哥伦比亚 哥斯达黎加 圣萨尔瓦多 洪都拉斯 墨西哥 秘鲁 委内瑞拉	Granadillo Jacaranda do Brejo, Macacauba Guayacan trebol, Trebol Coyote, Cristobal Granadillo Granadillo Granadillo Cumaseba Roble
棒花木（Tsanya）	*Pausinystalia macroceras* Pierre ex Beille (Syn. *Corynanthe bequaertii* De Wild.) *Corynanthe paniculata* Welw.		
大甘巴豆（Tualang）	*Koompassia excelsa* (Becc.) Taub.	东南亚	Honey Bee Tree, Mangaris, Mengaris, Toale
多小叶红苏木（Umgusi）	*Baikiaea plurijuga* Harms	东非	Mukusi, Rhodesian Teak, Zambian Teak, Zambesi Redwood
香正核果木（Umiri）	*Humiria balsamifera* var. *floribunda* (Mart.) Cuatrec. (Syn. *Humiria floribunda* Mart.)	巴西 哥伦比亚 厄瓜多尔 法属圭亚那 圭亚那 秘鲁 苏里南 委内瑞拉	Umiri Oloroso Chanul Bois Rouge, Houmiri Bastard Bulletwood, Meri, Tauaranru, Tauroniro Quinilla Colorado Basra Bolletrie, Blakaberi, Tawanonero Nina
斑纹漆（Urunday）	*Astronium balansae* Engl. *Astronium concinnum* Schott *Astronium graveolens* Jacq.	阿根廷 玻利维亚 巴西	Urunday del Noroeste, Urunday-Mi, Urundel Cuchi Arindeúva, Aroeira-do-Sertão,

引导名称	学名	地方名
	Astronium urundeuva Engl.	Aroeira Preta, Urindeúva 巴拉圭　Urunde'y Mi 中美洲及南美洲　Bois de Zèbre, Bossona Mura, Tigerwood, Urunday-Para, Zebrano Zebrawood, Zorrowood
刺猬紫檀（Vene）	*Pterocarpus erinaceus* Poir. (Syn. *Pterocarpus africanus* Hook.)	布基纳法索　Goni, Guenin 赤道几内亚　Pau Sangue 几内亚　Ven 几内亚比绍　Pau Sangue 马里　Goni, Ven, Vene 尼日利亚　Vene 塞内加尔　Ven, Vene
热非奥德大戟木（Vésàmbata）	*Oldfieldia africana* Benth. & Hook.f.	
维罗蔻（Virola）	*Virola* spp.	中美洲　Banak, Sangre, Palo de Sangre, Bogamani, Cebo, Sangre Colorado 哥伦比亚　Sebo, Nuanamo 厄瓜多尔　Chaliviande, Shempo 法属圭亚那　Yayamadou, Moulomba 圭亚那　Dalli 洪都拉斯　Banak 秘鲁　Cumala 苏里南　Baboen, Pintri 特立尼达多巴哥　Cajuea 委内瑞拉　Virola Cuajo, Sangrino, Camaticaro, Otivo *英国*　*Dalli*
沃埃苏木（Wacapou）	*Vouacapoua* spp.	巴西　Acapu, Ritangueira 法属几内亚　Bois

引导名称	学名	地方名	
			Perdrix, Bounaati, Epi de Blé
		圭亚那	Sara, Sarabebeballi, Tatbu
		苏里南	Brunihart, Wacapoe
		英国	*Tatbu*
		美国	*Partridgewood*
木荚苏木（Walaba）	*Eperua* spp.	巴西	Apa, Apazeiro, Copaibarana, Espadeira
		法属圭亚那	Bioudou, Wapa
		圭亚那	Ituri Wallaba, Wallaba
		苏里南	Walaba
		委内瑞拉	Uapa, Palo Machete
普氏波克豆（木）（Wamara）	*Bocoa prouacensis* Aubl.		
特斯苏木（Wamba）	*Tessmannia africana* Harms (Syn. *Tessmannia claessensii* De Wild.) *Tessmannia lescrauwaetii* (De Wild.) Harms		
崖豆木（Wengé）	*Millettia laurentii* De Wild. *Millettia stuhlmannii* Taub.	喀麦隆	Awoung
		刚果	Wenge
		加蓬	Awong
		刚果民主共和国	Wenge
		莫桑比克	Jambire
		坦桑尼亚	Mpande
		德国	*Panga-Panga,*
		法国	*Panga-Panga,*
		英国	*Panga-Panga*
楝木（Xoan）	*Melia azedarach* L.	孟加拉国	Bakarjan, Ghora Nim, Mahanim, Mahnim
		柬埔寨	Dak hien
		中国	Mindi Kechil
		印度	Bakain, Bakarja, Betain, Deikna,

引导名称	学名	地方名	
			Dek, Drek, Mallan Nim
		印度尼西亚	Gringging, Marambung, Mindi
		尼泊尔	Bakaina, Bakaino, Bakena
		菲律宾	Balalunga, Balagango, Paraiso
		泰国	Khian, Lian, Lian-Baiyai
		越南	Xaon
石梓（Yemane）	*Gmelina arborea* Roxb.	孟加拉国	Gamar, Gamari, Gomari, Gumbar, Gumhar
		印度	Gambhar, Gomari, Gumhar, Kambhari, Sewan
		缅甸	Mai Saw, Yemane, Yemani, Yemari
		尼泊尔	Gamari, Gambari, Gumhari, Khamari
		泰国	Gumari, Saw, So, So-maeo
		法国	*Gmelina,* *Melina,* *Peuplier d Afrique*
		德国	*Gumar-Teak*
		西班牙	*Gmelina,* *Melina*
		英国	*Beechwood,* *Gmelina,* *Goomar Teak,* *Kashmir Tree,* *Malay Beechwood,* *White Teak,* *Yemane*
高斯核果木	*Drypetes gossweileri*		

引导名称	学名	地方名	
（Yungu）	S. Moore		
小鞋木豆 （Zingana）	*Microberlinia* spp. *Microberlinia bisulcata* A. Chev. *Microberlinia brazzavillensis* A. Chev.	喀麦隆 加蓬 *德国* *英国*	Allen Ele Zingana *Zebrano* *Zebrano, Zebrawood*

第四十五章　软木及软木制品

注释：

本章不包括：

一、第六十四章的鞋靴及其零件；

二、第六十五章的帽类及其零件；或

三、第九十五章的物品（例如，玩具、游戏品及运动用品）。

总　注　释

软木几乎全部来自生长在欧洲南部或非洲北部的栓皮槠树的外层树皮。

首次采剥的栓皮称为“处女”木栓，它质硬、易碎、无弹性，因质量次劣而价格低廉。其表层多泡并有裂缝，内层淡黄色带有红点。

随后采剥的产品有较重要的商业价值。它质密匀称，尽管表层仍有一定程度的裂缝，但比“处女”软木的皱纹要少。

软木质轻而富有弹性，可压缩性强，柔软，有不透水、抗腐蚀、绝热及隔音等特性。

本章包括各种形状的天然软木及压制软木（包括制品），但品目45.03注释末所列的不包括部分除外。

45.01　未加工或简单加工的天然软木；软木废料；碎的、粒状的或粉状的软木：

10　—　未加工或简单加工的天然软木

90　—　其他

本品目包括：

一、未加工或简单加工的天然软木。未加工的软木呈从栓皮槠树采剥下来时的曲形厚皮状。天然软木的简单加工，包括表面经刮擦或用其他方法清理（例如，烧焦表面处理），而有裂缝的表层仍然保留，或清理软木的边，除掉不合用部分（修边软木）。用杀菌剂处理的软木或经沸水或蒸汽处理后再压平的软木也归入本品目；但除去表皮（剥去外皮）的软木或已粗切成方形的软木除外（品目45.02）。

二、天然或压制软木废料（即刨花、废片及碎屑），通常用于制软木碎、软木粒或软木粉。本款还包括呈软木丝状的软木车削废料等，有时用它作填塞或填充材料。

三、软木碎、软木粒或软木粉，用“处女”软木或软木废料制得，主要用于生产压制软木、油地毡或糊墙品。软木粒还可用作绝热或隔音材料以及用于包装水果。已着色、浸渍、焙干及热处理膨胀的软木碎、软木粒或软木粉仍归入本品目，但压制软木除外（品目45.04）。

45.02　天然软木，除去表皮或粗切成方形，或成长方块、正方块、板、片或条状（包括作塞子用的方块坯料）

本品目包括经以下方面加工的天然软木板：

一、用锯或其他方法将栓皮的表皮（外层树皮）全部除去（除表皮软木）；或

二、用锯或其他方法将表皮（树皮）及内皮（栓皮）切成大致平行（粗切成方形的软木）。

本品目还包括已经进一步加工成矩形（包括正方形）块、板、片或条状的产品，即将品目45.01

的大块软木经双面切片并将其边切成直角制得。归入本品目的这类产品，包括将数层软木层叠后粘合在一起的产品。

切成矩形（包括正方形）以外其他形状的块、板、片、条，应作为软木制品对待（品目45.03）。

用纸或织物增强的软木片，包括用于香烟滤嘴的成卷的极薄软木片条也归入本品目（所称“软木纸”，有时包括没用纸衬背的极薄软木片或片条）。

本品目还包括作塞子用的锐边立方体或方块坯料，包括用两层或多层软木板粘合后切割制得的坯料。但圆边的类似产品除外（品目45.03）。

45.03　天然软木制品（+）：

10　—　塞子

90　—　其他

本品目主要包括：

一、天然软木制的各种塞子，包括圆边的坯件。软木塞子有时可装有金属、塑料等的帽盖。但倒水塞、量器塞及软木塞仅作为附属部分的其他制品则应根据制品的种类或制品的材料所具有的主要特征归入相应品目。

二、天然软木的圆片、垫片及薄片，用作皇冠盖或其他瓶、罐盖的衬片等；用于瓶颈内部的软木衬或壳。

三、切割成矩形（包括正方形）以外其他形状的天然软木块、板、片及条；救生圈、鱼网的浮子、浴室防滑垫、桌垫、打字机垫及其他垫。

四、各种柄类（刀柄夹等）、垫圈及密封垫（品目84.84所列的各式成套垫圈及密封垫除外）。

本品目不包括下列物品：

（一）第六十四章的鞋靴及其零件，包括可换的内鞋底（鞋垫）。

（二）第六十五章的帽类及其零件。

（三）衬有软木圆片的贱金属制皇冠盖（品目83.09）。

（四）软木弹垫（品目93.06）。

（五）玩具、游戏品和运动用品及其零件，包括钓鱼竿浮子（第九十五章）。

○

○　○

子目注释：

子目4503.10

子目4503.10的塞子是制成边角已磨圆的直边圆柱体、锥形圆柱体或矩形棱柱体的天然软木件。塞子可经染色、抛光、涂蜡、穿孔、打上火印或染印，有些实心软木塞的头比塞子本身大或盖有金属、塑料等。塞子用于封闭容器。空心塞（壳塞）用于包裹玻璃瓶或陶瓷瓶上的玻璃塞子。

本子目还包括可确定为作塞子用的坯件，但其边角必须制成圆的。

本子目不包括用作皇冠盖密封垫的软木圆片（子目4503.90）。

45.04　压制软木（不论是否使用粘合剂压成）及其制品：

10　—　块、板、片及条；任何形状的砖、瓦；实心圆柱体，包括圆片

90　—　其他

压制软木通常是将软木碎、软木粒或软木粉用以下任何一种方法高温加压制得：

一、加入粘合物质（例如，未硫化橡胶、胶、塑料、焦油、明胶）；或

二、不加粘合物质而将温度升至约300℃，这种情况下软木中的天然树胶起粘合剂的作用。

本品目的压制软木可经浸渍（例如，用油泡）或用纸、布作衬背加强，但不具有品目59.04的油地毡或类似材料的特征。

压制软木保留了大部分天然软木的特性，是一种很好的绝热或隔音材料。然而在许多情况下，添加了粘合剂使压制软木改变了软木的某些特有性能，尤其是软木的比重、抗张强度或抗压强度。此外，压制软木还具有适合于直接模制成任何尺寸或形状的优点。

压制软木制造的产品种类，与品目45.03所列的范围基本相同，但极少用于制塞子。然而在制皇冠盖圆片方面，则较天然软木更为普遍。

压制软木比天然软木更为广泛地用作建筑材料，例如，制镶板、砖、瓦，模制成一定形状（圆筒形、壳形等）用于热水管或蒸气管的绝热或保护，用于石油输油管道的衬里，用于建筑工业中的膨胀接头以及用于生产滤器。

本品目也不包括品目45.03的注释所列不包括的货品，参见该品目的注释。

第四十六章　稻草、秸秆、针茅或其他编结材料制品；篮筐及柳条编结品

注释：

一、本章所称“编结材料”，是指其状态或形状适于编结、交织或类似加工的材料，包括稻草、秸秆、柳条、竹、藤、灯芯草、芦苇、木片条、其他植物材料扁条（例如，树皮条、狭叶、酒椰叶纤维或其他从阔叶获取的条）、未纺的天然纺织纤维、塑料单丝及扁条、纸带，但不包括皮革、再生皮革、毡呢或无纺织物的扁条、人发、马毛、纺织粗纱或纱线以及第五十四章的单丝和扁条。

二、本章不包括：

（一）品目 48.14 的壁纸；

（二）不论是否编结而成的线、绳、索、缆（品目 56.07）；

（三）第六十四章和第六十五章的鞋靴、帽类及其零件；

（四）编结而成的车辆或车身（第八十七章）；或

（五）第九十四章的物品（例如，家具、灯具及照明装置）。

三、品目 46.01 所称“平行连结的成片编结材料、缏条或类似的编结材料产品”，是指编结材料、缏条及类似的编结材料产品平行排列连结成片的制品，其连结材料不论是否为纺制的纺织材料。

总　注　释

除丝瓜络制品以外，本章包括经交织、编织或类似方法将未纺材料组合起来的半制成品（品目 46.01）及某些制成品（品目 46.01 和 46.02）。这些未纺材料主要有：

一、稻草、秸秆、柳条、竹、灯芯草、藤、芦苇、木片条（例如，很薄条状的木）、拉拔木条、其他植物材料扁条（例如，树皮条、狭叶、酒椰叶纤维或其他从蕉叶或棕榈叶等阔叶获取的扁条），只要其状态或形状适于编织、交织或类似加工的。

二、未纺的天然纺织纤维。

三、第三十九章的塑料单丝、扁条及类似品（但不包括第五十四章的截面尺寸不超过 1 毫米的化纤单丝及表观宽度不超过 5 毫米的化纤扁条及类似品）。

四、纸带（包括包有塑料的纸）。

五、由纺织材料做芯（未纺的纤维、缏条等），绕或裹上塑料扁条，或厚厚地用塑料涂布所构成的某些材料，这些材料不再以芯子本身的纤维、缏条等为特征。

以上某些材料，特别是植物材料可经加工处理（例如，劈开、拉拔、削皮等或用蜡、甘油等浸渍），使其更适合于编结、交织或类似加工。

下列材料不应作为本章的编结材料，其制成品或产品不归入本章：

（一）马毛（品目 05.11 或第十一类）。

（二）截面尺寸不超过 1 毫米的化纤单丝及表观宽度（即处于折叠、扁平、压紧或搓捻状态）不超过 5 毫米的扁条或扁平管条（包括纵向折叠的扁条及扁平管条），不论是否紧压或搓捻（人造草及类似品）（第十一类）。

（三）纺织粗纱（不包括以上第五款所述的全部用塑料包裹的在内）（第十一类）。

（四）用塑料浸渍、涂布、包覆或套裹的纺织纱线（第十一类）。

（五）皮革或再生皮革条（一般归入第四十一章或第四十二章）、毡呢或无纺织物扁条（第十一

类）及人发扁条（第五章、第五十九章、第六十五章或第六十七章）。

另外，本章不包括：

1. 鞍具及挽具（品目 42.01）。
2. 第四十四章的竹产品或竹制品。
3. 品目 48.14 的壁纸。
4. 线、绳、索、缆，即使是编结而成或用未纺纤维制成的（品目 56.07）。
5. 用粘合剂粘合制成的有经纱而无纬纱的狭幅织物（包括匹头用带）（品目 58.06）。
6. 第六十四章的鞋靴及其零件。
7. 第六十五章的帽类及其零件，包括帽坯。
8. 鞭子（品目 66.02）。
9. 人造花（品目 67.02）。
10. 编结而成的车辆或车身（第八十七章）。
11. 第九十四章的物品（例如，家具、灯具及照明装置）。
12. 第九十五章的物品（例如，玩具、游戏品及运动用品）。
13. 扫帚或刷子（品目 96.03）、人体模型等（品目 96.18）。

46.01　用编结材料编成的缏条及类似产品，不论是否缝合成宽条；平行连结或编织的成片编结材料、缏条或类似的编结材料产品，不论是否制成品（例如，席子、席料、帘子）：

—　植物材料制的席子、席料及帘子：

21　——　竹制的

22　——　藤制的

29　——　其他

—　其他：

92　——　竹制的

93　——　藤制的

94　——　其他植物材料制的

99　——　其他

一、缏条及类似产品，不论是否缝合成宽条

本组包括：

（一）缏条。用数股编结材料通过手工或机器纵向交织而成的无经条或纬条的产品，通过其性质、颜色、厚度、股数及交织方法的变化，可获得不同的装饰效果。

这些缏条可将两边缝合或用其他方法接合起来，成为宽条。

（二）由于同样或类似用途而作为缏条的类似产品，虽然它们不是编结而成，但同样是将编结材料纵向组成带状或扁条状。它们包括：

1. 由两股或多股材料经搓捻、连并或其他方法组合在一起而制得的产品（不包括品目 46.02 的装饰图案）。

2. 用未压榨的植物材料经简单搓捻制成的绳子构成的产品（例如，贸易上称之为“中国绳”的产品）。

上述货品主要用于生产女帽，也用于制某些家具、鞋子、席子、篮筐或其他容器。

本品目的货品可含有主要为缝合或加强需要而使用的纺织纱线，不论其是否附带有装饰作用。

二、平行连结或编织的成片编结材料、缏条或类似的编结材料产品，不论是否制成品（例如，席子、席料、帘子）

本组的货品是直接用本章总注释规定范围的编结材料制成，或用以上第一组所述的以编结材料制成的缏条及类似产品制成。

直接用编结材料制成的产品是将多股条带编织（通常以经纬织物的织法编织）而成，或将多股条带平行并排成片，然后用连线或条带打横将其连结起来。

上述编织货品可全部由编结材料构成，也可经条为编结材料而纬条为纺织纱线，反之亦然，但纺织纱线除偶尔起色彩作用外，仅起连结作用。

同样，对于用编结材料平行连结成片的产品，其连结物可以是编结材料，也可以是纺织纱线或某些其他材料。

也可以用类似的连结或编织方法，将以上第一组所述的缏条和类似的编结材料产品加工成片状的货品。

本组货品可用纺织物或纸张加强、衬背或衬里。它们包括：

（一）半制成品，例如，酒椰叶织品、藤织品及类似编织品；以及成匹的盘卷或条状精细产品，用于生产女帽、座位罩面等。

（二）某些制成品，例如：

1. 席子及席料（铺地制品等），包括名为中国（或印度）席及席料的产品（不论为矩形或其他形状），编织而成或用其他编结材料、线、绳等将平行的编结材料（或缏条或类似的编结材料产品）连结而成的。

2. 粗席料，例如，用于园艺的秸秆席。

3. 用柳条等编的屏板或镶板；将编结材料（秸秆、芦苇等）、缏条或类似的编结材料产品放平压紧，然后用贱金属丝规则交织连结而成的建筑镶板。这些建筑镶板可用牛皮纸板覆盖所有表面及边缘。

本品目不包括用椰壳纤维或西沙尔麻纤维制成的席子及席料，以及以绳索或机织物为基底的类似品（第五十七章）。

46.02　用编结材料直接编成或用品目46.01所列货品制成的篮筐、柳条编结品及其他制品；丝瓜络制品：

	—	**植物材料制：**
11	——	**竹制的**
12	——	**藤制的**
19	——	**其他**
90	—	**其他**

除本章总注释所列不包括的货品以外，本品目包括：

一、用编结材料直接制成形的制品。

二、用品目46.01的已组合产品（例如，缏条或类似产品、平行连结或编织的成片产品）制成的制品。

但本章不包括品目46.01的制成品，即经平行连结或编织成片后已具有制成品特征的编结材料、缏条及类似的编结材料产品（例如，席子、席料或帘子），参见品目46.01注释的第二组第（二）款。

三、衬里或未衬里的丝瓜络制品（手套、垫片等）。

上述制品包括：

（一）篮筐、驮篓、有盖大篮及各种篮筐编结容器，不论是否装有小滚轮或脚轮的，包括鱼筐

（含背筐）及果筐。

（二）用木片条交织而成的类似篮筐或箱盒，但不包括非交织制成的木片条容器（品目44. 15）。

（三）旅行袋及衣箱。

（四）手提包、购物袋及类似品。

（五）捕虾篓及类似制品；鸟笼及蜂箱。

（六）托盘、瓶架、地毯鞭、餐具、厨房用具及其他家用器具。

（七）女帽花边及其他花哨制品，但品目67. 02 的除外。

（八）稻草瓶套。这些制品大都由粗稻草或类似材料大致平行放置后用纱线或绳子连结而成的空心锥形套。

（九）将长缏条绕成方形或圆形等，然后用线连结制成的席子。

第十类　木浆及其他纤维状纤维素浆；回收（废碎）纸或纸板；纸、纸板及其制品

第四十七章　木浆及其他纤维状纤维素浆；回收（废碎）纸或纸板

注释：

品目47.02所称“化学木浆，溶解级”，是指温度在20℃时浸入含18%氢氧化钠的苛性碱溶液，一小时后，按重量计含有92%及以上的不溶级分的碱木浆或硫酸盐木浆，或者含有88%及以上的不溶级分的亚硫酸盐木浆。对于亚硫酸盐木浆，按重量计灰分含量不得超过0.15%。

总　注　释

本章的纸浆主要为从各种植物材料或植物质纺织废料中获得的纤维素纤维。

国际贸易上最重要的纸浆是木浆，根据加工方法分为“机械木浆”“化学木浆”“半化学木浆”或“化学－机械木浆”。最常用的制浆木材是松木、云杉木及杨木，但也使用较硬的木材，例如，山毛榉木、栗木、桉木及某些热带树木。

其他用于制纸浆的材料包括：

一、棉短绒。

二、回收（废碎）纸或纸板。

三、破布（尤其是棉布、亚麻布或大麻布）及其他纺织废料（例如，旧绳）。

四、稻草、针茅、亚麻、苎麻、黄麻、大麻、西沙尔麻、蔗渣、竹及各种草和芦苇。

木浆可呈棕色或白色。它可用化学品半漂白或漂白，也可不经漂白。木浆加工后，如果进行了旨在提高其洁白度（亮度）的任何处理，均视为半漂白或漂白。

纸浆除可用于造纸业以外，一些纸浆（尤其是漂白浆）还可作为纤维素的原料用于制造各种产品，例如，人造纤维纺织材料、塑料、清漆及炸药，也可用于制牲口饲料。

纸浆报验时通常成张大包捆扎（不论是否打孔），湿的或干的；但有时成块状、卷状或呈粉末状及粉片状。

本章不包括：

（一）棉短绒（品目14.04）。

（二）由非粘结性聚乙烯或聚丙烯纤维片组成的合成纸浆（品目39.20）。

（三）纤维板（品目44.11）。

（四）纸浆制的滤块、滤板及滤片（品目48.12）。

（五）其他纸浆制品（第四十八章）。

47.01　机械木浆

机械木浆仅通过机械加工方法获得，即在水冲刷下通过机械碾磨将已去树皮及节瘤的木材离解或研磨成木质纤维。

木材未经预蒸汽处理而碾磨生产出来的叫“白”机械木浆，其纤维断裂、脆弱。碾磨前可先将木材进行预汽蒸处理，得褐色的韧度较大的纤维（褐色磨木浆）。

传统的磨浆工艺进一步发展，制得的纸浆称为木片机械木浆。在这种新工艺中，木片在圆盘磨浆机中，通过两块紧挨着的肋形板（其中一块或两块可以旋转）被磨成木浆。这种纸浆中等级较高的一种是将木片先经热处理将其软化，使纤维易于分离而不致于过多地损伤纤维精制而得。通过这种方法制得的纸浆，其质量优于传统机械木浆。

机械木浆的主要品种有：

一、石磨木浆。圆木或木块在常压下用磨石磨碎而得。

二、加压石磨木浆。圆木或木块在加压磨石中磨碎而得。

三、木片机械木浆。木片在常压下通过圆盘磨浆机制得。

四、热压木片机械木浆。木片经高压汽蒸处理后再经过圆盘磨浆机制得。

必须注意，某些用圆盘磨浆机制得的纸浆是经过化学处理的。这些纸浆应归入品目47.05。

由于机械木浆的纤维比较短，所得产品较为脆弱，因此机械木浆通常不单独使用。在造纸业上，机械木浆一般与化学木浆混合使用，新闻纸通常就是用这种混合浆制得的（参见第四十八章注释四）。

47.02　化学木浆，溶解级

本品目仅包括本章注释所规定的溶解级化学木浆。这种木浆经专门精制或提纯以适应其用途的需要。它被用来制造再生纤维素、纤维素醚和纤维素酯，以及这些材料的产品，例如，板、片、膜、箔、带、纺织纤维和某种纸张（例如，感光纸、滤纸和植物羊皮纸的纸基）。按其最终用途或最终产品，它也称为粘胶纸浆、醋酸纤维纸浆等。

化学木浆是先将木材切成木片或木粒，然后用化学品加以处理制得。经过这种处理，去除了大部分木质素和其他非纤维素物质。

常用的化学品有氢氧化钠（“烧碱”法）、氢氧化钠与部分转化为硫化钠的硫酸钠的混合物（“硫酸盐”法）、亚硫酸氢钙或亚硫酸氢镁（“亚硫酸盐”法）。

用以上方法制得的产品较用同样原料制得的机械木浆纤维要长，纤维素要多。

通过大量的化学及生化反应可加工出溶解级化学木浆。除需增白以外，加工时还需化学提纯、脱树脂、解聚、降低灰分或调节活性，这些工序大部分是合并在一个复杂的漂白和提纯工序之中。

47.03　碱木浆或硫酸盐木浆，但溶解级的除外：

—　未漂白：

11　——　针叶木的

19　——　非针叶木的

—　半漂白或漂白：

21　——　针叶木的

29　——　非针叶木的

碱木浆或硫酸盐木浆是用强碱溶液蒸煮通常为木片状的木材制得。碱木浆用的煮液是氢氧化钠溶液；硫酸盐木浆用的煮液是经改性的氢氧化钠溶液。因为在调制煮液的过程中使用了部分转化为硫化钠的硫酸钠，所以制得的木浆称为“硫酸盐”木浆。硫酸盐木浆远比碱木浆重要。

用以上方法制得的木浆用于生产吸水产品（例如，纸绒和纸尿布）以及需具有高抗撕裂度、抗张强度和耐破度的纸和纸板。

47.04 亚硫酸盐木浆，但溶解级的除外：

— 未漂白：

11 —— 针叶木的

19 —— 非针叶木的

— 半漂白或漂白：

21 —— 针叶木的

29 —— 非针叶木的

亚硫酸盐法制浆一般使用酸性溶液，其名称源于各种“亚硫酸盐”化学品，例如，亚硫酸氢钙、亚硫酸氢镁、亚硫酸氢钠、亚硫酸氢铵，这些化学品可在调制煮液过程中使用（参见品目47.02的注释）。该溶液也含有自由二氧化硫。上述制浆法广泛用于处理云杉纤维。

亚硫酸盐木浆可单独使用或与其他纸浆混合使用，用于制造各种书写或印刷纸张等，也用于制造防油纸或高光泽透明纸。

47.05 用机械和化学联合制浆法制得的木浆

本品目包括用机械和化学联合制浆法生产出来的木浆。这些木浆又分别称为半化学木浆、化学－机械木浆等。

半化学木浆是经两种工艺处理制得，首先将通常为木片状的木材在浸煮器中用化学方法软化处理，然后再进行机械磨浆。它含有大量杂质和木质物质，主要用于造中等质量的纸。半化学纸浆一般又被称为半化学中性亚硫酸盐纸浆（NSSC）、半化学亚硫酸氢盐纸浆或半化学牛皮纸浆。

化学－机械木浆是将木材碎片、刨花、锯末或类似品通过磨浆机制得。木材通过单块或双块旋转的两块紧挨着的肋形板或盘时，由于摩擦作用，被磨成纤维状。为便于离解纤维，在磨浆时或作为预处理加入了少量的化学品。也可对木材在不同压力和温度下，进行不同时间的蒸煮处理。根据生产时所采用的复合工艺及各道工艺的次序不同，化学－机械木浆又称为化学热压机械木浆（CTMP）、化学木片机械木浆（CRMP）或热压化学－机械木浆（TCMP）。

化学－机械木浆主要用于生产新闻纸（参见第四十八章注释四），也用于制造薄棉纸及图表纸。

本品目包括木节纸浆。

47.06 从回收（废碎）纸或纸板提取的纤维浆或其他纤维状纤维素浆：

10 — 棉短绒纸浆

20 — 从回收（废碎）纸或纸板提取的纤维浆

30 — 其他，竹浆

— 其他：

91 —— 机械浆

92 —— 化学浆

93 —— 用机械和化学联合法制得的浆

除木材以外，本章总注释已列出了制造纸浆的其他纤维状纤维素材料的主要品种。

从回收（废碎）纸或纸板提取的纤维浆报验时通常为压打成包的干燥片状，由不同成分的纤维素纤维混合组成，可经漂白或未漂白。这些纸浆是通过清洁、筛分及精化等一系列机械或化学工序制得的。根据所用的原料和加工程度，它们会含有少量的油墨、粘土、淀粉、聚合物涂料或明胶等残余物质。

本品目的纸浆，除了从回收（废碎）纸或纸板提取的以外，可以经机械法、化学法或机械和化学联合法制得。

47.07　回收（废碎）纸或纸板（+）：

10　—　未漂白的牛皮纸或纸板及瓦楞纸或纸板的

20　—　主要由漂白化学木浆制成未经本体染色的其他纸和纸板的

30　—　主要由机械浆制成的纸或纸板（例如，报纸、杂志及类似印刷品）的

90　—其他，包括未分选的废碎品

本品目所列纸及纸板的废品包括削、切、剪、撕的废纸及纸板、旧报纸和旧杂志、校样、报废印刷品及类似废料。

本品目也包括纸或纸板的碎料。

上述废碎品一般用于造纸浆，报验时通常压打成包。必须注意，这些废碎品也可用于其他方面（例如，包装），但仍归入本品目。

然而，纸丝，即使是以废纸制成，也不归入本品目（品目48.23）。

本品目也不包括主要用于回收贵金属的含贵金属或贵金属化合物的废碎纸或纸板，例如，含银或银化合物的废碎感光纸或纸板（品目71.12）。

○

○　○

子目注释：

子目4707.10、4707.20**及**4707.30

尽管原则上子目4707.10、4707.20及4707.30包括分拣过的废碎品，但这些废碎品如果夹有少量品目47.07中其他子目所列的纸或纸板，其在上述子目中的归类不受影响。

第四十八章　纸及纸板；纸浆、纸或纸板制品

注释：

一、除条文另有规定外，本章所称“纸”包括纸板（不考虑其厚度或每平方米重量）。

二、本章不包括：

（一）第三十章的物品；

（二）品目32.12的压印箔；

（三）香纸及用化妆品浸渍或涂布的纸（第三十三章）；

（四）用肥皂或洗涤剂浸渍、覆盖或涂布的纸或纤维素絮纸（品目34.01）和用光洁剂、擦光膏及类似制剂浸渍、覆盖或涂布的纸或纤维素絮纸（品目34.05）；

（五）品目37.01至37.04的感光纸或感光纸板；

（六）用诊断或实验用试剂浸渍的纸（品目38.22）；

（七）第三十九章的用纸强化的层压塑料板，用塑料覆盖或涂布的单层纸或纸板（塑料部分占总厚度的一半以上），以及上述材料的制品，但品目48.14的壁纸除外；

（八）品目42.02的物品（例如，旅行用品）；

（九）第四十六章的物品（编结材料制品）；

（十）纸纱线或纸纱线纺织物（第十一类）；

（十一）第六十四章或第六十五章的物品；

（十二）品目68.05的砂纸或品目68.14的用纸或纸板衬底的云母（但涂布云母粉的纸及纸板归入本章）；

（十三）用纸或纸板衬底的金属箔（通常归入第十四类或第十五类）；

（十四）品目92.09的制品；

（十五）第九十五章的物品（例如，玩具、游戏品及运动用品）；或

（十六）第九十六章的物品［例如，钮扣，卫生巾（护垫）及卫生棉条、尿布及尿布衬里］。

三、除注释七另有规定的以外，品目48.01至48.05包括经研光、高度研光、釉光或类似处理、仿水印、表面施胶的纸及纸板；同时还包括用各种方法本体着色或染成斑纹的纸、纸板、纤维素絮纸及纤维素纤维网纸。除品目48.03另有规定的以外，上述品目不适用于经过其他方法加工的纸、纸板、纤维素絮纸或纤维素纤维网纸。

四、本章所称“新闻纸”，是指所含用机械或化学－机械方法制得的木纤维不少于全部纤维重量的50%的未经涂布的报刊用纸，未施胶或微施胶，每面粗糙度［帕克印刷表面粗糙度（1兆帕）］超过2.5微米，每平方米重量不小于40克，但不超过65克，并且仅适用于下列规格的纸：

（一）成条或成卷，宽度超过28厘米；或

（二）成张矩形（包括正方形），一边超过28厘米，另一边超过15厘米（以未折叠计）。

五、品目48.02所称“书写、印刷或类似用途的纸及纸板”“未打孔的穿孔卡片和穿孔纸带纸”，是指主要用漂白纸浆或用机械或化学－机械方法制得的纸浆制成的纸及纸板，并且符合下列任一标准：

（一）每平方米重量不超过150克的纸或纸板：

1. 用机械或化学－机械方法制得的纤维含量在10%及以上，并且

（1）每平方米重量不超过80克；或

（2）本体着色；或

2. 灰分含量在8%以上，并且

(1) 每平方米重量不超过 80 克；或

(2) 本体着色；或

3. 灰分含量在 3% 以上，亮度在 60% 及以上；或

4. 灰分含量在 3% 以上，但不超过 8%，亮度低于 60%，耐破指数等于或小于 2.5 千帕斯卡·平方米/克；或

5. 灰分含量在 3% 及以下，亮度在 60% 及以上，耐破指数等于或小于 2.5 千帕斯卡·平方米/克。

(二) 每平方米重量超过 150 克的纸或纸板：

1. 本体着色；或

2. 亮度在 60% 及以上，并且

(1) 厚度在 225 微米及以下；或

(2) 厚度在 225 微米以上，但不超过 508 微米，灰分含量在 3% 以上；或

3. 亮度低于 60%，厚度不超过 254 微米，灰分含量在 8% 以上。

品目 48.02 不包括滤纸及纸板（含茶袋纸）或毡纸及纸板。

六、本章所称“牛皮纸及纸板”，是指所含用硫酸盐法或烧碱法制得的纤维不少于全部纤维重量的 80% 的纸及纸板。

七、除品目条文另有规定的以外，符合品目 48.01 至 48.11 中两个或两个以上品目所规定的纸、纸板、纤维素絮纸及纤维素纤维网纸，应按号列顺序归入有关品目中的最末一个品目。

八、品目 48.03 至 48.09 仅适用于下列规格的纸、纸板、纤维素絮纸及纤维素纤维网纸：

(一) 成条或成卷，宽度超过 36 厘米；或

(二) 成张矩形（包括正方形），一边超过 36 厘米，另一边超过 15 厘米（以未折叠计）。

九、品目 48.14 所称“壁纸及类似品”，仅限于：

(一) 适合作墙壁或天花板装饰用的成卷纸张，宽度不小于 45 厘米，但不超过 160 厘米：

1. 起纹、压花、染面、印有图案或经其他装饰的（例如，植绒），不论是否用透明的防护塑料涂布或覆盖；

2. 表面饰有木粒或草粒而凹凸不平的；

3. 表面用塑料涂布或覆盖并起纹、压花、染面、印有图案或经其他装饰的；或

4. 表面用不论是否平行连结或编织的编结材料覆盖的；

(二) 适于装饰墙壁或天花板用的经上述加工的纸边及纸条，不论是否成卷；

(三) 由几幅拼成的壁纸，成卷或成张，贴到墙上可组成印刷的风景画或图案。

既可作铺地制品，也可作壁纸的以纸或纸板为底的产品，应归入品目 48.23。

十、品目 48.20 不包括切成一定尺寸的活页纸张或卡片，不论是否印制、压花、打孔。

十一、品目 48.23 主要适用于提花机或类似机器用的穿孔纸或卡片，以及纸花边。

十二、除品目 48.14 及 48.21 的货品外，印有图案、文字或图画的纸、纸板、纤维素絮纸及其制品，如果所印图案、文字或图画作为其主要用途，应归入第四十九章。

○
○ ○

子目注释：

一、子目 4804.11 及 4804.19 所称“牛皮衬纸”，是指所含用硫酸盐法或烧碱法制得的木纤维不少于全部纤维重量的 80% 的成卷机器整饰或上光纸及纸板，每平方米重量超过 115 克，并且最低缪伦耐破度符合下表所示（其他重量的耐破度可参照下表换算）：

重量 克/平方米	最低缪伦耐破度 千帕斯卡
115	393
125	417
200	637
300	824
400	961

二、子目 4804.21 及 4804.29 所称“袋用牛皮纸”，是指所含用硫酸盐法或烧碱法制得的木纤维不少于全部纤维重量的 80% 的成卷机器上光纸，每平方米重量不少于 60 克，但不超过 115 克，并且符合下列一种规格：

（一）缪伦耐破指数不小于 3.7 千帕斯卡·平方米/克，并且横向伸长率大于 4.5%，纵向伸长率大于 2%；

（二）至少能达到下表所示的最小撕裂度和抗张强度（其他重量的可参照下表换算）：

重量 克/平方米	最小撕裂度 毫牛顿		最小抗张强度 千牛顿/米	
	纵向	纵向加横向	横向	纵向加横向
60	700	1510	1.9	6
70	830	1790	2.3	7.2
80	965	2070	2.8	8.3
100	1230	2635	3.7	10.6
115	1425	3060	4.4	12.3

三、子目 4805.11 所称“半化学的瓦楞纸”，是指所含用机械和化学联合法制得的未漂白硬木纤维不少于全部纤维重量的 65% 的成卷纸张，并且在温度为 23℃和相对湿度为 50% 时，经过 30 分钟的瓦楞芯纸平压强度测定（CMT30），抗压强度超过 1.8 牛顿/克/平方米。

四、子目 4805.12 包括主要用机械和化学联合法制得的草浆制成的成卷纸张，每平方米重量在 130 克及以上，并且在温度为 23℃和相对湿度为 50% 时，经过 30 分钟的瓦楞芯纸平压强度测定（CMT30），抗压强度超过 1.4 牛顿/克/平方米。

五、子目 4805.24 和 4805.25 包括全部或主要由回收（废碎）纸或纸板制得的纸浆制成的纸和纸板。强韧箱纸板也可以有一面用染色纸或漂白或未漂白的非再生浆制得的纸做表层。这些产品缪伦耐破指数不小于 2 千帕斯卡·平方米/克。

六、子目 4805.30 所称“亚硫酸盐包装纸”，是指所含用亚硫酸盐法制得的木纤维超过全部纤维重量的 40% 的机器研光纸，灰分含量不超过 8%，并且缪伦耐破指数不小于 1.47 千帕斯卡·平方米/克。

七、子目 4810.22 所称“轻质涂布纸”，是指双面涂布纸，其每平方米总重量不超过 72 克，每面每平方米的涂层重量不超过 15 克，原纸中所含用机械方法制得的木纤维不少于全部纤维重量的 50%。

子目注释的解释：

子目注释一

在本子目注释中，最低缪伦耐破度是用千帕斯卡（kPa）来表示的。克/平方厘米按下表换算：

重量 克/平方米	千帕斯卡	克/平方厘米
115	393	4030
125	417	4250
200	637	6500
300	824	8400
400	961	9800

中间值的计算（插值法）或400克以上数值的计算（外推法）应依据下列公式进行：

定量	最低缪伦耐破度 克/平方厘米
不超过125克/平方米	定量（克/平方米）×22＋1500
超过125克/平方米 但不超过200克/平方米	定量（克/平方米）×30＋500
超过200克/平方米 但不超过300克/平方米	定量（克/平方米）×19＋2700
超过300克/平方米	定量（克/平方米）×14＋4200

子目注释二

对于每平方米重量在本子目注释所列数值之间的纸，其最小值应依据下表计算（误差不超过2%）：

	最小值
撕裂度，纵向（mN） （数值取至最近的0或5毫牛顿）	定量（克/平方米）×13.23－94.64
撕裂度，纵向加横向（mN） （取值方法如上所述）	定量（克/平方米）×28.22－186.2
抗张强度，横向（kN/m）	定量（克/平方米）×0.0449－0.8186
抗张强度，纵向加横向（kN/m）	定量（克/平方米）×0.1143－0.829

总　注　释

除条文另有规定的以外，本章注释所称“纸”，包括纸板（不论厚度或重量如何）。

纸主要是由第四十七章的纤维素纤维纸浆毡合成片构成。许多纸品，例如，茶袋纸材料，是由上述纤维素纤维及纺织纤维（尤其是第五十四章注释一所规定的化学纤维）混合组成。如果这些材料按重量计以纺织纤维为主，则不作为纸，而应作为无纺织物归类（品目56.03）。

为了避免因使用方法不同而产生的差异，所有管理部门最好采用国际标准组织（ISO）规定的检验方法来确定第四十八章的纸及纸板的物理性能。本章所述的以下分析及物理标准，应采用下列ISO

标准：

灰分含量：
ISO 2144 纸及纸板——确定灰分
亮度：
ISO 2470 纸及纸板——扩散蓝光反射系数的测量（ISO 亮度）
耐破度及耐破指数：
ISO 2758 纸——确定耐破度
ISO 2759 纸板——确定耐破度
CMT 60（抗压性）：
ISO 7263 瓦楞夹心原纸——确定在实验性起瓦楞后抗平压性
纤维构成：
ISO 9184/1-3 纸、纸板及纸浆——纤维配比分析
克数（重量）：
ISO 536 纸及纸板——确定克数
帕克印刷面粗糙度：
ISO 8791/4 纸及纸板——确定粗糙度/光洁度（漏气方法）
单张厚度（纸厚）：
ISO 534 纸及纸板——确定厚度及表观体积密度或表观纸张密度
抗撕裂度：
ISO 1974 纸——确定抗撕裂度（埃尔门多夫方法）
抗张强度及拉伸度：
ISO 1924/2 纸及纸板——确定抗张性能——第二部分：恒速拉伸方法

不论是机械或是手工抄造纸，均可分为三个阶段，即制浆、成张（网）及最后处理。

纸浆调制

纸浆的调制是指将浆料混合，必要时加入所需的填料、胶料或着色料，并加水稀释后经机械搅拌到一定的稠度。

为了增加不透明度，改善其可印性及节省纸浆，在调浆时要加填料。这些填料通常为无机物质，例如，高岭土（中国粘土）、二氧化钛、碳酸钙。施胶（例如，混有明矾的松香）是为了减少纸对墨水等的吸化。

纸页（网）成形

一、机制纸及纸板

抄造机制纸的最普通方法是长网造纸法。在该工艺中，用以上方法调制的纸浆通过网前箱供入一条通常是颤振着向前移动的大型化纤单丝无端网或黄铜丝或青铜丝无端网，因地心吸力作用或经辊子、网案及网下的吸水箱工作而失去大部分水分。纤维逐渐毡合形成柔软的纸网。有些机器还把纸网通过覆以金属丝的滚筒（水印辊）加以辊压使其结实和平滑，如有必要，还可通过水印辊面上的凸起图案或线条在纸网上打上水印。纸网随后被传送到一条无端毡带上，在机器的压榨部内进一步压实处理，最后通过加热滚筒进行干燥。

另一相应的方法是双网成形造纸法（特别是用于抄造新闻纸）。纸浆在两个成型轧辊中间通过并由两“网”夹着输送。网上辅以吸水箱及吸水轧辊，水分在双网上渗出，从而形成纸网。刚形成的纸网被送到压榨部和干燥部。由于双网成形的纸张两面相同，因而不会产生长网造纸法所抄造的纸张特

有的一面为毡面而另一面为网面的现象。

在其他类型的造纸机中，长网被一个覆有丝网的大型滚筒（网笼）所替代。该滚筒旋转时部分浸入调制好的纸浆里，卷起单层纸浆，形成纸网，并连续不断地或在滚轴表面分割成张后送到干燥毡呢上。这种工艺的另一抄造方法是由一大直径的滚轴将纸浆层层卷起并不断叠加，待其到了所需厚度即裁切下来。

具有多层丝网或多个圆网（或长网及圆网结合）的造纸机可以同时抄造由多层（有时各层为不同颜色或不同质量）组合的纸板。纸板各层是在抄造时湿态下不用黏合剂滚压在一起的。

二、手工制纸及纸板

在手工制纸及纸板生产中，尽管其他工序可由机器完成，但将纸浆纤维模制成张这一关键工序是用手工操作的。

手工制纸及纸板可用任何造纸材料制得，但通常是用最高级的亚麻碎布或棉碎布纸浆制成。

在纸张成形时，一定量的纸浆在筛状模子上振动，直到大部分的水分已经除去，纤维已经毡合。随后纸张脱出模子并毡压、晾干。

用于纤维毡合的手工模子可由平行铺制丝网或编织丝网布构成。这些丝网（布）能在纸上产生水印，也可将水印图案固定在丝网上。

手工制纸的特点是强度大、耐久性强、纹理优良。这些特点使其适于某些特殊用途，例如，作钞票纸、文件纸、制图纸、蚀刻纸、特种滤纸、帐簿纸、裱画纸、高级印刷纸或文具纸。手工制纸也用于制婚礼请柬、专用信笺、日历等。

手工制纸一般按用途制成一定尺寸并具有带明显丛毛的四个毛边。这些毛边有时也可修齐。但在任何情况下都不应以有无毛边作为一种可靠的区别标志，因为某些机制纸特别是模制纸，也具有毛边，尽管毛边丛毛并不很明显。

整饰工序

纸张可用装在造纸机上或与造纸机分离的轧光机将纸研光或高度研光（必要时先湿润纸张再研光），从而使纸张单面或双面在不同程度上加光或上光。使用加热滚筒进行机械上光也可使纸张的一面有类似的光泽。由此也可使纸张获得一种假水印。通常为了增加纸面强度及对如书写墨水等水成液的抗渗透性和抗扩散性，几乎所有普通书写纸、印刷纸及制图纸都用某些胶或淀粉溶液进行表面施胶。

涂布纸及纸板

这是指在纸或纸板的单面或双面加以涂料，使纸面产生特殊的光泽或使其适于特定需要。

所涂的物料一般为矿物质、粘合剂及涂布工序所需的其他添加剂，例如，硬化剂和分散剂。

制成一定尺寸的成卷或成张复写纸、自印复写纸及其他拷贝或转印纸归入品目 48.09。

成卷或成张的涂高岭土（中国粘土）或其他无机物质（不论是否加胶合剂）的纸及纸板，归入品目 48.10。除高岭土外，用作涂料的其他无机物质包括硫酸钡、碳酸钙、硫酸钙、硅酸镁、氧化锌及金属粉末。这些涂料一般是使用粘合剂将其涂于纸面，例如，明胶、其他胶、淀粉物质（如淀粉、糊精）、虫胶、蛋白物质、合成胶乳。产品涂高岭土等以获得有光泽、无光泽或糙面效果。涂高岭土或其他无机物质的产品有：涂布印刷纸及纸板（包括铜板纸或彩色印刷纸）、折叠纸板箱材料、涂金属粉纸（品目 32.12 的压印箔除外）或涂云母粉纸、蜡图纸（多用于制标签及包裹盒面）。还须注意，用于涂层粘合的粘合剂（例如，胶或淀粉）也用于表面施胶，但对未经涂布的表面施胶纸，其胶料中不加颜料。

成卷或成张的纸或纸板，如涂有焦油、沥青、塑料或其他有机物质，例如，蜡、硬脂、纺织纤维屑、锯末、软木粒、虫胶，均归入品目 48.11，但该品目列明不包括的货品除外。涂上述材料时可不添加粘合剂。涂料能使纸张获得许多用途所需的物理特性，例如，防水包装、脱模纸及纸板。这些涂布纸及纸板包括涂胶或胶粘纸、绒面纸（以纺织纤维粉末涂面并用作盒子盖面及壁纸）、软木粒面纸（用作包装材料）、石墨纸、焦油包装纸。

涂料中也经常加有着色物质。

许多涂布纸及纸板经超级研光后具有高度光泽，或在涂料面上施以清漆使其防潮（例如，可洗纸）。

用化学物理结合法可将施胶纸与涂布纸加以区分。在大多数情形下，两种纸的差别很容易从其所含材料的性质或含量来判定，或从其总体物理特性来判定。总的来说，表面施胶的纸或纸板保有其自然表面的外观及结构；而涂布纸或纸板，一经涂上涂料，其自然表面上的不平整就看不见了。

上述差别有时模棱两可，难以区分，尤其是出于以下原因：薄层涂布纸也许是在施胶加压时加涂料的；纸本身也含有涂料中的某些物质（例如，填料）；涂有不含颜料的材料（例如，聚氯乙烯水分散液），因而其纤维组织肉眼可见。上述情况可用以下一种或几种方法加以确定。

许多涂布纸（例如，无机涂料铜板纸）和高度研光的未涂布纸肉眼是难以区分的。但有时通过刮擦纸张表面可辨别出纸张涂层，或将纸浸入水中也可除去涂层。

鉴别纸张是否涂料（特别是以无机物作涂料）的测试方法之一是将纸粘在粘胶带上。当剥开粘胶带时，涂布纸的大多数涂料层附于带上，然后需用铜乙二氨将带上的木质纤维及淀粉溶去。将经以上处理前后的带子重量进行比较即可知道是否有涂料。对有机涂布纸也可用此方法鉴别。

鉴别涂布纸及纸板的其他方法可为使用扫描电子显微镜、X 射线衍射及红外线分光光度计。上述方法均可用于鉴别品目 48.10 及 48.11 的产品。

着色或印制纸及纸板

它们包括以任何工艺印上一种或多种颜色、条纹、花纹或图案等的纸，以及表面云纹纸或杂色纸。这些纸可供各种用途，例如，匣盒包面或书籍装订。

纸张表面可用各种色彩的油墨印线条，不论是平行线、收敛线或是角度线。这些纸主要用于帐簿、帐册、学生练习簿、图画簿、手抄乐谱纸及本子、书写纸、图表纸及笔记簿。

本章包括印制纸（例如，印有商家名字、商标、图案及商品使用说明，供某商家使用的包装纸），但其印刷内容必须仅起配合该纸的包装或书写等用途，不构成第四十九章的印刷品（参见本章注释十二）。

浸渍纸及纸板

大多数浸渍纸及纸板均经过油、蜡、塑料等材料处理，这些材料浸透纸及纸板后，可赋予它们特别的性质（例如，防水、防油、透明或半透明）。这些纸及纸板大都用作保护性包装材料或绝缘材料。

浸渍纸及纸板包括：包装用油纸、复写用油纸或蜡纸、油印蜡纸、用塑料等浸渍的绝缘纸及纸板、橡胶浸渍纸、仅用焦油或沥青浸渍的纸及纸板。

某些纸（例如，壁纸原纸）可用杀虫剂或化学品浸渍。

*

* *

本章也包括纤维素絮纸及纤维素纤维网纸。这些纸由层数不一的多层松散毡合的纤维素纤维构成，其纤维素纤维层极薄，在潮湿状态下辊压在一起，干后各层易分离。

本章的范围

本章包括：

一、成卷或成张的各类纸、纸板、纤维素絮纸及纤维素纤维网纸：

（一）品目 48.01、48.02、48.04 及 48.05 包括未涂布的机制纸，这些纸可根据需要进行施胶及一般上光（例如，蜡光、研光）处理。品目 48.02 还包括可经上述同样工艺处理的未涂布手工制纸。品目 48.03 包括家庭或卫生用的未涂布纸、纤维素絮纸及纤维素纤维网纸，这些纸可以经该品目所述的加工处理。本章注释三规定了品目 48.01 至 48.05 所列纸、纸板、纤维素絮纸及纤维素纤维网纸允许加工的范围。

品目48.01至48.05允许的加工范围是整个造纸工艺流程的一部分。这些品目中的纸品的一个特点是，纸品保有自然表面的外观及结构。对于涂布纸，其自然表面的不平整基本被涂料遮盖而消失。涂料形成一层新的、更为优质的非纤维素表面。

（二）品目48.06至48.11包括某些特种纸或纸板（例如，羊皮纸、防油纸、组合纸），或经过各种处理的纸、纸板、纤维素絮纸及纤维素纤维网纸。这些处理包括涂布、印图案、划线、浸渍、起纹、压花、打孔及制成瓦楞形。

品目48.11还包括某些以纸或纸板为底的铺地制品。

*

*　*

除品目条文另有规定的以外，符合上述品目中两个及以上品目规定的纸或纸板，应按序号归入有关品目中的最后一个品目（本章注释七）。

还须注意，品目48.03至48.09仅适用于下列规格的纸、纸板、纤维素絮纸及纤维素纤维网纸：

1. 成条或成卷，宽度超过36厘米；或

2. 成张矩形（包括正方形），一边超过36厘米，另一边超过15厘米（以未折叠计）。

另一方面，品目48.02、48.10及48.11包括任何尺寸的成卷或成张矩形（包括正方形）的纸及纸板。但除本章注释七另有规定的以外，直接用手工制得的任何尺寸或形状的毛边手工制纸及纸板仍应归入品目48.02。

二、纸浆制的滤块、滤板及滤片（品目48.12），卷烟纸，不论是否切成一定尺寸、成小本或管状（品目48.13），壁纸及类似品（参见本章注释九）和窗用透明纸（品目48.14）。

三、纸、纸板、纤维素絮纸及纤维素纤维网纸（不属品目48.02、48.10及48.11或以上第二款的货品），成卷或成张，所切尺寸小于以上第一款规定的尺寸，或切成矩形（包括正方形）以外任何形状；以及纸浆、纸、纸板、纤维素絮纸及纤维素网纸的制品。这些货品归入品目48.16至48.23的其中一个品目。

品目48.12、48.18、48.22或48.23及其相应注释所称“纸浆”，是指品目47.01至47.06所列各种产品，即木浆或其他纤维状纤维素浆。

但本章不包括本章注释二及注释十二所述的不能归入本章的货品。

48.01　成卷或成张的新闻纸

所称“新闻纸”的定义，参见本章注释四。

在该定义中，所称的“用机械或化学－机械方法制得的木纤维”，是指采用了完全或主要靠机械力使原料的纤维分离的各种制浆工艺制取的纤维。这些纤维通常生产成下列纸浆：

一、机械纸浆，包括石磨木浆（SGW）及加压石磨木浆（PGW），也包括用圆盘磨浆机制取的纸浆，例如，木片机械木浆（RMP）及热压木片机械木浆（TMP）。

二、化学－机械纸浆，同样用圆盘磨浆机制取，但处理时加入了少量化学品，包括化学热压机械木浆（CTMP）、化学木片机械木浆（CRMP）及热压化学－机械木浆（TCMP），但不包括通称为半化学中性亚硫酸盐纸浆（NSSC）、半化学亚硫酸氢盐纸浆或半化学牛皮纸浆的半化学纸浆。

上述纸浆生产方法的详细说明，参见品目47.01及47.05的注释。

本定义所称“木纤维”，不包括竹纤维。

本品目的新闻纸可经本章注释三所述的工艺加工。经其他方法加工的新闻纸不归入本品目。

48.02　书写、印刷或类似用途的未经涂布的纸及纸板、未打孔的穿孔卡片及穿孔纸带纸，成卷或成张矩形（包括正方形），任何尺寸，但品目48.01或48.03的纸除外；手工制纸及纸板（＋）：

10	—	手工制纸及纸板
20	—	光敏、热敏、电敏纸及纸板的原纸和原纸板
40	—	壁纸原纸
	—	其他纸及纸板，不含用机械或化学－机械方法制得的纤维或所含前述纤维不超过全部纤维重量的10%：
54	——	每平方米重量小于40克
55	——	每平方米重量在40克及以上，但不超过150克，成卷的
56	——	每平方米重量在40克及以上，但不超过150克，成张的，以未折叠计一边不超过435毫米，另一边不超过297毫米
57	——	其他，每平方米重量在40克及以上，但不超过150克
58	——	每平方米重量超过150克
	—	其他纸及纸板，所含用机械或化学－机械方法制得的纤维超过全部纤维重量的10%：
61	——	成卷的
62	——	成张的，以未折叠计一边不超过435毫米，另一边不超过297毫米
69	——	其他

本品目的书写、印刷或类似用途的未经涂布的纸及纸板、未打孔的穿孔卡片及穿孔纸带纸的定义，参见本章注释五。符合该定义的纸及纸板一律归入本品目。

除本章注释七另有规定的以外，直接用手工制得的任何尺寸或形状的毛边手工制纸及纸板应归入本品目。

任何一边经过修剪或切割的手工制纸及纸板，以及机制纸及纸板，只有当其成条状、卷状或成张矩形（包括正方形），任何尺寸均可，方可归入此品目。如果切成任何其他形状，则应归入本品目以后的本章其他品目（例如，品目48.17、48.21或48.23）。

本品目的纸及纸板可经本章注释三所述的工艺加工，例如，本体着色或染成云石纹、研光、高度研光、釉光、仿水印或表面施胶。经其他方法加工的纸及纸板不归入本品目（一般归入品目48.06至48.11）。

除手工制纸及纸板外，在符合本章注释五的前提下，本品目也包括：

一、原纸及原纸板，例如：

（一）光敏、热敏、电敏纸或纸板的原纸及原纸板；

（二）一次性或其他有碳复写纸的碳化原纸（一种抗撕裂薄纸，根据不同的用途，其每平方米克重从9～70克不等）；

（三）壁纸原纸；

（四）品目48.10的高岭土涂布纸及纸板的原纸及原纸板。

二、书写、印刷或其他绘画用的纸及纸板，例如：

（一）杂志纸及书籍印刷纸（包括又薄又大的印刷用纸）；

（二）胶版印刷纸；

（三）印刷用优质板纸、索引板纸、明信片纸、标签纸、封面纸；

（四）招贴纸、图画纸、学生练习或笔记本纸、书写便笺簿或学习用纸；

（五）信笺纸、复印纸、油印纸、打字纸、葱皮纸、薄型打印纸及其他供办公室或个人文具用纸，包括打印机或感光复印设备用纸；

（六）账簿纸、加法机用卷纸；

（七）信封纸及文件夹纸；

（八）登记或记录纸、表格纸及连续打印纸；

（九）支票、邮票、钞票或类似用途的证券纸。

三、未打孔的穿孔卡片及穿孔纸带纸。

本品目不包括：

（一）新闻纸（品目48.01）。

（二）品目48.03的纸。

（三）滤纸及纸板（含茶袋纸）和毡纸及纸板（品目48.05）。

（四）卷烟纸（品目48.13）。

○
○　○

子目注释：

子目 4802.20

除符合本章注释五的规定外，感光纸或纸板的原纸一般是指完全不含异物（特别是铁、铜等金属）的破布浆纸或纸板，以及含破布浆的高级纸或纸板。

48.03　卫生纸、面巾纸、餐巾纸以及家庭或卫生用的类似纸、纤维素絮纸和纤维素纤维网纸，不论是否起纹、压花、打孔、染面、饰面或印花，成卷或成张的

本品目包括两类货品：

一、卫生纸、面巾纸、餐巾纸以及家庭或卫生用的类似纸。但是，上述纸如制成宽度不超过36厘米的卷状或切成本章注释八所列尺寸或形状以外规格的，以及用这类纸制得的其他家用或卫生用纸品，应归入品目48.18。

二、纤维素絮纸及纤维素纤维网纸。但是，上述纸如制成宽度不超过36厘米的卷状或切成本章注释八所列尺寸或形状以外规格的，以及纤维素絮纸和纤维素纤维网纸的制品，应归入品目48.18、48.19或48.23。

纤维素絮纸由稀松结构的纤维素纤维绉网组成，有一层或多层，起绉率大于35%，每层具有的克重（定量）在起绉前可达每平方米20克。

纤维素纤维网纸（薄棉纸）由紧密结构的纤维素纤维绉网组成，有一层或多层，最大起绉率为35%，每层具有的克重（定量）在起绉前可达到每平方米20克。

应注意到，除本章注释三规定允许的加工范围以外，本品目的产品还可以起皱、压纹、压花、打孔、染面、饰面或印花。

本品目也不包括：

（一）用药物浸渍或涂布，或者制成零售形状或包装供医疗、外科、牙科或兽医用的纤维素絮纸（品目30.05）。

（二）用肥皂或洗涤剂浸渍、涂布或包覆的纸及纤维素絮纸（品目34.01），或以光洁剂、擦洗膏或类似制剂浸渍、涂布或包覆的纸及纤维素絮纸（品目34.05）。

（三）吸墨纸（品目48.05）。

48.04　成卷或成张的未经涂布的牛皮纸及纸板，但不包括品目48.02或48.03的货品：

	—	牛皮衬纸：
11	——	未漂白
19	——	其他

— 袋用牛皮纸：
21 —— 未漂白
29 —— 其他
— 其他牛皮纸及纸板，每平方米重量不超过150克：
31 —— 未漂白
39 —— 其他
— 其他牛皮纸及纸板，每平方米重量超过150克，但小于225克：
41 —— 未漂白
42 —— 本体均匀漂白，所含用化学方法制得的木纤维超过全部纤维重量的95%
49 —— 其他
— 其他牛皮纸及纸板，每平方米重量在225克及以上：
51 —— 未漂白
52 —— 本体均匀漂白，所含用化学方法制得的木纤维超过全部纤维重量的95%
59 —— 其他

所称“牛皮纸及纸板”在本章注释六已有定义。牛皮纸及纸板中最重要的品种有牛皮衬纸、袋用牛皮纸及其他供包裹和包装用的牛皮纸。

“牛皮衬纸”及“袋用牛皮纸”的定义，参见本章子目注释一及二。牛皮衬纸定义中所称“木纤维”，不包括竹纤维。

牛皮纸及纸板只有当其成条状或卷状，宽度超过36厘米，或成张矩形（包括正方形），以未折叠计一边超过36厘米，另一边超过15厘米，方可归入本品目（参见本章注释八）。上述纸及纸板如已切成其他尺寸或形状，一般归入品目48.23。

本品目的纸及纸板可以经本章注释三所述的工艺加工过，例如，本体着色或染成云石纹、研光、高度研光、釉光或表面施胶。经其他工艺加工的纸及纸板不归入本品目（一般归入品目48.07、48.08、48.10或48.11）。

48.05 成卷或成张的其他未经涂布的纸及纸板，加工程度不超过本章注释三所列范围（+）：

— 瓦楞原纸：
11 —— 半化学的瓦楞原纸
12 —— 草浆瓦楞原纸
19 —— 其他
— 强韧箱纸板（再生挂面纸板）：
24 —— 每平方米重量在150克及以下
25 —— 每平方米重量超过150克
30 — 亚硫酸盐包装纸
40 — 滤纸及纸板
50 — 毡纸及纸板
— 其他：
91 —— 每平方米重量在150克及以下
92 —— 每平方米重量在150克以上，但小于225克
93 —— 每平方米重量在225克及以上

本品目包括成卷或成张的未涂布机制纸及纸板（其规格参见本章注释八），但品目48.01至48.04

包括的货品除外。本品目不包括某些特种纸及纸板或特种产品（品目48.06至48.08及品目48.12至48.16），以及用本章注释三允许范围以外的方法加工的纸及纸板，例如，涂布或浸渍纸或纸板（品目48.09至48.11）。

归入本品目的纸及纸板举例如下：

一、半化学的瓦楞纸，定义参见本章子目注释三。

二、多层纸及纸板，以两层或多层湿纸浆压制而成，其中至少有一层纸浆在特征上与其他层有差别。这些差别可以是因所用纸浆的性质（例如，用回收废料制的浆）或生产方法（例如，机械法或化学法）不同所造成的，如果纸浆的性质及生产方法相同，则也可因加工程度（例如，未漂白、漂白或着色）的不同而造成的。

三、亚硫酸盐包装纸，定义参见本章子目注释六。该定义中所称“木纤维”，不包括竹纤维。

四、滤纸及纸板（包括茶袋纸）。

五、毡纸及纸板。

六、吸墨纸。

本品目也不包括纤维板（品目44.11）。

○

○ ○

子目注释：

子目4805.19

子目4805.19包括“威林斯托弗瓦楞纸（再生芯纸）”，即主要由再生（废碎）纸及纸板的纸浆加入添加剂（例如，淀粉）制成的成卷纸张，这种纸每平方米重量至少为100克，并且在温度为23℃和相对湿度为50%时，经过30分钟的瓦楞芯纸平压强度测定（CMT30），其抗压强度超过1.6牛顿/克/平方米。

子目4805.40

滤纸及纸板的纸质多孔，无机械法或半化学法制浆的木纤维，不需施胶，用于除去液体或气体的固体微粒。它们使用破布浆、化学浆或该两种浆的混合浆制得，也可在浆中掺入合成纤维或玻璃纤维。其滤孔大小由所滤微粒大小而定。这些产品包括制造茶袋、咖啡滤器、汽车过滤器的滤纸和纸板，以及分析用滤纸和纸板，后者应既不呈酸性，又不呈碱性，灰分含量极低。

子目4805.50

毡纸及纸板是用不同吸收率的纤维材料制成的产品，生产时采用废碎纸及纸板、木浆或纤维状的纺织废料为原料。毡纸及纸板通常为暗蓝灰色，有粗糙的纤维表面，含有杂质，主要用于制造铺屋顶的纸板和用作制箱或制美术革制品的中间层。

48.06 成卷或成张的植物羊皮纸、防油纸、描图纸、半透明纸及其他高光泽透明或半透明纸：

10 — 植物羊皮纸

20 — 防油纸

30 — 描图纸

40 — 高光泽透明或半透明纸

植物羊皮纸是将优质未施胶及无填料的纸在硫酸中浸泡数秒钟后制得的。酸的作用使部分纤维转化成胶化纤维素，因而具有胶质的不渗透性。当经过上述处理的纸完全冲洗净并干燥后，所得产品的强度大大超过原产品，呈半透明状，具有抗油脂性能，并在很大程度上不透水和气体。质量较重、质地较硬的植物羊皮纸，以及将两张或多张植物羊皮纸趁其潮湿时压制而成的产品，称为植物羊皮纸板。

另外，可由同一方法制得的类似纸，但纸浆中却需要加有氧化钛，所得纸张虽仍为羊皮纸，但不透明。

植物羊皮纸可用于包装达那炸药，作油脂物品（例如，黄油、猪油）及其他食品的保护性包装、渗透及渗析工艺中的薄膜、证书纸及类似纸、某些用途的描图纸及图样纸，也用于制贺卡等。植物羊皮纸板可替代羊皮纸用于书本装订、制造灯罩及旅行用容器等。

只在单面作羊皮纸化处理的纸（用于制某种壁纸）也归入本品目。

防油纸（某些国家称之为仿羊皮纸）是用纸浆（一般是亚硫酸盐浆）直接制得。这些纸浆在水中经长时间拍打，纤维细化并水解。该纸呈半透明状，并在很大程度上防止油脂渗透。总的来说，防油纸的用途与植物羊皮纸相同。因其价廉，特别适于作油脂食品的包装。防油纸极少上光，外观酷似植物羊皮纸，但可在其防水性能较弱这一点上区别于植物羊皮纸。

植物羊皮纸及防油纸在表面加工时可用甘油、葡萄糖等处理，使其软化并变得较为透明。这些处理并不影响其税则归类。

防油纸和植物羊皮纸可通过测试其防水性能加以区别。在水中浸泡数分钟后，植物羊皮纸仍不易撕裂，且裂口整齐，但防油纸却很易撕裂，且裂口起毛。

如果打浆时间不够长，纤维水解不完全，则制得类型相似但防油性能较差的纸（仿防油纸）。为了提高透明度及光泽度，可在纸浆中加入石蜡或硬脂精。

某种描图纸与防油纸相类似，其高透明度是纸浆经长时间拍打的结果。本品目也包括其他种类的描图纸。

玻璃纸，即一种高光泽透明纸，其制造方法与防油纸相同，但在制造的最后阶段，通过把纸置于高度研光机的加热滚筒之间反复湿化及加压上光，使纸获得特有的透明度及高密度。现在类似的高光泽透明纸虽经同样的工艺制得，但在纸浆中加有塑料或其他材料。

高光泽透明纸或半透明纸主要是不着色的，但在配制纸浆时，加入色料后可制得有色品种（高光泽半透明纸）。上述纸的不渗透性虽较植物羊皮纸或防水纸为差，但也可作食品、糖果等的保护性包装，用于制信封的透明纸窗，切成纸条后可作如巧克力等的精美包装材料。

本品目货品的规格参见本章注释八。

*

*　*

本品目不包括在纸张抄造后经过涂布、浸渍或类似处理，因而具有防油或防水性能的纸（品目48.09或48.11）。

48.07　成卷或成张的复合纸及纸板（用粘合剂粘合各层纸或纸板制成），未经表面涂布或未浸渍，不论内层是否有加强材料

本品目包括以粘合剂将两层或多层纸或纸板粘合制成的纸及纸板。这些产品可用各种品质的纸或纸板制得，其粘合剂可以是动物质、植物质或矿物质的（例如，糊精、动物胶、焦油、树胶、沥青、胶乳）。

区分本品目的产品与以上各品目产品（不用粘合剂将各层压合而成）的方法为：将本品目的产品浸入水或其他适当的溶剂中，各层很易分离，并明显附有粘合剂。复合纸及纸板各层燃烧时通常也会分离。

复合纸及纸板所用的粘合物质如能兼作防水材料（例如，焦油粘合的双层牛皮纸），只要其仍具有纸或纸板的基本特征，应归入本品目。内部用沥青、焦油、纺织品或其他材料（例如，纺织或金属薄纱、塑料）加强的纸及纸板同样如此。这些产品主要用作防水包装材料。

质量较优的复合纸及纸板，其多层组合特征不甚明显，多用于印刷及制文具。其他品种可用于制盒或书本装订。

本品目所列产品的规格，参见本章注释八。

本品目不包括纤维板（品目44.11）。

48.08　成卷或成张的瓦楞纸及纸板（不论是否与平面纸胶合）、皱纹纸及纸板、压纹纸及纸板、穿孔纸及纸板，但品目48.03的纸除外：

10　—　瓦楞纸及纸板，不论是否穿孔

40　—　皱纹牛皮纸，不论是否压花或穿孔

90　—　其他

本品目包括各种成卷或成张的纸及纸板，其共同特点是在纸张抄造过程中或以后，经过专门加工，使纸面不再是平整或均一。本品目产品的规格，参见本章注释八。本品目包括：

一、瓦楞纸及纸板

瓦楞纸及纸板是在加热及蒸汽作用下将纸通过带槽的滚子加工而成。它们可以是单层瓦楞纸（纸板），也可在一面（单面）或两面（双面）用平面纸（纸板）盖面。重型的纸板是由瓦楞纸或纸板与平面纸或纸板间隔连续层叠制成。

瓦楞纸及纸板多用于造瓦楞纸箱，也用作保护性包装材料。

二、皱纹纸

这些纸品是趁纸网潮湿时经机械方法处理制得，或将抄造好的纸张通过两个皱面滚筒压纹制得，经过上述处理后，纸的表面面积大为缩小，外表呈沟纹状并具有高弹性。

纤维素絮纸及纤维素纤维网纸外观上一般起皱纹，但不作为皱纹纸归类，而应归入品目48.03、48.18或48.23。生产过程中通过“克方帕克”工艺压缩纸网，使纤维弯曲、紧密的弹性纸不归入本品目。这种纸虽然是趁纸网潮湿时经机械方法处理制得并具有弹性，但一般无皱纹纸那种正常的沟纹外观（一般归入品目48.04或48.05）。

皱纹纸通常经过着色，并以单层或多层用于制造各种物品（例如，水泥袋及其他包装材料、装饰带）。但是，本品目不包括家庭或卫生用的皱纹纸（品目48.03），也不包括品目48.18的产品。

三、压纹纸及纸板

压纹纸及纸板是表面制成明显不平整的纸品。它们一般在纸张抄造后，将潮湿或干燥的纸通过两个带有凹或凸图案的滚筒之间滚压制得，或通过带有凹或凸花纹的金属板压印而得。这些产品在品质及外观上差异较大，包括通称为浮花纸的纸、压印各种皮革纹理的纸、麻面纸（包括用布面滚筒压制而成的）。它们可用于制造某种书写纸、壁纸、作盒衬及盒面、作书本装订用纸等。

四、穿孔纸及纸板

以机械方法将纸或纸板在干燥状态下用冲模冲出孔洞的纸及纸板。所穿的孔可形成一定图案或仅为规则间隔。

本品目包括直线穿孔以便于撕成一定尺寸的纸。

穿孔纸可用于改制成花色纸（例如，书架纸及贴边纸），或作包装等用。

除品目48.03及48.18的货品以外，本品目也不包括：

（一）具有自然凸起纹理的纸，例如，图画纸（品目48.02或48.05）。

（二）用于纺织提花机及类似机器的穿孔纸卡和穿孔纸板卡，以及纸花边（品目48.23）。

（三）穿孔纸及纸板音乐卡、音乐盘及音乐卷带（品目92.09）。

48.09 复写纸、自印复写纸及其他拷贝或转印纸（包括涂布或浸渍的油印蜡纸或胶印版纸），不论是否印制，成卷或成张的：

20 — 自印复写纸

90 — 其他

本品目包括成卷或成张的涂布、浸渍或经其他加工制得的纸。本品目所列货品的规格尺寸，参见本注释八。这些纸如不符合本品目所列规格，应归入品目48.16，详情参见品目48.16的注释。

本品目不包括：

（一）压印箔（品目32.12）。

（二）感光纸（一般归入品目37.03）。

48.10 成卷或成张矩形（包括正方形）的任何尺寸的单面或双面涂布高岭土或其他无机物质（不论是否加粘合剂）的纸及纸板，但未涂布其他涂料，不论是否染面、饰面或印花（+）：

— 书写、印刷或类似用途的纸及纸板，不含用机械或化学－机械方法制得的纤维或所含前述纤维不超过全部纤维重量的10%：

13 —— 成卷的

14 —— 成张的，一边不超过435毫米，另一边不超过297毫米（以未折叠计）

19 —— 其他

— 书写、印刷或类似用途的纸及纸板，所含用机械或化学－机械方法制得的纤维超过全部纤维重量的10%：

22 —— 轻质涂布纸

29 —— 其他

— 牛皮纸及纸板，但书写、印刷或类似用途的除外：

31 —— 本体均匀漂白，所含用化学方法制得的木纤维超过全部纤维重量的95%，每平方米重量不超过150克

32 —— 本体均匀漂白，所含用化学方法制得的木纤维超过全部纤维重量的95%，每平方米重量超过150克

39 —— 其他

— 其他纸及纸板：

92 —— 多层的

99 —— 其他

除高岭土（中国粘土）以外，通常用作涂料的无机物质有硫酸钡、硅酸镁、碳酸钙、硫酸钙、氧化锌及金属粉（参见本章总注释：涂布纸及纸板）。本品目所列的无机涂料可含有少量的有机物质以提高纸张的表面特性等。

本品目包括用于书写、印刷或类似用途的纸及纸板，含打印机或感光复印设备用纸（此类轻质涂布纸的定义参见本章子目注释七。定义中所称“木纤维”，不包括竹纤维）、牛皮纸及纸板以及多层纸及纸板（参见品目48.05的注释），但它们必须是以高岭土或其他无机物质涂布的。

任何尺寸的纸及纸板，只有当其成条状、卷状或成张矩形（包括正方形），方可归入本品目，如果切成任何其他形状，则应归入本品目以后的本章其他品目（例如，品目48.17、48.21或48.23）。

本品目不包括：

（一）香水纸或用化妆品浸渍或涂布的纸（第三十三章）。

（二）品目 37.01 至 37.04 的感光纸或纸板。

（三）用诊断或实验室试剂浸渍的纸条（品目 38.22）。

（四）品目 48.09 或 48.16 的拷贝纸。

（五）壁纸及类似品和窗用透明纸（品目 48.14）。

（六）品目 48.17 的通信卡片及其他纸制文具。

（七）砂纸或纸板（品目 68.05）及用纸或纸板衬底的云母（云母粉除外）（品目 68.14）。

（八）用纸或纸板衬底的金属箔（通常归入第十四类或第十五类）。

○

○　○

子目注释：

子目 4810.13、4810.14、4810.19、4810.22 **及** 4810.29

这些子目所包括的纸及纸板，未涂布时归入品目 48.02。

子目 4810.92

多层纸及纸板的解释，参见品目 48.05 的注释。

48.11　成卷或成张矩形（包括正方形）的任何尺寸的经涂布、浸渍、覆面、染面、饰面或印花的纸、纸板、纤维素絮纸及纤维素纤维网纸，但税目 48.03、48.09 或 48.10 的货品除外：

10　—　焦油纸及纸板、沥青纸及纸板

—　胶粘纸及纸板：

41　——　自粘的

49　——　其他

—　用塑料（不包括粘合剂）涂布、浸渍或覆盖的纸及纸板：

51　——　漂白的，每平方米重量超过 150 克

59　——　其他

60　—　用蜡、石蜡、硬脂精、油或甘油涂布、浸渍、覆盖的纸及纸板

90　—　其他纸、纸板、纤维素絮纸及纤维素纤维网纸

任何尺寸的纸及纸板，只有成条、成卷或成张矩形（包括正方形）时，方可归入本品目，如果切成任何其他形状，则应归入本品目以后的本章其他品目（例如，品目 48.23）。除上述条件及本章的排他条款另有规定的以外，本品目适用于以下成卷或成张的纸及纸板：

一、单面或双面的部分或整张已用高岭土或其他无机物质以外其他材料表面涂布的纸、纸板、纤维素絮纸及纤维素纤维网纸（例如，传真机等用的热敏纸）。

二、浸渍纸、纸板、纤维素絮纸及纤维素纤维网纸（参见本章总注释：浸渍纸及纸板）。

三、用塑料覆盖或涂布的纸、纸板、纤维素絮纸及纤维素纤维网纸，但其塑料层不超过总厚度的一半［参见本章注释二（七）］。

对所装货品印有文字说明及图示，两面用透明塑料薄膜包覆，不论是否用金属箔衬底（形成包装内的表层），供制造饮料及其他食品包装用的纸及纸板，也归入本品目。这些产品可压有折痕及印有标记，以便于识别各个包装容器及将其从成卷的纸及纸板裁切下来。

四、表面着色（单色或多色）的纸、纸板、纤维素絮纸及纤维素纤维网纸，包括表面仿大理石纹和印有图案的纸，以及印有花纹、文字或图画的纸，但所印内容仅从属于其主要用途，并不构成第四十九章的印刷品（参见本章注释十二及总注释：着色或印制纸及纸板）。

本品目也不包括：

（一）品目 30.05 的以药物等浸渍或涂布的纤维素絮纸。

（二）香水纸或用化妆品浸渍或涂布的纸（第三十三章）。

（三）用肥皂或洗涤剂浸渍、覆盖或涂布的纸及纤维素絮纸（品目34.01）；或用光洁剂、擦光膏或类似制剂浸渍、覆盖或涂布的纸及纤维素絮纸（品目34.05）。

（四）品目37.01至37.04的感光纸及纸板。

（五）石蕊试纸、极谱纸及其他用诊断或实验室试剂浸渍的纸（品目38.22）。

（六）在一层纸或纸板上涂布或覆盖一层塑料的产品，其塑料层占总厚度的一半以上（第三十九章）。

（七）仅有水印直线等的纸（即使其直线充作印刷线用）（品目48.02、48.04及48.05）。

（八）壁纸及类似品和窗用透明纸（品目48.14）。

（九）品目48.17的通信卡片和其他纸制文具。

（十）用纸板做基并以柏油或类似材料完全包裹或双面覆盖的屋面板（品目68.07）。

48.12　纸浆制的滤块、滤板及滤片

本品是由高纤维含量的植物纤维（棉花、亚麻、木材等）不用粘合材料压制成块、板或片状的产品，其纤维呈疏松附着状态。

植物纤维中可掺进石棉纤维，但所得的块、板及片必须仍保持纸浆制品的特性方可归入本品目。

在制成滤块、滤板或滤片之前，所用纤维必须化成粘稠纸浆，并按使用要求清除所含的所有杂质，以免过滤物沾染颜色、气味或味道。

滤块也可用两块或多块经加工并净化过的纸浆所制得（有时用手工制得）的滤板压制而成。

滤块（也称滤团）可在过滤器中用于澄清液体（例如，葡萄酒、烈性酒、啤酒及醋），不论其规格或形状如何，均归入本品目。

本品目不包括：

（一）仅压制成片或板状的棉短绒（品目14.04）。

（二）用于过滤液体的其他纸品，例如，过滤纸（品目48.05或48.23）、纤维素絮纸（品目48.03或48.23）。

48.13　卷烟纸，不论是否切成一定尺寸、成小本或管状：

10　—　成小本或管状

20　—　宽度不超过5厘米成卷的

90　—　其他

本品目包括所有的卷烟纸（含滤嘴纸，用于包卷滤嘴及滤嘴与卷烟连接处），不论其规格及形式如何。卷烟纸一般为下列形状之一：

一、成本（不论是否印制），每本含有一定数量的散页，其尺寸足够供一支卷烟用。它们用于手工卷制香烟。

二、成管状，其规格适于供一支卷烟用。

三、成卷，切成一定尺寸（宽度一般不超过5厘米），供卷烟机上用。

四、成卷，宽度超过5厘米。

卷烟纸常有直纹或水印，品质优良（常用大麻或亚麻布浆制），极薄，但相当坚韧，不加填料或仅稍加特种填料。卷烟纸一般用白纸制得，但也可着色，有时用硝酸钾、木馏油或甘草等物质加以浸渍。

卷烟纸的一端可以涂蜡、涂金属色料或涂其他不吸水物质，管子有时以软木、稻麦秆、蚕丝等作滤嘴。成卷状的纸也可附有一般用吸水纸、纤维素絮纸或醋酸纤维素纤维制的过滤嘴，其纸管端部可用较厚的纸加强。

48.14　壁纸及类似品；窗用透明纸（+）：

20　—　用塑料涂面或盖面的壁纸及类似品，起纹、压花、着色、印刷图案或经其他装饰

90　—　其他

一、壁纸及类似品

根据本注释九，所称“壁纸及类似品”仅适用于：

（一）适合作墙壁或天花板装饰用的成卷纸张，宽度不小于45厘米但不超过160厘米，并符合以下规格之一的：

1. 起纹、压花、染面、印刷图案或经其他表面装饰的（例如，起绒），不论是否用透明的防护塑料涂布或覆盖以使纸张可水洗甚至擦洗。这些纸品通称为“壁纸”。

“油毡墙纸”也属于这一类。它用厚纸涂上由氧化亚麻子油和填料组成的干性混合物制成，其涂层经压花及饰面从而使纸品适于作墙壁或天花板的装饰用。

2. 在纸张抄造时因掺入木粒或草粒等而表面凹凸不平的。这种壁纸通称为“粒面”纸。它可以饰面（例如，作画）或不饰面。未饰面的粒面纸通常挂在墙上后再在上面作画。

3. 表面用塑料涂布或覆盖并制成起纹、压花、着色、印刷图案或经其他表面装饰的。这种糊墙纸可用水洗并较以上第1项中所述的货品更为耐磨。具有聚氯乙烯层的产品通常称为“乙烯糊墙品”或“乙烯壁纸”。

4. 表面全部或部分用不论是否平行连结或编织的编结材料覆盖的。这类壁纸的某些品种具有一层以纺织纤维纱线连结的编结材料。

（二）适于装饰墙壁或天花板用的经上述加工（例如，压花、印刷图案、以干性油及填料混合物饰面、以塑料涂布或覆面）的纸边及纸条，不论是否成卷。

（三）由几幅拼成的壁纸，贴到墙上可组成印刷的风景或图案（又称照相壁画）。上述壁纸可以为各种规格，报验时可成卷或成张。

二、窗用透明纸

本品是由又薄又硬的高光泽透明或半透明纸制得，印有各种装饰性图案，通常着色以仿彩色玻璃，用于装饰或仅起减弱玻璃透明度作用。它们还可印有广告、展示等性质的文字和图画。

上述纸品有成卷的，也有裁成可即供粘于窗或门玻璃上的各种尺寸或形状的，有时还涂胶。

*

*　*

本品目不包括：

（一）胶粘糊墙品，由附在保护纸层上的一张塑料片组成，使用时需将纸层剥去（第三十九章）。

（二）用纸衬背的饰面薄板或软木糊墙品（品目44.08、45.02或45.04）。

（三）质地较重较硬挺的糊墙品的类似制品，例如，由纸基及塑料面层组合而成的产品，报验时通常呈较宽的卷状（例如，183厘米），既可作铺地制品，又可用作糊墙品（通常归入品目48.23）。

（四）外观近似窗用透明的转印纸（移画印花纸）（品目49.08）。

（五）纸基纺织糊墙品（品目59.05）。

（六）用纸衬背的铝箔糊墙品（品目76.07）。

○

○　○

子目注释：

子目 4814.10

“粒面”纸是本章注释九（一）款2项所述的纸。

【48.15】

48.16　复写纸、自印复写纸及其他拷贝或转印纸（不包括品目48.09的纸）、油印蜡纸或胶印版纸，不论是否盒装：

20 — 自印复写纸

90 — 其他

本品目包括经涂布或有时经浸渍的纸，它可在压力（例如，打字机键的冲击）、湿气、墨水等的作用下把原文制成一份或多份复制本。

归入本品目的这类纸报验时必须为宽度不超过36厘米的卷状，或为成张矩形（包括正方形），任一边长（以未折叠计）不超过36厘米，或切成矩形（包括正方形）以外的其他任何形状；否则，归入品目48.09。对油印蜡纸或胶印版纸并无规格上的规定。本品目的纸一般为盒装。

根据复印方式不同，这些纸可分为以下两类：

一、通过将纸上涂布物或浸渍物全部或部分转印到另一表面上复制原文的纸

该类货品包括：

（一）复写纸或类似的拷贝纸

本品是用混有碳黑或其他着色材料的脂肪物质或蜡性物质涂布或有时浸渍的纸，供用笔或打字机将原文复印在普通纸上。

这些纸可以是：

1. 用作插页，一次性或可重复使用的薄纸；或

2. 普通重量的涂布纸，复写部分通常为纸张的一部分。

该类还包括用于胶印机上的胶板誊印复写纸，用以制成母片，母片反过来可作为“印版”，复制更多的副件。

（二）自印复写纸

自印复写纸也称为无碳复写纸，可制成折扇形。通过办公室机器或铁笔在原文纸上缮写时的压力，使同一纸上或相邻两张纸上的两种不同成分产生反应，从而印写原文。

（三）热敏转印纸

纸品的一面涂有热敏材料，在用红外线复印机复印时，涂层中的染料可转印到一张普通纸上（热转印工序），从而获得原文的副本。

二、用上述一类以外其他方法复印的拷贝纸、油印蜡纸或胶印版纸

该类货品包括：

（一）无衬油印蜡纸及衬背油印蜡纸

无衬油印蜡纸的纸薄而韧，不施胶，用石蜡或其他蜡、胶棉或类似产品的制剂涂布或浸渍。用打字机、铁笔或其他任何刻印工具的压力穿透纸面涂料从而产生原文或图案。

衬背油印蜡纸通常附有一张顶部边缘与蜡纸粘连的衬背厚纸，衬背纸可以分离，其顶部专门打有孔眼以便于将已誊写的蜡纸固定在油印机上。蜡纸与衬纸间有时夹有一张纸，供作副本。此外，蜡纸上一般具有指示标记及印有其他各种说明。

本品目还包括框边的地址印写机蜡纸。

（二）胶印版纸及胶印版

胶印版纸的一面具有一种不透平印油墨的特殊涂层。胶印版用于办公室型胶印机上，它可将手工机器或其他任何印记方法印记于胶印版上的文字或图案复印到普通纸上。

*

*　*

本品目的纸也可成折扇形状，并可将上述两种及以上复印方法结合使用。典型的例子是在纸的一面以一种特殊油墨涂布，通过这层油墨（如同复写纸一样）用上述第二类（二）款所述的胶印版复印的类似方法，在第二张纸上形成原文或原图案的负像。当把第二张纸置于适宜的复印机上，纸面负像的油墨便转印到普通纸上，形成原版的正像，并由此可复印多份。

载有文字或图案以供复印的拷贝纸及转印纸不论是否按序号装订，仍归入本品目。

本品目不包括：

（一）名为压印箔或烫金箔的转印纸。它们是涂有金属、金属粉末或颜料的薄纸，用于书本封面、帽圈等的烫金（品目32.12）。

（二）品目37.01至37.04的感光纸或纸板。

（三）用纸衬背的以明胶为基料的复印膏（品目38.24）。

（四）用塑料膜片制成的油印模板，具有一张可分离的衬背纸，已切成一定尺寸，并在一边打有孔眼（第三十九章）。

（五）用热敏物质涂布的纸，通过将涂布物质直接变黑而形成原文的复印本（热复印法）（品目48.11或48.23）。

（六）多联商业表格纸及页间夹有复写纸的本子（品目48.20）。

（七）转印纸（移画印花纸）（品目49.08）。

48.17　纸或纸板制的信封、封缄信片、素色明信片及通信卡片；纸或纸板制的盒子、袋子及夹子，内装各种纸制文具：

10　—　信封

20　—　封缄信片、素色明信片及通信卡片

30　—　纸或纸板制的盒子、袋子及夹子，内装各种纸制文具

本品目包括用于通信的纸或纸板制文具，例如，信封、封缄信片、素色明信片（包括通信卡片）。但散页或成叠的书写纸及以下所列的其他物品不归入本品目。

这类物品可印上地址、姓名、商标、装潢、徽记、姓名首字母等，但所印内容仅从属于文具的用途。

封缄信片是成张的纸、纸板或纸卡，边上涂胶（有时打排孔）或可以用其他方式封合而不需使用信封的。

素色明信片须印有供写地址或贴邮票的部位或其他能显示其用途的标记，方可归入本品目。

通信卡片须具有毛边、金边或圆角，经印刷或其他加工明显作为文具使用，方可归入本品目。未经上述加工的普通纸卡酌情归入品目48.02、48.10、48.11或48.23。

本品目还包括内装各种纸制文具的纸或纸板制的盒子、袋子及夹子。

本品目也不包括：

（一）散张的已折叠或未折叠信纸，不论是否印刷，也不论是否盒装或小包装（酌情归入品目48.02、48.10或48.11）。

（二）品目48.20的信笺本、记事本等。

（三）印有或用其他方式赋予正在流通的邮票的信封、明信片及信卡等（品目49.07）。

（四）品目49.09的印刷或图画明信片及印制卡片。

（五）供特殊用途的印刷信件及类似物品，例如，即期票据、搬迁通知、广告信，包括需要手工填写的上述物品（品目49.11）。

（六）印有图画的首日封及集邮大型张：未附邮票的（品目49.11），附有邮票的（品目97.04）。

48.18 卫生纸及类似纸、家庭或卫生用纤维素絮纸及纤维素纤维网纸，成卷宽度不超过36厘米或切成一定尺寸或形状的；纸浆、纸、纤维素絮纸或纤维素纤维网纸制的手帕、面巾、台布、餐巾、床单及类似的家庭、卫生或医院用品、衣服及衣着附件：

10 — 卫生纸

20 — 纸手帕及纸面巾

30 — 纸台布及纸餐巾

50 — 衣服及衣着附件

90 — 其他

本品目包括下列卫生纸及类似纸、家庭或卫生用纤维素絮纸及纤维素纤维网纸：

一、成条或成卷，宽度不超过36厘米；

二、成张矩形（包括正方形），任一边长（以不折叠计）不超过36厘米；

三、切成矩形（包括正方形）以外的其他形状。

本品目还包括纸浆、纸、纤维素絮纸或纤维素纤维网纸制的家庭、卫生或医院用品、衣服及衣着附件。

本品目的货品通常用品目48.03的纸制成。

本品目不包括：

（一）供医疗、外科、牙科或兽医用的纤维素絮纸，以药物浸渍或涂布，或制成零售包装的（品目30.05）。

（二）香水纸及用化妆品浸渍或涂布的纸（第三十三章）。

（三）用肥皂或洗涤剂浸渍、覆盖或涂布的纸及纤维素絮纸（品目34.01），或用光洁剂、擦光膏或类似制剂浸渍、覆盖或涂布的纸及纤维素絮纸（品目34.05）。

（四）第六十四章的物品。

（五）第六十五章的帽子及其零件。

（六）品目96.19的卫生巾（护垫）及卫生棉条、尿布及尿布衬里和类似品。

48.19 纸、纸板、纤维素絮纸或纤维素纤维网纸制的箱、盒、匣、袋及其他包装容器；纸或纸板制的卷宗盒、信件盘及类似品，供办公室、商店及类似场所使用的：

10 — 瓦楞纸或纸板制的箱、盒、匣

20 — 非瓦楞纸或纸板制的可折叠箱、盒、匣

30 — 底宽40厘米及以上的纸袋

40 — 其他纸袋，包括锥形袋

50 — 其他包装容器，包括唱片套

60 — 办公室、商店及类似场所使用的卷宗盒、信件盘、存储盒及类似品

一、箱、盒、匣、袋及其他包装容器

本组物品包括通常用于包装、运输、存储或销售商品的各种式样及规格的容器，不论其是否具有装饰作用。本品目包括箱、盒、匣、袋、包、锥形袋及纸板桶，不论是否以滚轧或其他方法制成，也不论是否装配有其他材料制的加固圈；供邮寄文件的纸筒、衣着保护袋、纸罐、纸杯及类似品（例如，作盛装牛奶或奶油用），不论是否涂蜡。本品目还包括特种用途的纸袋，例如，真空吸尘器用袋、旅行呕吐用袋、唱片盒及唱片套。

本品目包括折叠箱、盒及匣，它们主要有：

（一）单片平板箱、盒及匣，靠折叠及槽口组装起来（例如，蛋糕盒）；

（二）仅有一面靠胶水、钉书钉等组合，而其他面则靠容器本身结构来组合的容器，但必要时可用胶粘带或钉书钉等固定容器的底部或顶部。

本组物品可经印刷，例如，印有厂商名称、使用说明、图解。因此，除印有公司名称外还印有植物产品图样及种植说明的种子盒，或印有引起儿童兴趣的图画的巧克力盒或谷物食品盒均归入本品目。

本品目的物品还可用非纸质材料进行加强或作配件（例如，用纺织物作衬背、用木作架、用绳作挽手、用金属或塑料包角）。

二、办公室、商店及类似场所使用的卷宗盒、信件盘及类似品

本组包括硬挺耐用的容器，例如，公文盒、卷宗盒、信件盘、储物盒及类似物品，一般较第一组包装容器的表面加工要精细。它们用于办公室、商店、仓库等的文件单证的归档或保存。

这些物品可用非纸质材料进行加强或作配件（例如，用金属、木、塑料或纺织材料作铰链、把柄及锁闭装置），还可配有金属、塑料等制的框架以供插入索引卡片。

本品目不包括：

（一）品目42.02的物品（旅行容器等）。

（二）用纸编结的物品（品目46.02）。

（三）品目48.11的涂层、包覆及印制的纸或纸板，成卷报验，供制造包装容器用，压有折痕及印有标记，以便于识别各个包装容器及将其从成卷的纸及纸板裁切下来。

（四）样品簿或粘贴簿（品目48.20）。

（五）品目63.05的纺织纸纱制的包、袋。

48.20 纸或纸板制的登记本、账本、笔记本、定货本、收据本、信笺本、记事本、日记本及类似品、练习本、吸墨纸本、活动封面（活页及非活页）、文件夹、卷宗皮、多联商业表格纸、页间夹有复写纸的本及其他文具用品；纸或纸板制的样品簿、粘贴簿及书籍封面：

10 — 登记本、账本、笔记本、定货本、收据本、信笺本、记事本、日记本及类似品

20 — 练习本

30 — 活动封面（书籍封面除外）、文件夹及卷宗皮

40 — 多联商业表格纸、页间夹有复写纸的本

50 — 样品簿及粘贴簿

90 — 其他

本品目包括品目48.17的通信用货品及本章注释十所述货品以外的各种文具用品，主要有：

一、登记本、账本、各种笔记本、定货本、收据本、习字本、日记本、信笺本、记事本、预约本、地址或电话号码记录本。

二、练习本。它们的纸页可以仅有带行（格），也可以印有手写字样，供练字摹仿。

印有问答题或练习题并以其为主要用途，通常留有空间以便手工完成习题的教学用辅助练习册，有时称为作业本，不论是否印有叙事内容，均不归入本品目（品目49.01）。本品目也不包括主要由带辅助性说明文字的图画组成，供儿童写字或做其他练习的儿童手工书（品目49.03）。

三、设计供活页纸、杂志或类似品用的活页夹（例如，弹夹活页夹、弹簧活页夹、螺钉活页夹、扣环活页夹）、文件夹、卷宗皮、卷宗夹（卷宗盒除外）及讲义夹。

四、多联商业表格纸，为多栏项的成套表格，表格印于自印复写纸上，或表格页间夹有复写纸。这些表格用于填制多张副本，可以是连续的或不连续的。这类表格印有内容并需要按其要求填写有关情况。

五、页间夹有复写纸的本，与多联商业表格纸相类似，但未印有任何内容或仅印有笺头及类似通讯情况，广泛用于打印多联副本，并如多联商业表格纸一样，以胶水及穿孔钉装在一起。

六、样品簿或粘贴簿（例如，集邮簿、相簿）。

七、其他如吸墨纸本等的文具（不论是否折叠）。

八、书籍封面（供装订或防尘用），不论是否印有文字（标题等）或图案。

本品目的物品有的印有相当多的内容，但只要这些内容是附属于其主要用途的，例如，表格（主要靠手工或打字填写）及日记（主要靠写作），即可归入本品目而不归入第四十九章。

本品目的货品可用非纸质材料（例如，皮革、塑料或纺织材料）装订，还可用金属、塑料等进行加强或作紧固件。

另一方面，基本上以木、大理石等组成的物品，例如，台式备忘录，应酌情分别按木、大理石等制品归类。练习本及其他书写纸的散页，包括活页本的穿孔纸张，酌情归入品目 48.02、48.10、48.11 或 48.23。粘贴簿的活页纸也不归入本品目，而应根据其特征归入其他品目。

本品目不包括：

（一）支票簿（品目 49.07）。

（二）空白的联券旅行票据（品目 49.11）。

（三）彩票、“刮擦幸运卡”、销售抽彩券及奖券（通常归入品目 49.11）。

48.21　纸或纸板制的各种标签，不论是否印制（＋）：

10　—　印制

90　—　其他

本品目包括附于任何物品之上，以标明其性质、特性、所有者、目的地、价格等的各种纸或纸板制的标签。它们可以是粘贴式（上胶水或自粘）的，也可以是用系带等其他方法附上的。

这些标签可以是素色或印有各种文字或图画，也可上胶、配备系带、扣子、挂钩及其他紧固件，或以金属或其他材料加强，还可以打排孔或制成大张或小本子。

供宣传、广告用或仅作装饰用的自粘印制张贴品，例如，漫画或橱窗张贴品，不归入本品目（品目 49.11）。

本品目不包括由单面或双面以一层簿纸覆面的硬贱金属片制成的“标签”，不论是否印制（品目 73.26、76.16、79.07 等，或品目 83.10）。

○

○　○

子目注释：

子目 4821.10

本子目包括各种印制标签，不论其所印内容的意义及程度如何。标签上印有线条或其他简单边线，或者仅印有小图案或其他符号的，也视作本子目所称的“印制”。

48.22 纸浆、纸或纸板（不论是否穿孔或硬化）制的筒管、卷轴、纡子及类似品：

10 — 纺织纱线用

90 — 其他

本品目包括用以缠绕纱、线的筒管、小管、卷轴、纡子、锥形纱管及类似芯子，不论供工业用或供零售用。本品目还包括用以缠绕布匹、纸张或其他材料的圆柱芯（不论两端有无凸缘）。

这类货品可以用纸板、多层滚压纸张制得，或用压制或模制的纸浆制得（参见本章总注释的倒数第二段）。它们有时还可打排孔。这类物品可以是涂胶或以塑料等浸渍或涂布。但具有层压塑料品特征的物品不包括在本品目内（第三十九章）。

筒管、小管、卷轴等可以在其一端或两端用木、金属或其他材料进行加强或作附件。

本品目不包括用于类似用途的各种形状的扁平芯子（品目48.23）。

48.23 切成一定尺寸或形状的其他纸、纸板、纤维素絮纸及纤维素纤维网纸；纸浆、纸、纸板、纤维素絮纸及纤维素纤维网纸制的其他物品：

20 — 滤纸及纸板

40 — 已印制的自动记录器用打印纸卷、纸张及纸盘

— 纸或纸板制的盘、碟、盆、杯及类似品：

61 —— 竹浆纸或纸板制的

69 —— 其他

70 — 压制或模制纸浆制品

90 — 其他

本品目包括：

一、本章其他品目未包括的纸、纸板、纤维素絮纸及纤维素纤维网纸。

—— 成条或成卷，宽度不超过36厘米；

—— 成张矩形（包括正方形），任何一边（以未折叠计）均不超过36厘米；

—— 切成矩形（包括正方形）以外的其他形状。

但须注意，品目48.02、48.10和48.11所列的任何尺寸的成条、成卷或成张矩形（包括正方形）的纸及纸板仍归入这些品目。

二、既不归入本章其他品目，也不属于本章注释二所列范围的纸浆、纸、纸板、纤维素絮纸或纤维素纤维网纸的制品。

据此，本品目包括：

1. 滤纸及纸板（不论是否折叠），通常呈矩形（包括正方形）以外其他形状，例如，圆形滤纸及纸板。

2. 非矩形（包括正方形）的已印制的自动记录器用纸盘。

3. 本章其他品目未包括的切成矩形（包括正方形）以外其他形状的书写、印刷或类似用途的纸及纸板。

4. 纸或纸板制的盘、碟、盆、杯及类似品。

5. 模制或压制的纸浆制品。

6. 编结或其他用途的未经涂布的纸条（不论是否折叠），但书写、印刷或类似用途的纸条除外。

7. 纸丝（即缠成一团的窄纸条，用于包装）。

8. 糖纸、水果包装纸及其他切成一定尺寸的包装纸。

9. 糕饼卡纸及纸；果酱罐封纸；袋用成形纸。

10. 提花机或类似机器用的穿孔纸及纸板卡片（参见本章注释十一），即打有操作织机所需孔眼的纸及纸板卡片（“打孔”纸及纸板卡片）。

11. 纸花边及刺绣品；陈列架边饰。

12. 纸垫片及垫圈。

13. 集邮衬纸、相角及照片衬纸、手提箱的加固角。

14. 纸制纺织旋转罐；用作缠绕纱、带等的扁平纸卡；包装蛋品的模制纸片。

15. 纸制肠衣。

16. 服装纸样、模型及样板，不论是否装配。

17. 扇子及手携式面罩，具有纸质扇托或扇面及任何材料制的框架；以及单独报验的扇托。但贵金属作框架的扇子及手携式面罩应归入品目71.13。

除本章注释二所列不包括的货品以外，本品目还不包括：

（一）捕蝇纸（品目38.08）。

（二）用诊断或实验室试剂浸渍的纸条（品目38.22）。

（三）纤维板（品目44.11）。

（四）品目48.02的书写、印刷或其他类似用途的未涂布纸条。

（五）品目48.10或48.11的涂布、覆盖或浸渍的纸条。

（六）彩票、“刮擦幸运卡”、销售抽彩券及奖券（通常归入品目49.11）。

（七）纸制太阳伞（品目66.01）。

（八）人造花、簇叶、果实及其部分品（品目67.02）。

（九）绝缘子及其他电气货品（第八十五章）。

（十）第九十章的物品（例如，矫形器具或示范装置、科学仪器用的标度盘）。

（十一）钟面及表面（品目91.14）。

（十二）弹壳及弹垫（品目93.06）。

（十三）灯罩（品目94.05）。

第四十九章　书籍、报纸、印刷图画及其他印刷品；手稿、打字稿及设计图纸

注释：

一、本章不包括：

（一）透明基的照相负片或正片（第三十七章）；

（二）立体地图、设计图表或地球仪、天体仪，不论是否印刷（品目 90.23）；

（三）第九十五章的扑克牌或其他物品；或

（四）雕版画、印刷画、石印画的原本（品目 97.02），品目 97.04 的邮票、印花税票、纪念封、首日封、邮政信笺及类似品，以及第九十七章的超过一百年的古物或其他物品。

二、第四十九章所称“印刷”，也包括用胶版复印机、油印机印制，在自动数据处理设备控制下打印绘制，压印、冲印、感光复印、热敏复印或打字。

三、用纸以外材料装订成册的报纸、杂志和期刊，以及一期以上装订在同一封面里的成套报纸、杂志和期刊，应归入品目 49.01，不论是否有广告材料。

四、品目 49.01 还包括：

（一）附有说明文字，每页编有号数以便装订成一册或几册的整集印刷复制品，例如，美术作品、绘画；

（二）随同成册书籍的图画附刊；以及

（三）供装订书籍或小册子用的散页、集页或书帖形式的印刷品，已构成一部作品的全部或部分。

但没有说明文字的印刷图画或图解，不论是否散页或书帖形式，应归入品目 49.11。

五、除本章注释三另有规定的以外，品目 49.01 不包括主要作广告用的出版物（例如，小册子、散页印刷品、商业目录、同业公会出版的年鉴、旅游宣传品），这类出版物应归入品目 49.11。

六、品目 49.03 所称“儿童图画书”，是指以图画为主、文字为辅，供儿童阅览的书籍。

总　注　释

除下列极个别的物品以外，本章包括所印花纹图案、文字或图画决定其基本性质及用途的各种印刷品。

另一方面，除品目 48.14 或 48.21 的货品以外，纸、纸板或纤维素絮纸及其制品，如所印内容仅附属于主要用途（例如，印制的包装纸及文具），应归入第四十八章。同样，印制的纺织品（例如，围巾或手帕），如其所印内容主要是为了装饰或新颖，并不影响货品的基本性质，应归入第十一类。印有图案的刺绣织物和制成的装饰毯帆布也归入第十一类。

本章也不包括品目 39.18、39.19、48.14 或 48.21 的货品，即使它们所印花纹图案、文字或图画不仅仅是附属于货品的主要用途的。

本章所称“印刷”不仅包括以普通手工印刷（例如，雕版印刷或木版印刷，但雕版画及木版画原本除外）或机械印刷（例如，活版印刷、胶版印刷、平版印刷、照相凹版印刷等）的几种方法复制，还包括用复印机复制，在自动数据处理设备控制下打印绘制，压印、冲印、感光复印、热敏复印或打字（参见本章注释二），不论印刷文字的形式如何（例如，任何一种字母、数字、速记符号、摩尔斯电码或其他电码符号、布莱叶盲字、音乐符号、图画及图解）。但“印刷”一词不包括着色、装饰性或重复图案的印制。

本章还包括以手工绘制的类似品（包括手绘地图及设计图表），以及手稿或打字稿的复写本。

本章的货品一般是印于纸上的，但也可印于其他材料上，只要其具有本章总注释第一段所列特征。但对于商店招牌或橱窗用的带印刷图画或文字内容的字母、数字、标志及类似符号，如果用陶瓷、玻璃或贱金属制成的，应分别归入品目69.14、70.20及83.10，如果带有照明装置的，则应归入品目94.05。

除较常见的印刷品（例如，书籍、报纸、小册子、图画、广告品）以外，本章还包括以下物品：印刷的转印贴花纸（移画印花法用图案纸）；印刷或图画明信片、贺卡；日历、地图、设计图表及绘画；邮票、印花税票及类似票证。本章物品的不透明底基缩微本应归入品目49.11。缩微本是通过光学仪器制得的，该仪器大大缩小所拍照文件的尺寸，缩微本的阅读通常需借助于放大器具。

本章也不包括：

（一）第三十七章在透明底基上的照相负片或正片（例如，缩微胶片）。

（二）第九十七章的货品。

49.01　书籍、小册子、散页印刷品及类似印刷品，不论是否单张：

10　—　单张的，不论是否折叠

—　其他：

91　——　字典或百科全书及其连续出版的分册

99　——　其他

除宣传品及更具体地列入本章其他品目（尤其是品目49.02、49.03或49.04）的产品以外，本品目几乎包括所有出版物及印刷读物，不论是否插图。它们有：

一、书籍及小册子，主要印有文字内容，可以任何语言或文字印刷，包括布莱叶盲文及速记符号在内。它们包括所有文学作品、教科书（包括教学用辅助练习册，有时称为作业本），印有问答题或练习题（通常留有空间以便手工完成习题），不论是否印有叙事内容；科技出版物；参考书籍，例如，字典、百科全书及索引簿（例如，带有“黄页”的电话簿）；博物馆及公共图书馆目录（不包括商品目录）；礼拜仪式书籍，例如，祈祷书及赞美诗集（不包括品目49.04的乐谱赞美歌书）；儿童书籍（不包括品目49.03的儿童图画书、绘图或涂色书）。上述书籍可以是已装订（用纸或以软封面或硬封面装订）成单册或数册，也可以是准备装订的一部作品的全部或部分散页。

随书供应的防尘套、书夹子、书签及其他小附件应视作书籍的一部分。

二、单行本、小册子及散页印刷品，由几页读物装订（例如，用钉书钉装订）或不装订组成，甚至还可以是单页的。

它们包括以下出版物：较短的科技论文及专题文章、政府部门或其他团体颁发的指示通知等、传单、散页赞美诗等。

本类不包括印有个人问候、祝贺或通告的卡片（品目49.09），以及供人填写的印刷表格（品目49.11）。

三、供装入活页封皮并印有文字内容的散页。

本品目还包括：

（一）用纸以外的材料装订成册的报纸、杂志和期刊，以及一期以上装订在同一封面里的成套报纸、杂志、期刊，不论是否有广告材料。

（二）已装订的图画书（品目49.03的儿童图画书除外）。

（三）附有说明文字（例如，艺术家的传记），每页编有号数以适于装订成册的整集美术、绘画等作品的印刷复制品。

（四）随同成册书籍带说明文字的图画附刊。

本品目不包括其他图画出版物，它们一般归入品目49.11。

除本章注释三另有规定的以外，本品目也不包括主要作广告（包括旅游宣传）用的各种出版物，以及那些由或为某一厂商出版的广告宣传印刷品，即使这些印刷品在内容上可能不具有直接广告价值。上述广告出版物包括，例如，商品目录；同业公会出版的年鉴，虽载有一定数量的资料，但主要载有其会员的大量广告；吸引人们注意出版人自己的产品或服务的出版物。本品目也不包括含有间接或潜在广告宣传的出版物，即虽然主要在作广告，但又表现出似乎不是在作广告的出版物。

另一方面，由或为工业企业出版的科技论文，及仅描述工、商业某一领域的趋势、进展或活动但无直接或间接广告宣传价值的出版物，仍可归入本品目。

本品目还不包括：

（一）载有文字或图案以供复制并按序号装订的拷贝纸及转印纸（品目48.16）。

（二）品目48.20的日记本及其他本子，即主要供手书或打字填入内容的本子。

（三）单份的报纸、杂志及期刊，未装订或仅用纸装订（品目49.02）。

（四）主要由带辅助说明文字的图画组成，供儿童写字或做其他练习的儿童手工书（品目49.03）。

（五）乐谱（品目49.04）。

（六）地图册（品目49.05）。

（七）书籍的一部分，不论是书帖或散页形式，载有图画但无印刷文字（品目49.11）。

49.02 报纸、杂志及期刊，不论有无插图或广告材料：

10 — 每周至少出版四次

90 — 其他

本品目的出版物具有一显著特点，即它以连续不断的系列形式定期用同一刊名予以出版，每期均印有日期（也可仅印一年中的某个时期，例如，“1966年春”），还通常印有编号。这类出版物可以不装订或用纸装订，但如果用纸以外的其他材料装订或在同一封面内装订有一期以上的，则不归入本品目（品目49.01）。这类出版物通常以读物为主要内容，但也可印有大量插图，甚至主要是印有图片，还可含有广告材料。

本品目包括以下各类出版物：

一、报纸，日报或周报，呈未装订的印刷品散页形式，主要以普遍感兴趣的时事新闻为内容，并常刊有以当今、历史、人物传记等为题材的文章和趣味性文章。报纸还常以较大的篇幅刊登插图及广告。

二、杂志及其他期刊，周刊、半月刊、月刊、季刊或半年刊，以报纸的形式或用纸装订出版物的形式出版。它们可以是以出版专业性题材或某方面感兴趣的信息为主（例如，法学、医学、财政、商务、时装或体育运动），通常由或为有关组织出版。它们也可以是大众普遍感兴趣的出版物，例如，一般的小说杂志。这类出版物包括由或为指定的有关工业企业（例如，汽车制造商）以吸引顾客注意其产品为目的出版的期刊；一般仅在有关行业、组织等内部发行的员工杂志；以及以广告宣传为目的而由某一商行或协会出版的时装杂志等期刊。

大型著作（例如，参考书籍）的节选，有时按周、半月等在一段预定的时期内分期连载，则不应视为期刊，它们应归入品目49.01。

与报纸或期刊一起发行并通常随附出售的增刊，例如，图片、图样，应视作出版物的组成部分。

由旧报纸、旧杂志或旧期刊构成的废纸，归入品目47.07。

49.03　儿童图画书、绘画或涂色书

本品目只限于为儿童兴趣及娱乐或指导儿童进入初级教育第一阶段而编辑的画册，其图画必须构成主要内容，而不是辅助于文字内容（参见本章注释六）。

这类图画书包括诸如图片、字母册及故事情节由一系列图画来表达，每幅图画都有解说词或扼要叙述的连环画册。它还包括主要由带辅助说明文字的图画组成，供儿童写字或做其他练习的儿童手工书。

本品目不包括以连续叙述故事为内容，但只对其中某些故事情节附加插图的书。不论其插图如何丰富，这些书均归入品目 49.01。

本品目的书可以印在纸或纺织材料上，并包括儿童碎布书。

内有“可站立”或可移动的人物形象的儿童图画书也归入本品目，但如果该物品主要是一种玩具，则不包括在内（第九十五章）。同样，印有可供剪裁的图画或模型的儿童图画书，如其剪裁部分是少量的，仍可归入本品目，但如这类书中有过半页数（包括封皮）是用于剪裁的，不论是整页或部分剪裁，即使书中载有一定数量的正文，也应视作玩具（第九十五章）。

本品目也包括儿童绘画或涂色书。这些书主要由已装订的书页组成（有时呈可撕开的明信片状）、印有供临摹的简单图画，或印有供填绘或涂色的图画轮廓，不论是否印有说明，有时还附有指导性的彩色图解。它们还包括具有不可见轮廓或颜色的类似图画书，该书用铅笔摹拓或用画笔蘸水涂抹即可现出画面，以及附有少量涂色用水彩颜料的书（例如，以调色板附于书中）。

49.04　乐谱原稿或印本，不论是否装订或印有插图

本品目包括各种乐谱、乐器的或声乐的原稿或印本，不论是否装订或印有插图，以及不论使用何种记谱法（例如，首调唱法、五线谱、数字符号、布莱叶盲文乐谱）。

本品目的乐谱可以是印刷或书写于纸上或其他材料上，可以呈散页（包括纸板）或装订本等形式，不论是否有插图或附有文字。

除较普通的印刷或手稿乐谱以外，本品目还包括音乐赞美诗本，总谱（含小作品）及音乐教本（导师用），但教本除载有教学文字内容外，还须有实践谱及练习谱。

与乐谱一同出售的防尘套应视作乐谱的组成部分。

本品目不包括：

（一）印刷书籍、目录等，印有仅附属于正文或解释正文的乐谱符号，例如，书中正文所指的某一主旋律或音乐主题（品目 49.01 或 49.11）。

（二）机械乐器用的卡片、盘及带卷（品目 92.09）。

49.05　各种印刷的地图、水道图及类似图表，包括地图册、挂图、地形图及地球仪、天体仪：

20　—　成册的

90　—　其他

本品目包括所有用于表明国家、城镇、海洋、天空等自然或人为特征的印刷球仪（例如，地球仪、月球仪或天体仪）、地图、海图及详图，其轮廓线等用公认的符号来表示的。附有广告内容的地图及海图等仍归入本品目。

这些产品可以印在纸上或其他材料上（例如，布上），不论是否加强，可呈单张或折叠状，或各页汇集装订成书状（例如，地图册）。这类物品可装有可移动的指示针及滚轴，还可具有透明保护罩或其他附件。

本品目主要包括：

地理图（包括地球部分图）、公路图、挂图、地图册、水道图、地理及天文图、地质调查图、地形图（例如，城镇或地区的详图）。

本品目还包括内部装有照明装置但并非玩具的印刷球仪。

本品目不包括：

（一）附带有地图或详图的书籍（品目49.01）。

（二）手绘地图、详图等，及其复写本和照相复制本（品目49.06）。

（三）航空测量或地貌照片，不论在地形学上是否精确，但未制成地图、海图或详图的（品目49.11）。

（四）通过适当图解表示一个国家或地区的工业、旅游或其他活动情况，铁路系统概况等的示意图（品目49.11）。

（五）为观赏或装饰目的印有地图的纺织制品（第十一类）。

（六）浮雕地图、详图及球仪，不论是否印制（品目90.23）。

49.06　手绘的建筑、工程、工业、商业、地形或类似用途的设计图纸原稿；手稿；用感光纸照相复印或用复写纸誊写的上述物品复制件

本品目包括工业设计图纸。这些图纸一般是用来标明现有的建筑物、机器或其他建设工程各个部分或特征的位置及相互关系，或用以指导承建商及制造商进行生产建设（例如，建筑师及工程师的设计图纸）。这些设计图纸可以包括印刷或非印刷的工程说明书、规格书等。

本品目也包括供广告宣传用的绘画或素描（例如，时装绘画、招贴图样、陶器、壁纸、首饰、家具的图案）。

必须注意，只有手绘或手书原稿及其感光纸的照相复制品或用复写纸复制的副本，才可归入本品目。

地图、详图及地形图，印刷的归入品目49.05，如果是手绘原稿或其用复写纸复制的副本或用感光纸复制的照相复制品，则仍归入本品目。

手稿（包括速记的，但不包括乐谱）及其用复写纸誊写或用感光纸照相复印的复制本，不论是否装订，也归入本品目。

本品目不包括：

（一）拷贝纸及转印纸，载有供复制用的手书或打印文字内容的（品目48.16）。

（二）印刷的设计图纸（品目49.05或49.11）。

（三）打字稿（包括复写本）及手稿或打字稿的复印机复制本（品目49.01或49.11）。

49.07　在承认或将承认其面值的国家流通或新发行并且未经使用的邮票、印花税票及类似票证；印有邮票或印花税票的纸品；钞票；空白支票；股票、债券及类似所有权凭证

本品目所列产品的特征是，一经有关当局发行（有的需有签章才能生效），具有超过其内在价值的信用价值。

这些产品包括：

一、印刷票证，未经使用（即未盖销）但在承认或将承认其面值的国家流通或新发行的。

本品目的票证印于纸上，一般已涂胶，有各种图案及色彩，并印有标明其价值的字样，有时还印有标明其特定用途的字样。

它们有：

（一）邮票，一般用以预付邮递费，但在某些国家也可作印花税票用（例如，贴在收据及单证上）。

本品目还包括邮资不足信件等收费用的欠资邮票。

（二）印花税票，用于附贴在法律、商业等各种文件上，有时附贴在货物上作为缴付了票值所示金额的政府税收的凭证。本品目还包括标签形式的印花税票。该税票用以系在某些应税货物上作为缴清税款的凭证。

（三）其他票证，例如，公众必须或自愿向国家或其他社会当局作为支付手段购买的票证，如对国民福利或其他社会服务项目的募捐票证或国家储蓄邮票。

本品目不包括：

（一）零售商发给顾客作为购物回扣的票证形式凭据，发给在校儿童的宗教邮票，慈善机构等为筹集基金或宣传而发行的票证，以及私人或商业团体发给顾客的“储蓄邮票”（品目49.11）。

（二）使用过的或虽未使用过但不是指运国流通及新发行的票证（品目97.04）。

二、已盖邮戳的信封、封缄卡片、明信片等，印有在承认或将承认其面值的国家流通或新发行并且未盖销的上述邮票印记或盖有“回资已付”邮戳的。

三、其他印有印花税票的纸品，例如，印有或盖有印花税票印记的官方表格、空白表格等（例如，应缴纳印花税的法定单证）。

四、钞票，即由政府及其授权银行发行的各种面额本票，该票在发行国或其他地方作为货币或法币使用。上述钞票包括报验时在任何国家尚未成为法币的钞票。但是，作为收集品及珍藏品的钞票应归入品目97.05。

五、空白支票，即已盖或未盖印戳的空白支票，常以纸封面装订或呈小本状，由银行（包括某些国家的邮政银行）发行，供其顾客使用。

六、股票、债券及类似所有权凭证，属于正式的文书，即由社会或私人团体发行或将要发行的正式凭证，用以授予或有权拥有凭证中指明的金融利益、货物或其他利益的所有权。除上述单证外，这些凭证还包括信用证、汇票、旅行支票、提货单、地契及股息票。它们一般须经所有人签章才能生效。

钞票、空白支票及股票等凭证一般以有特殊水印或其他标记的特种纸张印制，通常编有序号。但用证券纸印制并编有序号的彩票一般不归入本品目，而应归入品目49.11。

本品目所述的各种产品（例如，股票），不论其是否需经签章才可生效，一般都由有关发行当局进行批量的商业交易。

49.08　转印贴花纸（移画印花法用图案纸）：

10　—　釉转印贴花纸（移画印花法用图案纸）

90　—　其他

转印贴花纸（移画印花法用图案纸）由平版印刷或其他方法印在轻质吸水纸（有时为透明塑料薄片）上的单色或多色图画、图案或字母组成，用淀粉及树胶等制剂涂布以便承印本身涂有胶粘剂的印记。这类纸常以一张重质纸作背衬。图案有时是印在金属箔上。

当把这种经过印刷的纸弄湿并贴在一个永久性表面（例如，玻璃、陶器、木、金属、石或纸）上轻轻压紧，印有图画等的涂层便转移到该永久性表面上。

本品目也包括釉转印贴花纸，即以品目32.07的釉料制剂印刷的转印贴花纸。

转印贴花纸可用于装饰或实用用途，例如，装饰陶器或玻璃，或在车辆、机器及仪器等各类物品上印制标记。

本品目还包括主要供儿童娱乐用的转印贴花纸，以及刺绣品及针织品转印贴花纸之类的物品，其纸上图案是用色料勾出轮廓的，通常用加热熨斗平压可转印到纺织品表面上。

切勿将上述物品与归入品目48.14或49.11的名为窗用透明纸的产品相混淆（参见品目48.14的

注释）。

本品目也不包括名为压印箔或转印箔的转印纸，这种箔以一层金属、金属粉或色料涂布制得，用于印制书籍封面、帽圈等（品目 32.12）。用于平版印刷的其他转印纸应酌情分别归入品目 48.09 或 48.16。

49.09　印刷或有图画的明信片；印有个人问候、祝贺、通告的卡片，不论是否有图画、带信封或饰边

本品目包括：

一、印刷或有图画的明信片，不论是供个人、商务或广告用。

二、印有各种场合个人问候、祝贺、通告的卡片，不论是否有图画、带信封或饰边。

这些产品主要包括：

（一）美术明信片，即印有明信片标志的卡片，其一面的全部或大部印有图片。不具有明信片标志的类似产品应作为图片归入品目 49.11。这些美术明信片可成单张或小本形式。其图片并不构成主要特征的印刷明信片（例如，印有广告内容或小幅画面的某些明信片）也归入本品目。但这种明信片如印有或压有邮票印记则不应归入本品目（品目 49.07）。其印刷内容仅附属于主要用途的素色明信片也不归入本品目（品目 48.17）。

（二）圣诞卡、新年卡、生日卡或类似卡片。它们可呈美术明信片形式，也可由两张或多张连在一起的折叠页组成，其中一面或几面印有图片。所称"类似卡片"，包括用作告知生日或洗礼命名的卡片，或用作表达祝贺或谢意的卡片。上述印刷卡片均可配有如缎带、细绳、缨及刺绣品等的装饰物，或装有新颖的拉伸景物，或以玻璃粉等装饰。

本品目的产品有时是印在非纸质材料上，例如，塑料或明胶上。

本品目不包括：

（一）制成儿童图画书、绘画或涂色书的美术明信片（品目 49.03）。

（二）制成日历形式的圣诞或新年卡等（品目 49.10）。

49.10　印刷的各种日历，包括日历芯

本品目涉及各种日历，不论其印于纸、纸板、纺织物上或印于其他材料上，只要所印日历构成了这些物品的基本特征。这些日历除按正常顺序印有月份日期、星期日期等以外，还可印有各种其他信息资料。例如，大事记、节日、天文及其他资料、诗句及格言。此类日历也可以印有图片及广告，然而有时被误称为日历的出版物，虽然印有月份日期，但主要用来传播有关公共或私人事件等信息的，应归入品目 49.01（如属广告宣传品，归入品目 49.11）。

本品目也包括"万年"历或装在非纸或纸板材料（例如，木材、塑料或金属）基座上的可更换日历芯的日历。

本品目还包括日历芯。该芯由印有一年中每一天具体情况的纸条组成，按日期顺序装订成本，每日撕去一张。日历芯一般装于纸板底基上，对每年度更换一次的日历芯，可装于较为耐用的底基上。

然而，本品目不包括所带的日历并不构成其主要特征的物品。

本品目还不包括：

（一）又有日历又可记日记的记事本（包括所谓约会日历本）（品目 48.20）。

（二）未装日历芯的印刷日历托板（品目 49.11）。

49.11　其他印刷品，包括印刷的图片及照片：

10　—　商业广告品、商品目录及类似印刷品

—　其他：

91　——　图片、设计图样及照片

99　——　其他

本品目包括本章内其他品目未具体列名的所有印刷品，包括照片及印刷图片（参见以上本章总注释）。

对于已镶框的图画及照片，如果是图画或照片构成物品的主要特征，应归入本品目；否则，应按框架属性，作为木材、金属等制品归入相应的品目。

某些印刷品是需要手工或打字来填写内容的，只要其具有印刷品的主要特征（参见第四十八章注释十二），仍归入本品目。因此，只需填写某些内容（例如，日期及姓名）的印刷表格（例如，杂志订阅表）、空白的联券旅行票据（例如，飞机票、火车票及客车票）、通函、身份证明文件和身份证及其他印有消息、通知等的物品，也归入本品目。但是，同样需要填写特定内容即具效力的股票、债券及类似所有权凭证和支票不应归入本品目，而应归入品目49.07。

另一方面，某些文具，如所印内容仅附属于书写或打字的主要用途，应归入第四十八章（参见第四十八章注释十二，特别是品目48.17及48.20的注释）。

除某些明显为印刷品的产品以外，本品目还包括：

一、广告印刷品（包括海报），主要以广告为目的的年刊及类似出版物，各种商品目录册（包括书籍或音乐制品出版商的清单，以及艺术作品目录）及旅游宣传品。报纸、期刊及杂志，不论是否载有广告内容，均不归入本品目（酌情归入品目49.01或49.02）。

二、载有马戏节目、体育大事、歌剧、戏剧或类似表演消息的小册子。

三、已印刷的日历托板，不论是否有图画。

四、示意地图。

五、解剖学、植物学等的示教图表及图解。

六、娱乐场所的入场券（例如，电影院、戏院及音乐会的入场券）、公共或私营运输的旅行票据及其他类似票券。

七、印在不透明底基上的本章物品的缩微本。

八、在塑料薄膜上印有字母或符号的屏幕，供裁切后用于设计图案。

仅简单印有点、线或方格的这类屏幕不归入本品目（第三十九章）。

九、无邮票的集邮大型张及印有图画的首日封（参见品目97.04注释的第四部分）。

十、供宣传、广告用或仅作装饰用的自粘印制张贴品，例如，漫画及橱窗张贴品。

十一、彩票、“刮擦幸运卡”、销售抽彩券及奖券。

本品目主要不包括以下物品：

（一）照相软片或硬片的负片或正片（品目37.05）。

（二）品目39.18、39.19、48.14或48.21的货品及第四十八章的印制纸品，其所印的文字或图画仅附属于产品主要用途的。

（三）商店招牌或橱窗用的带印刷图画或文字内容的字母、数字、标志及类似符号，如果用陶瓷、玻璃或贱金属制成的，应分别归入品目69.14、70.20及83.10，如果带有照明装置的，则应归入品目94.05。

（四）在一面印有图画、文字的装饰性玻璃镜，不论是否镶框（品目70.09或70.13）。

（五）第八十五章注释五（二）所定义的已印制的“智能卡”（包括邻近卡或牌）（品目85.23）。

（六）第九十章或第九十一章所列仪器或装置的印刷刻度盘。

（七）印刷的纸质玩具（例如，儿童裁剪纸）、扑克牌及类似品和其他印刷游戏品（第九十五章）。

（八）品目 97.02 的雕版画、印刷画，石印画的原本，即以艺术家完全用手工制作的单块或数块印版，直接印刷出来的黑白或彩色原本，不论艺术家使用何种方法或材料，但不包括使用机械或照相制版方法。

2022年版

进出口税则
商品及品目注释(下)

海关总署关税征管司　编著

中国海关出版社有限公司

目 录

上册

下册

第十一类　纺织原料及纺织制品

注释：

一、本类不包括：

（一）制刷用的动物鬃、毛（品目05.02）；马毛及废马毛（品目05.11）；

（二）人发及人发制品（品目05.01、67.03或67.04），但通常用于榨油机或类似机器的滤布除外（品目59.11）；

（三）第十四章的棉短绒或其他植物材料；

（四）品目25.24的石棉、品目68.12或68.13的石棉制品或其他产品；

（五）品目30.05或30.06的物品；品目33.06的用于清洁牙缝的纱线（牙线），单独零售包装的；

（六）品目37.01至37.04的感光布；

（七）截面尺寸超过1毫米的塑料单丝和表面宽度超过5毫米的塑料扁条及类似品（例如，人造草）（第三十九章），以及上述单丝或扁条的缏条、织物、篮筐或柳条编结品（第四十六章）；

（八）第三十九章的用塑料浸渍、涂布、包覆或层压的机织物、针织物或钩编织物、毡呢或无纺织物及其制品；

（九）第四十章的用橡胶浸渍、涂布、包覆或层压的机织物、针织物或钩编织物、毡呢或无纺织物及其制品；

（十）带毛皮张（第四十一章或第四十三章）、品目43.03或43.04的毛皮制品、人造毛皮及其制品；

（十一）品目42.01或42.02的用纺织材料制成的物品；

（十二）第四十八章的产品或物品（例如，纤维素絮纸）；

（十三）第六十四章的鞋靴及其零件、护腿、裹腿及类似品；

（十四）第六十五章的发网、其他帽类及其零件；

（十五）第六十七章的货品；

（十六）涂有研磨料的纺织材料（品目68.05）以及品目68.15的碳纤维及其制品；

（十七）玻璃纤维及其制品，但可见底布的玻璃线刺绣品除外（第七十章）；

（十八）第九十四章的物品（例如，家具、寝具、灯具及照明装置）；

（十九）第九十五章的物品（例如，玩具、游戏品、运动用品及网具）；

（二十）第九十六章的物品［例如，刷子、旅行用成套缝纫用具、拉链、打字机色带、卫生巾（护垫）及卫生棉条、尿布及尿布衬里］；或

（二十一）第九十七章的物品。

二、

（一）可归入第五十章至第五十五章及品目58.09或59.02的由两种或两种以上纺织材料混合制成的货品，应按其中重量最大的那种纺织材料归类。

当没有一种纺织材料重量较大时，应按可归入的有关品目中最后一个品目所列的纺织材料归类。

（二）应用上述规定时：

1. 马毛粗松螺旋花线（品目51.10）和含金属纱线（品目56.05）均应作为一种单一的纺织材料，其重量应为它们在纱线中的合计重量；在机织物的归类中，金属线应作为一种纺织材料；

2. 在选择合适的品目时，应首先确定章，然后再确定该章的有关品目，至于不归入该章的其他

材料可不予考虑；

3. 当归入第五十四章及第五十五章的货品与其他章的货品进行比较时，应将这两章作为一个单一的章对待；

4. 同一章或同一品目所列各种不同的纺织材料应作为单一的纺织材料对待。

（三）上述（一）、（二）两款规定亦适用于以下注释三、四、五或六所述纱线。

三、

（一）本类的纱线（单纱、多股纱线或缆线）除下列（二）款另有规定的以外，凡符合以下规格的应作为"线、绳、索、缆"：

1. 丝或绢丝纱线，细度在20000分特以上；

2. 化学纤维纱线（包括第五十四章的用两根及以上单丝纺成的纱线），细度在10000分特以上；

3. 大麻或亚麻纱线：

（1）加光或上光的，细度在1429分特及以上；或

（2）未加光或上光的，细度在20000分特以上；

4. 三股或三股以上的椰壳纤维纱线；

5. 其他植物纤维纱线，细度在20000分特以上；或

6. 用金属线加强的纱线。

（二）下列各项不按上述（一）款规定办理：

1. 羊毛或其他动物毛纱线及纸纱线，但用金属线加强的纱线除外；

2. 第五十五章的化学纤维长丝丝束以及第五十四章的未加捻或捻度每米少于5转的复丝纱线；

3. 品目50.06的蚕胶丝及第五十四章的单丝；

4. 品目56.05的含金属纱线；但用金属线加强的纱线按上述（一）款6项规定办理；以及

5. 品目56.06的绳绒线、粗松螺旋花线及纵行起圈纱线。

四、

（一）除下列（二）款另有规定的以外，第五十章、第五十一章、第五十二章、第五十四章和第五十五章所称"供零售用"纱线，是指以下列方式包装的纱线（单纱、多股纱线或缆线）：

1. 绕于纸板、线轴、纱管或类似芯子上，其重量（含线芯）符合下列规定：

（1）丝、绢丝或化学纤维长丝纱线，不超过85克；或

（2）其他纱线，不超过125克；

2. 绕成团、绞或束，其重量符合下列规定：

（1）细度在3000分特以下的化学纤维长丝纱线，丝或绢丝纱线，不超过85克；

（2）细度在2000分特以下的任何其他纱线，不超过125克；或

（3）其他纱线，不超过500克；

3. 绕成绞或束，每绞或每束中有若干用线分开的小绞或小束，每小绞或小束的重量相等，并且符合下列规定：

（1）丝、绢丝或化学纤维长丝纱线，不超过85克；或

（2）其他纱线，不超过125克。

（二）下列各项不按上述（一）款规定办理：

1. 各种纺织材料制的单纱，但下列两种除外：

（1）未漂白的羊毛或动物细毛单纱；以及

（2）漂白、染色或印色的羊毛或动物细毛单纱，细度在5000分特以上；

2. 未漂白的多股纱线或缆线：

（1）丝或绢丝制的，不论何种包装；或

(2) 除羊毛或动物细毛外其他纺织材料制，成绞或成束的；

3. 漂白、染色或印色丝或绢丝制的多股纱线或缆线，细度在133分特及以下；以及

4. 任何纺织材料制的单纱、多股纱线或缆线：

(1) 交叉绕成绞或束的；或

(2) 绕于纱芯上或以其他方式卷绕，明显用于纺织工业的（例如，绕于纱管、加捻管、纬纱管、锥形筒管或锭子上的或者绕成蚕茧状以供绣花机使用的纱线）。

五、品目52.04、54.01及55.08所称“缝纫线”，是指下列多股纱线或缆线：

（一）绕于芯子（例如，线轴、纱管）上，重量（包括纱芯）不超过1000克；

（二）作为缝纫线上过浆的；以及

（三）终捻为反手（Z）捻的。

六、本类所称“高强力纱”，是指断裂强度大于下列标准的纱线：

尼龙、其他聚酰胺或聚酯制的单纱60厘牛顿/特克斯；

尼龙、其他聚酰胺或聚酯制的多股纱线或缆线53厘牛顿/特克斯；

粘胶纤维制的单纱、多股纱线或缆线27厘牛顿/特克斯。

七、本类所称“制成的”，是指：

（一）裁剪成除正方形或长方形以外的其他形状的；

（二）呈制成状态，无需缝纫或其他进一步加工（或仅需剪断分隔联线）即可使用的（例如，某些抹布、毛巾、台布、方披巾、毯子）；

（三）裁剪成一定尺寸，至少有一边为带有可见的锥形或压平形的热封边，其余各边经本注释其他各项所述加工，但不包括为防止剪边脱纱而用热切法或其他简单方法处理的织物；

（四）已缝边或滚边，或者在任一边带有结制的流苏，但不包括为防止剪边脱纱而锁边或用其他简单方法处理的织物；

（五）裁剪成一定尺寸并经抽纱加工的；

（六）缝合、胶合或用其他方法拼合而成的（将两段或两段以上同样料子的织物首尾连接而成的匹头，以及由两层或两层以上的织物，不论中间有无胎料，层叠而成的匹头除外）；

（七）针织或钩编成一定形状，不论报验时是单件还是以若干件相连成幅的。

八、对于第五十章至第六十章：

（一）第五十章至第五十五章和第六十章，以及除条文另有规定以外的第五十六章至第五十九章，不适用于上述注释七所规定的制成货品；以及

（二）第五十章至第五十五章及第六十章不包括第五十六章至第五十九章的货品。

九、第五十章至第五十五章的机织物包括由若干层平行纱线以锐角或直角相互层叠，在纱线交叉点用粘合剂或以热粘合法粘合而成的织物。

十、以纺织材料和橡胶线制成的弹性产品归入本类。

十一、本类所称“浸渍”，包括“浸泡”。

十二、本类所称“聚酰胺”，包括“芳族聚酰胺”。

十三、本类及本协调制度所称“弹性纱线”，是指合成纤维纺织材料制成的长丝纱线（包括单丝），但变形纱线除外。这些纱线可拉伸至原长的三倍而不断裂，并可在拉伸至原长两倍后五分钟内回复到不超过原长度一倍半。

十四、除条文另有规定的以外，各种服装即使成套包装供零售用，也应按各自品目分别归类。本注释所称“纺织服装”，是指品目61.01至61.14及品目62.01至62.11所列的各种服装。

十五、除本类注释一另有规定的以外，装有用作附加功能的化学、机械或电子组件（无论是作为内置组件还是组合在纤维或织物内）的纺织品、服装和其他纺织物，如果其具有本类货品的基本特

征，应归入本类相应品目中。

○
○ ○

子目注释：

一、本类及本协调制度所用有关名词解释如下：

（一）未漂白纱线

1. 带有纤维自然色泽并且未经漂染（不论是否整体染色）或印色的纱线；或

2. 从回收纤维制得，色泽未定的纱线（本色纱）。

这种纱线可用无色浆料或易褪色染料（可轻易地用肥皂洗去）处理，如果是化学纤维纱线，则整体用消光剂（例如，二氧化钛）进行处理。

（二）漂白纱线

1. 经漂白加工、用漂白纤维制得或经染白（除条文另有规定的以外）（不论是否整体染色）及用白浆料处理的纱线；

2. 用未漂白纤维和漂白纤维混纺制得的纱线；或

3. 用未漂白纱和漂白纱纺成多股纱线或缆线。

（三）着色（染色或印色）纱线

1. 染成彩色（不论是否整体染色，但白色或易褪色除外）或印色的纱线，以及用染色或印色纤维纺制的纱线；

2. 用各色染色纤维混合纺制或用未漂白或漂白纤维与着色纤维混合制得的纱线（夹色纱或混色纱），以及用一种或几种颜色间隔印色而获得点纹印迹的纱线；

3. 用已经印色的纱条或粗纱纺制的纱线；或

4. 用未漂白纱和漂白纱与着色纱纺成的多股纱线或缆线。

上述定义在必要的地方稍作修改后，可适用于第五十四章的单丝、扁条或类似产品。

（四）未漂白机织物

用未漂白纱线织成后未经漂白、染色或印花的机织物。这类织物可用无色浆料或易褪色染料处理。

（五）漂白机织物

1. 经漂白、染白或用白浆料处理（除条文另有规定的以外）的成匹机织物；

2. 用漂白纱线织成的机织物；或

3. 用未漂白纱线和漂白纱线织成的机织物。

（六）染色机织物

1. 除条文另有规定的以外，染成白色以外的其他单一颜色或用白色以外的其他有色整理剂处理的成匹机织物；或

2. 以单一颜色的着色纱线织成的机织物。

（七）色织机织物

除印花机织物以外的下列机织物：

1. 用各种不同颜色纱线或同一颜色不同深浅（纤维的自然色彩除外）纱线织成的机织物；

2. 用未漂白或漂白纱线与着色纱线织成的机织物；或

3. 用夹色纱线或混色纱线织成的机织物。

不论何种情况，布边或布头的纱线均可忽略不计。

（八）印花机织物

成匹印花的机织物，不论是否用各色纱线织成。

用刷子或喷枪、经转印纸转印、植绒或蜡防印花等方法印成花纹图案的机织物亦可视为印花机织物。

上述各类纱线或织物如经丝光工艺处理并不影响其归类。

上述第（四）至（八）项的定义在必要的地方稍加修改后，可适用于针织或钩编织物。

（九）平纹组织

每根纬纱在并排的经纱间上下交错而过，而每根经纱也在并排的纬纱间上下交错而过的织物组织。

二、

（一）含有两种或两种以上纺织材料的第五十六章至第六十三章的产品，应根据本类注释二对第五十章至第五十五章或品目 58.09 的此类纺织材料产品归类的规定来确定归类。

（二）运用本条规定时：

1. 应酌情考虑按归类总规则第三条来确定归类；

2. 对由底布和绒面或毛圈面构成的纺织品，在归类时可不考虑底布的属性；

3. 对品目 58.10 的刺绣品及其制品，归类时应只考虑底布的属性，但不见底布的刺绣品及其制品应根据绣线的属性确定归类。

总 注 释

总的来说，第十一类包括纺织工业用的原料（丝、羊毛、棉、化纤等）、半成品（例如，纱线及机织物）以及用这些半成品制成的物品，但不包括某些材料和产品，例如，第十一类注释一所列的货品，本类某些章的注释或本类有关品目注释中所列不包括的货品。尤其是下列各项货品，一律不得归入第十一类：

（一）人发及人发制品（一般归入品目 05.01、67.03 或 67.04），但用于榨油机或类似机器的滤布除外（品目 59.11）。

（二）石棉纤维及石棉制品（纱线、织物、衣服等）（品目 25.24、68.12 或 68.13）。

（三）碳素纤维和其他非金属矿物纤维（例如，碳化硅、岩石棉）及其制品（第六十八章）。

（四）玻璃纤维、纱线、织物及其制品，以及由玻璃纤维与纺织纤维混纺制成并具有玻璃纤维制品特征的货品（第七十章），但在可见底布上用玻璃丝刺绣的刺绣品除外。

第十一类共有十四章，这十四章可分为两部分。第一部分（第五十章至第五十五章）是根据纺织原料的性质分章的，第二部分（第五十六章至第六十三章）除品目 58.09 及 59.02 以外，品目一级所列产品，不分纺织原料性质。

一、第五十章至第五十五章

第五十章至第五十五章各章分别涉及一种或多种单一或混纺的纺织材料，包括织成本部分以下第（三）款所述机织物之前各工序的产品（含机织物）。因此，这些章主要包括原料、回收废料（包括拉松的废碎料，但未拉松的除外）、呈梳条或粗纱等形状的粗梳或精梳纤维、纱线及机织物。

（一）混纺产品的归类

（参见第十一类注释二）

可归入第五十章至第五十五章任何品目（废料、纱线、机织物等）或归入品目 58.09 或 59.02 的由两种或两种以上不同纺织材料混合制成的产品，应按其中重量最大的那种纺织材料归类。

当没有一种纺织材料的重量较大时，应按可归入的有关品目中最后一个品目所列的纺织材料归类。

纺织材料可在以下工序加以混合：

—— 在纺纱之前或纺纱过程中；

—— 在加捻过程中；

—— 在织造过程中。

凡以缝合、胶粘等方式将两种或多种不同成分的纺织物叠层拼合而成的产品（品目 58.11 的产品除外），应按归类总规则的规则三来确定归类。据此，第十一类注释二仅适用于需要确定其哪种纺织材料的重量最大，以便按这种纺织材料的织物进行归类的产品。

纺织材料与非纺织材料混合组成的产品如果按照协调制度的归类总规则的规定应作为纺织产品归类，则第十一类注释二同样适用于这些产品。

运用本类注释二时，应注意下列事项：

1. 如果一章或一个品目列出了由不同种类的纺织材料组成的产品，而所列材料又与其他材料混合制成了类似的产品，后者归类时所列的几种不同材料可合并计算；在确定适当的品目时应首先确定章，然后才是该章内适当的品目，不论所含材料是否都归入该章。

例如：

（1）按重量计含有以下比例材料的机织物：

40% 的合成纤维短纤，

35% 的精梳羊毛，以及

25% 的精梳动物细毛。

这种产品不归入品目 55.15（合成纤维短纤纺制的其他机织物）而归入品目 51.12 项下（精梳羊毛或精梳动物细毛的机织物），因为在这种情况下羊毛及动物细毛所占的比例应合并计算。

（2）按重量计含有以下比例材料的每平方米重量为 210 克的机织物：

40% 的棉，

30% 的人造纤维短纤，以及

30% 的合成纤维短纤。

这种产品不归入品目 52.11（棉机织物，按重量计含棉量在 85% 以下，主要或仅与化学纤维混纺，每平方米重量超过 200 克）或品目 55.14（合成纤维短纤制的机织物，按重量计合成纤维短纤含量在 85% 以下，主要或仅与棉混纺，每平方米重量超过 170 克）而归入品目 55.16（人造纤维短纤机织物）。上述产品在归类时应首先确定有关的章（在这里应归入第五十五章，因为合成纤维短纤与人造纤维短纤的比例必须合并计算），然后确定该章内的适当品目。这个例子所述产品应归入品目 55.16，因该品目在可归入的品目中按序号为最末一个。

（3）按重量计含有以下比例材料的机织物：

35% 的亚麻，

25% 的黄麻，

40% 的棉。

这种产品不归入品目 52.12（其他棉机织物）而归入品目 53.09（亚麻机织物）。上述产品归类时应首先确定有关的章（在这里应归入第五十三章，因为亚麻与黄麻的比例必须合并计算），然后确定该章内的适当品目。这个例子所述产品应归入品目 53.09，因为亚麻重量大于黄麻，而根据本类注释二（二）2 的规定，含棉量可不予考虑。

2. 马毛粗松螺旋花线和含金属纱线应作为一种单一的纺织材料对待，其重量应为它们在纱线中的合计重量。

3. 在机织物的归类中，金属线应作为一种纺织材料对待。

4. 当归入第五十四章和第五十五章的货品与其他章的货品进行比较时，应将这两章作为一个单一的章对待。

例如：

按重量计含有以下比例材料的机织物：

35% 的合成纤维长丝，

25% 的合成纤维短纤，以及

40% 的精梳羊毛。

这种产品不归入品目 51.12（精梳羊毛的机织物）而归入品目 54.07（合成纤维长丝纱线的机织物），因为在这里合成纤维长丝及合成纤维短纤的比例必须合并计算。

5. 纺织纤维所含的浆料［例如，对蚕丝增重（加重）浆料］，以及浸渍、涂布、包覆或旋覆所用的产品，不应视为非纺织材料；换言之，纺织纤维的重量是按报验时其所处状态的重量计算的。

在确定一种混纺材料主要由哪种纺织材料构成时，应按混纺材料中重量超过所含其他任何一种纺织材料的那种纺织材料归类。

例如：

按重量计含有以下比例材料的每平方米重量不超过 200 克的机织物：

55% 的棉，

22% 的化纤，

21% 的羊毛，以及

2% 的丝。

这种产品不归入品目 52.12（其他棉机织物）而归入品目 52.10（棉机织物，按重量计含棉量在 85% 以下，主要或仅与化学纤维混纺，每平方米重量不超过 200 克）。

（二）纱线

1. 概况

纺织纱线可以是单纱、多股纱线或缆线。在本协调制度中：

（1）单纱是指含有下列其中一种材料的纱线：

A. 短纤，通常加捻抱合的（短纤纱）；或

B. 品目 54.02 至 54.05 的一根长丝（单丝），或品目 54.02 或 54.03 的两根及以上长丝（复丝），不论是否加捻抱合的（长丝纱线）。

（2）多股（合股）纱线是指由两股或多股单纱，包括用品目 54.04 或 54.05 所列单丝制得的单纱（二股、三股、四股等纱线）在一次合股工序中加捻纺成的纱线。然而，仅用品目 54.02 或 54.03 的单丝加捻制成的纱线不能作为多股（合股）纱线。

多股纱线中的“股”是指构成多股纱的每根单纱。

（3）缆线是指由至少有一条是股纱的两股或多股纱线在一次或多次合股工序中加捻纺成的纱线。

缆线中的“股”是指构成缆线的每一根单纱或股纱。

上述两根（股）或多根（股）单纱、多股纱线或缆线并列纺成的纱线，有时称为并合（复络）纱线。这种并合纱线应根据其纱线组成的种类作为单纱，多股纱线或缆线归类。

单纱、多股纱线或缆线可间隔带有毛圈或粗节（结子纱、毛圈纱线、竹节花式纱线、印花毛纱），也可由两股或多股纱线组成，而其中一股纱线间隔地自行折回以产生毛圈或蓬松效果。

加光或上光纱线是指经过以天然物质（蜡、石蜡等）或合成物质（尤其是丙烯酸树脂）为基料的制剂处理过的纱线。处理后要用抛光滚筒磨出光泽。

纱线的规格是根据测得的一定量来表示的。目前使用的细度计量或支数制度各种各样。然而，协调制度使用通用的特数制是一种表示线密度的单位，相等于每千米纱线、长丝、纤维或其他纺织材料的克重，一分特等于 0.1 特克斯。以下是公制支数转换成分特数的公式：

$$\frac{10000}{\text{公制支数}} = \text{分特}$$

纱线可以未漂白，也可以经洗涤、漂白、半漂白、染色、印花、夹色等，还可以作烧毛（把造成

纱线毛状外观的纤维烧去）、丝光（即在拉紧状态下用氢氧化钠进行处理）、润滑等处理。

但第五十章至第五十五章不包括：

（一）品目56.04的用纺织材料包覆的橡胶线，以及用橡胶或塑料浸渍（包括浸泡）、涂布、包覆或套裹的纺织纱线。

（二）含金属纱线（品目56.05）。

（三）粗松螺旋花线、绳绒线及纵行起圈纱线（品目56.06）。

（四）编织的纺织纱线（酌情归入品目56.07或58.08）。

（五）用金属线增强的纺织纱线（品目56.07）。

（六）平行排列后用粘合剂粘合的纱线、单丝或纺织纤维（包扎匹头用带）（品目58.06）。

（七）品目59.06的平行排列后用橡胶粘合的纺织纱线。

2. 第五十章至第五十五章的单纱、多股纱线或缆线与品目56.07的线、绳、索、缆和品目58.08的编带之间的区别

（参见第十一类注释三）

第五十章至第五十五章并不包括所有的纱线。纱线应根据其特征（规格、加光或上光与否、股数）归入第五十章至第五十五章有关纱线的品目，或作为线、绳、索、缆归入品目56.07，或作为编带归入品目58.08。以下表一列明了在各种情况下纱线的正确归类：

表一

纺织材料制的纱线、线、绳、索、缆的归类

种类*	确定归类的特征	税则归类
用金属线加强的	任何情况	56.07
含金属纱线制	任何情况	56.05
粗松螺旋花线（品目51.10及56.05所列货品除外）、绳绒线及纵行起圈纱线	任何情况	56.06
编织的纺织纱线	1. 紧密编结，结构密实 2. 其他	56.07 58.08
其他： 丝或绢丝制**	1. 细度在20000分特及以下 2. 细度在20000分特以上	第五十章 56.07
羊毛或其他动物毛制	任何情况	第五十一章
亚麻或大麻制	1. 加光或上光的： （1）细度在1429分特及以上 （2）细度在1429分特以下 2. 未加光或上光的： （1）细度在20000分特及以下 （2）细度在20000分特以上	56.07 第五十三章 第五十三章 56.07
椰壳纤维制	1. 一股或两股的 2. 三股及以上的	53.08 56.07
纸制	任何情况	53.08
棉或其他植物纤维制	1. 细度在20000分特及以下 2. 细度在20000分特以上	第五十二章 或五十三章 56.07
化学纤维（包括第五十四章的两根及多根单丝制的纱线）制**	1. 细度在10000分特及以下 2. 细度在10000分特以上	第五十四章 或五十五章 56.07

* 所称的各种纺织材料，包括按本类注释二的规定可作为某种纺织材料归类的混合材料［参见本类总注释一（一）］。

** 品目50.06的蚕胶丝、未加捻或捻度每米少于5转的复丝纱线以及第五十四章的单丝和第五十五章的化纤长丝丝束在任何情况下均不得归入品目56.07。

3．**供零售用的纱线**

（参见第十一类注释四）

第五十章、第五十一章、第五十二章、第五十四章及第五十五章的某些品目列出了供零售用的纺织纱线。纱线必须符合以下表二所列标准方能归入这些品目。

然而，下列纱线一律不能视为供零售用：

（一）丝、绢丝、棉或化纤的单纱，不论何种包装。

（二）羊毛或动物细毛的单纱，经漂白、染色或印花的，细度在5000分特及以下，不论何种包装。

（三）丝或绢丝的未漂白多股纱线或缆线，不论何种包装。

（四）棉或化纤的未漂白多股纱线或缆线，成绞或成束的。

（五）丝或绢丝的多股纱线或缆线，经漂白、染色或印花的，细度在133分特及以下。

（六）任何纺织材料的单纱、多股纱线或缆线，交叉绕成绞或束的*。

（七）任何纺织材料的单纱、多股纱线或缆线，绕于纱芯上（例如，绕于纱管、加捻管、纬纱管、锥形筒管或锭子上），或以其他方式卷绕（例如，绕成蚕茧状以供绣花机使用的，或离心式纺纱绕成饼状的），明显用于纺织工业的。

非交叉卷绕

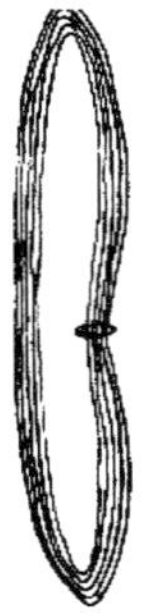

交叉卷绕

表二

供零售用的纱线（上述不包括的货品除外）

包装方式	纱线类型**	供零售用纱线的条件
绕于纸板、线轴、纱管或类似芯子上	1. 蚕丝、绢丝或化纤长丝纱线 2. 羊毛、其他动物细毛、棉或化纤短纤纱线	重量（包括芯子）在85克及以下 重量（包括芯子）在125克及以下
绕成团、绞或束	1. 细度在3000分特以下的化纤长丝纱线，蚕丝或绢丝纱线 2. 细度在2000分特以下的其他纱线 3. 其他纱线	重量在85克及以下 重量在125克及以下 重量在500克及以下
绕成绞或束，每绞或每束中有	1. 蚕丝、绢丝或化纤长丝纱线	每小绞或小束的重量相等（重量在85克及以下）

* 交叉卷绕是指在绕纱时为避免松绞而将纱线对角交叉卷绕成绞，交叉卷绕是绞纱染色时通常采用的卷绕方法。

** 所称的各种纺织材料，包括按本类注释二的规定可作为某种纺织材料归类的混合材料［参见本类总注释一（一）］。

包装方式	纱线类型	供零售用纱线的条件
若干用线分开使之相互独立的小绞或小束*	2. 羊毛、其他动物细毛、棉或化纤短纤纱线	每小绞或小束的重量相等并且在125克及以下

4. **缝纫线**

（参见第十一类注释五）

品目52.04、54.01及55.08所称“缝纫线”，是指下列多股纱线或缆线：

（1）绕于芯子（例如，线轴、纱管）上，重量（包括纱芯）不超1000克；

（2）上过浆的；以及

（3）终捻为反手（Z）捻的。

所称“上过浆的”，是指经过了整理处理。这项处理（例如，赋予减摩性能或耐热性能、防止静电的形成或改善其外观）旨在有助于纺织纱线作为缝纫线使用。这种处理需要使用以聚硅氧烷、淀粉、蜡、石蜡等为基料的物质。

缝纫线的长度一般在芯上标明。

“S”

“Z”

5. **高强力纱**

（参见第十一类注释六）

在第五十四章及第五十九章中，对“高强力纱”及用高强力纱制成的织物在品目中已有列名。

所称“高强力纱”，是指具有一定韧度的纱线，以厘牛顿/特克斯（每特克斯多少厘牛顿）为单位大于以下标准的：

尼龙或其他聚酰胺单纱或聚酯单纱……………60厘牛顿/特克斯

尼龙、其他聚酰胺或聚酯多股纱线或缆线……………53厘牛顿/特克斯

粘胶丝单纱、多股纱线或缆线……………27厘牛顿/特克斯

6. **弹性纱线和变形纱线**

（参见十一类注释十三）

弹性纱线的定义，参见本类注释十三。应注意到，其中所述及的变形纱线的定义，参见子目5402.31至5402.39的注释。

（三）机织物

第五十章至第五十五章的机织物是在经纬织机上将纺织纱线（不论是第五十章至第五十五章的纱线，还是品目56.07的线、绳等），第五十四章的粗纱、单丝或扁条及类似品，纵行起圈纱线、窄带、编带或狭幅织物（用粘合剂等粘合制成的有经纱而无纬纱的织物）交织而成的产品。但机织物不包括某些纺织物，例如：

---

* 由一条连续不断的纱线绕成的绞或束，每绞或每束中有若干用一条或多条隔离线分开的小绞或小束，若把那条连续不断的纱线剪断，各小绞或小束即可分开。小各束之间用有一条或多条隔离线穿过并将各束其相互分隔开来。这些绞或束通常还用纸带包缠。其他由一条连续不断的纱线绕成的绞或束，或者由含有隔离线的纱线绕成的绞或束，[以及其隔离线不是为了将大绞分隔为重量相等的小绞或小束，而仅仅是为了防止加工（例如，染色）时纱线的缠结的]，不作为能视为由若干用一条或多条隔离线分开的小绞或小束组成的绞或束中有若干用一条或多条线分开的小绞或小束，也不作为供零售用对待。

1．地毯及其他铺地制品（第五十七章）。

2．品目58.01的起绒织物或绳绒织物，品目58.02的毛巾织物及类似毛圈机织物，品目58.03的纱罗，品目58.05的装饰毯，品目58.06的狭幅机织物以及品目58.09的金属线或含金属纱线的机织物。

3．品目59.01及59.03至59.07的涂布、浸渍等织物；品目59.02的帘子布或品目59.11的作专门技术用途的纺织物。

4．符合第十一类注释七定义的制成品（参见本类总注释第二部分）。

除以上第1～4项的货品以外，在运用第十一类注释九时，第五十章至第五十五章的机织物包括以下织物：

——　由一层平行“经”纱以锐角或直角叠于一层平行“纬”纱之上组成的织物；

——　在两层平行“经”纱中间以锐角或直角插入一层“纬”纱组成的织物。

这些织物的主要特征是，纱线并不象正常的机织物相互交织在一起，而是在纱线交叉点用粘合剂或以热粘合法粘合而成。

这些织物有时称为网眼窗帘布；其用途包括用于加强其他材料（塑料、纸）。它们也用于保护农作物等。

第五十章至第五十五章的机织物可未漂白，或经洗涤、漂白、染色、色织、印花、起云纹、丝光、上光、起波纹、拉绒（起绒）、起皱、缩绒、烧毛等处理。本品包括非提花及提花织物，以及由在织造期间引入的附加经线或纬线产生图案的挖花织物。这些织物不能视为刺绣织物。

第五十章至第五十五章还包括其纬线已在仍有经线及纬线的地方被溶去以突出图案效果的织物（例如，以粘胶丝为经线，以醋酸纤维为纬线，而纬线通过溶剂已部分被溶去的某种织物）。

○
○　○

子目注释：

色织机织物：

全部或部分用不同颜色的印色纱线或同一颜色不同深浅的印色纱线织成的机织物应视为“色织机织物”，而不作为“染色机织物”或“印花机织物”归类。

织纹：

平纹组织的定义，在第十一类子目注释一（九）中规定为“每根纬纱在并排的经纱间上下交错而过，而每根经纱也在并排的纬纱间上下交错而过的织物组织。”

平纹组织式样图解如下：

平纹组织

平纹组织是最简单及最常用的织纹。因为织物两面均可见到相同比例的经线及纬线，所以平纹织物的两面总是一样的（双面织物）。

在斜纹组织中，第一根经线被第一根纬线所束缚，第二根经线被第二根纬线所束缚，第三根经线被第三根纬线所束缚，依此类推。这种织纹的飞数是经纬两线为一级，该织纹的重复，即重复图样所需经线及纬线的飞数总是大于两级的。最紧密的斜纹组织是纬线跨过（跳过）两根经线，这就是三线斜纹。而四线斜纹，其纬线则跨过三根经线。

在斜纹组织中，由交织点的级性形成的斜棱纹从一织边延伸到另一织边，所形成的隆起线使人感到其织纹为斜纹。斜棱纹可从右向左或从左向右。纬面斜纹与经面斜纹的区别在于前者为纬线明显，而后者为经线明显。这两种斜纹织物的面（正面）与底（背面）的外观是不一样的。但有一种斜纹，名为双面斜纹或十字斜纹，其两面外观相同。

双面斜纹或十字斜纹均有一个重复的双面斜纹。经浮纱或纬浮纱在两面是相同的；仅是棱纹的方向恰好相反而已。最简单的图案是四线十字斜纹：每根经纱跨过两根并排的纬纱，然后揿于紧靠着的另两根纬纱之下。

应注意的是，品目52.08、52.09、52.10、52.11、55.13及55.14的子目列明了“三线或四线斜纹，包括双面斜纹或十字斜纹”，由于其目录的限制性，这些子目仅包括以下织纹图案的斜纹：

三线斜纹　　四线斜纹　　四线双面斜纹或十字斜纹

而子目5209.42及5211.42的粗斜纹布，不包括四线双面斜纹布或十字斜纹布，因为这些子目仅包括经面织物（参见第五十二章的子目注释一）。除了经面三线斜纹布及经面四线斜纹布以外，这些子目还包括经面四线破斜纹布。其织纹图案如下：

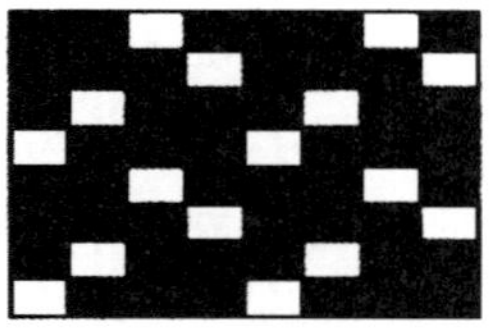

经面四线破斜纹

二、第五十六章至第六十三章

第五十六章至第六十三章包括第五十章至第五十五章未包括的某些种类的纺织物及其他纺织制品（例如，起绒织物；狭幅机织物；品目56.06或58.08的绳绒线、粗松螺旋花线、编带、缎带及其他装饰带；网眼薄纱及其他网眼织物；花边；绣在机织物或其他纺织材料上的刺绣品；针织品或钩编织品），还包括制成的纺织品（某些第十一类不包括而应归入其他类的制成品除外）。

制成的纺织品：

根据本类注释七，第五十六章至第六十三章所称“制成的”是指：

（一）仅裁切成除正方形或长方形以外的其他形状，例如，纺织材料的服装式样；具有锯齿边的物品（例如，某些抹布）也可视为“制成的”纺织品。

（二）呈制成状态，无需缝纫或其他进一步加工（或仅需剪断分隔联线）即可使用的。这类货品包括直接针织或钩编成形的产品及某些抹布、毛巾、台布、方披巾、毯子等，其沿经线的纱线未织造或其纬边切成毛边。这些物品可以在织机上分别织造而成，也可从每隔一定间隔便有一小截未经织造纱线（一般是经线）的成段织物中简单裁剪下来的。经简单剪断分隔联线即可将这些成段织物制成以上所述的制成品，也可视为“制成的”物品。

但仅从大块布料裁剪下来的长方形（包括正方形）物品，如果未经加工和不带剪断分隔联线形成的流苏，不应视为本款所述的“呈制成状态”这些物品报验时可以折叠或包装（例如，作零售包装），其归类不受影响。

（三）裁剪成一定尺寸，至少有一边为带有可见的锥形或压平形的热封边，其余各边经本注释其他各项所述加工，但不包括为防止剪边脱纱而用热切法或其他简单方法处理的织物。

（四）已缝边或滚边，或者在任一边带有结制的流苏（不论是否外加纱线）（例如，滚边的手帕及带有结制流苏的台布），但不包括为防止剪边脱纱而锁边或用其他简单方法处理的织物。

（五）裁剪成一定尺寸并经抽纱加工的。所称“抽纱加工”，是指织布后仅简单抽去某些经纱或纬纱而未对织物作进一步加工（例如，刺绣品）。经这样处理的成匹材料通常供进一步加工成女内衣用。

（六）缝合、胶合或用其他方法拼合而成的。这些货品品种繁多，包括衣着。但应注意，将两段或两段以上同样料子的织物首尾连接而成的匹头、以及由两层或两层以上的织物层叠而成的匹头，不应视为“制成的”物品。通过绗缝或其他方法用一层或几层纺织材料与胎料组合而成的匹头产品，也不视为“制成的”物品。

（七）针织或钩编成一定形状，不论报验时是单件还是以若干件相连成幅的。

○

○ ○

子目注释：

第五十六章至第六十三章的具有绒面或毛圈面的产品

第十一类子目注释二（二）2的规定适用于不论是否在具有绒毛或毛圈的那一面可部分见到底布的货品。

三、与橡胶线混合制成的纺织产品

根据本类注释十，用纺织材料和橡胶线制成的弹性产品归入第十一类。

用纺织材料包覆的橡胶线及绳归入品目56.04。

与橡胶线混合制成的其他纺织产品主要酌情归入第五十章至第五十五章、第五十八章或第六十章至第六十三章。

四、装有化学、机械或电子组件的纺织品

对于本类注释十五，装有用作附加功能的化学、机械或电子组件（无论是作为内置组件还是组合在纤维或织物内）的纺织品、服装和其他纺织物，如果其具有本类货品的基本特征，应归入本类相应品目中。这些纺织品既有可穿戴的，也有不可穿戴的。例如：

—— 集成LED照明或音频设备的服装；

—— 集成耳机的服装，包括用于移动电话或类似品的扩展接头；

—— 集成身体机能监测设备的服装（例如，带心率和温度监测的运动胸衣）；

—— 带有压力或运动检测功能的地毯（跌倒检测）；

—— 发热手套或袜子；

—— 集成光学传感器或光纤等电子元件的抗震壁纸，用于新建或翻新建筑结构的加强和监测；及

—— 集成传感器或光纤的土工布，例如用于测量土方工程产生的形变和应变。

五、纺织品温湿度调节及检验的标准大气压

（一）应用范围

关于纺织品温湿度调节及物理和机械性能确定所需的标准大气压，以下列出其特点及用途以供引用。

（二）定义

1. 相对湿度：在相同温度下大气中水蒸气的实际压力与饱和水蒸气压力之比。它一般以百分比表示。

2. 标准的适中*气压：相对湿度为65%，温度为20℃的大气压。

3. 检验用的标准适中气压：相对湿度为65%，温度为20℃的大气压。

（三）温湿度预调节

纺织品的温湿度调节前，可能需要预调节。如需预调节，纺织品在一个相对湿度为10～20%之间，温度不超过50℃的大气压下将接近平衡状态。

这些条件可在相对湿度为65%时，通过空气加热使温度从20℃升至50℃获得。

（四）温湿度调节

在进行检验以确定其物理或机械性能之前，纺织品须置于供检测的标准适中大气压下进行温湿度调节。调节时，气流可随意通过纺织品。纺织品须在这种大气压下一直搁置至其处于平衡状态。

除另行专门规定的检验方法以外，在两个小时期间，将完全暴露在气流中的纺织品连续称重，其重量变化递增率不大于0.25%的，这时的纺织品可被认为已达到平衡状态。

（五）检验

除特殊情况（例如，湿检）以外，纺织品的物理及机械性能检验应在供检测的标准适中大气压下经温湿度调节后进行。

---

* 注释：以上所称“适中”一词，仅适用于纺织工业。

第五十章　蚕丝

总　注　释

参阅本章注释时应注意第十一类的总注释。

本章中所称的“丝”，不仅包括家蚕（桑蚕）所分泌的纤维物质，也包括类似昆虫（例如，野蚕）分泌的名为野蚕丝的产品。人们之所以把某些蚕丝称为野蚕丝，是因为产这些丝的蚕虫至今仍很少为人工饲养，野蚕丝中最重要的品种是柞蚕丝，即食栎树叶的蚕所吐的丝。蜘蛛丝及海丝或贝足丝（某些江珧属海贝靠其附于岩石的长丝）也归入本章。

总的来说，本章包括从原料到机织物各个生产阶段的丝，其中包括作为丝归类的混纺材料。本章还包括蚕胶丝。

50.01　适于缫丝的蚕茧

本品目仅适用于能够缫成品目 50.02 所列生丝的蚕茧，但不包括不能缫丝的蚕茧（品目 50.03）。

蚕茧通常为灰白色、淡黄色，有时为淡绿色。

50.02　生丝（未加捻）

生丝是将蚕丝中的长丝通过缫丝而得。实际上，由于形成每个蚕茧的细丝（茧丝）极细，在缫丝工序中必须把数根茧丝（通常为 4～20 根）并合而成生丝；这些蚕丝由于自身裹有胶质（丝胶），因此缫丝时能互相粘合；生丝的细丝在缫丝过程中互相缠绕，使之结构均匀、截面一致，有助于排出多余的水分，弥补单根茧丝的脆弱。这道工序通常使茧丝进行了某种程度的加捻。但其加捻程度很低，切不可将这一阶段的生丝与品目 50.04 的初捻丝线相混淆。

生丝通常为灰白色、淡黄色，有时为淡绿色。生丝若经脱胶（即用热肥皂水、稀释碱液等去除丝胶）或染色，仍归入本品目，但已加捻的生丝则不归入本品目。生丝通常以很长一段绕于圆锥筒管上，或是绕成重量不等并打有活结的绞（束）。

加捻生丝不归入本品目（品目 50.04）。

50.03　废丝（包括不适于缫丝的蚕茧、废纱及回收纤维）

本品目包括各种废丝，不论是天然未加工的，或是在纺成纱线之前各加工工序中产生的。废丝应包括：

一、从原料所得的废丝，即：

（一）不适于缫丝的蚕茧：穿头茧或破裂茧（为蚕蛾、寄生虫、事故或其他原因所损），其茧丝已断的；严重受损茧，其茧丝虽未断，但其受损处在缫丝过程中会断的；严重污染茧，不论其中是否含有蚕蛹等。

（二）茧衣。本品由稀疏纷乱的细丝所形成的丝网状物，蚕虫用于包在茧外以固定其在树枝上的结茧位置；茧衣常缠有树叶和小树枝。

二、缫丝过程中所得的废丝，主要有：

（一）长吐丝（绪丝），即形成蚕茧外罩的粗丝；首先用小刷子将其刷出，然后将其从可供缫丝的蚕茧上切下。本品缠成线球或制成小绞出售。

（二）在缫丝过程中发现瑕疵而作为废品的茧（有时称作汤茧）。

（三）“蛹衬”或“蛹衣”，即构成蚕茧内壁并仍裹有蚕蛹的不可缫丝部分的丝，以及将蛹衬浸于温水中，除去蚕蛹后烘干而得的蛹皮皮板。

三、断裂或打结的纱，或缠结成团的纤维或纱线。这些都是加捻、缫丝或织造过程中所得的废料。

四、废丝脱胶或精梳时所得的产品（有的国家称之为“绢丝”）。

本品由略为平行的纤维形成丝片或丝卷状，但在加工的后阶段，它们制成窄条或丝束或绳状（梳条或粗纱）。这些未经纺成纱线形状的产品仍归入本品目。本品包括拉成非常细的，其厚度几乎等于一根单纱的粗纱，这些粗纱捻度极低。但切勿将该产品与品目50.05的纱线相混淆。

五、丝落绵。

丝落绵是在精梳以上第四款所述废丝过程中产生的残余物。这种残余物比以上四款所述废丝质量更差，纤维更短，不能进一步精梳；只可粗梳及进行各种纺前的其他加工。按这些方法加工的丝落绵只要仍未纺成纱线，仍应归入本品目。

六、精梳落绵。

这些是在丝落绵粗梳过程中所清除的极短纤维。

七、回收丝纤维。

这些是将碎绸布或其他丝绸织物及制品的废碎料拉松成原纤维状的货品。

本品目不包括：

（一）絮胎（品目30.05或56.01）。

（二）丝质纺织纤维屑、粉末及球结（品目56.01）。

（三）丝质碎织物（第六十三章）。

50.04 丝纱线（绢纺纱线除外），非供零售用

本品目适用于加捻丝，即将品目50.02的生丝（单条、双条或多条）加捻纺成的纱线。

但本品目不包括供零售用的丝纱线（品目50.06）及符合线、绳等定义的丝纱线（品目56.07）［参见第十一类总注释第一部分第（二）款的2及3项］。

本品目的纱线是用长丝制成的，不同于归入下一个品目的绢纺纱线。本品目的纱线种类很多，其中包括：

一、单纱（有时称为丝芯），将单根生丝线加捻制得。

这类强捻纱通常称为绉丝纱、薄丝纱或雪纺捻丝。

二、松捻真丝线，将两根或多根未加捻的生丝线松捻而成；这些纱线用作纬线。

三、“皱丝线”，一般为经强捻的加捻纬丝。

四、经丝纱线，用两根或多根完全加捻的生丝线以顺手捻方式并股制得。紧捻丝线是一种强捻的经丝纱线。它们主要用作经纱。

所有这些纱线均可经脱胶或加工。

本品目不包括品目56.04的丝质仿肠线。

50.05 绢纺纱线，非供零售用

本品目包括品目50.03的丝落绵或其他废丝所纺成的单纱，也包括用这些纱纺制的多股纱线。

但本品目不包括供零售用的丝纱线（品目50.06）及符合线、绳等定义的丝纱线（品目56.07），

［参见第十一类总注释第一部分第（二）款的2及3项］。

一、用丝落绵以外的其他废丝纺制的纱线

用丝落绵以外的废丝纺制的纱线由短纤组成，不同于前一个品目的丝纱线。这些纤维可达20厘米长，在纱线中平行排列，使纱线具有平滑光亮的丝质表面；它有光泽的特征使其区别于丝落绵纱线。

二、用丝落绵纺制的纱线

丝落绵纱线比其他绢纺纱线的质量差得多；它们由通常不超过5厘米长度参差不齐的纤维组成；由于这些纤维仅经简单粗梳而未精梳，因而一般仍不时地有一些地方缠结和打了小结。因此，丝落绵纱线强度较差，不够平滑规则，表面色泽相当暗淡。

本品目包括按第十一类总注释第一部分第（二）款1项所述方法加工的纱线。

本品目不包括品目56.04的丝质仿肠线。

50.06　丝纱线及绢纺纱线，供零售用；蚕胶丝

一、丝纱线及绢纺纱线

本类包括制成供零售用的品目50.04及50.05的纱线，即制成符合第十一类总注释第一部分第（二）款3项所规定的形状及条件的。

二、蚕胶丝

蚕胶丝是在蚕准备吐丝织茧时将其浸于稀释的醋酸中杀死，然后将蚕的丝腺抽出拉伸制得。蚕胶丝不及马毛柔韧和光亮，长度亦极少有超过50厘米。

本品目不包括：

（一）消毒蚕胶丝（品目30.06）。

（二）品目56.04的丝质仿肠线。

（三）装有鱼钩的蚕胶丝或已制成的钓鱼线（品目95.07）。

50.07　丝或绢丝机织物（+）：

10　—紬丝机织物

20　—其他机织物，按重量计丝或绢丝（紬丝除外）含量在85%及以上

90　—其他机织物

本品目包括用丝、紬丝及其他绢丝纺成的机织物［参见第十一类总注释第一部分第（三）款的规定］。

这些织物包括：

一、纺绸、山东绸、罗绸及其他远东丝绸。

二、皱绸。

三、薄丝织物，例如，薄纱织物、紧捻纱罗织物及巴里纱织物。

四、密织织物，例如，塔夫绸、缎子、罗缎、云纹绸及锦缎。

但本品目不包括第五十七章至第五十九章的机织物（例如，品目59.11的筛绢）。

○

○　○

子目注释：

子目5007.20

子目5007.20仅包括含丝或绢丝（紬丝除外）至少为85%的织物；紬丝含量不必非达85%。

第五十一章　羊毛、动物细毛或粗毛；马毛纱线及其机织物

注释：

本协调制度所称：

一、“羊毛”，是指绵羊或羔羊身上长的天然纤维；

二、“动物细毛”，是指下列动物的毛：羊驼、美洲驼、驼马、骆驼（包括单峰骆驼）、牦牛、安哥拉山羊、西藏山羊、喀什米尔山羊及类似山羊（普通山羊除外）、家兔（包括安哥拉兔）、野兔、海狸、河狸鼠或麝鼠；

三、“动物粗毛”，是指以上未提及的其他动物的毛，但不包括制刷用鬃、毛（品目05.02）以及马毛（品目05.11）。

总　注　释

参阅本章注释时应注意第十一类的总注释。

总的来说，本章包括从原料到机织物各个生产阶段的羊毛及动物细毛或粗毛，其中包括作为羊毛或动物毛归类的混纺材料。本章还包括马毛纱线及织物，但不包括品目05.11的马毛及废马毛。根据第五章注释四的规定，所称“马毛”，是指马科动物或牛科动物的鬃毛或尾毛。

51.01　未梳的羊毛：

	—	**含脂羊毛，包括剪前水洗毛：**
11	——	**剪羊毛**
19	——	**其他**
	—	**脱脂羊毛，未碳化：**
21	——	**剪羊毛**
29	——	**其他**
30	—	**碳化羊毛**

本协调制度所称“羊毛”，是指绵羊或羔羊身上长的天然纤维。羊毛纤维主要由蛋白角朊所组成，具有独特的鳞状表面。羊毛有弹性，极易吸湿（从空气中吸收水分），一般有明显的毡合性能。羊毛几乎是不可燃的，但烧焦时发出一种与烧焦角质物相似的臭味。

本品目包括未经粗梳或精梳的绵羊毛或羔羊毛，不论其是从活羊身上或死羊的皮上剪下的（剪毛），或是从经发酵或适当化学处理的皮上拔下的（例如，拔毛、灰退毛、皮板毛）。

未梳羊毛一般为以下形状：

一、含脂羊毛，包括剪前水洗毛

含脂羊毛是尚未水洗或用其他方法清洗的羊毛，因为它饱含来自羊毛身上的羊毛脂及油脂物质，同时还会带有许多杂质（刺果、子实、泥土等），含脂剪毛常为“套毛”形状，即略呈一张毛皮的外形。

含脂拔毛是通过发酵（“汗蒸”）工序使纤维与羊皮在热量与水分的作用下从绵羊或羔羊皮上拔下的毛。也可以通过另一脱毛方法，用硫化钠或石灰溶液处理皮张肉面后拔毛，这种羊毛可以通过其

所带的毛根辨认出来。

剪前水洗毛是将羊身上的羊毛或毛皮上的羊毛先用冷水洗涤然后再（剪）拔的羊毛。这种羊毛并非完全洁净的。

含脂羊毛通常是淡黄色，而有些则是灰色、黑色、棕色或褐色。

二、未碳化的脱脂羊毛

本类包括：

（一）热洗羊毛，仅用热水洗涤，脱去大部分的羊毛脂及泥土。

（二）洗净羊毛，用热水及肥皂或其他洗涤剂，或用碱性溶液洗涤，所有羊毛脂几乎全都脱去。

（三）用挥发性溶剂（例如，四氯化苯及四氯化碳）处理以脱去羊毛脂的羊毛。

（四）冷冻净化羊毛，将羊毛置于足以将羊毛脂凝固的低温下将羊毛脂冻结。羊毛脂冻结后非常脆，极易破碎。然后将羊毛脂和大部分被羊毛脂粘于羊毛上的天然杂质象清除尘土一样将其清除掉。

大多数的洗涤及脱脂羊毛仍含有少量的羊毛脂及植物物质（刺果、子实等）；这些植物杂质将于后来的加工工序用机械法（参见品目 51.05 的注释）或碳化法予以清除。

三、碳化羊毛

碳化法能清除以上第二款所述的羊毛中仍含有的任何植物杂质。将羊毛浸于一个盛有无机酸或无机酸盐的浴池中，无机酸或无机酸盐溶去了植物杂质，但不损害羊毛纤维。

梳理前进行漂白、染色或其他工序并不影响羊毛归入本品目。

本品目不包括：

（一）生皮，不论是否剖层，包括带毛绵羊皮（品目 41.02 或 43.01）。

（二）品目 51.03 的废羊毛或品目 51.04 的羊毛回收纤维。

（三）精梳片毛（品目 51.05）。

51.02　未梳的动物细毛或粗毛（+）：

	—	细毛：
11	——	喀什米尔山羊的
19	——	其他
20	—	粗毛

一、本协调制度所称“动物细毛”，是指羊驼毛、美洲驼毛、驼马毛、骆驼毛（包括单峰骆驼）、牦牛毛、安哥拉山羊毛（马海毛）、西藏山羊毛、喀什米尔山羊毛（开士米）或类似山羊毛、家兔毛（包括安哥拉兔毛）、野兔毛、海狸毛、河狸鼠毛或麝鼠毛（参见本章注释二）。

动物细毛一般较羊毛柔软、挺直。羊驼毛、美洲驼毛、驼马毛、骆驼毛（包括单峰骆驼）、牦牛毛、安哥拉山羊毛、喀什米尔山羊毛（开士米）或类似山羊毛、安哥拉兔毛一般象羊毛一样纺成纱线；也可用于制假发或玩偶毛发。其他动物细毛（即野兔毛、普通家兔毛、海狸毛、河狸鼠毛及麝鼠毛）通常不适于纺纱，因而用于制毡、制衬垫或填塞料等。

二、本协调制度所称“动物粗毛”，是指以上第一款未提及的所有其他动物毛，但不包括羊毛（品目 51.01）、马科及牛科动物的鬃毛及尾毛（作为“马毛”归入品目 05.11）、猪鬃或猪毛、獾毛及其他制刷用兽毛（品目 05.02）（参见本章注释三）。

归入本品目的动物粗毛包括牛科及马科动物胁腹部的毛及普通山羊毛、狗毛、猴毛或水獭毛。

动物粗毛一般用于纺制粗支纱或机织物，制毡或地毯，也用作衬垫或填塞料。

动物毛是在动物换毛期收集到的，或从动物身上剪落或从皮毛上剥落等方法收集到的。只有未经粗梳或精梳的动物毛才可归入本品目，但洗涤、漂白、染色或人工卷曲（这最后一道工序主要适用于作填塞料的动物粗毛）不影响其归入本品目。

本品目不包括：

（一）人发（品目05.01）。

（二）生皮及生毛皮（品目41.01至41.03或43.01）。

（三）动物粗、细毛的废料（品目51.03）。

（四）动物粗、细毛回收纤维（品目51.04）。

（五）已梳动物粗、细毛（品目51.05）。

（六）经加工作假发及类似品用的动物粗、细毛（品目67.03）。

○

○　○

子目注释：

子目 5102.11

子目5102.11所称“喀什米尔山羊毛（开士米）”，是指原产于喀什米尔，但现在世界若干其他地区饲养的山羊的下层细软绒毛（羊绒）。在本子目中，饲养动物的地区可忽略不计。

51.03　羊毛或动物细毛或粗毛的废料，包括废纱线，但不包括回收纤维：

10　—　羊毛或动物细毛的落毛

20　—　羊毛或动物细毛的其他废料

30　—　动物粗毛废料

总的来说，本品目包括所有羊毛或动物粗、细毛的废料（回收纤维除外），即从原毛、水洗毛、粗梳毛、精梳毛一直到纺成纱线、织成机织物、针织物等产品的各道生产工序中所回收的废毛。

归入本品目的废毛主要有：

一、从粗梳、精梳或其他纺前加工所得的废毛，例如，落毛，即最重要的废毛，由精梳过程中清除下来的短纤维组成；毛卷头及梳条头、精梳毛卷的小废片；羊毛碳化下脚及梳下的再生毛、粗梳过程中所收集的废毛；清理梳毛机滚筒所回收的纤维，亦称“抄针花”。

二、废纱线，例如，在纺纱、并纱、卷绕、机织、针织等生产过程中所收集的断纱、多结纱或乱纱等废料。

三、分拣等产生的废料及从洗涤池底或洗涤机的格栅上所收集的洗涤废料。

四、旧褥垫的毛、发等废毛。

这些废料中有一些是上机时浸有油渍，或带有尘土及其他杂质（例如，天然植物性杂质），这些废料可根据其类别及质量用于纺纱或作填塞料等。碳化、漂白、染色等加工并不影响其归入本品目。

本品目不包括：

（一）废马毛（品目05.11）。

（二）絮胎（品目30.05或56.01）。

（三）仅适于作肥料的废羊毛或废动物毛（第三十一章）。

（四）羊毛或动物粗、细毛的回收纤维（品目51.04）。

（五）已梳的废羊毛或废动物粗、细毛（品目51.05）。

（六）纺织纤维屑、粉末及球结（品目56.01）。

51.04　羊毛或动物细毛或粗毛的回收纤维

本品目包括羊毛或动物粗、细毛的回收纤维。这些回收纤维是将针织物、机织物等材料的废碎料拉松而得，或在纺纱、机织、针织等生产过程中产生的废纱线拉松而得。

羊毛回收纤维（回用毛或再生毛）包括：

一、长弹毛（软再生毛）及短弹毛（硬再生毛），通过拉松粗纺或精纺毛纱或废碎毛料而得。

二、碳化再生毛，通常用酸处理混纺的废碎料，除去其中的植物纤维（例如，棉）或人造纤维短纤，然后将剩下的羊毛拉松而得。

本品目所列羊毛或动物粗、细毛的回收纤维通常单独地或与新纤维相混后纺成纱线，也可用于织造机织物或针织物，制毡或制衬垫及填塞料。

上述货品不论是否漂白或染色均归入本品目。

本品目不包括：

（一）絮胎（品目30.05或56.01）。

（二）已梳的羊毛或动物粗、细毛的回收纤维（品目51.05）。

（三）纺织纤维屑、粉末及球结（品目56.01）。

（四）未拉松的新的或旧的碎织物（品目63.10）。

51.05　已梳的羊毛及动物细毛或粗毛（包括精梳片毛）（+）：

10　—　粗梳羊毛

—　羊毛条及其他精梳羊毛：

21　——　精梳片毛

29　——　其他

—　已梳动物细毛：

31　——　喀什米尔山羊的

39　——　其他

40　—　已梳动物粗毛

本品目包括：

一、粗纺前粗梳的羊毛及动物粗、细毛（包括废料及回收纤维）。

二、预梳（针梳）或粗梳后精梳的羊毛及动物细毛。

粗梳工序（在特种梳棉机上进行）旨在清理纤维，使之大致平行并列，并把纤维中仍含有的杂质（大都是植物质的）全部或大部分清除。粗梳后的纤维呈毛网状。

如果需要“粗纺”产品（即仅经粗梳的产品），可将纤维毛网纵向分为许多股，然后摩擦加捻成头道粗纱形状，以增加纤维的抱合力，使之便于纺成纱线。头道粗纱卷绕在筒管上，无需进一步加工即可纺成粗纺毛纱。

反之，如果需要精梳产品（精纺），则采用以下两种工序之一：（一）将粗梳毛网加以精梳；（二）将羊毛或动物毛先不粗梳，在精梳前先预梳，即用针梳机（又称针梳盒）对纤维进行开松及伸直处理。

在紧接着的精梳工序中，短纤维被清除作为落毛，而留下的纤维平行排列呈梳条状。任何残留的植物杂质也随落毛一道被除去。然后为了保证长短不一的纤维完全混合，精梳毛条要进行牵伸和针梳加工。所得的梳条卷绕成球状，人称为“毛条”。不易绕成球状的材料，主要是动物毛发，经该工序加工后通常压为毛圈状，紧扎于两张纸之间，人称为“条筒打包毛条”。精梳产品经过一系列的牵伸及并合工序，使纤维成为粗纱。将这些产品绕于筒管上，可即供纺制精纺毛纱之用。

本品目包括以上所述的头道粗纱、粗梳毛条、精梳毛条及粗纱，还包括故意切断或拉断成长短一致的短梳条，即切断或拉断精梳毛条或粗梳毛条。

本品目还包括精梳片条，有时亦称“散装精梳羊毛”“洗净除籽羊毛”或“开松毛条”。这种羊毛一般是洗净的，它利用精纺用羊毛条生产线部分机器（粗梳机及精梳机）通过机械方法清除羊毛中的植物杂质。从精梳机出来的长毛条经牵伸并拉断成不规则蓬松毛片，随即将毛片打成大包。该产品为短纤维长度（平均纤维长度不到45毫米），适于纺制毛型纱或棉型纱，但不适于精纺。因此，本品纺前必须重复梳理。它在外观上类似于蓬松的洗净羊毛，不带有任何明显的植物杂质。

应注意到，某些粗纱可具有与品目51.06至51.10所列单纱几乎一样的直径，还可稍加搓捻，但由于该类粗纱仍未纺制，并未成为纱线，因而仍归入本品目。

漂白及染色等工序并不影响有关产品归入本品目。

本品目不包括：

（一）絮胎（品目30.05或56.01）。

（二）加工后供制假发或类似品的羊毛（品目67.03）。

○
○　○

子目注释：

子目 5105.31

子目5102.11注释的规定在必要的地方稍加修改后，可适用于本子目的产品。

51.06　粗梳羊毛纱线，非供零售用：

10　—　按重量计羊毛含量在85%及以上

20　—　按重量计羊毛含量在85%以下

本品目包括单股或多股的粗纺毛纱，即用粗梳（但未精梳）羊毛纺制的头道粗纱。本品目也包括称为精纺－粗梳纱线的产品，即将粗梳（但未精梳）条子用纺制精梳纱的方法纺成的纱线。所有这些纱通常绕于筒管或锥形筒管上。

本品目还包括用品目51.05注释所述的精梳毛片制得的粗梳毛纱。

本品目不包括供零售用的纱线［参见第十一类总注释第一部分第（二）款3项］。

归入本品目的纱线是由短纤纺制而成的，或由长纤和短纤混合纺制而成，这些纤维并不平行排列，而是交错着相互混合。这类纱线不如精纺毛纱均匀，一般捻得较松。

这类纱线可以经过第十一类总注释第一部分第（二）款1项所述的方法加工。

用几股粗梳毛纱和几股精梳毛纱纺制的多股纱线，应根据多股纱线中其所含两种毛纱中重量大的一种归入品目51.06或51.07。

51.07　精梳羊毛纱线，非供零售用：

10　—　按重量计羊毛含量在85%及以上

20　—　按重量计羊毛含量在85%以下

本品目包括单股或多股的精纺毛纱，即用精梳羊毛粗纱纺制的纱线。

本品目不包括供零售用的纱线［参见第十一类总注释的第一部分第（二）款3项］。

精纺毛纱不同于粗纺毛纱，其外观平滑，截面规则；它的纤维是平行排列的，凡短纤、乱纤均在精梳过程中清理殆尽。

这类纱线可以经过第十一类总注释第一部分第（二）款1项所述的方法加工。

本品目不包括用精梳毛片的粗梳羊毛纺成的纱线，以及称为精纺－粗梳纱线的产品（品目51.06）。

51.08　动物细毛（粗梳或精梳）纱线，非供零售用：

10　—　粗梳

20　—　精梳

本品目包括用已梳动物细毛的粗纱纺成的单股或多股纱线（参见品目 51.02 对动物细毛含义的解释）。

本品目不包括供零售用的纱线［参见第十一类总注释第一部分第（二）款 3 项］。

本品目的纱线主要用于纺造某些轻质衣着用的针织品或机织物（例如，羊驼毛织物）、大衣或毯子用针织品或机织物［例如，骆驼（包括单峰骆驼）毛织物］以及丝绒织物或仿毛皮。

这类纱线可以经过第十一类总注释第一部分第（二）款 1 项所述的方法加工。

51.09　羊毛或动物细毛的纱线，供零售用：

10　—　按重量计羊毛或动物细毛含量在 85% 及以上

90　—　其他

本品目包括供零售用的动物细毛粗纺或精纺毛纱，即制成符合第十一类总注释第一部分第（二）款 3 项所规定的形状及条件的。

51.10　动物粗毛或马毛的纱线（包括马毛粗松螺旋花线），不论是否供零售用

本品目包括：

一、用动物粗毛的粗纱纺制的单股或多股纱线（参见品目 51.02 对动物粗毛含义的解释）。

这些纱线用于生产某些机织物、中间衬料及技术上用的物品。

二、用马毛纺成的纱线。它们通常是用短马毛（例如，马科动物鬃毛或牛科动物的尾毛）纺成的。从马科动物尾巴得到的较长马毛是不能纺纱的。常常将其首尾相接结成连续的长线，在某些马毛机织物的织造中作为经线使用。考虑到其用途，这种长线也应归入本品目。但单股马毛纱（没有首尾相接结的）应归入品目 05.11。

由一束马毛与棉线或与另一种纺织材料捆扎或螺旋缠绕所组成的马毛纱线，仍应归入本品目。

上述纱线可以经过第十一类总注释第一部分第（二）款 1 项所述的方法加工。

51.11　粗梳羊毛或粗梳动物细毛的机织物：

—　按重量计羊毛或动物细毛含量在 85% 及以上：

11　——　每平方米重量不超过 300 克

19　——　其他

20　—　其他，主要或仅与化学纤维长丝混纺

30　—　其他，主要或仅与化学纤维短纤混纺

90　—　其他

本品目包括用粗梳的羊毛或动物细毛纱线织成的机织物［参见第十一类总注释第一部分第（三）款对机织物的定义］。

这类机织物品种繁多，包括西服料、法兰绒、莫利通双面绒及衣着、毯子、家具布等用的其他织物。

本品目不包括：

（一）经过药物浸涂或供零售用的绷带（品目30.05）。

（二）品目59.11的技术上用的机织物。

51.12 精梳羊毛或精梳动物细毛的机织物：

	—	按重量计羊毛或动物细毛含量在85%及以上：
11	——	每平方米重量不超过200克
19	——	其他
20	—	其他，主要或仅与化学纤维长丝混纺
30	—	其他，主要或仅与化学纤维短纤混纺
90	—	其他

本品目包括用精梳的羊毛或动物细毛纱线织成的机织物［参见第十一类总注释第一部分第（三）款］。

这类织物品种繁多，包括西服料及其他衣料、家具布等。

本品目不包括：

（一）经过药物浸涂或供零售用的绷带（品目30.05）。

（二）品目59.11的技术上用的机织物。

51.13 动物粗毛或马毛的机织物

本品目包括用品目51.02的动物粗毛或品目51.10的马毛纱线织成的机织物［参见第十一类总注释第一部分第（三）款］。然而马毛机织物也可用品目05.11的单股马毛织成。

动物粗毛机织物用作家具或装饰衬料、衣着的衬里等。

单股马毛织成的机织物通常是手工在特种织机上织出来的。由于马毛很短（20～70厘米），这些薄纱一般是小块的，主要用作筛网。

其他马毛布大都用作服装衬里。

本品目不包括品目59.11的技术上用的机织物。

第五十二章　棉花

子目注释：

子目5209.42及5211.42所称"粗斜纹布（劳动布）"，是指用不同颜色的纱线织成的三线或四线斜纹织物，包括破斜纹组织的织物，这种织物以经纱为面，经纱染成一种相同的颜色，纬纱未漂白或经漂白、染成灰色或比经纱稍浅的颜色。

总　注　释

参阅本章注释时应注意第十一类的总注释。

总的来说，本章包括从原料到机织物各个生产阶段的棉纤维，其中包括作为棉归类的混纺材料。

52.01　未梳的棉花

棉属植物的棉铃（荚、桃）所含的种籽为棉纤维所包裹。这些纤维的基本成分是纤维素，表面有一层蜡质物。棉纤维表面平滑，天然色泽为白色、淡黄色甚至浅棕或浅红色。当棉铃成熟时其荚会张开，棉花就可以收获了。人们通常只摘棉花，而将棉铃留在植物上。摘下的棉花带有棉籽，这些棉籽必须在下一步轧棉工序予以清除。

本品目包括刚采摘下的未梳棉纤维（籽棉）和仅经轧制的未梳棉纤维（即皮棉，其中仍含有一定数量的荚屑、叶子或泥土）；本品目还包括洗净、漂白、染色或脱脂的棉纤维（棉短绒及废棉除外）。

国际贸易中的原棉几乎全都是打成紧压棉包的皮棉；皮棉经开棉机或清棉机清理后，成为蓬松、宽阔、连续的棉片。

棉短绒归入品目14.04。归入本品目的纤维一般长度在1～5厘米之间，因而很易与通常长度不超过5毫米的棉短绒区分开来。

本品目也不包括：

（一）絮胎（品目30.05或56.01）。

（二）废棉（品目52.02）。

（三）粗梳或精梳的棉花（品目52.03）。

52.02　废棉（包括废棉纱线及回收纤维）：

10　—　废棉纱线（包括废棉线）

　　—　其他：

91　——　回收纤维

99　——　其他

总的来说，本品目包括棉花在纺前加工、纺纱、机织、针织等生产过程中所得的废棉，以及从拉松的棉货品所得的废棉。

据此，本品目包括：

精梳下脚，通常称为精梳机落棉；从粗梳或精梳锡林上回收的抄针花；在牵伸工序所得的断纤；梳条或粗纱碎棉片；梳棉飞花；缠结纱及其他废纱；拉松废、碎棉布所得的棉纱及纤维。

废料可含有油污物质、尘土或其他杂质，也可经洗净、漂白或染色，可用于纺纱，也可供其他用途。

本品目不包括：

（一）棉短绒（品目 14.04）。

（二）絮胎（品目 30.05 或 56.01）。

（三）粗梳或精梳废棉（品目 52.03）。

（四）纺织纤维屑、粉末及球结（品目 56.01）。

（五）新的或旧的碎织物及其他纺织品的碎料（品目 63.10）。

52.03　已梳的棉花

本品目包括粗梳或精梳的棉花（含回收纤维及其他废棉），不论是否进行了纺前进一步加工的。

粗梳的主要目的是清理棉纤维，使之大致平行排列，并把纤维中仍含有的杂质全部或大部分清除。粗梳后的纤维呈阔幅棉网（棉卷）状。然后一般将棉网压缩成棉条。这些棉条在纺成粗纱以前可以经过精梳，也可以不经过精梳。

精梳加工主要适用于长绒棉的纺制。该工序将附在纤维上的剩余少量杂质清除，同时还将短纤维清出，作为精梳废料；清除后仅留下平行排列的长纤维。

不论是否精梳的棉条通过拼条机及粗纱机进行一系列的并条及牵伸加工，使棉条成为粗纱。应注意到，在经粗纱机加工的粗纱，其直径与品目 52.05 或 52.06 的单纱几乎相同，并稍加搓捻；但由于未经纺制，它们尚未成为纱线，因而仍归入本品目。

棉条一般盘卷着装入筒内，而粗纱通常被绕在大型筒管上。棉卷一般卷于木制滚筒上。

本品目的产品可经漂白或染色。

理发师用的粗梳成棉条形状的棉花（有时称之为“理发”棉絮）应归入本品目，但一般棉絮胎应归入品目 56.01，如果经过药物浸涂或制成供医疗或外科用零售包装的，则应归入品目 30.05。

52.04　棉制缝纫线，不论是否供零售用：

	—	非供零售用：
11	——	按重量计含棉量在 85% 及以上
19	——	其他
20	—	供零售用

本品目包括符合第十一类总注释第一部分第（二）款 4 项规定形状及条件的棉制缝纫线。

然而，本品目不包括符合线、绳等定义的缝纫线［参见第十一类总注释第一部分第（二）款 2 项］（品目 56.07）。

缝纫线，不论是否供零售用或经过第十一类总注释第一部分第（二）款 1 项所述的方法加工，均归入本品目。

52.05　棉纱线（缝纫线除外），按重量计含棉量在 85% 及以上，非供零售用：

	—	未精梳纤维纺制的单纱：
11	——	细度在 714.29 分特及以上（不超过 14 公支）
12	——	细度在 714.29 分特以下，但不细于 232.56 分特（超过 14 公支，但不超过 43 公支）
13	——	细度在 232.56 分特以下，但不细于 192.31 分特（超过 43 公支，但不超过 52 公支）

14 —— 细度在192.31分特以下，但不细于125分特（超过52公支，但不超过80公支）
15 —— 细度在125分特以下（超过80公支）
— 精梳纤维纺制的单纱：
21 —— 细度在714.29分特及以上（不超过14公支）
22 —— 细度在714.29分特以下，但不细于232.56分特（超过14公支，但不超过43公支）
23 —— 细度在232.56分特以下，但不细于192.31分特（超过43公支，但不超过52公支）
24 —— 细度在192.31分特以下，但不细于125分特（超过52公支，但不超过80公支）
26 —— 细度在125分特以下，但不细于106.38分特（超过80公支，但不超过94公支）
27 —— 细度在106.38分特以下，但不细于83.33分特（超过94公支，但不超过120公支）
28 —— 细度在83.33分特以下（超过120公支）
— 未精梳纤维纺制的多股纱线或缆线：
31 —— 每根单纱细度在714.29分特及以上（每根单纱不超过14公支）
32 —— 每根单纱细度在714.29分特以下，但不细于232.56分特（每根单纱超过14公支，但不超过43公支）
33 —— 每根单纱细度在232.56分特以下，但不细于192.31分特（每根单纱超过43公支，但不超过52公支）
34 —— 每根单纱细度在192.31分特以下，但不细于125分特（每根单纱超过52公支，但不超过80公支）
35 —— 每根单纱细度在125分特以下（每根单纱超过80公支）
— 精梳纤维纺制的多股纱线或缆线：
41 —— 每根单纱细度在714.29分特及以上（每根单纱不超过14公支）
42 —— 每根单纱细度在714.29分特以下，但不细于232.56分特（每根单纱超过14公支，但不超过43公支）
43 —— 每根单纱细度在232.56分特以下，但不细于192.31分特（每根单纱超过43公支，但不超过52公支）
44 —— 每根单纱细度在192.31分特以下，但不细于125分特（每根单纱超过52公支，但不超过80公支）
46 —— 每根单纱细度在125分特以下，但不细于106.38分特（每根单纱超过80公支，但不超过94公支）
47 —— 每根单纱细度在106.38分特以下，但不细于83.33分特（每根单纱超过94公支，但不超过120公支）
48 —— 每根单纱细度在83.33分特以下（每根单纱超过120公支）

本品目包括用品目52.03的粗纱纺制的单股或多股棉纱线（缝纫线除外），只要这些纱线按重量计含棉量在85%及以上。

但本品目不包括符合线、绳、索等定义的纱线（品目56.07）以及供零售用的纱线［参见第十一类总注释第一部分第（二）款2或3项］。

上述纱线不论是否经过第十一类总注释第一部分（二）款1项所述的方法加工，均归入本品目。

52.06　棉纱线（缝纫线除外），按重量计含棉量在85%以下，非供零售用：

—　未精梳纤维纺制的单纱：

11　——　细度在714.29分特及以上（不超过14公支）

12　——　细度在714.29分特以下，但不细于232.56分特（超过14公支，但不超过43公支）

13　——　细度在232.56分特以下，但不细于192.31分特（超过43公支，但不超过52公支）

14　——　细度在192.31分特以下，但不细于125分特（超过52公支，但不超过80公支）

15　——　细度在125分特以下（超过80公支）

—　精梳纤维纺制的单纱：

21　——　细度在714.29分特及以上（不超过14公支）

22　——　细度在714.29分特以下，但不细于232.56分特（超过14公支，但不超过43公支）

23　——　细度在232.56分特以下，但不细于192.31分特（超过43公支，但不超过52公支）

24　——　细度在192.31分特以下，但不细于125分特（超过52公支，但不超过80公支）

25　——　细度在125分特以下（超过80公支）

—　未精梳纤维纺制的多股纱线或缆线：

31　——　每根单纱细度在714.29分特及以上（每根单纱不超过14公支）

32　——　每根单纱细度在714.29分特以下，但不细于232.56分特（每根单纱超过14公支，但不超过43公支）

33　——　每根单纱细度在232.56分特以下，但不细于192.31分特（每根单纱超过43公支，但不超过52公支）

34　——　每根单纱细度在192.31分特以下，但不细于125分特（每根单纱超过52公支，但不超过80公支）

35　——　每根单纱细度在125分特以下（每根单纱超过80公支）

—　精梳纤维纺制的多股纱线或缆线：

41　——　每根单纱细度在714.29分特及以上（每根单纱不超过14公支）

42　——　每根单纱细度在714.29分特以下，但不细于232.56分特（每根单纱超过14公支，但不超过43公支）

43　——　每根单纱细度在232.56分特以下，但不细于192.31分特（每根单纱超过43公支，但不超过52公支）

44　——　每根单纱细度在192.31分特以下，但不细于125分特（每根单纱超过52公支，但不超过80公支）

45　——　每根单纱细度在125分特以下（每根单纱超过80公支）

品目52.05的注释在必要的地方稍加修改后，可适用于本品目的纱线。

52.07　棉纱线（缝纫线除外），供零售用：

10　—　按重量计含棉量在85%及以上

90　—　其他

本品目包括供零售用的棉纱线（缝纫线除外），即符合第十一类总注释第一部分第（二）款3项所规定的形状及条件的棉纱线。

52.08 棉机织物，按重量计含棉量在85%及以上，每平方米重量不超过200克：

	—	未漂白：
11	——	平纹机织物，每平方米重量不超过100克
12	——	平纹机织物，每平方米重量超过100克
13	——	三线或四线斜纹机织物，包括双面斜纹机织物
19	——	其他机织物
	—	漂白：
21	——	平纹机织物，每平方米重量不超过100克
22	——	平纹机织物，每平方米重量超过100克
23	——	三线或四线斜纹机织物，包括双面斜纹机织物
29	——	其他机织物
	—	染色：
31	——	平纹机织物，每平方米重量不超过100克
32	——	平纹机织物，每平方米重量超过100克
33	——	三线或四线斜纹机织物，包括双面斜纹机织物
39	——	其他机织物
	—	色织：
41	——	平纹机织物，每平方米重量不超过100克
42	——	平纹机织物，每平方米重量超过100克
43	——	三线或四线斜纹机织物，包括双面斜纹机织物
49	——	其他机织物
	—	印花：
51	——	平纹机织物，每平方米重量不超过100克
52	——	平纹机织物，每平方米重量超过100克
59	——	其他机织物

本品目包括按重量计含棉量在85%及以上，每平方米重量不超过200克的棉机织物［参见第十一类总注释第一部分第（三）款］。

棉机织物品种繁多，根据其各自特点，用于制衣服、家庭用布、床罩、窗帘、其他家具布等。

本品目不包括：

（一）经过药物浸涂或供零售用的绷带（品目30.05）。

（二）品目58.01的织物。

（三）毛巾织物及类似的毛圈织物（品目58.02）。

（四）纱罗（品目58.03）。

（五）品目59.11的技术上用的机织物。

52.09 棉机织物，按重量计含棉量在85%及以上，每平方米重量超过200克：

	—	未漂白：
11	——	平纹机织物

12 —— 三线或四线斜纹机织物，包括双面斜纹机织物
19 —— 其他机织物
— 漂白：
21 —— 平纹机织物
22 —— 三线或四线斜纹机织物，包括双面斜纹机织物
29 —— 其他机织物
— 染色：
31 —— 平纹机织物
32 —— 三线或四线斜纹机织物，包括双面斜纹机织物
39 —— 其他机织物
— 色织：
41 —— 平纹机织物
42 —— 粗斜纹布（劳动布）
43 —— 其他三线或四线斜纹机织物，包括双面斜纹机织物
49 —— 其他机织物
— 印花：
51 —— 平纹机织物
52 —— 三线或四线斜纹机织物，包括双面斜纹机织物
59 —— 其他机织物

品目52.08的注释在必要的地方稍加修改后，可适用于本品目的产品。

52.10 棉机织物，按重量计含棉量在85%以下，主要或仅与化学纤维混纺，每平方米重量不超过200克：

— 未漂白：
11 —— 平纹机织物
19 —— 其他机织物
— 漂白：
21 —— 平纹机织物
29 —— 其他机织物
— 染色：
31 —— 平纹机织物
32 —— 三线或四线斜纹机织物，包括双面斜纹机织物
39 —— 其他机织物
— 色织：
41 —— 平纹机织物
49 —— 其他机织物
— 印花：
51 —— 平纹机织物
59 —— 其他机织物

本品目包括第十一类总注释第一部分第（三）款规定的机织物。

本品目所包括的机织物必须是根据第十一类注释二应作为棉织物归类［参见第十一类总注释第一部分第（一）款］并且符合下列规格的产品：

一、按重量计含棉量在85%以下的；

二、主要或仅与化纤混纺的；

三、每平方米重量不超过200克的。

在计算比例时，必须记住化纤的总重量应一并予以考虑，长丝与短纤是不分别计算的。

本品目不包括：

（一）经过药物浸涂或供零售用的绷带（品目30.05）。

（二）品目58.01的织物。

（三）毛巾织物及类似的毛圈织物（品目58.02）。

（四）纱罗（品目58.03）。

（五）品目59.11的技术上用的机织物。

52.11　棉机织物，按重量计含棉量在85%以下，主要或仅与化学纤维混纺，每平方米重量超过200克：

—　未漂白：

11　——　平纹机织物

12　——　三线或四线斜纹机织物，包括双面斜纹机织物

19　——　其他机织物

20　—　漂白

—　染色：

31　——　平纹机织物

32　——　三线或四线斜纹机织物，包括双面斜纹机织物

39　——　其他机织物

—　色织：

41　——　平纹机织物

42　——　粗斜纹布（劳动布）

43　——　其他三线或四线斜纹机织物，包括双面斜纹机织物

49　——　其他机织物

—　印花：

51　——　平纹机织物

52　——　三线或四线斜纹机织物，包括双面斜纹机织物

59　——　其他机织物

品目52.10的注释在必要的地方稍加修改后，可适用本品目的产品。

52.12　其他棉机织物：

—　每平方米重量不超过200克：

11　——　未漂白

12　——　漂白

13　——　染色

14　——　色织

15　——　印花
—　每平方米重量超过 200 克：
21　——　未漂白
22　——　漂白
23　——　染色
24　——　色织
25　——　印花

本品目包括用棉纱线织成的机织物［参见第十一类总注释第一部分第（三）款］。然而应注意到本品目仅包括混纺织物，但本章其他品目或本类第二部分具体列名的机织物除外（通常归入第五十八章或第五十九章）。

经过药物浸涂或供零售用的绷带不归入本品目（品目 30.05）。

第五十三章　其他植物纺织纤维；纸纱线及其机织物

总　注　释

参阅本章注释时应注意第十一类的总注释。

总的来说，除了品目53.05的注释中所述某些不包括的货品以外，本章包括从原料到机织物各个生产阶段的植物纺织材料（棉除外）。

本章还包括纸纱线及其机织物，以及根据第十一类注释二的规定可视同本章产品归类的混纺材料。

53.01　亚麻，生的或经加工但未纺制的；亚麻短纤及废麻（包括废麻纱线及回收纤维）（+）：

10　—　生的或经沤制的亚麻

—　破开、打成、栉梳或经其他加工但未纺制的亚麻：

21　——　破开的或打成的

29　——　其他

30　—　亚麻短纤及废麻

亚麻属植物有许多品种，最著名的是亚麻。亚麻纤维是在植物体上由植物胶质紧密粘合的成束韧皮。用于纺织工业时，须将纤维相互分开，还要将纤维与植物其他部分分开，特别是与内层的木质部分分开。

本品目包括生的或经沤制、打成、栉梳或经其他加工但未纺制的亚麻。

一、生亚麻（原亚麻）

这是收获下来的亚麻，不论是否劈开或轧荚（即去叶及去籽）。

二、沤制亚麻

沤麻工艺是用发酵法（通过微生物或霉菌的作用）或化学法清除纤维周围的大部分植物胶质。这种方法通常是：

（一）把亚麻暴露在露水和潮湿中；

（二）把亚麻浸在缓流的溪河中，或在沟渠或池塘的静水中；

（三）把亚麻浸在大型水槽的温水中；或

（四）以蒸汽、化学品或微生物试剂处理亚麻。

经过沤制的亚麻露天晾干，或用机械方法干燥，麻纤维于是从植物的内层木质部分松解，并通过碎茎及打麻将其相互分散。

三、亚麻的打成麻

亚麻首先要碎茎，把木质部分碾碎，然后再进行打麻，即以手工或机械方法敲掉木质部分，只留下亚麻纤维。在这过程中会产生一些短纤及废麻。

四、棉化亚麻纤维

在这工艺中，首先把生亚麻放入氢氧化钠溶液中煮炼，然后用碳酸钠浸渍，再以稀酸处理，麻茎由于释放二氧化碳而裂解，亚麻纤维也由此得以分离。这样处理的亚麻无需经过沤制或打麻。棉化亚麻纤维一般经过漂白。

五、栉梳（精梳）亚麻

栉梳工艺是将亚麻的韧皮分裂，并将纤维平行排列，同时把残存的任何杂质和短纤或断纤（栉梳机短麻）加以清除。从栉梳机梳下的亚麻通常是成束的疏松长纤维。然后该纤维经过分纱器成为长梳条。这些梳条经过一系列的并条及牵伸加工制成粗纱。未纺成纱线的梳条和粗纱均归入本品目。粗纱在最终加工阶段可以拉得很细，差不多只有一根单丝的粗细，一般还稍加搓捻，但仍归入本品目。切勿将本品与品目53.06项下的单纱相混淆。

六、亚麻短纤及废麻（包括废纱和回收纤维）

亚麻短纤一般包括适于纺纱的各种质量的废亚麻；主要是在打麻、栉梳（精梳）和纺纱过程中所得的短纤或破碎、打结和缠结纤维。

本品目还包括从纺纱、摇纱或机织过程中所得的废纱以及把亚麻废织物或废品撕碎所得的废纤维。这些废纤一般供再次纺纱用。

由于这类纤维的长度短，亚麻短纤及其他供纺纱用的废纤一般经粗梳而不经栉梳（精梳）。粗梳后所得的梳条及粗纱同样归入本品目。

本品目也包括不适于供纺纱用的废亚麻，这些废麻主要从打麻或粗梳工序所得，用作衬垫或填塞料、灰浆的结合料，或作为某种纸张的造纸原料。

以上所述产品不论是否漂白或染色，仍归入本品目。

本品目不包括：

（一）从打麻工序所得的破碎木质碎片（品目44.01）。

（二）有时也称为亚麻的某些植物纤维材料，例如，印度亚麻（昂天莲植物）（品目53.03）和新西兰大麻或亚麻（新西兰麻）（品目53.05）。

○

○　○

子目注释：

子目品目 5301.21

本子目包括从短纤获得的亚麻打成麻。

53.02　大麻，生的或经加工但未纺制的；大麻短纤及废麻（包括废麻纱线及回收纤维）：

10　—　**生的或经沤制的大麻**

90　—　**其他**

本品目仅包括大麻，一种可生长在差异甚大的不同气候环境和土质条件上的植物。大麻纤维存在于大麻植物的韧皮上，通过类似于亚麻的一系列加工工序可分离出来（参见品目53.01的注释）。

本品目包括：

一、生大麻，即收获下来的大麻，不论是否去叶和去籽的。

二、沤制大麻，其纤维仍附在植物的木质部分上，但已沤软松解了的。

三、大麻打成麻，即已分离的大麻纤维，有时长度达2米及以上，经打麻后从大麻茎上分离出来。

四、精梳大麻或经其他纺前处理的大麻纤维，一般为梳条或粗纱状。

五、大麻短纤及废麻，包括打麻或精梳过程所得的废料，纺纱、机织等工序所得的废纱，以及拉松破麻布、碎绳索等所得的回收纤维。大麻短纤及废麻，不论是适于纺纱用（呈梳条或粗纱状），或是仅适于作捻缝、衬垫或填塞、造纸等材料，均归入本品目。

棉型化（有时与加工亚麻的方法相类似）、漂白或染色不影响有关货品归入本品目。

本品目不包括：

（一）有时也称为大麻的其他植物纤维材料，例如：

1. 坦皮科麻（短龙舌兰纤维）（品目14.03或53.05）。

2. 洋麻或槿麻（南方型洋麻）、玫瑰茄韧皮纤维、青麻或芙蓉麻（苘麻）、马德拉斯麻、菽麻、加尔各答麻、孟买麻、贝拿勒斯麻（印度麻）、昆士兰大麻（白背黄花稔纤维）（品目53.03）。

3. 海地大麻、马尼拉麻（蕉麻）、毛里求斯麻（富克雷亚麻）及新西兰麻或亚麻（品目53.05）。

（二）打麻时清除的大麻茎上的硬木质部分（品目44.01）。

（三）大麻纱线（品目53.08）。

（四）破麻布及废碎绳索（第六十三章）。

53.03　黄麻及其他纺织用韧皮纤维（不包括亚麻、大麻及苎麻），生的或经加工但未纺制的；上述纤维的短纤及废麻（包括废纱线及回收纤维）：

10　—　生的或经沤制的黄麻及其他纺织用韧皮纤维

90　—　其他

本品目包括所有从双子叶植物茎上提取的纺织纤维，但亚麻（品目53.01）、大麻（品目53.02）及苎麻（品目53.05）除外。

归入本品目的纺织用韧皮纤维比品目53.05的大多数植物纤维更细，手感更为柔软。

本品目的纤维包括：

一、黄麻，主要有两种，白黄麻（中圆果种黄麻）及红黄麻（长果种黄麻），后者亦称吐沙牌黄麻。

二、槿麻，商业上亦称洋麻、红麻、南方型洋麻、暹罗麻、宾利帕坦麻（宾利麻）、安培利麻等。

三、玫瑰茄韧皮纤维，商业上亦称暹罗麻、洋麻、爪哇麻等。

四、苘麻，亦称芙蓉麻、中国麻、天津麻、青麻、金麻等。

五、金雀花属纤维，即鹰爪豆属韧皮或金雀花韧皮。

六、肖梵天花韧皮纤维及古巴黄麻，它们在不同的产地有不同的名称：刚果黄麻、马达加斯加黄麻、帕卡麻、马尔瓦·布兰卡麻或卡迪罗麻（古巴名称）、瓜希麻、阿拉米纳麻、马尔瓦·罗萨麻（巴西名称）、恺撒草（佛罗里达名称）。

七、菽麻，也称印度麻、马德拉斯麻、加尔各答麻、孟买麻、贝拿勒斯麻或称珠尔伯布黄麻。

八、白背黄花稔纤维，亦称埃斯科比洛纤维、马尔瓦埃斯科纤维、昆士兰大麻或古巴黄麻。

九、肖槿属纤维，亦称波伦邦纤维（越南名称）。

十、昂天莲属纤维，亦称魔鬼棉花或印第安亚麻。

十一、克拉普托尼亚纤维，亦称蓬加麻（刚果名称）或瓜希麻（巴西名称）。

十二、刺蒴麻，亦称蓬加麻（刚果名称）或卡拉皮科麻（巴西名称）。

十三、荨麻。

本品目包括：

（一）生的纤维材料（仍未沤制或剥皮的植物茎）；沤制的纤维；剥脱的纤维（用机器提取的纤维），将植物沤制并将纤维剥脱而得，其长度达2米及以上；“麻根”（切下并另外销售的纤维根端）。然而，某些未经加工或加工成某种形状的植物材料（例如，金雀花植物的茎）应归入第十四章，而一经加工成用于纺织的材料（例如，经碎茎、粗梳或精梳等纺前加工），则归入本品目。

（二）粗梳、精梳或经其他纺前处理的纤维，通常呈梳条状。

（三）主要在韧皮纤维粗梳或精梳过程中所得的短纤和废纤；纺纱、机织等过程中留下的韧皮纤维废纱及拉松破麻布或碎绳、索所得的回收纤维。短纤或废纤不论是适于供纺纱（是否呈梳条状），或是仅适于作捻缝、衬垫、填塞、制毡或造纸等材料均归入本品目。

漂白或染色不影响有关货品归入本品目。

本品目也不包括：

（一）金雀花植物的茎（品目14.04）。

（二）经过药物浸涂或制成零售用包装的医疗或外科用短纤（品目30.05）。

（三）黄麻纱线或用本品目的其他纺织韧皮纤维纺制的纱线（品目53.07）。

（四）破麻布或废碎绳、索或缆（第六十三章）。

【53.04】

53.05　椰壳纤维、蕉麻（马尼拉麻）、苎麻及其他品目未列名的纺织用植物纤维，生的或经加工但未纺制的；上述纤维的短纤、落麻及废料（包括废纱线及回收纤维）

本品目包括从某些其他品目未列名单子叶植物（例如，椰壳纤维、蕉麻或剑麻）的果或叶所得的纺织用植物纤维以及从荨麻科的双子叶植物茎所得的苎麻纤维。

这些纤维大多数比品目53.03的纺织用韧皮纤维更粗更厚。

总的来说，本品目包括生的或经纺前处理的（例如，已粗梳或精梳成为梳条的）上述纤维，短纤或废纤（主要在精梳过程中所得）、废纱线（主要在纺纱或机织过程中所得）或回收纤维（从破麻布或断碎的绳、索等所得）。

然而，从植物材料获得的纤维（特别是木棉），如未经加工或加工成某种形状，应归入第十四章；但一经加工成用于纺织的材料（例如，经碎茎、粗梳或精梳等纺前加工），则归入本品目。

归入本品目的植物纺织纤维包括：

一、椰壳纤维。椰壳纤维是从椰子的外层覆盖物获得的，粗糙性脆，棕色，成团或成束的均归入本品目。

二、蕉麻。蕉麻（马尼拉麻）纤维来自主要在菲律宾岛屿种植的某种芭蕉树（麻蕉树）叶鞘包叠而成的茎，它是用刀或机械方法将其中的非纤维物质刮去所得。不论精梳或经其他纺前处理的（例如，制成梳条或粗纱状）均归入本品目。

蕉麻纤维具有很强的耐侵蚀及耐海水浸泡的性能，因而主要用于制船缆或渔网，还可纺成纱线织粗麻布或制帽饰带。

三、苎麻。苎麻纤维来自多种植物的韧皮，主要品种有绿叶种苎麻（马来西亚苎麻、绿苎麻）以及白叶种苎麻（中国麻、白苎麻），这些麻主要产于远东地区。

麻茎齐地面割下后，有时经初步干燥，然后以手工或机械方法剥去茎皮、碎茎并去除其内层木质部分，所得的苎麻呈长麻条状。苎麻纤维是胶粘的果胶物质粘结在一起，所以剥制后须进行脱胶（一般在碱液中泡蒸脱胶），所得纤维拧绞干燥后呈珍珠般的白色。

四、针茅纤维或埃斯帕托叶纤维。这些纤维得自某种植物的叶子。然而，只有经过碾压、碎茎、精梳或其他方法加工使之明显用于纺织用途的才归入本品目。本品目不包括未经加工的上述植物的叶子（第十四章）。

五、芦荟属叶纤维。

六、海地大麻。

七、赫纳昆纤维。

八、伊斯特尔硬质叶纤维（坦皮科大麻或墨西哥大麻）。这些纤维是从冯基亚那龙舌兰或列珠基拉龙舌兰提取，主要用于制刷，通常归入品目14.04，但其经过加工明显用于纺织用途时，应归入本品目。

九、马奎龙舌兰叶纤维或坎塔拉纤维，这些纤维从坎塔拉剑麻（菲律宾或印度尼西亚产）或德奎拉那剑麻（墨西哥产）制得。

十、毛里求斯麻（富克雷亚麻），也称作皮特拉麻（巴西名称）。

十一、新西兰麻。

十二、泥炭纤维（有时称为贝兰丁泥炭或贝劳丁泥炭）。这种纤维来自木质泥炭，但只有经过加工，明显作纺织用的才归入本品目，而用于其他方面的不归入本品目（品目27.03）。

十三、菠萝纤维。这种纤维亦称古拉那纤维（亚马逊名称）、皮纳纤维（墨西哥名称）或丝光韧皮纤维。它们得自凤梨科的菠萝叶。还包括野生凤梨纤维或哥伦比亚凤梨纤维或亚格汗菠萝纤维、卡罗阿叶纤维（巴西名称）、卡拉特斯菠萝叶纤维等。

十四、美洲龙舌兰纤维。

十五、虎尾兰纤维，亦称弓弦大麻或伊费麻。

十六、西沙尔麻（剑麻）。

十七、香蒲纤维。该纤维得自香蒲属植物的叶子。但切勿将这类纤维与本品目不包括的香蒲植物籽纤维相混淆，后者是用作救生衣、玩具等的填塞材料（品目14.04）。

十八、丝兰纤维。

53.06　亚麻纱线：

10　—　单纱

20　—　多股纱线或缆线

本品目包括用品目53.01的亚麻纤维粗纱经纺制而成的单纱，以及这些单纱经过各种合股工序而纺成的多股纱线或缆线。

但本品目不包括符合绳、索等定义的纱线（品目56.07）[参见第十一类总注释第一部分第（二）款2项]。

不论是供零售用的纱线，还是经第十一类总注释第一部分第（二）款1项所述方法进行加工的纱线，均归入本品目。

含金属纱线，包括含任何比例金属线的亚麻纱线都不归入本品目（品目56.05）。

53.07　黄麻纱线或品目53.03的其他纺织用韧皮纤维纱线：

10　—　单纱

20　—　多股纱线或缆线

本品目包括用品目53.03的黄麻或其他纺织用韧皮纤维梳条纺制而成的纱线，不论是单纱或是多股纱线。

但本品目不包括符合线、绳、索、缆定义的纱线（品目56.07）[参见第十一类总注释第一部分第（二）款2项]。

不论是供零售用的纱线，还是经第十一类总注释第一部分第（二）款1项所述方法进行加工的纱线，均归入本品目。

53.08　其他植物纺织纤维纱线；纸纱线：

10　—　椰壳纤维纱线

20　—　大麻纱线

90　—　其他

一、其他植物纺织纤维纱线

本组包括用品目53.02的大麻、品目53.05的植物纺织纤维或不归入第十一类的植物纤维（特别是第十四章的纤维，例如，木棉或短龙舌兰纤维）纺制而成的纱线，不论是单纱或是多股纱线。

但符合线、绳、索或缆定义的纱线［参见第十一类总注释第一部分第（二）款2项］归入品目56.07。

大麻纱线可用作缝纫线（例如，用于制鞋或制皮革货品）或用于织布。

不论是供零售用的纱线，还是经第十一类总注释第一部分第（二）款1项所述方法进行加工的纱线，均归入本组。

含金属纱线，包括用任何比例金属混纺的纱线，均不归入本品目（品目56.05）。

二、纸纱线

本组包括纸制纱线，不论是单纱或是多股纱线。这些纱线不论是否供零售用，也不论是否为线、绳、索、缆状，均应归入本组，但编结的绳、索或缆除外。

不论是否经第十一类总注释第一部分第（二）款1项所述方法进行加工的纱线仍归入本组。

将潮湿的纸条（有时为涂料纸条）纵向搓捻或摩擦加捻而得的单纱；多股纱线则由两根及以上单纱合股而成。

本品目不包括：

（一）简单地纵向一次或多次折叠的纸（第四十八章）。

（二）与金属线混纺或通过任何工艺用金属包覆的纸纱线（含金属纱线）（品目56.05）。

（三）简单地用金属增强的纸纱线以及纸纱线编结的绳、索、缆（品目56.07）。

53.09　亚麻机织物：

	—	按重量计亚麻含量在85%及以上：
11	——	未漂白或漂白
19	——	其他
	—	按重量计亚麻含量在85%以下：
21	——	未漂白或漂白
29	——	其他

本品目包括用亚麻纱线纺制的机织物［参见第十一类总注释第一部分第（三）款的定义］。

这些织物包括优质亚麻布及衣料、被单、台布等布料。亚麻织物也用于制褥垫套、袋子、油布、船帆等。

经过药物浸涂或供零售用的绷带不归入本品目（品目30.05）。

53.10　黄麻或品目53.03的其他纺织用韧皮纤维机织物：

10	—	未漂白
90	—	其他

本品目包括用品目53.03的黄麻纱线或其他纺织用韧皮纤维纱线纺制的机织物［参见第十一类总注释第一部分第（三）款的定义］。

黄麻织物用于制麻袋或用作包装材料、油漆布的底布、家具布衬料等。

53.11　其他纺织用植物纤维机织物；纸纱线机织物

本品目包括用品目53.08的纱线纺制的机织物［参见第十一类总注释第一部分第（三）款的定义］。

这些织物主要用于包装、作帆蓬布、生产油布、袋子、台布、地席或油漆布的底布等。

本品目不包括用纸条交织而成的机织物（品目46.01）。

第五十四章 化学纤维长丝；化学纤维纺织材料制扁条及类似品

注释：

一、本协调制度所称“化学纤维”，是指通过下列任一方法加工制得的有机聚合物的短纤或长丝：

（一）将有机单体物质加以聚合而制成的聚合物，例如，聚酰胺、聚酯、聚烯烃、聚氨基甲酸酯；或通过上述加工得到的聚合物经化学改性制得（例如，聚乙酸乙烯酯水解制得的聚乙烯醇）；或

（二）将天然有机聚合物（例如，纤维素）溶解或化学处理制成聚合物，例如，铜铵纤维或粘胶纤维；或将天然有机聚合物（例如，纤维素、酪蛋白及其他蛋白质或藻酸）经化学改性制成聚合物，例如，醋酸纤维素纤维或藻酸盐纤维。

对于化学纤维，所称“合成”，是指（一）款所述的纤维；所称“人造”，是指（二）款所述的纤维。品目 54.04 或 54.05 的扁条及类似品不视作化学纤维。

对于纺织材料，所称“化学纤维”“合成纤维”及“人造纤维”，其含义应与上述解释相同。

二、品目 54.02 及 54.03 不适用于第五十五章的合成纤维或人造纤维的长丝丝束。

总 注 释

参阅本章总注释时应注意第十一类的总注释。

根据第五十四章注释一的规定，第五十四章及第五十五章或本协调制度其他章所称的“化学纤维”，是指通过下列任一方法加工制得的有机聚合物的短纤或长丝：

（一）将有机单体物质加以聚合或将所得到的聚合物经化学改性（参见第三十九章的总注释）而制得的（合成纤维）；或

（二）将天然有机聚合物经溶解或化学处理制得，或将天然有机聚合物经过化学改性而制得（人造纤维）。

一、合成纤维

制造这类纤维的基本原料，一般是从煤或石油的蒸馏产品或天然气体中制得。首先，将聚合所得的物质熔化或用适当的溶剂溶解，然后通过喷丝头（喷嘴）喷入空气或适当的凝结浴中，冷却后或溶剂挥发后即凝固成丝，也可沉淀于溶液中成为长丝。

在此阶段，这类纤维的性质一般不适于直接用于纺织加工，它们必须经过牵伸工序，使分子沿着纤丝的方向取向，从而大大增强了纤维的某些技术特性（例如，强度）。

主要的合成纤维有：

（一）聚丙烯腈纤维：在高分子组成中，按重量计丙烯腈单元至少为 85% 的线型高分子纤维。

（二）变性聚丙烯腈纤维：在高分子组成中，按重量计丙烯腈单元至少为 35%，但不超过 85% 的线型高分子纤维。

（三）聚丙烯纤维：由丙烯酸饱和烃线型高分子组成的纤维，在这些高分子组成中，每隔一个碳原子就在全同立构位置上带有一个侧甲基而无其他取代物的单元按重量计至少为 85% 的。

（四）尼龙和其他聚酰胺：由合成线型高分子组成的纤维，在高分子组成中，与环基或无环基连接的重复酰胺键至少为 85% 或通过酰胺键直接将两个芳族环连接的芳族基至少为 85%，而且可以有多达 50% 的酰胺基替代了亚氨基。

所称“尼龙或其他聚酰胺”，包括了芳族聚酰胺（参见本类注释十二）。

（五）聚酯：在高分子组成中，按重量计二醇与对苯二甲酸构成的酯至少为85%的线型高分子纤维。

（六）聚乙烯：在高分子组成中，按重量计乙烯单元至少为85%的线型高分子纤维。

（七）聚氨基甲酸酯：由多官能异氰酸酯与多羟基化合物（例如，蓖麻油、1，4－丁二醇、聚醚多元醇、聚酯多元醇）聚合而成的纤维。

其他合成纤维包括：含氯纤维、含氟纤维、聚碳酰胺纤维、三乙烯以及乙烯醇纤维。

如果纤维的成分是由第三十九章所述的某种共聚物或某种均聚物的混合物（例如，某种乙烯和丙烯的共聚物）组成，在纤维归类时必须考虑其所含每种成分所占的比例。除聚酰胺以外，这些比例都是按重量计算的。

二、人造纤维

制造这类纤维的基本原料，是将天然材料经溶解、化学处理或化学改性提取的有机聚合物。

主要的人造纤维有：

（一）纤维素纤维，即：

1. **粘胶人造丝**。用氢氧化钠处理纤维素（一般为亚硫酸木浆），所得的碱纤维素经二硫化碳处理后成为纤维素黄酸钠；将纤维素黄酸钠用稀氢氧化钠溶液溶解后再成为一种浓稠液体，称为粘胶液。

粘胶液经净化及熟成后从喷丝头喷入凝结酸浴，从而形成再生纤维素长丝。粘胶人造丝还包括莫代尔纤维，即将再生纤维素经变性粘胶工艺加工所得的纤维。

2. **铜铵人造丝**。用铜铵溶液溶解纤维素（一般为棉短绒或化学木浆），再将所得的粘胶溶液喷入凝结浴中，沉淀的纤维素即形成长丝。

3. **醋酸纤维素（包括三醋酯纤维）**。从至少74%的羟基已乙烯化的醋酸纤维素所得的纤维。用醋酐、醋酸及硫酸的混合液处理纤维素（棉短绒或化学木浆），所得的初级醋酸纤维素经变性成为可溶物质，然后溶解于如丙酮等挥发性溶液中，最后抽丝（一般在暖空气中进行）；当溶液蒸发后就形成了醋酸纤维素单丝。

（二）动物质或植物质蛋白质纤维，它们包括：

1. 乳酪蛋白溶解于碱中（一般为氢氧化钠）所得的产品。溶液熟成后喷入凝结酸浴中。最后，将所得的单丝用甲醛、鞣酸、铬盐或其他化合物加以处理使之硬化。

2. 用同样方法处理花生、大豆、玉米等的蛋白质所得的其他纤维。

（三）藻酸纤维。各种海藻经过化学处理后产生粘性溶液，一般为藻酸钠溶液；将这种溶液喷入凝结浴中成为某种金属藻酸盐。它们包括：

1. 藻酸钙铬纤维，非易燃品。

2. 藻酸钙纤维。它们在弱碱性肥皂溶液中极易溶解，因此不适于一般纺织用途，通常在某些生产工序中作临时线用。

本章包括化学纤维长丝、纱线及其织物，含根据第十一类注释二的规定可视同化学纤维纱线和机织物归类的混纺纱线和织物。本章还包括品目54.04或54.05的单丝和其他产品及其机织物。

本章包括长丝丝束，但符合第五十五章注释定义的除外。它们一般用于生产香烟滤嘴，而第五十五章的长丝丝束则用于生产短纤维。

本章不包括：

（一）品目33.06的清洁牙缝用的纱线（牙线），单独零售包装。

（二）第四十章的产品，特别是品目40.07的线及绳。

（三）第五十五章的产品，特别是短纤维、短纤纱线及其机织物和化纤长丝的废料（包括落绵、废纱及回收纤维)。

(四) 品目68.15的碳纤维及其制品。

(五) 品目70.19的玻璃纤维及其制品。

54.01　化学纤维长丝纺制的缝纫线，不论是否供零售用：

10　—　合成纤维长丝纺制

20　—　人造纤维长丝纺制

本品目包括符合第十一类总注释第一部分第（二）款4项规定形状及条件的化纤长丝缝纫线。

但本章不包括符合绳等定义的纱线［参见第十一类总注释第一部分第（二）款2项］(品目56.07)。

缝纫线，不论是否供零售用或经第十一类总注释第一部分第（二）款1项所述的方法加工，均归入本品目。

本品目还不包括单纱及单丝，不论是否用作缝纫线（酌情归入品目54.02、54.03、54.04或54.05)。

54.02　合成纤维长丝纱线（缝纫线除外)，非供零售用，包括细度在67分特以下的合成纤维单丝（＋)：

　　—　尼龙或其他聚酰胺纺制的高强力纱，不论是否经变形加工：

11　——　芳香族聚酰胺纺制

19　——　其他

20　—　聚酯高强力纱，不论是否经变形加工

　　—　变形纱线：

31　——　尼龙或其他聚酰胺纺制，每根单纱细度不超过50特

32　——　尼龙或其他聚酰胺纺制，每根单纱细度超过50特

33　——　聚酯纺制

34　——　聚丙烯纺制

39　——　其他

　　—　其他单纱，未加捻或捻度每米不超过50转：

44　——　弹性纱线

45　——　其他，尼龙或其他聚酰胺纱线

46　——　其他，部分定向聚酯纱线

47　——　其他，聚酯纱线

48　——　其他，聚丙烯纱线

49　——　其他

　　—　其他单纱，捻度每米超过50转：

51　——　尼龙或其他聚酰胺纱线

52　——　聚酯纱线

53　——　聚丙烯纱线

59　——　其他

　　—　其他纱线（多股纱线或缆线)：

61　——　尼龙或其他聚酰胺纺制

62　——　聚酯纺制

63　——　聚丙烯纺制

69　——　其他

本品目包括合成纤维长丝纱线（缝纫线除外）。这种纱线包括：

一、单丝（单纤丝），细度在67分特以下的。

二、复丝，一般从喷丝头喷出时就将数根单丝（从二根到数百根）并在一起而得的。这类纱线可以加捻或未加捻（单纱、多股纱线或缆线）。因此，这类纱线包括：

（一）由数根单丝不加捻并排缫成的单纱，还包括第五十五章不包括的那部分长丝丝束。

（二）从喷丝头喷出后就立即加捻的或在以后的加捻工序中加捻的长丝单纱。

（三）将上述单纱合并而制得的多股纱线或缆线，包括用品目54.04的单丝制成的纱线［参见第十一类总注释第一部分第（二）款1项］。

但如果上述纱线构成了品目56.07的绳子或制成品目54.06的供零售用纱线，就不归入本品目［参见第十一类总注释第一部分第（二）款的2及3项］。

除了可以制成非供零售用的其他常见形状以外，本品目的某些纱线可以绕成无芯形状的（丝饼状等）。

除了以上所列不包括的货品之外，本品目还不包括：

（一）品目54.04的合成纤维单丝、合成纺织材料制扁条及类似品。

（二）品目55.01的长度超过2米的合成纤维长丝丝束。

（三）品目55.03的长度不超过2米的合成纤维长丝丝束。

（四）品目55.06的化纤条（裂丝束）。

（五）含金属纱线，包括与任何比例的金属线混纺或用金属包覆的纱线（品目56.05）。

○

○ ○

子目注释：

子目5402.31至5402.39

变形纱线是指用机械或物理方法（例如，加捻、退捻、假捻、压缩、起皱纹、热定形或几种这类方法结合起来）进行变形加工，使得每根纤维都为卷曲、绉缩、起圈等形状的纱线。这些变形可以通过拉力部分或全部拉直，可是一但松弛下来，它们又回到原来形状。

变形纱线具有高膨体性或极高的延伸性的特点。两者的高弹性使其特别适于生产弹力衣着（例如，紧身衣、长筒袜、内衣），而膨体纱线使织物柔软及手感温暖。

变形纱线可通过其长丝的特别加捻特征、小线圈或不够平行定向与非变形长丝（直丝）纱线区别开来。

子目5402.46

本子目包括由分子部分定向的纤维构成的纱线。这些纱线一般是扁平形状，不直接用于纺制织物，而必须首先经过拉伸或拉伸－变形工序。这类纱线亦称为预定向丝（POY）。

54.03 人造纤维长丝纱线（缝纫线除外），非供零售用，包括细度在67分特以下的人造纤维单丝：

10	—	粘胶纤维纺制的高强力纱
	—	其他单纱：
31	——	粘胶纤维纺制，未加捻或捻度每米不超过120转
32	——	粘胶纤维纺制，捻度每米超过120转
33	——	醋酸纤维纺制
39	——	其他
	—	其他纱线（多股纱线或缆线）：
41	——	粘胶纤维纺制

42　——　醋酸纤维纺制
49　——　其他

品目54.02的注释在必要的地方作修改后，可适用于本品目的产品。

54.04　截面尺寸不超过1毫米，细度在67分特及以上的合成纤维单丝；表观宽度不超过5毫米的合成纤维纺织材料制扁条及类似品（例如，人造草）：

—　单丝：
11　——　弹性单丝
12　——　其他，聚丙烯单丝
19　——　其他
90　—　其他

本品目包括：

一、合成纤维单丝。它们是喷成单丝的长丝。本品目仅包括细度在67分特及以上或截面尺寸不超过1毫米的单丝，本品目的单丝可以是任何截面形状的，除挤压法以外，也可以是用层压法或熔合法制得的。

二、合成纤维纺织材料制的扁条及类似品。本品目的扁条是扁平状的，其宽度不超过5毫米，直接挤压成形，或用宽条或薄片切割成形。

本品目还包括表观宽度（即折叠、扁平、压缩或搓捻后的宽度）不超过5毫米的下列产品：

（一）沿长度折叠的扁条。

（二）扁平管，不论是否沿长度折叠。

（三）压缩或搓捻的扁条及以上（一）和（二）两款所述的产品。

如果产品的宽度（或表观宽度）不一致，应根据其平均宽度进行归类。

本品目还包括多股的或绞花的扁条及类似品。

所有这些产品一般是长条的，但即使切成短条的，不论是否供零售用，仍应归入本品目。根据其各自不同的特点，这些纱线用于制刷子、运动球拍、钓鱼线、外科缝线、家具布、带子、女帽、编带等。

本品目不包括：

（一）消毒的合成纤维单丝（品目30.06）。

（二）截面任一尺寸超过1毫米的合成纤维单丝，或是表观宽度（即折叠、扁平、压缩或搓捻后的宽度）超过5毫米的扁条及扁平管（包括沿长度折叠的扁条及扁平管），不论是否压缩或搓捻（例如，人造草）（第三十九章）。

（三）品目54.02的细度低于67分特的合成纤维单丝。

（四）第五十六章的扁条及类似品。

（五）带鱼钩或以其他方式制成钓鱼线的合成纤维单丝（品目95.07）。

（六）供制刷用的成束或成簇的材料（品目96.03）。

54.05　截面尺寸不超过1毫米，细度在67分特及以上的人造纤维单丝；表观宽度不超过5毫米的人造纤维纺织材料制扁条及类似品（例如，人造草）

品目54.04的注释在必要的地方稍加修改后，可适用于本品目的产品。

54.06　化学纤维长丝纱线（缝纫线除外），供零售用

本品目包括供零售用的化学纤维长丝纱线（缝纫线除外），即制成符合第十一类总注释第一部分第（二）款3项所述形状及条件的纱线。

54.07　合成纤维长丝纱线的机织物，包括品目54.04所列材料的机织物：

10　—　尼龙或其他聚酰胺高强力纱、聚酯高强力纱纺制的机织物
20　—　扁条及类似品的机织物
30　—　第十一类注释九所列的机织物
　　—　其他机织物，按重量计尼龙或其他聚酰胺长丝含量在85%及以上：
41　——　未漂白或漂白
42　——　染色
43　——　色织
44　——　印花
　　—　其他机织物，按重量计聚酯变形长丝含量在85%及以上：
51　——　未漂白或漂白
52　——　染色
53　——　色织
54　——　印花
　　—　其他机织物，按重量计聚酯长丝含量在85%及以上：
61　——　按重量计聚酯非变形长丝含量在85%及以上
69　——　其他
　　—　其他机织物，按重量计其他合成纤维长丝含量在85%及以上：
71　——　未漂白或漂白
72　——　染色
73　——　色织
74　——　印花
　　—　其他机织物，按重量计其他合成纤维长丝含量在85%以下，主要或仅与棉混纺：
81　——　未漂白或漂白
82　——　染色
83　——　色织
84　——　印花
　　—　其他机织物：
91　——　未漂白或漂白
92　——　染色
93　——　色织
94　——　印花

本品目包括用品目54.04的合成纤维长丝纱线、单丝或扁条纺制的机织物［参见第十一类总注释第一部分第（三）款］。本品目包括各式各样的服装面料、里料、窗帘布料、家具布、帐篷织物、降落伞织物等。

本品目不包括：

（一）经过药物浸涂或供零售用的绷带（品目 30.05）。

（二）用截面尺寸超过 1 毫米的合成纤维单丝或表观宽度超过 5 毫米的合成纤维纺织材料制扁条或类似品织造的机织物（品目 46.01）。

（三）合成纤维短纤机织物（品目 55.12 至 55.15）。

（四）品目 59.02 的帘子布。

（五）品目 59.11 的技术上用的机织物。

54.08　人造纤维长丝纱线的机织物，包括品目 54.05 所列材料的机织物：

10　—　粘胶纤维高强力纱的机织物

—　其他机织物，按重量计人造纤维长丝、扁条或类似品含量在 85% 及以上：

21　——　未漂白或漂白

22　——　染色

23　——　色织

24　——　印花

—　其他机织物：

31　——　未漂白或漂白

32　——　染色

33　——　色织

34　——　印花

本品目包括用品目 54.05 的人造纤维长丝纱线、单丝或扁条纺制的机织物［参见第十一类总注释第一部分第（三）款］。本品目包括各式各样的服装面料、里料、窗帘布料、家具布、帐篷织物、降落伞织物等。

本品目不包括：

（一）经过药物浸涂或供零售用的绷带（品目 30.05）。

（二）用截面尺寸超过 1 毫米的人造纤维单丝或表观宽度超过 5 毫米的人造纤维纺织材料制扁条或类似品织造的机织物（品目 46.01）。

（三）人造纤维短纤机织物（品目 55.16）。

（四）品目 59.02 的帘子布。

（五）品目 59.11 的技术上用的机织物。

第五十五章　化学纤维短纤

注释：

品目55.01和55.02仅适用于每根与丝束长度相等的平行化学纤维长丝丝束。前述丝束应同时符合下列规格：

一、丝束长度超过2米；

二、捻度每米少于5转；

三、每根长丝细度在67分特以下；

四、合成纤维长丝丝束，须经拉伸处理，即本身不能被拉伸至超过本身长度的一倍；

五、丝束总细度大于20000分特。

丝束长度不超过2米的归入品目55.03或55.04。

总　注　释

参阅本章总注释时应注意第十一类的总注释。

本章包括短纤（即切段纤维）状或某些长丝丝束状的第五十四章总注释所述的化学纤维，也包括这些纤维或丝束在各个加工阶段所得的产品，含纱线和机织物。本章还包括根据第十一类注释二的规定可视同化学纤维短纤产品归类的混纺产品。

化学纤维短纤通常是有大量孔眼（有时多达数千个）的喷丝头挤压喷出而得；喷出的长丝收集起来成为丝束。这些丝束可直接拉伸并切成短段，或经过不同的加工工序（洗涤、漂白、染色等）后再进行拉伸并切成短段。纤维的长度通常切成25～180毫米之间，具体长度视化学纤维的种类、所需生产的纱线类型以及准备与之混纺的其他纺织纤维的性质而定。

化学纤维长丝或短纤的废料（包括落绵、废纱及回收纤维）也归入本章。

本章不包括：

（一）品目56.01的长度不超过5毫米的纺织纤维（纤维屑）。

（二）品目25.24的石棉，以及品目68.12或68.13的石棉制品和其他产品。

（三）品目68.15的碳素纤维及其制品。

（四）品目70.19的玻璃纤维及其制品。

55.01　合成纤维长丝丝束：

	—	**尼龙或其他聚酰胺制：**
11	**——**	**芳香族聚酰胺制**
19	**——**	**其他**
20	**—**	**聚酯制**
30	**—**	**聚丙烯腈或变性聚丙烯腈制**
40	**—**	**聚丙烯制**
90	**—**	**其他**

本品目包括符合下列规格的用本章总注释所述方式生产的合成纤维长丝丝束（参见本章注释）：

一、丝束长度必须超过2米。

二、丝束必须未经搓捻或捻度每米少于5转。

三、每根长丝细度必须在67分特以下。

四、丝束必须经拉伸处理，即本身不能被拉伸至超过本身长度的一倍。

五、丝束的总细度必须大于20000分特。

以上第四款的规定旨在保证丝束处于可即供切成短纤的状态。合成纤维长丝挤出后往往定向不足，必须加以拉伸以影响其分子的定向，使其具有所要的性能。经过拉伸的丝束还保留着某种程度的弹性，但一般远未拉伸至本身长度的一倍时就断裂了。另一方面，未经拉伸处理的丝束可以拉伸至本身长度的3～4倍才断裂。

本品目的丝束一般用下列方法之一生产合成纤维短纤纱线：

（一）切成短纤，然后经通常与棉花或羊毛相同的工序加工成梳条、粗纱及纱线。

（二）经“丝束成条”工序制成纤维条（参见品目55.06的注释），然后纺成纱线。

本品目不包括：

（一）符合以上一、二、三款的规定，总细度不超过20000分特的合成纤维长丝条，以及各种细度的未拉伸长丝（品目54.02）。

（二）未经捻或捻度每米少于5转的合成纤维长丝条（每根长丝细度在67分特及以上），不论是否拉伸及总细度的大小（每根单丝截面尺寸均不超过1毫米的归入品目54.04，其他归入第三十九章）。

（三）符合以上二、三款的规定，但长度未超过2米的合成纤维长丝丝束，不论是否拉伸及总细度的大小（品目55.03）。

55.02 人造纤维长丝丝束：

10 — 醋酸纤维

90 — 其他

除本章注释第四款所列的以外，品目55.01的注释在必要的地方稍加修改后也适用于本品目的产品。

55.03 合成纤维短纤，未梳或未经其他纺前加工：

— 尼龙或其他聚酰胺制：

11 —— 芳香族聚酰胺制

19 —— 其他

20 — 聚酯制

30 — 聚丙烯腈或变性聚丙烯腈制

40 — 聚丙烯制

90 — 其他

本品目的纤维是用本章总注释所述方法制造的。

合成纤维短纤一般经压缩打成大包，其中纤维长短一致，可与品目55.05的废料区分开来。

本品目也包括长度不超过2米，每根单丝细度小于67分特的合成纤维长丝丝束。长度超过2米的合成纤维长丝丝束不归入本品目（品目54.02或55.01）。

已梳的或经其他纺前加工的合成纤维短纤也不归入本品目（品目55.06）。

55.04 人造纤维短纤，未梳或未经其他纺前加工：

10 — 粘胶纤维制

90　—　其他

品目55.03的注释在必要的地方稍加修改后，可适用于本品目的产品。

55.05　化学纤维废料（包括落绵、废纱及回收纤维）：

10　—　合成纤维的

20　—　人造纤维的

本品目包括化学纤维废料（长丝及短纤，参见第五十四章的总注释），它们是：

一、废纤（回花），例如，在长丝成形和加工过程中所得的相当长的废纤维；从粗梳、精梳及其他对短纤进行纺前加工所得的短小废纤维（例如，纤维卷、梳条或粗纱的落绵、小碎片）。

二、废纱（硬回丝），即在纺纱、并纱、卷绕、机织、针织等工序中收集的断裂、打结或缠乱的废纱线。

三、回收纤维，即将废碎化纤布或纱线撕松成为原状的纤维。

这类废料不论是否漂白或染色，只要未经粗梳、精梳或其他纺前加工的，均归入本品目。

本品目不包括：

（一）絮胎（品目30.05或56.01）。

（二）经粗梳、精梳或其他纺前加工的废纤（品目55.06或55.07）。

（三）纺织纤维屑、粉末及球结（品目56.01）。

（四）新的或旧的碎织物（第六十三章）。

55.06　合成纤维短纤，已梳或经其他纺前加工：

10　—　尼龙或其他聚酰胺制

20　—　聚酯制

30　—　聚丙烯腈或变性聚丙烯腈制

40　—　聚丙烯制

90　—　其他

本品目包括经粗梳、精梳或其他纺前加工的合成纤维短纤（含合成纤维短纤或长丝的废料）。

在粗梳过程中，短纤及废纤通过机器使纤维大致平行排列，形成较宽的纤维网或纤维卷状，然后一般是压缩成梳条（未加捻的蓬松纤维条）。

在精梳过程中，粗梳条子通过机器进一步使纤维几乎完全平行排列，对于废料粗梳条子，则除去较短纤维（落绵）。精梳条子通常绕成卷或球，称为“化纤条”。

化纤条也可用所谓“丝束成条”法直接从长丝丝束制成。

丝束喂入专门的机器，将长丝牵切而不打乱纤维的连续性或平行排列。例如，可以把丝束通过不同转速的滚筒，这些滚筒所造成的一种张力可拉断这些长丝；或使用带齿滚筒用直接压力切断长丝；或用机械刀具对角切断丝束。在通过机器时丝束被拉成条子。这些工序避免了必须把丝束切成短纤的工序，省去了粗梳甚至通常所需的粗梳和精梳加工。

将不论是经粗梳、精梳制成的或是通过“丝束成条”工艺制成的条子拉成粗纱，即稍加搓捻的平行纤维细股，然后以一次工序纺成纱线。

本品目不包括絮胎（品目30.05或56.01）。

55.07　人造纤维短纤，已梳或经其他纺前加工

品目55.06的注释在必要的地方稍加修改后，可适用于本品目的产品。

55.08　化学纤维短纤纺制的缝纫线，不论是否供零售用：

10　—　合成纤维短纤纺制

20　—　人造纤维短纤纺制

本品目包括符合第十一类总注释第一部分第（二）款4项规定形状和条件的缝纫线。

然而，本品目不包括符合绳等定义的缝纫线［参见第十一类总注释第一部分第（二）款2项］（品目56.07）。

缝纫线，不论是否供零售用或经第十一类总注释第一部分第（二）款1项所述的方法加工，均归入本品目。

55.09　合成纤维短纤纺制的纱线（缝纫线除外），非供零售用：

—　按重量计尼龙或其他聚酰胺短纤含量在85%及以上：

11　——　单纱

12　——　多股纱线或缆线

—　按重量计聚酯短纤含量在85%及以上：

21　——　单纱

22　——　多股纱线或缆线

—　按重量计聚丙烯腈或变性聚丙烯腈短纤含量在85%及以上：

31　——　单纱

32　——　多股纱线或缆线

—　其他纱线，按重量计合成纤维短纤含量在85%及以上：

41　——　单纱

42　——　多股纱线或缆线

—　其他聚酯短纤纺制的纱线：

51　——　主要或仅与人造纤维短纤混纺

52　——　主要或仅与羊毛或动物细毛混纺

53　——　主要或仅与棉混纺

59　——　其他

—　其他聚丙烯腈或变性聚丙烯腈短纤纺制的纱线：

61　——　主要或仅与羊毛或动物细毛混纺

62　——　主要或仅与棉混纺

69　——　其他

—　其他纱线：

91　——　主要或仅与羊毛或动物细毛混纺

92　——　主要或仅与棉混纺

99　——　其他

本品目包括用品目55.06的合成纤维短纤粗纱纺成的纱线（缝纫线除外），不论是单纱或多股纱线。

但本品目不包括供零售用的合成纤维短纤纱线（品目55.11）和符合绳、索等定义的纱线（品目56.07）［参见第十一类总注释第一部分第（二）款2、3两项］。

本品目包括经第十一类总注释第一部分第（二）款1项所述方法加工的纱线。

55.10　人造纤维短纤纺制的纱线（缝纫线除外），非供零售用：

—　按重量计人造纤维短纤含量在85%及以上：

11　——　单纱

12　——　多股纱线或缆线

20　—　其他纱线，主要或仅与羊毛或动物细毛混纺

30　—　其他纱线，主要或仅与棉混纺

90　—　其他

品目55.09的注释在必要的地方稍加修改后，可适用于本品目的产品。

55.11　化学纤维短纤纺制的纱线（缝纫线除外），供零售用：

10　—　按重量计合成纤维短纤含量在85%及以上

20　—　按重量计合成纤维短纤含量在85%以下

30　—　人造纤维短纤纺制

本品目包括供零售用的化纤短纤纱线（缝纫线除外），即符合第十一类总注释第一部分第（二）款3项所规定的形状或条件的纱线。

55.12　合成纤维短纤纺制的机织物，按重量计合成纤维短纤含量在85%及以上：

—　按重量计聚酯短纤含量在85%及以上：

11　——　未漂白或漂白

19　——　其他

—　按重量计聚丙烯腈或变性聚丙烯腈短纤含量在85%及以上：

21　——　未漂白或漂白

29　——　其他

—　其他：

91　——　未漂白或漂白

99　——　其他

本品目包括按重量计合成纤维短纤含量在85%及以上的机织物［参见第十一类总注释第一部分第（三）款的定义］。这类织物包括各式各样的服装面料、窗帘布料或其他家具布以及桌布料、毯料、毛巾料等。

经过药物浸涂或供零售用的绷带不归入本品目（品目30.05）。

55.13　合成纤维短纤纺制的机织物，按重量计合成纤维短纤含量在85%以下，主要或仅与棉混纺，每平方米重量不超过170克：

—　未漂白或漂白：

11　——　聚酯短纤纺制的平纹机织物

12　——　聚酯短纤纺制的三线或四线斜纹机织物，包括双面斜纹机织物
13　——　其他聚酯短纤纺制的机织物
19　——　其他机织物
　　—　染色：
21　——　聚酯短纤纺制的平纹机织物
23　——　其他聚酯短纤纺制的机织物
29　——　其他机织物
　　—　色织：
31　——　聚酯短纤纺制的平纹机织物
39　——　其他机织物
　　—　印花：
41　——　聚酯短纤纺制的平纹机织物
49　——　其他机织物

本品目包括符合第十一类总注释第一部分第（三）款规定的机织物。

本品目也包括根据第十一类注释二的规定可视同合成纤维短纤织物归类并且符合下列规格的上述织物［参见第十一类总注释第一部分第（一）款]：

一、按重量计合成纤维短纤含量在 85% 以下；

二、主要或仅与棉混纺；

三、每平方米重量不超过 170 克。

经过药物浸涂或供零售用的绷带不归入本品目（品目 30. 05）。

55. 14　合成纤维短纤纺制的机织物，按重量计合成纤维短纤含量在 85% 以下，主要或仅与棉混纺，每平方米重量超过 170 克：

　　—　未漂白或漂白：
11　——　聚酯短纤纺制的平纹机织物
12　——　聚酯短纤纺制的三线或四线斜纹机织物，包括双面斜纹机织物
19　——　其他机织物
　　—　染色：
21　——　聚酯短纤纺制的平纹机织物
22　——　聚酯短纤纺制的三线或四线斜纹机织物，包括双面斜纹机织物
23　——　其他聚酯短纤纺制的机织物
29　——　其他机织物
30　—　色织
　　—　印花：
41　——　聚酯短纤纺制的平纹机织物
42　——　聚酯短纤纺制的三线或四线斜纹机织物，包括双面斜纹机织物
43　——　其他聚酯短纤纺制的机织物
49　——　其他机织物

品目 55. 13 的注释在必要的地方稍加修改后，可适用于本品目的产品。

55.15　合成纤维短纤纺制的其他机织物：

— 聚酯短纤纺制：
11 —— 主要或仅与粘胶纤维短纤混纺
12 —— 主要或仅与化学纤维长丝混纺
13 —— 主要或仅与羊毛或动物细毛混纺
19 —— 其他
— 聚丙烯腈或变性聚丙烯腈短纤纺制：
21 —— 主要或仅与化学纤维长丝混纺
22 —— 主要或仅与羊毛或动物细毛混纺
29 —— 其他
— 其他机织物：
91 —— 主要或仅与化学纤维长丝混纺
99 —— 其他

本品目包括用合成纤维短纤纱线纺制的机织物［参见第十一类总注释第一部分第（三）款的定义］。但应注意到，本品目仅包括第十一类注释二所规定的混纺机织物，但不包括本章本品目以前的品目所列货品和本类第二部分具体列名的货品（通常归入第五十八章或第五十九章）。

经过药物浸涂或供零售用的绷带不归入本品目（品目30.05）。

55.16　人造纤维短纤纺制的机织物：

— 按重量计人造纤维短纤含量在85%及以上：
11 —— 未漂白或漂白
12 —— 染色
13 —— 色织
14 —— 印花
— 按重量计人造纤维短纤含量在85%以下，主要或仅与化学纤维长丝混纺：
21 —— 未漂白或漂白
22 —— 染色
23 —— 色织
24 —— 印花
— 按重量计人造纤维短纤含量在85%以下，主要或仅与羊毛或动物细毛混纺：
31 —— 未漂白或漂白
32 —— 染色
33 —— 色织
34 —— 印花
— 按重量计人造纤维短纤含量在85%以下，主要或仅与棉混纺：
41 —— 未漂白或漂白
42 —— 染色
43 —— 色织
44 —— 印花
— 其他：
91 —— 未漂白或漂白

92　——　染色
93　——　色织
94　——　印花

本品目包括用人造纤维短纤纱线纺制的机织物［参见第十一类总注释第一部分第（三）款的定义］。这些织物包括各式各样的服装面料、窗帘布料或其他家具布，以及桌布料、毯料、毛巾料等。

经过药物浸涂或供零售用的绷带不归入本品目（品目30.05）。

第五十六章　絮胎、毡呢及无纺织物；特种纱线；线、绳、索、缆及其制品

注释：

一、本章不包括：

（一）用各种物质或制剂（例如，第三十三章的香水或化妆品、品目34.01的肥皂或洗涤剂、品目34.05的光洁剂及类似制剂、品目38.09的织物柔软剂）浸渍、涂布、包覆的絮胎、毡呢或无纺织物，其中的纺织材料仅作为承载介质；

（二）品目58.11的纺织产品；

（三）以毡呢或无纺织物为底的砂布及类似品（品目68.05）；

（四）以毡呢或无纺织物为底的粘聚或复制云母（品目68.14）；

（五）以毡呢或无纺织物为底的金属箔（通常归入第十四类或第十五类）；或

（六）品目96.19的卫生巾（护垫）及卫生棉条、尿布及尿布衬里和类似品。

二、所称"毡呢"，包括针刺机制毡呢以及纤维本身通过缝编工序增强了抱合力的纺织纤维网状织物。

三、品目56.02及56.03分别包括用各种性质（紧密结构或泡沫状）的塑料或橡胶浸渍、涂布、包覆或层压的毡呢及无纺织物。

品目56.03还包括用塑料或橡胶作粘合材料的无纺织物。

但品目56.02及56.03不包括：

（一）用塑料或橡胶浸渍、涂布、包覆或层压，按重量计纺织材料含量在50%及以下的毡呢或者完全嵌入塑料或橡胶之内的毡呢（第三十九章或第四十章）；

（二）完全嵌入塑料或橡胶之内的无纺织物，以及用肉眼可辨别出两面都用塑料或橡胶涂布、包覆的无纺织物，涂布或包覆所引起的颜色变化可不予考虑（第三十九章或第四十章）；或

（三）与毡呢或无纺织物混制的泡沫塑料或海绵橡胶板、片或扁条，纺织材料仅在其中起增强作用（第三十九章或第四十章）。

四、品目56.04不包括用肉眼无法辨别出是否经过浸渍、涂布或包覆的纺织纱线或品目54.04或54.05的扁条及类似品（通常归入第五十章至第五十五章）；运用本条规定，可不考虑浸渍、涂布或包覆所引起的颜色变化。

总　注　释

本章包括一些具有专门特性的纺织品，例如，絮胎、毡呢、无纺织物、特种纱线、绳、索及其某些制品。

56.01　纺织材料絮胎及其制品；长度不超过5毫米的纺织纤维（纤维屑）、纤维粉末及球结：

	—	纺织材料制的絮胎及其制品：
21	——	棉制
22	——	化学纤维制
29	——	其他
30	—	纤维屑、纤维粉末及球结

一、纺织材料絮胎及其制品

本品目所列的絮胎是把粗梳纺织纤维网或气流成网法纺织纤维网数层相叠，然后压紧以增强纤维的抱合力制得。絮胎有时略加针刺以增强纤维的抱合力，在某些情况下，针刺能使絮胎固定在机织物或其他织物的衬布上。

絮胎呈极为蓬松的柔韧海绵状，厚度均匀，其中的纤维很易分离，一般由棉纤维组成（脱脂棉或其他棉的絮胎）或由人造纤维短纤组成。低级絮胎是由粗梳废料或扯松的废碎料制成，通常含有一定比例的球结或废纱。

絮胎不论是否漂白、染色或印花均归入本品目。本品目还包括用少量粘结物质喷于表面以提高表面纤维抱合力的絮胎。如与无纺织物相比，这类絮胎的内层纤维则是很易分离的。

但应注意，用粘结物质处理并使之渗入其内层的絮胎，即使其内层纤维是很易分离的，也应作为无纺织物归入品目 56.03。

略加针刺固定在内部或外层纺织衬料上的絮胎，以及一面或两面用纸、纺织品或其他材料包覆（用线缝或胶粘）的絮胎，只要其未构成品目 58.11 的产品而仍具有絮胎的基本特征，仍应归入本品目。

絮胎主要用于衬垫（例如，用于制垫肩、衣服衬里、首饰盒垫等，用于家具及烫衣机），用作包装材料或用于卫生方面。

本品目还包括成匹或裁成一定长度的絮片以及本协调制度其他品目未列名的絮胎制品（参见以下不包括的货品）。

归入本品目的絮胎制品包括：

（一）用纱线螺旋形花纹覆面的成卷窗帘、门帘及类似防风帘，但不包括全部用纺织物包覆的产品（品目 63.07）。

（二）装饰用絮胎制品，但具有第九十五章所列物品特征的除外。

不归入本品目的絮胎制品如下：

（一）经过药物浸涂的或制成零售包装的医疗、外科、牙科或兽医用的絮胎及其制品（品目 30.05）。

（二）用各种物质或制剂［例如，香水或化妆品（第三十三章）、肥皂或洗涤剂（品目 34.01）、光洁剂及类似制剂（品目 34.05）、织物柔软剂（品目 38.09）］浸渍、涂布或包覆的絮胎，其中的纺织材料仅作为承载介质。

（三）纤维素絮纸及其制品（一般归入第四十八章）。

（四）理发师用的梳条形粗梳棉（例如，理发师“絮胎”）（品目 52.03）。

（五）通过绗缝或其他方法用一层或几层纺织材料与胎料组合而成的被褥状纺织产品，但品目 58.10 的刺绣品除外（品目 58.11）。

（六）服装用衬垫（品目 61.17 或 62.17）。

（七）人造花、叶或果实及其零件（品目 67.02）。

（八）演戏用的假发、假胡须及品目 67.04 的其他制品。

（九）节日（包括狂欢节）用品或其他娱乐用品、圣诞树装饰品及第九十五章的其他物品（例如，玩偶头发）。

（十）品目 96.19 的卫生巾（护垫）及卫生棉条、尿布及尿布衬里和类似品。

二、长度不超过 5 毫米的纺织纤维（纤维屑）及纤维粉末

“纺织纤维屑”由长度不超过 5 毫米的纺织纤维（蚕丝、羊毛、棉、化学纤维等）构成。它是从各种整理工序中，尤其是丝绒的剪绒过程中获得的废料，也可从纺织丝束或纤维切割工序中获得。纤维粉末是从废料中获得的，或是把纺织纤维磨成粉末获得。纺织纤维屑及粉末即使经漂白、染色，或纤维经人工卷曲，仍归入本品目。

这些产品具有广泛的用途（例如，与其他纤维混合纺成纱线、制仿麂皮、作墙纸的涂料或装饰品、作为香粉或“化妆品”的底料）。

但加香料的纺织纤维屑及粉末不归入本品目（品目33.07）。

切勿将本品目的纤维屑与用碎布料制成的用于填塞被褥或靠垫等的毛屑相混淆，后者应归入第五十章至第五十五章中适当的“废料”品目中。

三、球结

它们是由蚕丝、羊毛、棉花、化纤短纤等制的尺寸规则的小圆球（有时为椭圆球），一般夹于两个圆盘间轧制而成。它们可以漂白或染色，用于纺制仿手纺纱等的花式纱线。

56.02 毡呢，不论是否浸渍、涂布、包覆或层压：

10 — 针刺机制毡呢及纤维缝编织物

— 其他毡呢，未浸渍、涂布、包覆或层压：

21 —— 羊毛或动物细毛制

29 —— 其他纺织材料制

90 — 其他

毡呢通常是把数层纺织纤维（通常是粗梳纤维网片或气流成网法纤维网片）相互叠层制得。层叠网片先要经湿润处理（一般用蒸汽或热肥皂水处理），然后施以重压及摩擦或打呢，使纤维相互连结，成为厚度均匀的呢片。毡呢远比絮胎结实，其纤维很难分离，而且明显不同于绒缩机织物（一般归入第五十章至第五十五章）。

毡呢通常用羊毛或其他动物毛作原料，也有用这些动物毛与其他天然纤维（例如，植物纤维、马毛）或化纤的混合纤维作原料。

毡呢可用于制衣、帽、鞋、鞋底、钢琴音锤、装饰制品及花哨物品等，也可作各种专门的技术用途，例如，作隔热或隔音材料等。

本品目还包括用以下方法之一制的针刺机制毡呢：

一、用凹口针在无底布的纺织纤维短纤（天然纤维或化学纤维）网片上进行针刺；

二、将这类纺织纤维针刺穿过纺织底布或其他材料底基而得。针刺后纤维把底布（基）基本掩盖起来。

针刺工艺使不毡合性植物纤维（例如，黄麻）或化纤也可制成毡呢。

针刺工艺仅是辅助其他粘合方法的针刺纤维网，应作为无纺织物归类（品目56.03）。

本品目还包括那些基本特征是由一层纺织纤维网组成的缝编织物，其纤维抱合力是由于引用了纤维网本身的纤维而不是由于使用了纺织纱线而得以提高的。由于用针引着纤维穿过纤维网，因而在织物表面形成一排排的链式针迹。这类织物有些可以有一层长毛绒面（不论是否割绒），也可用纺织底布、其他材料的底布予以加强。至于缝编针织工艺，详见第六十章的总注释。

本品目包括成匹毡呢或从大幅毡呢裁剪下来但未经其他加工的长方形（包括正方形）毡呢（例如，某种抹布或毯子），不论是否折叠或包装（例如，作零售包装），但协调制度中其他品目已具体列名的货品除外。

毡呢可以经染色、印花、浸渍、涂布、包覆、层压或加强（例如，用纺织线或金属丝加强）。只要仍具有毡呢产品的基本特征，毡呢可以在一面或两面用纸、纸板、纺织物等覆盖（例如，缝上或粘上）。

但本品目不包括归入第三十九章或第四十章的下列产品：

（一）用塑料或橡胶浸渍、涂布、包覆或层压并且按重量计所含纺织材料在50%及以下的毡呢，或者完全嵌入塑料或橡胶中的毡呢；

（二）泡沫塑料或海绵橡胶与毡呢合制的板、片或带，其中纺织材料仅起增强作用的（参见第三十九章总注释的“塑料与纺织品的复合制品”部分及品目40.08的注释第一款）。

本品目包括通过正常毡合方法制成后再用焦油或类似物质浸渍制成的油毛毡。

本品目也不包括：

1. 用各种物质或制剂［例如，香水或化妆品（第三十三章）、肥皂或洗涤剂（品目34.01）、光洁剂及类似制剂（品目34.05）、织物柔软剂（品目38.09）］浸渍、涂布、包覆的毡呢，其中纺织材料仅作为承载介质。

2. 马鞍座布及鞍垫（品目42.01）。

3. 第五十七章的毡呢地毯及其他毡呢的铺地制品。

4. 品目58.02的簇绒毡呢。

5. 刺绣毡呢，成匹、成条或成小块图案的毡呢刺绣品（品目58.10）。

6. 通过绗缝或其他方法用一层或几层纺织材料与胎料组合而成的被褥状纺织产品，但品目58.10的刺绣品除外（品目58.11）。

7. 以毡呢为底料经涂布或覆面的铺地制品，不论是否剪切成形（品目59.04）。

8. 用橡胶、皮革或其他材料涂布、包覆或层压制得的作针布用的毡呢，以及专门作技术用途的其他类似织物（品目59.11）。

9. 用研磨粉或粒盖面的毡呢（品目68.05）或用粘聚或复制云母盖面的毡呢（品目68.14）。

10. 由全部被沥青或类似材料包覆的数层纺织纤维制成的建筑用板（品目68.07）。

11. 用毡呢衬背的金属箔（通常归入第十四类或第十五类）。

56.03　无纺织物，不论是否浸渍、涂布、包覆或层压：

—　化学纤维长丝制：

11　——　每平方米重量不超过25克

12　——　每平方米重量超过25克，但不超过70克

13　——　每平方米重量超过70克，但不超过150克

14　——　每平方米重量超过150克

—　其他：

91　——　每平方米重量不超过25克

92　——　每平方米重量超过25克，但不超过70克

93　——　每平方米重量超过70克，但不超过150克

94　——　每平方米重量超过150克

无纺织物是将纺织纤维定向或随意取向粘合而成的片状或网状织物。所用纤维可以是天然纤维或化学纤维，也可以是短纤（天然纤维或化学纤维）或化学长丝，还可以原地成网。

无纺织物有各种生产方法，其生产过程通常分为三个阶段：成网阶段、粘合阶段及整理阶段。

一、成网阶段

有四种基本方法：

（一）用粗梳或气流成网方法将纤维形成薄片。这些纤维可以是平行排列的、十字交叉的或随意取向的（干法成网工艺）；

（二）将喷出的长丝定向、冷却并直接成网，或者将喷出的长丝凝固、洗涤并直接制成湿网（射流喷网工艺)；

(三) 将纤维悬浮或分散于水中，所得带毛的水倒于筛网上，将水漏去后纤维形成网状（湿法成网工艺)；

(四) 用各种特殊的工艺，使纤维的生产、成网，通常还包括粘合都在同时进行（原地成网法)。

二、粘合阶段

成网后可按整张网的厚度或宽度将纤维粘合（连续法）或者将纤维点状或补片状粘合（断续法)。

粘合工艺可分为三种类型：

(一) 化学粘合，其纤维是利用粘合剂粘合的。可以用橡胶、树胶、淀粉胶、动物胶或塑料等溶液或乳液胶剂加以浸渍，或以塑料粉、溶剂等通过热处理加以粘合。粘合纤维也可用于化学粘合。

(二) 热粘合，其纤维是通过受热（或超声波）粘合的，即将纤维网经过烘炉或通过加热滚筒之间（面粘合）或通过加热的凹凸轧花辊（点粘合）加以粘合。粘合纤维还能用于热粘合。

(三) 机械粘合，纤维网是通过本身纤维的物理缠结得到加强的。机械粘合可以通过高压气体或喷出水流完成，也可通过针刺法（但不是缝编法）完成。但作为无纺织物归类的针刺产品，其范围仅限于：

——以长丝为主的纤维网；

——以其他粘合方法为主，针刺为辅所制得的短纤网。

以上各种粘合工艺也常结合进行。

三、整理阶段

无纺织物可以染色、印花、浸渍、涂布、包覆或层压。用纺织物或其他任何材料薄片通过胶粘、缝合或其他任何工艺盖于无纺织物的一面或两面，只要其具有无纺织物的基本特征，仍应归入本品目。

本品目主要包括由涂有橡胶、塑料及其混合物胶粘剂的无纺织物所构成的粘胶带。

本品目还包括某种用焦油或类似物质粘合纺织纤维制成的“油毛毡”以及某些有同样方法制得并含有少量软木碎的名为“油毛毡”的产品。

但本品目不包括归入第三十九章或第四十章的下列产品：

(一) 完全嵌入塑料或橡胶之内的无纺织物以及用肉眼可辨别出两面都用塑料或橡胶涂布、包覆的无纺织物，涂布或包覆所引起的颜色变化可不予考虑。

(二) 泡沫塑料或海绵橡胶与无纺织物合制的板、片或带，其中纺织材料仅起增强作用的（参见第三十九章总注释的“塑料与纺织品的复合制品”部分及品目 40.08 的注释第一款)。

由于生产或粘合工艺、纤维或长丝的密集度以及纤维网的层数等不同，无纺织物在厚度及特点方面（柔韧性、弹性、耐撕裂性、吸湿性、稳定性等）有所不同。有些无纺织物近似于纸、纸板、纤维素絮纸、油鞣革及品目 56.01 的絮胎。无纺织物与纸、纸板或纤维素絮纸的区别在于无纺织物的纺织纤维在生产过程中未被溶化掉。

最后，根据整张网或薄片的厚度和宽度将纺织纤维或长丝粘合起来这一特点也有助于将无纺织物与品目 56.01 的某类絮胎区分开来（参见品目 56.01 的注释)。

某些无纺织物和其他纺织物一样能够洗涤或扭绞。

本品目包括成匹的无纺织物或从大幅无纺织物裁剪下来但未经其他加工的长方形（包括正方形）无纺织物，不论是否折叠或包装（例如，作零售包装)，但协调制度的其他品目具体列名的货品除外。本品目包括层压塑料用的盖面纤维网（面网)；供制造一次性尿布或卫生巾的表层垫片；供制造防护衣或衣服衬里的织物；液体或空气的过滤片、填塞片、隔音片、道路建设或其他土木工程用的过滤片或分隔片；制造油毛毡的底布；簇绒地毯的基底布或第二层底布等；手帕、床上用或餐桌上用织物制品等。

本品目也不包括：

（一）经过药物浸涂或制成零售包装的绷带（品目30.05）。

（二）用各种物质或制剂［例如，香水或化妆品（第三十三章）、肥皂或洗涤剂（品目34.01）、光洁剂及类似制剂（品目34.05）、织物柔软剂（品目38.09）］浸渍、涂布、包覆的无纺织物，其中的纺织材料仅作为承载介质。

（三）针刺机制毡呢（品目56.02）。

（四）第五十七章的无纺织物制的地毯及其他铺地制品。

（五）品目58.02的簇绒无纺织物。

（六）包扎匹头用带（品目58.06）。

（七）成匹、成条或成小块图案的无纺织物刺绣品（品目58.10）。

（八）通过绗缝或其他方法用一层或几层纺织材料与无纺织物胎料组合而成的被褥状纺织产品，但品目58.10的刺绣品除外（品目58.11）。

（九）品目59.11的专门技术用途的无纺织物。

（十）用研磨粉或粒盖面的无纺织物（品目68.05）或用粘聚或复制云母盖面的无纺织物（品目68.14）。

（十一）用毡呢衬背的金属箔（通常归入第十四类或第十五类）。

56.04　用纺织材料包覆的橡胶线及绳；用橡胶或塑料浸渍、涂布、包覆或套裹的纺织纱线及品目54.04或54.05的扁条及类似品：

10　—　用纺织材料包覆的橡胶线及绳

90　—　其他

一、用纺织材料包覆的橡胶线及绳

本组产品包括用纺织材料包覆（例如，狭辫螺旋包覆或编结包覆）的任何截面的橡胶线（单股）及橡胶线制的橡胶绳（多股）。

二、用橡胶或塑料浸渍、涂布、包覆或套裹的纺织纱线及品目54.04或54.05的扁条及类似品

本组包括用橡胶或塑料浸渍、涂布、包覆或套裹的纺织纱线及品目54.04或54.05的扁条及类似品，但是对于浸渍、涂布或包覆的纱线等，用肉眼应能辨出其经过浸渍、涂布或包覆的（仅颜色起变化不计在内）。

浸渍纺织纱线包括为提高其对橡胶的粘附力而对纺织纱线进行了表面处理的浸渍纱线，这些纱线在后来制造轮胎、机器带或带料及管子等物品过程中与橡胶组合成为物品。

本组包括的产品中有用塑料厚裹纺织纱线制成的仿肠线，根据其各自不同的特性分别用于制造运动球拍、钓鱼线、带子、缏条、家具布、外科缝线等以及用塑料套裹纺织纱线制成的晒衣绳。

本品目不包括：

（一）用橡胶粘合平行纺织纱线制成的织物（品目59.06）。

（二）带鱼钩的或用其他方式制成钓鱼线的仿肠线（品目95.07）。

56.05　含金属纱线，不论是否螺旋花线，由纺织纱线或品目54.04或54.05的扁条及类似品与金属线、扁条或粉末混合制得或用金属包覆制得

本品目包括：

一、由混有金属线或扁条的任何纺织材料（包括单丝、扁条及类似品和纸纱线）纺成的纱线，不论是经搓捻、并捻或是经螺旋辫结的，也不论其所含金属的比例。螺旋花线是用金属线或带螺旋绕裹于未与金属捻合的纺织纱芯上制得，该类纱线通常用贵金属或镀层金属制得。

二、用金属以任何工艺包覆的各种纺织材料纱线（包括单丝、扁条及类似品和纸纱线）。本类包括通过电淀积法敷涂金属的纱线，或在纱线上涂一层胶粘剂（例如，明胶），随后喷上金属粉末（例如，铝粉或青铜粉）制得的含金属纱线。

本品目包括以金属箔（一般是铝箔）为芯制成的产品，或者以涂上金属粉末的塑料膜为芯（在两层塑料膜之间用胶粘剂将金属粉末夹在中间）制成的产品。

本品目还包括用上述纱线制成的多股纱线或缆线（例如，用两条或多条上述含金属纱搓捻而得的糖果用花式线绳）和按同一方法制成并用于类似用途的某些其他形状的纱线，即用金属线或带将两股或多股平行排列的含金属纱线捆扎在一起的纱线，以及用本品目的纱线螺旋辫结单根纱线或多根纱线制成的纱线。

含金属纱线可经螺旋辫结。它们用于制造装饰带、花边、某些织物、花式线绳等。

本品目不包括：

（一）由纺织材料及其有抗静电作用的金属纤维混合构成的纱线（酌情归入第五十章至第五十五章）。

（二）用金属线加强的纱线（品目 56.07）。

（三）具有装饰带特征的绳、丝带及其他物品（品目 58.08）。

（四）金、银、铜、铝或其他金属的丝或带（第十四类及第十五类）。

56.06 粗松螺旋花线，品目 54.04 或 54.05 的扁条及类似品制的螺旋花线（品目 56.05 的货品及马毛粗松螺旋花线除外）；绳绒线（包括植绒绳绒线）；纵行起圈纱线

一、粗松螺旋花线，品目 54.04 或 54.05 的扁条及类似品制的螺旋花线（品目 56.05 的纱线及马毛粗松螺旋花线除外）

这些产品通常以一根或数根纺织纱线为芯，用一根或数根其他纱线螺旋卷绕于该纱芯上制成。最常见的是纱芯完全用线包裹的，但有些纱芯是用线螺旋间隔绕裹的。最后一种产品外观有点像第五十章至第五十五章的某些多股纱线、缆线或花式纱线，但可根据粗松螺旋花线的纱芯本身未与包覆线一并搓捻这一特点，将这两类纱线区别开来。

本品目的粗松螺旋花线的纱芯通常是棉的、其他植物纤维的或化学纤维的，其包覆线通常是较细及较有光泽的（例如，蚕丝、丝光棉或化纤）。

用其他材料作纱芯的粗松螺旋花线如具有纺织品的基本特征仍可归入本品目。

粗松螺旋花线用作装饰线，还大量用于制造装饰带。但有的还适于作其他用途，例如，作钮门线、绣花线或捆扎线。

本品目不包括：

（一）马毛粗松螺旋花线（品目 51.10）。

（二）用纺织材料螺旋绕裹的橡胶线（品目 56.04）。

（三）含金属螺旋花线（品目 56.05）。

（四）品目 58.08 的棉芯丝线及类似绳线和其他纺织螺旋花线。

（五）金属丝螺旋花线，例如：

1. 生产帽架用的铁或钢丝（女帽钢丝）及做人造花或头发曲卷器用的铁或钢丝条（品目 72.17）。

2. 绝缘电线（品目 85.44）。

二、绳绒线（包括植绒绳绒线）

绳绒线一般由两股或两股以上的纺织纱线绞捻在一起，并夹住短纱线头构成，纺织纱线与短纱线头几乎成直角；纱线在针织机上形成的线圈有时会保留下来。它看起来总是整条线上都簇满绒毛。绳绒线通常是在特种织机（例如，环锭捻丝机和拉舍尔经编机）上直接纺制而成，或将特殊纱罗织物割开制成；对于后一种工序，绳绒线是把纱罗织物沿其每一组经线的任一边割开以后，其经线（底线和绞线）构成干线，而纬线形成绒毛。

本品目也包括把纺织短绒附着在纺织纱线的纱芯上制得的绳绒线。在这一工序中，先把纱芯通过一胶水槽，再通过一个箱，在箱里的高压静电场作用下使纺织短绒射线状地附着在纱芯上。

绳绒线主要用于织造绳绒织物（品目58.01）或多种物品，如室内装饰品、床上用品、地毯、装饰带和服饰用品等。

三、纵行起圈纱线

纵行起圈纱线是用圆筒针织机纺制的空心纱线，扁平时宽度为1.5～2毫米。这种纱线用于制造流苏及其他纺织附件，还可用于普通经纬织机上纺制机织物。

56.07　线、绳、索、缆，不论是否编织或编结而成，也不论是否用橡胶或塑料浸渍、涂布、包覆或套裹（+）：

	—	**西沙尔麻或其他纺织用龙舌兰类纤维纺制：**
21	——	**包扎用绳**
29	——	**其他**
	—	**聚乙烯或聚丙烯纺制：**
41	——	**包扎用绳**
49	——	**其他**
50	—	**其他合成纤维纺制**
90	—	**其他**

本品目包括搓捻、编织或编结的线、绳、索、缆。

一、非编织或编结的线、绳、索、缆

第十一类总注释第一部分第（二）款1项及2项（尤其是表格）已说明了单纱、多股纱线或缆线在什么情况下可以视为本品目的线、绳、索、缆。

以金属线加强的纺织纱线一律归入本品目，它不同于品目56.05的含金属纱线，本品目的金属线通常较粗，仅用作加强用途而无装饰用途。

本类还包括用通过搓捻几乎完全裂成长丝的裂膜条制得的线、绳、索、缆。

二、编织或编结的线、绳、索、缆

这些货品在任何情况下均应归入本品目，不论其每公尺的重量多少。本品通常是管状编带，所用的材料一般比品目58.08的编带所用材料粗糙。但本品目的编织货品不同于品目58.08的编带的原因，主要不是因为所用纱线的属性，而更多地由于本品是紧密编织的，其紧密结构使之适用于作线、绳、索、缆。再者，本品一般是不染色的。

用于制造线、绳、索、缆最重要的纤维是大麻、黄麻、西沙尔麻、棉、椰壳纤维及合成纤维。

只有用金属线编织或加强的纸纱线制的线、绳、索、缆才归入本品目。

线、绳、索、缆可用作捆扎绳，或用于打包、牵引、装货等，其截面一般是圆的，但有些（例如，某种传动缆）截面为方形、梯形或三角形。它们通常不经漂白，但可以染色、浸渍以使其防腐，或用不同颜色的股线组成，或用橡胶或塑料浸渍、涂布、包覆或套裹。

这些产品不论是否切成一定长度均归入本品目。

本品目不包括：

（一）品目56.05的糖果店、花店等用的花式线、绳。

（二）品目56.06的粗松螺旋花线、绳绒线及纵行起圈纱线。

（三）品目56.09的物品。

（四）品目58.08的棉芯丝线及类似绳线和其他纺织螺旋花线。

（五）在工业上用作包装或润滑材料的绳、编带及类似品，不论是否涂布、浸渍或以金属加强的（品目59.11）。

（六）品目63.10的废碎线、绳、索、缆。

（七）涂有研磨料的线、绳等（品目68.05）。

（八）体操用品（品目95.06）。

○

○ ○

子目注释：

子目5607.21

本子目包括用反手捻法将西沙尔麻或其他纺织用龙舌兰类纤维纺制的单股绳，其最小绳破断力应按以下公式计算：$R=\frac{17400}{n}-18$

［R代表最小绳破断力，单位为十牛顿（daN）；n代表每千克绳子的连续长度］。

例如，150号绳（每千克150米）的最小绳破断力为98十牛顿，200号绳（每千克200米）为69十牛顿，300号绳（每千克300米）为40十牛顿。

子目5607.41

本子目包括用反手捻法将聚乙烯或丙烯纤维纺制的单股绳，已作防日晒老化处理并符合下列要求的：

一、最小绳破断力应按以下公式计算：$R=\frac{32400}{n}$

［R代表最小绳破断力，单位为十牛顿（daN）；n代表每千克绳子的连续长度］；

二、平均最小打结破断力应按以下公式计算：

$$R'=0.58R$$

（R'代表平均最小打结破断力，单位为十牛顿）。

例如，330号绳（每千克330米）的最小绳破断力为98十牛顿，平均最小打结破断力为57十牛顿。

56.08 线、绳或索结制的网料；纺织材料制成的渔网及其他网：

— 化学纤维材料制：

11 —— 制成的渔网

19 —— 其他

90 — 其他

一、线、绳或索结制的网料

这些物品仅是一段段的网料，即手工或机械织造的网眼结织物，它们不同于用品目56.07的线、绳或索制成的品目58.04的网眼织物。

二、纺织材料制成的渔网及其他网

本组所列制成的物品有别于以上一组的产品。它可以用纱线制成，其网眼可以通过结制而成或用其他方式制成。

制成的网可直接编制成形或用网料拼合而成，不论是否可即供使用。网上带有拉手、环、网坠、浮子、绳或其他附件并不影响本组货品的归类。

本品目所列制成的网仅限于协调制度其他品目未列名的网。本品目包括渔网、伪装网、舞台布景网、安全网、购物网袋及类似网兜（例如，网球网兜或足球网兜）、吊床网布、气球及飞艇用网、防昆虫网等。

本品目的产品即使经过浸渍（例如，使之防大气老化或防水）仍归入本品目。

本品目不包括：

（一）针织或钩编织成的成匹网料（品目 60.02 至 60.06）。

（二）发网（品目 65.05）。

（三）运动用网（例如，球门网及网球网）、捞鱼网及归入第九十五章的其他网。

56.09　用纱线、品目 54.04 或 54.05 的扁条及类似品或线、绳、索、缆制成的其他品目未列名物品

本品目包括用第五十章至第五十六章的纱线制成的物品，用品目 54.04 或 54.05 的扁条及类似品制成的物品，以及用品目 56.07 的线、绳、索、缆制成的物品，但协调制度其他品目已具体列名的物品除外。

本品目包括裁成段并在一端或两端制成套环的纱线、绳索；或装有端头、环、钩等（例如，鞋带、晒衣绳、拖缆）的纱线、绳索等；船艇碰垫、卸货垫、绳梯、装货吊索及将一束纱线对折，然后把折叠一端扎起制成的刷碗“布”等。

本品目不包括：

（一）辔头、缰绳、笼头、挽具等（品目 42.01）。

（二）裁切成段并带有结、圈、金属或玻璃小眼的绳子，用于提花机或其他机器的（品目 59.11）。

（三）应归入其他适当品目的纺织物及其制品（例如，用编带制成的鞋带应归入品目 63.07）。

（四）凉鞋用的绳制鞋底（品目 64.06）。

（五）第九十五章的体操用品及其他制品。

第五十七章　地毯及纺织材料的其他铺地制品

注释：

一、本章所称“地毯及纺织材料的其他铺地制品”，是指使用时以纺织材料作面的铺地制品，也包括具有纺织材料铺地制品特征但作其他用途的物品。

二、本章不包括铺地制品衬垫。

总　注　释

本章包括使用时以纺织材料作面的地毯及纺织材料的其他铺地制品，也包括具有纺织材料铺地制品特征（例如，具有铺地制品的厚度、硬挺性及强度）但作其他用途（例如，挂在墙上、铺在桌面上或作其他装饰用途）的物品。

归入本章的上述产品可以是制成的（即直接制成一定尺寸、镶边、加衬、加穗、拼合等），呈小方地毯、床边地毯、炉边地毯形状的，或是呈供布置房间、走廊、过道或楼梯的毯料形状，不论是大段供剪裁的或是制成的。

本品还可以经浸渍（例如，用胶乳浸渍）或用机织物、无纺织物、海绵橡胶或泡沫塑料衬背。

本章不包括：

（一）铺地制品衬垫，即置于地板与地毯之间的粗糙织物或毡呢衬垫（按其构成材料归类）。

（二）列诺伦及其他以织物为底布加以涂布或盖面的铺地制品（品目59.04）。

57.01　结织栽绒地毯及纺织材料的其他结织栽绒铺地制品，不论是否制成的：

10　—　羊毛或动物细毛制

90　—　其他纺织材料制

结织栽绒地毯及纺织材料的其他结织栽绒铺地制品是用绒纬至少在一根紧经上绕一圈打结或扭绞，而所嵌入的紧地纬将绒纬固定不动而成。这种打结或扭绞方式是本品目物品的特征。

最通常的打结方法是：

一、吉奥德或土耳其结：绒纬置于两根相邻的经纱之上，其两端环绕这两根经纱向内绕上一个圈（见图1），然后竖立形成地毯绒面。

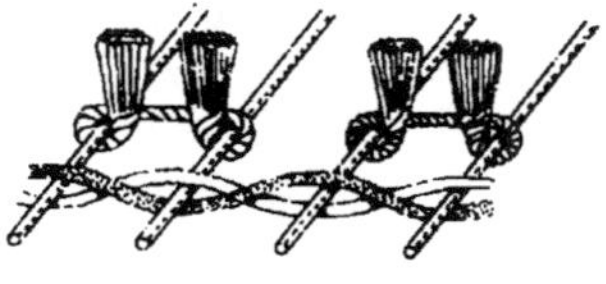

图1

二、森纳或波斯结：绒纬在一根经纱绕上一圈，然后穿过相邻的另一根经纱下面（见图2），两端绒头竖立形成地毯绒面。

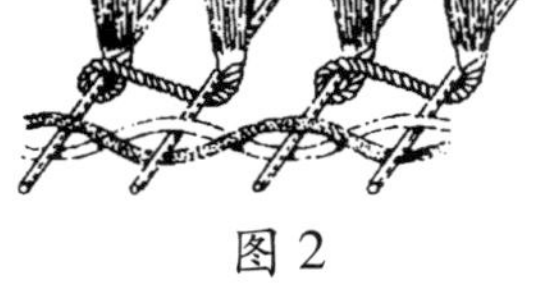

图2

在吉奥德结和森纳结的结构中，绒纬也可以穿过四根经纱。

三、单经结：每根绒纬绕着一根经纱打结或扭绞；每根绒纬都绕经纱一圈半（见图3），两端绒头竖立形成地毯绒面。

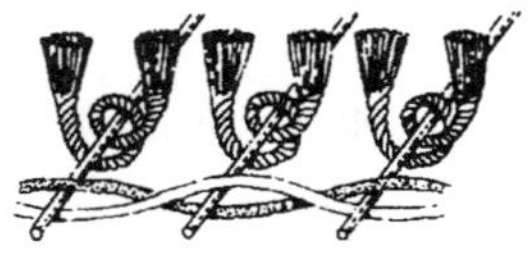

图3

这样就在整个地毯上横向布满一连串紧密相邻但又各自独立的栽绒结，把地毯的底布遮盖起来。

本品目也包括把绒纬结织于疏松的机织底布上而制成的某些地毯。

大部分的结织栽绒地毯是按一定尺寸手工织成，用不同颜色的绒纬组成图案，可即供使用。但也有用机械织机制成的，比起手织地毯，其组织更为均匀，织边也更为齐整。绒纬通常是羊毛或蚕丝的，有时也用马海毛或喀什米尔山羊毛（开士米）。手织地毯的底布一般用棉花、羊毛或其他动物毛制成，而机织地毯的底布则多用棉花、亚麻、大麻或黄麻制成。

本品目的产品通常供覆盖地板用，但有时也作其他装饰用途（例如，挂于墙上或盖在桌上）（参见本章总注释）。

边缘带有流苏（结织过程中产生的或以后加上的）或根据用途以其他方法整理的地毯仍归入本品目。

这些产品主要产自东方（伊朗、土耳其、阿富汗、巴基斯坦、中国、印度）或北非（阿尔及利亚、突尼斯、摩洛哥、埃及）。

本品目不包括把绒纬简单地圈在经纱下面而未绕经纱一圈所制成的地毯（见图4及图5）（品目57.02）。

57.02　机织地毯及纺织材料的其他机织铺地制品，未簇绒或未植绒，不论是否制成的，包括“开来姆”“苏麦克”“卡拉马尼”及类似的手织地毯：

10　—　“开来姆”“苏麦克”“卡拉马尼”及类似的手织地毯
20　—　椰壳纤维制的铺地制品
—　其他起绒结构的铺地制品，未制成的：
31　——　羊毛或动物细毛制
32　——　化学纤维制
39　——　其他纺织材料制
—　其他起绒结构的铺地制品，制成的：
41　——　羊毛或动物细毛制
42　——　化学纤维制
49　——　其他纺织材料制
50　—　其他非起绒结构的铺地制品，未制成的
—　其他非起绒结构的铺地制品，制成的：
91　——　羊毛或动物细毛制
92　——　化学纤维制
99　——　其他纺织材料制

本品目的地毯及纺织材料的其他铺地制品包括：

一、威尔顿机织绒头地毯及类似地毯。这些地毯具有坚实厚重的底布，表面覆盖着一层绒面（即由竖立的相邻纱线或绒头形成的正面）或一层毛圈。

这种地毯的表面是用附加经纱组成的，在织造过程中暂时插入了金属棒或丝，使附加经线得以在织物的正面形成毛圈。这些毛圈经割绒后即成为绒头地毯（例如，威尔顿地毯，见图4）；在这类地毯结构中，绒头是简单地圈在纬线之下的。如若相反，毛圈不加割绒，则形成具有绒圈的地毯，例如，布鲁塞尔毛圈地毯（见图4及图5）。

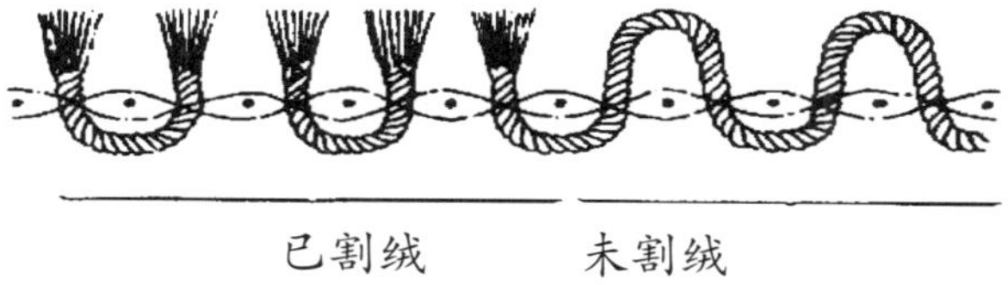

图4

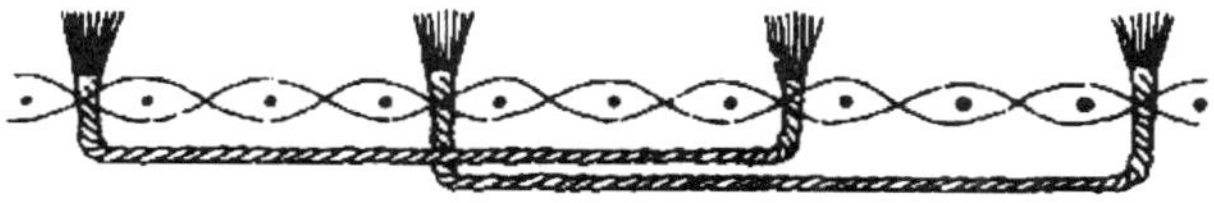

图5

这种地毯可以是素色的或带图案的，图案是用特种织机（例如，提花织机）织成的。该织机配有特殊装置，能用两种至五种不同颜色的纱线织出图案。

威尔顿机织绒头地毯也可以使用一根共同绒纬来织两块织物，织成后割绒即得两条绒头地毯（威尔顿双层绒头地毯）。

绒纬通常是纯羊毛的或是羊毛与尼龙混纺的，但也有棉的、聚酰胺纤维的、丙烯腈纤维的、粘胶纤维的或这些纤维混纺的，而底布通常是棉的、黄麻的或聚丙烯纤维的。

二、阿克斯明斯特地毯。这种地毯是机织的，它是在纺织过程中根据预定的色彩图案，插入连续的纬向横列绒头而制成。

三、绳绒地毯。这种地毯的主要特征在于它的绒面是由于使用了绳绒线而产生的（参见品目56.06的注释）。绳绒线可在普通织法中作为附加纬线；有时短绳绒线是作为特加非连续经线插入，由底布将其固定。

四、单层机织地毯。这种地毯没有线圈或绒头，但由于它厚实，明显用作铺地制品，故能与第五十章至第五十五章的纺织物区别开来。

这种地毯包括基德明斯特地毯，即所谓的"比利时"地毯，一种重经组织织物，其花纹由于两层织物的间隔交替而产生。除这种精细的家用地毯以外，本品目还包括用黄麻、椰壳纤维、毛发、纸纱等织成（通常为平纹、斜纹或人字斜纹）的粗地毯或地毯料（例如，粗毛地毯），以及用黄麻纱做经纱，下脚布条首尾相接做纬纱织成的碎布地毯。

五、门蹭垫及蹭垫料。该货品主要由简单圈于底布经线下面的硬挺绒头所构成，绒头通常是用椰壳纤维或西沙尔麻制的；为了适于其预定用途，它们的尺寸较小。

六、毛巾布垫及类似浴室垫。

应注意到，某些地毯的织法与品目58.01的许多起绒织物或绳绒织物的织法相类似，只是由于地毯主要供覆盖地板之用，因而可通过其质地较为厚实，所用材料较为粗糙以及底布由于一般附加一根经纱（衬垫经纱）而较为硬挺将两类货品区分开来。

七、“开来姆”“苏麦克”“卡拉马尼”及类似的手织地毯。开来姆地毯（或基里姆地毯），也称卡拉马尼地毯，是用品目58.05的注释第一部分所述手织装饰毯的同样生产方法织造而得的，因此，其组织结构与上述装饰毯差不多，一般在经位置线间有相同的间隙。不过就图案来看，开来姆地毯通常没有花卉或簇叶的图案，仅有直线图案。尽管仍可分得出正反面，但由于差别细微，所以正反两面都可使用。

开来姆地毯有时将两块长条缝合在一起制成，加工后的图案掩饰了缝合线，这就是为什么仅在其很短的边缘上有一条镶边（机织端头），甚至一条镶边都没有。这也说明它包括了外加的镶边。

一般来说，经纱是羊毛的，而纬纱是羊毛或棉的。

本品目还包括按照开来姆工艺生产的产品（尤其在中欧），其图案与轻薄的东方开来姆地毯装饰性图案的类形相同。

苏麦克地毯是以开来姆地毯相同的方式织制的，但与后者有下列不同：

——当构成图案的一根或两根纬线全部完成后，沿整幅地毯的宽度插入一根附助纬纱，以避免经纱出现间隙；

——至于图样，其背景通常是用三到五颗平面多色的象大勋章般的星星装饰；镶边一般由一条宽的主带和两、三条辅带构成。背面由于纱头造成的毛茸茸的外观，纱头几厘米长，是断纬后留下来的。

苏麦克地毯的纬纱是羊毛的，而经纱可以是羊毛或棉的，甚至是山羊毛的。

类似的地毯主要有西里地毯，一种以苏麦克地毯的类似方法织造而成的产品。其图案基本上是正到反或底到面的S形主题花纹的，其中以动物图案点缀整个表面。西里地毯的经纱及纬纱均是羊毛制的（经线鲜有棉制的）。

本品目不包括编结材料制的衬垫及垫料（第四十六章）。

57.03　簇绒地毯及纺织材料的其他簇绒铺地制品（包括人造草皮），不论是否制成的：

10	—	羊毛或动物细毛制
	—	尼龙或其他聚酰胺制：
21	——	人造草皮
29	——	其他
	—	其他化学纤维制：
31	——	人造草皮
39	——	其他
90	—	其他纺织材料制

本品目包括用簇绒机生产的簇绒地毯及纺织材料的其他簇绒铺地制品，即用一套针和钩的设备把纺织纱线插入一幅预先织好的底布上（通常为机织物或无纺织物）以产生毛圈；假如该设备上装有割绒装置，则可直接制成簇绒。形成绒头的纱线通常是用橡胶或塑料涂层的方法加以固定。一般在涂层干燥以前用稀松机织材料（例如，黄麻）辅助衬背，或者用海绵橡胶衬底。

本品目也包括由簇绒机或手工制作的簇绒地毯及其他簇绒织物铺地制品。

本品目还包括人造草皮，它是一种仿造草皮的簇绒铺地制品，无论颜色如何。人造草皮用于室内或室外的运动场地（例如足球、棒球、曲棍球、高尔夫球、网球）及其他应用（例如景观美化、机场）。本品目不包括第三十九章的塑料制品。

本品目的产品不同于品目58.02的簇绒纺织物，例如，本品目产品的硬挺性、厚度及强度都适于作铺地制品。

57.04　毡呢地毯及纺织材料的其他毡呢铺地制品，未簇绒或未植绒，不论是否制成的：

10　—　最大表面面积不超过 0.3 平方米

20　—　最大表面面积超过 0.3 平方米但不超过 1 平方米

90　—　其他

本品目包括毡呢地毯及纺织材料的其他毡呢铺地制品。所称“毡呢”，其解释参见品目 56.02 的注释。

本品目包括：

一、毡呢瓦，通常用羊毛或其他动物毛制成。

二、针刺机制毡呢制的纺织材料铺地制品，一般在背面用橡胶或塑料涂布或浸渍以提高产品强度或使其具有防滑性能。

57.05　其他地毯及纺织材料的其他铺地制品，不论是否制成的：

本品目包括本章未列名的地毯及纺织材料铺地制品。

本品目包括：

一、粘绒地毯，即将绒面粘合于底基上或者直接将粘合剂作为底基粘合起来构成的地毯。粘合时可以用胶粘合、加热粘合或两者结合粘合，也可以用超声波焊接粘合。绒毛可以粘在单一的底基面上，或粘在两层底基表面之间，后者是为了将其分成两条地毯。

二、无纺地毯，即将一层粗梳的纺织纤维通过有槽滚筒之间碾压卷曲毛圈，然后用橡胶、塑料等厚层涂布作为底基将毛圈加以固定，或者用类似的胶粘剂将毛圈粘于底布上制成的地毯。

三、“植绒”地毯，即把纺织纤维垂直植于涂有橡胶、塑料等的纺织底布上制成的地毯。

四、针织地毯及地毯料。这些地毯一般具有割绒地毯的外观，有时则像裘皮。

第五十八章　特种机织物；簇绒织物；花边；装饰毯；装饰带；刺绣品

注释：

一、本章不适用于经浸渍、涂布、包覆或层压的第五十九章注释一所述的纺织物或第五十九章的其他货品。

二、品目 58.01 也包括因未将浮纱割断而使表面无竖绒的纬起绒织物。

三、品目 58.03 所称“纱罗”，是指经线全部或部分由地经纱和绞经纱构成的织物，其中绞经纱绕地经纱半圈、一圈或几圈而形成圈状，纬纱从圈中穿过。

四、品目 58.04 不适用于品目 56.08 的线、绳、索结制的网状织物。

五、品目 58.06 所称“狭幅机织物”，是指：

（一）幅宽不超过 30 厘米的机织物，不论是否织成或从宽幅料剪成，但两侧必须有织成的、胶粘的或用其他方法制成的布边；

（二）压平宽度不超过 30 厘米的圆筒机织物；以及

（三）折边的斜裁滚条布，其未折边时的宽度不超过 30 厘米。

流苏状的狭幅机织物归入品目 58.08。

六、品目 58.10 所称“刺绣品”，除了一般纺织材料绣线绣制的刺绣品外，还包括在可见底布上用金属线或玻璃线刺绣的刺绣品，也包括用珠片、饰珠、纺织材料或其他材料制的装饰用花纹图案所缝绣的贴花织物。该品目不包括手工针绣嵌花装饰毯（品目 58.05）。

七、除品目 58.09 的产品外，本章还包括金属线制的用于衣着、装饰及类似用途的物品。

总　注　释

除品目 58.09 以外，本章所包括的种类繁多的各种纺织产品在品目范围内是不论其由何种纺织原料构成的。某些上述产品只有在未达到第十一类总注释第二部分所述“制成的”程度，方可归入本章，而其他的一些产品则不论是否制成的均可归入本章。

应注意到，根据第五十九章的注释，第五十八章不包括用品目 58.03 的纱罗、品目 58.06 的狭幅织物及品目 58.08 的成匹编带及装饰带经浸渍、涂布、包覆或层压的产品（通常归入第三十九章、第四十章或第五十九章），然而经同样处理的本章其他物品只要并未具有第三十九章或第四十章产品的特征，仍应归入本章。

58.01　起绒机织物及绳绒织物，但品目 58.02 或 58.06 的织物除外（+）：

10　—　羊毛或动物细毛制

—　棉制：

21　——　不割绒的纬起绒织物

22　——　割绒的灯芯绒

23　——　其他纬起绒织物

26　——　绳绒织物

27　——　经起绒织物

—　化学纤维制：

31　——　不割绒的纬起绒织物
32　——　割绒的灯芯绒
33　——　其他纬起绒织物
36　——　绳绒织物
37　——　经起绒织物
90　—　其他纺织材料制

一、起绒机织物，但品目58.02的织物除外

起绒机织物由至少三组纱线构成：紧经和紧纬构成底布，一组经纱或纬纱形成绒面。绒面可以是绒头，也可以是毛圈构成，可以布满织物的整个表面或部分表面；一般只是单面，但有时为双面。

经起绒织物（丝绒、长毛绒、绒头织物等）是通过将起绒杆沿纬纱方向插入，将绒经拉起而制成。拉起的毛圈可以在织造的过程割绒，也可以过后再割绒，偶尔也有对毛圈不割开的，即不割绒的起绒织物。毛圈或绒头由纬纱将其固定于原位。

经起绒织物也可以用一组共同的绒经织成面对面的两块织物；然后通过割绒得到两块已割绒经起绒织物。

已割绒的纬起绒织物（平绒、灯芯绒等）通常是由纬纱间隔穿于经纱之下，然后浮于两根或多根经纱面层之上所形成的绒头织物。织成后对浮于表面的部分加以割绒，割后的纱头立起形成绒面。将起绒杆沿经纱平行方向插入，拉起绒纬并于织造过程中割绒，可得类似产品。绒头由经纱将其固定于原位。

因未将浮纱割断而使表面无竖绒的纬起绒织物仍归入本品目（参见本章注释二）。

二、绳绒织物

绳绒织物与品目57.02的绳绒地毯极为相似；就像绳绒地毯一样，其绒面（一般为双面）由绳绒纱线形成。本品一般是在织造底布时，通过在经纱中附加或插入一组不同长度和颜色的绳绒纬纱制成。

起绒织物及绳绒织物可用各种不同材料制成，最常见的绒面材料是蚕丝、羊毛、动物细毛、棉花及化学纤维。

以上各种织物有素面的、棱纹的或花式的，还有织造后拷花的；花式起绒织物包括由于表面部分起绒、部分为割绒或部分为毛圈而形成变化多端的图案的产品（西塞莱天鹅绒）。本品目还包括仿裘皮的起绒机织物（例如，仿阿斯特拉罕羔羊皮、仿卡拉库尔羔羊皮或仿豹皮），但不包括通过缝合或粘附等方法制成绒面的仿毛皮（品目43.04）。

必须注意，本品目的许多织物与品目57.02的地毯生产方法相同；但却很容易与地毯相区别，因为它主要供装饰或衣着之用，而不是作铺地制品用，所以用料精细，底布非常柔软。

本品目不包括：

（一）珠皮呢、珠皮大衣呢及其他外观与起绒织物相似的织物，这些机织物用特种纱线（例如，结子花式线）织成或将普通织物经过处理（例如，刮绒或拉绒）制成（一般归入第五十章至第五十五章）。

（二）品目58.02的毛巾织物及类似的毛圈机织物和簇绒织物。

（三）符合狭幅织物定义的起绒等织物（品目58.06）。

（四）具有割绒或毛圈绒面的针织物或缝编织物（酌情归入品目60.01或56.02）。

（五）第十一类总注释第二部分所述的制成的起绒等织物。

○
○　○

子目注释：

子目 5801.22 **及** 5801.32

对于子目 5801.22 及 5801.32 的已割绒灯芯绒可按以下经向截面图示将其与其他已割绒的纬起绒织物区别开来：

灯芯绒

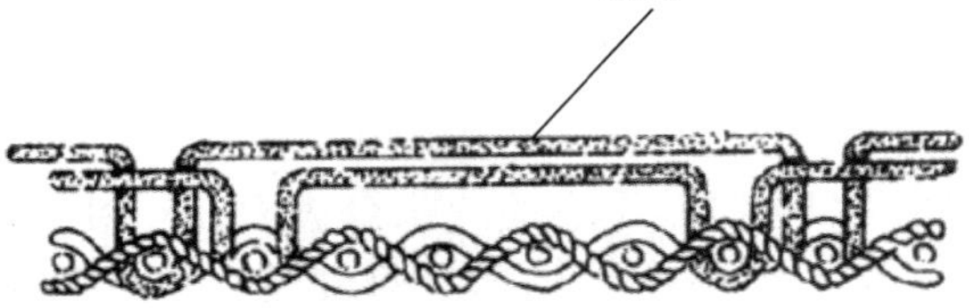

未割绒

已割绒

平绒

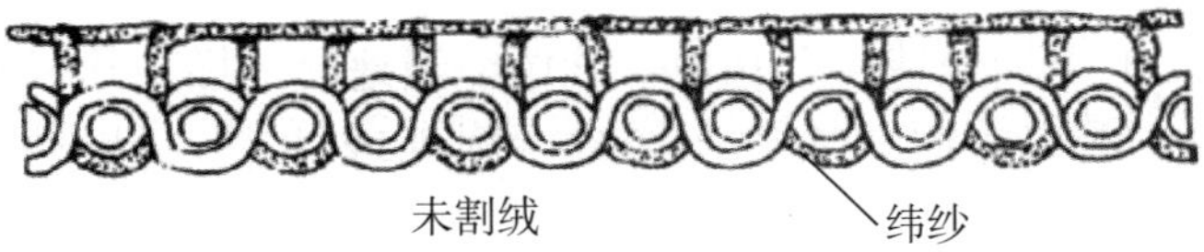

未割绒

已割绒

58.02　毛巾织物及类似的毛圈机织物，但品目 58.06 的狭幅织物除外；簇绒织物，但品目 57.03 的产品除外：

10　—　棉制毛巾织物及类似的毛圈机织物

20　—　其他纺织材料制的毛巾织物及类似的毛圈机织物

30　—　簇绒织物

一、毛巾织物及类似的毛圈机织物

这类织物是具有毛圈的织物，可用于制毛巾、家庭浴衣、海滨浴衣、睡衣、盥洗手套等。它们有一组紧纬及两组一紧一松的经纱，松的一组在织物表面构成毛圈。两组经线的比例可以有所不同，但通常地经与绒经的组数相等。

毛圈通常看起来是捻过的，一般露于织物的两面，但有时只有一面；毛圈有时可以割开。毛圈可均匀地覆盖织物的整个表面，或构成条纹、格子、菱形或更为复杂的图案。

但本品目不包括仅在一面有绒面，其所有毛圈都被割开的织物（品目58.01）。

本品目不包括：

（一）针织或钩编的毛圈织物（品目60.01）。

（二）沿无纬纱线所示划线裁切等简单加工即可成为多条带毛边制成品的成匹织物（品目63.02）。

二、簇绒织物

这些织物是通过一组针与钩的设备将纱线插入已织成的纺织底布（机织物、针织物或钩编织物、毡呢、无纺织物等）上形成毛圈，如果钩上带有割绒装置，则可直接将毛圈割开成为簇绒织物。

本品目产品有别于品目57.03的簇绒地毯及铺地制品，例如，本品的硬挺性、厚度及强度都不如地毯，不适于作铺地制品。

此外，这些织物不同于品目60.01的起绒织物，前者是以织物背面看上去有一行行的纵向绗缝针迹为特征，而后者则在织物背面具有一行行的链式针迹。

58.03　纱罗，但品目58.06的狭幅织物除外

纱罗（有时称为纱罗组织）的定义，参见本章注释三。

在素纱罗组织中，其几根绞经纱左右交替绕着每根地经纱，每次从纬纱上面穿过时，却在地经纱下面穿过；地经纱总是在纬纱的一边，它与纬纱绝不交织，而两者都由绞经纱所固定。

把绞经纱相互斜绕（例如，所谓钩花纱罗、马尔利纱罗），用两根或多根纬纱一起穿过地经纱和绞经纱所构成的线圈，或者对每根绞经纱使用两根或多根地经纱以及对每根地经纱使用两根或多根绞经纱等方法，都可获得不同的纱罗组织。

本品目还包括：

一、浮纹纱罗，即在织造过程中附加一根纱线（浮纹纱），以使纱罗织物上产生图案效果。

二、部分为纱罗组织而部分为其他组织构成的机织物，不论这两部分的比例如何，这类织物通常有经向条纹、格子或其他各种图案的效果。

纱罗通常织得疏松，因而很轻；主要用作窗帘布；某些纱罗还沿经纱切成狭条，用以制绳绒线。

不同品种的纱罗，其外观差别很大，在织造过程中织成的图案也是五花八门的，切不可将它们与第五十章至第五十五章的挖花织物和其他织物以及本章的手工或机制花边、刺绣品、网眼薄纱及其他网眼织物相混淆。

本品目不适用于素色的平纹疏松机织物，例如，主要用作绷带及纱布的机织物，这些通常也称为纱罗，但应归入品目30.05（如果经药物浸涂或制成零售包装供医疗、外科、牙科或兽医用的）或者归入第五十章至第五十五章。

本品目也不包括筛布（品目59.11）。

58.04　网眼薄纱及其他网眼织物，但不包括机织物、针织物或钩编织物；成卷、成条或成小块图案的花边，但品目60.02至60.06的织物除外（+）：

10　—　网眼薄纱及其他网眼织物

　　—　机制花边：

21　——　化学纤维制

29　——　其他纺织材料制

30　—　手工制花边

一、网眼薄纱及其他网眼织物

这类产品用于制窗帘、床罩及类似家用装饰布、面纱、女式服装、刺绣品等，它们一般是蚕丝、化纤、棉花或亚麻制成。

（一）网眼薄纱及其他珠罗纱织物，由经纱与纬纱构成，其纬纱在每根经纱上都绕一下，成斜角线从一边织到另一边，一半纬纱向着一个方向而另一半纬纱向着另一个方向（见图1）。这些纬纱与经纱一起形成一个网眼；网眼可以成规则六角形、正方形或菱形（纽维乐网眼织物）。另一种是六角形网眼的薄纱（梅希林网眼薄纱），由数根经纱和一系列仅纵向绕于两根并列经纱之间的底线构成（见图2）。

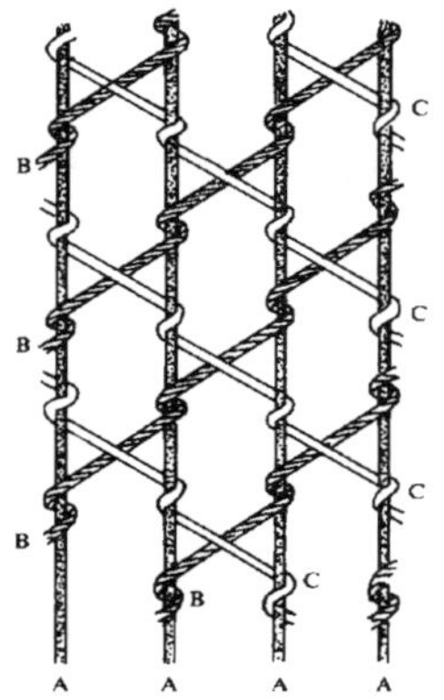

图1

网眼织物

A － 经纱 B 及 C － 纬纱

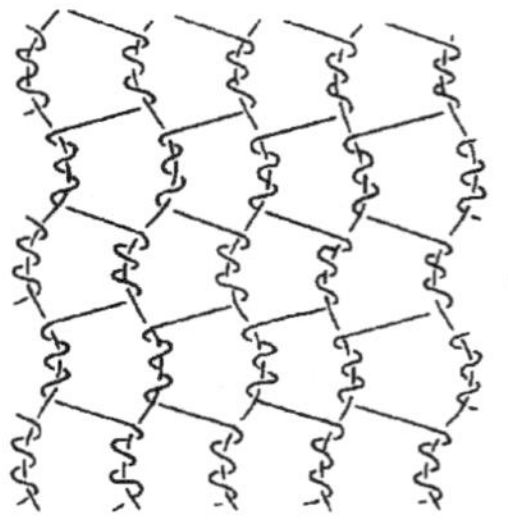

图2

梅希林网眼织物

（二）波比诺特网眼薄纱，是一种由三组纱线构成的特种网眼薄纱：第一组是同普通网眼薄纱一样的垂直并列经纱；第二组是图案纱（所称图案纱是因其形成图案），该组纱交替沿着垂直的经纱走向并不时从一根经纱走向通常是相邻的另一根垂直经纱，因而构成点缀着三角网眼的不规则四边形或其他形状的网眼；第三组是绞经纱，它绕着垂直的经线并把图案纱固定于垂直的经线上（见图3），将多个上述三角形网眼紧密地聚集在一起就产生了图案中的不透明部分。

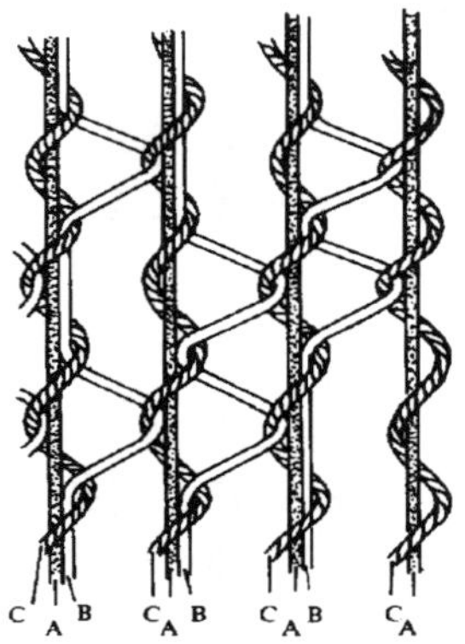

图3

波比诺特网眼薄纱

A. 经纱　B. 图案纱　C. 绞经纱

（三）网眼织物具有三组纱线：平行经纱、网眼纱及接结纱（例如，方形网眼织物）。每根网眼纱交替沿着不同经纱走向，从一根经纱转到另一根经纱，从而形成方形网眼。接结纱在某些地方将网眼纱结扎于经纱之上，将织物固定下来（见图4）。

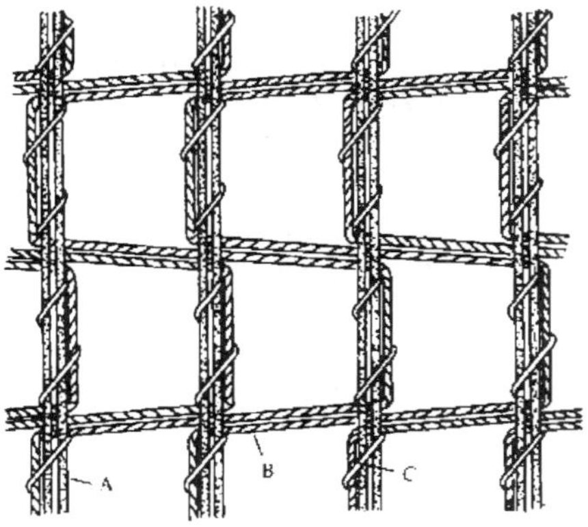

图4

素色方形网眼织物

A. 经纱 B. 网眼纱 C. 接结纱

（四）打结网眼织物，具有一致的方形或菱形网眼，在网眼各角打结，因而纱线不能拉开。本品可以用手工或用机器织制。

本品目不包括：

（一）第五十章至第五十五章的疏松机织物及品目58.03的纱罗。

（二）品目56.08的网或网料。

（三）筛布（品目59.11）。

（四）第六十章的针织物或钩编织物。

（五）第十一类总注释第二部分所述的制成的网眼薄纱及其他网眼织物。

二、花边

花边是一种观赏或装饰用的透孔织物，其中图案体（较为复杂的）是由纱线相互扭绞形成，图案体之间通过通常为规则尺寸及形状并形成明显透孔底布的网眼相连接，或者通过本身就具有花样效果的花式链圈（连接狭条）相连接。图案体与透孔底布或狭条通常是同时产生的，但有时图案体是单独织成后，随后再将它们连接起来。

花边的主要特征是图案体不是在一个原有的底布上加工而成的。因此，本品目所称“花边”，不适用于具有类似外观而且有时确也称为花边的产品（例如，方网眼花边），这类产品是通过对原有的网眼薄纱或网眼底布的网眼填孔或装饰制成，或者通过在底布上加缝刺绣制成，不论其底布是否事后全部或部分去掉。这类产品应作为刺绣品归入品目58.10。经过刺绣的真正花边及用加缝刺绣工艺镶饰的花边也应归入品目58.10。

本品目也不包括以手工或机器针织而成的任何透孔织物（第六十章）；这些织物通常借助不透孔部分其特有的圈距加以区分。

与网眼薄纱、纱罗或其他疏松机织物不同，花边没有明显的经纱和纬纱，它织造时常常使用单根纱线。如果不止使用一根纱线时，该纱线仍起同样作用。

花边有手织的，也有机织的。

手织花边的主要品种有：

（一）针绣花边，即用针在绘有图案的普通纸或羊皮纸上绣制而成的花边。花边按着图案的轮廓，其组成纱线浮在纸上而不穿透纸张，其骨架纱线，即那些形成最初花边轮廓的线，通过十字刺绣临时附在图案上，以便针绣加工。

针绣花边包括阿朗松细嵌花针绣花边、阿根坦针绣花边、威尼斯针绣花边等。

（二）线轴编织花边（枕垫花边）是以几根绕于线轴上的纱线在有图案的“枕”或“垫”上相互扭绞制得，“枕”或“垫”上暂时插上几根针以便织造花边。

线轴编织花边包括瓦朗西安花边、尚蒂利细花花边、马林丝网眼纱，勃鲁琪斯花边、细网眼凸纹枕垫花边、布维花边等。

（三）钩编花边（例如，名为爱尔兰手工钩编花边的产品）。钩编花边与上述各品种不同，在织制时并非置于图案或架座上；它是用钩针手工钩编织成的。

（四）其他各种花边，其品种相互多少有些相似，例如：

1. 轮形花纹花边，用与针绣花边相同的方法制成。

2. 带子编结品，即某些部分是用带子缏条制得的针绣花边；它是在一枕上制成或机械制成。

3. 梭织花边，其织法与钩编花边相似，但具有圆形图案并使用梭子结织。

4. 流苏花边，把一系列与芯线成直角的纱线用各种方式结织而成的一种厚实花边。

除了线轴编织梭结花边外，机制花边在外观上与手工花边相类似，但纱线的交织方式不同，机制花边比手工花边更为均匀一致。

下列形状的手工或机制花边均归入本品目：

1. 成匹或成任何长度条状；或

2. 成小块图案状，即成单独的小块，专供贴于或缝于其他物品上的，例如，睡衣、女式衬裙、罩衫或其他衣着、手帕、台布或其他家具布。

这些货品不论是否直接用花边机制成匹头，或从大幅花边上剪裁下来或将几块单独的花边缝合而成，均归入本品目。

本品目不包括花边制品；这类货品根据其基本特征归类，一般归入第六十二章或第六十三章（例如，品目 62.14 的花边黑丝披巾，品目 62.17 的妇女衣着上的花边覆肩及衣领，以及品目 63.04 的花边台布）。

○

○　○

子目注释：

子目 5804.21、5804.29 及 5804.30

机制仿手工花边在整个外观上类似于手工花边，但可在以下标准的基础上加以区别：

机制花边经常织成较宽的段幅，而在整理工序中才裁切成条的。因此，裁切成条的花边边缘几乎都保留了透孔织物在织机上未裁切时条与条之间的全部或部分线圈组织。这些线圈组织可在花边外侧找到。通常所见的是它们在边线上形成凹角，如不破坏花边的边缘是很难接触到这些线圈组织。这些线圈组织的存在是机制花边的一个明显标志。

通过检查花边的装饰性图案，从其浮线轮廓线及填圈线的走向也可加以区别。对于手工制花边，这些线可以沿任何方向走线，而且还可倒回到其原来的方向上。而对于机制花边，这样的反向针法是不可能的；这些线可以斜向左边或右边，但都必须随着织物不断前进的方向。

将线填入图案不透孔部分的方法是我们必须记住的手工制花边与机制花边第三个区分标准。只有手工制花边有以下组织：

—— 对于针绣花边，连锁组织，即月牙形组织或锁钮门组织。

—— 对于线轴编织花边，布纹组织或棱条组织。

布纹组织与平纹组织完全相同。而在棱条组织中，作为经纱的线分成两组添纱，相互之间形成近乎 90 度角；纬纱跨其表面，交替地跨过第一组（上层经纱）的一根经纱，紧接着插入第二组经线之下。

机制花边最广泛应用的填充方法如下：

—— 布纹组织，其特点为作为纬纱的线不必从图案的一边走向另一边。在某些情况下，它仅穿过部分图案，而另一根纱线接上第一根走完整个图案；

—— 采用与织造完整的波比诺特网眼薄纱相类似的织造方法（直纱、图案纱及绞经纱）；

——在地网中插入一根纱，与经纱一同形成平纹组织。以上的两种方法都是图案始、地网尽，但本方法并非如此。

以下情况也可供区别手工制花边和机制花边时参考。在某些情况下，也只有借助于这些情况才能进行区别，特别是区别手工制还是机制线轴编织花边：

1. 手工制花边的疵点或不足是网眼不规则，外观极少相似，而机制花边由于是用机械设备生产的，其网眼个个规则整齐。

2. 手工制花边常见的饰边毛圈是由构成地网的纱线形成的，而有时机制花边也加有这些饰边毛圈。但机制花边的饰边毛圈附得极不牢固，无需损毁花边本身就能将其扯下。这对手工制花边来说是不可能的。

3. 根据包装和发货方式也可区别手工制花边和机制花边。手工制花边的长度一般最长不过20米，每批货中的各件通常是图案各不相同。而机制花边总是较长，最长可达500米，每批货中总是有几件图案相同。

另外有一种“混合”型花边，也称带子花边、小花纹狭花边、吕克瑟伊花边、刺绣网眼花边。生产这种花边首先要用一条机制带子（编带）。将这条带子平放在描迹上，沿着图案的线路走向，遇到转角带子折叠以继续跟随描迹；带子重叠之处缝在一起；裁切的编带端部在原地细致地缝起。然后用针织成线圈及填圈组织。

除了根据编带的折叠、裁切方式及按上述方法缝制等情况以外，有时还可通过图案凹边上这些编带的褶裥来确定这种花边。

这种花边应作为手工制花边归类。

58.05 “哥白林”“弗朗德”“奥步生”“波威”及类似式样的手织装饰毯，以及手工针绣嵌花装饰毯（例如，小针脚或十字绣），不论是否制成的

本品目包括手织的或在底布（通常为帆布）上手工针绣的装饰毯。本品的基本特征是具有完整、独立图案的成幅毯，图案通常具有图画性质。

一、手织装饰毯

手织装饰毯是用织机把经纱绷紧，然后用不同颜色的纬纱与其交织，将其覆盖，从而产生图案并成为机织物。

同一般普通经纬织物所用的工艺相反，它的各色纬线的长度是按照所产生的图案来决定的，因而总的来说，这些纬线的长度并不超过整幅织物的宽度；这样经纱就被一根根依次排列下来的各色纬纱所覆盖。纬纱的松线露于图案的背面。这一织法造成经线上未经交织的间隙通常用线缝合加固。

这类毯包括“哥白林”“弗朗德”“奥步生”或“波威”型装饰毯。

用于仿制手织装饰毯的机织（如用提花机或类似织机织成的）装饰毯是普通的经纬织物，其中各色纬线是从一边织到另一边的，应作为机织物或制成品归入有关品目。

二、手工针绣嵌花装饰毯

手工针绣嵌花装饰毯（又称针绣装饰毯）的特征是用织物作底布（通常为方格网眼帆布），在底布上用针绣法把大量五颜六色的纱线按设计图案绣上制成。

手工针绣嵌花装饰毯有时还再次进一步进行刺绣加工，加工后的物品仍应归入本品目而不作为刺绣品归类。

与品目58.10的大多数刺绣品相反，本品的底布（通常为帆布）可能除了边缘以外，全部都被针绣纱线所覆盖。根据针绣方式的不同，针迹也有各种名称：小针脚、粗针脚、十字绣、双十字绣、象景针脚等。

装饰毯主要作装饰用途，挂于墙上或铺于椅子软垫面上等。一般用蚕丝、羊毛、化纤，甚至含金属纱线制成。

缝边、镶边、衬里等的装饰毯仍应归入本品目，但制成的物品，例如，晚会手提包、软垫、拖鞋等一律不归入本品目。

本品目也不包括：

（一）“开来姆”“苏麦克”“卡拉马尼”及类似的小地毯（品目57.02）。

（二）用于织制装饰毯的由机织物和纱线组成的成套物品（品目63.08）。

（三）超过一百年的装饰毯（第九十七章）。

58.06　狭幅机织物，但品目58.07的货品除外；用粘合剂粘合制成的有经纱而无纬纱的狭幅织物（包扎匹头用带）：

10　—　起绒机织物（包括毛巾织物及类似的毛圈织物）及绳绒织物

20　—　按重量计弹性纱线或橡胶线含量在5%及以上的其他机织物

—　其他机织物：

31　——　棉制

32　——　化学纤维制

39　——　其他纺织材料制

40　—　用粘合剂粘合制成的有经纱而无纬纱的织物（包扎匹头用带）

一、狭幅机织物

根据本章注释五规定，本品目包括以下狭幅机织物：

（一）幅宽不超过30厘米的狭条经纬织物，两边都有扁平或管状布边的。这些物品是用特种织带机织成的，通常几条带子同时织出；有时带子一边或两边织成波浪形。

（二）幅宽不超过30厘米的狭条，从宽幅经纬织物剪（撕）成［纵剪（撕）或横剪（撕）］并且两边都有假边，或一边是正常织边而另一边是假边。假边是用防止剪（撕）下的织物脱散，可以于裁剪（撕开）前在宽幅织物上织进一行纱罗组织，或将边简单折起，也可用胶将边粘合，或对某些化纤条带将边熔融。还可以在织物裁剪成狭条前就进行处理，形成假边，以防止狭条剪边脱纱。在这种情况下，狭幅织物间的假边并不需要特别明显。从织物剪（撕）下来的条带若无上述真边或假边，不得归入本品目，而应按普通机织物归类［关于斜裁滚条布，参见以下第（四）款］。

（三）压平宽度不超过30厘米的无缝管筒经纬织物。但把狭条两边缝合、粘合或其他方法结合而形成管状的织物不归入本品目。

（四）由从经纬织物横向裁下的狭条构成的斜裁滚条布，未折边时的宽度不超过30厘米的。由于本品是从宽幅织物上裁下来的，因而没有布边，不论是真边还是假边。

上述产品包括带子和带状织物，以及某种具有丝带特征的织物。

带子通常是用蚕丝、羊毛、棉花或化纤制成，不论是否含有弹性纱线或橡胶线。可用于内衣、女式衣着，也可用于制造帽子及花式衣领，用作勋章绶带、装饰性捆扎材料及用于其他装饰用途等。

本品目也包括用金属线制成的狭幅机织物，但它们必须明显用于衣着、装饰或类似用途（参见本章注释七）。

归入本品目的丝带是窄条带子；带状织物是厚实的狭幅织物，通常用棉花、亚麻、大麻或黄麻制成，可用于鞍具、挽具，也可用于制带子、带料、腰带或椅座等。

本品目还包括百叶窗用的带状织物，多条窄带按一定间隔将两条带子连接起来构成，整个织物由一次连续的织造工序制得。

本品目包括的货品，通常是用与第五十章至第五十五章或品目58.01（丝绒）的织物相同的织法织成；所不同的是以上（一）至（四）款所列的各项指标。

这些产品即使经过波纹（云纹）、拷花、印花等处理仍应归入本品目。

二、包扎匹头用带

本品目也包括幅宽通常从几毫米到1厘米，用粘合剂粘制成的有经纱（并线、单丝或纺织纤维）而无纬纱的狭幅织物（包扎匹头用带）。本品主要用于捆扎包裹，有的用于制女帽帽缏。

本品有时在一定间隔的地方印上商标名称，但这并不影响它的商品归类。

本品目不包括：

（一）经过药物浸涂或制成零售形状或包装的绷带（品目30.05）。

（二）带有织造流苏的狭幅机织物、编结丝带及编带（品目58.08）。

（三）其他品目具体列名的狭幅织物，例如，具有以下特征的狭幅织物：

1. 成条的机织标签、徽章及类似品（品目58.07或58.10）。

2. 灯芯、炉芯、打火机芯、烛芯或类似品（品目59.08）。

3. 纺织材料制的水龙软管及类似管子（品目59.09）。

4. 品目59.10的传动带或输送带。

（四）第五十九章的浸渍、涂布、包覆或层压的狭幅机织物，特别是用橡胶浸渍的用于包覆纺锤（织轴）的狭幅丝绒织物（品目59.11）。

（五）第十一类总注释第二部分所指的制成的狭幅织物［以上第一部分第（二）款所列的除外］。

（六）拉链（品目96.07）及间隔装于带子上的贱金属钩眼钮扣或揿钮，只要这些钩眼钮扣或揿钮构成货品的基本特征的（酌情分别归入品目83.08或96.06）。

（七）打字机色带（品目96.12）。

58.07　非绣制的纺织材料制标签、徽章及类似品，成匹、成条或裁成一定形状或尺寸：

10　—　机织

90　—　其他

本品目包括符合下列条件的货品：

一、任何纺织材料制的标签（包括针织标签）。本品用作衣着、家用亚麻布、褥垫、帐篷、布玩具或其他货品的标签。本品是标有专门题词或花纹的有使用价值的标签。这类标签主要包括印有厂商商号、商标或印有其构成的纺织原料性质（“蚕丝”“人造丝”等）的商业标签，以及个人（寄宿生、士兵等）用以识别本人私人财产的标签；后一种标签有时标明个人名称的缩写或图记，有时还留有一栏空白之处以备手工填写。

二、任何纺织材料制的徽章及类似品（包括针织的在内）。本品包括通常缝在衣着外面的徽章、“肩章”等（运动、军事、地区或国家的徽章等、标有青年团体名称的徽章、标有船名等的水手帽徽等）。

上述物品只有符合下列条件，才能归入本品目：

（一）必须是非刺绣品。归入本品目的物品上的文字或花纹图案一般是织造的（挖花织法）或印制的。

（二）必须是成匹、成条（最常见的形状）或切成一定尺寸或形状成为独立件的，但不得经其他任何方式加工为制成品。

本品目不包括经刺绣的标签、徽章或类似品（品目58.10）或除切成一定尺寸或形状以外经过其他方式加工为制成品的产品（品目61.17、62.17或63.07）。

58.08　成匹的编带；非绣制的成匹装饰带，但针织或钩编的除外；流苏、绒球及类似品：

10　—　成匹的编带

90　—　其他

一、成匹的编带；非绣制的成匹的装饰带，但针织或钩编的除外

除了编带以外，本品目的这一部分还包括各种用于衣着装饰（例如，女式外套、军队制服、教士法衣、舞台戏服）或家具装饰（包括船舶或车辆上的装饰）用的成段产品。

只要本品仍具有匹头的特征，它可以装有纯粹作为配件的钩子、扣子、金属眼、环以及类似品；本品也可以用亮片、小珠及类似配件进行装饰，但不得通过加缝刺绣缝上的。否则应作为刺绣品归入品目58.10。

归入本品目的产品包括：

（一）扁平或管状编带

本品是用纱线或第五十四章的单丝、扁条及类似品对角线交织而成的。

在扁平编带中，其纱线采取“Z”字形或其他更为复杂的方式成斜角从一边走到另一边。而在管状编带中，其纱线即采取螺旋形方式走向。所有两种编带的纱线都是一半朝一个方向，而另一半则朝另一个方向，按通常相当简单的固定图案进行交织。有些编带中有额外的纱线沿着织物的长度交织进去，以增强带边，或是按任何有序序列产生花纹效果。

编带是由编带机或锭子机等专用机器制成的。

编带品种包括系带（例如，靴带或鞋带）、空心绳、饰带、装饰线、编织丝带等。管状编带可以有一条纺织纱芯。

编带用于某电线些衣着物品的镶边或装饰（例如，饰边及挎边）或装饰物品（例如，装饰窗帘钩），制造某种鞋带，作电线护套、带风帽的防寒短上衣及运动服系带、晨衣带等。

这类编带不同于品目56.07的编织品或编结品，它们编得较为松散，结构亦不够紧密。

然而，本品目不包括其他品目具体列名的编带，特别是下列货品：

1. 由塑料或其他编结材料单丝或扁条制成的编带，单丝截面尺寸超过1毫米或扁条宽度超过5毫米的（品目46.01）。

2. 品目56.07的线、绳、索、缆及编织的仿肠线。

3. 编织的灯芯、炉芯、打火机芯、烛芯及类似品（品目59.08）。

4. 水龙软管及类似的管子（品目59.09）。

5. 品目59.10的传动带或输送带。

6. 品目59.11的专门技术用途的物品（例如，工业上用作垫料或润滑材料的编带）。

7. 拉链（品目96.07）及间隔装于带子上的贱金属钩眼钮扣或揿钮，只要这些钩眼钮扣或揿钮构成货品的基本特征的（酌情分别归入品目83.08或96.06）。

（二）棉芯丝绳及类似绳

本品是类似于粗松螺旋花线的嵌芯产品，但芯线更粗，由在螺旋编织加工过程中加捻的一束线或纺织粗纱组成。常用本身已经嵌花的纱线进行螺旋编织。本品只有呈长条状的才归入本品目，它们用于装饰制成品，也用于制晨衣腰带、窗帘拉绳等。

本组不包括纺织材料包覆的金属线，例如：

1. 制造帽骨架的钢丝、铁丝（女帽钢丝）及做人造花茎或卷发器的钢、铁丝（品目72.17）。

2. 绝缘电线（品目85.44）。

（三）边缘织有流苏（线圈状或裁切而成）的狭幅织物

本品用织带机生产，其边饰是巧妙处理纬线获得或者利用名为洛快汀的松弛粗糙经线获得。

在第一种方法中，纬线并不与外面两根经线组成布边，而是延伸于经线之外形成线圈；这些线圈是把两股或多股纬线绕于织机中与经线平行的钢丝上，待织物织成后即将钢丝退出而得。

在第二种方法中，松弛粗糙经线间隔地被某些纬线并入布边，而钢丝则在未并入部分把纱线拉出织物之外，从而形成线圈。

用这些方式所生产的线圈，其圈脚可以较宽，其间隔可以规则，也可以不规则。有时本品经裁剪而形成流苏毛边，然后可加以打结或饰以穗缨、绒球等。

这些狭幅织物主要是用作家具布或衣着物品的镶边或装饰。

圈形边、荷叶边及锯齿边的带子不归入本品目（品目58.06）。

（四）其他成匹的装饰带。本品目也包括适于衣着、家具布等装饰用的各种成匹狭幅产品。

本品通常是用上述带子或其他产品生产的，可以对一件产品进行缝纫或其他方式加工制成，也可以把两件或多件产品以装饰方式加以拼合组成（例如，饰边的带子、丝带或镶边带；纵向间隔地缀以流苏或其他装饰物的带子，但贴花刺绣的除外）。

本品目不包括品目60.02至60.06的针织或钩编的装饰品。

二、流苏、绒球及类似品

本品与以上第一部分的产品不同，是一些分开的独立物品，包括各种尺寸、形状的流苏以及装饰绳的花式端头等，例如：

（一）用纺织线包裹的芯子（木或其他材料制），线头有时悬挂着。许多品种可以用花边或成排小穗子装饰。

（二）折叠或捆扎的成束纺织线，其线头松散悬挂着。

（三）用纺织材料包覆的橄榄形或坚果形芯子（木或纸等制），有时芯子中间是空的，可作拉环用。

（四）绒球，即中间扎在一起，绒头向四面蓬松的短线。

所有这些物品都可以备有一个线圈以便悬挂等用；本品主要供布置装饰用途，但偶尔也有用于衣服上。本品具有明显的装饰性能。

除以上专门列出的以外，本品目不包括独立的物品。

用本品目的编带及装饰带制成的玫瑰花结应归入品目62.17或63.07。用同样材料制成的盘花钮扣、肩章或勋带应归入品目62.17；用这些材料制成的鞋带、胸衣饰带等，其端头经过加固或其他方式处理以防止散线的，以及用这些材料制成的剑柄带结，都应归入品目63.07。

用于制造本品目的纺织材料种类繁多，有蚕丝、羊毛、动物细毛、棉花、亚麻、化纤及含金属纱线。

除了已提到的不归入本品目的货品以外，本品目还不包括仅简单织成带条，符合狭幅织物定义的丝带及其他装饰带（品目58.06）。

58.09　其他品目未列名的金属线机织物及品目56.05所列含金属纱线的机织物，用于衣着、装饰及类似用途

本品目包括用品目56.05的含金属纱线织成的机织物［其定义参见第十一类总注释第一部分第

(三) 款] 以及用第十四类或第十五类的金属线织成的机织物，但这类织物必须用作衣料或用于装饰及类似用途，而且其他品目，尤其是本品目以前的本章各品目未具体列名的。

金属线或含金属纱线与其他纺织纱线混合织成的织物，如果金属线或含金属纱线的重量超过所含任何一种其他纺织材料的重量，就应归入本品目。对此，含金属纱线应作为一种单一的纺织材料对待，其重量应以所含的纺织纤维及金属两者重量的总计作为其重量［参见第十一类总注释第一部分第(一) 款］。

本品目不包括不用作衣料或不用于装饰及类似用途的机织物，例如，钢铁丝、铜丝、铝丝、贵金属丝等制的网布或机织物（品目 71.15、73.14、74.19、76.16 等）。

58.10　成匹、成条或成小块图案的刺绣品（+）：

10　—　不见底布的刺绣品

—　其他刺绣品：

91　——　棉制

92　——　化学纤维制

99　——　其他纺织材料制

刺绣品是用绣线在网眼薄纱、网眼织物、丝绒、带子、针织物或钩编织物、花边或机织物、毡呢或无纺织物的原有底布上进行加工，使底布上产生一种装饰性效果。绣线一般是纺织材料，但本品目也包括绣线是使用其他材料（例如，金属丝、玻璃纤维或酒椰纤维）的物品。底布通常成为整个刺绣品的一部分，但在某种情况下，刺绣完成后便将底布去掉（例如，用化学方法去掉或剪去），仅留下刺绣图案。某些刺绣品不使用绣线而使用条子或编带。

由于刺绣品从生产工序一开始就须有一幅织好的底布，因而不同于花边，而且切勿将花边与刺绣完成后就去掉底布的刺绣品相混淆。同时，也切勿将刺绣品与在织造过程中通过浮纹线产生图案的机织品相混淆（小花薄洋纱及其他浮纹织物）。本注释的下文列出了区分刺绣品及这些其他产品的特征。

刺绣品有手工制的，也有机制的。手工制的刺绣品尺寸相对较小，而另一方面机制刺绣品则通常是长幅的。

归入本品目的刺绣品主要有下列三种：

一、不见底布的刺绣品

本品是一种把底布去掉（例如，用化学方法去掉或剪掉）的刺绣品。因此，其材料全部用刺绣图案构成。

由于它没有底布，某些这类机绣品很易与品目 58.04 的花边相混淆，但可通过以下几点加以区别：

(一) 花边是由单根连续纱线织成或两根或多根起同样作用的连续纱线交织而成，花边的两面一般看上去是一样的；而机绣品所用两组纱线作用不同，一组是绣线，另一组是在织物底面的梭子线，梭子线通常较绣线细。因而，刺绣品的正反两面看上去不同，正面显出某种程度的凸起，而反面则是平的。

(二) 刺绣品剪去的底布通常露出未经完全剪去的底布小纱头。

二、刺绣后保留底布的刺绣品

这是一种绣线通常并不覆盖整个底布，而是仅覆盖图案表面或图案边缘的刺绣品。所用针法各有不同，有运行针、链式针、回针或锁式针、人字针、“波氏”针、小点针、线圈针、锁眼针等。整个图案一般仅在织物的正面才能看到。刺绣品的许多品种带有小孔或透孔，这些孔是由于裁剪、用打眼锥在底布上扎洞或者从底布抽掉某些经纱或（及）纬线，然后以刺绣针脚对织物进行整理或修饰造成的。这就增加了刺绣品的轻巧性，还可以拱托出其主要部分，例如，网眼刺绣品及抽纱刺绣品。

仅经过简单抽纱加工的材料不归入本品目。

在某种刺绣品中，预定的图案首先是勾出轮廓或者用填充线进行填充，使刺绣图案的浮雕效果更为明显。

有些品种的机绣品，特别是缎纹针刺绣品及某些刺绣的薄纱织物，看起来非常类似于归入第五十章至第五十五章的浮纹薄纱织物及其他浮纹织物（例如，小花薄洋纱）。但两者可以从生产方法所产生的下述特点加以区分。浮纹织物，由于其图案是在织造过程中运用浮纹线所产生，在一排图案中的每个图案总是刚好位于底布的同一纬线或同一经线之间；刺绣织物恰恰相反，底布在未刺绣图案之前就已经织好。为了刺绣图案，刺绣机要将底布绷紧，而底布绷紧后的位置绝不可能恰到好处，使机器的针能把所有刺绣图案的相应部分绣在底布的同一纬线或经线之间。而且机针常常穿过底布的线，这是在浮纹织机中绝不会发生的。

这些区分浮纹织物同刺绣织物的特征，可以在磨损图案的边缘上看出。

三、贴花刺绣品

本品是在纺织物或毡呢底布上用刺绣针或普通针缝上下列物品构成：

（一）珠子、珠片或类似的装饰附件；这些附件一般是用玻璃、明胶、金属或木头制成，缝上后可在底布上产生一种图样或一种多处点缀的图案。

（二）纺织品或其他材料的装饰性花纹图案。这些花纹图案通常是用一种具有不同于底布组织结构的纺织物（包括花边）剪成各种图样，缝于底布之上构成；在某种情况下，在有花纹图案覆盖的位置将底布去掉。

（三）用编带、绳绒线或其他装饰带等在底布上形成的一种图案。

以下形状的上述各项刺绣品仍归入本品目：

1. 各种幅宽成匹或成条的。这些成匹或成条的刺绣品可以绣有一系列相同的图案，不论是否可供日后分割以供制成品使用（例如，成条的衣着物品刺绣标签，或刺绣品制成一定间距，供将来裁开制护胸的）。

2. 成小块图案的，即绣有图案的独立刺绣品，除了作为刺绣件加于或贴于内衣、衣着物品或装饰品等上别无其他作用的。本品可以裁成任何形状、衬底或用其他方式拼合。它们包括像章、徽章、肩章、首字母、数字、星徽、国徽或运动徽章等。

本品目不包括：

（一）在非纺织材料上的刺绣品（例如，在皮革、柳条制品、塑料、纸板上的刺绣品）。

（二）手工针绣嵌花装饰毯（品目58.05）。

（三）用于刺绣台布、餐巾或类似品的由机织物和纱线组成的成套货品（品目63.08）。

（四）第十一类总注释第二部分所述的制成的刺绣品（小块图案状的除外），不论是否可即供使用的制成品，以及已经完工可即供使用的带刺绣的物品，其刺绣工作是直接在无需进一步加工的成形物品上进行的。这些范围广泛的物品是作为制成品归类的（例如，第六十一章、第六十二章、第六十三章或第六十五章），它们包括手帕、围涎、袖口、衣领、紧身围腰、服装、托盘巾、铺台中心的花式垫布、壁炉台罩、台布及窗帘。

（五）不见底布的玻璃纱线刺绣品（品目70.19）。

○

○　○

子目注释：

子目 5810.10

本子目不包括图案刺绣哔叽织物。

58.11　用一层或几层纺织材料与胎料经绗缝或其他方法组合制成的被褥状纺织品，但品目58.10的刺绣品除外

本品目包括由以下材料组成的成匹纺织产品：

一、一层通常为针织物、机织物或无纺织物及一层胎料（通常为絮网状的纺织纤维，以及毡呢、纤维素絮胎、泡沫塑料、海绵橡胶等）；或

二、两层织物（通常为针织物、机织物、无纺织物或这些织物的混合品）夹着一层胎料。

各层材料通常是以并排直线或装饰图案式地缝合（包括缝编）起来，但缝合应主要起绗缝作用，所构成的图案并不使产品具有刺绣品的特征。本品也可用打结、用粘合剂粘合、用热粘合或用其他方式结合在一起，但产品须有被褥效果，即具有类似于缝合或缝编被褥的鼓胀蓬松效果。

本品目的产品可经浸渍、涂布或包覆，或者用于生产本品目产品的织物可经浸渍、涂布或包覆。

这些材料通常用于生产绗缝外套、被褥、床罩、褥垫、衣服、窗帘、座垫、台布内垫等。

本品目不包括：

（一）不论是用缝线或热封方法将塑料片夹胎芯制成的产品（第三十九章）。

（二）缝合而成的带胎芯纺织产品，其缝线组成的图案具有刺绣品的特征的（品目58.10）。

（三）本类所列制成的物品（参见本类注释七）。

（四）第九十四章的夹有胎芯或装有材料的床上用品或类似品。

第五十九章　浸渍、涂布、包覆或层压的纺织物；工业用纺织制品

注释：

一、除条文另有规定的以外，本章所称“纺织物”，仅适用于第五十章至第五十五章、品目58.03及58.06的机织物、品目58.08的成匹编带和装饰带及品目60.02至60.06的针织物或钩编织物。

二、品目59.03适用于：

（一）用塑料浸渍、涂布、包覆或层压的纺织物，不论每平方米重量多少以及塑料的性质如何（紧密结构或泡沫状的），但下列各项除外：

1. 用肉眼无法辨别出是否经过浸渍、涂布或包覆的织物（通常归入第五十章至第五十五章、第五十八章或第六十章），但由于浸渍、涂布或包覆所引起的颜色变化可不予考虑；

2. 温度在15～30℃时，用手工将其绕于直径7毫米的圆柱体上会发生断裂的产品（通常归入第三十九章）；

3. 纺织物完全嵌入塑料内或在其两面均用塑料完全包覆或涂布，而这种包覆或涂布用肉眼是能够辨别出的产品（但由于包覆或涂布所引起的颜色变化可不予考虑）（第三十九章）；

4. 用塑料部分涂布或包覆并由此而形成图案的织物（通常归入第五十章至第五十五章、第五十八章或第六十章）；

5. 与纺织物混制而其中纺织物仅起增强作用的泡沫塑料板、片或带（第三十九章）；或

6. 品目58.11的纺织品。

（二）由品目56.04的用塑料浸渍、涂布、包覆或套裹的纱线、扁条或类似品制成的织物。

三、品目59.03所称“用塑料层压的纺织物”是指由一层或多层纺织物与一层或多层塑料片或膜以任何方式结合在一起的产品，不论其塑料片或膜从横截面上是否肉眼可见。

四、品目59.05所称“糊墙织物”，是指以纺织材料作面，固定在一衬背上或在背面进行处理（浸渍或涂布以便于裱糊），适于装饰墙壁或天花板，且宽度不小于45厘米的成卷产品。

但本品目不适用于以纺织纤维屑或粉末直接粘于纸上（品目48.14）或布底上（通常归入品目59.07）的糊墙物品。

五、品目59.06所称“用橡胶处理的纺织物”是指：

（一）用橡胶浸渍、涂布、包覆或层压的纺织物：

1. 每平方米重量不超过1500克；或

2. 每平方米重量超过1500克，按重量计纺织材料含量在50%以上。

（二）由品目56.04的用橡胶浸渍、涂布、包覆或套裹的纱线、扁条或类似品制成的织物；以及

（三）平行纺织纱线经橡胶粘合的织物，不论每平方米重量多少。

但本品目不包括与纺织物混制而其中纺织物仅起增强作用的海绵橡胶板、片或带（第四十章），也不包括品目58.11的纺织品。

六、品目59.07不适用于：

（一）用肉眼无法辨别出是否经过浸渍、涂布或包覆的织物（通常归入第五十章至第五十五章、第五十八章或第六十章），但由于浸渍、涂布或包覆所引起的颜色变化可不予考虑；

（二）绘有图画的织物（作为舞台、摄影布景或类似品的已绘制的画布除外）；

（三）用短绒、粉末、软木粉或类似品部分覆面并由此而形成图案的织物，但仿绒织物仍归入本品目；

（四）以淀粉或类似物质为基本成分的普通浆料上浆整理的织物；

（五）以纺织物为底的木饰面板（品目44.08）；

（六）以纺织物为底的砂布及类似品（品目68.05）；

（七）以纺织物为底的粘聚或复制云母片（品目68.14）；或

（八）以纺织物为底的金属箔（通常归入第十四类或第十五类）。

七、品目59.10不适用于：

（一）厚度小于3毫米的纺织材料制传动带料或输送带料；或

（二）用橡胶浸渍、涂布、包覆或层压的织物制成的或用橡胶浸渍、涂布、包覆或套裹的纱线或绳制成的传动带料及输送带料（品目40.10）。

八、品目59.11适用于下列不能归入第十一类其他品目的货品：

（一）下列成匹的、裁成一定长度或仅裁成矩形（包括正方形）的纺织产品（具有品目59.08至59.10所列产品特征的产品除外）：

1. 用橡胶、皮革或其他材料涂布、包覆或层压的作针布用的纺织物、毡呢及毡呢衬里机织物，以及其他专门技术用途的类似织物，包括用橡胶浸渍的用于包覆纺锤（织轴）的狭幅丝绒织物；

2. 筛布；

3. 用于榨油机器或类似机器的纺织材料制或人发制滤布；

4. 用多股经纱或纬纱平织而成的纺织物，不论是否毡化、浸渍或涂布，通常用于机械或其他专门技术用途；

5. 专门技术用途的用金属增强的纺织物；

6. 工业上用作填塞或润滑材料的线绳、编带及类似品，不论是否涂布、浸渍或用金属加强。

（二）专门技术用途的纺织制品（品目59.08至59.10的货品除外），例如，造纸机器或类似机器（如制浆机或制石棉水泥的机器）用的环状或装有连接装置的纺织物或毡呢、密封垫、垫圈、抛光盘及其他机器零件。

59.01　用胶或淀粉物质涂布的纺织物，作书籍封面及类似用途的；描图布；制成的油画布；作帽里的硬衬布及类似硬挺纺织物：

10　—　用胶或淀粉物质涂布的纺织物，作书籍封面及类似用途的

90　—　其他

一、用胶或淀粉物质涂布的纺织物，作书籍封面及类似用途的

本品一般为平纹机织物，通常用棉花、亚麻或化学纤维织成，表面施涂一层厚胶或厚淀粉物质，用于制造书籍封面、小匣、眼镜盒或刀具盒、刀鞘等。

本品有未经漂白的，也有漂白的、染色或印花的，表面通常拷花、打褶、充皮（糙面）、压花或作其他加工。

以塑料浸渍或涂布并供类似用途的织物（例如，某些人造革）不归入本品目（品目59.03）。

二、描图布

描图布是精细紧密的机织物，通常用棉花或亚麻织成，经过处理（例如，用天然树脂溶液处理）后织物表面光滑，稍为透明，适于供建筑师、制图员等描图之用。

三、制成的油画布

制成的油画布通常是由亚麻、大麻或棉花制成的，上浆后其一面涂有混入其他物质（例如，氧化锌）的亚麻子油混合剂。它通常制成一定尺寸的块状，适于绷在画架上。本品即使以木板或纸板衬背仍归入本品目。

四、作帽里的硬衬布及类似硬挺纺织物

本品是用轻质的疏松纺织物浸以粘合剂及填充料（例如，混有高岭土的胶或淀粉物质）制得的硬挺纺织物。某种硬衬布或类似织物是把两层这类硬挺织物粘合在一起而制得。这些织物主要用于制造品目65.07的帽里。

用塑料浸渍或涂布的类似用途织物不归入本品目（品目59.03）。

本品目不包括第十一类总注释第二部分所列制成的以上一、二及四款所述的产品。

59.02　尼龙或其他聚酰胺、聚酯或粘胶纤维高强力纱制的帘子布：

10　—　尼龙或其他聚酰胺制

20　—　聚酯制

90　—　其他

本品目包括帘子布，不论是否以橡胶或塑料浸泡或浸渍。

这些织物用于制造轮胎，由一组并列的长丝经线，在特定的距离以纬线加以固定组成。经线总是由尼龙或其他聚酰胺、聚酯或粘胶纤维高强力纱线组成，而大间隔分布的纬线仅用于将经线固定下来，因而可由其他纱线组成。至于高强力纱线的定义，参见第十一类的注释六。

本品目不包括用于制造轮胎的其他机织物及不符合第十一类注释六所列规格的纱线织成的织物（酌情归入第五十四章或品目59.03或59.06）。

59.03　用塑料浸渍、涂布、包覆或层压的纺织物，但品目59.02的货品除外：

10　—　用聚氯乙烯浸渍、涂布、包覆或层压的

20　—　用聚氨基甲酸酯浸渍、涂布、包覆或层压的

90　—　其他

本品目包括用塑料（例如，聚氯乙烯）浸渍、涂布、包覆或层压的纺织物。

这类产品不论每平方米重量多少或所含塑料的性质如何（紧密结构或泡沫状的），必须符合下列条件：

一、对于浸渍、涂布或包覆的织物，其浸渍、涂布或包覆能够用肉眼辨别的，但由于前述加工引起的颜色变化不计在内。

不能用肉眼辨别或只能从这些加工引起的颜色变化才能辨别其经过浸渍、涂布或包覆的纺织物，通常归入第五十章至第五十五章、第五十八章或第六十章。这类织物有，例如，用某些物质浸渍后，具有防皱、防蛀、防缩或防水性能的织物（防水华达呢及府绸等）。用塑料部分涂布或部分包覆以产生图案的纺织物也归入第五十章至第五十五章、第五十八章或第六十章。

二、产品是非刚性的，即在温度15~30℃之间，用手工将织物绕于直径7毫米的圆柱体上而不断裂的。

三、纺织物并非完全嵌入塑料或并非在其两面均用塑料涂布或包覆的。

不符合以上二、三两款所述条件的产品，通常归入第三十九章。然而，用塑料两面涂布或包覆而肉眼又无法辨别或者肉眼只能通过涂布或包覆所引起的变化进行辨别的纺织物，通常归入第五十章至第五十五章、第五十八章或第六十章。与泡沫塑料板、片、条组合制得的纺织物，其中纺织物仅起增强作用的也归入第三十九章（参见第三十九章总注释的“塑料与纺织品的复合制品”部分），但品目58.11的纺织产品除外。

本品目还包括本章注释三规定的塑料层压纺织物。

本品目的层压织物不应与用塑料粘合剂将各层简单粘合而成的织物相混淆（通常归入第五十章至第五十五章）。

归入本品目的许多纺织物，其塑料材料通常着色，并成为产品的表面层，该层有光滑的，也有仿皮革纹理等压花的（例如，人造革）。

本品目也包括通过浸渍以提高其对橡胶粘附力的浸泡织物（品目59.02的织物除外）以及可见微粒的热塑材料喷于表面的纺织物，这种纺织物在加热或加压时能粘合其他织物或材料。

本品目还包括用品目56.04的塑料浸渍、涂布、包覆或套裹的纱线、扁条或类似品制成的纺织物。

本品目的织物可供各种用途，包括用作装饰材料，用于制造手提包及旅行容器、服装、拖鞋、玩具、电器用品等，还用于书籍装订和用作胶粘带等。

本品目也不包括：

（一）品目58.11的被褥状纺织产品。

（二）用塑料涂布或包覆，供作铺地制品用的纺织物（品目59.04）。

（三）具有糊墙品特征的浸渍、涂布纺织物（品目59.05）。

（四）用塑料浸渍、涂布、包覆或层压的纺织物制成品，符合第十一类总注释第二部分规定的。

59.04　列诺伦（亚麻油地毡），不论是否剪切成形；以织物为底布经涂布或覆面的铺地制品，不论是否剪切成形：

10　—　列诺伦（亚麻油地毡）

90　—　其他

一、列诺伦（亚麻油地毡）

列诺伦是通过在一层纺织底布（通常为黄麻帆布，但有时为棉布等）的一面涂上由氧化亚麻子油和树脂、胶及填充料（通常是软木粉，但有时是锯屑或木粉）组成的稠实浆料制成；大多数情况下，浆料里加有色料。列诺伦有单色的，也有带花纹图案的；对于后一种情况，图案可以印制，也可以通过用不同颜色的浆料制成嵌花列诺伦。

如果浆料仅加软木粉而不加色料，所制得的材料即为软木地毯。这种材料切勿与品目45.04的以纺织物为底基的压制软木地毯或其他压制软木制品相混淆。这些制品不是用上述的列诺伦混合浆料制成的，故一般较为粗糙，不够柔韧。

列诺伦制成各种不同的厚度，可用作铺地制品，也可用于覆盖墙壁、架子等。

本品目还包括用不含色料的列诺伦浆料覆面的纺织物（主要是棉机织物）。这些产品看上去像软木，用于制造鞋靴的内底。

二、以织物为底布加以涂布或覆面的铺地制品

这些铺地制品是相当坚硬耐磨的材料，通过在纺织底布（包括毡呢）的一面施以涂层，将地布完全掩盖起来制成。所用的混合浆料通常由油与白垩组成，浆料涂布后再涂油漆。本品也可以由一层厚塑料层（例如，聚氯乙烯层）组成，甚至仅直接在纺织底布上涂上几层油漆组成。

在很多情况下，本品目的产品也在背后涂布以增强产品强度。本品不论是成卷或裁切成形可即供使用的，均归入本品目。

本品目不包括无底布的成板块状的列诺伦混合料及铺地制品。这些货品应按其构成材料归类（第三十九章、第四十章、第四十五章等）。

本品目也不包括鞋内底（品目64.06）。

59.05 糊墙织物

本品目包括符合第五十九章注释四所列定义的糊墙织物，换言之，包括以纺织材料做面，固定在一任何材料（例如，纸）的衬背上或在背面上进行加工（浸渍或涂布以便于裱糊），适于装饰墙壁或天花板，且宽度不小于45厘米的成卷产品。

本品目包括：

一、平行排列纱线、机织物、毡呢、针织物或钩编织物（包括缝编织物）固定在一任何材料衬背上所构成的产品。

二、用平行排列纱线、机织物或花边作面通过一塑料薄层粘于任何材料制的底基之上构成的产品。

三、用链式针法将平行排列的纱线（面层）缝于一层薄薄的无纺织物（中层）之上，然后粘于任何材料制的底基之上构成的产品。

四、用链式针法将纺织纤维网（面层）缝于相互重叠的纱线（中层）之上，然后粘于任何材料制的底基之上构成的产品。

五、表面覆盖纺织纤维屑的无纺织物（仿麂皮织物）粘于任何材料制的底基之上构成的产品。

六、以手绘图案装饰的机织物固定于任何材料制的底基之上构成的产品。

本品目的糊墙织物，其纺织品表面可以着色、印花或进行其他方式装饰，其底基表面可以是全部覆盖，也可以是部分覆盖。

本品目不包括：

（一）第三十九章注释九规定的塑料糊墙品（品目39.18）。

（二）用纺织纤维屑或粉末直接饰面的纸制或塑面纸底糊墙品（品目48.14）。

（三）纺织纤维屑覆面的机织物，不论是否附加底基或浸渍、涂布以便于裱糊的（品目59.07）。

59.06 用橡胶处理的纺织物，但品目59.02的货品除外：

10	—	宽度不超过20厘米的胶粘带
	—	其他：
91	——	针织或钩编的
99	——	其他

本品目包括：

一、用橡胶浸渍、涂布、包覆或层压的纺织物，包括浸泡织物（品目59.02的货品除外），其重量为：

（一）每平方米不超过1500克的，不论纺织材料及橡胶的比例多少；或

（二）每平方米超过1500克的，按重量计纺织材料含量在50%以上。

这些用橡胶处理的织物主要用于制防水衣着、放射性特种防护外套、充气物品、野营设备、卫生用品等。

某些家具布仅在其一面薄薄地涂上一层胶乳，不一定能防水，但仍归入本品目。

这些织物不应与用橡胶粘合剂层层粘合的织物相混淆，后者用于汽车车身或鞋靴等。这些织物的截面显示不出橡胶层，因而通常归入第五十章至第五十五章。

二、用品目56.04的橡胶浸渍、涂布、包覆或套裹的纱线、扁条或类似品制成的织物。

三、用平行纺织纱线与橡胶胶合或轧合的无纬织物，不论其每平方米的重量多少。本品用于制造轮胎、橡胶管、传动带或输送带及带料等。

四、以纺织物作底布的橡胶粘带，包括电气绝缘带，不论是否预先用橡胶处理的，以及橡胶粘胶布。

本品目不包括：

（一）经过药物浸涂或制成零售形状或包装供医疗、外科、牙科或兽医用的橡皮胶布（品目30.05）。

（二）上述第一款第（二）项所述的用橡胶处理的织物，但按重量计纺织材料含量不超过50%的（品目40.05或40.08）。

（三）泡沫橡胶与纺织物复合制成的板、片或带，其中的织物仅起增强作用的（品目40.08）。

（四）传动带或输送带及带料，通常由包以硫化橡胶的几层纺织物（不论是否经橡胶处理）组成（品目40.10）。

（五）以橡胶衬背以提高其柔韧性及对地板的附着力的地毯、列诺伦及其他铺地制品（酌情归入第五十七章或品目59.04）。

（六）品目58.11的被褥状纺织产品。

（七）用橡胶将几层织物粘合后加压硫化而成的纺织物（不论是否用毡呢衬里），用于制造品目59.11的针布、印刷橡胶毯及专门技术用途的其他类似织物，包括品目59.11的用橡胶浸渍并用于包覆纺锤（织轴）的狭幅丝绒织物。

（八）用橡胶处理的织物制成的物品，符合第十一类总注释第二部分规定的（一般归入第六十一章至第六十三章）。

59.07　用其他材料浸渍、涂布或包覆的纺织物；作舞台、摄影布景或类似用途的已绘制画布

一、用其他材料浸渍、涂布或包覆的纺织物

本组包括用肉眼可以辨别出经浸渍、涂布或包覆的纺织物（品目59.01至59.06的货品除外）；辨认时，由于浸渍、涂布或包覆所引起的颜色变化可不予考虑。

本品目不包括不能用肉眼辨别或仅能从浸渍等加工引起的颜色变化才能辨别其经过浸渍、涂布或包覆的纺织物，以及用淀粉或类似物质作为基本成分的普通浆料整理的织物（参见本章注释六）。这些织物通常归入第五十章至第五十五章、第五十八章或第六十章。例如，用胶料、淀粉及类似浆料浸渍的织物（例如，蝉翼纱、平纹细布），或用其他物质使之防皱、防蛀、防缩或防水的织物（例如，防水华达呢或防水府绸）。

本品目包括的织物有：

（一）涂焦油、沥青或类似产品的织物，用于制造油苫布及打包布。

（二）涂蜡织物。

（三）用天然树脂和樟脑作为基本成分的混合剂料涂布或浸渍的轻薄织物，或用油浸渍或涂布使之成为不透水的轻薄织物（有时称为“蜡光塔夫绸”）。

（四）用油或干性油作为基料的制剂涂布或浸渍的其他织物。

本组包括油布，即通常用棉花或亚麻织成，并在其一面或两面涂上一层主要由氧化亚麻子油、填充料及色料组成的浆料的一种织物。

本组还包括打包布，即用大麻、黄麻、棉花、亚麻或化学纤维组成，并厚厚地涂上一层以干性油与灯烟混合物为基料的涂料使之能防水的结实粗糙织物。

（五）涂硅酸盐使之不易燃的织物（例如，防火屏幕）。

（六）用一种均匀的油漆或金属粉整幅涂布的织物。

（七）表面用胶水（橡胶水或其他胶水）、塑料、橡胶或其他材料涂布后喷洒上薄薄一层下列其

他材料的织物：

1. 纺织纤维屑或粉末，用以生产仿麂皮织物（用较长的纺织纤维以类似的方法生产具有品目43.04人造毛皮特征的织物，不归入本品目）。用纺织纤维屑或粉末盖面以生产仿起绒织物（例如，灯芯绒）的织物仍应归入本品目。

2. 软木粉（例如，制糊墙品）。

3. 玻璃粉末或小颗粒（例如，制电影银幕用的“微圆珠”）。

4. 云母粉屑。

（八）用凡士林作为基料的胶粘剂或用其他胶粘剂浸渍的织物，用于玻璃封装、屋顶防漏、水沟修缮等。

本品目不包括用油漆或盖面料（例如，用纺织纤维粉末，参见本章注释六）产生图案的织物（一般归入品目59.05或第五十章至第五十五章、第五十八章或第六十章）。

本品目也不包括：

（一）制成零售形状或包装，供医疗、外科或兽医用的油绸及其他类似油布；膏药及敷料；制成零售形状或包装，涂有膏药的骨折绷带（品目30.05）。

（二）感光纺织物（品目37.01至37.04）。

（三）以纺织物衬背的贴面薄板（品目44.08）。

（四）浸渍、涂布或包覆织物的制成品，符合第十一类总注释第二部分规定的。

（五）制成的油画布（品目59.01）。

（六）品目59.04的列诺伦及其他产品。

（七）以纺织物衬背的天然或人造研磨粉、粒（品目68.05）。

（八）用一层沥青或类似材料将一层纺织基布整幅包裹或两面覆盖组成的屋顶面板（品目68.07）。

（九）以纺织物为底的金属箔（通常归入第十四类或第十五类）。

二、作舞台、摄影布景或类似用途的已绘制画布

本组包括画有室内或室外景色或具有装饰效果的油画布及类似的纺织材料，供舞台布景、肖像背景或电影摄影布景等用。本品可以裁切成形，也可以成卷或装配在木框架或金属框架上。

59.08　用纺织材料机织、编结或针织而成的灯芯、炉芯、打火机芯、烛芯或类似品；煤气灯纱筒及纱罩，不论是否浸渍

一、纺织材料制成的芯子

本品目包括的芯子通常是长条棉制扁、圆、管状纺织物，机织、针织或编结的。本品的尺寸及形状各异，从适于作烛芯或机械打火机芯的小芯子到供油灯、炉子用的大芯子不等。

本品不论是否切成一定尺寸或配有便于插入的铁丝或金属包头，均归入本品目。

本品目不包括：

（一）特细长蜡烛（品目34.06）。

（二）安全导火线及导爆索（品目36.03）。

（三）仅将纺织纱线、绳、索等简单加捻或拼合而成的芯子。这类芯子仍作为纱线归入第五十章至第五十五章或作为绳、索等归入品目56.07。

（四）玻璃纤维芯（品目70.19）。

二、煤气灯纱筒

煤气灯纱筒是一种通常用苎麻、棉花或粘胶人造丝针织而成的细网眼狭幅圆筒织物，不论其是否

经用化学品浸渍（主要用硝酸钍及硝酸铈浸渍）均归入本品目。

三、煤气灯纱罩

归入本品目的煤气灯纱罩可以是半制成品（例如，短圆筒状或袋状织物，不论是否用以上第二款所述的化学品浸渍）或是制成品，即经过燃烧去除了织物底料，使硝酸盐转变成氧化物后，仍保持原来织物形状的，纱罩以胶棉浸渍以保证其使用前的稳定性。本品不论是否含有石棉线或配有框架，均归入本品目。

59.09　纺织材料制的水龙软管及类似的管子，不论有无其他材料作衬里、护套或附件

本品目包括水龙软管，例如，消防水龙管及类似用于输送液体的纺织材料软管。本品通常是由棉花、亚麻、大麻或化学纤维织成或缝成管状的厚重紧密织物，不论是否用油、焦油或化学制剂涂布或浸渍的。

纺织材料制的软管，即使内部用橡胶或塑料涂布、以金属作护套（例如，用一螺旋形金属丝作护套）或装上非纺织物的附件（例如，两管相接的紧固件、喷嘴等），仍归入本品目。

内部用纺织材料加强或外部套上一层薄织物的硫化橡胶管应归入品目 40.09。

59.10　纺织材料制的传动带或输送带及带料，不论是否用塑料浸渍、涂布、包覆或层压，也不论是否用金属或其他材料加强

这些传动带或输送带及带料是用于传送动力或输送货品的。它们通常用羊毛、棉花、化学纤维等经机织或编结制成，有各种幅宽，可由两层或多层这些材料经机织或粘合而成；有时它们织成有短毛圈面或滚绳饰边的产品。本品可以用亚麻子油、松焦油等浸渍，也可以用清漆、铅丹等涂布，以防由于大气条件、酸烟等引起的腐蚀作用。

本品目也包括用合成纤维，尤其是聚酰胺纤维织制后以塑料涂布、包覆或层压的带子及带料。

本品还可以用金属或皮革的条或线进行加强。

根据本章注释七的规定，厚度在 3 毫米以下的带料不归入本品目，而应归入第五十章至第五十五章，或作为狭幅织物（品目 58.06）、编带（品目 58.08）等归类。但传动带或输送带（即切成一定长度尺寸，两端首尾相接或装有扣件以便连接的），不论其材料厚度多少，一律归入本品目。

本品目还包括用纺织材料的绳、索制成的可即供使用的传动带，这些传动带可以是环形的，也可以是两端装有扣件的。

本品目也不包括：

（一）与有关机器或设备一同报验的传动带或输送带及带料，不论是否已实际装于机上（应与机器或设备一同归类—— 例如，第十六类）。

（二）用橡胶浸渍、涂布、包覆或层压的纺织物制成的或用橡胶浸渍、涂布、包覆或套裹的纱线或绳制成的带子及带料［品目 40.10，参见本章注释七（二）］。

59.11　本章注释八所规定的作专门技术用途的纺织产品及制品（＋）：

10	—	用橡胶、皮革或其他材料涂布、包覆或层压的作针布用的纺织物、毡呢及毡呢衬里机织物，以及作专门技术用途的类似织物，包括用橡胶浸渍的、用于包覆纺锤（织轴）的狭幅丝绒织物
20	—	筛布，不论是否制成的
	—	环状或装有连接装置的纺织物及毡呢，用于造纸机器或类似机器（例如，制浆机或制石棉水泥的机器）：

31　——　每平方米重量在 650 克以下
32　——　每平方米重量在 650 克及以上
40　—　用于榨油机器或类似机器的滤布，包括人发制滤布
90　—　其他

本品目的纺织产品及制品必须明显具有用于各种类型的机器、设备、装置及器具或作为工具或工具零件的特征。

本品目尤其适用于其他品目不包括而协调制度的有关条文规定［例如，第十六类注释一（五）的规定］又具体说明归入品目 59.11 的纺织制品。但必须注意，第十七类货品的某些纺织材料制零件及附件，例如，安全带、机动客车车厢用的成形衬里和隔热板（品目 87.08）以及机动客车用的地毯（第五十七章）不归入本品目。

一、作专门技术用途的纺织物及其他纺织产品，成匹、裁成一定长度或仅裁成矩形（包括正方形）的

本品只要不具有品目 59.08 至 59.10 产品的特征，均应归入本品目而不归入第十一类的任何其他品目，不论其是成匹的、裁成一定长度的或是仅裁成矩形（包括正方形）的。

本组仅包括本章注释八（一）所规定的纺织物及其他纺织产品，包括下列的（一）至（六）项：

（一）用橡胶、皮革或其他材料（例如，塑料）涂布、包覆或层压的纺织物、毡呢及毡衬机织物（用作针布）及其他专门技术用途的类似织物，包括用橡胶浸渍的用于包覆纺锤（织轴）的狭幅丝绒织物。

（二）筛布。本品为多孔织物（例如，具有纱罗组织或平纹组织），其网眼的大小和形状（通常是正方形）都是高度精确而不致在使用中变形。本品主要用于筛滤（例如，细粉、研磨粉、塑料粉、牲口饲料等）及网板印刷。筛布一般由紧捻的未脱胶蚕丝纱线或合成纤维长丝纱线制成。

（三）滤布（例如，机织滤布及针刺滤布），不论是否浸渍，用于榨油或类似过滤用途（例如，用于榨糖业或酿造业），也用于气体清洁或工业粉尘回收系统的类似技术用途。本品目包括滤油布和某些羊毛或其他动物毛制的重厚织物，以及某种未漂白的合成纤维（例如，尼龙）织物，它较前者薄，但组织紧密并具有特殊的刚性。本品目也包括人发制的滤布。

（四）用多股经纱或多股纬纱织成的平幅机织物，不论是否缩绒、浸渍或涂布，供机器或其他专门技术用途。

（五）用金属加强的供专门技术用途的纺织物，金属丝（裸金属丝、用纺织纱线与之搓捻或螺旋缠绕的金属丝等）可以在织造过程中掺入（尤其是作经线掺入）或夹于各层材料之间。

但用金属加强的毡呢不归入本品目（品目 56.02）。

（六）工业上作填塞或润滑材料的绳索、编带及类似品；这些产品通常是方形截面并用油脂、石墨、滑石等浸涂，有时还用金属加强。未经涂布或浸渍的绳索等如能明显地确认为工业上作填塞或润滑材料的产品，仍应归入本品目。

二、作专门技术用途的纺织制品

所有作专门技术用途的纺织制品（品目 59.08 至 59.10 的货品除外）均应归入本品目而不归入第十一类的其他品目［参见本章注释八（二）］，例如：

（一）制成（裁切成形、缝合成件等）的任何以上第一部分所列的织物，例如，由几块织物组合而成的榨油机用滤布；裁切成形后用带子滚边或装有金属小眼的针布；以及装于框架上用于网板印刷的织物。

（二）环状或装有连接装置的纺织物及毡呢，用于造纸机器或类似机器（例如，制浆机或制石棉水泥的机器）（不包括品目 59.10 的机器带）。

（三）由相连的单丝螺旋纱线构成的制品，其用途与以上第（二）款所述的造纸机器或类似机器上用的纺织物及毡呢相似。

（四）泵、电动机等用的垫片、膜片；以及垫圈（品目 84.84 的货品除外）。

（五）擦鞋机或其他机器的圆盘、套筒及垫子。

（六）榨油机的纺织袋。

（七）切成一定长度并带有结、线圈、金属环眼或玻璃环眼的绳子，供提花机或其他织机用。

（八）织机皮结。

（九）真空吸尘器用袋、空气过滤装置用的滤袋、发动机用滤油器等。

本品目的纺织制品可以装有其他材料制的附件，但本身必须仍具有纺织制品的基本特征。

○

○　○

子目注释：

子目 5911.90

由相连的单丝螺旋纱线构成的制品，其用途与造纸机器或类似机器上用的纺织物及毡呢相似，这些制品应归入本子目而不归入子目 5911.31 或 5911.32。

第六十章 针织物及钩编织物

注释：

一、本章不包括：

（一）品目58.04的钩编花边；

（二）品目58.07的针织或钩编的标签、徽章及类似品；或

（三）第五十九章的经浸渍、涂布、包覆或层压的针织物及钩编织物。但经浸渍、涂布、包覆或层压的起绒针织物及起绒钩编织物仍归入品目60.01。

二、本章还包括用金属线制的用于衣着、装饰或类似用途的织物。

三、本协调制度所称"针织物"，包括由纺织纱线用链式针法构成的缝编织物。

○

○ ○

子目注释：

一、子目6005.35包括由聚乙烯单丝或涤纶复丝制成的织物，重量不小于30克/平方米，但不超过55克/平方米，网眼尺寸不小于20孔/平方厘米，但不超过100孔/平方厘米，并且用α-氯氰菊酯（ISO）、虫螨腈（ISO）、溴氰菊酯（INN，ISO）、高效氯氟氰菊酯（ISO）、除虫菊酯（ISO）或甲基嘧啶磷（ISO）浸渍或涂层。

总 注 释

本章所包括的纺织物，其生产方式不同于以经纱和纬纱交织而成的机织物，而是通过一系列相互串联的线圈制成的。这些货品大体上包括：

一、针织物（纬编针织物及经编针织物）。

（一）纬编针织物是由一根连续卷绕的纱线构成，该纱线形成一行行的线圈，方向一致地横向布满整幅织物，各排相邻线圈相互串联而形成网眼组织。这些织物的组织结构较松，有一定的间隙，较易地朝各个方向拉伸；当一根纱线断后，往往产生"抽丝"现象。

（二）经编针织物是由几根沿纵向（即沿织物长度）走向的经纱构成，每根经纱组成的线圈都交替着和左右两排线圈相互串联。经编针织物的线圈通常看起来是横向布满织物的。某些经编针织物，其经纱分为两组，以相反的方向成对角线地来回穿梭于织物之间。这些织物就不会出现"抽丝"现象。如果在一幅经编针织物上裁下一小方块织物，其任何一边均不能轻易地扯出纱线；从该样品中要扯出纱线只能从经纱方向扯出（与线圈横列成直角的方向）。

经编针织物还包括：

1. 缝编织物，但本品必须由纺织纱线构成链式线圈。

缝编工艺使用的机器与经编针织机相类似，通过尖头开口式导纱钩针（滑动式刺针）及综丝进行工作。这些导纱钩针能在纺织纤维网、纱线层（一层或多层）或底布（例如，一层机织物或塑料片）上利用织物的纱线形式线圈结构。在有些情况下，线圈结构可形成或缝固绒头（不论是否割线）。但绗缝的被褥状产品除外（品目58.11）。

2. 经编机织成的织物，其经纱由一连串钩编线圈组成，该线圈能把纬纱定位，有时还构成一种花纹。

所述以上第（一）及（二）款的织物组织可以是简单的或较为复杂的；在某些情况下，本品产生类似花边的透孔效果，但仍归入本品目。它一般可通过其特有的圈距（特别是在紧密部分）与花边

区分开来。

二、钩编织物，由手工通过钩针把一根连续长线钩成一系列的线圈，线圈与线圈相穿，按照线圈的不同编组方式而形成的素色织物或者具有紧密或透孔结构图案的装饰性织物。某些透孔织物是由一连串呈四方形、六角形或其他装饰性花纹形状的线圈所组成。

本章所列产品可以人工使用两支或多支织针或一根钩针织成，也可以用装有特殊形状小型钩针（钩针或弹簧针、织袜舌针及管针）的平型针织机或圆型针织机针织而成。

本章各品目包括针织物或钩编织物，不论其使用第十一类所列哪一种纺织材料制成，也不论是否加有弹性纱或橡胶线制成的。本品目还包括明显用作衣料、家具布或类似用途的细金属线针织物或钩编织物。

本章包括成匹（包括圆筒织物匹头）或简单裁成矩形（包括正方形）的针织物或钩编织物。这些织物包括平纹织物和棱纹织物，以及缝合或粘合的双层织物。

所有这些织物可以染色、印花或色织而成。品目 60.02 至 60.06 的织物有时是起绒的，织物的织法因而被遮盖。

本章不包括：

（一）从织物的纤维网上将纺织纤维拉起而制成的缝编织物（品目 56.02）。

（二）品目 56.08 的网子及网料。

（三）针织地毯（品目 57.05）。

（四）网眼织物及钩编花边（品目 58.04）。

（五）将成匹织物裁剪成矩形（包括正方形）后经过进一步加工（例如，缝边）的制成品、现成的可即供使用的制成品（例如，围巾），以及针织或钩编成一定形状，不论报验时是单件还是若干件相连成幅的物品（特别是第六十一章、第六十二章及第六十三章的制成品）。

○

○　○

子目注释：

子目 6005.21 至 6005.44 及 6006.21 至 6006.44

未漂白、漂白、染色、色织或印花的针织物或钩编织物

第十一类子目注释一（四）至（八）的规定，在必要的地方稍加修改后，可适用于未漂白、漂白、染色、色织或印花的针织物或钩编织物。

全部或部分用各种不同印色纱线或同一颜色不同深浅的印色纱线织成的织物，视为色织物而不视为染色织物或印花织物。

60.01　针织或钩编的起绒织物，包括“长毛绒”织物及毛圈织物：

10　—　“长毛绒”织物

—　毛圈绒头织物：

21　——　棉制

22　——　化学纤维制

29　——　其他纺织材料制

—　其他：

91　——　棉制

92　——　化学纤维制

99　——　其他纺织材料制

本品目的产品与品目58.01的机织物不同，是通过针织而成的，其生产方法主要有：

一、圆筒针织工艺生产的针织物，织物中通过一根外加的纱线形成突出的线圈，然后割开线圈形成绒毛，由此产生与丝绒相似的表面。

二、特殊经纱针织机以一根共用的绒头纱线针织成两幅面对面的织物；通过切割将两幅织物分开，形成两幅割绒针织物。

三、将粗梳条的纺织纤维插入针织底布的线圈里而形成的织物（“长毛绒”织物）。

四、纺织纱线形成线圈的织物（“仿毛圈织物”）（参见总注释）。这些织物在其背面有一行行的链式针迹，不同于品目58.02的起绒织物。起绒织物是以背面看上去有一行行的纵向绗缝针迹为特征的。

经过浸渍、涂布、包覆或层压的针织或钩编的起绒织物仍归入本品目。

本品目不包括：

（一）品目43.04的人造毛皮。

（二）起绒机织物（品目58.01）。

（三）簇绒针织物或钩编织物（品目58.02）。

60.02　宽度不超过30厘米，按重量计弹性纱线或橡胶线含量在5%及以上的针织物或钩编织物，但品目60.01的货品除外：

40　—　按重量计弹性纱线含量在5%及以上，但不含橡胶线

90　—　其他

本品目包括宽度不超过30厘米，按重量计弹性纱线或橡胶线含量在5%及以上的针织物或钩编织物，但品目60.01的起绒织物除外。

弹性纱线的定义参见第十一类注释十三。本注释所述的变形纱线的定义，参见在品目54.02注释最后的子目注释。

本品目也不包括：

（一）经过药物浸涂或供零售用的绷带（品目30.05）。

（二）纵行起圈纱线（品目56.06）。

（三）品目58.07的针织或钩编的商标、徽章及类似品。

（四）品目58.10的刺绣品。

（五）第五十九章的织物（例如，品目59.03或59.07的经浸渍、涂布、包覆或层压织物，品目59.06的用橡胶处理的织物）。

（六）符合第十一类注释七规定的制成品（同样参见本类总注释的第二部分）。

60.03　宽度不超过30厘米的针织或钩编织物，但品目60.01或60.02的货品除外：

10　—　羊毛或动物细毛制

20　—　棉制

30　—　合成纤维制

40　—　人造纤维制

90　—　其他

本品目包括宽度不超过30厘米的针织物或钩编织物，不含弹性纱线或橡胶线，或者按重量计上述纱线含量在5%以下，但品目60.01的起绒织物除外。

本品目也不包括：

（一）经过药物浸涂或供零售用的绷带（品目30.05）。

（二）纵行起圈纱线（品目56.06）。

（三）品目58.07的针织或钩编的商标、徽章及类似品。

（四）品目58.10的刺绣品。

（五）第五十九章的织物（例如，品目59.03或59.07的经浸渍、涂布、包覆或层压织物，品目59.06的用橡胶处理的织物，以及品目59.08的芯子或煤气灯纱筒）。

（六）符合第十一类注释七规定的制成品（同样参见本类总注释的第二部分）。

60.04 宽度超过30厘米，按重量计弹性纱线或橡胶线含量在5%及以上的针织物或钩编织物，但品目60.01的货品除外：

10 — 按重量计弹性纱线含量在5%及以上，但不含橡胶线

90 — 其他

本品目包括宽度超过30厘米，按重量计弹性纱线或橡胶线含量在5%及以上的针织物或钩编织物，但品目60.01的起绒织物除外。

弹性纱线的定义参见第十一类注释十三。本注释所述的变形纱线的定义，参见在品目54.02注释最后的子目注释。

本品目也不包括：

（一）经过药物浸涂或供零售用的绷带（品目30.05）。

（二）品目58.07的针织或钩编的商标、徽章及类似品。

（三）品目58.10的刺绣品。

（四）第五十九章的织物（例如，品目59.03或59.07的经浸渍、涂布、包覆或层压织物，品目59.06的用橡胶处理的织物）。

（五）符合第十一类注释七规定的制成品（同样参见本类总注释的第二部分）。

60.05 经编针织物（包括由镶边针织机织成的），但品目60.01至60.04的货品除外：

— 棉制：

21 —— 未漂白或漂白

22 —— 染色

23 —— 色织

24 —— 印花

— 合成纤维制：

35 —— 本章子目注释一所列织物

36 —— 其他，未漂白或漂白

37 —— 其他，染色

38 —— 其他，色织

39 —— 其他，印花

— 人造纤维制：

41 —— 未漂白或漂白

42 —— 染色

43 —— 色织

44 —— 印花
90 — 其他

本品目包括宽度超过30厘米的经编针织物，不含弹性纱线或橡胶线，或者按重量计上述纱线含量在5%以下，但品目60.01的起绒织物除外。本品目也包括由聚乙烯单丝或涤纶复丝制成的织物，重量不小于30克/平方米，但不超过55克/平方米，网眼尺寸不小于20孔/平方厘米，但不超过100孔/平方厘米，并且用α-氯氰菊酯（ISO）、虫螨腈（ISO）、溴氰菊酯（INN，ISO）、高效氯氟氰菊酯（ISO）、除虫菊酯（ISO）或甲基嘧啶磷（ISO）浸渍或涂层（参见本章子目注释一）。关于经编针织物（包括由花边针织机织成的）的生产过程，详见第六十章总注释的第一部分第（二）款。

经编针织物具有多种形式。除了不透孔的传统织物（例如，制服装用的经编织物）以外，还包括透孔织物。这些织物由经编机（特别是拉歇尔经编机）织成，常与网眼织物或花边相似（但切不可与后者相混淆：参见品目58.04的注释），一般用于制作窗帘。与机制花边一样，这种针织或钩编的仿花边经常织成较宽的缎幅，而在整理工序才裁切成条的。这种中等长度的条状织物只要其边缘直而平行，并且其宽度超过30厘米，应归入本品目。

本品目也不包括：

（一）经过药物浸涂或供零售用的绷带（品目30.05）。

（二）品目58.07的针织或钩编的商标、徽章及类似品。

（三）品目58.10的刺绣品。

（四）第五十九章的织物（例如，品目59.03或59.07的经浸渍、涂布、包覆或层压织物，品目59.06的用橡胶处理的织物，以及品目59.08的芯子或煤气灯纱筒）。

（五）符合第十一类注释七规定的制成品（同样参见本类总注释的第二部分）。

60.06 其他针织或钩编织物：

10 — 羊毛或动物细毛制
— 棉制：
21 —— 未漂白或漂白
22 —— 染色
23 —— 色织
24 —— 印花
— 合成纤维制：
31 —— 未漂白或漂白
32 —— 染色
33 —— 色织
34 —— 印花
— 人造纤维制：
41 —— 未漂白或漂白
42 —— 染色
43 —— 色织
44 —— 印花
90 — 其他

本品目包括本章其他品目未包括的针织或钩编织物。

例如，本品目包括宽度超过30厘米的纬编针织或钩编织物，不含弹性纱线或橡胶线，或者按重量计上述纱线含量在5%以下。本章注释对“纬编针织物”及“钩编织物”的含义作了解释［分别参见总注释的第一部分第（一）款及第二部分］。

本品目也不包括：

（一）经过药物浸涂或供零售用的绷带（品目30.05）。

（二）品目58.07的针织或钩编的商标、徽章及类似品。

（三）品目58.10的刺绣品。

（四）第五十九章的织物（例如，品目59.03或59.07的经浸渍、涂布、包覆或层压织物，品目59.06的用橡胶处理的织物，以及品目59.08的芯子或煤气灯纱筒）。

（五）符合第十一类注释七规定的制成品（同样参见本类总注释的第二部分）。

第六十一章　针织或钩编的服装及衣着附件

注释：

一、本章仅适用于制成的针织品或钩编织品。

二、本章不包括：

（一）品目62.12的货品；

（二）品目63.09的旧衣着或其他旧物品；或

（三）矫形器具、外科手术带、疝气带及类似品（品目90.21）。

三、品目61.03及61.04所称：

（一）“西服套装”，是指面料用相同的织物制成的两件套或三件套的下列成套服装：

——一件人体上半身穿着的外套或短上衣，除袖子外，其面料应由四片或四片以上组成；也可附带一件马甲（西服背心），这件马甲（西服背心）的前片面料应与套装其他各件的面料相同，后片面料则应与外套或短上衣的衬里料相同；以及

——一件人体下半身穿着的服装，即不带背带或护胸的长裤、马裤、短裤（游泳裤除外）、裙子或裙裤。

西服套装各件面料质地、颜色及构成必须相同，其款式也必须相同，尺寸大小还须相互般配，但可以用不同织物滚边（在缝口上缝入长条织物）。

如果数件人体下半身穿着的服装同时报验（例如，两条长裤、长裤与短裤、裙子或裙裤与长裤），构成西服套装下装的应是一条长裤，而对于女式西服套装，应是裙子或裙裤，其他服装应分别归类。

所称“西服套装”，包括不论是否完全符合上述条件的下列配套服装：

——常礼服，由一件后襟下垂并下端开圆弧形叉的素色短上衣和一条条纹长裤组成；

——晚礼服（燕尾服），一般用黑色织物制成，上衣前襟较短且不闭合，背后有燕尾；

——无燕尾套装夜礼服，其中上衣款式与普通上衣相似（可以更为显露衬衣前胸），但有光滑丝质或仿丝质的翻领。

（二）“便服套装”，是指面料相同并作零售包装的下列成套服装（西服套装及品目61.07、61.08或61.09的物品除外）：

——一件人体上半身穿着的服装，但套头衫及背心除外，因为套头衫可在两件套服装中作为内衣，背心也可作为内衣；以及

——一件或两件不同的人体下半身穿着的服装，即长裤、护胸背带工装裤、马裤、短裤（游泳裤除外）、裙子或裙裤。

便服套装各件面料质地、款式、颜色及构成必须相同；尺寸大小也须相互般配。所称“便服套装”，不包括品目61.12的运动服及滑雪服。

四、品目61.05及61.06不包括在腰围以下有口袋的服装、带有罗纹腰带及以其他方式收紧下摆的服装或其织物至少在10厘米×10厘米的面积内沿各方向的直线长度上平均每厘米少于10针的服装。品目61.05不包括无袖服装。

衬衫及仿男式女衬衫是指人体上身穿着并从领口处全开襟或半开襟的长袖或短袖衣服；罩衫也是上身穿着的宽松服装，但可以无袖，领口处也可以不开襟。衬衫、仿男式女衬衫及罩衫可有衣领。

五、品目61.09不包括带有束带、罗纹腰带或其他方式收紧下摆的服装。

六、对于品目61.11：

（一）所称“婴儿服装及衣着附件”，是指用于身高不超过86厘米幼儿的服装；

（二）既可归入品目61.11，也可归入本章其他品目的物品，应归入品目61.11。

七、品目 61.12 所称“滑雪服”，是指从整个外观和织物质地来看，主要在滑雪（速度滑雪或高山滑雪）时穿着的下列服装或成套服装：

（一）“滑雪连身服”，即上下身连在一起的单件服装；除袖子和领子外，滑雪连身服可有口袋或脚带；或

（二）“滑雪套装”，即由两件或三件构成一套并作零售包装的下列服装：

—— 一件用一条拉链扣合的带风帽的厚夹克、防风衣、防风短上衣或类似的服装，可以附带一件背心（滑雪背心）；以及

—— 一条不论是否过腰的长裤、一条马裤或一条护胸背带工装裤。

“滑雪套装”也可由一件类似以上（一）款所述的连身服和一件可套在连身服外面的有胎料背心组成。

“滑雪套装”各件颜色可以不同，但面料质地、款式及构成必须相同；尺寸大小也须相互般配。

八、既可归入品目 61.13，也可归入本章其他品目的服装，除品目 61.11 所列的仍归入该品目外，其余的应一律归入品目 61.13。

九、本章的服装，凡门襟为左压右的，应视为男式；右压左的，应视为女式。但本规定不适用于其式样已明显为男式或女式的服装。

无法区别是男式还是女式的服装，应按女式服装归入有关品目。

十、本章物品可用金属线制成。

总　注　释

本章包括针织或钩编的男、女式服装（含童装）以及制成的针织或钩编衣着附件，还包括服装及衣着附件的针织或钩编制成的部分品。但不包括针织或钩编的乳罩、束腰带、紧身胸衣、吊裤带、吊袜带、束袜带和类似品及其零件（品目 62.12）。

本章物品不因带有其他材料（例如，机织物、毛皮、羽毛、皮革、塑料或金属）的零件或附件而影响其归类。但如果这些材料超出了仅是装饰的范围，则应按有关章注释的规定［特别是第四十三章注释四及第六十七章注释二第（二）款中有关带裘皮及羽毛制品的规定］归类，若无适当规定可循，则应按照归类总规则进行归类。

电热物品仍归入本章。

根据本章注释九，对于服装，凡门襟扣或搭上时为左压右的，应视为男式；凡门襟扣或搭上时为右压左的，则应视为女式。

上述规定不适用于其式样已明显为男式或女式的服装。无法区别是男式还是女式的服装，应按女式服装归入有关品目。

按照第十一类注释十四的规定，不同品目所列的服装即使成套零售包装，仍应分别归入各自相应的品目。但在品目中具体列名的成套服装除外（例如，西服套装、睡衣裤及游泳服）。必须注意，第十一类注释十四所称的“服装”，是指品目 61.01 至 61.14 的服装。

本章还适用于各品目所列物品的未制成品或不完整品，其中包括用于制造上述物品的已成形针织或钩编织物，即只要这些产品具备了相应物品的基本特征，就可与制成品归入同一品目。但服装或衣着附件的钩编零件（品目 62.12 的物品除外）应归入品目 61.17。

针织或钩编成形的服装和衣着附件以及它们的零件，不论报验时是单件还是若干件相连成幅的，均视为制成的物品［第十一类注释七（二）及（七）款］。

本章还不包括：

（一）品目 39.26、40.15、42.03 或 68.12 的服装及衣着附件。

（二）经过某些加工（例如，缝边或形成领口）的针织物片或钩编织物片，准备用于制衣，但还未加工成服装或服装零件的（品目63.07）。

（三）品目63.09的旧衣着及其他旧物品。

（四）玩偶服装（品目95.03）。

○
○ ○

子目注释：

品目58.11的成匹被褥状纺织产品所制物品的归类

根据第十一类子目注释二的规定，用品目58.11的成匹被褥状纺织产品所制的物品应归入本章各品目的子目中，这类物品应以构成其面料的纺织材料所具有的基本特征来确定归类。例如，一件男式夹有胎料的带风帽防寒短上衣，面料为60%棉及40%聚酯针织混纺，该衣服应归入子目6101.20。必须注意，即使面料本身归入品目59.03、59.06或59.07，有关服装也不应归入品目61.13。

61.01 针织或钩编的男式大衣、短大衣、斗篷、短斗篷、带风帽的防寒短上衣（包括滑雪短上衣）、防风衣、防风短上衣及类似品，但品目61.03的货品除外：

20 — 棉制

30 — 化学纤维制

90 — 其他纺织材料制

本品目包括穿着在其他衣服外面用以挡风御寒等的针织或钩编男式服装。

这些服装有：

大衣、雨衣、短大衣、斗篷（包括雨披）、短斗篷、带风帽的防寒短上衣（包括滑雪短上衣）、防风衣、防风短上衣及类似品（例如，中大衣、厚重长大衣、带头兜斗篷、粗呢大衣、有腰带的双排钮大衣、华达呢大衣、风雪大衣、有胎料背心）。

本品目不包括：

（一）品目61.03的服装。

（二）用品目59.03、59.06或59.07的针织或钩编织物制成的服装（品目61.13）。

61.02 针织或钩编的女式大衣、短大衣、斗篷、短斗篷、带风帽的防寒短上衣（包括滑雪短上衣）、防风衣、防风短上衣及类似品，但品目61.04的货品除外：

10 — 羊毛或动物细毛制

20 — 棉制

30 — 化学纤维制

90 — 其他纺织材料制

品目61.01的注释在必要的地方稍加修改后，可适用于本品目的物品。

61.03 针织或钩编的男式西服套装、便服套装、上衣、长裤、护胸背带工装裤、马裤及短裤（游泳裤除外）：

10 — 西服套装

— 便服套装：

22 —— 棉制

23 —— 合成纤维制

29 —— 其他纺织材料制

　　—　　上衣：
31　——　羊毛或动物细毛制
32　——　棉制
33　——　合成纤维制
39　——　其他纺织材料制
　　—　　长裤、护胸背带工装裤、马裤及短裤：
41　——　羊毛或动物细毛制
42　——　棉制
43　——　合成纤维制
49　——　其他纺织材料制

本品目仅包括针织或钩编的男式西服套装、便服套装、上衣、长裤、马裤、短裤（游泳裤除外）及护胸背带工装裤。

一、运用本章注释三（一）时必须注意：

（一）人体上半身穿着的“西服套装的外套或短上衣”前部全开襟，无扣或有扣（拉链除外），长度不超过大腿中部，不适于套在其他外套、上衣之上。

（二）构成西服套装的外套或短上衣的面料“片”（至少前后身各两片）必须纵向缝合。所称“片”，不包括袖子、贴边或领子的布料。

（三）套装也可包括一件“马甲（西服背心）”，该马甲（西服背心）的前片面料应与套装其他各件的面料相同，后片面料则应与外套或短上衣的衬里料相同。

“西服套装”各件面料质地、颜色及构成必须相同，其款式也必须相同，尺寸大小还须相互般配，但可以用不同织物滚边（在缝口上缝入长条织物）。

如果数件人体下半身穿着的衣服同时报验（例如，两条长裤或长裤与短裤），构成西服套装下装的应是一条长裤，其他衣服应分别归类。

本章注释三（一）所称“相同的织物”，是指同一幅的同样织物，该织物必须是：

——相同质地，即它必须是采用同样的夹纱结合工艺（同样的线圈规格）制得，织物所用纱线的结构及规格（例如，分特数）也必须相同；

——相同颜色（甚至连颜色的深浅和布局都得相同）；它包括色织布和印花布；

——相同构成，即所用的纺织材料的比例（例如，按重量计羊毛含量为100%，合成纤维含量51%或含棉量49%）必须相同。

二、“男式便服套装”，是指几件料子相同并作零售包装的下列成套服装（西服套装及品目61.07、61.08或61.09所列物品除外）：

——一件上半身穿着的衣服，但套头衫及背心除外，因为套头衫可在两件套服装中作为内衣，背心也可作为内衣；以及

——一件或两件不同的下半身穿着的衣服，即长裤、护胸背带工装裤、马裤或短裤（游泳裤除外）。

普通套装各件的面料质地、款式、颜色及构成必须相同，尺寸大小也须相互般配。所称“便服套装”，不包括品目61.12的田径服及滑雪服［参见本章注释三（2）］。

除此之外：

三、“上衣”应具有与本章注释三（一）及以上第一款所述的西服外套及短上衣相同的特征，但其面料除袖子、贴边或领子外，可由三片或三片以上布料（其中两片为前襟）纵向缝合而成。本品目不包品目61.01或61.02的带风帽防寒短上衣、防风衣、滑雪短上衣及类似服装。

四、“长裤”，是指两条裤腿一般长至或超过脚踝的服装；该服装一般穿至腰部。带有背带的这类

服装仍应视为具有长裤的基本特征。

五、“护胸背带工装裤”，是指以下图1～5所示类型的服装及未过膝的类似服装。

六、“短裤”，是指未过膝的裤子。

本品目不包括：

（一）单独报验的马甲（西服背心）（品目61.10）。

（二）运动服、滑雪服及游泳服（品目61.12）。

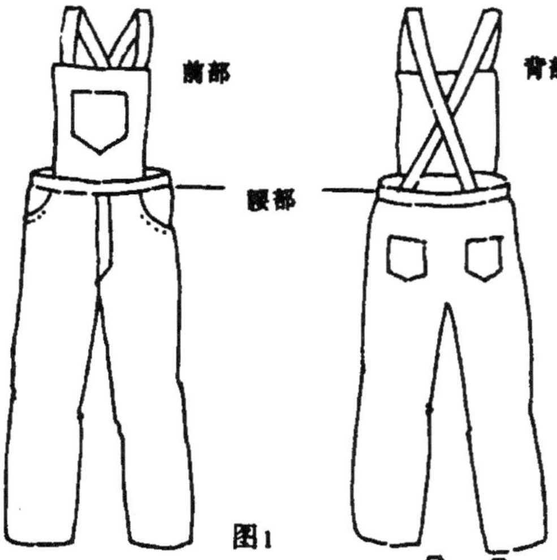

图1

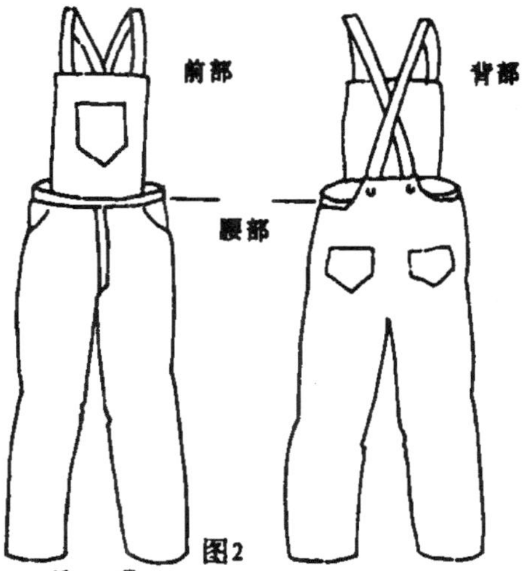

图2

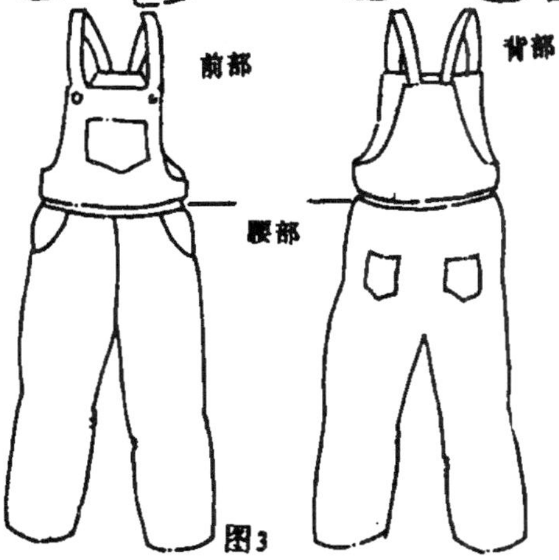

图3

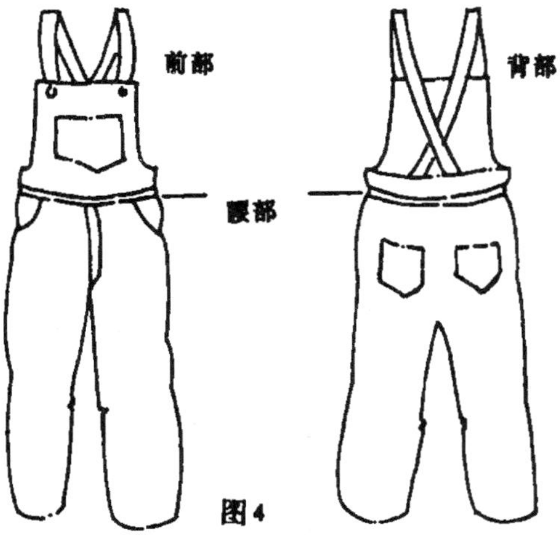

图4

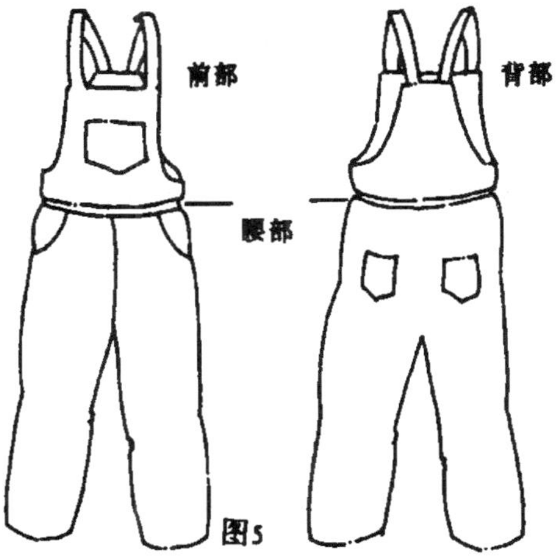

图5

61.04 针织或钩编的女式西服套装、便服套装、上衣、连衣裙、裙子、裙裤、长裤、护胸背带工装裤、马裤及短裤（游泳服除外）：

— 西服套装：
13 —— 合成纤维制
19 —— 其他纺织材料制
— 便服套装：
22 —— 棉制
23 —— 合成纤维制
29 —— 其他纺织材料制
— 上衣：
31 —— 羊毛或动物细毛制
32 —— 棉制
33 —— 合成纤维制
39 —— 其他纺织材料制
— 连衣裙：
41 —— 羊毛或动物细毛制
42 —— 棉制
43 —— 合成纤维制
44 —— 人造纤维制
49 —— 其他纺织材料制
— 裙子及裙裤：
51 —— 羊毛或动物细毛制
52 —— 棉制
53 —— 合成纤维制
59 —— 其他纺织材料制
— 长裤、护胸背带工装裤、马裤及短裤：
61 —— 羊毛或动物细毛制
62 —— 棉制
63 —— 合成纤维制
69 —— 其他纺织材料制

品目61.03的注释在必要的地方稍加修改后，可适用于本品目的物品。

女式西服套装各件，面料质地、颜色、构成必须相同，其款式也必须相同，尺寸大小还需相互般配，但可用不同织物滚边（缝口上缝入长条织物）。

如果数件人体下半身穿着的服装同时报验（例如，一条裙子或裙裤与长裤），构成女式套装下装的应是一条裙子或裙裤，其他服装应分别归类。

然而，本品目所称“女式便服套装”，是指几件料子相同并作零售包装的下列成套服装（西服套装及品目61.07、61.08或61.09所列物品除外）：

——一件上半身穿着的衣服，但套头衫及背心除外，因为套头衫可在两件套装中作为内衣，背心也可作为内衣；以及

——一件或两件不同的下半身穿着的衣服，例如，长裤、护胸背带工装裤、马裤、短裤（游泳

服除外），不论是否有吊带或护胸的裙子或裙裤。

便服套装各件的面料质地、款式、颜色及构成必须相同，尺寸大小也须相互般配。所称“便服套装”，不包括品目61.12的田径服及滑雪服［参见本章注释三（二）］。

本品目也不包括衬裙及长衬裙（品目61.08）。

61.05 针织或钩编的男衬衫：

10 — 棉制

20 — 化学纤维制

90 — 其他纺织材料制

本品目包括针织或钩编的男衬衣（例如，活络领衬衣、礼服衬衣、运动衫及普通衬衣），但不包括品目61.07的长睡衣及品目61.09的T恤衫、汗衫及其他内衣背心。

本品目不包括无袖的衣服，也不包括在腰围以下有口袋的衣服、带有罗纹腰带或以其他方式收紧下摆的衣服，以及其织物至少在10×10厘米的面积内沿各方向直线长度上平均每厘米少于10针的衣服（参见本章注释四）。

按照本章注释四不作为男衬衣归入本品目的服装一般归类如下：

——在腰围以下有口袋的衣服应作为上衣归入品目61.03或作为开襟衫归入品目61.10。

——带有罗纹腰带或以其他方式收紧下摆的衣服以及其织物至少在10×10厘米面积内沿各方向的直线长度上平均每厘米少于10针的衣服应归入品目61.01或61.10。

——男式无袖服装，应归入品目61.09、61.10或61.14。

61.06 针织或钩编的女衬衫：

10 — 棉制

20 — 化学纤维制

90 — 其他纺织材料制

本品目包括针织或钩编的女式衣服，例如，罩衫、衬衣及仿男式女衬衣。

本品目不包括在腰围以下有口袋的衣服、带有罗纹腰带或以其他方式收紧下摆的衣服以及其织物至少在10×10厘米的面积内沿各方向的直线长度上平均每厘米少于10针的衣服（参见本章注释四）。

按照本章注释四不作为女式罩衫、衬衣或仿男式女衬衣归入本品目的服装一般归类如下：

——在腰围以下有口袋的衣服应作为上衣归入品目61.04或作为开襟衫归入品目61.10。

——带有罗纹腰带或以其他方式收紧下摆的衣服以及其织物至少在10×10厘米的面积内沿各方向的直线长度上平均每厘米少于10针的衣服应归入品目61.02或61.10。

本品目还不包括：

（一）T恤衫、汗衫及其他内衣背心（品目61.09）。

（二）用品目59.03、59.06或59.07的织物制成的服装（品目61.13）。

（三）品目61.14的工作罩衫及类似的防护服。

61.07 针织或钩编的男式内裤、三角裤、长睡衣、睡衣裤、浴衣、晨衣及类似品：

— 内裤及三角裤：

11 —— 棉制

12 —— 化学纤维制

19 —— 其他纺织材料制

— 长睡衣及睡衣裤：
21 —— 棉制
22 —— 化学纤维制
29 —— 其他纺织材料制
— 其他：
91 —— 棉制
99 —— 其他纺织材料制

本品目包括两类不同的针织或钩编男式衣服，即内裤、三角裤及类似品，以及长睡衣、睡衣裤、浴衣（包括海滨浴衣）、晨衣及类似品。

本品目不包括汗衫及其他内衣背心（品目61.09）。

61.08 针织或钩编的女式长衬裙、衬裙、三角裤、短衬裤、睡衣、睡衣裤、浴衣、晨衣及类似品：

— 长衬裙及衬裙：
11 —— 化学纤维制
19 —— 其他纺织材料制
— 三角裤及短衬裤：
21 —— 棉制
22 —— 化学纤维制
29 —— 其他纺织材料制
— 睡衣及睡衣裤：
31 —— 棉制
32 —— 化学纤维制
39 —— 其他纺织材料制
— 其他：
91 —— 棉制
92 —— 化学纤维制
99 —— 其他纺织材料制

本品目包括两类不同的针织或钩编女式衣服，即长衬裙、衬裙、三角裤、短衬裤及类似品，以及睡衣、睡衣裤、长睡衣、浴衣（包括海滨浴衣）、晨衣及类似品。

本品目不包括汗衫及其他内衣背心（品目61.09）。

61.09 针织或钩编的T恤衫、汗衫及其他内衣背心：

10 — 棉制
90 — 其他纺织材料制

所称“T恤衫”，是指针织或钩编的内衣类轻质服装，用棉花或化学纤维织成的非起绒、割绒或毛圈组织织物制成，有单色或多色，不论是否带衣兜，有紧身长袖或短袖，无领、无扣、领口无门襟而且开口有高有低（圆形、方形、船形或V形领口）。这类服装除花边以外，可以印制、针织或用其他方法加上广告、图画或文字进行装饰，其下摆通常缝边。

本品目也包括汗衫及其他内衣背心。

必须注意，以上所列的本品目物品无男女式之分。

根据本章注释五，带有束带、罗纹腰带或其他方式收紧下摆的服装不归入本品目。

本品目也不包括：

（一）品目61.05的男衬衣。

（二）品目61.06的女式罩衫及仿男式女衬衣。

61.10 针织或钩编的套头衫、开襟衫、马甲（背心）及类似品（+）：

— 羊毛或动物细毛制：

11 —— 羊毛制

12 —— 喀什米尔山羊细毛制

19 —— 其他

20 — 棉制

30 — 化学纤维制

90 — 其他纺织材料制

本品目包括上半身穿着但不论男女式的针织或钩编物品［卫生衫、套头衫、开襟衫、马甲（背心）及类似品］。附带有保护配件（例如，缝在袖子上的肘垫）并用于某些运动（例如，足球守门员球衣）的物品仍归入本品目。

本品目还包括不与品目61.03或61.04的男女式西服套装配套并一起报验的马甲（西服背心）。

本品目不包括归入品目61.01或61.02的有胎料背心，这种背心通常穿着在其他衣服外面用以挡风御寒。

○

○ ○

子目注释：

子目6110.12

子目5102.11注释的规定在必要的地方稍加修改后，可适用于本子目的产品。

61.11 针织或钩编的婴儿服装及衣着附件：

20 — 棉制

30 — 合成纤维制

90 — 其他纺织材料制

根据本章注释六第（一）款的规定，所称“婴儿服装及衣着附件”，是指身高不超过86厘米的幼儿穿着的衣物。

本品目包括有：游戏服、小丑服、背心连裤童装外衣、婴儿围涎、分指手套、连指手套、露指手套、紧身衣裤及没有用粘、缝或其他方法将外底固定在鞋面上的婴儿连袜鞋。

必须注意，既可归入品目61.11，也可归入本章其他品目的物品，应归入品目61.11［参见本章注释六（二）］。

本品目不包括：

（一）针织或钩编的婴儿软帽（品目65.05）。

（二）婴儿尿布及尿布衬里（品目96.19）。

（三）协调制度其他章中列名更为具体的婴儿衣着附件。

61.12　针织或钩编的运动服、滑雪服及游泳服：

	—	运动服：
11	——	棉制
12	——	合成纤维制
19	——	其他纺织材料制
20	—	滑雪服
	—	男式游泳服：
31	——	合成纤维制
39	——	其他纺织材料制
	—	女式游泳服：
41	——	合成纤维制
49	——	其他纺织材料制

本品目包括：

一、运动服，为两件套的无衬里针织物（有时其内表面是起绒的）。这类服装的整个外观及织物特征清楚表明是专门或主要在进行运动时穿着的。

两件套运动服为：

——一件到腰或稍为过腰的长袖上衣，袖口处以罗纹带或松紧带、拉链或其他方式收紧，下摆一般也以类似方式或束带收紧，如果前身开襟或半开襟，则一般以拉链闭合。这类服装可带或不带风帽、衣领及口袋。

——另一件是一条紧身或松身的裤子，不论是否开口袋，裤腰以松紧带、束带或其他方式收紧，腰围处因不开口，故没有钮扣或其他扣紧装置。但裤脚一般长至脚踝，裤脚可以罗纹带或松紧带、拉链或其他方式收紧，带有或不带有脚带。

二、"滑雪服"，即从整个外观及织物质地来看，可确定为主要在滑雪（速度滑雪或高山滑雪）时穿着的下列单件或成套服装：

（一）"滑雪连身服"，即上下身连在一起的单件服装，除袖子及衣领外，也可有口袋或脚带；或者

（二）"滑雪套装"，即由两件或三件构成一套并作零售包装的下列服装：

——一件用拉链扣合的带风帽的厚夹克、防风衣、防风短上衣及类似的服装，也可附带一件背心（滑雪背心）；以及

——一条不论是否过腰的长裤，或者一条马裤或护胸背带工装裤。

"滑雪套装"也可由一件类似以上第（一）款所述的连身服和一件可套在连身服外面的有胎料背心组成。

"滑雪套装"各件颜色可以不同，但料子质地、款式及构成必须相同；尺寸大小也须相互般配（参见本章注释七）。

三、游泳服（针织或钩编的单件或两件套游泳衣及游泳裤，不论是否弹性）。

61.13　用品目59.03、59.06或59.07的针织物或钩编织物制成的服装

本品目包括不论是男式或女式的所有用品目59.03、59.06或59.07所列针织物或钩编织物制成的服装，但品目61.11的婴儿服装除外。

本品目包括雨衣、油布雨衣、不带呼吸装置的潜水服及防辐射服。

必须注意，既可归入本品目，也可归入本章其他品目的服装，除品目61.11所列的仍归入该品目外，其余的应一律归入本品目（参见本章注释八）。

本品目还不包括：

（一）用品目58.11的成匹被褥状纺织产品制成的服装（一般归入品目61.01或61.02），参见本章总注释末的子目注释。

（二）针织或钩编的分指手套、连指手套及露指手套（品目61.16）以及其他针织或钩编的衣着附件（品目61.17）。

61.14 针织或钩编的其他服装：

20 — 棉制

30 — 化学纤维制

90 — 其他纺织材料制

本品目包括在本品目以前本章各品目未具体列名的针织或钩编服装。

本品目主要包括：

一、围裙、连身工作服、工作罩服及技工、工人或外科医生等穿着的其他防护性衣服。

二、教士或牧师的服装（例如，僧侣袍、黑色法衣、带风兜教士法衣、天主教士服、白色宽袖法衣）。

三、专职人员或学者穿着的袍服。

四、飞行员穿着的特种服装（例如，飞行员电热服）。

五、某些运动、舞蹈或体操所需穿着的特殊衣着（例如，击剑服、骑师绸服、芭蕾舞裙、舞蹈练功紧身衣），无论是否附带有保护配件，例如，肘部、膝部或腹股沟部位的保护垫或填充物。但是，体育运动及比赛用保护用具（例如，击剑面罩及护胸和冰球裤等）不归入本品目（品目95.06）。

61.15 针织或钩编的连裤袜、紧身裤袜、长统袜、短袜及其他袜类，包括渐紧压袜类（例如，用以治疗静脉曲张的长统袜）和无外绱鞋底的鞋类（+）：

10 — 渐紧压袜类（例如，用以治疗静脉曲张的长统袜）

— 其他连裤袜及紧身裤袜：

21 —— 每根单丝细度在67分特以下的合成纤维制

22 —— 每根单丝细度在67分特及以上的合成纤维制

29 —— 其他纺织材料制

30 — 其他女式长统袜或中统袜，每根单丝细度在67分特以下

— 其他：

94 —— 羊毛或动物细毛制

95 —— 棉制

96 —— 合成纤维制

99 —— 其他纺织材料制

本品目包括不论是男式或女式的下列针织或钩编货品：

一、从脚、腿一直到腰部、供下半身穿着的连裤袜及紧身裤袜，包括不覆盖脚部的。

二、长统袜及短袜（包括翻口短袜）。

三、主要用于防寒的里袜。

四、渐紧压袜类（例如，用以治疗静脉曲张的长统袜）。

五、保护长统袜脚部或趾部不受磨损的袜套。

六、没有用粘、缝或其他方法将外底固定在鞋面上的鞋类，但婴儿连袜鞋除外。

本品目还包括用针织物或钩编织物制的未完成的长统袜、短袜等，只要其已具备制成品的基本特征。

本品目不包括：

（一）婴儿穿着的长统袜、短袜及没有用粘、缝或其他方法将外底固定在鞋面上的连袜鞋（品目61.11）。

（二）非针织或非钩编的长统袜、短袜等（一般归入品目62.17）。

（三）用粘、缝或其他方法将外底固定在鞋面上的针织鞋靴（第六十四章）。

（四）护腿及裹腿（包括不覆盖脚部的“登山袜”）（品目64.06）。

○

○　○

子目注释：

子目6115.10

子目6115.10所称“渐紧压袜类”，是指穿着这种袜子后，脚踝部的压力最大，压力沿着袜的长度向上至大腿递减，从而促进血液循环的一种袜子。

61.16　针织或钩编的分指手套、连指手套及露指手套：

10　—　用塑料或橡胶浸渍、涂布、包覆或层压的

—　其他：

91　——　羊毛或动物细毛制

92　——　棉制

93　——　合成纤维制

99　——　其他纺织材料制

本品目包括不论是男式或女式的各种手套，例如，普通的分指短手套、露出部分手指的露指手套、仅把拇指分开的连指手套、防护手套及其他戴至前臂甚至上臂的长手套。

本品目还包括未完成的针织或钩编手套，只要其已具备制成品的基本特征。

本品目不包括：

（一）衬有或覆有毛皮或人造毛皮的针织或钩编分指手套、连指手套及露指手套（毛皮或人造毛皮仅起装饰作用的除外）（品目43.03或43.04）。

（二）婴儿戴的分指手套、连指手套及露指手套（品目61.11）。

（三）非针织或非钩编的纺织材料制的分指手套、连指手套及露指手套（品目62.16）。

（四）供按摩或盥洗用的“摩擦手套”（品目63.02）。

61.17　其他制成的针织或钩编的衣着附件；服装或衣着附件的针织或钩编的零件：

10　—　披巾、头巾、围巾、披纱、面纱及类似品

80　—　其他附件

90　—　零件

本品目包括在本章其他各品目或协调制度其他各章未具体列名的针织或钩编衣着附件，还包括服装或衣着附件的针织或钩编零件（品目62.12所列物品的零件除外）。

本品目主要包括：

一、披巾、头巾、围巾、披纱、面纱及类似品。

二、领带及领结。

三、吸汗垫布、垫肩或其他衬垫。

四、不论是否弹性的各式腰带（包括子弹带）及肩带（例如，军队或教会中使用的肩带），这类物品即使带有贵金属制的搭扣或其他配件、饰有珍珠、宝石或半宝石（天然、合成或再造的），仍归入本品目。

五、手笼，包括仅用毛皮或人造毛皮饰边的。

六、衣袖护套。

七、护膝布，但品目95.06体育运动用的除外。

八、非裁切成形的标签、徽章、纹章、军衔符号及类似品（品目58.10的小块图案刺绣品除外）（通过裁切制成的此类物品归入品目58.07）。

九、单独报验的雨衣及类似服装的可拆卸衬里。

十、服装的口袋、袖子、领子、领围、褶裥、各种服饰（例如，玫瑰花结、蝴蝶结、褶裥饰边、褶边及荷叶边）、女服大身、襞饰、袖口、覆肩、卜头及类似品。

十一、手帕。

十二、头带，用于御寒、防止头发散乱等。

本品目不包括：

（一）品目61.11的针织或钩编婴儿衣着的附件。

（二）胸罩、束腰带、紧身胸衣、吊裤带、吊袜带、束袜带和类似品及其零件（品目62.12）。

（三）作业用带（例如，窗户清洁工或电工用的工作带）或非作为服饰的玫瑰花结（品目63.07）。

（四）针织或钩编的帽子（品目65.05）及帽子配件（品目65.07）。

（五）羽毛饰物（品目67.01）。

（六）品目67.02的人造花、叶或果实形状的装饰带。

（七）带有揿钮、钩扣及洞眼的针织带（酌情归入品目60.01、60.02、60.03、83.08或96.06）。

（八）拉链（品目96.07）。

第六十二章　非针织或非钩编的服装及衣着附件

注释：

一、本章仅适用于除絮胎以外任何纺织物的制成品，但不适用于针织品或钩编织品（品目 62.12 的除外）。

二、本章不包括：

（一）品目 63.09 的旧衣着或其他旧物品；或

（二）矫形器具、外科手术带、疝气带及类似品（品目 90.21）。

三、品目 62.03 及 62.04 所称：

（一）“西服套装”，是指面料用完全相同织物制成的两件套或三件套的下列成套服装：

—— 一件人体上半身穿着的外套或短上衣，除袖子外，应由四片或四片以上面料组成；也可附带一件马甲（西服背心），这件马甲（西服背心）的前片面料应与套装其他各件的面料相同，后片面料则应与外套或短上衣的衬里料相同；以及

—— 一件人体下半身穿着的服装，即不带背带或护胸的长裤、马裤、短裤（游泳裤除外）、裙子或裙裤。

西服套装各件面料质地、颜色及构成必须完全相同，其款式、尺寸大小也须相互般配。但套装的各件可以有不同织物的滚边（缝入夹缝中的成条织物）。

如果数件人体下半身穿着的服装同时报验（例如，两条长裤、长裤与短裤、裙子或裙裤与长裤），构成西服套装下装的应是一条长裤，而对于女式西服套装，应是裙子或裙裤，其他服装应分别归类。

所称“西服套装”，包括不论是否完全符合上述条件的下列配套服装：

—— 常礼服，由一件后襟下垂并下端开圆弧形叉的素色短上衣和一条条纹长裤组成；

—— 晚礼服（燕尾服），一般用黑色织物制成，上衣前襟较短且不闭合，背后有燕尾；

——无燕尾套装夜礼服，其中上衣款式与普通上衣相似（可以更为显露衬衣前胸），但有光滑丝质或仿丝质的翻领。

（二）“便服套装”，是指面料相同并作零售包装的下列成套服装（西服套装及品目 62.07 或 62.08 的物品除外）：

—— 一件人体上半身穿着的服装，但背心除外，因为背心可作为内衣；以及

——一件或两件不同的人体下半身穿着的服装，即长裤、护胸背带工装裤、马裤、短裤（游泳裤除外）、裙子或裙裤。

便服套装各件面料质地、款式、颜色及构成必须相同；尺寸大小也须相互般配。所称“便服套装”，不包括品目 62.11 的运动服及滑雪服。

四、品目 62.05 及 62.06 不包括在腰围以下有口袋的服装、带有罗纹腰带及以其他方式收紧下摆的服装。品目 62.05 不包括无袖服装。

衬衫及仿男式女衬衫是指人体上身穿着并从领口处全开襟或半开襟的长袖或短袖衣服；罩衫也是上身穿着的宽松服装，但可以无袖，领口处也可以不开襟。衬衫、仿男式女衬衫及罩衫可有衣领。

五、对于品目 62.09：

（一）所称“婴儿服装及衣着附件”，是指用于身高不超过 86 厘米幼儿的服装；

（二）既可归入品目 62.09，也可归入本章其他品目的物品，应归入品目 62.09；

六、既可归入品目 62.10，也可归入本章其他品目的服装，除品目 62.09 所列的仍归入该品目外，其余的应一律归入品目 62.10。

七、品目 62.11 所称“滑雪服”，是指从整个外观和织物质地来看，主要在滑雪（速度滑雪和高山滑雪）时穿着的下列服装或成套服装：

（一）“滑雪连身服”，即上下身连在一起的单件服装；除袖子和领子外，滑雪连身服可有口袋或脚带；或

（二）“滑雪套装”，即由两件或三件构成一套并作零售包装的下列服装：

—— 一件用一条拉链扣合的带风帽的厚夹克、防风衣、防风短上衣或类似的服装，可以附带一件背心（滑雪背心）；以及

—— 一条不论是否过腰的长裤、一条马裤或一条护胸背带工装裤。

“滑雪套装”也可由一件类似以上（一）款所述的连身服和一件可套在连身服外面的有胎料背心组成。

“滑雪套装”各件颜色可以不同，但面料质地、款式及构成必须相同；尺寸大小也须相互般配。

八、正方形或近似正方形的围巾及围巾式样的物品，如果每边均不超过 60 厘米，应作为手帕归类（品目 62.13）。任何一边超过 60 厘米的手帕，应归入品目 62.14。

九、本章的服装，凡门襟为左压右的，应视为男式；右压左的，应视为女式。但本规定不适用于其式样已明显为男式或女式的服装。

无法区别是男式还是女式的服装，应按女式服装归入有关品目。

十、本章物品可用金属线制成。

总　注　释

本章包括用第五十章至第五十六章、第五十八章及第五十九章的织物（含毡呢及无纺织物，但絮胎除外）制成的男式或女式服装（包括童装）、衣着附件及其零件。除品目 62.12 的物品以外，本章不包括针织或钩编材料制成的服装、衣着附件及零件。

本章物品不因带有其他材料（例如，针织物或钩编织物、毛皮、羽毛、皮革、塑料或金属）的零件或附件而影响其归类。但如果这些材料在物品中不是仅起装饰作用的，则应按有关章的注释规定［特别是第四十三章注释四及第六十七章注释二（二）中有关毛皮及羽毛制规定］归类；倘无适当规定可循，则应按照归类总规则进行归类。

电热物品仍应归入本章。

根据本章注释九，对于服装，凡门襟扣或搭上时为左压右的，应视为男式；凡门襟扣或搭上时为右压左的，则应视为女式。

上述规定不适用于其式样已明显为男式或女式的服装。无法区别是男式还是女式的服装，应按女式服装归入有关品目。

按照第十一类注释十四的规定，不同品目所列的服装即使成套零售包装，仍应分别归入各自相应的品目。但在品目中具体列名的成套服装除外（例如，西服套装、睡衣裤及游泳服）。必须注意，第十一类注释十四所称的“服装”是指品目 62.01 至 62.11 的服装。

本章还适用于各品目所列物品的未制成品或不完整品，其中包括用于制造上述物品的成形纺织物及制造品目 62.12 所列物品及其零件的成形针织物或钩编织物，即只要这些产品具备了相应物品的基本特征，就可与制成品归入同一品目。但服装或衣着附件的非针织或非钩编零件（品目 62.12 的物品除外）应归入品目 62.17。

本章还不包括：

（一）品目 39.26、40.15、42.03 或 68.12 的服装及衣着附件。

（二）经过某些加工（例如，缝边或形成领口）的纺织物片，准备用于制衣，但还未加工成服装

或服装零件（品目63.07）。

（三）品目63.09的旧衣着及其他旧物品。

（四）玩偶服装（品目95.03）。

子目注释：

品目58.11的成匹被褥状纺织产品所制物品的归类

根据第十一类子目注释二的规定，用品目58.11的成匹被褥状纺织产品所制的物品应归入本章各品目的子目中。这类物品应以构成其面料的纺织材料所具有的基本特征来确定归类。例如，一件男式夹有胎料的带风帽的防寒短上衣，面料为60%棉及40%聚酯混纺，该衣服应归入子目6201.30。必须注意，即使面料本身归入品目59.03、59.06或59.07，有关服装也不应归入品目62.10。

62.01　男式大衣、短大衣、斗篷、短斗篷、带风帽的防寒短上衣（包括滑雪短上衣）、防风衣、防风短上衣及类似品，但品目62.03的货品除外：

20　—　羊毛或动物细毛制

30　—　棉制

40　—　化学纤维制

90　—　其他纺织材料制

品目61.01的注释在必要的地方修改后，可适用于本品目的物品。

但本品目不包括用品目56.02、56.03、59.03、59.06或59.07的织物制成的服装（品目62.10）。

62.02　女式大衣、短大衣、斗篷、短斗篷、带风帽的防寒短上衣（包括滑雪短上衣）、防风衣、防风短上衣及类似品，但品目62.04的货品除外：

20　—　羊毛或动物细毛制

30　—　棉制

40　—　化学纤维制

90　—　其他纺织材料制

品目61.02的注释在必要的地方修改后，可适用于本品目的物品。

但本品目不包括用品目56.02、56.03、59.03、59.06或59.07的织物制成的服装（品目62.10）。

62.03　男式西服套装、便服套装、上衣、长裤、护胸背带工装裤、马裤及短裤（游泳裤除外）：

　　—　西服套装：

11　——　羊毛或动物细毛制

12　——　合成纤维制

19　——　其他纺织材料制

　　—　便服套装：

22　——　棉制

23　——　合成纤维制

29　——　其他纺织材料制

　　—　上衣：

31　——　羊毛或动物细毛制

32　——　棉制

33　——　合成纤维制

39 —— 其他纺织材料制
— 长裤、护胸背带工装裤、马裤及短裤：
41 —— 羊毛或动物细毛制
42 —— 棉制
43 —— 合成纤维制
49 —— 其他纺织材料制

品目 61.03 的注释在必要的地方修改后，可适用于本品目的物品。

但本品目不包括用品目 56.02、56.03、59.03、59.06 或 59.07 的织物制成的服装（品目 62.10）。

62.04 女式西服套装、便服套装、上衣、连衣裙、裙子、裙裤、长裤、护胸背带工装裤、马裤及短裤（游泳服除外）：

— 西服套装：
11 —— 羊毛或动物细毛制
12 —— 棉制
13 —— 合成纤维制
19 —— 其他纺织材料制
— 便服套装：
21 —— 羊毛或动物细毛制
22 —— 棉制
23 —— 合成纤维制
29 —— 其他纺织材料制
— 上衣：
31 —— 羊毛或动物细毛制
32 —— 棉制
33 —— 合成纤维制
39 —— 其他纺织材料制
— 连衣裙：
41 —— 羊毛或动物细毛制
42 —— 棉制
43 —— 合成纤维制
44 —— 人造纤维制
49 —— 其他纺织材料制
— 裙子及裙裤：
51 —— 羊毛或动物细毛制
52 —— 棉制
53 —— 合成纤维制
59 —— 其他纺织材料制
— 长裤、护胸背带工装裤、马裤及短裤：
61 —— 羊毛或动物细毛制
62 —— 棉制
63 —— 合成纤维制

69　——　其他纺织材料制

品目61.04的注释在必要的地方修改后，可适用于本品目的物品。

但本品目不包括用品目56.02、56.03、59.03、59.06或59.07的织物制成的服装（品目62.10）。

62.05　男衬衫：

20　—　棉制

30　—　化学纤维制

90　—　其他纺织材料制

除品目62.07的长睡衣、汗衫及其他内衣背心，本品目包括非针织或非钩编的男衬衫，例如，活领衬衫、礼服衬衫、运动衬衫及休闲衬衫（参见本章注释四）。

本品目不包括具有品目62.01的防风衣、防风短上衣等特征（通常收紧下摆）或具有品目62.03的短上衣特征（通常在腰围以下有口袋）的服装，也不包括无袖服装。

62.06　女衬衫：

10　—　丝或绢丝制

20　—　羊毛或动物细毛制

30　—　棉制

40　—　化学纤维制

90　—　其他纺织材料制

本品目包括非针织或非钩编的女式罩衫、衬衫及仿男式女衬衣（参见本章注释四）。

本品目不包括在腰围以下有口袋的衣服、带有罗纹腰带的衣服及以其他方式收紧下摆的衣服。

本品目还不包括：

（一）汗衫及其他内衣背心（品目62.08）。

（二）用品目56.02、56.03、59.03、59.06或59.07的织物制成的服装（品目62.10）。

（三）品目62.11的工作罩衫及类似的防护服。

62.07　男式汗衫及其他内衣背心、内裤、三角裤、长睡衣、睡衣裤、浴衣、晨衣及类似品：

—　内裤及三角裤：

11　——　棉制

19　——　其他纺织材料制

—　长睡衣及睡衣裤：

21　——　棉制

22　——　化学纤维制

29　——　其他纺织材料制

—　其他：

91　——　棉制

99　——　其他纺织材料制

本品目包括非针织或非钩编的男式内衣裤（汗衫及其他内衣背心、内裤、三角裤及类似品）。

本品目也包括通常在室内穿着的长睡衣、睡衣裤、浴衣（包括海滨浴衣）、晨衣及类似品。

必须注意，针织或钩编的此类物品，应视具体情况归入品目 61.07 或 61.09。

62.08 女式汗衫及其他内衣背心、长衬裙、衬裙、三角裤、短衬裤、睡衣、睡衣裤、浴衣、晨衣及类似品：

— 长衬裙及衬裙：
11 —— 化学纤维制
19 —— 其他纺织材料制
— 睡衣及睡衣裤：
21 —— 棉制
22 —— 化学纤维制
29 —— 其他纺织材料制
— 其他：
91 —— 棉制
92 —— 化学纤维制
99 —— 其他纺织材料制

本品目包括非针织或非钩编的女式内衣（汗衫及其他内衣背心、长衬裙、衬裙、三角裤、短衬裤及类似品。

本品目也包括通常在室内穿着的女式睡衣、睡衣裤、长睡衣、浴衣（包括海滨浴衣）、晨衣及类似品。

必须注意，针织或钩编的此类物品应视具体情况归入品目 61.08 或 61.09。

本品目也不包括乳罩、束腰带、紧身胸衣及类似品（品目 62.12）。

62.09 婴儿服装及衣着附件：

20 — 棉制
30 — 合成纤维制
90 — 其他纺织材料制

根据本章注释五第（一）款的规定，所称“婴儿服装及衣着附件”，是指用于身高不超过 86 厘米幼儿的物品。

本品目主要包括非针织或非钩编的游戏服、小丑服、背心连裤童装外衣、婴儿围涎、分指手套、连指手套、露指手套，紧身衣裤及没有用粘、缝或其他方法将外底固定在鞋面上的婴儿连袜鞋。

必须注意，既可归入品目 62.09，也可归入本章其他品目的物品，应归入品目 62.09［参见本章注释五（二）］。

本品目不包括：

（一）婴儿软帽（品目 65.05）。

（二）婴儿尿布及尿布衬里（品目 96.19）。

（三）协调制度其他章中列名更为具体的婴儿衣着附件。

62.10 用品目 56.02、56.03、59.03、59.06 或 59.07 的织物制成的服装：

10 — 用品目 56.02 或 56.03 的织物制成的服装
20 — 品目 62.01 所列类型的其他服装
30 — 品目 62.02 所列类型的其他服装

40　—　其他男式服装
50　—　其他女式服装

本品目包括不论是男式或女式的所有用毡呢或无纺织物（不论是否浸渍、涂布、包覆或层压的）或品目59.03、59.06或59.07所列纺织物（针织物或钩编织物除外）制成的服装，但品目62.09的婴儿服装除外。

本品目包括雨衣、油布雨衣、不带呼吸装置的潜水服及防辐射服。

必须注意，既可归入本品目，也可归入本章其他品目的服装，除品目62.09所列的仍归入该品目外，其余的应一律归入本品目（参见本章注释六）。

本品目不包括：

（一）用纸、纤维素絮纸或纤维素纤维网纸制成的服装（品目48.18）。

（二）用品目58.11的成匹被褥状绗缝纺织产品制成的服装（一般归入品目62.01或62.02），参见本章总注释末的子目注释。

（三）衣着附件（例如，品目62.16的分指手套、连指手套及露指手套）。

62.11　运动服、滑雪服及游泳服；其他服装：

—　游泳服：
11　——　男式
12　——　女式
20　—　滑雪服
—　其他男式服装：
32　——　棉制
33　——　化学纤维制
39　——　其他纺织材料制
—　其他女式服装：
42　——　棉制
43　——　化学纤维制
49　——　其他纺织材料制

品目61.12有关运动服、滑雪服及游泳服的注释及品目61.14有关其他服装的注释在必要的地方修改后，可适用于本品目的物品。但本品目的运动服可以有衬里。

但必须注意，本品目不同于品目61.14，它还包括单独报验的非针织或非钩编的马甲（西服背心）。

本品目还包括其在规则间距上以漏织的纬纱形成分隔线的成匹织物，只要沿此线裁切而不需作进一步加工即可制成缠腰布；单条的缠布也归入本品目。

62.12　胸罩、束腰带、紧身胸衣、吊裤带、吊袜带、束袜带和类似品及其零件，不论是否针织或钩编的：

10　—　胸罩
20　—　束腰带及腹带
30　—　束腰胸衣
90　—　其他

本品目包括用以保持体形的服装或作为某些其他衣着的支撑物及其零件。这类物品可用包括针织物或钩编织物在内的任何纺织材料制成（不论是否具有弹性）。

本品目主要包括：

一、各种胸罩。

二、束腰带及腹带。

三、束腰胸衣（由束腰带或紧身褡短裤及胸罩组成）。

四、紧身胸衣及紧身胸衣束带。本品一般用柔软金属或塑料撑条加强，以系带或钩扣束紧。

五、吊袜带、卫生带、悬带、吊带护裆、吊裤带、背带、束袜带、衬衫袖箍及臂箍。

六、男用紧身带（包括连有内裤的）。

七、非品目90.21矫形器具的产妇、孕妇用护带或矫正带及类似品（参见品目90.21的注释）。

所有上述物品可以饰边（丝带、花边等），也可带有非纺织材料（例如，金属、橡胶、塑料或皮革）制的配件及附件。

本品目还包括以增加或减少线圈数量或大小而直接织成形，并且用于制造本品目物品的针织品或钩编织品及其零件，即使其报验时以若干件相连成幅的。

本品目不包括完全以橡胶制成的紧身胸衣及带子（品目40.15）。

62.13　手帕：

20　—　棉制

90　—　其他纺织材料制

归入本品目的手帕应是正方形或近似正方形的，其任一边长均不超过60厘米（参见本章注释八）。本品可以是普通的手帕，也可以是作为包头、围脖或腰饰的方巾。这些手帕及领巾经折边、卷边、滚边或带有通常由突出的经线或纬线构成的流苏，有直边或荷叶边。流苏饰边的制品，其边长应包括流苏的长度。

完全用网眼织手制成的手帕也归入本品目。

本品目还包括由若干具有手帕或领巾特征的方巾构成的织物，方巾织在一起相连成幅，只要简单地沿着漏织的经线或纬线形成的分隔线裁剪，不需作进一步加工就可成为流苏饰边的单件手帕或领巾。

经过“抽纱”工艺加工而使半制品具有手帕或领巾特征，仅需经简单裁剪成需要的尺寸及形状即成为制品似织物也归入本品目。

本品目不包括：

（一）纸、纤维素絮纸或纤维素纤维网纸制的手帕（品目48.18）。

（二）简单裁剪成正方形或长方形的无纺织物（品目56.03）。

（三）未经整边或未用流苏饰边，仅简单裁剪成正方形并经刺绣的织物（品目58.10）。

（四）虽具手帕或领巾特征，但任一边长超过60厘米的物品，以及非正方形或非近似正方形的领巾（品目62.14）。

62.14　披巾、领巾、围巾、披纱、面纱及类似品：

10　—　丝或绢丝制

20　—　羊毛或动物细毛制

30　—　合成纤维制

40　—　人造纤维制

90　—　其他纺织材料制

本品目包括：

一、披巾，通常是正方形、三角形或圆形，其大小足以围裹头部及肩部；

二、领巾及围巾，通常是正方形或长方形，用以围裹颈部；

三、披纱，通常为网眼织物制的轻质披巾或领巾，妇女用以围裹头部及肩部；

四、面纱，一般用轻薄、透明或网状的材料制成，但也有用网眼织物制成的物品，不论穿戴后具有装饰性或实用性（例如，婚礼、葬礼、圣餐等场合所用的面纱和类似品，以及附于帽上或透挡面部的面纱）。

本类物品一般均经折边、卷边、滚边或用流苏饰边。

本品目还包括在规则间距上有一段退织纱线的成匹织物，只要简单地沿这段退织纱线裁剪，即可制得归入本品目的流苏饰边的物品。

本品目不包括：

（一）简单裁切成正方形或长方形的无纺织物（品目56.03）。

（二）未经整边或未流苏饰边，仅简单裁剪成披巾、领巾等形状并经刺绣的织物（品目58.10）。

（三）针织或钩编的披巾、领巾等（品目61.17）。

（四）具有方领巾性质并任一边长均不超过60厘米的物品（品目62.13）。

（五）军队或教会中佩带的饰带（品目62.17）。

62.15　领带及领结：

10　—　丝或绢丝制

20　—　化学纤维制

90　—　其他纺织材料制

本品目包括一般为男性佩带的领带（含旧式领带、宽领带）及领结（包括带有塑料、金属等配件以便于佩戴在衣领上的）。

裁剪成形供制造领带、领结用的织物也归入本品目内，但仅简单地沿对角线裁剪成条状领带材料的除外。

本品目不包括：

（一）针织或钩编的领带及领结（品目61.17）。

（二）品目62.17的胸片、衬衫胸饰及类似品。

62.16　分指手套、连指手套及露指手套

本品目包括用非针织或非钩编的其他纺织物（包括网眼织物）所制的分指手套、连指手套及露指手套。

品目61.16的注释在必要的地方修改后，可适用于本品目的物品。

本品目还包括工业上或其他方面用于防护的手套。

但本品目不包括：

（一）有衬里或无衬里的丝瓜络摩擦手套（品目46.02）。

（二）用纸、纤维素絮纸或纤维素纤维网纸制的分指手套、连指手套及露指手套（品目48.18）。

62.17　其他制成的衣着附件；服装或衣着附件的零件，但品目62.12的货品除外：

10 — 附件

90 — 零件

本品目包括本章其他品目及协调制度其他章未具体列名的纺织材料制成的非针织或非钩编衣着附件，还包括非针织或非钩编的服装或衣着附件的零件，但品目62.12所列物品的零件除外。

本品目主要包括：

一、吸汗垫布，通常用经橡胶处理的织物或橡胶包覆的纺织材料制成，但完全以塑料或橡胶制成的吸汗垫布除外（分别归入品目39.26及40.15）。

二、垫肩及其他衬垫，这类物品通常是将絮胎、毡呢或织物边脚料覆以织物制成，但用不覆纺织材料的橡胶（一般为海绵橡胶）制成的垫肩及其分衬垫除外（品目40.15）。

三、用织物或金属线机织物制成的各种腰带（包括子弹带）及饰带（例如，军队或教会中佩带的），不论是否弹性或经橡胶处理的。这类物品即使带有贵金属制搭扣或其他配件、饰有珍珠、宝石或半宝石（天然、合成或再造的），仍归入本品目。

四、手笼，包括仅用毛皮或人造毛皮饰边的。

五、衣袖护套。

六、水兵领。

七、肩章、臂章等。

八、不是通过裁切成形或裁切成一定尺寸而制成的标签、徽章、纹章、军衔符号及类似品（品目58.10的小块图案刺绣品除外，另外通过裁切制成的此类物品归入品目58.07）。

九、挂剑带、勋带等。

十、单独报验的雨衣及类似服装的可拆卸衬里。

十一、服装口袋、袖子、领子、领圈、褶裥、各种服饰（例如，玫瑰花结、蝴蝶结、褶裥饰边、褶边及荷叶边）**、女服大身、襞饰、袖口、覆肩、卜头及类似品。**

十二、长统袜、短袜、袜套（包括网眼织物制的）**及没有用粘、缝或其他方法将外底固定在鞋面上的鞋靴**（婴儿连袜鞋除外）。

某些制成的装饰品（例如，绒球、流苏、成小块图案的花边或刺绣品），就象成匹的装饰带一样，均归入第五十八章。

本品目的物品通常用花边或刺绣品制成，不论这些物品是直接制成形的，或是以品目58.04或58.10的网眼织物或刺绣织物制成的，仍应归入本品目。

本品目不包括：

（一）品目62.09的婴儿衣着附件。

（二）作业用带（例如，窗户清洁工或电工用的工作带）或不作为服饰的玫瑰花结（品目63.07）。

（三）羽毛饰物（品目67.01）。

（四）品目67.02的人造花、叶或果实形状的装饰带。

（五）带有揿钮、钩扣及洞眼的带子（酌情归入品目58.06、83.08或96.06）。

（六）拉链（品目96.07）。

第六十三章　其他纺织制成品；成套物品；旧衣着及旧纺织品；碎织物

注释：

一、第一分章仅适用于各种纺织物制成的物品。

二、第一分章不包括：

（一）第五十六章至第六十二章的货品；或

（二）品目 63.09 的旧衣着或其他旧物品。

三、品目 63.09 仅适用于下列货品：

（一）纺织材料制品：

1. 衣着和衣着附件及其零件；

2. 毯子及旅行毯；

3. 床上、餐桌、盥洗及厨房用的织物制品；

4. 装饰用织物制品，但品目 57.01 至 57.05 的地毯及品目 58.05 的装饰毯除外。

（二）用石棉以外其他任何材料制成的鞋帽类。

上述物品只有同时符合下列两个条件才能归入本品目：

1. 必须明显看得出穿用过；以及

2. 必须以散装、捆装、袋装或类似的大包装形式报验。

○

○　○

子目注释：

一、子目 6304.20 包括用α-氯氰菊酯（ISO）、虫螨腈（ISO）、溴氰菊酯（INN，ISO）、高效氯氟氰菊酯（ISO）、除虫菊酯（ISO）或甲基嘧啶磷（ISO）浸渍或涂层的经编针织物制品。

总　注　释

本章包括：

一、用任何纺织物（机织物或针织物、毡呢、无纺织物等）制成而且在第十一类其他章或协调制度其他章未具体列名的第一分章（品目 63.01 至 63.07）所列的纺织品。所称“制成的纺织品”，是指符合第十一类注释七定义的制成的物品（参见第十一类总注释第二部分）。

本分章包括网眼薄纱或其他网眼织物、花边或刺绣品制成的物品，不论其是直接制成形的或是用品目 58.04 或 58.10 的网眼薄纱或其他网眼织物、花边织物或刺绣织物制成的。

本分章的物品不因带有毛皮、金属（包括贵金属）、皮革、塑料等制的小饰件或附件而影响其归类；但如果这些材料超出了仅是装饰或附件的范围，则应根据具体情况，按照有关类、章的注释或归类总规则的规定进行归类。

本分章的物品不因带有毛皮、金属（包括贵金属）、皮革、塑料等制的小饰件或附件而影响其归类；但如果这些材料超出了仅是装饰或附件的范围，则应根据具体情况，按照有关类、章的注释（归类总规则一），或归类总规则的其他规定进行归类。

本分章特别不包括：

（一）品目 56.01 的絮胎制品。

（二）品目56.03的简单裁切成正方形或长方形的无纺织物（例如，一次性使用的床单）。

（三）品目56.08的成品网。

（四）品目58.04或58.10的成小块图案的花边或刺绣品。

（五）第六十一章或第六十二章的服装及衣着附件。

二、第二分章（品目63.08）的某些零售包装成套货品，由机织物及纱线组成，不论是否带配件，用于缝绣在小地毯、装饰毯、绣花台布、餐巾或类似纺织品上；

三、第三分章（品目63.09或63.10）所列符合本章注释三定义的旧衣着及其他旧物品，以及新、旧碎织物及废绳等。

第一分章　其他纺织制成品

63.01　毯子及旅行毯：

10　—　电暖毯

20　—　羊毛或动物细毛制的毯子（电暖毯除外）及旅行毯

30　—　棉制的毯子（电暖毯除外）及旅行毯

40　—　合成纤维制的毯子（电暖毯除外）及旅行毯

90　—　其他毯子及旅行毯

毯子及旅行毯是供御寒用的，一般用羊毛、动物毛、棉或化学纤维制成的厚重织物，表面通常有丰厚毛绒。本品目也包括供儿童摇床及童车用的毯子。

旅行毯通常有流苏缘饰（由突出的经纱或纬纱构成），但毯子的边缘通常以缝边或包边加固。

本品目包括成匹织物。这类织物只须沿着漏织纬纱形成的分隔线裁剪即可得到具有成品毯子或旅行毯特征的单件物品。

本品目还包括电暖毯。

本品目不包括：

（一）供动物用的特殊形状毯子（品目42.01）。

（二）床单及床罩（品目63.04）。

（三）品目94.04的带絮胎或其他填充物的床褥。

63.02　床上、餐桌、盥洗及厨房用的织物制品：

10　—　针织或钩编的床上用织物制品

—　其他印花的床上用织物制品：

21　——　棉制

22　——　化学纤维制

29　——　其他纺织材料制

—　其他床上用织物制品：

31　——　棉制

32　——　化学纤维制

39　——　其他纺织材料制

40　—　针织或钩编的餐桌用织物制品

—　其他餐桌用织物制品：

51　——　棉制

53　——　化学纤维制
59　——　其他纺织材料制
60　—　盥洗及厨房用棉制毛巾织物或类似的毛圈织物的制品
　　—　其他：
91　——　棉制
93　——　化学纤维制
99　——　其他纺织材料制

本品目的物品通常是用棉花或亚麻制成的，但也有用大麻、苎麻或化学纤维等制成的；一般均可洗涤。它们包括：

一、床上用织物制品，例如，床单、短枕套、长枕套、鸭绒被套及床垫罩。

二、餐桌用织物制品，例如，桌布、桌垫、狭长台布、托盘垫布、台子中心的花饰垫布、餐巾、茶巾、餐巾袋、小垫布、杯垫。

必须注意，某些上述物品（例如用花边、丝绒或锦缎等材料制成的台子中心的花饰垫布）不作为餐桌用织物制品，它们一般归入品目63.04。

三、盥洗用织物制品，例如，洗手或洗脸毛巾（包括环状揩手巾）、浴巾、沙滩巾、方巾及盥洗用手套。

四、厨房用织物制品，例如，擦盘巾及玻璃器皿揩巾。但用粗厚织物制成的擦地板布、擦盘子布、洗碗布、抹布及类似的清洁用布不属于“厨房用织物制品”的范畴，因而不归入本品目（品目63.07）。

除上述四种物品以外，本品目还包括成匹的织物，这些织物只须沿着漏织纬纱形成的分隔线裁剪即可成为单条的流苏饰边的物品（例如，毛巾）。

63.03　窗帘（包括帷帘）及帐幔；帘帷或床帷：

　　—　针织或钩编的：
12　——　合成纤维制
19　——　其他纺织材料制
　　—　其他：
91　——　棉制
92　——　合成纤维制
99　——　其他纺织材料制

本品目包括：

一、窗帘（包括帷帘），所称“窗帘”，包括轻质透明或半透明的物品，以及厚织物制成的物品，用作窗户、凹舞台等的帘幕。

二、帐幔，这类物品通常为不透明的各种卷帘状遮帘（例如，在列车车厢上用的遮帘）。

三、短帷幔（或门窗帘帷），由条状织物构成，装在窗子上以遮蔽帘子顶端，以及围附在床边供遮蔽和装饰用的床帷。

本品目还包括织成长幅的材料，该材料明显地仅需稍为加工即可成为本品目的制成品（例如，一边加有褶裥的长幅织物，该织物仅需简单地裁剪成需要的长度并经缝边即可成为帘幕）。

本品目不包括室外用的遮阳篷（品目63.06）。

63.04 **其他装饰用织物制品，但品目94.04的货品除外：**

— 床罩：
11 —— 针织或钩编的
19 —— 其他
20 — 本章子目注释一所列蚊帐
— 其他：
91 —— 针织或钩编的
92 —— 非针织或非钩编的，棉制
93 —— 非针织或非钩编的，合成纤维制
99 —— 非针织或非钩编的，其他纺织材料制

本品目包括除以上各品目及品目94.04所列货品以外的纺织材料制装饰物品，包括家庭、公共场所、剧院、教堂等用的物品，以及用于船舶、列车车厢、航空器、篷车式挂车、汽车等的类似品。

这些物品有：壁布、仪式典礼（例如，婚礼或葬礼）上用的纺织饰物；蚊帐（包括本章子目注释一所列的蚊帐）；床罩（不包括品目94.04的床罩）；垫子套、家具套、椅榻防污套；装饰性台布（具有铺地制品特征的除外——参见第五十七章注释一）；壁炉台装饰布；帘幕圈环；挂布（品目63.03的物品除外）。

本品目不包括灯罩（品目94.05）。

63.05 **货物包装用袋（+）：**

10 — 黄麻或品目53.03的其他韧皮纺织纤维制
20 — 棉制
— 化学纤维材料制：
32 —— 散装货物储运软袋
33 —— 其他，聚乙烯、聚丙烯扁条或类似材料制
39 —— 其他
90 — 其他纺织材料制

本品目包括通常在货物的运输、储存或销售中使用的纺织包装袋。

这些具有不同尺寸及形状的物品主要包括散装货物储运袋，包装煤炭、谷物、面粉、土豆、咖啡用的袋子和其他类似包袋，邮袋和邮寄货样用的小袋子。本品目也包括袋泡茶袋等物品。

本品目不包括用作货物包装的打包布，其布边虽经粗疏地缝合，但仍不构成制成品或半成品的包装袋（品目63.07）。

○
○ ○

子目注释：

子目6305.32

散装货物储运软袋通常是用聚丙烯或聚乙烯机织物制成，其容量一般在250～3000千克之间。它们可以在袋子上端的四个角上装有吊带，还可以在袋子的顶部和底部设有便于装卸的开启装置。这些袋子一般用于包装、储存、运输及搬运流动性大的干货。

63.06 **油苫布、天篷及遮阳篷；帐篷（包括临时顶篷及类似品）；风帆；野营用品：**

— 油苫布、天篷及遮阳篷：

12 —— 合成纤维制
19 —— 其他纺织材料制
— 帐篷（包括临时顶篷及类似品）：
22 —— 合成纤维制
29 —— 其他纺织材料制
30 — 风帆
40 — 充气褥垫
90 — 其他

本品目包括一系列通常用结实紧密的帆布制成的纺织品。

一、油苫布，用以保护露天堆放或装在船舶、货车上的货物免受恶劣天气影响，一般用涂布或无涂布的化学纤维织物制成或者用厚实帆布（大麻、黄麻、亚麻或棉制的）制成。油苫布具有防水性能，帆布制的还有焦油或化学品处理，使之具有防水或防腐性能。本品一般为矩形片状，四周经缝边并可配有洞眼、绳索、带子等。特殊形状的油苫布（例如，用以遮盖干草堆、小船舱面、卡车等的），如果是平展的也归入本品目。

但本品切勿与用油苫布为材料制成汽车、机器等的特定形状的活动罩套相混淆，也不应与用轻质材料为原料仿照油苫布制品的加工方法制成的扁平防护罩相混淆（品目63.07）。

二、风帆，供游艇、赛艇、捕鱼帆船、小型客帆船或其他船艇以及滑行车用。本品是将结实的纺织材料（例如，化学纤维高强力纱制成的织物）裁剪成特定形状后，经缝边制得，通常配有洞眼或其他维系风帆用的索具。

三、天篷、遮阳篷（供商店、咖啡馆等用）。本品通常用结实的素色或条纹帆布安装在卷轴或折叠装置上制成，用以遮挡阳光。本类物品即使配有杠架（例如，某些遮阳篷）仍应归入本品目。

四、帐篷，即用从轻质到相当厚重的各种化学纤维、棉或混纺织物（不论是否涂布、包覆或层压）或用帆布制成的遮蔽物。本品通常具有单层或双层的顶及边或壁，并可能有边或壁（单层或双层帐篷），从而构成与外界相隔的空间。本品目包括各种规格及形状的帐篷，例如，大帐篷、军用帐篷、野营帐篷（包括背包式帐篷）、马戏团帐篷或沙滩帐篷。这类物品不论在报验时是否配有支柱、桩钉、牵索或其他配件均归入本品目。

类似帐篷结构的大篷车车篷也可视为帐篷对待。它们一般用化学纤维织物或厚帆布制成，具有三面篷壁和一面篷顶，用以增加大篷车的居住空间。

临时顶篷通常在户外使用，在一侧或多侧开放（但也可能完全封闭），包括完整或部分的篷顶，以抵御一种或多种天气因素（例如阳光、风或雨）。临时顶篷的框架通常由金属制成，可带有伸缩杆。篷顶和任一侧边可在框架组装后单独安装，也可以从框架中弹出。临时顶篷还可包括地锚。

本品目不包括品目66.01的伞形帐篷。

五、野营用品。本组包括帆布桶、水袋、盥洗盆；铺地布；充气床垫、充气枕、充气座垫（品目40.16的物品除外）；吊床（品目56.08的物品除外）。

本品目不包括：

（一）背包、背囊及类似容器（品目42.02）。

（二）装有衬垫的睡袋及填充褥垫、枕头及座垫（品目94.04）。

（三）儿童用的室内或室外玩具帐篷（品目95.03）。

63.07 其他制成品，包括服装裁剪样：

10 — 擦地布、擦碗布、抹布及类似擦拭用布

20　—　救生衣及安全带

90　—　其他

本品目包括第十一类其他品目或协调制度其他章未具体列名的用任何纺织材料制成的物品。

本品目主要包括：

一、擦地布、擦碗布、抹布及类似擦拭用布（不论是否浸有清洁剂，但品目34.01或34.05的物品除外）。

二、救生衣及安全带。

三、服装裁剪样，通常以硬帆布制成，也有将各部分裁样粗略缝合成服装样子的。

四、旗帜（含三角旗及横幅），包括娱乐、节日庆典及其他方面用的旗布。

五、家用洗衣袋、鞋囊、袜袋、手帕袋、拖鞋袋、睡衣裤套及类似物品。

六、服装袋（轻便衣橱），但品目42.02所列的物品除外。

七、汽车、机器、手提箱、网球拍等用的罩套。

八、扁平防护罩（品目63.06的油苫布及铺地布除外）。

九、织物制的咖啡过滤袋、冰袋等。

十、擦鞋垫（品目34.05的物品除外）。

十一、充气软垫（品目63.06的野营用品除外）。

十二、茶壶保暖罩。

十三、针垫。

十四、鞋靴、妇女紧身胸衣等的端头经嵌套的绑带，但端头经嵌套的纺织纱线或绳索构成的带子除外（品目56.09）。

十五、虽用于缚缠腰部，但不具有品目62.17腰带特征的带子，例如，各种职业用带（如电工、飞行员、跳伞人员等用的带子）；以及网状运送带和类似品（具有鞍具或挽具特征的带子除外——品目42.01）。

十六、便携式婴儿床、轻便摇篮及类似的携带幼儿用品。

但婴儿座具（例如，用于挂在轿车座背上的）不归入本品目（品目94.01）。

十七、雨伞或阳伞的罩套。

十八、用织物做扇面，任何材料做骨架制成的扇子及手携式面罩，以及单独报验的织物蒙面。但以贵金属为骨架制成的扇子及手携式面罩应归入品目71.13。

十九、用作货物包装的打包布，打包后其各边粗疏缝合，但不构成品目63.05的成品或半成品包装袋。

二十、裁剪成矩形的奶酪包布，其经纱的线头经打结以防止松散（在裁剪成形供使用前需经进一步加工的成匹奶酪包布应作为布匹归类）。

二十一、雨伞、阳伞、手杖等的饰件；系于剑柄的带结及类似品。

二十二、外科医生在手术时所戴的织物面罩。

二十三、由多层无纺织物构成但不可更换过滤层的防尘、隔味口罩，不论是否经活性碳处理或中间夹有一层合成纤维。

二十四、非作服饰用的玫瑰花结（例如，作为比赛获胜奖励的大红花）。

二十五、经过某些加工（例如，缝边或形成领口）的纺织物片，准备用于制衣，但还未加工成服装或服装零件的。

二十六、第九十章注释一第（二）款所述的关节（例如，膝、踝、肘或腕）或肌肉（例如，大腿肌肉）承托物品，但归入第十一类其他品目的货品除外。

二十七、无纺织物制品，已裁剪成特定形状，一面涂有粘合剂，其上面贴有一层保护粘合面用的纸或其他材料，用以贴于乳房下部，以塑造胸形。

除上述制成品以外，本品目还包括符合第十一类注释七制成品定义，但又不归入第十一类其他品目的成段织物制品，例如，门窗用的织物制挡风帘（包括填有絮胎的挡风帘）。

本品目不包括本章或第五十六章至第六十二章各品目已具体列名的纺织品，也不包括下列物品：

（一）各种动物用的鞍具及挽具（品目 42. 01）。

（二）旅行用品（旅行箱、背囊等）、购物袋、盥洗品盒等以及所有品目 42. 02 的类似容器。

（三）印刷品（第四十九章）。

（四）品目 58. 07、61. 17 或 62. 17 的标签、徽章及类似物品。

（五）针织的头带（品目 61. 17）。

（六）品目 63. 05 的包装用袋。

（七）第六十四章的鞋靴、鞋靴零件（包括活动鞋垫）及其他物品（绑腿、鞋罩、护腿等）。

（八）第六十五章的帽类及其零、配件。

（九）雨伞及阳伞（品目 66. 01）。

（十）人造花、叶或果实及其部分品，以及以这类货品制成的物品（品目 67. 02）。

（十一）充气舟、筏及其他船艇（品目 89. 03）。

（十二）量尺（品目 90. 17）。

（十三）表带（品目 91. 13）。

（十四）第九十五章的玩具及游戏、娱乐用品等。

（十五）拖把（品目 96. 03）、手筛（品目 96. 04）及粉扑（与 96. 16）。

（十六）品目 96. 19 的卫生巾（护垫）及卫生棉条、尿布及尿布衬里和类似品。

第二分章　成套物品

63. 08　由机织物及纱线构成的零售包装成套物品，不论是否带附件，用以制作小地毯、装饰毯、绣花台布、餐巾或类似的纺织物品

本品目的成套物品是供手工针绣、制毯等用的。

它们至少由一幅机织物（例如，不论是否印有刺绣图样的网形粗布）与不论是否裁成一定长度的纱线（绣花丝线、毯绒纱线等）组成。这些物品也可以带有如针、钩之类的附件。

上述机织物可呈任何形状，还可经过某些加工（例如，用于制造手工针绣嵌花装饰毯的镶边网形粗布）。但必须注意，这类机织物应保持原材料特征，仍需进一步加工，不得是无需作任何加工即可使用的“制成品”（例如，准备用一些刺绣图案装饰的缝边台布）。

还须注意，归入本品目的成套物品报验时必须是零售包装的。

本品目不包括不论是否裁剪成形、用于制造服装的成套机织物；这类物品应归入其各自所属的适当品目中。

第三分章　旧衣着及旧纺织品；碎织物

63. 09　旧衣物

归入本品目的以下第（一）及（二）项所列物品必须同时符合本注释下列一、二两款所述条件。

如不符合该两款条件，则应归入其所属的适当品目中。

一、必须明显看得出穿用过的，不论其在使用前是否要经清洗或缝补。

织造、印染等过程产生有疵点的新衣物及在商店弄脏的衣服不归入本品目。

二、必须以散装（例如，装于铁路货车中）、捆装、袋装或类似大包装形式报验的，或者以没有外包装的大捆装或凌乱地塞装在板条箱内报验的。

这类物品通常是以大宗货物形式成交，一般供转手销售，其包装往往不象新衣物那样认真仔细。

本品目仅包括符合以上两项条件的下列限定货品：

（一）用第十一类纺织材料制成的下列物品：衣着及衣着附件（例如，服装、披巾、领巾、长统袜、短袜、手套及衣领），毯子及旅行毯，家用织物制品（例如，床单及台布），以及装饰织物（例如，帘幕及桌罩），本品目也包括衣着及衣着附件的零件。

但本品目不包括第五十七章或品目58.05的装饰品（地毯及其他纺织铺地制品，例如，"开来姆""苏麦克""卡拉马尼"和其他类似的手织地毯及装饰毯），即使是明显看得出已经用旧的，不论其为何种包装；也不包括第九十四章，特别是品目94.04的物品（弹簧床垫；装有弹簧或内部填塞、衬垫的寝具及类似用品，例如，褥垫、棉被、羽绒被、靠垫、坐垫、枕头），不论其新旧程度及包装如何。

（二）除石棉以外，用其他任何材料（例如，皮革、橡胶、纺织材料、植物茎秆或塑料）制成的各种鞋靴及帽类。

所有其他旧物品（例如，包装、油苫布、帐篷及野营用品）均不归入本品目，而应按新物品的相应品目进行归类。

63.10 新或旧的破、碎织物，线、绳、索、缆的废、碎料以及线、绳、索、缆或纺织材料的破旧制品（+）：

10 — 经分拣的

90 — 其他

一、碎纺织物（包括针织物、钩编织物、毡呢或无纺织物）。这类物品包括不能再清洁或修补的旧损、脏污、破碎的装饰物、衣着或其他旧纺织品，以及新织物的小碎料（例如，裁缝时剪裁下的碎料）。

二、用过或未用过的废线、绳、索或缆（例如，在线、绳、索、缆及其制品的制造过程中产生的废料），以及旧线、绳、索或缆和这类材料的破旧制品。

归入本品目的这些产品必须是旧损、脏污、破碎或小片状的。它们一般只适于供回收（例如，拉松）其纤维（一般供再纺），以及用于制造纸张或塑料、抛光材料（例如，抛光轮）或者作为工业生产上用的揩布（例如，机器揩布）。

所有其他的纺织废碎料及下脚料均不归入本品目。这些其他废碎料及下脚料主要有：在生产针织物或钩编织物过程中产生的缠结纱、拆散破旧针织品或钩编织品而得的缠结纱；任何其他纺织纱线或纤维的废料或下脚料（包括从旧褥垫、坐垫、床罩等的填塞料所得的）；以及回收纤维。这些产品应归入第五十章至第五十五章的有关"废料"或"回收纤维"的品目中。

本品目也不包括在织造、印染过程中产生有疵点但不符合以上条件的织物，这些织物应按相应的新织物归入有关品目。

子目注释：

子目 6310. 10

品目 63. 10 所称“经分拣的”产品，是指已根据某些标准进行分类的产品，或已按不同种类的纺织产品（例如，同一性质或同一纺织材料的货品、同一纺织材料的绳、同一颜色的新的裁剪碎料）分类的产品。

第十二类　鞋、帽、伞、杖、鞭及其零件；已加工的羽毛及其制品；人造花；人发制品

第六十四章　鞋靴、护腿和类似品及其零件

注释：

一、本章不包括：

（一）易损材料（例如，纸、塑料薄膜）制的无外绱鞋底的一次性鞋靴罩或套。这些产品应按其构成材料归类；

（二）纺织材料制的鞋靴，没有用粘、缝或其他方法将外底固定或安装在鞋面上的（第十一类）；

（三）品目63.09的旧鞋靴；

（四）石棉制品（品目68.12）；

（五）矫形鞋靴或其他矫形器具及其零件（品目90.21）；或

（六）玩具鞋及装有冰刀或轮子的滑冰鞋；护胫或类似的运动防护服装（第九十五章）。

二、品目64.06所称"零件"，不包括鞋钉、护鞋铁掌、鞋眼、鞋钩、鞋扣、饰物、编带、鞋带、绒球或其他装饰带（应分别归入相应品目）及品目96.06的钮扣或其他货品。

三、本章所称：

（一）"橡胶"及"塑料"，包括能用肉眼辨出其外表有一层橡胶或塑料的机织物或其他纺织产品；运用本款时，橡胶或塑料仅引起颜色变化的不计在内；以及

（二）"皮革"，是指品目41.07及41.12至41.14的货品。

四、除本章注释三另有规定的以外：

（一）鞋面的材料应以占表面面积最大的那种材料为准，计算表面面积可不考虑附件及加固件，例如，护踝、裹边、饰物、扣子、拉襻、鞋眼或类似附属件；

（二）外底的主要材料应以与地面接触最广的那种材料为准，计算接触面时可不考虑鞋底钉、铁掌或类似附属件。

○

○　○

子目注释：

子目6402.12、6402.19、6403.12、6403.19及6404.11所称"运动鞋靴"，仅适用于：

一、带有或可装鞋底钉、止滑柱、夹钳、马蹄掌或类似品的体育专用鞋靴；

二、滑冰靴、滑雪靴及越野滑雪用鞋靴、滑雪板靴、角力靴、拳击靴及赛车鞋。

总　注　释

除某些货品（尤其是本总注释末所列货品）以外，本章包括品目64.01至64.05所列的各种类型的鞋靴（包括套鞋），不论其形状及尺寸如何或其式样是否适于专门用途，也不论其制造方法如何和用何种材料制成。

本章所称的"鞋靴"，不包括用易损材料（纸、塑料薄膜等）制成的无外绱鞋底的一次性鞋靴罩或套。这些产品应按其构成材料归类。

一、鞋靴的范围，从鞋面仅由数条长短可调的条、带构成的凉鞋到长靴（鞋面盖过小腿及大腿，并可带有搭扣带等以便将靴统扣于腰间，防止滑下）不等。本章包括：

（一）供日常室内或室外穿着的平跟鞋或高跟鞋。

（二）短统靴、中统靴、高统靴及长靴。

（三）各种类型的凉鞋、布面便鞋（帆布做面，植物编结材料做底的鞋）、网球鞋、旅游鞋、洗浴用拖鞋及其他便鞋。

（四）带有或可装鞋底钉、止滑柱、夹钳、马蹄掌或类似品的体育专用运动鞋靴、滑冰靴、滑雪靴及越野滑雪用鞋靴、滑雪板靴、角力靴、拳击靴及赛车靴（参见本章子目注释）。

但装有冰刀或轮子的滑冰鞋不归入本品目（品目 95.06）。

（五）舞蹈鞋。

（六）居室用鞋靴（例如，卧室用拖鞋）。

（七）整件成形的鞋靴，特别是用橡胶或塑料模注而成或用一块木头雕刻而成的鞋靴。

（八）其他专门用于防油、防脂、防化学品或保暖的鞋靴。

（九）套穿在其他鞋靴之上的套鞋，某些鞋靴是无跟的。

（十）带有外绱鞋底的一次性鞋靴，一般仅适于一次性使用。

二、本章包括的鞋靴可用除石棉以外的任何材料制成（橡胶、皮革、塑料、木材、软木，包括毡呢及无纺织物在内的纺织品、毛皮、编织材料等），还可带有任何比例的第七十一章所列材料。

但在本章范围内，鞋靴要按构成其外底及鞋面的材料分别归入品目 64.01 至 64.05。

三、品目 64.01 至 64.05 所称"外底"，是指鞋靴穿着时与地面接触的部分（附加后跟除外）。归类时应以与地面接触最广的那种外底材料为准。在确定外底的材料时，不考虑部分鞋靴底部所附的配件或加固件［参见本章注释四（二）］。这些配件或加固件包括防滑钉、马蹄掌、鞋钉、护掌或类似附属件［包括一层薄的植绒织物（例如，用于形成一种图案）或适用于鞋底但不嵌入鞋底的可拆卸纺织材料］。

至于整件成形的无外绱鞋底的鞋靴（例如，木鞋），其外底可不分开，这种鞋靴应考虑按其鞋底表面的材料归类。

四、本章鞋靴归类时必须考虑鞋面的构成材料。鞋面是鞋（靴）底部之上的部分。然而，塑料模制鞋底的某些鞋靴或北美印第安式鞋是用一种材料整件制成鞋底及全部或部分鞋面的，因而其外底及鞋面之间的界线难以区分。在这种情况下，鞋面应包括鞋子覆盖脚侧及脚背的那部分。不同种类的鞋靴，鞋面的大小相差甚远，有的包裹整只脚，甚至整条腿，包括大腿（例如，渔人靴），有的仅有几条带子（例如，凉鞋）。

如果鞋面由两种及两种以上材料构成的，应按占表面面积最大的那种材料归类。计算面积时可不考虑附件及加固件，例如，护踝、防护性或装饰性的条或边、其他饰物（例如，穗缨、绒球或编带）、扣子、拉襻、鞋眼、鞋带或拉链。任何作衬里的材料对归类没有影响。

五、必须注意，本章所称的"橡胶"及"塑料"，包括能用肉眼辨出其外表有一层橡胶或塑料的机织物或其他纺织产品，但橡胶或塑料仅引起颜色变化的不计在内。

六、除以上第五款另有规定的以外，本章所称的"纺织材料制"，包括第五十章至第六十章的纤维、纱线、织物、毡呢、无纺织物、线、绳、索、缆等。

七、本章所称的"皮革"，是指品目 41.07 及 41.12 至 41.14 的货品。

八、未过脚踝的靴或鞋的下部，由外底装于不完整或未制成的鞋面构成，应作为鞋靴而不是作为鞋靴零件归类。这些物品可以仅给鞋围子加装饰边和加一紧固装置即告完成。

本章不包括：

（一）纺织材料制的鞋靴，没有用粘、缝或其他方法将外底固定或安装在鞋面上的（第十一类）。

（二）明显穿用旧的鞋靴，报验时呈散装、大包装、大袋装或类似包装的（品目63.09）。

（三）石棉鞋靴（品目68.12）。

（四）矫形鞋靴（品目90.21）。

（五）玩具鞋及装有冰刀或轮子的滑冰鞋、护胫或类似的运动防护物品（第九十五章）。

64.01　橡胶或塑料制外底及鞋面的防水鞋靴，其鞋面不是用缝、铆、钉、旋、塞或类似方法固定在鞋底上的：

10　—　装有金属防护鞋头的鞋靴

—　其他鞋靴：

92　——　鞋靴（过踝但未到膝）

99　——　其他

本品目包括外底及鞋面（参见总注释第三、四两款）用橡胶（定义见第四十章注释一）、塑料或能用肉眼辨出其外表有一层橡胶或塑料的纺织材料［参见本章注释三（一）］制成的防水鞋靴，但其鞋面不应以本品目所不允许的方法固定在鞋底上。

本品目包括其结构能防止水或其他液体渗透的鞋靴，其品种主要有某种雪靴、高统橡皮套鞋、其他套鞋及滑雪靴。

这些鞋靴即使一部分用本品目所述的某种材料制成而另一部分则用本品目所述的另一种材料制成［例如，鞋底用橡胶制成，而鞋面则用肉眼可辨其有一塑料外层的机织物制成（运用本款时，仅塑料引起的颜色变化不计在内）］，仍应归入本品目。

本品目主要包括用以下方法制得的鞋靴：

一、压模法

该方法是将一型芯置入一个装有预成型坯或粒料的鞋模之中，型芯有时用袜状纺织材料包裹，加工后纺织材料形成鞋靴的衬里。

鞋模封合后置于压机的压模板之间进行高温加热。

由于受热，预成型坯或粒料产生了一定粘性，完全充满了型芯及模壁之间的空间，多余的材料自气孔溢出。材料随之硬化（橡胶）或胶凝（聚氯乙烯）。

模压完成后，将鞋从鞋模取出，抽出型芯即可。

二、注射模型法

该方法类似于压模法，所不同的是压模法使用预成型坯或粒料，而注射模型法使用一种以橡胶或聚氯乙烯为基料的混合物，混合物须预热成为粘性体以便注入鞋模。

三、中空模塑法

该方法将浆状的聚氯乙烯或聚苯乙烯注入鞋模，多余的材料自气孔溢出，模内材料胶凝形成一层完整外壳。

四、旋转注塑法

该方法类似于中空模塑法，所不同的是浆状材料在密闭鞋模中旋转成型。

五、浸渍成型法

该方法将热的模浸入浆状材料中（该方法很少用于制鞋工业）。

六、硫化定型法

该方法需要将原料（通常为橡胶或热塑性塑料）和硫磺粉调好并通过压机将其制成平面薄片。把薄片切成（有时压成）各种形状的外底及鞋面零件（例如，鞋头面、后帮、鞋头段等）并稍为加热使其具有粘性。然后通过鞋楦按鞋靴形状将各部分零件粘合成型。粘合成型的鞋靴在鞋楦上进行压制，使各部分零件相互粘牢。产品最后进行硫化。这种方法制成的鞋靴在商业上称为“组合鞋”。

七、粘合硫化法

该方法可一次过将橡胶外底及鞋跟与预制鞋面模制并硫化成型。鞋底与鞋面用粘合剂牢固地粘着，粘合剂在硫化过程中变硬。

八、高频熔接法

该方法不用粘合剂，而是通过加热、加压将材料粘着。

九、胶合法

该方法将事先模制好的或片状材料切成的鞋底用粘合剂与鞋面胶合在一起并加压，然后将产品放干。尽管加压时温度可以升高，但鞋底形状已定，与粘合前无异，其物理性能也决不因此而有丝毫改变。

64.02　橡胶或塑料制外底及鞋面的其他鞋靴：

	—	运动鞋靴：
12	——	滑雪靴、越野滑雪鞋靴及滑雪板靴
19	——	其他
20	—	用栓塞方法将鞋面条带装配在鞋底上的鞋
	—	其他鞋靴：
91	——	鞋靴（过踝）
99	——	其他

本品目包括橡胶或塑料制外底及鞋面的鞋靴，但品目64.01的鞋靴除外。

上述鞋靴即使一部分用本品目所述的某种材料制成而另一部分则用本品目所述的另一种材料制成［例如，鞋底用橡胶制成，而鞋面则用肉眼可辨其有一塑料外层的机织物制成（运用本款时，仅塑料引起的颜色变化不计在内）］，仍应归入本品目。

本品目主要包括：

一、数个模制部件用铆钉或类似紧固件铰合而成的滑雪靴。

二、无后帮的拖鞋，其鞋面是整件制成或组合（缝合除外）而成，并且缝于鞋底之上的。

三、条、带交叉于脚背，后帮或后帮带用任何方法附于鞋底的凉鞋。

四、以栓塞方法将鞋皮带塞入鞋底上的孔眼内，使之附于鞋底的皮带型凉鞋。

五、无后跟的木底鞋，鞋面是整件成形的，通常以铆钉将其附于鞋底。

六、整件成形的非防水鞋靴（例如，浴室拖鞋）。

64.03　橡胶、塑料、皮革或再生皮革制外底，皮革制鞋面的鞋靴：

	—	运动鞋靴：
12	——	滑雪靴、越野滑雪鞋靴及滑雪板靴
19	——	其他
20	—	皮革制外底，由交叉于脚背并绕大脚趾的皮革条带构成鞋面的鞋
40	—	装有金属防护鞋头的其他鞋靴
	—	皮革制外底的其他鞋靴：
51	——	鞋靴（过踝）

59　——　其他

　　—　其他鞋靴：

91　——　鞋靴（过踝）

99　——　其他

本品目包括鞋面（参见总注释第四部分）用皮革制成，而鞋底（参见总注释第三部分）用下列材料制成的鞋靴：

一、橡胶（定义参见第四十章注释一）。

二、塑料。

三、能用肉眼辨出其外表有一层橡胶或塑料的机织物或其他纺织产品，但橡胶或塑料仅引起颜色变化的不计在内［参见本章注释三（一）及总注释第五部分］。

四、皮革［参见本章注释三（二）］。

五、再生皮革（根据第四十一章注释三，再生皮革仅限于以皮革、皮革纤维为基料制成的材料）。

64.04　橡胶、塑料、皮革或再生皮革制外底，用纺织材料制鞋面的鞋靴：

　　—　橡胶或塑料制外底的鞋靴：

11　——　运动鞋靴；网球鞋、篮球鞋、体操鞋、训练鞋及类似鞋

19　——　其他

20　—　皮革或再生皮革制外底的鞋靴

本品目包括鞋面（参见总注释第四部分）用纺织材料制成，而鞋底（参见总注释第三部分）用品目64.03所列鞋靴的鞋底相同材料制成的鞋靴（参见品目64.03的注释）。

64.05　其他鞋靴：

10　—　皮革或再生皮革制鞋面的

20　—　纺织材料制鞋面的

90　—　其他

除本章注释一及四另有规定的以外，本品目包括用本章以上各品目未列名的一种材料或多种材料制成外绱鞋底及鞋面的所有鞋靴。

本品目主要包括：

一、外底用橡胶或塑料制成而鞋面用橡胶、塑料、皮革、纺织材料以外其他材料制成的鞋靴。

二、外底用皮革或再生皮革制成而鞋面用皮革或纺织材料以外其他材料制成的鞋靴。

三、外底用木、软木、绳或索、纸板、毛皮、纺织物、毡呢、无纺织物、列判诺伦、酒椰纤维、秸秆、丝瓜络等制成的鞋靴。这种鞋靴的鞋面可用任何材料制成。

本品目不包括既未构成鞋靴，也不具有品目64.01至64.05所列鞋靴基本特征的鞋靴零件组合件（例如，鞋面，不论是否已和内底组合）（品目64.06）。

64.06　鞋靴零件（包括鞋面，不论是否带有除外底以外的其他鞋底）；活动式鞋内底、跟垫及类似品；护腿、裹腿和类似品及其零件：

10　—　鞋面及其零件，但硬衬除外

20　—　橡胶或塑料制的外底及鞋跟

90　—　其他

一、鞋靴零件（包括鞋面，不论是否带有除外底以外其他鞋底）；活动式鞋内底、跟垫及类似品

本品目包括：

（一）鞋靴的各种零件；这些零件可以用除石棉以外的任何材料制成。

鞋靴零件根据鞋靴的类型或款式不同而形状各异。它们包括：

1. 鞋面零件（鞋头面、鞋头、后帮、靴统、衬里及木屐带），包括切割成鞋面大致形状的制鞋用皮革料件。

2. 硬衬。它可插于后侧帮及衬里之间或鞋头及衬里之间，使鞋靴的这些部分结实硬挺。

3. 内底、中底及外底，包括半底；还包括粘于内底表面的内底片。

4. 拱座或鞋底中腰及中腰件（通常为木、皮革、纤维板或塑料制），装于鞋底形成鞋靴的弯拱形。

5. 各种类型的木、橡胶等制的鞋跟，包括粘上、钉上及旋上式的；鞋跟零件（例如，后跟面）。

6. 用于运动鞋靴的饰钉、鞋底钉等。

7. 既未构成鞋靴，也不具有品目 64.01 至 64.05 所列鞋靴基本特征的鞋靴零件组合件（例如，鞋面，不论是否已和内底组合）。

（二）可在鞋靴内穿用的下列配件（除石棉以外任何材料制成）：活动式鞋内底、护鞋掌（橡胶或涂橡胶织物等制）以及活动式内跟垫。

二、护腿、裹腿和类似品及其零件

这些物品专门用于遮裹全部或部分腿部，有时还遮裹部分足部（例如，脚踝及脚背）。然而它们并不包覆整个足部，故与短袜及长统袜不同。

除石棉以外，它们可用任何材料制成（皮革、帆布、毡呢、针织物或钩编织物等）。

它们包括护腿、裹腿、鞋罩、绑腿、无脚部的“登山袜统”、暖腿套及类似品。

某些上述物品有一条扣带或松紧带，以便扣于脚心上。

本品目还包括明显作为上述物品的零件。

*

*　*

本品目也不包括：

（一）一定长度的皮革或再生皮革（品目 42.05）、塑料（第三十九章）或橡胶（第四十章）制的鞋贴边。

（二）护膝及护踝（例如，用松紧带制成，专门用于支撑有病关节的）；这些物品应根据其构成材料归入相应的品目。

（三）婴儿穿着的一件过套裤（紧身裤）；这些衣着穿至腰间，紧裹腿部，有时还把脚整个包住（第六十一章或第六十二章）。

（四）石棉制的鞋靴零件及附件（品目 68.12）。

（五）为专人定做的脚弓支撑用的鞋内底，以及矫形器具（品目 90.21）。

（六）用于体育活动的板球护垫、护胫、护膝及其他防护物品（品目 95.06）。

（七）鞋栓、鞋钉、鞋眼、鞋钩、鞋扣、护掌、编带、绒球、鞋带（分别归入适当品目）、钮扣、揿钮、按扣（品目 96.06）及拉链（品目 96.07）。

第六十五章　帽类及其零件

注释：

一、本章不包括：

（一）品目63.09的旧帽类；

（二）石棉制帽类（品目68.12）；或

（三）第九十五章的玩偶帽、其他玩具帽或狂欢节用品。

二、品目65.02不包括缝制的帽坯，但仅将条带缝成螺旋形的除外。

总　注　释

除下列不包括的物品以外，本章包括帽型、帽坯、帽身及帽兜，以及各种各样的帽子，不论其用何种材料制成及用途如何（日用、戏剧用、化妆用、防护用等）。

本章还包括任何材料制成的发网及某些帽类专用的配件。

本章的帽类可带有各种材料（包括第七十一章所列材料）制成的各式各样的装饰物。

本章不包括：

（一）动物用的帽类（品目42.01）。

（二）披巾、围巾、披纱、面纱及类似品（品目61.17或62.14）。

（三）明显穿戴过的帽类，报验时呈散装、大包装、大袋装或类似包装的（品目63.09）。

（四）假发及类似品（品目67.04）。

（五）石棉制的帽类（品目68.12）。

（六）玩偶帽、其他玩具帽及狂欢节用品（第九十五章）。

（七）未装于帽上的各种帽子装饰物（扣子、别针、徽章、羽毛、人造花等）（归入适当的品目）。

65.01　毡呢制的帽坯、帽身及帽兜，未楦制成形，也未加帽边；毡呢制的圆帽片及制帽用的毡呢筒（包括裁开的毡呢筒）

一、毡呢制的帽坯、帽身及帽兜，未楦制成形，也未加帽边。

绒毛毡呢帽坯、帽身及帽兜通常用家兔、野兔、麝鼠、海狸鼠或河狸的软毛制得，毛毡呢帽坯等则通常用羊毛或骆马、骆驼（包括单峰驼）等的毛发制得。有时还将以上材料混合或将这些材料与化学纤维混和后制成帽坯等。

绒毛经过适当处理后，通过吸力使绒毛均匀地分布在一锥形帽模上，而羊毛则是将粗梳纤维绕于一双圆锥形体上（后者是在其最宽部位剪开，即得两个锥形帽坯），经喷撒热水或蒸气后，帽坯从锥形体上摘下。这时的帽坯仍为松散毡合状态（通常不作为国际贸易商品）。它们经过一系列的硬化及收缩工序后成为完全毡合并近似锥形的帽身。

本品目还包括帽身，帽身顶部经拉伸形成圆帽顶，有时各边为平行相对的，但更为常见的是各边向下倾斜的，并有一帽边。后者可与楦制的帽兜区别，因为将其竖起放在一平面上，帽边也不会与帽顶几乎成直角地向外伸出（参见品目65.05）。本品目的某些未经楦制的帽身、帽兜等有时称为半“开普林”（名为全“开普林”帽的物品需经楦制工序并归入品目65.05）。

经过擦光、染色或硬挺整理工序不影响有关物品归入本品目。

本品目包括某些名为“西米斯”或头巾毡的很轻、很薄的帽兜。它用于装在硬质帽骨架上。

二、本品目也包括：

（一）毡呢制的圆帽片，首先将其制成宽底锥形，然后拉成直径约60厘米的扁平圆片状。这些毡呢圆片通常切割成形，而后缝成帽子形状。军帽或其他制服帽即用这种毡呢缝制而成的。

（二）制帽用的毡呢筒，采用类似于制绒毛毡呢圆锥帽坯的方法通过吸力将其制成圆筒状（高约40～50厘米，圆周约100厘米），通常用于制女帽。不论其为圆筒状或裁开为矩形，均归入本品目。裁成矩形的毡呢要进一步裁剪成形，以用作帽饰或缝制成帽子。

65.02　编结的帽坯或用任何材料的条带拼制而成的帽坯，未楦制成形，也未加帽边、衬里或装饰物

本品目包括用下列方法制成的帽坯，未楦制成形，也未加帽边、衬里或装饰物的：

一、直接用任何材料的纤维或条带（主要是秸秆、芦苇、棕榈纤维、酒椰纤维、西沙尔麻、纸条、塑料条或木片条）编结而成的。这些材料可采用各种编结方法，包括将一组纤维或条带从帽顶的中心向外射出，与其他纤维或条带交织后螺旋盘绕的“织法”。随着自帽顶中心的距离增大，这种“织法”需要追加向外射出的纤维或条带。或

二、除本章注释二另有规定的以外，用宽度一般不超过5厘米的各种材料条带（例如，毡呢或其他纺织物、单丝或塑料制的扁条或其他条带）拼制而成的，通常从帽顶开始将条带螺旋形缝合在一起，其后一圈条带搭着前一圈条带，或将缏条螺旋排列，缏条齿边相互啮合，然后用线将其缝起。

由于采用了条带编结或拼制的方法，本品目的帽坯不同于品目65.01的物品，其帽顶与帽边之间通常有一明显的界线，且有时相互几乎成直角。尽管上述帽坯有时直接戴用（例如，在海滩及乡村戴用），但由于未楦制成形，也未加帽边，因而凡未加衬里或饰物的帽坯均应归入本品目。

本品目的帽坯通常不同于已楦制的帽坯，后者由于楦制，其帽顶一般为椭圆形（参见品目65.04的注释）。

染色、漂白、修剪或固定缏条突出的边缘等加工以及在漂白、染色等加工后仅为恢复其原形（例如，圆帽口）进行的简单工序不影响产品归入本品目。

但应当注意，本品目所列未楦制的帽坯如果加有衬里或装饰物时，则作为帽子归入品目65.04项下。

【65.03】

65.04　编结帽或用任何材料的条带拼制而成的帽类，不论有无衬里或装饰物

本品目主要包括品目65.02的帽坯楦制成形后，加有帽边、衬里或装饰物制成的帽类。

帽坯通常先用明胶、浆料、树胶等使之硬挺，而后通过加压或熨烫在帽模上楦制成形。在楦制过程中，帽口按所需尺寸制成椭圆形，帽边的范围也更为明显。

楦制后，帽边按所需形状制成一定式样。

切勿将已楦制的帽坯与未楦制的帽坯（品目65.02）相混淆，尽管后者有时不加装饰物就直接供戴用（例如，在海滩或乡村戴用）。

帽类在楦制（必要时帽边还需整形）后还可经进一步整理（例如，加衬里、帽圈、帽带、帽颏带，以及人造花、果或叶、帽针及羽毛等装饰性配件）。

除上述物品以外，本品目还包括：

一、女帽厂商用品目65.02未楦制及未加边的帽坯制得的各式各样的帽类。

二、用任何材料的条带直接拼制而成的帽类（品目65.02的帽坯经螺旋形缝合制成并可直接作帽戴用的除外）。

三、仅经楦制或加边的品目65.02的帽坯，以及未楦制成形和未加帽边，但已加衬里或装饰物（带有缎带、索等）的帽坯。

65.05　针织或钩编的帽类，用成匹的花边、毡呢或其他纺织物（条带除外）制成的帽类，不论有无衬里或装饰物；任何材料制的发网，不论有无衬里或装饰物

本品目包括通过针织或钩编（不论是否缩绒或毡合）直接制成的帽类，以及用成匹花边、毡呢或其他纺织物缝制而成的帽类，不论帽类是否加衬里或饰物，也不论织物是否上油、上蜡、涂橡胶或用其他材料浸渍或涂布。

本品目还包括缝制的帽坯，但不包括用缏条或其他条带缝制或其他方法拼制而成的帽坯及帽类（品目65.04）。本品目也包括用品目65.01的帽身、帽兜或毡呢圆帽片制成的毡呢帽类，其中包括简单楦制成形的帽兜以及加有帽边的帽兜。

这些物品不论是否已加衬里或装饰物，均归入本品目。

它们包括：

一、有边帽，不论是否饰有缎带、帽针、带扣、人造花、果或叶、羽毛或其他任何材料的装饰物。

羽毛或人造花制的帽类除外（品目65.06）。

二、贝雷帽、无边女帽、无沿便帽及类似品。这些帽一般经针织或钩编直接织成，且多数经缩绒（例如，巴斯克贝雷帽）。

三、某些东方式帽类（例如，圆筒形无边毡帽）。它们通常经针织或钩编直接织成，且多数经缩绒。

四、各种无舌尖顶帽（例如，制服帽等）。

五、职业帽或法帽（主教冠、教士的四角帽、学士帽等）。

六、用机织物、花边、网眼织物等制成的，具有明显帽类特征的帽类，例如，厨师帽、修女帽、护士及女服务员的帽子等。

七、用纺织物包覆的软木或木髓防护帽。

八、海员用的防水帽。

九、兜帽。

用于披肩、斗篷等可分开的兜帽，如与有关服装一同报验的，不应归入本品目，而应根据服装的材料归类。

十、大礼帽及夜礼帽。

本品目还包括发网、束发罩及类似品。它们可用任何材料制得，通常所用的材料有网眼薄纱或其他网眼织物、针织物或钩编织物、人发。

65.06　其他帽类，不论有无衬里或装饰物：

10	—	安全帽
	—	其他：
91	——	橡胶或塑料制
99	——	其他材料制

本品目包括所有不归入本品目以前本章各品目或第六十三章、第六十八章或第九十五章的各种帽

类。本品目主要包括安全帽（例如，体育用帽、军事或消防员用的头盔、摩托车驾驶员、矿工或建筑工人用的头盔），不论是否装有防护垫或（对于某些头盔）装有话筒或耳机。

本品目还包括：

一、橡胶或塑料制的帽类（例如，女子游泳帽、兜帽）。

二、皮革或再生皮革制的帽类。

三、毛皮或人造毛皮制的帽类。

四、羽毛或人造花制的帽类。

五、金属制的帽类。

65.07　帽圈、帽衬、帽套、帽帮、帽骨架、帽舌及帽颏带

本品目仅包括下列用于帽类的配件：

一、装在帽顶里边的帽圈。它们通常用皮革制成，但也有用再生皮革、油布或其他涂布织物等制得。只有切成一定长度或经其他加工制成即可装于帽子之上的帽圈，才可归入本品目。帽圈通常带有制帽厂商的名称等。

二、帽衬及帽衬零件，通常用纺织材料制得，但有时为塑料、皮革等制得。它们一般也印有制帽厂商的名称等。

应当注意，用于附在帽顶内部等的标签不归入本品目。

三、帽套，通常用纺织物或塑料制成。

四、帽帮，可用坚挺织物（例如，硬衬布）、纸板、铸纸品、软木、木髓、金属等制得。

五、帽骨架，例如，金属丝骨架（有时用纺织材料或其他材料螺旋缠绕）及夜礼帽用的弹簧骨架。

六、帽舌（例如，用于制服帽或其他帽的）。主要用于遮光的帽檐如装在任何形式的帽类（皇冠件）上的，应按帽类归类，否则应按其构成材料归类。

七、帽颏带，用皮革、纺织物、塑料等制成的窄条或带。它们通常制成可调式，可按需要的长度进行调整。它们也可作为装饰物件。本品目仅包括即可装于帽上的帽颏带。

第六十六章　雨伞、阳伞、手杖、鞭子、马鞭及其零件

注释：

一、本章不包括：

（一）丈量用杖及类似品（品目90.17）；

（二）火器手杖、刀剑手杖、灌铅手杖及类似品（第九十三章）；或

（三）第九十五章的货品（例如，玩具雨伞、玩具阳伞）。

二、品目66.03不包括纺织材料制的零件、附件及装饰品或者任何材料制的罩套、流苏、鞭梢、伞套及类似品。此类货品即使与品目66.01或66.02的物品一同报验，只要未装配在一起，则不应视为上述品目所列物品的组成零件，而应分别归入各有关品目。

66.01　雨伞及阳伞（包括手杖伞、庭园用伞及类似伞）（+）：

10　—　庭园用伞及类似伞

—　其他：

91　——　折叠伞

99　——　其他

本品目包括各种雨伞、阳伞（例如，仪仗用伞、伞式帐篷、手杖伞及带座手杖式伞，露天餐馆、市场、庭园用伞及类似伞），不论其各部分（包括配件及装饰物）用何种材料制成，例如，伞面可用任何纺织物、塑料、纸等制成，还可刺绣，饰以花边、流苏或其他装饰物。但不包括明显专门用作玩具或用于狂欢节的伞（第九十五章）。

手杖伞为一种有一硬套，外表象手杖的物品。

伞式帐篷由一把大伞和一幅“围幕”构成，围幕可以固定在地上（例如，通过桩钉固定的钟罩形帐篷，或通过沙袋在其内部压住围幕的帐篷）。

伞杆（杖）通常是木头、藤枝、塑料或金属制的。伞柄可与杆（杖）材料相同，或全部或部分由贵金属、包贵金属、兽牙、角、骨、琥珀、龟壳、珍珠母等制成，也可镶有宝石或半宝石（天然、合成或再造）等，还可用皮革或其他材料包覆并可带有穗缨或蝴蝶结。

本品目不包括：

（一）伞套及类似品，不论是否一同报验，但未套在伞上（它们应归入适当品目）。

（二）不具有伞或伞式帐篷特征的海滩帐篷（品目63.06）。

○

○　○

子目注释：

子目6601.10

非手持的固定式伞（例如，固定在地面、台子或支架上的伞）应作为“庭园用伞及类似伞”归类。据此，本子目包括户外座椅、画架、庭园桌、测量台等用的伞及伞式帐篷。

66.02　手杖、带座手杖、鞭子、马鞭及类似品

除下述已列明不包括的货品以外，本品目包括手杖、棍、鞭子（包括铅条鞭）、马鞭及类似品，

不论其用何种材料制成。

一、手杖、带座手杖及类似品

除普通的手杖以外，本组还包括带座手杖（其手柄张开后能形成一座位）、专供残疾人及老人使用的拐杖、童子军棍、牧羊人用的弯柄杖。

本组也包括藤枝或木头经旋切、弯曲或其他加工制成的手杖半成品，但不包括仅粗加修整或车圆，适于制手杖的藤枝或木料（品目 14.01 或第四十四章）。本品目也不包括未制成手柄的坯件（品目 66.03）。

手杖等的柄及杆（杖）部分可用各种材料制成，也可镶有贵金属或包贵金属、宝石或半宝石（天然、合成或再造），还可全部或部分用皮革或其他材料包覆。

二、鞭子、马鞭及类似品

本组包括：

（一）通常由把手及鞭条结合构成的各种鞭子。

（二）通常由把手和短皮革圈（而不是鞭条）构成的马鞭。

*

*　*

所有上述物品可带有任何材料制的蝴蝶结或其他配件。

本品目不包括：

（一）丈量用杖、测量杆及类似品（品目 90.17）。

（二）拐杖及拐棍（品目 90.21）。

（三）火器手杖、刀剑手杖、灌铅手杖及类似品（第九十三章）。

（四）第九十五章的物品（例如，高尔夫球棒、曲棍球杆、滑雪杖、登山用破冰斧）。

66.03　品目 66.01 或 66.02 所列物品的零件及装饰品：

20　—　伞骨，包括装在伞柄上的伞骨

90　—　其他

本品目不包括纺织材料制的零件、附件及装饰品，以及任何材料制的罩套、穗缨、鞭梢、伞套及类似品，它们即使与雨伞、阳伞、手杖等一同报验，只要未装在一起，就应分别归类。除此之外，本品目包括明显为品目 66.01 或 66.02 所列物品的零件、配件及附件。

归入本品目的零、附件等可不考虑其构成的材料（包括用贵金属、包贵金属、天然、合成或再造的宝石或半宝石制成的）。它们包括：

一、用于雨伞、阳伞、手杖、鞭子等的把柄（包括明显为未制成把柄的毛坯）。

二、骨架，包括装在伞杆上的骨架、伞骨及撑杆。

三、雨伞或阳伞的杆（杖），不论是否有把柄。

四、鞭子或马鞭的握把。

五、伞杆滑动件、伞骨头、开杯及梢杯、金属包头、弹簧、项圈、可调整伞面与伞杆角度的装置、大钉、带座手杖的地面板及类似品等。

本品目不包括：

（一）手杖半成品（参见品目 66.02 的注释）。

（二）伞骨及撑杆用的仅切割成一定长度的钢铁管及钢铁型材（第七十二章或第七十三章）。

第六十七章　已加工羽毛、羽绒及其制品；人造花；人发制品

注释：

一、本章不包括：

（一）人发制滤布（品目59.11）；

（二）花边、刺绣品或其他纺织物制成的花卉图案（第十一类）；

（三）鞋靴（第六十四章）；

（四）帽类及发网（第六十五章）；

（五）玩具、运动用品或狂欢节用品（第九十五章）；或

（六）羽毛掸帚、粉扑及人发制的筛子（第九十六章）。

二、品目67.01不包括：

（一）羽毛或羽绒仅在其中作为填充料的物品（例如，品目94.04的寝具）；

（二）羽毛或羽绒仅作为饰物或填充料的衣服或衣着附件；或

（三）品目67.02的人造花、叶及其部分品，以及它们的制成品。

三、品目67.02不包括：

（一）玻璃制品（第七十章）；或

（二）用陶器、石料、金属、木料或其他材料经模铸、锻造、雕刻、冲压或其他方法整件制成形的人造花、叶或果实；用捆扎、胶粘及类似方法以外的其他方法将部分品组合而成的上述制品。

67.01　带羽毛或羽绒的鸟皮及鸟体其他部分、羽毛、部分羽毛、羽绒及其制品（品目05.05的货品和经加工的羽管及羽轴除外）

除了某些在其他品目更为具体列名的货物和以下列名不包括的货品以外，本品目包括：

一、带羽毛或羽绒的鸟皮及鸟体的其他部分、羽毛或羽绒、部分羽毛，虽未构成制品，但其加工范围已超出清洗、消毒或防腐的简单处理（参见品目05.05的注释），本品目的货品可经漂白、染色、卷曲或成波浪形等加工。

二、用带羽毛或羽绒的鸟皮或鸟体其他部分制成的物品，用羽毛、羽绒或部分羽毛制成的物品，即使所用羽毛或羽绒等未经加工或仅经清洗，但用羽轴或羽管制成的物品除外。据此，本品目包括：

（一）羽管用金属丝或其他材料捆绑用于妇女头饰基座等的单根羽毛，也可由单根羽毛件组合而成的物品。

（二）拼装成簇的羽毛以及用胶或其他方法固定在纺织物或其他基底之上的羽毛或羽绒。

（三）用带羽毛或羽绒的鸟体或部分鸟体制成的装饰品，用于制帽子、围巾、披肩、斗蓬、衣眼或衣着附件的其他制品。

（四）装饰性羽毛制成的扇子，其扇骨可用任何材料制成。但用贵金属制成扇骨的扇子应归入品目71.13。

本品目不包括羽毛或羽绒仅作为饰物或填充料的衣服及衣着附件。

本品目还不包括：

（一）羽毛或羽绒制的鞋靴（第六十四章）。

（二）羽毛或羽绒制的帽类（第六十五章）。

（三）品目 67.02 的物品。

（四）羽毛或羽绒仅在其中作为填充料或衬垫物的寝具等（品目 94.04）。

（五）第九十五章的物品（例如，羽毛球、羽毛镖或钓鱼浮子）。

（六）已加工的羽管及羽轴（例如，牙签，品目 96.01），羽毛掸帚（品目 96.03）以及用于施敷脂粉或化妆品的羽绒粉扑及粉拍（品目 96.16）。

（七）收藏品（品目 97.05）。

67.02 人造花、叶、果实及其零件；用人造花、叶或果实制成的物品：

10 — 塑料制

90 — 其他材料制

本品目包括：

一、用各种零件组装（通过捆扎、胶粘、相互装镶或类似方法组装）制得，形状酷似天然产品的人造花、叶及果实。本类还包括按人造花等相同的制作方法制成的人造花、叶或果实形状的传统艺术品。

二、人造花、叶或果实的零件（例如，雌蕊、雄蕊、子房、花瓣、花萼、叶及茎）。

三、用人造花、叶及果实制成的物品（例如，花束、花环、花圈、植物）及用人造花、叶或果实制得的装饰或观赏用的其他物品。

本品目包括用大头针或其他小紧固件固定的人造花、叶或果实。

本品目的物品主要用作装饰（例如，在住宅或教堂内装饰）或作为帽、衣着等的饰物。

除下列不包括的物品以外，这些物品可由纺织材料、毡呢、纸、塑料、橡胶、皮革、金属箔片、羽毛、贝壳或其他动物质材料等制成，（例如，海生动物材料制的人造叶，用经特别加工及染色的水螅或苔藓虫柔软尸体制成）。所有这些物品如果符合以上规定，不论其加工程度如何，均应归入本品目。

本品目不包括：

（一）品目 06.03 或品目 06.04 的天然花、叶（例如，染色、涂银色或金色的）。

（二）花边、刺绣品或其他纺织物制成的花卉图案，尽管它们可用作衣着的装饰物，却不是以人造花制作方法制成的［即将各种零件（花瓣、雄蕊、茎等）用金属丝、纺织材料、纸、橡胶等捆扎，用胶粘合或用类似方法组合而成的］（第十一类）。

（三）人造花或叶制成的帽类（第六十五章）。

（四）玻璃制品（第七十章）。

（五）用陶瓷、石料、金属、木头等经模塑、锻造、雕刻、冲压或其他方法整件制成形的人造花、叶或果实；或者用捆扎、胶粘、相互装镶及类似方法以外的其他方法将零件组合而成的人造花、叶或果实。

（六）简单切成一定长度并用纺织材料、纸等包覆，用于制造人造花等的茎的金属丝（第十五类）。

（七）明显作为玩具或狂欢节用品的物品（第九十五章）。

67.03 经梳理、稀疏、脱色或其他方法加工的人发；作假发及类似品用的羊毛、其他动物毛或其他纺织材料

除经简单洗涤、清洁或按长度分拣（但未按发根和发梢整理）的人发及废人发（品目 05.01）以外，本品目包括经梳理或其他方法加工（例如，稀疏、脱色、染色、成波纹形或卷曲的人发）后用于

制须发（例如，制造假发、卷发或假辫）或其他物品的人发。

所称“梳理”，包括将每根头发按发根和发梢进行整理。

本品目也包括用于制假发及类似品或玩偶头发的羊毛、其他动物毛（例如，牦牛毛、安哥拉山羊毛、西藏山羊毛）及其他纺织材料（例如，化学纤维）。经加工作上述用途的产品主要有：

一、通常为羊毛条或其他动物毛条在两条平行的细绳上交织，外观象一缏条的物品。这些物品（称为“绉纱带”）报验时一般有相当的长度，重约1千克。

二、制成小束的波纹（卷曲）纺织纤维条，每束为14～15米长，重约500克。

三、用经整体染色的化学纤维对折成簇，在折叠的两端用约2毫米宽的纺织纱线机织编带捆在一起的“纬纱”。这些“纬纱”外观象一长段流苏。

成团、成丝束状或经纺前加工的羊毛、其他动物毛或其他纺织纤维应归入第十一类。

67.04　人发、动物毛或纺织材料制的假发、假胡须、假眉毛、假睫毛及类似品；其他品目未列名的人发制品：

	—	合成纤维纺织材料制：
11	——	整头假发
19	——	其他
20	—	人发制
90	—	其他材料制

本品目包括：

一、用人发、动物毛或纺织材料制的各种毛发制品。这些制品包括假发、假胡须、假眉毛、假睫毛、假辫子、假卷发、假发髻及类似品。它们通常是精工制作的，用于个人打扮或用于专业工作（例如，戏剧用假发）。

这类物品不包括：

（一）玩偶用假发（品目95.03）。

（二）通常用低档材料和粗劣手工制成的狂欢节用品（品目95.05）。

二、其他品目未列名的人发制品，特别是人发制的某种轻质机织材料。

这类物品不包括：

（一）品目59.11的毛发制滤布。

（二）发网（品目65.05）

（三）毛发制的手用筛（品目96.04）。

第十三类 石料、石膏、水泥、石棉、云母及类似材料的制品；陶瓷产品；玻璃及其制品

第六十八章 石料、石膏、水泥、石棉、云母及类似材料的制品

注释：

一、本章不包括：

（一）第二十五章的货品；

（二）品目48.10或48.11的经涂布、浸渍或覆盖的纸及纸板（例如，用云母粉或石墨涂布的纸及纸板、沥青纸及纸板）；

（三）第五十六章或第五十九章的经涂布、浸渍或包覆的纺织物（例如，用云母粉、沥青涂布或包覆的织物）；

（四）第七十一章的物品；

（五）第八十二章的工具及其零件；

（六）品目84.42的印刷用石板；

（七）绝缘子（品目85.46）或绝缘材料制的零件（品目85.47）；

（八）牙科用磨锉（品目90.18）；

（九）第九十一章的物品（例如，钟及钟壳）；

（十）第九十四章的物品（例如，家具、灯具及照明装置、活动房屋）；

（十一）第九十五章的物品（例如，玩具、游戏品及运动用品）；

（十二）用第九十六章注释二（二）所述材料制成的品目96.02的物品或品目96.06的物品（例如，钮扣）、品目96.09的物品（例如，石笔）或品目96.10的物品（例如，绘画石板）；或品目96.20的物品（独脚架、双脚架、三脚架及类似品）；或

（十三）第九十七章的物品（例如，艺术品）。

二、品目68.02所称“已加工的碑石或建筑用石”，不仅适用于已加工的品目25.15、25.16的各种石料，也适用于所有经类似加工的其他天然石料（例如，石英岩、燧石、白云石及冻石），但不适用于板岩。

总 注 释

本章包括：

一、加工程度超出第二十五章注释一所列范围的该章各种产品。

二、第二十五章注释二（五）所列该章不包括的产品。

三、用第五类的矿物原料制成的某些货品。

四、用第二十八章的某些材料制成的货品（例如，人造研磨料）。

上述第三或第四类所述的某些货品可用粘合剂粘聚，也可含有填料或用其他材料加强，对于研磨料或云母，还可用纺织材料、纸、纸板或其他材料作衬背或支承。

这些产品和制成品大都是通过加工（例如，成形、模制），改变了原来形状，但没有改变其原料的性质。有些货品是通过粘聚加工制得的（例如，沥青制品或砂轮等某些物品，砂轮是将粘合材料玻璃化粘聚研磨料而成的）；其他一些货品则是在高压釜内硬化而成的（灰砂砖）。本章还包括经过加工后，原材料起了根本变化的某些货品（例如，经熔炼而成的矿渣棉、熔化玄武岩等）。

*

*　*

泥土经预制成形后烧制而成的物品（即陶瓷制品）通常归入第六十九章，但品目68.04的陶瓷研磨制品除外。玻璃及玻璃器，包括玻璃陶瓷制品、熔融石英制品或其他熔融硅石制品，应归入第七十章。

除随后各品目注释分别列明不包括的某些货品外，本章还不包括下列物品：

（一）第七十一章的钻石、其他宝石、半宝石（天然、合成或再造）及其制品和所有其他物品。

（二）品目84.42的印刷用石板。

（三）经过钻孔或其他加工明显用作控制板的镶板（例如，板岩板、大理石板、石棉水泥板）（品目85.38）；及品目85.46或85.47的绝缘子和绝缘零件。

（四）第九十四章的物品（例如，家具、灯具及照明装置、活动房屋）。

（五）玩具、游戏品及运动用品（第九十五章）。

（六）经加工或制成物品形状的第九十六章注释二（二）所列的矿物雕刻材料（品目96.02）。

（七）第九十七章的雕塑品原件和收藏家的收藏品和古物。

68.01　天然石料（不包括板岩）制的长方砌石、路缘石、扁平石

本品目包括通常用于铺路面、铺路缘、铺人行道及类似用途并且已加工成形的天然石料（例如，砂岩、花岗岩、斑岩），但板岩除外。这些石料即使可作其他用途的仍应归入本品目。圆石子、卵石或未经成形加工的类似铺路石料应归入品目25.17。

本品目的产品是用手工或机械将石料切割、粗劈或切成块状制得的。砌石及扁平石的石面通常是矩形（包括正方形）的，但扁平石按其长度和宽度之比，厚度要薄些。砌石略呈立方形或斜截棱锥形。路缘石可以是直的，也可以是弯的，其横截面通常是矩形（正方形除外）的。

本品目包括形状明显为砌石、路缘石或扁平石的石料，即使它们只是简单地劈成、锯成或粗切成方制成的。本品目还包括经过修琢、凿毛、砂磨、打磨、圆边、切斜角和制榫的石料及经专门加工适于某些铺路特殊需要的石料（例如，制成适于街道排水或车库出口通道用的特别形状的路缘石）。

本品目不包括用混凝土或人造石制成的路缘石等（品目68.10）及陶瓷制的地砖（第六十九章）。

68.02　已加工的碑石或建筑用石（不包括板岩）及其制品，但品目68.01的货品除外；天然石料（包括板岩）制的镶嵌石（马赛克）及类似品，不论是否有衬背；天然石料（包括板岩）制的人工染色石粒、石片及石粉：

10　—　砖、瓦、方块及类似品，不论是否为矩形（包括正方形），其最大面以可置入边长小于7厘米的方格为限；人工染色的石粒、石片及石粉

—　简单切削或锯开并具有一个平面的其他碑石或建筑用石及其制品：

21　——大理石、石灰华及蜡石

23　——花岗岩

29　——其他石

—　其他：
91　——大理石、石灰华及蜡石
92　——其他石灰质石
93　——花岗岩
99　——其他石

本品目包括经加工的天然碑石或建筑用石（不包括板岩），其加工程度超出第二十五章所列正常采石场产品的范围的。但在协调制度其他品目更为具体列名的某些货品不归入本品目，这些物品的具体例子，参见本注释末尾及本章的总注释。

本品目包括的石料，除经劈、锯、粗切成块、片、板状（石面为方形或长方形）以外，还须经过进一步加工。

因此本品目包括石匠、雕刻家等制作的下列形状石料：

一、粗锯坯件；非矩形薄板（具有一个或多个三角形、六角形、梯形、圆形等切面的）。

二、各种形状的石料（包括石块、石板或石片），不论是否已为制成品形状的。这些石料可经浮饰（即通过磨平边缘，但留下粗糙隆突的石面使其具有岩石表面的一种处理方法），用镐、锤、凿等修琢，用蓖式石凿等开出石沟，刨平、砂磨、打磨、抛光、切斜角、模制、车削、饰面、雕刻等加工。

本品目不仅包括经上述加工的建筑用石料（包括饰面石板），还包括制成品，例如，梯级、挑檐、三角檐饰、栏杆、梁托和支柱；门窗框架及过梁；门槛；壁炉台；窗台；门口石阶；墓碑；界石及里程碑、系缆柱；全景展示板（上釉或未上釉的）；护柱及护块；洗涤槽、水槽、喷水池；捣碎机用石球；花盘；圆柱、柱脚及柱头；雕像及其垫座；深或浅浮雕品；十字架；动物雕像；碗、花瓶、杯子；口香片盒；写字用具；烟灰缸；镇纸；人造水果及叶子等。用石料与其他材料合制的装饰物可作为首饰或仿首饰、金器或银器归类（参见第七十一章的注释）；以石料为主要材料制成的其他装饰性货品一般应归入本品目。

制成家具（餐具柜、脸盆架、桌子等）台面的石板，如果与各件家具（不论是否组装）一起报验并明显属于该家具一部分的，应归入第九十四章；但单独报验的仍归入本品目。

经加工的碑石或建筑用石制品通常是用品目25.15或25.16的石料制成的，但也可用除板岩以外的其他任何天然石料（例如，石英岩，白云石，燧石，冻石）制成。例如，冻石既可用于有耐热和耐化学腐蚀要求的工业建筑工程（如用于同流换热炉），也可用于纸浆制造设备和化工设备。

本品目也包括供各种地板或墙壁铺面用的小块镶嵌砖及类似的大理石砖，无论是否用纸或其他材料作衬背；还包括人工染色的大理石或其他天然石料（包括板岩）的颗粒片屑及粉末（例如，用于商店橱窗展览）。但未经处理的卵石、石粒、石片屑和染色的天然砂应归入第二十五章。

用水泥或其他粘合剂（例如，塑料）粘聚天然石料块制成的石板、砖瓦之类的物品及模制和粘聚石粉或石粒制成的小塑像、柱子、杯子等物品，应作为人造石制品归入品目68.10。

本品目不包括：

（一）经加工的板岩和板岩制品，但镶嵌砖及类似品除外（品目68.03、96.09和96.10）。

（二）熔融玄武岩制成的物品（品目68.15）。

（三）用冻石烧制而成的物品（第六十九章或第八十五章）。

（四）仿首饰（品目71.17）。

（五）第九十一章的物品（例如，钟和钟壳及其零件）。

（六）灯具、照明装置及其零件（品目94.05）。

（七）石钮扣（品目96.06）及品目95.04或96.09的粉笔。

（八）雕塑品原件（品目97.03）。

68.03　已加工的板岩及板岩或粘聚板岩的制品

天然板岩，如果为天然块状，或经劈、锯、粗切制成块、板、片状的，均归入品目25.14。本品目也包括类似产品，但加工程度更高［例如，锯或切成矩形（包括正方形）以外的形状，打磨、抛光、切斜角、钻孔、涂清漆、涂瓷釉、模制或作其他装饰］。

本品目主要包括经抛光或其他加工的物品，例如，墙砖、石板（用于铺路、建房、建化学设备等）；石槽、石池、石盆、洗涤石槽；石制明沟；壁炉台。

本品目还包括明显用于铺屋顶、贴墙面或作防潮层用的板岩，这些板岩有的是特殊形状（多边形、圆形等）的，有的是矩形（包括正方形）的。

粘聚的板岩制品也包括在本品目内。

本品目不包括：

（一）未经人工染色的板岩粒、屑片及粉末（品目25.14）。

（二）镶嵌砖及类似品，人工染色的板岩粒、屑片及粉末（品目68.02）。

（三）石笔（品目96.09）、书写或绘画用的板岩板，不论是否镶框（品目96.10）。

68.04　未装支架的石磨、石碾、砂轮和类似品及其零件，用于研磨、磨刃、抛光、整形或切割，以及手用磨石、抛光石及其零件，用天然石料、粘聚的天然磨料、人造磨料或陶瓷制成，不论是否装有由其他材料制成的零件（+）：

10　—　碾磨或磨浆用石磨、石碾

—　其他石磨、石碾、砂轮及类似品：

21　——　粘聚合成或天然金刚石制

22　——　其他粘聚磨料制或陶瓷制

23　——　天然石料制

30　—　手用磨石及抛光石

本品目主要包括：

一、通常规格较大的石磨和石碾，用于压碎、磨碎、制浆等［例如，碾磨谷物（由上下两件构成）、将木料、石棉等物磨成浆状、造纸及混合颜料等用的石碾］。

二、刀具、工具等磨刃用的磨石，装于手摇、脚踏或电动机器上的。

上述两项所列石磨、石碾和磨石通常是扁平的、圆筒形的或截头圆锥形的。

三、砂轮、磨头、磨盘、磨齿等，装于机床、电动手工工具或气动手动工具上，用于修整、抛光、磨刃、修正，有时也用以切割金属、石料、玻璃、塑料、陶瓷、橡胶、皮革、贝壳、象牙等。

除有些切割磨盘直径较大以外，这些物品通常比前两项所述物品小得多。它们形状各异（例如，扁平状、锥形、球形、盘形、环形、凹槽形及阶梯形）；其边缘可以是平面，也可以是特种形状的。

本品目不仅包括主要由研磨料制成的工具，而且还包括在金属柄上只有极小的研磨头的工具和在硬质材料（金属、木、塑料、软木等）芯子上牢固地粘着多层紧密粘聚研磨料的工具（例如，金属等制的切割轮，配有研磨料的轮缘或其轮缘嵌有多组磨头）。本品目还包括珩磨头用的研磨件，不论其是否装有架座，以便固定在珩磨头上。

必须注意，某些研磨工具不归入本品目，而应归入第八十二章。第八十二章仅包括当附上磨料后，所具有的切齿、沟、槽等仍保持其原形和功能的工具（即这些工具不同于本品目的货品，即使不附磨料也能使用）。因此，切齿涂有研磨料的锯子应归入品目82.02。同样，用以将玻璃片、石英片等切成圆片的顶钻，如果其工作刃未涂研磨料时是光滑的，应归入本品目；如果工作刃口呈锯齿状的（不论是否涂有研磨料），则应归入品目82.07。

四、带柄或不带柄的抛光石、磨刀石、油石及类似品，直接用手来磨尖、磨快、擦亮或抛光金属或其他材料的。

它们具有各种形状（例如，矩形、梯形、扇形或弓形、刀片状、两头尖的椭圆形等），其横截面可以是方的、三角的、圆的或半圆的。它们也可以是一般由碳化硼粘聚而成的棱形板，作为手工工具用于磨尖、磨快人造磨料制的磨石，有时也附带用于磨快金属工具。

这类磨石主要用以磨快工具和切割工具（例如，刃具、收割机刀片、镰刀、长柄大镰刀、割草机等）或用于磨光金属等。

具有锋利刀口的器具（例如，剃刀或手术刀）是用颗粒特别细腻的石头或板岩制成的油石来磨快，这些磨石在使用前要用水或油湿润。某些磨石（例如，浮石）也用于盥洗、修指甲、修脚甲，还用于擦净、擦亮金属等。

石磨及砂轮等必须基本上用不论是否粘聚的天然石料（例如，砂岩、花岗石、熔岩、燧石、磨砾石、白云石、石英、粗面岩）、粘聚的天然或人造研磨料（例如，金刚砂、浮石、硅藻土、碎玻璃、刚玉、碳化硅、石榴石、金刚石、碳化硼）或陶土（烧过的泥土、耐火泥土或瓷）制成。

粘聚砂轮等是将磨碎的研磨料、石料与陶瓷材料（例如，粘土粉或高岭土粉，有时加有长石）、水玻璃、水泥（特别是含镁水泥）或刚性较差的粘接材料（例如，橡胶、虫胶或塑料）等粘合剂相互混合制成。有时还掺入棉花、尼龙、麻等纺织纤维。然后把上述混合物模制成形，干燥后加热（如以陶瓷作粘合剂的，必要时可加热到玻璃化程度）或熟化（例如，对以橡胶、塑料等作粘合剂的）。成品最后还要经修整成一定尺寸和形状。

制造某些抛光石（油石）所用的研磨粉是要经过洗涤的。

本品目的石磨，特别是用于磨谷或制纸浆的，它们的表面有时起棱纹。这些磨石可以是一整块的，也可以由几件组装而成，可装配有承接窝口、内箍、外箍、平衡块或浆孔，还可配有磨轴，但不得装有支架。装有支架的石磨，如果是手推或脚踏操作的应归入品目82.05；如果是机动的则应归入第八十四章或第八十五章。

除上述完整的石磨、石碾等以外，本品目还包括明显作为这些物品的坯件；主要由石料、粘聚研磨料或陶瓷制成的上述货品的部分品、成品零件也归入本品目。

本品目不包括：

（一）品目33.04的制成块、片或类似形状的芳香料浮石。

（二）将天然或人造研磨粉或粒涂在纺织材料、纸、纸板或其他材料上制成的砂纸、砂布及类似品（品目68.05），不论这种砂纸、砂布等是否粘于木轮或木条等支座上（例如，钟、表制造工业、机械工程等用的磨光棒）。

（三）牙科用圆头锉（品目90.18）。

○

○　○

子目注释：

子目6804.10

本子目的产品是用于磨细物料（例如，谷粒、纸浆、颜料等）的颗粒，而不是对物料进行修整、抛光、磨刃、修正或用其他方法去除部分物料。

碾磨用石磨、石碾

这些产品通常是成对的，有一个圆锥面（一个磨是凹的，另一个是凸的），向着磨心有槽沟，磨碎的谷物可顺磨心流出。

磨浆用石磨、石碾

本品较为大型，一般有好几吨重，用一块石料制成或用几块石料粘合制成，其直径超过1200毫米，厚度超过500毫米。

68.05　砂布、砂纸及以其他材料为底的类似品，不论是否裁切、缝合或用其他方法加工成形：

10　—　砂布

20　—　砂纸

30　—　其他

本品目包括将粉碎的天然或人造研磨料用胶水或塑料粘于纺织材料、纸、纸板、钢纸、皮革或其他材料之上制成的砂纸、砂布及类似品，成卷、剪切成形（片、带、条、盘、弓形等）、线状或绳状的。本品目也包括无纺织物制成的类似品，它是将研磨料均匀分布并用粘合物质固定于纺织纤维之上制成的产品。所用的研磨料包括金刚砂、刚玉、碳化硅、石榴石、浮石、燧石、石英、砂子及玻璃粉。所制成的带、盘等可以缝合、钉合、胶合或用其他方式拼合。本品目包括将砂纸或砂布永久固定在木块或木条等上制成的工具等，例如，磨光棒。但本品目不包括由一个坚实支座（例如，纸板、木、金属制的）及一层密实粘聚研磨料（而不是研磨粉或粒）构成的砂轮，以及类似结构的手工工具（品目68.04）。

本品目的货品主要用于（手工操作或机械操作）金属、木料、软木、玻璃、皮革、橡胶（硬化或非硬化）或塑料的修光或清洁；也用于清漆、真漆表面的磨光；还用于磨尖梳棉机针布。

68.06　矿渣棉、岩石棉及类似的矿质棉；页状蛭石、膨胀粘土、泡沫矿渣及类似的膨胀矿物材料；具有隔热、隔音或吸音性能的矿物材料的混合物及制品，但品目68.11、68.12或第六十九章的货品除外：

10　—　矿渣棉、岩石棉及类似的矿质棉（包括其相互混合物），块状、成片或成卷

20　—　页状蛭石、膨胀粘土、泡沫矿渣及类似的膨胀矿物材料（包括其相互混合物）

90　—　其他

矿渣棉及岩石棉（例如，花岗石、玄武石、石灰岩或白云石的矿质棉）是将一种或多种上述石料加以熔化，一般通过离心作用及用水流或气流将熔液流转换成为纤维而制得。

本品目也包括一种名为“陶瓷纤维”的铝硅酸盐。它由不同比例的矾土和硅石混合熔融后，有时还加入一定量的其他氧化物（例如，氧化锆、氧化铬或氧化硼），通过吹或拉制成纤维。

本品目的矿质棉像品目70.19的玻璃纤维一样，其外表呈羊毛状或纤维状，只是两者的化学成分不同（参见第七十章注释四），矿质棉纤维通常较短，颜色也不够白。

膨胀或页状蛭石是把蛭石（品目25.30）加热，使其极大地膨胀制得，有时加热可使其体积比原来扩大35倍。

本品目包括通过类似热处理制得的膨胀珍珠岩、绿泥石、黑曜岩等。它们一般由质量极轻的球形颗粒构成，经热处理活化的珍珠岩为闪闪发亮的微小层片状白色粉末，它们应归入品目38.02。

膨胀粘土可通过煅烧精选粘土或煅烧粘土与其他材料（例如，亚硫酸盐废液）的混合物制得。泡沫矿渣是将少量的水加入到熔融矿渣中制成的，切勿将它与密度较高的粒状矿渣相混淆。粒状矿渣是将熔融矿渣注入水中制成的，应归入品目26.18。

所有上述材料都是不燃物，是极好的隔热、隔音或吸音产品。散装报验的上述产品也归入本品目。

*

*　*

只要所含石棉不超过一定限量（参见以下规定），本品目还包括散装的隔热、隔音或吸音矿物材料混合物，例如，主要由硅藻土、硅质化石粉、碳酸镁等组成的混合物，常加有熟石膏、矿渣、软木粉、木锯屑或木刨花、纺织纤维等。上述矿质棉也可作为这种混合物的组成部分，成团的这种混合物常用作包装材料及天花板、屋顶、墙壁等的间隔材料。

本品目包括上述产品或混合物制成的低密度物品（例如，砌块、薄板、砖、瓦、管、气缸壳体、绳索、垫块等），这些物品可以人工本体染色、用防火物质浸渍、表面贴纸或以金属加固。

特别是为了使用上的方便，归入本品目的混合物和物品可含有少量石棉纤维，而石棉所占比例按重量计一般不超过5%。本品目不包括石棉水泥制品（品目68.11）和以石棉或石棉与碳酸镁为基本材料的混合物（及其制品）（品目68.12）。

本品目也包括锯成块状或其他形状的硅藻土或其他硅质土。

本品目不包括轻质混凝土制成的物品（含页状蛭石、膨胀粘土或类似品作集料的混凝土）（品目68.10）。

烧制的物品归入第六十九章。

68.07 沥青或类似原料（例如，石油沥青或煤焦油沥青）的制品：

10 — 成卷

90 — 其他

本品目包括用天然沥青、煤焦油沥青、石油沥青、沥青混合物等（参见品目27.08、27.13、27.14及27.15）制成的物品。这些物品通常含有填料，例如，沙、矿渣、白垩、熟石膏、水泥、滑石、硫磺、石棉纤维、木纤维、锯末、废软木及天然树脂。

凡在使用前须重新熔化的沥青块，不论是否精炼、脱水或与其他物料相混合，均不归入本品目（第二十七章）。另一方面，归入本品目的货品必须已明显制成物品。

本品目包括：

一、压制或模制而成的板、砖、瓦、扁平石，用于盖屋顶、铺墙面、铺沟渠或铺路面。

二、完全用沥青或类似材料包裹或两面都盖有一层沥青或类似材料的基底材料（例如，纸板、玻璃纤维网或织物、化学纤维织物、黄麻织物或铝箔基底）制成的屋顶板。

三、完全用沥青或类似材料包裹的一层或多层织物或纸制成的建筑板。

四、浇铸或模制的管子及容器。

以金属盖面或加强的沥青管子及容器，应根据赋予货品基本特征的那种材料，作为金属制品或沥青制品归类。

以沥青等涂层的金属管子及容器（例如，铸铁制的或钢制的）仍作为金属制品归类。

本品目不包括：

（一）用焦油或类似材料涂布、浸渍或覆盖的纸，例如，包装纸（品目48.11）。

（二）用沥青等涂布、浸渍或覆盖的纺织物（第五十六章或第五十九章）。

（三）主要用石棉水泥加沥青制成的物品（品目68.11）。

（四）用沥青简单涂布或浸渍的玻璃纤维网式织物等（品目70.19）。

68.08 镶板、平板、瓦、砖及类似品，用水泥、石膏及其他矿物粘合材料粘合植物纤维、稻草、刨花、木片屑、木粉、锯末或木废料制成

本品目包括用植物原料（例如，纤维素纤维、木纤维、木丝、木片屑、木刨花或其他木废料、锯末、稻草、芦苇、灯心草、植物鬃等）经矿物粘合材料，例如，水泥（包括氧氯化镁水泥）、石膏、石灰或硅酸钠粘聚或模制而成的建筑用或隔热、隔音、吸音用镶板、平板、瓦、块等，它们也可以含有矿物填料（例如，硅质化石土、菱镁矿、砂、石棉等），还可以用金属加强。

本品目的这些平板、镶板等都比较轻，但很坚硬，植物原料在粘合材料中仍保持其本身特性。

由于它们是以矿物粘合材料粘聚的，所以不应与品目44.10的木质碎料板和品目44.11的木纤维板相混淆，因为后者都是用有机粘合剂粘聚的。本品目也不包括压制软木（品目45.04）和品目68.11的物品。

68.09　石膏制品及以石膏为基本成分的混合材料制品：

—　未经装饰的板、片、砖、瓦及类似品：

11　——仅用纸、纸板贴面或加强的

19　——其他

90　—　其他制品

本品目包括着色或未着色的石膏或石膏材料制品。例如，灰泥（与胶水混合的石膏，模制后表面常似大理石），纤维灰泥（用短麻屑末等加强的石膏，一般与胶水混合）、明矾石膏（又称干固水泥或英国水泥）以及含有纺织纤维、木纤维、锯末、砂、石灰、矿渣、磷酸盐等的以石膏为基料的类似品。

这些物品可以经染色、涂清漆、涂蜡、涂真漆、上古铜色、镀金或镀银（用任何方式均可），有时涂有沥青；它们还可经加强。本品目也包括用于建筑业的镶板、平板、薄板或瓦，有时还用纸板贴面；以及模制品，例如，镶件、塑像、圆花饰、圆柱、碗、瓶、装饰品、工业用型模等。

本品目不包括：

（一）供零售用的石膏骨折绷带（品目30.05）及石膏骨折夹板（品目90.21）。

（二）品目68.06或68.08的用石膏粘聚制成的镶板等。

（三）品目90.23所列专供示范用的解剖模型、晶体模型、几何模型，立体地及其他模型。

（四）裁缝用的人体模型等（品目96.18）。

（五）雕塑品原件（品目97.03）。

68.10　水泥、混凝土或人造石制品，不论是否加强（+）：

—　砖、瓦、扁平石及类似品：

11　——建筑用砖及石砌块

19　——其他

—　其他制品：

91　——建筑或土木工程用的预制结构件

99　——其他

本品目包括用水泥（包括矿渣水泥）、混凝土或人造石经模制、压制或离心作用制成的物品（例如，某些管子），但品目68.06及68.08的物品（其中水泥仅作为一种粘合剂）或品目68.11的物品（石棉水泥制品）除外。

本品目也包括建筑或土木工程用的预制结构件。

人造石是一种天然石料的仿制品，通常用石灰、水泥或其他粘合剂（例如，塑料）将天然石料（石灰石、大理石、花岗石、斑岩、蛇纹石等）的片块或粉末加以粘聚而成。人造石制品包括“水磨石”、“人造花岗石”等。

本品目还包括矿渣水泥制品。

本品目主要包括砌块、砖、瓦；天花板或墙壁的网格或板条（由金属钢筋架与作为主要材料的混凝土相结合制成)；石板；梁；空心铺地板和其他建筑材料；墩、柱、界石；镶边石；管子；楼梯板；栏杆；浴缸、洗涤槽、抽水马桶（便池）、槽，桶、罐；喷水池；墓碑；杆子；铁路轨枕；气垫火车导轨体段；门窗框；壁炉台、窗台，台阶；中楣、上楣；花瓶、花盆、建筑或花园装饰品；人形塑像、动物塑像；装饰品。

本品目也包括用砂、石灰和水的糊状混合物制成的砖、瓦和其他灰砂制品。这些制品模压后要放入卧式压热器内，在高压和140℃左右的高温下进行数小时的蒸汽处理。这种制品有白色的，也有人工着色的，其用途与普通砖、瓦等完全相同。

用大小不同的石英块掺入上述混合物可制得人造石产品。将一种金属粉末掺入到上述混合物会产生气体，可制得供隔绝用的轻质多孔灰砂片。这种灰砂片不经模压，而是浇注成形后即放入压热器热压。

*

*　*

本品目的物品可以套筒、打磨、抛光、涂清漆、上古铜色、上釉、仿板岩纹、经模制或用其他方法装饰、整体着色、用金属等加强（例如，钢筋混凝土或预应力混凝土）或装有其他材料制成的配件（例如，铰链等)。

本品目不包括：

（一）破碎混凝土块（品目25.30)。

（二）粘聚板岩的制品（品目68.03)。

○

○　○

子目注释：

子目6810.91

本子目包括建筑或土木工程用的预制结构件，例如，饰面镶板、内墙、地板或天花板、基础件、桩、坑道体段、闸门或大坝的结构件、通道、檐板。这些通常用混凝土制的结构件一般带有便于组装的装置。

68.11　石棉水泥、纤维素水泥或类似材料的制品：

40　—　含石棉的

—　不含石棉的：

81　——瓦楞板

82　——其他片、板、砖、瓦及类似制品

89　——其他制品

本品目包括主要由纤维（例如，石棉、纤维素和其他植物纤维、合成聚合物、玻璃或金属纤维）和水泥或其他水硬性胶粘剂的均匀混合物组成的硬化物品，纤维在其中作补强剂。这些物品也可含有沥青、焦油等。

这些制品一般是将纤维、水泥和水混合而成的多层薄片压合在一起制成，或通过模制（可以在压力下模制)、压制或挤出制成。

本品目包括用上述方法制得各种尺寸及厚度的薄板，以及在这些薄板凝固之前通过切割、加压、模制或弯曲制成的物品，例如，屋顶、饰面或间隔用的板和瓦；做家具用的薄板；窗台；招牌板；字母和数字；栅栏杆；瓦楞片；罐、桶、盥洗盆、洗涤槽；管道接头；密封垫圈和接头；仿雕刻镶板；屋脊瓦、檐槽、窗框；花盆；通风管及其他管道、电缆导管；烟囱帽等。

所有这些物品可以整体着色、涂清漆、印制、上釉、装饰、钻孔、锉平、刨平、平整、抛光或经其他加工；也可用金属等物加强。

68.12　已加工的石棉纤维；以石棉为基本成分或以石棉和碳酸镁为基本成分的混合物；上述混合物或石棉的制品（例如，纱线、机织物、服装、帽类、鞋靴、衬垫），不论是否加强，但品目68.11或68.13的货品除外：

80　—　青石棉的

—　其他：

91　——服装、衣着附件、鞋靴及帽类

99　——其他

本品目包括除拍打、清洁、分拣或分级处理以外还经进一步加工的石棉纤维（例如，已梳理并染色的纤维），不论其用途如何（例如，供纺织、制毡等用或作过滤，隔绝、包装等材料用）。天然石棉纤维或仅简单按长度分级、拍打或清洁的石棉纤维不归入本品目（品目25.24）。

本品目也包括石棉与下列材料的混合物：碳酸镁、纤维素纤维、锯末、浮石、滑石、石膏、硅质化石土、矿渣、氧化铝、玻璃纤维、软木等。它们用隔热填料或过滤材料，也可用作模制石棉制品的基本材料。

但本品目最主要包括石棉制品，不论是纯石棉制的或是与上述材料混合制成的。混合物中常加有天然树脂、塑料、水玻璃、沥青或橡胶等。这类制品可通过毡合、纺纱、搓捻、编结、纺织、缝合或模制而成。

青石棉的说明参见品目25.24注释。

石棉纸、石棉板及石棉毡通常是将石棉纤维捣成浆状，然后像制造石棉水泥片（品目68.11）那样将其成形并压成薄片。石棉板还可用塑料将叠层石棉片粘合制成。这类产品可通过显而易见的根根石棉纤维与品目68.11的产品加以区别。它们可以制成卷状或板、片状，也可以剪切成条状、框状、圆盘状，环状等。

在生产石棉单纱或股纱时，先将石棉纤维加以拍打、梳理，然后再进行纺纱。由于石棉纤维不能拉伸，所以长纤维用于纺纱，而短纤维则用于制石棉板、石棉毡、石棉纸、石棉水泥以及石棉粉。

本品目包括的其他石棉制品有：绳索、缏条、衬垫；成匹或剪裁成形的织物；带、套、管（包括导管）、管子接头；容器；条、板、瓦；密封接头（品目84.84的用金属与石棉制成的密封垫和类似接合衬垫，以及成套的密封垫和接合衬垫除外）；滤块；桌垫；消防队员、化工人员、工人和民防人员等所用的防护衣服，鞋和帽（例如，短上衣、裤，围裙、袖套、手套、连指手套、鞋罩、兜帽、带有云母目镜的面具、头盔、石棉做鞋帮及鞋底的长统靴）；石棉褥垫；消防盾、灭火石棉片、剧场帘幕、用于煤气总管道灭火的裹石棉铁球及圆锥。

所有这些物品均可用金属（常用铜丝或锌丝）或某些其他材料（例如，纺织材料或玻璃纤维）加强；也可以用润滑油、滑石、石墨或橡胶涂面，还可以涂清漆、上古铜色、整体着色、抛光、钻孔、铣削或作其他加工。

除总注释中已列明不包括的物品以外，本品目还不包括：

（一）石棉粉或片状粉末（品目25.24）。

（二）基本上是用塑料制成的材料和物品，即使以石棉作为填料的（第三十九章）。

（三）石棉水泥制品（品目68.11）。

（四）以石棉为基本材料的摩擦材料（品目68.13）。

68.13 以石棉、其他矿物质或纤维素为基本成分的未装配摩擦材料及其制品（例如，片、卷、带、盘、圈、垫及扇形），适于作制动器、离合器及类似品，不论是否与织物或其他材料结合而成：

20 — 含石棉的

— 不含石棉的：

81 —— 闸衬、闸垫

89 —— 其他

石棉摩擦材料通常是将石棉纤维和塑料等混合后，通过高压模制而成；也可把经塑料、沥青或橡胶浸渍的多层石棉机织物或编结物压制而成。它可以用铜丝、锌丝或铅丝加强，有时也可用裹石棉的金属丝或棉纱线制得。因其具有高摩擦系数及耐热、耐磨特性，这种材料可用作闸瓦、离合圆盘等的衬料，用于各种车辆、起重机、挖泥机或其他机器上。本品目也包括以其他矿物材料（例如，石墨、硅质化石土）或纤维素纤维作基料的类似摩擦材料。

根据本身不同用途的需要，本品目的摩擦材料可以制成片、卷、带、扇形、圆盘、环、垫圈、衬垫，或切成任何其他形状。它们也可通过缝制组合而成或经钻孔或其他加工。

本品目不包括：

（一）不含矿物材料或纤维素纤维的摩擦材料（例如，软木）；它们一般按其构成材料归类。

（二）已装配的闸衬（包括已固定在设有圆形空腔、多孔舌槽或类似配件的金属板上的摩擦材料，供圆盘制动器用）；这些物品应按其所用的机器或车辆零件归类（例如，品目 87.08）。

68.14 已加工的云母及其制品，包括粘聚或复制的云母，不论是否附于纸、纸板或其他材料上：

10 — 粘聚或复制云母制的板、片、带，不论是否附于其他材料上

90 — 其他

本品目包括除分裂和整理外还经过进一步加工（如切割成形）的天然云母，也包括由粘聚（粘合）云母或纸浆（再造）云母制成的产品，以及上述任何材料的制品。

书页云母仅经分裂和整理而得的云母薄片及厚片应归入品目 25.25。

本品目包括切割上述薄片和厚片制成的产品。这种产品因为是模冲制成的，因而边缘整齐。

天然云母薄片或厚片通常可直接使用。但由于其结晶粒度小，挠性差，成本高等原因，所以使用范围受到限制，因此在很多情况下都是使用粘聚（组合）云母（例如，层合云母板、胶合云母箔）。粘聚云母是将云母薄片层叠层或边接边用虫胶、天然树脂、塑料、沥青等粘合而成的。它可制成各种厚度的片、板、带状，通常面积较大。这些云母片等常用纺织物、玻璃纤维织物、纸或石棉在其一面，而更多的是双面作背衬。

薄片云母也可不用粘合剂制成。将废云母粉或浆通过类似造纸工艺的加热、化学及机械工序也可制得薄片云母（再造云母）。

这种薄片云母可用一种韧性粘合剂粘装于纸或纺织物衬背上；也可以把几张这种薄片叠起来，并用有机粘合剂加以粘合，即可制成规定厚度的云母板和云母带。

本品目包括一定长度的云母片、带和卷；切成矩形（包括正方形）、圆片状等的专用云母片；模制云母制品，例如，管（含导管）等。所有这些货品都可以经整体着色、上漆、钻孔、铣削或其他加工。

云母具有高耐热性和一定的半透明性，特别适用于制造烘箱炉、灶等的观察窗，不碎灯“玻璃”和风镜“玻璃”等，但云母因其有极好的介电性能，主要用于电气工业（用于制造电动机、发电机、变压器、电容器、电阻器等）。但应注意，云母绝缘子及电器设备用的其他云母绝缘零件即使是未经装配的，仍应归入品目85.46至85.48；而云母电介电容器应归入品目85.32。

本品目不包括：

（一）云母粉及云母废料（品目25.25）。

（二）用云母粉涂布的纸或纸板（品目48.10至48.14）和用云母粉涂布的机织物（品目59.07）。这些产品不应与上述粘聚云母或再造云母相混淆。

（三）膨胀蛭石（品目68.06）（参见有关注释）。

（四）云母风镜及其目镜（品目90.04）。

（五）制成圣诞树装饰品的云母（品目95.05）。

68.15　其他品目未列名的石制品及其他矿物制品（包括碳纤维及其制品和泥煤制品）：

—　碳纤维；非电气用的碳纤维制品；其他非电气用的石墨或其他碳精制品：

11　——碳纤维

12　——碳纤维织物

13　——其他碳纤维制品

19　——其他

20　—　泥煤制品

—　其他制品：

91　——含有菱镁矿、方镁石形态的氧化镁、白云石（包括煅烧形态）或铬铁矿的

99　——其他

本品目包括各种石制品或其他矿物制品，但本章其他品目及协调制度其他章具体列名的制品除外，例如，第六十九章的陶瓷产品。

本品目主要包括：

一、天然或人造石墨（包括核纯石墨）或者其他碳精的非电气制品，例如，过滤器；圆片；轴承；管子和套管；已加工的砖、瓦；供制造小精品（例如，硬币，奖章、作为收藏品的铅制小人等）所用的模子。

二、碳纤维及碳纤维制品。碳纤维通常是碳化有机聚合物长丝制成的，这些产品多用作加强材料。

三、泥炭制品（例如，片、气缸壳体、植物培植盆等）。但泥炭纤维纺织品不归入本品目（第十一类）。

四、用焦油粘聚白云石制成的非烧制砖。

五、经化学粘合但未经烧制的砖及其他形状的产品（特别是菱镁砖或铬镁砖）。这类制品安装在熔炉内，在熔炉首次加热时才予烘烧。报验时已烧制的类似产品不归入本品目（品目69.02或69.03）。

六、非烧制的硅石缸或矾土缸（例如，用于熔化玻璃）。

七、测验贵金属的试金石。它们可用天然石料制成（例如，燧石板岩，一种坚硬细粒暗色的石头）。

八、不用粘合剂模制熔融矿渣制成的铺路石块和石板。但不包括品目68.06所列具有隔热性能的货品。

九、将石英或燧石精细捣碎并粘聚制成的滤管。

十、用熔融玄武岩制成的块、板、片及其他制品。它们具有高度耐磨损性能，可作管子、输送机的衬料以及焦炭、煤块，矿砂、砂砾、石料等的滑运道衬料。

本品目不包括：

（一）用人造石墨或“其他碳精”制成的块、板及类似的半制品，主要用于切割成电刷（品目38.01）（参见相应的注释）。

（二）以含碳物质（石墨、焦炭等）和煤焦油沥青或粘土为基本原料像烧制陶瓷那样烧制的耐火货品（酌情归入品目 69. 02 或 69. 03）。

（三）电气用的碳精、碳刷、电极及其他零件或制品（品目 85. 45）。

第六十九章　陶瓷产品

注释：

一、本章仅适用于成形后经过烧制的陶瓷产品。品目69.04至69.14仅适用于不能归入品目69.01至69.03的产品：

（一）品目69.04至69.14仅适用于不能归入品目69.01至69.03的产品；

（二）为树脂固化、加速水合作用、除去水分或其他挥发成分等目的而将其加热至低于800℃的物品，不应视为经过烧制。这些物品不应归入第六十九章；以及

（三）陶瓷制品是用通常在室温下预先调制成形的无机非金属材料烧制而成的。所用原料主要包括：粘土、含硅材料（包括熔融硅石）、高熔点的材料（例如，氧化物、碳化物、氮化物、石墨或其他碳），有时还有诸如耐火粘土或磷酸盐的粘合剂。

二、本章不包括：

（一）品目28.44的产品；

（二）品目68.04的物品；

（三）第七十一章的物品（例如，仿首饰）；

（四）品目81.13的金属陶瓷；

（五）第八十二章的物品；

（六）绝缘子（品目85.46）或绝缘材料制的零件（品目85.47）；

（七）假牙（品目90.21）；

（八）第九十一章的物品（例如，钟及钟壳）；

（九）第九十四章的物品（例如，家具、灯具及照明装置、活动房屋）；

（十）第九十五章的物品（例如，玩具、游戏品及运动用品）；

（十一）品目96.06的物品（例如，钮扣）或品目96.14的物品（例如，烟斗）；或

（十二）第九十七章的物品（例如，艺术品）。

总　注　释

所称"陶瓷产品"，是指用下列方法制得的产品：

一、将一般在室温下预先调制成形的无机非金属材料进行烧制。所用原料主要包括粘土、含硅材料（包括熔融硅石）、高熔点的材料（例如，氧化物、碳化物、氮化物、石墨或其他碳）及一些如耐火粘土或磷酸盐的粘合剂。

二、将岩石（例如，块滑石）成形后进行烧制。

以上一款所述陶瓷产品（不论其成分如何）的制造过程包括以下几个主要阶段：

（一）调制陶瓷坯泥

在某些情况下（例如，制造烧结氧化铝制品）可直接使用粉状材料并加入少量润滑剂进行调制。但在多数情况下，坯泥须首先制成膏状。这牵涉到将各种成分加以计量和混合，必要时还要研磨、过筛、压滤、揉捏、熟化和脱气。一些耐火产品是由级配集料和细砂加入少量液态胶合剂制成，胶合剂可以是水溶液（例如，焦油、树脂、磷酸、木质素溶液）。

（二）成形

将调制好的粉末或坯泥尽可能制成接近所需形状。

成形工序是通过挤出（经过挤压模）、压制、模制、浇注、手塑来完成的，有时还进行一定程度的机器加工。

（三）对成形物品进行干燥处理

（四）烧制

在这道工序中，“生陶器”加热到800℃或更高的温度，烧制温度要根据不同产品的性质而定。经过烧制，陶瓷颗粒由于扩散、化学变化或部分熔融的结果紧密地结合在一起。

为了树脂固化、加速水合作用或者除去水分或其他挥发成分等目的而将其加热至低于800℃的物品，不应视为本章注释一所述的经过烧制的产品。这些物品不应归入第六十九章。

（五）后加工

后加工工序如何，取决于陶瓷产品的最终用途。必要时用机器对产品进行高精度加工。这道工序包括作标志、喷镀金属或浸渍等加工。

陶瓷产品也常适当采用专门调制的色料或遮光剂、玻璃化瓷漆或釉料、泥釉、光瓷等进行着色（整体或表面）、修饰或上釉。

成形后加以烧制是本章货品的主要特征，可据此与第六十八章的不加烧制的矿物制品或石制品和第七十章的玻璃原料完全熔化制成的玻璃制品加以区别。

根据其成分和所采取的烧制工序，本章产品可分为以下两类：

1. 硅质化石粉或类似硅质土制成的货品和第一分章的耐火货品（品目69.01至69.03）。

2. 第二分章（品目69.04至69.14）的其他普通陶器、粗陶器、瓷器等。

本章不包括：

（一）破碎陶瓷及破碎砖块（品目25.30）。

（二）品目28.44的产品。

（三）石墨、其他碳精、金属石墨或其他品种的石墨制成的块、板、条及类似半成品，用于切成电刷等（品目38.01）（参见相应的注释）。

（四）将压电陶瓷材料（例如，钛酸钡或锆钛酸铅）切割成形但未装配的元件（品目38.24）。

（五）品目68.04的物品。

（六）玻璃陶瓷产品（第七十章）。

（七）熔化贱金属粉末及贱金属不均匀紧密混合物制得的烧结混合物（第十五类）。

（八）品目81.13的金属陶瓷。

（九）未装配的工具用金属陶瓷板、杆、刀头及类似品（品目82.09）和第八十二章的其他物品。

第一分章　硅化石粉或类似硅土及耐火材料制品

总　注　释

本分章包括下列物品，不论其是否含有粘土：

一、品目69.01的陶瓷货品是将成形后的硅质化石粉或类似硅质土（例如，大多数归入品目25.12的恺塞古尔硅藻土、的利波里硅藻土、代亚脱迈硅藻土）或焚烧某种植物产品（例如，稻壳灰）所得的二氧化硅烧制而成的。这些原料通常混有粘合剂（例如，粘土或镁氧），有时也混有其他物质（例如，石棉、毛发、锯末、煤粉等）。

这些物品通常很轻，具有多孔结构，是极好的建筑和包套气体管道或蒸汽管道隔热材料。在建造烘箱、工业熔炉、蒸汽发生锅炉、工业设备或其他设施中，需要使用轻质、导热性低、隔热性好的材料，某些这类货品可作为耐火产品用于这些方面。另外一些货品则在工作温度为1000℃以下时用作隔热件。

二、品目69.02和69.03的耐火物品是指具有耐冶金和玻璃等工业高温（例如，1500℃及以上）特殊性能的烧制物品。根据不同的特定用途，耐火物品还可以经得起温度的急剧变化，是良好的隔热体或是良好的导热体，具有很低的热膨胀系数，是多孔体或紧密体，能经受与其所接触物品的腐蚀作用，具有良好的机械强度及很强的耐磨损性等。

然而，归入品目的69.02或69.03的耐火制品不但要能耐高温，而且还能在高温下工作。因此品目69.03包括用烧结氧化铝制成的坩埚，但用同样原料制成的纺织机导纱器则应归入69.09，因该器件显然不是作为耐火材料使用。

耐火材料主要品种如下：

（一）以矾土、多铝红柱石、刚玉（有时与粘土混合）、与粘土混合的蓝晶石、硅线石或红柱石（硅酸铝），或烧结矾土为基料的高铝耐火材料。

（二）矾土硅酸盐耐火材料（例如，以带有火泥或陶渣的耐火粘土为基料的）。

（三）硅石和半硅质耐火材料（以砂、碎石英、燧石等为基料并用粘土或石灰加以粘合的）。

（四）以菱镁矿、海水镁氧或白云石为基料的菱镁矿耐火材料；以铬铁矿或氧化铬为基料的耐火材料；铬镁耐火材料。

（五）以碳化硅为基料的耐火物品。

（六）通常用粘土粘聚的氧化锆或硅酸锆耐火材料；以氧化铍、氧化钍、氧化铈等为基料的耐火材料。

（七）以石墨或其他碳精为基料的耐火材料，通常用沥青、焦油或粘土粘聚而成（用于电气方面的石墨制品及其他碳精制品应归入品目85.45）。

（八）以其他材料（例如，氮化硅、氮化硼、钛酸铝及与其相关的化合物）为基料的耐火材料。

耐火材料主要用作高炉、炼焦炉、石油裂化设备、玻璃或陶瓷的熔炉和其他工业用炉的衬料，以及用于制造化学、玻璃、水泥、炼铝和其他冶金工业用的坩埚和其他设备。

品目69.02和69.03不包括那些虽有时称作耐火或半耐火材料，但实际上并不能经受上述工业高温的物品。这类物品应归入第二分章中的适当品目。

69.01　硅质化石粉（例如，各种硅藻土）或类似硅土制的砖、块、瓦及其他陶瓷制品

本品目包括用本品目所述材料制成的各种物品，不论其形状如何（例如，砖、块、厚板、镶板、瓦、空心砖、圆筒罩套、管），也不论其是否具有耐火性能。

本品目不包括：

（一）不含硅质化石粉或类似硅土的轻质非耐火砖（例如，用含有切碎稻草、锯末、泥炭纤维等的坯泥制成的砖，砖块本身的多孔结构是由于有机物质在烧制过程中烧掉后产生的）（品目69.04）。

（二）用含有硅藻土和石英的坯泥制成的过滤板（品目69.09）。

69.02　耐火砖、块、瓦及类似耐火陶瓷建材制品，但硅质化石粉及类似硅土制的除外（+）：

10　—　单独或同时含有按重量计超过50%的镁、钙或铬（分别以氧化镁、氧化钙或三氧化二铬的含量计）

20　—　含有按重量计超过50%的三氧化二铝、二氧化硅或其混合物或化合物

90　—　其他

本品目包括一组常用于建造各种烘箱、窑、炉或其他设备的耐火产品（品目69.01的物品除外），这些设备用于冶金、化学、陶瓷、玻璃等其他工业。

本品目主要包括：

一、各种形状的砖（平行六面体、楔形、圆筒形、半圆筒形等），包括拱心石和其他特殊形状的砖（例如，一面凹入而另一面为平面的流钢砖），即使它们明显制成建造第十六类所列机器设备的砖石。

二、供铺地面、墙面、壁炉膛等的耐火砖和瓦。

本品目不包括用耐火材料制成的管子（包括半圆筒形滑道）、角管、弯管以及类似的管子附件（品目 69.03）。

○
○　○

子目注释：

子目 6902.10

物品是否归入本子目主要看其氧化镁、氧化钙或三氧化二铬的含量，即通常要确定其有关元素（即镁、钙或铬）的含量，并根据这些含量计算出相应的氧化物的含量。例如，40% 的钙等于 56% 的氧化钙，24% 的镁等于 40% 的氧化镁。据此，以硅酸钙为基料的产品如果含钙为 40%（相当于 56% 的氧化钙），应归入本子目。

69.03　其他耐火陶瓷制品（例如，甑、坩埚、马弗罩、喷管、栓塞、支架、烤钵、管子、护套、棒条及滑阀式水口），但硅质化石粉及类似硅土制的除外（+）：

10　—　含有按重量计超过 50% 的单体碳

20　—　含有按重量计超过 50% 的三氧化二铝或三氧化二铝和二氧化硅的混合物或化合物

90　—　其他

本品目包括以前各品目未列名的所有耐火制品。

这类制品包括：

一、在许多情况下不是象品目 69.02 所列的耐火产品那样永久性固定起来的物品，例如，曲颈甑、反应容器、坩埚、烤钵及工业或实验用的类似物品、马弗罩、喷管、栓塞、燃烧器喷咀及熔炉上的类似零件；陶器烧制过程中支撑或分隔陶器用的烧盆、支架及其他窑具；护套和棒条；坩埚支架；铸模；滑阀式水口、轧辊、坯料、成形工具及罐等。

二、管子（包括半圆筒形滑道）、角管、弯管以及类似的管子附件，即使是用于永久性安装在建筑物上的。

但本品目不包括西格测温锥（陶瓷烧制检验器）（参见品目 38.24 的注释），它们成形后不经烧制。

○
○　○

子目注释：

子目 6903.10

本子目所称“单体碳”是指石墨、无定形碳（碳黑）和有机碳（沥青、焦油或树脂）等形式的碳。

第二分章 其他陶瓷产品

总 注 释

本分章包括除第一分章的硅质化石粉或类似硅土货品及耐火材料货品以外的陶瓷产品。

在本协调制度中，这些产品是根据不同品种（砖、瓦、卫生用具等）进行分类的，在其生产过程中的陶瓷属性不影响产品的归类，但归入品目 69.11 的瓷餐具、厨房器具及其他家用或盥洗用瓷器以及归入品目 69.12 的其他种类的陶器除外。

一、瓷器

瓷是指硬瓷、软瓷、素瓷（包括白瓷）和骨瓷。所有这些瓷几乎完全玻璃化，质硬，即使不上釉也具有不渗透性，色白或人工着色，半透明（很厚的除外），敲之声音清脆。

硬瓷用高岭土（或类高岭土）、石英、长石（或致密长石），有时还有碳酸钙为原料制成。该产品上有无色透明釉料，釉料与瓷坯同时烧制并熔合在一起。

软瓷含有较少矾土但含有较多硅石和助熔剂（例如，长石）。骨瓷所含矾土更少，主要含磷酸钙（例如，从骨灰中制得的磷酸钙）；产品通过低于硬瓷的温度烧制，呈半透明体。其釉面通常是在较低温度下进一步烧上的，因而可进行更大范围的釉下装饰。

素瓷是不上釉的瓷，其中巴鲁斯瓷（也称卡拉拉瓷）是一种特殊的细粒淡黄色瓷，含有较多长石，外表常似巴鲁斯岛生产的大理石，并由此而得名。

二、其他陶瓷产品

除瓷器以外的陶瓷产品包括：

（一）不同于瓷的多孔陶瓷，为液体可渗透的不透明体，易被铁器划出痕道，断裂面粘舌。这类陶瓷有：

1. 用普通含铁及含钙粘土（砖土）制成的陶器，具有无光泽的土质结构，一般为棕、红或黄色。

2. 范围较广的白色或着色陶瓷（精陶器、花饰陶器，荷兰白釉蓝彩陶器等）。本身多孔，必须上釉（使用透明或不透明釉料，例如，白色或其他颜色的金属氧化物）才具不渗透性。精陶器等由经过细筛的粘土加水混合制成，坯泥颗粒细腻，通过比烧制普通粘土陶器更高的温度烧制而成。其坯泥并未完全玻璃化，因而不同于瓷器。

（二）粗陶器，虽然它质地紧密，硬度高，不怕钢尖的擦刮，因其不透明，且一般只是部分玻璃化，所以与瓷不同，粗陶器可以是釉瓷质（不透水）或半釉瓷质。由于所使用的粘土中含有杂质，所以颜色为灰色或浅棕色。粗陶器通常上釉。

（三）某些名为“半瓷”或“仿瓷”的产品，有的经调剂、修饰及上釉，使其具有瓷器的商品外表。它们不象陶器那样完全不透明，也不象瓷器那样真正半透明。这些产品只是在较薄处（例如，杯子的底部）略觉半透明状，可通过它们的断裂面与真瓷加以区别，因为它们的断裂面颗粒粗糙、无光泽和非玻璃化。该产品釉面下是多孔的，断裂面也是粘舌的。再者，用钢刀很易在这些产品上划出痕道。但必须注意，某些软瓷也很易用钢器划出痕道。上述这些“仿瓷”品不作为瓷归类。

本分章还包括块滑石粉等与粘土（例如，高岭土）、长石等混合后成形烧制的某些货品。但应注意，许多这些材料制成的物品是专供电气用途的，故应归入第八十五章。冻石锯成一定形状后经过烧制所得的制品也归入本分章内。

耐火材料（例如，烧结矾土）制成的某些陶瓷产品如不作耐火物品使用的，仍可归入第二分章（参见品目 69.09 的注释）。

69.04　陶瓷制建筑用砖、铺地砖、支撑或填充用砖及类似品：

　　10　—　建筑用砖

　　90　—　其他

本品目包括一般用于筑墙、造房、建工业烟囱衬壁等的非耐火陶瓷砖（即不能耐1500℃及以上高温的砖）。此类砖即使可以用作其他方面，仍应归入本品目（例如，缸砖既可用于铺路、作桥桩，也可用于建造房屋）。

砖通常是比较多孔的（普通陶器），但有些砖多少已玻璃化了（粗陶砖或工程用砖），这些砖多用于需较大机械强度或耐酸的建筑工程上（例如，化工厂）。

本品目包括：

一、平面或凹痕面的矩形普通实心砖。

二、有时穿了孔的曲面砖，用于工业烟囱的衬壁。

三、空心砖、排孔砖；用作地板、天花板等的长形空心铺地砌块及建筑厚板，与供建筑钢架结合使用的；支撑或填充用砖块（即砌大梁护面时用以支撑砌块的陶瓷件）。

四、面砖（例如，房屋、墙壁及门窗周围铺面用的砖，包括用于柱顶、镶边、中楣或其他供建筑装饰用的特制砖块）。

所称“双层”砖是纵向有排孔，使用时劈开即可使用的砖，如劈开后保持建筑用砖特征的，仍归入本品目。

所有这些砖，特别是面砖，可以经过磨光、用砂饰面（烧制时将砂熔结在砖的表面）、涂上一层薄薄的白色或其他颜色泥釉以掩盖砖的本色、用烟熏或用火烧、整体或表面着色（通过加入金属氧化物、使用含铁粘土或用碳氢化合物或碳在还原气层中加热进行着色）、浸焦油或上釉等，也可以在一面或两面模制、压花或压凹痕图案。

本品目还包括用含有锯末、泥炭纤维、碎稻草等的混合坯泥制成的轻质砖，其中锯末等在烧制过程中烧掉后产生了多孔结构。

本品目不包括：

（一）硅藻土制的砖（品目69.01）及耐火砖（品目69.02）。

（二）贴面砖、铺面砖，包括炉面砖及墙面砖（参见品目69.07的注释）。

69.05　屋顶瓦、烟囱罩、通风帽、烟囱衬壁、建筑装饰物及其他建筑用陶瓷制品：

　　10　—　屋顶瓦

　　90　—　其他

本品目包括一系列的非耐火物品，通常为普通陶器，但有的有些玻璃化。它们像砖一样用于建筑工程。

它们包括：

一、屋顶瓦（用于屋顶、墙头等处）。它们通常具有挂脚或打有用钉固定的孔眼或经模制使之相互叠接，在这方面它们与品目69.07的瓦有所不同。它们可以是平面的。半圆筒形的或制成适于装在屋檐、屋脊、屋面天沟等用的特殊形状。

二、烟囱罩、通风帽、烟囱衬壁、烟道砖等。

三、房屋、墙壁、大门等上用的建筑装饰物（例如，柱的上楣及中楣）；滴水咀；三角檐饰、圆花窗、栏杆，梁托、柱头；山墙端、屋檐、屋脊和屋顶装饰物等。

四、其他建筑用陶瓷制品，例如，通风管格栅；粘土条，用作抹泥工作的底架，由交叉处上带有烧制粘土十字件或板的金属丝网构成，以这些烧制粘土件为主要成分的。

这些物品不论是平面、砂面、涂泥釉、整体着色、用其他物质浸渍、上釉、起肋纹、带槽沟或模制成其他装饰形状的均归入本品目。

管子、明沟及类似品，例如，雨水排泄管（品目69.06），即使用于建筑上，也不归入本品目。

69.06　陶瓷套管、导管、槽管及管子附件

本品目适用于通常制成相互接合用于排泄或分流的非耐火管子等。它们有各种形状或截面（直的、弯的、分叉的、直径一致或不一的等），也有上釉的。

本品目包括：

一、将烧后会产生气孔的普通陶土仅用低温烘烧及粗略加工制成的农业或园艺用排水管。

二、其他管子、导管及明沟（例如，雨水排泄管、下水管、保护电缆但非供绝缘用的导管、明沟或滑道形状的半圆管、墙上的排水管）。

这些管子等可以是未上釉的普通陶器，但更为常见的是通过上釉或玻璃化使其具有不渗透性（例如，化学管道）。

三、用于连接或分岔的管子附件（项圈、法兰、弯管、T形管、清除杂物用的存水弯管等）。

本品目不包括：

（一）管状烟囱零件（例如，烟囱罩、通风帽、烟囱衬壁及烟道砖）（品目69.05）。

（二）通常由瓷制成供实验室专用的小管子（例如，燃烧管）（品目69.09）。

（三）绝缘电导管和接头及各种电气用的管子附件（主要归入品目85.46和85.47）。

69.07　陶瓷贴面砖、铺面砖、包括炉面砖及墙面砖；陶瓷镶嵌砖（马赛克）及类似品，不论是否有衬背；饰面陶瓷（+）：

—　贴面砖、铺面砖，包括炉面砖及墙面砖，但子目6907.30和6907.40所列商品除外：

21　——　按重量计吸水率不超过0.5%

22　——　按重量计吸水率超过0.5%，但不超过10%

23　——　按重量计吸水率超过10%

30　—　镶嵌砖（马赛克）及其类似品，但子目6907.40的货品除外

40　—　饰面陶瓷

本品目包括贴面砖、铺面砖，包括缸砖，一般供铺地面或铺墙面、壁炉面等用。

贴面砖、铺面砖，包括炉面砖及墙面砖，从其表面规格来看比建筑用砖要薄。建筑用砖在建筑工程中起重要作用，构成建筑物的框架，而贴面砖及铺面砖则多以水泥胶粘剂或其他材料贴于墙等的表面上。它们也不同于屋顶瓦，因为它们通常是平面的，不需钻孔，不带挂角，也不制成相互叠接形状，它们使用时是并排的而不是交搭的。铺面砖比贴面砖要大，通常呈矩形；贴面砖可以是其他几何形状的（六角形，八角形等）。贴面砖主要用于铺墙面、壁炉台和炉膛表面、房间地面和通道表面；铺面砖则多用于铺路或铺地板，也用作炉石板。两类商品均可由黏土或其他无机原料制得，通常在室温下经挤压成形，但也可通过其他工艺塑形，然后经干燥，并在适当的温度下煅烧，以使其具有所需的特性。但是，耐磨的品种通常需经玻化处理，例如，用陶、瓷或烘烧块滑石制成的砖（如作碾磨机等衬里的砖）。

耐磨度和玻化率因砖的结构而异。其结构特征通过其吸水能力加以体现。高吸水性对应多孔结构，低吸水性对应密实结构（玻化处理）。

空隙率或吸水率（以符号E表示）是指由干燥样品（砖）在水中浸泡饱和后，按重量计含水量的百分比。

吸水率是根据ISO 10545—3标准中的真空法加以测定的。

吸水率的计算公式如下：

$E = [(M_f - M_i)/M_i] \times 100$，其中，

E = 吸水率的百分比

M_i = 干燥样品质量

M_f = 吸水饱和后的样品质量

某些陶瓷砖通常仅用于铺路；它们的形状不象砖，通常为立方体或截棱锥形。实际上，它们一般是陶制的，偶尔也有瓷制的（例如，人行横道用的砖）。

本品目的货品是根据其形状及规格而不是根据其成分进行归类的。因此，既适于建筑、又适于铺路的砖不归入本品目（品目69.04）。

本品目的货品可以整体着色，上云石纹，起肋纹，带槽沟，上釉等。

在符合上述条件的情况下，本品目还包括：

一、完成贴面、铺面等工作最后工序所需的饰面陶瓷，例如，边缘砖、压顶砖、镶边砖、中饰砖、角砖、拐角砖或其他镶嵌用砖，不论是否带圆边，非平面或立体，具有饰面特征。特别用作分界、镶边、中饰、拐角、装饰插件及其他陶瓷附件。在上述情况下，这些砖需与其他基础砖配套使用，因此，其表面通常具有与普通砖相同的明暗度和表面处理。它们通常按片或按延米出售。

二、使用前须经分劈的双层砖。

三、建筑行业中供室内或室外覆层使用的赤陶覆层单元，具有不同尺寸，带模块结构。用金属夹子等将其附着于竖式或横式的金属铸件上，以固定在主体结构的墙上。

四、镶嵌砖（马赛克）及类似砖，不论是否有纸或其他材料衬背，其特征是尺寸小。

另一方面，本品目除不包括上釉制品外，也不包括：

（一）专门制成供餐桌杯垫等用的陶瓷片（品目69.11或69.12）。

（二）品目69.13的装饰物及类似品。

（三）专门制成炉用的陶瓷砖（品目69.14）。

○

○　○

子目注释：

子目6907.40

本子目所包括的某些种类的饰面陶瓷如下图所示：

饰面陶瓷

分解图——装饰瓷砖的三行结构

A：圆角
B：圆角
C：阴角座
D：圆角（外阳角）
E：外阳角
F：外阳角座
G：圆角
H：面砖
I：阴角座
J：带斜接面的圆角（内角）
K：带斜接面的面砖（内角）
L：内阴角座
M：带斜接面的圆角（内角）
N：带斜接面的面砖（内角）
O：圆角
P：圆角
Q：阴角座

饰面陶瓷

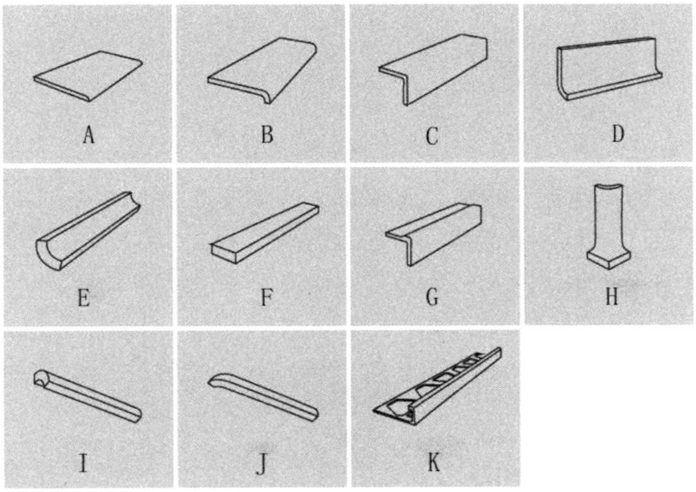

A：抹圆角边
B：半边圆角
C：简约式 V 字形护角
D：圆弧形阴角
E：圆弧形护角
F：地脚线
G：古典式 V 字形护角
H：圆弧角立柱
I：1/4 圆弧形护角
J：喙形护角
K：金属修边

【69.08】

69.09　实验室、化学或其他专门技术用途的陶瓷器；农业用陶瓷槽、缸及类似容器；通常供运输及盛装货物用的陶瓷罐、坛及类似品（+）：

—　实验室、化学或其他专门技术用途的陶瓷器：

11　——瓷制

12　——莫氏硬度为 9 或以上的物品

19　——其他

90　—　其他

本品目包括通常用玻璃化陶瓷（粗陶器、瓷、块滑石陶瓷等）制成的上釉或不上釉的制品，其品种范围相当广，但不包括第一分章总注释所述耐高温的耐火材料货品。然而非供高温工作用的物品（例如，用烧结矾土制成的引线器、研磨器等），即使是用耐火材料制成的，仍归入本品目。

本品目主要包括：

一、实验室用（研究或工业等用）的陶瓷器，例如，坩埚和坩埚盖、蒸发皿、燃烧舟、烤钵；研钵和研杵；舀酸勺及刮勺；滤器和催化剂的支架；滤板、滤管、滤烛，滤锥、滤斗等；水槽；烧杯、刻度容器（厨房用的刻度量器除外）；实验用盘、汞槽；小管（例如，燃烧管，包括测定碳、硫等的分析管）。

二、其他专门技术用途的陶瓷器，例如，泵、阀；蒸馏甑、瓮、化学槽及其他单壁或双壁固定容器（例如，用于电镀、贮酸等）；酸用龙头；旋管、分馏或蒸馏盘管和柱、石油分馏器用的填充圈；研磨机上的研磨器和研磨球等；纺织机上的引线器和用于挤出化学纤维的模头等；工具用板、杆、刀头及类似品。

三、商业运输或包装货物用的各种容器，例如，用于运输酸类和其他化学产品的大型容器、坛子等；用于盛装食品（例如，果酱、调味品、肉酱、利口酒等）、药品或化妆品（润发脂、药膏、雪花膏等）及墨水等的瓶、坛、罐。

四、农业上用的槽、缸及类似容器。

本品目不包括：

（一）品目 68.04 的物品。

（二）用耐火材料制成的蒸馏甑、坩埚、马弗罩、烤钵及其他类似品（品目 69.03）。

（三）厨房或家用容器（例如，茶叶罐、面包箱、饼干桶）（品目 69.11 或 69.12）。

（四）实验室用的普通罐和容器以及用于药店、食品店等展示用的罐（品目 69.14）。

（五）金属陶瓷制品（品目 81.13）。

（六）品目 85.33 至 85.38 的电器装置（开关、接线箱、熔断器等）及品目 85.46 或 85.47 的绝缘子及绝缘附件等。

○
○　○

子目注释：

子目 6909.12

本子目包括高性能陶瓷制品。这些制品由结晶陶瓷料（例如，矾土、金刚砂、锆土、硅的氮化物、硼或铝，或这些矿物的混合物）组成；晶须或增强纤维（例如，金属或石墨晶须或纤维）可分散于结晶陶瓷料中，构成复合陶瓷材料。

这些制品具有以下特点：其陶瓷料孔隙度极低，内部粒度极细；抗磨损、抗腐蚀、抗疲劳、抗热冲击性能好；耐高温；其强度重量比相当于甚至优于钢制品。

在有精密尺寸公差要求的机械（例如，涡轮增压发动机转子、滚动轴承及机床）应用上，它们往往用于替代钢或其他金属零件。

本子目所列的莫氏硬度是指某一材料能在另一莫氏硬度较低的材料表面刻划，留下刻痕，从而确定该材料的硬度。各种材料被分成 1（滑石）到 10（金刚石）级。大部分的高性能陶瓷材料接近莫氏硬度的最高一级。用于高性能陶瓷的金刚砂及氧化铝，两者的莫氏硬度均为 9 及以上。为了区分硬度高的材料，莫氏硬度有时将级扩大，滑石为 1，金刚石为 15。按扩大的莫氏硬度计，熔融矾土的硬度相当于 12，金刚砂的硬度则相当于 13。

69.10　陶瓷洗涤槽、脸盆、脸盆座、浴缸、坐浴盆、抽水马桶、水箱、小便池及类似的固定卫生设备：

10　—　瓷制

90　—　其他

本品目包括永久固定于房舍内或某一地点上的设备，它们通常与供水系统或下水道相连接。这些设备须经上釉或长时间烧制，以防漏水（例如，粗陶器、精陶器、耐火土制的洁具、仿瓷器或玻璃瓷器）。除已列明的设备外，本品目还包括盥洗室用的蓄水箱等。

抽水马桶的陶瓷冲洗水箱不论是否配有机械装置，仍应归入本品目。

但本品目不包括小型浴室或卫生附件，例如，肥皂碟、海绵篮、牙刷架、毛巾钩、卫生纸架等，即使它们是固定在墙上的各种装置，也不包括便携式的卫生用品，例如，便盆、尿壶和便壶；此类货品归入品目69.11或69.12。

69.11 瓷餐具、厨房器具及其他家用或盥洗用瓷器：

10 — 餐具及厨房器具

90 — 其他

参见品目69.12的注释。

69.12 陶餐具、厨房器具及其他家用或盥洗用陶器

餐具、厨房器具、其他家用或盥洗用物品，如果是瓷制的，应归入品目69.11，如果是其他陶瓷材料制的，例如，粗陶器、精陶器、仿瓷器，则应归入品目69.12（参见第二分章总注释）。

本品目包括：

一、餐具，例如，茶具或咖啡用具、盘、汤碗、沙拉碗、各种碟、咖啡壶、茶壶、糖缸、啤酒杯、其他杯、酱油碟、水果盘、调味品瓶、盐瓶、芥末瓶、蛋杯、茶壶架、餐桌垫、刀架、汤匙和餐巾环。

二、厨房器具，例如，炖锅、各种形状和规格的蒸锅、烘烤盘、盆、糕点及果子冻模子、厨用壶、腌制罐、贮存罐和箱（茶叶罐、面包箱等）、漏斗、长柄勺、刻度厨房量器、擀面杖。

三、其他家用物品，例如，烟灰缸、热水瓶、火柴盒架。

四、盥洗物品（不论是否家用），例如，盥洗用具（大口水壶、碗等）、卫生桶、便盆、尿壶、便壶、痰盂、冲洗罐、洗眼杯；肥皂碟、毛巾架、牙刷架、卫生纸架、毛巾钩和浴室、厕所、厨房用的类似物品，不论是否固定装于或嵌入墙上的。

本品目不包括：

（一）用于盛装或运输货物的缸、坛、瓶、罐及类似品（品目69.09）。

（二）浴缸、坐浴盆、洗涤槽及类似卫生设备（品目69.10）。

（三）品目69.13的塑像及其他装饰品。

（四）贵金属或包贵金属在其中不仅只起小装饰物作用的陶瓷制品（第七十一章）。

（五）附有陶瓷容器和金属工具的咖啡磨或香料研磨机（品目82.10）。

（六）品目85.16的电热器具（用于烹煮、加热等），包括电热元件（烹煮板、加热电阻器等）。

（七）第九十一章的物品，包括钟壳。

（八）品目96.13的打火机，以及香水喷雾器（品目96.16）。

69.13 塑像及其他装饰用陶瓷制品：

10 — 瓷制

90 — 其他

本品目包括的陶瓷制品范围广泛，它们主要用于家庭、办公室、会议室、教堂等内部装修以及用于室外装饰（例如，花园的装饰）。

本品目不包括协调制度其他品目已具体列名的物品，即使他们的性质或加工程度都说明其用于装饰用途。例如：

（一）檐口、中楣及类似的建筑饰品（品目69.05）。

（二）贵金属或包贵金属在其中不仅是小配件的物品（第七十一章）。

（三）仿首饰（品目71.17）。

（四）第九十章的气压表、温度计及其他仪器。

（五）钟及钟壳，即使经过了装饰，由塑像或类似品组成，但明显用作钟壳的（第九十一章）。

（六）品目94.05的灯具、照明装置及其零件。

（七）玩具、游戏品及运动用品（第九十五章）。

（八）第九十六章的钮扣、烟斗、台式打火机、香水喷雾器及其他物品。

（九）油画、粉画及其他手绘画、塑像原件以及一百年以上的收藏品和古物（第九十七章）。

本品目包括：

一、仅作装饰而无实用价值的物品以及仅用于支撑、盛装装饰品或增加其装饰效果的物品，例如：

（一）塑像、半身塑像、高浮雕或浅浮雕以及其他供内部或外部装饰的塑像；装饰品（包括构成时钟零件的装饰品），供壁炉台、博古架等用（动物塑像、带象征性或寓言性质的塑像等）；运动或艺术纪念品；装有悬挂装置的墙饰（匾、盘、板）；大纪念章；火炉栏；人造花、果实、叶等；墓地用的花圈及类似装饰物；家用陈列橱、架上的小摆设。

（二）十字架及其他教堂或宗教用装饰品。

（三）纯作装饰用的盘、瓶、坛、大花瓶。

二、餐具及其他家用物品，其观赏价值明显大于其使用价值的。例如，无实际使用价值的模制浮雕盘，附带配有一只附属精致小碟或烟灰缸的装饰品，无真正使用价值的微缩品等。但一般情况下，餐具及家用器具基本上是有实用价值的，装饰也只是次要的，因而不会影响其用途。所以，带装饰性的这类物品如果使用效果不比未装饰的同类物品差，应归入品目69.11或69.12而不归入本品目。

三、家庭、办公室等装潢、修饰用的物品，但餐具及家用物品除外。例如，成套烟具、珠宝箱、口香片盒、香烟盒、香炉、墨水台、书档、镇纸及类似书桌上用品和画框。

69.14 其他陶瓷制品：

10 — 瓷制

90 — 其他

本品目包括本章其他品目或协调制度其他各章未列名的所有陶瓷制品。

本品目主要包括：

一、以陶瓷（一般为粗陶器，有时为普通陶器等）为基本材料制成的火炉及其他加热器；非耐火用的火砖颊板；火炉及壁炉的陶瓷零件、柴炉的陶瓷衬里，包括专门制成火炉用的陶瓷砖。但电热器具应归入品目85.16。

二、非装饰性的花盆（例如，用于园艺的）。

三、门、窗等的附件，例如，把手及指板等；用于盥洗塞链条的球形栓等。

四、商店标志及橱窗用的字母、数字、招牌板及类似图案，不论其是否印有图画或文字，但发光标志除外（品目94.05）。

五、主要由陶瓷制成的弹簧杆塞（例如，用于柠檬水瓶的）。

六、供实验室用的普通罐和容器以及药店、糖果店等用的展示罐。

七、其他各种物品，例如，刀柄、学生用的墨水池、用于散热器上的湿润器、鸟笼配件等。

本品目不包括：

（一）陶瓷假牙（品目90.21）。

（二）玩具、游戏品及运动用品（第九十五章）。

（三）第九十六章的钮扣、烟斗及其他物品。

第七十章 玻璃及其制品

注释：

一、本章不包括：

（一）品目32.07的货品（例如，珐琅和釉料、搪瓷玻璃料及其他玻璃粉、粒或粉片）；

（二）第七十一章的物品（例如，仿首饰）；

（三）品目85.44的光缆、品目85.46的绝缘子或品目85.47所列绝缘材料制的零件；

（四）第八十六章至第八十八章的运输工具用的带框的前挡风玻璃、后窗或其他窗；

（五）第八十六章至第八十八章的运输工具用的前挡风玻璃、后窗或其他窗，装有加热装置或其他电气或电子装置的，不论是否带框；

（六）光导纤维、经光学加工的光学元件、注射用针管、假眼、温度计、气压计、液体比重计或第九十章的其他物品；

（七）有永久固定电光源的灯具及照明装置、灯箱标志或铭牌和类似品及其零件（品目94.05）；

（八）玩具、游戏品、运动用品、圣诞树装饰品及第九十五章的其他物品（供玩偶或第九十五章其他物品用的无机械装置的玻璃假眼除外）；或

（九）钮扣、保温瓶、香水喷雾器和类似的喷雾器及第九十六章的其他物品。

二、对于品目70.03、70.04及70.05：

（一）玻璃在退火前的各种处理都不视为“已加工”；

（二）玻璃切割成一定形状并不影响其作为板片归类；

（三）所称“吸收、反射或非反射层”，是指极薄的金属或化合物（例如，金属氧化物）镀层，该镀层可以吸收红外线等光线或可以提高玻璃的反射性能，同时仍然使玻璃具有一定程度的透明性或半透明性；或者该镀层可以防止光线在玻璃表面的反射。

三、品目70.06所述产品，不论是否具有制成品的特性仍归入该品目。

四、品目70.19所称“玻璃棉”，是指：

（一）按重量计二氧化硅的含量在60%及以上的矿质棉；

（二）按重量计二氧化硅的含量在60%以下，但碱性氧化物（氧化钾或氧化钠）的含量在5%以上或氧化硼的含量在2%以上的矿质棉。

不符合上述规定的矿质棉归入品目68.06。

五、本协调制度所称“玻璃”，包括熔融石英及其他熔融硅石。

○

○ ○

子目注释：

子目7013.21、7013.31及7013.91所称“铅晶质玻璃”，仅指按重量计氧化铅含量不低于24%的玻璃。

总 注 释

本章包括各种形状的玻璃及玻璃制品（本章注释一所列不包括的物品或本协调制度其他品目更为明确列名的物品除外）。

玻璃（下列的熔融石英和其他熔融硅石除外）是以不同比例的某种碱金属硅酸盐（硅酸钠或硅酸钾）与一种或多种钙和铅的硅酸盐相混合，并附加钡、铝、锰、镁等组成的一种熔融均匀混合物。

玻璃按其组分不同有许多品种（例如，玻希米亚玻璃、冕牌玻璃、铅晶质玻璃、氧化铅玻璃、斯特拉斯铅玻璃）。这些不同类型的玻璃是非晶性（非晶质）的，而且是全部透明的。

本章各品目包括品目所列的相应物品，不论其为何种玻璃制成的。

制造玻璃的方法有多种，它们包括：

一、铸造（例如，制平板玻璃）。

二、滚轧（例如，制平板玻璃或嵌丝玻璃）。

三、浮法（浮法平板玻璃）。

四、模制，不论是否与压、吹或拉制方法相结合（例如，模制瓶子、杯子、某些类型的光学玻璃、烟灰缸）。

五、吹制，机械或人工吹制，不论是否使用模具（例如，制瓶、安瓿、装饰品，有时也吹制玻璃片）。

六、拉拔或挤出（特别用于制玻璃片、玻璃棒、玻璃管及玻璃纤维）。

七、压制，一般使用模具，通常用以压制烟灰缸等物品，也有与滚轧法（例如，轧制图案玻璃）或吹制法（例如，制瓶）相结合。

八、灯工法，借助于喷灯进行加工（用玻璃棒或管制造安瓿或小工艺品）。

九、切割，将各种方法制得的玻璃坯件、球体等切割成所需的物品（特别是熔融石英或其他熔融硅石制品，它们通常是用实心或空心玻璃坯件切割而成的）。

关于多孔玻璃的情况，参见品目 70.16 的注释。

在某些情况下，制作方法可决定玻璃品在本章中品目的归类，例如，品目 70.03 仅适用于铸制或轧制的玻璃，而品目 70.04 仅适用于拉制或吹制的玻璃。

本章注释五所称“玻璃”，包括熔融石英及其他熔融硅石。

本章还包括：

（一）乳白玻璃或玻璃瓷，在玻璃熔体中加入如萤石或骨灰之类的材料（约加 5% 的比例）制成的半透明玻璃。所加材料在熔体冷却或再加热时可以引起部分结晶。

（二）名为玻璃陶瓷的特种材料。玻璃通过控制结晶的方法制成几乎全部结晶的材料。这种材料是在玻璃料中加入晶核形成剂制得的，常用的晶核形成剂是金属氧化物（例如，二氧化钛和氧化锆）或金属（例如，铜粉）。当玻璃按正常工艺制成物品后，将其置于一定的温度下，以保证其在成核晶体四周结晶（反玻璃化）。玻璃陶瓷可以是不透明的，有时也可以是透明的。它们比普通玻璃具有更好的机械、电气和耐热性能。

（三）具有低膨胀系数的玻璃，例如，硼硅酸盐玻璃。

70.01　碎玻璃及废玻璃，来源于阴极射线管或品目 85.49 的其他活化玻璃除外；玻璃块料

本品目包括：

一、制造玻璃时产生的各种废、碎玻璃（包括溅泼在熔埚外面后经回收的废玻璃）；破碎玻璃制品。废玻璃最常见的特点是具有锋利的边缘。

二、玻璃（包括“釉彩”玻璃）块料（即基本为规则的块状），没有专门的固定用途。

“釉彩”玻璃和大多数的普通玻璃相比，其可熔性更大，密度更高。它通常是不透明的，但偶尔也有透明的；有的无色，有的为各种颜色。本品只有呈块状（成团或厚板）时才归入本品目。它用于给其他玻璃着色或遮光，也可通过灯工加工工艺制成小装饰品等，还可用于给陶器上釉等。

本品目还包括维特利特玻璃块料，一种低熔点的玻璃，用于电灯泡底座接触端点之间的绝缘。它的二氧化锰含量很高，故颜色浅黑；可将电灯泡底座内的零件加以密封。

粉状、粒状或粉片状的玻璃（包括维特利特玻璃及“釉彩”玻璃）不归入本品目（品目32.07）。

70.02 未加工的玻璃球、棒及管（品目70.18的微型玻璃球除外）：

10 — 玻璃球

20 — 玻璃棒

— 玻璃管：

31 —— 熔融石英或其他熔融硅石制

32 —— 温度在0℃至300℃时线膨胀系数不超过5×10^{-6}/开尔文的其他玻璃制

39 —— 其他

本品目包括：

一、实心玻璃球，一般通过模制或压制而成，或用双螺杆机制成，主要用作生产玻璃纤维的原料，也可用于制平版印刷板。

二、各种直径的玻璃棒或玻璃管，一般通过拉制而成（制玻璃管时要与吹制工艺相结合）；可有多种用途（例如，用于化学及工业装置；用于纺织工业；进一步制成温度计、安瓿、电灯泡和电子管或装饰品）。某些荧光灯管（主要作广告用）是拉制而成的，其整条中有许多隔段。

本组包括“釉彩”玻璃条、棒或管（参见品目70.01关于“釉彩”玻璃的注释）。

本品目的玻璃球必须是未经加工的；类似的棒及管也必须是未经加工的（即直接从拉制工序中制得或仅切割成段，其端部可经简单磨平）。

本品目不包括成为制成品或制成品零件的玻璃球、棒和管。它们应归入与其相应的品目（例如，品目70.11、70.17、70.18或第九十章）。如已加工但不能确定其特定用途的，可归入品目70.20。

本品目包括在本体加入荧光材料的玻璃管（不论是否切割成段）。另一方面，仅在管内涂有荧光材料的，不论是否经过其他加工，均不归入本品目（品目70.11）。

具有玩具性质的玻璃球（任何包装形式的彩色条纹玻璃弹子及供儿童娱乐用的小包装各式玻璃球）应归入品目95.03。成形后经过磨光，作某种瓶子的瓶塞用的玻璃球，应归入品目70.10。

本品目也不包括球形玻璃微粒（微小圆珠，直径不超过1毫米），例如，用于制造路标牌、反光标志及电影银幕，也用于清洁飞机喷气发动机或金属表面（品目70.18）。

70.03 铸制或轧制玻璃板、片或型材及异型材，不论是否有吸收、反射或非反射层，但未经其他加工：

— 非夹丝玻璃板、片：

12 —— 整块着色、不透明、镶色或具有吸收、反射或非反射层的

19 —— 其他

20 — 夹丝玻璃板、片

30 — 型材及异型材

本品目包括各种类型的铸制和轧制玻璃板片（不论厚度如何，也不论是否切割成形）、型材或异型材，不论是否具有吸收、反射或非反射层，但未经其他加工。

本品目包括：

一、未经加工的板玻璃，本品因有起粒或粗糙的表面，一般不透明；可用金属氧化物或其他金属盐进行整体着色。表面研磨或抛光的板玻璃不归入本品目（品目70.05）。

二、整体上不太透明，有时甚至完全不透明的一种非透明玻璃。它的外表通常制成类似于大理石、瓷器或雪花石膏的样子，有白色、黑色和其他颜色，无花纹或有条纹，用于铺墙面或制作盥洗盆、柜台、写字台、桌子、手术台等的台面，也用于制作墓碑、广告板、招牌等。

这种玻璃可一面或两面进行机械抛光，但抛光后的产品不归入本品目（品目70.05）。未加工的这种玻璃带有与轧辊接触过的痕迹或留有铸砂的痕迹。为了便于安装固定，某种乳色玻璃的一面具有肋纹或较为粗糙。

三、其不规则表面是在制造过程中形成的非透明玻璃。这类玻璃包括毛玻璃、教堂玻璃、锤痕教堂玻璃等；一面压有图案（条纹、菱形、脊形等）的压花玻璃；波纹玻璃及铸制的所谓仿古玻璃（即含有气泡或表面有细裂纹或带有其他故意制成的“缺陷”）。这类玻璃也可整体着色，用于工厂、仓库、办公室、浴室的窗户和所有需要一定光线但又要有不同程度遮蔽性的房屋的窗户。

这类玻璃制作方法的性质决定了它们不需要进一步加工使其表面平整。

如上所述，本品目只包括铸制和轧制玻璃。

在铸制过程中（除生产大块玻璃以外，目前铸制工艺越来越多地被轧制工艺所取代），熔融玻璃被倒在一个固定的压铸台上，沿台面的各边都有金属凸缘，用以决定所制玻璃的厚度。坩埚里的熔融玻璃倒在一个重型金属滚筒的前面，滚筒即在凸缘上滚动，将玻璃的粘滞流体挤压成凸缘的厚度。玻璃一旦达到规定的稠度，即将其缓慢送入退火隧道窑或退火窑里，越靠窑的出口温度越低，到出口处已经凉下来了。在铸造过程中，型材及异型材（例如，U型的）也可通过将仍处于半熔融状态的带状玻璃纵向两边折弯制得。

在轧制过程中，熔融玻璃在许多滚筒之间通过，轧成一条连续玻璃带或玻璃片、玻璃型材或异型材，然后用机械将其送入退火窑。

压花、锤痕等玻璃的表面是在铸制或轧制过程中进行压印的。在铸制中，雕有花纹的压铸台或滚筒在半熔融状的玻璃表面上印上图案。而在轧制中，图案是用最后一个雕花滚筒轧制而成的。

上述玻璃可以在制造过程中制有孔眼，也可以嵌有金属丝。平板玻璃、压花玻璃、教堂玻璃及类似玻璃为了防止玻璃破裂或打碎时其碎片造成的危险，有时也嵌丝，从而使其适合于建筑用途。嵌丝玻璃几乎全都是将一层钢丝网嵌入正在被轧制的软玻璃中而制成的。

归入本品目的玻璃可以在制造过程中加以镶色，一般是在玻璃的表面套上另一种颜色，或镀上一层吸收、反射或非反射层，但未作进一步加工。

本品目除了不包括因进一步加工而归入其他品目（例如，品目70.05、70.06、70.08或70.09）的铸制或轧制玻璃，还不包括生产过程中也要轧制的安全玻璃（品目70.07）。

70.04　拉制或吹制玻璃板、片，不论是否有吸收、反射或非反射层，但未经其他加工：

20　—　整块着色、不透明、镶色或具有吸收、反射或非反射层的

90　—　其他玻璃

本品目仅限于拉制和吹制后未经加工的玻璃片（不论是否切割成形）。

非机械吹制工艺除用于制造某些特种玻璃外，人们已极少采用。取而代之的是各种以拉制（例如，弗克法、利比-欧文斯法或匹兹堡法）或拉制与吹制相结合为主的机械加工工艺。

本品目的玻璃可以有不同厚度，但一般不如品目70.03的铸制玻璃厚。它可以整体着色或乳白，还可在制造过程中用其他颜色的玻璃予以镶色或镀上一层吸收、反射或非反射层。

拉制玻璃和吹制玻璃通常是生产出来后便直接使用，不需作任何进一步加工。除主要用作窗、门、陈列柜、暖房、钟、画片等玻璃之外，它还用作家具零件、照相底片、眼镜玻璃等。

本品目不包括表面经磨光、抛光或其他加工的拉制玻璃和吹制玻璃（参见品目70.05、70.06、70.09等的注释）。

70.05　浮法玻璃板、片及表面研磨或抛光玻璃板、片，不论是否有吸收、反射或非反射层，但未经其他加工：

10　—　具有吸收、反射或非反射层的非夹丝玻璃

—　其他非夹丝玻璃：

21　——整块着色、不透明、镶色或仅表面研磨的

29　——其他

30　—　夹丝玻璃

本品目包括浮法玻璃片。其原料先在熔炉中熔化，玻璃液出炉后流入熔融金属浮槽内。在浮槽内玻璃在金属液面上自由摊平后，保持着液面所有的光洁面。在玻璃到达槽的终端时，它被冷却至一定的温度。这时玻璃的硬度在通过滚筒时已不会留有印记或产生变形。从浮槽出来后，玻璃进入一个退火窑。在窑的尽头，玻璃进一步冷却，并可进行切割。这种玻璃的表面未经研磨或抛光，经过浮法工艺后极为平直。

本品目也包括表面经过磨光或抛光的品目 70.03 及 70.04 所列的玻璃（磨光和抛光两种工序通常结合进行）。

在磨光过程中，玻璃在旋转的裹铁圆盘和含有磨料的水流作用下研磨玻璃的表面，使其平滑光洁。玻璃的透明度是用浸有红铁粉（氧化铁）的裹毡圆盘在机器对玻璃进行抛光后获得的。表面的磨光工序可以连续进行，双面研磨机还可以对玻璃两面同时进行加工。有时还进行最终抛光。

本品目的玻璃可以整体着色或乳白，也可以在制造过程中用其他颜色的玻璃予以镶色或镀上一层吸收、反射或非反射层。

本品目的玻璃一般用于窗、门、汽车、船舶、飞机等，也用于制造镜子、桌面、书架、橱窗等和品目 70.07 的安全玻璃。

加工方法超出本品目或本章注释二（二）所列范围的玻璃片，包括弧形玻璃，不归入本品目（品目 70.06、70.07、70.09 等）。

70.06　经弯曲、磨边、镂刻、钻孔、涂珐琅或其他加工的品目 70.03、70.04 或 70.05 的玻璃，但未用其他材料镶框或装配

本品目包括经过一种或多种下列方法加工的品目 70.03 至 70.05 所列各类玻璃。但本品目不包括安全玻璃（品目 70.07）、多层隔温、隔音玻璃组件（品目 70.08）或玻璃镜（品目 70.09）。

本品目包括：

一、弯形或曲形玻璃，例如，特种玻璃（用于橱窗），它是用热弯曲的方法（在适当的炉子里用模具）将玻璃片加工而成。但是品目 70.15 的呈弧面或弯曲的玻璃除外。

二、边缘经过加工（研磨、抛光、圆角、开槽、倒角、斜切、成形等）的玻璃。这些玻璃具有以下物品的特点，例如，桌面板、天平及其他衡器用板，观测孔板及类似品，各种招牌板、指板、相框等用的玻璃片，窗玻璃、家具用的玻璃面等。

三、制成后经打洞或开凹槽的玻璃。

四、制成后表面经过加工的玻璃。例如，经过打毛工序的玻璃（磨砂玻璃及以金刚砂或酸处理使其暗色的玻璃）；冰花玻璃；用任何方法雕刻或蚀刻的玻璃；釉彩玻璃（即以瓷漆或玻璃化颜料加以装饰的玻璃）；以任何方法（手绘、印制、加窗花等）使其具有图案、装饰和各种花纹等的玻璃，以及用任何其他方法装饰的所有其他玻璃，但用手工绘制成品目 97.01 所列绘画的玻璃除外。

本品目不仅包括作为半制成品的平面玻璃（例如，无任何特定用途的玻璃片），还包括具有特定用途的平面玻璃制成品，只要它们不带框架、背衬，也未用玻璃以外的其他材料装配的。因此，本品目主要包括斜边或穿孔玻璃制成的指板（用于门或开关）和不论是否斜边、着色、带有图案或其他装饰的招牌板。

但是，装于木料或贱金属上用作相片、图画等框架的玻璃片应分别归入品目44.14或83.06；单面印有图画的装饰用玻璃镜，不论是否镶框，应归入品目70.09或70.13；玻璃板制成的托盘，不论是否着色、带框及带柄等，均应归入品目70.13；用纸、纸板、毡、金属等作背衬或镶有框架的广告板、招牌板、地址板、镶板、字母、数字及类似的小块图案应归入品目70.20（如果装有照明装置，则归入品目94.05）。同样，用其他材料镶框或装镶的玻璃板如果构成机器、用具或家具的零件时，应与该机器、用具或家具一同归类。

用于家具上的未用其他材料装框或装镶的玻璃板，如果单独报验，应归入本品目；如与家具同时报验（不论是否已组装），并明显用于该家具上的，则应与家具一同归类。

照相用玻璃底片（未曝光、已曝光或已冲洗的）应归入第三十七章。用导电金属糊压印出电路的玻璃板和具有电阻作用的金属带或装置的加热玻璃板应归入第八十五章。

70.07　钢化或层压玻璃制的安全玻璃：

—　钢化安全玻璃：

11　——规格及形状适于安装在车辆、航空器、航天器及船舶上

19　——其他

—　层压安全玻璃：

21　——规格及形状适于安装在车辆、航空器、航天器及船舶上

29　——其他

所称“安全玻璃”，仅包括以下所列类型的玻璃，但不包括如普通夹丝玻璃和选择吸收玻璃（例如，防眩玻璃、X光防护玻璃）之类的防护性玻璃。

一、钢化玻璃，即：

（一）将玻璃件再加热，直至其变软但又不致软得变形，然后用适当方法将玻璃迅速冷却，从而制得钢化玻璃（热钢化玻璃）。

（二）用复杂的物理化学方法进行处理（例如，离子交换）使玻璃的强度、耐久性与挠性大大增强所制得的玻璃（通常称为“化学钢化玻璃”）。这项处理可以改变玻璃表面的结构。

这种玻璃由于加工时所产生的内应力，一旦制成，便不能再进行加工了。因此，在回火前，钢化玻璃总是按所需形状和规格直接制成成品。

二、层压玻璃

这类安全玻璃通常称为层压玻璃、夹层玻璃等。它是在两片或多片玻璃中间象三明治般地夹上一层或多层塑料制成。塑料夹层通常由醋酸纤维素、乙烯基或丙烯酸产品的薄片构成。层压玻璃是在高热与高压下粘合而成的，有时还用一种特殊胶粘剂涂喷在玻璃内层的表面上再进行压合。另一方法是把塑料薄膜直接制在玻璃片上，然后加热加压使玻璃片粘合在一起。

钢化安全玻璃的特点是撞击破裂后不会成为带锋利边缘的小碎块，甚至崩解，从而减少了飞出的玻璃伤人的危险。层压玻璃通常只有裂缝，并无碎片飞出。如果冲击力很大，使其破裂，飞出的玻璃片通常也很小，不会造成严重割伤。特种用途的层压玻璃可夹有金属丝网，或将塑料夹层加以着色。

因其具有上述特性，这两种玻璃多用作汽车的挡风玻璃和窗玻璃，也用作门、轮船舷窗、工人或司机的护目镜、防毒面具的目镜以及潜水员头盔的目镜。防弹玻璃也是一种特种类型的层压玻璃。

本品目的产品是不管成一定形状（例如，弯曲）或不成一定形状的。

但弧面安全玻璃如具有钟表玻璃特征或用作太阳镜片的应归入品目70.15。安全玻璃装于其他物品之上，构成了机器、用具或车辆零件的，应与有关机器、用具或车辆一并归类；同样，用安全玻璃做镜片的护目镜应归入品目90.04。

多层隔温、隔音玻璃，例如，两片玻璃夹有一层玻璃纤维的产品，应归入品目70.08。

钢化（强化）玻璃与玻璃陶瓷的制品，除供上述用途以外，应按其各自的特征分别归类（例如，钢化玻璃制的平底无脚杯、硼硅烤盘、玻璃陶瓷板应归入品目70.13）。

用作安全玻璃代用品的塑料，应按其组成材料归类（第三十九章）。

70.08　多层隔温、隔音玻璃组件

本品目包括多层隔温、隔音玻璃组件，最常见的是由两块或多块玻璃（片玻璃、板玻璃、浮法玻璃、锤痕玻璃或教堂玻璃）组成，片与片之间夹有一层干空气或惰性气体，有时中间还有多个间隔。这些玻璃片用金属、塑料或其他接合材料将其边缘密封，使其成为一个完全的密封件。

另一种类型的多层隔温、隔音板是由两片玻璃夹有一层玻璃纤维构成的。

这些玻璃用于装配在窗户、屋顶等上，可以起到一定程度的隔温、隔音作用，还可减少冷凝作用。

70.09　玻璃镜（包括后视镜），不论是否镶框：

10　—　车辆后视镜

—　其他：

91　——　未镶框

92　——　已镶框

所称“玻璃镜”，是指一面镀有金属（通常用银，有时用铂或铝），能清楚明亮地反照的玻璃。

镀银方法是使用硝酸银的稀释氨溶液（用酒石酸钾或转化糖为基本原料的还原性溶液相混合）。玻璃经过彻底清洁后，即将上述溶液倾倒于玻璃表面上。银盐在玻璃上还原形成经久明亮的金属银沉积层。

镀铂方法是将氯化铂的化合物刷在玻璃上，然后将玻璃加热到近于软化点，从而使金属涂层牢牢地附着于玻璃面上。

金属层（特别是银）需要有保护层，有的涂上一层或多层清漆，有的覆上一层电解沉积铜外，再涂上一层清漆保护层。

本品目包括镜片，不论是否经过进一步加工；也包括任何尺寸的成形玻璃镜，例如，用于家具、室内装饰和火车车厢等；梳妆用镜（包括手持式和悬挂式的）；袖珍镜（不论是否带保护盒套）。本品目还包括放大或缩小玻璃镜和后视镜（例如，车用后观镜）。所有这些玻璃镜可以具有背衬（纸板、织物等）或镶框（金属的、木的、塑料的等）；框架本身也可以用其他材料装饰（织物、贝壳、珍珠母、龟壳等）。根据第九十四章注释一（二）的规定，落地式玻璃镜（例如，用于裁缝店试衣房或鞋店的可转动穿衣镜或旋转镜）也归入本品目。

本品目也包括单面印有图画的玻璃镜，不论是否镶框，只要它们仍具有镜子的基本特征；但这些镜子如果因印有图画而不能作为镜子使用的，则应按装饰用玻璃器归入品目70.13。

必须注意，已制成第九十四章家具零件（例如，衣柜门）的玻璃镜应与家具一同归类。

本品目不包括：

（一）由于添加了某些附加部分成为其他物品的玻璃镜，例如，某些带柄的托盘（品目70.13）；但另一方面，仅由玻璃镜构成的桌面中心仍归入本品目。

（二）框架或支座是用贵金属或包贵金属制成的镜子，不论是否带有天然或养殖珍珠、钻石或其

他宝石或半宝石（天然、合成或再造）（仅作为小配件的除外）（品目71.14）；或框架、支座上镶有天然或养殖珍珠、宝石或半宝石（天然、合成或再造）的镜子（品目71.16）。

（三）经光学加工的玻璃镜（第九十章）（参见相应的注释）。

（四）与其他元件组装在一起构成玩具、游戏品、打猎或射击用品的玻璃镜（例如，哈哈镜）（第九十五章）。

（五）一百年以上的玻璃镜（品目97.06）。

70.10 玻璃制的坛、瓶、缸、罐、安瓿及其他容器，用于运输或盛装货物；玻璃制保藏罐；玻璃塞、盖及类似的封口器：

10 — 安瓿

20 — 塞、盖及类似的封口器

90 — 其他

本品目包括商业上通常用于运输或盛装液体或固体产品（粉末、颗粒等）的各种玻璃容器。它们包括：

一、各种形状及规格的坛、瓶（包括虹吸瓶）、小药瓶及类似容器，用于盛装化学产品（酸等）、饮料、油类、肉汁、香水、药品、墨水、胶水等。

以前这些容器均用吹制法生产。现在几乎全都用机器进行生产。这些机器自动地将已熔化的玻璃馈入模子，通过压缩空气的作用使其成形。这类容器通常用普通玻璃（有色或无色）制造，但有些瓶子（例如，装香水的）也可用铅晶质玻璃制造，某些大坛是用熔融石英或其他熔融硅石制成的。

上述容器一般都配有适当的塞盖；这些塞盖有的是普通的塞子（软木塞、玻璃塞等），有的是玻璃球、金属盖、螺旋盖（金属或塑料的），还有的为特制的装置（例如，啤酒瓶、汽水瓶、苏打水瓶等的瓶盖）。

这些容器即使经过研磨、切割、砂磨、蚀刻、镂刻、彩绘（特别是某些盛装香水或利口酒的瓶子）、加箍、装于柳条筐中或用各种材料（柳条、稻草、酒椰纤维、金属等）以其他方式装饰的仍应归入本品目。容器颈上可装有活动瓶盖，容器本身还可装有滴量装置或标上刻度，但未构成实验室用的玻璃器。

二、用于运输或盛装某些食品（调味品、酱油、水果、蜜饯、蜂蜜等）、化妆品或盥洗品（雪花膏、润发油等）、药品（药膏等）、擦光油、清洁剂等的广口瓶、罐及类似容器。

这类容器通常是用普通玻璃（无色或有色）在模子中加压，然后用压缩空气加以吹制而成。它们大都是大口和短颈（如果有颈）的，一般有边或凸缘，用来扣住盖子；有些容器使用软木塞或螺旋塞。

象普通瓶子一样，这类容器也可进行砂磨、切割、蚀刻或镂刻、装饰、加箍等。

三、安瓿，通常用拉制的玻璃管制成，密封后可用作血清或其他药品的包装容器，或用于装液体燃料（例如，香烟打火机汽油用的安瓿）、化学产品等。

四、供运输或盛装药品及类似用途的管状容器及类似容器，用灯工玻璃管制成或吹制而成。

本品目也包括玻璃储藏罐。

任何材料制成的容器塞盖如果随同本品目容器一起报验，应归入本品目。

本品目还包括玻璃制的盖及塞，不论是用普通玻璃或铅晶质玻璃制成的，也不论是否经研磨、切割、砂磨、蚀刻、镂刻或装饰的。本品目还包括作瓶塞用的某些玻璃球；这种玻璃球是用玻璃厚板切割制成球形后再进行机械加工制得的。

本品目不包括：

（一）全部或大部分用皮革或再生皮革包裹的瓶子（品目42.05）。

（二）保温瓶或其他保温容器用的玻璃胆（品目70.20）。

（三）作为家用玻璃器皿的带塞冷水瓶、水杯和其他玻璃容器（品目70.13），但不包括商业上运输或盛装货品用的容器。

（四）婴儿奶瓶（品目70.13）。

（五）实验室、卫生及配药用的玻璃器皿（品目70.17）。

（六）商店专用的展示瓶、罐（品目70.20）。

（七）供香水喷雾器用的瓶子等（品目70.13）、香水喷雾器（品目96.16）和保温瓶及其他保温容器（品目96.17）。

70.11 制灯泡和光源、阴极射线管及类似品用的未封口玻璃外壳（包括玻璃泡及管）及其玻璃零件，但未装有配件：

10 — 电灯用

20 — 阴极射线管用

90 — 其他

本品目包括：

一、任何形状或尺寸的不带配件未封口玻璃外壳（包括玻璃泡和管），用于制造电灯泡、电灯管、电子管等，不论是供照明用或作其他用途（白炽或蒸汽灯、X光管、无线电真空管、阴极射线管、整流管或其他电子管、红外线灯等）。这些玻璃壳大部分是用自动化机器批量生产的，可磨砂、着色、乳色、镀金属及涂荧光材料等。

外壳的玻璃零件（例如，电视机阴极射线管的荧光屏或锥体，聚光灯泡反射器）仍归入本品目。

二、明显用于制造电灯泡和光源的末端窄小的玻璃管，或弯曲成广告标志形状的玻璃管。

三、用荧光物质（例如，硅酸锌、硼酸镉、钨酸钙）衬里的玻璃管。

这些玻璃壳经一系列制作（包括嵌入灯丝或电极，抽出管中气体，注入一种或多种稀有气体或水银等，装上灯头或接头）可制成电灯泡和光源、阴极射线管或第八十五章所列的类似物品。

所有上述物品可用普通玻璃、铅晶质玻璃或熔融石英制成。

本品目不包括：

（一）仅切割成一定长度的玻璃管，不论其两端是否用火抛光或用其他方法修整平滑；以及在玻璃本体加有荧光材料（例如，铀酸钠）的玻璃管（品目70.02）。

（二）已封装或装配件的玻璃灯泡、灯管以及成品灯泡、灯管和电子管（参见品目85.39、85.40、90.22等）。

【70.12】

70.13 玻璃器，供餐桌、厨房、盥洗室、办公室、室内装饰或类似用途（品目70.10或70.18的货品除外）：

10 — 玻璃陶瓷制

— 高脚杯，但玻璃陶瓷制的除外：

22 — — 铅晶质玻璃制

28 — — 其他

— 其他杯子，但玻璃陶瓷制的除外：

33 — — 铅晶质玻璃制

37　——其他
　　—　餐桌或厨房用玻璃器皿（不包括杯子），但玻璃陶瓷制的除外：
41　——铅晶质玻璃制
42　——温度在0℃至300℃时线膨胀系数不超过5×10^{-6}/开尔文的其他玻璃制
49　——其他
　　—　其他玻璃器：
91　——铅晶质玻璃制
99　——其他

本品目包括下列玻璃制品（其中大部分是在模子中加压或吹制而成的）：

一、餐桌或厨房用玻璃器皿。例如，水杯、高脚杯、单把大酒杯、细颈冷水瓶、婴儿奶瓶、大水罐、带把小口的大壶、盘子、沙拉碗、糖缸、船形调味汁壶、水果架、糕饼架、拼盘碟、碗、盘、蛋杯、黄油碟、油瓶、醋瓶、分菜或烹煮等用的盘、炖锅、焙盘、托盘、盐瓶、调味糖瓶、餐刀架、搅拌器、餐桌手摇铃、咖啡壶和咖啡过滤器、糖食盒、刻度厨房用具、保温板、餐桌垫、家用搅乳器的某些零件、咖啡磨具用的杯、乳酪碟、柠檬挤汁器、冰桶。

二、盥洗用品。例如，肥皂碟、海绵篮、液皂分配器、钩和横杆（挂毛巾用）、香粉缸、香水瓶、化妆用喷雾器的零件（喷头除外）和牙刷架。

三、办公室用玻璃器具。例如，镇纸、墨水台和墨水池、书档、装大头针的容器、笔架、烟灰缸。

四、室内装饰用玻璃器及其他玻璃器（包括教堂和类似场所用的在内）。例如，花瓶、装饰性水果盘、小塑像、小精品（动物、花、叶、果等）、桌面中心（品目70.09的物品除外）、养鱼缸、香炉等以及带风景画的纪念品。

上述玻璃器具可用普通玻璃、铅晶质玻璃、低膨胀系数玻璃（例如，硼硅玻璃）或玻璃陶瓷制成（后两种玻璃特别用于制造厨房器具）。它们有无色的、着色的或镶色的，可切割、打毛、蚀刻、镂刻或作其他装饰，也可用镀面玻璃制成（例如，装有柄的某种托盘）。但仅由一块镜子构成的桌面中心不归入本品目（参见品目70.09的注释）。

另一方面，本品目包括因印有图画而不能作为镜子使用的镜子状装饰性物品；否则，它们应归入品目70.09。

玻璃与其他材料（贱金属、木料等）组合制成的物品，如果具有玻璃制品的特征，可归入本品目。贵金属或包贵金属在玻璃器皿中仅作为微小配件的仍归入本品目；超出这个范围的则不归入本品目（品目71.14）。

本品目不包括：

（一）玻璃镜，不论是否镶框（品目70.09）。

（二）通常用于商业运输或盛装货物的玻璃瓶、坛、缸、罐以及玻璃制的保藏罐（品目70.10）。

（三）花饰铅条窗玻璃及类似品（品目70.16）。

（四）适于室内装饰用的品目70.18的物品（例如，玻璃珠制成的人造花和叶以及灯工装饰品）。

（五）钟壳（品目91.12）。

（六）品目94.05的灯具和照明装置及其零件。

（七）香水喷雾器及类似化妆用喷雾器（品目96.16）。

（八）品目96.17的保温瓶及其他保温容器的完整品。

70.14　未经光学加工的信号玻璃器及玻璃制光学元件（品目 70.15 的货品除外）

本品目包括下列未经光学加工的物品：

一、信号玻璃器（无色或着色），供安装于反光路标（例如，板、牌、柱等）或展示牌上，或作自行车、汽车等的简单反射器。这些物品通常是凸面的、半球形的或是具有平行槽纹平面的。它们能将射过来的光线（例如，车头灯光）加以反射，人们在黑暗中的远处就可见到。

二、玻璃制光学元件（无色或着色）。本品目包括在制作中虽未经光学加工，但能产生某种所需的光学效果的元件。这类元件主要包括汽车车头灯、停车灯、方向指示灯、自行车后灯、交通路灯、某种浮标灯、聚光灯泡、小手电、手电筒、配电盘灯或仪表板灯等的透镜及类似品，某些普通放大镜所用的镜片及类似品。

本品目还包括光学元件的毛坯和需进行光学加工的光学元件。

光学加工是先用粗磨料，然后再不断地用越来越细的磨料对玻璃表面进行研磨，其加工顺序为粗磨、修整、磨平和抛光。

经过一道或数道抛光前的工序所制得的物品仍归入本品目。但一面或多面全部或部分进行过抛光，达到了所需光学性能的玻璃件不归入本品目（根据其是否装配的情况，分别归入品目 90.01 或 90.02——参见相应的注释）。

只对玻璃圆片或镜片的边缘进行过简单的打磨，但未作进一步加工的，不能视为进行过光学加工。

本品目的物品一般是通过模制、压制或将玻璃片、带、块或板进行切割制成的。

上述物品即使已镶框、装有架座或背衬反射面，仍应归入本品目，但明显成为制成品的不包括在本品目内（例如，品目 83.10 的贱金属制的标志牌、数字、字母和其他标志；品目 85.12 的自行车或机动车辆用的前灯、车头灯或停车灯）。

本品目还不包括：

（一）视力矫正眼镜或非视力矫正眼镜用的玻璃（未进行光学加工）（参见品目 70.15 的注释）。

（二）球形玻璃微粒（参见品目 70.18 的注释）。另一方面，本品目包括用这些微粒涂面，准备装于路标或标志牌上的玻璃板。

（三）经过光学加工的玻璃光学元件或非玻璃材料制的光学元件（第九十章）。

（四）品目 94.05 的灯具和照明装置及其零件。

70.15　钟表玻璃及类似玻璃、视力矫正或非视力矫正眼镜用玻璃，呈弧面、弯曲、凹形或类似形状但未经光学加工的；制造上述玻璃用的凹面圆形及扇形玻璃：

10　—　视力矫正眼镜用玻璃

90　—　其他

本品目包括：

一、呈弧面、弯曲、凹形或类似表面的各种形状或尺寸的钟表玻璃，不论是否具有平行面。本品目还包括做相框及类似品、大奖章、湿度计、气压表及类似器具用的所有类似玻璃。换言之，本品目包括一系列通常用于保护有关物品的刻度盘、钟表面等的玻璃，这种玻璃尽管在某些情况下可用作实验室表玻璃或用于制造镜子，仍归入本品目。

不具有平行面的上述玻璃可具有某种光学性能。但品目 70.14 所列玻璃元件的主要功能是产生某种所需的光学效果，而本组所述玻璃的主要功能是起保护作用。

二、用于制造非视力矫正眼镜的弧面或类似表面的玻璃（例如，太阳眼镜和其他护目镜），这种玻璃的质量一般次于用以制作视力矫正镜片的玻璃。

这些玻璃通常具有平行面，实际上不再进行光学加工；经过光学加工的则不应归入本品目（品目90.01）。

第一和第二部分所述的玻璃主要的加工方法如下：

（一）将玻璃吹制成一个直径通常不超过 80 厘米的空心圆球体。接着将圆球体分成三或四个部分，再将每部分用带有钻石刀头的圆规分割成若干小片，然后将小片置于模子中利用热压把边缘向里弯曲。

（二）将平面玻璃切成小方块或小圆片，然后把它们放入一个凹面模子或转环内加热软化形成弧面或在模子内用热压使其形成弧面。

（三）将熔化的玻璃直接倒入一个机械压机的模中。

（四）将一块圆形或矩形（包括正方形）平面玻璃的一面磨出一个凹窝，以供钟表指针在其中有足够的空间走动。

除了有特定用途的成形［圆形、椭圆形或矩形（包括正方形）］玻璃以外，本品目还包括通过上述（一）款制造方法制成的玻璃空圆球体及其小片。

三、视力矫正玻璃（包括毛坯，即简单压制或模制但未经光学加工的玻璃）。在大多数情况下，视力矫正眼镜工业所使用的玻璃，是用熔融玻璃压成的毛坯制成。这些毛坯通常呈成品眼镜片形状。在某些情况下，镜片毛坯也可通过切割轧制或拉制的玻璃片制得。切下的玻璃片先在炉中软化，然后再压制成毛坯。通过以上两种方法制得的毛坯均需再进行表面加工，主要是进行抛光，才能用作视力矫正片。

本品目包括作视力矫正眼镜片的毛坯，即简单模制成形，但未经光学加工的玻璃片。未进行模制的这些玻璃应分别归入品目 70.03、70.04、70.05 或 70.06。

本品目不包括：

（一）作同样用途的平面玻璃（特别是品目 70.05、70.06 和 70.07 的玻璃）。

（二）品目 70.14 的光学元件。

（三）实验室专用的钟、表玻璃（中间穿孔、边缘经过打磨以保证其密封性等）（品目 70.17）。

（四）经光学加工的视力矫正眼镜片或隐形眼镜（第九十章）。

70.16　建筑用压制或模制的铺面用玻璃块、砖、片、瓦及其他制品，不论是否夹丝；供镶嵌或类似装饰用的玻璃马赛克及其他小件玻璃品，不论是否有衬背；花饰铅条窗玻璃及类似品；多孔或泡沫玻璃块、板、片及类似品：

10　—　供镶嵌或类似装饰用的玻璃马赛克及其他小件玻璃品，不论是否有衬背

90　—　其他

本品目包括一系列经压制或模制（不论是否与吹制相结合）的玻璃制品。它们主要用于铺盖平屋顶、圆屋顶和拱道，也通常与混凝土一起用以铺砌地窖、地下室、地下走廊等的衬砌壁。

因此，本品目包括实心或空心玻璃砖、块、瓦、片及各种模制品（双头制品等），还包括建筑用玻璃装饰品（圆花窗、中柱等）、梯级及其竖板、栏杆球饰等。

这些制品具有不同的透明度，其边缘可以经加工或开槽，可制成一定图案，也可嵌入金属丝，与金属、混凝土或其他材料结合。

本品目进一步包括：

一、马赛克方砖，一般已着色或表面涂上一层金色，马赛克矩形砖和其他平面形状砖，不论是否带银色。它们都是用作墙壁、家具的贴面材料，不论是否用纸、纸板、纺织物或其他材料衬背都归入本品目。本品目还包括着色的玻璃（通常为乳白玻璃）碎片或片屑。它们用水泥镶嵌，用于房屋门面装饰。

二、私人房舍的花饰铅条窗、教堂等用的彩绘玻璃窗。它们呈镶板、圆花窗等形式，由各种形状的玻璃（通常为整体着色玻璃、表面着色玻墙或旧法平板玻璃）镶在有槽铅条上构成，有时还用金属条杆加强。

用有槽的其他金属条制成的类似组装玻璃窗，尤其是花饰铜条窗，其防火性能更好。

三、多孔或泡沫玻璃块、板、片或类似品，通常是在熔融玻璃中吹入压缩空气或加入充气剂制得。这些工艺使无色或有色的玻璃具有近似浮石的结构，其比重不超过 0.5（因此可用作软木的代用品），易于钻孔、锯切、锉削等，它是一种隔温、隔音和吸音材料，可以上述形状用于建筑行业等。

这种玻璃还用于制造安全带、救生圈、装饰品等。但制成上述物品的形状后，这种玻璃就不能归入本品目，而应归入用其他玻璃制成的类似品的品目（特别是品目 70.13、70.17 或 70.20）。

本品目也不包括：

（一）品目 70.04 至 70.06 的玻璃。

（二）多层隔温、隔音玻璃（品目 70.08）。

（三）用马赛克方砖制成的成品镶板和其他装饰性图案（品目 70.20）。

（四）超过一百年的花饰铅条窗（品目 97.06）。

70.17　实验室、卫生及配药用的玻璃器，不论有无刻度或标量：

10　—　熔融石英或其他熔融硅石制

20　—　温度在 0℃至 300℃时线膨胀系数不超过 5×10^{-6}/开尔文的其他玻璃制

90　—　其他

本品目适用于一般用于实验室（研究、配药、工业等）的玻璃器，包括特种瓶（气体洗涤瓶、试剂瓶、沃尔夫瓶等）、特种管（气体洗涤管、干燥管、冷凝管、过滤管、气体量管、试管等）、搅拌器、蒸馏瓶、刻度罐、培养瓶（克氏扁瓶、鲁氏瓶等）、各种量管、蒸发盘、量瓶、特种钟形缸和接受器（真空的、缩领的等）、特种滴瓶（带刻度等）、曲颈瓶、结晶盘、干燥筒、滤扳和滤片、勺子、保干器、渗析器、承接管、冷凝器、蒸馏器的接受器、特种漏斗（带活栓漏斗、球形漏斗等）、量筒、坩埚、滤埚、特种烧瓶（锥形、多颈形等）、特种酒精灯、研钵、称量舟皿、吸管、各种类型的专用真空器皿（品目 96.17 的除外）、洗瓶、活栓、刮勺、缸（过滤缸、沉淀缸、多颈缸等）、马弗罩、坩埚支座板、显微镜载片和盖片等。

关于品目 90.27 的理化分析仪器和器具有时也属于本品目所列的实验用玻璃器的范围，其归类规则，参见品目 90.27 的注释。这些规则规定，本品目包括酸液比重计（品目 90.25 的除外）、乳液比重计、奶油计、乳脂计及类似测验乳品的仪器；白蛋白计和尿素计；量气管；体积计、氨量计、基普发生器及基耶达尔氏定氮仪及类似品；碳酸计；确定分子量的冰点测定器和沸点测定计等。

所称“卫生及配药用玻璃器”，是指不必专业人员指导便可使用的通用器具。本品目主要包括冲洗器、喷射嘴（注射器、灌肠器等用）、盛尿器、便盆、便壶、痰盂、吸杯、胸部除痛器（有或没有橡皮袋的）、洗眼杯、吸入器和压舌板。外科用羊肠线的线轴及卷轴也归入本品目。

本品目的物品可以刻度或标量，可用普通玻璃制成（特别是配药和卫生用玻璃器具），但实验室用玻璃器常用硼硅玻璃、熔融石英或硅石制成，因这些玻璃具有化学稳定性和低膨胀系数。

本品目不包括：

（一）供运输或盛装货物用的容器（品目 70.10）；有时用于实验室的普通弧面表玻璃（品目 70.15，参见该品目的注释）；药房专用的陈列瓶和工业用的玻璃器（品目 70.20）。

（二）第九十章的玻璃仪器及装置，例如，皮下注射器、特种插管及医疗、外科、牙科或兽医用的其他仪器和器具（品目 90.18）；品目 90.25 的液体比重计及类似的浮子式仪器、温度计、高温计及气压计；品目 90.26 的仪器及装置（用于液体流量等的计量和测试）；品目 90.27 的供物化分析等用的仪器和装置。

70.18　玻璃珠、仿珍珠、仿宝石或仿半宝石和类似小件玻璃品及其制品，但仿首饰除外；玻璃假眼，但医用假眼除外；灯工方法制作的玻璃塑像及其他玻璃装饰品，但仿首饰除外；直径不超过 1 毫米的微型玻璃球：

10　—　玻璃珠、仿珍珠、仿宝石或仿半宝石及类似小件玻璃品

20　—　直径不超过 1 毫米的微型玻璃球

90　—　其他

本品目包括范围很广的一系列各式各样玻璃制品。它们大部分直接用作或经过加工后用作观赏和装饰用途。

它们包括：

一、玻璃珠［例如，用于项链、念珠、假花、墓碑装饰等；用于装饰纺织制品（饰边、刺绣等）、手提包或类似品；或用作电绝缘子］。这些玻璃珠无论是否着色，基本是圆形的，穿有小孔。它们的制法是将玻璃管切割成长度和直径大约相等的小段，然后将所得的小圆管连同一些粉状物料（木炭、石墨、熟石膏等）的混合物一起放入一个金属圆桶内，该桶在炉上不停地转动。玻璃小圆管由于受热软化，摩擦使它们基本成为圆球形，而粉状物料则防止它们互相粘结。

二、仿珍珠，空心或实心，具有各种颜色、形状和尺寸，酷似真珍珠。空心仿珍珠最普通的制法是将一个极小直径的玻璃管吹制成为一系列很薄的玻璃球，然后将这些玻璃球相互分开。这种工艺制成的珠子有两个直接相对的洞眼，细线绳可从中穿过。玻璃棒也可用以吹制空心仿珍珠。将含有珠光精（一种溶于氨液中的鱼鳞糊状物）的物料吹入玻璃珠中，有时还填入白蜡使其更为坚实。这种珠子重量轻，在很轻的压力下即可压碎，因而很容易与真珍珠加以区别。

实心仿珍珠是将玻璃粒穿在铜丝上在火焰中加以转动而制成，或将玻璃浇铸在横穿着一根细铜管的小模子中制成。冷却后，可用硝酸溶掉珠中的铜。玻璃不受侵蚀，因而具有一个径向的洞眼。将这些珠子涂上珠光精，最后包上一层透明清漆的保护层。

三、仿宝石（包括仿半宝石）。切勿将这种仿宝石与品目 71.04 的合成宝石或再造宝石相混淆（参见相应的注释）。这种仿宝石用高折射率的特种玻璃（例如，斯特拉斯铅玻璃）制成，有的无色，有的用金属氧化物直接着色。

仿宝石一般把玻璃块按所需尺寸切割而得，将切下的玻璃件安放在一块涂有硅藻土的金属片上，然后送进小烤箱内将其边缘修圆。这时的玻璃件可进行切割（切成钻石形状、玫瑰状钻石形等）或雕刻（浮雕宝石或仿凹雕宝石）加工。这些仿宝石也可直按模制而成（例如，制成具有一定形状的小饰物）。这种模制仿宝石的底面常涂有反射性金属涂料（宝石加工）。

四、其他的玻璃小精品，例如，仿珊瑚。

五、各种玻璃制品（仿首饰除外），用上述某些单个玻璃件组装而成（例如，装饰花环用的玻璃花、玻璃叶和玻璃珠；灯罩、搁架用的圆玻璃珠穗缨或喇叭形玻璃珠穗缨；玻璃圆珠或喇叭形玻璃珠串成的窗帘、门帘和用类似方法制成的桌面垫席；用玻璃珠或仿宝石、仿半宝石串成的念珠。

六、玻璃假眼［供人使用的玻璃假眼除外（品目 90.21）］，例如，用于玩偶、机器人、填制的玩具动物上的假眼，但装有闭眼装置的玩偶假眼不归入本品目（品目 95.03）。

七、小塑像及其他装饰品（仿首饰除外），用糊状玻璃通过吹管吹制而成的。这些物品用来摆放在架子上（动、植物、小人像等），一般都是用透明玻璃（铅晶质玻璃、斯特拉斯铅玻璃等）或釉彩玻璃制成的。

八、微型玻璃球，其直径不超过1毫米，用于制作路标板、反光标牌或电影银幕；也用于清洁飞机喷气式发动机或金属的表面。它们是滚圆的实心球体。

用于室内装饰和类似用途的铸制或模制玻璃花、叶和果实不归入本品目（品目70.13）。其含有的贵金属或包贵金属超出小配件范围的灯工玻璃小精品，以及构成第七十一章所述范围的灯工玻璃仿首饰，应归入第七十一章。

本品目也不包括：

（一）通常镀银或染色的玻璃粉，用于装饰名信片、圣诞树的饰物等（品目32.07）。

（二）用小玻璃珠、仿珍珠、仿宝石或仿半宝石装饰的皮革或织物手袋及类似品（品目42.02）。

（三）用玻璃饰边的图画明信片、圣诞卡和类似品（品目49.09）。

（四）用玻璃珠缝成图案的纺织制品（第十一类，特别是品目58.10）。

（五）表面涂有玻璃小珠，供电影银幕等用的织物（品目59.07）。

（六）用玻璃珠、仿珍珠、仿宝石或仿半宝石装饰的鞋靴、帽类、手杖和伞（第六十四章、第六十五章及第六十六章）。

（七）装于或嵌于贵金属或包贵金属上的仿珍珠、仿宝石或仿半宝石（品目71.13或71.14），或品目71.17所列范围的仿首饰（参见相应的注释）。

（八）链扣（酌情归入品目71.13或71.17）。

（九）玩具、游戏品、圣诞树装饰品（包括吹制的薄壳玻璃球）（第九十五章）。

（十）钮扣及饰扣（酌情归入品目96.06或第七十一章）。

70.19　玻璃纤维（包括玻璃棉）及其制品（例如，纱线、无捻粗纱及机织物）（+）：

— 定长纤维纱条、无捻粗纱、纱线、短切原丝及其毡：

11 —— 长度不超过50毫米的短切原丝

12 —— 无捻粗纱

13 —— 其他纱线，定长纤维纱条

14 —— 机械结合毡

15 —— 化学粘合毡

19 —— 其他

— 机械结合织物：

61 —— 紧密粗纱机织物

62 —— 其他紧密粗纱织物

63 —— 纱线制紧密平纹机织物，未经涂布或层压

64 —— 纱线制紧密平纹机织物，经涂布或层压

65 —— 宽度不超过30厘米的网孔机织物

66 —— 宽度超过30厘米的网孔机织物

69 —— 其他

— 化学粘合的织物：

71 —— 覆面毡（薄毡）

72 —— 其他紧密织物

73 —— 其他网孔织物

80 — 玻璃棉及其制品

90 — 其他

本品目包括玻璃纤维本身和制成各种形状的玻璃纤维（含本章注释四所述的玻璃棉），以及由于物品的性质而不能归入其他品目的玻璃纤维制品。

玻璃纤维具有如下特征：不如植物或动物纺织纤维那样柔韧（玻璃纱线很难打结）；强度高（强度比第十一类的任何纺织纤维都要坚韧，在抗拉强度方面比钢还要高，但重量比钢更轻）；不具伸缩性，具良好的尺寸稳定性；不吸湿；不燃烧，声传导率和热传导率低（在某些情况下）；不腐烂、不受水和大部分酸的侵蚀；对紫外线的敏感性较低；导电性能差、具有介电透磁性；与有机基质相容。

玻璃棉（随机取向纤维）是纤维随机取向的蓬松产品，主要用于隔热。

玻璃纤维有两种类型：

（一）（连续）长丝玻璃纤维，由大量平行的连续长丝组成，长丝直径通常在 3 至 34 微米之间；这些连续的长丝成型后，被集合成一束（这个工艺过程也称“上浆”），以便其后的生产工序（短切、卷绕、捻线、织造等）。

（二）非连续的玻璃纤维（定长玻璃纤维），由在生产过程中切成短段后拉制成一束松散纤维集合体的长纤维组成。

玻璃纤维可进一步加工成本品目中的下列制品：

——纤维通过化学粘合形成的毡和网格布，即短切原丝毡、连续原丝毡和典型的无纺织物，如覆面毡（薄毡）、粘合网格布等；

——纤维通过机械结合形成的织物和毡，即机织物、无屈曲织物、针织物、缝编织物、针刺织物（如无捻粗纱布）、网孔织物、格栅等。

玻璃纤维可以通过多种方法制取，除少数情况以外，这些方法可归纳为三大类：

一、机械拉丝法

该过程中，石英砂、石灰石和高岭土的混合物在窑炉中熔化成玻璃液。不同成份组成可以生产不同种类的玻璃。玻璃液流入通道，通道底部装有耐高温贵金属（通常是铑或铂）合金制漏板。漏板上穿有很多小孔，熔融玻璃通过这些小孔形成玻璃长丝。经上浆处理后（例如，用硅烷处理），玻璃原丝或被送到一个高速旋转的芯轴的纸制套筒上卷绕，或直接在漏板下短切。所得的玻璃纤维（短切原丝）可进一步加工成毡和织物。

用大致相同的方法可制出较粗的玻璃纤维丝；这些玻璃丝可绕成供直接使用的玻璃丝网（用作隔热或隔音毡）。

二、离心拉制法

此法是用锅将玻璃熔化后，倒在一个高速旋转的耐火粘土圆盘上，圆盘边缘密密麻麻地带有很多齿。熔化的玻璃粘附在圆盘上，由熔炉的火焰进行加热。由于加热和离心力的作用下拉成长丝。玻璃丝被吹向一个固定的台子，卷绕在一个冷却圆筒上。

这样制成的纤维比较短，称为玻璃棉，可不经纺纱而整批使用。

三、流体成纤法

这一工艺过程是利用高压蒸汽或压缩空气的射流来实现的。当熔融玻璃丝从窑炉的拉丝板流出时，气流就从任一侧喷向玻璃丝。在射流的作用下，玻璃丝被裂为短段后涂上润滑剂。

这样制得的连续纤维卷绕到一个滚筒上，形成可直接使用的纤维网（例如，绝缘毯），或者制成其后可纺成纱线的定长纤维。

玻璃纤维织物通常通过以下两种生产工艺获得：

（一）化学粘合：

1. 玻璃纤维覆面毡工艺，以湿法或干法成型。

2. 粘结网格布工艺。

（二）机械结合：

1. 机织工艺：织机将经纱（纵向）和纬纱（横向）按不同的织纹图案（平纹组织、纱罗组织等）交织，形成紧密或网孔织物结构。

2. 针织工艺：针织机利用针织系统在纵向（经编）或横向（纬编）上使纤维相互连接而制成的线圈相互交织在一起，得到平面或管状织物结构。经编技术常用于多层织物的缝编。

3. 其他纺织工艺：缝编、针刺等。

织物可具有紧密结构（如无捻粗纱布或多轴向织物）或网孔结构（如网孔机织物或粘合网格布），这取决于制得最终产品所需的后续生产技术要求。紧密织物用于树脂浸渍，而具有规则网孔结构的网孔织物用于制作防虫网或墙面修复的增强网，修复时抹灰的灰浆必须能穿过网孔。

本品目的玻璃纤维及玻璃纤维制品主要有以下形式：

（一）散装玻璃棉，玻璃棉制的板、片、垫。

（二）定长纤维纱条、无捻粗纱、纱线及其制成的短切原丝和毡。

（三）机械结合织物，包括狭幅织物。

（四）化学粘合织物，包括覆面毡（薄毡）或粘合网格布。

本品目还包括帘、幕和其他玻璃纤维机织物制品。

值得指出的是，虽然用玻璃纤维线刺绣的“化学刺绣品”或无可见底布刺绣品应归入本品目，但凡采用第十一类的任何纺织品制成的刺绣品，如果仅是为了某些效果而使用了玻璃纤维绣线的，不应归入本品目（品目58.10）。

玻璃纤维及其织物用途广泛，例如：

1. 用于基础设施、环境方面和清洁能源发电（例如，多轴向织物增强风电叶片、道路加固用土工布、桥梁结构用复合材料等）。

2. 用于建筑及构筑体（例如，用于增强屋顶防水膜或瓦、覆盖毯、水泥及石膏板、建筑用织物、外墙包覆、墙面修复及外层保温复合系统等）。

3. 用于家具和室内装修（例如，装潢、墙帷、窗帘、蚊帐、遮阳帘），为织物状，可染色或印花。

4. 用于隔热及高温防护（例如，用于屋顶、烟囱、锅炉、窑炉、蒸汽管道、蒸汽涡轮、管道、冰柜及运货车等的隔热），为散装纤维、粒状棉、毡、垫、套管（用于管道）或编织物（不论是否用胶粘剂、沥青或其他物质浸渍，或用纸张、纺织材料或金属丝网支撑）。

5. 用于电绝缘（例如，电线、电缆或其他电器），为长丝、纱线、带、编织物、织物等（不论是否用天然树脂、塑料或沥青等浸渍），以及用于增强电子工业（自动数据处理设备或电话等）中的印刷电路板。

6. 用于隔音（例如，公寓、办公室、船舱、汽车或剧院），为散装纤维、毡、垫或硬板。

7. 在各种生产过程中用于热塑性和热固性塑料的增强，具多种用途，例如，储运液体的贮罐、桶和管道，机器罩及其他工业或农业用的模铸零件，机动车辆保险杠、履带车辆设备、铁道车厢或飞行器、家用器具、船壳、鱼竿、滑雪板、网球拍及其他体育用品等。

8. 用于制造其他杂项工业产品，例如，空调或化学工业用过滤产品、砂轮增强、医疗保健、包装加固等。

本品目不包括：

（一）将玻璃纤维压制后，或将多层玻璃纤维层叠后用塑料浸渍制成的半成品或制成品，由于它们具有结实坚硬的特征，因而失去了玻璃纤维制品的特性（第三十九章）。

（二）矿物棉（参见第七十章的注释四）以及品目68.06的矿物棉制品。

（三）用玻璃纤维网或织物作为芯层，用沥青或类似材料完全包裹或两面覆盖制成的屋顶板（品目68.07）。

（四）夹有一层玻璃纤维的多层隔温、隔音玻璃（品目70.08）。

（五）品目85.44的光缆，绝缘子（品目85.46）、绝缘材料制的附件（85.47）。

（六）品目90.01的光导纤维、光导纤维束及光缆。

（七）玻璃纤维制的玩偶假发（品目95.03），用人造树脂粘结玻璃纤维制成的钓鱼杆（品目95.07）。

（八）玻璃纤维刷子（品目96.03）。

○
○ ○

子目注释：

子目7019.11

短切原丝是将由许多平行长丝组成的原丝切短制得。它一般用来起加强作用，例如，用于塑料、灰浆、各种过滤器（空气、油等）的加强。

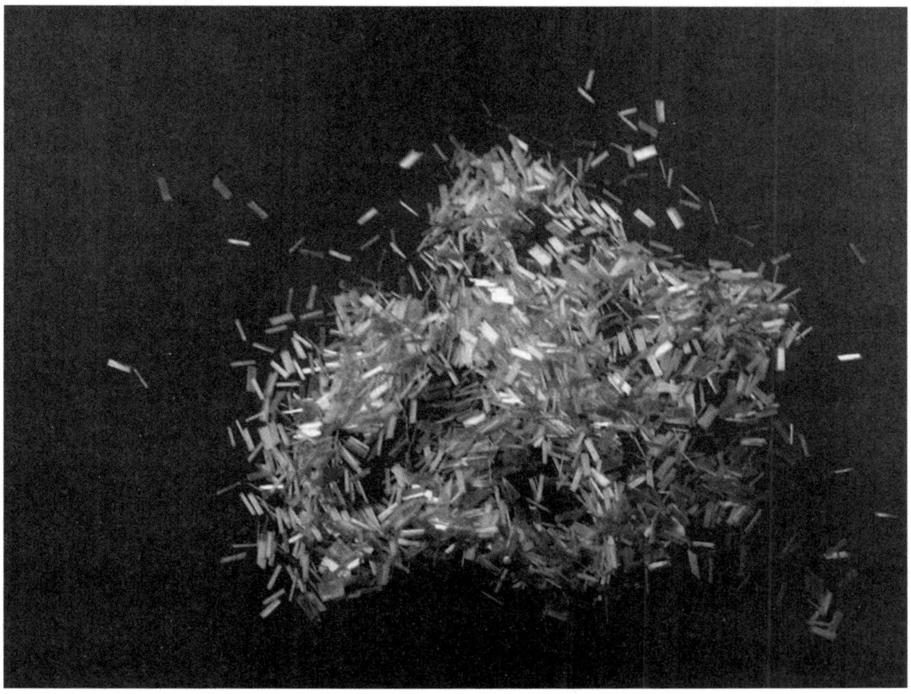

子目7019.12

玻璃纤维无捻粗纱是由玻璃纤维丝饼未经加捻形成的平行原丝（合股无捻粗纱）或平行长丝（直接或单股无捻粗纱），通常不带内衬纸管。

在机械拉丝过程中获得的玻璃纤维长丝在漏板下方被卷绕到柔性纸筒上，称为“玻璃纤维丝饼”。这些未加捻的丝饼是中间产品，按照其长丝直径（以微米为单位）和线密度（以特克斯为单位）再进一步加工和分类。

本子目不包括纤维直径不超过14微米、线密度不超过300特克斯的纤维制成的轻且厚的玻璃纤维丝饼，又称为“纺织丝饼”，用于生产纱线和轻柔的织物（子目7019.19）。

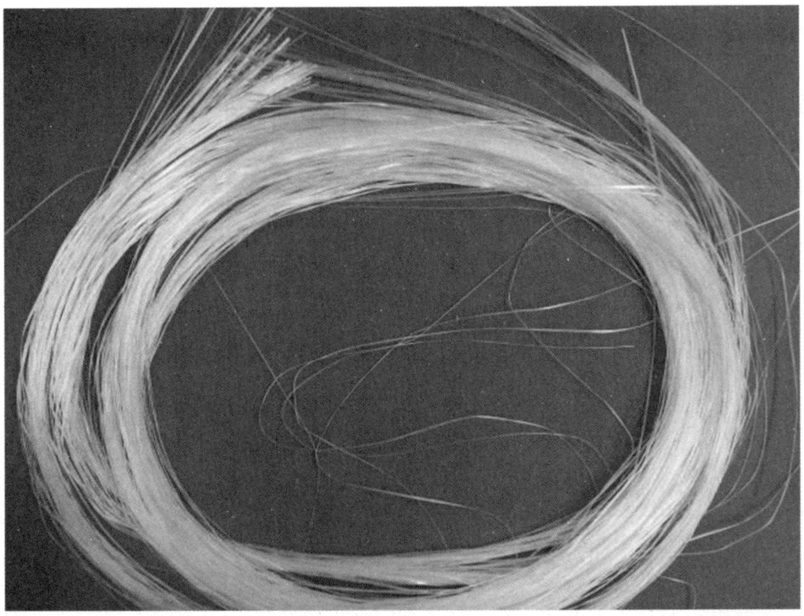

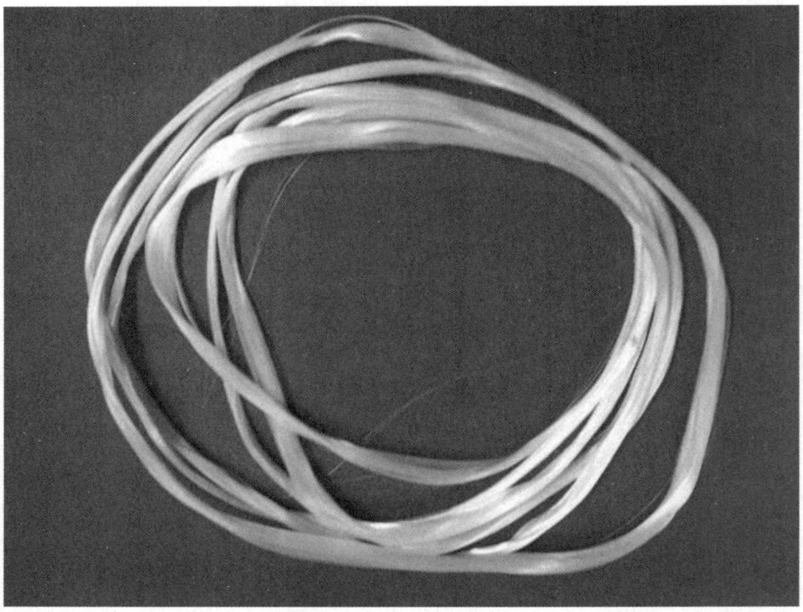

子目 7019.13

本子目包括定长纤维纱条。定长纤维纱条由长度通常小于 380 毫米的定长纤维构成。定长纤维以平行排列的方式松散地形成绳状，少捻或未捻（每米少于 5 转）。定长纤维纱条通常用于生产定长纤维纱线，但也可用于制造线和缆。

本子目的纱线是由连续纤维或定长纤维加捻而成。纱线通常卷绕在塑料筒管或金属经轴上。

它们也可以被膨化或变形。此过程中，玻璃纤维被大量塞入喷嘴，气流在喷嘴中产生的湍流使纱线形成线圈并产生轻微的（膨体化）或高的（体积扩大）蓬松度。

这类纱线通常卷绕在纸筒上具有各种用途如：

——立体感墙布，

——屋顶用机织物，

——隔热产品。

子目 7019.14

机械结合毡是由含有几百根平行长丝的原丝组成的平面增强产品。玻璃纤维原丝是随机分布的。

在机械结合毡中，原丝被缝编或针刺在一起。

玻璃纤维原丝仍保持其随机分布的平行长丝形态，这些长丝可以用手一根根从毡上撕下而不损坏毡。

子目 7019.15

化学粘合毡是由含有几百根平行长丝的原丝随机分布而制成的平面增强产品。

在化学粘合毡中，原丝可以被切断（非连续原丝毡）或不切断（连续原丝毡），并通过胶粘剂粘合在一起。

玻璃纤维原丝仍保持其随机分布的平行长丝形态，这些长丝（在溶解粘结剂后）可以用手逐根从毡上撕下而不损坏毡。

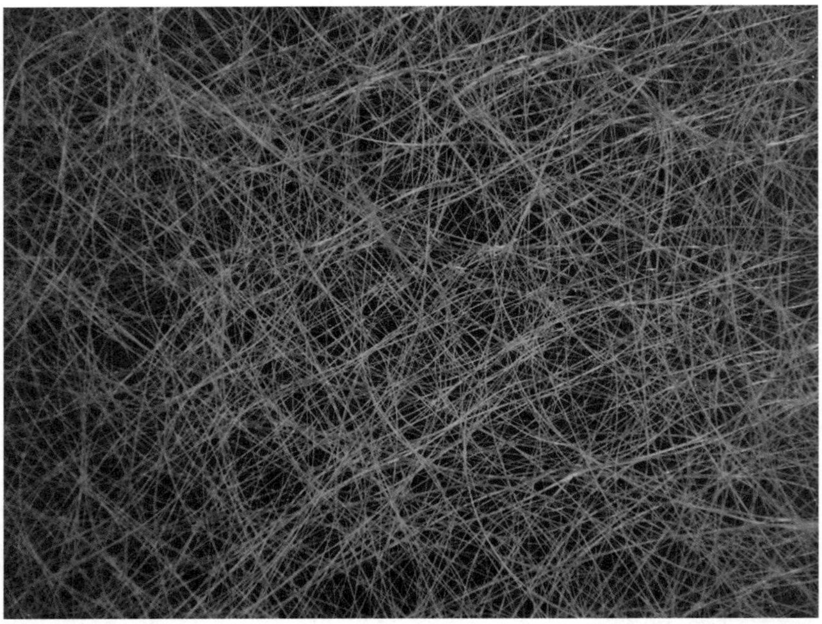

子目 7019.61

紧密粗纱机织物（无规则网孔结构）是在织机上织造而成，未经涂布或层压。重量通常超过 200 克/平方米。主要用于制造复合材料（例如，风能、汽车工业）。

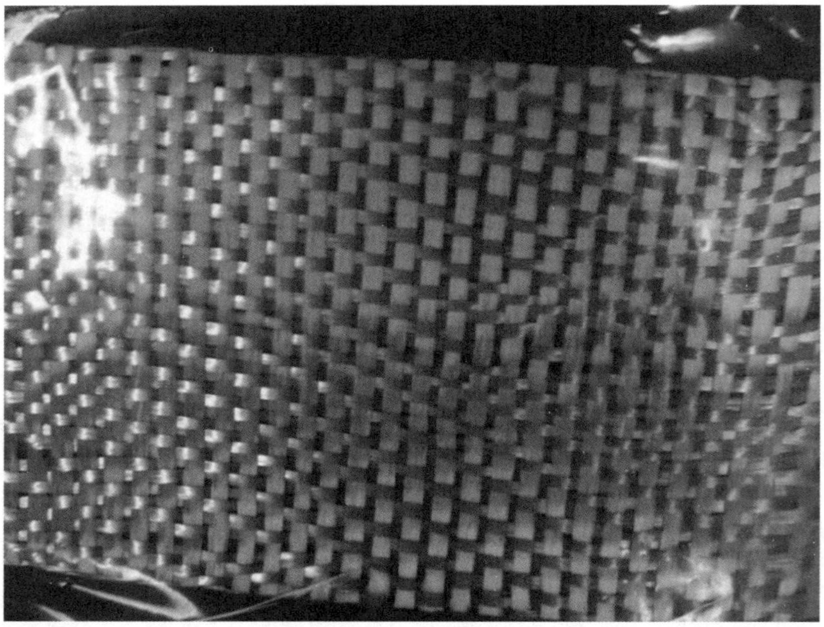

子目 7019.62

其他紧密粗纱织物（无规则网孔结构），由机械结合而非织造而成，主要用于制造复合材料。

机械结合通常是缝编的，也可以针刺的。

典型产品有多轴向织物、复合织物或组合织物（无捻粗纱布与合股无捻粗纱的短切纤维结合），它们是通过缝编结合的多层织物。

子目 7019.63

纱线制紧密平纹机织物，未经涂布或层压。它们可用于如覆墙或隔热隔音等用途。

子目 7019.64

纱线制紧密平纹机织物，经涂布或层压（用硅烷、聚四氟乙烯或铝），可用于各种工业或建筑领域，例如：

——建筑用，

——防烟雾和防火。

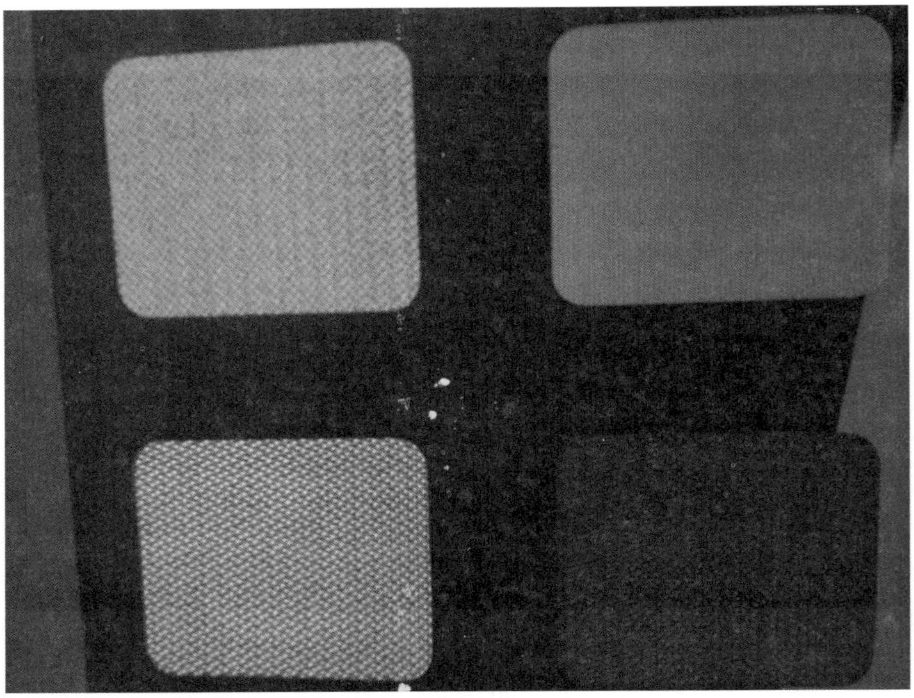

涂布

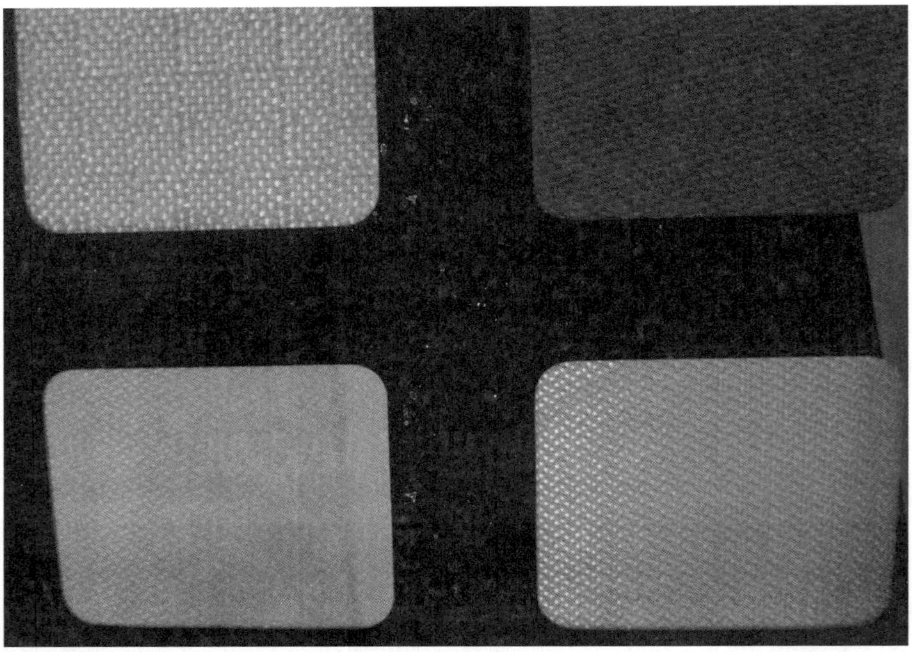

层压

子目 7019.65

本子目的网孔机织物包括具有如圆形、椭圆形、矩形（包括正方形）、等边三角形或正凸多边形等规则“网孔”结构的机械结合的狭幅网孔织物。它们通常用于增强建筑外墙角或作为墙体接缝带。

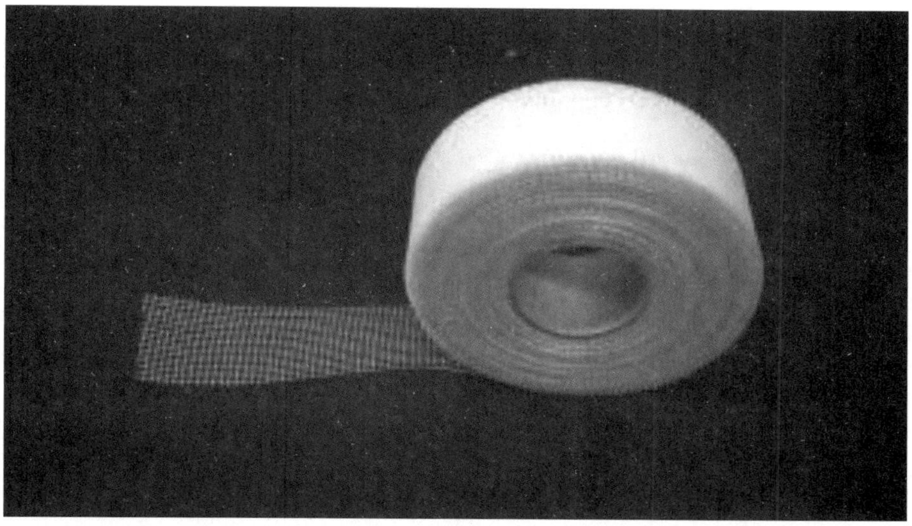

子目7019.66

此“网孔机织物”具有如圆形、椭圆形、矩形（包括正方形）、等边三角形或正凸多边形等规则“网孔”结构。这些机织物幅宽超过30厘米，通常用于增强建筑外部保温复合系统，以及大理石、马赛克、石膏板、墙面和地板的增强。

网眼尺寸在1.8毫米以下的轻质网孔织物通常用作防虫网或遮阳帘。

重质网孔织物通常被称为土工布，用于土壤施工，如土壤加固或斜坡稳固等。

经涂布特殊材料或石英玻璃的网孔织物通常用于高温过滤或砂轮增强。

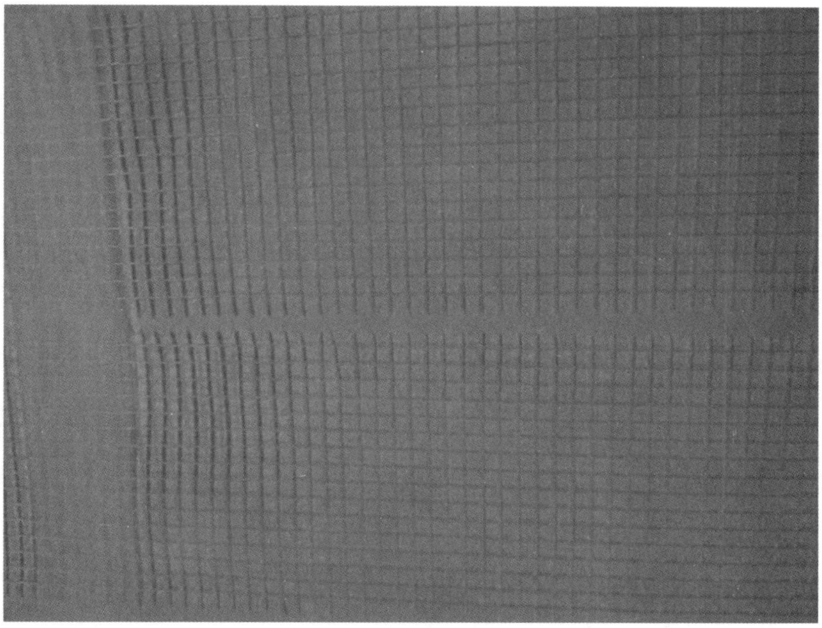

子目7019.71

覆面毡（薄毡）是由随机分布的各根玻璃纤维单丝（长丝）制成的无纺织物。纤维通过胶粘剂经加压制成，可以加有或不加增强纱线，增强纱线通常是纵向拉紧整张薄毡。

与玻璃纤维毡不同的是，这类产品的单根长丝不能用手单独抽出，否则会损坏薄毡。

由于薄毡的厚度通常不超过10毫米，故可与纤维网、垫及其他隔音隔热产品区别开来。

子目 7019.72

其他化学粘合的紧密织物可包括无捻粗纱布与合股无捻粗纱的短切纤维的复合物，它们是通过粉末粘合和热粘合制成的多层织物。

子目 7019.73

其他化学粘合的网孔织物包括由纱线制成的粘合网格布（规则网孔结构）。

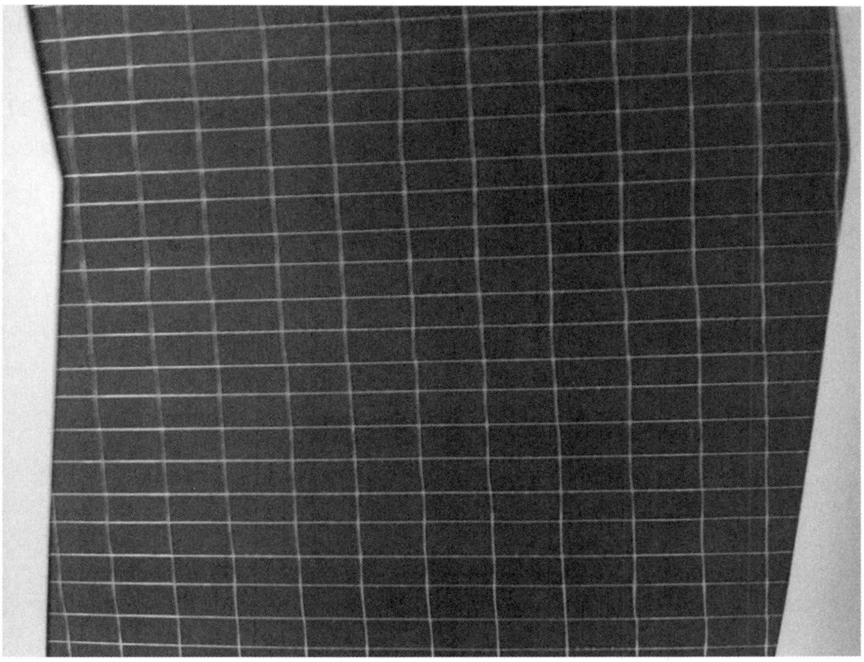

70.20 其他玻璃制品

本品目包括本章其他品目或本协调制度其他章未列名的玻璃制品（含物品的玻璃零件）。

这些制品只要仍保持玻璃制品的基本特征，即使与非玻璃材料合制的，也仍归入本品目。本品目包括：

一、工业用品，例如，用于皮张上光的玻璃缸、碗、圆筒或圆盘；安全保护罩和其他设备的保护装置；滑脂杯；导线器；观测孔和液面玻璃管；S形管；旋管；腐蚀性产品的沟槽和排泄管（常用熔融石英或其他熔融硅石制成）；盐酸吸收筒和降流柱。

二、畜牧用品（罐、槽等）和园艺用具（钟形罩等）。

三、商店标志和橱窗用的字母、数字、招牌板及其他图案，不论是否印有图画或文字（品目70.06、70.09、70.14或品目94.05的发光标志除外）。

四、保温瓶或其他各种类型保温容器用的玻璃胆，但因装上外壳或其他任何保护性外罩（全部或部分罩着）而成为品目96.17的保温瓶或其他保温容器的产品除外。本品目的玻璃胆通常是用普通玻璃或膨胀系数较低的玻璃制成。它们一般都近似圆筒形，具有内壁镀银或镀金的双壁，并且要将双壁之间的空气抽出后进行密封。本品目仅包括玻璃胆；它们可以是制成品或半制成品，也可以带有或不带有塞子或其他盖子（不论是否已安装）。

五、杂项制品，例如，鱼网用的浮子；门、蓄水池链条等上用的球形捏手的把手；水彩颜料缸；鸟笼附件（饲料罐和饮水罐等）；商店陈列瓶；滴管、酒精灯（品目70.17的酒精灯除外）、钢琴和家具脚用的支撑碗；用玻璃马赛克方砖制成的镶板和其他装饰性图案，不论是否镶框；救生圈和安全带。

本品目也不包括：

（一）伞和手杖用的玻璃球形把手、其他把手及类似品（品目66.03）。

（二）品目85.46或85.47的绝缘子和绝缘材料的附件。

（三）第九十章的仪器、器具及其他物品。

（四）第九十一章的物品（例如，玻璃钟壳，仅起保护作用的罩子除外）。

（五）第九十二章的乐器及其零件和附件（例如，熔融硅石制的音叉）。

（六）玻璃家具及明显作为家具零件的物品（第九十四章）。

（七）玩具、游戏品、圣诞树装饰品、钓鱼或打猎用具以及第九十五章的其他物品。

（八）第九十六章的玻璃制品（例如，钮扣；钢笔架；铅笔架；笔尖；打火机、香水喷雾器；带壳的保温瓶及其他真空容器的完整品）。

（九）超过一百年的古物（品目97.06）。

第十四类　天然或养殖珍珠、宝石或半宝石、贵金属、包贵金属及其制品；仿首饰；硬币

第七十一章　天然或养殖珍珠、宝石或半宝石、贵金属、包贵金属及其制品；仿首饰；硬币

注释：

一、除第六类注释一（一）及下列各款另有规定的以外，凡制品的全部或部分由下列物品构成，均应归入本章：

（一）天然或养殖珍珠、宝石或半宝石（天然、合成或再造）；或

（二）贵金属或包贵金属。

二、

（一）品目 71.13、71.14 及 71.15 不包括带有贵金属或包贵金属制的小零件或小装饰品（例如，交织字母、套、圈、套环）的制品，上述注释一（二）也不适用于这类制品；

（二）品目 71.16 不包括含有贵金属或包贵金属（仅作为小零件或小装饰品的除外）的制品。

三、本章不包括：

（一）贵金属汞齐及胶态贵金属（品目 28.43）；

（二）第三十章的外科用无菌缝合材料、牙科填料或其他货品；

（三）第三十二章的货品（例如，光瓷釉）；

（四）载体催化剂（品目 38.15）；

（五）第四十二章注释三（二）所述的品目 42.02 或 42.03 的物品；

（六）品目 43.03 或 43.04 的物品；

（七）第十一类的货品（纺织原料及纺织制品）；

（八）第六十四章或第六十五章的鞋靴、帽类及其他物品；

（九）第六十六章的伞、手杖及其他物品；

（十）品目 68.04 或 68.05 及第八十二章含有宝石或半宝石（天然或合成）粉末的研磨材料制品；第八十二章装有宝石或半宝石（天然、合成或再造）工作部件的器具；第十六类的机器、机械器具、电气设备及其零件。然而，完全以宝石或半宝石（天然、合成或再造）制成的物品及其零件，除未安装的唱针用已加工蓝宝石或钻石外（品目 85.22），其余仍应归入本章；

（十一）第九十章、第九十一章或第九十二章的物品（科学仪器、钟表及乐器）；

（十二）武器及其零件（第九十三章）；

（十三）第九十五章注释二所述物品；

（十四）根据第九十六章注释四应归入该章的物品；或

（十五）雕塑品原件（品目 97.03）、收藏品（品目 97.05）或超过一百年的古物（品目 97.06），

但天然或养殖珍珠、宝石及半宝石除外。

四、

（一）所称“贵金属”，是指银、金及铂。

（二）所称“铂”，是指铂、铱、锇、钯、铑及钌。

（三）所称“宝石或半宝石”，不包括第九十六章注释二（二）所述任何物质。

五、含有贵金属的合金（包括烧结及化合的），只要其中任何一种贵金属的含量达到合金重量的2%，即应视为本章的贵金属合金。贵金属合金应按下列规则归类：

（一）按重量计含铂量在2%及以上的合金，应视为铂合金；

（二）按重量计含金量在2%及以上，但不含铂或按重量计含铂量在2%以下的合金，应视为金合金；

（三）按重量计含银量在2%及以上的其他合金，应视为银合金。

六、除条文另有规定的以外，本协调制度所称贵金属应包括上述注释五所规定的贵金属合金，但不包括包贵金属或表面镀以贵金属的贱金属及非金属。

七、本协调制度所称“包贵金属”，是指以贱金属为底料，在其一面或多面用焊接、熔接、热轧或类似机械方法覆盖一层贵金属的材料。除条文另有规定的以外，也包括镶嵌贵金属的贱金属。

八、除第六类注释一（一）另有规定的以外，凡符合品目71.12规定的货品，应归入该品目而不归入本协调制度的其他品目。

九、品目71.13所称“首饰”，是指：

（一）个人用小饰物（例如，戒指、手镯、项圈、饰针、耳环、表链、表链饰物、垂饰、领带别针、袖扣、饰扣、宗教性或其他勋章及徽章）；以及

（二）通常放置在衣袋、手提包或佩戴在身上的个人用品（例如，雪茄盒或烟盒、鼻烟盒、口香糖盒或药丸盒、粉盒、链袋、念珠）。

这些物品可以和下列物品组合或镶嵌：例如，天然或养殖珍珠、宝石或半宝石、合成或再造的宝石或半宝石、龟壳、珍珠母、兽牙、天然或再生琥珀、黑玉或珊瑚。

十、品目71.14所称“金银器”，包括装饰品、餐具、梳妆用具、吸烟用具及类似的家庭、办公室或宗教用的其他物品。

十一、品目71.17所称“仿首饰”，是指不含天然或养殖珍珠、宝石或半宝石（天然、合成或再造）及贵金属或包贵金属（仅作为镀层或小零件、小装饰品的除外）的上述注释九（一）所述的首饰（不包括品目96.06的钮扣及其他物品或品目96.15的梳子、发夹及类似品）。

○
○ ○

子目注释：

一、子目7106.10、7108.11、7110.11、7110.21、7110.31及7110.41所称“粉末”，是指按重量计90%及以上可从网眼孔径为0.5毫米的筛子通过的产品。

二、子目7110.11及7110.19所称“铂”，可不受本章注释四（二）的规定约束，不包括铱、锇、钯、铑及钌。

三、对于品目71.10项下的子目所列合金的归类，按其所含铂、钯、铑、铱、锇或钌中重量最大的一种金属归类。

总 注 释

本章包括：

一、品目 71.01 至 71.04 的天然或养殖珍珠、钻石、其他宝石和半宝石（天然、合成或再造），不论是否加工，但未镶嵌或成串的，以及品目 71.05 的在加工宝石过程中所产生的某些废料。

二、品目 71.06 至 71.11 的贵金属和包贵金属，未锻造、半制成或粉末状，但未达到第三分章所述制品的加工程度，以及品目 71.12 的贵金属或包贵金属废碎料和主要用于回收贵金属的含有贵金属或贵金属化合物的其他废碎料。

根据本章注释四，所称“贵金属”是指银、金及铂。必须注意，这里指的“铂”还包括铱、锇、钯、铑及钌。

根据本章注释五的规定，含有贵金属的合金（汞齐除外— — 品目 28.43）应按以下规则归类：

（一）按重量计含铂量在 2% 及以上的，按铂归类。

（二）按重量计含金量在 2% 及以上，但不含铂或按重量计含铂量在 2% 以下的，按金归类。

（三）按重量计含银量在 2% 以上的其他合金，按银归类。

（四）含铂、金、银都低于 2% 的所有合金按贱金属归类（第十五类）。

根据本章注释六的规定，除条文另有规定的以外，所称贵金属应包括上述（一）、（二）、（三）款所规定的贵金属合金，但不包括包贵金属，也不包括表面镀以银、金、铂的贱金属或非金属。

根据本章注释七，所称“包贵金属”是指以贱金属为底料，在其一面或多面用焊接、熔接、热轧或类似机械方法覆盖一层任何厚度的贵金属材料。

包贵金属的板、片、条等最常见的加工方法是用一层贵金属覆盖在基底金属的一面或双面并将两种金属“熔焊”在一起，然后加以滚轧。

包贵金属丝是将一条贱金属芯子插入到一个贵金属管子内并把两种金属加以“熔焊”，然后通过拉丝模板进行拉拔。

除条文另有规定的以外，镶嵌贵金属的贱金属也按包贵金属归类（例如，电气工业用的嵌有银条的铜板；嵌有金箔带或丝的所谓大马士革钢）。

切勿将本章所述的包贵金属与通过电解、蒸汽沉积、喷镀或用贵金属盐溶液浸渍等方法镀上贵金属的贱金属相混淆。这些贱金属不论所镀贵金属多厚，都应按其底料金属归入有关章内。

本章也不包括：

1. 胶态贵金属和贵金属汞齐（品目 28.43）。

2. 放射性同位素（例如，铱 192），包括含有放射性同位素的针状、线状或片状贵金属（品目 28.44）。

3. 专门配制作牙科填料用的合金（品目 30.06）。

三、全部或部分用天然或养殖珍珠、钻石或其他宝石、半宝石（天然、合成或再造）、贵金属或包贵金属制成的物品（品目 71.13 至 71.16）。本组尤其包括珠宝首饰和金器、银器（参见品目 71.13 和 71.14 的注释），但不包括：

（一）本章注释三所列的物品。

（二）其所含贵金属或包贵金属部分仅作为小配件（例如，交织字母、圈、套环）的物品，但这些物品不得含有天然或养殖珍珠、钻石或其他宝石、半宝石（天然、合成或再造）。

用贱金属或非金属制成把柄的厨房用刀、小折刀、雕刻刀、剃刀和其他刃具，即使带有贵金属或包贵金属制的交织字母、圈、套环等仍归入第八十二章（具有贵金属或包贵金属把柄的类似刃具则归入本章）。

同样，碗、瓶和其他瓷或玻璃餐具，即使带有贵金属或包贵金属的小配件或小装饰品（例如，套环），仍应归入第六十九章或第七十章。

本组也不包括以贱金属或非金属为底料镀以贵金属的制品（包贵金属制品除外）。

四、本章注释十一所述的仿首饰（品目 71.17）（参见有关注释），但本章注释三所列的物品除外。

五、硬币（品目71.18），但收藏品除外（品目97.05）。

第一分章　天然或养殖珍珠、宝石或半宝石

71.01　天然或养殖珍珠，不论是否加工或分级，但未成串或镶嵌；天然或养殖珍珠，为便于运输而暂穿成串：

10　—　天然珍珠

**　—　养殖珍珠：**

21　——未加工

22　——已加工

归入本品目的珍珠与珍珠母一样，是由各种海水或淡水软体动物（特别是珍珠牡蛎和珍珠贻贝）的天然分泌物所形成。

珍珠表面闪闪发光，基本上由一层角质物（蜗壳蛋白）包裹的多层碳酸钙所构成。碳酸盐层造成光干涉和光衍射，使珍珠具有特殊的光泽（“珠光”）；蜗壳蛋白使珍珠具有半透明性或“晶莹透亮”。

珍珠通常为白色，但也可以制成暗色或着色（例如，灰、黑、紫、红、黄、绿或蓝色）。

珍珠通常为圆形，但有时为半圆形（钮扣珍珠）或不规则形状（巴罗克珍珠或疱状珍珠），珍珠有大有小，差异甚远。珍珠母（品目05.08或96.01）的成分与珍珠极为相似，但通常呈薄片形。

本品目也包括养殖珍珠（即人工种养生产的珍珠）。养殖时将一颗珍珠母小珠固定在一个从牡蛎套膜切下的囊中，然后将这个囊殖入另一只健康牡蛎的组织中。经过数年养殖，那颗殖入的小珠就慢慢地被多层真珠层同心包裹。养殖珍珠与真珍珠外观极为相似，但通过专门仪器（内窥镜）或X光检查，可将两者加以鉴别。

本品目包括天然或养殖珍珠，不论其是未经加工，即采集和仅经清洗的（例如，用盐和水清洗），或经过加工，即磨掉瑕疵、钻孔或锯切（例如，将珠锯成一半或四分之三）。本品目的珍珠可暂时穿成珠串，以便运输。已经镶嵌或分级后制成珠串的珍珠不归入本品目（酌情归入品目71.13、71.14或71.16）。

必须注意，天然或养殖珍珠不归入第九十七章（收藏品、古物等）而仍应归入本章。

本品目不包括：

（一）仿珍珠（塑料制的归入品目39.26；玻璃制的归入品目70.18；蜡制的归入品目96.02）。

（二）未加工或简单整理的珍珠母（品目05.08），已加工的珍珠母（品目96.01）。

71.02　钻石，不论是否加工，但未镶嵌（＋）：

10　—　未分级

**　—　工业用：**

21　——未加工或经简单锯开、劈开或粗磨

29　——其他

**　—　非工业用：**

31　——未加工或经简单锯开、劈开或粗磨

39　——其他

钻石是碳的结晶同素异形体，纯者折射率和色散率极高，是迄今为止所知道的矿物质中最硬的一种。由于具有这些特性，钻石多用来制作装饰品，也用于工业（特别是用于拉丝）。

本品目包括未加工钻石和已加工钻石，例如，劈解、锯切、粗磨、滚抛、刻面、打磨、抛光、钻孔、雕刻（包括浮雕和凹雕）、制成双拼，但未镶嵌。

本品目不包括：

（一）钻石的粉尘（品目71.05）。

（二）已加工但未装配的钻石唱针（品目85.22）。

（三）经过加工后明显作为仪表、测量仪器或第九十章所列其他物品零件的钻石（第九十章）。

○

○ ○

子目注释：

子目7102.10

未加工钻石在按“工业用”或“非工业用”交易之前，先由钻石专家根据技术标准将其挑选分级。技术标准包括钻石的重量（质量）和晶体的切割适应性。同时还考虑其形状、透明度、颜色以及晶体的清澈度或品质。

本子目还包括未经专家检验鉴别的整堆（即整包）或单块钻石。

本子目也包括整包的未加工钻石，它们仅经过筛分并根据钻石大小加以包装，未经专家作进一步检验鉴别。

子目7102.21及7102.29

这些子目包括下列天然钻石：

一、由于其本身的特征，一般不能用于制作珠宝首饰或金器、银器的特定钻石，即透明或半透明钻石。

二、比透明钻石更硬的黑钻石及其他多晶钻石聚合体，包括碳金刚石。

三、圆粒金刚石，即通常不适于切割的不透明钻石和其他钻石（包括加工钻石时产生的废料）。

四、由于其本身的特征（颜色、清澈度或品质、透明度等）而最终在工业上具有明确特定用途（例如，用于打磨机、拉丝模或钻石砧）的钻石，但它们也适用于制作珠宝首饰。

这些钻石一般用于制作刀具（钻石切割刀具、钻孔刀具等），或装在机器附件或机器上。

子目7102.21包括：

（一）天然状态下的钻石，即从母岩中沉淀或选粹并经过分堆或分包的钻石。

（二）仅经简单锯开（例如，锯成细条状）、劈开（沿钻石层的天然平面将其劈开）、粗磨、滚抛，或只有少量磨光面（例如，称为窗面，主要有助于专家对天然钻石的内部特征进行检验鉴别）的钻石，即仅制成暂时形状、明显需要进一步加工的钻石。也可将条状钻石切成圆盘形、长方形、六角形或八角形，只要其所有表面及脊角是粗糙、无光泽及未磨光的。

（三）经化学处理其表面已变得平滑及有光泽的滚抛钻石。这种化学处理也称化学抛光。化学抛光不同于传统的磨光，它不是将单个钻石固定在磨光轮上进行抛光，而是将其整批装在化学反应器中进行抛光处理。

（四）破碎或压碎的钻石。

子目7102.29包括已经磨光或钻孔的钻石以及已经雕刻的钻石（仅仅为了便于识别而已经雕刻的钻石除外）。

子目7102.31及7102.39

这些子目包括由于其特征（颜色、清澈度或净度、透明度等），适于制作珠宝首饰、金器或银器的天然钻石。

子目7102.31包括：

（一）天然状态下的钻石，即从母岩中沉淀或选粹并经过分堆或分包的钻石。

（二）仅经简单锯开、劈开（沿钻石层的天然平面将其劈开）、粗磨或只有少量磨光面（例如，称为窗面，主要便于专家对未加工钻石的内部特征进行检验鉴别），即仅制成暂时形状、明显需要进一步加工的钻石。

（三）经化学处理其表面已变得平滑及有光泽的滚抛钻石。这种化学处理也称化学抛光。化学抛光不同于传统的磨光，它不是将单个钻石固定在磨光轮上进行抛光，而是将其整批装在化学反应器中进行抛光处理。

子目 7102.39 包括：

（一）具有多个磨光平面或刻面的已抛光钻石，它们无需进一步加工即可用于制作珠宝首饰。

（二）已钻孔的钻石、已雕刻的钻石（包括浮雕及凹雕）以及双拼或三拼已加工钻石。

（三）在磨光、钻孔或雕刻过程中破碎的钻石，以及在运输或储藏期间破碎的已磨光钻石。

子目 7102.39 不包括：

（一）只有少量磨光面（例如，主要便于专家对未加工钻石的内部特征进行检验鉴别而磨制的窗面）且明显需要进一步加工的钻石。

（二）仅为了便于识别而已经雕刻的钻石。

71.03　宝石（钻石除外）或半宝石，不论是否加工或分级，但未成串或镶嵌；未分级的宝石（钻石除外）或半宝石，为便于运输而暂穿成串（+）：

10　—　未加工或经简单锯开或粗制成形

—　经其他加工：

91　——红宝石、蓝宝石、祖母绿

99　——其他

由于其色泽艳丽、结构稳定，也常因其产量稀少，这些通常为晶体结构的石头被首饰匠、金匠和银匠用于制作装饰品。有的由于其硬度或其他特性，还用于制钟、表或刀具或作其他工业用途（例如，红宝石、蓝宝石、玛瑙、压电石英）。

品目 71.02 注释的第二段在必要的地方稍加修改后，也适用于本品目。

但本品目不包括即使未镶嵌的下列各种宝石：

（一）已加工但未装配的蓝宝石唱针（品目 85.22）。

（二）经过加工后明显作为仪表、测量仪器、钟表或第九十章或九十一章其他物品零件的宝石；石英光学元件（品目 90.01 或 90.02）。

因此，本品目的宝石主要是用于装嵌在首饰、金器或银器上，但本品目也包括未经装配的品目 82.01 至 82.06 所列工具用的宝石或第十六类所列机器等用的宝石（例如，用于高频设备的压电石英等）。

本品目不包括已成为制成品的宝石，例如，玛瑙杵及臼、玛瑙十字架及环、石榴石无柄杯及有柄杯、翡翠小雕像及装饰品、玛瑙或缟玛瑙烟灰缸及镇纸、钓鱼杆环等；这些物品一般都归入品目 71.16。

为了方便运输，本品目的宝石可串在一起，但是这种方法只是临时性的，而且宝石还未分级，也不适于直接用作首饰。根据本章注释一的规定，不归入其他品目的已镶嵌宝石或半宝石应归入品目 71.13、71.14 或 71.16（参见有关注释）。

本章附录列有归入本品目的宝石或半宝石的矿物学名称和商业名称。当然，本品目仅限于其质量可用于首饰的各类石料。

本品目也不包括：

（一）尽管某些石料属于上述矿物种类，但它们不是宝石，或其质量不适用于首饰、金器或银器；这些石料应归入第二十五章、第二十六章或第六十八章。

（二）冻石（未加工的归入品目 25.26；已加工的归入品目 68.02）。

（三）黑玉（未加工的归入品目 25.30；已加工的归入品目 96.02）。

（四）用玻璃制的仿宝石或仿半宝石（品目 70.18）。

○

○　○

子目注释：

子目 7103.10

本子目包括仅经简单锯开（例如，锯成细条状）、劈开（沿宝石层的天然平面将其劈开）或粗制（即仅制成明显需要进一步加工的暂时形状）。也可将条状宝石切成圆盘形、长方形、六角形或八角形，只要其所有表面及脊角粗糙、无光泽及未磨光的。

子目 7103.91 及 7103.99

子目 7103.91 及 7103.99 包括已磨光或已钻孔的宝石、已雕刻的宝石（包括浮雕及凹雕）以及双拼或三拼已加工宝石。

71.04　合成或再造的宝石或半宝石，不论是否加工或分级，但未成串或镶嵌的；未分级的合成或再造的宝石或半宝石，为便于运输而暂穿成串（+）：

10　—　压电石英

—　其他，未加工或经简单锯开或粗制成形：

21　——钻石

29　——其他

—　其他：

91　——钻石

99　——其他

本品目的宝石与前两个品目的天然宝石或半宝石具有同样的用途。

一、合成的宝石及半宝石。这些用化工方法制成的宝石有以下特点：

——具有与天然宝石基本相同的化学成分和晶体结构（例如，红宝石、蓝宝石、祖母绿、钻石、压电石英）；或

——由于其色泽艳丽、结构稳定及其硬度而被首饰匠、金匠和银匠用以替代天然宝石或半宝石使用，即使它们未具有与相应天然宝石或半宝石相同的化学成分和晶体结构。例如，钇铝石榴石（YAG）、氧化锆立方体（CZ）及合成碳硅石，它们均用作仿钻石。

未加工前，一些合成宝石或半宝石（例如，红宝石、蓝宝石）可为圆柱形或梨状珠粒形，又称为“梨晶”；它们通常纵向劈开或锯成圆片。

未加工前，一些用高温高压法（HPHT）生产的合成钻石，可具有截断立方八面体形状特征，通常仍能从基底上看见籽晶的原始位置。相反，用化学气相沉积法（CVD）生产的未加工合成钻石，大部分是正方形或长方形，晶体形状通常不可见。

合成钻石可通过除高温高压法（HPHT）和化学气相沉积法（CVD）之外的其他方法生产。

二、再造的宝石及半宝石可通过多种人工加工方法制得，例如，将天然宝石或半宝石的碎屑（通常已碎成粉末）加以粘聚、压制或熔融（一般要借助于喷焊器）制得。

合成和再造宝石一般通过显微镜检查（最好在非空气的介质中进行），可以发现其中有小气泡和条痕，从而与天然宝石加以鉴别。

品目 71.02 及 71.03 的注释，特别是关于宝石加工范围的规定，也适用于本品目。

合成或再造宝石不应与品目 70.18 的玻璃仿宝石或半宝石相混淆（参见相应注释）。

○
○ ○

子目注释：

子目 7104.10

压电石英具有如下特性：当施以机械压力时，可产生电荷，其强度随所受压力变化而变化：相反，当受到电势差影响时则可转换成机械压力。

由于具备上述特性，压电石英在电力设备工业中具有广泛用途：用于制造麦克风、扬声器、超声波发射或接收设备、固定频率振荡仪器等。

归入本子目的压电石英一般呈薄片、板、棒等形状，可利用精密切割设备沿电轴线切锯合成石英制得。

子目 7104.21

本子目的合成钻石是指经简单锯开、劈开（沿天然分层的平面将其劈开）、粗磨或只有少量磨光面，如仅制成暂时形状、明显需要进一步加工的钻石。

子目 7104.29

子目 7103.10 的注释在必要的地方稍加修改后，也适用于本子目。

子目 7104.91

本子目包括：

（一）具有多个磨光平面或刻面的已抛光合成钻石，它们无需进一步加工即可用于制作珠宝首饰或特殊工业用途；

（二）合成钻石，不论是否钻孔或雕刻（包括浮雕及凹雕）；

（三）拼合宝石或半宝石（双拼或三拼），是由两块或以上材料拼合而成的看似单一的宝石，且至少其中之一为合成钻石材料。由一块合成钻石（通常作为较大的基座）和一块天然钻石（通常作为较小的顶部部件）拼合而成的合成钻石/天然钻石的双拼石仍归入本子目。

子目 7104.99

子目 7103.91 及 7103.99 注释在必要的地方稍加修改后，也适用本子目。

71.05 天然或合成的宝石或半宝石的粉末：

10 — 钻石的

90 — 其他

本品目包括将前三个品目所列宝石进行打磨、抛光等加工所得的粉末，其中大多数是钻石和石榴石粉末。

天然钻石粉末主要是将“圆粒金刚石”（工业级金刚砂）压碎制得。合成钻石粉末一般是将石墨通过高温高压处理直接制得。

这些粉末与品目 71.02 和 71.04 的钻石不同，在实际使用时由于其颗粒太小，不能单独镶嵌，通常用作研磨料。其粒度一般不超过 1000 微米，粒度的测定多用筛析法，而不是逐粒测量。粉末的粒度在很大程度上与宝石、半宝石的粒度有交叉，但宝石、半宝石是通过计点颗数来确定其质量的，而粉末则是以重量计量的。

金刚石粉末用于制造砂轮、抛光轮、刀具、抛光膏等。

石榴石粉末主要用于研磨光学透镜，也用作制砂纸或砂布的研磨料。

本品目不包括人造刚玉粉末（品目 28.18）。

第二分章　贵金属及包贵金属

71.06　银（包括镀金、镀铂的银），未锻造、半制成或粉末状：

10　—　银粉

—　其他：

91　——未锻造

92　——半制成

本品目包括各种未锻造、半制成或粉末状的银、银合金（参见本章总注释关于合金的规定）、镀金的银、镀铂的银，但本品目不包括包其他贵金属的银。

*

*　*

银是白色金属，不受大气侵蚀，但会在大气中失去光泽；它是最好的热导体和电导体，延展性和可锻性仅次于金。纯银非常软，因此常与其他金属熔合成为合金。非合金银广泛用于电气方面（触点、保险丝等），用于化学工业、食品工业或外科的某些器具，也用作电镀金属。

根据本章注释五的规定（参见以上本章总注释），归入本品目的银合金包括：

一、银铜合金。这类合金大多用于制造硬币和金银器皿；有时也用于制造电触点。

二、银铜镉合金、银铜钛合金及银铟合金，均用于制造金银器皿。

三、银铜锌合金，有时也含镉、锡或磷，用作焊料。

四、银锑锡铅减磨合金、银铜铅减磨合金、银镉减磨合金和银铊减磨合金。

五、烧结的银钨合金、银钼合金、银镍合金和银铁合金，均用于制造电触点。

本品目包括下列形状的银和银合金：

（一）粉末，一般为极细的粉末，通过各种机械或化学方法制得。用于冶金、制造电子工业用的喷镀金属制剂及导电胶泥。

本品目不包括作为颜料、涂料或类似品的粉末或粉片（例如，与其他色料配制而成或混入胶粘剂或溶剂中制成液态或糊状悬浮体）；这些货品归入品目32.06、32.07（陶瓷或玻璃工业用的液体光瓷及类似化合物）、32.08至32.10、32.12或32.13。

（二）未锻造的银块、银粒、银锭、银铸条、银团粒等，包括从脉石中选出的团块状或晶体状等的天然银。

（三）银条、银棒、银型材、银丝、银板、银片及银带。通常通过轧制或拉制而成；也可将银片切成窄带和圆片等。本品目包括未与纺织纱线（第十一类）一并纺制或用其他方法组合的用于纺织工业的银线。但用于外科缝合的极细的无菌银丝应归入品目30.06。

本品目还包括以“碳”作底料的含银金属石墨块、板、条、棒等（参见品目38.01的注释）。

（四）银管（包括盘管），未制成有特定用途的制品的（例如，化学设备的零件）。

（五）银箔（包银用），通常是通过捶打用金箔肠衣隔层的薄银片制得。这种银箔一般是包装成书页状，并可用纸、塑料等作背衬。

但本品目不包括由明胶、胶水或其他粘合剂粘结银粉所形成的或由沉淀在纸、塑料或其他衬背上的银所构成的压印箔（又称烫银箔）（品目32.12）。

（六）银绣边、银晶片、银切片。银绣边是用于刺绣和饰边的银丝小纱线。银晶片和切片是切割成几何图形（圆形、星形等）的小银片，中间通常穿孔，与银绣边用途相同。

本品目不包括归入本章第三分章的首饰坯件状的浇铸品、烧结品、锻制品、压制品等（例如，镶嵌底座、戒指坯件、徽章、花及塑像）。

71.07 以贱金属为底的包银材料

包贵金属（包括镶嵌贵金属的贱金属）的定义，参见本章的注释七及总注释。

锡、镍、锌，特别是铜的合金有时用银包裹。非合金的铜和钢有时也包银。包银材料用于制造银器（餐具、室内装饰用品等），也用于制造化学或食品工业用的管子、容器和器械。

归入本品目的包银贱金属通常制成棒、杆、型材、丝、板、片、带、管等形状。

总之，品目71.06的注释在必要的地方稍加修改后，也适用于包银贱金属。

71.08 金（包括镀铂的金），未锻造、半制成或粉末状（+）：

— 非货币用：

11 —— 金粉

12 —— 其他未锻造形状

13 —— 其他半制成形状

20 — 货币用

本品目包括各种未锻造、半制成或粉末状的金或金合金（参见本章总注释）以及镀铂的金，但本品目不包括包其他贵金属的金。

*

* *

金具有一种特有的黄色，即使在高温下也不会氧化，对绝大多数试剂，包括酸，有明显的耐化学性（王水却可浸蚀它）。它是仅次于银和铜的热和电的优良导体。在所有金属中，它的延展性与可锻性最好，但是非常软，因此除用于电镀或电解淀积以外，极少使用非合金态的金。

根据本章注释五的规定（参见总注释），归入本品目的金合金包括：

一、金银合金，根据所含金银的比例不同，颜色从黄到绿到白不等。它们用于制首饰，也用于制电触头和具有高熔点的特殊焊料。

二、金铜合金，用于制硬币、首饰，金器或电触头。

三、金银铜合金，主要用于首饰、金器、牙科用合金或焊料。这种合金可含锌或镉，也用作焊料。主要含有银和铜，名为“金银块”或“金银锭”的合金，如按重量计含金量在2%及以上的，应归入本品目，它是从某种含铜的黄铁矿中或将加工泡铜所剩的残渣加以精炼，分离出有关金属制得。

四、金铜镍合金，有时加有锌和镁，生产出一系列合金（称为“白金”，在某些国家又称为“灰金”），常作为铂的代用品。其他“白金”含钯量在2%及以上，因此不能归入本品目（品目71.10）。

五、金镍合金，用于制造电触头。

本品目包括的金和金合金与上述银的形状相同，因此品目71.06的注释在必要的地方稍加修改后，也适用于金及金合金。

○

○○

子目注释：

子目7108.20

本子目包括国家或国际金融机构或授权银行之间交易的金。

71.09 以贱金属或银为底的包金材料

包贵金属（包括镶嵌贵金属的贱金属）的定义，参见本章的注释七和总注释。包金的贱金属或银通常与包银的贱金属形状相似（参见品目 71.07 的注释）。

包金的贱金属（例如，铜及铜合金）或银用以制首饰（手镯、表链、耳环等）、表壳、雪茄嘴或香烟嘴、打火机、金器、电触头、化学装置等。

71.10　铂，未锻造、半制成或粉末状：

一　铂：

11　— — 未锻造或粉末状

19　— — 其他

一　钯：

21　— — 未锻造或粉末状

29　— — 其他

一　铑：

31　— — 未锻造或粉末状

39　— — 其他

一　铱、锇及钌：

41　— — 未锻造或粉末状

49　— — 其他

本品目所包括的铂及铂合金像品目 71.06 的银和品目 71.08 的金一样，其定义参见本章总注释。

*

*　*

所称“铂”包括［参见第七十一章注释四（二）］：

一、铂，一种柔软的浅灰白色金属，具有可锻性，在室温下不失原有光泽，耐酸，但受王水的侵蚀。它通过锻造、滚轧或拉拔能制成条、片、带、管、丝和其他半制成品形状。

因其具有极好的耐腐蚀性、高熔点和高催化活性，铂和铂合金用在工业上多于用在首饰和牙科上。在工业上它们具有许多的重要用途，例如，在电气工业上用于制造热电偶、铂丝温度计、电触头和各种用途的电极；在纺织工业上用于化学纤维的喷丝头；在玻璃工业上用于熔融玻璃设备，例如，生产玻璃纤维的拉丝坩埚、搅拌器等；在石油化学工业上用作催化剂（例如，在制造硝酸的氨氧化工序中的催化剂及用作重整催化剂）；用作化学器具（例如，坩埚）；在飞机制造工业上用于点燃式内燃航空发动机的火花塞电极及燃气涡轮航空发动机的点火装置。

铂和铂合金也用于制造外科器具（特别是皮下注射针头）、某些煤气点火器和其他许多方面，例如，量杆、光学仪器上的叉线等。

二、钯，一种柔软的银白色金属，具有极好的延展性，不易变色，极耐腐蚀。溶于王水和硝酸，受热硫酸的侵蚀。它通过锻造、滚轧或拉拔能制成条、片、带、管、丝和其他半制成品形状。

钯主要用于电触点、钎焊合金、氢提纯设备、氢化催化剂、珠宝首饰，也可作为中间触层使贵金属易于涂在塑料上面。

三、铑，一种硬质的银白色金属，具有延展性。它的特点是具有高度的反射性，在所有铂族金属中它的导电、导热性能最好。不怕几乎所有的水溶液腐蚀，包括在高温下无机酸的腐蚀。

它通过锻造、滚轧或拉拔可制成条、片、带、丝及其他半制成品形状。

铑主要是作为铂的合金添加剂来使用，铑添加剂在电气工业和玻璃工业还有一些其他用途。它低阻耗、不变色，适于通过电解淀积制成电触头和需要耐磨损的接触面（例如，电机滑环）。它也用作催化剂，用于镀银、镀银刀叉餐具以及盘碟等器皿的后处理，使其保持光泽。

四、铱，一种灰白色的硬金属，在常温和高温下都能经受各种酸的腐蚀，包括王水的侵蚀。

它通过滚轧或拉拔可制成薄带或丝。

铱可用作热电偶、坩埚所用合金的组分，也可用于航空发动机火花塞的电极。

五、锇，本品目铂族金属中耐火性能最好的金属。紧密状态的锇呈类似锌的浅蓝白色，能耐酸的腐蚀。但精研成粉末状时，锇为无定形的黑色粉末，受硝酸和王水的腐蚀，并在空气中慢慢氧化。

锇主要用于制造钢笔尖粒和器具枢轴的各种坚硬并耐腐蚀的合金，也用作催化剂。

六、钌，一种脆而硬的灰色金属，极耐腐蚀，不受王水的侵蚀，但次氯酸钠的溶液可以慢慢地腐蚀它。它可制成片、带和丝，但产量很小。

钌可用作铂、钯、钼、钨等的合金添加剂（例如，用于制造钢笔尖粒和罗经轴针）和催化剂，通过电解沉积可制成电触头和需要耐磨损的接触面。

根据本章注释五的规定（参见本章总注释），归入本品目的铂与其他金属（金、银或贱金属）的合金包括：

（一）铂铑合金，用于制热电偶丝、熔炉布线、玻璃工业用的部件、催化剂网纱，喷丝头。

（二）铂铱合金，用于制电触点、首饰、皮下注射针头。

（三）铂钌合金，用于制电触点。

（四）铂铜合金（含铜量不超过5%），用于制首饰。

（五）铂钨合金，用于制阀门电极丝、火花点火线。

（六）铂钴合金，用于制永磁铁。

（七）钯钌合金，用于制首饰。

（八）钯银合金，用于制钎焊合金、氢扩散膜、电触头。

（九）钯铜合金，用于制电触点、钎焊料。

（十）钯铝合金，用于制保险丝。

（十一）铑铱合金，用于制热电偶。

（十二）铱锇合金，用于制钢笔尖粒。

（十三）铱钨合金，用于制耐高温弹簧。

（十四）金铂合金，用于制喷丝头。

（十五）金银钯铜合金，用于制首饰、电触点弹簧。

（十六）银铜钯合金，用于制钎焊合金。

（十七）铱锇合金（铱锇矿），一种含锇、铱、钌和铂的天然合金，它是锇的主要原料。

71.11　以贱金属、银或金为底的包铂材料

包贵金属（包括镶嵌贵金属的贱金属）的定义，参见本章的注释七和总注释。它们报验时的形状通常与品目71.07注释中所述包银形状相似。

包铂的贱金属（例如，铜、钨）、银或金主要用于制首饰和电器。

71.12　贵金属或包贵金属的废碎料；含有贵金属或贵金属化合物的其他废碎料，主要用于回收贵金属，品目85.49的货品除外：

30　—　含有贵金属或贵金属化合物的灰

—　其他：

91　——　金及包金的废碎料，但含有其他贵金属的地脚料除外

92　——　铂及包铂的废碎料，但含有其他贵金属的地脚料除外

99　——　其他

本品目包括仅适于回收贵金属的金属废碎料或用作制造化学品的原料。

本品目也包括主要用于回收贵金属的含有贵金属或贵金属化合物的任何材料的废碎料。

它们主要包括：

一、焚化照相用胶片、印刷电路板等产生的含有贵金属或贵金属化合物的灰。

二、造币厂或金匠、银匠和首饰匠等在工场机械加工贵金属或包贵金属时产生的废料、残屑，例如，成形、钻孔等加工产生的地脚、粉末、锉屑、刨屑等。

三、不能再作原用途的破旧器具（餐具、金银器、丝网催化剂等）的废料。本品目不包括需要经过或不需要经过整修便能重新再作原用途使用的物品，以及不经回收加工便能转作其他用途的物品。

四、含有金属形态或化合物形态贵金属（例如，卤化银）的照相用硬片、软片、纸、纸板或纺织物的废碎料。

五、冶炼、电解或化学生产过程中所产生的含有贵金属的残渣（例如，电解精炼及电镀时产生的熔渣、淤渣；照相定影槽中的银渣）。

本品目不包括含贵金属（例如，金或银）的电子电路板及类似载体的废碎料（品目85.49）。

第三分章　珠宝首饰、金银器及其他制品

71.13　贵金属或包贵金属制的首饰及其零件：

—　贵金属制，不论是否包、镀贵金属：

11　——银制，不论是否包、镀其他贵金属

19　——其他贵金属制，不论是否包、镀贵金属

20　—　以贱金属为底的包贵金属制

本品目包括本章注释九规定的全部或部分由贵金属或包贵金属制成的首饰，即：

一、个人佩戴的小物品（镶嵌或不镶嵌宝石），例如，戒指、手镯、项圈、饰针、耳环、项链、表链和其他作装饰用的链；怀表链及饰物、垂饰、领带针和夹、袖扣、饰钮、钮扣等；宗教性十字架或其他十字架；奖章和勋章；帽饰（针、扣、环等）；手提包装饰品；腰带、鞋等用的扣子和滑圈；发夹、头饰、发梳和其他类似发饰。

二、通常放置在衣袋、手提包或佩戴在身上的个人用品，例如，雪茄或香烟盒、鼻烟盒、眼镜盒、香粉盒、口红管、小梳、口香丸盒、带链钱包、念珠、钥匙圈等。

归入本品目的上述物品必须是含超出作为小配件范围的贵金属或包贵金属（包括镶嵌贵金属的贱金属）；因此，带有一个金或银制的简单花押字的贱金属卷烟盒，仍应作为贱金属制品归类。上述货品只要符合这一条件，也可镶嵌珍珠（天然、养殖或仿制）、宝石或半宝石（天然、合成或再造）、仿宝石、龟壳、珍珠母、象牙、琥珀（天然或粘聚）、黑玉或珊瑚。

本品目也包括未制成或不完整的首饰及明显作为首饰的零件，只要它们所含贵金属或包贵金属已超出作为小配件范围，例如，装镶在戒指、饰针等上的小块图案。

本品目不包括：

（一）第四十二章注释三（二）所述的品目42.02或42.03的物品。

（二）品目43.03或43.04的货品（毛皮或人造毛皮制品）。

（三）第六十四章或第六十五章的鞋靴、帽类及其他物品，带有用本章材料制成的零件。

（四）品目71.17的仿首饰。

（五）硬币，镶制成首饰的硬币除外（品目71.18或第九十七章）。

（六）第九十章的物品（例如，普通眼镜、长柄眼镜等及其框架）。

（七）表及手表带（第九十一章）。

（八）除品目 96.01 至 96.06 或 96.15 以外的第九十六章所列物品，例如，自来水笔、尖头自来水笔、钢笔杆、铅笔套和活动铅笔（包括其零件和配件）；打火机、烟斗、雪茄烟嘴或香烟嘴及其零件；香水喷雾器或类似的化妆用喷雾器及其喷头。

（九）超过一百年的首饰（品目 97.06）。

71.14　贵金属或包贵金属制的金银器及其零件：

—　贵金属制，不论是否包、镀贵金属：

11　——银制，不论是否包、镀其他贵金属

19　——其他贵金属制，不论是否包、镀贵金属

20　—　以贱金属为底的包贵金属制

本品目包括本章注释十规定的全部或部分用贵金属或包贵金属制成的金银器。这些器具一般要比品目 71.13 的首饰大，它们包括：

一、餐具，例如，餐刀、切肉刀、汤匙、叉；长柄勺；家禽夹和肉夹；托盘、盘子、盛汤或盛菜的碟和碗；船形调味汁壶；水果盘；糖缸、咖啡壶、茶壶、茶杯或咖啡杯；酒杯；蛋杯、酒壶、酒具；装面包、糕点、水果等的筐和架；鱼夹；糕点夹；冰酒桶；调味品瓶；糖钳；刀架、餐刀环；餐桌铃；花饰瓶塞等。

二、梳妆用具，例如，有柄镜；瓶和香粉盒（品目 71.13 的物品除外）；刷子盒、衣刷、指甲刷、头发刷、梳（装饰性发梳和随身小梳除外品目——71.13）；大壶等。香水喷雾器不归入本品目（品目 96.16）。

三、办公室和写字台用品，例如，墨水瓶、墨水台、书档、镇纸、裁纸刀等。

四、吸烟用具，例如，雪茄和香烟盒、烟叶罐、烟灰缸、火柴盒架等，但不包括品目 96.13 或 96.14 的物品（香烟打火机和其他打火机、烟斗、烟嘴等）。

五、其他室内用品及类似物品，例如，室内装饰用的半身雕塑像、小雕塑像和其他雕塑像；珠宝盒；餐桌中心件、小花瓶、大花瓶；像框；灯具、灯台、烛台、枝形吊灯；壁炉台装饰品、装饰用碟盘、纪念章和大奖章（供个人佩戴的除外）；体育比赛奖品；香炉等。

六、宗教用品，例如，圣物箱、圣餐杯，荷花籽杯、圣体匣、耶稣十字架、烛台、灯具。

本品目还包括未制成或不完整的金银器及明显用于金银器的零件，例如，餐具的银柄、梳妆用刷的银刷背等。

和首饰的规定一样，本品目的货品必须含有贵金属或包贵金属，而且所含的这些金属不仅作为物品的小配件，它们也可以镶嵌珍珠（天然、养殖或仿制）、宝石或半宝石（天然、合成或再造）、仿宝石、龟壳、珍珠母、象牙、琥珀（天然或粘聚）、黑玉或珊瑚。

本品目不包括：

（一）品目 66.01 或 66.02 的伞、杖及其他物品，装有本章所列材料制成的配件的，以及全部或部分用这些材料制成的这些物品的零件、配件及附件（品目 66.03）。

（二）第九十章的物品（例如，望远镜）。

（三）钟表和钟表壳（第九十一章）。

（四）乐器（第九十二章）。

（五）第九十三章的武器及其零件（佩剑、手枪、左轮等）。

（六）香水喷雾器及类似的化妆用喷雾器及其喷头（品目 96.16）。

（七）雕塑像或雕塑品的原件（品目97.03）、品目97.05的收藏品和品目97.06的古物。

71.15　贵金属或包贵金属的其他制品：

10　—　金属丝布或格栅形状的铂催化剂

90　—　其他

本品目包括全部或部分用贵金属或包贵金属制成的各种制品；首饰、未制成或不完整的首饰或首饰的零件（品目71.13）或金银器、未制成或不完整的金银器及金银器零件（品目71.14）以及本章注释二（一）或三所列的物品除外。

例如，本品目不包括：

（一）贵金属或包贵金属只在其中作为小配件的物品。

（二）第三十章的无菌外科缝合材料、牙科填料及其他货品。

（三）品目58.09的机织物和第十一类的其他货品。

（四）第十六类的机器、机械用具及电气设备以及明显用于这些货品的零件（例如，铂喷丝头、减摩轴承、化学设备或工业机器的零件、电触点等）。

（五）第九十章的物品（例如，假肢、假牙及其他人造的人体部分；骨折用夹板、医疗和外科用器具、装有贵金属制热电偶的高温计；用金、银、铂制成的实验室仪器和器具及其零件）；第九十一章的物品（钟和表）或第九十六章的物品（例如，铂棉煤气点火器）。

因此，本品目主要包括技术或实验室用的物品，例如，坩埚、烤钵和某些刮勺（例如，用铂或铂族金属制成的）；作催化剂等用的铂或铂合金丝网布或格栅；未装配也不准备装配机械或热力设备的容器（不论是否衬里或隔热）；电镀阳极。金阳极可呈切成所需尺寸的纯金片状，两个角上钻有孔眼，以便用钩将其悬挂在电镀槽内。银阳极也可呈上述形状或为八字形横截面的挤压型材，其两头钻有孔眼。铂阳极通常为小块波纹铂片或带，片或带上焊有一条铂窄条，用以将其悬挂在电解电镀槽内；或为铂丝网，网上装有一根铂丝或一条铂丝网的窄条以供悬挂之用。

本品目还包括贵金属或包贵金属构成其基本特征的手提包等物品。这些物品也可镶嵌有珍珠、宝石、半宝石、龟壳等制成的配件或装饰品。

71.16　用天然或养殖珍珠、宝石或半宝石（天然、合成或再造）制成的物品：

10　—　天然或养殖珍珠制

20　—　宝石或半宝石（天然、合成或再造）制

本品目包括全部或部分中天然或养殖珍珠、宝石或半宝石制成的但不含贵金属或包贵金属的［作为小配件的除外，参见本章注释二（二）］所有物品，但本章注释二（二）及三所列的物品除外。

本品目包括：

一、个人装饰品及其他装饰品（例如，用于手提包等的扣子和框架；梳子、刷子；耳环；链扣、饰扣及类似品），含有镶嵌在贱金属（不论是否镀贵金属）、象牙、木料、塑料等上面的天然或养殖珍珠、宝石或半宝石（天然、合成或再造）。

本品目包括根据规格、质量、色泽等分级后已可用作首饰的珍珠、宝石或半宝石制品。但本品目不包括为便于运输暂穿成串，未装配有金属或其他材料的未分级或已分级的珍珠和未分级的宝石或半宝石，它们应归入品目71.01、71.03或71.04（参见品目71.01至71.03的注释）。

根据本章注释二（二），本品目的物品可含有作为小配件的贵金属或包贵金属（例如，带有金搭扣的珍珠项链）。另一方面，本品目不包括所含贵金属或包贵金属超出小配件范围的物品（例如，带有金耳夹的耳饰）（品目71.13）。

二、全部或部分由宝石或半宝石构成的其他物品。这类物品还可含有其他物料，包括作为小配件的贵金属或包贵金属。据此，本品目可包括十字架和戒指（常为玛瑙的）、手镯（表带除外），酒杯（常为石榴石的）；小雕像和工艺品（例如，翡翠的）；臼和杵（例如，玛瑙的）；玛瑙或其他宝石或半宝石制的衡器用刃形支承或轴承；玛瑙制的纺纱导线器；有玛瑙头的装饰性软木塞等；镀金面或纸张、皮革等抛光用的玛瑙制抛光工具；钓鱼竿的玛瑙环、裁纸刀、墨水台、镇纸、烟灰缸（例如，玛瑙或缟玛瑙的）。

本品目不包括：

（一）第八十二章的货品，带有装在贱金属、硬质合金或金属陶瓷支座上的宝石或半宝石（天然、合成或再造）工作部件，不论是否已装配的（例如，已装配的割玻璃用金刚钻）。

（二）第十六类的机器、机械用具、电气设备及其零件［参见本章注释三（十）］。

（三）第九十章的物品，例如，适于安装在仪器或器具上的已装配或未装配石英光学元件。

（四）作为钟、表零件，或者既可用作钟表零件，又可用作其他物品零件的经加工的宝石或半宝石，不论是否已装配（参见第九十一章的注释四）。

71.17　仿首饰：

—　贱金属制，不论是否镀贵金属：

11　——袖扣、饰扣

19　——其他

90　—　其他

根据本章注释十一的规定，所称“仿首饰”仅限于如品目 71.13 注释第一部分所述的供个人佩戴的小件物品，例如，戒指、手镯（手表带除外）、项圈、耳环、链扣等（不包括品目 96.06 的钮扣和其他物品或品目 96.15 的发梳、发夹及类似品和发针），但这些物品不能含有贵金属或包贵金属［电镀的或本章注释二（一）所列小配件范围的除外］，也不能含有天然或养殖珍珠、宝石或半宝石（天然、合成或再造）。

本品目还包括未制成或不完整的仿首饰（耳环、手镯、项圈等），例如：

一、半制成的开口环，由经过阳极化处理的铝丝构成，通常经过扭绞或表面加工，不论是否配有粗制的钮扣，有时不作进一步加工即用作耳环。

二、贱金属制的装饰性小图案，不论是否抛光或用小链环连成不定长度的条状物。

必须注意，通常置于口袋、手提包内或佩戴在身上的个人用品，例如，品目 71.13 注释二所列的物品（香烟盒、香粉盒等），不能作为仿首饰归类。

本品目也不包括：

（一）本章注释三所列的物品。

（二）品目 83.08 的物品（扣、钩、环、眼等）。

71.18　硬币（+）：

10　—　非法定货币的硬币（金币除外）

90　—　其他

本品目适用于任何金属（包括贵金属）制成的硬币。这些硬币具有官方规定的份量和图案，在政府管理下作为法定货币发行。在发行国家作为法定货币的成套或不成套的硬币，即使装于礼品盒内供一般销售用的，也归入本品目。本品目还包括已不再作为法定货币的硬币，但不包括收藏品（参见品目 97.05 的注释）。

硬币的制成是先从金属片冲出坯件，然后再用印模进行冲印，使坯件的两面同时印出图案。

本品目不包括：

（一）奖章，即使其冲印方法与硬币相同：它们通常归入品目 71.13、71.14 或 71.17 及品目 83.06（参见相应的注释）。

（二）装在胸针、领带夹或其他个人装饰品上的硬币（品目 71.13 或 71.17）。

（三）只能作金属废、碎料的破碎、切碎或毁损的硬币。

○

○　○

子目注释：

子目 7118.10

本子目包括：

一、已退出流通领域的法定货币。

二、在一国铸造并将在另一国投入流通领域的硬币；在过境时它们还未被主管部门作为法定货币发行。

附录
归入品目 71.03 的宝石或半宝石清表

矿物学名称	商业名称
磷锂铝石	磷锂铝石
Amblygonite	Amblygonite
	磷锂铝石
	Montebrasite
闪石类	
Amphiboles (group of)	
阳起石	阳起石、软玉、碧玉
Actinolite	Actinolite, Nephrite, Jade
透闪石	透闪石
Tremolite	Tremolite
蔷薇辉石	蔷薇辉石
Rhodonite	Rhodonite
红柱石	红柱石
Andalusite	Andalusite
	空晶石
	Chiastolite
磷灰石	磷灰石（各种颜色）
Apatite	Apatite (all colours)
霰石	霰石、斑彩石
Aragonite	Aragonite, Ammolite
斧石	斧石
Axinite	Axinite
蓝铜矿	蓝铜矿（石青）
Azurite	Azurite (Chessylite)
	孔雀蓝铜矿
	Azurite – Malachite
蓝锥矿	蓝锥矿
Benitoite	Benitoite
绿柱石	祖母绿
Beryl	Emerald
	海蓝宝石
	Aquamarine
	透绿柱石
	ColourlessBeryl – Goshenite
	黄绿柱石
	Yellow Beryl
	玫瑰绿柱石
	Pink Beryl – Morganite
	金绿柱石
	Heliodor

续表

矿物学名称	商业名称
	金色宝石 Golden Beryl 绿色宝石 Green Beryl 红绿柱石 Red Beryl, Bixbite
磷钠铍石 Beryllonite	磷钠铍石 Beryllonite
磷铝钠石 Brazilianite	磷铝钠石 Brazilianite
方解石 Calcite	方解石 Calcite
锡石 Cassiterite	锡石 Cassiterite
白铅矿 Cerussite	白铅矿 Cerussite
金绿宝石 Chrysoberyl	金绿宝石 Chrysoberyl 金绿宝石猫眼 Chrysoberyl Cat's - eye 变石（亚历山大石） Alexandrite 变石猫眼 Alexandrite Cat's - eye
硅孔雀石 Chrysocolla	硅孔雀石 Chrysocolla
堇青石 Cordierite	堇青石 Cordierite, Iolite
刚玉 Corundum	红宝石 Ruby 星光红宝石 Star - Ruby 蓝宝石 Sapphire 星彩蓝宝石 Star - Sapphire 蓝宝石猫眼 Sapphire Cat's - eye 具有表色法所列颜色的蓝宝石或刚玉 Sapphire or Corundum with colour designation 橙刚玉 Padparadschah (orange)

续表

矿物学名称	商业名称
	深色星彩蓝宝石等 Black Star – Sapphire, etc.
赛黄晶 Danburite	赛黄晶 Danburite
硅硼钙石 Datolite	硅硼钙石 Datolite
硬水铝石 Diaspore	硬水铝石 Diaspore
蓝线石 Dumortierite	蓝线石 Dumortierite
绿帘石 Epidote	绿帘石 Epidote
蓝柱石 Euclase	蓝柱石 Euclase
长石类 Feldspar (group of)	
钠长石 Albite	钠长石 Albite 硬玉钠长石 Maw – sit – sit/Jadeite Albite
拉长石	拉长石 Labradorite, Spectrolite
微斜长石	天河石、微斜长石 Amazonite, Microcline
奥长石 Oligoclase	日长石 Aventurine Feldspar 日光石 Sunstone
正长石 Orthoclase	正长石（黄色） Orthoclase (yellow) 月光石 Moonstone
萤石（氟石） Fluorite (Fluorspar)	萤石（氟石） Fluorite (Fluorspar)
石榴石类 Garnet (group of)	
铁铝榴石 Almandine	贵榴石 Garnet, Almandine 镁铁榴石 Garnet, Rhodolite
钙铁榴石 Andradite	钙铁榴石 Garnet, Andradite

续表

矿物学名称	商业名称
	翠榴石 Garnet, Demantoid
	黑榴石 Garnet, Melanite
钙铝榴石 Grossular	各种颜色的钙铝榴石 Garnet, Grossular varied colours
	铬榴石 Garnet, Grossular Chrome
	黄榴石 Tsavolite
	桂榴石 Garnet, Hessonite
镁铝榴石 Pyrope	红榴石 Garnet, Pyrope
锰铝榴石 Spessartite	锰铝榴石 Garnet, Spessartite
赤铁矿 Hematite	赤血石 Hematite
符山石 Idocrase	符山石 Idocrase
	维苏威石 Vesuvianite
	玉符山石 Californite
柱晶石 Kornerupine	柱晶石 Kornerupine
蓝晶石 Kyanite	蓝晶石 Kyanite
青金石 Lazurite	青金石 Lazurite
	杂青金石 Lapis – lazuli
	青金石 Lapis
天蓝石 Lazulite	天蓝石 Lazulite
孔雀石 Malachite	孔雀石 Malachite
白铁矿 Marcasite	白铁矿 Marcasite
黑曜石（火山玻璃） Obsidian (volcanic glass)	黑曜石 Obsidiane

续表

矿物学名称	商业名称
橄榄石 Olivine	橄榄石 Peridot
蛋白石 Opal	欧泊，黑欧泊 Opal, Black Opal 砾石欧泊 Boulder Opal 火欧泊 Fire Opal 斑色欧泊 Harlequin Opal 苔藓欧泊、绿欧泊 Moss Opal, Prase Opal 欧泊脉石 Opal Matrix 玻璃欧泊 Water Opal 木欧泊 Wood Opal
葡萄石 Prehnite	葡萄石 Prehnite
黄铁矿 Pyrites	黄铁矿（白铁矿） Pyrites (Marcasite)
叶蜡石 Pyrophyllite	叶蜡石 Pyrophyllite
辉石类 Pyroxene (group of)	
透辉石 Diopside	透辉石 Diopside 星形透辉石 Star – Diopside
顽火辉石–紫苏辉石 Enstatite – Hypersthene	顽火辉石–紫苏辉石 Enstatite – Hypersthene
硬玉 Jadeite	硬玉、翡翠 Jadeite, Jade 暗绿玉 Chloromelanite
锂辉石 Spodumene	锂辉石（各种颜色） Spodumene (all colours) 紫锂辉石 Kunzite 翠绿锂辉石 Hiddenite

续表

矿物学名称	商业名称
石英 Quartz	玛瑙（各种颜色） Agate (various colours) 火玛瑙 Fire Agate 缟玛瑙 Onyx 缠丝玛瑙 Sardonyx 紫晶 Amethyst 东陵石 Aventurine Quartz 砂金石 Aventurine 蓝水晶 Blue Quartz 玉髓 Chalcedony 绿玉髓 Chrysoprase 黄晶、黄水晶 Citrine, yellow quartz 光玉髓 Cornelian 绿水晶 Green Quartz, Prasiollite 鸡血石、血玉髓 Heliotrope, Bloodstone 碧玉 Jasper 彩纹碧玉 Multicoloured Jasper 圆碧玉 Orbicular Jasper 硅石 Silex 黑晶、烟晶 Morion, Cairngorm 苔藓色玛瑙 Moss - Agate 枝状玛瑙 Agate Dendritic

续表

矿物学名称	商业名称
	带玛瑙
	Banded Agate
	葱绿玉髓
	Prase
	石英猫眼
	Quartz Cat's - eye
	鹰石
	Quartz Falcon's - eye
	虎睛石
	Quartz Tiger's - eye
	岩晶
	Rock Crystal, Quartz
	芙蓉石
	Rose Quartz
	烟晶
	Smoky Quartz
	紫石英
	Violet Quartz
菱锰矿	菱锰矿
Rhodochrosite	Rhodochrosite
方柱石	方柱石
Scapolite	Scapolite
蛇纹石	鲍文玉
Serpentine	Bowenite
	岫玉
	Serpentine
	古绿石
	Verd Antique
	玉蛇纹石
	Williamsite
硼铝镁石	硼铝镁石
Sinhalite	Sinhalite
方钠石	方钠石
Sodalite	Sodalite
菱锌矿	菱锌矿
Smithsonite	mithsonite, Bonamite
闪锌矿	闪锌、苹绿闪锌矿
Sphalerite	Sphalerite Blende
尖晶石	尖晶石（各种颜色）
Spinel	Spinel (all colours)
	镁铁黑尖晶石
	Pleonaste Black Spinel

续表

矿物学名称	商业名称
榍石 Sphene (Titanite)	榍石 Sphene
黄玉 Topaz	托帕石（各种颜色） Topaz (all colours)
电气石 Tourmaline	碧玺（各种颜色） Tourmaline (all colours) 无色电气石 Achroite 镁电气石 Dravite 蓝电气石 Indigolite 红电气石 Rubellite 碧玺猫眼 Tourmaline Cat's – eye
图图石 Tugtupite	图图石 Tugtupite
绿松石 Turquoise	绿松石 Turquoise 绿松石矿 Turquoise Matrix
磷铝石 Variscite	磷铝石 Variscite
铬云母 Verdite	铬云母 Verdite
维苏威石（见符山石） Vesuvianite (see Idocrase)	
锆石 Zircon	锆石（各种颜色） Zircon (all colours)
黝帘石 Zoisite	黝帘石（各种颜色） Zoisite (all colours) 坦桑宝石 Tanzanite 锰黝帘石 Thulite

第十五类 贱金属及其制品

注释：

一、本类不包括：

（一）以金属粉末为基本成分的调制油漆、油墨或其他产品（品目32.07至32.10、32.12、32.13或32.15）；

（二）铈铁或其他引火合金（品目36.06）；

（三）品目65.06或65.07的帽类及其零件；

（四）品目66.03的伞骨及其他物品；

（五）第七十一章的货品（例如，贵金属合金、以贱金属为底的包贵金属、仿首饰）；

（六）第十六类的物品（机器、机械器具及电气设备）；

（七）已装配的铁道或电车道轨道（品目86.08）或第十七类的其他物品（车辆、船舶、航空器）；

（八）第十八类的仪器及器具，包括钟表发条；

（九）做弹药用的铅弹（品目93.06）或第十九类的其他物品（武器、弹药）；

（十）第九十四章的物品（例如，家具、弹簧床垫，灯具及照明装置、发光标志、活动房屋）；

（十一）第九十五章的物品（例如，玩具、游戏品及运动用品）；

（十二）手用筛子、钮扣、钢笔、铅笔套、钢笔尖、独脚架、双脚架、三脚架及类似品或第九十六章的其他物品（杂项制品）；或

（十三）第九十七章的物品（例如，艺术品）。

二、本协调制度所称"通用零件"，是指：

（一）品目73.07、73.12、73.15、73.17或73.18的物品及其他贱金属制的类似品，不包括专用于医疗、外科、牙科或兽医的植入物（品目90.21）；

（二）贱金属制的弹簧及弹簧片，但钟表发条（品目91.14）除外；以及

（三）品目83.01、83.02、83.08、83.10的物品及品目83.06的贱金属制的框架及镜子。

第七十三章至第七十六章（品目73.15除外）及第七十八章至第八十二章所列货品的零件，不包括上述的通用零件。

除上段及第八十三章注释一另有规定的以外，第七十二章至第七十六章及第七十八章至第八十一章不包括第八十二章、第八十三章的物品。

三、本协调制度所称"贱金属"是指：铁及钢、铜、镍、铝、铅、锌、锡、钨、钼、钽、镁、钴、铋、镉、钛、锆、锑、锰、铍、铬、锗、钒、镓、铪、铟、铌（钶）、铼及铊。

四、本协调制度所称"金属陶瓷"，是指金属与陶瓷成分以极细微粒不均匀结合而成的产品。"金属陶瓷"包括硬质合金（金属碳化物与金属烧结而成）。

五、合金的归类规则（第七十二章、第七十四章所规定的铁合金及母合金除外）：

（一）贱金属的合金按其所含重量最大的金属归类；

（二）由本类的贱金属和非本类的元素构成的合金，如果所含贱金属的总重量等于或超过所含其他元素的总重量，应作为本类贱金属合金归类；

（三）本类所称"合金"，包括金属粉末的烧结混合物、熔化而得的不均匀紧密混合物（金属陶瓷除外）及金属间化合物。

六、除条文另有规定的以外，本协调制度所称的贱金属包括贱金属合金，这类合金应按上述注释五的规则进行归类。

七、复合材料制品的归类规则：

除各品目另有规定的以外，贱金属制品（包括根据“归类总规则”作为贱金属制品的混合材料制品）如果含有两种或两种以上贱金属的，按其所含重量最大的贱金属的制品归类。

为此：

（一）钢、铁或不同种类的钢铁，均视为一种金属；

（二）按照注释五的规定作为某一种金属归类的合金，应视为一种金属；以及

（三）品目 81.13 的金属陶瓷，应视为一种贱金属。

八、本类所用有关名词解释如下：

（一）废碎料

1. 所有金属废碎料；

2. 因破裂、切断、磨损或其他原因而明显不能作为原物使用的金属货品。

（二）粉末

按重量计 90% 及以上可从网眼孔径为 1 毫米的筛子通过的产品。

九、第七十四章至第七十六章以及第七十八章至第八十一章所述有关名词解释如下：

（一）条、杆

轧、挤、拔或锻制的实心产品，非成卷，其全长截面均为圆形、椭圆形、矩形（包括正方形）、等边三角形或规则外凸多边形（包括相对两边为弧拱形，另外两边为等长平行直线的“扁圆形”及“变形矩形”）。对于矩形（包括正方形）、三角形或多边形截面的产品，其全长边角可经磨圆。矩形（包括“变形矩形”）截面的产品，其厚度应大于宽度的十分之一。所述条、杆也包括同样形状及尺寸的铸造或烧结产品。该产品在铸造或烧结后再经加工（简单剪修或去氧化皮的除外），但不具有其他品目所列制品或产品的特征。

第七十四章的线锭及坯段，已具锥形尾端或经其他简单加工以便送入机器制成盘条或管子等的，仍应作为未锻轧铜归入品目 74.03。此条注释在必要的地方稍加修改后，适用于第八十一章的产品。

（二）型材及异型材

轧、挤、拔、锻制的产品或其他成型产品，不论是否成卷，其全长截面相同，但与条、杆、丝、板、片、带、箔、管的定义不相符合。同时也包括同样形状的铸造或烧结产品。该产品在铸造或烧结后再经加工（简单剪修或去氧化皮的除外），但不具有其他品目所列制品或产品的特征。

（三）丝

盘卷的轧、挤或拔制实心产品，其全长截面均为圆形、椭圆形、矩形（包括正方形）、等边三角形或规则外凸多边形（包括相对两边为弧拱形，另外两边为等长平行直线的“扁圆形”及“变形矩形”）。对于矩形（包括正方形）、三角形或多边形截面的产品，其全长边角可经磨圆。矩形（包括“变形矩形”）截面的产品，其厚度应大于宽度的十分之一。

（四）板、片、带、箔

成卷或非成卷的平面产品（未锻轧产品除外），截面均为厚度相同的实心矩形（不包括正方形），不论边角是否磨圆（包括相对两边为弧拱形，另外两边为等长平行直线的“变形矩形”），并且符合以下规格：

1. 矩形（包括正方形）的，厚度不超过宽度的十分之一；

2. 矩形或正方形以外形状的，任何尺寸，但不具有其他品目所列制品或产品的特征。

这些品目还适用于具有花样（例如，凹槽、肋条形、格槽、珠粒及菱形）的板、片、带、箔以及穿孔、抛光、涂层或制成瓦楞形的这类产品，但不具有其他品目所列制品或产品的特征。

（五）管

全长截面及管壁厚度相同并只有一个闭合空间的空心产品，成卷或非成卷的，其截面为圆形、椭

圆形、矩形（包括正方形）、等边三角形或规则外凸多边形。对于截面为矩形（包括正方形）、等边三角形或规则外凸多边形的产品，不论全长边角是否磨圆，只要其内外截面为同一圆心并为同样形状及同一轴向，也可视为管子。上述截面的管子可经抛光、涂层、弯曲、攻丝、钻孔、缩腰、胀口、成锥形或装法兰、颈圈或套环。

总　注　释

本类包括贱金属（含化学纯贱金属）及许多贱金属制品。不归入本类的贱金属货品将在本注释末列出。本类还包括从其脉石中分离出来的自然金属，以及铜锍、镍锍和钴锍。但不包括金属矿砂及含有自然金属的脉石（品目26.01至26.17）。

根据本类注释三的规定，本协调制度所称“贱金属”是指：铁及钢、铜、镍、铝、铅、锌、锡、钨、钼、钽、镁、钴、铋、镉、钛、锆、锑、锰、铍、铬、锗、钒、镓、铪、铟、铌（钶）、铼及铊。

第七十二章至第七十六章及第七十八章至第八十一章中的各章包括某些未锻轧的贱金属及这些金属的条、杆、丝或片等产品，也包括它们的制成品。但不包括不是以金属自然属性列出的某些贱金属制品，这些制品应归入第八十二章或第八十三章，这些章仅包括具体列名的金属制品。

一、贱金属合金

根据本类注释六规定，除条文另有规定（例如，合金钢）的以外，第七十二章至第七十六章及第七十八章至第八十一章或本协调制度其他章所称的贱金属也包括其合金。同样，第八十二章、第八十三章或其他章所称“贱金属”，包括作为贱金属合金归类的合金。

根据第七十一章注释五及本类注释五的规定，贱金属合金应按下列规则归类：

（一）贱金属与贵金属的合金

如果合金中没有任何一种贵金属（银、金、铂）的重量达到合金重量的2%，这种合金应作为贱金属归类。否则，应归入第七十一章。

（二）贱金属与贱金属的合金

除铁合金（参见品目72.02的注释）及铜母合金（参见品目74.05的注释）以外，这类合金应按所含重量最大的一种金属归类。

（三）本类的贱金属与非金属或品目28.05的金属的合金

如果这类合金中本类贱金属的总重量等于或超过其他元素的总重量，则这类合金应按贱金属归类。否则，这类合金通常归入品目38.24。

（四）烧结混合物、熔炼而得的不均匀紧密混合物（金属陶瓷除外）及金属间化合物

金属粉末的烧结混合物及熔炼而得的不均匀紧密混合物（金属陶瓷除外）应作为合金对待。上述紧密混合物主要包括熔化废碎金属而得的组分不同的锭块。

但未经烧结的金属粉末混合物应按本类注释七的规定归类（复合制品——参见下面第二部分）。

由两种或多种贱金属组成的金属间化合物也应作为合金对待。金属间化合物与合金的主要区别在于：金属间化合物晶格中不同原子的排列是有规则的，而合金晶格中不同原子的排列是没有规则的。

二、贱金属制品

根据本类注释七的规定，除品目另有规定（例如，铜头的钢铁钉应归入品目74.15，即使所含的铜不是主要成分）的以外，含有两种或两种以上贱金属的制品，应按其所含重量最大的那种贱金属的制品归类。对于部分由非金属构成的制品，如果按照归类总规则，贱金属赋予这些制品基本特征的，也按本规定办理。

引用本规定计算各种金属的比例时，应注意下列三点：

（一）各种钢铁应视为同一种金属。

（二）作为某一种金属归类的合金，应视为一种金属（例如，由黄铜构成的铜制品应视为全部由纯铜构成）。

（三）品目81.13的金属陶瓷，应视为一种贱金属。

三、制品的零件

总的来说，明显为制品的零件应按有关制品的零件归入本协调制度中相应的品目。

但是，单独报验的通用零件（本类注释二所列的货品）不能作为制品的零件归类，而应归入本类中相应的品目。例如，集中供暖散热器的专用螺栓及汽车专用弹簧。螺栓应归入品目73.18（作为螺栓）而不归入品目73.22（作为集中供暖散热器的零件）。弹簧应归入品目73.20（作为弹簧）而不归入品目87.08（作为汽车零件）。

*

*　*

必须注意，按照本类注释二（二）的规定，钟表发条不归本类而应归入品目91.14。

除本类注释一所列的货品以外，本类还不包括下列货品：

（一）贱金属汞齐（品目28.53）。

（二）贱金属胶态悬浮液（通常归入品目30.03或30.04）。

（三）牙科胶粘剂及其他牙科填料（品目30.06）。

（四）照相制版等用的照相感光金属板（品目37.01）。

（五）品目37.07的摄影用闪光灯材料。

（六）含金属纱线（品目56.05）；用含金属纱线或金属线纺成的用于衣着、家具布或类似品的机织物（品目58.09）。

（七）用金属线制成的第十一类所述的刺绣品及其他货品。

（八）除第六十四章注释二所述货品（主要是护鞋铁掌、鞋眼、鞋钩及鞋扣）以外的鞋靴零件（品目64.06）。

（九）硬币（品目71.18）。

（十）原电池、原电池组及蓄电池的废碎料；废原电池、废原电池组及废蓄电池（品目85.48）。

（十一）金属丝刷（品目96.03）。

第七十二章　钢铁

注释：

一、本章所述有关名词解释如下［本条注释（四）、（五）、（六）适用于本协调制度其他各章］：

（一）生铁

无实用可锻性的铁碳合金，按重量计含碳量在2%以上并可含有一种或几种下列含量范围的其他元素：

铬不超过10%；

锰不超过6%；

磷不超过3%；

硅不超过8%；

其他元素合计不超过10%。

（二）镜铁

按重量计含锰量在6%以上，但不超过30%的铁碳合金，其他方面符合上述（一）款所列标准。

（三）铁合金

锭、块、团或类似初级形状、连续铸造而形成的各种形状及颗粒、粉末状的合金，不论是否烧结，通常用于其他合金生产过程中的添加剂或在黑色金属冶炼中作除氧剂、脱硫剂及类似用途，一般无实用可锻性，按重量计铁元素含量在4%及以上并含有下列一种或几种元素：

铬超过10%；

锰超过30%；

磷超过3%；

硅超过8%；

除碳以外的其他元素，合计超过10%，但最高含铜量不得超过10%。

（四）钢

除品目72.03以外的黑色金属材料（某些铸造而成的种类除外），具有实用可锻性，按重量计含碳量在2%及以下，但铬钢可具有较高的含碳量。

（五）不锈钢

按重量计含碳量在1.2%及以下，含铬量在10.5%及以上的合金钢，不论是否含有其他元素。

（六）其他合金钢

不符合以上不锈钢定义的钢，含有一种或几种按重量计符合下列含量比例的元素：

铝0.3%及以上；

硼0.0008%及以上；

铬0.3%及以上；

钴0.3%及以上；

铜0.4%及以上；

铅0.4%及以上；

锰1.65%及以上；

钼0.08%及以上；

镍0.3%及以上；

铌0.06%及以上；

硅0.6%及以上；
钛0.05%及以上；
钨0.3%及以上；
钒0.1%及以上；
锆0.05%及以上；
其他元素（硫、磷、碳及氮除外）单项含量在0.1%及以上。

（七）供再熔的碎料钢铁锭

粗铸成形无缩孔或冒口的锭块产品，表面有明显瑕疵，化学成分不同于生铁、镜铁及铁合金。

（八）颗粒

按重量计不到90%可从网眼孔径为1毫米的筛子通过，而90%及以上可从网眼孔径为5毫米的筛子通过的产品。

（九）半制成品

连续铸造的实心产品，不论是否初步热轧；其他实心产品，除经初步热轧或锻造粗制成形以外未经进一步加工，包括角材、型材及异型材的坯件。

本类产品不包括成卷的产品。

（十）平板轧材

截面为矩形（正方形除外）并且不符合以上第（九）款所述定义的下列形状实心轧制产品：

1. 层叠的卷材；或

2. 平直形状，其厚度如果在4.75毫米以下，则宽度至少是厚度的十倍；其厚度如果在4.75毫米及以上，其宽度应超过150毫米，并且至少应为厚度的两倍。

平板轧材包括直接轧制而成并有凸起式样（例如，凹槽、肋条形、格槽、珠粒、菱形）的产品以及穿孔、抛光或制成瓦楞形的产品，但不具有其他品目所列制品或产品的特征。

各种规格的平板轧材（矩形或正方形除外），但不具有其他品目所列制品或产品的特征，都应作为宽度为600毫米及以上的产品归类。

（十一）不规则盘绕的热轧条、杆

经热轧不规则盘绕的实心产品，其截面为圆形、扇形、椭圆形、矩形（包括正方形）、三角形或其他外凸多边形（包括“扁圆形”及“变形矩形”，即相对两边为弧拱形，另外两边为等长平行直线形）。这类产品可带有在轧制过程中产生的凹痕、凸缘、槽沟或其他变形（钢筋）。

（十二）其他条、杆

不符合上述（九）、（十）、（十一）款或“丝”定义的实心产品，其全长截面均为圆形、扇形、椭圆形、矩形（包括正方形）、三角形或其他外凸多边形（包括“扁圆形”及“变形矩形”，即相对两边为弧拱形，另外两边为等长平行直线形）。这些产品可以：

1. 带有在轧制过程中产生的凹痕、凸缘、槽沟或其他变形（钢筋）；

2. 轧制后扭曲的。

（十三）角材、型材及异型材

不符合上述（九）、（十）、（十一）、（十二）款或“丝”定义，但其全长截面均为同样形状的实心产品。

第七十二章不包括品目73.01或73.02的产品。

（十四）丝

不符合平板轧材定义但全长截面均为同样形状的盘卷冷成形实心产品。

（十五）空心钻钢

适合钻探用的各种截面的空心条、杆，其最大外形尺寸超过15毫米但不超过52毫米，最大内孔尺寸不超过最大外形尺寸的二分之一。不符合本定义的钢铁空心条、杆应归入品目73.04。

二、用一种黑色金属包覆不同种类的黑色金属，应按其中重量最大的材料归类。

三、用电解沉积法、压铸法或烧结法所得的钢铁产品，应按其形状、成分及外观归入本章类似热轧产品的相应品目。

○
○ ○

子目注释：

一、本章所用有关名词解释如下：

（一）合金生铁

按重量计含有一种或几种下列比例的元素的生铁：

铬 0.2% 以上；

铜 0.3% 以上；

镍 0.3% 以上；

0.1% 以上的任何下列元素：铝、钼、钛、钨、钒。

（二）非合金易切削钢

按重量计含有一种或几种下列比例的元素的非合金钢：

硫 0.08% 及以上；

铅 0.1% 及以上；

硒 0.05% 以上；

碲 0.01% 以上；

铋 0.05% 以上。

（三）硅电钢

按重量计含硅量至少为 0.6% 但不超过 6%，含碳量不超过 0.08% 的合金钢。这类钢还可含有按重量计不超过 1% 的铝，但所含其他元素的比例并不使其具有其他合金钢的特性。

（四）高速钢

不论是否含有其他元素，但至少含有按重量计合计含量在 7% 及以上的钼、钨、钒中两种元素的合金钢，按重量计其含碳量在 0.6% 及以上，含铬量在 3% ～6%。

（五）硅锰钢

按重量计同时含有下列元素的合金钢：

碳不超过 0.7%；

锰 0.5% 及以上，但不超过 1.9%；以及

硅 0.6% 及以上，但不超过 2.3%。但所含其他元素的比例并不使其具有其他合金钢的特性。

二、品目 72.02 项下的子目所列铁合金，应按照下列规则归类：

对于只有一种元素超出本章注释一（三）规定的最低百分比的铁合金，应作为二元合金归入相应的子目。以此类推，如果有两种或三种合金元素超出了最低百分比的，则可分别作为三元或四元合金。

在运用本规定时，本章注释一（三）所述的未列名的“其他元素”，按重量计单项含量必须超过 10%。

总　注　释

本章包括黑色金属，即生铁、镜铁、铁合金及其他原料（第一分章），也包括钢铁工业的某些铁或非合金钢产品（锭及其他初级形状产品、半制品及用它们直接生产出来的主要产品）（第二分章）、不锈钢产品（第三分章）及其他合金产品（第四分章）。

经进一步加工的制品（例如，铸件、锻件等），板桩、焊接角材、型材及异型材、铁道及电车道铺轨用材料及管材应归入第七十三章或其他章。

钢铁工业所采用的原料为品目26.01注释附表所列的各种天然铁矿（氧化物、水合氧化物、碳酸盐）、黄铁矿烬滓（从黄铁矿、白铁矿、磁黄铁矿等锻烧除去硫后留下的烧结铁氧化物）及钢铁废碎料。

一、铁矿砂的冶炼（还原）

铁矿砂在高炉或电炉中还原可转变成生铁，也可通过各种直接还原处理转变成海绵铁或铁团块；特殊用途的超纯铁（例如，用于化学工业）只有通过电解或其他化学方法才能制得。

（一）高炉法炼铁

从铁矿砂提取的铁大多数是通过高炉法炼得的。这种方法主要是以铁矿砂作原料，但也可以废碎金属、预还原铁矿砂及其他铁废料作为原料。

高炉还原剂主要由硬焦炭组成，有时与少量煤或者液态或气态烃相混合。

通过这种方法炼得的铁呈熔融生铁状，其副产品是炉渣、高炉气及高炉灰。

上述的熔融生铁大多数在炼钢厂中直接冶炼成钢。

有些用于铸造厂，用于制锭模、铸铁管等。

还有的铁可在铸锭机或砂床中铸成生铁锭、块；也可制成有时称作“厚板”的不规则形状的团块，或注入水后成为铁粒。

固体生铁可在炼钢炉中与铁渣一起再熔化制成钢，也可在铸铁厂的化铁炉或电炉中与铁渣一起熔化制成铸铁。

（二）直接还原法炼铁

与上述方法比较，本法所用的还原剂通常是气态或液态烃或煤，因此不需要使用硬焦炭。

在这些过程中，还原温度比较低，以致不需经熔融状态便可获得海绵状、预还原粒状或团块状产品（通常称作海绵铁）。由于这一原因，它们的碳含量通常比从高炉所得的生铁低（因为熔融铁与碳接触紧密）。大多数的这些粗制产品在炼钢厂中熔融并冶炼成钢。

二、钢的生产

熔融状或固体状的生铁或铸铁及直接还原法所得铁产品（海绵铁）与废碎铁混合组成炼钢的原料。在这些原料中再加入生石灰、萤石、脱氧剂（例如，镁铁、硅铁、铝）及各种合金元素等造渣添加剂。

炼钢方法主要分为以下两类：“气体”法，在这一方法中，熔融生铁在转炉中或靠吹气的作用下进行冶炼；及“炉膛”法，例如，平炉或电炉。

气体法不需外部热源。当原料主要为熔融生铁时即使用此法。生铁中的某些元素（例如，碳、磷、硅及锰）的氧化作用能产生足够的热量使钢保持液态，甚至可使任何添加的金属碎料熔化。这种方法包括将纯氧鼓入熔融金属的方法（氧气顶吹转炉炼钢法：LD、LDAC、OBM、OLP、卡尔多炼钢法及其他方法）及那些有时使用富集氧空气的老式法（托马斯炼钢法及贝塞姆炼钢法）。

但是平炉炼钢法需要外加热源。当原料为固体配料（例如，废碎铁、海绵铁及固体生铁）时即使用此方法。

这一炼钢法主要有两种，一是热源由重油或气体供应的马丁熔炉法，二是热源由电能提供的电弧炉法或感应电炉法。

在生产某些钢时可连续应用这两种不同的方法（双炼法）。例如，可先在马丁熔炉中冶炼然后在电炉中冶炼；或熔于电炉的钢水可转到特殊的转炉中，在转炉中吹入氧气及氩气以完成脱碳工序（例如，此法可在冶炼不锈钢中使用）。

很多新的方法已被用于冶炼特殊组分或具有特殊性能的钢。这些方法包括用电轰击进行熔炼的真空电弧熔融法及电渣法。在所有这些方法中，钢都是从一自耗电极中产生，电极熔融时会流入水冷锭模。锭模可以是完整的一件，也可以是底部活动的，以便将固化铸件从锭模下面拉出。

通过上述方法制得的需要或不需要进一步精炼的液态钢通常注入移动式前炉。固态或液态的合金元素或脱氧剂可在这一阶段加入。这一过程需于真空中完成，以免受气体杂质的影响。

根据合金元素的含量，通过上述所有方法制得的钢分为“非合金钢”及“合金钢”（不锈钢或其他钢）。根据其特性，它们还可分为易切削钢、硅电钢、高速钢或硅锰钢等。

三、锭块或其他初级形状产品及半制成品的生产

尽管熔融钢可以在铸造厂中用模具铸成最终形状（钢铸件），但是大多数熔融钢在锭模中铸成锭块。

在浇铸阶段及固化阶段，钢可分成三种主要类型：沸腾钢、镇静（或“非沸腾”）钢及半镇静钢。在沸腾阶段浇铸的钢之所以称为沸腾钢，是由于在浇铸过程及浇铸后，溶于钢中的氧化铁与碳反应而使其“沸腾”。在冷却阶段，杂质集中于锭块的中心及上半部。因为外层不受这些杂质影响，因此用这些锭块轧制的产品有较好的外观。这种较为经济的钢也用于冷窝锻。

在很多情况下，钢不适宜在“沸腾”状态下铸造。这种方法主要应用于合金钢及高碳钢。在这些情况下，钢必须镇静，即必须脱氧。脱氧工序可以部分在真空中处理完成，但更常见的是通过加入硅、铝、钙或锰等元素来脱氧。通过这些方法，残余杂质更加均匀地分布于锭块中，对于某些用途，其质量更有保障，因整个钢的性质是完全一样的。

有些钢可以部分脱氧，因而称为半镇静钢。

在固化及温度均衡后，锭块在初轧机或粗轧机（开板坯、开方坯等）中轧成半制成品（大方坯、小方坯、圆钢、厚板坯、薄板坯），或者在锤击机或锻压机中锻成半制成品。

在连续浇铸机中直接把钢铸成半成品可提高钢的产量。它们的横截面形状在某些情况下可接近制成品的形状。用连铸法制得的半制成品，其特征是外表面具有间距较为规则的彩色横向环，由于快速冷却，其切开的横截面外观通常有径向结晶现象。连铸钢都是脱氧的。

四、最终产品的生产

半制成品及在某些情况下的锭块经加工制成成品。

它们通常分为扁平材（“宽带材”，包括“齐边中厚板”、“宽带卷材”、片材、板材及带材）及长形材（不规则盘绕的热轧条、杆，其他条及杆、角材、型材、异型材及丝）。

这些产品可以通过热塑变形直接从锭或半制成品制得（通过热轧、锻造或热拉），也可以通过冷塑变形间接从热加工产品制得（通过冷轧、挤压、拉丝、光拔），在某些情况下还需后处理（例如，通过无心磨削或精密车削制得的冷加工条、杆）。

根据本章注释三，用电解沉积法、压铸法或烧结法所得的钢铁产品，应按其形状、成分及外观归入本章类似热轧产品的相应品目。

对于本条注释，有关名词解释如下：

A. 压铸（模铸）法

本法是在加压下将熔融合金或合金浆注入铸模中。

这种方法有利于大批量生产及保证尺寸精度。

B. 烧结法

这是一种粉末冶金加工法，即加压模制而成的压实粉末产品须在特种熔炉中进行加热。

这种方法能使烧结材料具有最终特性，但却须在规定的温度、时间和气压下进行。它使产品呈烧结固态形状。烧结也可以在真空中进行。

（一）热塑变形

1. 热轧，即在快速结晶点及开始熔化点之间的某一温度下轧制。其温度范围根据各种因素（如钢的成分）而定。一般情况下，热轧的最终工作温度约为900℃。

2. 锻造，即通过锤击机或锻压机使金属团块热变形，制成任何形状工件的方法。

3. 热拉法，将钢加热并通过模具拉出条、管或各种形状的型材。

4. 热模锻及热冲压，指通过特种工具用模具（闭合的或带毛口合缝的）通常在传送线上将已切割的坯料进行热成型，将其制成型材及异型材。在进行初步滚轧、锤击、手工锻造或弯曲加工后，通过冲或压进行的上述加工一般是连续性的。

（二）冷塑变形

1. 冷轧，在室温条件下进行，即在低于再结晶温度条件下进行。

2. 冷模锻及冷冲压，指通过类似于以上（一）款 4 项所述方法但却用冷加工工艺制取型材及异型材的方法。

3. 挤压，通常为冷加工法，在模具及加压工具之间加以高压使块钢变形，模具与加压工具之间除材料通过的方位外其余各方位均为密闭，以形成所需形状。

4. 拉丝，一种冷加工工序，在这一工序中，不规则盘绕的条或杆被高速地拉过一个或数个模口，生产出直径更小的盘卷的钢铁丝。

5. 光拔，一种冷加工工序，在这一工序中，不论是否为不规则盘绕的条或杆被相对低速地拉过一个或数个模口，生产出较细或不同形状的型材及异型材。

冷加工产品与热轧或热拉产品可通过以下标准加以区别：

——冷加工产品的表面较热加工产品好，没有一层鳞皮。

——冷加工产品的尺寸公差小。

——薄扁产品（薄“宽卷材”板、片及带）通常是通过冷轧制得的。

——冷加工产品用显微镜检验时可发现其金属晶粒明显变形，晶粒取向与加工方向一致。相反，热加工产品由于重结晶作用，其晶粒几乎全都是规则的。

此外，冷加工产品及某些热轧或热拉产品同样具有下列性能：

（1）因为冷加工产品经过机械硬化或加工硬化，冷加工产品极硬且具有很大的抗拉强度，但经热处理后，这些性能便大为减弱；

（2）冷加工生产品的断裂伸长度很低；但经过适当热处理的产品，其断裂伸长度较高。

在不明显减少产品厚度的条件下对某些热轧扁平产品进行极轻度的冷轧加工（称作表皮光轧或轻精冷轧），不会改变热轧产品的特点。在低压力下进行的这种冷轧主要作用于产品的表面，而真正的冷轧通过大幅度缩小工件的横截面而改变工件的晶体结构。

（三）后加工及整理

最终产品可经以下一系列工序进一步加工处理或制成其他物品：

1. 机械加工，即车削、铣削、磨削、穿孔或冲孔、折叠、精整、剥皮等；但应注意，仅除去氧化皮的粗车削及粗修整不能作为引起归类变化的加工工序。

2. 表面处理或用以改善金属性能及外观，防止其锈蚀等的其他加工（包括镀层）。除某些品目条文另有规定的以外，上述加工不影响货品的归类。它们包括：

（1）用以改善金属性能的退火、淬火、回火、表面硬化、渗氮及类似热处理。

（2）用以去除金属热处理过程所形成的氧化皮而进行的去皮、酸浸、刮面及其他加工。

（3）仅为防止产品生锈或其他氧化作用，防止在运输过程中打滑并有利于装卸等而进行的粗涂层，例如，含有活性颜料（铅丹、锌粉、氧化锌、铬酸锌、氧化铁、铁丹、优质胭脂）的防锈油漆，及以油、脂、蜡、石蜡、石墨、焦油或沥青为基料的非颜料涂料。

（4）表面加工处理包括：

a. 抛光、磨光或类似处理；

b. 人工氧化作用（通过各种化学处理，例如，浸于一种氧化性溶液中）、铜绿加工、上蓝（蓝回火)、青铜色氧化（通过各种技术）。这些工艺也能在产品表面形成一层氧化膜，用以改善产品的外观。它能提高产品的防锈能力。

c. 化学表面处理，例如：

——磷化，即将产品浸于酸式磷酸金属盐溶液（特别是酸式磷酸锰、酸式磷酸铁及酸式磷酸锌）中；这一加工方法称作磷酸盐被膜处理或磷酸盐处理，磷化程度取决于处理时间及浴池温度；

——草酸盐处理、硼酸盐处理等，使用方法与磷化处理相似，但应加入适量的盐或酸。

——铬酸盐处理，即将产品浸于主要成分为铬酸或铬酸盐的溶液中；这一加工方法用于镀或涂锌钢板等的表面处理。

这些化学表面处理具有保护金属表面、便于产品日后冷变形处理及涂油漆或涂其他非金属保护层等优点。

d. 用金属涂布（敷金属）的主要方法有：

——浸于金属或金属合金的熔融液中，例如，热浸镀锌、镀锡、热镀铅及铝涂布；

——电镀（通过电解适当的金属盐溶液，电镀金属在阴极中沉积于待镀产品上），例如，用锌、镉、锡、铅、铬、铬/铬酸盐、铜、镍、金或银电镀；

——浸渍或扩散（将产品加热使其表面覆上一层所需的金属粉末），例如，粉末镀锌（用锌渗镀）、热镀铝（用铝渗镀）及扩散镀铬（用铬扩散）；

——喷涂（雾化熔融镀敷金属并直接喷镀在待镀产品上），例如，斯库普法、瓦斯手枪、电弧、等离子体及静电等喷涂法；

——通过在真空中蒸发镀敷金属的敷金属法等；

——用辉光放电离子轰击镀敷金属的敷金属法（离子电镀）；

——通过阴极气化电镀法（溅散）。

e. 涂非金属物质，例如，搪瓷、上清漆、上大漆、涂油漆、表面印染、用陶瓷或塑料涂面，包括特种工艺，例如，辉光放电、电泳、静电喷射及在静电流浴中浸渍后再辐射烧制。

（5）包覆，即不同颜色或性质的各层金属通过接触使表面分子相互渗透进行缔合。这种有限扩散是包覆产品的特点，也是与以上各节所列方法制得的涂镀金属产品（例如，通过普通电镀）的不同之处。

各种包覆法包括：把熔融包覆金属倾注于基底金属上然后再进行滚轧；对包覆金属简单热轧使其与基底金属能有效熔接；包覆金属的其他沉积法或叠加法，然后再进行其他机械加工或热加工以保证熔接（例如，电包覆），在这一方法中，先进行电镀使包覆金属（镍、铬等）覆在基底金属上，再进行适当温度的热处理并冷轧，使接触面的分子相互渗透。

黑色金属产品包括有色金属，如果按重量计以钢铁为主，则仍应归入第七十二章的相应品目（参见第十五类注释七）。用一种黑色金属包覆不同种类的钢铁产品，根据原产品的组分或包覆金属的组分，似乎可以归入两个分章（第二、三或四分章）的，也应按所含重量最大的那种金属归类（参见本章注释二）；例如，用不锈钢包覆的非合金普通钢条，如果按重量计以普通钢为主，应归入第二分章，否则应归入第三分章。

（6）为了检验目的除去少量金属。

（7）层压，例如，中间夹有一层弹性纤维材料的金属层，弹性纤维材料起到隔音等作用。

*

*　*

黑色金属合金及复合材料制品的归类应按第十五类总注释的规定办理。

第一分章　原料；粒状及粉状产品

总　注　释

本分章包括：

一、钢铁冶金原料（生铁、镜铁、铁合金、直接从铁矿砂还原所得的铁产品、其他海绵铁产品、废碎铁及再熔废铁锭）及按重量计纯度不低于99.94%的铁（品目72.01至72.04）。

二、粒状及粉状的生铁、镜铁、钢铁（品目72.05）。

72.01　生铁及镜铁，锭、块或其他初级形状：

10　—　非合金生铁，按重量计含磷量在0.5%及以下

20　—　非合金生铁，按重量计含磷量在0.5%以上

50　—　合金生铁；镜铁

一、生铁

生铁的定义，参见本章注释一（一）。但含碳量大于2%的铬钢根据本章注释一（四）的规定应按其他合金钢归入第四分章。

生铁是钢铁工业的重要初级产品，主要通过在高炉中还原及熔融铁矿或在电炉或化铁炉中熔化废碎铁制得。生铁是一种铁碳合金，本身还含有象硅、锰、硫及磷等其他元素，它是用铁矿砂、废钢、助熔剂或燃料冶炼而得，有时还加入用以产生特种性能的铬及镍等其他元素。

本品目包括粗生铁及为了便于进行一定程度的精炼、混合或熔合而再熔化过的生铁，但其中的金属成分必须符合本章注释一（一）规定的范围。生铁可以呈锭、方块、团块等形状，不论是否破碎，也可以呈熔融状态，但本品目不包括已成形或已加工的物品（例如，粗的或已加工的铸件或管）。

生铁具有性脆和不可加工的特点；通过退火可起到一定程度的补救作用。退火可以使生铁的表面具有钢的一些特性，所得的产品称作“可锻铸铁”（白心或黑心）。实际上，这种处理常用于归入其他品目的铸件，但呈锭、块等初级形状的生铁，按重量计含碳量超过2%的应归入本品目。

合金生铁为按重量计含有一种或多种子目注释一（一）所列元素比例的生铁。

二、镜铁

镜铁的定义，参见本章注释一（二）。在贸易中它有时被视为一种铁合金，但由于它通常直接从矿砂制得，因此仍与生铁归入同一品目。

它主要用在炼钢工业中使铁脱氧及碳化，并用于炼制合金。镜铁因为含锰量较高，所以断面闪闪发光，其形状与生铁相同。

72.02　铁合金：

—　锰铁：

11　——　按重量计含碳量在2%以上

19　——　其他

—　硅铁：

21　——　按重量计含硅量在55%以上

29　——　其他

30　—　硅锰铁

—　铬铁：

41 —— 按重量计含碳量在4%以上
49 —— 其他
50 — 硅铬铁
60 — 镍铁
70 — 钼铁
80 — 钨铁及硅钨铁
— 其他：
91 —— 钛铁及硅钛铁
92 —— 钒铁
93 —— 铌铁
99 —— 其他

铁合金的定义，参见本章注释一（三）。

铁合金与生铁不同，含铁量较小，其中的铁仅作为含量很大的合金元素（例如，锰、铬、钨、硅、硼或镍）的溶剂；其含碳量在2%及以下。

铁合金尽管有些品种具有可锻性，但通常不供轧制、锻造或其他加工用，起码在工业上不作这些用途。它们主要在钢铁工业中给钢或生铁添加一定比例的合金元素以获得特种性能，而通常在使用纯的元素本身是加不进去的或是极不经济的。某些铁合金也用作脱氧剂、脱硫剂、脱硝剂或用于镇静钢，而另一些则用于焊接或用于金属沉积。

某些铁合金直接用于铸造。归入本品目的铁合金必须是锭、方块、团块或类似初级形状、粒、粉状或通过连续铸造制得的形状（例如，坯段）。

硅铁还可在重量法分离（浮选）金属矿砂中用作一种重介质。它呈球粒粉末状，其表面已经特殊加工硬化。这些硅铁仍归入本品目。

本品目也包括预先制成粒状、粉状及用水泥或其他粘合剂（在某些情况下还加入放热添加剂）粘聚成砖头、圆筒、薄板等形状的本类产品。

尽管一些铁合金（例如，锰铁或硅铁）可以在高炉中制得，但它们一般在电炉或坩埚中用“铝热法”等制得。

铁合金的主要品种有：

一、锰铁

二、硅铁

三、硅锰铁

四、铬铁

五、硅铬铁

六、镍铁

七、钼铁

八、钨铁及硅钨铁

九、钛铁及硅钛铁

十、钒铁

十一、铌铁

十二、硅镁铁及硅钙铁

本品目不包括：

（一）与铁合金的用途及使用方式相同的化学产品，例如，氧化钼、钼酸钙及碳化硅以及按重量计含铁量小于4%的硅化钙及硅化锰（第二十八章）。

（二）铀铁（品目28.44）。

（三）各种形状的铈铁及其他引火铁合金（品目36.06）。

（四）在某些国家有时称为镍铁或镍铬铁的产品，这些产品具有可锻性，在钢铁冶金业中通常不用作“添加剂”（品目72.18至72.29或第七十五章）。

72.03　直接从铁矿还原所得的铁产品及其他海绵铁产品，块、团、团粒及类似形状；按重量计纯度在99.94%及以上的铁，块、团、团粒及类似形状：

10　—　直接从铁矿还原所得的铁产品

90　—　其他

本品目包括不需熔融而从矿石还原所制得的铁产品［参见本章总注释第一部分第（二）款］。这些产品从团块状或粒状的矿石制得或从砖块状或团粒状的精矿制得。它们通常按重量计含铁量大于80%且具有海绵结构（海绵铁），用于炼钢。呈砖块状或团粒状的本品目产品不应与品目26.01的精矿相混淆；前者与后者不同，最明显的是前者的切割面光亮。

通过直接还原所得的铁产品很容易与其他海绵铁产品（通过喷雾工艺用熔融生铁制得）区分开来，前者表面粗糙多孔，而后者表面圆滑，清楚地表明它经过熔融状态。

本品目也包括极纯的铁（即杂质含量不超过0.06%的铁）。这种铁用于实验室研究及铁冶金工业的某些部门（例如，粉末冶金），是一种很好的金属稀释剂。

本品目不包括有时称作“海绵钢”的钢丝绒等（品目73.23）。

72.04　钢铁废碎料；供再熔的碎料钢铁锭：

10　—　铸铁废碎料

—　合金钢废碎料：

21　——不锈钢废碎料

29　——其他

30　—　镀锡钢铁废碎料

—　其他废碎料：

41　——车、刨、铣、磨、锯、锉、剪、冲加工过程中产生的废料，不论是否成捆

49　——其他

50　—　供再熔的碎料钢铁锭

一、废碎料

本品目包括符合第十五类注释八（一）所规定的钢铁废碎料。

这类钢铁废碎料有各种各样性质，通常为下列状态：

（一）从钢铁生产或机械加工所得的废碎料（例如，切头、锉屑及切屑）。

（二）因破裂、切断、磨损或其他原因而明显不能作为原物使用的钢铁制品及其废碎料；为了使其达到用户需要的尺寸和质量，这类钢铁废碎料通常要经过下列加工：

1. 又长又重的要进行剪切或火焰切割。

2. 用液压机等将其（尤其是轻质碎料）压缩成包。

3. 将汽车车身或其他轻质碎料碎裂（切碎），然后再分离（可用磁性分离）以制取相当干净的高密度产品。

4. 将钢铁锉屑及切屑压碎并粘聚成砖块状。

5. 将旧铁品破碎。

废碎料通常用于熔融回收金属或用于制化学品。

但本品目不包括可以再按原用途使用或适于作其他用途使用的钢铁制品，不论是否经修补、改造方可使用的；也不包括那些不须先经回收金属即可改作其他物品的钢铁制品。例如，把损坏零件更换后仍可使用的钢制构件；可用作矿柱或可通过重轧改作其他物品的废旧铁路道轨；经过擦净磨刃后仍可使用的钢锉。

本品目还不包括：

（一）冶炼钢铁所得的熔渣、浮渣、氧化皮或其他废料，即使适于回收金属用的（品目26.19）。

（二）由于具有放射性而不能直接用于钢铁工业的废碎料（品目28.44）。

（三）生铁或镜铁的碎片（品目72.01）。

二、供再熔的碎料钢铁锭

这些产品的定义，参见本章注释一（七）。它们由高合金钢的锭块构成，通过将精细废碎料（例如，磨粉、精细切屑）再熔后浇铸制得。它们未经轧制，炼钢中用作添加产品。由于在用过的冷铸模中浇铸，它们的表面粗糙，凹凸水平，带有气泡、裂口、缝隙及收缩孔。浇铸这种锭块不需漏斗形铸口，因此，它们没有缩孔或冒口，但表面凹凸不平，有时锭块上端中心向里凹，常有些火山口状的裂缝，裂缝上可以看到有大量多孔铁渣。

72.05　生铁、镜铁及钢铁的颗粒和粉末：

10　—　颗粒

—　粉末：

21　——合金钢的

29　——其他

一、颗粒

颗粒的定义，参见本章注释一（八）。

本品目包括颗粒，即稍圆的小球粒及棱角粒。

小球粒通过将液态钢铁倾注入冷水或蒸汽射流中制得；而棱角粒则是通过将小球粒压碎制得或通过低温压碎硬化金属片等制得。

这些货品不论是否已按规格分级，均归入本品目。

小球粒及棱角粒用于金属的清洁及除氧化皮或表面硬化（喷丸处理），用于金属或玻璃表面抛光及雕刻，用于加工石料等。有时还加入到混凝土中作为硬化剂或提高其对X射线或γ射线的不可渗透度。

本品目还包括通过切割钢铁丝所得的钢铁丝丸粒，这种颗粒也用于上述用途。

二、粉末

粉末的定义，参见第十五类注释八（二）。

生铁、镜铁及钢铁的粉末是适于压坯或粘聚用的原料，可通过雾化熔融钢铁，还原铁氧化物（干法），粉碎生铁、海绵铁或钢丝，沉淀（湿法），分解羰铁基，电解铁盐水溶液或粉化钢铁（包括粉化锉屑）等方法制得。

这些粉末（包括海绵铁粉末）可以烧结成各种物品，包括电话、磁电机等用的电磁线圈铁芯。它们也用于制焊接电极及焊粉，用于化学工业（尤其是用作还原剂）、有时也用于制药品（通过将锉屑粉化而得的粉末）。

*

*　*

本品目不包括：

（一）放射性铁粉（同位素）（品目 28.44）。

（二）制成品目 30.03 或 30.04 所列药剂的铁粉。

（三）铁合金粒及粉（品目 72.02）。

（四）废钢铁锉屑及切屑（品目 72.04）。

（五）轴承滚珠次品，尽管与小球粒用途相同，但根据第八十四章注释六的规定，仍应归入品目 73.26。这类轴承滚珠与小球粒不同，因它更为规则，表面加工更为精细，所用的钢材质量也较好。

第二分章 铁及非合金钢

总 注 释

本分章包括下列形状的铁及非合金钢：

一、锭或其他初级形状，例如，熟铁棒、板桩、方块、团块，包括熔融状态的钢（品目 72.06）。

二、半制成品，例如，大方坯、小方坯、圆材坯、厚板坯、薄板坯、粗锻件、角材坯、型材坯及异型材坯（品目 72.07）。

三、平板轧材（品目 72.08 至 72.12）。

四、不规则盘绕的热轧条、杆（品目 72.13）及其他条及杆（品目 72.14 或 72.15）。

五、角材、型材及异型材（品目 72.16）。

六、丝（品目 72.17）。

72.06 铁及非合金钢，锭状或其他初级形状（品目 72.03 的铁除外）：

10 — 锭状

90 — 其他

一、锭状

锭块是通过本章总注释所述任何一种方法制得黑色金属后将其浇铸而成的初级形状，其横截面通常为正方形、长方形或八角形。为了便于脱模，它的一边比另一边要厚。它的表面整齐划一，基本没有缺陷。

锭块通常锻轧成半制成品，但有时直接锻轧成条、片或其他最终产品。

二、其他初级形状

除熔融状态的钢外，本品目还包括方块、团块、熟铁棒及板桩。

方块及团块主要从直接还原的铁矿或通过电解沉积所得的“聚集块”或“堆积块”制得。当团块中的大部分熔渣除去后，在浆状状态下，利用压制机或通过对其“锻压”或锤击，轧制后即得熟铁棒及板桩，由于含有熔渣，所得产品具有纤维状结构的特点。这些产品适于特种用途，例如，制锚铁及提升钩。

本品目不包括：

（一）供再熔的碎钢铁锭（品目 72.04）。

（二）通过连续铸造制得的产品（品目 72.07）。

72.07　铁及非合金钢的半制成品：

—　按重量计含碳量在0.25%以下：

11　——矩形（包括正方形）截面，宽度小于厚度的两倍

12　——其他矩形（正方形除外）截面的

19　——其他

20　—　按重量计含碳量在0.25%及以上

半制成品的定义，参见本章注释一（九）。该注释所称“初步热轧”的产品，指经轧制后具有粗糙外观的产品。

本品目包括大方坯、小方坯、圆材坯、厚板坯、薄板坯、粗锻件、角材坯、型材坯、异型材坯及所有通过连续铸造制得的产品。

一、大方坯、小方坯、圆材坯、厚板坯及薄板坯

所有这些产品都是通过对品目72.06的锭块、熟铁棒或板桩进行热轧或锻造而制得的。它们是用于进一步热轧或锻造的半制成品。因此它们不需制成精确的规格；其边角位置并不十分准确，表面也通常是凹凸不平且留有生产过程所碰损的痕迹（例如，辊棒痕迹）。

大方坯的横截面通常是正方形的，比小方坯大。小方坯的横截面可以是正方形的，也可以是长方形的。两者均用于再轧制成条、杆、角材、型材及异型材，或者用于制造锻件。

圆材坯的横截面为圆形或多于四边的多边形，主要用于制造无缝钢管的中间产品。它们与条、杆不同，不仅具有半制成品的一般特点，而且通常还切成1～2米长，其两端经常用喷灯切割。条杆一般切割得很精确。

厚板坯及薄板坯的截面是长方形的，其宽度比厚度大得多，厚板坯比薄板坯厚。因此，厚板坯通常再轧制成板材，而薄板坯通常用于制薄片或带材。镀锡薄板坯是一种用于生产马口铁的薄板坯。厚板坯、薄板坯及某些板材之间的区别，请参见下面品目72.08的注释。

二、粗锻件

这些货品是外观粗糙，尺寸公差大的半制成品，将方块或锭块通过动力锤击或锻压方法制得。它们可呈制品的粗形状，以便制成品能够在制造过程中少浪费材料。本品目仅包括那些需经锻造、压印、车削等进一步深加工才能成形的粗锻件。例如，经粗锤锻成扁平Z字形但需经进一步加工才能制成船用曲轴的锭块，不包括锻造好的准备用于终加工的曲轴。同样，本品目也不包括用锻模锻造而成的冲锻件及压锻件，因为经过这些加工的物品即可用于终加工。

三、角材坯、型材坯及异型材坯

角材坯、型材坯及异型材坯可具有一个复杂形状的横截面，这种横截面与最终产品形状相似，适于用相应的轧制方法加工。例如，本品目包括宽缘工字梁或宽缘工字钢。

四、通过连续铸造所得的半制成品

本组包括所有的通过连续铸造所得各种形状的铁或非合金钢半制成品。

在这种方法中，钢水从分配器的铸勺中流出，送到不同的铸造流水线。这些流水线包括：

（一）配有冷却装置的无底铸模。

（二）模具外面有一套用以冷印铸件的雾化水系统。

（三）一组定期取出固化金属的输送滚筒。

（四）一套切割机械系统和一个送出装置。

连续铸造所得产品与其他产品的区分标准，参见本章总注释第三节。

72.08　宽度在600毫米及以上的铁或非合金钢平板轧材，经热轧，但未经包覆、镀层或涂层（+）：

10　—　已轧压花纹的卷材，除热轧外未经进一步加工

—　其他经酸洗的卷材，除热轧外未经进一步加工：

25　——厚度在4.75毫米及以上

26　——厚度在3毫米及以上，但小于4.75毫米

27　——厚度小于3毫米

—　其他卷材，除热轧外未经进一步加工：

36　——厚度超过10毫米

37　——厚度在4.75毫米及以上，但不超过10毫米

38　——厚度在3毫米及以上，但小于4.75毫米

39　——厚度小于3毫米

40　—　已轧压花纹的非卷材，除热轧外未经进一步加工

—　其他非卷材，除热轧外未经进一步加工：

51　——厚度超过10毫米

52　——厚度在4.75毫米及以上，但不超过10毫米

53　——厚度在3毫米及以上，但小于4.75毫米

54　——厚度小于3毫米

90　—　其他

平板轧材的定义，参见本章注释一（十）。

本品目的产品可经下列表面处理：

一、去氧化皮、酸洗、刮面及其他加工以除去金属加热过程中所形成的氧化鳞片及壳。

二、仅为防止产品生锈或其他氧化作用、防止运输途中打滑及便于搬运而进行粗涂层，例如，用含有防锈活性颜料［如铅丹、锌粉、氧化锌、铬酸锌、氧化铁（铁丹、优质胭脂）］的油漆涂层及用以油、脂、蜡、石蜡、石墨、焦油或沥青为基料的非颜料涂料涂层。

三、抛光、磨光或类似处理。

四、人工氧化（通过各种化学处理，例如，浸于一种氧化性溶液中）、铜绿处理、发蓝处理（蓝回火）、青铜色氧化（通过各种工艺），这些处理也在金属表面形成氧化膜，可改善产品外观。这种加工能够提高产品防锈能力。

五、化学表面处理，例如：

——磷化，即将产品浸于酸式磷酸金属盐溶液（特别是酸式磷酸锰、酸式磷酸铁及酸式磷酸锌溶液）中；这种加工称作磷酸盐被膜处理或磷酸盐处理，磷化程度取决于处理时间及浴池温度；

——草酸盐处理、硼酸盐处理等，使用方法与磷化处理相似，但应加入适量的盐或酸；

——铬酸盐处理，即将产品浸于主要成分为铬酸或铬酸盐的溶液中。

这些化学表面处理具有保护金属表面、便于产品日后冷变形处理及涂油漆或涂其他非金属保护层等优点。

本品目的平板轧材可以直接从轧制过程中轧出凸起的花纹，例如，沟纹、肋条纹、格子花纹、扁豆形花纹、凸点花纹、菱形花纹，也可以在轧制后进行加工（例如，穿孔、制成瓦楞形、切成斜边或将边磨圆），只要它们不具有其他品目所列制品或产品的特征。

但本品目不包括用金属涂层、电镀或包覆的平板轧材，也不包括用非金属物质如油漆、搪瓷或塑料涂层的平板轧材（品目72.10）。

本品目也不包括用贵金属包覆的平板轧材（第七十一章）。

“瓦楞形平板轧材”是指具有规则波浪形曲线（例如，正弦波）的平板轧材。在确定归类时，以带瓦楞的边的宽度作为其有效宽度。但本品目不包括具有角断面（例如，正方形、三角形或梯形）的肋形产品（通常归入品目72.16）。

本品目还包括除长方形或正方形以外任何规格的平板轧材，只要它们不具有其他品目所列制品或产品的特征。

本品目主要包括“宽卷材”、“片材”及“板材”。

本品目还包括某些称为“宽扁材”的产品（其中一些产品在世界上一些地区称作“万能板材”）。

本品目所称的“宽扁材”，是指长方形横截面的非成卷产品，在闭合匣内或万能轧钢机中四面热轧制得，厚度不小于4毫米、宽度在600毫米及以上但不超过1250毫米。

因此，“宽扁材”比“宽卷材”、“片材”或“板材”更为平直，各边加工得更为精确，边角更为尖锐。它们不用再轧制，其边缘也不需进一步机械加工即可用作钢结构件等。

“宽卷材”、“板材”及“片材”是通过热轧锭块、厚板坯、薄板坯制得，有时还进行横向或纵向切割。

“宽卷材”不同于“片材”及“板材”，因为“片材”及“板材”是以扁平状报验的，而“宽卷材”是以几乎齐边的一层叠于另一层之上盘绕成卷报验的。

热轧“宽卷材”既可直接象“片材”及“板材”般使用，也可制成其他产品，例如，制成“片材”及“板材”、焊缝管、角材、型材及异型材。

“片材”及“板材”用于建造船舶、铁路车辆、槽罐、锅炉、桥梁及其他需要很大强度的结构件。某些“片材”及“板材”的规格类似于厚板坯及薄板坯，但它们与厚板坯及薄板坯仍有区别，因为：

1. 它们绝大多数是横轧（纵向及横向）的，有时是斜轧的，而厚板坯及薄板坯仅在扁坯轧机或粗轧机中纵向粗轧。

2. 它们的边缘通常经剪切或火焰切割，这些处理的痕迹显而易见，而厚板坯及薄板坯的边缘是圆的。

3. 它们的厚度公差及表面缺陷是非常严格的，而厚板坯及薄板坯厚薄不一且有各种表面缺陷。

*

*　*

本品目不包括：

（一）网眼钢铁板（品目73.14）。

（二）第八十二章所列物品的坯件。

○

○　○

子目注释：

子目7208.10、7208.25、7208.26、7208.27、7208.36、7208.37、7208.38、7208.39、7208.40、7208.51、7208.52、7208.53及7208.54

除热轧外，上述子目的产品可经过下列加工或表面处理：

一、热矫平。

二、退火、淬火、回火、表面硬化、渗氮及其他为改善金属特性所进行的类似热处理。

三、除条文另有规定的以外，品目72.08注释第二段的一及二款所述的表面处理。

去氧化皮可通过下列处理：

（一）通过酸洗或还原处理（采用化学或热加工方法），不论是否与石灰乳处理（浸灰法）结合进行；

（二）机械去氧化皮（刨平、粗磨、砂纸打磨、喷砂打磨等）。

机械去氧化皮产品可根据其下列特征加以识别：

1. 经刨平的钢表面光亮，有连续不断的平行粗糙痕印，用肉眼辨别清晰可见，易于触觉；

2. 经粗磨或砂纸打磨的钢表面一般凹凸不平，暗淡无光，研磨工具留下的研磨痕迹清晰可见。另一方面，经过精研磨后，产品表面非常光滑，甚至反光，打磨工具打磨留下的痕迹几乎看不见。

四、本章总注释四（二）款最后一段所述的表皮光轧或轻精冷轧。

五、以冲压、印刷等方式加上简单标记（诸如商标等）。

六、切割成矩形（包括正方形）。

七、仅以探伤为目的的检查。

72.09　宽度在600毫米及以上的铁或非合金钢平板轧材，经冷轧，但未经包覆、镀层或涂层（+）：

—　卷材，除冷轧外未经进一步加工：

15　——厚度在3毫米及以上

16　——厚度超过1毫米，但小于3毫米

17　——厚度在0.5毫米及以上，但不超过1毫米

18　——厚度小于0.5毫米

—　非卷材，除冷轧外未经进一步加工：

25　——厚度在3毫米及以上

26　——厚度超过1毫米，但小于3毫米

27　——厚度在0.5毫米及以上，但不超过1毫米

28　——厚度小于0.5毫米

90　—　其他

品目72.08注释的规定在必要的地方稍加修改后，可适用于本品目的产品。

本品目的冷轧产品与品目72.08的热轧产品的区分标准已在本章总注释列出——参见第四部分第（二）款。

由于本品目的产品具有特殊的性能［较好的表面处理、较好的冷成形性、较精确的公差（一般在减少厚度时）、较高的机械强度等］，因此它们通常与其相应的热轧产品用途不同，而且越来越多地用于取代热轧产品。它们主要用于制造汽车车身、金属家具、家庭用具、集中供暖散热器及通过冷加工（成形或仿形加工）制成角材、型材及异型材。它们易于涂镀（可镀锡、电镀、上清漆、搪瓷、上大漆、上油漆或用塑料涂层等）。

它们通常在退火、正火或其他热处理后交货。如果它们厚度极薄（通常小于0.5毫米），而且为了适于镀锡、上清漆或印花而进行表面酸洗，即使是盘卷的，人们有时也把它们称作“黑铁皮”。

○

○　○

子目注释：

子目7209.15、7209.16、7209.17、7209.18、7209.25、7209.26、7209.27及7209.28

除冷轧外，这些子目的产品还可经过下列加工或表面处理：

一、矫平。

二、退火、淬火、回火、表面硬化、渗氮及其他为改善金属特性所进行的类似热处理。

三、酸洗。

四、品目72.08注释第二款所述的表面处理。

五、以冲压、印刷等方式加上简单标记（诸如商标等）。

六、切割成矩形（包括正方形）。

七、仅以探伤为目的的检查。

72.10　宽度在600毫米及以上的铁或非合金钢平板轧材，经包覆、镀层或涂层（+）：

—　镀或涂锡的：

11　——厚度在0.5毫米及以上

12　——厚度小于0.5毫米

20　—　镀或涂铅的，包括镀铅锡钢板

30　—　电镀锌的

—　用其他方法镀或涂锌的：

41　——瓦楞形

49　——其他

50　—　镀或涂氧化铬或铬及氧化铬的

—　镀或涂铝的：

61　——镀或涂铝锌合金的

69　——其他

70　—　涂漆或涂塑的

90　—　其他

本品目包括品目72.08或72.09所列的同类产品，但归入本品目的产品必须经包覆、镀层或涂层。

本品目所称"包覆、镀层或涂层"，适用于经过本章总注释的四（三）2（4）d、e及（5）所述任何一种处理的产品。

本品目不包括：

（一）包贵金属的扁平产品（第七十一章）。

（二）品目83.10的产品。

○

○　○

子目注释：

在考虑品目72.10的子目分类时，如果产品经过一种以上方式涂层、镀层或包覆的，应按最后加工的方式归类。但化学表面处理，例如，铬酸盐处理，不应视作最后加工。

子目7210.30、7210.41及7210.49

子目7210.30所列产品是经过第七十二章总注释四（三）2（4）d第二点所述的加工处理；子目7210.41及7210.49所列产品是经过上述总注释四（三）2（4）d所述的其他加工处理。

电镀锌产品与用其他方法镀或涂锌产品可按下列方法进行区别：

——首先通过目视或显微镜观察检查产品是否有锌结晶花存在。

——如果能检查出锌结晶花，则它们是热浸镀锌产品。如果放大50倍仍检查不出锌结晶花，则镀或涂层需经化学分析。

——如果检查出铝或检查出铅含量超过0.5%，则它们是热浸镀锌产品。否则，它们为电镀锌产品。

72.11　宽度小于600毫米的铁或非合金钢平板轧材，但未经包覆、镀层或涂层（+）：

—　除热轧外未经进一步加工：

13　——经四面轧制或在闭合匣内轧制的非卷材，宽度超过150毫米，厚度不小于4毫米，未轧压花纹

14　——其他，厚度在4.75毫米及以上

19　——　其他
　—　除冷轧外未经进一步加工:
23　——　按重量计含碳量低于0.25%
29　——　其他
90　—　其他

本品目包括品目72.08或72.09所列的同类产品，但归入本品目的产品宽度必须小于600毫米。

品目72.08或72.09注释的规定在必要的地方稍加修改后，可适用于本品目产品，但不符合本品目宽度要求的产品除外（参见本章总注释）。

本品目产品包括宽度超过150毫米但小于600毫米的“宽扁材”（“万能板材”）、箍材及带材。

箍材及带材通常通过对品目72.07的半制成品进行热再轧制得。热再轧后，可将其冷轧制成较薄的产品，且有较高质量的光洁度。带材也可通过将品目72.08或72.09的“宽卷材”、“片材”或“板材”切割成条制得。

本品目的产品可经加工（例如，起波纹、起肋纹、起格子花纹、压花、切成斜边或将边磨圆），只要它们不具有其他品目所列制品或产品的特征。

本品用途广泛，例如，做箱、桶或其他容器的箍环；用作镀锡基板；制造焊缝管、工具（例如，锯片）、冷成形角材、型材或异型材、运输带、机械带；用于汽车工业及用于制其他许多物品（通过冲压、折叠等）。

本品目不包括：

（一）围篱用钢铁绞带（品目73.13）。

（二）一边成锯齿状或斜切状的波纹带，即裁成一定长度，适于装配木制部件的波纹钉（品目73.17）。

（三）第八十二章物品的坯件（包括带状的剃须刀片坯件）。

○
○　○

子目注释：

子目7211.13、7211.14及7211.19

参见子目7208.10、7208.25、7208.26、7208.27、7208.36、7208.37、7208.38、7208.39、7208.40、7208.51、7208.52、7208.53及7208.54的注释。

子目7211.23及7211.29

参见子目7209.15、7209.16、7209.17、7209.18、7209.25、7209.26、7209.27及7209.28的注释。

72.12　宽度小于600毫米的铁或非合金钢平板轧材，经包覆、镀层或涂层（+）:

10　—　镀或涂锡的
20　—　电镀锌的
30　—　用其他方法镀或涂锌的
40　—　涂漆或涂塑的
50　—　镀或涂其他材料的
60　—　经包覆的

本品目包括品目72.10所述的同类产品，但归入本品目的产品宽度必须小于600毫米。

本品目不包括绝缘扁电线（品目85.44）。

○
○　○

子目注释：

对于经过一种以上方式涂层、镀层或包覆的产品的归类，参见品目72.10的子目注释。

子目7212.20及7212.30

参见子目7210.30、7210.41及7210.49的注释。

72.13　不规则盘卷的铁及非合金钢的热轧条、杆：

10　—　带有轧制过程中产生的凹痕、凸缘、槽沟及其他变形的

20　—　其他，易切削钢制

—　其他：

91　——　直径小于14毫米圆形截面的

99　——　其他

不规则盘卷热轧条、杆的定义，参见本章注释一（十一）。

这些产品（也称作盘条）主要用于拉制金属丝（品目72.17），但也用于其他用途，尤其用于建筑工程（例如，用作焊接钢筋网）、螺母及螺栓制造工业、冷拉拔工业等，还用于制焊条。

本品目也包括做混凝土钢筋用的条及杆；这类产品轧制后带有凹槽或凸缘（例如，齿、槽、凸角），但它们的基本横截面形状与本章注释一（十一）所列的任何一种几何形状相符。这些凹凸槽或凸缘必须是仅仅为了改善与混凝土等的粘合力而设计的。

本品目不包括已矫直并切成一定尺寸的条及杆（品目72.14）。

72.14　铁或非合金钢的其他条、杆，除锻造、热轧、热拉拔或热挤压外未经进一步加工，包括轧制后扭曲的：

10　—　锻造的

20　—　带有轧制过程中产生的凹痕、凸缘、槽沟或其他变形以及轧制后扭曲的

30　—　其他，易切削钢制

—　其他：

91　——　矩形（正方形除外）截面的

99　——　其他

其他条及杆的定义，参见本章注释一（十二）。

本品目的条及杆通常是通过对大方坯，小方坯、熟铁棒或板桩进行热轧或锻造制得的；有的也可通过热拉拔或热挤压制得。总的来说，条及杆可与其他轧制、锻造或拉制产品区分开来，因为：

一、它们比起熟铁棒（品目72.06）、大方坯、小方坯、圆材坯、厚板坯及薄板坯（品目72.07）来具有更精确完美的外观，其横截面是完全相同的，对于正方形或长方形的产品，其边角尖锐。

二、按厚度与宽度的比例，它们比品目72.08或72.11所列产品更厚。

本品目的产品主要以笔直条状或折叠捆状交货的。

本品目的产品可以进行下列表面处理：

（一）除氧化皮、酸洗、刮削及其他除去金属加热过程中所形成的氧化鳞片及壳。

（二）仅仅为了防止产品锈蚀或其他氧化作用、防止在运输途中打滑及便于搬运而进行的粗涂层，例如，涂以含有活性防锈颜料［如铅丹、锌粉、氧化锌、铬酸锌、氧化铁（铁丹、优质胭脂）等］的油漆，以及以油、脂、蜡、石蜡、石墨、焦油或沥青为基料的非颜料涂料。

（三）为了检验目的除去少量金属。

本品目还包括：

（一）带有凹槽或凸缘（例如，齿、槽、凸角）的已轧制条及杆，但它们的基本横截面形状应与本章注释一（十二）所列的任何一种几何形状相符；这些凹槽或凸缘必须是仅仅为了改善与混凝土等的粘合力而设计的。

（二）轧制后单根扭绞的条及杆，例如，将其轧制成带有两条或两条以上纵向凸缘，然后再扭绞成螺旋形的条、杆（螺旋钢筋）；以及

（三）为运输方便而穿有单孔的条及杆。

但本品目不包括：

（一）由两根或两根以上轧制条杆相互扭绞而成的产品（品目73.08）。

（二）从条及杆切割而成的长度不超过最大横截面直径的钢铁工件（品目73.26）。

72.15　铁及非合金钢的其他条、杆（+）：

10　—　易切削钢制，除冷成形或冷加工外未经进一步加工

50　—　其他，除冷成形或冷加工外未经进一步加工

90　—　其他

本品目包括品目72.13或72.14所列货品以外的各种条及杆。

本品目的条及杆可以是：

一、通过冷成形或冷加工制得，即可通过一个或多个模具冷加工制得（冷拉拔条），也可通过磨削或车削制得（磨削条或精整条）。

二、通过加工制得｛钻孔或精整，或除品目72.14所列加工方法以外的进一步表面加工，例如，镀层、涂层或包履［参见本章总注释第四部分第（三）款］｝，只要它们不具有其他品目所列制品或产品的特征。

冷成形或冷加工的条及杆是以笔直条状交货的，因而可以与通常呈盘卷状的品目72.17的钢铁丝区别开来。

本品目不包括：

（一）热轧后扭绞的其他铁或非合金钢的条及杆（品目72.14）。

（二）空心钻钢（品目72.28）。

（三）由两条或两条以上轧制条、杆相互扭绞而成的产品（品目73.08）。

（四）钢铁楔杆（品目73.26）。

○

○　○

子目注释：

子目7215.10及7215.50

除冷成形或冷加工外，上述子目所列产品可经下列加工或表面处理：

一、矫直。

二、经品目72.08注释第二款所述的表面处理。

三、以冲压，印刷等方式加上简单标记（诸如商标等）。

四、仅以探伤为目的的检查。

72.16　铁或非合金钢的角材、型材及异型材（+）：

10　—　槽钢、工字钢及H型钢，除热轧、热拉拔或热挤压外未经进一步加工，截面高度

低于80毫米
— 角钢及丁字钢，除热轧、热拉拔或热挤压外未经进一步加工，截面高度低于80毫米：
21 —— 角钢
22 —— 丁字钢
— 槽钢、工字钢及H型钢，除热轧、热拉拔或热挤压外未经进一步加工，截面高度在80毫米及以上：
31 —— 槽钢
32 —— 工字钢
33 —— H型钢
40 — 角钢及丁字钢，除热轧、热拉拔或热挤压外未经进一步加工，截面高度在80毫米及以上
50 — 其他角材、型材及异型材，除热轧、热拉拔或热挤压外未经进一步加工
— 角材、型材及异型材，除冷成形或冷加工外未经进一步加工：
61 —— 平板轧材制的
69 —— 其他
— 其他：
91 —— 平板轧材经冷成形或冷加工制的
99 —— 其他

角材、型材及异型材的定义，参见本章注释一（十三）。

归入本品目的最常见的型材是H型、工字、丁字、Ω形、Z形、U形（包括槽形）、钝角、锐角、直角等形状的钢铁，其内角可以是方的，也可是圆的，突出的边缘可以是对称的，也可以是不对称的，可以是球缘的（球缘角钢或船用钢梁），也可以是非球缘的。

角材、型材及异型材通常是通过对大方坯或小方坯进行热轧、热拉拔、热挤压、热锻造或锻造制得。

本品目包括经冷成形或冷加工（通过冷拉拔等）制成的产品，也包括在辊式机器中制得的或在压力机中对片、板或带加工成形制得的角材、型材及异型材。具有角状截的所谓“起肋片及板”也归入本品目。

本品目的产品可以进行钻孔、冲孔、扭绞等加工或涂层、镀层、包履等表面处理［参见本章总注释第四部分第（三）款］，只要它们不具有其他品目所列制品或产品的特征。

重型角材、型材及异型材（例如，大梁、小梁、立柱及托梁）用于建造桥梁、房屋、船舶等；轻型产品用于制农具、机械、汽车、栅栏、家具、拉门或帘幕导轨、伞骨及其他很多物品。

本品目不包括：

（一）焊接的角材、型材、异型材及板桩（品目73.01）、铁道及电车道铺轨用材料（品目73.02）。

（二）钢铁结构体用制品（品目73.08）。

○
○ ○

子目注释：

子目7216.10、7216.21、7216.22、7216.31、7216.32、7216.33及7216.40

为了确定槽形、工字、H型、直角形、丁字等形状的钢铁在这些子目的归类，必须按下列规定测定其截面高度：

槽形、工字或H型钢铁：以平行两面的外部表面之间的距离为准。

角钢铁：以最大的外边高度为准。

丁字钢铁：以横截面的总高度为准。

工字钢铁（窄边或中边）是凸缘宽度不超过横截面高度的66%，而且总宽度小于300毫米的产品。

子目7216.10、7216.21、7216.22、7216.31、7216.32、7216.33、7216.40及7216.50

品目72.14注释中有关表面处理的规定也适用于上述子目的产品。

子目7216.61及7216.69

参见子目7215.10及7215.50的注释。

72.17　铁丝或非合金钢丝（+）：

10　—　未经镀或涂层，不论是否抛光

20　—　镀或涂锌的

30　—　镀或涂其他贱金属的

90　—　其他

本品目所列丝的定义，参见本章注释一（十四）。

钢铁丝大部分是将品目72.13的热轧条、杆通过拉丝模拉制而成的，但也可通过任何其他冷成形加工（例如，冷轧）制得。钢铁丝报验时呈盘卷状（同芯螺旋状或非同芯螺旋状，不论有无卷绕芯子）。

已经加工（例如，已卷曲）的钢铁丝仍应归入本品目，只要它不具有其他品目所列制品或产品的特征。

用纺织品之类的物料包覆的钢铁丝，如果其中的钢铁丝是起主要作用，而其他物料仅仅起包覆作用［例如，用于制帽框的钢铁丝（女帽钢丝）、人造花茎梗或卷发器］的，也应归入本品目。

钢铁丝的用途广泛，例如，制围篱、金属丝网布、金属网料、钉子、绳索、别针、针、工具及弹簧等。

本品目不包括：

（一）含金属的纱线（品目56.05）、用金属丝加强的绳索（品目56.07）。

（二）品目73.12的多股绞合绳、索、缆及类似品。

（三）带刺钢丝；围篱用扭绞单股扁丝（不论是否带刺）（品目73.13）。

（四）作为制织机用的“双芯”线，这种线是通过焊合两条拉制丝线而成的。丝线的一端或两端扭绞成小孔状或小圈状，以供系结（品目73.26）。

（五）已涂焊料的电焊条等（品目83.11）。

（六）供针布（全钢针布）用的锯齿钢丝（品目84.48）。

（七）绝缘电线（包括漆包线）（品目85.44）。

（八）乐器用弦（品目92.09）。

○

○　○

子目注释：

对于经过一种以上方式涂层、镀层或包覆的产品的归类，参见品目72.10的子目注释。

第三分章　不锈钢

总　注　释

耐热钢、抗蠕变钢及其他符合本章注释一（五）规定的钢应作为不锈钢归类。

由于不锈钢具有较强的抗腐蚀性，因而用途很广，例如，用于制消声器、催化转化器或变压器箱。

本分章包括品目72.18至72.23所述形状的不锈钢。

72.18　不锈钢，锭状或其他初级形状；不锈钢半制成品：

10　—　锭状及其他初级形状

—　其他：

91　——　矩形（正方形除外）截面的

99　——　其他

品目72.06及72.07注释的规定在必要的地方稍加修改后，可适用于本品目的产品。

72.19　不锈钢平板轧材，宽度在600毫米及以上（+）：

—　除热轧外未经进一步加工的卷材：

11　——　厚度超过10毫米

12　——　厚度在4.75毫米及以上，但不超过10毫米

13　——　厚度在3毫米及以上，但小于4.75毫米

14　——　厚度小于3毫米

—　除热轧外未经进一步加工的非卷材：

21　——　厚度超过10毫米

22　——　厚度在4.75毫米及以上，但不超过10毫米

23　——　厚度在3毫米及以上，但小于4.75毫米

24　——　厚度小于3毫米

—　除冷轧外未经进一步加工：

31　——　厚度在4.75毫米及以上

32　——　厚度在3毫米及以上，但小于4.75毫米

33　——　厚度超过1毫米，但小于3毫米

34　——　厚度在0.5毫米及以上，但不超过1毫米

35　——　厚度小于0.5毫米

90　—　其他

品目72.08至72.10注释的规定在必要的地方稍加修改后，可适用于本品目的产品。

○

○　○

子目注释：

子目7219.11、7219.12、7219.13、7219.14、7219.21、7219.22、7219.23及7219.24

参见子目7208.10、7208.25、7208.26、7208.27、7208.36、7208.37、7208.38、7208.39、7208.40、7208.51、7208.52、7208.53及7208.54的注释。

子目 7219.31、7219.32、7219.33、7219.34 及 7219.35

参见子目 7209.15、7209.16、7209.17、7209.18、7209.25、7209.26、7209.27 及 7209.28 的注释。

72.20　不锈钢平板轧材，宽度小于 600 毫米（+）：

　　　　—　　除热轧外未经进一步加工：

　　11　——　厚度在 4.75 毫米及以上

　　12　——　厚度小于 4.75 毫米

　　20　—　　除冷轧外未经进一步加工

　　90　—　　其他

品目 72.11 或 72.12 注释的规定在必要的地方稍加修改后，可适用于本品目的产品。

○
○　○

子目注释：

子目 7220.11 及 7220.12

参见子目 7208.10、7208.25、7208.26、7208.27、7208.36、7208.37、7208.38、7208.39、7208.40、7208.51、7208.52、7208.53 及 7208.54 的注释。

子目 7220.20

参见子目 7209.15、7209.16、7209.17、7209.18、7209.25、7209.26、7209.27 及 7209.28 的注释。

72.21　不规则盘卷的不锈钢热轧条、杆

品目 72.13 注释的规定在必要的地方稍加修改后，可适用于本品目的产品。

72.22　不锈钢其他条、杆；不锈钢角材、型材及异型材（+）：

　　　　—　　条、杆，除热轧、热拉拔或热挤压外未经进一步加工：

　　11　——　圆形截面的

　　19　——　其他

　　20　—　　条、杆，除冷成形或冷加工外未经进一步加工

　　30　—　　其他条、杆

　　40　—　　角材、型材及异型材

品目 72.14 至 72.16 注释的规定在必要的地方稍加修改后，可适用于本品目的产品。

○
○　○

子目注释：

子目 7222.20

参见子目 7215.10 及 7215.50 的注释。

72.23　不锈钢丝

品目 72.17 注释的规定在必要的地方稍加修改后，可适用于本品目的产品。

本品目不包括供外科缝合用的极精细的无菌不锈钢丝（品目30.06）。

第四分章　其他合金钢；合金钢或非合金钢制的空心钻钢

总　注　释

其他合金钢的定义，参见本章注释一（六），而空心钻钢的定义则参见本章注释一（十五）。

本分章包括除不锈钢以外的各种合金钢，它们可呈锭状或其他初级形状；半制成品（例如，大方坯、小方坯、圆材坯、厚板坯、薄板坯、粗锻件）；平板轧材（即所谓宽扁材、宽卷材、片材、板材或带材），不论是否盘卷；条及杆、角材、型材、异型材或丝。

所有这些产品都可以经过加工，只要它们不具有其他品目所列制品或产品的特征（参见品目72.06至72.17的注释）。

其他合金钢所含最常见的合金金属有锰、镍、铬、钨、钼、钒及钴；最常见的非金属添加剂是硅。这些合金材料能使钢具有特种性能，例如，耐震耐磨（例如，锰钢）；改善电性能（硅钢）；增强回韧度（例如，钒钢）；或加快切割速度（例如，铬钨钢）。

其他合金钢用于需要特种性能（例如，耐久性、高硬度、高弹性、高强度）的多种用途，例如，用于军械、工具、刀具及机械。

本分章的合金钢包括：

一、通常含下列元素的合金工程钢及结构钢：铬、锰、钼、镍、硅及钒。

二、含有微量硼（按重量计0.0008%及以上）或铌（按重量计0.06%及以上），具有改良抗拉强度及焊接性能的合金钢。

三、含有铬或铜的抗大气腐蚀合金钢。

四、用于所谓“磁性”薄板（具有低磁性损耗）的合金钢，通常含有3%～4%的硅及适量的铝。

五、易切削合金钢，这种合金钢不但符合注释一（六）的要求，而且至少含有下列的一种元素：铅、硫、硒、碲或铋。

六、合金轴承钢（通常含有铬）。

七、硅锰合金弹簧钢（含有锰、硅及适量的铬或钼）及弹簧用其他合金钢。

八、耐震耐磨的非磁性合金钢，这种钢中锰含量很高。

九、高速钢，这类合金钢含有钼、钨、钒三种元素中的至少二种元素且按重量计其总含量在7%及以上，0.6%及以上的碳及3%至6%的铬，不论是否含有其他合金元素。

十、不变形工具钢，按重量计通常含有12%及以上的铬和2%及以上的碳。

十一、其他合金工具钢。

十二、含有铝、镍及钴的永磁合金钢。

十三、以锰或镍的含量为主要特征的非磁性合金钢，但归入第三分章的货品除外。

十四、用于制核反应堆控制棒的钢（硼的含量很高）。

本分章也包括合金或非合金钢制的空心钻钢（品目72.28）。

72.24　其他合金钢，锭状或其他初级形状；其他合金钢制的半制成品：

10　—　锭状及其他初级形状

90　—　其他

品目72.06及72.07注释的规定在必要的地方稍加修改后，可适用于本品目的产品。

72.25 其他合金钢平板轧材，宽度在600毫米及以上（+）：

— 硅电钢制：

11 —— 取向性硅电钢

19 —— 其他

30 — 其他卷材，除热轧外未经进一步加工

40 — 其他非卷材，除热轧外未经进一步加工

50 — 其他，除冷轧外未经进一步加工

— 其他：

91 —— 电镀或涂锌的

92 —— 用其他方法镀或涂锌的

99 —— 其他

品目72.08至72.10注释的规定在必要的地方稍加修改后，可适用于本品目的产品。

○

○ ○

子目注释：

子目7225.30及7225.40

参见子目7208.10、7208.25、7208.26、7208.27、7208.36、7208.37、7208.38、7208.39、7208.40、7208.51、7208.52、7208.53及7208.54的注释。

子目7225.50

参见子目7209.15、7209.16、7209.17、7209.18、7209.25、7209.26、7209.27及7209.28的注释。

子目7225.91及7225.92

参见子目7210.30、7210.41及7210.49的注释。

72.26 其他合金钢平板轧材，宽度小于600毫米（+）：

— 硅电钢制：

11 —— 取向性硅电钢

19 —— 其他

20 — 高速钢制

— 其他：

91 —— 除热轧外未经进一步加工

92 —— 除冷轧外未经进一步加工

99 —— 其他

品目72.11及72.12注释的规定在必要的地方稍加修改后，可适用于本品目的产品。

○

○ ○

子目注释：

子目7226.91

参见子目7208.10、7208.25、7208.26、7208.27、7208.36、7208.37、7208.38、7208.39、7208.40、7208.51、7208.52、7208.53及7208.54的注释。

子目 7226.92

参见子目 7209.15、7209.16、7209.17、7209.18、7209.25、7209.26、7209.27 及 7209.28 的注释。

72.27　不规则盘卷的其他合金钢热轧条、杆：

10　—　高速钢制

20　—　硅锰钢制

90　—　其他

品目 72.13 注释的规定在必要的地方稍加修改后，可适用于本品目的产品。

72.28　其他合金钢条、杆；其他合金钢角材、型材及异型材；合金钢或非合金钢制的空心钻钢（+）：

10　—　高速钢条、杆

20　—　硅锰钢条、杆

30　—　其他条、杆，除热轧、热拉拔或热挤压外未经进一步加工

40　—　其他条、杆，除锻造外未经进一步加工

50　—　其他条、杆，除冷成形或冷加工外未经进一步加工

60　—　其他条、杆

70　—　角材、型材及异型材

80　—　空心钻钢

一、其他条及杆；角材、型材及异型材

品目 72.14 至 72.16 注释的规定在必要的地方稍加修改后，可适用于本品目的产品。

二、空心钻钢

空心钻钢的定义，参见本章注释一（十五）。它们也称作钻钢。

将合金或非合金钢小方坯中心穿孔后再轧制即得钻钢，其横截面通常是圆形的、六角形的、八角形的或四边八角形（截角正方形）的。这种钢可以切割成小短块，用于制归入品目 82.07 的钻头；也可以切成五或六米长，供在远处钻矿时传送动力之用。管子中心的孔道可将液体输送到钻头部位，既可供润滑用，又可减少灰尘飞扬。

○

○　○

子目注释：

子目 7228.50

参见子目 7215.10 及 7215.50 的注释。

72.29　其他合金钢丝：

20　—　硅锰钢制

90　—　其他

品目 72.17 注释的规定在必要的地方稍加修改后，可适用于本品目的产品。

第七十三章　钢铁制品

注释：

一、本章所称“铸铁”，适用于经铸造而得的产品，按重量计其铁元素含量超过其他元素单项含量并与第七十二章注释一（四）所述的钢的化学成分不同。

二、本章所称“丝”，是指热或冷成形的任何截面形状的产品，但其截面尺寸均不超过16毫米。

总　注　释

本章包括品目73.01至73.24具体列名的物品以及品目73.25及73.26的既未在第八十二章或第八十三章具体列名又未归入本协调制度其他章的钢铁（包括本章注释一所述的铸铁）制品。

本章所称的“管”及“空心异型材”解释如下：

一、管

全长横截面相同并只有一个闭合空间的同心中空产品，其内表面及外表面形状相同。钢管主要是圆形、椭圆形或矩形（包括正方形）横截面，但也有等边三角形或其他规则外凸多边形横截面的。全长边角已经磨圆的横截面非圆形的产品以及带有法兰形端部的管子都应作为管归类。它们可以经抛光、涂层、弯曲（包括盘管）、攻丝及不论是否两管相接、钻孔、缩腰、胀口、成锥形或装法兰、颈圈或套环。

二、空心异型材

不符合上述定义且主要是那些内外表面形状不同的空心产品。

第七十二章总注释的规定在必要的地方稍加修改后，可适用于本章的产品。

73.01　钢铁板桩，不论是否钻孔、打眼或组装；焊接的钢铁角材、型材及异型材：

10　—　钢铁板桩

20　—　角材、型材及异型材

板桩是通过在轧机中轧制、拉拔、挤压、压折或成型制得或通过组装轧制零件（例如，通过铆接、焊接、咬边）制得。这些型材可通过简单咬合或甚至通过将其各边纵向并置后装配在一起。因此，这两种类型的板桩起码在纵向的各边都有连接装置（例如，槽沟、凸缘、锁口）。

本品目包括：

一、板桩角形片，用于构成弯角，因此，用折叠型材或沿长度切割的型材经焊接或铆接成为弯角。

二、用三到四根臂架连接支撑的板桩型材，用于制隔板。

三、连接板桩型材，这些型材的形状使它们能够用于连接不同类型的板桩。

四、板桩导管及柱，这些货品被打入地下后即可相互连接而不需强制锁口。板桩导管为波纹形。板桩柱是由两块型材焊接而成。

板桩通常用于砂地、积水地或水底土木工程项目的隔墙，例如，水闸、堤坝或壕沟用的隔墙。

本品目也包括焊接的角材、型材及异型材。品目72.16的注释在必要的地方稍加修改后，可适用于通过焊接制得的异型材。

本品目不包括：

（一）焊接空心异型材（品目73.06）。

（二）已装配成桩的板桩，这种桩没有供外部连接用的“联锁装置”（品目73.08）。

73.02　铁道及电车道铺轨用钢铁材料（钢轨、护轨、齿轨、道岔尖轨、辙叉、尖轨拉杆及其他叉道段体、轨枕、鱼尾板、轨座、轨座楔、钢轨垫板、钢轨夹、底板、固定板及其他专门用于连接或加固路轨的材料）：

10　—　钢轨

30　—　道岔尖轨、辙叉、尖轨拉杆及其他叉道段体

40　—　鱼尾板及钢轨垫板

90　—　其他

本品目包括铁道或电车道铺轨用钢铁材料，不论是标准轨距还是窄轨距的。

一、用于铁道或电车道的钢轨是热轧产品。本品目适用于各种长度的钢轨，包括圆头钢轨、宽底（或平底）轨、电车槽形轨、电车狭槽轨及导电轨等。

本品目包括通常用于铁道或电车道的各种类型的钢轨，不论其实际用途如何（如用于架空运输装置、移动式吊车等）。但本品目不包括其类型不属铁道或电车道用的钢轨（例如，拉门轨、升降轨）。

护轨，也称防护轨或安全轨，安装在铁路平交道口上及转弯处以防止火车脱轨。

齿轨，用于陡坡铁路上。第一类齿轨是由网条长条平行钢轨用密集的横杆连接而成的，这些横杆间的间距正好与火车头下面齿轮的齿相啮合。第二类齿轨是装有齿的钢轨，轨上的齿能同样地与齿轮相啮合。

所有上述这些钢轨都可以是笔直的、弯曲的或钻有螺栓孔的。

二、道岔尖轨、辙叉、尖轨拉杆及其他叉道段体，它们可以通过浇铸制得或通过其他方法制得，用于铁路的联轨点或交叉口。

三、钢铁“轨枕”，用以支承钢轨并使其保持平行状态。它们通常是在轧制后压成最终形态，但也可将几个组成部件焊接或铆接在一起而成。它们通常具有“槽”形横截面或短腿 Ω 形横截面，不论是否钻孔、打眼、开槽，也不论是否装有链条、底板或配有整体成形的钢轨扣件箱，均应归入本品目。

四、鱼尾板，为各种形状（扁平形、凸肩形、角形等）的热轧、锻造或铸造产品，用于两段道轨的联结，不论是否钻孔或打眼，均归入本品目。

五、轨座（通常由铸铁制得），用以将圆头钢轨固定在轨枕上；用方头螺丝或螺栓将它们固定。

轨座楔用于夹住轨座上的钢轨。

钢轨垫板（基板、轨枕垫板）用以将平底钢轨固定在轨枕上。底板能保护轨枕，一般用扣钉、螺栓、方头螺钉、道钉加以固定，如果是钢枕，则通过焊接加以固定。

钢轨夹同样用于将平底钢轨固定在轨枕上；用螺栓将钢轨夹固定在轨枕上，同时将钢轨的平底夹在轨枕上。

本品目也包括其他硬质钢轨固定装置，例如，将钢棒弯成近似角钢形状的产品，其最短的一边压住钢轨凸缘，而最长的一边，其末端稍扁平而不尖，固定于轨枕上预先钻好的孔眼内。

此外，本品目包括弹性钢轨固定装置。这些货品用弹簧钢制得，并将钢轨夹在轨枕或钢轨垫板上。其夹紧力是从“制成”状态就有的夹紧几何挠度产生的。通常用橡胶或塑料制成的垫片及绝缘体夹在紧固件与钢轨或紧固件与轨枕之间。

六、底板及固定板，用以将钢轨固定在平行位置上。

某些特殊间隔的固定板及角钢是供栓定一系列相邻排列的枕木用的；它们成直角地固定在轨枕上后，可以防止轨道在某些地方变形（或“蠕动”）。

七、其他专用轨卡，这些装置用以附着或夹固在发生纵向蠕动的钢轨上。这些轨卡靠压在轨枕或钢轨垫板上以防止这种纵向移动。

本品目不包括：

（一）铺轨时用以固定钢轨的螺丝钉、螺栓、螺帽、铆钉及道钉（品目73.17及73.18）。

（二）已装配的轨道、转车台、站台缓冲器及量载规（品目86.08）。

73.03 铸铁管及空心异型材

本品目包括符合本章注释一定义的铸铁管及铸铁空心异型材。

它们可以在铸模中浇铸而成，也可以通过离心铸造制成。在离心铸造法中，把熔融铁注入卧式圆筒内，圆筒快速转动，离心力迫使金属往壁上靠并最后固化。

这类管子及空心异型材可以是直的或弯的，光面的或翅式的。它们可以带有套管、本身带凸缘或通过焊接或螺纹配上凸缘。为了便于装配，套节管的一头较大，可将第二根管子的末端接入。凸缘管（法兰管）可以用套圈、螺帽、螺栓、卡钉等进行装配，而螺纹管或平端管可以用管接头、套环或套圈进行装配。

本品目也包括带有多口或分支口的管和空心异型材，以及用锌、塑料、沥青等盖面的管和空心异型材。

本品目的管主要用于水、污水排泄、低压气体分送的加压管道或重力自流管道，或作为排水管道。

本品目不包括：

（一）管子附件（品目73.07）。

（二）明显作为制品零件的成品管子及空心异型材，应按制品归入相应品目，例如，集中供暖散热器的部件（品目73.22）及机器零件（第十六类）。

73.04 无缝钢铁管及空心异型材（铸铁的除外）（＋）：

— 石油或天然气管道管：

11 —— 不锈钢制

19 —— 其他

— 钻探石油或天然气用的套管、导管及钻管：

22 —— 不锈钢钻管

23 —— 其他钻管

24 —— 其他不锈钢管

29 —— 其他

— 铁或非合金钢的其他圆形截面管：

31 —— 冷拔或冷轧的

39 —— 其他

— 不锈钢的其他圆形截面管：

41 —— 冷拔或冷轧的

49 —— 其他

— 其他合金钢的其他圆形截面管：

51 —— 冷拔或冷轧的

59 —— 其他

90 — 其他

本品目的管及空心异型材可以通过下列方法制得：

一、热轧中间产品，中间产品可以是轧制并去皮的锭块，也可以是通过轧制或连续铸造制得的小方坯或圆材坯。制造过程包括：

（一）在斜轧机（曼内斯曼轧管法）、车轮轧机、锥型自动轧管机中穿孔，获得比最终产品壁更厚、外径更大但长度较短的空心坯件。

（二）用下列机器在芯棒上进行热轧加工：

——三辊式轧管机（阿塞尔辗轧机或德兰士瓦轧管机），这种方法主要用于制轴承管；或带导向盘的双辊式轧管机（狄舍尔法）或三斜行星式辗轧机；或

——具有多套不同轧辊的"连续轧管机"，在"全浮式"或半浮式固端芯棒上进行热轧（纽瓦尔法或达尔迈法）；或

——皮尔格无缝钢管轧机；或

——史蒂费尔自动轧管机；或

——顶管机，将坯件顶入连续轧辊中；或

——拉力减径机。这种方法制得的产品是成品管。

二、在使用玻璃（玻璃润滑剂高速挤压法）或其他润滑剂的压力机中对圆材坯进行热挤压。这种方法包括下列具体工序：穿孔（不论是否扩径）及挤压。

上述工序完了后要进行不同的后处理加工：

——热加工：在这种方法中，再加热后的坯件先通过定径机或拉伸机，然后通过矫直机；或

——在芯棒上进行冷加工；在拉拔机中冷拉拔或在皮尔格无缝钢管轧机中冷轧制（冷减径）（曼内斯曼轧管法或梅格瓦尔法）。这些加工方法可将热轧管材或挤压管材作为坯件，将其制成管壁更薄（但应注意，德兰士瓦法可直接减薄管壁的厚度）或直径更小的管子，也可制得直径或壁厚公差小的管子。冷加工方法还包括为获得光洁表面而进行搪磨及辊光的产品（粗糙度较低的管），例如，用于制造气动千斤顶或液压缸。

三、浇铸或离心铸造。

四、将管坯置于成形模中进行深拉，然后再将所得的坯件进行热拉。

五、锻造。

六、棒材切削加工后经冷拉拔或冷辊轧（冷轧）加工（不包括品目 72.28 的空心钻钢）。

有关管与空心异型材的区别，参见本章总注释。

*

*　*

本品目产品可经涂层，例如，用塑料或用玻璃棉与沥青混合物进行涂层。

本品目也包括翅片管及翅片空心异型材，例如，带纵向或横向翅片的整体成形翅管。

本品目包括：用于输送石油或天然气的管子；用于钻探石油或天然气的套管、标管及钻管；用于锅炉、过热器、热交换器、冷凝器、炼油加热炉、电站供水加热器等的管子；高、中压蒸汽、房屋中供气或供水用的镀锌钢管或无镀层管（所谓气体管）；也包括供水或供气的街道干管。除此之外，管子还用于制汽车或机械的零件，滚珠轴承、滚柱轴承、滚锥轴承、滚针轴承的环或其他机械用途，用于手脚架、管状结构及房屋建筑。

本品目不包括：

（一）铸铁管（品目 73.03）及品目 73.05 或 73.06 的钢铁管。

（二）铸铁空心异型材（品目 73.03）及品目 73.06 的钢铁空心异型材。

（三）钢铁管子附件（品目 73.07）。

（四）钢铁软管，不论是否带附件［包括恒温器的波纹管及膨胀接头（品目 83.07）］。

（五）绝缘电缆导管（品目 85.47）。

（六）已明显成为制品的管子及空心异型材，例如，用于结构体的管子（品目 73.08）、集中供暖

散热器的管式部件（品目73.22）、内燃活塞式发动机的排气集管（品目84.09）、其他机械零件（第十六类）、第八十七章车辆的排气箱（消声器）及排气管（例如，品目87.08或87.14）、自行车等用鞍座柱及车架（品目87.14）。

○
○ ○

子目注释：

子目7304.11、7304.19、7304.22、7304.23、7304.24及7304.29

这些子目包括所列的各种物品，不论其标准及技术规格如何［例如，美国石油学会（API）对管道规定的标准5L或5LU及对套管、标管、钻管规定的标准5A、5AC或5AX］。

子目7304.31、7304.39、7304.41、7304.49、7304.51及7304.59

冷加工产品与这些子目其他产品的区别，参见第七十二章总注释第四部分第（二）款第二段。

73.05 其他圆形截面钢铁管（例如，焊、铆及用类似方法接合的管），外径超过406.4毫米（+）：

— 石油或天然气管道管：

11 —— 纵向埋弧焊接的

12 —— 其他纵向焊接的

19 —— 其他

20 — 钻探石油或天然气用套管

— 其他焊接的：

31 —— 纵向焊接的

39 —— 其他

90 — 其他

本品目的管是将预先制成管状但未闭合的平板轧材通过焊合或铆合而制得的产品。

这些管状产品可通过下列方法制得：

——用一套轧辊对成卷平板轧材进行纵向或螺旋形连续加工；或

——用压力机或滚轧机对非成卷平板轧材进行纵向非连续加工。

对于焊合的产品，对接边缘是不用焊料，通过闪焊、电阻焊或电感焊接合的，或用焊料及助溶剂或防止氧化的保护气体进行埋弧焊接合的。铆合的产品是通过对接边缘相叠并用铆钉接合而成。

本品目的产品可以用塑料或用玻璃棉与沥青混合物等进行涂层。

它们包括石油或天然气用的管道，油井或天然气井用的套管，远距离水管线路用管，煤或其他固体物料用的矿浆管，打桩工程或建筑柱用的管，也包括通常用加固环加强的水力发电水管。

本品目不包括：

（一）品目73.03、73.04或73.06的管及空心异型材。

（二）钢铁管子附件（品目73.07）。

（三）已明显成为制品的成品管。

○
○ ○

子目注释：

子目7305.11、7305.12、7305.19及7305.20

子目7304.11、7304.19、7304.22、7304.23、7304.24及7304.29注释的规定在必要的地方稍加修改后，可适用于这些子目。

子目 7305.11

本子目包括通过在压力机中成形或通过滚轧，然后用金属及防止金属在熔融时氧化的助熔剂进行电弧埋焊而制得的管。

焊接后有凸起的金属焊珠，这种“焊珠”可以在成品管的外表面清楚地看到。

子目 7305.12

本子目主要包括通过用一系列成型轧辊将盘卷钢材连续成型后，不用焊料进行电阻焊接或电感焊接制得的管。焊接后的成品管外表面没有凸起的焊珠。

73.06　其他钢铁管及空心异型材（例如，辊缝、焊、铆及类似方法接合的）（＋）：

—　石油或天然气管道管：

11　——不锈钢焊缝管

19　——其他

—　钻探石油或天然气用的套管及导管：

21　——不锈钢焊缝管

29　——其他

30　—　铁或非合金钢制的其他圆形截面焊缝管

40　—　不锈钢制的其他圆形截面焊缝管

50　—　其他合金钢的圆形截面焊缝管

—　非圆形截面的其他焊缝管：

61　——矩形或正方形截面的

69　——其他非圆形截面的

90　—　其他

品目 73.05 注释的规定在必要的地方稍加修改后，可适用于本品目的物品。

本品目还包括：

一、锻焊管，称作对缝焊管。

二、封缘管，即边缘相互搭着或覆盖的管，人们称为开缝管。但整条纵向开一槽缝的产品应作为型材归入品目 72.16、72.22 或 72.28。

三、对接边缘后夹缝的管子。

为了减小外径及壁厚并获得更紧密的尺寸容隙，本品目的某些纵向焊缝管需经热或冷的拉拔或滚轧。为了获得品目 73.04 注释所述的光洁表面，这些冷加工方法允许不同的表面加工。

关于管与空心异型材的区别，参见本章总注释。

*

*　*

本品目主要包括：用于输送石油或天然气的管子，用于钻探石油或天然气的套管及管子，用于锅炉、过热器、热交换器、冷凝器、电站供水加热器的管，高、中压蒸汽或房屋供水用的镀锌管及无镀层管（所谓气体管），也包括供水或供气的街道干管。除此之外，管子及空心异型材还用于制汽车、机器的零件、自行车架、童车、其他结构件、脚手架、管状结构或房屋建筑。“开缝”管用于金属家具的框架等。

本品目还包括用塑料或用玻璃纤维与沥青混合物涂层的管及空心异型材，也包括具有纵向或横向翅片的翅管。

本品目不包括：

（一）铸铁管（品目 73.03）及品目 73.04 或 73.05 的钢铁等。

（二）铸铁空心异型材（品目73.03）及品目73.04的钢铁空心异型材。

（三）钢铁管子附件（品目73.07）。

（四）钢铁软管，不论是否带附件（包括恒温器的波纹管及膨胀接头）（品目83.07）。

（五）绝缘电缆导管（品目85.47）。

（六）已明显成为制品的管子及空心异型材，例如，用于结构体的管子（品目73.08）、集中供暖散热器的管式部件（品目73.22）、内燃活塞式发动机的排气集管（品目84.09）、其他机器零件（第十六类）、第八十七章车辆的排气箱（消声器）及排气管（例如，品目87.08或87.14）、自行车等用的鞍座柱及车架（品目87.14）。

○

○ ○

子目注释：

子目7306.11、7306.19、7306.21及7306.29

子目7304.11、7304.19、7304.22、7304.23、7304.24及7304.29注释的规定在必要的地方稍加修改后，可适用于这些子目。

73.07 钢铁管子附件（例如，接头、肘管、管套）：

— 铸件：

11 —— 无可锻性铸铁制

19 —— 其他

— 其他，不锈钢制：

21 —— 法兰

22 —— 螺纹肘管、弯管及管套

23 —— 对焊件

29 —— 其他

— 其他：

91 —— 法兰

92 —— 螺纹肘管、弯管及管套

93 —— 对焊件

99 —— 其他

本品目包括主要用于连通两条管子、将管子联接于其他设备或将管口封闭的钢铁附件。但本品目不包括供安装管子用但不与管口成为一体的物品［例如，吊钩、撑条及仅将管子固定或支撑于墙上的类似支架，用以将软管夹紧于硬管、龙头、连接件等上的紧固带或安装环（软管夹）］（品目73.25或73.26）。

管子附件可通过下列方法连接：

——使用铸铁或钢制螺纹接口时，通过拧紧法；或

——使用对缝焊接或承插焊接时，通过焊接法。在对缝焊接中，将附件及管子的末端切成斜角或直角；或

——使用可换钢制附件时，通过接触法。

因此，本品目包括平面法兰、带有锻造挡圈的法兰、肘管、弯头、回转弯头、异径接头、丁字接头、十字接头、管帽、管塞、活套接头、管状栏杆及结构件的附件、偏置管、多支管、接箍或管套、清洗存水弯管、螺纹短接管、活接头、管夹及颈圈。

本品目不包括：

（一）专供装配结构体零件用的夹子及其他附件（品目73.08）。

（二）用于装配管子附件的螺栓、螺帽、螺钉等（品目73.18）。

（三）恒温器的波纹管及膨胀接头（品目83.07）。

（四）上述的吊钩、撑条及类似品；配有环、钩等的管塞。不论是否攻丝（例如用于装配冲洗管的塞子）（品目73.26）。

（五）装有龙头、旋塞、阀门的管子附件（品目84.81）。

（六）电缆导管的绝缘接头（品目85.47）。

（七）装配自行车或摩托车车架用的连接件（品目87.14）。

73.08　钢铁结构体（品目94.06的活动房屋除外）及其部件（例如，桥梁及桥梁体段、闸门、塔楼、格构杆、屋顶、屋顶框架、门窗及其框架、门槛、百叶窗、栏杆、支柱及立柱）；上述结构体用的已加工钢铁板、杆、角材、型材、异型材、管子及类似品（+）：

10　—　桥梁及桥梁体段

20　—　塔楼及格构杆

30　—　门窗及其框架、门槛

40　—　脚手架、模板或坑道支撑用的支柱及类似设备

90　—　其他

本品目包括完整的或不完整的金属结构体及其部件。本品目的结构体具有一旦置于某一位置便一般不再改变的特点。它们通常是用条、杆、管、角材、型材、异型材、片、板、宽扁材（包括所谓万能板材）、箍材、带材、锻件或铸件通过铆接、栓接、焊接等方法制得。这类结构体有时装有其他品目的产品（例如，品目73.14的钢铁丝织成的网片或金属网眼板。结构体零件包括专门用于装配圆形横截面（管形或其他形状）金属结构件的夹子及其他紧固件。这些紧固件通常具有带螺纹洞的凸缘，装配时将螺钉旋入，把夹子固定在管子上。

除本品目所述的结构体及其部件外，本品目还包括下列产品：

井架及上层结构；可调或伸缩支柱、管状立柱、可伸缩格子平顶梁、管状脚手架及类似设备；水闸门、凸堤、栈桥及防波堤；灯塔上层结构；船用桅杆、舷梯、栏杆、隔板等；阳台及走廊；百叶窗、门、拉门；已装配的围栏及栅栏；道口栏路杆及类似栏障；暖房构架及培育架；在商店、工厂、仓库等装配后作为固定设施的大型货架；摊架及搁物架；由金属片、角材、型材或异型材制成的机动车道防护栅栏。

本品目也包括经加工（例如，钻孔、弯曲、开槽口）供给结构体用的部件，例如，经加工的平板轧材、“宽扁材”（包括所谓万能板材）、带材、角材、型材、异型材及管。

本品目还包括用于钢筋混凝土或预应力混凝土工程的由各根辗杆相互扭绞而成的产品。

本品目不包括：

（一）已装配的板桩（品目73.01）。

（二）具有模具特征的用于浇注混凝土的格板（品目84.80）。

（三）明显作为机器零件的结构件（第十六类）。

（四）第十七类的结构件，例如，品目86.08的铁道及电车道道轨夹固件及附件以及机械信号装置；铁路车辆等或汽车用的底盘车架（第八十六章或第八十七章）、第八十九章的浮动结构体。

（五）活动式搁板家具（品目94.03）。

○

○　○

子目注释：

子目 7308.30

本子目还包括各种住宅用的钢制安全门。

73.09　盛装物料用的钢铁囤、柜、罐、桶及类似容器（装压缩气体或液化气体的除外），容积超过 300 升，不论是否衬里或隔热，但无机械或热力装置

这些容器通常固定装于加工厂、化工厂、染料厂、煤气厂、酒厂、提炼厂等供储存或生产之用，很少安装于家庭、商店等地方。本品目包括供盛装除压缩气体或液化气体以外任何物料的容器。供盛装压缩气体或液化气体用的容器，不管容量多少均归入品目 73.11。装有搅拌器、加热或冷却盘管、电气元件等机械或热力装置的容器应归入第八十四章或第八十五章。

另一方面，仅装有龙头、阀门、液面计、安全阀、压力计等的容器仍应归入本品目。

这些容器可以是敞开式或封闭式，可以用硬橡胶、塑料或有色金属衬里，也可以装有隔热层（例如，石棉层、矿渣棉层或玻璃棉层），不论这种隔热层是否装有金属外套。

本品目还包括利用双层壁或双层底进行隔温的容器，但双层壁之间不得装有加热或冷却液体的循环装置（具有这种循环装置的容器不归入本品目，参见品目 84.19）。

本品目包括：

汽油箱或油箱；麦芽酒厂浸泡大麦用的桶；液体（酒、啤酒等）发酵桶；各种液体的倾析或澄清用大桶；金属物品回火及退火用桶；贮水罐（家用或其他用），包括集中供暖设备用的膨胀箱；固体物料容器。

本品目不包括经专门设计及装备，可供一种或多种运输方式使用的运输容器（品目 86.09）。

73.10　盛装物料用的钢铁柜、桶、罐、听、盒及类似容器（装压缩气体或液化气体的除外），容积不超过 300 升，不论是否衬里或隔热，但无机械或热力装置：

10　—　容积在 50 升及以上

—　容积在 50 升以下：

21　——　焊边或卷边接合的罐

29　——　其他

前一品目包括通常作为固定装置安装于工厂等场所且容积超过 300 升的容器，而本品目包括容积不超过 300 升的用钢铁片及板制成的容器，其规格大小以易于移动或搬运为度，通常用于商业运输或包装货物；本品目也包括作为固定装置的上述容器。

归入本品目的大型容器包括焦油桶或油桶；汽油罐；有盖大牛奶桶；盛装酒精、胶乳、苛性苏打、碳化钙、染料或其他化学品用的桶及罐。小型的容器包括主要供黄油、牛奶、啤酒、蜜饯、水果或果汁、饼干、茶叶、糖果、烟草、香烟、鞋油、药品等作零售包装用的盒、听、罐等。

为了便于滚动或搬动，尤其是桶和罐可以加箍或加其他附件，或用其他物料加强。所有容器都可装有排放口、塞子、盖子或其他类似装置以便于装填及排空。

本品目也包括利用双层壁或双层底来进行隔温的桶等，但双层壁之间不得装有加热或冷却液体的循环装置（具有这种循环装置的容器不归入本品目，参见品目 84.19）。

本品目不包括：

（一）品目 42.02 的物品。

（二）粗腰饼干桶、茶叶罐、糖听及类似的家庭或厨房用容器及金属罐（品目 73.23）。

（三）香烟盒、粉盒、工具箱及供个人或专业用的类似容器（品目 73.25 或 73.26）。

（四）保险柜、钱箱或文件保险箱及类似物品（品目 83.03）。

（五）品目 83.04 的物品。

（六）首饰盒（品目 83.06）。

（七）经专门设计及装备，可供一种或多种运输方式使用的运输容器（品目 86.09）。

（八）品目 96.17 的保温瓶及其他真空容器的完整品。

73.11　装压缩气体或液化气体用的钢铁容器

本品目包括供运输或储存压缩或液化气体（例如，氦、氧、氩、氢、乙炔、二氧化碳或丁烷）用的容器，不论其容量大小。

其中一些容器是经高压测试过的坚实圆筒、管、瓶等；它们可以是无焊缝的或有焊缝的（例如，在基底上、围绕中间或整个纵向焊缝）。其他容器由一个内层容器及一个或多个外壳构成，内外层之间的空间填入隔热材料、抽成真空或装入低温液体，因此能够使液化气体在常压或低压下保藏。

这些容器可以装有控制，调节及测量装置，例如，阀门、龙头、压力表、液面指示器等。

有些容器（例如，装乙炔用的）为了便于灌入乙炔并避免乙炔单独压缩时发生爆炸，常装有硅藻土、木炭或石棉等惰性多孔物质及水泥等胶粘剂，有时这些多孔物质用丙酮浸渍。

另一些容器则可根据需要供给液体或气体，所装的液化气体仅在大气气温的影响下即能气化，并通过外壳内壁的盘管向外供出。

本品目不包括蒸汽储蓄器（品目 84.04）。

73.12　非绝缘的钢铁绞股线、绳、缆、编带、吊索及类似品：

10　—　绞股线、绳、缆

90　—　其他

本品目包括将两根或多根钢铁丝紧密绞合而成的绞股线以及用多根这种绞股线绞合而成的各种规格的缆及绳。绳及缆只要仍具有钢铁丝制品的基本特征，可以用纺织物（大麻、黄麻等）作芯子或用纺织物、塑料等包覆。

绳及缆的横截面一般是圆的，但本品目也包括将单丝或绞股线编成矩形（包括正方形）横截面的带。

本品目包括绳、缆、带等，不论是否裁切成段或装有钩、弹簧钩、转环、环、套环、夹、座圈等（但它们不得因此而具有其他品目所列物品的特征），也不论是否制成单一或复合的吊索、环索等。

这些货品用途为：在矿业、采石工程、航运等方面供提吊之用（用于起重机、绞车、滑轮车、升降机等提吊）；供牵引用；供系船、下锚等用；作传动带用；作桅杆、标杆等用的支索或牵索；作围篱的绞股线；作锯石绞股线（通常为特种钢制成的三股绞股线）等。

本品目不包括：

（一）刺钢丝及围篱用松绞无刺双股丝（“绞带”）（品目 73.13）。

（二）绝缘电缆（品目 85.44）。

（三）适于供第八十七章所列车辆用的制动索缆、油门索缆及类似索缆。

73.13　带刺钢铁丝；围篱用的钢铁绞带或单股扁丝（不论是否带刺）及松绞的双股丝

本品目包括下列类型的围篱用带及丝（丝的定义，参见本章注释二）：

一、由钢铁丝相互松绞而成的带刺钢铁丝，这些钢铁丝在短距离间装有倒刺或有时带有金属带制成的锋利小刺片。

二、在相隔一定距离带有利齿并与带刺钢铁丝用途相同的窄扁带或丝。

三、绞带或单股扁丝。这种带状围篱用的通常称作“绞带”。它们由稍加扭绞的窄条、带或扁丝构成。这些货品不论是否带刺，均归入本品目。

四、由两根钢铁丝组成且明显适于作围篱用的松绞丝，这种丝也称作“绞带”。

本品目也包括“丹纳特”铁丝网及类似的带刺钢铁丝网。这些货品有时已安装在木柱或金属柱上，供军事或围篱等用。

所用钢铁带及丝通常是电镀的或用其他方法涂层的（例如，用塑料涂层）。

本品目不包括有时也供围篱用的紧绞股线及缆（品目73.12）。

73.14　钢铁丝制的布（包括环形带）、网、篱、格栅；网眼钢铁板（+）：

—　机织品：

12　——　不锈钢制的机器用环形带

14　——　不锈钢制的其他机织品

19　——　其他

20　—　交点焊接的网、篱及格栅，其丝的最大截面尺寸在3毫米及以上，网眼尺寸在100平方厘米及以上

—　其他交点焊接的网、篱及格栅：

31　——　镀或涂锌的

39　——　其他

—　其他布、网、篱及格栅：

41　——　镀或涂锌的

42　——　涂塑的

49　——　其他

50　—　网眼钢铁板

一、布（包括环形带）、网、篱及格栅

本组产品主要是通过手工或机械方法将钢铁丝交织、编织等而制得的。制造方法大致类似于纺织工业所采用的方法（织造简单经纬织物、针织物或钩编织物等所采用的方法）。

本组包括钢铁丝格栅，格栅中的钢铁丝在交点处加以焊接或用外加的钢铁丝绑牢，不论格栅中的钢铁丝是否进行了交织。

所称“钢铁丝”，是指任何横截面尺寸均不超过16毫米的各种横截面形状的热成形或冷成形产品，例如，轧制的钢铁丝、钢铁盘条及从薄板切下的钢铁丝扁带（参见本章注释二）。

本品目的材料有许多用途，例如，供多种物料的洗涤、干燥或过滤用；制围栏、食品罩及防虫纱窗、机器用安全保护装置、输送带、搁板材料、床垫、家具垫、细箍及粗箍等；以及用于钢筋混凝土。

这些物料可以是成卷的、环带状的（例如，供传动带用）或成张的，不论是否切割成形；也可以是两层或多层的。

二、网眼钢铁板

网眼钢铁板是通过拉伸具有平行切割口的钢铁薄板或钢铁带材制成的呈菱形网眼的网状物。

这些网眼钢铁板相当刚硬结实，用于代替钢铁丝格栅或围篱用的多孔钢铁薄板、机器用的安全防护装置、天桥或吊车轨道用辅面板、作各种建筑材料（例如，混凝土、水泥、熟石膏、玻璃）钢筋用，等等。

*

*　*

除了用钢铁丝网制成的制品一般不归入本章外，下列货品也应归入其他章：

（一）用于衣服，用作家具布或类似品的金属线机织物（品目58.09）。

（二）用丝网增强的塑料或石棉，嵌丝玻璃（分别归入第三十九章、第六十八章及第七十章）；灰泥板（嵌于窑烘粘土内的一种丝网，供建筑用途）（第六十九章）；通常涂柏油并用丝网增强的纸质屋顶板（第四十八章）。但用塑料略略涂层的钢铁丝机织物（即使网眼被塑料填满）以及用纸张衬背供浇水泥、灰泥等用的钢铁网或格栅，仍应归入本品目。

（三）与其他材料装配后成为机器零件的钢铁丝布等（第八十四章或第八十五章）。

（四）制成手用细筛及粗筛的钢铁丝布等（品目96.04）。

○

○　○

子目注释：

子目7314.12、7314.14及7314.19

所称“机织品”，仅适用于用与纺织材料机织物同样方法（即两线直角交织的方法）织造而成的钢铁丝产品。

丝布通常是平纹的，但也可以是斜纹或其他织法的。纬线是一根绕着经线来回交织的长线，丝布是在连续式织布机中织得的。其中丝线的交点可以用其他物质增强（例如，可以用一根附加丝线绑紧）。这类机织物可以用相对宽间距的丝线制成，形成正方形网眼格子效果。皱纹丝布是由皱纹丝线制成的；卷曲之处相互咬着，使交点更为硬挺。另一方面，丝布也可以用直丝线机织后再经压制，使交点变形，从而固定所织式样。

丝布可以成卷，也可以裁成一定长度或一定形状的片状；丝布的边缘还可熔接或钎焊。

73.15　钢铁链及其零件：

—　铰接链及其零件：

11　——滚子链

12　——其他链

19　——零件

20　—　防滑链

—　其他链：

81　——日字环节链

82　——其他焊接链

89　——其他

90　—　其他零件

本品目包括铸铁（通常是可锻铸铁）链、锻钢或锻铁链，不论其规格、制造方法及实际用途如何。

本品目包括铰接链［例如，滚子链、反齿链（“无声传动链”）及平环链］、无铰接链（包括日字链）（不论是否锻造、铸造、焊接而成或从钢铁薄片或钢铁带材冲压而成，也不论是否用钢铁丝制得），以及球形链。

本品目包括：

一、自行车、机动车或机器用的传动链。

二、锚链；升降链、牵拖链；汽车防滑链。

三、褥式排链；用于洗涤槽塞子、盥洗室蓄水箱等的链条。

所有这些链条可以在端部装有零件或配件（例如，钩、弹簧钩、自由转环、钩环、套圈、环、开口环以及丁字件），不论是否切成一定长度或明显有特定用途。

链条专用的钢铁零件，例如，铰接链用的侧距环、滚子、转向轴等，供无铰接链用的链节、链环，也归入本品目。

本品目不包括：

（一）具有品目71.17仿首饰特征的链条（例如，表链及饰链）。

（二）装有锯齿等并用作链锯或切割工具的链条（第八十二章），或链条仅在其中起辅助作用的其他制品，例如，多斗挖土机的铲土链、输送机钩链或纺织物整理用的伸展器。

（三）装有链条的门户防护装置（品目83.02）。

（四）测量链条（品目90.15）。

73.16　钢铁锚、多爪锚及其零件

本品目仅包括供各种吨位的船舶、海上平台、浮标、信标、水雷等锚泊用的锚；但不包括有时称作“锚”的制品（例如，用于连接石方或用于将椽子安装于建筑物墙上的锚状物）。

锚可以装有横杆或锚杆，这些横杆或锚杆有时是木制的，而锚爪臂可以是硬的，也可以是软的。

本品目也包括多爪锚；多爪锚是小锚，具有两个以上爪臂（通常为四个），但没有锚杆。它们用于锚泊小型船只，抓住其他船只等，还用于打捞沉没物品及用于勾住树木、岩石等。

本品目也包括钢铁锚的零件。

73.17　钢铁制的钉、平头钉、图钉、波纹钉、U形钉（品目83.05的货品除外）及类似品，不论钉头是否用其他材料制成，但不包括铜头钉

本品目包括：

一、钢铁钉、平头钉、U形钉（品目83.05的货品除外）及类似品，一般通过下列方法制得：

（一）将一定粗细的钢铁丝冷压而成。这类铁丝钉通常具有扁平头或圆形头，而有一部分钉子是无钉头的，一端或两端是尖的。锥形钉与平头钉的制法相同，只是锥形钉要通过斜切而成。

（二）将一定粗细的铁钉杆进行手工或机械锻造，将一头锻尖后再用制钉机将钉头冲压出来。

（三）用钢铁片、带切割制成，必要时再用手工或机器进行修整。

（四）将钢铁条放入制钉机中进行热轧，同时将钉头及钉杆成形。

（五）将金属小圆片模压成钉头，同时装在预先制好的钉杆上。这种方法通常用于制圆头钉，例如，家具装饰钉。

（六）铸造而成。

这类货品种类繁多，包括：

木工等用的横截面完全一致的圆铁钉；模钉；镶玻璃用钉；补鞋钉；供电线、画框、围篱等用的两头尖的U形钉（不论是否绝缘）及其他不是成条状的U形钉；带螺杆且钉头未开槽的螺杆尖头螺钉；供修鞋、制家具等用的平头钉及无头钉；重型鞋用平头钉；供图画、镜子、围篱等用的钉；给动物装蹄铁用的无螺纹钉；动物用的无螺纹防滑大头钉；安装窗玻璃用的小三角钉等（通常用马口铁制成）；制家具用的装饰大头钉；供铁路轨枕作标记用的大头钉。

二、其他特种钉、道钉等，例如：

（一）锻造扣钉或扒钉（钉杆通常是带角的，将两头弯成直角并削尖），用于扣紧石块及粗重木材等；钩头道钉，用以将钢轨固定于轨枕上。

（二）波纹钉，一边修成齿边或斜边，供装配木材零件用；即使报验时为长条状（呈带状），也

应归入本品目。

（三）钩头钉及环头钉，这些钉可以用金属片冲压制得或锻造制得。其中一头是尖的而另一头则弯成直角或弯成环状，用以悬挂各种物体。

（四）各种图钉，平头的或圆头的，供画板、办公室等用。

（五）供纺织梳棉机用及类似用途的针布钉。

所有上述货品，不论是否带有有色金属（铜及其合金除外）或其他物质（陶瓷、玻璃、木材、橡胶、塑料等）制的钉头，也不论已否电镀、镀铜、镀金、镀银、涂漆等或用其他物料包覆，均应归入本品目。

本品目不包括：

（一）钩头螺钉、环头螺钉、钉头开槽的尖头螺钉及钝头螺钉（品目73.18）。

（二）带钉或不带钉的鞋跟护铁；带钉图片挂钩；皮带扣（品目73.26）。

（三）带有铜或铜合金钉头的钢铁钉、平头钉等（品目74.15）。

（四）条状钉书钉（例如，供办公室、室内装饰或包装等用）（品目83.05）。

（五）钢琴用弦轴（品目92.09）。

73.18 钢铁制的螺钉、螺栓、螺母、方头螺钉、钩头螺钉、铆钉、销、开尾销、垫圈（包括弹簧垫圈）及类似品（+）：

— 螺纹制品：

11 —— 方头螺钉

12 —— 其他木螺钉

13 —— 钩头螺钉及环头螺钉

14 —— 自攻螺钉

15 —— 其他螺钉及螺栓，不论是否带有螺母或垫圈

16 —— 螺母

19 —— 其他

— 无螺纹制品：

21 —— 弹簧垫圈及其他防松垫圈

22 —— 其他垫圈

23 —— 铆钉

24 —— 销及开尾销

29 —— 其他

一、螺钉、螺栓及螺母

紧固金属（不论是否已攻螺纹）用的螺栓及螺母（包括螺栓端）、双头螺栓及其他螺钉，木螺钉及方头螺钉都是些已攻螺纹（成品状态）的产品，用于装配或紧固物品，使其容易拆开而不致于受损。

紧固金属用的螺栓及螺钉均是圆柱体形状的，具有细密且稍为倾斜的螺纹；它们很少是尖头的，但钉头带有槽沟或适合于用扳手扭拧，也可以开有凹槽。螺栓用于与螺母配套，而螺钉则通常用来旋入需要紧固的材料攻有螺纹的孔中，因此螺钉整根攻有螺纹，而螺栓的螺杆有部分是不带螺纹的。

本品目包括各种类型的紧固螺栓及钢铁螺钉，不论其形状及用途如何，包括U形螺栓、螺栓端（即一头攻螺纹的圆柱形杆）、双头螺栓（即两头均攻螺纹的短杆）及螺杆（即整根攻螺纹的杆）。

螺母是用以将相应螺栓固定于某一地方的金属件。它们通常整个攻有螺纹，但有时一端为盲孔。本品目包括元宝螺母、蝶形螺母等。防松螺母（通常较薄且有槽顶）有时与螺栓配用。

螺栓坯及未攻丝的螺母也归入本品目。

木螺钉与紧固金属用的螺栓及螺钉不同，木螺钉是锥形的且有尖头，有较斜的切削螺纹以便旋入木料之中。此外，木螺钉一般带有开槽钉头，从不与螺母配用。

方头螺钉（螺旋道钉）是带有正方形或六角形无槽口钉头的大型木螺钉。它们用以将钢轨固定于轨枕上并用于装配椽子及类似的大型木制品。

本品目包括自攻（帕克）螺钉；这些螺钉与木螺钉相似，具有一个开槽钉头，一条切削螺纹，其末端是尖的或锥形的。因此它们可以自行开沟并旋入金属、大理石、板石、塑料等薄板中。

本品目也包括所有钉头带槽沟的钝头螺钉及尖头螺钉。螺钉具有较斜的螺纹，常用锤子将其打入物料，但一般只能用螺丝起子才可将其取出。

本组不包括：

（一）钉头未开槽的尖头螺钉（品目73.17）。

（二）螺塞（品目83.09）。

（三）用以传功或以其他方式作为机械动件的车有螺纹的机件，这些机件有时称作螺钉（例如，阿基米德螺钉；压力机用蜗杆机件及螺纹轴；阀门及旋塞的关闭机件等）（第八十四章）。

（四）钢琴用弦轴及乐器用的类似带螺纹零件（品目92.09）。

二、钩头螺钉及环头螺钉

这些货品用于悬挂或固定其他物体，与前一品目的钩头钉的不同之处在于它车有螺纹。

三、铆钉

铆钉与上面所述货品的不同之处在于它们未车螺纹；它们通常是带有圆头、扁头、圆盘头、埋头的圆柱体。

它们用于金属部件的永久性装配（例如，用于大型框架、船舶及容器）。

本品目不包括供各种用途的管状铆钉或分叉铆钉（品目83.08），但仅有部分空心的铆钉仍归入本品目。

四、销及开尾销

开尾销通常是叉形的，用于固定在锭子、转轴、螺栓等的孔洞内以防止装在孔洞内的物体移动。

销及锥形销，用途与开尾销相似，但通常较大，开口位置更小；它们可以象开尾销一样用以穿过孔洞（这时常制成楔形），或用以装于绕心轴等开的沟槽上，在这种情况下，它们可制成各种形状，例如，马蹄形或圆锥形。

簧环，呈各种不同形状，从有一条缝的简单环状到复杂的形状（带有小眼或槽以便于用专用夹钳将其装上）。不论其形状如何，它们都用于安装在绕心轴开的槽沟上或圆筒孔眼内开的槽沟内，以防止有关零件移动。

五、垫圈

垫圈通常是中心有孔的细小薄圆片，安装于螺母及需紧固的零件之间以保护需紧固的物体。它们有平垫圈、切口垫圈、开缝垫圈（例如，格劳尔弹簧垫圈）、弧形垫圈、锥形垫圈等。

○

○ ○

子目注释：

子目7318.12

所称“螺钉”，不包括钩头螺钉及环头螺钉；这些货品应归入子目7318.13。

子目7318.14

本子目包括品目73.18注释第一部分第八段所述的自攻（帕克）螺钉。

73.19 钢铁制手工缝针、编织针、引针、钩针、刺绣穿孔锥及类似制品；其他品目未列名的钢铁制安全别针及其他别针：

40 — 安全别针及其他别针

90 — 其他

一、缝针、织针、引针、钩针、刺绣穿孔锥及类似品

本品目包括手工用缝针、织针、刺绣针、钩针、地毯针等。

本品目包括：

（一）缝针、织补针、刺绣针、打包针、褥垫针、缝帆针、装钉针、软垫针、地毯针及厚毛毯针、补鞋针（包括带眼锥子）、补皮革用的三角针等。

（二）织针（无眼长针）。

（三）穿带子、细绳等用的各种引针（包括足球网织针）。

（四）钩针（一端逐渐缩小并带一小钩的针，供钩编用）。

（五）刺绣穿孔锥，用于刺绣织物的底布穿孔。

（六）结网针，一头尖或两头尖的。

其中有些针还装有手柄。

本品目还包括针坯，例如，未制成针的杆（不论是否有眼）；有眼但未削尖或磨光的针；未装手柄的刺绣穿孔锥及引针针坯。

本品目不包括：

（一）鞋匠用的无眼锥子及皮革加工、办公室等用的穿孔锥型穿刺工具（品目82.05）。

（二）针织机、编带机．刺绣机等用的针（品目84.48）；缝纫机针（品目84.52）。

（三）拾音器用的唱针（品目85.22）。

（四）医疗、外科、牙科或兽医用的针（品目90.18）。

二、其他品目未列名的安全别针及其他针

本组所列的别针及针可带有针头或其他贱金属、玻璃、塑料等制的其他配件，只要它们未构成装饰性物品，仍具有钢铁别针和其他针的基本特性。本组包括：

（一）安全别针。

（二）普通别针和大头针。

本组也包括供饰针、徽章（不论是否带有转节或接头）、帽针等用的尖头针杆；供固定商标、昆虫标本等用的大头针及尖头针杆。

本品目不包括：

（一）领带夹、徽章等，帽针及个人装饰用的类似品（品目71.17）。

（二）图钉（品目73.17）。

（三）发针；发夹；卷发针、卷发夹、卷发器及类似品（品目85.16或96.15）。

73.20 钢铁制弹簧及弹簧片：

10 — 片簧及簧片

20 — 螺旋弹簧

90 — 其他

本品目包括各种类型的钢铁弹簧，不管其用途如何，但品目91.14的钟表发条除外。

弹簧是用具有弹性的金属薄片、丝或杆制成的，它们具有大幅度变形后仍能恢复原状的特性。

本品目包括下列各种类型的弹簧：

一、片簧（单片或叠片），主要用于车辆（例如，铁路机车及客货运输车辆、汽车、拖车）的悬挂系统。

二、螺旋弹簧主要有下列两类：

（一）螺旋形盘簧，包括受压弹簧、拉簧及扭力弹簧，用横截面为圆形或矩形的钢铁丝、杆制成。它们用途相当广泛（例如，用于车辆及各种技术装备中）。

（二）涡旋弹簧，通常是锥形的，用横截面为矩形或椭圆形的钢铁丝、杆制成，或用钢铁扁带制成。它们主要用于减震器、车箱联接缓冲器、大剪刀、理发推子等。

三、扁簧及螺旋扁簧，用于弹簧驱动的动力装置、锁等。

四、圆盘弹簧及环状弹簧（用于铁路缓冲器等）。

为了装配或固定之用，弹簧可以装有 U 形螺栓（例如，供片簧用）或其他附件。

簧片也归入本品目。

本品目不包括：

（一）供雨伞或阳伞的转轴或伞杆用的弹簧（品目 66.03）。

（二）弹簧垫圈（品目 73.18）。

（三）弹簧与其他物品组装后制成的诸如自动关门器等的物品（品目 83.02），明显为机器的零件（第十六类）或明显为第九十章、第九十一章等所列仪器设备的零件。

（四）减震器及第十七类的扭杆弹簧。

73.21　非电热的钢铁制家用炉、灶（包括附有集中供暖用的热水锅的炉）烤肉架、烤炉、煤气灶、加热板和类似非电热的家用器具及其零件：

—　炊事器具及加热板：

11　——　使用气体燃料或可使用气体燃料及其他燃料的

12　——　使用液体燃料的

19　——　其他，包括使用固体燃料的

—　其他器具：

81　——　使用气体燃料或可使用气体燃料及其他燃料的

82　——　使用液体燃料的

89　——　其他，包括使用固体燃料的

90　—　零件

本品目包括符合下列要求的器具：

一、用于产生并利用热能进行空间供暖、烹饪或烧煮；

二、使用固体、液体或气体燃料或者其他能源（例如，太阳能），而不是使用电力；

三、通常为家庭用或野营用。

这类器具可根据其类型，按下列一个或多个方面的特征加以确定，例如，总的规格、款式、最大供热能力、固体燃料炉的炉膛或炉蓖容量、液体燃料炉的油箱规格。判断这些特征的标准是有关器具不得超出家庭使用所需的范围。

本品目包括：

（一）火炉、加热炉、壁炉及空间供暖用炉、烤炉等。

（二）装有供热元件的燃气或燃油散热器，供取暖用。

（三）厨房用的炉、灶。

（四）装有供热元件的烤箱（例如，供烘烤食物或焙烘糕点及面包用）。

（五）酒精炉或加压炉、野营用炉、旅游用炉等；煤气炉；装有供热元件的加热板。

（六）带有炉蓖或其他供热元件的洗涤用锅炉。

本品目还包括附有集中供暖用的热水锅的炉。另一方面，本品目不包括同时也可使用电供热的器具，例如，煤气－电力两用炉（品目85.16）。

上述所有物品可以搪瓷、镀镍、镀铜等，也可装有其他贱金属制的附件或镶有隔热材料。

本品目也包括明显作为上述器具的钢铁零件（例如，烤箱搁架、加热板及环、炉灰盘、活动式炉膛及火篮、煤气燃烧器、油料燃烧器、炉门、铁格子、炉脚、护杆、毛巾架及盘碗架）。

本品目不包括：

（一）品目73.22的集中供暖用散热器、空气加热器和暖气分布器以及它们的零件。

（二）不适宜装配供热元件的烤箱及锅炉（品目73.23）。

（三）喷灯及轻便锻炉（品目82.05）。

（四）工业炉用燃烧器（品目84.16）。

（五）品目84.17的工业或实验室用炉及烘箱。

（六）品目84.19的加热、烹煮、烘炒、蒸馏等机器或设备及类似的实验室设备。它们主要包括：

1. 非电热的快速热水器或贮备式热水器（不论是否家用型）。

2. 通常不供家用的某些供热、烹饪等专用器具（例如，柜台式咖啡渗滤器；炼油锅；消毒器、加温碗碟柜、干燥杯碟柜及用蒸汽或间接加热的设备，它们常配有加热盘管、双层壁、双层底等）。

（七）品目85.16的电热器具。

73.22　非电热的钢铁制集中供暖用散热器及其零件；非电热的钢铁制空气加热器、暖气分布器（包括可分布新鲜空气或调节空气的）及其零件，装有电动风扇或鼓风机：

—　散热器及其零件：

11　——铸铁制

19　——其他

90　—　其他

本品目包括：

一、集中供暖用散热器，即通常由已装配的凸缘管、翅片管或空心加热板部件构成的空间供暖设备，从锅炉供给的水或蒸汽可通过这些部件循环流动。这些散热器可用木或金属外壳包住。

本组还包括由一个可供热水或冷水循环流通的散热器及多个能将已调节空气加压喷出的喷射嘴组成的设备。这两部分一起装在一个有格栅的外壳里。当散热器关闭后，这种设备便可作为调节空气的分布器。

本品目不包括空调器（品目84.15）或电散热器（品目85.16）。

二、明显作为散热器的部件及其他零件。

下列各项不能作为其零件：

（一）连接集中供暖锅炉及散热器的管子及附件（品目73.03至73.07）。

（二）散热器台架（品目73.25或73.26）。

（三）蒸汽或热水龙头、旋塞等（品目84.81）。

三、空气加热器，使用各种燃料（例如，煤、燃料油、煤气）。

这些独立式加热器可以是固定的或移动的，主要由一个燃料室（带有燃烧器）或炉蓖、一个能将气体燃烧产生的热量传给交换器表面周围空气的热交换器（一组管子等）及一个电动风扇或鼓风机组成。这种散热器通常装有一条排放废气的管道。

空气加热器（固定的或移动的）能产生直接扩散的热空气，与装有供热元件的散热器（如品目73.21的注释所述）不同，空气加热器装有一个可将热空气分散或吹送到取暖地方的吹风装置（风扇或鼓风机）。

空气加热器可以装有各种辅助装置，例如，燃烧器（带泵）、给燃烧器鼓风的电风扇、调节或控制装置（恒温器、高温保持器）、空气过滤器等。

四、暖气分布器，由一个通常为一组凸缘管或翅片管构成的加热元件及一个电风扇组成，一起安装于一个带有出气口（格栅或可调百叶窗）的外壳里。

这些分布器与集中供暖锅炉连接，其款式有落地式的（放于地上）、壁式的（固定于墙上）或吊式的（悬吊于天花板、梁或柱上）等。

其中一些器具也可以吸入外部空气，这样，当供热元件关闭后，便可作为新鲜空气分布器使用。

但本品目不包括调节空气分布器，这种分布器在室内恒温器的控制下将高压输入的冷热空气混合起来。它主要由一个混合室和二个装有气动调节控制阀的进气嘴组成，整套设备安装在一个罩壳内，既不带散热器，也不带电动风扇或鼓风机（品目84.79）。

*

*　*

空气加热器及热空气分布器，不论其用途如何，均归入本品目。因此，本品目包括空间加热用及干燥各种物料（饲料、粮食等）用的空气加热器以及第十七类车辆供暖用的设备。但是利用汽车发动机产生的热量而且必须与发动机联接的热空气分布器，根据第十五类注释一（七）及第十七类注释三的规定，应归入第十七类。

五、明显作为空气加热器或热空气分布器的零件（热交换器、喷嘴、直接散热导管、风档、格栅等）。

但下列各项不得作为零件：

（一）用以连接锅炉及某些热空气分布器的管子及附件（品目73.03至73.07）。

（二）风扇（品目84.14）、空气过滤器（品目84.21）、检测及自动控制装置（第九十章）等。

73.23　餐桌、厨房或其他家用钢铁器具及其零件；钢铁丝绒；钢铁制擦锅器、洗刷擦光用的块垫、手套及类似品：

10　—　钢铁丝绒；擦锅器及洗刷擦光用的块垫、手套及类似品

—　其他：

91　——　铸铁制，未搪瓷

92　——　铸铁制，已搪瓷

93　——　不锈钢制

94　——　钢铁（铸铁除外）制，已搪瓷

99　——　其他

一、餐桌、厨房或其他家用钢铁器具及其零件

本组包括在协调制度其他品目未具体列名的，供餐桌、厨房或其他家用的钢铁制品，它们的范围很广，也包括供旅馆、餐厅、招待所、医院、食堂、兵营等用的上述物品。

这些制品可以铸造制得或用钢铁片、板、箍、带、丝、丝网、丝布等制得，也可以通过各种制造方法（模铸、锻造、模压、冲压等）制得。它们可以装有其他材料制的盖、柄、其他零件或附件，只要它们仍具有钢铁制品的特征。

本组包括：

（一）厨房用具，例如，长柄有盖的平底锅、汽锅、压力锅、熬酱锅、炖锅、焙盘、带柄的椭圆煮鱼锅；浅锅；煎锅、烘烤碟及盘；铁格架及不带供热元件的烤箱；烧水壶；滤锅；油炸篮；果冻及糕点模；大水壶；家用牛奶罐；厨房贮物听及罐（面包厢箱、茶叶罐、糖罐等）；生菜洗涤器；厨房用容量量具；餐具架、漏斗。

（二）餐桌用具，例如，浅盘、碟、盘、汤及蔬菜盘、调味汁壶；糖盒、奶油盘；牛奶或奶油壶；分格碟；咖啡壶及渗滤壶［但不包括有加热源的家用渗滤壶（品目73.21）］、茶壶；小杯、大杯、平底无脚酒杯；蛋杯、洗手钵；面包或水果盘及篮；茶壶架或类似架；滤茶器、调味品瓶；刀架；冰酒桶等、斟酒架；餐巾环、桌布夹。

（三）其他家用物品，洗涤用煮锅及水锅；垃圾箱和移动垃圾箱（包括用于室外的）、桶、煤箱及煤斗；洒水壶；烟灰缸；热水瓶；瓶子篮；活动式靴底刮泥器；熨斗架；洗衣服、装水果、盛蔬菜等用的篮；信箱；衣架、鞋楦；饭盒。

本组也包括上面所列制品的钢铁零件，例如，盖、夹、柄、高压锅分隔格等。

二、钢铁丝绒；擦锅器及洗刷擦光用的块垫、手套及类似品

钢铁丝绒是由极细的钢铁丝或带缠结而成，通常制成零售包装。

擦锅器、洗刷擦光用的块垫、手套及类似品是由钢铁丝、带、钢丝绒等制成的，有时还装有手柄；只要这些货品以钢铁成分为主，不论其是否与纺织材料交织，均应归入本品目。

除钢铁丝绒有多种用途外，这些货品主要供家庭用（例如，用于擦洗厨房用具或卫生器具，用于洗刷金属制品，用于保养活动木地板、拼花地板、其他木地板及其他木制品）。

*

*　*

本品目不包括：

（一）品目73.10的听、盒及类似容器。

（二）归入品目73.21的炉、灶等。

（三）废纸篓（酌情归入品目73.25或73.26）。

（四）具有工具特征的家用制品，例如，各种铲；螺丝起子；乳酪擦子等；嵌肥肉针；开罐刀；坚果钳；开瓶器；烫发钳、熨斗；火钳；打蛋器；烘蛋奶饼铁钳模；咖啡磨、胡椒磨；绞肉机；榨果汁机、蔬菜压榨机、蔬菜捣烂机（第八十二章）。

（五）品目82.11至82.15的刀具、匙、叉、勺等。

（六）保险箱、钱箱及契约箱（品目83.03）。

（七）装饰品（品目83.06）。

（八）家用秤（品目84.23）。

（九）第八十五章的家用电器（特别是品目85.09及85.16的器具及设备）。

（十）第九十四章的小型悬挂式菜橱及其他家具。

（十一）品目94.05的灯具及照明装置。

（十二）手用筛子（品目96.04），香烟打火机及其他打火机（品目96.13），品目96.17的保温瓶及其他真空容器的完整品。

73.24　钢铁制卫生器具及其零件：

10　—　不锈钢制洗涤槽及脸盆

—　浴缸：

21　——铸铁制，不论是否搪瓷

29　——其他

90　—　其他，包括零件

本品目包括在本协调制度其他品目未具体列名的卫生用钢铁制品，它们的范围较为广泛。

这些制品可以铸造制得或用钢铁片、板、箍、带、丝网、丝布等制得，也可以通过各种制造方法（模铸、锻造、模压、冲压等）制得。它们可以装有其他材料制的盖、柄、其他零件或附件，只要它们具有钢铁制品的特征。

本品目包括：浴缸、净身盘、坐浴盆、洗脚盆、洗涤槽、脸盆、盥洗设备；肥皂碟及海绵篮；冲洗罐、卫生桶、尿壶、床上便盆、便壶、不论是否带机械装置的抽水马桶及贮水箱、痰盂、卫生纸架。

本品目不包括：

（一）品目73.10的听、盒及类似容器。

（二）第九十四章的放药品及卫生洁具的小型悬挂式壁橱或其他家具。

73.25　其他钢铁铸造制品：

10　—　无可锻性铸铁制

—　其他：

91　——　研磨机用的研磨球及类似品

99　——　其他

本品目包括协调制度其他品目未具体列名的各种钢铁铸造制品。

本品目包括：下水道及供水系统等用的检查闸门、滤栅、阴沟盖及类似铸件；消防栓墩及盖；饮用喷泉；邮筒、火警柱、系缆柱等；檐槽及檐槽口；矿井壁；研磨机及粉碎机用的滚珠；未装有机械或热力装置的冶金用罐及坩埚；平衡块；人造花、叶等（但品目83.06的制品除外）；水银瓶。

本品目不包括归入协调制度其他品目的铸件（例如，明显为机械设备的零件），也不包括虽具有成品特征但需进一步加工的未制成铸件。

本品目还不包括：

（一）不通过铸造方法制得的上述货品，例如，烧结制品（品目73.26）。

（二）装饰用的各种类型的铸像、瓶、瓮及十字架（品目83.06）。

73.26　其他钢铁制品（+）：

—　经锻造或冲压，但未经进一步加工：

11　——　研磨机用的研磨球及类似品

19　——　其他

20　—　钢铁丝制品

90　—　其他

本品目包括通过锻造、冲压、切割、模压、折叠、组合、焊接、车削、铣削或穿孔等方法加工制得的所有钢铁制品，但本章其他品目所列货品、第十五类注释一所列货品、第八十二章或第八十三章所列货品或本协调制度其他品目更为具体列名的货品除外。

本品目包括：

一、蹄铁；鞋靴护铁，不论是否有尖钉；攀树用铁钉助爬器；非机械式的通风装置；软百叶帘；木桶箍；电线钢铁配件（例如，撑条、夹子、托架）；绝缘子串的悬吊或连接装置（悬杆、钩环、长臂、带接线柱的眼或环、球支座、吊夹、闲端夹等）；未校准的钢珠（参见第八十四章注释六）；栅栏柱、帐篷桩、拴畜桩等；花坛边箍、树木及香豌豆植物等的培育器；绞紧栅栏钢铁丝用的松紧螺旋扣；瓦片（归入品目73.08的结构体用的货品除外）及檐槽；将软管夹紧于硬管或龙头等上的夹紧带或环（软管夹）；固定管子用的挂钩、撑条及类似支撑物（专用于装配金属结构件管状元件的夹子及其他装置除外，这些货品应归入品目73.08）；容量量具（品目73.23的家用量具除外）；顶针；路钉；锻造吊钩，例如，供起重机用的；各种用途的弹簧扣；梯子及台阶；支架；铸模芯用支撑物或芯撑（模工用钉除外，参见品目73.17）；钢铁锻制的人造花或叶（但不包括品目83.06的制品及品目71.17的仿首饰）。

二、钢铁丝制品，例如，圈套、陷阱、捕鼠器、捕鳗篓及类似品；捆扎饲料等用的扎铁丝；轮胎杆；由二根钢铁丝焊合而成的用于制织机综的双股钢铁丝；动物鼻环；床垫钩、屠宰钩、挂瓦钩等；废纸篓。

三、某些箱及盒，例如，未制成专门形状或内部装有配件以适合盛装特定工具（不论是否带附件等）的工具箱或工具盒（参见品目42.02的注释）；植物学家等用的收集箱或标本箱、小件饰物箱；化妆品盒及粉盒；香烟盒、口香糖盒等，但不包括品目73.10的容器以及家用容器（品目73.23）和装饰品（品目83.06）。

本品目也包括由一个底座、一个手柄、一个真空杆及多个橡皮圆盘组成的真空吸取器（吸夹），用于暂时性地附着于物体（特别是玻璃）之上使之能被移动。

本品目不包括归入协调制度其他品目的锻件（例如，明显为机械设备的零件），也不包括虽具有制成品基本特征但还需进一步加工的未制成锻件。

本品目还不包括：

（一）品目42.02的制品。

（二）品目73.09或73.10的钢铁囤、罐、桶及类似容器。

（三）品目73.23的垃圾箱和移动垃圾箱（包括用于室外的）。

（四）钢铁铸造制品（品目73.25）。

（五）办公桌用具，例如，书档、墨水台、笔盘、吸墨用具。镇纸及办公室用图章架（品目83.04）。

（六）装饰用的铸像、瓶、瓮及十字架（品目83.06）。

（七）在商店、车间、仓库号中作为固定设备的大型搁架（品目73.08）及品目94.03的搁板家具。

（八）用于制纺织品灯罩或纸灯罩的钢铁丝骨架（品目94.05）。

○
○　○

子目注释：

子目7326.11及7326.19

这些子目的产品经锻造或冲压后，可以经下列加工或表面处理：

通过粗略的打磨、研磨、锤打、錾凿或锉磨去除毛刺、毛边及其他冲压缺陷；通过酸洗去除退火；简单砂磨；粗琢或粗漂及其他专门对金属探伤的工序；明显是为了防止产品生锈或产生其他氧化现象而粗略地涂覆石墨、油、焦油、红铅或类似品；冲压、模压或印制简单文字、图案，例如，商标。

第七十四章 铜及其制品

注释：

本章所用有关名词解释如下：

一、精炼铜

按重量计含铜量至少为99.85%的金属；或

按重量计含铜量至少为97.5%，但其他各种元素的含量不超过下表中规定的限量的金属：

其他元素表

元素	所含重量百分比
Ag 银	0.25
As 砷	0.5
Cd 镉	1.3
Cr 铬	1.4
Mg 镁	0.8
Pb 铅	1.5
S 硫	0.7
Sn 锡	0.8
Te 碲	0.8
Zn 锌	1
Zr 锆	0.3
其他元素* 每种	0.3

*其他元素，例如，铝、铍、钴、铁、锰、镍、硅。

二、铜合金

除未精炼铜以外的金属物质，按重量计含铜量大于其他元素单项含量，但：

1. 按重量计至少有一种其他元素的含量超过上表中规定的限量；或

2. 按重量计其他元素的总含量超过2.5%。

三、铜母合金

含有其他元素，但按重量计含铜量超过10%的合金，该合金无实用可锻性，通常用作生产其他合金的添加剂或用作冶炼有色金属的脱氧剂、脱硫剂及类似用途。但按重量计含磷量超过15%的磷化铜归入品目28.53。

○

○ ○

子目注释：

本章所用有关名词解释如下：

一、铜锌合金（黄铜）

铜与锌的合金，不论是否含有其他元素。含有其他元素时：

——按重量计含锌量应大于其他各种元素的单项含量；

——按重量计含镍量应低于5%［参见铜镍锌合金（德银）］；以及

——按重量计含锡量应低于3%［参见铜锡合金（青铜）］。

二、铜锡合金（青铜）

铜与锡的合金，不论是否含有其他元素。含有其他元素时，按重量计含锡量应大于其他各种元素的单项含量。当按重量计含锡量在3%及以上时，锌的含量可大于锡的含量，但必须小于10%。

三、铜镍锌合金（德银）

铜、镍、锌的合金，不论是否含有其他元素，按重量计含镍量在5%及以上［参见铜锌合金（黄铜）］。

四、铜镍合金

铜与镍的合金，不论是否含有其他元素，但按重量计含锌量不得大于1%。含有其他元素时，按重量计含镍量应大于其他各种元素的单项含量。

总 注 释

本章包括铜、铜合金以及它们的某些制品。

铜可以从各种矿石（参见品目26.03的注释）中提炼而得，也可以从天然状态的金属中加工制得，还可以从铜废碎料中回收获得。

铜是用干法从硫化铜矿砂中提取获得的。在提取过程中，必要时可将研成粉并且精选过的矿砂进行焙烧，以除去多余的硫，然后再置于炉中熔炼出铜锍或者粗铜块。

有时精矿无需事先经过焙烧，直接送入空气或氧气闪速熔炼炉中熔炼（“闪速熔炼”）。

铜锍经过转炉处理，可去除大部分的铁和硫，成为“泡铜”（因其表面粗糙起泡而得此名）。泡铜再经反射炉精炼，可得炉精炼铜。如果需要的话，还可进一步电解精炼。

对于氧化铜矿以及某些其他矿砂和残渣，可采用湿法（沥滤）提取（参见品目74.01的注释）。

*

* *

铜的延展性及可锻性极好，其导热、导电性能仅次于银。纯铜主要用于制电线或制成致冷元件的盘管或铜板，但在通常情况下，主要使用铜合金。

*

* *

根据第十五类注释五的规定（参见本类的总注释），作为铜归类的铜基合金包括：

一、铜锌合金（黄铜）（参见子目注释一），含有不同比例的铜和锌。例如，普通黄铜，其用途广泛；镀金黄铜（顿巴黄铜），主要用于制造仿首饰和小精品。

铜锌合金如含有少量的其他元素，则成为特种黄铜，具有特殊性能。特种黄铜包括高强力黄铜（通称为锰青铜），用于造船；还有铅黄铜、铁黄铜、铝黄铜及硅黄铜。

二、铜锡合金（青铜）（参见子目注释二），有时含有其他元素，从而具有特殊性能。青铜包括铸币青铜；制造齿轮、轴承及其他机器零件的硬青铜；钟青铜；法青铜；制造轴承的铅青铜；磷青铜（或脱氧青铜），用于制造弹簧及作为滤器和筛网等用的交织金属丝网布。

三、铜镍锌合金（德银）（参见子目注释三），它具有良好的抗腐蚀性能及强度，主要用于电讯设备（尤其用于电话业）；其他用途包括用于制仪器零件、龙头和优质管道五金件、拉链；电气方面的各种用途，例如，夹子、弹簧、接头、插座等；装饰件和建筑用金属件以及化工和食品加工设备。某些等级的这类合金还可用于制造餐具等。

四、铜镍合金（白铜）（参见子目注释四），通常含有少量的铝或铁。它们代表着一类以耐海水腐蚀为特征的合金，因此被广泛用于航海或造船，尤其是制造冷凝器或管道，也有用于铸币或制电阻器。

五、铝青铜，主要成分为铜和铝，用于特别需要高强度、耐腐蚀以及高硬度的工程项目。

六、铍铜（有时称作铍青铜），主要成分为铜和铍，由于它具有硬度、高强度及耐腐蚀等性能，可用于制造多种弹簧、塑料铸模、电阻焊电极以及无火花工具。

七、硅铜，主要成分为铜和硅，具有高强度和耐腐蚀性能，用于制造贮存罐、螺栓和紧固件等。

八、铬铜，主要用于电阻焊电极。

*

*　*

本章包括：

（一）铜锍和冶炼铜的其他中间产品、未锻轧铜以及铜的废碎料（品目 74.01 至 74.05）。

（二）铜的粉末及粉片（品目 74.06）。

（三）品目 74.03 的铜，经过轧、挤、拔、锻加工而成的产品（品目 74.07 至 74.10）。

（四）品目 74.11 至 74.18 具体列名的各种制品及归入品目 74.19 的所有其他未列名铜制品，但第十五类注释一或第八十二章、第八十三章所列的货品，以及在协调制度其他章更为具体列名的铜制品除外。

铜的产品及制品通常经过各种处理来改善其性能和外观。这些处理一般不超出第七十二章总注释所列的范围，而且不影响货品的归类。

*

*　*

关于复合货品，尤其是制成品的归类，请参见第十五类的总注释。

74.01　铜锍；沉积铜（泥铜）

一、铜锍

该产品是通过熔融焙烧过的硫化铜矿，使硫化铜从脉石和其他金属中分离制得。这些其他金属在铜硫表面形成一层浮渣。铜锍主要由铜和铁的硫化物构成，通常呈黑色或棕色小颗粒状（通过将熔融铜锍倒入水中制得）或者为一种颜色暗淡，具有金属外观的粗团块。

二、沉积铜（泥铜）

沉积铜（泥铜）是通过沉淀（置换沉淀）制得的产品，即将铁加入到某些焙烧矿石或残余物沥滤后的水溶液中而形成的产品。它是一种含有氧化物及不溶性杂质的极精细黑色粉末，有时用于防污漆和农用杀菌剂，但更多的是作为添加剂加入熔炉中，以制取铜锍。

切勿将泥铜与品目 74.06 的铜粉相混淆，铜粉是不含杂质的。

74.02　未精炼铜；电解精炼用的铜阳极

本品目包括：

一、粗铜

它是一种含有杂质的铜，通常是在高炉里通过熔炼氧化铜矿或不纯的铜碎料制得的。它的铜含量相差甚远，按重量计大约在 60% ~85% 之间。

二、泡铜

它是一种在铜锍熔炼时吹入空气而产生的含有杂质的铜。在熔炼过程中，硫、铁及其他杂质均被氧化。它的铜含量按重量计一般达到 98% 左右。

三、电解精炼用的铜阳极

铜通过完全熔化成为半精炼状态，然后浇铸成阳极以供进一步电解精炼之用。这些阳极通常是铸成带有两只吊耳的厚板，以便悬挂在电解槽内。切勿将其与电镀铜用的阳极混淆（品目 74.19）。

74.03　未锻轧的精炼铜及铜合金：

— 精炼铜：
11 — — 阴极及阴极型材
12 — — 线锭
13 — — 坯段
19 — — 其他
— 铜合金：
21 — — 铜锌合金（黄铜）
22 — — 铜锡合金（青铜）
29 — — 其他铜合金（品目 74.05 的铜母合金除外）

本品目包括本章注释一和二所指的未经锻轧的精炼铜及铜合金。

精炼铜按重量计含铜量至少为 99.85%。它是通过电解精炼、电解提取、化学精炼或火法精炼制得的。其他精炼铜（按重量计含铜量至少为 97.5%）一般是由上述精炼铜与一种或多种其他元素熔炼而成。这些其他元素不超过本章注释一其他元素表所列的最大含量限度。

精炼铜一般铸成锭块或供再熔（例如，合金用）的铸块，铸成供轧制的线锭、板坯，或铸成坯段（包括圆形截面的）或类似材料，以供轧、挤、拔或锻制成板、片、带、丝、管及其他产品。

电解精炼铜有时以阴极形式报验，即带有两只耳环的铜板或铜片，耳环是用来在电解槽内悬挂始极片的；有时则将耳环切下，或者切割成段。

精炼铜也可呈丸状，主要用于制合金，有时也用于磨成粉末。但铜粉末及铜粉片应归入品目 74.06。

本品目还包括铸造及烧结的板、条、杆和锭等，只要它们在生产后除简单剪修或去氧化皮（除去主要由氧化铜构成的表面层）以外未经其他加工的，或经过刮削、铲凿、磨削等以去除表面杂质或其他浇铸疵点的，或对其一面进行机械加工以便于检验（控制质量）的。

烧结产品是将铜粉末、铜合金粉末或铜和其他金属的粉末混合物，通过压制（压实）及烧结（加热至低工金属熔点的适当温度）制得。产品经过烧结后是多孔的，强度很低，一般要经过滚轧、挤压、锻制等加工使其达到有使用价值的密度。但经过滚轧等加工的产品不包括在本品目内（例如，品目 74.07、74.09）。

本品目还包括具有锥形尾端或尾端经其他简单加工，以便送入机器制成盘条或管子等的线锭或坯段。

在符合上述生产后再加工的条件下，本品目的浇铸条、杆主要包括：

一、在特殊的型模里精确浇铸的产品（有时称作“黑玉”），其横截面为圆形、方形或六角形，其长度通常不超过一米。

二、连续烧铸法制得的长条产品。该工艺是将熔化的金属不断地注入一个水冷铸模内，使之迅速凝固。

“黑玉”和连续浇铸的铜条一般与轧、挤、拔制的铜条用途相同。

74.04　铜废碎料

品目 72.04 的注释中有关废碎料的规定在必要的地方稍加修改后，可适用于本品目，但铜矿渣、铜矿灰及含铜炉渣应归入品目 26.20。本品目的铜废料包括拉丝铜泥屑，这些铜泥屑是在拉拔铜丝过程中产生的，主要由铜粉末与拉丝工艺所需的润滑油混合构成。

本品目不包括通过再熔铜废碎料制得的锭块及类似形状的未锻轧浇铸产品（品目 74.03）。

74. 05　铜母合金

铜母合金的定义，参见本章注释三。

本品目的母合金是指按重量计含铜量超过 10% 而且含有其他元素的合金。由于其组分的原因，性质极脆，不适于正常的金属加工。因此它们用于在冶炼黄铜、青铜或铝青铜时添加熔点高于这些合金的元素，或添加可发生高度氧化作用的元素（例如，铝、镉、砷、锰）或在熔融温度时会升华的元素。在加入脱氧、脱硫或类似元素（例如，钙）时，有利于冶炼某些合金。

铜对其他元素起溶剂或稀释剂作用，因而必须占有足够的份量，才能降低母合金的熔点，减弱母合金的氧化作用或升华作用。但如果铜的含量太高，它会过分地溶掉添加到合金中的其他元素。铜母合金的含铜量一般在 30% 到 90% 之间，特殊情况下，也有高出或低于这一范围。

本品目不包括任何铜镍合金，即使这些合金用作母合金。因为不论铜镍合金的成分比例如何，它都具有实用的可锻性。其他合金，例如，铜锰合金、铜硅合金，根据所含金属成分不同，可以具有或不具有实用的可锻性。因此，本品目仅包括无实用可锻性的合金。

本品目的母合金包括：铝铜、铍铜、硼铜、镉铜、铬铜、铁铜、镁铜、锰铜、钼铜、硅铜、钛铜以及钒铜。

母合金一般制成易于破碎的小块状或小饼状，或者制成脆性的小棒状或团粒状，其外观与粗铸产品一样。

按重量计含磷量超过 15% 的磷化铜（磷铜）应归入品目 28. 53。

74. 06　铜粉及片状粉末：

10　—　非片状粉末

20　—　片状粉末

本品目包括符合第十五类注释八（二）规定的铜粉末，以及铜粉片，但沉淀铜（泥铜），即品目 74. 01 所列的一种黑色粉末除外。在符合第十五类注释七规定的条件下，本品目还包括与其他贱金属粉末混合的铜粉（例如，“青铜粉”，一种与锡粉的简单混合物）。

铜粉主要是通过电沉积法或雾化法（即将熔融铜以一股细流喷入横向高速喷出的一股水、蒸汽、空气或其他气体流中）而获得。

除以上两种主要生产方法以外，亦可通过气体还原精细氧化铜，将溶液沉淀或将固体粉碎等方法小规模地生产铜粉。片层结构的粉末及粉片一般是将铜箔磨碎制成，粉片的片层结构用肉眼或通过放大镜可观察出来，而对于真正的粉末，其结构须使用显微镜才能观察到。

颗粒的大小及形状（可能有些不够规则，或呈珠状、球状或片层状）等特征是由生产的方法决定的。有片层结构的粉末往往经过抛光处理，并可留有微量在抛光处理中使用的油脂或蜡质物（例如，硬脂酸或石蜡）。

粉末通常用压制后烧结的方法制成轴承、衬套及多种工业用的其他烧结零件。它们也用作化学试剂或冶金反应剂，用于软焊或硬焊，用于生产特种粘合剂，还可作为电镀基料用于非金属表面的镀层等。粉片在油墨和油漆生产中主要用作金属颜料，它亦可直接作为金属色料，喷在清漆面上等，使之粘牢不掉。

本品目不包括：

（一）用以制备油漆的某些粉末及粉片，它们有时称为“青铜粉”或“金粉”，而实际上却是一种化合物，例如，某些锑盐、二硫化锡等（归入第二十八章，如制成油漆则应归入第三十二章）。

（二）制成色料、油漆或类似品的粉末或粉片（例如，与其他色料配制而成的，或与胶粘剂或溶剂一起制成悬浮液、弥散液或膏状的)(第三十二章)。

(三) 品目74.03所列的铜丸。

(四) 用铜箔切割而成的亮晶片(品目83.08)。

74.07 铜条、杆、型材及异型材:

10 — 精炼铜制

— 铜合金制:

21 —— 铜锌合金(黄铜)

29 —— 其他

条、杆和型材、异型材的定义,分别参见第十五类注释九(一)和(二)。

本品目的产品通常经滚轧、挤压、拉拔制成,亦可经铸制(压铸或锤铸)而成。接着,它们可采用冷拉拔、矫直等工序进行冷精加工(必要时先经退火处理),其他工序的高精度加工,或其他加工(例如,钻孔、冲孔、铰孔、卷曲等),但不具有其他品目所列制品或产品的特征。本品目还包括挤压制得的空心异型材(其中包括翅管或肋形管)。但用焊接等方法装上翅片的管材不归入本品目;这些管材一般归入品目74.19。

浇铸条、杆(包括"黑玉条"和连续浇铸条)或烧结条、杆,只要在生产后除简单剪修或去氧化皮处理外未经其他加工的,均应归入品目74.03;经其他加工的,如果不具有其他品目所列制品或产品的特征,可归入本品目。

但具有锥形尾端或尾端经其他简单加工以便送入机器制成盘条或管子等的线锭或坯段应归入品目74.03。

74.08 铜丝:

— 精炼铜制:

11 —— 最大截面尺寸超过6毫米

19 —— 其他

— 铜合金制:

21 —— 铜锌合金(黄铜)

22 —— 铜镍合金(白铜)或铜镍锌合金(德银)

29 —— 其他

丝的定义,参见第十五类注释九(三)。

丝是经轧、挤或拔制而成的,报验时呈盘卷状。品目74.07注释的第二段在必要的地方稍加修改后,也适用于本品目的丝。

本品目不包括:

(一) 外科缝合用的极细无菌青铜丝(品目30.06)。

(二) 品目56.05的含金属纱线。

(三) 用铜丝增强的绳索(品目56.07)。

(四) 品目74.13的绞股线、缆及其他货品。

(五) 涂料电焊条等(品目83.11)。

(六) 绝缘电线及电缆(包括漆包线)(品目85.44)。

(七) 乐器用弦线(品目92.09)。

74.09　铜板、片及带，厚度超过0.15毫米：

—　精炼铜制：

11　——盘卷的

19　——其他

—　铜锌合金（黄铜）制：

21　——盘卷的

29　——其他

—　铜锡合金（青铜）制：

31　——盘卷的

39　——其他

40　—　铜镍合金（白铜）或铜镍锌合金（德银）制

90　—　其他铜合金制

本品目包括厚度超过0.15毫米的第十五类注释九（四）所述的产品。

铜板、铜片通常是将品目74.03的某些产品经热轧或冷轧而成，铜带可轧制而成或用铜片纵切制成。

本品目所列的各种货品可经加工（例如，切割成形、穿孔、制成瓦楞形、肋条形、凹槽、抛光、涂层、压花或圆边），只要这些货品不具有其他品目所列制品或产品的特征［参见第十五类注释九（四）］。

厚度超过0.15毫米的限制包括清漆等涂层的厚度。

本品目不包括：

（一）厚度不超过0.15毫米的铜箔（品目74.10）。

（二）网眼铜板（品目74.19）。

（三）带状绝缘电导体（品目85.44）。

74.10　铜箔（不论是否印花或用纸、纸板、塑料或类似材料衬背），厚度（衬背除外）不超过0.15毫米：

—　无衬背：

11　——精炼铜制

12　——铜合金制

—　有衬背：

21　——精炼铜制

22　——铜合金制

本品目包括厚度不超过0.15毫米的第十五类注释九（四）所述的产品。

归入本品目的箔是通过滚轧、锤锻或电解制成，呈极薄的片状（在任何情况下，其厚度均不超过0.15毫米）。用于仿金箔等的铜箔最薄，它极其脆弱，一般用纸夹着，制成小本形状。其他铜箔，例如，用以制作小精品的铜箔，通常用纸张、纸板、塑料或类似衬底材料衬背，以便搬运、运输或随后加工等。铜箔经过压花、切割成形（长方形或其他形状）、穿孔、涂层（镀金、镀银、上漆等）或印花处理的仍应归入本品目。

厚度不超过0.15毫米的限制包括清漆等涂层的厚度，但不包括纸张等衬底材料的厚度。

本品目不包括：

（一）压印箔（也称烫金箔），用明胶、胶水或其他胶粘剂粘聚铜粉制成，或将铜粉沉积于纸张、塑料或其他衬底之上制成，用于印制书籍封面、帽圈等（品目32.12）。

（二）从其印刷情况可以确认为印刷物的已印制铜箔标签（品目49.11）。

（三）品目56.05的含金属纱线。

（四）厚度超过0.15毫米的铜板、片及带（品目74.09）。

（五）制成圣诞树装饰品形状的铜箔（品目95.05）。

74.11　铜管：

10　—　精炼铜制

—　铜合金制：

21　——铜锌合金（黄铜）

22　——铜镍合金（白铜）或铜镍锌合金（德银）

29　——其他

管的定义，参见第十五类注释九（五）。

品目73.04至73.06的注释在必要的地方稍加修改后，在品目范围及产品制造方法方面适用于本品目。

大多数铜管是无缝的，但有时也可将铜制带材的两边焊接起来制成铜管，或经其他方法制成铜管，无缝铜管通常是对铜坯段穿孔并挤压成管坯，然后通过管模热轧或拉拔制成成品规格。某种用途的管子亦可不经拉拔而直接挤压，制成成品规格。

铜管的工业用途很广（例如，可用于烹煮、加热、冷却、蒸馏、精炼及蒸发器具），也用作家庭或公共场所建筑物的供水、供气管道。冷凝器的铜合金管有很强的耐腐蚀（尤其是耐咸水腐蚀）性能，因而广泛用于船舶及发电站。

本品目不包括：

（一）铜制空心异型材，包括通过挤压制成的翅片铜管（品目74.07）。

（二）铜制管子附件（品目74.12）。

（三）通过焊接等方法装上翅片的铜管（品目74.19）。

（四）软管（品目83.07）。

（五）已制成明显为其他章所列物品的管子，例如，机器零件（第十六类）。

74.12　铜制管子附件（例如，接头、肘管、管套）：

10　—　精炼铜制

20　—　铜合金制

品目73.07的注释在必要的地方稍加修改后，可适用于本品目。

本品目不包括：

（一）用于组装或固定铜管的螺栓、螺母（品目74.15）。

（二）带有龙头、旋塞、阀门等的附件（品目84.81）。

74.13　非绝缘的铜丝绞股线、缆、编带及类似品

品目73.12的注释在必要的地方稍加修改后，可适用于本品目。

铜有很强的导电性，因而普遍用于制造电线及电缆；本品目的产品不论是否带有钢芯及其他金属芯，只要按重量计以铜为主，仍应归入本品目（参见第十五类注释七）。

但本品目不包括绝缘电线及电缆（品目85.44）。

【74.14】

74.15　铜制或钢铁制带铜头的钉、平头钉、图钉、U形钉（品目83.05的货品除外）及类似品；铜制螺钉、螺栓、螺母、钩头螺钉、铆钉、销、开尾销、垫圈（包括弹簧垫圈）及类似品（+）：

10　—　钉、平头钉、图钉、U形钉及类似品

　　—　其他无螺纹制品：

21　——　垫圈（包括弹簧垫圈）

29　——　其他

　　—　其他螺纹制品：

33　——　螺钉；螺栓及螺母

39　——　其他

品目73.17及73.18的注释在必要的地方稍加修改后，可适用于本品目。除此之外，本品目还包括铜头铁钉或钢钉（主要用于家具或其他装饰工作）。

靴鞋护掌，不论是否带有尖钉，都不归入本品目（品目74.19）。

○

○　○

子目注释：

子目7415.33

所称“螺钉”，不包括钩头螺钉及环头螺钉；它们归入子目7415.39。

【74.16】

【74.17】

74.18　餐桌、厨房或其他家用铜制器具及其零件；铜制擦锅器、洗刷擦光用的块垫、手套及类似品；铜制卫生器具及其零件：

10　—　餐桌、厨房或其他家用器具及其零件；擦锅器及洗刷擦光用的块垫、手套及类似品

20　—　卫生器具及其零件

品目73.21、73.23及73.24的注释在必要的地方稍加修改后，可适用于本品目。

本品目主要包括家用的铜制烹饪或加热器具，例如，象汽油炉、煤油炉、酒精炉之类的小型器具，它们通常用于旅行、野营等，也可用于某些家庭用途。本品目也包括品目73.22注释所述类型的家用器具。

本品目不包括：

（一）具有工具性质的家用器具（第八十二章）（参见品目73.23的注释）。

（二）喷灯（品目82.05）。

（三）刀、匙、叉、勺等（品目82.11至82.15）。

（四）品目83.06的装饰品。

（五）品目84.19的加热、烹饪、烘炒、蒸馏等机器设备或类似的实验室用设备，例如：

1. 非电热的快速热水器或贮备式热水器（不论家用或非家用）。

2. 柜台式咖啡渗滤壶及某些其他特制的非家用加热、烹饪等器具。

（六）第八十五章的家用设备（特别是品目 85.09 或 85.16 所列的器具及用具）。

（七）第九十四章的物品。

（八）手筛（品目 96.04）。

（九）香烟打火机及其他点火器（品目 96.13）。

（十）香水喷雾器及类似品（品目 96.16）。

74.19　其他铜制品（+）：

20　—　铸造、模压、冲压或锻造，但未经进一步加工的

80　—　其他

本品目包括所有铜制物品，但本章其他品目所列的物品、第十五类注释一所列的物品、第八十二章或第八十三章所列的物品及本协调制度其他章更为具体列名的物品除外。

本品目主要包括：

一、其他品目未列名的铜制别针及其他针（帽针和其他装饰用针及图钉除外）。

二、盛装任何物料用的铜制囤、柜、罐、桶及类似容器，不论容量大小，也不论是否衬里或隔热，但无机械或热力装置的（参见品目 73.09 及 73.10 的注释）。

三、装压缩气体或液化气体用的铜制容器（参见品目 73.11 的注释）。

四、铜链及其零件（参见品目 73.15 的注释），但具有仿首饰特征的铜链（例如，手表链及饰链）除外（品目 71.17）。

五、品目 73.25 及 73.26 的注释所列类型的铜制品。

六、铜或铜合金（例如，黄铜）制的电镀阳极板（参见品目 75.08 注释的第一部分）。

七、通过焊接等方法装上翅片的其他品目未列名的铜管。

八、铜丝制的布、格栅及网和网眼铜板。

九、弹簧，但品目 91.14 的钟表发条除外。

本品目不包括：

（一）用于衣着物品或作为家具布及类似品的金属线机织物（品目 58.09）。

（二）制成的铜焊丝网板（品目 83.11）。

（三）制成手用细筛及粗筛的丝网布（品目 96.04）。

○

○　○

子目注释：

子目 7419.91

子目 7326.11 及 7326.19 的注释在必要的地方稍加修改后，可适用于本子目的产品。浇铸或模制产品的浇口及缩孔可被除去。

第七十五章　镍及其制品

子目注释：

一、本章所用有关名词解释如下：

（一）非合金镍

按重量计镍及钴的含量至少为99%的金属，但：

1. 按重量计含钴量不超过1.5%；以及

2. 按重量计其他各种元素的含量不超过下表中规定的限量：

其他元素表

元　　素	所含重量百分比
Fe　铁	0.5
O　氧	0.4
其他元素，每种	0.3

（二）镍合金

按重量计含镍量大于其他元素单项含量的金属物质，但：

1. 按重量计含钴量超过1.5%；

2. 按重量计至少有一种其他元素的含量超过上表中规定的限量；或

3. 除镍及钴以外，按重量计其他元素的总含量超过1%。

二、子目7508.10所称“丝”，不受第十五类注释九（三）的限制，仅适用于截面尺寸不超过6毫米的任何截面形状的产品，不论是否盘卷。

总　注　释

本章包括镍和镍合金及其某些制品。

镍是一种相当坚硬的银白色金属，其熔点为1453℃，具有磁性、延展性和韧性，强度高且耐腐蚀和抗氧化。

*

*　*

镍主要用于生产多种合金，特别是合金钢，通过电沉积法作为其他金属的镀层，以及在许多化学反应中作为一种催化剂。经锻轧的非合金镍则广泛用于制造化工设备。此外，镍及镍合金还常用于铸币业。

*

*　*

根据第十五类注释五的规定，归入本章的主要镍合金如下：

一、镍铁合金。该合金由于其磁导率高，磁滞性低，主要用于制造水底电缆、感应线圈芯、磁屏蔽等。

二、镍铬及镍铬铁合金。它是一类以高强度，在高温中抗氧化性能强，抗起皮及耐多种不同的腐蚀为特征的工业用材料。这类金属在电阻加热器中用作加热元件；在钢铁和其他金属热处理中作为马弗罩及蒸馏罐等部件的材料；或者在高温化工或石油化工加工业中用作管道材料。本类合金还应包括名为“超级合金”的特种合金，它们是为了在航空涡轮机内高温条件下仍能保持高强度而特制的，用于制造涡轮机的桨叶及轮叶、燃烧室内衬、换接部件等。这类合金通常含有少量的钼、钨、铌、铝、钛等金属元素，以便能有效提高镍基合金的强度。

三、镍铜合金。这类合金除耐腐蚀以外，还具有较高的强度，用于制造推进器的轴和紧固件，亦用于制造泵、阀、管等易受无机酸及有机酸、碱和盐腐蚀的设备。

*

*　*

本章包括：

（一）镍锍、氧化镍烧结物及镍冶炼的其他中间产品、未锻轧镍和镍废碎料（品目 75.01 至 75.03）。

（二）镍粉及片状粉末（品目 75.04）。

（三）品目 75.02 的未锻轧镍经轧、锻、拔、挤等加工制得的产品（品目 75.05 及 75.06）。

（四）管子及管子附件（品目 75.07），电镀阳极及品目 75.08 的其他制品，品目 75.08 包括所有的镍制品，但第十五类注释一所列的物品、第八十二章或第八十三章所列的物品及在本协调制度其他品目更为具体列名的物品除外。

*

*　*

镍产品或镍制品可经过各种处理来改善其性能和外观等。这些处理一般不超出第七十二章总注释最后一部分所列的范围，而且不影响货品的归类（但亦有例外，参见品目 75.08 对电镀阳极的注释）。

*

*　*

关于复合制品的归类，请参见第十五类的总注释。

75.01　镍锍、氧化镍烧结物及镍冶炼的其他中间产品：

10　—　镍锍

20　—　氧化镍烧结物及镍冶炼的其他中间产品

一、镍锍

镍锍是通过加工（焙烧、熔炼等）镍矿砂获得的。根据不同的矿砂及加工工艺，镍锍可由镍铁硫化物、镍铁铜硫化物、镍硫化物或镍铜硫化物组成。

镍锍通常呈铸块或铸板状（为了便于包装或运输，常被打成碎块）、颗粒状或粉末状（特别是某些成分为硫化镍的镍锍）。

镍锍用于生产未锻轧镍。

二、镍冶炼的其他中间产品

它们包括：

（一）不纯氧化镍［例如，氧化镍烧结物、粉状氧化镍（“绿色氧化镍”）］，通过加工硫化或氧化镍铁矿石制得。它们主要用于制造合金钢。

氧化镍烧结物一般呈粉末状或直径不超过 50 毫米的团块状。

（二）不纯镍铁，由于它的含硫量（0.5% 及以上）、含磷量及其他杂质含量都很高，因而未经精炼不能直接作为合金产品用于炼钢工业中。精炼镍铁几乎全都在炼钢工业中作为镍添加剂，用于生产特种钢材。根据第七十二章注释一（三）的规定，精炼镍铁应作为一种铁合金归入品目 72.02。

（三）镍黄渣，即一种块状的砷化物的混合物，目前已无多大商业价值。

75.02 未锻轧镍：

10 — 非合金镍

20 — 镍合金

未锻轧镍通常为锭、块、团粒、板、方块、结壳、砖、丸、阴极或其他电沉积形状。这些初级形状的镍主要作为一种添加剂，用于生产合金钢、有色金属合金及某些化学品。有些则装在钛篮里，用于镀镍或用于生产镍粉。

未精炼的镍常被铸成阳极，供电解时精炼用。本品目的阳极一般铸成带有两只吊耳的厚板，以便悬挂在电解槽内。切勿将其与品目75.08注释所述的电镀阳极相混淆。

阴极板是在精炼镍“始极片”上电解沉积制得的镍板，板上有两只镍耳环，用来悬挂在电解槽中。电解时随着镍的不断沉积，“始极片”与阴极板成为一体，无法分离。

未经修整的阴极板装运时往往不去掉耳环。这些耳环的焊接处有大量的镍沉积。但切勿将带耳环的阴极板与装有吊钩的阳极板相混淆。未经修整的阴极规格（96×71×1.25厘米左右）一般大于电镀阳极片（宽度极少有超过30.5厘米的）。

仅经修整或者切成带状、矩形小块状的阴极，不论其规格、用途如何，仍应归入本品目。它们与品目75.08的电镀阳极不同，它们既未装有挂钩，亦无装挂钩的位置（例如，穿孔或攻丝）。

本品目也不包括镍粉及片状粉末（品目75.04）。

75.03 镍废碎料

品目72.04注释中有关废碎料的说明在必要的地方稍加修改后，可适用于本品目。

本品目不包括：

（一）生产镍时所产生的矿渣、矿灰及残渣（品目26.20）。

（二）用镍废碎料再熔炼后铸成的镍锭及类似形状的未锻轧镍（品目75.02）。

75.04 镍粉及片状粉末

本品目包括各种镍粉及粉片，不论其用途如何。镍粉的定义，参见第十五类的注释八（二）。

根据它们不同的物理特性，镍粉及粉片可以纯镍状态制成镍镉电池的极板，也可用于制造硫酸镍、氯化镍及其他镍盐，用作硬质合金的粘合剂，用于制造镍合金（例如，合金钢），或用作催化剂。

它们还可以纯净、合金或者与其他金属粉末（例如，铁粉）混合的状态通过压制并烧结成为磁铁等某些工业用品，或者直接轧制成片、带或箔状。

本品目不包括品目75.01的氧化镍烧结物。

75.05 镍条、杆、型材及异型材或丝：

— 条、杆、型材及异型材：

11 —— 非合金镍制

12 —— 镍合金制

— 丝：

21 —— 非合金镍制

22 —— 镍合金制

这些产品的定义，参见第十五类注释九（一）、（二）及（三）。它们的范围与铜制的类似货品基本一致，但对电镀阳极的专门规定除外（参见品目 75.08 的注释）。除电镀阳极以外，品目 74.07 及 74.08 的注释在必要的地方稍加修改后，可适用于本品目。

本品目不包括：

（一）含金属纱线（品目 56.05）。

（二）结构件的条、杆、型材及异型材（品目 75.08）。

（三）条状绝缘导体（俗称“母条”）和绝缘电线（包括漆包线）（品目 85.44）。

75.06　镍板、片、带、箔：

10　—　非合金镍制

20　—　镍合金制

本品目所列的板、片、带、箔的定义，参见第十五类注释九（四）；这些产品的范围与品目 74.09 及 74.10 注释所列铜制产品的范围一样。

镍板及镍片可通过焊接、滚轧等工艺，用于钢铁产品的包覆，也可用于化工设备的建造。

本品目不包括网眼金属板（品目 75.08）。

75.07　镍管及管子附件（例如，接头、肘管、管套）：

—　镍管：

11　——　非合金镍制

12　——　镍合金制

20　—　管子附件

管的定义，参见第十五类注释九（五）。

品目 73.04 至 73.07 的注释在必要的地方稍加修改后，可适用于本品目。

基于其耐腐蚀性（耐酸、蒸汽等物质的腐蚀），镍或镍合金制的管子及其附件可用于化学、食品和造纸等工业的装置上，或用于制造蒸汽冷凝装置或皮下注射器针头等。

本品目不包括：

（一）空心异型材（品目 75.05）。

（二）组装或固定管子等用的镍制螺栓、螺帽（品目 75.08）。

（三）带有龙头、旋塞、阀门等的附件（品目 84.81）。

（四）制成明显专用于某些物品零件的管子附件，例如，机器零件（第十六类）。

75.08　其他镍制品：

10　—　镍丝制的布、网及格栅

90　—　其他

一、电镀阳极，包括电解阳极

本组包括通过电解沉积方式进行电镀用的精炼阳极。它们可通过浇铸、滚轧、拉拔、挤压等工艺制成，也可用品目 75.02 的阴极或其他电解沉积镍制成。这些阳极的形状如下：

（一）可为电镀件提供最大阳极面的特殊形状（星形、环形、某种异形），对于棒状阳极（横截面通常为卵形、椭圆形、长菱形或菱形），其长度应适于做阳极；

（二）板（平面或弯曲）、带、片、圆盘（平面或起波纹）、半球或圆球等形状。这些物品必须具有能确定其为电镀阳极的特征，即它们必须装有供在电解槽内悬挂用的吊钩，或制备装钩位置（例如，车螺纹、穿孔或攻丝），才能归入本品目。

这些阳极通常纯度极高，但在生产过程中仍有可能残留或人为加入少量的其他元素，目的是使阳极退极，以保证整个镀面更为均匀，避免镍在淤渣生成中损耗掉。这些特点，以及上述的辨认特征，使电镀阳极有别于品目 75.02 注释第二段所述的电解精炼用的铸造阳极。精炼用阳极不归入本品目。

镀镍用的上述传统阳极正在日益为篮式阳极所代替，即为装于钛篮中的镍结壳等未铸轧镍所代替（参见品目 75.02 的注释）。

本品目不包括下列物品，不论其是否用于镀镍或用于制成电镀阳极：

（一）电解而成的镍板（阴极），修剪或未修剪，或切成带状、矩形小块状，但未进一步加工的（品目 75.02）。

（二）未锻轧的团粒（品目 75.02）。

（三）仅经铸造、滚轧或挤压制成的镍条，其形状、长度不符合上述要求，或未经上述加工的（品目 75.02 或 75.05）。

（四）简单轧制而成的镍板（品目 75.06）。

二、其他

本组包括所有镍制品，但以上第一组和本章其他品目所列的物品、第十五类注释一所列的物品、第八十二章或第八十三章所列的物品以及协调制度其他章列名更为具体的物品除外。

本组主要包括：

（一）窗框等结构件及结构件的组装零件。

（二）囤、柜、罐、桶及类似容器，不论容量大小，但无机械或热力装置的。

（三）镍丝制的布、网、篱、格栅，以及网眼镍板。

（四）镍钉、平头钉、螺母、螺栓、螺丝钉以及品目 73.17 和 73.18 注释所列类型的其他镍制品。

（五）弹簧，但品目 91.14 的钟表发条除外。

（六）家庭用品、卫生洁具及其零件。

（七）铸币毛坯，为镍制的圆片，其边凸起。

（八）相当于品目 73.25 及 73.26 所列钢铁制品范围的镍制品。

第七十六章 铝及其制品

子目注释：

一、本章所用有关名词解释如下：

（一）非合金铝

按重量计含铝量至少为99%的金属，但其他各种元素的含量不超过下表中规定的限量：

其他元素表

元　　素	所含重量百分比
Fe + Si（铁 + 硅）	1
其他元素[1]，每种	0.1[2]

（1）其他元素，例如，铬、铜、镁、锰、镍、锌。
（2）含铜成分可大于0.1%，但不得大于0.2%，且铬和锰的含量均不得超过0.05%。

（二）铝合金

按重量计含铝量大于其他元素单项含量的金属物质，但：

1. 按重量计至少有一种其他元素或铁加硅的含量大于上表中规定的限量；或

2. 按重量计其他元素的总含量超过1%。

二、子目7616.91所称“丝”，不受第十五类注释九（三）的限制，仅适用于截面尺寸不超过6毫米的任何截面形状的产品，不论是否盘卷。

总 注 释

本章包括铝、铝合金及其某些制品。

铝主要从铝土矿，一种天然水合氧化铝中提炼而得（参见品目26.06的注释）。提炼的第一阶段是把铝土矿变成纯氧化铝。为此，将磨碎的铝土矿锻烧后用氢氧化钠处理，从而生成铝酸钠溶液，然后将溶液中的不溶杂质（例如，氧化铁、二氧化硅等）滤去。这时，铝以氢氧化铝的形式沉淀下来，经锻烧制成白色粉末状的纯氧化铝。但氢氧化铝和氧化铝均应归入第二十八章。

第二步是通过电解，还原溶于熔融冰晶石的氧化铝，从而提炼出金属铝（冰晶石又称氟化铝钠，在此仅用作溶剂）。电解工序是在碳精衬里的槽内进行，碳精衬起阴极作用，而用碳精棒作阳极。铝沉积于槽底，用虹吸管吸出。精炼后浇铸成块、锭、坯段、板坯、线锭等形状。通过反复电解，可获得几乎完全纯净的铝。

铝还可以通过处理白榴石（铝和钾的复合硅酸盐）等某些矿石，将铝的废碎料再熔炼以及处理残渣（例如，矿渣、熔渣等）获得。

*

*　*

铝是一种蓝白色金属，特点是质轻，具有较好的延展性，易于滚轧、拉拔、锻造、模压，也可用于铸造等。铝和其他软金属一样，非常适于挤压和模铸加工。现代的工艺能将铝焊接。铝是一种热和电的优良导体，也是一种极好的反射体。由于铝金属表面自然生成的氧化膜能起到保护作用，因此通常通过阳极化或化学处理，人为地增厚铝的氧化膜；在进行这些处理时，有时还给铝的表面上色。

*

*　*

铝与其他元素（例如，铜、镁、硅、锌和锰）组成合金后，能极大地提高铝本身的硬度及韧度等性能。某些铝合金可经时效硬化处理使其强化。经过以上加工后，还可以进行回火处理。

按照第十五类注释五的规定（参见本类总注释），归入本章的铝合金主要包括如下品种：

一、铝铜合金，即含铜量很低的铝基合金。

二、铝锌铜合金。

三、铝硅合金（例如，硅铝明合金、高硅铝合金）。

四、铝锰镁合金。

五、铝镁硅合金（例如，阿尔梅莱克合金、奥尔德雷合金等）。

六、铝铜镁锰合金（例如，杜拉铝）。

七、铝镁合金（例如，马格纳里合金）。

八、铝锰合金。

九、铝锌镁合金。

上述合金大部含有少量的铁、镍、铬等；在贸易上往往因其原产国不同而有各种不同的名称。

*

*　*

铝及铝合金的特殊性能使其具有广泛的用途。它们可用于飞机、汽车或船舶制造工业；建筑业；建造火车、电车车厢；电力工业（例如，制电缆）；制造各类容器（各种规格的罐及槽，运输用箱及桶等）；生产家庭或厨房用具；制造铝箔等。

*

*　*

本章包括：

（一）未锻轧铝及铝废碎料（品目76.01及76.02）。

（二）铝粉及片状粉末（品目76.03）。

（三）品目76.01的未锻轧铝经轧、挤、拔、锻等加工制得的产品（品目76.04至76.07）。

（四）品目76.08至76.15所列的各种制品，以及品目76.16包括的所有其他铝制品，但第八十二章或第八十三章所列的物品和协调制度其他章更为具体列名的物品除外。

铝和氧化铝的烧结产品应作为金属陶瓷对待，不归入本章（品目81.13）。

*

*　*

铝产品及铝制品通常经过各种处理，以改善其性能或外观，使其耐腐蚀等。这些处理一般不超出第七十二章总注释最后部分所列范围，而且不影响货品的归类。

*

*　*

关于复合制品的归类，特别是制成品的归类，请参见第十五类总注释。

76.01　未锻轧铝：

10　—　非合金铝

20　—　铝合金

本品目包括通过浇铸电解铝或再熔铝废碎料所制得的未锻轧铝，不论其为液状、块状、锭状、坯段、板坯、凹口小锭、线锭或类似形状的。这些货品一般可供滚轧、锻压、拉拔、挤压、锤锻等加工，也可供重新熔炼，铸成制品。

本品目包括主要用于冶金的铝团粒（作为氧化剂，特别是用于钢铁生产中）。

本品目也包括某些铸造或烧结的铝条等（参见品目74.03的注释，该注释在必要的地方稍加修改后，可适用于本品目）。

本品目不包括铝粉及片状粉末（品目76.03）。

76.02　铝废碎料

品目72.04注释中有关废碎料的规定，在必要的地方稍加修改后，可适用于本品目。

铝的废碎料是炼铝工业重要的原料来源，在冶金工业中还可用作一种脱氧剂或脱碳剂。

本品目不包括：

（一）钢铁生产时产生的矿渣、熔渣等，含有可回收铝的硅酸盐（品目26.18或26.19）。

（二）生产铝时所产生的矿渣、矿灰及残渣（品目26.20）。

（三）通过浇铸再熔铝废碎料所得的铝锭及类似未锻轧铝产品（品目76.01）。

76.03　铝粉及片状粉末：

10　—　非片状粉末

20　—　片状粉末

本品目包括第十五类注释八（二）所规定的铝粉及片状粉末。它们的范围与铜制产品的范围基本一致，因此，品目74.06的注释在必要的地方稍加修改后，可适用于本品目。而铝粉及片状粉末还可用于制烟火、发热剂（例如，用于铝热法）、保护其他金属不受腐蚀（例如，用于渗铝处理、喷镀处理）、作火箭推进剂及配制特种水泥。

本品目不包括：

（一）制成色料、油漆或类似品的铝粉及片状粉末（例如，与其他色料配制而成的，或与胶粘剂或溶剂一起制成悬浮液、弥散液或膏状的）（第三十二章）。

（二）铝团粒（品目76.01）。

（三）用铝箔切成的亮晶片（品目83.08）。

76.04　铝条、杆、型材及异型材：

10　—　非合金铝制

—　铝合金制：

21　——空心异型材

29　——其他

这些产品的定义，参见第十五类注释九（一）及（二），它们的范围与类似的铜制货品的范围相同。因此，品目74.07的注释在必要的地方稍加修改后，可适用于本品目。

本品目不包括：

（一）结构件用已加工的条杆、型材及异型材（品目76.10）。

（二）焊接用涂料电极等（品目83.11）。

76.05　铝丝：

—　非合金铝制：

11　——最大截面尺寸超过7毫米

19　——　其他

—　铝合金制：

21　——　最大截面尺寸超过7毫米

29　——　其他

丝的定义，参见第十五类注释九（三）。

本品目不包括：

（一）含金属纱线（品目56.05）。

（二）用铝丝加强的绳索（品目56.07）。

（三）品目76.14所列的绞股线、缆及其他货品。

（四）电焊用涂料电极（品目83.11）。

（五）绝缘电线及电缆（包括漆包线或阳极化电线）（品目85.44）。

（六）乐器用的弦（品目92.09）。

76.06　铝板、片及带，厚度超过0.2毫米：

—　矩形（包括正方形）：

11　——　非合金铝制

12　——　铝合金制

—　其他：

91　——　非合金铝制

92　——　铝合金制

这类产品的定义，参见第十五类注释九（四），它们的范围与类似的铜制货品相同，因此，品目74.09的注释在必要的地方稍加修改后，可适用于本品目。

本品目不包括：

（一）厚度不超过0.2毫米的铝箔（品目76.07）。

（二）网眼铝板（品目76.16）。

76.07　铝箔（不论是否印花或用纸、纸板、塑料或类似材料衬背），厚度（衬背除外）不超过0.2毫米（+）：

—　无衬背：

11　——　轧制后未经进一步加工的

19　——　其他

20　—　有衬背

本品目包括第十五类注释九（四）所规定的产品，但其厚度不超过0.2毫米。

品目74.10关于铜箔的注释在必要的地方稍加修改后，可适用于本品目。

铝箔用于生产瓶盖及封壳，包装食品、雪茄、香烟及烟草等，也用于制造品目76.03的铝粉，生产隔热用的皱纹箔，仿包银材料及在兽医外科中用作包扎材料。

本品目不包括：

（一）压印箔（也称烫银箔），用明胶、胶水或其他胶粘剂粘聚铝粉制成，或将铝粉沉积于纸张、塑料或其他衬底之上制成，用于印制书籍封面、帽圈等（品目32.12）。

（二）衬有铝箔（即铝箔形成容器内表层的），供制牛奶、果汁或其他食品包装容器用的纸或纸板，保持纸或纸板基本特征的（品目48.11）。

（三）从其印刷情况可以确认为印刷物的已印制铝箔标签（品目49.11）。

（四）厚度超过0.2毫米的铝板、片及带（品目76.06）。

（五）制成圣诞树装饰品形状的铝箔（品目95.05）。

○

○　○

子目注释：

子目7607.11

除冷轧或热轧外，本子目的产品还可经下列加工或表面处理：

一、热处理，例如，消除应力或退火。这些处理也可将滚轧机上残留的润滑油除去。

二、修剪、纵切或切成长方形（包括正方形），例如，将宽边带切成窄边带。

三、将层压薄片分离（展开）。当两卷或多卷铝箔在滚轧机通过终轧道次过程中同时滚轧时，需要该工序。

四、采用化学方法清洁或洗涤。当不经热处理时，一般采用这种方法除去残留的油。

76.08　铝管：

10　—　非合金铝制

20　—　铝合金制

管子的定义，参见第十五类注释九（五）。

本品目的管子可经下列加工方法制得：

一、挤压空心圆铸锭或穿孔圆锭；

二、把锻成或轧成的扁平材（带材或片材）纵向或螺旋焊缝；

三、冲击挤压；

四、浇铸。

挤制或焊缝铝管可经冷拔处理，处理后管子壁薄，尺寸精度高，表面光洁度好。

本品目的管子用途很广，例如，用作油或水的输送管道、电线导管，用于生产家具，热交换器和结构件等。

本品目包括不论是否管端车螺纹或装有管套、法兰、套圈及套环等的管子。

本品目不包括：

（一）空心异型材（品目76.04）。

（二）管子附件（品目76.09）。

（三）软管（品目83.07）。

（四）已明显制成物品的管子，例如，结构件（品目76.10）、机器或车辆的零件（第十六类及第十七类）等。

76.09　铝制管子附件（例如，接头、肘管、管套）

品目73.07及74.12的注释在必要的地方稍加修改后，可适用于本品目。

本品目不包括：

（一）用以装配建筑构件的夹子或其他附件（品目76.10）。

（二）用以支撑管道的吊钩及支架；用以组装或固定管子用的铝制螺母、螺栓（品目76.16）。

（三）装有龙头、旋塞、阀门等的附件（品目84.81）。

76.10　铝制结构体（品目94.06的活动房屋除外）及其部件（例如，桥梁及桥梁体段、塔、格构杆、屋顶、屋顶框架、门窗及其框架、门槛、栏杆、支柱及立柱）；上述结构体用的已加工铝板、杆、型材、异型材、管子及类似品：

10　—　门窗及其框架、门槛

90　—　其他

品目73.08的注释在必要的地方稍加修改后，可适用于本品目。

但铝制的结构件有时用合成树脂或橡胶化合物粘合组成，而不是采用一般的铆接、栓接等方法。

由于铝及其合金的质量较轻，有时可代替钢铁，用于制造结构框架、商店的上部结构、桥梁、滑门、电力网或无线电台塔、伸缩坑道支架、门窗框架、栏杆等。

本品目不包括：

（一）明显作为第八十四章至第八十八章所列物品零件的组装件。

（二）第八十九章的浮动结构体。

（三）活动房屋（品目94.06）。

76.11　盛装物料用的铝制囤、柜、罐、桶及类似容器（装压缩气体或液化气体的除外），容积超过300升，不论是否衬里或隔热，但无机械或热力装置

品目73.09的注释在必要的地方稍加修改后，可适用于本品目。

由于铝的质量较轻，能耐腐蚀，愈来愈多地被用来代替钢铁，用于制造槽、罐等，特别是用于制造化工厂、酒厂、乳品厂和制酪厂的槽、罐。

但本品目不包括经特殊设计、装备适用于一种或多种运输方式的铝制容器（品目86.09）。

76.12　盛装物料用的铝制桶、罐、听、盒及类似容器，包括软管容器及硬管容器（装压缩气体或液化气体的除外），容积不超过300升，不论是否衬里或隔热，但无机械或热力装置：

10　—　软管容器

90　—　其他

品目73.10的注释在必要的地方稍加修改后，可适用于本品目。

铝桶主要用于运送牛奶、啤酒、酒类等，铝听或铝盒则多用来包装食品。本品目还包括硬容器（例如，装药丸、药片等药品的容器）以及装奶油、牙膏等的软管容器。

本品目不包括：

（一）本品目42.02的物品。

（二）饼干桶、茶叶罐、糖盒以及类似的家用或厨房用容器（品目76.15）。

（三）卷烟盒、粉盒、工具箱及类似的个人或专业用容器（品目76.16）。

（四）品目83.04中的物品。

（五）装饰盒（品目83.06）。

（六）经特殊设计、装备适用于一种或多种运输方式的容器（品目86.09）。

（七）品目96.17的保温瓶及其他真空容器的完整品。

76.13　装压缩气体或液化气体用的铝制容器

参见品目73.11的注释。

76.14　非绝缘的铝制绞股线、缆、编带及类似品：

10　—　带钢芯的

90　—　其他

品目73.12的注释在必要的地方稍加修改后，可适用于本品目。

由于铝的质量较轻，具有很好的导电性能，铝及铝镁硅合金，例如，“阿尔梅莱克合金”和“奥尔德雷合金”，往往可替代铜，用于生产电线或电缆。

铝制的电缆可带有钢芯或其他金属芯，只要其按重量计以铝为主（参见第十五类注释七）。

但本品目不包括绝缘电线及电缆（品目85.44）。

76.15　餐桌、厨房或其他家用铝制器具及其零件；铝制擦锅器、洗刷擦光用的块垫，手套及类似品；铝制卫生器具及其零件：

10　—　餐桌、厨房或其他家用器具及其零件；擦锅器及洗刷擦光用的块垫、手套及类似品

20　—　卫生器具及其零件

本品目包括品目73.23及73.24注释所述的同样类型的货品，特别是厨房用具、卫生及盥洗用具。本品目还包括品目74.18所述类型的烹煮或加热器具。

但本品目不包括：

（一）品目76.12所列的罐、盒及类似容器。

（二）具有工具性质的家用器具（第八十二章）（参见品目73.23的注释）。

（三）品目82.11至82.15的刀、叉、匙、勺及其他物品。

（四）装饰品（品目83.06）。

（五）品目84.19的快速热水器或贮备式热水器及其他器具。

（六）第八十五章的家用电器（特别是品目85.09及85.16的器具及设备）。

（七）第九十四章的物品。

（八）香烟打火机及其他点火器（品目96.13）。

（九）品目96.17的保温瓶及其他真空容器。

76.16　其他铝制品：

10　—　钉、平头钉、U形钉（品目83.05的货品除外）、螺钉、螺栓、螺母、钩头螺钉、铆钉、销、开尾销、垫圈及类似品

　　—　其他：

91　——铝丝制的布、网、篱及格栅

99　——其他

本品目包括所有铝制品，但本章其他品目所列的物品、第十五类注释一所述的物品、第八十二章或第八十三章列名的物品及协调制度其他章更为具体列名的物品除外。

本品目主要包括：

一、钉、平头钉、U形钉（品目83.05的制品除外）、螺钉、螺栓、螺母、钩头螺钉、铆钉、销、开尾销、垫圈及品目73.17及73.18注释所列类型的类似物品。

二、织针、引针、钩针、刺绣穿孔锥、别针、其他针及品目73.19注释所列类型的类似物品。

三、铝制链条及其零件。

四、铝丝制的布、网、篱、格栅，以及网眼铝板（参见品目73.14的注释）。网眼铝板一般用于商店的陈列架、扩音器网罩，并可在运输及储存挥发性液体及气体中用作抑爆物。

五、与品目73.25及73.26注释所述钢铁制品范围一致的铝制品。

本品目不包括：

（一）金属线机织物，用于衣着物品或作为家具布及类似品（品目58.09）。

（二）制成机器零件的铝丝网布（例如，与其他材料装配而成的网布）（第八十四章或第八十五章）。

（三）制成手用粗筛或细筛的铝丝网布等（品目96.04）。

第七十七章

（保留为协调制度将来所用）

第七十八章　铅及其制品

子目注释：

本章所称“精炼铅”，是指：

按重量计含铅量至少为99.9%的金属，但其他各种元素的含量不超过下表中规定的限量：

其他元素表

元　　素	所含重量百分比
Ag　银	0.02
As　砷	0.005
Bi　铋	0.05
Ca　钙	0.002
Cd　镉	0.002
Cu　铜	0.08
Fe　铁	0.002
S　硫	0.002
Sb　锑	0.005
Sn　锡	0.005
Zn　锌	0.002
其他（例如，碲），　每种	0.001

总　注　释

本章包括铅、铅合金以及它们的某些制品。

铅主要从方铅矿中提炼而得。方铅矿是一种天然的硫化铅矿，通常含有银。通过浮选法精选的矿砂一般先进行焙烧或烧结，然后再熔炼还原。在焙烧或烧结过程中，大部分的硫化物转化为氧化物；在熔炼过程中，这些氧化物在焦炭和助熔剂的作用下还原出金属铅。用这种方法可制得“生铅”或“粗铅”，这些铅含有一些杂质，其中往往含有银，所以一般须进一步精炼，以制取出几乎完全纯净的铅。

铅也可通过再熔铅废碎料制得。

*

*　*

铅是一种蓝灰色的金属，质重、延展性极好，易熔，柔软（可轻易地用指甲在铅上刮出痕迹），它不受大多数酸（例如，硫酸或盐酸）的侵蚀，因而用于建造化工设备。

*

*　*

由于其熔点低，铅容易与其他元素组成合金。根据第十五类注释五的规定（参见该类总注释），可归入本章的主要铅合金如下：

一、铅锡合金，用于制铅基软焊料、镀铅锡钢板以及包装茶叶用箔等。

二、铅锑锡合金，用于制印刷铅字及减摩轴承。

三、铅砷合金，用于制作铅弹。

四、铅锑合金（硬铅），用于制子弹、蓄电池极板等。

五、铅钙合金、铅锑镉合金及铅碲合金。

*

*　*

本章包括：

（一）未锻轧铅及铅废碎料（品目 78.01 和 78.02）。

（二）一般通过滚轧或挤压品目 78.01 的未锻轧铅制得的产品（品目 78.04 及 78.06）；铅粉及片状粉末（品目 78.04）。

（三）管子、管子附件以及未列名品目 78.06 的其他制品。品目 78.06 包括所有其他铅制品，但第十五类注释一所列的货品、第八十二章或第八十三章所列的物品及协调制度其他章更为具体列名的物品除外。

*

*　*

铅产品及铅制品可以经过各种处理以改善其性能或外观。这些处理一般不超出第七十二章总注释最后部分所列范围，而且不影响货品的归类。

*

*　*

关于复合制品的归类，请参见第十五类总注释。

78.01　未锻轧铅：

10　—　精炼铅

—　其他：

91　——　按重量计所含其他元素是以锑为主的

99　——　其他

本品目包括不同纯度的未锻轧铅，品种从不纯的生铅或含银铅到电解精炼铅不等。它们呈块、锭、坯板、饼或类似形状，也可呈铸棒状。这些形状的产品大多数都是用于滚轧或挤压加工，用于制成合金或者用于铸成有一定形状的物品。本品目也包括电解精炼用铸造阳极，以及用于诸如滚轧、拉拔或重铸为成形制品的浇铸铅杆。

本品目不包括铅粉或片状粉末（品目 78.04）。

78.02　铅废碎料

品目 72.04 注释中有关废碎料的说明在必要的地方稍加修改后，可适用于本品目。

本品目不包括：

（一）制铅时产生的矿渣、矿灰及残渣（例如，铅锍）（品目 26.20）。

（二）用再熔铅废碎料浇铸而成的铅锭及类似形状的未锻轧铅（品目 78.01）。

【78.03】

78.04　铅板、片、带、箔；铅粉及片状粉末：

—　板、片、带、箔：

11　——　片、带及厚度（衬背除外）不超过 0.2 毫米的箔

19　——　其他

20 — 粉末及片状粉末

铅板、片、带及箔的定义，参见第十五类注释九（四）。

品目 74.09 及 74.10 的注释在必要的地方稍加修改后，可适用于本品目。

铅板、片及带主要用作屋顶材料或包覆材料，用于制槽、桶、其他化工设备及 X 射线屏蔽等。

铅箔主要用于包装（尤其用于作茶叶箱及丝绸箱的衬里）。有时铅箔用锡或其他金属包覆或镀面。

本品目也包括第十五类注释八（二）所述的铅粉，以及片状粉末。品目 74.06 的注释，在必要的地方稍加修改后，可适用于本品目。

本品目不包括制成色料、油漆或类似品的铅粉及片状粉末（例如，与其他色料混合制成的或用胶粘剂或溶剂制成悬浮液、弥散液或膏状的）（第三十二章）。

【78.05】

78.06 其他铅制品

本品目包括所有的铅制品，不论其是否用浇铸、压制、模压等方法制成的，但本章其他品目所列的物品、第八十二章或第八十三章所列的物品以及协调制度其他章更为具体列名的物品除外（参见第十五类注释一）。

本品目主要包括用于包装颜料或其他产品的软管；无机械或热力装置的囤、槽、罐、桶及类似容器（用于盛装酸类、放射性产品或其他化学品）；渔网的铅坠、衣着、帷幕等的铅坠；钟的摆锤以及通用法码；用于包装或管子接口堵缝的铅丝或铅线绞、束或绳；建筑结构体的零件；游艇的龙骨、潜水员的胸板；电镀阳极（参见品目 75.08 注释的第一部分）；第十五类注释九（一）、（二）及（三）所定义的铅制的条、杆、型材及异型材和丝［不包括用于滚轧、拉拔或重铸为成形制品等的浇铸铅杆（品目 78.01）以及涂有焊剂的焊条（品目 83.11）］。

本品目也包括第十五类注释九（五）所定义的铅管及管子附件（例如，接头、肘管、管套）［不包括带有龙头、旋塞、阀门等的管子附件（品目 84.81）、已制成可确定为专用物品的管子，例如，机器零件（第十六类），以及具有铅制外套的绝缘电缆（品目 85.44）］。这些物品与品目 73.04 至 73.07 注释所述及的钢铁制品相对应。

第七十九章　锌及其制品

子目注释：

本章所用有关名词解释如下：

一、非合金锌

按重量计含锌量至少为97.5%的金属。

二、锌合金

按重量计含锌量大于其他元素单项含量的金属物质，但按重量计其他元素的总含量超过2.5%。

三、锌末

冷凝锌雾所得的锌末。该产品由球形微粒组成，比锌粉更为精细，按重量计至少80%的微粒可以通过孔径为63微米的筛子，而且必须含有按重量计至少为85%的金属锌。

总　注　释

本章包括锌、锌合金以及它们的某些制品。

锌主要是从硫化矿（闪锌矿）中提炼而得，但有时也从碳酸盐矿石及硅酸盐矿石（菱锌矿、异极矿等）中提取制得（参见品目26.08的注释）。

不论如何，矿石都要先经过精选，然后再焙烧或锻烧以产生氧化锌（从硫化矿及碳酸盐矿中提取时产生）或无水硅酸锌（从硅酸盐矿中提取时产生）。最后通过热还原法或电解法（硅酸盐矿不用此法）从氧化锌中制得金属锌。

一、热还原法是将氧化物或硅酸盐置于密闭的蒸馏罐中用焦炭加热到一定温度，使锌气化，再经过冷凝器冷结，可收集到大部分名为“粗锌”的金属锌。这种不纯的锌可直接用于镀锌，或通过各种方法加以精练。

也有一些不纯的金属锌在蒸馏罐曲颈处以极精细的粉末形式落下，人们称之为锌末或蓝粉。

经改进后的现代工艺是在竖式蒸馏罐内将氢化锌连续还原并且进行蒸馏。这种工艺可制取出适于制造压铸合金的极纯金属锌。

二、电解法是将氧化锌溶解于稀硫酸中，所得的硫酸锌溶液经过仔细提纯，除去镉、铁、铜等，再进行电解以生产出极纯的锌。

锌也可通过再熔锌废碎料制得。

*
*　*

锌是一种蓝白色金属，在适当的温度下可以进行滚轧、拉拔、模锻、挤压等加工，还可用于浇铸。锌能够抗空气腐蚀，因而用作建筑材料（例如，屋顶材料），用于充当其他金属（尤其是钢铁）的保护层（例如，热浸镀锌、电解镀锌、粉末渗锌、涂层或喷层）。

*
*　*

锌也可以用于生产合金，其中许多的含锌合金（例如，黄铜）是以其他金属为主的。根据第十五类注释五的规定，可归入本章的主要锌基合金如下：

（一）锌铝合金，通常加有铜或镁，用于压铸，特别是用于制汽车零件（汽化器体、散热器格栅、档泥板等）、脚踏车零件（脚踏、直流发电机壳等）、无线电零件、电冰箱零件等。锌基合金还可用于制造出比普通锌强度更大的薄板、冲压模具，也用作阴极保护阳极（防蚀消耗阳极）以保护管道、冷凝器等，使其不受腐蚀。

（二）锌铜合金（钮扣金属合金），用于浇铸、冲压等。参见子目注释一及二中有关锌与锌合金的区别。

*

*　*

本章包括：

1. 粗锌及未锻轧锌，以及锌废碎料（品目 79.01 及 79.02）。

2. 锌末、锌粉及片状粉末（品目 79.03）。

3. 通常经过滚轧、拉拔、挤压品目 79.01 的未锻轧锌制得的产品（品目 79.04 及 79.05）。

4. 管子、管子附件以及未列名品目 79.07 的其他制品。品目 79.07 包括所有其他锌制品，但第十五类注释一所列的物品、第八十二章或第八十三章所列的物品以及协调制度其他章更具体列名的物品除外。

*

*　*

锌产品及锌制品可以经过各种处理以改善其性能或外观。这些处理一般不超出第七十二章总注释最后部分所列范围，而且不影响货品的归类。

*

*　*

关于复合制品的归类，请参见第十五类总注释。

79.01　未锻轧锌：

—　非合金锌：

11　——　按重量计含锌量在 99.99% 及以上

12　——　按重量计含锌量低于 99.99%

20　—　锌合金

本品目包括不同纯度的未锻轧锌，品种从粗锌（参见上述总注释）到精炼锌不等，不论是块、板、锭、坯段、板坯及类似形状或团粒状。本品目的产品一般用于镀锌（通过热浸法或电解沉积法）、制造合金、滚轧、拉拔或挤压等加工，或用于浇铸成一定形状的物品。

本品目不包括锌末、锌粉及片状粉末（品目 79.03）。

79.02　锌废碎料

品目 72.04 注释中有关废碎料的注释在必要的地方稍加修改后，可适用于本品目。

本品目不包括：

（一）制锌或镀锌时产生的矿渣、矿灰及残渣（例如，电镀时沉积的淤渣及浸槽中的金属残渣）（品目 26.20）。

（二）用再熔锌废碎料浇铸而成的锌锭及类似的未锻轧锌（品目 79.01）。

79.03　锌末、锌粉及片状粉末：

10　—　锌末

90　—　其他

本品目包括：

一、本章子目注释三所述的锌末是通过冷凝锌雾而得的。锌雾可以直接在提炼锌矿过程中产生，也可以将含锌物料煮沸时产生。切勿将这些产品与归入品目 26.20 的烟道灰相混淆。烟道灰有各种名称，例如，“锌烟灰”、“氧化锌烟灰” 或 “布袋集尘器锌烟灰”。

二、锌粉［其定义参见第十五类注释八（二）］及片状粉末。品目 74.06 的注释在必要的地方稍加修改后，可适用于本品目。

*

*　*

锌末、锌粉及片状粉末主要用于其他金属的镀锌（粉末渗锌），制造油漆或作为化学还原剂等。

本品目也不包括：

（一）制成色料、油漆或类似品的锌末、锌粉或片状粉末（例如，与其他色料配制而成的，或与胶粘剂或溶剂一起制成悬浮液、弥散液或膏状的）（第三十二章）。

（二）锌团粒（品目 79.01）。

79.04　锌条、杆、型材及异型材或丝

本品定义，参见第十五类注释九（一）、（二）及（三），它们的范围与铜制的类似货品范围相同。因此，品目 74.07 和 74.08 的注释在必要的地方稍加修改后，可适用于本品目。

锌杆、型材及异型材通常用于制造活动房屋的部件（品目 79.07）。锌丝的主要用途是作为氧乙炔喷枪的喷涂材料。

本品目也包括锌基合金制的焊条（通常挤压制得），不论是否切成一定的长度，但不得涂有焊剂。已经涂有焊料的焊条不归入本品目（品目 83.11）。

本品目也不包括用于滚轧、拉拔或重铸为成形物品的浇铸锌杆（品目 79.01）。

79.05　锌板、片、带、箔

本品目包括第十五类注释九（四）所述的锌板、片、带及箔；这些产品的范围与品目 74.09 和 74.10 注释所述铜制产品范围相同。

锌板及锌片用于制造屋顶铺瓦、干电池外壳、照相凸版、平版或其他印刷用版等。

本品目不包括：

（一）网眼锌板（品目 79.07）。

（二）品目 84.42 的已制成的印刷版等。

【79.06】

79.07　其他锌制品

本品目包括所有锌制品，但本章其他品目所列的物品、第十五类注释一所列的物品、第八十二章或第八十三章所列的物品及协调制度其他章更为具体列名的物品除外。

本品目主要包括：

一、无机械或热力装置的囤、槽、罐、桶及类似容器。

二、包装药品等用的管状容器。

三、锌丝制的布、网、篱、格栅以及网眼锌板。

四、锌钉、平头钉、螺母、螺栓、螺丝钉及品目 73.17 和 73.18 注释中所列类型的其他锌制品。

五、家庭或卫生用具，例如，桶、提桶、洗涤槽、浴盆、脸盆、洒水壶、灌洗器、搓板及壶［但许多上述物品通常用镀锌钢、铁制成，因而不归入本品目（品目 73.23 及 73.24）］。

六、锌制“标签”（用于树木、植物等），不带有字母、数字或图案，或仅带有一些栏项，有关主要内容须日后填入。已填好了所有主要内容的“标签”应归入品目 83.10。

七、刻花模板。

八、瓦钩及与品目 73.25 和 73.26 注释所列钢铁货品范围相对应的其他锌制杂项物品。

九、电镀阳极（参见品目 75.08 注释的第一部分）。

十、阴极保护阳极（防蚀消耗阳极），用于保护管道、油船等不受腐蚀。

十一、檐槽、屋顶构件、天窗框、雨水管头、门窗框、栏杆、扶手、暖房框架及与品目 73.08 注释所列钢铁制品范围相对应的活动房屋的其他锌制部件。

十二、第十五类注释九（五）所定义的锌管及管子附件（例如，接头、肘管、管套）［不包括空心异型材（品目 79.04）、带有龙头、旋塞、阀门等的管子附件（品目 84.81），以及已制成可确定为专用物品的管子，例如，机器零件（第十六类）］。这些物品与品目 73.04 至 73.07 的注释所述及的钢铁物品相对应。

第八十章　锡及其制品

子目注释：

本章所用有关名词解释如下：

一、非合金锡

按重量计含锡量至少为99%的金属，但含铋量或含铜量不超过下表中规定的限量：

其他元素表

元　素	所含重量百分比
Bi　铋	0.1
Cu　铜	0.4

二、锡合金

按重量计含锡量大于其他元素单项含量的金属物质，但：

（一）按重量计其他元素的总含量超过1%；或

（二）按重量计含铋量或含铜量应等于或大于上表中规定的限量。

总　注　释

本章包括锡、锡合金以及它们的某些制品。

商业上的锡是从归入品目26.09的锡石中提炼而得的，该矿石存在于矿脉或冲积层中。

提炼锡的主要工序如下：

一、将矿砂冲洗或破碎后通过浮选进行精选。

二、通过锻烧、磁选或用酸类及其他溶剂处理氧化锡，以除去硫、砷、铜、铅、铁及钨等杂质。

三、用焦碳还原纯化的氧化锡生成粗锡。

四、用各种方法将粗锡精炼成近乎完全纯净的金属锡。

锡也可通过氯化或电解处理从废碎马口铁中回收制得，或再熔锡的废碎料回收制得。通过这些回收方法也可制得极纯净的锡。

*

*　*

纯锡呈银白色，很有光泽，韧性不是很强，但具延展性，易熔且柔软（但比铅硬），可用于铸造、锤锻、滚轧或挤压加工。

锡抗大气腐蚀性能极强，但受浓酸侵蚀。

*

*　*

锡主要用作其他贱金属，特别是钢铁的镀锡（例如，制造马口铁，尤其是制罐工业的马口铁），以及制造合金（青铜等）。纯锡或锡合金也可用于制造食品工业的器具及管子；蒸馏釜的顶盖；制冷设备；工业贮槽、贮罐等；焊条、焊丝等；装饰品及餐具（例如，白蜡器皿）；玩具；风琴管等。亦可用于制锡箔或软管。

*

*　*

根据第十五类注释五（参见该类总注释）的规定，归入本章的主要锡合金包括：

一、锡铅合金，例如，用作软锡焊料；用于制白蜡器、玩具及某些量器。

二、锡锑合金，通常还含有铜（例如，不列颠合金），用于制餐具及轴承等。

三、锡铅锑合金，有时也含有铜（例如，锡基减摩合金），用于制造铸件（特别是轴承）及作密封件。

四、锡镉合金，有时也含有锌，用作减摩合金。

*

*　*

本章包括：

（一）未锻轧锡及锡废碎料（品目80.01及80.02）。

（二）一般通过滚轧或挤压品目80.01的未锻轧锡制得的产品（品目80.03及80.07）；锡粉及片状粉末（品目80.07）。

（三）管子、管子附件以及未列名品目80.07的其他制品。品目80.07包括所有其他锡制品，但第十五类注释一所列的物品、第八十二章或第八十三章所列的物品以及协调制度其他章更为具体列名的物品除外。

*

*　*

锡产品及锡制品可以经过各种处理以改善其性能或外观等，这些处理一般不超出第七十二章总注释最后部分所列范围，而且不影响货品的归类。

*

*　*

关于复合制品的归类，请参见第十五类总注释。

80.01　未锻轧锡：

10　—　非合金锡

20　—　锡合金

本品目包括呈块、锭、板坯、条、杆或类似形状的未锻轧锡，以及锡碎片、锡粒及类似产品。本品目的大多数产品用于镀锡，供滚轧、挤压加工，制造合金或铸造成形物品。

本品目不包括锡粉及片状粉末（品目80.07）。

80.02　锡废碎料

品目72.04注释中有关废碎料的说明在必要的地方稍加修改后，可适用于本品目。

本品目不包括：

（一）制锡时产生的矿渣、矿灰及残渣（品目26.20）。

（二）用再熔锡废碎料浇铸而成的锡锭及类似形状的未锻轧锡（品目80.01）

80.03　锡条、杆、型材及异型材或丝

这些产品的定义，参见第十五类注释九（一）、（二）及（三），其范围与用铜制的类似货品范围相同。因此，品目74.07或74.08的注释在必要的地方稍加修改后，可适用于本品目。

本品目还包括不论是否切成一定长度的锡基焊条（一般挤压制得），但不得涂有焊剂。涂有焊剂的焊条不归入本品目（品目83.11）。

本品目也不包括用于滚轧、拉拔或重铸为成形制品的浇铸锡杆（品目80.01）。

【80.04】

【80.05】

【80.06】

80.07　其他锡制品

本品目包括所有的锡制品，但本章其他品目所列的物品、第十五类注释所列的物品、第八十二章或第八十三章所列的物品及协调制度其他章更为具体列名的物品除外。

本品目主要适用于：

一、囤、槽、罐、桶及其他容器（无机械或热力装置）。

二、包装牙膏、颜料或其他产品的软管。

三、家用器具及餐具（通常为白蜡器），例如，壶、盘、碟、杯、虹吸管头及啤酒罐盖。

四、容量量器。

五、电镀阳极（参见品目75.08的注释第一部分）。

六、锡粉［参见第十五类注释八（二）］及片状粉末。

七、锡板、片及带；锡箔（不论是否印花或用纸、纸板、塑料或类似材料衬背）。这些物品的定义参见第十五类注释九（四）。

八、锡管［定义参见第十五类注释九（五）］及管子附件（例如，接头、肘管、管套）［不包括空心异型材（品目80.03）、带有龙头、旋塞、阀门等的管子附件（品目84.81），以及已制成可确定为专用物品的管子，例如，机器零件（第十六类）］。这些物品与品目73.04至73.07的注释所述及的钢铁物品相对应。

第八十一章　其他贱金属、金属陶瓷及其制品

总　注　释

本章只限于下列未在本协调制度其他章内更为具体列名的贱金属、它们的合金及制品。

一、钨（品目81.01）、钼（品目81.02）、钽（品目81.03）、镁（品目81.04）、钴，包括钴锍及其他冶炼钴时所得的中间产品（品目81.05）、铋（品目81.06）、镉（品目81.07）、钛（品目81.08）、锆（品目81.09）、锑（品目81.10）及锰（品目81.11）。

二、铍、铬、锗、钒、镓、铪、铟、铌、铼及铊（品目81.12）。

本章也包括金属陶瓷（品目81.13）。

未列入本章或第十五类其他各章的贱金属归入第二十八章。

归入本章的大多数金属一般作为合金或碳化物使用为多，而较少直接使用纯金属。这些合金应按第十五类注释五的规则归类。本章不包括金属碳化物。

*

*　*

关于复合货品，特别是制成品的归类，请参见第十五类总注释。

废碎料及粉末的定义，参见第十五类注释八。

81.01　钨及其制品，包括废碎料：

10　—　粉末

—　其他：

94　——　未锻轧钨，包括简单烧结而成的条、杆

96　——　丝

97　——　废碎料

99　——　其他

钨主要是从黑钨砂（铁锰钨酸盐）及白钨砂（钨酸钙）中获得。矿砂先被转化成氧化物，然后在电炉中用氢还原，或在高温坩埚中用铝或碳还原。所得的钨粉压成块状或棒状，置入电炉内在氢气环境烧结而成。这些致密烧结钨棒经机械锤锻，最后滚轧、拉拔制成薄板、截面较小的条或丝。

钨是一种钢灰色金属，其密度大，熔点高，性脆质硬，抗腐蚀性强。

钨用于制电灯泡及无线电电子管的钨丝；电炉元件；X射线管的对阴极；电触点；电气测量仪器或钟表的非磁性弹簧；望远镜透镜的瞄准线；也可用于电弧焊的焊接电极等。

钨的最重要用途（通常为钨铁，参见第七十二章）是制造特种钢，亦用于制造碳化钨。

*

*　*

根据第十五类注释五的规定，可归入本章的主要钨合金是烧结制得的。它们包括：

一、钨铜合金（例如，制电触点）。

二、钨镍铜合金，用于制造X射线防护屏、某些飞机零件等。

*

*　*

归入本品目的钨可呈下列形状：

（一）粉末；

（二）未锻轧形状，例如，块、锭、烧结棒及杆，废碎料（关于废碎料，参见品目72.04的注释）；

（三）已锻轧形状，例如，轧或拔制的条；型材及异型材、板、片、带或丝；

（四）制成品，但第十五类注释一所列的物品、第八十二章或第八十三章所列的物品及协调制度其他章更为具体列名的物品除外。实际上除弹簧以外的大多数钨制品是归入第十六类或第十七类的；例如，完整的电触点应归入第八十五章，而用于制造该电触点的钨板则归入本品目。

本品目不包括碳化钨，例如，用于制造切割工具或冲模工作头或工作刃。这些碳化钨的归类如下：

（一）未混合粉末归入品目28.49。

（二）未烧结的混合物（例如，与碳化钼或碳化钽混合而成，不论有无粘合剂）归入品目38.24。

（三）已烧结但未装配的工具用板、杆、刀头及类似品归入品目82.09（参见有关注释）。

81.02 钼及其制品，包括废碎料：

10 — 粉末

— 其他：

94 —— 未锻轧钼，包括简单烧结而成的条、杆

95 —— 条、杆，但简单烧结而成的除外；型材及异型材，板、片、带、箔

96 —— 丝

97 —— 废碎料

99 —— 其他

钼主要从辉钼矿（硫化钼）及钼铅矿（钼酸铅）中获得。矿砂经过浮选后转化为氧化物，然后还原成金属钼。

所得金属钼可为适于滚轧、拉拔等加工的密实形状，也可为与钨相似的可烧结粉末状（参见品目81.01的注释）。

密实形状的钼外表与铅相似，但极硬，熔点高，具延展性，在常温下抗腐蚀。

钼（纯钼或第七十二章的钼铁）用于制造合金钢。金属钼也可用于制电灯泡的灯丝支架；电子管的栅极；电炉元件；电流整流器及电触点。它亦可用作牙科材料；同时，由于其不会褪色，也在珠宝首饰业上用以代替白金。

钼合金一般含钼的比例不大，根据第十五类注释五的规定，不归入本品目。

由于钼的冶炼方法与钨相同，因此，品目81.01注释的第二部分（关于钨的商品形态及其碳化物的归类）在必要的地方稍加修改后，可适用于本品目。

81.03 钽及其制品，包括废碎料：

20 — 未锻轧钽，包括简单烧结而成的条、杆；粉末

30 — 废碎料

— 其他：

91 —— 坩埚

99 —— 其他

钽主要是从铁矿及铌铁矿（钶铁矿）（品目26.15）中通过还原氧化钽或电解熔融的氟化钽钾制得。

所得的金属钽可为密实形状，也可为供烧结用的粉末状，与钨和钼一样。

钽粉为黑色。而其他状态的钽，抛光的为白色，未经抛光的为钢蓝色。纯钽韧性和延展性极好。钽有非凡的抗腐蚀性能，不受绝大多数酸的腐蚀。

钽用于制造碳化物以及合金钢（例如，钽铁，参见第七十二章）；也用于制造电子管的栅极及阳极、电流整流器、坩埚、热交换器及其他化学装置、化学纤维的喷丝头、牙科器械及外科工具；还可用于外科上固定骨胳等，以及制造吸气剂（在制造电子管时用以除去最后的微量气体）。

根据第十五类注释五的规定，可归入本品目的钽合金包括含钽量很高的钽钨合金，例如，用于制造电子管的钽钨合金。

本品目包括各种形状的钽，即粉末、块、废碎料；条、线、丝；片、带、箔；型材及异型材；管及其他品目未具体列名的其他制品（例如，弹簧及丝网布）。

碳化钽的归类与碳化钨相同（参见品目81.01的注释）。

81.04　镁及其制品，包括废碎料（+）：

—　未锻轧镁：

11　——　按重量计含镁量至少为99.8%

19　——　其他

20　—　废碎料

30　—　锉屑、车屑及颗粒，已按规格分级的；粉末

90　—　其他

镁是从多种矿物质中提炼而得的。这些矿物质大都不是归入第二十六章（矿砂），而是归入第二十五章或第三十一章，例如，白云石（品目25.18）、菱镁矿（品目25.19）及光卤石（品目31.04）。镁也可从海水或天然盐水（品目25.01），及含氯化镁的碱液中提炼而得。

工业上制备金属镁的第一步是根据不同的含镁原料而采用不同的方法生产氯化镁或氧化镁，然后通常经过以下两种反应之一制得金属镁：

1. 用碱金属氯化物或氟化物等溶剂与氯化镁混和，电解其熔融物，分离的镁聚集在电解槽的阴极周围的表面，而氯则可通过阳极回收。

2. 用碳、硅铁、碳化硅、碳化钙、铝等加热还原氧化镁。高温反应使金属镁蒸发，经迅速冷却后凝结成极纯状态的金属镁。

电解制得的金属镁一般需要进一步精炼。加热还原法制得的金属镁一般很纯，不需进一步精炼，可以直接用于熔化及铸锭。

*
*　*

镁是一种银白色金属，外表象铝，但比铝还要轻。镁可具有极好的光泽，但当其暴露于空气后，光泽很快消失，这是因为它很快就形成了一层可保护金属抗腐蚀的氧化膜。镁丝、带、箔及粉末可剧烈燃烧，发出耀眼光芒，接触时必须非常小心。精细的镁粉与空气混合时，有发生爆炸的危险。

*
*　*

非合金镁用于制备多种化合物，例如，冶金（例如，生产铁、铜、镍及其合金）中用作脱氧剂及脱硫剂，也用于焰火制造等。

纯金属镁的机械性能差，但与其他元素混合后可形成高强度的合金，可用于滚轧、锻造、挤压及浇铸等加工，因而在轻金属工业上有多种用途。

*
*　*

根据第十五类注释五（参见本类总注释）的规定，可归入本章的主要镁合金包括：

一、镁铝合金或镁铝锌合金，通常含有锰。这些镁基合金为“埃勒克特龙”或“道氏”合金类型的金属。

二、镁锆合金，通常含有添加的锌。

三、镁锰合金或镁铈合金。

此类合金质量轻，强度大及抗腐蚀性强，因而适用于航空工业（例如，制发动机外壳、轮、化油器、磁电机座、油箱）；汽车工业；建筑业；机械零配件制造业，特别是纺织机械零配件（锭子、筒管、绕线器等）和机床、打字机、缝纫机、链锯、割草机、梯子或装卸设备等的零配件，也用作平版印刷板等。

*

*　*

为了改善金属镁的性能、外观等而采取第七十二章总注释所述的方法进行处理并不影响其产品的归类。

本品目包括：

（一）未锻轧镁，呈锭、凹口小锭、板坯、棒、饼、方块、坯段及类似形状。这些货品通常用于轧、拔、挤、锻等加工或用于浇铸成形的物品。

（二）镁废碎料。品目 72.04 的注释在必要的地方稍加修改后，可适用于本品目。

本组包括未按规格大小分类的锉屑、车屑及颗粒。已按规格大小分类的锉屑、车屑及颗粒的归类，参见下列第（三）组。

（三）条、杆、型材、异型材、板、片及带、箔、丝、管、空心异型材、粉末及片状粉末、规格一致的锉屑、车屑及颗粒。

本组包括下列商品镁：

1. 第（一）组的产品经轧、拔、挤、锻等加工制得的产品（例如，锻轧的条、杆、型材、异型材、丝、板、片、带及箔）；管及空心异型材（参见有关品目关于其他贱金属制的类似产品的注释）。

这些货品可作为质轻、强度大的金属使用（参见以上注释）。

2. 规格一致的锉屑、车屑及颗粒，以及各种类型的粉末及片状粉末。这些产品用于制造烟火产品（焰火、信号等）、化学或冶金等工艺中的还原剂。锉屑、车屑及颗粒需经特殊处理并分类才能适合以上用途。

（四）其他制品。

本组包括所有镁制品，但本品目其他各组所列的物品、第十五类注释一所列的物品、第八十二章或第八十三章所列的物品及协调制度其他章更为具体列名的物品除外。

由于镁主要用于制造航空器、交通工具及机器的零件（参见以上注释），大多数的镁制品应归入其他章内（特别是第十六类及第十七类）。

归入本品目的制品包括：

（1）结构体及其部件。

（2）囤、槽及类似容器（无机械或热力装置的），桶及罐。

（3）丝网布。

（4）螺栓、螺母、螺丝钉等。

本品目不包括制镁时产生的矿渣、矿灰及残渣（品目 26.20）。

○

○　○

子目注释：

子目 8104.11 及 8104.19

这些子目也包括镁锭及用再熔镁废碎料浇铸而成的类似形状的未锻轧镁。

81.05　钴锍及其他冶炼钴时所得的中间产品；钴及其制品，包括废碎料：

20　—　钴锍及其他冶炼钴时所得的中间产品；未锻轧钴；粉末

30　—　废碎料

90　—　其他

钴主要是从水钴矿（水合氧化钴）、硫钴矿（硫化钴镍）及砷钴矿（砷化钴）中获得。硫钴矿及砷钴矿熔融后产生出钴锍及其他中间产品。通过处理除去其他金属后，先制得氧化钴，然后用碳、铝等进行还原制得金属钴。金属钴也可通过电解方法及处理精炼铜、镍、银等的残余物提取制得。

钴是一种银色金属，耐腐蚀性强，比镍硬，是有色金属中最具磁性的金属。

纯钴用于其他金属的镀层（用电解沉积法镀层），用作催化剂，用于制造硬质合金切割工具的粘合剂；用作制造钐钴磁体或某些合金钢的成分等。

钴合金有多种，根据第十五类注释五的规定，归入本品目的钴合金包括：

一、钴铬钨合金（钨铬钴合金）（通常含有少量其他元素）。因其具有耐磨损及在高温下抗腐蚀的性能，故用于制造阀门及阀门座、工具等。

二、钴铁铬合金，例如，低热膨胀型及强磁性的一类合金。

三、钴铬钼合金，用于制喷气式发动机。

本品目包括钴锍、钴冶炼的其他中间产品及各种形状的钴，例如，锭、阴极、颗粒、粉末、废碎料及未在其他品目具体列名的制品。

81.06　铋及其制品，包括废碎料：

10　—　按重量计铋含量在 99.99% 以上

90　—　其他

这种金属存在于自然界中，但主要是从精炼铅、铜等的残渣或从硫化矿或碳酸盐矿（例如，辉铋矿及泡铋矿）中获得。

铋是白色的，略略有点发红，性脆，难以加工，是不良导体。

铋用于制科学仪器以及药用化合物。

铋能组成易熔合金（有时可在低于 100℃ 时熔化），根据第十五类注释五的规定，下列合金可归入本品目：

一、铋铅锡合金（有时含有镉等）（例如，达氏易熔合金、利波维茨低温可熔合金、牛顿合金及伍德合金），用作焊料、浇铸合金、灭火器及锅炉的易熔元件。

二、铋铟铅锡镉合金，用于外科定型。

【81.07】

81.08　钛及其制品，包括废碎料：

20　—　未锻轧钛；粉末

30　—　废碎料

90　—　其他

钛是从还原氧化物矿石，即金红石及板钛矿，以及从钛铁矿（含钛铁矿）中获得。根据不同的处理方法，金属钛可制成密实形状、可烧结的粉末状（与钨的状况相同）、也可制成钛铁（第七十二章）或碳化钛。

钛密实形状时为白色，闪闪发亮，粉末状时为深灰色；极纯净的钛耐腐蚀，质硬而性脆。

钛铁及硅钛铁（第七十二章）用于炼钢，钛也可与铝、铜、镍等组成合金。

钛主要用于航空工业、造船业、制造桶、搅拌器、热交换器、化学工业的阀及泵等，也用于海水的脱盐及核电站的建设。

本品目包括各种形状的钛，特别是海绵状、锭、粉末、阳极、条、杆、板、片、废碎料以及制成品，但协调制度其他章（通常为第十六类或第十七类）所列的钛制品除外，例如，直升机水平旋翼、螺旋桨叶片、泵或阀门。

碳化钛的归类与碳化钨相同（参见品目 81.01 的注释）。

81.09 锆及其制品，包括废碎料：

— 未锻轧锆；粉末：

21 —— 按重量计铪与锆之比低于 1：500

29 —— 其他

— 废碎料：

31 —— 按重量计铪与锆之比低于 1：500

39 —— 其他

— 其他：

91 —— 按重量计铪与锆之比低于 1：500

99 —— 其他

锆是从硅酸盐矿，即锆石中获得。它通过还原氧化锆、氯化锆等或通过电解锆石制得。

锆是一种银灰色金属，具有韧性及延展性。

锆用于制照相闪光灯泡、吸收剂或电子管中的吸气剂等。锆铁（第七十二章）用于炼钢，锆还可与镍等组成合金。

锆本身或与锡的合金（“锆锡合金”）也可用于制核燃料筒的外壳及核设备的金属结构体。锆钚合金及锆铀合金用作核燃料。应用于核反应时，必须首先将所有的微量铪完全除去。

81.10 锑及其制品，包括废碎料：

10 — 未锻轧锑；粉末

20 — 废碎料

90 — 其他

锑主要是从硫化矿，即辉锑矿中提取，其方法为：

一、精选并熔融以制得所谓“生锑”。生锑实际上是品目 26.17 的粗硫化物。

二、熔炼制得不纯的锑，称为“炼锑”（锑块）。

三、进一步熔炼制得“精锑块材”，再经精炼后制得极纯的锑，即“星锑”或“纯锑”。

锑是一种略为发蓝的白色金属，有光泽，性脆，易成粉末状。

非合金的锑用途极为有限，但制成合金后，特别是与铅及锡组成合金后，其金属坚硬，用于制造轴承合金、印刷用活字及其他铸造合金、白蜡器、不列颠金属等（参见第七十八章及第八十章，这些合金由于以铅或锡为主，在正常情况下应归入这两章）。

81.11 锰及其制品，包括废碎料

锰是通过还原氧化物矿石（软锰矿、褐锰矿、水锰矿）制得的，也可通过电解制得。

金属锰本身呈暗粉红色，质硬性脆，极少直接使用。

锰是镜铁、锰铁、硅锰及某些合金铸铁及合金钢的组成部分，这些产品一般应归入第七十二章。但如果锰铁及硅锰的铁含量很低，有时也归入本品目［参见第七十二章注释一（三）］。锰也可与铜、镍、铝等组成合金。

81.12 铍、铬、铪、铼、铊、镉、锗、钒、镓、铟、铌及其制品，包括废碎料：

— 铍：
12 —— 未锻轧铍；粉末
13 —— 废碎料
19 ——其他
— 铬：
21 —— 未锻轧铬；粉末
22 —— 废碎料
29 —— 其他
— 铪：
31 —— 未锻轧铪；废碎料；粉末
39 —— 其他
— 铼：
41 —— 未锻轧铼；废碎料；粉末
49 —— 其他
— 铊：
51 —— 未锻轧铊；粉末
52 —— 废碎料
59 —— 其他
— 镉：
61 —— 废碎料
69 —— 其他
— 其他：
92 —— 未锻轧；废碎料；粉末
99 —— 其他

一、铍

铍几乎完全是从绿柱石（一种铍铝的复合硅酸盐）中获得。绿柱石归入品目26.17，除非其已构成宝石（例如，祖母绿）（第七十一章）。

工业上提取铍的主要方法有：

（一）高温电解氟氧化铍（从矿砂中制得的）与钡或其他氟化物的混合物，用石墨坩埚作阳极，金属铍就会聚集在水冷的铁质阴极上。

（二）用镁将氟化铍还原。

*

*　*

铍是一种钢灰色金属，质很轻，坚硬但极脆，只有在很特殊的条件下方能进行滚轧或拉拔加工。

*

*　*

非合金的铍用于制造X射线管窗；作核反应堆的元件；用于航空及航天工业和军工业；用作回旋加速器的靶；用于霓虹灯标志的电极等；在金属冶炼中作除氧剂。

铍也可制备多种合金，例如，与钢（弹簧钢等）、与铜（例如，称为铍铜的合金，用于制造弹簧、钟表零件、工具等）以及与镍组成合金。但这些合金应分别归入第七十二章、第七十四章或第七十五章，因为它们只含有很小比例的铍。

本品目包括各种形状的铍，即未锻轧铍（块状、团块状、方块状等）、铍产品（条、杆、丝、片等）以及铍制品，但不包括已明显制成物品的货品，例如，机器零件、仪器零件等（参见第八十五章及第九十章）。

二、铬

铬主要是从铬铁矿中提取制得。先将铬铁矿转化为倍半氧化物，然后还原成金属铬。

铬未抛光时为钢灰色，但抛光后为有光泽的白色。铬极硬，耐腐蚀，但不易延展。

纯铬用作各种其他金属制品的镀层，(电解镀铬)。它的主要用途（通常为铬铁，参见第七十二章）是制备不锈钢。根据第十五类注释五的规定，大部分的铬合金（例如，与镍或钴的合金）不归入本品目。

某些铬基合金用于制造喷气式发动机、电热元件的保护管等。

三、锗

锗是从炼锌的残余物或从锗石矿（硫化锗铜）及煤气厂烟道的粉尘中提取制得。

锗是一种灰白色金属，具有特殊电离子性能，因而可用于制造电子元件（例如，二极管、晶体管、电子管），也可与锡、铝及金制成合金。

四、钒

钒主要是从绿硫钒矿或钒酸钾铀矿中提取制得。它一般通过还原氧化钒获得，也可从炼铁、镭或铀的残余物中制得。由于金属钒本身的用途极为有限，因而通常制成钒铁（第七十二章）或铜钒母合金（第七十四章）。这些合金用以与钢、铜、铝等制成合金。

五、镓

镓是作为提炼铝、锌、铜及锗的副产品获得的，也可从煤气厂烟道粉尘中获得。

镓是一种柔软的灰白色金属，约在30℃时熔化，但气化点高，它可在一般很大的温差幅度内保持液态，因而可在温度计及蒸气弧光灯中代替汞。镓也可用于牙科合金以及作特种镜的镀银。

六、铪

铪是从与锆同一种矿石（锆石等）中提取制得的，其性能与锆极为相似。

由于铪对慢中子的吸收率极高，因而主要用于制造核反应堆中的控制棒及监测棒。

七、铟

铟是从制锌的残余物中提取而得的。

铟很柔软，为银色，耐腐蚀。

它可单独使用或与锌等组成合金，用于其他金属的镀层，它也可与铋、铅或锡组成合金（用于外科定型）、与铜或铅组成合金（轴承合金）以及与金组成合金（用于制首饰、牙科合金等）。

八、铌（钶）

铌是从铌铁矿（钶铁矿）及钽铁矿中获得的，这些矿石经处理可制得氟化铌钾，然后用电解法或其他方法提取金属铌。

铌为银灰色金属，用于制造吸收剂（在制造电子管时用以除去管内残存的微量气体）。

铌及铌铁合金（第七十二章）也用于炼钢及生产其他合金。

九、铼

铼是作为提炼钼、铜等的副产品获得的。

至目前为止，铼还很少使用，但有人建议用它来镀层及作催化剂。

十、铊

铊是从处理黄铁矿或其他矿石的残余物中提炼获得。铊是一种灰白色的柔软金属，与铅很相似。

铊可与铅组成合金（能提高熔点，增加强度及耐腐蚀性能等）和与银组成合金（能保持光泽）。

81.13 金属陶瓷及其制品，包括废碎料

金属陶瓷既有陶瓷成分（耐热、熔点高），又有金属成分。其生产制造方法及其物理、化学性能均与其所含的陶瓷及金属成分相似，故称为金属陶瓷。

陶瓷成分通常为氧化物、碳化物、硼化物等。

金属成分则为一种金属，例如，铁、镍、铝、铬、钴。

金属陶瓷是通过烧结法、分散法或其他方法制得的。

主要的金属陶瓷是用以下材料制得的：

一、一种金属与一种氧化物，例如，铁与氧化镁；镍与氧化镁；铬与氧化铝；铝与氧化铝。

二、硼化锆或硼化铬；这些产品称为硼化石。

三、锆、铬、钨等碳化物与钴、镍或铌。

四、碳化硼与铝：以铝包覆的产品称为碳化硼铝金属陶瓷。

不论是未锻轧的金属陶瓷或制成协调制度其他品目未列名的金属陶瓷制品，均应归入本品目。

金属陶瓷用于航空工业，核工业以及导弹的制造。它们也用于制熔炉、金属铸件（例如，盛器、喷嘴、管）、轴承、闸衬等。

本品目不包括：

（一）含有裂变或放射性物质的金属陶瓷（品目28.44）。

（二）工具用板、棒、刀头及类似品，用主要成分为粘聚的金属碳化物的金属陶瓷制成（品目82.09）。

第八十二章　贱金属工具、器具、利口器、餐匙、餐叉及其零件

注释：

一、除喷灯、轻便锻炉、带支架的砂轮、修指甲和修脚用器具及品目 82.09 的货品外，本章仅包括带有用下列材料制成的刀片、工作刃、工作面或其他工作部件的物品：

（一）贱金属；

（二）硬质合金或金属陶瓷；

（三）装于贱金属、硬质合金或金属陶瓷底座上的宝石或半宝石（天然、合成或再造）；或

（四）附于贱金属底座上的磨料，当附上磨料后，所具有的切齿、沟、槽或类似结构仍保持其特性及功能。

二、本章所列物品的贱金属零件，应与该制品归入同一品目，但具体列名的零件及手工工具的工具夹具（品目 84.66）除外。第十五类注释二所述的通用零件，均不归入本章。

电动剃须刀及电动毛发推剪的刀头、刀片应归入品目 85.10。

三、由品目 82.11 的一把或多把刀具与品目 82.15 至少数量相同的物品构成的成套货品应归入品目 82.15。

总 注 释

本章包括具有工具、器具、刀具、餐具等性质的某些贱金属制品，这些制品不归入第十五类本章以前的各章，也不属于第十六类的机器或器具（参见下文）、第九十章的仪器或设备和品目 96.03 或 96.04 的制品。

本章包括：

一、除某些列名不包括的货品（例如，机动锯用的锯条）以外的手工工具（品目 82.01 至 82.05）。

二、由品目 82.02 至 82.05 中两个或两个以上品目的工具组成的零售包装成套货品（品目 82.06）。

三、供手工工具、机床或手提式动力工具用的可互换工具（品目 82.07），机器或机械器具用的刀及刀片（品目 82.08）以及工具用的板、杆、刀头及类似品（品目 82.09）。

四、利口器（不论供专业用、个人用或家庭用）、某些家用机械器具、餐匙、餐叉及类似的餐具和厨房用具（品目 82.10 至 82.15）。

总的来说，本章包括可单独使用的手工工具，不论是否装有齿轮、曲柄、活塞、螺旋装置或杠杆等简单机构。但是，对于准备装于工作台、墙壁等上的器具或由于重量、规格或使用所需力度等原因而装于底板、底座、支架等上以便放置于地板、工作台等上面的器具，一般应归入第八十四章。

因此，工人用手自由操作的无支架胸压式手摇钻，尽管装有简单的齿轮机构，仍应归入品目 82.05；另一方面，装于支座或支架上的钻机应归入品目 84.59。同样，钳式金属剪应归入品目 82.03，而配有支座或底板的闸刀式剪切机，即使是手工操作的也应归入品目 84.62。

但是，由于设备性质的不同，这条规则在两方面均有例外。例如，台钳、带支架砂轮及轻便锻炉在品目 82.05 中具体列名。同样，某些机械器具（咖啡磨、榨汁机、绞肉机等）因有专门规定（参见下面有关注释），应归入品目 82.10。另一方面，第八十四章具体列名包括某些可独立操作的手工器具，例如，液体或粉末的喷雾器具（品目 84.24）、风动工具（品目 84.67）、非手枪式办公室用钉书机（品目 84.72）——某些钉书机的体积很小，很难说其装有底板或支架。

*

* *

工具、利口器等只有在其刀片、工作刃、工作面或其他工作部件是由贱金属、硬质合金（参见品目28.49的注释）或金属陶瓷（参见品目81.13的注释）制成的情况下，才归入本章；只要符合这一条件，上述器具即使装有其重量超过金属工作部件的非金属柄、身，仍应归入本章（例如，装有金属刀片的木刨）。

本章也包括由天然、合成或再造宝石或半宝石（例如，黑金刚石）制的工作部件装于贱金属、硬质合金或金属陶瓷支架上而构成的工具；此外，在某些情况下，其工作部件可由用磨料镶嵌或包覆的贱金属制成。

这些一般规则不适用于某些在品目中已具体列名的物品（例如，轻便锻炉及带支架砂轮）。而且，归入本章的研磨工具为数不多（参见品目82.02及82.07的注释），因为品目68.04包括用天然石料、粘聚研磨料或陶瓷制成的砂轮及类似品（例如，研磨、磨刃、抛光、修整及切割用的轮、头、盘及尖），不论其是否配有其他物料制成的芯、柄、套座、轴或类似品，但不带支架。

供手工工具、机床或手提式动力工具用的贱金属制可互换工具，如果其工作部件不是用本章注释一所述的物料制成的，不应归入本章。这些物品通常应按工作部件的构成材料归类，例如，橡胶制的（第四十章）、皮革制的（第四十二章）、毛皮制的（第四十三章）、软木制的（第四十五章）、纺织品制的（第五十九章）、陶瓷材料制的（品目69.09）。机器用刷归入品目96.03。

明显作为工具、利口器等的贱金属零件（例如，锯架及刨铁），通常与其完整品归入同一品目。但这一规则不适用于已在有关品目具体列名的物品。第十五类注释二所述的链条、钉子、螺栓、螺母、螺钉、铆钉、弹簧（例如，供修枝剪刀用）及其他通用零件不归入本章，而应归入其相应的品目（第七十三章至第七十六章及第七十八章至第八十一章）。

品目82.08至82.15的利口器及其他物品可以装配有贵金属或包贵金属制的小件装饰品（例如，花押字或饰带）；但是，如果它们带有贵金属或包贵金属制的其他零件（例如，柄或刀片），或者含有天然或养殖珍珠、宝石或半宝石（天然、合成或再造）（上述工作部件除外），则应归入第七十一章。

*

* *

本章不包括：

（一）作为医疗、牙科、外科或兽医用的器械或器具的工具、剪刀或其他利口器（品目90.18）。

（二）明显具有玩具特征的工具（第九十五章）。

82.01 锹、铲、镐、锄、叉及耙；斧子、钩刀及类似砍伐工具；各种修枝用剪刀；镰刀、秣刀、树篱剪、伐木楔子及其他农业、园艺或林业用手工工具：

10 — 锹及铲

30 — 镐、锄及耙

40 — 斧子、钩刀及类似砍伐工具

50 — 修枝剪及类似的单手操作剪刀（包括家禽剪）

60 — 树篱剪、双手修枝剪及类似的双手操作剪刀

90 — 用于农业、园艺或林业的其他手工工具

本品目包括主要用于农业、园艺或林业的手工工具，尽管其中有些工具也可用于其他方面（例如，用于筑路、挖掘、采矿、采石、木工或家务工作）。

本品目包括：

一、锹及铲，包括家用煤铲及特种锹及铲（例如，野营、士兵等用的挖壕工具）。

二、叉，包括干草叉。

三、镐、锄及耙，包括草坪耙、联合锄耙、挖根锄、除草耙及耕耘耙。

四、斧子、钩刀及类似砍伐工具，包括伐木斧、手斧、短柄斧、砍刀、横口斧、长柄砍刀及大砍刀。

五、修枝剪及类似的单手操作剪刀（包括家禽剪）。这些剪通常由两支手柄铰接构成，在其长度的四分之三处有一枢轴，其中一支手柄的末端通常为凹状切割刃，而另一支则成凹状切割刃（“鹦鹉嘴”）；另外，它们不带指环，因而与品目82.13的剪刀不同。

这些工具通常装有弹簧，能使手柄剪切后分开，同时还装有一个钩或其他扣件，以便剪刀能用单手分开或闭合。剪切时用单手操作，其剪切力很强。

本品目包括园艺修枝剪、花卉或果树修枝剪；带有狭窄锥形刀片的葡萄园修枝剪等。

本品目不包括带有修枝剪刀片但具有指环的修枝剪式剪刀（参见品目82.13的注释）。

六、树篱剪、双手修枝剪及类似的双手操作剪刀，包括草剪及长柄修枝剪。

七、用于农业、园艺或林业的其他手工工具。它们包括长柄大镰刀、镰刀（包括装袋、收割或割草用镰刀）、秣刀或割稻草用的各种刀；种植器、播种器、点播器、泥铲及移植器；摘果器；牛梳、马梳及猪刮子；刮树皮器及剥树皮刀；伐木楔子、伐木工人搬运木材用的工具（木钩、木钳、木镐、翻木钩）；草坪修边刀；羊毛剪。

这些工具不论是否配有手柄均归入本品目。

本品目也包括明显作为这些工具零件的贱金属制品。

本品目不包括：

（一）绵羊耳朵及其他动物用的标记钳（品目82.03）。

（二）劈裂道路或石头用的楔子；修整大镰刀片用的铁砧（品目82.05）。

（三）整枝刀（品目82.11）。

（四）庭园滚压机、机械耙、割草机及类似器具，包括用手推或手拉的机械在内（第八十四章）。

（五）破冰斧（品目95.06）。

82.02　手工锯；各种锯的锯片（包括切条、切槽或无齿锯片）：

10　—　手工锯
20　—　带锯片
**　　—　圆锯片（包括切条或切槽锯片）：**
31　——带有钢制工作部件
39　——其他，包括部件
40　—　链锯片
**　　—　其他锯片：**
91　——直锯片，加工金属用
99　——其他

本品目包括：

一、锯木材、金属、石料或其他材料的手工锯，不论是专业用还是家庭用。

它们包括弓形木锯、弓形钢锯、钢丝锯及其他带木或金属框架的锯；板条锯、镶边短锯或榫锯、鸡尾锯；截锯（通常两端都有手柄）；园艺工或矿工用的刀形锯（折叠式或非折叠式）；钟表匠或首饰匠用的特种锯；套锯；供野营、军事等用的铰接锯；单板锯；与辅锯箱永久性组合在一起，其中锯子构成货品的主要特征的锯。

二、手工锯或机械锯的各种锯片，用于锯任何材料。它们包括：

（一）带锯片（例如，供锯木机用的锯片）。

（二）圆锯片（包括铣床用的切条或切槽锯片）。切条或切槽锯片与铣刀不同，其厚度与直径的比率要比铣刀的小，且其锯齿与普通圆锯片一样仅刻在边缘上，而铣刀的铣齿通常刻在其面上或具有凹形或凸形铣齿。

（三）供伐树、锯树干等用的链锯片（呈链条状）。这类锯片的锯齿通常由硬质合金或金属陶瓷构成。

（四）供板条锯、榫锯、弓锯等用的直锯片，包括供“金银丝细工锯”用的锯片（锯齿如锉，但象钢丝锯条一般使用的圆形锯片）。

（五）切割石料用的无齿直锯片（通过锤击或机械修整使其相当平直，或制成波纹状），但其末端必须穿孔或制成一定形状以供装配。

（六）供切割金属用的无齿切割圆盘（摩擦圆盘）。

本品目也包括锯片坯。锯片用条带（不论是否切成一定长度）及圆盘（中心有孔，供装配于主动轴上）只要带有锯齿的，可作为锯片坯归类。这些物品通常用高碳钢制成。

这些锯片可以本身带齿，也可以装配有镶嵌齿或扇形齿板（例如，某些圆盘锯）。锯齿可以全部由贱金属制成，也可以由贱金属装配或包覆上硬质合金或金刚石（主要是黑金刚石）制成，在某些情况下也有用磨料粉包覆而成。有些锯可以用装于圆盘边缘上的金刚石或硬质合金件来作为锯齿。

但是，装配有磨料轮缘的无齿圆盘（例如，供切割大理石、石英或玻璃用的磨轮）或边缘镶嵌一组磨料的无齿圆盘不归入本品目（参见品目68.04的注释）。

本品目包括单独报验的手工锯贱金属零件（例如，锯架、弓形锯架、锯柄及横撑支架）及供装于锯片上的贱金属齿及扇形齿板。

本品目还不包括：

（一）锯石绞线（通常为特种钢制的三股绞合线）（品目73.12）。

（二）凿榫用链式切割工具（品目82.07）。

（三）本身带发动机的手工锯（品目84.67）。

（四）乐锯（品目92.08）。

82.03　钢锉、木锉、钳子（包括剪钳）、镊子、白铁剪、切管器、螺栓切头器、打孔冲子及类似手工工具：

10　—　钢锉、木锉及类似工具

20　—　钳子（包括剪钳）、镊子及类似工具

30　—　白铁剪及类似工具

40　—　切管器、螺栓切头器、打孔冲子及类似工具

本品目包括下列手工工具：

一、各种形状（扁状、圆形、半圆形、正方形、三角形、椭圆形等）及各种规格的钢锉、木锉及类似工具（包括钢木两用锉），供加工金属、木材或其他物料用。

二、钳子（包括剪钳）、镊子及类似工具，例如：

（一）钳子（例如，封夹及封钳、绵羊耳朵及其他动物用标记钳、煤气管钳、装拆栓销用钳、打孔及封孔用钳；钳式整锯器）。

（二）夹钳（例如，钉马掌夹钳及铁工用夹钳）。

（三）镊子（例如，钟表镊子、花匠镊子、集邮镊子、拔毛镊子）。

（四）起钉器（以夹钳原理操作的颚式工具）。

三、白铁剪及类似工具，包括白铁工用的平头剪及其他金属片或金属丝的切割剪。

四、切管器、螺栓切头器、打孔冲子及类似工具，包括：

（一）钳式的切管器（带切割轮）、螺栓切头器、螺栓剪钳及链条切割器。

（二）打孔冲子，例如，钮孔冲孔器；剪票钳（不包括在票据上打印日期或其他标记的工具——品目96.11）；皮革、毡呢等冲孔用的鞍工冲子、床垫冲子等，不论是钳式的，还是锤击式的（但不包括实心铁钉冲子或类似冲子）。

本品目还不包括：

（一）机床用的冲头及锉刀（包括旋转锉刀）（品目82.07）。

（二）指甲锉、指甲钳及指甲剪（品目82.14）。

（三）糖块夹（品目82.15）。

（四）金属切割剪床（品目84.62）以及配有底座，以便将机器固定或放置于台、桌等上的办公室用打洞机（品目84.72）。

（五）用以在票据上打印日期或其他任何标记的剪票器（品目96.11）。

82.04　手动扳手及扳钳（包括转矩扳手，但不包括丝锥扳手）；可互换的扳手套筒，不论是否带手柄：

—　手动扳手及扳钳：

11　——固定的

12　——可调的

20　—　可互换的扳手套筒，不论是否带手柄

本品目包括下列手工工具：

一、手工扳手及扳钳（例如，带固定或可调钳口的扳手及扳钳；套筒扳手或棘轮扳手；曲柄扳手）；供自行车、汽车用或拧方头螺钉、消防栓或管道用的扳钳或扳手（包括链式管扳手）；转矩扳手。但本品目不包括丝锥扳手（品目82.05）。

二、可互换的扳手套筒，不论是否带手柄，包括扳头及加长杆。

82.05　其他品目未列名的手工工具（包括玻璃刀）；喷灯；台钳、夹钳及类似品，但作为机床或水射流切割机附件或零件的除外；砧；轻便锻炉；带支架的手摇或脚踏砂轮：

10　—　钻孔或攻丝工具

20　—　锤子

30　—　木工用刨子、凿子及类似切削工具

40　—　螺丝刀

—　其他手工工具（包括玻璃刀）：

51　——家用工具

59　——其他

60　—　喷灯

70　—　台钳、夹钳及类似品

90　—　其他，包括由本品目项下两个或多个子目所列物品组成的成套货品

本品目包括本章其他品目或本协调制度其他章未列名的所有手工工具（参见本章总注释），以及本品目具体列名的其他工具或器具。

本品目包括的手工工具品种繁多（包括一些带曲柄、棘轮或齿轮等简单手工操作装置的工具）。

这些工具包括：

一、钻孔或攻丝工具，例如，手摇曲柄钻（包括棘轮式的）、胸压式手摇钻及手钻；板牙铰手、丝锥扳手及搓丝板，用于这些手工工具的互换工具，例如，钻头、钎头、丝锥及板牙不归入本品目——参见品目 82.07。

二、锤子，例如，锻工、锅炉工、木工、钉马掌的铁匠、采石工人、石匠、装玻璃工、泥瓦匠及圬工等用的锤子、碎石锤、大木锤、石材修整锤以及带鹤嘴及拔钉器等附件的锤。

三、木工用刨子、凿子及类似切削工具，例如，各种刨子，包括槽刨（光刨、开槽刨、边刨、大刨等），木工、细木工、家具工、修桶工、木雕工等用辐刀、木刨刀、刻刀及拉刮刀。

四、螺丝刀（包括棘轮式的）。

五、其他手工工具（包括玻璃刀）。

本组包括：

（一）许多家庭用具，包括一些带有切割刀片的工具，但机械式的除外（参见品目 82.10 注释），这些用品具有工具性质，因而不归入品目 73.23。例如：

熨斗（用煤气、煤油、木炭等的，但不包括品目 85.16 的电熨斗）、卷发钳；开瓶器、螺旋拔塞器、简易开听器（包括开罐钥匙）；坚果脱壳器；樱桃脱核器（弹簧式）；钮扣钩；鞋拔；“钢”磨刀器及其他金属制的磨刀器；糕点割刀及锯刀；干酪等的磨碎器；“闪电”式绞肉机（带切割轮）；干酪切片器、蔬菜切片器；蛋奶烘饼铁钳模；奶油或蛋搅拌器、切蛋器；卷黄油器；碎冰锥；蔬菜捣烂器；填肥肉馅用针，供炉、灶或壁炉用的拨火棒、火夹、火耙及揭盖器。

（二）钟表匠用工具，例如，压钻工具、摆轮平衡器、铆砧、主发条卷绕器、枢轴抛光工具、摆轮平衡螺钉安装工具及校准工具。

（三）玻璃刀，包括装有分度尺的圆规式金刚石玻璃刀（供切割外圆用）及在玻璃上画图案用的金刚石刻划刀。单独报验的金刚石不归入本品目（品目 71.02）。

（四）锻工工具，例如，平头錾、陷型模、套锤、方柄凿及冲头。

（五）采矿、筑路等用的工具，例如，撬杆、钢钎、截石錾、冲头及楔块。

（六）圬工、制模工、水泥工、抹灰工、油漆工等用的工具，例如，镘刀、镘板、托盘、刮刀、铲刀、整平针及清洁器、凹纹滚子、带有切割轮的玻璃割刀、调色刀及油灰刀。

（七）杂项手工工具，例如，钉马蹄用的削皮刀、斜切刀、蹄签及蹄割刀、冷凿、冷冲子；铆工用圆凿、铆头模及冲头；非钳式拔钉器、开箱器及尖冲头；撬胎棒；皮匠锥（没有眼的）；木工及书籍装钉工用的冲头；烙铁及烙印铁；金属刮刀；非钳式锯齿修整器；铺锯箱；干酪采样器及类似品；夯土器；砂轮修整器；板条箱等用打包工具，但品目 84.22 的货品除外（参见有关注释）；供包裹、纸板等装订用的弹簧操作“手枪式”工具；铆接、打墙孔等用的药包操作工具；玻璃灯工用管子；人工吹管；油罐及油壶（包括带泵或螺旋机件的）、滑脂枪。

六、喷灯（例如，供软焊或硬焊用；供去除油漆用；供起动半柴油机用）。这种喷灯有两种类型，都是独立式的，只是所用燃料种类不同，装有一个贮存矿物油或其他液体燃料的贮存罐（常带有小泵）或一个可更换的蓄气筒。在某些情况下，喷灯顶端还装有烙铁、烙印铁或其他附件。本品目不包括气体焊接装置（品目 84.68）。

七、台钳、夹钳及类似品，包括供细木工、木工、锁匠、军械师、钟表匠等用的手钳、针钳、台钳。但不包括构成机床或水射流切割机附件或零件的台钳。本组还包括象台钳一样，但用于夹持工具的夹钳及台式夹固件（例如，细木工用夹钳、紧板马铁及工具修理工用夹钳）。

本组包括为了防止被夹件受损而用非金属（木、纤维等）做钳口面的金属台钳。

但本品目不包括真空吸杯夹持器（吸夹），这种夹持器由一个贱金属底座、一个贱金属手柄、一条贱金属真空杆及多个橡皮吸盘构成，用于暂时附着于物体之上以便于物体移动（例如，品目 73.25、

73.26 或 76.16）。

八、砧；轻便锻炉；带支架的手摇或脚踏砂轮。

本组包括：

（一）各种规格及各种用途的砧（包括双角砧），例如，锻工用砧；钟表匠或首饰匠用砧；鞋匠用鞋楦；修整大镰刀片用的手丁砧。

（二）轻便锻炉，通常装有鼓风机，有时还带铁砧；主要用于小型车间、造船厂等。

（三）带有木架或其他材料支架的砂轮（手摇式或脚踏式）。机动砂轮归入第八十四章或第八十五章。单独报验的砂轮及类似品应归入品目 68.04。

含有金属材料但带有橡胶、皮革、毡呢等制的工作部件的工具，应按其构成材料归类（第四十章、第四十二章、第五十九章等）。

除上述货品外，本品目还不包括下列物品：

（一）品目 73.19 的手工缝纫用针及其他制品。

（二）供手工工具（不论是否机械式）、机床、手提式动力工具用的可互换工具（例如，螺丝刀头及凿岩钎头）（品目 82.07）。

（三）液体或粉末的喷射、散布或喷雾器具（即使是手工操作的）（品目 84.24）。

（四）手工工具用夹具（品目 84.66）。

（五）手提式风动工具、液压工具及本身装有动力装置（电动或非电动）的手提式工具（品目 84.67）。

（六）第九十章的划线、测量、检验或校准仪器（例如，划线规、打印冲子、中心冲孔机，中心划线器，卡尺及量规）。

82.06　由品目 82.02 至 82.05 中两个或多个品目所列工具组成的零售包装成套货品

本品目包括至少由品目 82.02 至 82.05 中两个或多个品目所列工具组成的零售包装成套货品（例如，装于一个塑料箱或一个金属工具箱中）。

本品目主要包括：

一、汽车修理工用的成套工具，包括全套套筒、扳手、棘轮扳手、螺丝刀、钳子等。

二、简单组合品，例如，成套的扳手和螺丝刀。

配有其他品目或本协调制度其他章所列无关紧要的小工具的成套货品仍应归入本品目，但这些小工具不得改变由品目 82.02 至 82.05 中两个或多个品目所列工具组成的成套货品的基本特征。

82.07　手工工具（不论是否有动力装置）及机床（例如，锻压、冲压、攻丝、钻孔、镗孔、铰孔及铣削、车削或上螺丝用的机器）的可互换工具，包括金属拉拔或挤压用模以及凿岩或钻探工具：

—　凿岩或钻探工具：

13　——带有金属陶瓷制的工作部件

19　——其他，包括部件

20　—　金属拉拔或挤压用模

30　—　锻压或冲压工具

40　—　攻丝工具

50　—　钻孔工具，但凿岩及钻探用的除外

60　—　镗孔或铰孔工具

70　—　　铣削工具
80　—　　车削工具
90　—　　其他可互换工具

本章前面各品目主要包括可直接使用或装手柄后即可使用的手工工具（机器用锯片等少数货品除外），而本品目则包括不能单独使用，但可装于下列货品上使用的工具：

一、手工工具，不论是否动力操作的（例如，胸压式手摇钻、手钻及板牙铰手）；

二、按照第八十四章注释七规定归入品目84.57至84.65或84.79的机床；

三、品目84.67的工具。

用于对金属、硬质合金、木材、石料、硬橡胶、某些塑料或其他材料的锻压、冲压、冲孔、攻丝、钻孔、镗孔、铰孔、拉削、铣削、切齿、车削、切割、凿榫或拉拔等加工或用于上螺丝。

本品目还包括用于品目84.30的凿岩机或钻探机的工具。

除上述列名的货品以外，机器或器具用的模具、冲头、钻头或其他可互换工具，应按所属机器或器具的零件归类。

本品目的工具可以是单件制品，也可以是组合制品。

单件工具用一种材料制成，而且一般是用合金钢或高碳钢制成。

组合工具则是由一件或多件贱金属、硬质合金、金属陶瓷、金刚石、其他宝石或半宝石制成的工作部件通过焊接或镶嵌永久性地附于贱金属支架上，或作为可拆卸部件附于支架上构成的。可拆卸工作部件的工具是由一个贱金属基座和一个或多个工作部件（刀片、板、尖）构成，工作部件通过桥板、紧固螺钉或弹簧扁销等装置，必要时可带有断屑唇锁定在基座上。

本品目还包括由装有或包有磨料的贱金属工作部件构成的工具，这些工具所具有的切齿、沟槽等即使附上磨料之后也仍保持其特征及功能，即在没有磨料时工具仍可使用；但大多数研磨工具不归入本品目（参见品目68.04的注释）。

归入本品目的工具包括：

（一）凿岩或钻探工具，包括采矿、油井钻探或探测用工具（例如，麻花钻头、活钻头及扁钻）。

（二）金属拉拔或挤压用模，包括拉丝模板。

（三）锻压或冲压工具，包括金属片材冷锻压或冷冲压用的冲子及模具；锻模；冲孔或切割模、机床用冲头。

（四）攻丝工具，例如，丝锥及板牙、螺纹梳刀及螺纹梳刀盘。

（五）钻孔工具，但凿岩工具除外，包括钻头（螺旋或磨花钻、中心钻等用的钻头）、曲柄钻等。

（六）镗孔或铰孔工具，包括铰刀。

（七）铣削工具，例如，铣刀（平铣刀、螺旋铣刀、交错铣刀或斜角铣刀）；齿轮滚铣刀等。

（八）车削工具。

（九）其他可互换工具，例如：

1. 磨削、刨削、开槽、研磨、修整用的工具。

2. 木材凿榫或成形工具，包括木材凿榫用割链。

3. 油漆、胶水、胶泥、胶粘剂及涂面泥釉的混合、搅拌等工具。

4. 螺丝刀头。

拉丝模、车刀等即使制成具有放射性，也应归入本品目。

本品目不包括：

（一）带有橡胶、皮革、毡呢等工作部件的擦光球、抛光轮及其他工具，这些物品应按其构成材料归类（第四十章、第四十二章、第五十九章等）。

（二）各种锯片（品目82.02）。
（三）刨刀及类似的工具零件（品目82.05）。
（四）机器或机械器具用的刀及刀片（品目82.08）。
（五）金属陶瓷制成但未装配的工具用板、杆、刀头及类似品（品目82.09）。
（六）化学纤维喷丝头（品目84.48）。
（七）机器或手工工具用的工件夹具和工具夹具，以及自启板牙切头（品目84.66）。
（八）玻璃纤维拉丝用模（品目84.75）。
（九）用作机器零件的刷子（不论是否由金属制成）（品目96.03）。

82.08 机器或机械器具的刀及刀片：

10 — 金属加工用
20 — 木器（材）加工用
30 — 厨房器具或食品工业机器用
40 — 农业、园艺或林业机器用
90 — 其他

本品目包括未装配的机器或机械器具用的刀或刀片，矩形、圆形或其他形状的，但不包括品目82.01至82.05的手工工具用的刀片或刀（例如，刨刀）。

本品目包括下列用途的刀或刀片：

一、金属加工用：

（一）供装于机床刀具（例如，装于铰刀或铣刀）上的刀片及刀。

（二）铡刀式剪切机或机械剪用的刀片，供切割金属片、丝、杆等用。

二、木材加工用：

（一）刨床或类似木材加工机器用的刀片及刨铁。

（二）截夹板机用的刀片。

三、厨房器具或食品工业机器用，例如，家庭、屠宰场、面包店等用的器具或机器上的刀片或刀具（例如，绞肉机、切菜机、面包切片机、咸肉或火腿切片机器用的刀片）。

四、农业、园艺或林业机器用，例如，切根机、切草机等或剪草机用的刀片及刀；收割机用的刀片及其部件。但本品目不包括犁刀或耙用圆盘。

五、其他机器或机械器具用，例如：

（一）刀片及刀具，包括供皮革表面剖、削或修整机器用的圆形或杯形刀片。

（二）纸、纺织品、塑料等切割机器用的刀片及刀；烟叶切丝机等用的刀片及刀。

82.09 未装配的工具用金属陶瓷板、杆、刀头及类似品

本品目的产品通常呈板、杆、尖、棒、丸、环等形状，具有硬度大（即使在很热时）、刚性强的特点。

由于这些板、尖等具有特种性能，因此被焊于或夹于车刀、铣刀、钻头、模具或其他高速切割工具上，用于加工金属或其他硬质材料。上述货品不论是否磨刃或经其他加工，只要未装于工具上，均归入本品目；否则应按工具归入相应的品目，主要是品目82.07。

本品目还不包括：

（一）未混合的非烧结金属碳化物（品目28.49）。
（二）已配制的非烧结金属碳化物的混合物（品目38.24）。
（三）工具用的陶瓷板、杆、刀头及类似品（品目69.09）。

（四）金属陶瓷制的喷砂嘴及机器用的其他耐磨零件（第八十四章）。

82.10 用于加工或调制食品或饮料的手动机械器具，重量不超过10千克

本品目包括用于加工、调制食品或饮料的非电动机械器具，它们通常为手工操作，其重量不超过10千克。

在本品目中，具有曲柄、齿轮、阿基米德螺旋装置、泵等机件的器具可视为机械器具；但是，仅具有简单杠杆或活塞机构的器具，除非是准备装于墙壁或其他表面上或装有底板等以便放置于桌面、地板等上的，否则不应视为具有机械特征而归入本品目。

因此，本品目的器具应符合下列条件，否则应归入品目82.05或第八十四章：

一、重量不超过10千克。

二、具有上面所述的机械特征。

例如，符合上述条件的下列货品应归入本品目：

咖啡磨或香料磨；切菜机、捣菜机；绞肉机、切肉片机；压肉机；干酪等的磨碎机；蔬菜或水果的切片、切碎及削皮机，包括马铃薯切片机；面包切片机；通心粉或面条切割机；水果去核器具（手持弹簧式器具除外）；开瓶器及塞瓶机；机械开听器（品目82.05的简易开听器除外）；封听器；搅乳器；冰淇淋摇桶及分配器；蛋、奶油或蛋黄酱的搅拌器及混合器；果汁或肉汁压榨机；碎冰机。

82.11 有刃口的刀及其刀片，不论是否有锯齿（包括整枝刀），但品目82.08的刀除外（+）：

10 — 成套货品

— 其他：

91 —— 刃面固定的餐刀

92 —— 刃面固定的其他刀

93 —— 可换刃面的刀

94 —— 刀片

95 —— 贱金属制的刀柄

本品目包括有刃口的刀，不论是否有锯齿，但归入品目82.08的货品及归入本章其他品目的有时称作“刀”的某些工具及餐具除外（例如，品目82.01的秣刀和本品目注释末尾不包括部分所列的其他货品）。

本品目包括：

一、各种非折叠式餐刀，包括切肉刀及点心刀。其柄部及刃部可用同一片金属制成，也可另外装配贱金属、木材、角质材料、塑料等制成的刀柄。

二、厨房用、专业用或其他用途的非折叠式刀，与上一类型的餐刀相比，这些货品的外表较少装饰。本类主要包括：

屠刀；书籍装订或造纸厂用的切纸刀；制革、皮货、鞍具或补鞋用的刀，不论是否有柄；养蜂用的割蜜盖刀；园艺用整枝刀等；猎刀、鞘刀；蚝刀；水果削皮刀。

三、各种折叠式刀，带有贱金属、木材、角质材料、塑料等制的刀柄。本组主要包括：

小折刀、削鹅毛笔刀、大折刀、野营刀及运动刀（所有这些刀可装有不只一把刀片或附带有螺旋拔塞器、长锥、螺丝刀、剪刀、开听器等）；修枝、接芽、接枝等用的小折刀。

四、带有几把可互换刀片的刀，不论其刀片是否藏于手柄内。

本品目还包括用于制上述刀具的刀片，这些刀片可以是未加工或已经机械加工的坯件，也可以是

已磨光或完全制成的刀片。本品目刀具用的贱金属刀柄也归入本品目。

除以上第一段所述的不包括货品以外，本品目也不包括：

（一）钩刀及大砍刀（品目 82.01）。

（二）品目 82.14 的利口器。

（三）鱼刀及黄油刀（品目 82.15）。

○

○　○

子目注释：

子目 8211.10

子目 8211.10 的范围仅限于不同品种刀具构成的成套货品或数量上以刀具为主的不同物品构成的成套货品。

82.12　剃刀及其刀片（包括未分开的刀片条）：

10　—　剃刀

20　—　安全刀片，包括未分开的刀片条

90　—　其他零件

本品目包括：

一、刀片外露式剃刀，包括单独报验的刀片（不论是否已制成）及单独报验的贱金属刀柄。

二、安全剃刀及其贱金属零件和刀片，不论是否已制成。

三、与刀片一起报验的塑料安全剃刀。

本品目还包括非电动的干剃刀及非电动剃刀的刀片、刀板及刀头。

钢制的未分开的安全剃刀刀片条，不论是否已回火，只要已经打孔，准备用于制安全剃刀刀片或已轧出刀片轮廓，稍加压力即可分开成为刀片的，也应归入本品目。

本品目不包括：

（一）不与刀片一起报验的塑料安全剃刀（品目 39.24）。

（二）电动剃须刀及其刀头、刀片和刀板（品目 85.10）。

82.13　剪刀、裁缝剪刀及类似品、剪刀片

归入本品目的剪刀是由两块叠置的刀片（有些刀片有锯齿）在接近其中心处用一个螺钉或轴钉绞接而成。本品目一般仅包括每块刀片末端配有指环的剪刀。刀片可以是整块材料制成的或由刀刃与手柄组合而成的。

本品目还包括在其中一端绞接并只有一个指环的剪刀（主要用于纺织工业）。

本品目主要包括：

一、供家庭、办公室、缝纫等用的直刃或弯刃普通剪刀。

二、专业用剪刀，例如，裁缝剪刀（包括钮孔剪刀）；理发剪刀（包括稀发剪）；剪布、剪皮革、制手套或制帽用的剪刀。

三、修指甲用的剪刀，包括刀片的一面制成指甲锉的修指甲剪刀。

四、小型折叠剪刀，例如，袖珍剪刀、刺绣剪刀；花卉剪刀；藤蔓剪刀；雪茄剪刀。

五、特种剪刀，例如，齿边布样剪刀；剪布条用的双层剪刀（四块刀片）；马鬃剪；马蹄剪；带剪刀指环的修枝剪（一块为凸面刀片及一块为凹面刀片）（例如，剪花用）。

本品目包括剪刀刀片，不论是否已制成。

本品目不包括：

（一）品目 82.01 的带刀片但无指环的树篱剪、羊毛剪，以及修枝剪和类似的单手操作剪刀（包括家禽剪）。

（二）供剪切动物蹄子专用的双手操作剪刀（品目 82.05）。

82.14　其他利口器（例如，理发推剪、屠刀、砍骨刀、切肉刀、切菜刀、裁纸刀）；修指甲及修脚用具（包括指甲锉）：

10　—　裁纸刀、开信刀、改错刀、铅笔刀及其刀片

20　—　修指甲及修脚用具（包括指甲锉）

90　—　其他

本品目包括：

一、裁纸刀、开信刀、改错刀、铅笔刀（包括袖珍式）及其刀片，但不包括品目 84.72 的削铅笔机。

二、修指甲及修脚用具，包括指甲锉（不论是否折叠式）。这类用具还包括指甲除垢刀、鸡眼刀、鸡眼拔取器、表皮削刀、表皮压具及推具、指甲钳及指甲刀。

修指甲及修脚用的成套用具通常用箱、盒等盛装，可包括剪刀、非金属指甲擦光器、拔毛镊子等，但这些货品单独报验时应归入其各自相应的品目。

三、手动理发推剪

电动理发推剪应归入品目 85.10；通常安装于台架上并配有软轴传动装置的动物用机械推剪，应归入品目 84.36。

本品目不但包括本品目所列理发推剪的零件，而且包括品目 84.36 机械推剪用的刀板及刀头。

四、屠宰场或厨房用的屠刀、砍骨刀及切肉刀、切菜刀。这些刀的形状与普通刀不同，可单手操作，也可双手操作。

82.15　餐匙、餐叉、长柄勺、漏勺、糕点夹、鱼刀、黄油刀、糖块夹及类似的厨房或餐桌用具：

10　—　成套货品，至少其中一件物品是镀贵金属的

20　—　其他成套货品

—　其他：

91　——　镀贵金属的

99　——　其他

本品目包括：

一、各种餐匙，包括盐匙及芥末匙。

二、餐叉；切肉叉、分菜叉、烹调叉；糕点叉；牡蛎叉；蜗牛叉；烧烤叉。

三、长柄勺及长柄漏勺（供烹煮蔬菜及油炸食物等用）。

四、吃鱼、糕点、草莓、芦笋用的分菜铲。

五、无刃口的鱼刀及奶油刀。

六、各种糖块夹（不论是否有刃口）、糕点夹、拼盘夹、芦笋夹、蜗牛夹、肉夹及冰块夹。

七、其他餐具，例如，家禽或肉类的夹钳、龙虾或其他食品的夹钳。

这些用具可以是用一件材料制成的，也可以装有贱金属、木材、塑料等制的手柄。

根据本章注释三的规定，本品目也包括由品目 82.11 的一把或多把刀具与本品目至少数量相同的物品构成的成套货品。

本品目不包括剪切龙虾或家禽用的剪刀式刃具（品目 82.01 或 82.13）。

第八十三章　贱金属杂项制品

注释：

一、在本章，贱金属零件应与制品一同归类。但品目 73.12、73.15、73.17、73.18 及 73.20 的钢铁制品或其他贱金属（第七十四章至第七十六章及第七十八章至第八十一章）制的类似物品不应视为本章制品的零件。

二、品目 83.02 所称“脚轮”，是指直径（对于有胎的，连胎计算在内，下同）不超过 75 毫米的或直径虽超过 75 毫米，但所装轮或胎的宽度必须小于 30 毫米的脚轮。

总　注　释

第七十三章至第七十六章及第七十八章至第八十一章的货品均按不同的金属分类，而本章则与第八十二章一样，包括某些特定类型的物品，不论其由何种贱金属构成。

总的来说，贱金属零件应与其制品一同归类（参见本章注释一）。但本章不包括弹簧（即使制成供锁等专用）、链条、缆索、螺母、螺栓、螺钉或钉子；这些货品应分别归入第七十三章至第七十六章及第七十八章至第八十一章的相应品目（参见第十五类注释二及本章注释一）。

83.01　贱金属制的锁（钥匙锁、数码锁及电动锁）；贱金属制带锁的扣环及扣环框架（+）；上述锁的贱金属制钥匙：

10　—　挂锁
20　—　机动车用锁
30　—　家具用锁
40　—　其他锁
50　—　带锁的扣环及扣环框架
60　—　零件
70　—　钥匙

本品目包括用钥匙才能打开的锁闭装置（例如，弹簧锁、杆锁、杠杆锁或布拉曼锁）或通过字母或数字组合才能打开的锁闭装置（数码锁）。

本品目还包括电动锁（例如，供公寓街门或电梯门用的）。这些锁可以通过插入磁卡、在电子键盘上输入组合数码或通过无线电波信号等操作开启。

因此，本品目主要包括：

一、各种类型的挂锁，供门、行李箱、钱箱、袋子、自行车等用，包括用钥匙开启的搭扣锁。

二、供门、信箱、保险柜、盒或匣、家具、钢琴、行李箱、手提箱、手提袋、公文递送箱等用的锁；供汽车、铁路车辆、有轨电车等用的锁；供电梯、百叶窗、拉门等用的锁。

三、带锁的扣环及扣环框架。

本品目还包括：

（一）明显为上述制品用的贱金属零件（例如，锁壳、栓销、锁舌片及锁插座、螺纹锁眼盖、面板、锁孔榫舌、机械装置及圆筒体）。

（二）上述物品用的贱金属钥匙，不论是否已制成（包括粗铸件、锻坯件或冲压坯件）。

本品目还包括特制的铁路客车车厢门的钥匙、万能钥匙等。

但本品目不包括简单门闩、插销等（品目83.02），也不包括手提包、公文包、公文箱等用的扣件及钩环（不用钥匙或组合数码开启的）（品目83.08）。

○

○　○

子目注释：

子目8301.30

本子目不仅包括家庭用的家具锁，而且还包括办公室用的家具锁。

83.02　用于家具、门窗、楼梯、百叶窗、车厢、鞍具、衣箱、盒子及类似品的贱金属附件及架座；贱金属制帽架、帽钩、托架及类似品；用贱金属做支架的小脚轮；贱金属制的自动闭门器：

10　—　铰链（折叶）

20　—　小脚轮

30　—　机动车辆用的其他附件及架座

—　其他附件及架座：

41　——　建筑用

42　——　其他，家具用

49　——　其他

50　—　帽架、帽钩、托架及类似品

60　—　自动闭门器

本品目包括主要用于家具、门窗、车厢等上面的通用贱金属附件及架座。这些通用货品即使制成供特定用途的，也应归入本品目（例如，机动车辆用的门把手或铰链）。但本品目不包括成为物品构件关键部份的货品，例如，窗架或转椅用旋转机构。

本品目包括：

一、各种铰链（例如，平接铰链、提升铰链、角铰链、带式铰链及丁字铰链）。

二、小脚轮，参见本章注释二的定义。

归入本品目的小脚轮必须带有贱金属支架，但轮子可由任何材料（贵金属除外）制成。

具有充气轮胎的小脚轮，必须将轮胎充气至标准气压时再测其直径。

具有轮辐不影响小脚轮归入本品目。

不符合本品目条文或本章注释二规定的小脚轮不归入本品目（例如，归入第八十七章）。

三、不属于第十七类所列零件或附件范围的机动车辆（例如，小客车、货车、旅行车）用附件及架座。例如，制成的串珠饰带；脚踏板；扶手杆、条及把手；遮帘用的配件（杆、托架、紧固件、弹簧机构等）；车内行李架；开窗机件；专用烟灰缸；后车厢板扣件。

四、建筑用附件及架座

本组包括：

（一）装有链、杆等的门护挡；法式窗或其他窗扉的长插销及附件；窗扉扣件及撑条；楣窗或天窗的开关、撑条及附件；门窗钩及眼；双层玻璃窗用的钩及附件；百叶窗或窗帘用的钩、扣件、止动销、托架及辊端；信箱板；门环、观察孔（已装配光学元件的除外）等。

（二）门销（包括弹珠弹簧销）、门闩、门扣、门碰锁等（品目83.01的用钥匙开启的门销除外）。

（三）商店、车库、棚子、机库等的拉门或拉窗附件（例如，导向槽、导向轨、导向滑轮、滚轮）。

（四）建筑物的门用的锁眼板及指板。

（五）窗帘、百叶窗或门帘的附件（例如，杆、管、圆花饰、托架、扁带、穗钩、夹子、滑动环、止动销)；窗帘绳等用的系绳钩、导向装置及结绳装置；楼梯附件，例如，楼梯踏板用护板；楼梯地毯夹、梯毯夹条、楼梯扶手的球形饰物。

适于作窗帘或梯毯夹条等用的条、管、杆如仅切成一定长度和钻孔，仍应按其构成的金属材料归类。

(六) 门、窗或百叶窗用的角撑、加强板、加强角等。

(七) 门用搭扣、钩环；门拉手及球形把手，包括锁或插销用的。

(八) 门制止器及关门装置（下述第八款的货品除外）。

五、家具用附件及架座

本组包括：

(一) 家具腿等用的保护饰钉（具有一个或数个尖头）；金属装饰附件；书橱等用的搁板调整器；碗橱、床架等的附件；锁孔板。

(二) 角撑、加强板、加强角等。

(三) 销（包括弹珠弹簧销）、闩、扣件、碰锁等（品目83.01的用钥匙开启的闩除外）。

(四) 箱柜等用的搭扣、钩环。

(五) 拉手及球形把手，包括锁或插销用的。

六、

(一) 行李箱、柜、小提箱及类似旅行容器用的附件及类似物品，例如，箱盖导轨（但不包括扣件）；把手；护角；箱盖撑杆及滑动件；篮式衣箱用的闭合杆；伸缩箱附件；但手提包用装饰品应归入品目71.17。

(二) 柜、行李箱、匣子、盒子、小提箱等用的角撑、加强板、加强角等。

(三) 马具用的附件及类似物品，例如，马嚼子、勒马链、马鞍前穹、马蹬；缰绳、挽绳、缰环；马颔缰金铜饰及其他马具附件。

(四) 骨灰盒或棺木配件及类似品。

(五) 船舶（船及艇）的配件及类似品。

七、帽架、帽钩、托架（固定的、铰接的或带齿的等）及类似品，例如，大衣架、毛巾架、抹布架、刷子架、钥匙架。

具有家具特征的大衣架等，例如，落地式的大衣架，应归入第九十四章。

八、弹簧式或液压式自动闭门器。

83.03　装甲或加强的贱金属制保险箱、保险柜及保险库的门和带锁保险储存橱、钱箱、契约箱及类似品

本品目包括用以保管贵重物品、珠宝首饰、文件等，可防盗防火的容器及保险库的门。

本品目的保险箱及保险柜是其壁已装甲（即用高强度合金钢铠装）的或其钢板已用钢筋混凝土等加强的钢制容器。它们用于供银行、办公室、旅馆等，配有极保险的锁并常常配有气密门及双重壁，两壁中间一般填满隔热材料。本品目包括银行、保管库、工厂等需要较大储存空间的保险库的门（不论是否具有门框）及带锁保险储存橱。

本品目还包括金属制的钱箱或契约箱（不论内部是否间隔）。它们是便携式箱子（带有钥匙锁或数码锁），有些具有双层壁，其设计及构成材料等赋予其具有一定的防盗及防火作用。收款箱、钱盒等若具有同样保险作用，也应归入本品目；否则应按其构成材料归类或作为玩具归类。

本品目不包括：

(一) 各种住宅用的钢制安全门（品目73.08）。

（二）经专门设计可防火、防震、防砸的箱柜，其箱壁尤其不具有钻或切等破坏性开启防护功能（品目94.03）。

83.04 贱金属制的档案柜、卡片索引柜、文件盘、文件篮、笔盘、公章架及类似的办公用具，但品目94.03的办公室家具除外

本品目包括供信件、索引卡片或其他文件存放、归档、分类用的档案柜、卡片索引柜、分类箱及类似的办公室用具，但它们不得是落地式的，也不符合第九十四章注释二的规定（品目94.03）（参见第九十四章总注释）。本品目也包括文件分类用的文件盘、打字员用文件篮、写字台上的架子及类似的办公用具（例如，书挡、镇纸、墨水台及墨水瓶、笔盘、公章架及吸墨用具）。

但本品目不包括废纸篓，它们应按其构成金属归类（例如，归入品目73.26）。

83.05 活页夹、卷宗夹的贱金属附件，贱金属制的信夹、信角、文件夹、索引标签及类似的办公用品；贱金属制的成条订书钉（例如，供办公室、室内装饰或包装用）：

10 — 活页夹或卷宗夹的附件

20 — 成条订书钉

90 — 其他，包括零件

本品目包括供活页夹、卷宗夹用的夹子、绳、弹簧杆、环、螺钉等贱金属附件。本品目也包括供账簿或其他文具书本用的护环、护带及护角；用于文件扣扎或索引标记的办公室金属文具（例如，信夹、文件夹、文件扣件、信角、卡片索引标签、分档标签、穿钉文件夹）；钉书机用的成条订书钉，供办公室、室内装饰、包装等用。

本品目不包括：

（一）图钉（例如，品目73.17或74.15）。

（二）书籍、账簿等用的夹子及扣件（品目83.01或83.08）。

83.06 非电动的贱金属铃、钟、锣及类似品；贱金属雕塑像及其他装饰品；贱金属相框或画框及类似框架；贱金属镜子：

10 — 铃、钟、锣及类似品

— 雕塑像及其他装饰品：

21 —— 镀贵金属的

29 —— 其他

30 — 相框、画框及类似框架；镜子

一、非电动的铃、钟、锣及类似品

本组包括非电动的贱金属铃、钟、锣。它包括宗教场所、学校、公共场所、工厂、船舶、消防车等用的铃、钟；门铃；台铃；手摇铃；牛及其他动物身上的铃；自行车、踏板车、小儿摇篮车用铃；钓具用铃（没有附带外部夹具、夹子或其他安装器具的）；门用编钟、台锣等；用作旅游纪念品等的装饰钟。

本品目也包括铃舌、铃柄及铃碗等金属零件（包括同样适合作电铃或其他铃用的）。本品目还包括非电动台铃或门铃用的金属按钮及总控键。

本品目不包括：

（一）支撑教堂钟等用钢铁支架（品目73.08）。

（二）机械式门铃拉绳、操纵杆及附件（例如，品目 73.25、73.26）。

（三）品目 85.31 的电铃及其他信号装置。

（四）时钟的谐音器及铃（品目 91.14）。

（五）具有品目 92.06 或 92.07 乐器性质的钟琴及锣。

（六）配有铃的物品，例如，狗颈上的项圈（品目 42.01）、某些乐器（例如，铃鼓）（第九十二章）、玩具（品目 95.03）、安装在外部夹具、夹子或其他器具上的钓具用铃（品目 95.07）。

二、雕塑像及其他装饰品

本组包括主要作装饰用的一系列贱金属装饰品（不论是否附带非金属零件），用于家庭、办公室、会议室、宗教场所、花园等。

但应注意，本类不包括本协调制度其他品目列名更为具体的物品，即使这些物品按其性质或加工可作装饰品用。

本组包括除装饰用途外没有实用价值的物品，以及只用来容纳或支撑其他装饰品或增加其装饰效果的物品，例如：

（一）半身像、小雕塑像及其他装饰人像；供壁炉台、搁架等用的装饰品（包括钟座零件）（动物、象征性或寓意性人像等）；运动奖品或艺术纪念品（奖杯等）；装配有悬挂配件的墙壁装饰品（饰板、碟、盘、非供个人佩戴的大奖章）；通过铸造或锻造金属（通常为熟铁）制得的人造花、圆花饰及类似装饰品；供书架或家庭陈列柜用的小装饰品。

（二）宗教用品，例如，圣骨箱、圣餐杯、荷花籽杯、圣物盒或十字架等。

（三）餐钵、小花瓶、壶、大花瓶（包括用景泰蓝制的）。

*

*　*

本组还包括符合以下情况的下列两类物品，尽管它们具有一定的实用价值：

1. 对于不论是否可归入某些具体列名品目（即品目 73.23、74.18 及 76.16）或归入“其他制品”品目（例如，此类情况主要是镍及锡制品）的家用物品。这些家用物品通常具有实用性，相比之下其装饰性通常是第二位的，因而不致影响其实用性。因此，这些经过装饰的物品如其实用性与其未装饰的同类物品相等，则应作为家用物品归类而不应归入本组。另一方面，如果这些物品的实用性明显地从属于其装饰性，则应归入本组，例如，实际上已丧失了实用价值的布满浮雕的盘子；带有纯属附件的盘或容器的装饰品，所带附件可作装饰盘或烟灰缸；没有真正使用价值的微缩模型（微型厨房用具）。

2. 对于可归入贱金属各章最后非具体列名品目的非家用物品（例如，成套吸烟用具、首饰盒、香烟盒、香案、香炉、火柴盒），如果这些物品明显地主要用作装饰品，则应归入本组。

三、相框、画框及类似框架；贱金属镜子

本组包括各种形状及规格的贱金属制相框、画框及镜框等。这些货品如果装有支架或配有纸板、木板或其他材料制的背板，仍应归入本组。本组包括装有平面玻璃的框架，但不包括带金属框架的玻璃镜（品目 70.09）。

报验时用贱金属镶框的印刷图画及相片，如果其框架具有整件物品的主要特征，应归入本品目；否则应归入品目 49.11。

对于镶框油画、手绘画、粉画、拼贴画及类似装饰板，以及雕版画、印制画及石印画的原本，如何确定这些镶框物品是否作为整体归类，或者将其框架单独归类，参见第九十七章注释五及品目 97.01 及 97.02 的注释。

本组还包括金属镜（光学元件除外，参见品目 90.01 及 90.02 的注释），例如，壁镜、袖珍镜及后视镜，通常由钢或镀铬、镍、银的钢或铜制成。它们可以镶框、衬背或装配支架，也可以与皮革、纺织品或其他材料制的盒或带一起报验。

*
*　*

本品目不包括：

（一）由熟铁或其他金属制的隔板及栏杆（例如，品目73.08）。

（二）刀具、餐匙、餐叉等（第八十二章）。

（三）锁及其零件（品目83.01）。

（四）家具、门窗及楼梯用附件及架座（品目83.02）。

（五）第九十章的仪器及设备（例如，气压表及温度计，即使它们主要起装饰作用）。

（六）钟及钟壳，即使钟壳是作装饰用的或由明显用作钟壳的小雕像或类似物品构成的（第九十一章）。

（七）第九十四章的物品。

（八）玩具及游戏品（第九十五章）。

（九）台式打火机（品目96.13）；香水喷雾器及类似喷雾器（品目96.16）。

（十）艺术品、收藏品及古物（第九十七章）。

83.07　贱金属软管，不论是否有附件：

10　—　钢铁制

90　—　其他贱金属制

本品目的金属软管按其加工工序的不同主要分成下列两大类：

一、由成形的金属带螺旋盘绕制成的软管，不论带边是否固定。这类软管可裹上橡胶、石棉、纺织物等以防漏水或漏气。因此，这类软管可用作电缆或挠性传输系统的防水保护层；真空吸尘管；在发动机、机床、泵、变压器、液动或气动设备、高炉等中用作压缩空气、蒸汽、煤气、水、汽油、油类或其他液体的导管。不能防水的类似管子则用作砂、谷物、灰土、刨屑等的导管，在某些情况下，也用于保护电缆、其他挠性传送管、橡胶管等。

二、将表面平滑的管子经变形加工制得的波纹软管。这种管本身是水、气不透的，因此不须经进一步加工便可用于上述第一款所述的用途。

为了增强其耐压能力，这两种类型的软管均可用一层或数层金属丝或金属带制的编织外套进行加强或装备。这些外套有时用螺旋盘绕的金属丝保护，也可用塑料、橡胶或纺织材料包覆。

本品目也包括由金属丝紧密螺旋盘绕而成的软管（例如，用作“鲍登”索或自行车闸索的护套）。本品目不包括那些不作管子使用的类似产品（例如，窗帘牵线）（通常归入品目73.26）。

恒温或防振用的短段软管（称作恒温波纹管或伸缩接头）仍归入本品目。

本品目也包括装配有管套、接头等的软管。

本品目不包括：

（一）其外部用金属加强的橡胶管（品目40.09）。

（二）已制成机器或车辆零件等的软管，例如，与其他材料组合制成的软管（第十六类及第十七类）。

83.08　贱金属制的扣、钩、环、眼及类似品，用于衣着或衣着附件、鞋靴、珠宝首饰、手表、书籍、天篷、皮革制品、提包、旅行用品、马具或其他制成品；贱金属制的管形铆钉及开口铆钉；贱金属制的珠子及亮晶片：

10　—　钩、环及眼

20　—　管形铆钉及开口铆钉

90　—　其他，包括零件

本品目包括：

一、钩、环及眼，用于衣着、鞋靴、天篷、帐篷、风帆。

二、各种管形铆钉及开口铆钉。这些物品用于衣着、鞋靴、天篷、帐篷、旅行容器、皮革制品、带料等；它们也用于工程技术上（例如，用于建造飞机）。本品目也包括断芯埋头铆钉，这些铆钉在装配时，芯棒拉入或紧靠铆钉体，在芯棒杆与芯棒杆粗镦端相接处或附近断开。

三、钩、扣及带扣的框架，用于手提包、钱包、公事包、公文箱或其他旅行容器、书籍或手表；但本品目不包括锁（含锁扣）及带锁的扣环框架（品目83.01）。

四、环扣（带针或不带针）及扣夹，不论是否装饰性的，用于衣着、腰带、吊裤带、吊袜带、手套、鞋靴、绑腿、手表、背囊、旅行容器及皮革制品。

五、金属珠子及亮晶片，主要用于制仿首饰或供纺织品、刺绣品、衣着等装饰用。它们通常用铜、铜合金或铝制成（一般镀金或镀银），并用胶粘或缝缀等方法加以固定在所需位置上。珠子通常是球形或管形，有时为多面体；亮晶片通常呈几何形状（圆形、六角形等），用金属箔切成，一般穿有孔眼。

以上第一、三及四款所述物品只要具有贱金属制品的基本特征，可以含有皮革、纺织品、塑料、木材、角质材、骨材、硬质橡胶、珍珠母、象牙、仿宝石等制的零件。它们也可通过对本身金属进行加工后具有装饰性。

本品目不包括：

（一）供帽子、手提包、鞋、皮带等用的装饰品，但环扣除外（品目71.17）。

（二）金属片状粉末（主要归入第七十四章到第七十六章）。

（三）铆钉，但管形铆钉及开口铆钉除外；弹簧钩（通常归入第七十三章至第七十六章）。

（四）揿扣及按扣（品目96.06）。

（五）拉链及其零件（品目96.07）。

83.09　贱金属制的塞子、盖子（包括冠形瓶塞、螺口盖及倒水塞）、瓶帽、螺口塞、塞子帽、封志及其他包装用附件：

10　—　冠形瓶塞

90　—　其他

本品目包括供圆桶、琵琶桶、瓶子等塞口或封口用或供箱子或其他包装容器加封用的一系列贱金属制品（常常带有塑料、橡胶、软木等制的垫圈或其他配件）。

本品目包括：

一、金属制的塞子、盖子，例如，冠形瓶塞、皇冠盖；供啤酒瓶、矿泉水瓶、罐头瓶、管状容器或类似品封口用的螺旋式、夹箍式、杠杆式、弹簧式等类型的塞子、盖子。

但本品目不包括主要用塑料、陶瓷等制成的弹簧杆塞。

二、金属圆桶塞。

三、酒瓶、油瓶、药瓶等用的倾注塞、点滴塞及防漏塞。

四、牛奶瓶等用的手撕封盖，铅箔或锡箔制的供香槟或其他酒瓶用的组合式盖子。

五、圆形或其他形状的塞子帽，用金属片切成后固定于塞子上起保护作用。

六、系紧香槟瓶等的软木塞用的特制金属丝配件。

七、各种封志，通常用铅或锡板制成，供板条箱、包裹、房屋、火车车厢、车辆加封用，包括保险封志。

八、箱子护角。

九、密封袋、香囊或类似容器用的夹紧件，由一条或两条钢丝夹于两条塑料带或纸带中间制成。

十、贱金属材料制的带有切痕封片及拉环的盖子，饮料罐、食品罐等用。

83.10 贱金属制的标志牌、铭牌、地名牌及类似品、号码、字母及类似标志，但品目94.05的货品除外

除其他品目未列名的装有固定光源的发光标志、发光铭牌或类似品及其零件应归入品目94.05以外，本品目包括载有标志牌、铭牌、广告牌、地址牌及类似品所需基本内容的字句、字母、数码或符号（通过搪瓷、油漆、印刷、雕刻、穿孔、冲压、模制、压花、造型或其他任何加工制成）的贱金属牌。此类货品的特点是通常设计为可供永久性固定安装（例如，道路标志牌、广告牌、机器铭牌）或可反复使用（例如，衣帽间取物牌及标签）。

有些牌子除标有主要内容外，另外还有一些具体项目需日后加上（例如，在标明机器主要情况的铭牌上，再加上机器的序号）。但本品目不包括只印有次要内容而主要内容须日后用手或其他方法填入的牌、“标签”、标志及类似品。

本品目包括：

一、地区、街道等的铭牌；房屋、坟墓等用的号码牌或铭牌；公共服务单位（警察局、消防队等）用标志牌、禁令牌（“严禁吸烟”“禁猎区”等）；指示牌或交通标志牌等。

二、旅馆、商店、工厂用招牌。

三、广告牌。

四、房屋、大门、信箱、车辆、狗颈圈等用的地址牌；园艺标签；钥匙牌、衣帽间标志牌及取物牌。

五、机器、仪表、汽车等用的类似牌子及标志（例如，汽车号码牌）。

本品目还包括准备拼成上述标志牌后供商店橱窗陈列、列车指示板等用单个字母、号码或图案（或其套件）。

但是，镂花模板应按其构成材料归类。

本品目不包括：

（一）没有字母、号码或图案的牌子或仅有一些次要内容而主要内容须日后填入的标志牌（例如，归入品目73.25、73.26、76.16、79.07）。

（二）印刷机用活字（品目84.42）；打字机用字粒及地址印写机用印板（品目84.73）。

（三）品目86.08的信号板、信号盘及臂板信号装置。

83.11 贱金属或硬质合金制的丝、条、管、板、电极及类似品，以焊剂涂面或以焊剂为芯，用于焊接或沉积金属、硬质合金；贱金属粉粘聚而成的丝或条，供金属喷镀用：

10 — 以焊剂涂面的贱金属制电极，电弧焊用

20 — 以焊剂为芯的贱金属制焊丝，电弧焊用

30 — 以焊剂涂面或以焊剂为芯的贱金属条或丝，钎焊或气焊用

90 — 其他

本品目包括用于金属或硬质合金焊接或沉积的贱金属或硬质合金制的丝、条、管、板、电极及类似产品，这些产品以焊剂涂面，也有用焊剂做芯的。后者的外层部分通常由管子构成，有时则用带子螺旋绕裹而成。未以焊剂涂面或未以焊剂为芯的贱金属丝、条、管、板、电极等不归入本品目（第七十二章至第七十六章及第七十八章至第八十一章）。

用作焊剂的材料（例如，氯化锌、氯化铵、硼砂、石英、树脂或羊毛脂）如不作涂层或芯料，则在焊接或沉积过程中单独加入。电极等还可含有粉末状的金属添加剂。在电焊时，涂层还可含有某种耐热材料（石棉等）以使电弧直接作用于焊件上。

电弧焊使用以焊剂涂面的电极或以焊剂为芯的金属丝。以焊剂涂面的电极由一根金属芯及一层不同厚度和组分的非金属涂层构成。而以焊剂为芯的金属丝则是空心的，里面填满类似电极涂料的材料。这种焊丝报验时呈盘条状，也有绕于卷轴上的。

制成的钎焊板插于被焊接的部件之间（通常用于钢铁焊接）。这类焊板由以焊剂涂面的金属带、金属丝布或格栅构成；可根据用途将其制成特殊形状，也可呈带状，以便根据需要再行切割。

本品目还包括将贱金属粉末（通常是镍）与以塑料为基料的赋形剂粘聚后挤压成形的焊丝及焊条，它们用于各种材料（例如，金属或水泥）的金属喷镀。

本品目不包括焊料（焊剂除外）由按重量计任何一种贵金属含量在2%及以上的合金构成的带芯焊丝及焊条（第七十一章）。

第十六类 机器、机械器具、电气设备及其零件；录音机及放声机、电视图像、声音的录制和重放设备及其零件、附件

注释：

一、本类不包括：

（一）第三十九章的塑料或品目 40.10 的硫化橡胶制的传动带、输送带；除硬质橡胶以外的硫化橡胶制的机器、机械器具、电气器具或其他专门技术用途的物品（品目 40.16）；

（二）机器、机械器具或其他专门技术用途的皮革、再生皮革（品目 42.05）或毛皮（品目 43.03）的制品；

（三）各种材料（例如，第三十九章、第四十章、第四十四章、第四十八章及第十五类的材料）制的筒管、卷轴、纡子、锥形筒管、芯子、线轴及类似品；

（四）提花机及类似机器用的穿孔卡片（例如，归入第三十九章、第四十八章或第十五类的）；

（五）纺织材料制的传动带、输送带及其带料（品目 59.10）或专门技术用途的其他纺织材料制品（品目 59.11）；

（六）品目 71.02 至 71.04 的宝石或半宝石（天然、合成或再造）或品目 71.16 的完全以宝石或半宝石制成的物品，但已加工未装配的唱针用蓝宝石和钻石除外（品目 85.22）；

（七）第十五类注释二所规定的贱金属制通用零件（第十五类）及塑料制的类似品（第三十九章）；

（八）钻管（品目 73.04）；

（九）金属丝、带制的环形带（第十五类）；

（十）第八十二章或第八十三章的物品；

（十一）第十七类的物品；

（十二）第九十章的物品；

（十三）第九十一章的钟、表及其他物品；

（十四）品目 82.07 的可互换工具及作为机器零件的刷子（品目 96.03）；类似的可互换工具应按其构成工作部件的材料归类（例如，归入第四十章、第四十二章、第四十三章、第四十五章、第五十九章或品目 68.04、69.09）；

（十五）第九十五章的物品；或

（十六）打字机色带或类似色带，不论是否带轴或装盒（应按其材料属性归类；如已上油或经其他方法处理能着色的，应归入品目 96.12），或品目 96.20 的独脚架、双脚架、三脚架及类似品。

二、除本类注释一、第八十四章注释一及第八十五章注释一另有规定的以外，机器零件（不属于品目 84.84、85.44、85.45、85.46 或 85.47 所列物品的零件）应按下列规定归类：

（一）凡在第八十四章、第八十五章的品目（品目 84.09、84.31、84.48、84.66、84.73、84.87、85.03、85.22、85.29、85.38 及 85.48 除外）列名的货品，均应归入该两章的相应品目；

（二）专用于或主要用于某一种机器或同一品目的多种机器（包括品目 84.79 或 85.43 的机器）的其他零件，应与该种机器一并归类，或酌情归入品目 84.09、84.31、84.48、84.66、84.73、85.03、85.22、85.29 或 85.38。但能同时主要用于品目 85.17 和 85.25 至 85.28 所列机器的零件，应归入品目 85.17，专用于或主要用于品目 85.24 所列货品的零件，应归入品目 85.29；

（三）所有其他零件应酌情归入品目 84.09、84.31、84.48、84.66、84.73、85.03、85.22、85.29

或85.38，如不能归入上述品目，则应归入品目84.87或85.48。

三、由两部及两部以上机器装配在一起形成的组合式机器，或具有两种及两种以上互补或交替功能的机器，除条文另有规定的以外，应按具有主要功能的机器归类。

四、由不同独立部件（不论是否分开或由管道、传动装置、电缆或其他装置连接）组成的机器（包括机组），如果组合后明显具有一种第八十四章或第八十五章某个品目所列功能，则全部机器应按其功能归入有关品目。

五、上述各注释所称“机器”，是指第八十四章或第八十五章各品目所列的各种机器、设备、装置及器具。

六、

（一）本协调制度所称“电子电气废弃物及碎料”，是指下列电气和电子组件、印刷电路板以及电气或电子产品：

1. 因破损、拆解或其他处理而无法用于其原用途，或通过维修、翻新或修理以使其仍用作原用途是不经济的；以及

2. 其包装或运输方式不是为了保护单件物品在运输、装卸过程中不受损坏的。

（二）“电子电气废弃物及碎料”与其他废物、废料的混合物归入品目85.49。

（三）本类不包括第三十八章注释四所规定的城市垃圾。

总 注 释

一、本类的基本内容

（一）除本类注释及第八十四章、第八十五章注释规定不归入本类的货品，以及在其他各类已具体列名的货品以外，本类包括所有用机械及电气方式操作的机器、装置、器具、设备及其零件，同时也包括某些既不用机械方式，也不用电气方式进行操作的装置和设备（例如，锅炉、锅炉房设备、过滤装置等）及其零件。

不归入本类的货品主要有：

1. 任何材料制成的卷轴、纡子、筒管、线轴等（应按其构成材料归类）。但经轴不应视为筒管、卷轴或类似品，而应归入品目84.48。

2. 第十五类注释二所指的通用零件。例如，钢铁制的丝、链、螺栓、螺丝钉及弹簧（品目73.12、73.15、73.18或73.20）及其他贱金属制的类似品（第七十四章至第七十六章及第七十八章至第八十一章）；品目83.01所列的锁；品目83.02所列的门窗等用的配件及架座。塑料制成的类似品也不归入本类而应归入第三十九章。

3. 品目82.07所列的可互换工具；其他类似的可互换工具应按其工作部件的构成材料归类（例如，橡胶制的归入第四十章；皮革制的归入第四十二章；毛皮制的归入第四十三章；软木制的归入第四十五章；纺织材料制的归入第五十九章；研磨料等制的归入品目68.04；陶瓷制的归入品目69.09等）。

4. 第八十二章所列的其他物品（例如，工具、工具刀头、刀具及切割刀片、非电动理发推子及某些家用机械器具），以及第八十三章所列的物品。

5. 第十七类所列的物品。

6. 第十八类所列的物品。

7. 武器弹药（第九十三章）。

8. 具有玩具、游戏品或运动用品性质的机器或装置，以及明显专用于或主要用于玩具、游戏品、运动用品的零件及附件（包括非电动的发动机，但不包括液体泵及液体或气体的过滤、净化机器，它

们应分别归入品目 84.13 或 84.21；也不包括电动机、变压器及无线电遥控装置，它应分别归入品目 85.01、85.04 或 85.26）（第九十五章）。

9. 用作机器零件的刷子（品目 96.03）。

（二）一般来说，本类所列的货品可用各种材料制造。其中大部分是贱金属制的，但本类也包括某些用其他材料制成的机器（例如，全部用塑料制成的泵），以及用塑料、木材、贵金属等制成的零件。

但本类不包括：

1. 塑料制的传动带或输送带（第三十九章）、未硬化硫化橡胶制品（例如，传动带或输送带）（品目 40.10）、橡胶外胎、内胎等（品目 40.11 至 40.13）及垫圈等（品目 40.16）。

2. 皮革或再生皮革制品。（例如，织机用的皮结）（品目 42.05）及毛皮制品（品目 43.03）。

3. 纺织材料制品。例如，传动带或输送带（品目 59.10）、毡垫及抛光轮（品目 59.11）。

4. 第六十九章所列的某些陶瓷制品（参见第八十四章及第八十五章总注释）。

5. 第七十章所列的某些玻璃制品（参见第八十四章及第八十五章总注释）。

6. 全部用宝石或半宝石（天然、合成或再造）制成的物品（品目 71.02、71.03、71.04 或 71.16），但不包括已经加工但未装配的电唱机唱针用蓝宝石或钻石（品目 85.22）。

7. 金属丝或金属带制成的环形带（第十五类）。

二、零件

（本类注释二）

一般来说，除上述第一部分所列不归入本类的货品以外，凡明显专用于或主要用于某种机器或装置（包括品目 84.79 或 85.43 所列物品），或同一品目所列同类机器或装置的零件，均应与有关机器或装置一并归类。但下列零件则归入单独品目：

（一）品目 84.07 或 84.08 所列发动机的零件（品目 84.09）。

（二）品目 84.25 至 84.30 所列机器的零件（品目 84.31）。

（三）品目 84.44 至 84.47 所列纺织机器的零件（品目 84.48）。

（四）品目 84.56 至 84.65 所列机器的零件（品目 84.66）。

（五）品目 84.70 至 84.72 所列办公室用机器的零件（品目 84.73）。

（六）品目 85.01 或 85.02 所列机器的零件（品目 85.03）。

（七）品目 85.19 或 85.21 所列装置的零件（品目 85.22）。

（八）品目 85.25 至 85.28 所列装置的零件（品目 85.29）。

（九）品目 85.35、85.36 或 85.37 所列装置的零件（品目 85.38）。

上述规定不适用于本身已构成本类某个品目（品目 84.87 及 85.48 除外）所列物品的零件。这些物品即使用作某种机器的专用零件，仍应归入其具体列名的品目。本规定特别适用于：

1. 泵及压缩机（品目 84.13 及 84.14）。

2. 品目 84.21 所列的过滤机器及装置。

3. 起重及搬运机器（品目 84.25、84.26、84.28 或 84.86）。

4. 龙头、旋塞、阀门等（品目 84.81）。

5. 滚珠轴承、滚子轴承、滚针轴承，以及公差不超过 1% 或 0.05 毫米（以相差数值较小的为准）的抛光钢珠（品目 84.82）。

6. 传动轴、曲柄、轴承座、滑动轴承、齿轮及齿轮传动装置（包括摩擦传动装置、齿轮箱及其他变速装置）、飞轮、滑轮与滑轮组、离合器及联轴器（品目 84.83）。

7. 品目 84.84 所列的密封垫及类似的接合衬垫。

8. 品目 85.01 所列的电动机。

9. 品目 85.04 所列的变压器及其他机器及装置。
10. 组装成电池组的蓄电池。
11. 加热电阻器（品目 85.16）。
12. 电容器（品目 85.32）。
13. 电路的开关、保护等用的电气装置（例如，开关、熔断器、接线盒等）（品目 85.35 及 85.36）。
14. 用于电气控制或电力分配的盘、板、台、柜及其他装置（品目 85.37）。
15. 品目 85.39 所列的灯。
16. 品目 85.40 所列的电子管及品目 85.41 所列的二极管、晶体管等。
17. 电气设备用碳精制品（例如，弧光灯碳棒、碳电极及碳刷）（品目 85.45）。
18. 各种材料制的绝缘子（品目 85.46）。
19. 品目 85.47 所列的电气设备等用的绝缘配件。

其他可确定为机器零件，但非专用于或主要用于某种机器或某类机器（即通用于不同品目所列的多种机器）的物品，应归入品目 84.87（非电气零件）或品目 85.48（电气零件）；但上述各项所列物品除外。

上述零件归类的规定不适用于下列品目所列货品的零件：品目 84.84（密封垫等）、85.44（绝缘电线）、85.45（电气设备用碳精制品）、85.46（绝缘子）或 85.47（线路导管）；其他的这类零件一般应按其构成材料归入相应的章内。

机器零件不论是否制成成品，即可使用，均应归入本类；但钢铁制的粗锻件应归入品目 72.07。

三、附属装置

［参见归类总规则二（一）、三（二）及本类注释三及四］

附属的仪器及装置（例如，压力计、温度计、水平仪或其他测量或检验仪器、产量计数器、时钟机构开关、控制板、自动调节器等），如果与所属机器设备同时报验，并专用于测量、检测、控制或调节某种机器或装置［可以是组合机器（参见以下第六部分）或者功能机组（参见以下第七部分）］，应与有关机器设备一并归类。但用以检测、控制或调节多台机器（不论是否同一类型）的附属仪器及装置应归入其所属的适当品目。

四、不完整机器

［参见归类总规则二（一）］

本类所指的机器或装置，不仅包括完整品，也包括不完整品（即已把有关零件装配成具有完整机器基本特征的机器）。因此，一台机器如仅仅缺少飞轮、底板、研光滚筒、工具夹具等，仍应与完整机器归入同一品目，而不应作为零件单独归类。同样，在正常情况下往往配有电动机的机器或装置（例如，品目 84.67 所列的手提式电动工具），即使在报验时没有带电动机，也应按相应的完整机器归入同一品目。

五、未经装配的机器

［参见归类总规则二（一）］

为了便于运输，许多机器或装置运输时处于未装配状态。虽然这类货品事实上只是一套零件，但仍应作为机器归类，而不应作为零件单独归类。这一规定同样适用于报验时未经装配的具有完整机器基本特征的不完整机器（参见上述第四部分，同时参见第八十四章及第八十五章的总注释）。但超过组成完整机器或具有完整机器基本特征的不完整机器所需数量的未装配零件，应归入其所属的适当品目。

六、多功能机器及组合机器

（本类注释三）

一般来说，多功能机器应按机器的主要功能归类。

多功能机器（例如，利用可互换刀具加工金属的机床），可进行不同的机械加工（例如，铣削、镗削、磨削）。

在不能确定机器的主要功能，而且根据本类注释三的规定，条文也没有列出其他要求时，可运用归类总规则三（三）进行归类。例如，当多功能机器看起来可归入品目 84.25 至 84.30、品目 84.58 至 84.63 或品目 84.70 至 84.72 的几个品目时，可运用归类总规则三（三）进行归类。

组合机器是由两台或多台不同类型的机器或器具组成的整套设备，各台机器可同时或序贯执行各自的功能，这些功能一般是互补的，不同的功能列在第十六类的不同品目中。这种组合机器也应按其主要功能归类。

这类组合机器举例如下：配有托纸辅助机器的印刷机器（品目 84.43）；配有加印名字或简单图案辅助机器的卡纸盒制造机器（品目 84.41）；配有起重或搬运装置的工业熔炉（品目 84.17 或 85.14）；配有辅助性包装设备的香烟制造机器（品目 84.78）。

在执行上述规定时，各种不同的机器如果是一台机器装在另一台机器的内部或上面，或者两者装在同一个底座、支架之上或同一个机壳之内，应作为一个整体对待。

机器的组合体不应视为构成一个整体，除非其各台机器是永久性地连在一起，或装在同一个底座、支架或机壳内。临时组合的或通常未构成组合机器的机器组合体不包括在内。

这些机器的底座、支架或机壳可以装有轮子，以便在使用时可随意移动，但不能因此而构成协调制度某一品目具体列名的另一种物品（例如，车辆）。

地板、混凝土底座、墙、隔板、天花板等，即使经专门装配以备安装机器或器具，不能视为将有关机器或器具连成一体的共同底座。

当组合机器可归入某个特定品目时，无需引用第十六类注释三的规定。例如，某些空调器（品目 84.15）。

必须注意，多用途机器（例如，金属及其他材料的加工机床，或造纸、纺织、皮革、塑料等工业通用的打孔机），应按第八十四章注释八的规定归类。

七、功能机组

（本类注释四）

当一台机器（包括机组）由多个独立部件组成，组合后明显只为一种第八十四章，更常见的是第八十五章某个品目所列功能工作时，可运用该注释。整套设备应按有关功能归入其相应品目，不论各个部件是否为了方便或其他原因而彼此分开，或仅用管道（装有空气、压缩空气、油等）、传动装置、电缆或其他装置连接起来。

在上述注释中，所称“明显只为一种功能工作”的机器，仅包括在作为一个整体的功能机组中起主要功能作用的机器或机组；但不包括执行辅助功能而不是执行整套设备的主要功能的机器或器具。

本类注释四所指的功能机组举例如下：

（一）液压系统，由液压动力机组（主要由液压泵、电动机、控制阀及油箱组成）、液压缸及连接液压缸和液压动力装置所需的管道构成（品目 84.12）。

（二）冷藏设备，其各个构成部件并不组装成整体，而是由管道连接起来，冷却剂在管道中循环流动（品目 84.18）。

（三）灌溉系统，包括由过滤器、喷射器、计量阀等组成的控制站、地下分布支管及地面网络（品目 84.24）。

（四）挤奶机器，所配有的各个独立部件（真空泵、脉动器、奶头吸杯及奶桶）是由软管或管道加以联接的（品目 84.34）。

（五）酿酒机器，主要包括催芽机、麦芽压碎机、麦芽浆桶、滤酒桶（品目 84.38）。但辅助机器（例如，装瓶机、标签印刷机）不应归入本品目，而应归入其他相应品目。

（六）信件分拣系统，主要由编码台、预分拣信道、中间分拣机及最终分拣机所组成。整套设备是由一台自动数据处理机控制（品目84.72）。

（七）沥青拌和设备，由各自独立的加料斗、输送装置、干燥器、振动筛、混合机、贮料箱及操纵装置并排配置而成（品目84.74）。

（八）组装电灯泡用的机器。这种设备的各个部件是利用输送装置加以联接，并配有玻璃的热处理设备、泵及灯泡检测装置（品目84.75）。

（九）焊接设备，由焊头或焊钳组成，配有变压器、发电机或整流器，用以供电（品目85.15）。

（十）配有手提话筒的手提式无线电话发送设备（品目85.17）。

（十一）配有电源、放大器等的雷达设备（品目85.26）。

（十二）由一台接收机、一个抛物面天线反射盘、一个天线反射盘用的控制旋转器、一个喇叭天线（波导器）、一个偏振器、一个低噪声广播信号接收（LNB）降频转换器及一个红外摇控器组成的卫星电视接收系统（品目85.28）。

（十三）由红外线灯、光电池及警铃等组成的防盗报警器（品目85.31）。

必须注意，不符合第十六类注释四规定的各种部件应归入其所属的适当品目。本规定适用于，例如，闭路电视监视系统。这种系统由数量不等的电视摄像机、视频监视器组成，通过同轴电缆与控制器、开关、音频接收器相互连接，必要时还可与自动数据处理设备（用以储存数据）或视频录像机（用以录像）连接使用。

八、移动式机器

关于自走式机器或其他移动式机器的归类，参见有关机器所属品目的注释（例如，起重及搬运机器参见品目84.25至84.28的注释；挖掘机参见品目84.29及84.30的注释），以及第十七类中各章及各品目的注释。

九、实验室用的机器及装置

本类所包括的机器及装置，即使是实验室专用或与科学及测量仪器连用的，如果既未构成品目90.23所列的专供非工业性示范用的装置，也未构成第九十章所列的测量、检验等仪器，仍应归入本类。例如，实验室用的小型熔炉、蒸馏设备、研磨机、混合机、变压器及电容器等，仍应归入本类。

十、电子电气废弃物及碎料（E-WASTE）

（本类注释六）

本类注释六所称“原用途”，指作为电气或电子产品的功能用途。

第八十四章 核反应堆、锅炉、机器、机械器具及其零件

注释：

一、本章不包括：

（一）第六十八章的石磨、石碾及其他物品；

（二）陶瓷材料制的机器或器具（例如，泵）及供任何材料制的机器或器具用的陶瓷零件（第六十九章）；

（三）实验室用玻璃器（品目70.17）；玻璃制的机器、器具或其他专门技术用途的物品及其零件（品目70.19或70.20）；

（四）品目73.21或73.22的物品或其他贱金属制的类似物品（第七十四章至第七十六章或第七十八章至第八十一章）；

（五）品目85.08的真空吸尘器；

（六）品目85.09的家用电动器具；品目85.25的数字照相机；

（七）第十七类物品用的散热器；或

（八）非机动的手工操作地板清扫器（品目96.03）。

二、除第十六类注释三及本章注释十一另有规定以外，如果某种机器或器具既符合品目84.01至84.24中一个或几个品目的规定，或符合品目84.86的规定，又符合品目84.25至84.80中一个或几个品目的规定，则应酌情归入品目84.01至84.24中的相应品目或品目84.86，而不归入品目84.25至84.80中的有关品目。

（一）但品目84.19不包括：

1. 催芽装置、孵卵器或育雏器（品目84.36）；

2. 谷物调湿机（品目84.37）；

3. 萃取糖汁的浸提装置（品目84.38）；

4. 纱线、织物及纺织制品的热处理机器（品目84.51）；或

5. 温度变化（即使必不可少）仅作为辅助功能的机器、设备或实验室设备。

（二）品目84.22不包括：

1. 缝合袋子或类似品用的缝纫机（品目84.52）；或

2. 品目84.72的办公室用机器。

（三）品目84.24不包括：

1. 喷墨印刷（打印）机器（品目84.43）；或

2. 水射流切割机（品目84.56）。

三、如果用于加工各种材料的某种机床既符合品目84.56的规定，又符合品目84.57、84.58、84.59、84.60、84.61、84.64或84.65的规定，则应归入品目84.56。

四、品目84.57仅适用于可以完成下列不同形式机械操作的金属加工机床，但车床（包括车削中心）除外：

（一）按照机械加工程序从刀具库或类似装置中自动更换刀具（加工中心）；

（二）同时或顺序地自动使用不同的动力头对固定不动的工件进行加工（单工位组合机床）；或

（三）自动将工件送向不同的动力头（多工位组合机床）。

五、品目84.62用于板材的“纵剪线”是由开卷机、矫平机、纵剪机和收卷机组成的生产线。用

于板材的“定尺剪切线”是由开卷机、矫平机和剪切机组成的生产线。

六、

（一）品目84.71所称“自动数据处理设备”，是指具有以下功能的机器：

1. 存储处理程序及执行程序直接需要的起码的数据；

2. 按照用户的要求随意编辑程序；

3. 按照用户指令进行算术计算；以及

4. 在运行过程中，可不需人为干预而通过逻辑判断，执行一个处理程序，这个处理程序可改变计算机指令的执行。

（二）自动数据处理设备可以是一套由若干单独部件所组成的系统。

（三）除本条注释（四）及（五）另有规定的以外，一个部件如果符合下列所有规定，即可视为自动数据处理系统的一部分：

1. 专用于或主要用于自动数据处理系统；

2. 可以直接或通过一个或几个其他部件同中央处理器相联接；以及

3. 能够以本系统所使用的方式（代码或信号）接收或传送数据。

自动数据处理设备的部件如果单独报验，应归入品目84.71。

但是，键盘、X-Y坐标输入装置及盘（片）式存储部件，只要符合上述注释（三）2及（三）3所列的规定，应一律作为品目84.71的部件归类。

（四）品目84.71不包括单独报验的下述设备，即使它们符合上述注释六（三）的所有规定：

1. 打印机、复印机、传真机，不论是否组合式；

2. 发送或接收声音、图像或其他数据的设备，包括有线或无线网络（例如，局域网或广域网）通信设备；

3. 扬声器及传声器（麦克风）；

4. 电视摄像机、数字照相机及视频摄录一体机；

5. 监视器及投影机，未装有电视接收装置。

（五）装有自动数据处理设备或与自动数据处理设备连接使用，但却从事数据处理以外的某项专门功能的机器，应按其功能归入相应的品目，对于无法按功能归类的，应归入未列名品目。

七、品目84.82还包括最大直径及最小直径与标称直径相差均不超过1%或0.05毫米（以两者数值较小者为准）的抛光钢珠，其他钢珠归入品目73.26。

八、具有一种以上用途的机器在归类时，其主要用途可作为唯一的用途对待。

除本章注释二、第十六类注释三另有规定的以外，凡任何品目都未列明其主要用途的机器，以及没有哪一种用途是主要用途的机器，均应归入品目84.79。品目84.79还包括将金属丝、纺织纱线或其他各种材料以及它们的混合材料制成绳、缆的机器（例如，捻股机、绞扭机、制缆机）。

九、品目84.70所称“袖珍式”，仅适用于外形尺寸不超过170毫米×100毫米×45毫米的机器。

十、品目84.85所称“增材制造”（也称3D打印）指以数字模型为基础，将介质材料（例如，金属、塑料或陶瓷）通过连续添加、堆叠、凝结和固化形成物体。

除第十六类注释一及第八十四章注释一另有规定的以外，符合品目84.85规定的设备，应归入该品目而不归入本协调制度的其他品目。

十一、

（一）第八十五章注释十二（一）及（二）同样适用于本条注释及品目84.86中所称的“半导体器件”及“集成电路”。但本条注释及品目84.86所称“半导体器件”，也包括光敏半导体器件及发光二极管（LED）。

（二）本条注释及品目84.86所称“平板显示器的制造”，包括将各层基片制造成一层平板，但不包括玻璃的制造或将印刷电路板或其他电子元件装配在平板上。所称“平板显示”不包括阴极射线管技术。

（三）品目 84.86 也包括专用于或主要用于下列用途的机器及装置：

1. 制造或修补掩膜版及投影掩膜版；

2. 组装半导体器件或集成电路；

3. 升降、搬运、装卸单晶柱、晶圆、半导体器件、集成电路及平板显示器。

（四）除第十六类注释一及第八十四章注释一另有规定的以外，符合品目 84.86 规定的设备及装置，应归入该品目而不归入本协调制度的其他品目。

○

○　○

子目注释：

一、子目 8465.20 所称“加工中心”，仅适用于加工木材、软木、骨、硬质橡胶、硬质塑料或类似硬质材料的加工机床，这些设备可根据机械加工程序，从刀具库或类似装置中自动更换刀具，以完成不同形式的机械加工。

二、子目 8471.49 所称“系统”，是指各部件符合第八十四章注释六（三）所列条件，并且至少由一个中央处理部件、一个输入部件（例如，键盘或扫描器）及一个输出部件（例如，视频显示器或打印机）组成的自动数据处理设备。

三、子目 8481.20 所称“油压或气压传动阀”，是指在液压或气压系统中专用于传递“流体动力”的阀门，系统以加压流体（液体或气体）的形式提供能源。这些阀门可以是各种形式的（例如，减压阀、止回阀）。子目 8481.20 优先于品目 84.81 的所有其他子目。

四、子目 8482.40 仅包括滚柱直径相同，最大不超过 5 毫米，且长度至少是直径三倍的圆滚柱轴承，滚柱的两端可以磨圆。

总　注　释

一、本章的基本内容

除第十六类的总注释另有规定的以外，本章包括未在第八十五章具体列名的各种机器和机械器具及其零件。但不包括：

（一）作专门技术用途的纺织材料制品（品目 59.11）。

（二）第六十八章的石料等制品。

（三）第六十九章的陶瓷制品。

（四）品目 70.17 的实验室用玻璃器；玻璃制的机器、器具及其零件（品目 70.19 或 70.20）。

（五）品目 73.21 或 73.22 的炉、集中供暖用散热器和其他货品，以及其他类似的贱金属制品。

（六）品目 85.09 的家用电动器具；品目 85.25 的数字式照相机。

（七）第十七类物品用的散热器（第十七类）。

（八）非机动的手工操作地板清扫器（品目 96.03）。

总的来说，第八十四章包括机器及机械器具，第八十五章包括电气设备。但某些机器则具体列入了第八十五章的有关品目中（例如，家用电动器具）；而另一方面，第八十四章包括某些非机械设备（例如，蒸汽发生锅炉及其辅助设备，以及过滤装置）。

还须注意，第八十四章所列的机器及装置即使是用电的，仍应归入本章。例如：

1. 用电动机驱动的机器。

2. 电热机器，例如，品目 84.03 的集中供暖用的电热水锅炉、品目 84.19 的机器及装有电热元件的其他机器（例如，研光机、纺织品洗涤或漂白机器或熨烫机）。

3. 电磁式机器（例如，电磁阀）或装有电磁装置的机器（例如，装有电气自动停机装置的纺织机、装有电磁起重吸盘的起重机及装有电磁夹盘的车床）。

4. 电子操作机器（例如，电子计算器或自动数据处理装置）和装有光电装置或电子装置的机器（例如，装有光电装置的滚轧机及装有各种电子控制装置的机床）。

由于陶瓷材料制的机器或器具（例如，泵）及供任何材料制的机器或器具用的陶瓷零件（第六十九章）、实验室用玻璃器（品目70.17）及玻璃材料制的机器、器具及其玻璃零件（品目70.19或品目70.20）均不归入本章，因此，即使某种机器或机械用具的品名或属性在本章的品目中列出，但如果该种机器或机械用具具有陶瓷材料制品或玻璃制品的特征，它们仍不归入本章。

上述规定适用于装有其他材料制的非主要部件［例如，塞子、接头、旋塞等，夹紧或固定用的圈或环，或其他紧固件或支承件（支架、三脚架等）］的陶瓷或玻璃机器、机械器具或装置。

另一方面，下列情况通常视为已失去陶瓷制品、实验室用玻璃器、陶瓷或玻璃机器、器具及其零件的特征：

（1）由陶瓷或玻璃部件与其他材料（例如，金属）制的许多部件组合而成的物品；以及由许多陶瓷或玻璃制的部件装在永久固定在其他材料制的支架、壳罩或类似品中而组成的物品。

（2）由陶瓷或玻璃制的固定部件与其他材料（例如，金属）制的发动机、泵等机械部件组合而成的物品。

二、本章总的编排

（一）品目84.01包括核反应堆，核反应堆的未辐照燃料元件及同位素分离机器和装置。

（二）品目84.02至84.24包括其他机器及装置，这些机器及装置主要根据其功能列名，不论其用于哪种产业部门。

（三）品目84.25至84.78包括的机器或装置除某些情况外，不论其特定功能如何均按其所应用的产业部门进行列名。

（四）品目84.79包括不能归入本章该品目以前任何品目的机器及机械器具。

（五）品目84.80除包括金属铸造用的型箱及阳模以外，还包括模制某些材料用的手工模具或机器模具（锭模除外）。

（六）品目84.81至84.84包括某些可作为机器零件使用或可用作其他章货品零件的通用物品。

（七）品目84.86包括专用于或主要用于制造半导体单晶柱或圆片、半导体器件、集成电路或平板显示器的设备及装置，以及本章注释十一（三）所列的设备及装置。

（八）品目84.87包括其他品目未列名的非电气零件。

三、零件

零件的归类一般可参见第十六类总注释。

单独报验的电气零件一般应归入第八十五章的有关品目中。例如，电动机（品目85.01）；变压器（品目85.04）；电磁铁、永磁铁、起重机的电磁起重吸盘及电磁卡盘（品目85.05）；活塞式内燃机用的电起动装置（品目85.11）；电气开关、控制板、插头、接线盒等（品目85.35至85.37）；电子管（品目85.40）；二极管、晶体管及类似的半导体器件（品目85.41）；电子集成电路（品目85.42）；碳电极（品目85.45）；绝缘子（品目85.46）；以及绝缘材料制的某些零件（品目85.47）。上述物品除非与有关机器的其他零件组装在一起，否则这些物品即使主要用于或专用于本章的某种机器，仍应归入以上所列的相应品目。

其他电气零件可按下列规则归类：

（一）如果符合品目84.09、84.31、84.48、84.66或84.73的规定，应归入上述品目。

（二）不符合上述品目规定的，如果主要用于或专用于本章某种机器，可归入有关机器的品目；

非专门或主要用于某种机器的电气零件应归入品目85.48。

四、可归入本章两个及两个以上品目的货品

[本章注释二、注释八及注释十一（四）]

除第十六类注释一及第八十四章注释一另有规定外，品目84.86所列设备及装置，应优先归入该品目而不归入本协调制度的其他品目。

品目84.01至84.24包括的机器设备（一般按其功能列名）可用于各个产业部门。其他品目的机器或装置则大多数按其所应用的工业或其他行业列名。根据本章注释二的规定，可归入两个及两个以上品目的机器及装置，如果其中一个品目属于第一组品目范围（即品目84.01至84.24）的，应归入第一组的有关品目。因此，发动机不论其用途如何，一律归入品目84.06至84.08及品目84.10至84.12。这一归类原则同样适用于泵［即使其具体用于某种特定用途（例如，纺丝泵或农用泵）］、离心机、研光机、压滤机、熔炉、蒸汽发生器等。

但这一总原则不适用于品目84.19、84.22及84.24（参见本章注释二的规定）。因而下列物品虽然看起来可归入品目84.19，但实际上却归入本章后一组的有关品目：

（一）农用催芽装置、孵卵器及育雏器（品目84.36）。

（二）谷物调湿机（品目84.37）。

（三）萃取糖汁的浸提装置（品目84.38）。

（四）纺织纱线、织物或纺织制品的热处理机器（品目84.51）。

（五）温度变化（即使必不可少）仅作为辅助功能的机器、设备或实验室设备。

同样，下列物品虽然看起来可归入品目84.22，但实际上却归入本章后一组的有关品目：

（一）缝纫机（例如，缝合袋子用的）（品目84.52）。

（二）将文件或信件插入包装物或信封中并加封的机器、硬币计数及包装机（品目84.72）。

另外，下列物品虽然看起来可归入品目84.24，但实际上应归入本章后面的有关品目：

（一）喷墨印刷（打印）机器（品目84.43）。

（二）水射流切割机（品目84.56）。

优先归入品目84.01至84.24的规则仅适用于可视为一个整体的机器。组合机器或多功能机器应按第十六类注释三的规定进行归类，而功能机组则应按第十六类注释四的规定进行归类（参见第十六类总注释的第六及第七部分）。

可归入两个及两个以上品目，而又不归入品目84.01至84.24中的任何一个品目的机器，应归入对该机器列名最为具体的有关品目，或按该机器的主要用途归类。可同时用于多种不同用途或工业的多用途机器（例如，打孔机可同时用于造纸、纺织、皮革、塑料等工业）应归入品目84.79。

五、装有自动数据处理装置或与自动数据处理设备连接使用，但却从事某项专门功能的机器

[本章注释六第（五）款]

根据第八十四章注释六第（五）款的规定，下列归类原则适用于装有自动数据处理装置或与自动数据处理设备连接使用，但却从事某项专门功能的机器：

（一）装有自动数据处理装置，但却从事除数据处理以外的某项专门功能的机器，可按其功能归入有关品目；如无列名品目可归，则应归入未列名品目，但不能归入品目84.71。

（二）与自动数据处理设备一同报验并与其连接使用，但却从事除数据处理以外的某项专门功能的机器，应按下列规则归类：

自动数据处理机应单独归入品目84.71，其他机器归入与其功能相应的品目，除非其符合第十六类注释四或第九十章注释三的规定，则整套机器归入第八十四章、第八十五章或第九十章的其他品目。

84.01　核反应堆；核反应堆的未辐照燃料元件（释热元件）；同位素分离机器及装置：

10　—　核反应堆

20　—　同位素分离机器、装置及其零件

30　—　未辐照燃料元件（释热元件）

40　—　核反应堆零件

一、核反应堆

所称“核反应堆”，一般包括所有隔离于生物屏蔽范围以内的器具及设备，必要时还包括生物屏蔽本身。屏蔽之外的器具及设备，如构成屏蔽内器具及设备的不可分割部分也包括在内。

核反应堆通常由下列部分组成：

（一）堆芯，它包括：

1. 核燃料（裂变燃料或增殖性燃料）。可熔解或分散于慢化剂中（均匀反应堆），或浓缩在燃料元件中（不均匀反应堆）。

2. 慢化剂，必要时也包括中子反射层（例如，铍、石墨、水、重水；某些碳氢化合物，如联苯及三联苯）。

3. 冷却剂，用于除去反应堆产生的热量（二氧化碳、氦、水、重水、熔融钠或铋、熔融钠钾混合物、熔盐、某些碳氢化合物等常用于这方面）。慢化剂也常兼作冷却剂用。

4. 控制棒，用具有高度吸收中子能力的材料（例如，硼、镉、铪）或这些材料的合金或化合物制成。

（二）机械结构件［例如，反应堆容器；燃料元件（释热元件）装料格栅；冷却剂输送管道；阀门、控制棒操作装置等］。

（三）测量、检查及自动控制仪器（例如，中子源、电离室、热电偶、电视摄像机、压力或流量表）。

（四）热屏蔽及生物屏蔽（用钢、混凝土、铅等制成）。

某些其他机器、装置及器具也可用于核反应堆，甚至可置于由生物屏蔽隔离的范围之内。但不能因此而认为这些机器、装置及器具具有核反应堆零件的基本特征，它们仍应归入其相应品目［参见下文本品目不包括物品部分的第（三）至（九）条］。

不同的核反应堆，其性质、特点及构成部件的装配方式有很大的差异。各种核反应堆一般可按下列方法分类：

1. 按中子增殖链式反应的能量大小分类［例如，热中子堆（或慢反应堆）；中能中子堆及快速中子堆］。

2. 按裂变材料在核反应堆芯中的分布情况分类（例如，均匀反应堆或非均匀反应堆）。

3. 按用途分类［例如，实验研究用反应堆；同位素生产反应堆；材料测试反应堆；将增殖性材料变为裂变材料的反应堆（转换堆及增殖堆）；推进动力反应堆；热能或电力生产反应堆等］。

4. 按所用材料的性质或操作原理分类（例如，天然铀、浓缩铀、铀－钍、钠－石墨、气体－石墨、加压水、加压重水、沸水、游泳池型、有机慢化剂等形式的反应堆）。

在一般情况下，反应堆的大小至少应处于临界状态，使得任何向外消耗掉的中子数不至于达到使链式反应中断的程度。但是，在实验研究时有时使用次临界反应堆，这种反应堆需要有外加的中子源。上述反应堆也包括在本品目中。

单独报验的核反应堆零件，一般应按第十六类注释二的规定归类。

因此，控制棒及相应机构、反应堆裂变反应的起动中子源、反应堆容器、插入燃料元件用的格栅及压水反应堆的加压器，应作为核反应堆的零件归入本品目。

但下列货品不应作为核反应堆的零件：

（一）石墨块（品目38.01或68.15）、铍块（品目81.12）或氧化铍块（品目69.14）。

（二）特殊形状的金属管道，或仅制成一定形状但未进一步加工的金属管道。这些金属管道在报验时未经装配，不论是否可确定为供核反应堆结构用的（第十五类）。

（三）蒸汽锅炉（品目84.02）。

（四）热交换器（品目84.04或84.19）。

（五）汽轮机（品目84.06）。

（六）泵（品目84.13或84.14）。

（七）风机（品目84.14）。

（八）从水中提取矿物的装置（一般归入品目84.19或84.21）。

（九）更换或取出燃料元件的搬运设备及移动式起重机（一般归入品目84.26）。

（十）处理放射性产品用的遥控机械手（品目84.28）。

二、同位素分离机器及装置

本组包括所有专用于将某种化学元素或它的某种化合物浓缩于该化学元素的一种同位素之中，或将各种同位素完全分离的机械设备、热力设备或电气设备。

应用最广泛的是用于生产重水（氧化氘）或浓缩铀－235的机器或装置。

用浓缩天然水的方法生产重水的设备及装置包括：

（一）由许多板成组或成阶式排列构成的特种分馏及精馏装置。这些装置利用重水与普通水在沸点上的微小差异，取得重水中不断耗尽的初馏分以及不断加浓的最后馏分。

（二）利用低温分馏方法从液态氢中分离出氘，然后再使氘燃烧，从而制得重水的装置。

（三）利用同位素交换的原理进行工作，例如，采用双重温度方法或氢的不同液相或气相接触的方法制取重水或氘化合物的装置。同位素交换有时需借助催化剂完成。

（四）通过电解水生产重水的电解槽，以及电解水和同位素交换（在已制得的氢与原来的水之间交换）相结合的装置。

以下是将铀浓缩成铀－235时最常用的装置：

（一）一种叫“气体（六氟化铀）离心机”的特种离心机。这种离心机装有一个由塑料或钢铁制成的转速极高的鼓形转子（“转鼓”）。

这种离心机内部经过抗腐蚀处理，以防止六氟化铀腐蚀。通常采用大量的级联单元，并通过下沉气流或逆向气流进行工作。

（二）铀同位素分离器（气体扩散式分离器）。这种设备的扩散室（可以是圆形的）内装有一层多孔膜（阻挡层），利用铀－235与原气体在质量上的微小差异，气态六氟化铀扩散穿过多孔膜时被分离成两部分。这样反复操作多次，即可获得纯六氟化铀－235。

（三）“喷嘴式”分离装置（贝克尔分离法）。这种设备将一股气流（六氟化铀与氦或氢的气流）高速射入一个高度弯曲的喷嘴内；在其出口处的一根“巴宁”管将六氟化铀的浓缩部分分离出来。

电磁式同位素分离器（卡留管）也归入本品目。

除零件的归类总规则另有规定的以外（参见第十六类总注释），本组所列机器及装置的零件也应归入本品目。

三、核反应堆的未辐照燃料元件（释热元件）

核反应堆的未辐照燃料元件是将裂变材料或增殖性材料装进一个配有搬运用特殊装置的包壳中而构成的；燃料元件的鞘壳一般由贱金属制成（例如，由锆、铝、镁、不锈钢制成）。

裂变燃料元件可装有金属态天然铀或天然铀化合物（氧化铀、碳化铀、氮化铀等），呈金属态或化合物状的U235或233浓缩铀或浓缩于钚的铀，浓缩于钚的钍。增殖性燃料元件（例如，装有钍或贫化铀的）装在反应堆的外围以反射中子，在吸收了一部分中子后，可变成裂变燃料元件。

燃料元件有多种不同类型，例如：

（一）为装于贱金属包壳的易燃金属及其合金棒或管。金属包壳可带有凸缘，以利于热交换。燃料元件可装有支架及端头，以便于插入反应堆或从反应堆中取出。

（二）将裂变燃料分散于石墨中，并制成石墨包裹的棒状、板状或球状产品；或由其他类型的分散体及金属陶瓷制成。这些燃料元件带有凸缘，安装方法与上述（一）款所述的燃料元件相同。

（三）下列物品的组合体：

1. 表面涂有惰性金属的一系列层叠裂变燃料或增殖性燃料板（金属或陶瓷混合物）。

2. 装有二氧化铀或碳化铀小团粒的惰性金属管；或

3. 由惰性金属包覆的同心裂变金属管。

所有这些类型的燃料元件均装有支架，使元件之间保持一定间隔并使之固定，通常还装有外壳。构成这些燃料元件的各个组成部分都固定在同一个底座上，并装有一个共同端头。

单独报验时，这些燃料元件的组成部分（例如，装有核燃料并密封的不锈钢包壳）应按燃料元件的零件归类。

用于球形或棱柱形燃料元件的涂有多层碳或碳化硅的微型球状核燃料，以及乏燃料（已辐照）元件，应归入品目 28.44。

*

*　*

本品目也不包括：

（一）利用热冶处理方法分离已辐照核燃料的熔炉（酌情归入品目 84.17 或 85.14）。

（二）利用分馏法分离已辐照燃料或处理废液用的分离器（制取重水的分离器除外）（品目 84.19）。

（三）专门用于清除放射性尘埃的空气过滤器（物理式或静电式空气过滤器）；保留放射性碘用的活性碳净化器；用于分离放射性元素的离子交换装置，包括利用电渗析法操作的离子交换装置；分离已辐照燃料或处理废液用的分离器，不论其是利用离子交换原理工作还是利用化学方法工作的（品目 84.21）。

84.02　蒸汽锅炉（能产生低压水蒸汽的集中供暖用的热水锅炉除外）；过热水锅炉：

—　蒸汽锅炉：

11　——　蒸发量超过 45 吨/时的水管锅炉

12　——　蒸发量不超过 45 吨/时的水管锅炉

19　——　其他蒸汽锅炉，包括混合式锅炉

20　—　过热水锅炉

90　—　零件

一、蒸汽锅炉

本组包括产生水蒸汽或其他蒸气（例如，汞气）的设备，用以驱动原动机（例如，汽轮机）或其他使用蒸汽动力的机器（例如，汽锤及汽泵），或给加热、烹煮、消毒等设备供应蒸汽，也包括集中供暖用的蒸汽锅炉。

单独报验的锅炉（例如，铁道机车锅炉），即使在结构上明显构成某种机器、设备或车辆不可分割的部分，仍应归入本品目。

蒸汽锅炉可以用固体燃料、液体燃料或气体燃料加热，也可以利用电力加热。

为了在燃料燃烧时获得更高的热效应或更快的汽化速度，锅炉有各种不同的构造方式，其主要类型有：

（一）火管锅炉（例如，铁道机车锅炉）。这种锅炉有许多管道横贯炉身，烟气从管道中通过。

（二）水管锅炉。这种锅炉内部装有一组水管，水管周围充满烟气。有些锅炉的内壁也由水管组成。

（三）混合锅炉。一般由上述两种类型的锅炉结合而成。

有些锅炉的管道系统通过一只收集器与一个或多个圆筒体联接。该圆筒体用于储水或把水与蒸汽分开。其他一些称作强制循环锅炉的锅炉有时不设蒸发筒，而用泵来加速水的循环。

锅炉的大小差别很大。小型锅炉通常在报验时已经装配，各种部件已装在一个外壳内或安装在同一个底座上。大型的锅炉，其各个部件通常是运到工地才组装的，有的装于一个外壳内，有的装于一个砖砌的结构内。

二、过热水锅炉

这类锅炉中的水受到高压作用，水可加热到远远超过其正常蒸发点的温度（一般可达到180℃及以上）。

这种锅炉在结构上与上述第一组的锅炉很相似。工作所需压力既可从蒸发筒等内积聚的蒸汽获得，在某些情况下也可利用某种惰性气体（一般是氮）获得。锅炉内产生的过热水必须保持恒压。过热水既从锅炉内产生，最后又回到锅炉，在锅炉内进行闭路循环。

过热水锅炉一般用于远距离向工厂供热（例如，供汽车车身油漆干燥用的烘道），或者向大批建筑群或地区的供暖系统供热。在后一种情况下，过热水（一次液体）通过热交换器，把热量传送到二次液体，从而向房屋供热。

*

* *

为了增加或调节输出量或效率，本品目的锅炉常配备各种辅助设备。这些辅助设备包括品目84.04的节热器、空气预热器、过热器、过热蒸气降温器、蒸汽收集器、蒸汽贮存器、除灰器、气体回收器、水管锅炉炉膛壁及其他设备；以及品目84.21的供水净化器、除气器、气化物质去除器和软水器。

这些辅助设备如果与锅炉一同报验，应与锅炉一起归入本品目，不论其是否已经或将与锅炉组成整套设备，如果单独报验，则应归入其相应品目。

同样，与锅炉一同报验的炉栅，如果与锅炉组成整套设备的，也应与锅炉一起归入本品目。在这方面，炉栅已装在锅炉内，或准备装在锅炉的砖砌结构内，两者归类原则相同。

本品目不包括只把水加热到其正常蒸发点以下的锅炉；也不包括品目84.03的集中供暖热水锅炉（即使这些锅炉也能产生低压蒸汽）。

零　件

除零件的归类总原则另有规定的以外（参见第十六类总注释），本品目的锅炉也包括其零件，例如，炉身及底座、内管道、水管盖、联管箱、锅炉鼓筒、蒸汽鼓、非机械锅炉炉膛、检查盖及易熔塞组成的锅炉内部装置。

只经弯曲但未经进一步加工，报验时又未装配的金属管道，不能视为锅炉的零件，因此应归入第十五类。

84.03　集中供暖用的热水锅炉，但品目84.02的货品除外：

10　—　锅炉

90　—　零件

本品目包括使用任何燃料（例如，木柴、煤、焦炭、煤气或燃油），通过循环水向房屋、公寓、工厂、车间、温室等供暖的任何尺寸的集中供暖用热水锅炉（品目73.21的附有辅助锅炉的炉子除外）；还包括集中供暖用的电热水锅炉。

这些锅炉可装有压力调节器及压力表、水准器、旋塞、龙头、燃烧器及类似的零件或附件。

热水锅炉即使兼可产生低压蒸汽，也应归入本品目。

零　件

除零件的归类总原则另有规定的以外（参见第十六类总注释），本品目也包括集中供暖用热水锅炉的零件，例如，锅炉壳、炉壁、炉门、检查孔或观察孔盖等。

下列物品不作为集中供暖用热水锅炉的零件归类：

（一）连接集中供暖用热水锅炉及散热器的管道及其附件（一般归入品目 73.03 至 73.07）。

（二）膨胀槽或膨胀室（品目 73.09、73.10 或 84.79）。

（三）炉用燃烧器（品目 84.16）。

（四）蒸汽或热水龙头、旋塞等（品目 84.81）。

84.04　品目 84.02 或 84.03 所列锅炉的辅助设备（例如，节热器、过热器、除灰器、气体回收器）；水蒸汽或其他蒸汽动力装置的冷凝器：

10　—　品目 84.02 或 84.03 所列锅炉的辅助设备

20　—　水蒸汽或其他蒸汽动力装置的冷凝器

90　—　零件

一、品目 84.02 或 84.03 所列锅炉的辅助设备

这些辅助设备包括：

（一）节热器。节热器可利用烟气的余热，某种类型的节热器还可利用废蒸汽，对锅炉给水进行预热。节热器通常为装有一套铸铁或钢制的肋形管道的联管箱。联管箱有时装在一个金属薄板制的单独容器内。烟气或废蒸汽排入节热器内。在混合型节热器中，废蒸汽直接排入装有锅炉给水的容器内。

（二）空气预热器。空气预热器也是利用余热进行工作。它由装有各种热交换器的空气室组成。例如，在装有管式换热器的空气预热器中，热烟气在管道内循环，即可加热空气室内的空气；在装有板式换热器的空气预热器中，空气和烟气分别从毗邻的狭窄间格空间中循环。有些空气预热器装有旋转式挡板。

（三）过热器。过热器为装有一组高压钢管的联管箱。过热器可对从锅炉输入的饱和蒸汽进一步加热，以除去水分并产生高温蒸汽。过热器通常是锅炉系统的一个主要组成部分，有的还配有单独的烟道系统。

（四）过热蒸汽降温器。它用以防止过热器内的温度过高，通常安装在过热器的两个部分之间，一般为一个铸铁箱体，蒸汽进入其中后，水流即对其加以冷却。

（五）蒸汽收集器，为一圆筒体，用以收集从成组锅炉中排出的蒸汽。

（六）蒸汽储蓄器。它是隔热的大型圆筒状钢制高压容器，供储存备用蒸汽之用。

（七）热能储蓄器，用以储存从蒸汽锅炉内排出的过剩热能。

（八）管式炉壁，即一组直立式管道，与锅炉给水的循环管道相连接，安装在锅炉内壁的前面，起着防止炉壁过热，同时又对锅炉给水进行预热的双重作用。

（九）自动或非自动除灰器（吹灰器）。这种装置使用喷射蒸汽或压缩空气清除蒸汽发生设备的管形部件（例如，过热器、水管、火管、节热器）上的烟灰及类似积垢。它由装有许多喷嘴的管道（固定式或伸缩式）组成，由阀门控制并与蒸汽或压缩空气管道相接。有的除灰器是伸缩式喷射器。

（十）气体回收器。这种设备可把排出的废气回收到炉内，以使未烧尽的微粒再次燃烧。

（十一）泥渣刮除器。

二、水蒸气或其他蒸汽动力装置的冷凝器

本组包括各类蒸汽冷凝器。蒸汽冷凝器的作用是通过冷却和冷凝排出的废汽来降低蒸汽机的背压，从而增强蒸汽机的功率。它们包括：

（一）表面冷凝器。由内装有一组管道系统的圆筒形壳体组成，蒸汽引入圆筒后，通过在管道中循环的冷水使蒸汽冷凝。偶尔也有将蒸汽引入管道，冷水在圆筒循环的。

（二）混合式冷凝器。这种冷凝器直接把蒸汽与水混合。本品目包括喷射式冷凝器，这种冷凝器利用水流喷射（就象喷射泵喷射一样）在冷凝室内造成部分空间真空。

（三）空冷式冷凝器。这种冷凝器装有一组肋形蒸汽管道，由压入的气流予以冷却。

零　件

除零件的归类总原则另有规定的以外（参见第十六类总注释），本品目也包括上述装置及设备的零件。

只经过弯曲但未经进一步加工，报验时又未装配的金属管道，不能视为本品目所列货品的零件，因此应归入第十五类。

*

*　*

本品目不包括下列各项，不论其是否用于锅炉房内：

（一）品目84.13或84.14的泵（包括用压力向锅炉供水的注水器）、风机、风扇及其他机器。

（二）炉用燃烧器、机械炉篦、机械加煤机及类似设备（品目84.16）。

（三）品目84.19所列的蒸馏设备及其他冷凝器。

（四）水、气等的过滤器及净化器（品目84.21）。

84.05　煤气发生器，不论有无净化器；乙炔发生器及类似的水解气体发生器，不论有无净化器：

10　—　**煤气发生器，不论有无净化器；乙炔发生器及类似的水解气体发生器，不论有无净化器**

90　—　**零件**

本品目包括用以产生任何气体（例如，发生炉煤气、水煤气及其混合物或乙炔）的独立式装置及设备，不论所得气体的具体用途如何（例如，用于照明、工业加热、燃气发动机的供气、金属焊接或切割、化学合成等）。

本品目也包括机动车辆用的特制气体发生器，但不包括只需装上灯头即可组成灯具的乙炔发生器（品目94.05）。

一、发生炉煤气发生器

发生炉煤气发生器通常由一个装有耐火内衬或水冷式双层内壁的封闭圆筒组成。圆筒内装有一个炉篦（固定式、震动式或旋转式的），能够通过吸风或吹风产生空气流（或空气及蒸汽流）。当厚厚的燃料在炉篦上燃烧时，用空气及蒸汽流加以调节，使燃烧不彻底。因水分解及燃料燃烧不彻底而产生一氧化碳及氢气。所生成的一氧化碳、氢与氮的混合物（发生炉煤气）从发生器的顶部排出。

在某些“倒燃”式煤气发生器中，空气从圆筒顶部吹入，沿着圆筒内侧吹至底部，然后在发生器的底部（炉篦下面）将产生的煤气加以收集，这样能使焦油等的燃烧更为彻底。

二、水煤气发生器

水煤气发生器在结构上与发生炉煤气发生器相似，但空气及水或蒸汽交替地喷入发生器中，喷水时所产生的气体为氢与一氧化碳的混合物（水煤气）。该气体的热值比发生炉煤气高。水煤气可单独从注入空气时制得的发生炉煤气中收集，也可让两种煤气混在一起。

*

*　*

发生炉煤气发生器及水煤气发生器均可燃烧各种固体燃料（例如，煤、焦炭、木炭、木柴、植物或其他废料）。

在某些方面使用时，特别是供气给燃气发动机时，发生炉煤气或水煤气必须除去灰、焦油、含硫化合物等杂质，有时还必须重热或冷却。为此，发生器常装有净化器（由多孔锥体、焦床、洗涤器等组成）、冷却器、干燥器、重热器等。这些净化器及其他辅助设备如果与发生器同时报验，又明显与发生器一并使用的，应与发生器一并归类；单独报验的则应归入其相应品目（例如，净化器应归入品目84.21）。

三、水解乙炔气体发生器

这类气体发生器一般结构简单，由一个水封闭储气槽组成。当储气槽充气及放气运动时，可自动控制气体发生装置。它们有三种类型的气体发生装置：

（一）将大量的碳化钙间断地浸入水中。

（二）把碳化钙逐渐加入水中。

（三）将水滴在碳化钙上。

四、其他水解气体发生器

本组包括氧气发生器（例如，潜艇上用的氧气发生器）及乙烯发生器（例如，基于水作用于某些化学品的原理进行工作的乙烯发生器）。

零　件

除零件的归类总原则另有规定的以外（参见第十六类总注释），本品目所列设备的零件也归入本品目（例如，煤气发生器机身、炉篦、气体收集器及水－碳化物混合器）。

*

*　*

本品目不包括：

（一）燃气轮机用的自由活塞气体发生器（品目84.14）。

（二）炼焦炉（例如，城市煤气发生器）（品目84.17）。

（三）非医疗用的电动臭氧发生及扩散装置（例如，用于工业方面或房屋的臭氧处理、用于产生诸如二氧化氮、硫化氢或氢氰酸的电解气体发生器）（品目85.43）及臭氧治疗装置（品目90.19）。

84.06　汽轮机：

10　—　船舶动力用汽轮机

—　其他汽轮机：

81　——输出功率超过40兆瓦的

82　——输出功率不超过40兆瓦的

90　—　零件

本品目包括的汽轮机是由膨胀蒸汽作用于叶片而产生动能驱动的。汽轮机主要由以下两部分组成：

一、转子，由一个或多个轮盘装在转轴上而构成。轮盘的轮缘上装有一排紧密相依的动叶片。动叶片的横截面一般呈曲形，也称为扭叶片。

二、定子，由壳体构成，用以支承转子。转子可在定子内旋转。定子内装有一组静叶片或喷嘴，用以引导蒸汽喷向转子上的叶片。

在“冲动式”汽轮机中，定子上装有喷嘴。喷嘴内的蒸汽膨胀并沿切线方向高速喷向转子上的叶片。在“反动式”汽轮机中，转子上的动叶在与其形状相似的静叶之间旋转。静叶以与动叶相反的方式环绕装在定子的面上，使蒸汽流通过定子叶片沿轴向冲向相邻的转子叶片。

为了获得更高效益，人们常把上述两种汽轮机组成“混合式汽轮机”，但更为普遍的是将若干级轮叶装在一根共同的转轴上（多级汽轮机），以使蒸汽不断膨胀。

汽轮机的高速旋转使其特别适于直接驱动机器，例如，驱动发电机（汽轮发电机）、压缩机、通风机或离心泵。用于某些方面（例如，船舶和某些机车）的汽轮机装有换向齿轮或减速齿轮。这些换向齿轮或减速齿轮单独报验时不应归入本品目（品目84.83）。

本品目还包括汞气轮机。它的结构和用途均与上述汽轮机相似，只是用汞蒸汽而不是用水蒸汽。

零　件

汽轮机的关键部件是调节机构，它用于调节汽轮机中水蒸汽或其他蒸汽的供给，以适应汽轮机的负荷，并使汽轮机保持匀速。

本品目包括调节器；除零件的归类总原则另有规定的以外（参见第十六类总注释），还包括汽轮机的其他零件（例如，转子、定子及其部件；转子轮叶或定子叶片）。

84.07　点燃往复式或旋转式活塞内燃发动机（+）：

10　—　航空器发动机

—　船舶发动机：

21　——舷外发动机

29　——其他

—　用于第八十七章所列车辆的往复式活塞发动机：

31　——气缸容量（排气量）不超过50毫升

32　——气缸容量（排气量）超过50毫升，但不超过250毫升

33　——气缸容量（排气量）超过250毫升，但不超过1000毫升

34　——气缸容量（排气量）超过1000毫升

90　—　其他发动机

本品目包括除第九十五章所列货品以外的点燃往复式活塞内燃机及旋转式活塞内燃机（汪克尔发动机具有三角形旋转活塞）。机动车辆用的此类内燃机归入本品目。

这些内燃机一般由下列零件组成：气缸、活塞、连杆、曲轴、飞轮、进气阀及排气阀等。它们是利用易燃气体在气缸内燃烧时所产生的膨胀力进行工作的。

这些内燃机的主要特点是将火花塞装进气缸盖内，另外还装有与电机同步并且可提供高压电流的电气器件（例如，磁电机、线圈及接触断路器）。

最常见的内燃机是先将燃料与空气相混合（例如，在汽化器中混合），然后再由活塞吸入气缸内。但有些内燃机（例如，某些飞机引擎及汽车内燃机）用喷油器直接将燃料喷入气缸盖内。

最常用的燃料是汽油，也有用煤油、乙醇、氢、煤气、甲烷等。

燃气发动机大多数是由发生炉煤气发生器供气。这些发生器有时构成发动机的组成部分。但更多情况下发生器是独立的，在这种情况下，发生炉煤气发生器一律归入品目84.05。

*

*　*

这些内燃机可装有一个或几个气缸。在装有几个气缸的内燃机中，各连杆都连接在同一根曲轴上。分别供给燃料的各个气缸有多种排列方式，例如，单列式（直立式或倒立式）、对称倾斜的双列式（V型内燃机）、水平对置地装在曲轴的两边、某些飞机引擎采用星型排列方式。旋转式活塞内燃机（汪克尔发动机）的工作原理与上述传统的活塞式内燃机相同。但它并不是靠活塞及连杆的运动来带动曲轴，而是靠装于特定型面（长短辐圆外旋轮线）缸体内的一个三角形转子（“活塞”）直接带动驱动轴。

活塞将气缸（燃烧室）分成几个小腔，每转一圈，对每一凸角来说相当于完成一个四冲程循环。

这些内燃机可装有一个或多个带“活塞”的气缸。

本品目的内燃机具有广泛用途，例如，用于农业机械，带动发电机、泵或压缩机，驱动飞机、汽车、摩托车、机动脚踏车、拖拉机或船舶。

本品目所列的内燃机可配有燃料喷射泵；点火元件；燃料箱或油箱；水冷散热器；油冷却器；水泵、油泵或燃料泵；风机；空气或油过滤器；离合器或动力传动装置；起动装置（电起动装置或其他起动装置）。这些内燃机还可装有变速齿轮和柔性轴。

本品目包括推动小型船舶用的“舷外发动机”。它由本品目的发动机、螺旋桨及操舵装置组成。所有上述部件构成一套独立的不可分割的装置。这些发动机用以装在舷外，可以拆卸，也就是说，它可随意装上或拆下，并可调整。机器一经装上即可启动。但固定装在船身尾部内的发动机并配有固定装在船舶外面相应位置上的操舵螺旋桨不作为舷外发动机归类。

本品目还包括将内燃机装在一个带轮底盘或滑行装置上所组成的移动式内燃机。装有机械驱动装置，使其在一定程度上可自动推进（但未构成第八十七章所列车辆）的移动式内燃机也归入本品目。

*

* *

本品目不包括专用于测定内燃机燃料的辛烷值及十六烷值的火花点燃活塞式内燃机型的可变压缩比发动机（第九十章）。

零 件

除零件的归类总原则另有规定的以外（参见第十六类总注释），本品目所列内燃机的零件应归入品目84.09。

○

○ ○

子目注释：

子目8407.10

所称“航空器发动机”，是指已设计成或改装成适于装推进器（飞机螺旋桨）或转子的内燃机。

子目8407.31、8407.32、8407.33及8407.34。

具有多个气缸的内燃机，其气缸容量等于每一气缸内气缸底部冲程死点与顶部冲程死点之间活塞所扫过的那一部分体积乘以气缸数。

84.08 压燃式活塞内燃发动机（柴油或半柴油发动机）：

10 — 船舶发动机

20 — 用于第八十七章所列车辆的发动机

90 — 其他发动机

本品目包括压燃式活塞内燃机（第九十五章所列的内燃机除外），机动车辆用的也包括在内。

这些内燃机的机械结构与点燃活塞式内燃机相似，其主要部件也相同（即气缸、活塞、连杆、曲轴、飞轮、进气阀和排气阀等），其不同之处在于这种内燃机先将空气（有时是空气与可燃气的混合气体）送进气缸，迅速压缩，然后将雾化液体燃料喷入燃烧室内，由缸内因压缩所产生的高温自动点燃，其压缩力比点燃式内燃机的大得多。

除柴油发动机外，还有一种在较低压缩程度下工作的中压压燃式半柴油发动机。这种发动机起动时必须用喷灯预热气缸盖或使用预热塞。

压燃式活塞内燃机使用重质液体燃料进行工作，如重油或煤焦油、页岩油、植物油（花生油、蓖麻油、棕榈油等）。

*

* *

本品目所列的内燃机可装有一个或几个气缸。在装有几个气缸的内燃机中，各连杆都连接在同一根曲轴上。分别供给燃料的各个气缸有多种排列方式，例如，单列式（直立式或倒立式）、对称倾斜的双列式（V 型内燃机）、水平对置地装在曲轴的两边。

本品目的内燃机应用范围很广，例如，用于农业机械；驱动汽车、拖拉机、机车或船舶；用于发电站等。

本品目的内燃机可配有燃料喷射泵；点火元件；燃料箱或油箱；水冷散热器；油冷却器；水泵或油泵；风机；空气或油过滤器；离合器或动力传动装置；起动装置（电起动装置或其他起动装置）。这些内燃机还可装有变速齿轮及柔性轴。

本品目还包括将内燃机装在一个带轮底盘或滑行装置上所组成的移动式内燃机。装有机械驱动装置，使其在一定程度上可自动推进（但未构成第八十七章所列的车辆）的移动式内燃机也归入本品目。

*

*　*

本品目不包括专用于测定内燃机燃料的辛烷值及十六烷值的压燃式活塞内燃机型的可变压缩比发动机（第九十章）。

零　件

除零件的归类总原则另有规定的以外（参见第十六类总注释），本品目所列内燃机的零件应归入品目 84.09。

84.09　专用于或主要用于品目 84.07 或 84.08 所列发动机的零件：

10　—　航空器发动机用

—　其他：

91　——　专用于或主要用于点燃式活塞内燃发动机的

99　——　其他

除零件的归类总原则另有规定的以外（参见第十六类总注释），本品目包括品目 84.07 或 84.08 所列活塞式内燃机的零件（例如，活塞、气缸及气缸体；气缸盖；气缸套；进气阀或排气阀；进气或排气歧管；活塞环；连杆；汽化器；燃料喷嘴）。

但本品目不包括：

（一）喷射泵（品目 84.13）。

（二）发动机的曲轴及凸轮轴（品目 84.83）；齿轮箱（品目 84.83）。

（三）电点火或起动装置（包括火花塞及预热塞）（品目 85.11）。

84.10　水轮机、水轮及其调节器：

—　水轮机及水轮：

11　——　功率不超过 1000 千瓦

12　——　功率超过 1000 千瓦，但不超过 10000 千瓦

13　——　功率超过 10000 千瓦

90　—　零件，包括调节器

本品目包括水轮机及水轮。这些水轮机及水轮可以把流体或加压液体所蕴藏的能量（例如，水的流动或落差；水、油或特殊流体的压力）转变为动力。因此，这些发动机或动力机是通过将水流引向装在水轮上的桨叶或螺旋状部件而进行工作的。

一、水轮机

水轮机是将转子装在固定壳体内组成。固定壳体可引导水流射向装在转轮上的叶片等。

水轮机主要有以下三种类型：

（一）佩尔顿（Pelton）式。这种水轮机用于水量较小的高压水源，其转子为一个水轮，在其轮缘上呈放射状地装有许多水斗。定子则是一个坚固包壳，上面装有一个或多个喷嘴，可将水沿切线方向喷射到水斗上。

（二）弗朗西斯（Francis）式。这种水轮机可在水压一般或较低但水量较大的情况下使用。这种水轮机的转子由铸钢整铸而成，装有固定的大型螺旋状叶片。定子由导管组成，一般呈螺旋状，装有可变换角度的阀大导叶，以保证水流径向喷到转子的整个轮缘。定子还设有一个轴向出水口。

（三）卡普兰（Kaplan）式。这种水轮机适用低压水源。这种水轮机与上述两类水轮机极为相似，其定子和转子均装有可调角度的桨叶。

水轮机主要用于水力发电设备。

二、水轮

这是一种非常简单的动力机，为一个轮缘周围装有扁平状或凹形木制或金属制桨叶的巨大水轮，水轮的轴上一般装有一个步进齿轮装置。所产生的机械能一般直接用于小型车间、锯木厂及面粉厂等。

船用的明轮虽外形与水轮相似，但不应归入本品目（品目84.87）。

测定液体比重用的蹼轮也不归入本品目（品目90.15）。

零　件

除零件的归类总原则另有规定的以外（参见第十六类总注释），本品目所列水轮机或水轮的零件也归入本品目［例如，转子、定子、定子或转子的叶片、螺旋导管的壳套，可按其类型自动调节水流或者自动调节转子或定子各种倾斜角度的调节器（当负载不断变化时，仍可使旋转速度保持均匀）、调节器的阀针］。

84.11　涡轮喷气发动机、涡轮螺桨发动机及其他燃气轮机（＋）：

—　涡轮喷气发动机：

11　——推力不超过25千牛顿

12　——推力超过25千牛顿

—　涡轮螺桨发动机：

21　——功率不超过1100千瓦

22　——功率超过1100千瓦

—　其他燃气轮机：

81　——功率不超过5000千瓦

82　——功率超过5000千瓦

—　零件：

91　——涡轮喷气发动机或涡轮螺桨发动机用

99　——其他

本品目包括涡轮喷气发动机、涡轮螺桨发动机及其他燃气轮机。

本品目的涡轮机一般为内燃机。这些涡轮机与汽轮机等不同，通常不需要外部热源。

一、涡轮喷气发动机

涡轮喷气发动机由压气机、燃烧系统、透平及喷管组成。喷管是一收敛管道，装在排气管内。透平喷出的加压热气通过喷管变成高速气流。这些气流作用于发动机上的反作用产生的动力可用于驱动飞机。涡轮机上最简单的压气机与透平是装在单一的轴上的。较复杂的压气机分为两部分（双转子压气机），每部分的转子通过同心轴系由各自的涡轮驱动。另一种涡轮机通常在压气机的进气口处加装一个涡轮压风机，该压风机既可由第三涡轮驱动，又可接到第一压气机的转子上，起到装有导流管的螺旋桨的作用。它所排出的大部分气体绕过压气机及透平与排气射流会合，从而产生额外推力。这种涡轮机有时叫“涡轮风扇发动机”。

所谓“加力燃烧装置”是一种辅助设备，可与某些涡轮喷气发动机装成系列，用以短时间内提高这些发动机的输出功率。这些装置装有独立的燃料供给系统，并可将涡轮喷气发动机所喷出气体中的剩余氧气进行利用。

二、涡轮螺桨发动机

这种发动机与涡轮喷气发动机相似，但在压气机涡轮的顺流处还装有与一普通螺旋桨（与活塞式引擎飞机所用的一样）连接的另一涡轮。这后一涡轮有时称为“自由涡轮”，意思是该涡轮与压气机及压气机涡轮轴无机械联系。这样，压气机涡轮排出的大部分加压热气是由自由涡轮转换成轴功率的，而不是象涡轮喷气发动机那样，因热气在喷管内膨胀而产生推力。有时，可让自由涡轮排出的气体在喷管内膨胀并产生辅助推进功率，以帮助螺旋桨推进。

三、其他燃气轮机

本组包括工业用燃气轮机设备。既包括专供工业用的燃气轮机设备，也包括具有除为飞机提供动力之外的其他用途的涡轮喷气发动机或涡轮螺桨发动机。

这些燃气轮机有两种循环形式：

（一）简单循环。压气机将空气吸入并加以压缩。压缩空气在燃烧系统内被加热，并通过透平最后排到大气中。

（二）回热循环。压气机将空气吸入并加以压缩，然后经过回热器的空气管。空气由透平排气管预热后进入燃烧系统，由添加燃料进一步加热。空气与易燃气体的混合物通过透平，经过回热器热气侧的部分，最后排到大气中。

回热式燃气轮机有两种类型：

1. 单轴燃气轮机。这种燃气轮机的压气机与透平装在单一的轴上。透平产生动力使压气机旋转，并通过联轴节驱动机器的运转部分。这种传动方式在发电设备等方面的恒速应用上效果最好。

2. 双轴燃气轮机。这种设备将压气机、燃烧系统及驱动压气机涡轮组成一体，一般称为燃气发生器；而装在另一轴上的一个第二级涡轮吸入燃气发生器排出的加压热气。第二级涡轮作为动力涡轮，与压缩机或泵之类的被驱动装置相连接。双轴燃气轮机一般适用于负荷需求变动需要燃气轮机的功率及转速有一定范围的机器设备。

这种燃气轮机用于船舶及机车、发电设备，以及在石油工业、煤气工业、管道输送和石油化学工业中用作机械驱动装置。

本组还包括不带燃烧室的其他燃气轮机。这些燃气轮机仅由定子和转子组成，利用可燃气体转换成的能量进行工作，可燃气体由其他机器或装置（例如，燃气发生器、柴油机、自由活塞式发生器）供给，或由压缩空气或其他压缩气体涡轮供给。

零　件

除零件的归类总原则另有规定的以外（参见第十六类总注释），本品目所列发动机的零件也归入本品目，例如，燃气轮机的转子、喷气发动机的燃烧室及通风道、涡轮喷气发动机的零件（定子环，不论是否带叶片；转子圆盘或轮子，不论是否带翅片；叶片及翅片）、燃料供给调节器、燃料喷嘴。

○

○　○

子目注释：

子目8411.11及8411.12

推力是指每秒排气质量流量与排气速度和进气速度之间差额的乘积。

84.12　其他发动机及动力装置：

10　—　喷气发动机，但涡轮喷气发动机除外

—　液压动力装置：

21　——　直线作用（液压缸）的

29　——　其他

—　气压动力装置：

31　——　直线作用（气压缸）的

39　——　其他

80　—　其他

90　—　零件

本品目包括不能归入前面各品目（品目84.06至84.08、品目84.10或84.11）或品目85.01或85.02的发动机及动力装置。据此，除蒸汽机、点燃及压燃活塞式内燃机、水轮机、水轮、涡轮喷气发动机、涡轮螺桨发动机或其他燃气轮机以外，其他非电动发动机及动力装置均归入本品目。

本品目包括喷气发动机（涡轮喷气发动机除外）、气压发动机及动力装置、风力发动机（风车）、发条或重力原动机等、某些液力发动机及动力装置，以及某些蒸汽动力装置。

一、除涡轮喷气发动机以外的喷气发动机

（一）冲压式喷气发动机

这是一种机械结构简单的发动机，仅应用于作快速运动的装置上。它没有涡轮压气机，完全依靠运动速度将空气压入，并在燃烧室内通过增压管道的作用将空气进行压缩。动力是由排气通过喷嘴扩张时的反作用产生的。

（二）脉冲式喷气发动机

这种发动机不同于冲压式喷气发动机，因为其燃烧是间歇地进行，因此，它的排气喷嘴喷出的是脉动气流而不是连续气流。与冲压式喷气发动机不同，这种发动机可通过脉动将空气吸入，从静止状态起动。

脉冲式喷气发动机在飞机中主要用作辅助起飞装置。

（三）火箭发动机

这是一种不依靠外界空气源而燃烧的喷气发动机，推进剂中既含有燃料，又含有助燃剂。

它有两种主要类型：

1. **液体燃料发动机**。这种发动机由燃烧室加上一个或多个火箭燃料储存器及射流管而组成。燃烧室及燃料储存器之间用管道及泵所组成的系统连在一起。泵由涡轮发动；涡轮则由一个单独的燃气发生器供气。这种火箭发动机的一个重要部件为喷射系统。所使用的燃料包括乙醇、水合肼等；助燃剂为过氧化氢、高锰酸钾、液态氧、硝酸等。

2. **固体燃料发动机**。这种发动机由圆柱形的压力室及射流管组成。燃烧室与火箭燃料供给装置构成一体。这种发动机的火箭推进剂由助燃剂（一般为高氯酸铵）与燃料（一般为聚氨脂）组成。某些固体燃料发动机使用具有第三十六章所列发射药性质的固体燃料。

火箭只有在构成推进装置本身时（例如，适于作飞行器的辅助发动机或起飞发动机，装于导弹之上或用于卫星或宇宙飞船的运载工具上），才归入本品目。

本组不包括：

（一）防冰雹火箭、救生火箭及类似的烟火信号火箭（品目36.04）。

（二）卫星或宇宙飞船的运载工具（品目88.02）。

（三）装有动力装置的导弹（品目93.06）。

二、液压发动机及动力装置

本组包括：

（一）除品目84.10所列水轮机或水轮以外的某些水力发动机，用于将波浪（利用带两个半圆柱形叶片的萨伏纽斯转子工作）或潮汐的能量转换成机械能。

（二）水柱压力机器，靠水压作用于活塞进行工作，利用水作用于在缸内运动的两个或多个活塞，从而把轴驱动。

（三）液压缸，由诸如铜或钢制的缸体和一个活塞构成，由液压油或其他液体压向活塞的一侧（单动式）或两侧（双动式），从而将受压液体的能量转换成直线运动的动能。这种液压缸适用于机床、建筑机械、转向机构等。

（四）单独报验的液压阀动器，由一个装有活塞的金属缸体构成，通过垂直于活塞杆的连杆将液体在压力的作用下所产生的直线运动转换成旋转运动，用于控制旋塞阀或其他带旋转机构的装置。

（五）液压伺服马达，在反馈控制系统或调节系统中起最终或中间执行器作用。这些伺服马达用于飞机等。

（六）液压系统，由液压动力机组（主要由液压泵、电动机、控制阀及油箱组成）、液压缸及连接液压缸和液压动力装置所需的管道构成，整套设备构成第十六类注释四所述的功能机组（参见本类的总注释）。这类系统应用于诸如土木工程结构上。

（七）机动船只用的喷水推进器（水力机）。这种推进器是利用一个强力泵从海上或河中吸水，并通过安装在船底或船尾的可调喷管将水高速喷出。

三、气压动力装置

这种发动机使用外部压缩空气或其他压缩气体源，大体上与蒸汽活塞式发动机或汽轮机相像。在适当情况下，这种发动机可以装有燃烧器或其他加热装置以增加空气压力（从而提高膨胀能量），并防止气缸由于温度迅速下降而结霜。

这种发动机因能防止沼气爆炸，比较安全，故主要在矿区内供牵引车及绞车使用。这种发动机还可作为内燃机的辅助起动发动机，用于某些铁道机车、飞机、潜艇等，以及用以推进鱼雷。

本组还包括：

（一）用于气动传送的叶轮液动机、齿轮动力机、轴向及径向活塞式动力机。

（二）由一个铜或钢制的圆筒及一个活塞组成的气动气缸。它通过将压缩空气压向活塞一侧（单动式）或两侧（双动式），从而将受压气体的能量转换成直线运动。这种气缸适用于机床、建筑机械、转向机构等。

（三）单独报验的气压阀动器。这种装置由装有一个活塞的金属包壳组成，利用垂直于活塞杆的一根针将压缩气体所产生的直线运动转换成旋转运动，以便操纵旋塞阀或带旋转装置的其他设备。

四、风力发动机（风车）

本组包括所有利用风力作用于螺旋桨或转子的叶片（其倾斜角度通常可调）而直接将风力转换成机械能的动力设备（风力发动机或风力叶轮机）。

风力发动机的螺旋桨或转子通常安装在相当高的金属塔架上，并具有与叶片平面相垂直的一只臂，从而形成一个导向叶片或类似装置，以便根据风向来确定桨叶或转子的方向。动力一般是由减速齿轮装置通过一个垂直传动轴传送到地面上的动力输出轴。有些风力发动机（“降压发动机”）装有空心叶片，旋转时不断减压并通过密封管道传送到地面，以驱动小型反力式涡轮。

风力发动机一般功率较低，主要在乡村设施中用以驱动灌溉泵、排水泵或小型发电机。

由风力发动机与发电机组成一体的发电机组（包括在飞机艉流中工作的发电机组）不应归入本品目（品目85.02）。

五、发条或重力原动机等

这些原动机包括象时钟机构一样，利用上足了的发条所释放的能量进行工作的机械装置，或者由重力（例如，使用砝码或类似装置）进行工作的机械装置。但装有摆轮或可装摆轮的此类装置除外（品目91.08或91.09）。

这类原动机，特别是用发条驱动的发动机，可用于驱动多种机器（例如，百音盒、自动旋转烤肉叉、橱窗陈列的旋转器具、登记器具及雕刻工具）。

六、不带锅炉的活塞式发动机

这种发动机的机械能是利用锅炉蒸汽与大气压力（不凝汽式蒸汽机）或冷凝器的较低压力（凝汽式发动机）之间的压力差使气缸内的活塞运动而产生的。活塞的往复运动或摆动可通过连杆及曲轴或飞轮转换成旋转运动。

单动式发动机是最为简单的活塞式发动机，其蒸汽压力仅作用于活塞的一端；在其他类型（双动式）的发动机中，蒸汽交替作用于活塞两端。在大功率的发动机中，蒸汽不断进入直径逐渐增大的两个或多个气缸中，各活塞的连杆都接于一根曲轴上（复合式发动机、双级或三级膨胀发动机等）。例如，机车发动机及船舶发动机即属于上述最后一种类型。

七、带锅炉的蒸汽或其他气体动力装置

这类发动机由锅炉（通常为火管锅炉）与单级膨胀或复合活塞式蒸汽发动机组成。蒸汽发动机上装有一个或两个飞轮。这些飞轮通常还作为动力输出端。

这种发动机基本上是低功率或中功率输出，适用于永久性设备，但因其结构紧凑故易于拆卸及移动。

零　件

除零件的归类总原则另有规定的以外（参见第十六类总注释），本品目发动机或动力装置的零件也应归入本品目（例如，喷气发动机的燃烧室及通风管、燃料供给调节器、燃料喷嘴、风车的空气轮、气缸、活塞、滑动阀门、离心球或风轮调速器、连杆）。

一般来说，带锅炉的蒸汽或其他气体动力装置的零件应作为锅炉零件归类（品目84.02），或作为本品目所列蒸汽动力装置的零件归类。

但传动轴及曲轴除外（品目84.83）。

84.13　液体泵，不论是否装有计量装置；液体提升机（＋）：

	—	装有或可装计量装置的泵：
11	——	分装燃料或润滑油的泵，用于加油站或车库
19	——	其他
20	—	手泵，但子目8413.11或8413.19的货品除外
30	—	活塞式内燃发动机用的燃油泵、润滑油泵或冷却剂泵
40	—	混凝土泵
50	—	其他往复式排液泵
60	—	其他回转式排液泵
70	—	其他离心泵
	—	其他泵；液体提升机：
81	——	泵

82　——液体提升机
　　—　零件：
91　——泵用
92　——液体提升机用

本品目包括用以提升或连续排出液体（包括熔融金属或未硬化混凝土）的大部分机器及设备，不论其是手动的或利用各种动力装置驱动的，也不论其是否一体化设备。

本品目也包括装有计量或计价装置，在修车厂等地方供应汽油及其他油类的输油泵，还包括专供其他机器、车辆等使用的泵（包括内燃机用的汽油泵、油泵及水泵，以及化学纤维纺丝机用的泵）。

根据其工作原理，本品目所列的机器可分为下列五类：

一、往复式正排量泵

这种泵利用气缸内受驱动的活塞或柱塞所产生的直线吸力或压力进行工作。泵的出入口由阀门控制。“单动式”泵仅利用活塞一端的推力或吸力；“双动式”泵则利用活塞两端的推力或吸力，从而使活塞的前进或回行冲程均可得到利用。简单的“提升泵”仅用吸力提升液体，然后顶着大气压力将液体排出。在“压力”泵中，除吸入冲程外，还需使用压缩冲程，使液位升高或对液体加压。多缸泵用于增加输出量，各缸可以排成一行，也可装成星形。

这类泵包括：

（一）隔膜泵。这些泵装有一片金属、皮革等制的振动薄膜（直接或通过流体传动起动），可将液体提升。

（二）“油垫”泵（用于排水、灌溉、抽吸粘性液体及酸等）。在这些泵中，一种与被泵液体不相溶混的流体起到膜片的作用。

（三）电磁泵。在这些泵中，活塞的前进或回行冲程是由电磁作用（置于电磁场中的翼振动）产生的。

（四）利用双活塞的吸力或压力工作的机器。例如，输送未硬化混凝土的泵（混凝土泵）。但永久性装有本品目所列混凝土泵的特种车辆除外（品目87.05）。

二、回转式正排量泵

在这些泵中，液体的吸入与排出也是通过吸力和压力实现的，但其吸力和压力却是由凸轮（叶片）或类似装置在一根中轴上不断旋转而产生的。这些装置与泵缸壁发生一点或多点接触，形成封闭室，液体可从中排出。

这类泵可根据其旋转装置的性质分类如下：

（一）齿轮泵。液体由特种形状的齿轮齿排出。

（二）叶轮泵。其转子采用偏心旋转圆筒的形式，圆筒上装有凸出的叶片径向自由运转。旋转使滑动叶片与泵筒内壁保持接触，从而将液体排出。本款也包括一种泵，该泵上不装叶片而装有滚轴或带挠性小叶片的转轮，或者在泵体上装有径向滑动叶片摩擦作偏心圆旋转的光滑转子。

（三）旋转活塞式凸轮泵，其泵筒内装有两个互相作用的排液元件。

（四）螺旋泵。在这种泵中，多节螺纹相互啮合并旋转产生压力，将液体从泵体内纵向排出（带两个及以上螺杆的泵、带螺旋轴的泵、循环螺旋泵）。

（五）蠕动泵。这种泵在一根挠性管中装有一个两端带滚轴的转子，液体在挠性管管体内流动。滚轴对挠性管施加压力并利用旋转运动将液体排出。

三、离心泵

在这些泵中，轴向吸入的液体由旋转的转子叶片（叶轮）带动旋转，由此而产生离心力，使液体向外流到环形外壳的边缘，外壳有一个出口成切向配置，有时外壳装有喉管片（扩散器叶片），用以把流体的动能转换成高压。

为了获得高压，可使用多级离心泵，液体在泵中分级通过装在同一根轴上的一系列叶轮。

离心泵可由电动机、内燃机或汽轮机驱动。由于运转速度高，离心泵可与原动机直联，而活塞泵或回转泵则须通过减速齿轮驱动。

本组还包括潜水泵、集中供热循环泵、槽管叶轮泵、侧槽泵及径流式叶轮泵。

四、其他泵

本组包括下列泵：

（一）电磁泵。这种泵不带任何运动部件，它利用导电现象使液体循环。这种泵切勿与某些通过电磁效应使活塞上下活动的往复式正排量泵相混淆，也勿与利用磁感应工作的泵相混淆。

（二）喷射泵。在这种泵中，依靠一定压力的空气流、蒸汽流及水流等从管道喷出的动能，可对被输送的流体产生一股吸力和夹带效应。这种泵将一系列较为复杂的扩散管道与收敛管道装在一个封闭泵室内，形成管道系统。

根据同样原理工作的锅炉供水用的吉法德式喷射器，以及活塞式内燃机用的喷油泵也属于本款范围。

（三）乳化液泵（气体提升泵）。在这种泵中，液体与出口管道的压缩气体相混合，降低了乳化液体的浓度，以便于提升。当使用压缩空气时，这种泵便称为空气提升泵。

（四）蒸汽或气体压力直接作用于液体表面的泵。例如：

1. 燃气泵。这种泵利用适当的燃料或气体所产生的爆力将液体提升。

2. 蒸汽双缸泵（蒸汽吸水机）。在这种泵中，因蒸汽进入泵室内而引起排液作用，从而完成对抽吸液体的输送。随后，由于泵室内蒸汽冷凝引起降压，产生吸力。

3. 气体升液泵（蒙特贾斯泵），该泵利用压缩空气进行工作。

4. 水锤泵。周期性地突然阻止供液管道中液体的流动，使流动液柱能量增加，用以抽吸泵的排出管中迅猛流动的一部分液体。

五、液体提升机

它们包括：

（一）升运鼓轮，装有提桶、戽斗等。

（二）链式或缆式提升机，装有提桶、戽斗、橡胶杯等。

（三）带式提升机。由纺织品或金属制的循环带（波纹形、多孔状或螺旋状）构成，利用毛细作用将水吸入，然后利用离心力将水喷出。

（四）阿基米德螺旋式提升机。

零　件

除零件的归类总原则另有规定的以外（参见第十六类总注释），本品目货品的零件也归入本品目。例如，泵缸或泵体；专供连接及驱动离开原动机一定距离的泵机活塞连杆（例如，抽吸杆、“活塞杆”）；活塞、柱塞、叶片；凸轮；螺杆、叶轮、扩散器叶片；戽斗及装有戽斗的链；带式液体提升机的带；压力室。

*

*　*

本品目不包括：

（一）陶瓷材料制的泵（例如，用于抽吸腐蚀性流体）（品目69.09）。

（二）手动加油壶及润滑脂枪（品目82.05）及压缩空气润滑脂枪（品目84.67）。

（三）品目84.22所列的装瓶机等。

（四）液体的喷射、散布或喷雾用设备（品目84.24）。

（五）机动救火车（品目 87.05）。

○

○　○

子目注释：

子目 8413.11 及 8413.19

这些子目仅包括各种类型装有或可装液体排出量容积测控装置的泵，不论其测控装置是否与泵同时报验。

这些测控装置可以非常简单（例如，一个标定刻度的球体或装置）；也可以由非常复杂的机械装置组成，可对泵进行自动控制，使泵在排出特定总量后停止运转［例如，装有标定刻度的圆筒（测量圆筒）及某些控制装置的给料泵，这些控制装置一方面用以定量，另一方面在达到预定量后泵的马达停止运转］或者完成与容积测控有关的其他操作（例如，求总量积分用的泵、预付泵、计价泵、取样检验泵、自动混合调节泵及自动测定剂量泵）。

另一方面，可简单装在管道上，由泵动的液体带动运行的测量装置，即使与泵一同报验，也应分别归入其各自品目。

这些子目包括输送汽油或其他发动机燃料及润滑剂用的泵，还包括装有计量装置，适用于食品商店、实验室及各种工业的泵。

84.14　空气泵或真空泵、空气及其他气体压缩机、风机、风扇；装有风扇的通风罩或循环气罩，不论是否装有过滤器；气密生物安全柜，不论是否装有过滤器：

10　—　真空泵

20　—　手动或脚踏式空气泵

30　—　用于制冷设备的压缩机

40　—　装在拖车底盘上的空气压缩机

　　—　风机、风扇：

51　——　台扇、落地扇、壁扇、换气扇或吊扇，包括风机，本身装有一个输出功率不超过 125 瓦的电动机

59　——　其他

60　—　罩的平面最大边长不超过 120 厘米的通风罩或循环气罩

70　—　气密生物安全柜

80　—　其他

90　—　零件

本品目包括手动或动力驱动，用以压缩空气或其他气体，或者造成真空的机器及设备；也包括空气或其他气体循环用的机器。

一、泵及压缩机

一般来说，空气泵、真空泵及压缩机的工作原理与前一品目所述的液体泵（活塞泵、回转泵、离心泵或喷射泵）相同，其结构大体上也与液体泵相似。

此外，本品目还包括某些特种泵，特别是专供产生高真空用的泵，诸如扩散泵（泵液为油类或水银）、分子泵及抽气泵（吸气泵、低温泵）。但扩散泵有时是玻璃制的，在这种情况下，它不应归入本品目（第七十章）。

空气泵与真空泵具有多种用途：在减压时加速沸腾、蒸馏或蒸发；供电灯泡及电灯管、保温瓶胆抽真空等用。空气泵供在压力下充气用（例如，为气胎充气）。

与液体泵不同的是，空气或其他气体压缩机（低压或间歇工作的压缩机除外）是水冷式的，或装

有空气散热（表面散热）翅片或其他装置，以驱散压缩过程中所产生的相当高的热量。

压缩机有多种类型，例如，往复活塞式、离心式、轴向式及旋转式。废气涡轮增压器是一种特殊的压缩机，用于增大活塞内燃发动机的输出功率。

压缩机广泛应用于：将气体压入气筒；化学处理；冷藏设备等；以及把空气或其他气体压入贮气槽内，以备向诸如压缩空气发动机、风动镐、卷扬机、制动器、气动输送管、潜艇压载舱等供气。

*

*　*

本品目还包括燃气轮机用的自由活塞式发生器。它由两个水平对动活塞在一个共同的气缸内滑动，这一共同气缸两端经延长扩大，构成两个压缩缸，与对动活塞相连的另外两个活塞在压缩缸内滑动，产生气压反冲力。点燃的气体产生爆炸力，把对动活塞冲开，从而迫出压缩活塞。压缩活塞的回程将进入的空气压入压缩缸内，并通过排气阀将其与废气一道排出。炽热气体产生高压，用以直接驱动燃气轮机的转子。这样，燃气轮机通常使用的燃烧室及压缩机就被发生器所代替。

与品目 84.13 所列的泵一样，本组的空气泵及压缩机可与电动机或涡轮机装成一体。与涡轮机装成一体的最常用于高压压缩机，它利用与多级燃气轮机相反的工作原理进行工作。

二、风机及风扇

这些机器不论自身是否装有原动机，用以在气压较低的状态下送出大量空气或其他气体；或者仅使周围空气流动。

上述机器的第一种类型可以作为抽风机或鼓风机使用（例如，风道用的工业鼓风机）。这些机器在一个壳体或管道内装有旋转的螺旋桨或叶片式叶轮，并根据旋转式或离心式压缩机的原理进行工作。

第二种类型结构较为简单，仅由一个在自由空气中旋转的被驱动风扇构成。

风机及风扇主要用于矿井、各种房屋、地下室及船舶的通风；通过吸力抽出灰尘、蒸汽、烟、炽热气体等；使多种材料（皮革、纸张、纺织品、油漆等）干燥；以及作为熔炉用机械鼓风设备。

本组还包括室内用的风扇，不论是否装有倾斜或摆动装置。这些风扇有吊扇、台扇、壁扇，以及装在墙壁内或窗格玻璃上的环形风扇等。

如果风机及风扇除装有原动机或外壳以外，还装有其他品目所列更为复杂机器特征的其他装置（例如，大型的灰尘圆锥分离器、过滤器、冷却或加热元件及热交换器），则不应归入本品目。例如，非电热的空气加热器（品目 73.22）；空气调节器（品目 84.15）；吸尘器（品目 84.21）；工业上处理材料用的空气冷却器（品目 84.19）；房屋内用的空气冷却器（品目 84.79）；自身装有风扇的电气空间加热装置（品目 85.16）。

三、装有风扇的通风罩或循环气罩，不论其是否装有过滤器

本组不仅包括装有风扇，用于家庭、餐馆、食堂、医院等的抽油烟机，还包括装有风扇的实验室或工业用通风罩或循环气罩。

*

*　*

构造特殊，专用于其他机器的压缩机、空气泵、风扇、鼓风机等仍应归入本品目，而不应作为其他有关机器的零件归类。

零　件

除零件的归类总原则另有规定的以外（参见第十六类总注释），本品目所列货品的零件也应归入本品目（例如，泵体或压缩机身、叶片、转子或叶轮、轮叶及活塞）。

*

*　*

本品目也不包括：

（一）废气涡轮机（品目84.11）。

（二）乳化液泵（品目84.13）。

（三）风动升降机及输送机（品目84.28）。

（四）种子、谷物或干豆的清洁、分选或分级机器（品目84.37）。

84.15 空气调节器，装有电扇及调温、调湿装置，包括不能单独调湿的空调器（+）：

10 — 窗式、壁式、置于天花板或地板上的，独立的或分体的

20 — 机动车辆上供人使用的

— 其他：

81 —— 装有制冷装置及冷热循环换向阀（可逆式热泵）的

82 —— 其他，装有制冷装置的

83 —— 未装有制冷装置的

90 — 零件

本品目包括在密闭的空间内保持所需的温度及湿度用的某些设备。这些机器也可装有空气净化装置。

这些机器供办公室、家庭、公共大厅、船舶及机动车辆等的空气调节之用，也可用于某些有特殊空气条件要求的工业设施（例如，纺织、造纸、烟草及食品工业）。

本品目仅包括同时符合下列三个条件的机器：

一、装有电动的风扇或鼓风机；

二、既可调节空气的温度（装有加热或冷却装置或两者兼有），又可调节空气的湿度（装有增湿或干燥装置或两者兼有）；

三、上述一及二项所列装置一同报验。

在这些机器中，空气的增湿或干燥装置与加热或冷却装置可以分离。但某种类型的空调器为一单机形式，既可调节空气的温度，又可通过冷凝作用调节空气湿度。空气调节器可冷却或干燥（通过将冷却旋管上的水蒸汽冷凝）室内空气；如果装有一个室外进气管（气门），则把新鲜空气与室内空气相混合的气体加以冷却或干燥。它们通常配有盛水盘，用以收集冷凝水。

这些空调器可以是配有全部所需部件的单体式，例如，独立窗式或壁式（称为“穿墙式”）。另一种为连接在一起工作的分体式空调器，即其冷凝器装在室外而蒸发器装在室内。这种分体式空调设备是无送风管的，在每个空调区域（例如，每个房间）利用一台独立的蒸发器来调节温度。

从结构上看，本品目的空调器除了装有循环空气用的电动风扇或鼓风机以外，至少还必须配有下列装置：

一个空气加热装置（利用热水、蒸汽、热气的管道或电阻等加热）及一个空气增湿器（一般由一个喷水装置组成）或一个空气减湿器；或者

一组水冷却旋管或一个致冷装置用的蒸发器（两者均既可调节空气温度，又可通过冷凝作用调节空气湿度）；或者

配有独立的空气湿度调节器件的某种其他类型的冷却装置。

在某种情况下，抽湿器是利用吸湿材料的吸湿性能工作的。

本品目主要包括可逆式热泵。这种泵装有一个冷热循环换向阀的单体装置，具有对房屋加热及冷却双重功能。在冷循环时，换向阀可将高压热蒸汽导向室外盘管，通过风机将冷凝过程中释放的热量吹到室外空气中；然后，经压缩的冷媒流进室内盘管中蒸发并将热量吸收，从而使空气冷却，并通过

风机将冷空气送到房屋内。在热循环时，冷热循环换向阀转而引导冷媒逆向流动，从而将热量释放到房屋内。

空调器的加热或冷却源可由外部供给。他们通常装有由一层或多层用油浸渍的过滤材料（纺织材料、玻璃棉、钢或铜丝绒、膨胀金属等）构成的空气净化器，空气通过时可除去尘埃等。这些空调器也可配有调节或自动控制空气温度及湿度的装置。

本品目也包括虽未配有独立的空气湿度调节装置，但可利用冷凝作用调节空气湿度的空调器。例如，前面提到的独立式空调器及利用一台独立的蒸发器来调节每个空调区域（例如，每个房间）温度的分体式空调器，以及由冷却蒸发器与马达鼓风机组成的冷藏库用空调器。本品目还包括对封闭的箱体（卡车、挂车或集装箱）进行加热/冷却的装置，这些装置一部分由压缩机、冷凝器及电动机装在一个机壳内而组成，装于货柜外部，另一部分由通风器及蒸发器组成，装于箱体内部。

但本品目不包括用以使某一封闭箱体（例如，卡车、挂车或集装箱）内的温度保持在0℃以下某一固定温度的制冷设备。此类设备还配有加热系统，当外部温度很低时，这些加热系统可在一定范围内使箱体内的温度升高。此类设备应作为冷藏或冷冻设备归入品目84.18，其加热功能对此类设备的基本功能起辅助作用，它适用于在运输过程中冷藏易腐产品。

零件

根据第十六类注释二（二）的规定，本品目包括所列分体式空调器中单独报验的室内机和室外机。

空调器的其他零件，不论其是否装成一个独立装置，均应按照第十六类注释二（一）的规定进行归类（品目84.14、84.18、84.19、84.21、84.79等）；或者如果注释二（一）不适用，则应按照第十六类注释二（二）或二（三）的规定进行归类，这取决于这些零件是否专用于或主要用于空调器。

*

*　*

本品目不包括：

（一）兼可散布新鲜空气或调节空气的品目73.22所列的空气加热器及暖气分布器。

（二）品目84.18的不可逆式热泵及空气调节器用的冷却器（品目84.18）。

（三）虽装有电扇，但只具有空气调温或调湿的其中一种功能的装置（品目84.79、85.16等）。

○

○　○

子目注释：

子目8415.10

本子目包括独立的或分体的窗式、壁式、置于天花板或地板上的空调器。

所称“置于”是指几乎永久性地放置或安装，可根据其大小、重量、物理结构（例如，是否装有小脚轮或把手）、互相连接方式等因素进行判断。

独立式空调器是配有全部所需部件的单体式装置。

分体式空调器是无送风管的，它利用一台独立的蒸发器来调节每个空调区域（例如，每个房间）温度。室内热交换机组可安装在各种位置上，例如，安装在墙壁、窗户、天花板或地上。

但本子目不包括利用管道将经蒸发器冷却的空气输送到若干空调区域的管道式中央空调设备。

子目8415.20

本子目包括主要用于各种机动客车上的设备，但这些设备也可装于其他机动车辆上。它们用于调节驾驶室和装载乘客的车厢的空气。

子目8415.90

本子目包括单独报验的子目8415.10项下分体式空调器的室内机和室外机。室内机和室外机通过电线和铜管连接，冷媒通过铜管在室内机和室外机之间流动。

84.16　使用液体燃料、粉状固体燃料或气体燃料的炉用燃烧器；机械加煤机，包括其机械炉篦、机械出灰器及类似装置：

10　—　使用液体燃料的炉用燃烧器

20　—　其他炉用燃烧器，包括复式燃烧器

30　—　机械加煤机，包括其机械炉篦、机械出灰器及类似装置

90　—　零件

本品目包括一系列供各种炉使用的机械或自动燃烧及加燃料装置，以及出灰、出渣装置。

一、炉用燃烧器

这些装置可把火焰直接喷入燃煤室中，不需炉篦和出灰。炉用燃烧器有以下几种：

（一）重油燃烧器（雾化燃烧器）

这类燃烧器有的利用压缩空气，有的则利用高压蒸汽或者使用机械方法，使重油雾化到空气流中（使用机械方法的通常配有发动机、泵及鼓风机）。

（二）煤粉燃烧器

这类燃烧器一般是大型的，利用空气喷射流将煤粉喷入燃烧室内，这股气流也是燃烧所需的主要空气源。这类燃烧器有时还配有送煤机及碎煤机。在其他类型的燃烧器中，烟煤经粉化后由高压或低压蒸汽交替地间歇喷入炉中。

（三）气体燃烧器

它包括采用压力鼓风的高压气体燃烧器及采用常压空气的低压气体燃烧器两种。空气及气体都是通过同心或异径管道输入的。

（四）混合式燃烧器

这类燃烧器可供同时燃烧油、气体、煤粉或其中的两种燃料。

二、机械加煤机、机械炉篦、机械出灰器及类似装置

它们是用于向炉中添加固体燃料或组成火床的各种机械装置。机械加煤机和机械炉篦常组装在一起，并配有燃烧后用以自动去除炉渣、炉灰的装置，这样就组成一套完全自动化的设备。在其他情况下，机械或自动装置也可与非机械式装置结合使用。

（一）机械加煤机

该机有多种类型，通常由装有阿基米德螺旋泵、机铲、滑动盘、推进活塞等各种装置的煤斗构成，不论是手工操作或机械式的，用以调节供煤量并将煤输送到炉床。这些装置常装有碎煤机，用以把煤轧成一样大小。本品目也包括集中供暖（包括家用）锅炉用的机械加煤机。

（二）机械炉篦

这些装置有各种类型，用以使煤分布在火床上，并在炉内向前移动，以保证均匀燃烧。最常见的机械炉篦是根据履带运行原理操作的，或采用振动倾斜阶梯的形式。这些炉篦的尽头常装有排除炉渣、炉灰的装置。在其他类型的机械炉篦中，炉渣、炉灰是由独立的机械装置予以排除的；这些装置也归入本品目。

零　件

除零件的归类总原则另有规定的以外（参见第十六类总注释），本品目所列货品的零件也归入本品目（例如，燃烧器的喷嘴；机械加煤机的推冲活塞及盘；机械炉篦的底座；连杆体段及连杆；机械炉篦的导板及滚筒）。

*

*　*

本品目不包括非机械操作的炉排或炉篦，不论是工业用或具有其他用途的。由装有固定炉篦的一个金属体构成的，作为某种锅炉组成部分的炉膛，不归入本品目，而应作为锅炉零件归入品目84.02。同样，其他类型的非机械炉篦，如可确定为专用于某种机器或设备，则应作为该机器或设备的零件归类（例如，供煤气发生器用的炉篦应归入品目84.05）。另一方面，用于装进砖砌结构内的通用铁制炉排或炉篦，应按其不同类型分别归入品目73.21、73.22或73.26。

84.17 非电热的工业或实验室用炉及烘箱，包括焚烧炉：

10 — 矿砂、黄铁矿或金属的焙烧、熔化或其他热处理用炉及烘箱

20 — 面包房用烤炉及烘箱，包括做饼干用的

80 — 其他

90 — 零件

本品目包括非电热的工业及实验室用炉及烘箱。这些炉及烘箱可通过燃料燃烧（直接在炉膛、烘室或另设的燃烧室内燃烧），从而在炉膛或烘室内产生高温高热。这种设备适用于对各种放在火床上、坩埚内、曲颈瓶内或架格上的产品进行热处理（例如，焙烧、熔化、煅烧或分解）。本品目也包括蒸汽干燥箱。

在某种类型的烘炉（隧道室）中，需要热处理的货品在烘炉内（例如，在输送带上）连续通过。

本品目包括：

一、供焙烧矿砂（含黄铁矿）用的炉及烘箱。

二、金属熔炉，包括熔铁炉。

三、淬火、退火或类似金属热处理用的炉及烘箱。

四、渗碳炉。

五、面包房用的烤炉及烘箱，包括做饼干用的在内。

六、炼焦炉。

七、木材炭化炉。

八、旋转式水泥炉或窑，以及旋转式石膏炉。

九、玻璃或陶瓷工业用炉及烘箱，包括隧道窑。

十、搪瓷烘焙炉。

十一、专用于对回收的可裂变材料进行熔化、烧结或热处理，以供再循环使用的炉；利用热冶方法分离已辐照核燃料的专用炉；专用于燃烧放射性石墨或过滤用多孔物质的炉；烧制含有放射性炉渣的陶器或玻璃的专用炉。

十二、火葬炉。

十三、专用于焚烧垃圾等的焚烧炉及类似设备。

本品目不包括主要由耐火材料或陶瓷制成的炉或烘箱，也不包括用以建造炉及烘箱或做炉及烘箱衬里用的砖块及类似的耐火材料或陶瓷材料（第六十九章）；而金属结构材料一般应归入第十五类。另一方面，本品目包括作为炉或烘箱的零件，与炉或烘箱同时报验的成品炉衬及其他耐火或陶瓷材料制的专用零件。这些炉或烘箱主要是用金属制成（不论已否装配）。

许多工业用炉及烘箱装有进料或出料装置、操纵炉门、炉盖、炉床或其他可移动部分的装置，或倾侧炉身的装置等。这些起重或搬运设备如果构成炉或烘箱不可分割的部分，可与炉或烘箱一并归类，否则应归入品目84.28。

零 件

除零件的归类总原则另有规定的以外（参见第十六类总注释），本品目所列货品的零件也应归入本品目（例如，炉或烘箱的门、风门、边罩、观察窗、鼓风炉的炉盖及风口）。

*

*　*

本品目不包括：

（一）非供工业或实验室用的炉及烘箱（品目73.21）。

（二）品目84.19所列的装置，包括油裂化装置、压热器、汽蒸器及干燥设备。

（三）转炉（品目84.54）。

84.18　电气或非电气的冷藏箱、冷冻箱及其他制冷设备；热泵，但品目84.15的空气调节器除外：

10　—　冷藏－冷冻组合机，各自装有单独外门或抽屉，或其组合的

—　家用型冷藏箱：

21　——　压缩式

29　——　其他

30　—　柜式冷冻箱，容积不超过800升

40　—　立式冷冻箱，容积不超过900升

50　—　装有冷藏或冷冻装置的其他设备（柜、箱、展示台、陈列箱及类似品），用于存储及展示

—　其他制冷设备；热泵：

61　——　热泵，品目84.15的空气调节器除外

69　——　其他

—　零件：

91　——　冷藏或冷冻设备专用的特制家具

99　——　其他

一、冷藏箱、冷冻箱及其他制冷设备

本品目的冷藏箱及其他制冷设备是指在主机内或在成组的装置内，通过有源冷却元件连续循环，吸收液化气体（例如，氨、卤化烃等）、挥发性液体或（某种船用冷藏设备中）水在蒸发时所释放的潜热并产生低温（在0℃左右或以下）的设备。

因此，本品目不包括：

（一）冰盐冷却装置（品目82.10或84.19）。

（二）简单的热交换型水流冷却器（参见品目84.19的注释）。

（三）非供装配制冷装置用的冷箱、隔热柜等（一般归入品目94.03）。

本品目的冷藏设备有两种主要类型：

（一）压缩式冷藏设备

其主要部件有：

1. 压缩机，可从蒸发器接收膨胀气体，经过加压输送到冷凝器。

2. 冷凝器或液化器，可将气体冷却及液化。

3. 蒸发器，即有源制冷部件，由一管道系统组成，用以把膨胀阀中放出的冷凝制冷剂迅速蒸发，从而把周围空气中的热量吸收掉；在大型冷藏设施中，则是把在蒸发旋管里不断循环的盐水或氯化钙溶液中的热量吸收掉。

船用冷藏设备的制冷剂（水或盐水）回路中不用压缩机及冷凝器。它装有喷射泵，与蒸汽冷凝器一起工作，通过产生的真空引起蒸发。蒸汽冷凝器把所产生的蒸汽加以冷凝并处理掉，使其不再回到系统中去。

（二）吸收式冷藏设备

在这类冷藏设备中，压缩机被一个“发生器”所代替。发生器内的浓氨水溶液经过煤气、油或电气元件加热，所放出的氨蒸汽在压力下积聚到冷凝器内。氨蒸汽在蒸发器内膨胀并制冷，接着又进行冷凝循环，象压缩式冰箱的那样，连续循环不已。膨胀氨蒸汽可在一个单独的吸收器内重新溶解于稀氨水中，由吸收器利用简单的压力效应或用泵供给发生器；也可直接在发生器内重新溶解在稀氨水中。有些发生器在吸热冷却的过程中起到吸收器的作用。

在某种干燥式冷藏设备中，氨气不是以溶液状而是以一种固体（例如，氯化钙或硅胶）来吸收的。

*

*　*

如果符合下列形式，上述设备应归入本品目：

（1）将一个压缩机（不论是否装有原动机）与冷凝器装配在同一个底座上而组成的设备，不论是否装有蒸发器；或者独立式吸收装置（这种装置通常装配在家用冷藏箱或其他冷藏柜内）。而某些名为“液冷装置”的压缩式机器，其压缩机与一个热交换器是装在同一个底座上（不论是否装有冷凝器）。其热交换器中装有一个蒸发器，还装有管道，用以输送需冷却的液体。这后一类机器中包括名为“冷却器”的空调系统用设备。

（2）装有完整的制冷装置或制冷装置中的蒸发器的箱、柜或其他专用家具，不论是否配有搅拌器、混合器模具等辅助器具。这些设备包括家用冷藏箱、冷藏陈列柜或柜台、冰淇淋或冷冻食品贮藏容器、冰水或冷饮供应器、牛奶冷冻槽、啤酒冷冻器、制冰淇淋机等。

（3）大型冷藏设施，其部件并不装在同一个底座上，也不是独立式的，而是各部件相互配合，通过直接蒸发（将蒸发器装在“冷却”设备内），或通过将制冷装置冷却的冷冻媒质（盐水）用管道注入“冷却”设备内（间接制冷）进行工作的。这种设备用于冷藏设施及制造工业（冰块制造、食品速冻、巧克力生产过程中的速冷、石油精炼中把石蜡分离出来及用于化学工业等）。

利用上述设备产生低温所必需的辅助装置，如果与这些设备的其他部件同时报验，应归入本品目。这些装置包括：分段式或隧道式速冻器、放糖果及巧克力用的冷却盘等。

本品目也包括在封闭空间内利用液态气体的蒸发制冷的设备。这种设备通常配有一个或多个液态气体罐，还配有恒温器、电磁阀、带电气开关的控制箱及一根多孔散布管。这些部件如果同时报验，应归入本品目。

二、热泵

热泵是一种用以从适当热源（主要是地下水或地表水、泥土或空气）中吸热，再借助于辅助能源（例如，气体或电力）将其转换成温度更高的热源的装置。

传热流体一般用于将热从热源传送到热泵，然后再从热泵传送到要处理的媒质中。

热泵有压缩式及吸收式两种类型。

压缩式热泵主要由下列部件组成：

（一）蒸发器，用以从环境介质中吸取热量，再将其输送到传热流体中。

（二）压缩机，用机械方法将气化流体从蒸发器中吸出，经加压后将其传送到冷凝器。

（三）冷凝器，它是一种热交换器，用以将蒸汽液化，并将热释放到要处理的媒质中。

在吸收式热泵中，压缩机被锅炉代替。锅炉中盛有水和制冷剂，并装有燃烧器。

热泵的命名通常与两个方面有关。首先是初始热源，其次是要改变温度的媒质。热泵的主要种类有：

1. 气－水热泵或气－气热泵。这种热泵可吸取大气中的热量，然后转换成温水或暖气的形式。

2. 水－水热泵或水－气热泵。这种热泵可从地下热源中或从地表水体中吸热。

3. 土－水热泵或土－气热泵。这类热泵是利用埋在地下的一组管道吸热。

热泵的各部分可构成一体，以一件单一装置的形式报验。此类装置称为整装式装置。热泵也可以几个独立部件的形式报验。某些热泵由于准备用在本身已装有蒸发器的设施中，报验时不带蒸发器。在这种情况下，上述热泵可视为已具备完整品基本特征的不完整品，仍归入本品目。

热泵主要用于向楼房供热或为家庭提供热水。不可逆式热泵一般用于这方面。

但本品目不包括可逆式热泵。这种热泵由电扇与调温及调湿装置组成。这类设备应按空气调节器归入品目 84.15。

零　件

除零件的归类总原则另有规定的以外（参见第十六类总注释），本品目所列货品的零件，不论是家用还是工业用，均应归入本品目。例如，冷凝器、吸收器、蒸发器、发生器；以及虽未装有完整的制冷装置或蒸发器，但明显用于装配上述装置的以上（2）项所列箱、柜及其他专用家具。

压缩机即使专供冷藏设备用，也应归入品目 84.14。非供专用的零件（例如，管子及罐）应归入其相应品目。

*

*　*

本品目也不包括：

（一）装有制冷装置或制冷装置中的蒸发器的空气调节器（品目 84.15）。

（二）气体液化设备（例如，林德液化器）（品目 84.19）。

84.19　利用温度变化处理材料的机器、装置及类似的实验室设备，例如，加热、烹煮、烘炒、蒸馏、精馏、消毒、灭菌、汽蒸、干燥、蒸发、气化、冷凝、冷却的机器设备，不论是否电热的（不包括品目 85.14 的炉、烘箱及其他设备），但家用的除外；非电热的快速热水器或贮备式热水器：

— 非电热的快速热水器或贮备式热水器：
11　— — 燃气快速热水器
12　— — 太阳能热水器
19　— — 其他
20　— 医用或实验室用消毒器具
— 干燥器：
33　— — 冷冻干燥装置、冷冻干燥单元和喷雾式干燥器
34　— — 其他，农产品干燥用
35　— — 其他，木材、纸浆、纸或纸板干燥用
39　— — 其他
40　— 蒸馏或精馏设备
50　— 热交换装置
60　— 液化空气或其他气体的机器
— 其他机器设备：
81　— — 加工热饮料或烹调、加热食品用
89　— — 其他
90　— 零件

必须注意，本品目并不包括：

（一）品目 73.21 所列的家庭用炉、灶等。

（二）品目 73.22 所列的非电热空气加热器及暖气分布器。

（三）品目 74.18 所列的家用烹饪或供暖器具。

（四）专用于分离同位素及利用“双温”方式交换同位素（例如，生产重水用）的分馏及精馏设备（品目 84.01）。

（五）蒸汽发生锅炉及过热水锅炉（品目 84.02）及其辅助设备（品目 84.04）。

（六）品目 84.03 所列的集中供暖用锅炉。

（七）工业或实验室用炉及烘箱，包括利用热冶工艺分离放射性核燃料的设备及微波炉（酌情归入品目 84.17 或 85.14）。

（八）品目 84.18 所列的制冷设备及热泵。

（九）品目 84.36 所列的催芽设备、孵卵器及育雏器。

（十）品目 84.37 所列的谷物增湿机。

（十一）品目 84.38 所列的萃取糖汁的浸提装置。

（十二）纺织纱线、织物及纺织制品的热处理机器（例如，纱线给湿机及烧毛机）（品目 84.51）。

（十三）制造半导体器件用的化学气相沉积设备（品目 84.86）。

（十四）利用感应或介质损耗对材料进行热处理的工业或实验室用设备，包括微波设备（品目 85.14）。

（十五）供餐馆或类似场所使用的工业或商业用微波炉（品目 85.14）。

（十六）加热液体、半流体（固体除外）或气体用的非固定安装的浸入式加热器，以及固定安装在水槽内的浸入式热水器（品目 85.16）。

（十七）品目 85.16 所列的电热土壤加热器、电热空间加热器及家用电热器具。

除了上述物品不归入本品目外，本品目包括用于对材料（固体、液体或气体）进行加热或冷却处理（例如，加热、烹煮、烘炒、蒸馏、精馏、消毒、巴氏杀菌、汽蒸、干燥、蒸发、气化、冷凝或冷却）以简单地改变材料的温度，或主要因改变材料温度而使材料发生变化的各种机器及设备。但本品目不包括加热或冷却作用（即使必不可少）仅辅助其主要机械功能的机器设备。例如，用巧克力涂覆饼干等的机器及制巧克力机器（品目 84.38）、洗涤机器（品目 84.50 或 84.51）、路面沥青材料的撒料及夯实机器（品目 84.79）。

归入本品目的机器设备可以带有机械装置，也可不带机械装置。

它们可用任何方式加热（煤、油、煤气、蒸汽、电力等），但电热的快速热水器及储备式热水器应归入品目 85.16。

本品目仅包括非家用设备，但本品目注释随后提到的快速热水器及储备式热水器不在此限。

本品目包括的机器设备范围非常广泛，其类型如下：

一、加热及冷却机器设备

本组包括在许多产业领域中用以对材料进行加热、煮沸、烹煮、浓缩、蒸发、气化、冷却等简单处理的通用设备。它们有：

（一）各种加热或冷却罐、槽等：

1. 间接加热或冷却用的罐、槽等，其壁或底部是双层的，配有蒸汽、冷却盐水或其他加热或冷却媒质的循环装置。但双壁或双底的罐、槽（例如，隔热容器）如果未配有加热或冷却媒质循环装置，应归入第十四类或第十五类（例如，品目 73.09）；如果装有制冷设备的蒸发器（直接冷却），则应归入品目 84.18。

2. 单壁罐、槽等，装有直接加热装置（包括多孔蒸汽加热盘管），但通常供家庭用的除外（一般归入品目 73.21）。一般来说，工业用设备较为大型，结构坚固，或配有过滤器或冷凝室，或配有搅拌、倾卸等机械装置，可以与非工业用设备加以区别。

这类容器不论是单壁式还是双壁式的，通常专供在高压下使用（例如，压热器），或专供在减压下使用，尤其用于化学工业及其相关工业中。

装有机械装置，但无直接或间接加热器件的容器，除非已明确列入其他品目，否则应归入品目 84.79。

本组的加热容器包括巴氏杀菌器。这种装置有时在减压下工作，专用于把食品和饮料（牛奶、黄油、葡萄酒、啤酒等）加热到预定的温度，以消灭有害微生物。

（二）热交换器。这种装置内有一股热流体（热的气体、蒸汽或液体）与一股冷流体在两条平行的通路中流过，但两者流向通常相反。两条通道由一层薄薄的金属壁隔开。这样既可使热流体冷却，同时又将冷流体加热。热交换器常有下列三种结构形式：

1. 同心管道系统。一种流体在同心管道内的环形间隙中流过，而另一流体则从中央的管道内流过。

2. 装有一个管道系统的槽，一种流体在管内通过，而另一种流体则在槽内通过。或

3. 由隔板隔开所形成的两套平行的互连狭窄室。

如本品目注释的第一段排它条款第（五）款所述，本品目不包括蒸汽发生锅炉的辅助设备（品目 84.04），大部分这类设备（例如，蒸汽冷凝器、空气预热器及节热器）属于上述通用型的热交换器。

除以上另有规定的以外，本品目注释的第一部分包括下列机器设备：

（1）冰盐冷却装置（品目 82.10 所列货品除外）。

（2）氮或其他气体的冷凝器。

（3）牛奶的巴氏灭菌、浓缩、冷却等设备（包括装有冷却装置的储奶槽）。

（4）奶酪生产用的加工及熟化桶。

（5）果汁、酒等的浓缩、冷却等设备。

（6）农业用的设备（例如，把马铃薯等煮成饲料的压热器；蜂巢重熔用的热水浴器，包括装有压榨螺杆的）。

（7）冷却塔（例如，供粮食磨粉工业用的）。

（8）烹煮、调制、腌制食品用的高压锅及汽蒸、煮沸、烹煮、油炸等设备（例如，火腿烹煮器；炸鱼锅；水果、蔬菜等的烧煮锅或去皮高压锅等；罐头食品及腌制食品工业用的压热器及冷却器；果酱蒸煮器；糖果蒸煮器）。

（9）装有加热装置的浸渍容器或捣碎槽；啤酒花煎熬容器；啤酒巴氏杀菌器、冷却器等。

（10）制糖工业用的提净容器、糖汁浓缩设备、真空煮沸锅、碳化槽、亚硫酸化槽或精炼桶等。

从甜菜中萃取糖汁的浸提装置（浸提容器和“热法浸提器”同时报验的）不应归入本品目［参见品目 84.38 注释的第五部分第（二）款 3 项］；但“热法浸提器”单独报验时，应归入本品目。

（11）供熔炼动物硬脂或皂化脂肪用的压热器；人造黄油固化槽，槽内装有冷却的旋转滚筒，人造黄油可在滚筒上凝固。

（12）化学处理木浆或水解木材用的罐、槽、压热器等。

（13）配制染料用的桶等。

（14）硫化橡胶用的压热器。

（15）金属酸洗或除油用的槽等。

（16）浸入式盘管。由一组塑料管构成。这些塑料管平行并列或成编带状排列。塑料管两端是封闭的，形成蜂窝式结构，配有接头。当浸入液池中上述装置可利用管内流体或蒸汽，使液池保持恒温，或对液池进行加热或冷却。

（17）通常非供家庭用的专用加热或烹煮设备（例如，餐馆、食堂等用的柜台式咖啡渗滤壶、茶壶及奶壶、蒸汽壶等；蒸汽加热锅、加热板、加温橱、干燥箱等；油炸锅）。

（18）不带收款装置的热饮或冷饮自动配售机。

上述设备主要供工业用，但本品目也包括非电热的快速热水器及储备式热水器，还包括太阳能热水器，不论其是否家用型。然而这类热水器如果是电热的，则不应归入本品目（品目85.16）。

*

* *

必须注意，本品目不包括贱金属制的家用蒸汽锅、压力锅及某些渗滤壶（第十五类）。

二、蒸馏及精馏设备

除了陶瓷制的蒸馏器（品目69.09）或玻璃制的蒸馏器（品目70.17或70.20）以外，本组包括用以蒸馏各种物质（不论是液体还是固体）的所有设备。

（一）简单蒸馏设备

这种设备主要由曲颈蒸馏甑或蒸馏器、冷却装置及储液容器组成。曲颈甑或蒸馏器用以将其中的待蒸馏液体气化，冷却器用以冷凝从蒸馏甑输送出来的蒸汽，储液容器则用以收集馏出液。它们既可以间歇工作（例如，直接加热或由装在内部的蒸汽盘管加热的简单间歇蒸馏罐），也可以连续工作，即把液体连续不断地送入蒸馏器，通常再由蒸汽管或蒸汽盘管进行加热。连续式蒸馏器可以串连起来，第一只蒸馏器可直接加热或用蒸汽加热，其他蒸馏器的蒸馏液由前一只蒸馏器供给，并利用前一只蒸馏器所产生的蒸馏蒸汽进行加热。

（二）分馏或精馏设备

这是更为复杂的连续式设备，配有垂直的分馏塔，可将复杂的混合物一次分离。最常用的分馏塔用板分成相连的若干部分，装有泡罩及下水管。这样，从一个部分升起的蒸汽就和上一部分蒸汽的冷凝部分发生密切接触。由于蒸汽在塔内上升时温度下降，它们可在与各自沸点相应的不同水平上被分离出来。

蒸馏固体（煤、褐煤、木材等）用的设备是根据同一原理工作的，但其产品却是由品目84.17所列的炉加热的。本品目仅包括用以分离炉内产生的挥发性物质的冷凝或精馏设备。

蒸馏等设备的关键部件通常是由金属（例如，不锈钢、铜或镍）制成，但可用玻璃或耐火材料作内衬。在减压或增压的条件下进行蒸馏的设备，可配有真空泵或压缩机。

间歇蒸馏主要用于制备香精油、烈性甜酒等；连续式简单蒸馏或分馏设备适用于多种工业（例如，蒸馏工业用酒精、脂肪酸、液态空气、发动机合成燃料或化学产品，用于精炼原油，用于蒸馏木材、煤、页岩、褐煤、煤焦油）。

采用分馏工艺分离放射燃料或处理废液用的分离器也属于本组范围。

三、蒸发或干燥设备

为了适应不同类型的材料及其对热的敏感性，这些设备可制成各种类型（有的须在真空条件下工作）；可以直接加热，也可以间接加热。本品目仅包括在相对低温下工作的蒸发或干燥设备，切勿与品目84.17所列的工业用炉或烘箱相混淆，后者可产生相当高的温度。

本品目最为常见的工业用设备有：

（一）蒸发器，通常为容器状，能提供一个大的加热面，可利用蒸汽盘管直接或间接加热，通常还配有一个抽气机，以排出所产生的蒸汽。蒸发器有单效蒸发器和多效蒸发器，后者在操作及结构上与多效蒸馏器相似，但未配有冷凝蒸汽的同流换热装置。

（二）实验室用冻干设备。这些设备可通过对诸如抗毒素、细菌、病毒、血浆及血清等生物标本进行脱水处理，以稳定与保存生物标本。经过冷冻后，标本在极低压下缓慢地重新加热使冰升华，从而留下脱水的产品。

（三）隧道式干燥器。这是大型的干燥室，一般配有输送设备，用以运载待干燥的物品逆着热空气流以适当的速度通过干燥室，这些设备特别用于陶器制造业；玻璃制造业；食品工业（包括配有对鱼、肉等的烟熏处理装置的设备）；干燥木材、草饲料等。

（四）旋转式干燥器，由内部加热或外部加热的旋转滚筒组成，适用于多种工业（例如，造纸、制马铃薯粉片等）。

（五）板式干燥器，为装有许多水平长眼筛板或搁架的金属干燥室，有时由内部进行加热。装有格栅的中心转轴把待干燥材料分铺在炽热的板上，并通过板上的洞眼把材料漏送到下面的板上。这类设备用于处理麦芽。

（六）喷雾式干燥器。这些干燥器与蒸发器的功能相同，为内部装有一个水平高速旋转圆盘的金属干燥室，配有加热器及风扇，以提供热气流。转盘利用离心力把待干燥液体变成细雾，散布到热气流中；液体由此而立即干燥成粉末状。在另一种类型中，液体以细雾状与热气流成反向喷入干燥室内。这类干燥器尤其适于制造奶粉。

本组还包括蒸发可裂变物质或放射性物质的溶液或干燥裂变产品或放射性产品用的机器设备。

但本品目不包括：

（一）干燥放射性沉淀物用的离心机（品目84.21）。

（二）干燥瓶子或其他容器用的机器（品目84.22）。

（三）专供干燥纺织纱线、织物及纺织制品用的机器（品目84.51）。

四、烘炒设备

这些设备常由旋转的圆筒形或球形容器组成。在这些容器内，待加工产品（例如，咖啡豆、可可豆、谷物或坚果）经与加热的容器壁相接触，或使空气流直接穿过加热体（例如，煤气或汽油燃烧器或焦炭火），进行有控制的加热。这种设备常装有使产品不停翻搅的装置，以保证烘炒均匀，避免烧焦。其他类型的烘炒设备，其烘炒室内装有穿孔、倾斜或旋转的搁架，由热气供热。

本品目的货品不应与品目84.17所列的工业或实验室用炉及烘箱相混淆。

五、汽蒸设备

这是一种封闭式容器（一般为本品目注释中前面已提到的通用型设备），可对容器内的各种材料进行湿热处理（例如，使用加压蒸汽或利用产品本身发出的气体的作用进行处理）。

这类设备可应用于各种制造业中（例如，加工蔬菜及动物精汁；食品工业；使用蒸汽进行脱脂或清洁处理）。某些类型的汽蒸设备由大型的汽蒸室组成，通过用蒸汽对材料较长时间的作用进行处理。这些设备用于对纺织纤维成批进行处理，以及对木材进行蒸汽处理等。

本品目不包括对纺织纱线或织物进行给湿处理或其他蒸汽处理的机器（品目84.51）。

六、消毒设备

这些设备主要由消毒容器或消毒室组成，一般用蒸汽或沸水（有时用热空气）加热，要消毒的物品或材料在高温下存放一段时间以杀灭细菌等，但并不改变物品或材料本身的组织或物理状态。

许多液体消毒器与以上第一部分所述的设备相似（例如，巴氏杀菌器）。有些大型消毒器可配备输送装置，用以运载物品通过载热体，必要时再经过一个冷却装置。该冷却装置也是设备的一个组成部分。

本组不仅包括工业用消毒器（例如，供牛奶、酒、果汁及原棉的消毒用），也包括供手术室等用的消毒设备。

七、液化空气用的机器；实验室专用设备及器具

本品目包括液化空气用的林德式（Linde）或克劳德式（Claude）机器。

本品目也包括实验室专用的器具及设备；这类物品一般体积较小（高压锅；蒸馏、消毒或汽蒸器具；干燥器等）。但本品目不包括品目90.23所列的示范用仪器，以及第九十章已具体列名的测量、检验等用的仪器。

零 件

除零件的归类总原则另有规定的以外（参见第十六类总注释），本品目包括上述设备的零件。这些零件包括蒸馏器或精馏塔的某些零件，例如，蒸馏甑、蒸馏泡罩和环、板及某种管道部件；烘炒器、干燥器等用的转板及转筒等。

经过弯曲但未经进一步加工的金属管子，如报验时并未装配，则不能确定其为本品目货品的零件，因而应归入第十五类。

84.20　研光机或其他滚压机器及其滚筒，但加工金属或玻璃用的除外：

10　—　研光机或其他滚压机器

—　零件：

91　——滚筒

99　——其他

本品目包括研光机及其他滚压机器，不论其是否专用于某一行业，但不包括品目84.55、84.62或84.63所列的金属加工机器、金属滚轧机及品目84.75所列的玻璃加工机器。

这些机器主要由两个或多个平行的滚筒或轧辊组成。这些滚筒或轧辊旋转时，其表面较为紧密地相接触，这样在滚筒的压力下，或者压力与摩擦、加热及加湿相结合的作用下进行下列工作：

一、把可塑状态的材料喂入滚筒，滚轧成薄片（包括糕饼、糖果、饼干等、生面团、巧克力、橡胶等）。

二、薄片材料（金属或玻璃除外）从滚筒间通过时，在其表面产生某种效果，例如，压平（包括烫平）、上光、磨光、抛光、压花或起粒纹。

三、施料或表面涂料。

四、织物粘合。

这类机器应用于多种工业（例如，纸张、纺织品、皮革、塑料、橡胶或列诺伦铺地制品制造工业）。

研光机在不同的行业中具有不同的名称（例如，洗衣业中称烫平机，纺织工业中称整理轧布机，造纸工业中称高度研光机），但不论其名称如何，均归入本品目。

研光机常作为其他机器（例如，造纸机器）的辅助装置。当研光机与这些其他机器同时报验时，应按第十六类注释三及四的规定归类。

另一方面，研光机如仅配有诸如浸渍槽或轧辊、卷绕或切割装置等辅助器具时，仍归入本品目。

本品目也包括研光机类型的各种平整机或熨平机，不论其是否家用型。

零　件

除零件的归类总原则另有规定的以外（参见第十六类总注释），本品目所列机器的零件也归入本品目。这些零件包括明显用于本品目所列研光机或滚压机的滚筒。这些滚筒可以用金属、木材或其他适当的材料（例如，层压纸）制成，有各种长度和直径，可以是实心的，也可以是空心的；根据其特定用途，表面可经抛光、起波纹、起粒纹或者刻有图案；还可包以其他材料（例如，皮革、纺织物或橡胶）。金属滚筒通常使用蒸汽、气体等从内部加热。具有特定用途的研光机所使用的成套滚筒可由不同的滚筒组成。

*

*　*

本品目不包括虽然与研光机或滚压机有些相似，但并非用于上述用途的机器，例如：

（一）纺织、造纸等用的滚筒干燥机（品目84.19或84.51）。

（二）葡萄酒及苹果酒压榨机等（品目84.35）。

（三）滚筒压碎机或磨粉机（品目84.36、84.37或84.79）。

（四）面粉厂用的圆筒碾磨机（品目84.37）。

（五）洗衣绞干机（品目84.51）。

（六）金属滚轧机（品目 84.55）。

（七）金属薄板矫平机（品目 84.62）及金属薄板压花机（品目 84.63）。

（八）制造平板玻璃及其他平面玻璃用的滚轧机及玻璃加工用的研光机（品目 84.75）。

84.21　离心机，包括离心干燥机；液体或气体的过滤、净化机器及装置：

—　离心机，包括离心干燥机：

11　——奶油分离器

12　——干衣机

19　——其他

—　液体的过滤、净化机器及装置：

21　——过滤或净化水用

22　——过滤或净化饮料（水除外）用

23　——内燃发动机的滤油器

29　——其他

—　气体的过滤、净化机器及装置：

31　——内燃发动机的进气过滤器

32　——用于净化或过滤内燃机所排出废气的催化转化器或微粒过滤器，不论是否组合

39　——其他

—　零件：

91　——离心机用，包括离心干燥机用

99　——其他

本品目包括：

（一）根据物质在比重上的差异，利用离心力全部或部分地将不同物质加以分离的机器，或利用离心力将潮湿物质的水分除去的机器。

（二）液体或气体的过滤或净化机器及装置，但过滤漏斗、滤奶器及油漆过滤器等除外（通常归入第七十三章）。

一、离心机，包括离心干燥机

大多数离心机主要由一个多孔板、多孔桶、多孔篮或多孔鼓等和一个收集器组成。多孔板等在一个固定的收集器（通常是圆筒形）内高速旋转，产生离心力，把排除出来的物质射向筒壁。在有些离心机中，用一组倒置的分选圆锥将具有不同比重的物质分离在不同层次上并加以收集。其他类型的离心机则把固体成分保留在旋转的多孔板、多孔篮等中，而把液体成分分离出去。后一种类型的离心机也可用以把液体完全渗透到材料中去（例如，用于染色或净化）。

本品目包括：

（一）洗衣店、染坊、纸浆厂、面粉厂等用的离心干燥机。

（二）精炼食糖用的离心机。

（三）乳品的奶油分离机及离心澄清器。

（四）澄清油、酿造酒、蒸馏酒用的离心机。

（五）石油产品脱水或脱蜡用的离心机。

（六）酒、动物脂、淀粉等的脱水离心机。

（七）制造火棉用的硝化离心机。

（八）酵母菌分离器。

（九）化学工业用离心机（例如，高速抗生素提取器）。

（十）主要供实验室用的离心机，可在叠层中把液体加以分离，以便倾析。

（十一）从血液中分离血浆用的离心机。

（十二）干燥放射性沉积物用的离心机。

（十三）提取蜂蜜用的离心机。

零　件

除零件的归类总原则另有规定的以外（参见第十六类总注释），离心机的零件也应归入本品目（例如，板、桶、篮、鼓及收集器）。

*

*　*

本品目不包括根据离心分离原理工作的其他类型的某些机器，例如：

1. 分离铀同位素用的称作“气体离心机”的特种离心机（品目84.01）。

2. 液体离心泵（品目84.13）。

3. 离心式空气泵及鼓风机（品目84.14）。

4. 制粉工业用的离心筛分机（品目84.37）。

5. 金属的离心浇铸机（例如，制铸铁管用）（品目84.54），或未硬化水泥的离心浇铸机（例如，供浇铸混凝土管道用）（品目84.74）。

6. 离心磨矿机（品目84.74）。

7. 制造半导体圆片用的离心自旋干燥机（品目84.86）。

二、液体或气体的过滤或净化机器及装置

归入本品目的大部分过滤或净化设备均是完全静止设备，无任何运动部件。本品目包括各种类型（物理、机械、化学、磁性、电磁、静电等）的过滤及净化设备，不仅包括工业用的大型设备，也包括供内燃机用的过滤器以及小型家用器具。但本品目不包括过滤漏斗、滤乳器以及简单装有金属丝网或其他过滤材料的容器或槽罐等；也不包括通用的容器或槽罐等，即使它们装上一层砾石、砂、木炭等以后可用作过滤器。

一般来说，归入本品目的过滤机器及设备，根据其用于过滤液体还是气体，可分为两种不同类型：

（一）液体的过滤及净化机器等，包括软水器

这类液体过滤机是通过一层多孔材料制的薄片、薄膜或团块等（例如，布、毡、金属丝布、皮张、石器、陶瓷、硅藻土、烧结金属粉、石棉、纸浆、纤维素、木炭、动物炭黑或沙），从液体中分离出固体、脂肪、胶体等微粒。在处理饮用水时，某些上述材料（例如，陶瓷及木炭）可在过滤过程中去除细菌等；因此使用这些材料的过滤器有时被称作“净水器”。过滤器也可用以从浆状材料（例如，陶瓷材料或精矿砂）中除去液体。本品目包括自流式、吸入（或真空）式或加压式液体过滤器。

本品目主要包括：

1. 家用型滤水器。家用加压滤水器装在总水管或龙头上，通常由一个圆筒形陶瓷过滤部件装在一个金属外壳内组成。自流式家用滤水器与之相类似，但通常体积较大。本品目不包括主要由陶瓷或玻璃制成的过滤器（分别归入第六十九章或第七十章）。

2. 制造化纤纺织材料用的滤烛。它是一个不锈的容器，内装纺织部件，用以过滤纺纱溶液。

3. 供内燃发动机、机床等用的滤油器。它们有两种类型：

（1）一种装有通常由多层毡、金属丝网纱、钢丝绒等叠成的过滤部件。

（2）一种装有永久磁铁或电磁铁，用以从油中除去铁质微粒。

4. 锅炉水过滤器，通常为一个大型容器，内装多层过滤材料。除入水管及出水管以外，它还装有一组管道及阀门，以便利用横向水流冲洗过滤部件。

5. 压滤器，由一系列平卧的过滤室组成。过滤室由易于拆卸的垂直过滤板及框架装配而成。压滤器用过滤介质（布、纤维素等）包裹，并用螺丝或压紧装置加以固定。用泵抽吸液体流过滤槽。过滤室可用蒸汽等从内部加热。滤出液从压滤器内抽出，滤渣则在滤板之间集合成块。压滤器用于过滤或净化多种液体（例如，用于化学工业、制糖工业、酿造啤酒及其他酒、油类提纯、矿砂富集、制造陶瓷、化纤工业等）。

6. 转筒式真空过滤器，由一个盖有滤布或丝网的圆筒装在盛有待过滤液体的大容器内所组成。液体被吸入转筒内，而留在容器周围的固体滤渣则由机械装置加以排除。

7. 间歇式真空过滤器，由多个“滤叶”或过滤室组成。各滤室均盖有滤布，并与一共同的真空管道连通。过滤器浸没在盛有待过滤液体的容器内，利用真空进行过滤。

8. 化学净水器。例如，滤砂或沸石软水器及石灰净水器。

9. 电磁净水器。在这些净水器中，交变磁场的作用在于防止水中的钙盐结晶，在管壁上形成沉淀物。这种净水器可将钙盐分离出来，成为淤渣而马上被除去。

本品目也包括渗析器。这是一种特殊类型的过滤器，主要有一层半渗透性薄膜。液体渗滤透过这层薄膜，可分离出胶体微粒。

（二）气体的过滤及净化机器等

这些气体过滤器及净化器用于将气体中的固体或液体微粒分离出来，以便于回收有价值的产品（例如，从炉的烟气中回收煤粉尘、金属微粒等）或除去有害物质（例如，从气体或浓烟中去除灰尘、焦油等；去除蒸汽机蒸汽中的油）。

它们包括：

1. 完全采用机械或物理方法工作的过滤器及净化器，共有两种类型。第一种类型象液体过滤器一样，其过滤元件是由多孔面层或块体（毡、布、金属、海绵、玻璃绒等）组成。在第二种类型的气体过滤器中，首先将气体中的微粒流动速度突然降低，然后利用重力使其聚集在油面等上，从而达到与气体分离的目的。这两类过滤器常装有风扇或喷水器。

第一类过滤器包括：

（1）内燃发动机用的吸气过滤器。这种过滤器常把上述两种结构结合起来。

（2）滤袋式过滤器，由一系列布制的袋形过滤元件组成，常配有振荡装置，使截留的微粒从袋底排出。

（3）网式过滤器。它装有一条环形的过滤丝网，在两个滚筒上运转，横贯气体所通过的过滤室。滤网上的污垢由一个刮板装置加以清除。

（4）转鼓过滤器，例如，喷纱设备用的过滤器。它通常配有一个滤鼓，用吸力把空气吸入滤鼓内。滤鼓紧靠着一块刮板旋转，这样刮板可将筒内的滤渣去掉。

第二种类型的过滤器包括：

（5）除尘器、滤烟器等，配有各种障碍装置，以减低气流中微粒的速度。例如，挡板、有不对称孔眼的隔板、装有挡板的环形或螺旋形管道，以及装有层叠挡环的锥形装置。

（6）旋风过滤器，一般主要由金属片制的锥形装置装在一个圆筒形的罐中构成，它通过一根切向管道，把气体送进锥形装置的狭小部分，这样就产生了湍流；当气体接近锥形装置的宽阔部分时，湍流急剧减速，从而使灰尘下降到罐底。

2. 空气或其他气体的静电过滤器，其主要部件通常是带静电的一系列垂直铁丝。空气中的灰尘通过这类设备时被吸附在铁丝上，然后定期被清除掉。

3. 涤气器或吸收塔。这些设备用于净化发生炉煤气或煤气等。它们由高大的金属塔组成，塔内盛有焦炭或其他填充物，顶部装有喷水器。

4. 空气或其他气体的其他化学过滤器及净化器（包括可将机动车辆所排出废气中的一氧化碳进

行转化的催化转化器）。

*

* *

本组还包括下列核工业用的机器：专供除去放射性尘埃用的空气过滤器（物理式或静电式）；滞留放射性碘用的活性炭净化器；分离放射性元素用的离子交换装置，包括利用静电工作的离子交换设备；分离放射燃料或处理废液用的分离设备，不论其采用离子交换方法工作，还是采用化学方法（利用溶剂或沉淀等方法）工作。

零 件

除零件的归类总原则另有规定的以外（参见第十六类总注释），本品目包括上述各种过滤器及净化器的零件。这些零件主要包括：

间歇真空过滤器的叶片；压滤器的底盘、框架及滤板；液体或气体过滤器的转鼓；气体过滤器的挡板、多孔板等。

必须注意，纸浆制的滤块应归入品目 48.12；其他许多过滤件（陶瓷、纺织品、毡等）应按其构成材料归类。

*

* *

本品目也不包括：

（一）分离铀同位素用的气体渗滤设备（品目 84.01）。

（二）品目 84.15 所列的空调机及品目 84.79 所列的空气减湿器。

（三）葡萄榨汁机、苹果榨汁机等（品目 84.35）。

（四）人造肾透析设备（品目 90.18）。

84.22 洗碟机；瓶子及其他容器的洗涤或干燥机器；瓶、罐、箱、袋或其他容器装填、封口、密封、贴标签的机器；瓶、罐、管、筒或类似容器的包封机器；其他包装或打包机器（包括热缩包装机器）；饮料充气机（+）：

— 洗碟机：

11 —— 家用型

19 —— 其他

20 — 瓶子或其他容器的洗涤或干燥机器

30 — 瓶、罐、箱、袋或其他容器的装填、封口、密封、贴标签的机器；瓶、罐、管、筒或类似容器的包封机器；饮料充气机

40 — 其他包装或打包机器（包括热缩包装机器）

90 — 零件

本品目包括家用型及非家用型的洗碟机（用于洗涤盘、杯、匙、叉等），不论是否配有干燥装置，电动洗碟机也归入本品目。本品目还包括用于洗涤或干燥瓶子及其他容器，对这类容器进行装填或封口（包括饮料充气机），以及一般用于包装（包括热缩包装）商品，以便于销售、运输或储存的各种机器。这些机器包括：

一、对瓶、坛、罐、箱、桶、搅乳器、奶油分离器的回转筒或其他容器进行清洁、洗涤、冲洗、干燥用的机器（不论是否使用蒸汽工作的）。这些机器有时还带有消毒或杀菌装置。

二、装填容器用的机器（例如，桶、琵琶桶、罐、瓶、坛、管、安瓿、箱、包、袋等容器的装填机器），常配有辅助性的自动计量或计重控制装置，以及对容器进行封口的设备。

三、瓶、坛的封口、加塞或压盖机器；封罐机（包括焊接封口机在内）。

四、包装机及纸板箱装箱机。这些机器可配有定型、印刷、捆扎、装订、包边、胶贴、封口装置或对包装进行最后整理的装置。本品目包括把已装填好的罐头、瓶子等装入外包装（板条箱、箱子等）的机器。

五、贴标签机，包括装有印刷、裁切或粘贴标签装置的。

六、饮料充气机。实际上就是瓶子的灌装及封口机器，但配有用以在灌装饮料的同时充入二氧化碳气体的装置。

七、打包机及捆扎机，包括手工操作的便携式器械。这些机器装有支承板或类似装置，使用时可放置在待捆扎的包裹、箱或其他包装物上。

本品目的机器通常同时具有上述好几种功能。它们也可配有某种装置，以便在真空或其他受控大气条件下进行装填或密封操作。

除包装、捆扎等功能以外，还具有一些附属于包装等的其他附加功能的机器仍归入本品目。因此，凡把商品包装或捆扎成通常在商业上供分发销售形式的机器，不论其是否带有计重或计量装置，均应归入本品目。同样，本品目也包括配有某种辅助设备，可把已经制成的产品切割、模制或挤压成出售的形式，但并不影响商品的基本特征的机器（例如，把黄油或人造黄油模制成块等并加以包装的机器）。然而，本品目不包括其主要功能并非包装或捆扎等，而是把原料或半成品制造成为制成品的机器（例如，卷烟包装联合机）。

零　件

除零件的归类总原则另有规定的以外（参见第十六类总注释），本品目也包括上述机器的零件。但应注意，对于组合机器，如其组成的某部分机器本身并不归入本品目，则这些机器的零件也应归入其相应品目，例如，衡器的零件（品目84.23）、制纸板箱及纸袋机器的零件（品目84.41）、印刷机零件（品目84.43）。

*

*　*

本品目不包括：

（一）家用型装瓶机或装罐机以及其他重量不超过10千克的家用机械用具（品目82.10）。

（二）草料或饲料打包机（品目84.33）。

（三）纸袋、纸板箱的制造机器（品目84.41）。

（四）装袋后的缝袋机（品目84.52）。

（五）废金属的压包机等（品目84.62）。

（六）钉箱机（品目84.65）。

（七）将信件装入信封或用纸带包扎信件的机器（品目84.72）。

○

○　○

子目注释：

子目8422.11

本子目包括家用型洗碟机，不论其是否电动的，也不论其具体用途如何。这类机器放置在地板上时，其外部尺寸为：

宽度：不超过65厘米；

高度：不超过95厘米；

厚度：不超过70厘米。

放置在桌子或柜台上的机器，其尺寸更小。

84.23 衡器（感量为50毫克或更精密的天平除外），包括计数或检验用的衡器；衡器用的各种砝码、秤砣（+）：

10 — 体重计，包括婴儿秤；家用秤

20 — 输送带上连续称货的秤

30 — 恒定秤、物料定量装袋或装容器用的秤，包括库秤

— 其他衡器：

81 —— 最大称量不超过30千克

82 —— 最大称量超过30千克，但不超过5000千克

89 —— 其他

90 — 衡器用的各种砝码、秤砣；衡器的零件

本品目包括除感量为50毫克或更精密的衡器（品目90.16）以外的下列器具：

一、用以直接测定物体重量的机器及器具，不论是通过电子操作（利用传感器），物体与可更换的砝码的比较，秤砣在标有刻度的秤杆上移动（提秤或其他秤）来确定物体重量，还是利用弹簧、杠杆、砝码或液压方法等在机器的标尺或指示器上自动显示物体的重量。

二、利用测定物体重量的原理进行工作，但用与重量有直接联系的其他计量单位（例如，体积、数量、价格或长度）作出自动记录的器具。

三、设定重量的衡器，可根据产品的重量检验产品是否一样，标出次品或将一定重量的货品分拣出来，以备包装。

归入本品目的衡器，包括下列各种类型：

（一）弹簧秤。

（二）家用或商店用秤。

（三）信件及包裹秤。

（四）体重秤（不论是否投币式），包括婴儿秤。

（五）便携式或移动式台秤。

（六）桥秤（液压式或其他类型）及其他平台秤。

（七）测量传送带或高架输送机等上货物用的秤。

（八）使用砝码操作的计数秤。

（九）恒重秤，例如，校核秤（根据标准重量，标明超重或重量不足）和连续衡器（用于校核纺织品及其他材料量的一致性）。

（十）料斗秤，用以对从料斗卸下的材料进行自动秤重，包括衡量从几个料斗卸下的不同配料，以便将它们组成混合物用的衡器。

（十一）把预定重量的材料装入袋子或容器用的秤，但不包括兼可把货品包装成商业上正常分发销售形式的机器。

（十二）衡量流动液体用的自动衡器。

（十三）对已经包装的物品进行称重及标明重量的全自动设备。这种设备由衡器、计数机、配有件数累加装置的打印机及重量标签推顶器组成。

上述各种衡器可配有自动打印重量标签、记录及累计一系列重量以及投射或放大读数等装置。

本品目也包括供各种衡器用的任何材料制的砝码、秤砣，不论其是否成套。供品目90.16所列的精密衡器用的砝码，单独报验时也归入本品目；但如与精密衡器一起报验，则应按精密衡器归类。游标砝码（包括白金制的）也应归入本品目。

零　件

除零件的归类总原则另有规定的以外（参见第十六类总注释），本品目包括本品目所列衡器的零件。这些零件包括：

秤杆，不论是否标有刻度；秤盘及秤台；底板、支架及外罩；刃形支承、枢轴及枢轴轴承（全部由玛瑙或其他宝石或半宝石制的物品应归入品目 71.16）；液压缓冲器（振荡减震器）；重量指示盘。

*

*　*

本品目不包括：

（一）比重天平（或静水天平）（品目 90.16）。

（二）机械零件的平衡试验机（品目 90.31）。

（三）专供测量牵引力或压缩力等，而非供衡量货物、人畜等用的测力计等仪器（品目 90.24 或 90.31）。

○

○　○

子目注释：

子目 8423.20

本子目所列的输送机上连续称货的称有累计和积算式的，用以称量和记录料斗或输送链及其他类似输送装置所盛物料通过时的重量。

84.24　液体或粉末的喷射、散布或喷雾的机械器具（不论是否手工操作）；灭火器，不论是否装药；喷枪及类似器具；喷汽机、喷砂机及类似的喷射机器（＋）：

10　—　灭火器，不论是否装药

20　—　喷枪及类似器具

30　—　喷汽机、喷砂机及类似的喷射机器

—　农业或园艺用喷雾器：

41　——便携式喷雾器

49　——其他

—　其他器具：

82　——农业或园艺用

89　——其他

90　—　零件

本品目包括将蒸汽、液体或固体材料（例如，沙、粉末、颗粒、砂砾或金属研磨料）以射流状、散射状（不论是否成滴）或喷雾状进行喷射、散布或喷雾的机器及器具。

但本品目不包括供精密切割各种材料（例如，石料、复合材料、橡胶、玻璃、金属）用的水射流或水加研磨料混合射流切割机。这类机器通常是在 3000～4000 巴的压力下，以 2～3 倍于音速的速度喷射出水射流或水与精细研磨料混合的射流进行切割加工（品目 84.56）。

一、灭火器，不论是否装药

本组包括使用产生泡沫的药料或其他药料的灭火器，不论是否装药。装有龙头、阀门、雷管或其他开启装置的简单灭火器也归入本品目。

本品目不包括：

（一）灭火弹及灭火器的装配药（品目 38.13）。

（二）消防泵，不论是否配有储水槽，非机动车辆型的归入品目 84.13；机动车辆型的归入品目 87.05。

二、喷枪及类似器具

喷枪及手持式类似器具通常装在压缩空气或蒸汽管道上并直接或通过导管与喷射材料的储槽相连接。这些器具装有扳机或其他阀门，以控制流体通过喷嘴。这些喷嘴通常可以调节，能喷出射流或多少有些扩散的雾状射流。这些器具用于喷射油漆或涂料、清漆、油、塑料、水泥、金属粉、纺织纤维粉末等，也可喷射出强大的压缩空气流或蒸汽流，用以在建筑、雕塑等工作中清洗石料。

本组也包括单独报验，用以装在印刷机上的手动“防污迹”喷射装置，以及应用喷焊器的工作原理进行操作的或由电热装置与压缩空气射流相结合而进行操作的手动金属喷枪。

本身装有电动机，并配有泵及喷射材料（油漆、清漆等）贮液容器的手持式喷枪也归入本品目。

三、喷汽机或喷砂机及类似的喷射机器

喷砂机及其类似品常常是重型结构，有时还装有压气机。这种设备可高压喷出砂或金属研磨料等，用以对金属制品进行除锈或清洁，或者在玻璃、石料等表面进行蚀刻或褪光处理。它们一般配有集尘器，用以清除残留的砂及灰尘。本品目也包括喷汽机械，用以除去金属机件上的油漆等。

四、喷水器、喷雾器及粉末散布器

这些器具在农业、园艺或家庭中用于喷射杀虫剂、杀菌剂等。本品目不仅包括用手操作（包括简单的活塞泵喷雾器）或脚踏型的喷射器具，还包括吹粉器、背负式喷雾器及移动式喷雾器，不论这些器具本身是否配有贮液器。本品目也包括机动喷雾机，其发动机既可用以驱动泵或喷雾器，又可通过齿轮传动装置在有限的范围内根据工作需要驱动机器。但本品目不包括已构成品目 87.05 所述正式车辆的机器。

本品目的喷射器具必须配有产生或散布喷雾或射流，或自动调整喷头方向的机械装置（包括由水压推动的简单机械装置）。它们包括下列喷射器具，不论其是固定式、移动式或机动的：

（一）草坪、果园等用的喷水器及喷雾器（例如，旋转喷雾器及振荡喷雾器）。

（二）水枪，可喷射强大的水柱，用以从山坡等处冲落矿物（例如，金矿砂）以及造纸用的喷水树皮剥离机。

本品目也包括汽车挡风玻璃及车头灯的冲洗机械装置，以及除草及其他农业用的火焰喷射枪。

本品目不包括：

（一）用压力灌入装有简单压力释放阀的容器的杀虫剂（品目 38.08）。

（二）水龙软管喷头（归入第十五类；如装有龙头、旋塞、阀门或其他水流调节装置，则应归入品目 84.81）。

（三）品目 90.18 所列的医疗仪器。

（四）香水喷雾器及类似的化妆用喷雾器（品目 96.16）。

五、灌溉系统

这些灌溉系统由各种部件连接而成，其部件一般包括：

（一）控制站（由筛网过滤器、肥料喷射器、计量阀、止回阀、压力调节器、压力计、通气口等组成）；

（二）地下网络（从控制站把水输送到灌溉区的分布管道及分叉管道）；以及

（三）地面网络（由配有滴水器的滴水管道组成）。

这种灌溉系统应按照第十六类注释四的规定，作为功能机组归入本品目（参见第十六类总注释）。

*

*　*

本品目还包括：

1. 用石蜡或熔蜡喷涂各种物体（例如，杯、纸板箱、盒）的机器。

2. 静电喷漆设备。该设备的喷枪既用油漆输送软管与一个油漆容器相连，又用电缆与一个高压发生器相连。待喷漆的物体与喷枪之间形成的静电场既可吸引压缩空气喷涂在物体上的油漆微粒，又可防止油漆微粒散开。

3. 液体或粉末的喷射、散布或喷雾专用的工业机器人。

零　件

除零件的归类总原则另有规定的以外（参见第十六类总注释），本品目包括本品目所列机器及器具的零件。因此，归入本品目的零件主要包括：喷雾器的储液器、喷嘴、喷管下悬管以及不属于品目84.81所列的涡流喷头。

*

*　*

本品目不包括：

（一）手动的加油壶及润滑脂枪（品目82.05）、压缩空气润滑脂枪及其他压力或润滑脂注射设备（品目84.67）。

（二）锅炉用的喷汽除烟器（品目84.04）。

（三）炉用燃烧器（品目84.16）。

（四）利用喷水、喷汽或喷砂等方式清洁桶或其他容器用的机器（品目84.22）。

（五）喷墨印刷（打印）机器（品目84.43）。

（六）香水喷雾器式的自动售货机（品目84.76）。

（七）将砂浆、混凝土或砾石散布或喷射在路面或类似表面上的机器（品目84.79）。

（八）可安装在卡车上，用于清除积雪的撒盐和沙砾的机器（品目84.79）。

（九）用于蚀刻、显影、去膜或清洁半导体圆片及平板显示器的喷射装置；在电镀加工前用以清除半导体组件金属引脚上杂质的清除机器（使用高压喷汽清除）（品目84.86）。

（十）品目85.15所列的金属或金属陶瓷的电动热喷机器设备。

（十一）牙科用的喷射钻（品目90.18）及烟雾疗法用设备（喷雾器）（品目90.19）。

○

○　○

子目注释：

子目8424.20

本子目包括品目84.24的注释第二部分所述的器具。

子目8424.41

所称“便携式喷雾器”，是指设计成推拉式或以手提、单肩背或双肩背的方式操作的喷雾器。

本子目包括压力喷雾器（市场上可称为“喷枪”），由一个装有漏斗及压力泵的压力罐、背带、软管及带有铜管和可调喷嘴的手持喷射装置构成，上述所有构件的物理特性均清晰表明其最适合农业或园艺用途（例如，3巴的使用压力、5升的容积及可调节的喷嘴。）

本子目的便携式喷雾器还包括用手压、用杠杆压的背负式喷雾器，机动背负式喷雾器，机动背负式吹雾器，操作者可携带的带旋转式喷嘴的设备，手推或手拉的喷管式喷雾器等。

本子目不包括冷、热烟雾机。

84.25　滑车及提升机，但倒卸式提升机除外；卷扬机及绞盘；千斤顶：

—　滑车及提升机，但倒卸式提升机及提升车辆用的提升机除外：

11　——电动的

19　——其他

—　其他卷扬机；绞盘：

31　——电动的
39　——其他
　　—　千斤顶；提升车辆用的提升机：
41　——车库中使用的固定千斤顶系统
42　——其他液压千斤顶及提升机
49　——其他

本品目包括简单的起重或搬运设备。品目 84.26 注释中的有关规定，在细节上作必要的修改后，适用于本品目的设备，只要这些设备是自推进式或其他移动式机器，或者是多功能机器和准备装于其他机器或装于第十七类所列运输车辆及船舶上的起重、装载及搬运机器等。但如果卷扬机构成了拖拉机的正常工作部件，该整部机器（拖拉机与卷扬机）应归入品目 87.01。

本品目包括：

一、滑车及提升机，但倒卸式提升机除外

本品目的滑车及提升机由一套较为复杂的滑轮、缆、链条、绳索等组成。这些机器可利用机械增益原理进行起重（例如，使用多个不同直径的滑轮、齿轮及传动装置进行起重）。

本品目主要包括：

（一）滑车及提升机，其传动链条与滑轮缘上的凸出部分啮合。

（二）滚筒式滑轮提升机，其缆索卷绕在内装有滑轮装置的一个滚筒上。这类独立式提升机通常是风动或电动的，常常装在架空导轨上运行的吊运车或吊运斗上。

（三）由一条滚子链条在装有多个链轮的齿轮装置系统上运行的提升机。这种提升机的工作原理有点象千斤顶，是由曲柄或杠杆操作的。

单独报验的滑轮及滑轮组不应归入本品目（品目 84.83）。

本品目也包括吊艇架。这种装置是由两个倾斜或旋转的支架组成，可以通过滑车式提升机构将船舶上的小艇等吊起或放下。

二、卷扬机及绞盘

卷扬机由手工操作或动力驱动的卧式棘轮卷筒组成，缆索卷绕在棘轮卷筒上。绞盘与卷扬机相似，但其棘轮卷筒是直立式的。

本组包括：

（一）船用卷扬机及绞盘，用以操作货物起重装置、起锚、操纵转向装置、拉紧拖缆、渔网、疏浚缆索等。其动力装置通常装在机器内部，作为整台机器的一个组成部分。

（二）牵引车、拖拉机等用的卷扬机。

（三）矿井口卷扬设备，主要由大型动力卷扬机组成。

（四）用于操作转车台或铁道货车等转轨的绞盘。在转轨用绞盘中，缆索通常沿一系列系缆柱运行，每根系缆柱可在轴承上自由转动，以利于牵引。这些系缆柱应归入品目 73.25 或 73.26。

（五）拉丝机用的拉丝卷筒。

三、千斤顶

千斤顶是一种把重载短距离举起的设备。本品目包括齿条式及棘爪式千斤顶、螺旋千斤顶。螺旋千斤顶可利用旋转运动使螺杆上升，也可通过旋转千斤顶底座上的螺母使螺杆上升。本品目也包括套筒螺旋千斤顶。它是由两个或多个同心螺杆操作，外面的螺杆是在千斤顶底座的螺母上旋转。

在液压千斤顶及气压千斤顶中，其起重活塞是利用泵或压缩机所产生的压力沿着一个圆柱缸体升高的；泵或压缩机可分开设置，也可以装在千斤顶的内部。

特种千斤顶包括：

（一）车辆等用的轻便千斤顶。
（二）车库用轮式千斤顶；板条箱起重千斤顶等。
（三）车库型的内装千斤顶系统，通常是液压的。
（四）卡车倾卸装置用的千斤顶。
（五）起重机、重型卡车、流动工场、大炮等加固支撑用的千斤顶。
（六）提升铁道路轨用的千斤顶。
（七）提升铁道车辆用的千斤顶。
（八）横向千斤顶，用以移动横梁、建筑结构件等。

零　件

除零件的归类总原则另有规定的以外（参见第十六类总注释），本品目所列设备的零件归入品目84.31。

*

*　*

本品目不包括：
（一）品目84.12所列的液压缸或气压缸。
（二）品目86.08所列的平交道口控制装置及铁道信号设备。

84.26　船用桅杆式起重机；起重机，包括缆式起重机；移动式吊运架、跨运车及装有起重机的工作车：

—　高架移动式起重机、桁架桥式起重机、龙门起重机、桥式起重机、移动式吊运架及跨运车：
11　——固定支架的高架移动式起重机
12　——带胶轮的移动式吊运架及跨运车
19　——其他
20　—　塔式起重机
30　—　门座式起重机及座式旋臂起重机
—　其他自推进机械：
41　——带胶轮的
49　——其他
—　其他机械：
91　——供装于公路车辆的
99　——其他

本品目包括多种作间歇式运动的起重或搬运机械。

自推进式及其他移动式机械

总的来说，本品目不仅包括固定式机器，还包括移动式机器，不论其是否自推进式（但下面提到的装在第十七类的运输设备上的机器除外）。

本品目不包括：

一、装在第八十六章所列车辆上的机器

起重或搬运用的机器，如已装在铁道敞车或平车上，而且具有编挂条件，可编成车列运行在任何轨距的铁道网上的，应归入品目86.04。维护铁道和铁道车辆用的铁道抢修起重机及起重车，以及铁道装货场上用的铁道起重车，通常为上述车辆。维修保养铁道路轨用的自推进车辆也应归入品目86.04。此外，安装在不符合真正铁路车辆规格的敞车或平车上的起重或搬运机器，仍应归入本品目。这通常是指承造商在建筑工地、采石场等使用的装在路轨上移动的起重机。

二、装在第八十七章所列拖拉机或机动车辆上的机器

（一）装在拖车型底盘上的机器

一方面，本品目所列机器的某些工作部件可以装在拖车上。拖车本身主要供牵引或推动其他车辆、设备或重载之用，但与农用拖拉机一样，它们都装有一些简单装置，用以操纵上述工作部件，这些工作部件只是一种辅助设备，以备不时之需。总的来说，这些部件比较轻便，工人自已在现场即可将其装上或更换。这些工作部件如果构成本品目所列的机器，则仍应归入本品目；如果作为本品目所列机器的零件，那么，即使它们与拖车同时报验（不论是否已装在拖车上），这些工作部件应归入品目84.31；而拖车连同其操作装置应单独归入品目87.01。

另一方面，本品目包括自推进式机器。这种机器的推进底座、控制装置、工作部件及其操纵设备组装在一起，构成一套完整的机械设备。例如，某些推进底座虽然与拖车相似，但经过专门设计、制造或加固，已成为具有一种或多种本品目所列功能（起重、搬运等）的机器不可分割的部分。这些推进底座单独报验时，可作为具有同类完整机器基本特征的不完整机器而归入本品目。可装配多种不同工作部件而可归入品目84.25至84.30中几个品目的推进底座，应按照第十六类注释三或归类总规则三（三）的规定进行归类。

区分品目87.01所列的拖车与本章所列推进底座的更具体标准，参见品目87.01注释。

（二）装在汽车底盘或卡车上的机器

某些起重或搬运机器（例如，普通起重机、轻型抢修起重机）常装于事实上是基本完整的汽车底盘或卡车上，这些汽车底盘或卡车上至少具有以下机械装备：推进发动机、齿轮箱及换挡控制器、驾驶及制动装置。由上述装置组成的设备应作为特种机动车辆归入品目87.05，不论起重或搬运机器仅仅是装在车辆上，还是与车辆组成一套完整的机械设备。但主要供运输用的车辆，应归入品目87.04。

另一方面，本品目包括自推进式机器，其上述的一种或多种推进或控制装置却是装在起重或搬运机器（一般是起重机）的驾驶室内；起重或搬运机器装在一个有车轮的底盘上。不论整套设备能否利用其本身动力在路面上行驶，均可归入本品目。

本品目的起重机一般不带重载行驶；如带重载行驶，其距离有限，而且仅作为起重功能的一种辅助手段。

三、装在第八十九章所列浮动结构体上的机器

安装在趸船及其他水上浮动结构体上的所有起重或搬运机器（例如，桅杆式起重机、船用起重机），不论是否自航式，均应归入第八十九章。

多功能机器

许多机器除了具有本品目或品目84.25、84.27或84.28所述的功能（起重、装载等）以外，还具有品目84.29或84.30所述的功能（挖掘、平整、钻探等）。例如，机械铲、索铲挖掘机等，只要更换机臂或机臂顶端设备，即可用作起重机、采煤装煤联合机、挖沟及吊装管道联合机等。这些机器应按第十六类注释三或归类总规则三（三）的规定进行归类。

*

*　*

起重、装载、搬运等机器单独报验时，即使准备装在其他机器或第十七类所列运输车辆或船舶上，仍应归入本品目。

*

*　*

本品目包括通常利用滑轮、卷扬机或千斤顶系统进行操作的起重或搬运机器，还包括有大量固定钢铁结构等的上述机器。

这些固定结构件（例如，起重机的基座及门架）如作为基本完整的搬运机器的一部分报验时，应归入本品目。

这些固定结构件单独报验时，如与使整套设备运行的运动部件所必需的机械零件（例如，轮子、滚轴、滑轮、导轨等）装在一起或准备装在一起，应归入品目84.31；否则应归入品目73.08。

本品目包括：

一、桥式起重机，由一个大功率起重装置挂在重型横梁或桥架上而组成。整部起重机运行于宽轨距轨道上。在核反应堆中用于更换或取出燃料元件的类似桥式起重机也应归入本品目。

二、门式起重架或高架移动式起重机。这种起重机的横梁本身可在装于墙上或适当的金属结构体上的导轨上运行。

三、桁架桥式起重机，有固定不动的，也有在轨道上运行的。它的悬臂有时很长（不论是否铰接），通常可伸展到泊位或卸货区上面。另外还配有吊运机或吊斗，可沿着整个悬臂运行。特种类型的桁架桥式起重机可用于搬运大块建筑用石料或集装箱，以及应用于造船业中。

四、带胶轮的吊运架，专供搬运集装箱之用。这些机器可以自动推进，但只能停稳不动时进行操作。有的还能够短距离运送集装箱，但也只是简单的门架结构，多数由两个垂直构件支撑一根横梁而组成。支撑构件有时是可以伸缩的。每个支撑构件均装有一组车轮。

五、跨运车，由一个跨式底盘组成，一般配有可伸缩的垂直构件，用以调节高度，该底盘一般装在四个或更多的胶轮上。这些轮子既作为驱动轮，同时又作为导向轮，操纵跨运车在小范围内移动。

这种搬运设备设计特别，可跨在货物上方，利用特制的夹紧装置将货物提起，作短距离搬运后再将其放下。这些跨运车中有些相当高大、可直接停在运输车辆的上方，将货物提起或放下。

跨运车在工厂、仓库、码头、机场等用于搬运较长的货物（型材、树干、木材等），或用于堆放集装箱。

六、塔式起重机。这种起重机主要包括塔身、水平起重主臂、平衡起重臂及回转装置。塔身通常由若干独立层架组成，具有相当高度，可以固定或在轨道上运行。水平起重主臂上装有吊运车、卷扬机、操作平台和司机室。平衡起重臂上配有平衡锤、系杆，以支撑起重臂。回转装置既可安装在顶部，也可安装在底部，以便于起重机回转。塔身可带有液压缸或千斤顶及爬升架，它可抬高起重臂，以便增加塔身层架，从而提升起重机的工作高度。

七、门座式起重机及座式旋臂起重机。这是高架在四脚基座上的港口等用动臂起重机。起重机的基座在可横跨一条或多条正常铁路轨道的宽轨距轨道上运行。

八、动臂起重机或“德立克”吊机（参见本品目注释中有关铁路抢修起重机、起重车、起重船等的解释）。该起重机适用于吊起货物，有时还可将货物横向移动。它主要配有吊杆或吊臂，可将吊杆或吊臂连接起来，以获得可调节的运转距离，便于操作。起吊缆索穿过吊臂顶部的滑轮，由卷扬机驱动。吊杆或吊臂由垂直支架支撑，有时可达到相当的高度。

九、索道或缆式起重机。这是一种悬空运输货物的设备，由一条或多条运载缆索架设在固定的或可移动的塔架上组成。运行于缆索上的吊运车内配有升降货物的装置。这种起重机适用于在大型建筑工地、水坝、桥梁、采石场等搬运材料。

十、船用桅杆式起重机，由一根固定的直立臂，在其基底上配备一根运转的起重臂所组成。起重臂可以利用滑轮系统升起（参见本品目注释中关于装在趸船等上的类似机器的解释）。

十一、装有起重机的搬运车。这种设备配有轻型的起重机，装在搬运车式底盘上。该底盘成箱状结构，其轮距较长，轮辙较宽，以保持平衡。这种设备在工厂、仓库、码头或机场供短距离搬运货物之用。

零　件

除零件的归类总原则另有规定的以外（参见第十六类总注释），本品目所列机器的零件应归入品目84.31。

*

*　*

本品目不包括品目 87.05 所列的起重车。

84.27　叉车；其他装有升降或搬运装置的工作车：

10　—　电动机推进的机动车

20　—　其他机动车

90　—　其他车

本品目包括各种装有提升或搬运设备的车，但品目 84.26 所列的跨运车及装有起重机的搬运车除外。

例如，这些工作车包括：

一、叉车及其他升降或堆放用车

（一）机动叉车，有些叉车较大型。它的载货板可沿着立柱上下滑动，用于承载货物，其升降装置一般设置在司机座位的前面，用以在叉车移动时托住货物，并将货物提起，以便堆放或卸到运输工具上。

本组还包括侧向装载堆垛车。这种车适用于搬运长的货物（大梁、板条、管道、集装箱等），一般配有平台，用以在短距离搬运时承载货物。

上述工作车的起重装置一般由车辆本身的动力装置驱动。同时根据所搬运的不同货物，配有各种专用附件（叉、臂、铲斗、抓钩等）。

（二）其他堆垛机械。它们一般装在车上，配有可借助于手动或机动绞车或托架系统沿着立柱升降的平板或叉。这种设备适用于堆垛用布袋、板条箱、木桶等包装的货物。

有些利用升降机的工作原理操作的堆垛机械应归入品目 84.28。

二、其他装有升降或搬运装置的工作车

本组包括：

（一）装有机械升降平台的工作车。这种设备适用于维修电缆、公用照明系统等（参见品目 84.26 注释中关于装在卡车上的升降平台的解释）。

（二）装有升降或搬运装置的其他工作车，包括各种行业（例如，纺织工业、陶瓷工业或乳品工业）专用的此类工作车。

零　件

除零件的归类总原则另有规定的以外（参见第十六类总注释），本品目所列工作车的零件应归入品目 84.31。

84.28　其他升降、搬运、装卸机械（例如，升降机、自动梯、输送机、缆车）：

10　—　升降机及倒卸式起重机

20　—　气压升降机及输送机

—　其他用于连续运送货物或材料的升降机及输送机：

31　——　地下专用的

32　——　其他，斗式

33　——　其他，带式

39　——　其他

40　—　自动梯及自动人行道

60　—　缆车、座式升降机、滑雪拉索、索道用牵引装置

70　—　工业机器人

90 — 其他机械

本品目包括利用机械方式（升降、输送、装卸等设备）搬运材料、货物等的各种机械，但品目84.25至84.27所列的升降及搬运机械除外。某种工业、农业、冶金业等专用的此类搬运机械仍应归入本品目。本品目不仅包括固体材料的升降或搬运机械，而且还包括液体或气体材料的升降或搬运机械。但本品目不包括品目84.13所列的各种液体提升机；浮船坞、潜水箱及完全利用静水浮力操作的类似海上提升及打捞设备（品目89.05或89.07）。

品目84.26注释中关于自推进式及其他移动式机械、多功能机械，以及准备装在其他机器或第十七类所列运输车辆或船舶上的升降、装卸、搬运等机械，只要在细节上作必要的修改后即可适用于本品目所列设备。

*
* *

本品目包括利用滑轮、卷扬机或千斤顶机构工作，并通常带有大量固定式钢铁结构件等的升降或搬运设备。

这些固定结构件（例如，缆车专用的塔架等）如作为基本完整的搬运机械的部件报验时，应归入本品目。

这些结构件单独报验时，如与使整套设备运行的运动部件所必需的机械零件（例如，轮子、滚轴、滑轮或导轨等）装在一起或准备装在一起，应归入品目84.31；否则应归入品目73.08。

这些比较复杂的机械包括：

一、非连续运送的机械

（一）通常用卷扬机及缆索操作，或使用水压、气压或油压器件工作的升降机。这种设备可使客舱或货物平台沿直立滑动杆之间上升或降低，常配有平衡重体。升降机的控制、制动及安全设备等，不论是否电动的，如与升降机同时报验，也应归入本品目。本品目也包括人工操作的升降机。

齿条小齿轮驱动的升降机或提升机也属于此类。这种升降机及提升机由升降仓及桅杆组成。升降仓装有发动机用以驱动小齿轮。桅杆上装有齿条。当小齿轮与齿条咬合时，升降舱可沿着桅杆以可控速度上下移动。

本组还包括所谓的“升船机”，即一种利用液压或千斤顶驱动的大功率设备，可把船舶及闸室整个从运河的某一水平面提升到另一水平面，从而取代了普通船闸。

（二）倒卸式起重机，一种沿斜井或竖井提升散装货物容器的提升机，适用于从矿井吊起煤，或把矿砂、石灰石、燃料等吊进高炉、石灰窑等。

本品目也包括此类提升机的箕斗，一种大容量金属容器或料箱，其底部往往可以自动开启。矿用箕斗常在载货舱上装有矿工座舱。

（三）某些起重机械：

1. 三脚起重机，由装在双脚或三脚底座上的卷扬机组成。

2. 油井钻塔，在石油钻井等中绞起钻管等（装在卡车等上面的钻塔除外，参见品目84.26注释的解释）。

3. 高架索道。这种设备在操作上与高架移动式起重机相似，其吊运车运行在架空导轨上（有时可运行相当距离），这些架空导轨固定在塔架上。

（四）缆车，一种利用卷扬机进行工作的大型设备，供山区吊运旅客或货物之用。缆车的承载索与牵引索架在两个塔架之间。缆车上有两个座舱（或吊具、箱体等），可在承载缆索上升降。

（五）缆索铁道，其工作原理与缆车相同，但其座舱是在导轨上运行的。本品目仅包括缆索铁道的牵引装置及卷扬机；不包括座舱（品目86.05）及轨道（应根据不同类型分别归入品目73.02或86.08）。

（六）翻车机，一种带导轨或凹槽的平台装置。这种设备可使轨道货车能够开进卸货地点，然后利用千斤顶或其他起重装置，把整个载货平台倾斜、翻转或旋转，从而卸空车上的货物。本品目也包括轨道货车振荡机械，这种设备供漏斗式底卸车卸货之用。

二、连续运送的机械

（一）升降机，用于垂直或斜向地提升连续不断的货物或人流。它们主要由一系列不同类型的承载器每隔一定距离装在一个铰节的机械装置上而组成。该机械装置可象链条一样连续不断地运转。此类机器包括提升粉状或粒状材料用的铲斗提升机；提升板条箱、包裹等用的平台提升机；提升袋装、桶装或捆装货物以及草包等用的指盘提升机；供运载乘客用的连续多箱升降机等。

（二）自动扶梯及自动人行道

（三）输送机，供输送货物用。通常采用水平输送方式，有时可作长距离输送（在矿场、采石场等）。它们包括：

1. 由连续运转的输送或推动部件操作的输送机，例如，斗式、槽式或盘式输送机；刮板式或螺旋式输送机（材料可由推板或螺杆沿着一条槽向前推进）；带式、链板式、板条式及链式等输送机等。

2. 由一系列发动机驱动的滚轴组成的输送机（例如，用于把钢材运进初轧机的输送机）。本品目还包括非动力驱动的滚轴输送机，其滚轴通常装在轴承上（例如，运送板条箱等用的水平滚轴滑道，以及重力滚轴输送机）；但不包括无滚轴的类似设备，例如，直线、弯曲或螺旋式滑槽（应按不同类型分别归入品目73.08、73.25或73.26）。

3. 振动输送机，利用承载货物运送槽的振动或往复运动输送货物。

（四）气力提升机及输送机（例如，气流管式输送机），它利用气流通过管道运送小型容器（装文件、小型加工部件等用）或散装货物（谷物、稻草、干草、锯屑、煤粉等），包括运输并净化谷物用的类似机器。

（五）滚动支座（"自位轮"），一种与辊子输送机相似的设备，由一系列圆柱装在工厂地板上而组成。每根圆柱的顶部装有一个在轴承上转动的滚轮，可向任何方向旋转。这样，整套"自位轮"就组成了一台滚轮输送设备（例如，轧钢厂运送金属板材用的设备）。

（六）缆索牵引或拖运机械，主要由一根环形缆索或链条连续不断地运转，用以牵引货物（例如，牵引煤矿用的矿车及倾卸车）、拖带驳船、雪橇等，以及载运乘客（滑动式人员运输车）等。

三、其他特种起重或搬运机械

（一）铁路机车或货车转车台，供铁路机车、货车等转换轨道之用。

（二）各种铁路货车的推车器，例如：

1. 安装在轨道之间的装置。这种装置主要是由两个活塞组成，当挂住车轴时，利用动力驱动活塞产生往复运动，从而把货车推向前进。

2. 液压式或活塞式机械，用于把矿车推进矿井口的升降机内。

3. 在单轨上运行的自推进式独轮机械。这种设备必须要有一个步行操作者象推独轮车一样扶着，设备本身由小型汽油发动机驱动。但必须注意，有时也称作"货车推车器"的拖运用小型拖拉机不应归入本品目（品目87.01）。

（三）机械装载机，用于装载煤、矿砂、挖出的泥土、卵石、沙及其他散装物料。这些机器通常与一台输送机或升降机一起使用（例如，摇动式输送装载机、轻型输送装载机等）。

（四）操纵手提式风动、液压或电动工具（例如，钻、锤等）用的辅助机械装置。这些机械装置用以支撑手提式风动或电动工具，或将其推入工件中。例如，气动工具的支撑或推进器具；凿岩机支架及凿岩台车（"Jumbos"）；工作中用以悬挂工具的机械式平衡器具。但本品目不包括简单的固定支撑器具等。

（五）升降、搬运、装卸专用的工业机器人。

（六）机械梯，由一个机械装置（例如，滑轮组或卷扬机）操纵多个滑动部件组成。

（七）可调轮式机械平台（摄影机移动车），供安装及操纵电影摄影机之用。

（八）机械式遥控操作装置（遥控机械手），一种用于接触放射性产品的固定式或移动式设备。这种设备由屏蔽室内外各一只的机械手组成，屏蔽室外的机械手由人工操纵；屏蔽室内的机械手可模仿操纵员的动作进行操作。动作是通过机械、液压或气压装置，或者通过电脉冲方法进行传递的。

可象手工工具那样独立用手操作的器具，应归入品目82.03、82.04或82.05。

（九）装卸集装箱或托盘用的装卸台，不论是否自推进的，供在机场上飞机的装货或卸货之用。这种设备主要由两个交叉横构件支承的高架装卸台组成，配有输送带用以运送货物。这种设备并非用于运输集装箱或托盘，不论运输距离多短。这种设备本身并不装载货物，仅停在飞机旁进行操作。

（十）托盘货组组装机，利用动力输送机或辊子输送机自动将空瓶规则地排列成行，并将排好的瓶子一层层堆放在托盘上的电气机械。这种机械不具备充灌、封口、密封、贴标签或捆包功能，可以单独使用或者与其他具备充灌或收缩包装等功能的机械一道组成流水生产线。

（十一）病人升降机。这种设备配有支承架和座位，用以将坐着的人抬起或放下，例如，将他们放进浴室或放上床。可移动座位是用绳索或链固定在支承架上。

（十二）楼梯升降机。这种升降设备配有装载平台，可固定在楼梯的扶栏、楼梯侧墙或楼梯上，用于接送残疾人或轮椅及其病人上下楼梯。

*
*　*

起重及搬运设备常与熔炉、转炉、轧钢机等机器一起使用。例如，把加工件送进、移动或取出的机器；操纵门、盖、炉床等的机器；倾卸或翻转的机器。当这些设备明显地作为独立于熔炉等机器设备的独立装置时，即使与熔炉等同时报验，也仍应归入本品目。例如：

1. 焦炭炉出炭机，往返运行于成排炉子后面，装有机械活塞以打开炉门及排空炉室。
2. 活塞操作的加料机，用于西门子－马丁转炉等。
3. 供打开冶金退火炉或均热炉的顶盖，或取出锭、坯之用的特种起重机。
4. 锭、锻件等的操作机械及翻转设备等。
5. 在某种类型的熔炉中，通过操作装有活塞的圆筒，送进或取出正在熔炉内加工工件的机器。

必须注意，准备装于熔炉、转炉等机器内或与熔炉、转炉等组成整套设备的起重或搬运机械，如与熔炉等同时报验，不应归入本品目（参见品目84.17、84.54或84.55等）；但单独报验时，这些机械仍应归入本品目。

还须注意，机械加煤机、机械炉篦及类似设备也不归入本品目（品目84.16）。

零　件

除零件的归类总原则另有规定的以外（参见第十六类总注释），本品目所列机器的零件应归入品目84.31。

*
*　*

本品目还不包括：

（一）斗式、链式、螺旋式、履带式或类似形式的液体提升机（品目84.13）。

（二）泥土、石子、矿砂或其他固体矿物的分类、筛选、分离或洗涤机器（品目84.74）。

（三）旅客登机（船）桥（品目84.79）

（四）专用于或主要用于升降、搬运、装卸单晶柱、晶圆、半导体器件、集成电路或平板显示器的机器及装置（品目84.86）。

（五）品目86.08所列的转车台。

（六）自卸汽车（品目87.04）。

84.29　机动推土机、侧铲推土机、筑路机、平地机、铲运机、机械铲、挖掘机、机铲装载机、捣固机械及压路机：

—　推土机及侧铲推土机：

11　——履带式

19　——其他

20　—　筑路机及平地机

30　—　铲运机

40　—　捣固机械及压路机

—　机械铲、挖掘机及机铲装载机：

51　——前铲装载机

52　——上部结构可旋转360度的机械

59　——其他

本品目包括多种本品目明确列出的泥土挖掘或捣固机械；其共同之处是这些机械都是自推进的。

品目84.30注释中关于自推进式机械及多功能机器的规定在细节上作必要的修改之后，适用于本品目的自推进式机械。这些机械包括：

一、推土机及侧铲推土机，由一个通常为履带式的推进底盘和前部所安装的大型推土板组成，从而构成一套完整的机械设备。它们主要用于推开碎石及粗平土地。某种类型的上述设备则专供掘除树根及清理场地之用。

二、筑路机及平地机，一种使用一个可调平土板平整土地（在平地或河堤上）的机械设备，其平土板一般装在轮基内。

三、铲运机。它装有锋利的切土刀片，用以铲起表层泥土，然后用输送机将泥土运进铲运斗或将其卸下。

必须注意，本品目仅包括机动推进装置与铲运机构成一体的机械设备。例如，履带式铲运机，其装有切土刀片的铲运斗装在两履带之间。本品目还包括拖式铲运机，这种铲运机由机动推进装置（即使仅装有一根单轴）及装有一个固定平铲或带多个平铲的移动式辅助装置的铲运机组成。

四、捣固机，筑路时用于夯实铁路道碴等［参见品目84.30注释前面不包括部分的（一）款中有关装载在第八十六章所列车辆上的机器的解释］。

五、机动压路机，用于筑路或其他市政工程（例如，用于平整场地或压平路面）。

这种机器装有大直径重型铸铁或钢制圆柱体，圆柱体的表面平滑或装有金属支脚，以便压进泥土（“羊蹄”压路机）；这种机器也可装有车轮及重型实心或充气轮胎。

六、机械铲（悬臂式、吊杆式或缆索式）。这种机械可用铲斗、抓斗等挖掘高于或低于承机面的泥土。铲斗等既可直接在悬臂或吊杆的末端操作（例如，铲式挖掘机、拖铲挖土机等），或者为了增加操作距离，也可在缆索上操作，或利用吊杆上吊挂的液压千斤顶进行操作（拉铲挖掘机）。在长距离作业的挖土机（拖铲挖土机）中，挖斗是通过架设在相隔一段距离的两个可移动结构体之间的缆索进行操作的。

七、多挖斗挖掘机，其挖斗装在环形链或转轮上。这些机器常装有输送机，以便运走挖出的泥土。输送机装在轮式或履带式底盘上。特种挖掘机用于挖掘或清理壕沟、排水道、沟渠等，应用于露天开采的矿山等。

八、自推进式机铲装载机，一种轮式或履带式机械，前端装有铲斗，可通过开动机器，挖起物料，并将物料运走卸下。

有些机铲装载机可掘进泥土。它的挖斗平置时可降至轮子或履带地面以下，从而完成操作。

九、装载运输机，应用于矿区。这种机器主要用于搬运而非用于运输，其前端装有挖斗，可挖起散装物料，并将其卸到装载运输机的机身内。

本品目还包括配有铰接臂，铲斗装在铰接臂尾部的自推进式机铲装载机。

零　件

除零件的归类总原则另有规定的以外（参见第十六类总注释），本品目所列机器的零件，尤其是机器的工作部件（推土板、铲斗等），不论是否配有悬臂及气压缸或液压缸，只要可直接装在驱动基座上，均应归入品目84.31。

84.30　泥土、矿物或矿石的运送、平整、铲运、挖掘、捣固、压实、开采或钻探机械；打桩机及拔桩机；扫雪机及吹雪机（+）：

10　—　打桩机及拔桩机
20　—　扫雪机及吹雪机
　　—　采（截）煤机、凿岩机及隧道掘进机：
31　——　自推进的
39　——　其他
　　—　其他钻探或凿井机械：
41　——　自推进的
49　——　其他
50　—　其他自推进机械
　　—　其他非自推进机械：
61　——　捣固或压实机械
69　——　其他

本品目包括用以“击进”地面表层（例如，劈开或打碎岩石、泥土、煤层等；泥土的挖掘、钻孔等）或用以整理或压实地层（例如，铲运、平整、捣固或压平）的机器，但不包括品目84.29所列的自推进式机器及农业、园艺、林业用的机器（品目84.32）。本品目也包括打桩机、拔桩机、扫雪机及吹雪机。

自推进式机器及其他移动式机器

总的来说，本品目不仅包括固定的机器，还包括移动式机器，不论其是否自推进式机器。但下列装在第十六类的运输工具上的机器除外。

本品目不包括：

一、装在第八十六章所列车辆上的机器

挖掘机等机器如已装在铁道敞车或平车上，而且具有编挂条件，可编成车运行在任何轨距的铁道网上的，应归入品目86.04。铁路道碴的挖掘筛选机常装在符合上述条件的铁路货车上。另一方面，装在不符合真正铁路车辆规格的敞车或平车上的挖掘机等机器仍应归入本品目。维修及养护铁道路轨用的自推进车辆也应归入品目86.04。

二、装在第八十七章所列拖拉机或机动车辆上的机器

（一）装在拖车型底盘上的机器

本品目所列机器的某些工作部件（例如，平铲）可装在拖车上。拖车本身主要供牵引或推动其他车辆、设备或重载之用，但与农用拖拉机一样，它们均装有一些简单装置，用以操纵上述工作部件。这些工作部件只是一种辅助设备，以备不时之需。总的来说，这些部件比较轻便，工人自己在现场即可将其装上或更换。这些工作部件如果构成本品目所列的机器，则仍应归入本品目；如果作为本品目所列机器的零件，那么，即使与拖车同时报验（不论是否已装在拖车上），这些工作部件应归入品目84.31；而拖车及其操作装置应单独归入品目87.01。

另一方面，本品目包括自推进式机器。这种机器的推进底座、控制装置、工作部件及其操纵设备组装在一起，构成一套完整的机械设备。例如，某些推进底座虽然与拖车相似，但经过专门设计、制造或加固，已成为具有一种或多种本品目所列功能（挖掘、平整等）的机器不可分割的部分。这些推进底座单独报验时，可作为具有同类完整机器基本特征的不完整机器而归入本品目。因可装配多种不同工作部件而可归入品目84.25至84.30中几个品目的推进底座，应按照第十六类注释三或归类总规则三（三）的规定进行归类。

区分品目87.01所列的拖车与本章所列推进底座的更具体标准，参见品目87.01注释。

（二）装在汽车底盘或卡车上的机器

本品目的某些机器（例如，打桩机、油井钻探机）常装于事实上是一部基本完整的汽车底盘或卡车上，这些汽车底盘或卡车上至少具有以下机械装备：推进发动机、齿轮箱、换档控制器、驾驶及制动装置。由上述装置组成的设备应作为特种车辆归入品目87.05。

另一方面，本品目包括自推进式机器，其上述的一种或多种推进或控制装置却是装在有关机器的驾驶室内；该机器则装在一个有车轮的底盘上。不论整套设备能否利用其本身动力在路面上行驶，均可归入本品目。

本品目还包括带轮的自推进式机器，其底盘及机器部分分别经过特制，可组成一套完整的机械设备。这样，上述机器部分不仅只是象本款第一段所述那样，简单装在汽车底盘上，而是完全与底盘组成为一体，不能作其他用途，同时又具有上述汽车的基本特征。

三、装在第八十九章所列浮动结构体上的机器

安装在趸船或其他水上浮动结构体上的所有机器（例如，挖泥机），不论是否自航式，一律归入第八十九章。

多功能机器

许多机器除了具有品目84.29或84.30所述的功能（挖掘、平整、钻探等）以外，还具有品目84.25、84.26、84.27或84.28所述的功能（例如，起重、装载等），例如，采煤装煤联合机、挖沟及管道吊装联合机等。这些机器应按第十六类注释三或归类总规则三（三）的规定进行归类。

*

*　*

本品目包括：

一、打桩机及拔桩机

打桩机装有重锤，通常在高大的直立式导向桩架上操作。重锤通过机械动力提起，然后落下，利用重力冲击桩顶（单动式打桩机），或使用动力冲击桩顶（双动式打桩机）。

本品目还包括拔桩机。

二、扫雪机及吹雪机

装有扫雪及吹雪设备的第十七类所列运输工具不归入本品目。但本品目包括推动式或牵引式（铲刮式）扫雪机。例如，装在卡车或拖拉机上使用的扫雪机。

三、挖掘、开凿或钻探机器

这类设备主要用于采矿、钻井、开挖隧道、采石、切割粘土等。

（一）采（截）煤机或凿岩机，用于劈开或击碎煤层、矿石等。这种机器由装有风镐的棒条或圆盘组成。大部分的这类机器是由一环形切割链环绕一金属臂运转，切割平面和角度均可调节（万能切割开凿机）。它们可以装在自推进的轮式或履带式底盘上。有些（例如，截装机）为大型设备，装有多条切割链，设备本身还装有输送机，用以把切割下来的材料装到工作面上的输送机、矿车等上去。

（二）隧道掘进机。隧盾表面光滑，前端装有锋利的切割刃，可用液压千斤顶把切割刃推进到土壤中去。

（三）岩石、煤层等的钻孔机及冲击型开凿机，其钻头能摆动作直线切割。但本品目不包括手提式风动、液压或电动工具（品目84.67）。

（四）凿井机或钻探机，用于开采石油、天然气、硫（弗拉兹开采法）等；用以在采矿及油井勘探中提取岩层样本，以及用于开凿自流井等。这类机器主要有两种类型：

1. 旋转式凿井机，主要由装有滑车的钻井架、带有传动及控制装置的滚筒式绞车（旋转钻进绞车）、旋转座及转盘或大齿轮组成。

机动旋转钻进绞车通过转盘或大齿轮带动钻管旋转。钻管是吊在旋转座上的。需要时旋转钻进绞车可通过滑车把钻管提起或降下。

2. 冲击式钻井机，装有偏心平衡梁，平衡梁两头上下交替运动，使钻头不断冲击井底。

必须注意，本品目仅包括上述两种类型的凿井（钻探）机。通常与这些机器一起使用，但却完全不同类型的其他机器，例如，从钻井中排出泥土、石头等的泵及压缩机（品目84.13或84.14），即使与凿井（钻探）机一起报验，也不归入本品目。

用于勘探或开采近海油田或天然气田的固定式平台也归入本品目。浮动式或潜水式平台应归入品目89.05。

（五）螺钻机，不论是手动还是机动的，供在地面上钻孔之用（例如，用于栽树或栽篱笆桩）。但不包括第八十二章所列的手工工具。

（六）液压楔，由一条装有多个侧向活塞的长形筒体组成，活塞之间沿着筒身有一定间隔。将楔子置于裂缝口或钻孔中，用泵将水泵进筒体，挤出活塞，从而劈开岩石或煤块。

（七）刨煤机、剥离机等，由切割刀片、煤犁、刨煤镐、楔子等组成，在压力驱动下在开采面上运转，削下煤层、泥层等，并直接装到工作面上的输送机等上去。

四、捣固或压实机器

本组包括：

（一）推进式或牵引式压路机。本组包括称为“羊足碾”的捣实压路机。这种压路机装有金属脚架，用以压进泥土。本品目还包括由一系列卡车车轮组成的夯捣式压路机。这种压路机的车轮配有重型充气轮胎，装在一根共同的轴上。

但是，本品目不包括机动压路机，不论其是否装有“羊蹄”脚架或者实心或充气式轮胎（品目84.29），以及农业用辗压机（品目84.32）。

（二）非自推进的捣固机，供筑路时铺砌铁路道碴之用。但手提式风动、液压或电动工具除外（品目84.67）。

（三）压实堤坝等的机器，这些机器一般是风动的。

五、泥土的挖掘、铲运或平整机械

本组包括：

（一）非自推进的挖掘机。参见品目84.29的注释。

（二）挖泥机（斗式挖泥机），与品目84.29所列的多斗挖掘机相类似。

挖泥船不应归入本品目（品目89.05）。

（三）铁路道碴的挖掘筛选机，主要由多个挖斗装在一条环链上而组成，用于挖掘铁轨下的道碴。这种机器还装有筛选及卸下道碴的机械装置。参见本品目注释前面不包括部分第（一）款中关于装在第八十六章所列车辆上的机器的解释。

（四）松土机、掘根机及翻土机，装有齿式挖土装置，可用于重新铺设路面前耙松表层的泥土，击碎旧的路面等。

（五）刮路机，挖土机的一种，与品目84.29所列挖土机相似，装有一个水平臂。该机用于刮掉表层泥土。

零　件

除零件的归类总原则另有规定的以外（参见第十六类总注释），本品目所列机器的零件应归入品目84.31。

*

*　*

本品目不包括：

（一）液压喷枪，可喷出强大水流，用以从山边等处开采矿物（例如，金矿砂）（品目84.24）。

（二）农用滚压机。这是一种小直径而较长的轻型压土机。这种机器有时由一台小型内燃机推进（品目84.32）。

（三）品目84.67手提式动力工具（例如，镐、夯具、钻）。

（四）利用钢铁吹氧燃烧所产生的高温切割岩石或混凝土的设备（品目84.79）。

○

○　○

子目注释：

子目8430.31及8430.39

这些子目包括本品目注释中第三部分（一）、（二）及（七）款所列的机器。

84.31　专用于或主要用于品目84.25至84.30所列机械的零件：

10　—　品目84.25所列机械的零件

20　—　品目84.27所列机械的零件

—　品目84.28所列机械的零件：

31　——升降机、倒卸式起重机或自动梯的零件

39　——其他

—　品目84.26、84.29或84.30所列机械的零件：

41　——戽斗、铲斗、抓斗及夹斗

42　——推土机或侧铲推土机用铲

43　——子目8430.41或8430.49所列钻探或凿井机械的零件

49　——其他

除零件的归类总原则另有规定的以外（参见第十六类总注释），本品目包括专用于或主要用于品目84.25至84.30所列机械的零件。

必须注意，许多零件不能归入本品目，因为：

（一）这些零件已在协调制度的其他品目中具体列名，例如，悬置弹簧（品目73.20）、发动机（品目84.07或84.08等）以及电点火或起动装置（品目85.11）；

（二）与机动车辆的零件完全相同，并且不是专用于或主要用于品目84.25至84.30所列机械的零件。因此，这些零件应作为机动车辆的零件归类（品目87.08），车轮、驾驶及制动装置尤其应按这一规定办理。或

（三）适合专用于或主要用于单晶柱、圆片、半导体器件、集成电路或平板显示器的升降、搬运、装卸机器及装置的零件（品目84.86）。

本品目包括：

一、提升抓斗、戽斗、夹钳等，即带有环、钩等的简单提升戽斗；底开式料斗；由两个接合斗壳组成，用于提升粉状物料的抓斗；由两个或多个接合夹片或夹钳组成，用于搬运石块、岩石等的夹具。

用于搬运金属碎料等的电磁起重吸盘不归入本品目（品目85.05）。

二、绞车或绞盘用的绕索筒；起重机臂；架空运送设备用的吊运车、吊机小车、吊桶、倾卸小车等；升降机等用的座舱、笼及装卸台；自动梯级；提升机及输送机用的戽斗及刮板链；输送机用的支座及滚筒或滚轴（不论是否装有驱动马达）；振动输送机及振动台用的传动及制动装置；升降机、吊斗提升机等用的安全制动装置。

三、采（截）煤机用的刀杆、截链及截盘；铲运机、煤犁及刨煤机等用的刮刀。

本组还包括准备装在第八十七章所列车辆上作为工具使用的推土机机铲。

四、旋转式或撞击式钻井机用的回转工作台、旋转座、方钻杆、凯氏推进器、工具接头、钻铤、转换接头、钻管导架、限动环、星形滚筒、拼合可换衬套、梁、旋转管筒以及钻用震击器。

五、挖掘机用的挖斗及抓斗；多斗式挖掘机的斗架；机械铲臂；打桩机桩锤。

六、装有旋转齿轮或其他旋转装置的非自推进履带式或轮式底盘。

装有配件（例如，缆夹、环、钩及弹簧钩）的缆索及链条如果与所属的配套机器一同报验的，应归入所属机器的有关品目；但如果单独报验的，则应归入第十五类（一般归入品目73.12或73.15）。未装有上述配件成卷报验的缆索及链条，即使切成一定长度，并且与有关机器（例如，卷扬机、缆车、起重机、缆索操作的拖运机、拉索铲挖土机、挖掘机等）一同报验，也应归入第十五类。

*

*　*

本品目也不包括：

（一）传动带或输送带，塑料制的（第三十九章）、硫化橡胶制的（品目40.10）、皮革制的（品目42.05）或纺织材料制的（品目59.10）。

（二）吊索（第十一类或第十五类）。

（三）空心钻杆（品目72.28）。

（四）套管、管道及钻管（品目73.04至73.06）。

（五）可以调节或伸缩的坑道支柱（品目73.08）。

（六）提升吊钩（品目73.25或73.26）。

（七）凿岩钻头及凿尖、钻探用钻头、螺旋钻头及类似的凿岩或地面钻孔工具（品目82.07）。

（八）电梯或货物升降机等用的锁（品目83.01）。

（九）滑轮、滑轮组及轴承座（品目84.83）。

84.32　农业、园艺及林业用整地或耕作机械；草坪及运动场地滚压机：

10　—　犁

　　—　耙、松土机、中耕机、除草机及耕耘机：

21　——圆盘耙

29　——其他

　　—　播种机、种植机及移植机：

31　——免耕直接播种机、种植机及移植机

39　——其他

　　—　施肥机：

41　——粪肥施肥机

42　——化肥施肥机

80　—　其他机械

90　—　零件

本品目包括在从事一种或多种下列农业、园艺或林业工作中，用以代替手工工具的机器，不论其使用何种方式牵引：

一、整理工地（开垦、翻土、耕地、犁地、松土等），以利耕种。

二、施放肥料或其他产品，以改良土壤。

三、种植或播种。

四、在作物生长期耕作或修整（锄地、除草、修整等）。

*

*　*

本品目所列机器可以由动物或车辆（例如，拖拉机）牵引，也可以装在车辆上（例如，装在拖拉机或马车上）（本文所称的“拖拉机”，包括单轴拖拉机）。

拖拉机拖带的或作为可互换部件装在拖拉机上的机器

有些农业、园艺或林业用机器（例如，犁和耙）专门由拖拉机拖带或推动。这些机器与拖拉机是由连接装置连在一起的（不论是否装有起重装置）。其他机器（例如，旋转锄）是由拖拉机上的通用功率输出器操作的。这些机器可在田间、林场或农场空地上进行装配及调换。所有这些机器即使与拖拉机一起报验（不论是否已装在拖拉机上），仍应归入本品目。拖拉机本身则另行归入品目 87.01。

用另一类牵引设备（例如，品目 87.04 所列的车辆）代替拖拉机时，或者将一个旋转锄装在单轴拖拉机的传动轴上以代替车轮，这样该旋转锄既作为一种工具，又作为整部机器的驱动轮时，有关设备也应按上述归类原则进行归类。

自推进式农业、园艺或林业用机器

在这些机器中，牵引部分和机器本身组成一个整体（例如，机动犁）。这类机器应归入本品目。

但本品目不包括施放肥料等的卡车。这些卡车应与其他特种机动车辆一起归入品目 87.05。

*

*　*

人力拖带或推动的小型农用机器（例如，犁、耙、中耕机、耕耘机、滚压机、播种机）也归入本品目。

*

*　*

归入本品目的各种机器包括：

（一）供各种土壤作业用的犁，例如，板犁（单头犁、多头犁及翻转犁）、深耕犁（通常无犁板）及圆盘犁。

（二）主要供犁地后翻土用的耙。在钉齿耙中，其钉齿装在铰接或链啮合的刚性机架上，有时装在滚筒或滚轴上。在圆盘耙中，钉齿被一排或多排带有切割刃的凹面圆盘所取代。

（三）松土机、中耕机、除草机及耕耘机，供犁地后或作物生长期间耕作、除草及平整土地之用。这些机器通常由装有几排不同类型工具（犁铧、圆盘及钉齿等）的卧式机架组成。这些工具可以是刚性的或弹性的，固定的或可移动的，有时还可以调换。

（四）播种机、种植机及移植机，用于种子、球根、块茎、植物等的播种、种植或移植。这类设备由配有播撒装置的作物箱、漏斗或其他容器构成，有时装在车轮上，一般还配有田沟的开挖及覆盖装置。

本组包括的免耕直接播种机、种植机及移植机，可在未经备耕的土地上播种农作物。此类机器通过穿透地表覆盖及植物残体，将适量的种子植入未经备耕的土壤里；在土壤中开一道狭槽或打个洞，按预先设定的位置及深度将种子植入其中。

（五）施肥机。粪肥或固体肥料（化肥、粪便等）的施放机，通常由装有诸如滑动底板、螺旋式排肥器、环形链或离心式圆盘等散布装置的容器所构成，有时装有轮子。具有相同用途的便携式机械设备也归入本品目。

化肥施肥机将合成化肥或其他固体合成肥料均匀地散布在土壤里。粪肥施肥机将粪肥（粪便）或从“动物废料”中得到的可循环利用的植物养分散布在土地上。

装有切碎散布装置，以便在卸下时散布粪肥及浆状肥料的活底拖车由一带轮容器组成，一般配有散布板或散布槽。这种设备应归入品目 87.16。

用以把液体肥料注入土壤的便携式喷注器也归入本品目。这种设备由一根长的空心杆组成，可通过空心杆用泵把肥料注入土壤。

（六）清除灌木丛、矮林丛、庄稼收获后留下的茎、树根等用的机器。这类机器一般由两个大型车轮及一个装有切削刀片的圆筒组成。

（七）清除碎石的机器，它与耙相似，但装有两排向一个开口式板条箱收拢的钩齿，用以收集碎石。

（八）滚压机，主要用于压实土壤。它包括平面滚压机、瓦垅滚压机、圆盘滚压机及轮式滚压机等。本品目也包括花园、草坪、运动场地、草地跑道等用的滚压机。

（九）稀疏机（例如，甜菜分选机），用于分选幼苗。它可以是由光电装置控制的非常复杂的机器。

（十）修剪植物梢或茎用的机器，用以剪去植物的过度生长部分。

零　件

除零件的归类总原则另有规定的以外（参见第十六类总注释），本品目包括上述机器的零件。这些零件主要包括：

犁杆、犁刀、犁头、犁板、圆盘刀（包括菱形刃犁头、圆盘等）；供松土机、中耕机或除草机用的工具环及钉齿（刚性或弹性的）；耙的钉齿、圆筒及圆盘；滚压机的圆筒、分隔环及部件；施肥机、播种机、种植机的散布机械装置；耕耘机的犁头、钉齿、圆盘及其他工具。

*

*　*

本品目不包括：

（一）点播器、种植器、移植器及类似的手工工具（品目 82.01）。

（二）液体提升机及液体泵（包括装在农用机器车轮上供喷雾等用的转轮泵）（品目 84.13）。

（三）液体或粉末的散布或喷雾用农业、园艺或林业机械设备（不论是否手工操作）（品目 84.24）。

（四）品目 84.28 所列的粪肥提升机及其他用于农业、园艺或林业的提升机。

（五）自推进式装载机及压路机（品目 84.29）。

（六）泥土的挖掘、平整、钻探及开采机器，以及非自推进式压路机（品目 84.30）。

（七）树桩清除机及树木移植机（品目 84.36）。

（八）农用手推车及其他车辆（第八十七章）。

84.33　收割机、脱粒机，包括草料打包机；割草机；蛋类、水果或其他农产品的清洁、分选、分级机器，但品目 84.37 的机器除外：

—　草坪、公园或运动场地用的割草机：

11　— — 机动的，切割装置在同一水平面上旋转的

19 ——其他
20 — 其他割草机，包括牵引装置用的刀具杆
30 — 其他干草切割、翻晒机器
40 — 草料打包机，包括收集打包机
— 其他收割机；脱粒机：
51 ——联合收割机
52 ——其他脱粒机
53 ——根茎或块茎收获机
59 ——其他
60 — 蛋类、水果或其他农产品的清洁、分选、分级机器
90 — 零件

本品目包括用以替代手工工具进行下列机械作业的机器：

（一）收获农作物（例如，收割、拔取、收集、采摘、脱粒、捆扎）的机器。割草机及草料打包机也归入本品目。

（二）蛋类、水果或其他农产品的清洁、分选或分级机器，但品目 84.37 所列机器除外。

品目 84.32 的注释（例如，有关装有收割、脱粒、割草及其他可互换附件的拖拉机的部分，以及有关机动耙的部分）在细节上作必要的修改后，也适用于本品目。

一、收割机、脱粒机，包括草料打包机；割草机

这类机器包括：

（一）手工操作或机动的草坪割草机。这些机器象农用割草机那样配有一根刀杆，并装有多把旋转刀片，用以切割贴近固定平卧刀片的青草；或者配有一个转盘，其外缘装有刀片。

（二）割干草等用的割草机（包括机动割草机）。它们通常装有一个平卧式刀杆及一些部件，可利用钉齿在刀杆指头之间振动而进行切割；或者装有外缘带刀片的转盘或滚筒。

（三）装有把割下的农作物成排地堆放在田里的装置的刈割机（例如，刈割堆行机及刈割压扁机）。

（四）牧草摊晒机（例如，配有叉式起重装置或滚筒）。

（五）搂草机，通常装有一排轮式半圆形钉齿，可以自动提升。

（六）摊晒耙、堆行耙、捆扎耙。

（七）捡拾压捆机及压包机。用于将剩留在田里的草料拾起打包。

（八）联合收割机，用以把谷物收割、脱粒、扬选并卸下。

（九）玉米收割及脱粒机。

（十）永久性装于收割装置的自动装载拖车，用于收割、切碎及运输草料、玉米等。

（十一）棉花采摘机。

（十二）拔麻机。

（十三）葡萄收获机（拖带式或自推进式）。

（十四）蔬菜收获机（用于收获豆类、西红柿等）。

（十五）马铃薯挖掘机（例如，犁头式、叉式、铁格式）。

（十六）收获甜菜及类似块根植物用的块根挖掘机及收获机。

（十七）草料收割机。

（十八）摇树机。

（十九）其他农产品（例如，油籽等）的收获机器。

（二十）谷物脱粒机。本品目也包括自动脱粒机喂料器，不论其是否单独报验（这是一种辅助机

器，用以把捆扎的作物打开铺平，以便均匀地向脱粒机喂料）。

（二十一）玉米棒子去叶机；玉米脱粒机。

本品目还包括乘骑式草坪割草机。它由装有三个或四个轮子的底座及一个驾驶座组成，附有一把只有在维修或保养时才拆卸下来的固定切割刀。由于其主要功能是用于草坪割草，这种割草机即使配有联接装置，用以牵引或推动轻载设备（例如，挂车），也仍应归入本品目。

但本品目不包括修剪草坪，割去沿墙壁、路缘或灌木下生长的青草等用的便携式机器。这些机器在其轻便的金属架内装有内燃发动机或在其金属手柄上装有电动机，其切割装置通常由一根或多根细尼龙丝组成。这种机器应归入品目 84.67。

二、蛋类、水果或其他农产品的清洁、分选或分级机器

本品目也包括按产品大小、形状、重量等对蛋类、水果、马铃薯、洋葱、球茎、胡萝卜、芦笋及小黄瓜等产品进行清洁、分选或分级的机器，不论其是园艺或农业用，还是工业用。这些机器不论是否用电操作（例如，光电检验器及分级器），一律归入本品目。它们也可以装有辅助装置（例如，供检验蛋类或对产品作标志之用）。

种子、谷物或干豆类的清洁、分选或分级机器不归入本品目（品目 84.37）。

*

*　*

归入本品目的某些机器（例如，收割机、联合收割机、脱粒机、捡拾打包机、压包机、分级机）常装有辅助性的起重、搬运、输送等装置（例如，输送带、捆束及草料提升机及铲斗链）。这些辅助装置如果与上述机器一起报验，应一并归类；如果单独报验，则应归入品目 84.28。

零　件

除零件的归类总原则另有规定的以外（参见第十六类总注释），本品目所列机器的零件也应归入本品目。例如：

割草机或收割机的刀杆、工具提升装置及钉齿；带动割草机刀杆用的摆动连杆；收割捆扎机的分离器、隔板、耙、平台及捆扎装置；堆行机的附件；切割板；联合收割机或脱粒机用的打谷器、复打器、震荡器、出草器等；马铃薯或其他根茎作物挖掘机的锄铲、钉齿、叉及其他工具；牧草摊晒机的滚筒及叉；耙的钉齿及工具提升装置；收集机或打包机的捡拾耙。

*

*　*

本品目不包括：

（一）割草机的刀片及刀具（品目 82.08）。

（二）捆、包或草料的提升机；“鼓风抛送”式草料升运机；戽斗或充气式谷物提升机；农用起重机或其他装载、起重、搬运或输送机器（品目 84.26 或 84.28）。

（三）伐木机或拔根机，以及农用切草机、根茎切片机、谷物碾磨机及蛋类检验器（品目 84.36）。

（四）品目 84.37 所列的种子、谷物或干豆类的清洁、分选或分级机，以及制粉工业用机器。

（五）轧棉机（品目 84.45）。

（六）烟叶剥离机或切丝机（品目 84.78）。

84.34　挤奶机及乳品加工机器：

10　—　挤奶机

20　—　乳品加工机器

90　—　零件

本品目包括机械挤奶机，以及其他对乳进行加工或将其制成其他乳制品的机器，不论这些机器是供农场用还是供工业用。

一、挤奶机

挤奶机配有一组挤奶杯，每只挤奶杯配有橡胶衬套。杯子的一端用软管经过一个脉动器与真空泵相连，另一端则连接于奶桶（通常是不锈钢制的）。装在奶桶盖上面的脉动器，是利用挤奶杯与衬套之间的相对真空所造成的交变气压，使挤奶杯进行工作的。由挤奶杯、脉动器及奶桶所组成的整套装置称为“挤奶桶”。

对于某些容量较小的挤奶机，奶桶和真空泵可装在同一个底座上（单桶或双桶挤奶机）。

对于容量较大的挤奶机，各种部件通常是分离的。不同数量的奶桶可通过管道与真空泵相连。某种类型的挤奶机没有奶桶，乳从挤奶杯沿着一根管道（一般是固定的）直接流到冷藏设备或贮奶罐中。这类挤奶机包括挤奶机器人，也称自动挤奶系统。这种系统装有自动挤奶所必需的所有设备，主要包括一个敏捷的机械手、电子设备、真空泵、压缩机、洗涤机、牛奶流量计等，专供奶牛自主挤奶之用。每头奶牛都戴着一个带无线电发射机应答器的项圈，它可识别其身份，以便让系统确定该奶牛应否挤奶。挤奶由装有激光辅助可视系统的机械手完成，该系统可引导牛奶抽吸设备直接吸附在奶牛的奶头上。

对于一同报验的挤奶机各种部件如果符合第十六类注释四（参见第十六类总注释）的规定，应作为一个功能机组归入本品目。但是，并不直接用于挤奶的设备及装置（例如，过滤器、冷藏设备、贮奶罐、挤奶杯及管道清洁装置等）则不归入本品目，而应归入其他各自的相应品目。

二、乳加工机器

本组包括均化器。这种设备既可把脂肪打碎成为细微的颗粒以便于消化，又能使其较长时间保持乳状而不结成奶油。

大部分的乳加工机器主要是依据热交换原理进行工作的，因而不归入本品目（品目84.19）。例如，巴氏灭菌、加热灭菌或消毒的装置；乳的冷凝或干燥装置；乳冷却装置。

本品目也不包括：

（一）冷藏设备（不论是否专供冷却或保藏乳品用）及配有制冷设备蒸发器的乳冷却容器（品目84.18）。

（二）奶油分离器、压滤机及其他过滤或澄清机器或设备（品目84.21）（但简单的滤液漏斗及乳过滤器应按其构成材料归类）。

（三）盛乳容器的洗涤机及装瓶机或装罐机（品目84.22）。

三、其他乳品加工机器

必须注意，奶油分离器不应归入本品目（品目84.21）。但本品目包括用于制造黄油、奶酪的机器。这些机器包括：

（一）黄油加工机器

1. **搅乳机**，通常为一只不锈钢桶，其中装有许多隔板或叶片，利用人力或机械动力使隔板或叶片旋转，从而产生搅打作用，使鲜奶油逐步变硬成为泡沫进而成为黄油。

2. **搅乳/加工联合机**。这种机器用于黄油的连续生产，主要由电动机驱动带有快速转动元件的滚筒将奶油变成黄油。通过机器的工作单元将黄油挤压成连续的长条。

3. **模制黄油的机器**，用以把黄油制成销售时所需的形状。但不包括对产品进行包装或称重的机器（品目84.22及84.23）。

（二）奶酪加工机器

1. **打碎及均化机**，用以把凝乳与奶油的混合体打碎及均化，以生产软质或膏状奶酪。

2. **模制机**，用以模制硬质、半硬质、软质或膏状奶酪。但不包括对产品进行包装或过秤的机器

（品目84.22及84.23）。

3. 奶酪压制机（例如，机械式、气动式等类型），专用于生产硬质奶酪，既可使产品成型，又可把多余的水分压出。

*

*　*

必须注意，本品目不包括许多乳品工业用的机器及设备。例如，储存、熟化、加工等用的大桶及贮罐。它们主要是依靠所配备的加热或冷却装置进行操作的，因此，不论是否还装有搅拌器等机械装置，均应归入品目84.18或84.19。未装有加热或冷却装置，但装有搅拌器、振动器、倾斜机构等机械装置的大桶等，如果明显是专供乳品工业用的，应归入本品目；如果不能确定其特定用途，则应归入品目84.79。既未装有加热装置，也未配有机械装置的大桶等，应按其构成材料归类（例如，品目73.09、73.10、74.19、76.11或76.12）。

零　件

除零件的归类总原则另有规定的以外（参见第十六类总注释），本品目所列机器的零件，也应归入本品目。例如：

供挤奶机用的桶、盖、脉动器、挤奶杯及其配件（但橡胶衬套等应归入品目40.16）；黄油搅拌桶；黄油加工机的滚筒及放料盘；黄油及奶酪模制机的模具。

*

*　*

本品目不包括归入品目82.10或85.09的家用器具。

84.35　制酒、制果汁或制类似饮料用的压榨机、轧碎机及类似机器：

10　—　机器

90　—　零件

本品目包括农业及工业上用于制葡萄酒、苹果酒、梨酒、果子汁或类似饮料（不论是否经过发酵）的机器。

本品目也包括供餐馆或类似场所用的商业用机器。

本品目主要包括：

一、榨汁机，手工或动力操作的，用于榨取不准备发酵的果子汁（例如，柑橘属水果、桃、杏、菠萝、浆果或西红柿的果汁）。

二、苹果或梨的轧碎机，手工或动力操作，配有一只装料斗，用以把水果送进磨碎装置或轧碎滚筒。

三、机械式或液压式苹果汁压榨机，包括装在带轮推车上的移动式压榨机。

四、葡萄的压榨或轧碎机器，例如：

（一）葡萄轧碎机。这种机器通常配有两个有槽滚筒，或装有搅打器的单一滚筒，用以从葡萄中榨取果汁而不轧碎葡萄的籽或梗。本品目也包括捣碎机。这种机器配有一个泵，用以把所制得的果汁送进发酵槽。

（二）分离机，用于把葡萄梗从新压榨的葡萄汁中分离出来。通常由一个装有旋转搅拌器的多孔眼容器构成。有些机器还把压榨和去梗两项操作结合进行。

（三）压榨机，用于从已轧碎及粗滤的葡萄浆中或从发酵槽的余渣中提取残留的果汁。压榨机主要有两种类型：

1. 间歇式机械或液力压榨机，其压头可在一个可互换的网格笼子中把果肉轧碎，笼子装在一个容器内，用以收集果汁。本品目也包括门架式液力压榨机。这种压榨机可将果汁灌入通常装在台车上的一系列容器中。

2. 连续式压榨机，装有一个输送螺旋装置，用以把葡萄送进机器，加以压榨。

五、破碎或碎裂机，配有带齿的滚筒或旋转刀片，用以把压榨后的果渣块在进一步压榨前加以打碎。

加工果汁、葡萄汁、葡萄酒、苹果酒、梨酒等用的机器不归入本品目，例如：

（一）冷却装置、消毒装置、巴氏灭菌装置及浓缩装置（品目84.19）。

（二）离心机、压滤机及其他过滤或澄清机器或设备（品目84.21）（但简单的滤液漏斗应按其构成材料归类）。

零 件

除零件的归类总原则另有规定的以外（参见第十六类总注释），本品目所列货品的零件也归入本品目，例如：

榨汁机的压榨滚筒；苹果轧碎机的带齿滚筒及磨碎器；葡萄压榨或去梗机的滚筒；葡萄汁压榨机专用的果浆容器及装在压榨机底板上的果汁收集器；葡萄汁压榨机等的螺旋机头、压榨板及机架；水果渣块轧碎机等的带齿滚筒及刀片。

*

* *

本品目也不包括：

（一）品目44.19、82.10或85.09所列的水果榨汁机。

（二）葡萄酒、果汁、苹果汁等用的泵，即使是专用的（品目84.13）。

（三）用以从水果渣块中分离出酒的离心机（品目84.21）。

（四）品目84.22所列的装瓶机、加塞机及类似机器，包括供洗涤桶等用的蒸汽喷射器具。

（五）水果输送机（品目84.26或84.28）。

（六）水果去皮机、削皮机或去核机（品目84.38）。

84.36 农业、园艺、林业、家禽饲养业或养蜂业用的其他机器，包括装有机械或热力装置的催芽设备；家禽孵卵器及育雏器：

10 — 动物饲料配制机

— 家禽饲养用的机器；家禽孵卵器及育雏器：

21 —— 家禽孵卵器及育雏器

29 —— 其他

80 — 其他机器

— 零件：

91 —— 家禽饲养用机器的零件或家禽孵卵器及育雏器的零件

99 —— 其他

本品目包括不归入品目84.32至84.35，用于农场（包括农业学校、合作社或试验站）、林业、商品菜园、家禽饲养场及养蜂场或类似场所的机器。但本品目不包括明显供工业用的机器。

一、其他农业、园艺或林业用机器；催芽设备

这些机器包括：

（一）药粉拌种机，通常装有一个或多个加料斗，用以向旋转的金属圆筒供料。种子可在圆筒中拌上杀虫或杀菌粉剂。

但本品目不包括粉末喷射机（品目84.24）。

（二）肥料轧碎机或拌和磨粉机。

（三）葡萄藤、果树等的剪枝机。

（四）修剪树篱的机器。

（五）配制饲料等用的机器设备。例如：

1. 油饼轧碎机。

2. 切菜机及剁碎叶类青饲料用的其他机器。

3. 甜菜、芜菁、胡萝卜、饲料等根茎的切片机或压碎机。

4. 草料及青贮饲料的切割机，不论是否装有输送机，用以将草料送进地窖。

5. 加工燕麦、大麦等用的轧碎机。

6. 农场用小麦、玉米、大麦及其他饲料的磨碎或磨粉机；农场用辗磨面粉机。

7. 饲料混合机。

（六）自动给水槽，供牛、马、猪等饮水用。例如，由装有铰接板的金属盆组成的给水槽，动物用口鼻将铰接板压下时即可饮水。

（七）机械动物剪毛机。

普通的手持式毛发推剪不归入本品目（品目 82.14 或 85.10）。

（八）林业机械。例如：

1. 树木挖根机，装有夹爪，可利用液压千斤顶把树干夹住并连根拔起。

2. 伐木机器，装有液力剪或锯，不论是否配有砍伐枝桠及竖劈树干的装置，也不论是否配有搬运和堆放树干的抓钩。本品目也包括装在拖拉机上的伐木机。这种机器可用犁切断树根，并借助伸缩性动臂加大拖拉机的马力。

3. 树木移植机，装有把树根修剪成球形的刀片，必要时可以在短距离内运送树木。

4. 树桩挖除机，使用配有刀具的圆盘，用以把地面以下一定深度的树桩打碎。

5. 树木削枝机，使用切削刀片，在树木修剪及去除大枝之后，削去分枝、细枝等。树木碎片由鼓风机排除。

（九）催芽设备（例如，催芽器），必须装有机械装置（例如，泵、发动机或风扇）或热力装置。未装有上述设备的简单箱子，不应归入本品目（应按其构成材料归类）。

本品目不包括：

（一）根茎切片机、割草机等用的切割刀片及刀具（品目 82.08）。

（二）利用温度变化进行操作的机器设备（品目 84.19）。例如，牧草干燥机以及马铃薯、饲料等用的高压锅应归入品目 84.19。但装有热力装置的催芽设备、孵卵器及育雏器仍应归入本品目。

（三）液体或粉末的喷射、散布或喷雾的机械器具（品目 84.24）。

（四）气压或鼓风抛送升运机；挖根、拖带或装载树木、原木等的卷扬机；其他起重、搬运或输送设备（品目 84.25、84.26 或 84.28）。

（五）种树用的挖坑机；伐木或清理场地用的推土机及侧铲推土机（品目 84.29 或 84.30）。

（六）工业用甜菜切片机（品目 84.38）。

（七）木片切削机（品目 84.39）。

（八）喷水式剥树皮机（品目 84.24）及木材除皮机器（品目 84.65 或 84.79）。

（九）木材加工机床（品目 84.65 或 84.67）。

（十）马用或牛用的真空吸尘式理毛装置（品目 85.08）。

（十一）拖运原木专用的拖拉机（原木拖运机）（品目 87.01）。

（十二）牛犊助产机械设备（品目 90.18）。

（十三）防雹炮（品目 93.03）。

二、家禽饲养业用的机器、孵卵器及育雏器

这些机器包括：

（一）孵卵器，这种机器配有可使放在盘里的禽蛋在受到精确控制的温度、气流和空气湿度环境下自动翻转的装置。它们可与连接个人自动数据处理设备的控制系统一起工作，以优化孵卵结果。有些称为组合式孵卵器的孵卵器还具有孵化器的功能。

（二）孵化器，这些设备配有加热和空气循环控制装置，可将禽蛋放在篮或特制的盘内进行孵化。

（三）育雏器，配有加热和冷却装置的较大型设备，供饲养小鸡之用。

（四）饲养及产卵设备或排架式鸡笼。这是配有往饲料槽投放饲料、清扫禽舍及收集禽蛋自动装置的一种大型设备。

（五）照蛋机（或禽蛋检验器），装有机械装置（包括光电检验装置），但静止的检验灯不归入本品目。

配有分选或分级装置的照蛋机不应归入本品目（品目84.33）。

（六）分辨性别及接种疫苗机，可在孵卵场将不同性别的幼雏分开并接种疫苗。这类机器不是专供兽医使用的。

本品目不包括称为幼雏点算和装箱系统的机器，用于自动点算幼雏的数量并将其放入箱中（品目84.22）；处置幼雏是其主要功能，点算只是其附属功能，以便根据箱的尺寸确定可放入箱中幼雏的一定数量。

三、养蜂业用机器

这些机器包括：

（一）榨蜜机。

（二）巢础机，用于人造蜂巢上蜡。

本品目不包括：

（一）蜂箱。应按其构成材料归类（通常应归入品目44.21）。

（二）供再熔蜂窝用的热水池，包括装有螺旋压榨装置的热水池（品目84.19）。

（三）离心式甩蜜机（品目84.21）。

（四）品目84.24所列的液体或粉末的喷射设备或烟熏设备。

零　件

除零件的归类总原则另有规定的以外（参见第十六类总注释），本品目也包括上述机器的零件。

84.37　种子、谷物或干豆的清洁、分选或分级机器；谷物磨粉业加工机器或谷物、干豆加工机器，但农业用机器除外：

10　—　种子、谷物或干豆的清洁、分选或分级机器

80　—　其他机器

90　—　零件

一、种子、谷物或干豆的清洁、分选或分级机器

本品目包括通过风选、吹风、过筛等对谷物、干豆或种子等进行清洁、分选或分级的机器，不论是园艺或农业用，还是工业用。这些机器包括：

（一）风选机，由一个进料斗、一个鼓风机及多个筛选器（通常是振动式的）组成。

（二）分级簸扬机、旋转簸扬机及种子或谷物挑选机。这些机器较为复杂，它们利用气流进行清洁，并按重量、大小或形状进行分级。有些种子挑选机等附有为种子拌上杀虫粉等的辅助装置。

（三）筛选带，常用于清洁甜菜籽，由一组滚筒操纵倾斜的环形带在进料斗下运转。种子无阻碍地滚到带子的底部，但较轻的植物废屑则粘附于纤维带的毛绒面层上。

（四）专供对种子进行分选、分级，以备种植的机器。

本品目也包括在谷物磨粉前对谷物进行清洁、分选或分级的机器。其中有些机器的工作原理与上述风选、筛选及分级机器相同，但功率较大，并专用于磨粉工业。例如：

1. 清洁谷物用的旋风分选机。
2. 利用窝眼式或多孔式滚筒旋转进行工作的清洁机及分级机。
3. 配备振动筛的吸气式分选机。
4. 磁性或电磁分选机及分级机。
5. 配有或未配有辅助干燥塔的洗选机、去石机及离心干燥分离机。
6. 谷物刷光机。
7. 谷物调湿机，不论是否配有加热装置或衡器。

本品目也包括同时进行清洁、分选及分级操作的联合机器，配有电磁分选装置的机器也归入本品目。

二、谷物磨粉业加工机器

除了谷物磨粉前的清洁、分选或分级机器以外（参见上述第一部分），下列机器应按磨粉工业用机器归类：

（一）在磨粉前，对谷物进行混合或调制的机器。例如：

1. 对预定量的谷物进行混合的机器。
2. 谷物刷洗机，其钉齿筒挨着橡胶滚筒旋转，以除去较轻的谷物。

但本品目不包括：

（1）利用温度变化工作的设备（品目84.19）。例如，品目84.19包括干燥塔或冷却塔，但配有热力装置的谷物调湿机仍应归入本品目。

（2）离心式干燥机（品目84.21）。

（3）输送机及升降机（例如，戽斗式、带式或吸气式设备）（品目84.28）。

（二）碾碎或轧碎机。例如：

1. 碾磨机。
2. 碾压粉碎机。这种机器配有几组有槽轧辊，有时从内部进行冷却，可将谷物轧成粗粉、粗粒粉及细粉。
3. 轧粉机，其滚筒更为光滑，专用于将粗粉、粗粒粉等轧成细粉。
4. 粉碎机或冲击磨粉机。它用于把前道工序中粘附在滚筒上的粗粉等磨成细粉。
5. 进料机，用以把谷物正常均匀地送进轧碎滚筒。

本品目不包括农场用的小型磨粉机（品目84.36）。

（三）从粗粉或粗粒粉中分选出细粉的机器。

本组包括用以把在磨粉过程中所产生的细粉、粗粉、粗粒粉等加以分离的机器。

以上分离的工作，是由下列各种机器经一系列操作后完成的，这些机器往往是相继使用的：

1. 筛分机（筛选机），用以从粗粒及粗粉中分离出细粉。离心筛分机（圆筒筛）由内部装有搅拌杆，外面套上不同尺寸网眼的纱网的滚筒组成。振荡筛或平面筛则由自由摆动的叠层筛子及收集盘组成。
2. 过筛机或“净化器”，用以把粗粒粉等加以分级，并通过振荡筛用气流把麸糠吹掉。
3. 麸糠清洁机。
4. 细粉、麸糠等的拌和机；以及用以把维生素加进细粉的机器。

但本品目不包括：

（一）细粉干燥机（品目84.19）。

（二）空气过滤器及“旋风式除尘器”，用以从分选机或筛选机所排出的废气中吸去灰尘（品目84.21）。

（三）“出粉率记录器”，用以记录面粉的出粉率；以及其他归入第九十章的细粉检测装置。

三、谷物或干豆的加工机器。

这里所指的加工一般是在预先经过清洁、分选或分级（参见上述第一部分）后进行的。

本组包括：

（一）谷物或干豆的去壳机。

（二）大米去皮或精碾机。

（三）干的豌豆、小扁豆或大豆的分瓣机器。

（四）制造燕麦片等的机器，不论是否配有辅助性加热设备。

（五）特种磨粉机，用于把谷物［麦除外，参见上述第二部分（二）款］或干豆磨成细粉。

（六）去芒机及剪刺机，用以除去大麦或燕麦上的芒刺。

本品目的本部分不包括：

（一）利用温度变化工作的机器设备（例如，制造膨化或烘烤谷物用的汽蒸器、干燥设备或烘烤设备；制大麦麦芽、烘烤面粉等用的设备）（品目84.19）。

（二）超出制粉工序以外的面粉加工机器（例如，烘面包、贮藏食品或制造通心粉用的机器）（品目84.38）。

零　件

除零件的归类总原则另有规定的以外（参见第十六类总注释），本品目所列货品的零件也归入本品目。例如：

粮食磨粉工业用的筛及筛架（筛布不论是否制成，均不应归入本品目，而应归入品目59.11）；混合或分离滚筒；粮食磨粉机的滚筒或变换器等。

但石碾不应归入本品目（品目68.04）。

84.38　本章其他品目未列名的食品、饮料工业用的生产或加工机器，但提取、加工动物油脂或植物固定油脂或微生物油脂的机器除外：

10　—　糕点加工机器及生产通心粉、面条或类似产品的机器

20　—　生产糖果、可可粉、巧克力的机器

30　—　制糖机器

40　—　酿酒机器

50　—　肉类或家禽加工机器

60　—　水果、坚果或蔬菜加工机器

80　—　其他机器

90　—　零件

本品目包括未归入本章其他品目的生产或加工食品或饮料用的机器（不论其制品是用于直接消费还是贮藏，也不论是供人食用还是供动物食用）。但本品目不包括提取或加工动物油、脂或固定植物油、脂用的机器（品目84.79）。

本品目也包括供餐馆或类似场所用的工业或商业用机器。

应该注意的是，实际上许多具有这类用途的机器不归入本品目。例如：

（一）品目82.10或85.09所列的家用器具（例如，绞肉机及切面包机）。

（二）工业或实验室用烘箱（品目84.17或85.14）。
（三）烹煮、烘炒、汽蒸等的机器设备（品目84.19）。
（四）离心机及过滤器（品目84.21）。
（五）装瓶、装罐、包装等的机器（品目84.22）。
（六）粮食磨粉工业用机器（品目84.37）。

一、糕点加工机器

这类机器用于制造面包、饼干、糕点等，它们包括：

（一）生面团或糕点料拌和机。它们主要为旋转或固定的容器，里面装有固定或活动桨臂或叶片，用以揉捏面团。某些高速拌和机常配备水冷式包壳。

（二）分面机。这是一种容器，可将加料斗送进的面团分成每份大小相等的面块。这些机器有时还装有面团的过秤或滚压装置。

（三）模制机，把分好的每份面块模制成所需要的形状，以备烘焙。

（四）面包、糕饼等的切片机。

（五）捏碎干面包用的机器。

（六）饼干、糕点等的切块、成形、锯开或填馅机器。

（七）糕点装模机，用以把定量的糕点糊装入糕点模具内。

本品目不包括：
1. 面包、糕饼的烘箱（品目84.17或85.14）。
2. 品目84.20所列的糕点滚压机。

二、生产通心粉、面条或类似产品的机器

本组包括：

（一）供配制通心粉糊用的拌和机。

（二）切块或压型机。这种机器可把滚压成片状的糕点料切成或压成特定的形状，它们常配有滚压糕点料的装置。

（三）连续挤出机，专供制造通心粉、面条等之用。这种挤出机装上特定形状的印模后，可以把面团挤成各种字母、图样或其他特定形状；然后用装在印模板外的旋转刀片，把成形面团切成所需的厚度。

（四）饺子等的填馅机。

（五）把通心粉、粉丝等绕成绞束等的机器。

本品目不包括：
1. 通心粉的预干燥或干燥机（品目84.19）。
2. 把通心粉面团、糕点料等滚压成片的机器（品目84.20）。

三、生产糖果的机器

本组包括：

（一）制糖霜用的碾磨或捣碎机。

（二）糖果拌和机，通常主要由装有机械搅拌装置或碾磨装置的容器组成，常装有加热或冷却盘管或夹套。

（三）"拉条"机，装有曲柄形旋转臂，用以揉捏具有可塑性的糖混合物。

（四）糖衣锅，通常为紫铜或玻璃制的半球形锅。这种锅装在一个倾斜的轴上旋转，可在硬质夹心料（例如，杏仁）上涂上一层糖或巧克力等。这类糖衣锅不论是从外部加热（热气流、独立的煤气炉等），还是本身配有加热装置，均归入本品目。

（五）糖果的模制、切制或成形机。

本品目不包括熬糖锅或其他加热设备（品目 84.19）或冷却设备（品目 84.18 或 84.19）。

四、可可或巧克力的加工机器

本组包括：

（一）脱壳、去芽或把已烘焙的可可豆碾成碎粉的机器。

（二）混合机、揉捏机及碾磨机，用以把已碾的可可豆及可可膏料加以混合、揉捏及碾磨，制成可可块。

（三）从可可块中提取可可脂的压榨机。它们一般装有可可膏加热装置，以利于提取可可脂。

（四）制可可粉用的机器，用以碾磨经提取可可脂后剩下的可可饼，以加工可可粉。它们通常也把可可粉过筛及分级，有时也掺入其他产品，以提高其香味及可溶性。

（五）可可脂、可可粉、糖等的混合机器。这些机器常配有各种混合物的计量装置。

（六）把上述混合物加以碾压及提炼的机器。

（七）制巧克力机。这是一种主要装有加热装置及动力驱动的滚压、碾磨等装置的容器，用以使混合物的各种配料完全混合并得到热处理。

（八）模制前对巧克力进行均化处理的机器。它可均匀地挤出巧克力块。

（九）压块及模制机，通常装有振动装置。这些机器还常在倾注部分装有加热元件及冷却印模的装置。

（十）包衣机，主要有一输送带，用以运载饼干、糖果及其他夹心料通过喷雾设备或融池，以使其涂上一层巧克力或糖果料外衣。这些机器一般配有加热元件。

五、制糖机器

榨取糖汁的机器，根据所用榨糖原料是甘蔗还是甜菜而有所不同；至于从糖汁中制取糖用的机器则大致相同。

（一）从甘蔗中榨取蔗汁的机器。例如：

1. 切蔗机或纤维分离机，装有一系列的双刃刀片，这些刀片高速旋转时，可把甘蔗切成蔗丝。

2. 撕裂机，其两个带齿滚筒以不同的速度旋转，甘蔗在滚筒中间通过时被撕成碎片。

3. 轧碎机，主要由一些可调节的金属波纹轧辊组成，有些轧碎机还把撕裂和轧碎两种操作结合起来。

4. 压榨机，通常由一系列有槽滚筒组成，用以从轧碎的甘蔗中榨取蔗汁。这种机器一般配有加料及输送装置、压榨时向甘蔗喷水的设备以及浸渍池。

（二）从甜菜中榨取糖汁的机器。例如：

1. 洗涤机，由搅拌器或类似装置组成，可在大型水箱或水槽中操作。

2. 切片机。这些机器可以是大型的圆筒形容器，其底座可由转盘组成，装有切削刀片，也可由转筒组成，其内壁装有刀片，用特制的导板或利用离心力把刀片突出的甜菜切成碎片。

3. 浸提装置。这种设备可利用渗透作用，从甜菜片中提取糖汁。每套浸提设备均由一个热法浸提器与一个大型浸提容器组成。热法浸提器中的水由蒸汽管加热；在大型浸提容器中，用热水把糖从甜菜片中提取出来。本品目也包括单独报验的浸提容器；但单独报验的热法浸提器却不归入本品目（品目 84.19）。

4. 甜菜废丝压榨机。

（三）从糖汁中提取糖或炼糖用的机器。例如：

1. 亚硫酸盐处理容器，装有机械搅拌器的；装有热力装置的不归入本品目（品目 84.19）。

2. 结晶装置，装有慢速搅拌装置。通过浓缩设备制得的糖浆体（糖膏）在结晶装置中经周围的空气冷却，形成晶体。

3. 把糖切成或分成糖块等用的机器。

本品目不包括：

（1）品目 84.19 所列的澄清容器、糖汁浓缩设备、真空煮锅或结晶锅及其他设备。

（2）离心分离器及压滤机（品目 84.21）。

六、酿酒工业用的机器

本组包括：

（一）催芽机，装有慢速搅拌装置、转筒或类似机械部件。

（二）转筒，用以除去经烘干后麦芽上的根芽，以及筛选机。

（三）麦芽压榨机。

（四）麦芽浆桶，装有机械搅拌器等，但无加热装置。在麦芽浆桶中将压碎的麦芽加水磨成麦芽浆，从而把其所含的淀粉成分转化为糖（糖化作用）。

（五）泄料桶。这是装有搅拌器的大型容器，具有多孔的双层底，用以把麦芽渣从麦芽汁中分离出来。

本品目也包括第十六类注释四所述功能机组范围的酿酒机器。这些机器主要由以下部分组成：催芽机、麦芽压碎机、麦芽浆桶、泄料桶。但辅助机器（例如，装瓶机、标签印刷机）则不应归入本品目，而应归入其相应品目（参见第十六类总注释）。

本品目不包括：

1. 无机械装置或冷却装置的发酵桶：它们应按其构成材料归类。

2. 麦芽干燥设备；装有加热装置的浸渍容器及麦芽浆桶；熬啤酒花或把啤酒花熬液与麦芽汁放在一起熬煮的容器（品目 84.19）；装有冷却盘管及啤酒冷却器的发酵桶（品目 84.18 或 84.19）。

3. 压滤机（品目 84.21）。

七、肉类加工机器

本组包括：

（一）屠宰动物及进行随后加工用的机器。

（二）猪的刮毛机，由旋转支架及若干把弹性刮刀组成。旋转支架用以支承猪身。弹性刮刀的转动方向与支架旋转和方向相反。

（三）切肉机或剁肉机。用圆盘锯、旋转刀等切开整头宰好的猪等。

（四）锯骨机或砍骨机。

（五）打肉机，用带尖齿或刀片的梳刀割断肉类的神经纤维，使肉类更为鲜嫩。

（六）绞肉机及切粒机。

（七）内脏清洗机。

（八）灌肠机，主要为一个圆筒容器，用活塞把肉从容器中塞进肠衣。

（九）肉或咸肉切片机。

（十）肉或脂肪模压机。

（十一）家禽的宰杀、拔毛及取出内脏的机器及器具（电击及放血刀、高产家禽拔毛机、去内脏机器、剥胗肝机、挖肺机）。

（十二）腌肉机。这种机器带有与泵相连的手工操作盐水枪；或配有全自动的输送装置，用以把肉送进装有注盐水针的格栅。

本品目不包括品目 84.19 所列的烹煮器具、高压釜、加热橱及类似的机器设备。

八、水果、坚果或蔬菜的加工机器

本组包括：

（一）去皮机。例如：

1. 摩擦式去皮机（例如，马铃薯去皮机），由一个旋转容器构成。容器的内壁起摩擦作用。

2. 削皮机（例如，供苹果、梨去皮用）。这种机器利用可调刀片螺旋形地削去果皮。它还常装有去核、去籽等的装置。

3. 柑橘属水果的去皮机。它通常将果皮十字切开去掉，或先把水果对半切开，然后将果肉从果皮中挖出。

4. 化学脱皮机。这些机器通常有一条输送带或一个转筒。把水果或蔬菜放在输送带或转筒上，再用热水、碱液等喷射或沉浸，然后将这些水果或蔬菜放在洗涤容器内用力滚动，以达到去皮的目的。这些脱皮机不论是否配有水或碱液的加热装置，均应归入本品目。

（二）豌豆及类似蔬菜的去荚机，通常由装有拍打器的多孔转筒组成。

（三）青豆去梢机。

（四）加仑子、鹅莓、樱桃、葡萄等的去梗机等。

（五）从水果中去除核、籽等的机器。

（六）坚果等的去壳机。

（七）磨碎或切碎鲜果或干果、蔬菜、木薯等的机器。

（八）切碎或腌制卷心菜（供制泡菜用）的机器。

（九）将水果或蔬菜捣成浆状，用以加工果酱、调味酱、番茄酱等的机器，但不包括榨果汁机（例如，桃、葡萄柚及西红柿的榨汁机）（品目 84.35）。

本品目不包括：

（一）火焰或辐射热去皮机（品目 84.17）。

（二）水果的沸水去皮设备、制马铃薯粉片的加热设备以及品目 84.19 所列的其他设备。

（三）水果或蔬菜的分级机（品目 84.33）。

九、鱼、贝壳动物等的加工机器

本组包括：

（一）刮鳞、剥皮或去内脏、鱼头、鱼尾、鱼骨等的机器。

（二）鱼的开膛或切片等的机器。

（三）贝壳动物的去壳机及切肉机。

（四）把鱼干磨成鱼粉的机器。

本品目不包括油炸、烟熏或腌制设备或品目 84.19 所列的其他机器设备。

十、食品或饮料工业用的其他生产或加工机器

本组包括：

（一）醋化机械设备（制醋用）。

（二）咖啡豆的去壳机或去皮机（圆筒式、圆盘式或刀片式）。

（三）从柑橘中提取香精油的钉齿滚筒式榨取机。

（四）茶叶的切断或压实机器。

零　件

除零件的归类总原则另有规定的以外（参见第十六类总注释），本品目所列机器的零件也归入本品目（例如，连续制面包用的模具或焙锅；糖果模制机用的模具；巧克力模制机用模具；以及制造通心粉、面条或类似食品的挤出机用的铜制模具）。

84.39　纤维素纸浆、纸及纸板的制造或整理机器：

　　10　—　制造纤维素纸浆的机器

　　20　—　纸或纸板的抄造机器

30　—　纸或纸板的整理机器
　　—　零件：
91　——　制造纤维素纸浆的机器用
99　——　其他

本品目包括用各种纤维原料（木材、稻草、甘蔗渣、废纸等）制造纤维状纤维素浆的机器，不论所制纤维素浆是用于造纸或纸板，还是用于其他方面（例如，制造纸粘胶人造丝、某些建筑用板或炸药等）。本品目也包括用预先制备的纤维素浆（例如，机械或化学木浆）或直接用原料（木材、稻草、甘蔗渣、废纸等）制造纸或纸板的机器。本品目还包括对纸或纸板进行整理，以备各种用途的机器，但不包括品目 84.43 所列的印刷机器。

一、纤维素纸浆的制造机器

本组包括：

（一）在制浆过程中用以对原料进行预处理的机器。例如：

1. 废纸或废纸板的制浆机。
2. 稻草及类似材料的打松或除尘机。
3. 造纸工业用的竹材压碎机及特种稻草切碎机。
4. 切木片机及木片分级用的振动式分级机。
5. 原木磨碎机。
6. 爆破法纤维分离机。这种机器对木片施以高压，随后突然降压，使之变成纤维。

（二）滤浆器。这种机器用筛网滤过稀释的纸浆，将研磨不足的纤维以及结块和砂土等留下。但利用离心力工作的过滤器除外（品目 84.21）。

（三）压浆机。将机械磨制或化学浸煮获得的浆状木纤维浓缩成片状。

（四）匀浆机，通常为一个锥形容器，容器内部装有旋转棒，用以将较大的纤维或结块打碎，而完全打碎的浆料则可直接通过。

（五）捣碎机及磨碎机，用以处理预先制备的纸浆，以生产具有特定用途的纤维素浆（例如，用于制造硝化纤维素）。

二、纸或纸板的抄造机器

本组包括：

（一）将浆料制成连续成张的纸或纸板的机器（例如，长网造纸机或双长网造纸机）。这些机器的结构很复杂，包括将浆料送往网前箱的调节器；装在网前箱出口处用以将浆料分布在环带上的堰板，其环带通常用合成纤维单丝机织物制成，支撑在胸辊或成型辊上；案板；案辊；振动装置；吸水箱；制水印的压纹辊；用以增加干的固体物含量并将纸压紧的伏辊；可形成至少一个压区的压辊，压辊可包括一个压靴及一条循环转动的环带，其将纸压在毡制环带或其他加工环带的一面或中间；烘干滚筒；蒸汽室等；通常还配有研光机及卷绕等装置。

（二）圆网造纸机。它们大体上与上述第（一）款所述的造纸机相似，不同的是它们不是将纸浆送到金属丝网环带上，而是用一个金属丝网制成的转筒从浆槽中抄起纸浆，然后通过毡带将纸浆送到压辊上（有时是吸水辊），最后送到一组干燥滚筒，制成连续卷状或成张的纸或纸板，这些机器有的在制造成张的纸板时，是将纸浆一层层绕在滚筒上，当纸浆形成一定厚度时，再用人工或机械方法沿滚筒的长度方向，将其切成纸板。

（三）制造多层纸或纸板的机器。这些机器是通过不同形式将长网成形器或双长网成形器等组合而成。这种机器可同时生产多层卷纸，并在潮湿状态下将其结合在一起，通常无需粘合剂。

（四）制造测验用样纸的抽样设备。这种机器有时称为“抽样机”供生产上控制用。

三、纸或纸板的整理机器

本组包括：

（一）卷纸机。这类机器中有些可在卷纸的同时将纸张展开弄平，并释放静电。

（二）各种表面涂料的涂布机（研光机除外），例如，涂布无机物或有机物颜料涂层、浆料、胶料、硅、蜡等的机器；复写纸或感光纸的涂布机器；把纺织纤维粉末、软木或云母粉末等涂在纸上所用的机器；墙纸涂布机器。

（三）纸或纸板的浸渍机器（用油、塑料等浸渍）**及制沥青或焦油屋面纸的机器**。

（四）划线机。这种机器是利用小圆盘或钢笔工作的，圆盘或钢笔的墨水由墨水池供给。但不包括品目84.43所列的印刷机器。

（五）绉纸加工机器。它们一般配有金属刮板或刮刀，用以将纸从加热滚筒上刮下来，从而使纸张起皱。但其皱褶一般是在造纸机上形成的。

（六）纸张调湿机器（也称晾纸机）。这种机器可将纸或纸板的整个表面置于潮湿空气中。

（七）压纹机及压花机（但具有同样用途的研光机应归入品目84.20）。

（八）瓦楞纸加工机器。这类机器可与层压装置组装在一起。

*

* *

某些纸张整理机器（例如，涂料机、层压机或卷绕机）也适用于加工金属箔、塑料片、机织物等，但只要这些机器主要用于加工纸或纸板，它们仍应归入本品目。

本品目的组合机器有时装有归入本章其他品目的某些机器（例如，品目84.21所列的从废水中回收纤维及填料用的过滤器；品目84.20所列的平整、研光或压花等用的各种研光机；品目84.41所列的切纸机）。这些机器如果同时报验，应与组合机器一起归入本品目；但如果单独报验，则应归入其各自相应的品目中。

本品目也不包括：

（一）碎布、稻草等的蒸煮器；用化学方法加工木浆的浸煮器（加热浸提器）；蒸汽加热烘筒及其他干燥机器（品目84.19）。

（二）喷水式树皮剥离机（品目84.24）及木材除皮机器（品目84.65或84.79）。

（三）印刷机器（品目84.43）。

（四）开碎布机或碎呢开松机器（品目84.45）。

（五）钢纸制造机器（品目84.77）。

（六）在纸、布或木材等上面涂上研磨料的机器（品目84.79）。

零　件

除零件的归类总原则另有规定的以外（参见第十六类总注释），本品目所列机器的零件也应归入本品目的。例如：

茅草开松机的带齿滚筒；斜坡滑道；打浆机的底刀板及打浆刀；伏辊；吸水箱；圆网造纸机的转筒；水印辊。

但下列零件不归入本品目：

（一）长网造纸机和双长网造纸机用的纺织材料制环带、毡制滚筒套（品目59.11）。

（二）用玄武岩、熔岩或天然岩石制成的碾石、磨石、底板、斜坡滑道及其他零件（品目68.04或68.15）。

（三）铜线织成的环带（例如，长网造纸机用的铜网）（品目74.19）。

（四）机器用的刀具及刀片（品目82.08）。

（五）研光辊（品目84.20）。

84.40　书本装订机器，包括锁线订书机：

10　—　机器

90　—　零件

本品目包括书籍（包括小册子、单行本、期刊、写字本及类似品）的装订机器。

本品目包括：

一、装订书籍用的折页机。它们可将大张的纸多次折叠，使其大小适合作为书页。这些机器即使同时能作其他折叠之用，仍应归入本品目。

二、订书机及金属线缝合机，其中包括同时适用于制造卡纸箱或类似品的装订机器。

三、收集及缝合机。用手工将书页放在这些机器的输送链上分段收集、理顺，然后送向缝合机头。

四、滚压或锤压机。将已折叠而尚未装订的成册书页在缝合前加以压平。

五、在未缝合的书脊上进行切槽的机器，即在书脊上切出浅槽以容纳交叉线。

六、锁线订书机，包括简单的及复杂的锁线订书机。后者由送纸器及锁线装置组成。送纸器用以将折叠好的书页送进机器。锁线装置用于将书页缝合，并往往在书脊上粘上织物等加固材料。

七、在加上封面之前将书脊压平或压圆的机器。

八、在散页上粘贴纸条或布条的机器。这些机器可将散页合编成册，或将地图合编成地图册，以便装订。

九、在廉价书或小册子等上面贴上纸制封面的机器。

十、制造书籍封面的机器，一般装有将必需的纸、纸板或封面布送进机器装置、胶粘装置及压紧装置，有时还配有加热及干燥设备。

十一、将已制成的书籍封面压平的机器，由一组滚筒及多个工作台组成。

十二、用胶粘及加压等方法将已装订好的书装上封面的机器。有些机器还配有用以插入散页的图片、图样、地图及类似品的装置。

十三、将书边上色或烫金的机器。

十四、在书籍封面上压印或烫上金色字母或图样的机器。这些机器有时也可用于其他物品（例如，皮革制品）。但本品目不包括通用压机（品目84.79）及使用活字印板的印刷机（品目84.43）。

十五、纸页编码机（例如，登记簿及帐簿的纸页编码机）。

十六、采用金属或塑料螺线（或环）穿过纸页上的排孔而将纸页集合成册的机器。它们通常由穿孔器具及穿螺线装置组成。

零　件

除零件的归类总原则另有规定的以外（参见第十六类总注释），本品目所列机器的零件也应归入本品目。

*
*　*

本品目不包括：

（一）手工装订书籍用的工作台，一般是木制的，配有螺旋装置，用以夹住交叉线（品目44.21）。

（二）切纸机用的刀具（品目82.08）。

（三）折叠纸或纸板用的机器（折叠书页用除外）；纸或纸板的裁切或开槽机；修整已装订好的书本、期刊、小册子等用的机器；修整书边及书角或挖制书边标目用的机器；叠纸机；仅供制造纸板箱使用的装订机（品目84.41）。

（四）与印刷机一起使用的定边、折页或书页帖码记号机（品目84.43）。

（五）织物裁切机（品目84.51）。

（六）缝纫机针（品目 84.52）。
（七）装订书籍用的皮革加工机器（品目 84.53）。
（八）办公室装订文件用的订书机（品目 84.72）。

84.41　其他制造纸浆制品、纸制品或纸板制品的机器，包括各种切纸机：
10　—　切纸机
20　—　制造包、袋或信封的机器
30　—　制造箱、盒、管、桶或类似容器的机器，但模制成型机器除外
40　—　纸浆、纸或纸板制品模制成型机器
80　—　其他机器
90　—　零件

本品目包括各种切纸机，以及用纸浆、纸及纸板制造纸浆制品、纸制品、纸板制品的各种机器（书籍的装订机器除外），其范围包括将纸切成所需宽度或切成商业规格的机器，以及制造各种纸制品的机器。

本品目包括：

一、修整及切割纸张的机器（包括多刀片切纸机），包括与造纸机一起使用的辊刀式切纸机及直角切纸机；书籍或小册子的切边机：修整书籍圆角及挖制书边标目的机器；纸张剪切机；闸刀式切纸机；以及裁切纸质照片用的器具，但不包括照相或电影暗室用的胶卷裁剪机器及器具（品目 90.10）。

二、模切机（用于制作五彩纸屑、标签、花边纸、索引卡、开窗信封、纸盒型等）。

三、对纸板进行剪切、打出轮廓或刻槽以制作纸板箱、纸板盒、卷宗夹等的机器。

四、制造纸袋用的机器。

五、制信封用的机器（切纸机、折叠机、制信封衬里用的机器等）。

六、制作折叠纸板箱及纸板盒的机器。

七、装订纸箱及类似物品用的机器。但既可用以订书，又可用于钉盒的简单的铁丝订书机除外（品目 84.40）。

八、制纸箱或纸盒用的其他机器。

九、卷绕机，用以制造纸管、线轴、套管、绝缘管、药筒等。

十、制作蜡纸杯及纸蜡容器等的机器，通常配有接缝及上胶装置。

十一、纸浆、纸或纸板制品模制成型机器（用以制作禽蛋的包装、装糖果及野餐用盘碟、玩具等）；这些机器即使装有加热装置，仍归入本品目。

十二、纵切复绕机，用以将卷筒纸摊开，按所需宽度切成纸带（长条），然后重新卷绕起来。

十三、堆叠机，用以将纸张、卡片等堆叠整齐。

十四、穿孔机，包括为邮票、卫生纸等制作穿孔线（针孔、长方孔或狭槽形孔等）用的机器。

十五、折叠机（不包括品目 84.40 的书页折叠机）。

十六、卷烟纸剪切、折叠、夹页及包装机器。

但本品目不包括具有同样用途的简单机械式或液压式压力机（品目 84.79）。

*

*　*

归入本品目的有些机器，尤其是纸袋或纸盒的折叠机，可带有印刷装置，只要印刷功能不是机器的主要功能，根据第十六类注释三的规定，它们仍应归入本品目。

应当注意，上述的有些机器（例如，切纸机、折叠机及制纸袋用的机器）也适用于制作某些塑料制品或金属薄片制品。这些机器如在正常情况下用于制作纸制品或纸板制品的，仍应归入本品目。

零　件

除零件的归类总原则另有规定的以外（参见第十六类总注释），本品目所列机器的零件也应归入本品目。

*

*　*

本品目也不包括：

（一）烘烤纸板制品用的烘干炉（品目 84.19）。

（二）兼有制作及印刷纸板容器（例如，纸板箱等）功能的包装机器（例如，巧克力包装机）（品目 84.22）。

（三）将纸条扭成纱线的机器（品目 84.45）。

（四）制纸袋用的缝纫机（品目 84.52）。

（五）纸卡或文件的打孔机；以及办公室销毁机密文件用的碎纸机（品目 84.72）。

（六）打孔机；以及采用浸渍方法使纸杯或纸容器等上蜡的机器（品目 84.79）。

84.42　制印刷版（片）、滚筒及其他印刷部件用的机器、器具及设备（品目 84.56 至 84.65 的机器除外）；印刷用版（片）、滚筒及其他印刷部件；制成供印刷用（例如，刨平、压纹或抛光）的板（片）、滚筒及石板：

30　—　机器、器具及设备

40　—　上述机器、器具及设备的零件

50　—　印刷用版（片）、滚筒及其他印刷部件；制成供印刷用（例如，刨平、压纹或抛光）的板（片）、滚筒及石板

除下文所述若干不包括的货品以外，本品目包括：

1. 印刷机的印刷零件，例如，已经镌刻或经其他加工的印刷用版（片）及滚筒，用以（通过手工或品目 84.43 的机器）印刷正文或插图；以及已制成供印刷用的石板、滚筒或板（片）[即已加工成适于镌刻或用其他方法获得图像，以供印刷之用的石板、滚筒或板（片）等]。

2. 用于制造上述印刷零件，或将其组合（排版）以供印刷用的机器、装置及附件，不论是用手工操作的，还是用机械方法操作的。

本品目包括用下列印刷方法将文字、插图、重复图案等印刷在纸张、织物、油漆布、皮革或其他材料上的设备：

（1）凸版印刷：使用照相凸版进行印刷。这种印刷方法是在字符或图像的凸出部分涂上油墨进行印刷。

（2）平版印刷：使用平版、照相平版或胶版印刷。油墨只施于印版等平面上的某些待定部位。这类也包括模版印刷。

（3）凹版印刷：使用照相凹版，或使用蚀刻或镌刻的金属版进行印刷。油墨聚集在浸蚀或镌刻部分。

一、铸字、排字用的或制印刷版（片）、滚筒及其他印刷部件用的机器、器具及设备（品目 84.56 至 84.65 所列的机器除外）；

本品目包括：

（一）直接从文件制作印版的机器。这类机器内装有光电管，用以扫描文件。由光电管经电子装置发出的脉冲驱动制版工具镌刻塑料印版。

（二）用酸蚀方法制版或滚筒的机器。这是配有搅动装置的特制槽。

（三）感光胶印锌版处理机（卧式烘版机），一般配有电热装置。

*

*　*

本品目仅包括实际排字的照相排字或排版机，即使是排字后再行拍摄的机器。但本品目不包括照相机、照片的放大或缩小机、照相接触印片机以及类似的制造印版或滚筒用的照相设备（第九十章）。例如：

（一）装在吊架（座）或伸缩机座上的立式或卧式制版照相机、用于三色印刷的照相机。

（二）照片的放大或缩小机、复制装置及晒相框。

（三）版面设计或接触印片用的看版台。

这类设备有些使用半色调网屏或精确标有十字线的玻璃或塑料制类似网屏、用于彩色印刷的玻璃或塑料制的滤色器、网屏或滤色器架。

二、印刷用版（片）、滚筒及其他印刷部件；制成供印刷用（例如，刨平、压纹或抛光）的板（片）、滚筒及石板

本品目包括：

（一）以手工或机械方法或用酸镌刻的凸版或凹版。这些印版可用木、油漆布、铜或钢等制成。

（二）平版印刷用石板。插图可以用手工绘制或照相方法转印到石板上，并进行酸蚀。

（三）胶版印刷用印版，作锌、铝或类似的挠性金属薄板制成，以平版而不是以凸版或凹版复制图样。

（四）镌刻或蚀刻的滚筒。

（五）凸版压印用的印版及印模，供压印信笺、名片等的机器使用，不论印制时是否上墨。

石印石、金属板及滚筒，只要经过加工处理使其适于镌刻或压印的，即使尚未经镌刻或压印，也应归入本品目。例如：

（六）刨平或压纹的石印石。

（七）金属板、片，已经加工（刨平、压纹或抛光），供镌刻之用。

（八）表面经高度抛光或压纹的金属滚筒。这种滚筒通常用铸铁制成，一般用铜电镀，或带有可拆除的铜制套管。

（九）办公室用胶印机的金属或塑料底板。底板的上端一般都经过加工，以便装在印刷机的滚筒上。

感光印版（例如，涂有感光照相乳剂的金属或塑料板或感光塑料薄片，不论是否装于金属或其他材料制的底板上）不归入本品目（品目 37.01）。

零　件

除零件的归类总原则另有规定的以外（参见第十六类总注释），本品目也包括本品目所列机器的零件。

*

*　*

本品目不包括：

（一）模板印刷机用的锌、塑料、纸板等制的模版（应按其构成材料归类）。

（二）带有需复制文字或图案的复写纸及热敏转印纸（品目 48.16）。

（三）丝网印刷用的丝网，不论是否涂布（品目 59.11）；装在框架上的金属丝布，不论是否制成，用于网版印刷（应按其构成材料归类）。

（四）烫金机用的烙印铁（品目 84.40）。

（五）金属、石料或木材的加工机床及水射流切割机（例如，刨平或抛光字模用的机器；刨切嵌线用的机器；圆盘或圆球的压纹加工机器；镌刻机；铣刀；刻纹机；修边锯）（品目 84.56 至 84.65）。

（六）品目84.70至84.72所列打字机、计算器或其他机器的字粒或其他印字部件（品目84.73）。

（七）模具（品目84.80）。

（八）激光摄影测图仪，这种仪器可通过激光束在感光胶卷上生成一般为数字格式的隐像（品目90.06）。

（九）测量或检验仪器（品目90.17或90.31）。

84.43　用品目84.42的印刷用版（片）、滚筒及其他印刷部件进行印刷的机器；其他印刷（打印）机、复印机及传真机，不论是否组合式；上述机器的零件及附件（+）：

—　用品目84.42的印刷用版（片）、滚筒及其他印刷部件进行印刷的机器：

11　——卷取进料式胶印机

12　——办公室用片取进料式胶印机（以未折叠计，片尺寸一边长不超过22厘米，另一边长不超过36厘米）

13　——其他胶印机

14　——卷取进料式凸版印刷机，但不包括苯胺印刷机

15　——除卷取进料式以外的凸版印刷机，但不包括苯胺印刷机

16　——苯胺印刷机

17　——凹版印刷机

19　——其他

—　其他印刷（打印）机、复印机及传真机，不论是否组合式：

31　——具有印刷（打印）、复印或传真中两种及以上功能的机器，可与自动数据处理设备或网络连接

32　——其他，可与自动数据处理设备或网络连接

39　——其他

—　零件及附件：

91　——用于品目84.42的印刷用版（片）、滚筒及其他印刷部件进行印刷的机器的零件及附件

99　——其他

本品目包括：

（一）所有使用前一品目所列的印刷用版（片）或滚筒进行印刷的机器，及

（二）其他打印（印刷）机、复印机及传真机，不论是否组合式。

本品目包括用以在织物、壁纸、包装纸、橡胶、塑料板（片）、油漆布、皮革等上面印制重复图案、重复文字或全色的机器。

一、用品目84.42的印刷用版（片）、滚筒及其他印刷部件进行印刷的机器

这类机器中最普通的是轮转式印刷机。最简单的轮转式印刷机通常由装有两块半圆形印版（凸版印刷）的滚筒组成，或由镌版滚筒（凹版印刷）或压印滚筒（胶印）组成；彩色印刷用的轮转式印刷机配有几个印刷滚筒，其着墨辊相依并列。由于所有印刷、压印及上墨装置均是旋转的，因此这种印刷机既可用于连续印刷，也可用于分页印刷；既可用黑色印刷，也可用彩色印刷；既可单面印刷也可双面印刷。轮转式印刷机可分为两类：

（一）卷取进料式印刷机。有些大型轮转式印刷机将几个印刷单元装在同一个机架上，可以一次连续印刷报纸或期刊的全部版面，最后由连同印刷机一起工作的各种辅助机器把印出的各版送出、切开、折叠、收集、装订并堆放妥当。

（二）片取进料式印刷机。该种机器用抓具将片材传输到印刷单元。片取进料式印刷机有一个给料器、一个或几个印刷单元及一个输出装置。给料器从成叠的片材中抓取、排列并将片材送到印刷单元。输出装置将印好的片材堆放成叠。

本组也包括使用活动板（或压印板）的平压式印刷机及圆压式印刷机。

*

*　*

上述印刷机（特别是中、小型的轮转式印刷机）可将一系列后处理装置与印刷装置装在一起，以便在一次连续操作中，将单纯的卷纸制成复杂的制品（例如，纸盒形、包装、标签、火车票）。

除一般的印刷机以外，本品目还包括特种印刷机。例如：

（1）印刷锡箔盒子或其他容器用的机器。

（2）印刷钟表盘或其他具有特殊形状的物品用的机器。

（3）在软木、管子、蜡烛等上印刷的机器。

（4）在衣服上印刷标志用的机器。

（5）印刷书页帖码用的机器。

（6）编码、日期等的印刷机（品目96.11所列手工操作的日期戳印及类似印戳除外）。这类机器用烙铁、字母带或数字带等进行印制，不论是否上墨。

（7）用印刷铅字或胶印法操作的某些办公室用小型印刷机；由于其操作原理和形状与油印机相似，故有时不恰当地被称为“油印机”。

本组也包括套色印刷机，用于印刷特制美术版、纸牌、儿童画等，在印出黑白图案以后，再通过模板或刻花模版用刷子、油墨辊或喷洒加上颜色。

在织物、壁纸、包装纸、油漆布、皮革等上面印制重复图案、重复文字或全色的印刷机包括：

（1）刻版印刷机。这种印刷机的印模（一般是凸版）刻有图案。当布匹、壁纸等通过印刷机时，可将印版上的图案重复印在布匹、壁纸等上面，从而产生连续性图案；这种印刷机也可用以印刷单独的图案（例如，印在围巾或手帕上）。

（2）辊筒印花机，通常包括一个大型中心滚筒（承压滚筒），在其周围装有一系列彩色镌刻滚筒；每个滚筒均配有印浆槽、给浆辊、刮浆刀等。

（3）丝网印刷机。待印刷的材料和模版丝网同时通过机器，颜色通过模版漏印在材料上。

（4）经纱印花机，用于在机织前，将图案印在从经轴展卷的成片平行经纱上。

（5）纱线印色机，供纱线（或未纺成纱线的粗纱）上色之用。

二、其他印刷（打印）机、复印机及传真机，不论是否组合式

本组包括：

（一）印刷（打印）机

本组包括在印刷（打印）介质上打印正文、字符或图像的设备，上述第一部分所列的印刷机除外。

这类设备从各种来源（例如，自动数据处理设备、平台式扫描仪、网络）接收数据，大多数都装有存储器，用以储存打印数据。

本品目的产品可通过诸如激光、喷墨、点阵或热敏打印等方法印制字符或图像。最常见的两种印刷（打印）机是：

1. 静电印刷（打印）机。其使用的方法涉及静电、墨粉及光。用光源［例如，激光器、发光二极管（LED）］消除带正电荷的光导面（通常为鼓）具体点的电荷，留下带正电荷的图像拷贝。带负电荷的墨粉被静电吸附到光导面，重现原件的图像。静电将墨粉转移到具有比光导面更强的正电荷的印刷（打印）介质上，然后通过加压加热，即可将图像熔印到印刷（打印）介质上。

2. 喷墨印刷（打印）机。这种机器将墨点喷射在印刷（打印）介质上，用以印制图像。

本品目包括单独报验，用以与本协调制度的其他产品联合或连接使用的的打印机（例如，品目84.70现金出纳机的收据打印机）。

（二）复印机

本组包括从原稿印制复印件的设备，例如：

1. 数字复印机。该机通过扫描原稿，其感光面［例如，电荷偶合装置（CCD）或光电二极管阵列］将光学图像转换成数码电信号，储存在存贮器内。然后，由打印装置采用与本品目注释第二部分第（一）款所述打印机相同的工作方式，利用这些数据印制出所需数量的复印件。只需将原稿扫描一次，即可复制多份复印件，因为图像的数字代码储存在存贮器内。对可与自动数据处理设备或网络连接的此类设备的解释，参见下述第（四）款。

2. 感光复印机。该机每次复印都必须将原稿的光学图像投射到感光面上。最常见的类型有：

（1）静电感光复印设备，其工作原理有两种：一种是将原稿影像直接影印在复印纸上（直接印制法）；另一种是将原稿图像通过中间体转印到复印纸上（间接印制法）。

直接印制法是使涂有如氧化锌或蒽等的基片（通常为纸）充上静电荷，接受原稿光学图像的投射，然后用显影色粉显影，再通过将基片加热定影而成为复印品。

间接印制法是将光学图像投射在涂布有硒或其他半导体材料并充有静电荷的鼓筒（或板片）上，当所成潜像经显影色粉显影后，在静电电场力作用下色粉图像被转印到普通纸上，并经加热定影成为复印品。

（2）应用化学乳剂涂布层的复印设备，涂布层通常由含银盐或重氮化合物的乳剂制成（重氮化合物的感光乳剂涂层须使用含有大量紫外线的光线进行曝光），其显影和转印方式按乳剂的特性及设备的类型不同而各异（湿法或干法显影、加热处理、氨气处理、图像转印方式等）。

本组也包括接触式感光复印设备及热敏复印设备。

（三）传真机。

传真机用于通过网络发送及接收图文，并将图文原稿的复制品打印出来。对可执行复印功能的此类设备的解释，参见下述第（四）款。

（四）打印机、复印机或传真机的组合机器

执行打印、复印或传真中两种及以上功能的机器，通常称为多功能机器。这类机器可与自动数据处理设备或网络连接。

对"可与自动数据处理设备或网络连接"标准的规定，参见下述子目注释。

零件及附件

除零件的归类总原则另有规定的以外（参见第十六类总注释），本品目所列机器的零件及附件也归入本品目。

本品目包括，例如，印刷用的辅助机器，不论其是否单独报验。这些机器经专门设计与印刷机一同工作；并在印刷时或印刷后用于给纸、收纸或对纸张或卷筒纸作进一步加工。这类机器通常与印刷机分离。它们包括：

（一）纸张升降机及纸盘或纸盒，用以存放空白纸张以备印刷之用。

（二）自动给料机，用于单页印刷。其功能是逐页将片材准确适中地送入印刷机。

（三）片材输出装置，其结构与给料机相似，但在操作上与给料机相反（即把印好的片材送出并堆放成叠）。

（四）分页器，将已印刷的多页文稿进行自动分页及堆叠。

（五）折叠机、胶粘机、穿孔机及装订机。这些机器常装在印刷机的输出端，用以折叠、装订印好的纸页（报纸、折叠印件、期刊等）。

但上述机器如非专门与印刷机连用的，则不应归入本品目（酌情归入品目84.40或84.41）。

（六）连续号码机，装有数字圈的小型辅助机器。

（七）印刷工业用的烫金机，用以在刚从印刷机中印上媒染剂后输出的纸页上涂上金属粉。

本品目还包括静电感光复印设备用的感光鼓及感光板、导辊以及已安装的供油垫。

*

*　*

本品目也不包括：

（一）纺织物、经橡胶处理的纺织物、毡、橡胶等制成的滚筒毯及套（按其构成材料归类）。

（二）瓶、罐、箱、袋或其他容器的贴标签机，及包装机（品目 84.22）。

（三）附带印刷装置的机器。例如，某些装袋及包装机（品目 84.22）；某些制造纸制品或纸板制品的机器（品目 84.41）。印刷装置如果单独报验，只要它们是按本品目所列机器的其中一种方法进行印刷，仍应归入本品目。

（四）去除污迹用的喷雾机（品目 84.24）。

（五）胶版复印机、油印机及地址印写机（品目 84.72）。

（六）图案生成装置（品目 84.86）。

（七）用于将文件缩制在缩微胶卷、缩微胶片或其他缩微品上的照相机（品目 90.06）。

（八）普通照相用的印相框（品目 90.10）。

（九）品目 90.17 的绘图器具。

（十）品目 96.11 的手工标签压印器。

○

○　○

子目注释：

子目 8443.11、8443.12 及 8443.13

这些子目包括的印刷机采用既非凹版也非凸版的平版（版面为平面的印刷版）进行印刷（胶印方式），它们利用油水相斥原理将图文印成印件，印刷全都使用轮转机进行，印刷过程是将印版图文上附着的墨迹先转移到称为橡胶毯的橡胶滚筒上，然后再转移到承印物上，而不是采用直接印刷的方式将图文印在承印物上。这些机器的特征是具有橡胶毯和带有不断湿润印版空白部分的装置（该装置装在金属辊子上），胶印机有卷取进料和片取进料两种。

子目 8443.14 及 8443.15

凸版印刷是采用将活字凸起部分上的印墨经压印转移到印件表面的一种印刷工艺，活字由平面高度一致的单个字符、线条及图版组成。

这些子目不包括苯胺印刷机。

子目 8443.16

苯胺印刷是采用活版印刷方式的原理进行简单印刷（印制包装装潢、表格、小册子等）的一种印刷工艺，其印版由橡胶或热塑性材料制成并直接裹卷在印版滚筒上。苯胺印刷机比其他印刷机都更为简单轻巧，使用以乙醇或其他挥发性溶剂为基料的油墨对卷筒纸进行单色或多色连续印刷。

子目 8443.17

在凹版印刷中，印版上容量不同的雕刻或蚀刻部分所留蓄的油墨经压印转移到承印物上。这类印刷方式所用的印版是以雕刻刀或腐蚀酸在抛光铜板上雕刻或蚀刻成深浅不同的点线图文，印版表面并不着墨，仅在点线凹部留蓄有足够量的油墨以印出印件。

凹版印刷的原理与线条版或蚀刻版印刷的原理相同，但以旋转滚筒取代了版台，图文以机械或光化学工艺刻在通过电镀镀铜的印版滚筒上。

子目 8443.31 及 8443.32

“可与自动数据处理设备或网络连接”的标准，是指该类机器包含与网络或自动数据处理设备连接所必需的所有部件，它仅通过一根电缆即可实现连接。能够接纳一个附加部件（例如，一个“卡”）以便与电缆连接，并不足以满足这些子目的条件。反之，倘若这些部件已经存在，但通过电缆连接无法进入或由于别的原因不能实现连接（例如，必须先打开开关），也不足以将这些货品排除在这些子目之外。

84.44　化学纺织纤维挤压、拉伸、变形或切割机器

本品目适用于化学纺织纤维的制造机器，其中包括纤维切割机。

这些机器包括：

一、化学纺织纤维的挤压机器，用以挤出单丝或多根长丝。实际上，这类机器是由一长排多个相同但又互相独立的纺纱器并列而成。每一纺纱器主要由一个计量泵及一个过滤器组成，用以向喷丝头或喷丝嘴喂料。按所用工艺的不同，喷丝头喷出的单根或多根长丝需通过盛有化学凝结剂的浴槽（例如，粘胶法）、密封室内的喷水（例如，铜铵法）、热气流（例如，醋酸纤维素法）或冷却室。喷丝头可以单孔或多孔（孔眼有时多达数千个），以生产单丝或复丝纱线，或生产丝束以便切成短纤。有些挤压机配有一种特殊装置，将喷丝头喷出的纤维松捻成纱；其他挤压机将各种纺纱器挤出的纤维组合成粗绳状（丝束），这些丝束有时含有成千上万根纤维，以备随后切成短纤。

二、拉伸机，用以将纤维拉长至原来的3～4倍。这一工序可使纤维的分子沿轴向整列，从而大大提高其强度。

三、合成纺织线变形机器。大多数的变形工艺（传统的间歇法、假捻法、刀边卷曲法、齿轮卷曲法、热风或蒸汽喷气变形法、编织解编法）通过改变纱线的物理性能，以制造卷曲变形纱、“泡沫”弹力纱等。

四、短纤切断机，用以将丝束切成短纤维。

五、丝束直接成条机。这类机器也将丝束切成短纤维，但不打乱纤维束的平行排列状态，因此所得纤维条可立即用于纺纱（不必经过粗梳或精梳），而不是象上述四款所列短纤切断机那样把丝束切成松散的短纤维。这些机器有时配有纺纱机，这时人们称之为“丝束直接纺纱机”（参见品目84.45的注释）。

六、裂丝机，用以生产裂丝束。这类长丝的大部分纤维（但不是全部）每隔一定距离被切断，这样尽管有部分纤维仍为长丝，但纺成的纱线却具有短纤纱线的特征。

零件及附件

除零件的归类总原则另有规定的以外（参见第十六类总注释），本品目所列机器的零件及附件应归入品目84.48。

*

*　*

本品目不包括：

（一）对原料进行预处理，供随后挤压成化学纺织纤维用的机器（一般应归入品目84.19或84.77）。

（二）品目84.45所列的成条箱及针梳机。

（三）纺制玻璃纤维长丝或短纤及其纱线用的机器（品目84.75）。

84.45　纺织纤维的预处理机器；纺纱机、并线机、加捻机及其他生产纺织纱线的机器；摇纱机、络纱机（包括卷纬机）及处理品目84.46或84.47所列机器用的纺织纱线的机器：

—　纺织纤维的预处理机器：

11　——梳理机

12　——　精梳机
13　——　拉伸机或粗纱机
19　——　其他
20　—　纺纱机
30　—　并线机或加捻机
40　—　络纱机（包括卷纬机）或摇纱机
90　—　其他

除下文所列不包括的货品以外，本品目包括在纺织工业中用于下列工序的机器：

（一）对纺织纤维进行预处理，使其适于：

1. 纺成纱、合股线等。或

2. 制成絮胎、毡、填塞材料等。

（二）用精纺、加捻、并线、捻丝等方法将各种纺织纤维纺制成纱（包括将纸条纺成纸纱），但制绳专用工艺除外（品目84.79）。

（三）将梳条或粗纱、纱、合股线等卷绕；对品目84.46或84.47所列机器用的纺织纱线进行预处理。

一、对天然纺织纤维或化学短纤维进行纺前预处理的机器；以及将纤维加工成填塞料或制成毡或絮胎的类似机器

本组包括：

（一）气流分级机，用以对动物毛按长度进行分级。这种机器由一个具有若干横向间隔的长形箱子构成，利用气流将动物毛按不同长度分别吹入箱内各个间隔。

（二）将棉纤维与棉籽、棉籽硬壳及其他杂质分开的机器（例如，轧棉机），以及用于将棉籽绒与棉籽分开的类似机器。

（三）打麻机或类似的机器，用以从沤软的植物茎（亚麻、大麻）中分离出纤维。

（四）扯开破布、旧绳及类似废旧织物用的机器。这些机器可将上述物料扯碎成适于粗梳的纤维状（例如，扯松机及开碎布机），但不包括造纸工业用的破布切碎机（品目84.39）。

（五）开包机，用于将机压棉花包内的棉花散开。

（六）自动喂料机，配有一个铺开装置，可将物料均匀送进开松机。

（七）用于进一步清理及展开棉网的清棉机及舒展机；铺开羊毛用的预处理机器。

（八）配有羊毛喂给装置及热水泵入装置的洗毛机；以及配有搅动装置的原毛洗涤机（例如，大型洗毛机），有时还装有干燥装置。

（九）原毛染色机，用以对未纺的羊毛纤维成批进行染色。

（十）用油或化学物质浸渍羊毛、苎麻等以便粗梳及精梳的机器。

（十一）羊毛碳化机，配有贮酸大桶以及除去多余液体、干燥及清除焦化杂质等用的装置。

（十二）各种梳理机，用于梳理棉、毛、化学短纤维、韧皮纤维（亚麻、大麻等）等。这些机器可继续进行从开棉机、清棉机开始的清理工作，将纤维分离拉直。这些机器大体上是由装有锯齿钢丝或由植有钢丝针的织物（针布）包覆的大型滚筒组成。这些滚筒向着同样包有针布的固定板或其他滚筒进行梳理。这些机器配有一种清理装置，用以清除缠在钢丝针上的纤维；梳毛机则配有除草刺的装置。在不同的梳理阶段，可用不同类型的梳理机对不同的材料进行梳理（例如，预梳机、二道梳理机、末道梳理机）。梳理机将纤维梳理成宽网状或卷状，或搓成梳条，然后绕在卷筒或线轴上，或盘绕在旋转箱内。

本组也包括用以对纤维进行预处理，使其适于制毡或用作絮胎或填塞材料的梳理机。这种梳理机一般结构较为简单，由一个包有针布的扇面滚筒组成；该滚筒在同样包有针布的平台上来回摆动。

（十三）成条箱、针梳机等。这些机器或将条子拉细、并合后，再重新拉成均匀的产品，这类机器供粗梳之后使用，有时也供羊毛精梳之后使用。

（十四）精梳机，主要用于精梳除去短纤维。这类机器用钳板将条子夹住，然后用梳子或针排加以梳理。精梳机在生产的各个阶段中均有应用；可用于处理原材料（例如，亚麻栉梳），或供粗梳或拉条之后使用。最常见的有亚麻、大麻或类似纤维用的梳麻机、间歇梳棉机（例如，法式精梳机或直行精梳机）及圆型梳毛机。

（十五）亚麻、黄麻等的成条机。这些机器将成束的亚麻或其他纤维加以并合，拉长成为连续不断的条子。

（十六）毛条复洗机。羊毛经粗梳或精梳后，用这种机器除去羊毛上的油及其他杂质。这种机器配有多个温皂水桶、导纱辊、轧水辊、干燥滚筒和一台针梳机，用以重新将羊毛开松。

（十七）拉伸或粗纱机。它把梳条或粗纱作最后拉伸及松捻，以备纺纱。

（十八）盘条机。这些机器是由转盘带动条筒旋转，将各种机器加工制得的梳条或粗纱绕进筒内；通常在其顶部配有一个盘绕装置。

二、蚕丝捻丝前的预处理机器

本组包括：

（一）去除蚕茧外皮用的机器；以及用拍打方法去除不能缫丝的蚕茧外层细丝的机器。

（二）用手工方法从蚕茧中抽丝所用的容器。它配有一种装置，用以将几根蚕丝并合松捻；有时还配有丝框，用以卷绕抽得的生丝。丝框有时是独立于容器的，但只要两者同时报验，均应归入本品目。

（三）除去生丝纱上瘤节、粗丝等用的机器。

三、用以将粗纱纺成纱线的纺线机；加捻机及制多股纱线或缆线的机器

本组包括：

（一）精纺机，可将粗纱进一步拉伸加捻成纱。精纺机的主要构成部分是纺纱机构（锭翼环、钢丝圈等）及一个直立式或倾斜式旋转定子；完整的精纺机是由许多这些部件并排配置而成。本品目包括亚麻、大麻、黄麻等的纺机；间歇精纺机（走锭精纺机等）及连续精纺机（翼锭精纺机、环锭精纺机、帽锭精纺机等），还包括手纺车。

（二）丝束直接纺纱机，这些机器可将纤维束切断，拉成粗纱，并纺成纱，从而完成全部工序。

（三）捻线机或并线机，用于增加纱的捻度，或将两根及以上的纱线加捻成为多股纱线或缆线；但制绳专用的机器除外（品目 84.79）。这类机器中有些配有某种装置，用以生产花色纱线（例如，毛圈线）。

本组也包括搓捻连续蚕丝或化学纤维长丝用的捻丝机。

（四）将马毛两端相接成长条用的打结机。

四、络筒机或摇纱机

这些机器适用于将纱（或粗纱）、线绕在纱管、线轴、纡子、锥形筒管、扁锥形筒子、纸板芯等上面，或绕成球、绞或束等，不论其是供生产、商业或零售之用。整经机的归类，参见下列第 5 部分。卷绕绳索用的机器应归入品目 84.79。

本品目还包括从针织或钩编的次品上回收及复摇纱用的机器，并包括将纬纱绕在筒管上以备织造之用的卷纬机。

五、处理品目 84.46 或 84.47 机器所用纺织纱线的机器

本组包括：

（一）整经机。用以将多根纱平行拉紧，按纱的色泽及种类排列整齐，以备织造。可以同时将所需的全部经纱统一整理，也可以分条整理（分条整经）；可直接绕在经轴上，以备装在织机上使用，也可以暂时绕在整经机滚筒或其他芯子（例如，纱筒）上。

这类机器是由夹住多个纱筒的经轴架、一系列梳子及导纱器以及大功率的鼓盘络筒装置组成；机器的各个部分通常是分开的，但如果同时报验，则应归入本品目。

（二）经纱上浆机（例如，浆纱机）。这些机器对分条或成片的平行经纱进行临时性上浆，以防止经纱在织机上磨散，并使纱光滑，便于织造。这些机器通常由浆槽、一组导纱辊、一个加热滚筒或热风干燥器以及一个摇纱装置组成；有时还配有测长打印装置（用以在边纱上，每隔一定距离标出染色记号）。

本品目不包括其他上浆机，例如，为其他成绞或每根分开的纱线（包括纬纱）上浆用的机器（品目84.51）。

（三）穿经架及穿筘机，用以使经纱穿过织机上的各条综丝，并穿过钢筘或梳齿。

（四）经纱结接或捻接机，用以使新的经纱与织机上的经纱相连接。

本品目不包括连接织造过程中断开的经纱的结经机（品目84.48）。

（五）将经纱从整经机聚集在经轴上用的机器。

（六）织造过程中交织及供线用的机器。

（七）刺绣用的穿线机。

零件及附件

除零件的归类总原则另有规定的以外（参见第十六类总注释），本品目所列机器的零件及附件应归入品目84.48。

*

*　*

本品目不包括：

（一）对蚕茧进行热处理以杀死蚕蛹的机器（品目84.19）。

（二）纺织材料的干燥机器（酌情归入品目84.19或84.51）。

（三）离心式脱水机（品目84.21）。

（四）品目84.44所列的机器。

（五）毡或无纺织物的制造或整理机器（品目84.49）。

（六）抛光机、上光机、烧毛机或其他整理机器；以及织物卷绕机（品目84.51）。

（七）动物皮革剪毛机（品目84.53）。

（八）梳齿磨床（品目84.60）。

（九）针布植齿机（品目84.63）。

（十）将针布装在梳理滚筒等上的机器（品目84.79）。

84.46　织机：

10　—　所织织物宽度不超过30厘米的织机

—　所织织物宽度超过30厘米的梭织机：

21　——动力织机

29　——其他

30　—　所织织物宽度超过30厘米的无梭织机

本品目包括用纺织纱线（包括泥炭纤维纱线）或其他纤维纱线（例如，金属纱线、玻璃纤维纱线或石棉纤维纱线）织造织物的纺织机器。

这类机器可将经纱与纬纱直角交织成织物。

最简单的织法是把来自经轴的成片经纱交替分成两组，分别由丝综控制；丝综将经纱上下交替，使两组经纱间形成一个角（称为梭口）；纬纱（传统的织机是由梭子将纬纱引入）穿过梭口，立即用钢筘将其紧靠先前引入的纬纱；然后丝综将经纱的上下位置颠倒，将纬纱固定住，并形成新的梭口，以引入下一道纬纱。普通织机所用丝综可多达八个，以变换经纱的上下次序，从而改变所织织物的花样。

较为复杂的织机可以织造出组织复杂的织物。例如，有些织机配有控制提升经线的特殊装置（例如，多臂织机、提花机等），以控制多组经线或单股经线；或者配有织造某些特殊装置（例如，纱罗装置、经绒或毛圈装置、织造浮纹组织的转梭装置等）。其他织机配有换梭（或更换梭内纱筒）的装置；用以引入不同色泽或不同品种的纬纱。织机还常配有其他一些机械或电气装置（例如，根据需要往梭内纱筒补充纱线的装置、在经线或纬线断开时停机的装置等）。

这些特殊装置大多数是作为织机的固定部分；也有作为一种活动式的配件装在普通织机上的；作为活动式配件的特殊装置如果与所用的织机同时报验，可归入本品目，如果单独报验，则不应归入本品目（品目84.48）。

织机通常织造的是平面织物，但也有一种圆形织机，可织造管筒状织物；这种织机用机械或电磁驱动一个或多个梭子，将纬线与垂直排列成圆形的经线相交织。

不同类型的织机，可按其机构类型或所生产的织物来命名。例如，多臂织机、提花织机、自动梭箱织机、无梭织机（此类织机是利用压缩空气、喷水或长织针将纬纱引入；或用一系列抛射体从固定的纱筒上将纬纱穿过经纱）、织带机（例如，杆织机、苏黎世织机及鼓织机）、起绒织物织机、地毯织机（包括结织栽绒地毯织机）。

本品目也包括：

一、手织机。

二、用金属丝或含金属纱线织布的织机，但这类织机必须与纺织材料织机类型相同，配有纺织材料织机的主要机械部件，即配入经轴、用以形成梭口的丝综、使纬丝（线）成直角穿过梭口并嵌在经线里面的机构，以及将织成的布卷绕起来的布轴。

但本品目不包括以各种方式将金属粗丝交织成粗丝格栅或粗丝网料的机器（参见品目84.63的注释）。

零件及附件

除零件的归类总原则另有规定的以外（参见第十六类总注释），本品目所列织机的零件及附件应归入品目84.48。

84.47 针织机、缝编机及制粗松螺旋花线、网眼薄纱、花边、刺绣品、装饰带、编织带或网的机器及簇绒机：

	—	圆型针织机：
11	——	圆筒直径不超过165毫米
12	——	圆筒直径超过165毫米
20	—	平型针织机；缝编机
90	—	其他

本品目包括所有采用针织、缝编、嵌编、编织、网织、簇绒等方式生产织物或装饰带的机器。或在任何底布上进行刺绣的机器，不论其使用材料是未纺的粗纱、纺织纤维（包括泥炭纤维）纱线、其他纱线（例如，金属纱线、玻璃纤维纱线或石棉纤维纱线），还是金属丝。

一、针织机

针织机包括两大类：

（一）圆型针织机，用以生产直筒形织物，或通过改变每行针脚的大小，生产各种形状的管筒状织品（例如，长袜、短袜、贝雷帽、土耳其帽或类似的针织帽子等）。

（二）平型针织机，可织造出幅宽一致的平幅织物，或通过增减行中针数生产出具有各种形状的平幅织物，以便随后缝成制品（例如，缝成长袜或短袜）。平型针织机包括普通针织机（例如，考顿式针织机）及经编机（拉舍尔式、米兰尼斯式、经平绒针式经编机等）。这些机器中既包括结构简单的针织机，也包括具有多排织针的大型针织机。这些针织机有的还配有产生各种图案的提花机构或类似装置。

本品目也包括小型家用针织机和用于补袜等仅织很少针数的机器。但仅把两块针织件穿过环线将其织边缝合在一起的机器，应归入品目 84.52。

二、缝编机

本组包括采用链式针法生产织物的各种缝编机。它们有下列几种：

（一）配有缝纫装置，用链缝法缝织经线与纬线的缝编机。

（二）用以将纱圈插入并用编织针法将纱圈缝于普通织机预先织造的底布上的机器。

（三）编缝机，用以在其他机器（例如，梳理及扯松机）生产的疏松纤维织物上织制缝口，使用作过滤材料、地毯衬底、绝缘材料等的片状纺织材料更为结实。

三、制造网、网眼薄纱、花边、编织带或装饰带的机器；制粗松螺旋花线的机器；制刺绣品的机器；簇绒机等

这些机器包括：

（一）制网机器。织出的网可作任何用途，可为网料，也可为成品（例如，渔网）。

（二）制素式网眼薄纱的机器。

（三）制花式网眼薄纱、花边等的机器。

（四）织制六角网眼纱、六角网眼窗帘及机织六角网眼花边的机器。这些机器用以织制平幅网眼窗帘，或用经纱及纬纱织制机织花边。但这些机织花边并不象织布那样将经纱和纬纱直角交织而成，而是通过梭子往复运动，用小型梭子上的绞合经纱（底线）绕结而成。

（五）刺绣机，包括手工刺绣机（带伸缩梭的刺绣机）。这些机器用针在机织底布或别的材料上用一根或多根丝线绣出各种图案；除手工操作的刺绣机外，它们可配有提花机构或类似装置。本品目也包括抽纱机。这种机器可将某些纱线抽去，余下的纱线加以连缀，形成透空的刺绣品。

本品目不包括链缝或锁缝机（主要用于某些纺织制品的锁边，但也可以做简单的绣花）；也不包括能做普通缝纫以外的一些简单刺绣的缝纫机（品目 84.52）。

（六）制粗松螺旋花线机。它将一根纱线紧密地旋绕在通常较粗的线芯上（例如，金属丝、橡筋线、未纺纤维、一根或多根粗纱制成的线芯）。这类机器也可用于旋绕细电线。

（七）交织各种装饰带的机器（例如，编带机、提花织带机等）。它可以各种复杂方式，用各种纺织材料纱线或未纺粗纱（有时经嵌芯旋绕）交织成各种装饰带。

本品目还包括编织橡胶软管、塑料软管等的金属丝铠装层或用金属丝编织管状编织带的机器，但这些机器必须具有上述纺织器所特有的主要机械部件。

（八）用纺织线包覆钮扣、穗缨芯等的机器。

（九）簇绒机，将纺织纱线的线圈或绒头插入织物底布，以织制地毯、地席或质地的物品（例如，床罩、浴衣等）。

零件及附件

除零件的归类总原则另有规定的以外（参见第十六类总注释），本品目所列机器的零件及附件应归入品目84.48。

84.48　品目84.44、84.45、84.46或84.47所列机器的辅助机器（例如，多臂机、提花机、自停装置及换梭装置）；专用于或主要用于品目84.44、84.45、84.46或84.47所列机器的零件、附件（例如，锭子、锭壳、钢丝针布、梳、喷丝头、梭子、综丝、综框、针织机用针）：

— 品目84.44、84.45、84.46或84.47所列机器的辅助机器：

11 —— 多臂机或提花机及其所用的卡片缩小、复制、穿孔或汇编机器

19 —— 其他

20 — 品目84.44所列机器及其辅助机器的零件、附件

— 品目84.45所列机器及其辅助机器的零件、附件：

31 —— 钢丝针布

32 —— 纺织纤维预处理机器的零件、附件，但钢丝针布除外

33 —— 锭子、锭壳、纺丝环、钢丝圈

39 —— 其他

— 织机及其辅助机器的零件、附件：

42 —— 织机用筘、综丝及综框

49 —— 其他

— 品目84.47所列机器及其辅助机器的零件、附件：

51 —— 沉降片、织针及其他成圈机件

59 —— 其他

本品目包括：

一、所有能单独或同时对品目84.44、84.45、84.46或84.47所列机器（特别是纺纱机、织机、针织机及刺绣机）起辅助作用的机器或器具。这些辅助机器可扩充主机的力能（例如，多臂机及提花机），或进行主机本身操作时所需的某项特定机械操作（例如，断经自停装置、断纬自停装置、接经机等）。

二、本品目及品目84.44、84.45、84.46或84.47所列机器的零件（参见第十六类总注释）。

三、品目84.44、84.45、84.46、84.47或本品目所列机器的各种附件。所称“附件”，通常是并不构成机器不可分割的部分，但可以调换而且必须经常更换的设备部件（例如，由于迅速磨损需更换的附件或因工作改变须调换不同类型的附件）。

（一）辅助机器

本组包括：

1. 纺纱机的辅助机器，例如，移开完全绕满纱线的卷轴，换上空轴的自动装置；以及放置成排空轴的活动装置。

2. 经轴架，用以在经纱上浆或经轴卷纱时支住经轴；在有些情况下，也用以在织造时支住经轴。

3. 多臂机及提花机，用以使织机能织造比原来更为复杂的组织。多臂机用以分别控制提升数量众多的综，而提花机则用以提升各根经纱。这些机器是由链条式的多个纹钉板控制操作；或在多数情况下（特别是提花机），由穿孔纹板松散地对边串成的连续链条控制操作。这些纹钉或横针（其中有些是根据纹板上穿孔位置不同而进行操作）带动机构把经线提起。类似机构（例如，韦多尔式提花机）用连续穿孔纸带控制操作。

4. 装在提花机上的机器。它可使某些纹板在织机插入多根纬线时保持原位不动，从而减少纹板的需求量和提高机织速度。

5. 纹板串连机，将纹板松散地串成链条状，以备提花机使用。

6. 断经自停装置及断纬自停装置。这些装置能在经线或纬线断线时使织机立即停止运行。纬管控制装置，用以在需要时更换纬管，确保连续不断地供应纬纱。这些装置不论是否电动，均应归入本品目。

7. 结经器，装在织机的整片经纱上面的小型机构，用以在织造过程中连接断线的经纱。

本品目不包括品目84.45所列的经纱结接机或经纱捻接机。

8. 织制纱罗的装置，用以在织造过程中使某些经线交叉构成线圈，以便纬纱从中穿过。这种装置用于织造纱罗及其类似织物。

9. 挖花小梭子装置，利用挖花小梭子穿过某些经线以织制挖花图案。

10. 经绒织造装置，利用梳的变速运动，在织物的单面或双面形成绒圈（例如，毛圈织物等）。

11. 中央布边织造机。在阔幅织机同时织造若干窄幅织物时，此种机器在纬线需剪断处，织造纱罗组织或加入对缝线，以便裁开成窄幅织物。

12. 配有光电池的疵点检测装置，用于织物针织时或将纱线绕于整经木框架上时检测疵点，如果发现疵点，即可使机器停止运转。

13. 织机纱筒自动调换装置。

14. 将薄片插入自动停机装置的机器。

15. 整经机、经纱上浆机及针织机的护经装置。

16. 筒管架。

17. 开棉及清棉机或机械接结机的筛网及打手（翼子板）。

18. 机械接结机、粗梳机或精梳机的滚筒。

19. 羊毛洗毛机或上油机的搅拌装置及滚筒。

20. 拉伸机、粗纱机或连续环穿线机的拉紧装置及其滚筒。

21. 六角网眼织机的简单机械分纱装置，用以除去纱线上的结头及其他疵点。

上述各项中某些可构成某一种织机（例如，提花织机、自动织机等）的不可分割部分，当它们单独报验时，这些物品可作为品目84.44、84.45、84.46或84.47所列机器的零件而不是作为这些机器的辅助装置归入本品目。

（二）零件及附件

本组包括：

1. 经轴架，用以在整经时支住筒管。

2. 精纺机上用的锭子及锭壳。

3. 离心纺丝罐（托范式离心纺丝罐，一般用塑料制成）用以在生产化学纤维纱线时，将其盘成丝饼状。

4. 精梳机用的梳；针板或针排，即针梳机内所用的针板。

5. 针布（包括称为钢丝针布的窄带），植有钢丝针；以及锯齿丝状的全钢针布。

6. 钢丝圈，装在精纺机经纺丝钢环上的开口环，以便在纺纱时进行必要的加捻。

7. 喷丝头、喷丝咀，用以挤出化学纤维长丝，包括贵金属制的；但不包括陶瓷制的（品目69.09）或玻璃制的（品目70.20）。

8. 导纱器（但不包括玻璃或陶瓷制的，参见品目69.09及70.20；也不包括全部由玛瑙或其他宝石或半宝石制的，参见品目71.16）。

9. 经轴，用以在织造时将经纱退卷。

10. 织机用筘（包括可调节的伸缩筘），用以在织造过程中，对每一行纬线进行拍打，使其靠向前一道纬线。

11. 综框，用以安装织机综丝。

12. 梭子，但不包括卷用的纱筒。

13. 金属综丝，可呈扁条状，也可以是一段双绞丝，中间有综眼，供经纱穿过；金属通丝，用以将综框与提升装置连接起来。

本品目不包括纺纱线或绳索制的综丝或通丝（品目59.11）。

14. 线锤，即薄金属锤，上端有孔眼，以便与织机上的线相连接。

15. 针板及底板，即穿孔板（通常用木或钢纸制成），供提花机或类似机器使用。

16. 提花机竖针，提花机用许多这些特制的舌针，将提花机上的颈线与通丝相连接。

17. 针织机用针（例如，弹簧针），包括结网机用的尖头穿孔器及针、装有一个或多个针舌的铰接针（也叫阀门针或舌针）、槽针（用移动槽代替针舌）、管针、钩编机用的钩针。

18. 滑板、梳、滑杆等，用于织制网眼薄纱、花边及刺绣机器。

19. 针织机用的导针片。

20. 塑料制的拉伸套筒。

21. 织机手梭（织梭）；刺绣机及制网机用梭。

22. 针织机用板。例如，制动板、成形板，下落板、钢领板、比边板、导纱板、移圈板、提花针刺机下托板。所有这些物品都是由厚度约0.1～2毫米的薄钢板制成，有各种形状，能帮助织针（一般是弹簧针或铰接针）形成针脚。

23. 形成针迹的附件。例如，起波器件、波导管、提花机刀箱、伸张器、针槽、针销及推杆。

24. 经轴、分纱轴及经轴边盘、自动车面停车及调节装置。

25. 梳板及梳齿的板及吊钩。

26. 织机卡板。

27. 梭箱。

28. 织机的成圈铁制件，包括配有割绒部件的装置。

29. 钩编机用的针钩（没有梭子）。

30. 织袜机用针杆，直线针织机织针用的滑板、凸轮及针板，圆型针织机织针凸轮及圆筒。

31. 六角网眼纱织机用的织针及织网机用的针钩。

32. 刺绣机用的绣花针及绣花架。

33. 编带机及筒管编带机用的锭子。

34. 整经机及机动经纱上浆机用的断线自停装置（张力制动装置）及梳子。

35. 多臂机或提花机用的横针、纹板、提刀及刀箱。

36. 自动换梭装置的梭库（升降梭箱、翻转梭箱等）。

37. 纬管自动换纡装置的纡库。

38. 自动护经装置的停经片（薄片）。

*

*　*

本品目也不包括：

（一）挤出化学纤维用的泵（品目84.13）。

（二）挤出化学纤维用的过滤器（品目84.21）。

（三）缝纫机专用针（品目84.52）。

（四）控制提花机或类似机器用的已录制媒体（品目85.23）。

（五）纱条及粗纱筒（按其构成材料归类）。

（六）分经棒（为木杆或金属杆，在织机上用以限制梭口的起点）（按其构成材料归类）。

（七）筒管、纬纱管、纡子、锥形纱管、线轴及类似芯子（按其构成材料归类）。

84.49　成匹、成形的毡呢或无纺织物制造或整理机器，包括制毡呢帽机器；帽模

本品目包括制造或整理各种毡呢、无纺织物及其制品的机器；但制造缩绒织物的机器不包括在本品目内。本品目还包括帽模。

制毡前的预处理机器（例如，毛发的气流分级机、纺织材料开松机、清理机及梳理机）与纺前纤维的预处理机器一样，应归入品目84.45。

一、制造或整理毡呢或无纺织物的普通机器

这些机器包括：

（一）制毡机，通常配有两块槽沟的重型板，一块固定，另一块可作往复运动。在两块板之间经梳理的纤维网受到摩擦及高压，形成毡呢。这类机器还包括将纤维网湿润和将板加热的设备。

这类机器有些用槽沟滚筒代替槽沟板。

（二）皂洗机，用以对未完全制成的毡呢进行皂洗。

（三）缩呢机。这种机器用锤击打已经皂洗的毡片，使其完全毡化。这种机器在特殊情况下可用以对小型纺织品或针织品进行缩呢处理，但仍应归入本品目。另一方面，主要用于对机织物进行缩呢处理的旋转缩绒机则不应归入本品目（品目84.51）。

（四）制造强化毡呢的机器。它使用热滚筒使毡呢与羊毛底布毡合；或用倒刺针将部分纤维刺进非羊毛底布中，然后进行毡合。

（五）毡呢整理机，例如，对毡呢进行平整、抛光、修剪等。

（六）无纺织物制造机器（例如，采用干法、湿法或直纺制造无纺织物的机器）。

二、毡帽制造机器

这类机器包括：

（一）将动物毛毡化成帽坯的机器。它具有一组滚筒，将动物毛送到旋转刷或回转针布上，这些机件又将毛发抛到多孔的金属锥体（或丝网锥体），利用强气流将毛发吸到锥体表面，形成纱层。

（二）毡呢压机，装有通常是木制的有槽面压板，其中一块或者两块压板可作往复移动，对在两块压板之间的预制帽坯进行毡化。

（三）滚筒压机，用以使帽坯完全毡化。

（四）扩张机，使锥形帽坯进一步成形，并将锥形顶端滚圆。

（五）帽边成形机，帽边通过锥形滚筒时，将其压制成形。

（六）磨光机，用浮石或纱布将毡帽坯面上突出的毛发磨去。

（七）烧毛机，将帽坯表面的毛发烧掉。

（八）帽沿上浆机，对某些帽坯用虫胶或明胶浸渍或喷射，然后用滚筒加压定形。

（九）楦帽机，使帽沿完全折出，并使帽坯最后定形。

（十）沙压机，将热沙袋紧空心帽模上的帽坯里面，以使前面各工序弄皱的毡帽表面恢复平整。

（十一）抛光机，用旋垫摩擦毡帽，使其表面光滑。

羊毛毡帽制造机器与上述用其他动物毛毡呢制帽的机器。除帽坯成形的第一道工序有所不同外，其余基本相同。在羊毛毡帽制造机器中，经梳毛机梳理的羊毛纤维层，是用旋转双锥形帽模组成的装置制成帽坯的。

三、帽模

帽模可用木或金属（通常用铅）制成，并与上述某些机器一起使用。

试戴用的拉撑帽模也归入本品目。试戴时用以描绘头形的机器不归入本品目（品目90.31）。

零　件

除零件的归类总原则另有规定的以外（参见第十六类总注释），本品目也包括所列机器的零件。

*

*　*

本品目不包括：

（一）毡化前压紧纤维胎用的研光机（品目 84.20）。

（二）制针织帽（贝雷帽、土耳其帽等）用的针织机（品目 84.47）。

84.50　家用型或洗衣房用洗衣机，包括洗涤干燥两用机（+）：

—　干衣量不超过 10 千克的洗衣机：

11　——全自动的

12　——其他机器，装有离心甩干机

19　——其他

20　—　干衣量超过 10 千克的洗衣机

90　—　零件

本品目包括家用型或洗衣房用洗衣机（不论是否电动的，也不论其重量大小），通常在家庭、商业洗衣房、医院等场所使用，用于清洗衣物、制成品等。它们一般配有桨式搅拌器或旋转滚筒，使液体在衣物中保持环流；有时还配有某种装置，使液体产生高频振动。

本品目还包括洗涤干燥两用机。

但干洗机应归入品目 84.51。

零　件

除零件的归类总原则另有规定的以外（参见第十六类总注释），本品目也包括所列机器的零件。

○

○　○

子目注释：

子目 8450.11

本子目包括在设定有关程序后，无需人工干预即可自动进行洗涤、漂清和甩干的洗衣机。

84.51　纱线、织物及纺织制品的洗涤、清洁、绞拧、干燥、熨烫、挤压（包括熔压）、漂白、染色、上浆、整理、涂布或浸渍机器（品目 84.50 的机器除外）；列诺伦（亚麻油地毡）及类似铺地制品的布基或其他底布的浆料涂布机器；纺织物的卷绕、退绕、折叠、剪切或剪齿边机器：

10　—　干洗机

—　干燥机：

21　——干衣量不超过 10 千克

29　——其他

30　—　熨烫机及挤压机（包括熔压机）

40　—　洗涤、漂白或染色机器

50　—　纺织物的卷绕、退绕、折叠、剪切或剪齿边机器

80　—　其他机器

90　—　零件

本品目包括的机器范围很广。这些机器适用于：

一、对纺织纱线、织物或纺织制品进行洗涤、漂白、绞拧、清洁、熨烫、染色、干燥或类似处理，但家用或洗衣房用的洗衣机除外（品目84.50）。

二、在纺纱或织布之后，分别对纱线或织物进行上浆或整理，以使其显出某种特性或改善其外观（例如，剪毛、缩绒、上光等），或使其具有新的特性（例如，浸渍或涂布等）。但不包括整理毡呢的机器（品目84.49）。

三、对织物进行卷绕、退绕、折叠、剪切或剪齿边处理。

本品目中的许多机器仅是由桶、罐、槽或其他容器加上简单的机械部件（例如，将纱线及织物送入容器或压去多余液体的滚筒，以及搅拌桨等）配置而成。这些机器可进行洗涤、漂白、染色、清洁等各种操作，也可进行涂布或浸渍等整理工作（例如，涂浸浆料或涂浸防水剂、防皱剂、防火剂、防蛀剂、防腐剂等化合物）。归入本品目的机器必须具有上述机械部件，并明显用于处理纺织品。

（一）洗涤、绞拧、熨烫或挤压机器，不论是否配有发热装置

本组包括：

1. 工业用洗涤机，供洗涤纺织纱线、织物或纺织制品之用，但品目84.50所列的洗衣机除外。本品目包括，例如，用以对通过该机的绞纱不断进行喷洗及干燥的隧道式洗涤机和洗涤布匹用的悬环式洗涤机。

本品目包括在织物及纺织品制造过程中使用的工业用洗涤机，主要用于成品织物的整理和去除浆料。

2. 绞干机及轧液机。

3. 振动摇松机，在洗衣房用以将绞扭的湿布匹摇松张开，以便熨平。

4. 烫衣服用的熨烫机及蒸汽压烫机（包括熔压机），但不包括品目84.20所列的轧辊式熨烫机（不论是否家用型）。

（二）漂白或染色机器

它们包括用于漂白及其他整理用的J形箱。这是一个形似字母J的立式双臂容器，内部装有蒸汽喷口及织物导引辊。织物经过漂白液池浸渍后，送入J形箱较长一只臂中，在那停留一定时间，待漂白液发生作用后，从较短的另一只臂中送出。

本组其他机器主要是上文提到的槽式机器，适于不同种类纺织品（例如，绞纱、束纱、纱球、绕在筒管等上的纱线、布匹或纺织制品）漂染之用。本组也包括平幅布匹的染色或上浆整理机；这些机器的主要特点是配有一组滚筒，用以挤出多余的液体。

（三）干洗机

这些机器用汽油、四氯化碳等液体进行清洁，而不用水清洗。它们的结构比较复杂，例如，配有使液体在被洗纺织品周围循环的洗涤器、离心脱液机、过滤器、澄清池及贮存槽。由于所用液体多具有易燃性，干洗机通常配有防爆式电动机，用以驱动洗涤器及循环泵。

（四）干燥机

这些机器只有明显专用于干燥纺织纱线、织物或纺织制品时，才能归入本品目。它们主要有两种类型：一种主要配有一个封闭室，纺织品在封闭室内受热空气作用而干燥；另一种是织物在热滚筒上经过而干燥。

本品目不包括非处理纺织品专用的干燥机（品目84.19）；也不包括离心干燥机（品目84.21）。

（五）上浆或整理机器

本组包括：

1. 丝光机，用烧碱对纺织线或织物进行处理。

2. 捶布机。该机配有一个滚筒，上面螺旋状装有成排的木锤或铸钢锤，用以捶打布匹，使其更为结实，织纹更为紧密，并具有更好的光泽。

3. 滚筒式缩呢机。这种机器用以使经纱与纬纱排列更为紧密，使织物表面局部缩呢。

主要用于制造毡呢的锤打式缩呢机除外（品目 84.49）。

4. 呢面清洁整理机或验布机，用以除去织物中残留的疵点或结节。

5. 起绒机，用于使织物表面纤维起绒。这种机器主要配有一个大型滚筒，上面有能装起绒刺果的皮板或支架，或配有布满细金属丝套刺的多个小滚筒。

6. 拍打织物背面，使其表面绒毛立起的机器。

7. 织物剪毛机，用以在织物起绒之后剪平绒面；类似机器用于修整丝绒。使用齿纹托板或滚筒可产生图案效应。

8. 平纹结子花呢机或波纹机，用以将纤维束滚压或卷曲在一起，使起绒织物表面形成波纹或珠状效应。它们由一个盖有长毛绒垫布的工作台构成，工作台上装有另一块包有橡胶、毡或砂布的台板作短程摆动回转运动。

9. 刷毛机，配有旋转的圆柱形刷子，对起绒或剪毛后的织物进行刷毛。

10. 烧毛机。这种机器将布匹迅速在加热滚筒、加热弧形板或煤气火焰上面通过，以除去纱线或布匹上的毛羽。

11. 细绳、绞丝或丝织物的磨光或轧光机。

12. 金刚砂磨机，用以使织物表面平滑均匀。

13. 滚筒式压呢机，在扁平或半圆形的底板上操作，以使织物表面产生光泽。研光机（品目 84.20）及通用液压机（品目 84.79）也具有此种用途。

14. 蒸呢机，用蒸汽对织物进行最后整理，使其定型；用蒸汽对纱线或织物进行调湿处理的类似机器也包括在内。

15. 拉幅机，用以使织物回复到其应有的宽度。

16. 缩水机，使纬纱紧密，织物组织密实，以后不再缩水。

17. 涂布或浸渍机器，用以将特殊涂料涂在纱线或织物表面上，或用特殊制剂（例如，胶、淀粉、浆料、蜡、塑料、橡胶或防水化合物）对纱线或织物进行浸渍处理。本品目也包括对织物、纸板等进行涂布以制造亚麻油地毡及类似铺地制品的机器；以及上述（二）款末句所述的上浆机器。

18. 花式纱线制造机器，用以在纺纱、并丝之后，在纱线上形成特殊效应（例如，用凝胶或蜡的小滴装饰纱线的机器）。

（六）纺织物的卷绕、退绕、折叠、剪切或剪齿边机器

本组包括：

1. 折布机或卷布机，用以将布匹纵向或横向折叠，或将其卷绕在轴芯上。也包括配有折叠或卷绕装置的验布机，用以检验织物上有无疵点。这些机器均可配有测量装置。

2. 裁布机或锯齿边裁切机，包括裁剪图案及衣片的机器。

*

*　*

下列物品也归入本品目：

（1）汽蒸外衣用的蒸汽装置（蒸汽人像机）。

（2）已烫亚麻纺织品（例如，手帕、被单、桌布）的折叠机器及设备（工作台等）。

（3）漂白或染色前将羊毛织物煮沸洗净的机器设备。

（4）织物漂白或染色前的脱胶机。

（5）漂白或染色前用碱液或钾对织物进行处理的机器。

（6）纱绕、织物及其他纺织品的蒸汽增湿机。

（7）定形（热定形）机，包括长统袜或短袜的预成形或定形机。

（8）充气胎用织物的浸渍及拉伸机。

（9）打字机及类似机器用纺织色带上墨机器。

（10）暂停整理织物用的机器。

（11）织物植绒机，例如，静电植绒机。

（12）织物打裥机。

（13）原地清洗地毯的器具，向地毯中注入清洁溶剂，再由泵将溶剂抽出；设计供单位（家庭房舍除外）使用的，例如，供宾馆、汽车旅馆、医院、办公室、餐厅及学校使用的。

零　件

除零件的归类总原则另有规定的以外（参见第十六类总注释），本品目所列机器的零件也应归入本品目。

*

*　*

本品目不包括：

（一）高压釜、带蒸汽夹层的桶以及明显不是专门对纺织品进行热处理的其他加热设备（品目 84.19）。

（二）砑光机（用于丝光、上光、平整、压花、波纹轧光等）及其滚筒（品目 84.20）。

（三）品目 84.21 所列的离心甩干机及其他离心机。

84.52　缝纫机，但品目 84.40 的锁线订书机除外；缝纫机专用的特制家具、底座及罩盖；缝纫机针（+）：

10　—　家用型缝纫机

—　其他缝纫机：

21　——　自动的

29　——　其他

30　—　缝纫机针

90　—　缝纫机专用的特制家具、底座和罩盖及其零件；缝纫机的其他零件

一、缝纫机

本品目的缝纫机及缝纫机头用于将两片或多片纺织品、皮革等缝合在一起。除可进行普通缝纫之外，还能进行纯装饰性工作（例如，刺绣效应）的缝纫机也归入本品目。但专门用于刺绣的机器（包括抽纱机）应归入品目 84.47；锁线订书机应归入品目 84.40；缝编机应归入品目 84.47。

除进行某种刺绣工作之外，这些缝纫机通常用两根线进行缝纫，一根由缝纫机针刺入，一根在缝纫机板下面由摆梭带动。缝纫机通常仅用一根针及一只摆梭；但也可使用多根针及多只摆梭（以形成双线或三线缝口）。

内装电动机的电动缝纫机，不论是否家用型，均应归入本品目。

除家庭或服装裁缝等用的缝纫机之外，本品目还包括仅用于某种缝纫工作的特种缝纫机。例如：

（一）用于制造或修补靴鞋或其他皮革制品的缝纫机。

（二）缝钮门机；这种机器可配有割开钮门的装置。

（三）钉钮扣的机器。

（四）缝制草帽的机器。

（五）缝制毛皮的机器。

（六）包袋（例如，面粉或水泥袋等）装包后缝口用的机器；这类机器可以是悬挂式的，通常没有梭子。

（七）缝合麻袋裂缝用的机器。

（八）制麻袋、缝合毯子、地毯等物品边缘的对缝机。

（九）花式缝合机及毯子边锁缝机。

（十）对边缝合针织衣片用的机器。

本品目的某些机器除具有缝纫功能外，还能进行其他操作，例如，对织物、皮革、纸张等进行裁剪、锯齿边切裁、穿孔或打裥。

二、缝纫机专用的特制家具、底座及罩盖

可用作桌子或橱柜的缝纫机架及其零件（抽屉、伸缩板等）、底座及罩盖等，即使单独报验也归入本品目。但主要用于保护或携带缝纫机的箱子，如果单独报验，应按其相应的品目归类。

三、缝纫机针

本品目不仅包括上述缝纫机用针，而且包括缝纫机类型的机器用针（通常在针尖附有孔眼），即品目 84.40 所列锁线订书机用针及品目 84.47 所列刺绣机用针。

零　件

除零件的归类总原则另有规定的以外（参见第十六类总注释），本品目也包括本品目所列机器的零件（例如，机架及摆梭），但线轴应按其构成材料归类。

*

*　*

本品目不包括玩具缝纫机（品目 95.03）。

○

○　○

子目注释：

子目 8452.10

子目 8452.10 适用于至少可进行锁式线迹缝纫操作的下列缝纫机及缝纫机头：

一、脚踏或手摇的缝纫机；

二、装有功率不超过 120 瓦的电动机的缝纫机；

三、报验时不带电动机且缝纫机头不超过 16 千克的机动缝纫机。

本子目也适用于称为“锁边机”或“包边机”的缝纫机。这种缝纫机内置输出功率不超过 120 瓦的电动机，可进行三线、四线或五线缝纫，其缝纫机头除采用锁线缝纫法以外，其余的结构及操作与以上所述的缝纫机头相类似，机器为家用型，其缝纫速度一般不超过每分钟 1500 针。

本子目还包括电池驱动的手持单线链式缝纫机。

但本子目不包括只能进行某项特定工作（例如，钮门锁眼或装袋后的封口用）的缝纫机。

84.53　生皮、皮革的处理、鞣制或加工机器，鞋靴、毛皮及其他皮革制品的制作或修理机器，但缝纫机除外：

10　—　生皮、皮革的处理、鞣制或加工机器

20　—　鞋靴制作或修理机器

80　—　其他机器

90　—　零件

本品目包括对生皮（含毛皮）进行处理以备鞣制的机器、生皮的鞣制（含羊皮化处理）机器以及后整理机器。本品目也包括制造或修补生皮或皮革制品的机器（例如，制造皮革的鞋靴、手套或旅行容器的机器）。但本品目不包括缝纫机（品目 84.52）。

一、生皮或皮革的处理、鞣制或加工机器

实际上，本品目所列的许多机器适用于生皮加工过程中的几个阶段（例如，清洗、预鞣、染色及其他整理工序）。这些机器包括配有搅拌器、旋转装置或搬运生皮机械装置等的特制缸、桶、洗涤器等。

本组机器主要包括：

（一）脱毛机，用以将生皮上预先用化学方法松脱的毛发除去。

（二）去肉机，用以除去生皮上的肉、脂肪等。

（三）锤磨机（鞣革机）及滚筒敲打机。这种机器用锤或旋转凹槽滚筒在生皮或皮革的清洗、鞣制、上油或浸渍过程中，对生皮或皮革进行敲打。

（四）生皮或皮革伸张机，用以将生皮或皮革的毛孔张开，消除皱折或其他表面瑕疵；**刮皮机**，用以刮平生皮的肉面，除去异物；**柔软整理机**，用包有软木或橡胶的滚筒对皮革进行软化整理。

（五）锤打机，用小锤拍打皮革表面，以除去尘土及多余的水份，并恢复皮革的粒面。

（六）锤实机，用以锤打皮革，使其结实、坚硬、光滑（以备制鞋底或机器皮带等之用）。

（七）修刮或剖皮机，用刀刮皮，使整片皮革的厚度均匀，或将皮革剖分几层。

（八）砂磨机，用以使皮革表面毛糙，产生丝绒效应。

（九）刷皮机，用以清洁毛面并增强皮革砂磨后的丝绒效应。

（十）皮革上光机，用玛瑙抛光石或小型玛瑙或玻璃滚筒摩擦皮革，使其产生光泽。

（十一）起粒机。

本组也包括毛皮加工机。一般来说，毛皮是用类似于上述的机器进行预鞣或鞣制；但本品目也包括专门加工毛皮上的毛的机器（例如，将皮毛修齐、剪去长毛、对皮毛进行卷曲、梳理、刷毛或染色等）。

本品目也不包括：

（一）品目84.19所列的干燥机。

（二）砑光机（例如，将皮革轧平、上光、压纹等）（品目84.20）。

（三）离心甩干机（品目84.21）。

（四）染料、清漆等的喷涂机（品目84.24）。

（五）屠宰场用的猪皮去毛机（品目84.38）。

（六）通用压力机（品目84.79）。

（七）生皮测量机（品目90.31）。

二、制造或修补鞋靴或其他生皮或皮革制品的机器

本组包括制造或修补生皮（包括毛皮）或皮革制品（例如，鞋靴、手套、茄克衫及其他衣着用品、鞍具、书籍封面、手提包、旅行容器等）的机器。

本组主要包括：

（一）切片或削皮机，用以将皮革的边缘或其他部分削薄，以便粘合或缝合。

（二）将皮革切成特定形状的机器（例如，将皮革切成鞋面、手套坯、带子等）。最常见的两种机器是带刀机及冲切机（用压模冲切）。

（三）穿孔机，供装饰鞋头、手套背面等用。

（四）制鞋靴的机器，例如：

1. 切槽机，切出沟纹或槽口，用以埋入缝线（例如，绕鞋底边缘切槽），以及在缝线前后开槽或闭槽用的机器。

2. 楦鞋机，用以将鞋帮套到鞋楦上，并钉在或粘在鞋内底上。

3. 连续敲打机，用以在鞋帮及鞋内底装上鞋楦之后，敲打鞋帮边缘及鞋内底的底部。

4. 将外底粘贴在内底及鞋帮上用的机器，例如：上胶机、贴底机。

5. 将鞋跟固定上到鞋底上用的机器。

6. 鞋底边缘或鞋跟边缘的修整、磨光或后处理机器。

7. 拉毛机，它可用钢丝刷或研磨带除去鞋帮上的涂饰剂，使其更牢固地粘合在鞋底上。

8. 磨光整理机，装有一系列磨石、抛光刷及毡，用以使鞋帮的表面光滑整齐。本品目包括鞋靴修理匠所用的类似机器。

9. 鞋靴拉撑机。

必须注意，本品目所列的某些机器（例如，起粒、裁切、穿孔、刺孔的机器），甚至某些制鞋靴机器，也可用于加工皮革以外的材料（例如，纸板、仿皮革或塑料），只要它们明显主要用于加工生皮或皮革，则仍应归入本品目。

但本品目不包括：

（一）鞋靴楦（应按其构成材料归类，一般归入品目44.17）。

（二）制木屐、木鞋底、木鞋跟等的木材加工机器（品目84.65）。

（三）自动擦鞋机及打孔眼机（品目84.79）。

零　件

除零件的归类总原则另有规定的以外（参见第十六类总注释），本品目所列机器的零件，以及这些机器所用的压模和其他可互换工具，也应归入本品目。

84.54 金属冶炼及铸造用的转炉、浇包、锭模及铸造机：

10 — 转炉

20 — 锭模及浇包

30 — 铸造机

90 — 零件

一、转炉

这种设备用于吹炼或精炼金属（例如，将铁炼成钢，熔炼铜、镍锍、方铅矿等）。它通过对熔炉内已熔化或增至高温的材料吹入强空气流或氧气流，将大部分碳或锰、硅及磷等杂质氧化成气体或成为熔渣，并加以排除。氧化又进一步提高了金属的温度。

最常见的转炉（例如，氧气顶吹转炉或卡尔多旋转式转炉）为梨形圆筒形容器，用厚钢板作外壳，炉内壁衬以耐火材料。可以利用转炉顶部的喷枪［氧气顶吹转炉（林茨－多纳维茨转炉）］或通过转炉底部的喷嘴（氧气底吹转炉）将氧气吹入炉内。也有将两者结合的组合式转炉。

其他转炉包括侧吹转炉、圆筒形旋转炉、锥形转炉（炉内配有金属炉栅用以承托燃料，用于冶炼铜锍）。

二、浇包

它是一种用以盛接熔炉内的熔融金属，并将其倒入转炉或铸模的装置。这是一种简单的无盖容器，一般内衬耐火材料，常装有一些装置以便于倾倒，有时还装有轮子。浇包通常用机械操作（例如，用起重机操作）。但本品目也包括手工操作的铸造用铸勺。白铁工及金饰工等用的小手铸勺不归入本品目（品目73.25或73.26）。

三、锭模

锭模可以具有各种形状，有一体式或对合式锭模，用以将熔融金属暂时铸成锭、生铁块、板坯等。

其他模子（例如，浇铸物品用的铸模）一般应归入品目84.80。

本组的锭模是用金属（通常为铁或钢）制成。石墨或其他碳或陶瓷材料制的锭模不归入本品目（分别归入品目68.15及69.03）。

四、金属冶炼及铸造用的铸造机

本组包括：

（一）逐次浇铸、冷却及脱模的机器（一般装有传送带或输送链）。这类机器有时装有摇动或轻打铸模，使熔融金属均匀凝固装置。

（二）压力浇铸机，主要配有两块可调节的板，上面各装有半个铸模，利用压缩空气直接作用于储槽内液态金属的自由液面，将其压入铸模，或将活塞插入装满液态金属的密封储槽中其将压入铸模。这些机器有时装有加速金属凝固的冷却装置，以及使铸件从铸模中脱出的装置。它们主要用于浇铸小型有色金属制品。

但本品目不包括在压力下烧结模制金属粉末用的机器（品目84.62）。

（三）离心浇铸机。将熔融金属浇入高速旋转的圆筒形铸模；金属被甩向铸模壁并凝固成为管状。

（四）连续铸造机。这类设备将钢水从浇包送入分配装置，再由分配装置分送给不同的铸造流水线。这些流水线包括：

1. 配有冷却装置的一个无底锭模；
2. 在锭模外配有一组装置，可将水喷成雾状，以便使浇铸金属冷却；
3. 一组滚轴输送装置，用以有规律地送出已凝固的金属；以及
4. 一套切割设备和一个后送装置。

本组机器所用的模子一般归入品目68.15、69.03或84.80。

零　件

除零件的归类总原则另有规定的以外（参见第十六类总注释），本品目也包括本品目所列机器的零件。

84.55　金属轧机及其轧辊：

10　—　轧管机

**　　—　其他轧机：**

21　——　热轧机或冷热联合轧机

22　——　冷轧机

30　—　轧机用轧辊

90　—　其他零件

一、金属轧机

轧机是一种金属加工机器，主要由一系列轧辊组成，金属从轧辊中通过时，由轧辊将其压平或压成各种形状，同时改变金属结构，改善金属质量。有些轧机除具有普通的滚轧功能外，还可在金属表面轧出花纹，或将两层或多层不同的金属轧成层压金属。

滚轧非金属材料的类似机器（例如，研光机）不应归入本品目（品目84.20）。其他滚压机器［例如，将金属箔压粘于纸底上的机器（品目84.20）；折弯机、折叠机、矫直机或轧平机（品目84.62）］不能视为上述轧机，因此不应归入本品目。

轧机根据以下不同用途具有不同类型，例如：

（一）将金属材料压薄，并使其长度相应增加（例如，将锭轧成钢坯、钢块或板坯；将板坯轧成薄板、带材等）。

（二）将钢坯、钢块等轧成具有特定截面的材料（例如，条、棒、角材、型材、异型材、大梁、铁路钢轨等）。

（三）滚轧管材。

（四）滚轧车轮坯或轮坯（例如，滚轧铁道车轮的凸缘）。

多数轧机用于上述（一）或（二）两个方面。轧机的主要部分称为“滚轧架”，它是由二、三或四个轧辊在一个重型金属机壳内自下而上水平排列配置而成。金属从两个轧辊之间可调节的隙缝中通过。在三辊式及两对双辊式滚轧架中，金属经过其中两个轧辊滚轧后，再用另外两个轧辊滚轧。有些滚轧架还另外加设两个或多个辅助轧辊，以加强主轧辊的压力及稳定性。

大多数轧机是由若干上述滚轧架一排并列、略为错列或成对前后排列配置而成（例如，连续薄板轧机）。轧辊的旋转速度及其相互间隙均可调节，以逐步对金属进行滚压。

有些轧机还配有侧轧辊，用以对所轧金属材料的边缘进行滚轧或轧制特种型材（例如，大梁）。

滚轧扁平轧材（板坯、薄板、带材等）的轧辊是光面的（但某些精整轧辊可轧制一些简单的肋形花纹）。在许多情况下［例如，用于上述（二）款所列各项操作时］，轧辊并不是全宽度地进行滚轧，而是在轧辊的表面刻有凹槽，使两个轧辊之间形成一个特殊形状的间隙孔型。金属通过这些间隙时就变成间隙的形状。经过一系列形状渐异的上述间隙，即可将金属轧制成所需面的材料。

上述轧机的大小差异甚大，从轧制贵金属用的小型轧机到巨型的轧钢机不等。

这些轧机多数是热轧机，但某些精轧机（特别是薄板及带材轧机）是冷轧机。

上述（三）及（四）两款所列的轧机包括：

1. 曼内斯曼斜轧穿孔机及类似的钢坯穿轧机。这些轧机配有大型倾斜轧辊，轧辊使加热钢坯转动，并将其压向一个穿轧芯棒，粗轧成管坯。

2. 滚轧已穿轧的管坯的轧机，用以减薄管壁厚度，延长管身，使管壁表面光滑。管内壁由芯棒进行滚轧，管外壁由孔型为圆型的轧辊或锥型轧辊进行滚轧。有些轧机使用带有偏心凹槽，因而具有一条可变孔型的多个轧辊（阶梯滚轧）。

3. 管材精轧机，用以精整或减薄管壁、减缩管径或使管子具有正圆横截面。这种机器滚轧时可以使用或不用穿轧芯棒。

4. 滚轧大直径铸钢管用的径向轧机。管外壁用多个轧辊滚轧，管内壁用同等数量的轧辊滚轧，钢管在两者之间转动。

5. 车轮或圆盘轧机，由一组锥形或圆筒形轧辊以各种形式排列组合而成。粗制车轮坯在轧辊间旋转，车轮的各个部分（例如，铁路车轮的凸缘）在轧辊的压力下加工成所需形状。类似的轧机也可用以轧制铁路车轮凸缘轮箍以及某些铁路钢轨。

一般来说，轧机操作时需要大量的辅助设备，例如，导向装置、辊式摇床、搬运设备、再加热炉、酸洗槽、卷带机、剪切机及锯机、冷床、计重及印唛机、矫直及轧平机、控制装置（机械、电气或电子装置）等。

二、轧辊及其他零件

除零件的归类总原则另有规定的以外（参见第十六类总注释），本品目包括轧机的零件，其中包括轧机的轧辊。轧辊的长度及直径相差很大，轧钢用轧辊的长度约在30～520厘米之间，直径在18～137厘米之间，用铸铁、铸钢或锻钢制成，其表面通常经专门的淬火处理，并经精密加工，其尺寸精度很高。轧辊可以是光面的，也可以开有各种形状的槽口，以便形成所需的孔型。每个轧辊辊颈常具有各种形状，以适于装在轧机机壳内，辊颈外端切成梅花头状，以便于驱动。

84.56　用激光、其他光、光子束、超声波、放电、电化学法、电子束、离子束或等离子弧处理各种材料的加工机床；水射流切割机：

—　用激光、其他光或光子束处理的：

11　——用激光处理的

12　——用其他光或光子束处理的

20 — 用超声波处理的
30 — 用放电处理的
40 — 用等离子弧处理的
50 — 水射流切割机
90 — 其他

本品目所列机床可用于对各种材料进行切削成形或表面加工。这些机器必须同时符合下列三个方面的要求：

一、必须是用于切削加工；

二、必须具备与配有普通刀具的机床相同的加工功能；

三、必须是采用以下七种工艺中的一种进行加工：激光、其他光或光子束、超声波、放电、电化学法、电子束、离子束或等离子弧。

本品目也包括下列第（八）款所述的水射流切割机。

然而，本品目不包括以下几种加工机器，它们应归入品目84.86：

（一）通过去除材料来加工各种材料的加工机器，专用于或主要用于制造半导体单晶柱或圆片、半导体器件、集成电路或平板显示器。

（二）通过去除材料来加工各种材料的加工机器，专用于或主要用于制造或修补掩膜版及光掩膜。

（三）用干法蚀刻半导体材料的加工机器。

上述产品举例：（1）半导体晶体钻孔用的激光加工机床；（2）用于切割半导体芯片或集成电路陶瓷基片的切割或穿孔的超声波加工机床。

（一）用激光、其他光或光子束进行加工的机床

激光加工（光子加工）就是用光子轰击受击靶。本组主要包括用于打孔的加工机（用以加工金属、表用红宝石等）、金属或其他硬质材料的切割加工机及各种超耐蚀材料的雕刻机（用以雕刻图案、字母、线条等）。

激光加工机床的原理是将聚焦的强激光束直接作用于工件上，使其燃烧、融化或汽化，由此将材料蚀除（也称“烧蚀”）。有时此类机床的激光束还可与低压水射流相结合，用水射流引导激光束，以去除碎屑并使材料冷却。

本组的其他机床与激光加工机床的区别在于用以蚀除材料的能量束不同。

（二）超声波加工机床

超声波机床利用一个受超声频振动的工具和游离于液体中的磨料进行加工，也可配有一个研磨料再循环系统。

本组包括主要用于进行下列各项加工的机床：

1. 用以加工钻石或硬质合金冲模；
2. 用于各种材料的打孔或切割成形；
3. 用以雕刻玻璃；
4. 用以磨削、扩孔或抛光。

（三）放电加工机床

这种加工方法的工作原理是通过在两个金属电极（工件工具）之间突然放电（持续时间极短，速率达到十万赫）进行金属蚀除。例如，本组包括高频电火花切割机床。

（四）用电化学法进行加工的机床

这种加工方法的工作原理是利用电蚀方法进行切削。工件（阳极）与工具（阴极）均为电导体，两者均浸没在指定的电解液中，但阴极不能产生沉积，只是阳极溶解。

本组包括：

1. 电解抛光设备，用以对试料进行抛光，以供显微或冶金检查之用。
2. 电解磨刃器，利用金刚石磨轮磨削刀具、断屑槽或硬质合金板。
3. 用阳极溶解法除去各种齿轮毛刺的机器。
4. 平面等的精密加工机器。

（五）电子束加工机床

这种加工方法是用强电场加速阴极释放出的电子，再用一组磁性或静电透镜聚焦后轰击工件上极小的工作面而进行切削加工。

（六）离子束加工机床

这种机床是利用离子束的连续作用（而不是像激光那样的脉冲束）进行加工。

（七）等离子弧加工机床

这种机床是利用高压电磁脉冲发生器产生的电流所造成的气体强电离现象进行加工的。这种机床可对板片进行高速切削，还可进行粗切削加工及粗进给螺纹车削加工。

（八）水射流切割机

本组包括水射流或研磨水射流切割机。这类机器通常以 2 ~ 3 倍音速的速度喷射出水射流或精细研磨料与水混合的射流，对材料进行切割加工。它们在 3000 ~ 4000 巴的压力下进行工作，能对多种材料进行各种各样的精密切割。水射流切割机一般用于切割比较柔软的材料（泡沫材料、软质橡胶、密封材料、金属箔等）。研磨水射流切割机一般用于切割比较坚硬的材料（工具钢、硬质橡胶、复合材料、石料、玻璃、铝、不锈钢等）。

零件及附件

除零件归类总原则另有规定的以外（参见第十六类总注释），本品目所列机器的零件及附件应归入品目 84.66。

*

*　*

本品目不包括：

（一）清洁用的超声波装置（品目 84.79）。

（二）焊接机器设备，不论是否兼有切割功能（品目 85.15）。

（三）试验用机器（品目 90.24）。

84.57　加工金属的加工中心、单工位组合机床及多工位组合机床：

10　—　加工中心

20　—　单工位组合机床

30　—　多工位组合机床

本品目仅适用于可对单一的工件完成下列不同形式机械操作之一的金属加工机床［车床（包括车削中心）除外］（参见本章注释四）：

一、按照机械加工程序从刀具库或类似装置中自动更换刀具（加工中心）；

二、同时或顺序地自动使用不同的动力头对固定不动的工件进行加工（单工位组合机床）；

三、自动将工件送向不同的动力头（多工位组合机床）。

（一）加工中心

加工中心是独立的机器，即所有机械加工操作均是在一台独立的（多功能）机床上进行的。这类加工中心必须符合两个条件：首先，它们必须能进行多种机械加工操作；其次，它们必须配有刀具自动更换装置，可按照机械加工程序从刀具库或类似装置自动更换刀具。

据此，本组包括可利用刀具库或类似装置上的刀具自动更换，进行两种或多种机械加工操作的机床。但只能使用一个刀具或者同时或连续地使用多个刀具进行一种机械加工操作的机床（例如，多轴钻床或多刀铣床）则应归入品目84.59至84.61。

按照刀具能自动更换的技术要求，本品目不包括各种刀具不能自动更换的多功能机器（例如，能进行钻孔、镗孔、攻丝及铣削的机器）。这些机器应按第十六类注释三或归类总规则三（三）的规定，归入品目84.59至84.61，除非它们可作为多工位组合机床，即可自动将工件送向不同的动力头［参见下列第（三）部分］。

加工中心还可包括某些辅助装置，例如，随行夹具变换装置、随行夹具库系统或刀具库变换装置。

（二）单工位组合机床

单工位组合机床是一种多功能机器，工件夹在机上固定不动，而动力头则移到与工件相应的位置进行操作或机械加工。

动力头是这种机器的组成部分。它们装在机器上，用以夹紧、引导或操纵（转位、走刀或回刀）可互换刀具。旋转刀架一般装有电动机；而平移刀架则通常装有液压缸。上述两种刀架可结合在一起使用。

本组包括可利用两个及以上动力头进行两种或多种机械加工操作的单工位组合机床。

但使用多个动力进行一种机械加工操作的机器，或使用单一的动力头进行多种机械加工操作的机器，不应归入本品目。

（三）多工位组合机床

这类机器必须符合以下三个条件：1. 它们必须可进行多种机械加工操作；2. 它们必须能自动将工件送向刀具；3. 它们必需配有多种动力头。

组合机床一般可分为旋转式及直线式两种。旋转式组合机床的几个动力头呈环状装在同一机座上，进行各种不同的加工操作。工件绕动力头运转，在每一间歇（工位）由相应动力头上的刀具对其进行加工（例如，钻孔、镗孔、攻丝）。直线式组合机床的动力头呈直线装在同一机座上，当工件沿直线从一动力头运行到另一动力头时，这些动力头可逐个对其进行加工。

根据本章注释四第（三）款规定，本品目不包括将几种机器连起来，由输送机输送工件的传输生产线。

按照上述章注的有关规定，本品目也不包括柔性制造系统（FMS）。这种设备是由多台一般是数控的机器或多台机组组成，配有升降架、输送机、无人驾驶的吊运车、机械手及工业机器人等自动搬运设备，用以将工件送进机器，或在加工后将工件送走。构成可调加工系统的各种机组及搬运设备是由自动数据处理机控制的。

零件及附件

除零件的归类总原则另有规定的以外（参见第十六类总注释），本品目所列机床的零件及附件应归入品目84.66，但第八十二章所列工具除外。

*

*　*

本品目也不包括：

（一）用激光、其他光、光子束、超声波、放电、电化学法、电子束、离子束或等离子弧处理各种材料的加工机床；水射流切割机（品目84.56）。

（二）切削金属的车床（包括车削中心）（品目84.58）。

（三）直线移动式动力头机床（品目84.59）。

（四）品目84.68及85.15所列的焊接机器设备。

84.58　切削金属的车床（包括车削中心）（+）：

—　卧式车床：

11　——数控的

19　——其他

—　其他车床：

91　——数控的

99　——其他

本品目所列车床（包括车削中心）是一种通过切削金属对金属进行表面加工的机器。

这些机床与品目84.67所列手提式（风动、液压或电动）工具的区别在于，它们一般是安装在地板、工作台、墙壁或另一台机器之上，因此通常配有底座或支架等。

本品目包括：

一、车床（不论是否自动）。其中包括滑架车床、立式车床、转塔（或六角）车床、专用（或仿形）车床。但使金属变形的旋压车床应归入品目84.63。

二、心轴车床。这种机床可同时对称地车削大型轮轴等的两端。

三、切削金属的车削中心。

零件及附件

除零件的归类总原则另有规定的以外（参见第十六类总注释），本品目所列车床的零件及附件应归入品目84.66，但第八十二章所列工具除外。

*
*　*

本品目也不包括：

（一）用激光、其他光、光子束、超声波、放电、电化学法、电子束、离子束或等离子弧处理各种材料的加工机床；水射流切割机（品目84.56）。

（二）加工金属的加工中心、单工位组合机床及多工位组合机床（品目84.57）。

（三）切割机（品目84.61）。

（四）手提式风动或液压工具及本身装有电动或非电动动力装置的手提式工具（品目84.67）。

（五）品目90.24所列的试验用机器及器具。

○
○　○

子目注释：

子目8458.11及8458.91

数控机床作为一类商品，可以通过其缩写CNC（计算机数控）或NC（数控）加以识别。所称“计算机数控”与“数控”可视为同义词。一台机床要达到作为数控机床的要求，其机床、工具或工件必须能够按预设的程序指令执行功能及运动。通常采用数控专用语言，例如，ISO编码进行编程。将程序和数据存储在机内以便于直接使用或随后调取。数控机床往往集成了一个控制单元（分离的“独立”式单元或内置单元），配有自动数据处理设备或微处理器及伺服系统，以便于机床、工具或工件完成预定动作。CNC机床、CNC车床及NC铣床均属数控机床。

如控制单元未与机床一同报验，而后者又具有这种机床的具体特征的，则仍应将其视为数控机床。

84.59　切削金属的钻床、镗床、铣床、攻丝机床（包括直线移动式动力头机床），但品目84.58的车床（包括车削中心）除外（+）：

10　—　直线移动式动力头机床

　　　　—　　其他钻床：
21　——数控的
29　——其他
　　　　—　　其他镗铣机床：
31　——数控的
39　——其他
　　　　—　　其他镗床：
41　——数控的
49　——其他
　　　　—　　升降台式铣床：
51　——数控的
59　——其他
　　　　—　　其他铣床：
61　——数控的
69　——其他
70　—　　其他攻丝机床

本品目包括切削金属的钻床、镗床、铣床、攻丝机床，但品目84.58的车床（包括车削中心）除外。

机床一般是用动力驱动的，但手动或脚踏式的类似机床也归入本品目。手动或脚踏式机床与品目82.05的手工工具及品目84.67的手提式工具的区别在于，这些机床通常是安装在地板、工作台、墙壁或另一台机器之上的，因此一般配有底座或支架等。

本品目包括：

一、直线移动式动力头机床。这类机床无附带底座，可进行钻、镗、铣、攻丝或旋压螺纹等操作。它们仅包括一个动力机"支架"及一个刀架，并配有导轨，以便放置在合适的底座上时可反复地来回移动。将工件插入独立于直线移动式动力头机床的工件夹具中，由直线移动式动力头机床作水平来回移动，进行钻孔、镗削等操作。

二、钻床。这类机床可用旋转刀具（称为钻头）在物件上钻削圆筒形孔眼（包括凹槽孔）。在加工过程中，工件是固定的，加工刀具向工件作旋转运动（钻削）或进给运动（进刀）。本品目还包括用固定刀具对旋转的工件进行加工的钻床，或两种加工方法相结合的类似机床。

钻床包括单轴摇臂钻床或其他单轴钻床和多轴钻床。

三、镗床。这类机床可进一步加工工件已有钻孔的内表面，以提高其尺寸精确度。可将镗孔镗削成圆筒形、圆锥形或球形。镗床适用于镗削活塞式内燃机或泵的缸体，使其内径尺寸精确。

可用具有固定尺寸的独立式端面刀具（例如，钻头、笔直或螺旋槽式镗孔刀具）进行镗削；也可用具有不同尺寸的上述刀具（例如，扩孔端镗刀、插入式水平镗削刀具、微调镗刀头、带插入镗削刀具的镗刀盘）进行镗削；还可用刀具沿导向槽进行镗削（可调的、扩孔或不可调的镗刀及整体式空心轴或带插入部件的空心轴）。

本品目主要包括立式镗床、卧式镗床（带固定或移动支架）、多轴镗床、空心镗轴的内壁仿形镗床，以及一般称为铣镗机床的联合机床，这种机床的镗杆由两个同心轴组成，两个同心轴均可独立工作。内轴为一根长轴套，可装配镗杆；外轴一般与一块平板刚性连接，适于装配铣刀（铣杆）。

本品目还包括主要具有镗削功能，但也可进行其他辅助性操作的机床（例如，可进行钻削、平面切削、铣削、车削，有时甚至可以螺纹切削）。另一方面，具有辅助性镗削功能的车床（包括车削中心）应归入品目 84.58。

四、铣床。这种机床可利用旋转刀具（即铣刀）铣削平面或成形表面。铣削时铣刀作旋转切削运动，工件固定于机床工作台上作进给运动。铣床主要包括卧式铣床、立式铣床、卧－立混合式铣床、带可调进刀架的铣床、龙门铣床以及万能铣床。万能铣床除具有一般的铣削功能外，还可利用装在机床上的分度头铣削轴心上的花键和正齿轮或螺旋齿轮。另外还包括仿形铣床、铣槽机或倒角铣床、雕刻铣床。

五、攻丝机床（即用以在已钻孔洞内攻刻螺纹的机床）**以及螺栓、螺丝等旋压螺纹机床**。必须注意，螺纹铣床应作为铣床归类。

零件及附件

除零件的归类总原则另有规定的以外（参见第十六类总注释），本品目所列机床的零件及附件应归入品目 84.66，但第八十二章所列工具除外。

*

* *

本品目也不包括：

（一）用激光、其他光、光子束、超声波、放电、电化学法、电子束、离子束或等离子弧处理各种材料的加工机床；水射流切割机（品目 84.56）。

（二）加工金属用的加工中心、单工位组合机床及多工位组合机床（品目 84.57）。

（三）金属切削车床（包括车削中心）（品目 84.58）。

（四）品目 84.61 所列切削金属的刨床及其他机床。

（五）手提式风动或液压工具及本身装有电动或非电动动力装置的手提式工具（品目 84.67）。

（六）品目 90.24 所列的试验用机器及器具。

○

○ ○

子目注释：

子目 8459.21、8459.31、8459.41、8459.51 及 8459.61

参见子目 8458.11 及 8458.91 的注释。

子目 8459.51 及 8459.59

这些子目所列的机床可从其具有的一个由沿导轨在底座上作垂直运动的水平部件构成的控制台来确定。底座支承着作横向进给的工作台，控制台中通常安装有操纵铣床所需的装置。

84.60 用磨石、磨料或抛光材料对金属或金属陶瓷进行去毛刺、刃磨、磨削、珩磨、研磨、抛光或其他精加工的机床，但品目 84.61 的切齿机、齿轮磨床或齿轮精加工机床除外（＋）：

— 平面磨床：

12 —— 数控的

19 —— 其他

— 其他磨床：

22 —— 数控无心磨床：

23 —— 数控外圆磨床

24 —— 其他，数控的

29 —— 其他

— 刃磨（工具或刀具）机床：

31 —— 数控的

39 —— 其他

40　—　**珩磨或研磨机床**
90　—　**其他**

本品目包括对金属或金属陶瓷进行表面精加工用的某些机床；但切齿机、齿轮磨床或齿轮精加工机床除外（品目84.61）。这些机器是利用磨石、磨料或抛光材料对金属等进行切磨加工的。本品目所述的“抛光材料”包括下列几种：

一、由硬质合金、钢、软金属、木材、毡、纺织材料或皮革制成的抛光研磨盘；

二、金属丝刷；

三、抛光衬垫。

机床一般是动力驱动的，但手动或脚踏式的类似机器也归入本品目。这些非动力驱动机器与品目82.05的手工工具及品目84.67的手提式工具的区别在于，这些机器一般是装在地板、工作台、墙壁或另一台机器上，因此配有底座、支架等。

本品目包括：

（一）去毛刺机，用金属刷或磨料对粗糙铸件或切削金属件的粗糙边缘进行磨毛口用的机床。

（二）刃磨机床（刀具磨床），包括金属陶瓷或硬质金属刀具头的研磨机床，以及钢丝刷刃机床。

（三）各种类型的磨床（例如，内表面磨床、无心平面磨床、平面磨床、螺纹磨床、阀门或阀门座磨床）。这些机床用于完善其他机器的加工操作，使产品达到需要的精度。

本组包括，例如：

1. 无心磨床。此类机器的特征：无轴，装有两个研磨轮（一个砂轮及一个导轮），并有一个托板，用以支撑工件。

2. 外圆磨床。此类机器的特征：有轴，装有一个支架，用以夹住并带动工件，并装有一个或多个砂轮。可作用于工件的外表面、内表面，或者同时作用于工件的内外表面（万能外圆磨床）。

（四）珩磨机及研磨机，用以使磨削表面达到一定精度。

（五）抛光机，用以对工件表面进行磨光。

（六）雕刻机，但不包括品目84.59或84.61所列的机器。

零件或附件

除零件的归类总原则另有规定的以外（参见第十六类总注释），本品目所列机床的零件及附件应归入品目84.66，但第八十二章所列工具除外。

*

*　*

本品目不包括：

（一）手工工具、手动或脚踏式的砂轮（品目82.05）。

（二）喷砂机（品目84.24）。

（三）用激光、其他光、光子束、超声波、放电、电化学法、电子束、离子束或等离子弧等处理材料的加工机床；水射流切割机（品目84.56）。

（四）加工金属用的加工中心、单工位组合机床及多工位组合机床（品目84.57）。

（五）手提式风动或液压工具及本身装有电动或非电动动力装置的手提式工具（品目84.67）。

（六）对金属货品去除磨砂、除去锈皮或进行抛光用的转筒（品目84.79）。

（七）试验用机器及器具（品目90.24）。

○

○　○

子目注释：

子目 8460.12、8460.22、8460.23、8460.24 及 8460.31

参见子目 8458.11 及 8458.91 的注释中关于”数控的”的解释。

84.61 切削金属或金属陶瓷的刨床、牛头刨床、插床、拉床、切齿机、齿轮磨床或齿轮精加工机床、锯床、切断机及其他品目未列名的切削机床：

20 — 牛头刨床或插床

30 — 拉床

40 — 切齿机、齿轮磨床或齿轮精加工机床

50 — 锯床或切断机

90 — 其他

本品目包括未归入其他品目的金属或金属陶瓷的切削机床。

机床一般是动力驱动的，但手动或脚踏式的类似机器也归入本品目。这些非动力驱动机器与品目 82.05 的手工工具及品目 84.67 的手提式工具的区别在于，它们一般是装在地板、工作台、墙壁或另一台机器上的，因此配有底座、支架等。

本品目包括：

一、刨床。这种机床可利用单刃刀具对工件的外表平面或其他形状表面进行切削加工。这类机床的刀具是固定的，而工作台夹紧待刨削工件作往复平面运动。但某些大型刨床（例如，地坑刨床或板边刨床）则配有固定的工作台，适用于加工很长的物品（例如，导轨）。

有些刨床可配有一到两个辅助性铣床刀架，以代替相同数量的刨床刀架。这种称为“刨铣机”的机床应作为刨床归类，尽管这种机床的工作台减速时也可用于铣削加工。这种机床不应与归入品目 84.59 的一些称为“龙门刨式铣床”的机床相混淆。这种铣床的外形与刨床相似，但仅配有铣床刀架。

刨床除配有刨床刀架之外，还可配有一到两个磨削滑座；由于配有这些磨头，使刨床可作为台面精修机床使用。有些刨床同时配有刨床刀架、铣床刀架及磨削滑座；其他刨床则配有进行插削加工的装置。

二、牛头刨床。这种机床是利用刨床的工作原理进行加工操作的。它与刨床的区别在于，在切削过程中工件是固定的，而刀具在作往复直线运动。由于刀具夹具外伸悬于工件之上，使其最大工作面受到限制。因此，牛头刨床一般仅限于加工尺寸较小的物品。

三、插床。这种机床是采用刨削方法进行加工操作的。在切削过程中，工件是固定的，而刀具作垂直或倾斜的往复直线运动。根据其用途划分，这类机床有滑动行程较短的插床；可利用滑动刀具（单刃）或冲孔工具（四刃）对超厚工件快速切削下大量金属的插削冲床；可进行横向变位滑动插削的插床；名为“开槽孔”的机床，其操作方法与拉床相似，只是所使用的刀具不同。

四、拉床。刀具（拉刀）经过工件或穿过通孔，加工工件表面或使之成形。各种拉床包括仅配有简单滑座的卧式或立式拉床；复式拉床，这种拉床配有两个滑座，每个滑座上均配有拉刀进行加工；拉压机，这是一种立式拉床，利用压刀进行拉削加工。

五、切齿机、齿轮磨床及齿轮精加工机床。本品目包括专用于对圆柱形或圆锥形金属坯件进行切削加工，制造齿轮的切齿机。

切齿机主要按下列方法进行加工操作：

（一）以圆盘铣刀或圆锥形铣刀作为刀具进行模数控制铣削加工。该加工方法广泛应用于切削正齿轮；

（二）用刨削刀具（纵向切削工具）进行仿形切齿加工。该加工方法适用于切削余齿轮及圆柱形

齿轮；

（三）利用蜗杆滚刀、齿条切削刀具（或螺纹刀）或铣齿刀（圆柱铣刀用）等刀具进行啮合切削加工。这种方法适用于切削加工内接或外啮合直齿轮、螺旋齿轮及圆锥形齿轮；

（四）研磨切削。

六、锯床。根据所使用刀具的不同，这类机床可分为以下几种类型：

（一）往复式锯床或摆动式锯床。这些锯床采用直齿式刀具，作往复直线运动；

（二）圆锯。这些锯床采用回转刀具进行操作。这些刀具外缘为齿状，并高速旋转。该刀具通常称为“圆盘锯片”；

（三）带锯机。这种锯床采用一条很长的锯条，其中一边为齿状；锯条两端互相连接成环带状。

七、切断机。这类机床与锯床区别在于，它们所使用的刀具不同。切断机所使用的刀具与车刀相似，或使用砂轮或金属研磨盘作刀具。

（一）切断机的切削刀具采用下列两种方法进行操作：

一种是与滑架车床的工作方法相同，但其刀具夹具不能象滑架车床的刀架那样作纵向移动。

另一种的工作方法与心轴车床相同，即刀具本身是固定的，工件可在刀架上移动。所不同的是切断机的工件仅可作单向移动。

上述两种切断机都只能进行一种切断加工。

与滑架车床的操作方法相同的切断机配有大直径的空心轴，用以对旋转的工件进行加工。极矮的机床床身上装着一个或两个可向横向移动的刀具夹具。在与心轴车床工作方法相似的切断机中，工件是固定在滑架上，由滑架带动；刀具本身固定在机床上。刀具是一个冠轮，可作高速旋转；切削刀环状装在轮上；

（二）配有砂轮的切断机，其结构与圆锯相似，但用双刃的砂轮代替圆盘锯片进行工作；

（三）配有金属研磨盘的切断机，也称摩擦锯床。这种机床的特点是用外缘没齿的软钢研磨盘操作。金属研磨盘可刻有槽纹，旋转时可产生圆周速度，这样，如果研磨盘的外缘逐渐靠近金属工件时，金属工件与金属研磨盘还未紧密接触即会熔融变软。这种现象是摩擦加上由夹在研磨盘与工件之间空气的氧化作用所造成的。

八、锉床。这种机床与往复式锯床相似，但使用锉刀而不是锯条进行操作。

九、蚀刻机，但不包括品目 84.59 或 84.60 所列的机器。

零件及附件

除零件的归类总原则另有规定的以外（参见第十六类总注释），本品目所列机器的零件及附件应归入品目 84.66，但第八十二章所列的工具除外。

*

*　*

本品目也不包括：

（一）手工工具（品目 82.05）。

（二）用激光、其他光、光子束、超声波、放电、电化学法、电子束、离子束或等离子弧等处理材料的加工机床；水射流切割机（品目 84.56）。

（三）切削金属用的加工中心、单工位组合机床及多工位组合机床（品目 84.57）。

（四）手提式风动或液压工具及本身装有电动或非电动动力装置的手提式工具（品目 84.67）。

（五）品目 90.24 所列的试验用机器及器具。

84.62　加工金属的锻造、锻锤或模锻（但轧机除外）机床（包括压力机）；加工金属的弯曲、折叠、矫直、矫平、剪切、冲孔、开槽或步冲机床（包括压力机、纵剪线及定尺剪切线，但拉拔机除外）；其他加工金属或硬质合金的压力机（+）：

— 热锻设备，热模锻设备（包括压力机）及热锻锻锤：
11 —— 闭式锻造机（模锻机）
19 —— 其他
— 用于板材的弯曲、折叠、矫直或矫平机床（包括折弯机）：
22 —— 型材成型机
23 —— 数控折弯机
24 —— 数控多边折弯机
25 —— 数控卷板机
26 —— 其他数控弯曲、折叠、矫直或矫平机床
29 —— 其他
— 板材用纵剪线、定尺剪切线和其他剪切机床（不包括压力机），但冲剪两用机除外：
32 —— 纵剪线和定尺剪切线
33 —— 数控剪切机床
39 —— 其他
— 板材用冲孔、开槽或步冲机床（不包括压力机），包括冲剪两用机：
42 —— 数控的
49 —— 其他
— 金属管道、管材、型材、空心型材和棒材的加工机床（非压力机）：
51 —— 数控的
59 —— 其他
— 金属冷加工压力机：
61 —— 液压压力机
62 —— 机械压力机
63 —— 伺服压力机
69 —— 其他
90 — 其他

本品目包括本品目所列的通过改变金属或硬质合金的形状而进行加工的机床。

这些机床一般是动力驱动的，但手动或脚踏式的类似机床也归入本品目。这些非动力驱动机器与品目 82.05 的手工工具及品目 84.67 的手提式工具的区别在于，它们通常是安装在地板、工作台、墙壁或另一台机器上的，因此配有底座、支架等。

本品目包括：

一、热锻设备，热模锻设备（包括压力机）及热锻锻锤

一般来说，锻造法包括用冲或压的方法对加热金属进行加工，以除去搅炼炉渣（挤渣）或使金属成形的各种方法。除了挤渣时将金属加工成球形外，其他情况下，待加工金属均已制成钢锭、方钢坯或薄板坯等半制成品形状，或压制成圆弧形截面的棒条状。

在模锻过程中，工件完全置于模具中。但有时仅使用单一的金属模具对工件的某一部位进行加工，这称为自由锻。

模切机可以消除模锻过程中产生的“飞边”。这种切边操作要用特制的切削模具进行。

使用精密模具对工件进行精密整形加工，使工件尺寸达到所需的精度，称为“精整”或“校准加工”。

下列是采用上述加工方法操作的机床中的几种：

（一）闭式锻造机（模锻机）。

闭式锻造是模具相向运动，将金属整体或部分压入模具的过程。加热的原材料，通常是锯切或剪切下来的圆形或方形坯料，放置在下模中。锻件的形状作为上模或下模的负像体现。从上至下，上模对原材料的冲压，使原材料形成所需的锻造形状。

（二）自由锻压力机。

自由锻是使一块金属在滑块或锤头与一个铁砧之间变形，经过多道成型加工，获得最终形状的过程。

（三）锻锤、落锻机及锤击机（机械式、液压式或气压式锻锤以及蒸锻锤）。这些机器利用一系列短促而猛烈的冲击进行加工。

（四）金属加工压力机。这种机床以连续不断的压力进行加工。但非专门设计用于加工金属的通用压力机不归入本品目（品目84.79）。

二、用于板材的弯曲、折叠、矫直或矫平机床（包括折弯机）

这些机床主要包括：

（一）型材成型机。型材成型机是用扁平产品自动连续生产金属型材的机床。扁平金属板带穿过安装在连续机架上的多个轧辊组，经每组轧辊不断地横向弯曲，制成特定断面型材。型材成型机只改变金属板带的横截面，而其纵向仍保持平直。

（二）数控折弯机。数控折弯机是自动化和可编程控制的用于板材加工的机床，可使金属板、片弯曲。通常情况下，两个C型框架构成了折弯机的两侧，底部与工作台、顶部与活动的上横梁连接。底部下模安装在工作台上，顶部上模安装在上梁上。滑块受控向下移动让板材弯曲，板材被上模压入V形下模中，板材在垂直方向实现模压变形。

（三）数控多边折弯机。数控多边折弯机是自动化和可编程控制的用于板材加工的机床，使用坯料通过冷成型产出金属板材。多边折弯机在概念上与折弯机大致类似，但自动化程度更高，用于大批量加工金属板材。它们能往两个方向弯曲金属板材而无需翻转它，这对于必须翻转工件才能完成两边折弯的折弯机来说是无法实现的。

（四）数控卷板机。数控卷板机是自动化和可编程控制的用于弯曲加工板材的机床，金属板或片通过一组三个或三个以上的轧辊，获得板或片在纵向的特定形状（弧形、圆形、椭圆形）。卷板机使金属板纵向弯曲，而横截面保持不变。卷板机使产品通过轧辊系统，将产品变形为所需形状，该过程中金属结构的变化不会涉及整块金属，仅影响由于弯曲而变形的地方。

（五）折叠机。折叠扁平轧材就是使板（或带）材成直线以很小的半径永久变形但又不至于使金属断裂。可用万能折叠机或折叠压力机进行折叠操作。

（六）矫直机及矫平机。用以矫正扁平产品（例如板材或带材）制成后由于搬运等原因造成的不平不直。例如辊式矫平机，它由一系列平行的轧辊（或滚筒）组成，有些矫平机的轧辊较少（5～11个），但轧辊的直径较大，刚性较高；有些矫平机则轧辊较多（一般有15～23个），但轧辊的直径较小，柔性较高，并且由同等数量的支轴支撑。

三、板材用纵剪线、定尺剪切线和其他剪切机床（不包括压力机），但冲剪两用机除外

这些机床主要包括：

（一）板材用纵剪线。纵剪线是一种生产线，使用两个分别带有环形凸起和凹槽的圆柱辊，将大卷金属切割成多个较窄的卷材或切边了的卷材。纵剪线的基本组成有：开卷机、矫平机、纵剪机和收卷机。板材从开卷机送入，首先矫平，然后送入两个剪刀轮系（一个在上面，另一个在下面）之间进行剪切。剪切后的板材由生产线末端的多个收卷机收卷。

（二）定尺剪切线。定尺剪切线是使用剪切机将金属长平板轧材或卷材切割成多片的生产线。定尺切割线主要由三部分组成：开卷机、矫平机和剪切机。材料从开卷机送入，通过矫平机，由剪切机切割成金属板。

（三）剪床。剪切工艺是用两个剪切刃面在同一平面上垂直对金属进行剪切。剪切刃穿透金属，使金属产生塑性变形，金属材料在不断加压及穿透力作用下沿剪刃面直线发生断裂。

这类机器包括：平衡剪床、杠杆式剪切机、闸刀式剪切机及滚剪机。滚剪机是用圆盘形或平截头圆锥形刀具取代剪切刀片进行剪切。

四、板材用冲孔、开槽或步冲（咬口）机床（不包括压力机），包括冲剪两用机

这些机床主要包括：

（一）冲孔机。这种机器是利用两个工具（其中一个工具调节到刚好冲入另一个工具内）对金属进行穿孔、切槽或切削加工（冲压工具叫冲头；而另一个工具叫冲模），从而象剪切工艺那样使金属断裂，所获得孔眼的形状取决于工具的形状。

这类机器包括用冲压方法加工齿轮的机床。

冲孔机的工作方式与压力机非常不同。冲孔机在切割金属板时沿着给定的轨迹逐步完成切割，这一过程也称为步冲（咬口）。与此相反，在模锻或模切操作中的冲孔，是指在切割金属板中，使用模具一次冲切完成。

（二）开槽机。这是一种小型机床，用以对各种型材（例如，角钢、T 字钢、工字钢或槽钢）及半圆材进行加工，以供装配之用（例如，凹槽、狭槽、凸榫及楔形榫），或简单进行切削或冲孔。

五、金属管材、型材、空心型材和棒材的加工机床（非压力机）

这些机床主要包括：

对金属管材、型材、空心型材和棒材进行加工以改变形状而不减材的机器。此类加工可能包括弯曲、折叠、端部成形、矫直、矫平、冲压（不减材）和管材液压成形，以及管材、型材、空心型材和棒材的加工（不包括压力机），但拉拔机除外（品目 84.63）。

折弯机的工作方式是利用成型辊或压弯装置进行加工操作。加工管材（特别是油管）时，用固定的圆柱体将管道的主要部分夹紧，再拉伸管道两头。

折叠机以类似于板材折弯成形的方式对条、棒、管材、角钢、型材和异型材进行折叠加工［参见以上第二（三）项］。

弯线机在一个平面内将线材弯曲。可进行更为复杂操作的弯线机（例如，弹簧制造机器）不能视为简单的折叠机，应归入品目 84.63。

六、金属冷加工压力机

这些机器主要包括：

（一）液压压力机

液压压力机使用高压流体通过活塞驱动机器的移动部件，使压力机滑块移动，通过安装在滑块上的模具改变材料的形状。

液压压力机可以通过数控或非数控方式进行控制。与机械压力机或伺服压力机相比，液压压力机的行程可自由调节，液压压力机的滑块可以停在任何行程位置，而无需改变液压压力机原有的动力特性。

（二）机械压力机

机械压力机是使用电动机驱动，经由运动传递结构转换成压力的机器。这种压力机由机械传动系统将能量从主电机传送到模具，离合器机构传递飞轮的扭矩至移动部件。金属工件因受到巨大压力而产生形变。

机械压力机可以通过数控或非数控方式进行控制。通过电机，利用离合器机构实现移动部件（滑块）回程。

（三）伺服压力机

典型的伺服压力机使用伺服电机驱动动力系统产生压力，改变金属工件的形状。这种压力机由伺服驱动系统驱动，将机械能传递到模具，伺服驱动系统没有离合器机构，自身产生扭矩驱动相应机构。

伺服压力机是一种特殊类型的机械压力机（通常是螺杆驱动的）。它们的主要特点在于滑块的运动管理，是由伺服驱动系统直接进行。而在其他一些机械压力机中，滑块的运动是通过设置机械运动系统来控制的，导致滑块行程调节不灵活。

（四）挤压机。用以挤出条、棒、丝、角材、型材、异型材、管材等。这种压机可用冲头将金属块强行压过挤型模。

（五）金属碎料的压包机。

零件及附件

除零件的归类总原则另有规定的以外（参见第十六类总注释），本品目所列机床的零件及附件应归入品目84.66，但第八十二章所列的工具除外。

*

*　*

本品目也不包括：

（一）手工工具（品目82.05）。

（二）轧机（品目84.55）。

（三）切削金属用的加工中心、单工位组合机床及多工位组合机床（品目84.57）。

（四）手提式风动或液压工具及本身装有电动或非电动动力装置的手提式工具（品目84.67）。

（五）压印地址铸板的机器（品目84.72）。

（六）碎铁机及铸铁废碎料的特种捣碎机（品目84.79）。

（七）弯曲、折叠、矫直半导体引脚用的加工机床（品目84.86）。

（八）试验用机器及器具（品目90.24）。

84.63　金属或金属陶瓷的其他非切削加工机床：

10　—　杆、管、型材、异型材、丝及类似品的拉拔机

20　—　螺纹滚轧机

30　—　金属丝加工机

90　—　其他

本品目包括不用切削方法对金属或金属陶瓷进行加工的机床，但品目84.62所列的机床除外。

这些机床一般是动力驱动的，但手动或脚踏式的类似机器也归入本品目。这些非动力驱动机器与品目82.05的手工工具及品目84.67手提式工具的区别在于，它们通常是安装在地板、工作台、墙壁或另一台机器上的，因而一般配有底座、支架等。

本品目包括：

一、拉拔机（拉床），用以拉光棒材、管材、型材、线材或类似产品。

二、滚丝机。这种机器是用滚压方法而不是用切削方法在螺栓或螺丝上制得螺纹。

三、金属丝加工机器，例如，用线材制造弹簧、带刺钢丝、链条、图钉、圆铁钉或U形钉、钩等货品。本品目也包括专用于制造金属丝格栅或金属丝网的机器。这些机器与普通纺织机有两个方面的不同：一是操作方法不同；二是其组成部分不同。使用预制波形金属丝进行组合加工的织机不归入本品目（品目84.79等）。

用金属丝或金属丝与纺织材料混纺纱线制造绳索的机器也不归入本品目（品目84.79）。

四、盘旋细金属丝以制造电灯丝的机器。

五、铆钉机，但品目84.62所列的压力机除外。

六、旋锻机。这种机器可强迫管材或棒材通过旋转锻模，以减缩其直径。

七、旋压车床。这种车床与品目 84.58 所列车床的区别在于，它是利用金属变形来进行加工的。

八、用螺旋金属带制造软管的机器。

九、电磁脉冲金属成形机（或永磁式金属成形机）。这种设备不用切削金属工件，而是利用磁通量造成的压力，借助于锻模而使金属件成形。

零件及附件

除零件的归类总原则另有规定的以外（参见第十六类总注释），本品目所列机床的零件应归入品目 84.66，但第八十二章所列的工具除外。

*

*　*

本品目不包括：

（一）手工工具（品目 82.05）。

（二）打包用的金属带捆箱机；罐或其他容器的封口机（品目 84.22）。

（三）切削金属用的加工中心、单工位组合机床及多工位组合机床（品目 84.57）。

（四）手提式风动或液压工具及本身装有电动或非电动动力装置的手提式工具（品目 84.67）。

（五）试验用机器及器具（品目 90.24）。

84.64　石料、陶瓷、混凝土、石棉水泥或类似矿物材料的加工机床、玻璃冷加工机床（+）：

10　—　锯床

20　—　研磨或抛光机床

90　—　其他

机床一般是动力驱动的，但手动或脚踏式的类似机器也归入本品目。这些非动力驱动机器与品目 82.05 的手工工具及品目 84.67 的手提式工具的区别在于，它们通常是安装在地板、工作台、墙壁或另一台机上的，因而一般配有底座、支架等。

一、石料、陶瓷、混凝土、石棉水泥或类似矿物材料的加工机器

本组不但包括天然石料的加工机器，还包括类似的坚硬材料（陶瓷、混凝土、人造石、石棉水泥等）的加工机器。虽然大多数宝石或半宝石的加工机器均有其不同的特点（例如，具有较高的精密度等），但仍归入本品目。

本品目包括：

（一）锯机或切割机，例如：

1. 专用锯机（圆盘锯、带锯及往复锯，包括使用无齿锯条等进行加工的锯机）。

2. 圆盘（如砂轮）切割机，包括在混凝土表面或建筑石料面上开挖或切割假接缝的机器。

3. 钢丝绳锯石机，由几根螺旋绞合环形钢丝在一系列有槽滑轮引导下，进行切割。环形钢丝以砂石和水的混合研磨料作为助剂，利用摩擦切割石料。

（二）劈开或分裂机器。

（三）磨平、抛光或压纹等用的机器。

（四）钻孔及磨削的机器。

（五）车削、镌刻、雕刻、模切等的机器。

（六）切割或修整砂轮的机器。

（七）陶瓷产品的加工机床（用以钻孔、切割、铣削、抛光等），但陶瓷坯泥或陶瓷材料未烧制品的加工机器除外（例如，陶瓷坯泥的模制或成形机器应归入品目 84.74）。

二、玻璃的冷加工机床

本组包括玻璃的冷加工机床；但不包括玻璃的热加工（即将玻璃加热成为液态或使其具有塑性时加工）机器（品目84.75）。然而在某些情况下，为了便于进行某种加工而将玻璃稍为加热，这样的机器仍应归入本品目，因为在这些机器对玻璃进行加工的过程中，玻璃仍保持其硬度。

许多这类机器的加工方法类似于上述第一部分所述对石料及类似物料的加工方法。

另一些机器则较为专用。例如，作装饰性加工或具有某种特定用途（例如，光学加工和钟表制造）。这类机器的主要品种列举如下：

（一）砂轮或金刚石玻璃切割机。

（二）玻璃刻花机，用于玻璃刻面或制雕花玻璃制品。

（三）精修机、研磨机等，用于修边、修平底座以及修整模制物品。

（四）抛光机。有时在抛光后，还要用毡盘机再进行一次精加工，称为修光；这种毡盘机也应归入本品目。

（五）砂轮或金刚石镌刻机；但喷砂镌刻机除外（品目84.24）。

（六）光学玻璃、眼镜片或钟表玻璃的精修机或抛光机。这类机器包括切割眼镜片用的特种圆盘玻璃切割机；也包括磨蚀透镜、棱镜及眼镜片（球形、环形、圆柱形、多焦点式镜片等）的光学玻璃修整或抛光机。

零件及附件

除零件的归类总原则另有规定的以外（参见第十六类总注释），本品目所列机床的零件及附件应归入品目84.66，但第八十二章所列的工具除外。

*

*　*

本品目也不包括：

（一）手工工具及手摇或脚踏砂轮（品目82.05）。

（二）品目84.45或84.46所列的玻璃纤维捻纱机、织机及其他机器。

（三）品目84.56所列的用激光、其他光、光子束、超声波或等离子弧等工艺处理材料的加工机床及其他机器。

（四）手提式风动或液压工具及本身装有电动或非电动动力装置的手提式工具（品目84.67）。

（五）压碎、磨粉、混合、模制、粘聚、铸造、制砖等机器（品目84.74）。

（六）半导体单晶柱或圆片的切割、划片、划痕加工机床（例如，“圆片切片机”），以及半导体单晶柱或圆片或平板显示器的磨削、研磨、抛光加工机床（品目84.86）。

○

○　○

子目注释：

子目8464.10

本子目包括品目84.64注释的第一部分第（一）款所列的锯机或切割机。

84.65　木材、软木、骨、硬质橡胶、硬质塑料或类似硬质材料的加工机床（包括用打钉或打U形钉、胶粘或其他方法组合前述材料的机器）：

10　—　不需更换工具即可进行不同机械加工的机器

20　—　加工中心

　　—　其他：

91　——　锯床

92　——　刨、铣或切削成形机器

93　——研磨、砂磨或抛光机器
94　——弯曲或装配机器
95　——钻孔或凿榫机器
96　——剖开、切片或刮削机器
99　——其他

本品目包括对木材及木质材料、软木、骨、硬质橡胶、硬质塑料及类似硬质材料（例如，角、象牙果、珍珠母、兽牙等）进行成形加工或表面加工的机床。

本品目不包括对加工时不具有硬质材料特征的材料进行加工的机器，即使这些材料在本品目中已经列名。因此，软塑料或未硬化橡胶的切割机或切片机不归入本品目（品目84.77）。此外，本品目也不包括用粉状或粒状材料制造产品的机器，例如，塑料模制机（品目84.77）、粘聚或模压木材或其他木质材料的微粒或纤维用的机器（品目84.79）或其他类似机器。虽用以处理本品目所述的各种材料，但并非对这些材料或其表面进行加工的机床，一般也不归入本品目。例如，木材干燥机及脱水老化机（品目84.19）；软木膨胀机（品目84.19）或木材的压制、粘聚或浸渍机器（品目84.79）。

机床一般是动力驱动的，但手动或脚踏式的类似机器也归入本品目。这些非动力驱动机器与品目82.05的手工工具及品目84.67的手提式工具的区别在于，这些机器通常是安装在地板、工作台、墙壁或另一台机器上的，因此一般配有底座、支架等。

一、通常非供某一特定工业专用的机器

本组包括：

（一）各种锯机，一般用齿状锯条或链条进行工作。它们有：

1. 往复式锯机，例如，配有直齿锯条的原木横锯机、线锯及立式或卧式排锯。这些锯机适用于将粗锯木材锯成木板。

2. 回转式锯机。本类包括链锯及带锯，例如，立式及卧式带锯、四开及对开带锯、架式或台式带锯以及制木地板用的木块、板条、缘板等的复式带锯和造纸工业用的带锯。

3. 所配刀具作旋转运动的锯机。本类的锯机范围较广，包括所有利用一把或多把带齿锯片作环形运动进行切割的机器，例如，摆锯、直推式切断锯、万能圆锯、木板纵切锯、锯切原木用的圆锯、切边圆锯、台锯、滑动式台锯、切板圆锯。

（二）线条机及刨机。这些机器用刨刀刨削薄片，对工件表面进行加工。本组包括可对工件的一面或两面进行加工的机器，以及可对工件所有四面进行加工的机器等。

（三）成形机及铣削机。这些机器用异形旋转刀具切削薄片，将工件加工成形。本组包括心轴成形机、单端凸榫造榫机、鸠尾榫制榫机、开槽机、锥口孔钻孔机、模型铣削及刨槽机、仿形切削机（但仿形车床除外）、一边、双边、三边或四边成形机、异型材成形机（用上述机器加工时，工件是旋转的），以及开槽机和圆木铣削机（削棱木旋机）。本组也包括计算机数控铣床。

（四）加工中心（参见本章子目注释一），又称计算机数控（CNC）加工中心。这些机器进行多种机械加工操作，并可按照机械加工程序从刀具库或类似装置上自动更换刀具。因此，本组包括通过从刀具库或类似装置上自动更换刀具，可进行两种或多种机械加工操作的机床。但只能使用一个刀具或者同时或序贯地使用多个刀具进行一种机械加工操作的机床（例如，多轴钻床或多刀铣床）仍应作为钻床或铣床归入其相应子目。

（五）磨光机、砂光机及抛光机。磨光机采用磨石进行打磨，主要用于打磨象牙果、硬质橡胶、角及兽牙等硬质产品。

砂光机是用磨料打磨精修工件表面，同时提高工件尺寸精度。本组包括摆式砂磨机、带式磨光机、圆盘磨光机、筒形及鼓形磨光机。磨平修光机也归入本组。

抛光机是用带、鼓或挠性滚子对已经光面修整的工件进行抛光处理，使其产生光泽。

（六）折弯机。这种机器可用机械方法改变工件结构，以改变其形状或物理特征。

（七）装配机器。

这些机器包括：

1. 用粘结剂、胶水或胶纸将两个及多个零件装配起来的机器。本类包括薄板粘接机、木板上胶机、镶板拼合机、框架夹钳、构件夹钳、胶合板及层叠木板压机、薄板压机，这些机器可装有将胶水涂布在木材表面的装置。

2. 使用钉、U 形钉、金属丝等接合零件的机器。

3. 不用粘胶剂或紧固件接合零件的机器，例如，挤压机。

（八）钻孔机。这类机器是用旋转刀具（心轴或钻头）钻削圆孔。刀具的旋转心与钻孔的中心是在同一轴心上的。本组包括单轴钻孔机及多轴钻孔机、定位钻孔机及定缝销钉钻孔机。计算机数控钻床（CNC）也归入本组

（九）凿榫机。这种机器是用凿刀、凿链或刳钻开凿非圆筒形孔眼。例如，狭缝凿榫机、錾子凿榫机或链式制榫机。

（十）劈木机、冲切机、碎裂机、剖片机及切片机。上述机器均是使用非刨削木片的机械加工方法使工件改变形状。

这些机器包括：

1. 楔入并分裂纤维结合部的劈木机，包括圆木劈木机、柴火劈木机、树根劈开机、柳枝、竹及藤的剖皮机。

2. 冲击切割成形的冲切机。例如，薄板冲切机。

3. 将木料切成类似尺寸及形状木块的碎裂机。这类机器包括长条分裂机、制粒机、木丝机、切片及削片机。

但制木浆用的纤维分离机应归入品目 84.39。

4. 剖片机或切片机。这些机器可用一字形刀刃剖切薄板（如切薄板机）或薄片（如切饰面薄板或胶合板层板用的机器）。

本组还包括用直刀片进行加工操作的单板裁切机、斜接口修边机及竖框切割机。

（十一）车床。这种机器是利用车床轴运动对工件进行精加工的，车削工具是不转动的。本组包括各种车床，其中包括仿形车床。

（十二）砍伐枝桠或粗锯树木用的机器。

（十三）木材剥皮机器（原木剥皮机、拉杆去皮机等），但不包括品目 84.24 所列的喷水剥皮机及品目 84.79 所列的鼓式剥皮机。

（十四）处理原木用（如制纸浆用）的去节机。

本品目还包括可进行多种机械加工而不用更换刀具的机器。

例如：

1. **细木工联合机**。这是一种由多台具有不同功能并可独立使用的机器组成的整体式机组，各工序之间的衔接是由人工完成。本类包括兼可进行一种及以上其他操作的刨面机，以及锯切－成形－凿榫联合机。

2. **通用机器**。这类机器与上述机器有所不同，将工件送入机器后便无需用人工操作。本类包括多轴单端制榫机；双端制榫机；金属配件、定缝销钉孔等的定位机；胶粘装配及修整机（用以制饰面薄板条或用板条制镶板等）。

二、专用于某一特定工业的机器

本组包括：

（一）制桶机（例如，桶板拼接机、桶板刨平机、桶板折弯机、桶板切槽机及桶顶开槽机、圆桶组装机、上桶箍机），但本品目不包括桶或桶板的汽蒸处理装置（品目84.19）。

（二）铅笔制造工业用的机器。

（三）铁道枕木的制榫及钻孔机器。

（四）木材雕刻机、镌刻机，包括仿形机。

（五）磨木粉用的机器，但不包括制纸浆用的纤维分离机（品目84.39）。

（六）用钉、U形钉、胶水等装配箱、板条箱、盒、桶等的机器。

（七）制木钮扣用的机器。

（八）制木屐、木鞋底、木鞋跟或鞋楦的机器。

（九）加工柳条、藤条等（剥皮、分切、削圆等）的机器，但编制篮筐或柳条制品的机器除外（品目84.79）。

本品目包括加工软木（例如，锯开、切断、切割、抛光）、骨、硬质橡胶、硬质塑料及类似硬质材料用的机床。这些机床的工作原理一般与木材加工机床相同。

零件及附件

除零件的归类总原则另有规定的以外（参见第十六类总注释），本品目所列机床的零件及附件应归入品目84.66，但第八十二章所列的工具除外。

*

*　*

本品目也不包括：

（一）制纸浆用的竹材压碎机、木片切削机及圆木磨碎机（品目84.39）。

（二）品目84.56所列的用激光、其他光、光子束、超声波或等离子弧等工艺处理材料的加工机床及其他机器。

（三）手提式风动或液压工具及本身装有电动或非电动动力装置的手提式工具（品目84.67）。

（四）清除半导体封装的金属引脚上杂质的清除机器（品目84.86）。

84.66　专用于或主要用于品目84.56至84.65所列机器的零件、附件，包括工件或工具的夹具、自启板牙切头、分度头及其他专用于机器的附件；各种手提工具的工具夹具：

10　—　工具夹具及自启板牙切头

20　—　工件夹具

30　—　分度头及其他专用于机器的附件

—　其他：

91　——品目84.64所列机器用

92　——品目84.65所列机器用

93　——品目84.56至84.61所列机器用

94　——品目84.62或84.63所列机器用

除第八十二章所列的工具及零件的归类总原则另有规定的以外（参见第十六类总注释），本品目包括：

一、品目84.56至84.65所列机器的零件。

二、这些机器的附件，即与这些机器连用的辅助装置。例如，用以改进机器，扩大其工作范围的可互换装置；用以提高精确度的装置；对机器主要功能起某种伺服作用的装置。

三、各种手提式工具的工具夹具。

归入本品目的零件及附件范围很广，它们包括：

（一）工具夹具，用以夹持、导行、操纵工具，并可将工具更换。工具夹具有很多品种，例如：

夹盘；螺丝攻及钻头的夹套；车床刀架；自启式板牙头；砂轮架；珩磨机的珩磨头；镗杆；六角车床的转台等。

本品目也包括各种手提式工具的工具夹具。这些工具夹具通常是供品目82.05或84.67所列工具使用的。此外，本品目还包括软轴式装置的工具夹具（参见品目84.67及85.01的注释规定）。

（二）工件夹具，用以夹持，有时可按工作需要操纵正在加工的工件。这些夹具包括：

车床顶尖；各种机械式或气动式车床夹盘及其夹爪；工件夹板及夹台（不论是否装有测微调节或校正装置）；夹钳及角撑板；楔子及塞块；固定、旋转或可调节的虎钳；固定支架（这是一种环状装置，用以在车削时支撑长形工件，以防止工件因工具压力而发生翘曲或振动）。

（三）用于车削凹槽或球面等的辅助装置。

（四）仿形装置（包括电气或电子操作的），用于自动按样复制产品。

（五）装在车床、刨床、牛头刨床等机器上的表面精修装置。

（六）机械式或气动式自动控制装置，用以在进行加工时，对工件及工具的进级进行自动控制。

（七）其他特种辅助装置，用以提高机床的精确度，但其本身并不参与加工操作，包括定心或校平装置；分度头；分度表；测微刀架制动器；刀架空位装置等。这些装置即使配有光学零件以便读出刻度或进行调节（例如，光学分度头），仍应归入本品目。但如果这种装置本身就是光学器具，例如，定心显微镜（品目90.11）；调准或校平望远镜以及投影测试装置等（品目90.31），不应归入本品目。

本品目也不包括：

（一）品目68.04所列的砂轮及类似的研磨工具。

（二）磁性或电磁滤油器（品目84.21）。

（三）起重或搬运辅助设备（例如，在机械加工过程中支撑大型或重型工件时所用的调平千斤顶）（品目84.25等）。

（四）齿轮箱、其他变速装置、离合器及类似传动装置（品目84.83）。

（五）适合专用于或主要用于品目84.86所列机器及设备的零件及附件，包括工件或工具的夹具及机床或水射流切割机专用的其他配件（品目84.86）。

（六）电气或电子零件及附件（例如，磁性夹盘及数字控制板）（第八十五章）。

（七）测量或检测装置（品目90.31）。

（八）转数计及产量计数器（品目90.29）。

（九）机器用刷子（品目96.03）。

84.67 手提式风动或液压工具及本身装有电动或非电动动力装置的手提式工具：

— 风动的：

11 ——旋转式（包括旋转冲击式的）

19 ——其他

— 本身装有电动动力装置的：

21 ——各种钻

22 ——锯

29 ——其他

— 其他工具：

81 ——链锯

89 ——其他

— 零件：

91　——链锯用
92　——风动工具用
99　——其他

本品目包括装有电动机、气动机（或气动活塞）、内燃机或其他发动机（例如，小型液力涡轮机）的工具。气动机的压缩空气通常由外部供给；内燃机的点火电池通常是分开配置的。有些风动工具在用压缩空气进行操作时必须用液压装置加以辅助。

本品目仅包括手提式工具。所称“手提式工具”，是指用手提着进行操作的工具；也包括较重的手提式工具（例如，夯土机）。特别是在工作进行时，操作者可用手把这些工具提升搬动，并可用手工进行控制及导向。为了避免操作者在工作中不胜工具重荷，疲惫不堪，这些工具可配有辅助性的支撑装置（例如，三脚架、气腿、架空提升滑轮）。

但是，本品目的某些手提式工具可带有一些配件，以便临时固定在支撑物上。这些工具如果主要是如上文所述“用手提着进行操作的”，与支撑物一同报验时，仍应归入本品目。

本品目所包括的一些工具可配有辅助装置（例如，风轮及其集尘袋，用以在工作时清除和收集灰尘）。

本品目不包括从重量、体积等方面看明显不能如上文所述用手提进行操作的工具；也不包括配有底座或其他装置，用以装在墙壁、工作台或地板等上面的工具（不论是否手提式的）；还不包括配有可在导轨上滑行的装置的机器（例如，在铁路枕木上开槽或钻孔用的机器），以及带轮的手推式或类似手扶式机器，例如，用于打磨混凝土、大理石或木地板等的地板打磨机。

另外，本品目也不包括由装有一个或多个工具的工具夹具，以及带有一条软轴并且独立的点燃式活塞内燃发动机或独立的电动机所组成的组合装置。这些装置的工具夹具应归入品目84.66；动力机及其软轴应酌情归入品目84.07或85.01；工具则应归入其相应品目。

本品目的工具包括在各种行业中加工各种材料用的工具。

根据上述条件，本品目所列工具主要包括：

一、钻机、攻丝机或铰孔机。

二、镗孔机、岩钻及类似品。

三、扳手、机动螺丝刀、螺帽拧入或拧出器。

四、刨削、修整、磨平器具及类似工具。

五、锉机、研磨机、砂光机、抛光机及类似品。

六、金属丝刷清理机。

七、圆锯、链锯及类似品。

八、各种机动锤。例如，錾平锤、敲锈锤、堵缝锤、铆钉锤、混凝土破碎机等。

九、挤压式铆钉机、铆钉切断器及其他凿錾工具。

十、金属薄板切割机（剪刀式或步冲式）。

十一、铸造用夯砂机、从铸件中除芯的工具、铸模振动器。

十二、筑路或养路用的夯砂机。

十三、自动铲。

十四、便于混凝土浇灌及凝固的混凝土振动器。

十五、围篱整修器。

十六、液压锅炉式除垢器。

十七、车库等用的气动式油脂枪。

十八、修剪草坪或用于拐角、墙边、走道两旁及灌木丛下等修剪草丛的手提式剪草机器。这些机器有一个装于轻型金属架内的动力机及通常由一根细尼龙线组成的切割元件。

十九、便携式灌木清除机，配置有动力机、传动轴（硬轴或软轴）及工具夹具，报验时还附有各种可装于工具夹具上的可更换切割刀具。

二十、成衣工业上裁剪织物用的裁切机。

二十一、雕刻工具。

二十二、手提式电剪刀。这种工具由一块固定刀片、一块活动刀片，及一个驱动刀片的内置电动机组成，用于裁缝店、女帽制造工场及家庭等。

零　件

除零件的归类总原则另有规定的以外（参见第十六类总注释），本品目也包括本品目所列工具的零件，但品目 84.66 所列的工具夹具除外。

*

*　*

本品目不包括：

（一）石料、陶瓷或粘聚磨料制的研磨、磨刃、抛光或切割砂轮及类似品（品目 68.04）。

（二）第八十二章所列的工具。

（三）空气压缩机（品目 84.14）。

（四）液体或粉末喷射器、手提式喷枪、喷砂装置及类似品（品目 84.24）。

（五）电动割草机（品目 84.33）。

（六）家用电动器具（品目 85.09）。

（七）电动剃须刀、电动毛发推剪及电动脱毛器（品目 85.10）。

（八）医疗或牙科用的手提式电动器具（品目 90.18）。

84.68　焊接机器及装置，不论是否兼有切割功能，但品目 85.15 的货品除外；气体加温表面回火机器及装置：

10　—　手提喷焊器

20　—　其他气体焊接或表面回火机器及装置

80　—　其他机器及装置

90　—　零件

本品目包括：

一、利用气体或其他方式（品目 85.15 所列方式除外）进行操作的锡焊、铜焊或其他焊接机器及装置，不论其是否兼有切割功能。切割专用的机器应归入其相应品目。

二、气体加温表面回火机器及器具。

（一）利用气体加工金属等用的器具

这类器具是以可燃气体在氧气或空气喷流中燃烧产生的高温火焰进行工作的。

一般来说，这些器具不仅可用于本品目所列用途，还可用于有类似高温条件要求的其他工作（例如，某些工序所需的预热，或用金属修补磨损部分或填补空洞等）。实际上，有些器具是专用于有高温条件要求的其他工作的，但只要其操作方式及操作原理与本品目所列的其他器具相同，这些器具仍应归入本品目。

所有本类器具均配有将两种气体引向喷嘴的结构。喷嘴有两个喷口（同心配置或并列配置）；其中一种气体是可燃气（乙炔、丁烷、丙烷、煤气、氢等），另一种气体则是压缩空气或氧气。

本品目既包括手工操作的器具，也包括其他机器。

1. 手工操作的气焊器具（喷焊器）等

喷焊器按所使用的是高压或低压可燃气体，称为高压或低压喷焊器。高压喷焊器是将气体压缩，使气体流速增高。从而产生喷射火焰；低压喷焊器则须配有压缩机。

但两种喷焊器在结构上是相似的。喷焊器的管柄或管身与供气管相接，在喷管出口（喷嘴）点燃气体。喷焊器一般还配有调节阀等，并以软管与外部气源相接。

为了适应工作需要（例如，高炉出铁、铆钉割除、开槽或简单加热），其管身及喷嘴往往是可互换的（可调喷嘴、多孔喷嘴、分焰喷嘴等）。有些喷焊器专用于某种特定操作，例如，配有水冷却系统的喷焊器，适于繁重的工作。

2. 焊接机器等

这些机器的操作原理与上述第 1 部分所列器具相同，其主要部件为固定的或可调节的喷焊器。机器的其他部分（例如，送料台、夹爪、滑板架及铰接臂）可将工件固定、导引或推进，并按工作需要调节或移动喷嘴。

3. 表面回火机器

这些机器装有多个喷嘴，可按工件的形状进行配置。喷嘴喷在回火面的火焰热度很高。使回火面迅速升至所需温度，但热度不会穿透回火面之下。当回火面达到所需回火温度后，把冷却液喷在工件之上，或将工件浸在液池内。

（二）热塑塑料的气焊器具

本品目也包括焊接或密封热塑塑料及其制品用的某些机器。这类机器是利用焊炬喷出的火焰或热空气流、热氮气流或热惰性气流进行工作。空气或其他气体在通过气体加热管时可由气体加热管加热。

（三）其他焊接机器及装置（气焊器具除外）

本类包括：

1. 用带槽滚轮或加热烙铁进行焊接的机器及机械器具，但不包括手持式烙铁（品目 82.05）及品目 85.15 所列的电气焊接器具。

2. 摩擦焊接机。

零　件

除零件的归类总原则另有规定的以外（参见第十六类总注释），本品目也包括本品目所列机器或器具的零件。

本品目还包括支座（钢球、滚筒等）之类的附件。

*

*　*

本品目也不包括：

（一）品目 82.05 所列的喷灯及焊灯。

（二）喷涂熔融金属用的机器及器具（品目 84.24）。

（三）利用钢铁在氧气喷流中燃烧所产生的高温切割岩石或混凝土的设备（品目 84.79）。

（四）同时用气体及电进行焊接的机器及装置（品目 85.15）。

【84.69】

84.70　计算机器及具有计算功能的袖珍式数据记录、重现及显示机器；装有计算装置的会计计算机、邮资盖戳机、售票机及类似机器；现金出纳机：

10　—　不需外接电源的电子计算器及具有计算功能的袖珍式数据记录、重现及显示机器

—　其他电子计算器：

21　——　装有打印装置的

29　——其他
30　—　其他计算机器
50　—　现金出纳机
90　—　其他

本品目的所有机器（某些现金出纳机除外）都具有一个共同的特点，即均带有一个计算装置，可把至少两个多位数相加。必须注意，仅可逐个计数或相加的装置，不能视为计算装置（例如，装在某些邮票粘贴机、转数计、产量计数器上的装置）。本品目的机器可用手工或电气操作，用机械装置、电磁装置、电子装置或射流装置进行计算。

一、计算机器及具有计算功能的袖珍式数据记录、重现及显示机器

本类包括的计算机器范围很广。最简单的计算机只会进行加减运算；比较复杂的计算机能进行算术四则运算和其他多种运算（例如，开方根、将某个数字自乘至已知乘方及进行三角函数运算等）。本品目主要包括袖珍式电子计算器和办公室用电子计算器，不论其是否可编程序。本类也包括具有计算功能的袖珍式数据记录、重现及显示机器（参见本章注释九）。

可编程序的电子计算器与自动数据处理机的区别主要在于，这种计算器在运行过程中，没有人为干预，不能通过逻辑判断，在处理程序认为必要的地方修改指令的执行。这种计算器配有一个微处理器，可进行复杂的数学运算。

计算机器的主要部件包括：

（一）人工数据输入装置（挡块、游标、键盘等）。它还可装有自动输入循环数据或预定数据的辅助装置（穿孔卡片或穿孔纸带、磁带等的阅读装置）。

（二）计算装置，用一系列按键或一个程序进行操作。程序可以是固定的，也可以通过更换程序元件或改变程序指令加以修改。

（三）输出装置，可用显示或打印方式表示计算结果。打印式计算机还装有一种打印装置，用以打印计算结果，有时还可打印预备数据。计算机器不论是否带有上述装置，均应归入本品目。

配有打印装置的计算机器仅使用数字或有限的符号打印计算结果。但计算机器与会计计算机不同，只能在纸带或纸卷上垂直打印。有些计算机器还配有一些辅助装置，用以把计算结果以代码形式记录在数据记录媒体上。

计算机器的有些部件（计算装置、辅助装置等）可装在机器内，也可分立配置，用电缆相连接。

二、会计计算机

这种机器适于记帐等。它不仅具有会计功能（即将一系列数字加以汇总），还可在打印数字的同时，打印字母或符号，以完成会计手续所需的内容。

会计计算机的结构与一般计算机的结构很相似。它除配备人工数据（例如，借贷数据）输入装置之外，与一般计算机器一样，还可配置穿孔卡片或纸带、磁带或磁卡等的阅读装置，以便输入循环数据（帐号、客户姓名及地址等）或预定数据（例如，帐户余额）。

会计计算机装有数字式或字母数字式打印装置，既可垂直打印，也可横向打印；这是会计计算机与一般计算机的区别之一。

多数情况下，这些机器使用专门印制的格式，如工资单、发票、活页日记帐、日记帐、分类帐及档案卡片等。有些会计计算机能同时打印在两种或多种表格上（例如，打印在发票及其相应的日记帐及分类帐上）。

这些机器常配有一些装置，以便将数据以代码形式转录到数据记录媒体上。有些会计计算机在卡片上打印的同时，还以代码形式将计算结果录在卡片边缘的磁路上。这些计算结果可作为基本数据供机器继续运算之用。

与一般计算机一样，这些机器可以是一个独立单元，也可由几个分立单元组成，以电缆相连接。

三、现金出纳机

本类包括不论是否带有计算装置的现金出纳机。

这些机器适用于商店、办公室等场所将发生的各种交易情况（销售、服务等）、每笔交易的金额、总额记录下来，有的还可记录所销售商品的编号、数量、交易时间等。

有关数据可以用人工方式通过键盘及挡块、拉杆或手柄输入，也可以使用如条形码阅读器等方式自动录入。与计算机器和会计计算机一样，有些现金出纳机也可配有辅助装置（例如，卡片或纸带阅读机），用以自动输入重复或给定数据。

现金出纳机通常在显示计算结果的同时还可将结果打印在给顾客的发票及计数纸卷上，这些计数纸卷可以定期取下作核对之用。

这些机器常配有抽屉或格子供存放现款之用。

它们还可配有各种辅助装置，例如，扩充运算能力用的乘法器、计算应找金额用的计算器、自动找零器、购物券发放器、信用卡阅读器、支票数位核对器以及把部分或全部交易数据以代码形式转录到数据记录媒体上的装置。若单独报验，这些装置应归入其相应的品目。

本品目也包括与自动数据处理机连用的现金出纳机（不论是在线连用还是离线连用）以及利用通过电缆所连的另一台现金出纳机的存储器和微处理器进行同样工作的现金出纳机。

本组也包括利用信用卡或借记卡进行电子支付用的终端机。这些终端机利用电信网络连接到金融机构，以获得授权并完成交易，记录并制发标有借贷金额的收据。

四、配有计算装置的其他机器

这些机器包括：

（一）邮资盖戳机，用以在信封上印出一个图样，以代替邮票。这种机器装有一种不可逆汇总装置，用以汇总邮资总额。此外，这种机器还可在信封上印出其他内容（例如，广告短语）。

（二）售票机，用以在售票（例如，电影票或火车票）的同时将票款加以记录并汇总。有些售票机还可印制票券。

（三）赛马场用的赌金计算机，用以售票，并记录、汇总赌注金额。有些较复杂的赌金计算机能按赌注算出输赢。

仅可计算售出票数而不能汇总金额的机器，不归入本品目（一般归入品目84.72）；投币式机器则归入品目84.76）。

零件及附件

除零件的归类总原则另有规定的以外（参见第十六类总注释），本品目所列机器的零件及附件应归入品目84.73。

*

*　*

本品目不包括：

（一）品目84.71所列的数据处理机。

（二）带重量累计装置的衡器（品目84.23或90.16）。

（三）计算尺、圆盘计算器、圆筒计算器及其他根据计算尺原理或其他数字计算原理工作的计算器具，包括用记录针按给定程序选择数字的袖珍式加减器（品目90.17）。

（四）逐项计数用的器具，例如，品目90.29所列的转数计、产量计数器等。

84.71　自动数据处理设备及其部件；其他品目未列名的磁性或光学阅读机、将数据以代码形式转录到数据记录媒体的机器及处理这些数据的机器（+）：

30　—　重量不超过10千克的便携式自动数据处理设备，至少由一个中央处理部件、一个

键盘及一个显示器组成

— 其他自动数据处理设备：

41 —— 同一机壳内至少有一个中央处理部件及一个输入和输出部件，不论是否组合式

49 —— 其他，以系统形式报验的

50 — 子目 8471.41 或 8471.49 所列以外的处理部件，不论是否在同一机壳内有一个或两个下列部件：存储部件、输入部件、输出部件

60 — 输入或输出部件，不论是否在同一机壳内有存储部件

70 — 存储部件

80 — 自动数据处理设备的其他部件

90 — 其他

一、自动数据处理设备及其部件

数据处理是指按预定的逻辑顺序对各种信息进行处理，既可专用于某一方面，也可用于多方面。

自动数据处理设备可根据预定指令（程序），进行逻辑上相互关联的操作，以提供可直接使用的数据。有些数据则用作其他数据处理的依据。

本品目包括的数据处理设备可因任务不同而变换逻辑操作顺序；还可自动操作，即在操作过程中不需要人工干预。这些机器多数是利用电子信号进行工作；但也可利用其他技术进行工作。这些机器可以是独立单元，即将所有数据处理部件装在同一机壳内；也可以是由多个分立部件所组成的系统。

本品目还包括单独报验的上述自动数据处理系统的各种组成部件。

但本品目不包括配有自动数据处理装置，或与数据处理机连用，但具有特定功能的某些机器、仪器或设备。这些机器、仪器或设备应按其特定功能归入相应的品目；无特定功能的应归入未列名品目（参见本章总注释第五部分）。

（一）自动数据处理设备

本品目的自动数据处理设备必须能同时满足本章注释六（一）所列的条件，即：

1. 能存贮一个或多个处理程序及执行程序直接需要的起码数据；

2. 可按照用户要求随意编辑程序；

3. 可按照用户指令进行算术计算；

4. 在运行过程中，可不需人为干预而通过逻辑判断，执行一个处理程序，这个处理程序可修正计算机指令的执行。

因此，仅可使用固定程序（即不能由用户修改的程序）操作的机器，即使有多个固定程序可供用户选择，也不归入本品目。

这些设备具有存贮能力，可按不同的任务变换存贮的程序。

自动数据处理设备是以代码形式进行数据处理的。代码是一组限定字符（二进制代码、国际标准化组织的标准六位代码等）。

数据的输入通常是利用各种数据记录媒体（例如，磁带）或通过直接阅读原始文件等自动进行；也可由人工用键盘将数据输入；或用某些仪器（例如，测量仪器）直接将数据输入。

所输入的数据由输入部件转换成设备可以使用的信号，存入存贮部件内。

部分数据及程序可暂时存贮在使用磁盘、磁带等的辅助存贮器内。但数据处理设备必须配有一个主存贮器，可为直接执行某一具体程序服务，并具有足够容量存贮部分处理和编译程序以及当次处理运行中所必需的数据。

自动数据处理设备可以装在同一机壳内，由一个中央处理部件、一个输入部件（例如，键盘或扫描器）及一个输出部件（例如，可视显示器）组成，也可由多个分离的部件互相连接而成。对于后

一种情况，这些部件至少包括一个中央处理部件、一个输入部件及一个输出部件，从而形成一个“系统”（参见本章子目注释二）。可以通过有线或无线方式互相连接。

完整的自动数据处理系统至少包括：

1. 一个中央处理部件，一般包括主存贮器、运算及逻辑元件、控制元件；这些元件有时以分立单元的形式出现。

2. 一个输入部件，用以接收输入数据，并将其转换成机器能够处理的信号。

3. 一个输出部件，用以将机器提供的信号转换成可阅读的形式（打印文字、图表或显示等），或转换成代码数据，以便于进一步使用（处理、控制等）。

上述两个部件（例如，输入及输出部件）也可组合成一个部件。

完整的自动数据处理系统应该归入本品目，即使其中一个或多个部件在单独报验时可归入其他品目［参见下述第（二）部分——单独验报的部件］。

这类系统包括以数据终端机的形式出现的与主机相距较远的输入或输出部件。

这类系统除包括输入或输出部件以外，还包括可扩充系统性能（例如，扩充中央处理器的一种或多种功能）的部件［参见下述第（二）部分］。这些部件一般装在输入部件与输出部件之间（在系统的首尾部分）；但有时适配及转换部件（通道适配器及信号转换器）是装在输入部件之前或装在输出部件之后。

自动数据处理设备及系统用途很广。例如，用于工业、商业、科研、公共管理或私人管理等。{关于装有自动数据处理装置或与自动数据处理设备连接使用，但却从事某项专门功能的机器的归类［本章注释六（五）］，参见第八十四章总注释的第五部分。}

（二）单独报验的部件

除本章注释六（四）及（五）另有规定的以外，本品目也包括单独报验的数据处理系统的组成部件。它们可以是具有单独机壳的部件形式，也可以是没有单独机壳的部件形式，用以插入一台设备中（例如，在主机板上插入中央处理器）。作为整个系统组成部分的组成部件的定义，参见以上第（一）部分及下文。

一台装置只有符合以下条件，才能作为自动数据处理系统的部件归入本品目：

1. 执行数据处理功能；

2. 符合本章注释六（三）所规定的下列标准；

（1）专用于或主要用于自动数据处理系统；

（2）可以直接或通过一个或多个其他部件同中央处理器相联接；以及

（3）能够以本系统所使用的方式（代码或信号）接收或传送数据。

3. 没有被本章注释六（四）及（五）的规定所排除。

根据本章注释六（三）最后一段的规定，凡是符合上述2（2）及第2（3）所列条件的键盘、X－Y坐标输入装置及盘（片）式存储部件，应一律按数据处理系统的组成部件归类。

执行数据处理以外的某项专门功能的部件，应按其功能归入相应的品目，无法按功能归类的，应归入未列名品目［参见本章注释六（五）］。不符合本章注释六（三）所列标准，或不执行数据处理功能的装置，应运用归类总规则一的规定，必要时结合归类总规则三（一）的规定，按其特征进行归类。

单独报验的器具，例如，测量或检测仪器，加装一些装置（例如，信号转换器）后，虽可直接与数据处理机连接使用，但这些器具不应视为自动数据处理系统的部件，而应归入其相应品目。

除中央处理部件及输入与输出部件以外，各种部件还包括：

1. 外接于中央处理部件的附加存贮器［磁卡片机、磁盘或光盘存贮器、磁带自动加载装置及程序库、光盘驱动程序库（有时称为“自动光盘机”）等］。本组还包括称为“专用存储格式”的附加数据存储装置，不论其用于安装在自动数据处理设备内部或供外部使用。这些装置可以是磁盘驱动器，也可以是磁带驱动器。

2. 用以扩充中央处理器数据处理能力的附加设备（例如，浮点运算部件）。

3. 控制及适配部件，用以使中央处理器与输入或输出部件相连接（例如，USB 插口）。但本品目不包括有线或无线通讯网络用的控制及适配部件（品目 85.17）。

4. 信号转换部件。输入时可将外来信号转换成机器能识别的信号；输出时可将机器处理后输出的信号转换成可在外部使用的信号。

5. X－Y 坐标输入装置，即将位置数据输入到自动数据处理设备的部件。它们包括鼠标器、光笔、操纵杆、跟踪球及触感屏，其共同的特征是显示与某固定点相关位置的数据即构成（或解释为）输入，其共同的用途是控制在显示部件上光标的位置，以取代或辅助键盘的光标键。

本类也包括图形输入板，即一种可以捕获并记录曲线及任何其他几何形状的坐标的 X－Y 坐标输入装置。这种装置一般由一块带敏感触面的长方形板、绘图用的指示器或笔、以及连接到联接板的图像放大器构成，用于输入数据。

本类还包括具有与图形输入板功能相类似的数字转换器。但图形输入板用于制作艺术及图形的原本，并可选定应用菜单及控制屏幕上的目标，而数字转换器则一般用于捕获仅以硬拷贝形式存在的现有图形。数字转换器指示器可假定为任何形状，但其尺寸必须较小，以便于用手握住并在数字转换器的感触区域来回移动。十字指针为最常见的形状。

二、未列名的磁性或光学阅读机、将数据以代码形式转录到数据记录媒体的机器及处理这些数据的机器

本组包括的机器范围很广，其中许多是电磁或电子式设备；它们的作用往往是互补的，用于进行统计、会计或其他工作。本组包括磁性或光学阅读机、将数据以代码形式转录到数据记录媒体的机器以及处理数据并进行译码的机器。

本组仅包括在其他品目未列名的机器。因此不包括下列机器：

（一）上述第一部分所列的自动数据处理设备及其部件，但条形码阅读机除外。

（二）品目 84.70 的计算机器、会计计算机及现金出纳机，它们与本类机器的区别在于本类机器没有手工输入装置，而只能完全以代码形式将数据输入（磁带、磁盘、光盘等）。

（三）自动打字机及文字处理机（品目 84.72）。

（一）磁性或光学阅读机

磁性或光学阅读机用以阅读特殊形式的字符，并将其转换成电信号（脉冲信号）；机器可用这种电信号直接转录或处理代码信息。

1. 磁性阅读机。这种设备是先用特种磁性墨水将字符磁化，再用读出磁头将其转换成电脉冲。然后通过与寄存在存贮器的数据比较或用一般为二进制的数字码对这些脉冲信号加以识别。

2. 光学阅读机。这种阅读机无需使用特种墨水；它是由一组光电管直接阅读字符，并将其译成二进制代码。本组还包括条形码阅读机。这些设备通常使用光敏性半导体装置（例如，激光二极管），并作为输入单元与自动数据处理设备或其他设备（例如，现金出纳机）连接使用。它们可以是手提式或台式，也有装在机器上使用的。

上述阅读机只有在单独报验时才归入本品目；如果与其他机器（例如，将数据以代码形式转录到数据记录媒体的机器以及处理这些数据的机器）结合使用并与这些机器同时报验，则应与有关机器一并归类。

（二）将数据以代码形式转录到数据记录媒体的机器

本组包括：

1. 将代码信息从一媒体转到另一媒体的机器。这些机器可用以将代码信息从一种媒体转录到另一种媒体或转录到同类型的其他媒体上。同类媒体转录机器包括将主磁带、主磁盘或主光盘上的数据全部或部分地复制在新磁带、新磁盘或新光盘（例如，DVD，CD－ROM）上所用的复制机。

2. 将固定程序输入集成电路的机器（程序编制器）。这些机器用于将存于程序编制器的内存储器的数据以代码形式转到集成电路上。程序编制器根据所使用的可编程序集成电路类型，用各种不同的技术，将信息“烧录”于一片或多片集成电路上。

某些程序编制器（仿真程序器）具有附加功能，能使用户在实际将程序转到集成电路上之前，先将程序运行结果显示或模拟出来。

零件及附件

除零件的归类总原则另有规定的以外（参见第十六类总注释），本品目所列机器的零件及附件应归入品目84.73。

*

*　*

本品目也不包括：

（一）电源（品目85.04）。

（二）调制解调器。这种装置以电话网络可传输的形式对从自动数据处理机获得信息进行调制，然后重新将其转换成数字形式（品目85.17）。

（三）电子集成电路（品目85.42）。

（四）模拟飞行器（例如，品目88.05）。

○

○　○

子目注释：

子目8471.30

本子目包括便携式自动数据处理设备，重量不超过10千克。该设备带有一个平面屏幕，可以在没有外接电源的情况下工作，并经常带有调制解调器或其他装置，以供与网络建立连接之用。

子目8471.90

本子目主要包括光盘文件生成系统，它通常包括键盘、显示器、光盘驱动器、扫描器及打印机。该系统可以带有一台作为控制器用的自动数据处理机，或配置成可通过一台自动数据处理机进行存取或控制。它一般有以下功能：

——通过电子扫描记录图像

——生成文件

——信息检索

——显示数据

——在普通纸上打印。

84.72　其他办公室用机器（例如，胶版复印机、油印机、地址印写机、自动付钞机、硬币分类、计数及包装机、削铅笔机、打洞机或订书机）：

10　—　胶版复印机、油印机

30　—　信件分类或折叠机或信件装封机、信件开封或闭封机、粘贴或盖销邮票机

90　—　其他

本品目包括所有未能归入上述两个品目，或在协调制度其他品目未具体列名的办公室用机器。

所称“办公室用机器”，其含义较广，包括在办公室、商店、工厂、车间、学校、火车站、旅馆等场所用于“办公室工作”（即有关书信、文件、表格、记录、帐目等的书写、记录、分类、归档等工作）的各种机器。

办公室机器必须装有底座以备安装或放置在桌上或台上等，才能归入本品目。本品目不包括第八十二章所列未装有类似底座的手工工具。

本品目所列的机器可用手工操作，也可以是机动或电动的（包括电磁继电器及电子操作的机器）。

本品目主要包括：

一、胶版复印机（例如，明胶版复印机或醇溶碳纸复印机）、**油印机**（用铁笔或打字机预先刻制的蜡纸进行复印）。本品目还包括与胶版复印机连用的小型压机。

但本品目不包括即使是办公室用的小型印刷机（例如，凸版印刷机、平版或胶版印刷机），使用凸纹塑料片或金属片进行复印的复印机（含兼可用蜡纸复印的机器），以及感光复印机、热敏复印机（品目84.43）及缩微胶片设备（第九十章）。

二、地址印写机，一般是使用一组小纸卡、金属模板或凸纹金属模板在发票、信件、信封等上面快速印写地址。本品目也包括刻制模板或压制凸纹金属模板的专门机器，以及可在多种地址模板中进行挑选的机器。

三、售票机［但不包括装有计算装置的售票机（品目84.70）及投币式机器（品目84.76）］。本品目包括小型的手提式票券打洞机或用纸卷印发票券的机器（例如，公共汽车及有轨电车售票员使用的售票机）；也包括在票券上加盖日期的机器。

四、硬币分类机或硬币计数机（包括钞票计数及支付机）。这些机器不论是否装有硬币或钞票的包装装置（有时还装有在包装纸上印出总金额的装置），均归入本品目。

计重式硬币计数机应归入品目84.23或品目90.16。

五、自动付钞机，与自动数据处理机连用，不论是在线的还是离线的。

六、自动柜员机，顾客可通过该机器对他们的帐户进行存款、提款、转帐和查询结余等操作，而无须直接与银行职员联系。

七、削铅笔机，包括手工操作的在内。

本品目不包括非机械式卷笔刀。卷笔刀应归入品目82.14。如果具有玩具特征，则应归入第九十五章。

八、打洞机，用以在纸卡或文件上打洞（例如，供活页归档用或作简单索引或分类用）。

本品目不包括成行穿孔机（例如，供邮票穿孔用）（品目84.41）。

九、在纸带上穿孔供自动打字机用的机器。

十、用穿孔纸带操作的机器。这种机器本身未装有打字装置，但已构成与普通打字机连用进行自动打字的分立单元。这类机器有些可按要求在穿孔纸带中进行选择，以打印某份信件或文件。

十一、订书机（用订书钉装订文件）及拆钉机。

但本品目不包括：

（一）订书枪（品目82.05）。

（二）装订书籍用的订书机器（品目84.40）。

（三）制纸板箱用的装订机（品目84.41）。

十二、折信机。这种机器有时装有某种装置，可将信插入信封或用纸带包扎信件。

十三、开信机及封信机。

十四、邮票盖销机。

十五、邮局用的信件分类机，主要由编码台、预分拣信道系统、中间分拣机及最终分拣机所组成。整套设备是由一台自动数据处理机控制，从而构成一个第十六类注释四所指的“功能机组”（参见第十六类总注释）。

十六、供应包装纸或胶水纸的机器。

十七、涂湿胶水纸或邮票的机器（包括简单的滚筒式涂湿机）。

十八、销毁保密文件用的碎纸机。

十九、支票填写机。这是一种填写支票专用的小型机器。这种机器除可逐个字母填写外，一般还可同时打出整个单词或词组（例如，将支票插入机器后，可用文字打印出金额）。这种机器一般是采用消不去的特种渗透墨水填写支票；有时还需对支票穿孔或压印。

二十、支票签署机。这种机器用不能涂抹的方式自动在支票上签名，一般还有难以复制的精密背景。

二十一、自动找零机，可与现金出纳机连用，向顾客自动找零。

二十二、在办公室供文件及打印材料的分类和整理用的独立式机器。

二十三、打字机（品目84.43的打印机除外）。一般以配有手动键盘为特征，按键时能把相应的字符直接打印在纸上。有些打字机是用一系列拉杆及字锤操作，字符凸纹镌刻在字锤的面上；其他打字机的字符装在墨球、滚筒、菊瓣字轮或圆柱形元件（梭子）上，可将所需字符对着纸面进行打印。一般是逐字进行打印，在特殊情况下，也可使用组合字符（例如，标准词组、单词或缩写词）进行打印。

本品目包括使用任何字符（例如，正常的字母及数码、速记符号、音符或盲文符号）进行打印的打字机。操作原理与普通打字机相同的书写代码或解码用的机器，也应归入本品目。

用电动机或电磁继电器操作的电动打字机，或某些配有电子装置的自动打字机，也应归入本品目。

本品目还包括：

（一）自动打字机，它们包括：

1. 穿孔纸带打字机，将预先穿孔的纸带通过机器，即可打出一段现成的文字或一封现成的信。

2. 具有有限存储能力的打字机，通过使用附加的功能键，可自动记忆、修改及重复打印文字。

3. 无键盘机器（打印机），其通过可互换的活字轮逐字进行打印。此类机器可通过适当的接口与其他打字机、文字处理机、自动数据处理机等相连接。除本章注释六第（二）款另有规定的外，符合本章注释六第（四）款第1项所列条件的打印机，应按品目84.43的印刷（打印）机归类。

（二）在电线的绝缘套管上打印识别符号（有时还可用加热字符烙印）**的机器。**

（三）不带任何计数装置，专供会计用的打字机（例如，用以在诸如发票、活页分类账簿、日记账或归档卡片等设定表格上进行打印）。

（四）带有某种装置，可将打印的数字传送到独立的计算机器的打字机；或带有测速用计数装置的打字机。

二十四、文字处理机。此类机器除配有键盘外，还配有一个或多个大容量存储器（例如，大磁盘、小磁盘或盒式磁带）、显示装置及打印机。各种部件可装在一个单机机壳内，或者装在各个独立机壳内，用电缆连接起来。文字处理机可配有接口，以便接到其他文字处理机、照相植字设备、自动数据处理机或电信系统等上使用。文字处理机在修改及编辑文字的功能上强于自动打字机，但在数字运算方面却不能与自动数据处理机（其定义参见本章注释六）相比，因此并未丧失文字处理机的特征。文字处理机与品目84.71的自动数据处理机的区别主要在于，它们在运行过程中不能通过逻辑判断，对程序的执行进行修正（参见本章注释六）。

上述第十九项及第二十项所列的机器也可用于填写与签署其他文件。

零件及附件

除零件的归类总原则另有规定的以外（参见第十六类总注释），本品目所列机器的零件及附件应归入品目84.73。

*

* *

本品目不包括：

（一）作为品目84.43所列机器的零件或部件的分页器。

（二）会计计算机（品目84.70）。

（三）自动数据处理机（品目84.71）。

（四）电传打字机（品目85.17）。

（五）口授机及其他声音录制或重放设备（品目85.19）。

（六）检查钞票或其他文件用的X射线装置（品目90.22）。

（七）时间记录器（品目91.06）。

（八）玩具打字机（品目95.03）。

（九）手工操作的日期戳、封缄戳及类似印戳（品目96.11）。

84.73　专用于或主要用于品目84.70至84.72所列机器的零件、附件（罩套、提箱及类似品除外）：

— 品目84.70所列机器的零件、附件：

21　——子目8470.10、8470.21或8470.29所列电子计算器的零件、附件

29　——其他

30　— 品目84.71所列机器的零件、附件

40　— 品目84.72所列机器的零件、附件

50　— 同样适用于品目84.70至84.72中两个或两个以上品目所列机器的零件、附件

除零件的归类总原则另有规定的以外（参见第十六类总注释），本品目包括专用于或主要用于品目84.70至84.72所列机器的零件及附件。

本品目所包括的附件是可互换的零件或特定装置，这些装置装上后，可以使机器适于进行某种特定操作，或进行某种与机器主要功能相关的伺服操作，或扩大其操作范围。

本品目包括：

一、连续将纸张送进打字机、会计计算机等用的表格输入装置。

二、打字机、会计计算机等用的自动定距器。

三、装在地址印写机上的造表装置。

四、制表机的辅助打印装置。

五、装在打字机上的纸张夹持器。

六、明显用于地址印写机的金属地址印板，不论是否已切割或压纹。

七、打字机、会计计算机、计算机器等用的计算装置。

八、清洁自动数据处理机等的软盘驱动器用的软磁盘。

九、适合专用于或主要用于自动数据处理设备的电子存储器模件［例如，单列直插式内存模块（SIMM）和双列直插式内存模块（DIMM）］，不构成第八十五章注释十二（二）2所列的分立元件，不符合多元件集成电路（MCOs）的定义［参见第八十五章注释十二（二）4］，也不具有独立功能。

但本品目不包括罩套、提箱及毡垫；这些货品应归入其相应的品目。本品目也不包括家俱（例如，橱及桌），不论其是否办公室专用（品目94.03）。但通常专用于品目84.70至84.72所列机器的台架，仍归入本品目。

本品目也不包括：

（一）适用于品目84.70、84.71或84.72所列机器的卷轴或类似芯子（按其构成材料归类，例如，归入品目39.23或第十五类）。

（二）鼠标垫（按其构成材料归类）。

（三）油印蜡纸或胶印版纸（品目48.16）或其他材料制的模板（按其构成材料归类）。

（四）印制的统计卡片（品目48.23）。

（五）磁性记录用的磁盘及其他媒体（品目85.23）。

（六）电子集成电路（品目85.42）。

（七）转数计（例如，装在打字机上测速用的）（品目90.29）。

（八）打字机色带或类似色带，不论是否带轴或装盒（应按其材料属性归类；如已上油或经其他方法处理能着色的，应归入品目96.12）。

（九）单脚架、双脚架、三脚架及类似品（品目96.20）

84.74 泥土、石料、矿石或其他固体（包括粉状、浆状）矿物质的分类、筛选、分离、洗涤、破碎、磨粉、混合或搅拌机器；固体矿物燃料、陶瓷坯泥、未硬化水泥、石膏材料或其他粉状、浆状矿产品的粘聚或成形机器；铸造用砂模的成形机器：

10 — 分类、筛选、分离或洗涤机器
20 — 破碎或磨粉机器
— 混合或搅拌机器：
31 —— 混凝土或砂浆混合机器
32 —— 矿物与沥青的混合机器
39 —— 其他
80 — 其他机器
90 — 零件

本品目包括：

（一）主要在采掘工业中，用以处理（分类、筛选、分离、洗涤、压碎、磨粉、混合或搅拌）泥土（包括矿物颜料）、粘土、石料、矿石、矿物燃料、矿物肥料、矿渣水泥或混凝土等固体矿产品（一般是指本协调制度第五类所列的产品）的机器。

（二）粉状或浆状固体矿产品的粘聚、模制或成形机器（例如，用于粘聚固体矿物燃料；陶瓷坯泥、未硬化水泥、石膏材料等的模制成形，不论是否加入粘胶剂或填充剂）。

（三）铸造用砂模的成形机器。

本品目所列的许多机器具有上述两种以上功能（例如，水力分类洗涤机、磨粉分类机、磨粉混合机、混合模制机等）。

某些本类机器一般用于处理矿产品。但作为次要用途，也可用于处理非矿产品（例如，木材或骨料）；这些机器仍应归入本品目。但本品目不包括专用于对非矿产品进行类似处理的机器（例如，木片筛选分类机；木材磨粉机；研磨或混合化学品或有机颜料的机器；研磨骨、兽牙等的机器；粘聚或模制软木粉的机器）。

一、上述第一类所列的机器（主要用于采掘工业的机器）

本组包括：

（一）分类、筛选、分离及洗涤机器。这些机器用于按材料粒块的大小或重量将其加以分类，或将其中杂质冲洗干净。这些机器包括：

1. 滚轴分类机。这种机器配有多个平行滚轴。向同一方向旋转时，滚轴间或多或少产生接触。每个滚轴上有一些凹槽，与邻接滚轴形成一个通道。这样，经过滚轴的材料只要比较细小，即可从通道中落下。通道尺寸沿机器逐渐增大，这样当材料通过通道落下时，可按粒块大小用容器加以收集。

2. 金属网或穿孔板筛选机。材料沿倾斜筛下滑；筛上的网眼或孔眼越向下越大。这种机器有两种：一种的金属网筛或穿孔板成倾斜鼓状（一般为圆筒形或六角形），并能旋转（滚筒筛）；另一种是用机器振动或摆动斜面筛或穿孔板。

3. **耙式分类机**。这类机器是用一组耙对材料进行分类，各耙齿间留有一定间隙。

4. **从煤中除去石块等的各种专用机器**。

5. **水力洗涤、分离或精选机**。其中有些机器单纯用以冲去杂质；其他机器则将较重的不悬浮于水中的部分加以分离或精选。

6. **浮选分离机**，主要用于精选矿石。将压碎的矿石与水及某种表面活性剂（油或各种化学品）混合，在部分矿石微粒表面形成一层薄膜，将其带到液面并加以分离。有时还将空气吹入混合物，以加速分离。

本品目也包括配有磁性或电力装置的分类或分离机器（例如，静电分离机），以及配有电子或光电探测装置的机器。例如，用放射性测量装置操作的铀或钍矿砂分类设备。

本品目不包括离心分类机，即完全根据离心原理分离材料的机器（品目84.21），在这种机器中，微粒是按不同比重聚集在离快速旋转中心远近不同的地点上。但用离心力将材料抛向金属网筛的机器仍归入本品目。

与筛选分类机连用的输送带，除非构成筛选分类机的不可分割部分，或输送带本身作为一种筛选分类装置（例如，输送带上有孔眼供筛选分类用），否则应归入其相应品目。

（二）压碎及磨粉机器。这些机器包括：

1. **立式旋转压碎机**，主要由一个容器与一个旋转锥体配置而成，锥体有时可作偏心转动，在锥体与容器内壁之间将材料压碎。

2. **各种颚式破碎机**。压碎的材料从两个直立的有槽齿板（一个固定，另一个可移动）之间落下。

3. **鼓式破碎机**。将材料提升至鼓顶，然后落到底部跌碎。

4. **滚轴压碎机或磨粉机**。材料在两个以相反方向转动的平行滚轴之间压碎。滚轴间的距离按所需材料的粗细程度而定。多数情况下，这些机器配有多对平行滚轴。

5. **撞碎机**，可将材料猛烈甩向（例如，用快速旋转臂甩出）机器的内壁。

6. **锤式破碎机**。

7. **球磨机或棒磨机**，主要配有一个转筒，内装许多球或短棒（例如，钢或陶瓷制的球或短棒）。将材料放入转筒内，利用球或棒的作用将其破碎或磨粉。

8. **磨盘式磨粉机**。

9. **落锤破碎机**（也称捣碎机），主要用于捣碎矿石。用一系列凸轮操纵的落锤（常为分级排列），将材料捣碎至所需细度。

10. **破碎捏和机**，用于陶瓷工业中将大块粘土加以破碎及搅拌，以备进一步加工。

（三）混合或搅拌机器，主要由一个容器与搅拌桨或其他搅拌装置配置而成。利用搅拌作用将两种或多种材料加以混合揉捏。这些机器包括：

1. **混凝土或灰浆搅拌机**，但不包括固定安装在铁路车辆及卡车底盘上的混凝土搅拌机（品目86.04或87.05）。

2. **将矿物（破碎的石料、砂砾、石灰石等）与沥青混合制造沥青路面材料的机器**。这些机器可采用各种配置形式，例如，由分离的各部分（加料斗、干燥器、除灰器、混合器、提升机等）装在一个共同的底盘上，组成一套设备；或简单地将各部分并列配置，构成一套功能机组（固定或可移动的沥青搅拌设备）。

3. **矿石混合机**。

4. **将煤粉等与粘结材料混合制造粘聚燃料的机器**。

5. **陶瓷工业用的混合或搅拌机器**（例如，用以将粘土与颜料混合或揉捏陶瓷坯泥）。

6. 配制铸砂用的搅拌机。

二、粘聚、模制或成形机器

这些机器一般可分为下列三种类型：

（一）使用压模进行工作的各种压力机。将预先配制好的材料加以粘聚，并将其压成所需形状。

（二）大型滚筒，其表面有一系列凹孔或模型，用以将材料压成所需形状。或

（三）挤压机器。

本组包括：

1. 将固体矿物燃料（煤粉、泥炭纤维等）粘聚成砖、球、蛋等形状的机器。

2. 陶瓷坯泥的粘聚或成形机器。这些机器包括：

（1）模压式或挤压式制砖机，包括将挤出的条料切成砖块的机器。

（2）瓦片模压机，包括修整瓦片边缘的机器。

（3）陶管的模压或挤出机器。

（4）条形砖制造机。这种机器是将金属丝网通过滚筒，从而在丝网交点上覆上粘土。

（5）陶轮及类似机器。将陶瓷坯泥放在陶轮上旋转，并用手工或借助工具模制成形。

（6）模制陶瓷假牙用的机器。

3. **粘聚研磨料以制造砂轮的机器。**

4. **制造各种混凝土预制件的机器**（例如，用以制造铺路石、柱、栏杆、标杆等），包括制造管道用的离心式模制机。

5. **模制各种石膏、纤维灰浆、灰泥等制品的机器**（例如，用以模制玩具、小塑像及天花板装饰件等）。

6. **模制石棉水泥制品的机器**（例如，用以模制大桶、饮槽、烟囱）**及用心轴绕制石棉水泥管道的机器。**

7. **模制石墨电极用的机器。**

8. **挤出石墨铅笔芯的机器。**

9. **模制黑板粉笔用的机器。**

三、铸造用砂模的成形机器

这些机器有多种，用以将预先制备的铸砂放入型模内压成铸造用模芯，或围绕型箱中的阳模压成型模，常配有振实装置，以使砂模结实。

本类包括多种利用压缩空气作用于活塞或直接作用于砂的表面进行操作的机器，但不包括压缩空气喷砂机（品目84.24）；也不包括砂芯或铸模烘干炉（品目84.19）。

零　件

除零件的归类总原则另有规定的以外（参见第十六类总注释），本品目所列机器的零件也归入本品目。但球磨机用的球应按其构成材料归类。

*

*　*

本品目也不包括：

（一）粉状燃料燃烧器；配有粉化或磨粉设备的机械加煤机（品目84.16）。

（二）研光机及滚压机（品目84.20）。

（三）压滤机（品目84.21）。

（四）石料或其他矿物材料的加工机床，以及玻璃冷加工机床（品目84.64）。

（五）混凝土振捣器（酌情归入品目84.67或84.79）。

（六）玻璃的模制或压制机器（品目84.75）。

（七）塑料的模制机器（品目 84.77）。
（八）通用压力机（品目 84.79）。
（九）混凝土摊铺机（品目 84.79 或第八十七章）。
（十）金属铸造型箱；本品目所列机器用的型模（品目 84.80）。

84.75 白炽灯泡、灯管、放电灯管、电子管、闪光灯泡及类似品的封装机器；玻璃或玻璃制品的制造或热加工机器：

10 — 白炽灯泡、灯管、放电灯管、电子管、闪光灯泡及类似品的封装机器
— 玻璃或玻璃制品的制造或热加工机器：
21 —— 制造光导纤维及其预制棒的机器
29 —— 其他
90 — 零件

本品目包括白炽灯泡、灯管、放电灯管、电子管、闪光灯泡的封装机器，还包括玻璃或玻璃制品的制造或热加工机器（但品目 84.17 或品目 85.14 所列的熔炉除外）。

一、白炽灯泡、灯管、放电灯管、电子管、闪光灯泡的封装机器

本组包括：

（一）灯泡的真空封口机器。

（二）白炽灯泡或电子管的旋转自动封装机。

这类机器一般配有玻璃热加工设备（例如，喷焊器或封闭玻璃壳用的加压及闭合装置）；但即使未配有上述设备，这些机器仍应归入本品目。

本品目也包括利用输送装置使机器各部分（玻璃热加工设备、泵机及灯泡检验装置等）相互连接的白炽灯泡封装机器（参见第十六类注释四）。

但本品目不包括专用于制造作为灯泡或电子管元件的金属零件的机器［例如，切割或深冲加工制造屏蔽、阳极或支架的机器（品目 84.62）、盘旋细金属丝以制造电灯丝的机器（品目 84.63）及焊接屏蔽或电极用的机器（品目 84.68 或 85.15）］。

二、玻璃或玻璃制品的制造或热加工机器

本品目所列的玻璃加工机器是指对受热变软或变成液状的玻璃（包括熔融石英或其他熔融硅石）进行加工的设备。这类机器主要是用浇铸、拉伸、滚压、纺丝、吹制、仿形、模制等加工方法进行操作。但不包括硬质玻璃（即使稍经加热以利于加工）的加工机器（品目 84.64）。

（一）平面玻璃制造机器

本组包括：

1. 用拉成的玻璃片带制造玻璃片的机器。这种机器用一个特殊装置把粗成形玻璃片提起；玻璃片通过退火炉时，由滚筒夹紧垂直或横向拉伸。最后将拉成片带状的玻璃切割（用机械方法或使用电热金属丝）成为玻璃片。

2. 制造浮法玻璃用的机器。在浮法工艺中，玻璃水平地浮在一层熔融介质上，制成连续的玻璃带，在后续工序中将其切割成块。

（二）玻璃的其他热加工机器

本组包括：

1. 制瓶机等，包括简单的取料吹制机械（利用吸力或压缩空气进行操作，并使用与机器分开的型模）和自动连续供料制瓶机（配有两块旋转板，其中一块配有粗铸模，另一块配有精修模）。

2. 模制各种玻璃制品专用的机器及压机（例如，用以制造铺地砖、瓦、绝缘子、光学玻璃坯件及凹形玻璃器），但不包括通用压力机（品目84.79）。

3. 拉制、成形或吹制玻璃管用的机器。以及拉制熔融硅管专用的机器。

4. 制玻璃珠用的机器，特别是把玻璃管材切段后，将其放进加热转筒中磨圆的机器。

5. 制玻璃纤维或玻璃长丝用的机器。它们主要分为三类：

（1）制织造用连续玻璃纱线的机器。这种机器配有一个可装玻璃球的小型电炉。炉底配置一块约有一百个微孔的抽丝板，玻璃丝从微孔漏出时，用油加以润滑，并由一个特殊装置将其连接成单股玻璃纱，然后卷绕在转筒上，以便连续抽丝。

（2）制短纤维用的机器。与上款所列机器一样，这类机器同样配有电炉及抽丝板，但板的一边装有多组压缩空气集束喷射装置。压缩空气喷流具有抽丝及吹断纤维的双重作用。纤维经过油雾喷淋后落到一个多孔转筒上，由转筒内的吸引装置将纤维集合成为粗纱，卷绕在单边筒管上。

（3）制玻璃纤维填料的专用机器。将熔融玻璃倒在一个加热转盘上，使玻璃粘在转盘的槽沟上，然后利用离心力将其拉成纤维。

6. 灯泡吹制机或电灯泡、电灯管、电子管等的玻璃零件制造机器（例如，用以制造基座垫块、灯丝支架、晶体管管座等）。

7. 制造光导纤维及其预制棒的机器。

零　件

除零件的归类总原则另有规定的以外（参见第十六类总注释），本品目所列机器的零件应归入本品目。

*

*　*

本品目也不包括：

（一）手工玻璃吹制工具（品目82.05）。

（二）制钢化玻璃用的某些机器，该机是将普通玻璃片放在加热板之间然后突然冷却制成钢化玻璃（品目84.19）。

（三）加工玻璃用的手工或机械模具（品目84.80）。

84.76　自动售货机（例如，出售邮票、香烟、食品或饮料的机器），包括钱币兑换机（+）：

—　饮料自动销售机：

21　——装有加热或制冷装置的

29　——其他

—　其他机器：

81　——装有加热或制冷装置的

89　——其他

90　—　零件

本品目包括各种在投币孔中投入一个或几个硬币、辅币或一张磁卡后能供应某些商品的机器（但不包括在协调制度其他品目列名更为具体的机器，或在本类或本章的注释中规定不包括在本章范围内的机器）。本品目所称的“售货”是指购买者与机器之间进行“货币”交换以获得某项商品。本品目不包括用于分发商品但不带收款装置的机器。

不带收款装置的热饮或冷饮自动配售机不归入本品目（品目84.19）。

本品目不但包括自动送出商品的售货机，也包括配有若干小货柜，投币后可从柜内取出商品的售货机，这种售货机配有相应小货柜的开锁装置（例如，按压相应按钮即可开锁）。

简单的投币开锁橱柜或容器（例如，用以在车站寄存行李或在戏院供应观剧望远镜）不应归入本品目，而应归入第十五类或第九十四章。

本品目包括装有加热或制冷装置或调制所售商品装置的售货机（例如，装有榨果汁器、咖啡牛奶混合器、冰淇淋搅拌器），但这种机器的主要功能及用途必须是自动售货。

本品目包括出售邮票、火车票、巧克力、糖果、冰淇淋、香烟、雪茄、饮料（例如，啤酒、葡萄酒、甜酒、咖啡及果子汁）、化妆品（包括香水喷雾器）、袜子、照相胶卷、报纸等的投币式自动售货机；也包括在细长金属片上压印铭牌用的机器。

本品目还包括钱币兑换机。

零　件

除零件的归类总原则另有规定的以外（参见第十六类总注释），本品目也包括装在店铺门面里的自动售货装置，以及本品目所列机器的零件。

*

*　*

本品目不包括下列投币式机器或器具：

（一）投币开启的锁（例如，用于小橱柜或公共厕所）（品目83.01）。

（二）在汽车加油站或修理厂供应燃料或润滑油用的泵（品目84.13）。

（三）衡器（品目84.23）。

（四）打字机（品目84.72）。

（五）投币式自动擦鞋机（品目84.79）。

（六）电动剃胡刀（品目85.10）。

（七）电话设备（品目85.17）。

（八）电视机（品目85.28）。

（九）望远镜、照相机、电影放映机（第九十章）。

（十）供应煤气或电力用计量表（品目90.28）。

（十一）游戏机（品目95.04）及第九十五章所列的其他机器。

○

○　○

子目注释：

子目8476.21及8476.29

所称“饮料自动销售机”，是指各种自动销售饮料（咖啡、茶、果子汁、酒精饮料等）的机器，它们既可以将饮料装在杯子或其他任何容器（例如，铁罐、瓶子或纸盒）里，以即可供饮用的方式提供，也可将速溶混合粉和热水或凉水分别提供。

84.77　本章其他品目未列名的橡胶或塑料及其产品的加工机器：

- 10　—　注射机
- 20　—　挤出机
- 30　—　吹塑机
- 40　—　真空模塑机器及其他热成型机器
- 　　—　其他模塑或成型机器：
- 51　——用于充气轮胎模塑或翻新的机器及内胎模塑或用其他方法成型的机器
- 59　——其他
- 80　—　其他机器
- 90　—　零件

本品目包括本章其他品目未列名的橡胶或塑料及其产品的加工机器。

本品目包括：

一、制造轮胎或其他橡胶或塑料制品用的模制机器，但不包括模具（品目68.15.69.03和84.80）。

二、内胎阀孔切割机。

三、专用于裁切橡胶线的机器及器具。

四、橡胶、塑料的成形压力机。

五、模制热塑塑料粉的专门压力机。

六、压制唱片用的压力机。

七、制造钢纸的机器。

八、挤出机。

零　件

除零件的归类总原则另有规定的以外（参见第十六类总注释），本品目所列机器的零件也归入本品目。

但是，本品目不包括组装半导体用的封装机器（品目84.86）。

84.78　本章其他品目未列名的烟草加工及制作机器：

10　—　机器

90　—　零件

本品目包括本章其他品目未列名的烟草加工及制作机器。

烟叶去茎是用脱茎分选机进行的。这种机器配有转锤及各种规格的金属格栅（篮子）将烟叶打碎后吹入气流，从而使较轻的烟叶部分与较重的叶脉分离。

本品目包括：

一、烟叶去茎或切丝机器。

二、雪茄或香烟制造机器，不论是否配有辅助性的包装装置。

零　件

除零件的归类总原则另有规定的以外（参见第十六类总注释），本品目也包括本品目所列机器的零件。

84.79　本章其他品目未列名的具有独立功能的机器及机械器具：

10　—　公共工程用机器

20　—　提取、加工动物油脂、植物固定油脂或微生物油脂的机器

30　—　木碎料板或木纤维板的挤压机及其他木材或软木处理机

40　—　绳或缆的制造机器

50　—　未列名工业用机器人

60　—　蒸发式空气冷却器

—　旅客登机（船）桥：

71　——　用于机场的

79　——　其他

—　其他机器及机械器具：

81　——　处理金属的机械，包括线圈绕线机

82　——　混合、搅拌、轧碎、研磨、筛选、均化或乳化机器

83　——冷等静压机
89　——其他
90　—　零件

本品目仅限于符合下列三个条件的具有独立功能的机器：
（一）任何类或章注释中均未规定不包括在本章内；以及
（二）未更为具体地列入协调制度其他各章的某一品目内；以及
（三）由于下列原因，不能归入本章其他品目：
1. 根据其功能、品名、种类均不能归入其他品目；以及
2. 根据其用途或所适用的行业，不能归入其他品目；或者
3. 可同时归入两个或多个其他品目（通用机器）。
本品目所列的机器与机器零件等（应按零件的归类总原则归类）之间的区别在于它们具有独立功能。
据此，下列机械装置应视为具有“独立功能”：
1. 可独立于其他机器设备之外执行其功能的机械装置（不论是否配有发动机或其他动力装置）。
例如：空气增湿或减湿是一种独立功能，可以由独立于其他机器设备的器具来执行。
单独报验的空气减湿机，即使准备装在臭氧发生器上，但因其具有独立功能，仍应归入本品目。
2. 必须安装在另一台机器或器具上，或安装在一套较复杂的设备中才能执行其功能的机械装置，但其功能必须是：
（1）不同于所装机器设备的功能；以及
（2）在上述机器设备操作中并不起必不可少的和不可分割的作用。
例如：链式割线器是装在工业用缝纫机上自动割线而缝纫机无需中断操作的一种装置。这种装置在缝纫机进行缝纫操作时并不起作用，因而具有独立功能；由于没有其他列名更为具体的品目可归，故链式割线器应归入本品目。
另一方面，内燃机用汽化器（化油器）的功能与内燃机的功能尽管不同，但不能认为汽化器具有上述独立功能，因为汽化器的功能在内燃机操作中起不可分割的作用。因此，单独报验的汽化器应作为内燃机的零件，归入品目 84.09。
同样，机械式或液压式减震器构成所装机器或器具的不可缺少部分。因此，单独报验的减震器应作为所装机器或器具的零件归类（车辆或飞机用的减震器应归入第十七类）。
归入本品目的机器种类繁多，主要包括：
一、通用机器
例如，本组包括：
（一）装有机械装置（搅拌器等）的大桶或其他容器（例如，电解用的大桶或槽）。这些大桶或容器既不是专用于某一特定工业，也不是品目 84.19 所列的加热、烹煮等用的器具。仅装有旋塞、液面计、压力计或类似品的大桶或其他容器，应按其构成材料归类。
（二）非某种货品或某种工业专用的压力机、破碎机、磨粉机、混合机等。
（三）非某种工业专用的容量分配装置（例如，机械加料斗）**及连续整列送入工件以备加工的机械布料器。**
（四）适于铆接各种材料（例如，纺织品、纸板、塑料及皮革等）**的空心（管形）铆钉铆接机器：以及适于用 U 形钉接合纺织品、橡胶及其他材料制的机器皮带两端用的机器。**
（五）电动震抖装置，配有一个电动机，其转轴的伸出端配有偏心盘，可产生径向振动，以便传动所装装置或器具（例如，溜槽、料斗、加料斗、输送机、压实工具等）。

（六）电磁振动机。这是输送、筛选、压实等设备的辅助装置，其底板上装有一块电磁铁，两个金属棒支撑着一块金属片，与电磁铁相隔一定距离，由两组弹簧加以固定。金属片交替由电磁铁吸引，然后再由弹簧拉回。

（七）通用的工业机器人。工业机器人是一种自动机器设备，可按程序重复进行一套动作。工业机器人可利用传感器获得作业现场的有关信息，并加以分析，从而使其行动样式能适应作业现场的变化。

工业机器人可以是一个类似于人类手臂的活节式构筑物，水平或垂直装在一个底座上，在其末端装有一个活动手柄，用以夹住工具夹具（称为立式机器人）。也有一些工业机器人是一个线性构筑物（一般可在一个立轴上移动），其抓爪构成操纵机构（一般是在一个卧轴上移动）的末端部分（卧式机器人）。这些机器人均可装在一个长臂上（长臂机器人）。

构筑物的不同部件是由电动机、液压系统或气动系统驱动的。

工业机器人用途广泛，例如，适用于焊接、喷涂、搬运、装卸、切割、装配、修剪金属等；用以代替人在有害环境下（例如，接触有毒物品或在粉尘飞扬等环境下）执行任务或从事体力劳动（移动重型物品、重复镗孔等）。工业机器人配有工具夹具及特制工具（例如，钳、抓爪、焊头等），以便进行各种操作。

本品目仅包括简单更换不同工具即可执行各种功能的工业机器人。但本品目不包括具有某种特定功能的工业机器人；这些工业机器人应按其功能归类（例如，归入品目84.24、84.28、84.86或85.15）。

二、某种工业用的机器

本组包括：

（一）公共工程用机器，例如：

1. 摊铺灰浆或混凝土用的机器（不包括灰浆或混凝土的搅拌机——品目84.74或87.05）。

2. 筑路机器。这些机器可用以震动混凝土使之坚实并使路面呈弧拱形，有时也可用以摊铺混凝土。

但本品目不包括品目84.29的平地机。

3. 在路面或类似表面上铺撒砂砾的机器，不论是否自推进式；摊铺及夯实沥青路面材料的自推进式机器。但不包括装在汽车底盘上的砂砾摊铺机（品目87.05）。

4. 在新浇的混凝土、沥青或类似未固结材料上刮平、压沟、打格子等用的机器及机械器具。

沥青等的加热设备不包括在本品目内（品目84.19）。

5. 步行操纵的小型养路器具（例如，扫路机及划白线用的器具）。

连同底卸式垃圾斗及洒水系统装在有轮的汽车底盘上，并由品目87.01所列牵引车驱动的旋转式机械扫，即使与牵引车同时报验，也应作为可更换的设备归入本品目。

6. 可安装在卡车上，用于清除积雪的撒盐和沙砾的机器，包括一个盛放盐和沙砾的储槽，配有可以粉碎、碾磨盐块的粉碎搅拌器，以及一个带撒布盘的液压喷射装置。该机器的各种功能可在卡车驾驶室内进行遥控操作。

（二）油类、制皂或食用油脂工业用的机器，例如：

1. 专用于加工含油籽仁或含油果实的磨粉机、破碎机、碾碎机或压榨机。

2. 装有机械搅拌器的槽，专用于净化油类。

3. 牲油洗涤设备。

4. 滚压生牛羊油以便在溶化前将细胞压碎的设备。

5. 混合人造奶油各种成分用的搅乳器及混合器。

6. 肥皂的切割或模制机器。

（三）处理木材或类似材料用的机器，例如：

1. 利用原木互相摩擦使其剥皮的剥皮滚筒。

2. 粘聚木纤维、木片、锯屑或软木粉用的特种压力机。

3. 木材硬化压力机。

4. 在压力下浸渍木材用的机器。

（四）用纺织纱线、金属丝或两者并用制绳或制缆的机器（搓捻或绞扭等用的机器），包括绞制电导体用的机器；但不包括纺织工业用的捻线机（品目 84.45）。

本品目不包括：

（一）将纺织纱线等卷绕成球的机器（品目 84.45）。

（二）对纺织纱线等作表面处理（上光、抛光）的机器（品目 84.51）。

（五）处理金属用的机器，包括电线线圈卷绕机，例如：

1. 坩埚虎钳式压力机，供铁轨、机器零件等的铝热焊接之用。

2. 用酸、三氯乙烯等擦光或酸洗金属的机器。包括薄板轧机用的酸洗设备，但不包括品目 84.24 的喷气机或喷砂机。

3. 除砂、除锈或擦亮金属货品（例如，螺帽、螺栓或滚珠轴承）的转筒。

4. 用浸入法镀锡的机器。

5. 生铁击碎机及击碎废铸铁用的特种冲压机。

6. 用纺织纱线、浸渍纸带、石棉带或其他绝缘或保护材料卷绕或包覆电缆的特种机器；但不包括品目 84.47 所列的嵌芯狭辫带机。

7. 电线线圈卷绕机（例如，用于制造电动机、变压器或电感器的机器）。

（六）用柳条、竹料、藤、草、木条、塑料等编织篮筐等的机器，例如：

1. 编织有盖提篮或类似品的机器。

2. 编织装坛、瓶等的柳条筐用的机器。

3. 用草编织瓶罩的机器。

4. 在制帽工业中编织草帽、草帽缏及草帽带等用的机器。

本品目不包括劈木、剥柳条、削圆藤条等的机器（品目 84.65）。

（七）制造漆刷或其他刷子用的机器，例如：

1. 加工（包括修边及整形）毛发、鬃毛、纤维等用以制刷的机器。

2. 将毛发、鬃毛或纤维等插入刷座、刷架或刷柄的机器。

本品目不包括：

（1）将鬃毛或纤维加以消毒的机器（品目 84.19）。

（2）用木材、软木、骨、硬质橡胶或类似硬质材料制刷柄架或刷柄的机器（品目 84.65）。

三、杂项机器

本组包括：

（一）空气增湿机或减湿机，但不包括品目 84.15.84.24 或 85.09 所列的器具。

（二）发动机启动器（机械式、液压式或气压式等），但不包括品目 85.11 所列的电气设备。

（三）液压蓄能器，用以在压力下储蓄一定量的液体，使流量保持均匀或向液压机器供压。这种蓄能器通常为一个垂直圆筒，由泵供液；内装一个重锤式活塞，可调至一定压力。

（四）泵式自动加润滑脂机。

（五）火柴浸渍机器。

（六）木桶涂焦油或涂层用的机器；但不包括品目 84.24 所列的喷涂机器。

（七）电焊条涂层机。

（八）清洗或重涂胶印墨辊的机器。

（九）在底料上涂敷光敏乳剂的机器，但不包括品目 84.86 所列的机器。

（十）用酸蚀法制毛玻璃的机器。

（十一）螺栓安装及拆除机和金属芯拔除机，第八十二章所列的手工工具以及风动、液压或本身装有电动或非电动动力装置的手提式小型工具除外（品目 84.67）。

（十二）保养管线或其他刚性管道用的机器（例如，用于清洁油管，并给油管涂上沥青或其他保护材料的小型自推进式机器；利用管内流体流动清洁管道内部的机器）。

（十三）将针布安装在梳理滚筒上的机器。

（十四）制造麻绳鞋底的机器。

（十五）对羽毛褥垫进行洗涤、冲刷、除尘的机器。

（十六）装填鸭绒被褥或褥垫的机器。

（十七）在任何底料（织物、纸等）上涂敷研磨料的机器。

（十八）卷绕软缆或软管的机器（例如，用于卷绕纺织材料或金属制的缆、绳、电缆或铅管）。

（十九）切割水草用的机械器具，它将一把卧式镰刀装在立轴上，镰刀可在立轴上旋转，立轴由一可装于小船上的支架支着，可用人工或动力驱动放在水面下进行操作。

（二十）配有机械装置的潜水箱或金属潜水衣等。

（二十一）船舶用或具有类似用途的陀螺稳定器。但不包括第九十章所列仪器的陀螺装置（陀螺罗盘等）及鱼雷的陀螺装置（品目 93.06）。

（二十二）船舶驾驶及操舵设备，但不包括船舵本身（一般归入品目 73.25 或 73.26），也不包括自动操舵机（陀螺驾驶仪）（品目 90.14）。

（二十三）飞机、船舶及各种车辆用的电气、液压或气动式风挡刮水器，但自行车或机动车辆用的除外（品目 85.12）。本品目也包括刮水片支架及已经安装的刮水片（只要能确定是供上述刮水器用的）。但机动车辆风挡刮水器用的除外（品目 85.12）。

（二十四）清洁金属零件及其他杂项物品用的超声波装置。完整的超声波装置（不论是装在同一机壳内还是分立配置）由一个高频发生器、一个或多个换能器及储物容器所组成；报验时可配有或不配有储物容器。本品目还包括上述装置用的超声换能器。本品目不包括专用于或主要用于清洁半导体圆片或平板显示器的超声波装置及超声换能器（品目 84.86）。

（二十五）水下喷焊器，一般装有一个特别点火装置，并配有一种装置，可通过一个套着喷嘴的环形气孔另外供应压缩空气或氧气，在水中形成空腔，以便于火焰燃烧。

（二十六）利用钢铁吹氧燃烧所产生的高温切割岩石或混凝土的装置。这种装置比较简单，一般配有一个耐热手柄，上面装有一个阀门，并有一些配件与氧气源及一节钢铁管相连。操作时，氧气通过钢铁管，在钢铁管的另一端（原已加至炽热）继续燃烧，从而产生高温，使岩石或混凝土融化。

（二十七）自动擦鞋机。

（二十八）用浸渍法制蜡纸杯及蜡纸容器等用的机器。

（二十九）工业用地板擦光器。

（三十）蒸发式空气冷却器。

（三十一）旅客登机（船）桥。这些登机（船）桥允许旅客和人员在候乘大楼与停舶的飞机、游轮或渡轮之间行走，而无需穿行室外。它们通常由旋转平台、两节或两节以上的矩形伸缩通道、带行走机构的垂直升降柱及位于廊桥前端的接口舱组成，包括可使登机（船）桥呈水平、垂直和扇形移动的机电或液压装置（例如，伸缩部件、接口舱及垂直升降柱等），以便将登机（船）桥调整到处于飞机、游轮或渡轮舱门（入口）的合适位置。此外，在码头使用的旅客登船桥前端还可配有渡板，可伸入游轮或渡轮舱门（入口）。这些登机（船）桥自身不能升降、搬运或装卸任何东西。

原地清洗地毯的器具，向地毯中注入清洁溶剂，再由泵将溶剂抽出，设计供单位（家庭房舍除外）使用的，例如，供宾馆、汽车旅馆、医院、办公室、餐厅及学校使用的，应归入品目 84.51。

本品目也不包括组装半导体用的封装机器（品目 84.86）。

零　件

除零件的归类总原则另有规定的以外（参见第十六类总注释），本品目也包括本品目所列机器的零件，其中包括可归入其他品目（特别是归入品目 84.80）以外的模具。

84.80　金属铸造用型箱；型模底板；阳模；金属用型模（锭模除外）、硬质合金、玻璃、矿物材料、橡胶或塑料用型模：

10　—　金属铸造用型箱
20　—　型模底板
30　—　阳模
**　—　金属、硬质合金用型模：**
41　——　注模或压模
49　——　其他
50　—　玻璃用型模
60　—　矿物材料用型模
**　—　塑料或橡胶用型模：**
71　——　注模或压模
79　——　其他

本品目包括金属铸造用型箱、型模底板及阳模，除某些下文列明不包括的货品以外，本品目亦包括各种型模（不论是否铰接的，也不论是用手工操作还是供压力机或模制机使用的）。这些型模及型箱用于把下列材料模制成毛坯或成品：

（一）金属及硬质合金。

（二）玻璃（包括熔融石英或其他熔融硅石）或矿物材料（例如，陶瓷坯泥、水泥、石膏或混凝土等）。

（三）橡胶或塑料。

一般情况下，型模的主要作用在于使材料在凝固过程中，保持预定的形状，有些型模还可对材料施加一定的压力。但本品目不包括品目 82.07 所列的冲模，因为这些冲模主要是依靠强力冲击或压迫使材料成形（例如，冲压金属薄板制品用的冲模）。

一、金属铸造用型箱

这些型箱通常为铸铁或钢制的长方形或圆形框架，用以围绕阳模将砂压紧形成砂型。

二、型模底板

这些底板用以放在型模底部。

三、阳模

它们包括铸造用阳模、铸芯、芯箱、模板、型板等，用以预制砂型（一般是木制的）。

四、金属用型模（锭模除外）或金属碳化物用型模

本组包括：

（一）冷硬铸模（冷压铸型）。这是一只由两个或多个可调部分组成的金属铸型，在其型腔中可浇铸出所需形状的铸件。

（二）压铸模，熔融金属是在压力下浇入其中。这种铸模一般是由两个互补冷硬铸模组成，其型腔与所需铸件两面的形状相同。在某些情况下，这两个互补冷模还对熔融金属施加一定压力。

（三）模制烧结金属粉末用的型模。这种型模需要加热。有时也可用于模制硬质合金或陶瓷粉末。
（四）离心模制机器用的圆柱形型模（例如，用于浇铸铸铁管及枪炮筒）。
五、玻璃用型模
本组包括：
（一）模制铺地玻璃块、玻璃砖或玻璃厚板用的型模，以及模制玻璃瓦用的压铸型模。
（二）制瓶模，可用手工、机械或脚踏操作（例如，毛坯及成品模、环模）。
（三）制中空玻璃器皿、绝缘子等用的型模。
（四）玻璃加工车床用的成形型模。
（五）钢或铸铁制的型模，用以制造透镜或眼镜片坯等。
六、矿物材料用型模
本组包括：
（一）陶瓷坯泥用型模（例如，砖模、管模或其他陶瓷制品用型模以及制假牙用型模）。
（二）模制混凝土、水泥或石棉水泥货品用的型模（例如，用以模制管子、桶、铺地砖块、石板、烟囱顶管、栏杆小柱、建筑装饰品、墙壁、地板或天花板等），包括制作钢筋混凝土或预应力混凝土预制建筑构件（窗框、拱顶、梁构件、铁道轨枕等）用的型模。
（三）将研磨材料粘聚成砂轮所用的型模。
（四）制作石膏、纤维灰浆或灰泥制品用的型模（例如，用以模制玩具、小型塑像及天花板装饰品）。
七、橡胶或塑料用型模
本组包括：
（一）制造硫化轮胎用的囊式型模，由两个可调节的金属冷硬铸模组成，用蒸汽或电加热，内有环状的充气袋（气囊）或热水袋（水囊），以将胎坯牢牢地压向型模的内壁。
（二）模制或硫化杂项橡胶制品用的型模。
（三）制塑料制品用的型模，不论是电热或用其他方式加热的；这些型模可用重力、压注或压缩等方式操作。
本品目也包括初步压片模。这种型模用冷加工方法将压型粉按所需份量及适当形状和体积压实成片状，以便最后模制成品。
本品目不包括：
（一）用浸入液态橡胶、塑料等方法制造物品（例如，手套）的模壳（按其构成材料归类）。
（二）石墨或其他碳精制的型模（品目68.15）。
（三）陶瓷制的各种型模（酌情归入品目69.03或69.09）。
（四）玻璃制型模（品目70.20）。
（五）锭模（品目84.54）。
（六）制造半导体器件用的型模（品目84.86）。
（七）制唱片用的电铸型模及母片（品目85.23）。
（八）除上述不包括的项目以外，在压力机及其他机器上用以模制本品目未列名材料的型模（应作为有关机器的零件归类）。

84.81　用于管道、锅炉、罐、桶或类似品的龙头、旋塞、阀门及类似装置，包括减压阀及恒温控制阀：
10　—　减压阀
20　—　油压或气压传动阀

30　—　**止回阀**
40　—　**安全阀或溢流阀**
80　—　**其他器具**
90　—　**零件**

本品目包括在管道、罐、桶或类似品中，用以调节流体（液体、粘滞流体或气体）或某些固体（例如，砂）流量（供应或排放等）的龙头、旋塞、阀门及类似装置。本品目也包括用以调节液体或气体的压力或流速的装置。

这些装置通过开闭孔径（例如，门、盘、球、塞、针或隔膜）进行流量控制。它们可用手工（按键、转轮或按钮等）进行操作；或用发动机、螺线管、发条装置等进行操作；还可用弹簧、砝码、浮杆、恒温控制元件或压力传感器等自动装置进行操作。

配有上述机构的龙头、阀门等仍归入本品目。例如，配有恒温控制元件的阀门（双叶式、套管式、球式等）仍归入本品目。本品目也包括用毛细管与恒温控制元件接通的阀门等。

由龙头、阀门等与品目90.26或90.32所列恒温器、稳压器或其他测量、检验或自动控制仪器或装置所组成的部件，如果上述仪器或装置已装在或准备直接装在龙头、阀门等之上，而且该组合器件具有本品目所列物品的基本特征，仍应归入本品目。如果不符合上述条件，则应归入品目90.26（例如，装有排水旋塞的液压表）或品目90.32。

在遥控系统中，只有龙头、阀门等才归入本品目。

龙头、阀门等一般是用贱金属或塑料制成；但其他材料（未硬化硫化橡胶、陶瓷或玻璃除外）制的龙头、阀门等，也应归入本品目。

龙头、阀门等即使配有一些附属装置（例如，配有加热或冷却用复壁、短管、端部有喷头的短管、小型喷泉饮水器、闭锁装置等），仍应归入本品目。

专用于特定机器或装置，或专用于车辆或飞机的龙头、旋塞、阀门等仍应归入本品目。但装有完整的阀门的某些机器零件，或虽未构成完整的阀门，但在机器内起控制流量作用的机器零件，应按有关机器的零件归类。例如，内燃机的进气阀或排气阀（品目84.09）；蒸汽机的滑阀（品目84.12）；空气或其他气体压缩机的进气阀或增压阀（品目84.14）；挤奶机的脉动器（品目84.34）以及非自动油脂喷嘴（品目84.87）。

*
*　*

本品目主要包括：

一、减压阀，用以将气体压力降低，并利用一个活塞或阀瓣使已降低的压力大致保持恒定。活塞或阀瓣通常由一个配有可调节张力弹簧的压力装置（隔膜、风箱、膜盒等）加以控制。它可直接调节流经气体的压力。这些器件用于安装在压缩气缸、压力容器或有关设备的进气管道系统等上面。

本品目也包括安装在压力容器或锅炉的出口处，进气管道系统上或有关设备附近，对压缩空气、蒸汽、水、碳氢化合物及其他流体进行流量控制的减压阀（有时称为压力调节器、减压器、调压降压器）。

减压阀与压力表的组合装置如果具有龙头、阀门等的主要特征，仍归入本品目，否则应归入品目90.26（参见本品目注释第四自然段）。

二、油压或气压传动阀（参见本章子目注释三）。这些阀门可以是各种形式的（减压阀、止回阀等），在液压或气压系统中专用于传递“流体动力”，以加压流体（液体或气体）的形式提供能源。

三、单向阀（例如，回转止回阀及球阀）。

四、安全阀、溢流阀等，不论是否配有气笛。

在某些情况下，可用一种爆破隔膜（塑料或金属薄圆片）作为安全装置来代替阀门；这种爆破隔膜用一种特制装置装在管道系统或压力容器上，受到一定压力时会爆裂。这种器件应按其构成材料归类（品目 39.26、71.15、73.26、74.19、75.08、76.16 等）。

五、歧管阀（例如，三通阀及圣诞树形阀）。

六、液面计的控制旋塞、排放旋塞、关闭阀等。

七、散热器放水龙头。

八、内胎气门。

九、浮球控制阀。

十、疏水阀。蒸汽管道中凝结的水流入疏水阀，由疏水阀自动排出（例如，利用浮体操作）。本品目也包括这样一种疏水阀，其活塞或阀瓣由装在疏水阀内的恒温元件（双金属片或膜盒式）促动（恒温控制疏水阀）。

十一、消防栓（立管）、消防旋塞、水龙软管咀及类似品，装有旋塞或阀门使出水形成喷射或喷雾状。

灭火设备的机械喷头、园艺用的机械喷头及其类似品均不归入本品目（品目 84.24）。

十二、配有两个或多个入口及一个混合室的混合龙头及阀门。本品目也包括恒温控制的混合阀门。这种阀门配有可调压力的恒温元件，以促动活塞或阀瓣，调节不同温度的流体进入混合室。

十三、带塞头的排废孔（但手工堵塞的简单排废孔应按其构成材料归类）。

十四、船舶用通海旋塞及其他水下用阀门、旋塞等。

十五、带有软管或伸缩套管的润滑油龙头，用以润滑轮船的轴等。

十六、汽水瓶阀门。

十七、压力喷雾罐盖。这些压力喷雾罐在压力下装满液态或气态杀虫剂、杀菌剂等；它的金属盖装有一个按钮，可使阀针移位，用以开关喷孔。

十八、装在大桶、琵琶桶等桶孔的龙头及旋塞。

十九、罐瓶机用龙头，当液面达到瓶口时，该龙头可自动关闭。

二十、酒吧用的气动啤酒出售装置，主要配有一个或多个手动开关龙头，由预先注入啤酒桶的二氧化碳所产生的压力进行操作。

零　件

除零件的归类总原则另有规定的以外（参见第十六类总注释），本品目所列机器的零件也归入本品目。

*

*　*

本品目不包括：

（一）下列材料制的龙头、旋塞、阀门及类似装置：非硬化硫化橡胶制的（品目 40.16）；陶瓷制的（品目 69.03 或 69.09）；玻璃制的（品目 70.17 或 70.20）。

（二）在洗涤槽、厕所、浴室及类似场所排放废水用的 U 形弯管，以及不论是否装有机械装置的冲洗水箱，应按其构成材料归类（例如，归入品目 39.22.69.10 或 73.24）。

（三）蒸汽机的离心调速器（品目 84.12）。

（四）蒸汽喷射器或喷射泵（品目 84.13）。

（五）喷气设备等（品目 84.24）。

（六）气压加脂枪（品目 84.67）。

（七）气焊用焊炬（品目 84.68）。

（八）带有计量装置的龙头，供出售冰淇淋酒类、牛奶等用（品目 84.79）。

84.82　滚动轴承：

10　—　滚珠轴承
20　—　锥形滚子轴承，包括锥形滚子组件
30　—　鼓形滚子轴承
40　—　滚针轴承，包括保持架和滚针组件
50　—　其他圆柱形滚子轴承，包括保持架和滚子组件
80　—　其他，包括球、柱混合轴承
　　—　零件：
91　——滚珠、滚针及滚柱
99　——其他

本品目包括各种滚珠轴承、滚子轴承或滚针轴承。这些轴承用以代替光滑的金属轴承，能明显减少摩擦，通常装在轴承座与转轴之间，可起径向支承作用（径向轴承），或用以承受轴向推力（止推轴承）。某些轴承可同时起径向及推力支承作用。

正常情况下，轴承是由包含滚珠或滚子的两个同心环（套圈）所组成，并配有一个定位圈，用以固定滚珠或滚柱，并使其间距保持恒定。

归入本品目的轴承包括：

一、滚珠轴承，配有单排或双排的滚珠。本组还包括配有滚珠轴承的滑动装置。例如：

（一）由一个钢制外环与一个黄铜制内环刚性相接配置而成的滚珠轴承。内环有六条纵长狭槽，呈细长椭圆状，装有小钢珠。

（二）限定行程式钢制轴承，由刻槽圆筒、夹珠圈及轴承座组成。

（三）自由行程式钢制轴承。由一个扇形体、内装滚珠的轴承套及有槽（剖面为三角形）导轨组成。

二、滚子轴承，配有单排或双排各种不同形状（短圆柱形、圆锥形、腰鼓形等）的滚子。

三、滚针轴承。这种轴承与普通滚子轴承的不同之处在于它配有直径不超过5毫米的圆柱形滚子，且滚子长度至少是其直径的三倍。滚子端部是磨圆的（参见本章子目注释四）。这些滚子安装在轴承的两个座圈之间，大多数情况下没有夹柱圈。

由于要承受高压，因此轴承一般是用钢（特别是铬钢）制成；但具有特殊用途的轴承也可用青铜、紫铜或塑料制成。

零　件

本品目也包括滚珠轴承、滚子轴承或滚针轴承的零件。例如：

（一）抛光钢珠（不论是否用于本品目所列的轴承），其最大直径及最小直径与标称直径相差均不超过1%或0.05毫米（以两者数值较小者为准）。不符合上述要求的滚珠应归入品目73.26（参见本章注释七）。

（二）紫铜、青铜、塑料等制的轴承滚珠。

（三）各种形状的轴承滚针或滚子。

（四）环（套圈）、定位圈、固定座套等。

*
*　*

本品目不包括配有滚珠轴承、滚子轴承或滚针轴承的机器零件；这些机器零件应归入其相应品目。例如：

（一）轴承座及轴承架（品目84.83）。

（二）自行车轮毂（品目87.14）。

84.83　传动轴（包括凸轮轴及曲柄轴）及曲柄；轴承座及滑动轴承；齿轮及齿轮传动装置；滚珠或滚子螺杆传动装置；齿轮箱及其他变速装置，包括扭矩变换器；飞轮及滑轮，包括滑轮组；离合器及联轴器（包括万向节）：

10　—　传动轴（包括凸轮轴及曲柄轴）及曲柄

20　—　装有滚珠或滚子轴承的轴承座

30　—　未装有滚珠或滚子轴承的轴承座；滑动轴承

40　—　齿轮及齿轮传动装置，但单独报验的带齿的轮、链轮及其他传动元件除外；滚珠或滚子螺杆传动装置；齿轮箱及其他变速装置，包括扭矩变换器

50　—　飞轮及滑轮，包括滑轮组

60　—　离合器及联轴器（包括万向节）

90　—　单独报验的带齿的轮、链轮及其他传动元件；零件

本品目包括的货品主要有：

（1）用以将动力从外部动力装置传送到一台或多台机器的某些机械零件。

（2）在机器内部将动力传送到机器各部分的某些机械零件。

一、传动轴（包括凸轮轴及曲柄轴）及曲柄

它们通常用以传送旋转动力，品种包括：

（一）由发动机直接驱动的主轴或主动轴。

（二）副轴，用皮带、滑轮或齿轮等将其与主轴连接。用以将动力从主轴传送到多台机器或机器的各个部分。

（三）活动关节轴，用球及球关节等将两节或多节的传动轴连接而成。

（四）挠性轴，用以将动力从驱动装置传送到手工工具、测量仪器等（例如，转数表、速度表等）。

（五）曲柄及曲柄轴，可以是单件的，也可以是由几部分拼装而成的。它们可将接收到的往复运动（例如，从活塞式发动机产生的往复运动）转换成旋转运动，或者将接收到的旋转运动转换成往复运动。

（六）凸轮轴及偏心轴。

本品目不包括不具有传动作用而单纯用以支撑转轮或其他旋转部件的轴。

本品目也不包括：

（1）横截面完全一致的钢铁条（品目72.14或72.15）。

（2）制造挠性轴用的绞扭金属线，未装有联轴器的（品目73.12）。

（3）割草机上将动力传递至刀杆用的摆动连杆（品目84.33）。

二、轴承座及滑动轴承

轴承座是用以安置滑动、滚珠、滚子等轴承的架座；轴的两端可在轴承中（止推轴承则对着轴承）旋转。轴承座通常由两部分组成，合并起来形成一个轴承圈，用以夹住轴承，还可配有轴承润滑装置。

轴承座一般还配有板、垫板、搁架等，用以将其固定在机器上，或固定在墙壁或建筑物的其他部分上；但有关板、垫板、搁架等如既未装于轴承座上，本身也并非专用于安置轴承的，应按其构成材料归类（一般归入品目73.25或73.26）。

装有滚珠、滚子或滚针轴承的轴承座仍应归入本品目；但单独报验的滚珠、滚子或滚针轴承应归入品目84.82。

另一方面，滑动轴承即使在报验时不带轴承座，仍应归入本品目。它们是由减摩金属或其他材料（例如，烧结金属或塑料）制成环圈，可以是整体式的或者是由几个部件互相夹紧组成的光滑轴承，轴可在其中旋转。

本品目不包括石墨轴承或其他碳精轴承（品目68.15）。

三、齿轮及齿轮传动装置（包括摩擦轮）及链轮

一般的齿轮是带齿的轮子、圆筒、圆锥、齿条或蜗杆等。在由多个齿轮组成的齿轮传动装置中，各齿轮的齿互相啮合，用以将旋转运动从一个齿轮依次传送到另一个齿轮。按各个独立装置的齿轮齿数状况，旋转运动可以同速传送、加速传送或减速传送。按齿轮种类及其啮合角度的不同，可改变传动方向，或将旋传运动变成直线运动，反之亦然（例如，利用齿条及小齿轮进行传动转换）。

本组包括各种齿轮，包括简单的嵌齿轮、斜齿轮、锥形齿轮、螺旋齿轮、蜗杆、齿条及小齿轮、差动齿轮等，以及由多个上述齿轮组成的齿轮传动装置。也包括用于传动链的带齿轮盘或类似轮子。

本组也包括摩擦轮。摩擦轮有轮状、盘状或圆筒状，当分别将其装在主动轴及从动轴上时，可利用互相之间的摩擦传递动力。这种装置通常是用铸铁制成，有时在摩擦面上覆以皮革、木料、粘合纤维或其他材料以加大摩擦力。

四、滚珠或滚子螺杆传动装置

滚珠或滚子螺杆传动装置是由一条刻有螺纹的转轴及一个螺母所组成，沿转轴内表面纹道装有滚珠或滚子；这种装置可将旋转运动变成直线运动，反之亦然。

五、齿轮箱及其他变速装置，包括扭矩变换器

这些装置可根据机器的不同要求，在一定范围内用手工或自动改变速度。本类主要包括：

（一）齿轮箱，其中有几套齿轮可供变换选择；传动的速度因此可因齿轮组的不同而变化。

（二）摩擦圆盘或摩擦锥体联轴节及配有链条或传动带的联轴节，其中圆盘、锥体、链条或传动带与摩擦轮接触，摩擦轮与圆盘中心或锥体两端的相对位置可以自动（或按需要）改变，从而控制所传送的旋转速度。

（三）变速液力耦合器，包括液力扭矩变换器。它们利用主动元件轮叶在液体（通常为油）中对着从动元件的固定或活动轮叶旋转形成变速。能量是利用压力（例如，流体静压变换器）或流体动力作用（例如，流体动压变换器或扭矩变换器）传递的。

本品目不包括与动力机装配在一起的齿轮箱或其他变速装置；这类装置应与动力机一同归类。

六、飞轮

这是较为大型而笨重的轮子，其结构一般是将质量集中到轮缘。飞轮旋转时其惯性可抵消动力机转动时的速度变化，从而使转速保持恒定。有些飞轮的轮缘有槽或有齿，或装有连杆，因此可用以传送动力（例如，用作主动滑轮或嵌齿轮）。

七、滑轮，包括滑轮组

滑轮由多个轮子构成，有些滑轮的轮缘有槽，可利用绕在滑轮上的环带或绳索，将旋转运动从一个滑轮传送到另一个滑轮。本品目包括一般滑轮、鼓轮（宽滑轮）、锥形滑轮、级轮等。

本组也包括提升机等用的滑轮组，以及本身并不传送动力而仅作为传动缆绳的导杆或转向杆的自由滑轮（例如，调节传动带松紧用的惰轮及导轮）。

但由两个或多个滑轮组组成的装置（例如，提升机）不归入本品目（品目84.25）。

八、离合器

离合器用以随意连接或切断传动。它们包括：

摩擦离合器，这种离合器的转盘、环、锥体等带有摩擦面，可以接合或分离；犬牙式（爪形）离合器，这种离合器的两个对立面有凸出部分及相应的凹槽；自动的离心离合器，这种离合器可按转速离合；压缩空气离合器；液压离合器等。

但电磁离合器除外（品目85.05）。

九、联轴器（包括万向节）

本类包括套管联轴器、凸轮联轴器、挠性联轴器、液压联轴器等，还包括万向联轴器（例如，万向节及奥尔德姆联轴器）。

零　件

除零件的归类总原则另有规定的以外（参见第十六类总注释），本品目也包括本品目所列货品的零件。

*

*　*

本品目不包括：

（一）品目72.07所列的经锻压成型的粗坯件。

（二）专用于或主要用于车辆或飞机的上述传动设备（变速器、传动轴、离合器、差动齿轮等）（第十七类）。但必须注意，此项规定不适用于车辆或飞机发动机的零件；这些零件仍应归入本品目。

因此，曲柄轴及凸轮轴即使专用于汽车发动机，仍应归入本品目；但汽车的传动（推动）轴、变速器及差动齿轮则应归入品目87.08。

还须注意，本品目所列的传动装置即使专用于船舶，仍应归入本品目。

（三）钟表零件（品目91.14）。

84.84　密封垫或类似接合衬垫，用金属片与其他材料制成或用双层或多层金属片制成；成套或各种不同材料的密封垫或类似接合衬垫，装于袋、套或类似包装内；机械密封件：

10　—　密封垫或类似接合衬垫，用金属片与其他材料制成或用双层或多层金属片制成

20　—　机械密封件

90　—　其他

一、用金属片与其他材料制成或用双层或多层金属片制成的密封垫或类似接合衬垫

这些货品可用下列材料制成：

（一）将石棉芯（有时是毡呢、纸板或其他非金属材料制成）夹在两块金属片之间；或

（二）将石棉或其他非金属材料切成一定形状，并用金属片沿密封垫或接合衬垫的外缘及冲孔边缘包折起来；或

（三）用相同或不同的金属层压的金属箔。

这类货品主要用于某些发动机或泵，或用于某些管道接头。

但本品目不包括用金属丝或金属丝网加固的石棉板密封垫及接头衬垫（品目68.12），除非这些物品构成本品目注释第二部分所列的成套或各式不同材料制成的密封垫或类似接合衬垫的一部分。

二、成套或各式不同材料的密封垫或类似接合衬垫

装于袋、套、盒等包装内的，由各种材料（粘聚软木、皮革、橡胶、纺织品、纸板、石棉等）制成的成套或各式密封垫或类似接合衬垫，应归入本品目；但这些物品不能用同一种材料制成。

因此，成套或各式密封垫或接合衬垫必须至少配有两个及两个以上由不同材料制成的密封垫或接合衬垫，才能归入本品目。例如，在袋、套、盒等包装内如有五个全部用纸板制的密封垫或接合衬垫，就不归入本品目，而应归入品目48.23；但上述成套物品中如有一个橡胶密封垫，则整套物品应归入本品目。

三、机械密封件

机械密封件（例如，滑动密封环及弹簧密封环）是机械装配件，装于机器或装置上形成平面、旋转面的密封接合，以防止高压泄漏，抵御由于部件运动或振动等产生的压力及应力。

这些密封件的结构通常十分复杂，由以下两个部分组成：

（一）固定件：当将密封件装上后就成为机器或装置不可分割的组成部分；以及

（二）活动件：旋转件、弹簧件等。

该货品之所以称为“机械密封件”，主要是因为有上述活动件。

这些密封件起抗振装置、轴承、实际封件的作用，有时还起接头的作用，其应用范围广泛，包括用于泵、压缩机、混合器、搅拌器及汽轮机。它们用不同材料制成，外形也各不相同。

*

* *

本品目不包括：

（一）除了由复合金属片或金属箔制成的以外，不符合上述第二部分所列条件的密封垫或接合衬垫。它们一般应按其构成材料归类。

（二）机器的垫塞料（例如，用品目68.12所列的石棉绳制成）。

（三）品目84.87的油封环。

84.85 增材制造设备：

10 — 用金属材料的

20 — 用塑料或橡胶材料的

30 — 用石膏、水泥、陶瓷或玻璃材料的

80 — 其他

90 — 零件

本品目包括基于数字模型形成物体的增材制造（也称为3D打印）机器。机器根据设计文件，通过材料的连续添加、堆叠、凝结和固化形成物体。机器通过选定的应用能量源（例如，激光、电阻热、电子束或紫外光），以金属、塑料、橡胶、石膏、水泥、陶瓷、玻璃、木材、纸或种子细胞为原材料来制造三维物体。通过使用不同类型的机器和材料，可以用这种方式制作各种各样的物体，包括医疗器械、假肢、艺术品、枪支、建筑物及其零件、服装及零件。

本品目包括各种类型的增材制造设备，例如：

（一）粘合剂喷射成形机。这种机器使用粉末和液体粘合剂制造物体。粉末（例如，金属、塑料、橡胶或玻璃）分层铺开，每一层都喷射液体粘合剂，将粉末逐层粘合在一起。在这种方式下，实现多层堆叠硬化粘结成物体，然后再进行清洗以及后固化。

（二）立体光固化成形机。这种机器将液体材料（例如光敏聚合物树脂或塑料）逐层堆叠。在此过程中，通过紫外激光扫描、硬化一层塑料，然后平台上移，使得塑料层连续堆叠并硬化成形。

（三）材料喷射成形机。这种机器采用聚丙烯（PP）、高密度聚乙烯（HDPE）、聚苯乙烯（PS）、聚甲基丙烯酸甲酯（PMMA）、聚碳酸酯（PC）、丙烯腈－丁二烯－苯乙烯（ABS）、高抗冲聚苯乙烯（HIPS）和环境可降解塑料（ED）等塑料材料进行逐层堆叠。材料从喷嘴中喷出，再通过紫外光硬化成形。

（四）材料挤出成形机。这种机器在挤出头中加热融化丝材，通过挤出头在垂直和水平方向上的运动，实现熔融材料沉积，然后硬化成形。

（五）粉末床熔融成形机。这种机器使用激光或电子束逐层扫描，熔化粉末材料以形成物体。

（六）薄材叠层成形机。这类增材制造机器将片材（通常是塑料）进行堆叠，并根据数字模型将它们融合在一起，从而制造出特定的三维物体。它们不同于片材层压机，后者将两片或多片材料粘合在一起以形成复合材料。

（七）定向能量沉积成形机。这种机器使用电子束熔化正在沉积的材料以形成物体。

零　件

除零件的归类总原则另有规定的以外（参见第十六类总注释），本品目也包括本品目所列机器的零件，包括专门设计用于盛装打印介质的3D打印机墨盒，该墨盒仅限于用在特定的3D打印机上，但不含有电子元件或机械装置的除外。

84.86　专用于或主要用于制造半导体单晶柱或晶圆、半导体器件、集成电路或平板显示器的机器及装置；本章注释十一（三）规定的机器及装置；零件及附件：

10　—　制造单晶柱或晶圆用的机器及装置

20　—　制造半导体器件或集成电路用的机器及装置

30　—　制造平板显示器用的机器及装置

40　—　本章注释十一（三）规定的机器及装置

90　—　零件及附件

本品目包括专用于或主要用于制造半导体单晶柱或晶圆、半导体器件、集成电路或平板显示器的机器及装置。但是，本品目不包括计量、检验、检查、化学分析等用的机器及装置（第九十章）。

一、制造单晶柱或晶圆用的机器及装置。

本组包括制造单晶柱或晶圆用的机器及装置，例如：

（一）区域熔炼及精炼硅棒用的单体熔炉、对圆片表面进行氧化处理的氧化炉以及对晶圆进行掺杂处理的扩散炉。

（二）晶体生长设备及拉晶机，用于生产切晶圆用的极纯半导体单晶柱。

（三）晶体磨削机，用于磨削晶体单晶柱，使其符合晶圆所需直径精度，并用于研磨单晶柱的平面，以显示晶体的导电类型及电阻率。

（四）晶圆切割机，用于将半导体材料的单晶柱切割成晶圆。

（五）晶圆的磨削机、研磨机及抛光机，用于加工半导体晶圆，以备制造工序之用。通过上述加工，使晶圆的尺寸达到公差范围内，最关键的是其表面平整度。

（六）化学机械抛光机（CMP），通过化学清除与机械抛光相结合将晶圆表面磨平及抛光。

二、制造半导体器件或集成电路用的机器及装置。

本组包括制造半导体器件或集成电路用的机器及装置，例如：

（一）成膜设备，在制造加工过程中，在晶圆表面形成各种薄膜。这些薄膜在器件成品上用作导体、绝缘体及半导体。它们包括基片表面的氧化物及氮化物、金属及外延层。下列工序及设备并不限于某一类型薄膜的生成。

1. 氧化炉，用以在晶圆上形成氧化“膜”。晶圆的最外层分子与外加氧气或经加热的水蒸气发生化学反应，形成氧化物。

2. 化学气相沉积（CVD）设备。在加温条件下，将反应室内混合相应气体所得到的各种薄膜加以沉积，由此构成了一个热化学气相反应。操作可在大气压下或低压下（LPCVD 低压化学气相沉积法）进行，也可利用等离子增强法进行（PECVD 等离子增强化学气相沉积法）。

3. 物理气相沉积（PVD）设备，用以将汽化固体物所得到的各种薄膜加以沉积。例如：

（1）蒸发设备，通过加热源材料产生薄膜。

（2）溅射设备，利用离子对源材料（靶材）进行轰击产生薄膜。

4. 分子束外延（MBE）设备，在超真空环境下，利用分子束在加热的单晶质基片上生成外延层。其工艺与物理气相沉积法（PVD）相似。

（二）掺杂设备，将掺杂质掺入晶圆表面，以改变半导体层的电导性或其他特性，例如：

1. **热扩散设备**，在高温下注入气体，用以将掺杂剂掺入晶圆表面。

2. **离子植入机**，以加速离子束的形式，将掺杂质“挤入”晶圆表面晶格结构中。

3. **退火炉**，用以修复因离子植入而受损的晶圆晶格结构。

（三）蚀刻及去膜设备，用以对晶圆表面进行蚀刻或清洁，例如：

1. **湿法蚀刻设备**，利用喷涂法或浸入法敷上化学蚀刻材料。喷涂蚀刻机由于每次仅对一个晶圆进行加工，其蚀刻效果比浸入蚀刻机的效果更为一致。

2. **干法等离子蚀刻设备**，蚀刻材料呈气态分布在等离子能量场内，产生一个各向异性的蚀刻剖面。干法蚀刻机采用多种不同方法，以生成气态等离子，用以清除半导体晶圆上的薄膜材料。

3. **离子束研磨设备**，将电离气体原子加速撞击晶圆表面，撞击引起晶圆表面的最外层物理性地剥离。

4. **去膜机或灰化机**。这类设备采用类似于蚀刻的技术，清除晶圆表面起“模版”作用后已失效的光刻胶。这种设备也可以清除各向同性蚀刻剖面上的氮化物、氧化物及多晶硅。

（四）光刻设备，用以将电路图案转印到涂有光刻胶的半导体晶圆表面，例如：

1. **在晶圆上涂布光刻胶用的设备**，包括将液态光刻胶均匀地涂布在晶圆表面上的旋转涂胶机。

2. **对已涂布光刻胶的带电路图案（或部分图案）的晶圆进行曝光的设备**：

（1）使用掩膜版或光掩膜，并将光刻胶曝光（通常用紫外线），有时用X射线：

①**接触式光刻机**，曝光时掩膜版或光掩膜与晶圆相接触。

②**接近式光刻机**，类似于接触式光刻机，只是掩膜版或光掩膜与晶圆之间不发生实际接触。

③**扫描光刻机**，采用投影技术，对扫过掩膜版与晶圆的一条连续运动的狭缝进行曝光。

④**分步重复光刻机**，采用投影技术，每次曝光晶圆的一部分。可将掩膜版缩小或1∶1地对晶圆进行曝光。增强措施包括使用受激准分子激光器。

（2）晶圆直接写入设备。这类装置不使用掩膜版或光掩膜进行操作，而是采用自动数据处理设备控制的“写入电子束”［例如，电子束或称E－束、离子束或激光］将电路图案直接“绘制”在涂布光刻胶的半导体晶圆上。

（五）显影曝光晶圆用的设备，包括类似在照相暗室所用设施的化学显影浴槽。

本品目还包括：

1. **离心机**，用于将光刻胶旋转涂布在绝缘基片或晶圆上。

2. **丝网印刷机**，用抗蚀刻油墨对绝缘基片进行印刷。

3. **激光划片机**，用于将晶圆切割成片（芯片分割）。

4. **晶圆切割机**。

三、制造平板显示器用的机器及装置

本组包括将基片制成平板，但不包括制造玻璃或者将印刷电路板或其他电子元件装配在平板上。

本品目包括制造平板显示器用的机器及装置，例如：

（一）蚀刻、显影、去膜或清洁用的装置。

（二）投影、绘制或喷镀电路图案用的装置。

（三）离心自旋干燥机或其他干燥器具。

（四）涂布感光乳剂用的机器（涂胶机）。

（五）掺杂用离子注入机。

（六）扩散、氧化、退火或快速加热用的炉、烘箱及其他设备。

（七）化学气相沉积及物理气相沉积装置。

（八）磨削及抛光用的机器。

（九）切割、划片或划痕用的机器。

四、本章注释十一（三）规定的机器及装置

本组包括专用于或主要用于下列各方面的机器及装置：

（一）制造或修复掩膜版及投影掩膜版［例如，摄制投影掩模版的器具（光电绘图仪）及修复掩膜版及投影掩膜版用的离子研磨机器］；

（二）组装半导体器件或集成电路，例如：

1. **激光雕刻机，**用于雕刻单片集成电路成品或分立半导体元件的塑料外壳。

2. **封装设备，**例如，通过挤压芯片外围塑料材料制造芯片塑料外壳用的挤压机。

3. **引线接合器，**利用超声波或电压焊将金线焊接到单片集成电路的触点上。

4. **晶圆凸点制程。**通过该工序，切片前在整块晶圆上形成所有接点。

（三）升降、搬运或装卸单晶柱、晶圆、半导体器件、集成电路及平板显示器（例如，用于输送、搬运及储存半导体晶圆、晶圆匣、晶圆盒及其他半导体器件用物料的物料自动搬运机器。）

五、零件及附件

除零件的归类总原则另有规定的以外（参见第十六类总注释），本品目包括本品目所列机器及装置的零件及附件。因此，归入本品目的零件及附件主要包括专用于或主要用于本品目所列机器及装置的工件或工具夹具及其他专用配件。

84. 87　本章其他品目未列名的机器零件，不具有电气接插件、绝缘体、线圈、触点或其他电气器材特征的：

10　—　船用推进器及桨叶

90　—　其他

本品目包括各种非电气的机器零件，但下列各项除外：

（一）专用于或主要用于某种机器（包括品目 84. 79 或 85. 43. 第十七类、第九十章等所列的机器）的非电气零件；这些机器零件应与有关机器归入同一品目；如有专门列名的品目，则应归入该品目。

（二）品目 84. 81 至 84. 84 所列的机器零件。

（三）协调制度其他品目具体列名的零件，或按第十六类注释一或第八十四章注释一的规定不能归入本品目的零件。例如，塑料制的传动带或输送带（第三十九章）；硫化橡胶制的传动带或输送带（品目 40. 10）及其他未硬化硫化橡胶制的零件（品目 40. 16）；皮革或再生皮革制的零件（品目 42. 05）；纺织材料制的传动带或输送带（品目 59. 10）及纺织材料制的其他机器零件（品目 59. 11）；陶瓷或玻璃制的零件（第六十九章或第七十章）；完全用宝石或半宝石（天然、合成或再造）制的机器零件（第七十一章）；第十五类注释二所述的螺丝、链条、弹簧及其他通用零件；刷子（品目 96. 03）。

因此，一般来说，本品目的货品可确定为机器零件，但不能确定为任何一种机器的零件。据此，本品目包括非自动润滑脂壶；加脂咀；手轮、杠杆及手柄；安全防护罩及底板；油封环。油封环通常为圆形截面，结构相当简单（例如，一个软橡胶圈通过硫化与一增强用的金属结合在一起），其特征是没有活动部件。许多机器或设备的接口表面都用它来封闭，以防止油或气体的泄漏和尘埃等的进入。

本品目也包括船用推进器及桨轮。

第八十五章　电机、电气设备及其零件；录音机及放声机、电视图像、声音的录制和重放设备及其零件、附件

注释：

一、本章不包括：

（一）电暖的毯子、褥子、足套及类似品，电暖的衣服、靴、鞋、耳套或其他供人穿戴的电暖物品；

（二）品目 70.11 的玻璃制品；

（三）品目 84.86 的机器及装置；

（四）用于医疗、外科、牙科或兽医的真空设备（品目 90.18）；或

（五）第九十四章的电热家具。

二、品目 85.01 至 85.04 不适用于品目 85.11、85.12、85.40、85.41 或 85.42 的货品。

但金属槽汞弧整流器仍归入品目 85.04。

三、品目 85.07 所称“蓄电池”，包括与其一同报验的辅助元件，这些辅助元件具有储电及供电功能，或者保护蓄电池免遭损坏，例如，电路连接器、温控装置（例如，热敏电阻）及电路保护装置，也可包括蓄电池的部分保护外壳。

四、品目 85.09 仅包括通常供家用的下列电动器具：

（一）任何重量的地板打蜡机、食品研磨机及食品搅拌器，水果或蔬菜的榨汁机；

（二）重量不超过 20 千克的其他机器。

但该品目不适用于风机、风扇或装有风扇的通风罩及循环气罩（不论是否装有过滤器）（品目 84.14）、离心干衣机（品目 84.21）、洗碟机（品目 84.22）、家用洗衣机（品目 84.50）、滚筒式或其他形式的熨烫机器（品目 84.20 或 84.51）、缝纫机（品目 84.52）、电剪子（品目 84.67）或电热器具（品目 85.16）。

五、品目 85.17 所称“智能手机”是指使用蜂窝网络的电话机，其安装有移动操作系统，设计用于实现自动数据处理设备功能，例如，可下载并同时执行多个应用程序（包括第三方应用程序），并且不论是否集成了如数字照相机、辅助导航系统等其他特征。

六、品目 85.23 所称：

（一）“固态、非易失性存储器件”（例如，“闪存卡”或“电子闪存卡”）是指带有接口的存储器件，其在同一壳体内包含一个或多个闪存（FLASH E^2PROM），以集成电路的形式装配在一块印刷电路板上。它们可以包括一个集成电路形式的控制器及多个分立无源元件，例如，电容器及电阻器；

（二）所称“智能卡”，是指装有一个或多个集成电路［微处理器、随机存取存储器（RAM）或只读存储器（ROM）］芯片的卡。这些卡可带有触点、磁条或嵌入式天线，但不包含任何其他有源或无源电路元件。

七、品目 85.24 所称“平板显示模组”，是指用于显示信息的装置或器具，至少有一个显示屏，设计为在使用前安装于其他品目所列货品中。平板显示模组的显示屏包括但不限于平面、曲面、柔性、可折叠或可拉伸等类型。平板显示模组可装有附加元件，包括接收视频信号所需并将这些信号分配给显示器像素的元件。但是，品目 85.24 不包括装有转换视频信号的组件（例如，图像缩放集成电路，解码集成电路或程序处理器）的显示模组，或具有其他品目所列货品特征的显示模组。

本注释所述平板显示模组在归类时，品目 85.24 优先于其他品目。

八、品目 85.34 所称“印刷电路”，是指采用各种印制方法（例如，压印、覆镀、腐蚀）或采用“膜电路”工艺，将导线、接点或其他印制元件（例如，电感器、电阻器、电容器）按预定的图形单独或互相连接地印制在绝缘基片上的电路，但能够产生、整流、调制或放大电信号的元件（例如，半导体元件）除外。

所称“印刷电路”，不包括装有非印制元件的电路，也不包括单个的分立式电阻器、电容器及电感器。但印刷电路可配有非经印刷的连接元件。

用同样工艺制得的无源元件及有源元件组成的薄膜电路或厚膜电路应归入品目 85.42。

九、品目 85.36 所称“光导纤维、光导纤维束或光缆用连接器”，是指在有线数字通讯设备中，简单机械地把光纤端部相连成一线的连接器。它们不具备诸如对信号进行放大、再生或修正等其他功能。

十、品目 85.37 不包括电视接收机或其他电气设备用的无绳红外遥控器（品目 85.43）。

十一、品目 85.39 所称“发光二极管（LED）光源”包括：

（一）“发光二极管（LED）模块”，是基于发光二极管的电路构成的电光源，模块中包含电气、机械、热力或者光学等其他元件。模块还装有分立的有源或无源元件，或用于提供或控制电源的品目 85.36、85.42 的物品。发光二极管（LED）模块没有便于在灯具中安装或更换并确保机械和电气连接的灯头设计。

（二）“发光二极管（LED）灯泡（管）”，是由一个或多个带有电气、机械、热力或者光学元件的 LED 模块组成的电光源。发光二极管（LED）模块与发光二极管（LED）灯泡（管）的区别在于后者有便于在灯具中安装或更换并确保机械和电气连接的灯头设计。

十二、品目 85.41 及 85.42 所称：

（一）“二极管、晶体管及类似的半导体器件”，是指那些依靠外加电场引起电阻率的变化而进行工作的半导体器件或半导体基换能器。

半导体器件也可以包括由多个元件组装在一起的组件，无论是否有起辅助功能的有源和无源元件。

本定义所称“半导体基换能器”是指半导体基传感器、半导体基执行器、半导体基谐振器和半导体基振荡器。这些是不同类型的半导体基分立器件，能实现固有的功能，即可以将任何物理、化学现象或活动转换为电信号，或者将电信号转换为任何物理现象或活动。

半导体基换能器内的所有元件都不可分割地组合在一起，它们也包括为实现其结构或功能而不可分割地连接在一起的必要材料。

下列名词的含义是：

（1）“半导体基”是指用半导体技术，在半导体基片上构建、制造或由半导体材料制造。半导体基片或材料在换能器的作用和性能中起到不可替代的关键作用，其工作是基于半导体的物理、电气、化学和光学等特性。

（2）“物理或化学现象”是指诸如压力、声波、加速度、振动、运动、方向、张力、磁场强度、电场强度、光、放射性、湿度、流量和化学浓度等。

（3）半导体基传感器是一种半导体器件，其由在半导体材料内部或表面制作的微电子或机械结构组成，具有探测物理量和化学量并将其转换成电信号（因电特性变化或机械结构位移而产生）的功能。

（4）半导体基执行器是一种半导体器件，其由在半导体材料内部或表面制作的微电子或机械结构组成，具有将电信号转换成物理运动的功能。

（5）半导体基谐振器是一种半导体器件，其由在半导体材料内部或表面制作的微电子或机械结构组成，具有按预先设定的频率产生机械或电振荡的功能，频率取决于响应外部输入的结构的物理参数。

(6) 半导体基振荡器是一种半导体器件，其由在半导体材料内部或表面制作的微电子或机械结构组成，具有按预先设定的频率产生机械或电振荡的功能，频率取决于这些结构的物理参数。

2. “发光二极管（LED）”是半导体器件，基于可将电能变成可见光、红外线或紫外线的半导体材料，不论这些器件之间是否通过电路连接以及不论是否带有保护二极管。品目 85.41 的发光二极管（LED）不装有以提供或控制电源为目的的元件。

（二）“集成电路”，是指：

1. 单片集成电路，即电路元件（二极管、晶体管、电阻器、电容器、电感器等）主要整体制作在一片半导体材料或化合物半导体材料（例如，掺杂硅、砷化镓、硅锗或磷化铟）基片的表面，并不可分割地连接在一起的电路；

2. 混合集成电路，即通过薄膜或厚膜工艺制得的无源元件（电阻器、电容器、电感器等）和通过半导体工艺制得的有源元件（二极管、晶体管、单片集成电路等）用互连或连接线实际上不可分割地组合在同一绝缘基片（玻璃、陶瓷等）上的电路。这种电路也可包括分立元件；

3. 多芯片集成电路是由两个或多个单片集成电路实际上不可分割地组合在一片或多片绝缘基片上构成的电路，不论是否带有引线框架，但不带有其他有源或无源的电路元件。

4. 多元件集成电路（MCOs）：由一个或多个单片、混合或多芯片集成电路以及下列至少一个元件组成：硅基传感器、执行器、振荡器、谐振器或其组件所构成的组合体，或者具有品目 85.32、85.33、85.41 所列商品功能的元件，或品目 85.04 的电感器。其像集成电路一样实际上不可分割地组合成一体，作为一种元件，通过引脚、引线、焊球、底面触点、凸点或导电压点进行连接，组装到印刷电路板（PCB）或其他载体上。

在本定义中：

(1) 元件可以是分立的，独立制造后组装到多元件（MCO）的其余部分上，或者集成到其他元件内。

(2)“硅基”是指在硅基片上制造，或由硅材料制造而成，或者制造在集成电路裸片上。

(3) ①硅基传感器由在半导体材料内部或表面制作的微电子或机械结构组成，具有探测物理和化学现象并将其转换成电信号（因电特性变化或机械结构位移而产生）的功能。“物理或化学现象”是指诸如压力、声波、加速度、振动、运动、方向、张力、磁场强度、电场强度、光、放射性、湿度、流量和化学浓度等现象。

②硅基执行器由在半导体材料内部或表面制作的微电子或机械结构组成，具有将电信号转换成物理运动的功能。

③硅基谐振器由在半导体材料内部或表面制作的微电子或机械结构组成，具有按预先设定的频率产生机械或电振荡的功能，频率取决于响应外部输入的结构的物理参数。

④硅基振荡器是有源器件，由在半导体材料内部或表面制作的微电子或机械结构组成，具有按预先设定的频率产生机械或电振荡的功能，频率取决于这些结构的物理参数。

本注释所述物品在归类时，即使本协调制度其他品目涉及上述物品，尤其是物品的功能，仍应优先考虑归入品目 85.41 及 85.42，但涉及品目 85.23 的情况除外。

○

○ ○

子目注释：

一、子目 8525.81 仅包括具有以下一项或多项特征的高速电视摄像机、数字照相机及视频摄录一体机：

——写入速度超过 0.5 毫米/微秒；

——时间分辨率 50 纳秒或更短；

——帧速率超过225000帧/秒。

二、子目8525.82所称抗辐射或耐辐射电视摄像机、数字照相机及视频摄录一体机，是指经设计或防护以能在高辐射环境中工作。这些设备可承受至少50×10^3Gy（Si）［5×10^6 RAD（Si）］的总辐射剂量而不会使其操作性能退化。

三、子目8525.83包括夜视电视摄像机、数字照相机及视频摄录一体机，这些设备通过光阴极将捕获的光转换为电子，再将其放大和转换以形成可见图像。本子目不包括热成像的摄像机或照相机（通常归入子目8525.89）。

四、子目8527.12仅包括有内置放大器但无内置扬声器的盒式磁带放声机，它不需外接电源即能工作，且外形尺寸不超过170毫米×100毫米×45毫米。

五、子目8549.11至8549.19所称“废原电池、废原电池组及废蓄电池”是指因破损、拆解、耗尽或其他原因而不能再使用或不能再充电的电池。

总　注　释

一、本章的范围及结构

本章包括所有电机及电气设备，但下列货品除外：

（一）第八十四章所列的机器及器具。这些机器及器具即使是电气的，仍应归入第八十四章（参见该章总注释）。以及

（二）从整体上看不归入第十六类的某些货品（参见第十六类总注释）。

与第八十四章相反，本章所列的货品即使由陶瓷材料或玻璃制成，仍应归入本章；但品目70.11所列的玻璃外壳（包括玻璃泡及玻璃管）除外。

本章包括：

1. 发电、变电或蓄电的设备及装置。例如，发电机、变压器等（品目85.01至85.04）；原电池（品目85.06）及蓄电池（品目85.07）。

2. 某些家用器具（品目85.09），以及电动剃须刀、电动毛发推剪及电动脱毛器（品目85.10）。

3. 某些利用电性能或电效应（例如，电磁效应、电热性能等）工作的设备及装置（品目85.05、85.11至85.18、85.25至85.31及85.43）。

4. 声音的录制或重放设备及装置；电视图像的录制或重放设备；上述设备及装置的零件及附件（品目85.19至85.22）。

5. 声音记录媒体或其他信息的类似记录媒体（包括视频信号记录媒体，但第三十七章的照相或电影用胶卷除外）（品目85.23）。

6. 平板显示模组（品目85.24）。

7. 某些通常不单独使用、但可在电气设备中作为元器件起某种作用的电气物品，例如，电容器（品目85.32），开关、熔断器、接线盒等（品目85.35或85.36），电灯（品目85.39），热电子管等各种电子管（品目85.40），二极管、晶体管及类似的半导体器件（品目85.41），电气设备用碳精制品（品目85.45）。

8. 某些因其导电或绝缘性能而应用于电气设备及装置的物品及材料，例如，绝缘电线及其组装件（品目85.44）、绝缘子（品目85.46）、绝缘配件及内衬绝缘材料的金属导管（品目85.47）。

除上述各种电气货品以外，本章还包括永磁铁（尚未磁化的也包括在内），以及永磁铁工件夹具（品目85.05）。

应当注意，本章仅包括某些类型的电热器具，例如，电炉等（品目85.14）；空间加热设备、家用电热器具等（品目85.16）。

此外还应当注意，既不能作为品目85.23所列产品或品目85.42的多元件集成电路（MCOs）［参见本章注释十二（二）4］归类，又不具有其他独立功能的某些电子存储器模件［例如，单列直插式内存模块（SIMM）和双列直插式内存模块（DIMM）］，应运用第十六类注释二的规定，按以下规则进行归类：

（1）仅适用于或主要适用于自动数据处理设备的模件，应按这些机器的零件归入品目84.73。

（2）仅适用于或主要适用于其他特定机器或某一相同品目项下多种机器的模件，应按该机器或该组机器的零件进行归类。

（3）无法确定其主要用途的，模件应归入品目85.48。

一般来说，电气加热器具应归入其他各章（主要是第八十四章）。例如，蒸汽锅炉及过热水锅炉（品目84.02）；空气调节器（品目84.15）；烘炉、蒸馏设备及其他设备（品目84.19）；研光机和类似的滚压机器及其滚筒（品目84.20）；家禽孵卵器及育雏器（品目84.36）；供木料、软木、皮革等用的通用烫烙机（品目84.79）；医疗器械（品目90.18）。

二、零件

零件的归类一般应参阅第十六类总注释。

本章所列设备或装置的非电气零件，应按以下规则进行归类：

（一）许多非电气零件实际上应归入其他各章，特别是第八十四章。例如，泵及风机、风扇（品目84.13或84.14）；龙头、旋塞等（品目84.81）；滚动轴承（品目84.82）；传动轴、齿轮传动装置等（品目84.83）。

（二）专用于或主要用于本章的某种电机（或用于本章同一品目中的几种设备）的其他非电气零件，应与有关设备一同归类；或者归入品目85.03、85.22、85.29或85.38中的适当品目。

（三）其他非电气零件应归入品目84.87。

85.01　电动机及发电机（不包括发电机组）：

10　—　输出功率不超过37.5瓦的电动机

20　—　交直流两用电动机，输出功率超过37.5瓦

—　其他直流电动机；直流发电机，不包括光伏发电机：

31　——　输出功率不超过750瓦

32　——　输出功率超过750瓦，但不超过75千瓦

33　——　输出功率超过75千瓦，但不超过375千瓦

34　——　输出功率超过375千瓦

40　—　其他单相交流电动机

—　其他多相交流电动机：

51　——　输出功率不超过750瓦

52　——　输出功率超过750瓦，但不超过75千瓦

53　——　输出功率超过75千瓦

—　交流发电机，不包括光伏发电机：

61　——　输出功率不超过75千伏安

62　——　输出功率超过75千伏安，但不超过375千伏安

63　——　输出功率超过375千伏安，但不超过750千伏安

64　——　输出功率超过750千伏安

—　光伏直流发电机：

71　——　输出功率不超过50瓦

79　——输出功率超过50瓦
80　—　光伏交流发电机

一、电动机

电动机是一种把电能转换成机械能的机器，可分为旋转电动机与直线电动机两大类。

（一）旋转电动机。这种电动机以旋转运动的方式产生机械能，按所用电流是直流电还是交流电、以及用途和目的的不同，它们具有多种类型和规格。电动机的外壳也因适应不同的工作环境而各异（例如，防尘式、防滴式或防爆式电动机，适用于皮带传动电动机或强振动电动机的非刚性座架）。

很多电动机装有风扇或其他装置，供电动机运转时散热之用。

除内燃机用的启动电机（品目85.11）以外，本品目包括各种类型的电动机，从供仪表、时钟、定时开关、缝纫机、玩具等用的小型电动机到供轧钢机等用的大型电动机。

配有皮带轮、齿轮或齿轮箱，或配有软轴以驱动手工工具的电动机，仍应归入本品目。

本品目包括推动船只用的“舷外电动机”，这是一种由电动机、轴、螺旋桨及舵所组成的成套装置。

时钟机构用的同步电动机即使装有齿轮，仍应归入本品目；但如果同步电动机与时钟传动齿轮系装在一起，则不归入本品目（品目91.09）。

（二）直线电动机。这种电动机以直线运动的方式产生机械能。

直线感应电动机主要由一个或多个初级部件及一个次级部件组成。初级部件一般是由叠片的磁路组成（由磁铁片叠成），磁路上装有线圈。次级部件一般是用铜或铝的板材或异型材料制成。

在次级部件存在下对初级部件通以交流电，这种电动机即可产生推动力。初级部件与次级部件之间有一气隙隔开，两者不经机械接触而能产生平移直线运动（其中一个部件移动而另一部件固定不动）。

直线感应电动机根据其不同用途而具有不同的特点：推动气垫火车［初级部件装在火车内，跨在固定不动的铁轨（即次级部件）上］；驱动大宗货物搬运设备（次级板装在带轮运送车的底部，可在固定于轨道间的一系列初级线圈上运行）；驱动架空输送设备（装有初级部件的吊车可在异型的次级部件底下运行）；在停车场或仓库内给车辆定位（初级部件装在地板中，可使作为次级部件的托板移动）；控制活塞泵及阀门等［这一工作可由“多螺管”直线电动机完成，这种电动机内的轴（次级部件）可在环形的初级部件中作往复运动］；机床定位等。

直流直线电动机是利用电磁铁的相互作用，或电磁铁与永磁铁的相互作用而进行工作的。这种电动机可用作交变或摆动电动机（例如，用于往复泵、纺织梭传动装置），或用作步进电动机（例如，用于小型输送机）等。

本组还包括：

1. **伺服电动机**，单独报验的。这种电动机主要由装有减速齿轮的电动机组成，并配有传动装置（例如，杠杆、皮带轮），适用于锅炉、熔炉或其他设备中对调控装置进行调校变位（有时还配有紧急手动轮）。

2. **自同步装置**。这种装置由定子和转子组成，定子装有成120°角的三个绕组；转子则装有与两个滑环相连的一个单独绕组。自同步装置可成对地（如同步发送器与同步接收器）用于遥测或遥控系统等。

3. **电动阀动器**。这种装置由装有减速齿轮及传动轴的电动机所组成；有时还装有各种装置（电启动器、变压器、手动轮等），用于操纵阀塞。

二、发电机

利用各种能源（机械能、太阳能等）产生电力的机器，凡未更为具体地列入本协调制度的其他品目的，均应归入本品目。

发电机可分为两大类：直流发电机与交流发电机。两类发电机一般均主要由定子与转子组成。定子装在机壳内。转子装在定子内的转轴上，转轴由原动机驱动。直流发电机的转轴上装有多个整流子片的整流子，一组碳刷摩擦整流子片，把所产生的电流加以汇集，并传输到外电路中。大多数交流发电机为无刷发电机，所产生的电流可直接输出到外电路中。其他交流发电机的转轴上装有滑环，所产生的电流用滑环汇集，通过一组碳刷摩擦滑环把电流输出。

定子一般由一组电磁铁组成，但某些直流发电机（永磁发电机）的定子则由一组永磁铁组成。转子一般由一组线圈装在叠片铁芯上而组成，称为电枢。某些交流发电机的旋转部分为磁场系统。

发电机可通过手动或脚踏驱动，但一般均带有原动机（例如，水轮机、汽轮机、风力机、往复式蒸汽机、内燃机）。但是，本品目仅包括不带原动机的发电机。

本品目还包括光电发电机。这种发电机由多块光电池板与其他装置［例如，蓄电池及电子控制器（调压器、换流器等）、装有元件的板或组件，不论其多么简单（例如，用几个二极管控制电流的方向）］组成，光电发电机可直接给电动机、电解槽等供电。

在上述光电发电机中，光电池把太阳能直接转换成电能（光电转换）。

本品目包括所有发电机：供发电站使用的大型发电机；用于激励其他发电机绕组的小型辅助发电机；各种规格及种类的发电机，适用于为各种用途提供电力（例如，用于船舶、无外界电源的农庄、化学工业的电解工艺以及柴油机电动火车等）。

本品目也不包括：

（一）装有电动机的滚筒或滚轴，适用于带式或辊式运输机（品目 84.31）。

（二）品目 84.79 的产震马达及电磁振动器（参见该品目的注释）。

（三）与原动机装在一起的发电机（品目 85.02）。

（四）高压发生器（品目 85.04）。

（五）原电池及原电池组（品目 85.06）。

（六）附属于内燃机的交流发电机及直流发电机，或供自行车、机动车辆的照明或信号装置使用的交流发电机及直流发电机（分别归入品目 85.11 及 85.12）。

（七）太阳能电池，不论是否装配成组件或太阳能电池板，但未装有电子元件，不论这些电子元件如何简单。太阳能电池可直接给电动机、电解槽等供电（品目 85.41）。

（八）某些被称为发生器，但实际上是非产生电能的电气装置，例如，信号发生器（品目 85.43）。

（九）第九十章的发生器，例如，X 光发生器（品目 90.22）；专供示范用而无其他用途的发电机（品目 90.23）。

零　件

除零件的归类总原则另有规定的以外（参见第十六类总注释），本品目所列机器的零件应归入品目 85.03。

85.02　发电机组及旋转式变流机：

　　　　—　装有压燃式活塞内燃发动机（柴油或半柴油发动机）的发电机组：

11　——　输出功率不超过 75 千伏安

12　——　输出功率超过 75 千伏安，但不超过 375 千伏安

13　——　输出功率超过 375 千伏安

20　—　装有点燃式活塞内燃发动机的发电机组

　　　　—　其他发电机组：

31　——　风力驱动的

39　——其他
40　—　旋转式变流机

一、发电机组

所称“发电机组”，是指由发电机与除电动机以外的任何原动机（例如，水轮机、汽轮机、风力机、往复式蒸汽机、内燃机）所组成的机器。发电机组如果由发电机及其原动机组装成（或准备组装成）整套设备或装在同一底座上（参见第十六类总注释）并且同时报验（即使为方便运输而分别包装），应归入本品目。

供焊接设备用的发电机如果不带焊头或焊接器具而单独报验，应归入本品目；如果与焊头或焊接器具一同报验，则不归入本品目（品目85.15）。

二、旋转式变流机

旋转式变流机主要由一台发电机与一台原动机组成，其原动机为电动机。发电机与原动机永久性地装在同一底座上；但在某些情况下，两者可组成一个装有某些共同绕组的装置。它们用于变换电流的性质（将交流变为直流或直流变为交流），或改变电流的某些特性，例如，交流电的电压、频率或相位（例如，把频率从50赫兹变为200赫兹，或把单相电流变成三相电流）。另一种类型的旋转变流机（有时称为旋转变压器）用于把直流电从某一电压变为另一电压。

零　件

除零件的归类总原则另有规定的以外（参见第十六类总注释），本品目所列机器的零件应归入品目85.03。

85.03　专用于或主要用于品目85.01或85.02所列机器的零件

除零件的归类总原则另有规定的以外（参见第十六类总注释），本品目包括上述两个品目所列机器的零件。归入本品目的零件非常广泛，包括：

一、机壳、定子、转子、集电环、集电器、电刷夹子、励磁线圈等；

二、非正方形或矩形的电机用板及片。

85.04　变压器、静止式变流器（例如，整流器）及电感器：

10　—　放电灯或放电管用镇流器
　　—　液体介质变压器：
21　——额定容量不超过650千伏安
22　——额定容量超过650千伏安，但不超过10兆伏安
23　——额定容量超过10兆伏安
　　—　其他变压器：
31　——额定容量不超过1千伏安
32　——额定容量超过1千伏安，但不超过16千伏安
33　——额定容量超过16千伏安，但不超过500千伏安
34　——额定容量超过500千伏安
40　—　静止式变流器
50　—　其他电感器
90　—　零件

一、变压器

变压器是利用电磁感应原理，使用预调或可调系统，将一种交流电变换成不同电压、阻抗等的另一种交流电的装置。这种装置没有任何运动机件。变压器一般由两个或多个绝缘导线线圈以多种结构形式绕制在叠片铁芯上而组成，但某些变压器（例如，射频变压器）没有磁芯，或者以粘聚铁粉、铁氧体等作为磁芯。其中一个线圈上（初级电路）的交流电在其他线圈中（次级电路）感应产生一般为不同电流值和电压值的另一种交流电。某些变压器（自耦变压器）只有一个线圈，其中一部分为初级电路和次级电路所共用。壳式变压器的外层为一个叠压铁片组成的壳式结构。

某些变压器具有特殊用途，例如，耦合变压器能使一电路的阻抗与另一电路的阻抗相耦合；仪表变压器（电流或电压互感器、组合仪表变压器），用于升高或降低与之相连设备（例如，测量仪器、电表、保护继电器）的电压或电流。

本品目包括各种变压器，从控制流过放电灯泡或灯管的电流量用的镇流器，用于无线电信机、仪器、玩具等的小型变压器到用于发电站、联接干线的变电站、配电站及其分站的大型变压器。大型变压器可浸入油柜或配有散热器、风扇等，以供冷却之用。变压器使用的频率不一，从电力网频率至无线电甚高频率不等。本品目包括不平衡变压器（平衡装置），它可通过平衡对线中的阻抗而降低电磁干扰。

变压器的额定容量为变压器在次级额定电压（或电流强度）及额定频率条件下连续使用而温升不超过极限值时的千伏安（kVA）输出量。

电焊设备用的变压器如果不带焊头或焊接器具而单独报验，应归入本品目；如果与焊头或焊接器具一同报验，则不归入本品目（品目85.15）。

本品目还包括感应线圈。这是变压器的一种，其初级线圈上的间歇或波动直流电在次级线圈上感应产生一种相应的电流。感应线圈可使电压升高；或在电话次级电路上再生一种与初级电路上影响稳定直流电的波动相应的小波动电流。本品目包括各种类型的感应线圈，但内燃机的点火设备除外（品目85.11）。

二、静止式变流器

此类装置用于变换电能，以便进一步利用。它们装有不同类型的变流元件（例如，电子管），还可装有各种辅助器件（例如，变压器、感应线圈、电阻器、调节控制器等）。这种装置利用变流元件可交替作为导体与绝缘体的原理进行工作。

静止式变流器常装有辅助电路，以调节新生电流的电压，这种装置有时称为电压或电流调节器，但都不影响其归入本品目。

此类装置包括：

（一）**整流器**，用于把交流电（单相或多相）变成直流电，通常电压也随之改变。

（二）**逆变器**，用于把直流电变成交流电。

（三）**交流电变换器及变频器**，用于改变交流电（单相或多相）的频率或电压。

（四）**直流电变换器**，用于改变直流电的电压。

静止式变流器根据所使用变流元件的类型，主要分为以下几类：

1. **半导体变流器**，根据某些晶体间的单向导电性原理进行工作。这种变流器由作为变流元件的半导体及其他各种器件（例如，冷却器、带式导体、驱动器、调节器、控制电路）构成。

半导体变流器包括：

（1）单晶半导体整流器，使用含有硅或锗晶体的器件（二极管、可控硅、晶体管）作为变流元件。

（2）多晶半导体整流器，使用硒圆片作为变流元件。

2. **气体放电变流器**，例如：

（1）汞弧整流器，其变流元件为一个真空的玻璃管或金属槽，内装有一个汞阴极及一个或多个阳极，可让待整流的电流通过。汞弧整流器装有辅助器件，用于起弧、充电、冷却，有时还用于保持真空等。

根据起弧的机构，气体放电整流器分为两类，即“励弧管”（带有充电阳极）及“引燃管”（带有引燃极）。

（2）带有热阴极的热离子整流器，其变流元件（例如，闸流管）与汞弧管相似，不同的是以热阴极代替汞阴极。

3. 带有机械变流元件的变流器。这种装置依靠各种接触产生的单向导电性进行工作。例如：

（1）接触整流器（例如，使用凸轮轴的接触整流器），配有带多个金属触点的装置，触点的开和闭与待整流交流电的频率是同步的。

（2）汞流透平整流器，利用与交流电频率同步的水银旋转喷射，与一固定触点产生接触。

（3）振动整流器，装有一片金属簧片，当该金属簧片以交流电的频率振动时，与触点发生接触，从而把电流从电源中引出。

4. 电解整流器。用作电极的某些产品与用作电解质的某些液体的组合物只允许电流单向通过。电解整流器是利用这一原理进行工作的。

静止式变流器具有各种用途，例如：

（1）提供电源以驱动固定式机器或电力牵引机动车（例如，机车）的变流器。

（2）补给变流器。例如，蓄电池充电器（主要由配有变压器的整流器与电流控制装置组成）；电镀与电解工艺用的变流器；备用电源组；给设备提供高压直流电的变流器；供热用变流器；给电磁体供电的变流器。

归入本品目的还有称为高压发生器的变流器（特别是与无线电装置、发射管、微波管、离子束管一起使用），把各种电源（通常是主干线路电源）供给的电流变成所需的高压直流电，并通过整流器、变压器等供给有关设备。

本品目还包括稳定供电装置（装有调节器的整流器），例如，一系列电子设备用的不间断电源。

专门为放射性装置供电的高压发生器（或变压器）应归入品目90.22；自动调压器应归入品目90.32。

三、电感器

电感器主要由单个线圈组成。该线圈接入交流电路后，可通过其自动感应，限制或阻止交流电通过。电感器大小不一，包括用于无线电路、仪器等的小扼流圈和用于电力系统并通常安装在混凝土中的大型线圈（例如，在发生短路时用于限制电流通过）。

印制的单个电感器或电感元件仍应归入本品目。

阴极射线管用的偏转线圈应归入品目85.40。

零 件

除零件的归类总原则另有规定的以外（参见第十六类总注释），本品目所列货品的零件也应归入本品目。特别是金属槽汞弧整流器，不论是否装有泵，均按零件归类。

但是本品目所列装置的大部分电气零件均已在本章其他品目中列名，例如：

（一）品目85.36的各种开关（例如，与多接点变压器一起使用的开关装置）。

（二）电子管或汞气整流管（金属槽式的除外）及闸流管（品目85.40）。

（三）半导体二极管、晶体管及可控硅（品目85.41）。

（四）品目85.42的货品。

85.05 电磁铁；永磁铁及磁化后准备制永磁铁的物品；电磁铁或永磁铁卡盘、夹具及类似的工件夹具；电磁联轴节、离合器及制动器；电磁起重吸盘：

— 永磁铁及磁化后准备制永磁铁的物品：

11 —— 金属的

19 —— 其他

20 — 电磁联轴节、离合器及制动器

90 — 其他，包括零件

本品目包括电磁铁、本品目具体列名的利用电磁原理工作的器具、永磁铁及永磁铁工件夹具。

一、电磁铁

电磁铁根据不同用途有各种尺寸及形状，主要由一个线圈绕制于软铁芯上而构成。铁芯为单件式或叠片式。当电流通过线圈时，铁芯上产生磁性吸力或斥力。

二、永磁铁及磁化后准备制永磁铁的物品

永磁铁为经永久磁化的硬钢件、特种合金件或其他材料（例如，用塑料或合成橡胶粘聚的钡铁氧体）。永磁铁的形状因其用途而异。为了防止退磁，马蹄形永磁铁常用一根铁棒（衔铁）附在其两极之上。永磁铁不论作何种用途，包括玩具等用的小磁铁在内，均应归入本品目。

磁化后可制成永磁铁的物品可根据其形状和成分予以确定，这些货品常为立方体或圆盘形（磁片）的金属或粘聚铁氧体（例如，钡铁氧体）。

三、电磁铁或永磁铁卡盘、夹具及类似的工件夹具

这些器具主要是各种工件夹具。加工工件时，这些器具利用磁铁把工件夹紧，固定不动。本组还包括用于机器的夹具（例如，在印刷机器中用于夹紧印板的磁铁夹具），但机床用夹具除外。

四、电磁离合器及联轴节

这些器具有多种类型。它们中有些是由一个固定线圈绕在一个活动电枢上而构成。通电时，电枢被吸入线圈；断电时，电枢被弹簧拉出线圈。本品目还包括变速联轴节，其中有些是根据异步电机的原理进行工作的。

五、电磁制动器

电磁制动器一般由闸瓦组成，闸瓦受电磁感应而作用于轮圈或轨道上。另一些电磁制动器是利用电磁感应的原理进行工作的。电磁感应产生涡流并作用于装在轴上的软钢盘而使之制动。但本品目不包括利用电磁装置操纵的液力传动或气动制动器。

六、电磁起重吸盘

这种器具主要由电磁铁（一般是圆形的）组成，通常与起重机一起使用（例如，用于起吊废铁）。它们中的某些类型具有特殊用途（例如，装在打捞船上用以找回沉船上的金属物件）。

零 件

除零件的归类总原则另有规定的以外（参见第十六类总注释），本品目所列货品的零件应归入本品目。

*
* *

本品目不包括：

（一）带粘合剂的粉状或粒状磁铁氧体（品目38.24）。

（二）本品目所列的电磁铁、永磁铁或磁铁器具，作为机器、器具、玩具、游戏品等的部件并与其同时报验的（应按有关机器、器具等归类）。

（三）磁性记录媒体。例如，将未磁化的磁性材料叠压在两层塑料片之间而制成的卡片，主要用于开启磁性锁（品目85.23）。

（四）眼科或外科医生专用的电磁铁（品目 90.18）。

85.06　原电池及原电池组（+）：

10　—　二氧化锰的

30　—　氧化汞的

40　—　氧化银的

50　—　锂的

60　—　锌空气的

80　—　其他原电池及原电池组

90　—　零件

这些电池通过化学反应产生电能。

原电池基本上是由一个容器装入碱性或非碱性电解质（例如，氢氧化钾、氢氧化钠、氯化铵，或氯化锂、氯化铵、氯化锌和水的混合物），再浸入两个电极而构成。阳极一般用锌、镁或锂制成，阴极（去极化电极）用二氧化锰（与碳粉混合）、氧化汞或氧化银制成。锂原电池以锂作阳极，以例如亚硫酰氯、二氧化硫、二氧化镁或硫化铁等作阴极。由于锂在水溶液中的可溶性和反应性，使用了非水电解质。锌空气原电池一般采用碱性或中性电解质，以锌作阳极，氧扩散在电池中作为阴极。每个电极用接线柱或其他接头与外电路相连。原电池的主要特点是难以有效地再充电。

原电池适于为各种用途供电（电铃、电话、助听器、照相机、手表、计算器、心脏起搏器、收音机、玩具、手提电灯、赶牛的电刺棒等）。原电池可用串联、并联或两者结合的方法组成电池组。原电池及原电池组不论其用途如何，均归入本品目（例如，供实验室用的产生已知恒压的标准电池，应归入本品目）。

各类电池包括：

一、湿电池，其电解质为液体，其流动不受抑制，因此，湿电池取向灵敏。

二、干电池，其电解质固定在吸收材料及凝胶（例如，混有琼脂、面粉等增稠剂而形成糊状物）中。其所使用的电解质可为液体，但其流动受抑制，主要用于便携式器具。

三、惰性电池，又名储备电池或电池组。这种电池必须加入水和部分或全部电解质才能使用，或必须将其电解质加热，使其变得具有离子导电性。

四、浓差电池，这种电池每个电极周围的电解质浓度互不相同。

原电池及原电池组可制成各种形状和尺寸，其外形一般为圆柱形或钮扣式。

某些电池（例如，湿电池和某些惰性电池）在报验时往往未装有电解质，但仍应归入本品目。

本品目不包括可再充电的电池及电池组，这类物品应按蓄电池归入品目 85.07。

零　件

除零件的归类总原则另有规定的以外（参见第十六类总注释），本品目包括原电池或原电池组的零件，其中也包括电池容器在内。

*

*　*

本品目不包括：

（一）端子（品目 85.36）。

（二）太阳能电池（品目 85.41）。

（三）碳电极（品目 85.45）。

（四）废原电池、废原电池组及其废碎料（品目 85.48）。

（五）热电偶（例如，品目 85.03、85.48、90.33）。

○
○ ○

子目注释:

子目 8506.10、8506.30 及 8506.40

上述子目的归类应根据其阴极（去极化电极）的构成材料确定。但是，以二氧化锰作阴极，以锂作阳极的原电池应作为锂原电池归入子目 8506.50（参见以下子目注释）。

子目 8506.50

本子目的归类应根据其阳极的构成材料确定。

85.07 蓄电池，包括隔板，不论是否矩形（包括正方形）：

10 — 铅酸蓄电池，用于起动活塞式发动机
20 — 其他铅酸蓄电池
30 — 镍镉蓄电池
50 — 镍氢蓄电池
60 — 锂离子蓄电池
80 — 其他蓄电池
90 — 零件

蓄电池（蓄电池组或二次电池组）的特征是，其电化作用是可逆的，因此蓄电池可以再充电。它们用于把电能贮藏起来，当需要时再将电能释放出来。蓄电池在有直流电通过时产生某些化学变化（充电）；随后，当蓄电池的两个接线柱与外电路连接时，可使这些化学变化还原，从而在外电路中产生直流电（放电）。充电与放电的循环过程可反复进行，直到蓄电池寿命终止。

蓄电池主要是一个容器贮盛电解液，并将两个电极浸入电解液中，电极配有接线柱与外电路相连。容器往往可隔成若干部分，每一部分（电池）就是一个独立的蓄电池。通常可把这些电池串联起来以使电压增高。串联起来的多个电池称为蓄电池组，也可把多个蓄电池集装在一个较大的容器内。蓄电池可以是湿电池或干电池。

蓄电池的主要类型有：

一、铅酸蓄电池，这种蓄电池的电解液为硫酸，其电极为涂有活性材料的铅板或铅网。

二、碱性蓄电池，其电解液常为氢氧化钾、氢氧化锂或亚硫酰氯。其电极有，例如：

（一）正极为镍或镍的化合物；负极用铁、镉或金属氢化物制成。

（二）正极为锂钴氧化物；负极用石墨混合物制成。

（三）正极由碳制成；负极用金属锂或锂合金制成。

（四）正极为氧化银；负极用锌制成。

电极可由简单的板、网、棒等组成，或由填入或涂有特种活性材料膏状物的网或管组成。铅酸蓄电池的容器一般是玻璃制的；汽车蓄电池的容器则是用塑料、硬橡胶或组合材料模制而成。大型的固定式蓄电池使用有玻璃内衬或铅内衬的塑料箱或木箱作为容器。碱性蓄电池的容器一般用钢或塑料制成。碱性蓄电池可制成特定的尺寸与形状，以便作为电源与所使用的器具相匹配。它们可以装在防水容器内。许多碱性蓄电池在外形上与品目 85.06 的原电池或原电池组相同。

蓄电池可具有多种用途，例如，机动车辆、高尔夫球车、叉车、手提式动力工具、移动电话、便携式自动数据处理设备、手提电灯等供电。

某些铅酸蓄电池装有液体比重计，用于测量电解质的比重，以大致标明蓄电池的充电程度。

报验时未装有电解质的蓄电池仍归入本品目。

本品目也包括装有一个或多个电池及其互连电路的蓄电池，其通常被称为“蓄电池组”，无论其是否带有协助实现蓄电池储电和供电功能或者保护其免遭损坏的辅助元件，例如，电路连接器、温控装置（例如，热敏电阻）、电路保护装置及保护外壳。即使设计成专用于特定设备的蓄电池也归入本品目。

零 件

除零件的归类总原则另有规定的以外（参见第十六类总注释），本品目还包括蓄电池的零件。例如，容器与盖；铅板及铅网，不论是否涂有膏状物；任何材料制的隔板（由未硬化硫化橡胶或纺织材料制成的除外），包括仅切成矩形（包括正方形），达到非常精密的技术指标（孔隙度、尺寸等）并且即可供使用的平板状隔板。

本品目不包括：

（1）端子（品目85.36）。

（2）废蓄电池及其废碎料（品目85.48）。

85.08 真空吸尘器：

— 电动的：

11 —— 功率不超过1500瓦，且带有容积不超过20升的集尘袋或其他集尘容器

19 —— 其他

60 — 其他真空吸尘器

70 — 零件

除第八十五章注释一（四）另有规定的以外，本品目包括各种真空吸尘器，不论是否手提式的，干式及湿式吸尘器均包括在内，不论其是否与旋转刷、地毯拍打器、多功能吸头等附件一同报验。

真空吸尘器有两个功能：抽吸物质（包括灰尘）及过滤气流。吸力是通过直接装在电动机轴上的叶轮机以高速运转产生。灰尘及其他物质收集到一个内置或外置的集尘袋或其他集尘容器内，而吸进的空气经过滤后用于冷却电动机。

本品目还包括马用或牛用的真空吸尘式理毛装置。

本品目不包括原地清洗地毯的器具，其向地毯中注入清洁溶剂，再由泵将溶剂抽出，未与干湿真空吸尘装置组合的（品目84.51或85.09）。本品目也不包括用于医疗、外科、牙科或兽医的真空设备（品目90.18）。

与本品目所列器具同时报验的器材

本品目所列的真空吸尘器可与辅助装置（附件）（用于刷洗、抛光、喷射杀虫剂等）或可互换零件（地毯拍打器、旋转刷、多功能吸头等）一同报验。此类器具与其零件及附件同时报验时，只要这些零件及附件在品种及数量上通常与有关器具一起使用，应一并归入本品目；若单独报验，应根据其特性进行归类。

零 件

除零件的归类总原则另有规定的以外（参见第十六类总注释），本品目所列器具的零件也归入本品目。

85.09 家用电动器具，品目85.08的真空吸尘器除外：

40 — 食品研磨机及搅拌器；水果或蔬菜的榨汁机

80 — 其他器具

90 — 零件

本品目包括多种装有电动机的家用器具。本品目所称“家用器具”，是指通常在家庭中使用的器具。这些器具可根据其类型及一个或多个特征（例如，总体尺寸、设计、容量、体积）加以确定。确定这些特征的标准是有关器具的工作范围不得超出家庭需要。

除本章注释四中列名不包括的货品及超出其规定重量的货品以外，本品目包括符合上述标准的器械。本品目不包括由独立的电动机（不论是否使用软轴、传动带或其他传动装置）驱动的器具，也不包括虽在结构及用途上类似于家用器具，但显然专供工业用的器具（例如，用于食品工业、打扫烟囱、清洗机器或清洁街道等）。这些器具一般归入品目 82.10 或第八十四章。

本品目的器具可分为两组（参见本章注释四）：

一、不论其重量多少均归入本品目的物品。这类物品为数有限。

本组仅包括：

（一）地板打蜡机（不论是否装有打蜡装置，也不论是否配有使蜡液化的加热元件）。

（二）食品研磨机及搅拌器。例如，肉、鱼、蔬菜或水果研磨机；多用途研磨器（用于研磨咖啡、大米、大麦、碎豆等）；牛奶摇动器；冰淇淋搅拌器；果汁冰水搅拌器；面团揉捏器；蛋黄酱搅拌器；其他类似的研磨器及搅拌器（包括调换部件后也可进行切割或其他操作的用具）。

（三）水果或蔬菜的榨汁机。

二、重量在 20 千克及以下的本品目物品。这类物品不受种类限制。

本组主要包括：

（一）地板擦洗、刮垢、冲洗器具及擦洗后吸去污水或皂泡的器具。

（二）在擦光前往地板上喷撒上光剂的器具。这类器具通常配有加热元件，以使蜡液化。

（三）厨房废料处理器。这种器具附在厨房洗涤槽中，用于磨碎厨房废料。

（四）马铃薯或其他蔬菜的削皮机、切片机、切碎机。

（五）各种切片机（例如，肉、香肠、咸肉、乳酪、面包、水果或蔬菜的各种切片机）。

（六）磨刀器及净刀器。

（七）电动牙刷。

（八）空气增湿机或减湿机。

与本品目所列器具同时报验的器材

以上所列的许多器具可与互换零件或辅助装置同时报验，以使其适于各种用途。例如，食品搅拌器也可用于切割、研磨、掼打、绞碎等；切片机配有磨刃器件；地板擦洗器配有一套擦光刷；擦洗器配有肥皂供给器及清除污水或皂泡的吸吮器件。此类器具与其零件及附件同时报验时，如果这些零件及附件是用于有关器具，而且品种及数量正常的，应一并归入本品目。在确定这些器具能否按上述第二类所列条件归入本品目时，外加的可互换零件或可拆卸辅助装置的重量可不计在内。

本品目器具可装上滑行装置、小脚轮或类似装置，以方便使用。

零　件

除零件的归类总原则另有规定的以外（参见第十六类总注释），本品目所列器具的零件也归入本品目。

*

*　*

本品目不包括：

（一）风扇及装有风扇的通风罩或循环气罩，不论是否装有过滤器（品目 84.14）。

（二）冰箱（品目 84.18）。

（三）滚压机及其他熨烫机（品目 84.20 或 84.51）。

（四）离心干衣机（品目84.21）及家用洗衣机（品目84.50）。

（五）洗碟机（品目84.22）。

（六）割草机（品目84.33）。

（七）乳品厂用的搅乳器（品目84.34）。

（八）供餐馆或类似场所用的工业或商业用水果或蔬菜榨汁机、食品研磨机及搅拌器等（分别归入品目84.35或84.38）。

（九）原地清洗地毯的器具，向地毯中注入清洁溶剂，再由泵将溶剂抽出，设计供单位（家庭房舍除外）使用的，例如，供宾馆、汽车旅馆、医院、办公室、餐厅及学校使用的（品目84.51）。

（十）缝纫机（品目84.52）。

（十一）电动脱毛器（品目85.10）。

（十二）家用电热器具（品目85.16）。

（十三）按摩器具（品目90.19）。

85.10　电动剃须刀、电动毛发推剪及电动脱毛器：

10　—　剃须刀
20　—　毛发推剪
30　—　脱毛器
90　—　零件

本品目包括内置电动机或振动器的电动剃须刀及毛发推剪，不论是供人使用或用于剪羊毛、修饰马毛、剪牛毛等。

在电动剃须刀（干剃须刀）中，旋转式或往复式刀具或刀片沿一个穿孔或有槽的板片内壁滑动，从而剪去伸进孔眼或槽口内的毛发。在电动毛发推剪中呈梳形的刀片沿一个固定的金属梳子来回移动，从而剪去两梳梳齿间夹着的毛发。理发店用的理发推剪，其工作原理与羊毛剪、马毛修饰剪相类似，但规格不同。

本品目还包括本身装有电动机的电动脱毛器；它们靠一个绕自身轴旋转的微型滚子或金属螺旋装置，或者一个防护罩、一个脱毛头及一套脱毛轮进行工作，工作时将毛夹紧，连根拔起。

零　件

除零件的归类总原则另有规定的以外（参见第十六类总注释），电动剃须刀、电动毛发推剪或电动脱毛器的零件也归入本品目。这些零件主要包括刀架、刀片及梳形刀片。

*

*　*

用一个独立的电动机通过软轴驱动的毛发推剪应归入品目82.14；其电动机（不论是否装有软轴）应归入品目85.01。

85.11　点燃式或压燃式内燃发动机用的电点火及电起动装置（例如，点火磁电机、永磁直流发电机、点火线圈、火花塞、电热塞及起动电机）；附属于上述内燃发动机的发电机（例如，直流发电机、交流发电机）及断流器：

10　—　火花塞
20　—　点火磁电机；永磁直流发电机；磁飞轮
30　—　分电器；点火线圈
40　—　起动电机及两用起动发电机
50　—　其他发电机

80 — 其他装置

90 — 零件

本品目包括各种内燃发动机（活塞式或其他类型）的电起动或电点火装置及器具，不论其用于汽车、飞机、船舶及类似的货品，还是用于固定的内燃机。本品目还包括附属于上述内燃发动机的发电机及断流器。

本品目包括：

一、火花塞

火花塞由一个绝缘的中心电极及一个或多个接触点构成。接触点固定装在壳体上。壳体下端有螺纹，用以旋在气缸盖上。中心电极上端有接线柱与电源连接。当供给高压电时，火花在中心电极与接触点之间跳过，点燃气缸中的可燃混合气体。

二、点火磁电机（包括永磁直流发电机）

这类机器可向内燃发动机的火花塞供给所需的高压电，主要用于赛车、拖拉机、飞机、汽船或摩托车的发动机。其主要类型有以下几种：

（一）旋转电枢式磁电机。这类磁电机装有一种交流发电机。发电机中，绕有低压初级绕组的电枢在一块永磁铁的磁极间旋转。初级绕组连接着接触断路及电容器。该绕组的电流突然接通与切断在次级绕组上感应产生很高的电压。整个装置通常装在一个机壳内。机壳顶端装有一个配电臂，将高压电轮流分送给各火花塞。

（二）固定电枢式磁电机。这类磁电机有两种，其电枢绕组、接触断路器及电容器都是固定的；但其中一种的磁铁是旋转的，而另一种的磁铁虽也是固定的，但软铁感应体却在磁电机与电枢绕组之间旋转。

（三）永磁直流发电机。这类机器把磁电机和直流发电机结合为一体，两者使用一个共同的传动装置。它们一般用于摩托车。

三、磁飞轮

磁飞轮为装有磁性装置的飞轮，可产生低压电流，用以点火。

四、分电器

分电器可把点火电流轮流分送给各火花塞，也可装上断续器，使点火线圈上初级绕组的电路断续。用发动机驱动凸轮，可使上述两种功能与气缸中的活塞冲程同步。

五、点火线圈

点火线圈是一种经特别改装的感应线圈，一般装在圆柱形的容器内。初级绕组通过一个断续器与电池组接通后，次级绕组上即产生高压电，并由分电器分送给各火花塞。

在一些点火系统中有种双重火花点火线圈，它直接连在两个火花塞上。点火线圈在每个火花塞内同时产生火花；其中一个火花塞的火花对其气缸产生动力行程，而另一个火花塞的火花对其气缸无效，因其是处于排气行程。这种系统不需要分电器，因为其点火线圈直接与火花塞相联。在这种系统中，点火线圈是由电子（半导体）线圈组件供电。

六、起动电机

这是一种小型电动机，一般为直流串绕型电动机。起动电机配有小齿轮，能在螺纹轴上来回移动；或配有某些其他机械装置，使之与内燃发动机暂时耦合，从而使内燃发动机起动。

七、发电机（直流发电机及交流发电机）

这种发电机由发动机驱动，用以给电池组充电，并为机动车辆、飞机等的照明、信号、加热及其他电气设备供电。交流发电机常与整流器结合使用。

八、升压线圈

这是一种主要应用于飞机上的小型感应线圈，在起动转速过低不能起动引擎磁电机时使用。

九、电热塞

电热塞与火花塞相类似，但电热塞不是利用电极与触点产生火花，而是在电流通过时利用小型电阻器发热。电热塞用于柴油机起动前及起动时加热气缸内的空气。

十、加热线圈

加热线圈装在柴油机的空气进气口，供起动之用。

十一、直流发电机断流器

当内燃机处于静止状态或低速运转时，这种断流器能阻止直流发电机在损耗电池组的情况下作为电动机使用。

与稳压器或稳流器结合装在同一机壳内的断流器也应归入本品目。这种装置除能保护电池组及直流发电机外，还能确保充电电流的恒定流量，或限制充电电流的强度。

零　件

除零件的归类总原则另有规定的以外（参见第十六类总注释），本品目所列货品的零件也归入本品目。

*

*　*

本品目不包括：

（一）机场、汽车站等用的发动机起动器，主要由变压器及整流器组成，供内燃发动机起动用（品目85.04）。

（二）蓄电池（品目85.07）。

（三）仅供自行车照明用的直流发电机（品目85.12）。

85.12　自行车或机动车辆用的电气照明或信号装置（品目85.39的物品除外）、风挡刮水器、除霜器及去雾器：

10　—　自行车用照明或视觉信号装置

20　—　其他照明或视觉信号装置

30　—　音响信号装置

40　—　风挡刮水器、除霜器及去雾器

90　—　零件

本品目包括专供自行车或机动车辆使用的电气照明或信号装置及器具；但不包括干电池（品目85.06）、蓄电池（品目85.07），也不包括品目85.11的直流发电机及永磁直流发电机。本品目还包括机动车辆用的电动风挡刮水器、除霜器及去雾器。

本品目主要包括：

一、直流发电机，由一只摩擦轮在自行车（或在极少数情况下在摩托车）轮胎钢圈或轮辋上运转带动发电。

二、电池座，装有开关、接线柱、触点等供自行车照明装置使用；电池灯，装于自行车上使用的。

三、各种类型的车头灯，包括装有变暗或倾斜装置的车头灯；漫射驾驶灯；防雾灯；聚光灯；警车或类似车辆用的探照灯（包括装有一节电缆，可用作手提电灯或放置在道路上使用的探照灯）。

四、边灯、尾灯、停车灯、车牌照明灯。

五、刹车灯、转向指示灯、倒车灯及类似灯。

六、由上述某些灯装配在一个壳套内组成的组合灯。

七、车辆内部照明灯。例如，顶灯、壁灯、踏板指示灯、门框灯及仪表板灯。

八、发光超车信号装置。当有车辆超车时，这种装置可自动（有时使用光电池）发出信号，告知驾驶员。

九、其他电气视觉信号设备。例如，挂有拖车的车辆用三角形发光装置；出租汽车、警车、消防车等用的发光标志（旋转圆顶式或长排灯式）。

十、停车设备。这种设备由车身外部的探测装置操纵。当探测装置触及路边或其他物体时，可发光或发出其他信号以警告驾驶员。

十一、防盗报警器，当车辆遭到偷盗时，它会通过视觉或声音信号发出警告。

十二、喇叭、汽笛及其他电气音响信号装置。

十三、倒车时就车辆附近的车辆或车后其他物体通过声音信号向驾驶员发出警告的电气装置。这种装置通常包括超音速传感器、电子控制装置、蜂鸣器或呼叫器及其配线。

十四、在机动车辆中通过视觉或声音信号警告驾驶员附近有雷达枪或激光枪等测速装置工作的电子装置。

十五、风挡刮水器，由电动机驱动的，包括双刮水器。

十六、除霜器及去雾器。这些器具是将电阻丝装在一个框架上而构成的，可安装在风挡上。

零　件

除零件的归类总原则另有规定的以外（参见第十六类总注释），本品目所列货品的零件也归入本品目。

*

*　*

本品目不包括：

（一）玻璃透镜（品目70.14）。

（二）空气调节器或设备（品目84.15）。

（三）传声器、声频扩大器及扬声器组成的电气扩音设备。这种设备可把拖车后面的警告喇叭声或其他路面有声信号告知牵引车辆的驾驶员（品目85.18）。

（四）装有两种或多种品目85.36所列装置的盘、板及其他基座（例如，装于转向柱上的组合开关）（品目85.37）。

（五）电灯，包括封闭式聚光灯（品目85.39）。

（六）绝缘电线及电缆，不论是否切成一定长度或装有接头，也不论是否制成布线组（例如，点火布线组）（品目85.44）。

（七）可作除霜器或去雾器用的非电气汽车加热设备（品目73.22或87.08）。

85.13　自供能源（例如，使用干电池、蓄电池、永磁发电机）的手提式电灯，但品目85.12的照明装置除外：

10　—　灯

90　—　零件

本品目包括依靠自供电源（例如，干电池、蓄电池或永磁直流发电机）进行工作的手提式电灯。

这类电灯由两个部分组成（即电灯本身及电源），两者通常直接相连并装于同一壳体内；但在某些类型的手提式电灯中，两者是分离的，仅以电线相连。

本品目所称“手提式电灯”，仅指使用时握在手中或随身携带，或附属在手提物品或物体上的电灯（即电灯及其电源）。这类电灯一般均带有把柄或紧固器件，并可从其特有的外形及较轻的重量加以确认。因此，所称“手提式电灯”，不包括机动车辆或自行车用的照明装置（品目85.12），也不包括连接于固定设施的电灯（品目94.05）。

本品目的电灯包括：

一、手电筒。有些手电筒（“直流电灯”）依靠一个用手拨动弹簧杆操纵的磁电机进行工作。

二、其他手提电灯（包括可调光束的手提电灯）。手提电灯常装有一些简单装置，使其能暂时悬挂于墙上或放置在地上。

三、以钢笔为造型的电灯、手电筒或闪光信号灯，常配有一个夹扣以便在不用时紧固在使用者的口袋上。

四、莫尔斯信号灯。

五、矿工安全灯。矿工安全灯的照明器件通常装在矿工的安全帽上，而其电源（蓄电池）通常钩挂在腰带上。

六、通用检查电灯，装于头带（通常为弧形金属带）上。这种电灯只有在带有自供电源（例如，干电池装在使用者的衣袋中）时，才归入本品目。本品目的电灯供医生、钟表匠、珠宝商等使用。医疗专用（例如，用于咽喉或耳朵检查）的检查灯不归入本品目（品目90.18）。

七、以手枪、唇膏等为其造型的花式电筒。电灯或手电筒与钢笔、螺丝刀、钥匙圈等组成的组合物品，如果以照明为其主要功能，仍归入本品目。

八、配有夹扣或类似品，以便附在书本或杂志上的台灯。

零　件

除零件的归类总原则另有规定的以外（参见第十六类总注释），本品目所列电灯的零件也应归入本品目。

*

*　*

本品目不包括：

（一）照相闪光灯装置（品目90.06）。

（二）配有激光二极管的激光笔（品目90.13）。

85.14　工业或实验室用电炉及电烘箱（包括通过感应或介质损耗工作的）；工业或实验室用其他通过感应或介质损耗对材料进行热处理的设备：

—　电阻加热的炉及烘箱：

11　——热等静压机

19　——其他

20　—　通过感应或介质损耗工作的炉及烘箱

—　其他炉及烘箱：

31　——电子束炉

32　——等离子及真空电弧炉

39　——其他

40　—　其他通过感应或介质损耗对材料进行热处理的设备

90　—　零件

本品目包括多种工业或实验室用的电热机器、装置及器具。这些设备均是用电发热的（例如，利用电流在导体中的热效应；利用电弧）。本品目包括通过感应或介质损耗工作的炉及烘箱，以及通过感应或介质损耗对材料进行热处理的其他工业或实验室用设备（例如，工业用微波炉、烘箱及设备）。本品目不包括家用电热器具（品目85.16）。

一、工业或实验室用电炉及电烘箱（包括通过感应或介质损耗工作的）

电炉及电烘箱主要由一个或多个具有一定封闭性并产生相当高温的空间或容器构成。这种设备用途很广（用于熔炼、退火、回火、上釉、焊接、焊件的热处理等），其主要类型有甑式炉、罩式炉、槽式炉、坩埚炉、隧道式烘炉等。这类电炉中有些设有特殊倾侧装置或设有内层容器，可在特殊气体中对金属进行处理，以防止金属氧化。

归入本组的电炉及电烘箱主要包括：

（一）电阻加热的电炉及电烘箱。这种设备由加热电阻器通电而发热。这些加热元件（电阻器）通过热辐射和热对流把热传送到炉体或待加热物体。

（二）用于对金属棒条或粒状材料进行加热的电阻炉。这是一个容器，容器中的待处理材料通电后，该物体的电阻即产生所需热量。

（三）液体电阻炉，为装有电极的熔池，操作时，熔池中盛有熔融金属、熔化盐或特种油。通过电极使液体通电，并使其保持在所需温度。把待加热物体投入池中即可对其加热。

（四）冶炼或精炼金属用的电解炉，这也是一种液体电阻炉，配有电极浸在熔池电解液里。融池中所盛金属含有矿石成分，融化在熔化盐中，电流经电极流过电解液引起电解，使得纯熔融金属聚集在阴极上，气体则从阳极排出。

（五）低频感应炉，其初级线圈上的低频交流电通过一个软铁芯与待加热的物体发生磁性联系。该物体上感应产生电流，从而使物体发热。在某些这种类型的炉中，熔化物从主坩埚流经垂直的环状管道，其加热电流是从初级电路上感应产生的。

（六）高频感应炉，其初级线圈上的高频（常为射频）交流电在待加热物体上感应产生旋涡电流。这类电炉没有铁芯。

（七）介质电容炉及烘箱。待加热物体必须是绝缘的。把该物体放在两块连接交流电源的金属板中间，实际上就成为一个电容器。这样，待加热物体中的介质损耗使该物体发热。本组包括工业用微波炉，绝缘产品在炉内受到电磁波的作用而被加热。电磁波在通过产品本体时，通过介质损耗将电磁波的能量转换成热能，确保均衡加热。这种微波炉用于烘干、除霜、模塑、焙烧陶瓷等。

（八）电弧炉，其热量可由两电极间触发的电弧产生，或由一个电极与待加热物体之间触发的电弧产生。这种炉用于生产生铁、各种铁合金、碳化钙；用于还原铁矿石；以及用于从空气中固氮等。某些低温电弧炉也可用于蒸馏低沸点物质（例如，锌或磷）。但如果电弧炉配有收集蒸馏液的冷凝器，则整套装置不应归入本品目（品目84.19）。

（九）红外线辐射烘箱，此类烘箱由多盏红外线灯或多块辐射板加热。

某些炉或烘箱采用一种以上的加热方式［例如，熔融及加热金属用的高低频感应或电阻加热等；红外线高频饼干烘箱；加热物体用的红外线、电阻和电容（微波）炉］。

本品目所列的电炉及电烘箱主要包括：

1. 制作面包、点心或饼干用的电烘箱。
2. 牙科用电烘箱。
3. 火葬场用的焚尸电炉。
4. 垃圾焚化炉。
5. 玻璃退火或回火用的炉或烘箱。

本品目不包括干燥、蒸馏或类似用途的电热装置（品目84.19）。

二、工业或实验室用其他通过感应或介质损耗对材料进行热处理的设备

本品目也包括电感应或电介质的加热设备（例如，微波设备），即使这些设备不是电炉或电烘箱形状的。这种设备（主要用于小型物品的加热处理）主要由产生高频振荡的电气装置组成，配有相应的板片或线圈。该板片或线圈往往是为待处理物品而专门设计的。

这类物品主要包括：

（一）装有感应线圈的机器。这种机器可利用低频、中频或高频感应对由良导体材料组成的物体进行加热处理（例如，用于曲轴、滚筒、嵌齿轮或其他金属件的表面硬化处理的机器；用于金属件的熔融、烧结、退火、回火或预热处理的机器）。

（二）装有作为电容使用的电极（例如，板状或条状）**的机器**。这种机器可利用高频电源，对由绝缘体或不良导体组成的物体进行电介质（电容式）加热处理（例如，木材干燥机；对粒状或粉状热固性模制材料进行预热处理的机器等）。

某些特种设备适用于对条状物件通过线圈时进行渐进加热处理或对一系列物件的反复加热处理。

旋转式变流机及高频发生器如果与加热处理设备一同报验，也应归入本品目；单独报验时，应分别归入号85.02或85.43。

但是，金属焊接用的感应处理机器，以及利用介质损耗焊接塑料或其他材料的加热处理机器（例如，焊接用的高频压焊机及高领线焊机）应归入品目85.15。配有加热装置的压机也不归入本品目（第八十四章）。

*

*　*

本品目还包括利用高温冶金工艺分离放射性核燃料的专用炉及其他设备；放射性废料的处理设备（例如，用于烧制含有放射性残余物的粘土或玻璃；或对石墨或放射性过滤物进行燃烧处理）；以及用于对回收供再循环用的可裂变物质进行烧结或加热处理的设备。但用于分离同位素的设备应归入品目84.01。

零　件

除零件的归类总原则另有规定的以外（参见第十六类总注释），本品目所列货品的零件也应归入本品目（例如，电枢、炉门、观察孔、面板及圆盖、电极架及金属电极）。

*

*　*

但是，本品目也不包括：

（一）建造电炉或电炉衬里用的砖、块及类似的耐火材料制品或陶瓷制品（第六十九章）。

（二）制造半导体圆片或平板显示器用的电炉及电烘箱（品目84.86）。

（三）加热电阻器（酌情归入品目85.16或85.45）。

（四）不论是否带金属的石墨电极或其他碳电极（品目85.45）。

85.15　电气（包括电热气体）、激光、其他光、光子束、超声波、电子束、磁脉冲或等离子弧焊接机器及装置，不论是否兼有切割功能；用于热喷金属或金属陶瓷的电气机器及装置：

—　钎焊机器及装置：

11　——　烙铁及焊枪

19　——　其他

—　电阻焊接机器及装置：

21　——　全自动或半自动的

29　——　其他

—　用于金属加工的电弧（包括等离子弧）焊接机器及装置：

31　——　全自动或半自动的

39　——　其他

80　—　其他机器及装置

90　—　零件

一、软钎焊、硬钎焊或其他熔焊机器及器具

本组包括某些软钎焊、硬钎焊或熔焊机器及器具。不论是便携式的还是固定式的。兼有切割功能的此类机器及器具也归入本品目。

焊接时可由手工进行操作，也可以是全自动或半自动操作。

此类机器或器具包括：

（一）硬钎焊或软钎焊机器及器具

其热量一般是由电感应或电传导产生的。

硬钎焊及软钎焊是用较低熔点的填充金属熔渗于底层金属而使金属焊件连接。在连接过程中，底层金属并不熔化。填充金属通过毛细吸引分布在焊接点表面之间。可根据所使用的填充金属的熔点温度对硬钎焊与软钎焊加以区分。硬钎焊的熔点温度一般在 450℃以上，而软钎焊则在较低温度达到熔点。

只有配备特殊装置（例如，焊丝进料装置），明显为专用于或主要用于硬钎焊或软钎焊的机器或器具，才可归入本组。其他器具应视为品目 85. 14 所列的炉、烘箱或加热设备。

本品目还包括手工操作的电烙铁及电焊枪。

（二）金属的电阻焊接机器及器具

焊件通电时的电阻可产生焊接点所需热量（焦耳热）。焊接时，焊件在压力作用下接合在一起，而无需焊剂或填充金属。

此类机器根据焊件不同而有多种类型。它们包括对焊机或闪光对焊机；配有焊枪的单点式焊机，不论是否配有自供电源；多点式焊机及其附属设备；凸焊机；缝焊机；高频电阻焊接器具。

（三）金属的电弧或等离子弧焊接机器及器具，不论是否兼有切割功能

1. 电弧焊接

以电弧为其热源。电弧可由两电极间触发产生，也可由一电极与焊件间触发产生。

电弧焊机有多种。例如，使用涂料焊条的手工金属电弧焊机；空气屏蔽弧焊机；使用自耗电极或非自耗电极供焊接或切割用的电弧焊机或手工电弧焊机［金属极惰性气体电弧焊（MIG）］；金属极活性气体电弧焊（MAG）机；钨极惰性气体电弧焊（TIG）机；埋弧焊（SA）机、电渣焊机或气电焊机等。

2. 等离子弧焊

以压缩电弧为其热源。经过对备用气体进行电离和分解，可将其变成等离子体（等离子焰流）。备用气体可以是惰性气体（氩、氦）、多原子气体（氮、氢）或两者的混合气体。

（四）金属的感应焊接机器及器具

其热量是电流通过一个或多个感应线圈而产生的。

（五）电子束焊接机器及器具，不论是否兼有切割功能

由真空中产生的聚焦电子束的电子轰击焊接或切割工件，使其发热。

（六）真空扩散焊接机器及器具

其热量一般由电感应产生，但也可由电子束或电阻产生。

这类装置主要由真空室、真空泵及加压与加热设备组成。

（七）光子束焊接机器及器具，不论是否兼有切割功能

光子束焊接可分为：

1. 激光束焊接

这种焊接方法利用相干的单色辐射作为热源。单色辐射能聚焦成高强度光束，并轰击焊接部件，从而产生热能。

2. 光束焊接

以非相干聚焦光束的轰击为其热源。

（八）热塑性材料的焊接机器及器具

1. 电热气体焊接（气焊）

焊接面经电热气体（一般为空气）加热后，在压力作用下接合在一起，不论是否使用添加剂。

2. 电热元件焊接

焊接面经电热元件加热后，在压力作用下接合，不论是否使用添加剂。

3. 高频焊接

电介质损耗相当高的热塑性材料［例如，丙烯酸聚合物、聚乙烯、聚氯乙烯、聚酰胺（例如，尼龙）］，其焊接表面经高频交流电场加热后，在压力的作用下接合在一起，可以使用添加剂。

（九）超声波焊接机器及器具

焊件可在超声波振动作用下接合在一起。该焊接法可用于焊接那些普通焊接技术不能焊接的金属或合金，也可用于焊接金属箔、两种或多种不同的金属件或塑料薄膜。

*

*　*

一般来说，软钎焊、硬钎焊或其他熔焊机器使用直流发电机供给的低压直流电，或者使用降压变压器供给的低压交流电。变压器等一般装在电焊机内。但在某些情况下（例如，在某些移动式电焊机中），焊头或焊接器具是以电缆与变压器等连接的。即使是在后一种情况下，只要变压器等与焊头或焊接器具一起报验，整套装置仍归入本品目；如果单独报验，变压器或发电机应归入其所属的适当品目（品目85.02或85.04）。

本品目还包括焊接专用的工业机器人。

本品目不包括：

（一）配有电焊装置的包装机（品目84.22）。

（二）热熔粘合机（品目84.51）。

（三）只能用于切割的机器（一般归入品目84.56）。

（四）摩擦焊接机器（品目84.68）。

（五）专用于或主要用于组装半导体的焊接机器及装置（品目84.86）。

二、用于热喷金属或金属陶瓷的电气机器及装置

这是一种电弧装置，能使金属或金属陶瓷熔化，并同时用压缩空气将其喷出。

本品目不包括单独报验的金属喷枪（应归入品目84.24）。

零　件

除零件的归类总原则另有规定的以外（参见第十六类总注释），本品目所列货品的零件也应归入本品目。

这些零件主要包括焊头及焊钳、电焊条夹及金属接触电极（例如，接触头、接触滚及接触夹片）；还包括手提原子氢焊接设备用的焊枪头及其成套喷嘴。

但下列货品不归入本品目：

（一）贱金属或硬质合金制的自耗电极（应根据具体情况，按其构成材料归类或归入品目83.11）。

（二）石墨电极或其他碳电极，不论是否带金属（品目85.45）。

85.16　电热的快速热水器、储存式热水器、浸入式液体加热器；电气空间加热器及土壤加热器；电热的理发器具（例如，电吹风机、电卷发器、电热发钳）及干手器；电熨斗；其他家用电热器具；加热电阻器，但品目85.45的货品除外：

10 —　电热的快速热水器、储存式热水器、浸入式液体加热器
—　电气空间加热器及土壤加热器：
21 ——储存式散热器
29 ——其他
—　电热的理发器具及干手器：
31 ——吹风机
32 ——其他理发器具
33 ——干手器
40 —　电熨斗
50 —　微波炉
60 —　其他炉；电锅、电热板、加热环、烧烤炉及烘烤器
—　其他电热器具：
71 ——咖啡壶或茶壶
72 ——烤面包器
79 ——其他
80 —　加热电阻器
90 —　零件

一、电热的快速热水器、储存式热水器、浸入式液体加热器

本组包括：

（一）快速热水器，水流过热水器时即可加热。

（二）储存式热水器，（不论是否压力型）。这种热水器为配有浸入式加热元件的保温水箱，水可在其中逐渐得到加热。

（三）双系统热水器，这种热水器可用电把水加热，也可通过连接燃料热水系统把水加热。它们通常配有恒温控制装置，一旦非电力热水系统加热不足，即启动电力加热系统进行加热。

（四）电极热水锅炉。交流电通过两电极间的水，使其得到加热。

（五）浸入式加热器，根据用途具有不同的形状，一般置入箱、槽等里面，将液体、半流体（固体除外）或气体加热。它们也有设计成可在壶、盆、杯、浴缸、烧杯等容器中使用，一般带有一个隔热手柄及一个便于加热器悬挂在容器上的挂钩。

它们装有加强保护层，可抗高强度机械应力，也可防止液体、半流体（固体除外）及气体渗入。保护层内具有良好介电及导热性能的粉末（通常为氧化镁）恰当地将电阻丝（电阻器）固定住，使其与电绝缘。

由浸入式液体加热器固定装在水箱、水槽或其他容器内所组成的组合装置应归入品目 84. 19；但专用于将水加热或家用的此类装置仍归入本品目。太阳能热水器也归入品目 84. 19。

（六）开水供应设备。

集中供暖用的电热水锅炉应归入品目 84. 03。

二、电气空间加热器及土壤加热器

本组包括：

（一）储存式电热装置。这种装置可用其电气元件将固体（例如，砖）或液体加热，并把热量储存起来，在需要时再将其释放到周围空气中。

（二）电暖炉（风扇取暖炉及辐射取暖炉），包括便携式电炉。这种电炉配有抛物柱面反射镜，有时还配有风扇。这种电暖炉中很多装有彩灯及闪烁装置，以模仿煤或木柴燃烧。

（三）电气散热器。在这种装置中，电气元件把其中的循环液体（例如，油）加热，然后把热量散发到周围空气中。

（四）对流加热器。这是使用对流气流，有时还借助于风扇以循环空气的一种装置。

（五）加热嵌板。这种装置装嵌在天花板或墙壁上，包括产生红外线辐射，用于公共场所、街道等的供暖装置。

（六）汽车、火车、飞机等用的电热装置，但除霜器及去雾器除外。

（七）道路加热设备，用以防止路面结霜；土壤加热设备，其加热元件一般埋于土中，主要用于促进植物生长。

（八）发动机加热器，装于汽车的底部以利于汽车起动。

集中供暖用的电热水锅炉应归入品目84.03。

三、电热的理发器具及吹风机

它们包括：

（一）吹风机，包括罩式吹风机，以及带枪式握柄和机内装有风扇的吹风机。

（二）卷发器及卷发电熨器。

（三）电热卷发钳。

（四）干手器。

四、电熨斗

本组包括家庭用以及供裁缝等使用的各种电熨斗，无绳电熨斗也包括在内。无绳电熨斗由装有加热元件的熨斗及其架台组成；架台可接通电源线。该熨斗只有放在架台上时才与电源接触。本组还包括蒸汽电熨斗，不论其是配有贮水器，还是与蒸汽管道相连。

五、其他家用电热器具

本组包括通常供家庭使用的所有电热机器及器具。其中有些已在本品目注释中提到（例如，电暖炉、蒸汽快速热水器、吹风机、电熨斗等），其他产品包括：

（一）微波炉。

（二）其他电炉及电锅、电热板、加热环、烧烤炉及烘烤器（例如，对流式、电阻式、红外线、高频感应式及气电式器具）。

（三）咖啡壶或茶壶（包括滲滤器）。

（四）烤面包器，包括面包烤箱。它主要用于烘烤面包，但也可用于烘焙诸如马铃薯之类的小件食品。

（五）电热水壶、平底锅、蒸汽锅；带夹套的电热水壶，用以加热牛奶、汤及类似品。

（六）制薄饼机。

（七）蛋奶烘饼电热铁钳模。

（八）餐盘保温器及食品保温器。

（九）炒锅及土豆电炸锅（油炸锅）。

（十）咖啡烘烤器具。

（十一）暖瓶器。

（十二）制造酸乳酪及干乳酪的电热器具。

（十三）水果保藏用的消毒器具。

（十四）爆玉米花用的烹饪用具。

（十五）脸干燥器及类似品。

（十六）蒸汽美容器，配有一个面罩，从中蒸发水蒸气以对脸部皮肤进行护理。

（十七）毛巾晾干器及晾毛巾的加热横杆。

（十八）暖床器。

（十九）香水加热器或电热点香器，以及杀虫剂扩散加热器。

（二十）非机械的电热洗涤锅炉。

本组不包括：

1. 电暖的毯子、褥子、足套及类似品；电暖的衣服、靴鞋、耳套及其他供人穿戴的电暖物品（这些物品应归入其相应品目，参见本章注释一）。

2. 滚筒式熨烫机（品目 84.20）及衣服的熨平机（品目 84.51）。

3. 柜台式的咖啡渗滤器、茶壶或牛奶壶；小食店等用的炒锅、土豆片炸锅以及其他非家庭用的电热器具（归入品目 84.19 等）。

4. 工业用微波炉、烘箱及设备（例如，餐馆用微波炉）（品目 85.14）。

5. 电子烟及类似的个人电子雾化设备（品目 85.43）。

6. 配有加热元件的家具（例如，被服橱及服务小推车）（第九十四章）。

7. 香烟打火机、煤气打火机及类似品（品目 96.13）。

六、加热电阻器

除碳制加热电阻器（品目 85.45）以外，所有加热电阻器不论其应用于哪个品目的设备或装置上，均应归入本品目。

加热电阻器为通电时可发出高热的条、棒、板等或线段（一般绕成线圈），用特殊材料制成，所用的材料多种多样（特种合金、以碳化硅为主的合成材料等）。加热电阻器可以是印制的单个元件。

电线电阻器通常装在绝缘的线圈架上（例如，陶瓷、块滑石、云母或塑料等制的线圈架），或装在软绝缘芯上（例如，玻璃纤维芯或石棉芯）。未装配的电线只有在截成一定长度并已绕成线圈，或已制成形，可以确定为加热电阻元件时，才可归入本品目。这项规定同样适用于条、棒及板片；这些材料只有在已切成一定尺寸或长度，即可供使用时，才归入本品目。

加热电阻器即使专用于某种机器或器具，仍应归入本品目；如果除了装有绝缘线圈架和电气接头以外，还与机器或器具的零件组装在一起，则应作为有关机器或器具的零件归类（例如，电熨斗的底板及电锅用的电热板）。

本品目也不包括除霜器及去雾器，它们是一根装在框架上的电阻丝，用于安装在挡风玻璃上（品目 85.12）。

零 件

除零件的归类总原则另有规定的以外（参见第十六类总注释），本品目所列货品的零部件也归入本品目。

85.17 电话机，包括用于蜂窝网络或其他无线网络的智能手机及其他电话机；其他发送或接收声音、图像或其他数据用的设备，包括有线或无线网络（例如，局域网或广域网）的通信设备，但品目 84.43、85.25、85.27 或 85.28 的发送或接收设备除外（+）：

— 电话机，包括蜂窝网络或其他无线网络用智能手机及其他电话机：

11 —— 无绳电话机

13 —— 智能手机

14 —— 其他用于蜂窝网络或其他无线网络的电话机

18 —— 其他

— 其他发送或接收声音、图像或其他数据用的设备，包括有线或无线网络（例如，局域网或广域网）的通信设备：

61 —— 基站

62　—— **接收、转换并且发送或再生声音、图像或其他数据用的设备，包括交换及路由设备**
69　—— **其他**
　　— **零件：**
71　—— **各种天线和天线反射器及其零件**
79　—— **其他**

本品目包括通过有线网络的电流或光波，或者通过无线网络的电磁波发送或接收两地讲话或其他声音、图像或其他数据用的设备。其信号可以是模拟式的，也可以是数字式的。上述网络可以是互连的，包括有线电话网、有线电报网、无线电话网、无线电报网、局域网及广域网。

一、电话机，包括蜂窝网络或其他无线网络用的电话机

本组包括：

（一）有线电话机

有线电话机是将声音转换成可以传送到另一台设备的信号，在接收信号后又可将信号转换成声音的通信设备。它们由以下部分组成：

1. 送话器。这是一种能将声波转换成调制电流的传声器。

2. 受话器（头戴受话器或耳机），能将已调制电流重新转换成声波。多数送话器与受话器装在同一个模制件内，称为“送受话器”。其他送话器与受话器为组合的头戴受话器及传声器，使用者可戴在头上使用。

3. 消侧音电路，能防止从送话器输入的声音在同一送受话器的受话器内产生回音。

4. 振铃器，可发出电话呼叫声。该装置既可以是发出电子铃声的音频振铃器，也可以是电铃或蜂鸣器之类的机械振铃器。有些电话机还装有灯，其与振铃器一起工作，以发出可视信号，显示有电话呼入。

5. 电键或“钩键”，用于中断或接通电话网络中的电流。一般从叉簧上提起或放下送受话器即行操作。

6. 号盘，可让通话人接通线路。号盘可以是按钮号盘或数字按键号盘（音频）式，也可以是拨号盘或旋转（脉冲）式。

单独报验时，传声器与受话器（不论是否已经组成送受话器），以及扬声器应归入品目85.18；电铃及蜂鸣器应归入品目85.31。

电话机可装有或配有：存储或重拨电话号码用的存储器；显示已拨号码、呼入号码、日期及时间，以及通话时间用的显示屏；无需送受话器即可进行通话用的额外一套扬声器及传声器；自动应答装置、已录信息发送装置、呼入信息记录装置、以及按指令重放已录信息的装置；当通话人与另一分机通话时，能保持原电话线路畅通的装置。装有这些装置的电话机还可配有按键或按钮号盘，以便于操作，其中包括一个电键，无需从叉簧上提起送受话器即可用它进行电话操作。此类装置中许多是利用微处理器或数字式集成电路进行操作的。

本品目包括各种类型的电话机，其中包括：

（1）无绳电话机，它由一个电池供电的无线电频率收发器送受话器组成，装有号盘、电键及有线接入电话网络的无线电频率收发器基座（其他无绳电话机可不配有送受话器，而是装有一个组合式头戴受话器及传声器，与电池供电的便携式无线电频率收发器、号盘及电键组合装置相连接）。

（2）由一个组合式号盘及电键装置（有线接入电话网络）与一个组合头戴受话器及传声器组成，并一同报验的电话机。

（二）蜂窝网络或其他无线网络用的电话机

本组包括用于任何无线网络的电话机。该类电话机可接收与发射由基站或卫星等接收及转发的无线电波。

它们主要包括：

1. 蜂窝电话机或移动电话机。

2. 卫星电话机。

二、发送或接收声音、图像或其他数据用的其他通信设备，包括有线或无线网络（例如，局域网或广域网）用的通信设备

（一）基站

最常见的基站是蜂窝网络用的基站，用以从蜂窝电话或其他有线或无线网络接收并向其发送无线电波。每个基站覆盖一定的地域（话区）。当用户在通话时从某个话区转到另一话区时，通话也将从某个话区自动切换到另一话区而不会中断。

（二）门口电话系统

该系统通常由一个电话听筒及按键盘或一个扬声器、一个话筒和一些按键所组成，一般安装在有多个住户的建筑物的入口处。通过这种系统，来访者可以按下适当的按键呼叫某一住户，并与他们通话。

（三）可视电话

大楼用的可视电话，主要由有线电话机、电视摄像机及电视接收机（有线传输）组合而成。

（四）除品目 84.43 的传真机以外的电报通信设备

这类设备主要用于把字符、图形、图像或其他数据转换成适当的脉冲信号并加以传送。接收机把接收到的脉冲信号重新转换成代表字符、图形、图像或其他数据的常用符号或代号，或者转换成字符、图形、图像或其他数据本身。

例如：

1. **发报装置**，例如，拨号或键盘式发报机及自动发报机（例如，电传打字机或电传打字发报机）。

2. **收报装置**，例如，电传打字收报机。有时发报机与收报机联合构成收发报机。

3. **传真电报设备**。这种设备用的摄影辅助装置（例如，显影装置）应归入第九十章。

（五）电话或电报的交换设备

1. 自动交换机

自动交换机有许多种类型，其主要特点是能根据编码信号，自动把用户线路接通。自动交换机可通过线路转接、信息交换或信息包交换进行操作。信息包交换是利用微处理器通过电子方式把用户线路接通。许多自动交换机装有从模拟信号到数字信号的转换器、从数字信号到模拟信号的转换器、数据压缩/解压装置（编解码器）、调制调解器、多路转接器、自动数据处理设备及其他设备，可同时通过网络传送模拟及数字信号，可对讲话、其他声音、字符、图形、图像或其他数据进行集中传输。

某些自动交换机的主要部件是选线器。选线器能根据呼叫机传来的脉冲选择并接通相应的线路，其操作是全自动的，既可由呼叫机传来的脉冲直接进行，也可通过导向器等辅助装置进行。

各种选线器（预选器、中选器、终接器），必要时加上导向器，常按类别与顺序装配在底板上，然后装进金属架上的交换机中。小型交换设备的各种选线器与导向器可装配在同一金属架上，形成一部完整的自动交换机。

自动交换机还可装有缩位拨号、来电等待、呼叫转移、多方通话、语音邮件等装置。电话用户可通过电话网络使用这些装置。

自动交换机用于公共网络或专用网络。专用网络是将专用交换分机（PBX）连接到公共网络上。自动交换机还可配有类似于电话机的控制台，以便在必要时由操作员进行操作或提供服务。

2. **非自动交换机**

这种交换机包括一个机架，上面装有各种手工操作的交换装置，需要操作员对交换机接到的每次来电用手工加以接通。它们包括可显示通话正在进行或通话完毕的“呼叫”或“拆线”指示器；操作员用的电话机（有时其安装方法比较特别）；交换装置（已安装的插座及与电缆相接的插头）；以及与插头及电缆连接的按键开关，操作员可用以回答呼叫人，监听通话过程及知道通话完结。

（六）无线电话及无线电报的发送与接收设备

本组包括：

1. 无线电话或无线电报用的固定设备（发送机、接收机及发送接收机）。主要用于大型台站的某些设备配有诸如保密装置（例如，频谱转换器）、多路传输装置（用以同时发送两条以上的电文）及某些称为“分集接收机”之类的接收机。“分集接收机”使用多路接收机技术，以克服衰减。
2. 多语种会议上同声传译用的无线电发送器及接收器。
3. 船舶、飞机等求救信号的自动发送机及专用接收机。
4. 遥测信号的发送机、接收机或发送接收机。
5. 机动车辆、船舶、飞机、火车等用的无线电话设备，包括无线电话接收机。
6. 利用电池工作的便携式接收机，例如，呼叫、报警或传呼用的便携式接收机。

（七）其他通信设备

本组包括可连接到有线或无线通信网络上使用的设备，或者在上述网络中传输或接收讲话或其他声音、图像或其他数据用的设备。

通信网络主要包括：有线载波通信系统、有线数字通信系统及其混合系统。例如，可将其设置成公共电话交换网、局域网（LAN）、城域网（MAN）及广域网（WAN），无论是专有的还是开放式的。

本组包括：

1. 网络接口卡（例如：以太网接口卡）。
2. 调制解调器（调制及解调组合器）。
3. 路由器、桥接器、网络集线器、中继器及通道－通道衔接器。
4. 多路转换器及相关的有线设备（例如：发射机、接收机或电光转换器）。
5. 编解码器（数据压缩器/解压器），可发送及接收数字信息。
6. 脉冲音频转换器，能将拨号脉冲信号转换成音频信号。

零　件

除零件的归类总原则另有规定的以外（参见第十六类总注释），本品目所列货品的零件也归入本品目。

*

*　*

本品目也不包括：

（一）传真机（品目 84.43）。

（二）穿孔机，不论是否电动的。穿孔机可将纸带穿孔以供自动电报机使用（品目 84.72）。

（三）插入电话或电报线路使用的感应线圈（品目 85.04）。

（四）电池、电池组及蓄电池（品目 85.06 或 85.07）。

（五）电话自动应答机，与电话机一起使用，但不与电话机组装在一起（品目 85.19）。

（六）无线电广播或电视信号的发送或接收设备（品目 85.25、85.27 或 85.28）。

（七）电铃或指示器（例如，由电话拨号盘操作的发光指示器）（品目 85.31）。

（八）继电器及开关装置。例如，用于自动电话交换机的选线器（品目 85.36）。

（九）绝缘电线、电缆等，以及由多根具有独立护套的光纤组成的光缆，不论是否带有接头，包括交换机用的带插头电缆（品目85.44）。

（十）通讯卫星（品目88.02）。

（十一）电话通话登记器及计数器（第九十章）。

（十二）载波或其他方式的接收器及发送器，与模拟式或数字式遥测仪器及装置组成一套设备的或与后者组成第九十章注释三所称“功能机组”的（第九十章）。

（十三）时刻记录器（品目91.06）。

（十四）独脚架、双脚架、三脚架及类似品（品目96.20）。

○

○　○

子目注释：

子目8517.62

本子目包括单独报验的无绳电话手机或基座。

85.18　传声器（麦克风）及其座架；扬声器，不论是否装成音箱；耳机及耳塞机，不论是否装有传声器，以及由传声器及一个或多个扬声器组成的组合机；音频扩大器；电气扩音机组：

10　—　传声器（麦克风）及其座架

—　扬声器，不论是否装成音箱：

21　——　单喇叭音箱

22　——　多喇叭音箱

29　——　其他

30　—　耳机及耳塞机，不论是否装有传声器，以及由传声器及一个或多个扬声器组成的组合机

40　—　音频扩大器

50　—　电气扩音机组

90　—　零件

本品目包括单独报验的各种传声器、扬声器、耳机、耳塞机及声频扩大器，不论其实际用途如何（例如，电话传声器、耳机及耳塞机，以及收音机扬声器）。

本品目还包括电气扩音机组。

一、传声器及其座架

传声器可将声音振动变成相应的电流变化或振荡，以便于传送、广播或记录。根据其工作原理，传声器包括：

（一）碳粒传声器。它的工作原理是，当声波使振动膜变位时，对碳粒产生压力；碳粒的电阻随碳粒所受压力不同而有所变化，从而能够传声。碳粒（或碳粉）装在一个容器内，容器置于两个电极之间，其中一个构成振动膜或装在振动膜上。

（二）压电传声器。声波产生的压力通过振动膜而引起特殊晶体切片（例如，石英或其他岩晶）的应变，从而使晶体产生电荷。这种元件常用于“接触式”传声器；此种传声器用于吉他、钢琴、管弦乐器等非电声乐器的拾音器。

（三）动圈式或带式传声器（也称为电动传声器）。把声音振动传送到置于磁场中的线圈或铝带上，即可通过电感应而产生脉冲。

（四）电容式或静电式传声器。它装有两块板片（或电极），一块是固定的（后板），另一块可以振动（振膜），声波可使两块板片之间的电容产生差异。

（五）热电偶或热线式传声器。它装有电阻发热丝，其温度受声波的作用发生变化，并由此而引起电阻的改变。

本品目也包括无线传声器成套装置，每套装置由一个或多个无线传声器与一个无线接收器组成。无线传声器通过无线电传输电路及内置或外置的天线，传输其接收的声波信号。无线接收器装有一根或多根天线，用以接收传输过来的无线电波，并装有内置电路，用以将无线电波转换为音频电信号加以输出；无线接收器还可带有一个或多个音量控制器及输出接口。

传声器应用很广（例如，用于有线广播扩音系统、电话、录音设备、飞机或潜艇探测器、战壕监听装置、脉搏听诊器）。

传声器输出的电流一般为模拟信号形式，但有些装有模数转换器的传声器输出的电流是数字信号形式。传声器有时装有扩大器（通常是指前置放大器），使其更加灵敏；有时装有电容器，以调整音调。有些传声器工作时需要供电，可由调音台或录音设备供电，或者通过独立的外置电源供电。单独报验的外置电源不归入本品目（一般归入品目85.04）。有时传声器还装有集中声波的装置。在有线广播扩音系统中，传声器还配有特殊支架，以供放置在桌子等上面，或放置在地面上使用，也可把传声器悬挂在这些支架上。这些支架或装置如果专供传声器使用，或专供装配在传声器上，即使单独报验，也应归入本品目。

但是，本品目不包括独脚架、双脚架、三脚架及类似品（品目96.20）。

二、扬声器，不论是否装成音箱

扬声器的作用与传声器相反。扬声器可把来自扩大器的电流变化或振荡变成机械振动并传入空气中，从而重放声音。扬声器有以下几种类型：

（一）动铁或动圈式扬声器。在动铁式扬声器中，电枢或软铁簧片置于永磁铁的磁场中，并受通电线圈的感应。磁场随电流的变化而变化，从而使装在电枢或簧片上的振动膜在空气中产生相应振动。动圈式扬声器主要是把线圈置于永磁铁或电磁铁的磁场中，线圈励磁受电流变化的影响；线圈固定地与振动膜相连。

（二）压电式扬声器。某些天然晶体或人造晶体在通电时会产生机械变形。压电式扬声器是依据这一原理进行工作的。这种扬声器通常称为“晶体扬声器”。

（三）静电式扬声器（也称电容式扬声器）。这种扬声器利用两块板片（电极）间的静电反应进行工作，其中一块板片作振膜使用。

扬声器有时与相配的变压器及扩大器组装在一起。扬声器接收到的输入电信号一般为模拟形式，但有时其输入信号为数字形式。该类扬声器装有数模转换器及扩大器，其可把机械振动传入空气中。

扬声器可装在框架、底座上，或装在不同类型的箱体内（常按声学原理组装），甚至可以装在家具中。如果整套装置的主要功能是作为扬声器使用的，仍应归入本品目。单独报验的框架、底座、箱体等，只要能确定为主要供装配扬声器使用的，也应归入本品目；但第九十四章的家具，除其主要功用外，也适于安放扬声器的，仍应归入第九十四章。

与自动数据处理设备连接使用的扬声器单独验报时归入本品目。

三、耳机及耳塞机，不论是否装有传声器，以及由一个传声器及一个或多个扬声器组成的组合机

耳机与耳塞机是一种用于产生低强度声音信号的电声波接收机。与以上扬声器一样，它们可把电效应转换成声效应，所采用的方法也与扬声器一样，唯一的区别是两者的功率不同。

本品目包括耳机及耳塞机，不论是否带有供电话或电报用的传声器；由一个特殊的喉式话筒及固定式耳机构成的头戴送受话器（例如，航空用的头戴送受话器）；通常由电话接线员使用的装有电话用话筒/扬声器组合机的有线电话手持送受话器；供插入收音机、电视机、放音机或自动数据处理设备使用的耳机及耳塞机。

本品目也包括由一个传声器及一个或多个扬声器组成的组合机，传声器和扬声器可以装配在一起。该机可配有一个耳机或耳塞机，以供私人收听之用。这种组合机可插入或连接到带音频扩大器的

中央控制系统，还可以供出席会议的代表使用。

本品目也包括通常由一个传声器、一个耳机、一个扬声器、一个锥形助听器、音量控制开关和电池盒组成的产前听诊装置。这种设备有助于听到胎儿和母亲心跳的声音，但不包括声音记录装置。该装置设计为非医疗专用的。

但医疗、外科或兽医专用的电气诊断装置应归入品目90.18。

四、声频扩大器

声频扩大器适用于在人耳所能适应的范围内对声频电信号进行扩大。大多数声频扩大器是使用晶体管或集成电路进行工作的，但有些仍然使用热电子管。声频扩大器一般由自备电源组供电。电源组的电力可由输电线路供给，尤其是便携式声频扩大器，也可使用蓄电池或电池组作为电源。

声频扩大器的输入信号来自传声器、激光光盘阅读器、拾音器芯、磁头、无线电馈线、电影声迹头或其他声频电信号源。声频扩大器的输出信号一般馈入扬声器，但也有例外（前置扩大器可馈入继扩大器，或者装在扩大器内）。

声频扩大器常配有音量控制器，以便控制声频增益；还常配有控制频率特性变化的控制器（低音扩大、高音升高等控制器）。

本品目包括作为电话增音器或测量扩大器使用的声频扩大器。

高频或中频放大器应视为具有独立功能的电气器具归入品目85.43。调音台及均衡器也应归入品目85.43。

五、电气扩音机组

本品目还包括由传声器、声频扩大器及扬声器组成的扩音机组。这种设备广泛应用于公共娱乐场所、公共有线广播扩音系统、广告车、警车，也可和某些乐器一起使用等。类似的设备还用于大型货运车辆（尤其是拖带挂车的货车），以使驾驶员听到车后的不正常声响或声音信号，否则这些声音可能由于发动机的响声过大而听不到。

零　件

除零件的归类总原则另有规定的以外（参见第十六类总注释），本品目所列货品的零件也归入本品目。

*

*　*

本品目不包括：

（一）装有耳机的飞机驾驶员安全帽，不论是否带有话筒（品目65.06）。

（二）电话机（品目85.17）。

（三）半导体基换能器［例如用于硅麦克风的微机电系统（MEMS）传感器］（品目85.41）。

（四）品目90.21的助听器。

85.19　声音录制或重放设备（+）：

20　—　用硬币、钞票、银行卡、代币或其他支付方式使其工作的设备

30　—　转盘（唱机唱盘）

—　其他设备：

81　——　使用磁性、光学或半导体媒体的

89　——　其他

本品目包括声音录制设备、声音重放设备及既能录制又能重放声音的设备。一般是将声音录制在内部存贮装置或媒体（例如，磁带、光学媒体、半导体媒体或品目85.23的其他媒体）上，或从这些内部存贮装置或媒体上加以重放。

声音录制设备使记录媒体发生变化，从而使声音重放设备能在随后重放原声波（讲话、音乐等）。它们包括以接收声波为基础进行录音，或通过其他方式进行录音，例如，利用自动数据处理设备把从互联网的网页或光盘上下载的数据声音文件录制到数字式音频装置（例如，MP3 播放机）的内存贮器（例如，闪存）上。将声音录制成数字代码的装置一般不能重放声音，除非它们所装有能将录音从数字代码转换成模拟信号的装置。

一、用硬币、钞票、银行卡、代币或其他支付方式操作的设备

该类设备用硬币、钞票、银行卡、代币或其他支付方式操作，允许选择并按指定的顺序或随机播放录音。它们通常被称为“自动唱片点唱机”。

二、转盘（唱机唱盘）

这种装置可用机械方法或用电转动圆盘。转盘可装有拾音器或未装拾音器，但未配有音响装置和电气扩音装置（参见下述**“电唱机”**）。转盘还可装有一个自动装置，使多张唱片能接连不断地播放。

三、电话应答机

这类设备与电话机连用（但不与电话机构成一体），以传送预先录制的信息，并可具有录制打电话者留言的功能。

四、使用磁性、光学或半导体媒体的其他设备

本组的设备可为便携式的，也可装有或设计为可配上音响装置（扬声器、耳塞机、耳机）及扩音机。

（一）使用磁性媒体的设备

本组包括使用磁带或其他磁性媒体的设备。它们通过改变媒体的磁性进行录音。媒体在拾音磁头前经过，即可重放声音。例如，盒式磁带放音机、磁带录音机及盒式磁带录音机。

（二）使用光学媒体的设备

本组包括使用光学媒体的设备。将声音从强弱不同的放大电流（模拟信号）转换成数字代码，刻录在录音媒体表面。利用激光读取该媒体，即可重放声音。例如，光盘播放器及迷你光盘播放器。此类设备还包括采用磁性及光学技术混合媒体的设备。例如，使用磁光盘的设备，这些磁光盘上具有不同反射率的区域是采用磁性技术刻制的，但通过光束（例如，激光）读取。

（三）使用半导体媒体的设备

本组包括使用半导体媒体（例如，固态非易失性的）的设备。将声音从强弱不同的放大电流（模拟信号）转换成数字代码，刻录在录音媒体表面。读取该媒体即可重放声音。半导体媒体可永久地安装在设备中，也可以是可插取的固态非易失性存贮媒体。例如，闪存音频播放器（例如，某些 MP3 播放器），为电池供电的便携式设备，主要由一个闪存（内置的或可插取的）、一个微处理器、一个包括音频放大器在内的电子系统、一个液晶显示屏及控制键组装在一个机壳内构成。微处理器已编程，用以处理 MP3 或类似文件格式。这些设备能与自动数据处理设备连接，以便下载 MP3 或类似文件。

（四）使用磁性、光学或半导体混合媒体的设备

这类设备所配装置能使用磁性、光学或半导体中的任何两种或全部进行录制或重放。

五、其他声音录制或重放设备

本组包括：

（一）电唱机。这种设备使用拾音头（拾音器芯）把机械振动变成电振动，再通过扩音机或扬声器将声音从唱片（已灌音的圆片）上播放出来。电唱机可装有一个自动装置，能接连不断地播放多张唱片。

（二）电影用声音录制设备，利用光电方法进行录音。用光电方法把声音录制在膜带上；膜带上的声迹有变积式和变密式两种。

电影用声音录制设备除录音磁头外，还配有软片暗盒、马达驱动装置以及软片运送装置。马达驱动装置可使软片转动的速度与电影摄影机的转动速度同步。

（三）电影用放音机。这种放音机装备了带有光电拾音头及电荷耦合器件的读取装置。

（四）电影用的再录设备。例如，用于以光电或数字方式对以其他方式，例如，磁性方式、光学方式或电子方式录制的音轨进行再录。

*

*　*

零件及附件

除零件的归类总原则另有规定的以外（参见第十六类总注释），本品目所列设备的零件及附件归入品目 85. 22。

*

*　*

本品目不包括：

（一）复制已录塑料光盘用的压塑机或注塑机（品目 84. 77）。

（二）与电话机组成一体的电话自动应答机（品目 85. 17）。

（三）单独报验的麦克风、扬声器、音频放大器及电器扩音机组（品目 85. 18）。

（四）品目 85. 21 的视频信号录制或重放设备。

（五）与无线电广播接收设备组装在同一机壳内的声音录制或重放设备（品目 85. 27）。

（六）与电视机组装在一起的声音录制或重放设备（品目 85. 28）。

（七）与声音录制或重放装置组装在一起的电影摄影机及投影机（品目 90. 07）。

○

○　○

子目注释：

子目 8519. 81

本子目包括使用一种或多种以下媒体的设备：磁性、光学或半导体媒体。

【85. 20】

85. 21　视频信号录制或重放设备，不论是否装有高频调谐器：

10　—　磁带型

90　—　其他

一、录制设备及组合的录制重放设备

在与电视摄像机或电视机连接时，这类设备可把与电视摄像机捕捉到或电视机接收到的图像及声音相对应的电脉冲（模拟信号）或由模拟信号转换成的数字代码（或两者相结合）录制在媒体上。图像及声音一般是录制在同一媒体上。可采用磁学或光学方式进行录制，记录媒体通常为带式或盘式。

本品目也包括将自动数据处理设备录入的代表视频图像及声音的数字代码录制在记录媒体（一般为磁盘）上的设备（例如，数字式录象机）。

用磁带录制时，图像及声音是录制在磁带不同的磁道上，而用磁盘录制图像及声音时，声音及图像是以磁象或磁点录制在磁盘表面的螺旋形磁道上。

以光学方式录制图像及声音时，用激光将代表图像及声音的数字数据刻录在光盘上。

用于接收电视信号的录象设备还装有调谐器，能从电视发射台发射的各种频段信号中选择有效信号（或频道）。

当用于重放图像及声音时，这类设备可把录制的图像及声音转换成视频信号。这些信号又被传送到发射台或电视机。

二、重放设备

这种重放设备只能直接利用电视机重放图像及声音。重放设备所使用的媒体是在特殊录制设备上用机械、磁性或光学方法预先录制的。重放设备有下面两种：

（一）一种是使用圆盘的重放设备。用各种方法把图像及声音信息储存在圆盘上，然后使用激光阅读系统、电容传感器、电压传感器或磁头即可拾取到储存的图像及声音信息。根据第十六类注释三的规定，同时兼可重放录像及录音节目的设备应归入本品目。

（二）一种是把录制在感光软片上的图像信息译出并转成视频信号的重放设备（声音用磁性方法录制在同一软片上）。

零件及附件

除零件的归类总原则另有规定的以外（参见第十六类总注释），本品目所列设备的零件及附件归入品目85.22。

*

*　*

本品目不包括：

（一）品目85.23的记录媒体。

（二）视频摄像机（品目85.25）。

（三）电视接收装置（不论是否装有无线电收音装置或声音、图像录制或重放装置）、视频监示器及视频投影机（品目85.28）。

85.22　专用于或主要用于品目85.19或85.21所列设备的零件、附件：

10　—　拾音头

90　—　其他

除零件的归类总原则另有规定的以外（参见第十六类总注释），本品目包括专用于或主要用于品目85.19或85.21所列设备的零件及附件。

归入本品目的零件及附件，其范围包括：

一、唱盘或声音机械录制软片用的拾音头。拾音头可将机械振动（由记录针沿着录制媒体的纹道运行所产生）转换成电脉冲。

二、激光阅读系统。

三、磁头，用于录音、放音或抹音。

四、磁带式适配器，可借助磁带播放器重放来自便携式光盘播放器的声音。

五、光电拾音头。

六、绕带或倒带装置。该装置主要由两个卷轴架组成，其中至少有一个配有使其转动的装置。

七、唱盘用的拾音臂、转盘。

八、唱针用的已加工蓝宝石及钻石，不论是否已装配。

九、唱片刻纹器。这是录制设备的组成部分，可将声音振动转换成机械振动并改变纹道的形状。

十、专用家具，专为声音录制或重放设备设计或制造的。

十一、盒式清洁带，用于清洁声音或图像录制或重放设备的磁头，不论是否和清洁溶剂配在一起作零售包装的。

十二、其他磁性录音或放声设备专用的零件及附件。例如，磁性抹音头、抹音棒及抹音机；磁性唱针头；口授时显示达到某一点的刻度盘。

十三、视图像录制或重放设备专用的零件及附件。例如，视频信号录制磁鼓；用以保持磁带与录音头或拾音器接触的真空装置；绕带装置等。

本品目不包括：

（一）卷盘、卷轴或类似芯轴，含没有磁带的录像带盒或录音带盒（按其材料属性归类，例如，归入第三十九章或第十五类）。

（二）声音录制或重放设备用的电动机，未与上述录制或重放设备的零件或附件装配在一起的（品目85.01）。

（三）品目85.23的记录媒体。

（四）装有拾音头，在同步工作台上与画面取景器一同使用的装置（品目90.10）。

85.23　录制声音或其他信息用的圆盘、磁带、固态非易失性数据存储器件、“智能卡”及其他媒体，不论是否已录制，包括供复制圆盘用的母片及母带，但不包括第三十七章的产品：

—　磁性媒体：

21　——磁条卡

29　——其他

—　光学媒体：

41　——未录制

49　——其他

—　半导体媒体：

51　——固态非易失性存储器件

52　——“智能卡”

59　——其他

80　—　其他

本品目包括记录声音或其他信息（例如，数字数据；文本；图像、视频或其他图形数据；软件）用的各种媒体，不论是否已录制。这些媒体一般可在记录或阅读装置中插入或拔取，并可将信息从一台记录或阅读装置转到另一台装置。

本品目的媒体报验时可以是已录制的、未录制的，或虽已预录某些信息，但仍能记录更多信息。

本品目包括批量生产已录制媒体成品用的媒体中间品（例如，母片、带阴纹母盘、带阳纹母盘、压模用盘）。

但是，本品目不包括将数据记录到媒体上或从媒体上检索数据的装置。

本品目主要包括：

一、磁性媒体

本组的产品一般为磁盘、磁卡或磁带的形式。它们由不同的材料制成（一般为塑料、纸或纸板、金属），其本身具有磁性或涂有某种磁性材料。本组包括，例如，磁带式录音机用的盒式磁带或其他磁带、便携式摄录机或其他录像装置（例如，VHS、HI－8™、mini－DV）用磁带、磁盘或磁条卡。

本组不包括磁光媒体。

二、光学媒体

本组的产品一般为圆盘的形式，由玻璃、金属或塑料制成，镀有一层或多层的反光层。储存在这种圆盘上的任何数据（声音或其他信息）要通过激光束读取。本组包括已录制或未录制的圆盘，不论其是否可擦写。

例如，本组包括光盘（例如，CDs、VCDs、CD－ROMs、CD－RAMs）、数字通用光盘（DVDs）。

本组也包括磁光媒体。

三、半导体媒体

本组的产品含有一个或多个集成电路。

因此，本组包括：

（一）从外部数据源记录数据的固态、非易失性数据存储器件［参见本章注释六（一）］。这些器件（也称为“闪存卡”或“电子闪存卡”）用于从外部数据源记录数据，或向导航及全球定位系统、数据采集终端、便携式扫描仪、医疗监测仪器、音频记录设备、个人通信设备、移动电话、数字式照相机及自动数据处理设备等提供数据。通常，一旦与特定装置连接之后，即可将数据存储在该装置上，并可从中读取数据，也可将数据上载至自动数据处理设备，或从自动数据处理设备下载数据。

这类媒体仅需通过与之相连的装置供电，无需使用电池。

这些非易失性数据存储器件在同一机壳内包含有一个或多个闪存（“$FLASHE^2$ PROM/EEPROM”），以集成电路的形式装配在一块印刷电路板上，并装有与主机连接的接口。它们可以包括集成电路形式的电容、电阻及微型控制器。例如，USB 闪存驱动器就是一种固态非易失性数据存储器。

（二）“智能卡”［参见本章注释六（二）］，装有一个或多个集成电路［微处理器、随机存取存储器（RAM）或只读存储器（ROM）］芯片。“智能卡”可带有触点、磁条或嵌入式天线，但不包含任何其他有源或无源电路元件。

这些“智能卡”也包括符合本章注释六（二）所列条件的“邻近卡或牌”。邻近卡/牌通常由一个带只读存储器的集成电路构成，该电路连接于印制天线上。邻近卡/牌可在天线上产生一个干扰场（其性质可由只读存储器内的编码加以确认），以影响阅读器发射的信号，并反馈给阅读器。该装置不传输数据。

四、其他

本组包括唱片。

本品目不包括：

（一）带有一条或多条声道的照相或电影用胶卷（第三十七章）。

（二）光电记录感光胶卷（品目 37.02）。

（三）准备制成但尚未制成声音或其他信息记录媒体的物品；这些物品应归入其各自的品目内（例如，归入第三十九章、第四十八章或第十五类）。

（四）记有数据的纸带或穿孔卡片。这些材料是使用穿孔方法进行记录的（第四十八章）。

（五）某些电子存储模块［例如，单列直插式内存模块（SIMM）及双列直插式内存模块（DIMM）］，它们应运用第十六类注释二的规定进行归类（参见本章总注释）。

（六）游戏机用卡带（品目 95.04）。

85.24　平板显示模组，不论是否装有触摸屏：

— 不含驱动器或控制电路：

11 —— 液晶的

12 —— 有机发光二极管的（OLED）

19 —— 其他

— 其他：

91 —— 液晶的

92 —— 有机发光二极管的（OLED）

99 —— 其他

本品目包括本章注释七所规定的平板显示模组，不论是否装有触摸屏。

本品目的物品至少有一个使用液晶（LCD）、有机发光二极管（OLED）、发光二极管（LED）或其他显示技术的显示屏。

平板显示模组的显示屏包括但不限于平面、曲面、柔性、可折叠、可拉伸或可卷曲等类型。

本品目包括：

一、不含驱动器或控制电路的平板显示模组，通常被称为“面板”。以液晶面板为例，液晶被置于两片或两块玻璃或塑料板片中，例如薄膜晶体管（TFT）基板和彩色滤光膜基板。以有机发光二极管面板为例，有机材料被沉积在薄膜晶体管（TFT）基板上。这些面板不包含诸如驱动器或控制电路之类的电气零件，无论是否装有电子连接件或偏光板。

二、含有驱动器或控制电路的平板显示模组： 在第一款所述的“面板”上增加驱动器或控制电路。此类模组可包含驱动器或控制电路，驱动器用于接收视频信号或其他信号［例如，文字、图像、自动数据处理（ADP）信号或其他图形数据］并控制显示屏（通常包括驱动芯片和将视频信号连接至驱动芯片的电路板）各个像素点的开关；而控制电路用于显示模组的电源供应或时序控制。它们可以和背光模组（用于液晶显示模组）或外框（机壳）组合在一起。

三、含有触摸屏的平板显示模组： 触摸屏安装在平板显示模组上或直接嵌入面板。它们允许输入以及输出（显示）如图像等信息。

本品目的物品设计用于安装在一系列设备中（例如，冰箱、自动数据处理设备、移动电话及图像或数据的发送或接收设备、数字照相机及视频摄录一体机、监视器、电视信号接收装置和载人机动车辆）。

但是，未被集成进其他装置且单独报验的平板显示模组才被归入本品目，而不是按带有平板显示模组的完整品归入其他品目。

已集成到其他装置中的平板显示模组应按该装置的整机归入相应的品目。

零　件

除零件的归类总原则另有规定的以外（参见第十六类总注释），本品目所列装置的零件应归入品目85.29。

○

○　○

本品目主要不包括：

（一）带有视频转换组件的平板显示模组（通常为品目85.17、85.28和85.29的物品）。

（二）装有平板显示模组的视觉信号装置（显示板）（品目85.31）。

（三）装有平板显示模组的测量或检测装置（通常归入第九十章）。

（四）装有平板显示模组的乐器（第九十二章）。

（五）装有平板显示模组的所有第九十五章的货品（例如，视频游戏控制器、玩具、游戏品、健身器械和运动用品等）。

85.25　无线电广播、电视发送设备，不论是否装有接收装置或声音的录制、重放装置；电视摄像机、数字照相机及视频摄录一体机：

50　—　发送设备

60　—　装有接收装置的发送设备

—　电视摄像机、数字照相机及视频摄录一体机：

81　——　本章子目注释一所列高速设备

82　——　其他，本章子目注释二所列抗辐射或耐辐射设备

83　——其他，本章子目注释三所列夜视设备
89　——其他

一、无线电广播或电视发射设备，不论是否装有接收装置或声音的录制或重放装置

归入本组的无线电广播设备必须是借助于电磁波发射信号的设备；所用电磁波是在自由空间中而非通过线路传播的。另一方面，不论是利用电磁波发射，还是利用线路传送的电视设备，一律归入本品目。

本组包括：

（一）无线电广播或电视发射设备。

（二）转播设备，用以接收广播后加以转播，从而增加播送距离（包括装在飞机上的电视转播设备）。

（三）电视转播发射机，利用天线及抛物面反射器，把电视节目从演播室或室外实况转播现场传送到主发射机。

（四）工业用电视发射机（例如，远距离监测仪器用或危险地区观察用的电视发射机）。这类设备通常是有线传送的。

二、电视摄像机、数字照相机及视频摄录一体机

本组包括的设备可捕获图像并将其转换为电信号，将其：

（一）作为视频图像传输到设备外部某个位置进行观察或遥控录像（即电视摄像机）；或

（二）作为静像或运动画面记录在设备内（即数字照相机及视频摄录一体机）。

本品目的许多设备在外观上与品目90.06的照相机及品目90.07的电影摄影机相似。品目85.25的摄像机与第九十章的照相机一般包括镜头及调节装置。镜头用以将图像聚焦在光敏介质上；调节装置用以改变进入照相机的光量。但第九十章的照相机及电影摄影机是将图像曝光到第三十七章的感光胶卷上，而本品目的设备是将图像转换为模拟或数字数据。

本品目的设备通过将图像聚焦到光敏装置，例如，互补金属氧化物半导体（CMOS）或电荷耦合器件（CCD）上来捕捉图像，由光敏装置发送电子图像，经进一步处理成为图像的模拟或数字记录。

电视摄像机不论其是否装有镜头与光阑遥控装置，也不论其是否装有摄像机水平或垂直运动遥控装置［例如，电视演播室或电视采访用的电视摄像机；工业、科研、闭路电视（监视）或交通管理用的电视摄像机］。这种摄像机不具备任何内设的录像功能。

有些电视摄像机也可与自动数据处理设备连用（例如，网络摄像机）。

电视摄像机用的"移动"式活动机械设备，不论是否单独报验，均不归入本品目（品目84.28）。

电视摄像机的远距离控制及调焦用的电气设备单独报验时，也不归入本品目（品目85.37）。

数字照相机及视频摄录一体机将图像记录在内置的存储装置上或记录在媒体（例如，磁带、光学媒体、半导体媒体或品目85.23的其他媒体）上。它们可含有模数转换器（ADC）及输出端口，以便将图像发送到自动数据处理设备的部件、打印机、电视机或其他影像设备上。有些数字照相机及视频摄录一体机含有输入端口，以便从上述外部设备上录入模拟或数字图像文件。

本组的设备一般配有光学取景器或液晶显示器（LCD），或两者兼有。许多配有液晶显示器的设备，其显示器既可在捕捉图像时作为取景器使用，又可作为屏幕，用以显示从其他设备收到的图像或重放已经录制的图像。

零　件

除零件的归类总原则另有规定的以外（参见第十六类总注释），本品目所列设备的零件归入品目85.29。

*
*　*

本品目也不包括：

（一）品目85.17的设备。

（二）单独报验的与转播设备合并使用的无线电广播接收设备（品目85.27）。

（三）卫星电视接收机及卫星电视接收系统（品目85.28）。

（四）永久性装有本品目的无线电广播或电视发射机的特殊用途机动车辆（一般归入品目87.05）。

（五）通信卫星（品目88.02）。

85.26　雷达设备、无线电导航设备及无线电遥控设备：

10　—　雷达设备

—　其他：

91　——无线电导航设备

92　——无线电遥控设备

本品目包括：

一、无线电导航设备（例如，无线电信标及无线电浮标，装有固定或旋转天线；接收机，其中包括装有多路天线或定向线圈天线的无线电罗盘）。也包括全球定位系统（GPS）接收机。

二、船舶或飞机导航雷达设备（不论装在船舶、飞机等上面，还是架设在陆地上），其中包括港口雷达设备及安装在浮标、灯塔等上面的识别装置。

三、飞机场用的盲降及交通控制设备。这类设备很复杂，其中某些设备把普通的无线电、雷达及电视装置结合在一起，能在控制中心里显示出进场飞机的位置与高度，并把降落指示及附近其他飞机的雷达图像传送给该飞机。

四、雷达测高设备（无线电测高计）。

五、气象雷达，用于跟踪暴风雨云或气象气球。

六、盲目投弹设备。

七、炮弹或炸弹近爆引信用的雷达装置。

装有雷管的整套引信归入品目93.06。

八、空袭警报雷达装置。

九、海军或高射炮用雷达测距测向装置。

十、雷达发射－应答器。这种设备能接收雷达脉冲，在应答所收到脉冲时，所发送的脉冲常带有重叠信息。发射－应答器用于飞机上，使雷达操作员能对其加以识别。发射－应答器也用于仪器气球上，用以测量距离及方向，并传送气象情报。

十一、遥控船舶、无人驾驶飞机、火箭、导弹、玩具、航海模型及航空模型等的无线电设备。

十二、地雷引爆或机器遥控用的无线电装置。

零　件

除零件的归类总原则另有规定的以外（参见第十六类总注释），本品目所列设备的零件归入品目85.29。

*

*　*

永久性装有雷达或本品目其他设备的特殊用途机动车辆不归入本品目（一般归入品目87.05）。

85.27　无线电广播接收设备，不论是否与声音的录制、重放装置或时钟组合在同一机壳内：

—　不需外接电源的无线电收音机：

12　——袖珍盒式磁带收放机

13　——其他收录（放）音组合机
19　——其他
　　—　需外接电源的汽车用无线电收音机：
21　——收录（放）音组合机
29　——其他
　　—　其他：
91　——收录（放）音组合机
92　——带时钟的收音机
99　——其他

归入本品目的无线电播音设备必须是接收通过自由空间而不是线路所传播的电磁波信号的。

本组包括：

（一）各种类型的家庭用收音机（台式、落地式收音机；装在家具、墙壁等上面的收音机；便携式收音机，不论是否与声音录制、重放装置或时钟组装在同一机壳内的收音机）。

（二）汽车用收音机。

（三）与品目85.25所列的转播设备连用，但单独报验的接收装置。

（四）袖珍盒式磁带收放机（参见本章子目注释四）。

（五）装有收音机的立体音响系统（高保真音响系统），组合成套供零售用，由多个具有独立外壳的组合单元所组成，例如，由高密光盘播放器、盒式录音机、带调谐器的扩大器、扬声器等组合而成。收音机构成了该系统的主要特征。

零　件

除零件的归类总原则另有规定的以外（参见第十六类总注释），本品目所列设备的零件归入品目85.29。

*

*　*

本品目主要不包括：

（一）品目85.17或85.25的物品。

（二）永久性装有本品目所列的无线电广播接收机的特殊用途的机动车辆（一般归入品目87.05）。

85.28　监视器及投影机，未装电视接收装置；电视接收装置，不论是否装有无线电收音装置或声音、图像的录制或重放装置：

　　—　阴极射线管监视器：
42　——可直接连接且设计用于品目84.71的自动数据处理系统的
49　——其他
　　—　其他监视器：
52　——可直接连接且设计用于品目84.71的自动数据处理系统的
59　——其他
　　—　投影机：
62　——可直接连接且设计用于品目84.71的自动数据处理系统的
69　——其他
　　—　电视接收装置，不论是否装有无线电收音装置或声音、图像的录制或重放装置：
71　——在设计上不带有视频显示器或屏幕的

72　——其他，彩色的

73　——其他，单色的

本品目包括：

（1）未带有电视接收装置的监视器及投影机。

（2）用于信号显示的电视接收装置（电视机），不论是否装有无线电收音装置或声音、图像的录制或重放装置。

（3）不具备显示功能的电视信号接收装置（例如，卫星电视广播接收机）。

监视器、投影机及电视机利用不同的技术，例如，阴极射线管（CRT）、液晶显示器（LCD）、数字镜像装置（DMD）、有机发光二极管（OLED）及等离子技术来显示图像。

监视器及投影机可以从不同的信号源接收多种信号。但如果它们带有电视调谐器，则应视为电视接收装置。

一、可直接连接且设计用于品目 84. 71 的自动数据处理系统的监视器

本组包括能够接收自动数据处理系统的中央处理器所给出的信号，并将已处理的数据进行图形表达的监视器。此类监视器有别于其他类型的监视器（参见下述第二部分）及电视接收机。

本组的监视器具有以下特征：

（一）它们通常显示经自动数据处理系统的中央处理器集成的图形适配器的信号（单色或彩色）；

（二）它们未装有频道选择器及视频调谐器；

（三）它们通常配有数据处理系统所特有的连接器［例如，RS－232C 接口以及 DIN、SUB－D、VGA、DVI、HDMI 或 DP（显示端口）连接器］；

（四）此类监视器的可视图像尺寸一般不超过 76 厘米（30 英寸）；

（五）它们的显示间距尺寸（通常小于 0. 3 毫米）适合近距离观看；

（六）它们可配有音频电路及内置扬声器（其总功率一般小于或等于 2 瓦）；

（七）它们通常在前置面板上装有控制按钮；

（八）它们通常不能进行遥控操作；

（九）它们可装有倾斜、旋转及高低度调节机构，具有无眩光表面、无闪烁显示屏及其他人体工程学设计特征，以便延长对监视器近距离观看的时间。

（十）它们可利用无线通信协议显示来自品目 84. 71 的自动数据处理系统的数据。

二、非可直接连接且设计用于品目 84. 71 的自动数据处理系统的监视器

本组包括的监视器可通过复合视频、S－视频或同轴电缆直接与摄像机或录像机连接以接收信号，完全不带射频电路，通常供影视公司或闭路电视系统（飞机场、火车站、工厂、医院等）使用。此外，它们能将红（R）、绿（G）及蓝（B）信号分开输入，或者按某一特定制式（NTSC、SECAM、PAL、D－MAC 等）进行编码。为接收编码信号，监视器必须配有一个能转换（分开）红、绿及蓝信号的解码装置。它们未配有自动数据处理系统所特有的连接器，也未装有倾斜、旋转及高低度调节机构、无眩光表面、无闪烁显示屏及其他人体工程学设计特征，以便延长对监视器近距离观看的时间。它们也未装有频道选择器及视频调谐器。

三、投影机

投影机可把通常在电视接收机或监视器的屏幕上重放的图像投影到外表面上。它们可基于阴极射线管技术或基于平板技术［例如，数字镜像装置（DMD）、液晶显示（LCD）、等离子体］。

四、电视接收装置

本组包括下列装置，不论其在设计上是否有带有视频显示器或屏幕，例如：

（一）不带显示装置（阴极射线管、液晶显示器等）的电视广播（地面、有线、卫星）接收装置。

这些装置接收信号并将其转换成一种适合于显示的信号，还可装有调制解调器，以便连接到因特网上。

这些接收装置是与图像录制或重放设备、监视器、投影机或电视机一起使用。但仅能隔离高频电视信号的装置（有时称为视频调谐器）应按零件归入品目85.29。

（二）工业用电视接收机（例如，用于远距离监测仪器或危险地区观测的电视接收机）。这类设备通常是有线传送的。

（三）各种家用的（液晶显示、等离子体显示、阴极射线管显示等）电视接收机（电视机），不论是否带有无线电广播接收装置、磁带录像装置、DVD播放装置、DVD录制装置、卫星接收器等。

零　件

除零件的归类总原则另有规定的以外（参见第十六类总注释），本品目所列设备的零件归入品目85.29。

*

*　*

本品目主要不包括：

（一）视频信号录制或重放设备（品目85.21）。

（二）永久性装有电视接收机或本品目所列其他设备的特殊用途机动车辆（例如，广播用车）（一般归入品目87.05）。

（三）电影放映机（品目90.07）及品目90.08的影像投影仪。

85.29　专用于或主要用于品目85.24至85.28所列装置或设备的零件：

10　—　各种天线或天线反射器及其零件

90　—　其他

除零件的归类总原则另有规定的以外（参见第十六类总注释），本品目包括上述五个品目所列器具、设备的零件。归入本品目的零件包括：

一、各种发射或接收天线及天线反射器。

二、用于无线电广播或电视广播接收天线的旋转系统，该系统主要由一个电动机及一个控制盒组成。电动机装在天线杆上使之转动。控制盒则是独立的，用于天线的跟踪及定位。

三、品目85.25至85.28所列器具、设备的专用箱、壳。

四、天线滤波器及分离器。

五、支架（底架）。

*

*　*

本品目不包括：

（一）天线杆（例如，品目73.08）。

（二）高压发生器（品目85.04）。

（三）蜂窝电话（也称移动电话）用蓄电池（品目85.07）。

（四）能同时主要用于品目85.17及品目85.25至85.28所列货品的零件（品目85.17）。

（五）耳塞机及耳机，不论是否带有传声器，用于电话或电报，或者是否与无线电或电视接收机连接使用（品目85.18）。

（六）阴极射线管及其零件（例如，偏转线圈）（品目85.40）。

（七）天线放大器及无线电频率振荡装置（品目85.43）。

（八）电视摄像机用的镜头及滤色镜（品目90.02）。

（九）独脚架、双脚架、三脚架及类似品（品目96.20）。

85.30　铁道、电车道、道路或内河航道、停车场、港口或机场用的电气信号、安全或交通管理设备（品目86.08的货品除外）：

10　—　铁道或电车道用的设备

80　—　其他设备

90　—　零件

本品目包括供铁道、气垫火车系统、道路或内河航道交通管理使用的各种电气设备。在一定程度上，类似设备也可用于对船舶（例如，在港口）、飞机（例如，在飞机场）及停车场的管理，这类设备也归入本品目。但是，本品目不包括机械操作的类似设备，即使这些设备装有辅助性的电气部件（例如，使用电气照明的机械信号设备，或用电启动的液压或气动控制设备）；这类设备归入品目86.08。

静态的标志，即使使用电气照明（例如，用作方向标志的发光板），也不能视为交通管理设备。因此，这类标志不能归入本品目，而应归入其相应品目（品目83.10、94.05等）。

一、铁道或电车道设备（包括地下矿井铁道设备）**及气垫火车运输系统设备**。这些设备分为两类：

（一）信号或安全设备。这类设备由有形信号装置（通常为一组颜色信号灯、活动臂或活动盘，装在某种桩杆或支架上面）、执行装置及控制装置（不论是自动的还是手工操作的）所组成。

这类信号设备用于车站、交叉路口、平交道口等的交通管理；或用于控制铁路同路段多次列车的通行。后一种信号设备包括自动路段信号设备，当火车从某一路段驶进下一路段时，这种设备可自动发出必要的信号。

本品目还包括（用警铃或视觉显示器）向车站或信号塔通知关于火车的位置或抵达情况，或关于各个道岔及信号装置等状态的设备。

某些信号设备装有一些装置，这些装置可把信号直接传送到机车的驾驶室。铁路上装有接触器或传感器，当机车通过时，该接触器可驱动机车上的某个机械装置，向机车驾驶员发出视觉或听觉信号，或在某些情况下操纵机车的控制系统使机车停下。这种信号设备中装在机车上的部分不归入本品目。

（二）轨道控制设备。例如，道岔遥控设备。这种设备主要由实际操作设备（在某些情况下包括连锁装置）、控制板及控制设备所组成。实际操作设备安装在靠近每一道岔的轨道上；控制板及控制设备安装在中心道岔的控制点（信号箱等）上。

这类设备包括编组车场内用于铁路货车自动控制的某些复杂设备。例如，安装在大型编组车场的接续中继存储设备及铁路货车的移动控制设备（“球形自动控制器”）。

二、道路、内河航道或停车场用的设备。这类设备包括：

（一）平交道口自动信号装置。例如，闪烁信号灯、铃、发光停车信号灯。

操纵闸门或栏栅的电气设备也归入本品目。

（二）交通灯，通常由安装在交叉路口等的一组颜色信号灯组成。它们由灯具本身、控制设备及其操纵装置组成。信号灯可由手工操作（由交通警操作或在某些人行横道上由行人操作），或者是自动的（有些灯定时操作，有些灯利用光电池或装在路中的接触器，由通行的车辆操作）。

三、港口或飞机场用的电气交通管理设备。

零　件

除零件的归类总原则另有规定的以外（参见第十六类总注释），本品目所列货品的零件也归入本品目。

*

*　*

本品目不包括装在自行车或机动车辆上的电气照明或信号设备（品目85.12）。

85.31 电气音响或视觉信号装置（例如，电铃、电笛、显示板、防盗或防火报警器），但品目85.12或85.30的货品除外：

10 — 防盗或防火报警器及类似装置

20 — 装有液晶装置（LCD）或发光二极管（LED）的显示板

80 — 其他装置

90 — 零件

除自行车或机动车辆所用信号装置（品目85.12）及道路、铁道等的交通管理信号设备（品目85.30）以外，本品目包括所有其他电气信号装置，不论其是以音响（电铃、电蜂音器、电笛等）或是使用视觉显示（灯、活片、发光号码等）发出信号；也不论是人工操作（例如，门铃）或自动操作（例如，防盗报警器）。

静态的标志，即使是电气照明的（例如，灯、提灯、发光板等），也不作为信号设备归类。因此这种标志不归入本品目，而应归入其相应品目（品目83.10、94.05等）。

本品目主要包括：

一、电铃、电蜂音器、电门钟等。电铃主要由一个电磁装置构成。电磁装置引起一个小锤振动并敲击铃碗。蜂音器与门铃相似，但没有铃碗。两者广泛用于家庭（例如，作为门铃），也用于办公室及旅馆等。本品目还包括电门钟及教堂电钟，但不包括弹奏音乐用的电子钟琴（第九十二章）。电门钟装有一个或多个金属管，当被敲击时，可发出一种或一组音调。

电铃及电门钟一般使用低压电（原电池或原电池组），但有时装有变压器，用以降低电源电压。

二、电气音响信号装置、喇叭、电笛等，其声响由电气操作的振簧或旋转圆盘运动时或电子声响发生器发出。这类装置包括工厂用的电笛、空袭警报器、船用电笛等。

三、其他电气信号装置（例如，闪烁信号灯或间歇信号灯等），用于飞机、船舶、火车或其他运输工具（品目85.12的自行车或机动车辆用的电气信号装置除外），但不包括品目85.26的无线电或雷达装置。

四、显示板及类似物品。这类物品适于在办公室、旅馆及工厂等场所，用以呼唤工作人员，指示何处需要某人或某项服务，显示房间是否空余。这类物品包括：

（一）房间显示器。这是一种大型显示板，显示板上的号码与房间号码相同。按动有关房间的按钮时，显示板上有关房间的号码即会发光，或者使遮片或活片落下，显出号码。

（二）号码显示器，其信号以发光数字的形式在一个小盒子的面上显示出来。这种显示器中有些使用电话拨号盘操作。另有一种时钟型的号码显示器，利用一根指针绕着号码盘移动以指示号码。

（三）办公室显示器。例如，表示一个办公室内有关人员是否有空闲的显示器。这种显示器有些只是简单的“请进”或“免进”标志，这些标志可由办公室内人员随意操纵发光。

（四）电梯显示器。这种显示器可在一块发光板上显示出电梯所在的楼层及升降。

（五）船舶机舱传令装置。

（六）车站显示板，用于显示火车的时间及站台。

（七）赛马场、足球场、滚木球场等用的显示器。

在上述各类显示板等中，有些还装有电铃或其他音响信号装置。

本品目不包括道路或铁路公共地图。按动相应的按钮，地图上有关的地点、道路、路段或路线即会发光。本品目也不包括电气广告标志。

五、防盗报警器。这种报警器由两部分组成：探测装置及信号装置（电铃、电蜂音器、视觉显示器等）。信号装置由探测装置操纵自动启动。防盗报警器可利用各种方法操作。例如：

（一）电接触：当脚踩在地板上某一部分，开启门户，折断或触碰到细小的电线等的时候，即可引起电接触。

（二）电容效应：这种方法常用于保险箱防盗设备。把保险箱作为一块电容器板，当有人接近时，其电容会受影响，从而干扰电路并引发警报。

（三）光电装置：一束光线（通常为红外线光）聚焦于光电管上，当光线被遮断时，光电管线路上电流的变化可引发警报。

六、防火报警器，为自动报警器，也由探测装置及信号装置（电铃、电蜂音器、视觉显示器等）两部分组成。这类报警器包括：

（一）使用易熔制品（蜡或特殊合金）工作的装置。当温度升高到超过某一点时，该类装置中的易熔制品便会熔化，从而接通电路并引发警报。

（二）利用双金属片、液体或气体的膨胀作用工作的装置。膨胀超过某一程度时即引起警报。有一种防火报警器，其气缸内的气体膨胀时，可推动气缸内的活塞。这种报警器还装有一个阀门，从而使气体缓慢膨胀时不至于引起警报，只有在温度骤然升高，气体突然膨胀时，才引发警报。

（三）利用电阻变化工作的装置。这类装置中元件电阻的变化是由温度变化引起的。

（四）利用光电管工作的装置。一束光线聚焦于光电管。当这束光线被浓烟所遮变暗，达到预定程度时，即引起警报。装有刻度指示器或记录器的类似装置应归入第九十章。

除自动防火报警器外，本品目还包括非自动报警器，例如，安装在街道上，用于呼唤消防队的装置。

七、电气气体报警器，由探测装置及音响或视觉报警装置组成。当有毒气态混合物（例如，天然气、甲烷）存在时，可发出警报。

八、火焰报警器（火焰探测器）。它装有光电管，当火焰点燃或熄灭时，光电管可通过继电器引起警报。未装有电气音响或视觉报警装置的探测器归入品目85.36。

零　件

除零件的归类总原则另有规定的以外（参见第十六类总注释），本品目所列货品的零件也归入本品目。

*

*　*

本品目不包括：

（一）开关及开关板，不论是否装有简单的指示灯（品目85.36或85.37）。

（二）装有检烟器的防火报警器，其检烟器装有放射性物质的（品目90.22）。

（三）液晶监视器或电视接收机（品目85.28）。

85.32　固定、可变或可调（微调）电容器（+）：

10　—　固定电容器，用于50/60赫兹电路，其额定无功功率不低于0.5千乏（电力电容器）

—　其他固定电容器：

21　——　钽电容器

22　——　铝电解电容器

23　——　单层瓷介电容器

24　——　多层瓷介电容器

25　——　纸介质或塑料介质电容器

29　——　其他

30　—　可变或可调（微调）电容器

90 — 零件

电容器主要由两层导电面组成，导电面之间隔以绝缘材料（电介质），例如，空气、纸、云母、油、树脂、橡胶及塑料、陶瓷或玻璃。

电容器在与电气有关的许多部门中具有广泛用途（例如，改进交流电路中的功率因数；在感应电动机中产生移相电流，形成旋转磁场；保护电接触不受电弧影响；储存及释放某一定量的电；用于振荡电路；用于频率滤波器；广泛用于无线电、电视或电话工业；或供工业电子设备使用）。

电容器按其不同用途，在形状、大小、电容量、电介质属性等方面各不相同。本品目包括所有电容器，不论其属何种类型和生产方法如何，也不论其用途如何（包括实验室或各种测量仪器用的标准电容器。这种电容器是特制的，数值准确，使用过程中能保持恒定）。

本品目还包括组装在一个底座上或一个容器中的多个电容器（例如，某些大功率因数电容器，以及由多个标准电容器组成的电容箱。把容器箱中的标准电容器串联或并联起来，即可获得所需的电容量）。

一、固定电容器

固定电容器为电容量不可改变的电容器，其主要类型有：干电容器；“油”浸渍电容器；充“气”电容器；充“油”电容器及电解电容器。

（一）在干电容器中，电容器电极及电介质往往为重叠状板片或成卷的条带或薄片。某些干电容器通过化学或热工艺，把固定电解质镀在金属面上。干电容器可密封于带接线端的盒子中，也可不带盒子使用。

（二）“油”浸渍电容器与干电容器相似，但其介质通常为塑料薄膜或塑料薄膜及纸。这些介质用油或其他液体浸渍过。

（三）充“气”电容器含有两个或多个电极。电极间由空气以外的其他气体隔开，起到电介质的作用。

（四）某些类型的电容器（充油电容器）密封于盛满油或其他适当液体的容器内。很多时候，这类电容器还配有压力计及安全阀等辅助装置。

（五）在电解电容器中，其中一块电容器板一般是用铝或钽制成的，另一块电容器板则为电解质，电流通过一个有时形状与铝片或钽片相似的电极进入电解质。电解作用可在铝片或钽片表面产生一层复杂的化合物薄膜，从而形成电介质。这类电容器有时装于一个容器内。但一般来说，电容器外层电极本身即构成电容器壳。这类电容器常装有针形底座，形似阀座。这类电容器有的盛有糊状电解质，也叫“干电解电容器”。

二、可变电容器

可变电容器为一种电容量随意改变的电容器。在大多数情况下，以空气作为电介质，而其电容器板则由两组金属片组成。其中一组金属片是固定的，另一组装在一根轴上，可以转动，以使其能在固定的那组金属片中通过。电容器的电容量按可移动金属片（动片）的转动程度及其与固定金属片（定片）的重叠程度不同而异。

三、预调或可调电容器

预调或可调电容器（包括微调电容器）的电容量在小范围内可调至精确的数值。电容量的调整方法有多种。有些电容器采用一根螺杆来改变各电容器板之间的距离。另一类型的电容器由两个金属圆筒组成，其中一个金属圆筒可在另一个金属圆筒内作不同程度的移动，或者两个金属圆筒相互作半圆形移动。常用的电介质为云母、陶瓷、塑料或空气等。

零　件

除零件的归类总原则另有规定的以外（参见第十六类总注释），电容器的零件也归入本品目。

*

*　*

本品目不包括用于改进功率因数的某些同步电动机，尽管这些同步电动机常被称为“同步电容器”（品目85.01）。

○

○　○

子目注释：

子目8532.23

本子目包括单层陶瓷介质固定电容器，这种电容器为圆片状或管状。

子目8532.24

本子目包括多层陶瓷介质固定电容器，这种电容器装有引线或为片状。

85.33　电阻器（包括变阻器及电位器），但加热电阻器除外：

10　—　固定碳质电阻器，合成或薄膜式

—　其他固定电阻器：

21　——额定功率不超过20瓦

29　——其他

—　线绕可变电阻器，包括变阻器及电位器：

31　——额定功率不超过20瓦

39　——其他

40　—　其他可变电阻器，包括变阻器及电位器

90　—　零件

一、电阻器。它是一种导体，其功能是在电路中产生一定量的电阻（例如，限制电流通过）。电阻器的大小、形状及其制成材料差异很大，有用金属制作的（制成棒及各种形状，或者制成线状，常绕在线管上）；有用碳棒制作的；也有用碳、碳化硅、金属或金属氧化物的薄膜制成的；还可以是印制的单个元件。某些电阻器可配有多个接线端，使其全部或部分接入电路中。

本品目包括：

（一）油浸电阻器。

（二）碳电阻灯，其外形象电灯泡，但使用特殊碳质灯丝。照明用的碳丝灯泡除外（品目85.39）。

（三）稳流灯，用铁灯丝装配在一个充满氢气或氦气的玻璃管中而构成。稳流灯可在一定范围内自动变换电阻，从而使电流保持恒定。

（四）标准电阻器，供比较或测量用（例如，用于实验室）；还包括电阻箱，即用多个标准电阻器装在一个箱中所构成。电阻箱配有开关或接线装置，以便把所需电阻器组合起来接进电路中。

（五）非线性电阻器，依靠带正负温度系数的温度工作（热敏电阻器）（通常装在一根玻璃管内）；也包括依靠电压工作的非线性电阻器（压敏电阻器/VDR），但不包括品目85.41的变阻二极管。

（六）称为“电阻应变片”的电阻器，作为应变仪的敏感元件。

本品目不包括：

（一）加热电阻器（品目85.16或85.45）。

（二）光敏电阻器（品目85.41）。

二、变阻器，为一种可变电阻器，装有一个滑动接触器或其他装置，能随意改变电路中的电阻值。变阻器的种类有：滑线变阻器，其游标在电阻线圈上滑动；步进变阻器；液体变阻器，其可移动电极浸入液体导体；自动变阻器（例如，配有最大或最小电流或电压操纵装置的变阻器）；离心变阻器。

某些变阻器具有特殊用途（例如，戏院中用于照明电路的减光器，可使灯光缓慢熄灭；电动机启动器及控制器，由多个电阻器组成，配有必要的开关装置，可将电动机电路中的一个或多个电阻器接上或切断）。这类变阻器仍归入本品目。

三、电位器。它由一个固定电阻器及一个滑动接头组成。固定电阻器装在两个接触器之间，滑动接头可在电阻器的任何一点上产生接触。

零　件

除零件的归类总原则另有规定的以外（参见第十六类总注释），本品目所列电阻器的零件也归入本品目。

85.34　印刷电路

根据本章注释八的规定，本品目包括采用各种印刷方法（传统印制方法或压印、覆镀、腐蚀等方法），将导线、接点或其他印制元件（例如，电感器、电阻器、电容器等“无源元件”）印刷在绝缘基片上所形成的电路，但印制元件不包括能够产生、整流、检波、调制或放大电信号的二极管、三极管或其他“有源元件”。有些基本电路或“底”电路仅印有电导元件，这些电导元件一般由薄而且全都一致的长条或薄片组成，必要时还有接点或接触件。有些电路则根据其预定电路图含有数种上述元件。

绝缘基片一般呈扁平形，但也可呈圆筒形或截头圆锥形等形状。电路可印制在绝缘基片的单面或双面（双面电路）。几块印刷电路也可多层组装连接在一起（多路电路）。

本品目包括完全由无源元件组成的薄膜或厚膜电路。

薄膜电路是利用真空蒸发、阴极溅射或化学方法，把金属膜及介质膜沉淀在特种图形的玻璃或陶瓷板片上形成的。有关图形可用掩模沉淀法形成，或用整片沉淀后选择腐蚀的方法形成。

厚膜电路是利用丝网印刷工艺，把粉状的玻璃、陶瓷及金属与适当溶剂混合而成的浆料（或油墨）印刷在类似图形的陶瓷板片上，再把陶瓷板片置于炉中烧制而成。

印刷电路可备有孔眼或配有非经印刷的连接元件，用以安装机械元件或连接非印制的电气元件。薄膜或厚膜电路一般装在配有引线或接头的金属、陶瓷或塑料制的管套中。

印制的单个无源元件（例如，电感器、电容器及电阻器）不能作为印刷电路归入本品目，而应归入其相应品目（例如，品目85.04、85.16、85.32或85.33）。

已经装有或接上机械元件或电气元件的电路不能视为本品目所指的印刷电路。这些电路应分别按照第十六类注释二或第九十章注释二的规定进行归类。

85.35　电路的开关、保护或连接用的电气装置（例如，开关、熔断器、避雷器、电压限幅器、电涌抑制器、插头及其他连接器、接线盒），用于电压超过1000伏的线路：

10　—　熔断器

　　—　自动断路器：

21　——　用于电压低于72.5千伏的线路

29　——　其他

30　—　隔离开关及断续开关

40　—　避雷器、电压限幅器及电涌抑制器

90　—　其他

本品目包括一般用于电力分配系统的电气装置。品目85.36注释关于电路的开关、保护或连接用的电气装置的技术特性及其功能的规定，在必要的地方稍加修改后，可适用于本品目。本品目包括品目85.36注释所列的电压超过1000伏特的电气装置。

这些电气装置包括：

一、熔断器及自动断路器。当电流强度或电压超过一定限度时，这类装置可自动切断电流。

二、断续开关，专用于高压电路，其结构一般比较复杂及结实，配有防止电弧的特殊装置。断续开关可配有多个接点，或利用不同方法（例如，控制杆、伺服电动机）进行遥控。断续开关常装在金属或绝缘材料制的盛满液体（例如，油）、气体或真空的容器内。

三、避雷器，一种用以保护高压电缆或电气设备不受雷电影响的保护装置。避雷器通常由对高压线路绝缘的装置构成，遇有将毁损线路或电气设备的特殊高压电时，这个装置被击穿，将电流传入地下。避雷器有多种类型：氧化金属避雷器；碳粒避雷器；将角状放电器或保护罩装在绝缘子或绝缘链上构成的避雷器；电解避雷器等。但利用放射性原理工作的避雷器应归入品目90.22。

四、电压限幅器，用以确保两个导体之间或导体与地面之间的电位差不超过某一预定值。有的电压限制器的结构与放电灯相似，但不能用于照明，因此不能视为电灯。

但本品目不包括自动调压器（品目90.32）。

五、隔离开关，用于电路各段的隔离，为缓慢切断式开关。但隔离开关与断续开关不同，在线路有负载时一般不使用。

六、电涌或电流峰值抑制器。它是线圈、电容器等的组合体，以串联或并联的形式插入线路或电气设备中，用以吸收高频电涌。作同样用途的简单线圈或电容器仍归入其相应品目。

零 件

除零件的归类总原则另有规定的以外（参见第十六类总注释），本品目所列装置的零件归入品目85.38。

*

* *

本品目不包括上述装置的组合体（简单的组合开关除外）（品目85.37）。

85.36 电路的开关、保护或连接用的电器装置（例如，开关、继电器、熔断器、电涌抑制器、插头、插座、灯座及其他连接器、接线盒），用于电压不超过1000伏的线路；光导纤维、光导纤维束或光缆用连接器：

10 — 熔断器

20 — 自动断路器

30 — 其他电路保护装置

— 继电器：

41 —— 用于电压不超过60伏的线路

49 —— 其他

50 — 其他开关

— 灯座、插头及插座：

61 —— 灯座

69 —— 其他

70 — 光导纤维、光导纤维束或光缆用连接器

90 — 其他装置

本品目包括用于电压不超过1000伏特的电气装置。这些电气装置一般供寓所或工业设备使用。但本品目所列电器如果工作电压超过1000伏特则应归入品目85.35。本品目也包括光导纤维、光导纤维束或光缆用连接器。

本品目包括：

一、电路开关装置

这些装置主要由接通或切断相联的一条或多条电路的器件构成，或由可将一条电路转换到另一条电路的器件组成。电路开关根据所配转换电路的多少，可称为单极开关、双极开关、三极开关等。本组还包括转换开关及继电器。

（一）本品目的开关装置包括无线电装置、电气仪器等用的小型开关；家用电线开关（例如，翻转开关、杠杆操纵开关、旋转开关、悬垂式开关、按钮开关）；以及工业用开关（例如，极限开关、凸轮开关、微型开关及接近开关）。

利用开门或关门来操纵的开关及用于启动荧光灯的自动热电开关（启辉器）也归入本品目。

其他可归入本品目的装置包括：由光耦合输入输出电路构成的交流电电子开关（绝缘可控硅交流电开关）；电子开关，包括温度保护电子开关，由一个晶体管和一块逻辑集成电路（多层芯片技术）构成，用于不超过1000伏电压的电路；用于不超过11安培电流电路的机电快速开关（拨动开关）。

使用半导体元件、无触点操作的电子开关（例如，用于晶体管、可控硅、集成电路）。

配有开关的门锁不包括在本品目内（品目83.01）。

（二）转换开关，用于将一条或多条线路与另外一条或多条线路接通。

最简单的转换开关是把一条线路接在中央的接点上。该接点可通过移动臂接上其他任何一条线路。比较复杂的转换开关包括电动机用的启动开关以及电动车辆用的控制机构。这类开关不仅包括开关装置，还包括可根据需要接通或切断电路的多个电阻器（参见品目85.33的注释）。

本品目还包括收音机或电视接收机等用的复杂开关单元。

（三）继电器，一种利用相同或其他电路的变化自动控制电路的电气装置。继电器可用于通信设备、道路或铁道信号设备，以及用于机床的控制及保护等。

继电器可按以下方式分类：

1. 按电气控制的方式分为：电磁继电器、永磁继电器、热电继电器、感应继电器、静电继电器、光电继电器、电子继电器等。

2. 按其操作的预定状态分为：最大电流继电器、最高或最低电压继电器、差动继电器、高速断路继电器、延时继电器等。

接触器也视作继电器，它不用机械锁定装置或手工操作，可自动重新接通或切断电路。接触器一般可靠电流操作并保持工作状态。

二、电路的保护装置

本品目包括熔断器。这是一种装有（或可以装上）一段保险丝的器件。它插入电路后，当电流增强造成危险时，保险丝会熔化，从而切断电路。根据所使用电路及电流的不同，熔断器也有所不同。保险丝管由一个装有保险丝的管子构成，保险丝与管子两端的金属帽相接触。其他熔断器有一个底座或插座（用以插入线路），及一个装保险丝的连接器件（可用螺丝钉旋进插座，或压入两个弹簧接点之间）。本品目包括完整的熔断器，不论是否已装保险丝。单独报验的插座及连接器件也归入本品目。但这些货品如果全部由绝缘材料制成（模制时为了装配的需要而加入的少量金属件除外），则不归入本品目（品目85.47）。保险丝应根据其构成材料归类；但带有回线或其他连接器件而即可使用的小段保险丝仍归入本品目。

本品目包括防止电路过载的其他装置（例如，当电流超过某一定值时，可自动切断电路的电磁装置）。

本品目也不包括恒定电压变压器（品目85.04）及自动电压调节器（品目90.32）。

三、电路的连接装置

这类装置可把电路中的各部分连接起来。这些装置包括：

（一）插头、插座或其他接触器，用于将可移动的引线或装置与固定的设备相连接，其种类有：

1. **插头或插座**（包括用以连接两个可移动引线的）。插头有一个或多个插销或侧接点，这些插销或侧接点与插座上的孔眼或接点相配。插头的边缘或其中一个插销可供接地之用。

2. **滑动接触器**。例如，电动机用的电刷及电动牵引车、升降设施等用的集电器（架空或输电轨集电器等）；但碳精或石墨制品除外（品目85.45）。滑动接触器可由块状金属、丝网布或叠片条组成，即使其外表涂有石墨润滑层，仍归入本品目。

3. **灯泡或灯管插座及灯座**。某些灯座的外形与蜡烛相似，以便装在灯台上，或镶在墙壁上作为壁灯托架。这些货品只要其主要作为灯座使用，仍归入本品目。

装有一段电线或电缆的插头及插座等的货品不归入本品目（品目85.44）。

（二）其他连接器、接线柱、线端条等。它们包括装有电气连接器的绝缘材料小方块（骨牌状接线器）；接线柱（接入导体的金属件）；小金属件，可装在线路末端以接通电路（铲形线端、鳄鱼夹等）。

线端条为条状绝缘材料，装有多个金属线端或连接器，用以连接电线。本品目还包括接线条或接线板。这类产品把多块金属片装进绝缘材料中，以便把电线焊接在上面。接线条用于无线电装置或其他电气装置。

（三）接线盒，内装有接线柱或其他器件，以便与电线连接在一起。未装有电器连接器件或预留其安装位置的盒子，不归入本品目，而应根据其构成材料归类。

四、光导纤维、光导纤维束或光缆用连接器

品目85.36所称“光导纤维、光导纤维束或光缆用连接器”，是指在有线数字通讯设备中，简单机械地把光纤端部相连成一线的连接器。它们不具备诸如对信号进行放大、再生或修正等其他功能。不带有光缆的光导纤维用连接器仍归入本品目，但带有光缆的光导纤维用连接器不包括在内（品目85.44或90.01）。

零　件

除零件的归类总原则另有规定的以外（参见第十六类总注释），本品目所列装置的零件应归入品目85.38。

*

*　*

本品目也不包括：

（一）用作电压控制器的非线性电压电阻器（压敏电阻器/VDR）（品目85.33）。

（二）上述所列装置的组合体（不包括简单的组合开关）（品目85.37）。

（三）作电压控制器用的半导体二极管（品目85.41）。

85.37　用于电气控制或电力分配的盘、板、台、柜及其他基座，装有两个或多个品目85.35或85.36所列的装置，包括装有第九十章所列的仪器或装置，以及数控装置，但品目85.17的交换机除外：

10　—　用于电压不超过1000伏的线路

20　—　用于电压超过1000伏的线路

本品目包括前面两个品目所列装置（例如，开关及熔断器）的组合体，装在盘、板、台上面或柜子里。这类装置一般还配有仪表，有时还配有辅助装置，例如，变压器、电子管、电压调节器、变阻器或发光电路图。

本品目的货品，小至仅装有几个开关、熔断器等的小型配电盘（例如，供照明设施用的），大至供机床、轧钢厂、发电站、无线电台等使用的复杂的控制板，甚至由几个本品目所列物品组装在一起的组合体，均包括在内。

本品目还包括：

一、装有自动数据处理机的数字控制板，一般用于控制机床。

二、控制设备用的程序控制板，根据其操纵方式而有所不同。这类货品一般用于家用电气设备，例如，用于洗衣机或洗碟机。

三、“可编程序控制器”，为数字式装置。这种装置使用可编程序存储器，用于存储逻辑、顺序、计时、计数及数值运算等特定功能的执行指令，通过数字式或模拟式输入/输出组件控制各种机器。

本品目不包括品目 90.32 的自动控制设备。

零　件

除零件的归类总原则另有规定的以外（参见第十六类总注释），本品目所列货品的零件归入品目 85.38。

*

*　*

本品目不包括：

（一）电话交换机（品目 85.17）。

（二）简单的组合开关，例如，由两个开关及一个连接器组成的组合开关（品目 85.35 或 85.36）。

（三）电视机、视频录像机或其他电器设备的遥控器用无绳红外器件（品目 85.43）。

（四）装有钟表机构或同步电动机的定时开关（品目 91.07）。

85.38　专用于或主要用于品目 85.35、85.36 或 85.37 所列装置的零件：

10　—　品目 85.37 所列货品用的盘、板、台、柜及其他基座，但未装有关装置

90　—　其他

除零件的归类总原则另有规定的以外（参见第十六章总注释），本品目包括前面三个品目所列货品的零件。

本品目包括配电板用的板，通常用塑料或金属制成，未装有关装置，只要这些货品能明显确定为配电板的零件。

85.39　白炽灯泡、放电灯管，包括封闭式聚光灯及紫外线灯管或红外线灯泡；弧光灯；发光二极管（LED）光源：

10　—　封闭式聚光灯

—　其他白炽灯泡，但不包括紫外线灯管或红外线灯泡：

21　——　卤钨灯

22　——　其他灯，功率不超过 200 瓦，但额定电压超过 100 伏

29　——　其他

—　放电灯管，但紫外线灯管除外：

31　——　热阴极荧光灯

32　——　汞或钠蒸气灯；金属卤化物灯

39　——　其他

—　紫外线灯管或红外线灯泡；弧光灯：

41　——　弧光灯

49　——　其他

—　发光二极管（LED）光源：

51　——　发光二极管（LED）模块

52　——发光二极管（LED）灯泡（管）

90　—　零件

电灯是由各种形状的玻璃或石英容器，装上必要的元件制成；可将电能转换成光线（包括红外线或紫外线）。

本品目包括各种电灯，不论是否具有特种用途（包括放电闪光灯）。

本品目包括白炽灯泡、气体放电灯管、弧光灯、发光二极管（LED）模块及发光二极管（LED）灯泡（管）。

一、封闭式聚光灯

封闭式聚光灯有时装在车身上，由装有透镜、反射镜及灯丝的封闭式充气灯泡或真空灯泡构成。

二、其他白炽灯泡，但不包括紫外线灯管或红外线灯泡（参见第四部分）

白炽灯泡是灯丝（金属丝或碳丝）通电后发热至白炽而发光的。它的玻璃外壳（有时是彩色的）内是真空的，或者充满低压隋性气体。灯头为必备的接触器件，可以是螺旋式或卡口式的，以便于装在灯座上。

电灯的外形多种多样。例如，球形（不论是否带有颈状部分）；梨子形或洋葱形；火焰形；管形（直的或弯曲的）；照明、装饰、圣诞树等用的各种花式。

本品目还包括卤素灯。

三、放电灯管，但紫外线灯管除外（参见第四部分）

放电灯管由一个玻璃外壳（一般是管状的）或石英外壳（一般装有玻璃外壳）装上电极而构成，壳内充有低压气体，放电时可发光，或者装有某种物质，放电时可产生具有类似光的蒸气。某些灯可同时充有气体和产生上述蒸汽的物质。有些放电灯管装有一些阀门，用以排除气体对电极起作用时产生的化合物。其他放电灯管是真空套或水冷式的。在有些情况下，放电灯管的内壁涂有一层特殊物质，可将紫外线变成可见光，从而提高放电灯管（荧光灯）的效率。有些灯使用高压电，其他灯则使用低压电。

放电灯管的主要类型有：

（一）气体放电灯管，灯管内充有氖、氦、氩、氮或二氧化碳等气体，包括摄影或频闪观测检验用的放电闪光灯。

（二）钠蒸气灯。

（三）汞蒸气灯（水银灯）。

（四）充气双重灯，可由白炽灯丝及气体放电共同发光。

（五）金属卤化物灯。

（六）氙气及字母数字灯管。

（七）光谱放电灯及辉光放电灯。

放电灯管具有广泛用途。例如，家庭照明；街道照明；办公室、工厂、商店等的照明；机器的照明及装饰或宣传广告照明。本品目包括简单的直灯管或曲灯管，还包括各种复杂形状的灯管（例如，涡卷形、字母或数字图案形状或星状的）。

四、紫外线灯管及红外线灯泡

紫外线灯管用于医疗、实验、杀菌或其他用途，通常是一种装有水银的熔凝石英灯管。这种灯有时密封于玻璃外壳中。有些紫外线灯管被称为黑光灯管（例如，舞台用的紫外线灯管等）。

红外线灯泡为专门用于产生红外线的白炽灯泡。在许多情况下，灯泡的内壁镀有铜或银的反射层。红外线灯泡可用于医疗，也可在工业上作热源用。

五、弧光灯

弧光灯是由电弧放射发光，或由保持在电极间的电弧及一个或两个白炽电极发光的。电极常用碳或钨制成。有些弧光灯配有一个自动装置，可使两个电极靠拢，从而触发电弧；随后把两个电极分开，尽管电极逐渐消耗，它们之间仍保持适当的距离。使用交流电的弧光灯装有辅助电极，以便启动。敞开式弧光灯的电弧在空气中发光；其他弧光灯的电弧是在玻璃外壳内发光，玻璃外壳配有适当的分隔板与空气相通。

必须注意，弧光灯是一种复杂装置，而不仅仅是简单的发光元件。在这方面弧光灯与本品目所列的其他货品不同。

六、发光二极管（LED）模块

此类模块的光源来自一个或多个发光二极管（LED），这些二极管安装在印刷电路板上或以其他方式连接。这些模块没有将其安装到灯座中的灯头（例如，螺旋式、卡口式或双引脚式）。这些模块可以带有电气连接器。

这些模块具有将直流电的电压和电流控制在发光二极管（LED）可用水平的电路（电源控制），也可以具有通过电源控制将交流电进行整流的电路。

七、发光二极管（LED）灯泡（管）

此类灯泡（管）的光源来自一个或多个发光二极管（LED）。它由一个玻璃或塑料外壳、一个或多个发光二极管（LED）、将电压转换到发光二极管（LED）可用水平的电路和便于安装在灯座上的灯头（例如，螺旋式、卡口式或双引脚式）构成。某些灯泡（管）还包含散热片或电源整流器。

此类灯泡（管）有各种形状，例如，球形（不论是否带有颈部）；梨形或洋葱形；火焰形；管形（直的或弯曲的）；供照明、装饰、圣诞树用的特别花式等。

零 件

除零件的归类总原则另有规定的以外（参见第十六类总注释），本品目所列货品的零件也应归入本品目。

它们包括：

（一）白炽灯及放电灯及灯泡用的底座。

（二）放电灯炮及灯管用的金属电极。

*

* *

本品目不包括：

（一）电灯玻璃外壳及具有外壳主要特征的玻璃零件（例如，聚光灯泡反射器）（品目 70.11）。

（二）带碳灯丝的电阻灯及带铁灯丝的各种氢气灯。（品目 85.33）。

（三）启动荧光灯用的自动热电开关（启辉器）（品目 85.36）。

（四）热电子管（品目 85.40）。

（五）发光二极管（品目 85.41）。

（六）以场致发光材料（例如，硫化锌）为基质，置于两层导电材料之间的场致发光器件，一般呈条、块或板状（品目 85.43）。

（七）弧光灯碳精制品及碳灯丝（品目 85.45）。

85.40 热电子管、冷阴极管或光阴极管（例如，真空管或充气管、汞弧整流管、阴极射线管、电视摄像管）：

— 阴极射线电视显像管，包括视频监视器用阴极射线管：

11 — — 彩色的

12 — — 单色的

20　—　　电视摄像管；变像管及图像增强管；其他光阴极管
40　—　　单色的数据/图形显示管；彩色的数据/图形显示管，屏幕荧光点间距小于0.4毫米
60　—　　其他阴极射线管
　　—　　微波管（例如，磁控管、速调管、行波管、返波管），但不包括栅控管：
71　——　磁控管
79　——　其他
　　—　　其他管：
81　——　接收管或放大管
89　——　其他
　　—　　零件：
91　——　阴极射线管用
99　——　其他

本品目仅包括利用阴极在真空或气体中发射出来的电子效应工作的电子管。这种电子管具有不同用途。

这类物品有三种类型：**热电子管、冷阴极管及光阴极管**。热电子管的阴极必须加热后才能发射出电子。光阴极管在光的作用下激发电子。这些电子管根据其电极数目而分别称为二极管、三极管、四极管等。同一电子管外壳内可装有两个或多个具有不同功能的系统（复合电子管）。电子管的外壳所用材料为玻璃、陶瓷、金属或这些材料的组合物。电子管外壳还可装有冷却装置（散热片、水循环系统等）。

电子管有多种类型，其中有些具有特殊用途，例如，微波管（例如，磁控管、行波管、返波管、速调管）、盘封（灯塔）管、稳流管、闸流管、引燃管等。

本品目包括：

一、整流管，可将交流电整流成直流电。整流管有真空式、充气式或充蒸汽式（例如，汞气），一般装有两个电极。某些类型的电子管（例如，闸流管）装有控制栅，以便调节电子管工作，还可使其性能相反（即将直流电变成交流电）。

二、阴极射线管。

（一）电视摄像管（例如，超正析像管或光导摄像管），为电子束管，一般可利用扫描方法，把光学图像转换成相应的电信号。

（二）变像管，为真空管，可将图像（一般为红外线辐射图像）投射到一个光电发射面上，然后在一个发光面上产生相应的视觉图像。

（三）图像增强管，为电子管，可将图像投射到一个光电发射面上，然后在一个发光面上产生相应的增强图像。

（四）其他阴极射线管，可直接或间接地将电信号转换成视觉图像。电荷贮存管是这类电子管中的一种。在电视接收机或视频监视器用的阴极射线管中，阴极放射出的电子经过聚焦、偏转等之后，形成电子束，射到涂有荧光物质的阴极射线管部分内壁上（通常在阴极射线管的末端）。涂有荧光物质的阴极射线管内壁构成荧光屏，可显示电视图像以供观看。

阴极射线管还可用于雷达、示波器及某些自动数据处理系统的终端（显示管）。

三、真空或充气的光电发射管，光电发射管是由一个玻璃或石英管装上两个电极而构成。其中阴极上涂有一层光敏材料（通常为碱性金属）；在光的作用下，阴极的光敏层放射出电子，在两个电极间形成导电性，并将电子集中在阳极上。

光电倍增管是一种光敏真空管，含有一个光电发射阴极及一个电子倍增器。

四、其他电子管。这些电子管通常为真空管，有些带有多个电极，可产生高频振荡，用作放大器、检波器、扫描变换管（无需利用光电阴极）等。

零　件

除零件的归类总原则另有规定的以外（参见第十六类总注释），本品目所列货品的零件也归入本品目。例如，电极（阴极、栅极、阳极）；电子管外壳（玻璃制的除外）；阴极射线管用的防止内爆的外壳；以及装在阴极射线管颈上供扫描用的偏转线圈。

*

*　*

本品目不包括：

（一）阴极射线管外壳的玻璃荧光屏及玻璃圆锥形管壳（品目70.11）。

（二）金属槽汞弧整流器（品目85.04）。

（三）X射线管（品目90.22）。

85.41　半导体器件（例如，二极管、晶体管，半导体基换能器）；光敏半导体器件，包括不论是否装在组件内或组装成块的光电池；发光二极管（LED），不论是否与其他发光二极管（LED）组装；已装配的压电晶体（+）：

10　—　二极管，但光敏二极管或发光二极管（LED）除外

—　晶体管，但光敏晶体管除外：

21　——耗散功率小于1瓦的

29　——其他

30　—　半导体开关元件、两端交流开关元件及三端双向可控硅开关元件，但光敏器件除外

—　光敏半导体器件，包括不论是否装在组件内或组装成块的光电池；发光二极管（LED）：

41　——发光二极管（LED）

42　——未装在组件内或组装成块的光电池

43　——已装在组件内或组装成块的光电池

49　——其他

—　其他半导体器件：

51　——半导体基换能器

59　——其他

60　—　已装配的压电晶体

90　—　零件

一、半导体器件（例如，二极管、晶体管，半导体基换能器）

半导体器件的定义，参见本章注释十二（一）。

本组的半导体器件是依靠某些“半导体”材料的电子性能进行工作的，而对于半导体基换能器来说，是依靠半导体特性包括物理（例如，机械、热）、电气、光学和化学特性工作的。

这些半导体材料的主要特点是在室温下其电阻率介于导体（金属）与绝缘体的电阻率之间。这些材料为以下物质：某些矿石（例如，结晶方铅矿）、四价化学元素（锗、硅等）或化学元素的化合物（例如，砷化镓、锑化铟等三价及五价化学元素的化合物）。

含有四价化学元素的半导体材料一般是单晶体。这些材料纯净时不能使用，必须掺入极微量（以百万分之几计）的特定“杂质”（掺杂剂）之后才可使用。

掺入四价化学元素的“杂质”为五价化学元素（磷、砷、锑等）或三价元素（硼、铝、镓、铟等）。前者可得到带多余电子（带负电）的n型半导体；后者可得到所带电子不足，也就是说以空穴（带正电）为主的p型半导体。

由三价与五价化学元素化合而成的半导体材料也需掺杂。

矿石半导体材料中含有天然杂质，可作为掺杂剂。

本组的半导体器件一般在p型与n型半导体材料之间含有一个或多个“结”。

这些半导体器件包括：

（一）二极管，一种仅带有一个p－n结的半导体两端器件，可单向（正向）导电，而对另一方向（反向）的电流产生很大的阻力。二极管可用于检波、整流、开关等方面。

二极管的主要类型有信号管、整流管、调压管、基准电压管。

（二）晶体管，为半导体三端或四端器件，能对电流起放大、振荡、变频或开关等作用。晶体管是依靠其中两个电极之间电阻率的变化，并同时对第三个电极施加电场而进行工作的。所施加的控制信号或电场比因电阻变化而产生的作用更加微弱，从而起到放大的作用。

晶体管包括：

1. 双极型晶体管。这是一种带有两个二极管式面结的半导体三端器件；这种晶体管依靠正电荷载流子及负电荷载流子进行工作（因而是双极的）。

2. 场效应晶体管［也称为金属氧化物半导体（MOS）场效应管］，不论其是否带有面结，均是依靠两电极间可用电荷载流的感应衰竭（或感应增强）进行工作的。场效应晶体管的晶体管工作时仅使用一种电荷载流子（因而是单极的）。MOS场效应晶体管（也称为MOSFET）中的寄生二极管，可以在电感负载切换中作为续流二极管使用。装有四个电极的MOS场效应晶体管称为四极管。

3. 绝缘栅双极型晶体管（IGBT），是由一个栅极、两个负载极（发射极及集电极）构成的三端器件。通过对栅极与发射极之间施加适当的电压，可以控制电流的流向，即接通或切断。IGBT芯片可与二极管封装在一起（IGBT模块），以保护IGBT器件，其具有的功能仍为晶体管。

（三）半导体基换能器。

如本章注释十二（一）1所述，这些器件中，半导体基片或材料在换能器功能的实现中起到不可替代的关键作用，这些功能包括将任何物理、化学现象或活动转换为电信号，或者将电信号转换为任何物理现象或活动。

半导体基换能器的特征为独立的技术单元，且能以裸片或封装的形式报验。构成半导体基换能器的组件包括为实现其结构或功能而不可分割地连接在一起的有源或无源分立元件，实际上不可分割地组合成一体。即尽管在理论上其中某些组件是可以取出更换的，但这样做在正常生产条件下是不经济的。一些在换能器中不起关键作用的非半导体基组件，当其辅助换能器实现其传感器、执行器、谐振器和振荡器的功能时，可以成为换能器的一部分。此类组件包括但不仅限于下列例子：

1. 封装部件，通常包括用于互连的金属线（内部或外部焊线连接）、引线框架、外壳、基板等；或

2. 实现或支持整体功能的组件，像磁铁、光学元件等。

“半导体基”一词的定义也包括一些基于其半导体材料自身特性（但这些特性并不是半导体特有的）实现换能器功能的元件。这些特性包括机械强度、柔韧性、导热性、光反射率、化合物阻抗等，与其可以利用半导体技术（微加工）在微米级进行高精度加工的特性相结合来实现，此类元件可以包括，例如，薄膜、棒、悬臂梁、空腔、镜片、通道等，这些元件通过厚度或是柔性实现换能器的功能。

半导体基换能器所使用的材料包括诸如硅（Si）、锗（Ge）、碳（C）、锗化硅（SiGe）、碳化硅（SiC）、氮化镓（GaN）、砷化镓（GaAs）、砷化铟镓（InGaAs）、磷化镓（GaP）、磷化铟（InP）、碲化锡（SnTe）、

氧化锌（ZnO）和氧化镓（Ga_2O_3）等各种材料。

“半导体技术制造”是指进行晶圆级的平面工艺处理，包括磨削、抛光、掺杂、旋转涂布、成像、化学气相沉积、物理气相沉积、电镀、显影、去膜、蚀刻、烘干、印刷。

半导体基换能器的类型包括：

1. 本章注释十二（一）1（3）所列的半导体基传感器。

关于传感器，一个例子是在硅麦克风中作为半导体基声学传感器的微机电系统（MEMS）元件。该微机电系统元件由坚硬的穿孔背板和硅基板上的柔性薄膜组成，其功能是将声波转换成可变的电信号输出。声波作为一种物理量冲击薄膜并使其振动，因此产生不同的电信号输出。

另一个例子是一种气体传感器，它利用电子施主/受主的吸附作用来改变具有极高表面积的石墨烯的电阻值。

2. 本章注释十二（一）1（4）所列的半导体基执行器，例如电热驱动的微机电系统（MEMS）镜片，在大量的应用中用于偏转激光束，如光纤间的光交换、激光投影仪，用于自动驾驶的激光雷达（LIDAR）、激光跟踪及定位测量等。电热驱动镜片由加热元件驱动，其工作基于具有不同热膨胀性能的半导体基结构。

3. 本章注释十二（一）1（5）所列的半导体基谐振器，例如薄膜腔声谐振器（FBAR），用于无线设备中的多路复用或信道选择的射频技术。

4. 本章注释十二（一）1（6）所列的半导体基振荡器，将物理现象（谐振腔内存储的电磁场能量）转换为电信号（输出信号频率受调谐电压控制）。

（四）其他半导体器件。

它们包括：

1. 半导体开关元件。这种器件的半导体材料（带有三个或三个以上的 p－n 结）共有四个传导区。当控制脉冲产生传导性时，直流电可从传导区中定向通过。半导体开关元件可用作控制整流器、转换器或放大器，其性能与带有一个共集极/共基极结的两个联结互补晶体管相同。

2. 三端双向可控硅开关元件。这种器件的半导体材料（带有四个 p－n 结）共有五个传导区，当控制脉冲产生传导性时，交流电可通过。

3. 两端交流开关元件。这种器件的半导体材料（带有两个 p－n 结）共有三个传导区，可产生所需脉冲，以操纵三端双向可控硅开关元件。

4. 可变电抗器（或称变容二极管）。

5. 场效应器件，例如，栅极晶体管。

6. 冈恩效应器件。

但本组不包括某些半导体器件。这些半导体器件与上述半导体器件不同，主要利用温度、压力等进行工作。例如，非线性半导体电阻器（热敏电阻器、变阻器、磁电阻器等）（品目 85.33）。

利用光线进行工作的光敏器件（光敏二极管等）的归类，参见第二部分。

上述半导体器件，不论其报验时已经装配，即已装有线接头或引线［例如，安装在载体（例如基板或引线框架）上的引脚、引线、焊球、底面触点、凸点或导电压点］，或者已装有外壳（器件），或未装配（元件），或者甚至是未切成形的薄圆片（晶圆），均归入本品目。但天然半导体材料（例如，方铅矿）须经装配才可归入本品目。

但是，本组的半导体换能器不包括硅基传感器、执行器、谐振器、振荡器及其组件，和一个或多个单片、混合、多芯片或多元件集成电路的组合件［本章注释十二（二）4（3）定义的］（品目 85.42）。

本品目也不包括：

1. 经掺杂用于电子工业的化学元素（例如，硅、硒），拉制后未经加工或呈圆筒形、棒形（第二十八章），如果已切成圆片、薄片或类似形状，则归入品目 38.18。

2. 通常含有百分之几某些添加物（例如，锗、碘）的电子工业用硒化镉、硫化镉、砷化铟等化学化合物，不论呈圆筒状、棒状等，还是切成圆片、薄片或类似形状（品目 38.18）。

3. 经掺杂用于电子工业的晶体，成圆片、薄片或类似形状，不论是否已经抛光，也不论是否已经覆有均匀的外延层，但未经选择性地掺杂或扩散，形成分立的导电区（品目 38.18）。

4. 集成电路（品目 85.42）。

5. 模制组件、微型组件或类似微组件，由分立元件、有源元件或有源元件及无源元件互相结合并连接在一起所构成（一般归入第八十四、八十五或九十章）。

二、光敏半导体器件

本组包括光敏半导体器件，这些半导体在可见光线、红外线或紫外线的作用下，利用其内在光电效应，引起电阻率的变化或产生电动势。

利用外部光电效应（光电发射）进行工作的光电发射管，应归入品目 85.40。

光敏半导体器件的主要类型有：

（一）光电管（光敏电阻器），一般装有两个电极，两个电极之间为半导体（硫化镉、硫化铅等），其电阻随所受到的光照强度而变化。

光电管用于火焰探测器，自动照相机、移动物体计数器、自动精密测量装置用的曝光表，自动开门系统等。

（二）光电池，可直接把光变成电能，无须外部电源。用硒作阻挡层的光电池主要用于照度计及曝光表。用硅作阻挡层的光电池具有较大的输出功率，特别适用于控制与调节设备、检测光脉冲及纤维光导通信系统等。

光电池的主要类型有：

1. 太阳能电池，一种硅阻挡层光电池，可直接把太阳光变成电能。太阳能电池通常成组作为电源使用。例如，用于探索太空的火箭及人造卫星；山区呼救送话器。

本品目也包括不论是否装在组件内或组装成块的太阳能电池。但本品目不包括配有元件，直接为电动机、电解槽等供电的电池板及电池组件，不论所配元件如何简单（例如，用于控制电流方向的二极管）（品目 85.01）。

2. 光电二极管（锗光电二极管、硅光电二极管等）。光电二极管的特点是，当光线照射到 p－n 结时，其电阻率会发生变化。它可用于自动数据处理（储存数据的读取）；在某些电子管中作为光阴极使用；用于辐射高温计等。光电晶体管及光敏闸流晶体管均属这类光电接收器件。

光电二级管装上外壳后，可根据其外壳与上述第一部分所列的二极管、晶体管及闸流晶体管相区别；光电二极管的外壳有部分是透明的，以便透光。

3. 光电耦及光电继电器，由电发光二极管与光电二极管、光电晶体管或光敏闸流晶体管组成。

光电半导体器件报验时，不论是已经装配（例如，装有线接头或引线），还是已装外壳或未经装配的，均归入本品目。

三、发光二极管（LED）

发光二极管（LED），或电发光二极管（特别是使用砷化镓、磷化镓或氮化镓的发光二极管）是一种可把电能变成可见光线、红外线或紫外线的半导体器件，例如，可在控制系统中用作显示或传输数据，或用于照明和发光应用。

激光二极管。这种二极管可发射出连贯的光束，用于探测核子，也用于测高计、遥测设备或纤维光导通信系统。

本组也包括：

（一）发光二极管（LED）器件

这些器件是一种单个电气组件，主要封装了一个或多个发光二极管（LED）芯片（晶粒），且可以包括光学元件和热接触面、机械接合面和电气接口（例如，电气连接器，包括连接外部控制电路的导线）。

保护二极管（例如，齐纳二极管）可与氮化镓基发光二极管（GaN－LED）芯片反向并联连接，以保护芯片免受其他氮化镓基发光二极管器件的静电影响。

有两类基本的白光 LED 器件。第一种类型由 LED 芯片和荧光材料（荧光粉）组合而成。

第二种类型的白光 LED 器件由红色 LED 芯片、绿色 LED 芯片和蓝色 LED 芯片组成。白光 LED 器件用于一般发光和背光应用。

（二）发光二极管（LED）组件

这些组件由安装在印刷电路板上的发光二极管（LED）器件组成，可以包括光学元件和热接触面、机械接合面和电气接口（例如，电气连接器，包括连接外部控制电路的导线）。

LED 组件不带有那些用来对交流电电源进行整流和将直流电控制在发光二极管（LED）可用水平的控制电路。

发光二极管的数量不会改变其功能，仅会影响光的强度。

某些发光二极管（LED）组件使用 LED 芯片而不用 LED 器件。芯片安装在印刷电路板上，可能与荧光粉一起，被整体或分别封装起来。

四、已装配的压电晶体

压电晶体主要由钛酸钡（包括用钛酸钡制成的多晶偏光元件）、锆酸钛酸铅或品目 38. 24 所列的其他晶体（参见相应的注释）、石英或电气石晶体制成，用于传声器、扬声器、超声波装置、稳频振荡电路等。只有已装配的压电晶体才归入本品目。压电晶体一般为板、棒、圆片、环等形状，并且必须装有电极或电接头。压电晶体可涂有一层石墨、清漆等，或装在支座上，常装有一个外壳（例如，金属盒、玻璃泡）。但如果装配了其他器件，整件货品（装上附加晶体）则不能作为已经装配的晶体，而应作有关机器或器具的零件并按有关机器或器具的零件归类。例如，传声器或扬声器用的压电元件（品目 85. 18）；拾音头（品目 85. 22）；超声波测厚仪用的拾波元件（探针）［一般酌情根据第九十章注释二（二）归入第九十章或归入品目 90. 33］；电子表用的石英振荡子（品目 91. 14）。

本品目不包括未装配的压电晶体（一般归入品目 38. 24、71. 03 或 71. 04）。

零　件

除零件的归类总原则另有规定的以外（参见第十六类总注释），本品目所列货品的零件也应归入本品目。

○

○　○

子目注释：

子目 8541. 21

把特定的工作电压施加到晶体管上，并测量其连续处理功率，当晶体管外壳的温度为 25℃时，即可测量出晶体管的耗散功率。例如，如果一个晶体管给定操作电压为 5 伏特，晶体管外壳的温度保持在 25℃时，可连续处理 0. 2 安培的负载，那么，该晶体管的耗散功率即为 1 瓦特（安培数×伏特数＝瓦数）。

带有热耗散器件（例如，突片、金属壳）的晶体管，以其底部或壳子的温度作为参照温度（25℃）；而其他晶体管（例如，配有简单的塑料外壳）则以室温作为参照温度。

85. 42　集成电路：

—　集成电路：

31　——处理器及控制器，不论是否带有存储器、转换器、逻辑电路、放大器、时钟及时序电路或其他电路

32　——　存储器
33　——　放大器
39　——　其他
90　—　　零件

本品目所列货品的定义，参见本章注释十二（二）。

集成电路是一种由无源及有源元件或部件高密度组装而成的器件，人们把它作为单一元器件看待（参见品目85.34注释第一段中关于“无源”或“有源”元件或部件的解释）。但仅装有无源元件的电子电路不归入本品目。

与集成电路不同，分立元件可具有单一的有源电性能［第八十五章注释十二（一）所称的半导体器件］，或单一的无源电性能（电阻器、电容器、电感器等）。分立元件是不可分割的，是一个系统里的多个基础电子结构元件。

然而，由多个电路元件构成并具有多种电性能的元件，例如，集成电路等，不应作为分立元件对待。

集成电路包括存储器（例如，动态随机存取存储器、静态存储器、可编程只读存储器、可擦可编程只读存储器、电可擦除只读存储器）、微控制器、控制电路、逻辑电路、开关阵列、接口电路等。

集成电路包括：

一、单片集成电路

这是将电路元件（二极管、晶体管、电阻器、电容器、电感器等）基本上整体制作在在半导体材料内部或表面，并不可分割地连接在一起的一种微型电路。单片集成电路可分为数字式、线式（模拟式）或数字模拟式几种。

单片集成电路在报验时可以是：

（一）已经装有线端或引线，不论是否装在陶瓷、金属或塑料外壳内。其外壳可呈圆筒形、平行六面形等。

（二）未经装配，即仅切成小片，一般呈长方形，边长通常只有几毫米。

（三）未切成形的圆片（即未切成小片的）。

单片集成电路包括：

（一）金属氧化物半导体集成电路（MOS工艺）。

（二）用双极工艺制造的集成电路。

（三）用双极工艺与金属氧化物半导体工艺相结合的工艺（BIMOS工艺）制造的集成电路。

金属氧化物半导体（MOS），特别是互补型金属氧化物半导体（CMOS），以及双极工艺是制造晶体管的“一般”工艺。作为单片集成电路的基本元件，这些晶体管赋予集成电路不同的特征。双极电路最适合需要最大逻辑速度的系统。另一方面，金属氧化物半导体电路适合于希望高组件密度、低能量要求的系统。另外，互补型金属氧化物半导体电路所需能量最低，因而适于在供电有限或冷却成问题的地方应用。双极工艺与MOS工艺的互补关系在两者结合的BICMOS工艺中得到了充分的体现，它集中了双极电路的高速度和互补型金属氧化物半导体电路的高集成度、低能耗的优点。

二、混合集成电路

这是一种在已形成薄膜或厚膜电路的绝缘基片上组合而成的微型电路。在制膜电路时，可同时制作某些无源元件（电阻器、电容器、电感器等）。但是，要制成本品目所列的混合集成电路，必须将半导体器件互相结合起来并装在基片的表面，半导体器件或呈集成电路芯片形式，不论是否已封装，或是已经封装的半导体器件（例如，封装在专门设计的微型外壳内）。混合集成电路还可装有另外制作的无源元件，这些无源元件采用与半导体器件同样的方式组装在基础膜电路上。这些无源元件一般为电容器、电阻器、电感器等芯片状元件。

基片有几层，一般是陶瓷的，经烧结后形成一个紧密的组件，即可形成本章注释十二（二）2 所称的同一基片。

制成混合集成电路的元件必须是实际上不可分割地组合在一起，即尽管在理论上其中某些元件是可以取出更换的，但这样做时间长，难度大，在正常生产条件下是不经济的。

三、多芯片集成电路

这是由两个或多个相互连接的单片集成电路实际上不可分割地组合在一片或多片绝缘基片上构成的电路，不论是否带有引线框架，但不带有其他有源或无源的电路元件。

多芯片集成电路通常为以下构造：

——两个或多个单片集成电路并排安装；

——两个或多个单片集成电路一个堆叠在另一个之上；

——由三个或多个单片集成电路按上述构造组成的组合件。

将这些单片集成电路加以组合并相互连接地封装在一个单体内，也可通过封装或其他方式加以包装。它们实际上不可分割地组合在一起，即尽管在理论上其中某些元件是可以取出更换的，但这样做时间长，难度大，在正常生产条件下是不经济的。

多芯片集成电路的绝缘基片可以带有导电区。这些区域由特殊材料组成或形成特殊形状，以通过分立电路元件以外的方式而获得无源性能。当基片上出现导电区时，它们会被当作是单片集成电路相互连接的一种典型方法。当这些基片被置于最底部的芯片或芯粒上时，也可称之为“中介层”或“间隔层”。

单片集成电路可以通过诸如粘合剂、丝焊或“倒装晶片”技术等多种方式相互连接。

四、多元件集成电路（MCOs）

本组包括本章注释十二（二）4 所述的电路及元件的组合件。

多元件集成电路（MCOs）是由一个或多个单片、混合或多芯片集成电路以及下列任意一种元件组成：硅基传感器、执行器、振荡器、谐振器或其组件所构成的组合件，或者具有品目 85.32、85.33、85.41 所列货品功能的元件，或品目 85.04 的电感器。

只要符合第八十五章注释十二（二）4 所列条件，MCOs 也可内含 MCOs。

不归入品目 85.04、85.32、85.33、85.41 或不属于传感器、执行器、谐振器、振荡器及其组合件定义的所有分立单元（可进行贸易的）［例如，变压器（品目 85.04）或磁铁（品目 85.05）］，不包括在 MCOs 的定义范围内。

但是，虽未提及但作为 MCOs（或集成电路封装）内在所需组成部分的其他各种元件，例如，基板（不论是否具有印刷电路功能）、金线或导电区域，或是在结构上和功能上所需的其他各种元件，例如，塑封材料或引线框架，可视为 MCOs 的零件/元件。

构成 MCOs 的集成电路及组件是以物理、电气或光学方式加以组合并互连为一体（通过引脚、引线、焊球、底面触点、凸点或导电压点与外部进行普通连接，作为特定的或独立的技术单元的组件），不论是否装在一个或多个绝缘基板上，也不论是否带有引线框架，并可采用包封或其他方式进行封装。

这些元件实际上不可分割地组合在一起。就是说，尽管在理论上其中某些元件是可互换的，但在正常生产条件下这是不经济的。

MCOs 通常用端子或引脚安装在支承基板［例如，印刷电路板或其他基片（诸如厚膜、薄膜、绝缘金属基片等］之中或之上，或连接到电气接口。MCOs 封装可用多种材料制成，具有多种设计及外形，并能保护器件免受机械及环境的影响。

MCOs 具有不同的外观特征（例如，封装可以是实心的，也可通孔、带窗口或带膜），也可配有特定功能所需的附件。MCOs 利用这些不同的外观特征及附件来接收由外部输入的物理量或化学量，并对这些数据进行处理，供硅基传感器、执行器、振荡器、谐振器输出。

它们可应用于各个领域，包括计算机、通信（例如，蜂窝式网络电话）、消费、工业或汽车领域。

本品目不包括完全由无源元件构成的膜电路（品目85.34）。

本品目不包括录制声音或其他信息用的固态非易失性存储器件、“智能卡”及其他媒体（参见品目85.23及本章注释六）。

*

*　*

除上述第二、第三部分及第四部分关于混合集成电路、多芯片集成电路及多元件集成电路（MCOs）的注释中提到的实际上不可分割的组合件外，本品目也不包括由以下方式组成的组件：

（一）把一个或多个分立元件装在一个支座上，例如，装在一个印刷电路上；

（二）把一个或多个其他器件（例如，二极管、变压器、电阻器）加进电子微型电路；

（三）分立元件组合件或多芯片型集成电路以外的电子微型电路组合件；或

（四）由一个或多个单片、混合、多芯片或多元件集成电路与本章注释十二（二）4未提及的元件［例如，变压器（品目85.04）或磁铁（品目85.05）］构成的组合件。

这些组件可按下列规则进行归类：

1. 构成完整的机器或器具（或可按完整品归类的机器或器具）的组件，应归入有关机器或器具的相应品目内。

2. 其他组件，按零件的归类规则［特别是按第十六类注释二（二）及（三）的规定］进行归类。

以上规定尤其适用于某些电子存储器模件［例如，单列直插式内存模块（SIMM）和双列直插式内存模块（DIMM）］。这些模件应运用第十六类注释二的规定进行归类（参见本章的总注释）。

*

*　*

零　件

除零件的归类总原则另有规定的以外（参见第十六类总注释），本品目所列货品的零件也应归入本品目。

85.43　本章其他品目未列名的具有独立功能的电气设备及装置：

10　—　粒子加速器

20　—　信号发生器

30　—　电镀、电解或电泳设备及装置

40　—　电子烟及类似的个人电子雾化设备

70　—　其他设备及装置

90　—　零件

本品目包括未归入本章其他品目，也未更为具体地列入本协调制度其他各章的品目，而且第十六类或本章的法定注释也未列名不包括的所有电气器具及装置。更为具体地列入其他各章的电气产品主要是指第八十四章的电动机械及第九十章的某些仪器及设备。

归入本品目的电气器具及装置必须具有独立功能。品目84.79注释的导言中关于具有独立功能的机器及机械器具的规定，在必要的地方稍加修改后，可适用于本品目。

本品目所列的大部分器具是电气产品或零件（电子管、变压器、电容器、扼流圈、电阻器等）的组合装置，完全用电气操作。但本品目也包括带有机械性能的电气产品，只要这些机器的机械性能附属于这些机器的电气性能。

本品目主要包括：

一、粒子加速器，一种可使带电粒子（电子、质子等）获得高动能的装置。

粒子加速器主要用于原子核研究，但也应用于放射性材料的生产，用于医疗或工业射线照相，以及对某些产品的消毒等。

粒子加速器通常为大型设施（可重达数千吨）。这种设备由一个粒子源、一个加速室，以及产生高频电压或引起电通量或射频变化以使粒子加速的装置所组成。粒子加速器装有一个或多个靶。

粒子的加速、聚焦及偏转是用静电或电磁装置完成的；这些装置的能源由高压或高频发生器供给。加速器与发生器常密封于一个防辐射屏内。

归入本品目的粒子加速器包括范·德·格拉夫氏加速器、科克科罗夫及沃尔顿氏加速器、直线加速器、回旋加速器、电子感应加速器、同步回旋加速器、同步加速器等。

专用于产生X光射线的电子感应加速器及其他粒子加速器，包括必要时可产生β射线或γ射线的粒子加速器，应归入品目90.22。

二、信号发生器，一种以可分配频率（例如，高频或低频）产生已知波形与量值等电信号的装置。这些装置主要包括脉冲发生器、图形发生器、扫描发生器。

三、金属探测器。这种装置利用接近金属物体时产生的磁通变化进行工作。类似的探测器可用于探测装有烟草、食品的木桶及木料中的金属异物，并可用于探测埋在地下的管道。

四、调音台。这种装置可在录音时把两个或多个传声器所输出的信号混合在一起。调音台有时配有放大器。音频混频器和均衡器也应归入本品目。但本品目不包括电影摄影专用的调音台（品目90.10）。

五、降低噪音装置。这类装置可与录音装置一起使用。

六、配有电阻器的除霜器及去雾器，用于飞机、船舶、火车或其他车辆（脚踏车或机动车辆用的除霜器及去雾器除外—品目85.12）。

七、同步器。这种装置可在多个发电机供电给同一线路时使用。

八、矿用电雷管，由一个手提发电机（直流发电机）及一个电容器组成。

九、高频或中频放大器（包括测量放大器及天线放大器）。

十、电镀、电解或电泳机器及装置（但不包括品目84.86的机器及装置和品目90.27的电泳仪）。

十一、电子烟及类似的个人电子雾化设备。

本组包括：

1. 通常称为“电子烟”的装置，加热或蒸发不论是否含有尼古丁的、子目2404.12或2404.19项下的液体或溶液，让使用者直接吸用；且

2. 其他类似的个人电子雾化设备，如电加热烟草系统（EHTS）、超声波振荡装置等，在不燃烧的情况下，从烟草制品（子目2404.11项下的产品）、其他含有尼古丁的产品、或烟草或尼古丁替代品（子目2404.12或2404.19的产品）中产生气溶胶而被吸用。

这是一种电气装置，不需要通过燃烧就能产生气溶胶，使用者通过咬嘴吸用。它们包含特定的电气或电子组件，如一个加热元件（例如，雾化器）或一个超声波振荡器等，可以使这些装置从液体、溶液、凝胶、烟草材料段或其他设计用于本装置的产品中产生气溶胶。它们可与不同形状的烟具相似（例如，香烟、雪茄、烟斗或水烟筒），也可与诸如书写笔、USB闪存驱动器等日用品形状相似。这些产品设计为可以重复填充或与可更换的容器、烟草材料段或类似品一起使用。

十二、一般工业用的紫外线辐照设备。

十三、臭氧发生及扩散电气装置，用于非医疗方面（例如，供工业或房屋的臭氧处理等用）。

十四、电子音乐组件，用于装在各种日常用品或其他货品上，例如，装在手表、杯子及贺卡上。这类组件通常由一块电子集成电路、一个电阻器、一个扬声器及一个汞电池构成，带有编制好的音乐程序。

十五、电篱网激发器。

十六、电视机、视频录像机或其他电器设备的遥控器用无绳红外线器件。

十七、以场致发光材料（例如，硫化锌）为基质，置于两层导电材料之间的场致发光器件，一般呈条、块或板状。

十八、数字式飞行数据记录仪（飞行记录器），是一种防火、防撞的电子装置，用以连续记录飞行中的具体飞行数据。

本品目不包括：

（一）一次性电子烟和类似的一次性个人电子雾化设备，包括内有用于非经燃烧吸用的材料（例如，电子烟油、凝胶）的，并在材料或电池耗尽后丢弃（设计为不能重新填充或充电）的产品（品目24.04）。

（二）装有液体或溶液的筒或罐子，不论是否带有其他组件（例如，加热元件或"雾化器"），用于电子烟或类似的个人电子雾化设备（品目24.04）。

（三）半导体或平板材料掺杂用的离子植入机（品目84.86）；

（四）制造半导体圆片、半导体器件、集成电路或平板显示器用的物理气相沉积设备（品目84.86）。

（五）本章注释六（二）所定义的"智能卡"（包括邻近卡或牌）（品目85.23）。

（六）各种非电子烟斗（包括印第安烟袋、土耳其旱烟筒、水烟筒等）（品目96.14）。

零　件

除零件的归类总原则另有规定的以外（参见第十六类总注释），本品目所列货品的零件也归入本品目。

85.44　绝缘（包括漆包或阳极化处理）电线、电缆（包括同轴电缆）及其他绝缘电导体，不论是否有接头；由多根具有独立保护套的光纤组成的光缆，不论是否与电导体装配或装有接头：

—　绕组电线：

11　——　铜制

19　——　其他

20　—　同轴电缆及其他同轴电导体

30　—　车辆、航空器、船舶用点火布线组及其他布线组

—　其他电导体，额定电压不超过1000伏：

42　——　有接头

49　——　其他

60　—　其他电导体，额定电压超过1000伏

70　—　光缆

本品目包括在电气机器、器具或设施中作为导体使用的绝缘电线、电缆及其他绝缘导体（例如，编结带、条、棒）。基于上述规定，本品目包括适用于内部或外部安装的电线、电缆（例如，地下、海底或架空电线或电缆）。这些货品可以是非常细小的绝缘电线，也可以是较为复杂的大型电缆。

非金属的导体也归入本品目。

本品目所列货品由下列材料构成：

一、导体，为单股线或多股线，可由一种金属或多种不同金属组成。

二、一层或多层绝缘材料包皮。这些绝缘包皮的作用在于防止导体漏电，并可保护导体不受损坏。最常用的绝缘材料有橡胶、纸、塑料、石棉、云母、人造云母、玻璃纤维纱线、纺织纱线（不论是否涂蜡或浸渍）、清漆、瓷漆、沥青、油等。在某些情况下，绝缘层可通过阳极化处理或类似工艺

（例如，使表面产生金属氧化物或金属盐层）获得。

三、在某些情况下，一层金属护套（例如，铅、黄铜、铝或钢制护套）。这些护套既可用作绝缘包皮的保护层，也可用作气体绝缘或油绝缘的管道，或在某些同轴电缆中作为辅助导体使用。

四、有时还装有金属铠装层（例如，螺旋盘绕的钢铁丝或带），主要用于保护地下或海底电缆。

本品目的绝缘电线、电缆等有以下几种结构形式：

（一）单股或多股绝缘电线。

（二）把两根或多根上述电线绞扭在一起。

（三）把两根或多根上述电线组装在同一绝缘护套内。

本品目主要包括：

1. **漆包线**，一般很细，主要用于线圈绕组。

2. **经过阳极化等工艺处理的电线**。

3. **通讯电线及电缆**（包括海底电缆及数据传输电线和电缆），一般由双芯线、四芯线或电缆芯线构成，整条线（缆）通常由一护套包裹。双芯线或四芯线是分别由两根或四根绝缘电线（每根电线是由带厚度不超过0.5毫米的彩色塑料绝缘层的单根铜导线构成）绞扭而成。电缆芯线是由单根双芯线或四芯线构成，或者由多股双芯线或四芯线构成。

4. **绝缘架空电缆**。

5. **永久性长途电缆**，常使用充满绝缘气体或绝缘油的管道。

6. **地下铠装电缆**，装有防锈蚀护套。

7. **矿井用电缆**。这种电缆装有纵向铠装层以抗拉力影响。

此外，本品目包括涂漆的或装有绝缘护套的编结电线。

本品目还包括通常用于大型电机或控制设备的绝缘带。

电线、电缆等即使已切成一定长度，或在一端或两端装有接头（例如，插头、插座、接线片、插孔、套管或接线柱），仍归入本品目。本品目还包括由上述电线或电缆等制成的成组电线或电缆等（例如，连接机动车火花塞与分电器的成组电缆）。

本品目还包括光缆。光缆由多根具有独立保护套的光纤组成，不论是否装有电导体或接头。纤维的包层常具有不同颜色，以便于对电缆两头的纤维加以辨别。光缆主要用于通信，因为光缆传输数据的容量大于电导体。

本品目不包括品目85.16的用绝缘材料包覆的加热电阻器（例如，绕卷在玻璃纤维芯或石棉芯上的特种合金线）；品目85.36的光导纤维、光导纤维束或光缆用连接器。

85.45　碳电极、碳刷、灯碳棒、电池碳棒及电气设备用的其他石墨或碳精制品，不论是否带金属：

—　碳电极：

11　——炉用

19　——其他

20　—　碳刷

90　—　其他

凡可从形状、尺寸或其他特征确定为电气用的石墨制品或其他碳精制品，不论其是否含有金属，均应归入本品目。

一般来说，这些物品是通过对含有基体材料（天然碳、碳黑、气态碳、焦炭、天然或人造石墨等）、粘合剂（沥青、焦油等）及金属粉末等其他物质的混合物进行挤压或模制（一般在高压下进行），并经过加热处理而制成。

归入本品目的物品在某些情况下可经电解涂层或喷涂（例如，用铜喷涂），以增强导电性，降低磨损率。这些物品即使装有孔眼、接线柱或其他接头，仍应归入本品目。

本品目包括：

一、炉用碳电极

这种碳电极一般为圆筒状或棒状，有时在其末端刻有螺纹，以便于安装时拧紧。

二、碳焊条

碳焊条一般为棒状。

三、电解用碳电极

这种碳电极可呈板状、棒状（包括三角形截面的棒状）、圆筒状等，可装有一些配件，如钩或环等，以便装在或悬挂于电解池中。某些碳电极开有孔眼或槽口，以便把使用时产生的气体排除掉。

四、碳刷

碳刷可用作发电机、电动机等的滑动接触器，或用作电力机车等的集电器。虽然有些碳刷可直接用模制方法制成，但大多数碳刷是从品目38.01注释所述的“碳”块或板中切割制成的。碳刷的尺寸必须非常精确，其表面必须经过精密加工，只允许几百分之一毫米的误差。因此，碳刷可根据其尺寸、形状及其经过精加工的表面加以识别。在许多情况下，碳刷还可全部或部分涂有金属层，或装有接头（托架、电缆、接线柱、弹簧等）。

归入本品目的碳刷可由品目38.01注释所述的任何品级的碳制成，也可含有银。

但本品目不包括涂有石墨润滑层的金属电刷（品目85.35或85.36）。碳刷座（不论是否装有碳刷）应按机器零件归类（例如，品目85.03）。

五、弧光灯或其他灯碳棒

弧光灯碳电极一般呈棒状或铅笔状，有时有一个用特殊材料制成的芯子，以提高电弧的稳定性，并产生高强度亮光，或使火焰具有特殊色彩。本品目还包括电阻电灯用的碳灯丝。

六、电池碳棒

本组货品可呈棒状、板状、管状等，以供不同类型的电池使用。

七、传声器的碳精零件

它们包括碳精圆片及其他明显作为零件用的碳精制品。

八、石墨或其他碳精制品，例如：

（一）用以连接炉用碳的连接件（螺纹接套）。

（二）整流电子管用的阳极、栅、屏。

（三）供各种加热装置使用的加热电阻器，呈棒状、条状等。

（四）自动电压调节器用的电阻圆片或电阻板片。

（五）其他碳质接触器或碳电极。

本品目不包括：

（一）粉状或粒状的石墨或其他碳（第三十八章）。

（二）碳电阻器（品目85.33）。

85.46　各种材料制的绝缘子：

10　—　玻璃制

20　—　陶瓷制

90　—　其他

本品目的绝缘子用于固定、支承或引导带电导体，同时使各带电导体之间及导体与地面等之间保持相互绝缘。本品目不包括供电气机械、器具或设备使用的绝缘配件（绝缘子除外），这些绝缘配件如果除了为装配需要而在模制时装入的小金属零件外，全部用绝缘材料制成的，应归入品目85.47。

绝缘子的大小一般与电压有关（大的绝缘子用于高电压，小的绝缘子用于低电压）。同样，各种绝缘子的形状要考虑电力、热力及机械条件等因素。绝缘子外表非常光滑，以防止非绝缘物质（例如，水、盐、灰尘、氧化物及烟雾等）沉积在绝缘子上面。绝缘子常呈碗形、手风琴形、裙状、槽形、圆筒形或其他形状。某些绝缘子定位后可盛装油类，以防止导电材料污染其表面。

绝缘子可由各种绝缘材料制成，一般使用坚硬无气孔的绝缘材料，例如，陶瓷材料（瓷器、块滑石）、玻璃、熔融玄武岩、硬化橡胶、塑料或混合绝缘材料。绝缘子可装有配件，以利装配（例如，金属支架、螺丝、螺栓、夹子、系带、悬带、针销、十字构件、帽、棒、供悬挂或支承用的夹子）。装有金属角、保护铠装层或其他器件，从而构成避雷器的绝缘子不归入本品目（品目85.35）。

绝缘子可用于户外电缆上，例如，用于电信业、供电网及电气牵引系统（火车、电车、无轨电车等），也可供户内设施或某些机器及器具使用。

本品目的绝缘子包括：

一、悬垂绝缘子，例如：

（一）链式悬垂绝缘子。这种绝缘子主要用于户外电网上，由多个绝缘元件构成。这些绝缘子悬挂在适当的支承物上（塔臂、吊缆等），电缆或电线可装在这些绝缘子的底部。

链式悬垂绝缘子包括帽罩式绝缘子、双裙式绝缘子、链式绝缘子、连杆式绝缘子。

（二）其他悬垂绝缘子（例如，球形、碗形、滑轮等形状的绝缘子）。这类绝缘子用于火车、无轨电车、起重机等的架空电路或用于天线。

二、刚性绝缘子

这类绝缘子可装有支架（例如，金属钩、针销或类似品）。有些绝缘子没有支架，但可用钉、螺丝、螺栓等装在电力或电报电线杆等上，或装在墙壁、天花板或地板等上面。装有支架的绝缘子由两个或多个元件组成。没有支架的绝缘子常为一个单一器件。刚性绝缘子有多种形状（例如，碗形、锥形、圆筒形、钮状或滑轮状）。

三、导引式绝缘子

这类绝缘子可用以导引电缆或电线穿过墙壁等，它们具有各种形状（例如，锥形或双锥形绝缘子；盘式绝缘子；套管式、管式及曲管式绝缘子）。

本品目不包括绝缘电路导管及其接头（品目85.47）。

85.47 电气机器、器具或设备用的绝缘零件，除了为装配需要而在模制时装入的小金属零件（例如，螺纹孔）以外，全部用绝缘材料制成，但品目85.46的绝缘子除外；内衬绝缘材料的贱金属制线路导管及其接头：

10 — 陶瓷制绝缘零件

20 — 塑料制绝缘零件

90 — 其他

一、电气机器、器具或设备用的绝缘零件，除了为装配需要而在模制时装入的小金属零件（例如，螺纹孔）以外，全部用绝缘材料制成，但品目85.46的绝缘子除外

除绝缘子本身应归入品目85.46以外，凡同时符合下列两个条件的各种用于电气机器、器具用设备的零件，均应归入本品目：

（一）全部用绝缘材料制成，或除了为装配需要而在模制过程中装上的小金属零件（螺丝、螺纹孔、套管等）以外，全部由绝缘材料（例如，塑料）制成。以及

（二）供绝缘用，尽管同时还具有其他作用（例如，起保护作用）。

归入本组的零件一般是模制或浇铸而成；也可通过对原材料进行锯、切或其他加工制成，并可经钻孔、攻丝、锉平、开槽等。

这些零件可由各种绝缘材料制成（例如，玻璃、陶瓷、块滑石、硬化橡胶、塑料、经树脂浸渍的纸或纸板、石棉水泥或云母）。

这些零件具有各种形状。本组主要包括开关、断路器等的顶盖、底座及其他零件；熔断器用的底座及支架；灯座用的环及其他零件；电阻器或线圈用的线圈架；未装有接头的接线条或连接块；各种线圈架及绕组芯子；火花塞体。

对于虽全部由绝缘材料（或为了装配需要而在模制时装入小金属零件的绝缘材料）制成，但不是专供绝缘用的零件，例如，蓄电池用的容器、顶盖及隔板，不归入本品目（品目85.07）。

二、内衬绝缘材料的贱金属制电路导管及其接头

本组包括内衬绝缘材料的金属导管，用于永久性电气设施（例如，屋内布线），对电线起绝缘及保护作用。通常具有同样用途的非绝缘金属管不归入本品目（第十五类）。

本组的导管有两种：一种是在绝缘材料制的内管外螺旋绕上一层金属带制成的导管；另一种为内衬或内涂绝缘材料的刚性金属导管（一般是钢铁制的）。所用的绝缘材料有特种绝缘漆、绝缘纸或纸板、橡胶、塑料等。仅涂有防锈漆的金属管不归入本品目（第十五类）。

本组还包括连接本品目所列导管用的接头，但必须是内衬或内涂绝缘材料的贱金属制接头（例如，直接头、弯接头、T形接头及十字接头）。

装有通电用接线柱的T形接头、十字接头等不归入本品目（品目85.35或85.36）。

本品目也不包括全部由绝缘材料制成的导管（例如，由橡胶、塑料、编织纱线或玻璃纤维制的导管）。这类导管应按其构成材料归类；如构成绝缘子，应归入品目85.46。

85.48　机器或设备的本章其他品目未列名的电气零件

除下列两项以外，机器及器具的所有电气零件均应归入本品目：

（一）专用于或主要用于某一特定机器或器具的电气零件。

（二）归入本章其他品目的零件，或第十六类注释一规定不归入本类的零件。

因此，本品目包括可确定为机器或器具的电气零件，但又不是某一特定机器或器具零件的货品。这些货品应装有电气接头、绝缘零件、线圈、接触器或其他电气元件。

85.49　电子电气废弃物及碎料（+）：

—　原电池、原电池组及蓄电池的废物、废料；废原电池、废原电池组及废蓄电池：

11　——铅酸蓄电池的废物、废料；废铅酸蓄电池

12　——其他，含铅、镉或汞的

13　——按化学类型分拣且不含铅、镉或汞的

14　——未分拣且不含铅、镉或汞的

19　——其他

—　主要用于回收贵金属的：

21　——含有原电池、原电池组、蓄电池、汞开关、源于阴极射线管的玻璃或其他活化玻璃，或含有镉、汞、铅或多氯联苯（PCBs）的电气或电子元件

29　——其他

—　其他电气、电子组件及印刷电路板：

31 —— **含有原电池、原电池组、蓄电池、汞开关、源于阴极射线管的玻璃或其他活化玻璃，或含有镉、汞、铅或多氯联苯（PCBs）的电气或电子元件**
39 —— **其他**
— **其他：**
91 —— **含有原电池、原电池组、蓄电池、汞开关、源于阴极射线管的玻璃或其他活化玻璃，或含有镉、汞、铅或多氯联苯（PCBs）的电气或电子元件**
99 —— **其他**

本品目的电子电气废弃物及碎料（“电子废物”）包括的货品范围很广，任何带有插头或需要电池的货品在其生命周期结束后通常都属于电子废物。

本品目的电子废物是指仅适于回收、再循环或废弃，而不适用于维修、翻新、修理、再使用或重新利用以使其适合其原用途或后续使用的货品。仅仅使用过的货品不应视作电子废物。电子废物可能外观完好无损（但丧失功能）或处于报废状态，例如破损、拆解或以其他方式耗尽或破坏。

电子废物包括但不限于下列货品：

——废旧原电池、原电池组或蓄电池；

——电子消费产品；

——办公室、信息和通信技术设备；

——家用电器；

——电动工具。

电气或电子零件，包括印刷电路板。

由于本品目货品不能作为单独的物品再使用，它们通常是散装运输，并且按重量而不是按件数进行贸易。为防止损坏而对单件物品进行的包装通常表明它们不用于回收、再循环或处置，并且以这种方式报验的货品不按电子废物归类。例如，电视机、蜂窝电话机或电池单独包装在保护性材料中并装箱的，不视为运输的电子废物。

电子废弃物和其他废碎料的混合货物仍归入本品目。

第十六类注释六中所称“原用途”是指作为电气或电子产品的功能用途。

○
○ ○

本品目不包括：

（一）放射性废料（品目28.44）。

（二）未分拣的城市垃圾（品目38.25）。

子目注释：

子目8549.11至8549.19

子目8549.11至8549.19包括品目85.06和85.07的原电池、原电池组和蓄电池的废物、废料，以及本章子目注释五所述的废原电池、废原电池组以及废蓄电池。

子目条文所称“废原电池”、“废原电池组”和“废蓄电池”是指仅适用于回收、再循环或废弃的物品，无论物理上完好无损还是处于报废状态（例如破损、拆解或耗尽或破坏的）。对于废蓄电池，是指不能再充电或保持电荷。

这些产品一般来自于：原电池、原电池组、蓄电池的制造商；向厂家购买废碎料的废品回收商或收集并拆解蓄电池或收集原电池和原电池组的商人。

来自电池制造厂家的货品可能含有不同比例的正、负极板或半组装件（例如，由正负极板用织物隔开并卷绕而成的卷芯）。卷芯也可以已经组装在外壳里或与不可用的有缺陷的成品电池混合。

来源于拆解或回收旧电池的货物可能包含正负极板的混合物，不论是否带隔板，如容器、极板或卷芯。

废原电池、废原电池组和废蓄电池一般用于经处理后回收金属（铅、镍、镉、钴等）、金属化合物或炉渣。

子目 8549.21 和 8549.29

子目 8549.21 至 8549.29 包括含有贵金属或贵金属化合物、以及主要用于回收这些贵金属的电子废弃物。

子目 8549.21、8549.31 和 8549.91

8549.21、8549.31 和 8549.91 子目条文所称"含有原电池、原电池组、蓄电池"是指含在电子废弃物中或与电子废弃物混在一起的原电池、原电池组和蓄电池，无论是废弃的还是功能正常的，无论是否物理上完整或处于报废状态的（例如，破损、拆解或以其他方式耗尽或破坏）。

第十七类　车辆、航空器、船舶及有关运输设备

注释：

一、本类不包括品目95.03或95.08的物品以及品目95.06的长雪橇、平底雪橇及类似品。

二、本类所称“零件”及“零件、附件”，不适用于下列货品，不论其是否确定为供本类货品使用：

（一）各种材料制的接头、垫圈或类似品（按其构成材料归类或归入品目84.84）或硫化橡胶（硬质橡胶除外）的其他制品（品目40.16）；

（二）第十五类注释二所规定的贱金属制通用零件（第十五类）或塑料制的类似品（第三十九章）；

（三）第八十二章的物品（工具）；

（四）品目83.06的物品；

（五）品目84.01至84.79的机器或装置及其零件，但供本类所列货品使用的散热器除外；品目84.81或84.82的物品及品目84.83的物品（这些物品是构成发动机或其他动力装置所必需的）；

（六）电机或电气设备（第八十五章）；

（七）第九十章的物品；

（八）第九十一章的物品；

（九）武器（第九十三章）；

（十）品目94.05的灯具、照明装置及其零件；或

（十一）作为车辆零件的刷子（品目96.03）。

三、第八十六章至第八十八章所称“零件”或“附件”，不适用于那些非专用于或非主要用于这几章所列物品的零件、附件。同时符合这几章内两个或两个以上品目规定的零件、附件，应按其主要用途归入相应的品目。

四、在本类中：

（一）既可在道路上，又可在轨道上行驶的特殊构造的车辆，应归入第八十七章的相应品目；

（二）水陆两用的机动车辆，应归入第八十七章的相应品目；

（三）可兼作地面车辆使用的特殊构造的航空器，应归入第八十八章的相应品目。

五、气垫运输工具应按本类最相似的运输工具归类，其规定如下：

（一）在导轨上运行的（气垫火车），归入第八十六章；

（二）在陆地行驶或水陆两用的，归入第八十七章；

（三）在水上航行的，不论能否在海滩或浮码头登陆及能否在冰上行驶，一律归入第八十九章。

气垫运输工具的零件、附件，应按照上述规定，与最相类似的运输工具的零件、附件一并归类。

气垫火车的导轨固定装置及附件应与铁道轨道固定装置及附件一并归类。气垫火车运行系统的信号、安全或交通管理设备应与铁路的信号、安全或交通管理设备一并归类。

总　注　释

一、本类的一般内容

本类包括各种铁道车辆及气垫火车（第八十六章）、其他陆上车辆，包括气垫车辆（第八十七章）、

航空器及航天器（第八十八章），以及船舶、气垫船及浮动结构体（第八十九章）；但不包括下列货品：

（一）某些移动式机器（参见下列第二部分）。

（二）品目 90.23 所列的供示范用的模型。

（三）玩具、某些冬季运动设备及专门设计用于游乐场乘骑游乐设施、水上乐园娱乐设备和游乐场娱乐设备的车辆。例如，本类不包括供儿童乘骑的玩具脚踏车等（自行车除外）、玩具船及玩具飞机（品目 95.03）；长雪橇、平底雪橇及类似品（品目 95.06）；专门设计用于游乐场娱乐用的“碰碰车”、牵引车及其他运输车辆，包括挂车（例如，环形支架挂车）（品目 95.08）。

此外，本类还包括与运输设备相关的某些具体列名货品，例如，经特殊设计、装备适于一种或多种运输方式的集装箱；某些铁道或电车道轨道固定装置及附件和机械（包括电动机械）信号设备（第八十六章）；以及降落伞、航空器发射装置、甲板停机装置或类似装置和地面飞行训练器（第八十八章）。

根据下列第三部分的规定，本类还包括第八十六章至第八十八章所列车辆、航空器等的零件及附件。

二、自走式机器及其他移动式机器

许多机器设备（特别是第十六类所列的机器设备）可以安装在第十七类的车辆底盘或浮动底座上；所构成的移动式机器应根据各种因素，特别是底座的种类这一因素来确定归类。

例如，装在浮动底座上的所有移动式机器（例如，起重船、挖泥船、谷物提升船等），应归入第八十九章。装在第八十六章或第八十七章所列车辆底盘上的移动式机器的归类，参见品目 86.04、87.01、87.05、87.09 或 87.16 的注释。

三、零件及附件

必须注意，第八十九章对于船舶或浮动结构体的零件（船体除外）及附件的归类未作规定。因此，这些零件及附件即使可确定为船舶等用的，仍应归入其他章的相应品目。本类其他各章对车辆、航空器或有关设备的零件及附件的归类，都作了规定。

但还必须注意，上述各章的有关品目，仅包括同时符合下列三个条件的零件及附件：

1. 它们不得列入本类注释二规定不包括的货品范围［参见下列（一）项］。以及

2. 它们必须是专用于或主要用于第八十六章至第八十八章所列货品的零件及附件［参见下列（二）项］。以及

3. 它们必须是未在本协调制度其他品目内列名更为具体的货品［参见下列（三）项］。

（一）第十七类注释二规定不包括的零件及附件

该注释规定下列零件及附件，不论是否可确定为供本类所列货品用的，均不归入本类：

1. 任何材料制成的接头、垫片、垫圈及类似品（按其构成材料归类或归入品目 84.84），以及硫化橡胶（硬化橡胶除外）制成的其他货品（例如，挡泥垂板及脚蹬罩）（品目 40.16）。

2. 第十五类注释二所指的通用零件，例如，钢缆、链条（不论是否切成一定长度或配有端部附件，但不包括适于供第八十七章车辆用的制动索缆、油门索缆及类似索缆）；钉、螺栓、螺帽、垫圈、销及开尾销、弹簧（包括车辆用的钢板弹簧）（这些物品如果是贱金属制的应归入第七十三章至第七十六章及第七十八章至第八十一章；塑料制的则应归入第三十九章）；锁、车身配件及附件（例如，已制成的串珠状缘饰、铰链、门拉手、手柄、脚垫、机械开窗装置）、牌照、国籍牌照等（这些物品如果是贱金属制的应归入第八十三章；塑料制的则应归入第三十九章）。

3. 第八十二章的扳手、扳钳及其他工具。

4. 品目 83.06 的铃（例如，自行车用的）及其他物品。

5. 品目 84.01 至 84.79 的机器、机械器具及其零件，例如：

（1）锅炉及锅炉设备（品目 84.02 或 84.04）。

（2）发生炉煤气发生器（例如，汽车用的）（品目84.05）。

（3）品目84.06的汽轮机。

（4）品目84.07至84.12的各种发动机（包括配有齿轮箱的发动机）及其零件。

（5）泵、压缩机及风扇（品目84.13或84.14）。

（6）空气调节器（品目84.15）。

（7）液体或粉末的喷射、散布或喷雾机械器具；灭火器（品目84.24）。

（8）起重、搬运或装卸机器（例如，起重机、千斤顶、摇臂吊杆）；泥土、矿物或矿石的搬移、铲运、平整、挖掘、捣固、压实、开采或钻探机器（品目84.25、84.26、84.28、84.30或84.31）。

（9）品目84.32或84.33的农用机械（例如，脱粒机、播种机、割草机等），专供装在车辆上使用的。

（10）品目84.74所列的机器。

（11）品目84.79的机械风挡刮水器。

6. 第八十四章的某些其他货品，例如：

（1）龙头、旋塞、阀门及类似装置（例如，散热器的放水龙头、内胎气门等）（品目84.81）。

（2）滚珠轴承或滚子轴承（品目84.82）。

（3）品目84.83的发动机内部零件（曲轴、凸轮轴、飞轮等）。

7. 第八十五章的电动机械设备。例如：

（1）品目85.01或85.04的电动机、发电机、变压器等。

（2）品目85.05的电磁铁、电磁离合器、电磁闸等。

（3）蓄电池（品目85.07）。

（4）火花点燃或压燃式内燃机用的电点火或电起动装置（火花塞、电动起动机等）（品目85.11）。

（5）自行车或机动车辆用的电气照明及信号装置、电动风挡刮水器、除霜器及去雾器（品目85.12）；其他车辆（例如，火车）、航空器或船舶用的电气信号装置（品目85.31）；上述其他车辆、航空器或船舶用的电气除霜器及去雾器（品目85.43）。

（6）机动车辆、铁道车辆或航空器等用的电热装置（品目85.16）。

（7）传声器、扬声器及声频扩大器（品目85.18）。

（8）无线电发射机及接收机（品目85.25或85.27）。

（9）电容器（品目85.32）。

（10）品目85.35或85.36的电力牵引车辆用导电弓架及其他集电器，熔断器、开关及其他电气器件。

（11）品目85.39的白炽灯泡及放电灯管，包括封闭式聚光灯。

（12）其他电气配件，例如，绝缘电线及电缆（包括布线组在内），以及电气用的石墨或其他碳精制品，不论是否装有接头；绝缘子、绝缘配件（品目85.44至85.48）。

8. 第九十章的仪器设备，包括用于某些车辆上的仪器设备，例如：

（1）照相机或电影摄影机（品目90.06或90.07）。

（2）导航仪器及器具（品目90.14）。

（3）医疗、外科、牙科或兽医用的科学仪器及器具（品目90.18）。

（4）品目90.22的X光射线的应用设备及其他设备。

（5）压力表（品目90.26）。

（6）品目90.29的转数计、车费计、速度计、转速表及其他仪器设备。

（7）品目90.31的测量或检验仪器、器具及机器。

9. 钟（例如，仪表板钟）（第九十一章）。

10. 武器（第九十三章）。

11. 品目 94.05 的灯具及照明装置（例如，航空器或火车用前照灯）。

12. 刷子（例如，道路清扫车用的刷子）（品目 96.03）。

（二）关于“专用于”或“主要用于”的标准

1. 既可归入第十七类，又可归入其他类的零件及附件。

根据本类注释三的规定，非专用于或非主要用于第八十六章至第八十八章所列货品的零件及附件，不归入上述各章。

因此，注释三的规定列明，既可归入第十七类，又可归入其他各类的零件或附件，最终应根据其主要用途来确定归类。例如，许多第八十四章所列移动式机器用的转向机构、制动系统、车轮及挡泥板等货品，实际上与第八十七章所列卡车用的几乎完全相同，但因为它们主要用于卡车，所以这些零件及附件应归入本类。

2. 可归入本类中的两个或多个品目的零件及附件。

某些零件及附件可适用于多种运输工具（汽车、航空器、摩托车等），例如，制动器、转向系统、车轮、车轴等。这些零件及附件应归入其主要用于该种运输工具的零件及附件有关品目。

（三）本协调制度其他品目列名更为具体的零件及附件

凡在本协调制度其他品目列名更为具体的零件及附件，即使能确定为用于本类所列货品的，仍不归入本类，例如：

1. 硫化橡胶（硬化橡胶除外）制的异型材，不论是否切成一定长度（品目 40.08）。

2. 硫化橡胶制的传动带（品目 40.10）。

3. 橡胶轮胎、可互换胎面、轮胎衬带及内胎（品目 40.11 至 40.13）。

4. 皮革、再生皮革、钢纸等制的工具袋（品目 42.02）。

5. 自行车或气球用的网（品目 56.08）。

6. 拖缆（品目 56.09）。

7. 纺织地毯（第五十七章）。

8. 由钢化玻璃或层压玻璃制的未镶框的安全玻璃，不论是否成形（品目 70.07）。

9. 后视镜（品目 70.09 或第九十章，参见相应的注释）。

10. 车头灯的未镶框玻璃（品目 70.14），以及一般归入第七十章的货品。

11. 速度计、转数计等用的软轴（品目 84.83）。

12. 品目 94.01 的车辆座椅。

第八十六章　铁道及电车道机车、车辆及其零件；铁道及电车道轨道固定装置及其零件、附件；各种机械（包括电动机械）交通信号设备

注释：

一、本章不包括：

（一）木制或混凝土制的铁道或电车道轨枕及气垫火车用的混凝土导轨（品目 44.06 或 68.10）；

（二）品目 73.02 的铁道及电车道铺轨用钢铁材料；或

（三）品目 85.30 的电气信号、安全或交通管理设备。

二、品目 86.07 主要适用于：

（一）轴、轮、行走机构、金属轮箍、轮圈、毂及轮子的其他零件；

（二）车架、底架、转向架；

（三）轴箱；制动装置；

（四）车辆缓冲器；钩或其他联结器及车厢走廊联结装置；

（五）车身。

三、除上述注释一另有规定的以外，品目 86.08 包括：

（一）已装配的轨道、转车台、站台缓冲器、量载规；

（二）铁道及电车道、道路、内河航道、停车场、港口或机场用的臂板信号机、机械信号盘、平交道口控制器、信号及道岔控制器及其他机械（包括电动机械）信号、安全或交通管理设备，不论是否装有电力照明装置。

总　注　释

本章包括各种铁道或电车道（包括窄轨铁道、单轨铁道等）用的机车、车辆及其零件，以及某些轨道固定装置及附件。本章还包括经特殊设计、装备适于一种或多种运输方式的集装箱，以及各种机械（包括电动机械）信号、安全或交通管理设备（包括停车场用的在内）。

本章所称的“铁道”及“电车道”，不仅指普通的钢制轨道，还指磁力悬浮轨道或混凝土轨道等类似导轨系统。

上述各种货品分类如下：

一、各种铁道用的机动车辆，例如，机车、铁道或电车道用的机动客车及机动有轨车（品目 86.01 至 86.03）。品目 86.02 还包括机车煤水车。凡由两种动力驱动的机车，应按其所使用的主要动力归类。

二、铁道或电车道用的维修或服务车辆，不论是否机动的（品目 86.04）。

三、各种牵引车辆（铁道或电车道用的客车及行李车、铁道或电车道用的货车、敞车等）（品目 86.05 及 86.06）。

四、铁道或电车道机车及车辆的零件（品目 86.07）、铁道或电车道的固定装置和附件以及道路、铁道或其他车辆、船舶或飞机的机械（包括电动机械）信号或交通管理设备（品目 86.08）。

五、经特殊设计、装备适用于一种或多种运输方式的集装箱（品目 86.09）。

本章还包括在导轨上行驶的气垫车辆（气垫火车）、这类车辆的零件、气垫火车导轨的固定装置及附件以及气垫火车运输系统的机械（包括电动机械）信号、安全或交通管理设备（参见第十七类注释五）。

不完整或未制成的车辆，只要具有完整品或制成品的基本特征，应与相应的完整或已制成车辆一并归类。这些车辆包括：

（一）未装有动力装置、测量仪器、安全装置或维修设备的机车或铁道或电车道用的机动车辆。

（二）未安装座位的客车。

（三）已装有悬架及车轮的货车底架。

另一方面，未装在车架上的铁道或电车道用机动客车、货车、敞车、煤水车的车身，应作为铁道或电车道机车或车辆的零件归类（品目86.07）。

本章不包括：

1. 品目90.23所列供示范用的铁道车辆模型。

2. 装在铁道车上的重炮（品目93.01）。

3. 玩具火车（品目95.03）。

4. 专门设计用于游乐场乘骑游乐设施、水上乐园娱乐设备或游乐场娱乐设备，但不构成铁道车辆的设备（品目95.08）。

86.01　铁道电力机车，由外部电力或蓄电池驱动：

10　—　由外部电力驱动

20　—　由蓄电池驱动

本品目包括各种电力机车，其电力是由车上的强力蓄电池供给，或由钢轨或架空电缆等外部导体供给。

86.02　其他铁道机车；机车煤水车：

10　—　柴油电力机车

90　—　其他

一、机车

本组包括各种铁道机车（由外部电源或蓄电池驱动的除外，参见品目86.01），不论其配有何种动力装置（蒸汽机、柴油机、汽轮机、汽油机、气动机等）。

这类机车包括：

（一）柴油机车，有下列三种：

1. 柴油电动机车，这种机车是由柴油机驱动发电机发电，再由发电机驱动牵引电动机，从而带动车轮运转。

2. 液力传动柴油机车，这种机车是用一个液压系统将柴油机产生的动力传送到车轮。

3. 机械传动柴油机车，在这种机车中，柴油机所产生的动力是通过一个离合器或液力飞轮及齿轮箱传送到车轮。

（二）各种蒸汽机车，包括采用电力传动装置的涡轮机车、水柜机车及灭火机车，这类机车配有一个储汽筒，用以代替锅炉；储汽筒是由工厂充灌蒸汽的。

*

*　*

本品目包括某些中级机车，这类机车并不装有转向架，一般仅装有两根驱动轴。这类机车主要供车站调度铁道货车之用，以及供与铁道相连接的工业设施使用。

二、机车煤水车

机车煤水车是挂接于蒸汽机车上的车辆，用于承载锅炉用水及燃料。机车煤水车主要是由承载于两根或多根车轴上的车架及具有密封水柜和燃煤舱或燃油舱并用薄钢板封面制成的上部结构所组成。

*

*　*

兼可在道路及铁轨上行驶的牵引车不归入本品目（品目87.01）。

86.03　铁道及电车道用的机动客车、货车、敞车，但品目86.04的货品除外：

10　—　由外部电力驱动

90　—　其他

铁道或电车道用的机动客车、货车及敞车与机车的区别在于它们不但配有动力装置，而且可以载运客货。这类车辆可以单独行驶，也可挂接在一辆或多辆同类型车辆或挂车上。

这类车辆的主要特点是它的驾驶室设在车辆的一端或两端，或设在车辆中部的凸起部位（驾驶指挥塔）。

归入本品目的各种机动客车、货车及敞车包括：

一、电动客车，它的电能是由固定的外部电源供给，例如，使用架空电缆的电动客车是通过导电弓架或触轮将电流输入；使用第三轨的电动客车是通过装在转向架上的集电靴将电流输入。

电车道用客车，这种客车有时使用装在轨槽中的两条导电轨，通过一种叫“犁式集电器”的特殊装置将电流输入。

二、单节轨道机动车，即装有柴油机或其他内燃机等，由自身动力驱动行驶的自给式车辆。

有些单节轨道机动车装有实心或充气轮胎；其他为齿轨式。

三、使用蓄电池的机动车辆。

本品目还包括旋翼有轨电车。这种车辆的工作原理是，利用一个快速旋转的飞轮积蓄动能，然后用发电机将动能转换成电流，输送到发动机，从而驱动车辆。这种车辆的应用范围相当有限，但适用于轻型单节轨道机动车或电车。

必须注意，本品目不包括只需更换车轮及锁上方向盘，而无需更换其动力装置即可变成单节轨道机动车的道路用机动客车（品目87.02）。

86.04　铁道及电车道用的维修或服务车，不论是否机动（例如，工场车、起重机车、道碴捣固车、轨道校正车、检验车及查道车）

归入本品目的车辆（不论是否机动）专用于安装、维修或保养轨道及轨道旁设施。

本品目包括：

一、工场用货车或敞车，配有工具、机床、发电机、起重机械（千斤顶、提升机等）、焊接设备、链条、缆绳等。

二、抢修车及其他起重车辆；机车或客车的起重车辆；起吊或安设路轨的起重车辆；在车站月台装卸货物的起重车辆。

三、绞盘车。

四、配有清理或捣固道碴特殊设备的敞车。

五、装有搅拌轨道混凝土（例如，用以浇制电缆铁塔基础等）用机器的敞车。

六、校准桥秤用的敞车。

七、安装及维修电缆用的台架车。

八、除草用喷雾车。

九、维修轨道用的机动车辆（特别是铁道轨道校正车）。它配有一台或多台发动机，不但能开动装在车上的工作机器（例如，铺轨机、道碴捣固机等）和在机器工作时推动车辆，还能在工作机器不工作时作为推进装置使车辆在轨道上自动快速行驶。

十、铁道检验车，配有检测发动机、制动装置等的工作情况（例如，用以检验牵引载荷，检查路轨、路基、桥梁故障等）的自动检验仪器；以及能在行车过程中记录轨道不正常情况的轨道检验车。

十一、铁路工人保养路轨用的机动查道车（包括轨道机动自行车）。这种车一般装有内燃机，可以自动推进，既可快速运送维修人员，又可快速运输所载物料及沿轨道捡起的物料。

十二、查道工用的非机动查道车，包括轨道自行车（例如，手推式或脚踏式车辆）。

*

*　*

各种机器、检验仪器及其他设备如果仅安装在简单的轮式平台上，而不是安装在真正的铁道或电车道用的底架上（因此不构成真正的铁道或电车道用车辆），不归入本品目，而应归入其他列名更为具体的品目（品目 84.25、84.26、84.28、84.29、84.30 等）。

86.05　铁道及电车道用的非机动客车；行李车、邮政车和其他铁道及电车道用的非机动特殊用途车辆（品目 86.04 的货品除外）

本品目包括铁道或电车道用的非机动车辆（含电车道用大客车挂车及载客缆车），这些车辆常可挂接在客运列车上。

本品目包括：

一、各种客车，包括卧车、餐车、厢式客车、娱乐车（专供娱乐、跳舞等用）。

二、载客缆车。

三、电车道用的大客车挂车。

四、地下运送矿工用的特种客车。

五、铁路工人的起居车。

六、行李车及旅客行李两用车。

七、流动邮政车。

八、救护车、医务车、X 射线透视检查车及类似车。

九、囚车。

十、装甲客车。

十一、装有无线电设备或电报设备的特种车。

十二、装有仪器、机器或缩尺模型（例如，用以指导工作人员）的教导车。

十三、展览车。

86.06　铁道及电车道用的非机动有篷及无篷货车：

10　—　油罐货车及类似车

30　—　自卸货车，但子目 8606.10 的货品除外

—　其他：

91　——　带篷及封闭的

92　——　敞篷的，厢壁固定且高度超过 60 厘米

99 —— 其他

本品目包括在铁道网（不论轨距宽窄）上载运货物的车辆；也包括在矿区、建筑工地、工厂、仓库等处的轨道上运输货物的小型车辆或敞车。后者与真正铁路货车、客车等的区别，一般在于它们不装弹簧。

除一般敞车（平板车、自动倾卸车等）及有篷车辆之外，本品目还包括下列特种类型的车辆：

一、油罐货车及类似车（例如，油槽车、屏蔽罐车）。

二、保温或冷藏货车。

三、自动卸货车（自动倾卸车、漏斗式底卸车等）。

四、运输笨重货物的低车架平板车。

五、木材运输车。

六、装有陶瓷贮液缸等适于运输化学品的液罐车。

七、运马用厢式货车。

八、双层货车（例如，载运汽车用的）。

九、载运活家禽或活鱼用的特制货车。

十、载运卡车的平板车。

十一、各种窄轨轨道用的车辆。

十二、矿车。

十三、运输轨道、工字梁等用的货车。

十四、装有导轨以载运铁路挂车的货车。

十五、专用于运输强放射性货品的货车及敞车。

专门挂在装有导轨的特种货车上供运输用的公路有轨挂车不归入本品目（品目87.16）。

86.07 铁道及电车道机车或其他车辆的零件：

— 转向架、轴、轮及其零件：

11 —— 驾驶转向架

12 —— 其他转向架

19 —— 其他，包括零件

— 制动装置及其零件：

21 —— 空气制动器及其零件

29 —— 其他

30 — 钩、其他联结器、缓冲器及其零件

— 其他：

91 —— 机车用

99 —— 其他

本品目包括铁道或电车道机车或车辆的零件，但这些零件必须同时符合下列两个条件：

一、必须能确定为专用于或主要用于上述车辆；

二、不属于第十七类注释所列不包括的货品范围。

铁道或电车道机车或车辆的零件包括：

（一）配有两根或多根轴的转向架，以及由仅配有一根轴的车架构成的两轮转向架。

（二）直轴或曲轴，不论已否装配。

（三）车轮及其零件（轮心、金属轮箍等）。

（四）轴箱（又称润滑脂箱）及其零件（例如，轴箱体）。

（五）各种制动装置，包括：

1. 由每一台车辆直接操纵的手刹车（操纵杆及螺杆制动器）。

2. 单独控制列车各车厢的连续制动器。它们包括压缩空气制动器及真空助力制动器。

3. 制动装置的零件，包括制动蹄、气缸、杠杆等。

（六）缓冲器。

（七）挂接装置（例如，钩式、螺旋式或链式车钩）；有些挂接装置是自动的。

（八）车架及其零件（大梁、横梁、轴箱导轨等）；整体铸造的车架。

（九）走廊连接装置及连接平台。

（十）铁道或电车道用机动或非机动车辆（例如，客车、敞车、货车等）的车身（未装配在底架上的）；这些车身的零件（例如，客车及敞车的车门、隔板、装有铰链的货车壁、车边支柱、脚踏板、煤水车的水柜等）。

（十一）制动及取暖系统用的带接头管道。

（十二）转向架的液压减震器。

但必须注意，贱金属角材、型材、异型材、薄板、厚板及车架的其他部分，以及贱金属管等，除非它们已加工成明显可确定为机车或车辆的专用零件，否则仍应归入第十五类。

86.08　铁道及电车道轨道固定装置及附件；供铁道、电车道、道路、内河航道、停车场、港口或机场用的机械（包括电动机械）信号、安全或交通管理设备；上述货品的零件

一、铁道或电车道轨道固定装置及附件

本组包括：

（一）已装配的轨道，即已装在枕木或其他支承物上的轨道。这些轨道可以是接合轨、尖轨、转线轨道、曲线轨道、直线轨道等。

（二）转车台，不论是否电气操纵的；通常为环绕中心旋转的圆形大平台，上面装有铁道或电车道轨道。大多数转车台的周边下面装有支承滚轮。

机车等可以在转车台上旋转，然后向新的方向驶去。本品目还包括手工操纵转车台，主要供建筑工地、采石场等处的窄轨铁路使用。

但本品目不包括可把铁道车辆从一轨道横向移送到另一轨道的机车或货车转车台。这种转车台及其他车辆搬运机器（例如，翻车机、推车机等）应归入品目84.28。

（三）月台缓冲器。这是装在每条轨道端部的液压或弹簧承力停车制动设备，使车辆在抵达轨道终点前未能停车时，将震动减至最低程度。有些缓冲器装在砖石结构内（例如，在火车终点站），有些装在坚固结构上（例如，在调车场）。

（四）量载规。这是一个拱形结构体，用以测定在它下面通过的火车不致超过有关路线所规定的高度及宽度最大间隙。

本品目不包括枕木（品目44.06）、混凝土轨枕（品目68.10）；也不包括品目73.02所列的钢铁轨枕、路轨或其他未装配的铺轨用材料（参见该品目的注释）。

承载架空索道的铁塔或门架不作为铁道或电车道固定装置或附件，它们应按其构成材料归入品目68.10、73.08等。

二、供铁道、电车道、道路、内河航道、停车场、港口或机场用的机械（包括电动机械）信号、安全或交通管理设备

本组主要包括由某一控制点（一般相隔一定距离）通过调动杠杆、曲柄、棒、金属丝、链条等，或者利用液压气动装置或电动机进行操作的信号设备等。电动气动操纵设备（例如，铁道上使用的）也应归入本品目。在这种设备中，信号机或道岔是由压缩空气发动机启动的，发动机气缸的进气或排气由电磁阀控制；电磁阀则由信号房中的电控制板控制。信号机及其气动启动装置应作为本品目的机械设备，而电控制板等则应归入第八十五章。

所称“信号设备”，是指能发出两种或多种信号，每种信号均可向车辆、船舶或飞机传递指示的设备。本品目不包括没有机械部分的道路、铁路等的路标（例如，限速路标、方向标志牌、坡度标志牌）；这些物品应按其构成材料归类（例如，归入品目44.21或83.10）。

用上述机械或电动机械方式操作的下列装置应归入本组：

（一）信号箱设备。完整的信号箱设备是由一系列带传动轮的控制杆、棒、钢缆等装在一个框架内所构成。大多数信号箱装有联锁装置，以防止各种信号机或道岔发生冲突。

（二）信号指臂、信号盘、完整的信号灯柱或跨轨信号架。

（三）控制或连杆装置，装在互相关联的信号机上，以保证协调动作。

（四）轨道边沿装置（杠杆式、踏板式、曲柄式或其他类型的地面控柄台等），用以操纵道岔及信号机等。

（五）辙尖探测器。这种装置是利用辙尖本身的移位进行操作的。辙尖的移位传动到信号箱，从而使信号员知道辙尖是否在正确的位置上。

（六）辙尖锁及锁杆。这种装置安装在轨道上，能在火车通过时自动锁住道岔，使信号箱在火车没有完全驶过以前无法改变道岔的位置。

（七）轨道制动器。这种装置用以使车辆减速或刹车（例如，使进入调车场侧线的转轨车辆减速）。它通常由装在轨道铁轨上的一对制动杆构成；这些制动杆可在液力或压缩空气控制下，对通过的车辆车轮施加制动力。

（八）脱轨器及止轮楔。当这种装置滑离轨道时，车辆可以通过；当这种装置滑到轨道的滚行面上时，可用作止轮楔，或用作偏向叶片，使车辆出轨。

（九）火车止车器。这种装置一般是由安装在轨道旁边的T形杆件组成，由压缩空气操作。杆件与信号机连接，当有危险信号时，杆件可上升到一定位置，从而拨动驶过信号机的火车上的制动控制杆，使其停车。

（十）自动浓雾信号装置。这种装置通常也是气动的。每当有危险信号时，它能自动在轨道上发出有雾信号。

（十一）升降或开关平交道拦路杆的控制装置。这种装置是由手工操作的曲柄轮及齿轮装置组成；或者象信号机及道岔的控制装置一样，是由信号箱控制的杠杆机构组成。

平交道拦路杆本身应按其构成材料归类（钢铁制的归入品目73.08，木制的归入品目44.21），但表示拦路杆开关的机械或电动机械信号装置应归入本品目。

（十二）用以对地面及水上交通发出“停止”或“通行”信号的手动或电动机械信号装置。

零　件

本品目包括可确定为上述装置的零件（例如，转车台的平台、信号指臂及信号盘、控制杆、辙尖锁套、联锁机构等）。

*

*　*

本品目也不包括：

（一）第十五类注释二所指的贱金属链条及其他通用零件（第十五类），以及塑料制的类似品（第三十九章）；第十五类的通用材料（例如，金属线材及棒材）、金属结构体及其金属零件。必须注意，安装在路轨底下，连接轨道旁边的控制机构与尖轨的岔尖连杆，以及其他具体列名的钢铁制铁道或电车道铺轨用材料，应归入品目 73.02。

（二）信号灯（品目 85.30 或 94.05）。

（三）汽笛、雾号及其他音响信号装置（应分别归入其相应品目）。

（四）装在车辆、船舶等上面的信号装置（例如，火车上的警报信号装置、船舶的紧急停泊地点信号装置等）（应归入其相应品目）。

86.09　集装箱（包括运输液体的集装箱），经特殊设计、装备适用于各种运输方式

本品目的集装箱（包括装卸箱）是经特殊设计、装备适用于一种或多种运输方式（例如，公路运输、铁路运输、水上运输或空运）的包装容器。集装箱装有各种配件（例如，钩、环、小脚轮、撑条等），以便搬运并牢固地装在车辆、飞机或船舶上，因此，适用于无须途中重新包装的“门对门”货物运输方式。由于其结构坚固，集装箱可反复使用。

最常见的集装箱是装有门或可拆卸壁面的木制或金属制大箱，其主要类型包括：

一、搬运家具用的集装箱。

二、运输易腐食物或货物的保温集装箱。

三、运输液体或气体的集装箱（一般为圆筒形）。这种集装箱必须配有支撑物，使其适用于各种运输车辆或船舶，才能归入本品目，否则应按其构成材料归类。

四、供运输散装煤、矿砂、铺路石块、砖、瓦等用的开顶集装箱。这种集装箱的底部或侧面通常是铰接的，以便卸货。

五、运输特殊货物的特种集装箱，主要适于运输玻璃器皿、陶瓷制品等易碎货物或活动物。

集装箱有各种规格，一般容量从 4 立方米到 145 立方米不等。某些类型的集装箱容量较小，但一般不小于 1 立方米。

本品目不包括：

（一）箱子、板条箱等，它们虽可用于“门对门”货物运输，但未按上述方法特殊制造，不能牢固地装在车辆、飞机或船舶上。这些箱应按其构成材料归类。

（二）公路有轨挂车（这种车辆主要用作公路挂车，但也可用带有导轨的特种铁道货车将其运送）（品目 87.16）。

（三）模块建筑单元（品目 94.06）。

第八十七章　车辆及其零件、附件，但铁道及电车道车辆除外

注释：

一、本章不包括仅可在钢轨上运行的铁道及电车道车辆。

二、本章所称“牵引车、拖拉机”，是指主要为牵引或推动其他车辆、器具或重物的车辆。除了上述主要用途以外，不论其是否还具有装运工具、种子、肥料或其他货品的辅助装置。

用于安装在品目 87.01 的牵引车或拖拉机上，作为可替换设备的机器或作业工具，即使与牵引车或拖拉机一同报验，不论其是否已安装在车（机）上，仍应归入其各自相应的品目。

三、装有驾驶室的机动车辆底盘，应归入品目 87.02 至 87.04，而不归入品目 87.06。

四、品目 87.12 包括所有儿童两轮车，其他儿童脚踏车归入品目 95.03。

○

○　○

子目注释：

一、子目 8708.22 包括：

（一）带框的前挡风玻璃、后窗及其他窗；以及

（二）装有加热装置或者其他电气或电子装置的前挡风玻璃、后窗及其他窗，不论是否带框。

上述货品专用于或主要用于品目 87.01 至 87.05 的机动车辆。

总　注　释

除第十六类所列的某些移动式机器以外，本章包括下列各种车辆（参见品目 87.01、87.05 及 87.16 的注释）：

一、牵引车、拖拉机（品目 87.01）。

二、机动客车（品目 87.02 或 87.03）、货车（品目 87.04）或特种机动车（品目 87.05）。

三、未装有提升或搬运设备，适用于工厂、仓库、码头或机场短距离运输货物的机动车辆；火车站月台上用的牵引车（品目 87.09）。

四、机动的装甲战斗车（品目 87.10）。

五、摩托车及边车；脚踏车及残疾人用车，不论是否机动（品目 87.11 至 87.13）。

六、婴孩车（品目 87.15）。

七、挂车、半挂车及其他非机动车辆，不论是人力推拉、用畜力拖拉，还是用车辆牵引（品目 87.16）。

本章还包括在陆上行驶或兼可在陆上及某些水域（沼泽地带等）行驶的气垫车辆（参见第十七类注释五）。

机动车辆的归类不受将所有零件装配成为一辆完整车辆后所进行的操作的影响，例如：车辆识别码的安装；制动系统的充气及放气；助力转向（动力转向）系统及制冷和空调系统的加注；车头灯的调节；车轮的几何调整（校准）及制动器的调整。这包括按归类总规则二（一）进行的归类。

不完整或未制成的车辆，不论是否已组装，只要具有完整品或制成品的基本特征，应按相应的完整或制成车辆归类［参见归类总规则二（一）］，例如：

（一）尚未装有车轮、轮胎及电池的机动车辆。

（二）尚未装有发动机或内部配件的机动车辆。

（三）尚未装有座垫及轮胎的自行车。

除第十七类注释另有规定的以外（参见第十七类总注释），本章也包括可确定为专用于或主要用于本章所列车辆的零件及附件。

*

*　*

必须注意，水陆两用的机动车辆应作为本章的机动车辆归类。但经特殊制造也可作为道路车辆使用的飞机，仍应作为航空器归类（品目88.02）。

本章不包括：

（一）专供示范而无其他用途的剖面车辆样品及其零件（品目90.23）。

（二）儿童乘骑的带轮玩具及儿童脚踏车（品目95.03）。

（三）冬季运动设备，例如，长雪橇、平底雪橇及类似品（品目95.06）。

（四）专门设计用于游乐场乘骑游乐设施或游乐场娱乐设备用的车辆（品目95.08）。

87.01　牵引车、拖拉机（品目87.09的牵引车除外）（+）：

10　—　单轴拖拉机

—　半挂车用的公路牵引车：

21　——仅装有压燃式活塞内燃发动机（柴油或半柴油发动机）的车辆

22　——同时装有压燃式活塞内燃发动机（柴油或半柴油发动机）及驱动电动机的车辆

23　——同时装有点燃式活塞内燃发动机及驱动电动机的车辆

24　——仅装有驱动电动机的车辆

29　——其他

30　—　履带式牵引车、拖拉机

—　其他，其发动机功率：

91　——不超过18千瓦

92　——超过18千瓦，但不超过37千瓦

93　——超过37千瓦，但不超过75千瓦

94　——超过75千瓦，但不超过130千瓦

95　——超过130千瓦

本品目所称的牵引车、拖拉机，是指主要用于牵引或推动其他车辆、器具或重物的轮式或履带式车辆。除了上述主要用途以外，它们可配有装运工具、种子、肥料或其他货品的辅助装置，也可装有作业工具，以进行辅助性工作。

本品目不包括经特殊设计、制造和加固，使其成为起重、挖掘、平整土地等机器的组成部件的推进底座，尽管这些推进底座在机器工作时起牵引或推动作用。

本品目包括各种类型的牵引车、拖拉机（例如，农业及林业用的拖拉机、道路牵引车、建筑工程作业用的重型牵引车、绞车牵引车等，但品目87.09所列的火车站月台上用的牵引车除外），不论其使用何种方式驱动（内燃机、电动机等）。本品目也包括既可在铁路上使用，又可在道路上使用的牵引车，但不包括专用于铁路上的牵引车。

本品目的牵引车、拖拉机可设有车厢（车身）或设有驾驶员座位或驾驶室，但没有车厢。它们可装有工具箱、农具升降装置、拖带挂车或半挂车的挂钩装置（例如，用于三轮牵引车及类似牵引车）以及驱动脱粒机、圆锯等机器的动力输出装置。

牵引车、拖拉机的底盘可安装在车轮、履带或车轮与履带的组合体上。装在车轮与履带的组合体上的牵引车或拖拉机底盘只有前轴装有车轮。

本品目也包括单轴拖拉机。这是一种小型农用拖拉机，装有单驱动轴，由一个或两个车轮支承。象普通拖拉机一样，它们使用通用的动力输出装置驱动各种可替换的农具。它们一般不设座位，由两个把手操纵行驶。但有些手扶拖拉机后部装有单轮或双轮车架，上面设有一个驾驶员座位。

类似的单轴拖拉机也可用于工业方面。

本品目包括装有绞车的拖拉机（例如，用以拖出陷入泥沼的车辆、拔起和拖走树木、远距离牵引农具等）。

本品目还包括高架式（高跨式）拖拉机，适用于葡萄园及植树造林等。

*

*　*

本品目也不包括装有起重机、起重滑车、绞车等的机动抢修工程车（品目87.05）。

装有其他工作机器的牵引车、拖拉机

必须注意，装在拖拉机上作为可互换工具的农业机械（犁、耙、锄等），即使在报验时已经装在拖拉机上，仍应归入其相应品目，而拖拉机本身则应归入本品目。

当牵引车主要用于牵引或推动其他车辆或重物，并象农用拖拉机一样装有一些简单装置用以操纵工具（升降等）时，牵引车及其加工工具也应分别归类。在这种情况下，可互换的加工工具即使是与牵引车同时报验，不论其是否已装在牵引车上，均应归入其相应的品目，而牵引车及其操纵装置则应归入本品目。

至于拖带半挂车的铰接式机动卡车、拖带半挂车的牵引车以及象拖带半挂车一样拖带第八十四章所列工作机器的重型牵引车，其牵引部分应归入本品目，而半挂车或工作机器则应归入其相应的品目。

另一方面，本品目不包括品目84.25、84.26、84.29、84.30及84.32所列机器的推进底座。在这些机器中，推进底座、操纵机构、工具及其操作装置组成一整套机械设备。例如，装载机、推土机、机动犁等。

一般来说，作为搬运、挖掘等机器组成部分的推进底座，可以根据其特别的结构特征（例如，形状、底盘、移动装置等）与本品目的牵引车、拖拉机区别开来。对于牵引车式的推进底座，归类时还要重点考虑其整套设备的构造及专门用以执行各种功能（牵引及推动功能除外）的设备的技术特征。例如，不归入本品目的推进底座往往配有坚实部件（例如，支座、支承板、梁、旋转起重机台等），构成底盘机架的一部分或固定（一般通过焊接）在底盘机架上，用以支承工具操纵装置。此外，这些推进底座还装有下列几种关键部件：内装液压系统，用以操纵工具的大功率设备；特种变速箱，例如，倒档的最高速度不低于前进档的最高速度的变速箱；液压离合器及转矩变换器；平衡锤；用以增加底座稳定性的加长履带；后置发动机的特制框架等。

○

○　○

子目注释：

子目8701.10

参见品目87.01注释的第六段及第七段。

子目8701.20

本子目所称的“公路牵引车”，是指按设计拖带半挂车长距离行驶的机动车辆。公路牵引车及半挂车的组合体具有多种名称（例如，铰接式货车、拖拉机挂车等）。这些车辆通常装有柴油发动机，可以在挂车满载的情况下，以超出城市交通的速度在公路网（即一般街道，包括林荫大道、商业大街及高速公路）上行驶。此类车辆具有可供司机及多名乘客乘坐的全封闭驾驶室（有时还配有睡眠设施）、前灯，其规格由本国规定，配有第五轮耦合器，以便在行使具有不同功能的半挂车之间进行快速换档。

短途拖带半挂车用的类似车辆不归入本子目（通常归入子目8701.91至8701.95）。

子目 8701.30

本子目也包括同时配有车轮与履带的牵引车、拖拉机。

子目 8701.91 至 8701.95

本子目包括短途拖带半挂车用的车辆。此类车辆具有多种名称（例如，码头牵引车、港口牵引车等），适用于挂车在指定区域内泊位或穿梭。此类车辆与子目 8701.20 的公路牵引车不同，不适在公路上作长途牵引用。此述车辆与公路牵引车的区别在于：其配备的柴油发动机的最大行驶速度通常不超过 50 公里/小时，且配有一个小型的、仅供驾驶员乘坐的单座位封闭式驾驶室。

87.02　客运机动车辆，10 座及以上（包括驾驶座）：

10　—　仅装有压燃式活塞内燃发动机（柴油或半柴油发动机）的车辆

20　—　同时装有压燃式活塞内燃发动机（柴油或半柴油发动机）及驱动电动机的车辆

30　—　同时装有点燃式活塞内燃发动机及驱动电动机的车辆

40　—　仅装有驱动电动机的车辆

90　—　其他

本品目包括可乘载 10 人及以上（包括驾驶员）的客运机动车辆。

本品目包括公共汽车、长途客运汽车、无轨电车及飞轮蓄能大客车。

本品目的车辆可装有任何一种发动机（活塞式内燃机、电动机、活塞式内燃机与一个或多个电动机的组合体等）。

装有活塞内燃发动机与一个或多个电动机的组合体的车辆称为“混合动力电动汽车（HEVs）”。为获得机械推动力，这些车辆可同时从可消耗的燃料及电能/电力储存装置（例如，蓄电池、电容器、飞轮/发电机）中获取能量。混合动力电动汽车（HEVs）有多种类型，它们可通过其动力系统结构（例如，并联混合式、串联混合式、功率分流式或串并混联式）及其混合度（即全混合、轻度混合及插电式混合）来加以区分。

电动汽车由蓄电池组供电的一个或多个电动机驱动。

无轨电车由架空电线供电。飞轮蓄能大客车的操作原理是：高速飞轮可积蓄动能，用以驱动发电机向电动机供电。

本品目还包括只需要更换车轮及锁上方向盘而无需更换发动机即可改成单节轨道车的机动客车。

87.03　主要用于载人的机动车辆（品目 87.02 的货品除外），包括旅行小客车及赛车：

10　—　雪地行走专用车；高尔夫球车及类似车辆

—　仅装有点燃式活塞内燃发动机的其他车辆：

21　——　气缸容量（排气量）不超过 1000 毫升

22　——　气缸容量（排气量）超过 1000 毫升，但不超过 1500 毫升

23　——　气缸容量（排气量）超过 1500 毫升，但不超过 3000 毫升

24　——　气缸容量（排气量）超过 3000 毫升

—　仅装有压燃式活塞内燃发动机（柴油或半柴油发动机）的其他车辆：

31　——　气缸容量（排气量）不超过 1500 毫升

32　——　气缸容量（排气量）超过 1500 毫升，但不超过 2500 毫升

33　——　气缸容量（排气量）超过 2500 毫升

40　—　同时装有点燃式活塞内燃发动机及驱动电动机的其他车辆，可通过接插外部电源进行充电的除外

50 — **同时装有压燃式活塞内燃发动机（柴油或半柴油发动机）及驱动电动机的其他车辆，可通过接插外部电源进行充电的除外**

60 — **同时装有点燃式活塞内燃发动机及驱动电动机、可通过接插外部电源进行充电的其他车辆**

70 — **同时装有压燃式活塞内燃发动机（柴油或半柴油发动机）及驱动电动机、可通过接插外部电源进行充电的其他车辆**

80 — **仅装有驱动电动机的其他车辆**

90 — **其他**

本品目包括各种载人的机动车辆（包括水陆两用机动车辆），但品目87.02所列的机动车辆除外。本品目的车辆可装有各种发动机（活塞式内燃机、电动机、汽轮机、活塞内燃发动机与一个或多个电动机的组合体等）。

本品目包括：

一、雪地行走专用车、高尔夫球车及类似车辆

（一）雪地行走专用车（例如，雪地越野汽车）。

（二）高尔夫球车及类似车辆。

二、其他车辆

（一）汽车（例如，轿车、出租汽车、运动车及赛车）。

（二）特种运输车辆，例如，救护车、囚车及灵车等。

（三）旅宿汽车（野营汽车等），这是一种专门配有起居设施（例如，卧室、厨房、卫生间等）的载客车。

（四）四轮驱动汽车，装有带管式底盘和小汽车式转向机构（例如，利用阿克曼原理工作的转向机构）。

本品目所称的"旅行小客车"，是指最大载客量为9人（包括驾驶员），车内无需作结构上的变动即兼可载运客货的车辆。

本品目的某些机动车辆的归类取决于其某些特征表明这些机动车辆主要用于载运乘客，而非用于载运货物（品目87.04）。这些特征特别有助于确定机动车辆的归类，即其车辆总重一般低于5吨，而且只拥有一个单一的封闭式内部空间，其中一部分容纳驾驶员和乘客，另一部分既可载客，又可载货。这种类型的机动车辆一般称为"多用途"车辆（例如，客货两用车、运动用的多用途车辆和某些类型的轻便小货车）。归入本品目的车辆一般具有以下特征：

（一）在驾驶员和前排乘客后面的空间具有供各人乘坐的固定座位，并带有安全装置（例如，座椅安全带或安装座位安全带的定位点和配件），或具有固定的定位点和配件，以备安装座椅和安全设备；这些座椅可以是固定的、折叠的或可从定位点移走的；

（二）沿车厢两侧带有后窗；

（三）在车厢两侧或后部具有带窗的滑动式、外掀式或提升式车门；

（四）在驾驶员和前排乘客所在区间与后部区间之间没有固定隔板或屏障，其后部区间既可载客，又可载货；

（五）与乘客区间相连的整个车厢内部具有装饰精致、配置舒适的特征（例如，配置地毯、通风设备、内部照明和烟灰缸等）。

本品目也包括轻型三轮车。例如：

——装有摩托车发动机及车轮等的三轮车。根据其机械机构，这种三轮车具有传统汽车的特征，即装有汽车型转向系统或同时装有逆向齿轮及差速器；

——装在T形底盘上的三轮车。这种三轮车的两个后轮由各自的蓄电池电动机分别驱动。它们通常用单一的中央控制杆操纵，驾驶员用以使车辆起动、加速、制动、停止或倒退，也可通过对主动轮施加差动力矩或摆动前轮使车辆左转或右转。

具有上述特征的三轮车，如果是供载货用的，应归入品目87.04。

本品目的车辆可以是轮式或履带式的。

装有活塞内燃发动机与一个或多个电动机的组合体的车辆称为“混合动力电动汽车（HEVs）”。为获得机械推动力，这些车辆可同时从可消耗的燃料及电能/电力储存装置（例如，蓄电池、电容器、飞轮/发电机）中获取能量。混合动力电动汽车（HEVs）有多种类型，它们可通过其动力系统结构（例如，并联混合式、串联混合式、功率分流式或串并混联式）及其混合度（即全混合、轻度混合及插电式混合）来加以区分。

插电式混合动力电动汽车（PHEVs）是指那些可通过插入电网电源插座或充电站对其蓄电池进行充电的车辆。

由蓄电池组供电的一个或多个电动机加以驱动的车辆称为“电动汽车（EV）”。

然而，带有仅用于非驱动功能的电源（如集成交流发电机/起动机）的车辆不能作为混合动力汽车归类。这些电源可用于运行停止－启动系统，并可能具有重复执行制动和充电管理系统。此类车辆被称为具有“混合动力技术”或“微型混合动力”，但没有用于驱动的电动机。

专门设计用于游乐场乘骑游乐设施和游乐场娱乐设备的车辆，例如“碰碰车”，应归入品目95.08。

87.04　货运机动车辆（＋）：

10　—　非公路用自卸车

—　仅装有压燃式活塞内燃发动机（柴油或半柴油发动机）的其他货车：

21　——　车辆总重量不超过5吨

22　——　车辆总重量超过5吨，但不超过20吨

23　——　车辆总重量超过20吨

—　仅装有点燃式活塞内燃发动机的其他货车：

31　——　车辆总重量不超过5吨

32　——　车辆总重量超过5吨

—　同时装有压燃式活塞内燃发动机（柴油或半柴油发动机）及驱动电动机的其他货车：

41　——　车辆总重量不超过5吨

42　——　车辆总重量超过5吨，但不超过20吨

43　——　车辆总重量超过20吨

—　同时装有点燃式活塞内燃发动机及驱动电动机的其他货车：

51　——　车辆总重量不超过5吨

52　——　车辆总重量超过5吨

60　—　仅装有驱动电动机的其他货车

90　—　其他

本品目主要包括：

普通卡车及货车（平板式、油布篷式、封闭箱式等）；各种送货汽车、搬家具车；配有自动卸货装置的货车（自动卸货车等）；液罐车（不论是否配有泵）；保温或冷藏货车；装运酸坛、丁烷罐等用的多层卡车；配有装卸踏板的低车架重型卡车，供装运液罐、起重或挖掘机器、变压器等用；经专门设计适用于运输新拌混凝土的货车，但不包括品目87.05所列的混凝土搅拌运输车；垃圾收集车，不论是否配有装载、压紧、倾倒等装置。

本品目也包括轻型三轮车。例如：

——装有摩托车发动机及车轮等的三轮车。根据其机械机构，他们已具有传统汽车的特征，即装有汽车型转向系统或同时装有逆向齿轮及差速器；

——装在T形底盘上的三轮车。其两个后轮由各自的电池电动机分别驱动。这种车辆通常用单一的中心控制杆操纵，驾驶员用以使车辆起动、加速、制动、停止或倒退，并可通过对主动轮施加差速力矩或转动前轮，使车辆左转或右转。

具有上述特征的三轮车，如果是供载人用的，应归入品目87.03。

本品目的某些机动车辆的归类取决于其某些特征表明这些机动车辆主要用于载运货物，而非用于载运乘客（品目87.03）。这些特征特别有助于确定一般情况下其车辆总重低于5吨的机动车辆的归类，即这些机动车辆拥有一个通常用于载运货物的独立的封闭式后部空间或敞开式后部平板，其后部也可装有板凳式座位，但不配安全带、定位点或供乘客使用的设施，且可向车厢两侧折叠，以最大限度地利用其后部平板载运货物。这种类型的机动车辆一般称为“多用途”车辆（例如，客货两用车、轻便小货车和某些类型的运动用多用途车辆）。归入本品目的车辆一般具有以下特征：

一、在驾驶员和前排乘客后面的区间虽有板凳式座位，但不带安全装置（例如，座椅安全带或安装座位安全带的定位点和配件）或供乘客使用的设施。这些座位可以折叠或收起，以最大限度地利用其后厢（客货两用车）或独立式平板（轻便小货车）载运货物；

二、具有驾驶员和乘客用的独立车厢和带侧板和落下式后挡板的独立敞开式平板（轻便小货车）；

三、两侧板后面没有窗户；在侧板或后部具有不带窗的滑动式、外掀式或提升式车门，供装卸货物之用（客货两用车）；

四、在驾驶员和前排乘客所在区间与后部区间之间具有固定隔板或屏障；

五、与车辆乘客区间相连的装货区间内部没有装饰精致、配置舒适的特征（例如，配置地毯、通风设备、内部照明和烟灰缸等）。

本品目还包括：

一、自卸车，这种车结构坚固，配有倾卸式或开底式车身，适于运输挖掘料及其他材料。它配有固定式或铰接式底盘，一般装有越野车轮，可在软土地面上作业。本组包括重型及轻型自卸车。轻型自卸车有时设有双向座位（即有两个方向相反的座位或两个方向盘），以便驾驶员可面向车身驾驶车辆进行卸货。

二、梭式矿车，这种车适用于矿山把煤或矿物从采煤机或采矿机运到输送带上。这是一种下置式重型车辆，装有轮胎及活塞式内燃机或电动机，可利用输送带自动卸货，输送带就是车的底板。

三、自动装货车，装有绞车、提升机等装置，但主要用于运输。

四、公路铁路两用货车，这种车经特殊装备，兼可在公路或铁路上行驶。它的公路用车轮可靠在铁路轨道上，车的前部及后部都装有转向架式装置，用千斤顶将该装置举起后，这种车即可在公路上行驶。

配有发动机及驾驶室的机动车底盘也归入本品目。

*

* *

本品目也不包括：

（一）在工厂，仓库、码头或机场用于搬运长形货物或集装箱的跨运车（品目84.26）。

（二）矿用装载搬运机（品目84.29）。

（三）载货用的摩托车、踏板式轻便摩托车、机动脚踏车，例如，送货摩托车、三轮车等，不具备本品目所列三轮车特征的（品目87.11）。

○

○ ○

子目注释：

子目8704.10

自卸车一般可根据其以下特征与其他货物运输车辆（特别是自动卸货车）加以区别：

1. 自卸车的车身是用高强度钢板制造的，其前部伸出，遮住驾驶室顶部，起到保护驾驶室的作用。车身底板的全部或一部分朝后部向上倾斜；

2. 有些自卸车的驾驶室仅为半宽式；

3. 没有轴悬架；

4. 制动能力强；

5. 工作速度及工作区域很有限；

6. 特种沼泽地行驶轮胎；

7. 因其结构坚固，车辆自重与其有效载重量之比不超过1:1.6；

8. 车身可由车辆本身所排废气加热，以防止所载材料粘附或冻结。

但必须注意，某些翻斗车的构造特殊，专门用于矿区或隧道作业，例如，开底式翻斗车。这些翻斗车具有上述某些特征，但没有驾驶室，车身也没有起保护作用的前凸部分。

子目8704.21、8704.22、8704.23、8704.31及8704.32

车辆总重量是指由生产厂家规定作为车辆最大设计载重量能力的车辆使用重量。该重量为车辆自重、最大设计载荷、驾驶员及装满燃油的油箱重量的总和。

87.05　特殊用途的机动车辆（例如，抢修车、起重车、救火车、混凝土搅拌车、道路清洁车、喷洒车、流动工场车及流动放射线检查车），但主要用于载人或运货的车辆除外（+）：

10　—　起重车

20　—　钻探车

30　—　救火车

40　—　混凝土搅拌车

90　—　其他

本品目包括经特制或改装，配有各种装置，使其具有某些非运输性功能的机动车辆，也即本品目所列车辆主要不是用于载人或运货。

本品目包括：

一、机动拖修车，由货车底盘（不论是否装有底板）与非旋转起重机、支架、滑轮、绞车等提升装置配置而成，用于提升及拖带发生事故的车辆。

二、带泵机动车，装有通常由车辆本身的发动机驱动的泵（例如，救火车）。

三、装有云梯或升降平台的车辆，供维修架空电缆、路灯等用；装有可调悬臂及平台的车辆（摄影机移动车），供拍摄电影或电视用。

四、清洁街道、明沟，机场跑道等用的车辆（例如，清扫车、洒水车，洒水清扫车、粪罐车）。

五、配有内装式设备的犁雪车及吹雪车，即经特制专供扫雪用的车辆，这种车一般装有涡轮机及旋转叶片等，由车辆本身的发动机或另设的发动机驱动。

可互换的扫雪或吹雪装置，不论报验时是否装在车上，均不归入本品目（品目84.30）。

六、各种喷洒车，不论是否配有加热设备，供摊铺沥青或砂砾用，或供农业等用。

七、起重车，这种车不适用于运货，由一个驾驶室及一个旋转起重机固定装在一个机动车底盘上所组成。但配有自动装料装置的货车除外（品目87.04）。

八、移动式钻机（即装有钻探装置、绞车及其他设备供钻井等用的车辆）。

九、配有堆装机械装置的车辆（即这种车配有可沿垂直支柱移动的平台，该平台一般由车辆本身的发动机驱动）。但本品目不包括装有绞车、升降装置等的自动装货机动车，这种车的结构主要用于运货（品目87.04）。

十、混凝土搅拌车，由一个驾驶室及一个机动车底盘组成，混凝土搅拌机固定装在底盘上。这种车兼可用于搅拌及运输混凝土。

十一、流动发电机组，由一台发电机装在一辆载重汽车上所组成，发电机由车辆本身的发动机或专门的发动机驱动。

十二、流动放射线检查车（例如，装有检查室、暗室及整套的放射设备）。

十三、流动诊疗车（医疗及牙科用），设有手术室，并配有麻醉设备及其他外科器具。

十四、探照灯车，车上装有一部探照灯，由汽车发动机驱动的发电机供电。

十五、户外广播车。

十六、电报、无线电报或无线电话收发车；雷达车。

十七、赛马赌金计算车，装有计算机器，用以自动计算赛马场上的赢面。

十八、流动实验室（例如，用于检验农用机械的操作性能）。

十九、测试车，装有记录仪器，可测定其牵引车的牵引力。

二十、装备齐全的烘面包车（装有揉面器、烘箱等）；野外厨房车。

二十一、工场搬运车，装有各种机器及工具、焊接器具等。

二十二、流动银行车、流动图书馆车、展览货品用的流动展览车。

本品目也不包括：

（一）机动压路机（品目84.29）。

（二）农用滚压机（品目84.32）。

（三）装有辅助发动机的小型流动步行操纵器具（例如，公园、花园等场所用的清洁机及在道路上划线用的器具）（品目84.79）。

（四）旅宿汽车（品目87.03）。

装有工作机器的机动车底盘或货车

必须注意，凡带有起重或搬运机器、土地平整、挖掘或钻探机器等的车辆，至少必须配备下列机械装置，在实质上构成了一台基本完整的机动车底盘或货车，才能归入本品目：推进发动机、变速箱及换档操纵装置、转向及制动装置。

另一方面，装在轮式或履带式底盘上的自推进式机器（例如，起重机、挖掘机），如果上述一种或多种推进或中心部件装在作业机器的驾驶室内，则不论整台机器是否可以依靠自身的动力在道路上行驶，仍应归入品目84.26、84.29或84.30等。

同样，本品目不包括带有轮子的自推进式机器，它的底盘和作业机器经特制相互构成不可分割的成套机械设备（例如，自推进式平路机）。在这种情况下，作业机器不是简单地装在一个机动车底盘上，而是完全与机动车底盘组成一个整体。机动车底盘尽管可装配有上述汽车的关键部件，但只能作为机器部件使用。

但必须注意，配有内装式设备的机动犁雪车或吹雪车一律归入本品目。

○

○　○

子目注释：

子目8705.10

参见品目87.05注释的第七项。

87.06　装有发动机的机动车辆底盘，品目 87.01 至 87.05 所列车辆用

本品目包括装有发动机，传动机构、转向机构及驱动桥（不论是否装有车轮），品目 87.01 至 87.05 所列机动车辆用的底盘车架或底盘车身整体式车架（单片式汽车车身或无骨架式车身）。换言之，归入本品目的货品为不带车身的机动车辆。

但本品目的机动车底盘可装有发动机罩、挡风玻璃、叶子板、脚踏板及仪表板（不论是否装有仪表）。机动车底盘不论是否装有轮胎、化油器、蓄电池或其他电气装置，仍应归入本品目。但完整的或基本完整的牵引车、拖拉机或其他车辆不归入本品目。

本品目也不包括：

（一）装有发动机及驾驶室的机动车底盘，不论其驾驶室是否完整（例如，未装有座位的）（品目 87.02 至 87.04）（参见本章注释三）。

（二）未装有发动机的机动车底盘，不论是否装有各种机械零件（品目 87.08）。

87.07　机动车辆的车身（包括驾驶室），品目 87.01 至 87.05 所列车辆用：

10　—　品目 87.03 所列车辆用

90　—　其他

本品目包括品目 87.01 至 87.05 所列机动车辆用的车身（包括驾驶室）。

本品目不仅包括预备装在机动车底盘上的车身，也包括无底盘车辆的车身（这种车的发动机及驱动桥由车身本身支承）。本品目还包括组合式车身，其底盘的某些部件也装在车身内。

本品目包括各种类型车辆的车身，其范围很广（例如，客车车身、货车车身及特殊用途车辆的车身）。它们一般用钢、轻型合金、木材或塑料制成。

这些车身可以配备齐全（例如，装有仪表板、行李箱、座位、坐垫、地席、行李架及电气装置等各种配件及附件）。

不完整的车身也归入本品目，例如，未装配挡风玻璃或车门等零件的车身或内部装饰及油漆作业尚未完成的车身。

驾驶室（例如，货车、牵引车及拖拉机用的）也归入本品目。

87.08　机动车辆的零件、附件，品目 87.01 至 87.05 所列车辆用：

10　—　缓冲器（保险杠）及其零件

—　车身（包括驾驶室）的其他零件、附件：

21　——　座椅安全带

22　——　本章子目注释一所列的前挡风玻璃、后窗及其他车窗

29　——　其他

30　—　制动器、助力制动器及其零件

40　—　变速箱及其零件

50　—　装有差速器的驱动桥及其零件，不论是否装有其他传动部件；非驱动桥及其零件

70　—　车轮及其零件、附件

80　—　悬挂系统及其零件（包括减震器）

—　其他零件、附件：

91　——　散热器及其零件

92　——　消声器（消音器）、排气管及其零件

93　——离合器及其零件
94　——转向盘、转向柱、转向器及其零件
95　——带充气系统的安全气囊及其零件
99　——其他

本品目包括品目87.01至87.05所列机动车辆的零件及附件，但它们必须同时符合下列两个条件：

一、它们必须可确定为专用于或主要用于上述车辆；以及

二、它们不得列入第十七类注释规定不包括的货品范围（参见相应的总注释）。

本品目的零件及附件包括：

（一）已组装的汽车底盘车架（不论是否装有车轮，但未装有发动机）及其零件（例如，大梁、支架、横梁；悬挂装置；支撑车身、发动机、脚踏板、电池或燃油箱等用的支架及托架）。

（二）车身零件及其配套附件，例如，底板、侧板、前面板、后面板、行李舱等；门及其零件；发动机罩；带框玻璃窗、装有加热电阻器及电气接头的窗、窗框；脚踏板；挡泥板、叶子板；仪表板；散热器护罩；牌照托架；保险杠；转向柱托架；外部行李架；遮阳板；由车辆发动机供热的非电气供暖及除霜设备；固定装在机动车内用以保护人身安全的座位安全带；地毯（纺织材料或未硬化硫化橡胶制的除外）等。尚未具有不完整车身特征的组合体（包括组合式底盘车身），例如，尚未装有车门、挡泥板、发动机罩及后行李箱盖等零件的组合体，应归入本品目，而不应归入品目87.07。

（三）离合器（锥形离合器、盘式离合器、液压离合器、自动离合器等，但品目85.05所列的电磁离合器除外）、离合器外壳、离合器盘、离合器杆及已装配的离合器摩擦片。

（四）各种变速箱（机械式、超速传动式、预选式、电动机械式、自动式等）；变矩转换器；变速箱体；传动轴（但作为发动机内部零件的除外）；小齿轮；直接传动爪形离合器及变速拉杆等。

（五）装有差速器的驱动桥；非驱动桥（前桥或后桥）；差速器箱；行星齿轮机构；轮毂、短轴（轴颈）、短轴托架。

（六）其他传动零件及部件（例如，方向传动轴、半轴；齿轮及齿轮传动装置；滑动轴承；齿轮减速装置；万向节）。但本品目不包括发动机的内部零件，例如，品目84.09的连杆、推杆、气门挺杆以及品目84.83的曲轴、凸轮轴及飞轮。

（七）转向机构零件（例如，转向柱管、转向横拉杆及操纵杆、转向关节系杆；壳体；齿条齿轮传动装置；动力转向机构）。

（八）制动器（蹄式、扇形、盘式等）及其零件（盘、鼓、缸、已装配的制动摩擦片、液压制动器的油箱等）；助力制动器及其零件。

（九）悬挂减震器（摩擦式、液压式等）及其他悬架零件（弹簧除外）、扭杆弹簧。

（十）车轮（压制钢车轮、钢线辐轮等），不论是否装有轮胎；履带式车辆的履带及一组轮子；轮、轮盘、毂盖及轮辐。

（十一）控制装置，例如，转向盘、转向柱、转向器。转向轮轴；变速操纵杆及手刹车操纵杆；加速踏板、制动踏板、离合器踏板；制动器及离合器的连杆。

（十二）散热器、消音器、排气管、燃油箱等。

（十三）离合索缆、制动索缆、油门索缆及类似索缆，由一条软套管套着一条活动的索缆构成。它们报验时已切成一定长度，端部还装有配件。

（十四）带充气系统的各类安全气囊（例如，驾驶员侧气囊、乘客侧气囊、安装在门板内用于侧面撞击保护的气囊、安装在车辆顶板用以对头部进行特别保护的气囊）及其零件。充气系统包括装在一个容器内的点火器及推进剂，用来引起气体膨胀充入气囊。本品目不包括遥感器或电子控制器，因其不能视为充气系统的零件。

本品目不包括品目84.12的液压缸或气压缸。

87.09 短距离运输货物的机动车辆，未装有提升或搬运设备，用于工厂、仓库、码头或机场；火车站台上用的牵引车；上述车辆的零件：

— 车辆：

11 —— 电动的

19 —— 其他

90 — 零件

本品目包括在工厂、仓库、码头或机场短距离运输各种负载（货物或集装箱）或在火车站月台上拖带小型挂车用的机动车辆。

这种车辆种类很多，大小各异，有些是由蓄电池供电的电动机驱动，有些则是由活塞式内燃机或其他类型的发动机驱动。

本品目的车辆区别于品目87.01、87.03或87.04所列车辆的一些共同主要特征可归纳如下：

一、这些车辆的结构及其主要设计特点是不适于在马路或其他公用道路上载运客货的。

二、满载时其最高速度一般不超过每小时30～35公里。

三、其转弯半径约等于车辆本身的长度。

本品目所列的车辆通常没有封闭式驾驶室，只设有一个工作台，供驾驶员站着驾驶车辆。有些车辆在驾驶员座位的上面装有保护支架及金属护板等。

本品目的车辆可以是步行操纵的。

作业区用货车是一种装有载货平板或容器供运送货物用的机动货车。

一般用于火车站的小型油槽车，不论是否装有辅助泵，也归入本品目。

火车站月台牵引车，主要用于拖带或推动其他车辆（例如，小型挂车）。这种车本身并不载货，一般比品目87.01所列的牵引车轻型，牵引能力也较低。这种牵引车也可用于码头、仓库等处。

零 件

本品目也包括本品目所列车辆的零件，但这些零件必须同时符合下列两个条件：

（一）它们必须可确定为专用于或主要用于上述车辆；以及

（二）它们不得列入第十七类注释规定不包括的货品范围（参见相应的总注释）。

本品目包括下列零件：

1. 底盘。
2. 车身、平板、可拆卸的侧栏板、倾卸装置。
3. 车轮，不论是否装有轮胎。
4. 离合器。
5. 变速箱、差速器。
6. 车轴。
7. 转向盘、转向操纵杆。
8. 制动系统及其零件。
9. 离合索缆、制动索缆、油门索缆及类似索缆，由一条软套管套着一条活动的索缆构成。它们报验时已切成一定长度，端部还装有配件。

本品目不包括：

1. 装有起重机的跨式运货车及工作车（品目84.26）。
2. 装有提升或搬运设备的叉车及其他工作车（品目84.27）。

3. 翻斗车（品目 87.04）。

87.10　坦克及其他机动装甲战斗车辆，不论是否装有武器；上述车辆的零件

本品目包括坦克及其他机动装甲战斗车辆，不论是否配有武器；也包括上述车辆的零件。

坦克是装在履带上的装甲战斗车辆，配有各种武器（炮、机枪、火焰喷射器等）。这些武器通常装在一个旋转炮塔内。有些坦克装有特殊的回转稳定器，以便在坦克运动时能瞄准目标。坦克也可装有扫雷装置，例如，扫雷器（这是一个装在坦克前部悬臂上的转鼓，转鼓上附有两端为球形的链条）或装在坦克前部的一组重型滚筒。

本品目也包括水陆两用坦克。

装甲车行驶较坦克快，也较轻便，不象坦克那样装有重装甲或重炮。有些装甲车只是部分装甲。装甲车主要用于警务、侦察或在战区内供运输用。有些装甲车是履带式的，但大部分装甲车是地轮式的。装甲车可以是水陆两用的（例如，履带式装甲登陆车）。

本品目也包括：

一、装有起重机用以抢修战斗车辆的坦克。

二、装甲补给运输车，一般是履带式的，不论是否装有武器，用以在战区内运输汽油、弹药等。

三、小型遥控坦克，用以向前线战斗车辆及炮兵部队运送弹药。

四、固定装有破坏工事特种设备的装甲车。

五、载人用装甲运输车。

本品目不包括仅装有轻型装甲或可拆卸的辅助装甲的普通车辆（酌情归入品目 87.02 至 87.05）。

自行火炮归入品目 93.01；这种火炮的特点是只有在本身不运动时才能发射，火炮本身所能转动的方向也很有限。

零　件

本品目也包括上述车辆的零件，但它们必须同时符合下列两个条件：

（一）它们必须可确定为专用或主要用于上述车辆；以及

（二）它们不得列入第十七类注释规定不包括的货品范围（参见相应的总注释）。

本品目包括：

1. 装甲车身及其零件（炮塔、装甲门、发动机罩等）。
2. 坦克专用履带。
3. 装甲车专用车轮。
4. 坦克履带的驱动轮。
5. 已加工成可确定为本品目所列车辆零件的装甲钢板。
6. 离合索缆、制动索缆、油门索缆及类似索缆，由一条软套管套着一条活动的索缆构成。它们报验时已切成一定长度，端部还装有配件。

87.11　摩托车（包括机器脚踏两用车）及装有辅助发动机的脚踏车，不论有无边车；边车：

10　—　装有活塞内燃发动机，气缸容量（排气量）不超过 50 毫升

20　—　装有活塞内燃发动机，气缸容量（排气量）超过 50 毫升，但不超过 250 毫升

30　—　装有活塞内燃发动机，气缸容量（排气量）超过 250 毫升，但不超过 500 毫升

40　—　装有活塞内燃发动机，气缸容量（排气量）超过 500 毫升，但不超过 800 毫升

50　—　装有活塞内燃发动机，气缸容量（排气量）超过 800 毫升

60　—　装有驱动电动机的

90 — 其他

本品目包括主要供人乘骑的两轮机动车辆。

除普通摩托车以外，本品目还包括踏板摩托车，其特点是车轮较小，车辆的前后两部分由一块踏板连接起来；配有一台内装式发动机及一个脚踏系统的机器脚踏两用车；以及装有辅助发动机的脚踏车。

本品目还包括单人用两轮电动交通工具，用于人行道、小路及自行车道等低速行驶区域。该交通工具上有一个由多个陀螺传感器和机载微处理器构成的系统，它使站立在交通工具上的骑乘者在两个独立而且是非前后串列的轮子上保持平衡。

本品目由一个或多个电动机驱动的摩托车称为“电动摩托车”。这些摩托车装有一个蓄电池组向电动机供电。此类“插电式”摩托车的蓄电池可通过插入电网电源插座或充电站对其进行充电。

摩托车可装有驾驶员挡风防雨的装置，也可装有边车。

三轮车（例如，送货三轮脚踏车）如果不具备品目 87.03 或 87.04 所列机动车辆的特征，也归入本品目（参见品目 87.03 及 87.04 的注释）。

本品目还包括各种边车。这是一种专用于载运客货但不能单独使用的车辆。它的一边装一个车轮，另一边装有一些接合配件，使其附在脚踏车或摩托车上与脚踏车或摩托车并排行驶。

本品目不包括：

（一）载人用四轮驱动汽车，装有带管式底盘和小汽车式转向机构（例如，利用阿克曼原理工作的转向机构）（品目 87.03）。

（二）挂在脚踏车或摩托车上的挂车（品目 87.16）。

87.12　自行车及其他非机动脚踏车（包括运货三轮脚踏车）

本品目包括非机动脚踏车，即装有一个或多个车轮的脚踏车［例如，自行车（包括儿童用自行车）、三轮脚踏车、四轮脚踏车］。

除了普通脚踏车以外，本品目还包括下列各种专用车辆：

一、运货三轮车，通常为铰接式，在其两个主导车轮上装有一容器（有时是保温的）。

二、双人自行车。

三、杂技演员专用的独轮脚踏车（单轮脚踏车）及自行车，其特点是车身较轻，装有固定车轮等。

四、残废人专用自行车（例如，装有一种特殊装置，以便用一只脚也能踏动自行车）。

五、后轮轮毂上装有辅助支地轮的自行车。

六、比赛用自行车。

七、四轮车，装有几个座位及几副脚踏板，整部车装在一个轻型构件内。

八、类似自行车的脚踏式踏板车，设计为供儿童、年轻人及成年人骑乘之用，有类似自行车的可调操纵杆及把手、充气车轮、车架及手动刹车，配有一个踏板，设在一个带链条的链轮装置上。

装有边车的脚踏车仍归入本品目，但单独报验的边车除外（品目 87.11）。

本品目也不包括：

（一）装有辅助发动机的脚踏车（品目 87.11）。

（二）儿童脚踏车（儿童自行车除外）（品目 95.03）。

（三）仅适于在游乐场使用的特种脚踏车（品目 95.08）。

87.13　残疾人用车，不论是否机动或其他机械驱动：

10　—　非机械驱动

90　—　其他

本品目包括专用于载运残疾人的载运车、轮椅或类似车辆，不论是否机械驱动。

用机械驱动的残疾人用车通常由一台轻型发动机驱动，或用手操纵一个杠杆或手柄推进装置驱动。其他残疾人专用车则是用手推动或直接用人力操纵车轮推动的。

本品目不包括：

（一）经简单改装供残疾人使用的普通车辆［例如，汽车装上手动离合器、加速器等（品目87.03），或自行车装上一种特殊装置，以便能用一只脚踏动（品目87.12）］。

（二）担架车（品目94.02）。

87.14　零件、附件，供品目87.11至87.13所列车辆用：

10　—　摩托车（包括机器脚踏两用车）用

20　—　残疾人车辆用

—　其他：

91　——　车架、轮叉及其零件

92　——　轮圈及辐条

93　——　轮毂（倒轮制动毂及毂闸除外）；飞轮、链轮

94　——　制动器（包括倒轮制动毂及毂闸）及其零件

95　——　鞍座

96　——　脚蹬、曲柄链轮及其零件

99　——　其他

本品目包括摩托车（含机器脚踏两用车）、装有辅助发动机的脚踏车、边车、非机动脚踏车及残疾人用车的零件及附件，但它们必须同时符合下列两个条件：

一、它们必须可确定为专用于或主要用于上述车辆；以及

二、它们不得列入第十七类注释规定不包括的货品范围（参见相应的总注释）。

本品目的零件及附件包括：

（一）运货三轮车、边车或残疾人用车的车身及其零件（车篷、车门、底板等）。

（二）底盘车架及其零件。

（三）摩托车的齿轮传动装置、变速箱、离合器、其他传动装置及其零件。

（四）车轮及其零件（轮毂、轮箍、辐条等）。

（五）活轮链轮。

（六）变速齿轮传动机构和其他齿轮传动装置及其零件。

（七）曲柄传动机构及其零件（曲柄轮、曲柄、曲轴等）；脚踏及其零件（踏板轴等）；鞋头夹套。

（八）足蹬起动器、起动杆及其他控制机构。

（九）各种制动器（悬臂闸、夹钳式制动器、轮闸、鼓形闸、盘式制动器、倒轮闸鼓等）及其零件（闸杆、闸瓦夹持器杆、轮闸的闸轮及闸瓦，悬臂闸的轭）。

（十）车把手、车把转柄、手杆柄（用软木、塑料等制成）。

（十一）鞍座、鞍座柱；鞍座罩。

（十二）叉，包括伸缩叉及其零件（叉顶及叉叶等）。
（十三）脚踏车架的管及套接管。
（十四）液压式减震器及其零件。
（十五）挡泥板及其支撑件（支架、固定杆等）。
（十六）反射镜（已装配的）。
（十七）护衣器（品目56.08所列的线网除外）；传动链罩；脚踏及护腿板。
（十八）摩托车架。
（十九）踏板摩托车的倾翻罩及备用胎罩。
（二十）消音器及其零件。
（二十一）油箱。
（二十二）挡风玻璃。
（二十三）行李架、灯架、水瓶架。
（二十四）残疾人用车的驱动杆及摇手、靠背及靠背转向柱、脚垫、搁腿架、扶手等。
（二十五）离合索缆、制动索缆、油门索缆及类似索缆，由一条软套管套着一条活动的索缆构成。它们报验时已切成一定长度，端部还装有配件。

87.15　婴孩车及其零件

本品目包括：

一、婴孩车，不论是否折叠式，装有两个或多个车轮，一般用手推动（椅式手推车、手推婴孩车、折叠式婴孩车等）。

二、上述婴孩车的零件，但它们必须同时符合下列两个条件：
（一）它们必须可确定为专用于或主要用于本品目的婴孩车；以及
（二）它们不得列入第十七类注释规定不包括的货品范围（参见相应的总注释）。

本品目包括下列零件：
1. 装在底盘上的车身，包括可拆卸手推婴孩车的车身，这些车身可作摇篮用。
2. 底盘及其零件。
3. 车轮（不论是否装有轮胎）及其零件。

87.16　挂车及半挂车或其他非机械驱动车辆及其零件：

10　—　供居住或野营用厢式挂车及半挂车
20　—　农用自装或自卸式挂车及半挂车
**　　—　其他货运挂车及半挂车：**
31　——　罐式挂车及半挂车
39　——　其他
40　—　其他挂车及半挂车
80　—　其他车辆
90　—　零件

本品目包括装有一个或多个车轮，供载运客货用的非机械驱动车辆（前面各品目所列的车辆除外）；还包括未装有车轮的非机械驱动车辆（例如，滑板车、在木制滑道上行驶的特制滑橇等）。

本品目的车辆是用其他车辆（牵引车、卡车、货车、摩托车、自行车等）牵引、用手推或拉动、用脚推动或用畜力拖曳的。

本品目包括：

一、挂车及半挂车

本品目所称的“挂车”及“半挂车”，是指用特殊挂钩装置（不论是否自动）专门挂接在其他车辆上的车辆（边车除外）。

归入本组的挂车中最多的是挂接在机动车辆上使用的挂车。挂车通常装有两副或多副车轮及一个挂钩系统。挂钩系统装在能控制车辆行驶方向的回转前轮上。半挂车仅装有后轮，其前部靠在牵引车的平板上，用一种特殊挂钩装置连接起来。

以下注释中所称的“挂车”包括半挂车。

归入本组的挂车包括：

（一）供居住或野营用厢式挂车（旅行挂车）。

（二）配有自动装载装置的农用自装式挂车，有些还配有草料及玉米秆的切碎装置。

本品目不包括固定与收割设备装在一起，供切割、切碎及运输草料、玉米等用的自装式挂车（品目 84.33）。

（三）运载各种货品（饲料、粪肥等）的自卸挂车。这种挂车装有活动底板，以便卸货；它们配备各种装置（粪肥粉碎机、饲料切碎机等）后便可改装成施肥车、饲料车或运根茎作物的挂车。

（四）其他货运挂车，例如：

1. 油罐挂车（不论是否装有泵）。
2. 农业、市政工程等用的挂车（不论是否自卸式）。
3. 运输易腐货品用的冷藏或保温挂车。
4. 搬家具用的挂车。
5. 运输家畜、小汽车、自行车等用的单层或双层挂车。
6. 经改装用于运输某些货物（例如，平板玻璃）的挂车。
7. 公路铁路两用（联合运输）挂车（主要用作公路挂车，但也可将其装在有导轨的特种铁道货车上进行运输）。
8. 装有导轨用以在公路上运输铁道货车的挂车。
9. 装有装卸踏板供运输重型货物（油罐、起重机、推土机、变压器等）用的低车架挂车。
10. 搬运木材用的两轮或四轮独立式转向车。
11. 运输木材用的伐木搬运挂车。
12. 由脚踏车或摩托车拖带的小型挂车。

（五）其他挂车，例如：

1. 载客用的机动车挂车。
2. 游艺场用大篷车或挂车（品目 95.08 所列的专门设计用于游乐场娱乐用的除外）。
3. 展览用挂车。
4. 图书馆挂车。

二、手或脚驱动的车辆。

本组包括：

（一）各种手推运货车，包括专用于某种工业（例如，纺织工业、陶瓷工业、乳品加工业等）的手推运货车。

（二）独轮手推车、行李手推车、斗式手推车及自卸手推车。

（三）主要在火车站上使用的食品手推车、手推餐车（品目94.03所列的餐车除外）。

（四）处理垃圾等用的两轮手推车。

（五）黄包车。

（六）冰淇淋摊贩用的小型保温手推车。

（七）各种商贩用手推车。这些轻型手推车有时装有充气轮胎。

（八）在山区内运输木材用的手拉雪橇。

（九）“脚蹬雪橇”（Kicksleds），骑乘者用脚直接蹬压雪地加以驱动，主要供在亚北极地区载人之用。

本品目不包括：

（一）移动垃圾箱（包括用于室外的）（例如，品目39.24或73.23）。

（二）助行器，也被称为“助行车”，一般由装有三个或四个轮子（部分或全部可旋转）的金属管框架、扶手及手刹构成（品目90.21）。

（三）商场用小型带轮购物容器（例如，带轮购物篮），由编织材料、金属等制成，不带底盘（应按其构成材料归类）。

三、畜力拖曳的车辆

本组包括：

（一）御用（礼仪）马车、四轮马车、低轮有篷轻便马车、出租马车、有篷马车。

（二）运柩车。

（三）单座两轮轻便马车。

（四）公园、广场等处用的儿童驴车及小马车。

（五）各种送货车；搬家具用车。

（六）各种两轮畜力车，包括自卸车。

（七）畜力滑撬及雪橇。

装有机器等的车辆

凡固定装有机器或器具的车辆，应按整套设备的基本特征归类。因此，本品目包括以车辆本身为基本特征的设备；另一方面，以所配有的机器或器具为基本特征的设备，不归入本品目。

据此：

一、装有油罐的手推车、畜力车或挂车，不论其是否配有灌油或抽油的辅助泵，均应归入本品目。

二、下列设备不归入本品目，而应按有关机器或器具归类：

（一）品目84.24所列的手推车式、畜力车式或挂车式喷雾器。

（二）安装在简单的轮式底盘上以备拖带的机器或器具，例如，移动式泵及压缩机（品目84.13及84.14）及移动式起重机及机动梯（品目84.26或84.28）。

（三）牵引式混凝土搅拌机（品目84.74）。

零 件

本品目也包括上述车辆的零件，但它们必须同时符合下列两个条件：

（一）它们必须可确定为专用于或主要用于上述车辆；以及
（二）它们不得列入第十七类注释规定不包括的货品范围（参见相应的总注释）。
本品目的零件包括：
1. 底盘及其部件（底架大梁、横梁等）。
2. 车轴。
3. 车身及其零件。
4. 木制或钢制车轮及其零件，包括装有轮胎的车轮。
5. 挂钩装置。
6. 制动器及其零件。
7. 传动轴、旋转杆及类似零件。

*

*　*

冬季运动器械，例如，平底雪橇、长雪橇等，不归入本品目（品目 95.06）。

第八十八章　航空器、航天器及其零件

注释：

一、本章所称“无人驾驶航空器”是指除品目88.01的航空器以外，没有飞行员驾驶的任何航空器，它们可设计用于载物或安装永久性集成的数码相机或其他能在飞行中发挥实用功能的设备。

但“无人驾驶航空器”不包括专供娱乐用的飞行玩具（品目95.03）。

○

○　○

子目注释：

一、子目8802.11至8802.40所称“空载重量”，是指航空器在正常飞行状态下，除去机组人员、燃料及非永久性安装设备后的重量。

二、子目8806.21至8806.24及8806.91至8806.94所称“最大起飞重量”，是指航空器在正常飞行状态下起飞时的最大重量，包括有效载荷、设备和燃料的重量。

总　注　释

本章包括气球、飞艇及无动力航空器（品目88.01）；其他航空器（品目88.02或88.06）、航天器（包括卫星）及其运载工具（品目88.02）；某些相关装置，例如，降落伞（品目88.04）；航空器的发射装置、甲板停机装置及地面飞行训练器（品目88.05）。根据第十七类注释的规定（参见第十七类总注释），本章也包括上述设备的零件。

不完整或未制成的航空器（例如，未装有发动机或内部设备的航空器），只要它们具有完整品或制成品的基本特征，应按相应的完整或制成的航空器归类。

88.01　气球及飞艇；滑翔机、悬挂滑翔机及其他无动力航空器

一、气球及飞艇

本组包括轻于空气的航空器，不论其用途如何（供军事、运动、科研、宣传等用）。它们包括自由气球或系留气球（即用缆绳系在地面上的气球）及机动飞艇。

本组还包括下列航空或气象用气球：

（一）探测气球，用于把无线电探空仪器送往高空。气球的重量可高达4500克，但其一般重量在350～1500克之间。

（二）导向气球，释放这种气球是为了表示风速及风向，其重量一般在50～100克之间。

（三）测云气球，这些气球较上述（一）及（二）项的气球小，其重量一般在4～30克之间，用以测定云的高度。

大多数情况下，气象用气球是用很薄、膨胀度很高的优质橡胶制成。但儿童用的玩具气球不归入本品目（品目95.03）。这种气球一般可从质量次、充气管短、表面上常印有广告或装饰等方面加以识别。

二、滑翔机及悬挂滑翔机

滑翔机是一种利用气流停在空中的重于空气的航空器。但装有或可装发动机的滑翔机应归入品目88.02。

悬挂滑翔机主要为三角翼滑翔机，可用一根吊背带将一至两名飞行员悬挂在空中，以便于飞行员进行某些特技飞行。这种滑翔机的三角翼是将材料（一般为纺织材料）绷紧在一个通常为金属管子的

硬质结构体上而构成，在其中间装有一根水平的方向操纵杆。其他类型的悬挂滑翔机可以是其他形状的，但其结构和空气动力特性与三角翼滑翔机相类似。

三、其他无动力航空器

本组包括风筝式飞机，它是一种没有机械动力装置并且重于空气的航空器。风筝式飞机象系留气球那样，用一根细绳系于地面上，用以携带气象仪器等。

明显作为玩具的风筝不归入本品目（品目95.03）。

*

*　*

本品目也不包括各种模型，不论是否完全按比例制成，例如，装饰用模型（品目44.20或83.06等）、专供示范用的模型（品目90.23）或娱乐用的玩具或模型（品目95.03）。

88.02　其他航空器（例如，直升机、飞机），品目88.06的无人驾驶航空器除外；航天器（包括卫星）及其运载工具、亚轨道运载工具：

—　直升机：

11　——　空载重量不超过2000千克

12　——　空载重量超过2000千克

20　—　飞机及其他航空器，空载重量不超过2000千克

30　—　飞机及其他航空器，空载重量超过2000千克，但不超过15000千克

40　—　飞机及其他航空器，空载重量超过15000千克

60　—　航天器（包括卫星）及其运载工具、亚轨道运载工具

本品目包括：

一、重于空气的机动航空器。本组包括飞机（陆上飞机、水上飞机及水陆两用飞机）、旋升飞机（配有一个或多个水平旋翼在立轴上自由旋转）及直升机（配有一个或多个机动旋翼）。

上述飞机适用于军事、载运客货或训练、航空摄影、农业工作、救援、灭火等方面，也可供气象学或其他科研用。

由地面或其他航空器控制的无线电制导航空器应归入本品目；特制可用作道路车辆的航空器也归入本品目。

二、航天器，这是一种能在地球大气层外运行的载运飞行器（例如，无线电通讯卫星或气象卫星）。

三、航天器运载工具，其作用是将一个给定有效载荷送上绕地球运行的轨道（“卫星运载工具”）或使其在地球以外的重力场作用下降落（“航天器运载工具”）。这些运载工具在主动飞行结束时可使其有效载荷获得超过7000米/秒的极限速度。

四、亚轨道运载工具，它在地球大气层外沿一抛物型轨道运行，通常带有科研或其他技术用途的仪器设备，不论其有效载荷是否可回收。当有效载荷脱离后，这类运载工具在有效载荷脱离时的极限速度不超过7000米/秒。有效载荷回落到地面时经常使用降落伞，以便回收。

但本品目不包括军用运载火箭、导弹（例如，“弹道导弹”）及其他有效载荷极限速度不超过7000米/秒的类似武器（品目93.06）。它们按一抛物型轨道运载武器（例如，炸药、次武器、化学药品），并使有效载荷与目标发生撞击。

本品目也不包括：

（一）模型，不论是否完全按比例制成，例如，装饰用模型（品目44.20或83.06等）或专供示范用的模型（品目90.23）。

（二）本章注释一所规定的无人驾驶航空器（品目88.06）。

（三）娱乐用的玩具或模型（品目95.03）。

（四）专门设计用于游乐场游乐设施和娱乐设备的模型（品目95.08）。

【88.03】

88.04　降落伞（包括可操纵降落伞及滑翔伞）、旋翼降落伞及其零件、附件

本品目包括降落人员、军事给养及装备、气象仪器、照明弹等用的降落伞；某些降落伞可用作尾伞，以便于喷气式航空器减速。根据其用途不同，降落伞有各种规格，可用丝绸、化学纤维材料、亚麻布、棉布、纸等材料制成。

供人员降落用的普通降落伞，其上部装有一个小型引导伞，当把开伞索往下拉时，引导伞即可打开，再由引导伞把主伞伞衣打开。主伞伞衣上系有若干吊伞索，吊伞索末端集中在一起，连接在两条或多条跳伞员背带上，背带上装有带扣及弹簧钩。引导伞、主伞伞衣及吊伞索均精心装在一个伞包内，可用开伞索将其打开。

本品目也包括滑翔伞，一种设计成本身能从山上或崖顶等地飞出的物品。它是由一个折叠伞盖或大罩（翼）、数条在气流中操纵方向的吊伞索及一条飞行员用的吊带构成。

然而，尽管滑翔伞与降落伞相似，但其空气动力特性却不一样，因为在某些条件下，如果气流允许，滑翔伞可以划出一条上升弹道。

本品目也包括旋翼降落伞，这种降落伞装有一种旋翼装置，在气象学中用以控制火箭发射无线电测空仪器的降落。

本品目还包括降落伞的零件及附件，例如，伞包、降落伞背带、打开降落伞用的弹簧架以及旋翼降落伞的零件及附件。

88.05　航空器的发射装置、甲板停机装置或类似装置和地面飞行训练器及其零件：

10　—　航空器的发射装置及其零件；甲板停机装置或类似装置及其零件

　　—　地面飞行训练器及其零件：

21　——空战模拟装置及其零件

29　——其他

本品目包括三种类型完全不同的货品，即：

一、航空器发射装置

航空器发射装置一般适用于船上，为一个引导飞机等起飞的金属结构体。航空器起飞时所需的加速度是由压缩空气、蒸汽、筒式炸药等作用于载有飞机的起动车或弹射装置而提供的。

本品目不包括：

（一）滑翔机起飞用的机动绞车装置（品目84.25）。

（二）火箭的倾斜发射装置或发射塔。它们仅用以引导火箭起飞，并不加以推进，火箭是依靠自身的动力爬升的（品目84.79）。

二、甲板停机装置或类似装置

这类装置用于航空母舰及某些飞机场上，用以在飞机等着陆时使其减速，以便缩短飞机等降落停机所需跑道的长度。

但本品目不包括其他设备，例如，安全设备（如保护网）。

三、地面飞行训练器

训练飞行员用的地面飞行训练器有如下几种：

（一）电子式飞行模拟器。这种设备可用多种电子装置模拟各种飞行条件，把与飞行条件相关的“触觉”与读数正确加以综合，并馈入控制装置。**空战模拟装置**是指通过模拟飞行时的空战条件以训练飞机驾驶员用的任何电子或机械系统。

这种设备如装在机动车辆底盘或挂车上，则应分别归入品目 87.05 或 87.16（参见品目 87.16 的注释）。

（二）名为“林克式地面飞行训练器”的设备，为装在底座上的一个小型驾驶机舱，内部装备与飞机驾驶舱一样，使学习飞行的人能作正常飞行所要求的各种飞行动作。

零　件

本品目也包括上述货品的零件，但它们必须同时符合下列两个条件：

1. 它们必须可确定为专用于或主要用于上述货品；以及
2. 它们不得列入第十七类注释规定不包括的货品范围（参见相应的总注释）。

*

*　*

但本品目不包括主要用于记录飞行员在恶劣飞行条件下（例如，高速、缺氧等）所作反应的装置；这种装置（例如，装在旋转臂上模拟超音速飞行的座舱）实际上是一种反射能力测试装置，因此应归入品目 90.19。

非供飞行员飞行训练专用，仅适用于对机组人员进行一般教学的设备（例如，大型回转仪模型）也不归入本品目（品目 90.23）。

88.06　无人驾驶航空器：

10　—　设计用于旅客运输的

—　其他，仅使用遥控飞行的：

21　——　最大起飞重量不超过 250 克

22　——　最大起飞重量超过 250 克，但不超过 7 千克

23　——　最大起飞重量超过 7 千克，但不超过 25 千克

24　——　最大起飞重量超过 25 千克，但不超过 150 千克

29　——　其他

—　其他：

91　——　最大起飞重量不超过 250 克

92　——　最大起飞重量超过 250 克，但不超过 7 千克

93　——　最大起飞重量超过 7 千克，但不超过 25 千克

94　——　最大起飞重量超过 25 千克，但不超过 150 千克

99　——　其他

根据本章注释一，除品目 88.01 具体列名外，本品目包括设计为无飞行员驾驶的无人驾驶航空器。无人驾驶航空器可以仅能进行遥控飞行，即在飞行期间始终由操作员在其他地方（例如，地面、船舶、另一航空器或太空）操控；或在没有操作员的干预下根据编程飞行。

尽管无人驾驶航空器可能有各种形状和尺寸，但它们通常配备一个或多个由电机驱动的螺旋桨、旋翼或固定翼，以及用于操作员远程指挥和控制的通信系统。它们还可能包含用于稳定悬停和飞回起始点的全球导航卫星系统（GNSS）接收器［例如全球定位系统（GPS）、格洛纳斯（GLONASS）或北斗卫星导航系统（BDS）］，以及包含用于避障、物体识别和跟踪功能的系统。

无人驾驶航空器可能被设计为携带有效载荷或配备永久集成的数码相机或其他用于实用功能的设

备，例如运输货物或乘客、航空摄影、农业或科学工作、救援任务、消防、监视或军事用途。

本品目不包括专为娱乐或游戏目的而设计的飞行玩具或模型，其设计不具有实用功能。例如，它们可以通过下述特征进行区分：重量轻，飞行高度、距离或时间有限，最大速度慢，无法自主飞行，无法携带负载、货物，未配备复杂的电子设备（例如，全球定位系统、具备夜间飞行或夜视条件）（品目95.03）。

88.07　品目88.01、88.02或88.06所列货品的零件：

10　—　推进器、水平旋翼及其零件

20　—　起落架及其零件

30　—　飞机、直升机及无人驾驶航空器的其他零件

90　—　其他

本品目包括归入品目88.01、88.02或88.06所列货品的零件，但它们必须同时符合下列两个条件：

一、它们必须可确定为专用于或主要用于上述品目所列货品；以及

二、它们不得列入第十七类注释规定不包括的货品范围（参见相应的总注释）。

本品目的零件包括：

（一）气球及飞艇的零件，例如：

1. 吊篮、吊舱。
2. 气囊及其零件（支板或蒙皮）。
3. 承载铁环。
4. 副气囊。
5. 刚架及其构件。
6. 稳定器及方向舵。
7. 飞艇的推进器。

（二）有人或无人驾驶航空器（包括滑翔机及风筝式飞机）的零件。例如：

1. 飞机机身；机身体段；机身的内部或外部零件（雷达天线罩、尾椎、流线型壳罩、面板、隔板、行李舱、地板、仪表板、框架、门、紧急滑梯、窗、舷窗等）。
2. 机翼及其部件（翼梁、翼肋、横梁）。
3. 控制面，不论是否活动式（副翼、前缘缝翼、阻流板、折翼、升降舵、方向舵、稳定器、伺服调整片等）。
4. 机舱、整流罩、发动机吊舱及吊架。
5. 起落架（包括制动器及制动系统）及其收起设备；轮子（不论有无轮胎）；起落橇。
6. 水上飞机浮筒。
7. 螺旋桨、水平旋翼；螺旋桨及水平旋翼的桨叶；螺旋桨及水平旋翼的桨距调节机构。
8. 操纵杆（控制杆、方向舵脚蹬及其他各种操纵杆）。
9. 油箱，包括副油箱。

第八十九章 船舶及浮动结构体

注释：

已装配、未装配或已拆卸的船体、未完工或不完整的船舶以及未装配或已拆卸的完整船舶，如果不具有某种船舶的基本特征，应归入品目 89.06。

总 注 释

本章包括船、艇及其他各种船舶（不论是否自航的）和浮动结构体，例如，潜水箱、浮码头、浮筒等。本章也包括专供在水上（海洋、港湾、湖泊）行驶的气垫运输工具（气垫船），不论其是否能够在海滩或浮码头登陆，或是否能够在冰上行驶（参见第十七类注释五）。

本章还包括：

一、未制成或不完整的船舶（例如，未装配动力装置、导航仪器、起重或搬运机器、内部设施等的船舶）。

二、用各种材料制成的船体。

报验时未装配或已拆卸的完整船舶、船体，以及未制成或不完整的船舶（不论是否已装配），如果具有某种船舶的基本特征，应作为该种船舶归类；否则应归入品目 89.06。

与第十七类其他各章所列运输设备的规定相反，本章不包括单独报验的所有船舶或浮动结构体的零件（船体除外）及附件；即使它们可明显确定为船舶或浮动结构体的零件及附件，也不包括在内。这些零件及附件应归入本协调制度其他适当的品目，例如：

（一）第十七类注释二所指的零件及附件。

（二）木制的橹及桨（品目 44.21）。

（三）纺织材料制的缆绳（品目 56.07）。

（四）帆（品目 63.06）。

（五）具有品目 73.08 所列金属结构体特征的船桅、舱口、舷梯、栏杆、舱壁及船体的零件。

（六）钢铁制的缆索（品目 73.12）。

（七）钢铁制的锚（品目 73.16）。

（八）推进器及明轮（品目 84.87）。

（九）舵（品目 44.21、73.25、73.26 等）及其他船舶转向及操舵装置（品目 84.79）。

下列货品也不归入本章：

1. 观赏用船舶模型（例如，西班牙大帆船及其他帆船）（品目 44.20、83.06 等）。
2. 品目 90.23 所列的示范装置或模型。
3. 鱼雷、水雷及类似军需品（品目 93.06）。
4. 儿童乘骑的带轮玩具船舶及其他玩具（品目 95.03）。
5. 滑水橇及类似品（品目 95.06）。
6. 专门设计用于游乐场乘骑游乐设施、水上乐园娱乐设备或游乐场娱乐设备用的小船（品目 95.08）。
7. 超过一百年的古物（品目 97.06）。

兼可在陆地及某种水域（沼泽地等）上行驶的水陆两用机动车辆及气垫车辆，应作为机动车辆归入第八十七章；水上飞机及飞船应归入品目 88.02。

89.01 巡航船、游览船、渡船、货船、驳船及类似的客运或货运船舶：

10 — 巡航船、游览船及主要用于客运的类似船舶；各式渡船

20 — 液货船

30 — 冷藏船，但子目8901.20的船舶除外

90 — 其他货运船舶及其他客货兼运船舶

本品目包括所有客运及货运船舶，但不包括品目89.03所列的船舶、救生艇（划艇除外）、运兵船及医院船（品目89.06）；上述船舶适用于海上航运或内河航运（例如，在湖泊、运河、河流、港湾等地方的航运）。

本品目包括：

一、巡航船及游览船。

二、各种渡船，包括火车渡轮、汽车渡轮及小型过河渡轮。

三、油船（用于载运汽油、甲烷、酒等）。

四、运输肉类、水果等用的冷藏船。

五、各种货船（油船及冷藏船除外），不论是否专用于运输某种货物，包括矿砂船及其他散货船（用于运输谷物、煤等）、集装箱运货船、滚装船（水平装卸集装箱船）及龙门吊式载驳货船。

六、各种驳船及客货兼运平底船。

七、水上滑翔机式船舶、水翼船及气垫船。

89.02 捕鱼船；加工船及其他加工保藏鱼类产品的船舶

本品目包括各种海上或内陆水域商业捕鱼用的捕鱼船，但不包括捕鱼用划船（品目89.03）。这些捕鱼船包括拖网渔船及金枪鱼捕鱼船。

本品目还包括加工船（用以保藏鱼类等）。

通常在旅游季节供旅游用的捕鱼船也归入本品目。

但运动用捕鱼船不归入本品目（品目89.03）。

89.03 娱乐或运动用快艇及其他船舶；划艇及轻舟（+）：

— 充气船（包括刚性外壳的）：

11 —— 装有或设计装有发动机，空载（净）重量（不包括发动机）不超过100千克

12 —— 未设计装有发动机且空载（净）重量不超过100千克

19 —— 其他

— 帆船，充气船除外，不论是否装有辅助发动机：

21 —— 长度不超过7.5米

22 —— 长度超过7.5米但不超过24米

23 —— 长度超过24米

— 汽艇，非充气的，但装有舷外发动机的除外：

31 —— 长度不超过7.5米

32 —— 长度超过7.5米但不超过24米

33 —— 长度超过24米

— 其他：

93 —— 长度不超过7.5米

99 ——其他

本品目包括各种娱乐或运动用船舶，以及各种划艇及轻舟。

本品目包括游艇、喷水推进艇及其他帆船和汽艇、小艇、皮船、短桨划船、轻舟、脚踏船、运动用捕鱼船、可折叠或拆卸的充气式小艇及橡皮艇。

本品目还包括划桨救生艇（归入品目89.06的救生艇除外）。

但风帆滑水板不归入本品目（品目95.06）。

○

○ ○

子目注释：

子目8903.92

“舷外发动机”的解释，参见品目84.07的注释。

89.04 拖轮及顶推船

本品目包括：

一、拖轮。这种船舶主要用于拖带其他船舶，适于海上或内河航行。拖轮与其他船舶的区别在于它的船体外形特殊，并经特别加固；它的发动机功率特别大，超出船舶本身需要；它的甲板上装有各种装置，用以携带拖缆等。

二、顶推船。这种船舶专用于顶推平底船、驳船等，其主要特征是狮子鼻式的船头（供顶推用）及其高架驾驶室（有时可伸缩）。

本品目也包括兼可用作顶推船及拖轮的“顶推拖轮”。象顶推船一样，它同样有狮子鼻式的船头，但其船尾是倾斜着向外延伸的，可拖带驳船等。

救助遇险船舶用的拖轮也归入本品目。

本品目的船舶不适用于客货运输，但可装配灭火、泵送及货物加热等特种辅助设备。消防船不归入本品目（品目89.05）。

89.05 灯船、消防船、挖泥船、起重船及其他不以航行为主要功能的船舶；浮船坞；浮动或潜水式钻探或生产平台：

10 — 挖泥船

20 — 浮动或潜水式钻探或生产平台

90 — 其他

本品目包括：

一、灯船、消防船、挖泥船、起重船及其他不以航行为主要功能的船舶

这些船舶通常在固定地点执行其主要功能。它们包括：灯船；海底钻探船；消防船；各种挖泥船（例如，抓斗式或吸扬式挖泥船）；打捞沉船用的打捞船；固定停泊的航空救生船；深海生物调查潜艇；装有起重或搬运机器（例如，悬臂起重机、其他起重机、谷物提升机）的起重船及明显用作这些机器底座的浮船。

本组也包括水上住宅船、洗衣船及浮动工厂。

二、浮船坞

浮船坞是一种浮动修理厂，用以代替干船坞。

浮船坞一般为由一个平台及两个侧壁组成的U形横断面结构体，设有泵房，使其能部分浸没在水中，以便待修理的船舶驶进船坞。有些浮船坞可以拖带。

有一种浮船坞的功能与上述浮船相似，但装有大功率发动机，可自动推进，用以修理或运输水陆两用车辆及其他运输工具。

三、浮动或潜水式钻探或生产平台

这些平台一般用于勘探或开采海底储藏的石油或天然气。它们除装有悬臂起重机、其他起重机、泵、水泥灌浆设备，贮塔等钻探或生产设备以外，还设有工作人员居住区。

这些平台是被拖带（有些则可自动推进）到勘探或生产地点的，有时它也能从某一地点浮动到另一地点，其主要类型有：

（一）自升式平台。除作业平台本身以外，这种平台还配有各种装置（船体、沉箱等），以便自身浮起；另外还配有可伸缩支架，以便在工作地点降下，支撑在海床上，并使作业平台升到水平面上。

（二）潜水式平台。这种平台的底层结构在工作地点潜入水下，它的压载舱沉在海床上，以使水平面上的作业平台保持高度稳定，压载舱装有套筒或桩柱，可较深地插入海床中。

（三）半潜式平台。这种平台类似于潜水式平台，所不同的是其潜入水中的部分并不下沉到海床上。工作时可用锚链或动力定位设备将浮动平台保持在固定的位置上。

勘探或开采海底石油或天然气用的非浮动式或非潜水式固定平台不归入本品目（品目84.30）。

本品目也不包括渡船（品目89.01）、鱼类产品加工船（品目89.02）、海底电缆敷设船及气象船（品目89.06）。

89.06　其他船舶，包括军舰及救生船，但划艇除外：

10　—　军舰

90　—　其他

本品目包括品目89.01至89.05未具体列名的各种船舶。

它们包括：

一、各种军舰，它们包括：

（一）配备各种进攻性武器及防卸性武器，并装有防弹板（例如，装甲钢板或多层水密舱壁）或水下装置（防磁探雷器）的军用船舶。这些船舶一般还配有探测及监听装置，例如，雷达、声纳、红外线探测装置及无线电发射保密装置。

这些船舶与商船有下列区别：航速高，操纵灵活；船员多；油舱大；设有海上运输及使用弹药用的特种弹药舱。

（二）某些虽未携带武器或未装有装甲钢板，但仍可确定为完全或主要供作战用的特种船舶，例如，登陆艇、舰队辅助船只（用于运输弹药或鱼雷等）、军队运兵船。

（三）潜艇。

二、具有军舰的某些特征，但供政府部门（例如，海关及警察）使用的船舶。

三、装在船上的救生艇，以及停泊在沿海某些地点上供救助遇险船舶用的救生船。但划桨推进的救生艇应归入品目89.03。

四、科学考察船；实验船；气象船。

五、运输及系泊浮筒用的船舶；敷设海底电信电缆等用的放缆船。

六、引航船。

七、破冰船。

八、医院船。

九、处理河港挖掘物等用的底卸式平底船。

本品目还包括“拖囊”，即（利用简单拖带）运输流体及其他货品用的可折叠漂浮运输工具，它由涂布织物制的软质容器构成，可根据其外形（一般象一支雪茄烟）及其所配有的稳定器、牵引装置及浮力管等各种装置加以确定。

本品目也不包括：

（一）驳船（运载客货用的平底船）（品目89.01）。

（二）明显用作浮吊底座的船体（品目89.05）。

（三）支撑临时桥梁等用的空心圆筒式浮舟，以及各种筏（品目89.07）。

89.07 其他浮动结构体（例如，筏、柜、潜水箱、浮码头、浮筒及航标）：

10 — 充气筏

90 — 其他

本品目包括不具有船舶特征的某些浮动结构体。它们在使用时一般是固定的。它们包括：

一、支撑临时桥梁的空心圆筒式浮舟，但具有船舶特征的平底船除外（品目89.01或89.05）。

二、盛装活甲壳类动物或活鱼用的浮柜。

三、在某些港口内向船舶供应燃油、水等用的浮柜。

四、潜水箱，一种供建桥等用的浮箱。

五、浮码头。

六、浮筒，例如，系泊浮筒、标志浮标、灯标或装钟浮标等。

七、指示航道及标明航行危险等用的航标。

八、打捞沉船用的再浮器。

九、扫水雷器，一种扫雷用浮体。

十、各种筏，包括遇海水即可自动充气，适用于承载失事船舶上的人员的环形筏。

十一、作坞门用的浮动结构体。

本品目不包括：

（一）潜水钟，这是一种利用外部装置（即提升装置）升陆的金属箱。一般应归入品目84.79。

（二）安全带及救生衣（应按其构成材料归类）。

（三）风帆滑水板（品目95.06）。

89.08 供拆卸的船舶及其他浮动结构体

本品目仅包括报验时供拆卸用的品目89.01至89.07所列的船舶及其他浮动结构体。这些船舶及浮动结构体已废弃或损坏，其仪器、机器等可在报验前已经拆除。

第十八类　光学、照相、电影、计量、检验、医疗或外科用仪器及设备、精密仪器及设备；钟表；乐器；上述物品的零件、附件

第九十章　光学、照相、电影、计量、检验、医疗或外科用仪器及设备、精密仪器及设备；上述物品的零件、附件

注释：

一、本章不包括：

（一）机器、设备或其他专门技术用途的硫化橡胶（硬质橡胶除外）制品（品目40.16）、皮革或再生皮革制品（品目42.05）或纺织材料制品（品目59.11）；

（二）纺织材料制的承托带及其他承托物品，其承托器官的作用仅依靠自身的弹性（例如，孕妇用的承托带，用于胸部、腹部、关节或肌肉的承托绷带）（第十一类）；

（三）品目69.03的耐火材料制品；品目69.09的实验室、化学或其他专门技术用途的陶瓷器；

（四）品目70.09的未经光学加工的玻璃镜及品目83.06或第七十一章的非光学元件的贱金属或贵金属制的镜子；

（五）品目70.07、70.08、70.11、70.14、70.15或70.17的货品；

（六）第十五类注释二所规定的贱金属制通用零件（第十五类）或塑料制的类似品（第三十九章）；但专用于医疗、外科、牙科或兽医的植入物应归入品目90.21；

（七）品目84.13的装有计量装置的泵；计数和检验用的衡器或单独报验的天平砝码（品目84.23）；升降、起重及搬运机械（品目84.25至84.28）；纸张或纸板的各种切割机器（品目84.41）；品目84.66的用于机床或水射流切割机上调整工件或工具的附件，包括具有读度用的光学装置的附件（例如，“光学”分度头），但其本身主要是光学仪器的除外（例如，校直望远镜）；计算机器（品目84.70）；品目84.81的阀门及其他装置；品目84.86的机器及装置（包括将电路图投影或绘制到感光半导体材料上的装置）；

（八）自行车或机动车辆用探照灯或聚光灯（品目85.12）；品目85.13的手提式电灯；电影录音机、还音机及转录机（品目85.19）；拾音头或录音头（品目85.22）；电视摄像机、数字照相机及视频摄录一体机（品目85.25）；雷达设备、无线电导航设备或无线电遥控设备（品目85.26）；光导纤维、光导纤维束或光缆用连接器（品目85.36）；品目85.37的数字控制装置；品目85.39的封闭式聚光灯；品目85.44的光缆；

（九）品目94.05的探照灯及聚光灯；

（十）第九十五章的物品；

（十一）品目96.20的独脚架、双脚架、三脚架及类似品；

（十二）容量的计量器具（按其构成的材料归类）；或

（十三）卷轴、线轴及类似芯子（按其构成材料归类，例如，归入品目 39.23 或第十五类）。

二、除上述注释一另有规定的以外，本章各品目所列机器、设备、仪器或器具的零件、附件，应按下列规定归类：

（一）凡零件、附件本身已构成本章或第八十四章、第八十五章或第九十一章各品目（品目 84.87、85.48 或 90.33 除外）所包括的货品，应一律归入其相应的品目；

（二）其他零件、附件，如果专用于或主要用于某种或同一品目项下的多种机器、仪器或器具（包括品目 90.10、90.13 或 90.31 的机器、仪器或器具），应归入相应机器、仪器或器具的品目；

（三）所有其他零件、附件均应归入品目 90.33。

三、第十六类注释三及四的规定也适用于本章。

四、品目 90.05 不包括武器用望远镜瞄准具、潜艇或坦克上的潜望镜式望远镜及本章或第十六类的机器、设备、仪器或器具用的望远镜；这类望远镜瞄准具及望远镜应归入品目 90.13。

五、计量或检验用的光学仪器、器具或机器，如果既可归入品目 90.13，又可归入品目 90.31，则应归入品目 90.31。

六、品目 90.21 所称“矫形器具”，是指下列用途的器具：

预防或矫正躯体畸变；或

生病、手术或受伤后人体部位的支撑或固定。

矫形器具包括用于矫正畸形的鞋及特种鞋垫，但需符合下列任一条件：

（一）定制的；

（二）成批生产的，单独报验、且不成双的，设计为左右两脚同样适用。

七、品目 90.32 仅适用于：

（一）液体或气体的流量、液位、压力或其他变化量的自动控制仪器及装置或温度自动控制装置，不论其是否依靠要被自动控制的因素所发生的不同的电现象来进行工作的，它们将要被自控的因素调到并保持在一设定值上，通过持续或定期测量实际值来保持稳定，修正任何偏差；以及

（二）电量自动调节器及自动控制非电量的仪器或装置，依靠要被控制的因素所发生的不同的电现象进行工作的，它们将要被控制的因素调到并保持在一设定值上，通过持续或定期测量实际值来保持稳定，修正任何偏差。

总　注　释

一、本章总的内容及安排

本章包括范围很广的各种仪器及设备，一般来说，它们均具有深加工和高精度的特征；主要供科学研究（实验室研究工作、科学分析、天文学研究等）、各种专业技术或工业方面（计量、检验、监测等）及医疗方面使用。

本章主要包括：

（一）各种光学元件及光学仪器和器具，不仅包括品目 90.01 及 90.02 的简单光学元件，也包括从品目 90.04 的眼镜到用于天文学、照相、电影及显微观察的复杂光学仪器。

（二）某些具有特殊用途（测量、气象、绘图、计算等）的仪器及器具。

（三）医疗、外科、牙科或兽医用仪器及设备，以及与其相关的放射性治疗、机械治疗、氧气治疗、矫形和修复治疗等用的仪器及设备。

（四）测试材料用机器、仪器及设备。

（五）实验室用的仪器及设备。

（六）各种测量、检验及自动控制用的仪器及设备，不论其是光学的或电气的，特别是按照本章注释七的规定属于品目 90.32 的仪器及设备。

某些这类仪器是在有关品目中具体列名的，例如，复式光学显微镜（品目 90.11）、电子显微镜（品目 90.12）；其他仪器及设备则在有关品目中按具体学科、工业部门等作一般列名（例如，品目 90.05 的天文仪器、品目 90.15 的测量仪器及器具以及品目 90.22 的 X 光等射线的应用设备）。本章也包括用于医疗、外科、牙科或兽医的真空设备（品目 90.18）。

一般来说，本章包括的均为精密仪器及装置；但也有某些例外，例如，本章也包括普通护目镜（品目 90.04），简单的放大镜及不放大影像的潜望镜（品目 90.13），以及不论其精确度如何的分度尺和学生用尺（品目 90.17）、带装饰性的温度计（品目 90.25）。

除本章注释一另有规定的以外（例如，橡胶或皮革制的垫圈及仪表用的皮革膜片），本章的仪器、设备及其零件可用任何材料（包括贵金属或包贵金属，以及天然、合成或再造的宝石或半宝石）制成。

二、不完整或未制成的机器、设备等

［参见归类总规则的规则二（一）］

不完整或未制成的机器、器具、仪器或设备，只要具有相应的完整品或制成品的基本特征（例如，在报验时为未装光学元件的照相机或显微镜，以及未装累计装置的电表），即应作为完整品或制成品归类。

三、零件及附件

（本章注释二）

除本章注释一另有规定的以外，凡可确定为专用于或主要用于本章机器、器具、仪器或设备的零件及附件，应与相应的机器、器具等一同归类。

但上述的一般规则不适用于：

（一）零件及附件本身已构成本章或第八十四章、第八十五章、第九十一章某一品目的物品（品目 84.87、85.48 或 90.33 的除外）。例如，电子显微镜用的真空泵仍应作为泵归入品目 84.14；变压器、电磁铁、电容器、电阻器、继电器、电灯泡及电子管等仍归入第八十五章；品目 90.01 或 90.02 的光学元件，不论其将装配在何种仪器或设备上，均应归入前述两品目；钟表机芯则一律归入第九十一章；照相机即使其结构为专门用于其他仪器上的（例如，与显微镜、频闪观测仪等配套使用），仍归入品目 90.06。

（二）同时适用于本章不同品目的多种机器、器具、仪器或设备的零件及附件，应归入品目 90.33，除非其本身已构成其他品目具体列名的完整仪器等［参见上述（一）款］。

四、多功能或组合的机器、装置等；功能机组

（本章注释三）

本章注释三明确规定，第十六类注释三及四的规定也适用于本章（参见第十六类总注释的第六及第七部分）。

一般来说，多功能机器应按机器的主要功能归类。

多功能机器能够进行多种操作。

如果不能确定机器的主要功能，而且根据第十六类注释三的规定，也没有作出明确要求的条文，则可运用归类总规则三（三）进行归类。

组合的机器或装置是由两台或多台不同类型的机器或装置组成的整套设备，各台机器可同时或序贯执行各自的功能，这些功能一般是互补的，不同的功能列在本章的不同品目中。这种组合的机器或装置也应按其主要功能归类。

在执行上述规定时，各种不同的机器或装置如果是一台机器装在另一台机器的内部或上面，或者两者装在同一个底座、支架之上或同一个机壳之内，应作为一个整体对待。

对于一组机器或装置，除非其各台机器或装置是永久性连在一起，或装在同一个底座、支架上或机壳内，否则不能作为一个整体对待。临时组合使用的或通常在结构上不视为组合机器或装置的机器组合体也不能作为一个整体对待。

这些机器或装置的底座、支架或机壳可以装有轮子，以便在使用时可随意移动，但不能因此而构成本协调制度某一品目具体列名的一种物品（例如，车辆）。

地板、混凝土底座、墙、隔板、天花板等，即使经专门装配以备安装机器或装置，也不能视为是将有关机器或装置连成一体的共同底座。

当组合的机器或装置本身就可归入某个特定品目时，无需引用第十六类注释三的规定。

本章包括作为功能机组的由电气（含电子）仪器或装置构成的模拟或数字遥测系统，它们主要有：

（一）发送端的各种设备：

1. 一次探测器（变换器、发射器、模拟数字转换器等），用以将各种性质的被测参数转换成一种等比例的电流、电压或数字信号。

2. 测量放大、收发基本设备，用以在必要时将电流、电压或数字信号增大到脉冲或调频发射器所需的强度。

3. 脉冲或调频发射器，用以将模拟或数字信号传输到另一接收站。

（二）接收端的各种设备：

1. 脉冲、调频或数字信号接收器，用以将收到的信号转换成模拟或数字信号。

2. 测量放大器或转换器，用以在必要时放大模拟或数字信号。

3. 指示或记录仪器，用于标定原始参数并配有机械指针式或光电式显示器。

遥测系统主要应用于石油及天然气生产、各种生产管道、水管、煤气管及下水管设施，以及环境监测系统。

遥感脉冲信号的有线或无线收发设备仍应归入其各自相应的品目（酌情归入品目 85. 17、85. 25、或 85. 27），除非它们与上述（一）、（二）两款的仪器或设备组成一体或与之一起构成第九十章注释三所述的功能机组时，才随整机或整套仪器或设备归入本章。

*

*　*

除在有关注释中注明不包括的货品以外，本章还不包括下列货品：

（一）机器、设备或其他专门技术用途的某些物品，以硫化橡胶（硬质橡胶除外）制成的（品目 40. 16）、以皮革或再生皮革制成的（品目 42. 05）或以纺织材料制成的（品目 59. 11）。

（二）第十五类注释二所指的贱金属制通用零件（第十五类）及以塑料制成的类似品（第三十九章）。

（三）升降、搬运机械（品目 84. 25 至 84. 28 及 84. 86）；品目 84. 66 所列的用于机床或水射流切割机上调整工件或刀具的配件，包括具有光学读度装置的配件（例如，“光学分度头”），但其本身主要是光学仪器的除外（例如，校直望远镜）；雷达设备、无线电导航设备及无线电遥控设备（品目 85. 26）。

（四）安装有本章所列仪器或设备的航天器（品目 88. 02）。

（五）第九十五章的玩具、游戏品、运动用品及其他物品，以及它们的零件及附件。

（六）容量的计量器具，按其构成材料归类。

（七）卷轴、卷筒及类似的芯轴（按其构成材料归类，例如，归入品目 39. 23 或第十五类）。

90. 01　光导纤维及光导纤维束；光缆，但品目 85. 44 的货品除外；偏振材料制的片及板；未装配的各种材料制透镜（包括隐形眼镜片）、棱镜、反射镜及其他光学元件，但未经光学加工的玻璃制上述元件除外：

10　—　光导纤维、光导纤维束及光缆

20　—　偏振材料制的片及板
30　—　隐形眼镜片
40　—　玻璃制眼镜片
50　—　其他材料制眼镜片
90　—　其他

本品目包括；

一、光导纤维、光导纤维束及不归入品目85.44的光缆。

光导纤维是由折射率不同的玻璃或塑料同轴物构成，由玻璃抽丝制成的光导纤维覆有一层肉眼看不到的塑料薄层，以使纤维不易折断，光导纤维报验时通常绕于卷轴上，长度可达几公里，用于制造光导纤维束及光缆。

刚性的光导纤维束是将纤维整条用粘合剂粘合在一起，而挠性的光导纤维束则仅将纤维束的端头捆扎成束。有序排列的光导纤维束可用于传输影像，而无序排列的光导纤维束只能用于传输照明光。

本品目的光缆（可带有接头）是由有包皮的一束或多束光导纤维束构成，但其中的各单根纤维均未被覆。

光导纤维束及光缆主要用于光学设备上，特别是用于品目90.18的内窥镜上。

二、片状或板状偏振材料，由经特殊处理的塑料板片或在单面或双面衬有其他塑料或玻璃板片的“激活”塑料层构成。这类板片材料经裁切成形后制成下述四款（六）项的偏振元件。

三、玻璃制光学元件，经光学加工未作固定装配的。本品目的元件与第七十章的玻璃制光学元件区别在于其是否经过光学加工。

玻璃的光学加工通常分两步进行，即首先将表面加工成所需要的形状（如一定的曲面、适当的斜面等），然后进行表面抛光。加工时用研磨料研磨表面，先粗磨，再逐渐改为精磨，这一连续性的加工过程包括粗磨、精修、磨平及抛光。最后，对要求具有精确直径的镜片进行磨边，即所称的对心磨边加工。本品目仅适用于为获得所需光学性能，表面全部或部分经过了抛光加工的光学元件，因此它适用于经过上述研磨及抛光的元件，也适用于模制后抛光的元件。本品目不适用于仅经抛光前的一道或几道工序加工的未抛光元件，这些元件应归入第七十章。

四、未作固定装配的非玻璃制光学元件，不论是否经过光学加工［例如，石英（熔融石英除外）、氟石、塑料或金属制的元件，以及以氧化镁、碱金属卤化物或碱土金属卤化物的人工培养晶体制成的光学元件］。

由此制成的光学元件可产生所需的光学效应。它不仅限于透光（可见光、紫外线或红外线），并且所透光线必须发生某种变化，例如，经过反射、衰减、过滤、衍射、校准等。

仅为运输安全而作临时装配的光学元件，仍作为未装配元件对待。

根据上述有关玻璃制光学元件的规定，本品目包括：

（一）棱镜和透镜（包括用胶粘合的复合棱镜和透镜），不论其边缘是否经过修整。

（二）具有平面或平行面的板片及圆片（例如，用于检验表面平面度的验电板或光学测平仪）。

（三）眼科透镜，这些透镜可以是非球面、球面或圆柱面的，也可以是单焦点、双焦点或多焦点的，包括隐形眼镜片。

（四）构成光学元件的镜子，它们用于望远镜、放映机、显微镜等上，也用于医疗、牙科或外科仪器上，有时也用作汽车的后视镜。

（五）滤色镜（例如，用于照相机上的）。

（六）偏振元件（用于显微镜或其他科学仪器上，也用于太阳镜、观看立体电影的眼镜上等）。

（七）衍射光栅，它们有：

1. 高度抛光的玻璃，上面刻有等距平行的密集条纹（例如，在每毫米宽度上刻有100条条纹）。

2. 由粘在玻璃等基片上的塑料或明胶薄膜构成的复制衍射光栅，薄膜层带有由原始刻划光栅压印上的条纹。

这些光栅的用途与棱镜一样，用于光谱研究。

（八）干涉滤光片，由极薄的相间层片构成，例如，由中间夹有氟化镁和银夹层的两块玻璃片或者两个45°角的玻璃棱镜（组成一个立方体）构成，用作滤色镜或用以将光束分成两部分。

（九）半色调网屏或类似的网目印刷网屏（照相凹版制版及凸版制版用的原始网屏），以经精密抛光的玻璃制成，其网目结构一般为圆形或矩形（包括正方形），由以下物品构成：

1. 蚀刻有精细平行线并涂有使之不透明的特种清漆的两块玻璃板，彼此按平行线成直角方位密合而成；或

2. 具有通常为正方形小孔的单块玻璃板片，经蚀刻并涂有使之不透明的特种清漆。

某些上述光学元器件（透镜、棱镜等）是有色的或覆有冰晶石、钙或氟化镁等的抗反射膜，这并不影响它们归入本品目。

本品目不包括：

（一）非光学元件的人工培养晶体（通常归入品目38.24）。

（二）品目70.09的镜子，即未经光学加工的镜子。因此，普通平面镜子，甚至弧面镜子（例如，刮脸镜及粉盒镜）也应归入品目70.09。

（三）品目70.14的玻璃制光学元件，即未经光学加工的元件（一般为模制的）（参见品目70.14注释）。

（四）品目70.15未经光学加工的玻璃制品（例如，隐形眼镜、视力矫正眼镜及护目镜镜片的坯片、仪表玻璃的坯片等）。

（五）非光学元件的贵金属镜（第七十一章）及贱金属镜（品目83.06）。

（六）光导纤维、光导纤维束或光缆用连接器（品目85.36）。

（七）由多根具有独立护套的光纤组成的光缆（品目85.44）。

90.02　已装配的各种材料制透镜、棱镜、反射镜及其他光学元件，作为仪器或装置的零件、配件，但未经光学加工的玻璃制上述元件除外：

—　物镜：

11　——照相机、投影仪、照片放大机及缩片机用

19　——其他

20　—　滤光镜

90　—　其他

本品目包括已作固定装配（即已装在底座、框架等托架上的），适于安装在仪器或装置上的品目90.01注释中第二、三及四款所列的物品，但眼镜片除外（它们一经装配即成为品目90.04的眼镜、长柄眼镜或类似品）。因此，本品目的物品主要是用于与其他零部件一起装配成某种仪器，或者仪器的部件。本品目不包括其本身已构成器具的已装配光学元件，例如，品目90.13的手持放大镜及品目90.18的医疗或牙科用镜。

根据上述条件，本品目包括：

一、照相机、电影摄影机或投影机用的物镜、附加镜、滤色镜、取景器等。

二、显微镜或偏振计用的偏振滤光镜。

三、天文仪器、双筒望远镜或折射望远镜、显微镜等用的目镜及物镜（包括偏振的）。

四、用于作理化分析的仪器或装置（偏振计等）上的已装配棱镜。

五、用于望远镜、投影仪、显微镜，医疗或外科仪器等的已装配反射镜。

六、用于灯塔或航标上，并且已安装在底板或筒鼓上的光学元件（透镜或棱镜）。

七、明显作为光具座配件的已装配透镜。

八、已装配的半色调网屏或类似的网目印刷网屏。

光学仪器上的物镜是一组透镜，当对着物体时即可通过其获得物体的影像。物镜虽然可以是单个镜头，但一般是由一组透镜组装而成的。

目镜是接近眼睛观察的光学系统，通过它可看到一个放大的影像。

本品目不包括：

（一）仅为运输安全而作暂时装配的光学元件（品目 90.01）。

（二）不能作为仪器或装置配件的已装配光学加工玻璃镜（例如，某些后视镜、烟道或排泄管道检查镜，以及风洞观察用的特殊镜子）（品目 90.13）。

（三）放置在箱内的成套验光镜，供眼镜店用以装插在特殊框架上检验视力（品目 90.18）。

90.03 眼镜架及其零件：

— 眼镜架：

11 —— 塑料制

19 —— 其他材料制

90 — 零件

本品目包括品目 90.04 所列眼镜及其他物品的镜架及其零件（参见品目 90.04 的注释）。它们一般用贱金属、贵金属、包贵金属、塑料、龟壳或珍珠母制成，也可用皮革、橡胶或织物制成。例如，护目镜的框架。

镜架零件包括眼镜脚及眼镜脚芯、铰链或接头、镜圈、鼻梁架、托叶、夹鼻眼镜的弹簧装置、长柄眼镜的柄把等。

贱金属制的螺丝、链条（无挂扣件）及弹簧不应作为镜架零件，而应归入其各自所属的品目［参见本章注释一（五）］。

本品目还不包括有时也称为“眼镜”，但不归入品目 90.04 所列物品的镜架及其零件，例如，眼科医生验眼用的特制眼镜（品目 90.18）。

90.04 矫正视力、保护眼睛或其他用途的眼镜、挡风镜及类似品：

10 — 太阳镜

90 — 其他

本品目包括戴置于眼前，一般用于矫正某些视力缺陷或在尘埃、烟气等环镜中或强烈阳光下保护眼睛的物品（通常是由玻璃或其他材料制成的镜片或防护片和镜架组成），还包括观看立体（三维）影像用的眼镜。

矫正视力用的眼镜、夹鼻眼镜、长柄眼镜、单片眼镜等所配的镜片一般均经过光学加工。

护目镜及风镜所配的平面或曲面镜片一般有普通玻璃制（不论是否经光学加工或着色的）、安全玻璃制、塑料（聚甲基丙烯酸甲酯、聚苯乙烯等）制、云母制或金属制（丝网或孔板）的。这类物品包括太阳镜、登山或冬季运动用护目镜，以及飞行员、汽车驾驶员、摩托车手、化学家、焊工、翻砂工、制模工、喷砂机操作工、电工、修路工、采石工等使用的护目镜。

本品目还包括水下作业用的护目镜；可加装在其他眼镜（一般为矫正视力的眼镜）上，用作防护滤光镜或在某些情况下作附加视力矫正镜的活络眼镜（例如，太阳镜）；以及装有塑料镜片，用于观看立体电影的偏光眼镜（不论其镜架是否纸板制成的）。

零　件

眼镜及类似物品的镜架和镜架零件应归入品目90.03。未经光学加工的玻璃镜片归入品目70.15，经光学加工的则归入品目90.01；构成光学元件的非玻璃制镜片归入品目90.01；否则应归入本品目。

*

*　*

由于本品目只包括戴置于眼前的眼镜等物品，因此，遮护大部分脸部的物品不归入本品目（例如，焊接工的面罩、摩托车手的面罩及遮光帽檐、潜泳面罩）。

本品目也不包括：

（一）品目90.01的隐形眼镜片。

（二）观剧或观看比赛的带眼镜架望远镜及类似品（品目90.05）。

（三）玩具眼镜（品目95.03）。

（四）狂欢节用品（品目95.05）。

90.05　双筒望远镜、单筒望远镜、其他光学望远镜及其座架；其他天文仪器及其座架，但不包括射电天文仪器：

10　—　双筒望远镜

80　—　其他仪器

90　—　零件、附件（包括座架）

本品目包括：

一、双筒望远镜，例如，观剧望远镜、旅游或狩猎用双筒望远镜、军用双筒望远镜（包括夜视镜及某些潜望镜式双筒望远镜），以及眼镜式望远镜。

二、狩猎、旅游、航海、射击、疗养（观赏风景或天际）等用的望远镜，它们可以是不可调的（袖珍式或其他望远镜）或者带有调整焦距用的滑动套筒的，也可以是装在座架上的。某些望远镜附有投币装置，只有在投入硬币后才能使用。

三、天文折射望远镜。它不同于以反射镜作为物镜的反射望远镜，折射望远镜的物镜是以一组透镜构成，其中有些透镜的直径非常大。天文折射望远镜不配有会导致光通量损失的正像目镜。

本品目包括各种折射望远镜，不论其是用于单纯观察、观察及照相，或是照相观测专用的。配有作为完整仪器不可分割部分的照相机的折射望远镜仍归入本品目，但不是作为整个仪器不可分割部分的照相机应归入品目90.06。

四、反射望远镜。这是一种重要的通用天文仪器，其成初始影像的物镜是由具有相当大直径的镀银或镀铝的凹抛物面反射镜构成。

反射望远镜通常安装在大型座架上，并配备有大量附属设备。配有作为完整仪器不可分割部分的照相机的反射望远镜仍归入本品目，但不是作为整个仪器的不可分割部分的照相机则应归入品目90.06。

本品目包括施密特式反射望远镜，即通常所称的施密特照相机；这种装置在天文学研究中专门用来进行照相观测，它装有一个球面镜和一块置于球面镜弧心并与镜面平行的校正板，获得的影像记录在处于焦点上的凸面感光片上。

五、带有光电倍增管或变像管的天文望远镜。这类望远镜在原来目镜的位置上装上光电极板，入射光的能量能使极板受激逸出电子，这些电子经倍增和测量后即可得到被望远镜所接收到的入射光量，或者经聚焦（例如，经磁透镜）后在感光板或荧光屏上成像。

六、中星仪，用于观测天体经过观测点子午线的时刻（以地球自转为基础），主要由安装在东西向水平轴上，可以在子午面内旋转的望远镜构成。

七、赤道仪，装在一个赤道座架上，望远镜可绕一条与地球自转轴相平行的轴（极轴）及另一条与自转轴相垂直的轴（赤纬轴）转动。

八、天顶仪，即安装于座架上、能绕水平轴和垂直轴旋转的望远镜。

九、地平经纬仪或地平经度度盘，其望远镜可绕水平轴转动，而其架座则可绕垂直轴转动。这类仪器用于观测地平经度和地平纬度，经度仪是按同一原理设计的较小型仪器，但因为其是供测量用的，因此不归入本品目（品目90.15）。

十、定天镜，天文观测的辅助仪器，专用于把部分天光反射到一个立式或卧式的固定仪器（例如，望远镜、日光摄谱仪）中去，主要由两块平面反射镜组成，其中一块由时钟机构控制并以每48小时一圈的速度转动。

定日镜和定星镜是用于天文方面的特殊类型的定天镜。但某些也称为定日镜的测量仪器则不归入本品目（品目90.15）。

十一、日光摄谱仪及日光观测镜，用于研究日光的仪器。日光摄谱仪是用于以任何预定波长的光谱线拍摄太阳的照片，它具有一个取代目镜的带狭缝的分光镜，使得只有预定波长的光可以通过并照射到照相底板上。日光观测镜的工作原理和日光摄谱仪相同，但其高速摆动的狭缝却使观测者可以直接用肉眼观察太阳。也有使用其他方法获取同样效果的（例如，具有固定狭缝的旋转玻璃棱镜）。

十二、量日仪，一种物镜沿直径分为两半并可移动的望远镜，用于测量太阳的角直径及两个天体之间的角距。

十三、日冕仪及类似的仪器，用于在不发生日全食时观测日冕的仪器。

本品目还包括某些望远镜，特别是某些双筒望远镜。它们利用红外光和变像管把放大增强了的红外线图像转变成肉眼可见的图像；这类红外线仪器一般在夜间使用，特别是供军用。也包括利用光放大器（也称图象增强器）把低于视阈的图像亮度增强到可视图像的水平的望远镜、双筒望远镜及类似品。

但按照本章注释四的规定，本品目不包括装配在武器上的望远镜式瞄准具、装配在潜艇或坦克上的潜望镜式望远镜，以及装配在本章或第十六类各种机器、器具、仪器或设备上的望远镜（例如，装配在经纬仪、水平仪或其他测量仪器上的望远镜）（品目90.13）。

零件及附件

根据本章注释一及二的规定（参见总注释），本品目包括本品目所列货品的零件及附件。这些零件及附件有：框架、外壳、管套及座架；用于测量行星直径的赤道仪上用的十字丝测微计（这种装置由装在望远镜目镜上的刻度盘和两根固定细丝及一根可移动细丝构成）；带有马达，用以驱动天文仪器的葛尔理斯氏驱动装置。

*

* *

本品目不包括：

（一）用于安装或便于操纵仪器的上部结构物（圆顶、平台、操纵台等）；它们应归入各自所属的适当品目（例如，第十五类）。

（二）单独报验的光学元件，例如，反射镜、透镜及棱镜（酌情归入品目90.01或90.02）。

（三）闪视比较仪，天文研究中用来比较天区的底片，以发现新的星球（品目90.11）。

（四）“门眼”或门上窥视透眼（品目90.13）。

（五）用以根据星辰来确定地面方位的仪器，例如，六分仪（品目90.14）。

（六）用于研究光谱图的显微光度计或微光密度计（品目90.27）。

（七）天文钟（第九十一章）。

90.06　照相机（电影摄影机除外）；照相闪光灯装置及闪光灯泡，但品目 85.39 的放电灯泡除外：

30　—　水下、航空测量或体内器官检查用的特种照相机；法庭或犯罪学用的比较照相机

40　—　一次成像照相机

—　其他照相机：

53　——　使用胶片宽度为 35 毫米

59　——　其他

—　照相闪光灯装置及闪光灯泡：

61　——　放电式（电子式）闪光灯装置

69　——　其他

—　零件、附件：

91　——　照相机用

99　——　其他

一、照相机（电影摄影机除外）

本组包括各种照相机（电影摄影机除外），不论是专业用或是业余用，也不论报验时是否带有光学元件（镜头、取景器等）。照相机内含化学基料（如，卤化银）的胶卷、底片或纸张经与来自照相机光学系统的图像或光曝光，引起这些胶卷、底片或纸张的化学变化。需要作进一步的处理，才能得到看得见的图像。

照相机有多种类型，但传统类型的照相机基本是由不透光的机箱、镜头、快门、光圈、照相底片或胶卷暗盒及取景器构成，这些基本部件的差异构成了各种不同的照相机，例如：

（一）暗箱式照相机，这是最简单的机型；

（二）折叠式照相机，为照相馆或业余摄影者使用；

（三）反光式照相机，大部分这类照相机是把由物镜接收到的影像通过一个作为反射镜的特殊棱镜反射至取景器（单镜头反光式），其他这类照相机则有两个物镜，通过取景物镜接收到的影像经反射后投影到照相机顶部的屏上（双镜头反光式）；

（四）袖珍照相机，一般使用盒式胶卷，但也有使用圆盘式胶片的。

这种照相机还可装有自动聚焦系统、胶卷卷饶驱动器、内置闪光灯及液晶显示器，它们全部由微处理器控制。

本组包括的照相机有：

1. **立体照相机**，具有两个匹配的镜头和一个能使两幅底片同时曝光的快门。

2. **全景照相机**，用于拍摄宽广的全景照片或长列的人物集体照。这类照相机以恒速围绕垂直轴转动，使垂直窄缝经过底片或胶卷，使之曝光。

3. **记录照相机**。这类照相机一般无快门，通过使胶卷在镜头后连续行进的方式进行拍摄。它们通常与其他仪器连用（例如，阴极射线示波器），以记录瞬间或超速现象。

4. **一次成像照相机**（便携式或箱式），这种照相机在感光片完成曝光后自动进行冲洗，因此在短时间内即可取得拍成的照片。用硬币、代币或者磁卡操作的一次成像箱式照相机应归入本品目，而不归入品目 84.76。

5. **配有可拍摄大视场角景像的广角镜头的照相机**，特殊的广角镜头可用于摄取地平线上全方位的景像。最大视角的广角照相机可在按动快门进行曝光的同时转动镜头。

6. **“一次性”照相机**，也称“单次性使用”或“一次性使用”照相机，其预先装入的胶卷使用后一般不能更换。

7. **观察照相机**。这种照相机由可伸缩皮腔连接于前面板和后面板而构成，前面板和后面板可在固定的基座上转动。前面板用以夹住镜头使之安装在镜头板上，后面板装有底片夹。利用皮腔使镜头板与底片夹相连接，并使其相互能自由移动。

8. **配有气密或水密罩的照相机**，用于水下摄影。

9. **带快门自动释放装置的照相机**（例如，有电子操纵快门的照相机）。它们用时钟机构进行控制，可有规律地在每段时间里进行一连串的拍摄。这类照相机还包括专门用于进行偷拍的照相机，其快门释放装置的电路中装有一只光电管，有的外形就像一只小手表。

10. **航空测量照相机**，可按预定的时间间隔进行连续拍摄，用重叠拍摄的方法获得条幅式地形像片。某些航空测量照相机配备有几个镜头，可进行垂直或倾斜航空拍摄。这类摄影机也包括用于航空摄影测量的。

11. **大地摄影测量用照相机**，由固定在三角架上的两部相联照相机构成，用于进行同步拍摄。这类照相机主要用于考古学研究、古迹维修及道路事故拍摄等。

12. **供法庭或犯罪学用的比较照相机**，这种照相机可同时拍摄两个物体并进行图像比较，它们用于鉴定指纹、查验伪造文件等。

13. **医疗或外科用照相机**，例如，可插入胃中，用于检查并诊断胃病的胃镜照相机。

本品目不包括用于上述用途的视频摄像机（品目85.25）。

14. **缩微照相机**。

15. **复制文件**（信函、收据、支票、汇票、定单等）**用的照相机**，也包括将文件照相记录到缩微胶卷、缩微胶片或其他缩微品以及感光纸上的摄影仪。

16. **通过激光束在感光胶卷上生成一般为数字格式的“印刷电路板”隐像**（随后用于生产印刷电路板）**的激光摄影测图仪**。它由键盘、屏幕（阴极射线管）、光栅图像处理器及图像重放设备组成。

17. **以照相制版法制取印版或印版滚筒用的照相机**，这类设备的体积一般都较大，并且与上述其他类型的照相机有较大差别。它们包括：

（1）立式及卧式制版照相机、三色照相机等。

（2）拍摄预先以手工或机械方式排好的活字版面的照相机。

（3）插图（照片、幻灯片等）三原色分色设备，主要由一个光学装置和一台电子计算器组成，以照相方式生产用于制版的网点负片及校正负片。

（4）通过激光束在感光胶卷上生成一般为数字格式的隐像（例如，用以重放连续色调的数码艺术品的彩色幻灯片）的激光摄影测图仪。在重放图像时，首先选定原色（青绿色、品红色及黄色），然后通过自动数据处理器或光栅图像处理器将每一种颜色分别转换为光栅数据。光栅图像处理器可装配在摄影测图仪中。

以照相复印或热敏复印方法制作印版或印版滚筒的设备不归入本品目，而应归入品目84.43。照相放大或缩小设备归入品目90.08。

二、照相闪光灯装置及闪光灯泡

本组货品包括供专业或业余摄影、照相室或照相凹版制版车间用的照相闪光灯装置及闪光灯泡。

这类装置能发出瞬间强光（闪光），因而可与品目94.05的照相照明装置加以区别。

照相闪光可以由电气或机械点燃的装置或放电灯产生（参见品目85.39的注释）。

它们包括：

（一）单独的闪光灯泡

这种灯泡内装有活性材料及点燃装置（灯丝或电极），由电流引发化学反应，产生闪光。它只能使用一次。

闪光灯泡最常见的种类有：

1. 充氧灯泡，内装铝、锆、铝镁合金或铝锆合金等的丝或细箔条。

2. 在灯泡电极上粘附有由一种或多种金属粉末（例如，锆粉）与氧化剂混合而成的糊状圆球的灯泡。

（二）方形闪光灯

这种方形装置有四个闪光灯泡和四个反光碗，它们依次由以通电或机械方式引发的导火材料点燃。

（三）电池闪光灯

这种灯装有电池和以放电激发的闪光灯泡或闪光灯管，并通常由照相机快门内的同步装置控制。

使用放电灯的这些装置比较复杂。但不论是单个还是由几个元件组成的，它们一般都是由以下几部分构成：

1. 电源，电池或蓄电池组；它们利用电容器充放电原理进行工作，并通常由与照相机快门连在一起的同步装置控制，有些还带有变换闪光强度及持续时间的装置。

2. 放电灯及其灯座和反射镜。

3. 控制灯。

4. 连接附加闪光灯的插座。

不带闪光灯灯座及反射镜的电源装置，如带有放电元件和闪光触发装置及可能附有的变换闪光强度及持续时间的辅助装置，可视为已具备完整品基本特征的不完整品归入本品目。

零件及附件

根据本章注释一及二的规定（参见总注释），本品目包括本品目所列货品的零件及附件。这些零件及附件有：照相机机身、皮腔、球窝式云台、快门及光圈、自拍机（包括延时释放器）、底片或胶卷暗盒、遮光罩、法医摄影上用以固定照相机的专业支架或底座（其常配有放电灯，并装有可调校准杆，用以改变照相机的高度）。

另一方面，本品目不包括独脚架、双脚架、三脚架及类似品（品目 96. 20）。

*

*　*

本品目不包括配有以照相方式记录影像的装置，它们主要用于其他用途，例如，用于望远镜、显微镜、摄谱仪、频闪观测器。单独报验的照相机，即使是某一设备（望远镜、显微镜、摄谱仪、摄影经纬仪、频闪观测器等）的专用附件，仍应归入本品目，而不作为该设备的零件归类。

本品目还不包括：

（一）半色调网屏或类似的网目印刷网屏（酌情归入品目 37. 05、90. 01、90. 02 等）。

（二）感光复印或热敏复印设备（品目 84. 43）。

（三）数码照相机（品目 85. 25）。

（四）数码照相机后背（品目 85. 29）。

（五）放电灯管（品目 85. 39）。

（六）品目 90. 08 的照片放大及缩小机。

（七）电子衍射装置（90. 12）。

（八）照相测距器（品目 90. 15）及测光表（品目 90. 27），不论其是否可装于照相机上使用的。

（九）X 射线衍射照相机（与 X 射线设备配套，用于检验晶体）及射线照相设备（品目 90. 22）。

90. 07　电影摄影机、放映机，不论是否带有声音的录制或重放装置：

10　—　　摄影机

20　—　放映机
　　—　零件、附件：
91　——　摄影机用
92　——　放映机用

本品目包括：

一、电影摄影机（包括拍摄显微电影的摄影机），它们在工作原理上与品目90.06的照相机相类似，但又具有快速连续拍摄连贯影像的特点。

二、可将影像和声音记录在同一胶片上的电影摄影机。

三、固定或便携式电影放映机，用于透射放映电影片（不论影片上是否录有声迹）。电影放映机具有一个主要由光源、反射镜、聚光及投影透镜构成的光学系统，还有一个一般由马氏间隙机构构成，用于拉动影片间歇地通过光学系统的机械部分。影片的移动速度通常与原摄制时的速度相同，并且在通过片门时光路会被遮断。电影放映机的光源一般为电弧灯，但也有使用白炽灯的。它们可配有倒片装置及风扇。有些放映机可配有冷冻水冷却系统。

本品目包括特殊类似的电影放映机，例如，为了对拍摄到的现象进行科学研究，把经放大到各种不同倍数的影像放映到平面光学屏幕上的放映机。它既可以进行单幅画面投射观察，也可以以每秒若干幅画面的走片速度进行连续投射观察。但另一方面，影片剪辑专用的活动影片观察器不应归入本品目（品目90.10）。

电影放映机可装有录音或还音机构，它们装有带光电拾音头及耦合器的阅读器。大多数商业电影的声轨都是以双重格式（即模拟格式及数字格式）拷贝的。模拟格式声轨拷贝在画面与齿孔之间，而数字格式声轨则可拷贝在胶卷边缘、齿孔之外或齿孔之间。有些商业电影仅在胶卷边缘印有模拟式声轨及数字式时间码信息，数字式声轨并不拷贝在胶卷上，而是单独记录在光盘驱动器上。当电影胶卷通过阅读器时，由光电拾音头读出模拟声轨，由耦合器读出数字声轨；耦合器还可读出时间码信息，以确保光盘驱动器放出的声音与放影移动画面同步。双重格式音轨的印拷贝到在其中一种声轨格式受损或声音重放设备没有双重格式阅读功能的情况下，仍可重放声音。

其他电影放映机按影片声轨的录制方式装有光电或磁性拾音头，或者同时装有两种拾音头以供选择使用。

本品目包括不论是电影业还是业余爱好者使用的活动画面摄影机等，还包括特种电影摄影机，例如，安装在飞机上的航空摄影机；用于在水中拍摄电影的防水摄影机；彩色电影、三维（立体）电影或全景电影的摄影机及放映机。

在报验时未带有光学元件的电影摄影装置仍归入本品目。

零件及附件

根据本章注释一及二的规定（参见总注释），本品目包括本品目所列货品的零件及附件。这些零件及附件包括：摄影机机身、云台、球窝式云台、用于消除电动机噪声的壳套（防声罩）（但以纺织材料制成的应归入品目59.11）；可作为放映机座架的便携式放映机的箱壳；影片清洁装置（实验室设备用的这类装置应归入品目90.10）。可同时将胶卷送入或倒出电影放映机用的多层胶卷卷轴。

另一方面，本品目不包括独脚架、双脚架、三脚架及类似品（品目96.20）。

*

*　*

对于配有以电影摄影方式记录影像的仪器及设备（例如，显微镜、频闪观测器）的归类，参见品目90.06注释中的有关部分。

*

*　*

本品目不包括：

（一）第八十四章的升降、搬运机械（例如，摄影机移动车）。

（二）非与本品目仪器同时报验并构成不可分割部分的传声器、扬声器及声频扩大器（品目85.18）。

（三）声音的录制或重放设备及电视音像的录制重放设备（品目85.19或85.21）。

（四）光电拾音头（品目85.22）。

（五）电视摄像机（品目85.25）。

（六）视频投影机（品目85.28）。

（七）电影实验室用设备，例如，接片机、剪辑台等（品目90.10）。

（八）玩具电影放映机（品目95.03）。

90.08　影像投影仪，但电影用除外；照片（电影片除外）放大机及缩片机：

50　—　投影仪、放大机及缩片机

90　—　零件、附件

一、前一品目所列的设备是将活动影像放大投影到屏幕上，而本品目的设备则用于投影静止的影像，其中最常见的是幻灯机（透射幻灯机），用于投影透明物体（幻灯片或透明画片）的影像。它有两组透镜：一组聚光镜和一组投影镜，透明画片放置在两组透镜之间，聚光镜将光源成像在投影镜上，而投影镜将透明画片成像在屏幕上。幻灯机使用一个强力光源，发出的光经一个反射镜聚集；放映的幻灯片可以手工更换，也可以由操纵者控制的电磁体或电动机驱动的半自动或由定时装置控制的全自动方式进行更换。

某些类型的幻灯机（字幕片投影仪）具有屏面宽大的物镜，用于投影书写或绘制在透明正片上的内容。

反射投影仪是一种把强光照射下的不透明物体放大影像投射到屏幕上去的投影仪。光束照射在物体的表面，再由物体表面反射出来经透镜投射到屏幕上。

透反射两用幻灯机是一种既可作为透射幻灯机，也可作为反射投影仪使用的投影仪。

本品目包括用于学校、课室等的幻灯机和其他静止影像投影仪；光谱投影仪；投影射线照片的仪器；放大缩微胶卷、缩微胶片或其他缩微品的阅读机（不论是否具有感光复制这些缩微品的辅助功能）；以及用于制作印版或印版滚筒的投影装置。

本品目还包括带有小屏幕，可将幻灯片的放大影像投射在上面的投影仪。

二、本品目包括照片放大机和缩片机（电影用的除外）。它们通常由光源、漫射屏或聚光镜、底片夹持器、一个或多个具有调焦装置（大多为自动的）的物镜以及夹持感光纸的纸夹构成；这些部件均安装在一个可进行垂直或水平调整的座架上。

印刷工业中用来制作印版或印版滚筒的照相放大机和缩小机也归入本品目。

*

*　*

所有上述设备不论在报验时是否带有光学部件均归入本品目。但单独报验的光学元件则不归入本品目（酌情归入品目90.01或90.02）。

零件及附件

根据本章注释一及二的规定（参见总注释），本品目包括本品目所列货品的零件及附件，这些零件及附件包括机身、框架及支座、放大机遮光框、缩微胶卷或单片缩微胶片馈入器。

*

*　*

本品目还不包括：

（一）半色调网屏或类似的网目印刷网屏（酌情归入品目37.05、90.01、90.02等）。

（二）带有光学系统并配有一个小的玻璃影像定位屏的缩微胶卷感光复印设备（品目84.43）。

（三）将电路图投影到感光半导体材料上的装置（“投影掩模重合”）（品目84.86）。

（四）投影仪、投影板、显示装置或监视器（品目85.28）。

（五）电影片的缩小及放大印片机（例如，用于从不同规格的原底片印制拷贝的设备）（品目90.10）。

（六）可进行影像投影的复式光学显微镜（品目90.11）。

（七）用于检查反转片的单镜头幻灯片放大观察器（品目90.13）。

（八）摄影测量失真校正（“矫正”）设备（品目90.15）。

（九）轮廓投影仪（品目90.31）。

（十）玩具幻灯机（品目95.03）。

【90.09】

90.10　本章其他品目未列名的照相（包括电影）洗印用装置及设备；负片显示器；银幕及其他投影屏幕：

10　—　照相（包括电影）胶卷或成卷感光纸的自动显影装置及设备或将已冲洗胶卷自动曝光到成卷感光纸上的装置及设备

50　—　照相（包括电影）洗印用其他装置及设备；负片显示器

60　—　银幕及其他投影屏幕

90　—　零件、附件

一、本章其他品目未列名的照相（包括电影）洗印用装置及设备

本组包括：

（一）自动冲洗胶卷或将已冲洗胶卷曝光到成卷感光纸上用的机器。

（二）专用胶片显影槽，用金属、塑料、陶瓷等制成，一般均带有支杆、把胶片从冲洗液中取出的篮子等的装置，有些显影槽还可对胶片进行漂清、定影及水洗。

（三）明显专门用于照片洗印的特制盘（用塑料、不锈钢、搪瓷等制成），但不包括也可作其他用途的盘子（例如，也可供实验室或医院用的普通盘）。

（四）底片冲洗槽，包括旋转式冲洗设备。

（五）照片干燥器、上光器、干燥上光器（单面、双面、旋转式等）；干燥机（手动式等）；橡皮滚子；明显装于上述器具或单独使用的抛光不锈钢板片及镀铬板片。

（六）接触式印相用的印相框，包括真空印相框（用金属或金属和木料制成）；印相机（供专业或业余摄影者等使用）；以及不带显影器，仅作曝光用的受照夹架。

（七）照相及电影制片用的胶片剪切器及设备。

（八）修饰底片用的专用底片夹。

（九）照相用干粘贴夹。

（十）电影制片厂的专用机器及设备，例如：

1. 不论是否全自动的洗片机。

2. 胶片分裁机（例如，用于把35毫米胶片裁成两条16毫米胶片）。

3. 印片机及电影片缩印和放大印片机（光学印片机）。

4. 光学技巧机。

5. 用于编辑和调节声片同步的配音控制设备。

6. 将影片上的声迹影像“延迟”和放大后转到一条纸带上供同步和配音使用的录音设备。

7. 影片清洁机；对需复制的残旧负片进行修补的机器；清洁修补联合机；负片清洁机。

8. 上蜡机，用于在涂布有乳剂的影片面的两边涂上一层薄蜡。

9. 接片机（手动式或脚踏式等）。

10. 影片剪辑设备，可带有画头和拾声头，用于进行声像同步编辑等。

单独报验的画头，以及带有拾声头并且与装在同步台上画面取景器配用的装置也归入本品目，但单独报验的拾声头除外（品目 85.22）。

11. 影片穿孔编号机。

12. 加工处理影片的剪辑台（配有卷轴倒片器）、用于卷绕底片的专用倒片机（例如，印片后使用的）、检测胶片长度的量片机和长度计数器（单独报验的计数机械装置除外，参见品目 90.29）。

13. 影片字幕放映设备。

14. 对印好的电影片进行编辑的看片器，这类看片器可带有声音录制或还音设备。

（十一）照相馆用于检查照片底片的静止影像看片器。

（十二）用于复制图样的专用设备（品目 84.43 的感光复制设备除外），例如，以氨熏法使特殊晒图纸显影的设备。

二、负片显示器

负片显示器主要在医学上用于检视射线照片或无线电传真照片；各种类型的负片显示器差异较大，既有墙挂式灯箱，也有射线照片自动供片观察器。

三、银幕及其他投影屏幕

本类屏幕用于电影院、学校、课堂等，也包括放映三维影像用的投影屏幕，以及平时卷折起放置于套子或箱中的便携式屏幕。便携式屏幕可安装在三角架上、竖立在桌上或悬挂在天花板上。

投影屏幕通常由涂布成白色或银色，或者涂布有玻璃微粒（微球体）的织物制成，也有以塑料片制成的；这些织物或板片一般穿有排孔。归入本品目的物品必须具有投影屏幕的明显特征（例如，经折边或卷边，或带孔眼）。

零件及附件

根据本章注释一及二的规定（参见总注释），本品目也包括可确定为专用于或主要用于本品目器具或设备的零件及附件。

*

*　*

本品目不包括：

（一）摄影（包括电影摄影）工作间的设备，例如，照明设备、反射器、聚光灯、各种电灯泡及电灯管、音响效果设备、话筒吊架、布景等，它们均应归入各自所属的相应品目中。

（二）半色调网屏或类似的网目印刷网屏（酌情归入品目 37.05、90.01、90.02 等）。

（三）各种纸或纸板的裁切机器（品目 84.41）。

（四）将电路图投影或绘制到感光半导体材料上的装置（品目 84.86）。

（五）扬声器、传声器及声频放大器，但报验时已构成本品目装置不可分割的部件除外（品目 85.18）。

（六）将文件照相记录到缩微胶卷、缩微胶片或其他缩微品上的摄影仪（品目 90.06）。

（七）X 射线荧光增感屏（品目 90.22）。

（八）曝光计算盘及计算尺（品目 90.17）；曝光表、光度计、光密度计、色温计（品目 90.27）。

（九）手动数码打印机（品目 96.11）。

90.11　复式光学显微镜，包括用于显微照相、显微电影摄影及显微投影的：

10　—　立体显微镜

20　—　显微照相、显微电影摄影及显微投影用的其他显微镜

80　—　其他显微镜

90　—　零件、附件

品目 90.13 的放大器具仅作一级放大，其放大率较低，而本品目的复式光学显微镜具有用以观察已放大物体影像的第二级放大透镜系统。

复式光学显微镜通常具有：

一、光学系统，主要由一个形成物体放大像的物镜和一个再将物镜所成的像加以放大的目镜构成，该光学系统一般还带有从待察物体下方进行照明的装置（用反射镜反射内部或外部光源的光照明），以及一组用于把反射镜反射的光束聚集到待察物体上的聚光镜。

二、一个检件台、一个或两个目镜筒（视单目或双目显微镜而定），以及一个物镜座（一般为旋转式）。

整个显微镜安装在一个配有支架及各种调节机构的机座上。

本品目包括业余、教学、工业或科研所使用的显微镜，它们在报验时不论是否带有光学元件（物镜、目镜、反射镜等）均归入本品目。这些显微镜有：通用显微镜、偏光显微镜、金相显微镜、立体显微镜、相衬及干涉显微镜、反射显微镜、带绘图装置的显微镜、检验钟表宝石的专用显微镜、带加温或冷冻检件台的显微镜。

特殊用途的显微镜包括：

（一）毛线虫镜，一种用于检查疑有毛线虫的猪肉的投影显微镜。

（二）某些制造工序中所用的测量或检验用显微镜，它们既有常规类型的，也有供装于机器上用的特殊类型的。这类器具包括：比较显微镜（用于比较精密工件和标准件的表面光洁度）、座标显微镜（用于钟表零件的定位）、工具显微镜或其他测量显微镜（用于测量工件的螺纹、轮廓、齿轮刀具或其他刀具的轮廓等），可直接放置于待察物体上的小型便携式显微镜（进行布里奈尔氏硬度检验、字模印版的检验等）、定心显微镜（安装在机床装刀具的轴上，用于工件的定位）等。

某些上述定心显微镜（例如，用于检验工件轮廓的显微镜）可带有通常是装在显微镜顶部的小圆形屏幕投影装置。

（三）实验室测量显微镜，例如，用于测量光谱图谱线间距的显微镜。

（四）外科医生对身体的细微处施行手术时用的外科显微镜。其光源产生的独立光路能形成一个三维象。

*

*　*

本品目还包括：

1. 显微照相及显微电影摄影用显微镜，除用于对标本作目视观察外，还可将放大了的影像拍摄下来。这类装置既有由显微镜与照相机或电影摄影机固定装配在一起构成的（通常是为此专门设计的），也有将普通显微镜与照相机或电影摄影机用简单的适配器临时装配在一起而构成的。

单独报验的显微照相机或显微电影摄影机不归入本品目（分别归入品目 90.06 或 90.07）。

2. 以复式放大的方式进行显微投影用的显微镜，用于将经过装置中的显微镜放大了的影像进行垂直或水平投影。这种装置所配备的特殊显微镜可进行焦点快速变换，应用于教学、科研及医学示范室、技术实验室等。

零件及附件

根据本章注释一及二的规定（参见总注释），明显专用于或主要用于显微镜上的零件及附件仍归入本品目。它们包括：

镜架（镜筒架、底座等）、目镜筒及旋转式物镜筒（不论是否装有透镜）、检件台（包括加温或冷冻台）、标本导轨、描绘影像的光学装置、光阑调节杆等。

*

* *

本品目还不包括：

（一）玻璃制载物片或盖片（品目70.17）。

（二）眼科用双目显微镜（品目90.18）。

（三）供显微镜观察用的制成标本玻片（品目90.23）。

（四）检镜用切片器；折光仪（品目90.27）。

（五）非显微镜或显微投影设备的轮廓投影仪及其他带光学装置，用于检验加工工件的设备，例如，光学比较仪、测量台等（品目90.31）。

90.12 显微镜，但光学显微镜除外；衍射设备：

10 — 显微镜，但光学显微镜除外；衍射设备

90 — 零件、附件

本品目包括：

一、电子显微镜。与光学显微镜不同，这种显微镜是以电子束代替光束。

普通类型的电子显微镜是由下列装置封闭在一个共同机座内构成：

（一）电子发射和加速装置（通称为电子枪）；

（二）由静电或电磁“透镜”（由充电极板或带电流线圈构成）组成的系统，其作用与普通显微镜的光学系统相同；上述“透镜”起到聚光镜、物镜及投影镜的作用。在该系统的物镜和投影镜之间通常还装有称为“场镜”的装置，在不改变扫描幅度的情况下调整放大倍率；

（三）检件台；

（四）保持电子管真空用的真空泵装置，有些为独立装置，通过管道与电子显微镜相联接；

（五）进行目视观察的荧光屏及图像照相机构等部件；

（六）装有控制及调整电子束元器件的控制台及控制板。

本品目还包括扫描电子显微镜，它是用一束很细的电子束不断扫描样品的不同点，通过对透射电子、产生的次级电子或光频射线进行测定而获得信息，并转换成图像在显微镜的监视荧屏上显示出来。

电子显微镜在理论科学（生物学或医学研究、分析物质成分等）和工业技术（分析烟尘、纺织纤维、胶体等，以及检验金属、纸张等的结构）上有着广泛的用途。

二、质子显微镜。它不使用电子，而是使用波长比电子束短四十倍的质子束来获得更佳的分辨能力和放大倍数更高的图像。

质子显微镜的结构及功能与电子显微镜的差别不大，不同的是以质子枪代替电子枪及以氢气作为气源。

三、电子衍射设备。该设备将电子束投射到检件，产生衍射图样并将其拍摄下来。通过对衍射图所呈的一系列光环的直径、强度和清晰度进行计算，即可测定检件晶体的大小、取向及原子排列。

这类主要用于研究腐蚀、润滑、催化现象等的设备在原理上与电子显微镜区别不大，并具有相同的主要部件（电子枪、阴极射线管、电磁线圈、检件夹等）；需要注意的是某些电子显微镜也装有衍射暗箱，这样它们就具有双重功能（目视观察和获得衍射图样）。

*

* *

零件及附件

根据本章注释一及二的规定（参见总注释），本品目包括专用于或主要用于显微镜或衍射设备的零件及附件，但光学显微镜用的除外。例如，镜架、镜筒及检件台。另一方面，本品目不包括真空泵（品目84.14）、电池、整流器等电气设备（第八十五章），以及电压表、毫安计等电测量仪表（品目90.30）

90.13　激光器，但激光二极管除外；本章其他品目未列名的光学仪器及器具：

10　—　武器用望远镜瞄准具；潜望镜式望远镜；作为本章或第十六类的机器、设备、仪器或器具部件的望远镜

20　—　激光器，但激光二极管除外

80　—　其他装置、仪器及器具

90　—　零件、附件

按照本章注释五的规定，计量或检验用的光学仪器、器具及机器不归入本品目，而应归入品目90.31；但本章注释四却规定，某些折射望远镜归入本品目而不归入品目90.05；另须注意，光学器具及仪器不仅有归入品目90.01至90.12的，也有归入本章其他品目的（特别是品目90.15、90.18或90.27）。本品目包括：

一、激光器，它可通过控制受激发射方式产生或放大波长在一毫微米到一毫米范围内（紫外、可见光及红外光谱区）的电磁辐射。当激光工作物质（例如，晶体、气体、液体、化学品）被电光源发出的光或外来能量的加入所激励时，即在工作物质中产生光束并被不断反射和放大，成为一道相干光束（可见或不可见的），从激光器具有部分透射性能的一端射出。

激光头的基本元件包括激光工作物质、激励（泵浦）系统和光学共振腔（反射镜系统），也可能装有法布里－珀罗干涉仪、干涉滤光片及分光镜。除此之外，激光器通常还带有某些辅助部件（例如，电源、冷却系统、控制装置，以及气体激光器所带的气体供给系统或液体激光器所带的盛装染料溶液的带泵容器）。这些辅助部分，或是与激光头装在同一壳体内（小型激光器），或是独立装置，靠电缆等和激光头相连（激光器系统）；对于激光器系统，如果是整套系统一起报验的，则仍归入本品目。

本品目不仅包括供装配在机器或器具上的激光器，也包括单独使用（例如，用于科研、教学、实验检测等各种目的，例如，激光笔）的小型激光器或激光器系统。

但是，本品目不包括已改装为具有专门功能的激光器，由于这些激光器加有特殊装置（例如，工作台、工件夹具、工件进给及定位装置、对操作进程观察和检测的装置等），因而应作为加工机器、医疗设备、控制装置、计量装置等归类。带有激光器的机器和器具也不归入本品目。这类机器和器具如果在本协调制度中未具体列名，则应与具有类似功能的机器和器具一并归类。例如：

（一）以激光切割方式加工各种材料（例如，金属、玻璃、陶瓷或塑料）的机床（品目84.56）。

（二）不论是否具有切割功能的激光焊接机器及装置（品目85.15）。

（三）用激光束进行管道准直定位的仪器（品目90.15）。

（四）医学方面专用的激光装置（例如，眼科手术用的）（品目90.18）。

根据本章注释一及二的规定，激光管等的激光器零件及附件也归入本品目。但本品目不包括作为泵浦源的电弧灯，例如，氙灯、碘弧灯及汞气灯（品目85.39），激光二极管（品目85.41）及激光晶体（例如，红宝石），激光反射镜及透镜（品目90.01或90.02）。

二、手持式放大镜及放大器（例如，袖珍型或办公室用型）、织物分析镜（这些放大器可配有照明灯或与照明灯组合成一体。如照明灯增强了放大器的使用性能，则它们仍归入本品目）、双目放大镜（通常安装于座架上）。双目放大镜和品目90.11的立体显微镜不同，只有目镜而没有物镜。

三、朝门外观察用的“门眼”及装有光学系统的类似物品。

四、单独报验的折射式或反射式武器用望远镜瞄准具；已装配于武器上或与配用的武器一起报验的光学装置，则应与武器一同归类［参见第九十三章注释一（四）］。

五、作为本章其他品目所列仪器的部件（例如，作为测量仪器的部件）**或第十六类机器的部件的望远镜。**

六、工业用纤维内窥镜。医用纤维内窥镜（内诊镜）除外（品目90.18）。

七、体视镜（包括手动式体视镜），可使彩色照相反底片显现三维视觉效果，由装有两个固定透镜和一个摇把卷绕机构的塑料壳组成（用于转动装在可更换转盘上的胶卷，更换画幅）。

八、万花筒，但玩具万花筒除外（第九十五章）。

九、潜艇或坦克用放大潜望镜，以及非放大潜望镜（例如，在战壕里使用的潜望镜）。

十、不适于装在仪器设备上的，经过光学加工并已装配的玻璃镜（例如，某些后视镜，烟囱及下水道检视镜，以及风洞观察用的特种镜）。

非经光学加工的后视镜或其他镜（包括不论是否可进行放大的修脸镜）除外（品目70.09或83.06）。

十一、光学光束信号设备，用于进行远距离光束信号的传递（例如，使用莫尔斯电码）。

十二、幻灯片观片器，装有一个放大透镜，用于检查幻灯片。

零件及附件

根据本章注释一及二的规定（参见总注释），本品目所列设备及器具的零件及附件仍应归入本品目。

90.14　定向罗盘；其他导航仪器及装置：

10　—　定向罗盘

20　—　航空或航天导航仪器及装置（罗盘除外）

80　—　其他仪器及装置

90　—　零件、附件

一、定向罗盘

本组包括各种定向罗盘，从供徒步或自行车旅行者等使用的简单类型到采矿、导航等专用类型不等（例如，磁罗盘、陀螺罗盘、陀螺磁罗盘、航海罗经、定位罗盘）。

二、其他导航仪器及装置

本组包括：

（一）船舶定位仪器，例如，六分仪、八分仪、方位角仪等。

（二）其他海洋或内河航行专用导航仪器，例如：

1. 自动操舵仪（陀螺操舵仪），这是一种复杂的仪器，它可根据陀螺罗盘的示数控制船舵。

2. 航线记录装置，用于在船舶航行中对航线（及航线的任何改变）作精确记录。

3. 倾斜仪，用于测量摇摆度。

4. 计程仪，通过测算给定时间内的相对流速给出航速的仪器，现在这种仪器都是自动的；有一种计程仪是利用转子或螺桨（将转子置放于相对于船舶航行的水流中并与船上的指示器相连）；还有一种是按压差原理，根据水流速度产生的动压力变化工作（通常装有皮托管），由船上的指示器给出航程和航速。

本品目还包括带有计数器的计程仪，其计数器以记录电路中断次数（例如，计程仪的转数）的方式给出船舶航程。

5. 测深锤（人工收放铅锤及绞车收放的深海铅锤），用于测量水深及海底地形。

6. 回声测深仪器，由船上的高灵敏度微音器探测海底反射回来的声波，其结果从一个电流计上显示出来。

7. 超声波探测或搜索设备，例如，防潜仪、声纳及类似设备，用于普通测深、海底地貌测绘、搜索潜艇、失事残骸、鱼群等。

（三）航空专用仪表，例如：

1. 高度表，一种标有高度单位的气压表，根据气压随高度增加而降低的现象进行工作。

2. 空速指示器，这种仪器通过测量飞机艉流所形成的压差显示飞机相对周围空气的运动速度。

3. 升降速度表，指示飞机下降或上升时的垂直速度的压差式仪表。

4. 仿真地平仪或陀螺地平仪及转弯倾斜仪，它们都是利用陀螺特性工作，前者参照横轴或纵轴指示飞行角度，后者则参照飞机竖轴指示飞行角度。

5. 马赫计，显示真实空速与飞机所在高度上的音速之比的仪器，该比值称为“马赫数”。

6 加速度计，用于检测飞机在高速运动时由加速度所产生推力的最大值（不能超过的值）。

7. 自动驾驶仪，用于暂时代替驾驶员，保持稳定飞行以及使飞机按给定参数（高度、航向等）飞行的装置，主要由直接操作或伺服马达控制机构（通常为替代驾驶员动作的液压马达）以及调整仪表读数和伺服机构动作的自动感应装置（高速陀螺仪）构成。

零件及附件

根据本章注释一及二的规定（参见总注释），本品目所列设备及装置的零件及附件仍归入本品目。

*

*　*

本品目也不包括：

（一）雷达设备、无线电导航设备［例如，全球定位系统（GPS）接收器］及无线电遥控设备（品目 85.26）。

（二）航行时绘制航线用的比例缩放仪和图画缩放仪（品目 90.17）。

（三）气压计及温度计（包括水下研究用的倒置温度计）（品目 90.25）。

（四）品目 90.26 的压力表、液位计及其他仪器。

（五）转数计（品目 90.29）。

（六）品目 90.30 的电流表、电压表及其他电量测量或检验装置。

（七）航海时计及计时装置（第九十一章）。

90.15　大地测量（包括摄影测量）、水道测量、海洋、水文、气象或地球物理用仪器及装置，不包括罗盘；测距仪：

10　—　测距仪

20　—　经纬仪及视距仪

30　—　水平仪

40　—　摄影测量用仪器及装置

80　—　其他仪器及装置

90　—　零件、附件

一、大地测量、地形测量、水准测量或普通测量用的仪器及装置

这些仪器及装置一般为野外作业所用，例如，绘图（地形图或水道图）、平面制图、三角测量、土地面积测量、相对某一基准水准面的高度测量，以及为建筑工程（筑路、筑坝、建桥等）、采矿、军事行动等所进行的各种类似测量作业。

本组包括：

（一）光学或光电经纬仪［游标读数经纬仪、显微经纬仪、悬挂式（挂墙式）经纬仪、通用经纬仪及矿山经纬仪等］、光学或光电视距仪（带测距仪的经纬仪）、转镜经纬仪、陀螺经纬仪、罗盘测角器、测量或炮兵射击等用的瞄准测斜仪。

（二）光学水准仪（酒精式、自动安平式、伸缩式、准直式、激光式等），通常安装在三角架上使用。

（三）照准仪（不论是否带有望远镜）、光学直角器及直角仪（不论是否带有棱镜）、万能测角仪（不论是否带有瞄准望远镜）、测量仰角或倾角的测斜仪（带有准直器或瞄准望远镜）、矿用罗盘、半圆测角器、三角测量用的回照器等。

（四）测量用的平板仪、测链及其他专用量器（包括上述仪器专用的带状量具及矿井用绞盘式量器等），不论是否有刻度的标桩或测量标杆（金属、木料等制），水准标尺（自读式、伸缩式、折叠式等），电磁测距设备（EDM）的反射棱镜及标杆。

本品目不包括：

（一）全球定位系统（GPS）接收器（品目85.26）。

（二）由钢带、防水带等制成的测量器具以及类似的其他品目未列名直线测量器具（品目90.17）。

（三）转数计、里程计及类似仪表（品目90.29）。

（四）泥瓦工、木工或技工从事建筑或结构工程用的水平尺（气泡式等），以及铅锤线（品目90.31）。

二、摄影测量用仪器及装置

本类设备主要用于地形、考古等的地图测绘，但也可用于其他方面（例如，研究潮汐、海涌等）。它们根据由已知相距距离的两个不同摄影站点所摄取的照片或数码图像进行地图等的测绘。这些照片在拍摄后必须经过修正（以获得所摄图像或照片目标物的准确形貌、大小及坐标）。

这些设备主要包括：

（一）正像设备，主要由投影仪（带有光源）、底片夹、物镜及投影台构成，可以进行比例变换和对航摄像片的底片进行矫正，消除在拍摄过程中因地形起伏而造成的透射误差。

（二）量测转绘设备（立体测图装置或光电测角计），即称为立体地形测图仪、精密立体测图仪、自动绘图仪、立体影像绘制仪及立体坐标量测仪等的各种设备。它们都是复杂的仪器设备，用于将平面断层影像信息及轮廓线绘成地图或平面图，整个测绘过程一般是连贯的，无需另作测算。

（三）与上述量测转绘设备配套的坐标制图器。这种仪器是通过由立体地形测图仪或者精密立体测图仪控制的绘图头制图。

（四）解析立体测量系统，由进行摄影测量的光学机械设备和程序控制计算机组成，用于摄影或数码图像的直观或分析判读。

本品目不包括航空测量照相机（品目90.06）及不是供摄影测量用的坐标制图器（品目90.17）。

三、水道测量仪器

水道测量是对水道、水深、潮汐水位等进行的科学测绘，作此用途的大部分仪器在前述各段中已有说明。

四、海洋水文及其他水文仪器

（一）专用水位计，用于记录江河湖泊水位的涨落，主要由浮子和记录仪组成。

（二）旋杯式及旋桨式流速仪，用于测量河流、运河等的水流速度。

（三）涌浪或潮汐观测仪器。

根据上述（一）及（二）款所述仪器的工作原理制成的工业仪器（例如，液面指示器、流量计等）不归入本品目（品目90.26）。

五、气象观测仪器

必须注意，本组不包括温度计、气压计、湿度计及干湿球湿度计，也不包括这些仪器的组合装置（品目90.25）。

但本组包括下列仪器：

（一）风向指示器，不论是否装有度盘。

（二）风速计，测定风速的气象仪器。常见的一种是由装在一根竖轴上的有三个杯形轮叶的转子构成，风速由计数器读取。另一种则是由带风标的导管构成，由标有风速单位的压差计测定风压。这里还包括电机式风速计，它是通过电压表所显示的由电机产生的波动电压值得出风速。

必须注意，本组不包括主要由特殊叶轮及度盘构成的专用风速计，用于测量矿井、隧道、烟囱、炉膛或其他气流通道中气流速度（品目90.26）。

（三）蒸发计（皮歇式、蒸发器式等）。

（四）日照记录仪（玻璃球式、感光纸式等）。

（五）测云仪，用于指示云的运动速度及方向。

（六）云高计，用于测量云底离地高度。它是将一束强光射向云底，使其出现光点，在测得光点仰角后利用三角原理即可自动计算出云高。

（七）能见度仪，用于测定大气能见度和透明度。

（八）雨量器及雨量计，用于测量某一局部地区的降雨量。最简单的是由装有一定口径的受水漏斗的盛水器构成，收集到的雨量用量筒量出。

（九）日光辐射计、日射总量计及日温计，用于测量太阳辐射的强度或天空的总辐射量。

必须注意，本品目不包括作相同用途的简单或组合温度计（品目90.25）。

（十）悬挂于气球或降落伞上的高空探测设备（无线电探空仪或无线电测风装置），这类用于高空气象研究，由各种仪器（温度计、气压计及湿度计）组成的设备配有无线电发射机，可将测得的仪表读数自动传回地面记录下来。本类设备如果分开报验，气球及降落伞应归入其他品目（第八十八章）。

（十一）用于记录探空气球持续位置的经纬仪。

六、地球物理仪器

有许多地球物理仪器不属本品目范围之内，例如，气体、泥浆、土壤的分析仪器，使用紫外光对各种物质进行分析检验的光电荧光计及荧光检定仪（品目90.27），电气或电子测量仪器（例如，测量电阻值的仪器、放射性强度计数器、温差电偶仪表）（品目90.30）等。

下列仪器仍归入本品目：

（一）用于记录地壳上某一点运动的发生时间、持续时间及强度的地震仪和测震仪，以及可同时用于记录地震发生时所产生的各种现象和勘探石油的地震仪和测震仪。这类仪器将地震或爆炸产生的地震波转换成电脉冲。

（二）用于勘探矿藏、石油等的磁力或重力地球物理仪器，这类高灵敏度的仪器包括磁力天平、磁力计、磁经纬仪和重力仪、扭秤。

（三）用于测量地球磁场梯度的梯度计（也称“质子地磁仪”）。

（四）圆周声学扫描工具，通过对工具头中旋转传感器所发出的超声波信号的声波运行时间进行测量，以了解钻孔的情况。

（五）钻孔倾度测量设备。

七、测距仪

它包括各种用于测定给定目标与测距仪之间距离的光学或光电测距仪，用于测量、照相及电影摄影，也用于军事测距等。

零件及附件

根据本章注释一及二的规定（参见总注释），本品目也包括本品目所列货品的零件及附件。这些零件及附件包括：测链的测针。

另一方面，独脚架、双脚架、三脚架及类似品，即使是为本品目所列仪器及器具专门设计的，也不归入本品目（品目96.20）。

90.16 感量为50毫克或更精密的天平，不论是否带有砝码

本品目包括感量为50毫克或更精密的天平，包括电子天平。与天平一起报验的砝码应归入本品目。但单独报验的砝码即使是贵金属制的，也不包括在内（品目84.23）。

本品目的天平主要是作精密计量用，以抗腐蚀金属或轻合金制成，装有玛瑙制的刀口、轴承及平面。为防止气流及尘埃的影响，天平常放置在玻璃或塑料外罩内，或者安装在主要由玻璃或塑料构成的箱体内，通过箱体外的操纵杆和其他装置进行操作；有的还带有光学装置（例如，放大透镜）和照明装置，帮助读取标牌上的数值，以及水平校正装置（三脚台、调节螺旋、酒精水准器等）。

某些扭力天平是以游丝扭力与被称物质质量达到平衡的方式测重。

某些电子天平是在真空或受控气压下工作，记录被称物质在受到特殊处理时（加热、冷却、气体作用、真空处理、光照等）的质量变化。质量变化是通过记录磁性平衡线圈中的电流变化得出的。

本品目包括：

一、分析天平（例如，微量化学天平、微量天平、阻尼分析天平），主要用于定量化学分析。

二、试金天平，用于贵金属检验。

三、宝石称量天平，以克拉为称量单位。

四、药物天平、纱线天平、样品天平（用于确定纸张、纺织品等的重量）。

五、静水（或比重）天平，用于确定液体或固体的比重。

零件及附件

根据本章注释一及二的规定（参见总注释），可以确定为专用于或主要用于本品目天平的零件及附件（包括已装配或未装配的玛瑙刀口、轴承、平面）仍归入本品目（例如，横梁、称盘、箱体、刻度盘、摇摆阻尼器）。

另一方面，独脚架、双脚架、三脚架及类似品，即使是为本品目所列仪器专门设计的，也不归入本品目（品目96.20）。

*

*　*

本品目不包括感量低于50毫克的天平（品目84.23）。

90.17 绘图、划线或数学计算仪器及器具（例如，绘图机、比例缩放仪、分度规、绘图工具、计算尺及盘式计算器）；本章其他品目未列名的手用测量长度的器具（例如，量尺、量带、千分尺及卡尺）：

10 — 绘图台及绘图机，不论是否自动

20 — 其他绘图、划线或数学计算器具

30 — 千分尺、卡尺及量规

80 — 其他仪器及器具

90 — 零件、附件

本品目包括手用绘图、划线或数学计算器具，也包括手用长度测量器具。

但本品目不包括：

（一）辅锯箱及书画刻印艺术用的工具（例如，凿、弧口凿、蚀刻针）（第八十二章）。

（二）图形输入板及数字转换器（品目 84.71）。

（三）用以从涂布光刻胶的基片上制作掩膜版及光掩膜的图案生成装置（例如，光学、E－束、聚焦离子束、X 射线或激光束装置）（品目 84.86）。

（四）摄影测量用的坐标制图器（品目 90.15）。

本品目物品包括：

一、绘图用具

（一）缩放仪和缩放绘图仪，用于地图、设计图、图样、加工工件图纸等的缩小、放大或等比例复制。本品目还包括航行用的航线标绘器具。

（二）绘图机，一般是通过平行机构进行绘图，带或不带图板或绘图台。

本品目也包括带有自动数据处理机或与这类机器配用的绘图机。

（三）绘图圆规、分规、比例规、弹簧圆规、直线笔、虚线轮等，不论盒装（例如，套装绘图仪器）或单件的。

（四）标准三角板及画影线、木工或金工用三角板、活动角尺、丁字尺（标准式或铰接式）、**曲线板、画线尺**［扁平尺、直角尺、影线尺（平行线规）、标准尺等］。

（五）分度规，包括从作为绘图器具的普通分度规到工程技术等所用的复杂分度规。

（六）明显可确定为专作绘图用具的模板，非专作绘图用具使用的模板应按其构成材料归类。

二、划线用具

划线是在需作切削、锯开等加工的工件表面上划出加工界线等。

（一）长臂圆规，（划线用、木工用等），不论其长臂是否有刻度。

（二）划线器及中心冲。

（三）平台，用作划线或检验平面等的基准面。有一精确平面的检验直尺及矩尺（铸铁、石料等制）。

（四）V 型块、X 型块，用于支承圆柱体工件。

本品目不包括本身带动力装置的手提式雕刻工具（品目 84.67）。

三、数学计算器具

计算尺、盘式计算器、圆柱计算器及其他根据计算尺或其他数学计算原理制成的计算器具，例如，以按给定程序用一个触针选择数码的方式进行操作的袖珍式加减器，以及按不同的天气条件、拍摄时间、预定光圈大小、景物状况及乳剂感光度等参数计算照相曝光时间的计算尺及计算盘。

但本组不包括计算机器或会计计算机器（品目 84.70）。

四、手用长度测量器具

这类器具用以指示被测量物体的长度，即线尺寸，例如，该物体上的虚实线段（直线或曲线）。因此，这类器具可用于测量直径、深度、厚度和高度等尺寸，以长度单位（例如，厘米）加以标出。这类器具必须具有一些特征（大小、重量等）以便在进行测量时可以将其握在手中。

本组不包括固定装配在一个台座或其他支架上，以及通过软管或电缆与机器或其他装置相联的专用测量仪器（品目 90.31）。

本组包括：

（一）千分尺，具有一个螺杆式或非螺杆式的微调头（非螺杆式微调头配有滑动部件，通常由电子操纵），用于测量外径、内径、厚度、螺纹间距等，测量结果既可通过螺杆位移得出，也可由刻度盘或数字显示器读出。

（二）卡尺（游标卡尺、千分表卡尺或电子卡尺），用于测量直径、深度、厚度等。

（三）配有可调节测量装置的量规。

本组不包括没有调节装置，仅用于量测零件或检验角度、形状等的量规（例如，柱形测孔规、环规）（品目90.31）。

（四）比较仪（刻度盘式），用于测量工件尺寸的内外公差（例如，用于铰削或修正后的检测），这种仪器装有测杆、放大指示表及传动系统（齿条、齿轮、杠杆、弹簧、气动或液压传动装置等）。

（五）量杆（有或没有刻度，直杆或折叠式）**及量尺**（例如，弹簧尺、带尺、卷尺），还包括标准量杆、丈量尺及类似品。

本品目不包括专用于大地测量的测量器具（测链、水准标尺、测量标杆等）及矿井用绞盘式量器（品目90.15）。

（六）刻度尺（学生尺等），包括测量凸圆体直径的V形尺及带有活动十字头的垂直测量器具。

（七）量图器（计图器），带或不带刻度盘的小器具，用于在图上量取路线长度。

零件及附件

根据本章注释一及二的规定（参见总注释），本品目也包括可确定为专用于或主要用于上述机器、器具及仪器的零件及附件，例如，千分尺的加长测砧及尺架、滑规架、折尺的铰链或接头。

90.18　医疗、外科、牙科或兽医用仪器及器具，包括闪烁扫描装置、其他电气医疗装置及视力检查仪器（+）：

— 电气诊断装置（包括功能检查或生理参数检查用装置）：

11 —— 心电图记录仪

12 —— 超声波扫描装置

13 —— 核磁共振成像装置

14 —— 闪烁摄影装置

19 —— 其他

20 — 紫外线及红外线装置

— 注射器、针、导管、插管及类似品：

31 —— 注射器，不论是否装有针头

32 —— 管状金属针头及缝合用针

39 —— 其他

— 牙科用其他仪器及器具：

41 —— 牙钻机，不论是否与其他牙科设备组装在同一底座上

49 —— 其他

50 — 眼科用其他仪器及器具

90 — 其他仪器及器具

本品目包括种类繁多的仪器及器械，这些仪器及器械主要是供各专科医务人员（例如，医生、牙医、兽医、助产士等）专门用于疾病的预防、诊断、医治或手术治疗等；本品目也包括解剖实验、解剖检验等用的仪器及器械，以及符合某些条件的牙科诊疗仪器及器械（参见下述第二部分）。本品目的仪器及器械可以用任何材料（包括贵金属）制成。

本品目不包括：

（一）作为外科缝合线的无菌肠线及其他无菌材料、无菌昆布及无菌昆布塞条（品目30.06）。

（二）品目38.22的诊断或实验用试剂。

（三）品目40.14的卫生及医疗用品。

（四）品目70.17的实验、卫生及医疗用玻璃器皿。

（五）贱金属制的卫生用具（主要归入品目73.24、74.18及76.15）。

（六）修整手脚指（趾）甲的用具（品目82.14）。

（七）病残人用车（品目87.13）。

（八）视力矫正、眼睛保护等用的眼镜、护目镜及类似品（品目90.04）。

（九）照相机（品目90.06），但固定装配在本品目仪器或器械上的除外。

（十）品目90.11或90.12的显微镜等。

（十一）品目90.17的用于计算肺功能和身体整体指标等的盘式计算器。

（十二）品目90.19的机械疗法、氧疗法、臭氧疗法、吸入疗法、人工呼吸以及按摩等用的设备装置。

（十三）矫形用具、人造假肢及骨折用具，包括兽用的（品目90.21）。

（十四）品目90.22的X射线设备等（不论是否医用）。

（十五）体温计（品目90.25）。

（十六）化验室中用于检验血液、组织液、尿液等的仪器设备，不论这些检验是否供诊断用（一般归入品目90.27）。

（十七）医疗或外科用家具，包括兽医用的（手术台、检查台、病床），以及未带有本品目牙科器械的牙科椅（品目94.02）等。

另一方面，本品目包括医学专用的特殊测量仪器，例如，测颅器、测量颅脑损伤的量规、妇产科所用的骨盆测量器等。

还必须注意，一些医疗或外科（包括兽医的）器械实际上和普通工具或刃具没有多大区别（例如，锤、槌、锯、凿、钳、镊、压舌板、剪刀、刀具等），这些器械只有通过如形状上的某些特殊之处、宜于拆卸消毒、生产质量上乘或者所用金属材料的性质及其配套组成（常常是装于箱盒中的接生、解剖、妇科、耳外科及牲畜生产等专用的成套器械）等情况，可确定为明显用于医疗或外科方面的，才能归入本品目。

本品目的仪器及器械可带有光学装置，可以是电气装置（原动的或传动的），也可以是作疾病预防、治疗及诊断等各种用途的。

本品目还包括以激光、其他光或光子束进行工作的仪器及器械，以及超声波仪器及器械。

一、医疗或外科用仪器及器械

本组包括：

（一）具有相同名称但用途不同的器械，例如：

1. 针（缝合针、结扎针、接种针、验血针、皮下注射针等）。
2. 柳叶刀（接种用、放血用等）。
3. 套针（穿刺用套针、胆囊套针、普通套针等）。
4. 各种外科手术刀及解剖刀。
5. 探子（前列腺探子、膀胱探子、尿道探子等）。
6. 窥器（鼻窥器、口腔窥器、喉镜、直肠窥器、阴道窥器等）。
7. 检镜及反光镜（用于检查眼、喉、耳等）。
8. 剪、钳、平头镊、凿、锤、槌、锯、刮器、压舌板。
9. 套管、插管、导管、吸管等。
10. 烙器（热烙器、电烙器以及微型烙器等）。
11. 尖头镊子；敷料夹、拭子夹、海绵夹或持针器（包括镭针持器）。
12. 牵开器（唇、颌、腹部、扁桃体、肝等的各种牵开器）。

13. 扩张器（喉、尿道、食管、子宫等的各种扩张器）。

14. 用于放置导液管、针、组织扩张器、内窥镜及粥样斑切除器用的金属丝导子。

15. 夹子（缝合用夹等）。

16. 各种注射器（玻璃、金属、玻璃及金属、塑料等制），例如，普通注射器、穿刺注射器、麻醉注射器、冲洗注射器、伤口清洗注射器、吸引器（带或不带唧筒）、眼、耳或喉的注射器、子宫及其他妇科注射器。

17. 包埋缝钉用以缝合伤口的外科用缝合器。

（二）诊断专用仪器及器械。

它们包括：

1. 听诊器。

2. 用于测定基础代谢率的呼吸率检测仪器。

3. 血压计、表面张力计及示波计（用于测量血压）。

4. 测定肺活量的肺量计。

5. 测颅器。

6. 骨盆测量器。

（三）眼科仪器，分下列各类：

1. 手术仪器，例如，角膜环钻、角膜刀。

2. 诊断仪器，例如，检眼镜；头戴式双目放大镜及双目显微镜（由显微镜、带裂隙器的电灯及头托组成，整个仪器安装在可调节的机座上，用于检查眼睛）、眼压计（用于测量眼球内压）、开睑器。

3. 视轴矫正或视力检查用设备，包括弱视镜、眼膜曲率器、视网膜镜、斜视镜、角膜散光计、角膜镜、测量瞳孔之间距离用的眼量计、放置验光镜片的验光镜箱、支承验光镜片的试镜架、视力测定尺、测试表；但印制在纸张、纸板或塑料膜片上，用于色盲检查的色觉测定图卡除外（第四十九章）。

本品目也包括眼科治疗用的电热敷布及吸出眼内金属碎屑用的电磁铁。

（四）耳科仪器，例如，耳镜；但各种不论是否医用的音叉不归入本品目（品目92.09）。

（五）麻醉器械及仪器（面罩、面具固定套、气管插管等）。

（六）鼻、喉或扁桃体的医疗仪器：夹具（用于夹直鼻软骨）、透照器具（用于窦道及鼻前庭）、扁桃体刀及铡除刀、喉镜、喉刷等。

（七）咽喉、食道、胃或气管医疗仪器：食管镜、支气管镜、胃唧筒、插管等。

（八）尿道或膀胱医疗仪器：尿道刀、碎石仪器、膀胱碎石吸引设备、前列腺切除术所用仪器。

（九）人工肾（透析）装置。

（十）妇产科医疗仪器：阴道牵开器、切除子宫用仪器、产科听诊器、检查生殖器官的专用光学仪器、钳、穿孔器、碎胎仪器（用于毁胎）、碎颅钳（用于钳碎子宫内死胎的头颅）、体内量器等。

（十一）便携式人工气胸装置、输血装置、人工吸血器。

本品目也包括无菌密闭式塑料容器，这类抽真空容器装有少量抗凝剂并带有输血管和静脉穿刺针，可用于全血的采集、贮存及输送；但专用玻璃血瓶除外（品目70.10）。

（十二）治鸡眼用的电动研磨器。

（十三）针灸用针（金、银或钢制）。

（十四）内窥镜：胃镜、胸腔镜、腹腔镜、支气管镜、膀胱镜、尿道镜、前列腺切除器、心脏镜、结肠镜、肾镜、喉镜等。这些仪器或器械当中许多具有足够大的手术通道，以便通过遥控设备施行手术）。但非医用的内窥镜除外（品目90.13）。

（十五）带有自动数据处理机，专用于计算放射治疗的剂量及分布情况的设备。

（十六）高压室（也称减压室），专门装有压力容器以便在高压水平下给氧。它们用于对潜水减压病、气栓塞、气性坏疽、一氧化碳中毒、骨髓炎顽疾、皮肤移植及移植用瓣、放射菌病及异常失血贫血症等症状的治疗。

（十七）诊断、探查及放射治疗等专用的灯。不包括钢笔形状的手电筒（品目85.13）及不能明确识别专供内科或外科使用的其他灯具（品目94.05）。

二、牙科仪器及器械

除本组及前一组的通用器械外（例如，面罩及其他牙科麻醉器械），本组所包括的仪器及器械主要有：

（一）外科医生用指套（不论是否有活关节的）**及张口器、颊或唇牵开器、压舌器及夹子。**

（二）各种镊子、牙挺、牙钳（用于拔除错位牙、矫直桩牙等）**、切割器**（用于剖割、敷裹、充填及刮削等）**、根钳。**

（三）牙髓治疗用器械（拔髓针、扩孔锥、锉刀、充填器、扩张器等）。

（四）骨剪及骨锉、用于切除颌骨及上颌窦的骨凿和骨锤、骨刮、手术刀、特种刀剪、牙医专用镊、“挖匙”及探针。

（五）清洁牙龈及牙槽的专用器械、治疗牙石、牙垢的牙刮器、刮匙及牙釉质凿。

（六）各种探子、针（脓肿针、皮下注射针、缝合针、棉花针等）**、棉卷夹及拭子夹、吹入器、口腔镜。**

（七）填充金用的器械（充填器、锤等）**、填充用器械**（粘固剂或树脂调拌刀、汞合金充填器及锤、汞合金输送器等）**、印模托盘。**

（八）牙钻机或手工补牙机专用的牙钻、金刚砂片及刷子。

本品目还包括假牙修复时牙科医师本人或技工所用的工具和器械。例如，刀具，调拌具及其他模制工具，各种钳子及镊子（用于固定夹具和假牙冠、切割柱牙冠等）、锯、剪、锤、锉、凿、刮具、磨光器、锤打制造金属牙冠的金属成模器。本品目还包括铸牙机、铣牙机及修整牙模用的牙齿修整器。但本品目不包括通用工具或物品（炉具、铸模、焊接工具、熔勺等），它们应归入其各自相应的品目中。

下列物品也归入本品目：

1. 带有旋转伸臂的牙钻机，不论是安装在分离的基座上、墙壁上或者以下第2项所述的设备上的。

2. 安装在一个台体上的综合牙科治疗台（固定式或移动式），一般在台体中装配有空气压缩机、变压器、控制板及其他电气装置，并且通常还装有下列器械：带旋转伸臂的牙钻、痰盂及漱口杯、电热器、热风吹入器、喷雾器、烙器盘、冷光手术灯、无影灯、通风机、透热治疗装置、X射线装置等。

某些类型的这种设备使用研磨料（一般为氧化铝）代替牙钻，研磨料通常是用压缩气体（例如，二氧化碳）喷射到牙齿上。

3. 通常连有温水给水装置的漱具，不论是安放在座架、支架或者旋转支臂上的。

4. （光或热）聚合设备、汞合金搅拌机、超声洁治器、电子外科设备等。

5. 利用激光工作的牙科治疗设备。

6. 带有牙科医疗设备或其他任何可归入本品目的牙科器械的牙科椅。

本品目不包括未带有本品目所列牙科器械的牙科椅，不论其是否带有照明器具等的装置，这类牙科椅均应归入品目94.02。

必须注意，本品目不包括单独报验的上述第2项所述的某些牙科设备装置，它们应归入其各自相应的品目中，例如，压气机（品目84.14）、X射线等装置（品目90.22）。品目90.22也包括安装在分离的基座或墙上的牙外科用X射线等装置。但单独报验的透热疗法用设备作为电气医疗设备仍归入本品目（参见下述第四组）。

还必须注意，牙科粘固剂及其他牙科填充材料归入品目30.06；成套、零售包装或制成片状、马蹄形、条状及类似形状，通称为“牙科蜡”或“牙科造形膏”的制品，以及以熟石膏（煅石膏或硫酸钙）为基本成分的牙科用其他制品归入品目34.07。

三、兽医仪器及器械

本组包括与以上第一或第二组所述物品相类似，但属兽医用的各种物品，例如：

（一）通用器械（例如，针、柳叶刀、套针、凿、窥器、探子、剪、钳、锤、刮器、牵开器、注射器等）。

（二）专用仪器及器械，例如，检眼镜、开睑器、喉镜、听诊器、镊、碎胎刀。

（三）牙科仪器。

本组也包括兽医专用的仪器及器械，例如：

1. 牛羊等牲畜乳房疾病的治疗仪器及器械，例如，乳头扩张器和穿刺探针（用于母牛乳头开口）及用于治疗母牛产褥热和生乳热的器械。

2. 阉割用仪器及器械，例如，去势器、阉割夹钳（用于雄性生殖腺萎缩手术）、阉割虎钳及镊子、卵巢切除器械等。

3. 牲畜生产用仪器及器械，例如，产科的专用索带、头围、钳子及钩子、机械助产器等。

4. 各种其他仪器：人工受精器；剪尾器；截角器；治疗动物呼吸、消化、泌尿、生殖等器官疾病的喷雾器；专用控制器械，即在手术时防止挣扎用的开口器、脚枷等；药物特殊注射器以及准备装填麻醉药或其他药剂（抗血清、疫苗等），用于对一定距离之外的野生动物进行注射的注射器（例如，通过气手枪或气步枪发射的）；投药器械；专门的灌药用嚼子；治疗蹄裂病的钩子（用于闭合蹄裂）；用于检查鸡雏雌雄的内窥器等。

本品目不包括毛线虫镜（用于检查猪肉的光学仪器）（品目90.11）、兽医用矫形器具（品目90.21）及兽医用手术台（品目94.02，参见相应的注释）。

既可作为兽医手术器械，也可用作铁工工具的物品应归入第八十二章（例如，蹄尖锉、蹄甲剪、削皮刀、夹钳、锤子等），第八十二章还包括给牲畜打烙印用的工具（打印器、灼去蹄表皮等的烙铁）和剪切工具。

四、闪烁扫描设备

这种设备用于扫描身体的各部位，并生成某个器官的图像或对其功能进行记录。包括带闪烁计数器的设备，可将所测数据转换成模拟信号供医疗诊断用（例如，γ射线照相机、闪烁扫描器）。

五、其他电气医疗设备

本品目包括除品目90.22的X射线等设备以外的各种防治或诊断用电气医疗设备，这类货品包括：

（一）电气诊断设备，它们包括有：

1. 心电图记录仪（利用心肌收缩产生的电流把心动状况以心电图的形式记录下来）。

2. 心音描记器（以心音图形式记录心脏声音的专门仪器，也可作为心电图记录仪使用）。

3. 心脏检查器（与前述两种仪器连用，用以同时观察心电图和心音图）。

4. 心电阻描记器（测量由心功能所引起的电阻变化用的电气设备）。

5. 脑电流描记器（用于检查脑部）。

6. 脉博描记器（用于记录动脉压和血容量）。

7. 电子眼压描记器（用于记录眼动脉压、眼静脉压或眼内压的变化）。

8. 视网膜电描记器（用于测定视网膜的动脉压）。

9. 听力计及类似设备（通过频率变化的方式进行听力测验）。

10. 带有或与自动数据处理机连用的诊断设备，用于处理和显示临床检查的数据结果等。

11. 超声波诊断设备，利用超声波在显像管上所成的脏器影像进行诊断。

12. 核磁共振（NMR）装置，利用人体原子（例如，氢原子）的磁性进行体内组织及脏器状况的成像诊断。

（二）电疗设备，除用于诊断外，这些设备也用于治疗如神经炎、神经痛、偏瘫、静脉炎、内分泌、贫血等疾病，其中某些设备可与下述（七）款的电外科设备配用。

（三）离子电渗治疗设备，通过电流将活性药物（水杨酸钠、水杨酸锂、碘化钾、组胺等）透过皮肤导入病灶。

（四）透热治疗设备，用于医治某些可采用热作用治疗的疾病（例如，风湿病、神经痛、牙科疾病），采用高频电流（短波、超声波、超短波等电流）和使用各种形状（例如，片状、环状、管状）的电极进行工作。

（五）电击治疗设备，用于治疗精神或神经疾病。

（六）心脏除颤器，可利用电流停止心脏纤维性颤动。

（七）电外科设备，利用高频电流工作，并以针、探子等作为电极之一；可用于组织切除［使用高频手术刀（电刀）所施行的电切术］及止血（电凝法），某些组合设备可通过脚踏控制器进行功能转换，既可用作电切割器械，也可用作电凝器。

（八）射线疗法设备，这类设备使用可见光，但更多的是使用非可见光（红外光、紫外光）进行某些疾病的放射性治疗或诊断（使用特种光源进行皮肤病检查），它们一般装有灯具，红外光射线装置则配有带反射器的热电阻器或电热极板。

（九）婴儿人工保温箱，主要由透明塑料制的箱体、电气加温装置、安全报警装置、氧气及空气过滤和调节装置组成。它们大部分是安装在推车上并内装婴儿磅称。

装有供上述设备使用的电极及其他装置的箱子也包括在本组货品中。

本品目也不包括品目85.18的非医疗专用的产前听诊装置（参见该品目的注释）。

零件及附件

根据本章注释一及二的规定（参见总注释），本品目所列设备及器具的零件及附件仍归入本品目。

○

○ ○

子目注释：

子目9018.12

本子目包括电子诊断超声波扫描装置。该装置将高频声波通过传感器发射到人体内，传感器与人体接触，交替发射超声短脉冲并接收其回声波。回声波由被体内器官反射的声波产生。根据回声波的特点可判断有关组织的位置、大小、形状及构造。分析判断通常由自动数据处理机进行，其输出信息是有关组织的视频影像。

这种人体扫描的方法用于检查孕妇的胎儿，也很适合检查乳房、心脏、肝脏及胆囊。

子目9018.13

核磁共振成像（MRI）的原理是氢原子核受到强磁场时将会排列成行，如果在这时用一射频瞄准这些原子，排列成行的核子将会发生偏移，将无线电波关掉后，核子会自行恢复排列，并在回转过程中产生一个小的电信号。因为人体主要是由氢原子组成的，所以通过回转脉冲对人体几乎是任何部位都可成像。由于氢原子是水的组分，回转脉冲能够用来鉴别人体组织。用它还能获得骨髓及组织的图像。

本子目的电子诊断核磁共振成像装置由一个巨大的电磁体、一个射频发生器及用以进行数据分析的自动数据处理机组成。它必须安装在一个完全不受外部射频干扰的房间里。为了获得所需的强磁场，电磁体要用液态氦来过冷。

氢之所以被选作核磁共振成像的基础，是因为其在人体中大量存在，而且还具有显著的磁特性。该原理也可用其他元素，例如，钠或磷等。

子目 9018.14

本子目的电子诊断装置是用于获得人体内 γ 射线的分布图像。该图像是用闪烁扫描仪及更重要的是 γ 照相机等相应装置制得的。

这类核扫描仪需要给病人口服或注射能被所要诊断的器官迅速吸收的放射性化合物（示踪剂），然后用 γ 计数器对人体进行扫描，记录示踪剂渗透目标器官（例如，大脑）时所产生的幅射量，从而确定吸收放射性同位素的部位。

自动数据处理机对所测定的辐射进行分析后生成视频图像，这是一张光暗区或对比色混杂在一起的图像，显示出器官吸收放射性同位素的部位。这样，扫描提供了有关该器官的构造及功能的信息。

正电子发射式计算机断层（PET）扫描仪是一种闪烁摄影装置，它把核医学原理与用于 X 射线断层（CT）扫描仪的成像技术结合起来了（参见子目 9022.12 的子目注释）。

90.19　机械疗法器具；按摩器具；心理功能测验装置；臭氧治疗器；氧气治疗器、喷雾治疗器、人工呼吸器及其他治疗用呼吸器具：

10　—　机械疗法器具；按摩器具；心理功能测验装置

20　—　臭氧治疗器、氧气治疗器、喷雾治疗器、人工呼吸器或其他治疗用呼吸器具

一、机械疗法器具

这类器具主要通过机械模仿各种运动形式来治疗关节或肌肉疾病。必须注意，这类治疗通常是在医生的指导下进行的，因此必须把本品目的器具和在家中或健身房中使用的普通体育或健身器械（品目 95.06）（例如，弹力索扩胸器或拉力器、各种弹簧握力器、模仿划船运动的“划船”机、训练或锻炼腿肌用的固定式单轮脚踏车）区别开来。

由于机械疗法仅是借助机械的运动来治疗人体关节等的疾病，因此本品目不包括没有活动部件的器械（例如，阶级、竖梯、双杠），尽管它们也用于肢体的康复，这些物品应归入其各自相应的品目；另一方面，即使仅为非常简单的机械活动装置（例如，弹簧、轮子、滚筒等）构成的治疗器具，仍归入本品目。

按照上述条件，本品目包括：

（一）旋转活动腕部的器具。

（二）手指功能恢复器具。

（三）旋转活动脚部的器具。

大部分上述三种器具都是由连着旋转杆的操纵把、可调节的平衡锤及夹持肢体的装置构成，所有这些部分安装在一个底座上并且是手动的。

（四）同时弯曲及伸展膝部和髋部的器具。

（五）活动躯干的器具。

（六）练习行走的器具，由带支器和扶手并装在轮子上的托架构成。

（七）改善循环、强化心肌及恢复下肢功能的器具，由固定在底座上的无轮脚踏车构成，患者既可用坐姿，也可用卧姿蹬踏。

（八）机动式多功能器具，通过更换各种配件可进行各种机械疗法治疗（例如，治疗颈、肩、肘、腕、指、髋、膝等部位的关节或肌肉疾病）。

二、按摩器具

以按摩、震颤方法按摩人体各部位（腹、脚、腿、背、臂、手、脸等）的器具，有手动式、机动式及在工作部分装有电动机的电动式（震颤按摩器）；其中特别是电动按摩器具，可配有如刷状头、海绵头、扁平头及齿状圆盘等的互换配件（通常是橡胶制的），用以进行多种方式的治疗。

本组器具包括简单的橡胶滚筒或类似的按摩器具，还包括利用水流或加压水与空气混合对全身或局部进行按摩的旋水按摩器。所包括的这类器具举例如下：水涡浴缸，连同泵、涡轮或送风机、输送管、控制器及所有配件一起报验的；乳房按摩器，其按摩头紧贴乳房，按摩头内部装有一组小喷水头，喷头在软管所供水流的驱动下旋转，在喷水的作用下进行按摩。

另外，通过不断变换病人躺卧重心位置以预防或治疗褥疮的褥垫也属于本品目所称按摩器具范围之内，这种褥垫还可通过对皮肤的按摩效果预防组织坏死。

三、心理功能测验装置

这类装置是医生等用于测验反射动作的速度、动作的协调或其他生理或心理反应的仪器，特别是用于对其职业需要有特殊体能的人员（飞行员、司机等）进行测验，也可用于青少年学习领会能力或职业技能掌握能力的测验。

本品目包括各种类型的有关装置（例如，测验下意识反应能力或肢体灵巧程度的装置，具有变速及突然停止功能以测验飞机驾驶员反应能力的旋转椅）。

必须注意，本品目不包括一般在医疗上用于诊断视力、听力、心脏功能等的装置（品目 90.18）。同样，既可用来娱乐．也可用于智力测验的积木及建筑玩具等物品，应作为游戏品或玩具归类（第九十五章）。

四、臭氧治疗器

利用臭氧（化学式 O_3）治疗特性（例如，通过吸入的方式）治疗呼吸器官疾病的器具。

五、氧气治疗器、人工呼吸器或其他治疗用呼吸器具

这些器具用于抢救及治疗溺水、触电及急性中毒（例如，一氧化碳中毒）者、体弱新生儿、手术后休克、小儿麻痹症（脊髓灰质炎）、急性气喘及肺不扩张等患者，它们包括有：

（一）代替徒手施术法进行人工呼吸的器具，例如，通过压迫患者胸廓、摆动身体、强迫吸气等进行人工呼吸的机械装置。

（二）氧气治疗器，通过面具供氧或氧和二氧化碳的混合气体，或将氧气输进由挂在患者病床上的透明塑料罩幕构成的呼吸室。

（三）俗称“铁肺”的器具及类似装置，主要由下列部件构成：

1. 可容纳患者躯体（头部在外）的金属、木料或玻璃纤维箱罩，或者仅可容裹患者胸部的小型透明塑料箱罩；
2. 一个由气体抽吸系统和机动或手动的辅助压气机组成的独立单元；
3. 一条连接压气机系统和箱罩的气密粗管。

某些上述氧气治疗器（例如，氧幕）也可用于喷雾给药，患者可同时吸入氧气和从一个微型喷雾器喷出的气雾药剂（参见以下第六组）。

本品目不包括高压室或减压室（品目 90.18）。

六、喷雾治疗器

这类器具将各种药物（肾上腺素、维他命、抗菌素、支气管扩张药、精油等）的溶液混合剂雾化后给药（喷雾法），用于治疗肺病、皮肤病、耳鼻喉及妇科等疾病。

有些这类器具是连接在氧气瓶或压缩空气瓶上。或者安装在前述第五组的氧幕中的独立喷雾器；还有一些这类器具是供诊所或医院用的烟雾发生器，由装在机柜内的电动空气压缩机、计算仪器、发声器及各种给药装置（面具及鼻、口、妇科等专用喷嘴）构成。本品目包括气溶胶式手按喷雾器，通过压迫管内的压缩气体对牙齿或齿龈进行喷射；所使用的药物能起到清洁口腔和治疗牙周炎等疾病的作用。

零件及附件

根据本章注释一及二的规定（参见总注释），本品目装置或器具的零件及附件仍归入本品目。这些零件及附件包括氧气治疗器的帷幕及帷幕固定装置。

90.20　其他呼吸器具及防毒面具，但不包括既无机械零件，又无可互换过滤器的防护面具

一、呼吸器具

本品目包括如飞行员、潜水员、登山运动员或消防队员所使用的呼吸器具。这些器具既有自备式（通过自带氧气瓶或压缩空气瓶供气），也有以导气管连接空气压缩器、压缩空气输送管、贮气瓶或者外界大气（例如，某些近距离供气器具）进行呼吸的。

本品目还包括与气密潜水服配套的潜水头盔，以及带呼吸装置的辐射防护服和防污染保护服。

二、防毒面具

这类器具使佩戴者能在被灰尘、毒气、烟雾等污染的空气中呼吸，用于某些工业产业或战争中（防止毒气伤害）。

通过这些器具，供呼吸的空气直接由外界进入并通过一个过滤元件将毒气净化或滤去灰尘。它们主要由罩体、供佩戴者观察用的眼窗、带呼气和吸气阀门的金属框架，以及一个连接过滤元件，或者连接通往背负式或胸挂式过滤系统软管的接插头构成。更为简单的面具只罩住口鼻部分，这类口罩用一根或多根松紧带系戴，并填装有过滤或吸收材料（石棉绒、海绵橡胶、棉絮胎料等，它们可以是经过或未经浸渍的），这些材料用后即可更换。

下列物品不作为本品目的呼吸器具或防毒面具：

（一）仅由多层重叠纤维织物构成并不带可更换过滤元件的隔绝灰尘、气味等用的口罩，不论其是否经活性碳处理或具有合成纤维中间层的；以及外科医生、护士等在对病人进行诊治时所用的纺织材料制口罩（品目63.07）。

（二）不带过滤元件，仅由金属丝网罩和一层纱布构成的防尘罩（第十五类）。

（三）麻醉用面罩（品目90.18）。

（四）不连氧气瓶或压缩空气瓶的潜水呼吸面具，以及游泳和潜泳用的水下呼吸管（通常所称的“通气管”）（品目95.06）。

零件及附件

根据本章注释一及二的规定（参见总注释），本品目设备或器具的零件及附件仍归入本品目。

90.21　矫形器具，包括支具、外科手术带、疝气带；夹板及其他骨折用具；人造的人体部分；助听器及为弥补生理缺陷或残疾而穿戴、携带或植入人体内的其他器具：

10　—　矫形或骨折用器具

　　—　假牙及牙齿固定件：

21　——　假牙

29　——　其他

　　—　其他人造的人体部分：

31　——　人造关节

39　——　其他

40　—　助听器，不包括零件、附件

50　—　心脏起搏器，不包括零件、附件

90　—　其他

一、矫形器具

矫形器具的定义参见本章注释六。这些器具用于：

——预防或矫治躯体畸变；或

——生病、手术或受伤后躯体部位的支撑或固定。

这类器具包括：

1. 治疗髋部疾病（髋痛等）的器具。

2. 肱骨夹（伸展夹，代替被切除臂部的功能）。

3. 颌骨治疗器具。

4. 手指牵引器等器具。

5. 治疗脊椎结核病用器具（用于挺直头部及脊椎）。

6. 用于矫正畸形的矫形鞋及特种鞋垫，但需符合下列任一条件：（1）定制的；或（2）成批生产的，单个报验、不成对，且设计为左右两脚同样适用。

7. 矫正畸形牙齿的牙科用具（牙箍、圈环等）。

8. 脚部矫形器具（畸形脚器具、带或不带脚部弹簧支撑的腿支具、外科矫形靴等）。

9. 疝带（腹股沟疝带、股疝带、脐疝带等）及疝气治疗器具。

10. 矫治脊柱侧凸和脊柱弯曲的器具，以及由于以下特征而确定为医疗（含外科）用的各种胸衣和束带（包括某些托带）：

（1）可按病人需要进行调节的特殊垫托、弹簧等；

（2）由皮革、金属、塑料等材料制作的；或

（3）带有加固件、织物制的硬件或各种宽度的条带。

矫形治疗专用的特制物品由于其结构特别，不同于普通胸衣和束带，尽管后者也有起托承或夹持作用的。

11. 矫形悬吊器具（但针织物、钩编织物或网状材料等制的简单悬吊器具除外）。

本组也包括拐杖及支杆［必须注意，即使是为残疾人特制的普通手杖也不归入本品目（品目66.02）］。

本组还包括助行器，也被称为“助行车”，为推行助行器的使用者提供支撑。它们一般由装有三个或四个轮子（部分或全部可旋转）的金属管框架、扶手及手刹构成。“助行车”的高度可以调节，在扶手之间可装有坐椅和用于装载个人物品的金属篮筐。必要时，使用者可坐在座椅上短暂休息。

本品目不包括：

1. 治疗静脉曲张的长袜（品目61.15）。

2. 用于减轻脚部某一部位压力的简单保护器或装置（塑料制的应归入品目39.26，用橡皮膏将纱布贴在海绵橡胶上制成的应归入品目40.14）。

3. 本章注释一（二）所称的承托带及其他承托物品，例如，产妇或孕妇用的承托带（一般归入品目62.12或63.07）。

4. 内底弓起以减轻平跖者不适的批量生产的鞋子（第六十四章）。

本组也包括兽用矫形器具，例如，疝气带、腿脚固定器具、防牲畜咬槽癖等的特制带子及管筒、内脏托带（器官、背侧肛、子宫等固位用）、兽角支持器等；但不包括具有普通鞍具、挽具（例如，马腿护垫）性质的防护装置（品目42.01）。

二、夹板及其他骨折用具

骨折用器具可用于身体受伤部位的固定（作牵引或保护用）或断骨对接，也可用于脱臼及其他关节损伤的治疗。

它们有些是安装在病人身上（例如，金属丝、夹持肢体的锌或木制支架、石膏绷带夹板、肋骨驳

接用具等)，有些则是安装在病床、台或其他支撑物上的（用于代替夹板或支架的床上防护支架、管子骨折延长器等)。但如果是作为病床、台或其他支撑物上不可分离的部件，就不应归入本品目。

除本章注释一第（六）款另有规定的以外，本品目还包括通过外科手术安装在人体内，用于连接断骨或进行类似骨折治疗的板、钉等。

三、人造假肢、义眼、假牙及其他人造人体器官

这些物品用于部分或全部代替人体的残废部分，其外观通常与原器官相似。它们包括：

（一）人造视器

1. 义眼，通常塑料或玻璃制成，材料中渗有少量金属氧化物以模仿眼球各部分（巩膜、虹膜、瞳孔）的外观和颜色，其壳件有单层或双层两种。

2. 人造眼内椎晶状体。

装在服装人体模型、毛皮制品等物品上的假眼不归入本品目（一般归入品目39.26或70.18)，可确定为作玩偶或玩具动物零件用的假眼应归入品目95.03，玻璃制的则应归入品目70.18。

（二）假牙及其固定件，例如：

1. 实心假牙，通常用瓷料或塑料（特别是丙烯酸聚合物）制成，有带有一些孔眼以备灌注固定材料的“无钉”假牙（一般为磨牙)，也有带两根固定用金属针或牙板金属脊拉槽的假牙（一般是切牙或尖牙)。

2. 空心假牙，也是用瓷料或塑料制成，并具有牙齿（切牙、尖牙或磨牙）的外形。按其固定方式称为“桩牙”（装在小金属针或柱桩上，以镶嵌于预先处理好的牙根上）或“牙冠”（用人造树脂粘固于修磨成一定形状的残牙上)。

3. 托牙（全口或部分)，由一块装有假牙的硫化橡胶、塑料或金属板制成。

4. 其他物品，例如，用于保护真牙的预制金属牙冠（金、不锈钢等制)、用于托牙加重和增强稳定性的锡铸条（“重质连接杆”、用于增强硫化橡胶牙托的不锈钢杆，以及各种明显可确定为牙科用配件的物品（例如，用于制作金属牙冠或托牙的插件、圈环、柱桩、钩子、孔眼等)。

必须注意，牙科粘固剂及其他牙科填料归入品目30.06；通称为“牙科用蜡”或“牙科造形膏”的制品，成套、零售包装或制成片状、马蹄形、条状及类似形状的以及以熟石膏（锻石膏或硫酸钙）为基本成分的牙科用其他制品应归入品目34.07。

（三）人造的其他人体部分，例如，臂、前臂、手、腿、脚、鼻、人造关节（例如，髋关节及膝关节)，以及代替血管的合成纤维织物制管子及心脏瓣膜。

本品目不包括装在无菌容器中供移植用的骨或皮肤（品目30.01）及骨骼粘固剂（品目30.06)。

四、助听器

一般是由带一个或几个传声器的电路（有或没有增音器)、耳机以及电池组成的电气器具。耳机可戴在耳内、耳后或以手持方式置于耳旁。

本组所包括的物品仅限于帮助克服失聪用的器具，因此不包括在会议室或话务员用于改善可听度的器具，例如，耳机、扩音器及类似品。

五、为弥补生理缺陷或残疾而穿戴、携带或植入人体内的其他器具

本组包括：

（一）助语器，供因受伤或手术而丧失声带发音功能的人使用。它主要为一种电子脉冲发生器，受到颈部压迫时，能在喉腔发生振动，使用人可将振动调为语音。

（二）起博器，用于刺激有缺陷的心肌，其大小及重量与怀表相当，通过手术植入患者胸部皮下。它们装有电池，通过电极与心脏相连，以所产生的规律的电脉冲来维持心博。另外还有其他类型的起博器，用以刺激各种器官（例如，肺、直肠或膀胱)。

（三）导盲器，主要由以电池为能源的超声波发射和接收装置构成，利用发射的超声波在遇到障碍物后反射回来所需时间产生的回波频率变化，使盲人通过适当的装置（例如，内置耳机）感知到障碍物并判断出其大致的距离。

（四）植入体内，用于辅助或代替人体某个器官的化学功能（例如，分泌胰岛素）**的器具。**

零件及附件

根据本章注释一及二的规定（参见总注释），本品目所列装置或器具的零件及附件仍应归入本品目。

90.22　X射线或α射线、β射线、γ射线或其他离子射线的应用设备，不论是否用于医疗、外科、牙科或兽医，包括射线照相及射线治疗设备、X射线管及其他X射线发生器、高压发生器、控制板及控制台、荧光屏、检查或治疗用的桌、椅及类似品（+）：

—　X射线的应用设备，不论是否用于医疗、外科、牙科或兽医，包括射线照相或射线治疗设备：

12　——X射线断层检查仪

13　——其他，牙科用

14　——其他，医疗、外科或兽医用

19　——其他

—　α射线、β射线、γ射线或其他离子射线的应用设备，不论是否用于医疗、外科、牙科或兽医，包括射线照相或射线治疗设备：

21　——医疗、外科、牙科或兽医用

29　——其他

30　—　X射线管

90　—　其他，包括零件、附件

一、X射线应用设备

这类设备的基本部分是带有一个或多个X射线管的部件，这个部件通常是悬置或安装在一个带转向或升降机构的托架或其他座架中，其所需电压是由一个变压器、整流器等组成的专用设备供给；其他各种部件结构则按X射线设备用途的不同而各异，例如：

（一）诊断用X射线设备。这些设备是根据X射线能穿透一般光线所不能穿透的人体，并且透射部位的密度越大，其吸收率越高这一原理工作的。它们包括：

1. X射线（荧光）检查设备，使X射线透射过被检查的器官并在荧光屏上成像，所成图像明暗程度的不同即表示了该器官的状况。

2. X射线照相设备，X射线透射过被检查部位后照射到感光硬片或软片上，从而把影像记录下来，这些设备既可用于射线检查，也可用于射线照相。

3. 由带有特种照相机的X射线装置构成的设备，这种设备可将在照相机所装X射线荧光屏上产生的影像拍摄下来。这类设备如果和配套的特种照相机同时报验，即使为了运输方便而分别包装的，仍应一起归入本品目；但单独报验的照相机则应归入品目90.06。

（二）X射线治疗设备，利用X射线的穿透力和对某些活组织的破坏作用治疗多种疾病（例如，某些皮肤病及肿瘤等），这类治疗按射线透射的深度分为“浅表”或“深部”治疗。

（三）工业用X射线设备。X射线在工业领域中的用途很广，例如，在冶金工业中用于检查气泡位置或合金的均匀性、在机械工程中用于检查装置的精确性、在电气工业中用于检查重型电缆或磨砂玻璃灯泡、在橡胶工业中用于检查橡胶轮胎内夹层的应力（例如，帆布的绷紧状况）、在各种工业中用于检查或测量材料的厚度等。所有这些用途各异的设备一般都与上述诊断用设备基本相似，只是按各自的特定用途附加有适配器及辅助装置。

本品目还包括：

（1）用于检验晶体结构及材料的化学成分的专用设备（X射线衍射及光谱设备），其工作原理是X射线透射过晶体后产生衍射，再使衍射X射线落到感光胶片或电子计数器上。

（2）利用X射线检验钞票或其他证券的设备。

二、α、β或γ射线的应用设备

α、β或γ射线是由具有从原子核自发放出射线特性的放射性物质所产生，这类放射性物质通常是盛装在覆铅的钢制炸弹型容器中，容器一端开孔，使射线只能向特定方向射出。γ射线的用途与X射线非常相似。

按照所采用的不同射线源和特定用途，本类设备可分为以下几种：

（一）治疗设备，它们所使用的放射源有镭、放射性钴或某些其他放射性同位素。

（二）射线检验设备，主要在工业上用于对金属零件作无损探伤。

（三）作为测量仪器的设备，例如，用于测量材料（片材、衬料及类似品）厚度的β及γ射线厚度计、探测包装物品的内容（医药品、食品、猎枪弹药、香水等）的设备以及电离风速计。这些设备一般都是通过对作用于被检因素的辐射强度变化进行测定来求得所需数据的。

（四）带射线烟雾探测器的火灾报警器。

本品目不包括本身不带射线源，仅用于探测射线的仪器及设备，即使其已标有各种刻度（品目90.30）。

三、X射线管及其他X射线发生器、高压发生器、控制板及控制台、荧光屏、检查或治疗用的桌、椅及类似品

本组包括：

（一）X射线管，用于将电能转换成X射线的装置。

这些管子的特性按用途的不同而各异，内部主要由产生电子源的阴极和接受电子轰击而放射X射线的靶（对阴极或阳极）构成。某些X射线管还加有若干中间电极，用以对电子流进行加速。电极通常封装在玻璃管壳内并带有相应的电气接头，整个管子再安装在盛满油的绝缘金属容器中，有些X射线管内部是充气的，但更普通的还是抽成高真空的。

本品目不包括X射线管的玻璃管壳（品目70.11）。

（二）其他X射线发生设备，例如，装有电子感应加速器的设备，该加速器将电子流加速至极高速度，从而产生极强穿透力的X射线。但本品目不包括既不用于产生X射线，也不装于X射线设备上的电子感应加速器及其他电子加速器（品目85.43）。

（三）X射线荧光屏，该射线屏上的荧光层可接收辐射，荧光层一般为氰亚铂酸钡、硫化镉或钨酸镉等物质，屏壁通常还覆有一层铅玻璃；某些种类的荧光屏，如所称的增光屏，可产生一个光化射线影像以增加完全由X射线形成的摄影影像的密度。

（四）X射线高压发生器，带有安装在绝缘屏蔽物内的变压器及整流管，还配有连接X射线管用的可拆卸高压接触元件。但必须注意，本品目仅包括专供X射线设备用的发生器。

（五）X射线设备的控制板及控制台，装有控制辐射时间及电压等的装置，并且通常还带有作为设备组成部件的射线剂量计。但必须注意，本品目仅包括专供X射线设备用的控制板及控制台。

（六）进行X射线检查或治疗专用的台、椅及类似品，不论是作为X射线设备的配件或是独立的器具，只要它们是专门或主要与X射线设备配套使用的；这些台、椅等即使是单独报验的，也仍归入本品目，但非专用的除外（一般归入品目94.02）。

本品目还包括根据放射学原理制成的避雷器。

零件及附件

根据本章注释一及二的规定（参见总注释），可确定为专用于或主要用于X射线设备等的零件及附件仍应归入本品目。这些零件及附件包括：

1. **通常带有铅衬的放射器**，用于安装在X射线管口或放射“炮”上，有时也称为“定位器”。

2. **白炽灯对中装置**，主要用于X射线治疗，通过直接照射表皮检查治疗部位。与前述附件一样，这种装置通常也是安装在X射线管或放射“炮”的射线出口上。

3. **防护外壳**，用铅玻璃或其他X射线不能穿透的某些盐类物质制成，用于套住X射线管，使操作者免受有害射线的伤害。

4. **防护屏或罩**，用覆铅材料或铅玻璃制成，放置在操作者和X射线管之间作防护用。

本品目不包括操作者穿着在身上的防护装具，例如，以含铅橡胶制成的防护围裙及手套（品目40.15），或者铅玻璃制成的护目镜（品目90.04）。

*

*　*

本品目还不包括：

（一）镭针及其他含放射性物质的针、管及类似品（第二十八章）。

（二）感光硬片及软片（第三十七章）。

（三）用于X射线设备电源装置中的高压整流二极管及其他整流管（品目85.40）。

（四）射线照片的检视设备（包括影像投影仪）（品目90.08或90.10），以及X光片或其他射线照片的洗印设备（品目90.10）。

（五）紫外线或红外线医疗设备（射线疗法用）（品目90.18）。

（六）探测α、β、γ或X射线的仪器，它们归入品目90.30，除非其已装配在放射线设备上。

○

○　○

子目注释：

子目9022.12

本子目包括所谓X射线全身断层检查仪。这是一种无线电诊断系统，应用电子人体断面射线摄影技术（X射线断层摄影技术）对全身进行检查。病人躺在圆筒形通道内的检查台上，人体部位用X射线分步分层进行扫描，在该通道上环形布满了数百个探测器，测量X射线在人体内的不同衰减量。

系统自身的自动数据处理机将传感器送来的数据转换成图像，显示在系统的监视器上。X射线断层图像通常是用系统内装的特种照相机拍摄的，必要时还可用电磁方式存储起来。

90.23　专供示范（例如，教学或展览）而无其他用途的仪器、装置及模型

本品目包括各种专供示范（例如，学校、教室及展览会中所用）而无其他用途的仪器、装置及模型。

按照上述条件，本品目包括：

一、专供示范用的机器或装置，例如，维姆休斯特起电机（做电气实验用）、阿特伍德机械（用于演示重力加速运动的规律）、马德堡半球（作大气压力效应示范用）、格氏环（用于演示热膨胀现象）、牛顿盘（用于演示白光的色彩合成效应）。

二、人体或动物解剖模型（不论是否有活关节或装有电气照明装置），用水晶等制成的立体物体模型，以及通常用塑料或以石膏为基料的混合物制成的这类模型。

三、充气式人体模型，尺寸与真人大小一样并带有模仿人体呼吸器官而制成的零件，用于口对口人工呼吸抢救方法的训练。

四、船舶、机车、发动机等的剖面模型，用于演示它们的内部运行机制或重要零件的功能；立体教学图板，例如，收发讯机的元件电路教学演示图板（通讯学校所用）及发动机油路系统示意图板，不论是否带有电光系统。

五、样品箱、展示板等，用于展示原材料样品（纺织纤维、木材等）或者产品各制造加工阶段的状况（供技术学校教学用）。

六、炮兵室内训练课程使用的模型等。

七、供显微镜观察用的制成标本载片。

八、城镇、纪念碑、房屋等的模型（石膏、纸板、木料等制）。

九、小型展示模型（飞机、船舶、机械等），通常用金属或木料制成（例如，作广告用途的）。必须注意，专作装饰用的模型应归入其各自相应的品目中。

十、立体地图（省份、市镇、山脉等的地图）**、立体市政建设规划图以及立体地球仪或星象仪**，不论是否印制的。

十一、训练坦克驾驶员用的模拟坦克驾驶装置（包括高级培训用的），它们一般由以下主要部分组成：

（一）安装在活动台架上的驾驶舱；

（二）由地形缩尺模型和安装在行走架上的电视摄像机组成的观察系统；

（三）教练员控制台；

（四）计算机；

（五）液压系统；

（六）电源柜。

零件及附件

根据本章注释一及二的规定（参见总注释），本品目所列装置或器具的零件及附件也归入本品目。

*

*　*

本品目不包括：

（一）印刷图纸、图表、插图等，即使是作教学、广告等用途的（第四十九章）。

（二）品目 88.05 的地面飞行训练器。

（三）既可供娱乐，也可供示范用的物品（例，某些成套的机械部件模型、机械或电动玩具机车、锅炉、起重机、飞机等）（第九十五章）。

（四）品目 96.18 的自动模型。

（五）品目 97.05 的珍藏品。

（六）超过一百年的古物（例如，立体图及地球仪）（品目 97.06）。

90.24　各种材料（例如，金属、木材、纺织材料、纸张、塑料）的硬度、强度、压缩性、弹性或其他机械性能的试验机器及器具：

10　—　金属材料的试验用机器及器具

80　—　其他机器及器具

90　—　零件、附件

本品目包括各种材料（例如，金属、木材、混凝土、纺织纱线及织物、纸或纸板、橡胶、塑料、皮革）的硬度、弹性、抗张强度、可压缩性或其他机械性能的试验机器或器具，它们的范围极为广泛。据此，本品目不包括：

（一）检验材料微观结构的仪器或器具（例如，品目 90.11 或 90.12 的金相或其他显微镜），以及用于材料分析或检测孔隙率、热膨胀率等特性的仪器或器具（品目90.27）。

（二）仅用于一般测量或检验宽度、厚度等的仪器或设备（例如，用于检测加工工件、金属丝、金属货品等）（品目90.17或90.31）。

（三）检验材料暇疵、裂缝、断裂或其他缺陷的仪器（品目90.31）。

本品目的机器及器具一般在工业或科研中用于测试制成品（通常为抽样或标准样品），也供生产加工过程、建筑工程（在车间、建筑工地等）或仓库发货中作检验用。

它们的体积大小差别悬殊，从重达数吨的大型机械、电气、液压操作机器到小型便携式，乃至袖珍式的器具都有。某些通用型设备（例如，金属材料试验机）可通过所附各种配件进行硬度、拉伸、弯曲等试验。虽然多数这类仪器是根据“起－止”机械原理工作，但也有一些是自动或半自动的装置（例如，安装在装配线上对批量生产的产品进行抽检的设备）。

试验结果既有直接从仪器上读出的（有时借助于放大镜、内装显微镜或轮廓投影仪等的简单光学装置读出），也有通过分离的显微镜检查而获得（例如，观测金属被测材料上的球印试验压痕）。此外，有些试验机带有记录试样应力、张力等的装置。

一、金属试验机器及器具

本组机器及器具用于：

（一）对试样、棒材、线材、缆绳、弹簧等进行抗拉试验，以测定金属弹性、破坏应力及其他许多重要性能。拉伸试验机有各种类型（例如，立式或卧式、蜗杆式或水力负荷式），但基本上都具有夹持试样进行试验的夹紧装置。

（二）对试样、棒材、机械加工工件等进行硬度试验。金属硬度通过对该种金属抗压痕强度的测定而获得，这类试验包括：

1. 钢球压痕硬度试验（淬火钢或金属碳化物制的钢球）或布氏硬度试验。被测件上的压痕由通过杠杆、弹簧或活塞施于钢球上的持续压力（非通过冲击力或反复撞击力）所形成，再通过显微镜检测压痕的直径。

2. 金刚石棱锥压头压痕硬度试验，可采用洛氏硬度试验法（用表盘比较器检测压痕深度）或维氏硬度试验法（用显微镜检测压痕表面积），但也可采用其他方法（莫氏、肖氏、努氏等硬度试验法）及使用通过钢制压痕工具检测软金属硬度的仪器（例如，洛氏法）。以上所列举的几种试验方法可使用同一部机器进行。

3. 回跳硬度试验，使用回跳硬度显示器或记录器进行测试，使一个带金刚石棱锥头的小锤从预定高度上落到被测件的表面，金属硬度越大，锤子回跳就越高。

4. 摆测硬度试验，通过摆锤摆动撞击被测件进行试验，摆锤是呈倒U型的铸铁体，中间装有一个钢球。

（三）弯曲试验。

1. 冲击试验，用于对金属棒材（不论是否有凹口）进行测定，对架在两个支座上的金属棒反复撞击直至断裂，由此测出其极限弯度。

2. 压力试验（主要用于对金属棒材进行测定）、弯曲试验（用于对弹簧进行测定）。

（四）延性试验，主要是试验金属板片，使用通常在端头装有钢球的压凹工具逐渐压入板片直至穿孔为止，记录下初始数据后即可测出其应力和挠度。

（五）折叠试验（用于金属片、条及丝）。压缩试验及剪切试验（主要用于铸铁）。

（六）疲劳试验，在试验中被测件不仅受上述的简单应力试验，还要进行综合及变动应力试验。这些试验通过旋转弯折试验机（使被测件高速旋转）、反转扭力试验机（其扭力方向交替变换）或电磁疲劳试验机等进行。

二、纺织品测试机器及器具

利用本组装置进行的主要试验包括：

（一）测定拉伸性质及抗断裂性质的断裂测试、测定弹性或抗张强度的张力测试以及类似的其他测试（包括上述性质的综合试验）。试验所用材料为原纤维或纱线、绳索、普通织物、带条等。

上述试验使用各种测力计，这些测力计通常按工作原理（例如，摆锤式或平衡杠杆式）或试验的材料（例如单纱、加捻纱或绳、玻璃纤维、纱束或绞丝、织物等）命名，类似的试验也可使用伸长计进行。有些测力计装有钢球装置以测定织物的顶破强力。

（二）织物样品尺寸变化试验，织物样品经在干、湿状态下伸张后进行伸缩测定。

（三）耐磨及抗撕裂试验，测试易受磨损的纺织物（被单、布匹、亚麻台布等），有时也测试纱线本身。

这类试验利用耐磨试验仪、织物平磨仪等进行，试验是将布条用适当张力绷紧，再用耐磨仪对其进行逐渐磨损（磨具有圆盘磨头、带金属凸缘的滚筒、钢磨轮等），耐磨损及抗撕裂性能通过耐磨仪将织物磨损至断裂时的转数测得。

本品目不包括用于检验纺织材料的仪器［例如，纱线均匀度检验仪、测定纱线在整经木框架、络纱机等机架上的拉力的应变仪，以及测定纱线扭力的纱线扭力计及扭矩仪（品目90.31）］。

三、纸张、纸板、漆布、软塑料或软橡胶的试验机器及器具

这类器具主要是用于进行抗拉强度试验（测定伸长率、断裂载荷等）及顶破强力试验，其工作原理与用于纺织品试验的测力计基本相同。

本组仪器包括：破裂强度试验仪、折叠试验仪等（例如，用于纸张）、弹力计、回弹计、拉伸试验仪、耐磨试验机、塑度计（例如，用于橡胶或塑料）。

四、其他材料的试验机器及器具

大部分的有关材料（木材、混凝土、硬塑料）是使用工作原理与金属试验机具相类似（通过球印、冲击等）的机器及装置进行拉伸、弯曲、硬度、压缩、剪切、耐磨等试验的。

本品目还包括种类繁多，用于测定砂型铸造试样的拉伸强度、抗弯强度、抗压强度等的小型仪器，以及测定成型铸型或型芯的表面硬度的仪器。

零件及附件

根据本章注释一及二的规定（参见总注释），本品目所列机器或器具的零件及附件仍应归入本品目。

90.25　记录式或非记录式的液体比重计及类似的浮子式仪器、温度计、高温计、气压计、湿度计、干湿球湿度计及其组合装置：

—　温度计及高温计，未与其他仪器组合：

11　——　液体温度计，可直接读数

19　——　其他

80　—　其他仪器

90　—　零件、附件

一、比重计及类似的浮子式仪器

这类仪器一般可从刻度杆上直接读数以确定固体或液体的比重，或者确定与比重有关的某一任意值（例如，烈性酒的浓度），所得示值有时也可按换算表转换成其他单位的参数值。

本类仪器通常用玻璃制成［也有一些是用金属（例如，镍银合金、银等）制成的］，其一端为充有水银或细微铅粒的泡装配重，重物重量一般是固定的，但也有一些用于测定不同比重液体的密度的仪器可改变重物重量或加重重物重量。有些比重计（例如，测试蓄电池酸液浓度的比重计）是封装在玻璃注射器内的，还有一些则是配有温度计的组合仪表。

大多数比重计的名称根据其用途而定，例如，酒精比重计、糖量计（用于酿酒业或制糖工业）、盐液密度计、乳比重计或乳重计、酸量计（用于测定蓄电池或其他酸性物的比重）、尿比重计等，其他一些则根据发明者的姓名（例如，波美、白利、巴林、贝茨、盖-吕萨克、里克特、特拉勒斯、席克斯、斯托帕尼等）来命名的。尼克尔森比重计用于测定固体的比重。

本品目不包括：

（一）以其他方法测量比重的仪器，例如，比重瓶（品目70.17）、比重天平或比重器（品目90.16）。

（二）某些非浮子式仪器的分析装置，例如，乳脂计（用于测量黄油中脂肪含量）、尿素计（用于检测尿素含量），它们应归入品目70.17。

二、温度计、温度记录器及高温计

本组包括：

（一）带充液玻璃管的玻璃温度计，包括家用温度计（室内、窗台温度计等）、浮子式温度计（浴用温度计等）、体温计、工业用温度计（用于锅炉、熔炉、蒸压釜等）、实验用温度计（用于量热学等）、专用气象温度计（例如，用于测量太阳或地面辐射温度）、水文学用温度计（例如，深海测温用的颠倒温度计），本品目还包括用于指示其所记录的最高和最低温度，名为最低值最高值温度计的玻璃温度计。

（二）金属温度计（例如，以膨胀系数不同的两条金属片焊接组成的元件制成的双金属温度计），主要应用于气象学、空气调节装置及其他科研或工业用途，汽车上用于指示水箱水温的温度计通常也是这种类型的。

（三）由金属元件系统构成的膨胀式温度计或压力温度计。这类温度计的膨胀介质（液体、蒸气、气体）产生压力，使波尔登管或类似的压力检出元件产生位移驱动指示盘上的指针，它们主要应用在工业方面。

（四）液晶温度计，其液晶物理特性根据温度的变化而改变（例如，颜色）。

（五）电测温度表及高温计，例如：

1. 电阻温度计及高温计，通过金属（例如，铂）或半导体的电阻变化进行工作。

2. 热电偶温度计及高温计，根据两种不同电导体的接点受热时会产生与温度相应的电动势的原理制成；构成电偶的导体金属有：铂与铂铑合金、铜与铜镍合金、铁与铜镍合金、镍铬合金与镍铝合金。

3. 各种类型的辐射（包括光学）高温计，例如：

（1）带有一凹镜的高温计，凹镜可将炽热物体等发出的热辐射汇聚在处于凹镜焦点的热电偶热接点上。

（2）隐丝高温计，以利用变阻装置调节白炽灯灯丝的亮度，使其与被测热源的亮度相同来测量温度。

有些电测温度表及高温计带有控制熔炉、烘箱、发酵槽等工作的自动调节部件，这类组合装置应归入品目90.32。

（六）带有光度块的光学高温计，由棱镜提供一视场，现场中央部分经标准白炽灯照明后成为亮点，周边部分被高温物体发出的光照亮。当一块涂覆有密度不一的乳剂的玻璃圆片旋转时，造成高温物体光密度的变化，再通过观测相应于视场内外部分亮度的圆片旋转度数即可测得温度。

（七）隐丝式光测高温计，通过一组烟色玻璃的插入或者相应于特定温度的吸收玻璃制分度光楔的转动，使炉膛反射影像的亮度与标准参比灯亮度相当以测得炉膛的温度。

（八）根据旋光偏振现象制成的望远镜式高温计，由两个尼科耳棱镜构成，中间放置一块校准石英晶体，通过计算其中一个棱镜为获得某一色泽所转动的角度得出温度值。

（九）根据某些固体物质（例如，粘土）的收缩率制成的高温计，由一根摆杆制成，杆的一头在度盘前摆动，另一头与测温棒相连。

本品目包括“接触式温度计”，它们除指示温度外，还带有控制电气信号灯、报警器、继电器或开关的辅助装置。

本品目还包括金属及蒸气压力温度计，也有人称它们为“高温计”，能测量高达500～600℃的高温。

温度记录器也归入本品目，这种仪器由温度计与带有一个可将温度变化记录在鼓筒上的指示器构成，并通过机械或电气时钟机构，或者同步电机控制运转。

本品目不包括测定粘土等收缩率的“测温熔锥”，一种卡尺式仪器，用于在烧制陶瓷时根据从陶瓷窑中取出的试样确定烧制进程（品目90.17或90.31）。

三、气压表及气压记录仪

本组仪器是供测定大气压力用的，用于测定液体或气体压力的类似仪器（压力表）不归入本品目（品目90.26）。

常见的气压表有两种——水银气压表和膜盒式气压计。

普通的水银气压表由内贮水银、上端封闭的玻璃管构成，其中一种是将管子下端插在水银槽内，另一种则将管子下端弯成虹吸管状，大气压力作用于管子的开口一端。两种类型均使管内水银柱高度与气压相当，根据水银柱的升降（通过刻度标尺或度盘上的指针显示）即可测定大气压力。水银气压表包括福丁式气压表（带有可调节水银槽）、虹吸气压计，（带有可调整标尺）及船用气压计（用常平架固定）。

膜盒式气压计是通过大气压力作用于一个或多个抽空的波纹金属膜盒或一根薄壁金属弯管来测定气压，膜盒或弯管受气压影响产生形变，形变的位移经放大后传到标尺上的表针指示气压，或者被转换成电信号。

本品目还包括：

（一）不仅可指示气压，还可指示高度的气压测高计。必须注意，本品目不包括只能指示高度的航空专用测高计（品目90.14）

（二）弯管流体压力计，这种仪表以油等液体代替水银来压缩管内的气体。

气压记录仪是象温度记录器记录温度那样记录大气压力的仪器（参见上述第二组）。

四、湿度计及湿度记录仪

本类仪器用于测量空气或其他气体的湿度，其主要类型有：

（一）化学湿度计，用化学物质吸收水分，然后称其重量。

（二）冷凝式湿度计，采用“露点”方法测定（即水蒸汽开始冷凝的温度）。

（三）毛发湿度计，根据一根或多根毛发或塑料带在干湿不同环境下长度会发生变化的现象进行工作。毛发或塑料带绷张在一个配重并装有滑轮的框架上，滑轮的轴上连有可在刻度盘上摆动的针。有的这类装置将针的摆动转换成电信号。

（四）环状玻璃管湿度计，管的一部分充有水银并用对大气水蒸汽具有半透性的隔膜封其一端，当水蒸汽压力作用于水银时，环绕于一根轴上的管子产生位移，位移由与轴相连的刻度盘指针显示出来。有的这类装置将管子的位移转换成电信号。

（五）金属条湿度计，绕成螺旋状的金属条上涂布有受湿度影响会起变化的物质，受潮后金属条长度发生变化并传至所连轴杆，使轴杆上的指针在度盘上移动。有的这类装置将指针的移动转换成电信号。

（六）电湿度计，一般是根据受湿度影响，特殊的吸收性盐（例如，氯化锂）的导电率或电气元件的电容量会发生变化的现象进行工作（有的这类仪器刻有标度，用来显示被测因素的露点）。

装饰性湿度计也归入本品目，它们由多少具有装饰性质的物品（农舍式小屋、塔楼等）和根据预测天气的好坏而进出的小塑像构成。另一方面，浸渍有化学物质，其颜色可根据大气湿度不同而发生变化的纸不归入本品目（品目38.22）。

同样归入本品目的湿度记录仪与毛发湿度计相类似，但可以通过与温度记录器记录温度一样的方式记录相对湿度的变化（参见上述第二组）。

本品目不包括用于测量固体物质湿度的仪器（品目90.27）。

五、干湿球湿度计

这是一种特殊类型的湿度计，它们通过参照不同的温度来测定湿度，其温度是由一支记录气温的干温度计和一支通过浸透水的材料保持球部湿润，以水蒸发吸收热量的湿温度计来显示。

电测干湿球湿度计通常采用电阻温度计或半导体件代替普通干湿球湿度计的非电测温度计。

*

*　*

湿度计和干湿球湿度计具有广泛的用途，例如，应用于气象观测（气象站观测用及家用等）、实验室实验、冷冻加工、人工孵化及空气调节（特别是在纺织厂中）。

组合装置

本品目包括上述仪表的组合装置（例如，比重计、温度计、气压表、湿度计及干湿球湿度计的组合装置），除非加装的一种或多种其他装置使其具有其他品目更为具体列名的设备或器具的特征，（例如，品目90.15的气象观测仪器）。下列装置应归入本品目：

1. 温湿记录仪、气压温湿记录仪及日光辐射计（仅由两支特殊温度表组合构成的仪器）。

2. 测霜仪，即作霜冻预报的仪器，特别是应用于园艺方面，这也是一种主要由两支温度表构成的组合装置。

另一方面，本品目不包括大气探测用的无线电探测器（参见品目90.15的注释）。

零件及附件

根据本章注释一及二的规定（参见总注释），单独报验的本品目所列装置或仪表的零件及附件仍应归入本品目（例如，度盘、指针、箱盒、刻度标尺）。

90.26　液体或气体的流量、液位、压力或其他变化量的测量或检验仪器及装置（例如，流量计、液位计、压力表、热量计），但不包括品目90.14、90.15、90.28或90.32的仪器及装置：

10　—　测量、检验液体流量或液位的仪器及装置

20　—　测量、检验压力的仪器及装置

80　—　其他仪器及装置

90　—　零件、附件

在本协调制度其他品目中更为具体列名的仪器或装置不应归入本品目，例如：

（一）减压阀及恒温控制阀（品目84.81）；

（二）风速计（风速表）及水位计（品目90.15）；

（三）温度表、高温计、气压表、湿度计、干湿球湿度计（品目90.25）；

（四）理化分析等仪器及装置（品目90.27）。

本品目包括液体或气体的流量、液位、压力、动能或其他过程变量的检测仪器及装置。

本品目的仪器及装置可带有记录、信号或光学读度装置，或者电动、气动、液动输出量的变送器。

检测装置一般均采用对检测量的变化非常敏感的元件（例如，波登管、膜片、真空膜盒、半导体）来使指针或游标移动，有些装置则把发生的变化量转换成电信号。

带有旋塞、阀门等的本品目检测仪器或装置应按照品目84.81注释的规定进行归类。

一、检测液体或气体流速及流量的装置

（一）流量计，用于指示流速（单位时间内的体积流量或质量流量）及测量明渠（河流、水道等）及管道（输送管等）中的流量。

有些流量计是根据品目90.28的流体测量仪表（涡轮式、活塞式等）的原理工作的，但绝大部分还是利用差压法进行测量的，它们包括：

1. 差压式（固定孔径）流量计，主要由以下两种部件构成：

（1）产生压差的主要装置（例如，皮托管或丈丘里管、简单膜片、孔板、特定形状的喷嘴）；以及

（2）差压计（浮子式、膜片式、差压式、摆动环秤式、流量变送器等）。

2. 可变截面（可变孔径）流量计，主要由内有重浮子的带刻度锥形管构成，被测流体流过管壁与浮子之间的环隙时托起浮子向上，直到浮子两边压差所形成的力与浮子重力相等。测量高压液体的有磁场流量计（非磁性管内的铁浮子位置由管外的磁体显示）或阀式流量计（内装有膜片的管子与小流量计并联相接）。

3. 应用磁场、超声波或热量进行测量的流量计。

本品目不包括：

（1）用于测量河流、运河等水流速度的测流桨轮，应作为水文仪器归入品目90.15。

（2）仅用于指示一定时间内输送液量的装置，应作为计量仪表归入品目90.28。

（二）风速计，专用于记录矿井、坑道、烟囱、炉窑及导管中的风速，主要由风叶和分度盘构成。有些这类装置将示值转换成电信号。

二、检测液体液位或气体体积量的仪表及装置

液位指示器及贮罐贮气量指示器。

液位指示器包括：

（一）浮子式，它可从安装在浮子上的带刻度立柱上直接读出液位，也可将示值通过导线和鼓筒传至分度盘上的指针或转换成电信号。

（二）气压或液压式，通过差压计测量压力罐中的液位。

（三）双色光式，专用于蒸汽锅炉，根据水和蒸汽的折射率不同进行工作，由一组灯、彩色屏、光学系统以及通过不同颜色指示相应水汽位置的液面指示器构成。

（四）电气式，根据电阻量、电容量、超声波等的变化进行工作。

本品目不仅包括密闭槽、罐的液位指示器，也包括明露液池或明渠（水电工程、灌溉系统等）的液面指示器。

贮罐贮气量的测量是直接或通过分度盘指针（指针以导线和鼓筒与浮钟相连）测定浮钟的漂浮位置获得。

检测固体材料物位的仪表不归入本品目（酌情归入品目90.22或90.31）。

三、检测液体或气体压力的仪表及装置

压力表（例如，压力计）是用于测量液体或气体压力的装置，其不同于气压表之处在于后者是测量大气压力的，而压力表则是测量密闭空间中的液体或气体压力的。压力表的主要类型有：

（一）液体压力计，充于玻璃或金属管内的工作液体有水银，水及其他液体，或者不相混溶的两种液体。这类仪表有单管压力计、U形管压力计、斜管压力计、多管压力计以及摆动环秤式压力计。

（二）金属压力表，类似于膜盒式气压计，这种仪表也是由一片或多片膜片、膜盒、波登管或螺旋金属管以及其他直接驱动指针或使电信号发生变化的压敏元件构成。

（三）活塞式压力计，这种仪表是使压力直接或通过膜片传至由弹簧顶压或夹住的活塞上。

（四）电测式压力表，这类仪表根据电现象（例如，电阻量、电容量）的变化或者使用超声波进行工作。

测量极低压的真空计，包括使用热离子真空管（三极管）的电离真空计，通过电子与残余气体的分子碰撞，从而产生被阴极板吸引的阳离子这种现象来进行工作的。单独报验的热离子真空管不归入本品目（品目85.40）。

本品目还包括极值压力表和测量差压的差压压力表；差压压力表有以下几种类型：双液式、浮子式、摆动环秤式、膜片式、膜盒式、球式（无液）等。

四、热量计

热量计用于测量一个系统装置（例如，热水供热系统）的热量消耗，主要由一个液量测量仪表、分别安装于管道出入口的两支温度计及计数和累计机械装置构成。本组仪表也包括热电偶热量计。

安装于公寓楼各单元取暖器上的小型热量计与温度表相似，它们内充有遇热时蒸发的液体，用于使集中取暖系统的费用得以合理地分摊。

零件及附件

根据本章注释一及二的规定（参见总注释），单独报验的本品目所列仪表或装置的零件及附件仍应归入本品目，例如，不论是否带有信号、预选或控制功能的单独报验的自动记录部件（包括记录多个检测仪表所得示值的）。

90.27　理化分析仪器及装置（例如，偏振计、折光仪、分光仪、气体或烟雾分析仪）；测量或检验粘性、多孔性、膨胀性、表面张力及类似性能的仪器及装置；测量或检验热量、声量或光量的仪器及装置（包括曝光表）；检镜切片机：

10　—　气体或烟雾分析仪

20　—　色谱仪及电泳仪

30　—　使用光学射线（紫外线、可见光、红外线）的分光仪、分光光度计及摄谱仪

50　—　使用光学射线（紫外线、可见光、红外线）的其他仪器及装置

—　其他仪器及装置：

81　——质谱仪

89　——其他

90　—　检镜切片机；零件、附件

本品目包括：

一、偏振计，用于测定偏振光经过旋光性物质后其振动面的旋转角度。主要由光源、装有起偏振和检偏振棱镜的光学装置、放置待分析物质的管座、观察目镜及测量刻度盘构成。

对于电子偏振计，除具有传统偏振计的基本光学元件外，还装有光电管。

二、半阴旋光计，用于分析偏振面或椭圆偏振光。

三、糖量计，一种用于测定糖溶液浓度的特殊偏振计。

四、折光仪，用于测定液体或固体折射率（检验物质纯度的最重要指数之一）的仪器，主要由棱镜光学系统、观察和读值用的目镜以及控制温度的装置（因为温度对折射率的影响极大）构成。其用途极广，特别是用于食品工业（检验食用油、黄油及其他油脂，分析果酱、果汁等）、玻璃工业、炼油工业及生物学研究等方面（检验血浆及排泄物等中的蛋白质含量）。

大部分折光仪是安装在底座或支架上，另外一些是手持式的，还有一些则可安装在生产槽桶的壁上。

五、分光仪，用于测量放射及吸收光谱的波长，主要由一个可调节狭缝准直器（待测光束由此入射）、一个或多个可调节棱镜、一个望远镜和一个棱镜台构成。某些分光仪（特别是红外或紫外光谱分光仪）装有多个棱镜或衍射光栅。

本类仪器包括：用于观测光谱的分光镜；将光谱照相记录在感光硬片或软片上（谱图）的摄谱仪；单色器（用于从线状光谱中分离出某种谱线或从连续光谱中分离出某些区段的光谱的仪器）。

但本品目不包括用于太阳观测的日光摄谱仪和日光观测镜（品目 90.05），用于检验投射在屏幕上的光谱放大影像的光谱投影仪（品目 90.08），利用光学观测方法对光谱图进行比较检验的测微显微镜及带有显微镜的光谱比较仪（品目 90.11），以及测量电量的光谱分析仪（品目 90.30）。

六、质谱仪及类似仪器，用于分析元素的同位素结构等。但本品目不包括用于同位素分离的电磁同位素分离器（品目 84.01）。

七、比色计。所称“比色计”是指两类完全不同的仪器，一类是通过将某种物质（液体或固体）的颜色与三原色（红、绿、蓝）按适当比例混合产生的颜色比较来测定该物质的颜色，另一类比色计用于化学和生物化学分析中，它通过将溶液中物质颜色（或该物质与试剂反应后的颜色）与标准色板或色液作比较来测定溶液中该种物质的浓度。在后一类比色计中有一种是将待测溶液和标准溶液加入两支玻璃管中，并通过一个目镜和两个棱镜对其进行观测。某些比色计利用光电管工作；还有一些则通过带试剂的纸条与某种气体产生反应而变色的方式工作，它们利用两个光电管测量与气体反应前后的颜色。

本类还包括其他光学分析仪器，例如，比浊计和浊度计（用于测定溶液的浊度）、液体溶气计、荧光计（用于测定荧光，广泛应用于维生素、生物碱含量等的分析）、白度计和不透明度测试仪（专门用于测定纸浆、纸张等的白度、不透明度或亮度）。

八、气体或烟雾分析仪，用于分析炼焦炉、煤气发生炉、高炉等的可燃气或燃烧副产品（燃烧过的气体），特别是用于测定其二氧化碳、一氧化碳、氧气、氢气、氮气或碳氢化合物等的含量。电子式气体或烟雾分析仪主要用于检测下列气体的含量：二氧化碳、一氧化碳及氢气、氧气、氢气、二氧化硫、氨气。

有些本类仪器或设备是通过测定待测气体被适当的化学物质吸收掉或者燃烧掉的体积进行工作，它们包括：

（一）奥萨特气体分析器，主要由一个吸气瓶、一根或多根吸收球管及一根量管构成。

（二）燃烧或爆炸气体分析器，这种仪器是在上述仪器上加装一个燃烧或爆炸球管（连有感应点火器等的铂毛细管、铂或钯电线导管）。

上述不同种类的仪器也可以组合使用。

其他类型的仪器有根据气体的密度，或者通过分凝及蒸馏（裂化）作用工作，还有的是利用下列原理工作：

1. 某些气体的热导率。
2. 作用于电极的可燃气体热效应（例如，烟道气中的一氧化碳及氢气）。
3. 气体对紫外光、可见光、红外光或微波辐射的选择吸收。
4. 气体磁导率的差异。
5. 气体与一适当辅助气体成分发生的化学发光反应。
6. 碳氢化合物在氢火焰中的火焰电离。
7. 某一适当液体试剂与气体反应前后的传导率差异。
8. 气体在测定池中与固体（特别是氧分析用的氧化锆）或液体电解发生的电化学反应。

必须注意，应用于工业生产中的气体或烟雾分析仪（即直接与高炉、煤气发生炉等相连的仪器）也包括在本品目内。但仅由实验玻璃器皿构成的装置应归入品目 70.17。

九、电子烟度检测器，用于炉窑等。利用诸如以光束（或红外光线）直接照射光电管的方式工作。由于烟的浓度不同，通过透过烟的光束受其影响而使光电管电路中的电流发生变化，从而使标度指示器或记录系统工作，或者调节阀门。这种仪器还可带有报警装置。

只装有报警装置的电子烟度检测器应归入品目 85.31。

十、沼气检定器及其他检定器（例如，二氧化碳检定器），包括在矿井或隧道中作瓦斯检查以及作管路渗漏检修等用的便携式气体检定器。

十一、分析气体中尘埃的仪器，它们是使一定量的气体流过一个滤片，通过称量检测前后滤片的重量进行工作。本类仪器包括检测空气中尘埃量及试验防尘面罩、滤器等的廷氏测尘器。这种仪器由用黑玻璃封盖的尘埃箱、光源、带有棱镜测量装置的光度头以及测量旋转角度的刻度圆盘标尺构成。

十二、溶解氧测定仪，利用极化槽或通过溶解氧与铊的化学反应（测定电解电导率的变化）来测量液体中的溶解氧值。

十三、极谱分析仪，通过对浸入溶液中的电极所获得的相关电流/电阻量的测算来测定液体组分，例如，水中的微量溶解金属。

十四、湿化学分析仪，用于测定液体中的无机或有机组分，例如，微量的金属、磷酸盐、硝酸盐、氯化物或积分参数［例如，“化学需氧量（COD）”及“总有机碳量（TOC）”］。这种分析仪由试样制备装置、分析装置（例如，离子灵敏电极）、光度计或旋光计构成。如果是自动仪器，还装有控制装置。

十五、粘度计及类似仪器，用于测定粘度（即液体的内摩擦系数）。

它们可利用以下方式工作：

（一）毛细管原理，即测量在恒定压力下特定液体通过毛细管所需的时间（例如，奥斯特瓦尔德、恩格勒等粘度计）；

（二）固体与液体之间的摩擦效应；或

（三）一个球体在液体中的沉降时间。

十六、偏振光镜（应变观察器），用于测量玻璃的内应变（例如，在硬化、退火、熔接等过程中产生的应变，它们会使玻璃易于破裂）。这类仪器主要由装在一个壳体内的电灯、光线漫射装置、偏振器及偏振望远镜组成。玻璃内的应力分布以明亮晕色的形式显示出来。

十七、膨胀计，用于测量钢、合金、焦炭等因温度变化所引起的膨胀或收缩。这类仪器大多是记录式的（以机械记录方式绘图或者作照相记录）。

十八、测定孔隙率或渗透率（对于水、空气或其他气体等）**的仪器**，例如，孔率计或渗透仪（不要将其与测量物质磁导率的磁导计相混），可用于测量纸张、纺织纤维、织物、塑料、皮革、沙子等。

十九、测量液体表面或界面张力的仪器（例如，扭秤）。液体表面或界面张力一般通过下列三种因素之一进行测定：从特定毛细管流出的一滴液滴重量（或者给定液量的液滴数）（滴重法）；液体在一定直径毛细管中的自由上升高度（毛细管上升法）；以及从液面移离一只圆环所需的力。

二十、测量渗透压力的仪器（渗压计），即用对两种液体具有部分但不相等的渗透性的膜片将两种可混液体隔开时所产生的压力。

二十一、检验矿物油及其衍生物（例如，焦油、沥青、柏油等）**的仪器**，包括有测定矿物油的闪点、凝固点、流点及滴点等，石蜡的熔点，油脂及焦油的水分、杂质、硫含量及稠度，以及浊点、冻点等的仪器。

二十二、pH 计及 rH（氧化还原值）计。pH 计用于测量表示溶液或混合剂酸碱度（以纯水为中性标准）的因素，rH 计用于测量溶液的氧化或还原能力。本类仪器的工作原理各异，但最常见的是采用电测系统，其电极产生的电势差与溶液的 pH 值或 rH 值成一定比例。除用于测量外，本类仪器还可用于自动控制。

二十三、电泳仪，利用直流电流通过溶液所造成的浓缩度变化进行工作，溶液中的带电粒子根据生成物的性质而具有不同的迁移速率。

本类仪器通常装有光度测量装置，该装置由光电管及直接以光密度单位刻度的毫安计构成。它们用于各种溶液（蛋白质、氨基酸等）的分析，各种物质（血浆、激素、酶、病毒等）的检验以及聚合现象的研究。

二十四、色谱仪（例如，气相、液相、离子或薄层色谱仪），用于测定气体或液体组分。待分析气体或液体通过吸附物质形成的色谱柱或薄层，再利用检测器进行测定。待分析气体或液体的特征是以其本身通过色谱柱或薄层所需时间来表示，而它们的不同组分的定量分析则依据检测器给出的信号强度来表示。

二十五、电子滴定计，利用测量电极对水、银盐、卤素等进行滴定测量。

二十六、分析仪器，有时也称为“固体湿度计”，根据物质的介电常数、电导率、对电磁能量或红外辐射的吸收进行测量。

二十七、电导率计，用于测定溶解于液体的盐、酸或碱的电解电导率或浓度。

二十八、光电池密度计及显微光密度计，用于测量摄谱仪所拍照片的密度及分析其他任何记录于照相乳剂上的现象。

二十九、光度计，通过将待测量光与标准光源光从一定位置上以同等强度投射在固定面积上来测量光的强度。如果仪器不是比较两种光的强度而是比较它们的光谱，则称为分光光度计。

光度计在各种光学工程及分析中有着广泛的用途［例如，用于测定浓缩程度、固体物质的亮度和透明度、感光板或胶片的曝光度（光密度计）、透明或不透明固体物质及溶液的颜色深度等］。

应用于照相或电影摄影的某些光度计称为“曝光表”，用于测定曝光时间长短或光圈大小。

三十、照度计（用于以“勒克司”为照度单位测定光源照度）。

三十一、量热器，用于测量固体、液体或气体吸收或放出的热量，其主要类型有：

（一）本生冰量热器，利用冰融化引起的体积变化工作，由一个被冰块包围、放置于水槽中的试验管和带刻度的水银管构成。

（二）贝特洛量热器，根据热传递原理工作，主要由一个盛有水并放置在另一个同样盛有水的大筒中的热量筒构成，水中插有搅拌器和温度计。目前，有两种量热器是根据同样的原理工作的，即：

1. 测定气体或液体燃料比热的量热器，该仪器使水流过有一定量的气体或燃料在其中燃烧的燃烧室，通过测量流入和流出的水的温差进行工作。

2. 弹式量热器，用于测定物质的燃烧热值。它有一个盛放一定量的待测固体或液体样品并装有加压氧气的钢制容器（弹式容器），利用适当装置点燃处于氧气中的试样，然后把弹式容器放置在水量热器中测出所产生的热量。

本品目还包括安装在生产气体并产生一定热值的发生器上的工作用量热器，但如果它们连接有将混合气体保持在给定热值水平上的调节装置则不包括在内（一般归入品目 90.32）。

三十二、冰点测定器及沸点测定器，但具有实验用玻璃器皿特征的除外（品目 70.17）。

三十三、临床实验室用于体外诊断测试的仪器和设备。

*

*　*

本品目还包括检镜切片机，在显微观察中用于从待检物体上切下特定厚度的极薄检片标本。检镜切片机有多种类型，例如，手动式（一种直锋刀片）、旋转式、滑动式（水平或倾斜滑动）等。

零件及附件

根据本章注释一及二的规定（参见总注释），本品目也包括可以确定为专用于或主要用于上述仪器、设备的零件及附件。

*

*　*

本品目不包括：

（一）耐火材料制的实验用器具（甑、罐、坩埚、烧杯、浴器及类似品）（品目69.03），以及其他陶瓷制的类似物品（品目69.09）。

（二）实验用玻璃器皿（品目70.17）（详见下文）。

（三）显微镜（品目90.11或90.12）。

（四）精密天平（品目90.16）。

（五）X射线等设备（品目90.22）。

（六）品目90.23的示范装置。

（七）某些材料试验机器及器具（品目90.24）。

（八）品目90.25的比重计、温度计、湿度计及类似仪表，不论是否供实验用。

（九）品目90.26的仪器。

*

*　*

既可归入本品目，又可归入品目70.17（实验用玻璃器皿）的货品的归类

在这种情况下，应按照下述规则进行归类：

1. 如果物品具备玻璃器皿的基本特征（不论是否刻度、标度，也不论是否附带有橡胶等材料制的塞头、接头等），即使通常可作为某种仪器或装置看待，也不应归入本品目。

2. 一般来说，仅部分以玻璃制成，而主要还是以其他材料制成，或者虽以玻璃制部件构成，但带有固定安装在框架、台座、箱壳及类似品上的即不视为具备玻璃器皿的基本特征。

3. 对于带有测量仪（例如，压力计、温度计）的玻璃组件，即可作为本品目的仪器进行归类。

因此，下列有简单刻度的玻璃器皿应作为器具归入品目70.17：

检验乳制品的奶油计、乳脂计及类似仪器；清蛋白计及尿素计；量气管；体积计；基普或克耶达器具及类似品；碳酸计；测定分子量等用的冰点及测定器及沸点计。

*

*　*

本品目也不包括属于第十六类的机器设备（不论是否电气的），即使其因功率或尺寸小以及结构一般而明显用于实验的（例如，供制作或加工标本用的）。它们有：烘箱、高压釜、干燥及蒸汽炉或柜、干燥器、破碎机及搅拌机、离心机、蒸馏釜、压榨机、过滤器及压滤机、搅拌器等。

同样地，加热器具（本生灯、蒸汽加热槽等）、工具、实验用器具（例如，实验台、显微镜台、通风橱等）以及刷子应归入其各自相应的品目中（第十五类、第九十四章或第九十六章）。

90.28　生产或供应气体、液体及电力用的计量仪表，包括它们的校准仪表：

10　—　气量计

20　—　液量计

30　—　电量计

90　—　零件、附件

这些仪表一般均装有与被测流体或电量成比例的速度运转的装置。它们通常安装于总管道或干线的分路或旁路上，或者与测量变换器相连接，因此所测量的仅是通过的那部分流量。仪表上有刻度，可给出用户管道或干线的总流量。

生产或供应气体、液体及电力的计量仪表，不论其是否带有计时记录装置，或者带有使器具得以控制或发生信号等的简单机械或电气装置，均归入本品目。

一、生产或供应气体、液体的计量仪表。

这类仪表是用体积单位测量流经一管道的流体总量。测量流体流速的流量计不归入本品目（品目 90. 26）。

本品目包括家庭和生产用仪表以及标准仪表（用于校准普通仪表的精度）。除简单仪表外，本品目也包括具有限量、预付价款、计价等功能的特种仪表。

生产或供应用计量仪表主要由测量装置（涡轮、活塞、膜片等）、流体流量的调节装置（通常为滑阀）、传动装置（蜗杆、凸轮轴、齿轮及其他系统），以及记录或显示（指针式或转筒式）或两种功能兼有的装置构成。

（一）气体生产或供应用计量仪表

1. 湿式仪表——其测量装置一般由一个分隔成若干间隔的转筒或叶轮构成。通过进入仪表气流的推动，转筒或叶轮在一个盛有液体（水、油等）过半的鼓筒内转动，并在气体充入浸在液体中的间隔后浮出液面，转筒的转数由计数装置显示。

另一种这类仪表（章动钟罩式计量仪表）是由一个钟罩物构成，气流通过钟罩物中连续相通的多个气室，使有中心导柱的钟罩物绕一倾斜轴章动并通过曲柄带动计数装置的驱动轴。

2. 干式仪表——这类仪表有多种类型，它们的测量装置一般由活塞、膜片或叶轮构成，通过气压驱动并与计数装置相连。常见的本类仪表是由一个被间隔成两部分的气盒构成，气盒每一部分又由隔膜从中分成二个气室，顺序通过四个气室的气流使隔膜产生交替运动从而带动计数装置。

（二）液体生产或供应用计量仪表（冷热水、矿物油、酒精、啤酒、葡萄酒、牛奶等），但不包括品目 84. 13 的液体泵（即使装有计量装置）。

本类仪表包括：

1. 叶轮或叶片式仪表，由于是利用液体的流速推算出液体的体积量，这种仪表也称为间接式仪表。其测量装置由与液体流速成比例的速度旋转的叶轮或叶片构成并由其带动计数装置。

2. 隔膜式仪表，它们类似于上述的干式气体计量仪表，由一个被可伸缩隔膜分为两部分的铸铁液缸构成，当两个空腔交替地充满和排空液体时，使隔膜伸缩并带动计数装置。

3. 往复活塞式仪表，这种仪表由在液缸中作往复运动的一个或多个活塞构成。象蒸汽机一样，滑阀系统使被测液体交替地流过活塞上部和下部并开闭旋塞，活塞的往复运动通过齿轮传递给计数装置。

4. 盘形活塞式仪表，这种仪表由旋转圆盘代替活塞将一个圆形小室分为两半，流体交替的充满和排空使圆盘摆动，摆动通过齿轮传递给计数装置。

5. 旋转活塞式仪表，这类仪表有一种是由装有被一径向分隔片部分隔开的圆柱形工作室构成，其测量装置是塞壁开有裂口的圆柱形活塞，它装于分隔片之上。间隔被流体交替地充满和排空使活塞产生摆动（半旋转）并通过齿轮传递给计数装置。

再有一种则在工作室内没有分隔片，而由一个作全旋转的椭圆形活塞代替。另外有些仪表在球型工作室内装有一个章动圆椎体。

上述第 2 项至第 5 项所列仪表称为容积式仪表。

二、生产或供应电力的计量仪表

这类仪表用于计量电量的消耗（以“安培小时”或其倍数为单位）（电量仪表）或电能的消耗（以“瓦特小时”或其倍数为单位）（电能仪表）。当电压恒定时，电量仪表也能以“瓦特小时”（或其倍数）进行计量。它们中有些供直流电用，有些则供交流电用。

本品目不包括诸如伏特计、安培计、瓦特计等仪表，它们只测量电参量而不用于记录消耗电量或电能的总量（品目 90. 30）。

本品目包括下列主要类型的供电仪表：

（一）电动式仪表

这种仪表主要由一个或多个电感线圈，一个旋转速度与电路中消耗的电能成比例的转子（电枢），一个计数装置及一个指针或鼓筒式指示器（或两者兼有）构成。

电动式仪表通常装有一个涡流闸式测功器，通过一个金属制动盘在一个或多个永磁铁的磁极间转动而产生涡流电流。

（二）静电式仪表

这种仪表主要由电子静电组件（例如，带有指示装置的倍增器或计量器）构成，它们可产生与所耗电能成比例的电流或电阻；指示装置有机械式（装有指针或鼓筒指示器）或电子式的。

它们包括：

1. 预付费电度表。
2. 复式费率仪表（以两种或两种以上不同费率计算所供电能）。
3. 最大值仪表（指示一定时间内平均负载的最大值）。
4. 峰值仪表（指示超过某一峰值的电能消耗）。
5. 超量电度表（与峰值仪表相类似，但还可指示消耗电能的总量）。
6. 脉冲仪表（装有一个脉冲变送器）。
7. 无功仪表。
8. 示范仪表。
9. 直流仪表［伏特小时（Vh）仪表、安培小时（Ah）仪表、瓦特小时（Wh）仪表］。
10. 用于与脉冲仪表相连的脉冲输入仪表，装有一个电能消耗记录器及一个累计或最大值（指示或记录）装置，或者过载装置等。
11. 标准仪表，用于检验和校准其他仪表。

零件及附件

根据本章注释一及二的规定（参见总注释），单独报验的本品目所列仪表的零件及附件仍应归入本品目。

90.29　转数计、产量计数器、车费计、里程计、步数计及类似仪表；速度计及转速表，品目 90.14 及 90.15 的仪表除外；频闪观测仪：

10　—　转数计、产量计数器、车费计、里程计、步数计及类似仪表

20　—　速度计及转速表，频闪观测仪

90　—　零件、附件

本品目包括：

（一）显示以各种计算单位（转数、次数、长度等）计得的累计数或应付款额的计数器。但不包括归入品目 84.73 的累计装置、品目 90.28 的生产或供应气体、液体及电力用的计量仪表以及品目 90.17 或 90.31 的曲线计或面积仪。

（二）显示相对于时间因素的转速或线速度的仪表（速度计或转速表），但品目 90.14 及 90.15 的仪表除外。

（三）各种频闪观测仪。

上述仪器仪表不论是否装有时钟记录装置，也不论是否装有用以驱动信号机构、机械控制或制动等装置的简单机械或电气部件，均归入本品目。

一、计数装置

（一）转数计

这种仪表用于计算某一机械零件（例如，机械轴）的转数，它们主要由一个和指针或鼓筒指示器相啮合的驱动轴构成，并通常带有复位回零的装置。转数计既可以直接（直接由转动部件驱动转数计的齿轮转动装置），也可以通过遥控装置与转动部件耦合，其驱动轴可通过转动部件（例如，号码机）的旋转、交变或脉冲运动来驱动。

必须注意，本品目不包括带有转数计的纱线分级卷线筒、扭力计及类似的检测仪器（品目90.31）。

（二）产量计数器

这种仪表的结构与转数计类似，主要用于测量长度（例如，用于纺纱机或捻丝机上）、计算机器（自动天平、泵、纺纱机上的投梭等）的动作次数或者计算物品的数量（轮转印刷机送出的印页张数，输送带上传送的物品件数、钞票数等）。实际上，用于此类用途的装置一般都是改装的转数计，通过驱动轴的旋转计算长度或其他计量单位的数值。

电子产量计数器是通过照射在光电管上的光束被阻断进行计数，再由一个记录装置计算出通过光束的物品数量。

本组也包括复式计数器（例如，用于计算使用同一部机器的多个工人的产量的计数器）。

本组还在自动电话交换机上记录用户通话次数的电磁计数器。电磁计数器通常带有一个电磁体，当有脉冲电流通过其绕组时，它便推动记录机构（跳字计数器式滚轮等）进一位。

（三）显示机器、马达等工作时间的计数器（时间或计时仪器）

实际上，这种计数器是以工作时数为计算单位的转数计。

（四）入场计数器

这种计数器安装在博物馆、公园、运动场等的入口处，通过转栅或其他装置控制，用以记录入场人数。

（五）台球计分器

通常为手动式的机械计数器（滚筒型或类似的装置），用于记分。

本品目不包括利用时钟机构来显示比赛时间或需付费用的仪表（品目91.06）以及归入品目95.04的球式或滑动式台球计分器。

（六）不具有钟表机构（包括同步机构），**通过计数方式测量短时间隔的仪器或装置**（不归入第九十一章），**以及电子脉冲计数器**（例如，客车、火车等的乘客计数器）

（七）车费计

它们通常带有一个时钟机构，根据时间和里程计算应付车费。

（八）里程计

它们为用于车辆上的转数计，通常按长度单位（英里、公里等）刻度。多数里程计是和速度表连在一起的。

（九）步数计

它们为手表式机械装置，用于对距离作粗略测量。这种仪表具有一个摆锤，每走一步就带动齿轮系进位一格，通过所走的步数和每步跨度计得距离的长短。

（十）手揿计数器

这种计数器所统计的数值通常不超过四位数，使用者通过揿按钮使其计数和显示累计数值。

二、速度计及转速表

这类仪表和上述第一部分的转数计及产量计数器不同，它们显示单位时间内的转数、速度、产量等（例如，每分钟转数、每小时英里数、每小时公里数、每分钟米数等），通常安装于车辆（小汽车、摩托车、自行车、牵引机车等）或机器（马达、涡轮机、造纸机、印刷机械、纺织机械等）上。

归入本品目的速度计及转速表一般根据下列原理之一工作：

（一）精密计时系统

其测量机构与一个钟表机构组合在一起。有的是通过一个独立的精密计时仪测时，在这种情况下，两部分仪器应分别归入其各自相应的品目中。

（二）离心式系统

用弹簧拉住的直立式调速器臂随驱动轴转动，调速器臂上的一对重块因离心力而外张，外张程度与速度对应成比例并传至仪表的指针。

（三）振荡式系统

这种测速系统用于诸如汽轮机、泵、压缩机、电动机等高速运转的机器。通过机器框架或支承振动所引起的机械共振使分度簧片产生振荡，其频率相应于机器转数。

（四）磁性（感应）式系统

随驱动轴旋转的永磁体使置于磁场中的铜或铝盘上产生与磁体转速成正比的涡流，这一涡流"拖"或带着铜或铝盘转动，但盘子的转动又受到抑制弹簧的约束。盘子与指示转速的指针是相连的。

（五）电气式系统

这类仪表通过光电管或安装在机器上的脉冲发生器工作。

本品目的速度计及转速表可以是固定式或便携式、单功能或多功能（例如，最大值或最小值）、差速（以百分比值给出两种速度的差）的，还可以是带有累计、计时或自动记录等装置的。本品目还包括某些可同时记录速度、哩数及运行或停止时间的仪器。

三、频闪观测仪

频闪观测仪使正在运转的机器看上去象在缓慢运动或静止不动，以便对其进行观测，也可用来测量旋转或往复运动的速度，在后一种情况下，它被称为频闪转速表。频闪观测仪通过以有固定时间间隔的连续闪光照明使被观察机构产生形同静止或减速的现象这一方式进行工作；被观察机构可以被持续照明，通过一个能阻断视线的光学仪器（一个上面沿径向开有一条或多条狭缝或"窗口"的圆盘）来进行观测；也可以被置于黑暗中而在极短的时间间隔被断续照明（闪光），将其旋转或往复运动速度调至与圆盘转速或闪光频率一致，使机构看上去呈静止状态。

以持续照明原理工作的频闪观测仪主要由开有一条或多条缝隙的圆盘驱动的时钟机构、速度调节器、目镜及分度鼓筒（通常以每分钟转数为刻度单位）构成。

而各种以断续照明原理工作的频闪观测仪则按产生闪光装置的不同而有明显差别。最简单的由一个普通灯泡、一个带速度调节器以控制闪光频率的电动机及一个刻度盘构成。闪光也可由一个气体放电灯产生，这种气体放电灯频闪仪在结构上更加复杂，可以用于照相或摄制电影，它们有时还安装在脚轮或滚轴上。观测旋转或往复运动机构所需的闪光可由该机构自行控制，利用弹簧式阻断器、光电管、电磁继电器等即可实现同步。

照相机或电影摄影机除非与频闪观测仪固定装配在一起，否则应归入其各自相应的品目中。

频闪观测仪主要用于观察或测量发动机、传动齿轮、纺织机械（诸如主轴、绕线器、梳子、梭子等零件）、造纸机械、印刷机械或机床的运行速度，还可在医学上用于检查声带的振动。

零件及附件

根据本章注释一及二的规定（参见总注释），单独报验的本品目所列仪器、仪表的零件及附件仍应归入本品目

90.30 示波器、频谱分析仪及其他用于电量测量或检验的仪器和装置，不包括品目 90.28 的各种仪表；α 射线、β 射线、γ 射线、X 射线、宇宙射线或其他离子射线的测量或检验仪器及装置：

10 — 离子射线的测量或检验仪器及装置

20 — 示波器

— 检测电压、电流、电阻或功率（用于测试或检验半导体晶圆或器件用的除外）的其他仪器及装置：

31 —— 万用表，不带记录装置

32 —— 万用表，带记录装置

33 —— 其他，不带记录装置

39 —— 其他，带记录装置

40 — 通信专用的其他仪器及装置（例如，串音测试器、增益测量仪、失真度表、噪声计）

— 其他仪器及装置：

82 —— 测试或检验半导体晶圆或器件（包括集成电路）用

84 —— 其他，带记录装置

89 —— 其他

90 — 零件、附件

一、α射线、β射线、γ射线、X射线、宇宙射线或其他离子射线的测量或检验仪器及装置

本类仪器及装置应用于科学研究、工业生产（冶金、石油勘探等）、生物学及医学（和放射性示踪物一起使用）等方面。它们包括：

（一）带有电离室的检测仪器。它的工作原理是使电离室中的两个电极形成电势差，当辐射线进入电离室时所产生的离子被电极吸引，从而引起电势差的变化，此变化可被放大和测量出来。

（二）盖革计数器。计数器两个电极之间保持着巨大的电势差，入射辐射线所产生的离子被大大地加速，从而使计数器管内气体电离，形成可计数的输出脉冲。

本品目的电离室和盖革计数器等设备一般由电离室或计数器、放大器、电离室或计数器的高压电源、计数电路或显示仪器等部件组成，所有这些部件通常都安装在同一个机壳内。有时电离室或计数器并不安装在同一机壳内，这类装置（必须配上电离室或计数器才成为完整的设备）仍应归入本品目（按已具有完整设备的基本特征归类），而对于单独报验的各个部件则应按照本章总注释的规定进行归类。

某些用于测量相当长时间（例如，二十四小时）内的辐射总量的电离室不需要任何附加放大器等，但要装有一个可在显微镜下读出通过电离室的辐射总量的小型活动指示器。电离室（外表通常像自来水笔）本身已构成完整的测量仪器，因此应归入本品目。

本品目还包括闪烁计数器。它是一个主要以光电管和电子放大器组成的装置（光电倍增器），根据射线本身能激发某些晶体（硫化锌、铊激活碘化钠、蒽、掺有丁二烯四苯基的塑料等）产生荧光这一原理探测或测量射线。这些晶体是放置在射线源和计数器的一个电极之间。

本类仪器设备还包括：

1. 应用辐射学中用于检测X射线光强和穿透力的辐射剂量仪及类似设备。

2. 测量宇宙射线或类似射线的设备。

3. “热电堆”中子探测器及测量或探测仪器，装有中子探测器计算管（充硼、氟化硼或氢，或者使用可裂变放射性元素）。

4. 装有液体或固体闪烁体的射线测量或探测仪器。

本品目不包括：

（一）装有闪烁计数器的设备，其数据可转换成模拟信号，用于医学诊断（例如，伽马照相机、闪烁扫描仪）（品目90.18）。

（二）可装射线源（特别是人造同位素射线源）的测量或检测设备，例如，用于测量材料厚度

（板片、衬层或类似品）的设备，用于检查封装物品的设备及用于测量低速气流的设备（电离风速计）等（品目 90.22）。

二、示波器、频谱分析仪及其他用于电量测量或检验的仪器和装置

示波器和录波器分别用于观测或记录电量（电压、电流等）的瞬间变化，它们可分为三种主要类型：

（一）杜德尔示波器，一个附有小镜的紧丝线圈在电磁场中运动而进行工作，所研究的周期性现象可直接从一块磨砂玻璃屏上观察，或者记录在感光带上。

（二）软铁及刻划式录波器，它通过线圈的作用，使处于恒磁场中的一根软铁条利用固定于其上的一根小针将被测信号刻划下来（例如，在一条经涂布的乙酸纤维素带子上刻划记录）。

（三）阴极射线示波器及录波器，它们是通过记录阴极射线束在静电或电磁力作用下发生偏转的过程进行工作，这些仪器可以是独立式或组合式，主要由阴极射线管、馈电装置及变压器、放大器、扫描系统及其他辅助装置构成，有时还带有电子开关。用于检测孤立瞬变动态过程的记忆示波器装有记忆阴极射线管或带数字存储器的阴极射线管，前一种类型可将信号图像显现并保留在阴极射线管屏上，后一种则将信号记录在存储器中并可在需要时显现在屏幕上进行观察。

*

*　*

频谱分析仪，通过识别输入电信号中的各个差频分量进行工作，它们主要用于分析电量信号，在配有辐射探测器或其他可探测非电量并将其变换成电信号的装置时，也可用于分析致电离辐射、声波等其他非电量现象。

*

*　*

本品目包括瞬变现象记录仪。这种仪器可俘获电信号并将其记录下来，供以后以适当形式显现在显示装置（例如，电视监视器）上。主要由半导体装置组成并用于检测电路的“逻辑分析器”也归入本品目。

*

*　*

检测电量的仪器及设备可分为指示型或记录型。

根据其工作原理还可再划分为多种类型，例如：

1. **动圈式仪表**，被测电流通过一个线圈，使线圈在由永磁铁形成的磁场中自由活动而工作，指针装于可动线圈上。

2. **动铁式仪表**，受电磁线圈作用，装在指针轴上的软铁芯带动指针偏转。

3. **电动系仪表**，被测电流通过定圈和动圈，指针装于受定圈磁场作用的动圈上。

4. **感应系仪表**，其指针轴上装有扁平圆盘或鼓筒，并安装在具有一个或多个线圈的电磁体的空气隙中。

5. **热电系仪表**，利用被测电流所通过的加热器加热双金属热电偶的热端来测量电动势。

6. **电子系仪表**，利用半导体技术制成的仪表，测量结果以表盘指针给出或以模拟或数字示值读数的形式在光电显示器上给出。

除上述直接测量的仪表外，本品目还包括能给出据以计算所测参量的某些数据（比较法）的仪表装置，特别是测量电桥和电位差计，它们通常安放在箱盒内，箱盒内还装有一个或多个检流计、标准电阻器、标准电容器、标准电感器、标准电池、变压器、转换元件、开关等。测量电桥通常按发明者的姓氏命名（惠斯登、汤姆逊、安德森、麦克斯韦、苏蒂、西林、科尔劳施、维因等电桥），其他按进行比较测量的电桥网络类型来命名（十进电桥、双电桥、T 型电桥等），或者以电桥的用途来命名（阻抗电桥、电阻电桥、电容或接头电桥、通用电桥等）。

单独报验的下列物品不应归入本品目（第八十五章）：变压器、标准电阻器、标准电容器、标准电感器、标准电池等；以及头戴式耳机（在某些类型的测量电桥中用以代替目视零位指示器）。

*
*　*

电测量中测量的电参量主要有：

（1）**电流测量**，主要用电流计或安培计测量。

（2）**电压测量**，用伏特计、电位差计、静电计等进行，静电计利用静电来测量高压，它与普通伏特计的不同之处在于其绝缘柱上装有电球或电板。

（3）**电阻及电导率测量**，主要用欧姆计或测量电桥测量。

（4）**功率测量**，用瓦特计测量。

（5）**电容及电感测量**，用测量电桥测量，以法拉或亨利为单位。

（6）**频率测量**，用以赫兹（周/秒）为刻度单位的频率仪测量。

（7）**波长或射频测量**，用波长计、开槽测量线或开槽波导管测量仪测量。

（8）**相位角及功率因数测量**，用以功率因数（cosphi）为刻度单位的相位计测量。

（9）**两个电量比值的测量**，用比值计测量。

（10）**磁场或磁通的测量**，用检流计或磁通计测量。

（11）**材料的电磁特性测量**，用磁滞测试仪、磁导计或类似仪器测量。

（12）**同步测试**，用同步示波器及指示两个周期性电信号的相位关系及频率差异的仪器进行测量，这类仪器可从其表盘上所带的“高速”和“低速”标志（有相应箭头）辨别出来。

（13）**瞬变电量的测量和记录**，用前述示波器和录波器进行。

*
*　*

某些电参量测量仪表具有多种用途，例如，称为“通用检测器”（如万用表）的电气或电子仪器可用于快速测量电压（直流或交流）、电流（直流或交流）、电阻及电容。

本品目包括种类繁多、用于无线电或有线电通信测量的电气或电子仪器，这些仪器除了上述的伏特计、电位差计、测量电桥、安倍计、瓦特计、相位计及频率仪以外，还包括下列仪器：

（1）**阻抗测试器及阻抗测量电桥**，用于测定电路中的阻抗，还可测量电容和电感。

（2）**电感电桥及类似仪器**，根据惠斯登电桥原理测量环路电感。

（3）**奈培表及分贝计**，用于测量长途电话线路衰减。测量声量的仪器设备归入品目 90.27。

（4）**衰减指示器**，与奈培表（利用一个补偿系统进行测量）不同，它直接给出衰减量。

（5）**串联测试器**，用于在电话线路中测量各种参量。

（6）**传输电平计**。

（7）**噪声计**，用于高频线路上。

（8）**增益测量表**，用于测量长途电话线路中增音设备的增益。

（9）**用于测量干扰的仪器**，例如，测量长途电话设施中的噪声电压及邻近高压电路的干扰。

（10）**杂音计**，用于测量传输线干扰（即电流产生的电动势，电话电路中的感应电压也会产生类似的干扰）。

（11）**峰值指示器**，用于记录传输系统（例如，长途电话传输电缆、无线电传输电路、短波线路等）中产生的瞬间电压峰值。

（12）**回声测试器**，根据以奈培或分贝为单位的回声读数表示划定线路中的回声时差。

（13）**失真度表**，用于测量复传输中的谐波失真。

某些上述仪器，特别是用于电声测量的，是以奈培或分贝为刻度单位的。

本品目还包括具有本品目所列测量功能的其他仪器及设备。它们包括真空管测试仪器，特别是测量无线电真空管的仪器，这些仪器有时是通过在示波器屏幕上显示的真空管特性曲线进行检测的。

*

*　*

零件及附件

根据本章注释一及二的规定（参见总注释），单独报验的本品目仪器、设备的零件及附件仍归入本品目。例如，用于盖革－米勒计数器或正比计数器的电子重合部件，已装配或金属铠装并专供探测仪器用的晶体或塑料固体闪烁器，利用硼、三氟化硼、氢或可裂变元素制成的中子探测器管。

○

○　○

子目注释：

子目 9030.82

该子目还包括用于测试或检验集成电路的仪器及装置。

90.31　本章其他品目未列名的测量或检验仪器、器具及机器；轮廓投影仪（+）：

10　—　机械零件平衡试验机

20　—　试验台

—　其他光学仪器及器具：

41　——制造半导体器件（包括集成电路）时检验半导体晶圆、器件（包括集成电路）或检测光掩模或光栅用

49　——其他

80　—　其他仪器、器具及机器

90　—　零件、附件

除轮廓投影仪外，本品目还包括不论是否光学式的测量或检验仪器、器具及机器。但必须注意，这些货品不包括归入品目 90.01 至 90.12 或 90.15 至 90.30 的仪器、设备等，特别是下列货品应予除外：

（一）品目 90.05 的天文仪器。

（二）显微镜（品目 90.11 或 90.12）。

（三）品目 90.15 的大地测量等仪器及器具。

（四）手用测量长度的器具（品目 90.17）。

（五）品目 90.18 的医疗、外科等仪器及器具。

（六）材料机械性能的试验机器或器具（品目 90.24）。

（七）品目 90.26 的流量计等。

（八）测量或检验电量及测量或探测离子射线的仪器及设备（品目 90.30）。

（九）自动调节或控制仪器及装置（品目 90.32）。

一、测量或检验仪器、器具及机器

（一）

它们包括：

1. **机械零件平衡试验机**（动平衡机、静平衡机或带电子平衡装置的平衡机），用于对转子、叶轮、曲轴、连杆、传动轴、摆轮、飞轮等进行平衡试验。

动平衡机通过零件在两个支承架上或顶尖中旋转来对其不平衡量进行机械测量（记录盘上的描迹图、弹性平衡原理等）。

静平衡机利用倾斜现象进行测量，不平衡量从标尺或度盘上读得，它与动平衡机的不同之处在于进行平衡试验的零件处于不旋转状态。

不平衡量通过增加或减少量进行校正。

带电子平衡装置的平衡机是使不平衡所引起的振动由特殊的敏感元件测出并予以放大测得。

本品目还包括带有机床（例如，钻床），专门用于校正不平衡的平衡试验机。

2. **发动机、电动机、发电机、泵机、示速器或转速计等测试台**，由一个台架和测量或校正仪器构成。

3. **用于测定燃料性能的实验室器具**，特别是测定石油辛烷值或柴油机油十六烷值的设备，这些设备通常由内燃机、直流发电机、点火电动机、加热电阻器、测量仪器（温度计、压力表、伏特计、安培计等）构成。

4. **车辆发动机的测试及调整设备**，用于检查点火系统的各种部件（线圈、火花塞、电容器、电池等），通过对排出废气的分析将化油器调到最佳状态或者测定气缸压力。

5. **面积仪**，用于测量平面面积（例如，图样、图形或皮张的面积），通过连有测量装置的描迹针描绘被测平面的边界进行工作。

积分器、谐波分析仪及其他类似仪器也是基于平面测量的原理对其他因素（例如，体积、惯性矩）进行测算。

6. **制帽用的头形量器**，数据用凿孔卡片记录。

7. **带测微装置及电子、光电子或气动传感器的千分表式比较仪**，不论是否自动的；以及使用类似传感器测量长度、角度或其他几何量的各种装置或仪器。本品目还包括记录式比较仪以及装有将批量生产的零件送至比较仪检验并除去不合格品的机械装置的比较仪。

本品目不包括品目 90.17 注释第四组第（四）款所述的手用刻度盘式比较仪［参见以上不包括货品的第（四）项］。

8. **柱式测量仪表**，用于检验精密三角板、高度及在加工过程中进行的其他检测。

9. **用于检测角度的正弦规及可调台式正弦规**。

10. **各行业用的气泡水平仪**，包括可调测微水平仪（带内装测微器的气泡水平仪）、工程技术上用的平放水准仪（金属框架上有两个水准仪）及根据连通器原理工作的液体水平仪。

必须注意，本品目不包括专用于大地测量的水平仪（品目 90.15）。

11. **测斜仪**（指针式或分度镜式、尺式或量角器式）通过与一水平面比较来检验平面度或测量表面倾斜度。

大地测量中用于测量地面高度，也称为测斜仪的仪器除外（品目 90.15）。

12. **铅垂线**。

13. **测量球面**（透镜、反射镜、眼镜片等）**曲率的球径仪**，主要由一个三足成等边三角形的底座、一个分度尺及一个带有测头的测微计构成。有些类型的球径仪（例如，眼镜店用的镜片测量器）可装有刻度盘以直接指示曲率。

14. **校验标准器**。

15. **多维测量设备**，包括坐标测量仪（CMMs），用于对各种机器零部件进行手动或自动控制的尺寸测量检验。

16. **光学加工用中心仪**，用于测定透镜的光轴及中心。

17. **根据测微计原理制成的测微式标准测量机**，由固定的后顶尖座（装有接触显示器）及带测微螺旋的可调前顶尖座构成。

18. **测定振动、膨胀、冲击或抖动的设备**，用于测量机器、桥梁、堤坝等。

19. **检验纺织材料的设备**，例如，用于获取确定长度纱线或条子的纱线分级卷取机（卷绕机）

（带或不带拉力调节器、计数器及信号铃）；测试纱线扭力的扭力计及扭力记录器；用于测定纺织机械（整经机、络纱机、纺织机等）上纱线拉力的拉力计；通过将纱线卷绕在卷筒或线板上来检验其均匀度的仪器（通常带有测定两线间距的装置）。

20. 表面光洁度检验仪器及测量表面状况的机器。

机械式或气动式装置是利用触针或喷射气流进行测量。

电气式装置则是利用蓝宝石或钻石拾感头沿被测表面滑行并将表面不规则度转换成电势。拾感头纵向位移，通过压电晶体转换成电势，或者以间接方式转换成电容器或电感器的电量变化，电势经放大和测量，再将所得的值与从表面粗糙度比较样块（专作此用途的小金属板块）读得的数值比较，即可获得被测表面的状况测度。

21. 齿轮试验机，利用杠杆放大系统检验齿轮的齿廓形状、齿轮节径、齿距及滚动接触等（正齿轮及锥齿轮）、齿轮导程角等（斜齿轮及蜗轮）。

22. 测定粘土等收缩率的仪器，用于在烧制陶瓷时根据从陶瓷窑中取出的试样确定烧制过程（测温熔锥）。这类仪器一般与卡规类似，但可以任意标定刻度。

23. 测量不规则表面积（例如，皮张）**的仪器**，利用光电现象工作（它是根据光亮度均匀的玻璃片被不透明待测物体掩挡而产生光电管电流的差异进行工作的）。

24. 纱线直径测量仪器，利用以上第 23 款所述光电现象工作。

25. 轧钢厂等用于对金属板材、带材厚度进行连续测量或检查的仪器。

26. 超声波厚度测量仪器，它仅需在材料一面进行测量即可测定材料厚度。

27. 检测材料（棒材、管材、型材以及螺丝、针等机械加工物品）**中断层、裂缝、裂纹或其他缺陷的仪器**，检测结果可从阴极射线荧光屏上因电磁变化所形成的图形获得或直接从刻度标尺所指示的磁导率变化值获得。本类仪器也有应用超声波的，其中包括用于检验焊口的超声波仪器，它们是根据超声波在媒质中传播时会因异质界面使波束偏转的现象工作，材料缺陷可通过观测波束的衰减或利用回波探测法测出，并显示在阴极射线管荧光屏上。

28. 检验手表或手表零件的专用仪器，它们包括：

（1）检验游丝的仪器。

（2）振幅计，用于检查摆轮摆动的振幅，它是利用摆轮运动遮断照射在光电管上的光路来对振幅进行测量。

（3）检测手表机芯的电子校表仪，它是将手表机芯放置在一个传声器上，受机芯行走产生的滴答声激发而产生电势并经过放大施加到两个电极上，其中一个电极上装有针头，可在纸带上作穿孔记录。

（4）对手表作最后检查的仪器，它们的工作原理和电子校表仪一样（记录放置在传声器上手表行走的滴答声），但有的带有阴极射线示波器。

29. 用于测量应力及应变的特殊电测量仪器，它们根据以下原理进行工作：

（1）金属丝拉紧时引起其电阻发生变化（应变计），但也称为“应变计”的电阻器应归入品目 85.33；

（2）特殊结构电极间的电容变化；

（3）石英或类似晶体受到压力时产生的电势。

本类货品还包括测力计，用于测量液压机、轧机、材料试验机等的机械力，也可用于载荷试验（飞行器）。它们通常由一个承受应力的金属体（圆柱、圆环等）和一个以重量单位标度、用以记录金属体产生的任何形变的测量装置构成。

但用于测试材料性能的测力计除外（品目 90.24）。

30. 负荷传感器，用于将受力（包括重力）变化转换成相应的电压变化，这些电压变化一般由测量、控制、测重等的仪器测出，并以需要的量值单位显示出来。

31. **电子记时计及计时仪**，用于测量一个电触点的持续时间，由利用触点接通时产生的高阻抗进行充电的电容器构成，测量结果由一个以时间单位分度的电子管电压计给出。

（二）

本品目还包括光学检测仪器及设备，例如：

1. **光学或分度尺比较仪**，用于对照着标准件检验正在加工的零件的尺寸，工作时通过光学装置放大探测头的位移（旋转反射镜原理）。

2. **用于检验伸张度、长度、表面等的比长仪工作台**，具有工作台、框架、导轨及两台测微显微镜。

3. **用于测量大型工件、螺纹规、齿轮刀具、车床的螺纹轴、横构件等的测量工作台**，具有框架及工作台、观测显微镜、两台测微显微镜及投影装置。

4. **用于检验平面的干涉仪**，根据光波干涉原理工作，由标准平晶及用于测量干涉条纹、带有测微十字线的透镜构成。但本品目不包括标准平晶（品目90.01）及测量折射率的干涉仪（品目90.27）。

5. **光学表面检查仪**，由棱镜和透镜组合而成的装置，用于测量物体表面状态。

6. **装有快速差动脉冲传感器及光学观察器的设备**，用于以照相方式记录和测量表面轮廓及状态。

7. **校直望远镜**，用于检验工作台或机器导轨的直线度及测量金属结构，以准直或自动准直法工作，由一个望远镜和准直光管或反射镜组成。

8. **用于测量平面误差的光学尺**，由两头各装有棱镜和透镜的中空尺以及连有探测头的目镜测微装置构成。

9. **测微读数装置**，用于检验机床工作台的位移，具有一个用于读取分度尺上的毫米刻度的测微装置。

10. **光学测角仪或角规**，用于在磨削加工中检验切齿或刀片的锐角（前倾角），具有一个由透镜、反射镜和读取倾角角度的度盘构成的光学装置，或者一个由反射镜和可调目镜构成的光闸系统。

11. **焦距计**，用于测量眼镜片焦距。

上述仪器装置不论是否适于装配在机器上，均应归入本品目。

必须注意，品目84.66包括机床或水射流切割机上用于调整工件或工具的配件，也包括装有便于读度或调整等光学装置的“光学”配件（例如，“光学分度头”和“光学转台”）。

二、轮廓投影仪

轮廓投影仪用于检查各种物品（切削成形的工件、小型机械装置的齿轮及齿杆、螺丝、螺丝攻、螺纹梳刀等）的形状、尺寸或者表面。大部分这类投影仪是将光源发出的光通过聚光镜聚光，然后再照射到放置于工作台上的被测件上，在经过数次反射的光束照射下，被测件的轮廓影像最后通过一组棱镜被投射到通常是安装在投影仪中的屏幕上。有些投影仪带有一个放置标准件的中间载物台。

零件及附件

根据本章注释一及二的规定（参见总注释），本品目也包括可确定为专用于或主要用于上述机器、装置及仪器的零件及附件，例如，面积仪测臂、千分表比较仪的座架及检验工作台。

○
○　○

子目注释：

子目9031.41

该子目还包括用于检验集成电路用的光学仪器和装置，以及检测集成电路制造所使用光掩模或光栅用的光学仪器和装置。

子目9031.49

本子目不仅包括直接帮助或提高人眼视觉的仪器及器具，还包括须通过使用光学元件或光学技术才能工作的仪器或装置。

90.32　自动调节或控制仪器及装置：

10　—　恒温器

20　—　恒压器

—　其他仪器及装置：

81　——　液压或气压的

89　——　其他

90　—　零件、附件

按照本章注释七的规定，本品目包括：

（一）液体或气体的流量、液位、压力或其他变化量的自动控制仪器及装置或者温度自动控制仪器及装置，不论其是否依靠要自动控制的因素所发生的电现象来进行工作，这些仪器将自控因素调到并保持在一设定值上，通过持续或定期测量实际值来保持稳定，修正任何偏差；

（二）电量自动调节器以及自动控制非电量的仪器或设备，依靠要控制因素所发生的电现象来进行工作，这些仪器将控制因素调到并保持在一设定值上，通过持续或定期测量实际值来保持稳定，修正任何偏差。

一、液体或气体的流量、液位、压力或其他变化量的自动控制仪器及装置或温度自动控制仪器及装置

液体或气体的自动控制装置以及温度的自动控制装置是完整控制系统的部件，主要由以下装置构成：

（一）测量要控制因素参量（槽罐中的压力或物位、室内温度等）的装置，在某些情形下，一个对参量变化十分敏感的元件（金属或双金属条、内装膨胀液体的膜盒或波纹管、浮子等）即可代替测量装置。

（二）将测量值与期望值比较，并使下述（三）款的装置产生相应动作的控制装置。

（三）启停或操作装置。

符合本章注释七（一）定义的液体、气体或温度自动控制设备由上述三部分装置组成，构成独立机构或构成符合本章注释三规定的功能机组。

某些仪器及装置不带有将测量值与期望值进行比较的装置，它们通过开关直接进行控制，例如，在达到设定值时打开开关。

液体或气体的流量、液位、压力或其他变化量以及温度的自动控制仪器或装置与执行机构（泵、压缩机、阀门、炉膛燃烧器等）相连接，以使变化量（例如，槽罐中被测液量或房间中被测温度）回复到设定值；如果用于安全系统中，则使受控机器或设备停止运转。这些一般通过机械式、液动式、气动式或电动式遥控方式控制的执行机构应归在其各自相应的品目中（泵或压缩机归入品目84.13或84.14，阀门归入品目84.81等）。如果自动控制设备与执行机构组装在一起，整个装置则应按照归类总规则的规则一或规则三（二）的规定进行归类（参见第十六类总注释的第三部分及品目84.81的注释）。

本组包括：

1. 压力控制器或调节器（也称为恒压器），主要由压敏装置、用于比较（例如，利用可调节弹簧）控制压力和设定压力的控制装置以及控制伺服电路的电接触器或小型阀门构成。

上述设备可用于控制压力容器的输送泵或压缩机、控制气动阀阀位控制器或者和阀门一起对液体或气体的流量、压力等进行调节。

这里的压力调节器不同于品目84.81的减压阀（有时也称作“压力调节器”）。

2. 液位调节器或控制器，用于液位的自动控制。

其中的浮子式液位控制器是通过与浮子相连的鼓膜、磁铁或其他装置控制泵、阀等的电气开关通断。

在电极控制系统中是将贮液接地以构成电路的一部分，变压器的一极也接地，当液面接触到电极时，电路接通，继电器即开始工作。

3. 湿度调节器，有时也称为恒湿器，是一种自动控制蒸汽室、炉窑、车间、仓库等湿度的仪器。

它们是利用一束毛发的长度变化或其他一些对湿度敏感的元件进行工作，启动信号装置或控制调节湿度的设备（蒸汽输送阀、增湿器或减湿器、风扇等）。

4. 用于自动控制温度的恒温器，其主要元件有：

（1）对温度变化敏感的元件，它们的工作方式有：

①双金属带（平直形、U形或螺旋形等）的变形；

②液体的蒸汽压力；

③液体或金属棒的膨胀；

④热电阻或热电偶。

双金属带恒温器的金属带固定在一个保护管或壳内；金属棒恒温器的金属棒装在保护管内；充蒸汽式或充液式恒温器的敏感元件由密封液体的褶皱膜片构成，或者是由膜片、毛细管及温包或弯管组成的系统。

（2）预置期望温度用的鼓筒、刻度盘或其他装置。

（3）触发或启动装置，按照采用的传递方式（机械式、伺服液动式、电动式）不同，其主要部件有：杠杆机构、弹簧等，以及阀或电气开关。它们能发出控制信号或使诸如蒸汽或热水输送阀、锅炉燃烧器、空气调节装置、风扇等设备工作（通常是遥控的），以调节温度。

恒温器主要用于控制房屋或其他建筑物、恒温箱、饮具、锅炉、热水器、冷藏设备、烟囱或烟道、汽蒸设备或汽蒸室，以及其他工业或实验设备的温度。

5. 温度调节器，用于调节或保持电热器具（炊具、烧烤架、渗滤器等）的设定温度，主要是利用双金属带被电源电路上的并联电阻加热产生翘曲来控制电源电路开关的通断，电路接通及断开时间（由此而决定加热元件的温度）通过一个手控刻度盘设定；在设定“满”位时双金属组件是不工作的，因此，特别是在初始加热阶段，加热元件要连续工作。

本品目不包括：

（一）以恒温器保持温度恒定的恒温汽蒸器、箱柜等，它们应归入其相应的品目中。

（二）恒温控制阀（品目84.81）。

6. 炉膛气流调节器，用于诸如集中供暖或空气调节装置中参照温度、压力等参量进行送风量的自动控制。

二、电量自动调节器，以及自动控制非电量的仪器或设备，依靠要控制的因素所发生的电现象来进行工作的

本品目的自动调节器用于全自动控制系统。这些系统可将某一电量或非电量调到并保持在一设定值上。它们通过持续或定期测量实际值来保持稳定，修正任何偏差。它们主要由以下装置构成：

（一）测量装置（传感装置、转换器、电阻测温器探头、热电偶等），用于测定受控变量的实际值并将其转换成相应的电信号。

（二）电气控制装置，用于比较测定值和给定值并发出信号（通常为已调电流）。

（三）启停或操作装置（一般为接触器、开关或断路器、换向开关，有时为继电器开关），它根据控制装置发出的信号启动执行机构。

符合本章注释七（二）款规定的自动调节器由上述（一）、（二）及（三）款所述装置组成，不论其构成独立机构，还是构成本章注释三的功能机组。

如果不符合上述规定，这些装置应按以下规定进行归类：

1. 电气测量装置一般归入品目90.25、90.26或90.30。

2. 电气控制装置应作为不完整自动控制仪器或设备归入本品目。

3. 启停或操作装置一般归入品目85.36（开关、继电器等）。

自动调节器均连有电动、气动或液动执行机构，这些机构可将控制参量控制在设定值内，它们有用于调节电弧炉电极间隙的夹头、控制送入锅炉、熔炉、捣碎机等的水或蒸汽的电动阀。

各种执行机构应归入其各自相应的品目中（可调夹头归入品目84.25；电动或电磁阀归入品目84.81；电磁定位器归入品目85.05等）。如果自动调节器是与执行机构组装在一起的，整个装置则应按照归类总规则的规则一或规则三（二）的规定进行归类（参见第十六类总注释的第三部分及品目84.81的注释）。

电子调节器是完全依赖电学原理而不是电机原理工作的装置，其特征是整个装置由半导体（晶体管）或集成电路元件组成。

本类调节器不仅应用于电压、电流、频率及功率等电量的调节，也可应用于非电量（例如，每分钟转速、扭矩、牵引力、物位、压力、流量或温度）的调节。

本品目也不包括：

（一）与内燃活塞发动机连用并在同一机壳内装有稳压器或稳流器的断流器应归入品目85.11。

（二）品目85.37的"可编程序控制器"。

零件及附件

根据本章注释一及二的规定（参见总注释），本品目所列仪器或装置的零件及附件仍应归入本品目。

90.33　第九十章所列机器、器具、仪器或装置用的本章其他品目未列名的零件、附件

本品目包括本章所列机器、器具、仪器或装置用的各种零件及附件，但下列各项除外：

（一）本章注释一所列的，例如：

1. 未经光学加工的玻璃光学元件（第七十章）。

2. 机器、设备、仪器或装置的某些零部件，以硫化橡胶（硬质橡胶除外）制的，如橡胶垫片、垫圈及类似品（品目40.16）；以皮革或再生皮革制的，如气量计上的皮制膜片（品目42.05）；或者以纺织材料制的（品目59.11）。

3. 第十五类注释二所列的贱金属制通用零件（第十五类）及类似的塑料货品（第三十九章）。

（二）本章注释二（一）所列的，本身已构成第八十四章、第八十五章、第九十章或第九十一章中任一品目（品目84.87、85.48或90.33除外）所列机器、器具、仪器或装置的物品，单独报验的这类物品必须归入其各自相应的品目中，例如：

1. 真空泵（品目84.14）、龙头或阀门（品目84.81）及齿轮（品目84.83）。

2. 电动机（品目85.01）、变压器（品目85.04）、永磁铁及电磁铁（品目85.05）、原电池（品目85.06）、音频扩大器（品目85.18）、电容器（品目85.32）、电阻器（品目85.33）、继电器（品目85.36）、电子管（品目85.40）、光电池（品目85.41）、高频或中频放大器（品目85.43）。

3. 品目90.01或90.02的光学元件。

4. 照相机（品目90.06）、温度计及湿度计（品目90.25）。

5. 钟表机构（品目91.08或91.09）。

（三）可确定为专用于或主要用于某种机器、器具、仪器或装置的或者本章同一品目中的数种机器、器具、仪器或装置的零件及附件；按照本章注释二（二）的规定，它们应与有关机器、器具、仪器或装置归入同一品目。

第九十一章　钟表及其零件

注释：

一、本章不包括：

（一）钟表玻璃及钟锤（按其构成材料归类）；

（二）表链（根据不同情况，归入品目 71.13 或 71.17）；

（三）第十五类注释二所规定的贱金属制通用零件（第十五类）、塑料制的类似品（第三十九章）及贵金属或包贵金属制的类似品（一般归入品目 71.15）；但钟、表发条则应作为钟、表的零件归类（品目 91.14）；

（四）轴承滚珠（根据不同情况，归入品目 73.26 或 84.82）；

（五）品目 84.12 的物品，不需擒纵器可以工作的；

（六）滚珠轴承（品目 84.82）；或

（七）第八十五章的物品，本身未组装在或未与其他零件组装在钟、表机芯内，也未组装成专用于或主要用于钟、表机芯零件的（第八十五章）。

二、品目 91.01 仅包括表壳完全以贵金属或包贵金属制的表，以及用贵金属或包贵金属与品目 71.01 至 71.04 的天然、养殖珍珠或宝石、半宝石（天然、合成或再造）合制的表。用贱金属上镶嵌贵金属制成表壳的表应归入品目 91.02。

三、本章所称“表芯”，是指由摆轮及游丝、石英晶体或其他能确定时间间隔的装置来进行调节的机构，并带有显示器或可装机械指示器的系统。表芯的厚度不超过 12 毫米，长、宽或直径不超过 50 毫米。

四、除注释一另有规定的以外，钟、表的机芯及其他零件，既适用于钟或表，又适用于其他物品（例如，精密仪器）的，均应归入本章。

总　注　释

本章包括主要用于计时或进行与时间有关的某些操作的器具，其中包括适于个人随身佩带的时计（手表及秒表）、其他时计（普通钟、装有表芯的钟、闹钟、航海时计、机动车辆用钟等）、时间记录器、时间间隔测量仪以及定时开关；通常还包括它们的零件。

这些物品可用各种材料（包括贵金属）制成，也可以用天然或养殖珍珠，或者用天然、合成或再造的宝石或半宝石进行装饰（参见品目 91.11 及 91.12 的注释）。

与某些其他物品（例如，家具、灯具、墨水台、压纸器、拍纸薄、烟草罐、香烟或雪茄烟打火机、手提包、脂粉盒、烟盒、活动铅笔、手杖等）组装在一起的钟表应按归类总规则的规定进行归类，但其内部装有照明装置的钟表仍应归入本章。

除在各品目注释中具体列出不包括的货品以外，本章还不包括：

（一）日晷仪（日规）、沙漏及水漏（按其构成材料归类）。

（二）音乐自动装置（机械鸣禽及类似品）及没有钟表面的百音盒（品目 92.08）。

（三）玩具钟表及制成钟表状的圣诞树装饰品，例如，没有钟表机芯的钟表饰物（品目 95.03 或 95.05）。

（四）商店橱窗装饰用的自动模型及其他活动陈列品（品目 96.18）。

（五）艺术品、收藏品及古物（第九十七章）。

钟表主要由两大部件组成：机芯及装机芯用的容器（盒、壳等）。

机械钟表的机芯由下列零件组成：

一、芯体或框架，通常由夹板及横担构成。夹板是机芯的主要支架，用螺钉及销钉将横担固定于夹板上。有些芯体或框架除了有横担及夹板外，还装有一个或多个用以固定机芯某些零件（走针机构、闹机构等）的附加板（例如，钟表面板、下托板盖）。

二、驱动机芯的装置，通常由摆锤或发条构成；也可用电能或利用温度变化或气压变化作为能源。

三、齿轮系，即连接驱动装置及擒纵器并使时间得以计量的齿轮系统。

四、走针机构，即将分针的转动与时针的转动连接起来的一系列零件。在带钟表面的机芯中，走针机构通常安装在面板及夹板之间。

五、擒纵机构，它向摆锤或摆轮及游丝提供必要的动能并控制齿轮系统的转动。

最常见的擒纵机构是锚式或叉瓦式、销钉式、工字轮式及棘爪式擒纵器。

六、调节机构，调节驱动机构所产生的运动。它包括摆锤、摆轮及游丝的组合体、音叉、压电石英晶体或其他能确定时间间隔的装置。

七、上发条及拨指针机构（通过按销、拉销或摇杆等进行操作）。

已装配的机芯与面板及指针一起安装于容器或壳子内。

摆轮、擒纵器零件及齿轮系零件精密地装于枢轴上。在廉价钟表中，它们直接装于夹板及横担的金属上，但在较高级的钟表中，轴承均用耐磨宝石制成。

钟表可配有报时装置、闹机构或一组钟乐装置。这些装置等均需使用特种机芯。

机械钟表可手动或电动上发条，也可自动上发条。

*

*　*

本章的钟表可以是电气的（包括电子的），例如：

（一）使用干电池或蓄电池的钟，持续回转时间较短（每次几分钟）。这类钟具有传统的摆轮及游丝组合体或摆锤，并通过电磁装置定时上发条。

（二）与供电网连接的钟，持续回转时间较长（每次几小时）。这类钟也装有传统的摆轮及游丝组合体或摆锤，并通过电动机（同步电动机、异步电动机）定时上发条。

（三）用干电池、蓄电池或供电网驱动的摆钟，摆锤在电磁装置的作用下不断摆动。

（四）用干电池或蓄电池驱动的钟、表，它们带有调节装置（音叉、压电石英晶体等）。这种调节装置在电子电路的作用下不断振荡。

（五）同步电钟。这类钟接上稳频电流，因此它们仅由马达及齿轮系构成，不带控制装置。

电钟系统的说明，参见品目 91.05 的注释。

有些电钟配有校正时间的遥控装置。

*

*　*

根据本章注释三对表芯的规定，其尺寸应按下列方法计算：

1. 厚度计算

表芯厚度是从表面支架的外平面（若表面支架装于表芯中的，则为显示板的可见表面）至相对另一边的最远外平面的距离，但突出于平面上的螺钉、螺母或其他紧固件的高度不计在内。

2. 宽度、长度或直径的计算

相应地，计算宽度、长度或直径（通过其对称轴进行测量）时，也不包括上弦芯轴或表柄头的长度。

91.01　手表、怀表及其他表，包括秒表，表壳用贵金属或包贵金属制成的：

—　电力驱动的手表，不论是否附有秒表装置：

11　——仅有机械指示器的

19　——其他

—　其他手表，不论是否附有秒表装置：

21　——自动上弦的

29　——其他

—　其他：

91　——电力驱动的

99　——其他

品目91.02的注释在必要的地方稍加修改后可适用于本品目。

根据本章注释二的规定，本品目的表必须具有贵金属或包贵金属制的表壳。它们可以装有宝石或者天然或养殖珍珠，还可以配有由贵金属（不论是否镶宝石）制成的表盖或表链。

根据第七十一章注释七的规定，所称“包贵金属”，是指在贱金属基底上通过软焊、硬焊、其他方法焊接、热轧或类似机械方法在其一面或多面包覆上一层贵金属。

但是，具有贵金属或包贵金属表壳的表，如果其背面是用钢制成的，则应归入品目91.02；具有镶嵌贵金属的贱金属制表壳的表，也应归入品目91.02。

91.02　手表、怀表及其他表，包括秒表，但品目91.01的货品除外：

—　电力驱动的手表，不论是否附有秒表装置：

11　——仅有机械指示器的

12　——仅有光电显示器的

19　——其他

—　其他手表，不论是否装有秒表装置：

21　——自动上弦的

29　——其他

—　其他：

91　——电力驱动的

99　——其他

本品目包括具有表壳及表芯的机械及电气（大部分是电子）计时器具，不论其表芯厚度如何。它可供人佩戴，从各种方位指示时间或测量时间间隔。这类器具包括手表、怀表、腰袋表、用手提包携带的表、镶嵌在饰针、戒指上的表。

但装有支架的时计，不论其多么简单，也不能作为表归类。

本品目不仅包括装有简单表芯的表，而且还包括带复杂机构的表（即除简单指示时、分及秒的部件外，还装有其他附加部件），例如，记时表、闹表、打簧表或报时表、自动表、日历表及指示工作间歇时间的表。

本品目包括经特别装饰或有特种性能的表，例如，防水表、防震表或防磁表；八天表；自上发条表；表盘及表针会发光的表；具有中心秒针或特种表面的表；无针表；运动表（例如，潜游运动员用的表，带深度指示器的）；布莱叶盲人表。

测天表是一种经过了不同位置及温度条件下测试的高精度表。本组还包括舱面值班表，但不包括航海时计及类似品（品目 91.05）。

记时表不但可以表示一天的时间，而且还可用于测量较短一段时间。带指针的记时表除了通常的三根指针（用于指示时、分、秒）外，还有两根特殊指针，即一根每分钟转一周并能用按扭使之启动、停止、复位的中心秒针，另一根针用以记录中心秒针所走的分钟数。某些记时表还有另一根秒针。

本品目还包括秒表。这类表与上述记时表的不同之处在于秒表没有普通时针、分针及秒针，而只有中心秒针（不论是否还有另一根秒针）及记录分针。但电子秒表常常带有用以指示一天时间的附加装置。

记时表及秒表可有五分之一秒、十分之一秒、百分之一秒及千分之一秒的刻度。它们常装有特殊装置，不需计算即可测定赛跑运动员、汽车、声音等的速度；或脉博率、机器的生产率等。其中某些表还装有录时装置。

与表一起报验的表带（不论是否已装在表上）也应归入本品目。

本品目不包括单独报验的下列货品：表壳及其零件（品目 91.11）、表芯（品目 91.08 或 91.10）、表带（品目 91.13）及表芯零件（通常归入品目 91.10 或 91.14）。

本品目还不包括：

（一）步数计（品目 90.29）。

（二）带表芯的钟（品目 91.03）。

（三）供车辆、航空器、航天器或船舶用的仪表板钟及类似钟（品目 91.04）。

91.03　以表芯装成的钟，但不包括品目 91.04 的钟：

10　—　电力驱动的

90　—　其他

本品目包括用表芯装成的并主要用以指示一天时间的钟（包括闹钟，但不包括品目 91.04 的钟）。根据本章注释三的规定，本品目所称的“表芯”，是指由摆轮及游丝、石英晶体或其他能确定时间间隔的装置来进行调节的机构，并带有显示器或可装机械指示器的系统。表芯的厚度不得超过 12 毫米，长、宽或直径不得超过 50 毫米。

但必须注意，本品目不包括：

（一）供车辆、航空器、航天器或船舶用的仪表板钟及类似钟；这些钟不管其钟芯的类型或厚度如何，均应归入品目 91.04。

（二）不符合上述第一段规定条件的钟（包括闹钟），例如，摆钟；带有其他可确定时间间隔的调节装置且其钟芯厚度超过 12 毫米或长、宽、直径超过 50 毫米的钟；钟芯没有调节装置的钟（例如，同步马达驱动的钟）。这些钟应归入品目 91.05。

闹钟装有报时机构（通常用钟壳作铃碗），在事先用专门指针拨定的时间发声。这种报时机构有时用音乐装置代替。

本品目主要包括装有表芯的下列钟：

一、家用或办公室用的落地式、台式等类型的钟（包括闹钟）。

二、带罩壳的旅行钟。

三、日历钟。

四、八天钟。

五、报时钟。

六、钟盘及指针会发光的钟。

本品目不包括单独报验的下列货品：表芯（品目 91.08 或 91.10）、钟壳（品目 91.12）及表芯零件（通常归入品目91.10或91.14）。

91.04　仪表板钟及车辆、航空器、航天器或船舶用的类似钟

本品目包括专供安装于车辆（汽车、摩托车等）、航空器、航天器或船舶的仪表面板、方向盘、后视镜等上的各种钟，它们带有钟壳及钟芯，不论钟芯的类型及厚度如何。它们通常是电钟（大部分是电子钟）、自动上弦钟或机械八天钟。

本品目还包括车辆用记时钟，这类钟除了通常的指针外，还有一根记时针、一根记分针及一根行驶时间记录针。

本品目不包括单独报验的下列货品：钟表机芯（品目91.08至91.10）、钟壳（品目91.12）及钟表机芯零件（通常归入品目91.10或91.14）。

91.05　其他钟：

—　闹钟：

11　——电力驱动的

19　——其他

—　挂钟：

21　——电力驱动的

29　——其他

—　其他：

91　——电力驱动的

99　——其他

本品目包括本章其他品目未列名的主要用于指示一天时间的时计；因此，它们必须装有表芯以外的机芯。装有表芯的钟及闹钟（参见本章注释三）不归入本品目（品目91.03）。

归入本品目的钟可以是由摆锤、发条、电气或电子驱动的；通常用摆锤、摆轮及游丝、音叉或压电石英晶体进行调节。它们一般装有报时机械装置，每隔一小时、半小时或一刻钟敲击一次铃或锣，或引发一次多铃的谐音机构。

根据上述条件，本品目包括：

公共场所用钟；商店、家庭等用钟；周期钟；带地区色彩的特别装饰钟（纳沙泰尔钟、巴黎钟、布谷鸟钟、威斯敏斯特谐音钟等）；“木偶”钟；投币钟；天文台用钟；自上发条钟（例如，利用温度或气压变化自动上发条的钟）；闹钟；中心秒钟；电子钟；压电石英晶体钟。

本品目还包括城镇、工厂、电话局交换机房、车站、机场、银行、旅馆、学校、医院等处的电钟系统用钟。这些系统包括一只精确校准的母钟及通过遥控装置驱动的一系列子钟。母钟通常有一个机械或电气钟芯及一个用以将驱动脉冲传送给子钟的接触装置。子钟可显示时及分，在每分钟或每半分钟接受从母钟发出的驱动脉冲。它们有一个装有旋转或振荡电枢的电磁装置，用以驱动齿轮系走针机构；母钟每发出一次脉冲即将分针推进一分钟或半分钟。齿轮系也可由电动上弦的发条驱动或直接用马达驱动，可指示秒时的子钟除了时针及分针外还必须配有中心秒针。这样，母钟除了有分钟接触装置外，还必须具有每秒发生脉冲的专门装置。但必须注意，本品目不包括仅具有分针及秒针的钟或只有秒针的钟（供调校表等用）；这些钟应归入品目91.06。

子钟可以在室内使用，也可以在室外使用，可带两个或两个以上钟面，并可以安放在桌子等平面上。

母钟有时用以控制其他电气器具，例如，记时器、值班员考勤钟、开关设备、记录器、信号器

（铃、报警器、灯）、信标或地灯。

本品目还包括由电力网驱动的同步群钟，以及由压缩空气驱动并用以时间中继和同步的气动设备。

本品目还包括航海用或类似用途的精密时计，即高精度的固定时计，主要供在船上计时之用，但有些也供科研之用。这些时计通常比测天表大型，并安装于盒子内。它们有的装于平衡环上，也有不装的。上一次发条通常可持续走二天或八天，一般装有天文钟擒纵机构、均力圆锥轮、将主发条的弹力转换成均匀压力的装置及表明时间间隔的指示器。

本品目不包括单独报验的下列货品：钟壳（品目 91.12）、机芯（品目 91.09 或 91.10）及机芯零件（通常归入品目 91.10 或 91.14）。

本品目还不包括：

（一）舱面值班表（品目 91.01 或 91.02）。

（二）车辆、航空器、航天器或船舶用的仪表板钟及类似钟（品目 91.04）。

91.06　时间记录器以及测量、记录或指示时间间隔的装置，装有钟、表机芯或同步电动机的（例如，考勤钟、时刻记录器）：

10　—　考勤钟、时刻记录器

90　—　其他

本品目包括由钟表机芯（包括辅助或同步马达钟芯）驱动的或由同步马达（不论有无减速齿轮）驱动的下列货品：

一、用以记录某一动作或操作发生时刻的器具；以及

二、用以测量、记录或其他指示时间间隔的其他品目未列名的器具。

这些器具可具有指示时、分或秒的面板。但本品目的某些器具，例如，考勤钟、值班员考勤钟及信鸽记时器，有时则没有表示时间的面板。

本品目包括：

（一）考勤钟，用于记录雇员到、离工厂、车间等的时间。这类钟是由一只内装有时钟、由钟芯驱动的日戳、撞针及色带的箱子构成。雇员将其卡片插入机器，撞针即在机械或电力驱动下将准确的日、时及分打印在卡片上。雇员的出勤时间可以从卡片上计算出来。机械八天钟及电钟是最常用的钟。它们可以是独立的或需与母钟连接的，也可以本身就做为母钟。在后一种情况下，它们有时装有报时装置或警报器（参见品目 91.05 的注释）。

（二）时刻记录器，类似于上述（一）款的考勤钟，但还可将月份、年份、编号或其他项目记录下来；其中有些记录器还装有可将工作时间（例如，每日或每周）累加起来的装置。这类记录器还可用于加盖邮件、帐单、费用单等的日戳。

（三）值班员考勤钟，通常是手提式的。它们具有一个用以驱动纸制钟面或日戳装置的钟芯。值班员用特制钥匙在考勤点记录其定时巡逻值班地点的时间（时、分、地点编号），记录方法是在旋转钟面上打孔、盖戳或用色带打印在纸条上。

（四）信鸽记时器，用以记录信鸽到达比赛终点的时间。这类记时器是一个手提式箱子，箱内装有一个钟、一个鸣铃鼓筒及一个用以记录到达日期、时、分及秒的装置，可通过在纸带上打印或者在圆盘或纸带上穿孔来记时。

（五）主振频率控制器，与同步电钟、定时开关等系统一起使用。这些器具具有用以指示标准时间、同步电钟时间及两者时差的钟面。它们主要由指示时差的机构、由母钟控制并指示标准时间的子钟芯、同步电钟芯、各种触点、信号装置或调节装置组成。

（六）量时器，用以测量电触点开、关之间短时现象的持续时间。这些量时器用以检测供电仪表、测量人的反应速度等。其主要部件是一个同步马达、一个电磁耦合器及一个带有可以表示秒及百分之几秒钟面的计量表，所有这些部件均装于一个盒子里。当量时器工作时，同步马达持续地转动，并与测量现象持续时间的计量表耦合。

没有钟芯或同步马达的电气或电子量时器不归入本品目（品目90.30）。

（七）运动会用的台式计时器或运动场用计时器，用分和秒表示到达或比赛时间。

带钟面的体育运动钟不归入本品目（品目91.05）。

（八）用以测量某一进程持续时间的秒钟及其他计时器。这些计时器具有一个秒针钟面、一个累计分钟总数的钟面及一根用以开关的拉杆。

（九）记录电话通话持续时间的计时器，这类计时器象秒钟一样操作并可带报时机构。

（十）运动会用的时间记录器，带有同步马达机芯，通常用石英晶体振荡器控制。它们记录时间的精确度可达百分之一秒，还可记录到达或出发的次序；它们可以通过照相记录，也可通过在匀速运动的纸带上打印或穿孔进行记录。

运动会计时器用的辅助装置（计时器用座架及夹件、启动门、光电池、声频、电频或无线电报传输设备等）应归入它们各自的相应品目。

（十一）短时间进程计时器。这种器具在规定的分钟（通常最长为60分钟）到后即自动打铃；它们装有一个闹钟机芯及一个一般标有0～10、0～30或0～60数字的钟面。它们用于进程需加控制的各个领域中。

但定时开关不归入本品目，定时开关与进程计时器不同之处在于到了给定时间不是驱动报时装置，而只把电路“接通”或“断开”（品目91.07）

（十二）子钟（通过母钟操作），只有分针及秒针或只有秒针（供调校手表等用）。

（十三）台球计，它利用钟芯来指示打球时间或根据打球时间指示应付费用。

（十四）奕棋者用的时钟，由两只带有指示时及分钟面的钟芯或表芯及两个用以开、关机芯的按纽或拉杆组成。

本品目不包括单独报验的下列货品：上述器具用的外壳（归入品目91.12或归入它们各自的相应品目，参见品目91.12的注释）、钟表机芯（品目91.08至91.10）及钟表机芯零件（通常归入品目91.10或91.14）。

本品目也不包括：

（一）第九十章的仪器及器具，不论是否装有表芯或钟芯，但未带有指示时间的板，例如，潮标记录器及地震仪（品目90.15）；气压记录仪及温度记录仪（品目90.25）；压力计（品目90.26）；供应或生产气体、液体或电力用的计量仪表（品目90.28）；转数计、生产计数器、速度计、转速计、车费计、里程计及通过计数法测量短暂时间间隔的仪器及器具（品目90.29）；量距仪表（品目90.31）。

（二）测天表、记时表及秒表（品目91.01或91.02）。

（三）节拍器（品目92.09）。

91.07 装有钟、表机芯或同步电动机的定时开关

本品目包括不具备品目91.05所列钟的特点，但主要能在给定时间（通常根据每日或每周预先设定程序所规定的时间）自动接通或断开电源的装置。归入本品目的装置必须具有一个钟表机芯（包括子钟芯或同步电钟芯）或同步马达（不论是否有减速齿轮）。

定时开关用于控制照明电路（供公共场所、商店橱窗、楼梯、发光标志等用）、加热电路（热水器等）、冷却设施、泵、双额电表等。它们主要由下列部件组成：一个机械或电气的钟表机芯或一个

同步马达、通常还有一个带或不带指针的钟面、一个时间调节装置（拉杆或销钉），还有一个驱动继电器、开关及换向器系统。以上所有部件都装于一个有接线柱的箱子内。钟面上一般标有时数，有时也标有日期及月份；钟面周围的拉杆或销钉到设定时间便驱动接触装置。

定时开关也可通过恒温器、压力调节器、水面调节器进行操作。

本品目还包括用于接通或关闭电气设备（电视接收机、电熨斗、洗衣机、台球台灯等）电源电路的开关，投入硬币时开关开启并通过同步马达的作用将开关关闭，间隔时间取决于投入硬币的数目。

本品目不包括单独报验的下列货品：上述器具用外壳（归入品目91.12或归入它们各自的相应品目，参见品目91.12的注释）、钟表机芯（品目91.08至91.10）及其零件（通常归入品目91.10或91.14）。

91.08　已组装的完整表芯：

—　电力驱动的：

11　——　仅有机械指示器或有可装机械指示器的装置的

12　——　仅有光电显示器的

19　——　其他

20　—　自动上弦的

90　—　其他

本品目包括不带表壳的已组装表芯，也就是说可即供使用的完整品。这些表芯有下列五种主要类型：

一、机械表芯；

二、摆轮游丝式电子表芯；

三、弯曲共振式（音叉）电子表芯

四、带模拟时间显示器（指针）的石英表芯；

五、带有电子数字时间显示器［发光二极管（LED）或液晶显示器（LCD）］的石英表芯。

带有模拟时间显示器的机械或电子表芯报验时可以不带表面或指针。带数字时间显示器的电子表芯（固体电路），其显示管与机芯组合成一体；缺少显示管，表芯即不能起作用，因而不能作为本品目所指的已组装的完整表芯。

根据本章注释三的规定，本品目所称的“表芯”，只指通过摆轮及游丝、石英晶体或其他能够确定时间间隔的器具来进行调节，并带有一个显示器或能将机械显示器装入系统内的装置。这种表芯厚度不得超过12毫米，宽度、长度或直径不得超过50毫米。因此，这些表芯主要供品目91.01至91.03的钟、表使用，但即使它们用于装在本章其他物品上或装在其他章的仪器或器具（测量仪表或精密仪表、里程计、爆破装置等）上，也仍应归入本品目。

本品目不包括不符合上述条件的表芯（品目91.01或91.10）及品目84.12的发条动力装置。

本品目的表芯可以是未抛光的、已抛光的、镀镍的、镀铑的、镀银的、镀金的、涂漆的等。

原电池或蓄电池驱动的表芯也应归入本品目，不论是否与原电池或蓄电池一同报验的。

91.09　已组装的完整钟芯：

10　—　电力驱动的

90　—　其他

本品目包括各种已组装的钟芯，也就是说可即供使用的完整品；这些货品具有模拟时间显示器

（或指针），可以带有或不带有钟面或指针。

本品目的钟芯主要供品目91.04至91.07的货品使用，但即使用于装在其他章的仪器或器具（测量仪表或精密仪器、爆破装置）上的，也应归入本品目。

本品目不包括：

（一）品目84.12的弹簧或重锤操作的动力装置等，未装配并且也不适于装配擒纵机构的（例如，供百音盒操作用的动力机）。

（二）本章注释三所述的表芯（参见品目91.08的注释）。

因此，本品目主要包括通过摆轮及游丝或通过可以确定时间间隔的调节系统进行调节，并且厚度超过12毫米或宽度、长度、直径超过50毫米的钟芯；摆钟钟芯；带或不带调节器的电钟钟芯（子钟钟芯、同步钟钟芯等）。

归入本品目的同步钟钟芯或子钟钟芯除装有同步马达或电磁机构外，还必须具有钟的齿轮系，即包括一轮、二轮、三轮、四轮、分轮及时轮等零件的齿轮系。单独报验的电磁机构或同步马达应归入其各自的相应品目，不论它们是否装有调节钟轴速度的减速齿轮。

这些钟芯可以是未抛光的、已抛光的、镀镍的、镀铑的、镀银的、镀金的、涂漆的等。

91.10　未组装或部分组装的完整钟、表机芯（机芯套装件）；已组装的不完整钟、表机芯；未组装的不完整钟、表机芯：

—　表的：

11　——　未组装或部分组装的完整机芯（机芯套装件）

12　——　已组装的不完整机芯

19　——　未组装的不完整机芯

90　—　其他

机芯套装件是指钟表机芯各部分的整套散件，未组装或已部分组装的（以此形状销售）。对于机械显示机芯，可以带有或不带有钟表面及指针。

不完整的机械钟表机芯是指除钟表面、指针或上弦芯轴以外还缺少一些零件（例如，擒纵器或条夹板）的已组装机芯。

不完整的全电子钟表机芯是指除干电池外还缺少某些零件（例如，显示器、部分电子电路及其他零件）的已组装机芯。

带有机械显示器的不完整电子钟表机芯是指除钟表面、指针、调校轴或干电池外还缺少一些零件（例如，电子电路及其零件、马达）的已组装机芯。

未组装的不完整机芯是指由夹板（及任何辅助板）、横担、齿轮、走针机构、上弦和调校机构，以及自动上弦装置、日历机构、记时器、闹铃机构等附加机构构成的钟表机芯未装配件，但这类未装配件不包括擒纵器、摆轮及游丝或其他调节装置、主发条、钟表面或指针。上述不完整机芯报验时可带或不带装发条的条盒。

91.11　表壳及其零件：

10　—　贵金属表壳或包贵金属表壳

20　—　贱金属表壳，不论是否镀金或镀银

80　—　其他表壳

90　—　零件

本品目包括：

一、品目91.01或91.02所列表（怀表、手表、记时表等）的外壳，不论是否带表面玻璃，但不带表芯的。

二、表壳零件包括：

（一）壳体，即表壳的框架。它可带壳底铰链，怀表壳体还具有内盖铰链及镶表玻璃沟缘。

（二）表链杆，焊于表壳体上并带有耳环（怀表用）及衬套。

（三）表背内盖，保护表芯的内盖（普通表没有内盖）。

（四）表壳前圈，用以固定玻璃件。夹持玻璃的边缘专称为嵌槽。

（五）后盖，在表玻璃的另一面将表封闭。普通表只有一个后盖，但狩猎用表有第二个类似的盖，用以保护表玻璃。

手表壳没有链杆或表耳环，但具有装表带用的表耳。这些表耳由几个零件组成，包括固定的装有弹簧的横杆。有些女装表没有表耳而由系结细绳的爪代替。

手表壳通常仅由两部分组成，即组装在一起的壳体及后盖。有时，后盖与表玻璃缘框各承载表背内盖的一部分，有时表壳前圈和壳体制成一体。在高度精密加工的手表中，表芯首先密封于保护性表背内盖中。

表壳及其零件可用任何材料制成。它们主要用贱金属（抛光、镀铬、镀银或镀金的钢、镍等）、贵金属、包贵金属制成；有时也用塑料、兽牙、玛瑙、贝壳或龟壳制成，还可进行装饰（车刻；雕刻；镂刻；用天然或养殖珍珠或者用天然、合成或再造宝石或半宝石等饰边）。

本品目不包括：

（一）简单的保护性表罩壳或表玻璃，它们应归入各自的相应品目；

（二）第十五类注释二所指的贱金属制通用零件（包括表壳用弹簧）（第十五类）及塑料制的类似品（第三十九章）。

（三）钟壳和本章其他货品用的类似壳以及它们的零件（品目91.12）。

91.12 钟壳和本章所列其他货品的类似外壳及其零件：

20 — 壳

90 — 零件

本品目包括钟壳及本章其他货品用的类似壳。据此，本品目包括闹钟、航海时计、机动车用钟、考勤钟、时间记录器或记时打印机、计时器（分时计、秒时计等）或本章其他钟用的外壳。这类钟壳不论是否带钟面玻璃，也不论是否加工制成，均应归入本品目。但本品目不包括与普通钟壳不同，类似于供科学仪表、电表等用的外壳（计时器、时间记录器或定时开关用外壳有时属于此种类型）；这类外壳应归入它们各自的相应品目。

归入本品目的钟壳可制成各种各样形式，通常用金属（包括贵金属）、木材、塑料、皮革、龟壳、贝壳、大理石、雪花石膏、陶瓷、缟玛瑙、玛瑙或兽牙制成。它们可以用天然或养殖珍珠或者用天然、合成或再造宝石或半宝石进行装饰或饰边，也可配上花纹图案、雕塑品、人像、动物形象等。

本品目还包括钟壳零件，例如，钟壳前圈、框架、支座、支架及脚架。

本品目不包括：

（一）单独报验的保护盖，通常由玻璃制成（品目70.20）。

（二）第十五类注释二所指的贱金属制通用零件（包括钟壳用弹簧）（第十五类）及归入第三十九章的塑料制类似品。

（三）表壳（品目91.11）。

91.13 表带及其零件：

10 — 贵金属或包贵金属制

20 — 贱金属制，不论是否镀金或镀银

90 — 其他

本品目包括各种表带，即用以将手表系紧于手腕上的装置。

表带可用任何材料制成，例如，用贱金属、贵金属、皮革、塑料或纺织材料制成。它们还可以明显具有装饰品的特征，这并不影响其归入本品目。

本品目还包括用任何材料制成的可确定为表带的零件。

本品目不包括：

（一）其他佩带装置（项链、吊带、表链、环、饰针等），它们应归入其各自的相应品目。

（二）贵金属或包贵金属制的扣环及扣钩（品目71.15）或贱金属制的扣环及扣钩（品目83.08）。

（三）与表一起报验但未装在一起的表带（品目91.01或91.02）。

91.14 钟、表的其他零件：

30 — 钟面或表面

40 — 夹板及横担（过桥）

90 — 其他

本品目包括所有钟表零件，但下列货品除外：

（一）本章注释一所列的零件：

1. 摆锤、钟表玻璃、表链、滚珠轴承及轴承滚珠（例如，供自上发条表用的）。

2. 第十五类注释二所指的贱金属制通用零件，例如，贱金属制的螺钉（横担、冠顶、钟表面、棘轮、棘爪、托钻帽或指示盘、叉臂、拨时杆等用）、锥销、钟链、钟表面数字（第十五类）或塑料制的类似品（第三十九章）或者贵金属或包贵金属制的类似品（通常归入品目71.15）。

这些零件应归入其各自的相应品目。但钟表发条（主发条、游丝等）仍应归入本品目。

（二）本章其他品目具体列名的零件（例如，品目91.08或91.09所列的已组装的完整钟表机芯；品目91.10所列的钟表机芯套装件、已组装的不完整钟表机芯或未组装的不完整钟表机芯；品目91.11或91.12所列的钟表壳及品目91.13所列的表带）。

除上述（一）或（二）款所列的货品外，凡既适于用作钟表，也适于用作其他物品的零件，例如，可用于玩具、仪表、测量仪器或精密仪器上的零件（发条、齿轮系、宝石轴承、指针等），均应归入本品目（参见本章注释四）。但本品目不包括并不明显用于钟表的零件（例如，记时器用打印或累计装置及品目91.06或91.07所列物品的某些其他零件）。

本品目包括可确定为钟表零件的毛坯，但本品目不包括不能确定为钟表零件的金属件（例如，直接从车床加工出来或粗切成形，尚未钻孔、挖空等的板、片）。这些物品应按其构成材料归类。

本品目的钟表零件可以是未抛光的、已抛光的、镀镍的、镀铑的、镀银的、镀金的、涂漆的或镶宝石的。

根据上述规定，归入本品目的钟表零件主要有：

一、表芯零件（不论是否复杂机构）

这些零件包括：

（一）框架：夹板（及其他附加板）、横担［条盒、中心轮、三轮、四轮、摆轮（惰轮）、擒纵机构、拨时轮等用的横担］。

（二）驱动机构：主发条、条盒、条盒盖、条盒芯轴、棘轮、棘爪、棘爪簧。

（三）齿轮系：中心轮及小齿轮、三轮及小齿轮、四轮及小齿轮。

（四）走针机构：空心轴小齿轮、分轮小齿轮及分轮、时轮。

（五）擒纵机构（卡摆或擒纵叉、销钉式擒纵叉、圆筒、棘爪等）：擒纵轮及小齿轮、擒纵叉、棘爪杆、滚轮、叉瓦钻、冲击销、圆筒。

（六）调节装置：摆轮、摆轮杆、游丝（扁簧、挑框游丝、圆筒形弹簧）、音叉、游丝桩、夹头、调节器、指示柱、托钻帽或指示盘、调节器弹簧、下帽钻端片，包括防震装置专用零件。

（七）上发条及拨时装置：冠顶、上条柄轴及小齿轮、离合轮、调拨轮、冕状棘轮、小钢轮座、叉臂（摇杆）、调拨杆、调拨杆弹簧及叉臂簧。

（八）电子钟表芯零件：表电路可由印制有连线及配上非印制的其他分立元件的（例如，线圈、电容器、电阻器、二极管及半导体管）绝缘基板组成，也包括带集成电路的。

（九）单独的擒纵调速组件：由夹板、横担、擒纵器、摆轮及游丝、钟表机芯调节器组成，不论有无齿轮系。与已调好的擒纵器组装在一起的或未组装的上述组件，仍应归入本品目。

已装配的上述擒纵调速组件可装于使用钟表机芯的各种设备（考勤钟、定时开关等），有时也装于小型钟或闹钟上。

二、钟或闹钟机芯的零件

这类机芯的很多零件在原理上与表零件相似，但体积较大。

钟芯专用零件包括：钟锤鼓、钟摆［包括补偿摆（水银或铟钢杆等）］、叉柱、心轴、心轴轮、反冲擒纵器、不摆式（格拉哈姆式）擒纵器等、单独的上弦钥匙。闹钟机芯零件包括固定的上弦钥匙及调拨钮。

三、报时装置零件

（一）闹钟报时装置零件：制动销或定位爪、槽咔圈、释放轮、擒纵轮、指示杆、棘爪、报时槌等。

（二）钟报时装置（记数轮式、齿条式等）：鼓轮或条盒及条盒轮、记数轮、二轮、针轮、三轮、闹时轮、摆轮、掣子、杠杆或跳簧、打簧架、蜗轮、敲槌、提升片、心轴、飞轮、齿板、齿条、铃、锣、谐音器。

四、宝石轴承

本类仅包括已加工的宝石，即已经过车削、切割、抛光、钻孔、挖空等加工或已装配（装于镶嵌底座上或螺丝上）的宝石。未经加工或仅经粗锯的宝石不归入本品目（第七十一章）。钟表宝石通常体积极小，其直径及厚度分别极少超过 2 毫米及 0.5 毫米。

用于钟表的宝石主要有天然或合成的红宝石、蓝宝石、石榴石，偶尔也有钻石。在低档钟表中，有时也用玻璃珠或用金属帽代替宝石。

钟表宝石轴承取其所支撑零件的名称，例如，中心轮宝石、三轮宝石、四轮宝石、擒纵轮宝石、棘爪杆宝石及摆轮宝石。圆筒形枢轴的轴承由一粒钻孔宝石构成或由一粒钻孔宝石及一粒实心宝石（托钻）构成。另外还有由锥形空心宝石构成的轴承。

除圆形宝石用作轴承外，叉瓦式擒纵机构的钟表通常还装有三粒特种宝石：两粒叉瓦钻（叉瓦两端各装一粒斜边宝石）及一只冲击销（横截面通常为半圆形或三角形的宝石，供滚轮用）。

装配宝石的方法有用手工装配、使用已装配宝石或最常见的冲压装配。

五、钟面或表面

钟表面通常刻有用以指示时、分及秒的分度或数字。它们可以是平面的，也可以是弧面的。它们通常有镀银的、镀金的、涂漆的、氧化的或用其他方法镀黄铜的、上釉铜的、金的、银的，有时是纸的、玻璃的、塑料的或陶瓷的。钟表面的数字或标记可通过各种方法（移印、绘画、冲压等）产生。

钟表面也可带发光数字或符号。

钟表面用螺钉、销子或金属外环固定于夹板上（或固定于称作“钟表面板”的附加板上）。

六、指针

指针用来指示时、分及秒。本品目还包括记时表用的特种指针及闹钟用的指针等。钟表指针可以是平的，也可以是弧形的，可用钢、黄铜或紫铜制成，通常经过抛光、氧化、镀镍、镀铬、镀银、镀金或涂漆；有时用金甚至用骨制成。发光指针具有“窗口”，里面填装以放射性盐为基本成分的化合物（放射性钍、新钍等）。为了与钟表面的式样配套，指针有各式各样。

第九十二章　乐器及其零件、附件

注释：

一、本章不包括：

（一）第十五类注释二所规定的贱金属制通用零件（第十五类）或塑料制的类似品（第三十九章）；

（二）第八十五章或第九十章的传声器、扩大器、扬声器、耳机、开关、频闪观测仪及其他附属仪器、器具或设备，虽用于本章物品但未与该物品组成一体或安装在同一机壳内；

（三）玩具乐器或器具（品目 95.03）；

（四）清洁乐器用的刷子（品目 96.03）；或独脚架、双脚架、三脚架及类似品（品目 96.20）；或

（五）收藏品或古物（品目 97.05 或 97.06）。

二、用于演奏品目 92.02、92.06 所列乐器的弓、槌及类似品，如果与该乐器一同报验，数量合理，用途明确，应归入有关乐器的相应品目。

品目 92.09 的卡片、盘或卷，即使与乐器一同报验，也不视为该乐器的组成部分，而应作为单独报验的物品对待。

总　注　释

本章包括：

一、乐器（品目 92.01 至 92.08）；

二、乐器的零件及附件（品目 92.09）。

某些乐器（钢琴、吉他等）可以带有电气拾音器及扩音器，只要它们在没有电气装置时仍可象普通的同类乐器一样演奏，则仍应归入本章的相应品目。而这类电气设备本身除非已构成乐器的不可分割部分或与乐器装于同一机壳内，否则均不应归入本品目（品目 85.18）。

没有电气或电子设备时即不能演奏的电气或电子乐器（品目 92.01 的自动钢琴除外）应归入品目 92.07（参见相应的注释）。因此，品目 92.07 包括静电或电子的吉他、风琴、钢琴、手风琴、钟琴及类似乐器。

本章的乐器可用任何材料制成，包括用贵金属或包贵金属制成，也可镶嵌宝石或半宝石（天然、合成或再造的）。

根据本章注释二的规定，用于演奏品目 92.02 弦乐器的弓及拨子以及用于演奏品目 92.06 打击乐器的棒（包括软头棒）及槌，如果与该项乐器一同报验且数量合理，用途明确的，可归入有关乐器的相应品目而不归入品目 92.09。但是，品目 92.09 所列的卡片、盘或带卷，即使与乐器一同报验，也不应视为该乐器的组成部分，而应作为单独报验的物品对待。

除在以下注释中专门列名的不包括货品以外，本章还不包括：

（一）电子音乐组件（品目 85.43）。

（二）由于所用材料的性质、粗糙的加工、音质的次劣或其他特征而可明显确定为作玩具用的乐器（第九十五章）。例如，某些口琴、小提琴、手风琴、小喇叭、鼓、百音盒。

（三）收藏品（品目 97.05）（例如，具有历史学或人类学研究意义的乐器）或超过一百年的古物（品目 97.06）。

92.01　钢琴，包括自动钢琴、拨弦古钢琴及其他键盘弦乐器（+）：

10　—　竖式钢琴

20　—　大钢琴

90　—　其他

本品目包括：

一、钢琴，带有键盘及用槌敲击的弦，不论是否装有电气拾音器及扩音器。这些钢琴有：

（一）竖式钢琴，它具有一块共鸣板，琴弦垂直装于共鸣板上，当琴弦上紧时，低音弦与其他弦相交。

（二）大钢琴（大三角钢琴及小三角钢琴），其琴弦水平安装于一个长形琴体内。

本组包括自动钢琴，不论是否装有键盘，这种琴用穿孔纸带或纸板等进行演奏；它们可以是机械、气动或电气操作的。

但“电子琴”及可装于钢琴上，当钢琴演奏时可获得其他乐器音响效果的电子乐器应归入品目92.07（参见本章总注释）。

二、大键琴以及如古钢琴、翼琴等的其他键盘钢琴。

○

○　○

子目注释：

子目9201.10及9201.20

这些子目也包括自动钢琴。

92.02　其他弦乐器（例如，吉他、小提琴、竖琴）：

10　—　弓弦乐器

90　—　其他

本品目包括：

一、用弓演奏的乐器

这类乐器主要有小提琴、六弦提琴及中提琴（中提琴比普通小提琴稍大）、大提琴、低音古提琴及低音提琴。

二、其他弦乐器

本组包括：

（一）拨弦乐器。这种乐器的琴弦成直线排列，用手指或小尖片（拨子）拨动琴弦使其瞬间变位，即可发生声振动。拨子可用木料、兽牙、龟壳、塑料等制成。这种乐器有：

1. 曼陀林琴（深度弓背的那不勒斯曼陀林琴、平背曼陀林琴、大曼陀林琴等）。
2. 吉他。
3. 日尔曼琵琶（曼陀林琴的一种）。
4. 班卓琴（一种琴颈窄长的乐器，其琴身是圆的，具有扁平的背及用鼓皮制成的扁平腹板）。
5. 尤克里里琴（粗颈小吉他）。
6. 古瑟尔琴（或齐特拉琴）。这类乐器具有一个状似梯形的共鸣箱及数量众多的金属琴弦。
7. 巴拉莱卡琴。
8. 竖琴。竖琴是用于弹拨的弦乐器，它们具有一个三角形架及按一定长度顺序排列的弦。

（二）其他乐器，例如：

1. 风鸣琴。它们用于花园等处。由一系列的弦安装于共鸣箱上构成，当放于风流动处时便可发生天然的谐音。

2. 辛巴洛琴，它们具有一个框架，钢弦装于架上。演奏时用软头槌敲打，用于吉普赛管弦乐队。

对于一些乐器，尤其是吉他，声音可用电子扩音器扩大，也仍可归入本品目；但是，有些电子乐器，例如，没有共鸣箱的吉他，应归入品目92.07（参见本章总注释）。

【92.03】

【92.04】

92.05　管乐器（例如，键盘管风琴、手风琴、单簧管、小号、风笛），但游艺场风琴及手摇风琴除外：

10　—　铜管乐器

90　—　其他

本品目包括未列入品目92.08的管乐器（例如，游艺场风琴、机械手摇风琴、声音信号乐器等），尽管这些乐器在某些方面也可视为是管乐器。

本品目包括：

一、铜管乐器

所称“铜管乐”，是指管弦乐队所用特种乐器的音质，而不是乐器的构成材料。本组包括的乐器通常由金属（黄铜、镍银、银等）制成，形状为一根锥形管，管子末端为喇叭形；管身可进行不同程度卷曲。它们配有空心吹口，用嘴唇发声并通常用阀控制。它们包括：短号、小号（简单小号、管弦乐队小号等）、军号、萨克号、上低音号及低音军号、低音大号、低音苏萨大号、长号（阀门式或滑动式）、供管弦乐队演奏用的号角（例如，法国号）及管弦乐队用无阀号角（例如，狩猎号）。

二、其他管乐器

本组包括：

（一）键盘管风琴（教堂风琴型）。它们是管乐器，其各个键的动作通过电信号、电－风动信号或机械信号传给风管。

本品目还包括与风琴一同报验的落地式支架及风琴箱（即存放风琴且通常具有装饰图案的木制品）。单独报验时，这些物品不归入本品目（品目92.09）。

本品目不包括机械风琴、手摇风琴及类似管乐器，它们没有键盘，但可自动演奏或用手柄摇奏（品目92.08）。电子风琴应归入品目92.07。

（二）簧风琴及类似的游离金属簧片键盘乐器，但它们没有琴管。

（三）手风琴及类似乐器、六角手风琴、班多尼昂琴及脚踏风琴。

本品目不包括电子手风琴（参见品目92.07注释及本章总注释）。

（四）口琴。

（五）所谓的“木管乐器”。这些乐器主要由多孔管子（由木材、芦苇、金属、塑料、硬橡胶、玻璃制成）配上音键及音环构成。它们通常用簧片发音。本组包括：长笛、萧、短笛、竖笛、双簧管、单簧管、中音双簧管、巴松管、萨克斯管及萨路管。

本组还包括奥卡利那笛（用金属或粘土制成并发出长笛般声音的小型蛋形乐器）及滑动笛（用金属或硬橡胶制成）。

（六）其他管乐器（例如，风笛、布列塔尼风笛或小风笛，它们用皮张或动物膀胱制成风箱或风囊并带有三至五根管子，其中一根是指管而其他是单音管）。

92.06　打击乐器（例如，鼓、木琴、钹、响板、响葫芦）

打击乐器是用同类物体进行打击演奏，或用棒或类似器具演奏，也有直接用手演奏。这些乐器统称为“鼓”。

本品目的主要乐器有：

一、用皮革绷面的乐器，例如：

（一）小鼓及长鼓。

（二）鼓（浅边鼓、大鼓等）。这些鼓是在木或金属鼓筒的各端绷上羊皮或羔皮后制成（双头鼓）。它们用一支或两支鼓棒或皮头槌敲打而发音。

（三）定音鼓及铜鼓。这些鼓是在铜制空心半球形鼓体（规格各不相同，通常放置在地上）上绷上羊皮后制成。它们被校准为一定音调，并用鼓棒敲打发音。

（四）带铃当的铃鼓。这些鼓是用圆箍覆盖上皮革并配上铃当或铜舌制成，演奏时用不同方式摇动或用手掌、指尖等敲击发音。

（五）印度手鼓。

二、其他打击乐器，例如：

（一）钹。这些乐器是圆板，一般通过相互敲击或摩擦而发音；有时，也可以用软头槌敲击单片钹发音。

（二）锣（例如，中国锣）。这些乐器是金属板，通常是用槌头包以皮革或毡呢的重槌敲击而发音的。

（三）三角铁。这些乐器是用钢条弯曲成等边三角形制成。它们用铁条敲打发音。

（四）中国亭形串铃（中国月牙铃、土耳其月牙铃）。这些乐器配有铃当及小铃，当摇动装于乐器上的支杆时，即可发出声音。

（五）响板。它们是用木材、骨材或兽牙制成的凹形或贝壳形小型乐器，可以戴在手指上或安装于手柄上，相互敲打而发音。

（六）木琴，由一系列按一定长度排列的小木条板装于两条支架上组成，用槌敲击演奏。

（七）金属琴。这种琴与木琴相似，但用金属条板（钢条板或硬铝条板）代替木条板；（木琴和金属琴常常在琴台下装上金属共鸣舌片或管子）。本品目还包括带玻璃条板的类似乐器。

（八）钢片琴及类似琴，在打击乐器中用以代替普通钟乐器。这些琴的外形与具有踏板及制音器的小钢琴相同，通过键盘操作使机械槌打击特制厚钢片而发音。

（九）铃、套铃、钟及管铃（由悬吊于框架上的一系列管子构成，演奏时可直接用手敲打，也可用槌敲打）。

（十）响葫芦及类似乐器，由空心铃或管构成，通过摇动发音。

（十一）“音棒”，由一对硬木条构成。

（十二）挠片声锤（Flexatones），由一块金属板装于手柄上并在金属板的两端各装上两个木球构成。摇动乐器时，木球打击金属片使其振动发音，音调可通过拇指弯曲金属片加以控制。

上述一些乐器有时可以组合在一起，使一个演奏者可同时演奏几种乐器。在伴舞乐队中，用以敲打大鼓的软头槌是通过踏板操作的，另外，鼓还与钹、锣、木鱼装在一起（装有铃或者构成木琴用的木制共鸣箱型组合件）等。

公共建筑物用的可奏乐钟琴也归入本品目。

但是电子打击乐器应归入品目92.07。

本品目还不包括：

（一）不属乐器范围的门铃、台铃、门钟等（品目83.06或85.31）。

（二）时钟的谐音器及其他报时机构（品目 91.14）。

92.07　通过电产生或扩大声音的乐器（例如，电风琴、电吉他、电手风琴）：

10　—　键盘乐器，但手风琴除外

90　—　其他

本品目包括通过电气（含电子）产生或扩大声音的乐器（即如果没有电气或电子组件即不能发出声音，进行演奏的乐器，包括其振动装置可以产生微弱声音的乐器）。在这一方面，它们与某些其他乐器（例如，钢琴、手风琴、吉他）不同，后者虽然装有电气拾音器及扩音器，但它们如果没有这些电气装置也仍可与类似的普通乐器一样独立进行演奏。电气操作的自动钢琴不归入本品目（品目 92.01）。

本品目的乐器一般主要使用以下器件：

一、电磁发生器。

其中一种系统是基于下列原理进行工作：发生器的传动轴通过弹性接头与同步马达连接，同步马达以恒定速度驱动传动轴。整条传动轴上成对地装有规格不同的齿轮，每一齿轮再带动名为“音调”轮的有齿轮子。当乐器接通电源后，同步马达即驱动音调轮，驱动速度根据齿轮直径的大小而不同。在每个音调轮附近平行地装上一端带有线圈的永磁铁。当音调轮转动时，其轮缘所带的规则间距的齿子便通过磁铁极，引起磁场的变化。这个变化又在线圈中产生微弱的电流变化。这种具有预定频率的电流经电气扩大后传送到扬声器中。

这一原理尤其用于“风琴”式乐器。

在另一种系统中，簧风琴式“游离簧片”在永磁铁的磁极中振动，引起绕在磁铁上线圈的磁场变化，所产生的电流经电气扩大后传送到扬声器中。

二、静电发生器，它有下列几种类型：

（一）张拉钢丝发生器。在这种发生器中，当一根带电的金属丝被槌敲击时产生振动，从而使金属丝与附近金属件（枢轴）之间的电容量发生变化。这种电容量的变化完全相当于音弦的振动，因此在扩音后可准确地重放声音。

（二）振动簧片发生器，在这种乐器中，电流通过簧片而不是通过音弦。

（三）可变电容发生器，在发生器中，电容器在马达的驱动下按恒定速度转动。

三、振荡电子管发生器，包括气体放电管振荡器。

四、光电发生器，在光电发生器中光束通过穿孔圆盘射向光电池。通过精确计算圆盘上孔洞的数目即可求得电流变化的相应数目，将这种变化电流放大后即可产生所需的声音。

它们中的一些乐器也称作电磁式、静电式、电子式、无线电式、光电式钢琴、风琴、手风琴、钟琴等，但人们总是喜欢用它们的注册商标名称。只要简单地改变乐器的音域，它们便可准确地演奏大多数乐器的声音。这类乐器如只能连续发生单音，则称作“单音”乐器，如能同时发生多种音调，则称作“多音”乐器（例如，风琴）。

一些乐器可以单独演奏，而其他一些乐器则可与普通钢琴伴奏，演奏时用右手演奏这种乐器，而左手演奏钢琴。这类乐器不论是否与钢琴一同报验，仍应归入本品目。

尽管电气或电子器具（特别是扩音器及扬声器）一般在本品目乐器的正常演奏中是至关重要的，但它们如果不是装在乐器中，则不应入本品目而应归入其相应的品目（第八十五章）；如果它们与乐器装于同一机壳内，即使是为了运输方便而分开包装的，也应与有关乐器归入同一品目。

本品目不包括传统式钟（带有指示小时的钟面），这种钟使用某些电子谐音器，能在一小时、半小时等时间间隔自动报时（第九十一章）。

92.08　百音盒、游艺场风琴、手摇风琴、机械鸣禽、乐锯及本章其他品目未列名的其他乐器；各种媒诱音响器、哨子、号角、口吹音响信号器：

10　—　百音盒

90　—　其他

一、本章其他品目未列名的乐器

它们包括：

（一）百音盒。它们是装于盒子或其他容器内，能够自动奏乐的小型机械机构，其主要部件是带有突起销子（根据要演奏曲子的音调设置）的一个圆筒；当圆筒转动时，销子便与排列如梳齿的金属簧片接触，使其振动发出所需声调。这些部件装在一块底板上，其圆筒可用一个需要钥匙上发条的弹簧动力装置驱动旋转，也可直接用手柄摇转。有些类型的百音盒用按垂直录音原理制成的薄金属圆盘代替圆筒。

虽装有音乐机械机构，但是主要具有实用价值或装饰用途的物品（例如，钟、小型木制器具、插有人造花卉的玻璃花瓶、陶瓷小塑像等）不作为本品目所称的百音盒归类，它们应按不带音乐机械机构的相同物品归入相应的品目。

同样，装有电子音乐组件的手表、杯子及贺卡等物品也不作为本品目的货品归类。它们也应按不带电子组件的相同物品归入相应的品目。

（二）游艺场风琴，例如，机械风琴及类似乐器。有些游艺场风琴是大型乐器，配有两面仿真键盘，其中一面与钢琴键一样作用于金属弦上，而另一面控制风琴管；另外，还装有机械弓演奏的肠线弦。这些乐器可装配有鼓、钹、手风琴等以便产生管弦乐队般的音响效果。它们主要用于娱乐场或游艺场等。它们可用手操作，也可用动力操作，并用穿孔的纸带卷或卡片演奏。

（三）手摇风琴，由一只内装带铜销的圆管（或圆筒）的盒子构成，当手柄转动时，销子便开启木制或金属制管子上的阀门。

（四）机械鸣禽。这些乐器是一类小型的自动乐器，一般装于鸟笼内。装在鸟笼底部的发条动力装置驱动一组活塞及风囊，从而产生调制音调并使笼内假鸟的头部和身体活动。

（五）乐锯。这种乐器具有一片特制钢片，演奏时用弓或毡头槌使其振动发音。

（六）其他花式乐器，例如，沙锤及口吹笛。

卡片、圆盘及带卷，不论是否与本品目的乐器一同报验，均归入品目92.09（参见本章注释二）。

二、各种媒诱音响器及口吹音响信号器

（一）媒诱音响器及效果器等，它们是小型的口吹或手动乐器。可模仿鸟类或动物的叫声以吸引猎物。

（二）口吹音响信号器，例如：

1. 号角，用角、骨、金属等制成。

2. 金属、木材等制的哨子（口吹式），供发信号等用。

本品目不包括：

（一）门铃、台铃、自行车铃等（品目83.06或85.31）。

（二）球按喇叭及警告喇叭（例如，供车辆用的）、船用汽笛、手提式或固定式手操作屋顶警报器；这些器具应按其构成材料归类或酌情归入第十六类或第十七类。

（三）电动的声音信号设备或器具（酌情归入品目85.12或85.31）。

92.09　乐器的零件（例如，百音盒的机械装置）、附件（例如，机械乐器用的卡片、盘及带卷）；节拍器、音叉及各种定音管：

30　—　乐器用的弦

—　其他：

91　——钢琴的零件、附件

92　——品目 92.02 所列乐器的零件、附件

94　——品目 92.07 所列乐器的零件、附件

99　——其他

本品目包括：

一、节拍器、音叉及定音管

本组包括节拍器、音叉及定音管，不论其是否供演奏音乐用或其他用途的。

节拍器是小型的机械装置，用以指示演奏音乐的准确速度；它们通常装于角锥体形的盒子内，还可配有铃。其主要零件是下端装有枢轴的打拍棒；打拍棒的动作快慢可通过装在棒后面的标尺进行调节。

本组还包括工业用途的节拍器，这些节拍器装有电触点。

音叉通常是小型 U 字形金属棒，振动时发出一个音符；本组还包括音乐厅用的大型音叉，这种音叉是由装于共鸣箱上的金属舌片构成，并用槌打击发音。

定音管是口吹发音的，由一个或多个簧片或簧管组成，它们通常可发出几个（4 个或 6 个）音调。

本组还包括在医学上供频闪观测用的音叉（尤其用于听力测试。测听力时，它们能按预先的调整发出宽带的声音振动，通常与多种仪器一起装于同一盒子内）。有些医用音叉还装有电气装置，以维持振动。

二、百音盒的机械装置

参见品目 92.08 的注释。

三、乐器用弦

本组包括真弦乐器（钢琴、竖琴、小提琴、大提琴、曼多林琴等）用弦。这些弦通常用下列材料制成：

（一）肠线（通常用羊肠制）。肠线弦根据所需粗度由若干股肠线制成，每股线可由肠纵长切割而成的肠条或整条肠子构成。

（二）丝。丝弦通常由 140 股丝线构成，其外观与肠线弦相同。它们薄薄地涂上一层阿拉伯树胶并用白蜡抛光。

（三）化学纤维单丝（通常是尼龙的）。

（四）钢丝（通常是不锈钢丝），铝丝、银丝、铜丝等。金属丝可以是单股金属丝，也可以是外包金属丝（沿金属芯线卷绕）的金属芯线，这种弦称作“金属绕线弦”。

（五）外包金属丝（铝丝或其他贱金属丝，不论是否镀银；银丝等）的肠丝、尼龙丝。金属丝沿芯线卷绕的称作肠绕线弦、丝绕线弦或尼龙绕线弦。

乐器用弦可以根据其加工状况加以识别（钢丝弦由抛光金属制成，其直径经精确测量。肠线弦规格完全相同且直径是一致的；有些肠线弦是白色半透明的，而其他弦（如竖琴弦）有时也染成红色或蓝色等）。乐器用弦还可从其包装情况（用小纸袋、封袋及类似品包装，常印有使用说明）进行识别。此外，有些弦（尤其是金属弦）带有环或小金属球，以便装于乐器上。

本品目不包括不能确定为做乐器弦用的金属丝、肠线及合成纺织纤维单丝（不论是否切成一定长度）（应归入它们各自的相应品目）。

四、其他零件及附件

本组包括乐器的零件及附件（上述第二、第三组所述货品除外），但不包括扬声器及声频放大器（品目85.18）。一般来说，本组也不包括未与乐器零件及附件组装在一起的电子器具（电动机、光电池等）。

本组包括：

（一）钢琴、风琴、簧风琴及类似乐器的零件，例如：

完整的键盘（即装于框架上的全套音键）；钢琴的机械装置（即连同音槌的多键控制器，包括制音器）；钢琴或簧风琴的琴壳；共鸣板；木架或铸铁架；踏板机械装置及踏板；校音弦轴；簧风琴的金属舌片（或簧片）；键盘用的键；音槌等用的槌、制音器、杆及音叉；风琴的风琴管、风箱、风囊及其他零件（包括琴壳）。

手风琴的按键、音栓、风箱及键盘也归入本品目。

但本品目不包括仅经简单切割成长方形的小片兽牙、骨或塑料，这些小片需经抛光、圆角或进一步加工后才能作乐器按键的套壳；这些片应归入其各自的相应品目（品目96.01或第三十九章）。

（二）品目92.02所列乐器（弦乐器）的零件及附件，例如：

曼陀林琴、吉他或类似乐器的琴体；吉他或曼陀林琴的“机构”（即装在琴颈两端卷耳上用以适当绷紧琴弦的弦轴、蜗杆及齿轮）；小提琴、大提琴或类似乐器的零件，例如，琴背、琴腹、琴颈（不论是否已组装）、指板、琴马、琴桥、系弦板（装弦用板）及系弦钮、弯边（琴腹与琴背之间）、弦轴（装于涡卷形头用以调整琴弦张力的键钮）、琴弦校正器等；大提琴及低音提琴用支柱（供支撑放置于地上的乐器用）；弓及弓零件（棒、弓把、夹线螺钉等），包括弓用马鬃束、拨子、弱音器、颏托。

（三）品目92.07所列乐器的零件及附件，例如：

风箱（供电子钢琴、电子风琴及电子钟琴用的）、踏板机械装置及踏板、键盘、音调轮（专用风琴用）。

关于电子零件及附件，请参见品目92.07的注释。

（四）品目92.05所列“木管乐器”的零件及附件，例如：

供所谓“木管乐器”（竖笛、横笛及类似乐器）用的车削而成的木制零件；乐器的金属管体；调音短管；延伸管；各种类型的乐器吹口及吹口盖；簧片；阀门及阀门控制钮；按键、环、箍、铃、弱音器；键垫（供横笛、竖笛等用）。

（五）打击乐器的零件及附件，例如：

棒，不论是否带软头的；各种类型的木槌；鼓刷；伴舞乐队用的踏板；钹架；鼓筒及背带等；木琴或类似乐器的板、片、台及支架；切成圆形或近似圆形并可明显确认作为鼓皮及类似品用的皮张；用以绷紧某种乐器（例如，鼓）的皮面用的带（通常由大麻、黄麻或剑麻制成）；明显用于穿过小鼓下方鼓面的肠线或金属线（响弦）。

*

*　*

本品目还包括：

1. 固定乐器用的乐架。安放乐器（例如，小鼓或萨克斯管）用的架座［独脚架、双脚架、三脚架及类似品除外（品目96.20）］。

2. 演奏乐器用的机械装置。它们是使用卡片、圆盘、带卷进行机械操作，演奏键盘乐器的辅助装置，可以手摇、脚踏或用风囊操作，也可以靠机械或电气驱动。这些装置可装于乐器（一般为钢琴或簧风琴）的内部或外部。

3. 自动乐器用的卡片、圆盘、带卷，不论其是否与有关乐器一同报验的均应归入本组（参见本章注释二）。

*
*　*

本品目也不包括：

（一）第十五类注释二所指的贱金属制通用零件，例如，铰链、手柄、配件（例如，供钢琴用）；及塑料制的类似品（第三十九章）。

（二）调音工具（品目82.05）。

（三）供百音盒或机械鸣禽用的未与其他零件组装在一起的弹簧动力装置（时钟机构）（品目84.12）。

（四）未装配乐器零件或附件的钟表机芯（品目91.08至91.10）。

（五）钢琴凳（94.01）、落地式乐谱架或乐谱台（品目94.03）及钢琴用蜡烛托架（品目94.05）。

（六）模制成一定形状的弓弦用松香（品目96.02）。

（七）供长笛、双簧管等用的清洁刷（品目96.03）。

第十九类　武器、弹药及其零件、附件

第九十三章　武器、弹药及其零件、附件

注释：

一、本章不包括：

（一）第三十六章的货品（例如，火帽、雷管、信号弹）；

（二）第十五类注释二所规定的贱金属制通用零件（第十五类）或塑料制的类似品（第三十九章）；

（三）装甲战斗车辆（品目 87.10）；

（四）武器用的望远镜瞄准具及其他光学装置（第九十章），但安装在武器上或与武器一同报验以备安装在该武器上的除外；

（五）弓、箭、钝头击剑或玩具（第九十五章）；或

（六）收藏品或古物（品目 97.05 或 97.06）。

二、品目 93.06 所称“零件”，不包括品目 85.26 的无线电设备及雷达设备。

总　注　释

本章包括：

一、军事武装部队、警察或其他有组织的机构（海关、边防部队等）在陆、海、空战斗中使用的各种武器。

二、个人自卫、狩猎及打靶用的武器（例如，用于小型靶场、室内靶场或游乐场射击台的）。

三、靠爆炸药进行发射的其他装置（例如，抛缆枪及维利式信号枪）。

四、弹药及导弹（第三十六章的物品除外）。

除少数例外情况以外（参见品目 93.05 及 93.06 的注释），本章也包括武器的零件、附件及弹药零件。

望远镜瞄准具及其他光学装置，如果适合武器使用并能装在武器上或与有关武器一同报验的，应与武器一并归类。单独报验的此类光学装置不归入本章（第九十章）。

任何运载工具，即使是军事专用的，不论是否装有武器，均不归入本章。因此，本章不包括铁路装甲车辆（第八十六章）、坦克及装甲车（品目 87.10）、军用飞机（品目 88.01 或 88.02）及军舰（品目 89.06）等。但这些运载工具上使用的武器（枪炮、机枪等）如单独报验，应归入本章（参见品目 93.01 关于安装在铁路或陆地车辆上的某些武器的注释）。

本章也不包括下列货品：

（一）钢盔及其他军用帽类（第六十五章）。

（二）人体防护服，例如，护胸铁甲、铠甲衣、防弹衣等（按其构成材料归类）。

（三）弩、弓和箭以及玩具武器（第九十五章）。

（四）收藏品及古物（品目 97.05 或 97.06）。

本章所列武器及其零件可含有贵金属、包贵金属、天然或养殖珍珠、宝石及半宝石（天然、合成或再造）、龟壳、珍珠母、兽牙及类似品。

93.01 军用武器，但左轮手枪、其他手枪及品目 93.07 的兵器除外：

10 — 火炮武器（例如，大炮、榴弹炮及迫击炮）

20 — 火箭发射器；火焰喷射器；手榴弹发射器；鱼雷发射管及类似的发射装置

90 — 其他

本品目包括各种军用武器，但品目 93.02 的左轮手枪和其他手枪及品目 93.07 的武器除外。本品目还包括单独报验以备作为部件安装在舰艇、装甲列车、飞机、坦克及装甲车辆上的武器及火器。

本品目包括：

一、各种火炮（固定的或装在轮子或履带等上的），例如，野战炮、中型炮、重炮及超重炮、远程炮、高射炮、反坦克炮、榴弹炮及迫击炮。

安装在铁路车辆上的远程大炮应归入本品目，而不归入第八十六章。移动火炮和自行火炮与品目 87.10 的坦克及其他装甲战斗车辆不同，它们也应归入本品目。

二、能作连射和速射的武器，有些可由单人操纵。

这类武器包括机枪、冲锋枪（轻型自动枪）及其他连射武器。

三、军用火器，例如，步枪、卡宾枪等。

四、其他军用发射器，例如，军用火箭发射器（但品目 93.03 的货品除外）、深水炸弹发射装置、鱼雷发射管、火焰喷射器（向敌人喷射燃烧挥发性液体的装置），但不包括除草专用的喷火枪（品目 84.24）。

93.02 左轮手枪及其他手枪，但品目 93.03 或 93.04 的货品除外

本品目包括任何口径的左轮手枪及其他手枪。这些枪械可通过爆炸药发射除信号弹以外的各种子弹，它们是握在手中射击的武器。

左轮手枪是带有旋转弹膛的单枪管火器。

手枪有一支或多支枪管，也可以配有可替换的枪管。半自动手枪带有一个可装数发子弹的弹匣，但每发射一发子弹都必须扣动一次扳机。

本品目包括微型的左轮手枪及其他手枪，也包括制成其他形状（例如，铅笔、小刀或烟盒形状）的类似武器，只要它们实际上仍是火器。

本品目不包括连射武器（即某种使用手枪子弹，但每当扣动扳机就可作连射直至子弹耗尽或松开扳机为止的火器），此类武器应作为冲锋枪（轻型自动枪）归入品目 93.01。这些武器可握在手中射击，但通常加有折叠枪柄。

本品目不包括：

（一）弩枪式无痛捕杀器、发射信号弹用的维利式信号枪、发射空包弹的赛跑起步左轮手枪及其他手枪（使用实心或封口枪管或者使用锥形弹膛）、舞台用道具枪、不能发射子弹的前装火药手枪（品目 93.03）。

（二）弹簧枪、气手枪（品目 93.04）。

93.03 靠爆炸药发射的其他火器及类似装置（例如，运动用猎枪及步枪、前装枪、维利式信号枪及其他专为发射信号弹的装置、发射空包弹的左轮手枪和其他手枪、弩枪式无痛捕杀器、抛缆枪）：

10 — 前装枪

20 — 其他运动、狩猎或打靶用猎枪，包括组合式滑膛来复枪

30 — 其他运动、狩猎或打靶用步枪

90　—　其他

本品目包括除品目93.01及93.02所列货品以外的各种火器。某些不属于武器，但是靠爆炸药发射的器具也应归入本品目。

本品目包括：

一、各种口径的运动、狩猎及打靶用步枪、卡宾枪和其他枪械，不论是滑膛式或来复式。运动及狩猎用枪常配有一支以上的枪管，有时是一支滑膛管和一支来复管，还可配有互换枪管（滑膛式和来复式）。这些枪械的金属部件和枪托常带有装饰性雕刻。打靶用枪一般只配有一支枪管。

这些枪械有的每次只能发射一发子弹并在每次射击后需手工重新装弹，有的则装有弹夹，可以连续射击，还有的装有半自动速射装置。

类似手杖形状的运动用枪也应归入本组。

二、野鸭枪（猎船枪），专为打水鸟而设计的枪。这类枪通常安装在一个可固定在船上的支架或底座上。

三、不能用于发射子弹的前装火药枪。

四、维利式信号枪及专为发射信号弹的其他装置。

五、专门用于发射空包弹的假左轮及假手枪或安全左轮及安全手枪。这些枪的枪管可以是实心或封口的，只留有一个排气孔。某些左轮手枪的旋转弹膛可以是圆锥形的。而有些赛跑起步枪或舞台道具枪则没有枪管。赛跑起步枪可以装有电气装置用以促动精密计时设备。

六、弩枪式无痛捕杀枪，即类似发射空包弹的手枪。它通过爆炸力使弩箭从枪管射出，用以杀死或击昏动物。弩箭是拴住的，不会脱离枪体并可收回供再次使用。

本品目不包括偶尔用于屠宰动物的子弹式手枪（通常是大口径的）（品目93.02）。

七、抛缆枪，主要在船上或救生站上用于建立救生方面的联系。

八、捕鲸炮，通过发射带索鱼叉以捕捉鱼类、海洋哺乳动物、海龟等。

九、报警枪、炮及类似装置，能发射空包弹用以报警（例如，在救生艇上），以及用于庆祝活动或对偷猎、偷渔进行报警等。

十、防雹炮，其炮身为截头的铁片圆锥体，用以向雹云射击，使其变成雨。

本品目不包括以炸药作为动力的铆接工具以及打墙孔工具等（品目82.05）。

93.04　其他武器（例如，弹簧枪、气枪、气手枪、警棍），但不包括品目93.07的货品

本品目包括除品目93.01至93.03的火器以及品目93.07的武器以外的其他武器。

本品目包括：

一、警察等用的警棍、护身棒、加重笞杖和类似品，以及灌铅手杖。

二、指节铜套，即握拳时套在手指上的金属套，用以进行搏击等。

三、弹射器，用于射鸟或虫，包括制成手杖形状的弹射器。

弹射玩具不归入本品目（品目95.03）。

四、气枪、气步枪、气手枪。这些枪类似于普通步枪和手枪，但这类枪装有空气压缩筒，扣动扳机时压缩气体进入枪管把子弹射出。

利用同一原理但不用空气而使用其他气体发射子弹的气枪、气步枪及气手枪也应归入本品目。

五、以强力弹簧作为动力的类似武器。

六、以压缩二氧化碳为动力的枪及手枪，用于远距离向野外动物发射装有麻醉剂或药剂（抗血清、疫苗等）的自动注射器。

七、装有催泪性毒气的烟雾喷射罐。

93.05　品目 93.01 至 93.04 所列物品的零件、附件：

10　—　左轮手枪或其他手枪用

20　—　品目 93.03 的猎枪或步枪用

—　其他：

91　——　品目 93.01 的军用武器用

99　——　其他

本品目的零件及附件包括：

一、军用武器的零件、附件。例如，各种枪炮的套管（即炮身内管）、反冲机械装置及枪炮闩；机枪、冲锋枪及其他枪炮的活动炮塔、炮架、枪架及其他特种架座，不论是否配有瞄准及装填装置。

二、军用小型武器、运动枪、打靶枪、左轮手枪及其他手枪等的金属铸件、冲压件及锻件，例如，枪管、枪闩、枪机、扳机护圈、机枪机芯、快慢机、撞针、击铁、扳机、击发阻铁、退壳器、推顶器、手枪的枪身、金属护板、枪托板、保险机、左轮手枪的旋转弹膛、前后瞄准器、弹夹。

三、枪托、瞄准器、枪管或枪闩的防护套及保护盒。

四、莫里斯管等（供插入大口径枪及步枪的小膛管，在小型靶场射击训练时使用）。

五、步枪、卡宾枪或其他长枪的枪托和其他木制零件以及左轮枪或其他手枪的枪托和板（木、金属、硬橡胶等制的）。

六、步枪、卡宾枪或其他枪的带、叉架或支架、枪托旋轴及回旋带。

七、消音器（声音减弱器）。

八、运动及打靶用枪的活动后坐力缓冲器。

本品目不包括：

（一）第十五类注释二所指的贱金属制通用零件，例如，螺丝钉、铆钉及弹簧（第十五类），以及塑料制的类似品（第三十九章）。

（二）枪盒（品目 42.02）。

（三）由发射系统控制的机用空中照相机（品目 90.07）。

（四）武器用望远镜瞄准具及类似瞄准器（品目 90.13）。

（五）协调制度中其他品目更为具体列名的附件。例如，枪管清扫绳、通条及其他武器清洁工具（品目 82.05、96.03 等）。

93.06　炸弹、手榴弹、鱼雷、地雷、水雷、导弹及类似武器及其零件；子弹、其他弹药和射弹及其零件，包括弹丸及弹垫：

—　猎枪子弹及其零件；气枪弹丸：

21　——　猎枪子弹

29　——　其他

30　—　其他子弹及其零件

90　—　其他

本品目包括：

一、弹药。例如：

（一）炮弹（炸弹、子母弹、穿甲弹、照明弹、闪光弹、曳光弹、燃烧弹、烟雾弹等）及枪炮用的其他弹药。

（二）各种子弹：空包弹（包括用于铆焊机的或用以启动压燃式活塞内燃发动机的空包弹）、弹头子弹、曳光子弹、燃烧子弹、穿甲子弹、运动枪等用的实心子弹。

（三）以压缩气体或弹簧为动力的卡宾枪、其他长枪式手枪用的子弹、弹丸（空心、球形、缩腰的等）及镖，但品目 95.03 的玩具子弹除外。

二、弹道导弹，当有效负载到达远地点后回落到地球表面时，导弹落速不超过每秒7000 米的。

三、装有发射后可自动推进的武器。例如，鱼雷、飞弹（类似于飞机的飞弹）、空中导弹及火箭弹。

四、其他军火。例如，地雷及水雷、深水炸弹、手榴弹及枪榴弹、空投炸弹。

五、捕鲸炮用鱼叉，不论是否带有爆炸弹头。

六、军火、弹药的零件。例如：

（一）手榴弹、地雷、炸弹、炮弹及鱼雷的弹体。

（二）子弹壳及其他子弹零件。例如，底座（黄铜制）、内杯、内底及内衬（金属或纸板制）、弹垫（毡、纸或软木等制）。

（三）制弹药用的弹头和铅弹。

（四）炸弹、鱼雷等用的引信（点及基面起爆），不论是定时、碰击或近发引爆（电子控制的）；引信零件，包括保险盖。

（五）某些军火零件。例如，鱼雷用的特种推进器及陀螺仪。

（六）鱼雷的弹头及浮箱。

（七）手榴弹的撞针、安全销、杠杆及其他零件。

（八）炸弹的弹翼。

本品目不包括：

（一）制成的炸药及发射药，即使制成可供装入军火弹药中的形状（品目 36.01 及 36.02；安全导火索、导爆索、火帽及引信、引爆器及电子雷管，包括炮弹的火帽（品目 36.03）。

（二）信号弹及降雨火箭（品目 36.04）。

（三）灭火弹及灭火器的装填药（品目 38.13）。

（四）火箭、鱼雷及类似导向炸弹的原动机（品目 84.11 或 84.12）。

（五）品目 85.26 的无线电及雷达装置（参见本章注释二）。

（六）装于军火或军火零件用的钟表机芯及其零件（例如，引信）（品目 91.08 至 91.10 及 91.14）。

93.07 剑、短弯刀、刺刀、长矛和类似的武器及其零件；刀鞘、剑鞘

本品目包括剑（包括藏有剑的手杖）、短弯刀、刺刀、长矛、梭镖、戟、曲刀、短剑及匕首等武器。这些武器通常用优质钢作刃，有时还配有精致的护罩或护手板。

这些武器即使只作仪仗或装饰用，或只用作舞台道具，也应归入本品目。

这些武器的刀片大部分是固定的，但有些匕首及短剑具有活动刀片，通常藏于刀柄内，可用手或弹簧装置将其打开或锁住。

本品目还包括本品目兵器的零件。例如，剑身（包括坯件，即使只经锻制的）、柄、护罩、把手，以及剑、刺刀、短刀等的鞘和套。

本品目不包括：

（一）佩挂剑、刺刀等用的挂带及类似装备，皮革制的（品目 42.03）或纺织材料制的（品目 62.17）；剑结（一般归入品目 42.05 或 63.07）。

（二）作为刃具的狩猎、露营以及其他用途的刀（品目 82.11）及其刀鞘（通常归入品目 42.02）。

（三）贵金属或包贵金属制的鞘和套（品目 71.15）。

（四）钝头击剑（品目 95.06）。

第二十类　杂项制品

第九十四章　家具；寝具、褥垫、弹簧床垫、软座垫及类似的填充制品；未列名灯具及照明装置；发光标志、发光铭牌及类似品；活动房屋

注释：

一、本章不包括：

（一）第三十九章、第四十章或第六十三章的充气或充水的褥垫、枕头及座垫；

（二）落地镜［例如，品目70.09的试衣镜（旋转镜）］；

（三）第七十一章的物品；

（四）第十五类注释二所规定的贱金属制通用零件（第十五类）、塑料制的类似品（第三十九章）或品目83.03的保险箱；

（五）冷藏或冷冻设备专用的特制家具（品目84.18）；缝纫机专用的特制家具（品目84.52）；

（六）第八十五章的灯或光源及其零件；

（七）品目85.18、85.19、85.21或品目85.25至85.28所列装置专用的特制家具（应分别归入品目85.18、85.22或85.29）；

（八）品目87.14的物品；

（九）装有品目90.18所列牙科用器具或漱口盂的牙科用椅（品目90.18）；

（十）第九十一章的物品（例如，钟及钟壳）；

（十一）玩具家具、玩具灯具或玩具照明装置（品目95.03）、台球桌或其他供游戏用的特制家具（品目95.04）、魔术用的特制家具或中国灯笼及类似的装饰品（灯串除外）（品目95.05）；或

（十二）独脚架、双脚架、三脚架及类似品（品目96.20）。

二、品目94.01至94.03的物品（零件除外），只适用于落地式的物品。

对下列物品，即使是悬挂的、固定在墙壁上的或叠摞的，仍归入上述各品目：

（一）碗橱、书柜、其他架式家具（包括与将其固定于墙上的支撑物一同报验的单层搁架）及组合家具；

（二）坐具及床。

三、

（一）品目94.01至94.03所列货品的零件，不包括玻璃（包括镜子）、大理石或其他石料以及第六十八章及第六十九章所列任何其他材料的片、块（不论是否切割成形，但未与其他零件组装）。

（二）品目94.04的货品，如果单独报验，不能作为品目94.01、94.02或94.03所列货品的零件归类。

四、品目94.06所称“活动房屋”，是指在工厂制成成品或制成部件并一同报验，供以后在有关地点上组装的房屋，例如，工地用房、办公室、学校、店铺、工作棚、车房或类似的建筑物。

活动房屋包括钢结构“模块建筑单元”，它们通常具有标准集装箱的形状和尺寸，其内部已部分或者全部进行了预装配。这种模块建筑单元通常设计用于组装为永久的建筑物。

总　注　释

除本章注释所列不包括的货品以外，本章包括：

一、各种家具及其零件（品目 94.01 至 94.03）。

二、弹簧床垫、床褥及其他寝具或类似用品，装有弹簧、内部用任何材料填塞、衬垫或用海绵橡胶或泡沫塑料制成，不论是否包面（品目 94.04）。

三、用各种材料制成的（第七十一章注释一所列的材料除外）未列名灯具和照明装置、装有固定光源的发光标志、发光铭牌和类似品；上述货品的未列名零件（品目 94.05）。

四、活动房屋（品目 94.06）。

本章所称的“家具”，是指：

（一）任何“可移动”的物品（不包括协调制度中其他品目更为具体列名的货品），它们的主要特征是供放置在地上，并具有实用价值，它们用于民宅、旅馆、戏院、电影院、办公室、教堂、学院、咖啡馆、饭店、实验室、医院、牙医诊所等，以及船舶、飞机、铁道车厢、机动车辆、拖挂蓬车及其他运输工具。必须注意，有些用螺栓等固定在地板上的物品，例如，船用椅子，也可作为“可移动”的家具归入本章。用于庭园、广场、散步场所等地方的类似品（凳子、椅子等）也归属于本类。

（二）下列物品：

1. 悬挂的、固定在墙壁上的、叠摞的或并置的碗橱、书柜、其他架式家具（包括与将其固定于墙上的支撑物一同报验的单层搁架）及组合家具，供放置各种物品（书籍、陶器、厨具、玻璃器皿、织物、药物、梳妆用具、收音机或电视机、装饰品等），以及单独报验的组合家具各件。

2. 悬挂或固定在墙壁上的坐具或床。

除上述（二）款所列的货品以外，所称“家具”，不适用于虽作家具使用，但其结构只适于放置在其他家具上或架子上，或悬挂在墙壁或天花板上的物品。

因此，本章不包括其他固定在墙上的装置，例如，衣帽架及类似品、挂匙板、衣刷挂钩及报纸架；也不包括陈设品，例如，散热器屏罩。同样，本章还不包括非落地式的以下货品：小型精细木器及小型木制装饰品（品目 44.20）、塑料或贱金属制的办公室设备（例如，文件分类箱、文件格）（品目 39.26 或 83.04）。

已安装于或准备安装于品目 94.06 的活动房屋内，并与之成为一个整体的设施（橱柜、散热器屏罩等），如果与活动房屋一同报验，也应归入本品目。

品目 94.01 至 94.03 包括任何材料（木、柳条、竹、藤、塑料、贱金属、玻璃、皮革、石、陶瓷等）制成的家具。这些家具不论是否内部填料或外部包面，也不论是否已作表面加工、雕刻、镶嵌、油漆装饰或装有镜子、其他玻璃配件及脚轮等，均应归入上述各有关品目。

但应注意，如果家具中配有的贵金属或包贵金属超出小配件（例如，小标志、条纹、套圈等）范围的，该家具则不可归入本章（第七十一章）。

报验时已拆卸或未组装的家具，如果其零部件是同时报验的，可作为组装家具归类。本规定同样适用于不论是否装有玻璃、大理石或其他材料制的板片、配件或其他零件的家具（例如，装有玻璃台面的木台、装有镜子的木制衣橱、装有大理石台面的餐具柜）。

零　件

本章只包括品目 94.01 至 94.03 及 94.05 所列货品的零件，不论是否坯件，但根据其形状或其他特征可确定为专用于或主要用于上述品目所列家具的零件。如果没有其他更为具体列名的品目，它们应归入本章。

品目 94.06 所列活动房屋的部件，如果单独报验，均应归入其各自适当的品目中。

除了下列各品目注释中所列不包括的货品以外，本章还不包括：

（一）品目44.09的串珠状缘饰及装饰线条。

（二）用塑料或其他材料包覆的带槽木质碎料板条，经切槽后可沿切口折成U形以构成家具的零件（例如，抽屉隔板）（品目44.10）。

（三）玻璃片（包括镜片）、大理石板、其他石板或第六十八章或第六十九章所列其他材料的板片，不论是否切割成形，除非它们与其他零件组合并明显作为家具的零、部件（例如，衣橱的镶镜橱门）。

（四）第十五类注释二所指的贱金属制弹簧、锁和其他通用零件（第十五类）以及塑料制的类似品（第三十九章）。

（五）作玩具用的家具及灯具或照明装置（品目95.03）。

（六）收藏品及古物（第九十七章）。

94.01　坐具（包括能作床用的两用椅，但品目94.02的货品除外）及其零件（+）：

10　—　飞机用坐具

20　—　机动车辆用坐具

—　可调高度的转动坐具：

31　——　木制的

39　——　其他

—　能作床用的两用椅，但庭园坐具或野营设备除外：

41　——　木制的

49　——　其他

—　藤、柳条、竹及类似材料制的坐具：

52　——　竹制的

53　——　藤制的

59　——　其他

—　木框架的其他坐具：

61　——　装软垫的

69　——　其他

—　金属框架的其他坐具：

71　——　装软垫的

79　——　其他

80　—　其他坐具

—　零件：

91　——　木制的

99　——　其他

除了以下列明不包括的货品以外，本品目包括所有坐具（含车辆用的坐具，只要其符合本章注释二的规定）。例如：

躺椅、扶手椅、折叠椅、帆布睡椅、幼童高脚椅及专供挂于其他坐具背面的童椅（包括车辆座椅）、高背椅、长凳、长沙发椅（包括配有电热装置的）、长靠椅、沙发、有垫矮凳及类似品、凳子（例如，钢琴凳、绘图凳、打字凳及坐具梯级两用凳）、装有音响系统并适合与视频游戏控制器及游戏机、电视机或卫星接收器、数字通用光盘（DVD）、音乐光盘（CD）、MP3播放器或盒式视频播放器配合使用的坐具。

本品目的坐具可配有辅助性的非坐具零部件。例如，玩具部件、振动器、影音播放器及发光装置。扶手椅、长沙发椅、长靠椅等即使可作床用，仍应归入本品目。

但本品目不包括：

（一）梯级（通常归入品目44.21及73.26）。

（二）带座手杖（品目66.02）。

（三）品目87.14的货品（例如，鞍座）。

（四）可调整速度的反射试验用旋转椅（品目90.19）。

（五）品目94.02的椅子及坐具。

（六）用以搁脚的凳及脚凳（不论是否摇动式），以及可兼作坐具用的婴儿学步车、内衣箱及类似箱子（品目94.03）。

零　件

本品目包括明显为椅子或其他坐具的零件。例如，靠背、座面及扶手（不论是否衬有稻草或藤料，内部填充或装有弹簧）、永久附在坐具上的坐套或靠背罩，以及制软座垫用的已组装螺旋弹簧。

单独报验的软座垫及褥垫，不论是否装有弹簧，内部用任何材料填塞、衬垫，或用海绵橡胶或泡沫塑料制成，也不论是否包面，即使它们明显作为坐具（例如，长靠椅、长沙发椅、沙发）的软垫，也不归入本品目（品目94.04）。但如果这些物品与坐具的其他零件组装在一起，或与有关坐具一同报验，它们仍可归入本品目。

○

○　○

子目注释：

子目9401.31

木制的可调高度的转动坐具是指座位可以转动的椅子，有些可以倾斜。带靠背的转动坐具，其靠背可独立于座位倾斜。座位及靠背的表面大部分应为木制。坐具可利用液压、气压或螺栓装置升降。它们可带或不带轮子。

子目9401.61及9401.71

“装软垫的坐具”是指填有一层柔软材料，例如，填絮、落纤、动物毛发、泡沫塑料或海绵橡胶的坐具。它们制成坐具形状（不论是否已固定装在坐具上），外面套有机织物、皮革或塑料布等套子。对于其填料没有外套或只有白布套，本身还准备再套外套的坐具，带有可拆卸的座垫或靠垫，使用时一定要有座垫或靠垫的坐具以及垫内装有螺旋弹簧的坐具，均可作为软垫坐具归类。另一方面，如果只是一组水平拉伸的弹簧，即使要装于钢丝格架或绷紧的布带等上，也不能将其作为软垫坐具归类。同样，用织物、皮革、塑料布等材料直接包面，中间没有填料或弹簧的坐具，或者用织物包面，里面只有薄薄的一层泡沫塑料的坐具，均不能视为装软垫坐具。

子目9401.80

本子目包括机动车或其他交通工具内用于携带婴幼儿的安全座椅。它们可以通过座椅安全带和特制系带固定在车辆座位上，但可以拆卸。

94.02　医疗、外科、牙科或兽医用家具（例如，手术台、检查台、带机械装置的病床、牙科用椅）；有旋转、倾斜、升降装置的理发用椅及类似椅；上述物品的零件：

10　—　牙科、理发及类似用途的椅及其零件

90　—　其他

一、医疗、外科、牙科或兽医用家具

本组包括：

（一）通用或专用外科手术台，可以通过调校、倾斜、旋转或升高以使病人按各种不同手术的要求而处于适当的位置。

（二）特种矫形手术台，供复杂手术（例如，臀部、肩部、脊柱手术）之用。

（三）动物的活体解剖台及类似手术台，通常装有束缚装置。

（四）临床检查、医疗治理、按摩等用的台、床及类似家具；产科、妇科、泌尿科、膀胱镜等检查或手术用的以及耳、鼻、喉或眼科治疗用的床及坐具。

但应注意，本品目不包括X光治疗专用的台及坐具（品目90.22）。

（五）医生（包括外科医生）用的特制坐具。

（六）分娩用床（有时称为接生床），一般在下部装有一只盆，盆子可在床的上部下面滑动。

（七）装有机械装置的床，以抬高伤、病员而不振动其身体，或无须移动伤、病员而帮其清洁卫生。

（八）装有绞链床垫的床，专用于治疗肺结核或其他疾病。

（九）装有夹板或其他治疗骨折、脱臼用具及类似品的床。

但如果这些用具并非固定在床上而仅是简单地附在床上，它们则应归入品目90.21。无机械装置的床应归入品目94.03。

（十）供医院、诊所等运送病人用的担架或装有脚轮的架床。

在街上运载残疾人的车不包括在内（第八十七章）。

（十一）供放置器械、绷带、医疗或外科用品或麻醉设备用的小桌子、台型柜及类似品，不论是否装有轮子；手推式器械消毒车；特制消毒脸盆、自动开启的消毒敷料箱（通常装有轮子）及已污敷料垃圾箱（不论是否装有轮子）；药瓶架、冲洗器或灌洗架及类似品，不论是否装有转向轮；特制器械或敷料柜和箱。

（十二）没有装上品目90.18所列牙科器械的牙科用椅（包括麻醉椅床），但它们带有装在中心支架上作升降、倾斜，有时还能旋转的机械装置，不论是否装有照明器具等装置。

牙科嗽口盂，不论是否有架座，以及装有品目90.18所列牙科器械的牙科用椅，不应归入本品目（品目90.18）。

必须注意，本组仅限于医疗、外科或兽医专用的家具，不具有这些特征的通用家具不归入本组。

二、有旋转、倾斜或升降装置的理发用椅及类似椅

本组包括装有旋转、倾斜或升降装置的理发用椅及类似椅。

但应注意，本品目不包括钢琴凳、机械式摇椅、转椅等（品目94.01）。

三、零件

本品目包括明显用作上述货品的零件。

这些零件包括：

（一）安装在手术台上专门用于防止病人身体挪动的物品（例如，肩、小腿或大腿的扣夹、腿垫、固定头部的头靠、臂或胸的支架及类似品）。

（二）某些明显用于牙科椅的零件（例如，头靠、靠背、搁脚板、扶手、肘靠等）。

94.03　其他家具及其零件：

10　—　办公室用金属家具

20　—　其他金属家具

30　—　办公室用木家具

40 — 厨房用木家具
50 — 卧室用木家具
60 — 其他木家具
70 — 塑料家具
— 其他材料制的家具，包括藤、柳条、竹或类似材料制的：
82 —— 竹制的
83 —— 藤制的
89 —— 其他
— 零件：
91 —— 木制的
99 —— 其他

本品目适用于不归入上述各品目的家具及其零件，不但包括通用家具［例如，橱柜、陈列柜、桌、电话架、书桌、组合写字台、书柜及其他架式家具（包括与将其固定于墙上的支撑物一同报验的单层搁架）等］，也包括有特殊用途的家具。

本品目包括下列用途的家具：

一、住宅、旅馆等用的家具。例如，橱柜、被服箱、面包箱、木柴箱；五斗橱、高脚柜；各种底座、花木架；梳妆台；台座式桌子；衣柜、衣橱；衣帽架、伞架；餐具柜、食具柜、碗碟橱；食物橱；床头柜；床（包括衣柜床、行军床、折叠床、帆布床等）；刺绣桌；凳及搁脚凳（不论是否可摇摆）、壁炉防火屏；屏风；落地式烟灰缸；乐谱柜、架或台；婴儿围栏；食物推车（不论是否装有加热板）。

二、办公室用的家具。例如，衣帽柜、文件柜、档案推车、卡片索引柜等。

三、学校用的家具。例如，课桌、讲坛、黑板架（挂黑板等用）。

四、教堂用的家具。例如，圣坛、忏悔厢、布道坛、教友长凳、读经台等。

五、商店、车间等用的家具。例如，柜台、服装架、组合货架、装有分格或抽屉的橱、工具橱等、印刷用特制家具（带有柜架或抽屉）。

六、实验室或技术室用的家具。例如，显微镜台、实验室工作台（不论是否装有玻璃箱、气体喷嘴、龙头装置等）、排烟橱、无绘图仪器的绘图台。

本品目不包括：

（一）不具备家具特征的旅行箱、衣箱及类似品（品目42.02）。

（二）不具备家具特征的梯子及梯级、支架、木工凳及类似品，它们应根据其构成材料归类（品目44.21、73.26等）。

（三）壁柜等用的配件（例如，框架、门及搁架）（木制的应归入品目44.18）。

（四）废纸篓（塑料制的应归入品目39.26；篮筐编结品应归入品目46.02；贱金属制的应归入品目73.26、74.19等）。

（五）吊床（一般归入品目56.08或63.06）。

（六）落地镜，例如，鞋店、时装店等用的穿衣镜、旋转镜（品目70.09）。

（七）装甲或加强的保险箱（品目83.03）。另一方面，其结构仅能防火、防撞、防压，但尤其是箱壁不能防钻、防切等破坏性开启的箱柜，仍应归入本品目。

（八）电冰箱、雪糕机等（即既具备家具特征，内部又装有制冷装置或制冷装置的蒸发器，或者可供安装有关设备的箱柜）（品目84.18）［参见本章注释一（五）］。但未装配或不能装配有源制冷装置，而仅用玻璃纤维、软木、羊毛等使之隔热的冷藏箱、柜及隔热柜，仍应归入本品目。

（九）作为缝纫机台架用的家具，不论在缝纫机不使用时是否可作为家具用；这种家具的盖、抽屉、延长板或其他零件（品目84.52）。

（十）机器设备专用的家具，品目85.18所列设备用的，归入品目85.18；品目85.19或85.21设备用的，归入品目85.22；品目85.25至85.28用的，归入品目85.29。

（十一）装有缩放仪等仪器的绘图台（品目90.17）。

（十二）牙科用漱口盂（品目90.18）。

（十三）弹簧床垫（品目94.04）。

（十四）落地灯、其他灯具及照明装置（品目94.05）。

（十五）品目95.04的桌球台及其他专供游戏用的特制家具，以及品目95.05的魔术用台。

94.04　弹簧床垫；寝具及类似用品，装有弹簧、内部用任何材料填充、衬垫或用海绵橡胶、泡沫塑料制成，不论是否包面（例如，褥垫、被子、羽绒被、靠垫、座垫及枕头）：

10　—　弹簧床垫

—　褥垫：

21　——　海绵橡胶或泡沫塑料制，不论是否包面

29　——　其他材料制

30　—　睡袋

40　—　被子（包括羽绒被）、床罩

90　—　其他

本品目包括：

一、弹簧床垫，即床上装有弹簧的部分，通常为装有弹簧或钢丝网络的木制或金属制框架（弹簧垫或钢丝垫），或是内部装有弹簧及填充材料并以纺织物包面的木制框架（弹簧座）。

但本品目不包括供椅子或其他坐具用的已组装螺旋弹簧垫（品目94.01），也不包括未组装的钢铁丝网（品目73.14）。

二、寝具及类似用品，它们装有弹簧或内部填充、衬垫任何材料（棉花、羊毛、马毛、羽绒、合成纤维等），或以海绵橡胶或泡沫塑料制成（不论是否用机织物、塑料等包面）。例如：

（一）褥垫，包括装有金属框架的褥垫。

（二）被褥及床罩（包括童车被褥）、被子（包括羽绒被）（不论是否用羽绒或其他任何填料制）、褥垫护罩（一种置于褥垫及弹簧床垫之间的薄褥垫）、长枕、枕头、靠垫、座垫等。

（三）睡袋。

这类物品不论是否电热式，均应归入本品目。

本品目也不包括：

（一）水褥垫（一般归入品目39.26或40.16）。

（二）充气褥垫或枕头（品目39.26、40.16或63.06）或充气靠垫（品目39.26、40.14、40.16、63.06或63.07）。

（三）座垫的皮革套（品目42.05）。

（四）毯子（品目63.01）。

（五）枕头套及鸭绒被套（品目63.02）。

（六）靠垫套（品目63.04）。

关于具有坐具零件特征的靠垫或褥垫的解释，参见品目94.01的注释。

94.05　其他品目未列名的灯具及照明装置，包括探照灯、聚光灯及其零件；装有固定光源的发光标志、发光铭牌及类似品，以及其他品目未列名的这些货品的零件：

—　枝形吊灯及天花板或墙壁上的其他电气照明装置，但不包括公共露天场所或街道上的电气照明装置：

11　——设计为仅使用发光二极管（LED）光源的

19　——其他

—　电气的台灯、床头灯或落地灯：

21　——设计为仅使用发光二极管（LED）光源的

29　——其他

—　圣诞树用的灯串：

31　——设计为仅使用发光二极管（LED）光源的

39　——其他

—　其他电气灯具及照明装置：

41　——光伏的，且设计为仅使用发光二极管（LED）光源的

42　——其他，设计为仅使用发光二极管（LED）光源的

49　——其他

50　—　非电气的灯具及照明装置

—　发光标志、发光铭牌及类似品：

61　——设计为仅使用发光二极管（LED）光源的

69　——其他

—　零件：

91　——玻璃制

92　——塑料制

99　——其他

一、其他品目未列名的灯具及照明装置

本组灯具及照明装置可以用任何材料制成（不包括第七十一章注释一所述的材料），使用任何光源（烛、灯油、汽油、煤油、煤气、乙炔、电等）。本品目的电气灯具及照明装置可以配有灯座、开关、花线及插头、变压器等。对于荧光灯，还可有启辉器或镇流器。

本品目主要包括：

（一）通常用于室内照明的灯具及照明装置。例如，吊灯、碗形灯、棚顶灯、枝形吊灯、壁灯、落地灯、台灯、床头灯、书桌灯、夜间灯、防水灯。

（二）户外照明用的灯具。例如，街灯、门廊及大门灯、专门用于公共建筑、纪念碑、公园的照明灯。

（三）特殊用途灯。例如，暗室灯、机器用灯（单独报验的）、摄影室用灯、检查用灯（品目85.12的物品除外）、飞机场用的不闪灯标、橱窗用灯、灯串（包括装有花灯，供狂欢节、娱乐或圣诞树装饰用的灯串）。

（四）飞机、船舶或第八十六章所列车辆用的灯具及照明装置。例如，火车前灯、机车及铁路车辆用灯、飞机前灯、船舶用灯。但应注意，密封式聚光灯应归入品目85.39。

（五）便携式灯具（品目85.13的物品除外）。例如，防风灯、马厩灯、手提灯、矿灯、采石矿工用灯。

（六）枝形烛台、烛台、烛架，例如，弹钢琴用的烛台。

本组也包括探照灯及聚光灯。它们用反射镜及透镜，或只用反射镜把聚焦的光束（通常可以调节）投射到一定距离以外的某一点或面上。反射镜通常用镀银玻璃制成，也有用抛光、镀银或镀铬的金属制成。透镜通常是平凸的或阶梯形的（菲涅耳透镜）。

探照灯是供防空等用，而聚光灯则供舞台布景及照相馆或电影制片厂用。

二、发光标志、发光铭牌及类似品

本组包括用各种材料制成的广告灯、牌、发光铭牌（包括路标）及类似广告牌及门牌等的物品，只要它们装有永久性的固定光源。

*

* *

零 件

本品目包括灯具及照明装置、发光标志、发光铭牌及类似品的其他品目未列名零件。例如：

1. 吊灯用吊件（刚性或链式）。
2. 球形玻璃灯罩座。
3. 手提灯的底座、把手及外壳。
4. 灯口、纱罩托。
5. 提灯灯架。
6. 反射镜。
7. 玻璃灯罩（瓶颈式等）。
8. 矿工安全灯用厚玻璃小圆筒。
9. 反光罩（包括乳白玻璃反光罩）。
10. 碗形、杯形、球形灯罩（包括制作灯罩用的金属丝架）及类似品。
11. 从其规格大小及固定件或安装件可以确定为枝形吊灯饰件的物品，例如，小球、梨形坠、花形件、垂饰、小板片及类似品。

本品目所列物品的非电气零件，如果与电气零件组合在一起的，仍应归入本品目。单独报验的电气配件（例如，开关、灯座、花线插头、变压器、起辉器、镇流器）应归入第八十五章。

本品目不包括：

（一）蜡烛（品目34.06）。

（二）树脂火炬（品目36.06）。

（三）不发光或不是通过永久性固定光源发光的标志、铭牌及类似品（品目39.26、第七十章、品目83.10等）。

（四）内装有照明装置的印刷球仪（品目49.05）。

（五）用纺织材料机织、编织或针织而成的灯芯（品目59.08）。

（六）用串成的玻璃圆珠或喇叭形珠制成的玻璃珠串及花式玻璃品（例如，缘饰），供装饰灯罩用（品目70.18）。

（七）自行车及机动车辆用的电气照明及信号装置（品目85.12）。

（八）白炽灯泡、放电灯管［包括封闭式聚光灯、紫外线灯管、红外线灯泡（管）以及制成各种复杂形状的灯管（例如，盘卷形、字母形、图案形、星形等）］、弧光灯及发光二极管（LED）光源（品目85.39）。

（九）照相用闪光灯（包括电气点火的照相闪光灯泡）（品目90.06）。

（十）光学光束信号装置（品目90.13）。

（十一）医疗用诊断、探查、照射用灯（品目90.18）。

（十二）装饰品，例如，中国灯笼（品目95.05）。

94.06　活动房屋（+）：
10　—　木制的
20　—　钢结构模块建筑单元
90　—　其他

本品目包括各种材料制成的活动房屋，也称为“工业化房屋”。

这些房屋可适于各种用途。例如，住房、工地住所、办公室、学校、商店、货棚、车库及温室。它们通常以下列形式报验：

——完整的房屋，已完全装配好可即供使用；

——完整的房屋，但未装配；

——不完整的房屋，不论其是否装配，但已具备了活动房屋的基本特征。

未装配的房屋，其关键部分可以部分装配好（例如，墙壁、房屋构架）或切成一定尺寸（特别是大梁及小梁），有时也可以未切成一定长度，以便在工地上再作裁切（槛、间隔等）。

本品目的房屋可以配有其他设备，但只有作为正常应固定装在房屋里的设备才能与房屋一同归类。这些设备包括电气配件（电线、插座、开关、断路器、门铃等）、暖气及空调设备（锅炉、暖气散热器、空调机等）、卫生设备（浴缸、淋浴器、热水器等）、厨房设备（洗涤槽、抽油烟罩、炉灶等）及固定装于或准备装于房屋内的家具（橱柜等）。

活动房屋包括钢结构模块建筑单元，也称为模块。它们通常具有多式联运标准集装箱的形状和尺寸，但是内部已基本或者全部预装了适用于该建筑模块的内墙、地板、天花板、门、窗以及电气和管道设施。它们还能装配其他固定装置和配套设施，例如楼梯、嵌入式家具、厨房设备、卫生设备、外部覆层和屋顶。它们是自支撑的结构，设计用于与其他模块水平或垂直组装成为永久性建筑，例如医院、旅馆、住宅、公共设施或学校。它们可以带有连接模块的组件。

但是，模块建筑单元不包括装有固定底盘的单元（拖车式活动房屋）（第八十七章）。

组装或装修活动房屋用的材料（例如，钉、胶水、石膏、灰浆、电线及电缆、管道、油漆、壁纸、地毯），只要与活动房屋一同报验并数量合理，可与活动房屋一并归类。

单独报验的活动房屋零件及设备，不论其是否明显用于活动房屋，均不能归入本品目，而应归入各自相应的品目。

○
○　○

子目注释：

子目 9406.10

本子目归类中所称“木制的”，是指带有木制结构的活动房屋，其外墙、地板（如配有地板的话）及其他典型构件主要是木制的。

子目 9406.20

本子目不包括以平板包装或以非自支撑结构的装配单元形式报验的活动房屋（子目 9406.90）和完全独立的建筑，例如非设计用于与其他模块建筑单元组装在一起使用的集装箱造街边售货亭或工地办公室（子目 9406.90）。

第九十五章　玩具、游戏品、运动用品及其零件、附件

注释：

一、本章不包括：

（一）蜡烛（品目34.06）；

（二）品目36.04的烟花、爆竹或其他烟火制品；

（三）已切成一定长度但未制成钓鱼线的纱线、单丝、绳、肠线及类似品（第三十九章、品目42.06或第十一类）；

（四）品目42.02、43.03或43.04的运动用袋或其他容器；

（五）第六十一章或第六十二章的纺织品制的化妆舞会服装；第六十一章或第六十二章的纺织品制的运动服或特殊衣着（例如，击剑服或足球守门员服），无论是否附带保护配件，例如，肘部、膝部或腹股沟部位的保护垫或填充物。

（六）第六十三章的纺织品制的旗帜及帆板或滑行车用帆；

（七）第六十四章的运动鞋靴（装有冰刀或滑轮的溜冰鞋除外）或第六十五章的运动用帽；

（八）手杖、鞭子、马鞭或类似品（品目66.02）及其零件（品目66.03）；

（九）品目70.18的未装配的玩偶或其他玩具用的玻璃假眼；

（十）第十五类注释二所规定的贱金属制通用零件（第十五类）或塑料制的类似货品（第三十九章）；

（十一）品目83.06的铃、钟、锣及类似品；

（十二）液体泵（品目84.13）、液体或气体的过滤、净化机器及装置（品目84.21）、电动机（品目85.01）、变压器（品目85.04）；录制声音或其他信息用的圆盘、磁带、固态非易失性数据存储器件、“智能卡”及其他媒体，不论是否已录制（品目85.23）；无线电遥控设备（品目85.26）或无绳红外线遥控器件（品目85.43）；

（十三）第十七类的运动用车辆（长雪橇、平底雪橇及类似品除外）；

（十四）儿童两轮车（品目87.12）；

（十五）无人驾驶航空器（品目88.06）；

（十六）运动用船艇，例如，轻舟、赛艇（第八十九章）及其桨、橹和类似品（木制的归入第四十四章）；

（十七）运动及户外游戏用的眼镜、护目镜及类似品（品目90.04）；

（十八）媒诱音响器及哨子（品目92.08）；

（十九）第九十三章的武器及其他物品；

（二十）各种灯串（品目94.05）；

（二十一）独脚架、双脚架、三脚架及类似品（品目96.20）；

（二十二）球拍线、帐篷或类似的野营用品、分指手套、连指手套及露指手套（按其构成材料归类）；或

（二十三）餐具、厨房用具、盥洗用品、地毯及纺织材料制的其他铺地制品、服装、床上、餐桌、盥洗及厨房用的织物制品及具有实用功能的类似货品（按其构成材料归类）。

二、本章包括天然或养殖珍珠、宝石或半宝石（天然、合成或再造）、贵金属或包贵金属只作为小零件的物品。

三、除上述注释一另有规定的以外，凡专用于或主要用于本章各品目所列物品的零件、附件，应与有关物品一并归类。

四、除上述注释一另有规定的以外，品目95.03主要适用于该品目所列的物品与一项或多项其他货品组合而成的物品，只要这些物品为零售包装，且组合后具有玩具的基本特征。这些组合物品不能视为归类总规则三（二）所指的成套货品，如果单独报验，应归入其他品目。

五、品目95.03不包括因其设计、形状或构成材料可确认为专供动物使用的物品，例如，“宠物玩具”（归入其适当品目）。

六、品目95.08中：

（一）“游乐场乘骑游乐设施”是指主要目的为游乐或娱乐的装置、组合装置或设备，用于运载、传送、导引一人或多人越过或穿行某一固定或限定的路径（包括水道），或者特定的区域，这些设施不包括通常安装在住宅区或操场内的设备；

（二）“水上乐园娱乐设备”是指特征为特定的涉水区域且无设定路径的装置、组合装置或设备。这些设备仅包括专为水上乐园设计的设备；及

（三）“游乐场娱乐设备”是指凭借运气、力量或技巧来玩的游戏设备，通常需要操作员或服务员，可安装于永久性建筑物或独立的摊位，这些设备不包括品目95.04的设备。

本品目不包括在本协调制度其他品目中列名更为具体的设备。

○

○　○

子目注释：

一、子目9504.50包括：

（一）在电视机、监视器或其他外部屏幕或表面上重放图像的视频游戏控制器；或

（二）自带显示屏的视频游戏设备，不论是否便携式。

本子目不包括用硬币、钞票、银行卡、代币或任何其他支付方式使其工作的视频游戏控制器或设备（子目9504.30）。

总　注　释

本章包括各种玩具，不论是供儿童或供成人娱乐用，还包括户内及户外游戏用设备，运动、体操、竞技用具及器械，某些钓鱼、狩猎或射击用具，旋转木马和其他游乐场用娱乐设备。

本章各品目也包括明显为专用于或主要用于本章所列货品的零件、附件，只要它们不是本章注释一所列不包括的物品。

本章物品一般可用各种材料制成，但天然或养殖珍珠、宝石或半宝石（天然、合成或再造）、贵金属或包贵金属除外。装有上述材料制的小配件的物品仍可归入本章。

除了各品目注释中所列不包括的物品以外，本章还不包括：

（一）品目36.04的烟花及其他烟火制品。

（二）品目40.11、40.12或40.13的橡胶轮胎及其他物品。

（三）帐篷及露营用品（一般归入品目63.06）。

（四）液体泵（品目84.13）、液体或气体的过滤、净化机器及装置（品目84.21）、电动机（品目85.01）、变压器（品目85.04）；录制声音或其他信息用的圆盘、磁带、固态非易失性数据存储器件、“智能卡”及其他媒体，不论是否已录制（品目85.23）；无线电遥控设备（品目85.26）或无绳红外线遥控器件（品目85.43）。

（五）第九十三章的武器及其他物品。

【95.01】

【95.02】

95.03　三轮车、单脚滑行车、踏板车及类似的带轮玩具；玩偶车；玩偶；其他玩具；缩小（按比例缩小）的模型及类似的娱乐用模型，不论是否活动；各种智力玩具

本品目包括：

一、带轮玩具

这些玩具通常用脚踏板、手摇杆或其他简单装置通过链条或连杆把动力传送到轮子上去等方式推进。某些单脚滑行车直接由人用脚蹬地推动。其他带轮玩具则可由他人推动或拉动，或由马达驱动。

这些玩具包括：

（一）儿童脚踏三轮车及类似品，但品目 87.12 的自行车除外。

（二）两轮或三轮踏板车，供儿童乘骑，同时也可供青少年及成人乘骑之用。它们带有可调或不可调的操纵杆及实心或充气的小车轮，有时装有自行车式的把手、手动或脚动的后轮刹车装置。

（三）动物形状的脚踏或手摇带轮玩具。

（四）脚踏车，通常为微型运动车、吉普车、卡车等形状。

（五）手杆摇动的带轮玩具。

（六）靠推动或拉动的其他带轮玩具（未装有机械传动装置），其大小足可供儿童乘骑。

（七）马达驱动的儿童玩具车。

二、玩偶车（例如，手推玩偶车），包括折叠式的

本组包括玩偶车，无论是否折叠式，装有两个或多个轮子。例如，椅式手推车、手推玩偶车等。本组还包括玩偶车的寝具，类似于玩偶床上的用品。

三、玩偶

本组不仅包括儿童娱乐用玩偶，而且还包括装饰用玩偶（例如，闺房玩偶、吉祥玩具）、普通木偶戏及提线木偶戏用的玩偶或滑稽玩偶。

玩偶通常用橡胶、塑料、纺织材料、蜡、陶瓷、木材、纸板、铸纸品制成或用多种上述材料制成。它们可以装接有肢体、头或眼部活动机械装置以及人造发音装置等，还可以穿上衣服。

本品目玩偶的零件及附件包括头、身体、四肢、眼（但未装配的玻璃眼珠应归入品目 70.18）、眼睛活动装置、发音装置或其他机械装置、假发、玩偶衣服、鞋及帽。

四、其他玩具

本组包括主要供人（儿童或成人）娱乐用的玩具。但是，根据其设计、形状或构成材料可确认为专供动物（例如，宠物）玩赏的玩具不归入本品目，而应归入其各自的相应品目。本组包括：

除上述第一部分至第三部分以外的所有各种玩具。本品目的玩具大部分是机动或电动的。

它们包括：

（一）动物或非人类生物形状的玩具，即使明显带有人的物理特征（例如，天使、机器人、魔鬼、妖怪）也属于本组，包括木偶戏中用的玩具动物。

（二）玩具手枪及其他枪炮。

（三）建筑玩具（建筑套具、积木等）。

（四）玩具车辆（上述第一部分所列的货品除外）、火车（不论是否电动）、飞机、船舶等及其附件（例如，火车轨道、信号）。

（五）供儿童乘骑但不装轮子的玩具，例如，摇摆木马。

（六）非电动玩具马达、玩具蒸汽机等。

（七）玩具气球及风筝。

（八）锡制玩具兵及类似品、玩具武器。

（九）玩具运动器材，不论是否成套（例如，成套的高尔夫球、网球、射箭、台球用具、棒球棒、板球棒、曲棍球棒）。

（十）玩具工具及器具、儿童独轮手推车。

（十一）玩具电影放影机、幻灯机等，玩具眼镜。

（十二）玩具乐器（钢琴、喇叭、鼓、留声机、口琴、手风琴、木琴、音乐盒等）。

（十三）玩偶房屋及家具，包括床上用品。

（十四）玩具餐具及其他玩具家居用品，玩具商店及类似品，农场用具等。

（十五）玩具计算器（算盘）。

（十六）玩具缝纫机。

（十七）玩具钟表。

（十八）玩具教具（例如，化学、印刷、缝纫及编织的成套玩具）。

（十九）铁环圈、跳绳（品目95.06的货品除外）、抖空竹用的空竹及棒、旋转及嗡声陀螺、球（品目95.04或95.06的球除外）。

（二十）主要为图画、玩具、模型的书及单页，供剪裁及组合用；有“站立”或活动人物的书，以玩具为其主要特征的（参见品目49.03的注释）。

（二十一）玩具弹子（例如，各种形状的条纹玻璃弹子或供儿童娱乐用并已装成小包的各种玻璃球）。

（二十二）玩具钱箱、婴儿摇鼓、玩偶盒、玩具戏院，不论其是否带有人物等。

（二十三）儿童用的室内或室外玩具帐篷。

以上某些物品（玩具枪、工具、园艺用具、锡制玩具兵等）通常是成套包装的。

某些玩具（例如，电熨斗、缝纫机、乐器等）可具有极为有限的“实用价值”，但它们一般以其规格及有限的实用性与真正的缝纫机等物品相区别。

五、按比例缩小的模型及类似娱乐用模型。

本品目包括主要供娱乐用的模型，例如，按比例缩小的船舶、飞机、火车、车辆等的工作模型或其他模型，以及制造这些模型的套装材料及零件，但品目95.04的具有竞技游戏性质的套装件除外（例如，遥控赛车及其轨道的套装件）。

本组也包括与实物大小相同或放大了的模型，只要它们主要是供娱乐之用。

六、各种智力玩具。

*
*　*

成套货品的某些物品如果单独报验，应归入协调制度的其他品目，但包装成套，明显用作玩具（例如，化学、缝纫等的成套教学玩具）的，则应归入本品目。

同样，根据本章注释四的规定，除本章注释一另有规定的以外，本品目包括本品目所列的物品与一项或多项其他货品（如果单独报验，应归入其他品目）组合而成的物品，只要：

（一）这些组合物品为零售包装，但这些组合物品不能视为归类总规则三（二）所指的成套货品，且；

（二）组合后具有玩具的基本特征。这些组合物品一般由本品目所列的一项物品与一项或多项搭配物品（例如，促销用小商品或者少量糖果）组成。

*
*　*

零件及附件

本品目也包括明显专用于或主要用于本品目货品的零件、附件，只要它们不是本章注释一所列不包括的物品。这些零件及附件包括：

1. 音乐盒机构，根据其外形、构成材料及简单设计不能用于品目92.08的音乐盒的。

2. 小型活塞式内燃发动机及其他发动机（品目85.01的电动机除外），例如，用于飞机、船舶模型，其主要特征是气缸容量小、马力小、重量轻、体积小。

本品目不包括：

（一）儿童用颜料（品目32.13）。

（二）儿童娱乐用塑型膏（品目34.07）。

（三）品目49.03的儿童图画书。

（四）转印贴花纸（品目49.08）。

（五）品目83.06的铃（包括三轮车或其他带轮玩具用的铃）、锣或类似品。

（六）无人驾驶航空器（品目88.06）。

（七）配有玩偶人像的音乐盒（品目92.08）。

（八）纸牌游戏品（品目95.04）。

（九）纸帽、“射出”玩具、面具、假鼻及类似品（品目95.05）。

（十）品目96.09的儿童用粉笔及彩色蜡笔。

（十一）品目96.10的石板及黑板。

（十二）人体活动模型及橱窗装饰用的自动模型（品目96.18）。

（十三）带有一个或多个把手的体育锻炼用跳球。

95.04　视频游戏控制器及设备、桌上或室内游戏，包括弹球机、台球、娱乐专用桌及保龄球自动球道设备，使用硬币、钞票、银行卡、代币或任何其他支付方式使其工作的游乐机器（+）：

20　—　台球用品及附件

30　—　用硬币、钞票、银行卡、代币或任何其他支付方式使其工作的其他游戏用品，但保龄球自动球道设备除外

40　—　游戏纸牌

50　—　视频游戏控制器及设备，但子目9504.30的货品除外

90　—　其他

本品目包括：

一、各种类型的台球桌（不论是否带脚）及其附件（例如，击球杆、击球架、球、台球粉、球式或滑动式记分牌），但本品目不包括机械记分器（滚筒式及类似型式的记分器）（品目90.29）、装有钟表机芯用以表示游戏时间或根据游戏时间支付费用的记录器（品目91.06），以及台球杆架（归入品目94.03或根据其构成材料归类）。

二、本章子目注释一所述的视频游戏控制器及设备。

视频游戏控制器和游戏机，如果其客观特性及主要功能均显示其专供娱乐（游戏）用，无论其是否符合第八十四章注释五（一）所列关于自动数据处理设备的条件，仍应归入本品目。

本品目也包括视频游戏控制器和游戏机的零件及附件（例如，磁带盒、游戏卡、游戏操纵杆、游戏控制器、方向盘等），只要其符合本章注释三所列条件。

但本品目不包括：

（一）符合第八十四章注释五（三）所列条件的选配外围设备［键盘、鼠标、盘（片）式存储部件等]（第十六类）。

（二）录制了游戏软件并仅用于本品目所列游戏机的光盘（品目85.23）。

三、专供游戏用的家具式桌子（例如，有跳棋盘桌面的桌子）。

四、赌博及室内游戏专用桌（例如，用于轮盘或微型赛马游戏）；赌博用的钱耙等。

五、桌式足球或类似游戏用具。

六、在娱乐室、咖啡馆、游艺场等地方，用硬币、钞票、银行卡、代币或其他支付方式使其工作，通过技巧或碰运气来进行游戏的机器（例如，旋转游戏机、各种弹球游戏机）。

七、保龄球自动球道设备，不论是否装有马达及电动机械装置。

本品目所称的“保龄球自动球道设备”，不仅适用于把木柱排成三角形的设备，也适用于把木柱排成其他形式的设备（例如，把木柱排成方形的设备）。

八、九柱戏及室内槌球游戏用具。

九、带有竞技性质的遥控赛车及轨道成套设备。

十、投镖及投镖板。

十一、各种纸牌游戏用品（桥牌、图纸牌、“词汇游戏”等）。

十二、用于象棋、跳棋、骨牌、麻将、骰子游戏、蛇梯棋等的棋盘或棋子（例如，象棋子、跳棋子等）。

十三、本品目所列多种游戏的通用附件，例如，骰子、骰子盘、计数器、纸牌花色显示器、专供游戏用的特制布（例如，供轮盘游戏用的）。

但本品目不包括：

（一）彩票、“刮擦幸运卡”、销售抽彩券及奖券（通常归入品目49.11）。

（二）第九十四章的玩牌桌。

（三）装有音响系统，并适合与视频游戏控制器及游戏机、电视机或卫星接收器、数字通用光盘（DVD）、音乐光盘（CD）、MP3播放器或盒式视频播放器配合使用的坐具（品目94.01）。

（四）智力游戏（品目95.03）。

○
○　○

子目注释：

子目9504.50

本子目不包括用硬币、钞票、银行卡、代币或任何其他支付方式使其工作的视频游戏控制器或设备；这些物品应归入子目9504.30。

95.05　节日（包括狂欢节）用品或其他娱乐用品，包括魔术道具及嬉戏品：

10　—　圣诞节用品

90　—　其他

本品目包括：

一、节日（包括狂欢节）用品或其他娱乐用品。由于其特定用途，这些货品通常不用耐用材料制成。它们包括：

（一）用于装饰房间、桌台等的节日装饰品（例如，花环、灯笼等）；圣诞树用装饰品（金属箔、彩球、动物或其他公仔等）；传统上伴随某一特定节日使用的蛋糕装饰品（动物、旗帜等）。

（二）圣诞节传统用品。例如，人造圣诞树、耶稣圣诞图、圣诞人物和动物、天使、圣诞爆竹、圣诞袜、仿圣诞炉柴、圣诞老人。

（三）化装舞会及类似场合用品。例如，面具、假耳朵、假鼻子、假发、假胡子（不包括品目

67.04 的假发等物品）及纸帽。

（四）纸或棉毛制的抛球、纸飘带（狂欢节纸带）、纸板喇叭、“射出”玩具、五彩纸屑、狂欢节用伞等。

本品目不包括：

（一）用于装饰礼拜场所的雕像、塑像及类似品。

（二）含有节日设计、装饰、象征或图案并具有实用功能的物品，例如，餐具、厨具、盥洗器具、地毯及其他由纺织材料制成的铺地制品、服装、床上、餐桌、盥洗及厨房用的织物制品。

（三）耐用材料制成具有实用功能的狂欢节及节日用帽类（第六十五章）。

二、魔术道具及嬉戏品。例如，专用于魔术表演的纸牌、桌、屏风及容器；喷嚏粉、神奇糖果、喷水钮孔及“日本花卉”等嬉戏品。

本品目也不包括：

（一）天然圣诞树（第六章）。

（二）蜡烛（品目 34.06）。

（三）节日用的塑料或纸制包装品（按其构成材料归类，例如，归入第三十九章或第四十八章）。

（四）圣诞树座架（按其构成材料归类）。

（五）品目 63.07 的纺织材料制的旗帜。

（六）各种灯串（品目 94.05）。

95.06　一般的体育活动、体操、竞技及其他运动（包括乒乓球运动）或户外游戏用的本章其他品目未列名用品及设备；游泳池或戏水池：

— 滑雪屐及其他滑雪用具：
11 —— 滑雪屐
12 —— 滑雪屐扣件（滑雪屐带）
19 —— 其他
— 滑水板、冲浪板、帆板及其他水上运动用具：
21 —— 帆板
29 —— 其他
— 高尔夫球棍及其他高尔夫球用具：
31 —— 棍，全套
32 —— 球
39 —— 其他
40 — 乒乓球运动用品及器械
— 网球拍、羽毛球拍或类似的球拍，不论是否装弦：
51 —— 草地网球拍，不论是否装弦
59 —— 其他
— 球，但高尔夫球及乒乓球除外：
61 —— 草地网球
62 —— 可充气的球
69 —— 其他
70 — 溜冰鞋及旱冰鞋，包括装有冰刀的溜冰靴
— 其他：
91 —— 一般的体育活动、体操或竞技用品及设备

99　——其他

本品目包括：

一、一般的体育活动、体操或竞技用品及设备，例如：

吊架及吊环、单杠及双杠、平衡木、鞍马、跳马、跳板、爬绳及爬梯、墙杠、火棍、哑铃及杠铃、实心皮球、带有一个或多个把手的体育锻炼用跳球、划船器、骑车器及其他锻炼用器械、扩胸器、握力器、助起跑器、跳栏、跳高架及架座、撑杆跳高撑杆、落地保护坑垫、标枪、铁饼、链球、铅球、拳击练习用吊球及吊袋、拳击或摔跤台、训练用攀登墙、体育活动及健身用的跳绳。

二、其他运动及户外运动用具（品目95.03的单独或成套报验的玩具除外）。例如：

（一）滑雪屐及其他滑雪设备［例如，滑雪屐扣件（绑带）、制动器、滑雪杖］。

（二）滑水板、冲浪板、帆板及其他水上运动用具。例如，跳水台（平台）、滑水梯、潜水用橡皮脚掌及不带氧气或压缩空气瓶的呼吸面具，以及游泳或潜水用的简单水下呼吸管（一般称为通气管）。

（三）高尔夫球棍及其他高尔夫球用具。例如，高尔夫球及球座。

（四）乒乓球运动用品及设备。例如，球桌（不论是否带脚）、球拍（球板）、乒乓球及网。

（五）网球、羽毛球拍或类似的球拍（例如，小橡皮球网拍），不论是否拉线。

（六）各种球，但高尔夫球及乒乓球除外，例如，网球、足球、橄榄球及类似球（包括这些球的球胆及外壳）；水球、篮球及类似的有气门阀的球；板球。

（七）溜冰鞋及旱冰鞋，包括装有冰刀的溜冰靴。

（八）曲棍球、板球、长曲棍球等球类使用的棍和拍；柳条勺（回力球勺）；冰球用的球；溜石游戏用的石墩。

（九）各式球赛用的网（网球、羽毛球、排球、足球、篮球等）。

（十）击剑用具、花剑、佩剑、双刃剑及其零件（例如，剑片、护手、手柄及端头）等。

（十一）射箭用具，例如，弓、箭及箭靶。

（十二）儿童游乐场设施（例如，秋千、滑梯、翘翘板、旋转秋千）。

（十三）体育运动及比赛用保护用具（例如，击剑面具及护胸、护肘及护膝、板球护垫、护胫和内置护具及护垫的冰球裤）。

（十四）其他用品及设备。例如，甲板网球、抛圈游戏、滚木球用品、滑板、球板夹、马球或槌球用木槌、回旋镖、破冰斧、泥制蝶形靶及其发射器具、长雪橇、单人平底雪橇及供滑雪或滑冰用的非马达驱动的类似车辆。

三、游泳池及戏水池。

本品目不包括：

（一）供草地网球拍及其他球拍用的线（第三十九章、品目42.06或第十一类）。

（二）品目42.02、43.03或43.04的运动用袋及其他容器。

（三）运动用分指手套、连指手套及露指手套（一般归入品目42.03）。

（四）围栏用网及装足球、网球等用的网兜（一般归入品目56.08）。

（五）第六十一章或第六十二章的纺织材料制的运动服装（例如，击剑服或足球守门员球衣），无论是否附带有保护配件，例如，肘部、膝部或腹股沟部位的保护垫或填充物。

（六）品目63.06的供船、帆板或滑行车用的帆。

（七）第六十四章的运动鞋靴（但装有冰刀的溜冰靴或装有轮子的旱冰靴除外）及第六十五章的运动帽。

（八）手杖、鞭子、马鞭及类似品（品目66.02）及其零件（品目66.03）。

（九）第十七类的运动用的船艇（例如，海上喷汽艇、独木舟及轻舟）及车辆（长雪橇、平底雪橇及类似品除外）。

（十）供蛙人及其他方面使用的护目镜（品目90.04）。

（十一）品目90.18的电气医疗装置及其他仪器和器具。

（十二）机械疗法器具（品目90.19）。

（十三）与氧气或压缩空气瓶一起使用的呼吸器具（品目90.20）。

（十四）第九十一章的运动用品。

（十五）各种保龄球用具（包括保龄球自动球道设备）及其他室内、桌上及游乐场游戏用设备（品目95.04）。

（十六）设计用于游乐场乘骑游乐设施、水上乐园娱乐设备、游乐场娱乐设备的嬉水池和造浪池，游客沿着循环水流在限定的路径移动，或者产生波浪和水流（品目95.08）。

95.07　钓鱼竿、钓鱼钩及其他钓鱼用品；捞鱼网、捕蝶网及类似网；囮子“鸟”（品目92.08或97.05的货品除外）以及类似的狩猎用品：

10　—　钓鱼竿

20　—　钓鱼钩，不论有无系钩丝

30　—　钓线轮

90　—　其他

本品目包括：

一、各种类型及规格钓鱼钩（例如，带有单倒钩或多倒钩的鱼钩）。它们通常用钢制成，但亦可以镀铜、镀锡、镀银或镀金。

二、捞鱼网、捕蝶网及类似网具，它们通常由纺织材料纱线或绳索制成的网兜构成，装在金属丝框架上并带有手柄。

三、钓鱼杆及其他钓鱼用具。钓鱼杆有各种不同规格，可用各种材料（竹、木、金属、玻璃纤维、塑料等）制成，可以是一整根材料制成，也可以几根套接而成。钓鱼用具包括绕线轮及线轮架；人造诱饵（例如，假鱼、假蝇、假虫或假蚯蚓）及装有此类诱饵的钓鱼钩；旋转饵；装好的线及投掷器；钓鱼浮子（软木、玻璃、羽毛管等），包括发光浮子；绕线架；自动拉钓装置；装配好的钓鱼环（宝石或半宝石镶嵌的环除外）；坠子及安装于或附在外部夹具、夹子或其他器具上的钓杆铃。

四、某些狩猎或打猎用品。例如，囮子“鸟”（不包括品目92.08的各种媒诱音响器或品目97.05的剥制鸟）及诱鸟镜。

但本品目不包括：

（一）制造假蝇用的羽毛（品目05.05或67.01）。

（二）切成一定长度但未制成钓鱼线的纱线、单丝、绳及真、假肠线（第三十九章、品目42.06或第十一类）。

（三）品目42.02、43.03或43.04的运动用袋及其他容器（例如，钓鱼杆袋及狩猎袋）。

（四）未装配的环（归入适当的品目）。

（五）陷阱、捕捉器等（按其构成材料归类）。

（六）未安装于或附在外部夹具、夹子或其他器具上的贱金属制非电动钓具用铃（品目83.06）。

（七）泥制蝶形靶（品目95.06）。

95.08 流动马戏团及流动动物园；游乐场乘骑游乐设施和水上乐园娱乐设备；游乐场娱乐设备，包括射击用靶；流动剧团：

10 — 流动马戏团及流动动物园

— 游乐场乘骑游乐设施和水上乐园娱乐设备：

21 —— 过山车

22 —— 旋转木马，秋千和旋转平台

23 —— 碰碰车

24 —— 运动模拟器和移动剧场

25 —— 水上乘骑游乐设施

26 —— 水上乐园娱乐设备

29 —— 其他

30 — 游乐场娱乐设备

40 — 流动剧团

90 — 其他

游乐场乘骑游乐设施、水上乐园娱乐设备、游乐场娱乐设备、流动马戏团、流动动物园及流动剧团，只要其带有正常开业所必需的关键项目，就可归入本品目。本品目还包括与上述游乐场等同时报验并作为它们的一个组成部分的附属设备。如果这些附属设备（例如，帐篷、动物、乐器、发电机、马达、灯具、座位、武器及弹药）单独报验，则应归入协调制度的其他品目。

除了本章注释一另有规定的以外，其他专用于或主要用于上述设备的零件、附件（例如，秋千船及滑漕船），即使单独报验，也仍应归入本品目。

本品目的游乐场乘骑游乐设施和水上乐园娱乐设备包括：

一、过山车。过山车是利用特制的车厢在特定轨道上运送乘客，根据设定模式爬升、下降，有时带有一个或多个倒转（例如垂直回环），乘客坐在座椅上并被安全装置固定。过山车可以有单个或多个车厢。

二、旋转木马，秋千及其他旋转平台。它们在单独的平台上根据设定的固定路径或轨道运行。

三、碰碰车。

四、运动模拟器和移动剧场。这类乘骑设备是有座椅的平台，观众可以观看影片或体验其他形式的虚拟现实场景，同时座椅会根据观看和体验内容进行相应的移动。

五、水上乘骑游乐设施。这类设施有一个循环供水系统，使游客乘坐的设施穿过设定的路径，同时乘客的身体部分或全部被随机的或设定好的水流浸湿。

六、水上乐园娱乐设备。这类设备有一个特定的水域但是没有设定的路径。它们包括滑梯、可攀爬和耐攀爬的水上游戏组件、组合式水上游乐设备、戏水设备、喷水设备、喷泉、造波设备、休闲河和漩涡池。

本品目的游乐场娱乐设备包括：

凭运气、力量或技巧的游戏设备，例如射击廊、击椰子游戏、抛掷硬币游戏、迷宫及中奖游戏（例如，幸运转轮）。这类设备通常需要操作员或服务员，可安装于永久性建筑物或独立的摊位。游乐场娱乐设备不包括品目95.04和品目95.06的设备及本章其他品目具体列名的设备。

本品目不包括：

（一）流动的售货亭（销售糖果及其他产品等）、广告亭、教育点或展览会。

（二）牵引车及其他运输车辆，包括挂车，但专门设计用于游乐场娱乐用的除外（例如，环座挂车）。

（三）用硬币、钞票、银行卡、代币或任何其他支付方式使其工作的游乐机器（品目95.04）。

（四）作为奖品分发的货品。

第九十六章　杂项制品

注释：

一、本章不包括：

（一）化妆盥洗用笔（第三十三章）；

（二）第六十六章的制品（例如，伞或手杖的零件）；

（三）仿首饰（品目71.17）；

（四）第十五类注释二所规定的贱金属制通用零件（第十五类）或塑料制的类似品（第三十九章）；

（五）第八十二章的利口器及其他物品，其柄或其他零件是雕刻或模塑材料制的；但品目96.01或96.02适用于单独报验的上述物品的柄或其他零件；

（六）第九十章的物品，例如，眼镜架（品目90.03）、数学绘图笔（品目90.17）、各种牙科、医疗、外科或兽医专用刷子（品目90.18）；

（七）第九十一章的物品（例如，钟壳或表壳）；

（八）乐器及其零件、附件（第九十二章）；

（九）第九十三章的物品（武器及其零件）；

（十）第九十四章的物品（例如，家具、灯具及照明装置）；

（十一）第九十五章的物品（玩具、游戏品、运动用品）；或

（十二）艺术品、收藏品及古物（第九十七章）。

二、品目96.02所称"植物质或矿物质雕刻材料"，是指：

（一）用于雕刻的硬种子、硬果核、硬果壳、坚果及类似植物材料（例如，象牙果及棕榈子）；

（二）琥珀、海泡石、粘聚琥珀、粘聚海泡石、黑玉及其矿物代用品。

三、品目96.03所称"制帚、制刷用成束、成簇的材料"，仅指未装配的成束、成簇的兽毛、植物纤维或其他材料。这些成束、成簇的材料无需分开即可安装在帚、刷之上，或只需经过简单加工（例如，将顶端修剪成形）即可安装的。

四、除品目96.01至96.06或96.15的货品以外，本章的物品还包括全部或部分用贵金属、包贵金属、天然或养殖珍珠、宝石或半宝石（天然、合成或再造）制成的物品。而且，品目96.01至96.06及96.15包括天然或养殖珍珠、宝石或半宝石（天然、合成或再造）、贵金属或包贵金属只作为小零件的物品。

总　注　释

本章包括雕刻和模塑材料及其制品、某些扫把、刷子和筛、某些缝纫用品、某些书写及办公用品、某些烟具、某些化妆用具、某些具有吸收性的卫生产品［任何材料制的卫生巾（护垫）及卫生棉条、尿布及尿布衬里和类似品］及协调制度其他品目未具体列名的其他物品。

品目96.07至96.14及96.16至96.18所列物品可以全部或部分由天然或养殖的珍珠、宝石或半宝石（天然、合成或再造）制成，或由贵金属或包贵金属制成。但品目96.01至96.06及96.15所列物品可以装有上述材料制成的小配件。

96.01　已加工的兽牙、骨、龟壳、角、鹿角、珊瑚、珍珠母及其他动物质雕刻材料及其制品（包括模塑制品）：

10　—　已加工的兽牙及其制品

90　—　其他

本品目适用于已加工的动物质材料（不包括品目96.02所列的材料）。这些材料主要通过雕刻或切割进行加工，其中大多数也可以通过模塑进行加工。

本品目所称的“已加工”，是指其加工程度超出了某些品目所允许对有关原材料进行简单整理的范围（参见品目05.05至05.08的注释）。据此，本品目包括已切割成形（包括正方形和长方形）、抛光或用磨、钻、铣、车等方法制成板、片、棒等形状的兽牙、骨、龟壳、角、鹿角、珊瑚、珍珠母等。但明显作为某些制品的零件，如果为协调制度的其他品目所包括，则不能归入本品目。因此，钢琴键板和用于镶嵌在枪托上的板块应分别归入品目92.09和93.05。如果不能确定是否某种物品零件的已加工材料，仍应归入本品目（例如，简单的圆片、镶嵌用或加工后方可用于制作钢琴键的板或条）。

本品目包括下列已加工或制成物品形状的货品：

一、兽牙。协调制度所称兽牙，包括象牙、河马牙、海象牙、一角鲸牙、野猪牙、犀牛角和其他所有动物的牙齿（参见第五章注释三）。

二、骨，即许多动物身上的坚实部分，基本上只经过切割加工。

三、龟壳，绝大部分从海龟身上获得。龟壳呈淡黄色、浅棕色或黑色，加热后韧性极好，可塑性特强，冷却后变硬定形。

四、角和鹿角，长于反刍动物的额头上（角柱不能用作雕刻或模塑材料，基本上只能用于生产明胶）。

五、天然珊瑚（即海洋珊瑚虫的石灰质骨架）和粘聚珊瑚。

六、珍珠母，即某些贝壳上具有珍珠般的虹彩光泽的内层。它看起来呈波浪起伏状，而实际上却十分平滑。

七、蹄、甲、爪及喙。

八、骨及从水生哺乳动物身上获得的类似材料。

九、羽毛管。

十、甲壳动物及软体动物的壳。

本品目包括：

（一）已加工的动物质雕刻材料

本品目所列的雕刻材料，只要经过超出洗涤或刮擦、简单锯切以除去无用部分或切割（有时候还要经过粗刨），有时还要漂白、矫平、修整或剖切等加工范围的，均可归入本品目。

因此，龟壳如果没有超出矫直及表面鳞片平整加工范围（这最后一道工序是很特别的，因为未经加工的龟壳几乎总是厚薄不均，表面为弧形的）（参见品目05.07第二部分的注释），则不能归入本品目。本品目同样也不包括仅仅只去掉了外壳的珊瑚（品目05.08）。

本品目还包括任何形状的模制产品，它们用龟壳鳞片、板或爪或用本品目所列雕刻材料的粉末及废料重新合成的材料制成。

龟壳的特征之一是加热后不用任何粘合剂能粘合在一起，利用这一特性，可以把较薄的鳞片一层层地粘合在一起，形成较厚的板，用于制作物品。角的特性是加热后变软，从而把它矫平或制成膏状，然后就能像龟壳一样进行模塑加工。

经过抛光或未经抛光但不具有钮扣毛坯片（参见品目96.06的注释）和耶路撒冷珍珠（即不规则的珍珠母珠子，只是中间穿孔，但未经抛光、分级或进一步加工）特征的圆片，即使已暂时串在一起，仍应归入本品目。

（二）本品目的动物质雕刻材料制品

本组包括：

1. 雪茄烟盒或香烟盒、鼻烟盒、脂粉盒、扣子、钩子、口红盒。
2. 单独报验的刷子把柄或座架。
3. 各种盒子、口香片盒子、表的保护盖。
4. 单独报验的第八十二章所列工具、刀、叉、须刨等用的手柄。
5. 裁纸刀、开信刀、书签。
6. 相框及画框。
7. 书套。
8. 宗教用品。
9. 钩针和织针。
10. 小饰物（例如，小雕件，但品目97.03所列货品除外）。
11. 鞋拔。
12. 餐具，例如，刀架、小汤匙和餐巾环。
13. 固定在衬板上的装饰用角和鹿角（陈列用鹿头等）。
14. 不构成珠宝首饰的浮雕和凹雕品。

本品目还包括特殊贝壳制品和羽毛管制品（例如，牙签和特殊的雪茄烟嘴），但不包括只是切成一定长度而没有进一步加工的羽毛管（品目05.05）和用作浮子的羽毛管（品目95.07）。

覆有或镶有动物质雕刻材料的物品，只要其覆有或镶有的动物质雕刻材料构成了物品的基本特性，就应归入本品目。它们有用兽牙、骨、龟壳或角覆面或镶嵌的木盒子、木箱子等。

本品目也不包括：

（一）第六十六章的物品（雨伞、阳伞、手杖等的零件，例如，柄、杆、头）。

（二）镶框的玻璃镜（品目70.09）。

（三）动物雕刻材料与贵金属、包贵金属、天然或养殖珍珠、宝石或半宝石（天然、合成或再造）组合制成的物品（第七十一章）。但是，如果天然或养殖珍珠、宝石或半宝石（天然、合成或再造）、贵金属或包贵金属只构成物品的小配件的（例如，花押字、首字母、环、圈等），这些动物质雕刻材料制品仍应归入本品目。

（四）仿首饰（品目71.17）。

（五）手柄或其他零件用雕刻或模塑材料制成的刀具或第八十二章的其他物品，但如果这些手柄或其他零件是单独报验的，则应归入本品目。

（六）第九十章的物品（例如，双筒望远镜、普通眼镜、夹鼻眼镜、长柄眼镜、护目镜及类似品用的框架及其零件）。

（七）第九十一章的物品（例如，钟壳、表壳），但表的保护盖仍应归入本品目。

（八）第九十二章的物品，例如，乐器及其零件（猎号、钢琴或手风琴键、琴栓、琴马等）。

（九）第九十三章的物品（例如，武器零件）。

（十）第九十四章的物品（例如，家具、灯具及照明装置）。

（十一）第九十五章的物品（例如，玩具、游戏品及运动用品）。

（十二）品目96.03的物品（例如，扫帚和刷子）和品目96.04的物品。如果刷子把柄或座架单独报验，则应归入本品目。

（十三）品目96.05、96.06、96.08、96.11或96.13至96.16的物品（例如，钮扣和钮扣坯；自来水笔、笔杆等；烟斗、烟斗头、烟斗柄及其他烟斗零件；雪茄和香烟的烟嘴及其零件；梳子）。

（十四）第九十七章的物品（例如，雕塑品原件；具有动物学意义的收藏品）。

96.02　已加工的植物质或矿物质雕刻材料及其制品；蜡、硬脂、天然树胶、天然树脂或塑型膏制成的模塑或雕刻制品以及其他品目未列名的模塑或雕刻制品；已加工的未硬化明胶（品目35.03的明胶除外）及未硬化明胶制品

关于“已加工”的定义，品目96.01注释的第二段在必要的地方稍加修改后，可适用于本品目（同时参见品目14.04、15.21、25.30、27.14、34.04、34.07、35.03等的注释）。

一、已加工的植物质或矿物质雕刻材料及其制品

（一）已加工的植物质雕刻材料

本组包括本章注释二（一）所述的已加工的植物质雕刻材料，它们包括象牙果（也称作“植物象牙”）、棕榈果（塔希提棕榈果、扇叶树头榈果等）、椰子壳、美人蕉的种籽（美人蕉子）、相思豆（或红豆）、椰枣核、橄榄核、巴西棕树籽和刺槐籽。

本组还包括用植物质雕刻材料粉模塑制成的物品。

（二）已加工的矿物质雕刻材料

本组包括本章注释二（二）所述的矿物质雕刻材料。

本品目不包括品目25.30所列的下列物品：

1. 未经琢磨的海泡石块或琥珀块。

2. 用天然海泡石和琥珀的废碎料经过粘聚或模制而成的板、棒、条及类似形状的粘聚海泡石和琥珀，成形后未经加工的。

（三）植物质或矿物质雕刻材料的制品

除了以下所列不包括的货品外，本组包括植物质或矿物质雕刻材料的各种制品，例如：

1. 小饰物（例如，小雕像）。

2. 小盒子和小箱子之类的小物品。

3. 抛光或未经抛光的圆片（不包括钮扣坯，参见品目96.06的注释）。

二、蜡、硬脂、天然树蜡、天然树胶或塑型膏制成的模塑或雕刻制品以及其他品目未列名的模塑或雕刻制品，已加工的未硬化明胶及未硬化明胶制品

本组包括各种材料制成的协调制度其他品目未列名的模塑和雕刻制品（但塑料制品归入第三十九章或硬橡胶制品归入第四十章）。本组还包括已加工的未硬化明胶及其制品（品目35.03或第四十九章的货品除外）。

上述材料的“模塑制品”，是指按其特定用途模塑成一定形状的物品。然而仅模制成锭块、方块、板、棒、条等形状的材料，不论在模制过程中是否压花，均不归入本品目。

除了下文所列不包括的货品以外，本组包括：

（一）模塑或雕刻的蜡制品。

1. 人造蜂窝。

2. 电镀用模型。

3. 人造花、叶或果、整件模制成形或用非品目67.02所列方法（例如，捆绑、粘合或类似方法）组合而成的。

4. 半身像、头像、全身像或小雕像，但不包括裁缝用的人体模型（参见品目96.18的注释）及雕塑品原件（参见品目97.03）。

5. 蜡珠。

6. 以蜡为基本材料制成的T形管，用于某些外科手术。

7. 用于橱窗摆设的蜡制糖果、巧克力和其他仿造品。

8. 装在棉毛垫上的蜡制耳塞。

9. 外面包着纺织材料的蜡条，用于填塞木制翻砂模型内的空隙。

（二）模塑或雕刻的石蜡制品（尤其是装氢氟酸的容器）。

（三）模塑或雕刻的硬脂制品。

（四）模塑或雕刻的松脂制品（例如，小提琴弓用的松脂）。

（五）模塑或雕刻的硬树脂制品（通常为仿琥珀制品）。

（六）模塑或雕刻的塑型蜡制品（例如，整件模制成形的花卉或植物，人物雕像、小雕像和类似装饰品）。

（七）用以面粉或淀粉为基料并加有胶水和真漆的材料模塑或雕刻而成的制品（整件模制成形的人造花或果，小雕像等）。

（八）切成正方形或长方形以外其他形状的未硬化明胶片。切成长方形和正方形的明胶片，不论其表面是否已加工，均归入品目35.03或第四十九章（例如，明信片）（参见品目35.03的注释）。未硬化的明胶制品包括：

1. 用于粘在台球球杆末端的小圆片。

2. 药用胶囊和机械打火机燃料盒。

*

*　*

覆有或镶有植物质或动物质雕刻材料或模塑材料的制品，只要其覆面或镶嵌材料构成物品的基本特征的，应归入本品目。这也适用于用本品目所列材料覆面或镶嵌的木盒子、木箱子等。

*

*　*

品目96.01注释中规定不包括的物品，也不归入本品目。

本品目还不包括：

（一）封蜡，包括封瓶蜡（品目32.14或34.04）。

（二）用石蜡或其他蜡、硬脂等为材料制成的各种蜡烛（品目34.06）。

（三）塑型膏，包括儿童娱乐用塑型膏，牙医用的牙模蜡或牙模混合物，成套或零售包装，或制成板形、马蹄形、条形或类似形状的（品目34.07）。

（四）以明胶为基本材料的复印膏（品目38.24）。

（五）模制泥炭制品（品目68.15）。

（六）示范用模型（品目90.23）。

96.03　帚、刷（包括作为机器、器具、车辆零件的刷）、非机动的手工操作地板清扫器、拖把及毛掸；供制帚、刷用的成束或成簇的材料；油漆块垫及滚筒；橡皮扫帚（橡皮辊除外）：

10　—　用枝条或其他植物材料捆扎而成的帚及刷，不论是否有把

—　牙刷、剃须刷、发刷、指甲刷、睫毛刷及其他人体化妆用刷，包括作为器具零件的上述刷：

21　——　牙刷，包括齿板刷

29　——　其他

30　—　画笔、毛笔及化妆用的类似笔

40　—　油漆刷、涂料刷、清漆刷及类似的刷（子目9603.30的货品除外）；油漆块垫及滚筒

50　—　其他作为机器、器具、车辆零件的刷

90 —　其他

一、用枝条或其他植物材料捆扎而成的帚及刷，不论是否有把

这些制品比较粗糙，不论是否有把，主要用于扫地（街道、庭院、马厩、车辆地板等）。它们通常由单束植物材料（枝条、稻草等）粗略地捆扎而成，或以一束或多束密实的稻草或芦苇作芯，并用线在其周围缚上稀疏但较长的草秆而成。这些线同时又可形成装饰性花纹。这些物品供使用时一般都装有把。

本组还包括蝇拂，其制法相同但所用材料质地较轻。

这些帚及刷通常以桦树、榛树、冬青、石南或金雀树的枝条，高粱、小米、山茶等的花序，芦苔、椰子（壳）、棕榈（特别是巴西棕榈等）的纤维或荞麦茎秆制成。

二、其他帚及刷

本组包括材料不同，形状各异的制品。它们用于化妆、家庭清洁、涂刷油漆和其他粘性和液态产品；以及某些工业用途（清洁、抛光等）。

本组的帚及刷一般用小束或小簇有韧性或弹性的纤维或细丝安装在帚或刷的柄上或背上制成，或在制油漆刷时，则用整捆的兽毛或纤维牢固地安装在短杆或手柄一端上，不论其是否带有金属箍或其他扣环装置。

本组还包括用橡胶或塑料整件模制而成的帚及刷。

上述物品可用各种各样的原材料制成，成簇的材料有：

（一）动物质材料：猪及野猪的鬃毛；马、牛、山羊、獾、貂、臭鼬、松鼠、鸡貂等的毛；角的纤维；羽毛杆。

（二）植物质材料：茅根、龙舌兰纤维（或称坦皮科纤维）；椰壳纤维或巴西棕榈纤维、针茅草、高粱花序、竹篾。

（三）化学纤维材料（例如，尼龙或粘胶人造丝）。

（四）金属丝（钢丝、黄铜丝、青铜丝等）或其他材料丝（棉纱线或羊毛纱线、玻璃纤维）。

架、座的材料包括：木料、塑料、骨、角、兽牙、龟壳、硬橡胶、某些金属（钢、铝、铜等），有些刷（例如，机器用的圆形刷及特种清扫机用刷）还使用皮革、纸板、毡及机织物做架座。某些油漆刷则用羽毛管做架座。

带有天然或养殖珍珠、宝石或半宝石（天然、合成或再造）、贵金属或包贵金属小配件（例如，花押字或套环）的刷子，仍应归入本品目。

所含的天然或养殖珍珠、宝石或半宝石（天然、合成或再造）、贵金属或包贵金属超出小配件范围的刷子，不能归入本品目（第七十一章）。

本组包括：

1. 牙刷，包括齿板刷。
2. 剃须刷。
3. 化妆用刷（例如，发刷、须刷、睫毛刷、指甲刷、染发刷等）；理发用颈刷。
4. 用橡胶或塑料整件模制而成的刷，用于盥洗（洗手等）及用于清洁盥洗盘等。
5. 衣刷、帽刷、鞋刷；梳子清洁刷。
6. 家庭用刷（例如，硬毛刷、洗碗刷、洗涤槽刷、盥洗间刷、家具刷、暖气管刷、面包屑刷等）。
7. 扫马路及地板等用的帚及刷。
8. 纺织材料制的车辆清洁用特制刷，不论是否用清洁剂浸渍。
9. 动物（马、狗等）整理用刷。
10. 武器、自行车等加油用刷。

11. 唱片清洁刷，包括装在唱臂上自动清洁唱片的刷。

12. 打字机字头、字杆清洁用刷。

13. 火花塞、锉、烧焊件等用的清洁刷。

14. 用于刷除树木或灌木上的苔藓或树皮的刷。

15. 模印用刷，不论是否带有油墨筒及油墨控制装置。

16. 油漆刷及其他刷子（圆形或扁形），供泥瓦匠、房屋油漆工、装修工、家具木工、艺术家等用，例如，清除漆用的刷、水浆涂料刷、糊墙纸用刷、清漆刷等；油画及水彩画笔、上色薄用笔；陶瓷上釉用笔、涂金用笔等；办公用毛笔。

本组还包括：

（1）用金属丝装配的刷（一般由多股金属丝绞扭而成），例如，烟道刷、洗瓶或洗筒形玻璃灯罩用刷；管道等清洁用刷；烟斗清洁刷；步枪、左轮手枪及其他手枪清洁用刷；乐器管刷等。

（2）用作机器零件的刷，例如，用于扫路机、针织或纺织机、研磨、抛光或其他机床、磨粉或造纸机、钟表车床或珠宝首饰车床、皮革、毛皮或制鞋业用机器。

（3）家用电器（例如，擦地板机、打蜡机、吸尘器）用刷。

本品目不包括：

（一）刷架或刷柄（按构成材料归类）。

（二）纺织材料制的抛光圆盘及衬垫（品目59.11）。

（三）针布（品目84.48）。

（四）清洁自动数据处理设备的磁盘驱动器用的软磁盘（品目84.73）。

（五）牙科、医疗、外科、兽医等专用的刷（例如，喉刷及安装在牙科钻上的刷）（品目90.18）。

（六）具有玩具性质的刷（品目95.03）。

（七）施敷脂粉或化妆品用的粉扑及粉拍（品目96.16）。

三、无动力驱动的手动机械扫地器

这些简单器械通常由一个内装有一个或多个圆筒刷的带轮外壳组成，圆筒刷通过轮子转动带动工作。它们靠人工推动手柄工作，主要适用于清洁地毯。

本品目不包括装有马达装置的扫地机（品目84.79）。

四、拖把、抹子及毛掸

拖把、抹子由成捆的纺织绳索或植物纤维装于柄杆上制成。某些其他类型的拖把、抹子是将纺织物或其他材料制的拖把（抹子）头垫固定于或附在与柄杆连接的框架或其他基架上而制成。它们包括除尘拖把（抹子）、吸水拖把（抹子）及干湿两用的海绵拖把（抹子），供清除污迹或溅落的液体、清洁地板及洗碗等用。

毛掸由成束的羽毛装于柄杆上制成，供打扫家具、架子、橱窗等用。其他类型的毛掸是用羊毛、纺织材料等替代“羽毛”固定或环绕在柄杆上。

本品目不包括单独报验的用作手抹布或附在拖把（抹子）头框架或其他基架上的纺织材料制擦拭用布（第十一类）。

五、成束或成簇的材料

根据本章注释三的规定，本组物品仅限于未经安装的成束、成簇的动物毛、植物纤维、化学纤维等。它们无需分开即可安装在帚、刷上，或末端只需稍加修剪即可供安装之用。

因此，本品目不包括未经整理准备装于帚、刷上的成捆（或类似商业形式）兽毛、植物纤维或其他材料。本品目也不包括虽经整理但尚需分成小簇才能安装在帚、刷之上的动物毛、植物纤维等。

本组的已整理备装的成束、成簇材料主要用于制剃须刷、油漆刷及油画或绘画笔。

为了使成束、成簇的纤维能紧密地聚在一起，它们通常需要浸入清漆或其他涂敷材料中，其浸入部分约为长度的四分之一，有时还需加入锯屑以增加强度。但装在通常由金属制成的套圈内的成束、成簇材料不属本组（归入上述第二组）。

成束或成簇的材料在装上把柄以后仍需作整理加工的（顶端修圆、把纤维顶端研磨使其柔软等），仍应归入本品目。

六、油漆块垫及滚筒；橡皮扫帚（橡皮辊除外）

油漆滚筒同包有羔羊皮革或其他材料并装于手柄上的滚筒制成。

油漆块垫的表面是平的，例如，用机织物附于通常是塑料制的硬底垫制成，可配有把柄。

橡皮扫帚通常是用塑料条、橡皮条或毡呢条装在两片木片或金属片等之间构成。它们装在一块木料或金属等上，用以在潮湿的表面上扫刷。

但本组不包括照相业用的由一只或多只滚筒装于手柄上组成的橡皮辊（品目90.10）。

96.04　手用粗筛、细筛

本品目所称的"手用粗筛、细筛"，是指用结实的网布或其他网眼材料（包括各种网眼规格）装于长方形或圆形的框架（一般为木或金属的）上制成的物品，供按颗粒大小筛选固体物质用。

筛网所用的材料多为马毛、化纤单丝、丝线、纺制肠线、金属丝（钢、铁、黄铜丝等）。

本品目包括：

用于煤碴、砂子、种子、园艺土壤等的手用粗筛及细筛；绢网筛子（例如，用于筛面粉）、家用筛子（例如，用于筛面粉）、实验室用筛子（用于检验水泥、翻砂、肥料、木粉等的细度），包括连接成套的系列筛子；用于分选宝石或半宝石（例如，钻石）的精密筛子。

本品目不包括：

（一）具有固定性质的粗筛及细筛（例如，放于地上供筛选泥土、砂砾用的网筛一般归入品目73.26）。

（二）由底部装有排孔金属薄片的容器组成的简单滤器（例如，制奶酪用）；装有滤器装置的漏斗；牛奶滤器；油漆、白灰水、杀菌溶液等的滤器（一般归入第七十三章）。

（三）装在机器或用具上的粗筛及细筛（例如，用于磨粉业、农业、选石、选矿业等）。按照第十六类注释二的规定，这些筛子应作为机器等的零件，一般与专用或主要使用筛子的机器一同归类（例如，品目84.37或84.74）。

96.05　个人梳妆、缝纫或清洁鞋靴、衣服用的成套旅行用具

本品目包括成套旅行用具，它们由归入协调制度不同品目的物品或同一品目但不同品种的物品组成。

本品目包括：

一、成套梳妆箱，由模制塑料盒、刷子、梳子、剪子、镊子、指甲锉、镜子、剃刀架及修剪指甲工具组成，装于皮革、织物或塑料等制的箱子内一同报验。

二、针线盒，由剪刀、卷尺、穿针器、缝纫针、线、别针、顶针、钮扣及按扣组成，装于皮革、织物或塑料等制的盒子内一同报验。

三、擦鞋套具，由刷子、盒装或支装鞋油及擦鞋布等组成，装于皮革、织物、塑料或过塑纸板等制的箱子内一同报验。

本品目不包括修剪指甲套具（品目82.14）。

本品目也不包括（在其飞行途中或到达目的地后取回行李前）由航空公司分发给乘客的成套物品，这类成套物品装于纺织纤维制的袋内，由上述第一至第三项所列物品、化妆品、芳香料制品或盥

洗用品、纤维素絮胎制的手帕，以及制成的纺织品（例如，睡衣裤、汗衫、长裤、短裤等）组成。这类成套物品应分别归入各自的适当品目。

96.06 钮扣、揿扣、钮扣芯及钮扣和揿扣的其他零件；钮扣坯：

10 — 揿扣及其零件

— 钮扣：

21 —— 塑料制，未用纺织材料包裹

22 —— 贱金属制，未用纺织材料包裹

29 —— 其他

30 — 钮扣芯及钮扣的其他零件；钮扣坯

本品目包括用以扣紧或装饰衣服、家用织物制品等的钮扣、领扣及类似品。这些物品可用各种材料制成，并可以含有天然或养殖珍珠、宝石或半宝石（天然、合成或再造）、贵金属或包贵金属，只要所含的贵重材料仅作为本品目物品的小配件，超出这个范围的应归入第七十一章。

制造钮扣、领扣等的主要材料是贱金属、木料、象牙果、埃及棕榈果、骨、角、塑料、陶瓷、玻璃、硬橡胶、压制纸板、皮革、再生皮革、兽牙、龟壳或珍珠母，也可以由上述材料组合而成，还可用纺织物包面。

本品目包括：

一、穿孔钮扣及有脚钮扣。这些钮扣可以根据其用途具有不同规格及形状（用于内衣、外衣、靴鞋等）。

球形钮扣与珠子的不同之处在于其线孔不在钮扣的中心。

有些有脚钮扣的脚为弹簧式绞链，用以将钮扣装在衣服上而无需缝缀。其他的一些钮扣（例如，"懒人扣"）可通过卡扣装置装在衣服上。

二、按钮、揿钮。这些钮扣由两个或多个部分组成，以卡扣装置扣紧，这种钮扣可缝在服装上或用"铆钉"钉上（例如，手套上的按钮）。

按钮及类似品的零件，即使分开装在条带上供应的，仍应归入本品目。

本品目也包括：

（一）钮扣芯，这些物品是某种类型钮扣的内在部分或"钮扣身"，它们要用纺织材料、纸、皮革等包面。这些物品只有是明显用于制造钮扣，才可归入本品目。它们可以用木料、菖蒲根等制成，但最常见的是由两个金属部分组成，一部分以纺织物等包面，另一部分塞入第一部分并把纺织物固定住。

（二）明显为钮扣用的其他零件（例如，钮脚、钮座、钮头）。

（三）钮扣坯。它们包括：

1. 模制坯，模制而成，尚不能用作钮扣。这些坯件通常需要修整、穿孔及抛光，但明显用于加工钮扣的。

2. 压制金属坯，它们由可套在一起的两个部分（面部及底部）组成。

3. 已加工的珍珠母坯、象牙果坯、木坯等（例如，制成圆形、一面或两面挖空或其他形状，已修边、抛光或穿孔），明显用于制造钮扣。另一方面，仅经锯、切或抛光但未进一步加工的圆片，不能视为钮扣坯，而应按其构成材料归类。

本品目不包括袖扣（品目 71.13 或 71.17）。

96.07　拉链及其零件：

—　拉链：

11　——装有贱金属制咪牙齿的

19　——其他

20　—　零件

本品目包括：

一、各种规格及用途的拉链（用于服装、鞋靴、旅行用品等）。

大多数的拉链由两条纺织狭带组成，每条带的一边都装有咪牙齿（金属、塑料等制），用拉链头可将咪牙齿交扣起来。另一种拉链是由两条塑料带组成，每条具有特别形状的边，用拉链头可把两边交扣起来。

二、拉链零件，例如，咪牙齿、拉链头、端头，以及边上镶有咪牙齿的各种长度的狭条。

96.08　圆珠笔；毡尖和其他渗水式笔尖笔及唛头笔；自来水笔、铁笔型自来水笔及其他钢笔；蜡纸铁笔；活动铅笔；钢笔杆、铅笔套及类似的笔套；上述物品的零件（包括帽、夹），但品目96.09的货品除外：

10　—　圆珠笔

20　—　毡尖和其他渗水式笔尖笔及唛头笔

30　—　自来水笔、铁笔型自来水笔及其他钢笔

40　—　活动铅笔

50　—　由上述两个或多个子目所列物品组成的成套货品

60　—　圆珠笔芯，由圆珠笔头和墨芯构成

—　其他：

91　——钢笔头及笔尖粒

99　——其他

本品目包括：

一、圆珠笔。这些笔的笔杆内通常带有一支内装有油墨及笔头装有圆珠的管子。

二、毡尖或其他渗水式笔尖及唛头笔，包括自来水笔型的笔。

三、自来水笔、铁笔型自来水笔及其他钢笔（泵式、芯筒式、柱塞式、真空式等），不论是否装有笔头或笔尖粒。

四、蜡纸铁笔。

五、活动铅笔，单芯或多芯式，包括置于笔内的正常备用笔芯。

六、钢笔杆，不论是否整体成形，带或不带笔头和笔帽。

七、铅笔套及类似笔套（例如，颜色铅笔套、绘画炭笔套）。

零　件

本品目还包括本协调制度其他品目未更为具体列名的专用零件。例如：

各种类型的笔头，包括仅粗切成型但未完成的笔头；笔夹；圆珠笔芯，由圆珠笔头和墨芯构成；圆珠笔头及唛头毡笔尖的笔杆；墨水流量调节器；本品目所列钢笔及铅笔的笔管；装铅芯或推进机械装置；橡胶或其他材料制的墨水囊；笔尖保护器；供替换用的笔头套件，由笔头、进墨水器及套圈组成；笔尖粒，为铂合金或某种钨合金制成的小圆珠，用于装在笔头的尖端，能经磨耐用。

本品目不包括：

（一）自来水笔的装有墨水的芯（品目32.15）。
（二）圆珠笔的笔尖钢珠（品目73.26或84.82）。
（三）数学绘图笔（品目90.17）。
（四）铅笔芯（品目96.09）。

96.09　铅笔（品目96.08的铅笔除外）、颜色铅笔、铅笔芯、蜡笔、图画碳笔、书写或绘画用粉笔及裁缝划粉：

10　—　铅笔及颜色铅笔，笔芯包裹在外壳中

20　—　铅笔芯，黑的或其他颜色的

90　—　其他

本品目的物品有两大类：

一、裸身或只包有一层保护性纸带的货品（例如，粉笔、图画炭笔、铅笔芯、某些彩色笔、蜡笔及石笔）。

二、铅笔及彩色铅笔，其铅芯装于木、塑料或多层纸制成的笔杆之中。铅笔芯、粉笔、蜡笔及彩色铅笔芯等的成分根据用途不同而各异。

本品目包括：

（一）石笔，以天然或粘聚的板石制成。

（二）棒状的天然粉笔（锯成或切成）。

（三）制成的粉笔，通常以硫酸钙或硫酸钙和碳酸钙为基料制成，有时加入色料。

（四）图画炭笔，一般通过锻烧卫矛树木制成。

（五）彩色笔及蜡笔，通常用白垩或粘土、色料、虫胶或蜡、酒精及松节油的混合物制成。

（六）铅笔及彩色铅笔，笔芯包裹在外壳中。

（七）铅笔芯（例如，黑色铅芯，用石墨和粘土混合制成；彩色铅芯，用金属氧化物或其他矿物颜料与粘土、白垩或蜡混合制成；笔迹难擦掉的或复写用的铅芯，以粘土加苯胺或品红等染料制成）。

（八）平版修涂笔，以灯黑、蜡、肥皂及牲油的混合物为基料制成。

（九）“陶瓷”彩色笔，以玻璃化色料、油脂、可可脂、蜡等为基料制成。

本品目包括装有橡皮擦或其他配件的铅笔。

本品目也包括裁缝用划粉（用块滑石制成）。

本品目不包括：

（一）天然白垩（品目25.09）。
（二）药用笔（例如，用以治疗周期性偏头痛的笔）（品目30.04）。
（三）化妆或盥洗用笔（例如，眉笔、止血笔）（品目33.04或33.07）。
（四）台球粉块（品目95.04）。

96.10　具有书写或绘画面的石板、黑板及类似板，不论是否镶框

本品目包括明显属于用石笔、粉笔、毡尖或纤维笔头的唛头笔书写或绘画的石板、黑板及类似板（例如，小学生用的石板、黑板及某种记事板）。

这些物品不论是否装框，可以用板石（包括粘聚板石）制成，也可以在各种材料（木料、纸板、纺织材料、石棉水泥等）的单面或双面涂上板石粉剂或其他可用于书写的涂层制成，或装上塑料薄片制成。

黑板和石板等可带有永久性标记（线条、方格、商品表等），也可装有算盘。

本品目不包括不能即供使用的书写或绘画石板（品目 25.14 或 68.03）。

96.11　手用日期戳、封缄戳、编号戳及类似印戳（包括标签压印器）；手工操作的排字盘及带有排字盘的手印器

本品目包括完全用手工操作的日期戳、封缄戳及类似印戳和排字盘，但不包括配有底座以备安装在台子、书桌等上或需置于架座上才能操作的日期戳、封缄戳及类似印戳（参见品目 84.72 的注释）。

这些物品包括：

一、使用火漆的封缄戳，不论是否带有图案或是否装有手柄。

二、各种印戳，不论是否配有印带或自供油墨装置。例如，日期戳、多格式戳、文件及票证戳、编号戳（不论是否自动换号）、滚筒印戳、袖珍印戳（通常由装于盒子内的印戳及印台组成）。

三、盛装可更换活字的排字手托或排字托盘。某些排字盘可有固定的文字和图案（例如，只变换日期的邮局用排字盘）。

四、小型手印器（玩具除外），即内装有手工操作的排字手托或排字托盘、可互换的活字、镊子及印台的箱子。

五、手工操作的票证印戳，用以在票证上加盖日期或其他符号，甚至还可以打孔。

本品目不包括：

（一）铅封或封口钳子及动物标记钳子（品目 82.03）。

（二）烙印记的烙铁及标记打孔器（品目 82.05）。

（三）用于印刷机上的未装配的字母、数字或其他符号（品目 84.42）其他未装配的活字按其构成材料归类。

（四）装有凸版印刷底板的手工操作印戳（品目 84.72）。

（五）装有钟芯用以打印记录时间的装置。例如，用于印记收到信件的时间（品目 91.06）。

96.12　打字机色带或类似色带，已上油或经其他方法处理能着色的，不论是否装轴或装盒；印台，不论是否已加印油或带盒子：

10　—　色带

20　—　印台

本品目包括：

一、色带，不论是否装轴或装盒，用于打字机、计算机或其他任何有色带印字装置的机器（自动天平、制表机器、电传打字电报机等）。

本品目也包括用于气压、温度等记录仪器并上有油墨等的色带，通常附有固定用金属配件，用以把记录仪指针的活动记录印制下来。

这些色带通常用机织物制成，但有时也可用塑料或纸制成。归入本品目的色带必须上有油墨或经其他加工，使其能留下印记（例如，把织物带子浸渍，或把塑料或纸制的带子涂上色料、油墨等）。

本品目不包括：

（一）成卷的碳纸带或其他复写纸带，不适于作为打字机等使用的色带，但可用于记帐机、现金出纳机上复制副本。这些带子通常比打字机色带宽，一般宽度超过 3 厘米，应归入第四十八章。

（二）未上油墨，也未经浸渍、涂层等加工，不能留下印记的带子，应按其构成材料归入第三十九章或第十一类等。

（三）空卷轴（按其构成材料归类）。

二、日期戳等用的印台，不论是否上油墨。它们一般用毡、机织物或其他吸收性材料制成，并装于通常具有盒子形状的木料、金属或塑料制的盛器中。

手工操作的油墨辊不归入本品目，它们应按其构成材料归类。

96.13　香烟打火机和其他打火器（不论是机械的，还是电气的）及其零件，但打火石及打火机芯除外：

10　—　袖珍气体打火机，一次性的

20　—　袖珍气体打火机，可充气的

80　—　其他打火器

90　—　零件

本品目包括：

一、机械打火机

这种打火机通常是通过一个有纹缘的轮子旋转与"打火石"接触摩擦而产生火花（打火石一般用铈铁合金制成）。

二、电气打火机

通过市电电源或电池供给的电流产生火花，有些打火机则通过电阻而产生高温。

三、化学打火机。

这种打火机使用一种催化剂（通常为海绵铂），在某种气体的存在下，催化剂起催化作用而产生高温。

四、非机械打火机

这种打火机中的一种由一个贮存燃料的容器及一支可拆装并带有钢尖的小金属棒（撞针）组成。通过撞针钢尖撞击装于容器外的"打火石"产生火花，从而点燃撞针尖周围的易燃材料。

本品目的打火机有袖珍式或台式，也可安装于墙上或煤气炉内等。本品目也包括汽车或其他车辆用的点烟器。

与其他物品（例如，香烟盒、香粉盒、通常装有数字显示器的手表、电子计算器）组合而成的打火机应按归类总规则的规定归类。

本品目也包括明显作为打火机的零件（例如，外壳、有纹缘的轮子、空的或灌满燃料的燃料筒）。

本品目不包括品目 36.03 的点火器，打火石（品目 36.06），打火机芯（品目 59.08 或 70.19）或用于香烟打火机及类似点火器充气的盛有燃料的容器（安瓿、瓶或罐等）（一般归入品目 36.06）。

96.14　烟斗（包括烟斗头）和烟嘴及其零件

本品目包括：

一、各种烟斗（包括印第安烟袋、土耳其旱烟筒、水烟筒等）。

二、烟斗头。

三、雪茄烟或香烟的烟嘴。

四、制造烟斗用的木料或欧石南根烟斗毛坯。

制造上述物品及它们的柄、嘴或其他零件最常用的材料有赤陶及其他陶瓷、木料（黄杨木、樱桃木等）、欧石南根、琥珀、海泡石、硬树脂、兽牙、珍珠母、硬质橡胶、块滑石及粘土。

本品目也包括下列零件：烟斗的柄及嘴；烟斗盖；吸收性烟斗头；烟斗衬；内部零件（包括过滤芯）等。

本品目不包括：
（一）附件（例如，烟斗刮子及烟斗清洁器），应归入其相应的品目。
（二）电子烟及类似的个人电子雾化设备，不论是否为烟斗或水烟筒的外形（品目 85.43）。

96.15　梳子、发夹及类似品；发卡、卷发夹、卷发器或类似品及其零件，但品目 85.16 的货品除外：

—　梳子、发夹及类似品：

11　——硬质橡胶或塑料制

19　——其他

90　—　其他

本品目包括：

一、各种盥洗用梳子，包括用于动物的梳子。

二、各种梳妆用梳子，不论是用于个人打扮或保持发型。

三、发夹及类似品，用以夹住头发或作装饰用。

这些物品通常用塑料、兽牙、骨、角、龟壳、金属等制成。

四、发卡。

五、卷发夹、卷发器及类似品，不论是否带有纺织物、橡胶或其他材料制的套或配件，但品目 85.16 的货品除外。

这些物品通常用贱金属或塑料制成。

上述物品如含有超出小配件范围的贵金属或包贵金属、天然或养殖珍珠、宝石或半宝石（天然、人造或再造），一律归入第七十一章。

本品目不包括纺织材料制的束发带（第十一类）。

96.16　香水喷雾器或类似的化妆用喷雾器及其座架、喷头；粉扑及粉拍，施敷脂粉或化妆品用：

10　—　香水喷雾器或类似的化妆用喷雾器及其座架、喷头

20　—　粉扑及粉拍，施敷脂粉或化妆品用

本品目包括：

一、香水、润发油及类似化妆品的喷雾器，不论是台式或袖珍式，也不论是个人用或专业用。它有一个装有架座的通常为瓶状的贮液容器（用玻璃、塑料、金属或其他材料制成）；座架上装有喷头（喷头上配有喷雾机械装置）及一个气压球（有时球上罩有纺织物制的网）或活塞装置。

二、化妆喷雾器的架座。

三、化妆喷雾器的喷头。

四、粉扑及粉拍，用以施敷各种脂粉及化妆品（脸香粉、胭脂、爽身粉等）。它们可以用各种材料制成（天鹅绒或鸭绒、毛皮、动物毛、长毛绒织物、海绵橡胶等），不论是否装有手柄或兽牙、龟壳、骨、塑料、贱金属、贵金属或包贵金属等制成的小饰物。

本品目不包括：
（一）单独报验的香水喷雾器用贮液容器（普通瓶、长颈瓶等）（按其构成材料归类）。
（二）橡皮球（品目 40.14）。
（三）品目 84.24 的散布或喷雾器具。
（四）品目 84.76 的香水喷雾机。

96.17 保温瓶和其他真空容器及其零件，但玻璃瓶胆除外

本品目包括：

一、保温瓶及其他类似真空容器，只要它们是完整品。这类物品包括可在相当的一段时间里使液体、食品或其他产品保持恒温的真空罐、壶及瓶等。它们由一个通常用玻璃制成的双壁容器（瓶胆）构成，两壁之间为真空，并罩以金属、塑料或其他材料制成的保护性外壳，有时则包上纸、皮革、漆布等。在瓶胆与外壳之间的空隙中可以填塞隔热材料（玻璃纤维、软木或毡）。本品目也包括具有保温功能的不带保护外壳的双壁不锈钢真空保温瓶。保温瓶的盖子通常还可作杯子使用。

二、保温瓶或其他真空容器用的金属、塑料等制成的外壳、瓶盖及杯子。

本品目不包括单独报验的玻璃瓶胆（品目70.20）。

96.18 裁缝用人体模型及其他人体活动模型；橱窗装饰用的自动模型及其他活动陈列品

本品目包括：

一、裁缝用的人体模型

这些人体模型用于成衣时量体裁衣，其形状一般仅是人形躯体。它们通常以造型纸、石膏、塑料等模制而成，但有些是用某种编结材料（例如，藤、芦苇、柳条）制成。这些模型常以纺织材料包面，而且一般装在底座上，以使其离地面的高度可以调节。

二、其他人体活动模型及类似品

这些物品包括人体或人体各部分（例如，头、躯体、腿、臂或手）的模型，用以陈列服装、帽子、袜子、手套等物品。这类模型用上述一款所列的材料制成。对于全身模型，其四肢一般都装有关节，能摆成各种姿态。这些模型也可用作艺术家或雕刻家的模特儿，亦可供医科学生作练习绑绷带、夹板等用。

这些物品不包括剪影式或轮廓式人体模型，虽然它们有时用于陈列商品，但更多是用作指示标志。它们通常用木料、纸板或金属材料制成，应按其构成材料归类。

三、橱窗装饰用的自动装置和其他活动陈列品

这些物品的范围包括从人体或动物的活动模型到其他众多的自动操作器具，其用途是作商品陈列或广告宣传。它们可用各种材料制成，一般是通过电气或机械进行操作。尽管这些物品本身往往带有新奇性，但它们的主要作用是用新奇的方法引起人们对橱窗内陈列的商品或某种特定展品的注意。它们可以根据所宣传的商品性质或服务项目而设计成各种不同形式。除了有吸引力以外，它们有时也可以通过其适当的运动起到展示陈列品质量及操作方法等的作用。

本品目不包括：

（一）品目90.23的专供示范用的装置或模型。

（二）玩偶及玩具（第九十五章）。

96.19 任何材料制的卫生巾（护垫）及卫生棉条、尿布及尿布衬里和类似品

本品目包括任何材料制的卫生巾（护垫）及卫生棉条、尿布及尿布衬里和类似品，也包括具有吸收性的卫生护理垫、用于大小便失禁的成人尿布以及内裤衬垫。

通常，本品目的物品是一次性使用的。大部分物品的组成包括：（1）内层（例如，无纺织物制的），通过毛细作用从使用者皮肤上带走液体以防止皮肤发炎；（2）吸收性内芯，用来收集和储存液体直至产品被丢弃；以及（3）外层（例如，塑料制的），用以防止吸收性内芯的液体渗漏。本品目的物品通常经过成形以便舒适地贴合人体。本品目也包括完全由纺织材料制成的类似传统物品，其洗

涤后通常可重复使用。

本品目不包括一次性外科手术铺单及病床、手术台、轮椅用的吸收垫、非吸收性的护理垫或其他非吸收性的物品（通常应按其组成材料归类）。

96.20　独脚架、双脚架、三脚架及类似品

本品目包括独脚架、双脚架、三脚架及类似品，用于支撑照相机、摄像机、精密仪器等，以减轻晃动。它们通常是可伸缩及便携式的，配有一个快卸器或快卸接头，以在支撑这些器械时便于安装或拆卸。这些物品可由任何材料制成，例如，木制、铝制、碳制或复合材料制。

独脚架是单腿式支架，有时称为“单脚架”。双脚架是双腿式支架，可随运动的双轴保持稳定。三脚架是三脚式架座，可为所支承的器械提供显著的稳定性。

本品目所称的“类似品”，是指配有四条腿及以上、在减轻晃动方面具有与独脚架、双脚架及三脚架相同功能的器械。本品目也包括自拍架，也称自拍杆，按设计握在手中而不是立于地上。自拍杆的一端配有一个可调节的夹具，可夹住智能手机、照相机、数码照相机或视频摄录一体机，进行自拍照，不论是否配有有线或无线的拍照遥控器。

本品目不包括：

（一）麦克风支架（品目 85.18）。

（二）安放乐器（例如，小鼓或萨克斯管）用的架座（品目 92.09）。

（三）第九十三章的制品专用的独脚架、双脚架、三脚架及类似品。

第二十一类　艺术品、收藏品及古物

第九十七章　艺术品、收藏品及古物

注释：

一、本章不包括：

（一）品目49.07的未经使用的邮票、印花税票、邮政信笺（印有邮票的纸品）及类似的票证。

（二）作舞台、摄影的布景及类似用途的已绘制画布（品目59.07），但可归入品目97.06的除外；或

（三）天然或养殖珍珠、宝石或半宝石（品目71.01至71.03）。

二、品目97.01不适用于成批生产的镶嵌画复制品、铸造品及具有商业性质的传统工艺品，即使这些物品是由艺术家设计或创造的。

三、品目97.02所称"雕版画、印制画、石印画的原本"，是指以艺术家完全手工制作的单块或数块印版直接印制出来的黑白或彩色原本，不论艺术家使用何种方法或材料，但不包括使用机器或照相制版方法制作的。

四、品目97.03不适用于成批生产的复制品及具有商业性质的传统手工艺品，即使这些物品是艺术家设计或创造的。

五、

（一）除上述注释一至四另有规定的以外，可归入本章各品目的物品，均应归入本章的相应品目而不归入本协调制度的其他品目；

（二）品目97.06不适用于可以归入本章其他各品目的物品。

六、已装框的油画、粉画及其他绘画、版画、拼贴画及类似装饰板，如果框架的种类及价值与作品相称，应与作品一并归类。如果框架的种类及价值与作品不相称，应分别归类。

总　注　释

本章包括：

一、某种艺术品：完全用手工绘制的油画、绘画及粉画；拼贴画、镶嵌画及类似的装饰板（品目97.01）；版画、印制画及石印画的原本（品目97.02）；雕塑品的原件（品目97.03）。

二、使用过或未使用过的邮票、印花税票及类似票证、邮戳印记、首日封、邮政信笺（印有邮票的纸品）及类似品，但品目49.07的货品除外。

三、具有动物学、植物学、矿物学、解剖学、历史学、考古学、古生物学、人种学或钱币学意义的收集品及珍藏品（品目97.05）。

四、超过一百年的古物（品目97.06）。

本章包括受到进出口管制的具有文化意义的物品。

但应注意，这些物品如不符合本章注释或本章内各品目所列的条件的，应归入本协调制度的其他章。

品目97.01至97.05的物品即使超过一百年，也仍应归入这些品目内。

97.01　油画、粉画及其他手绘画，但带有手工绘制及手工描饰的制品或品目 49.06 的图纸除外；拼贴画、镶嵌画及类似装饰板：

— 超过 100 年的：
- 21 — — 油画、粉画及其他手绘画
- 22 — — 镶嵌画
- 29 — — 其他

— 其他：
- 91 — — 油画、粉画及其他手绘画
- 92 — — 镶嵌画
- 99 — — 其他

一、油画、粉画及其他手绘画，但带有手工绘制及手工描饰的制品或品目 49.06 的图纸除外

本组包括完全用手工绘制的油画、粉画及其他画（不论是古代或是现代的）。这些画包括在各种材料上绘制的油画、蜡画、蛋白彩画、丙烯酸画、水彩画、树胶水彩画、粉画、袖珍画、带饰字和饰画的手稿、铅笔画（包括孔泰蜡笔画）、木炭画或钢笔画等。

由于这些画必须完全用手工绘制，因此全部或部分用其他方法制作的画不归入本品目。例如，用照相制版方法制作的画（不论是否在帆布上制作）；在用普通雕版或其他印刷方法印制的轮廓或素描上用手工描绘的画，用一组蒙片或蜡纸制成的所谓“真品复制件”的画，即使这些复制件已被艺术家鉴证为真品。

但完全用手工绘制的画的复制品，不论其艺术价值如何，仍应归入本组。

本组也不包括：

（一）手工绘制的工业、建筑、工程用的设计图纸原件（品目 49.06）。

（二）手工绘制的时装、珠宝首饰、壁纸、织物、家具等用的设计图纸原件（品目 49.06）。

（三）作舞台、摄影的布景及类似用途的已绘制画布（品目 59.07 或 97.06）

（四）手工描饰的制品，例如，用手绘画织物制成的糊墙品、旅游纪念品、小箱子及首饰盒、陶瓷器皿（盘、碟、花瓶等），它们应分别归入各自适当的品目。

二、拼贴画、镶嵌画及类似装饰板

此类拼贴画及类似装饰板是靠各种动物、植物或其他材料的片、块用胶粘或其他方法在木、纸、纺织材料等基底上拼装成图画、装饰图案或花纹制成。基底可以是空白的，也可以用手画或印制上图案或图画，与整个画面构成一体。拼贴画的质量各有不同，有批量生产、价格低廉的纪念品，也有做工精湛的真正工艺品。

此类物品中，所谓“类似装饰板”不包括由一件材料制成的物品，即使其附有衬底。这种物品在本协调制度的其他品目已作为塑料、木、贱金属等制的“装饰品”列名，因此，应按其各自适当的品目归类（品目 44.20、83.06 等）。

本组的镶嵌画是手工制作，使其具有独一无二和不可复制的特点。这些画是将各种材料的小片（称为“镶嵌物”）并排拼装组成特色画像、图案或几何图形。镶嵌画由不同颜色的硬石、赤陶土、陶瓷、大理石、珐琅、彩色玻璃及木头的片组成。

不论何时制作的镶嵌画，只要其不具有本章注释二所述的商业性质，例如成批生产的复制品、铸造品及传统手工艺品，仍应归入品目 97.01。

*
*　*

已装框的油画、绘画、粉画、拼贴画或类似装饰板，如果其框架的种类及价值与作品相称，应与作品一并归类；否则应将框架按木制品、金属制品等分别归入相应的品目中（参见本章注释六）。

97.02　雕版画、印制画、石印画的原本：

10　—　超过100年的

90　—　其他

本品目包括版画、印制画及石印画的原本（不论是古代或是现代的），即指以艺术家完全用手工制作的单块或数块印版直接印制出来的黑白或彩色原本，不论其使用何种方法或材料，但不包括使用机械或照相制版方法制作的（参见本章注释三）。

只要符合上述所规定的条件，本品目也包括用转印技术制作的作为艺术品原本的石印画。在这一转印技术中，平版艺术家先在特种纸张上绘画，然后把绘画转印到石板上。

印制上述雕版画的印版可用各种方法制成，例如，线雕、铜版针雕、凹版腐蚀（酸蚀法）或点刻。

印制的原本即使经过修描，仍应归入本品目。

要把原本与副本、赝品或复制品区别开来往往是比较困难的，但数量少、纸质好是鉴别原本的有效标志。另一方面，在副本或复制品上可以发现使用网目铜版（照相制版及照相凹版）印制的痕迹，而原本则往往带有印版留下的印记。

已装框的雕版画、印制画或石印画，如果其框架的种类及价值与作品相称，应与作品一并归类；否则应将框架按木制品、金属制品等分别归入相应的品目中（参见本章注释六）。

但应注意，本品目不包括印刷版画等用的铜版、锌板、石板、木板或其他板（品目84.42）。

97.03　各种材料制的雕塑品原件：

10　—　超过100年的

90　—　其他

本品目包括古代或现代的雕刻品及塑造品原件。它们可以用各种材料（石、再造石、制陶赤土、木、兽牙、金属、蜡等）制成圆雕、浮雕或凹雕（塑像、半身像、小人像、群像、动物像等，包括建筑用的浮雕）。

这些艺术品可用各种方法制成，其中一种是艺术家直接用坚硬材料雕刻，另一种则由艺术家将柔软的材料模制成塑像，然后用青铜或石膏浇铸这些塑像，或通过烧制及其他方法使其硬化，也可由艺术家用大理石或其他坚硬材料复制。

采用后一种方法时，艺术家通常按下列程序进行制作：

首先用粘土或其他可塑材料按自己的设想粗制成模型坯（通常按比例缩小），模型坯也称为初步设计模型；然后在此基础上将其塑成“粘土模型”。这种“粘土模型”极少出售，通常在用其按照艺术家事先确定的数目浇铸出一定数量的模型后即予销毁，或将其放置在博物馆内供研究用。浇铸出来的模型首先包括从“粘土模型”直接生产出来的“石膏模型”。这类“石膏模型”用于制作石雕或木雕艺术品的模型，或用于浇铸金属或蜡的模型。

同样的雕塑品可用大理石、木料、蜡、青铜（有时则用制陶赤土或石膏）等复制出两个或三个“复制品”。构成艺术品原件的不仅是最初的模型，还包括“粘土模型”“石膏模型”及“复制品”。但事实上这些模型绝不会完全相同，因为在每次制作中，艺术家在各个阶段都要对其进行修改，而且每件模型的特色也各不相同，一般情况下，这些复制品的总数极少有超过一打的。

因此，本品目不仅包括雕塑家制作的模型原件，而且也包括按上述第二种方法制作的复制品，不论是否由同一雕塑家或由其他艺术家制作的。

本品目不包括下列物品，即使它们是艺术家设计或创造的：

（一）具有商业性质的装饰用雕塑品。

（二）个人装饰品及其他具有商业性质的传统手工艺品（装饰品、宗教雕像等）。

（三）用石膏、纤维灰浆、水泥、造型纸等制的批量生产的复制品。

以上物品除了可归入品目71.16或71.17的装饰品以外，其余各项应按其构成材料归类（木制的归入品目44.20，石制的归入品目68.02或68.15，陶瓷制的归入品目69.13，贱金属制的归入品目83.06等）。

97.04　使用过或未使用过的邮票、印花税票、邮戳印记、首日封、邮政信笺（印有邮票的纸品）及类似品，但品目49.07的货品除外

本品目包括下列使用过或未使用过的产品，但品目49.07的货品除外：

一、各种邮票，即通常贴在信件或包裹上的票证；欠资邮票等。

二、各种印花税票，即收据税票、登记税票、流通许可税票、领事税票、印花税票带等。

三、邮戳印记，即在邮票使用以前盖有邮戳但没有邮票的信件。

四、附在信封和明信片上的邮票，包括首日封（这些信封上注有“首日”字样，附有一枚邮票或一套邮票并盖有发行当天的邮戳）及集邮大型张（即附有一枚邮票及该邮票图案复制品的卡片，邮票上盖有标明设计地及发行日的普通或特别日期邮戳）。

五、邮政信笺（印有邮票的纸品），即盖有免费邮戳的信封、封缄信片、明信片、邮寄报纸的包皮等。

本品目的物品可以呈散装形式报验（零散邮票、盖有日期邮戳的信角、整张的物品），或成套报验。内装有成套上述物品的集邮簿，如其具有收藏价值的，可作为上述物品的组成部分归类。

本品目不包括：

（一）未附有邮票的集邮大型张及首日封（不论是否有插图）（品目48.17或第四十九章）。

（二）在承认或将承认其面值的国家流通或新发行并且未经使用的邮票、印花税票、邮政信笺（印有邮票的纸品）或类似票证（品目49.07）。

（三）私人团体或商业团体对顾客发行的“储蓄邮票”及零售商有时发给顾客的优惠货券（品目49.11）。

97.05　具有考古学、人种学、历史学、动物学、植物学、矿物学、解剖学、古生物学或钱币学意义的收集品及珍藏品：

10　—　具有考古学、人种学或历史学意义的收集品及珍藏品

—　具有动物学、植物学、矿物学、解剖学或古生物学意义的收集品及珍藏品：

21　——人类标本及其部分

22　——灭绝或濒危物种及其部分

29　——其他

—　具有钱币学意义的收集品或珍藏品：

31　——超过100年的

39　——其他

这些物品通常没有什么内在价值，但由于其稀少、类别或外观而具有意义。本品目包括：

一、具有考古学、人种学或历史学意义的收集品或珍藏品。包括：

（一）具有考古学意义的收集品或珍藏品。它们提供了对过去人类行为的科学及人类学的解读，以及文化变迁及艺术表达的证据，它们通常是通过发掘（如科学的、秘密的或意外的）或探险（如陆地的或水下的）发现的。

此类物品包括但不限于洞穴绘画、壁画、古代的雕刻及浮雕、岩画及雕刻的建筑构件（如柱帽、门楣等）；项链、手镯、戒指、耳饰及鼻饰、胸针、皇冠、别针、胸饰、腰带及唇饰；镌刻的粘土板、贝壳及骨头，刻有标识、符号及文字的石头，以及带有手写的文字或插图的莎草纸、木头、丝绸、羊皮纸、纸及牛皮纸。

（二）具有人种学意义的收集品或珍藏品。通常是指本土原始部落及非工业社会的物品，它们是传统宗教行为所必需的或对特定民族群体的文化传承有重要作用的，因为它们具有独特性且比较稀少或对于研究该民族的起源、发展及历史有重要作用。

此类物品包括但不限于宗教及仪式绶带、祖先及宗教塑像及雕刻；圣徒遗物及圣物盒、头颅、头皮、装饰颅骨以及用人骨制作的工具或乐器；在木头、丝绸、羊皮纸、牛皮纸、纸及皮革上手写的文档或经文，可带有插图，文档可以是单页的、成卷的或装订成册的，例如手写的《圣经》《摩西五经》《古兰经》及其他宗教经文、书信、论文、教义或文章。

（三）具有历史学意义的收集品或珍藏品。它们是人造物品，或与具有国家或世界性重要意义的政治、科学、技术、军事或社会历史事件有关，或与国家或世界著名的领袖、思想家、科学家及艺术家的生活及成就有关。

此类物品包括但不限于中世纪士兵的制服及武器、君主加冕仪式用的皇家徽章、古代文明炼金术（炼丹）中用的器皿。

二、具有动物学、植物学、矿物学、解剖学或古生物学意义的收集品及珍藏品。包括：

（一）通过干燥或液体浸泡保存的各种动物标本；作为收集品的剥制动物。

（二）吹或吸空的蛋；装在盒子、框架等内的昆虫（作为仿首饰及小饰物的除外）；空贝壳（供工业用的除外）。

（三）干的或液体浸泡保存的种子或植物；植物标本集。

（四）矿物标本（归入第七十一章的宝石或半宝石除外）；化石标本。

（五）骨学标本（骨骼、颅骨、骨）。

（六）解剖学及病理学标本。

（七）具有古生物学意义的收集品或珍藏品。它们包括但不限于保存在地下或地面上的化石遗骸、生物体的痕迹或印记，不论是动物的还是植物的，它们能够提供地球上非人类生命的历史信息。

此类物品包括但不限于恐龙、已灭绝动植物的化石。

三、具有钱币学意义的收集品及珍藏品。

这类物品报验时为成套的或零散的硬币、不再作为法定货币使用的钞票（品目 49.07 所列货品除外）及纪念币。对于零散的硬币及纪念币，每批货物通常只有少量几个某种硬币或纪念币的样品。这些样品只有明显作为收集成套使用才能归入本品目。

本品目不包括不属于收藏品和不具有钱币学收集意义的硬币及纪念币（例如，一种硬币或纪念币的大宗货）；它们通常归入第七十一章，但那些破旧不堪并只能作金属回收等用的“硬币”及“纪念币”，则可归入金属废碎料的品目。

在发行国作为法定货币使用的硬币，即使置于礼品盒中供正常销售用，也应归入品目 71.18。

本品目不包括装镶成为首饰的硬币或纪念币（第七十一章或品目 97.06）。

不再作为法定货币且既非珍藏品，又非收集品的钞票应归入品目 49.07。

*

*　*

作为商业行为，为纪念、庆祝、展示或描述某一事件或其他事情而生产的物品，不论其产量多么有限，也不论其是否流通，均不能作为具有历史学意义或钱币学意义的收集品或珍藏品而归入本品目，除非这些物品由于本身生产的年份或稀少而具有历史学意义或钱币学意义。

97.06　超过一百年的古物：

10　—　超过250年的

90　—　其他

本品目包括所有超过一百年的古物，但品目97.01至97.05的物品除外。它们的价值在于本身的年代久远，因而十分珍稀。

根据上述规定，本品目包括：

一、古家具、框架及镶板。

二、印刷业的产品：古版书（尤指十六世纪前的书）及其他书、乐谱、地图、版画（品目97.02的除外）。

三、花瓶及其他陶瓷产品。

四、纺织品：地毯、装饰毯、刺绣、花边及其他织物。

五、珠宝首饰。

六、金银器皿（水罐、杯子、烛台、盘子等）。

七、铅条或染色玻璃窗。

八、枝形吊灯及灯具。

九、小五金及锁头等物品。

十、玻璃柜内的小饰物（盒子、糖果盒、鼻烟盒、烟草磨、首饰盒、扇子等）。

十一、乐器。

十二、钟表。

十三、宝石雕刻品（浮雕、石刻）及印鉴（印章等）。

本品目包括经过修理或修复但仍保持其原有特性的古物。例如，本品目包括：带有现代零件（例如，加固件及修补件）的古家具；装镶在现代木架上的古壁毯、皮革或织物。

本品目不包括品目71.01至71.03的天然或养殖珍珠、宝石或半宝石，不论其年代多么久远。

《商品名称及编码协调制度的国际公约》

1983年6月14日订于布鲁塞尔

1986年6月24日修订

2018年6月30日修订

前　言

本公约在海关合作理事会主持下制定。缔约各国：

切望便利国际贸易；

切望便利统计资料，特别是国际贸易统计资料的收集、对比与分析；

切望减少国际贸易往来中因分类制度不同，商品需重新命名、重新分类及重新编号而引起的费用，以及便利数据的传输和贸易单证的统一；

考虑到由于技术的发展与国际贸易格局的变化，必须对1950年12月15日在布鲁塞尔签署的海关税则商品分类目录公约进行全面修改；

考虑到上述公约所附的商品分类目录远不能达到各国政府和贸易界在关税及统计方面要求的详细程度；

考虑到准确、可比的数据对国际贸易谈判的重要性；

考虑到各种运输方式的运费计价和运输统计准备采用协调制度；

考虑到协调制度旨在最大限度地和商业上的商品名称与编号制度结合起来；

考虑到协调制度旨在促进进出口贸易统计与生产统计之间建立尽可能接近的相互对应关系；

考虑到协调制度与联合国的国际贸易标准分类之间仍应保持接近的相互对应关系；

考虑到希望有一部可供国际贸易有关各界人士使用的税则/统计合并目录以满足上述需要；

考虑到保证协调制度不断适应技术的发展和国际贸易格局的变化的重要性；

考虑到海关合作理事会设立的协调制度委员会在此方面已完成的工作；

考虑到上述商品分类目录公约已证明是达到某些所述目标的有效手段，因此，达到这方面预期效果的最好方法是缔结一个新的国际公约。

为此，经协商同意如下条款：

第一条　定义

本公约中：

（一）“商品名称及编码协调制度”（以下简称“协调制度”）是指作为本公约附件的商品分类目录，它包括有税目和子目及其相应的数字编号，类、章和子目的注释以及协调制度的归类总规则。

（二）“税则目录”是指缔约国为征收进口货物的关税按其法律制定的商品分类目录。

（三）“统计目录”是指缔约国为了收集进出口贸易统计资料数据而制定的商品分类目录。

（四）“税则/统计合并目录”是指缔约国为进口货物申报，依法制定的税则目录和统计目录合一的商品分类目录。

（五）“关于创立理事会的公约”是指1950年12月15日在布鲁塞尔制定的关于创立海关合作理事会的公约。

（六）“理事会”是指上述（五）项所述的海关合作理事会。

（七）“秘书长”是指理事会的秘书长。

（八）“批准”是指批准、接受或同意。

第二条　附件

本公约附件为公约不可分割部分，本公约所有解释同样适用于公约附件。

第三条　缔约国的义务

一、除第四条各款所规定的情况外：

（一）缔约各国，除本款（三）项另有规定的以外，必须保证从本公约在本国生效之日起使其税则目录及统计目录与协调制度取得一致。为此，它必须保证在其税则目录及统计目录的制订中：

1. 采用协调制度的所有税目和子目及其相应的编号，不得作任何增添或删改；

2. 采用协调制度的归类总规则以及所有类、章和子目的注释，不得更改协调制度的类、章、税目或子目的范围；

3. 遵守协调制度的编号顺序。

（二）缔约各国应按协调制度六位数级目录公布本国的进出口贸易统计资料，在不影响商业秘密、国家安全等特殊情况下，还可主动公布比上述范围更为详细的进出口贸易统计资料。

（三）本条规定并不要求缔约各国在其税则目录中必须采用协调制度的子目，但要求缔约各国在编订其税则/统计合并目录中履行上述（一）项1、2及3规定的义务。

二、缔约各国只要履行本条第一款（一）项规定的义务，为适应本国立法的要求，可以对协调制度的文字进行必要的改动。

三、本条规定不影响缔约各国在本国的税则目录或统计目录中，增列比协调制度目录更为详细的货品分类细目，但这些细目必须在本公约附件所规定的六位数级目录项下增列和编号。

第四条　发展中国家对协调制度的部分采用

一、发展中国家缔约国可以根据其国际贸易格局或行政管理能力，延期采用部分或全部的协调制度子目。

二、发展中国家缔约国按本规定部分采用协调制度，须同意尽最大努力在本公约对本国生效之日起五年内或由于本条第一款所述原因在本国认为合适的更长期限内全部采用六位数的协调制度。

三、发展中国家缔约国根据本条规定部分采用协调制度，应对任何一个五位数级子目项下的六位数级子目全部采用或全部不采用；对任何一个税目项下的五位数级子目，也应全部采用或全部不采用。对于部分采用协调制度的，其不采用的第六位数或第五、六两位数编号，应分别用“0”或“00”代替。

四、发展中国家根据本条规定部分采用协调制度，应在成为缔约国时，将本国在本公约对其生效之时不准备采用的子目通知秘书长。同时，它还应将准备采用的子目一并通知秘书长。

五、发展中国家根据本条规定部分采用协调制度，可在成为缔约国时通知秘书长，它正式保证在本公约对其生效之日起三年内全部采用六位数的协调制度。

六、发展中国家缔约国根据本条规定部分采用协调制度，对其不采用的子目，不承担第三条规定的义务。

第五条　对发展中国家的技术援助

发达国家缔约国应向提出要求的发展中国家，按照双方所同意的条件，提供技术援助，特别是在人员培训，现行目录向协调制度转化，对已转换的目录如何不断适应协调制度的修改提出建议，以及在实施本公约各项规定等方面提供技术援助。

第六条　协调制度委员会

一、根据本公约建立一个委员会，称为协调制度委员会，委员会由缔约各国的代表组成。

二、协调制度委员会在正常情况下每年至少召开例会两次。

三、会议由秘书长负责召集，除缔约国另行决定外，会议应在理事会的总部举行。

四、每一缔约国在协调制度委员会内有一票表决权。但是，在本公约中（不影响此后签署的其他任何公约），关税或经济联盟以及它的一个或几个成员国如果同是缔约国时，这些缔约国应合起来只有一票表决权。同样，对按第十一条（二）项规定可以成为缔约国的关税或经济联盟，如果它的所有成员国都是缔约国，这些成员国也只能合起来有一票表决权。

五、协调制度委员会选举主席一名，副主席一名或若干名。

六、委员会的议事规则须由有权表决的缔约国三分之二以上多数赞成票通过制定。该议事规则应报请理事会批准。

七、委员会可邀请有关的政府间组织及其他国际组织以观察员身份参加它的工作。

八、鉴于第七条第一款（一）项的规定，委员会必要时可设立若干分委会或工作小组，这些机构的人员组成、表决权及议事规则由委员会决定。

第七条　委员会的职权

一、协调制度委员会根据第八条规定，行使下列职权：

（一）根据用户需要、技术发展以及国际贸易格局的变化对本公约提出必要的修正案。

（二）起草“注释”“归类意见”及其他解释协调制度的指导性意见。

（三）提出建议，确保协调制度的解释和执行的一致性。

（四）整理并交流协调制度执行情况。

（五）向缔约国、理事会成员国以及委员会认为有关的政府间组织和其他国际组织主动或根据要求提供协调制度中各种有关商品归类问题的情况或意见。

（六）向理事会每届大会提交工作报告，其内容包括修正案、注释、归类意见及其他建议。

（七）行使与协调制度有关而且理事会或缔约国也认为必要的其他各种职权。

二、协调制度委员会牵涉行政预算的决定须报请理事会批准。

第八条　理事会的作用及重新审议程序

一、理事会负责审议协调制度委员会拟定的本公约修正案，并按第十六条规定的程序向缔约各国推荐，除非有既是本公约缔约国又是理事会成员国的国家要求有关修正案全部或部分送回委员会重新审议。

二、根据本条第三至六款，对协调制度委员会拟定的注释、归类意见、其他解释协调制度的意见以及为保证协调制度统一解释和执行的建议，本公约的任一缔约国可提出：

（一）提交协调制度委员会重新审议，或

（二）提交理事会审议。如果该事项已在协调制度委员会重新审议了两次，缔约国不能依本款要求将其提交协调制度委员会或理事会审议。

三、协调制度委员会按第七条第一款规定在会议中拟定的注释、归类意见、其他解释协调制度的意见以及为保证协调制度统一解释和执行的建议，如果在会议闭幕后第二个月末前没有本公约的缔约国通知秘书长，要求将问题按本条第二款提交协调制度委员会或理事会重新审议，均应视为已经理事会批准通过。

四、一旦问题按本条第二款规定提交理事会，除非有既是本公约缔约国又是理事会成员国的国家要求将问题全部或部分交回协调制度委员会重新审议外，理事会应批准通过上述注释、归类意见、其他意见或建议。

五、讨论根据本条第二至四款重新审议的事项时，协调制度委员会应当在第一次重新审议时考虑并做出决定，有其他情况的除外。

六、根据本条第二款规定，协调制度委员会在第一次做出决定后，对注释、归类意见、其他解释协调制度的意见或相关建议书的重新审议不得超过两次。

第九条　关税税率

缔约国加入本公约并不承担关税税率方面的任何义务。

第十条　争议的裁决

一、缔约国间对本公约解释或执行方面有任何争议应尽可能通过争议各方之间协商解决。

二、协商无法解决的争议应由争议各方提交协调制度委员会审议并提出解决建议。

三、协调制度委员会无法解决的争议，由委员会将问题提交理事会，由理事会按“关于创立理事会的公约”第三条（五）项的规定提出建议。

四、争议各方可事先商定同意接受委员会或理事会的建议并遵照执行。

第十一条　缔约资格

下列国家（联盟）有资格成为本公约的缔约国：

（一）理事会成员国；

（二）有权缔结与本公约部分或全部问题有关的条约的关税或经济联盟；

（三）秘书长按理事会指示邀请加入本公约的其他国家。

第十二条　缔约程序

一、任何具备缔约资格的国家及关税或经济联盟，经履行下列手续，均可成为本公约的缔约国：

（一）在公约上不须经批准签字；

（二）在公约上签字后（须经批准方可生效）递交批准书；

（三）公约停止开放签字后加入公约。

二、本公约于1986年12月31日前在布鲁塞尔的理事会总部对第十一条所列国家及关税或经济联盟开放供签署；此后，将开放供加入。

三、批准书或加入书向秘书长递交。

第十三条　生效日期

一、在至少有十七个第十一条所列国家及关税或经济联盟在本公约上不须经批准签字或递交了批准书或加入书之日起十二个月以后二十四个月以内的1月1日，本公约正式生效，但生效之日不得早于1988年1月1日。

二、在本条第一款规定的最低限额数达到后，任何国家及关税或经济联盟在本公约上不须经批准签字或递交批准书或加入书之日起十二个月以后二十四个月以内的1月1日，公约对其即行生效，除非该国或该关税或经济联盟规定更早的生效日期。但是，本款规定的生效日期不得早于本条第一款规定的生效日期。

第十四条　关于附属领土采用协调制度

一、任何国家在成为本公约缔约国之时或之后，可书面通知秘书长，声明本公约同样适用于所有或某些其国际关系由它负责的领土，并在通知中列出有关领土的名称。通知书的生效日期，除通知中规定更早日期外，应为秘书长接到通知书之日起十二个月以后二十四个月以内的1月1日。但是本公约不得在有关国家实施之前对其附属领土先行适用。

二、对于上述附属领土，在有关缔约国不再负责它的国际关系之日起，或在此日期之前按第十五条的程序通知秘书长之日起，本公约即行失效。

第十五条　退约

本公约有效期不受限制，但任何缔约国有权退约。除退约书规定了更迟的失效期外，秘书长接到退约书一年后，退约即行生效。

第十六条　修改程序

一、理事会可向缔约各国提出本公约修正案。

二、任何缔约国均可通知秘书长，对某项提出的修正案表示反对，并且可以在本条第三款规定的期限内撤回反对意见。

三、任何提出的修正案在秘书长发出通知之日起六个月后，只要没有仍未解决的反对意见，即视为已被接受。

四、已被接受的修正案对缔约各国生效之日为：

（一）提出的修正案若在 4 月 1 日前发出通知，于通知的后两年 1 月 1 日起生效；

（二）提出的修正案若在 4 月 1 日或 4 月 1 日之后发出通知，于通知的后三年 1 月 1 日起生效。

五、缔约各国的统计目录、税则目录或者按第三条第一款（三）项规定制定的税则/统计合并目录，应从本条第四款所规定修正案生效之日起与修改后的协调制度保持一致。

六、已在本公约上不须经批准签字，或已批准或加入本公约的任何国家及关税或经济联盟，于成为公约缔约国之日起，应视为接受了在此以前按本条第三款规定已经生效或已被接受的所有修正案。

第十七条　缔约国对协调制度享有的权利

对于任何涉及协调制度的问题，缔约各国在如下方面享受第六条第四款、第八条及第十六条第二款中规定的各项权利：

（一）其按本公约规定采用的协调制度的全部内容；

（二）在本公约按第十三条规定对其生效之前，其所承诺按本公约规定日期采用的协调制度的全部内容；

（三）正式保证按第四条第五款规定的三年期限内全部采用六位数的协调制度的，于期满前，对协调制度的全部内容。

第十八条　保留条款

本公约不允许有任何保留。

第十九条　秘书长的通知

秘书长应将下列情事通知全体缔约国、其他签约国、非本公约缔约国的理事会成员国及联合国秘书长：

（一）第四条规定的通知；

（二）第十二条所述的签字、批准及加入；

（三）按第十三条规定本公约生效的日期；

（四）第十四条规定的通知；

（五）第十五条规定的退约；

（六）第十六条规定的本公约修正案；

（七）按第十六条规定对提出的修正案的反对意见及有关反对意见的撤回；

（八）按第十六条规定已被接受的修正案及其生效日期。

第二十条　在联合国注册问题

本公约应理事会秘书长要求，按照联合国宪章第一〇二条规定，向联合国秘书处注册。

经正式授权的公约签署人签字于后以资证明。

1983 年 6 月 14 日订于布鲁塞尔，以英文和法文两种文字写成，两种文本具有同等效力。正本共一份，由理事会秘书长保存。秘书长应向第十一条所列所有国家及关税或经济联盟分送经核证与正本相符的副本。

缩略语及符号

AC	交流电
ASTM	美国材料试验协会
Bq	贝尔勒尔（放射性强度单位）
℃	摄氏度
cc	毫升
cg	厘克
cm	厘米
cm^2	平方厘米
cm^3	立方厘米
cN	厘牛顿
cP	厘泊
DC	直流电
eV	电子伏特
GHz	千兆赫
g	克
Gy	戈瑞（辐射吸收计量单位）
Hz	赫兹（频率的表示单位）
INN	国际非专利药品名称
INNM	经修订的国际非专利药品名称
IR	红外
IUPAC	国际理论和应用化学协会
kcal	大卡（热量单位）
kg	千克
kgf	千克力
kHz	千赫

km	千米
kN	千牛顿
kPa	千帕（压力单位）
kV	千伏
kVA	千伏安
kvar	千乏
kW	千瓦
l	升
MHz	兆赫
m	米
m-	间-
m^2	平方米
μCi	微居里（能量单位）
max	最大值
mg	毫克
min	最小值
mm	毫米
mN	毫牛顿
MPa	兆帕
N	牛顿
No.	序号
o-	邻-
p-	对-
RAD	拉德（辐射吸收计量单位）
Pa · s	帕 · 秒（粘度单位）
s	秒
sec.	秒
t	吨